中国百科全书

国学经典文库　图文珍藏版

王艳军◎主编

线装书局

图书在版编目（CIP）数据
中国百科全书：全 4 册 / 王艳军主编 .-- 北京：
线装书局，2012.11（2021.6）
ISBN 978-7-5120-0617-1

Ⅰ.①中… Ⅱ.①王… Ⅲ.①百科全书－中国 Ⅳ.
① Z227

中国版本图书馆 CIP 数据核字（2012）第 204894 号

中国百科全书

主　　编：王艳军
责任编辑：李津红
出版发行：线装书局
　　地　址：北京市丰台区方庄日月天地大厦B座17层（100078）
　　电　话：010-58077126（发行部）010-58076938（总编室）
　　网　址：www.zgxzsj.com
经　　销：新华书店
印　　制：北京彩虹伟业印刷有限公司
开　　本：710mm×1040mm　1/16
印　　张：112
字　　数：1360千字
版　　次：2021年6月第1版第2次印刷
印　　数：3001-9000套

线装书局官方微信

定　　价：598.00元（全四卷）

探索篇

纵观当今世界：宇宙广阔无边，充满了未知；地球独特的环境创造了众多的神奇；纷繁复杂的生物充满了神秘。本篇一系列引人入胜的阅读主题，科学严谨而又深入浅出的文字内容，世界科学探索前沿的研究成果，可以使你对科学探索产生感性认识，启发探索未知世界的兴趣。

流星雨的起源

麒麟座"恒星摇篮"

历史篇

历史是一面活生生的镜子——可给我们以知识，可供我们借鉴。只有了解历史的进程和规律，了解中国的发展变化，了解其间的战争与和平，那么，才能"做世纪新人""与国际接轨"……而所有这些也正是我们每个人在成长的过程中，要认真学习历史知识的出发点。

人文始祖轩辕黄帝

八国联军侵华战争

地理篇

我们的祖国幅员辽阔，山河壮丽，物产丰富，历史悠久。数千年的生息繁衍造就了绝美的地理诗篇，数千年的历史激荡打磨出璀璨的华夏文明。本篇展示了一个生动的地理王国，引导读者去近距离认识地球并协调自然与人类的关系。

庐山——奇秀甲天下

中国最大的淡水湖——鄱阳湖

动物篇

这是一个神秘的动物王国，这里有许许多多奇怪的动物在等着和你交朋友。它将会带你快捷地步入动物的世界，与豹驰骋于草原，与猿穿梭于森林，与鹰翱翔于天空，与鱼嬉戏于大海……感受它们的神奇与美丽，进而唤起人类对动物与大自然的关注。

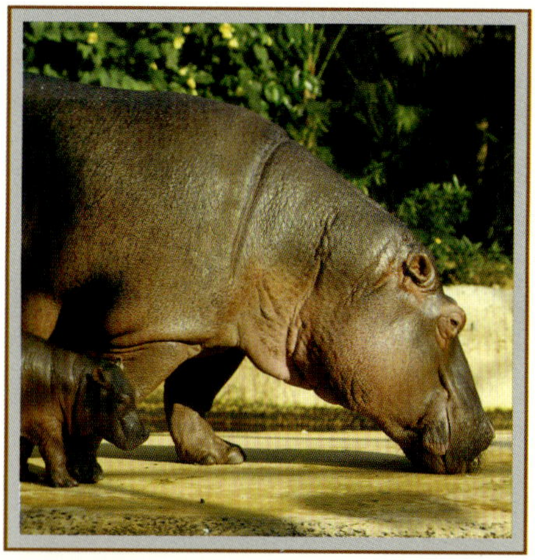

最大的两栖动物——河马

死亡使者——鲨鱼

植物篇

植物是地球生态圈中的一个庞大群体，与我们人类的生存与生活息息相关。植物在这个蔚蓝色的星球上可以说是人类诞生、生长不可或却的伙伴。它们见证了漫长的古代文明，又帮助了人类生存与发展，将来仍是我们的朋友。

起死回生的灵丹妙药——灵芝

植物界的“大熊猫”——金花茶

军事篇

军事是与一个国家生死存亡有关的重要事物以及法则；军事是一把双刃剑，它可以成为吞噬人类文明的机器，给国家和社会造成极大的甚至是毁灭性的灾难；亦可作为最有力的武器，用来保卫国家的安全和人民的幸福生活。

军事名将——韩信

抗日战争之长城抗战

文化篇

文化是人类生活的反映、活动的记录和历史的积沉，是人们对生活的需要和要求、理想和愿望，是人们的高级精神生活，是人类精神得以承托的框架。她包含了一定的思想和理论，是人们对伦理、道德和秩序的认定与遵循，是人们生活生存的方式方法与准则。

孔子与《论语》

曹雪芹与《红楼梦》

艺术篇

艺术是人类社会一项重要的文化构成，是人们进行情感交流的一种重要手段，属于娱乐游戏文化的范畴。艺术文化的本质特点，就是用语言创造出虚拟的人类现实生活。艺术发生的基础是人类的语言，有效的艺术创造必须完全借助于语言。人类有什么样的语言形式，就会有什么样的艺术形式。

“书圣”王羲之

画家齐白石

科技篇

科技是一个国家发展的脊梁，是一个社会立足的根本和时代前进的保证。科技创造历史，科学技术是第一生产力。英国哲学家、近代实验科学的始祖培根曾指出：印刷术、火药和指南针“已经改变了世界的面貌”“没有一个帝国，没有一个教派，没有一个赫赫有名的人物，能比这三种发明在人类的事业中产生更大的力量和影响。”

祖冲之创立《大明历》

郭守敬巧制天文仪

生活篇

生活本身就是一部大百科全书，包罗万象；生活是一把六弦琴，弹奏出多重美妙的旋律；生活是一座大钟，上紧发条，便会使人获得浓缩的生命。生活是一幅多维的画布，生活百科就是一支绚烂的七彩画笔；生活是一曲激昂的交响乐，生活百科就是美妙乐章中跳跃的音符。

家庭装修

化妆技巧

健康篇

健康是一个人在身体、精神和社会等方面都处于良好的状态。传统的健康观是“无病即健康”，现代人的健康观是整体健康，世界卫生组织提出“健康不仅是躯体没有疾病，还要具备心理健康、社会适应良好和有道德。”健康是人类自我觉醒的重要方面，健康是生命存在的最佳状态，有着丰富深蕴的内涵。

吃对水果保健康

要养成科学的睡眠习惯

社会篇

社会是立体的，客观现实是立体的，我们必须从各个层面来认识它，从各个方面来分析它，从各个维度来认识它。只有把自我融入社会之中，才能更好地关注时代的发展，留心社会的走向，了解世界的变化，捕捉到人们关注的社会问题，提高自己思维的敏锐性，才能更好地生活。

著名学府“清华大学”

禁止赌博任重道远

前　言

百科全书是一种全面系统地介绍各门类知识的大型工具书，是人类生产生活与思想文化发展的结晶。它反映时代精神，传承人类文明，引导社会发展，推动历史进步。百科全书作为一个国家与民族文明进步的标志而日益受到世界各国的重视。

法国的狄德罗与他的《百科全书》，乃是百科全书的开创者，是一部庞大的无与伦比的辉煌巨著，很多人都受益于它的某些章节而大有所获。美国家庭的常备书——《世界百科全书》，自 1917 年问世以来，伴随了好几代美国人的成长。当今美国的许多知名人物，包括比尔·盖茨、巴菲特、克林顿等人，都曾谈到，他们是读着这套书长大的，是通过这套书发现他们的世界的。

事实上，百科一类书籍的滥觞可谓渊源于中国，即春秋战国时代的《吕氏春秋》，它收罗了当时百家之言，而真正的百科全书，是明朝永乐大帝的《永乐大典》，在清代则又刊行了《古今图书集成》，这是又一部百科全书了。现在出版的《中国百科全书》是与国际接轨的真正意义上的现代百科全书，是中国人自己编的百科全书，在编纂过程中，编者力求文章内容的说理性、知识性和趣味性的高度统一，把历史、文学、艺术、科技、体育、军事、地理、生物等各方面的知识融入简洁、有趣、轻松的文字和精美的图片当中，以满足读者的求知欲。

本套《中国百科全书》是我国科学文化事业一项重要的基础性工程，对传承和发展我国科学文化事业，提高全民族科学文化素质，促进中西方文化交流，建设创新型国家，推动改革开放和现代化建设事业具有重要意义。

本书带你眺望宇宙神秘的深处、领略浩瀚的太空奇景、漫游神奇的蓝色星球、了解并保护我们的生存家园、走进生生不息的动物世界、踏入五彩缤纷的植物王国……无论千年文明的传承，还是自然科学的发展；无论地球沧海桑田的变化，还是人类历史的演变，只要轻轻地翻开书的一页，你就仿佛进入了一个神奇的世界。

我们期待这个良师益友也能够走进中国的许多家庭，走进中国中小学的许多教室，最好是每个教室里都放一套，让老师和学生随时可以查阅。期待有一天，我们的许多成功人士也能够说，自己是读着百科全书长大的，是通过百科全书发现自己的世界的，而不是只有狭隘的民族观念和职业技能。

生命不息，探索不止，让我们一起探索充满未知的新奇世界吧！俗话说得好：“风月为益友，诗书是良师。”博览群书能使人智增百倍，生活中如果缺少了书，就会变得枯燥乏味。愿这套《中国百科全书》能成为你的良师益友。

目 录

探索篇

历史篇

地理篇

探索篇

天文探索

宇宙是什么

人类对宇宙的认识可以追溯到远古时代。在中国有夸父追日的传说，在传说中，天地始是一片混沌，后来夸父累死之后，才混沌初开。在西方，有上帝造人的传说，在上帝造人的七日之后，天地初开。一直到现在，人类对宇宙的探索还在进行当中。面对浩渺无垠的宇宙，没有人知道它来自哪里又将去向何方，而其中究竟隐藏着多么巨大的秘密？这正是人类千百年，甚至数万年来急于解开之谜。

宇　宙

对于宇宙是什么概念这个问题，让我们先有一个清晰的认识。古人云，上下四方为之宇，古往今来为之宙（详见《淮南子·原道训》）。按照物理学的观点，上下四方是空间，也就是一个三维的概念，而古往今来是时间，是一个一维的概念，所以，宇宙两个字联系起来，是一个四维空间。可见古人对于宇宙的定义，是带有朴素的唯物辩证法的观点的。而按照现代的观点，宇宙是指广漠空间和其中存在的各种天体以及弥漫物质的总称，并且宇宙是处于不断的运动和发展之中的。也就是说人类目所能及的地方以及人类还没有看到但是仍然存在的物质都是宇宙。

人类对宇宙认识进程，先从地球开始，再从地球伸展到太阳系，进而延展到银河系，然后扩展到河外星系、总星系。

地球，在茫茫宇宙太空，它不过是太阳系大家庭一个普普通通的成员。地球与其他八位行星“兄弟”一起日夜绕着他们的“母亲”——太阳旋转，连同66颗“月球”般的卫士、神秘莫测的彗星、数以千计的小行星和无数的流星，组成太阳系。尽管太阳系有这么多成员，但它所占的宇宙空间直径仅120亿公里。比太阳系范围更大的是银河系。银河系包括有1000多亿颗“太阳”——恒星，所占宇宙空间直径已达 10 万光年。

银河系并不是宇宙空间的尽头。在银河系之外，还有许许多多星系，人们管它们叫“河外星系”。天文学家已发现 10 亿多个河外星系，每个河外星系都包含有几亿、几百亿甚至几千亿颗恒星和大量的星云和星际物质。所有河外星系又构成更庞大的总星系。目前，通过射电望远镜和空间探测，已观测到距离我们地球约 200 亿光年的一种似星非星的天体，取名“类星体”。这种天体的发现，把今天人类视线拓展到 200 亿光年的宇宙深空。

所以我们所说的宇宙是一个无限的概念。

宇宙最初的三分钟是什么样子

宇宙是广漠空间和其中存在的各种天体以及弥漫物质的总称。宇宙是物质世界，它处于不断的运动和发展中。

宇宙是怎样诞生的，宇宙在诞生之前是什么样子？千百年来，科学家们一直在探寻这些问题。直到今天，科学家们才确信，宇宙是由大约 150 亿年前发生的一次大爆炸形成的。

宇宙大爆炸学说认为，宇宙诞生之前，没有时间，没有空间，也没有物质和能量。大约 150 亿年前，在这四大皆空的“无”中，一个体积无限小的点爆炸了。时空从这一刻开始，物质和能量也由此产生，这就是宇宙创生的大爆炸。

刚刚诞生的宇宙是炽热、致密的，随着宇宙的迅速膨胀，其温度迅速下降。最初的 1 秒钟过后，宇宙的温度降到约 100 亿度，这时的宇宙是由质子、中子和电子形成的一锅基本粒子汤。随着这锅汤继续变冷，核反应开始发生，生成各种元素。这些物质的微粒相互吸引、融合，形成越来越大的团块，并逐渐演化成星系、恒星和行星，在个别天体上还出现了生命现象。然后，能够认识宇宙的人类终于诞生了。

大爆炸理论诞生于 20 年代，在 40 年代由伽莫夫等人进行补充和发展，但一直寂寂无闻。直到 50 年代，人们才开始广泛注意上个世纪这个理论，不过也只是觉得它很好玩，并不信服。人们更愿意认为，宇宙是稳定的、永恒的。

但是，越来越多的证据表明，大爆炸模型在科学上有强大的说服力。我们不得不相信，宇宙有一个开始，也将有一个终结。它产生于“无”，也终将回归于“无”。

宇宙有始有终吗

在人类历史的大部分时期，有关创世的问题，一向是留给神去解决的。宇宙起源于何处？终点又在哪里？生命如何产生？人类怎样出现？对这些疑问，许多宗教都能给出一份体系完备的答案。

直到最近几个世纪，人们才开始学着把神撇开，以超越宗教的角度，去思考世界的本源。这样一来，就有一个重大的原则性问题需要解决：宇宙是永恒存在的，还是有起始的？

这两种说法长久以来一直困扰着科学家、哲学家和神学家，对于普通人来说，更是难以理解。假设宇宙在时间上没有起源，即过去一直存在，那么宇宙的年龄就是无穷大了。无穷大这个概念，一听就让人头昏脑涨：既然是已经过去了无穷久的时间，我们的“现在”又是什么呢？而如果说宇宙是有起始的，那么它就是从“无”中突然产生的了，这最初的一刹那，又是怎样呢？

凭着人类在短暂的生命中获得的常识，实在是很难想明白这些东西。不过，我们可以从科学上寻求一些佐证。大爆炸模型的一个基本假设是宇宙的年龄有限，这个说法令人信服的直接理由，来自物理学中一条最基本的定律——热力学第二定律。这条科学史上最令人伤心绝望的定律，冥冥中早已规定了宇宙的命运。

简而言之，第二定律认为热量从热的地方流向冷的地方。对任何物理系统，这都是众所周知并且显而易见的特性，毫无神秘之处：开水变凉，冰淇淋化成糖水。要想把这些过程倒过来，就非得额外消耗能量不可。就最广泛的意义而言，第二定律认为宇宙的“熵”（无序程度）与日俱增。例如，机械手表的发条总是越来越松；你可以把它上紧，但这就要消耗一点能量；这些能量来自你吃掉的一块面包；麦子在生长的过程中需要吸收阳光的能量；太阳为了提供这些能量，需要消耗它的氢来进行核反应。总之宇宙中每个局部的熵减少，都须以其他地方的熵增加为代价。

在一个封闭的系统里，熵总是增大的，一直大到不能再大的程度。这时，系统内部达到一种完全均匀的热动平衡状态，不会再发生任何变化，除非外界对系统提供新的能量。对宇宙来说，是不存在“外界”的，因此宇宙一旦到达热动平衡状态，就完全死亡，万劫不复。这种情景称为“热寂”。

宇宙正在缓慢地、但坚定不移地走向这无法抗拒的命运，几代智者为此怀疑人类的存在是否有意义。暂且撇开这种沮丧的情绪，做一个简单的推理，我们就可以发现，宇宙不可能有无限的过去。很简单，如果宇宙无限老，那它早就已经死了。以有限速率演变的东西，是不可能永远维持下去的。换句话说，宇宙必然是在某个有限的时间之前诞生的。

宇宙在膨胀吗

夏日夜空，繁星闪烁，不禁使人陷入对宇宙的遐想之中。20 世纪 10~20 年代，天文学家发现远星系光谱线的频率随着它离我们距离的远近而有规律地变化，即谱线红移。1929 年哈勃总结出谱线红移的规律是：对遥远星系，红移量与星系离我们的距离成正比，比例系数 H 叫哈勃常数，这红移叫宇宙学红移。此后，在红外及整个电磁波波段都观测到了这个规律。它被解释为是由星系系统地向远离我们的方向运动时的多普勒效应产生的。这就像火车远离我们行驶时汽笛的声调(即频率)比静止不动时的声调更低一样,由此得出星系都在做远离我们的运动,离我们越远运动速度越快的结论。这就好像是掺有葡萄干的面包在烤箱中膨胀起来一样。这个模型叫宇宙膨胀模型或大爆炸模型。近年来在宇宙膨胀的基础上又提出了爆胀宇宙等多种改进模型。

从宇宙膨胀的观点出发,利用哈勃公式反推到过去宇宙中所有天体应该聚集于一点,由于某种原因在它内部产生了"大爆炸"。诞生了现在的宇宙,从而得出了时间是有开端,空间是有限的结论。宇宙从大爆炸到现在究竟经过了多少时间,即宇宙的年龄是多少,这取决于哈勃常数 H 的大小。最初哈勃常数仅 500(公里/秒/百万秒差距),这样算出的宇宙年龄比地球的45亿年的年龄小很多。以后改为 50~100 之间。若取 100,宇宙的年龄只有 100 亿年,而银河系的球状星团的年龄是 150 亿年,矛盾很大。若取 50,宇宙年龄为 200 亿年,矛盾不那么明显,因此被大爆炸宇宙论者所赞同,但在观测上,这个数值有些勉强。究竟是多少,一直没有定论。近年来用哈勃太空望远镜观测的结果倾向于取 80。这样算出的年龄为 120 亿年,矛盾还很明显。宇宙将来是一直膨胀下去还是又收缩回来,这要取决于宇宙的平均密度。而宇宙平均密度究竟是多少目前还不能确定,因为观测的距离越远,平均密度越小,下限有没有还不能确定。1965 年发现了宇宙空间的 2.7K 微波背景辐射,被大爆炸论者解释为大爆炸时期的光经过上百亿年后的遗迹,是大爆炸宇宙的一大证据,但这种解释并不是唯一的,因为宇宙空间中充满介质,2.7K 微波背景辐射具有黑体辐射的性质,可以解释为宇宙空间中介质发出的温度是 2.7K 的热辐射。

仔细分析起来,问题可能出在将光谱线的红移都解释为星系运动的多普勒效应上。过去,人们曾用多普勒效应解释了银河系内恒星的光谱线移动,从而成功地确定了星系内存在自转现象。但现在天文观测中却发现一些红移现象,若用运动的多普勒效应解释就存在许多困难,这促使人们考虑到必然还有其他机制能产生红移,这里列举几种观测结果。

①多普勒效应对同一个天体,其红移量与光谱线的频率无关,因此观测每个星系中不同谱线的红移量,比较它们是否一致,就是鉴别红移是否由多普勒效应产生的一种依据。如果一致,就表示有可能是由多普勒效应产生的;如果不一致,就肯定它至少不完全是由多普勒效应产生的。1949 年威尔逊对星系 NGC4151 的观测结果表明,虽然不同频率的红移量差别不大,但也超出了观测的误差范围,频率越高,红移量越小。这样至少可以认为宇宙红移不完全是由多普勒效应产生的。

②从太阳中心到边缘各点发出的同一种谱线,在扣除了各种已知的运动效应后,越靠近边缘的地方红移量越大,在太阳半径 90%左右的地方,红移量急剧增加。这意味着太阳上还有某种未知的因素在产生红移。

③先驱 6 号宇宙飞船发射的遥测信号中心频率为 2292 兆赫,当飞船绕到太阳背面经过太阳边缘时观测到异常红移现象。

④类星体红移量一般都很大,如果把这都归结为多普勒效应,算出的距离一般

在100百万秒差距以上。由此推算出它发出的总光能力为银河系的100倍;射电能为银河系的10万倍。

而由光变周期算出它的直径只有一光年左右,这意味着类星体的辐射密度非常高,但目前一直找不到产生这样高辐射密度的物理机制。有些天文学家认为,类星体的红移中至少有一部分不是由多普勒效应产生的,因而类星体离我们的距离较现在推算的要近得多。

⑤星系、类星体相互之间都有成协的现象,即这些天体两两或更多相距较近并有物理联系。观测表明,有些成协天体间红移值相差较大,有些类星体光谱中的吸收线与发射线互不相同,而且不同的吸收线有各不相同的红移值,称为多重红移。

既然这些红移不能用多普勒效应解释,那么它产生的原因究竟是什么呢。光在发射时固然有许多因素影响它的频率,但宇宙中这么多天体都如此有规律地只随着远离我们的距离而变化,就难以理解了。光在它漫长的传播路径上经历了几亿至上百亿年的岁月,这期间必然比它在发射的一瞬间有更多的因素影响着它的频率。现在人们了解到,在星系际空间中存在着星系际介质,密度大约为每立方米一个原子。成分与银河系的大致相同。除了有能对星光产生可见效应的星系际气体、尘埃和固态物质、低光度星体外,还有大量的基本粒子。

据估计,星系间基本粒子的质量占了整个宇宙总质量的绝大部分,它们是看不见的。

光与介质的相互作用是复杂的,介质不仅能吸收光,还能再发射光;再发射的光,其频率不仅仅只是原有的频率,还有其他的频率,只是在原有频率及其附近强度最大。其实,人们早已熟知光子在传播过程中由于与介质的相互作用会逐渐转变成低频的光子。但过去人们认为这只会使谱线衰减而不会产生红移。

由惠更斯原理知道,波前上所有粒子产生的子波叠加后能形成具有新频率的平面波。新产生的频率叠加在原有频率上的结果,不像通常认为的那样谱线会被平滑而消失,而是谱线被整体地移动,在远距离传播中,光的频谱的变化就好像在谱卒域中传播的波一样。这里频率域相当于弦,光谱的强度相当弦的振幅,一条谱线对应于弦上的一个波峰,弦上波峰的传播对应于谱线在频率域中传播。这种新型的波叫频域波。如果新产生的频率电较原来频率低的能量大于较原来频率高的能量,频域波向低频端传播,形成谱线红移;反之,频域波向高频端传播,形成谱线紫移。由实际经验知道,通常总是低频成分多于高频成分,所以实际上常观测到红移。

星系际空间是充满介质的,星光必须通过介质才能到达地球,所以光谱线必定会红移,而且距离越远红移量越大,这与哈勃公式是一致的。对宇宙红移来说,应先扣除介质产生的红移效应,剩余部分才可能解释成多普勒效应,这是处理观测数据所必需的步骤。但以前在得出膨胀宇宙模型时,并没有做这件工作,扣除后的结果无非是3种情况:

一是全部扣完,宇宙是稳定的。二是还有剩余,宇宙是膨胀的。不过,这时膨胀速度要比现在认为的速度慢得多，宇宙的年龄也比现在算出的大许多。三是负值，宇宙正在收缩。

由于我们目前对宇宙空间的情况了解甚少，虽然对地球上的介质与波的相互作用知道一些，但毕竟对在星系际空间中实际发生的情况知道甚微，也许还有些重要的相互作用没有认识到，介质产生红移扣除的结果很难认为是已经完成。也许我们应当反过来，即从宇宙红移来反推星系际介质的情况，这是因为，我们所看到的宇宙是有层次的，有行星、恒星、星团、星系，星系团，总星系等，它们的平均密度呈指数下降，这些都说明宇宙是不均匀的。地球绕太阳转动，太阳绕银河系中心转动，银河系绕本星系团的中心转动，星系团又绕以宇宙背景辐射所表征的经过平均后的星系际空间的介质运动，宇宙也不是各向同性的。这是我们所能看见的最远的宇宙的情况。

大家知道，对于一个引力系统来说，只有具有一定的角动量（旋转）才可能维持比较稳定的结构。因此，我们观察到的宇宙是比较稳定的，可以认为宇宙红移主要是光通过星系际介质时的频域波。正如上面谈到的，宇宙是膨胀的、稳定的还是收缩的，要扣除星系际介质的效应后才能确定。而扣除介质的效应需要对星系际介质有较详细的了解，这在目前还难以做到。也许应该从我们所观测到的宇宙是较稳定的旋转系统出发，用红移资料来反推介质的情况。人类就是这样在不断探索中来认识宇宙的。

探索火星之谜

火星是太阳系中的第四颗行星，也是我们地球的邻居。火星上有没有生命一直是科学家们多年来争论不休的问题。大多数科学家持否定态度，认为在火星上不可能存在生命，哪怕是极小的微生物，但有一些科学家却始终如一地坚持认为火星上可能存在生命现象。

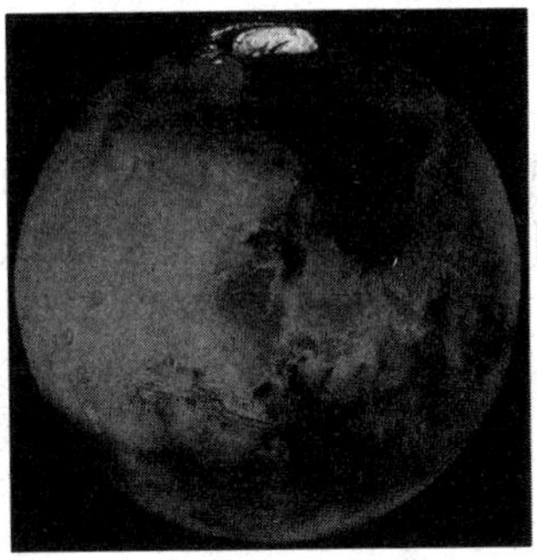

火星

1976年7月20日在火星表面软着陆的美国“海盗1号”探测器，携带一台用来进行生物实验的仪器。这台仪器把一种化学药品注入火星表面9个地点的土壤中，然后检测土壤中的有关生命信号。如果土壤中存在着微生物，它们“吃掉”化学药品后，会释放出气体。由于仪器的灵敏度很高，很容易测到这种气体。果然这台仪器探测到了微生物“打嗝”声，因此，一些科学家认为火星上可能存在着生命。

而许多科学家对这些实验提出异议。但十多年来少数科学家仍然坚持认为火星上有生命，并一再建议美国宇航局再次向火星发射探测器，进一步探明火星上有无生命存在。他们认为,如果火星上确实存在生命,且发现火星上和地球上的生命之间毫无联系,那就有巨大的科学价值,就可以证实,生命曾不止一次地产生过。

近几年来,少数科学家的发现和见解引起许多科学家的兴趣和重视。1989年,美国首先提出载人登上火星的计划。但是真正实现这个计划又谈何容易呢?各国科学家都认识到,只有各国联合起来,让航天员共乘一艘飞船,联合飞往火星,才能揭开火星的奥秘。

你了解太阳黑子吗

人们平常看到的太阳表面,叫作光球,它是太阳大气最下面的一层。一些漩涡状的气流,像是一个浅盘,它的中间凹进去好几百千米。这些漩涡状气流很像大小不等的、形状很不规则的窟窿,很黑很黑.这就是天文学家所说的太阳黑子。黑子本身并不黑,它的温度一般也有四五千摄氏度,但是比起光球来,它的温度要低一、二千度,在更加明亮的光球衬托下,它就成为看起来像是没有什么亮光的、暗黑的黑子了。假设光球上百分之百地覆盖着黑子,太阳仍旧会是相当亮的,只是比现在看到的稍微暗一些罢了。

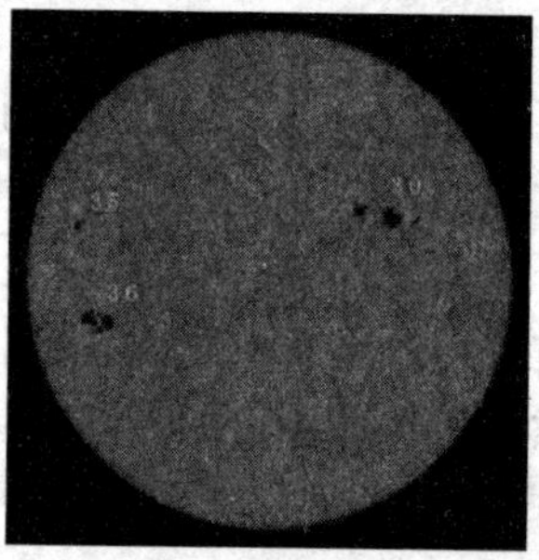

太阳黑子

黑子是由本影和半影构成的,本影就是特别黑的部分,半影不太黑,是由许多纤维状纹理组成的,具有漩涡状结构。当大黑子群具有漩涡结构时,就预示着太阳上将有剧烈的变化。

人类发现太阳黑子活动已经有几千年了。

黑子活动的周期平均是11年。在开始的4年左右时间里,黑子不断产生,越来越多,活动加剧,在黑子数达到极大的那一年,称为太阳活动峰年。在随后的7年左右时间里,黑子活动逐渐减弱,黑子也越来越少,黑子数极小的那一年,称为太阳活动谷年。国际上规定,从1755年起算的黑子周期为第一周,然后顺序排列。

太阳耀斑是怎么回事

1859年9月1日,两位英国的天文学家分别用高倍望远镜观察太阳。他们同时在一大群形态复杂的黑子群附近,看到了一大片明亮的闪光发射出耀眼的光芒。这片光掠过黑子群,亮度缓慢减弱,直至消失。这就是太阳上最为强烈的活动现象——耀斑。由于这次耀斑特别强大,在白光中也可以见到,所以又叫"白光耀斑"。白光耀斑是极罕见的,它仅仅在太阳活动高峰时才有可能出现。耀斑一般只存在几分钟,个别耀斑能长达几小时。在耀斑出现时要释放大量的能量。一个特大的耀斑释放的总能量高达 10^{26} 焦耳，相当于100亿颗百万吨级氢弹爆炸的总能量。耀斑是先在日冕低层开始爆发的，后来下降传到色球。用色球望远镜观测到的是后来的耀斑，或称为次级耀斑。

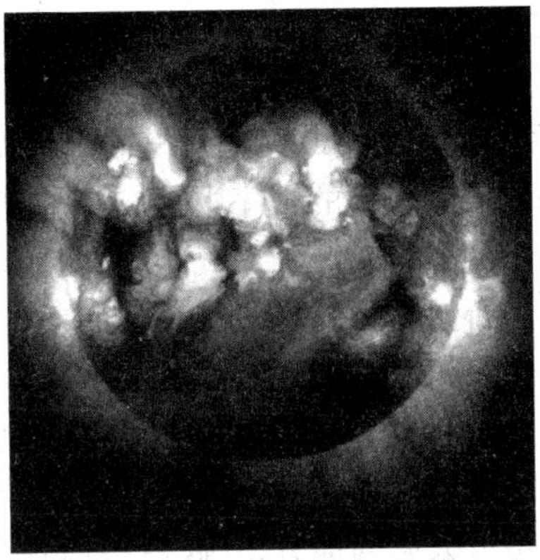
太阳耀斑

耀斑按面积分为4级，由1级至4级逐渐增强，小于1级的称亚耀斑。耀斑的显著特征是辐射的品种繁多，不仅有可见光，还有射电波、紫外线、红外线、X射线和伽马射线。耀斑向外辐射出的大量紫外线、X射线等，到达地球之后，就会严重干扰电离层对电波的吸收和反射作用，使得部分或全部短波无线电波被吸收掉，短波衰弱甚至完全中断。

银河搜索区域

银河系中约有一千亿颗恒星，也有至少同样多的行星。它的范围极大，以光速前进也要花十万年才能从一端到另一端。但宇宙中有超过一千亿个与它类似的星系。而我们只知道一个行星上有生命。它就是地球。

美国国家航空航天局将在未来10年内发射“类地行星发现者”。它的倍率超过以前所有的太空望远镜，科学家将用它来寻找银河系中环绕恒星的、大小和地球一样的行星。

他们的首要目标是小而暗淡的红矮星。红矮星的光线强度只有太阳的十分之一。“类地行星发现者”将会探测到距离地球不到50光年的恒星。有趣的是，这类恒星中有百分之八十都是红矮星。因此科学家们相信，发现的第一批适合生物生存的行星就在红矮星附近。

天文学家描绘的另一个世界

你即将看到一个天文学家认为可能存在的世界。在距离地球40光年以外的地方，一颗红矮星在太空深处闪耀。一个地球大小的行星围绕它运转。这颗行星很接近它的太阳，因此表面有液态水，但太靠近太阳也有坏处。它被恒星的引力锁定、停止了自转。它的一半处于永久的白昼之中，另一半则永远是黑夜。过去人们认为，环绕红矮星的行星不适合生物居住。因为它背阳面的大气会被冻结，而向阳面的大气会蒸发掉。但在最近的创新研究中，科学家决定调查这种行星是否适合生存。

英国气象办公室马诺奥·乔希博士用计算机大气模型做了深入的研究,进行了一些基本测试,了解大气在哪些情况下会冻结,在哪些情况下不会。所有细节都被输入到模型的程序中,接着就让模型自行运转。我们第一次模拟出了环绕某个恒星的行星的详细天气状况,在地球上我们就是这样预测天气的。他们证明了这个新行星上可能有大气和生命不可或缺的液态水。一颗新的行星诞生了,他们将它命名为“奥丽莉亚星”。

“奥丽莉亚星”适合生物生存吗?它的黑暗面是一大片冰冻的荒原,永远处于黑暗之中。那里没有光线,温度在冰点以下,生物将难以在此立足。在它的亮面,最接近太阳的地方,气候模型预测会有一个永不消失的大气旋。这里有横扫大地的飓风、和永不停止的倾盆大雨。但在风暴区和黑暗面之间,计算机模型预测,会有一个气候温暖稳定的地带。这里有海水和陆地,科学家认为,这里很可能会有生物。科学家兴奋的发现,连树都可以在这个温度范围内生存。

“奥丽莉亚星”,一个生机勃勃的世界。发源于风暴区的河流,呈扇形流过巨大的三角洲,为广大的环礁湖区带来生机。大批怪异的扇形生物,朝着红矮星的方向生长。这颗恒星永远不会移动、也不会落下。这里永远都是白昼。扇形生物慢慢爬过泥地。它们的心跳声在森林中回荡着。水下,一位杀手正在苏醒。欢迎光临这个外星世界。一个科学家认为可能存在的世界——“奥丽莉亚星”。

“奥丽莉亚星”上的怪异生命

这里的一切都扑朔迷离。这些是刺扇,它们看起来像植物,其实却是会利用阳光的动物。它们慢慢爬过泥地,互相推挤,争夺阳光更充足的位置。它们的主要活动就是吸收阳光,如果阳光被挡住,它们就活不下去了。它们不能像树那样、长得比挡光的东西更高,只能慢慢地左右一点点移动,因此行动对它们非常重要。

它们就相当于“奥丽莉亚星”上的植物,高度超过 10 米,靠扇面吸收太阳能、产生糖。它们原始的心脏将养分输送到身体各处。在这个太阳从不移动的世界上,生物对阳光的争夺十分激烈。刺扇看起来真的很诡异,它既是植物,又是动物。但在地球上,也有些同样特别的生物,例如珊瑚、水母,甚至蛞蝓之类的一些软体动物,某种意义上讲,它们都有不劳而获的本事,光合作用能提供它们所需要的部分养分,这就是共生。

“奥丽莉亚星”上的所有生物都最终依赖刺扇维生。但刺扇还不是这里唯一奇怪的生命形态。还有大胃猪。它是“奥丽莉亚星”上最大的食肉动物。大胃猪直立时有 4 米半高,体重跟水牛一样重。外星生物绝对不像我们以前见过的任何生物。它们如何去感觉环境呢?它们如何活动?它们和地球生物一样是碳基生物吗?科学家开始依据人类对地球生物的了解对这些问题进行探讨。

任何会移动的生物,感觉器官都应该靠近它身体的前端。眼、耳、嗅觉、味觉器官都应该靠近前端,因为那里是最先接触到环境的地方。它的头脑和计算区域也应该很靠近这些感觉器官。它脖子很长，这样它就能让身体保持静止，只移动一小部分，就能用双眼锁定猎物，其他部分仍然静止不动。因此它可以出其不意地捕获猎物。它的肚子一定很大，而且应该处于一个很稳定的位置，大约在腿附近，行动快速的动物，腿一定要很轻很长。大胃猪遵循着动物身体结构的基本原则。

大胃猪是生物学家构想出来的掠食动物。它们靠探测地面来寻找猎物。它们有些很有趣的适应性特征，最突出的就是它们头骨前方的齿状结构。它会把这些齿插进地面，用这些十分敏感的器官、探测猎物的振动。它们的猎物，就是泥足虫。泥足虫目前还很安全，因为它们不在探测范围内。但大胃猪会从很远的地方找到它们。它们必须动用所有的感官才能生存，其中最重要的就是视觉。

任何有生命的地方，都会有些生物能够影响并永远改变地貌。只要有生物圈存在，不管在银河系的什么地方，就会有生态系统。“奥丽莉亚星”上有一个关键物种，它们就是泥足虫。

它们不知疲倦地搬运泥土，使刺扇倒下。它们是“奥丽莉亚星”的伟大工程师。它们修筑的水坝让大河流速变慢。它们创造了大片错综复杂的环礁湖，为外星生物提供了富饶的栖息地。它有六条腿和强壮的铲状头部，生来就是建造水坝的高手。

泥足虫会把泥巴推来推去以改善环境，而且推泥巴需要强大的摩擦力。它有六条腿，因此在推东西时，仍有四只脚是着地的。所以说，六条腿的动物比四条腿的动物更擅长推东西。它们的水坝为不断移动的森林提供了新的土地，而刺扇也为泥足虫提供了丰富的食物。

泥足虫用爪子挖断刺扇，它的爪子是锯齿状的，这种适应了环境的爪子会不断生长，就像海狸的门牙会不断生长一样，所以它们能咬断树木，而且会始终不断地继续咬下去。刺扇的哀鸣在空气中回荡。

“奥丽莉亚星”上看不见的危机

“奥丽莉亚星”永远沐浴在阳光中。这里似乎是生物最理想的生存环境。但是，红矮星很不稳定。“奥丽莉亚星”的最大问题，就是所有红矮星实际上都是耀星。它会突然爆发耀斑，耀斑会在几分钟内达到最大亮度。耀斑的光芒会照射在行星的整个白昼半球上。

恒星会发射出强烈的紫外线。不出几分钟，“奥丽莉亚星”就会受到这些致命紫外线的强烈照射。空旷地区的泥足虫正暴露在危险中。它们薄薄的皮肤无法抵御紫外线的照射。“奥丽莉亚星”上的任何生物都必须对所有的耀斑活动做出应急反应。

大胃猪有一套预警系统，它头顶的第三只眼能探测到辐射。它们立刻躲在一棵倒下的刺扇后面。泥足虫的反应较慢。但它们一感觉到耀斑的强光，就会匆忙返回洞穴。一只泥足虫闪动背鳍，警告其他同伴。但有只泥足虫在与大胃猪的争斗中受了伤。耀斑的光线越来越强。刺扇合上扇面，进行自我防护。受伤的泥足虫就快到达安全的洞穴了。但是……耀斑活动现在达到了顶峰。致命的光线照射着泥足虫，它被活活烤熟了。

几分钟后，耀斑衰退。森林又恢复了生机。

紫外线会对碳基生物造成致命伤害，分解构成所有活细胞的碳原子。但其他行星上的生物也是由碳构成的吗？

碳是周期表上人缘最好的元素，因为碳原子最容易和其他原子结合形成化合物。碳最大的成就也许就是DNA，这种复杂的生命特征标记，是所有地球生物的基本结构，它就是由碳化合物构成的。科学家们认为外星生物也可能是碳基的，这倒不是因为我们缺乏想象力，我们只是将已知的物理和化学法则应用到了未知的世界上。

在任何有生命的地方，生命都会无孔不入地扩散，演化成各种各样相互竞争的物种。各处生物都会经历繁殖、突变和自然选择的过程，它们会经历这种被称为达尔文进化论的演化过程。这个过程就像万有引力和相对论一样普遍。外星球上也有掠食动物，有猎手和猎物。猎食是地球生命进化的主导力量，在“奥丽莉亚星”上也是如此。

一个复杂的生物链出现了。每一种生物都要靠另一种生物维生。在陆地上，大胃猪是最高级的掠食动物。但环礁湖却是另一种致命生物的地盘——歇斯底里虫。这些小小的生物看起来很无辜，它们在水中盘旋，以微生物为食。一旦食物变得稀少，独居的歇斯底里虫就会进行可怕的变身。它们会聚集成百万大军，一个幽灵般的形体出现了，歇斯底里虫聚集得很紧密，形成了一个超级有机体。

现在，它们结合成了一台致命的杀戮机器。它能探测到猎物最微弱的气味。它们行动统一，能一直冲到陆地上追捕猎物。它的第一个猎物，一只疥蛞蝓，在几秒内就被分解了。但这个超级有机体还想找个更大的猎物来满足它的食欲。它探测到了一种新的气味，盘旋的超级有机体不断逼近，它很快就抓住了下一个牺牲品。倒下的刺扇让大胃猪吓了一跳，它赶紧跑回猪群中。歇斯底里虫撤退了。但是，它迟早会抓到大胃猪。

将主宰“奥丽莉亚星”

红矮星不仅能摧毁生命，也能孕育生命。红矮星的寿命虽然不算很长，但也有相当长的一段时间。它们可以长期的存在，寿命比太阳还要长。所以这里必然成为生命的实验场，实验持续的时间几乎长得无法想象。

我们的太阳只有一百亿年的寿命。但“奥丽莉亚星”的寿命，却比我们的太阳长十倍。科学家构想出了它在五十亿岁时所拥有的生命形态。生命还有如此漫长的时间可以进化，未来会是怎样呢？

复杂的社会系统已经出现。大胃猪一生只能产下少数后代。组织起来的大胃猪群体更为强大，个体有了依靠，并能共同养育幼崽。这套有效的生存策略，让它们征服了行星的整个亮面。大胃猪很有可能会进化出智能。在未来的世代中，大胃猪也许会变得越来越聪明。

“奥丽莉亚星”还有一千亿年的进化时间，这里的生物或许会具备极高的智能。目前占据领先地位的是大胃猪。但环礁湖中有一种很成功的杀手，它们很可能会消灭并取代大胃猪。

大胃猪在不懈地追踪着泥足虫。一只大胃猪发现了一个满是泥足虫的洞穴。大胃猪首领的出现，意味有矛盾即将发生。年轻的大胃猪不肯退让，这等于是在挑战首领的权威。它们匕首般的角可能会造成致命的伤害。

环礁湖里，歇斯底里虫出动了。决斗的大胃猪打得难解难分。歇斯底里虫钻进大胃猪的脚，释放出一种麻醉性的毒液。年轻的大胃猪立刻死亡。歇斯底里虫聚集在它的体内，开始从内部消化它的肉。越聚越多的歇斯底里虫开始了它们最后的变身。它变成了一个装满卵的庞然大物。这是外星球上的生死故事。在这里，生命的伟大循环将持续数十亿年。

“类地行星发现者”是美国国家航空航天局的下一项重要任务，它将会对准太阳系附近类似太阳的数百颗恒星。既然与“奥丽莉亚星”类似的红矮星行星适合生物栖息，那么我们就有了数以千计的目标。寻找外星生物已不再是遥不可及的梦想，人类或许能够找到一个类似“奥丽莉亚星”的世界。

自 1972 年 12 月美国“阿波罗 17 号”飞船返回地球，美国结束“阿波罗”登月计划后，30 多年来，美国、苏联从此再未进行过任何载人登月任务。一种观点认为，这是因为所有 25 名飞往月球的美国宇航员都曾在月球上发现过不明飞行物，对外星强大科技的“畏惧”，促使美国宇航局（NASA）放弃了载人登月任务。

流星雨，不为人知的十大事实

你了解美丽的流星雨吗，当她们那美丽的身姿划过夜空，当你在默默地许愿的时候，你知道它究竟有怎样的神秘身世吗？

事实一：狮子座流星雨除了光顾地球之外同样光顾月球，当狮子座流星雨光顾月球时，我们在地球上同样可以看到。由于月球与地球之间距离相对较近，每年的 11 月，月球也会出现狮子座流星雨。

不过，光顾月球的流星雨与光顾地球的流星雨之间存在一个差别：月球没有大气来阻隔流星雨，因此这些微小的彗星残片会直接坠入月球表面然后发生爆炸。

“阿波罗”时代对月球进行的地震观测记录显示了 70 年代月球上经历的狮子座流星雨，科学家则在 1999 年狮子座流星雨出现时利用观测设备首次证实月球上也有狮子座流星雨。

2005 年，三位独立的天文爱好者利用天文望远镜看到了狮子座流星雨在月球出现的情景，他们看到一束束短暂的光束划过，其亮度与一颗较暗的星星差不多，在黑暗的夜空当中即便用肉眼也能够看到。

狮子座流星雨

但是，流星雨这样比一颗石子大不了多少，重量仅仅几盎司的太空碎片如何能够产生像星星一般的亮度使得人们在地球上也能够看得到呢？最近几年来科学家渐渐得出结论，由于狮子座流星雨向地球和月球飞行的速度极快，超过每小时 16 万英里，因此其产生的动能非常大，这导致受到流星雨影响的区域周边的月球灰尘全部气化蒸发，从而产生了明亮的亮光。

事实二：流星雨实际上并非太空碎片。

现在，很多人都把流星雨视作太空碎片，但实际上对流星雨更科学的描述应该是流星体。根据美国流星协会的定义，当流星雨进入大气层当中时，其产生的光亮被称作流星，换言之，流星雨仅仅是一种宇宙现象，而并非太空碎片这样的具体物质。

事实三：流星雨并不坠落地面。

流星雨产生的巨大热量使得它们在距离地球表面很远时就已经气化，即便是体积较大可以达到一个篮球那么大的流星也一般会烧尽而无法坠落地面，当然也有一些例外，极少数的流星最终可能会成为漏网之鱼有幸到达地面。

科学家指出，流星雨主要是由彗星成分组成，韧性较差，因此它们很容易破碎成小碎片或分解。实际上像篮球那样大的流星体几乎没有，大多数流星体也就是小石子那么大。

由于流星雨下落速度极快，他们在距离地球表面 87 英里时就会燃烧发亮，而那里的空气仍然相当稀薄。

事实四：流星雨并非因为摩擦而燃烧。

很多消息曾表示，流星雨之所以非常明亮是因为它们在下坠的过程当中与空气分子相互摩擦，但实际上由于流星雨飞行速度很快，空气分子往往会受到压力而明显升温，温度升高的空气反过来使得流星雨开始燃烧，当时的温度可能会超过 1650 摄氏度。

事实五：流星雨不仅外观美丽而且还有声音。

流星雨划过天空时会在身后留下一串被离子化的气体，有时来自远方的调频无线电信号或是电视信号可以“截获”这一迹象并将其转化为声音，如果你知道把收音机调到哪个波段就可以听到这一声音。据称这种声音类似口哨声或嗡嗡声。

事实六：流星雨不可预知。

尽管天文学家对于狮子座流星雨进行了种种预测，而且这些预测有的非常准确，但是无论如何对于流星雨进行提前预测，包括预测其数量以及达到高峰的时间都是一件相当困难的事情。

2001 年，不同的预测小组对狮子座流星雨进行了不同的预测，他们之间的差异甚至很大，尽管大家都同意流星雨的数量将很大，但最终的结果与预测的数据之间还是有一些差别，没有任何一项预测是完全正确的。在某些地区，流星雨的数量高出预测，而在另外一些地区，流星雨的数量却低于预测。

事实七：狮子座流星雨一度被认为是世界末日的先兆。

流星雨产生大量的流星，这种景观令人叹为观止，但在 1833 年时人们还对狮子座流星雨感到恐慌，不知其形成的原因，因而误以为世界末日就要来临了。

事实八：狮子座流星雨的形成与 Temple-Tuttle 彗星有关。

Temple-Tuttle 彗星是在 1865 年年底和 1866 年年初分别由威廉姆·特姆佩尔和霍雷斯·图特勒独立发现的，因此这颗彗星就用他们二人的名字命名。天文学家后来发现这颗彗星与每年一次的狮子座流星雨之间有着密切的关联。

但直到 1965 年才有人再次观测到 Temple-Tuttle 彗星，1997 年 3 月 4 日，夏威夷大学的三位科学家卡伦·米奇、奥利维尔·汉诺特以及詹姆斯·鲍尔再次观测到了 Temple-Tuttle，据称这颗彗星将于 2031 年重返太阳系。

事实九：观测狮子座流星雨的最佳地点是在太空。

没有人能够像国际空间站里的宇航员那样拥有最佳的观测狮子座流星雨的条件，但是，能够有幸登上国际空间站的人毕竟少之又少，就连流行乐明星兰塞·巴斯都还没有拿到登陆国际空间站的“门票”。

国际空间站上的宇航员可以在狮子座流星雨在欧洲达到高峰时看到这一景观，几小时之后他们还可以看到北美夜空中的狮子座流星雨。不过值得一提的是，宇航员们不像地球上的观测者那样抬头向上看流星雨，而是低头向下看。因为国际空间站飞行高度位于 240 英里的高空，远远超过大气层中能够使流星雨大面积燃烧的浓厚的空气高度。

下面是宇航员弗兰克·库尔伯森 2001 年在国际空间站中观测狮子座流星雨时所做出的描述：“我们好像看到一些不明飞行物正在以编队的方式朝着地球飞去，一次大约有三到四个。”还好，库尔伯森很清楚他看到的是流星雨，他接着写道：“在我们身下每分钟都有数百颗流星飞过，这种场面真的是非常壮观！”

事实十：狮子座流星雨是彗星残片。

狮子座流星雨是彗星的残片，每隔 33 年就会从 Temple—Tuttle 彗星上剥离出大量的流星。科学家认为彗星是在大约 46 亿年前与太阳系一起形成的，当时太阳从氢、氦两种气体以及一些尘埃中脱离出来，而 Temple—Tuttle 彗星则从余下的残余物质中产生，而且此后一直围着太阳飞行。

寿命短暂的狮子座流星雨是天文学家最喜欢研究的课题之一，最近几年来一些天文学家已开始乘坐飞机追赶流星雨的步伐，以便与流星雨进行近距离的接触。

太空垃圾:空间碎片知多少

太空垃圾也就是空间碎片,是人类空间活动的产物,包括完成任务的火箭箭体和卫星本体、火箭的喷射物、在执行航天任务过程中的抛弃物、空间物体之间的碰撞产生的碎块等,是空间环境的主要污染源。

四十多年来,人类进行的空间发射超过4000次,送入空间并曾经被跟踪观测的物体超过26000个,大约还有三分之一也就是8000多个仍遗留在空间沿轨道飞行。目前可被地面观测设备观测并测定其轨道的空间物体超过9000个,其中只有6%是仍在工作的航天器,其余为空间碎片。随着航天事业的发展,空间碎片与日俱增,滞空时间相当漫长,碎片之间相互碰撞或爆炸又产生新的、体积更小的空间碎片,据估计直径大于1厘米的空间碎片数量超过11万个,大于1毫米的空间碎片超过3500万个。

空间碎片的存在对航天器和航天任务的影响日益严重,特别是加大了载人航天的潜在危害:

(1)极小的空间碎片由于数量多,能严重改变航天器的表面性能。

(2)稍大的空间碎片会损坏航天器表面材料,造成撞击坑,对表面器件造成损伤。

(3)高速撞击的空间碎片会使自身及被撞击的航天器表面材料气化为等离子体云,最终会形成航天器故障。

(4)大的空间碎片高速与航天器碰撞时,将巨大的动能传递给航天器,使航天器的姿态改变,甚至改变航天器的轨道。

(5)空间碎片的能量足够大时,将穿透航天器表面,打坏置于航天器内部的控制系统或有效载荷。

(6)空间碎片撞击可以使航天器表面强度降低,甚至出现裂纹,高压容器的舱壁受损,可能会发生爆炸。

(7)大的空间碎片撞击航天器构架结构时.可能将整个结构打散。另外,空间碎片再入大气层时,会对地面的生命财产安全构成严重的威胁,以核能为动力的航天器陨落时,由于放射性物质的大面积扩散,对环境的化学和放射性污染后果特别严重,尤其受到关注。

为什么天文台的观测室大多是圆顶结构

一般房屋的屋顶,不是平的就是斜坡形的,唯独天文台的屋顶与众不同,远远看去,银白色的圆形屋顶好像一个大馒头,在月夜之下闪闪发光。为什么天文台要造成圆顶结构?

难道是为了好看?不,天文台的圆顶完全不是为了好看,而是有它特殊的用途。我们看到的这些银白色的圆顶房屋,实际上是天文台的观测室,它的屋顶呈半圆球形。

走近一看,半圆球上却有一条宽宽的裂缝,从屋顶的最高出一直裂开到屋的地方。在走进屋子里一看,嘿!哪里是什么裂缝,原来是一个巨大的天窗,庞大的天文望远镜就通过这个天窗指向辽阔的太空。

将天文台观测室设计成半圆形,是为了便于观测。在天文台里,人们是通过天文望远镜来观察太空,天文望远镜往往做得非常庞大,不能随便移动。而天文望远镜观测的目标,又分布在天空的各个方向。如果采用普通的屋顶,就很难使望远镜随意指向任何方向上的目标。天文台的屋顶造成圆球形,并且在圆顶和墙壁的接合部装置了由计算机控制的机械旋转系统,使观测研究十分方便。这样,用天文望远镜进行观测时,只要转动圆形屋顶,把天窗转到要观测的方向,望远镜也随之转到同一方向,再上下调整天文望远镜的镜头,就可以使望远镜指向天空中的任何目标了。

在不用时,只要把圆顶上的天窗关起来,就可以保护天文望远镜不受风雨的侵袭。

当然,并不是所有的天文台的观测室都要做成圆形屋顶,有些天文观测只要对准南北方向进行,观测室就可以造成长方形或方形的,在屋顶中央开一条长条形天窗,天文望远镜就可以进行工作了。

人类能否看到宇宙诞生7亿年时的星光

在美国科学促进会年会上,加州理工学院宣布,该学院天文学家小组用哈勃太空望远镜和Keck天文台望远镜,在Abell2218星系团中,发现了离地球最远的一个星系。该星系发出的光是在宇宙诞生7亿年时发出的。

该研究小组首次探测到这一新星系,是用哈勃太空望远镜的"先进调查照相机",对Abell2218星系团进行长时间的曝光得到的。对于一系列"哈勃"所获得的图像分析表明,该"红移"至少为6.6。后来又利用Keck天文台的10米望远镜进行修正,天文学家发现该星系"红移"近于7.0。"红移"越大,表明该天体距离地球越远。克奈伯对该星系的"拍摄",获得两个极为类似的图像。他说,同一天体存在两个影像表明,引力透镜现象正在起作用。由于该星系极为暗淡,识别出它的距离曾是一件特别富有挑战的工作。研究人员估计,该星系是很小的,大概其宽度仅为2000光年,但以极高的速率形成恒星。并且这个星系主要是由大质量恒星构成的。

地球内部是空的吗

关于地下城市的最早传闻是在1946年,传闻的制造者是RichardShaver——作家、新闻记者兼科学家。他所写的一篇不可思议的故事发表在《惊奇故事杂志》,描述了他与居住在地下的外星人的接触。Shaver在故事中写道,他曾经与外星人在地下共同生活过几个星期,这些外星人长得就像魔鬼。其中的一些描述明显带有古代传说和童话故事的影子。几乎每个民族都有古代的神话传说,那些传说中的祖先们都生活在人类出现之前的远古时代。Shaver描述的地下外星人超级聪明、具有高度的文明,他们与人类没有任何类似之处。

你可以说这位美国作家的故事只是自己的想象而已,但是,这篇故事的反响却不同寻常,许多读者说他们曾经访问过地下城市,与那里的居民交谈,并看到了难以想象的先进科技,使地下的居住者也过着舒适的生活。还有人说地下的外星人曾经交给他控制人类思想的方法。

这个奇异的故事也引起了科学家的注意,人们开始关注地球内部的情况。

17世纪的英国天文学家EdmundHalley在他的著作中也提到地球是个中空的球体。美国当局在18~19世纪组成了一个特殊的科研组来探测地球内部空洞的深度。

纳粹德国的科学家同样对神秘的地下世界充满了兴趣。1942年,德国成立了一个秘密探察组。他们希望装备一个新式的雷达来探索地球内部。但不幸的是,他们的研究结果无人知晓。但是对于地下文明的猜想在20世纪下半叶更加活跃了。

1963年,美国的两个当地矿工——DavidFelling和Henry Throne在地道里发现了一个大门,推开门可以看到大理石楼梯。在英国,矿工们在挖掘地道时能够听到地下传来机器装置的声音。一个英国矿工也说看到过通往地下井的楼梯。机器的声音越来越清晰,工人们感到恐惧,四散而逃,当他们再次回到地道中时,台阶已经不见了,通往地下井的入口也找不到了。

在20世纪70年代末,美国卫星曾经拍摄到有趣的照片。这些照片曾经在许多西方科学类杂志上发表,照片中显示在北极有一个黑色、规整的圆点。这几张照片并不十分清晰,但是类似的照片在几年之后又出现了。

人类学家JamesMcKenna探测过一个有名的山洞,位于美国爱达荷州。当到达山洞几百米的深处时,McKenna和其他成员听到尖叫声和呻吟声,与此同时,他们发现人类的骨架。但强烈的硫磺味使他们不能再继续走下去了。

地质学家并不同意地球是个中空球体的看法,但他们也不排除地球内部有许多空洞的可能。在那里人类不可能生存,气温极高又缺乏氧气。一些研究者认为地下文明是外星人的杰作,他们对于人类无休止的争战和残暴感到厌倦,于是移居地下，静观人类的发展。UFO不是其他星系的来客，而是地下居民的交通工具。然而，如果地球是中空的，在很早以前就应该有人看到过通往那里的门。就此问题，一些美国科学家认为地下城市存在于地球的四维空间，随着地球电磁场的变动，隧道的大门有时会被人看到，偶然情况下，也有人看到过地下城市和那里的居民。

还有一种理论认为，许多神秘的建筑是通往地下城市的入口标志，例如英国的Stonehenge。假如地下真的有人类存在的话，许多无法说明的现象也就迎刃而解了。

彗星之谜

1986年，哈雷彗星回归太阳系，从地球上发射了6个空间探测器进行考察；1994年7月17日到7月22日，苏梅克—列维9号彗星分裂成的22块碎片相继和木星相撞，全世界的天文台都把望远镜对准了木星，正在天空中的“伽利略”号探测器和“哈勃”太空望远镜也忙于收集彗木相撞的照片和磁场变化、射电流量变化等信息；1994年8月13日又发现一颗彗星“麦克豪尔2号”，发现时它正向太阳飞去，10天后亮度增强了10倍，彗核开始分裂，9月15日已分裂成5块……短短几年时间在全世界天文界掀起了一次又一次彗星研究热潮。

哈雷彗星

彗星是太阳系神秘的客人，以其在天空中形成美妙的形状和千姿百态的变化而引起人们极大的兴趣。一个完整的彗星有一个明亮的头，长长的扫帚一样的尾。彗头中央明亮部分的核心是直径几公里到几十公里的固体核，核外四周看上去毛茸茸的模糊亮团称为彗发，彗星后部延伸很远的射线状亮线条是彗尾。

彗星来源之谜：彗星非太阳系固定的成员，它们是从太阳系边缘闯入太阳系的不速之客，它们的原籍在何处？有人认为：在太阳系之外有一片名叫奥尔特的星云，这片星云是一个巨大的彗星仓库，其中约有一万亿颗彗星。奥尔特星云和太阳的距离约为地球到太阳距离的几万倍。由于内部相互作用的不稳定和恒星吸引等作用，少数彗星会脱离星云，有些进入了太阳系，成为太阳系的彗星。也有人认为：彗星是星际空间的气体和尘埃云，它们经过瓦解、凝结成晶体，再聚合成团等过程形成了彗核，太阳系在银河系中运行时把较近的彗星吸引进入太阳系。还有人认为：太阳系形成过程中大量的尘埃、气体积聚形成了行星，一部分则被推到太阳系的边缘，在那里它们又聚合在一起形成彗核。彗星进入太阳系有偶然性，谁也说不准何时将有新的彗星从何处闯入太阳系。

彗核之谜：彗核是彗星的主体，由固态物质组成。彗核有时会分裂，如"苏梅克—列维9号"彗星和"麦克豪尔2号"都分裂了，由此产生了"碎石堆"的想法：彗核是一堆相互作用力不太大的物质堆聚在一起的，一遇到外力作用不平衡，碎块就会分开。另一种猜想是"肮脏冰块"：彗核就是一大块由冰和尘埃冻在一起的肮脏大冰块，探测哈雷彗星时发现彗星表面有黑色尘埃覆盖。黑色物质吸收约96%的太阳光，形成彗星表面30℃以上的高温。对哈雷彗星的观测对"肮脏冰块"理论较为有利，但还不能说彗星普遍都是这样的。

彗发之谜：彗核向太阳靠近时，彗核吸收大量太阳能使固态物质升华成气态分子、原子、离子和尘埃，它们在彗核表面形成大气层，它们散射太阳光，自身也吸收太阳光能发出荧光，形成了发亮的彗头，彗头中核心部分是彗核，在四周发亮的是彗发。彗发成分、结构都很复杂，还能形成磁场。形成的磁场犹如一个瓶子，瓶状的中间部分——磁腔磁场很弱，磁场向后延伸很远，其边缘远达数千公里。有人提出用太阳风理论来解释这种现象：太阳日冕中吹出大量带正电荷的质子和带负电荷的电子，高速的太阳风刮到彗星大气层，受到彗星大气层阻碍突然减退，太阳风和大气层相互作用引起激波，带电的粒子都作相当复杂的运动，磁场就是由这些带电粒子的运动形成的。

彗尾之谜：彗尾有两支，一支基本上沿着日彗连线一直向后延伸，它主要由一氧化碳、二氧化碳、水、氦等离子组成。彗尾中的这些离子以极大的加速度向后飞奔，远离彗头。加速度大表明它们受到了很大的作用力，开始设想这是太阳风中的带电粒子和离子的相互作用产生的，但后来证明这种相互作用产生的加速度没有这么大，因此至今尚未对此做出合理的解释。另一支彗尾相对于尾轴对称产生，然后，一边伸长一边向尾轴靠拢，最终合并到彗尾上去。解释这一支彗尾成因的还是太阳风。和太阳风相互作用而飞离彗头的离子在太阳风形成的磁场中一边前进，一边旋转，像一把边旋转边收拢的折伞。彗尾并不一定是规则的，它们会弯曲，方向突变，成螺旋状，会凝集、扭曲……这些现象现今亦无完善的理论说明。

彗星归宿之谜：闯进太阳系的不速之客有的拜访一次后，离开太阳系就杳如黄鹤一去不回；有的则定期回访，如"哈雷"彗星约76年回归一次；有的在第一次拜访中就瓦解，如"苏梅克—列维9号"彗星。彗星的最后归宿如何？多数人认为：由于彗星靠近太阳时蒸发掉不少物质，除一次拜访就已瓦解的彗星外，凡定期回归的彗星最终均将瓦解。如"哈雪"彗星，离太阳较近时每秒要损失40~50吨物质，彗核总质量约1000亿吨，每运行一周要损失约2亿吨物质，至多再运行几十周就会瓦解。

麒麟座恒星为什么神秘变亮

悉尼大学物理系的里特和马罗姆在英国《皇家天文学会月报》上发表报告称，在银河系中观测到的麒麟座V838星（V838Monochromic）恒星神秘变亮上万倍，原因是它正在吞吃绕其旋转的行星。

2002 年 1 月澳大利亚业余天文爱好者布朗发现,V838Monochromic 恒星发生爆发现象,并很快变成银河系最亮的恒星之一,比太阳还亮 60 万倍。普通新星爆发时,通常将恒星的外层物质推向太空,正发生核聚变的超热核心则暴露在外。但哈勃太空望远镜拍摄到的图像显示,V838Monochromic 恒星的直径却大为增加,其外层冷却,核心仍被隐藏着。天文学家一直无法解释这颗暗淡的普通恒星突然变成明亮的超巨恒星时所发生的壮丽大爆发。

麒麟座恒星

里特和马罗姆领导的研究小组通过研究该恒星发出的光的弯曲现象后认为,V838Monochromic 恒星连续吞吃了 3 颗巨大的、像木星一样的行星,从而发生了这种多阶段大爆发。他们的研究工作也帮助人们认识了新一类天体——吞吃行星的恒星。

火星为什么是红色的

美国科学家艾伯特—延最近的实验证明,火星表面呈现出红色很可能是落在火星地表的流星碎屑所致。科学界原来普遍接受的解释(水氧化了火星岩层中的铁元素而导致火星呈红色)很可能与事实不符。

此前天文学家们曾一致认为:火星呈红色是因为火星表面覆盖着一层红色的氧化铁。火星在幼年时期时曾是一颗尚未冰冻的“热星”,那时火星上的海洋、湖泊和河流溶解了大量火星岩石中的铁元素,这些氧化了的铁元素逐渐地沉积在火星表面,后来当火星表面的各种水源神秘消失后,便留下了一层红红的氧化铁尘土。

然而,自 1997 年“火星探路者”抵达火星进行探险后,来自美国喷气推进实验室(JetPropulsionLaboratoty)的艾伯特—延却对上述理论提出了质疑。那次探险结果表明,火星表层土壤中所含的铁和镁比岩石还要多。这就可以说明,火星的这一红色金属表层起源于不断沉积在火星表面的富含金属元素的小流星碎屑和其他太空尘埃。据艾伯特—延计算,这些流星碎屑和太空尘埃每十亿年就可以在火星表面沉积达 5 厘米厚。

如果事实真的像艾伯特—延所推测的那样,那么火星就并不见得一定要是一块“湿润之地”才能发生氧化反应而呈现出红色。为了检验上述推测,艾伯特—延还特地进行了一次实验:他将铁放置在火星环境模拟实验室中进行紫外线照射(模拟太阳光、火星大气及温度),结果只用了一周红色的氧化铁就已经产生了。艾伯特一延因此而表示,他并不排除火星上曾经有过水,但同时他也认为,液态水对火星外形的形成产生的作用微乎其微,并不像人们想象的那么重大。

恒星系的形成与发展

按照宇宙大爆炸理论,第一代星系大概形成于大爆炸发生后十亿年。在宇宙诞生的最初瞬间,有一次原始能量的爆发。随着宇宙的膨胀和冷却,引力开始发挥作用,然后,幼年宇宙进入一个称为“暴涨”的短暂阶段。原始能量分布中的微小涨落随着宇宙的暴涨也从微观尺度急剧放大,从而形成了一些“沟”,星系团就是沿着这些“沟”形成的。

在宇宙诞生后的第一秒钟,随着宇宙的持续膨胀冷却,在能量较为“稠密”的区域,大量质子、中子和电子从背景能量中凝聚出来。一百秒后,质子和中子开始结合成氦原子核。在不到两分钟的时间内,构成自然界的所有原子的成分就都产生出来了。大约再经过三十万年,宇宙就已冷却到氢原子核和氦原子核足以俘获电子而形成原子了。这些原子在引力作用下缓慢地聚集成巨大的纤维状的云。不久,星系就在其中形成了。

大爆炸发生过后十亿年,氢云和氦云开始在引力作用下集结成团。随着云团的成长,初生的星系即原星系开始形成。那时的宇宙较小,各个原星系之间靠得比较近,因此相互作用很强。于是,在较稀薄较大的云中凝聚出一些较小的云,而其余部分则被邻近的云所吞并。

同时,原星系由于氢和氦的不断落入而逐渐增大。原星系的质量变得越大,它们吸引的气体也就越多。一个个云团各自的运动加上它们之间的相互作用,最终使得原星系开始缓慢自转。这些云团在引力的作用下进一步坍缩,一些自转较快的云团形成了盘状;其余的大致成为椭球形。这些原始的星系在获得了足够的物质后,便在其中开始形成恒星。这时的宇宙面貌与今天便已经差不多了。星系成群地聚集在一起,就像我们地球上海洋中的群岛一样镶嵌在宇宙空间浩瀚的气体云中,这样的星系团和星系际气体伸展成纤维状的结构,长度可以达到数亿光年。如此大尺度的星系的群集在广阔的空间呈现为球形。

宇宙中没有两个星系的形状是完全相同的,每一个星系都有自己独特的外貌。但是由于星系都是在一个有限的条件范围内形成,因此它们有一些共同的特点,这使人们可以对它们进行大体的分类。在多种星系分类系统中,天文学家哈勃于1925年提出的分类系统是应用得最广泛的一种。哈勃根据星系的形态把它们分成三大类:椭圆星系、漩涡星系和不规则星系。

宇宙中的大部分大星系都是漩涡星系,其次是椭圆星系,不规则星系占的比例最小。漩涡星系自转得比较快,其盘面中含有大量尘埃和气体,这些物质聚集成能供恒星形成的区域。这些区域发育出含有许多蓝星的旋臂,所以盘面的颜色看上去偏蓝。而在其棒状结构和中央核球上稠密地分布着许多年老的恒星。与漩涡星系相比，椭圆星系自转得非常慢，其结构是均匀而对称的，没有旋臂，尘埃和气体也极少。造成这种局面的原因是早在数十亿年前恒星迅速形成时就已经将椭圆星系中的所有尘埃和气体消耗完了。其结果是造成这些星系中无法诞生新的恒星，因此椭圆星系中包含的全都是老年恒星。

宇宙中约有十亿个星系的中心有一个超大质量的黑洞，这类星系被称为“活跃星系”。类星体也属于这类星系。

此外，还有一类个子矮小的“矮星系”。这类星系不像大型星系那样明亮，但其数量非常多。银河系附近有许多矮星系，其数量比所有其他类型星系之和都多。在邻近的星系团中也已发现了大量的矮星系。其中一些形状规则，多半都含有星族Ⅱ的恒星；形状不规则的矮星系一般含有明亮的蓝星。

星系的形状一般在其诞生之时就已经确定了，此后一直都保持着相对稳定，除非发生了星系碰撞或邻近星系的引力干扰。

你知道空间移民方案吗

1977年，美国普林斯顿大学奥尼尔博士发表《宇宙移民岛》一书，描绘了向宇宙空间移民的宇宙城的建设方案。他设想在宇宙空间中的地球和月球引力所及的范围内，建设巨大的宇宙移民岛，成为人类移居的第二故乡。

这种宇宙岛在太空中以一定速度旋转，产生向心力以模拟地球的重力。岛内培植土壤，加上入射的阳光，形成人造生态系统。

宇宙岛上的活动依赖太阳能，充分利用失重状态和日光，建立宇宙工业，成为宇宙城的基础。美国政府对这个设想给予高度评价，并拨出专款支持研究。

奥尼尔设计了以地球为蓝本的三种宇宙岛模型：一是岛直径为512米的中空球体，岛上的赤道内侧是居民区，高纬度区域装有大面积玻璃窗，在球体外由反射镜收集阳光，粮食由岛外侧的农业区域生产，工业原料由月球上的矿产供应。岛的屏蔽层厚2米。岛上的土壤、建筑物总重10万吨，防护层重3万吨。二是岛直径为3600米的球体。三是岛直径为6.4千米、长32千米的半球形封闭圆筒，陆地面积270平方千米，相当于一个大城市。这些宇宙岛一个比一个复杂先进，可接纳越来越多的移民，最后变成一座太空城市。

建造宇宙岛必须解决物资运送问题，也就是说要有特殊的交通工具，即宇宙联络飞船。它像一种能重复使用的普通飞机，太空飞行结束后可以展翅滑翔返回地球，休整两周后再进行太空飞行。宇宙联络飞船把圆筒形的太空舱一个个运到宇宙空间，并在太空组装成宇宙站，然后以此为基础建成宇宙岛。

月球的十大未解之谜

①月球起源之谜

对于月球的起源,科学家提出3种理论,它们全都有缺陷,但是阿波罗计划却有助于证明,其中看来可能性最小的理论是最佳理论。有些科学家认为,月球是和地球一起,于46亿年以前,从一团宇宙尘埃中生成的。另一种理论认为月球是地球的孩子,也许是从太平洋地区抠出去的。然而阿波罗登月探险的结果表明,地球和月球的结构成分差别很大,有一些科学家提出了另一种假说,即俘获说。他们认为,月亮是偶然闯入地球引力场,而被锁定在目前的轨道上。可是,要从理论上解释这过程的机制,难度相当大。因此,上述3种理论全都难以站得住脚。正如罗宾·布列特博士所称:要解释月球不存在,要比解释月球存在更容易些。

②月球年龄之谜

月 球

令人惊异的是,从月球带回的岩石标本,经分析发现其中99%的年龄要比地球上90%年龄最大的岩石更加年长。阿姆斯特朗在寂静海降落后拣起的第一块岩石的年龄是36亿岁。其他一些岩石的年龄为43亿岁、46亿岁和45亿岁。它几乎和地球及太阳系本身的年龄一样大,地球上最古老的岩石是37亿岁。1973年,世界月球研讨会上曾测定一块年龄为53亿岁的月球岩石。更令人不解的是,这些古老的岩石都采自科学家认为是月球上最年轻的区域。根据这些证据,有些科学家提出,月球在地球形成之前很久很久便已在星际空间形成了。

③月球土壤的年岁比岩石年岁更大之谜

月球古老的岩石已使科学家束手无策,然而,和这些岩石周围的土壤相比,岩石还算是年轻的。据分析,土壤的年龄至少比岩石大10亿年。乍一听来,这是不可能的,因为科学家认为这些土壤是岩石粉碎后形成的。但是,测定了岩石和土壤的化学成分之后,科学家发现,这些土壤与岩石无关,似乎是从别处来的。

④当巨大物体袭击月球时,月球发出空心球似的声音之谜

在阿波罗探险过程中,废弃的火箭第三节推进器会轰地一下撞在月球表面。据美国航空航天局的文件记载,每一次这样的响声,听起来仿佛是一个大铃铛的声音。当登月人员降落在颜色特别黑的平原上时,他们发现要在月球表面钻孔十分困难。土壤样品经分析后发现,其中含有大量地球上稀有的金属钛(它被用于超音速喷气机和宇宙飞船上);另一些硬金属,如锆,铱、铍的含量也很丰富。科学家觉得迷惑不解,因为这些金属只有在很高的高温约华氏4500度下,才会和周围的岩

石融为一体。

⑤不锈铁之谜

月面岩石样其中还含有纯铁颗粒,科学家认为它们不是来自陨星。苏联和美国的科学家还发现了一个更加奇怪的现象:这些纯铁颗粒在地球上放了7年还不生锈。在科学世界里,不生锈的纯铁是闻所未闻的。

⑥月球放射性之谜

月亮中厚度为8英里的表层具有放射性,这也是一个惊人的现象。当"阿波罗"15的宇航员们使用温度计时,他们发现读数高得出奇,这表明,亚平宁平原附近的热流的确温度很高。一位科学家惊呼:上帝啊,这片土地马上就要熔化了!月球的核心一定更热。然而,令人不解的是,月心温度并不高。这些热量是从月球表面大量放射性物质发出的,可是这些放射性物质(铀、钍和钚)是从哪里来的?假如它们来自月心,那么它们怎么会来到月球表面?

⑦干燥的月球上的大量水气之谜

最初几次月球探险表明,月球是个干燥的天体。一位科学家曾断言,它比戈壁大沙漠干燥100万倍。阿波罗计划的最初几次都未在月球表面发现任何水的踪迹。可是阿波罗15的科学家却探测到月球表面有一处面积达100平方英里的水气团。科学家们红着脸争辩说,这是美国宇航员废弃在月亮上的两个小水箱漏水造成的。可是这么小的水箱怎能产生这样一大片水气?当然这也不会是宇航员的尿液,它直接喷射到月球的天空中,看来这些水气来自月球内部。

⑧月球表面呈玻璃状之谜

阿波罗的宇航员们发现,月球表面有许多地方覆盖着一层玻璃状的物质,这表明,月球表面似乎被炽热的火球烧灼过。正如一位科学家所指出的:月亮上铺着玻璃。专家的分析证明,这层玻璃状物质并不是巨大的陨星的撞击产生的,有些科学家相信,这是太阳的爆炸某种微型新星状态产生的后果。

⑨月亮的磁场之谜

早先探测和研究表明月球几乎没有磁场,可是对月球岩石的分析却证明它有过强大的磁场。这一现象令科学家大惑不解,保罗·加斯特博士宣称:这里的岩石具有非常奇特的磁性……完全出乎我们意料。如果月球曾经有过磁场,那么它就应该有个铁质的核心,可是可靠的证据显示,月球不可能有这样一个核心;而且月亮也不可能从别的天体(诸如地球)获得磁场,因为假如真是那样的话,它就必须离地球很近,这时它会被地球引力撕得粉碎。

⑩月球内部神秘的物质聚集点之谜

1968年,围绕月球飞行的探测器首次显示,月球的表层下存在着物质聚集结构。当宇宙飞船飞越这些结构上空时,由于它们的巨大引力,飞船的飞行会稍稍低于规定的轨道,而当飞船离开这些结构上空时,它又会稍稍加速,这清楚地表明这物质聚焦结构的存在,以及它们巨大的质量。科学家们认为,这些结构就像一只牛眼,由重元素构成,隐藏在月球表面海的下面。正如一位科学家所称:看来谁也不知道该如何来对付它们。

你知道“漩涡星系”吗

太阳系所处的银河系是一个漩涡星系，主要由质量和年龄不尽相同的数以千亿计的恒星和星际介质（气体和尘埃）所组成。它们大都密集地分布在银河系对称平面附近，形成，其余部分则散布在银盘上下近于球状的银晕里。恒星和星际介质在银盘内也不是均匀分布的，而是更为密集地分布在由银河中心伸出的几个螺旋形旋臂内，呈条带状。一般分布在旋臂内的恒星，年轻而富金属，并多与电离氢云之类的星际介质成协。而点缀在银晕里的恒星则是年老而贫金属的。其中最老的恒星年龄达150亿年，有的恒星早已衰老并通过超新星爆发将内部所合成的含有重元素的碎块连同灰烬一起降落到银盘上。

漩涡星系

你知道“蟹状星云”吗

蟹状星云是超新星爆发的遗迹，在中国史籍中早有记载。今天，科学家们已能运用高科技的望远镜初步揭开其面纱。

天文学家卞毓麟教授曾在《科学》杂志上撰文：“我国史书《宋会要》记载：‘至和元年五月晨出东方，守天关，昼见如太白，芒角四出，色赤白，凡见二十三日。’说的是公元1054年7月4日清晨，天空中出现了一颗特别明亮的超新星，在金牛座（中国古星名“天关”）附近，白天也能看见它亮如金星，光芒四射，一直持续了23天。这颗超新星爆发过程中抛射出来的气体，至今还在以每秒上千公里的速度迅速地向四面八方膨胀……”卞教授认为在科学史上，蟹状星云蕴

蟹状星云

涵着中国人的自豪。

日食的过程

一次日全食的过程可以包括以下五个时期:初亏、食既、食甚、生光、复圆。

初亏:由于月亮自西向东绕地球运转,所以日食总是在太阳圆面的西边缘开始的。当月亮的东边缘刚接触到太阳圆面的瞬间(即月面的东边缘与月面的西边缘相外切的时刻),称为初亏。初亏也就是日食过程开始的时刻。

日食

食既:从初亏开始,就是偏食阶段了。月亮继续往东运行,太阳圆面被月亮遮掩的部分逐渐增大,阳光的强度与热度显著下降。当月面的东边缘与日面的东边缘相内切时,称为食既。此时整个太阳圆面被遮住,因此,食既也就是日全食开始的时刻。

在太阳将要被月亮完全挡住时,在日面的东边缘会突然出现一弧像钻石似的光芒,好像钻石戒指上引人注目的闪耀光芒,这就是钻石环,同时在瞬间形成一串发光的亮点,像一串光辉夺目的珍珠高高地悬挂在漆黑的天空中,这种现象叫作珍珠食,英国天文学家倍利最早描述了这种现象,因此又称为倍利珠。这是由于月球表面有许多崎岖不平的山峰,当阳光照射到月球边缘时,就形成了倍利珠现象。倍利珠出现的时间很短,通常只有一二秒钟,紧接着太阳光就全部被遮盖住而发生日全食了。

日全食时,大地变得昏暗,兽惊归巢穴。这时天空中就会出现一番奇妙的景色:明亮的星星出来了,在原来太阳所在的位置上,只见暗黑的月轮,在它的周围呈现出一圈美丽的、淡红色的光辉,这就是太阳的色球层;在色球层的外面还弥漫着一片银白色或淡蓝色的光芒,这就是太阳外层的大气一日冕;在淡红色色球的某些地区,还可以看到一些向上喷发的像火焰似的云雾,这就是日珥。日珥是色球层上部气体猛烈运动所形成的气体“喷泉”。色球层、日饵、日冕都是太阳外层大气的组成部分,平时在一定的条件下也可以观测到,但在日全食时,这些现象可以看得特别清楚。

生光:食既以后,月轮继续东移,当月轮中心和日面中心相距最近时,就达到食甚。对日偏食来说,食甚是太阳被月亮遮去最多的时刻。月亮继续往东移动,当月面的西边缘和日面的西边缘相内切的瞬间,称为生光,它是日全食结束的时刻。在生光将发生之前,钻石环、倍利珠的现象又会出现在太阳的西边缘,但也是很快就会消失。接着在太阳西边缘又射出一线刺眼的光芒,原来在日全食时可以看到的色球层、日珥、日冕等现象迅即隐没在阳光之中,星星也消失了,阳光重新普照大地。

复圆:生光之后,月面继续移离日面,太阳被遮蔽的部分逐渐减少,当月面的西边缘与日面的东边缘相切的刹那,称为复圆。这时太阳又呈现出圆盘形状,整个日全食过程就宣告结束了。

日偏食的过程和日全食过程大致相同,由于它只发生偏食,因此就只有初亏、食甚和复圆,而没有食既和生光这两个阶段。日环食则同样有初亏、食既、食甚、生光和复圆等阶段。

天文台对日全食或日环食进行预报时,往往要把这五个阶段的时间报告出来。人们根据这些报告就可以了解整个日食的过程,并进行观测。至于日偏食,天文台在预报时,当然就只给出初亏、食甚和复圆这三个时刻。

我们在日食的预报中,常常还可以看到"食分"这样一个词,它是用来表示日食的程度。对于日食而言,食分并不表示太阳圆面被遮掩的面积,而是表示日面直径的被遮部分与太阳直径的比值。以太阳的直径作为1,如果食分为0.5,这就表示太阳的直径被遮去了一半;如果食分为1,那就是太阳的整个圆面被遮住,那就是日全食。很显然,食分越大,日面被遮掩的程度就越大。日偏食的食分是小于1.0的,日全食的食分是1.0。

食带:月影扫过的地方。日食的时间长短,同月球影锥在地面上移动的速度以及地球的自转方向有关。以日全食来说,由于月球的视直径仅略大于太阳,同时月影在地面移动速度很快,因此日全食的时间是很短暂的。在全食带的某个地点所看到的日全食时间通常只有两三分钟,最多不超过7分钟。如果全食带经过赤道附近地区,日全食时间就可延续到7分40秒,这时是观测日全食的最好机会。

在发生日环食时,月亮总是位于远地点附近,这时月亮运行的速度较慢,因此日环食的时间比较长,如果日环食发生在赤道附近,那么在赤道附近观测日环食的时间可长达12分42秒。

就全球范围来说,如果把月亮半影开始遮掩日面的时间计算在内,日食时间的长度由初亏至复圆的整个过程可长达三个半小时。

日偏食的时候,由于月影范围大于其本影,食相经过的时间长短要视食分的大小而定,食分愈大.时间也就愈长。

由于月亮的影锥又细又长,所以当它落到地球表面时,所占的面积很小,至多不会超过地球总面积的万分之一,它的直径最大也只有二百六十多千米。当月球绕地球转动时,影锥就在地面上自西向东扫过一段比较长的地带,在月影扫过的地带,就都可以看见日食。所以这条带就叫作"日食带"。带内发生日全食的,就叫全食带;带内发生日环食的,就叫环食带。可以看到偏食的范围很广阔,已经不像一条带子,而是很大的一片地区。

全食带是一条宽度不过二三百千米,长约数千到10000千米的狭窄路径(有时全食带的宽度甚至只有几千米)，只有在全食带扫过的地区才能看见日全食或日环食的发生。全食带的两旁是较广阔的半影扫过的地区，在这些地区内可见偏食。离全食带愈近的偏食区，所见偏食程度愈大；离带愈远，可见偏食程度愈小；半影区以外的地方是看不见日食的。

由于月球是由西向东运行，所以它的影子也是沿同一方向运行，因此各地看到日食的时间是不同的。当地面上的西部地区已经处在黑影区域内，这一地区的人已经看到日食时，东部地区的人却不能同时看到日食，得在月影向东移来后才能看到日食。所以，西部地区的人总是比东部地区的人先看到日食。

日食每年都有发生，但由于全食带是一条狭窄的影带，据估计，平均每200~300年，某一地区或城市才有机会被全食带扫过，所以，对住在一个城市的人来说，一生可能未看到过一次日全食。

南极洲的陨石

陨石是岩石的残骸，它可能曾花了数百万年时间绕着太阳旋转，直到天体动力引导它坠入地球。

不适人居的南极洲，却是陨石搜寻者的梦想地域。

南极大陆中心有一片庞大的大冰原，而当地降雪量也不多。

这意味相对容易在这里找到陨石，且不会遭到污染或曾与人类接触过。

过去三十年来，超过六个国家的研究人员已拾获成千上万个大小超过一厘米的陨石。

最著名的陨石是艾伦丘84001陨石，这是以美国探险队一九八四年十二月发现的南极洲艾伦丘为名。

这颗重达1.93公斤的陨石引发了重大争议，因为理论上，这颗石头是四十五亿年前在火星上由熔岩结晶成形。

约三十六亿年前，陨石撞击从火星表面撞出一块岩石，这块岩石在太阳系漫游了一段极长时间，后来才坠落至地球，过程中它的重量减少，在穿越地球大气层时，也因为摩擦导致它的表面遭到烧灼。

就在这颗陨石发现十二年后，美国国家航空暨太空总署研究人员马凯惊人宣布，他利用电子显微镜检查陨石，发现上头存有已成为化石的微生物形状。

马凯的宣称宛如晴天霹雳。这暗示人类在太阳系中并不孤单(即便目前我们唯一仅知的邻居是细菌)，更加强了地球生命可能来自外层空间这个一度相当边缘的理论。

从那时起马凯的宣称也引发激烈争论。其他科学家认为，这些明显的化石痕迹，只不过是当熔岩冷却又受到风化时，所产生的地质效果。

在南极洲康科狄亚基地负责陨石搜集工作的杜普拉说，近几年来陨石搜寻的范围已经扩大，涵盖微型陨石。

这些微型陨石也就是大小介于二十五至五百微米之间的尘粒。

为什么要建立“太空天文台”

1990年4月，美国把一架口径2.4米、11600千克的哈勃望远镜送上680千米高的轨道，这项计划花费了15亿美元，历时15年。在此以前，已有近百颗不同类型的天文卫星上了天。

地球上大小天文台数以百计，何必再花那么大的代价发射“太空天文台”呢？

也许你有过这样的经历：为观测一次日食，准备了好几个月，却由于遇到阴雨天而大失所望。要是能飞到云层之上，就不会受坏天气“欺侮”了。这就是太空望远镜的第一个优势。

南天有个漂亮的南十字星座，在我国长江以北却看不见它。而南半球的许多地方，又看不见我们熟悉的北斗星。天文卫星环绕地球运行，“巡天遥看一千河”。能同时看到全天的星体，这又是地面天文台望尘莫及的优势。

在地面上，即使天气晴朗，由于浓厚的大气层像大海一样川流翻腾，仍会使望远镜里的星象颤动和模糊。在大气层之外，星光就不会闪烁了，同样的望远镜看见的星象要比地面上清晰好几倍。而且，太空中没有大气散射光，星空背景永远是黑暗的，24小时都能进行天文观测。

尤其重要的是，大气层对红外光、紫外光、X射线和r射线有强烈吸收作用，所以许多天文卫星都是到太空去观测这些肉眼看不见的光线，并有许多重大发现。

太阳系之外的行星有水吗

天文学家特拉维斯·巴曼通过将理论模型和哈勃望远镜的观测结合起来，在“HD209458b”行星周围发现了水。

这个发现虽然不足以证明在其他行星上有生命，但它们至少能打消很多天文学家的顾虑，就是他们的预测基本上是正确的。他说：“这意味着我们在理论上对这些行星的理解近乎正确。对它们的了解足以让我们预知，那里应该有水，然后确认那里确实有水。”

科学家们已经预言，在多数绕其他恒星旋转的行星的大气中有水蒸气。巴曼表示，这些发现无疑是一种“信心助推器”。

飞马座中的HD209458b行星和它围绕旋转的恒星HD209458距地球1.5亿光年。1999年发现的这个行星系是第一个允许科学家观测到太阳系之外的行星大气的行星系。到现在为止，HD209458b行星是14个这种“中天系”中的一颗。中天系中的行星从地球和其主恒星之间经过，这样天文学家就可以计算出这颗行星的质量，并测量出它们的大气成分。正如从地球上观测到的一样，HD209458b 行星每 3 天半就会直接从它的恒星前面经过。利用地面和太空望远镜，天文学家们已经仔细察看了这一行星系。

巴曼表示，一些最新发现的行星系可能更适合这种分析。但哈勃望远镜是用一件以后无法再用的工具从 HD209458b 行星捕获资料的，所以使用的这种特殊工具已不再可能用来观测其他的行星系。HD209458b 行星的质量是地球质量的 220 倍。像木星一样，HD209458b 行星是一颗气态行星，尽管与太阳系中最大的行星相比，它的质量只是前者的十分之七左右。HD209458b 行星绕恒星旋转时的距离比水星和太阳之间的距离还近。

热木星

这些特点使其被归入其他所谓的“热木星”（Hot Jupiter）一类，“热木星”组成了大约 40% 的围绕其他恒星旋转的已知行星。（相关资料：有研究显示，“热木星”可能会带来类地天体。）天文学家对“热木星”很感兴趣，原因有两个：一是它们的大小使其成为最好研究的外行星，二是它们猛烈的重力动态可能会创造或摧毁地球大小的行星。

天文爱好者如何寻找新彗星

寻找新彗星是现代天文学中少数几个可以由爱好者使用自己的小型天文望远镜发挥主要作用的领域之一。每个晴朗的黄昏或黎明，在地球的各个角落，都有一些令人尊敬的，不知疲倦的天文爱好者把各式各样的望远镜指向天空，他们的辛勤工作往往可以得到丰厚的回报，每年都有一批新彗星被天文爱好者发现，并以他们的名字命名。

如果你也对寻彗有兴趣，首先要对你即将面临的艰苦工作做好心理准备，一个彗星猎手往往要在望远镜前度过几百个甚至上千个小时才会迎来自己的第一个发现，而且这一发现还可能已经落在了别人的后面而不能为新发现的彗星命名，或者你发现的彗星在前几次回归时就已经被其他人找到了。但只要坚持不懈，你就会在艰苦的寻彗工作中发现无穷的乐趣，正是这种观测的乐趣，才是使得众多天文爱好者投身于寻找彗星的根本动力。让我们记住日本天文爱好者互勉的名言：“淡泊名利，静心搜天”。

寻彗的望远镜口径应至少大于 100mm，实际上多数新彗星都是被口径 150mm

以上的望远镜(或双筒镜)发现的。寻彗镜的放大率应尽量低,以提高成像的亮度并获得尽量大的视场,但一般不应低于16×,否则将很难看出那些距太阳尚远的彗星的朦胧的轮廓,而将其当作普通的恒星。寻彗镜的支架要求最好是地平式的,这样使用起来比赤道式的方便得多。为了确认可疑天体的身份及在发现新彗星时能够准确记录其位置,需要一份精度较高且标有尽量多的深空天体的星图,寻彗时其他必需的装备还有手电筒(最好用红布包裹住)和一块准确的手表。另外,寻彗者需要对已知回归的周期彗星心中有数,以免观测中重复别人的"发现"。

有经验的寻彗者的观测多在黄昏或黎明选择靠近太阳的天区进行,因为彗星越接近太阳,它的亮度和体积越大,也就越容易被发现。有的寻彗者连满月前后的日子也不放过,因为这时观测虽然困难,但观测的人数较少,一旦发现了新彗星,取得命名权的可能性更大,观测地应选在远离城市和大厂矿的地方,对于家住城市的寻彗者,如要在黄昏观测,应到城市的西边,黎明则反之。

如果在寻彗的过程中发现了朦胧的可疑天体,首先应对照星图确认它是否是星云、星团、星系等深空天体,熟练的彗星猎手往往能熟记成百上千个深空天体的位置和形态,这就免去了对照星图的麻烦,大大提高了观测效率,初学者也应该从梅西叶天体入手,尽量多熟悉一些深空天体,还要注意有时可疑"天体"实际上是由亮星经望远镜光学系统后产生的鬼像,这时只要稍稍移动一下望远镜,如果可疑天体在恒星背景上也有运动,它便是鬼像。有条件时可再换上高倍目镜看可疑天体是否会被分解为相距很近的几颗恒星。排除了以上可能后,如果天文刊物上没有预报这一天区有回归的周期彗星,你所发现的便很可能是一颗新彗星了,这时应尽量细心地根据彗星与恒星背景的相对位置计算出它的赤道坐标,并记录下当时的时间。如果时间允许,应该跟踪观测一段时间(如1~2小时)以检验它相对恒星背景是否移动,发现有移动后,应在草图上画出移动方向和大致速度。

当你确信自己发现了一个新彗星时,应该尽快通过电子邮件或电话将发现报告给国际天文联合会的天文电报中心。

太阳系行星定为8颗,冥王星失去行星地位

位居太阳系九大行星末席70多年的冥王星,自发现之日起地位就备受争议。经过天文学界多年的争论以及国际天文学联合会大会上数天的争吵,冥王星终于"惨遭降级",被驱逐出了行星家族。

从此之后,这个游走在太阳系边缘的天体将只能与其他一些差不多大的"兄弟姐妹"一道被称为"矮行星"。

根据国际天文学联合会大会通过的新定义,"行星"指的是围绕太阳运转、自身引力足以克服其刚体力而使天体呈圆球状、并且能够清除其轨道附近其他物体的天体。按照新的定义.太阳系行星将包括水星、金星、地球、火星、木星、土星、天

王星和海王星，它们都是在1900年以前被发现的。

根据新定义，同样具有足够质量、呈圆球形，但不能清除其轨道附近其他物体的天体被称为“矮行星”。冥王星是一颗矮行星，其他围绕太阳运转但不符合上述条件的物体被统称为“太阳系小天体”。

土星的奇异光环

土星的光环比任何人想象的还要美丽。在太阳系的九大行星中，除土星外，天王星和木星也都具有光环，但它们都不如土星光环亮丽壮观。在望远镜里，我们可以看到三圈薄而扁平的光环围绕着土星，仿佛戴着明亮的项圈。奇异的土星光环位于土星赤道平面内，与地球公转情况一样，土星赤道面与它绕太阳运转轨道平面之间有个夹角。这个27°的倾角，造成了土星光环模样的变化。土星光环不仅给我们美的享受，也留下了很多谜团。目前还不知道组成光环的这些物质，是来自土星诞生时的遗物呢？还是来自土星卫星与小天体相撞后的碎片？土星光环为什么有那么奇异的结构呢？这些都是有待科学家们研究探讨的难题。

土星

冥王星起源之谜

人们根据冥王星与海卫一有许多相似之处（大小接近、成分类似）认为冥王星和海卫一都是行星的“星子”（原行星），而海卫一被海王星所俘获后，冥王星则变为一个独立的行星。中国天文学家戴文赛认为，冥王星不是海王星的卫星，而是由海王星轨道内的大星子形成的。由于该区域一个较大的星子与它碰撞，使它的轨道变得很扁；后来，另一个星子又掠碰它的表面，使冥王星产生了自转，碰出的物质形成了现在的查龙（冥卫），也许还有另外的冥王星卫星。由于对冥王星的认识和研究还很不够，也许宇宙探测器到达冥王星之后，对解开这个谜团有所帮助。

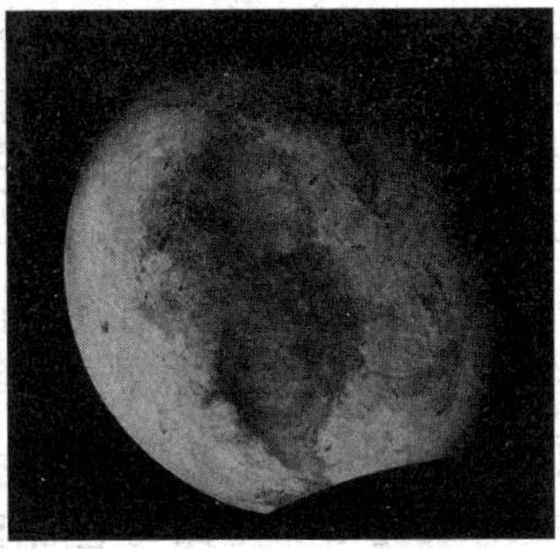
冥王星

水星探秘

我们说水星扑朔迷离,不仅说它漂泊不定(发现它是摆动运行),而且它还不易观察,不像金星和火星那样明亮和经常可见。有人甚至终身都看不到水星。由于水星离太阳很近,在它绕太阳公转时,我们在地球上看它与太阳之间的距离时远时近,离太阳的最远角距不超过28°。所以水星只能出现在日出前的东方地平线以上和日落后的西方地平线以上。由于水星离太阳较近,故其上面温度较高,昼夜温差亦较大。最近发现水星两极还有冰的存在,并且在运行中有摆动现象,这是令人感到惊奇的。目前人们普遍认为水星上不会有生命存在,因此对水星的探测频度远不如对金星、火星和木星等的探测频度大。

水星

木星上奇异的巨大红斑是什么

木星大红斑是个已存在数百年的巨大风暴系统。木星除了色彩缤纷的条和带之外,还有一块醒目的类似大红斑的标记,从地球上看去,就成了一个红点,仿佛木星上长着的一只“眼睛”。大红斑形状有点像鸡蛋,颜色鲜艳夺目,红而略带棕色,有时却又变得鲜红鲜红的,人们把它取名为“大红斑”。大红斑十分巨大,南北宽度经常保持在1.4万千米,东西方向上的长度在不同时期有所变化,最长时达4万千米。关于大红斑颜色的成因,科学家尚有不同几种见解。有人提出那是因为它含有红磷之类的物质;有人认为,可能是有些物质到达木星的云端以后,受太阳紫外线照射,而发生了光学反应,使这些化学物质转变成一种带红棕色的物质。总之,这仍然是未

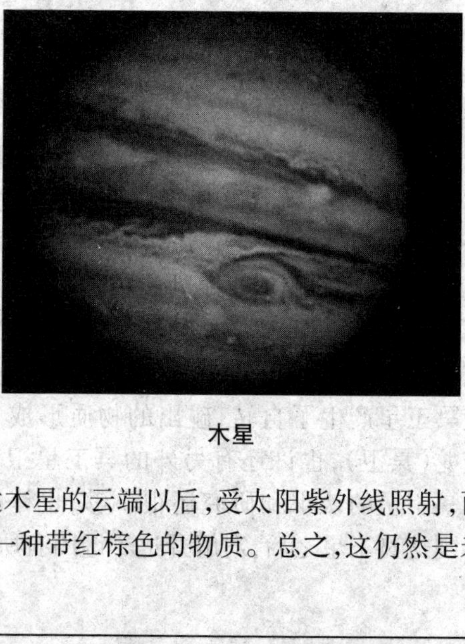

木星

解之谜。

令人充满疑惑的海王星

海王星距地球的距离较远,因此用天文望远镜观测时,还有好多内幕不易查清。所以,利用宇宙飞船靠近观测和拍摄天文图片,用无线电波发回地球,然后再利用电脑进行图像处理,从而能发现一些奥秘。海王星的弧状光环就是这样发现的。据资料介绍:当美国的“旅行者 2 号”于 1990 年飞过海王星时,曾观测到它最外围的环(名为“亚当斯环”)上有了一小段明亮的短弧。这些弧状环早在 80 年代就被天文学家在地面探测到,当时人们记录到一些奇怪的闪变。为此,专家们花掉很多心血研究,但细节不清。

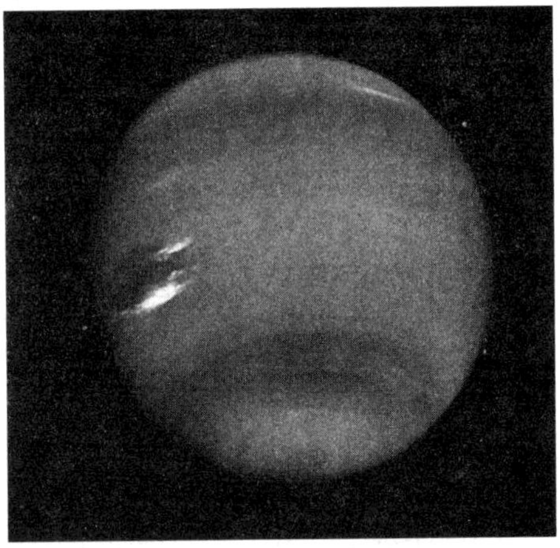

海王星

神秘的小行星

太阳系家族除了九大行星之外,还存在着许许多多的小行星。它们聚集在火星和木星的轨道之间,个头从几十千米至数百米不等,成群地围绕太阳运行。这些小行星是怎么形成的呢?它们为何只在特定的轨道上聚集,而不是均匀分布在星际空间中?

最有影响力的一种假说认为:在火星和木星轨道之间原来存在着另一颗大行星,名叫“法厄同”。这颗大行星后来破裂了,它的碎块形成了今天小行星带。然而是什么力量使得那么大一颗星体被炸成碎末了呢?有人认为“法厄同”可能已经演化出了高智能的生命体,它们之间爆发了核战争,将整个行星全部炸毁了。这种说法过于玄妙,多数科学家认为小行星带有其他起源原因。有人认为由于木星的引力干扰,在太阳系形成之时,一部分物质无法集聚成团,最后形成了分散的小行星带。但这也只是一种假说,无法得到验证。

你知道“恶魔之坑”吗

在1891年,在美国的亚利桑那州巴林佳发现了一个直径为1280米,深180米的巨大坑穴,坑周围有一圈高出地面40多米的土层。它是怎样形成的呢?人们迷惑不解,干脆叫它“恶魔之坑”。后经学者们考证,这是个“陨石坑”。是距今2.7万年前,一个重达2.2万多吨的陨石以5.8万千米的时速坠落地球时冲撞而成的。然而奇怪的是,这个庞然大物给人们留下了一个大坑和坑边几块陨石铁片便没了踪影。

走向火星——拜访我们的近邻

空间时代的到来大大拓宽了人类的眼界。经过早期的挫折,1965年7月,美国的水手4号宇宙飞船终于成功地访问了火星,人类对火星的深入了解由此开始。接着,1969年水手6号、7号接连近距离考察火星,发现火星表面温度很低,大气中95%为二氧化碳,很少有水蒸气,更没有水的迹象。1971年,美国又发射了水手9号,它成为历史上第一颗围绕另一颗行星——火星运行的人造天体。水手9号成功地绘制了第一幅真实的火星全图,那上面有高山和峡谷,就是没有运河,那些暗条纹是火星表面的尘埃。毕竟这还只是在高空观察的结果,1976年两颗火星探测器先后在火星上着陆,真正在火星表面展开探测,它们就是海盗1号和海盗2号。海盗号分析了火星的大气与土壤,也没有发现生命的迹象。美国科学院关于火星生命的结论是:海盗号的探测结果减小了火星上存在生命的可能性。

火星话题沉寂了二十年以后,1996年8月美国科学家宣布:在一块编号为ALH84001的火星陨石上面有早期生命活动的遗迹!一石激起千层浪,火星生命的争论又一次成为社会的热点。

1997年7月4日,火星探路者号宇宙飞船在火星登陆,它携带的火星车索杰纳是人类历史上第一辆踏上其他行星的车辆,它在火星上分析了一些岩石和土壤;紧接着1997年9月12日另一个火星探测器——火星环球勘探者进入了火星轨道,并于1999年3月开始对火星的表面做高分辨率的测绘。它们发现火星上有着洪水冲刷的痕迹,但是现今表面却没有任何液态的水,那么那些水哪里去了呢?作为火星生命的条件,人们开始关注火星上水的存在。

二十一世纪人类进入了火星探测的高潮期,2001年10月美国有史以来最为精密的火星探测器——“火星奥德赛”抵达火星,在它为期两年半的轨道观测中考察火星的表面和大气,测定火星是否有过生命,并为后续的火星探测和登陆做准备;2003年6月和7月美国先后发射两个登陆探测器“勇气号”和“机遇号”,计划在火星上寻找水源。此前欧洲也发射了火星快车,这些宇宙飞船正带着各自的探测任务向火星飞去,预计2004年初抵达火星。乐观的人士估计人类将在十到二十年的时间内亲自拜访我们的近邻——火星!

宇宙会"变脸"吗

天文学家伊万·巴德利在某次学术会议上说:"宇宙的'脸色'应该是淡绿色——介于青绿色和碧绿之间的那种颜色。"

巴德利和其同事研究了20万个星系的光线图谱,希望借此确定恒星形成的时间和宇宙的年龄。但是他们发现,把所有宇宙光线混合起来,就会呈现淡绿色。"我们的主要工作目的是研究恒星形成的历史,'宇宙的颜色'只是我们研究结果的副产品。"巴德利说,"而且普通人不可能看到宇宙的颜色,你必须站在宇宙以外,才会发现这种混合色。"

在宇宙形成初期,新形成的恒星统治着宇宙,它的外表呈现蓝色;伴随着恒星不断成熟,宇宙就发展到现在的样子,呈淡绿色;科学家们认为,将来新恒星的数量将会越来越少,宇宙就会变得"通红"。"宇宙'变脸'的原因,在于新恒星数量的改变。"巴德利说,"宇宙现在已经发展到衰退期,宇宙初期新恒星的数量应该比现在多得多。"

太阳系外行星探测的新发现

科学家使用哈勃望远镜观测到了一颗太阳系外的行星,了解了它的大气层化学成分,这为寻找类似于地球的行星提供了新的希望。"宇宙是无限大的,其中的各个世界是无数的。"布鲁诺写下这句话之后很长一段时间里,人们对于这种说法怀有认同感,但是却拿不出实际的观测证据。在宇宙中有数不清的恒星,按说理应存在为数不少的行星。但是观测行星比观测恒星困难得多。行星比恒星的体积小很多,更关键的是,行星不发光,常规的观测手段——主要是光学波段的观测——很难奏效。

事实上,即使是最大口径的天文望远镜也不能直接拍摄到太阳系以外行星的照片。而地外文明——倘若存在的话——只可能生活在行星上,而不是炽热的恒星表面。那么,怎样才能找到太阳系之外的世界?

是陨石给地球带来的种子吗

美国科学家的最新研究成果表明，某类陨石中含有糖类化合物，这表明产生地球上最原始生命的部分基本材料可能来自星际空间。

在太阳系广阔的星际空间中存在着大量的小天体，它们闯入地球大气层并烧毁，残骸就是陨石。由于这些小天体是在太阳系诞生的早期形成的，它们往往携带有关太阳系形成的宝贵信息。

20世纪60年代曾经有研究者提出，在地球形成的早期，撞击地球的小行星和彗星带来了大量的有机物，而这些有机物正是产生生命的基础材料。科学家已经从陨石中找到了构成生命必需的多种有机物，例如氨基酸和羧酸，但是此前还未能确认其中含有糖类物质。糖类物质是构成DNA和RNA分子的基本骨架，还为生命活动提供能量。

大约40年以前，曾经有研究者声称在陨石中找到了糖类物质，但是不能排除那是由于陨石降落到地面后被地球上的物质污染所致。最近，美国宇航局艾姆斯研究中心的科学家重新研究了这类碳质球粒陨石。为了确定陨石中的糖类物质到底是地球上的还是来自星际空间，科学家使用了同位素方法。构成糖类物质的碳元素和氢元素都存在稳定同位素。研究表明，所选取的样品中糖类物质的碳-13和氢-2（即氘元素）的含量相对较高，这就排除了这些糖类物质来自地球的可能。因此，它们是原先就存在于陨石中的。科学家认为，这些糖类物质很可能是在太阳系形成的早期由较简单的化合物在光的作用下化合的。

人类到底能飞多远

2001年4月30日，已经光荣退休4年的“先驱者”10号太空探测器依然壮心不已，向地球发出联系信号，告诉人类：“我还在太阳系外，一切安好……”这不禁让人类怀念起这些远离故乡的“星际游子”，它们已经飞了多远？它们还好吗？载人的航天器能否也飞这么远？由此引发一个让人们既好奇又兴奋的问题是：人类到底能飞多远？

名副其实的“先驱者”

目前，人类发射的“星际游子”中飞得较远的有：“先驱者”10号和11号、“旅行者”1号和2号，它们都是人类派往银河系的大使。其中“先驱者”10号太空探测器是名副其实的先驱者，它不仅是以上4位“星际游子”中发射最早的一位，而且是人类发射的第一个飞出太阳系的探测器。

1972年3月2日，“先驱者”10号在美国发射升空。1973年4月5日，美国又发射了“先驱者”11号探测器。这对孪生探测器在发射时的重量都是258.5公斤。“先驱者”10号探测器携带有一张地球人类的“名片”。“名片”是一块镀金铝质金属牌，它不仅能反映出太阳系在银河系的位置和太阳系的主要组成，还画有“先驱者”10号探测器和男女地球人的简图以及探测器的飞行轨迹。如果外星人获得这张“名片”，破译了“名片”上的内容，就有可能与地球人取得联系。

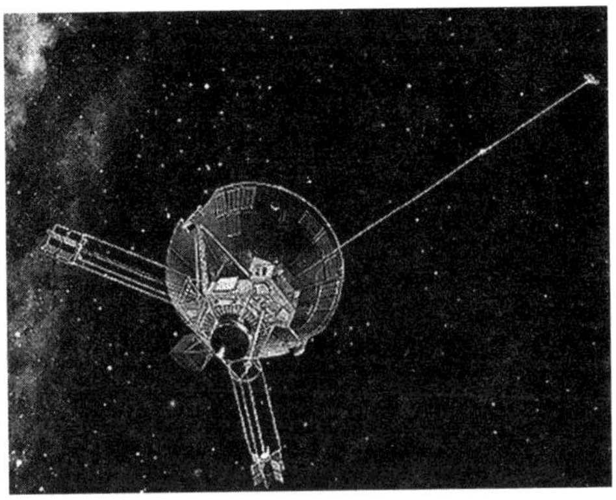

“先驱者”10号太空探测器

在探测了木星、土星之后，“先驱者”10号探测器于1986年6月飞出了太阳系，并于1997年3月31日退休。目前它与地球的距离大约是110亿公里，它将继续向金牛星座的方向前进，如果顺利，将在200万年之后抵达金牛星座。“先驱者”11号探测器是第一个造访土星的探测器，在1995年9月因为电池耗尽而与人类失去联系。据科学家推算，它于1990年2月越过冥王星的轨道，现在正向天鹰座前进，将在400万年后飞近天鹰座的一颗恒星。

1977年在美国升空的“旅行者”1号和2号探测器是第二批“星际游子”。它们比先驱者要重一些，发射时的重量为721.9公斤。“旅行者”1号探测器带的“名片”比“先驱者”高档了许多。这是一张直径30.5厘米的镀金铜质唱片，密封在一个铝盒内，可以保存10亿年。在这张镀金唱片上，一面录制有116张照片，一面录有联合国秘书长和美国总统的贺词、55种语言的问候语、27首世界古今乐曲和35种自然界声响。“旅行者”1号探测器主要考察了木星、土星及其卫星，于1988年11月越过冥王星的轨道。据科学家推算，目前它与地球的距离约125亿公里，正以每秒约17公里的速度向太空深处继续前进。“旅行者”2号探测器的业绩书写了太阳系探测中的光辉篇章，它不仅探测了木星和土星，而且还首次对天王星和海王星进行了探测。它于1989年10月越过冥王星的轨道，据测算，目前它离地球约98亿公里，走过的整个航程约133亿公里，它还在以每秒约16公里的速度飞行。“旅行者”1号和2号探测器目前都还在努力地工作，不断向人类发回外层空间的珍贵资料。

至于它们中哪个飞得最远？目前还存在着争议。因为在太阳系外飞行的探测器如果还用传统方式计算飞行距离可能有很大的误差。如果单从数据上看，“旅行者”1号探测器离地球的距离是125亿公里，应该是最远的。但是也有科学家认为，“先驱者”10号探测器可能飞得最远，不仅因为它发射得最早，还因为它是第一个飞出太阳系的探测器。

载人飞行最远有多远

有科学家认为，虽然上述4位“星际游子”离地球都有百亿公里计的距离，但是严格说来，这些并不能说成是人类飞行的距离，因为它们都没有载人飞行。

真正人类最远的飞行距离，也就是载人航天器飞行的最远距离，只有从地球到月球那么远，约为38.4万公里，这一纪录还是在上世纪六七十年代创造的，至今未能突破。这一纪录的创造者是"阿波罗"号载人登月飞船及其乘客。

"阿波罗"号载人登月工程开始于1961年5月。1969年7月21日首次实现了人类的登月理想，宇航员阿姆斯特朗和奥尔德林驾驶"阿波罗"11号飞船的登月舱降落在月球赤道附近的静海区，并相继走出舱外，在月球上迈出了人类的第一步。此后，美国又相继6次发射"阿波罗"飞船，其中5次成功，共有12名宇航员先后登上了月球。

"行为"古怪的闪电

在1892年7月19日，两个黑人在美国宾夕法尼亚洲被闪电击毙，当时他们在公园的一棵树下躲雨。当人们从其中一人的身上脱下衣服时，看见了令人震惊的奇景：死者的前胸留下了闪电发生地点的影像，上边还有一片略带棕色的橡树叶以及藏在草中的羊齿草。树叶和羊齿草的图像如此清晰，连肉眼也能看见最细小的筋络。1957年，美国一位牧场女工在雷雨中工作。忽然巨雷一响，她虽未被劈死，但感到胸部作痛，解开上衣才发现，竟有一头牛的影像印在胸前。在俄罗斯，有一个人遭到雷击后，全身上下的衣服都不见了，只剩下一只衬衫的袖子和几个皮靴上的铁钉。10分钟以后，他恢复了知觉，看到自己全身一丝不挂，感到非常奇怪。闪电所造成的这些奇怪现象该如何解释呢？有的科学家认为这些现象的形成与雷电时的高压放电、大气等离子的形成及温度、湿度等有关，而且还可能有磁场的参与作用。这仅仅是推测，要破译闪电之谜，还有待探究。

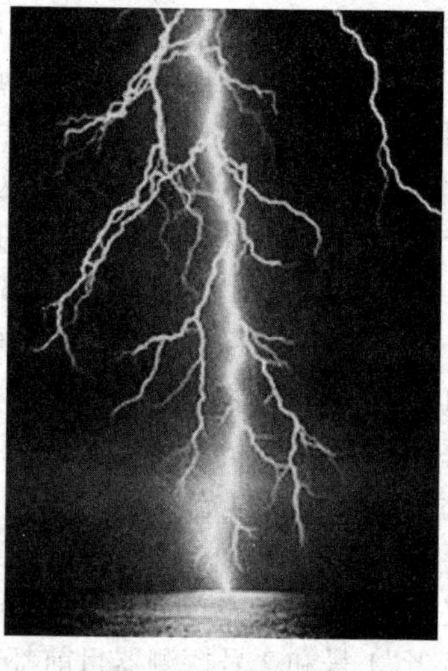
"行为"古怪的闪电

另外球状闪电也是一种奇特的自然现象。一般闪电都是呈枝条状，球状闪电则呈圆球状；一般闪电只能存在百分之几秒，最多不超过几秒，而球状闪电却能存在好几分钟；一般闪电有固定的路径，球状闪电却能像幽灵般地四处飘荡，游移不定。它到底是怎么形成的呢？科学界对此尚无定论。球状闪电的颜色各种各样，有的橘红，有的淡红，有的闪着蓝白色的光，有的冒着紫色的火星，它们的行踪十分诡秘。

古今中外有不少电光球的记载。中国北宋沈括在《梦溪笔谈》中记载了皇帝内侍李舜举家遭雷击的情形：有一团火球穿过窗户进入室内，家人视为起火，纷纷逃出，雷击过后，发现窗纸被熏黑，墙上挂的一把宝剑在鞘中化为液体，而漆布刀鞘却完好无损，室内其他物品均丝毫无损。

16 世纪中叶，法国亨利二世的婚礼之夜，一个球雷闯入内宫，将皇后迪亚纳烧死。

1946 年，苏联一架大型飞机在北极考察，当飞机飞到沃洛格达州的一个森林地带上空时，有一个耀眼的白球穿过密封的机舱壁进入飞机，悄悄从驾驶舱移向无线电室，只听见轰的一声，散出一团烟雾，电台被击中而短路，但损坏不大，很快修复，机组人员觉得惊奇：冬天零下 14 度，又无雷电，怎么会出现球状闪电？

1956 年，有一天倾盆大雨，一个火球闯入我国东北某一村庄的一户农舍，一连撞倒几个人，一人丧生，7 人烧伤。

湖南隆回县桃花坪乡，也发生过一起球雷伤人事件。据说，事发当晚电闪雷鸣，一个拳头大小的绿色光球，猛然击碎窗户玻璃，窜入卧室，将睡梦中的一对农民夫妇及其女儿击死，烧为灰烬。

1963 年有一天，一架从美国纽约飞往华盛顿的 539 号班机，也遇上了球雷。当时雷雨大作，突然从机舱门口窜进一个火球，直径约 20 厘米，色白偏蓝。火球沿机舱的走廊向后移动，进入盥洗室后消失，机上乘客吓得面无人色。

1981 年 1 月苏联的一架“伊尔—18”飞机在黑海边上的索契市起飞，当时天气良好，升到 1200 米高空时，一个直径 10 厘米的火球，窜入驾驶舱，一声巨响爆炸后不知去向，几秒钟后，通过密封金属机壁，又出现在客舱之中。之后又到了后舱，分成两个半月形，继而又合在一起，带着响声飞出舱外。机上雷达和部分仪表失灵，飞机头尾外壳各有一个洞，机内壁和人员无任何损伤。

1985 年 6 月 18 日晚 1 时 40 分和 10 月 10 日傍晚分别在我国北京下马岭地区和上海嘉善地区都观察到球状闪电。北京当时下大雨，出现一个红色圆球，损失很轻；上海那次也是发生在风雨雷电交加之中，火球呈锯齿状，直径约 80 厘米，一声巨响之后，出现在离地面一人多高的地方，穿过无缝的墙，进入村民汪关荣房内，墙上没有火球穿越的裂缝，只是有几片石灰脱落，房屋内外的电线全部被击粉碎，室内损失不大，在场的汪关荣和妻子安然无恙。

据报道，在美国尤尼昂维尔城发生的一次球状闪电中，火球进入了一个家庭的电冰箱，把冰箱中的生鸭变成了烤鸭，蔬菜也熟透了。原来是火球在冰箱中瞬时产生了高温，变成了电炉，令人奇怪的是电冰箱完好无损。

在俄罗斯的伯力，有一次一个黄色球雷在屋前的白杨树上跳来跳去，当它跃到地上时，一个在牛棚下避雨的孩子，踢了它一脚，轰的一声，火球爆炸，孩子应声而倒，然而没有伤着，可是牛棚里的 11 头牛全被击死。

上述行为神秘的球状闪电到底是怎样形成的，科学家们提出各种假说，有人认为球状闪电是被加热的空气球；也有人认为它是密度极高的等离子体，其电子浓度约为 1025 个/米^3 等。此外，关于球状闪电的能量来源也有不同的说法，一种认为球状闪电的能量贮藏在球体之中;另一种认为这种能量来自球外。上述这些看法都尚在争论之中,球状闪电中的许多疑谜有待进一步揭开。

星际怪磁场之谜

海王星和天王星的磁场与其他行星的情况大相径庭,它们的磁场有多个极,而且磁偏角很大,分别是47°和59°。

最近,美国科学家通过利用数学模型研究方法,最终得以对天王星和海王星怪异的磁场现象做出科学解释。

20世纪80年代,“旅行者”2号开始对天王星、海王星进行考察,使得人们有可能将这两个行星的磁场绘制成图。结果是出人意料的。大多数行星都有南极和北极两极磁场。地球的磁极位于极地附近,与地球的南北极存在一个偏角,称为磁偏角,目前二者交角为11.5°。其他许多行星,包括木星、土星和木星的卫星“伽里米德”都与地球类似。比如木星的磁偏角是10°,与地球相近。然而海王星和天王星的磁场与其他行星的情况大相径庭,它们的磁场有多个极,而且磁偏角很大,分别是47°和59°。科学家曾提出若干机制来解释这些异常的磁场,但都没有达成共识。

10年前,科学家曾猜想这可能是两个行星的薄外壳循环流动的结果,而这个外壳是由水、甲烷、氨和硫化氢组成的带电流体。现今,美国哈佛大学萨宾·斯坦利和杰里米·布洛克哈姆利用一个数学模型检验了这个理论,指出产生磁场的循环层是天王星、海王星的薄外壳,而不像地球那样,是位于接近地球核心的外核。他们同时指出薄外壳的循环或对流运动实际上是行星产生怪异磁场的原因,因为这是行星中存在流动和运动的部分。

研究学者说,磁场是由行星中导电体的复杂流动运动产生的,这个过程被称为“发电机效应”。

澳大利亚国家大学地磁学专家特德·里雷说,“这个研究结果意义非凡,但似乎并不是那么让人惊讶。值得注意的是,我们生活的地球,它的磁场两极与地球南北两极大致重合,因此我们也希望在别的行星上发现类似的情况。”

里雷说,“地球外核流体的运动产生了地磁场。虽然我们往往将磁和铁联系在一起,但实际上,任何运动着的带电流体都能产生磁场。对于行星,这首先取决于它是否存在流体以产生‘发电机效应’。地球存在外核流体,这两个行星可能不存在流体,也可能存在流体。事实上它们似乎都存在导电性良好的流体,而且还受某种力量驱策处于运动状态,这也是产生‘发电机效应’的必要条件。由于天王星和海王星产生‘发电机效应’的部位与地球的不同,以至于它们有如此不同的磁场,这就不足为奇了。”

木星能够成为第二个太阳吗

由木星起，顺时针方向为木卫四、木卫三、木卫二和木卫一。天文学家研究发现，太阳已经接近晚年了，而就木星的发展趋势来看，它很可能成为太阳系中与太阳分庭抗礼的第二颗恒星。也有可能在太阳到达它的晚年之前，木星就已经成为第二颗太阳了。不过，这种观点也受到了批驳，反对者认为，木星离取得恒星资格的距离还很远。尽管在太阳系的行星中它的体积最大，但是与太阳比起来，木星仍然是小巫见大巫，太阳的质量是木星质量的1000多倍。而且，恒星一般都是熊熊燃烧的气体球，木星却是由液体状态的氢组成的。尽管木星不算严格意义上的行星，但是它更不是严格意义上的恒星。看来，木星能够成为太阳系中的第二颗太阳还是存在争议的。

神秘莫测的时空隧道

古时，有一句得道成仙之语："洞中方一日，世上已千年。"这句话人们现在认为是一派胡言，但在现实生活中确有其事，这正是当前欧美科学界热衷探索的超自然现象，称之为"时空隧道"。这也证明在中国古代可能已发现"时空隧道"。

1990年9月9日，在南美洲委内瑞拉的卡拉加机场的控制塔上，人们突然发现一架早已淘汰了的"道格拉斯"型客机飞临机场，而机场的雷达根本找不到这架飞机。

机场人员说："这里是委内瑞拉，你们是从何处而来？"飞行员听罢惊叫道："天啊！我们是泛美航空公司914号班机，由纽约飞往佛罗里达州的，怎么会飞到你们这里，误差2000多公里？"接着他马上拿出飞行日记给机场人员看：该机是1955年7月2日起飞的，时隔了35年。机场人员吃惊地说："这不可能，你们在编故事吧！"后经电传查证：914号班机确实在1955年7月2日从纽约起飞，飞往佛罗里达，突然途中失踪，一直找不到，机上的50多名乘客全部都赔偿了死亡保险金。这些人回到美国家里真令他们的家人大吃一惊。孩子们和亲人都老了，而他们仍和当年一样年轻。美国警方和科学家们专门检查了这些乘客的身份证和身体，认为这不是闹剧，而是事实。

美国物理学家斯内法克教授认为，在空间存在着许多一般人用眼睛看不到的，然而却客观存在的"时空隧道"，历史上神秘失踪的人、船、飞机等，实际上是进入了这个神秘的"时空隧道"。有的学者认为，"时空隧道"可能与宇宙中的"黑洞"有关。"黑洞"是人眼睛看不到的吸引力世界，然而却是客观存在的一种"时空隧道"。人一旦被吸入"黑洞"中，就什么知觉也没有了。当他回到光明世界时只能回想起被吸入以前的事，而对进入“黑洞”遨游无论多长时间，他都一概不知。

最近，美国著名科学家约翰·布凯里教授经过研究分析，对“时空隧道”提出了以下几点理论假说：

一是“时空隧道”是客观存在，是物质性的，它看不见，摸不着，对于我们人类生活的物质世界，它既关闭，又不绝对关闭——偶尔开放。

二是“时空隧道”和人类世界不是一个时间体系，进入另一套时间体系里，有可能回到遥远的过去，或进入未来，因为在“时空隧道”里，时间具有方向性和可逆性，它可以正转，也可倒转，还可以相对静止。

三是对于地球上物质世界，进入“时空隧道”，意味着神秘失踪；而从“时空隧道”中出来，又意味着神秘再现。由于“时空隧道”里时光可以相对静止，故而失踪几十年就像一天或半天一样。

这一系列问题，正有待科学家们探索，来解开这宇宙之谜。

探测宇宙有哪几把“量天尺”

为了准确地探测宇宙中的情况，我们先要熟悉几把“量天尺”：一是天文单位。地球围绕太阳公转的轨道是椭圆形的，由天体测量知道，太阳到地球的平均距离约是1.5亿千米，称为1天文单位。由此推算，水星距离太阳约为0.39天文单位；土星距离太阳约为9.54天文单位。二是光年。真空中的光速约为每秒30万千米，用它乘以1年里的总秒数约等于9万亿千米，这就是光在1年里走过的距离，称为光年。例如，距离太阳系最近的恒星是半人马座的比邻星，距离太阳约4.3光年。三是秒差距。天文学上表示更遥远的距离常用秒差距，1秒差距的距离为30多万亿千米。

常见的天文单位换算有哪些

1.长度：

1天文单位 $=1.495\ 978\ 70\times10^{11}$ 米

1光年 $=9.460\ 536\times10^{15}$ 米 $=63239.8$ 天文单位

1秒差距 $=3.085\ 678\times10^{16}$ 米 $=206264.8$ 天文单位 $=3.261\ 631$ 光年

1英里 $=1.609\ 344$ 千米

1埃 $=1\times10^{-10}$ 米

2.时间：

(1)日：平恒星日(从春分点到春分点) ≈86164.094 平太阳秒

地球平均自转周期(从恒星到恒星) ≈86164.102 平太阳秒

平太阳日≈86400 平太阳秒

(2)月:交点月是 27.212 220 日≈27 日 5 时 5 分 35.808 秒

分至月(春分点到春分点)≈27.321 58 日≈27 日 7 时 43 分 4.7 秒

近点月≈27.554 551 日≈27 日 13 时 18 分 33.2 秒

朔望月≈29.530 588 日≈29 日 12 时 44 分 2.8 秒

恒星月≈27.321 661 日≈27 日 7 时 43 分 11.5 秒

(3)年:食年(黄白交点到黄白交点)≈346.620 0 日

回归年(春分点到春分点)= 365.242 2 日

格里历年≈365.242 5 日

儒略年≈365.250 0 日

恒星年≈365.256 4 日

近点年≈365.259 6 日

什么是宇宙速度

宇宙速度是指从地面向宇宙发射人造天体必须具备的初始速度。

人们将 7.9 千米/秒的速度称为“第一宇宙速度”,又称“环绕速度”,低于这个速度,物体就会在重力的作用下返回地球。

如果把速度加大,直到 11.2 千米/秒,人造天体就可以不受地球吸引力的影响,而到太阳系内的其他行星旅行。人们称 11.2 千米/秒的速度为“第二宇宙速度”。

如果还想让人造天体飞出太阳系,到其他星系去旅行,那就必须把速度加大到 16.7 千米/秒,这个速度称为“第三宇宙速度”。

古人是怎样认识宇宙的

古代自然哲学家们对宇宙问题的探讨,大多集中在大地和天空的相互关系问题上。随着科学的发展,后来又进入到地球和太阳之间的关系上。

远在人类社会的早期,中国古代就逐渐形成“天圆如张盖,地方如棋局”的朴素的直观见解。到了 3000 年前的西周时代,又逐渐形成了“盖天说”。盖天说认为,大地不是平整方形,而是拱形,天空如一个斗笠,大地犹如一个倒扣的盘子。随后,又创造了“宇宙”和“浑天说”。

古代各民族都有自己对宇宙的认识和想象,它们带有深刻的民族特点。比如,古代埃及人认为大地是漂浮在水上的;古希腊人则认为大地下有支柱支撑着;古印度人想象大地是驮在大象背上的……公元 2 世纪,古希腊天文学家托勒密在总结前人对宇宙认识的基础上,发展了"地球中心说"的理论,并提出"地球中心说"分层宇宙模式。1543 年,波兰天文学家哥白尼又建立了"太阳中心说"的宇宙模式。到 17 世纪,牛顿的万有引力定律,奠定了经典的宇宙学基础。以上这些宇宙观基本上只是局限于太阳系范围,还称不上认识宇宙结构。

中西古天文学发展有什么不同

中国自古以来是以农立国,国家由皇帝、贵族和平民百姓所构成。只要皇帝告诉大家何时耕种、收割,颁布准确有效的历法,人民有好收成而不饿肚子,国运就可以万万岁。所以"钦天监"这个官职最主要的任务就是观天象以制定历法,是以讲求实用的精神为出发点。

而古希腊因为多山少平地的地理环境,迫使各族群的人要进行以物易物的贸易,后来形成了各个城市的小国家,各小国相互购买自己缺乏或出售盛产的东西,并没有一个大的国家统治规范。所以,他们很容易吸收邻近地区的埃及、巴比伦等文化,形成百家争鸣的状况。

中国古代的天文学启蒙于何时

原始社会的新石器时代是我国天文学的萌芽阶段。当时的人们开始注意到太阳升落、月亮圆缺的变化,从而产生了时间和方向的概念。通过考古挖掘发现,半坡氏族的房屋都向南开门,一些氏族的墓穴也都向着同一个方向。人们还在陶器上绘制了太阳、月亮乃至星辰的纹样。

进入奴隶社会以后,天文学逐步得到发展。相传在夏朝已有历法,所以,今天还把农历称为"夏历"。根据甲骨文的记载,商代将一年分为春、秋两个季节,平年有 12 个月,闰年 13 个月,大月 30 天,小月 29 天。商代甲骨文中还有世界上关于日食、月食的最早记录。西周已设专门人员管理计时仪器和进行天象观测。春秋时期,人们已能由月亮的位置推出每月太阳的位置,在此基础上建立了二十八宿体系。根据《春秋》一书的记载,当时已将一年分为春、夏、秋、冬四季,另外,还记有"鲁文公十四年(公元前 613 年)秋七月,有星孛于北斗"。这是世界上关于哈雷彗星的最早记录。

什么叫历法

历法,就是人们为了社会生产实践的需要而创立的长时间的纪时系统。具体说，就是年、月、日、时的安排。时间的计量单位也和长度、重量等计量单位一样，是人为规定的。但是，实践告诉我们，利用和生产实践密切相关的自然现象的变化规律作为天然计量时间的尺度，这对人们计量时间的工作，将带来极大方便。于是，反映季节变化规律的“回归年”、反映月貌变化规律的“朔望月”和反映昼夜变化规律的“太阳日”，便组成三个大小合适的时间计量单位。这三种计量单位并用的历法，人们称作阴阳历（例如农历）；只考虑回归年变化的称作阳历（例如现行的公历）；固定十二个朔望月作为一年的称作阴历。

中国古代历法起源于何时

有原始的农牧业就应该有原始的历法。早期的历法现在只留下片言只语的传说，难以深入考究。成文的历法从春秋末年的《古四分历》开始，经过多次的历法改革，不断进步和完善，达到了相当高的科学水平，取得了一个又一个成就。我国古代的历法大都使用传统的阴阳历，但是所包含的内容却不仅仅是年月日时的安排，还包括日月五星位置的推算、日月食的预报、节气的安排等。历法的改革，包括了新的理论的提出、精密天文数据的测定、计算方法的改进等。我国古代的历法成就，在世界天文学史上占有相当重要的地位。

历法在中国古代天文学上占什么位置

历法是中国古代天文学的主要部分。在二十四史中有专门的篇章，记载历代历法的资料，称为“历志”或“律历志”。中国古代的历法相当于印度的悉檀多（Siddhanta）或阿拉伯的积尺（Zij），它不单纯是计算朔望、二十四节气和安置闰月等编排日历的工作，还包括日月食和行星位置的计算等一系列方位天文的课题，类似编算现在的天文年历。跟欧洲不同，中国、印度和阿拉伯各国的古代天文学都是以历法作为主要内容。另一方面，中国又跟印度和阿拉伯不同，后者长于行星位置的计算，而中国则长于日月运行的计算。

什么是平年与闰年

由于一回归年的天数不是整数，所以每年的天数是不一样的，有的是 365 天，有的是 366 天。一年的天数是 366 天的年份称为“闰年”，是 365 天的称为“平年”。“闰年”的 2 月比“平年”多 1 天，其他月份都是一样的。一般来说，能被 4 整除的年份是“闰年”。如果年份是整百的，则要能被 400 整除的才是“闰年”。

什么是闰月

农历与公历一年所包含的天数不同，公历一年大约有 365 天，农历一年有 354 天。为了使两者的一年的天数相同，所以农历有的年份要加一个月，增加的这个月叫“闰月”。因为公历的一年比农历的一年只多约 11 天，所以不能每年都加闰月，大约 19 年有 7 个闰月。

为什么我国的阴历过年的时间每年都不一样

农历、阴历是根据月亮绕地球一圈为一个月，约 29.530 587 96 天。这样就造成了农历、阴历年与阳历年差一大截，所以，采取置闰月办法弥补。因此，农历、阴历平年为 12 个月，闰年则有 13 月。农历置闰方法：大月 30 日，小月 29 日，按朔、望定大小月，每 100 个历月里有 53 个大月和 47 个小月；每 19 年置 7 闰月。阴历置闰方法：单月为大月 30 天，双月为小月 29 天；30 年有 19 个平年，11 个闰年，闰年在 12 月多加 1 天；如此仍然是 3 年短 1 个多月，17 年短 6 个多月。因此，每年的天数不固定，过年的时间每年就不一样。

我国最早的天象观察是从什么时候开始的

我国最早的天象观察，可以追溯到好几千年以前。无论是对太阳、月亮、行星、彗星、新星、恒星，以及日食和月食、太阳黑子、日珥、流星雨等罕见天象，都有着悠久而丰富的记载，观察仔细、记录精确、描述详尽，其水平之高，达到使今人惊讶的程度，这些记载至今仍具有很高的科学价值。在我国河南安阳出土的殷墟甲骨文中，已有丰富的天文现象的记载。这表明远在公元前 14 世纪时，我们祖先的天文学就已很发达了。举世公认，我国有世界上最早最完整的天象记载。同时，我国是欧洲文艺复兴以前天文现象最精确的观测者和记录的最好保存者。

中国古代创制了哪些天文仪器

我国古代在创制天文仪器方面做出了杰出的贡献，创造性地设计和制造了许多种精巧的观察和测量仪器。我国最古老、最简单的天文仪器是土圭，也叫圭表。它是用来度量日影长短的，它最初是从什么时候开始有的，已无从考证。此外，西汉的落下闳改制了浑仪(它与另一种反映浑天说的仪器浑象,在早期常常通称为浑天仪),这种我国古代测量天体位置的主要仪器,几乎历代都有改进。东汉的张衡创制了世界上第一架利用水力作为动力的浑天仪。元代的郭守敬先后创制和改进了10多种天文仪器,如简仪、高表、仰仪等。

中国古代为什么要进行天象观察

古人勤奋观察日月星辰的位置及其变化,主要目的是通过观察这类天象,掌握他们的规律性,用来确定四季,编制历法,为生产和生活服务。我国古代历法不仅包括节气的推算、每月的日数的分配、月和闰月的安排等,还包括许多天文学的内容,如日月食发生时刻和可见情况的计算和预报,五大行星位置的推算和预报等。这说明我国古代对天文学和天文现象的重视,同时,这类天文现象也是用来验证历法准确性的重要手段之一。测定回归年的长度是历法的基础。我国古代历法特别重视冬至这个节气,准确测定连续两次冬至的时刻,它们之间的时间间隔,就是一个回归年。

中国古代对太阳黑子有哪些记录

我国还有不少太阳黑子记录,如公元前约140年成书的《淮南子》中说:“日中有踆乌。”公元前165年的一次记载中说:“日中有王字。”战国时期的一次记录描述为“日中有立人之像”。更早的观察和记录,可以上溯到甲骨文字中有关太阳黑子的记载,离现在已有3000多年。从公元前28年到明代末年的1600多年当中,我国共有100多次翔实可靠的太阳黑子记录,这些记录不仅有确切日期,而且对黑子的形状、大小、位置乃至分裂、变化等,也都有很详细和认真的描述。这是世界人民一份十分宝贵的科学遗产,对研究太阳物理和太阳的活动规律,以及地球上的气候变迁等,是极为珍贵的历史资料,有着重要的参考价值。

中国古代对流星雨的记录有哪些

我国古代对著名的流星雨,如天琴座、英仙座、狮子座等流星雨,有好多次记录,光是天琴座流星雨至少就有10次,英仙座的至少也有12次。狮子座流星雨由于1833年的盛大“表演”而特别出名。从公元902~1833年,我国以及欧洲和阿拉伯的一些国家,总共记录了13次狮子座流星雨的出现,其中我国占7次,最早的一次是在公元931年10月21日,是世界上的第二次纪事。从公元前7世纪算起,我国古代至少有180次这类流星雨纪事。

我国最早的天文著作是哪部

甘德是战国时齐国人,他经过长期的天象观测,与石申各自写出一部天文学著作。后人把这两部著作结合起来,称为《甘石星经》,是现存世界上最早的天文学著作。书里记录了800多颗恒星的名字,其中121颗恒星的位置已被测定,是世界最早的恒星表。书里还记录了木、火、土、金、水等五大行星的运行情况,并指出了它们出没的规律。

石申是战国时代魏国天文学、占星学家,著有《天文》八卷、《浑天图》等。石申曾系统地观察了金、木、水、火、土五大行星的运行,发现其出没的规律,记录名字,测定121颗恒星方位,数据被后世天文学家所用。《甘石星经》在宋代失传,今天只能从唐代《开元占经》里见到它的片段摘录。它比希腊天文学家伊巴谷测编的欧洲第一个恒星表早200年,《甘石星经》在我国和世界天文学史上都占有重要地位。

祖冲之在天文历法方面有什么建树

祖冲之是中国古代一位伟大的数学家和天文学家,生平著作很多,内容也是多方面的。在天文历法方面的成就,大都包含在他所编制的《大明历》和为《大明历》所写的《驳议》中。祖冲之通过精密的观察测量,发现当时奉行的由前辈著名天文学家何承天所编制的《元嘉历》有不少错误,于是着手编制《大明历》,并在公元462年编成,时年只有33岁。祖冲之对历法的编制做出了很多创造性的贡献,《大明历》是这个时代一部最好的历法,但是却遭到皇帝宠臣的反对。直到祖冲之死后10年,由于他儿子祖日桓的坚决请求,经过实际天象的校验,《大明历》才得以正式颁行。

祖冲之画像

张衡对天文学方面的贡献有哪些

汉朝时,关于天体运动和宇宙结构的学说已经出现了三种:盖天说、浑天说和宣夜说。盖天说又称天圆地方说,认为天是圆的,像一把张开的伞,地是方的像一个棋盘;浑天说认为天地的形状像一个鸡蛋,天与地的关系就像蛋壳包着蛋黄;宣夜说认为天没有一定的形制，日、月、五星(金、木、水、火、土五大行星)等都飘浮在气体中。

张衡根据自己对天体运行规律的认识和实际观察，认真研究了这三种学说，认为浑天说比较符合观测的实际。他继承和发展了前人的浑天理论，大胆地对天象提出了许多新的见解。他在西汉耿寿昌发明的浑天仪的基础上，根据自己的浑天说，创制了一个比以前更精确、全面的“浑天仪”。

张衡还对许多具体的天象做了观察和分析，统计出中原地区能看到的星数约2500颗。他对太阳和月亮的角直径的测量也是相当准确的。

浑天仪的作用是什么

浑天仪是一个可以转动的空心铜球。铜球外表刻有二十八宿和其他一些恒星的位置；球体内有一根铁轴贯穿球心，轴的两端象征北极和南极。球体的外面装有几个铜圆圈，代表地平圈、子午圈、黄道圈、赤道圈，赤道和黄道上刻有二十四节气。凡是张衡当时知道的重要天文现象，都刻在了浑天仪上。

浑天仪

为了使“浑天仪”能自动转动，张衡又利用水力推动齿轮的原理，用滴壶滴出来的水推动齿轮，带动空心铜球绕轴旋转。铜球转动一周的速度和地球自转的速度相等。这样，人们坐在屋子里，便能从浑天仪上看到天体运行的情况了。

《灵宪》体现了哪些独到的见解

张衡一生所著的天文学著作，以《灵宪》最为著名。这是一部阐述天地日月星辰生成和它们的运动的天文理论著作，代表了张衡研究天文的成果。它总结了当时的天文知识,虽然其中也有一些错误,但还是提出了不少先进的科学思想和独到见解。例如,在阐述浑天理论的时候,虽然仍旧保留着旧的地平概念,并且提出了"天球"的直径问题,但是张衡进一步明确提出在"天球"之外还是有空间的。他认为,我们能够观测到的空间是有限的,观测不到的地方是无穷无尽、无始无终的宇宙。这段话明确地提出了宇宙在时间和空间上都是无穷无尽的思想,是十分可贵的。

《灵宪》中指出月亮本身并不发光,月光是反射的太阳光。张衡生动形象地把太阳和月亮比做火和水,火能发光,水能反光,指出月光的产生是由于日光照射的缘故,有时看不到月光,是因为太阳光被遮住了。他这种见解在当时是十分新鲜的,也是正确的。

同时,张衡还进一步解释了月食发生的原因,认为"望月"时,应该能看到满月,但是有时看不到,这是因为日光被地球遮住的缘故。他将地影的暗处叫作"暗虚",月亮经过"暗虚"时就发生月食,精辟地阐述了月食的原理。至于"在星则星微"一句,说的是星星碰上"暗虚"就隐而不见了。这种说法有一定局限性。

此外,张衡在《灵宪》中还算出了日、月的角直径,记录了在中原洛阳观察到的2500多颗恒星、124颗常明星,叫得上名字的星约有320颗。这和近代天文学家观察的结果是相当接近的。

《太初历》是落下闳创制的吗

落下闳(前156~前87)是西汉时期天文学家,以历算和天文学的杰出成就而著称于世,为我国最早的历算学家。汉武帝元封年间为了改革历法,征聘天文学家。落下闳与他人合作创制的新历法因优于其他历法而被汉武帝采用,这种新历法称《太初历》,共施行188年,是中国历史上有文字可考的第一部优良历法。由于《太初历》采用了岁首和科学的置闰法,我国的阴历才会一直沿用至今。落下闳是浑天说的创始人之一,经他改进的赤道式浑天仪,在中国用了2000多年。在天文学史上首次准确推算出135月的日、月食周期,即11年应发生23次日食。根据这个周期,人类可以对日、月食进行预报,并可校正阴历。

僧一行的天文成就体现在哪里

张遂(683~727),即一行禅师,是唐朝高僧,著名的天文学家。主要成就是主持编制《大衍历》,在制造天文仪器,观测天象和主持天文大地测量等方面均有重要的贡献。他纠正了我国古天文算学著作——《周髀算经》中关于子午线"王畿千里,影差一寸"的错误计算公式,对人们正确认识地球做出了重大贡献。他设计制造了黄道游仪、浑仪、复矩等天文测量仪器。

《授时历》的科学性体现在哪里

郭守敬(1231~1316)是中国古代杰出的科学家之一。为了精确汇集天文数据,以备制定新的历法,郭守敬花了两年时间,精心设计制造了一整套天文仪器,其中最有创造性的有3件:高表及其辅助仪器、简仪和仰仪。郭守敬根据观测的结果,于公元1280年3月,制订了一部准确精密的新历法《授时历》。这部新历法设定一年为365.242 5天,与地球绕太阳一周的实际运行时间只差26秒。欧洲的著名历法《格里历》也规定一年为365.242 5天,但是《格里历》是公元1582年开始使用的,比郭守敬的《授时历》晚了300多年。郭守敬在天文历法方面的著作有14种,共计105卷。很长时间以后,世界各国的科学界才逐渐了解他。

沈括有哪些天文贡献

沈括是北宋时期一位多才多艺的科学家,他不仅精通地理,而且对天文、数学、医学、农业等学科也颇有研究。30多岁时,他在参与编校昭文馆书籍的工作中,开始学习和研究天文学。他注重实际观测,通过学习和实践,他认识到岁差现象引起天象的变化是一种自然规律;他解释月亮是因为受太阳光照射发光而产生圆缺变化;他科学而生动地描述了常州陨石的坠落过程,并准确地判断出其成分是铁;他还注意到行星的视运动有往复现象。

沈括画像

后来,沈括在主管司天监工作期间,致力于整顿机构,强调实际观测,添置了新的天文仪器。在制造新浑仪时,他对传统的浑仪结构进行改进,简化浑仪的方向。为了测定北极星与北天极之间的距离,沈括亲自参加观测,每天上半夜、午夜和下半夜各观测一次,连续坚持了3个月,画了200多张图,断定出北极星离北天极“三度有余”。

徐光启是第一个把西方先进科技介绍到中国来的吗

徐光启(1562~1633)是我国明末著名的科学家,是第一个把欧洲先进的科学知识介绍到中国的人。崇祯帝授权徐光启组织历局,重新编历。徐光启力主在研究中国古代历法的同时,参用西历,吸收西方先进的科学知识,请了三位传教士参与工作,编译成了《崇祯历书》。这本系统介绍欧洲天文学知识的巨著,包括了欧洲古典天文学理论、仪器、计算和测量方法等。在编历中,他还注重欧洲天文学知识的介绍和西方观测仪器的引进等工作。他所主持的编历工作,为中国天文学的现代化发展奠定了一定的基础。

《夏小正》是一部什么样的著作

《夏小正》是我国现在保留下来最古老的典籍之一,相传是夏代(约前21世纪~前16世纪)的历书。其中记载有人们观察天象和物候决定农时季节的知识。它原是《大戴礼记》中的一篇,后来单独成册流传。据考证,正文只有400多字。就天文知识来说,它按12个月的顺序记述了每月的星象,如早晨和黄昏出现在南方的星星,北斗柄的指向,银河在天空的位置,太阳到了恒星间什么地方等。此外,还有每月的气象、物候以及应该做的农事和政治活动。

《三统历》是现存最早的一部完整历法吗

《三统历》是西汉刘歆(约前50~23)所作,一般认为是根据汉武帝太初元年(公元前104年)邓平、落下闳等人创作的《太初历》稍加修改而成。这是现存最早的一部完整历法,后世历法的基本内容这时大体都已具备。《三统历》共有七节:统母、纪母、五步、统术、纪术、岁术,世经。统母和统术讲日月运动的基本常数和推算方法,包括回归年、朔望月长度、一年的月数、交食周期、计算朔日和节气的方法等;纪母、纪术和五步讲行星的基本常数和推算方法,包括五大行星的会合周期、运行动态、出没规律、预告行星位置等;岁术讲星岁纪年的推算方法;世经讲考古年代学。《三统历》还明确规定,以无中气的月份置闰,并选取一个“上元”作为历法的起算点。

《乾象历》里创造了哪些“第一”

《乾象历》是刘洪(约130~196)所作。它对月亮运动的研究有了新进展,首次提出月亮近地点的移动(过周分),从而算出近点月长度,并在一近点月里逐日编出月离表,又首次提出黄白交角是六度(兼数),首次提出交食计算中推算食限的方法,这些都对后代历法影响很大。

《天学三志》是一套什么著作

中国古代最系统、最完整、记载资料最丰富的天学典籍，当首推历代官制中的《天学三志》：律历志、天文志、五行志。五行志专述该朝灾异、祥瑞的情况，为各地灾异、祥瑞报告的文献汇总；律历志是关于该朝律与历的文献汇总；天文志所记录的是该朝发生的天文大事、天象记录，以及对应的星占占辞等。此外，还有重要的星占著作，如《开元占经》等；官修大型天学著作，如《崇祯历书》等；私家著述，如明朱载育《圣寿万年历》等。

《五星占》是一部什么样的书籍

《五星占》是1973年在长沙马王堆汉墓中出土的一份帛书，专讲五大行星运动和一些天文知识，共有九部分，8000余字。该书大约写于汉文帝前元年间（前179~前164），书中对五大行星运动有详细的描述，成为后代历法中“步五星”工作的先驱。书中对金星、土星的会合周期定得比较准确，对秦始皇元年（公元前246年）到汉文帝前元三年（公元前177年）70年间木、土、金三星的动态有逐年的记载，这是研究古代行星问题的一份重要资料，受到了中外学者的广泛注意。

圭表是我国古代度量日影长度的仪器吗

圭表是一种天文仪器，由“圭”和“表”两个部件组成。直立于平地上测日影的标杆和石柱，叫作表；正南正北方向平放的测定表影长度的刻板，叫作圭。

很早以前，人们发现房屋、树木等物在太阳光照射下会投出影子，这些影子的变化有一定的规律。于是便在平地上直立一根竿子或石柱来观察影子的变化，这根立竿或立柱就叫作“表”；用一把尺子测量表影的长度和方向，则可知道时辰。后来，发现正午时的表影总是投向正北方向，就把石板制成的尺子平铺在地面上，与立表垂直，尺子的一头连着表基，另一头则伸向正北方向，这把用石板制成的尺子叫“圭”。正午时表影投在石板上，古人就能直接读出表影的长度值。

经过长期观测，古人不仅了解到一天中表影在正午最短，而且得出一年内夏至日的正午，烈日高照，表影最短；冬至日的正午，煦阳斜射，表影则最长。于是，古人就以正午时的表影长度来确定节气和一年的长度。譬如，连续两次测得表影的最长值，这两次最长值相隔的天数，就是一年的时间长度，难怪我国古人早就知道一年等于365天多的数值。

中国现存最早的圭表是什么

中国现存最早的圭表是仪征铜圭表，1965 年在江苏仪征石碑村 1 号东汉墓出土。仪征铜圭表长 34.5 厘米，合汉制 1.5 尺，边缘上刻有尺寸单位；表高 19.2 厘米，合汉制 8 寸。圭、表间用枢轴连接，使之合为一体。使用时将表竖立与圭垂直；平时可将表折入圭体中留出的空间内，便于携带。根据传统的说法，表高为 8 尺，这一数值曾被长期沿用。该表的表高恰为 8 尺的 1/10，说明它是一件便携式的测影仪器，可证明当时常设的天文台用 8 尺的表进行观测的说法是可信的。圭表由圭和表两部分组成：圭是平放的有刻度的尺，表是直立的标杆，置于圭的一端且与圭垂直。当太阳照着表的时候，圭上出现了表的影子，根据影子的方向和长度，就能读出时间。春秋时代已经使用圭表测量连续两次日影最长和最短之间所经历的时间，并计算出回归年的长度。

刻漏是中国古代的漏水计时器吗

刻漏又称漏刻、漏壶，是中国古代的漏水计时器。漏壶主要有泄水型和受水型两类。早期的刻漏多为泄水型。水从漏壶底部侧面流泄，使浮在漏壶水面上的漏箭随水面下降，由漏箭上的刻度指示时间。后来创造出受水型，水从漏壶以恒定的流量注入受水壶，浮在受水壶水面上的漏箭随水面上升指示时间，提高了计时精度。为了获得恒定的流量，首先应使漏壶的水位保持恒定。其次，向受水壶注水的水管截面面积必须固定，水管采用“渴乌”（虹吸管）原理，便于调整和修理。

浑象是一种什么样的仪器

浑象是中国古代用于演示天象的仪器，与浑仪合称为浑天仪，相当于现在用以演示天体运动的天球仪。在一个可绕轴转动的圆球上刻画有星宿、赤道、黄道、恒隐圈、恒显圈等，与现代天球仪相似。浑象可能是西汉耿寿昌发明的。东汉张衡设计制造的漏水转浑天仪的核心部分就是浑象。张衡以后许多天文学家，如三国时陆绩、王蕃，南北朝时钱乐三，唐代一行、梁令瓒，元代郭守敬等都曾制造过浑象，而且都同水力和机械联系在一起，以取得与天球的周日转动同步

浑象

的效果。现存北京古观象台的浑象是清初南怀仁所造。

水运浑象是张衡制造的吗

张衡制造了第一台自动的天文仪器——水运浑象。它以一个直径5尺(约1.18米,东汉1尺约23.5厘米)的空心铜球表示天球,上面画有二十八宿,中外星官,互成24度交角的黄道和赤道等,黄道上又标明有二十四节气。紧附于天球的有地平环和子午环等。天体半露于地平环之上,半隐于地平环之下。天轴则支架在子午环上,天球可绕天轴转动。同时,又以漏壶流出的水作动力,通过齿轮系的传动和控制,使浑象每日均匀地绕天轴旋转一周,从而达到自动地、近似正确地演示天象的目的。此外,水运浑象还带动有一个日历,能随着月亮的盈亏演示一个月中日期的推移,相当于一个机械日历。

张衡的水运浑象对后世浑象的制造影响很大,宋代的水运浑象仪达到历史上浑象发展的最高峰。历代制造的浑象大都已经毁亡,现存仅有两架,一架在南京紫金山天文台,另一架在北京建国门古观象台,这两架均是清代铸造的。

为什么说观星台是世界天文史的奇观

观星台坐落于河南省登封市的告成镇,是国务院公布的第一批全国重点文物保护单位。告城即古阳城,历史上阳城曾被人们看作是天下的中心。相传西周的大政治家周公为营建洛邑,曾来到阳城测验日影。今观星台南20米处,尚保留有唐开元十一年(公元723年)由天文官南宫说刻立的“周公测景台”石表一座,其制与《周礼》所记土圭测景之说相符。今观星台前后,尚保存有照壁、大门、周公祠等文物。

观星台建于元代至元年间,距今已有700多年历史,是我国现存最古老的天文台,也是世界上现存较早的观测天象建筑之一。元世祖忽必烈统一中原以后,为恢复生产,命令太史令王恂等进行历法改革。经过王恂、郭守敬、许衡等人的辛勤观测推算,终于在公元1218年实行了当时世界上最先进的历法——《授时历》,此历求得的回归年周期为365.242 5日,合365天5时49分12秒,与今世界上许多国家使用的阳历(格里历)一秒也不差,但格里历是1582年由罗马教皇格里高里十三世改革的历法,比《授时历》晚300多年。如与现代科学推算的回归年周期相比,仅差26秒。

观星台是砖木结构,由覆斗状的台体和台北面漫长的石圭组成。台高9.46米,有明显的上下收分,反映了宋元时期建筑的特征。历史上,观星台屡有自然和

观星台

人为的破坏,元代以后几经修缮。目前已经成为国内外学术界及广大游客参观的场所。

什么是浑天说

在中国古代,关于宇宙的结构,主要有三派学说,即盖天说、浑天说和宣夜说,此外还有昕天论、穹天论、安天论等。其中,浑天说对以后的天文学发展具有很大的影响力。

浑天说认为,天地具有蛋状结构,地在中心,天在周围。浑天说到底是何时由何人首次提出,现在已不得而知。但作为一种宇宙学说,它的产生和发展却与一种实用的测天仪器——浑仪有着密切的关系,史籍所载明确的浑天说直到东汉张衡造浑天仪并作《浑天仪注》时才提出来。张衡的宇宙学说被后世天文学家多次引用和发展,并成为中国古代绝大多数天文学家公认和遵用的宇宙学说。中国古代天文学家就是以《浑天仪注》中所描述宇宙模型,进行天文观测和历法推算的。以后历代历法推算方法上常有改进,但基本模型却是少有变化。

什么是盖天说

盖天说是比浑天说出现得更早的一种宇宙说,可将其起源、发展的过程分成两个阶段。第一个阶段为原始的形象化比喻的“天圆地方说”,没有进一步关于天地结构的定量描述;第二阶段以《周髀算经》为基本纲领性文献,提出了自成体系的定量化天地结构,基本假定是天地平行,其间相距八万里。盖天说家以此解释天地结构和天体运行,并进行定量描述和计算。

什么是宣夜说

宣夜说认为天是无限而空虚的，星辰就悬浮在空虚之中，自由自在地运行着。史籍中关于宣夜说的记载现在只找到两条，其中一条还是斥责它“绝无师法”的。这种说法与现代宇宙论颇有形似之处，所以往往被作适当发挥之后，成为中国古代最先进的宇宙学说。然而，宣夜说认为日月星辰自由自在地运行，所以对它们的运行规律也就无从谈起。这种对天体自由运行的夸大，使得宣夜说无只字片言谈到对天地结构的定量化描述，所以严格地讲，宣夜说还不能称作为一种宇宙学说。

中国自行设计的第一颗人造卫星叫什么名字

1970 年 4 月 24 日，我国自行设计、制造的第一颗人造地球卫星东方红 1 号，由长征 1 号运载火箭一次发射成功。该卫星直径约 1 米，质量为 173 千克，运行轨道

卫星

距地球最近点为 439 千米，最远点为 2384 千米，轨道平面和地球赤道平面的夹角为 68.5 度，绕地球一周（运行周期）为 114 分。卫星用 20009 兆赫的频率，播送《东方红》乐曲。发射东方红 1 号卫星的运载火箭为长征 1 号三级运载火箭，火箭全长 29.86 米，起飞质量为 81.57 吨，发射推力为 1020 千牛。东方红 1 号的发射，响应了毛泽东提出的“我们也要搞人造卫星”的号召，实现了中国人探索太空的梦想。

什么是“鑫诺”2号卫星

鑫诺2号卫星的主要服务对象是我国大陆、港澳台地区的通信广播用户。该卫星使用我国新一代大型静止轨道卫星公用平台，即东方红4号卫星平台，装载22路Ku频段大功率转发器，卫星寿命末期输出功率10500瓦，发射质量5100千克，设计寿命15年，使用长征三号乙运载火箭由西昌卫星发射中心发射，整星指标和能力达到国际先进水平。

该平台由电源、测控、数据管理、姿态和轨道控制、推进、结构与机构、热控等分系统组成，全三轴稳定控制方式。该平台输出总功率为8000~10000瓦，并具有扩展至10000瓦以上的能力，能为有效载荷提供功率为6000~8000瓦。平台可承载有效载荷重量600~800千克，整星最大发射质量可达5200千克，可采用长征三号、阿里安和质子号等运载火箭发射。

北斗导航试验卫星的作用是什么

北斗导航试验卫星由中国空间技术研究院研制，该研究院将自行建立第一代卫星导航定位系统——北斗导航系统。

北斗导航系统是全天候、全天时提供卫星导航信息的区域导航系统。这个系统建成后，主要为公路交通、铁路运输、海上作业等领域提供导航服务，对我国国民经济建设将起到积极推动作用。北斗导航试验卫星的首次发射成功，为北斗导航系统的建设奠定了基础。

天链1号为什么被称为卫星中的卫星

天链1号卫星是中国首次发射的数据中继卫星，由中国空间技术研究院为主研制，采用成熟的东方红3号通用平台并且在研制过程中技术人员突破多项关键技术难题。其发射成功填补了中国中继卫星领域的空白。其任务是为卫星、飞船等航天器提供数据中继和测控服务，极大地提高各类卫星使用效益和应急能力，能使资源卫星、环境卫星等数据实时下传，为应对重大自然灾害赢得更多预警时间，因此，它被称为“卫星中的卫星”。

风云3号卫星实现了哪些技术跨越

风云3号是我国新一代极轨气象卫星,装备了可监测地球大气和气候的三维传感器,可在全球范围内实施全天候预报。它实现的跨越有四个方面:

一是从单一光学观测发展到10余种先进仪器的综合探测,不仅能够获取云图,还能够通过光谱的层析,把整个大气层从高到低每个高度的温度变化情况演示出来。

二是解决了云的遮挡问题。传统光学探测遇到云层时探测效果大打折扣,而风云3号能够对云的内部和云下的地面有清晰准确把握。

三是分辨率和灵敏度上的突破。“风云”3号一帧扫描的幅宽为数千千米,而在这样一幅巨大的照片上,地面分辨率达到百米量级。星上仪器最高探测灵敏度达到0.1开尔文,这意味着在距地面807千米高空的卫星,对地表温度0.1摄氏度的微小变化都可以准确感觉到。

四是使卫星数据传输的实时性大大提高。卫星每101分钟绕地球飞行一圈,每圈都经过两极。通过在北极附近向瑞典租用的地面站,可使卫星至少每101分钟就向地面传回一次数据,数据传输的实时性因此大大提高。

中国第一个月球探测卫星是什么

“嫦娥”1号是中国自主研制、发射的第一个月球探测器。中国月球探测工程“嫦娥”1号月球探测卫星由中国空间技术研究院承担研制,以中国古代神话人物嫦娥命名,是因为“嫦娥奔月”是一个在中国流传许久的古老的神话故事。“嫦娥”1号主要用于获取月球表面三维影像,分析月球表面有关物质元素的分布特点,探测月壤厚度,探测地月空间环境等。整个“奔月”过程需要8~9天。“嫦娥”1号运行在距月球表面200千米的圆形极轨道上。“嫦娥”1号工作寿命1年,计划绕月飞行一年。执行任务后将不再返回地球。“嫦娥”1号发射成功,标志着中国成为世界上第五个能够自行发射月球探测器的国家或地区。

“神舟”7号为什么要释放伴飞小卫星

“神舟”7号发射升空后,释放了一颗伴飞小卫星,这主要是出于安全考虑。释放小卫星,在我国载人航天工程中还是第一次,安全性要求非常高,首要原则是小卫星不能威胁飞船和出舱航天员安全。

"神舟"7号

伴飞小卫星是怎么释放出来的？出舱航天员返回座舱后，将根据地面指令按动按钮，小卫星被弹簧弹离飞船，由于初速度较快，小卫星始终处于飞船前面，可从飞船外部不同角度拍摄"神舟"7号运行姿态。为什么要释放伴飞小卫星呢？原来，小卫星上携带的照相机，具备广角和长焦两个镜头，可以拍摄下从4米到2千米范围内的清晰图像，这样就有助于科学研究。

另外，小卫星具有高密度、功能单一的特点，研制周期短，发射灵活，甚至可以"一箭多星"发射。

"神舟"7号为什么选择夜间发射

"神舟"7号飞船的发射窗口之所以选择在夜晚而不是白天，最重要的原因是便于飞船发射升空时，地面的光学跟踪测量设备易于捕捉到跟踪目标。道理很简单，在漆黑的夜空中，喷射着火焰向太空飞行的载有飞船的火箭非常显眼。

另外还和发射窗口的宽窄有关。据有关专家介绍，航天发射是一项极其复杂和庞大的系统工程，飞船发射时机的选择要考虑到各种各样可能影响到发射的因素，其中，气象因素往往是最关键最直接的决定性因素。在综合考虑判断的基础上，最终确定下来的一天中的某一个时间段会作为飞船发射的时机，这个时间段被称为"发射窗口"。

在9月底之前发射，能够保证阳面出舱，返回时候天还不太黑。按照9月25日至30日这个计划窗口，如果发射时间选择在晚上9时10分左右，可以保证航天员出舱活动在阳照面，返回大概是下午5时40分，天还不太黑。这样能够保证航天员返回更加安全，是以人为本的体现。而进入10月份特别是10月中旬以后，发射窗口很窄，不利于发射和回收。此外，秋分前后，太阳活动比较剧烈，对飞船的测控通信也有不利影响。

什么是希望号奥运星

中国首次为青少年研制、广泛吸引青少年亲身参与卫星有效载荷设计并开展相关科学研究的一颗小卫星就是希望号奥运星。

希望号奥运星由中国航天科技集团公司出资研制，主要任务是搭载青少年科学实验方案、建立业余无线电（频率的）空间通信、进行太空摄影等，卫星总质量约 35 千克，轨道高度 499 千米，为太阳同步轨道，设计寿命一到两年。

航天飞机的优点有哪些

航天飞机是靠火箭发动机提供动力的，既可以在稠密的大气层中穿行，又能在星际空间中自由翱翔，它是集卫星、飞机、宇宙飞船于一体的飞行器。因此跟别的飞行器相比，它有自己的特色。

一是可以重复使用。由于航天飞机起飞容易，回归迅速，能够像普通飞机那样进行定时维修和保养，因此大大提高了使用的次数。它是世界上唯一可以部分重复使用的航天飞行器，可以实现定点着陆和无损返回。

二是利用价值高。航天飞机把物体送入太空的费用只是其他太空飞行器的 10%。航天飞机的货舱，一般长 18 米，直径约 4.6 米，可容纳 30 吨左右的货物。这样大的容积比起运载火箭整流罩内的小小空间就宽敞多了。由于它的货舱大，使用面广，所以完成的工作量也就大，一次可以装载一颗大型人造天体或一批小型人造天体，并且可以利用机械手在轨道上布置任何类型的人造天体。

飞船在返回地球进入大气层时，为什么不能减缓速度

飞船和航天飞机在返回地球进入大气层时，总是要进入“黑障”，这时机身与大气层剧烈摩擦燃烧，通讯信号中断，航天员生理感觉痛苦，因而成为太空任务中最危险的关口。

飞船的速度是非常快的，是第一宇宙速度，这样才能让它在轨道上运行。它的速度一旦降低，就会下落，如果速度在进入大气层前降到很低，它就会直线往下掉，这样克服地球引力一直落到可以开伞的高度，需要消耗大量的燃料。因此，飞船在返回地球进入大气层时，不能减缓速度。

什么是飞行器

任何由人类制造、能飞离地面、在空间飞行并由人类来控制的飞行物,都称为飞行器。飞行器分为3类:航空器、航天器、火箭和导弹。在大气层内飞行的飞行器称为航空器,如气球、滑翔机、飞艇、飞机、直升机等。它们靠空气的静浮力或空气相对运动产生的空气动力升空飞行。在空间飞行的飞行器称为航天器,如人造地球卫星、载人飞船、空间探测器、航天飞机等。它们在运载火箭的推动下获得必要的速度进入太空,然后在引力作用下完成轨道运动。火箭是以火箭发动机为动力的飞行器,可以在大气层内,也可以在大气层外飞行。导弹是装有战斗部的可控制的火箭,有主要在大气层外飞行的弹道导弹和装有翼面在大气层内飞行的地空导弹、巡航导弹等。

宇宙飞船有哪些种类

目前,人类已先后研究制出3种构型的宇宙飞船,即单舱型、双舱型和三舱型。

宇宙飞船

单舱式最为简单,只有宇航员的座舱,美国第一个宇航员格伦就是乘单舱型的水星号飞船上天的。

双舱型飞船是由座舱和提供动力、电源、氧气和水的服务舱组成,它改善了宇航员的工作和生活环境,世界第一个男女宇航员乘坐的苏联东方号飞船、世界第1

个出舱宇航员乘坐的苏联上升号飞船以及美国的双子星座号飞船均属于双舱型。

最复杂的是三舱型飞船，它是在双舱型飞船基础上或增加1个轨道舱(卫星或飞船)，用于增加活动空间、进行科学实验等；或增加1个登月舱(登月式飞船)，用于在月面着陆或离开月面，苏联/俄罗斯的联盟系列和美国阿波罗号飞船是典型的三舱型。联盟系列飞船至今还在使用。

宇宙飞船有哪些技术要求

虽然宇宙飞船是最简单的一种载人航天器，但它还是比无人航天器(例如卫星等)复杂得多，以至于到目前仍只有美、俄、中三国能独立进行载人航天活动。

宇宙飞船与返回式卫星有相似之处，但要载人，故增加了许多特设系统，以满足宇航员在太空工作和生活的多种需要。例如，用于空气更新、废水处理和再生、通风、温度和湿度控制等的环境控制和生命保障系统、报话通信系统、仪表和照明系统、航天服、载人机动装置和逃逸生存系统等。

掌握航天器再入大气层和安全返回技术也至关重要。尤其是宇宙飞船，除了要使飞船在返回过程中的制动过载限制在人的耐受范围内，还应使其落点精度比返回式卫星要高，以便于及时发现和营救宇航员。

宇宙飞船和航天飞机有什么区别

宇宙飞船和航天飞机同属载人航天器，他们都能保障宇航员在太空中生活和工作，最后使其平安返回地面，但它们之间又有什么区别呢？

宇航飞船实质上就是载人的卫星，与卫星不同的是它有应急、营救、返回、生命保障等系统，以及雷达、计算机和变轨发动机等设备。宇宙飞船的体积和质量都不太大，船上携带的燃料和生活用品很有限，因此飞船每次只能乘载2~3名宇航员，在太空中也只能停留几天。

航天飞机的外形类似普通大型飞机，货舱有一节火车车厢那么大，可装20~30吨的货物。航天飞机比宇宙飞船具备更多功能，它的机械手可伸到15米远的地方，把十几吨的卫星抛入太空，或把太空有故障的卫星抓住，送回货舱。

此外，航天飞机完成任务后，可以像飞机一样滑翔到预定的机场，而宇宙飞船则无法做到这一点。

航天员是怎样训练吸氧排氮的

低压舱训练的前期准备非常烦琐也非常重要，在航天员准备区，航天员先穿好生理背心、内衣、液冷服等个人装备。医监、医保人员则为航天员检测好生理指标。随后，航天员走进低压舱，在工作人员的协助下穿上悬吊着的舱外服，关闭背包门，并对舱外服、舱载对接系统、有线通话等进行相关检查和操作后，工作人员关上舱门，训练正式开始。

在航天员进行两次低压舱气密性检查后，工作人员启动真空机组，低压舱开始模拟轨道舱泄压曲线泄压。低压舱泄压至70千帕时，自动停止泄压，此时开始进行大流量冲洗和吸氧排氮。所谓大流量冲洗，就是同时打开几个舱载高压氧瓶，向服装灌入大量的氧气，使得氧浓度在服装内占据相当高的比例（高于95%）。大流量冲洗完毕，达到规定要求后，航天员就要进行吸氧排氮。

低压舱内设有两套吸氧排氮装置。航天员穿着悬吊着的舱外服，在70千帕稳定的压力下，他们开始深呼吸纯氧，并不时活动身体，这一过程持续半个小时左右。如果吸氧排氮期间，航天员氮气还排除得不够，则还要继续进行吸氧排氮的操作。直到达到预期指标后，才能进行下一步程序。

航天员吸氧排氮完毕，低压舱内模拟轨道舱泄压曲线继续完全泄压，直至10帕以下，并继续保持舱压稳定，这已是不到一个标准大气压的万分之一了。后面的训练，便都在这10帕以下的近乎真空舱压中进行，而航天员穿着的舱外服，其余压维持在40千帕左右。这时，舱外服转到自主模式。所谓舱外服自主模式，就是说舱外服与低压舱断开气液电管路，独立工作，单独供给，并保持稳定的服装内生存保障环境。

宇航员的安全怎样保障

载人航天事业发展至今，已经有40年的历史了。这40年来，已经有十多位宇航员为航天事业献出了宝贵的生命。科学家们不断从实验和失败中总结经验，改进技术，载人航天的安全与救生措施已日臻完善。比如说，弹射座椅的脱险装置就很好地保证了宇航员的安全。在应急状态下，宇航员乘坐的弹射座椅，由救生火箭弹出，迅速脱离航天器。弹射座椅安装了复杂的安全装置，这些装置可以保证宇航员在脱离危险后，安全地返回地面。

航天服有哪些功能

宇航员的航天服不仅科技含量很高，而且造价昂贵，是不折不扣的高科技产品。从功能上讲，宇航服简直就是个小太空舱，外壳具有伸缩性，里里外外总共有 10～20 层，质量为 50 多千克，且每层之间还要用隔热的玻璃纤维布衬着。因为太空里有很多岩石，如果衣服太薄，就很容易被割破。只有厚衣服才能抵御宇宙线辐射和高温，以免身体被灼伤。

航天服

由于要让宇航员穿着航天服能进食和大小便，手腕和双膝等关节部位能弯曲伸缩等，所以航天服内的各种管线纵横交错。这些管子有的负责送空气，有的负责送水。衣服上还有加压设备，让宇航员感到一点儿重量，免得血液在没有压力的情况下沸腾起来。此外，航天服上还有一个圆形透明的头盔，可以挡住红外线。

在航天服的背上还有一个大背包，它在各个方向上安装有喷嘴，利用它向不同方向喷气所产生的反作用力，可以使宇航员前后左右上下自由运动。

宇航服应该满足什么条件

根据宇航员的活动范围和航天任务，宇航服应当满足这样一些条件：一是能使位于太空的人体处于加压状态；二是能供给保障宇航员生命安全所必需的氧气，消除二氧化碳，并能够控制温度和湿度；三是能使宇航员在宇宙空间具有各种活动能力，并能使宇航员的疲劳减轻到最低限度；四是穿戴和脱下方便；五是具有防护宇航射线辐射的能力；六是能经得起微流星的冲击；七是具有应付太空意外事故的能力。

宇航服一般由密闭头盔和密闭服组成。密闭头盔由透明聚碳酸酯制成，为防止来自太阳的紫外线与红外线等强烈辐射，在头盔的透明层上涂有金属薄层。密闭头盔内可以供氧和加压。密闭服通常由几层具有耐高温性能的防火聚酰胺纤维织物等一些特殊材料制成，其中夹有数层铝箔，具有隔热、防护宇宙射线以及防止太空中流星雨撞击等作用。为了适应宇航员在航天飞行中长时间穿用，宇航服都具有良好的气密性。另外，宇航服还配备有自动控制空气再生和调节的自给系统、无线电通信系统、宇航员的摄食与排泄等设施。

宇航员为什么要穿宇航服

宇航服按其用途主要有两种:一种是宇宙飞船内部穿用的宇航服,这种宇航服是在宇宙飞船座舱内使用的应急装置。当飞船发生故障时,它可以保护宇航员安全地返回地面。这种宇航服一般制作比较轻便,在不加压时穿着比较舒适、灵活,因此有助于宇航员在不加压状态下较长时间地穿着;另一种是宇航员在飞船外部工作时穿用的宇航服,用以保证宇航员进入外层空间或者降落到其他天体表面完成一定的工作任务。这种宇航服具有更高的可靠性,它还装配有携带式生命保障系统,并携带有供宇航员在外层空间运动的小型火箭。

宇航员在太空是怎样生活的

到太空中去生活,是人类千百年来的梦想。但是,太空中的生活环境与地球有很大的区别,那里气候恶劣,没有空气、水和食物,特别是没有大气层的保护,被太阳直射的地方,极其炎热;阳光照不到的地方,又异常寒冷。

目前,只有一些宇航员在太空中生活过一段时间。宇航员们在太空中过着与我们完全不同的生活:他们穿着特别的宇航服,吃特别的食物,用特殊的方法洗脸、刷牙、睡觉和上厕所。如果有机会看到反映宇航员生活的电影或电视,就会完全明白了。

宇航员是怎样进行训练的

宇航员的选拔和训练极为严格。培养一名合格的宇航员,需要经过多方面的培训。宇航员的训练主要包括以下 3 个方面。

宇航员在太空中遇到的情况与地球上有很大差别,因此,每个预备宇航员必须掌握与此有关的各方面的基础知识。由于宇航员是要借助火箭和各类载人航天器飞向太空的,所以宇航员还必须熟悉火箭、各种航天器的设计原理、结构、导航控制、通信,座舱中设备和各种仪表的性能,以及简单的检修技术。因此航天理论和基础知识的训练是至关重要的。

有关航天特殊技能的训练,主要是模拟航天飞行的真实环境和过程,使宇航员通过训练,能熟练地掌握操作技能,应付各种可能出现的问题。

此外,航天工作十分艰苦,要做一个宇航员,必须具有良好的身体素质,因此还要进行增强体质的体育训练。

宇航员是怎样应对意外事故的

在探索宇宙的载人航天飞行中，尽管航天专家们事先尽了最大努力来预测和防止航天中可能出现的种种问题，但仍旧难免会出现意外事故。那么，宇航员是怎样应对这种局面的呢?

航天器发生一些小故障时，上面的自动化救生系统会在电子计算机的指令下，更换有关程序，自动采取应急措施。

对于一些比较大的问题，就需要宇航员亲自动手了。宇航员在上天之前都接受过严格训练，精通多门学科，判明故障原因后，他们可以启动应急备用设备，抢修故障，化险为夷。此外，地面救生系统是宇航员的坚强后盾。一旦太空中出现紧急状况时，地面立即组成专家小组帮助宇航员寻找故障根源并设法排除。地面模拟设备可以复现航天器上的种种状况，以慢动作再现航天器上产生故障的经过。专家们经过会诊后，制定出抢险的最佳方案，然后通过电视遥控，指挥宇航员排除各类故障。

宇航员在太空是怎么吃饭的

人无论生活在什么地方，都要吃饭，生活在太空宇宙飞船里的宇航员也不例外。但是，由于飞船里的所有东西都处于失重状态，如果不把这些东西固定在什么地方，就会在飞船里飘来飘去。如果面包、牛奶都要这样四处乱飞，宇航员就吃不成饭了。于是科学家把营养丰富的牛肉、蔬菜、水果等加工成太空食品，装入塑料袋或塑料盒子里。宇航员吃饭时，就像我们吃果冻那样，一点一点地吸食加工好的太空食品，或者把太空食品像挤牙膏那样，挤进嘴里。吃饭时还不能说话，否则食物会从口里跑出去，在空中乱飞。宇航员就是这样吃饭的，挺有趣的吧，但也并不好受。

宇宙奇观

宇宙奇观——火星大冲

火星冲日，是指火星位于日地连线上，并且和地球同位于太阳的一侧，一般每两年零两个月左右发生一次火星冲日，此时火星与地球的距离比平时近，这就是为什么探测火星的宇宙飞船每两年多才发射一次，这样会节省燃料和节约时间。

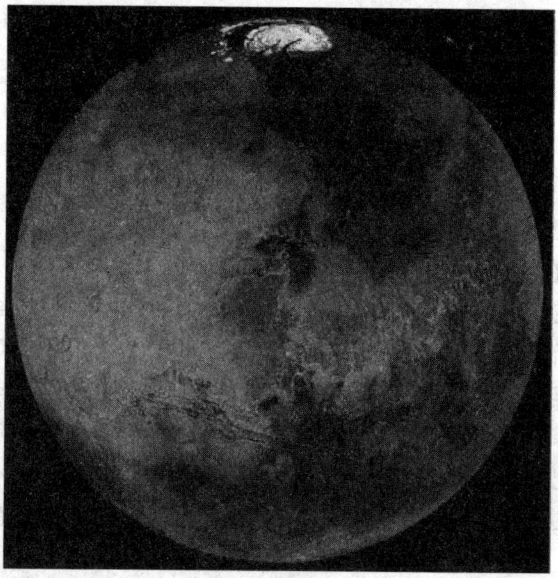

火星大冲

当火星过近日点前后发生的冲日称为“大冲”。大冲前后，火星与地球距离最近，从地球上观看的火星会比平时大 4 至 5 倍。火星每 15 年或 17 年发生一次大冲。上一次火星大冲是 1988 年，而最近一次的大冲就在 2003 年 8 月 29 日。2003 年的火星大冲是最近几十年以来地球与火星最近的一次大冲。

2003 年 8 月 27 日火星与地球的距离最近达到约 5576 万千米，从地球上可以看到的火星直径达到最大！自距今五万多年来，火星与我们从未有过如此近的距离，可以说人类有历史记载以来第一次如此近的在地球上观看我们的近邻——火星！下一次具备这样好条件的火星大冲要等两百多年以后了。可见这次火星大冲无疑是我们有生之年仅有的一次。

火星与地球的距离最近达到约5576万千米，从地球上可以看到的火星直径达到最大。

神秘火星：火星上到底有没有生命存在。

晴朗的夜晚，群星闪烁，在它们中间，我们有时会看到一颗红色的亮星，这就是地球的近邻——火星。它的运行方向和速度似乎没有规律，中国古代叫它“荧惑”，意为荧荧的（红星）令人迷惑。明亮的火星在夜空中总是非常引人注目，而红色使人联想到战争和血腥，古代人们自然就把它和战争联系在一起，在古希腊和古罗马神话中火星代表的就是英勇的战神。

自从望远镜诞生以后，人们终于得以撩开火星神秘面纱的一角。据说，最早用望远镜观测火星的是伽利略。不过，1659年荷兰天文学家惠更斯绘制了第一幅有火星表面特征的图片。

1877年火星大冲期间，意大利天文学家斯基帕雷利观测到火星上有直线条的“河道”一样的暗线。当时他称之为“Canali”，意为“水沟”，但这个意大利语被错误地译成了英语的“Canals”（运河），实际上这有着本质的区别，因为水沟可能是自然形成的，而运河则一定是人工修建的。如果有火星运河，就意味着有火星智慧生命——火星人！之后，美国的天文学家洛维尔花了15年的时间，仔细观测火星，得出了惊人的结论——火星上的运河数量有500条之多！他还写了好几本宣扬火星人的书，再经过媒体的渲染，在社会上引起了火星人的热潮！无数的科幻作家对火星文明进行了不厌其烦的描述。然而大多数严谨的天文学家都不赞成火星生命的存在，他们都曾经利用当时最好的望远镜，经过认真的观测，并没有看到任何火星“运河”。认为洛维尔的结论纯粹是视错觉造成的。

其实，尽管火星大冲的时候距离地球比较近，但仍然至少有五千多万千米的距离，加上地球和火星上都有大气的干扰，在地面上人们根本无法看清火星表面的细节，因此要彻底揭开火星之谜，还有待于科技的进一步发展。

火星大冲：我们怎么看，能看到什么？

尽管火星大冲，但是火星的视面仍然很小，用肉眼直接观察无法看到任何表面细节，必须借助天文望远镜。

观测火星应使用清晰锐利、对比度高的望远镜。长焦距的折射望远镜最好，其次是长焦距的反射望远镜。用10厘米左右口径的折射镜，可以看到火星上一些大的表面特征，还可以发现火星极冠的变化；用15厘米口径的折射镜，或者20厘米口径的反射镜可以观测火星表面特征的细节；最理想的是30厘米口径的反射镜，不过一般价格昂贵，业余爱好者很少人有。观测火星时采用的放大率，根据望远镜的口径而定，一般至少为250倍。当然受到大气扰动的影响，放大率最高一般不过400倍左右就可以了。

火星大冲时，在我们的望远镜中，火星上有哪些目标可以看到呢？

首先是火星地表的特征。火星表面物质的反照率不同,亮度就不同、色泽也深浅不一,那些位置相对固定的表面特征是我们观测的首要目标。一般有:明亮的火星南极冰盖,火星上大部分是比极区暗淡,呈现亮橙色的区域,人们习惯称之为"大陆",还有一些暗淡的大条纹和斑块,这些表面特征一般都有各自的名称,便于定位。

其次火星的大气现象也十分有趣。主要有黄色的尘埃云和白云。白色云的形状很多并且经常变化,值得我们时时监测,有时我们能看到覆盖整个火星表面的黄色尘暴,这是火星所特有的。

拍摄火星照片可以客观地记录火星。一般需要长焦距的镜头或者望远镜。这还不够,最好再使用2×或3×的增倍镜来增加焦距,或者利用高倍目镜,后面接上相机进行拍摄。

如果使用胶片摄影,可以选择感光速度比较高、颗粒细腻的胶卷。例如柯达的TP2415黑白胶卷,或者400度的彩色反转片等,曝光0.5至3秒(需要亲身试验),但是一般需要用自动跟踪设备来保证火星成像清晰。

普通的家用数码相机就可以用于拍摄火星,而且可以达到和超过大多数胶片的拍摄水准。还有许多爱好者使用价廉物美的电脑摄像头来拍摄行星图像,尽管拍摄的单幅图像不够好,但通过软件对大量集中拍摄的独立画面进行叠加,最终可以得到很好的行星照片。

我们有幸在有生之年近距离地观察火星,多么难得。就让大家抓住时机,行动起来,关注我们的近邻,这颗红色的星球。

神秘的巨大黑洞

在北斗七星的旁边,大熊座的"熊头"附近,有一个形状不伦不类的M82星系。直径达1200万光年的M82星系,有一条黑色缝隙横贯其中,所以它得到了一个"破裂星系"的绰号。这条黑色缝隙实际上是一个由混杂尘埃的气体构成的,而M82星系本身是一个标准的"透镜"型星系。M82星系具有显著的特征,其中心部位以超过别的星系数千倍的速度诞生着新的恒星。最近在被称为"星爆"的M82星系中,天文学家发现了奇异的天体。

1997年,日本京都大学的一个研究小组使用X射线观测卫星发现M82星系内的一个天体,从非常有限的空间发出大量X射线,这个天体主要放射3000电子伏特的高能X射线,其光度达到太阳全部光度的千万倍。

为了搞清这个天体的真实面目,科学家立即着手进行了反复达9次的观测,对可信数据的分析结果表明,这个天体在短短几天的时间里,其光度就发生了几倍的变化。这个天体光度的变化情况被美国麻省理工学院和内华达大学的科学家于1999年同时观测到。它的光度变化的直接原因目前还无法确定,但是却为科学家

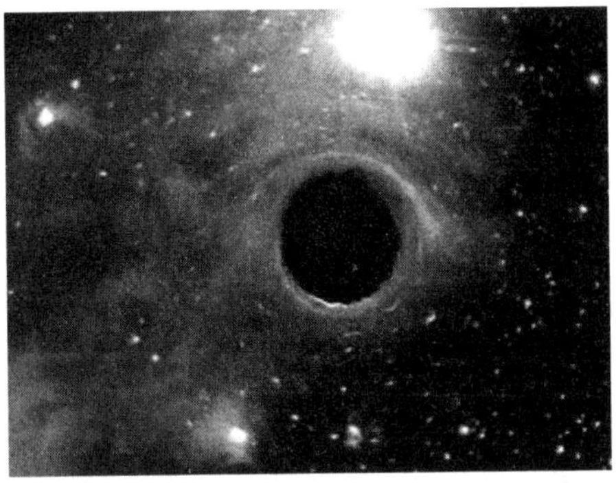

黑洞

了解这一奇异天体的本来面目，提供了极其珍贵的数据，因为根据这些数据能够算出这个天体的大小，它的直径约为太阳与地球距离的数十倍，也就是说，它的大小充其量相当于太阳系。从如此小的区域内居然能够释放出相当于太阳 1000 万倍的能量，从现代物理学可知其唯一的可能就是黑洞。

“黑洞”是根据广义相对论预言存在的天体，它凭着自身的引力把空间中的一切“禁闭”起来。黑洞的大小若用质量相比较的话，那么具有太阳质量的黑洞，其半径只有 3 公里。黑洞把一切物质吸入，连光都不可能逸出。而 M82 星系中的黑洞却喷释出大量能量，这的确是异乎寻常的。事实上，当物质被吸入黑洞的“地平线”下之前，黑洞极强的引力场引起了超高速运动，由此释放出巨大能量。其原理与水力发电相似，在水力发电中，下落的势能转化为电能。对黑洞来说，因引力下落的能量由于摩擦转变为热能，并最终转变为光能。

事实上，对被称为“X 射线双星”的天体的观测表明，气体被吸入黑洞后释放出的是光放射。黑洞是与中子星或是巨星构成彼此绕转的双星，从巨星流出的气体在旋转着落入黑洞或中子星时，会放出大量 X 射线。在这种情况下黑洞具有太阳的质量，若具有 8 倍于太阳的质量，那便是超新星爆发后的残存物。中子星是仅由中子构成的天体，比黑洞要大上数倍。

迄今为止已知的 x 射线双星系统最亮者达到太阳光度的 100 万倍程度，M82 星系发现的 X 射线天体在此基础上又增高了 10 倍。由此估计这个黑洞的质量约为太阳的 460 倍到最大为 1 亿倍。总之，这个黑洞的质量很可能远远超过了太阳。这说明，在 M82 星系发现的是待确认的黑洞，而不单纯是超新星爆发后残存物。

M82 星系发现的待确认黑洞在研究宇宙中存在的巨大黑洞起源的时候，具有极重大的意义。

小行星“吻”地球

美国天文学家最近宣称，一颗直径为 400 米的小行星将在 20 年后的某天，有可能与地球表面相擦,从而危及地球上的所有生命。世界上许多国家的天文学家经过观察后认为,这个被称为“阿波非斯”的天体确实如美国天文学家所称,将于2029年4月13日,与地球擦肩而过,它与地球之间的距离仅为地球与月球之间距离的1/10,而欧洲、非洲和亚洲西部则是“阿波非斯”最有可能的碰擦处。

现在,各国的天文学家都在详细记录这颗行星的运行轨道和它与地球接近的进度,以判断它是否存在撞击地球的几率。记录显示,“阿波非斯”将在2007年至2012年之间,开始进入接近太阳的轨道区。而一旦“阿波非斯”进入这一轨道区域,天文学家将无法正常观察它的行踪和动态。

为此,世界天文学家最近共同商议,准备策划一个自由航天任务,在2013年或者2014年之前,为“阿波非斯”装上一个无线电发射机。天文学家便可以更加准确有效地跟踪观察这颗小行星,从而做出更加精确的判断。美国航天局专家还计划,在适当的时候发送一枚核能火箭,破坏或者大幅度地改变“阿波非斯”的运行轨道。

火星上的神奇现象

火星在太阳系中离地球较近。它曾有过河流、海洋,还有和地球一样的大气层。它是一个充满着神奇与奥秘的净土。从19世纪起,它就吸引着众多的天文学家们的注目。

人类进入20世纪,跨入太空时代,对火星上的观察更前进一大步。美国、苏联曾向火星发射过多种卫星,进行认真、仔细地观察。如今的火星是一颗既冷又荒凉的行星,表面温度在-60℃,即使有水存在,也永远保持冰冻状态,加上空气稀薄,缺乏臭氧层,致使紫外线直接射入星球地面,使任何生物难以存在,这是科学家们坚信不疑的。

最近,美国的科学家们断言:他们从火星上的一块陨石中发现了火星上存在生命的确切证据。美国航天局约翰逊航天中心的一个研究小组在戴维·梦凯博士的领导下,利用一台光学显微镜和一台功效很强的扫描电子显微镜,对火星陨石进行了研究。他们发现:火星上细菌的矿化残留物体积与地球上发现的细菌相似。这一点是证明火星上有生命存在的新证据。

1994年,美国发射的“火星观察者号”准备在火星上做实地考察。但在进入火星轨道时突然失踪。俄罗斯在最近几年里,发射了多枚火星探测装置,只有两枚在火星上着陆成功。就在美国“火星观察者号”失踪的前13天,将拍摄的两张震惊世界的照片传回地球。一张照片是火星上的一座巨大的人头雕像。它是从火星上空另一个角度近距离拍摄的。另一张照片更令科学家们百思不得其解,照片上竟出现一只巨大无比的鱼形太空生物。它长着一条鲸鱼般的大尾巴,扁圆状身躯,金鱼一样的大眼睛,张着三角形的大嘴。背景上充满着大大小小闪烁着的宇宙星光。

美国航天局的专家们认为:在对火星的考察进入关键时,发生“火星观察者号”失踪和地面接收到它发回的“太空鱼怪”照片两件事并非偶然。有人认为:“火星观察者号”的神秘失踪,可能是火星上的智慧生物将它击落。“太空鱼怪”可能是火星上的智慧生物制造的一种用特殊动物外貌作伪装的大型宇宙星际母舰。

早在15年前,美国航天局科学家们研究“海盗号”和“维京一号”火星观察卫星发回地球的数千张照片。科学家们在照片上发现多张矗立在火星上的巨大狮身人面像。研究人员用计算机处理了两张不同角度拍摄的火星照片,结果清晰地显现出人像的眼球,和半张着嘴巴的牙齿。

计算机精确地算出狮身人面像的大小,从头顶到下巴为1.5公里,宽1.3公里。要制造出这样巨大的塑像,只有高智慧生物才能办到。

俄罗斯的火星观察卫星也拍摄到了巨大的狮身人面像。俄罗斯的著名太空学者阿温斯基博士向记者们展示了几张从火星观察卫星上发回的照片。就在巨大的狮身人面像7公里处,有11座金字塔,4座大的,7座小的,简直是一座城市。

经过计算机的整理分析,在金字塔附近有19座建筑物,还有道路和奇怪的圆形广场。建筑物的尺寸都很巨大,最大的中央金字塔几乎相当于埃及最大的河普斯金字塔的10倍。直径达一公里的圆形广场究竟是什么?是航天器发射场,还是加速器试验场呢?但有一点是无疑的,这座城市已荒废了许多年,如今已无人居住。

美国航天局的科学家们在“维京一号”火星观察卫星发回的数千张的火星照片上,发现了几张巨大无比的“人脸”像,非常清晰。照片上显示着一个人的面部,眼睛、眉毛、头发、嘴唇和鼻子十分清楚,就连两个鼻孔都能看见。这是一位长相英俊、潇洒的男性脸,因为它嘴唇上有胡须。这张照片的出现,不能不引起美国科学界的震动。

火星是一个早已变成一片荒漠的世界。那里没有空气、水,气温低得不可能使任何生物生存。据计算这“人脸”的面积约有100平方公里。这样大的巨幅“人脸”像又是谁造的呢?又是怎样造成的呢?因此,有些科学家们怀疑,这些“建筑物”“人脸”照片是有些人恶作剧,伪造出的,通过美国太空总署的宇航微波接收网络传来的,目的是故意开个玩笑,让科学家们震惊、瞎忙活、乱猜测。为此,美国太空总署在1989年聘请了一些优秀的电脑专家对“人脸”“建筑物”照片做分析、鉴定,让人识别真伪。美国著名的电脑专家萨姆兰尔教授动用最新的电脑绘图技术,对“人脸”“建筑物”“狮身人面像”等照片做分析,确定了这些照片确是从“海盗号”和“维京一号”火星观察卫星上发回来的。此外,还发现“人脸”“狮身人面像”“建筑物”照片,并非光影上的错觉,而是一个个庞大的实体!布兰登博士认为:那些“人脸”“建筑物”照片是数百万年前,曾在火星上出现过文明的一个标志。显然那个文明已在火星上消失了。但它留下了永恒的标志。

奇怪的是从1992年9月开始,从火星上拍回的照片,那张“人脸”突然消失,变得无影无踪了。此事使火星文明之谜,更蒙上了神秘的色彩:为什么图像会忽隐忽现呢?1997年7月4日,美国“火星探路者号”探测器在火星着陆,当时数百万美国电视观众坐在电视机前焦急地等待着“火星探路者号”从火星上传回震惊世界的新发现。但令人遗憾的是,“火星探路者号”在火星着陆和“外来者号”漫游车在火星上行驶的镜头虽已向观众播放,但另外一个震惊世界的场面并未向观众们播放。“外来者号”漫游车上的摄影机镜头上清晰地出现了一艘酷似地球上的诺亚方舟的高大船体,它半埋在一片沙滩上。

美国航天局的科学家们立刻接到一道严格的命令:“在官方当局尚未决定向社会公众发布这一令人绝对难以置信的震惊世界的新闻之前,必须守口如瓶!”

而美国航天局的一个工作人员却把这张“火星诺亚方舟”的照片转交给一位天文小组的负责人。这位天文学家认为:美国“火星探路者号”发回的“火星诺亚方舟”照片是昔日火星上曾发生巨大洪水、天然灾害悲剧最有说服力的证明。这场大洪水给火星上的智慧生物带来了巨大的灾难。

1997 年 7 月间,美国“火星探路者号”探测器在火星上登陆,并由“外来者号”火星漫游车对火星的考察发现:火星的过去和地球一样有空气、河流、海洋,能维持生命的存在与发展。

如今火星是一片荒漠、空气稀薄,没有水,温差极大,无法生存。火星上的智慧生物要么离开,到火星附近的星球上去。要么火星人依靠自己的智慧潜居于地下,建造地下独立的生活圈。他们可利用太阳能、核能燃料等各种能源,建造地下的山川、河流、动植物生物庄园。那里完全可以绿树成荫、百花齐放,有城市和乡村,这是一项十分巨大的工程,需要火星人数千年的精力。可想而知,如果确有火星人的存在,他们在航天技术、无线电技术、建筑、光束、能源、环境生存等科技领域,将远远超过地球人类的水平。

美、俄两国科学家们一致认为:火星变成一片荒漠,失去大气层的过程是十分缓慢的,它是慢慢毁灭的,从一个有河流、有海洋、有四季气候的行星变成一个冰冷的不毛之地。这就是说:如今发现的这些火星上的建筑物是在数百万年之前,火星人建造的。如今科学家们尚不清楚,这些狮身人面像、金字塔是用什么材料建造的,能够维持数百万年不变。由于尘暴,五千至一万年内道路本来会消失得无影无踪,可是从道路上看,照片上清楚地显示,道路铺得平整、宽阔。有的道路故意修得绕过陨石坑。为什么道路数百万年没给尘暴埋没呢?这说明火星人当年的建筑技巧已经十分高超。

要破译火星之谜,尚有待科学家们登上火星,实地考察,美国计划在 2020 年派人登上火星,在火星上建立地球人类基地,仔细深入考察火星,希望能取得成功。

日月并升之谜

离杭州 82 千米的海盐县南北湖风景区,鹰巢顶上曾见到的“日月并升”现象至今仍是个谜。这种现象,不但在当地世世代代流传,在明代古书上也有描述和记载:太阳和月亮重叠在一起,同时从钱塘江面升起;太阳的直径略大于月亮,周围一圈呈血红和清蓝色光环;太阳升起不久,在太阳旁出现一个暗灰色的月亮,围绕着太阳,一会儿跃向太阳左边,一会儿跃向太阳右边,一会在太阳上边,一会儿又在太阳下边;当月亮穿过太阳时,太阳表面大部分为月亮遮盖,颜色变暗,未被遮盖的部分则呈现出现黄色月牙儿形状。月影和日轮一起升起,并在日轮中跃动。直到消失。

日月并升

但是这一天下奇景,由于种种原因,几乎湮没了千年。直到 1980 年杭州大学的冯铁凝先生从古书中发现后,于当年的农历十月初一,终于和武林中学的谢秉公老师有幸见到了太阳和月亮在清晨并升的奇景。这一消息传开,引起了很多人兴趣,每年十月初一清晨,少则一二千人,多则四五千人观看奇景。

日月并升的过程有几种情景:1 日月合为一体同时从海(钱塘江)上升起,太阳和月亮重叠,但太阳直径略大于月亮;2 太阳升起不久,在太阳旁边出现一个暗灰色月亮,团结着太阳,一忽儿在太阳右边,一忽儿又跃在左边,一忽儿又在太阳上面,一忽儿又在下面。当月亮经过太阳时,太阳表面大部分被月亮遮盖,颜色变暗;3 月亮先出,几乎在同一直线上太阳随之出来,太阳托佐月影一起跃动;4 月影先在日轮中,后又跳出日轮,在太阳四周跃动,阴影呈月牙形;5 月影在日轮中一起升起,并在日轮中跃动,直到月影消失。

日月并升现象,最短只有五分钟,长的三十一分钟,一般十五分钟,每次出现的景观,又不完全一致。到目前为止,尚无人能解释。

山海经说:在东海之外,甘水河流经的地方,帝舜的一个叫羲和的妻子生了十个太阳,山海经‘大荒西经’说:在大荒之中,有座山叫日月山,这是天门的转轴,也叫吴姬天门山,是日月降落的地方。帝舜的另一个妻子常羲生了十二个月亮,有十二座山是十二个月亮躲藏的地方;常羲每天放一个月亮出来,十二个月亮按日值班。

到目前为止,这种现象尚无科学的解释。

白天突然变成黑夜之谜

在晴朗的白天，突然间出现了一段时间的黑暗。它既不是日食，也不是发生在龙卷风之前，而是区域性的暂时情况。这种现象在中国曾多次发生。1944 年秋天的一个下午，在我国辽宁省班吉境内，晴朗的天空突然一片漆黑，伸手不见五指，天好像要塌下来似的。人们惊慌失措，呼天喊地。大约 1 个小时后又恢复了光明，人们才渐渐地平静下来。青岛也曾出现过白天突降夜幕的奇特现象。一天上午 11 时，阳光高照的天空渐暗，阴云密布。至 12 时许，黑云压顶，天地间一团漆黑，风雨交加，电闪雷鸣，众多行人措手不及，纷纷避往沿街店铺。街上顿时“万家灯火”，路灯齐放，过往车辆车灯大开。这一现象持续了半个多小时。

极光形成之谜

在地球南、北两极附近的高空，夜间常会出现一种奇异的光。其色彩斑斓：有紫红色，有玫瑰红，有橙红色，也有白色和蓝色；其形状也是千差万别：有的像空中飘舞的彩带，有的像一团跳动的火焰，有的像帷幕，有的像柔丝，有的像巨伞。这种大自然的“火树银花不夜天”的景象就是极光。

极光

1957 年 3 月 2 日夜晚，人们在黑龙江省呼玛县的上空观察到了这种离奇的光变。7 点多钟，西北方的天空中出现了几个稀有的彩色光点，接着，光点放射出不断变化的橙黄色的强烈光线。不久，光线渐渐模糊而形成幕状。尔后，彩色逐渐变弱，到 8 点 30 分消失。但 10 点零 3 分，这一情景又再次出现。

令人惊奇的是，在同一天晚上 7 点零 7 分，新疆北部阿尔泰山背后的天空也出现了鲜艳的红光，像山林起火一般。红色的天空里射出很多片状，垂直于地面形成白而略带黄色的光带。渐渐地,这光带变成了银白色。这些光带呈辐射状,逐渐向天顶推进。各光带之间呈淡红色,并不断忽明忽暗。光带的长短也不断变化。7点40分左右,光带伸展到天顶附近,这时的光色最为鲜明,好似一束白绸带,飘扬在淡红色的天空中。大约10点,景色完全消失。

极光有时被称为北极光或南极光,其实他们本质上是一回事,只不过在北极出现的极光被称为北极光,在南极出现的极光被称为南极光。我国的黑龙江省和新疆维吾尔自治区都曾经出现过极光,只是非常难得一见,甚至比海市蜃楼还不容易看到,但在南北极的高纬度地区,极光出现则是司空见惯的事。极光是天空中一种奇特的自然光,是人们能用肉眼看得见的唯一的超高层大气物理现象。在南、北极的高空,大多位于100公里以上,在漫长的极夜或极昼时,常会出现鲜艳的极光。

用来形容极光的词很多,但无论用哪一个都难以表达出极光的神奇和美妙。极光是令人神往的自然奇观,是南极和北极最为瑰丽的景色。在南极的漫漫长夜,有时几乎整个天空都是一幅南极光的美妙景象,极光时而像高耸在头顶上的美丽的圆柱,突然变成一幅拉开的帐幕,以后,又迅速卷成螺旋的条带;有时,极光就想传说中天女手中慢舞的长长的彩色飘带,有时变化迅猛,形状转瞬即逝,有时又像天边一缕淡淡的烟霭,久久不动;有时似漫天光箭从天而降,几乎举手可触,有时又像原子弹爆炸后的蘑菇云腾空而起,令人望而生畏。当然,这一切都发生在距离地面100千米以上的大气层里。这在南极的种种景象中,再没有比这更壮丽的了。

五彩缤纷、变幻莫测的极光给在南极洲越冬的科学家们带来了无穷的乐趣,也减低了漫长冬季给人们心理上带来的压抑。极光的亮度有强有弱,强极光的亮度可以把考察站建筑物的轮廓照亮,甚至照出物体影子。

极光的形成如同日常所见到的氖气灯管一样,灯管中稀薄的气体受到带电粒子的强烈碰撞因而发光,而极光就是高空大气中的一种发光过程。具体地说,极光是太阳放射出大量的质子和电子等带电微粒,这些微粒以高速度射进地球外围的高空大气层里,同大气层中的稀薄气体中的原子和分子进行剧烈地碰撞,而激发出来的光。极光出现的高度一般在离地面100千米到500千米的高空,实际上在那里的空气是十分稀薄的,只有人造卫星可以在这一高度经过。

那么,为什么极光只在地球的南、北极地区频繁出现呢?人们知道,地球本身就像一个巨大的吸铁石,它两端的磁极,也就是地球磁场的磁南极、磁北极分别在南、北极地区。当太阳放射出来的大量带电微粒射向地球时,受到地球南、北磁极的吸引,纷纷向南、北极地区涌入,所以,极光就集中出现于南、北极地区。

黑洞正在拉长、撕裂并吞噬着一颗恒星

天文学家表示,一个超大规模的黑洞正在利用其巨大重力作用拉长、撕裂并吞噬着一颗恒星。天文学理论早就预测了这一现象的存在,但由两个天文台提供的

观测数据却是第一次提供了坚实的观测证据。

起初，一个距离地球7亿光年之外的星系中心所释放出的强烈X射线引起一个国际天文小组的关注。天文学家认为，一颗恒星被加热到数百万度高温的气体在坠落到黑洞时产生了这一X射线爆发现象。这个黑洞位于接近RXJ1242-11星系的中心区域，估计质量是太阳的1亿倍以上。

天文学家认为，一颗接近太阳大小的恒星受到另外一颗恒星的作用改变了轨道并开始靠近黑洞，在黑洞的强大重力作用下，这颗恒星被拉伸、撕裂。这一效果与月球在地球上产生的海洋潮汐现象相同，但更加剧烈。这个黑洞吞噬了这颗恒星约1%的质量，并将剩余部分抛向宇宙空间。德国马克斯·普朗克天体物理研究院的天文学家将这一过程描述为"大卫王与巨人哥利亚之战"，可惜结果是大卫王失败。

天文学家观测这一情景动用了美国国家航空航天局的钱德拉以及欧洲宇航局的XMM—牛顿X射线天文观测站。天文学家预测这一现象在一个典型星系中大约每10000年发生一次。

天文学家此前已经观测到许多类似的X射线爆发，但每次都没能将其定位于黑洞潜伏的星系中央区域。新的观测结果也表明，在黑洞周围的X射线爆发是其标志性现象。

海面上为什么会有"海火"

1975年9月2日傍晚，在江苏省近海朗家沙一带，海面上出现了奇怪的光亮，随着波浪的起伏，就像燃烧的火焰那样翻腾不息，一直到天亮才逐渐消失。第二天夜晚，亮光再次出现，而且亮度较前日加大。以后各日夜晚，亮度还逐日加强。到第七天，海面上涌出很多泡沫，当渔船驶过时，激起的水流明亮异常，如同灯光照耀，水中还有珍珠般闪闪发光的颗粒。几小时后，这里发生了一次地震。

这种海水发光现象，被称之为"海火"，它常出现在地震或海啸之后。1976年7月唐山大地震的前一天晚上，秦皇岛、北戴河一带的海面上也出现过发光现象。更早一些，1933年3月3日凌晨，日本三陆海啸发生时，人们看到了更奇异的"海火"。波浪底下出现了三四个草帽般的圆形发光物，横排前进，色泽青紫。后来是互相撞击的浪花搅碎了这些圆形发光物。

"海火"是怎样产生的？一般认为，这与海里的发光生物有关。水里的发光生物因受到扰动而发光，是早为人们熟知的现象。这些生物种类繁多，除甲藻外，还有许多细菌和放射虫、水熄、水母、鞭毛虫，以及一些甲壳类、多毛类等小动物。因此，人们推测，当海水受到地震或海啸的剧烈震荡时，便会刺激这些生物，使它们发出异常的光亮——"海火"。

一些学者却持有异议。他们指出，在狂风大浪的夜晚，海水也同样受到激烈扰动,却为什么不产生“海火”?

美国一些学者对圆柱形的花岗岩、玄武岩、煤、大理岩等多种岩石试样进行压缩破裂实验发现,当压力足够大时,这些试样便会爆炸性碎裂.并在几毫秒内释放一股电子流,电子流激发周围气体分子发出微光。如果把样品放在水中,则碎裂时产生的电子流能使水发光。当强烈地震发生时,广泛出现的岩石破裂,足以使人感到炫目耀眼的光亮。所以,他们认为,地震“海火”的产生与这种机制有关。但海啸发生时(地震海啸除外),并没有大量的岩石爆裂,“海火”又是如何产生的呢?

一些人认为,“海火”作为一种复杂的自然现象,很可能有多种成因,生物发光和岩石爆裂发光只是其中两种成因。除此之外,可能还有其他成因。究竟还有些什么成因,有待进一步研究。

恒星吞食行星

欧洲天文学家近日发现一颗围绕巨大恒星运转的行星,在短短几千万年里,它就可能被自己围绕运转的恒星所吞食。

欧洲南方天文台(ESO)的科学家使用安装在智利拉塞拉天文台望远镜上的先进摄谱仪,分析了代号为HD47536的恒星光谱的变化,发现了这颗行星。

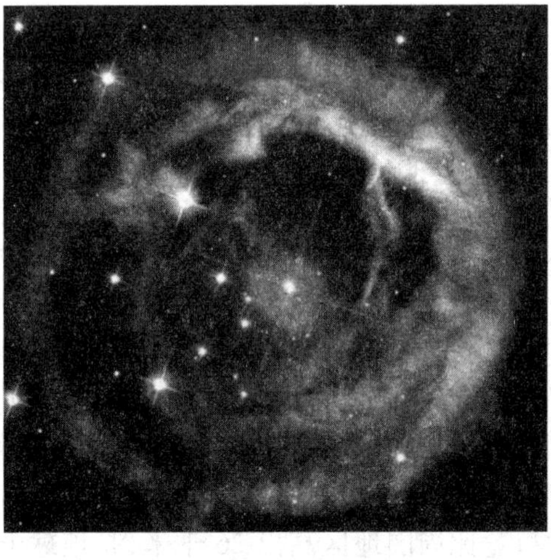

恒星吞食行星

恒星HD47536距地球398光年,直径为3300万公里,比太阳大得多。在人们已经发现拥有行星的恒星中,按发现先后次序,它是第4颗比太阳大的,也是最大的一颗。科学家发现的这颗行星质量为木星的5到10倍左右,在离恒星约3亿公里外的轨道上运转,公转周期712天。

这一恒星处于生命的最后阶段,正在膨胀。在未来几千万年的时间里,恒星的高热辐射将“剥掉”这颗行星的大气层,使它变得炽热无比。最终,当这颗恒星膨胀到一定程度后，它将完全把这颗行星吞食。这在宇宙尺度上是很短的一段时间。天文学家们称，太阳也属于这类恒星，只不过目前太阳还处在漫长的稳定期内。

这一发现拓展了人们在大恒星周围寻找行星的能力，并为天文学上的一些其他问题提供了线索。例如，科学家在这颗恒星的光谱中发现了锂元素的踪迹，而锂元素在恒星中是会迅速消耗掉、不应该存在的。在此之前有理论认为，出现这种现象可能是由于恒星刚刚吞食了一颗行星，新发现为这种假设提供了依据。

冥王星外发现巨大新物体

美国科学家最近发现了一个类似星球的新物体。其位置在冥王星外5亿公里的地方。它正围绕太阳旋转，每288年转一圈。这个新发现物体的直径约1280公里，为地球直径的十分之一，是自72年前发现冥王星以来太阳系的最大发现。是美国加利福尼亚理工大学研究人员布朗及其同事特鲁希略在6月4日发现的。布朗对BBC记者说，“它的确非常之大”，“其大小是所有小行星的总和”。布朗和他的同事是用加利福尼亚帕洛玛天文台的望远镜发现的，后来又用哈勃太空望远镜对进行了研究。天文学家将这个新物体暂时取名“夸欧尔”，编号为“2002LM60”。

惊人的火星地貌

火星是一个直径为6787千米的寒冷荒芜的星球在砂砾遍地、荒凉沉寂的火星表面，遍布陨星袭击后因撞击形成的坑坑洼洼。它的最引人注目的地形特征是干涸的河床。它们多达数千条，长度从数百千米到1000千米以上，宽度也可达几千米到几十千米，蜿蜒曲折，纵横交错，极为壮观。它们主要集中在火星的赤道区域附近。河床的存在使科学家们认为，现在干燥异常的火星曾经有过大量的水。火星上最壮观的特征是位于南半球的大峡谷其中尤以水手谷更为突出。

水手谷由一系列峡谷组成，绵延5000米以上，宽500千米，深也达到6千米左右，这样的峡谷是地球上任何峡谷无法比拟的。奥林匹斯火山更为神奇，这个直径达600千米的大火山口竟比周围地区高出26千米，是地球上珠穆朗玛峰的3倍。像水手谷和奥林匹斯火山这样的地貌，在整个太阳系里都是绝无仅有的。火星两极有白色极冠，是干冰和水冰，水冰如果全融化，可在火星表面形成10米的均匀水层。

萨西斯高原突起的部分，由三座巨大的“盾构”火山围绕：阿西亚火山、帕沃尼斯火山和阿克拉乌斯火山——这些火山被称为“萨西斯火山群”“二分线”是一条富于戏剧性的分界线，将火星南半球火山熔浆形成的高地与北半球熔浆较少的底地分开。直径是30千米的深坑，93%位于这条线的南面，包括巨大的阿吉尔、埃拉斯、伊斯迪斯深坑。它们都是火星在历史上的某个时刻与小行星碰撞所形成的，今天可一作为研究火星历史的线索。

火星北半球的底地，被称为是由于其外壳厚度下降3千米的缘故。它不可能是天体对北半球的直接撞击而引起的，相反，更可能是对南半秋的破坏性撞击的结果。埃拉斯平原的隆起地貌覆盖这一层火山岩。这是它和直径100千米的天体直接相撞引起的。“埃拉斯”撞击造成的巨大动能，可能促进了位于另一半球的萨西斯隆起地貌的形成。从高原的东端裂出条条深谷其宽度达到火星周长的四分之一，最终形成了“水手谷”那条可怕的大裂缝。

数百年来月球的怪异现象

月球曾发生过不少无解的现象，数百年来的天文学家不知已看过多少次了。1671年，三百多年前的科学家卡西尼就曾发现月球上出现一片云。1786年4月，现代天文学之父威廉赫塞尔发现月球表面似乎有火山爆发，但是科学家认为月球在过去三十亿年来已没有火山活动了，那么这些“火山”是什么?

1843年曾绘制数百张月球地图的德国天文学家约翰史谷脱，发现原来约有10公里宽的利尼坑正在逐渐变小，如今，利尼坑只是一个小点，周围全是白色沉积物，科学家不知原因为何？1882年4月24日，科学家发现月球表面“亚里士多德区”出现不明移动物体。1945年10月19日，月面“达尔文墙”出现三个明亮光点。1954年7月6日晚上，美国明尼苏达州天文台台长和其助手，观察到皮克洛米尼坑里面，出现一道黑线，过不久就消失了。1955年9月8日，“泰洛斯坑”边缘出现二次闪光。

1956年9月29日，日本明治大学的丰田博士观察到数个黑色物体，似乎排列成DYAX和JWA字形。1966年2月4日，苏俄无人探测船月神九号登陆“雨海”后，拍到二排塔状结构物，距离相等，依凡桑德生博士说：“它们能形成很强的日光反射，很像跑道旁的记号。”伊凡诺夫博士从其阴影长度估计，大约有15层楼高，他说：“附近没有任何高地能使这些岩石滚落到现在位置，并且成几何形式排列。”另外，月神九号也在“风暴海”边缘拍到一个神洞穴，月球专家威金斯博士因为自己也曾在卡西尼A坑发现一个巨大洞穴，因此他相信这些圆洞是通往月球内部。1966年11月20日，美国轨道二号探测船在距“宁静海”46公里的高空上，拍到数个金字塔形结构物，科学家估计高度在15至25米高，也是以几何形式排列，而且颜色比周围岩石和土壤要淡，显然不是自然物。1967年9月11日，天文学家组成的蒙特娄小组发现“宁静海”出现“四周呈紫色的黑云”。

这些奇异现象，不是一般的外行人发现，全是天文学家和太空探测器的报告，这是否意味着：月球上有人类未知的神。

中英探险队发现兴隆最大皮硝洞

中英联合探险队发现了兴隆一带最美丽的峡谷和最大的山洞——皮硝洞。

当探险队的车顺着奉节新贺乡新街的盘山公路前行时，一条大峡谷展现在众人眼前：陡峭的绝壁几乎是垂直的，几座山之间夹着一条深不见底的峡谷，云雾轻笼，两栋民房静卧苍翠之间，远处，奔腾在谷底的桃源河似一条细线直泻山谷尽头的菜籽坝水电站。探险队的安德鲁·伊文思先生忍不住赞叹，他说这是兴隆一带最美的峡谷。

探险队按照预定计划在黄昏时分攀上了位于半山的皮硝洞（皮条洞），在洞口发现了前人炼硝留下的遗址，五个圆形的大硝坑，还有蓄水池，做饭用的灶台等，估计年代至少在五十年以上。探险队在废弃的硝坑遗址开火做饭，露营，第二天清晨六点，被阵阵寒气冻醒。

探险队顺着通道往里走，发现这是一个巨大的洞，有 80 多米宽，140 多米高。沿途又发现了七个大硝坑，前人做饭用的油壶被遗弃在石缝里，洞里洁白的钟乳石柱。石笋随处可见，清澈的大水塘几近干涸，一条地下河由两股小水流汇合而成。

顺着其中的一股水流的来向，从石缝里钻上去，发现了三个大厅，厅里立着三条大石柱，有的长在 15 米以上，弥足珍贵。贴着岩壁，由流水冲刷石灰岩壁形成的景观非常奇特：一层层的石坝拦住一层层的水，仿佛一层层的田地悬挂在壁上，这就是被徐霞客称为“仙田”的流石坝。探险队为拍摄燃放的烟雾悬在半空弥久不散，更为它增添了一份梦幻般的色彩。

抢险队在深入 300 多米后无法前行而折回。安德鲁先生在兴隆一带连续几年探洞的经验，他认为这是兴隆一带最大的洞，景观很奇特，具有旅游开发价值。

“天下第一裂”景观

中国目前最长最窄的“一线天”景观，在湖南永兴县被发现。这个号称“天下第一裂”的“一线天”景观距永兴县城二十公里。地质专家说，它是二百五十万年前地壳运动产生裂缝后，经水流冲刷形成的摩崖双耸夹壁。该景观全长三百五十六米，最宽处零点六米，最窄处零点四米，高差三十米，呈南北走向，仅容一人侧身而过。景区苔藓植被茂密，多条溪流环绕，流水终年不断。中国地理学会地貌旅游开发研究会会长黄进教授考察后认为，这是中国目前已发现的最长、最窄的“一线天”，在国外也十分罕见。

黑洞的神奇魔力

浩瀚的宇宙高深莫测，无奇不有，其中最神秘的天体莫过于黑洞。这种“怪物”比森林中的老虎更凶猛，不管是什么东西，一旦进入它的势力范围，都会被吞吃掉，连骨头也不吐出来。而且它还穿上了隐身衣，谁也看不见它，即使你用强光照射，用雷达探测，仍然找不到它的踪迹。这种“怪兽”就是爱因斯坦广义相对论预言的一种奇特天体。

黑洞为什么会有如此神奇的魔力呢？这需要从引力谈起。我们都知道，即使是世界跳高冠军，也不可能一蹦就跳到月球上去，其原因是地球有强大的引力。这种万有引力存在于宇宙中任何两个物体之间，引力的强弱取决于两个物体各自的质量，也取决于两个物体之间的距离。物体的质量愈大，引力就愈大。地球质量有60万亿亿吨，地球半径为6371公里，所以有很强的引力。人类想飞出地球，必须使宇宙飞船达到每秒11.2公里以上的速度。而太阳的引力更大，如果想从太阳表面发射宇宙飞船，飞船的速度至少要达到每秒618公里，才能挣脱太阳的引力，飞向另一颗恒星。万有引力随距离缩小而明显增强。假如太阳不断地收缩，其半径便会不断地缩小，而物质密度却不断增大。如果太阳的半径从现在的70万公里收缩到3公里，太阳就变成一颗超高密的天体。虽然其质量不变，仍为两千亿亿亿吨，但其半径距离却缩小了20多万倍，此时每秒30万公里的光线也无法从太阳表面射出，这样太阳就变成了一个黑洞。

也许有些读者担心，如果太阳变成了黑洞，人类不是很危险了吗？实际上不必担心。科学研究表明，太阳是不会变成黑洞的，只有3倍以上太阳质量的恒星在晚年消耗掉内部的核燃料后，才会在自身的强大引力作用下坍缩，变成恒星级的黑洞。

如果将宇宙空间想象成一张平铺的悬空的大纸，具有弹性且不易破，其四角用线拉住，那么任何放在上面的物体都会使之产生凹痕，物体愈重，凹痕就愈深。如果一个物体重量不变，体积越小，凹痕越深。假如将地球放在上面，那只有浅浅的凹痕。太阳会比地球的凹痕稍深一些。像黑洞这样既小又重的超高密天体就会带来极深极深的凹洞。宇宙中不仅有几个太阳质量的恒星级黑洞，还有更大的黑洞。我们知道地球与其他行星在绕太阳公转，而太阳又带着九大行星在银河系公转。整个银河系有着1000多亿颗恒星，它们是太阳的“兄弟姐妹”，天文学家推测在银河系的中心有一个大黑洞，质量为300万个太阳质量。这个大黑洞还不算宇宙中的巨洞。我们知道，在银河系以外还有上千亿个银河系的“兄弟姐妹”，它们被称为星系，在其他星系中还会有巨大的黑洞。

除了巨型黑洞外，还有微型黑洞。人们常说明察秋毫，秋天动物新生的细毛已经是十分细小了，其实微型黑洞比起秋毫还要小得多，它只有一万亿分之一毫米，相当于最小的氢原子中的原子核大小，连电子显微镜也无法找到，然而它却比一座大山还重。当代世界级物理大师霍金在微型黑洞的研究中做出了重大的贡献。

看来，宇宙实在是太神奇了，已超过神话中的一些想象。像《西游记》中孙悟空的“金箍棒”这样一根小棍子怎么可能有上万斤重呢？而宇宙中这种物质却真的存在，而且还要重得多。

火星火山上空出现神秘云雾

美国航空航天局(NASA)的天文学家根据 NASA 火星全球探测器拍摄下的照片发现，火星上一座巨型火山上空有一团巨大的螺旋状云雾，天文学家表示，不清楚这团云雾已经形成了多长时间。

天文学家表示，这团云雾可能由尘埃粒组成，其呈螺旋状盘旋的原因是火山坑上方的风向时而发生变化。

天文学家称，同一地区几天来也出现了类似的云雾，但他们不清楚这些云雾属于一大团当中的一部分还是每天下午独立形成的单个云雾团。

NASA 火星全球探测器于 1996 年发射升空，该探测器已经对火星的整个地表、火星大气甚至包括火星内部进行了研究。到目前为言，该探测器搜集到的有关火星的数据比其他所有火星探测器搜集数据的总和还要多。

日月掩土星奇观

在地球上看，火星是一颗红色的行星，在中国古代称其为“萤惑”。“火星大冲”指的是火星、地球在经过近日点，火星、地球、太阳三者成一条直线，且火星最接近地球。在“大冲”前后约一个月的时间里是观测火星的最佳时机。其亮度可与明亮的木星相媲美。若用小型天文望远镜，可观赏到火星表面迷人的色彩变化。这种“冲日”每隔 2 年零 50 天左右就会出现一次。但“大冲日”的时间相对较长，再加上低空气象变化阻碍视线的原因，使这种天象的确难得一见。

太空中发现“通往天堂的阶梯”

相信科学的人都知道，天文学家无论如何都不可能找到通往天堂的阶梯，但是美国国家航天局的哈勃望远镜却仿佛让人类看到了这样的盛景，它拍摄的图片显示在一颗“垂死”的星体周围围绕着梯状结构的星云。

通常科学家将这类星云称为红矩形星云，因为从地面天文望远镜看去，它呈现出矩形结构,颜色为红色。但由于大气层的遮掩,科学家从地面天文望远镜对这一星云进行观测受到了诸多的限制,而这次哈勃望远镜拍摄的图片则让科学家们看到了该星云此前不为人知的一些新特性。

哈勃望远镜拍摄的图片显示,红矩形星云并非矩形,实际上它呈现出一种 X 形的结构,科学家认为这种现象是由于构成星体内核的气体和尘埃挥发所致。挥发出来的气体向星体相反的两个方向喷射,最终我们就看到了这种类似于将两个冰淇淋尖端接在一起的 X 形结构。更令人关注的是,在星体周围呈现出一种阶梯状的结构,使得整个星云看起来就像一张蜘蛛网,这种形状在已知的星云中绝无仅有。

该星云中心的星体寿命同太阳差不多,不过它已经走到了生命的终点。这颗恒星的外层物质开始向外界挥发,从而形成了现在的星云,挥发的过程早在 14000 年前就已经开始。再过几千年,这颗恒星将会变得越来越小,越来越热,并开始对环绕的星云产生紫外线辐射。届时该星云中的气体将会反射荧光,它也就从红矩形星云变成为行星状星云。

不过目前该恒星的温度还不够高,因此环绕在它周围的气体原子也就不会发光,而周围的尘埃分子之所以能被看到是因为它们能反射恒星发出的光。该星云中部分气体分子同宇宙尘埃混合在一起发射红光,因此我们看到它为红色。目前还不能确定到底是哪种类型的气体分子产生了红光,不过科学家们认为最有可能的是从星体内核挥发出来的碳氢化合物。

通过对哈勃望远镜拍摄的高分辨率图片进行分析,科学家们还发现在星体中央贯穿着一条暗带。科学家们称该暗带是围绕着星体的由浓密尘埃构成的圆盘投下的阴影,实际上我们并不能直接看到星体发出的光,我们所看到的是圆盘中尘埃散射的光。天文学家还发现该星云的核心部分实际上是一对伴星,其中每颗恒星的公转周期都是 10.5 个月。

上世纪 70 年代,科学家们在进行火箭发射时发现一处强烈的红外线辐射光源,并最终发现了这一红矩形星云。它距离地球大约 2300 光年,在麒麟座的方向。

神秘的天坑群

广西百色大石围天坑群中具有集独特奇绝的溶洞与原始森林和珍稀动植物于一体的垂直竖井,形成天然的洞底有洞,洞中有河的景观。两条地下暗河河流湍急,且冷热相交汇,洞中石笋挺拔丛生,石柱峭然擎天,石帘晶莹透亮,石瀑到处都有,造型组合不凡,具有很高的观赏价值。

在大石围周边村屯又有独特奇绝的百洞、神木、苏家坑、邓家坨、甲蒙、燕子、盖帽、黄猄、风岩、大坨、穿洞等 20 多个石围,形成了世界上独一无二的“天坑群”。在“天坑群”的周边,还有冒气洞、马蜂洞、琢木当上洞、下洞、熊家东洞、西洞等 30 多

神秘的天坑群

个溶洞景点及配套的人文景观。

大石围天坑群位于乐业县同乐镇刷把村百岩脚屯，形成于大约6500万年以前，是一块鲜为人知的秘境，集险、奇、峻、雄、秀、美于一体，是世界上罕见的宇宙奇观。大石围的地下原始森林面积为世界第一。中国地质学会洞穴研究会会长朱学稳教授考察论证后称乐业县大石围天坑为“天坑博物馆”“世界岩溶胜地”。

站在高高的观光台上，眺望堪称世界岩容之首的喀斯特漏斗，其气势之宏伟，场面之壮观，不言而喻，而站在大石围西峰，眺望山峦起伏群峰连绵的远景，又让人感受到大自然之神奇。

步入那独特、神秘的地下原始森林奇景之中，那珍稀的花草，罕见的鸟兽，翠绿的树木，给人一种独特的感受。

大石围底部深处有纵横交错的地下河流，有姿态万千，神态各异的洞穴钟乳石，也有鱼、蟹等丰富的地下水族，是世间难得一见的洞中美景。

大石围所在地白岩脚屯，路边花草芬芳，林木浓翠，绿树成荫，且山岭连绵，群峰争奇，富有诗意，令人流连，让人回味。岩溶洞穴观光。溶洞群中那些千姿百态，绚丽多彩，玲珑剔透的各种类型的洞穴次生化学沉积物，件件都是巧夺天工的精美艺术品，每个洞都有不同的景观，让你不得不感叹大自然的鬼斧神工。

地球探秘

地球从哪里来

据推测，地球有40多亿年的历史。

地球由星云分化而来的。一开始，它只是一些宇宙固体微粒的聚合体。在运动的过程中，它不断吸附四周的宇宙微粒，最后才凝聚成一个球状体。原始地球是一个冷冰冰的坚硬球体。在它的周围，弥漫着氮、二氧化碳、甲烷、氨等气体。

地球

在构成原始地球的物质中，有许多放射性物质。在衰变的过程中，它们释放出大量热量。随着热量的不断积累，地球内部的温度渐渐增高，坚硬的地球慢慢变得柔软。随着运动的作用，在地还应内部便产生了复杂的圈层分化运动。

在重力的作用下，氧、铝、镁等比较轻的物质浮到地球的表面上来，铁、镍等比较重的物质慢慢下沉到地心部分去了。最后，在地球内部形成了明显的层次，这就是现在的地壳、地幔和地核。

地球为什么是三轴椭球体

地球的形状接近于旋转椭球体。一个与处于流体静力平衡状态的海洋面重合，并延伸到大陆内部的水准面，叫大地水准面。大地水准面忽略了地面上的凸凹不平，但由于地球内物质分布的不均匀，大地水准面仍是起伏不平，为了定量描述地球的形状而不受起伏的影响，测量上把与大地水准面符合得最理想的旋转椭球体叫作地球椭球体。但是，更严格地说，地球椭球体的三个轴均不相等，它不是旋转椭球体，而是三轴椭球体。尽管如此，由于赤道椭圆扁率很小（约 1/91827），而且计算复杂，这个形状未被采用。目前，仍取旋转椭球体形状作为地球形状的描述。人造卫星发射成功后，利用人造卫星测地大大提高了测地的精确度。1979 年，国际大地测量和地球物理联合会决定从 1980 年开始采用新的椭球体参数即：地球的赤道半径是 6378137 米；地球的极半径是 6356752 米；地球的赤道周长是 40075.7 千米。

为什么说“梨形地球”是一个美丽的误会

20 世纪 60 年代，人造卫星观测确定了大地位系数中的低阶部分，其中 3 阶系数的存在，表明地球的形状对于赤道有极其微小的非对称成分，说明地球形状的确是梨形，此发现在将地球看作“梨形”时期颇为著名，然而，这的确是一个错误导向或美丽误会。

实际上，地球的赤道半径约为 6378 千米，极半径大约为 6357 千米。两者差别为 21 千米左右。这个差别与地球的平均半径相比，大约在 1/298，略小于千分之三点四。至于 10 米、30 米与 6357 千米之比大约不过是 1.6×10^{-6} 和 4.7×10^{-6}。也就是说，地球像梨的说法，是在 1×10^{-6} 的数量级上才正确。而 10 米、30 米与 21 千米相比，大约在千分之 0.5 和千分之 1.4。所以，说地球是椭球体不算勉强，而说它像梨，的确太勉强了。

把北、南极地区的突出或者凹进，局部放大，突出这个特征，并写入教科书无可厚非。但反过来，以那样的图形证明地球形状像梨，就不可取了。

为什么地球内部可以分成圈层

除地表以外，人们是不能用肉眼直接观察地球深处的。那么，地球内部究竟是什么样的呢？它既不像皮球那样外面一层皮，里面全是空气；又不像铅球那样，是个从外到里完全一样的实心球体。它有点像一个没有太煮熟的鸭蛋，从地球表面的地心依次是地壳、地幔和地核。

1910 年，南斯拉夫地震学家莫霍洛维奇在整理了 1909 年 10 月 8 日和 10 日在南斯拉夫发生的地震记录以后，发现地震波在传到地下 60 千米处有折射现象发生。地震波并不是随便乱闯的，它的传播是一定的规律的，在不同的物质中地震波不但速度不同，而且从一种物质转向另一种物质的时候，一定会发生折射或反射的现象。根据这个规律证实，在地下地震波发生变化的地方，一定存在着一个界面。

人们把它称为莫霍面。后来,美国学者古登堡又探测到,在地下 2885 千米的深处,存在着另一个分界面,人们把它称作古登堡界面。这样,两个界面把地球内部分成三大同心圈层:最外层是薄薄的坚硬岩石组成的地壳,两界面之间的地幔,古登堡面以下的地心是地核。

地球的圈层是怎样形成的

地球是由固体的宇宙尘埃聚集而成的。在形成初期,地球上的各种物质是混杂在一起的,并没有明显的分层现象。后来,地球内部放射性物质分裂,释放的能量在地球内部积累起来。随着地球内部热量的积累,地球内部的温度逐渐升高。因物质具有可塑性,加以重力的作用,较重的物质就缓慢地下沉,流向地内深处,形成原始地幔。原始地幔继续分化而成地壳和地幔。这样就形成了地球内部的圈层结构。

存在地下王国吗

远在 1904 年,美国加利福尼亚卡斯特山脉中一个叫布朗的采矿者,发现一处类似巨人居住的人工地道。洞穴中有用巨大铜锁锁住的巨大房舍,墙壁间有黄金铸成的盾和从未见过的物品,墙壁上还画着奇怪的图画和文学。

第二次世界大战期间,美国陆军上士兵希伯在和侵缅日军战斗中与战友失散被遗留在森林里,有一天他无意中发现一处被巨石隐蔽的洞口。希伯冒险进入洞内,竟然发现里面被人工光源照得亮如白昼,俨然是一处庞大的地下城市。希伯正看得惊迷时,突然被抓住,一关就是 4 年,后来寻机拼命逃出。据他说这个地下王国通向地面的隧道有 7 条,分别在世界其他一些地方开有秘密出入口。

或许有人会问,若真的存在这个地下王国,那么他们为什么不回到阳光明媚的地面来生活呢?答案似乎只有一个:这个地下王国的居民长期居住在地下,或已演化成嗜热的硅生命体,已不可能再适应地面的生活。

有一点是肯定的,假设地下王国真的存在,那么他们必定掌握着高于地表人的科学技术,诸如飞碟等一系列所谓之谜也就不难获得答案了。且不说是否真的存在着一个地下王国,难道地球内部确是空的吗?不少地球物理专家认为,地球的现有重量是 6 兆吨的百万倍,假如地球内部不是空的,它的重量应该远不止于此。

地下王国之说,引发了科学界一场有关“地球空洞说”的激烈争论,结果如何,只能拭目以待。但是它启发了我们,当地球气候发生骤变或其他地表灾难发生时,我们地表人转入地下或许比移居外星球更具现实意义。

什么是地球膨胀说

20世纪20至30年代，林德曼和希尔根贝格分别提出地球膨胀说。该学说认为原始地球有一个封闭的硅铝圈，因地球内部膨胀而导致硅铝圈的破裂、离散，形成分离的大陆；而从地幔膨胀出来的物质充填在离散的大陆之间，使洋盆不断扩大。板块构造理论提出以前，地球膨胀说曾经作为活动论的重要代表而引人注目。一些学者从不同的途径计算过地球膨胀的速率，如1956年埃吉德根据古地理图上显生宙面积的扩大得出0.5毫米/年，1965年霍姆斯根据一天的时间每一世纪增长1/50万秒的数据估算出膨胀速率为0.24—0.6毫米/年。但是，按照最早提出的地球膨胀模式，石炭纪以后地球的半径需要增长2000千米以上，而热力学理论和引力常数随时间变小的假说都认为这在理论上是不可能的。地质历史上大量事件也难以用地球单纯膨胀来解释。板块构造理论提出以后，大多数地球物理科学家对地幔对流说的动力解释表现出很大的兴趣。

地球的未来是怎样的

地球的未来与太阳有密切的关联，由于氦的灰烬在太阳的核心稳定的累积，太阳光度将缓慢地增加，在未来的11亿年中，太阳的光度将增加10%，之后的35亿年又将增加40%。气候模型显示抵达地球的辐射增加，可能会有可怕的后果，包括地球的海洋可能消失。

地球表面温度的增加会加速无机的二氧化碳循环，使它的浓度在9亿年间还原至植物致死的水准。缺乏植物会导致大气层中氧气的流失，那么动物也将在数百万年内绝种。而即使太阳是永恒和稳定的，地球内部持续的冷却，也会造成海洋和大气层的损失（由于火山活动降低）。在之后的十亿年，表面的水将完全消失，并且全球的平均温度将达到70摄氏度。

太阳在大约50亿年后将成为红巨星，当太阳成为红巨星时，大约已经流失了30%的质量，所以若不考虑潮汐的影响，当太阳达到最大半径时，地球会在距离太阳大约1.7天文单位（254316600千米）的轨道上，因此，地球会逃逸在太阳松散的大气层封包之外。现在绝大部分（如果不是全部）生物会因为与太阳过度的接近而被摧毁。

为什么地球会绕轴自转

要测量一个物体的旋转状况，一种办法就是用“角动量”。一个绕定点转动的物体，它的角动量等于质量乘以速度，再乘以该物体与定点的距离。物理学上有一条角动量守恒定律：一个转动物体，如果不受外力作用，它的角动量就不会因物体形状的变化而变化。如芭蕾舞演员在旋转中突然把手臂收起来，旋转速度就会加快，但角动量不变。形成太阳系的原始星云原来就带有角动量，在形成太阳和行星系统之后，它的角动量不会损失，但必然发生重新分布，各个星体分别从原始星云中得到了一定的角动量。由于角动量守恒，各行星在收缩过程中转速也将越来越快。地球也不例外，它所获得的角动量主要分配在地球绕太阳的公转、地月系统的相互绕转和地球的自转中。这就是地球自转的原因。

太阳为什么会东升西落

每天太阳从东方升起，从西方落下，日出日落是由于地球的自转造成的。

地球每天都在不停地由西向东旋转着，相对而言太阳在很远的地方不动，我们住在地球上的人每天跟着地球一起旋转，所以会觉得早晨太阳从东方升起来，傍晚太阳又从西方落下去，地球每天都转一周，当背向太阳的一面是黑夜的时候，另一面正好是白天。

什么是地球辐射带

地球周围空间大量高能带电粒子的聚集区称为地球辐射带，又称为 Vallen 辐射带，它分为内外两个带，它们在向阳面和背阳面各有一个区，内辐射带是离地面较近，而外辐射带离地面较远。

内辐射带的中心位置到地心的距离约 1.5 个地球半径，外辐射带的中心离开地心距在 3~4 个地球半径。向阳面和背阳面的内外辐射带的粒子环境在空间上并不是完全对称的。

内辐射带简称内带，内带中含有大量的高能质子和电子，在无太阳质子事件并且地磁扰动不大的情况下，内辐射带中高能质子和电子的空间分布和强度相当稳定，称之为稳定的内辐射带。

它并不是永远不变的，还受地磁场长期变化的影响，而使辐射带的空间分布和强度的发生变化，空间分布的长期变化与南大西洋负磁异常区的变化趋势基本一致,强度的变化则要进行大量的探测。

内带中对卫星和宇航员的威胁主要来自高能的质子。外辐射带对卫星和宇航员的威胁主要来自高能的电子。

影响地球辐射带空间分布和强度的主要因素有:太阳活动的水平、地磁长期变化、地磁短期变化(磁暴)、太阳宇宙线事件。

什么是磁层

过去人们一直认为,地球磁场和一根大磁棒的磁场一样,磁力线对称分布,逐渐消失在星际空间。人造卫星的探测结果纠正了人们的错误认识,绘出了全新的地球磁场图像:当太阳风到达地球附近空间时,太阳风与地球的偶极磁场发生作用,把地球磁场压缩在一个固定的区域里,这个区域就叫磁层。磁层像一个头朝太阳的蛋形物,它的外壳叫作磁层顶。地球的磁力线被压在壳内。在背着太阳的一面,壳拉长,尾端呈开放状,磁力线像小姑娘的长发,飘散到200万千米以外。磁层好像一道防护林,保护着地球上的生物免受太阳风的袭击。地球的磁层非常复杂,其中许多物理机制需要进一步的研究和探讨。最近十年,科学家已经把磁层的概念扩展到其他的一些行星,甚至发现宇宙中的中子星、活动星系核电具有磁层结构的特征。

什么是地极

地极有两个解释:一是指大地的极远之处;二是指地球的南极和北极,即地球自转轴同地面相交的两点。故又称"地球两极"和"南北极"。它们是地理坐标系的极点和地面上正南、正北的标志。南极位于南极大陆,北极位于北冰洋。它们是地球上南方和北方的终极。在南极四面皆向北,在北极四面皆向南。由于地轴在地球内的位置有微小变化,故地极在地面的位置也有微小变化,称为"极移"。

什么是极光

太阳是一个庞大而炽热的气体球,在它的内部和表面进行着各种化学元素的核反应,产生了强大的带电微粒流,并从太阳发射出来,用极大的速度射向周围的空间。当这种带电微粒流射入地球外围那稀薄的高空大气层时,就与稀薄气体的分子猛烈地冲击起来,于是产生了发光现象,这就是极光。

为什么极光大多在南北两极附近的上空出现

极光是天空的奇观,它是高纬度地带晴夜天空常见的一种辉煌闪烁的光弧或光带。这种现象在中低纬度地带一般是不常见的。极光的形成主要是由于太阳的带电微粒发射到地球磁场的势力范围,受到地球磁场的影响,从高纬度进入地球的高空大气,激发了高层空气质粒而造成的发光现象。地球是一块巨大的磁石,而它的磁极在南北两极附近。我们知道,指南针总是指着南北方向,就是因为受了地磁场的影响。从太阳射来的带电微粒流,也要受到地磁场的影响,而且使带电微粒流聚集在磁极附近。所以极光大多在南北两极附近的上空出现。在南极发生的叫南极光,在北极发生的叫北极光。我国处在北半球,所以东北等地看到的只能是北极光。

为什么极光会是五彩的

因为空气是由氧、氮、氢、氖、氦等气体组成的。在带电微粒流的作用下,各种不同的气体所发出的光也不相同,因此就有各种不同形状的颜色的极光。有的极光像帐幕,有的像圆弧;有的呈带状,有的呈射线状;有的是橙红色,有的紫红色;有的色淡,有的色深。所以,发生极光时,天空中五彩缤纷,美丽极了。

极光的表现形式有哪些

极光的表现有各种各样的形式,就外形看,有的如光幕、有的如光冕、有的如光弧、有的如光斑、有的如光带、有的如光柱、有的如光束。就结构来说,有的是均匀片状结构的、有的是下部明显上部模糊、有的是由线条构成、有的是由斑点构成。就轮廓来看,有的下面有轮廓上面没有轮廓、有的则全部没有轮廓,只在夜空中呈薄透明的一片。就运动的情况来看,有的静、有的动,动的情况也是各种各样的:有的呈脉动状、有的如布幕因被风吹而呈现的晃动的样子,有的呈横扫状、有的如火蛇般窜动、有的则如火焰般窜动。就位置来看,有的在天顶(如冕状极光)、有的在地平线上微露出来(如曙光状极光)。在一次极光中可以同时呈现几种式样,有时极光是单层的,有时则是双层的甚至是多层的。

为什么高山离太阳越近反而越冷

跟着爸爸妈妈爬上了高山的峰顶，哇，太凉爽了！刚才在山脚下的时候还热得不行，山顶离太阳近一些，为什么反而还冷呢？原来，在人类生活的地球表面，有一层厚厚的大气层，包裹着地球。大气层在地球表面的分布并不很均匀的，有的地方稀，有的地方厚，含有的物质也不一样。在低层含有较多的二氧化碳、水分等容易吸收热量的物质，而且很厚，热量不容易散失，在上层就刚好相反。因此，地势越高，温度反而越低。

为什么有时太阳和月亮同时挂在天上

有时，太阳还没有落山，月亮已迫不及待地悄悄地爬上了天空，早上，月亮还没有回家，太阳却已经出现了，这样我们就会看到太阳和月亮同时挂在天空中。月亮是地球的卫星，它不停地绕着地球转，地球又不停地绕着太阳转。到下午的时候，月亮在太阳的东边，它把太阳的光反射到地球，我们就看见了月亮，这时太阳还在天空中。因此，就出现了太阳和月亮同时出现在天空中的景象。

天究竟有多高

天有时候看上去很低，尤其是快要下雨的时候，乌云就好像压在人们的头上。而有时，天看上去却又高又蓝。人们常用“不知天高地厚”来形容那些异想天开、做事鲁莽的人。那么，天究竟有多高呢？

其实，所谓的“天”，就是地球的大气层。大气层的厚度就是天的高度。这个大气层可是很厚的，它就像一层厚厚的外衣，保护着地球上的一切。据测算，地球大气的厚度为2000~3000千米。正因为这个大气层的存在，人类才能生存在地球表面。否则，太阳就会把地球烤得寸草不生。

为什么太阳下山后天空还很亮

你知道为什么太阳下山后天空还很亮吗？原来，这是大气层的功劳。空气，你看不见、摸不着，但它里面含着许多各种各样的分子、杂质，例如灰尘等。越接近地面这些杂质越多。当太阳落山后，阳光照射空气中的杂质，并被杂质散射开来，所以天空依然很亮。当太阳进入地平线后，阳光就能照射到更远的天空，而越到高空空气中的杂质越少，被散射的光也越来越弱，于是天空也慢慢暗下来了。

天空分有几层

从广义上讲，天空是指的日、月、星、辰罗列的广大的宇宙空间。从这个意义上讲，宇宙空间有多大，天就有多高。从狭义上讲，天空指的是包围着地球的大气层。古代神话传说将天分为九层，玉皇大帝住在第九层上。这里所说的天，也是指的地球大气层。也就是说从狭义上讲地球大气层有多高，天就有多高。现在天文科学告诉我们，大气层分为5层，对流层、平流层、中间层、热成层、散逸层。

天空按温度变化可分为5层。

(1)对流层：从地面到10~16千米处(极地8~9千米，赤道15~18千米)，是大气层的最底层。这一层集中了约整个大气的四分之三的质量和几乎全部的水汽量。大气的对流在这一层十分发达，气温随高度的下升而均匀下降，平均每上升100米降低0.6摄氏度，在11千米附近温度下降到-55摄氏度。在这层里，大气的活动异常激烈，或者上升，或者下降，甚至还会翻滚。正是由于这些不断变化着的大气运动，形成了多种多样复杂的天气变化，风、云、雨、雪、雾、露、雷、雹也多发生在这层里，因而也有人称这层为气象层。这层的顶部叫对流层顶，这里气温不再随高度上升而降低，而是基本不变，是一个很稳定的层次，对流层里的天气影响不到这儿来。这里经常晴空万里，能见度极高，空气平稳，非常适宜喷气客气的飞行。

(2)平流层：从对流层顶向上到约55千米高空附近。这一层是地球大气中臭氧集中的地方，尤其是在其下部，即在15~25千米高度上臭氧浓度最大，因而这一层又称臭氧层。由于臭氧层能大量吸收太阳辐射热而使空气温度大大升高，所以这一层的最大特点是温度随高度的上升而升高，到顶部温度增大到最大值。平流层虽然水汽极少，天气现象比较少见，但随着气象火箭和卫星的发射，发现这一层的气流等的变化与对流层中天气变化有着密切联系，相互影响。

(3)中间层：从平流层顶向上，也就是从55千米到80千米这个范围被命名为中层大气，简称中层。在这里，温度随高度而下降，大约在80千米达到最低点，约为~90摄氏度。人们一般把飞行高度达到80~100千米的飞行器，看成是不依靠大气飞行的航天器。按照美国航空航天局规定：飞行高度超过80千米的飞行员即可称为宇航员。

(4)热成层：从中层大气向上到500千米左右的范围。之所以叫热成层，是因为这层中的空气分子和离子直接吸收太阳紫外辐射能量，因而运动速度很快，和高温气体一样。这里空气极其稀薄，尽管热层顶的气温可达1000摄氏度(太阳比较宁静时)至2000摄氏度(太阳活动剧烈时)，但实际上却根本不会感到热。

(5)散逸层：500千米以上是外大气层，这一层顶也就是地球大气层的顶。在这里地球的引力很小。再加上空气又特别稀薄，气体分子互相碰撞的机会很小，因此空气分子就像一颗颗微小的导弹一样高速地飞来飞去，一旦向上飞去，就会进入碰撞机会极小的区域，最后它将告别地球进入星际空间，所以外大气层被称为散逸层。这一层温度极高，但近于等温。这里的空气也处于高度电离状态。人类大部分的航天活动都是在散逸层之内(或之外)进行的。

除了按温度分层外，根据大气的电磁特性，还可以将大气划分为中性层、电离层和磁层。中性层是指地面到60千米高度，这里大气各成分多处于中性，即非电离状态；在60~500千米的大气层称为电离层。500千米以上的称为磁层。

天空为什么是蓝色的

我们看到的天空，经常是蔚蓝色的，特别是一场大雨之后，天空更是幽蓝得像一泓秋水，令人心旷神怡，跃跃欲飞。天空为什么是蔚蓝色的呢？

大气本身是无色的。天空的蓝色是大气分子、冰晶、水滴等和阳光共同创作的图景。

阳光进入大气时，波长较长的色光，如红光，透射力大，能透过大气射向地面；而波长短的紫、蓝、青色光，碰到大气分子、冰晶、水滴等时，就很容易发生散射现象。被散射了的紫、蓝、青色光布满天空，就使天空呈现出一片蔚蓝了。

空气有质量吗

平时，人们好像感觉不到空气的质量，其实1立方米的空气质量为1.29千克，一间教室的空气也有一二百千克。

我们可以用一种简单的办法说明空气是有质量的：用细绳子系在木棍的中央，使木棍保持平衡；将两个同样的气球吹满气，用细绳系住球口，将气球分别系在木棍两端保持平衡；用大头针把一个气球刺破，放掉里面的气，木棍就失去平衡，把另一个气球也刺破，放掉空气，木棍又平衡了。由此可见，空气是有质量的。

早晨的空气新鲜吗

人们一般都在早晨到室外去呼吸新鲜空气。所以人们又把早晨称为清晨。那么，早晨的空气真的新鲜吗？

现代科学告诉我们，早晨的空气并不新鲜，特别是天还没有大亮的时候，是一天中空气最浑浊的时候。原来，植物的呼吸和人一样，也是吸入氧气，呼出二氧化碳。但植物有一种独特的本领——光合作用。叶绿素在日光照射下把水和二氧化碳合成有机物,同时排放出清新的氧气。人类一刻也离不开的氧气,原来竟是植物光合作用时排放的。

如果没有光,植物自然就不能进行光合作用了。夜晚,植物只呼出二氧化碳,吸入氧气。很显然,天将亮的时候,也是空气中二氧化碳最多、氧气最少的时候。

地球的四季是怎样形成的

地球是歪着身子绕太阳公转的,这样,在一年之中,太阳光有时直射地球赤道以北,有时直射赤道,有时则直射赤道以南。每年 7 月前后,太阳光直射地球的北半球,在这一段时间里,北半球日长夜短,天气很热,是夏季;每年的一月前后,太阳光直射南半球,北半球的阳光是斜射来的,而且日短夜长,所以天气很冷,是冬季。冬季过后,天气由冷变暖,就是春季;夏季过后,天气由暖渐渐变凉,就是秋季。

在一年的 12 月中,要是把四季划分成一样长短的话,每季正好 3 个月。春季:3、4、5 月;夏季:6、7、8 月;秋季:9、10、11 月;冬季:12、1、2 月。其实在我国,南北相差几千千米,在最靠南的地方,人们已经穿上夏天的衣裳,可是在北方,人们还穿着棉衣呢。所以,我们对四季的划分也只能对我国大部分地区适用,而且每季也不可能正好都是 3 个月。

夏天为什么比冬天长

夏天和冬天的冷热不是地球与太阳的距离决定的,因为地球的公转轨道几近圆形,主要原因是太阳照射时间的长短决定的。

地球的自转轴与围绕太阳公转轨道平面不是垂直的,有一个 66.5°的夹角,这样,地球在公转轨道上的不同位置上不同纬度光照就有一个周期,夏季时,北半球光照时间长,南半球就是冬季,光照时间短,就有了夏至冬至两个点,只有在春分秋分时,南北两半球光照时间才一样长,具体说,在夏至,北回归线就成了赤道(北回归线是北纬 23.5°线,加上自转轴的 66.5°,正好是 90°与轨道平面垂直),反之冬至时,南回归线就成了实际上的赤道线,南半球就成为夏季。

至于夏天白天长,冬季白天短,与纬度有直接关系,越靠近两极就越明显,在赤道附近并不明显,这与球面有关,在北极圈,春分开始至秋分,是永昼,没有黑夜,反之又有半年黑夜,因为夏天太阳照得时间长。

为什么我国北方的春天和秋天特别短

人们知道,春秋季气候温和,夏季炎热而冬季寒冷。虽然一年四季,每 3 个月定为 1 季,单从日数上看,不存在季节长短的问题。但在我国比较通行的是用每候(5 天为 1 候)平均气温 10 摄氏度为冷与暖的分界温度,22 摄氏度为暖与热的分界温度。10 摄氏度以下定为冬季,10~22 摄氏度之间为春秋季,22 摄氏度以上为夏季,根据这个标准划分季节,各地的四季长短就不相同了。

我国北方的春季是比较短的,一般不到 2 个月。例如北京春季是从 4 月 1~5 日到 5 月 21~25 日,沈阳从 4 月 21~25 日到 6 月 10~14 日,哈尔滨从 4 月 26~30 日到 6 月 20~24 日等,可见这一带,冬季之后,不久就是夏季了。

昆明为什么会四季如春

这是由昆明的地理位置和地形特点决定的。昆明处在北纬 30°以南的地区,终年接收太阳光热较多,而且均匀。夏季受来自印度洋的西南风和东南风的暖湿气流影响,阴雨天多,云雨减弱了太阳辐射,日照少,地面湿度不易上升,雨水的蒸发也带走了不少热量,加上地处海拔 1000 多米的云贵高原,气温随高度而降低,所以夏季温度不会很高。冬季昆明等地上空盛行西风。这儿的气流把附近印度半岛的干暖空气引导过来。另外,昆明地处云南东部,云南北部和东部的高大山脉梁王山、乌蒙山等又能阻挡着北方冷空气南下,因而晴天多,空气干燥,日照充足。夏季不热,冬季不冷,四季的气温也就比较均匀了。

昆明一景

为什么夏天的雨最多

我们知道,下雨必先有云。云是接近地面的暖湿空气上升遇冷后,里面的水蒸气凝结成的。云里的小水滴或冰晶逐渐变大以后,空气支持不住了,落下来就是雨。可见,下雨必须具备两个条件:一是要有潮湿的暖空气;二是空气要有强烈的上升运动。夏天,我国经常刮从海上吹来的东南风,就把海上潮湿的空气源源不断地送到陆地上来了。同时,夏天,正是太阳直射地面的时候,比哪一个季节都热,接近地面的空气也最热,很容易发生强烈的上升运动。因此,夏天下雨的时候比较多。

为什么重庆的雾特别多

重庆在长江和它的支流嘉陵江的汇合口,空气比较湿润,全年相对湿度达 80%

重庆一景

以上,周围有高山阻挡,地面又崎岖不平,风力不强,空气中的水蒸气不易吹散。每当天气晴朗,微风吹拂的夜晚,地面散发出来的热量急剧冷却,靠近地面的潮湿空气,由于温度迅速下降,空气里含水蒸气的能力变小,一部分水蒸气凝结成无数细小的水滴,飘浮在贴近地面的低空,形成了雾。特别是冬季,由于日照时间较短,太阳辐射微弱,白天虽能使雾变得薄些,却往往不能使雾翳完全消散。到了日落以后,由于盆地地形的影响,山坡上密度较大的冷空气会向盆地底部下沉,积聚在盆地底部,更有利于雾的形成。所以,重庆的雾特别多。

为什么说太阳是地球的巨大能源工厂

据科学家估算，太阳每秒钟向四周发出的能量，若换算成电能的话，约为380亿亿亿焦耳，相当于燃烧1.3亿亿吨标准煤所放出来的全部热量。这个能量，如果全部传到地球上，可使1000千米厚的冰层，在20分钟内全部融化，并烧成开水。

然而，地球上所能得到的太阳能，仅占太阳向四周放射的总能量的二十二亿分之一。平均每分钟输送到地球上的能量，换算成热量的话，大约为250亿亿卡，相当于燃烧3.4亿吨石油所放出的全部热量。太阳只要照射15分钟，就相当于目前全世界人类一年所消耗的能量的总和。可以说太阳有取之不尽，用之不竭的巨大能量。科学家估计，地球上现存的石油大概只能够用100年左右，煤也顶多用2000多年。那么一旦石油、煤这些主要燃料开采完了，那时，人们将用什么燃料或能源来发电，开动机器、火车、飞机呢？

人们首先想到的是太阳能。太阳输送到地球上的电力，相当于一座功率为17亿亿瓦的特大发电厂所发出的电。但是，可惜的是，这个电力太分散了，它几乎照亮了地球的每一个角落。因此，要想有效地利用它，就必须把分散的太阳能集中起来才能实现。

目前，世界上许多国家都在致力于太阳能的开发和利用。我国在太阳能的利用方面，也取得了不少成果。例如，利用太阳能做饭，安装在屋顶上的太阳能热水器，冬天可以取暖，平时可提供热水。目前，太阳能光电池，已广泛用于人造地球卫星和宇宙飞船上。

地球是我们唯一家园吗

在太阳系中，地球距太阳的空间距离适中，温度冷热适度，液态水是最主要的存在形态。大气中氧占21%，氮占78%，二氧化碳占0.03%。由此可见，地球拥有适宜的光、热、水分、氧和养分（氮、二氧化碳），具有孕育生命的最完美条件。

而太阳系其他行星就不是这样了。它们不是太冷就是太热，没有液态水，没有足够的氧，没有稳定的环境，也自然没有生命。

那么，在太阳系之外呢？还有那么多星系，那么多恒星，它们中间会不会有与地球类似的行星？也许，真有那么一颗星球，在宇宙深处的某一个角落，和地球一样，繁衍着各种生命。但即使有，那也是“别人”的星球，人类从地球产生，也只属于地球。

什么是磁暴

全球性的强烈地磁场扰动,即磁暴。所谓强烈,是相对各种地磁扰动而言的。其实地面地磁场变化量较其平静值是很微小的。在中低纬度地区,地面地磁场变化量很少有超过几百纳特的(地面地磁场的宁静值在全球绝大多数地区都超过3万纳特)。一般的磁暴都需要在地磁台用专门仪器做系统观测才能发现。

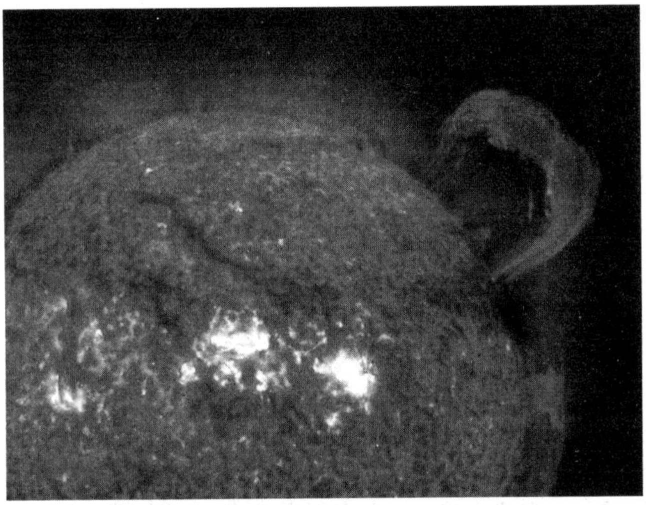

磁暴

磁暴是常见现象。不发生磁暴的月份是很少的,当太阳活动增强时,可能一个月发生数次。有时一次磁暴发生27天(一个太阳自转周期)后,又有磁暴发生。这类磁暴称为重现性磁暴。重现次数一般为1至2次。

什么是磁暴急始

在磁暴期间,地磁场的磁偏角和垂直分量都有明显起伏,但最具特征的是水平分量。磁暴进程多以水平分量的变化为代表。大多数磁暴开始时,在全球大多数地磁台的磁照图上呈现出水平分量的一个陡然上升。在中低纬度台站,其上升幅度10~20纳特。这称为磁暴急始,记为SSC或SC。急始是识别磁暴发生的明显标志。高纬台站急始发生的时刻较低纬台站超前,时间差不超过1分钟。

磁暴开始急,发展快,恢复慢,一般都持续两三天才逐渐恢复平静。磁暴发生之后,磁照图呈现明显的起伏,这也是识别磁暴的标志。同一磁暴在不同经纬度的磁照图上表现得很不一样。为了看出磁暴进程,通常都需要用分布在全球不同经度的若干个中、低纬度台站的磁照图进行平均。

什么是磁暴时变化

经过平均之后的磁暴的进程称为磁暴时(以急始起算的时刻)变化,记为Dst。

磁暴时变化大体可分为3个阶段。紧接磁暴急始之后,数小时之内,水平分量较其平静值大,但增大的幅度不大,一般为数十纳特,磁照图相对稳定。这段期间称为磁暴初相。然后,水平分量很快下降到极小值,下降时间约半天,其间,磁照图起伏剧烈,这是磁暴表现最活跃的时期,称为磁暴主相。通常所谓磁暴幅度或磁暴强度,即指这个极小值与平静值之差的绝对值,也称Dst幅度。水平分量下降到极小值之后开始回升,两三天后恢复平静,这段期间称为磁暴恢复相。磁暴的总的效果是使地面地磁场减小。这一效应一直持续到恢复相之后的两三天,称为磁暴后效。通常,一次磁暴的幅度随纬度增加而减小,表明主相的源距离赤道较近。

研究磁暴有什么意义

在所有空间物理观测项目中,地面磁场观测最简单可行,也易于连续和持久进行,观测点可以同时覆盖全球陆地表面。因此磁暴的地面观测可以了解磁层的最基本、最有效的手段。在研究日地空间的其他现象时,往往都要参考代表磁暴活动情况的磁情指数,用以进行数据分类和相关性研究。

磁暴引起电离层暴,从而干扰短波无线电通信;磁暴有可能干扰电工、磁工设备的运行;磁暴还有可能干扰各种磁测量工作。因此,研究磁暴的预报和观测对于某些工业和实用部门是十分重要的。

磁暴研究除了上述服务性目的之外,还有它本身的学科意义。磁暴和其他空间现象的关系,特别是磁暴与太阳风状态的关系,磁暴与磁层亚暴的关系,以及磁暴的诱发条件,供应磁暴的能量如何从太阳风进入磁层等问题,至今仍是磁层物理最活跃的课题。磁暴作为一种环境因素,与生态的关系问题也开始引起人们的注意和兴趣。

什么是岁差和章动

在外力的作用下,地球自转轴在空间并不保持固定的方向,而是不断发生变化。地轴的长期运动称为岁差,而其周期运动则称为章动。岁差和章动引起天极和春分点在天球上的运动,对恒星的位置有所影响。

除了太阳和月球的引力外，地球还受到太阳系内其他行星的吸引，从而引起黄道面位置的不断变化，这不仅使黄赤交角改变，还使春分点沿赤道产生一个微小的位移（其方向与日月岁差相反），春分点的这种位移称为行星岁差。行星岁差使春分点沿赤道每年东进约 0.13 角秒。

岁差和章动是怎样发现的

公元前 2 世纪，古希腊天文学家喜帕恰斯在编制恒星星表时最早发现了岁差现象。公元 4 世纪，中国晋代天文学家虞喜根据对冬至日恒星的中天观测，独立地发现岁差并定出冬至点每 50 年后退 1°。

英国天文学家布拉德利在 1748 年分析了 1727～1747 年的恒星位置的观测资料后，发现了章动。月球轨道面（白道面）的位置变化是引起章动的主要原因。白道的升交点沿黄道向西运动，约 18.6 年绕行一周，因而月球对地球的引力作用也有同一周期的变化。在天球上表现为天极（真天极）在绕黄极运动的同时，还围绕其平均位置（平天极）作周期 18.6 年的运动。同样，太阳对地球的引力也具有周期性变化，并引起相应周期的章动。岁差和章动的共同影响使得真天极绕着黄极在天球上描绘出一条波状曲线。

天体与地球间的距离是如何测定的

在浩瀚的宇宙中，天体与地球之间的距离都十分遥远，那么，我们是怎样知道它们与地球之间的距离的呢？

1912 年，美国女天文学家勒维特发现，造父变星的光变周期越长，它的光度就越大。基于这种关系，天文学家只要测量出造父变星的光变周期，就能计算出它的光度，再从光度和亮度的关系上推算出它与地球的距离。很多球状星团、河外星系等天体与地球的距离十分遥远，不易确定，但只要能够观测到其中的“造父变星”，就能计算出它们与我们的距离。

什么是陨石

陨石是地球以外未燃尽的宇宙流星脱离原有运行轨道或成碎块散落到地球或其他行星表面的石体。从宇宙空间落到某个地方的天然固体，也称“陨星”。它是人类直接认识太阳系各星体珍贵稀有的实物标本，极具收藏价值。大多数陨石来自小行星带，小部分来自月球和火星。陨石多半带有地球上没有或不常见的矿物组合,以及经过大气层高速燃烧的痕迹。至于太空人登上外星球,如月球,所带回来的则不叫陨石。而会称为月球矿石。

陨石是天外来客,是迄今为止人类直接从太阳系获得的主要物质。越来越多的事实说明地球的形成与宇宙的影响是分不开的,原始地球各圈层的形成与太阳系的形成和发展有密不可分的联系。因此,研究陨石对于人类认识地球的起源、成分、结构和演化有很重要的科学意义。

陨石有哪些种类

在世界各地博物馆收藏的陨石中,特别是当陨石坠落地面时直接收集到的陨石标本,大部分为石质陨石。但实际上,陨石的种类很多。科学家们根据陨石中金属和硅酸盐的含量、结构和构造以及它们的成分差异,将陨石分类为:铁陨石、石铁陨石和石陨石三大类。每大类中根据结构或出现矿物等特征的不同,再进一步细分出不同类型。

怎样鉴别陨石

鉴定一块样品是否为陨石,可以从以下几方面考虑:

(1)外表熔壳。陨石在陨落地面以前要穿越稠密的大气层,陨石在降落过程中与大气发生摩擦产生高温,使其表面发生熔融而形成一层薄薄的熔壳。因此,新降落的陨石表面都有一层黑色的熔壳,厚度约为1毫米。

(2)表面气印。由于陨石与大气流之间的相互作用,陨石表面还会留下许多气印,就像手指按下的手印。

(3)内部金属。铁陨石和石铁陨石内部是有金属铁组成,这些铁的镍含量很高(5%~10%)。球粒陨石内部也有金属颗粒,在新鲜断裂面上能看到细小的金属颗粒。

(4)磁性。正因为大多数陨石含有铁,所以95%的陨石都能被磁铁吸住。

陨石

(5)球粒。大部分陨石是球粒陨石(占总数的90%),这些陨石中有大量毫米大小的硅酸盐球体，称作球粒。在球粒陨石的新鲜断裂面上能看到圆形的球粒。

(6)比重。铁陨石的比重为8克/厘米^3，远远大于地球上一般岩石的比重。球粒陨石由于含有少量金属，其比重也较重。

陨石是怎样落入地球的

通常，陨石被认为是环绕太阳轨道运行的行星彼此碰撞、破裂而形成的碎块。在晴朗的夜晚，可以看到一线亮光划过夜空，瞬间消失，这种现象就是人们常说的流星；它们都是弥漫在宇宙空间中的星际尘埃，如果被地球的引力捕获，便形成陨星；当它们以极快的速度进入地球浓密的大气圈时，大多数陨星与大气发生摩擦、生热、发光而汽化，但仍有一部分残留下来落到地表，成为陨石。大多数陨石是行星最外层破碎而形成的石质陨石。来自行星核部的铁陨石相对较少。

从目前掌握的资料来看，每年大约有500块陨石作为天外来客来到地球表面。其中，大部分落到海洋里，大约有150块落在陆地上。陨石落在陆地上的情景是多种多样的，陨石的成分也不完全相同。因此，陨石以其独特的科学价值引起人们越来越广泛地关注。

陨石撞击地球与火山爆发有什么关系

美国科学家在研究了地球上的大陨石坑后提出，巨大的陨石不仅会掀起大量尘云，还有可能穿透地壳，引起火山大爆发。

根据这一观点，巨大陨石的撞击在很大程度上推动了地球的地质活动，这也可以解释为什么地球上的陨石坑比估计要少得多。不过，这种说法还存在争议，一些科学家对此持保留态度。

英国《新科学家》杂志报道说，根据估计，过去2.5亿年以来，地球遭到直径1000米以上大陨石撞击的次数在440次左右，但迄今只发现了38个大陨石坑。美国哥伦比亚大学同纽约州立大学的科学家合作，分析了这38个陨石坑形成的时间，发现与同一时期地球的“地幔柱”型火山爆发时间存在相关性。

地球上大多数火山是由于地幔物质小规模涌出所致，地幔柱火山则是地幔内部的炽热岩浆冲破地壳引起的大爆发。科学家在最近的《地球和行星科学通信》杂志上报告说，陨石坑形成的时间显示，这类火山可能与陨石撞击有关，但他们还不清楚其中的机制。

20世纪最大的陨石雨在哪里

20世纪最壮观的一次陨石雨，是1976年3月8日下午3时，散落在吉林市的大陨石雨。那天下午，先是出现一个大火球，很快就变成3个，二大一小，相随向西飞行。有100多万人听到火球发出的霹雳巨响，接着就发生爆炸，大小石头，纷纷下坠，散落在72千米长、8.5千米宽的地带，面积有500平方千米。这是现在世界上分布面积最大的一次陨石雨，共收集到100多块陨石，总质量达2700多千克。最大的一块陨石是“吉林1号”，质量约为1770千克。根据科学家的研究，在未爆炸以前，这块陨石质量约为5吨，年龄已经有46亿岁了，和地球、月亮差不多老。它原来是一颗直径440千米的小行星，围绕太阳运行，在约8000万年第一次受到撞击，30万至50万年前经历了第二次撞击而瓦解，其中一块质量约10吨的碎块在漫游了数十万年后落到地面，有30%的物质在通过大气层时烧毁。

陨石雨

陨石是小行星的碎片吗

行星科学家多半认为，陨石是小行星的碎片。不过，这些掉落在地球上的石块究竟来自哪种小行星呢？恐怕就是专家想要辨别清楚也不容易的。

石质球粒陨石占了所有陨石的八成以上，数十年来，科学家一直努力想找出这种陨石来自哪种小行星。从位置上来看，那些主要位于火星和木星之间的小行星带内缘，被称为S型小行星的天体是这些球粒陨石最可能的来源。但是，石质球粒陨石和这些小行星的成分似乎差别很大：S型小行星的颜色比较偏红，很少出现蓝色，这表示它们可能含有太多的金属，而缺乏足够的硅酸盐矿物；而球粒陨石的颜色通体偏蓝，石体里面包裹着五颜六色美丽的硅酸盐矿物球状颗粒。这似乎表明S型小行星不太可能是球粒陨石的母体。

什么是“玻璃陨石”

有一种陨石被称为“玻璃陨石”，它呈黑色或墨绿色，有点像石头，但不是石头，更像是玻璃，因为它是一种很特别的没有结晶的玻璃状物质。中国古代称之为雷公墨。唐代刘恂著《岭表录异》曾有记载。

玻璃陨石

玻璃陨石一般都不大，质量从几克到几十克。到目前为止，已发现的玻璃陨石有几十万块，而且令人奇怪的是它们的分布有明显的区域性。关于玻璃陨石的来源和成因，现在还没有定论。

玻璃陨石有哪些特征

大多数玻璃陨石的形状与熔融溅射物的形状相似，常呈黑色或深绿色，半透明，一般认为是陨石事件造成的，大陨石冲撞使地表及陨石的碎裂物很快熔融、迅速冷却结晶而成。玻璃陨石有球状、哑铃状、液滴状、纽扣状和不规则的块体，易碎，破裂后多具贝壳状断口。大陆上发现的玻璃陨石的大小，从几毫米至十几厘米不等，反射光下发暗，但薄的边缘透亮，并具有不同的颜色，从黄色到绿色，从橄榄褐色到暗褐色。相对密度一般为2.3~2.6，折光率为1.48~1.62。其组成，同一区域比较一致，不同区域差异很大。但 SiO_2 含量都很高，实际上是100%的玻璃。微玻璃陨石只在海洋沉积物中有发现。其大小都在几毫米以下，与附近大陆上的玻璃陨石具有同样的年龄、组成和形状。

玻璃陨石内常含有气泡空腔，大小由几微米至几毫米，个别可达几厘米。还含有焦石英、柯石英、斜锆石和陨石中常见的铁镍金属等物质。

玻璃陨石主要分布在哪些地区

世界上玻璃陨石主要集中分布于4个地区：一是亚澳区，包括澳大利亚、印度尼西亚、菲律宾等地及附近海域，年龄值约70万年。二是捷克和斯洛伐克区，发现于波希米亚和摩拉维亚，在摩拉维亚发现的称莫尔达维玻璃陨石，年龄值约1450万年。三是北美区，主要发现于美国得克萨斯州、佐治亚州等地，年龄值约3400万年。四是科特迪瓦区，包括科特迪瓦、加纳及其附近海域，年龄值约100万年。

玻璃陨石是怎么来的

玻璃陨石的形成与来源，一直受到有关专家的关注，它涉及陨石学、地质学、天文学、空气动力学、天体物理学等学科。按现有资料的说法，玻璃陨石分布具有区域性，每个区域内的玻璃陨石，代表一次陨石事件的产物。刚开始，它是一块巨大的陨石，在太空飞行过程撞击了一大天体，该天体很可能是月球，因为月球引力小，撞击后陨石碎块只要有每秒2.4千米的初速度就可以飞离开月球，粉碎性撞击后分解成许多碎块，陨石碎块表面高温熔融了被撞天体上的岩土，溅射离开被撞天体，翻转着进入太空，后形成相对稳定飞行方向，接近地球大气层时，被地球引力捕获，陨石碎块经过漫长的继续飞行陨落到地球，这就是玻璃陨石。

怎样识别陨石坑和火山口

体积大的陨石坠落到地表时，冲击地面的力量是十分巨大的，可以在地表形成火山口形状的陨石坑。这些环形山有时很难确定是火山活动造成的火山口，还是陨石冲击坑。利用深钻和地球物理勘测能提供陨石坑的证据。比如冲击变质的证据，表面陨石冲击的压力远远高于火山爆发所释放的压力；再如陨石坑没有火山根部的物质，可用深部资料把它们区分出来。印度德干高原暗色岩石中的洛纳尔环形山的起因问题大约争论了一个多世纪。最近的研究成果表明，它是一个陨石冲击坑。直接证据是在这个环形山中发现冲击变质物质，特别是洛纳尔环形山的微角砾岩和玻璃球粒成分，与阿波罗月球探测获得的样品有类似之处。

陨石坑是冲击作用的产物，是研究瞬间超高温、高压条件下矿物结构和相变十分理想的场所。比如破碎锥，它是由于陨石冲击产生强烈的应力波所造成的一种圆锥形的岩石碎片；还有氧化硅的高压形态——柯石英和超石英，都是在陨石坠落高压冲击条件下形成的。

铁陨石由哪些元素组成

铁陨石数量约占陨石总量的6%，主要由铁和镍组成，此外，还有钴、磷、硅、硫、铜等元素，在地球上还没有见到与铁陨石相应的物质。铁陨石的密度比较大，为8

~8.5 克/米^3。

铁陨石

根据成分和结构特征的差异,铁陨石可以细分为方陨铁、八面石、贫镍角砾斑杂岩和富镍角砾斑杂岩 4 种类型。它们在成分上是过渡的,可以由同一种铁—镍熔体缓慢冷却而逐渐形成。它们在结构上也有不同,比如方陨铁在光面上具有平行条纹,也叫牛曼条纹;而八面石的光面上是交错条纹,也叫韦氏条纹。

石铁陨石在陨石中数量最少,约占 2%,为铁、镍金属和硅酸盐的混合物,是铁陨石和石陨石之间的过渡类型。

我国最大的陨铁在哪里

我国最大的铁陨石质量约 30 吨,长 2.42 米,最宽处 1.9 米,高 1.37 米,属世界第三大陨铁,目前陈列在乌鲁木齐地质博物馆的广场上。该陨铁 1898 年发现于新疆青河县,什么时候陨落不可考。1965 年自治区政府将其移运到乌鲁木齐,据说移运工程之艰巨浩大,在新疆史无前例。

石陨石由哪些元素组成

石陨石由硅酸盐矿物如橄榄石、辉石和少量斜长石组成,也含有少量金属铁微粒,有时可达 20 个以上。密度为 3~3.5 克/厘米^3。吉林陨石表面,有黑色、黑棕色熔壳和大小不等气印。化学组成成分为 SiO_2 占 37.2%,MgO_2 占 3.19%,Fe 占 28.43%。主要矿物有贵橄榄石、古铜辉石、铁纹石和陨硫铁;次要矿物有单斜辉石、斜长石等。

石陨石根据起内部是否含有球粒结构又可分为两类:球粒陨石、不含球粒陨石。球粒陨石根据化学—岩石学分类被分为:E、H、L、LL、C 五个化学群类。E 群中铁镍金属含量最高,形成在一个极端还原的环境中,其橄榄石和辉石中几乎不含氧化铁;C 群中的铁镍金属含量最低(或不含铁镍金属成分),形成在一个相当氧化的环境中，其橄榄石和辉石中的氧化铁含量比值最高；H、L、LL 群的形成环境介于 E 群和 C 群之间，其特点也介于 E 群和 C 群之间。无球粒陨石根据其氧化钙含量的高低分为：贫钙无球粒陨石、富钙无球粒陨石两个大类。贫钙无球粒陨石中的氧化钙含量小于等于 3%；富钙无球粒陨石中氧化钙含量大于等于 5%。

南极洲陨石有什么特点

1912~1980 年，人们在南极洲找到 5021 块陨石，表明南极洲是世界巨大的陨石天然保存库。南极洲陨石主要保存在美国休斯敦约翰逊空间中心和东京日本国立极地研究所等处。

南极洲陨石

世界上有名的陨石研究实验室，都对南极洲陨石作了较系统的研究，如矿物成分、结构构造、岩石化学分类、磁性分类、化学成分、微量元素有机成分、物理性质、冲击特征、形成年龄、暴露年龄和落地年龄等。南极洲陨石的落地年龄为 10^4~7×10^7 年，平均为 2×10^5 年，说明冰的运移和消融，对陨石在特定区域富集起了重要的作用。

南极洲陨石的研究，对于探讨太阳星云的凝聚环境、行星和小天体的形成历史、陨石的分类、宇宙线在时间上的稳定性都有重要意义。

南极洲超级大陨石是导致物种大灭绝的原因吗

科学家在南极洲发现了一个面积和美国俄亥俄州一样大的巨大陨石坑。陨石坑正好位于澳大利亚以南的南极洲东部威尔克斯地地区。研究人员表示，这个陨石坑的位置表明这次太空天体和地球的撞击导致了冈瓦纳超大陆的分裂。由于这次撞击的冲击力很强,澳大利亚被推向北方。

这个陨石坑的直径达到 480 千米。研究人员通过美国航天局的卫星测量当地的重力场,而测量重力场能反映出被观测区域物质的密度。科学家通过比较物质密度的不同,发现了这个超大陨石坑。研究人员在陨石坑找到了质量密集物质,这些物质很可能是由于地球受到撞击后从地幔涌出的物质形成的。

科学界普遍认为地球上最严重的一次生物大灭绝发生在距今约 2.5 亿年的二叠纪末期,导致超过 95%的地球生物灭绝。在距今 2 亿年前的三叠纪晚期,发生了第四次生物灭绝,爬行类动物遭遇重创。这些物种灭绝为后来恐龙出现并统治地球创造了条件。一些科学家一直怀疑是太空天体撞击地球导致了这些物种灭绝。他们认为这个陨石坑是一块太空巨石和地球相撞形成的,导致了 2.5 亿年前地球有史以来最大规模的物种灭绝。

陨冰从哪里来

坠落到地球上的陨石已使科学家非常惊奇,但更使科学家困惑不解的是地球上出现了陨冰。1990 年 3 月 31 日上午 9 时 53 分,中国江苏锡山区鸿升香璞家里村的三个农民正站在一起聊天,忽然听到啪的一声,前面突然出现了一大堆冰,其中最大的一块竟有 40 厘米长。这些冰块有浅绿的光泽,质地细密,在阳光下成半透明状。事后,有关部门做了调查分析,确认这些冰是从天上掉下来的陨冰。天文学家认为陨冰极有可能来自地球以外的太空。它应该是彗星的彗核部分的碎块。但是,这种陨冰在很短时间内在一个地区降落多次是非常少见的。甚至有人认为,地球上的水主要就是由这些陨冰带来的。

致命的灾难能导致物种的灭绝吗

巨大的陨星能以许多方式导致物种的灭绝。如果它落入海洋,会导致海啸,巨大的潮汐海浪高达 100 米。一些研究表明海洋冲积层与在此时的巨浪的通过是一致的。

撞击同样能把大量的物质抛送入大气层。这会阻拦太阳的光线,有碍植物的生长,进而影响以植物为生的动物,科学家知道那时有 70%的生物绝种。白垩纪和第三纪交界时期同样发现了大范围的煤灰化石,有强烈冲击特征的矿物颗粒以及熔融岩石的小球体。

巨大的陨石可以造出 40 千米深的陨石坑,这个深度足以穿透海洋或大陆的地壳层,导致大量的火山喷发。不论是加拿大的萨德伯里陨石坑,还是南非的费里德堡陨石坑,有证据表明都曾引起火山喷发。大规模的火山活动能直接导致许多物种的灭绝。大范围的火山喷发会增加大气层中的灰尘,首先使一段时期的气候持续变冷,然后逐渐导致相应的全球破坏性气候变暖,最后是致命的酸雨。

恐龙灭绝与陨石有关吗

我们知道,恐龙是古代一种大型爬行动物,如果中生代末期它们不灭绝,那么处于蒙昧时代的古猿至少没有机会变成现在的人。那么恐龙是怎样被灭绝的呢?科学家们发现,在白垩纪—第三纪沉积层堆积着一层厚几十厘米的白色粉末,那是地球上极为罕见的氨基酸。因此,有科学家推断:6500 万年前一颗直径约 10 千米的陨石与地球相撞,撞击后的巨大爆炸使大多数恐龙立刻死去,爆炸后的粉末笼罩在大地上空,数年之久,气温骤变,致使恐龙无一幸存,而恐龙的灭绝却给其他新生动物带来了生机,比如哺乳动物的兴盛,古猿也被迫走出森林。这种推断尚未被证实,恐龙灭绝的原因也尚无定论。

古人是怎样看待陨石的

在古代,人们往往把陨石当作圣物。比如,古罗马人把陨石当作神的使者,他们在陨石坠落的地方盖起钟楼来供奉。匈牙利人则把陨石抬进教堂,用链子把它锁起来,以防这个“神的礼物”飞回天上。伊斯兰教圣地麦加也有一块陨石,被视为“圣石”。在一些文明古国,还常常用陨石作为君主和达官贵人死后的陪葬。

为什么人们感觉不到地球在转动

地球总是转个不停,转动的速度非常快。绕太阳公转,每秒要跑 30 千米;自转的速度也很快,在赤道上的速度能达到 465 米/秒,比车船的速度不知快多少倍。但是人们却感觉不到地球的转动,这是因为地球太大,它转得又非常平稳,没有一点振动。人们能看到的东西除了星星之外,连空气都和它一起转动。正是空气被地球紧紧吸引住,和它一同转动,所以人们感觉不到地球在动,如果空气不与地球一起动,人们就会有坐在列车顶上的感觉。在茫茫的宇宙中,虽然星星可以帮人们看出一点地球转动的行踪,但星星离人们实在太远了,有点变化也不明显,这样,人们的眼睛失去了可以对比的外界事物,就感觉不到地球转动了。但我们看到每天太阳、月亮、星星东升西落,就是地球自转的结果;而四季的交替,循环往复,就是地球公转的结果。

一天的时间会超过24小时吗

一天的时间是24小时,这是每一个人都知道的常识。但是,这一情况却很有可能会在未来发生改变。美国国家航空局研究表明,现在地球的白天时间比原来平均延长了1/1400秒,1昼夜平均长了约1/700秒。照这样计算,每年大约要比原来延长半秒钟。再过120年,每天便会长1分钟。如此延长下去,若干世纪后,1天便要超过24小时。

为什么1昼夜的时间会越来越长呢?科学家们经研究后认为,这是由于地球自转速度变慢导致的。经计算表明,5亿年前至3亿年前,地球自转速度迅速减慢。2亿年前至今,每隔5万年,地球自转速度减慢1秒钟,到现在成了1天24时。

有些学者认为,5亿年前至3亿年前,地球的大陆是沿赤道方向排列的,涨潮产生的摩擦力较大,因而地球自转减慢得较迅速;2亿年前以后,大陆按照南北方向排列,使涨潮产生的摩擦力相对减小,地球自转速度就自然变缓了。

地球为什么会有白天和黑夜

地球是一个很大的圆球,它自己不会发光,地球上之所以有白天和黑夜的区别,都是由于地球自转的缘故。太阳离我们地球很远,对于地球来说,它是固定不动的。地球不停地从西向东旋转,一天转一圈,所以地球总是一半向着太阳,一半背着太阳。向着太阳的半边接收到太阳光,就是白天,背着太阳的半边就是黑夜。地球自转一圈就有一次白天、黑夜的变化,地球总是不停地转着,白天和黑夜总是不断地、有规律地变换着。

地球还有一个“兄弟”吗

有的科学家提出,在太阳系中,还可能存在一个我们没有发现的,大小、质量与地球相近的星球。但是,人在地球上永远不会发现这颗星球。因为相对地球而言,它始终处在太阳的另一面。它围绕太阳运行的周期接近地球绕太阳的周期。因此,在地球上即使借助最强大的光学望远镜,也窥视不到这颗星球。只有向金星或火星发射载有天文望远镜的卫星,才有可能传回有关这颗神秘星球构成的有关信息。

而大多数天文学家认为,这种说法缺乏有力的科学依据。因为太阳系是一个完整的天体系统,由太阳、行星和它们的卫星、小行星、彗星和行星际的物质构成。

太阳系的所有成员之间，都有引力的作用，使它们以一定的规律运行。如果太阳的另一面多出一个地球的“兄弟”，太阳系各大行星，特别是地球、金星、火星的运行轨道就会发生很大的变化。这些轨道，会与现在计算的数据不符。

地球在空中为什么不会掉下来

英国物理学家牛顿发现，一切物体相互间都有吸引力。一个物体的质量越大，对别的物体的吸力越大。据调查，太阳的质量约是地球的 33 万倍，所以太阳对地球拥有强大的吸引力。那么，为什么地球又不会掉到太阳上去呢？地球是绕着太阳做圆周运动的，而且地球的圆周运动速度非常快，达 30 千米/秒。因为一切做圆周运动的物体，都有一股惯性离心力。而地球运动所产生的离心力与太阳对地球的引力保持平衡，所以地球不会掉向太阳。

什么是卫星

卫星是围绕行星运行的天体，月亮就是地球的卫星。卫星反射太阳光，但除了月球以外，其他卫星的反射光都非常微弱。卫星在大小和质量方面相差悬殊，它们的运动特性也很不一致。太阳系中，除了水星和金星以外，其他的行星各自都有数目不等的卫星。

卫星对人类有什么作用

卫星按它所围绕的行星可分为地球卫星或其他星球的卫星。按来源分，地球卫星又可分为天然卫星和人造地球卫星。

要说作用，天然卫星是宇宙中自然形崩的，不好说它有什么作用。当然，月亮是地球的天然卫星，它可以为地球人照明，还可以用来观察时间等，还可以让人类想象出很多美丽的传说。人造卫星的用途很广泛，有的装有照相设备，对地面进行照相、侦察，调查资源，监测地球气候和污染等；有的装有天文观测设备，用来进行天文观测；有的装有通信转播设备，用来转播广播、电视、数据通信、电话等通信信号；有的装有科学研究设备，可以用来进行科研及空间无重力条件下的特殊生产。总之，人造卫星因研制、生产、使用者的目的不同而有不同的用途。

月球探索

月球有哪些别称

月球在我国古代诗文中有许多有趣的美称：玉兔（著意登楼瞻玉兔，何人张幕遮银阙——辛弃疾）；夜光（夜光何德，死则又育——屈原）；素娥（素娥即月亮之别称——《幼学琼林》）；冰轮（玉钩定谁挂，冰轮了无辙——陆游）；玉轮（玉轮轧露湿团光，鸾佩相逢桂香陌——李贺）；玉蟾（凉宵烟霭外，三五玉蟾秋——方干）；桂魄（桂魄飞来光射处，冷浸一天秋碧——苏轼）；蟾蜍（闽国扬帆去，蟾蜍亏复团——贾岛）；顾菟（阳乌未出谷，顾菟半藏身——李白）；婵娟（但愿人长久，千里共婵娟——苏轼）。此外，月球还有许多别致的雅号，如玉弓、玉桂、玉盘、玉钩、玉镜、冰镜、广寒宫、嫦娥等。

月球上是什么样子

从地球上看月亮，我们都会觉得月亮是一个美丽的天体。神话中的月宫、桂树、吴刚、嫦娥仙子和玉兔也给月亮抹上一笔浪漫的色彩。但是，如果人们有机会登上月球，就会发现全不是那么回事。在月球上肉眼所能见到的范围内，都是大小不同的环形山和沙漠，月球的表面都是沙子和岩石，没有动物，也没有水和空气，完全是一片荒凉死寂的世界。这里即便是岩石掉落也没有声音，并且是轻轻地落下来。

像地球一样，月球也是南北极稍扁，赤道稍隆起的扁球。它的平均极半径比赤道半径短 500 米，南北极也不对称，北极区隆起，南极区凹陷约 400 米。

月球是从地球上分裂出去的吗

分裂说，是最早解释月球起源的一种假设。早在 1898 年，著名生物学家达尔文的儿子乔治·达尔文就在《太阳系中的潮汐和类似效应》一文中指出，月球本来是地球的一部分，后来由于地球转速太快，把地球上一部分物质抛了出去，这些物质脱离地球后形成了月球，而遗留在地球上的大坑，就是现在的太平洋。

这一观点很快就被一些人所反对。他们认为，以地球的自转速度是无法将那样大的一块东西抛出去的。再说，如果月球是地球抛出去的，那么二者的物质成分就应该是一致的。可是，通过对阿波罗12号宇宙飞船从月球上带回来的岩石样本进行化验分析，发现二者相差非常远。

月球是外星碰撞地球的产物吗

碰撞说认为，约45亿年前，一个比火星更大的行星，名叫塞亚，以4000千米/小时的飞行速度猛然撞击早期的地球，力度如此之大，以致这个行星的铁质核一直撞到了我们地球的中心。碰撞结果是产生巨大爆炸，伴随有6000摄氏度以上的高温。地球在爆炸的冲击下变了形，这个采取“自杀行为”的巨大天体的大部分与地球融合，只有一部分作为炽热的蒸汽与其他碎片一道汹涌地喷射入外层空间，后来这些蒸汽冷却下来并凝固成尘埃，尘埃与其他碎片混杂在一起形成了一个核，这个核后来凝聚成团，我们的邻居——月球从此诞生了。但这种理论尚未被证实。

月球是地球的“小弟弟”吗

一种月球起源理论认为，地球和月球都是太阳系中浮动的星云，经过旋转和吸积，同时形成星体。在吸积过程中，地球比月球相应要快一点，成为“哥哥”。这一假设也受到了客观存在的挑战。通过对阿波罗12号飞船从月球上带回来的岩石样本进行化验分析，人们发现月球要比地球古老得多。有人认为，月球年龄至少应在70亿年。

月球是被地球“俘虏”过来的吗

1986年，科学家提出了大碰撞假设，认为太阳系演化早期，在星际空间曾形成大量的星子，星子通过互相碰撞、吸积而长大。星子合并形成原始的地球，同时也形成了一个相当于地球质量0.14倍的天体。这两个天体在各自演化过程中，分别形成了以铁为主的金属核和由硅酸盐构成的幔和壳。

由于这两个天体相距不远，因此相遇的机会就很大。一次偶然的机会，那个小的天体以5千米/秒左右的速度撞向地球。剧烈的碰撞不仅改变了地球的运动状态，使地轴倾斜，而且还使那个小的天体被撞击破裂，硅酸盐壳和幔受热蒸发，膨胀的气体以极大的速度携带大量粉碎了的尘埃飞离地球。这些飞离地球的物质，主要由碰撞体的幔组成，也有少部分地球上的物质，比例约为 0.85 ∶0.15。在撞击体破裂时，与幔分离的金属核，因受膨胀飞离的气体所阻而减速，大约在 4 小时内被吸积到地球上。飞离地球的气体和尘埃，并没有完全脱离地球的引力控制，它们通过相互吸积而结合起来，形成全部熔融的月球，或者是先形成几个分离的小月球，在逐渐吸积形成一个部分熔融的大月球。

月球离地球越来越远吗

月球现在距离地球大约 60 倍地球半径。但是，一方面由于潮汐力的影响，月球正以每年约 3 厘米的速度慢慢离地球远去；另一方面，地球的自转速度也逐渐变慢。也就是说，以前月球比现在更靠近地球，而地球的自转速度比现在更快。证据就在科学家发现的二枚贝化石上。二枚贝的生长速度会随着潮汐的涨落而变化，一边生长一边形成树木年轮一样的条纹，条纹数量和宽度依潮湿的大小而异。根据这些条纹数量和宽度，科学家发现，大约 5 亿年前，地球一天只有 21 小时，1 年有 410 天。

月球的自传和公转周期是怎样的

月球以 1.02 千米/秒的速度围绕地球在一个椭圆形的轨道上公转，月球离地球最近时约 36.33 万公里，最远时约 40.55 万千米。它公转一周的时间是 27 天 7 小时 43 分 11.5 秒，为一个恒星月。

月球的自转方向与公转相同，都是自西向东。由于自转周期恰好和月球绕地球转动的周期相等，所以月球总以相同的面向着地球。直到行星探测器上天，人们才看到月球的背面。

月球也绕着太阳运转吗

月球在绕地球运动的过程中，还要跟着地球一起绕太阳运动。这就是说，月球绕地球运动一周后，再回到的空间位置已不是原出发点了。由此可见，月球在运动过程中还要参与多种系统的运动。和其他天体一样，月球也处于永恒的运动之中。

什么是天秤动现象

天秤动一般指月球相对于地球的视运动。由于观察时在选择一个点来平衡与对比晃动的尺度,所以天秤动现象会随平衡点的选择不同而表现不同。

月球围绕地球的轨道为同步轨道,所谓的同步自转并不严格。由于月球轨道为椭圆形,当月球处于近日点时,它的自转速度便追不上公转速度,因此我们可见月球东部达其东经98度的地区;相反,当月球处于远日点时,自转速度比公转速度快,因此我们可见月球西部达其西经98度的地区。这种现象称为天秤动。

又由于月球轨道倾斜于地球赤道,因此月球在星空中移动时,极区会做约7度的晃动,这种现象也称为天秤动。

再者,由于月球距离地球只有60倍地球半径之遥,若观测者从月出观测至月落,观测点便有了一个地球直径的位移,可多见月球经度1度的地区。这种现象也称为天秤动。

月亮为什么会跟着人走

当我们坐在火车或汽车里,从车窗往外看,会觉得路边的树、电线杆、房屋建筑物等东西好像都往后跑一样。离车窗近一点的东西跑得最快,稍微远一点的东西感觉,跑得慢一些,离车很远的高山、大树等东西又好像跟着车走一样。我们走路的时候,离我们很近的东西很快被甩到背后去,看不见了。那些很远很远的东西,走了老半天也仍旧看得见,看上去就像在跟着我们走一样。月亮跟着人走的道理同此。

月亮是高高地挂在天上的,它离地面很远很远,没有什么东西挡住它。所以,不管是谁,不管走到哪,总能看见月亮。这样,我们就会觉得月亮在跟着人走。

为什么初升的月亮显得特别大

不知你是否注意到了,每逢农历十五,月亮刚刚升起来的时候,好像一只大圆盘,又大又亮。而当它挂在天空的时候,就显得小多了。这是月亮的大小发生了变化吗?不是的。实际上月亮本身的大小没有发生任何变化,只是人们的感觉不同而已。月亮刚升起来时,周围有大楼和树木等与之相比较,所以就显得特别大;而当月亮升到天空中的时候,它周围是一望无际的夜空,月亮就显得小了。

为什么上半月月球亮面朝西，下半月月球亮面朝东

月球是自西向东绕地球运行的，相对于地球来说，上半月的月球是背离太阳越走越远。此时太阳在月球西方，月球西部被太阳照亮，所以这时月球的亮面朝西。而下半月，月球是向着太阳越走越近，太阳在月球东方，月球东部被太阳照亮，因此这时月球亮面朝东。

什么是月相变化

随着月球每天在星空中自西向东移动一大段距离，它的形状也在不断地变化着，这就是月球位相变化，叫作月相变化。由于月球本身不发光，在太阳光照射下，向着太阳的半个球面是亮区，另半个球面是暗区。随着月球相对于地球和太阳的位置变化，就使它被太阳照亮的一面有时朝向地球，有时背向地球；有时朝向地球的月亮部分大一些，有时小一些，这样就出现了不同的月相。

月相周而复始地变化着。如果用月相变化的周期（即一次月相变化的全部过程）来计算，从新月到下一个新月，或从满月到下一个满月，就是一个“朔望月”，时间间隔约29.53天。中国农历的一个月长度，就是根据“朔望月”确定的。

月相分哪些种类

月相是根据日月黄经差（指月球相对于太阳的位置）度数来算的，共划分为以下八种。

(1)新月（农历初一日，即朔日）：0度。

(2)上娥眉月（一般为农历的初二夜左右~初七日左右）：0~90度。

(3)上弦月（农历初八日左右）：90度。

(4)凸月（农历初九日左右~农历十四日左右）：90~180度。

(5)满月（望日，农历十五日左右）：180度。

(6)残月（农历十六日左右~农历二十三日左右）：180~270度。

(7)下弦月（农历二十三日左右）：270度。

(8)下娥眉月（农历二十四日左右~月末）：270~360度。

另外，农历月最后一天称为晦日，即不见月亮。

以上有四种是主要月相：新月（农历初一日），上弦月（农历初八日左右），满月（农历十五日左右），下弦月（农历二十三日左右）。它们都有明确的发生时刻，这

些时刻是经过精密的轨道计算得出的。

怎样识别月相

假设满月是一个圆形,那么无论月相如何变化,它的上下两个顶点的连线都一定是这个圆形的直径(月食的时候月相是不规则的)。当我们看到的月相外边缘是接近C字母形状时,那么这时的月相则是农历十五日以前的月相;相反,当我们看到的月相外边缘是接近反C字母形状时,那么这时的月相则是农历十五日以后的月相。

为什么月球上有“阴晴圆缺”

“人有悲欢离合,月有阴晴圆缺”,这里的“阴晴圆缺”就是指月相变化。

每当月球运行到太阳与地球之间,被太阳照亮的半球背对着地球时,人们在地球上就看不到月球,这一天称为新月,也叫朔日,这时是农历初一。

过了新月,月球顺着地球自转方向运行,亮区逐渐转向地球,在地球上就可看到露出一丝纤细银钩似的月球出现在西方天空,弓背朝向夕阳,这一月相叫娥眉月,这时是农历初三、初四。

随后,月球在天空里逐日远离太阳,到了农历初七、初八,半个亮区对着地球,人们可以看到半个月亮(凸面向西),这一月相叫上弦月。

当月球运行到地球的背日方向,即农历十五、十六、十七日,月球的亮区全部对着地球,我们能看到一轮圆月,这一月相称为满月,也叫望。

满月过后,亮区西侧开始亏缺,到农历二十二、二十三,又能看到半个月亮(凸面向东),这一月相叫作下弦月。在这一期间月球日渐向太阳靠拢,半夜时分才能从东方升起。

又过四五天,月球又变成一个娥眉形月牙,弓背朝向旭日,这一月相叫残月。

当月球再次运行到日地之间,月亮又回到朔。

月球号探测器实现了哪些“第一”

从1958年至1976年,苏联发射了24个月球号探测器,其中18个完成探测月球的任务。1959年9月12日发射的月球2号,两天后飞抵月球,在月球表面的澄海硬着陆,成为到达月球的第一位使者,首次实现了从地球到另一个天体的飞行。它的科学仪器舱所载的无线电通信装置,在撞击月球后便停止了工作。

世界上率先在月球软着陆的探测器，是 1966 年 1 月 31 日发射的月球 9 号，它经过 79 小时的长途飞行之后，在月球的风暴洋附近软着陆，用摄像机拍摄了月面照片。1970 年 9 月 12 日发射的月球 16 号，于 9 月 20 日在月面丰富海软着陆，第一次使用钻头采集了 120 克月球岩石样品，装入回收舱的密封容器里，于 24 日带回地球。1970 年 11 月 10 日，月球 17 号载着世界上第一辆自动月球车上天，17 日在月面雨海着陆后，月球车在月面进行了 10 个半月的科学考察。

为什么月球朝着地球那一面是不变的

月球一面绕地球公转，一面在自转，而它自转一周的时间，正好和它绕地球公转一周的时间相同，都是 27.3 天。所以，当月球绕地球转过一个角度，它也正好自己旋转了相同的角度。如果月球绕地球转了 360 度，它也正好自转了一圈，所以月球永远是同一面朝着地球，另一面背着地球。

更加精确的观测可以发现，月球沿着椭圆形轨道绕地球运动，公转速度不像自转速度那么均匀，而且它的自转轴又不垂直于公转运动轨道面，因此有时候，我们还是能够看见月球背面的一小部分。与正面相比，月球背面的地形更加凹凸不平，起伏悬殊；平原所占面积较少，而环形山则较多。

人类是什么时候登上月球的

月球离我们地球有 38.4 万千米远，假如乘喷气式飞机，从地球飞到月球要 18 天才能到达。不过，喷气式飞机是离不开地球的。

几十年来，科学家们一直用宇宙飞船把宇航员送上了月球，去探索月球上的秘密。人类第一次登上月球是美国的两个宇航员。1969 年 7 月 20 日，美国阿波罗 11 号宇宙飞船把第一批宇航员送上了月球，使月球成为人类亲临考察的第一个天体；7 月 21 日格林尼治时间 4 时 7 分，宇航员阿姆斯特朗从登月舱中走出来，在月面上迈出了具有历史意义的第一步。由于月球地质活动很弱，据美国科学家估计，如果不受陨星的撞击，那些人类的脚印将留存 100 万年之久。

是谁最早揭开了月球背面的秘密

最早揭露月球背面的秘密是在 1959 年 10 月，当时苏联发射了一个月球探测器——月球 3 号。这个探测器实际上是一个绕地球运动的人造地球卫星，它轨道的近地点距离地球有 4.7 万千米，远地点达到了 48 万千米。我们知道，月球与地球之间的平均距离才38万千米,最远时也只有40多万千米。这样,月球3号就有可能绕到月背上空去进行照相了。探测器就这样为人类拍得了有史以来第一批月球背面的照片。

月球背面与正面是一样的吗

月球背面(以下简称月背)上确实有不少环形山,其数量比正面还多,月海则出乎意料地少。最大的月海是莫斯科海,呈不规则的长椭圆形,长约300千米,宽约200千米。

月背与月球正面的地形有很大的差异,除了上面已经说过的海少、环形山多之外,月背的90%都是陆地和山区。月背环形山虽然数量多,但一般没有正面的大。

月背地形凹凸不平,起伏悬殊,与正面相比有过之无不及,但没有像正面那样的高大山脉,也不存在可与地球上媲美的险峻山峰。月背有许多巨大的同心圆地形构造,很有特色,最典型的是东海,直径约900千米,它跨在月背与正面西边缘间。

另外,月球正面的月壳厚度在60千米左右,月背处的月壳要厚得多,最厚的地方竟达到150千米。月球的平均半径是1738千米,但它不是一个圆球,最长半径比平均半径长约4千米,而最短半径则又短了约5千米。有意思的是,这最长和最短半径恰好又都是在月背。

谁是第一个登上月球的地球人

人类登临的第一个天体是月球,飞向月球并登月成功的第一艘宇宙飞船是阿波罗11号。登上月面的第一批宇航员,是阿波罗11号3人乘务组中的2人,他们是指令长阿姆斯特朗和奥尔德林,第一个把脚踩在月面上的是阿姆斯特朗。

登月舱在月面停稳之后,阿姆斯特朗先是小心翼翼地爬过通向舱外的狭窄隧道。在5米高的隧道口小平台上,为了稳定一下情绪,他待了几分钟,随后转过身来顺着扶梯往下走,为了适应谁都没有体验过的月亮引力,他用了“漫长”的3分钟走完了9级扶梯。阿姆斯特朗先是疑虑重重地把左脚伸向月面,接着鼓足勇气把右脚也踏上。他站在月面上说了一句很有深度的话:“一个人的一小步,却是人类的一大步。”

人类的第一次登月飞行,来回总共花了约8天零3小时。两位宇航员在月面上停留了21个多小时,其中在舱外的活动时间不到2小时30分。他们在月面上进行了预定的科学实验,设置了一些测试仪器,最后从月球带回23千克的岩石和土壤标本。

登月宇航员的脚掌和鞋子为什么要进行特殊处理

月球上的土壤到底是什么性质的？对于这个问题，宇宙飞船在月面上着陆之前，科学家们对此一直不那么清楚。如果是很厚又很酥松的尘土之类的物质，使得宇宙飞船到达月球表面后，不仅站立不稳而且还会倾斜，甚至翻倒，那可如何是好呢？如果宇航员站到月面上之后，顷刻间被埋了进去而遭到灭顶之灾，那怎么办呢？为此，科学家们对准备在月面上着陆的登月舱的支撑脚掌，以及宇航员的鞋子等，都做了特殊的考虑。尽管如此，宇航员在踏上月面的瞬间，既提心吊胆，又十分谨慎。第一批宇航员登月之后，这个问题就迎刃而解了。

宇航员登上月球后发现，月面上覆盖着的是一层多孔的火山灰性质的土壤，有的地方只有30多厘米厚，有的地方却有好几米厚，甚至再厚些。登月舱脚掌只陷下去了3厘米左右，就连高达7米、总重量为14.7吨的登月舱也站得很稳。阿姆斯特朗比较形象地说了这个问题："月面是松软粉状的东西，我可以用鞋尖很容易把它蹴松。我的靴子上只粘了薄薄的一层……我只陷进去了几毫米，也许是5毫米吧，我能看见自己的脚印，以及刻在细沙般月面上的鞋跟图案。"

宇航员在月球上做了些什么

宇航员在月球上设置了众多设备和仪器，包括自动月震仪、测试太阳风的仪器、激光反射器，以及核动力科学实验站等。从"阿波罗"15号开始，宇航员们曾先后使用了三辆月球车，这样，他们的活动范围得到了扩大，可以在月面上走得更远，收集到更多和更有代表性的月球岩石和土壤标本，而劳动强度大大减轻。

宇航员们在月球上进行了大量的科学实验。譬如：月面引力实验，大气成分和密度等实验，微陨石实验，月球磁场的测量和实验，月震方面的实验，电离层实验等。这些实验主要涉及以下三个方面。

(1)月面学方面，通过地形描述、绘制月面图以及拍摄月面照片，来研究月球表面特征。

(2)月球测量学方面，包括月球自转的研究，月球表面特征位置的测量，以及它们的大小、高度、倾斜角和其他需要测量的项目。

(3)月成学方面，是关于月球的形成和起源，以及它后来的演变和发展等。

宇航员在月球上看见了什么

月球又称“月亮”。在望远镜发明之前,古代的人们只能在晴朗的夜晚,用眼睛仰望皎洁的明月。看到月亮表面有明有暗,形状奇特,于是人们就编出如嫦娥奔月、吴刚伐桂、玉兔捣药等美丽神话。古希腊人则把月球看作美丽的狩猎女神阿尔忒弥斯,并且把女神狩猎时从不离身的银弓作为月球的天文符号。

然而,据首次登月的宇航员回忆,登上月球后,他们第一眼看到的是十分奇异的景象。在地球上,人们看到的天空是蓝色的,白云在空中飘浮,金色的阳光照耀着大地。可是,在月球上,看到的天空是黑洞洞的,月球的“地面”上却洒满了灿烂的阳光;天空中的星星分外明亮,似乎直瞪瞪地盯着你;月球的一边高悬着一个大篮球——地球。月球上只有岩石、环形的高山和尘土,处处是一片荒凉,静得出奇。

月球上基本没有水,由于没有空气,也就没有声音的传播,到处是一片寂静的世界。

为什么要建立月球基地

月球基地是指人类在月球上建立的生活与工作区域。在月球上建立基地,主要有以下目的:更好地开展天文观测等科学活动;在月球上建立空间发电站供地球使用;开发月球各种矿物资源;为人类向更远的目标探索提供一个落脚点;为飞向更远的行星的飞船提供建造材料甚至提供推进剂;为更远的将来人类向月球移民打前站。

向月球发射一艘宇宙飞船,代价已经十分高昂,建造月球基地将花费更大的成本。因此,到目前为止,月球基地还处在一般性探讨阶段。

建立月球基地需要解决哪些问题

建立月球基地首先要解决的问题是必不可少的淡水和氧气。如果月球上既没有水又没有空气该怎么办呢? 科学家发现月球的沙土含有很多的氧,他们便提出了用月球沙土制造淡水和氧气的设想。这一设想是先用铲车自动挖掘月面的沙土,从中选出含氧的铁矿物,然后用氢使含氧铁矿物还原,便可制得淡水了。有了水,通电使水电解,得到的是氧气和氢气。氧气经液化贮存,随时可向基地居民供应。据估计,190 吨月球沙土含有 15~16 吨含氧铁矿物,可制得 1 吨氧气。而 1 年只需要生产 1 吨氧便可维持月球上 10 人生存的需要。

其次，食物从哪里来呢？近几年来，科学家在太空站上进行了大量的生物实验，先后培育出了100多种“太空植物”，其中包括小麦、玉米、燕麦、大豆等。而且证明在太空失重条件下，在月球土壤中植物种子发芽率更高，生长更快，开花或抽穗时间更早。科学家还对一些动物进行了试验，证明失重状态不会影响新生命的诞生。因而只要在月球上建立起月球农业和养殖业基地，月球上的人的食物来源是有充分保障的。

第三是月球基地的能源供应。这个更不成问题。因为月球上无风无雨，晴朗无阴，终日有阳光照射，而且没有大气吸收，太阳的辐射强度大约是地球上的1.5倍。因此，月球上完全可以利用太阳能来照明、供热、采暖、发电。当然，必要时还可以在月球上建立核电站，以保证基地能源的充足供应。

什么是月球车

在月球表面行驶并对月球考察和收集分析样品的专用车辆，叫月球车。月球车分为无人驾驶月球车和有人驾驶月球车。无人驾驶月球车由轮式基盘和仪器舱组成，用太阳电池和蓄电池联合供电无人驾驶。无人驾驶月球车根据地球上的遥控指令，在高低不平的月面上行驶。有人驾驶月球车，由宇航员驾驶在月面上行走，主要用于扩大宇航员的活动范围。

月球上有海吗

月海，并不是真的海。月海这个名称最早是意大利科学家伽利略在17世纪初提出来的。由于他用的望远镜很简陋，倍率不大，于是误以为月面上那些看起来比较暗的地方就像是地球上的海，便称它们为月海，就这么叫开来了。事实上，所谓的月海连一滴水也没有，那里只是一些平坦广阔的平原，是月面上低凹的区域。这些平原上面堆积着厚度不匀的疏松尘土。由于这些尘土反射太阳光的本领比质地紧密的山脉要差得多，在人们的视觉中就显得比较阴暗。

现在已知整个月球表面著名的月海有风暴洋、雨海、静海、危海、澄海、丰富海等22个。其中向着地球这面有19个，背着地球那面有3个。在月球向着地球的一面，月海面积占整个半球的一半。最大的月海叫风暴洋，位于月球的东北部，面积达500万平方千米，约为我国面积的一半。雨海面积约为90万平方千米，月面中央的静海约有26万平方千米。月海四周是山脉，大多呈封闭的圆形。

月球上有湖和湾吗

除了海以外,月球上还有 5 个地形与之类似的湖——梦湖、死湖、夏湖、秋湖、春湖。但有的湖比海还大,比如梦湖面积 7 万平方千米,比汽海等还大得多。

月海伸向陆地的部分称为湾和沼,都分布在月面的正面。湾有 5 个,分别是露湾、暑湾、中央湾、虹湾、眉月湾;沼有腐沼、疫沼、梦沼 3 个。其实沼和湾没什么区别,只是名称不同而已。

月球的石块和尘土有哪些未解之谜

科学家们把宇航员从月球上带回来的石块和尘土进行了各种化验,化验结果表明,还有许多奥秘等待人类去探索。

一是显微镜下的月球石块,在坑坑洼洼的石面上布满了一层玻璃质的东西,还在闪闪发光。而月球尘土经化验,科学家们惊奇地发现,它竟有一半是有棱有角的玻璃粉。月球上的玻璃质为什么这么多呢?真是个难解的谜!

二是从月球取回的样品中,还发现了一些铁质颗粒。奇怪的是,带回来放了那么久的铁质颗粒一直未生锈,拿去做生锈实验,也还是不生锈。这又是一个谜。

三是科学家们把从月球上带回来的尘土撒到地球的细菌上,试试月球的尘土能不能像地球尘土那样成为细菌的温床。结果呢,细菌一下子都死了。难道月球上的尘土能杀死细菌?怎么会有这种特殊的杀菌能力呢?又是一个谜!

四是科学家们还用植物做试验,把玉米种在月球尘土里,它的生长和在地球土壤里的生长没有明显的不同。水藻在月球尘土里长得特别鲜嫩青绿。这是什么原因呢?又是一个谜!

五是月球中有玄武岩,玄武岩是火山爆发而形成的岩石,这证明月球早先有过火山活动。分析这些岩石,估计出它们的年龄已有 46 亿岁了。但是,在地球上,只有在格陵兰最偏僻的地方才能找到有 40 多亿年的石块。难道月球的年龄比地球的年龄大吗?又是一个谜!

月球上的岩石与地球上的岩石有什么不同

从月球带回的标本来看,月球上岩石(以下简称月岩)的组成比较简单。在月海中主要为溢流玄武岩,玄武岩颜色较深,反照率很低,从地球上看月球,表现为月球表面的暗斑。月陆高地主要由富含斜长石的火成岩组成,它们是月球上最早形成的产物，这类岩石对太阳的反照率较强，在地球上看月球，它是月球中最洁白发亮的地方。

一般说来，月球上的玄武岩和地球上相应的火山岩类似，但是，月岩的化学特征和地球上类似的岩石还是有很大区别的。比如，月岩中没有水，碳、氢、硫、氯、汞、铅、锌等低温蒸发物质，而富含铝、钛、锆等不易熔化的耐熔元素。另外一个重要的区别是因为月球上没有水，因此月岩极其干燥。然而，在地球上，即使是最干燥地区形成的岩石总是会以物理和化学方式含有一定量的水。

根据月岩年龄测定结果，在月球中最激烈的火山喷发发生在31～38亿年以前。

月球上的土壤与地球上的土壤有什么不同

月球的表面并非是没有土壤覆盖的不毛之地，实际上，月球表面到处都覆盖着厚层的岩屑和玻璃质物质，这些物质被称之为月壤。月球上的月壤和地球上风化剥蚀作用形成的土壤是不同的。月壤是由细至尘埃、大到砂，甚至大砾石的物质组成的。在月海中，月壤的厚度一般为2～10米；月陆中月壤的厚度稍大些，可以达到20米。月壤中的岩屑主要由各种不同形状和结构的玄武岩和斜长岩组成。月壤中的角砾主要有玄武岩岩屑和玻璃质胶结物两部分。此外，在月壤中还有一定比例的球粒陨石。

月壤中岩屑的来源主要是因撞击而破碎的月岩和陨石，它们是构成月壤的主要成分。月岩由于热胀冷缩的长期作用自身发生崩解，以及月球上火山爆发的火山灰和岩石碎屑也是月壤的来源之一。

月球上的氦-3有什么用途

对人类最富吸引力的，是月球土壤中含有大量的气体状的氦-3，这是一种比目前地球上核电站所用的氘原料的放射性要低得多的核材料。氦-3原本大量存在于太阳喷射出来的高能粒子流（太阳风）中。在几乎没有大气的月球上，太阳风直接降落下来，久而久之，在月面的沙粒、岩石中，集聚了上百万吨这种材料。若能对其进行大量开采，不但可用做开发月球的能源，还可为地球提供丰富的核能原材料。

月球有多大、多重、多远、多亮

月球基本上是个圆球体，平均直径约为3476千米。地球直径是月球直径的3.6倍。月球的表面积有3800万平方千米，大约是中国陆地面积的4倍，还不如我们亚洲的面积大。月球的体积仅为地球的1/49。

月球的质量约7.35×10^{22}千克，相当于地球的1/81。由于质量小，产生的引力就小，月球的表面重力只有地球的1/6。

月球绕着地球公转，有时近有时远。最近时约36万千米，最远时约40万千米，平均距离约为38万千米，相当于地球赤道的10倍。

月球本身并不发光，只是因为表面反射太阳光而发亮。从天文学角度来说，月球的反照率只有0.07，换句话说，它只反射了照射到它上面的太阳光的7%，其余93%都被月球表面吸收了。与太阳亮度相比，月球的平均亮度只有太阳的1/465000。

月球的自然特征是什么

月球的自然特征主要有以下5方面。

(1)有环形山。月球上有无数个圆形的山，好像一个个大坑，人们推测这是月球形成不久时天体撞击的结果。

(2)月球没有大气层。因为月球的引力很小，所以大气都逃散到太空中去了。

(3)月球的引力只有地球的1/6。因为月球的质量小，所以导致引力也小。

(4)月球的一面永远对着地球，另一面永远背着地球。月球自转同时围绕着地球公转，且转动周期相同，所以有这个结果。

(5)月球不会发光，它只是反射太阳光。

月球的结构同地球一样吗

宇航员们放在月球上的地震仪记录表明，月球和地球一样，也有一层外壳，其厚度为40~60千米，这个数据是在风暴洋和弗拉摩洛等地区测定的。月壳下面是月幔，月幔大致又分为三层。上层月幔厚240千米左右，主要由古代“岩浆海”里沉淀下来的较重物质构成。中层月幔厚达480千米以上，这里大概还保存着混沌时代形成原始月球的“胚胎物质”。上述两层都是固态的，但具有可塑性。内层月幔处于局部熔融状态。

月球的中心部分是月核，其温度约为1000摄氏度，远远不如地核那么热(地核温度为5000~6000摄氏度)。据估计，月核很可能是熔融的，可能是由低熔点的硫化铁物质构成。

对月球的探测还发现月球的质量分布不均匀，月球近地侧存在几个“质量瘤”的重力异常区。

月球上有大气吗

月球上几乎没有大气，因而月球上的昼夜温差很大。白天，在阳光垂直照射的地方，温度高达127摄氏度；夜晚温度可低到-183摄氏度。由于基本上没有大气的阻隔，使得月面上日光强度比地球上约强1/3；紫外线强度也比地球表面强得多。由于月球大气少，因此在月面上会见到许多奇特的现象。如月球上的天空呈暗黑色；太阳光照射是笔直的，日光照到的地方很明亮，照不到的地方就很暗，因此才会看到月球表面有明有暗；由于没有空气散射光线，在月球上星星看起来也不再闪烁了。

当然，月球表面并不是没有任何大气，只是大气层太稀薄。而且月球表面的大气成分比较复杂，随时空多变，通常在黑夜时的大气成分主要由40%的氩、40%的氖和20%的氦组成，到日出时还会加入极少量的甲烷和氨等，有些地区的大气中还会发现极微量的氢、氡、钠、钋和钾原子等。

月球上有哪些主要的环形山

在雨海的西北边，定神搜寻一下，你会看到形如彩虹的一处地形，就好像地球上的港湾一样，这就是月球上很有点名气的虹湾。虹湾的直径达260千米，即使与地球上的大港湾相比，也毫不逊色。

在虹湾的东北方向，可以看到一个形状比较完整的环形山，名字叫柏拉图环形山。这个直径上百千米的大环形山的底部相当平坦、光滑，是一个很好的目视观测目标。环形山底部还有几个直径只有一二千米的小环形山。如果你以后有机会用望远镜观测月面时，不要忘记欣赏这里的月面风光呀！

月球上最大的环形山是加加林环形山，它的直径有280千米。

不用望远镜就能看到的三个主要环形山，是分别用丹麦、波兰和德国的三位天文学家的名字命名的，他们是第谷、哥白尼和开普勒。有意思的是，这三个著名的环形山都有所谓的辐射纹系统，即以环形山为中心向四周散射开去的明亮光带。辐射纹是月亮表面的特征物之一。

月背环形山以哪些中国科学家的名字命名

月背环形山也都以科学家的名字命名，其中有我国的石申、张衡、祖冲之、郭守敬和万户等。

石申(约公元前 400 年)是战国中期的天文学家,张衡(78—139 年)是东汉时期伟大的天文学家、文学家,祖冲之(429—500 年)是南北朝时期杰出的数学家和天文学家,郭守敬(1231—1316 年)是元代天文学家、水利专家和仪器制造家。

张衡

万户环形山的万户,实际上并非人名,而是从金代就开始有的一种军职的名称。根据历史记载,有那么一位万户,很醉心于将人送上天去,他大胆地进行了试验,把类似于今天爆竹那样的古代"火箭"捆绑在坐椅上,让手下的人把"火箭"点燃,企图用这样的方法把自己送上太空。其结果不言而喻。以万户的名字来命名环形山,是为了纪念这位太空飞行的先驱者。

月球上的环形山是怎样形成的

对于月球上环形山的形成原因,现在有两种解释:一种是,环形山由于陨星撞击月球表面而形成的;另一种是,月球上曾发生过猛烈的火山爆发,环形山就是喷射出来的物质凝结而成的。现在看来,月亮上的大环形山,也许主要是由于火山活动而形成的;而那些小环形山,可能是由于陨星撞击而成的。月亮上有许多环形山。在我们能观测到的半球上,直径在 1 千米以上的环形山有 30 万座以上,最大的叫贝利的环形山直径有 395 千米。

月球上的环形山

月面上的辐射纹是怎样形成的

月面上还有一个主要特征,是一些较"年轻"的环形山常带有美丽的辐射纹,这是一种以环形山为辐射点的向四面八方延伸的亮带,它几乎以笔直的方向穿过山系、月海和环形山。辐射文长度和亮度不一,最引人注目的是第谷环形山的辐射纹，最长的一条长1800千米，满月时尤为壮观。其次，哥白尼和开普勒两个环形山也有相当美丽的辐射纹。据统计，具有辐射纹的环形山有50个。

形成辐射纹的原因至今未有定论。实质上，它与环形山的形成理论密切相关。现在许多人都倾向于陨星撞击说，认为在没有大气和引力很小的月球上，陨星撞击可能使高温碎块飞得很远。而另外一些科学家认为不能排除火山的作用，火山爆发时的喷射也有可能形成四处飞散的辐射形状。

什么是月球白道

月球绕地球公转的轨道在天球上的投影叫白道，它是天球上的一个大圆，也是月球中心在天球上运行的视轨道。白道与黄道之间的交角叫作黄白交角，平均值约为5°9′。因此，我们见到月球总是在黄道附近的星座中徘徊。正因为有黄白交角的存在，所以并不是每个望日都会发生月食，而只有当月球运行到黄白交点附近时，才可能发生月食。

月球上也有山脉吗

月球上的山脉是月面上连绵不断的险峻山带。月球上除了星罗棋布的环形山外，还有一些与地球上相似的山脉和高地，它们通常比月海高出2~3千米，反射太阳光的本领也比月海上的尘土强得多，因此，在人们的视觉中，这部分是月球表面比较明亮的区域，称为月陆。

月球山脉的外貌与地球山脉差不多，因此，月球上的山脉大多以地球上的山脉名称来命名，如阿尔卑斯山脉、亚平宁山脉、阿尔泰山脉、高加索山脉等。其中，最著名的亚平宁山脉位于月面中央，是月球上最长的山脉，高出月海3~4千米，蜿蜒1000千米，在它尖尖的一端顶着两个大圆环，即厄拉多塞内斯环形山和斯塔杜斯环形山。

在月球南极附近有一座莱布尼茨山脉，最高峰竟达9000米，连地球上最高峰珠穆朗玛峰也显得矮了一截。

月面上的阿尔卑斯山脉，虽然没有地球上的阿尔卑斯山脉那样雄伟，但是它那高山深谷迭现，确是别有一番风光。

月球山脉的两边坡度很不对称，向月海的一侧坡度很陡，有的呈现为断崖状，而另一侧面则相当平缓，这是月球山脉的一个普遍特征。

月球上也有大裂谷吗

月球上不少地区曾发现一些黑色大裂缝,弯弯曲曲延伸数百千米,宽几千米到几十千米不等,好像浩浩荡荡奔赴海洋的河流,形状与地球上的东非大裂谷相似,称之为月谷。

较宽大的月谷大多出现在月陆上较平坦的地区。最长的里塔月谷位于南海东北部,詹森环形山东面的月陆上,总长达500千米;最宽的莫希拉米月谷在东海盆地南边,巴德环形山附近的月陆上,宽有40~55千米。而那些较窄、较小的月谷(有时称为月溪)则到处都有。

最著名的月谷是阿尔卑斯大月谷,从柏拉图环形山东南一直"流入"平坦的雨海和冷海,它把月面上的阿尔卑斯山脉拦腰截断,很是壮观。从太空拍得的照片资料估计,它长达130千米,宽有10~12千米。

月谷往往有一定的走向,它的产生原因是一个很有意义的值得研究的课题。根据阿波罗15号宇宙飞船获得的资料分析,月谷可能是由顺山而下的岩浆形成的。

如何用肉眼观察月球上的海

选择月亮看起来比较圆的那几天进行肉眼观察,效果会更好些。先粗略地扫视一遍整个月面,你马上就会看出,月面上有些地方要比周围地区略为暗些,它们就是被称为月海的地方。月面上已经命名的海有22个,除个别的以外,绝大多数都在我们能常看到的半个月球面上。其中特别明显的有10个,分别是危海、丰富海、静海、澄海、酒海、冷海、雨海、风暴洋、湿海、云海。稍仔细一些,你就会进一步看到,这10个月海中的前5个,都是在月面的东半部,每逢呈半圆形状的上弦月出现在天空时,这5个月海都可以清晰地看到。那后面的4个月海都是在月面的西半部,也就是说,当半圆形状的下弦月高挂在天空时,这4个月海都可以看到。冷海跨在月面的东、西两个半球面上,上弦或下弦时各能看到它的一半左右,要想看得更完整一些,就要在月圆前后那几天去观察它。

月球上有月震吗

月球上的阿波罗科学实验站里装设了很先进的月震仪器。经探测,月球上也有月震,但月震的次数比地震少得多,释放的能量也远远小于地震。月震很弱,最大的月震为1~2级。除了陨星撞击引起的震动外,当月球离地球最近或最远的时候,由于地球的潮汐力作用,常会出现月震。

星星大还是月亮大

为了回答这个问题,我们先来做个小实验:拿一个大气球和一个苹果,放在一起。你看,哪个大? 当然是气球大啦。好,现在,咱们把苹果放在眼前,把气球放在很远很远的地方。你再看看。咦,怎么气球变小了? 原来,远处的东西看起来就小。你看,远处的汽车、房屋不是都显得很小吗?

天空中,那些向我们眨眼睛的星星,实际上都比月亮大得多。可是因为它们离我们很远很远,所以看起来,星星小,月亮大。

月球为什么会放出神奇的光

早在50万年前就已停止了全面地质活动的月球,似乎并不甘寂寞,它不时地以其特有的辉光唤起人们的关注。

1783年,威廉·赫歇尔首先以其自制的22厘米望远镜观测到阿里斯托克环形山附近阴暗地区的红色闪光。1958年11月3日,苏联科学家还拍下了阿尔芬斯环形山中央峰上一次长达30分钟的粉红色喷发型闪光的光谱图。1969年7月20日,首先登月的阿姆斯特朗在着陆前夕,曾看到阿里斯托克环形山发出的淡淡荧光。类似发光现象有记载的就有1400多起。

月面辉光现象大多发生在月球过近地点前后,此时月壳由于受到最强的地球潮汐作用而处于月震频发期。月震使密封于月球表面下的气体得以从裂缝和断层中逸出,进而吹扬起月尘,引发了辉光。另外,月面闪光多发于月球上受太阳照射的明暗交界线上,此处温差变化大,导致月岩破裂并放出电子,与月岩中的气体发生作用而放出辉光。

月壤里的玻璃珠是怎样形成的

月球土壤中存在着许多肉眼很难直接看到的微型玻璃珠,它们的直径一般小于1毫米。因为数量多,走在上面有滑的感觉。多数玻璃珠的形状比较接近球形或椭球形,表面上往往还可以看到一些矿物碎片和不同形态的小颗粒。

根据一些天文学家的研究,玻璃珠与陨星陨落有关。当陨星以很高的速度猛烈撞击月球时,产生很高的温度和极大的压力,使撞击点附近的月球岩石熔化,并被抛撒开来,最后冷却而形成玻璃珠。

月球南极表面有什么特点

美国天文学家发现,太阳系中最冷的地方并非冥王星,而是在距地球约 38 万千米的月球南极,其气温只有-240 摄氏度。这比在冥王星上发现的最低温还低大约一度。

初步观测表明,月球南极永久阴影区及附近地区可能蕴藏着水冰或氢,但还需进一步观测加以确认。天文学家指出,月球南极处在一个大坑洞内,因为被遮住,永远照不到太阳,因此气温十分低,其永久阴影区的温度约为-240 摄氏度,足以将潜在的水冰或者氢封存数十亿年。

美国国家航空航天局对月球南极非常感兴趣,认为其永久阴影区下面可能存在水冰或者氢资源。如果数量足以开采,今后美国航天员登月后便可就地取材,不必专门从地球运水。

月球火山的特点

地球火山多呈链状分布。例如安第斯山脉,火山链勾勒出一个岩石圈板块的边缘。夏威夷岛上的山脉链,则显示板块活动的热区。

月球上没有板块构造的迹象。典型的月球火山多出现在巨大古老的冲击盆地底部,即月面阴暗区。因此,大部分月面阴暗区都呈圆形外观。冲击盆地的边缘往往有环绕的山脉,这些山脉包围着阴暗区。

月球火山

月面阴暗区主要出现在月球离地面较近的一侧,几乎覆盖了这一侧的 1/3 面积。而在较远一侧,阴暗区的面积仅占 2%。然而,较远一侧的地势相对更高,地壳也较厚。由此可见,控制月球火山作用的主要因素是地表高度和地壳厚度。

月球的地心引力仅为地球的1/6，这意味着月球火山熔岩的流动阻力较地球更小，熔岩行进更为流畅。这就可以解释，为什么月球阴暗区的表面大都平坦而光滑。同时，流畅的熔岩流很容易扩散开，因而形成巨大的玄武岩平原。此外，地心引力小，使得喷发出的火山灰碎片能够落得更远，因此，月球火山的喷发，只形成了宽阔平坦的熔岩平原，而非类似地球形态的火山锥。这也是月球上没有发现大型火山的原因之一。

月球上没有溶解的水，月球阴暗区是完全干涸的。而水在地球熔岩中是最常见的气体，是激起地球火山强烈喷发的重要因素之一。因此，科学家认为缺乏水分，也对月球火山活动产生巨大影响。具体地说，没有水，月球火山的喷发就不会那么强烈，熔岩或许仅仅是平静流畅地涌出地面。

月球体有哪些重要资源

月壳由多种元素组成，主要包括铀、钍、钾、氧、硅、镁、铁、钛、钙、铝及氢。当受到宇宙射线轰击时，每种元素会发射特定的伽马辐射。

月球岩石中含有丰富的矿物，其稀有金属的储藏量比地球还多。月球上的岩石主要有三种类型，第一种是富含铁、钛的月海玄武岩；第二种是斜长岩，富含钾、稀土和磷等，主要分布在月球高地；第三种主要是由0.1~1毫米的岩屑颗粒组成的角砾岩。月球岩石中含有地球岩石中的全部元素和其他60种左右的矿物，其中6种矿物是地球没有的。

月球的矿产资源极为丰富，地球上最常见的17种矿产，在月球上比比皆是。以铁为例，仅月面表层5厘米厚的沙土就含有上亿吨铁，而整个月球表面平均有10米厚的沙土。月球表层的铁不仅异常丰富，而且便于开采和冶炼。据悉，月球上的铁主要是氧化铁，只要把氧和铁分开就行；此外，科学家已研究出利用月球土壤和岩石制造水泥和玻璃的办法。在月球表层，铝的含量也十分丰富。

月球上有哪些可以利用的资源

月球上可以利用的资源主要有以下三大类。

(1)矿产资源。月岩中含有地壳中的全部化学元素和约60种矿藏，还富含地球上没有的能源氦-3，氦-3是核聚变反应最理想的燃料。

(2)太阳能资源。月球没有大气，对太阳辐射没有削弱，因此利用太阳能的条件较好。

(3)空间资源。月球上高真空、强辐射、失重等条件，可用于进行太空实验，甚至建太空工厂。

人造月亮是怎么一回事

也许在不久的将来,当你仰望晴朗的夜空时,会发现两个“月亮”:一个是洁白明晰的月球,另一个则是美国发射的气球卫星。后者是美国研究人员于 1980 年 1 月在旧金山举行的科学发展年会上提出来的。这是一颗特殊的卫星,将在地球大气的平流层中环绕地球运转,离地面仅 30 千米左右。从地面看上去,它明亮如月,最富想象力的科学家们给它取了个名字——人造月亮。

这颗环绕平流层运转的“月亮”与众不同,它的球壁是双层的,用极其轻便的材料制成,球壁之间充满着 26 摄氏度的空气。这颗人造“月亮”直径达 1800 米,空重 6000 吨,有效载重也是 6000 吨,大约为飞船载重的 200 倍;造价 15 亿美元,只及飞船的 1/5。宇航员在球体里工作,用不着穿复杂的宇宙服,配备高空侦察机飞行员的一套装备也就可以了。

人造月亮是为了照明吗

所谓的人造月亮其实就是一颗气球卫星。发射气球卫星的目的并不是为了照明。它是一颗用途广泛的“万能”卫星。

一是用作通信卫星。相比之下,它的覆盖范围虽然没有同步轨道上的通信卫星大,但是它所需的功率却比其他卫星小得多。

二是用作军事监察站。像月亮一样,它能照亮那些模糊不清的目标,还能把激光束或粒子束导向攻击目标。如果在气球卫星上安上稳定器,还能用来发射火箭。

三是作为理想的空间观测站、气象观察站和科学实验站。以气象观察为例,它可以连带向地面发送气象参数,提供海水温度、海面风速、海浪高度和长度等有关资料。你想进行改造气候的各种试验吗?它也能帮你的忙。比如,在气球卫星上用规定频率的微波照射云层就能驱散云雾,甚至通过对平流层的电离作用和导性作用还可用来改变气候。

四是用作发电。它是一个全天工作的发电厂。这个电厂发出的电一部分可用于加热气球上的空气,其余部分将以微波的形式输送到地面上。

五是用来探测平流层的污染情况,甚至帮助我们获得空气中微生物、细菌和病毒等的有关情报。

月球上存在外星文明吗

传说，登上月球的阿姆斯特朗，在和代号休斯敦的指挥中心联系时，突然吃惊地说："这些东西大得惊人！天哪！简直难以置信，我要告诉你们，这里有其他宇宙飞船，它们排列在火山口的另一侧，他们在月球上，他们正在注视着我们……"此时，电信信号突然中断。阿姆斯特朗看到了什么？

1968年12月21日，美国在肯尼迪航天中心向月球发射了第一艘探测飞船，当这艘飞船进入月球轨道之后，宇航员在100千米高空用望远镜照相机拍摄了第一张月球背面照片。许多年后，人们在研究这些照片的时候意外发现，在火山口中有一个巨大的圆形物体，它十分规则，不像是自然之物，看上去好像正在着陆或起飞。

从阿波罗8号开始，10号、11号、16号、17号都曾目击或拍摄过月面不明飞行物的照片，甚至早在1966年，美国的月球轨道环形飞行器2号就发现，在月面上有一些排列有序的12~23米高的塔状建筑物，随后，苏联的宇宙飞船也发现了这些建筑。

以上情景的实际情况是怎样的，目前科学家还没有给出一个明确的结论。

人类怎样在月球上生存

月球上白天酷热、夜间严寒的气候，是月球上没有人烟和生命的一个重要原因。俄罗斯科学家已在研究如何利用月球上的土壤和岩石制造水泥等建筑材料，然后利用这些材料建筑一座可以调节室温，并适合人类居住的生活基地。有的科学家通过对月球的一些实测数据进行分析，认为月球很可能是一个空心球体。基于这一认识，有朝一日，就可在月球表面打一条通道，进入月球地壳深处的"地下月宫"，在那里建造一座适于人类居住的地下城。这样，乘坐飞船奔月的旅游者，可在这座地下城找到过夜的旅馆。科技工作者就能以这座地下城为基地从事月球资源勘探、太空产品生产、天文观测等活动。

在"地下月宫"这个永久基地未建成之前，科学家建议可以先在地球上制成一些预制塑模构件，形成一个自动竖升的巨型圆筒。在地球上装配好后，用宇宙运输船送到月球表面，圆筒在月球表面一登陆即自动分成两半打开，并自动形成一座多层结构的建筑物，作为登月者的临时居所。

人类移民月球的梦想能成真吗

人类向月球移民的梦想难以成真，最大障碍是月球没有人类赖以生存的水。

美国的空间探测飞船曾经发现，月球表面分布着星星点点的水冰。它们以很小的储存量分布在月球南北两极数千平方千米的范围内，与月球的外壳混为一体。这些水冰可以填满一条深达 12 米，方圆 10 平方千米的湖泊。这些水冰能够供应有 1000 户两口之家的居民社区享用一个多世纪，而且不需要循环使用。

至于人类是否能够再一次实现在月球上行走，是否能够将月球作为对火星和太阳系中的其他星球进行探测的基地，科学家们还在做进一步的研究和探索。

什么是月食

月食是一种特殊的天文现象，指当月球行至地球的阴影后时，太阳光被地球遮住，此时观测月球所看到的现象。所以每当农历十五前后可能就会出现月食。也

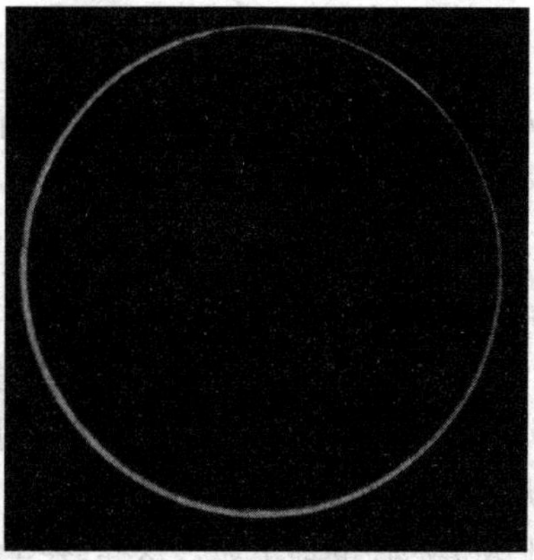

月食

就是说，此时的太阳、地球、月球恰好（或几乎）在同一条直线，因此从太阳照射到月球的光线，会被地球所掩盖。

以地球而言，当月食发生的时候，太阳和月球的方向会相差 180°，所以月食必定发生在“望”（即农历十五前后）。要注意的是，由于太阳和月球在天空的轨道（称为黄道和白道）并不在同一个平面上，而是有约 5°的交角，所以只有太阳和月球分别位于黄道和白道的两个交点附近，才有机会连成一条直线，产生月食。

月食分为几类

月食可分为月偏食、月全食及半影月食三种。需要注意的是不会发生月环食，因为，月球的体积比地球小得多。

太阳的直径比地球的直径大得多，所以地球的影子可以分为本影和半影。地球的直径大约是月球的4倍，在月球轨道处，地球的本影的直径仍相当于月球的2.5倍。当月球只有部分进入地球的本影时，就会出现月偏食；而当整个月球进入地球的本影之时，就会出现月全食。如果月球进入地球的半影区域，太阳的光也可以被遮掩掉一些，这种现象在天文上称为半影月食。由于在半影区阳光仍十分强烈，月面的光度只是极轻微减弱，因此多数情况下半影月食不容易用肉眼分辨。

月全食的光度分为哪几级

当发生月全食时，肉眼几乎看不见月球，此时的月球是深黑色。这种月全食的光度为0级。

当发生月全食时，分辨细节有困难，此时的月球是黑带有灰或者棕色。这种月全食的光度为1级。

当发生月全食时，本影中心深黑色，但外围较光亮，此时的月球是深红或锈红色。这种月全食的光度为2级。

当发生月全食时，本影边缘光亮或带黄色，此时的月球是硅红色。这种月全食的光度为3级。

当发生月全食时，本影明亮，边缘带蓝色，此时的月球是明亮的橙红色。这种月全食的光度为4级。

你知道月食的全过程吗

月食的全过程由半影食始拉开序幕，历经初亏、食既、食甚、生光、复圆5个正式阶段，又由半影食终完全结束。

半影食始：月球刚刚和半影区接触，这时肉眼觉察不到。

初亏：标志月食正式开始。月球由东缘慢慢进入地影，月球与地球本影第一次外切。

食既：月球的西边缘与地球本影的西边缘内切，月球刚好全部进入地球本影内。

食甚：月球的中心与地球本影的中心最近。

生光：月球东边缘与地球本影东边缘相内切，这时月全食阶段结束。

复圆：月球的西边缘与地球本影东边缘相外切，这时月食结束。

半影食终：月球离开半影区，整个月食全过程全部完结。

人类是什么时候开始认识月食的

最早的月食记录是公元前2283年美索不达米亚的记录。中国在汉朝时，张衡就已经发现了月食的原理。公元前4世纪的亚里士多德根据月食看到地球影子的圆形而推断出地球是圆的。公元前3世纪古希腊的天文学家阿里斯塔克、前2世纪的喜帕恰斯都提出过通过月食来测定太阳、地球、月亮的大小；那时的伊巴谷还提出在相距遥远的两个地方同时观测月食，来测量地理经度。2世纪，托勒密利用古代月食记录来研究月球运动，这种方法一直沿用到今天。在火箭和人造地球卫星出现之前，科学家一直通过观测月食来探索地球的大气结构。

怎样观测月全食

使用7倍以上的双筒望远镜或者天文望远镜就可以清晰地观看到月全食。可以站在高处看，这样视野会更好。也可用肉眼直接观察，不需要什么特别的设备，就可以作月全食的两项观察。

一是记录月全食的全过程。观察前准备一些观察用纸，纸上画有大圆，圆上按逆时针方向标出0°至360°，0°的位置表示月面的正北点。在月全食发生的过程中，每隔4分钟画一幅月食素描。这样做的结果即可得到一套月全食全过程的食相图。

二是观察月面的亮度与颜色。月食时月面的亮度和颜色可区分为以下5级：0级，非常暗淡，几乎看不见；1级，稍亮，呈黑黄色或黑灰色，细节难以区分；2级，微亮，呈黑红色或红棕色，中心有些暗斑，外侧相当明亮；3级，呈砖红色，能看见月面细节，但很模糊；4级，呈橙红色，非常明亮，外侧很亮，边缘略有蓝色，可看到大的细节。观察月全食时，要对月面的亮度和颜色的级别做出判断，并记录下来，同时也要记录当时的天气情况。

月食对人造天体有什么影响

月全食对于靠太阳照射太阳能帆板供电的人造天体有一定的影响。例如2007

年10月24日升空的中国绕月卫星嫦娥一号,就在2008年2月底面临首次月全食的考验,要迎接暂时的能源危机和低温考验。当月全食发生时,整个月球以及绕月卫星都会“钻”进地球的巨大身影中,估计有3~4个小时照不到阳光。由于嫦娥一号目前主要靠太阳照射太阳能帆板供电,尽管卫星上装有蓄电池,但蓄电池只能保障短时间供电。因此,在这段时间里,卫星上的个别科学设备将暂时关机,让身在太空的“嫦娥”尽可能“节衣缩食”,确保挺过难关。月食过后,再进行开机控制。整体而言,月食对“嫦娥”一号卫星工作没有太大的影响。

潮汐与月球有关吗

海边可以见到一种自然现象,这种现象叫作潮汐。生活经验告诉我们,每天有两次涨潮落潮的现象。发生在白天的叫作潮,发生在夜间的叫作汐。每天的潮(或者汐)总比前一天的推迟几十分钟。这恰好和月球出现的规律相同。人们很早以前就猜测潮汐现象和月球有关。事实也确实如此。

造成潮汐的根本原因是万有引力。我们知道,万有引力随着物体距离的增加而减少。月球对地球是有引力作用的,然而地球的半径较大,因此地球各处受到的月球引力是不相等的。这种不相等的引力造成了地球表面海水的起伏。具体来说,在引力的作用下,距月球近的海平面上升,距月球远的海平面下降。由于地球是转动的,某一地点的海平面就会有规律的上升和下降,潮汐就这样形成了。

太阳对于地球也有潮汐作用。在总的潮汐作用中,太阳起到了1/3的效应,剩下的2/3属于月球。在太阳、月球的共同作用下,会产生大潮和小潮。一个著名的大潮就是钱塘潮。

潮汐现象不仅仅局限于海水。起潮力的作用也会影响到大气和地壳,这种效应分别被称为大气潮和固体潮。潮汐现象也不仅仅作用于地球,由于力的作用是相互的,地球也会引起月球的潮汐现象——当然是固体潮。并且地球对月球的潮汐作用要比月球对地球的作用大得多。

月球向我们隐瞒了什么

科学家推测,一个能形成直径80~160千米环形山的陨石撞击月面,其能量为几万亿吨TNT爆炸的当量,撞击月球的陨石会在月面上撞出一个深达几十千米的大坑。甚至有的科学家认为,一个直径6千米的陨石,也会造成一个比直径大四或五倍的深坑。

奇怪的是,月球上没有一个陨石坑是按科学家的推测出现的。月面上最大的环形山是加加林环形山,它的直径有280千米,可深度仅有6千米。一般直径200

千米的环形山,深度都在三四千米左右。还有一个问题值得注意,与月球的体积相比,月球上的陨石坑大得出奇。比如,加加林环形陨石山就是月球直径的1/13,而地球最大的陨石坑是地球直径的1/60,两相比较,月球的陨石坑让人不寒而栗。大家无法想象,以月球这么小的个头,却承受了如此巨大的冲击力,而在冲击之下竟然没有破碎,也没有改变轨道,真是匪夷所思。

科学家面对如此分布的月球地貌,还有那些深度差不多的环形山,他们真的感到无能为力了,以往的科学理论和各种各样的统计、计算统统失去了作用。

有一种假设认为,月球奇怪的环形山,并非自然形成,而是被智能生物改造而成的,它实际上是最外面一层防护层。通过对月球密度的分析计算,他们认为,一颗较大的陨石如果撞上这层防护层,只能形成一个最多不超过4千米的小坑。在无法用自然科学解释月球环形山的情况下,这个解释恐怕是合理的。

历史篇

中国古代史

中国境内古人类群体

上世纪七十年代以来，我国学者从云南禄丰发掘出土三个腊玛猿头骨，两个西瓦猿头骨，以及九个下颌骨、一千多颗牙齿和少量肢骨化石。如此丰富、完整的发现，被西方学者誉为"人类起源的新光芒"，他们甚至由此认为，"人类起源的钥匙"在中国人手中掌握。

正是在这一地区，1965年5月，我国学者从云南元谋上那蚌村发现了距今一百七十万年的猿人化石，定名为元谋猿人，这是我国境内最早的人类活动的历史的确切证据。在其后百余万年，我国许多地区都曾有过人类活动的足迹。迄今为止，已经发现的人属中第一批成员的直立人猿人化石还有：

元谋人遗址

陕西蓝田人(距今65万~80万年，1963年发现)

湖北郧阳区人(可能早于北京人，1975年发现)

北京人(距今约69万年，1929年发现)

辽宁营口人(相当北京人，1984年发现)

湖北郧西人(晚于郧阳区人，与北京人相当，1976年发现)

河南南召人(距今50万年，1978年发现)

安徽合县人(距今30万~40万年，1980年发现)

如果说直立人还是恩格斯称的"正在形成中的人"，那么智人便是他所称的"完全的人"。现今中国版图内出土的早期智人(即"古人")化石有：

广东马坝人(距今约20万年，1958年发现)

陕西大荔人(距今约10余万年，1978年发现)

山西许家窑人(距今约10万年，1976年发现)

湖北长阳人(迟于马坝人,早于丁村人,1956年发现)

山西丁村人(迟于长阳人,1954年发现)

晚期智人(即“新人”)化石有:

内蒙古河套人(距今约5万~3.5万年,1922年发现)

黑龙江哈尔滨人(距今2.2万年,1980年发现)

广西柳江人(晚于马坝、丁村人,早于山顶洞、资阳人,1958年发现)

北京山顶洞人(距今1.8万年,1933年发现)

四川资阳人(距今7000年,1951年发现)

根据人种学分类,中国人属蒙古人种。经过上百万年的艰难进化,我们的祖先终于彻底地与猿类分开,走向了崭新的世界。

母系氏族公社

母系氏族公社是以母亲的血缘关系结成的原始社会的基本单位。它大约始于旧石器时代晚期,到新石器时代达到繁盛,并逐步为父系氏族公社所取代。它是在血缘家族进一步发展、逐步形成氏族的基础上产生的,是世界各民族普遍经历的阶段。

母系氏族婚姻和氏系基本特征为:始终以母系血缘关系为纽带。婚姻形式在早期是群婚。由于实行外婚制,夫妻分居在各自的母系氏族中,婚姻生活采取丈夫走访妻子的形式,子女从母居,属母方氏族,世系和财产继承从母系计。到了母系氏族繁荣期,由于对偶婚的出现和逐步巩固,丈夫迁到妻方氏族从妻居。

父系氏族公社

父系氏族社会是原始氏族公社的第二阶段,亦称“父权制”。它是继母系氏族制之后产生的社会制度。其存在时间相当于新石器时代晚期至金石并用时代。这一过渡产生了一系列变化:男子依靠新取得的社会经济地位,把妻子和子女全部留在自己家中,实现妻从夫居、子女从父居制。世系由按母系计算改为按父系计算。婚姻从不固定的易于离散的对偶婚逐步变成一对夫妇长久结合的一夫一妻制。由于女子嫁到男方,便产生了彩礼和妆奁制度,财产由父亲传给子女。对男性祖先的崇拜祭祀,成为巩固氏族成员联系的纽带。

父系氏族制在向阶级社会发展的过程中,形成了以地域关系为基础的农村公社。以父系血缘维系为特征的氏族逐渐瓦解,血缘部落向地域部落转变。部落酋长原先是军事出征的指挥者,随着战争的频繁发生,变成了专职的军事首领。强大、善战的部落在能力卓越的首领指挥下,往往征服其他部落。相邻的部落由于战争的需要，便结成部落联盟，有一些部落联盟相当持久，在历史上起过重大作用。父系氏族制随着原始社会向阶级社会的转化随着国家的产生而告终，但父系氏族制的残余和躯壳，在阶级社会中继续保留了很长时间。

旧石器时代

旧石器时代是指以使用打制石器为标志的人类物质文化发展阶段，从距今约250万年前开始，延续到距今1万年左右止。

旧石器——砍砸器

距今100万年前的旧石器文化有西侯度文化、元谋人石器、匼河文化、蓝田人文化以及东谷坨文化。距今100万年以后的遗址更多，在北方以周口店第一地点的北京人文化为代表，在南方以贵州黔西观音洞的观音洞文化为代表。

总起来看，这一时期文化的主要特点是，除少数地点外，石器工艺和骨角器生产不太发达。

新石器时代

新石器时代在考古学上是石器时代的最后一个阶段，是以使用磨制石器为标志的人类物质文化发展阶段。中国大约在距今1万年前就已进入新石器时代。

一般认为新石器时代有3个基本特征：开始制造和使用磨制石器；发明了陶器；出现了农业和养畜业。世界各地这一时代的发展道路很不相同。有的地方在农业产生后的很长一段时期里没有陶器，因而被称为前陶新石器时代或无陶新石器时代；有的地方在1万多年以前就已出现陶器，却迟迟没有农业的痕迹，甚至磨制石器也很不发达。所以并不是3个特征齐备才能称新石器时代。

三皇五帝

我国古代有把远古三个帝王和上古五个帝王合称为三皇五帝的传说，秦始皇为表示其地位之崇高无比，曾采用三皇之“皇”、五帝之“帝”构成“皇帝”的称号。那么，三皇五帝究竟是谁？说法颇多分歧，归纳起来，大致有这样一些说法：

（一）三皇：

1.燧人、伏羲、神农（《尚书大传》）；

2.伏羲、女娲、神农（《风俗通义》）；

3.伏羲、祝融、神农(同上);

4.伏羲、神农、黄帝(《古微书》)。

(二)五帝:

1.黄帝、颛顼、帝喾、尧、舜(《大戴礼记》);

2.庖牺、神农、黄帝、尧、舜(《战国策》);

3.太昊、炎帝、黄帝、少昊、颛顼(《吕氏春秋》);

4.黄帝、少昊、颛顼、喾、尧(《资治通鉴外纪》)。

伏羲

总体来看,三皇五帝是分为几个时间段的,燧人、伏羲、女娲属于旧石器时代,燧人、女娲为早期,而伏羲为晚期,其余则都属于新石器时代。神农、帝喾最早,神农为前大汶口文化,帝喾为早于仰韶文化的裴李岗文化;黄帝、炎帝、颛顼、太昊、少昊基本同时,黄帝属红山文化,炎帝、颛顼属仰韶文化,太昊属薛家岗文化,少昊属于大汶口文化;祝融稍晚,属石家河文化;尧、舜最晚,进入龙山文化阶段,尧位于晋南,属陶寺文化,舜(为)位于晋西南和豫西,属河南龙山文化的造律台类型。

夏　朝

根据史书记载,夏朝是禹的儿子启废除了传统的部落"禅让"制,建立的中国历史上第一个国家,共传13代16王,约400年,后为商朝所灭。

夏朝建立不久,太康失国,为羿所夺。羿信寒浞,为其所杀。四十余年,政局动荡。相子少康几经艰辛,在有虞等部帮助下,攻杀寒浞,使夏王朝重新复苏。此后,经几代努力,夏王朝日渐强大,以中原为中心,疆域东到大海,西到西河,北及燕山,南至长淮。

夏启画像

神话传说中"后羿射日"中的后羿即是夏朝时的人物,他驱逐了启的儿子太康摄政,但后羿却沉溺于射猎,不理朝政,最后也被杀死了。

夏的最后一个国王是桀,他是历史上有名的暴君,自大禹至桀共有十七个王。桀虽然有智有勇,但很残暴凶残,杀人成性,加上酗酒好色,劳民伤财,残害百姓。东边的商国便趁机起兵伐桀,灭掉了夏朝。

商　朝

商的建立者汤是一位很有修养的商族首领，相传曾被囚于水牢。他在当选为首领后，看到夏王朝日益腐朽，夏的暴政已引起众叛亲离，便着手建立新的王朝。灭夏后，汤回师亳邑，大会诸侯，正式建立了商王朝，定都于亳。商朝约从公元前17世纪到约公元前11世纪，是继夏朝之后，中国历史上第二个世袭制王朝时代，共17世、31王，前后经历了将近六百年。

西　周

西周从公元前11世纪周武王灭商朝起至公元前771年周幽王被申侯和犬戎所杀为止，共经历11代12王，大约历经275年。

共和行政

发生于公元前841年西周时代。周厉王专制，利令智昏，派卫巫监谤，禁止国人谈论国事，违者杀戮。国人忍无可忍，起而暴动，厉王出奔。宗周无主，朝政由周定公、召穆公共同执掌，一说由共国国君共伯和执政，史称“周召共和”或“共和行政”。这一年即共和元年是公元前841年，这是中国史籍记载有确切纪年的开始。

春　秋

春秋（前770～前476）或称春秋时代，简称春秋。

春秋时期，是因《春秋》而得名。这部书记载了从鲁隐公元年（前722年）到鲁哀公十四年（前481年）的历史。现代的学者为了方便起见，一般从周平王元年（前770年）东周立国起，到周敬王四十三年（前477年）为止，称为“春秋时期”。

春秋五霸

最早称霸的是齐桓公。齐是太公吕尚的封国，其历代君主致力于整顿政治，发挥滨海鱼盐的优势，提倡家庭纺织业，发展商业和手工业。宗周之乱，齐人灭东夷，乃不用天子令。齐桓公（前685～前643年在位）继位后，以管仲为相，整顿国政，废除公田制，按土地的肥瘠，确定赋税，设盐、铁官和铸钱，增加财政收入，寓兵于农，将基层行政组织和军事组织合为一体，增加了兵源和作战能力，迅速成为华夏各国中最富强的国家。然后就打起了“尊王攘夷”的口号，多次大会诸侯，帮助或干涉其他国家,抗击夷狄的侵扰,终于在周僖王三年(前679年)成为霸主。周惠王二十一年(前656年),齐桓公带领八个诸侯国的联军,以优势兵力迫使楚国服从他,订立了召陵(今河南郾城)之盟,其霸业发展到顶峰。

齐桓公死后,齐国出现争夺君权的内乱,力量削弱。楚国乘机发展势力,先后灭了它北边的几个小国,重新把矛头指向中原。宋襄公(前650~前637年在位)以抵制楚人北侵为号召,企图充当中原的霸主。但无论从国力和业绩看,宋襄公都够不上称霸。周襄王十五年(前638年),楚宋两国的军队在泓水相遇,宋军大败,连宋襄公都被射伤了腿,不久死去。

齐桓公画像

正当楚国称雄中原的时候,西部的晋国发展了起来。晋文公重耳(前636~前628年在位)曾因"骊姬之乱",在外流亡十九年,饱尝艰辛。即君位后,他改革政治,发展经济,整军经武,取信于民,安定王室,友好秦国,在诸侯中威信很高。周襄王二十年(前633年),楚军包围宋国都城商丘。次年初,晋文公率兵救宋,在城濮大败楚军,成为霸主。

晋文公死后,秦穆公谋求向东方发展,被晋所阻。崤地一战,秦全军覆没,转而向西,吞并了一些戎狄部族,称霸西戎。

楚国在城濮之战后,向东发展,灭了许多小国,势力南到今云南,北达黄河,经济文化发展。楚庄王(前613~前591年在位)改革内政,平息暴乱,兴修水利,国力更为强大,竟向周定王的使者询问周鼎的大小轻重。周定王十年(前597年),楚与晋会战于邲(今河南武陟东南),大胜。不久,又进兵围宋,晋人不敢去救,于是中原各小国纷纷归向于楚,楚人称霸中原。

连续不断的战争给人民带来巨大的灾难,也引起中小国家的厌倦,加以晋楚两大国势均力敌,谁都无法吃掉对方。于是由宋发起,于周简王七年(前579年)和周灵王二十六年(前546年),举行了两次弭兵会盟,从此,战争大大减少。

吴越之争

当中原诸侯争霸接近尾声时,地处江浙的吴、越开始发展。周敬王十四年(前506年),吴王阖闾以伍员(伍子胥)为大将,统兵伐楚,攻进楚都郢。周敬王二十四年(前496年),越王允常卒,阖闾乃挥师伐越。越王勾践率兵迎战,越大夫灵姑浮一戈击中阖闾,阖闾因伤逝世。周敬王二十六年(前494年),吴王夫差为父报仇,兴兵败越,越王勾践求和,送给吴王珍宝美女西施,自己亲自为夫差牵马。吴王乘胜向北进击,侵凌齐、晋,霸也,而中国皆怨。越王勾践使伐吴。周元王三年(前

473年),前三年,夫差会中原之盟,而侵凌中原,勾践以吴兵在中原,其国空,遂为吴,杀吴太子,夫差以重金求和,越乃释吴,仍围之。后三年,吴亡。惜天已越刺吴,而夫差弗能受之,今天以吴赐越,勾践安能不受天命?勾践欲迁夫差于甬东,夫差自杀。勾践乃会盟中原,周元王命勾践作伯。

战国

战国(公元前476年~前221年)。西汉末年的刘向,将有关这段历史的各种资料编成一本书,取名《战国策》,从此,人们都将这一历史阶段称为战国时期。

战国七雄

战国时期最有实力的是齐、楚、燕、韩、赵、魏、秦,人称“战国七雄”。

商鞅变法

周显王十三年(前356年)和十九年(前350年),秦孝公任用商鞅进行的变法最为彻底。商鞅变法鼓励人口增殖,重农抑商,废除世卿世禄制度,奖励军功,编制户口,实行连坐之法,使秦国成为战国中期以后最为强大的国家。虽然后来商鞅被车裂而死,新法却并未废止。

商鞅画像

合纵连横

齐国和秦国东西对峙,展开了争取其他诸侯国、孤立对方的斗争,而韩、魏、赵、楚、燕等国,则在联秦抗齐和联齐抗秦中摇摆。这时,出现了两个著名的政治家——张仪和公孙衍,他们分别连横(分化六国)和合纵(联合抗秦),导演了一幕生动悲壮的话剧。

百家争鸣

百家争鸣是指春秋战国时期知识分子中不同学派的涌现及各流派争芳斗艳的局面。“百家争鸣”反映了当时社会激烈和复杂的政治斗争,主要是新兴地主阶级和没落奴隶主之间的阶级斗争。这个时期的文化思想,奠定了整个封建时代文化的基础,对中国古代文化有着非常深刻的影响。

所谓“诸子百家”,主要有儒家、墨家、道家和法家,其次有阴阳家、杂家、名家、纵横家、兵家、小说家等等。后人把小说家以外的九家,又称为“九流”。俗称“十家九流”就是从这里来的。

秦　朝

秦朝是由战国后期一个诸侯王国发展起来的统一大国,中国封建社会的第一个统一王朝(前221~前207年)。

这个国家的疆域,东至东海,西至陇西,南至岭南,北至河套、阴山、辽东。秦王政兼采传说中三皇五帝的尊号,宣布自己为这个国家的第一个皇帝,即始皇帝,后世子孙代代相承,递称二世、三世皇帝。他认为帝王死后以其行为为谥的制度,是“子议父,臣议君”,有损于帝王的尊严,所以宣布取消。他规定皇帝自称曰“朕”,并制定了一套尊君抑臣的朝仪和文书制度。这些都是为了显示皇帝的无上权威,表示秦的统治将万世一系,长治久安。

秦始皇画像

秦始皇以原来秦国的制度为标准,整齐划一全国政治、经济、文化方面的一些制度,企图尽可能消除由于长期分裂割据造成的地区差异,以利统一。

战国时期,各国文字的基本结构虽然相同,但字体繁简和偏旁位置却有差异。李斯受命统一文字,他以秦国的文字为基础,参照六国文字,制定小篆,并写成范本,在全国推行。当时还流行一种书法,叫作隶书,比小篆更简便。

秦始皇废止战国时各国形制和轻重大小各不相同的货币,改以黄金为上币,以镒(二十两)为单位;以秦国旧行的圆形方孔铜钱为下币,文曰半两,重如其文。

秦始皇用商鞅时制定的度量衡标准器,来统一全国的度量衡。今见秦朝权量,都刻有始皇二十六年(前211年)颁布的统一度量衡的诏书。这种权量出土多,分布广,长城以外也有发现,可见统一度量衡是认真有效的。秦始皇还用法律规定了度量衡器误差的允许限度。他规定六尺为步,二百四十步为亩。不过二百四十步为亩的制度实际上只行于旧秦,可能还有旧赵境内,东方许多地区仍以百步为亩,直到汉武帝时期为止。

文字、货币、度量衡的统一,为经济、文化的发展提供了便利条件,促进了统一国家的发展。

大泽乡起义

秦二世元年(前209年)七月,一队开赴渔阳(今北京密云)的闾左戍卒九百人，遇雨停留在大泽乡（今安徽宿县境），不能如期赶到渔阳戍地。秦法“失期当斩”，戍卒们面临着死刑的威胁。于是，在陈胜、吴广的领导下，在大泽乡举起了中国历史上第一次大规模农民起义的旗帜，史称“大泽乡起义”。

大泽乡起义

附近农民斩木揭竿纷纷参加起义。起义军分兵东进，主力则向西进攻，连下今豫东、皖北的铚、酂、苦、柘、谯（分别在今安徽宿县，河南永城、鹿邑、柘城，安徽亳县境）诸县。当他们推进到陈（今河南淮阳）的时候，已是一支数万人的声势浩大的队伍了。

在起义军的影响下，许多郡县的农民杀掉守令，响应陈胜。但是旧贵族的势力很活跃，涣散了农民起义队伍。陈胜缺乏经验，决心不够，眼看着分裂局面的形成。与此同时陈胜周围也出现了不团结的现象。

秦将章邯军东逼荥阳，吴广部将田臧杀吴广，迎击章邯，一战败死。章邯进到陈，陈胜败退到下城父（今安徽涡阳东南），被叛徒庄贾杀死，陈县失守。陈胜部将吕臣率领一支“苍头军”英勇接战，收复陈县，处决了庄贾。陈胜作为反秦的先驱者，领导起义只有半年就失败了，但是反秦的浪潮却被他激起，继续不断地冲击秦的统治。

楚汉之战

陈胜起义后，旧楚名将项燕之子项梁和梁侄项羽在吴（今江苏苏州）杀掉秦会稽郡守，起兵响应。不久项梁率领八千子弟兵渡江北上，队伍扩大到六七万人，连战获胜。闽越贵族无诸和摇也率领族人，跟着秦番阳令吴芮反秦。原沛县亭长刘邦和一部分刑徒逃亡山泽，也袭击沛令起事，归入项梁军中。项梁立楚怀王之孙为楚王。以后，项梁在定陶败死，秦章邯军转戈北上，渡河击赵。这时，代替蒙恬戍守朔方边塞的王离，也率大军由上郡（治今陕西榆林东南）东出，包围了张耳和赵王歇驻守的巨鹿城（今河北平乡境）。楚王派宋义、项羽救赵，派刘邦西入关中。宋义北至安阳，逗留不进。项羽杀宋义，引兵渡漳河，经过激战，解巨鹿之围，被推为诸侯上将军。以后，秦将章邯率二十万人向他投降。刘邦迂回进入武关，到达咸阳附近。那时秦二世已被赵高杀死，继立的子婴贬去帝号，称秦王，在公元前207年十月向刘邦投降。刘邦废除秦的苛法，只约法三章，“杀人者死，伤人及盗抵罪”，深得秦人拥护。

刘邦入咸阳后，项羽也立即率军入关，驻鸿门，然后进入咸阳，大肆烧杀掠夺。他在诸王并立的既成局面下，自立为西楚霸王，定都彭城，并调整诸故王土地，徙置他们于其原据地的边缘，而把自己的亲信封于各国的善地为王，这样就并立着十八个王国，受制于西楚霸王。项羽的这一措施反而恶化了割据形势。不久齐国首先发难，诸侯混战再次爆发。

被项羽逼处巴蜀汉中一隅为汉王的刘邦，于汉元年（前206年）五月，乘机进入关中，败项羽所封关中三王，接着领军东出，远袭彭城，退守于荥阳、成皋之间，与项羽相持。刘邦巩固了关中后方，又联络反对项羽的力量，转败为胜。汉五年十二月，与韩信、彭越等会攻项羽。项羽兵败垓下（今安徽灵璧境），退至乌江（今安徽和县境）自刎。同年六月，刘邦即皇帝位。

楚汉之战是由秦末农民战争直接演变而来的。农民战争虽然胜利地推翻了秦朝，但曾经是农民战争领袖的刘邦和项羽，却不得不逐步转化为封建统治权的角逐者。刘邦知人善任，因势利导，终于战胜项羽，登上了西汉统一王朝的皇帝宝座。

秦末农民战争推翻了贪婪残暴的秦统治集团，使社会得以前进。这次起义，是中国古代农民第一次大规模的发动起义，对后代农民起义起着激励斗志的作用。

西　汉

前206年刘邦入关灭秦，称汉王。尔后在楚汉战争中打败项羽，于前202年称帝，国号汉，建都长安（今陕西西安），史称西汉。

西汉初年，汉高祖刘邦吸取秦亡的教训，实行与民休养生息的政策，注意恢复和发展生产，以医治战乱后凋敝的经济，保证政府的财政收入。经过惠帝、吕后、文景几代的治理，又由于劳动人民的辛勤劳动，社会经济很快得到了恢复和发展。到文景时期，出现了社会安定、经济繁荣富庶的崭新局面，史称“文景之治”。

刘邦画像

西汉时期的文化有很大发展。史学家司马迁著有我国第一部纪传体通史——《史记》。赋和散文、乐府诗是这时期的主要文学形式。此外，天文、历法、数学、地理学、医学等都有所发展，特别是造纸术的发明，是中国古代劳动人民对世界文化所做的卓越贡献之一。

西汉后期，豪强地主和官僚贵族疯狂兼并土地，阶级矛盾十分尖锐，社会危机日益加深，外戚王氏逐步控制了西汉政权。公元8年，外戚王莽代汉称帝，国号“新”，西汉王朝结束。

文景之治

西汉文帝景帝时期出现的政治安定、社会经济得到显著发展的局面,历来被视为封建社会的“盛世”,史称“文景之治”。

独尊儒术

汉武帝时,时代需要一整套的上层建筑,也需要有一套广泛的哲学体系。于是汉武帝便招贤良文学之士,亲自策问治理国家的纲领性的东西。

董仲舒在对策中从理论上论述了“罢黜百家,独尊儒术”。他说:“《春秋》讲大一统,这是千古以来天经地义的事。现在作老师的各执不同的学说,普通人各有各自的见解和言论。百家各有各的要旨,互相参差抵牾,因此使统治者无法完整地统一起来。而且如果老是变更法令制度,臣下民人将不知所守。因此,我认为,凡是不在礼乐射御书数之内,不属于孔子学说的言论,都杜绝其兴起的根源,不要让他们与儒家争道。这样,邪谈怪论便会灭息,然后天下便有一致的条例准则和明晰的法令,人们便知所从了。”

从此以后,在学术和仕进上,儒家被定为一尊,统治中国达两千年之久。独尊儒术在最初起到了统一思想、统一舆论、稳定国家的作用,但后来却成为封建专制的重要组成部分,禁锢了中国古代思想的发展,特别是个性思想。

丝织

中国是世界上最早发明养蚕和丝织的国家,曾经创造出在古代世界属于最高水平的许多丝织技术。

目前的考古发掘成果表明,我国丝织的起源不会晚于新石器时代。其中缫丝技术是我国创造性的发明:将蚕茧放在沸水中,利用水温去掉蚕丝上丝胶等杂质,松解蚕茧,从而获得长纤维的蚕丝。

在上古时代,中国是唯一掌握这种技术的国家。从丝织的历史讲,夏朝以前是我国丝绸生产的初创时期。夏到战国末期,是丝绸生产的发展时期。如商代甲骨文中已出现了桑、蚕、丝、帛等一百多个与纺织有关的字。丝织技术有了突出进步,已能用多种织纹和彩丝织成十分精美的丝织品。

秦汉到清道光年间,是丝绸生产的成熟时期。在这一时期中,汉唐的丝织成就尤为显著。1972 年和 1974 年在湖南长沙马王堆一号、三号汉墓出土的大量丝织品,包括了目前所知汉代丝绸品种的大部分,在新疆的塔里木盆地和吐鲁番发现了许多唐代精美的丝织品,是唐代丝织发展的重要物证。

五铢钱

始铸于西汉武帝元狩五年(前 118 年),钱重五铢,上有“五铢”二篆字,故名。钱文“五铢”二字,分列方孔左右,通常是右“五”左“铢”。它的标准重量为 4 克,钱径 2.5 厘米,厚 0.12 厘米。它继承了秦半两钱的形制,确立了圆形方孔,内外有郭,并发展成为轻重大小适度的铜质钱币。自汉武帝元狩五年至西汉末年,币制不复改变。

昭君墓

又名青冢,在内蒙古呼和浩特市南。王昭君名嫱,字昭君,西汉南郡秭归(今属湖北)人。元帝时被选入宫。竟宁元年(前 33),匈奴呼韩邪单于入朝请求和亲。她以入宫数岁,不得见帝,自请嫁匈奴。后立为宁胡阏氏。自昭君出塞后,匈汉两族人民更加团结友好,边塞出现了几十年的安宁局面。史书上称其为:"边城晏闭,牛马布野","三世无犬吠之警,黎庶无干戈之役"。昭君的这些功劳,深深地打动了后人。昭君墓表为夯筑的封土堆,高 33 米,被高大的绿色树木和碧翠的青草环绕,远远望去,颇有"黛色朦胧,若泼浓墨"之意。墓前有平台及阶梯相连,其形制与中原地区汉代帝王陵墓多有相似,墓前、墓顶各建有亭,以供游人憩息。附近建有陈列室,展出昭君的有关文物。墓前立有 1963 年董必武《谒昭君墓》诗碑,诗曰:"昭君自有千秋在,胡汉和亲识见高。词客各抒胸臆懑,舞文弄墨总徒劳"。

王昭君

丝绸之路

汉代从长安经河西走廊、天山南北通往中亚西亚各国的贸易通道,因有大量的中国丝绸经此西运,故称为丝绸之路。

王莽改制

西汉后期,土地兼并、奴婢和流民问题已成为当时严重的社会问题。阶级矛盾不断激化,封建统治的危机日益加深。哀帝死后,平帝即位,王莽以大司马大将军辅政,于初始元年(8)代汉称帝,改国号为新。

王莽改制的结果,不仅一般人民深受其害,贵族官僚、地主也在混乱中蒙受损失,引起社会各阶层的不满。改制进一步激化了阶级矛盾,终于爆发了全国规模的绿林赤眉大起义。

王莽画像

绿林赤眉起义

王莽改制后，法令烦苛，徭役繁重，加以天灾相因，民不得耕桑，阶级矛盾非常尖锐。天凤四年(17)，荆州一带发生饥荒，饥民数百人共推新市(今湖北京山)人王匡、王凤为领袖，发动起义。不久，南阳人马武、颍川人王常、成丹等率众参加。起义军以绿林山为根据地，称“绿林军”。次年，琅邪(今山东诸城)人樊崇率领100多人在莒县(今山东莒县)起义，不久转入泰山。第二年，逢安、徐宣、谢禄、杨音等也聚众数万与樊崇会合。起义军用赤色染眉，以与敌军区别，因称之为“赤眉军”。

绿林赤眉大起义最后虽然失败，但这次起义推翻了王莽政权的腐朽统治，沉重打击了地主阶级，具有不可磨灭的历史功绩。

东　汉

西汉远支皇族刘秀夺取绿林赤眉起义胜利果实后于公元25年建立的豪族地主政权，建都洛阳，史称东汉。

刘秀

东汉中后期，外戚宦官交相专权，造成政治极端黑暗和混乱。桓帝以后，宦官独揽大权。在他们把持下，察举制度败坏，官场黑暗，人选滥杂，贿赂公行。太学生和官僚集团联合一起，反对宦官专政。这场斗争以党人失败结束。党锢之后，东汉统治更加腐朽，阶级矛盾十分尖锐。中平元年(184)，由张角组织和领导的黄巾大起义爆发。黄巾大起义沉重打击了东汉统治。后因割据势力增长，统一国家逐渐走向瓦解。延康元年(220)，曹丕代汉称帝，东汉灭亡。

金缕玉衣

1968年在刘胜墓中首次出土一套完整的金缕玉衣。此后，在刘胜妻子窦绾墓中以及江苏、山东等地陆续出土了玉衣。刘胜的玉衣形体肥大，全长1.88米，由2498片玉片和1100克金丝组成。窦绾的玉衣全长1.72米，由2160片玉片和700克金丝组成。这两件玉衣的头部内都有用玉制成的眼盖、耳瑱、鼻塞和口琀。玉衣内的尸体早已朽烂。经过复原可以看到，玉衣的外貌和人的形体一样，由头部、上衣、裤筒、手套和鞋五大部分组成。头部又可分为脸盖和头罩。根据上述不同部位，玉片的大小和形状也有不少区别，绝大多数玉片是长方形和方形，少数是梯形、三角形和多边形。

曹丕即位后，斥责使用玉衣是“愚俗所为也”，以玉衣为葬服的制度至此结束。

黄巾起义

东汉末年发生了有组织有准备的全国性农民大起义。东汉后期，宦官专权，横

张角率众起义

征暴敛，政治腐败达于极点。豪族地主兼并土地，加以天灾频仍，人民颠沛流离，到处暴动。太平道首领张角借治病传教，秘密进行组织活动，10余年间，徒众达30多万，遍布青、徐、幽、冀、荆、扬、兖、豫八州。张角部署道徒为36方，大方万余人，小方六七千人，各立首领，统一指挥；并提出“苍天已死，黄天当立，岁在甲子，天下大吉”的政治口号。

中平元年(184)二月，张角号令七州二十八郡诸方同时举行起义，起义军以黄巾包头，因称“黄巾军”。

张角自称“天公将军”，其弟张宝称“地公将军”，张梁称“人公将军”，建立了指挥起义的最高领导中心。黄巾军主力经9个月激烈战斗，沉重打击了东汉地主阶级及其政权。此后，分散各地的黄巾军与农民武装，继续进行艰苦卓绝的斗争达20多年。黄巾起义事先经过长期准备，组织比较严密。它公开宣布要推翻东汉王朝，建立农民自己的政权，比以前的农民起义有显著的进步。由于起义农民本身的弱点，他们先后都被残酷镇压。但是，在农民起义的打击下，腐朽的东汉王朝名存实亡。

董卓之乱

东汉末年地方军阀董卓奉调入朝后实行了暴政。中平六年(189)汉灵帝死，少帝刘辩继位，外戚何进辅政。何进与贵族官僚袁绍合谋诛杀宦官，不顾朝臣反对私召凉州军阀董卓入京。后因谋泄，何进被宦官张让等所杀。袁绍带兵入宫，杀尽宦官，控制朝廷。随后董卓率军进入洛阳，并领何进所属部曲，又使吕布杀执金吾丁

原，并吞其众。由此势力大盛，得以据兵擅政。他废黜少帝，立陈留王刘协为献帝，并自任太尉领前将军事，更封为郿侯，进位相国。又逼走袁绍等人，独揽军政大权。

初平元年(190)袁绍联合关东各州郡兴兵声讨董卓。董卓见关东联军势盛，乃挟持献帝退往长安，临行把洛阳的金珠宝器、文物图书强行劫走，焚烧宫庙、官府和居家，并胁迫洛阳几百万居民一起西行，致使洛阳周围“二百里内无复孑遗”，室屋荡尽。

次年，董卓又授意朝廷封他为太师，地位在诸侯王之上，车服仪饰拟于天子。他还拔擢亲信，广树党羽，宗族内外，并居列位，子孙年虽幼小，男皆封侯，女为邑君。又筑坞于郿(今陕西眉县东渭水北)，号“万岁坞”，积谷可供30年。初平三年四月，司徒王允与董卓部将吕布合谋，终于刺杀董卓。百姓歌舞于道，“市酒肉相庆”。董卓部将李傕、郭汜率兵攻入长安，赶走吕布，杀死王允，大肆报复，吏民死者万余人。随后李傕劫持献帝，郭汜扣留公卿大臣。不久，李傕为曹操所杀，郭汜也为其部将所杀。经过这场动乱，关中地区二三年“无复人迹”，社会生产遭到严重摧残。

《周髀算经》与《九章算术》

东汉在数学方面的成就很大，写成于当时的《周髀算经》中已有了周密的分数运算和著名的勾股定理。东汉初年写成的《九章算术》对历代数学的发展影响很大。它的出现标志着我国古代以解决社会各种实际需要(计算田亩面积、税收等)为主要内容，以算筹为主要计算工具，以当时世界上最先进的10进位值制的记数系统来进行各种运算，形成了一个包括算术、代数、几何等各科数学知识的体系。

地动仪

汉代地理学的另一个重要成就，是关于地震的测量研究。张衡发明并创制了

地动仪

世界上第一架测量地震方位的仪器——地动仪。中国从永建元年(132)开始有了准确地震记录，这也是世界历史上最早的地震记录。技术也都取得显著的发展。

三　国

东汉王朝灭亡后，出现的魏、蜀、吴三个政权分裂割据的时代，亦指魏、蜀、吴三国。

东汉末年的地方割据势力，经过近20年的混战兼并，在赤壁之战后，最终形成了曹操、孙权和刘备鼎足三分的局面。延康元年(220)，曹操死后，子曹丕称帝，国号魏，都洛阳。次年，刘备也在蜀称帝，国号汉，史称蜀汉，都成都。八年后，孙权在江东称帝，国号吴，定都建业(今南京)。

两晋和五代十六国

西晋

曹魏咸熙二年(265)，司马炎逼迫魏帝退位，自立为帝，是为晋武帝；国号晋，史称西晋，都洛阳。太康元年(280)，西晋出兵灭吴，重新实现全国的统一。

司马炎

太熙元年(290)，武帝死后，惠帝司马衷继位。惠帝是个白痴。为争夺对这个傀儡的控制权，统治阶级内部的斗争达到白热化，终于演成“八王之乱”，激化了阶级矛盾和民族矛盾。

永兴三年(306)，东海王司马越成为“八王之乱”的最后胜利者，控制惠帝，掌握朝政；次年毒杀惠帝，立怀帝司马炽。永嘉二年(308)，刘渊在平阳(今山西临汾)称帝，全力进攻西晋。永嘉五年(311)，匈奴军攻陷洛阳，俘获怀帝。后晋残余势力又在长安拥立秦王司马邺为帝，是为晋愍帝。建兴四年(316)，匈奴军夺取长安，再俘获愍帝，西晋王朝至此灭亡。

东晋

西晋建兴四年(316)，晋愍帝被前赵所俘。次年，琅邪王、扬州都督司马睿在建康(今南京)称晋王。又次年(318)，愍帝被杀的消息传来，司马睿始正式称帝，是为晋元帝。司马睿重建的晋王朝，史称东晋，都建康。其疆域大致在江淮以南，曾攻入关中，占领长安、洛阳和黄河以南地区。

出身低级士族的刘裕，是东晋精锐之师北府兵将领，曾参与镇压孙恩起义。元兴二年(403),桓温子桓玄篡晋,建国号楚。裕联合北府中下级军官起兵,击败桓玄,迎晋安帝复位,遂掌握东晋大权。义熙五年(409),出兵北伐南燕,次年灭南燕,收复青、兖地区。镇压卢循起义后,又西灭成都割据势力谯纵,北上攻取长安,消灭后秦,终于在元熙二年(420)代晋称帝,东晋至此而亡。

祖逖北伐

东晋初年由祖逖领导的北伐。祖逖,字士稚,范阳遒县(今河北涞水县)人。士族出身,任西晋司州主簿。值大乱前夕,怀抱报国之志,对每况愈下的政局十分关切。半夜里听见鸡鸣,即起身至户外,拔剑起舞,留下了"闻鸡起舞"的佳话。西晋末年洛阳沦没后,祖逖率领亲族乡党数百家避乱南下,"以所乘车马载同行老疾,躬自徒步,药物衣粮与众共之,又多权略,是以少长咸宗之,推逖为行主。"时司马睿与南北门阀士族正热衷于建立东晋新朝廷,进行权力再分配,根本无意于北伐。

祖逖北伐

祖逖不甘故国倾覆,恒存振复之心,主动请缨,要求领兵北伐。司马睿任命他为奋威将军、豫州刺史,但除了千人粮饷和三千匹布外,未给一兵一卒和兵器铠甲。建兴元年(313),祖逖带领旧部数百人毅然渡江,"中流击楫而誓曰:'祖逖不能清中原而复济者,有如大江!'辞色壮烈,众皆慨叹。"渡江后,他屯于淮阴,一面铸造兵器,一面招募士兵,组建了一支二千人的武装,然后挥师北上。北伐的形势十分严峻,黄河以南盘踞着不少豪强武装,阻遏祖逖北进。逖艰苦奋战,才打败自封为豫州刺史的张平等,冲破他们的封锁,占领谯城(今安徽亳县)。而自封为陈留太守的陈川叛归石勒,祖逖攻陈川,石勒则派石虎率大军五万南下,逖设奇兵打败石虎,接着又大败虎留守蓬陂坞的桃豹,攻取雍丘(今河南杞县)。祖逖精于用兵,又善利用矛盾分化敌人,化敌为友。当时豪强武装赵固、上官巳、李矩、郭默等相互攻战,他派人说明利害,进行调解,使他们都服从自己的指挥。他"躬自俭约,劝督农桑,克己务施,不畜资产,子弟耕耘,负担樵薪"(以上均引自《晋书·祖逖传》),因此受到人民群众的爱戴。经过四年多的苦战,祖逖率领的北伐军收复了黄河以南的大片失地,使石勒不敢挥兵南向。太兴四年(321),正当祖逖抓紧积谷练兵,准备进军河北时,东晋朝廷派戴渊都督北方六州诸军事指挥逖军,并扼制逖军后路,同时东晋统治者内部斗争非常激烈。这些情形,使满腔热忱的祖逖忧愤成疾,病死军中。祖逖北伐不计成败利钝,生死以之,以攻为守,保障了东晋偏安。他以其节烈丰富了民族精神,是东晋北伐的最高典型,与后来以北伐增益个人威望和门户权势者大相径庭。

十六国

西晋末年到北魏统一北方止在北方及巴蜀地区出现的割据政权的总称,亦作时代名。汉魏以后,我国西、北少数民族不断内迁,广泛分布于长城南北。他们遭受阶级和民族的双重压迫,或充当佃客,或被迫为兵,或沦为奴隶,过着悲惨的生活。西晋末年,他们与汉族人民一起奋起反抗,而少数民族的贵族乘机建立割据政权。从永安元年(304)匈奴贵族刘渊称汉王起,匈奴、羯、鲜卑、氐、羌、賨(又称巴氐)和汉人割据政权更相迭起。其概况如下:

汉*(后改称赵,史称前赵,304~329),匈奴族刘渊立,都平阳(今山西临汾),迁长安,占据今河北、山西、河南、陕西、甘肃各一部。亡于后赵。

成汉*(304~347),賨族李雄立,都成都,占据今四川和云南、贵州的一部分。亡于东晋。

代*(315~376),鲜卑族拓跋猗卢立,都盛乐(今内蒙古和林格尔),占据今山西北部及内蒙古一部分。亡于前秦。

前凉*(317~376),汉族张寔立,都姑臧(今甘肃武威),占据今甘肃西部及新疆东部。亡于前秦。

后赵*(319~350),羯族石勒立,都襄国(今河北邢台),后迁邺(今河北临漳),占据今河北、山西、河南、陕西、辽宁,势力曾及于淮、汉。亡于冉魏。

冉魏(350~352),汉族冉闵立,都邺,占据今河北、山西一部分。亡于前燕。

前燕*(337~370),鲜卑族慕容皝立,都龙城(今辽宁朝阳),迁蓟(今河北蓟州区),再迁邺,占据今河北、山东、山西、河南和辽宁一部分。亡于前秦。

前秦*(351~394),氐族苻健立,定都长安。占据中国北部及西南一部分。亡于后秦。

后燕*(384~407),鲜卑族慕容垂立,定都中山(今河北定县),占据今河北、山西及山东、河南、辽宁的一部分。亡于北燕。

后秦*(384~417),羌族姚苌立,都长安,占据今陕西、甘肃、河南。亡于东晋。

西秦*(385~431),鲜卑族乞伏国仁立,都定苑川(今甘肃榆中),占据今甘肃西南部。亡于夏。

后凉*(385~403),氐族吕光立,定都姑臧。所据略同前凉。亡于后秦。

西燕(386~394),鲜卑族慕容冲立,定都长子(今山西长子),占据山西一部分。亡于后燕。

翟魏*(388~392),丁零族翟辽立,定都滑台(今河南滑县南),占据今河南一部分。亡于后燕。

南凉*(397~414),鲜卑族秃发乌孤立,定都乐都(今青海乐都),占据今甘肃西部及青海一部。亡于西秦。

南燕*(398~410),鲜卑族慕容德立,定都广固(今山东益都),占据今山东、河南一部分。亡于东晋。

西凉*(400~421),汉族李暠立,定都敦煌。占据今甘肃极西部,亡于北凉。

北凉*(401~439),匈奴族沮渠蒙逊立,都定张掖(今甘肃张掖西北),占据今甘肃西部。亡于北魏。

蜀*(史称后蜀,405~413),汉族谯纵立,定都成都,占据今四川。亡于东晋。

夏*(407~431),匈奴族赫连勃勃立,定都统万(今陕西横山西),占据今陕西北部及内蒙古一部分。亡于吐谷浑。

北燕*(409~436),汉族冯跋立,定都龙城,占据今河北东北部及辽宁。亡于北魏。

此外,还有氐族杨氏割据仇池(今甘肃西和西南),自东汉末建安元年(196)至萧梁承圣元年(552)间屡亡屡立,盛时占有今四川西北、甘肃东南、陕西南部。

以上共有割据政权22个。其中加*号的16个载入北魏史学家崔鸿《十六国春秋》,十六国之称即由此而来。在此百余年中,战乱相继,残杀酷烈,社会经济文化严重破坏,各族人民痛苦不堪。但各民族错居杂处,接触频繁,各族人民在共同斗争中增进联系与了解,促进了民族融合。

南北朝

南朝

东晋灭亡后南方相继建立的宋、齐、梁、陈四个王朝的总称,皆都建康(今南京)。自公元420年东晋王朝灭亡之后,在南方先后出现了宋、齐、梁、陈四个国家,而它们存在的时间都相对较短。其中最长的不过九十五年,最短的仅有二十三年,是我国历史上朝代更迭较快的一段时间。此时,中国正处于南北分裂的时期,在我国历史上南朝与北方的北齐、北魏、北周等国合称为"南北朝"。

宋(420~479)

宋朝的开国皇帝刘裕是东晋末年发展起来的新兴力量,于公元420年废掉了晋帝,自立为王,国号宋。为区别于后世赵匡胤建立的宋朝,史学家长称之为"刘宋"。由于刘裕出身贫寒,又看到了东晋因大族屡屡兴兵反抗而使其灭亡的教训,故而在他登基后,不再重用名门大族。其用人也多为贫寒出身,兵权则主要交于自己的皇子,所以没重蹈东晋发生大族割据的覆辙。然而,由于皇子相互间的争权夺利,最后以至于相互残杀,这是刘裕始料未及的。前422年,刘裕卒,宋少帝、文帝相继即位。其中,文帝刘义隆在位的三十年间,是宋朝最繁荣的一段时期,这时南方的经济、文化才真正有所发展。公元450年至公元451年,宋与北朝的魏国交战虽各有胜负,但却都损失惨重,使南北方无能力再发生大战。从此,南北方相对稳定下来。公元454年,文帝薨。文帝死后,宋孝武帝、宋明帝先后为帝,但他们俩都是有名的暴君，其不仅对诸将疑忌，而且兄弟间相互残杀，政治一度混乱。在此期间，南兖州刺史萧道成趁政治混乱之机而形成了较强的势力。479 年，萧道成灭宋，建立齐。至此，宋朝宣告灭亡。

齐(479~502)

萧道成画像

齐是四个朝代中存在时间最短的，仅有二十三年。齐高帝萧道成借鉴了宋灭亡的教训，以宽厚为本，提倡节俭。他共在位四年，在他临死前，要求其子武帝继续延续其方针，并且不要手足相残。武帝遵其遗嘱，继续统治国家，使南朝又出现了一段相对稳定发展的阶段。武帝死后，齐国的皇帝又走上了宋灭亡的老路，他们纷纷杀戮自己的兄亲、叔侄，至东昏侯时，因其疑心过重，几乎将朝内大臣全部处死。这样一来，齐国的江山又被动摇了。公元 501 年，雍州刺史萧衍起兵攻入建康，结束了齐的统治。

梁(502~557)

梁朝的建立者萧衍擅长文学，499 年被任命为雍州刺史，他乘齐国内乱，发兵夺取了皇位，建立了梁朝。萧衍是为梁武帝，共在位四十八年。在武帝时期，北方的魏国已经衰落，再无能力对南方形成威胁。这本应为南方发展的大好时机，但武帝却昏庸无能，纵容大臣剥削人民，却又以自己节俭为借口，对一些忠臣的建议置之不理。公元 548 年，投降梁的东魏大将侯景倒戈。他以武帝从子萧正德为内应，进攻梁国。次年，侯景攻陷台城。此时，梁武帝早已饿死于城中，其子萧纲即位，是为梁简文帝。公元 551 年，侯景杀死简文帝，因此梁已完全处于崩溃的边缘。公元 557 年，在讨伐侯景的战争中发展起来的陈霸先灭梁，建立陈。至此，梁宣告灭亡。

陈(557~589)

陈霸画像

公元 557 年，陈霸先废梁敬帝，自立为帝，建立陈，是为陈武帝。此时，中国南方经过了多年的战乱，经济遭到了严重的破坏。在此基础上建立起来的国家，便注定是短命的。陈武帝与其继承者文帝、宣帝先后消灭了王僧辩、王僧智等反对势力，又在建康附近打败北齐军。在一定程度上巩固了梁的统治，但毕竟由于国力衰微，陈的统治被局限于长江以南，宜昌以东的地方。公元 583 年，陈宣帝卒。其子后主陈叔宝即位，此时北方已被隋朝统一，全国的统一也已指日可待。公元589年，隋文帝杨坚灭陈，结束了中国长达近三百年的分裂局面。

南朝是继东晋之后，由汉族在南方建立起来的朝廷，虽然他们的存在都不过几十年，但其作为汉族的统治，使汉文化得以保存和发展。如果没有它的存在，汉族则可能被其他的少数民族所消灭，使华夏文明就此结束。所以，南朝在中国历史上有着极其重要的地位，为华夏文明的发展做出了不可磨灭的贡献。

北朝(386~581)

十六国时期结束后北方存在的北魏、东魏、西魏、北齐、北周5个王朝的总称。与南朝不同的是，北朝诸国的建立者大部分是北方少数民族，而并非汉族。

孝文帝

自西晋灭亡后，中国北方一直处于"五胡十六国"割据的混乱局面，直至公元386年鲜卑族拓跋部在北方建立起魏国后，北方才从此脱离了东晋名义上的统治，使局势逐渐安定起来。公元471年，魏孝文帝即位，开始了北魏的第一次重大改革。孝文帝拓跋宏是我国历史上一位杰出的政治家，他五岁登基，二十四岁正式接替文明太后执掌政权。执政伊始，他便开始了"文治"政策。为了加强同汉族及其他一些少数民族的交流，公元459年孝文帝以南征为名义，将都城从平城(今山西大同)迁至曹魏故都洛阳。由于洛阳远离鲜卑贵族居住的平城，保守势力相对弱小，在这种情况下，孝文帝开始了他的改革。

首先，孝文帝下令鲜卑人改穿汉人服装、禁止说鲜卑话，废除了鲜卑族的种种特权。后来又将鲜卑诸姓改为汉姓，其中拓跋改作元姓，另外还有一些鲜卑姓氏都改为长孙、穆、奚、陆、贺等汉族姓氏。孝文帝还通过婚姻方式来加强鲜卑同汉族的关系，同时在政治上大力重用汉族官员，以汉族习惯进行治理。通过孝文帝的一系列改革，使得汉族的先进文化及先进的政治制度完全融入了北魏的统治中，中国的北方已经开始进入了其民族融合的阶段。

公元449年，拓跋宏死于南征的途中，时年仅三十三岁。孝文帝死后，北魏开始逐步走向衰落。在其后的三十几年中，魏宣武帝、孝明帝、孝庄帝等人先后执政，他们逐渐废弃了以前的民族和解政策，又恢复了鲜卑族的特权，于是新的矛盾产生了。公元534年，北魏的孝武帝因不满当时实权人物高欢的胁迫，出走于长安宇文氏家族，而高欢则另立元善为帝，于是北魏分裂为东西两部分。此后，高欢之子高洋与宇文觉先后废东西魏帝建立了齐朝、周朝，史称"北齐""北周"。其中北齐存在二十七年，北周存在二十四年。

北齐建立于公元550年，它的建立者是高欢之子高洋，是为齐文帝。由于北齐是在东魏的基础上建立起来的，所以较为强大，文帝在位期间，又进行了一系列改革，故而使北齐的国力优于北周。但自文帝以后，相继即位的孝昭帝、武成帝都是暴君，他们在位期间，大肆杀戮元姓（北魏皇室）与汉族官员，使得北齐失去了鲜卑族与汉族广大人民的支持，后至公元577年，北齐被北周消灭。

与北齐同时存在的北周，是由宇文觉于公元557年在西魏的基础上建立起来的王朝。在建立之初，它的实力明显弱于北齐，但由于周武帝宇文邕（561~579年在位）的治理，使北周逐渐超过了北齐而强盛起来。在此期间，大部分奴隶被赦免为平民，和解了统治者与人民的矛盾，而武帝自己生活朴素、勤政爱民，深受各族人民爱戴。就这样，北周开始了它的强盛时代。公元578年，周武帝卒，传帝位于宣帝，但此后北周的军政大权逐步落入了外戚杨坚的手中。后来杨坚于公元581年废周静帝，建立起隋朝，并逐步统一全国，结束了中国长期分裂的局面。

在南北朝期间，由于历代统治者都以佛教为国教，故而有许多庙宇及石窟造像流传于世，其中敦煌千佛洞、云冈石窟、龙门石窟、麦积山石窟成为我国造像艺术宝库之中的瑰宝。此外，南北朝的文学艺术更是有所发展，南朝时郦道元所著《水经注》、贾思勰所著《齐民要术》都成为流传后世的经典之作。

自东晋灭亡以来，南北朝成为我国历史上为数不多的南北分裂时期之一，虽然它的形成使经济发展有所停滞，但由于外族对中原地区的统治而形成的黄河流域民族大融合却是中国历史上史无前例的。正是在这种条件下，中国北方的诸族逐渐被汉族同化，最终成为统一民族。而正是这种作用，为将来中国成为统一国家打下了良好的基础。所以我们说南北朝的分裂，对加速民族统一起到了极其重要的作用，是中华民族发展过程中不可缺少的一个重要环节。

隋　朝

隋朝（581~618）是中国封建社会的一个统一王朝。

公元581年2月，北周相国杨坚接受北周静帝的“禅让”称帝，国号“隋”，建元“开皇”。

隋继承了北周的强大，等内部安定后，随即在589年灭南方的陈国，结束了二百七十余年的大混战，统一了中国，有利于人民的休养生息。因为方块汉字的聚合力，使不同语言却相同文字的中国人续连在一起。从此，中国境内各民族结合成一个新的中华民族，再没有鲜卑、匈奴、羯、氐、羌之分，使新的中华民族更充满活力。

隋朝最盛时，疆域东、南皆至海，西到今新疆东部，西南至云南、广西，北到大漠，东至辽河，统户约900万户，人口近5000万，是个幅员辽阔，人口众多，国力富强的大帝国。

杨坚

隋炀帝杨广为杨坚次子,靠谋略夺取帝位。在他统治期间,中央集权得到进一步巩固,但繁重的力役、兵役连年不休,营东都、修长城、开运河、巡幸各地,每次工程动辄征发几十万到数百万丁男,甚至役及妇女。大业八年(612)、九年、十年三征高丽,人力、物力、财力耗费巨大,死亡众多,给劳动人民带来极大的灾难,尤其是山东、河北地区,作为东征基地,又逢连年水旱灾害,破坏尤为严重,隋末农民大起义也终于在这一地区拉开序幕。声势浩大的农民起义,削弱并瓦解了隋的统治,各地豪强和军府将领纷纷乘乱割据。李渊父子于太原起兵,占据关中一带。炀帝被杀后,李渊在长安称帝,建立唐朝。隋历文帝、炀帝、恭帝三世,共38年。

三省六部制

隋唐时期的中枢制度。三省指中书省(隋称内史省)、门下省、尚书省;六部指尚书省下属的吏部、户部、礼部、兵部、刑部、工部。三省六部制是西汉以后长期发展形成,至隋朝正式确立,唐朝进一步完善。三省为中央最高中枢政务机构,一般为中书决策,门下审核,尚书执行。三省长官:中书令(隋为内史令)、门下侍中(隋为纳言)、尚书令共行宰相之职。六部为尚书省属下的中央行政机构,分掌各方面的政务及政令的贯彻执行,并对中央担任具体事务的九寺五监及地方上的府、州、县有领导、监督之权。其后,三省长官成为荣誉之职,其决策权逐渐被剥夺,宰相一职为他官参加议政所替代。唐中叶以后,同中书门下平章事成为真宰相。其后,地位尊崇的翰林学士,因拥有起草诏敕权,被称为"内相"(《旧唐书·陆贽传》)。尚书省六部及下属各司的职权,在安史之乱后,由于使职的趋重与普遍化,逐渐被分割,故三省六部制在唐中叶以后,趋向名存实亡。

隋末农民起义

隋朝末年,炀帝剥削残酷,大兴土木,巡幸游乐,徭役、兵役甚为繁重,民不聊生,终于激起大规模的农民起义。全国各地义军达百余支,起义人数达数百万,并逐渐形成了河南的瓦岗军、河北的窦建德军(夏军)和江淮的杜伏威、辅公祏军(吴军)三支大的起义军。瓦岗军在李密的策划下,联合附近各支义军,力量逐渐壮大,大败隋骁将张须陀及他所率二万精兵。十三年(617)春,攻占洛阳东北的兴洛仓,开仓赈饥,队伍迅速发展到几十万人,占有河南大部分郡县,成为北方起义军的盟主。四月,瓦岗军将20万隋军围困于洛阳城,与之展开了争夺洛阳城大战。窦建德为河北高鸡泊起义军的组织者之一，大业十二年，张金称、高士达先后被隋军镇压，他收合两部余众，转战河北中部，兵力发展到十几万人，占领了河北大部分郡县。杜伏威起兵山东长白山，转战到淮南，逐渐控制了淮南各县，并对炀帝驻守的江都（今江苏扬州）成三面包围之势。在起义军的沉重打击下，隋朝统治面临土崩瓦解之势，各地官僚军将、地主豪强乘机割据一方。大业十三年，太原留守李渊从太原起兵，长驱入关中，攻克长安，闻炀帝死讯后，称帝建立唐朝。瓦岗军在与隋军的拉锯战中，消耗很大，被控制东都的王世充乘虚打败。窦建德军于唐武德四年（621）被唐军打败，余部曾在刘黑闼领导下复起，后被镇压。杜伏威于武德二年（619）降唐，五年（622）入朝长安。次年，辅公祏率部再起，被消灭。波澜壮阔的隋末农民起义，历时七年，遍及全国，摧毁了隋朝的统治。唐的统治者惩隋亡之戒，采取了一系列缓和阶级矛盾，减轻人民负担的措施，对唐朝前期社会经济的发展起了促进作用。

唐朝

唐朝（618～906）是中国封建社会的一个统一王朝，是继汉代之后中国封建社会的第二个鼎盛时期。

隋末，农民起义如火如荼，豪强军阀拥兵割据，隋政权岌岌可危。太原留守李渊与次子世民等乘机反隋，挥兵南下，转而西入关中，占领长安。隋大业十四年（618）五月，李渊称帝，建唐王朝，年号武德，都城在长安。

唐朝在玄宗开元、天宝年间达到全盛，是当时世界上人口众多、幅员辽阔，最先进、最文明、最富庶、最强大的大帝国。

李世民画像

“安史之乱”（755～763）是唐由盛而衰的转折点。唐后期的一系列变化不少都萌肇于前期，但在后期才明朗化或制度化。开元、天宝之际土地兼并已日益加剧，均田制和租庸调制已名存实亡。德宗建中元年（780），开始实行两税法，改变以人身为本的征收赋役的原则，而以财产（主要是土地）作为征收的基本对象，完成了封建税制的一大变革，适应了土地占有状况。中央官制的三省六部地位逐渐下降，权力逐渐被分割、侵夺，新兴的使职差遣取而代之，逐渐形成新的官制体系，选举制度亦随之进行了新的调整。府兵制废弛，代之以募兵制。边地设立的节度使，逐渐集军、政、财大权于一身，再加上复杂的边疆形势、民族关系、政治矛盾,终于酿成“安史之乱”。安史之乱后,内地也遍置节度使,逐渐形成藩镇割据的局面。宦官专权、牛李党争、南衙北司之争和藩镇割据,构成了唐后期政治的主要特色,一系列重大事件都与这几者有密切关系,或由此而引发的,表明唐中央集权日趋削弱,政局日趋混乱,统治日趋腐朽。劳动人民在土地兼并加剧、科敛加重、灾荒连年的重压下,终于奋起反抗。

僖宗乾符二年(875),爆发了震撼唐王朝统治的农民大起义。广明元年(881)起义军领袖黄巢率众攻入长安,建立大齐政权。在起义的巨潮冲击下,唐王朝内外矛盾并发,终于彻底崩溃。开平元年(907),朱温灭唐,建后梁,开始了五代十国的历史时期。唐历22帝,共290年。

玄武门之变

唐初高祖李渊次子李世民与长子李建成争夺皇位继承权发动的宫廷政变。李世民在唐王朝建立过程中,从首倡起义到驰骋战场,军功卓著,勋业克隆,觊觎皇位的政治野心日益增长。高祖称帝后,按照立嫡以长的原则,长子建成被立为太子。在李世民野心增长的同时,李建成的防范、妒忌之心也不断膨胀,双方各自培植势力,打击对方,终于酿成一场骨肉相残的流血事件。武德九年(626),双方的明争暗斗已成水火不容之势。

玄武门之变

六月四日,世民在与府僚房玄龄、杜如晦、长孙无忌等密议策划之后,采取先发制人的断然措施,率长孙无忌、尉迟敬德等伏兵玄武门(即长安宫城北门,是中央禁军屯守之所,地位至为重要),世民射杀太子建成,尉迟敬德射死支持建成的齐王(世民弟)元吉,并奋力抗击和瓦解了东宫和齐王府的卫队,高祖遂被迫立世民为太子,不久又传位于世民。李世民的胜利,是对传统的嫡长制的挑战,并对唐初社会历史的发展起了积极作用。

科举制

隋朝建立、唐朝完善并为后代沿用的选拔官吏的制度。魏晋实行九品中正制,高门士族拥有政治特权,世垄高官显位。南北朝时士族门阀已日趋腐朽。隋朝废除了九品中正制，采取科举取士的办法，隋初规定原有的秀才、明经两科，由州县选送生徒到中央参加考试。炀帝时又置进士科，科举制逐渐形成。唐朝前期，科举制进一步得到完善和发展。

科举分为制举和常举两种，制举由皇帝特旨召试，应举科目广泛，应试者身份不限，中第者可获出身或官职。常举每年举行，科目比隋有所增加，但考生主要集中在明经、进士两科，应考者主要是各级学馆学成的生徒和不在学的士子。中第者可获得出身，通过吏部铨选，才能正式做官。明经科考试以帖经为主，进士科始以试策为主，后又加试帖经、杂文，天宝年间始试诗赋。进士科应举人多，而录取人数少，士人举子将考中进士比喻为“登龙门”，一旦登第，声名大振，往往宦途便捷，飞黄腾达。由于进士科在选官中的独重地位，日益为士林举子所重视，在唐后期高官人选中所占比例明显增加。

武则天时创立武举，但地位不甚重要。唐代科举制从应举资格、考试内容、录取原则、审核手续、放榜期限、等第品定、获取出身等都有较严格的规定，形成一整套比较完备的制度。它通过考试方法体现的平等竞争精神，有利于广大普通地主步入仕途，扩大了统治基础，成为唐以及后世选官的主要导向。

贞观之治

唐太宗李世民在位期间，是中国封建社会历史上有名的治世，因年号为“贞观”(627~649)，故有此称。唐太宗李世民即位初始，惩隋亡之鉴，顺应天下思治的民情，“抚民以静”(《资治通鉴》卷191)为施政的出发点，推行去奢省费、轻徭薄赋、选用廉吏、兴修水利、鼓励垦荒、增殖人口、广设义仓等措施，使隋末战乱一度凋敝的社会生产又呈现生机。选贤任能为贞观之治的明显特点。太宗本着舍短取长、兼明优劣的用人方针，充分发挥贤者能人的德才之长，亲贤臣、远小人，士庶并举、新故同进、汉夷并用。房玄龄、杜如晦、魏征、虞世南、马周、秦叔宝，或以善谋、或以善断、或以忠直、或以干练、或以文才、或以武勇，各尽所能，效力于太宗，以至人才济济，文武荟萃，成为贞观之治实现的重要因素。太宗极为重视吏治，慎择刺史亲民，执法务求宽简，提倡节俭，抑制旧士族势力，并大兴学校，盛开科举，笼络地主阶级知识分子，为庶民地主广开参政之门。太宗致力于巩固边防，安抚边疆各族降众，广设羁縻州府，缓和了西北、北边的边患，民族间的交往得到加强，因此。北方各族尊太宗为“天可汗”，并开辟“参天可汗”道，以加强羁縻府州同中央的联系。太宗在兼容并蓄、开明开放的民族思想指导下，推行的和亲、团结、德化的民族政策，为统一的多民族国家做出了卓越贡献，文成公主入藏和亲，在汉藏友好史上意义深远。贞观年间一系列的政治、经济、军事措施，效果显著，“贞观之治”所造就的盛世升平景象，史家经常与汉代的“文景之治”相媲美。贞观后期，太宗屡兴营建，日趋骄奢淫逸，又连年用兵，亲征高丽，加重了人民的负担，在纳谏、用人、执法等方面不如前期。因此，“贞观之治”是有其历史和个人的局限性。

唐均田制和租庸调制

唐前期政府颁行的土地制度和赋役制度。均田制，始自北魏，历朝多有变更。唐初为恢复生产，保证税收，在隋代均田制的基础上，进一步完善。唐于武德七年(624)、开元七年(719)、开元二十五年(737)三次颁布均田令，取消了前朝奴婢、妇女及耕牛受田的规定，放宽了土地买卖的限制，主要内容：①丁男(21～60岁)和18岁以上的中男各授永业田20亩，口分田80亩，其他为户者和老、寡、病、残等，授口分田、永业田不等。②贵族和五品以上官可依品级请受5顷至100顷永业田，勋官可依勋级请受60亩至30顷勋田。③授田有宽乡、狭乡之别，迁徙、买田、授田规定不同。④永业田为世业，不再收还。⑤职官有职分田，官署有公廨田，收入充俸禄和办公费用。与均田制相适应的租庸调制，亦源于北魏的租调制。唐武德二年(619)和七年颁布新令，规定：每丁每年纳租粟2石；调随乡土所出，每年纳绢(或绫、絁)2丈，绵3两，不产丝绵之地，则纳布2丈5尺，麻3斤；每丁每年服徭役20日，不服则纳绢或布代役，每天折绢3尺或布3尺7寸5分，故称作庸。政府加役15天，免调，加役30天，租调全免，但加役每年不得超过30天。如遇灾年，依灾情轻重，适当减免租庸调。均田制和租庸调制的实施，对唐初恢复和发展农业生产，促使劳动力与土地结合，保证政府赋役来源，协调统治阶级内部矛盾，起到了积极作用。均田制实施范围和实施程度学界看法不一，但授田不足确为普遍现象。唐均田令中对口分田买卖限制的放宽，体现了土地私有制因素的增长，普遍以庸代役，则体现了国家对农民人身依附关系的松弛。唐高宗以后，土地兼并加剧，农民逐渐破产流亡，均田制逐渐遭到破坏，按人丁为征收赋役的基本对象的租庸调制，与土地占有状况已不相适应，唐朝政府开始逐渐调整征收原则和内容。德宗建中元年(780)，正式实行两税法，均田制和租庸调制遂名实俱废。

曲辕犁

又称江东犁。在敦煌莫高窟第四百四十五窟的壁画中有曲辕犁耕作图。

曲辕犁和以前的耕犁相比，有几处重大改进。首先是将直辕、长辕改为曲辕、短辕，并在辕头安装可以自由转动的犁盘，这样不仅使犁架变小变轻，而且便于调头和转弯，操作灵活，节省人力和畜力。其次是增加了犁评和犁建，如推进犁评，可使犁箭向下，犁铧入土则深。若提起犁评，使犁箭向上，犁铧入土则浅。将曲辕犁的犁评、犁箭和犁建三者有机地结合使用，便可适应深耕或浅耕的不同要求，并能使调节耕地深浅规范化，便于精耕细作。犁壁不但可以能碎土，而且还可将翻耕的土推到一侧，减少耕犁前进的阻力。曲辕犁结构完备，轻便省力，是当时先进的耕犁。历经宋、元、明、清各代，耕犁的结构没有明显的变化。

唐三彩

唐代陶器和陶俑上的一种多色釉和具有这种釉色的陶制品，是唐代制陶工匠在汉代铅釉陶器的基础上创烧成功的新工艺。唐三彩属低温釉陶,用白色粘土作胎,釉质的主要成分是硅酸铝(包括石英、铅、金属元素),呈色剂是釉料中所含各种不同的金属氧化物。如浅黄色是铁和锑的氧化物,绿色是铜的氧化物,蓝色是铜或钴的氧化物。唐三彩除白、绿、蓝三种主要釉色外,还有褐、黑、浅黄等多种色调,斑驳灿烂,绚丽夺目。

牛李党争

唐朝后期朝廷大臣之间派系斗争激烈。一派以牛僧孺、李宗闵为首,一派以李德裕为首,故有"牛李党争"之称。

牛李之争以牛党获胜结束。两派之争,既有公事,也有私仇,政治主张除对待藩镇所持态度有别外,在选举制度、对待文化传统等方面亦多有分歧,牛党拥护进士科取士,相互援引,结成朋党;李党主张改革选举制度,以抑进士科所带来的浮华之风。李德裕于会昌(841~846)年间执政,在讨平泽潞叛镇、破回鹘、废佛等方面,颇有建树,为人称道。文宗曾慨叹说:"去河北贼(藩镇)非难,去此朋党实难。"(《旧唐书·李宗闵传》)表达了对两党长期争斗厌倦又无可奈何之心情。

赵州桥

又称安济桥。位于河北赵县南门外,横跨洨河之上。由杰出民间工匠李春设计建造。建于隋朝大业年间(605~618),是目前世界上保存下来最古老的一座单孔无墩敞肩石拱桥。

赵州桥

赵州石桥一千三百余年来,历经多次地震和战火的考验,雨、雪和风的侵蚀,至今保存完好。赵州大石桥在中外桥梁建筑史上,占有重要地位。欧洲罗马帝国时代虽建成比它更早的石拱桥,但未能保存至今。直到14世纪在法国的泰克河上才又建造了石拱桥,比我国的赵州桥晚七百多年。

敦煌莫高窟

亦称“千佛洞”。位于甘肃省敦煌市城东南二十五公里的鸣沙山断崖上。南北长约两公里,是我国规模最大。内容最丰富的石窟群。

敦煌莫高窟

莫高窟始建于前秦建元二年(366),此后历经北朝、隋、唐、宋、元各代,在近千年的时间内连续不断地在这里开窟千余。现在洞窟 492 个,其中尤以唐窟最多,最为精彩。最大洞窟高 40 米,30 米见方,而小窟还不足 1 尺。塑像 2000 多身,窟中最大的佛像高 33 米,小的仅有几厘米,充分显示了塑像技艺的高超。莫高窟艺术以壁画为主,现存壁画 4500 多平方米。

五代十国

唐朝灭亡后,中国中原地区先后出现 5 个短暂的政权,即后梁、后唐、后晋、后汉、后周,史称“五代”。同时,南方和山西地区,先后出现 10 个割据政权,即吴、前蜀、后蜀、南唐、吴越、闽、楚、南汉、南平、北汉,史称“十国”。

五代十国时期,不仅是藩镇割据的继续和扩大,也是统一的宋王朝建立的前奏,是唐宋两朝继往开来的过渡时期。统一的各种因素在割据混战的局面下迅速向前发展,人民对安定局面的渴求,经济、文化的联系和发展,抵御北方兴起的契丹入侵,都促使统一因素不断增长,终于促成了统一局面的最终形成。

周世宗改革

周世宗柴荣(921~959)后周第二代皇帝。邢州龙冈(今河北邢台)人,后周太祖郭威的内侄和养子。后周开国皇帝太祖郭威在位期间，曾就恢复农业生产、革除累朝弊政推行了一系列有效的措施。显德元年(954)，柴荣即位，广泛收罗人才，继续推行改革。政治上，澄清吏治，严明赏罚，惩治贪赃，倡导节俭，力戒奢华。经济上，鼓励逃户回乡定居，减免各种无名科敛，安抚流民，招民垦殖逃户田，编制《均田图》，派遣使者分赴各地均定田租，查实隐匿耕地，使之均摊征税，废除曲阜孔氏的免税特权，动员民众兴修水利，疏浚漕运；停废敕额(朝廷给予寺名)外的寺院3万余所，敕额外僧尼一律还为编户，禁私度僧尼；收购民间佛像铜器铸钱，缓解了唐末以来长期缺钱的局面。军事上，整肃军纪。周世宗还修订刑律，修订历法，考正雅乐，广搜遗书，雕印古籍。显德二年，世宗采用王朴提出的“先易后难”的战略方针，致力于统一全国的大业，先出兵后蜀，收回四州。次年伐南唐，经三年苦战，收回淮南、江北十四州六十余县。六年征辽，收回燕云十六州中的三州。五月间，乘胜进取幽州，突患重病，被迫班师，六月卒，年39岁。世宗柴荣在政治、经济和军事上的改革及成就，为北宋统一全国奠定了基础。

周世宗

北　宋

陈桥兵变

陈桥兵变，这是一个典故，即赵匡胤策划的夺取后周政权的军事政变。

公元959年，后周显德六年，后周世宗柴荣病死，继位的恭帝年少只有七岁，因此当时政治不稳。公元960年，后周显德七年正月初一，忽然传来辽国联合北汉大举入侵的消息。当时主政的符太后乃一介女流，毫无主见，听说此事，茫然不知所措，最后屈尊求救于宰相范质，皇室威严荡然无存。范质暗思朝中大将唯赵匡胤才能解救危难，不料赵匡胤却推脱兵少将寡，不能出战。范质只得委赵匡胤最高军权，可以调动全国兵马。

几天后，赵匡胤统率大军出了东京城(今河南开封)，行军至陈桥驿(今河南封丘东南陈桥镇)。当时，大军刚离开不久，东京城内就起了一阵谣传，说赵匡胤将做天子，这个谣言不知是何人所传，但多数人不信，朝中文武百官也略知一二，谁也不敢相信，却已慌作一团。赵匡胤此时虽不在朝中，但东京城内所发生的一切他都了如指掌，而且这也是他的杰作。周世宗在位时，他正是用此计使驸马张永德被免去

陈桥兵变壁画

了殿前都点检的职务而由他接任。赵匡胤知道皇帝的心理，就怕自己的江山被人夺走，所以他们的疑心很重。这次故伎重演，是为了造成朝廷的慌乱，并使他的军队除了绝对听命于他外别无他路。而就在陈桥驿这个地方，赵匡胤的弟弟赵匡义和归德军掌书记赵普授意将士把黄袍加在赵匡胤身上，拥立他为皇帝。正月初四，赵匡胤率军回师开封，逼使恭帝禅位，轻易地夺取了后周政权，改国号为"宋"，建立了赵宋王朝。

王小波、李顺起义

北宋淳化四年至至道二年(993~996)，青城(今四川灌县东南)民王小波、李顺聚众抗击官军镇压的起义。

淳化初，宋廷赋税苛刻，四川商人、官僚与官府勾结，垄断市场，贱价强购，使茶农、茶贩深受欺压。四年二月，适西川大旱，官府赋敛急迫，逼得大批农民失业，难以生存。茶贩王小波、李顺利用民怨，以均贫富为号召，聚失业茶农百余人，占据青城起义。十二月，王小波率义军出彭山北上，于江原(今四川崇庆东南江源镇)与西川宋军主力展开攻战，击杀西川都巡检使张圮，攻克江原，获西川之战大捷。王小波因额部中箭，战后身亡，其妻弟李顺继为统帅，乘胜攻克蜀、邛二州，进破永康军(今四川灌县)。

五年正月，起义军抢占新津口(今四川新津)，击败宋军，直逼成都。攻成都受挫后，乃转兵破汉、彭(今四川广汉、彭州市)二州。旋趁成都知府换任，新知府郭载方至之际，突然回师急攻，破城，李顺率义军入据成都，建立了大蜀政权，称大蜀王，建元应运。后继续扩大战果，遣兵四出，攻占剑阁(今四川剑阁东北剑门关)至巫峡(今四川巫山以东)间诸州郡，义军队伍壮大至数十万，声势甚盛。宋太宗赵光义闻知义军已攻占剑南镇(治益州，今四川成都)，即命宦官昭宣使、河州团练使王继恩为西川招安使，率兵入川攻讨。二月初一，又命少府少监雷有终、监察御史裴庄并为峡路随军转运使；刘锡、周渭为陕府西至西川随军转运使；马步军都军头兼蕲州刺史王杲率兵趋剑门；崇仪使尹元率兵由峡路入川，各路皆受王继恩节度，以分进合击，镇压起义军。未及宋征讨大军入川前，李顺已遣兵分路出击，令相贵率二十万众攻梓州（治郪县，今四川三台），杨广率数千人北攻剑门，以夺占要隘，阻扼官军入川。只因投入兵力过少，加之剑门关地势险要，易守难攻，数千义军遭剑门都监上官正等率军反击，几被击杀殆尽，致使北路宋军保持入蜀通道。后东路宋军亦自峡路入川。王继恩率军入剑门，长驱直下，连克研口寨（今四川剑阁北）、剑州及绵、阆、巴（今四川绵阳、阆中、巴中）等州，义军被杀甚众。相贵率大军攻梓州已 80 余日未克，亦被宋军击败。五月，宋军围攻成都，李顺率领十余万众奋力抗击，因不善守战，城陷，被斩杀三万余人，李顺等十余名首领亦被俘杀。成都失陷后，义军余众在张余率领下，辗转成都南部及东川，坚持斗争到至道二年，终被宋军镇压。

庆历新政

宋代仁宗庆历年间进行的改革。宋仁宗时，官僚队伍庞大，行政效率低，人民生活困苦，辽和西夏威胁着北方和西北边疆。庆历三年（1043），范仲淹、富弼、韩琦同时执政，欧阳修、蔡襄、王素、余靖同为谏官。宋仁宗责成他们在政治上有所更张以“兴致太平”。范仲淹与富弼提出明黜陟、抑侥幸、精贡举、择官长、均公田、厚农桑、修武备、减徭役、覃恩信、重命令等 10 项以整顿吏治为中心的改革主张。欧阳修等人也纷纷上疏言事。宋仁宗采纳了大部分意见，施行新政。诏中书、枢密院同选诸路转运使和提点刑狱；规定官员必须按时考核政绩，以其政绩好坏分别升降。更荫补法，规定除长子外，其余子孙须年满 15 岁、弟侄年满 20 岁才得恩荫，而恩荫出身必须经过一定的考试，才得补官。又规定地方官职田之数。四年三月，更定科举法。另外，还颁布减徭役、废并县、减役人等诏令。由于新政触犯了贵族官僚的利益，因而遭到他们的阻挠。五年初，范仲淹、韩琦、富弼、欧阳修等人相继被排斥出朝廷，各项改革也被废止。

王安石变法

王安石（1021～1086）字介甫，北宋政治家、文学家。抚州临川人（今江西抚州市），出身地主官吏家庭，早年有文学成就，曾与父亲经历许多地方。中进士后，历任幕僚、知县、通判、知州、提点刑狱等职，有政绩。有感于北宋社会矛盾的尖锐，力主改革政治，以扭转国势的衰落。宋仁宗时上《万言书》，希望改革，受到冷遇。宋神宗继位后，得到支持，开始实行改革。

熙宁二年（1069），宋神宗以王安石为参知政事，实行改革。具体措施有：①均输法。宋在荆湖南北路、江南东、西路、两浙路、淮南路设立转运使，由于官员因循旧规，运转不灵，造成“远方有倍蓰之输，中都有半价之鬻”（《宋朝诸臣奏议·109·上神宗乞罢均输》）。均输法徙贵就贱，用近易远，减少财政支出，限制商人牟利，以稳定经济秩序。②农田水利法。由政府计工料、按民户等第出资兴修水利，抑制土地兼并与水利工程垄断，劝种桑柘等经济作物。整理经济环境，以利收入。

③青苗法。青黄不接时,由政府贷款给农民,半年加息二分偿还。主要目的是抑制土地兼并和高利贷,并强制上等户借贷与纳息。也属整顿经济环境的措施,利于财政收入稳定。④方田均税法。清查垦耕田地,标明亩数、产主、田地优劣以定赋税,避免豪强隐产,使岁入有保证。⑤免役法。由政府募役,改变按户等轮流当差办法。费用由主户按等第负担,收取免役钱,由官、或形势诸户纳助役钱。目的在减轻政府支出,解放生产力,便利农耕。⑥将兵法。将黄河流域战区驻军分为几个或十几个单位,设将与副将各一人,训练军士。力图改变军士素质低下,不能作战的状况。⑦保马法。主要在京东、西,河北、东,陕西五路施行。由义勇或保甲养马一匹或二匹,以利征用,养马者受政府支持,可免折变钱等税。目的在加强军事力量,便于与敌作战。

王安石

王安石变法以"富国强兵"为目标,从新法实施,到守旧派废罢新法,前后将近15年时间。在此期间,每项新法在推行后,基本上收到了预期的效果,使豪强兼并和高利贷者的活动受到了一些限制,使中、上级官员、皇室减少了一些特权,乡村上户地主和下户自耕农减轻了部分差役和赋税负担,封建国家也加强了对直接生产者的统治,增加了财政收入。各项新法或多或少地触犯了中、上级官员、皇室、豪强和高利贷者的利益,最终被罢废。

靖康之变

宋徽宗宣和七年(1125)金兵南侵,兵锋直指宋都城,徽宗慌乱不堪,以儿子为监国,准备南逃金陵。在宗泽等大臣迫使下,传位给儿子赵桓,为钦宗,自为太上皇,改元为靖康(1126)。钦宗在抵抗金军同时,仍大肆进行投降准备,朝内战与和两派又争持不下,暂时达成和议后,两派斗争更加激烈。靖康元年(1126)金兵第二次南下,再次围攻开封,钦宗用道士郭京为将,企图以咒语破金兵于城下,结果大败。靖康二年(1127)金军攻破开封,徽、钦二帝及宗室、大臣三千余人被俘走,北宋王朝灭亡,史称靖康之变。

南　宋

北宋靖康二年(1127)北宋为强盛的金朝灭亡,南窜诸臣及南方宋大臣推康王赵构为帝,重建宋朝,建年号建炎,建都于临安府(今杭州)。赵构为南宋高宗,史称南宋。

蒙古汗国灭金后，积极准备灭宋，经合州保卫战、襄樊保卫战等几次战争，祥兴元年(1279)终于灭亡。南宋疆域北以秦岭、淮河为界与金对峙，南及琼州以外，东至到大海，包括几乎北宋南部原有地区，东南、西南与北宋同，共传9帝，152年。

钟相、杨么起义

南宋初年，金朝军队不断南侵，战争使江南一些地区受到极大破坏，南宋政府又征收各种苛捐杂税，人民不堪其苦，民族矛盾与尖锐的社会矛盾交织在一起。与金兵作战失败的宋溃兵流窜各地，形同土匪，在荆湖地区尤为突出。

嗷嗷之声比比皆是，民心涣散，钟相、杨么起义即爆发在这种背景下。钟相，鼎州武陵人(今湖南常德)，自称有神灵，以行医为名长期活动，组织武装，宣传"法分贵贱、贫富，非善法也。我行法，当等贵贱，均贫富。"(《建炎以来系年要录》卷31)。当地人纷纷入教，自动分财互助。建炎四年(1130)，金兵破潭州，劫掠后北还，宋军追击至此，公然打劫百姓，钟相遂借机举事。建大楚国，自为楚王，宣布宋朝制度为邪法，杀死儒、僧道，巫医卜祝、官吏，以武陵为基地，拥有今湖南、湖北地区七州十九县。后在作战中被混入的奸细告密，钟相及其子钟昂被俘杀，杨么遂领其军。杨么本名太，因年幼故称为么。他以洞庭湖为基地，利用湖区特点，采取陆耕水战策略，联合另外几支农民武装，屡次打败宋军。绍兴五年(1135)宋大将岳飞率岳家军镇压，采取"因敌人之将，用敌人之兵，夺其手足之助，离其腹心之援"(《建炎以来系年要录》卷86)的策略，分化瓦解农民武装，俘获杨么，平定了持续六年的起义。这次起义发展了王小波、李顺起义提出的均贫富思想。

纸币

我国最早的纸币是"交子"。宋初，四川的富商大贾为便于贸易，首先印行"交子"。宋仁宗天圣元年(1023)设益州"交子务"，严禁私人印造，改由官府发行。面额一般为一贯、五贯和十贯等，以七百七十文为一贯。规定分界发行，三年为一界，界满以新换旧。徽宗崇宁、大观年间，政府改"交子务"为"钱引务"，改"交子"为"钱引"发行。南宋改称"关子"或"会子"。金海陵王贞元二年(1154)设"交钞务"，仿宋发行纸币，称"交钞"，分大、小钞两种。原定七年为界，期满以新换旧。后又换发"贞祐宝券""兴定宝泉"等。金贞祐三年"壹拾贯交钞铜版"就是金代后期发行交钞用的。版头有"壹拾贯"三字，左栏外有"每纸工墨钱捌文足，纳旧换新减半"字样。中间栏框镌有面值、印刷地点、年月日及赏罚办法、流通领域等文字。上栏文中"壹拾贯八十足佰"，标明此张纸币可作八百枚铜钱使用；下栏篆书注明"伪造交钞者斩""赏钱三百贯"，是对伪造者和告发者的奖惩。其流通范围，基本上包括金代后期管辖的整个区域。元代禁止民间用铜钱交易。忽必烈中统元年(1260)造"中统宝钞"，面额为十文、二十文、一百文、二百文、一贯、二贯等十种。至元二十四年(1287)又发行"至元宝钞"，面额分为十一种。"至元宝钞"一贯当"中统宝钞"五贯，二者并行。明太祖洪武初年，设立宝钞提举司，立钞法，发行"大明通行宝钞”,面额六种为一百文至五百文及一贯,每贯等于铜钱一千文。此钞发行不分界,不回笼,一直流通一百余年。清咸丰三年(1853)开始印发“大清宝钞”,面额多种。最后由于恶性通货膨胀,在同治初年废止。

宋代瓷器

宋代制瓷手工业在唐和五代的基础上,取得了突出成就。瓷窑遍布全国各地,目前在全国十九个省一百七十多个县市发现宋代瓷窑窑址一千多处。汝、钧、官、哥、定是当时的五大名窑。此外,景德镇窑、磁州窑、耀州窑的产品也极负盛名。因为各地瓷窑烧造瓷器的工艺、釉色、造型和花纹装饰各不相同,逐渐形成了各具特色的瓷窑体系,有定窑系、磁州窑系、钧窑系、龙泉窑系和景德镇窑系等。

宋瓷

汝窑在河南临汝,是北宋经营的官窑,所烧瓷器的釉色青绿发蓝,器表有细碎开片。1987 年在河南宝丰清凉寺发现了宋代汝窑窑址。钧窑在河南禹县八卦洞,钧窑的突出成就是制瓷工匠在釉料中掺进了铜的氧化物,用还原焰烧咸通体天青色与彩霞般的紫红色交相掩映的釉色,称窑变釉。海棠式玫瑰紫花盆釉汁肥厚润泽,色彩艳丽,是钧窑的代表作。宋代官窑是北宋朝廷在开封经办的一处青瓷窑场,窑址目前尚未发现,产品流传下来的很少。官窑青瓷色泽青白如玉,釉质肥润晶莹,器表有较大开片。哥窑制瓷工匠,利用胎和釉在焙烧过程中收缩率的差别,使瓷器釉面呈现出疏密不等,大小不匀的裂纹(即开片)。

定窑窑址在河北省曲阳县涧磁村和东西燕山村一带。曲阳宋时属定州,因而得名。定窑以烧白瓷器著称,也兼烧绿釉、褐釉、黑釉等品种。定窑白瓷胎薄质坚,釉色洁白莹润,因胎泥中含有大量氧化钛,所以定窑白瓷的釉色呈现出白中泛黄的颜色,且有泪痕。定窑白瓷造型美观,花纹装饰题材丰富,主要装饰手法有刻花、划花和印花。磁州窑是一处规模很大的民间瓷窑,主要窑址在今河北省磁县漳河两岸观台镇东艾口和冶子村附近。这里古代属磁州,故而得名。其产品带有浓厚的民间色彩,特别是白地黑花瓷器,色调对比非常鲜明。器形以盘、碗、罐、瓶为主,还有瓷枕和玩具。景德镇(原名昌南镇)窑,始烧于南朝,五代时期烧制白瓷达到了较高水平。宋代所烧青白瓷(即影青瓷)的硬度、薄度和透明度都达到了现代硬瓷的各项标准。

印刷术的发明

印刷术是按照文字和图画的原稿,制成印刷品的技术。我国在隋唐之际发明了雕版印刷术，到宋代又发明了活字印刷术。雕版印刷术是在古代印章和拓石技术的启示下，经反复研究试验而发明的。到唐朝晚期，雕版印刷已很流行，并达到了相当成熟的阶段。1900 年在甘肃省敦煌莫高窟发现了唐懿宗咸通九年(868)雕版印刷的《金刚经》，经卷长 533 厘米，由七个印张连接而成。卷首是释迦牟尼说法图，卷尾题记为“成通九年四月十五日王玠为二亲敬造善施”。这是目前世界上已发现的最早的有年代可考的雕版印刷品。该经卷于 1907 年被英国人斯坦因盗走，现藏英国伦敦博物馆。

毕昇塑像

雕版印刷术发展到宋代，达到了鼎盛时期，但雕版印刷既费工，又不易保存。北宋庆历年间(1041~1048)，平民毕昇发明了活字印刷术。用胶泥做成反体单个字模，用火烧坚，便制成了单个的泥活字，排版时，在四周带框的铁板上，铺一层松脂、蜡和纸灰，按需印刷的书稿拣字排版，排好后的版用火烘烤，使蜡和松脂融化，再用一铁板压平版面，待冷却后，活字固定，便可涂墨印刷了，通常以两块铁板交替使用。印刷完毕，再用火烘烤铁版，待蜡和松脂再次融化，取下活字，以备下次再用。宋代科学家沈括在所著的《梦溪笔谈》中记下了这个伟大创造。毕昇发明的泥活字印刷方法，对后世产生了深远的影响。元朝农学家王桢试制成功了木活字印刷法，并创制了“以字就人”的转轮排字盘。

明弘治三年(1490)，我国已开始用铜活字印刷书籍。明正德三年(1508)，我国开始采用铅活字印刷。

火药的发明及应用

火药是我国古代炼丹家于公元七世纪，在炼制丹药的过程中发明的。火药发明后，首先被古代军事家所利用，制造出火药武器，用于战争。《武经总要》记有火药配方和火药武器。火药的主要成分是硝石、硫磺和木炭，这是目前世界上所知年代最早的军用火药配方。

据记载，唐昭宗天佑元年(904)郑璠攻豫章(今江西南昌)时，曾用飞火攻城，这是我国目前已知使用火药武器的最早记录。飞火是用弓发射的火箭，在箭杆上绑一火药团，点燃引线，用弓发射，以烧伤敌人。宋元时期，人们利用火药所具有的束缚力越紧爆炸力越强的特性，制成了爆炸性火器，如霹雳火球、火蒺藜、震天雷等。这类火器用生铁或陶器做外壳，内装火药，点燃后能发出极强的爆炸力。人们利用火药燃烧的性能，制成了喷射性火器，火箭称其代表。在一长的箭杆上绑一火药筒，利用点燃后所产生的热气流冲击尾部封口向后喷射的力量推动箭支前进。明朝出现了“一窝蜂”火药武器，能同时发射 32 支火箭，杀伤力很强。宋元时期还制成了管状火器，突火枪就是其中的一种，外壳最初用竹筒制成，内装火药和“子窠”（子弹），利用火药的爆炸力将子窠射出，射程可达一百五十步。因竹筒的抗压力有限，且易燃，后改用金属做外壳，称“火铳”。中国历史博物馆陈列有元朝至顺三年（1332）铜火铳，长35.5厘米，重6.94公斤。它的发射原理是，从点火孔装入引线，从铳口装进火药和铁弹丸，点燃引线，使火药燃烧，将弹丸发射出去。小型火铳按木柄用手拿着施放，大型火炮需安装在特制的木架上发射。火药发明后，约在公元十三世纪经阿拉伯人传入欧洲。

宋代的航海业与指南针

宋朝的航海业十分发达，造船技术显著提高，对外贸易更加繁盛。广州、泉州、明州（今宁波）、杭州，扬州是当时对外贸易的重要港口。泉州（当时泉州范围很大，几乎包括了福建东南部地区）被誉为世界上最大的对外贸易商港之一，经常停泊大海船百余艘，小船不计其数。

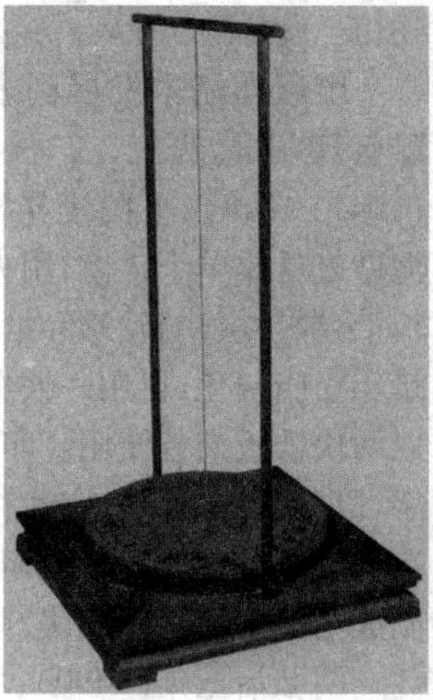
宋代指南针

由于航海业的需要，宋代海船已广泛使用指南针辨别方向。据徐竞著《宣和奉使高丽图经》一书记载：“是夜，洋中不可住维，视星斗前进，若晦冥，则用指南浮针，以揆南北。”这是目前已知世界上关于使用指南针航海的最早记录。首先用于航海的指南针，是宋代科学家沈括在《梦溪笔谈》中记述的水浮法指南针，即用磁针横穿灯芯草，放在水碗中，借助灯芯草的浮力和水的滑动力，使磁针指示南北。这种指南针水面能保持磁针的平衡与稳定，又不受海船摇荡的影响。指南针的应用，不仅解决了恶劣天气时海上航向问题，也为仪器导航开辟了道路，同时充分说明早在十一、十二世纪时，中国的航海技术居于世界领先地位。公元十三世纪指南针经阿拉伯人传入欧洲。

辽　朝

10世纪中叶东北地区契丹族建立的封建王朝。契丹为古代东胡一支，北魏以来活动在今辽宁西拉木伦河与老哈河一带。唐时，在与突厥族斗争中形成部落联盟，唐曾于他们活动地区设松漠都护府。唐末，契丹部落渐趋强盛，多次参与中原政治斗争，夺取土地、人口和财富。天祐四年（907）耶律阿保机当选为可汗，设立了宿卫军等，把握了稳固的权力。贞明二年（916），他设法控制各部落领袖，废除部落联盟制度，称天皇帝，建立契丹国，建年号神册，建都临潢府（今内蒙古巴林左旗）。以后国号有时称契丹，有时称辽，辽主要因辽河流域得名。

契丹国设南北面官制，所谓“以国制治契丹，以汉制待汉人。”（《辽史》卷45《百官志》）北面官主治契丹事务，其中亦有南北区别。南面官主治汉族，设三省六部，制度设置基本是损益晋唐旧制。北面官多由地位显赫的家族世选，南面官依据科考或其他途径选用汉人和契丹人参用。北南面官制设立于太宗时期，太祖耶律阿保机曾设斡鲁朵宫帐，斡鲁朵即皇帝宫帐，有直属的军队、民户和州县，皇后也可有自己的斡鲁朵。契丹兵制有禁军、部族军以及乣军等，凡是辽民15岁以上，50岁以下均选入兵籍。法律设蕃汉二律，以“凡四姓（契丹、奚、渤海、汉）相犯皆用汉法，本类自相犯者，用本国法。”（《辽史》卷61《刑法志》）为原则。

契丹国的赋役与行政措施也基本分为契丹、汉两类。地方行政区划中，有头下军州的设置，辽的亲贵、外戚、大臣及部族首领有战功之人，建州县以所分得或所俘人口聚居，有手艺的从事手工业，会农耕的居于农耕区。贵族除节度使一职以外，可自选官吏。州内除酒税以外，其他税收归头下军贵族。至10世纪末叶，头下军州已渐归辽政府直接管理。契丹建国后即向周边发展，神册元年，耶律阿保机南下夺取土地与人口。后唐建立后，契丹继续南下侵唐，天显十一年（936）太宗立石敬瑭为大晋皇帝，助其灭亡后唐。又于会同九年（946）灭亡后晋，据有燕云十六州之地。太祖天显元年（926）还灭亡渤海国，建属国东丹国，至辽穆宗应历二年（953），东丹国被废除，统一于辽的统治下。宋建立后向北发展，辽支持北汉与周、宋对抗。宋灭北汉政权，辽开始与宋对峙，经过几次大的战役，辽与北宋、夏成鼎立之势。高粱河之战是北宋与辽第一次大战，宋太宗欲借灭亡北汉的有利时机夺回幽燕之地，但在高粱河地区被辽击败。雍熙三年（986）宋再次进攻辽，史称雍熙北伐，又被辽军击溃。统和二十二年（1004），圣宗亲征北宋，至澶州城下，宋与辽构和，史称澶渊之盟。此后，两国战争渐少。契丹统治者内部斗争激烈，应历元年（951）贵族蔡割刺杀世宗，自称皇帝，引起内部斗争，史称蔡割政变。寿安王璟平定叛乱后即位。后又有钦哀后政变，重元叛乱等。辽末年贵族间的斗争，各族人民的频繁起义，都沉重地打击了辽的统治基础。辽的贵族日益腐化，军队战斗力减弱。金国建立后，辽无法镇压，先后在宁江州、出河店等战役中失败，更加无力抵抗金的进攻。

保大五年（1125）天祚帝西逃途中被金俘获，辽灭亡。契丹人最初从事渔猎畜牧业，畜牧业是契丹重要的经济部门，后太祖采纳汉人韩延徽建议，安置被俘汉族农民耕垦，夺得燕云十六州后，多次募垦耕，成为农业生产的基地。手工业中，冶铁占极重要地位，纺织业以燕云十六州和原渤海地区为基地，在唐五代基础上有所发展。制瓷业较突出，有著名的辽瓷，发展了唐五代的工艺。太祖建国后即令人造契丹文大字，后又有小字出现，但主要在文人中使用。佛教极流行，雕凿石经，校印佛藏，建筑寺院都使佛教文化深入到社会深处。儒学也有所继承发展。辽印制的书籍，在装帧、印刷、用纸等方面均超过了唐五代的水平。辽的雕塑、建筑、绘画均有特色，诗歌风格承自唐，亦有很多创作。辽的疆域在太宗时（927～947）基本奠定，南至今河北霸州市、山西雁门关，东北直到黑龙江以北，西北至蒙古草原以西，西至今甘肃张掖地区。辽亡以后耶律大石西迁重建契丹国，史称西辽，后灭亡于蒙古汗国。辽传9帝,210年。辽朝是具有世界影响的王朝,对奠定中国北部、西北部广袤疆土,弘扬中国的声威,均起到了不可替代的作用。

西　夏

11世纪初党项族建立的封建王朝。党项是古代羌族一支,很早便生活在西北地区。唐代受节制,唐末叶出兵支持唐,首领拓跋思恭受赐姓李,占有银、绥、甘、夏、静、宥等五州之地。宋初,党项族在与吐蕃、回鹘的斗争中强大起来,赵宋赐党项首领姓赵。赵元昊任党项首领后,势力伸展至河西走廊一带。景祐五年(1038)建大夏,元昊称帝,建都兴庆(今宁夏回族自治区银川市)。又称上白国,北宋因其地处西部,称西夏。

西夏建立后,设立了自己的各项制度。官制有两套系统,一套系统为党项官制,主要负责党项及汉人以外诸族事务,有宁令、漠宁令、丁卢、丁弩、素赍、祖儒、吕则、枢铭等官职。另一套为汉官制,仿自北宋,有省与枢密院设置,又有官计司、农田司、群牧司、磨勘司、飞龙苑、文思院等机构。党项官除由贵族担任外,也自蕃学中选拔人才担任职务。汉官制中诸官则由蕃汉分别担任,汉人仍进行科考。仁宗时,汉制渐成为主要政治制度。西夏军队有擒生军、侍卫军和地方驻军。侍卫军由选拔的豪族子弟善骑射者组成,约5000人,号“御园内六班直”,分番宿卫。它又是一支质子军。部落首长统率各部兵为地方军队,称“溜”。全国有左、右厢十二监军司,分别委任豪族统之,监军司仿宋制立军名,设都都统、副统军、监军使等职,均由部落中贵族担任。有事政府以银牌招部落首领听节制。党项人以账为单位抽兵,大致每二丁取正、负担各一人,组成抄。在礼仪上,西夏不再采用宋制,皇帝采择回鹘汗与吐蕃赞普服制,平民以青绿色衣区分贵贱等级。但文官基本仍用宋制。又仿宋制朝仪、礼乐等。毅宗时,下令改用汉礼,不再使用蕃礼。西夏文字制成后,建党项学,即蕃学,选择党项与汉官僚子弟入学。夏建立初与宋、辽进行了激烈斗争,同宋的大战争有三次。夏宣布建立,宋朝野务以剿灭为事,下令削去元昊所受官爵,募人擒杀元昊,派兵将备战。初战宋将狄青败夏军,夏损失账2000余。康定元年(1040),元昊率军于三川口大败宋军。次年元昊进攻渭州,在好水川再次打败宋军。天授礼法延祚五年(1042),元昊攻镇戎军,宋将葛怀敏阵亡,宋军又败于定川寨。宋连续失败,接受元昊建国时提出条件,册元昊为国主,每年赐夏银5万两,绢13万匹,茶2万斤(后银增加2万两,绢增加2万匹,茶增加1万斤)。此后,夏宋之间交往较多,但战争亦时有发生,夏多次主动进攻,以夺取土地、人口。

夏建元之初与辽亦有战争。夏辽以大河相隔,原处于辽统治下的党项族,在夏建国初多叛辽附夏。天授礼法延祚七年(1044),辽兴宗率骑兵10万攻夏。夏军退拒贺兰山,谢罪,辽将不允,元昊率军突围反攻,辽军大败,辽与夏和议。西夏经与宋辽的战争,确立了地位,形成与北宋、辽鼎立的局面,但多依辽抗宋。后又与金订约，乘金攻宋的时机，夺占宋地，与南宋、金成鼎立之势。

西夏也与吐蕃国相邻，毅宗曾多次出兵攻入吐蕃边地，拓展土地。蕃部在哆讹等领导下，曾于大庆四年（1143）举行起义，较大的部队约万人，较小者也有五六千人，夏仁宗残酷地镇压了这次起义。乾祐元年（1170），权臣任得敬迫仁宗分夏之半为他建立楚国，并请金给予封号。金朝未允，在金支持下仁宗以计杀任得敬，宋联合任得敬夹击金的阴谋也破产，史称任得敬分国。

夏自建立起，皇族与后族的斗争就较明显，成为左右夏政治的重要内容。蒙古兴起后始侵入夏，夏初联金以抗蒙。应天四年（1209）蒙军围攻夏都中兴府（今宁夏银川），金拒不支援，夏改变策略，附蒙攻金，配合蒙古大军作战。又与宋联合。但由于蒙古的压榨，夏国上下难以忍受，又因蒙古汗国决意灭夏，夏又改变策略联金抗蒙。乾定四年（1226）成吉思汗亲征夏，夏军连败，次年夏献宗投降，西夏灭亡。共传 10 帝，190 年。

金

12 世纪初女真人建立的封建王朝。女真人很早就生活在东北地区，历史悠久。天庆五年（1115）正式建国，国号金，年号收国。建都于今黑龙江阿城南，称会宁府。

金灭辽后，积极南下侵入宋。先后两次入侵，第一次在天会七年（1125），在北宋军民共同抗击下，掠取财物北还。靖康元年（1126）宋背约，金再次入侵，包围开封，次年立楚，俘北宋徽宗、钦宗及百官、宗室 3000 人北还，史称靖康之变，北宋灭亡。

金代武士

赵构重建宋朝后，金军追至杭州，在镇江及黄天荡被宋将韩世忠困住，史称黄天荡之战。

金又立齐政权统治中原和陕西，作为属国，不久废除。天眷三年（1140）金再次侵入南宋，宋军取得顺昌、郾城大捷，几乎失去对中原的控制。后因宋内部矛盾反败为胜，开始与宋对峙，订立绍兴和议。

皇统九年（1149）完颜亮夺得皇位，迁都至燕京，完成了金走向中央集权的进程。贞元三十一年（1161）他率军南下，准备灭南宋，但在采石之战被击败，他也被刺杀。宋隆兴二年（1164）与宋订隆兴和议。宋嘉定元年（1208）又与宋订嘉定和议。至此金与南宋的战事告一阶段。

金建立初年设勃极烈制度，金太宗时又设立汉官制，至金熙宗时废除勃极烈制，采用汉制。天眷元年（1138）推行新官制，史称天眷新制。

正隆元年（1156）海陵王完颜亮再次改制，史称正隆官制。金朝制度经此次改后，基本确立。金兵制初建猛安谋克兵，金太宗时模仿辽宋制度进行改革，设元帅府。海陵王废元帅府，仿汉制设枢密院。金建立后内部有较激烈斗争。海陵王曾于皇统元年(1149)发动宫廷政变，刺杀金熙宗。正隆六年(1161)他也被刺杀，金世宗在此前已发动政变即位，史称东京政变。

正大六年(1229)蒙古大举攻金，金在庆阳、卫州等地与蒙军激战，正大九年发生三峰山之战，金军全部溃败，主要将领大部战殁。同年蒙军围攻汴京，天兴元年(1232)金哀宗退出汴京，至归德时，蒲察官奴杀政敌，史称归德变乱。哀宗退往蔡州。哀宗连续逃跑主要原因在内部抗蒙策略不明确，使金失去抵抗信心，天兴二年蒙军围困蔡州城。次年，哀宗传位给元帅承麟，蒙军破城，哀宗自杀，承麟被乱兵杀死，金亡。共传10帝，120年。

元　朝

古代蒙古族乞颜部孛儿只斤氏贵族所建立，一般泛称忽必烈建国号至元顺帝灭亡为元朝。蒙古族祖先为古代东胡室韦的一支，早就活动在亚洲北部地区，蒙古部兴起于鄂嫩河与克鲁伦河流域。

12世纪末~13世纪初，蒙古乞颜部贵族铁木真完成蒙古高原的统一，建立蒙古汗国。建国后，成吉思汗及其继承者连续向邻境发动进攻，先后灭掉夏、金等国家。中统元年(1260)忽必烈即大汗位，先后平定阿里不哥、李璮的叛乱，与蒙古诸王间的战争也不断发生。至元八年(1271)取《易经》“大哉乾元”之义，正式建国号为大元，次年迁都于大都(今北京)。至元十六年(1279)灭亡南宋，统一中国。此后，元曾两次入侵日本，均失败。又渡海攻占城、爪哇，进攻安南、缅国等国家。忽必烈死后，元朝内部争夺皇位的斗争不断，曾先后发生南坡之变和两都之战。元朝制度多沿用金朝，也保留了一些蒙古旧制，忽必烈在中统、至元年间的创设，奠定了有元一代制度。

忽必烈

皇朝官制由中书省、枢密院和御史台组成，中书省相当金代尚书省，统六部，掌全国政务，枢密院掌兵，御史台掌监察。宣政院为管领全国释教及吐蕃地区军民政务的特殊机构。忽必烈即位初，设十路宣抚司为派往地方的最高行政机构，又以都省官员“行某处省事”系衔，到地方行使中书省职权，至元后期，行省渐成为常设性地方最高行政机构。

御史台也派有行御史台到地方,有时枢密院也派有行枢密院机构。行省以下设路、府、州、县等行政机构。行省以下行政机构一般派蒙古人或色目人担任达鲁花赤一职,在管军机构也有设立。又以色目人为同知,汉为总管、知府(尹)、知州(尹),以相互制约。元朝兵制为两大系统,即宿卫军和镇戍军两种。宿卫军由怯薛军和侍卫亲军组成,怯薛军常在万人以上,宿卫禁庭并任事役,侍卫军环节京畿,约30余卫,隶属枢密院,一部分色目人也被编入侍卫亲军。镇戍军,隶属行省者,有警时由行枢密院统领,平时归属行省,调遣更防仍守枢院节制。华北、四川、陕西等地蒙古军、探马赤军隶属枢密院。腹里地区主要由蒙古军与探马赤军防守,南方以蒙古军、汉军、新附军相参驻守,主要防卫临江沿淮地区。还有畲军、高丽军、寸白军、乣军等设置。草原上的蒙古人战时出军,平时牧养,在中原与江南则从军户中签发,蒙古、探马赤军和汉军户均由奥鲁管理,新附军户不设奥鲁。元朝居民基本依民族与被征服先后划分为蒙古人、色目人、汉人、南人四级,又有按职业划分的诸色户,如匠户、医户、儒户、僧户等。

元初忽必烈采取了一系列发展农业生产的措施,如建立劝农司以管理农业,编辑《农桑辑要》以推广先进生产技术,限制掠卖奴,禁止占地畜牧,又招集逃亡,鼓励垦耕以保护劳动力和耕地,又实行屯田、减轻减免租税、兴修水利。这些为初期经济的发展创造了条件。关中、江淮、山东农业生产恢复发展最显著,棉花等作物种植也在以后取得普及。成宗以后,农业遭到破坏,生产呈现停滞。手工业在毡织造、丝织业、麻织业、棉织业、制盐业、制瓷业中均较前代有所发展,其中棉织业为新兴手工业,成绩突出。商业上已在全国范围内使用了纸币——钞,自皇朝至地方均设有印制、发行、管理的交钞提举司,远至畏兀儿等边远地区也设有这种机构,新兴工商业城市兴起。海外贸易超过前代,元政府在广州、泉州等地设立过市舶司,并有市舶则法。

东南亚、南亚、西亚,以至东非各沿海国家或地区均与元有贸易关系,与高丽、日本等国的贸易规模也相当大。贸易以中国输出生丝、花绢、棉布、瓷制品、药品等为主,从亚非输入的商品主要是珍宝、檀香、木材、漆器等物品。

元代文化艺术以元曲为代表,有关汉卿、王实甫、白朴、马致远等著名杂剧作家出现,他们写作了《窦娥冤》《拜月亭》《西厢记》等许多著名作品。女真人李直夫、回回人萨都剌、丁野夫等也是著名散曲作家。施耐庵、罗贯中于元末明初创作的《水浒传》《三国演义》标志中国古典小说发展已成熟。

科学技术方面,有郭守敬等天文学家,王祯等农学家;他们的成绩在科技史上较突出。

对外关系发展至极盛,陆路与海路交通均比前代扩大,来往也极频繁。与西北藩国,东亚高丽、日本,东南亚安南、暹罗、爪哇,真腊,阿拉伯半岛,非洲层拔罗(今坦桑尼亚、桑给巴尔)等国家均有频繁的经济文化交往,其中安南人带回的佛经、儒学经籍、诗文著述等对安南文化教育的发展影响极大。

元朝末年,吏治腐败,财政混乱,军备废弛,苛捐杂税增多,徭役繁杂,“为郡者于民间徭役不尽校田方亩以为则，吏得并缘高下其手，富民或优有余力，而贫弱不能胜者，多至破产失业”（《元史》卷192《白景亮传》）。内部斗争亦趋激烈，民族压迫的政策的强化，进一步激起了民族矛盾的尖锐，脱脱任中书右丞时变更钞法，整治河患未能缓和日益突出的社会矛盾与民族矛盾，催发了元末农民起义。到正11年（1351）刘福通等在颍州起兵，徐寿辉于蕲州起兵，起义爆发。至元十三年淮东张士诚起兵，至元十七年刘福通派人分三路北伐，次年北伐军毛贵部逼近大都，不久败退。至元十九年北伐失败。到至元二十八年（1368）朱元璋称帝，建明朝。此年，明军攻入大都，元顺帝北逃，元朝灭亡。元强盛时版图北至西伯利亚以北，南暨南海，西北至今中亚地区，东北则达鄂霍次克海地区。元顺帝退出中原后，其继承者据漠北，仍用元国号，史称北元。元世祖建号以来共传10帝，98年。元朝为中国历史上最强大的王朝，对奠定今天的中国版图、提高中国在世界历史上的地位，起到了巨大的作用。

马可·波罗和他的《马可·波罗游记》

马可·波罗（1254~1324）是威尼斯意大利商人的后代，他的父亲尼古拉和叔叔玛窦都曾到过蒙古汗国，并谒见过忽必烈。他们回去后，带去了古代中原的神秘故事。南宋咸淳七年（1271）兄弟二人带马可·波罗再来东方，三年后，即至元十二年（1275）到达元上都（今多伦多西北），见到了忽必烈，不久在元大都任职，学习东方习俗，及蒙汉语言。他的稳重赢得了元世祖赏识，受任巡视各地和出使南洋。他曾巡视的地方有山西、河北、关中、四川、建昌、云南等地，淮安、宝应、高邮、泰州、扬州、南京、镇江、苏州、杭州、福州、泉州等地也曾由他巡视过。出使的南洋国家有爪哇、苏门答腊、缅、安南等国。除巡视地方外，还在扬州担任过三年职务。十七年后，元阔阔公主远嫁波斯阿鲁浑汗，马可·波罗与他父亲等人自荐为向导，由海路至波斯，然后回到威尼斯，带回了大量珍宝。三年后威尼斯城与热那亚城发生战争，马可·波罗任舰长，战败被俘。在热那亚监狱中，讲述了许多东方见闻，比萨城文学家鲁思梯切诺遂以中古法意混合语法文记述了马可·波罗的口述，形成了《马可·波罗游记》。全书为四部分，第一部分记述马可·波罗一行至大都途中见闻；第二部分述及蒙古大汗忽必烈，以及宫殿、都城、政事及马可·波罗出使云南、缅甸情况，对杭、福、泉诸城情况也有述及；第三部分讲述日本、安南、印度、印度洋沿岸城市及诸岛情况；第四部分记载成吉思汗后代间的战争及北亚情况，详细于城市、气候、物产、习俗、贸易及宗教信仰。第二部分谈及中国，共

马可·波罗

82 章，为全书较多部分。它栩栩如生地描写了元大都——汗八里的辉煌景象，也记述了杭州“行在所供之快乐，世界诸城无有及之者。人处其中，自信为置于天堂”繁荣的状况（《马可·波罗游记》）。书中还有关于中国使用煤、纸钞的情况。

明 朝

明太祖朱元璋创建。元朝末年，红巾军并起，朱元璋继郭子兴之后，做了濠州起义军的领袖。至正十六年（1356）攻下集庆（今南京），继之消灭陈友谅、张士诚，派兵北上伐元。1368 年在应天称帝，国号大明，建元洪武。不久，改应天为南京。当年攻下大都（今北京），元朝灭亡。明代前期从开国至土木之败，计 81 年，有洪武、建文、永乐、洪熙、宣德、正统六朝袭替。崇祯十七年（1644）三月，李自成农民军攻下北京，思宗自缢而死，明亡。明历时 276 年，传袭 12 代，共 16 帝。

朱元璋

靖难之役与建文帝出亡

靖难之役为明代建文年间，燕王朱棣发动的夺取皇位的战争。明太祖朱元璋为保障朱家天下的长治久安及抵御元朝残余势力，在加强中央集权政治的同时，实行分封制，将他的 24 个儿子和 1 个孙子分封到全国各地；以一部分藩王驻守北方，抵御蒙古，如燕王、晋王、宁王等，其他则驻于内地各省，监督地方官吏。洪武三十一年（1398）明太祖死，长孙朱允炆即位，年号建文。朱允炆及大臣齐泰、黄子澄等人鉴于北方诸王势力太大，决定实行削藩。在不到一年的时间里，先后废去周、齐，湘、代、岷五王，同时部署兵力，准备袭燕。燕王朱棣智勇兼备，曾节制沿边兵马，多次战败蒙古，屡建奇功。建文元年（1399）七月，燕王先发制人，起兵反抗朝廷。他援引《祖训》，竖起“清君侧，诛奸臣”的旗号，自称此举为“靖难”，即消除祸难之意。朱棣迅速夺取河北大部，合并了宁王及朵颜三卫的军队，全力对付讨伐之师。建文帝先后派老将耿炳文、膏粱子弟李景隆督师北伐，数十万大军均被击败。赖盛庸与铁铉力战，双方相持于河北、山东战场。建文三年，燕王大举南下，灵璧之战后，士气更盛，于建文四年六月三日进抵南京金川门，守卫开门迎降。经过了 4 年战争，朱棣夺得了皇位，是为明成祖。建文帝为朱标次子，朱元璋孙，在位 4 年（1399~1402）。在位期间重农桑、兴学校、整顿吏治，采用削藩政策，巩固中央集权。但所重用的齐泰、黄子澄、方孝孺等，均是文弱书生，不懂军事。燕兵进京后，建文帝去向不明，一说：建文帝自焚宫中“燕王遣中使出帝后尸于火中，越八日壬申葬之”(《明史》卷4《恭闵帝》);一说:“帝由地道出亡”,落发为僧,云游于滇、黔、巴、蜀之间。正统年间曾还居宫中,寿年而终。真实下落难确考,为明史一大疑案。

郑和下西洋

郑和,本姓马,回族,云南昆阳(今云南晋宁)人,世界著名的航海家。世称“三保太监”,又称“三宝太监”。

明成祖朱棣即位后,“疑惠帝(朱允炆)亡海外,欲踪迹之,且欲耀兵异域,示中国富强。”(《明史》卷304《郑和传》)特派郑和出使西洋。郑和第一次远航是永乐三年(1405)六月开始,于永乐五年九月返回南京,前后历时两年三个月。这一次航行,船只共有63艘,人员27000多名,最大的船长44丈,宽18丈,可容千余人,是当时海上最大的船只。船上有航海图、罗盘针,具有最先进的航海设备。

郑和

从永乐六年到宣德八年(1433),郑和又六次率领舰队远航。前后历时20余年,共经历亚非30多个国家和地区,最远到达非洲东海岸。比西方哥伦布、达伽马等的航行早将近一个世纪,舰队规模和船只之大更是远远超过了他们,是世界航海史上的盛举。

郑和远航的船队,满载瓷器、丝绸、锦绮、铁器等,一方面代表明朝皇帝向各国赠送礼品,邀约他们派使臣到中国访问;同时也和他们进行贸易,交换象牙、宝石、珍珠、香料等物。

郑和的远航,促进了中国人民同亚非各国的经济文化交流,增强了与各国人民的友谊。很多国家在郑和的远航船队访问后派使臣来中国建立邦交和进行贸易。后郑和的随员马欢著《瀛涯胜览》、费信著《星槎胜览》、巩珍著《西洋番国志》,记载了所至各国的情况,丰富了中国人民的世界知识。

永乐大典

明成祖气魄宏伟,从他派遣郑和出洋一事,就可以充分表现出大手笔,明成祖同样也注意文治,发扬人文精神。

永乐元年,明成祖即位之初即下了道命令,命解缙把天下书合编为一书。

解缙接了这个任务,马上着手进行。根据原来藏在南京文渊阁之中,五代十国宋辽金元及明初,一共500多年来累积的“中秘藏书”,依据经、史、子、集、百家、天文、地理、阴阳、医卜、僧道、技艺,合为一书,在永乐二年十一月呈献给明成祖。

明成祖看了,点头称好,赐名为“文献大成”。可是,成祖并不完全满意,想把天下失散的书全给找齐全,于是又加派姚广孝与解缙同为监修,又命王景、湖俨等人为总裁;把全国最有学问的人都找来加入编辑群,再调国子监及外郡学生员担任缮写工作，总共 2000 人。

解缙率领如此庞大的编辑群，不眠不休赶了三年，到永乐五年，终于大功告成，全书共有 22937 卷，共装成 11095 大册，命名为“永乐大典”。

永乐大典编成后，即珍藏在南京的文渊阁。永乐迁都后，又移至北京，深藏在故宫内的文楼（即文昭阁）里。嘉靖四十一年（1562 年）8 月，誊写副本一部，从此《永乐大典》才具有正副两部，分别珍藏在文渊阁和皇史宬两处。全书举凡天文、地理、人伦、国统、道德、政治制度、名物、奇闻异见以及日、月、星、雨、风、云、霜、露和山海、江河等均随字收载。全书分门别类，辑录上自先秦、下迄明初的八千余种古书资料，大凡经史子集与道释、医卜杂家之书均予收辑，并加以汇聚群分，甚为详备。它保存了明代以前大量的哲学、历史、地理、语言、文学、艺术、宗教、科学技术等方面丰富而可贵的资料。

清朝乾隆年间修四库全书时，永乐大典还有残余的几千册。经过清咸丰十年（1860 年）英法联军和光绪二十六年（1900 年）八国联军入侵北京，《永乐大典》遭浩劫，部分被烧毁，部分被抢走，余者寥寥无几。共计 795 卷。

北京保卫战

明代北京军队抗击瓦剌军进攻的战役。土木之败，使明王朝遇到严重的危机。于谦挺身而出，艰苦经营，刷新内政，加强战备。正统十四年（1449）8 月 16 日，消息传到京城，皇宫上下惊慌一片。18 日，皇太后命郕王朱祁钰监国京城大官富户纷纷南逃，有的大臣也主张南迁。于谦、陈循、王直坚决反对，主张保卫京师为天下根本。于谦临危受命，任兵部尚书。朱祁钰 9 月 6 日即皇帝位，是为景帝，遥尊英宗为太上皇，以明年为景泰元年。也先挟英宗要挟明廷之计不逞，遂于十月率大军进犯北京。10 月 11 日瓦剌军抵北京城下，列阵西直门外，把英宗放置在德胜门外空房内。13 日，于谦、石亨率军与瓦剌军战于德胜门外，瓦剌军大败。随后又转战至西直门进攻明军，也被明军击退。瓦剌军不甘失败，又在彰义门组织进攻，明军失利，瓦剌军追到土城，遇居民阻遏，不得推进。加上天寒地冻，京师外围守军的奋力抵抗，到 11 月 8 日，瓦剌军退出塞外，京师解严。于谦和主战派官员领导和组织的京师保卫战，终于取得了胜利，粉碎了瓦剌军想夺取北京的野心，明王朝转危为安。

于谦

张居正改革

张居正(1525~1582),字叔大,号太岳,湖广江陵(今湖北沙市郊区)人,明嘉靖中叶进士。隆庆元年(156)入阁,万历元年(1537)神宗即位,为内阁首辅,实行了一系列改革措施,是中国封建社会末期最负盛名的改革家。

政治上,以"尊主权,课吏职,信赏罚,一号令为主"。中心是解决官僚争权夺势、玩忽职守的腐败之风。他认为当时朝野泄沓成风,政以贿成,民不聊生,主要原因是"吏治不清"。他以"课吏职"即加强官吏考核为手段,"斥诸不职","省冗官",淘汰并惩治了一批官员。在执行上,他"信赏罚","持法严",使赏罚有准,不姑息。在他执政期间,"百官惕息","一切不敢饰非",朝廷号令,"虽万里外,朝下而夕奉行",行政效力大大提高。再如,张居正因御史在外常常欺凌巡抚,决定压一压他们的气焰。只有他们有一件事稍不妥,马上加以责骂,又饬令他们的上司加以考查。又如,当时天下太平已经很久了,盗贼群起,甚至抢劫官府库房,地方政府常常隐瞒这类事情不上报,张居正下令如有隐匿不报者,即使循良的官吏也必撤职,地方官再不敢掩饰真情,抓到强盗,当即斩首处决,并追捕他们的家属,盗贼因此衰败。

军事上,用戚继光镇蓟门(今河北迁西县西北),李成梁镇辽东(今辽宁辽阳),又在东起山海关,西至居庸关的长城上加修"敌台"3000多座,加强北方的防备。并在边疆实行互市政策,互市使马匹大增,减少了太仆寺需的种马,就叫老百姓折价交银,使太仆寺积蓄金四百余万。互市又使边疆在政治经济上保持稳定、正常,如封俺答(北方蒙古首领)为顺义王,在大同、宣府、甘肃等地立茶马互市,保持贸易往来,俺答长久没有来犯边关。

经济上采取的主要措施有:

(一)清查土地。1578年(万历六年),下令在全国进行土地的重新丈量,清查漏税的田产,到1580年(万历八年),统计全国查实征粮土地达7013976顷,比弘治时期增加了近300万顷。朝廷的赋税大大增加。

(二)改革赋税,实行"一条鞭法"。这一改革措施赋役折银征收,既是商品货币经济发展的结果,又必然促进商品经济的繁荣。

(三)任用著名水利学家潘季驯修治黄、淮,使黄、淮分流,减少水灾。又改革漕运制度。这个办法推行久了,中央仓库里的粮食装得满满的,足够十年用了。

张居正的变革的目的是为了维护大明王朝的统治,但这一系列改革措施都符合当时的社会实际,促进了经济发展,他不愧为中国封建社会杰出的政治改革家。但他作为一个政治家,却缺少豁达的风度,他的改革又触动了一些官僚集团的利益,自己又不甚检点,给反对派留下了许多口实,在1582年(万历十年)他病逝以后,新法全部被推翻,自己也身败名裂。

张居正一生功过兼有之,但作为一个封建士大夫,能任劳任怨地工作,敢于整顿松弛的政治秩序,能使国富民丰、边疆安全,也称得上是一个正直的好官。

明代宦官之祸

明初鉴于前代宦官之祸，制铁牌置于宫门，规定“内臣不得干预政事，预者斩”(《明史》卷304《宦官传·序》)。防范严密，宦官无机可乘。朱棣起兵“靖难”，刺探宫中事，多以建文帝左右为耳目，许多宦官立过战功。如狗儿、李兴、郑和、马靖等，开始受到重用。虽然宦官参与了不少政治活动，但还没有达到专权的程度。明英宗时，开始形成宦官专权的局面。明代宦官之祸迭起，可以划分为四个时期：即成化以前的王振专权；成化年间的汪直专权；武宗时期的刘瑾专权；熹宗时期的魏忠贤专权。

正统年间，王振在朝中擅权，屡次对麓川用兵，劳师糜饷；挟英宗亲征瓦剌，致遭土木之败。成化年间，由于明宪宗耽于逸乐，不问政事，遂使宦官得势。有名的宦官有汪直、尚铭、梁芳、钱能、韦兴、陈喜、王敬等人。其中以汪直最为有名。汪直在皇帝授意下，建立西厂，所领缇骑倍东厂，势力大大超过东厂和锦衣卫。逮捕朝臣，有时先下狱而后奏闻，有时旋执旋释，竟不奏闻。屡兴大狱，激化了朝臣与宦官的矛盾。宦官依仗权势胡作非为，人们“只知有太监，不知有天子”(《明史纪事本末》卷37)。武宗时，宦官刘瑾、马永成、谷大用、魏彬、张永、邱聚、高凤、罗祥等，称为“八党”，也称为“八虎”。刘瑾最为专横跋扈，大臣的奏章要写两份，必须先送刘瑾，然后才送通政司转给皇帝。内阁大学士焦芳、曹元都是刘瑾的党羽，焦芳甚至跑到刘瑾家中去办事。北京城内外都说有两个皇帝，“朱皇帝”“刘皇帝”，或者叫“坐皇帝”(武宗)、“立皇帝”(刘瑾)。

明末皇帝不亲理朝政，大权由贪婪的宦官集权把持。熹宗时宦官魏忠贤炙手可热，权倾朝野，“自内阁六部，四方总督巡抚，遍置死党”(《明史》卷364《魏忠贤传》)，许多官僚认他为义父干爷。他凭借厂卫广布侦卒，陷害百姓，并勾结熹宗乳母客氏，专断国政，兴大狱，杀东林党人。自称九千岁，下有5虎、5彪、10狗等徒子徒孙，阉党遍布全国，权势达到了顶峰。宦官不仅在政治上弄权，而且在经济上贪污受贿，巧取豪夺，勒索大量财富。王振家藏金银60余库，刘瑾家有黄金24万锭又57800两。宦官专权，加剧了明朝政治上的腐败，加重了人民的苦难和社会不安。

明末党争

明万历时起，朝政日趋腐败，党派林立，党争迭起。万历三十三年(1605)，被明朝政府革职的吏部郎中顾宪成，与同好高攀龙、钱一本、薛敷教、史孟麟等人，在他的故乡无锡东门外东林书院讲学。讽议朝政，品评人物，抨击当权派。一时“士大夫抱道忤时者，率退处林野，闻风响附”。一部分在职官吏如赵南星等也遥相应合。东林党以此得名。

与东林党同时，另一批官吏士绅又组成浙、齐、楚、宣、昆各党派。这些党派相互之间也有矛盾，但他们都与大地主集团相互勾结，“务以攻东林排异己为事”。

宣党首领汤宾尹是宣城人,昆党首领顾天峻是昆山人,其他各党皆以乡里命名。在这些党派中,以浙党势力较大,浙党首领沈一贯、方从哲都先后出任内阁首辅,在朝当政。

明末党争从万历二十二年"京察"(考核官吏)开始,一直到弘光元年(1645),始终没有停止过。无论是在政治问题上,还是在军事问题上,都争论不休。

明神宗皇后无子,王恭妃生子常洛(即光宗),郑贵妃生子常洵(即福王),常洛为长。但神宗宠爱郑妃,欲立常洵,乃迁延不立太子。内阁大学士王锡爵、沈一贯、方从哲等先后依违其间。东林党人上书反对,各党派又群起反对东林。于是有"国本"之争、三王并封之争、福王就国之争、"三案"之争、"李三才入阁"之争,东林党与它的反对派在立太子问题上展开了长达20余年的争论。最后,神宗终于立常洛为太子,勋戚郑氏的权势受到一定的压抑,但东林党推李三才为相的愿望也没能实现。

熹宗天启时,统治阶级内部的党争愈演愈烈。最初,东林党人叶向高、邹元标、杨涟、赵南星等人得到执政的机会,浙、昆、宣各党派一度受到排斥。为时不久,以魏忠贤为首的阉宦与浙、齐、楚、宣、昆各党中的一部分人结成联盟,被东林党称为"阉党",异军突起,魏忠贤是司礼秉笔太监,又提督东厂,爪牙有五彪、十狗、十孩儿、四十孙等名目,朝廷内外,"遍置死党",从而把持朝纲,为所欲为。东林党人激烈反对"阉党"掌权。杨涟上疏劾魏忠贤二十四大奸恶,被锦衣缇骑逮捕。左光斗、魏大中、周顺昌、黄尊素等人也被捕处死。东林党受挫。崇祯帝继位,捕杀阉党。南明福王政权下,东林党人与阉孽的斗争仍在继续,如"复社"与马士英、阮大铖的斗争。

在党争的过程中,东林党人反对以皇帝为首的当权派的胡作非为,反对王公、勋戚对土地的掠夺,反对矿监、税使的横征暴敛,代表了人民的愿望,得到了市民的支持拥护。但明末激烈的党争大大削弱了明朝的力量。

资本主义萌芽的出现

所谓资本主义萌芽,就是资本主义生产关系已开始出现,但尚未在全部生产关系中占据主导地位。明代中后期,即嘉靖、万历年间,中国封建社会内部开始萌生了资本主义生产关系。当时商品生产不断扩大,各地商业往来日趋频繁,工商业繁盛的城市和市镇大量涌现,国内商业中心区之间的联系愈益紧密,海外市场也有所开拓,市场上流通的货币以白银为主,东、西洋的白银源源流入中国。资本主义萌芽主要产生于江南及东南沿海地区的丝织业、棉布业、榨油业、矿冶业等部门,在农业中也有表现。包买商和手工工场也主要出现在这些部门之中。丝织业以苏州最发达,史载苏州"生齿最繁,恒产绝少,家杼轴而户纂组,机户出资,机工出力,相依为命久矣。"这就是说,存在着"机户"雇佣"机工"从事丝织生产的情形。时人蒋以化也说:"我吴市民罔籍田业,大户张机为生,小户趁织为活,两者相资为生久矣。"文中所说的"大户"和"小户"的关系,就是一种雇佣关系。对出卖劳动力的机工的身份也有记载,它说:这些人是“浮食寄民,朝不谋夕,得业则生,失业则死”,“皆自食其力之良民”。所谓“朝不谋夕,得业则生,失业则死”,就是说,他们丧失了一切生产资料,完全靠出卖劳动力为生;所谓“浮食寄民”,是指随处流动为生,不系户籍的人,他们在一定程度上摆脱了封建政府的控制,是可以出卖劳动力的“自由人”。松江的棉布袜制造业,据《古今图书集成》卷696《松江府部》记载:“郊西尤墩布,轻细洁白,市肆取以造袜,诸商收鬻,称于四方,号尤墩暑袜。妇女不能织者,多受市值,为之缝纫焉。”可见松江暑袜店的店主就是由商业资本转变为工业资本的包买主,而为店主缝纫的当地人就是在自己家中为资本家工作的雇佣工人,已属资本主义经营性质。万历年间,浙江崇德县石门镇的榨油业中,已采用资本主义的经营方式。榨油工人皆招募而来;“一夕作,佣直二铢而赢,”说明他们是出卖劳动力的人。铁冶业中,广东韶关、惠州等地,“每山起炉,少则五六座,多则一二十座。每炉聚集二三百人,在山掘矿,煽铁取利。山主矿主利其租税,土脚小民利其雇募。”太湖地区的农村,当时普遍出现农业雇佣劳动。有“长年”“忙月人工”“月工”“短工”“工人”等多种雇佣劳动名称。

明代中后期虽然产生了资本主义萌芽,但具有很大的局限性:①其产生的重要前提即商品经济虽与以前相比堪称发达,但当时自给自足的自然经济仍占主导地位,各地商业的发展很不平衡。②封建的生产关系仍是占主要地位的生产方式。③在进行资本主义经营的生产单位里,封建残余大量存在。尽管如此,刚刚出现的不完善、极微弱的资本主义萌芽,毕竟代表了新社会的曙光,从此古老的中国封建社会开始逐步走上缓慢解体的道路。

清朝(鸦片战争前)

中国封建社会最后一个皇朝。明万历四十四年(1616),建州部女真首领爱新觉罗·努尔哈赤在赫图阿拉(今辽宁新宾)称汗,国号大金,史称后金。皇太极继立之后,于崇祯九年(1636)改国号为清,改族号为满洲,始称皇帝。在入关前的29年中,满洲从奴隶制过渡到封建制,创立了政治、军事、经济合一的八旗制度,攻取辽沈为根据地,击败蒙古察哈尔林丹汗,据有了长城线以北的广大地区。顺治元年(1644)在吴三桂的辅佐下入关,开始了满汉地主阶级联合政权对中国的统治。从顺治元年至道光二十年,计197年。清代前期从清兵入关到摊丁入地即雍正元年(1723),计79年,传袭了顺治、康熙两朝。顺治初年,世祖冲幼,由皇叔父多尔衮摄政,实行剃发易服、圈地、逃人法等高压政策,民族矛盾上升,出现扬州十日、嘉定三屠等残酷屠杀事件。大顺军、大西军余部与南明政权联合抗清,坚持了近40年的斗争。康熙亲政以后,除掉鳌拜,平定三藩之乱,统一台湾,三次出兵亲征噶尔丹,抚绥了内外蒙古诸部。

清初仿明制设立政府机构和建立各项制度,以内阁为中枢首脑机构,政府官员

努尔哈赤

满、汉兼用,为保障满洲贵族的利益,特设满官缺,不准其他民族染指。独具特色的机构有管理皇家事务的内务府,专管少数民族事务的理藩院,参与密勿的南书房。建立军事制度,除八旗兵外,还建立了绿旗兵,又称绿营兵,多时可达66万人。为了加强君权,世祖福临"自将"正黄、镶黄、正白三旗,成为上三旗,其余为下五旗,各旗旗主的势力削弱。圣祖玄烨裁抑议政王大臣会议。世宗胤禛设立军机处,并直接掌握这个处理军国大政的常设办事机构。高宗弘历大权独揽,取消了议政王大臣会议。为了医治几十年的战乱疮痍,把故明藩王的弃地以"更名田"的名义分给农民,奖励开荒,治理黄河、运河、永定河,修筑浙江海塘及渠堰堤坝等水利工程,体恤民生,轻徭薄赋,并且多次蠲免赋税,到康熙六十一年(1722)时,全国垦田达八亿五千万亩,使农业生产得到恢复。康熙五十一年宣布"盛世滋丁,永不加赋",以康熙五十年的户口丁数为准,将丁税固定下来,免去加征之弊。雍正元年又实行"摊丁入亩",进行了赋役制度的改革,这一改革在一定程度上减轻了贫苦百姓的负担,也废止了人丁税。

清代中期从摊丁入地到第一次鸦片战争,即道光二十年(1840),计118年,传袭了雍正、乾隆、嘉庆、道光四朝。由于康熙、雍正、乾隆三个专心治国孜孜求治,调整了生产关系,准许处于农奴地位的旗地上的壮丁"出旗为民",开豁属于贱民身份的世仆伴当、乐户、惰民、丐户为良,废除匠籍,使农业、手工业、商业经济继续向前发展,出现了"康乾盛世",也使明清之际中断了的资本主义生产关系的萌芽得以恢复,并且在一段时期内得到缓慢的发展。清廷始终重视少数民族和边疆事务,康熙三十年多伦会盟,以喀尔喀蒙古三部设立三十七旗,奠立了北部疆土。雍正中在"苗疆"(贵州),云南之东川、乌蒙、镇雄三土司等地实行改土归流;在西藏派遣驻藏大臣。乾隆中两次平定了大小金川土司的叛乱,乾隆二十四年(1759)平息天山南北大、小和卓木的叛乱,奠立了祖国西北疆土。是时,统一的多民族国家达于极盛,国内辖地,除顺天府和盛京外,还包括称为本部的18省和称为藩部的内蒙古、青海蒙古、喀尔喀蒙古、西藏、新疆等地,其疆域北至蒙古高原以北,南到南沙群岛,东至外兴安岭、库页岛,西到葱岭。乾隆末年,土地集中现象十分严重,统治阶级奢侈腐化,大小官吏贪污成风,军队士无斗志,各地人民不断起来反抗,著名的有湖南、贵州石柳邓等人领导的苗民起义,川楚白莲教起义,北方的天理教起义。

满洲贵族为了巩固统治,提倡尊孔读经,兴学校,开特科,笼络汉族知识分子,同时又大兴文字狱,加强思想控制。清初的三大思想家主张经世致用,也敢于冲破传统的束缚,受他们影响的学者常能突破前人的窠臼,在各领域中做出成就。在考据学上,有段玉裁的《说文解字注》等名篇。一大批考据学者,形成所谓的乾嘉学派。史学上有官修《明史》、章学诚的《文史通义》等著述，在对旧史的补遗和方志撰述上取得的成就尤为突出。文学上出现了曹雪芹、蒲松龄等文学巨匠，编纂了类书《古今图书集成》和古代最大的一部丛书《四库全书》。绘画上，明遗民僧石涛、石溪、八大山人和扬州画家突破了正统，具有创新精神。科技方面，有擅长天文历算的科学家。

在建筑上有圆明园、雍和宫、承德外八庙、拉萨的布达拉宫等建筑。有清一代是西方殖民者东来的时期，在陆路上与俄国相接壤，康熙中两国在雅克萨发生战争，双方订立了尼布楚条约，确定了中俄东段边界。雍正中又订立了布连斯奇条约和恰克图条约，从而确定了中俄中段和西段边界。此后双方处于和平状态。在海路上与葡萄牙、西班牙、英、法等国发生贸易往来，清朝政府对其存在着畏戒心理，只与他们进行有限的贸易。中期以后，限制基督教的传教活动和商人的贸易活动，走向闭关自守，最后被英法的炮舰轰开了大门。道光二十年(1840)以后为清后期，中国历史进入近代时期。清代历295年，传袭11代12帝。

清初各种抗清势力

清兵入关以后，中原地区先后存在过四种主要反清势力。一为李自成、张献忠的农民军主力，二为李、张农民军余部，三为明朝贵族所建各南明小朝廷，四为郑成功部。

李自成、张献忠之败

李自成自北京回到西安，清兵由英王阿济格及豫王多铎分别统领，向李自成大举进攻。李自成由蓝田出武关，入襄阳(今湖北襄阳市)，至武昌，阿济格及吴三桂在后紧追。这年夏天，李自成死于湖北通山县九宫山，年仅三十九岁。余部由郝摇旗、刘体纯、高一功、李过等率领南下。

李自成

张献忠在四川两年多，四川地区的豪绅地主普遍组织武装与他对抗。张献忠放弃成都，进入川北西充山中。顺治三年正月，清廷命豪格与吴三桂统兵入川，进攻张献忠部。十一月，清兵至西充之凤凰山，张献忠在战斗中中箭身亡，余部由孙可望、李定国等率领南走云贵。

南明福王、鲁王、唐王政权

顺治元年五月，南明福王朱由崧称帝于南京。这个政权腐败不堪，内部矛盾重重。马士英、阮大铖擅权中央，政以贿成，官以钱得。马士英为操纵政权计，排斥史可法，使他督师江北。驻武昌军阀左良玉又与马士英有隙，举兵讨马士英，向南京进攻。不久，清廷命多铎移师南下。顺治二年四月，扬州城破，史可法被执，不屈而死。五月，福王被俘，多铎入南京，福王政权灭亡。

福王政权灭亡后，鲁王朱以海监国于浙江绍兴。唐王朱聿键称帝于福州，建元隆武。这两个政权不但没有联合抗清，反而互相摩擦，形成水火不容之势。顺治三年六月，清兵渡钱塘江，鲁王兵败，逃至海上；八月，唐王被执而死，两政权都灭亡。

农民军余部与南明桂王政权的联合抗清，抗清的主力有三支，一为李自成余部，二为张献忠余部，三为稍后的夔东十三家。

李自成死后，其余部尚不下四、五十万人，分为两支进入湖南：一支由郝摇旗、刘体纯等率领抵达湘阴，共十余万人，与明将何腾蛟联合抗清；一支由高夫人（李自成妻）、高一功、李过等率领抵达常德，约三十万人，与明将堵胤锡联合抗清。农民军与南明军队联合后，曾一度几乎全部收复湖南之地，屡次把桂王政权从危难中拯救出来。但是至顺治六年（1649 年），清廷调集大军进占湖南，何腾蛟于湘潭被俘杀死。次年，清兵攻克广州，又入桂林。在清兵压迫之下，桂王政府退居广西南宁。

张献忠的余部孙可望于顺治八年（1651 年）迎挂王至贵州之安隆所，改名安龙府。次年，孙可望等发动了大规模的东征北伐。刘文秀、白文选进攻四川，大败吴三桂军，收复了四川大部分地区。李定国、冯双礼进攻广西，又接连收复湖南、广东等省。在这次征伐战斗中，农民军先后收复了西南数省。但是孙可望嫉妒李定国之军功，阴谋削他的兵权，以致挑起内战，最后失败，投降了清朝。顺治十六年（1659 年），清兵三路入滇，李定国作战失败，桂王逃入缅甸。顺治十八年，吴三桂兵临缅甸，收执桂王。康熙元年（1662 年），吴三桂绞杀桂王于昆明，李定国病死于猛腊。

李自成余部在湖南抗清失败后，先后转移到川、鄂地区，即夔州府（今四川奉节）以东地区，由农民领袖刘体纯、李来亨等与明将王光兴等联合抗清，称为夔东十三家军。康熙元年，清兵大举进攻十三家军。康熙三年（1664 年），十三家军抗清失败。至此，明末农民战争结束。

郑成功抗清及收复台湾

郑成功，福建泉州南安人，父芝龙，母日本女翁氏，出生于日本，七岁返国读书，十五岁为南安县学生员。原名森，字大木，唐王甚器重，赐国姓（朱姓），改名成功，自是人称“国姓爷”。郑成功不肯随父降清，在郑芝龙降清北去后，他入海抗清，以金门、厦门为海上抗清基地。郑成功善于治军，精练士卒，军纪严明，势力日益强大。经常派军出没于浙江、福建、广东沿海一带，攻城略地，屡败清军。其中规模最大的一次，是顺治十六年(1659年)夏秋的北伐。当时，郑成功率大兵十七万，分为八十三营，扬帆北上，直抵南京城下，收复南京附近及安徽部分地区。但郑成功犯了胜利轻敌的错误，对南京围而不攻，以待其降，并开宴纵酒，放松警惕，致遭清之骑兵突袭，郑军大乱而退，伤亡惨重，退回厦门。

郑成功收复台湾

郑成功为谋取抗清复明的根据地，决计进兵台湾。顺治十八年(1661年)3月23日，郑成功率军二万五千人，由金门科罗湾出发，24日抵达澎湖。在澎湖阻风乏粮数日，又冒风雨开船行进。4月1日，大队船只齐进台湾鹿耳门，顺利登岸扎营。郑军迅即攻克赤嵌城(今台南)，荷兰侵略者退守台湾城(今安平)。4月26日，郑成功致书荷兰总督揆一招降："台湾者，中国之土地也，久为贵国所居，今余既来索，则地当归我，珍瑶不急之物，悉听而归。"揆一不降，郑军急攻不下，乃筑长围以困之。郑军又在海上屡败荷兰由巴达维亚派来的援军。又得知台湾城内无井，欲塞城外水源。揆一穷蹙无计，于12月3日出降。从此郑成功驱逐了荷兰殖民者，为祖国收复了台湾，在台湾督兵大兴屯田，招集福建、广东人民前来开荒，设官府，兴学校，进一步开发了台湾。康熙元年(1662年)五月，郑成功病死于台湾，年三十九岁。

清初剃发令

清初发布的强迫汉人依从满族习俗剃发的命令。满洲习俗，男子均将顶发四周边缘剃去寸余，中间保留长发，分成三绺编成长辫一条垂于脑后，名为辫子，或称发辫。四周剃去的头发，除为父母守丧或国丧外，不准养长，应及时剃除，名为剃发，或谓剃头。

清入关前即令降清汉人及其他各族人民剃发，以示归顺。顺治元年(1644)清兵入关后，山海关城内军民皆剃发归降。清兵进入北京后，颁令剃发。因入关未久，根基尚未稳固，剃发令执行并不严格，往往听任降者自便。

千百年来，内地汉人都留头发，无剃发习惯，强迫剃发是让他们遵从满洲习俗，被认为是一种民族压迫、民族侮辱，遭到激烈反抗。顺治二年元月，大顺军受挫，清军攻下南京、苏杭后，清廷认为大局已定，便重申剃发令，全国各地，限定10日之内，尽行剃发蓄辫。凡是不剃的、迟疑的、上表章请求保存明朝制度的，一律"杀无赦"(《清世祖实录》卷71)，实行"留头不留发，留发不留头"(韩菼《江阴城守纪》上)。这加剧了民族矛盾，激起了内地汉人激烈的反剃发斗争。江阴人民发誓"头可断，发决不可剃"，在24万清军攻击下，苦战81天；嘉定人民也组织乡兵，据城不降，最后遭到残酷屠杀。各地人民的反剃发斗争，成为当时抗清斗争的重要组成部分。

三藩之乱

三藩之乱是清朝康熙年间平西、靖南、平南三藩王发动的叛乱。

清朝初年，由于清朝统治者力量尚不足以直接控制南方各省，因此将汉人降将有功者分封管理在一些南方。

吴三桂封平西王，镇守云南，兼辖贵州。

尚可喜封平南王，镇守广东。

耿仲明封靖南王，死后，其子耿继茂袭封，镇守福建。

康熙十二年(1673年)下令将三藩俱撤回山海关外。

吴三桂

吴三桂率先举兵叛乱，以反清复明为号召，自称"总统天下水陆大元帅、兴明讨虏大将军"，分兵陷湖南、四川。耿精忠(耿继茂之子)、平南王尚可喜之子尚之信先后响应于福建和广东，广西、陕西等地也先后发生叛乱。十二月，陕西提督王辅臣亦反，吴三桂急派其得力大将左都督王屏藩出汉中支援，西战场形势趋于严峻。

康熙帝集中主力南征吴三桂，同时停撤平南、靖南二藩。自康熙十五年(1676年)起，战场形势开始有利于清军，陕西的王辅臣与满清朝廷对峙三年之后，终于接受康熙的招抚，耿精忠势穷乞降，尚之信也继而降清。吴三桂在占领湖南后，未趁辅臣之叛，溯江北上，坐失战机，而清军则贯注全力，收复湖南大片土地。康熙十七年，吴三桂在衡州(今湖南衡阳)称帝，国号"大周"，改元"昭武"，大封百官诸将。当年秋，吴三桂病死，其孙吴世璠继承帝位。清军乘机分路并进，湖南、贵州、广西、四川等沦陷各省次第光复。二十年清军会攻云南省城昆明，吴世璠绝望自杀。

至此，这场历时八年，蔓延十省的三藩之乱才平定下来。三藩之乱的平定，有利于国家的统一，边疆的开发。"康乾盛世"也由此开端。

雅克萨战役

雅克萨战役是中俄之间的一场战争。在清朝初年,俄罗斯人向西伯利亚扩张,并进军黑龙江流域,几次被清军击败,但由于东北人烟稀少,一旦清军回撤,俄人又卷土重来,在黑龙江流域建造尼布楚城(现俄罗斯涅尔琴斯克)和雅克萨城(现俄罗斯斯科沃罗丁诺)。

雅克萨战役

康熙时俄罗斯人还在不断侵扰黑龙江流域,并煽动当地酋长索伦叛附,康熙震怒。几次交涉未果,于1685年派遣黑龙江将军萨布素率领15000士兵围攻雅克萨,焚毁木城,俄军40多人投降,不愿回国,被编为康熙俄裔近卫军。

清军回防后,俄军重回,又重建土城。1686年夏,萨布素率领清军重新攻打雅克萨,久围不下。时彼得大帝派特使在尼布楚和中国议和,清军增兵20000。俄罗斯当时正和瑞典争夺芬兰,无暇东顾。最后达成和议,签订中俄尼布楚条约。

条约规定:外兴安岭以南、格尔必齐河和额尔古纳河以东至海的整个黑龙江流域,乌苏里江流域的土地,全部属于中国;外兴安岭与乌第河之间的地区,暂行存放,留待以后再议;凡一、二人越界捕猎或盗窃,立即械系,送回本国处罚,凡数十人结伙,持械越界、杀人掠夺者,捕拿送回本国,处以死刑;两国人民持有护照者,可以过界往来互市;订约以前的逃人不必遣返,订约以后,两国不收逃犯。俄国人在雅克萨所建城障,应立即拆除,在此居住的俄国人,应全部迁回本土。《尼布楚条约》的内容,曾用满文、汉文、蒙文、俄文和拉丁文五种文字刻成了界碑。

这个条约明确划分了中俄两国的东西边界,从法律上肯定了黑龙江和乌苏里江流域包括库页岛在内的广大地区都是中国的领土。沙俄同意把入侵雅克萨的军队撤回,清朝同意把贝加尔湖以东原属中国的尼布楚土地让给俄国。尼布楚条约是中俄双方在平等基础上签订的一个平等条约。

康熙平定噶尔丹纪功碑

位于呼和浩特市旧城席力图召和小召(崇福寺)内。清康熙皇帝平定厄鲁特蒙古准噶尔部噶尔丹叛乱后,于康熙四十二年(1703 年)御制刻碑,用以纪念平叛的胜利,表彰两寺喇嘛助战功绩。石碑两通均用满、蒙古、藏、汉四种文字铭刻,各书两石,每面分刻一种文字,每石各建有一座八角攒尖顶式碑亭。碑文叙述平叛经过及意义的文字相同,但分别表彰两寺喇嘛功绩的文字稍异。席力图召的石碑尚存原地;小召的石碑已移存内蒙古博物馆内。碑文记载赐予小召的甲胄、宝刀,过去每年春节公开展览,名为晾甲,届时倾城出动前往观赏,今亦由内蒙古博物馆收藏。

土尔扈特归来

指土尔扈特部落重新回归祖国。明朝崇祯年间,蒙古族土尔扈特部首领和鄂尔勒克,因与准噶尔部首领巴图尔珲台吉(噶尔丹之父)相处不和,带领部落离开了原来的牧地塔尔巴哈台,西迁伏尔加河下游地区,北与沙皇俄国为邻。沙俄最初跟它进行互市,出兵打仗也求他帮助;后来土尔扈特势力渐渐衰落,沙俄则把它役为属部。由于在风俗习惯、宗教信仰等方面与沙俄不同,且“受其役属”,“心不甘欲”,因“归向中国”。自从顺治年间起,不断派人到中国“奉表入贡”。康熙年间,清朝政府也曾派图理琛等人看望这些远在西方的同胞。当时土尔扈特的首领阿玉奇曾对图理琛等人倾诉了他们对祖国的深切怀念。乾隆年间,沙俄对土尔扈特的压榨更加厉害起来,“屡征土尔扈特兵与邻国战”,败绩,土尔扈特部众死者七八万人。“沙皇”思雪其耻,复征兵于土尔扈特,土尔扈特诸部人人忧惧。在这种情况下,土尔扈特部众在首领乌巴锡的带领下,毅然决定返回祖国,摆脱沙皇俄国的奴役。他们自乾隆三十五年(1770)十月出发,沿途战胜了沙俄军队的追袭阻拦,于第二年六月胜利抵达祖国的土地。清朝政府热情欢迎土尔扈特部重返祖国。部众被安置在伊犁地区驻牧,并送来衣物、食物,使之“所至如归”。清高宗弘历还特地派人把土尔扈特首领 13 人接到热河,诏见慰问。土尔扈特的归附,使漠西厄鲁特蒙古全部统一在清朝中央政府的管辖之下。

土尔扈特归来

达赖与班禅

中国西藏佛教格鲁派(黄教)中,有并列的两大宗教领袖,他们是达赖和班禅。

明朝时，西藏宗教首领索南嘉措应蒙古俺答汗邀请到青海传教，俺答汗本人和蒙古人民都改信了西藏格鲁派佛教，并给索南嘉措赠送"圣识一切瓦齐尔达喇达赖喇嘛"的尊号，从此就有了"达赖（蒙古语'大海'）喇嘛（藏语'上人'）"这一称号。索南嘉措是达赖三世。达赖一世和二世是追认的。1653 年清朝顺治皇帝正式册封达赖五世阿旺罗桑嘉措为"达赖喇嘛"，承认达赖在西藏的政治和宗教地位。后世达赖均与清朝和睦相处。达赖十三世上登嘉措时期，西藏受到英国侵略，他抵抗战败后避难外蒙古。返回西藏后因与驻藏大臣发生矛盾而于 1910 年出走印度。辛亥革命后返回西藏，重掌地方政权。达赖十四世丹增嘉措于中华人民共和国成立后派代表团赴北京，与中央人民政府谈判，使西藏和平解放，重回祖国大家庭。1959 年，西藏部分农奴主发动武装叛乱，达赖十四世出走印度。

17 世纪初，日喀则著名黄教寺院扎什伦布寺寺主罗桑确吉坚赞是当时黄教首领，因精通佛学被尊为班禅（"班"是梵语班智达的略称，意为博学之士；"禅"藏语意为大，班禅即大学者之意）。1662 年罗桑确吉坚赞圆寂后，其弟子达赖五世为他寻找转世"灵童"，建立了班禅活佛系统。1713 年，康熙皇帝又册封班禅五世罗桑意希为"额尔德尼"（满语"珍宝"），承认他的宗教和行政权力。从此，历代的达赖和班禅都由中央册封。

乾隆皇帝为加强中央对西藏的控制，在 1792 年确立了一种确定达赖班禅继承人的制度——"金瓶掣签"制度。即在拉萨大昭寺和北京雍和宫各放一金瓶，每逢达赖班禅去世，就把 4 个选好的灵童的名字和出生年月，用满、汉、藏 3 种文字写在象牙签上，连同一个空白签投入大昭寺的金瓶内。喇嘛诵经 7 天后，由清政府驻藏大臣当众抽签，抽中的灵童就是新达赖或班禅。青海、蒙古等地的活佛转世，则用雍和宫里的金瓶抽签，以防止大贵族势力从中操纵。这种制度一直沿用至今。

1989 年，班禅十世在日喀则圆寂，他的转世灵童也是用这种办法选拔出来的。第十一世班禅额尔德尼确吉杰布经金瓶掣签认定，并经中央政府批准，于 1995 年 12 月 8 日在日喀则扎什伦布寺举行坐床典礼。

八旗制度

中国清代满族的社会组织形式。满族的先世女真人以射猎为业，每年到采捕季节，以氏族或村寨为单位，由有名望的人当首领，这种以血缘和地缘为单位进行集体狩猎的组织形式，称为牛录制。总领称为牛录额真（牛录意为大箭；额真，又称厄真，意为主）。

八旗的建立：努尔哈赤在统一女真各部的战争中，取得节节胜利。随着势力扩大，人口增多，他于明万历二十九年（1601）建立黄、白、红、蓝四旗，称为正黄、正白、正红、正蓝，旗皆纯色。四十三年，努尔哈赤为适应满族社会发展的需要，在原有牛录制的基础上，创建了八旗制度，即在原有的四旗之外，增编镶黄、镶白、镶红、镶蓝四旗（镶，俗写亦作厢）。旗帜除四正色旗外，黄、白、蓝均镶以红，红镶以白，把后金管辖下的所有人都编在旗内。其制规定：每 300 人为 1 牛录，设牛录额真 1 人；5

满洲八旗阅兵

牛录为1甲喇，设甲喇额真1人；5甲喇为1固山，设固山额真1人。据史籍记载，当时编有满洲牛录，308个，蒙古牛录76个，汉军牛录16个，共400个。此时所编设的八旗，即后来的满洲八旗。清太宗时，又建立蒙古八旗和汉军八旗，旗制与满洲八旗同。八旗由皇帝、诸王、贝勒控制，旗制终清未改。

八旗制度的特点：八旗初建时兵民合一，全民皆兵，凡满洲成员皆隶于满洲八旗之下。旗的组织具有军事、行政和生产等多方面职能。入关前，八旗兵丁平时从事生产劳动，战时荷戈从征，军械粮草自备。入关以后，建立了八旗常备兵制和兵饷制度，八旗兵从而成了职业兵。清定都北京以后，绝大部分八旗兵丁屯驻在北京附近，戍卫京师的八旗则按其方位驻守，称驻京八旗，俗称京旗，实即禁军。另抽出一部分旗兵派驻全国各重要城市和军事要地，称驻防八旗。八旗有一套完整的制度。如封爵，崇德元年(1636)始定亲王、郡王、贝勒、贝子、镇国公、辅国公、镇国将军、辅国将军、奉国将军九等。八旗按引军旗色定户籍。八旗兴办宗室觉罗学、官学等，课其子弟。八旗宗室王公及官兵的婚丧等均有规定。

八旗的兴衰：清军入关，满族人口大量涌入北京及其附近地区。为了安置八旗官兵和闲散人口，清政府进行大规模的圈地运动，八旗官兵因此获得一部分旗地。兵丁份地大多数靠本人带同家属从事耕种，后多迫于生计被典押出去。清统治全国以后，八旗兵丁生计日渐拮据。清王朝虽采取了种种措施，但直至清末，八旗生计问题非但没有解决，反而陷于贫困的境地。

八旗制度从正式建立到1911年辛亥革命后清王朝覆灭，共存在296年。它是清王朝统治全国的重要军事支柱，曾为发展和巩固中国多民族统一的国家、为保卫边疆防止外来侵略等都做出了重要贡献，对满族社会的发展，更起到不可磨灭的作用。随着历史的嬗变，八旗制度中落后的一面也日益明显，严重地束缚了满族人民的发展，在征战中的作用也愈来愈小。八旗制度与清王朝的命运紧密地联系在一起，经历了由盛而衰，由衰而亡的整个历史过程。

军机处与军机大臣

军机处是清代辅佐皇帝的最高政务机构。初设于雍正七年(1729),当时正值清廷用兵西北,军务紧急,因内阁在太和门外,官员混杂,易于泄露军机。为此,清世宗在靠近内廷的隆宗门内特设军机房。作为临时性的军事指挥机构。由于这一机构有利于君主独裁,战事结束后,于雍正十年正式改称军机处,成为处理全国军政大事的常设机构。直到清末(1911)"责任内阁"出现时才被撤销,前后存在约190年。

军机处旧址

军机处设军机大臣,一般是三四人至五六人,最多时达六七人,通称大军机。由皇帝在满汉大学士,尚书、侍郎,京堂中选任,没有定员。其中一人为首席军机大臣,或称"揆席"。首席军机大臣每日入值,随时准备皇帝召见,即使皇帝外出巡幸也不例外。军机大臣的职务是秉承皇帝的旨意办理军政事务,实际上是为皇帝做侍从秘书工作。下设军机章京,从内阁和六部中抽调中书,即中等官充任,协助军机大臣处理文书,对一般奏章票签处理意见,根据皇帝的意图起草谕旨以及"记载档案"等。官品不高,但接近机密,俗称"小军机"。分满、汉两班,各以一人为领班,一人为帮领班。处下还有两个机构:负责修纂的"方略馆"和掌翻译的"内緐书房"。

军机处的设立是清代统治者在中央行政制度方面的重大变革。皇帝通过军机处,完全控制了全国的军政大权,实现了"乾纲独揽"的绝对君权。

摊丁入亩

清政府将历代相沿的丁银并入田赋征收的一种赋税制度,是中国封建社会后期赋役制度的一次重要改革。源于康熙,乾隆年间普遍实行。其主要内容为废除人头税,此后中国人口迅速增长,客观上是对最底层农民人身控制的放松。

摊丁入亩的做法:

将丁银摊入田赋征收,废除了以前的"人头税",所以无地的农民和其他劳动者摆脱了千百年来的丁役负担;地主的赋税负担加重,也在一定程度上限制或缓和了土地兼并;而少地农民的负担则相对减轻。

同时,政府也放松了对户籍的控制,农民和手工业者从而可以自由迁徙,出卖劳动力。

摊丁入亩的实行，有利于调动广大农民和其他劳动者的生产积极性，促进社会生产的进步。

清代资本主义萌芽的发展

即清代康雍乾时期资本主义生产关系的重复出现及扩展。中国资本主义萌芽最初发生在明代中后期，明清之际战乱频仍，发展中断。

康熙、雍正、乾隆时期社会相对稳定，生产得到了恢复和发展，农民的人身依附关系松弛，生产水平不断提高，并向商品生产转化；手工业匠籍制度废除，私营手工业兴起，打破了官手工业的垄断，商品生产的比重加大；商品交流日益扩大，银钱业繁兴，商业中心增多，全国统一大市场形成，资本主义生产关系又在原来的基础上得到发展，主要表现在手工工场的扩展、包买主的活跃和经营地主的出现等方面。手工工场和使用雇工进行生产的作坊比明代更为发展。

资本主义萌芽虽然在一定程度上和一定范围内得到发展，但是由于官府抑商政策的压迫、农业和家庭手工业的顽固结合、商业资本转投土地和高利贷、行会和行帮组织的束缚，它的发展是艰难、曲折和极其缓慢的。

四库全书

清代官修的一部大型丛书。清高宗弘历为了宣扬文治的盛世，笼络汉族地主知识分子，于乾隆三十八年(1773)开设《四库全书》馆，任命亲郡王、大学士6人为总裁，六部尚书及侍郎10人为副总裁，组织了360人的庞大机构纂修《四库全书》，直到乾隆四十七年全书告成。

全书总计收书3457种，79070卷，装成36000余册；存目6766部，93556卷。书成后，首缮四部，存放在北京大内的文渊阁，圆明园的文渊阁，奉天的文溯阁，热河行宫避暑山庄的文津阁。接着又缮录3部，分放在扬州大观堂的文汇阁，镇江金山寺的文宗阁，杭州圣母寺的文澜阁。自四库开馆至七阁书完成，前后历时17年。

全书规模宏阔，卷帙浩繁，是中国古代文化史上的壮举。它集古代典籍之大成，把晋武帝时荀勖创始的古籍四部分类法发展完备。书分经、史、子、集四部，部下分类，类下又分子目，便于检索。

全书修成对保护古代典籍是一大功劳，但是在修书过程中寓禁于征，对于书中词义有抵触清廷者，皆禁毁之。列入禁毁书目的，约有2400多种。在修书的十年中又兴文字狱40余起。

二、中国近代史

第一次鸦片战争

1840—1842 年英国对中国发动的一次侵略战争。

19 世纪初叶,英、法、美等国已经完成或正在完成产业革命,资本主义经济迅

第一次鸦片战争

速发展,资产阶级迫切需要建立海外殖民地作为商品市场和原料供应地。地大物博、人口众多的中国是它们向东方侵略的重要目标。

其时,中国是清王朝统治下的封建国家,小农业和家庭手工业相结合的自给自足的自然经济在社会经济中占主要地位,这种经济形态顽强地抵抗着西方国家的商品输入。

为了改变对华贸易的不利状况,英国殖民主义者一方面扩大对华鸦片走私,以攫取暴利,一方面准备武装侵略,以打破清政府的闭关政策。

鸦片的大量输入,严重毒害了中国人民,造成中国白银大量外流,加重了人民的负担,加深了清朝封建统治危机。1838 年 6 月,鸿胪寺卿黄爵滋上《严塞漏卮以培国本疏》,请严禁鸦片,重治吸食者。9 月,湖广总督林则徐上奏极言鸦片之危害,指出“若犹泄泄视之,是使数十年后,中原几无可以御敌之兵,且无可以充饷之银”(《林则徐集·奏稿》中册,第 601 页),主张严加查禁。道光皇帝采纳禁烟派的

主张，命林则徐为钦差大臣，加兵部尚书衔，前往广东主持禁烟。

1839年3月林则徐到达广州，会同两广总督邓廷桢、水师提督关天培，与英、美鸦片贩子坚决斗争，迫使英国驻华商务监督义律及外国烟贩缴出鸦片237万多斤。从6月3日至25日，在虎门海滩当众销毁。同时，林则徐等大力整顿海防，组织团练水勇，加强战守，先后击退英国侵略者从海上和陆上的武装挑衅。

中国禁烟的消息传到英国后，英国资产阶级决定以此为借口发动侵华战争。1840年2月，英政府任命乔治·懿律为英国东方远征军总司令和谈判全权代表，查理·义律为副代表。4月10日，英国议会正式通过对华战争的决议案。6月，英舰船48艘，士兵4000余人，陆续开抵广东海面，封锁珠江口，鸦片战争正式爆发。

7月2日英舰抵厦门投文，并作武装挑衅，被击退，旋北上。5日攻占定海。8月，抵达天津白河口，递交英国外交大臣巴麦尊给清政府的照会，提出赔款、割地、鸦片贸易合法化等一系列侵略性要求。道光皇帝屈服于英军的武力恫吓，派直隶（今河北）总督琦善前往天津与英军谈判。琦善向英方表示一定重治林则徐，"秉公"查办鸦片问题，英军遂于9月中旬陆续南撤。

道光皇帝任命琦善为钦差大臣到广州继续与英国侵略者谈判，并将林则徐、邓廷桢革职。11月底琦善到达广州，反对林则徐所为，自动撤除珠江口附近防务，裁减水师，遣散水勇乡勇，并镇压抗英民众。1841年1月7日，英军突然袭击，攻陷大角、沙角炮台，琦善派鲍鹏到穿鼻洋向义律（这时懿律已生病回国）求和。义律提出《穿鼻草约》，并于20日单方面公布，同时派兵强占香港。

琦善的卖国行为，引起了广州人民的强烈反对。清政府也感到赔款、割地有伤"天朝尊严"，下令将琦善锁拿进京治罪，派御前大臣、皇侄奕山为靖逆将军，率军1.7万人赴广东同英军作战。义律获知消息后，于2月进攻虎门炮台，守将关天培率军死战，壮烈殉国。4月奕山到广州。5月21日派兵夜袭，次日英军进攻，占据城外四方炮台，猛轰广州城，奕山龟缩城内乞和。27日签订《广州和约》，向英军缴纳赎城费600万元，赔偿英国商馆损失30万元，清军退驻广州城外60英里，英军退出虎门。道光皇帝不得已批准了《广州和约》。

此后清朝统治者以为战事就此结束，开始裁减军队。但是，英国政府却嫌义律发布的《穿鼻草约》所得侵略权益太少，决定改派璞鼎查为全权代表，扩大侵华战争。璞鼎查率舰队于8月26日攻陷厦门，10月1日再陷定海，10日陷镇海，13日占宁波。道光皇帝被迫于10月18日任命协办大学士、皇侄奕经为扬威将军，率军赴浙江办理军务。1842年3月奕经集兵万余，从绍兴分兵三路进军，企图同时收复宁波、镇海、定海，结果一败涂地，从此不敢言战。

道光皇帝急求妥协，又派耆英、伊里布赶赴浙江议和，遭拒绝。为胁迫清政府接受其全部侵略要求，英军决定入侵长江，切断运河，直扑南京。5月18日，攻陷江防重镇乍浦。6月中旬，攻陷吴淞口炮台，占领宝山、上海。7月攻陷镇江。8月英军舰船侵入南京江面。8月29日，耆英与璞鼎查在英舰皋华丽号上，按照英国侵略者提出的全部条件签订了丧权辱国的《南京条约》。鸦片战争至此结束。

从此,中国由一个封建社会逐步沦为半殖民地半封建社会。因此,鸦片战争是中国近代史的开端。

虎门销烟

为了不让鸦片毒害人民,林则徐决定将收缴的鸦片全部销毁。1839 年 6 月 3 日,天空晴朗,万里无云,广阔的虎门海滩上,人山人海。下午两点钟,连续几声炮响,林则徐宣布销烟开始。士兵们向挖好的池子里放满海水,投进鸦片,再撒上石灰。霎时间,池水翻滚,烟雾冲天,万众欢腾。满池鸦片很快化为渣沫。这时正是退潮的时候,林则徐命令打开闸门,满池废渣随滚滚潮水卷入大海。就这样,从1839 年 6 月 3 日起,花了二十三天时间,终于把两万多箱鸦片全部销毁。

虎门销烟

虎门销烟,表现了中国人民维护民族尊严、反抗外国侵略的爱国精神和英雄气概。在中国人民革命胜利后,虎门销烟的壮观场面铭刻在北京天安门广场的人民英雄纪念碑上。

南京条约

《南京条约》(即《江宁条约》)是中国近代史上外国侵略者强迫清政府签订的第一个不平等条约。1842 年(道光二十二年)8 月 29 日,由清政府钦差大臣耆英、伊里布与英国全权代表璞鼎查在南京签订,是关于结束鸦片战争的条约。条约共分十三款,其主要内容包括:(1)中国向英国赔款 2100 万银圆。(2)割让香港岛给英国。(3)开放广州、福州、厦门、宁波、上海等五处为通商口岸。(4)中国抽收进出口货的税率由中英共同议定,不得随意变更。从此,西方资本主义侵略者打开了中国的门户。1843 年英国政府又强迫清政府订立了《五口通商章程》和《五口通商附粘善后条款》(《虎门条约》)作为《南京条约》的附约,增加了领事裁判权、片面最惠国待遇等条款。1844 年 7 月、10 月，美国和法国趁火打劫，效仿英国，先后威逼清政府签订了中美《望厦条约》和中法《黄埔条约》，获得除割地、赔款之外，与英国同样的特权。从 1845 年起，比利时、瑞典等国家也都胁迫清政府签订了类似条约，中国的主权遭到进一步破坏。

鸦片战争的失败和《南京条约》等一系列不平等条约的签订，使中国社会发生了根本性的变化。政治上独立自主的中国，战后由于领土主权遭到破坏，自给自足的自然经济解体，逐渐成为世界资本主义的商品市场和原料供给地，从封建社会逐步沦为半殖民地半封建社会。

太平天国起义

鸦片战争以后，中国逐步沦为半殖民地半封建社会。清朝统治者对人民的压迫剥削更加残酷，从而进一步加深了阶级矛盾和社会危机。外国侵略者的疯狂掠夺，使得本来就已经相当尖锐的阶级矛盾和社会危机进一步激化。农民生活极端痛苦，被迫走上反抗的道路。

从 1847~1849 年（道光二十七至二十九年），规模较大的农民起义就有 100 多次。当时捻党、白莲教、天地会也积极活动，进行反清斗争。在全国各族人民反清浪潮不断高涨形势的推动下，洪秀全等发动和领导了太平天国农民起义。

洪秀全雕像

出生在广东花都区的洪秀全是一个屡试不第的农村知识分子，对于清朝科场黑暗和政治腐败极为不满。1843 年，他读到一本宣传基督教的小册子《劝世良言》，受到启发，在家乡创立拜上帝教。后与冯云山去广西传教。约在 1846 年后，冯云山在紫荆山区建立了拜上帝会，积极发展会众。同时，洪秀全写出了《百正歌》《原道救世歌》《原道醒世训》《原道觉世训》等诗文，为太平天国农民起义奠定了理论基础。

1850 年，洪秀全根据“天兄”萧朝贵的“传言”，发布团营令（起义总动员）。1851 年 1 月 11 日，在广西桂平金田村正式举义，建号“太平天国”。1851 年（咸丰元年）9 月，太平军在浔州山区迂回作战八九个月之后，攻克永安（今蒙山县）。在这里封王建制，整顿军旅，颁刻《天条书》《太平军目》《太平礼制》等书，重申圣库制度,制定天历,初步建立起太平天国农民政权。1852年4月,太平军自永安突围,欲攻桂林不下,北上全州出湖南。南王冯云山6月牺牲在全州蓑衣渡。太平军在道州进行三个月休整,解决了战士中普遍存在的“怀土重迁”思想,随后发布《奉天讨胡檄布四方谕》等,揭露清朝的黑暗统治,阐明起义的宗旨。9月围长沙,西王萧朝贵战死。后取益阳,渡洞庭,克岳州,向湖北挺进,1853年1月攻占长江中游重镇武昌。复沿江东下,水陆并进,势如破竹,克九江,夺安庆,取芜湖,于1853年3月19日一举攻占金陵,遂奠都,改称天京。此后,进一步制定官制、朝仪、刑法、礼制等,以期使农民政权臻于完善。

1853年冬,洪秀全颁布《天朝田亩制度》,设计出一个“处处平均,人人饱暖”和“通天下皆一式”的社会方案,试图建立地上理想“天国”。《天朝田亩制度》反映了农民要求摆脱剥削和贫困,要求平等和温饱的愿望,具有反封建的革命意义。但这是个绝对平均主义的方案,违反了社会发展规律,是行不通的。结果,在社会实践中,太平天国不得不实行“照旧交粮纳税”的政策。

在军事上,太平军于1853年5月同时举行北伐和西征。结果,由于偏师北伐,北伐军和北伐援军相继覆没。虽然西征军取得很大胜利,开辟了湖北、江西、安徽大片土地,但付出相当大的代价,特别是水师丧失殆尽。

由于太平天国分兵北伐和西征,使天京的形势变得被动。为扭转天京外围的不利战局,天京当局于1856年初,从西征战场抽调部队回援天京,集中兵力对天京外围的清军发起进攻,一举粉碎了清军的江北和江南大营,使太平天国在军事上达到了鼎盛时期。

但是,太平天国军事上的胜利不仅没有给其领导集团增加凝聚力,相反倒加速了它的分裂。东王杨秀清在胜利面前,居功自傲,飞扬跋扈,1856年7月,逼洪秀全封他“万岁”,从而激化了早已存在着的洪、杨矛盾。洪秀全调北王韦昌辉率3000精兵,包围东王府,杀死杨秀清及其家属、部属几千人。随后,洪秀全又处决了韦昌辉以及参与肇事的秦日纲等200余人,演出了中国农民战争史上空前未有的大悲剧。继之,翼王石达开不堪洪秀全的“疑忌”,负气于1857年5月率十数万太平军精锐部队出离天京。“天京事变”使太平天国的形势变得十分险恶。

洪秀全大胆提拔青年将领陈玉成、李秀成等主持军事,接连取得再破江北大营、三河之战的辉煌胜利,初步稳定了天京上游的战局,保证了天京的粮源。1859年拜上帝教创始人之一,洪秀全族弟洪仁玕,从香港辗转来到天京,被封为干王,以军师衔总理朝政,旋提出施政纲领《资政新篇》,主张改革风俗,厉行法制,学习西方新技术,保护私人工商业等,经洪秀全旨准颁布。

同年陈玉成、李秀成等也相继被封为王爵,皆振奋一心,共议军政大事。以“围魏救赵”的策略方针,一举二破江南大营,从而扭转了太平天国的危局。洪秀全又批准洪仁玕制定的“进取良策”:先攻苏、杭、上海,购置火轮船,掌握长江制水权,然后回师西征湖北,以解安庆之围。结果太平军连克苏州、松江,兵锋抵上海。月余间尽占苏南财富之区,在此建立苏福省。1862年(同治元年),李秀成、李世贤再克杭州、宁波、金华、绍兴各府县，建立浙江省。江、浙地区的开辟，对太平天国后期政治、经济的稳定起了积极作用。但是，由于洪秀全、洪仁玕等忽略了巩固安徽根据地的重要意义，湘军寻机进入了安徽，并完成包围安庆的计划。1861 年春洪仁玕制定了会剿武汉以救安庆的军事计划，即所谓第二次西征，但陈玉成所率北路大军至湖北黄州(今黄冈)为英国驻武汉领事所骗，未敢攻打武汉，而迅速回救安庆；李秀成误期两月才到武汉，贻误戎机，又见安庆危机而不救，居然挥师南下浙江。1861 年 9 月，安庆失陷，天京屏障尽失，曾国藩率湘军顺流东下，直逼天京。

第二次鸦片战争结束后，中外反动派公开勾结，联合镇压太平天国。1861 年 11 月，清政府任命曾国藩为两江总督，并节制江南军务。曾国藩坐镇安庆指挥，派曾国荃率湘军主力沿江而下，进攻天京；派左宗棠率另一支湘军，由江西进犯浙江，以图杭州；又保荐李鸿章招募淮军 6000 人，从水路运往上海，与外国侵略者组成的洋枪队勾结，联合向苏福省发动进攻，目标是夺取苏州，取远势从东面包围天京。中外反动派对太平军三面进攻，其兵力大大超过太平军。当时，太平天国内部矛盾重重，洪秀全仍终日深居宫中，思想封建化，又沉迷宗教之中，信天不信人，失去了正确处理军政大计的能力；但是广大太平军将士，毫不畏怯，英勇抵抗，给中外反动势力以沉重打击。1862 年秋，李秀成调集各路大军 20 余万，与湘军大战于天京城郊，未能获胜，解围天京无望。此后形势更加恶化。1863 年 12 月苏州陷落，长江中下游已无险可守。1864 年春，杭州陷落。6 月 1 日，洪秀全病逝。7 月 19 日，天京终于陷落，标志着历经 14 年的太平天国起义失败。

太平天国起义历 14 年，太平军驰骋 18 省，沉重地打击了清王朝的反动统治和外国侵略势力，把中国旧式农民战争推到了顶峰。

华尔(1831~1862)

镇压太平军的“洋枪队”头子。美国人，受过基础军事训练，长期在海上及中美洲从事冒险活动。1859 年(咸丰九年)来上海，开始在清军水师炮船“孔夫子”号当大副，后受清苏松太道吴煦委派，招募外国人组成洋枪队，任队长，帮助中外反动派镇压太平军。1862 年(同治元年)又将洋枪队扩编为“常胜军”，任副将，在上海、宁波配合英、法侵略军作战，残酷屠杀中国人民。9 月 21 日，同英军进犯

华尔率领的洋枪队

慈溪(今浙江慈城),被太平军击成重伤,次日,在宁波毙命。

捻军

太平天国农民战争时期北方的农民起义军。原称捻子或捻党,起源于清朝初年,是长期活动在安徽、河南、山东西部和江苏北部一带的民间秘密组织。主要成员是农民和其他劳苦群众,往往以数十人或数百人为一捻(皖北方言称一部、一股、一支为"一捻"),"自号为捻,不相统一",进行抗粮、抗差、打富济贫等反对封建剥削和压迫的活动。

捻军作为太平军在长江北岸的有力同盟军。坚持斗争18年,驰骋于江淮之间与大河上下,促成了西北回民起义的爆发,有力地配合太平天国和北方各地的人民起义,沉重地打击了清朝封建势力。

第二次鸦片战争

1856年,正当太平军同清军激烈争斗时,英国和法国在美、俄的支持下,对中国又发动了一次"海盗式"的侵略战争。这次战争实质上是第一次鸦片战争的继续和扩大,所以历史上称作第二次鸦片战争。

第二次鸦片战争先后持续了近四年时间,经历了两个阶段。

第一阶段:从1856年10月战争爆发,到1858年6月《天津条约》签订,前后近两年时间。英国侵略者在1856年入侵广州被击退后,于第二年底,英、法两国又纠集了五、六千人,再次进犯广州。两广总督叶名琛,昏聩自矜,玩忽轻敌,既不做应敌的准备,也不准广州军民抵抗,并自欺欺人的断言"必无事,日暮自必走",结果广州被占。侵略军入城后,烧杀抢掠,仅从布政使衙门抢走白银一项,就达二十二万七千两。叶名琛也成了俘虏,群众讥讽他"不战,不和,不守,不死,不降,不走"。

英、法侵略军攻占广州后,小部分留守,大部分乘军舰北犯。1858年4月,到达大沽口外。5月20日,侵略军突然闯进大沽口,炮轰大沽炮台。驻守炮台的官兵奋起抵抗,与侵略军炮战两小时,由于直隶总督谭廷襄等文武官员带头逃跑,使得大沽炮台很快失陷。侵略军占据大沽炮台后,直犯天津,并扬言要进攻北京。清政府急忙派遣全权大臣桂良和花沙纳,赶往天津向侵略者求和。六月,清政府被迫与英、法、俄、美四国签订了《天津条约》。第一阶段的战争至此结束。

《天津条约》的主要内容是:各国公使常驻北京,增开牛庄(后改营口)、登州(后改烟台)、台湾(台南)、淡水、潮州(后改汕头)、琼州、汉口、九江、南京、镇江十处为通商口岸;外国人可入中国内地游历、通商、传教;外国商船可在长江自由航行;鸦片贸易合法化;外货入内地只准征收2.5%的子口税;分别向英、法赔款白银四百万两、二百万两。

第二阶段:从1859年6月侵略战争再起,到1860年10月《北京条约》签订,共一年零四个月的时间。《天津条约》签订后,马克思就断言:“从政治观点看来,这个条约不仅不能巩固和平,反而使战争必然重起。”事实正是如此。英、法侵略者远不满足于已经攫取的权益,说什么“条约中有关商务条款不能令人满意”。为向中国勒索更多的特权,他们又在寻找借口,准备重新发动战争。

1859 年 6 月,英法公使借换约之机,率领一支舰队气势汹汹地来到大沽口外。他们蓄意挑衅,拒绝走清政府指定的由北塘登陆进京的路线,硬要把军舰沿白河开到天津,武装护送公使进京。24 日,他们炸断了白河上两根拦河大铁链,拔毁了河上的铁戗。25 日,突然炮轰大沽炮台。守卫炮台的爱国将士忍无可忍,奋起自卫还击,击伤击沉敌舰十余艘,打死打伤侵略军近五百人,英国海军司令受重伤,副司令伤重而死,其余侥幸活下来的都夹着尾巴逃出了大沽口。

当时伦敦、巴黎报纸叫嚣要“大规模报复”,而清政府却无心抵抗,幻想求和。1860 年春,英、法两国调集了两万多兵力,二百多艘舰船,杀向中国。4 月占领舟山。5、6 月进犯烟台和大连。7 月底闯到大沽口外。8 月攻占天津。各地人民和爱国官兵自动奋起抵抗。但腐败无能的清军,却望风而逃,一触即溃。当侵略军逼近北京时,咸丰皇帝带着后妃,仓皇逃往热河,留下其弟恭亲王奕䜣向敌人投降求和。

英、法侵略军从北塘登陆后,烧杀淫掠,无所不为。位于北京西郊的圆明园,是清朝统治者靠榨取人民的血汗,经过 150 多年扩建经营而建成的壮丽宫苑。它综合了中外建筑之精华,藏有各种无价珍宝、稀世典籍和珍贵的历史文物。这个宏伟瑰丽的大园林和珍藏宝库竟被英、法强盗洗劫一空之后,化为焦土。连当时在场的英国强盗戈登,也不得不供认:“我们就是这样以最野蛮的方式,摧毁了世界上最宝贵的财富”。同时他们还扬言要捣毁清皇宫。在侵略者武力逼迫下,清政府屈服了,同英、法分别签订了屈辱的《北京条约》,美国也根据“一体均沾”的条款分享各项特权。

《北京条约》除承认《天津条约》有效外,英、法还获得了如下重大特权:开天津为商埠;准许拐卖华工出国做苦力;割让九龙司归于英属香港界内;退还以前没收的天主教堂和教产;赔偿英、法军费各增至八百万两。

《北京条约》和《天津条约》的签订,使得中国更深地堕入半殖民地的深渊。

亚罗号事件

围绕中国商船亚罗号进行的中英交涉,系第二次鸦片战争的导火索。亚罗号商船属华人苏亚成所有,船上水手均系中国人,曾于 1855 年 9 月在香港英国当局登记,有效期一年,雇英国人当船长。1856 年 10 月 8 日(咸丰六年九月十日),广州水师拘捕了该船的 12 名水手,其中两名是海盗,10 名有海盗嫌疑。英国驻广州领事馆代理领事巴夏礼接到该船所雇英籍船长的报告,赶赴现场,捏称亚罗号为英国船,欲截留被扣人员,未逞。又照会两广总督叶名琛,称船上悬挂的英国国旗被中国兵勇侮辱,要求立即释放人犯,公开向英国道歉。叶名琛复函反驳,说明亚罗号系中国船，并无悬挂英国国旗，被扣人员中确有海盗，但仍同意放人。驻华公使包令伙同巴夏礼按英国政府“决不放过一件小事”的指令蓄意扩大事态。21日巴夏礼发出最后通牒，坚持所提无理要求，限叶名琛在24小时内答复。叶恐事态扩大，忙于22日将被捕人犯送至英领事馆。巴夏礼拒绝接受。23日英国兵舰攻打广州炮台，挑起了第二次鸦片战争。后英国政府以亚罗号事件为借口向远东增派兵力，发动侵华战争。

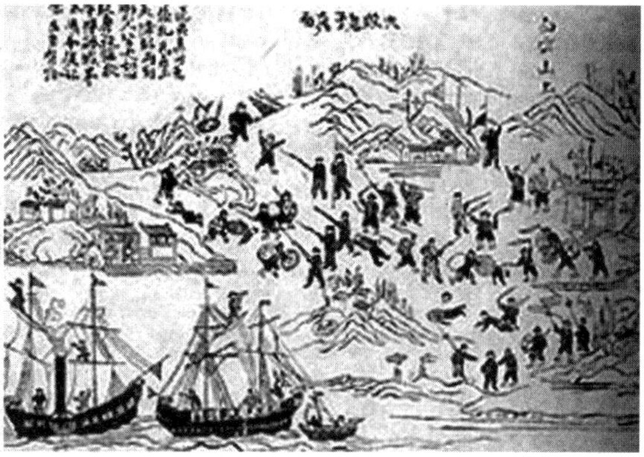

亚罗号事件

马神甫事件

法国为发动第二次鸦片战争而制造的借口，又称“西林教案”。

清咸丰三年（1853）法国天主教神甫马赖（1814~1856）非法潜入我国广西西林县，披着宗教外衣，进行侵略活动。他吸收地痞流氓入教，勾结当地官府和土豪，欺压人民，强奸妇女，无恶不作。并纵容包庇教徒马子农、林八等无故在乡间起衅，进行抢掳奸淫，肇事多起。他们作恶多端，而又逍遥法外长达3年之久，激起当地人民极大愤慨，上控省大吏。六年1月24日（2月29日），新任西林知县张鸣凤根据村民控呈，调查据实后，将马赖及不法教徒共26人逮捕归案，依法判处马赖及不法教徒2人死刑，其余分别论罪处罚。法国皇帝拿破仑三世（即路易·波拿巴）及其政府，为了进一步取得天主教的支持，巩固军事独裁及扩大资产阶级的海外权益，遂抓住这个事件，借口挑起侵华战争。8月29日，法国通知英国政府，准备派一支法国远征军到中国。次年，联合英国出兵侵华。

火烧圆明园

第二次鸦片战争期间英法联军在北京所犯的暴行。圆明园位于北京西北，由圆明园、万春园、长春园组成，荟萃中外美景奇观，收藏无数奇珍异宝，是中国最大的皇家园林。它的修建历康熙、雍正、乾隆三朝150余年，耗费亿万资财和大量人力。1860年10月初（咸丰十年八月）英法联军逼近北京。6日联军循城追击清军至圆明园。法国将军孟托邦率部率先闯入。次日英国侵华军全权专使额尔金等进占。侵略者肆无忌惮地抢劫园中金银珠宝，秘笈古玩。联军官兵几乎每人都掠到数以万计、十万计，乃至百万计的财富。13日留守北京城的清朝大臣交出安定门，英法联军控制了北京。奕䜣代表清政府与英法议和。为压迫清政府做出更多的让步，掩盖焚掠圆明园的罪行，英法联军以报复清军虐杀俘虏为名，在18日、19日出动数千军队，有计划地焚烧圆明园。园内殿宇楼阁陷入火海之中，大火连烧三天，

圆明园遗址

烟云蔽日，笼罩北京。经此浩劫，这座闻名于世的皇家园林只剩下一片残瓦颓垣。

辛酉政变

辛酉政变又称“北京政变”，是发生在1861年的一起重大政治事件。

1860年9月英法联军逼近北京，京城震动。咸丰皇帝急忙带着他的宠妃那拉氏（就是后来的慈禧太后）和一班亲信，逃亡到热河去，由恭亲王奕䜣（咸丰的弟弟）留下来向侵略者求和。奕䜣对侵略者有求必应，最后签订了屈辱的《北京条约》，因此得到侵略者的欢心。

慈禧

1861年8月咸丰在热河病死，由他6岁的儿子载淳即位。遗命端华、载垣、肃顺等8人为“赞襄政务王大臣”，辅佐年幼的皇太子载淳。载淳的母亲那拉氏，这时才26岁，被尊为慈禧太后。慈禧是个阴险、贪权的女人。她很快就和留在北京的奕䜣勾结起来，并得到了外国侵略者的支持，企图趁儿子年幼，篡夺最高统治权。

慈禧先让人建议，由她“垂帘听政”，实际上是由她掌握实权。但是载垣等一班老臣，以“本朝未有皇太后垂帘”的理由加以反对，使她的阴谋未能得逞。10月，奕䜣和英国侵略者密谋后，借“奔丧”的名义赶到热河，和慈禧商议回北京去发动政变。奕䜣回到北京后，笼络驻扎在京、津一带掌握兵权的兵部侍郎胜保，做好了政变的准备。

在从承德回北京时，慈禧让肃顺护送咸丰的梓宫走大路；她和载垣、端华由小路提前4天到北京。11月1日刚到北京，第二天一早就发动了政变，宣布解除了肃顺等人的职务，当场逮捕了载垣、端华；并派人去路上逮捕肃顺。不久(8 日)，慈禧发布上谕，否认咸丰遗诏，下令将肃顺斩首；让载垣、端华自尽；另外五大臣则被革职或充军。八大臣的第一个重要罪状就是“不能尽心和议……以致失信于各国”，也等于向侵略者表示，她是“尽心和议”的卖国贼。接着(11 日)宣布废除八大臣原拟的祺祥年号，改明年(1862 年)为“同治”元年，表示东、西二太后共同治理朝政。慈禧之号也是从这时开始使用的。这一年正好是辛酉年，故又称“辛酉政变”。而发生此事的地点又在北京，故又称“北京政变”。

从此，慈禧作为中外反动势力勾结的产物和他们的代表，在半殖民地的中国进行了 47 年的罪恶统治。她上台的第一桩罪行，就是“借师助剿”，和外国侵略者共同血腥镇压了著名的太平天国革命。中国历史上许多不平等条约如中英《烟台条约》《中法新约》中日《马关条约》《中俄密约》《辛丑条约》等都是在她统治时期与外国签订的。她的篡政和统治，使近代中国蒙受了无穷无尽的屈辱。

中俄瑷珲条约

第二次鸦片战争期间沙俄强迫清政府订立的不平等条约。1858 年(咸丰八年)初，沙俄趁英法联军北犯天津之际，在中国东北边境陆续集结大量军队。5 月 22 日俄国东西伯利亚总督穆拉维约夫率军舰直抵瑷珲，约黑龙江将军奕山谈判界务。谈判中穆提出扩张领土要求，遭奕山拒绝。俄舰开枪放炮，以武力威胁。28 日在俄方胁迫下，奕山被迫签约。内容共 3 条：①黑龙江以北、外兴安岭以南 60 多万平方公里的中国领土割给俄国，仅江东精奇里江以南至豁尔莫勒津屯的小片地区(后称江东六十四屯)仍准原居之中国人居住，归中国政府管理；②乌苏里江以东，包括吉林省全部海岸线及海参崴划为中俄“共管”；③黑龙江、乌苏里江只准中俄两国船舶航行，两国人可在这两条江及松花江一带贸易。清政府没有批准《瑷珲条约》，当即处分了奕山，直到 1860 年订立中俄《北京条约》时方承认。该约严重地损害了中国的领土完整和主权，为沙俄向太平洋扩张、进一步侵略中国创造了有利条件。

中英天津条约

第二次鸦片战争期间英国强迫清政府签订的不平等条约。英法联军攻陷广州后，北上抵大沽口，纠合俄、美公使照会清政府谈判，并于 1858 年 5 月 20 日(咸丰八年四月八日)攻陷大沽炮台，逼天津，扬言攻打北京。清政府派出代表赴津议和，遂与英、法、俄、美分别签约。6 月 26 日清朝钦差大臣、大学士桂良和吏部尚书花沙纳与英国全权代表额尔金在天津海光寺签订该约。共 56 款，另附《专条》。内容为：①英国公使驻北京；②增开牛庄、登州、台南、潮州、琼州、汉口、九江、镇江、南京为通商口岸(后来开埠时，牛庄口岸设在营口，登州口岸设在烟台，潮州口岸设在汕头)，并在各口岸设领事馆；③允许基督教、天主教教士自由传教；④英国人可往内地游历、通商，可在各通商口岸租地盖房，设立教堂、医院、仓库等设施；⑤英国商船可在长江一带通商各口往来;⑥修改关税税则;⑦中国赔款白银400万两;⑧详密规定领事裁判权。11月8日桂良、花沙纳与额尔金在上海签订了《中英通商章程》,作为《天津条约》的补充条款。主要规定:海关聘用英国人办理税务,进出口货一律按时价值百抽五征税;洋货运输内地或英商从内地购土货出口,只纳子口税百分之二点五,不再纳厘金;准许鸦片进口贸易。次年换约,因发生大沽口战斗未成。

到1860年10月订立中英《北京条约》时这些条款得到确认。

中英北京条约

第二次鸦片战争期间英国强迫清政府签订的不平等条约。1860年9月(咸丰十年八月)英法联军逼近北京,咸丰帝逃奔热河,留下其弟恭亲王奕䜣接洽议和事宜。10月英法联军入北京,大肆焚掠,恫吓清廷,强迫清政府分别与英法签约。10月24日清钦差大臣奕䜣与英国全权代表额尔金在北京正阳门内礼部签订此约。共计9款,主要内容:①确定《天津条约》仍属有效;②赔款银增至800万两;③开天津为商埠,居住天津的英国人享受其他开放口岸同等待遇;④英国割占广东九龙司地方一区,并归英属香港界内;⑤英国可以招募华工出国。11月初,奕䜣与英、法公使先后换约。

以中英《北京条约》为代表的在第二次鸦片战争中签订的一系列不平等条约,进一步扩大了西方列强在第一次鸦片战争中获得的侵略利益,加剧了中国半殖民地化的进程。

举办洋务

洋务运动旧称"同光新政"。1860年后,在中外反动派联合镇压太平天国革命的过程中,清朝封建集团中逐渐形成了一批具有买办性的官僚军阀。他们在与外国资本主义打交道的过程中,不但认为清政府与外国侵略者的矛盾可以调解和妥协,"借洋助剿",镇压国内人民的反抗,而且还可以采用一些资本主义生产技术,以达到维护摇摇欲坠的封建统治的目的。这部分人就是当时清政府内当权的洋务派,史称洋务运动。

所谓"洋务",是指诸如外事交涉、订条约、派遣留学生、购买洋枪洋炮以及有按照"洋法"操练军队、学习外洋科学、使用机器、开矿办厂等对外关系与外洋往来的事物有关的一切事情。

主持和提倡办洋务的洋务派,是在镇压太平天国革命的过程中,在外国侵略者扶植下发展起来的清朝统治集团中的一个派别。起初人数不多,但他们的势力与日俱增。在朝廷里是总理各国事务衙门的大臣奕䜣和文祥等人,在地方上是握有实权的大官僚曾国藩、李鸿章、左宗棠、张之洞等人。其中以曾国藩为首的湘系集团和以李鸿章为首的淮系集团，以及后起的张之洞集团影响较大。

洋务运动的内容很庞杂，涉及军事、政治、经济、外交等，而以“自强”为名，兴办军事工业并围绕军事工业开办其他企业，建立新式武器装备的陆海军，是其主要内容。

江南制造局火炮车间

从60年代开始开办江南制造局、福州船政局、安庆军械所等近代军事工业。其中，江南制造局是中国第一个较大的官办军事工厂，1865年由李鸿章在上海创办，全厂约2000余人，主要制造枪炮、弹药、水雷等军用品，同时还制造轮船，1867年后开始制造船舰。福州船政局是清政府创办的规模最大的船舶修造厂，1866年由左宗棠在福州创办，全厂约1700余人，以制造大小战舰为主。安庆军械所是清政府最早开办的近代兵工厂，1861年12月由曾国藩在安庆创建，厂子规模不大，主要制造子弹、火药、炮弹等武器。

除创办上述一类工厂外，还派遣留学生学习技术。但是，洋务派兴办军事工业的过程中，遇到了难以解决的问题，最主要的就是资金、原料、燃料和交通运输等方面的困难。于是，洋务派在“富国”的口号下，从70年代起采取官办、官督商办和官商合办等方式，开办轮船招商局、开平矿务局、天津电报局、唐山胥各庄铁路、上海机器织布局、兰州织呢局等民用企业。与此同时，洋务派还开始筹划海防，在1884年初步建立起南洋、北洋和福建海军。在洋务派控制了海军衙门以后，又进一步扩建北洋舰队，修建旅顺船坞和威海卫军港。

洋务派经营的近代工业企业，具有很强的对外依赖性、封建性和一定程度的垄断性。因此，洋务派要在中国兴办近代工业企业和筹办海防，都不得不在工业技术、资本乃至管理上受帝国主义的左右和牵制。因而也就加深了帝国主义对中国政治、军事和经济的控制，洋务派也就加速了自身的买办化。这样的企业不仅无法避免自身遭到破产的命运，而且严重地阻碍和压制了中国近代民族工业的发展。办“洋务”30年间，进口货物中，80年代前鸦片占首位，80年代后棉织品跃居第一，鸦片退居第二，但绝对数仍一直上升。出口的货物，80年代前主要是茶和丝，80年代后棉花和大豆逐步增长。中国被迫加速卷入世界资本主义的漩涡，成为它们的商品销售市场和廉价原料产地。因此,洋务运动的过程,就是中外反动派进一步结合,中国半殖民地化逐步加深的过程,也是地主阶级的自救运动。随着近代工业的兴建,引进了资本主义国家的一些近代生产技术,一批近代产业工人在中国社会出现了,在洋务派创办的新式学堂里,也造就了一批掌握自然科学的知识分子和工程技术人员。同时,企业的利润,还吸引了一些官僚、地主、商人投资于近代工业,客观上对中国资本主义发展起了刺激作用。

总理各国事务衙门

中国晚清主管外交事务、派出驻外国使节,并兼管通商、海防、关税、路矿、邮电、军工、同文馆、派遣留学生等事务的中央机构。初称总理各国通商事务衙门,简称总理衙门、总署或译署。

咸丰十年(1860)清政府与英、法等国签订《北京条约》后,对外交涉事务增多。次年1月,恭亲王奕䜣、大学士桂良、户部左侍郎文祥奏请在京师设立总理各国事务衙门,接管以往礼部和理藩院所执掌的对外事务。经咸丰帝批准,于同治元年二月(1862年3月)成立。总理衙门由王大臣或军机大臣兼领,并仿军机处体例,设大臣、章京两级职官。有总理大臣、总理大臣上行走、总理大臣上学习行走、办事大臣。初设时,奕䜣、桂良、文祥3人为大臣,此后人数略有增加,从七八人至十多人不等,其中奕䜣任职时间长达28年之久。大臣下设总办章京(满汉各两人)、帮办章京(满汉各一人)、章京(满汉各10人)、额外章京(满汉各8人)。

同文馆

中国近代最早的新式学堂。清政府于1862年(同治元年)首先在北京创办,目的是培养办洋务的人才。最初分设英、法、俄、德四馆,只设外语课,后增开天文、算学、化学、格致、医学各馆。1896年(光绪二十二年)又增开东文(日文)馆。各馆学制初定3年,后改为8年、5年两种。学生来源开始只收14岁以下的八旗子弟,后扩大范围,允许15岁上下的闲散人员及各衙门保送的官员、有功名的未仕人员报考。该馆隶属于总理衙门,管理大臣从总理衙门大臣中特简,下设提调、帮提调若干人作为主管人员。教学工作由总教习、教习负责。除汉文外,其他课程的教习多数是外国人。自1869年起美国传教士丁韪良担任总教习,掌管教务近30年。附设机构有印书处、实验室、博物馆和天文台。1902年并入京师大学堂。

同文馆旧址

北洋舰队

1874年(同治十三年)清政府筹议海防,总理衙门奏请设北洋水师。前江苏巡抚丁日昌上折,建议设北洋、东洋、南洋三支海军,被采纳。遂命李鸿章督办北洋海防事,并从关税、厘金项下每年拨款400万两作为经费。从1875年(光绪元年)起,清政府从英、德等国购进各式军舰多艘。1876年起陆续派遣学生赴英、法各国学习海军。1879年李鸿章于天津设水师营务处,办理日常事务。1880年设天津水师学堂,不久先后在旅顺口、大连湾、威海卫

北洋舰队——致远号

等地修筑炮台,建设军港。1881年奏请任命淮系将领丁汝昌统领北洋海军。中法战争期间北洋海军未参战。战后海军衙门成立,李鸿章以会办掌实权,提出整饬海军,增购外国舰船。两三年中,"定远""镇远""致远""靖远""济远"等舰陆续编入舰队,实力大增。1888年北洋舰队正式建成,共有军舰25艘,内含2艘铁甲舰,7艘巡洋舰。除5艘小舰系福州船政局制造外,其余均购自英、德诸国。官兵4000余人,丁汝昌被任命为提督,聘英国、德国人指导军事训练。颁发《北洋海军章程》,确定船舰等级、人员编制、俸饷杂支及员弁升擢等制度,并规定3年举行一次会操。舰队成立后,海军经费被慈禧太后挪用修筑颐和园。除从福州船政局调来"平远"兵轮外,再未添任何舰只,舰队建设处于停滞状态。中日甲午战争爆发,北洋海军参加对日作战,但由于清政府腐败无能而遭全军覆灭。战后清政府从南洋水师、福建水师调来部分舰只驻防北洋,又设北洋统领及帮统官,管理海军事宜,仍难复旧规。1905年以萨镇冰总理南北洋海军。1909年以贝勒载洵、提督萨镇冰为筹办海军事务大臣,设立海军事务处,把南、北洋各舰统一编为巡洋舰队和长江舰队,取消了南、北洋舰队的名义。

中俄伊犁条约

中俄伊犁条约即《中俄改订条约》。1881年(光绪七年)2月24日沙俄强迫清

政府签订的不平等条约。1871 年(同治十年)沙俄趁浩罕头目阿古柏侵占天山南路的机会,出兵强占中国伊犁。清政府多次交涉,沙俄拒不撤兵。1877 年清政府平定新疆。次年派崇厚赴俄,谈判收回伊犁问题。1879 年 10 月 2 日崇厚在沙俄胁迫下擅自签订了《里瓦几亚条约》。按约中国仅收回伊犁河上游谷地,划失伊犁西部、南部及南疆、北疆边境土地甚多,此外还有偿付“兵费”五百万卢布等条款。朝野纷纷反对,清廷未予批准。1880 年改派曾纪泽赴俄修订崇约。次年 2 月 24 日在圣彼得堡签订《中俄改定条约》,争回了崇约划失的伊犁南境特克斯河流域,但仍划失了霍尔果斯河以西地区和北疆的斋桑卓尔以东地区,“兵费”增为九百万卢布。沙俄通过此约和以后的几个勘界议定书,又侵占了七万多平方公里中国领土。其他条款依崇约,稍有修改。

马嘉里事件

为了修筑一条由缅甸仰光到云南思茅的铁路,同治十三年(1874),英国上校军官柏郎率领武装探路队近 200 人,从缅甸出发,探测到我国云南的路线;英国驻华使馆的职员马嘉里,也奉公使威妥玛之命,从北京经云南到缅甸接应,准备年底与柏郎在八莫会合。光绪元年正月(1875),马嘉里和柏郎率领武装探路队不事先通知地方官,就擅自闯入云南,并扬言要进攻腾越城(今腾冲),曼允山寨的景颇族人民力阻英国侵略者通过。正月 16 日,马嘉里向当地群众开枪逞凶,群众义愤填膺,将马嘉里及几名随行的中国人打死,并把探路队赶回缅甸,这就是“马嘉里事件”,又称“云南事件”或“滇案”。当时,威妥玛就马嘉里事件向清政府施加外交压力,声言将派兵入滇。其时,新疆正值多事之秋,清廷已命令左宗棠西征以收复新疆。由于担心英国会与俄国联合起来阴谋占据新疆,就命令李鸿章、丁日昌一同妥善办理此事。次年七月,李鸿章与威妥玛在山东烟台签订中英《烟台条约》。中国将所谓“凶犯”正法,向英国赔款、道歉;允许英国人开辟印藏交通;开放宜昌、芜湖、温州、北海为通商口岸。

中法战争

中法战争,又称清法战争,是发生于 1884 年至 1885 年间清朝中国与法国之间的战争。

19 世纪 70 年代,已经占据越南南部的法国开始向越南北部扩张,并觊觎中国西南边疆。1873 年(同治十二年),法军进犯河内,应越南政府邀请,驻扎在中越边境的黑旗军在刘永福的统率下援越抗法,在河内城外大败法军,击毙敌军头目安邺,收复河内。1882 年(光绪八年),奉行殖民扩张的法国茹费理内阁增兵越南,再犯河内。黑旗军与越南军民联合拒敌。次年 5 月在河内城西纸桥双方展开激战,法军战败,其统兵官李维业被击毙。8 月,法海军中将孤拔率舰队攻陷都城顺化,强迫越南签订《顺化条约》，取得对越南的“保护权”。

清政府在法国侵越问题上意见不一。李鸿章主张妥协退让，以保和局；左宗棠、张之洞、曾纪泽等坚决主战。慈禧逶迤二者之间，但主要倾向于妥协。在主战派影响下，清政府加强两广驻军的力量，并颁谕奖励刘永福。12月孤拔指挥6000法军进攻山西中国军队阵地，挑起了中法战争。云南巡抚唐炯率领滇军未战先逃，黑旗军血战5日，势单难支撤退，山西失陷。至次年4月，法军连占北宁、太原、兴化等地，控制了红河三角洲地区。为了推卸战败责任，慈禧罢退以恭亲王奕䜣为首的全部军机大臣，组成以礼亲王世铎为领班大臣的军机处新班子。法国利用军事胜利对清政府议和。

1884年5月清政府派李鸿章与法国代表福禄诺在天津谈判，签订了中法《简明条约》，内容包括：中国承认法国对越南的占领，并从越南北圻撤兵；法国可经越南至中国贸易等。6月，法军以接收清军阵地为名，挑起北黎冲突，被中国守军击退。法国以此为借口，扩充远东舰队，准备战争，并要中国立即从北越撤军，向法国赔款。7月孤拔率法国舰队开进闽江口，要求在马尾港停泊。船政大臣何如璋、会办海疆大臣张佩纶恐拒绝生衅，予以接受，使法舰入港，将福建水师置于危险境地。8月5日，法海军少将利士比率舰队攻击基隆炮台，并强行登陆，遭守军回击，未逞。16日，法议会增拨军费，决定扩大侵华战争。19日，法驻北京公使向清政府发出最后通牒，并在清政府答复前下旗离开北京，以示决裂。23日孤拔向何如璋、张佩纶发出战书，攻击未做迎战准备的福建水师。中国水师官兵在极不利的情况下奋起还击。经过一个多小时激战，福建水师11艘兵舰全被击毁击沉，官兵伤亡700余人。26日清政府发布对法宣战令，命滇桂清军整戍进兵，沿海加紧备战。9月孤拔率舰队主力再犯台湾，强占基隆。督办台湾事务大臣刘铭传退守淡水，多次击溃来犯之敌。10月23日孤拔宣布对台湾实行封锁，并怂恿日本出兵侵华。1885年初法海军窜犯浙江。浙江提督欧阳利见、宁绍道台薛福成添筑炮台，敷设水雷，严密布防。3月法舰两次进攻招宝山，双方展开激烈炮战。孤拔负伤，被迫率舰队退据澎湖，6月伤重而死。

在陆路战场，清军最初处于不利境地。1885年2月法军在主帅尼格里指挥下向守卫在谅山的潘鼎新部大举进攻。清军战败，谅山失守。法军尾追北犯，一度攻占镇南关(今友谊关)，战局告急。清政府起用老将冯子材为前敌主帅。他整顿溃军，激励将士，率军扼守镇南关外的关前隘，并在隘前筑起一道约3里长的长墙，在东西岭修炮台，派兵坚守。3月23日法军分三路来犯，以主力攻东岭炮台。冯指挥部下在长墙拒敌，派兵增援东岭，命王孝祺部抄袭敌人后路。24日法军攻势愈猛，从被毁处爬上长墙。冯子材手执长矛，率二子相华、相荣杀入敌阵。全军士气大振，奋勇争先，拼死搏杀，挫败法军进攻势头，将敌压下长墙。王孝祺、王德榜军经过激烈战斗，夺回东岭失守炮台。当地中国各族民众及1000多名越南义军前来助战，对法军形成包围之势。25日冯子材下令总攻，各路一齐出击，奋勇杀敌。法军全线溃退，主帅尼格里负重伤。清军一直追击10余里，歼敌1000余人，取得镇南关大捷。冯子材军乘胜进军,攻克文渊、谅山、谷松、威坡等地,并出击郎甲、北宁,重创敌军。同时,黑旗军、滇军在临洮击败法军,连克数十州县。法军败局已定。

镇南关战役

镇南关战役在法国引起震动,30日巴黎人民上街游行示威,茹费理内阁当天倒台。然而清政府却在英、美、俄等国的"调停"下与法国谋求和谈。经海关总税务司赫德的联络,清政府在1885年2月授权英人金登干代表中国在伦敦与法国议和。4月4日授权金登干与法国签订《巴黎停战协定》,规定两国停战,《简明条约》有效,中国从越南撤军,法国解除对台湾封锁。4月7日清政府下停战令,命前线军队于15日停火,25日撤回。前线军民闻讯无不义愤填膺,痛哭太息。冯子材致电两广总督张之洞"请上折诛议和之人"。清政府不顾舆论反对,派李鸿章同法国代表巴德诺在天津举行谈判,并于6月9日签订了中法《会订越南条约》。法国通过此约迫使清政府承认其对越南的侵占,取得在中国广西、云南通商、修铁路的权利,实现了打开中国西南大门的侵略目标。

中法新约

中国和法国签订的结束中法战争的条约。1885年5月13日,清政府任命李鸿章为谈判代表,与法国政府代表、驻华公使丁·巴德诺在天津开始谈判中法正式条约。6月9日,在天津签订《中法会订越南条约》,即《越南条款》或《中法新约》,又称《李巴条约》,共10款。

主要内容是:①清政府承认法国对越南的保护权,承认法国与越南订立的条约。②中越陆路交界开放贸易,中国边界内开辟两个通商口岸,"所运货物,进出云南、广西边界应纳各税,照现在通商税则较减"。③日后中国修筑铁路,"应向法国业者之人商办"。④此约签字后6个月内,中法两国派员到中越边界"会同勘定界限"。⑤法军退出台湾、澎湖。

11月28日,此条约在北京交换批准。1886~1888年,清政府又被迫与法国签订了《中法越南边界通商章程》《中法界务条约》《中法续议商务专约》等一系列不平等条约,使法国又得到很多权益。中国西南门户打开,法国侵略势力以印度支那为基地,长驱直入云南、广西和广州湾,并使之一度变成法国的势力范围。

中日战争

1894~1895年日本政府发动的对朝鲜和中国的侵略战争。因爆发战争的1894年(光绪二十年)是农历甲午年,史称"甲午战争"。

甲午中日战争爆发的原因:1894年,朝鲜东学党起义,朝鲜政府无力镇压,请求清政府出兵援助。日本也乘机派兵到朝鲜,准备挑起中日战争。1894年,日军舰在朝鲜牙山口外丰岛袭击清军运兵船,清政府被迫对日宣战。

战争中的几次重大战役:①平壤战役——回族将领左宝贵英勇牺牲,清军统帅叶志超弃城逃跑,平壤陷落。②黄海海战——北洋舰队将士英勇杀敌,邓世昌等英勇牺牲。北洋舰队受到损失,后躲进威海卫军港,不许巡海迎敌。③辽东战役——旅顺、大连等地失陷,日军在旅顺野蛮屠杀居民。④威海卫战役——1895年初,北洋舰队腹背受敌,全军覆没。水师提督丁汝昌宁死不降,自杀殉国。

甲午中日战争,中国以败告终,被迫同日本签订了屈辱的《马关条约》,从此中国社会的半殖民地化程度大大加深。

黄海海战

中日甲午战争中发生在中国黄海的一场海战。1894年(光绪二十年)9月16日北洋舰队提督丁汝昌率舰队由大连护送增援朝鲜平壤的运兵船,至鸭绿江口大东沟。17日上午10时30分,北洋舰队正拟返航,突遭日本海军中将伊东祐亨率领的联合舰队的攻击。丁汝昌即令舰队起锚,以镇远、定远两铁甲舰居中,作"犄角雁行阵"迎敌。12时50分,双方舰队接近,定远舰首先开炮,双方展开炮战。日舰以快速的优势,避开"镇远""定远"火力,绕攻北洋侧翼小舰,击沉"超勇",击伤"扬威",并把"致远""经远""济远"三舰隔出圈外。北洋旗舰"定远"号桅楼被击毁,信旗无法发出,丁汝昌受伤,使北洋舰队一时指挥失灵,处于劣势。但广大将士同仇敌忾,英勇作战。"致远"舰官兵在管带邓世昌指挥下奋勇杀敌,毫不退缩。后弹药将尽,恰遇敌舰"吉野"横行,邓世昌下令快速冲撞,拟与"吉野"同归于尽,不幸中敌鱼雷沉没,全舰官兵大部分壮烈牺牲。"经远"舰在管带林永升指挥下,力敌四舰,多次中弹起火,仍沉着应战,最后被击沉。全舰官兵200余人,除16人被救外,其余壮烈殉国。"定远""镇远"两舰在左右翼总兵林泰曾、刘步蟾指挥下,保持依恃阵形,与敌拼杀。下午3时半,"定远"舰发炮击中敌旗舰"松岛"号,引起该舰弹药爆炸,敌官兵死伤达113人。5时许,"靖远"舰代"定远"舰升旗集队,各舰纷纷向"靖远"舰靠拢,准备继续血战,迫使日舰首先退出黄海。北洋舰队亦返旅顺港。此役中国有10艘军舰参战,舰龄老化,装备陈旧,速度、火力均逊于日本。日本方面有12艘军舰参战,在炮火、吨位、兵员、速度等方面都占优势。结果中国损失了"致远""经远""超勇""扬威""广甲"等5舰。日本的"吉野","赤城""比睿”“西京丸”和旗舰“松岛”均受重创,“赤城”舰长坂元八郎太被击毙。相比之下,中国方面损失较大。

威海卫战役

中日甲午战争中发生在中国威海的一次战役。威海卫(今威海市),位于山东半岛东端,扼渤海门户,与隔海相望的旅顺同是北洋海军的基地。卫东为海港,横亘港前的刘公岛设北洋水师提督署及水师学堂、制造局、水雷局等军事设施。清军在山东半岛北线驻45营,2万多人。1894年(光绪二十年)底日本组成以大山岩为首的“山东作战军”,次年1月拉开战幕。日军先扰登州,制造假象,挑起事端。20日以25艘舰船护送2万士兵攻威海卫东的荣成,攻陷后分南北两路进犯威海卫,并用日船从正面封锁威港。清海军提督丁汝昌受李鸿章避战保舰命令的牵制,按兵不动。清军营官孙万林率部在桥头阻击日军,寡不敌众而败。30日日军会攻南岸炮台。2月1日炮台失陷,次日北岸炮台亦失。北洋舰队被四面合围于刘公岛。自3日起双方展开激战,日舰沉2艘,“松岛”“浪速”等舰负伤。北洋舰队的“定远”“来远”“靖远”诸舰相继沉没,突围的12艘鱼雷艇被掳。10日北洋舰队部分将领伙同洋员迫丁汝昌投降。丁不从,并下令沉舰和以铁甲舰猛撞敌舰突围,部属拒不从命。11日夜,丁汝昌及北洋护军统领张文宣、镇远舰管带杨用霖等人自杀殉国。营务道员牛昶炳及美国顾问浩威等托名丁汝昌致书向敌投降。16日牛昶炳代表清军在投降条约上签字,缴出北洋舰队残余的11艘军舰及刘公岛、日岛所有的军械弹药。北洋舰队全军覆没。

丁汝昌

马关条约

马关条约原名《马关新约》,日本强迫清政府订立的关于结束甲午战争的不平等条约。1895年(光绪二十一年)4月17日清政府议和全权大臣李鸿章与日本首相伊藤博文在日本马关签订。共十一款,附有《另约》《议定专条》各三款。主要内容为:(1)中国承认朝鲜完全“自主”;(2)中国割让台湾全岛及其所有附属各岛屿、澎湖列岛和辽东半岛给日本;(3)赔偿日本军费二万万两;(4)开放沙市、重庆、苏州、杭州为商埠;(5)允许日人在中国通商口岸任便设立领事馆和工厂及输入各种机器;(6)片面最惠国待遇;(7)中国不得逮捕为日本军队服务的汉奸分子。这个条约表明外国资本主义对中国的侵略已开始进入帝国主义阶段,大大加深了中国的半殖民地化和民族危机。

三国干涉还辽

19世纪末,俄、德、法三国为了各自的侵略利益,联合干涉日本,要求将辽东半岛归还中国的事件。19世纪末,沙俄为争霸远东,开始修筑西伯利亚大铁路,中国东北地区成为沙俄重要的侵略目标。日本在中日甲午战争中侵占了中国辽东半岛,并在随后签订的《马关条约》中规定中国割让辽东半岛给日本。沙俄得知后,立即联合德、法两国对日本施加压力。1895年4月23日(光绪二十一年3月29日),俄、德、法三国驻日公使分别向日本政府递交了内容相同的声明,"劝告"日本放弃对辽东半岛的占领。在三国的联合压力下,日本政府不得不同意"放弃对辽东半岛之永久占领",条件是向中国增索赔款3000万两。日本还辽后三国以干涉还辽"有功",向中国索取种种权益。沙俄诱逼清政府签订《中俄密约》,逐步使中国东北地区成为沙俄的势力范围。

中俄密约

中日甲午战争后沙俄与清政府秘密签订的同盟条约,亦称《御敌互相援助条约》。

1896年6月3日(光绪二十二年4月22日),沙俄利用中国在中日甲午战争中战败的困境,借口"共同防御"日本,诱迫清政府派遣特使李鸿章与俄国外交大臣罗拔诺夫、财政大臣维特在莫斯科签订《御敌互相援助条约》,又称《防御同盟条约》,一般称为《中俄密约》。全约共六条,内容是:日本如侵占俄国远东或中国以及朝鲜土地,中俄两国应以全部海、陆军互相援助;非两国共商,缔约国一方不得单独与敌方议和;开战时,中国所有口岸均准俄国兵船驶入;为使俄国便于运输部队,中国允许黑龙江、吉林地方接造铁路,以达海参崴,该事交由华俄道胜银行承办经理;无论战时或平时,俄国都可通过该路运送军队军需品;此约自铁路合同批准日起,有效期十五年。根据《密约》第四条,同年9月8日由中国驻德、俄公使许景澄与华俄道胜银行代表在柏林签订了《中俄合办东省铁路公司合同章程》。合同规定成立中国东省铁路公司,其章程照俄国铁路公司成规办理。至此,俄国获得了使西伯利亚大铁路穿过中国领土直达海参崴的特权。《密约》的签订和筑路权的攫取,为沙俄侵略势力进一步深入和控制中国东北三省提供了各种方便,大大加强了沙俄在远东争夺霸权的地位。

帝国主义在华势力范围

19世纪末西方列强在中国领土内各自划定一些享有优先权或独占权的区域。甲午中日战后各帝国主义国家通过夺取矿权与铁路修筑权、强占港湾和租借地,在中国划分势力范围,掀起瓜分中国的狂潮。俄国伙同法、德干涉还辽,把日本挤出辽东半岛,通过《中俄密约》夺取中东铁路修筑权。1898年3月(光绪二十四年三月)同清政府订立《旅大租地条约》,占据旅顺、大连,取得修筑连接中东铁路和旅顺、大连铁路的权利。中国东北全境、长城以北及西北地区成为俄国的势力范围。英国在 1898 年 2 月迫使清政府承认长江流域为其势力范围,并在 6、7 月间先后同清政府订立《展拓香港界址专条》和《订租威海卫专条》,巩固了它在华南的势力。德国久已垂涎胶州湾,1897 年借口山东曹州教案,出兵强占胶州湾,迫使清政府订立《胶澳租界条约》,不仅长期租占胶州湾,而且取得在山东境内修铁路、开矿山等特权,把山东变成它的势力范围。法国在 1895 年以前就取得在广东、广西、云南开矿的优先权,1898 年迫使清政府答应租让广州湾,并于次年 11 月和清政府签订《广州湾租界条约》,强租广州湾 99 年,取得修铁路、办中国邮政等特权,迫使清政府答应不把云南、两广割让给它国,把这些地区划成它的势力范围。日本不满足于从中日战争中取得的利益,于 1898 年 4 月 22 日通过驻华公使矢野向清政府照会,要求清政府声明不将福建省让与别国。清政府即表同意,福建成为日本的势力范围。意大利也于 1899 年 3 月提出租借浙江沿海的三门湾,因列强间的矛盾和清政府的拒绝未逞。美国因忙于同西班牙的殖民战争,无力插手中国,但通过"门户开放"政策,取得了与各国同样的利益。帝国主义在华势力范围割裂了中国统一的江山,肆无忌惮地践踏了中华民族的主权,大大加深了中国的半殖民地化和民族危机。

门户开放政策

1898 年,美国正在进行与西班牙争夺菲律宾的战争,未能参与对中国海湾港口和"势力范围"的争夺。1899 年 9 月和 11 月,美国政府先向英、德、俄三国,接着又向法、日、意各国提出所谓在华"门户开放"、贸易机会均等的照会。美国承认各国在华"势力范围"和它们已经得到的路矿等特权,同时要求列强在租借地和"势力范围"内,对任何条约口岸或任何既得利益不加干涉;对各国货物,一律由中国政府按照现行税率征收关税;在征收港口税、铁路运费方面,对别国船只、货物不实行差别待遇。当时,美国的工业正在迅猛发展,工业总产值以及钢铁、电力等许多主要方面的生产已经超过英、德、法各国而居世界首位。"门户开放"政策,是要列强开放在华租借地和"势力范围",使美国享有均等的贸易机会,以免因"排他性待遇"而遭到损害。英国对美国的倡议表示有条件地赞同,俄国的答复故意含糊其词,但不公然反对,其他国家则根据各自的情况做了相应的表示。美国利用其中的外交辞令,于 1900 年 3 月宣布它所提出的主张已为各国所接受。这样,帝国主义列强在中国经过几年空前尖锐复杂的大争夺之后,终于在美国"门户开放"政策的基础上暂时取得表面上的一致,在一定程度上建立起侵华的联合阵线。

戊戌变法

戊戌变法又称戊戌维新,是发生在 1898 年(农历戊戌年)的资产阶级改良主义政治运动。

中日甲午战争后,民族危机空前严重,以康有为、梁启超、谭嗣同、严复为首的维新派,代表着民族资产阶级上层和开明绅士的政治要求走上历史舞台,主张在不动摇封建阶级统治的前提下,实行君主立宪制,发展资本主义,以挽救民族危机,使国家臻于富强。

梁启超

1895年4月,清政府在甲午战争中失败,被迫与日本签订丧权辱国的《马关条约》,消息传到北京,群情激奋,正在参加会试的康有为和他的学生梁启超联合全国18省在京举人,聚集达智桥松筠庵,讨论上书请愿。会后由康有为起草万言书,提出拒绝《马关条约》、迁都抗战、变法图强三项建议,联络1300多举人签名,呈递都察院,都察院拒绝代呈。

这就是著名的"公车上书",它是维新变法运动的起点。

从1895年夏到1898年春,维新派积极组织学会、创办报纸、开办学堂,为维新运动制造舆论、培养人才。1895年8月,在康有为、梁启超奔走推动下,由翰林院侍读学士文廷式出面组织了强学会,这是维新派创立的第一个政治团体,该学会每10天集会一次,每次都有人演讲"中国自强之学"。11月,上海成立强学分会,但强学会遭到封建顽固派的攻击、诽谤,不久被查封。1896年8月,黄遵宪、汪康年在上海创办《时务报》,邀请梁启超担任主笔。1897年10月,严复在天津创办《国闻报》。两报热情宣传西方资产阶级社会政治学说,抨击封建专制统治,提倡民权,主张实行君主立宪,有力地推动了维新运动的发展。1897年至1898年,谭嗣同、黄遵宪、唐才常、梁启超等汇集湖南,在湖南巡抚陈宝箴的支持下,出版《湘学报》(初名《湘学新报》)、《湘报》,创办时务学堂,组织南学会,使湖南维新运动得到了蓬勃发展。据不完全统计,1895年至1897年全国共有学会、学堂、报馆等共300余个,出版30多种报刊,表明维新运动具有一定的群众性。

1897年冬,德国强占胶州湾,民族危机空前严重,变法声浪日高。康有为迅速从广东赶到北京上书,提出速行变法的具体建议。1898年1月,康有为应诏上《统筹全局折》,建议仿效日本,全面变法。4月,康有为、梁启超等在京创立以"保国保种保教"为宗旨的保国会。同时,保滇会、保川会、保浙会等也先后成立。士大夫经常集会,讨论时政,变法空气日浓。康有为乘时鼓动帝党官员上书,敦促变法。6月11日,光绪帝接受变法建议,发布《明定国是诏》,正式开始变法。在此后到慈禧太后于9月21日发动政变的103天中,光绪帝发布了一系列除旧布新变法诏令,罢黜一批顽固大臣,擢拔了一批维新分子,一时"欢声雷动",维新运动达到高潮,史称"百日维新"。

变法运动一开始就遭到封建顽固派的抵制和反对,随着运动的开展,维新派与顽固派的矛盾和斗争迅速加剧。1898 年 9 月 21 日,以慈禧太后为首的封建派发动政变,慈禧重新“训政”,光绪帝被幽禁,谭嗣同等 6 位维新志士惨遭杀害(这 6 位志士为谭嗣同、康广仁、林旭、杨深秀、杨锐、刘光第,史称“戊戌六君子”)。康有为、梁启超逃亡日本,新政全部被推翻,变法运动彻底失败。

戊戌变法是一次进步意义的救亡运动,也是一次具有深远影响的思想解放运动。它的失败证明,在半殖民地半封建的中国,资产阶级改良的道路是根本走不通的。

戊戌六君子

戊戌政变时,以慈禧太后为首的封建顽固派大肆捕杀维新党人,维新志士谭嗣同、康广仁、林旭、杨深秀、杨锐、刘光第 6 人于 1898 年 9 月 28 日在北京惨遭杀害,史称“戊戌六君子”。

义和团运动

1900 年(光绪二十六年)发生在中国北方以农民为主体的中国人民自发的反帝爱国运动。中日甲午战争后,帝国主义在向中国大量输入资本的同时,强占“租借地”和划分“势力范围”,掀起了瓜分中国的狂潮。截至 19 世纪末,来到中国的传教士达 3300 多人,发展教民 80 余万,帝国主义通过教会深入中国城市和乡村进行侵略活动。中国民族危机空前严重,终于爆发了义和团反帝爱国运动。

义和团原名义和拳,由义和拳八卦教、梅花拳、大刀会等不同源流的秘密结社,经过长期相互渗透和结合而成。参加者主要是农民、手工业者和其他劳动群众、无业游民。义和团基层组织是坛,又称坛口、坛厂或拳厂。

义和团的著名领袖人物有山东的朱红灯、心诚和尚,北京的李来中,天津的张德成、曹福田、黄莲圣母(林黑儿)等。练习拳棒,念咒降神,是义和团组织群众的主要方式。义和团组织十分分散,没有统一集中的领导。坛自成独立系统,负责所在地区的政治、经济、军事和宗教方面的事务。坛与坛之间,彼此平等,互不统属,各自决断。但也有一定联系,平时互相结拜,战时联合行动,“写帖约集起事”,共同战斗。参加义和团的青少年女子组成红灯照,大者十七八,小者十岁左右。成年妇女组成蓝灯照,老年妇女组成黑灯照,寡妇组成青灯照,都为数不多。红灯照是义和团妇女组织的总称。

“义和团,起山东,不到三月遍地红。”义和团在山东首先兴起,不是偶然的。甲午战争期间,山东人民备受日本侵略者的蹂躏,战后在帝国主义瓜分中国的狂潮中,山东又首当其冲。1897 年底,德国出兵山东胶州湾。次年,把山东划为它的势力范围。同年英国强租威海卫,推行残酷的殖民统治,其时外国教会势力,也无孔不入地深入山东各地。据统计,山东境内教堂达1100多处,传教士和教徒8万人,不少传教士窃取情报,霸占田产,包揽词讼,行凶杀人,并纵容教徒在乡里胡作非为。清政府的一些官吏站在帝国主义势力一边,“护教抑民”,以致“民冤不伸”。因此“反洋教”斗争就成为近代中国人民反帝爱国斗争的重要组成部分。

义和团运动

19世纪末,山东“反洋教”斗争达到高潮。其口号是“扶清灭洋”,这一口号具有爱国反帝性质,同时也表现出落后的封建意识和笼统的排外情绪。1899年,朱红灯率领义和拳在山东西部和西北部的茌平、高唐、平原等地进行反洋教斗争,附近各县以及南部沂州等地纷起响应。起初,清政府下令把义和团镇压下去,但毫无结果。1899年3月,毓贤在镇压义和团的军事行动遭到失败后,建议清廷招抚义和团。清廷采纳了他的意见。这在客观上促进了义和团运动的发展。

义和团运动在山东的蓬勃发展,使帝国主义各国极度不安。它们要求清政府严禁义和团的活动,撤换毓贤,改派袁世凯作山东巡抚。1899年12月,袁世凯带领他的“新建陆军”7000人到济南,疯狂地屠杀义和团和老百姓。义和团受到袁世凯的压迫,离开山东北走。1900年初,其主力渐渐集中到直隶(今河北省)的天津、保定、通州一带,另一部分到了山西和东北。5、6月间,义和团已对天津、北京形成包围之势,从北京到天津、保定的铁路被拆断,帝国主义和清政府惊恐万状。北京各国公使要求清政府立即禁止义和团活动,但清政府已无力镇压义和团,只能采取欺骗和利用的手段。于是派大臣和义和团接洽,虚伪地宣布义和团是“义民”,使其合法化,同时默许义和团进入北京。义和团进入北京和天津后,老百姓和清军许多士兵纷纷参加。北京城里设坛800多个,参加义和团的群众不下10万人,满街都是反帝的揭帖、“灭洋”的旗帜,“拳民”到处焚烧教堂,破坏铁路和电线,把反洋教斗争推向全国。

帝国主义对于中国人民反帝斗争十分仇视和惧怕。各国驻华公使纷纷向本国政府告急,要求直接出兵镇压义和团。于是,英、美、俄、法、德、日、意、奥八国组成联军,乘机扩大对中国的侵略。帝国主义的侵略罪行,激起了中国人民的极大愤慨。6月15日义和团开始攻打西什库教堂,20日开始攻打东交民巷使馆区。21日清廷发布宣战上谕,声称要与列强“一决雌雄”。但只隔4天,慈禧太后又偷偷地给出使各国大臣发电报,指使他们立即向各国政府做解释:她本想对“乱民”加以“剿灭”，只是怕操之过急，闯出大祸；并表白说她即使糊涂到极点，也没有胆量向各国宣战。她实际上是想向帝国主义求和，并借其力量消灭义和团。

反帝爱国的义和团运动，虽然在国内外敌人的夹击下失败了，但是，它显示了中国人民无比巨大的革命力量，粉碎了帝国主义瓜分中国的阴谋。连瓦德西也承认：“无论欧美日本各国，皆无此脑力与兵力可以统治天下生灵四分之一”的国家，“故瓜分一事，实为下策。”义和团运动也沉重打击了清朝统治者，进一步暴露它投降卖国、镇压人民的反动本质，促进了人民的觉醒，加速了腐朽的清王朝的崩溃。

八国联军侵华战争

1900年（清光绪二十六年），中国军民抗击英、法、德、俄、美、日、意、奥等国侵略军联合入侵的战争。

八国联军侵华战争

19世纪末，帝国主义列强不仅在政治、经济、文化上加紧侵华，而且不断策划瓜分中国。在民族危机日益加深的情况下，中国北方兴起了义和团反帝爱国运动。1900年夏，京、津地区义和团的声势尤为浩大，引起列强恐惧。4月6日，英、法、德、美等国公使联合照会清政府，限令于短期内将义和团“剿除净灭”。5月底6月初，英、法、德、俄、美、日、意、奥八国又借口保护使馆和租界，陆续派军队进入北京、天津，各国军舰则集结于大沽口外，伺机进犯。帝国主义的侵略行径，使得以慈禧太后为首的后党集团对义和团的态度发生转变，企图“用拳灭洋”，以维护其统治地位。慈禧任命支持义和团的端王载漪总理各国事务衙门，并调董福祥部武卫后军入京，配合义和团行动。6月10日，驻天津租界的八国联军2000余人在英国海军中将西摩率领下，分批乘火车向北京进犯，揭开了八国联军侵华战争的序幕。侵略军在廊坊（参见廊坊之战）、落垡、杨村等地遭到义和团与清军的阻击围攻，死伤惨重，被迫败回天津。正当西摩联军受阻于廊坊地区时，17日，联军以水陆夹攻战术突袭天津大沽炮台。天津镇总兵罗荣光率部顽强抵御，因兵力薄弱，腹背受敌，炮台相继失守。21日，清政府正式向列强宣战。清军在直隶（约今河北）、京津地区共有兵力11.3万人。联军攻占大沽前，在天津租界有军队3000余人，在北京使馆区有军队和由教士、教民组成的义勇队600余人。攻占大沽后，联军不断增兵，最多时兵力达12.8万余人。列强为集中兵力对付北方的义和团和清军，并维护其在南方各省的利益，拉拢东南各省督抚实行所谓“互保”，从而使清政府的宣战谕旨在南方数省不能贯彻实施，分散了抗击侵略军的力量。在联军攻占大沽炮台的当日，天津军民开始向盘踞在紫竹林租界和老龙头车站的联军发起进攻。清军与义和团在兵力上占绝对优势，但缺乏统一的作战计划，进攻多限于炮击和袭扰，以致失去有利战机。联军由于兵力有限，只得分区防守，以图自保。6月底7月初，双方都增兵天津，联军增至近万人，清军增至2.4万人，另有义和团数万人。7月5日，直隶总督裕禄决定对租界联军实施三面进攻，以浙江提督马玉昆部武卫左军和曹福田部义和团由北面进攻老龙头车站和租界；罗荣光部淮军、总兵何永盛部练军及张德成部义和团从西面进攻租界；直隶提督聂士成部武卫前军从南面进攻租界。经数日激战，清军、义和团虽取得一定战果，但均未攻占预定目标。9日，联军向租界西南发起反击，聂士成在八里台督战阵亡。联军乘势攻占南机器局，后又退回租界。12日，联军在大批援军抵达后由防御转入进攻。13日，一部攻至天津东北城下。14日，另一部由南门攻入城中，天津陷落。

天津失陷后，清政府一面令从天津撤离的部队在北仓、杨村等地设防，一面调派其他部队增强北京及附近地区的防御。京津间清军兵力不下10万人。联军占天津后，决定集中兵力先攻占北运河两岸各战略要点，最后夺取北京。8月4日，1.8万联军沿北运河两岸北犯。5日至12日，连占北仓、杨村、河西务、通州（今通州区）等地。13日由通州出发，分路进攻北京。时守城清军有六七万人，但没有统一部署和指挥，外不设兵阻击，内不构筑工事，以致广渠门、东便门、东直门、安定门、朝阳门于14日相继失守，联军攻入城内。15日至16日，城内清军大部溃散，仅部分爱国官兵和义和团坚持作战。15日晨，慈禧携光绪帝出西华门、德胜门，逃往山西。17日，联军占领北京全城，杀烧抢掠，无所不为。在天津军民与联军激战时，清政府即开始谋求与列强议和。8月7日，以新任直隶总督、北洋大臣李鸿章为全权大臣，负责和议事宜。北京失陷后，27日又令庆亲王奕劻立即回京，与李鸿章会同办理和局。联军侵占北京后，为胁迫清政府无条件满足其侵略要求，又以北京、天津为中心，四面出击，至1901年3月，先后侵占了南至正定，北至张家口，东至山海关，西至娘子关的大片中国领土。9月7日，清政府被迫同英、法、德、俄、美、日、意、奥及荷、比、西等11国在北京签订了丧权辱国的《辛丑条约》。从此，中国半殖民地化程度进一步加深，民族危机更加严重。

辛丑条约

辛丑条约即《辛丑议定书》，或《辛丑各国和约》，八国联军攻占北京后强迫清政府订立的丧权辱国条约。1901年（光绪二十七年，辛丑年）9月7日由清政府全权代表奕劻、李鸿章与英、美、俄、德、日、奥、法、意、西、荷、比十一个国家的代表在北京签订。共十二款，附件十九件。主要内容：(1)中国赔款白银四亿五千万两，分三十九年还清，年息四厘，本息折合九亿八千多万两，以海关税、常关税和盐税作抵押。(2)将东交民巷划为使馆界，界内由各国驻兵管理，中国人概不准居住。

(3)拆毁大沽炮台及京师至海通道之各炮台,外国军队驻扎在北京和从北京至山海关沿线的十二个重要地区。(4)永远禁止中国人民成立或参加"与诸国仇敌"的各种组织,违者处死;各省官员对所属境内发生的"伤害诸国人民"事件,必须立刻镇压,否则立即革职,永不叙用。(5)外国认为各个通商章程中应修之处或其他应办的通商事项,清政府概允商议,并改善北河及黄浦两水道。(6)清政府承认"纵信"义和团的错误,向帝国主义各国"道歉",惩罚擅敢得罪外国的官员,提升为帝国主义效劳的官员。(7)改总理各国事务衙门为外务部,班列六部之上。这个条约从政治、经济、军事各方面都扩大和加深了帝国主义对中国的统治,并表明清政府完全成为帝国主义的走狗和工具,变成了"洋人的朝廷"。

辛亥革命

1911年(宣统三年,农历辛亥年)爆发的中国资产阶级民主主义革命。1894年(光绪二十年)清政府在中日甲午战争中遭到惨败。同年秋,孙中山怀着推翻清朝统治、建立资产阶级共和国的远大抱负,到檀香山华侨中宣传革命,创建革命小团体兴中会。这是中国资产阶级第一个革命团体,它提出了"驱除鞑虏,恢复中华,创立合众政府"的口号,选择了武装推翻清朝统治的正确道路。次年,在香港成立兴中会。它先后筹划和发动了1895年10月广州起义和1899年10月广东惠州(今惠阳)三洲田起义,推动了资产阶级革命运动的发展。

辛亥革命领导人孙中山

随着民族危机的日益加深,特别是发生1900年八国联军侵华和1903年反对沙俄侵占我国东北的"拒俄运动"以后,清政府充当帝国主义驯顺工具的面貌暴露无遗,许多人丢掉了对它的幻想,转向革命。这一时期出现了许多革命团体,其中最重要的是1904年黄兴、陈天华、宋教仁等在长沙成立的华兴会和蔡元培、陶成章、章太炎等在上海成立的光复会。为了适应革命形势发展的需要,1905年7月30日兴中会、华兴会、光复会等几个革命团体的代表在日本东京召开第一次联合会议。会议由孙中山主持,讨论决定成立统一的革命组织中国同盟会,并提出"驱除鞑虏,恢复中华,建立民国,平均地权"的革命纲领。后来孙中山进一步把它阐发为民族主义、民权主义和民生主义,通常称为"三民主义"。从此,中国有了一个全国性的资产阶级革命政党,在它的领导下,资产阶级民主革命出现了崭新的面貌。

从1905年以后,革命党人纷纷归国,联络会党,运动新军,组织各种革命力量,领导了萍浏醴起义(1906年12月)、潮州黄冈起义(1907年5月)、惠州七女湖起义(1907年6月)、钦廉防城起义(1907年9月)、镇南关(今友谊关)起义(1907年12月)、钦廉上思起义(1908年3月)、云南河口起义(1908年4月)、广州新军起义(1910年2月)和黄花岗之役(1911年4月)。这些起义虽然都失败了,却扩大了资产阶级民主革命运动的影响。

1911年(宣统三年)5月,清政府把已经由民办的川汉、粤汉铁路"收归国有",并以铁路修筑权为抵押,向英美德法四国银行团借款,这激起了川鄂湘粤人民的反对。四川有数十万人参加保路同志会,举行大规模请愿,遭到血腥镇压。同盟会员乘机将保路运动引向武装起义。

为了镇压四川保路运动,清政府派川汉铁路大臣端方从湖北率新军入川。文学社和共进会湖北分会及时决定在武昌起义。文学社是湖北革命党人的革命团体,共进会是同盟会的外围组织。10月10日晚7时,共进会会员、工程营士兵熊秉坤率队起义,首先占领楚望台军械库夺取弹药,接着汇集闻风举义的各营队和军校学生,往攻总督衙门。11日天明,起义官兵占领武昌,建立湖北军政府。武昌起义胜利后,全国各省闻风响应,不到两个月,就有14个省先后宣布独立。12月25日孙中山从国外回国。29日已经独立的17省代表在南京选举孙中山为临时大总统。1912年1月1日中华民国临时政府在南京宣告成立,孙中山宣誓就职。2月12日清帝溥仪宣布退位,结束了清王朝的统治。南京临时政府在存在的3个月中,颁布了一系列有利于资产阶级政治和经济发展的法令和一部具有资产阶级共和国宪法性质的《中华民国临时约法》,表明以孙中山为首的资产阶级革命派创立的中华民国是一个资产阶级共和国。

革命军

邹容著。1903年5月(光绪二十九年四月)上海大同书局刊行。作者以浅近通俗的语言,揭露和抨击清王朝封建专制统治的腐朽和黑暗,论证在中国进行资产阶级革命的必要性和必然性,提出明确而系统的建立资产阶级共和国的方案。全书以"中华共和国万岁!""中华共和国四万万同胞的自由万岁!"的口号结尾。刊行后,受到热烈欢迎,风行海内外,销量达110万册。鲁迅先生评价它说:"倘说影响,则别的千言万语,大概都抵不过浅近直截的革命军马前卒邹容所做的《革命军》,"(《鲁迅全集》第1卷,第31页)对于中国资产阶级民主主义革命运动起了促进作用。

三民主义

孙中山提出的资产阶级民主革命纲领。它分为旧三民主义和新三民主义。旧三民主义是中国同盟会的纲领,孙中山在《民报》发刊词中,将同盟会的"驱除鞑虏,恢复中华,创立民国,平均地权"十六字誓词,概括为民族、民权、民生三大主义。

民族主义提出较早,宣传得最广泛。1895年(光绪二十一年)2月,孙中山第一次明确地提出了“驱除鞑虏，恢复中华，创立合众政府”的兴中会入会誓词。1903年以后，他再次提出了“驱除鞑虏，恢复中华”这个民族主义纲领。其基本思想是要以革命手段，推翻帝国主义走狗清朝满洲贵族的反动统治，解除民族压迫，变半殖民地半封建的中国为民族独立的中国。民权主义是同盟会政治纲领的核心。从兴中会提出的“创立合众政府”，到同盟会明确提出的“创立民国”，都属于民权主义范畴。民权主义的内容，在《军政府宣言》中说：“今者由平民革命以建国民政府，凡为国民皆平等以有参政权。大总统由国民公举。议会以国民公举之议员构成之。制定中华民国宪法，人人共守。敢有帝制自为者，天下共击之！”1906年12月，孙中山对民权主义做进一步解释说：“中国数千年来都是君主专制政体，这种政体，不是平等自由的国民所堪受的。要去这政体，不是专靠民族革命可以成功。”“至于着手的时候，却是同民族革命并行。我们推翻满洲政府，从驱除满人那一面说是民族革命，从颠覆君主政体那一面说是政治革命，并不是把来分作两次去做。讲到那政治革命的结果，是建立民主立宪政体。照现在这样的政治论起来，就算汉人为君主，也不能不革命。”

孙中山提出的三民主义，是一个比较完整的资产阶级民主主义的革命纲领。三民主义的严重缺点在于：它没有明确提出反对帝国主义和封建主义的口号，甚至对帝国主义和汉族封建势力心存幻想。所以，它是个不彻底的民主主义革命纲领。

民报

同盟会的机关报。1905年（光绪三十一年）11月26日在日本东京创刊。其前身是《二十世纪之支那》。原定月刊，因经常脱期，遂改为不定期出版，先后共出版26期。分论说、时评、译丛、纪事、撰录等栏目。多数稿件由本社成员撰写或编译。《民报》的实际主编是章太炎，汪精卫、胡汉民、汪东、刘师培也曾代编过几期。除主编外，经常为《民报》撰稿的有朱执信、廖仲恺、陈天华、宋教仁、黄侃等。《民报》以宣传同盟会纲领为宗旨，孙中山写的《发刊词》中，第一次提出了他的民族主义、民权主义、民生主义，简称三民主义的政治纲领。同时，《民报》作为资产阶级革命派的理论阵地，还与改良派刊物《新民丛报》等进行论战。它的出版，对扩大同盟会的政治影响，宣传民主革命的思想，促使资产阶级共和国的诞生做出了很大贡献。1908年10月出至24期时，被日本政府查封。1910年初，在日本秘密印刷两期后即停刊。

预备立宪

清政府在20世纪初年为抵制资产阶级革命而搞的欺骗性的立宪活动。1906年9月1日，清朝发布了“仿行立宪上谕”，宣布预备立宪。

“上谕”，是清末预备立宪的“总纲”。首先，预备立宪的原则是“大权统于朝廷，庶政公诸舆论”，根据清朝统治者的意志和“需要”来进行的。其次，预备立宪的目的是“以立国家万年有道之基”，也就是为了继续满清的专制统治。再次，预备立宪的步骤是先从官制改革入手,广兴教育入手,等取得成效之后,再行宪政。

清政府宣布预备立宪后,海内外立宪派纷纷组织政党性质的团体,准备投入到宪政运动中去。清政府成立谘议局、资政院和推行地方自治,极大地激发了整个知识阶层的参政热忱,他们纷纷投入到议员的选举中,把其作为参政的阶梯。从某种意义上说,清末预备立宪为我国宪政运动的发展奠定了群众基础。

清政府"预备立宪"的最主要实质的改革是颁布了中国第一部宪法。1908 年 8 月 27 日,《宪法大纲》正式颁布,但宪政之路依然未能维持满清王朝的统治,随着辛亥革命的爆发,中国终于驶入另一个历史车道。清末的"预备立宪"是中国历史第一次政治近代化性质的改革和民主制度的建立。虽然最终没有成功,但是它的意义仍然重大,它是中国二千年封建与专制制度的第一次向"宪制"的过渡,是中国封建与专制社会的第一次"政治改革",也是中国封建与专制向"宪制"的第一次"和平过渡",也是西方"宪制制度"在中国的最初试验。

袁世凯的反动统治

二次革命

1912 年,袁世凯窃取临时政府总统职位后,即在民主共和国的招牌下,逐步建立其反动的独裁统治。他紧抓军权,强调军权统一,极力保存并进一步扩充其北洋军,从而遣散了南方十几万革命军队。他想法破坏责任内阁制,极力控制内阁。从 1912 年 3 月至 9 月,先后三次更换内阁,直到由其亲信赵秉钧代理国务总理,使内阁完全变成他自己手中的工具。然而,袁世凯破坏责任内阁制的活动,并未引起同盟会的警惕。相反,同盟会领袖之一的宋教仁等认为,要真正实行责任内阁制,就要组成一个在议会中占绝对多数议席的政党,由多数党去组织责任内阁。

1912 年 8 月,宋教仁等同盟会同几个小党派合并组成国民党,从而使国民党成为当时国内最大的政党。

1912 年底,国民党在国会选举中取得了压倒优势。宋教仁便认为,由国民党组成责任内阁,大局已定,即从湖南转道上海,准备返回北京实现他当内阁总理的美梦。这时国民党和宋教仁成为袁世凯建立独裁统治的眼中钉,于是,袁世凯便于 1913 年 3 月 20 日,派人将宋教仁刺杀在上海车站。这是袁世凯镇压国民党的开始。

宋教仁案被揭露后,袁世凯决心先发制人,进一步对国民党实行武力镇压。4 月,他取得帝国主义的支持,同俄、英、日、德、法五国银行团签订《善后借款合同》,以盐税收入为抵押,借款 2500 万英镑,作为对内镇压用的军费,随即下令,用武力扑灭革命势力。

革命形势急剧高涨,大大增强了孙中山等人的革命信心,于是毅然重新举起民主革命旗帜,发动武力讨袁。袁世凯不甘心退出历史舞台,加紧反革命部署,积极准备内战。于4月7日,电令山东的北洋军紧急动员,开始对南方用兵。5月6日,袁世凯召开秘密的军事会议,制定出对湘、赣、皖、苏四省用兵的军事部署:一路主攻江西;一路主攻南京、上海;一路控制湖南;一路为预备队,决心发动全面内战。接着对国民党人发出最后通牒,声称:"现在看透孙、黄,除捣乱外无本领。……彼等若敢另组政府,我即敢举兵征伐之。"6月,袁借口国民党籍的江西部督李烈钧、广东都督胡汉民、安徽都督柏文蔚不服从中央,下令撤免职务。国民党在强兵压境的情况下,只好起而仓促应战。7月12日,李烈钧接受孙中山的指令,从上海回到江西湖口,召集旧部,成立讨袁军总司令部,正式宣布江西独立,发表讨袁檄文。7月15日,黄兴在南京组织江苏讨袁军,宣布江苏独立,并表示"不除袁贼,誓不生还"。接着,安徽、广东、福建、湖南、四川等省也先后宣布独立。这就是继辛亥革命之后的"二次革命"。

袁世凯

但袁世凯已经较为牢固地控制了全国军政大权,革命派发动讨袁为时已晚。袁世凯指挥北洋军大举进攻江西和南京。7月底,李烈钧从湖口败退,黄兴从南京出走。原宣布独立的各省因孤军难支,相继取消独立。9月,南京被北洋军攻占,至此。持续两月左右的"二次革命"宣告失败。孙中山、黄兴、李烈钧相率逃亡日本,革命武装全部被解散,袁世凯通过残酷的暴力镇压,终于完成反革命的武力"统一"。"二次革命"是民国成立后中国人民反对袁世凯反动统治的第一次重大斗争,是此后一系列反袁斗争的开端,有积极的历史意义。

二十一条

1914年第一次世界大战爆发后,日本帝国主义趁欧洲国家忙于战争,加紧对中国的侵略。9月,日本借口对德宣战,出兵中国山东,强占胶济铁路和青岛,取代了德国在山东的侵略地位。当时,袁世凯正在筹谋复辟帝制,急需得到日本帝国主义的支持。

日本帝国主义即利用袁世凯这种政治需要,于1915年1月向袁世凯提出"二十一条"要求,作为支持袁世凯做皇帝的交换条件。"二十一条"分5号21条,其主要内容是:日本继承德国在山东的一切权利,增加筑路通商的新权利;日本享有南满、东蒙一带工商、土地、路矿、顾问、借款的特权;延长日本租借旅顺、大连两港和南满、安奉两路的期限为99年,中国沿海岛屿和港湾不得租借和割让他国;中国政府应聘用日本人为政治、财政、军事顾问;中国警政和兵工厂由中日合办。这些条件意味着要变中国为它独占的殖民地。

袁世凯为了做皇帝，在5月9日接受了“二十一条”前四部分的全部要求，只把第五部分若干条改为日后另行协商。由于中国人民坚决斗争，“二十一条”才未能付诸实行。

洪宪帝制

袁世凯在镇压了国民党人发动的“二次革命”后便加紧复辟帝制。

首先，他胁迫国会议员选举自己为正式总统。随即向国会和《中华民国临时约法》开刀，并下令解散国民党。1914年1月，解散国会，成立“约法会议”（或称“政治会议”），制定“新约法”。5月，废除《中华民国临时约法》，公布所谓《中华民国约法》。这个“新约法”改责任内阁制为总统制；取消国务院，设政事堂于总统府，把大总统的权力，扩大到几乎和皇帝的权力一样。根据他炮制的《修正大总统选举法》规定，总统任期10年，连任无限制，下一任总统由现任总统提名。这样，袁世凯不但可以终身连任总统，其子孙也可以世袭总统职位。至此，袁世凯帝制自为的野心暴露无遗。接着，袁世凯为了正式当皇帝，不惜以出卖国家主权取得日本的支持，几乎全部接受日本灭亡中国的《二十一条》。同时，指使爪牙大造复辟帝制的舆论。他的宪法顾问、美国人古德诺在北京发表题为《共和与君主论》，鼓吹中国“以君主制行之为易”，共和制不适合中国国情的谬论。同月，他的复辟帝制的御用团体“筹安会”在北京成立，公然宣称：“全体一致主张君主立宪”。最后，袁世凯便从组织上着手恢复帝制。1915年10月，他授意拟出《国民代表大会组织法》，规定由“国民代表大会”决定国体。在他的亲信爪牙一手操纵下，十几天里，各省代表全部选出，并分别举行所谓国体投票，结果全部赞成实行君主立宪制，全部同意推戴袁世凯为“中华帝国皇帝”，各省还向袁世凯递上划一的“推戴书”。12月11日，袁世凯的参政院以所谓“国民代表大会”总代表的名义，向袁世凯上了“总统推戴书”。袁在12月12日宣告接受帝位。次日，在北京居仁堂接受百官朝贺，宣布1916年为“洪宪”元年，史称“洪宪帝制”。

袁世凯这一倒行逆施遭到全国人民的反对，蔡锷在云南发动讨袁护国战争，各地纷起响应。袁世凯被迫于1916年3月22日宣布取消帝制，并于6月6日忧惧而死。

护国运动

辛亥革命后全国人民反对袁世凯复辟帝制的一次民主运动。1915年12月，袁世凯正式宣布恢复帝制，在北京中南海接受百官朝贺，定于1916年为洪宪元年，并准备元旦登基，引起全国各界人士的强烈反对。孙中山在“二次革命”失败后，在日本组织中华革命党，坚持反袁斗争。1915年，他发表《讨袁檄文》。梁启超所领导的进步党本是拥袁的，在国会解散以前，帮着袁世凯排挤国民党。但当袁世凯被拥上正式大总统的宝座之后，反被袁视为赘瘤，一脚踢开，一度陷入非常难堪的境地。所以袁世凯帝制自为公开后，进步党抢先揭出“护国”旗号，公开反袁。1915年8月20日，梁启超发表《异哉所谓国体问题者》长文，反对袁世凯称帝。

梁启超的学生蔡锷，是个具有民主思想的爱国将领，由于他在军界很有声望，被袁世凯授予各种荣誉职位，羁留北京。蔡锷不满袁世凯的倒行逆施，经与梁启超密议举兵讨袁。蔡锷以赴日就医为由，躲过袁世凯的监视，从北京辗转绕道日本、台湾、香港、越南，历时一个月，于12月19日抵达昆明，联合云南的反袁力量，兴师讨袁。1915年12月25日，蔡锷、唐继尧、何可澄、戴戡和受孙中山委托来云南准备反袁的李烈钧等，联合宣布云南独立，发布讨袁檄文，组织护国军政府，以唐继尧为都督，随即组织讨袁护国军。

1916年1至3月间，护国军在四川、贵州、广西、广东、湖南五省的广大战场上，与袁世凯的反动军队互相激战，连连取胜。贵州和广西相继响应，宣布独立。未独立的东三省、山东、湖南等省，也纷纷组织护国军，讨伐袁世凯。中华革命党、国民党在各省策动起义，全国各地人民自发的反帝制斗争如火如荼。袁世凯四面楚歌，犹如坐在火山口上，惶惶不可终日。1916年3月22日，袁世凯被迫宣布取消帝制，但仍想保持大总统的职位。全国各界识破了袁世凯的诡计，决心把他赶下台。4、5月间，反袁斗争继续发展，盘踞在广东、浙江、福建、陕西、四川、湖南等省的袁世凯的心腹爪牙，也相继独立。5月9日，孙中山发表《第二次讨袁宣言》，号召“除恶务尽”，“决不使谋危民国者复生于国内”。全国各地纷纷通函通电，揭露袁世凯的罪行和阴谋，指出袁逆不死，大祸不止，要求全国人民再接再厉，捕杀袁世凯，以绝乱种。袁世凯众叛亲离，内外交困，忧疾交加，在全国人民的唾骂声中于6月6日死去。6月7日，黎元洪依法就任正式大总统。29日，宣布遵守《临时约法》，继续召集国会，恢复国务院，特任段祺瑞为国务总理。10月底，冯国璋被补选为副总统，但仍坐镇南京。参加讨袁战争的各派政治势力，以为民国恢复，大功告成，宣布停止一切军事行动，护国运动结束。

护国运动推翻了袁世凯的反动统治，结束了洪宪帝制，是有其历史功绩的。但是，护国运动虽然恢复了“民国”，而大小军阀却随之而起，又窃取了全国人民反袁斗争的胜利果实，中国人民仍然处于封建军阀的反动统治之下。

北洋军阀

直系军阀

袁世凯死后，北洋军阀分裂。北洋军中以直隶（今河北）河间人冯国璋为首领的一派，被称为直系军阀。直系军阀所控制的主要地区，是富庶的长江流域，即湖北、江西、江苏等省。它得到英、美帝国主义的支持，其势力仅次于皖系军阀。其主要头目开始为当时的“长江三督”李纯、王占元、萧耀南及曹锟等。1919年冯国璋死后，曹锟、吴佩孚、孙传芳、齐燮元等继起为主要首领。

皖系军阀

以安徽合肥人段祺瑞为首的一派，被称为皖系军阀。系北洋军阀的主力，以日本帝国主义为后台，其势力最大。因此，首先攫取北京中央政府。控制的主要地区是安徽、山东、浙江、福建、陕西等省。主要头目有徐树铮、卢永祥、靳云鹏、倪嗣冲、陈树藩、段芝贵等。段祺瑞掌权，大肆出卖国家利权，借巨额外债，加紧扩充武装，企图以武力统一中国，建立独裁统治。

奉系军阀

以奉天(今辽宁)人张作霖为首领。原来东北地区有新军和旧军两部分武装：新军系由曾任东三省总督徐世昌调去的一部分北洋军，逐渐扩建成二镇和二混成协；旧军有步兵八路计四十营，由张作霖、冯德麟、吴俊升、马龙潭等分任统领。辛亥革命后，张作霖等旧军改成新军编制，张锡銮、段芝贵又曾相继督奉，由此说明，东北军队与北洋军阀有其渊源关系。奉系军阀在日本帝国主义支持下，于袁世凯死后乘机扩充兵力，占领东北。其主要头目还有张作相、杨宇霆、张宗昌、姜登选等人。

护法运动

1917 年，张勋复辟失败后，冯国璋继任代理总统，段祺瑞以“再造民国”的功臣自居，再次担任国务总理，独揽了北京政府的实权。段祺瑞认为，1912 年颁布的《中华民国临时约法》是他实行独裁统治的障碍，拒绝恢复《临时约法》和原来的国会。他勾结研究系首领梁启超，准备另行召集由各省军阀指派的代表组成“临时参议院”，重定国会的组织法和选举法，再来召集新国会，以废除《临时约法》和旧国会。

护法运动

《临时约法》和国会是民国的象征，孙中山认为段祺瑞废除《临时约法》和旧国会是对民国的背叛，故而举起“护法”的旗帜。1917 年 8 月 25 日，孙中山召集原国会部分议员在广州开会，提出“护法”，即维护中华民国临时约法。因到会人数不足，故称“非常国会”。会议决定在广州成立军政府，以孙中山为军政府大元帅，唐继尧、陆荣廷为元帅。孙以大元帅名义通电否认以冯国璋为总统、段祺瑞为国务总理的北京政府，号召北伐。北京政府因此下令通缉孙中山等人。1918 年 5 月，非常国会通过《修正军政府组织法》，准备取消大元帅首领制,剥夺孙的职权。孙愤然辞去大元帅职回上海。孙辞职后,广东护法军政府改行七总裁合议制,由非常国会推举岑春煊、孙中山、唐继尧、陆荣廷、伍廷芳、唐绍仪、林葆怿7人为总裁,以岑春煊为主席总裁。孙没有就职。1920年,陈炯明部把桂军驱出广东,孙中山回广州,在护法旗帜下成立"非常政府",任"非常大总统"。不久陈炯明勾结北洋军阀和帝国主义发动政变,使孙再次无法在广州立足,护法运动遭到彻底失败。

新文化运动

"五四"前后新文化运动的统称。包括"五四"前的启蒙运动和"五四"后的马克思主义的思想解放运动。时间从1915年《新青年》创刊到1921年7月中国共产党成立。1915年9月陈独秀创办《青年》杂志(自2卷1号改名为《新青年》),标志着新文化运动的兴起,主要倡导者有陈独秀、李大钊、胡适、钱玄同、刘半农、鲁迅等人,提出的口号是"民主"和"科学"。民主,指的是资产阶级民主政治;科学,指的是自然科学、社会科学和科学态度与方法。新文化运动的倡导者们认为,民主和科学是推动中国社会前进的两个车轮。在民主和科学两面旗帜下,以反对封建专制,提倡民主政治;反对旧道德,提倡新道德;反对迷信,提倡科学;反对旧文学,提倡新文学为主要内容的新文化运动,打破了二千多年来以孔子学说为代表的封建教条对人们的束缚,极大地解放了人们的思想,在思想界特别是青年知识分子中,掀起了寻求真理、追求解放的浪潮,为中国接受十月革命影响和马克思主义在中国的传播,为五四爱国运动的爆发,准备了思想条件。

五四运动

1918年11月,第一次世界大战结束。翌年1月,27个战胜国在巴黎召开"和平会议",拟定对战败国的和约,实际上是一个由美、英、法三国操纵的帝国主义分赃会议。中国作为战胜国之一派代表出席了会议,向和会提出了取消帝国主义在华特权的七项希望条件和废除"二十一条"、归还大战期间被日本夺去的德国在山东侵占的各项权利等要求,遭到与会帝国主义国家的拒绝。

5月1、2日,中国在巴黎和会上外交失败的消息传出后,一场反帝爱国运动便在北京爆发了。5月4日下午,北京大学、北京高师等13所学校的3000多学生,冲破教育部代表和军警官吏的阻挠,到天安门前集会。他们手执小旗,高呼口号,发表宣言,要求"外争国权,内惩国贼","取消二十一条","拒绝和约签字",惩办亲日卖国官员交通总长曹汝霖、驻日公使章宗祥、币制局总裁陆宗舆。集会讲演后,举行游行示威,火烧了赵家楼胡同曹汝霖住宅,痛打了正在曹宅的章宗祥。军阀政府派军警镇压,捕去32人。5日,北京专科以上学校实行总罢课。6日,成立了北京中等以上学校学生联合会。学生们结成"救国十人团",开展讲演、抵制日货活动,并组织护鲁义勇队，进行军事训练。军阀政府一面为曹汝霖等开脱罪责，一面诬蔑学生爱国行动是“纵火伤人”，“举动越轨”，声言要对学生进行制裁。6月3、4两日，反动政府对上街讲演的学生实行大逮捕，捕去学生近千人，从北京开始的爱国运动，迅速席卷全国，天津、济南、太原、上海、武汉、长沙、广州、南京等地的学生，纷纷举行罢课、集会、示威游行，开展讲演、抵制日货等活动。许多城市召开了各界人士参加的国民大会，声援学生爱国行动。军阀政府对北京学生的大逮捕，进一步激怒了全国人民。

五四运动

6月5日以后，运动进入新的阶段，由开始时主要是知识分子的运动，发展成为以工人阶级为主力，包括城市小资产阶级、民族资产阶级在内的广泛的群众爱国运动。运动的中心也由北京移到上海。6月5日，上海工人阶级为营救被捕学生，“格政府之心，救灭亡之祸”，开始罢工。商人也在“罢市救国”的口号下，开始罢市。在此以前，2万多中等以上学校学生已经罢课。这样，就在中国工业中心上海实现了“三罢”。从上海开始的“三罢”斗争很快扩展到全国22个省的150多个城市，给帝国主义和封建军阀统治造成了巨大威胁。北京军阀政府被迫于6月10日免去曹、章、陆三人的职务。6月28日和约签字之日，中国代表没有出席会议和在和约上签字。至此，五四运动实现了惩办卖国贼和拒签和约两个直接斗争目标而告一段落。

五四运动表现了彻底的不妥协的反对帝国主义和封建主义的精神；运动中，工人阶级作为独立的政治力量登上了政治舞台，十月革命后中国出现的共产主义知识分子起了骨干作用。运动促进了马克思列宁主义与中国工人运动相结合，为中国共产党的成立做了思想上干部上的准备。五四运动既是一个爱国政治运动，又是一次文化运动，一次空前的思想解放运动。

共产党成立

新民学会

1918年4月17日，毛泽东、蔡和森、何叔衡等于湖南长沙建立。开始以“革新学术,砥砺品行,改良人心风俗”为宗旨。1918 年夏开始组织部分会员赴法勤工俭学,学会活动分为两支,一支在国内,主要是湖南;一支在国外,主要是法国。到 1920 年底,会员由最初的 14 人发展到 70 余人。中国共产党成立前,该会是湖南反帝反封建革命运动的核心组织。在 1919 年的五四运动、1919 年 11 月至 1920 年 6 月的驱逐军阀张敬尧运动、1920 年 9 月至 12 月的湖南自治运动,以及早期的马克思主义传播中,都起了重要作用。1920 年夏以后,在毛泽东、蔡和森的影响和带动下,大多数会员接受了马克思主义,学会的宗旨修改为“改造中国与世界”,并对建党建团问题进行了讨论。许多会员加入了社会主义青年团和共产主义小组。1921 年中国共产党成立后,学会实际上就停止了活动。

共产主义小组

中国共产党的早期组织。1920 年 8 月至 1921 年 3 月,先后成立了上海、北京、武汉、长沙、济南、广州、巴黎、东京八个党的早期组织。当时上海初建的党组织叫“共产党”;武汉、广州初建的党组织叫“共产党支部”;北京、济南初建的党组织叫“共产党小组”,1920 年 11 月北京小组命名为中国共产党北京支部。

中国共产党第一次全国代表大会

1921 年 7 月 23 日在上海举行,参加大会的代表有李达、李汉俊、张国焘、刘仁静、毛泽东、何叔衡、董必武、陈潭秋、王尽美、邓恩铭、陈公博、包惠僧、周佛海等 13 人,代表全国党员 53 人。共产国际代表马林·尼柯尔斯基也出席了会议。30 日晚受到租界巡捕搜查后,大会转移到浙江嘉兴南湖的一只游船上继续举行。大会听取了各地共产主义小组活动情况的报告,起草、讨论和通过了党的纲领和关于当前实际工作的决议。纲领规定,党的名称为“中国共产党”。党的奋斗目标是以无产阶级的革命军队推翻资产阶级,建立无产阶级专政,废除私有制,直至消灭阶级差别。大会选举陈独秀、张国焘、李达组成中央局,陈独秀任中央局书记,从而正式宣告了中国共产党的诞生。从此,中国出现了完全新式的、以共产主义为目的、以马克思主义为行动指南的、统一的工人阶级政党。自从有了中国共产党,中国革命的面目就焕然一新了。

中国共产党第一次全国人民代表大会会址

国民革命

中国共产党第二次全国代表大会

1922年7月16日至23日在上海举行。出席大会的代表有陈独秀、李达、张国焘、邓中夏、蔡和森、向警予、高君宇、张太雷等12人，代表全国党员195人。大会通过了《世界大势与中国共产党》《民主的联合战线》《中国共产党加入第三国际》《中国共产党章程》等决议案，发表了《中国共产党第二次全国代表大会宣言》。《宣言》分析了国际形势和国内经济政治状况，阐明了中国的社会性质、革命性质和革命对象、动力，提出了党的最高纲领和最低纲领。指出："中国共产党是中国无产阶级政党。它的目的是要组织无产阶级，用阶级斗争的手段，建立劳农专政的政治，铲除私有财产制度，渐次达到一个共产主义的社会。"这是党的最高纲领，也就是党的最终奋斗目标。宣言还指出，在当前的历史条件下，党的奋斗目标是："消除内乱，打倒军阀，建设国内和平"；"推翻国际帝国主义的压迫，达到中华民族完全独立"；统一中国为"真正民主共和国"。这是党的最低纲领，也就是党在民主革命阶段的纲领。大会决定出版党的中央机关刊物《向导》周报。会议选举了中央执行委员会，陈独秀被推选为委员长。这次大会初步解决了中国革命必须分两步走的问题，特别是反帝反封建民主革命纲领的制定，为革命斗争指明了正确的方向。大会的不足之处是没有明确指出无产阶级在民主革命中的领导地位，没有提出武装夺取政权和彻底的土地革命纲领。

香港海员大罢工

1922年1月12日，香港海员由于英国资本家拒绝工人增加工资等要求，在中华海员工业联合总会苏兆征、林伟民等领导下举行大罢工。至1月底，参加罢工的海员和运输工人增至3万多人。3月初，海员罢工发展成为有10多万人参加的总同盟罢工。罢工工人纷纷离港回广州。3月4日，步行回省的工人队伍行至九龙附近的沙田时，英国军警向工人开枪射击，造成死6人、伤数百人的"沙田惨案"。此后，罢工继续扩大，使香港成为"死港"。在中国劳动组合书记部、广东政府和全国工人支援下，香港海员罢工斗争坚持56天。3月8日，罢工谈判协约签字，港英当局接受海员所提条件，罢工取得胜利。这次罢工斗争成为第一次全国工人运动高潮的起点。

安源路矿工人大罢工

1922年5月1日，在中共湘区委员会和中国劳动组合书记部长沙分部领导下，江西安源煤矿工人和株萍铁路工人成立了安源路矿工人俱乐部。李立三为主任，朱少连为副主任。同年秋，路矿当局拒发积欠工资，并企图解散俱乐部，引起工人强烈不满。9月初，毛泽东来到安源，认为罢工时机已经成熟。为加强对罢工斗争的领导，派刘少奇到安源工作。9月14日，1万多工人举行大罢工，并成立罢工总指挥部，李立三任总指挥，刘少奇为工人总代表。罢工工人发表罢工宣言，提出保障工人权利，改善工人待遇的17条要求。路矿当局勾结军阀派兵企图镇压，由于工人英勇斗争，组织严密，只好退步接受谈判。18日，签订了承认俱乐部有代表工人之权、增加工人工资、改善工人福利的条约，罢工取得胜利。同年冬，俱乐部成员从开始时的300多人发展到13000多人。

京汉铁路工人大罢工

1923年2月1日，京汉铁路工人代表在郑州举行京汉铁路总工会成立大会，遭到直系军阀吴佩孚的阻挠。总工会由郑州移至汉口江岸办公。为了抗议军阀的暴

京汉铁路总工会成立大会

行，2月4日，在总工会统一领导下，京汉铁路全线3万多工人举行总同盟罢工。总工会发表罢工宣言，号召工人们为反抗万恶的军阀，争回人权及为自由而战。2月7日，吴佩孚在帝国主义支持下，在汉口、郑州、长辛店等地对罢工工人进行血腥阵压，有52人惨死，300多人受伤，40多人被捕，千余人被开除，造成"二七"惨案。京汉铁路总工会江岸分会委员长、共产党员林祥谦和武汉工团联合会法律顾问、共产党员施洋被捕后宁死不屈，英勇就义。"二七"惨案发生后，全国各地工人和各阶层人民、国外侨胞、国际无产阶级和世界革命人民纷纷声讨军阀，援助罢工工人。为保存有生力量，罢工于2月9日结束。此后全国工人运动暂时转入低潮。

中国共产党第三次全国代表大会

1923年6月在广州举行。到会代表有陈独秀、李大钊、毛泽东、蔡和森、张国焘、瞿秋白、张太雷、邓中夏、向警予等30余人，代表党员420人。共产国际代表马林参加了大会。大会中心议题是讨论国共合作问题。

大会接受了共产国际关于国共合作的决议，决定在保持中国共产党政治上、组织上独立性的前提下，全体党员以个人身份加入国民党。这次大会正确地制定了革命统一战线的方针政策，促进了国共合作的迅速形成，推动了中国革命的发展。但对于无产阶级领导权、农民土地问题以及革命军队问题，没有提出或没有做出明确决定。

中国国民党第一次全国代表大会

1924 年 1 月在广州举行。参加大会的代表 165 人，共产党员约占 14%。孙中山以总理身份担任大会主席，并指定胡汉民、汪精卫、李大钊、林森、谢持五人组成主席团，值日主持会议。大会讨论通过了《中国国民党第一次全国代表大会宣言》《中国国民党章程》等决议案。大会宣言分析了中国的现状，重新解释了孙中山的三民主义，规定了国民党的对内对外政策。重新解释的三民主义，其政治原则与共产党在民主革命时期的纲领基本相同，成为国共合作的政治基础和革命统一战线的共同纲领。大会讨论国民党章程时，否决了国民党员不得跨党的提案，确认共产党员可以个人资格加入国民党。

这次大会对三民主义的重新解释，使国民党有了明确的反帝反军阀的政治方向。大会确立了联俄、联共、扶助农工三大政策，确认共产党员以个人资格加入国民党，标志着国民党的正式改组和国共合作的正式建立。改组后的国民党，由一个单纯资产阶级性质的政党，成为工人、农民、小资产阶级和民族资产阶级反帝反封建的政治联盟。大会推动了中国革命的发展，成为新的革命高涨的起点。

黄埔军校

孙中山在苏联和中国共产党帮助下在广州黄埔创办的中国国民党陆军军官学校，简称黄埔军校。1923 年 10 月，国民党中央决定建立陆军军官学校。1924 年 1 月 24 日，孙中山下令成立陆军军官学校筹备委员会，委任蒋介石为筹备委员会委员长，指定以黄埔原水师学堂和陆军小学旧址为校址。5 月 5 日第一期学生开始入学，6 月 16 日正式开学。蒋介石任校长，廖仲恺任党代表。中国共产党派周恩来担任

黄埔军校

政治部主任,叶剑英担任教授部副主任,恽代英、萧楚女、聂荣臻等为教官,并建立了中共黄埔特别支部。

从1924年5月至1926年北伐战争前,军校招收学生5期,共约7400人,成为统一广东革命根据地和进行北伐战争的重要力量,为革命的发展做出了重大贡献。但军校许多实权掌握在蒋介石手中,他利用职权极力培植个人势力。"四一二"反革命政变后,蒋介石在军校实行清党。此后,黄埔军校成了蒋介石培养反共反人民骨干的学校。蒋介石用其在军校培养的亲信骨干控制军队,形成了所谓黄埔系。

广州农民运动讲习所

第一次国内革命战争时期由中国国民党农民部主办的培养农民运动干部的学校,全称为中国国民党农民运动讲习所。它是国共合作的产物,实际上由中国共产党领导。1924年6月30日国民党中央执行委员会召开第三十九次会议,决定建立农民运动讲习所,同时委派彭湃创办广州农民运动讲习所并任主任。

农讲所学员都是工农运动的积极分子或有志于农民运动的进步青年学生,他们除了学习政治理论外,还进行军事训练,做社会调查和参加实际斗争。周恩来、萧楚女、瞿秋白、陈延年、林伯渠、吴玉章等都曾为学员讲授主要课程或做报告。农讲所培养了772名毕业生和25名旁听生。学员毕业后分赴各地从事农民运动,其中许多人成为农民运动和大革命中的领导骨干,对中国革命的发展做出了重大贡献。

第一次东征

1925年2月至3月广东革命政府讨伐盘踞在广东东江一带的军阀陈炯明的战役。1924年冬孙中山北上后,陈炯明以为有机可乘,于1925年1月7日自封为"救粤军总司令",分三路进攻广州。中国共产党号召广东工农群众支持革命政府,保卫广州,打倒陈炯明。1月15日广州留守政府决定讨伐陈炯明。2月1日发布总动员令,以滇军杨希闵部、桂军刘震寰部为左路和中路,以黄埔学生军和粤军许崇智部为右路,开始第一次东征。右路军是这次东征的主力,由黄埔军校校长、粤军参谋长蒋介石统领,军校政治部主任周恩来负责战时政治工作,苏联军事顾问加伦将军帮助制定了东征计划并参加了东征。2月4日右路军占领东莞、石龙。11日占领宝安。15日攻克淡水。27日在彭湃领导的海丰农民配合下占领了陈炯明的家乡海丰城。3月7日克复潮州、汕头。陈炯明逃往香港。3月底陈部主力溃败,残敌退往闽、赣边境。第一次东征胜利结束。

广州国民政府

广东革命政府原为孙中山于1923年回广州后建立的大元帅府,孙中山任大元帅。1925年6月15日,国民党中央政治委员会召开会议,根据国民革命运动发展的需要,决定改组大元帅府为国民政府。7月1日,中华民国国民政府在广州正式成立,它采用委员制取代大元帅府的一长制,汪精卫、胡汉民、廖仲恺、张静江等16人为委员,汪精卫、胡汉民、谭延闿、许崇智、林森为常务委员,汪精卫任主席。下设财政、军事、外交等部。聘鲍罗廷为高等顾问。国民政府宣布它的职责是履行孙中山遗嘱,对外废除不平等条约,消灭帝国主义势力;对内开展国民革命运动,消灭军阀势力。为此,积极整顿内部,实现了军政、民政和财政的统一。广州国民政府的成立,促进了广东革命根据地的巩固,为北伐战争创造了条件。1926年底国民政府迁都武汉。

国民革命军

1926年7月1日国民政府成立后,为实现军政统一,于7月6日成立了军事委员会,受中国国民党的指导与监督,管理统率国民政府所辖境内的军队和一切军事机关。8月26日,军事委员会决议将所辖军队统一改编为国民革命军。黄埔军校新练的军队和一部分粤军为第一军,蒋介石任军长;谭延闿所部湘军为第二军;朱培德所部滇军为第三军;在江西的粤军为第四军,李济深任军长;李福林所部福军为第五军;后来,程潜所部湘军为第六军;广西桂系李宗仁所部为第七军。由于共产党员和共产主义青年团员在军队中的骨干作用和先锋作用,国民革命军取得了东征和北伐战争的胜利。1927年蒋介石、汪精卫叛变革命后,国民党政府军队仍用这一名称。

第二次东征

1925年9月,被击溃的陈炯明部在英帝国主义和段祺瑞政府支持下,乘革命军回师平叛之际,重新占领了潮州、汕头等东江一带,并在惠州集结重兵,企图和粤南的军阀邓本殷合力夹击广州。为彻底消灭陈炯明部统一广东,国民政府于9月28日决定进行第二次东征,任命黄埔军校校长、国民革命军第一军军长蒋介石为东征军总指挥,第一军政治部主任周恩来为东征军总政治部主任。全军编为三个纵队,共3万余人。10月1日,东征军开始出师。省港罢工工人组织了运输队、宣传队、卫生队随军出发,东江农民为革命军当向导、运粮食。海陆丰农民在革命军到达前,就占领了县城选举了县长。10月14日,东征军攻占了号称“南中国第一险”的惠州,歼灭了敌军主力。11月初占领梅县、汕头,再度收复东江,陈炯明部被全部歼灭。

北伐战争

1926年至1927年间,中国人民在中国共产党和国民党的共同组织领导下进行了反对帝国主义和北洋军阀的革命战争。为了彻底推翻北洋军阀的反动统治,1926年7月,国民革命军约10万人从广东分三路正式出师北伐,蒋介石任总司令。以共产党员和共青团员为骨干的第四军叶挺独立团,担任北伐先遣队,他们英勇善战,获得了“铁军”的光荣称号。在两党的领导下,广大工农群众对北伐战争给予了强有力的支援,使国民革命军迅速地向前推进。西路军解放了湖南,攻克了湖北武汉;中路军解放了江西;东路军解放了福建。1927年初,北伐军先后击溃北洋军阀吴佩孚、孙传芳等军队的主力,占领了半个中国,取得了伟大的胜利。但是,正当北伐军向前发展的紧要关头,蒋介石、汪精卫等国民党右派势力在帝国主义支持下先后在上海和武汉发动"四·一二"和"七·一五"反革命政变。同时,由于陈独秀右倾投降主义错误的影响,党没有能够采取应付突发事变正确的措施。结果,蒋介石反动集团窃取了革命果实,建立了新的军阀统治,轰轰烈烈的北伐战争以失败告终。

叶挺独立团

北伐战争时期由中国共产党直接领导的、以叶挺为团长的国民革命军第四军独立团。1925年11月根据中共中央的决定,在中共两广区委军事部长周恩来领导下,于广东肇庆组建。其前身是中共两广区委领导的成立于1924年的建国陆海军大元帅府铁甲车队。此外,独立团还从黄埔军校抽调一部分人员做骨干,战士多为招募的新兵。全团共2000余人,连以上干部绝大多数是共产党员。干部的任免、调动由共产党决定。团设党支部,直接由中共两广区委军事部领导。1926年5月作为北伐先遣队开赴两湖前线。6月5日攻占攸县,打破了吴佩孚的战略企图,稳定了湖南战局,为北伐军主力进入湖南创造了有利条件。8月27日、30日攻占汀泗桥、贺胜桥两战役和8月31日至10月10日围攻武昌的战斗中,英勇善战,屡建奇功,为第四军赢得了"铁军"的光荣称号。北伐军占领武昌后,该团扩编为国民革命军第二十四师,后参加了南昌起义。

上海工人三次武装起义

上海工人在中国共产党领导下,为配合北伐战争,推翻北洋军阀统治而举行的三次起义。第一次为1926年10月23日至24日。10月16日,浙江省省长夏超宣布脱离孙传芳独立,并向上海进攻。国民党上海政治分会主席钮永键结合一部分资产阶级、小资产阶级和一部分流氓,准备暴动,响应夏超。中国共产党决定与钮永键合作,发动起义。由罗亦农、赵世炎担任总指挥。23日,上海总工会下令工人举行起义。由于夏超为孙传芳所败,工人战斗力量较弱小,仅有130名武装工人和2000名没有武装的战斗队伍,准备不充分,起义遭到失败。24日晨,中共上海领导机关下令停止起义。第二次为1927年2月22日。2月18日,北伐军进占嘉兴,孙传芳准备从上海退却,由张宗昌的直鲁联军前来接防,上海政局不稳。中共江浙区委决定举行第二次武装起义。18日晚,上海总工会发出总同盟罢工令,并发表罢工宣言,提出政治经济要求17条。19日大罢工开始,参加罢工人数达到36万。21日晚,工人开始夺取军警武装,同敌展开局部战斗。22日,总同盟罢工转为武装起义。但由于敌我力量悬殊,蒋介石又下令北伐军停止进攻上海,起义处于孤立无援境地,再次失败。第三次发动于1927年3月21日。第二次起义失败后,周恩来来到上海，以中共军委书记兼江浙区委军委书记身份领导和组织了第三次武装起义。他和江浙区委负责人罗亦农、赵世炎及上海总工会委员长汪寿华等一起，总结了前两次起义的经验教训，做了充分准备。组织了5千名工人武装纠察队，在城市贫民和小资产阶级群众中进行广泛的政治工作，对敌人军事部署进行详细侦察，制定了统一指挥，分区作战的起义计划。起义前10天，发动铁路工人举行大罢工，破坏张宗昌运兵上海的计划，切断敌人对上海的援助。3月21日，北伐军抵达上海郊区龙华镇，张宗昌直鲁联军接替孙传芳驻防上海，立足未稳。中共浙江区委和上海总工会决定立即举行第三次武装起义。21日中午，上海80万工人举行总罢工，接着转为武装起义，向直鲁联军发起全面进攻。上海工人经一天一夜激战，于22日下午占领上海，取得了起义的胜利，并建立了上海特别市临时政府，其中共产党员在政府委员中占过半。

上海工人第三次武装起义的胜利，充分显示了工人阶级的伟大力量，是中国革命史上光辉的一页。

"四·一二"反革命政变

1927年4月12日，蒋介石在上海发动的反革命政变。1927年4月12日清晨，蒋介石终于露出其本来面目，从背后杀向革命人民。在他的指挥下，上海一伙"青红帮"流氓冒充工人，袭击了闸北的上海总工会会所，正当工人纠察队进行英勇反击时，蒋介石指挥的反动军队来到现场，他们颠倒黑白，说是"工人内讧"，以维持治安为名，缴了工人纠察队的枪械，上海工人阶级通过多次浴血奋战建立的一支武装力量，一下子被解散了。当天上午，受蒋介石指挥的流氓组织"上海工界联合会"，又占领了上海总工会会所。蒋介石的反革命行为，激怒了上海人民。12日下午，闸北工人从反动派手里夺回了总工会会所，并宣布全市举行总罢工。第二天，工人们高呼着"打倒新军阀"等口号，冒雨游行，途中遭到早已埋伏好的反动军队的袭击，上百名工人和市民倒在血泊中。蒋介石在上海实行白色恐怖，下令封闭了上海总工会等革命组织，并疯狂地捕杀共产党员和革命群众，仅4月12日至15日，就有300多人被杀，500多人被捕，5000多人失踪。继上

"四一·二"反革命政变

海大屠杀之后，广州、北京等地的反动派，也向人民举起了屠刀。李大钊、萧楚女等一大批优秀的共产主义战士壮烈牺牲，无数革命群众惨遭杀害。由于以陈独秀为代表的一些领导人推行的右倾机会主义路线在共产党内占统治地位，使党对蒋介石的叛变活动，缺乏应有的准备，给革命事业带来了严重的恶果。

“七·一五”反革命政变

1927年7月15日，汪精卫在武汉发动的反革命政变。1927年7月15日，汪精卫公开叛变革命，提出了“宁可枉杀千人，不可使一人漏网”的反动口号，屠杀共产党人和革命群众。轰轰烈烈的大革命，就这样被一伙隐藏在革命队伍内的刽子手葬送了。但是中国人民并没有屈服，他们在中国共产党领导下，联合国民党左派，强烈声讨蒋介石的滔天罪行，与反革命派进行了英勇顽强的斗争。

南京国民政府的成立

南京国民政府是蒋介石在“四·一二”反革命政变后，成立于南京的大地主大资产阶级专政的政权。1927年4月15日，叛变革命的蒋介石在南京召开会议，决定定都南京，否认武汉国民政府，并通过恢复国民革命军总司令职权案。4月17日，蒋介石在南京召开国民党中央政治会议，决议国民政府于18日在南京开始办公。4月18日，南京国民政府在南京丁家桥原江苏省议会举行成立典礼。

蒋介石在南京成立的这个政府，一开始就是一个抛弃孙中山三大政策，代表帝国主义和地主买办阶级利益的反革命政权。

南京政府成立后，统治中国达二十二年，期间虽屡屡改组，组织方式也由会议制改为主席制，后又改为总统制，但最终仍未逃脱覆灭的下场，1949年被中国人民所推翻。

宁汉合流

1927年“七·一五”反革命政变后，武汉国民党政府迁往南京，与南京国民党政府合在一起，史称“宁汉合流”。但是由于国民党内部各派势力利害冲突，不可能达到真正统一，形式上的“统一”也很快为新的分裂所代替。

二次北伐

1928年蒋介石、冯玉祥、阎锡山、李宗仁四派联合北伐奉系军阀张作霖的战争，因国民党自称这次战争是1926年北伐的继续，故有“二次北伐”之称。

国民党军的北伐，受到日本帝国主义的干涉。4月17日，日本政府决定出兵山东。5月3日，公然武装进攻济南，对济南居民和进驻济南的北伐军进行大肆屠杀，制造了骇人听闻的“济南惨案”。面对日本的武装干涉，蒋介石妥协退让，命令部队撤离济南，绕道北进。

北伐军很快占领绥远和大同、张家口、保定、沧州等地。张作霖见大势已去，于

6月3日退出北京。6月4日，张作霖在退往沈阳途中，经皇姑屯车站时被日本帝国主义炸死。6月8日，阎锡山部进入北京。12日接收天津。6月15日，南京政府宣布“统一告成”，蒋、冯、阎、桂联合的“二次北伐”，也随之宣告完成。

东北易帜

张作霖被日军炸死以后，其子张学良被推为东三省保安总司令。张学良鉴于皇姑屯事件的教训和东北政局的严重，于7月1日通电全国，表示愿与南京政府妥协。其时，国民党南京政府鉴于济南惨案的“教训”，也决定和平解决东北问题。随后，张学良、蒋介石之间互派代表，多次磋商，张学良的举动曾遭到一直企图独霸我国东北的日本帝国主义的反对。但日本帝国主义的威胁利诱终未能阻止张学良易帜的决心。经过五个月的交涉和斗争，1928年12月29日，张学良率东北各军政要员通电全国，宣布“遵守三民主义，服从国民政府，改易旗帜”，将北洋政府的五色旗换上国民党的青天白日旗。12月30日，国民党南京政府任命张学良为东北边防军司令长官。至此，北洋军阀的最后一支力量——奉军，纳入南京政府的军队体系，国民党南京政府在形式上统一了全国。

南昌起义

南昌起义（也称八一南昌起义）是中国共产党于1927年8月1日在江西省南昌发动的反抗中国国民党的武装起义，由周恩来、贺龙、叶挺、朱德、刘伯承等领导。

南昌起义

1927年8月1日凌晨2时，周恩来等指挥的起义军向驻守南昌的国民党军队发动进攻，经过四个多小时的激战，占领了全城。起义胜利后，公布了《八一起义宣言》《八一起义宣传大纲》。国民党方面则马上调集军队包围了南昌。8月5日，起义军撤出南昌，南下广东。

南昌起义是中国共产党首次独立地领导革命战争和创立革命军队，是反对中国国民党政权的开始，并开始了武装斗争。8月1日后来被定为中国人民解放军的建军节。1977年为纪念起义五十周年而建八一南昌起义纪念塔，坐落在南昌市区中心的人民广场南端。

八七会议

1927年8月7日，中共中央在汉口召开的紧急会议。出席会议的有中央委员10人，候补中央委员3人，中央监委、中央军委、共青团中央、湖南、湖北的代表8人，共产国际代表和中央秘书处负责人也参加了会议。会议由瞿秋白主持。

这次会议通过了《中国共产党中央委员会告全党党员书》《最近农民运动的决议案》《最近职工运动的决议案》及《党的组织决议案》。会议在中国革命的危急关头，总结了大革命失败的经验教训，就国共两党关系、土地革命、武装斗争等问题进行了讨论。

会议坚决纠正了以陈独秀为代表的右倾投降主义错误，确立了实行土地革命和武装反抗国民党反动派的总方针，并把发动农民举行秋收起义作为当前党的主要任务。会上，毛泽东明确提出了"须知政权是由枪杆子中取得的"的著名论断。

会议选举了新的中央临时政治局，苏兆征、向忠发、瞿秋白、罗亦农、顾顺章、王荷波、李维汉、彭湃、任弼时为政治局委员，周恩来、邓中夏、毛泽东、彭公达、李立三、张太雷、张国焘为政治局候补委员。

八七会议是中国革命遭受第一次严重挫折后，中共中央召开的具有重大历史意义的会议，它总结了大革命失败的经验教训，反对了政治上的右倾投降主义，开始了党在农村领导武装暴动、开展土地革命的新的斗争。

湘赣边界秋收起义

1927年9月，毛泽东作为中共中央特派员被派到湖南，和湖南省委一起领导湘赣边界秋收起义。参加起义的部队有原国民革命军第二方面军警卫团，湖南平江、浏阳的农军，鄂南崇阳、通城的部分农民武装和安源的工人纠察队等。起义部队合编为工农革命军第一师，共5000余人。毛泽东任中共前敌委员会书记，卢德铭任起义军总指挥。9月9日，参加起义的部分工农群众开始破坏粤汉铁路线上的岳阳至黄沙街、长沙至株洲的铁路。11日，湘赣边界地区开始举行武装起义。起义部队分别从江西省的修水、安源、铜鼓等地出发，会同湖南省平江、浏阳地区的农军，准备会攻长沙。起义军先后取得了老关、醴陵、浏阳、白沙东门市等战斗的胜利，占领了醴陵、浏阳县城和一些集镇。但由于强敌反扑，起义军在战斗中相继失利。毛泽东迅速命令起义部队第一、三团与第二团余部，到浏阳的文家市集中。前委在文家市召开会议，决定放弃攻打长沙的计划，并于20日带领部队撤离湘东地区，沿罗霄山脉向南转移。9月29日，起义部队共1000人左右到达江西省永新县的三湾村进行改编。经过改编，起义军从一个师缩编为一个团；党在部队中建立了各级组织，特别是把支部建在连上，加强了党对军队的领导。10月，起义军到达井冈山，开始了创建井冈山革命根据地的斗争。

广州起义

1927年底，中共广东省委根据中共中央的指示，抓住粤桂战争爆发、广州城内兵力薄弱的有利时机，决定发动广州起义，并成立了以张太雷为委员长的革命军事委员会，作为起义的最高领导机关；同时成立了起义军总指挥部和参谋部，由叶挺、叶剑英分任总指挥和副总指挥，徐光英任参谋长。12月11日凌晨3时，在张太雷、叶挺、叶剑英、周文雍、聂荣臻、杨殷等领导下，广州起义爆发。参加起义的武装力量主要是叶剑英率领的第四军教导团和周文雍率领的广州工人赤卫队，大约六千余人。经过两个多小时的激战，起义军占领了广州城区。当天上午，广州苏维埃政府——广州公社宣告成立，苏兆征任主席（因病未到任，由张太雷代理）。

广州起义震惊了中外反动派，他们立即联合起来向广州反扑。在英、美、日等帝国主义的军舰和陆战队的支援下，国民党军阀集中了五万兵力进攻广州。起义军经过三天三夜的英勇奋战，终因敌我力量过于悬殊而失败。起义的主要领导人张太雷在战斗中牺牲，革命群众惨遭杀害。13日，起义军被迫撤出广州市区。一部分在花县改编为红四师，开赴东江同海陆丰农民起义军汇合；另一部分沿西江到达广西左右江，后来参加了百色起义；还有一部分则北上韶关，加入朱德、陈毅率领的部队，后来上了井冈山。

广州起义是继南昌起义、秋收起义之后，中国人民向反革命势力进行的又一次英勇的反击，也是中国共产党领导工农武装夺取政权的一次重要尝试。起义虽然失败了，但在中国革命史上，留下了光辉的一页。

井冈山革命根据地

1927年10月，毛泽东率领秋收起义的部队到达江西罗霄山脉中段的井冈山，发展武装力量，开展游击战争，领导农民打土豪分田地，建立红色政权，实行工农武装割据，创立了党领导下的第一个农村革命根据地。

1928年4月底，朱德、陈毅率领南昌起义保存下来的部队和湘南农军到达井冈山，和毛泽东领导的工农革命军会师。会师后，成立了中国工农红军第四军，毛泽东任党代表，朱德任军长。12月，彭德怀、滕代远率领红五军主力来到井冈山，与红四军会师。此后，红军粉碎了敌人的多次“进剿”，根据地不断扩大。全盛时期，包括宁冈、永新、莲花三个县，吉安、安福两县一部分，遂川县北部等地。井冈山革命根据地的建立，为中国革命的中心工作完成从城市到农村的伟大战略转移，走上农村包围城市，最后夺取城市的了新的道路。

中央革命根据地

中央革命根据地，亦称中央苏区，位于江西南部、福建西部，是土地革命战争时期全国最大的革命根据地，是全国苏维埃运动的中心区域，是中华苏维埃共和国党、政、军首脑机关所在地。

井冈山革命根据地

中央革命根据地是以赣南、闽西两块根据地为基础创建的。

1927年11月至1928年3月，在中共赣西、赣南特委的领导下，赖经邦、李文林、古柏等领导赣西南地区武装起义，开创了东固、桥头等革命根据地。1928年3月和6月，郭滴人、邓子恢、朱积垒、张鼎丞等领导闽西地区武装起义，创建了永定溪南革命根据地和地方工农武装。赣南、闽西的这些小块红色割据区域，奠定了中央苏区的基础。

1929年1月，毛泽东、朱德率领中国工农红军第四军主力离开井冈山革命根据地后，转战赣南、闽西地区，在上述根据地和地方工农武装的配合下，先后开辟了赣南、闽西革命根据地。

1930年3月，赣西南苏维埃政府成立，曾山任主席，闽西苏维埃政府成立，邓子恢任主席。4月，闽西地区红军五个独立团合编为红军第十二军。6月，活动在赣西南、闽西地区的红军第四、第六(不久改称第三军)和第十二军合编为红军第一军团。8月，毛泽东和朱德领导的红一军团与彭德怀率领的红三军团在浏阳永和会师，组成中国工农红军第一方面军，朱德任总司令，毛泽东任总政治委员。10月，毛泽东领导红一方面军挥师江西，攻克吉安重镇，建立了以曾山为主席的江西省苏维埃政府。

1931年1月，根据中共中央决定，中共苏区中央局成立，周恩来任书记。在周恩来未到任前，由项英、毛泽东先后代理书记。9月，中央苏区军民粉碎了国民党军第三次“围剿”后，使赣南、闽西两部分连成一片，根据地扩展到30多个县境，在24个县建立了县苏维埃政府。11月，中华苏维埃第一次全国代表大会在江西瑞金召开，成立了中华苏维埃共和国临时中央政府，毛泽东任主席，项英，张国焘任副主席；此时，组成中华苏维埃共和国中央革命军事委员会，朱德任主席，王稼祥、彭德怀任副主席，中华苏维埃共和国临时中央政府设在瑞金。至此，中央革命根据地正式形成，并统辖和领导全国苏维埃区域的斗争。

1931年12月14日，国民党军第二十六路军在赵博生、董振堂率领下，于江西宁都起义，加入中国工农红军，编为红一方面军第五军团。随后，红一方面军发展到拥有一、三、五、七、八、九军团，共十多万人。

1933年1月，以博古为首的中共临时中央政治局由上海迁入中央革命根据地。同年2、3月间，中央革命根据地取得第四次反“围剿”的胜利，不仅巩固了中央革命根据地，而且打通了中央苏区与闽浙赣苏区的联系。1933年秋，中央苏区辖有江西、福建、闽赣、粤赣四个省级苏维埃政权，拥有60个行政县，红军和根据地发展到了鼎盛时期。中央苏区由此成为全国最大的革命根据地。

土地革命

中国共产党在革命根据地开展打土豪、分田地、废除封建剥削和债务的土地革命，满足了农民的土地要求。1931年春，毛泽东总结土地革命的经验，制定出一条完整的土地革命路线。那就是：依靠贫农、雇农，联合中农，限制富农，保护中小工商业者，消灭地主阶级，变封建半封建的土地所有制为农民的土地所有制。这条路线，调动了一切反封建的因素，保证了土地革命的胜利。

土地革命使广大贫雇农政治上翻了身，经济上分到土地，生活上得到保证。为了保卫胜利果实，他们积极参军参战，努力发展生产。湘鄂赣革命根据地，仅半年之内，参加红军的翻身农民达3万多人。鄂豫皖革命根据地的黄安七里坪的一个招兵站，一天就招收800名农民入伍。

第一次反"围剿"

1930年10月，蒋介石调集约10万人的兵力，以国民党江西省主席兼第九路军鲁涤平为"围剿"军总司令，师长张辉瓒为前线总指挥，采取"分进合击、长驱直入"的作战方针，向赣南、闽西革命根据地（即后来的中央革命根据地）进行第一次"围剿"。

当时，驻守革命根据地的红一方面军约有四万人。在毛泽东诱敌深入、歼灭敌人于根据地内的战略方针指导下，以少数兵力配合地方武装迟滞、迷惑敌人外，主力则于11月26日全部退到东固、南垄、龙冈地区。12月29日，敌方张辉瓒部主力向龙冈推进。红军主力埋伏于龙冈附近山中，30日拂晓，红军以优势兵力向进入伏击圈的敌人发动猛烈进攻，经过半天激战，全歼张辉瓒师9000余人，张辉瓒也被俘。接着，红军向东韶急进，又歼敌谭道源师一半。余敌纷纷撤退。

这次战役，红军共歼国民党军一个半师，缴枪1.3万余支，取得了第一次"反围剿"的胜利。

第二次反"围剿"

蒋介石在第一次"围剿"失败后，调集20万兵力，以何应钦为总司令，采取"稳扎稳打，步步为营"的作战方针，从福建建宁到江西吉安，构成八百里长的弧形阵线，于1931年4月1日，兵分四路向赣南、闽西革命根据地（即后来的中央革命根据地）进行第二次"围剿"。

红一方面军三万余人在毛泽东、朱德的指挥下，采取"集中优势兵力，先打弱敌，并在运动中各个歼灭敌人"的方针。5月15日，国民党军王金钰、公秉藩两师由富田进入东固山区。16日，红军乘其不备，发起猛攻，经一昼夜激战，歼公秉藩师和王金钰师大部，取得反攻首战胜利。随后，又迅速由西向东横扫。19日，在白沙歼敌第四十三师大部和四十七师一个旅的残部。22日,在中村歼敌第二十七师近一个旅。27日,攻占广昌城,歼守敌第五师一部。30日,直捣建宁城,歼守敌第五十六师三个多团。

这次战役,从5月16日起至30日,15天中,红军横扫700里,五战五捷,共歼敌三万余人,缴枪两万余支,取得了第二次反"围剿"的胜利。

第三次反"围剿"

蒋介石在第二次"围剿"失败后,仅隔一个月,又调集30万兵力,自任总司令,并聘请德、日、英军事顾问,采取"长驱直入","分进合击"的战术,兵分三路,于1931年7月1日开始对赣南、闽西革命根据地(即后来的中央革命根据地)进行第三次大规模"围剿"。

面对优势的敌军,红一方面军总前委采取了毛泽东提出的"避敌主力,打其虚弱,乘胜追歼"的作战方针,以一部兵力结合地方武装,迟滞敌军前进,红军主力则由闽西绕道千里,在7月下旬集中于赣南的兴国,诱敌深入。随后,又以红三十五军和红十二军第三十五师,佯装主力,将敌主力七个师引向兴国以西和西北地区。红军主力则在8月4日乘夜从兴国插进敌后,6日在莲塘歼敌第四十七师一部;7日在良村歼敌第五十四师大部;11日在宁都县北的黄陂歼敌第八师四个团。六日,红军三战三捷,缴枪逾万。这时,国民党军主力急忙转旗扑向黄陂,欲寻红军主力作战。8月16日夜,红军声东击西,以一部红军将敌引向东北,主力则由东向西,从敌军的间隙中,再次返回兴国休整。待敌发觉后再向西进时,红军主力已休整半月,而敌被拖得饥疲沮丧,无力作战,只得退却。红军乘敌退却之机乘胜追击,于9月7日在老营盘歼敌第九师一个旅;同月15日,在方石岭歼敌第五十二师。至此,国民党军被迫全线撤退。

这次战役,红军共歼敌三万余人,缴枪两万余支,胜利粉碎了国民党军的第三次"围剿"。通过这次反"围剿"的胜利,赣南、闽西两块革命根据地连成一片,成为拥有二十余县的大块革命根据地。1931年11月,在江西瑞金成立了中华苏维埃共和国临时中央政府。此后,赣南闽西革命根据地正式成为以瑞金为中心的中央革命根据地。

九·一八事变

日本侵华,蓄谋已久。19世纪末日本侵占中国台湾,20世纪初又在东北南满地区夺取了各种特权。1927年,日本政府制定了先征服"满蒙"再征服中国,最后称霸全世界的侵略计划。随后,日本帝国主义驻中国的关东军在东北制造了一系列挑衅事件,加紧了进行武装侵略中国东北的准备。1931年9月18日晚10时20分,日本炸毁沈阳北郊柳条湖村附近一段南满铁路路轨,并诬称是中国军队所为,随即炮击中国东北军驻地北大营;同时,南满铁路沿线日军向沈阳城发起攻击,制造了震惊中外的"九一八事变"。紧接着日军分兵进攻吉林和黑龙江。一星期之内,辽宁、吉林二省基本丢失。事变发生后,蒋介石实行不抵抗政策,许多国土很快沦丧。1932年2月5日,日军占领哈尔滨。至此,东北三省全部沦陷。

九一八事变震动了全中国和全世界。它使中国政治形势发生了重大变化。在中国共产党的号召和领导下,东北人民开展了抗日武装斗争,全国人民也开始投入到抗日救亡的斗争中去。

“·九一八”事变纪念馆

伪满洲国

日本帝国主义在中国东北制造的傀儡政权,成立于1932年3月1日。定都长春(后改称“新京”),中国末代皇帝溥仪任执政,年号大同。1934年3月1日改称“满洲帝国”,溥仪由“执政”改称“皇帝”,改年号为康德。国务总理改由汉奸张景惠担任。溥仪名为皇帝,实如囚徒,言行均受日本人监管,由日本人任厅长的总务厅,总揽了伪政府的一切大权,并通过日本人在各级伪政权机关中任次长的制度,日本控制了伪满洲国整个政权系统。伪满洲国统治中国东北十三年,是日本帝国主义对中国东北人民实行残酷殖民统治的工具,1945年8月随抗日战争胜利而被摧毁。

“一·二八”事变

1932年“九·一八”事变后,日本帝国主义得寸进尺,企图侵占上海,作为继续侵略中国的基地。1932年1月28日夜间,日本侵略军由租界向闸北一带进攻。驻守上海的十九路军,在全国人民抗日高潮的推动下,由蔡廷锴、蒋光鼐率领,开始了淞沪抗战。敌军司令盐泽狂妄叫嚣:“一旦发生战斗,4小时即可了事。”然而战事第一周,敌人向闸北防地的数次进攻都被击退,还被截获铁甲车3辆,进攻江湾的敌军一个联队(团)也被包围歼灭。盐泽做了败军之将,被免了职。

在激烈的战斗日日夜夜,上海人民纷纷组织义勇军、情报队、救护队、担架队、通讯队、运输队等,配合前线作战。宋庆龄、何香凝等各界名人士,代表上海人民到前线慰问;在他们的支持和组织下,还筹设了几十所伤兵医院。人民赶制了全新棉衣棉裤3万多套,送往前线,给全军将士御寒。人民的热情支援,使十九路军全体将士受到巨大的鼓舞。

然而,国民党政府却乞求由帝国主义操纵的“国际联盟”进行“调停”,并于5月5日同日本签订了屈辱的《淞沪停战协定》。抗战的人民和十九路军被出卖了。

东北抗日义勇军

“九·一八”事变后，东北人民和部分爱国军队组织的抗日武装。1931年“九·一八”事变后，东三省人民和部分爱国军队，自发组织了抗日武装，进行抗日游击战争。到1932年底，东北抗日义勇军曾发展到30多万人，他们战斗在黑水白山之间，曾给予日本侵略军以沉重的打击。

红军长征

第四次反“围剿”

蒋介石第三次“围剿”失败后，经过长时间准备，于1933年2月，纠集50万兵力，分左、中、右三路对中央革命根据地进行第四次“围剿”。而中路军十二个师，由陈诚率领，采取“分进合击”的作战方针，分三个纵队，由乐安、南城、金溪等地向广昌进攻。红一方面军在朱德、周恩来的指挥下，采用大兵团伏击战法，用一部分兵力将敌第二、第三两个纵队引向黎川方向，主力则转至敌之右翼，集中于广昌以西的东韶、洛口、吴村等地隐蔽待机。同月26日，敌第一纵队的三个师分由乐安、宜黄向广昌逼近。红军先以地方武装不断袭扰和迷惑敌军，当敌第五十二、第五十九两个师进至黄陂、大龙坪地区时，红军于27日拂晓突发猛攻，经两天激战，将敌全部歼灭。国民党军遭此打击，改取“中间突破”方针，于3月15日以六个师分成两个梯队由宜黄地区出发，经东陂、甘竹直扑广昌，寻求红军主力作战。红军放过敌军先头四个师，于21日晨向进至草龙岗、东陂地区的敌军殿后的两个师发起攻击。激战一日，歼敌第十一师大部和第九师一部，余敌仓皇撤退。在陈诚的中路军向根据地中心区域进攻期间，敌左、右两路军仅在各驻区进行了所谓的“清剿”就草草收场。至1933年3月底，红军基本上粉碎了国民党军的第四次“围剿”。这次反“围剿”，红军歼敌2万余人，缴枪1万5千余支。

第五次反“围剿”

1933年9月，蒋介石调集100万兵力，200架飞机，自任总司令，对中央革命根据地利邻近的湘赣、闽浙赣等根据地，发动了第五次“围剿”。其中以50万兵力，重点进攻中央革命根据地。蒋介石吸取以往“围剿”失败的教训，采取了碉堡推进，步步为营的“堡垒政策”，企图把红军严密地封锁包围起来，从四面向根据地压缩，最后寻求红军主力决战，消灭红军。

当时王明“左”倾冒险主义已在党和红军中取得了完全的统治，党和红军的实际领导人博古和李德全面否定了毛泽东制定的战略方针和作战原则，错误地用阵地战代替游击战，用所谓“正规”战争代替人民战争。反“围剿”一开始，红军在博古、李德的错误指挥下，就采取了冒险主义的进攻战略。

到11月中旬，红军连续作战近两个月，不仅没有能在敌占区或敌我交界区打败敌军，反而使自己陷于被动地位。1934年初，红军与国民党军在建宁、泰宁等地相持数月，终未能胜。3月，敌主力向广昌推进，红军虽在高虎脑、万年亭杀伤敌军三四千人，但最终未能阻挡住敌军的进攻。4月，广昌失守。7月，国民党军分兵向中央根据地中心突进。在优势敌人面前，“左”倾冒险主义者又转为保守主义，博古、李德命令红军“兵分六路”，“全线防御”。结果使红军处处设防，节节防御，完全陷于被动局面。在反“围剿”中，毛泽东曾多次提出以红军主力突进到以浙江为中心的苏浙皖赣地区或湖南中部以打破敌人“围剿”的正确建议，但“左”倾错误领导人拒不接受。由于“左”倾冒险主义者的错误领导，红军虽苦战一年，终未能打破敌人的“围剿”。1934年10月初，国民党军已推进到中央根据地的腹地，兴国、宁都、石城相继失守。从10日晚开始，中共中央机关和中央红军主力共八万余人，被迫撤离中央革命根据地，第五次反“围剿”终告失败。

红军长征

由于王明“左”倾机会主义的错误领导，中央红军（即红一方面军）未能粉碎国民党军的第五次“围剿”，被迫退出中央根据地，突围长征。从1934年10月中旬开始，中共中央机关和中央红军主力八万余人，分别由福建的长汀、宁化和江西的瑞金、雩都等地出发，开始长征。长征最初的计划是从南线突破国民党军的封锁，到达湘西会合红二、红六军团。长征初期，由于中共中央领导在军事上犯了逃跑主义的错误，红军虽浴血苦战，连续突破敌人四道封锁线，但渡过湘江时，人员即已由出发时八万余人减至三万余人。12月，蒋介石又调集40万军队，准备围歼向湘西转移的红军。在这紧急关头，中共中央接受了毛泽东的正确主张，放弃向湘西前进的原定计划，改向敌人力量最薄弱的贵州前进。1935年1月占领贵州重镇遵义。1月中旬，中共中央在遵义召开了政治局扩大会议。

红军长征纪念碑

遵义会议后，红军在正确的指挥领导下，采取了灵活机动的战略战术，四渡赤水河，巧渡金沙江，摆脱了数十万敌军的围追堵截。接着又顺利通过凉山地区，强渡大渡河，飞夺泸定桥，翻过夹金山，于1935年6月中旬到达了川西懋功。

继中央红军之后，红四方面军也于1935年3月撤离川陕根据地，开始长征，并于6月8日先于中央红军到达懋功。两个方面军懋功会师后，中共中央根据当时的形势，确定了北上建立川陕甘根据地的战略方针。8月下旬两军跨过草地后，中共中央挫败了红四方面军主要领导人张国焘要挟中央南下和企图危害中央的活动,率领中央红军主力继续北上。随后突破腊子口,翻越六盘山,于10月19日胜利抵达陕北吴起镇。张国焘带着被他欺骗的红四方面军南下后屡遭挫折,部队减员一半,被迫于1936年2月向西康东北部转移。

长征到达陕北的毛泽东

由湘赣西征到湘西的红六军团和原在湘黔边的红二军团,在贺龙、任弼时率领下也于1935年11月开始,从湘鄂川黔根据地出发长征,并于1936年6月在西康甘孜与红四方面军会师。两军会师后,红二、红六军团改编为红二方面军。在朱德、贺龙、任弼时等的斗争和红四方面军指战员的要求下,张国焘被迫同意北上。1936年10月,红二、红四方面军与红一方面军在甘肃会宁胜利会师。至此,中国工农红军长征结束。

红军的这次长征,克服了罕见的艰难险阻,前后历时两年,途经11省,徒步行军二万五千里,创造了人类历史上的奇迹。长征的胜利是中国革命新局面的开始。

南方八省三年游击战争

1934年10月中央红军主力开始撤离中央苏区进行长征,中共中央随即在中央苏区成立了以项英为书记的中共中央分局和以陈毅、梁柏台为正、副主任的中华苏维埃共和国中央办事处,继续领导留在南方各革命根据地的红军和游击队坚持斗争。

国民党为了企图彻底消灭南方各革命根据地及根据地内的人民武装,国民党政府在中央红军主力长征后,继续纠集优势兵力,采取三分军事、七分政治的政策,对南方各革命根据地实行碉堡围困、经济封锁、移民并村、保甲连坐、大肆烧杀等残酷毒辣手段,进行了长期的反复的"清剿"。南方八省的红军游击队虽然和中共中央长期失掉联系,但他们在项英、陈毅、贺昌、邓子恢、张鼎丞、谭震林等组成的中共中央分局的领导下,紧密地依靠群众,采取了公开与隐蔽、合法与非法相结合的斗争策略,运用游击战术,在被敌军长期分割包围的形势下,进行了艰苦卓绝的斗争,并不断地取得了反"清剿"斗争的胜利。

华北事变

华北事变是在1935年日本帝国主义企图把华北从中国分离出去而制造的一系列侵略事件,其内容应包括"河北事件"及《何梅协定》;"张北事件"及《秦土协定》;“华北五省自治运动”及“冀察政务委员会”。这些事件基本上都发生在华北地区,故称华北事变。

何梅协定

1935年,日本侵略者为进一步控制华北,借口天津两家汉奸报社社长被暗杀系中国人所为,同时借口中国当局援助东北义勇军孙永勤部进入滦东“非武装区”,破坏了《塘沽协定》,因而由日本天津驻屯军参谋长酒井于5月29日向国民党抗议,并从东北调遣日军入关,进行武力威胁。6月9日,日本华北驻屯军司令官梅津美治郎向国民党政府北平军分会代理委员长何应钦提出“觉书”,限三日内答复。经何与日方秘密会谈后,于7月6日复函梅津,全部承诺了日方的无理要求,时称《何梅协定》。其主要内容是:取消河北省内及平津两市的国民党党部;撤退驻河北的国民党中央军和东北军;解散国民党北平军分会政训处并禁止一切反日团体及活动;撤免河北省主席于学忠及平津两市市长等。何梅协定,使中国丧失了河北省的大部分主权,扩大了日军在华北的势力。

八一宣言

即《为抗日救国告全体同胞书》,中共中央为建立抗日民族统一战线而发表的宣言。1935年夏,中共驻共产国际代表团根据共产国际第七次代表大会确立的建立反法西斯统一战线的政策,起草了此宣言,并于8月1日,以中共中央和中华苏维埃共和国中央政府名义发表,通称《八一宣言》。宣言指出,在日本帝国主义侵略中国的情况下,中国共产党再次向全国同胞呼吁:无论各党派间过去和现在有任何政见和利害的不同,无论各界同胞间有任何意见或利害的差异,无论各军队间过去和现在有任何敌对行动,都应本着“兄弟阋于墙外御其侮”的精神,团结起来,停止内战,一致抗日。宣言倡议组织全国统一的国防政府,作为救亡图存的临时领导机关;一切愿意抗日的军队共同组成统一的抗日联军;实行抗日救国十大纲领。宣言号召全体同胞总动员,集中人力、物力、财力、武力,为抗日救国的神圣事业而奋斗。

“一二·九”运动

1935年12月9日,在中共北平临时工作委员会的领导下,北平爱国学生6000余人,高呼“停止内战,一致对外”“打倒日本帝国主义”等口号,举行了声势浩大的抗日救国示威游行,史称“一二·九”运动。国民党政府出动大批军警镇压,30多人被捕,数百人受伤。10日,北平各校学生宣布总罢课。在“冀察政务委员会”计划成立的12月16日,北平学生和各界群众一万余人又举行示威游行,迫使冀察政务委员会延期成立。此后,天津学生又组成南下扩大宣传团,深入人民中间宣传抗日救国。杭州、广州、武汉、天津、南京、上海等地相继举行游行示威。北平学生的爱国行动,得到了全国学生的响应和全国人民的支持,形成了全国人民抗日民主运动的新高潮,推动了抗日民族统一战线的建立。

“一二·九”运动公开揭露了日本帝国主义侵略中国,并吞华北的阴谋,打击了国民党政府的妥协投降政策,大大地促进了中国人民的觉醒。它配合了红军北上抗日,促进了国内和平和对日抗战。它标志着中国人民抗日民主运动新高潮的到来。正如毛泽东所指出的,“一二·九”运动“是抗战动员的运动,是准备思想和干部的运动,是动员全民族的运动”,“有着重大的历史意义”。

瓦窑堡会议

瓦窑堡会议,是在中日民族矛盾日益加深,大规模的抗日民主运动重新高涨的形势下,为制定正确的政治路线和革命策略而召开的。

1935年12月17日,中共中央在陕北子长县瓦窑堡召开政治局扩大会议。出席会议的有毛泽东、张闻天、周恩来、刘少奇、秦邦宪、邓发、何克全、李维汉、张浩(林育英)、杨尚昆、王稼祥、彭德怀、郭洪涛等十余人。

油画——走向胜利

会议在毛泽东的主持下,分析了华北事变后国内阶级关系的新变化,讨论了抗日民族统一战线、国防政府和抗日联军等问题,批判了党内长期存在着的“左”倾关门主义,制定了抗日民族统一战线的策略方针,就在于发动、团结和组织全中国和全民族一切革命力量去反对当前的主要敌人——日本帝国主义与蒋介石。党内那种认为民族资产阶级不可能与工农联合抗日的观点是错误的,党内主要危险是“左”倾关门主义。《决议》还提出将“工农共和国”的口号改为“人民共和国”,并相应地改变了党的若干政策。这次会议,是遵义会议后中共中央召开的一次重要会议。它科学地总结了两次国内革命战争的基本经验,解决了遵义会议没有来得及解决的政治策略问题,确定了建立抗日民族统一战线的政策,为党领导全国人民迎接伟大的抗日战争奠定了政治基础。

西安事变

1936 年 12 月 12 日，张学良、杨虎城在西安发动兵谏，逼迫蒋介石抗日的事件，又称双十二事变。

"九·一八"事变后，以张学良为首的东北军广大官兵因东北沦陷亲身感受到国破家亡的痛苦，怀有抗日的要求；以杨虎城为首的西北军（第十七路军）系陕西地方势力，一向与蓄意消灭异己的蒋介石有深刻的矛盾。1935 年秋，两军奉命在陕甘进攻红军，屡遭失败，伤亡很大，而蒋介石却不予补充。两军上下对蒋借内战消灭异己的做法十分不满，感到和红军作战没有前途，要求抗日的情绪日渐高涨。

杨虎城

与此同时，中国共产党对张学良、杨虎城及其部队采取争取其抗日的政策，并取得显著效果。1936 年上半年，红军与东北军、第十七路军之间实际上完全停止了敌对状态，在此基础上实现了抗日。

但是，蒋介石一意孤行，坚持"剿共"政策。1936 年 10 月蒋飞至西安，压迫张、杨继续"剿共"。同时加紧部署"剿共"行动，调集重兵，准备向陕甘进发。12 月 4 日，蒋再度到西安督战，逼迫张、杨服从"剿共"命令，进攻红军，否则要将东北军和第十七路军分别调至福建和安徽，再借机搞掉。12 月 7 日，张学良哭谏蒋介石，要蒋停止内战，但遭蒋严词拒绝。随后，蒋介石又加紧镇压西安学生的抗日救国运动。张、杨出于爱国热情和对蒋介石倒行逆施的激愤，决定实行"兵谏"，迫蒋抗日。

1936 年 12 月 12 日清晨，张、杨下令在蒋的行辕临潼华清池扣留了蒋介石，同时在西安城内逮捕了蒋的军政要员陈诚等十余人。随即通电全国，提出改组南京政府，停止一切内战等八项抗日救国主张，爆发了震惊中外的西安事变。

事变发生后，在国内外引起强烈反响。在国民党统治集团内部，亲日派竭力策动"讨伐"，轰炸西安，企图取蒋而代之；亲英美派则主张用和平方式营救蒋介石，反对马上"讨伐"。国民党内部的分歧，实际上反映了日本帝国主义和英美帝国主义之间的矛盾。中共中央分析了国内复杂的政治形势，确定了和平解决西安事变的方针，并应张、杨之邀，派周恩来、秦邦宪、叶剑英等组成中共和红军代表团到西安参加谈判。代表团在西安做了大量卓有成效的工作。12 月 24 日，蒋介石被迫接受停止内战、联共抗日等条件。25 日，张学良送蒋返南京，西安事变和平解决。

西安事变的和平解决对国共两党的再次合作，团结抗日起了重大的推动作用，为抗日民族统一战线的建立准备了必要的前提，成为由国内战争走向抗日民族战争的转折点，成为时局转换的枢纽。

抗日战争

卢沟桥事变

也称“七七事变”，日本帝国主义为了独占中国，发动了蓄谋已久的全面侵华战争。1937 年 7 月 7 日夜，日军借口一个兵士失踪，要进入北平西南的宛平县城搜查，中国守军拒绝了这一无理的要求，日军开枪开炮猛轰卢沟桥，向城内的中国守军进攻。中国守军第 29 军吉星文团奋起还击，掀起了全民族抗日序幕。

卢沟桥事变

淞沪会战

1937 年 8 月 13 日，日本帝国主义在上海发动了军事进攻，中国军队和日本侵略军展开了三个月之久的大会战，史称“八·一三上海抗战”或“八·一三事变”。因战争是在上海及其周围地区进行的，所以又称“淞沪会战”。

淞沪会战中，中国军队奋勇苦战了三个月，歼敌 6 万余人，给敌人以重大打击，粉碎了日军“速战速决”的梦想，中国军队也受到重大损失。上海的失陷对整个战局产生了不利的影响。

洛川会议

抗日战争全面开始后，为了贯彻全面抗战路线，制定战胜日寇的纲领、方针和具体政策，1937 年 8 月 22 日至 25 日，中共中央政治局在陕北洛川举行扩大会议。会议通过了《关于目前形势与党的任务的决定》和《抗日救国十大纲领》。

洛川会议在历史转变关头，指出必须坚持抗日民族统一战线中无产阶级的领导权，规定了共产党的战略任务和基本政策，对争取抗战的胜利和建设一个新中国,具有重大的意义。

八路军

国民革命军陆军第八路军的简称,中国共产党领导的抗日武装部队,其前身是抗日战争爆发时在陕甘宁的主力红军。1937 年 8 月 22 日,国民党当局根据国共两党谈判达成的协议,正式宣布红军主力部队改编为国民革命军第八路军,并同意设总指挥部,下辖三个师,每师两旅制,每旅两团制,每个师定员 1 万 5 千人。8 月 25 日,中共中央军委发布改编令,任命朱德为总指挥,彭德怀为副总指挥,叶剑英为参谋长,左权为副参谋长,任弼时为政治部主任,邓小平为政治部副主任,下辖第一一五师、第一二〇师、第一二九师。9 月 11 日,按国民革命军战斗序列,八路军改称第十八集团军,朱德的总指挥职务改称总司令,彭德怀的副总指挥职务改称副总司令。

八路军照片

新四军

国民革命军陆军新编第四军的简称,其前身是主力红军长征后留在南方闽、粤、浙、赣、湘、鄂、豫、皖八省十三个地区坚持三年游击战争的红军游击队。

抗日战争爆发后,中共中央向国民党提出统一整编南方各地区红军游击队,开赴华中敌后抗战的建议。经过两党谈判,很快达成了协议。1937 年 10 月 2 日,国民党政府正式颁布改编南方八省红军游击队为国民革命军陆军新编第四军的命令。1938 年 1 月,新四军军部在南昌成立,军长叶挺,副军长项英,参谋长张云逸,副参谋长周子昆,政治部主任袁国平,政治部副主任邓子恢。全军共 10300 人,6200 余支枪,编为四个支队,九个团。

平型关大捷

1937年8月，日军分兵两路南下，一路占领大同后直逼雁门关，一路由蔚县、广灵等地向前推进，企图夺取平型关，以进攻忻口。9月下旬，八路军一一五师东渡黄河到达平型关附近。一一五师在侦察到敌人的战略意图和行军路线后，决定利

平型关大捷

用平型关的险要地形，出敌不意，打一场漂亮的伏击围歼战。日军进攻平型关的是其精锐部队板垣第五师团第二十一旅团一部，约一千多人，前面是100多辆汽车，中间是200余辆大车，后边是少数骑兵。9月25日晨当敌人进入伏击圈后，先于24日夜冒雨埋伏在这里的一一五师向敌人发起了总攻。经过一天激战，歼灭日军一千多人，击毁汽车100余辆，大车200余辆，缴获九二式步兵炮一门，机枪20余挺，步枪千余支以及战马和大量军用物资。单是军用大衣，就足够一一五师每人一件。

平型关大捷是中国全面抗战以来第一次大胜利，粉碎了"皇军不可战胜"的神话，打击了日军的侵略气焰，打乱了敌人的作战部署，鼓舞了全国军民的抗日斗志，扩大了中国抗战的国际影响，也提高了八路军的威望。

论持久战

论持久战是毛泽东论述有关中国抗日战争基本问题的著作。抗日战争爆发后，国民党军队节节败退，大片国土沦陷，使一部分群众产生了对抗战的悲观情绪。

国民党政府中以汪精卫为代表的投降派宣扬"再战必亡"论。以蒋介石为首的亲英美派则希望依赖外力的援助或日本国内的变化,迅速结束战争。速胜论也使一些共产党人产生轻敌思想。肩负着领导抗战责任的共产党必须给全国人民指明胜利的前途,必须彻底批判亡国论和速胜论。因而,1938 年 5 月,毛泽东在延安抗日战争研究会上发表了《论持久战》的讲演。

毛泽东指出:抗日战争是半殖民地半封建的中国和帝国主义的日本之间在 20 世纪 30 年代进行的一场决死的战争。战争双方存在着互相矛盾着的基本特点,即敌强我弱,敌小我大,敌退步我进步,敌失道寡助我得道多助。这些特点规定了和规定着双方一切政治上的政策和军事上的战略战术,规定了和规定着战争的持久性和最后胜利属于中国而不属于日本,亡国论和速胜论都是没有根据的,是战争中的唯心论和机械论。

《论持久战》的发表有力地批驳了亡国论和速胜论,给全国人民指出了抗战胜利的前途,鼓舞了全国人民争取抗战胜利的信心,成为中国人民打败日本侵略者的强大思想武器。它是运用辩证唯物主义和历史唯物主义解决抗日战争问题的光辉典范,丰富和发展了马克思主义的军事科学,也是重要的哲学著作。

太原会战

中国军队在华北为保卫太原抗击日本侵略军的一次大规模的战役。1937 年 9 月 13 日,日军占领大同后,即向太原进攻。9 月 25 日,八路军一一五师在平型关给进犯的日军以沉重的打击,取得平型关战斗的胜利。10 月初,日军攻陷崞县、原平后,集中五六万兵力,大批飞机、坦克和大炮,在 13 日向忻口发动进攻。第二战区副司令长官卫立煌指挥六个集团军,共约 28 万人,分为左中右三个兵团,在忻口以北顽强抗击进攻的敌军,激战达半月之久,歼敌约 2 万人。我军伤亡也在 10 万以上,第九军军长郝梦龄、第五十四师师长刘家骐等壮烈殉国。正当忻口会战处于相持状态时,为策应晋北日军夺取太原,河北日军的三个师团于 10 月下旬攻陷娘子关,接着沿正太线西进,先后占领了阳泉、寿阳、榆次等地,直逼太原。11 月 1 日,防守忻口的中国军队全线撤退。原拟退至太原以北阵地,继续保卫太原,但在日军追击下,未进入阵地即渡汾河西撤。第七集团军总司令傅作义率第三十五军在太原与敌苦战五天后突围。8 日,太原失陷。这次会战虽然中国方面失利,但是中国守军英勇抵抗,付出了重大牺牲,消灭敌军 2 万余人,争取了时间。但同时也破坏了日军的河北平原会战,使平汉线中国军队得以南撤。太原失守以后,在华北战场的正规战争基本结束。

南京大屠杀

南京大屠杀指 1937 至 1945 年中国抗日战争期间,中华民国在南京保卫战中失利、首都南京于 1937 年 12 月 13 日陷落后,日军于南京及附近地区进行长达数月的大规模屠杀。其中日军战争罪行包括抢掠、强奸、对大量平民及战俘进行屠杀

南京大屠杀纪念馆之万人坑

等。屠杀的规模、死伤人数等没有世界共同认可的数字,但一般认为死亡人数超过30万。

徐州会战

1937年12月至1938年5月,中国军队同日本侵略军在以徐州为中心的津浦路南北的广阔地域上展开的一场会战。

日军占领南京后,为打通津浦路,连结南北战场,并进而切断陇海路,威胁平汉路,进窥武汉,决定进行以夺取徐州为主要目标的作战。中国军事当局采用利用优势兵力进行运动战,各个击破分进运动之敌的作战方针,由第五战区司令长官李宗仁驻徐州指挥。

1938年3月12日敌军一部进犯临沂,协助津浦路北段正面进攻的日军夺取徐州。14日至18日,临沂我军与敌激战,歼敌一部,残敌退却。津浦路日军于14日向藤县进攻,守军与敌激战,伤亡惨重,第一二二师师长王铭章等牺牲。18日藤县失守,日军直逼台儿庄。4月6日,中国方面调集大量兵力,实行全线反攻。当受包围的日军撤退时,我军又乘胜追击。此役共歼敌万余人,取得重大胜利。之后,日军决定继续集中兵力进行徐州方面的作战。日军调华北方面军的四个师团攻击徐州附近的中国军队,调华中派遣军的两个师团策应华北方面军作战。5月中旬,日军从南北两方形成了对徐州的包围。由于双方装备对比悬殊及作战条件的不利,为保存实力,蒋介石下令作战部队突围撤退。19日徐州失陷。徐州会战,是抗战以来历时最长的一次会战,历时五个多月。中国军队浴血奋战,付出了重大代价,为部署下一阶段的武汉会战赢得了充足的时间。

中国军队在台儿庄战斗中,击败了日军两个精锐师团,震惊中外,这对于全国人民的抗战是个极大的鼓舞。

武汉会战

中国军队在华中保卫武汉抗击日军的一次战役。当时国民政府迁到重庆，军事委员会迁至武汉。武汉实际上成了中国的军事、政治与经济之中心，是中国政府继续抗战的核心基地。在徐州会战时，日军即决定以“速战速决”的方针攻占武汉，击破中国军队在华中的主力，逼迫中国政府屈服。中国方面也制定了保卫武汉的作战方针。1938 年 6 月中旬，日军开始进攻武汉的准备作战，先后攻占安庆、潜山和马当要塞。7 月，又攻陷湖口、九江，取得了从江南进攻武汉的据点。此后，即开始进行攻占武汉的外围战。在江南战场，敌占九江后，即分兵向南浔铁路和瑞武公路进攻。中国军队奋起抗击，自 8 月至 10 月下旬，先后在庐山两侧及南浔路、瑞昌、德安等处与敌激战。10 月 28 日德安失陷。进攻南浔路之敌受挫后，于 9 月增调两个师团，在海、空军配合下沿长江西犯。我军在瑞昌至阳新一线与敌军展开激烈战斗。敌军先后攻占阳新、大冶、黄石、鄂城等地，进逼武昌。在江北战场，7 月下旬，日军相继攻陷黄梅、宿松和田家镇，并继续西犯，进抵黄陂，威胁武汉侧背。江北的另一路日军于 9 月攻占了固始、商城、罗山等地。10 月再陷信阳、麻城。这时武汉已陷于日军三面包围之中。25 日至 27 日，汉口、武昌、汉阳相继失陷。

武汉会战

武汉会战历时四个多月，战场在武汉外围沿长江南北两岸展开，遍及安徽、河南、江西、湖北四省广大地区，是抗战以来战线最长的一次会战。会战最后以中国军队失利而结束，但它消耗了日军巨大的有生力量，赢得了四个多月的时间。日军虽占领了武汉，但速战速决，迫使中国屈服的目的并未达到。日军的战略进攻至此已达顶点。武汉失守，中国军民抗战进入更艰苦的战略相持阶段。

日本侵华新方针

开战一年来，中国人民英勇抗战，共产党领导的八路军、新四军深入敌后开展游击战争，建立了广大的抗日根据地。国民党政府仍保有西南、西北广大地区，拥有很大兵力与日军对抗。随着战区的扩大、战线的延长，日军兵力分散，兵源不足，庞大的军费开支难以承受，国内人民的厌战情绪不断增长。在这种形势下，1938 年 10 月 25 日军占领武汉、广州后，被迫停止战略进攻，使战争进入敌我双方战略相持阶段。1938 年 11 月 3 日，日本政府发表《第二次近卫声明》，表示“如果国民政府抛弃以前的一贯政策,更换人事组织,取得新生的成果,参加新秩序的建设,我方并不予以拒绝"。明确修改了《第一次近卫声明》中提出的"不以国民政府为对手"的立场,暗示只要它降日反共,就可根据一定条件进行谈判。12 月 22 日,日本政府发表《第三次近卫声明》,具体提出了对国民党政府的招降条件。上述两个声明,日本仍要求国民党政府"更换人事组织",坚持把蒋介石下野作为"议和"先决条件。1939 年 2 月,华北日军特务机关长喜多诚一所拟的"和平计划"中,改变了这个政策,公开声言"尊崇蒋介石上将的地位而给予崇高位置"。3 月,日本新任首相平沼在国会演说中,正式提出"蒋介石将军与其领导之政府,假使能重新考虑其反日态度,与日本共同合作,谋东亚新秩序之建立,则日本准备与之作中止敌对行为之谈判"。这样日本在占领武汉后,就从否认国民党政府改为承认国民党政府,从反蒋变为拉蒋。由此可见,抗日战争进入相持阶段后,日本帝国主义采取了新的侵华方针,把以前对国民党政府实行的以军事进攻为主、政治诱降为辅的方针,改为以政治诱降为主、军事进攻为辅的方针,加紧分化抗日民族统一战线,引诱国民党政府投降,集中兵力进攻共产党领导的抗日根据地。

皖南事变

第一次反共高潮被打退以后,国民党顽固派并未放弃其反共政策。1940 年 7 月,国民党向共产党提出一个"中央提示案",中心内容是削减八路军、新四军的力量,限制作战地点。共产党拒绝了这一无理要求。10 月 19 日,蒋介石指使国民党

皖南事变中被围攻的新四军

正、副参谋长何应钦、白崇禧向朱德、彭德怀、叶挺、项英发出"皓电",强令在大江南北抗战的八路军、新四军开赴黄河以北。11 月 9 日,朱彭叶项发出致何白的"佳电",驳斥"皓电",拒绝华中部队北移的要求,但为顾全大局,有利抗战,同意江南部队可以北移。12 月 7 日,蒋介石将《黄河以南剿灭共军作战计划》下达执行。

1941年1月4日,新四军皖南部队九千余人奉命北移,由安徽泾县云岭出发,6日抵达茂林地区时遭到国民党军队阻击。军长叶挺前去谈判被扣。全军苦战七昼夜,除约两千人突围外,大部分以身殉国。1月17日,蒋介石通令宣布新四军为"叛军",取消新四军番号。这就是"皖南事变"。

百团大战

抗日战争时期八路军在华北地区向日本侵略军发动的大规模进攻战役。1940年8月,为了粉碎日军对华北抗日根据地的进攻,打破其"囚笼政策",并影响全国战局,克服投降危险,争取全国抗战形势好转,八路军总部决定向华北日军占领的交通线和据点发动大规模的破袭战。参战兵力105个团,约40万人,由八路军副总司令彭德怀直接指挥。

战役分为三个阶段。战役第一阶段(1940年8月20日至9月10日),是交通破击战,重点摧毁正太铁路。各部对路轨、车站、桥梁、隧道、通信设施实施全面破击,使日军在华北的主要交通线陷入瘫痪。

战役第二阶段(9月20日至10月5日),是扩大第一阶段战果,重点攻占交通线两侧和深入根据地内的日军据点。

战役第三阶段(10月6日至翌年1月下旬),中心任务是反击日军大规模报复"扫荡"。

历时4个多月的百团大战,八路军在地方武装和广大人民群众的紧密配合下,共作战1824次,毙伤日军2万余人、伪军5000余人,俘日军280余人、伪军1.8万余人,拔除据点2900多个,破坏铁路470余公里、公路1500余公里,缴获各种炮50余门、各种枪5800余支(挺)。八路军也付出了伤亡1.7万余人的代价。日军在遭受打击后惊呼"对华北应有再认识",并从华中正面战场抽调2个师团加强华北方面军,对华北各抗日根据地进行更大规模的报复作战。

百团大战,是抗日战争中八路军在华北地区发动的一次规模最大、持续时间最长的带战略性的进攻战役。在这次战役中,中国共产党领导的华北敌后抗日军民,齐心协力,前仆后继,同日本侵略者浴血奋战,充分表现了中华民族不屈不挠的战斗精神。

中国远征军

抗日战争时期,中国派往缅甸支援英军打击日本侵略者的作战部队。太平洋战争爆发后,英国要求中国派兵入缅作战。为协助盟国作战并保卫中国接受美援的唯一通道滇缅公路,中国军队于1942年2月以第五军、第六军、暂编第六十六军编组成远征军,先后入缅作战。同年3月,第五军在同古与日军激战十多天,给敌人以重大杀伤,因联络和给养被切断,于月底向北撤退。4月,暂编六十六军克复仁安羌,解救被困英军七千余人。同月,第六军先后在棠吉、腊戍等地与日军激战,由于英军不予配合,远征军作战失利。5月中旬,远征军陆续退出缅甸,大部撤回滇西，另一部撤往印度。退往印度的远征军，加上后来从国内运去的部队，编为中国驻印军。退回滇西的远征军及新增加的部队，于1943年4月重建中国远征军司令长官部，陈诚为司令长官，黄琪翔为副司令长官，下辖宋希濂的第十一集团军和霍揆彰的第二十集团军共七个军的兵力。1943年冬，陈诚生病，以卫立煌继任司令长官。滇西远征军为策应驻印军在缅北作战，于1944年5月西渡怒江向日军反攻。1945年1月27日，远征军和驻印军在芒友会师，打通了中印公路。不久，中国驻印军被调回国。

三三制

抗日战争时期，中国共产党在抗日根据地政权建设上所实行的政策。1940年3月，中共中央发出了关于《抗日根据地的政权问题》的指示，规定了抗日民主政权中人员分配的原则，即在参议会和政府里，代表工人和贫农的共产党员，代表小资产阶级的进步分子，代表民族资产阶级和开明绅士的中间分子，各占三分之一的名额。人们将此原则习称为“三三制”。

“三三制”的实行，进一步巩固和发展了抗日民族统一战线，对克服困难坚持抗战起了重要作用。

豫湘桂战役

1944年日本发动的打通中国大陆交通线的战役。

从1943年开始，日本在太平洋和缅甸战场接连失败。在中国战场，各抗日根据地从1944年春起开始局部反攻，日军的占领区逐渐缩小。这就使侵华日军在内外两方面都出现严重危机。为挽救危局，援救南洋孤立的日军，摧毁美国在华空军基础，1944年4月至12月，日军发动了旨在打通平汉、粤汉铁路的豫湘桂战役。

在整个豫湘桂战役中，国民党军损失兵力五六十万，丢失了包括146个城市在内的20万平方公里国土，丧失了衡阳、零陵、宝庆、佳林、柳州、丹竹、南宁等7个空军基地和36个飞机场，使6000万同胞沦于日帝铁蹄之下。此战役充分暴露了国民党统治的日益腐朽，引起了人民的强烈不满。

中国共产党第七次全国代表大会

民主革命时期中国共产党召开的规模最大的一次全国代表大会。1945年4月23日至6月11日在延安举行。出席会议的正式代表547人，候补代表208人，代表全国121万党员。

大会的中心任务是动员和领导全国人民，彻底打败日本侵略者，建设独立、自由、民主、统一、富强的新中国。大会的主要议程有：毛泽东作《论联合政府》的政治报告，朱德作《论解放区战场》的军事报告，刘少奇作《关于修改党章的报告》，以及选举第七届中央委员会。周恩来在会上做了《论统一战线》的重要发言。

在军事方面，大会要求八路军和新四军逐步实现从抗日游击战争到正规战争的战略转变，以迎接抗日反攻阶段的到来，争取抗日战争的最后胜利。

中共"七大"是一次团结的大会，胜利的大会，它为中国共产党夺取抗日战争的最后胜利和后来人民民主革命在全国的彻底胜利奠定了基础。

日本宣布无条件投降

1945 年 7 月 26 日，中、英、美三国发表波茨坦公告，促使日本立即无条件投降。8 月 6 日，美国在日本广岛投掷第一枚原子弹，并声明，使用原子弹是为了迫使日本无条件投降，迅速结束第二次世界大战。8 月 8 日，苏联对日宣战，并宣布参加

日本向中国投降签字仪式

《波茨坦公告》。翌日，毛泽东发表《对日寇的最后一战》，并率领中国共产党领导的八路军、新四军及其他人民武装向日本侵略军发动全面大反攻。与此同时，苏联红军进入中国东北，对日军发动猛攻；美国则在日本长崎投下第二枚原子弹；朝鲜人民解放军和越南解放军也转入了总反攻。在这种形势下，8 月 10 日，日本御前会议决定接受《波茨坦公告》。同日，日本政府通过瑞士和瑞典两个中立国向中美英苏四国发出"乞降照会"。8 月 14 日，日本天皇决定接受《波茨坦公告》，无条件投降。次日，裕仁以广播《停战诏书》形式正式宣布无条件投降。

9 月 9 日，国民党政府在南京举行了受降仪式。10 月 25 日，在台北举行对台湾日军受降仪式，台湾重归祖国。至此，中国抗日战争胜利结束，反法西斯的第二次世界大战也同时宣告结束。

解放战争

双十协定

即《政府与中共代表会谈纪要》。1945 年 8 月 29 日至 10 月 10 日，以毛泽东为

首的中国共产党代表团与国民党政府代表在重庆举行谈判，经过43天的谈判，于10月10日签署《政府与中共代表会谈纪要》，即《双十协定》。该会谈纪要列入关于和平建国的基本方针、政治民主化、国民大会、人民自由等12个问题。这12个问题中仅少数几条达成协议，在军队、解放区政权两个根本问题上没有达成协议。《双十协定》公布不久，又被蒋介石公开撕毁。尽管如此，但《双十协定》的签订是有其意义的，教育了广大人民，特别是中间势力，使中国共产党的主张得到了国内外舆论的广泛同情和支持，使国民党当局陷入被动。

重庆谈判时毛泽东与蒋介石合影

停战协定

1945年《双十协定》签订后，在国内外要求停止内战的呼吁下，1946年初，国民党政府表示同意中共代表团1945年12月27日关于无条件停止内战的提议，派出代表张群、邵力子、王世杰与中共代表周恩来、董必武、王若飞、叶剑英在重庆进行商谈。1月5日，双方达成《关于停止国内军事冲突的协议》。1月10日，由张群、周恩来签署了《关于停止国内冲突的命令和声明》。宣布：一切战斗行动立刻停止；所有中国境内军事调动一律停止，所有阻碍该项交通线之障碍物，应即拆除；为实行停战协定，应即在北平设一军事调处执行部，该执行部由国民党、共产党、美国政府三方面代表组成。与此同时，由蒋介石、毛泽东分别向所属部队颁发了定于1月13日午夜12时起生效的停战令。中共履行了这一协定，但是蒋介石在下达停战令前，密令其部队"抢占战略要点"。随后又不断进犯解放区，并于1946年6月26日发动了全面内战，完全撕毁了《停战协定》。

练兵、减租和生产运动

中共中央指示各解放区1946年工作的重要内容。1945年11月7日，毛泽东为中共中央起草了对党内的指示《减租和生产是保卫解放区的两件大事》，指出"国民党在美国援助下，动员一切力量进攻我解放区。全国规模的内战已经存在。我党当前任务，是动员一切力量，站在自卫立场上，粉碎国民党的进攻，保卫解放区，争取和平局面的出现。""只有减租和生产两件大事办好了，才能克服困难，援助战争，取得胜利。"12月15日，毛泽东在《一九四六年解放区工作的方针》中提出"练兵""减租""生产"是1946年解放区10项工作中的三项重要工作。练兵的项目，以提高射击、刺杀投弹等项技术程度为主，提高战术程度为辅，特别着重于练习夜战。练兵的方法，是开展官教兵、兵教官、兵教兵的群众练兵运动。减租，即要求在所有新解放区，发动大规模的、群众性的、有领导的减租减息运动，以提高广大农民的觉悟,并组织起来,成为解放区的主人翁。在老解放区,则要求复查减租减息的工作,进一步巩固者解放区。生产,即要求各地抓紧时机,使1946年全解放区的公私生产超过以前任何一年的规模和成绩。指示要求认真抓好练兵、减租和生产运动,以巩固解放区,提高部队的战斗力。

中原突围

1946年6月,国民党反动派撕毁《停战协定》和政协决议,调集10个师约30万人部队,由郑州绥靖公署主任刘峙统一指挥,于6月26日,以大举围攻中原解放区为起点,发动对解放区的全面进攻,全面内战由此爆发。

王震

人民解放军中原军区部队遵照中共中央"中原突围,愈快愈好""生存第一,胜利第一"的指示,为保存力量,争取主动,除由皮定均率领一部向东突围、由张才千率领一部坚持原地游击战争外,主力部队于26日黄昏,越过平汉路向西突围。向西突围的部队分两路:右路李先念、郑位三、王震率领,7月下旬,突进到豫西、陕南、鄂西北地区,创建了鄂豫陕边游击根据地,其中的第359旅稍事休整后,由王震率领于8月底进入陕甘宁边区;左路由王树声率领,8月,进入武当山,创建了鄂西游击根据地。向东突围的部队,由皮定均率领,于7月下旬到达苏皖解放区。这次战役,歼敌5千余人,胜利地完成了战略转移,牵制了国民党军30多个师(旅)的兵力,从战略上配合了其他解放区的行动,为部署战略全局争取了时间,起了扭转局面的重要作用,保存了精锐主力和大批优秀干部。

反饥饿、反内战、反迫害运动

1947年随着人民解放战争的胜利进展,国统区人民反对美蒋反动派的斗争日益高涨。在中国共产党的领导下,1947年5月初,上海学生举行示威游行,提出了"要饭吃,要和平,要自由;反饥饿,反内战,反迫害"的口号。运动迅速扩大到全国各地。5月15日,全国学联在上海成立,各地也组织了区域性的学联,统一领导学生运动。5月18日,国民党为了对付学生的爱国运动,颁布了《维持社会秩序临时办法》,严禁10人以上请愿、罢工、罢课、游行示威,并授权各地政府对民主运动采取镇压措施。5月20日上午,南京、上海、杭州等地16所专科以上学校学生6千多人,在南京举行"挽救教育危机联合大游行",提出增加伙食费和全国教育经费等5项要求,当游行队伍行到珠江路口时,遭到国民党宪警特务的殴打,遭毒打者500余人,重伤10多人,被捕20余人。这就是国民党政府一手制造的发生在南京的

“五·二〇”惨案。同日,北平、天津游行示威的学生也遭到国民党特务的殴打和逮捕。“五·二〇”惨案发生后,学生运动迅速波及全国,除上述城市外,昆明、广州、重庆、成都、桂林、福州、沈阳、西安等60多个大、中城市的学生纷纷罢课游行,坚持将近一个月的斗争,形成了反对国民党统治的第二条战线,有力地配合了第一条战线人民解放军的作战。

进军大别山

1947年6月30日,刘伯承、邓小平率晋冀鲁豫野战军主力4个纵队13万人,在鲁西南地区强渡黄河,揭开了人民解放军战略进攻的序幕。接着,胜利地进行了鲁西南战役,歼敌9个半旅共6万余人,打开了人民解放军战略进攻的南大门,为千里跃进大别山创造了前进基地。8月7日,部队分为西、中、东三路南进。在20多天中,连续突破敌人防线,越过陇海路,涉过黄泛区,渡过沙河、涡河、颍河、洪河、汝河、淮河。8月底,进抵大别山地区,迅速实施战略展开。又经一个多月的作战,歼灭国民党军6千余人,解放县城23座,建立17个县级民主政权。10月27日,主力一部又在湖北广济以西地区,歼灭国民党军1.2万人。

至此,在大别山区完成了战略展开,并初步站住了脚,开辟了大别山根据地。与此同时,陈赓、谢富治率部挺进豫西、陕南;陈毅、粟裕率部进至豫皖苏地区。三支大军依托三山(大别山、泰山、伏牛山)四水(长江、淮河、黄河、汉水),在中原地区布成品字阵势,直接威胁到国民党统治的中心地区,迫使国民党军转入战略防御。

辽沈战役

1948年9月12日~11月2日进行的。解放战争进入第三年后,战略决战的条件已经成熟。中共中央政治局9月会议决定:“人民解放军第三年仍然全部在长江以北和华北、东北作战”。这时国民党在东北全区的总兵力为4个兵团、44个师,加上地方保安团队共约55万人;东北人民解放军有12个纵队,53个师,加上二线兵团和地方武装共约100万人。东北国民党军部署在长春、沈阳、锦州等几个城市,孤立分散。作战指导上,处于犹豫动摇,或撤或守,举棋不定。1948年秋,东北野战军遵照中共中央军委和毛泽东的指示,采取封闭国民党军在东北加以各个歼灭的方针,以主力南下北宁线,首先攻克锦州,争取将卫立煌集团就地歼灭。

辽沈战役分三个阶段进行。

第一阶段:攻克锦州,解放长春(9月12日~10月19日)。

第二阶段:会战辽西,围歼廖耀湘兵团(10月20日~28日)。

第三阶段:攻占沈阳,解放东北全境(10月29日~11月2日)。廖耀湘兵团被歼后,卫立煌见大势已去,将沈阳国民党军交由第八兵团司令周福成指挥,自己坐飞机南逃。东北人民解放军迅速攻占新民、辽阳、鞍山、海城等地。11月1日,向沈阳守敌发起总攻,周福成投降。2日,沈阳解放,全歼守军13万余人。同日,解

辽沈战役

放营口。辽沈战役结束。

整个战役历时52天,歼敌47万余人,东北人民解放军伤亡6.9万人,解放了东北全境。这一胜利,使人民解放军获得了巩固的战略后方,从根本上改变了国共双方总兵力的对比,并为解放平津和华北准备了条件。

淮海战役

淮海战役是以徐州为中心,在东起海州,西至商丘,北起临城(薛城),南达淮河广大区域内进行的。国民党军由徐州"剿共"总司令刘峙、副总司令杜聿明指挥,共有4个兵团3个绥靖区部队,连同后来由华中增援淮海战场的黄维兵团等部共为80万人。解放军方面,华东野战军16个纵队,中原野战军7个纵队,加上地方武装共约60万人。11月16日,中央军委决定:由刘伯承、邓小平、陈毅、粟裕、谭震林组成总前委,以刘、邓、陈为常委,邓为书记,统筹淮海前线的一切事宜。

淮海战役

淮海战役分三个阶段进行。

第一阶段:中间突破,歼灭黄百韬兵团,切断徐蚌线(1948年11月6日~11月22日)。11月6日,战役发起。

第二阶段:歼灭黄维兵团,合围杜聿明集团(11月23日~12月15日)。

第三阶段:进行战场休整,全歼杜聿明集团(1948年12月16日~1949年1月

10日)。此时平津战役已发起半个月,中共中央军委指示淮海战役总前委,对杜聿明集团暂不攻击,两周内不做最后歼灭部署,部队进行战场休整。发出《敦促杜聿明等投降书》,对敌军展开政治攻势。在20天休整中,被围的国民党军向解放军投诚者达1.4万余人。1949年1月6日,华野发起总攻,经5天激战,将敌全歼。击毙邱清泉,活捉杜聿明,李弥只身逃走。此役,历时65天,歼敌55.5万人,人民解放军伤亡13.3万人。这是人民解放战争中规模最大、时间最长、歼敌最多的一个战役。

淮海战役的胜利,使国民党在华东、中原战场上的主力丧失殆尽,其统治中心南京、上海地区,直接暴露在人民解放军的攻击矛头之下,为以后渡江作战创造了极为有利的条件。

平津战役

1948年11月29日~1949年1月31日进行的。

国民党方面:由华北"剿总"总司令傅作义指挥的4个兵团、12个军,共50多万人,部署在以平、津为中心的东起唐山、西至张家口的千里铁路线上。

解放军方面:由东北野战军和华北野战军两大野战部队协同作战,加上地方武装共100万人。

中共中央决定由林彪、罗荣桓、聂荣臻组成总前委,林彪为书记,统一领导平津地区一切事宜。人民解放军在战略上处于主动地位,兵力对比上居于优势。

平津战役全过程分三个阶段进行。

第一阶段:分割包围,断敌逃路(1948年11月29日~12月21日)。

第二阶段:打掉两头,孤立中间(1948年12月22日~1949年1月15日)。

第三阶段:傅部接受改编,北平和平解放(1949年1月16日~1月31日)。中共中央为保护古都北平,力争通过谈判实现和平接管。同时,又要求部队不放松强攻的准备。傅作义从1948年12月下旬开始与解放军正式谈判。经过双方多次谈判,以及中共北平地下党组织和爱国民主人士的配合工作,于1月20日达成了和平解放北平的协议。傅作义率部接受和平改编,并将所辖8个军25个师全部开出城外,听候改编。1月31日,人民解放军入城,北平宣告和平解放。

平津战役中人民解放军伤亡3.9万人,取得了歼灭和改编国民党军52万人的伟大胜利,实现了就地解决傅作义集团的目标,基本上解放了华北全境,为其后人民解放军向全国进军创造了极有利的条件。

中共中央七届二中全会

1949年3月5日~13日在河北省平山县西柏坡村举行。毛泽东主持了会议并做了报告。报告着重阐述了关于彻底消灭国民党反动军队的方式,夺取民主革命在全国的胜利问题;说明了在全国胜利的局面下,党的工作重心必须由乡村转移到城市,并由城市领导乡村的问题;指出了革命在全国胜利和解决土地问题之后,中国还存在着国内与帝国主义国家的矛盾，国内工人阶级和资产阶级的矛盾两种基本矛盾，着重规定了中国由农业国转变为工业国、由新民主主义社会转变为社会主义社会的总任务和主要途径；阐明了民主革命在全国胜利以后阶级关系的变化和阶级斗争的特点问题，告诫全党同志，资产阶级的“糖衣炮弹”将成为无产阶级的主要危险。号召全党必须警惕党内的骄傲自满情绪，必须警惕资产阶级“糖衣炮弹”的攻击，要继续保持谦虚、谨慎、不骄、不躁的作风，继续保持艰苦奋斗的作风。

中共七届二中全会为夺取全国胜利和建设新中国作了政治上、思想上的准备，解决了新民主主义革命转变到社会主义革命的重大理论和政策问题。

渡江战役

大战役后，国民党政府为了阻止人民解放军渡江，决定把长江防线分为两大战区：从湖北宜昌至江西湖口由白崇禧指挥，其兵力有40个师25万人；湖口以东至上海由汤恩伯指挥，其兵力有75个师45万人，并配有170艘舰艇和230余架飞机，协助防守长江下游。人民解放军按照中共中央、中央军委的统一部署，在中国共产党代表团与南京国民党政府代表团进行和平谈判的同时，也做好了渡江准备。由刘伯承、邓小平、陈毅、粟裕、谭震林组成的总前委，根据中央指示的精神，针对国民党军的江防情况，于3月31日制定了《京沪杭战役实施纲要》。

解放南京

整个渡江战役分三个阶段进行。

第一阶段：4月20日~23日，突破江防，解放南京。

第二阶段：4月24日~5月13日，追歼逃敌，前出浙赣线。

第三阶段：5月14日~6月1日，解放武汉，占领上海。5月14日，四野第12兵团2个军从汉口以东之黄冈、蕲春地段发起强渡，于16日、17日先后解放武昌、汉口、汉阳，守军弃城南逃。5月12日，三野发起上海战役，激战至27日，解放全国最大的城市上海，歼敌15万余人。在此期间，解放军还解放了南昌、温州、宁波等地。6月1日，解放了崇明岛。

至此，渡江战役胜利结束。此役，历时42天，共歼灭国民党军46个师计43万余人，解放了国民党的统治中心南京、上海、武汉、南昌、杭州等大城市，以及苏南、皖南、浙江全省、闽北、赣东北、鄂东南等广大地区，为尔后解放华南，进军西南地区创造了有利条件。

中华人民共和国成立

中国人民政治协商会议

1948年4月30日，中国共产党在发布的《纪念五一劳动节口号》中，正式向全国人民提议召开新的政治协商会议，讨论成立民主联合政府。这一号召，得到了各民主党派、各人民团体、各社会贤达的积极响应，也获得了中间阶层的热烈拥护。5月5日，各民主党派领导人和著名民主人士沈钧儒、李济深、马叙伦等人，响应中共关于召开新政协的号召，通电国内外，号召国人共策进行。8月起，各民主党派和无党派民主人士陆续进入解放区，同中共一起进行新政协的筹备工作。1949年6月15日至19日，在北平中南海勤政殿由毛泽东主持召开了新政协筹备会第一次全体会议。之所以称作“新政协”，是要区别于1946年1月在重庆召开的政协会议。会议通过了《新政治协商会议筹备会组织条例》《关于参加新政治协商会议的单位及其代表名额的规定》，选出毛泽东、周恩来、李济深等21人组成筹备会常委会，负责办理经常工作。常委会推定毛泽东为主任，周恩来、李济深、沈钧儒、郭沫若、陈叔通为副主任，李维汉为秘书长。经过3个月的筹备，筹备会于1949年9月17日召开了第二次全体会议。

中国人民政治协商会议共同纲领

1949年9月29日在中国人民政治协商会议第一届全体会议上通过。纲领是中国人民政治协商会议筹备会决定由中国共产党负责起草的，是在中共领导下，各民主党派、各人民团体和各族各界人民代表共同制定的建国纲领，是全国人民在一定时期内共同的奋斗目标和统一行动的政治基础。《共同纲领》是一个极其重要的历史文献，在1954年9月《中华人民共和国宪法》颁布前起了临时宪法的作用。

中华人民共和国成立

1949年9月21日，中国人民政治协商会议在北平开幕，毛泽东致开幕词。30日闭幕。会议通过了《中国人民政治协商会议组织法》《中国人民政治协商会议共同纲领》，选出了以毛泽东为主席的、由180人组成的第一届中国人民政治协商会议全国委员会，选举了由63人组成的中央人民政府委员会，毛泽东为中央人民政府主席，朱德、刘少奇、宋庆龄、李济深、张澜、高岗为副主席。周恩来、陈毅、董必武、贺龙、林伯渠等为中央人民政府委员会委员。代表们一致通过了宣言、向人民解放军致敬电和树立人民英雄纪念碑办法及碑文。会议决定：中华人民共和国的国都定于北平，并改名为北京；采用公元纪年；以《义勇军进行曲》为国歌；国旗为五星红旗。

开国大典

10月1日下午2时，中华人民共和国中央人民政府委员会第一次会议在北京举行，毛泽东主席，朱德、刘少奇、宋庆龄、李济深、张澜、高岗副主席及委员们宣布就职。委员会推选林伯渠为中央人民政府秘书长，接受《中国人民政治协商会议共同纲领》为中央人民政府的施政方针。任命周恩来为中央人民政府政务院总理兼外交部部长，毛泽东为中央人民政府革命军事委员会主席，朱德为中国人民解放军总司令，沈钧儒为最高人民法院院长，罗荣桓为最高人民检察署检察长。会议向各国政府宣布：中华人民共和国中央人民政府为代表全中国人民的唯一合法政府，并愿意与遵守平等互利及互相尊重领土主权等五项原则的任何外国政府建立外交关系。下午3时，首都30万人齐集天安门广场，庆祝中华人民共和国中央人民政府成立典礼。毛泽东主席亲自升起第一面五星红旗，庄严宣告："中华人民共和国中央人民政府已经于本日成立了，"并随即宣读了《中华人民共和国中央人民政府公告》，举行了盛大的阅兵式和群众游行。

地理篇

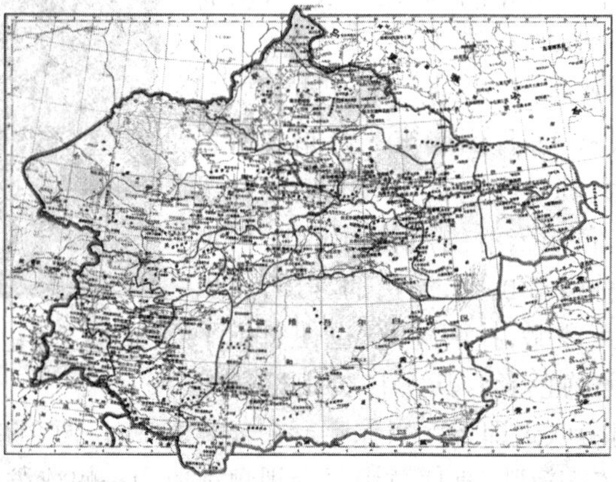

名　山

黄山——天下第一奇山

黄山屹立在中国安徽省南部，东起绩溪县的大嶂山，西接黟县的羊栈岭，北起太平湖，南临徽州山区，总面积1000余平方千米。黄山四季景致不同，韵味各异，迎客松、飞来石、仙人指路等美景天下闻名，奇松、怪石、云海、温泉四绝更是令人流连忘返、叹为观止。

黄山云雾一年多达200余天。云雾来时只见白茫茫一片，大大小小的山峰变成了云海中的岛屿。黄山云雾喜怒无常，时而为风平浪静的汪洋，时而成为波涛翻滚的大海，时而像奔泻千里的急流.时而似倾注山谷的瀑布，时而轻柔如纱，袅袅亭立，时而怒气冲霄，雷电交加。千变万化的烟云，天天不同，时时不一，把黄山点缀得胜于天宫。

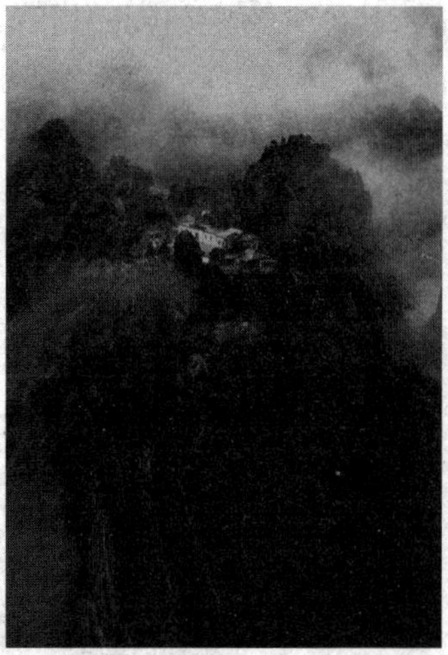

黄山玉屏峰

黄山的云海十分著名，有东、西、南、北海与中间的天海五大区。一般从11月到翌年5月是观看黄山云海最好的季节，尤其是在雨雪天气之后的日出或日落时最为壮观。黄山云海固然壮丽无比，但那缭绕着山峰的烟云，弥漫于山间、溪边的雾霭，使山形树影时隐时现，虚无缥缈，扑朔迷离，也使黄山平添了不少生动而神秘的色彩。其实在黄山云雾难分，迎面扑来是雾，身旁吹走即云。当你穿行在云雾之中时，便会有飘飘欲仙之感。重峦叠嶂，加上轻云浓雾掩映，真使黄山每个视角都成为一幅浓泼淡抹的水墨画。

黄山的云雾为什么这么多？原来，黄山地区林密，谷深，有许多地方阳光照射不到，水分不易蒸发，因此湿度大，水汽多。加之森林在发育生长中，利用根系不停地吸收着地下水，经过生化作用，又将水分不断地通过枝叶散发到空中。这样，就大大增加了林区上空的水汽。水汽越多，云雾也越多。巍峨的黄山，峰峦重叠，沟壑交错，水分蒸发快慢也不一样，所以使黄山多云雾。至于黄山云雾有千变万化，奇妙而壮观的景色则是因为黄山的复杂地形所造成的。

黄山松,刚毅挺拔,苍劲有力,是黄山的奇景之一。它多生长于海拔800至1760米的高山岩石地带。其针叶短粗而稠密,顶平如盏,干曲枝虬苍翠奇特。它的形状多种多样,或立或卧,或仰或俯。有的雄健挺拔,好似巨人,有的平顶展枝,犹如流水行云,有的虬枝盘错,宛若蛟龙,有的匍匐僵卧,像怪兽异禽。用拟人化方式命名的有迎客松、陪客松、送客松、望客松、探海松等。用珍禽异兽命名的有麒麟松、凤凰松、黑虎松、卧龙松等。真是姿态万千,引人入胜。雄伟的黄山产育出无数奇松,而奇松则处处为黄山增添姿色。

黄山松不仅是独立生长的风景树,也是成林的树木。它是那样的仪态万方,给人以清雅、挺俊、潇洒、富有朝气的感觉。形状奇特的黄山松,有着顽强的生命力。为了适应悬崖绝壁的自然环境,它的根能穿透发酥的石层或沿着石缝生长,它的种子落到险峰绝壁上,有一点沙土,就会扎根发芽,它的树干和树冠,争夺生存空间的本领特别强。

为什么黄山上的松树比黄山脚下的松树格外挺拔潇洒呢?原来,黄山松的祖先原是油松,远在地质时期的第四纪初,地球上曾有一个很冷的“冰川时期”,那时山上太冷,油松受不了,就由山上向山下移动。后来地球上又有一个极热的“间冰川期”,油松在山下熬不了,于是又向山上转移。加之气候、土壤、水分的关系,历千百万年,终于逐渐演变而成今天的黄山松。

庐山——奇秀甲天下

庐山地处江西省北部的鄱阳湖盆地。几千万年前的地壳运动,造就了庐山叠嶂九层、崇岭万仞的气势,伴生出诡峰不穷、怪石不绝的阴柔之美。

“庐山”始见于史书是在西汉时期,司马迁《史记》中有“太史公曰:‘余南登庐山,观禹疏九江’”。自史载司马迁第一个“南登庐山”以来,庐山以其优美的自然景观和优越的地理位置,吸引着东西南北、古往今来的游人。无论是文人墨客,还是僧人羽士、文臣武将,多有在此驻足建舍,刻石留文,庐山也因此成了一座文化名山,这也是庐山不同于其他众多名山的一大特点。

庐山

庐山方圆250平方千米,有90余座山峰,山势崔嵬,危崖罗列,所以古人有“庐山诸峰面面奇”之说。庐山最高峰汉阳峰,海拔1474米,由花岗岩构成的山体,高耸峻峭,形如华盖。据说,在月明风清之夜,登上峰顶,可以看到汉阳灯火,故名曰“汉阳峰”。峰顶一处悬崖形同靠椅,相传大禹治水时,就坐在这崖上俯视长江,考虑如何疏导九江，故称“禹王崖”。司马迁曾专程登此崖凭吊大禹。登峰顶，只见黑松遍布，矮小盘结，形状奇异。大汉阳峰下有康王谷，为庐山最大的峡谷，长约1000余米。相传秦始皇灭六国时，秦国大将王翦追楚康王至此，为暴风雨所阻，康王脱险并隐居于此，故名“康王谷”。

“飞流直下三千尺，疑是银河落九天”，这是唐代诗人李白对庐山瀑布的描写。水是山之灵，庐山瀑布数量之多，气势之宏伟世间罕见，其中庐山三叠泉可谓“庐山第一奇观”。三叠泉从海拔1453.2米的庐山第二高峰大月山流出，落差达到155米。谷风吹来，流水如冰绢飘洒在空中，好似万斛明珠，晶莹夺目。由观瀑亭绕道下行，可临观音崖、观音洞，洞下即绿水潭，潭畔岩石上刻有翰林邓旭书写的隶书“竹影疑踪”四字。

庐山还是座天然植物园，享有“绿色宝库”之称。植物种类组成丰富、起源古老、地理成分复杂、热带种类较多、南北植物区系成分交汇过渡。庐山区域内植物品种多达3400种以上，植物科的地理分布类型共有7个，其中尤以“中国特有类型”引人瞩目，它们大多属于第三纪以来的古老孑遗植物，主要有鹅掌楸、香果树、大血藤、青钱柳、血水草、长年兰、杜仲、喜树等。

东晋时期，庐山成为中国南方佛教中心。庙宇巍峨，宝塔峻峭，漫山充溢着宗教色彩。时至今日，东林寺、西林寺、千佛塔、诺娜塔、赐经亭等宗教建筑艺术杰作，仍闪耀着迷人的光彩。

东林寺位于庐山西北麓，因在西林寺（现仅存遗址）之东而得名，是中国佛教净土宗发源地。东晋太元十一年（386），名僧慧远在此建寺讲学，并创设莲社（亦称白莲社），倡导弥陀净土法门，后被推为净土宗始祖。唐时极盛，有殿堂建筑310余间，门徒数以千计，藏经及论著数万卷。明、清以来东林寺屡遭兵祸毁坏，现存殿宇基本为清末遗物。

庐山的牯岭地区别墅林立，到20世纪30年代为止，这里有不同国家建造的别墅1000多栋。这些别墅大部分是西方建筑风格，但别墅中园林的布置都采用了中国传统的手法。西式别墅与中国的传统文化和谐地融合在一起，构成了庐山独特的人文景观。

泰山——五岳独尊

“会当凌绝顶，一览众山小”的东岳泰山，拔起于鲁中南群山上，古名岱山，又称为岱宗。它形成于太古代，因受来自西南和东北两方面的挤压力，褶皱隆起；经深度变质而形成中国最古老的地层——泰山群；后因地壳变动，被多组断裂分割，形成块状山体，如今每年还在以0.5毫米的速度慢慢增高。

泰山山势挺拔雄奇，山间飞瀑松涛、景色壮丽。累叠的山势，厚重的形体，苍松巨石的烘托，云烟岚光的变化，使它在雄浑中兼有明丽，静穆中透着神奇，成为中国山水名胜的集大成者。泰山主要风景名胜点有56处,如泉水甘洌的五盘池、古柏参天的柏洞、犹如云梯的十八盘、耸入云端的南天门、白练高悬的黑龙潭瀑布等。而纷至沓来的文人墨客、来此封禅祭天的历朝君主,也使得泰山成为罕见的历史人文荟萃的游览胜地,留下了众多的文物古迹,如岱庙、王母池、红门宫、斗母宫、五松亭、南天门、碧霞祠等。

泰山

大自然为泰山创造了诸多景观,其中的旭日东升、晚霞夕照、黄河金带、云海玉盘更被称为岱顶四大奇观。泰山雄伟的山势使它的日出显得尤其壮观而动人心弦,旭日东升是泰山的重要标志。日出之时,随着太阳的缓缓升起,旭日发出的第一缕曙光撕破黎明前的黑暗,使东方天幕由漆黑而逐渐泛白,慢慢透出暗红色的光芒,直至最后变成耀眼的金黄,喷射出万道霞光。最后,朝阳如同火球一般跃出水面,腾空而起。整个过程宏伟壮观,在瞬息间变幻出千万种多姿多彩的画面,令人叹为观止。岱顶观日历来为游人所向往,也使许多文人墨客为之高歌。

说到泰山,便须提到著名的"泰山十八盘"。十八盘位于对松山北,处在高阜之上,双崖夹道,为清乾隆末年改建盘道时所辟。十八盘自此而始。开山北为龙门,旧有龙门坊,后毁。十八盘岩层陡立,倾角达到70°—80°,在不足1000米的水平距离内竟升高了400米。泰山又有3个十八盘之说:自开山至龙门前393级为"慢十八",再至升仙坊中767级为"不紧不慢又十八",又至南天门为后473级"紧十八",共计1630多级台阶。当地有"紧十八,慢十八,不紧不慢又十八"之说。

泰山在五岳中名声最著,除了自然景观的丰富多彩之外,其原因也与始于秦汉时期的封禅活动关系密切。历代帝王在此封禅祭天,借助泰山的神威巩固其统治,而泰山则因封禅告祭而被抬到与天相齐的神圣高度。一座自然山岳,受到文明大国的历代最高统治者亲临封禅祭祀,并延续数千年之久,堪称世界上独一无二的精神文化现象。

华山——奇险天下

西岳华山位于陕西西安以东120千米的华阴市,海拔2200米,古称太华山。华山由于断块上升及花岗岩垂直节理的特性,使其具有"削成而四方,其高五千仞"的险峻形象。在华山五峰中又以东峰(朝阳)、西峰(莲花)、南峰(落雁)三峰较高:东峰是凌晨观日出的佳处,西峰的东西两侧状如莲花,是华山最秀奇的山峰,南峰落雁峰是华山最高峰。三峰以下还有中峰(玉女)和北峰(云台)两峰。玉女峰相传曾有玉女乘白马入山间。云台峰顶平坦如云中之台，著名的“智取华山”故事就发生在这里。另外，华山的名胜古迹也很多，庙宇道观、亭台楼阁、雕像石刻随处可见。

在华山的五峰之中，北峰云台峰是登临其他四峰的要冲，虽然海拔高度不及其他诸峰，但其山势险峻异常，三面绝壁，只有一条山岭通向南面，形势十分险要，易守难攻。1949年5月，西安解放后，陕西国民党顽敌逃上华山，企图凭借华山天险负隅顽抗。敌军把守要道，我军无路攀登，费尽周折，最终还是请当地谙熟山道的采药人当向导，用竹竿和绳子从绝境处登上北峰，从而全歼华山守敌。北峰顶上还有道观真武宫，倚山而建，造型别致，风景宜人。

华山

西峰是华山五峰之中最秀丽险峻的山峰。华山西峰就是《宝莲灯》中沉香劈山救出三圣母的地方。现在翠云宫边上有一巨石中间裂开，如被斧劈，名“斧劈石”，旁边还树立一柄长把大斧，据说沉香就是在这里力劈华山，救出了被二郎神所拘禁的母亲三圣母。西峰的西北面，崖壁直立，有如刀削，空绝万丈，险峻无比，人称舍身崖。

东峰因其峰顶有朝阳台可以观看日出，故而又名朝阳峰。因为此峰此台，华山也成为观赏日出的著名胜地。东峰上有三茅洞，洞内有陈抟老祖像，洞外有甘露池。附近的清虚洞前有一孤峰，峰顶上有铁瓦亭一座，铁棋一枰，这便是传说中的东峰下棋亭。相传宋太祖赵匡胤曾与道家名士、以长寿著称的陈抟老祖在此处打赌下棋。两人在山中一共下了三盘对局，两盘棋赵匡胤便输光了所带钱物，第三盘又把华山给输了，所以有“自古华山不纳粮，皇帝老子管不住”的说法。华山东峰还有著名的仙掌崖，乃是指东峰的面东崖壁。经历了千万年的自然侵蚀之后，在崖壁上出现了一面手掌形的石纹，高数十米，五指分明，形象生动逼真，恍如仙人的巨大手掌，所以人称华岳仙掌，被列为陕西“关中八景”的第一景。进潼关入陕西后眺望秦岭，首先看到的就是它，每逢晴朗的早晨，掌印在阳光的照射下如镀赤金一般熠熠生辉，巍然矗立。

华山号西岳，自然少不得供奉西岳大帝华山神的西岳庙。西岳庙在华山以北5000米的岳镇街上，位于华阴市区东2000米处，距西岳华山玉泉院8000米，被称之为“天下第一庙”。西岳庙坐北朝南，庙门正对华山，始建于汉武帝时期，后来成了历代帝王祭祀华山神的场所。西岳庙的建筑气势宏伟，在由北至南的中轴线上依次排列着灏灵门、五凤楼、棂星门、金城门、灏灵殿、寝宫、御书楼、万寿阁等建筑，总体呈前低后高的格局。其中正殿灏灵殿是历代帝王祭祀的地点，殿内悬挂有康熙、道光、慈禧所题“金天昭端”“仙云”等匾额。

华山之险，冠绝天下；而作为天下道教名山，华山的文化底蕴也是深厚非常，每一山、每一石、每一洞，似乎都有道家的仙踪古迹。或许只有沉下心来，将身心都置于华山的山水之间，才能慢慢体会到它独有的韵味。

峨眉山——蜀国仙山

峨眉山又称大光明山，是大峨山、二峨山、三峨山和四峨山的总称，位于四川省峨眉山、乐山两市西部。四峨山中以大峨山海拔最高，山势最雄伟，即为通常所指的峨眉山。它的主峰海拔 3099 米，高出其东麓的峨眉山市 2500 米，犹如耸立于四川盆地西南部的高墙。峨眉山山体雄峻，峰峦挺秀。除了金顶日出、金顶云海、峨眉佛光、圣灯四大奇观外，峨眉山猴也是这座山中声名远播的“土著居民”。峨眉山是中国四大佛教名山之一，山中寺庙林立，以报国寺、万年寺、伏虎寺、清音阁等最为著名。有趣的是，关于伏虎寺的传说却是信奉道教的赵公明与妹妹一同降伏猛虎的故事，其中也隐含了峨眉山佛道并重的特点。

峨眉山

全世界出名的日出景观着实不少，但峨眉山的金顶日出却是有其独具一格的魅力。在金顶看日出，因气象条件和季节的不同而千姿百态，差异极大。天气晴朗时，太阳从地平线升起，可观赏到壮丽日出的全过程；或天边有云气，待见日出时，已是脱离地平线的一轮红日；或云层弥漫，则仅能看到朝霞、云海。伴随着旭日东升，朝霞满天，万道金光射向大地，峨眉山从头至脚逐渐变成了灿烂的金色，呈现出它全部的秀美身姿。此时此刻，天上地下变成金色的世界。

在中国四大佛教名山中，佛家又把“银色世界”作为峨眉山的代称，这显然与峨眉山的云海不无关系。峨眉山的金顶云海，无边无涯。金顶云海时开时合，气象雄伟，随着风向与风力的变化，不断地转换着自身的形状。范成大有诗惊叹这变幻的云海：“明朝银界混一白，咫尺眩转寒凌兢。天容野色倏开闭，惨淡变化愁天灵。”

佛光是一种奇特的光学现象，是阳光照在云雾表面所起的衍射作用而形成的。谚云：“朝看西，午看东”。在峨眉山看神奇的佛光，最佳的时间是下午 2 时—5 时，最佳的地点是在睹光台、舍身岩。午后来到舍身岩下，有时会看到云层中骤然变幻出一个红、橙、黄、绿、青、蓝、紫的七色光环，约一二米大小，中央虚明如镜。而当观者背向偏西的阳光时，有时会突然发现光环中出现自己的身影，犹如面对明镜，更为离奇的是即使成千上万人同时同地观看，观者也只能看见自己的影子。

在金顶无月的黑夜，在舍身岩下有时会看见荧荧的亮光，在黑暗的山谷间飘忽不定。佛家称其为“圣灯”，又名“神灯”，说飘浮的神灯是“万盏明灯朝普贤”，历来为峨眉山的四大奇观之一。据科学家初步考察，圣灯是一种自然现象，目前有两种说法：一说是磷火，是含磷地层的磷化氢和联磷的作用，联磷的自燃，激起磷化氢的它燃，一说是某些树木上有一种叫密环菌的真菌，遇雨后发光。

峨眉山有丰富的动植物资源，享有“植物王国”和“天然动物园”之称。在2000多种野生动物中，有珍稀的大熊猫、黑鹳、小熊猫、短尾猴等。尤其是见人不惊、与人同乐的峨眉山猴群，早已因成为峨眉山中别具一格的“活景观”而闻名中外。只要到过峨眉山的人，都一定不会忘记山中那一只只充满灵气的猴子。这些猴子世代在峨眉山上与游人为伴，早已消去了畏惧人类的心理。它们三五成群，在长达十多千米的游山道上，沿途围住游人，向游人索要食品。

作为佛教名山，峨眉山中寺庙颇多。其中报国寺是峨眉山的第一座寺庙，也是峨眉山佛教活动的中心。寺周楠树蔽空，红墙围绕，殿宇雄伟，金碧生辉，香烟袅袅，磬声频传。置身“天下秀”的巍巍名山，在报国寺中聆听钟声禅音，不由令人暂时忘却俗世的烦恼，深深地沉浸在这山与寺的禅韵之中。

五台山——华北屋脊

五台山寺庙始于汉明帝时期，唐代因“文殊信仰”的繁盛，寺院多达360多处。清代，随着喇嘛教传入五台山，出现了各具特色的青、黄二庙。五台山五座台顶合围的地区，称为台内，其外围则称台外。现五台山寺庙尚存43处，其中台内37处，台外6处。五台山众多的佛寺多聚集在台内台怀镇。这里寺庙林立，殿宇鳞次栉比，圣景圣迹荟萃一处，其中显通寺、塔院寺、殊像寺、罗寺和菩萨顶被称为五台山五大禅处。台外的寺则以南禅寺、佛光寺最著名。

五台山

自从佛教在中国植根并传播开来之后，中国的山水之间便渐渐多了佛家的香火之气，无数的名山大川都与“佛”这个字关系密切。出家人远避红尘,与世无争,对于他们而言,深山幽谷之中才是最好的清修之地。因此五台山、峨眉山、九华山、普陀山作为佛教四大名山,逐渐名扬天下。

居四大佛教名山之首的五台山,位于山西省五台县,属北岳恒山山脉,其中的北台峰是华北地区最高的山峰,有“华北屋脊”之称。五台山气温偏低,虽然处于与北京差不多的纬度,气候特征却酷似中国东北部的大兴安岭,年平均温度只有-4℃。夏季这里的平均温度比山外要低10℃左右,历来就是避暑胜地,所以又有“清凉山”之称。

传说五台山是文殊菩萨传道的场所,历代都在这里广建寺院,传扬佛教文化,现存有华严经字塔等千件珍贵文物,是中国古代建筑、雕塑、绘画的艺术宝库。另外还有顺治皇帝出走后在五台山出家,以及康熙五次微服私访的传说,增添了这里的传奇色彩。

显通寺位于五台山中心区、菩萨顶脚下,是五台山规模最大、历史最悠久的一座寺院,它和洛阳的白马寺同为中国最早的寺庙。菩萨顶则是五台山最大最完整的一座喇嘛教寺院,也是中国西藏地区之外的重要的藏传佛教寺院。寺内有天王殿、释迦牟尼殿、菩萨殿,在东院过厅和后院,有两座汉白玉四棱柱碑,碑身四面分别刻有汉、蒙、满、藏4种文字所书的碑文,为清代康熙帝手书。

行走于五台山的山路,仿佛每一个台阶都能敲出几声梵音清咒。那遍布于山内的佛门之地,千百年来不断地用缭绕的佛香来消解世间的凡俗之气。山不在高,有佛则名,而这座清凉之山中的香烟古刹,将山与佛自然地合为一体。走进五台山,仿佛走进了一片心灵中的净土。

武夷山——秀甲东南

武夷山地处福建省西北部,是中国东南沿海的重要山脉,也是东南沿海地区重要的自然地理界线。武夷山西部是全球生物多样性保护的关键地区,分布着世界同纬度带现存最完整、最典型、面积最大的中亚热带原生性森林生态系统;东部山与水完美结合,人文与自然有机相融,以秀水、奇峰、幽谷、险壑等诸多美景、悠久的历史文化和众多的文物古迹而享有盛誉;中部是联系东西部并涵养九曲溪水源、保持良好生态环境的重要区域。

武夷山

武夷山有着丰富而完整的中亚热带原生性生态环境气候,植物树种和珍稀动物分布非常广泛,这里的植物树种在古热带植物区、大洋洲植物区和新热带植物区都有分布。以武夷山为中心,在武夷山、建阳、光泽三县(市)交界处,南北长52千米,东西宽22千米,方圆570平方千米,建有武夷山自然保护区。因为山势陡峭,群峰林立,既挡住了西北寒流的侵袭,又截留了海洋的温暖气流,因此这一地区常年雨量充沛,气候温湿,非常适宜动植物繁衍生息。

武夷山的形成经历了漫长的岁月。同喜马拉雅山脉一样,最初的时候,武夷山地区不过是一片海洋。在距今4亿年前,由于剧烈的板块运动,武夷山开始逐渐形成了内陆湖盆,开始造山运动。经过了4亿年沧海桑田的演变,才最终形成了如今的这座天下名山。

武夷山的秀色,山水相连,水山合一,浑然一体。在葱郁的群山之间,曲折萦回的九曲溪犹如一条美丽的纽带,将武夷山的山山水水联系了起来。九曲溪发源于武夷山自然保护区黄冈山南麓,全长60千米,流经景区9500米。"曲曲山回转,峰峰水抱流",正是九曲溪的动人写照。"不钓鱼与鳖,专钓王与侯",相传当年姜子牙就是隐身武夷之中,在九曲溪直钩垂钓以待文王,至今仍有太公脚印留在溪石之上。宋代理学大师朱熹也经常在九曲溪两岸信步游走,为九曲溪的秀丽神韵所深深吸引,因而提笔写就了流传千古的《九曲棹歌》。

武夷山的三十六峰之中,被称为"武夷第一峰"的天游峰位于九曲溪六曲北面。天游峰上的一览亭,濒临万丈悬崖,抬头可见青天,俯首则武夷山水尽收眼底,是一座绝好的观景台。倘若选在雨后初晴或者晨光微露的时候登临此处,便可见云海茫茫、气象万千,仿佛置身于天宫仙境一般,天游峰之名便是由此而来的。所以徐霞客才毫不犹豫地把天游峰评为三十六峰中的第一峰:"其不临溪而能尽九溪之胜,此峰固应第一也。"天游峰峰顶有胡麻涧,涧水从峰头直泻而下,落差达到100米,如白练千寻,名为雪花泉,为山中的一大奇观。

天游峰附近乃是武夷山美景集萃之地,步步有景,山水相连。丹霞嶂东面有水帘洞,是武夷山最大的洞穴,高、宽各100多米。洞前有两道清泉,自峰顶奔泻而下,形如水帘,故而得名。如遇到有风吹过,水帘便会散为无数晶莹的水珠,随风飘洒,恍如天女散花,又如悬挂的两幅珠帘,迷离朦胧,另有一番别样的美。

武夷山之美,不仅仅在于山水之间。那九曲回环的碧溪之上,那相对而出的青山之中,无不蕴含着深厚的文化氛围。理学大师朱熹在此定居50年,著书70余部,创立了对后世影响深远的朱子理学的思想体系。婉约派大词人柳永,便出生于武夷山。而李商隐、辛弃疾、陆游等众多骚人墨客,都将自己的足迹留在了武夷山,也将自己的赞美献给了武夷山。品味武夷山,不单只是要鉴赏自然的景物,那流传于山水间的诗词歌赋,民俗人文,都是武夷山的魅力所在。

阿里山——造物之美

位于祖国宝岛台湾的阿里山，并非仅指一座山，而是由地跨南投、嘉义二县的大武峦山、尖山、祝山、塔山等18座大山组成。

阿里山

阿里山为台湾三大林场之一，在蓊郁俊美的大片森林中，以阿里山神木最负盛名。神木耸立在阿里山主峰的神木车站东侧，树高52米左右，树围约23米，需十几人才能合抱。阿里山云海为台湾八景之一。登上山顶平台，放眼远眺，白云从山谷涌起，迎风飘荡，瞬息万变，时而如汪洋一片，淹没千山万岭；时而如大地铺絮，足下一片白茫茫；时而如山谷堆雪，林海中若隐若现。观日出的地点则以祝山为最佳。祝山山巅建有观日楼，凌晨登临楼台，初见东方微露一抹红晕，淡若无有，却又似弥漫天空。而为世界所称奇的阿里山森林铁路大都穿山越岭、沿着山壁或架空而筑，为世界现今仅存的三大高山铁路之一。沿途有82条隧道，最长的达1300米。铁路全长72千米，却由海拔30米上升到2450米，搭乘森林火车，沿途可见高大挺拔的桉树、椰子树、槟榔树等热带古木，四季常绿的樟、楠、槠、榉等亚热带阔叶树，茂密的红桧、扁柏和姬松等温带针叶树，乃至以冷杉为主的寒带林景观。

在阿里山林区，还有姐妹潭、孔雀溪、慈云寺、树灵塔、受镇宫及高山博物馆、高山植物园等名胜。去阿里山，寻觅造物之美，回归自然纯真，阿里山纷呈的美景正吸引着越来越多的人去探访。

火焰山——西域奇观

火焰山脉位于吐鲁番盆地的北缘，古丝绸之路北道，山势呈东西走向。古书称火焰山为“赤石山”，维吾尔语称“克孜勒塔格”，意为“红山”。它由红色砂岩构成，东起鄯善县兰干流沙河，西止吐鲁番桃儿沟，长100千米，最宽处达川千米。火焰山海拔500米左右,素来以高热而闻名。这里童山秃岭,寸草不生。每当盛夏,红日当空,地气蒸腾,烟云缭绕,赤褐色的山体在烈日照射下,砂岩熠熠闪光,形如飞腾的火龙,十分壮观。火焰山之名便是由此而来。

吐鲁番盆地的气温之高众所周知,而火焰山则称得上是中国最热的地方。火焰山夏季最高气温高达47.8℃,地表最高温度高达70℃以上,沙窝里可烤熟鸡蛋。不过昼夜温差也很大,当地有民谚道:“早穿棉袄午穿纱,守着火炉吃西瓜。”由于地壳运动断裂与河水切割,山腹中留下许多沟谷,主要有桃儿沟、木头沟、吐峪沟、连木沁沟、苏伯沟等。而这些沟谷中却绿荫蔽日,风景秀丽,流水潺潺,瓜果飘香。

火焰山是天山东部博格达山坡前山带短小的褶皱,形成于喜马拉雅造山运动期间。火焰山的基本地貌格局形成于距今约1.41亿年前,经历了漫长的地质岁月,跨越了侏罗纪、白垩纪和第三纪几个地质年代。在火焰山的南麓,还有著名的高昌古城的遗址,维吾尔语称都护城,即“王城”之意,因为此城为高昌回鹘王国的都城,故名。它位于火焰山南麓的木头沟河三角洲,是古丝绸之路的必经之地和重要门户。高昌古城历史悠久,始建于公元前1世纪汉代,因其“地势高敞,人广昌盛”而得名。汉唐以来,高昌是连接中原、中亚、欧洲的枢纽。

火焰山有其独特的地貌与自然条件,而孙悟空三借芭蕉扇的传说故事也给这座奇山增添了浓郁的神话色彩。

鸣沙山——塞外一绝

位于甘肃省河西走廊西端的敦煌市是古代“丝绸之路”上的名城重镇,这里曾经创造了世界瞩目的“敦煌文化”,为人类留下了众多的文化瑰宝。

敦煌不仅有举世闻名的文物宝库——莫高窟,还有“大漠孤烟、边塞墙障,古道驼铃,清泉绿洲”等多姿多彩的自然风貌和人文景观。其中鸣沙山月牙泉风景名胜区,就是敦煌诸多自然景观中的佼佼者,古往今来以“沙漠奇观”著称于世,被誉为“塞外风光之一绝”。

鸣沙山位于敦煌城南5000米处,因沙动成响而得名。山为流沙积成,沙分红、黄、绿、白、黑5色。汉代称沙角山,又名神沙山,晋代始称鸣沙山。其山东西绵亘40余千米,南北宽约20余千米,主峰海拔1715米,沙垄相衔,曲折回环。沙随足落,经宿复初,此种景观实属世界所罕见。对于月牙泉在沙丘中经百年烈风但并不被沙掩盖的不解之谜,有许多说法。有人认为,这一带可能是原党河河湾,是敦煌绿洲的一部分,由于沙丘移动,水道变化,遂成为单独的水体,而且因为地势低洼,渗流在地下的水不断向泉中补充,使之涓流不息,天旱不涸。这种解释似可看作是月牙泉没有消失的一个原因,但却无法说明因何飞沙未能淤塞月牙泉。

月牙泉处于鸣沙山环抱之中,因其形酷似一弯新月而得名。古称沙井,又名药泉,清代正名月牙泉。面积约8800平方米,平均水深4.2米。水质甘冽,澄清如镜。

流沙与泉水之间仅数十米。但虽遇烈风而泉不被流沙所掩盖，地处戈壁而泉水不浊不涸。这种沙泉共生，泉沙共存的独特地貌，确为“天下奇观”。

鸣沙山和月牙泉是大漠戈壁中一对孪生姐妹，“山以灵而故鸣，水以神而益秀”。游人无论是从山顶鸟瞰，还是于泉边畅游，都会心驰神往，确有“鸣沙山怡性，月牙泉洗心”之感。

珠穆朗玛峰——擎天之柱

神秘而严酷的青藏高原，是世界上海拔最高的高原，素有世界屋脊之称。它位于中国西部及西南部，包括西藏自治区和青海省全部、四川省西部、新疆维吾尔自治区南部、甘肃省西南部及云南省西部，面积240万平方千米，平均海拔4000~5000米。在这片高原上，气势磅礴地汇聚了众多海拔超过6000米的高大山脉，这其中包括了海拔8844.43米的珠穆朗玛峰，她既是青藏高原上最高的山峰，也是世界第一高峰。

珠穆朗玛峰

探险者与科学家们曾在珠峰上找到了古代海洋生物三叶虫的化石，在珠峰北侧地带找到了来自南半球的巨羊齿植物化石，而今天在珠峰北面的雅鲁藏布江沿岸还能看到不同时代、不同地层中的岩块挤压到一起的板块缝合带，这一切都揭示了一个令人难以置信却又不得不接受的事实：整个喜马拉雅山脉，连同它的主峰——珠穆朗玛峰，都是在印度板块推挤之下，从2400千米外遥远的南半球漂洋过海而来。在漂移的过程中，不断地受到欧亚板块反作用力的阻挡，日复一日地向上抬升，最终在距今100万年前左右的时候，达到了现在的高度。

仰望珠峰，除了圣山本身的魅力之外，飘浮于峰顶的旗云也是绚丽壮美，令人着迷。这些云彩环绕着峰顶，仿佛飘扬的旗帜，故而被称为旗云或旗状云。珠穆朗玛峰的旗云，千姿百态、气象万千，令人难以捉摸。它们忽而如旗帜迎风招展，忽而如海浪汹涌澎湃，忽而如山峦起伏连绵，忽而如骏马奔腾驰骋。在旗云之中，圣山显得虚无缥缈，若隐若现，更加增添了神秘与圣洁的气息。珠穆朗玛峰北坡和西南坡海拔7500米以下为冰雪覆盖，海拔7500米以上由于高空风大，山坡陡峭，降雪不易堆积。因此，下垫面多为碎石表面。珠穆朗玛峰海拔高，太阳辐射强。每当日出后，受太阳直接照射，各地受热状况也不均匀。在碎石面附近，地面吸热快，表层气温高于同一高度自由大气的温度，形成沿山坡向上的气流；海拔7500米以下，冰雪表面受太阳加热升华，给上升气流输送水汽，为成云提供了有利条件。另外，在冰雪面上，反射掉的热量较多，地表气温要比自由大气的温度低些。冷空气下沉，热空气上升，就产生两个方向不同的局部环流，使峰顶附近常有对流性积云形成，所以白天常能观测到形如旗帜的云挂在峰顶。

随着高空风上升气流和天气系统的不同，旗云的形态也不断变幻。

珠峰巍峨宏大，在它周围20千米的范围内，群峰林立，层峦叠嶂。仅海拔7000米以上的高峰就有40多座，较著名的有南面3000米处的“洛子峰”（海拔8516米，世界第四高峰）和海拔7589米的卓穷峰，东南面是马卡鲁峰（海拔8463米，世界第五高峰），北面3000米是海拔7543米的章子峰，西面是努子峰（海拔7855米）和普莫里峰（海拔7145米）。在这些巨峰的外围，还有一些世界一流的高峰遥遥相望：东南方向有世界第三高峰干城章嘉峰（海拔8585米）；西面有格重康峰（海拔7998米）、卓奥友峰（海拔8201米）和希夏邦马峰（海拔8012米）。形成了群峰来朝，峰头汹涌的波澜壮阔的场面。

珠穆朗玛峰地处高寒之地，自然条件极其严苛：低温、缺氧、陡峭的山势、步步陷阱的明暗冰裂隙、险象环生的冰崩雪崩区、变幻莫测的恶劣气候。人们之所以将她称之为圣山或者神女，恐怕也有一部分原因是她的凛然不可侵犯。但是那弥漫的云雾与不可捉摸的暴风雪，便足以令人望而却步。不过人类的天性总是追求挑战、渴望征服。千百年来，向着世界最高峰发起冲击的人不在少数，然而，直到1953年，才由英国人埃德蒙希拉里创下首登珠峰神顶的纪录。1960年，中国登山队则首次从北侧中国境内登上了这座世界最高峰。而在失败者的故事中，甚至有许多人将自己的身体与灵魂永远留在了雪山之上。或许，对于凡俗的世人而言，屹立于云霄之中的圣山实在是一个无法阻挡的巨大诱惑，甚至值得用自己的生命来换取与她亲近的荣耀。

贡嘎山——蜀山之王

“蜀道之难难于上青天……尔来四万八千岁，不与秦塞通人烟”。李白诗中只顾感慨蜀境高山的险恶峭拔，却忘记了赞颂“蜀山之王”——贡嘎山的奇丽与庄重。

贡嘎山区是现代冰川较完整的地区，以罕见的冰川奇观闻名于世。这片地区共有现代冰川71条，最著名的5条冰川分别为海螺沟一号冰川、贡巴冰川、巴旺冰川、燕子沟冰川、靡子沟冰川。海螺沟是5条原始冰川中最奇秀的成员，素有“海螺天下奇”之说。它是亚洲海拔最低的冰川，最低点为海拔2850米。这条冰川蜿蜒深入原始森林6千米，形成了冰川与森林共存的奇观。

作为离城市最近的一条现代冰川，海螺沟内的自然风光非但没有受到人为的影响，反而充满了原始与野性的气息。由于冰川运动，这里形成了冰川弧、冰川断层和冰塔、冰桥、冰川石蘑菇、冰城门等许多奇异的造型，或优雅，或怪异，或雄壮，气势磅礴，如同鬼斧神工雕琢而成。沟内有条凌空垂挂的“大冰瀑布”，落差1080

米，宽 1100 米，比贵州黄果树瀑布大上 10 倍，由无数巨大的冰块组成。这条巨型冰瀑横亘天空，好似奔腾咆哮的河水在一刹那间被神力冻结，雄伟壮观，气势恢宏，令人望而生畏，堪称举世无双的奇迹。而当冰崩时，冰体间的撞击与摩擦会产生放电现象，蓝光闪烁，山谷轰鸣，令人觉得似乎进入了一个梦幻般的冰雪神话世界。

贡嘎山

温泉也是这片地区的特色之一。在这一片冰天雪地的世界内，竟然有数十处温泉常年蒸气氤氲，温泉水温 40℃～80℃，有的达到 90℃以上。其中二营地温泉流量一昼夜达 8900 余吨，水温高达 90℃，在出水口处甚至可以煮熟鸡蛋和马铃薯，是世界上少有的温泉。进入海螺沟后，在冰川上一边享受沐浴温泉的舒坦，一边欣赏雪峰的冷峭，实在是种难得的经历。

贡嘎山的一大奇特之处在于它的生态和气候呈现出极其显著的垂直变化：从南坡大渡河河谷至主峰顶水平距离 29 千米，而相对高度差却达到了 6556 米，因此产生了“山顶白雪皑皑，山腰秋木稀疏，山脚鲜花烂漫”的独特景观。在贡嘎山的山脚下，气候温和，植被茂盛；山腰中红叶纷飞，胜于香山；而到了山顶，却是一片银装素裹的严酷景象。各个植物带之间层次如此鲜明，甚至于爬上山峰就能一路感受四季变化，是世界上罕见的生态奇观。而在海螺沟中甚至同时具有亚热带到高山寒漠带的完整植物带谱，内有植物 4800 多种，动物 400 余种，其中还保存着许多第四纪时期的动植物，可以说是生物史上的活化石区。

多年以来，贡嘎山与海螺沟隐居在高原之上，覆盖着神秘面纱，不为世人所熟知。随着近年来的不断开发，贡嘎山附近已成为目前中国环境容量最大的风景区，总面积 10000 余平方千米，海螺沟、燕子沟、木格措、塔公、五须海、贡嘎西南坡等景区都被包含在内。风景区内还点缀着十余个高原湖泊，如明珠般散落在冰川林海之中。雪山脚下，冰川之畔，森林环抱，蓝天白云，加上清澈透明的高原湖水，形成了原始、秀丽的自然风貌，既展现了地理史上的奇观，也造就了蜀境的香格里拉乐园。

博格达峰——新疆灵山

博格达峰，海拔 5445 米，位于东经 88.3°，北纬 43.8°，坐落在新疆阜康市境内，是天山山脉东段的著名高峰。

“博格达”一词出自蒙语，是“神灵”的意思。博格达峰因此被称为“灵山”“祖峰”。虽然它并非天山诸多高峰之最，但却由于它的神奇与险峻，成为新疆各族人民心中最有神性的山峰，成为新疆的象征。

博格达峰

博格达峰海拔高度虽然并不惊人,但登山难度绝非寻常。在主峰的东西,分别排列着7座5000米以上的高峰。博格达峰山体陡峭,西坡与南坡坡度达70—80度,只有东北坡坡度稍缓,因此,该峰虽然在1980年以前就有英国和苏联登山队前来攀登,但直到1981年6月9日,才由日本京都队11人开创登顶纪录。博格达峰是由3个峰尖紧依并立而成,终年冰雪皑皑,世称"雪海"。

山峰顶部基岩裸露,岩石壁立;中部则为冰雪覆盖,常年不化;峰顶以下则为冰川陡谷,地势险要。它主要有4条山脊:东北山脊、西南山脊、北山脊、东南山脊。由于数座山峰间距离较短,山体集中,登山周期不长,非常适宜小型登山队伍连续攀登。山脚下是著名风景游览胜地"天池",湖水清澈,绿如碧玉,倒映着参天云杉相银色的雪峰,可将登山旅游融为一体,所以受登山爱好者和旅游者的青睐。

从博格达峰北坡的峡谷攀援而上,既能看到山清水秀的牧场,也可以探寻雪厚冰坚的世界。

博格达峰的冰川积雪,终年闪耀着白白的亮亮的光芒,与山谷中的天池绿水交相辉映,造就出风光独特的避暑胜地。

博格达山千峰竞秀,万壑流芳,景色迷人。这里有遮天蔽日的原始森林和风光如画的山甸草原。雪线附近有雪豹出没,雪鸡栖居。密林深处不时传来马鹿的呦鸣,隐现着狍鹿、棕熊、猞猁和岩羊的身影。草地上山花烂漫,五彩缤纷,其间野生的中草药材如贝母、党参、紫草、黄芪和柴胡等等,一丛一簇,药气袭人。博格达山蕴藏着丰富的煤炭、菱铁和云母等数十种矿物。群山之巅发育着现代冰川,每到盛夏季节,冰雪融水滔滔而下,汇成30多条较大的河流,浇灌山麓的绿洲沃野。

梅里雪山——云南第一山

梅里雪山属横断山脉,位于云南迪庆藏族自治州德钦县和西藏的察隅县交界处,距昆明849千米。梅里雪山属于怒山山脉中段,处于世界闻名的金沙江、澜沧江、怒江"三江并流"地区,它逶迤北来,连绵十三峰,座座晶莹,峰峰壮丽。

在这一地区有强烈的上升气流与南下的大陆冷空气相遇,变化成浓雾和大雪,并由此形成世界上罕见的低纬度、高海拔、季风海洋性现代冰川。雨季时,冰川向山下延伸,冰舌直探海拔2600米的森林地带;旱季时,冰川消融强烈,又回缩至海拔4000米以上的山腰。由于降水量大、温度高,使得梅里冰川的运动速度远远超过一般海洋性冰川。剧烈的冰川运动,更加剧了对山体的切割,造就了令所有登山家闻之色变的悬冰川、暗冰缝、冰崩和雪崩。

由于垂直气候明显，梅里雪山气候变幻无常，雪雨阴晴全在瞬息之间。梅里雪山既有高原的壮丽，又有江南的秀美。蓝天之下，洁白雄壮的雪山和湛蓝柔美的湖泊，莽莽苍苍的林海和广袤无垠的草原，无论在感觉上和色彩上，都给人带来强烈的冲击。

梅里雪山

这里植被茂密，物种丰富。在植被区划上，属于青藏高原高寒植被类型，在有限的区域内，呈现出多个由热带向北寒带过渡的植物分布带谱。海拔2000米到4000米左右，主要是由各种云杉林构成的森林，森林的旁边，有着绵延的高原草甸。夏季的草甸上，无数叫不出名的野花和满山的杜鹃、格桑花争奇斗妍，竞相怒放，犹如一块被打翻了的调色板，在由森林、草原构成的巨大绿色地毯上，留下大片的姹紫嫣红。

梅里雪山北与西藏阿冬格尼山、南与碧罗雪山相连接，海拔6000米以上的山峰有13座，称为"太子十三峰"。十三峰中最高的卡瓦格博峰，为云南第一高峰。海拔为6740米，它是藏传佛教的朝觐圣地，传说为宁玛派分支伽居巴的保护神，位居藏区八大神山之首，故在当地有"巴何洛登地"的尊号。它是康巴藏民顶礼膜拜的"神山"。20世纪30年代探游过世界不少名山大川的美国学者洛克博称卡瓦格博峰是"世界上最美之山"。每年秋末冬初，西藏、四川、青海、甘肃的一批批香客，千里迢迢赶来朝拜这座心灵中的自然丰碑。他们围着神山绕匝礼拜，少则7天，多则半月，这在当地被称为"转经"。若逢藏历羊年，转经者更是增至百十倍，匍匐登山的场面，令人叹为观止。

卡瓦格博峰下，冰斗、冰川连绵。其中"明永恰"和"斯恰"如两条银鳞玉甲的长龙，从海拔5500米往下绵延至2700米的森林地带，离澜沧江面仅800多米，这是世界上稀有的低纬度、高海拔、季风海洋性的现代冰川。

卡瓦格博峰南侧，有瀑布自千米悬崖倾泻而下，称"雨崩神瀑"。每年夏季冰雪消融，一股股水流沿崖壁飞泻，像千万匹白练飘然而下，飘飘洒洒，十分壮观。若逢阳光返照，云雾蒸腾，便有彩虹出现，美如天上仙境。

卡瓦格博峰迄今为止仍然是无人登顶的处女峰。早在1902年，英国派出一支登山探险队首次向神女峰发起冲击，结果以失败告终。后来，美国、日本、中日联合等4支登山队，接连4次大规模向神山冲击，均未成功。1991年1月，17名中日登山健儿在卡瓦格博峰下不幸遇难。消息传来，震惊世界，被列为当年中国十大体育新闻之一。

太子十三峰犹如一群倚天而立的斗士，孤傲中透出冷峻。它们以强悍有力的臂膀，不分昼夜坚实地捍卫着它们曾赐予魂魄的每一个生命体。

江 河

长江源头考察记

俗话说,河有头,江有源,长江这条举世闻名的大川,源头究竟在哪里?

清朝康熙后期,为了编制精确的全国地图,曾多次派人探测青藏地区,包括江源在内。因此,在朝廷内府地图《皇舆全览图》上,明确标示金沙江上源为"木鲁乌苏河"不过,使臣在1720年到达江源地区时,面对密如渔网的众多河流:不知所以,只有望洋兴叹,他在奏章里写道:"江源如帚,分散甚阔",就是说那里的河流多得就像扫帚一样,千头万绪,百支千条,不知长江的源头究竟在哪里,可见,对江源地区河流的认识还是模糊的,在中国近代史上,西方列强在大肆侵华的同时,也觊觎长江这块宝地,不同国籍的所谓探险家们,曾经多次踏上青藏高原。沙皇俄国军官普尔热瓦尔斯基,在1867~1885年的18年间,曾5次率领武装"探险队"窜入我国新疆、青藏地区活动,其中两次到达通天河上游。1889年和1908年,沙俄又派科兹洛夫率人两次经过柴达木盆地,翻越巴颜喀拉山,来到通天河北岸。1892年,美国人洛克希尔更深入到现在青藏公路西侧的尕尔曲。他们虽然都已到达了江源地区,但都未能到达长江源头。

长江的源头——唐古拉山主峰各拉丹东雪山

晚清及民国年间,涉及江源水系的著作虽然很多,但其详尽程度没有超出《水道提纲》的。1946年初出版的《中国地理概论》是一本有代表性的著作,书中写道:

“长江亦名扬子江，源出青海巴颜喀拉山南麓……全长5800千米，为我国第一巨川。上游于青海境内有南、北两源，南源曰木鲁乌苏，北源曰楚玛尔。”既然黄河发源于巴颜喀拉山北麓，而长江又源出该山之南，于是便有“江河同源于一山”“长江和黄河是姐妹河”之说。当时，中小学地理教科书都是这么写的，并且介绍5800千米长的长江为世界第四大河，因而谬传甚广，影响极深，以至于直到解放以后。这种观念仍然盛行于世。

1976年夏和1978年夏，长江流域规划办公室曾两次组织江源调查队，深入江源地区，进行了详尽的考察，结果证实：长江上源伸入青藏高原的唐古拉山和昆仑山之间，这里有大大小小十几条河流，其中较大的有3条，即楚玛尔河、沱沱河和当曲，这3条河中，楚玛尔河水量不大，冬季常常干涸，不能成为长江正源：要论流域面积和水量，都以当曲为最大；但根据“河源唯远”的原则，确定以水量比当曲小五六倍而长度比当曲还要长18千米的沱沱河为长江正源。

沱沱河的最上源，有东、西二支，东支发源于唐古拉山主峰各拉丹冬雪山（海拔6621米）的西南侧，西支源于尕恰迪如岗雪山（海拔6513米）的西侧，东支较西支略长，故长江的最初源头应是东支。东支的上段是一条很大的冰川（姜根迪如冰川），冰川融水形成的涓涓细流，便是万里长江的开始。

新华社于1978年1月13日公布了这一江源考察的新成果：“长江究竟有多长？源头在哪里？经长江流域规划办公室组织查勘的结果表明：长江的源头不在巴颜喀拉山南麓，而是在唐古拉山主峰各拉丹冬雪山西南侧的沱沱河；长江全长不止5800千米，而是6300千米，比美国的密西西比河还要长，仅次于南美洲的亚马逊河和非洲的尼罗河。”第二天，美联社从日本东京发了一则电讯：“长江取代了密西西比河，成了世界第三长的河流。”

直到那个时候，才揭开了“万里长江的真正源头在哪里”这个千古之谜，纠正了历史上长期以来对江源情况的错误记述。

万里长江第一弯

金沙江是长江的上游，它和怒江、澜沧江等大河在青藏高原的东北部发源，然后几乎彼此平行地一齐向南流淌，在青藏高原的东侧切成几列深邃的平行河谷。而在河谷与河谷之间，就是一条条大致平行的高山，这就是我国有名的横断山脉。在这3条河流中，金沙江最靠东边。起初，金沙江也是由北向南流的，可是当流到云南省境内的石鼓村北时，江流突然折转向东，而后又转而向北，在只有几千米路的距

万里长江第一弯

离内，差不多来了一个180度的大拐弯。金沙江流过石鼓村以后，坡度骤然加大，江水在只有几十米宽的深谷中呼啸奔腾。江两岸，一边是玉龙雪山，一边是哈巴雪山，从江底到峰顶高差3000多米，形成世界上最壮丽的峡谷，这段峡谷就是大名鼎鼎的“虎跳峡”。

千百年来，万里长江第一弯曾使许多到过这里的旅行者迷惑不解。就是世世代代居住在江边的居民们也弄不清这到底是怎样形成的。世界上所有的河流都是弯弯曲曲的。河流弯曲的原因主要是由于河水对两岸的侵蚀不同造成的，因此河流总是在地球大地上划出一条条十分平滑和缓的曲线。但是，也有一些特殊的情况。有的河流在它的流程中，可能会产生十分突然的拐弯，金沙江上的大拐弯就是其中最典型的例子，因此有“万里长江第一弯”之称。

科学工作者通过对金沙江的河流形态进行深入研究，提出了下面的推断：从前金沙江并没有今天的大拐弯，而是和怒江、澜沧江等一起并肩南流。就在金沙江与它的伙伴们一起南流的时候，在它东面不远的地方，还有一条河流由西向东不停地流淌着，我们不妨叫它“古长江”。急湍的古长江水不断地侵蚀着脚下的岩石，也不断地向西伸展着。时间一长，终于有那么一天，古长江与古金沙江相遇了。它们相遇的地点就在石鼓村附近。

想想看，两条大河相遇会发生什么情况呢？俗话说：“人往高处走，水往低处流。”古长江地势比起古金沙江要低得多，滔滔的金沙江水受到古长江谷地的吸引，自然掉头向东。于是，金沙江就成了长江的一部分。这种现象，在地貌学上有一个名词，叫“河流袭夺”。河流袭夺这个词起得非常生动。一条本来流得好好的河流，竟然被另一条毫不相干的河拦腰斩断，把它掠夺到自己的怀抱里。

河流袭夺说还有一个有力的证据，那就是在今天的金沙江石鼓大拐弯的南方，也就是人们认为的当年金沙江流过的地方，还真的有一条小小河流——漾濞江。漾濞江的源头与石鼓的距离也不很远，那里还有一条宽阔的低地。这里虽然没有河流，可是仍然是一种河谷的形态。袭夺说的支持者们认为，古金沙江被古长江袭夺以后，江水虽然被古长江袭夺而去，但是，当年的河谷还在，并且在古金沙江的下方，仍然残存着一条小河——漾濞江，那也是古金沙江的遗迹。

也有人不同意这种看法。他们认为，这里根本就没有发生过古长江与金沙江相互连通的河流袭夺事件，今天的金沙江所以会发生这样奇怪的拐弯，只不过与当地地壳断裂有关。他们发现，在石鼓以下的虎跳峡是沿着一条很大的断层发育起来的。金沙江在它流淌的过程中，碰巧遇到这条断层，河流不得不来了一个大拐弯。

可是，金沙江的大拐弯是发生在几十万年以前甚至更早的地质现象，谁也没有亲眼看见过长江是怎样把金沙江袭夺而去的。另外，年代又距离我们那么遥远，不管袭夺也好，还是沿着一条断裂带流淌也好，当时留下来的遗迹，已经被无情的风雨侵蚀得面目全非了。所以，这两种意见争论了许多年，直到今天仍然没有取得一致看法。

三江并流的奇观

在“彩云之南”的云南省西北部，存在着一个令人叹为观止的自然现象：三条大江与山脉互相夹持，平行地奔流了400千米，相隔最近的地方直线距离只有66千米，这就是美丽而神奇的三江并流。

三江并流的奇观

三江并流指的是位于云南省西北部的丽江地区、迪庆藏族自治州、怒江傈僳族自治州的三条大江（怒江、澜沧江、金沙江）并行而流的独特地理现象。三江同发源于青藏高原，并肩在云南西北部的崇山峻岭中奔流。三江并行流经云南境内约170余千米，整个区域面积达4万平方千米。由于三江并流地区特殊的地质构造，欧亚大陆最集中的生物多样性、丰富的人文资源、美丽神奇的自然景观使该地区成为一处独特的世界奇观。三江并流地区是世界生物多样性最丰富的地区之一，云集了南亚热带、中亚热带、北亚热带、暖温带、温带、寒温带和寒带等多种气候类型和植物群落类型，是北半球生物景观的缩影，名列17个中国生物多样性保护“关键地区”的第一位，也是世界级物种基因库和中国三大生态物种中心之一。

三江并流的形成，几乎可以说是一部地球演化的历史教科书。在发生于大约4000万年前的喜马拉雅造山运动中，印度板块与欧亚板块的碰撞造成青藏高原的隆起，构成了在150千米内相间排列的担当力卡山、独龙江、高黎贡山、怒江、澜沧江、云岭、金沙江等巨大山脉和大江形成的横断山脉的主体。“三江并流”就是这次远古地球陆地漂移碰撞的产物。“三江并流”地处横断山脉，是欧亚大陆生物南北交错、东西会合的通道。第四纪冰期曾给欧亚大陆的生物带来灭顶之灾，但“三江并流”地区独特的地形却为生物的存活提供了庇护，并成了这些孑遗生物的主要避难所。在三江并流地区生存着包括孑遗植物领春木、水青树、秃杉、桫椤、长苞冷杉、光叶珙桐、独叶草、红豆杉、云南榧树等在内的34种国家级保护植物，而小熊猫、针尾鼹、林跳鼠等原始孑遗动物也得以躲过冰期，在此处繁衍生息。这里是与大熊猫齐名的国宝滇金丝猴的故乡，还有珍稀濒危动物羚牛、雪豹、黑仰鼻猴、戴帽叶猴、孟加拉虎、藏马鸡、黑颈鹤等栖息。

丰富多彩的人文资源、美丽神奇的自然景观、参差多态的生物资源使三江地区成为全世界独一无二的壮丽奇观。4000万年前沧海桑田的变迁，造就了今日三江并流的宏伟与神奇。雄奇、险峻、幽深、秀丽、神秘……这片造物主精心缔造的净土，带给人梦境般的独特感受，仿佛是千万年苍茫岁月留给后人的无声诉说。

黄河源头

“君不见黄河之水天上来，奔流到海不复回。”这是唐代诗人李白留下的著名诗句。它形象地描绘了黄河雄伟的风姿，磅礴的气势和一往无前的精神。横贯中华大地的黄河，是我们中华民族的摇篮，也是世界古代文化发祥地之一。黄河中游流经广大的黄土高原地区，支流挟带大量泥沙汇入，使河水呈黄色，故名黄河。

黄河源

黄河源地究竟在哪里？在5000多年的历史长河中，我国人民曾对黄河的发源地进行了多次探索。然而，限于当时的科学水平和各方面的条件，一般都只到达星宿海一带。历史文献中记载有星宿海“小泉亿万，不可胜数，如天上的星”。星宿海，藏语叫“错岔”，意为花海子，即大片沼泽及许多小湖组成的低洼滩地。这里密密的短草成堆形块状，散布水中，枯叶烂根年年积累，形如表面松软的沮洳地带，行经其上，极易下陷。“星宿海”并不是真正的黄河源。解放后，政府曾多次派出河源查勘队，历经千辛万苦，寻找河源。

青海南部高原有“江河源”之称，水系错综，河流纵横。长江和黄河仅巴颜喀拉山一脉之隔，直线距离200余米。究竟黄河河源在哪里？学术界一直争论不休。50年代初期，认为黄河源出约古宗列曲。目前主要有两种看法：一种认为黄河多源，其源头分别是扎曲、卡日曲和约古宗列曲；另一种意见认为，卡日曲全长201.9千米，是上述3条河流中最长的，应定为正源。

黄河的河源地区没有龙门激浪洪波喷流的气势，没有壶口飞瀑巨灵咆哮的声威，只有潺潺细流蜿蜒逶迤，穿越坡地、草滩和沼泽，绕行于巴颜喀拉山的群峰之间，河水散乱，难以辨认主河道。黄河的藏语名称叫“玛曲”，即孔雀河之意。当地人民根据黄河河源周围有众多小湖的地理景观，命以孔雀河的美名，的确恰如其分。每当登高远眺，数不清的大小湖泊宛如繁星落地，恰似孔雀开屏时尾羽上彩斑点点的样子。

黄河上游最著名的还要算龙羊峡。在这里，黄河劈开近百里长的峡谷，两岸壁立千仞，悬崖耸立高达700米。河谷深窄，水面宽仅四五十米，峡谷内天然水面落差225米。龙羊峡水电站是黄河上游水力发电梯级电站的龙头。高原峡谷人烟稀少，在这里建电站淹没损失小，工程量小。而且，黄河愈往上游，水土流失愈轻微，河水泥沙含量小，不会出现由于泥沙严重淤积不能蓄水的问题。

黄河泥沙的由来

黄河是世界上含沙量最多的河流，据多年观察测得的平均值，进入下游河道的年输沙量为16亿吨左右，也就是说，每年要有16亿吨泥沙流入黄河下游。这样多的泥沙，要想把它全部冲入大海，需要有丰沛的水流，可是与泥沙相比，黄河的水量却并不充裕，它的年径流量仅有468亿立方米，照这样下去，黄河有"河清海晏"的希望吗？

黄河中游的水土流失现象由来已久，在遥远的地质历史时期，强烈的土壤侵蚀，就已经把黄土高原切割成了千沟万壑，而冲积到下游地区的泥沙，则堆积形成了华北平原。这完全是自然的造化，其间的功过也无从评说。进入人类历史时期以后，黄土高原的土壤侵蚀有增无减，从而，黄河中下游干流的泥沙也就从史前时期起一直居高不下。历史文献中的记载表明，黄河自古就是一条充满泥沙的混浊河流，"黄河"这一名称就得自它水中饱含黄土泥沙，致使水色浑黄，因此说，黄河的名称本身就带着黄土地的烙印。

西周时有一句谚语叫"俟河之清，人寿几何"？意思是说，人要活到不知多高的年龄，才能等到"河水"（即今黄河）清澈的现象出现，用来比喻可望而不可即的事情。显然，当时黄河水已相当混浊，水色澄清已是人们的一种极难实现的愿望。

龙羊峡以上河段，为黄河的源头段，河网密度小，地表侵蚀轻微，水流清澈，含沙量很小。到兰州附近后进入黄土区域，这才开始打上黄土地的烙印，含沙量明显增加，逐渐呈现出浑黄的水色。随着含沙量较大的大夏河和洮河等支流的汇入，黄河的年平均含沙量增至每立方米3千克，年输沙量1亿吨。

兰州以下，除祖厉河外，其余支流泥沙含量均不太高，银川平原和河套平原的灌溉水渠又分流出一部分泥沙，所以在进入中游河段时，含沙量的增加有限，平均含沙量每立方米6千克，年输沙量不到2亿吨。

黄河下游的泥沙主要来自中游地区。黄河中游流经侵蚀强烈的晋、陕黄土高原地区，黄土结构疏松，本来就极易流失，黄河中游的干支流河网又比较稠密，所以水土流失情况严重。在河口镇到陕西潼关的黄河转折处这一段干流上，集中汇入了许多泥沙含量很高的支流，于是黄河干流中的含沙量和输沙量都迅速增大。

山西、陕西两省之间的黄河中游河段，大多穿行于峡谷之中，到山西河津市附近的禹门口始豁然开朗，河水的流势也由急变缓。由于水文状况变化显著，很早人们就把这里称之为龙门。在龙门以上河段，汇有红河、皇甫川、窟野河、三川河、无定河、清涧河、延河等支流，这些河流流经黄土高原上水土流失最为严重的地区，使黄河干流的泥沙含量急剧增加。

黄河的泥沙主要来自河口镇到潼关之间的中游河段，从多年平均情况来看，这一地段内有许多支流的泥沙含量要大大高于干流。例如黄河的二级支流泾河（渭河支流），年水流量约15亿立方米，年输沙量却高达2.6亿吨；无定河的情况与泾河相差不多；窟野河年水量不到泾河的一半，年输沙量也接近泾河的一半，含沙量仍与泾河不相上下；延河年水量不过2.3亿立方米，可是年输沙量却高达6000万吨；祖厉河年水量更小，只有1.6亿立方米，可是年输沙量却比延河更高，达8000多万吨，等等。这些支流的含沙量都在每立方米100千克以上，有的支流的含沙量超过干流10倍以上，而且这里所讲的都是平均状况，若以某一时段的具体数值而论，那么，当夏秋之际洪水到来时，含沙量时常会出现每立方米600千克以上的峰值。

黄河过去没有清过，在可以预见到的将来，如果没有大范围、大幅度的全球性气候变化，它也不可能清澈，因为黄河的泥沙主要来自黄土高原，而黄土高原的土壤侵蚀远在人类出现之前就已经相当严重，这一自然侵蚀过程目前还远远看不到结束，所以黄河水清依旧遥遥无期，所谓“河清海晏”仍然还只是人们的一种良好愿望。

长江洪水的起因

长江流域内洪水发生的时间，一般下游早于上游，江南早于江北。干流大洪水多集中在7月份、8月份，一般年份干支流洪水发生时间先后不一，洪峰相互错开，不致造成很大洪水。长江中下游干流的大洪水具有峰高、量大、历时长的特点，而上游的洪水则涨势较猛，历时相对较短。

长江

长江洪水主要来自上游川江的四大支流岷江、沱江、嘉陵江和乌江。四川屏山至湖北宜昌区间承纳川江各支流和干流金沙江的来水，其年径流量占宜昌的68%，汛期所占的比重更大。长江历史上许多洪水的形成多与川江洪水有关，川江几条大支流由于处于暴雨集中地区，猛涨的洪水常造成长江中下游洪水灾害。每当川江支流洪水与金沙江洪水相遇，或前者洪峰特大，后者底水偏丰，宜昌河段就会出现特大洪峰，给长江中下游带来严重威胁。

长江流域的洪水主要是由暴雨形成的。长江流域暴雨区较多，特大禹治水像。大的有5个。第一大暴雨区是赣北、皖南、鄂南暴雨区。该区以江西省环玉山为中心，向东扩展到安徽省贫山一带，向西扩展到赣鄂交界的幕阜山地。其中有两个暴雨中心区：一个位于黄山；多年平均暴雨日数达到8.9天，1973年出现过17天暴雨；另一个位于幕阜山地。第二大暴雨区是川西暴雨区，在四川盆地向川西高原的过渡地带，从雅安、峨眉到涪江上游的北川、安县一带。也有两个暴雨中心区：一个是峨眉山到雅安一带；另一个是北川、安县一带。第三大暴雨区是湘西、鄂西南暴雨区。该区位于长江支流清江流域到洞庭湖水系澧水中上游一带。第四大暴雨区是大巴山暴雨区，在大巴山南坡四川万源至巫溪一带。第五大暴雨区是大别山暴雨区，在大别山的西南坡。在天气反常的情况下，上游雨季提前，中、下游雨季延后，干支流洪水遭遇，易发生范围很大的暴雨，如1931、1945、1949年洪水。若局部地区发生强度很大的暴雨，也会形成地区性大洪水，如1935年汉江、清江洪水，1981年四川盆地洪水，及历史上的1860、1870年特大洪水。这两类洪水均可造成巨大灾害。

长江会不会变成黄河第二

黄河上游及中游的水土流失是众所周知的，黄河每年的输沙量达16亿吨，大量泥沙在下游沉积，每年使河床升高23厘米，现在河道已高出地面3~10米。历史上黄河已先后决口1593次，重要改道46次。黄河上游早在四五千年以前曾是“林木葱郁”的地带，因后来烧山毁林，造成现在的赤地千里，秃岭连绵，林木很少，水土流失严重，使黄河成为“害河”。

流经青、川、藏、鄂、湘、赣、苏、皖等十余省区的长江如何呢？有人担心长江有变成黄河的危险，这不是没有根据的。长江中上游的水土流失现状令人担忧。长江流域水土流失面积56万平方千米，占流域面积的31%，年侵蚀土壤达22.4亿吨，每年流入河口的泥沙达5亿立方米。由于水土流失，使河流泥沙量增加，河床抬高，削弱了泄洪能力。湖北荆江河段，河床已高出地面8米左右。长江中下游湖泊面积上世纪50年代约有2.2万平方千米，80年代已缩小到1.2万平方千米，平均每年被泥沙淤积333平方千米。

造成长江流域水土流失严重，生态环境恶化的主要原因是人们在开发利用自然资源时，违反了自然规律，使覆盖地面的森林植被严重破坏，加剧了水土流失。以四川省为例，50年代初期森林覆盖率达20%，现下降到9%，而川中丘陵水土流失严重的地区森林覆盖率只有3%。乱砍滥伐造成森林大面积消失，使长江流域内生态恶化，水、旱、泥石流灾害愈演愈烈。另一方面，长江中上游10度以上坡耕地有1.2亿亩，毁林开荒面积不断扩大，这些耕地长年耕作，土质疏松，也造成了流域内的大面积水土流失。

长江中上游的森林破坏而引起的水土流失问题已引起了有识之士的关注。如果再继续乱砍滥伐，长江的泥沙含量就会继续增加，长江有变成第二条黄河的危险。我们再也不能使长江变成第二条黄河，必须采取措施保护长江中上游地区的森林植被，并营造水源林和各种防护林，保持良好的生态环境，努力治理好长江中上游的水土流失，使长江变成一条清澈的河流。

黄河凌汛的成因

黄河浩浩荡荡流在北方大地上，在中游宁夏、内蒙古境内和下游山东境内，黄河干流流向为由西南向东北。这两段是黄河凌汛最为集中的地段。

凌汛是发生在冬季河水开始封冻和春季河水开始解冻时，因冰坝阻塞水流引起水位上涨甚至带来洪灾的一种河流特有的水文现象。

纬度差异是引起凌汛的主要原因。黄河从兰州到河套，南北纬差达4°37′，冬季月平均温度相差5℃以上，北部比南部结冰封冻的时间长，冬季封冻早，春季解冻晚。山东境内黄河南北纬度差为3°20′，封冻期南北也不一样长，间隔也比较长。秋末冬初，北部河水首先封冻，南来的未结冰的水流受阻排泄不畅，于是抬高水位，引起凌汛。冬末春初，南部的河水先解冻，而北部河面依然冰层很厚，上游大量的水流夹带冰凌一齐下泄，不仅无法破坏下游的冰层，甚至浮冰还会增进冰层的加厚，极易形成冰坝或冰桥，阻塞水流，抬高水位，发生凌汛。如果凌汛与黄河春季的洪汛结合起来，将会产生更大的危害。

当然，凌汛的发生也有赖于其他一些原因，如内蒙古境内黄河河道宽浅、平缓，浅滩、河湾众多，山东境内河道上宽下窄，都不利于水流下泄，极易阻塞流冰，造成凌汛的危险。

为了更有效地防止黄河凌汛的发生，在上游和中游兴建了许多大型的水利枢纽工程，同时加强了凌汛的监测工作，防止凌汛泛滥成灾。

"地上悬河"形成的原因

大家都知道，世界上所有河流中都含有一定数量的泥沙，而对于一条河流的某一具体河段来说，泥沙是否会在河床中淤积下来，则取决于泥沙数量与河流挟带泥沙能力的对比关系：当后者胜过前者时，河床中就会出现冲刷现象，不仅不会淤积，还要把自身的泥沙冲向下游河段；当二者基本相当时，就会出现一种准平衡状态，世界上许多冲积性河流，经过长期的冲淤调节过程，都已进入了这一状态，河道相对比较稳定；而当前者胜过后者时，就要发生泥沙淤积现象，泥沙淤积到一定程度之后，不可避免地要引起决堤泛滥，黄河下游河床就一直处于这样一种状态。

科学家们通过研究发现了黄河下游多年平均含沙量与淤积量的关系：黄河下游多年冲淤达到平衡时所需要的含沙量为每立方米16千克。这样，当含沙量小于每立方米16千克时，下游河道就要发生冲刷；当含沙量大于16时，下游河道就要持续淤积下去。由于黄河下游的多年平均含沙量为每立方米34千克左右，因而泥沙的大量淤积也就不可避免了。近40多年来经利津海口排放到大海里的泥沙近

10 亿吨，占输沙总量的三分之二左右，显然还有三分之一亦即 6 亿吨上下的泥沙沉淤在下游河道中。

淤积在下游河道中的大量泥沙，当然是从上、中游地区冲刷下来的，但是在上、中游流域的不同地区，由于自然条件差异较大，不同河段的含沙量和输沙量也都变化很大。

钱塘江大潮

世界上的大河中，很多都有汹涌的潮涌，如南美的亚马逊河、北美的科罗拉多河、法国的塞纳河、英国的塞文河、印度的呼格里河。我国有潮涌的河流也为数不少，但浙江省的钱塘江涌潮却以其浩渺壮观而闻名于世。在涌潮的强度上，亚马逊河兴许可以和钱塘江潮一比，但钱塘江潮景的变化万千，是其他任何河流所无法望其项背的。当涌潮在天边出现的时候，如同素练横江，等潮涌长驱直入来到眼前的时候，又有万马奔腾的气势，那种雷霆万钧、锐不可当的力量给人无比强烈的冲击。

钱塘江大潮

自古以来，就有“一年一度钱江潮”的说法，其实是不科学的。它给不了解情况的人一个错觉，以为钱塘江潮一年只有一度。其实每个月都有两次大潮汛，每次大潮汛又有三五天可以观赏涌潮。潮汐是有“信”的，到了该来的时候就一定来，不会失误。

阴历每月有两次大潮汛，分别在朔（初一）日之后两三天和望（十五）日之后两三天，而在上、下弦之后的两三天则分别为小潮汛。每年阳历 3 月下半月至 9 月上半月，太阳偏向北半球时，朔汛大潮大于望汛大潮，且在大潮期间日潮总是大于夜潮；而在 9 月下半月至次年 3 月上半月，太阳偏向南半球时，情况刚好相反，朔汛大潮小于望汛大潮，大潮期间的日潮也总是小于夜潮。越接近春分和秋分，这种差异越小；愈接近夏至和冬至，这种差异愈大。就全年而言，则以春分和秋分前后的大潮较大。至于这两个时期的大潮哪个大，则有 19.6 年的周期变化，其中一半时间春分大潮大，另一半时间秋分大潮大，两者的差别也由小逐渐增大，然后又由大逐渐减小。潮涌为什么会这么有规律呢？

我们知道，地球上的海洋潮汐是海洋水体受天体（主要是月亮和太阳）引力作用而产生的一种周期性运动。潮汐既然是海洋水体受天体引力作用而产生的一种周期性运动，那它应该是周而复始、永不误期的。钱塘江涌潮为海洋潮波在钱塘江河口这种特殊地形条件下的特殊表现，当然也应遵守这种规律，可是唐代的孙承宗在他的《江潮》一诗中却写道：“休嫁弄潮儿，潮今亦失信；乘我油壁车，去向钱塘问。”所谓失信，也称失期，就是该有涌潮的时候，看不见涌潮，让人莫名其妙。

汹涌壮观的钱塘江潮究竟有没有失信？早在南宋咸淳十年（1274年）就曾有“钱塘江潮失期不至”的记载。德祐二年（1276年）二月，元军初到杭州，因不知涌潮的厉害，扎营在江干沙滩上，杭州百姓和宋朝军队暗喜，急切盼望涌潮到来，将元军连营卷去，不料江潮三日不至，百姓无不为之大惊，以为天助元军，宋皇朝天数已尽。潮水为什么该涨的时候不涨，不该涨的时候反而巨浪滔天呢？这里恐怕跟钱塘江河的地理有密切的联系。

钱塘江涌潮既然是东海潮波在钱塘江河口特殊地形条件下的特殊表现形式，就必然要受河口地形条件变化的左右。上述涌潮失期现象全部发生在杭州。唐宋年代，钱塘江江道顺直，潮头直冲杭州，故而杭州上下，潮势强劲。后因杭州湾北岸逐渐北退，南岸则向北淤涨；而杭州至海宁间江道又由南北移，河道由直变弯，长度增加，涌潮也随之下移。随着历史的发展，江道的演变，杭州的潮势便有所衰退。另外，钱塘江河口的泥沙主要来自大海，涨潮流中挟带着大量泥沙，落潮时部分泥沙落淤在河口段，靠每年汛期上游来的山水将泥沙往下冲移。一旦遇上雨少天旱，山水流量小的年份，便造成河口江道淤塞，妨碍潮波传播。当江道淤塞较严重时，涌潮便不能到达杭州。所以，涌潮失期并不是没有产生涌潮，而是传播受阻，到不了杭州。

一般说来，涌潮总是有规律地在钱塘江上出现，但有的时候由于受复杂的环境因素的影响，偶尔会“失信”于人，这也是钱塘江潮最令人捉摸不定的所在。

如诗如画的漓江

漓江位于广西壮族自治区东北部，发源于兴安县猫儿山，流经桂林市、阳朔县，在梧州市汇入西江。上游称大溶江，从灵渠在溶江镇与漓江汇合口至平乐县恭城河口的一段，称为漓江，全长160千米。这160千米的山水，历来被人们誉为是世界上风光最秀丽的河流，是集山水之灵气于一体的奇迹。这里两岸青山连绵不绝，奇峰林立，漓江沿岸，翠竹、茂林、田野、山庄、渔村随处可见，充满了恬静的田园气息，仿佛一幅水墨山水画上绝美的点缀，为漓江更增添几分秀色。

漓江风景区是世界上规模最大、风景最美的喀斯特山水旅游区。“喀斯特”一词源于前南斯拉夫的一个地名。喀斯特地貌是指石灰岩受水的溶蚀作用和伴随的机械作用形成的各种地貌，如石芽、石沟、石林、溶洞、地下河等。在水流作用下，地下水对碳酸盐岩不断产生侵蚀作用，形成陡峭的海岸、弯曲的沟壑、高高的悬谷等奇观。具有喀斯特地貌的地区，往往奇峰林立，溶洞遍布。

漓江沿岸是中国喀斯特地貌分布广、发育典型的地区之一，孤峰、峰林、峰丛、喀斯特泉、暗河、反复泉、周期性泉与涌泉等等喀斯特地貌随处可见。风景区内岩溶发育完善，地面奇石遍布，有的峰林簇拥，有的一山独秀，姿态万千。地下更是溶洞密布，多达2000余个，人称“无山不洞，无洞不奇”，犹如神仙洞府。

桂林山水——漓江晨曦

漓江最著名的山是画山，最美的景是黄布倒影。画山高416米，临江绝壁上有藻类等低等生物死亡后的钙化产物，因而呈现出了颜色不同、深浅有别的山崖色彩带，鲜艳如画，堪称天下奇观。在阳光的照射之下，画山更加呈现出五彩缤纷的亮丽景观，见者无不称奇。

说不尽的漓江景，道不完的漓江情。漓江之美，如诗如画，如烟如梦，那绿水、青山、翠竹、奇石，仿佛一幅典型的中国水墨画，令人见之而忘俗。“漓江神秀天下无”，我们只能说，漓江是一个大自然的奇迹，是集造物主万千宠爱于一身的奇迹。

塔里木河

位于新疆维吾尔自治区南部的塔里木盆地，历史上就是一个颇具神秘色彩的地方。这里有中国最大、世界第二大的沙漠，被称为死亡之海的塔克拉玛干大沙漠，却也同时拥有新疆地区的生命之源，中国最大的内陆河流——塔里木河。

塔里木河

塔里木河全长2179千米，流域面积达19.8万平方千米。塔里木河的主源为发源于喀喇昆仑山的叶尔羌河，由塔里木盆地的西南缘转向东行、在阿拉尔以上48千米处的肖夹克附近，接纳了北下的阿克苏河和南上的和田河后，始称塔里木河，在维吾尔语里，塔里木意为“无缰之马”。这个名字对于塔里木河来说，名副其实。它的河道含沙量大，冲淤变化频繁，河流经常改道，在中游地区造成南北宽达数百千米左右的冲积平原，河道曲折，支流众多，芦苇水草丛生，浩浩荡荡地形成一派“水上迷宫”景象。塔里木河两岸胡杨林浓荫蔽日，形成了天然的绿色长廊，是新疆重要的棉、粮、蚕桑和瓜果的生产基地。

塔里木河对地处中国西部干旱地区的新疆来说，是一条至关重要的河流。其宝贵的河水及其所维系的以世界上最集中的胡杨林带为主的生态环境，决定着沙漠的进退和绿洲的存亡，也决定着新疆广大地区的生存条件。古代丝路上许多城邦的兴废，都与塔里木河的变迁关系紧密。

但近年来，由于阿克苏河、叶尔羌河、和田河三条源流区大规模地开荒造田，筑坝蓄水，引水灌溉，致使塔里木河来水量锐减，下游断流，陷入了生态恶化的境地，以胡杨林为主的“绿色走廊”告急。目前，向塔里木河下游输水、建设水利工程、流域内五地州实行用水限额、退耕还林四项治理措施已经陆续在塔里木河流域展开。随着各项整治和保护措施的到位，这条新疆各族人民的母亲河终将会再度焕发出勃勃生机。

壶口瀑布

壶口瀑布位于山西省吉县西南，地处九曲黄河中游，与陕西省宜川县相邻。瀑布两岸石壁峭立，河口收束狭如壶口，故名。明代诗人陈维藩在其《壶口秋风》中有云：“秋风卷起千层浪，晚日迎来万丈红”，是壶口瀑布的真实写照。

黄河流至壶口，巨流从宽300余米的两山之间奔泻而下，在吉县与陕西宜川交界的龙王一带，河槽猛缩为30余米，聚拢的河水坠入深潭，落差达20米，有如茶壶注水。由于地壳运动，岩石在此断裂陷落，河水从高处横面泻下，浪涛滚滚，水花飞溅，声如雷鸣。一团团水雾烟云，慢慢上升，由黄变灰，由灰变蓝，在阳光的照射下，变成圈圈彩虹。

壶口瀑布

更为神奇的是，黄河流入壶口以后，在流经一个长1000米、深30米的龙壕后，似乎隐身匿迹了。这个龙壕其实是一个弯弯曲曲的石峡，像一条摇头摆尾的巨龙，壶口是龙头，一口吞噬巨流，孟门是龙尾，腹泻黄河水向下游。

在壶口瀑布正中、黄水跌宕的地方，有一块油光闪亮的石头，在急流中上下浮动，这就是“龟石”。这块石头能随水位的涨落而起伏，不论水大水小，总是露着那么一点点。远远望去，两侧的黄水滚滚扑来，掀起重重浪花，犹如二龙戏珠。

过去，来往的船只每逢行至壶口，都是，人在岸畔拉纤绕行，飞鸟也因瀑布呼啸四震、云烟迷漫，惊吓得不敢飞过。因此，当地从古至今就传承着一种奇特的航运习俗——“旱地行船”，而且，一直流传着“飞鸟难渡关”的奇谈。

壶口瀑布风景区除了瀑布奇观外，还有清代长城、圪针滩古渡、盈门山石刻、大禹治水三过家门而不入的“衣锦村”和“姑夫庙”“鲤鱼跳龙门”等人文景观。

湖　　泊

中国最大的淡水湖——鄱阳湖

鄱阳湖地处江西省的北部，长江中下游南岸，湖体面积3583平方千米，湖口水位21.71米，平均水深8.4米，最深处25.1米左右，容积约276亿立方米，是我国最大的淡水湖泊。它承纳赣江、抚河、信江、饶河、修河五大河。经调蓄后，由湖口注入长江，每年流入长江的水量超过黄河、淮河、海河三河水量的总和，是一个季节性、吞吐型的湖泊。鄱阳湖水系流域面积16.22万平方千米，约占江西省流域面积的97%，占长江流域面积的9%。其水系年均径流量为1525亿立方米，约占长江流域年均径流量的16.3%。

鄱阳湖是国际重要湿地，是长江干流重要的调蓄性湖泊，在中国长江流域中发挥着巨大的调蓄洪水和保护生物多样性等特殊生态功能，是我国十大生态功能保护区之一，也是世界自然基金会划定的全球重要生态区之一.对维系区域和国家生态安全具有重要作用。

由于受暖湿东南季风的影响，鄱阳湖年降雨量平均1636毫米，从而形成"泽国芳草碧，梅黄烟雨中"的湿润季风型气候，并成为著名的鱼米之乡。这里的环境和气候条件均适合候鸟越冬，因此，在每年秋末冬初(10月)，从俄罗斯西伯利亚、蒙古、日本、朝鲜以及中国东北、西北等地，飞来成千上万只候鸟，直到翌年春季逐渐离去。如今，保护区内鸟类已达300多种，近百万只，其中珍禽50多种，已是世界上最大的鸟类保护区。尤其可喜的是在这里发现了当代世界上最大的白鹤群，2002年越冬种群总数达4000只以上，占全世界白鹤总数的95%以上。因此，鄱阳湖被称为"白鹤世界"，"珍禽王国"。

烟波浩渺、水域辽阔的鄱阳湖，经过漫长的地质演变，形成南宽北狭的形状，犹如一只巨大的宝葫芦系在万里长江的腰带上。由于带有大量水蒸气的东南季风的影响，鄱阳湖年降雨量在1000毫米以上，从而形成"泽国芳草碧，梅黄烟雨中"的湿润季风型气候，并成为著名的鱼米之乡。

鄱阳湖流域自古以来是我国经济较为发达的富裕地区，我国历史上很多杰出人物如徐稚、陶渊明、朱奋等都在湖区出生和成长。三国时周瑜曾在此操练水师，元末朱元璋与陈友谅曾在鄱阳湖展开水战，民国初年李烈钧在湖口发起"二次革命”等。正如王勃在《滕王阁序》中所写:这里“物华天宝,人杰地灵”。

中国第二大淡水湖——洞庭湖

古称“八百里”的洞庭湖烟波浩渺,水面跨湘、鄂两省,原为我国最大的淡水湖,目前面积2820平方千米,蓄水量约188亿立方米,屈居第二。

洞庭湖

按照《山海经》的记载,战国至西汉初年,洞庭湖“夏秋水涨,方九百里”。汉时长江主流已位于荆江附近,而洞庭湖则在长江以南。到晋代开始,由于筑堤束水垦殖,长江与湖才逐渐分离。三国以前,洞庭湖的整个湖面是连成一片的,方圆八百里。由三国至南北朝,北方战乱,中原人民大量南移,由于川、湘、鄂农业的发展,植被大量被破坏,长江和湘、资、沅、澧诸水含沙量增多,洞庭湖逐渐淤积,至南北朝时,洞庭湖一分为三:东面的仍叫洞庭湖;南面的叫青草湖;西面的叫赤沙湖。但夏秋涨水时,三湖仍联合一片,因此洞庭湖又有“三湖”之称。据唐、宋文献所载,东洞庭湖方圆360里,青草湖为265里,赤沙湖为170里,夏秋三湖合一时,方圆七八百里。“八百里洞庭”之说,来源于此。

唐末至南宋,中原战争不断,人民又大量南移,两湖地区,特别是湖南北部的滨湖平原开发很快,当时继续沿江筑堤御水,扩大湖滩垦殖,著名的荆江大堤就是这时形成的。垦殖、筑堤,加速了洞庭湖的淤积,湖面日益缩小。明清时,洞庭湖中淤积成很多洲,筑堤、围垸的结果,夏秋水涨时,洞庭湖仅余500里。1825年,长江水冲开了藕池口,1873年又冲开了松滋口,形成夺河改道的局面。泥沙随江水入湖,湖面进一步缩小,出现了南县、白蚌、草尾及北大市一带的高洲滩。直至解放前的20多年里,土豪争相围垦,湖面缩小近1/3。目前洞庭湖仍大致可分为东、南、西三湖,总面积大约2820平方千米。

如果把长江经济带比作一条巨龙,则黄金水道长江是巨龙的“肠”,而洞庭湖与鄱阳湖都同时起到“胃”和“肾”的作用,即在调蓄长江洪水时起到“胃”的作用,在调节长江流域生态环境时起到“肾”的作用,如果这两个“胃”和“肾”的功能遭到破坏,长江中游就会遭受洪水的灭顶之灾,江南生态环境也将严重恶化。

洞庭湖是重要的湿地,它在雨季涵养洪水,在旱季缓解旱情,还能净化水中污染物;湿地具有较大的经济效益,出产鱼虾、稻米、莲藕等湿地产品,还能支持水上运输。洞庭湖是重要的候鸟越冬栖息地,也是世界著名的珍稀鸟类保护地和观赏区,遮天蔽日的鸟群已成为一个诱人景观,洞庭湖区还是有名的“粮仓”“鱼池”和“油库”，对中部崛起和发展具有举足轻重的作用。

我国最深的湖泊——长白山天池

长白山天池又称白头山天池，坐落在吉林省东南部，是中国和朝鲜的界湖，湖的北部在吉林省境内。长白山位于中、朝两国的边界，气势恢宏，资源丰富，景色非常美丽。在远古时期，长白山原是一座火山。据史籍记载，自 16 世纪以来它又爆发了 3 次，当火山爆发喷射出大量熔岩之后，火山口处形成盆状，时间一长，积水成湖，便成了现在的天池。而火山喷发出来的熔岩物质则堆积在火山口周围，成了屹立在四周的 16 座山峰，其中 7 座在朝鲜境内，9 座在我国境内。这 9 座山峰各具特点，形成奇异的景观。

长白山天池

天池虽然在群峰环抱之中，海拔只有 2194 米，但却是我国最高的火口湖。它大体上呈椭圆形，南北长 4.85 千米，东西宽 3.35 千米，面积 9.82 平方千米，周长 13.1 千米。水很深，平均深度为 204 米，最深处 373 米，是我国最深的湖泊，总蓄水量约达 20 亿立方米。

天池的水从一个小缺口上溢出来，流出约 1000 多米，从悬崖上往下泻，就成了著名的长白山大瀑布。大瀑布高达 60 余米，很壮观，轰鸣声远处可闻。大瀑布流下的水汇入松花江，是松花江的一个源头。在长白瀑布不远处还有长白温泉，这是一个分布面积达 1000 平方米的温泉群，共有 13 眼向外喷涌。

史料记载天池水“冬无冰，夏无萍”，夏无萍是真，冬无冰却不尽然，冬季冰层一般厚 1.2 米，且结冰期长达六七个月。不过，天池内还有温泉多处，形成几条温泉带，长 150 米，宽 30~40 米，水温常保持在 42℃，隆冬时节热气腾腾，冰消雪融，故有人又将天池叫温凉泊。

天池除了水之外，就是巨大的岩石。天池水中原本无任何生物，但近几年，天池中出现一种冷水鱼——虹鳟鱼，此鱼生长缓慢，肉质鲜美，来长白山旅游能品尝到这种鱼，也是一大口福。不时听到有人说看到有怪兽在池中游水。有关部门在天池边建立了“天池怪兽观测站”，科研人员进行了长时间的观察，并拍摄到珍贵的资料，证实确有不明生物在水中游弋，但具体是何种生物，目前尚不明朗。他们对天池的水进行过多次化验，证明天池水中无任何生物，既然水中没有生物，若有怪兽，它吃什么呢？这一连串的疑问使得天池更加神秘美丽，吸引越来越多的人前往观赏。

我国最大的堰塞湖——镜泊湖

镜泊湖，唐代称“忽汗海”，金代称“必尔腾”湖，湖面清平如镜，是中国最大的高山堰塞湖。镜泊湖位于黑龙江省牡丹江市宁安市境内的崇山峻岭之中，湖面海拔350米，总面积为90平方千米。湖水北深南浅，最深处62米。每当夏秋时节，这里花红水碧，鱼跃鸟飞，岚影沉浮，霞光闪耀；北国大自然的天姿美色，令人赞叹不已。

镜泊湖

每到夏季，这里游人如织，来自海内外的游客，尽情地享受大自然赐予的山光水色。这里的疗养所、宾馆鳞次栉比，都是依山面水而建，建筑风格各具特色。滴翠的林木遮掩着红砖白瓦；清澈的湖水，倒映着湖畔的景色，环境幽雅，空气新鲜，置身其中，有如在仙境一般。

关于镜泊湖的来历，还有一个神奇的传说。

说很早以前，有回王母娘娘设蟠桃会为玉皇大帝过生日，邀请了所有的天仙地神和各宫星翁，众仙喝得大醉欲起身退席。但王母娘娘高兴异常，觉得酒兴未尽，便拉住来赴会的仙女们不放。仙女们无奈，只好留下来，继续击鼓行令、开怀畅饮，待仙女喝到了微醉之时，便起身离席擦胭施粉、沐浴更衣，为玉皇大帝和王母娘娘轻歌曼舞起来，众仙吃喝玩乐，兴奋不已。歌舞完毕，众仙女擦汗洗脸，去掉脸上浓艳的脂粉，由于仙女太多，洗胭脂的水灌满了天河。河水溢出流到人间，恰巧落到牡丹江中，就形成了这个平如明镜的高山大湖。

由于湖水是仙女们的“胭脂水”，所以湖水也像胭脂一样芳香。这芳香的湖水，滋润花草树木后，花草树木便会蓬勃生长，所以在湖的周围很快长成了茂密的森林和芬芳鲜艳的花草，引来蜂、蝶、鱼、鸟，生存繁衍。于是便变成了一个风光优美，环境静雅的好地方。

再说那天酒会中，一个喝醉的仙女将王母娘娘的梳妆宝镜与洗脸水一起倒入天河，流到湖底，所以这湖就有了灵气和宝气。不管刮多大的风，湖水也掀不起大浪，总像镜子一样平静、明亮。有天，王母娘娘来取她的宝镜，看到这里水碧波平、山苍谷翠、百花争艳、百鸟鸣唱、鱼跃水中，一时高兴，就没有将宝镜取回。

镜泊湖是究竟怎样形成的呢？据考证，大约在一万年以前，这里的火山群爆发，大量的火山物质和熔岩流汇在一起，堵塞了牡丹江河道，河水滞存在山间断陷的盆地中，形成了堰塞湖。

我国最低的湖泊——艾丁湖

新疆吐鲁番盆地中的艾丁湖,是我国最低的湖泊,它位于吐鲁番、鄯善、托克逊三县交界处,觉洛塔格山脚下,距吐鲁番县城40千米,湖盆东西长约40千米,南北宽约152平方千米,面积约152平方千米,湖面低于黄海海平面154.43米,仅次于欧洲的死海,为世界第二低地。

艾丁湖

科学工作者根据湖周发现大量上更世淡水湖泊沉积和螺类化石推测,远在一万年前,艾丁湖还是一个巨大的淡水湖泊,它的范围要比现在的湖水面积大1000倍。可是,今日的艾丁湖,除了湖的西南部还残存着很浅的湖水外,其余大部分都是皱褶如波的干涸了的湖底,根本没有什么湖光水色了。远远望去,茫茫一片,尽是银白、晶莹的盐结晶体和盐壳,在阳光下闪闪发光,如同珍珠,又像白玉,更似寒夜晴空的月光。所以,当地维吾尔人称它为“觉洛烷”,意即月光湖。走到这里,人们很容易被“海市盾楼”所迷惑。即使到了水边,也看不到游鱼、飞鸟,只是在湖周不时掠过成群的小昆虫。偶尔,在脚下窜过几只野兔、地老鼠,有时难得地还能碰上狐狸。由于这种特殊的地理位置和典型的荒漠景象,所以它对于好奇的游客仍有着很大的吸引力。近几年,每年都有好几万名中外游客来这里探游。

艾丁湖地势极低,便于吞纳周围高山、戈壁荒漠的雪水流泉,因而湖水不断地得到了补给。但是,由于这里奇特的干燥、多风,形成了典型的高温气候(夏季气温高达摄氏50度左右),从而造成了湖水大量而迅速地蒸发。据测算,年蒸发量达两亿立方米以上,超过湖水补给的几十倍。特别是随着吐鲁番盆地生产建设的日益发展,人、畜、土地用水量不断地增加,能够流入艾丁湖的水更是越来越少了。现在,湖水面积已缩小到22平方千米,仅为湖盆的1/7左右:水位还在不断下降,水深平均还不到0.8米。人们预测,将来的艾丁湖会完全干涸,在地图上很可能最终被抹掉。艾丁湖为咸水湖,湖水含有大量盐分,蕴藏的盐足供全国十亿人民吃一年。此外,湖底还蕴藏着丰富的煤和石油。为了开发资源,现在艾丁湖畔高楼拔地而起,建成了一座现代化的化工厂。这座化工厂的主要原料就是艾丁湖的盐晶、矾、硝,它是目前吐鲁番市最大的一座工厂,产品成本低,质量好,不但供应新疆和内地,还远销国际市场。

浓妆淡抹总相宜——西湖

杭州的西湖是一个潟湖。根据史书记载,远在秦朝时,西湖还是一个和钱塘江相连的海湾。耸峙在西湖南北的吴山和宝石山,是当时环抱着这个小海湾的两个岬角。后来由于潮汐的冲击,泥沙在两个岬角淤积起来,逐渐变成沙洲。此后日积月累,沙洲不断向东、南、北三个方向扩展,终于把吴山和宝石山的沙洲连在一起,形成了一片冲积平原,把海湾和钱塘江分隔开来,原来的海湾变成了一个内湖,西湖就由此而诞生了。

西湖

作为国家的重点风景名胜区,西湖风景区历史悠久,人文荟萃,既有秀丽的自然风光,也有众多文化意蕴丰富的名胜古迹。主要景点有定名于南宋的西湖十景:断桥残雪、平湖秋月、三潭印月、双峰插云、曲院风荷、苏堤春晓、花港观鱼、南屏晚钟、雷峰夕照、柳浪闻莺,这些景致令人不由得联想到白蛇传的优美传说,以及拿着酒葫芦醉笑的济公和尚。

平湖秋月景区位于白堤西端,孤山南麓,濒临外西湖。作为西湖十景之一,南宋时平湖秋月并无固定景址,这从当时以及元、明两朝文人赋咏此景的诗词中不难看出。流传千古的明万历年间的西湖十景木刻版画中,《平湖秋月》一图也仍以游客在湖船中举头望月为画面主体。西湖秋月之夜,自古便被公认为是良辰美景,充满了诗情画意。平湖秋月,高阁凌波,倚窗俯水,平台宽广,视野开阔,秋夜在此高眺远望,但见皓月当空,湖天一碧,令人沉醉。

苏堤南起南屏山麓,北到栖霞岭下,全长近3000米,是北宋大诗人苏东坡任杭州知州时,疏浚西湖,利用挖出的湖泥构筑而成的。后人为了纪念苏东坡治理西湖的功绩,将其命名为苏堤。长堤卧波,连接了南山北山,给西湖增添了一道妩媚的风景线。南宋时,苏堤春晓已成为西湖十景之首,元代又称之为“六桥烟柳”,列入钱塘十景,足见其景观美不胜收。苏堤长堤延伸,六桥起伏,走在堤桥上,湖山胜景如画卷般展开,万种风情,任人领略。

“南屏晚钟”也许是西湖十景中问世最早的景观。北宋末年,名画家张择端曾经画过《南屏晚钟图》。“南屏晚钟”的情韵由此悠然成型。南屏山一带山岭由石灰岩构成,山体多孔穴,加以山峰岩壁立若屏障,每当佛寺晚钟敲响,钟声传到山上,岩石、洞穴等为其所迫,加速了声波的振动,振幅急遽增大后形成共振,岩石、洞穴便随之产生音箱效应,增强了共鸣。同时,钟声还以相同的频率飞向西湖上空,直达西湖彼岸，遇到对岸由火成岩构成的葛岭，回音迭起。

1985 年，杭州市民和专家经反复斟酌，又确定了新的西湖十景，它们是：云栖竹径、满陇桂雨、虎跑梦泉、龙井问茶、九溪烟树、吴山天风、阮墩环碧、黄龙吐翠、玉皇飞云、宝石流霞。

其他景点还有保俶挺秀、长桥旧月、古塔多情、湖滨绿廊、花圃烂漫、金沙风情、九里云松、梅坞茶景、西山荟萃、太子野趣、植物王国、中山遗址、灵隐佛国、岳王墓庙。

西湖不但独擅山水秀丽之美，林壑幽深之胜，而且还有丰富的文物古迹、优美动人的神话传说，自然、人文、历史、艺术，巧妙地融合在一起。西湖古迹遍布，拥有国家重点文物保护单位 5 处、省级文物保护单位 35 处、市级文物保护单位 25 处，还有 39 处文物保护点和各类专题博物馆点缀其中，为之增色，是我国著名的历史文化游览胜地。

西湖一年四季都有美景。阳春三月，莺飞草长，苏白两堤，桃柳夹岸，在湖边漫步，让人心醉神驰。而夏日里接天莲碧的荷花，秋夜中浸透月光的三潭，冬雪后疏影横斜的红梅，都别有风味。

仙境“瑶池”——天山天池

天山天池是神话与现实的分界点，它隐藏在博格达峰的群山之中，古称“瑶池”，即传说中西王母宴请周穆王之地。西王母与天宫王母的形象在神话中重合后，瑶池又成了众仙宴饮的所在。湖边有一株巨大的榆树，相传是王母降伏水怪的碧玉簪——“定海神针”。

天池风光

其实，它是位于博格达峰山腰中的天然湖泊。天池海拔 1980 米，面积约 5 平方千米，湖面呈半月形，长 3400 米，最宽处约 1500 米，湖深数米到上百米不等。湖水清澈，四周群山环抱，绿草如茵，野花似锦。挺拔苍翠的云杉、塔松漫山遍岭，遮天蔽日。雄伟的博格达主峰突兀插云，峰顶的冰川积雪闪烁着皑皑银光，与天池湛蓝碧绿的湖水相映成趣，构成了这个高山平湖绰约多姿的自然景观。

与长白山天池不同，天山天池在地质学上属冰碛湖，是第四纪冰川运动的产物。这里群山环抱、碧水蓝天，雪峰雄伟挺拔，倒影在池水中，湖光山色，浑然一体。站在池边眺望，眼前满山苍松叠翠，远处白雪皑皑，山脚下野花遍地，毡房点缀，羊群如珍珠洒落在绿茵上。景色错落有致，如诗如画。

天池脚下,还有东西两个小天池。西小天池是天池湖水透过地下湖坝粗大的冰渍物渗漏下来的泉水,在山嘴交汇的低洼处形成的一个积水深潭。东小天池是人工水坝的产物,池上的天池瀑布犹如银练飞泻,颇有几分“大珠小珠落玉盘”的韵味。

环绕天池的群山,是一座座资源丰富的“百宝山”。这里有牧场、林场、鹿苑,雪线(多年积雪区的下界)上还生长着雪莲。松林里出没着狍子,遍地长着党参、黄芪、贝母等药材。山壑中有珍禽异兽,湖区中有鱼群、水鸟,众峰之巅有冰川水资源,群山之下埋藏着铜、铁、云母等丰富的矿藏资源。

西北山后有铁瓦寺、南天门等寺院。东山有王母娘娘庙及山洞,还有高达100米的瀑布奔流直下。博格达峰倒映湖中,山水交融,浑然一体,景色优美诱人。

“天湖”——纳木错

纳木错藏语为“天湖”的意思,蒙语称为腾格里海。它与羊卓雍错和玛旁雍错一起,被称为西藏的“三大圣湖”。纳木错湖面海拔4718米,总面积为1920多平方千米,素以海拔高、面积大、景色瑰丽而著称,是西藏自治区最大的湖泊,也是中国仅次于青海湖的第二大咸水湖。纳木错湖里盛产高原细鳞鱼和无鳞鱼,周围广阔的湖滨则生长着多种多样的植物和动物,形成水草丰美的天然牧场。在纳木错湖中,有5个大小不一的岛屿兀立于万顷碧波之中,传说这是五方佛的化身,凡去神湖朝佛敬香者,莫不虔诚顶礼膜拜。其中伸入湖心的扎西半岛,居五个半岛之冠,半岛上的扎西寺,香火旺盛,是拜佛之人的必到之处。

纳木错

藏历羊年是藏传佛教传统中到纳木错转湖的年头。羊年转湖、马年转山、猴年转森林被认为是佛的旨意。在藏传佛教中,有“上冈底斯为佛之身,中纳木错为佛之语,下杂日山为佛之意”之说,转身之圣地冈底斯定为马年,转语之圣地纳木错定为羊年,转意之圣地杂日山定为猴年。据说如果能绕纳木错而行一周,便能得到渊博的知识和无量功德,并舍去恶习及痛苦,最后获得正果。因此,按照西藏传统的习俗,信徒们每到了羊年都要沿着纳木错顺时针转上一圈,即所谓的羊年大朝圣。

每到这时,纳木错湖畔香火旺盛,人山人海。作为西藏最大的湖泊,想要绕行纳木错一圈也并不太容易。由于湖面太大,湖边地形复杂,绕着纳木错转一圈常要 20 天~30 天,最壮的小伙子也得跑 10 天,所以大家多用转扎西半岛来代替。据说,围着扎西半岛转 7 圈就等于转湖一周。

纳木错湖畔由玛尼石堆成的玛尼堆,也是圣湖的一大著名景观。所谓玛尼石,是指藏传佛教转经者在转经路上置于路口、山垭口的一种宗教石刻艺术品,上面通常镌刻六字箴言或佛像。年深日久,信徒们堆积的玛尼石像一座座金字塔,连同飘飞的经幡,和雪域高原苍凉的自然融为一体,在青藏高原上随处可见,形成一道道亮丽的风景。

纳木错湖波光粼粼,雾霭茫茫,有一份神秘的宁静沉淀于其中。而其深厚的宗教韵味,更是让人不得不肃然起敬。湖水沉默不语,叩等身长头的藏族老人用行动证明着自己的信念,来到这里的人们,一切的杂念似乎都能被消除,唯有用自己的虔诚,去感受那片神圣。

高原圣湖——羊卓雍错

站在离拉萨南部不远的甘巴拉山口(海拔超过 5000 米)上,透过云隙,就能看到号称西藏三大圣湖的另一个湖泊——羊卓雍错。羊卓雍错以风景秀丽而著称。夏季一派生机勃勃,冬季雪封冰冻,犹如一只洁白的天鹅,落在雪峰之下,所以羊卓雍错的藏名又叫"裕穆错",就是天鹅之湖的意思。民间传说,羊卓雍错是天上一位仙女下凡变成的。湖边的牧民用"天上的仙境,人间的羊卓"这样的民歌来赞美它。

羊卓雍错

湖面微波荡漾,像几片碧玉镶嵌在喜马拉雅山脉北侧的群山之中。在阳光照耀下,湖面上腾升起淡蓝色的雾霭。湖中小岛像童话中的神山,朵朵白云飘浮在小岛上空,好像条条细纱披肩。"羊卓雍"藏语是"珊瑚"的意思。湖中山地突兀,湖岸弯弯曲曲,凸出的半岛,凹进的湖汊岬湾,交替出现。即使站在比湖面高出近 600 米的甘巴拉山口上,也很难看到它的全部面貌。湖的西边雄踞着卡惹拉山,晶莹剔透的现代冰川,从山顶逶迤到山脚,雪山冰川映在清澈的湖面上,典雅秀丽。

据科学家推测，地质历史时期，羊卓雍错经过墨曲与雅鲁藏布江沟通，是一个巨大的外流湖泊。但是，随着南部喜马拉雅山脉的不断抬升，南来的水汽越来越少，气候逐渐变干，造成湖水位的下降，加剧了入湖河流的泥沙堆积作用，巨大的洪积扇堵塞了墨曲上游谷地，羊卓雍错便由外流湖演变成内陆湖，进入了一个新的发展阶段。

羊卓雍错渔业资源丰富。据有关部门估计，鱼类蕴藏量可达 4 至 6 亿斤，故有“鱼库”之称。每当夏季，湖中鱼群从湖泊深处游到湖边滩地河口产卵时，“随手”可以抓获。此外，湖中还有线条鹅、黄鹅、灰鸭、长尾凫、斑头雁、沙鸥等多种水禽，大部栖居在湖边草丛之中，或在平静的湖边旁若无人地徜徉。每年春夏之际，人们可以拾到大量禽蛋。

青色之海——青海湖

青海湖位于青海省东部平均海拔 3196 米的高原之上，古称西海、羌海，又称为鲜水、鲜海，汉代也有人称之为仙海，蒙古语叫作库库诺尔，藏语叫错温布，即“青色之海”。湖水面积 4500 平方千米，平均深度 18.6 米，流入湖中的大小河流有 30 余条，远看水天一色，一望无际，确实有几分海洋般的波澜壮阔。

青海湖

青海湖四周被群山环绕，北面是崇宏的大通山，东面是巍峨的日月山，南面是逶迤绵延的青海南山，西面是峥嵘嵯峨的橡皮山。湖东岸有两个子湖，一名尕海，面积 10 余平方千米，为咸水湖；一名耳海，面积 4 平方千米，为淡水湖。这里地处内陆高原，气候寒冷干燥，是典型的大陆性气候，青海湖就是在这样的环境里滋养了周围的生命。

过去的青海湖比如今更为广阔，它是构造断陷湖，由于地面下陷形成。形成初期原本是一个巨大的淡水湖泊，那个时代青海地区气候温和多雨，湖水通过东南部的倒淌河泄入黄河，是一个外流湖。后来由于地壳运动，湖东部的日月山、野牛山迅速上升，堵塞了青海湖的外泄通道，遂演变成了只进不出的闭塞湖。加上气候变干，湖水蒸发量增加，水量减少，而湖中的矿物质变浓，青海湖也由淡水湖逐渐变成咸水湖。

青海湖中鱼类品种十分单纯，经济鱼类仅有青海湖裸鲤一种，但数量极多。四五月间，鱼群游向附近河流产卵，布哈河口密密麻麻的鱼群铺盖水面，湖水呈现一片金黄色，鱼儿游动有声，挤挤挨挨翻腾跳跃，异常壮观。

青海湖鸟岛是以鸟类保护为主的自然保护区，湖中的沙岛、海心山、鸟岛和三块石等岛屿上，以及鸟岛至泉湾、那尕则的大片沿湖滩涂、沼泽地中，栖息着长途跋涉迁徙而来的众多候鸟，其中不乏珍稀品种。根据鸟类专家的估计，这里禽鸟总数在16万只以上，种类达到163种。

保护区之中的鸟岛和三块石两处景观最为著名，因为这里聚集着保护区70%以上的鸟类，每到繁殖季节，求偶声混成一曲壮美的合唱。

每年春夏五六月间，成群的鸟儿来到鸟岛繁殖、育雏，鸟岛上的鸟巢鸟蛋俯拾即是。进入金秋时节，各种鸟类家族分批离开这片乐土，飞往南方越冬。居住在这里的鸟类主要有斑头雁、鱼鸥、棕头鸥、鸬鹚、燕鸥、黑颈鹤、天鹅、赤麻鸭等，其中前4种最常见，约占鸟群数的70%。除斑头雁主要以植物为食外，其他3种均以鱼类为食。青海湖丰富的鱼类资源和湖畔茂盛的植物为候鸟们提供了丰盛的食物饵料，使鸟岛成为这些长羽毛的旅行者们梦寐以求的天堂，群鸟栖息也成了青海高原的一大奇观。近年来，这神奇壮丽的鸟岛风光，奇特的水禽生活，吸引了无数游人和鸟类爱好者来此观光。多年来，人类始终保持着对这片禽类领地的敬意和距离，使得飞鸟能够在这里自由栖息繁衍。鸟鸣自在悠扬，委婉动听，使人如聆仙乐。人与鸟之间达成了难得的谅解与和谐。

站在青海湖畔，眼见远山逶迤，芳草如茵，湖面波光粼粼，耳边听得无数的鸟儿发出动人的鸣叫，仿佛来到了画中的世界，令人情不自禁深深沉醉于这片简单自然的美景之中。

别处的天堂——喀纳斯湖

新疆阿尔泰地区，是亚洲腹心极端干旱区中的一个巨大"荒漠湿岛"。在"湿岛"上的布尔津县北部、海拔1374米的阿尔泰山脉西麓，有一座"天湖"，形如弯月，南北长24千米，东西宽1600米—2900米，比著名的博格达天池整整大10倍。该湖湖面海拔1370米，最深处为188.5米，除中朝边境上的白头山天池外，它是中国最深的湖泊，这就是喀纳斯湖，在蒙古语中意为"美丽富饶而神秘"的地方。

喀纳斯湖

喀纳斯湖诞生在距今约20万年前，是第二次大冰期的巨大复合山谷冰川刨蚀而成的。当时,喀纳斯冰川长达百余千米,冰川厚度大约二三百米。冰川缓慢而稳定地退缩,在喀纳斯湖口留下了宽约1000米、高50米~70米的终碛垄,而后即迅速退缩,形成了现在喀纳斯湖的基础。

喀纳斯湖区属寒温带,冬季漫长,达7个月之久,春秋两季相连,全年无明显的夏季,无霜期80天~108天。每年6月上旬至10月上旬,这里气候宜人,月清日明,最热的7月份,一般平均气温在16℃上下,相对湿度63%。由于地处欧亚大陆腹地,远离海洋,光热资源丰富,这里形成了春秋温暖的气候特征。大西洋西风气流暖湿气团的不断涌入带来大量降水,年降水量1000毫米左右,水气通道使这里成为新疆最湿润的绿色世界,空气中负氧离子含量很高。

喀纳斯湖区垂直自然景观带非常明显,在湖边就可看到阿尔泰山7个自然景观带的全貌,它们是黑钙土草甸草原带、山地灰黑土针阔叶林带、山地漂灰土针叶林带、亚高山草甸带、高山草甸带、冰沼土带和永久冰雪带。从山下到山顶,具备了从温带草原至极地苔原冰雪地带的多种自然景观,因此,也为多种类型动植物的生存创造了有利条件。这里现有各种植物近1000种,鸟类117种,两栖爬行类7种,鱼类8种,昆虫300种以上。在25种木本植物中,以西伯利亚落叶松、云杉、红松、冷杉为主,也是中国唯一的西伯利亚松杉分布地。而貂熊、马鹿、盘羊、松鸡、哲罗鲑(大红鱼)、红鳞鲑(小红鱼)等动物则是受国家保护的珍禽异兽。

喀纳斯河谷,时而平坦如茵,时而悬崖绝壁,“月亮湾”是喀纳斯河拐弯处的一处胜景,但当地的牧民却没有把此景作“月亮湾”的联想,而称其为“脚底湖”,因其外沿还有一个如脚印的漫滩。

喀纳斯的神韵见于景致,也见于它多变的云雾。这里是一个凹陷的山谷,湖水虽然平静,可从喇叭口泻出后汹涌澎湃,只要雨过天晴,气温略有回升,水蒸气就从河面升起,并在山林中散开。而在林间原野中,下了一夜的细雨,潮湿的原野也开始蒸发,晨雾在四周徘徊,山谷里的风又让它们东飘西摇,喀纳斯就成了时隐时现的“仙境”。

喀纳斯湖的神奇美妙之处,还见于湖水随季节和天气不同而变化的色彩。夏季烈日当空,湖水放射出层层乳白色的光华;秋天朗日,湖水又呈湛蓝或黛绿色;阴霾雾瘴的天气,湖面色调一片灰绿;有时则诸色兼备而成七彩湖。据考察,喀纳斯湖之所以成为变色湖的原因,就在于湖盆周边冰川的强烈融蚀作用带来了大量冰碛风化物颗粒,这些悬浮于水中的微粒在不同角度的光照下,会反射出不同颜色的光彩,因而湖水的颜色也就变得奇幻曼妙。喀纳斯湖除了有迷人的风光和丰富的动植物资源,还有着许多“诱人之谜”——“湖怪”之谜、云海佛光之谜、浮木之谜、变色湖之谜……吸引着旅游者去探险猎奇。

被称为天堂的喀纳斯,那一片平静中酝酿的湖光山色,总是令人迷醉不已。那份宁静中的美丽,仿佛能深深浸润人的灵魂,寻找一个在别处的天堂。

天然盐湖——茶卡盐湖

茶卡盐湖位于柴达木盆地的东部边缘、乌兰县茶卡镇南侧。北依巍峨的完颜通布山，南靠旺秀山，东濒茶塘盆地，是一个富饶而美丽的天然盐湖。

茶卡盐湖

盐湖的形成是由于灾难或地壳运动，青藏高原原来是海洋的一部分，经过长期的地壳运动，这块地面抬起变成了世界上平均海拔最高的高原，结果海水留在了一些低洼地带，形成了许多盐湖和池塘，茶卡盐湖就是其中的一个。茶卡是蒙语，意为"盐海"。茶卡盐湖的湖水面积、水深明显受季节影响，雨季湖水面积可达105平方千米，相当于杭州西湖的十几倍，干季湖水面积明显减少。湖水属卤水型。底部有石盐层，一般厚5米，最厚处达9.68米，湖东南岸有长十几千米的玛亚纳河注入。其他注入盐湖的水流很小，且多为季节性河流。因其盐晶中含有矿物质，使盐晶呈青黑色，故称"青盐"。湖中含有近万种矿物和40余种化学成分的卤水，是中国无机盐工业的重要宝库。初步探明的储量达4亿4千万吨以上。茶卡盐极易开采，人们只需揭开十几厘米的盐盖，就可以从下面捞取天然的结晶盐。茶卡盐为天然结晶盐，晶大质纯，盐味醇正，是理想的食用盐。因盐类形状十分奇特，有的像璀璨夺目的珍珠，有的像盛开的花朵，有的像水晶，有的像宝石，因此才有珍珠盐、玻璃盐、钟乳盐、珊瑚盐、水晶盐、雪花盐、蘑菇盐等许多美丽动人的名称。

茶卡盐湖是柴达木盆地四大盐湖中最小的一个，也是开发最早的一个，盐湖中景观万千，有采盐风光，盐湖日出，盐花奇观等，构成了一幅绚丽的画卷。茶卡盐开采历史悠久，最早可追溯到秦汉时期。《西宁府新志》上有过这样的记载："在县治西，五百余里，青海西南……周围有二百数十里，盐系天成，取之无尽。蒙古用铁勺捞取，贩玉市口贸易，郡民赖之"。清乾隆二十八年已定有盐律。解放前，马步芳政权在这里设有盐场，每年生产近千吨原盐。解放后，古老的茶卡盐湖经过不断的建设和发展，初步实现了采盐机械化，建有茶卡盐厂，已开发出加碘盐，洗涤盐，再生盐、粉干盐等10多个品种，每年生产几十万吨优质原盐，除供应青海各地外，还畅销全国20余个省区并出口日本、尼泊尔以及中东等地区，受到人们普遍欢迎。

如果你有足够的运气，在白天你可以看到湖面上形成的海市蜃楼，这些由阳光经水汽折射形成的奇观，有的像房屋，有的像牛群，让你体会到朦胧变幻的美感。

台湾仙境——日月潭

日月潭位于南投县鱼池乡水社村，是台湾唯一的天然湖，由玉山和阿里山之间的断裂盆地积水而成。日月潭四周群山环抱，层峦叠嶂，潭水碧波晶莹，优美如画。每当夕阳西下，新月东升之际，日光月影相映成趣，更是优雅宁静，富有诗情画意。日月潭中有一小岛，远望好像浮在水面上的一颗珠子，名珠子屿（光华岛），以此岛为界，北半湖形状如圆日，南半湖形状如弯月，日月潭因此而得名。

日月潭

日月潭四周的群山有多处名胜古迹，有文武庙、玄光寺、涵碧楼、慈恩塔、孔雀园等。文武庙在潭北面的山腰上，依山而筑，大理石牌楼上书"文武庙"三字，左右分别"崇文""重武"盈题，文庙祭祀孔子，武庙祭祀关公。在文武庙楼顶，可俯瞰全潭景色。文武庙东南的公路边有孔雀园，是台湾地区孔雀的繁殖基地，园中孔雀经过训练，能跳舞、开屏和敬礼。日月潭南侧是青龙山，海拔 950 米，山麓的玄光寺，供奉唐代高僧玄奘法师全身塑像，寺中悬有"民族法师"盈额。从玄光寺后登 1300 级石阶，便抵玄奘寺。寺建于 1952 年，寺中存放玄奘法师遗骨。玄奘寺后的山顶上建有一座高 45 米的慈恩塔，系中国式宝塔。涵碧楼在日月潭西北的山坡上，原为台湾地区政府招待所，现为一流的西式旅馆，清静雅致。门前有两株高大的椰子树，透过一楼阳台而生长，别有情趣。站在涵碧楼顶平台，凭栏赏潭，湖光、翠竹、白云、小舟尽收眼底。

日月潭附近的德化社，是高山族聚居的村落，现已建为山地文化村，山胞歌舞翩翩，尤以表现舂米的"杵舞"吸引着众多游客。日月潭风景区不但风光美丽，而且气候宜人，7 月平均气温高于 22℃，1 月略低于 15℃，日月潭以其天生绝色，被称为台湾仙境，也是台湾地区的标志。

"高原明珠"——洱海

洱海位于云南大理白族自治州，是一个风光明媚的高原淡水湖泊。水面海拔 1900 米左右，北起洱源县江尾乡，南止于大理市下关镇，形如一弯新月，南北长 41.5 千米，东西宽 3000 米～9000 米，周长 116 千米，面积 251 平方千米。洱海属澜沧江水系，北有弥苴河和弥茨河注入，东南汇波罗江，西纳苍山十八溪水，水源丰富，湖水从西洱河流出，与漾江汇合注入澜沧江。

洱海畔的苍山又名点苍山，因山色苍翠而得名，山景以雪、云、溪著称。苍山由19座海拔都在3500米以上的山峰组成。峰顶上终年积雪，银装素裹，景色壮丽。“苍山雪”是大理风花雪月四景之一。苍山顶上有着不少高山冰碛湖泊，还有18条溪水夹在19座山峰之间，缓缓东流，注入洱海。

洱海

洱海景观，四季各不相同，即便是一天中的不同时辰，也是变化万千。随着四时朝暮的变化，各种景观呈现出万千气象，于是古人又为之归纳出了“洱海八景”，分别为：山海大观、三岛烟云、海镜开天、岚霭普陀、沧波濞舟、四阁风涛、海水秋色、洱海月映。洱海的人文景观也是丰富非常，“洱海八景”中的四阁风涛，指的便是古人为观赏洱海所特意建造的四大名阁：天镜阁（位于海东）、珠海阁（位于洱海公园团山）、浩然阁（又名丰乐亭，位于才村海边）、水月阁（位于洱海北端双廊，与珠海阁遥相对峙）。由于年深日久，四大名阁均已倒塌不全，但历代骚人墨客在这些名阁之中所做的赞颂洱海风光的诗文佳句却留诸世间，向人们诉说着洱海的奇丽景观。

洱海是白族祖先最主要的发祥地。两汉时期，生活在苍洱地区的古代大理人开创了大理古文明灿烂的历史。到了唐宋时期，在大理建立的南诏政权和大理国，将大理的各族人民统一在祖国的大家庭中，为祖国西南边疆的统一和发展做出了巨大的贡献。可以说，洱海是白族的摇篮，也是大理古文明的摇篮。

海 洋

半岛环抱的内海——渤海

渤海是我国的内海。三面环陆，在辽宁、河北、山东、天津三省一市之间。具体位置在北纬37°07′~41°、东经117°35′~121°10′。辽东半岛南端老铁三角与山东半岛北岸蓬莱遥相对峙，像一双巨臂把渤海环抱起来，岸线所围的形态好似一个葫芦。渤海通过渤海海峡与黄海相通。渤海海峡口宽59海里，有30多个岛屿，其中较大的有南长山岛、砣矶岛、钦岛和皇城岛等，总称庙岛群岛或庙岛列岛。其间构成8条宽窄不等的水道，扼守渤海的咽喉，是京津地区的海上门户，地势极为险要。渤海古称沧海，又因地处北方，也有北海之称。

渤海

渤海的面积较小，大概只有9万平方千米。渤海平均水深25米，渤海的总容量不过1730立方千米。渤海沿岸水浅，特别是河流注入地方仅几米深；而东部的老铁山水道最深，达到86米。

渤海水温变化受北方大陆性气候影响，2月在0℃左右，8月达21℃。严冬来临，除秦皇岛和葫芦岛外，沿岸大都冰冻。3月初融冰时还常有大量流冰发生，平均水温11℃。由于大陆河川大量的淡水注入，所以渤海海水中的盐度是最低的(仅30‰)。

渤海沿岸有辽东湾、渤海湾、莱州湾。辽河、海河、黄河等河流从陆上带来大量有机物质，使这里成为盛产对虾、蟹和黄花鱼的天然渔场。

辽东半岛南端老铁山角与山东半岛北岸蓬莱角的连线是渤海与黄海的分界线。

混浊之海——黄海

出了渤海海峡,海面骤然开阔,深度逐渐加大,这就是黄海。黄海因为古时黄河水流入,江河搬运来大量泥沙,使海水中悬浮物质增多,海水透明度变小,故呈现黄色,黄海之名因此而得。黄海是我国华北的海防前哨,也是华北一带的海路要道。

黄海

黄海西临山东半岛和苏北平原,东边是朝鲜半岛,北端是辽东半岛。黄海面积约为40万平方千米,最深处在黄海东南部,约为140米。海洋学家按照黄海的自然地理等特征,习惯将黄海分为北黄海和南黄海。北黄海是指山东半岛、辽东半岛和朝鲜半岛之间的半封闭海域,海域面积约为8万平方千米,平均水深40米,最大水深在白翎岛西南侧,为86米。长江口至济州岛连线以北的椭圆形半封闭海域,称南黄海,总面积为30多万平方千米,南黄海的平均水深为45.3米,最大水深在济州岛北侧,为140米。黄海的水温年变化小于渤海,为15℃~24℃,黄海海水的盐度也较低,为32‰。

黄海寒暖流交汇,水产丰富,特别是渤海和黄海沿岸地势平坦,面积宽广,适宜晒盐。例如:著名的长芦盐区,烟台以西的山东盐区以及辽东湾一带都是我国重要的盐产地。

长江口北岸的启东角与韩国济州岛西南角的连线是黄海与东海的分界线。

万里长江的归宿——东海

浪涛万顷、一望无际的东海,自古以来就是人们向往的海洋。古时人们对它生畏,传说那里有东海龙王;现在人们对它迷恋,因为那里有明媚风光。

东海北连黄海,东到琉球群岛,西接我国大陆,南临南海。东海南北长约1300

千米，东西宽约 740 千米。东海海域面积 70 多万平方千米，平均水深 350 米左右，最大水深 2719 米。东海海水透明度较大，能见到水下二三十米。东海海域比较开阔，大陆海岸线曲折，港湾众多，岛屿星罗棋布，我国一半以上的岛屿分布在这里。

在东海航行的舰队

大陆流入东海的江河，长度超过百千米的河流有 40 多条，其中长江、钱塘江、瓯江、闽江等四大水系是注入东海的主要江河。因而，东海形成了一支巨大的低盐水系，成为我国近海营养盐比较丰富的水域，其盐度在 34‰以上。因东海位于亚热带，年平均水温 20℃～24℃，年温差 7℃～9℃。与渤海和黄海相比，东海有较高的水温和较大的盐度，潮差 6～8 米，水呈蓝色。又因东海属于亚热带和温带气候，利于浮游生物的繁殖和生长，是各种鱼虾繁殖和栖息的良好场所，也是我国海洋生产力最高的海域。东海有我国著名的舟山渔场，盛产大、小黄鱼和墨鱼、带鱼。东海的优良港湾很多，如上海港位于长江下游黄浦江口，这里航道深阔，水量充沛，江内风平浪静，宜于巨轮停泊。

广东南澳岛与台湾岛南端的鹅銮鼻连线是东海与南海的分界线。渤海、黄海和东海处在中国大陆的东边，所以又统称东中国海。

世界第三大陆缘海——南海

从东海往南穿过狭长的台湾海峡，就进入汹涌澎湃的南海了。南海是我国最深、最大的海，也是仅次于珊瑚海和阿拉伯海的世界第三大陆缘海。南海位居太平洋和印度洋之间的航运要道，在经济上、国防上都具有重要的意义。

南海位于我国大陆的南方。南海北边是我国广东、广西、福建和台湾四省，东南边至菲律宾群岛，西南边至越南和马来半岛，最南边的曾母暗沙靠近加里曼丹岛。浩瀚的南海，通过巴士海峡、苏禄海和马六甲海峡等，与太平洋和印度洋相连。它的面积最广，约有 356 万平方千米，相当于 16 个广东省那么大。我国最南边的曾母暗沙距大陆达 2000 千米以上，这比广州到北京的路程还远。南海也是邻接我国最深的海区，平均水深约 1212 米，中部深海平原中最深处达 5567 米，比大陆上西藏高原的高度还要大。

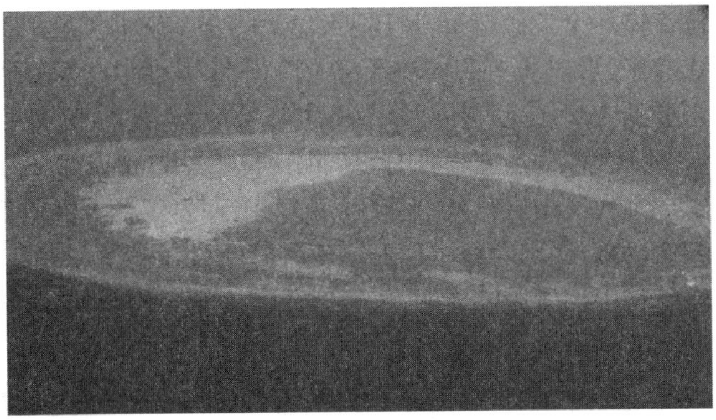
南海

南海四周大部分是半岛和岛屿,陆地面积与海洋相比,显得很小。注入南海的河流主要分布于北部,主要有珠江、红河、湄公河、湄南河等。由于这些河的含沙量很小,所以海阔水深的南海总是呈现碧绿或深蓝色。南海地处低纬度地域,是我国海区中气候最暖和的热带深海。南海海水表层水温高(25℃~28℃),年温差小(3℃~4℃),终年高温高湿,长夏无冬。南海盐度最高(35‰),潮差2米。

南海的自然地理位置,适于珊瑚繁殖。在海底高台上,形成很多风光绮丽的珊瑚岛,如东沙群岛、西沙群岛、中沙群岛和南沙群岛。南海诸岛很早就为我国劳动人民发现与开发,是我国领土不可分割的一部分。南海水产丰富,盛产海龟、海参、牡蛎、马蹄螺、金枪鱼、红鱼、鲨鱼、大龙虾、梭子鱼、墨鱼、鱿鱼等热带名贵水产。

舟山群岛

在长江口东南海面,坐落着我国最大的岛群,它就是舟山群岛。舟山群岛岛礁众多,星罗棋布,共有大、小岛屿1339个,约相当于我国海岛总数的20%;分布海域面积22000平方千米,陆域面积1371平方千米。其中1平方千米以上的岛屿58个,占该群岛总面积的96.9%。整个岛群呈北东走向依次排列。

舟山群岛

南部大岛较多,海拔较高,排列密集,北部多为小岛,地势较低,分布较散:主要岛屿有舟山岛、岱山岛、朱家尖岛、六横岛、金塘岛等,其中舟山岛最大,面积为502平方千米,为我国第四大岛。

舟山群岛是浙东天台山脉向海延伸的余脉。在1万至8000年前,由于海平面上升将山体淹没才形成今天的岛群。群岛的最高峰在桃花岛的对峙山,海拔544.4米。整个群岛属于低山丘陵地貌类型。海平面的升降,长期的海浪冲蚀,群岛发育着海蚀阶地、洞穴。舟山岛上10米高的海蚀阶地到处可见,30米高的阶地更为清晰。普陀山岛的潮音洞都属海蚀洞穴。

潮流像一个大搬运工一样把大量泥沙搬运到群岛的隐蔽地带沉积，把几个岛屿连接起来，形成岛上的堆积平原。舟山岛、朱家尖、岱山岛都是由于海积平原的扩展形成的大岛。

在大地构造上，舟山群岛属于华夏大陆的一部分，地层与浙东陆地相同，大多由中生代火山岩构成，还有片麻岩、大理岩等古老的变质岩和新生代的玄武岩。第四纪以来，伴随着海平面的多次升降，又沉积了海相沙砾层和淤泥滩堆积。

舟山群岛风光秀丽，气候宜人。这里秀岩嶙峋，奇石林立，异礁遍布，拥有两个国家海上一级风景区。著名岛景有海天佛国普陀山、海上雁荡朱家尖、海上蓬莱岱山等。东海观音山峰峦叠翠，山上山下美景相连，人称东海第二佛教名山。岛上奇岩异洞处处，山峰终年云雾笼罩。枸杞山岛巨石耸立，摩崖石刻处处可见。黄龙岛上有两块奇石，如同两块元宝落在山崖。大洋山岛溪流穿洞而过，水声潺潺，美丽的景点数不胜数。

舟山群岛素有千岛之乡的美称。舟山群岛是我国沿海航线中途的必经之地。现在的舟山群岛港口发展迅速，已成为上海、宁波水运中转的卫星港。

天涯海角

碧海蓝天，烟波浩渺，椰林婆娑，帆影点点。大自然是如此慷慨，把这一切美好的事物都赐予了人间仙境：三亚。

三亚位于海南岛的最南端，是海南的第二大城市，那里聚居着汉、黎、苗、回等10多个民族，少数民族人口占44.2%。三亚的历史，源远流长，迄今境内仍保有中国最南端的旧石器时代人类文化遗迹。秦时始皇帝设南方三郡，三亚便是其中之一，当时被称为“象郡”，后称“崖洲”，便是古代著名的天涯海角。

天涯海角

三亚自古本为蛮荒之地，“飞鸟尚需半年程”的琼岛，人烟稀少，荒芜凄凉，向来便是历代君王贬谪罪臣的去处。被贬来此处的官吏与文人，但见沧海茫茫，无边无际，进固然不能，退却也无路，难免悲从中来，望洋兴叹。天涯海角之称，便由此而来。古往今来，无数的骚人墨客在此处留下了他们的踪迹，倾吐着他们的颠沛流离与悲惨命运。唐朝宰相李德裕感慨此处“一去一万里，千之千不还”；宋朝名臣胡诠哀叹“区区万里天涯路，野草若烟正断魂”。大文豪苏轼也曾被贬成至此，至今仍有“怀苏亭”古迹留在天涯海角作为历史的见证。

如今的“天涯海角”,已成为三亚一个著名的景点,位于三亚市西约26千米处。景区内那些刻有“天涯”“海角”“南天一柱”等字样的巨石,已成为南海著名的人文景观。据记载,“天涯”题刻,是清代雍正年间崖州知府程哲所书。“南天一柱”据说是清代宣统年间崖州知府范云梯所书。“南天一柱”的来历还有传说。相传很久以前,陵水黎安海域恶浪滔天,人民生活困苦。王母娘娘手下两位仙女知道后偷偷下凡,立身于南海中,为渔民指航打鱼。王母娘娘恼怒,派雷公雷母抓他们回去,二人不肯,化为双峰石,被劈为两截,一截掉到黎安附近的海中,一截飞到天涯之旁,成为今天的“南天一柱”。

西沙群岛

富饶的西沙群岛位于海南岛东南300多千米处,是中国南海诸岛四大群岛之一,由永乐群岛和宣德群岛组成。这片大大小小的珊瑚岛屿群自东北向西南伸展,漂浮在50多万平方千米的海域上,美丽而纯净。

西沙群岛

西沙自古就是中国的领土,古代被称为“千里长沙”,是南海航线的必经之路。早在隋代之时,就已经派使节经南海到过今天的马来西亚,唐代高僧义净亦经此到达印度。古代那些满载着陶瓷、丝绸、香料的商船也都取道此处,因而这里又被称为“海上丝绸之路”。

永兴岛位于西沙群岛中央,是南海诸岛中最大的岛屿,东西长约1950米,南北宽约1350米,面积1.85平方千米,是西沙群岛、中沙群岛和南沙群岛的人民政府所在地。永兴岛得名于1946年11月29日接收西沙群岛的军舰的名字。永兴岛又名“林岛”,因岛上林木深密而得名。

全岛由白色珊瑚贝壳沙堆积在礁平台上而形成,地势平坦,平均高约5米。这里终年皆夏,岛上是典型的热带风光,椰树成行,风光旖旎,盛产椰子、木瓜、香蕉等水果。每月补给船到达永兴岛的时候,全岛居民都会放假2天,去码头卸鸡、鸭、猪、土豆、黄瓜、邮件等物资。

澎湖列岛

澎湖列岛位于台湾海峡的南部，由64个岛屿组成，面积约127平方千米，域内岛屿罗列，港湾交错，地势险要，是中国东海和南海的天然分界线。澎湖列岛中的岛屿，按其位置可分南、北两个岛群：南岛群在八罩水道以南，有望安岛（八罩岛）、七美屿、花屿、猫屿、东吉屿等，几乎所有岛都为火山岛，组成的岩石均为第四纪玄武岩，北岛群分布在八罩水道以北，包括有面积最大的澎湖岛和渔翁岛（西屿）、白沙岛、吉贝屿、岛屿、姑婆屿等岛屿。

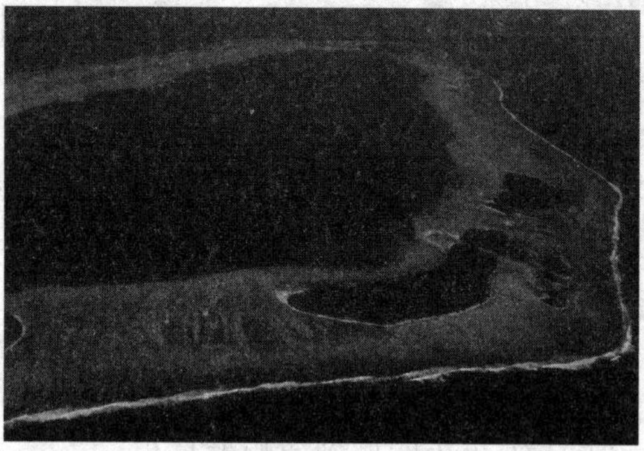

澎湖列岛

澎湖列岛的年降水量在1000毫米以上，多集中在夏季。由于岛上地形较为平坦，没有山川河谷，年蒸发量高达1800毫米，因此岛上严重缺水。每年10月至翌年3月吹拂的东北风，也是澎湖列岛上的另一自然地理特征。东北风时速最高可达每秒三四十米，相当于中等强度的台风，因此，冬天的澎湖列岛就像一只“风柜”，这种强劲的风挟带着海水泡沫，呈咸味，当地人称为“火烧风”，其威力不亚于台风，火烧风过处，树木植物无不焦枯。许多商店此间均闭门停止营业。妇女们则以布蒙面，避免风沙吹打。当然，这种澎湖列岛特有的景观，也吸引了不少游人特地前来观赏体验一番。因此，澎湖早年就有“风岛”之名了。澎湖列岛的自然景观是十分优美的，著名的有“风柜涛声”“鲸鱼洞”“望安玄武岩”“虎井沈城”“将军屿帆船石”“桶盘屿石柱”等。

渔业观光历来是台湾旅游的观赏重点，而澎湖渔港占台湾全省的1/3，居民60%以上以捕鱼为生。环岛海滨帆樯林立，入夜时分，万点渔火，闪烁海面，宛若星汉落地，蔚为奇观。“澎湖渔火”乃被列入台湾八景之一。

鼓浪屿

鼓浪屿，位于厦门岛西南隅，与厦门市隔海相望，与厦门岛只隔一条宽600米的鹭江。明末，民族英雄郑成功曾屯兵于此，日光岩上尚存水操台、石寨门故址。1842年，鸦片战争后，英、美、法、日、德、西、葡、荷等13个国家曾在岛上设立领事馆，鼓浪屿变为了“公共租界”。一些华侨富商也相继来此兴建住宅、别墅，办电话、自来水事业。1942年12月，日本独占鼓浪屿；抗日战争胜利后，鼓浪屿才结束了 100 多年殖民统治的历史。

鼓浪屿街道短小，纵横交错，清洁幽静，空气新鲜，岛上树木苍翠，繁花似锦，特别是小楼红瓦与绿树相映，显得格外漂亮。鼓浪屿楼房鳞次栉比，掩映在热带、亚热带林木里，日光岩奇峰突起，群鸥腾飞……组成一幅美丽的画卷。鼓浪屿是“建筑博览馆”，许多建筑有浓烈的欧陆风格，古希腊的三大柱式陶立克、爱奥尼克、科林斯各展其姿，罗马式的圆柱，哥特式的尖顶，伊斯兰圆顶，巴洛克式的浮雕，争相斗妍，异彩纷呈，洋溢着古典主义和浪漫主义的色彩。

日光岩又称龙头山，耸峙于鼓浪屿中南部，与厦门的虎头山隔鹭江相望，史称“龙虎守江”。日光岩海拔 92.7 米，是鼓浪屿的最高峰。山间磴道盘旋，迂回曲折，随处有诗联题刻，以明万历元年（1573）丁一中所题“鼓浪洞天”为最早，距今已经有 400 多年的历史了。

日光岩顶就是天风台，是鼓浪屿的最佳观景点。放眼四顾，厦门市区、鼓浪屿全岛、环鼓浪屿的大海，厦门大学、海沧大桥，九龙江入海口、南太武屿仔尾漳州港，或远或近，尽入眼底。游厦门不登日光岩，不算到厦门！

日光岩上的摩崖石刻有 80 多处，有张瑞图、何绍基、郑成功、丁一中、许世英、蔡元培、蔡廷锴、蒋鼎文等人的诗文题刻，其中以“鼓浪洞天”“鹭江第一”“天风海涛”等尤为著名；是日光岩上的一大文化景观。

亚龙湾

亚龙湾位于海南三亚市东南面 25 千米处，面积 141 平方千米，其中陆地面积 78 平方千米，海域面积 63 平方千米。亚龙湾三面青山相拥，南面呈月牙形向大海敞开。海水能见度达 20 米以上，海湾近 10 千米长，沙滩好似一条环绕海湾的白色玉带，湾内风平浪静，海水湛蓝，被誉为“天下第一湾”。

亚龙湾

1992 年 10 月 4 日经国务院批准，在此建立中国唯一具有热带风情的国家级旅游度假区——亚龙湾国家旅游度假区。亚龙湾气候宜人，冬可避寒、夏可消暑，自然风光优美，青山连绵起伏，海湾波平浪静，湛蓝的海水清澈如镜，柔软的沙滩洁白如银。“三亚归来不看海，除却亚龙不是湾”这是游人对亚龙湾由衷的赞誉。亚龙湾属典型的热带海洋性气候，全年平均气温25.5℃。海底珊瑚礁保存十分完好，生活着众多形态各异、色彩缤纷的热带鱼种，属国家级珊瑚礁重点保护区。海湾面积66平方千米，可同时容纳10万人嬉水畅游、数千只游艇游弋追逐，可以说这里不仅是滨海浴场，而且也是难得的潜水胜地。锦母角、亚龙角，激浪拍崖、怪石嶙峋，是攀崖探险活动的良好场所。此外尚有奇石、怪滩、田园风光等构成各具特色的风景。

亚龙湾中心广场是度假区的标志性建筑，它位于度假区中心，占地7万平方米。广场中心的图腾柱高26.8米，围绕图腾柱是三圈反映中国古代神话传说和文化的雕塑群。广场上，4个白色风帆式的尖顶帐篷，给具有古老文化意蕴的广场增添了现代气息。度假区内还有贝壳馆、蝴蝶谷等供参观。

野柳风景区

野柳风景区位于台湾北部基隆市西北方约15千米处的基金公路，位于北海岸金山与万里之间，是一个突出海面的狭长海峡，长约1700米，远望如一只海龟蹒跚离岸，昂首拱背而游，因此也有人称之为野柳龟。受造山运动的影响，深埋海底的沉积岩上升至海面，产生了附近海岸的单面山、海蚀崖、海蚀洞等地形，海蚀、风蚀等在不同硬度的岩层上作用，形成蜂窝岩、豆腐岩、蕈状岩、姜状岩，风化窗等世界级的岩层景观，造就了千奇百怪的瑰丽景象。

野柳风景区

进入野柳风景区，沿着步道而行，一路可尽览奇特的地质景观，如女王头蕈岩、仙女鞋、象石、玛玲乌石等，造型各异其趣，行至岬角尖端，即为白色的野柳灯塔，在此展望海天一色，最是令人心旷神怡。除了奇特的地质和石头以外，野柳亦是众多候鸟休憩的驿站，是赏鸟人士眼中的宝地。野柳长约1700米，宽仅250米，有丰富的海蚀地形，在2000多万年前，台湾仍在海里，由福建一带冲刷下来的泥沙，一层层地堆积出砂岩层，600万年前的造山运动把岩层推挤出海面，形成台湾岛，野柳是其中的一部分。造山运动挤压时，在野柳的两侧推出两道断层，断层带破碎易受侵蚀，所以两侧凹入成湾，中间突出形成海岬。接下来，在海浪、雨水和风的侵蚀下，及地壳不断的抬升下，造成野柳的奇岩怪石。

位于风景区入口右侧的野柳海洋世界，是台湾唯一的海豚、海狮表演馆，可容纳3500位观众，表演重点在海豚的20余项动作上，小朋友还有机会与海豚和海狮亲近。表演中也穿插引自国外的高空花式跳水及高空弹跳等花絮。野柳海洋世界也是台湾第一座海洋动物表演馆，各种有趣的动物表演，令人捧腹大笑。

表演馆为半圆形看台，并设有遮雨篷。外墙由象征大海的深浅蓝色粉刷而成，体现出野柳海洋世界的亲水特色，外观的湛蓝色彩正好和海天呈一色，与大自然景观融合为一体。园区另一主题为长约400米的海底隧道，集中了世界各地的稀有名贵海洋水族，走入隧道中，上千尾各式各样的鱼儿在身边穿梭，十分有趣。

海洋世界右边有一处称为“天外天”的小平台，沿渔村小道步行10分钟，顺石阶拾级而上，可登上岩石构成的山顶平台，游目四望，优美的野柳胜景尽收眼底。

野柳一带的潜礁地形，孕育了丰富而多样的海洋资源，位于海洋世界旁的海王星乐园顺势推出了玻璃底游艇，不用潜水即可欣赏美不胜收的海底世界，另外还有飞鱼特快艇，让游客驰骋海上，从不同角度欣赏野柳海岸之美。

沼　泽

中国沼泽形成的原因

沼泽是在多水条件下形成的，但它既不同于湖泊，也不同于盐碱湿地，是一种特殊的自然综合体。从土地资源来看，是一种土地类型。这类土地在古代就引起人们的注意，称谓沮洳或沮泽，指水草所聚之地。根据沼泽的景观特征，各地劳动人民又给予各种名称，如塔头甸子、漂筏甸子、苇塘、草海、低塱等等。

在中国的寒温带、温带、暖温带和亚热带，甚至热带都有沼泽的发育。那么，影响沼泽形成的条件是什么呢？研究认为，水分条件是沼泽形成和发育的主导因素，低平的地貌和黏重的土质（或因冻土层的存在），有利于土壤过湿环境的形成，为沼生植物的生长和有机残体的累积创造了良好的空间场所。

分析沼泽形成的各种因素，可以看出，沼泽是许多自然地理条件相互影响和相互制约形成的。但主要条件是气候、水文、地质地貌和人类活动的影响。

（1）气候条件土壤表层经常过湿是沼泽形成的直接原因，而土壤水分状况主要决定于气候。在降水丰富的过度湿润地带，地表水分过多，空气湿度大，蒸发弱，除地表切割程度大，河网发达的地区外，沼泽几乎占据整个地面，不仅在低洼地貌中，而且在山坡，甚至分水岭也有沼泽发育。沼泽成为这类地区自然景观的主要特征。在湿润程度不足和不稳定地带，沼泽分布面积减少，只分布在闭流洼地、湖滨、河漫滩以及地下水位接近地袭的地方。在降水量少，气候干燥，水分不足地带，很少遇到沼泽，只在河流泛滥地或地下水出露地带才有沼泽发育。

泥炭沼泽的形成，不仅取决于水分条件，而且与热量状况也有很大的关系。每年沼泽植物死亡后增加的新有机体，大于每年腐烂的物质数量，泥炭才能形成和累积。大气和土壤温度，一方面影响生长期内植物生长速度，另一方面也制约着死亡植物残体的分解强度在寒冷气候条件下，生长期内气温低，不利于植物的生长，每年植物体增长缓慢，但分解掉的也很少；在热带及亚热带气候条件下，生长期内气温和年平均气温高，植物体增长加快，有机质分解强度也增大，甚至超过增长的数量，但是在高温高湿条件下也有一定泥炭的积累。

在北半球，随着气候有规律的纬向变化，沼泽和泥炭平均累积强度也呈纬度地带性分布。北极苔原地带，沼泽覆盖率50%，泥炭厚度仅20~30厘米；向南泥炭厚度增大，泰加林北部沼泽分布最广，沼泽覆盖率高达60%～70%，泥炭累积厚度3～4米，泰加林地带的中部和南部，泥炭层达到最大厚度，约8～9米，但沼泽覆盖率渐小，只有25%～35%；再向南泥炭层变薄，除热带雨林地区外，很少遇到泥炭沼泽。

中国兰江平原沼泽的形成和发展，气候条件起了很大的作用。本区属温带湿润半湿润季风气候区，年平均降水量虽不多，但季节分配不均，多集中在夏、秋两季。至10月末或11月初，气温下降，大量水分来不及排除，被冻结在地表或土壤层中，致使翌年春季解冻后，导致地表积水或过湿，加之冻结期长，冻层厚（深达1.5～2.1米），土壤黏重，不利水分下渗，地表经常过湿，沼泽广泛发育。

（2）地质地貌条件新构造运动对地表形态的影响直接而明显。一个地区长期下沉，造成四周高，中间低洼的地貌结构，并堆积有深厚的疏松物质，地表坦荡低平，侵蚀能力弱，河流蜿蜒曲折，排水能力低，有利于水分的汇集和停滞。可见地质构造和地貌条件，为沼泽的形成提供了良好的空间场所。

三江平原是新构造运动长期下沉的地区，造成三面环山，中间低洼平坦的地形。周围山区降水量多，丰富的径流向平原汇集，而平原区地垮极为低平，由西南向东北缓缓倾斜，总坡降为万分之一，所以区内发育一些中小河流，多无明显河槽，属典型的沼泽性河流，泄水能力低。在长期下沉过程中，地表堆积了湖相和河漫滩相黏土和亚黏土层，透水能力弱，使汇集来的大量地表水不能下渗，积存起来形成沼泽。

中国著名的若尔盖沼泽区，第四纪冰期以后，长期下沉，形成海拔3400米以上的完整山原，四周被高山环绕。山原内部相对低平，承受高山冰雪融水以及降水形成的径流补给，并携带大量泥沙沉积于此。在此基础上又堆积相当深厚的河湖堆积物，阻碍水分下渗，促进地表水分过剩，为沼泽形成提供有利的条件。

（3）水文条件。一个地区的水文特征，受气候及地貌条件所制约。水文特征在沼泽的形成过程中，也有重要作用。地表水和地下水是沼泽补给的直接水源，而补给量的大小与径流条件有直接关系。

中国沼泽多发育在河流比降小、弯曲度大、岔流多、河漫滩宽广、河槽平浅的河段。如三江平原的别拉洪河、挠力河中下游、浓江、穆棱河等均具有这种水文特征，由于河道狭窄平浅，一些河流无明显河道，泄水能力低，排水不畅，大量水分补给沼泽。汛期还遭受大河洪水的顶托，抬高这些河流的水位，使两岸低平盼河漫滩排水困难，促进了沼泽的形成与发展。

在一般情况下，河流上游比降大，河网发达，排水条件好，沼泽不甚发育；河流下游比降小，河槽曲率大，河网密度小，来水量增多，沼泽覆盖率大。如若尔盖高原沼泽区黑河上游，沼泽覆盖率为18%，下游覆盖率明显增加为32%。但某些河流上游，谷地宽浅，有大量地下水出露，或因冻层存在，沼泽亦十分发育。如黄河源头的星宿海，长白山区松花江上游玄武岩台地，小兴安岭汤旺河上游，三江平原别拉洪河上游的沼泽，均比中下游发育。一些河流的尾间区有充足水源，沼泽也很发育。如新疆博斯腾湖西南小湖群区，位于开都河尾闾区，芦苇泥炭沼泽十分发育。开都河发源于天山中部，以冰雪融水及降水补给，水量丰富，进入平原后，一部分水流入博斯腾湖，另一部分水漫散于小湖群区，补给小湖及周围的沼泽。因此在我国西北干旱区能有这样大片沼泽的存在，它像绿色宝石一样镶嵌在沙漠之中。

(4)人为因素的影响。人类经济活动对沼泽的形成也起到一定作用。东北林区，在日伪统治时期，森林资源遭到残酷掠夺和严重破坏，在一些砍伐迹地和被火烧的迹地上，常演变发育成沼泽，大中型水库周围和回水范围内，因抬高了地下水位而逐渐沼泽化。此外，在运河区、灌溉区和水利工程修建区，这种现象也很普遍。如黑龙江省穆棱河流域，1943 年在密山市境的湖北屯附近，向小兴凯湖修建分洪水道，有 14 公里防洪堤没有修建，每年汛期，穆棱河洪水由此漫溢，积存地表，使水道东侧沼泽面积日趋扩大。可见人类活动能促进沼泽的形成。当然，人类活动也能控制沼泽的发展，采取人工排水，可加速沼泽变干。总之，人为因素对沼泽的影响，比自然演化要快得多。

中国沼泽的形成时期与分布

中国地域辽阔，自然条件复杂，沼泽分布广泛，据初步统计，沼泽面积约 1.7 亿亩，相当于浙江或江苏省的面积。

在历史的长河中，中国沼泽经历了形成、发育、消亡和继续发育的过程。这种几经沧桑的变化，与第四纪以来的气候变化，海陆变迁和新构造运动等密切相关，下面以沼泽的堆积物——泥炭为线索，谈谈第四纪以来中国沼泽在时间上的演化和空间上的分布。

一、沼泽形成时期

许多研究者认为，中国泥炭是全新世以来形成的。近年来，通过野外考察和地层对比分析，特别是孢粉、同位素碳、古地磁、考古等大量资料表明，第四纪以来的各个时期均有沼泽形成和泥炭堆积。根据泥炭沼泽形成的年代，可划分为更新世沼泽和全新世沼泽两个形成时期。

1.更新世泥炭沼泽形成期

第四纪初期，更新世自然界的最大特点是具有轮回现象的变化，即冰期和间冰期、海侵和海退、剥蚀作用和堆积作用等的交替变化。泥炭沼泽形成和发育，也是适应于这种环境韵律变化而变化的。这一时期形成的泥炭沼泽，主要分布在广东、广西、福建，江西、河北以及东部滨海和大陆架一带，沼泽早已消亡，泥炭已全部被掩埋，至今发现的主要有如下几处：

(1)广西壮族自治区北海市附近更新世早期的埋藏泥炭沼泽　中国第二海洋地质队在该区打了 35 个钻孔，其中 11 个钻孔发现泥炭，埋藏在更新世早期的湛江组地层中，每层泥炭厚约1米左右，在剖面中可见1~6层泥炭，说明在湛江组地层的堆积过程中，海陆变迁频繁，沼泽曾几经兴亡。

（2）福建省龙海市南太武柳乡埋藏泥炭沼泽　泥炭下伏第三系玄武岩。上覆海相砾石及砂土，含于白色黏土和灰色页岩内，泥炭层厚薄不一，厚者可达1.5米，距地表数十米。有的专家认为，这层泥炭是更新世沼泽的产物。

（3）江西省吉水县黄桥埋藏泥炭沼泽　对这一泥炭地的形成时期还有争论，但都认为是早更新世以前或更早时期的产物。本区由南坡、新春、曾家3个矿带组成，泥炭地面积6.6平方公里，泥炭层平均厚度14米，最厚可达60余米，仅南坡一个矿带的储量就有440万吨，主要矿体一层，可见沼泽存在的时间是相当长久的。

（4）河北省滨海地区埋藏泥炭沼泽　该区钻孔资料揭示，黄骅市赵家堡地下40.5~41.5米处的泥炭C^{B14}年代测定，距今3200年；海兴县高湾地下38米处有厚约1.9米的泥炭层，C^{B14}年代测定距今22900±100年，均属晚更新世形成的泥炭沼泽。

（5）黄海和东海大陆架的埋藏泥炭沼泽　根据古地磁、C^{B14}年代测定和地层分析，黄海大陆架晚更新世以来有3次沼泽化过程，在距今7.2万~1.2万年间，中国气候出现过5次冷暖波动和海面升降，并有3次裸露成陆，因此，沼泽在沿海平原得到发育，堆积了一定厚度的泥炭层，3次沼泽化过程堆积的泥炭，距今分别为12400年、36000年和70000年。

2.全新世泥炭沼泽形成期

根据泥炭C^{B14}年代测定，全新世各时期都有泥炭沼泽发育，有些泥炭沼泽的形成，在时间上具有连续性。可见冰后期的气候条件，一般是有利于泥炭沼泽发育的。但由于全新世的气候波动大，滨海地区海陆变迁频繁，以及局部地区受新构造运动影响，各时期泥炭沼泽的堆积状况不同。根据对137块泥炭所做年代测定，参考部分孢粉分析和地层资料，将全新世划分为3个造炭期：

（1）泥炭局部发育期　全新世早期，全球气候转暖，冰雪消融，海面回升，发生了海侵。根据孢粉分析，当时北部辽东半岛以桦属花粉为主，气候温凉；长江下游一带，以松、栗、栎等花粉占优势，属温湿气候，由于气候刚刚转暖，与今日相比北方仍较寒冷，内陆地区受冰雪融水和降水补给的许多积水洼地和湖泊，为泥炭沼泽的形成提供了有利条件。随着海侵的发生，近海平原一带地下水抬升，河流排泄不畅，下切能力减弱，也出现了有利的造炭环境。如河北省昌黎县毛家沟泥炭（下层），北京长沟组泥炭、辽宁省普兰店组泥炭，以及许多内陆地区的泥炭均是这一时期形成的。根据泥炭C^{B14}年代测定，在距今10300~9000年出现泥炭沼泽堆积的第一高峰。

（2）泥炭普遍发育期，进入中全新世后，气候更加温暖湿润，当时年平均气温比现在高2~3℃，雨量充沛，植物生长繁茂，为泥炭的累积提供了一定的物质来源，根据孢粉分析，当时东北和华北一带以松属和阔叶树花粉占优势，气候温湿；长江下游一带，以栲、青冈栎、水龙骨科花粉为主，气候湿热；南部沿海地区，此时气候炎热而湿润，从水热组合条件来看，这一时期大部分地区出现有利于泥炭沼泽堆积的环境条件。因此，不论南方和北方，平原与高原均有泥炭沼泽发育。

全新世中期，海面继续缓慢上升，在距今6000~7000年间达到最高，较今日海面高5~6米，并处于稳定阶段，距今5000年后海面开始缓慢下降。在这个变迁过程中，在最大海侵线外侧，海侵与海退后的海岸线间，形成许多内陆湖泊、洼地、废弃河道、潟湖，为泥炭沼泽的发育提供了良好的空间场所。因此，沿海和内陆一样，也有泥炭广泛堆积。根据泥炭Cr，年代测定，在距今6000~4700年和3400~2000年，出现泥炭堆积的第二和第三高峰。

(3)泥炭发育衰退期　晚全新世以来，气候趋干，全国多次出现寒冷。据孢粉分析，东北平原以桦属花粉为主(山区气候冷湿)，华北平原以松属花粉占优势，属温带和暖温带大陆性季风气候。南部沿海地区气候热而稍干。由于气候变干，水源补给减少，或受下沉运动和人类活动影响，堆积作用加强，使许多泥炭沼泽被泥沙、黏土等掩埋，形成埋藏泥炭。只有部分泥炭沼泽地仍在继续堆积。

泥炭沼泽堆积高峰，没有出现在极寒或极暖的气候条件下，而出现在气候由冷转暖和由暖转冷的变更期。因为寒冷气候植物生长受到抑制，泥炭堆积缓慢；炎热气候虽然植物生长茂盛，但分解强度大(除稳定多水环境外)，也不利于泥炭的积累，而气候由冷转暖或由暖转冷的变更期，一方面植物生长量较高，同时植物残体分解较缓慢，故有利于泥炭堆积。

沼泽泥炭的堆积速率，取决于区域气候条件，造炭植物类型及其堆积环境。全新世不同时期、不同地带、不同类型沼泽的泥炭堆积速率均有差异。苏联欧洲部分沼泽中泥炭堆积速率为0.7~1.0毫米/年；欧亚大陆泥炭堆积的平均速率为0.45毫米/年(0.11~1.66毫米/年)。中国在这方面研究不多，但从仅有的资料可以看出，中国全新世泥炭沼泽的堆积速率为0.19~0.94毫米/年。

中国南、北方气候转暖开始的时间不同，因此，泥炭沼泽开始堆积的时间也不相同。总的趋势是南方早于北方，平原早于山地，沿海先于内陆。全新世早期，沿海平原和南方的部分地区，首先出现有利泥炭沼泽形成的环境条件。如广东、广西、福建、长江、河北、辽宁南部、渤海、黄海、东海的大陆架(当时为沿海平原)及内陆部分地区，均留下许多早金新世形成的泥炭。此时，东北及大部分内陆地区，气候冷干，泥炭沼泽不甚发育。全新世中期，随着气候逐渐变暖变湿，海侵范围扩大，在长江中下游地区、大湖周围，沿海平原、中部低山丘陵区，东北地区及西北，西南高原等地，先后形成许多大面积的泥炭沼泽地。晚全新世初期，东部和南部沿海平原，以及海岸线变迁带形成一些泥炭沼泽。晚全新世气候趋干，特别是人类活动的干扰，大部分沼泽进入衰退阶段，唯有大小兴安岭、长白山地、阿尔泰山区、若尔盖高原和局部山地的泥炭沼泽至今仍在继续发育。三江平原大部分发育了无泥炭的潜育沼泽和少量泥炭沼泽。

二、现代沼泽的分布规律

沼泽及其类型在地理空间上的分布，主要取决于形成沼泽的水热条件，而水热条件既受纬度地带性因素制约，也受海陆分布、地质地貌等非地带性因素影响，因此，作为自然综合体的沼泽，在地理分布和类型特征上，无不打上地带性的烙印。但是，非地带性因素的干扰和破坏，使沼泽类型及其分布又显示出区域性特点。中国现代沼泽总的分布规律是：

1.北部多于南部

我们知道，冷湿气候是形成沼泽的最有利条件。北半球是世界沼泽最多的地区，主要是亚欧大陆和北美大陆的大部分地区位于寒带和温带的缘故。中国南北跨 49 个纬度，包括寒温带、温带、暖温带、亚热带和热带，沼泽的分布与此相适应，呈现由北向南减少的趋势。以东北地区来说，为湿润半湿润气候，是中国沼泽分布最多的地区，但南北仍有明显的差异。最北部的黑龙江省，从气候来看是中国最寒冷的地区，特别是大兴安岭北段已属寒温带，沼泽分布面积大，山地发育了大量泥炭沼泽，广大平原发育了大片无泥炭的潜育沼泽，总面积达 5000 多万亩。辽宁省大部分地区属暖温带，沼泽主要分布在沿海各河口，东部山地也有分布，共 200 多万亩。居于东北地区中部的吉林省位于温带，除了长白山地区有泥炭沼泽分布外，松嫩平原也有大片无泥炭的潜育沼泽，面积有 400 多万亩。尽管东北地区三面环山，中间为向渤海敞开的大平原，三省地貌条件基本相似，但南北气候的差异，仍是导致沼泽面积由北向南递减的重要因素。至于中国南方热带、亚热带地区的沼泽，比东北地区就更少了。

2.东部湿润气候区多于内陆干燥区

中国位于亚欧大陆和太平洋之间，海陆物理性质不同所导致的地表热量状况的不同，使冬夏季节在大陆和海洋形成不同的温压场，产生了明显的季风环流，除了受青藏高原阻挡的西北内陆地区外，绝大部分地区都在季风控制之下，形成典型的大陆季风气候。夏季风源源不断地把海洋上的湿润空气吹向大陆，使中国的降水量由东南向西北逐渐减少，形成湿润、半湿润、半干旱和干旱的气候区。这种沿经向的气候特征，也制约了沼泽的分布状况，使中国东部湿润、半湿润气候区发育了大面积的潜育沼泽，如东北地区的三江平原、松嫩平原、辽河下游平原、海河中下游洼地、江苏北部的里下河地区，以及长江中下游的湖滨洼地，都是大片沼泽分布区。大小兴安岭、长白山地则发育了大量的泥炭沼泽。零星分布的沼泽在平原和其他山地也有分布。如江西省南昌附近的西山、湖南省的武功山等地，甚至发育了苔草—泥炭藓沼泽。需要说明的是，本区人烟稠密，开发历史较久，许多沼泽已被改造利用，如江汉平原、洞庭湖平原、杭嘉湖平原，过去都是水乡泽国，如今已被劳动人民开发改造成鱼米之乡了。

中国西部地区季风影响渐弱，降水量减少，形成半干旱、干旱气候，除了山地受地形影响,气温低,降水稍多,形成冷湿气候,发育一定面积的沼泽外,广大的内陆盆地沼泽发育很少,有些地方虽然地下水位高,但强烈的蒸发作用使盐分聚集地表,大多形成少有植物生长的盐沼,只在盆地周围受冰雪融水补给形成的山麓地下水溢出带,有断续分布的沼泽,面积很小。另外,在个别河流的滩地,以及有河流汇入的湖泊周围,也有少量沼泽分布。如博斯腾湖西部小湖区的芦苇沼泽和塔城南部额敏河的南湖芦苇沼泽,是新疆境内较大的沼泽区。

3.山地高原多泥炭沼泽,平原多潜育沼泽

沼泽中有无泥炭的形成和累积,取决于植物生长量和分解量的对比关系。如果每年增长的有机物质大于分解的数量,沼泽植物残体就会逐渐累积而形成泥炭,反之,就不能形成泥炭。众所周知,水热条件不仅制约植物生长量,也制约植物的分解过程。有机体的分解,主要是微生物活动的结果。山地高原多发育泥炭沼泽,主要是因地势高形成的冷湿气候,抑制了土壤微生物活动所致。

中国是一个地形复杂的国家,总的地势西高东低,从东部沿海低平原到世界屋脊的青藏高原,形成3个阶梯:平原、高原、山原。在此基础上,又分布着纵横交错的山脉。这些山脉和高原对我国的气候影响很大,同时本身又形成高寒、多雨、冷湿的气候,因此泥炭沼泽在切割微弱的山地、高原得到了广泛发育。如四川省西北部的若尔盖高原沼泽,面积达2700平方公里,是中国最大的泥炭沼泽区。该区年平均气温为-1.9~4.0℃,最热月平均气温不足12℃,活动积温(≥10℃)1000℃左右,湿润系数可达1~2。这样冷湿的气候条件,使地表低温过湿,甚至积水,严重削弱了生物化学作用,分解能力很弱,有利于沼泽中泥炭的累积,所以泥炭层一般厚2~3米,最厚可达10米。

大小兴安岭年平均气温为-0.7℃,最热月平均气温不足20℃,年雨量超过蒸发量,加之季节性冻结时间长和广泛分布有岛状多年冻土,阻碍了地表水和土壤水的下渗,地表和土壤过湿、过冷,发育了泥炭沼泽,但植物生长量少,故泥炭层不厚,一般为0.5~1米。

在西藏东部的那曲、拉萨河上游,以及高原宽谷、湖滨等排水不良的地方,都有不少泥炭沼泽。青海湖湖滨、黄河源鄂陵湖以西的星宿海地区、甘肃南部的玛曲,以及云贵高原,也有大片泥炭沼泽分布。此外,新疆阿尔泰山,天山都有零星分布的泥炭沼泽。

广大平原区,由于气温高,蒸发旺盛,水分不够稳定,微生物活动强烈,尽管植物生长量较大,但分解能力较强,沼泽植物不易累积,发育了没有泥炭的潜育沼泽。如三江平原位于中国比较湿润的地区,但夏季土壤和空气的温度经常在20~30℃之间,季节降水分配不均,年际变化大,所以旱年与涝年的降水量相差悬殊。而本区沼泽水源补给主要靠地表径流和大气降水,在连续少雨年份,沼泽积水消失,土壤含水量减少,嫌气环境遭到破坏,微生物活动强烈,使植物残体分解。因此,三江平原的沼泽大部分无泥炭积累,地表仅覆盖着20~30厘米厚的草根层。下部为10~20厘米的黑色腐殖泥层,再下为蓝灰或灰色潜育层。只有地下水稳定补给的沼泽和一些常年积水的深洼地上发育的沼泽有泥炭累积，但面积小而分布零散。松嫩平原、华北平原以及长江中下游平原发育的沼泽，也都是无泥炭的潜育沼泽。

总之，受地域分异规律的影响，中国现代沼泽的区域分布是不平衡的。目前，比较集中分布的区域是东北地区，面积广，类型多，泥炭沼泽和潜育沼泽都有。其次是西南高原区，主要是青藏高原、云贵高原，以泥炭沼泽为主。广大的东部平原和沿海地带多为潜育沼泽，过去面积较大，经过长期的开发，特别是近年来的改造治理，沼泽面积已大大减少了。

中国沼泽的基本特征

沼泽作为特殊的景观，是由许多自然因素综合作用形成的。然而，这些要素受沼泽综合体的制约，本身又形成许多独有的特征。

一、巨大的“蓄水库”

沼泽是地表水和地下水的过渡类型。一部分沼泽水停滞地表形成地表积水；另一部分水蓄贮于死亡的沼泽植物残体之中，形成壤中水。由于沼泽地表滞水和泥炭层（包括草根层）中充满大量水，故有人把沼泽称为“蓄水库”或“生物蓄水池”。

沼泽地表滞水，处于停滞或微弱流动状态，有常年积水、季节积水和临时积水3种情况，这些水主要来自大气降水、地下水和河湖泛滥水。在少水或干旱季节里，地下水位降低，临时积水或季节积水消失，常年积水变浅；进入多水季节，河湖水泛滥，地下水位上升，沼泽地达到饱和，水分逐渐聚积起来，沼泽积水面积扩大，可见这个“蓄水库”一年四季水位是不断变化的。

许多沼泽中发育有小河和小湖。在沼泽形成之前就已存在的叫原生小河和小湖；而在沼泽形成之后发育的称之为次生小河和小湖。例如若尔盖高原沼泽区的纳垒曲就是典型的原生小河，河流比降小，流速缓慢。小河两岸和河底部植物丛生，形成浮毡，局部地方也覆盖整个水面，形成伏流。该区的阿细龙河河岸和河底均为泥炭层，流速缓慢，水位变化不大，这种小河是在沼泽形成之后，由于积水多、渗透差以及向源侵蚀等原因形成的次生小河。

中国沼泽中的小湖多为沼泽化以前形成的，即为原生小湖。如三江平原的芦清河泡子，新疆博斯腾湖西部湖滨沼泽中数十个小湖，若尔盖高原沼泽中的江错湖和错拉湖等均为原生沼泽小湖。这类湖泊一般较浅，湖底丛生各种沉水植物和浮水植物，有较厚的腐泥沉积，湖岸多已泥炭化，随着湖泊沼泽化的发育，泥炭层增厚，湖水面缩小，甚至分裂成数个小湖。中国多为富营养沼泽，大面积的贫营养沼泽很少，因此尚未发现次生小湖。沼泽小湖和小河，是沼泽“蓄水库”中较为稳定的水体。

泥炭层或草根层是这一巨大“蓄水库”的地下蓄水池。其中所含的水以重力水、毛管水、薄膜水、渗透水和化合水等状态贮存于沼泽体内。重力水在重力作用下,可沿着斜坡流入排水沟,也可在沼泽表面形成湖泊和小河。当冰雪融化,大雨或河湖泛滥后。常出现明水,长时间或临时积于沼泽表面,形成各种形式的水文网。毛管水、薄膜水、渗透水和化合水都受分子力作用,不会自行从泥炭或草根层中流出,除毛管水和部分薄膜水可由植物根吸收并由植物枝叶散发和自然蒸发外,其他类型水都必须采取特殊方法,才能从泥炭层或草根层中除掉。

沼泽巨大的蓄水能力,与沼泽中草根层和泥炭层的特殊水文物理特性有关。因为沼泽土壤,特别是泥炭沼泽有巨大的持水能力。草根层较厚的潜育沼泽,持水能力多为200%~400%;泥炭沼泽较强,其中草本泥炭在400%~800%,藓类泥炭一般大于1000%。随着灰分含量和分解程度的增强,持水能力减弱。如低灰分、弱分解的藓类泥炭,具有较高的持水能力,它能保持大于本身绝对重复15~20倍的水量;灰分中等,中分解或强分解的草本和草木—藓类泥炭,它能保持大于本身重量3~9倍的水量。另外,沼泽底部的泥炭层或潜育层透水性弱,常常形成隔水层,使沼泽水不易下渗,得以蓄存,是形成“蓄水库”的基础。水在泥炭层中自表面向下渗透逐渐减弱。上部草根层的渗透系数平均在1~10厘米/秒,分解较弱的藓类泥炭可达20厘米/秒,而下部泥炭层的渗透系数在0.001厘米/秒以下。泥炭的渗透能力随分解程度的增强和灰分含量的增高而减弱。中国泥炭灰分含量较高,沼泽具有明显的潜育层,大部由黏土和亚黏土组成,渗透弱,形成天然的隔水层,致使沼泽中长期贮存大量水分。

二、蒸发是沼泽水分和热量支出的主要形式

沼泽中贮存大量水分,每年又有一部分水补给它,那么沼泽为什么没有变成湖泊和河流呢?原来沼泽每时每刻通过蒸发或植物蒸腾,源源不断地把自身的水无私地送给大气。这种水分交换是沼泽水分支出的主要形式。

在沼泽水平衡中,沼泽蒸发和植物蒸腾作用消耗水量所占的比例较大,而径流则较小。如三江平原的别拉洪河属沼泽性河流,该流域年平均蒸发量占总支出量的79%,多年平均径流量仅占21%。

根据三江平原沼泽小气候分析,蒸发耗热相当于辐射差额的80%左右,如1979年6月29~30日在毛果苔草沼泽地观测,一日内除夜间20时30分至次日2时30分,沼泽表面辐射差额为负值,此时段蒸发停止,其余时段沼泽蒸发耗热量均为热量消耗的主要途径。

三、罕见的夏季霜冻

有人认为沼泽一昼夜间温度的变化如同沙漠一样剧烈，甚至我国北方及高寒山区的沼泽，夏季晴朗夜间亦有霜冻出现。

我们都知道，太阳光照射到沼泽表面，使地表温度升高，温度增高的地表又使靠近它的空气温度增高；还有一部分热量进入沼泽地深处，使土壤温度增高。根据各地沼泽小气候观测，分析沼泽地表、土壤和近地气层的温度变化可看出，夏季晴朗天气条件下，沼泽地表温度日较差很大，其中高寒山区更大，多在 30~45℃，某些沼泽地最低温为负值，有轻微霜冻出现。从沼泽土壤温度的日变化看，夏季沼泽土壤温度比其他土壤低；沼泽土壤温度日变化传播的深度较其他土壤浅；干涸沼泽土壤温度日变幅较积水沼泽大。随着深度的增加，无积水沼泽的温度递减率大于积水沼泽；若积水条件相同，泥炭沼泽的温度递减率大于潜育沼泽。近地气层温度日变化。无论有无积水的沼泽，其 20 厘米高度均大于 150 厘米高度的日较差，进入夜晚气温明显下降，清晨出现最低温。积水沼泽日较差小于季节积水沼泽，无积水沼泽又大于耕地和草甸。

为什么沼泽地夏季温度日较差大，一些沼泽在晴朗的夜晚会出现霜冻呢？这与沼泽土壤的组成和热学性质有关（见冻结与解冻部分），加之沼泽植被改变了活动面，使活动面变成了活动层，白天茂密的植株逐渐地吸收一部分辐射热，使地面温度增高，夜间又和地面同时放射热量，因而造成沼泽地表强烈冷却，甚至出现霜冻现象。

四、白茫茫的辐射雾

在中国北方及一些高寒山区的藓类和草本沼泽地上，每当夏季晴朗的夜晚或清晨，就会看到白茫茫的雾，笼罩着沼泽地的上空，与周围的草地、森林间有着明显的界线。这种雾对藓类和草本沼泽的生长发育具有一定的作用。夏季，当潜水位降低到 40 厘米以下时，沼泽的蒸发和植物的蒸腾作用减少了，常常看到，在白天炎热的时刻过后，沼泽中的藓类植物变成了白色，草本植物也近于枯萎了。但是，第二天经过一场雾后，这些植物又复活了，藓类植物重又饱含水分，草本植物也充满了生机。那么既没有降水，又没有地下水源补给，水分究竟是从哪里来的呢？原来是沼泽地上的辐射雾造成的。极小的雾滴，落在藓类和草本沼泽植物表面，其水量之大，不亚于 1~2 毫米的降水。停留在这些植物表面及藓类植物体内的水分，当日出后，又被蒸发掉。因此，这类沼泽有时早晨蒸发量很大。

这种雾是怎样形成的？在夏季晴朗的夜晚，沼泽表面因地面辐射散热急剧降温，引起贴地空气层变冷，由于冷空气只能保持极少量的水汽，其余水汽便凝结成很小的水滴——雾。另外随着气温的下降，近地气层相对湿度增大。从而看出，常年积水沼泽相对湿度一般很高,日落后温度降低,很快接近或达到饱和状态;季节积水沼泽,入夜后相对湿度也迅速增高,在夜间24时前后接近饱和。因此,夏季的清晨和夜晚,沼泽地常有雾出现。

五、沼泽冻结与解冻缓慢

沼泽的冻结与解冻,在中国只出现于寒温带和温带地区,以及青藏高原、蒙新高原的高寒山区。在同一气候区,沼泽地的冻结与解冻过程均较矿质土缓慢,尤其是泥炭沼泽更为明显。常年积水沼泽与季节积水沼泽的冻解状况有很大差异。沼泽地的草根层、泥炭层和苔藓覆盖层愈厚,下层土壤的冻结过程也愈缓慢,冻结深度就愈小。常年积水沼泽比季节积水沼泽冻结要迟,冻结速度也慢。就东北地区来说,沼泽地冻结与解冻日期比其他土壤可延后1~2个月,甚至在盛夏,沼泽地一定深度仍有冻层存在,严重影响地表水的下渗,促进沼泽的形成和发育。

沼泽地的冻结和解冻迟缓,与沼泽土壤的水热特性及土壤温度的变化有关。沼泽土壤一般具有一定厚度的疏松草根层、泥炭层和藓被层,这些层次的容重小,孔隙度大。与其他土质相比,沼泽土壤的热容量大,导热率低,因此沼泽表层所获得的热量不易向下传递,土壤表层温度变化较大,下层温度变幅迅速变小。在60~80厘米处,一昼夜间的温度变化相当小。由于沼泽土壤温度不易上升,也不易下降,致使沼泽地冻结和解冻较一般土壤迟缓。甚至盛夏,在土壤的一定深度还有冻层存在。

六、奇特的食虫植物

在泥炭藓沼泽中常常可以见到一种能吃虫子的植物——食虫植物。这类沼泽靠大气降水补给,生长着贫营养的泥炭藓和棉花莎草等植物,由于土壤(泥炭层)中缺乏植物能吸收的无机养分,生活在这类沼泽中的一些植物不得不靠捕捉昆虫,通过肉食摄取氮、磷、钾。这些植物生长有特殊的捕捉昆虫的“器官”。如狸藻在水中的茎上生有圆形的捕虫囊;茅膏菜圆形叶片的边缘密生有长腺毛。这些特殊的“器官”将昆虫捕获,再通过植物体内分泌的液汁,将昆虫消化、吸收以维持生活。

七、具有旱生植物形态结构

沼泽中的一些植物,具有旱生性形态结构。也许人们会感到奇怪,沼泽本来是湿生或多水环境,为什么出现这种现象呢?在发育较重的泥炭藓沼泽中常常生长着狭叶杜香、越橘柳、甸杜、笃斯越橘等灌丛,植株矮、叶片小,革质、角质层厚,多呈灰绿色,有的叶背面长有灰白色绒毛;草本沼泽中的乌拉苔草、毛果苔草等叶缘曲卷,叶片纤细,且具光泽,这些都是旱生形态结构,用以减少叶面的水分蒸腾。沼泽植物旱生形态结构构形成与沼泽特殊环境是分不开的。我们知道，泥炭是松软的植物残体堆积物，特别是藓类泥炭更疏松，蓄水能力强，雨前或降水以后，泥炭及其藓层达到饱和状态，水分充足，可是长时期不下雨，藓层水分蒸发，加之重力所产生的侧流，水位降低。因此，不能经常保证植物需水要求；泥炭具有热容量大，导热率低的特点，所以冻结的泥炭层很难融化，在中国北方沼泽中有季节冻土和永冻土的存在，也影响植物根茎吸收水分；泥炭沼泽中水质多呈酸性，特别是藓类沼泽，酸碱度更低，腐殖酸含量高，也制约着水分的吸收。这样，尽管沼泽水分丰富，但对一些植物来说也难以满足生育期的需要，出现了生理性干旱。这就是为什么沼泽中有些植物具有明显的旱生形态结构的缘故。

八、特有的微地貌

沼泽中有许多密丛型根茎草本植物，如莎草科苔草属的许多种苔草，具有特殊的无性繁殖能力，它们有很强的分蘖能力，分蘖节逐年上升，并从分蘖节的地方再生出新的枝条，以适应空气不足和避免由于土层淤积埋没植物体而死亡，这样年积月累，死亡的根茎残体和活的根系盘根错节，交织在一起，形成草丘。在东北地区沼泽的边缘，以及流速缓慢的沼泽性河流的岸边，经常看到苔草形成的彼此孤立的草丘，每平方米 3~5 个，有的地段密度更大，以河边的草丘最高，可达 50~70 厘米；青藏高原沼泽区，嵩草形成的高大草丘，大多彼此连接成垅网状；新疆天山中部大小尤尔都斯盆地的沼泽，地表也有草丘分布。由此可见，沼泽植物形成草丘是对沼泽环境的适应，草丘微地貌是沼泽植物长期适应特殊环境的产物。

丰富的沼泽资源开发

中国是世界上沼泽类型最多的国家之一，虽然分布的面积不占首位，但沼泽蕴藏的资源却很丰富。旧社会由于生产力低下，把沼泽看成“无用之地”，沼泽资源基本没有得到利用，新中国成立后，随着国民经济的不断发展，沉睡的沼泽荒原才被唤醒，丰富的资源逐渐得到合理利用，在社会主义建设事业中将发挥重要作用。

一、未来的耕地

中国是一个山地多平地少的国家，据统计，山地丘陵（含高原）占 2/3，而耕地面积仅 14.36 亿亩，占全国总土地面积的 10%。如果按人口计算，平均每人只有 1.2 亩多。像中国这样一个人口众多的大国，要满足人民生活必需的粮食和经济作物，除提高现有耕地的单位面积产量外，还必须适当扩大耕地面积。然而，中国开发历史悠久，对土地资源的利用已比较充分，可供再开发的好土地基本没有了，必须创造条件向其他类型的荒地索取耕地。

中国沼泽约1.7亿亩，占现有耕地面积的1/10多，是中国主要荒地类型之一，也是可供开垦的主要对象。开垦沼泽地比开垦其他类型的荒地容易，而且还具备许多有利条件：第一，沼泽大部分发育在广阔的阶地和河漫滩，坡度小，切割微弱，开垦后很少水土流失；地面平整、集中连片的沼泽，开垦后适宜机械化作业和水利工程的建设，又便于经营管理和规划治理，很适合建立大型国营农场。第二，水源充足，不论地表水还是地下水，都比较丰富，开垦后作物需水能得到保证。第三，土壤潜在肥力高，有机质含量丰富，开垦后营养成分逐渐释放，能不断满足作物生长发育的需要。此外，开垦沼泽地还不与林牧业争地。这些都是作为耕地的基本有利条件。但是，也应当看到，中国沼泽类型多，受区域自然条件的限制，沼泽的利用存在着明显的差异，并不是所有的沼泽都适宜开垦为耕地，只有那些积水不深、易于排水的潜育沼泽和薄层泥炭沼泽才是开垦的对象。

长期的生产实践，中国劳动人民在改造利用沼泽方面积累了不少经验，特别是近年来许多地区对沼泽的改造取得了很好效果，昔日的沼泽地今天有些已变成稳产高产田。如江苏北部里下河地区，在历史上为大片沼泽区，由于地势低洼，河水排泄不畅，地下水位很高，加上海水入侵，大量土地沼泽化而不能利用。解放后，兴建了一系列水利工程，基本控制住河水泛滥和海水入侵，一些沼泽化土地和沼泽得到改造。近期采取了联圩并田，降低地下水位等措施，大片沼泽已改造成旱涝保收的高产田。排水实在困难的一些沼泽，仍采用垛田的办法垛上种田，周围水域进行养殖，使土地资源得到充分利用。又如辽宁省盘锦地区，有历史记载以来即是大片芦苇沼泽区，近些年来，大兴灌溉水利工程，许多芦苇沼泽被垦为农田种植水稻，致使芦苇沼泽由原来的150多万亩减少至80多万亩，所以今日的盘锦已不是过去所称的“东北地区的南大荒”，而是稻田遍布，绿浪滚滚，呈现一派欣欣向荣景象的辽宁省主要粮食基地。

需要提出的是黑龙江省的三江平原沼泽区，沼泽面积近2000万亩，还有1500万亩左右的沼泽化荒地，是中国荒地资源多，质量好，适宜扩大耕地面积，发展农业种植的理想地区，目前国家已决定进一步开发三江平原，建设成为商品粮基地。

三江平原适宜开垦的主要对象是沼泽化荒地和一些苔草—小叶樟轻沼泽。本区具有发展农业生产比较优越的自然条件。从农业气候来说，光照充足，日照时间长，光能生产潜力大，生长期气温高，无霜期一般在120天以上，热量条件完全满足主要作物小麦、大豆的生长要求，中早熟品种的水稻也能种植；雨量充足，生长期降水量达250~500毫米，有效降水多，基本保证作物生长的需水要求。从地貌条件来看，平坦辽阔，为大规模实行机械化作业和进行农田基本建设提供了有利条件。沼泽化荒地和一些轻沼泽的土壤多为潜育草甸土、草甸沼泽土或腐殖质沼泽土，有机质含量高，矿物质营养丰富，吸收代换能力较强，土层较厚，经改造后是肥力较高的土壤。目前已经开垦了大量的沼泽化荒地和部分沼泽地。如富锦市一村开垦了240亩苔草—小叶樟沼泽，在草甸沼泽土上直播水稻，亩产达480斤；密山市东鲜大队 1973 年对泥炭沼泽采取掺沙改土,当年水稻亩产 590 斤,1974 年亩产 622 斤,近年来,由于加强了稻田的田间科学管理,产量大幅度增加,如黑龙江省东北部的同江县金川乡,地处寒区,1990 年在新开垦的 2000 亩苔草沼泽地上种植水稻,亩产高达 800 多斤。

开垦沟谷沼泽扩大耕地面积,对山区建设和保护生态平衡更具有重要意义。山区耕地少,粮食往往不能自给,过去多砍伐森林开垦山坡地,造成水土严重流失,产量愈来愈低,破坏了生态平衡,而许多盆谷地中的平坦地段却为沼泽所占据。因此开垦沟谷沼泽,山坡地退耕还林,是改善森林生态环境,增产粮食的关键。开垦后的沼泽地土层厚,肥力高,加上水源充足,作物产量很高,群众称为"子孙田"。如大兴安岭布特哈旗中和乡一村在沟谷滩地沼泽挖沟排水后植大田作物,亩产达 600 斤左右,远远超过坡耕地的产量。值得提出的是,沼泽湿砘具有发展水稻种植的优越条件,如土质粘重不易渗水;沟谷和平原区沿河两岸的沼泽有水源保证等。所以近年来,对沼泽地的开垦已由过去的排水疏干垦作旱田,逐渐转向发展水田,大量种植水稻,保持了原来的湿生环境,对维护区域生态平衡起到良好作用,这是充分合理利用沼泽湿地的有效途径。对高原沼泽也在探索改造途径。四川省红原县龙日农场在沼泽地开沟排水,试种油菜获得成功,并取得了较好收成。这些事实充分说明,沼泽化荒地和一些沼泽,经过改造是可以变成良田的。

二、广阔的草场

沼泽不仅可以提供大量的土地开垦为耕地发展农业,而且生长着牲畜可食的多种植物,也是发展牧业的良好场所。

中国大部分沼泽是莎草科为主的草本沼泽,从饲用价值来说,低于禾本科为主的草甸和草原,但是沼泽中有许多植物牲畜可食,有些植物营养成分高,适口性好,牲畜最喜爱吃。根据中国主要沼泽区的几种沼泽牧草分析,它们的营养成分都不低。紫苜蓿、羊草是东北草原的优良牧草,是牲畜喜食的精饲草。沼泽中虽然没有这些牧草,可是若尔盏高原沼泽的藏嵩草、木里苔草、金莲花,西藏高原沼泽的大嵩草,三江平原沼泽区的小叶樟等,所含营养成分都可以与羊草和紫苜蓿相媲美。从中营养成分的对比分析来看,粗脂肪含量都远远超过紫苜蓿和羊革,只有小叶樟的含量比羊草略低;粗纤维含量除大嵩草较高外,其他牧草与羊草近似或稍低,比紫苜蓿稍高;粗蛋白含量藏嵩草、木里苔草、小叶樟超过羊草,仅大嵩草,金莲花稍低于羊草。由此可见,有些沼泽植物的营养价值很高,是可以作为牧场进行放牧的。

沼泽区的植物覆盖度很高,据调查一般达 60%~70%,有的高达 80%~90%。上述植物多构成一些沼泽的优势种,出现的频度大,生长茂密,分布均匀,产草量高。若尔盖高原可利用的沼泽牧场,每亩平均产鲜草 1050 斤,三江平原可利用的沼泽化草甸和沼泽草场的小叶樟群落,每亩平均产鲜草 1400 多斤,青藏高原大嵩草沼泽的产草量,虽然受高寒自然条件限制,每亩平均只有 330 多斤,但较高山嵩草草甸和紫花针茅草原的产量要高 3~10 倍,这对发展牧业生产,增加载畜量,提供了丰富的饲草资源。

沼泽植被在高原地区还具有返青早,生长期长的优点,尤其是大嵩草、藏嵩草、驴蹄草萌发期更早,以若尔盖高原为例,亚高山草甸 5 月中旬开始萌发,到 9 月初枯萎,草场放牧时间仅 100~150 天,而沼泽植被在 4 月初便发芽生长,比亚高山草甸植物提前1~1.5个月。青藏高原也是这种情况,大嵩草沼泽比高山嵩草草甸萌发期要早,对解决高原春季缺草和育肥冬季消瘦的牲畜起重要作用。

当然,沼泽作为牧场也有不利条件,植物种属较少,牧草多为禾草和莎草科植物,豆科植物很少,水分过多,蚊、蝇,细菌滋生,牲畜多患疾病,因此必须改造沼泽,疏干地表积水,为牲畜创造适宜的环境条件。另外,生境条件的改变,大量中生植物随之侵入,禾本科植物增加,营养丰富的豆科植物也逐渐生长,牧场质量提高,草场和割草场必然扩大,所以排水是改造沼泽牧场的关键。

中国沼泽牧场主要分布在下列地区:

(1)青藏高原牧区,是中国主要牧区之一,据调查,西藏沼泽草场占草场总面积的6.7%,青海沼泽草场占草场总面积的 12.8%。由于地势高亢,平均海拔 4500 米以上,除东南部受印度洋吹来的湿润气流影响,形成亚热带湿润气候外,绝大部分地区气温低,降水少,湿度小,气候干寒,植物生长期短,无霜期只有几十天。这样的环境条件,对植物生长发育十分不利,所以牧草长得稀疏、矮小,如高山嵩草草甸,草层高度仅 3 厘米,单位产草量很低,牧场的载畜量受到限制,尤其进入冬季,甚感饲草不足,如遇雪灾,饲草更加缺乏,常造成牲畜大量死亡。然而,在高原上的沼泽区却是另一番景象,夏季水草茂盛,绿草茵茵,在一些轻沼泽地带,牛马成群,绵羊结队;冬春季节,沼泽草场因草量多,仍为高原上最主要的放牧场,特别是大嵩草为主的沼泽草场,春季具有返青早,生长期长,产草量高的特点,多为接羔育肥草场和抗灾草场,对牲畜越冬度春有很大经济意义,所以群众把大嵩草称为牲畜的"救命草"。大嵩草 20 厘米,有的高 30 厘米,一般亩产鲜草 300 多斤,在藏南水热条件好的地方,亩产可达 600~800 斤,既是高原上的主要放牧场,又是冬贮饲草的割草场。大嵩草沼泽草场的生产潜力很大,那曲县红旗乡在 150 亩水源不足的沼泽草场进行灌溉,当年产草量就增加了 1~2 倍,所以充分利用沼泽草场资源是青藏高原牧业发展的重要途径。

(2)若尔盖高原牧区。据调查统计,若尔盖和红原县有草场 1800 多万亩,其中沼泽草场就占 600 多万亩,由于本区牧业发展很快,仅若尔盖县牲畜头数已超过 90 多万,草甸草场多已超载,现有牧场远远满足不了需要,所以改造沼泽扩大牧场已是当务之急。

据调查,沼泽中有 17 种植物牲畜喜爱吃,所以有螳沼泽很早就自然成了大牲畜牦牛和马的放牧场,羊因环境过湿,放牧受到很大限制,常得传染病,躯体瘦弱,甚至造成大量死亡。如果疏干沼泽,优良牧草增加,既扩大了牧场,又改善了环境,减少或消除传染病源地,牲畜健康将得到保障。

为了缓和日益发展的草畜矛盾，近些年来，当地人民开展了改造沼泽，扩大草场的试验研究。四川省草原研究所在龙日坝附近的阶地沼泽挖沟排水和采取其他排水措施，沼泽植被发生了较大变化，嵩草属植物增多，禾本科植物也显著增加，草场质量逐渐提高，小牲畜也可进入草场放牧了。红原县瓦切乡的干部和群众，斗风雪战严寒，向面积约 30 万亩的日根沼泽进军，挖沟排水，不到两年就开出 800 里长的沟渠，使近 10 万亩的沼泽得到了改造，扩大了牧场，促进了畜牧业发展。他们还进行科学试验，在草地上种青稞饲草和油菜，获得初步成功。青稞生长良好，可做牲畜越冬度春的精饲草，油菜亩产菜籽 150 斤。

(3)三江平原也具备发展牧业的有利条件。本区植物资源丰富，天然草场辽阔，草甸、沼泽化草甸，以及一些轻沼泽都可作为放牧地。据调查，从沼泽和沼泽化草甸草场就达 3000 多万亩。小叶樟是本区主要野生牧草，营养丰富，适口性好，群众把它称为“羊草”。它的植株高大，平均高度在 1 米以上，而且覆盖度很高，生长茂密，产草量很高，亩产鲜草 1400 多斤。小叶樟在不同的生长期，其利用价值是不一样的。抽穗前，营养体鲜嫩，是牲畜适口性最好时期，适宜放牧，如果割晒贮存起来还可做冬季饲草。花期和结实期，粗纤维增加，适口性变差，就不宜放牧了。小叶樟是多年生禾本科植物，萌发前烧荒可促进发育生长，群落纯净，长势很好，在抽穗前割倒再进行烧荒，新长出来的第二茬小叶樟又是夏秋季节的最好牧场。

三江平原除了小叶樟外，还有一些苔草属植物，抽穗前茎叶青嫩，可作为牧草。

三江平原的自然条件和草场资源，应该说比青藏高原优越得多，丰富得多；但畜牧业所占比重很小，这种情况不仅反映了农业结构的不合理，也是对资源的极大浪费。党中央曾提出应充分利用自然资源大力发展养牛业，三江平原沼泽区的自然条件非常适合，它将发挥自然资源潜力，向国家提供肉、乳、皮、畜产品，还能为本区农业提供大量有机肥料，对改良区内的低产土壤——白浆土，提高土壤肥力，促进农业进一步发展具有重要作用。

三、鸟的乐园

多水和过湿的自然环境，不仅使植物具有独特的生态特征和生理结构，生长发育了湿生一沼生植被，而且受自然条件的限制，动物种群也比较贫乏，唯鸟类繁多，因为水草丛生的沼泽环境，为各种鸟类提供了丰富的食物来源和营巢、避敌的良好条件。

在春光明媚、绿草茵茵、百花争艳的季节，成群的水鸟，包括许多珍禽，纷纷来到人烟稀少、草高水丰的沼泽区生儿育女繁育后代。据不完全统计，生活在沼泽地区的鸟类大约有 15 科，160 多种。它们当中，有的营巢于沼泽地，利用芦苇、菖蒲、灯芯草、苔草、水木贼以及其他水草，在河湖岸边的草滩、草丛或草茎上筑巢，有的栖息于树林或较干燥的地方，飞翔于沼泽地带觅食。在阳光融融的白昼，各种鸟类有的翱翔于天空，有的嬉戏在水中，就连朝阳初露的清晨和落日余晖未尽的黄昏，也有鸟类出来活动,所以春夏的沼泽区真是充满生机的鸟的乐园。

沼泽地区的鸟类虽然习性各异,但都有适应多水或泥泞环境的特点。有些鸟类趾间生长着各种形状的蹼膜,善于游泳;有些鸟类嘴长、腿长、脖颈长,以利在泥泞和草丛中自由走动和觅食;有的能久立水中达几小时"守株待兔",等待着浮游小生物的到来。沼泽区的鸟类绝大部分是候鸟,冬去春来,随季节迁徙。中国东北地区纬度较高,夏季日照时间长,对鸟类的活动和繁殖更为有利,所以每当春天来临.冰雪消融,地面披上绿装的时候,它们成群结队从遥远的南方长途飞翔来到水草丰盛的沼泽地带安家。

沼泽区的鸟类是宝贵的动物资源。其中许多种是可供食用的野味上品,肉质鲜美,营养丰富,如天鹅、鸭类、鹤类、雷鸟、白骨顶和鹬类等;一些鸟类的羽毛质轻柔软,富于弹性,保温好,是优良的御寒填充料;有的羽毛色泽艳丽,光彩夺目,是上等装饰品。此外,象征爱情的鸳鸯、头顶"红宝石"的仙鹤、体态文雅的天鹅、白衣仙子般的白鹳,以及美丽的罗纹鸭、绿头鸭等,又是人们熟知的观赏鸟类,在动物园或公园进行饲养供人欣赏,增添了游览场所的内容,又丰富了人们的文化生活。

鹤 是人们熟知的一种涉禽,在中国大约有9种之多,占世界鹤类的2/3。其中丹顶鹤最为出名,是中国主要珍禽之一,也是国家一类保护动物。它全身洁白,唯有头顶裸露着一块朱红,因此得其美名为丹顶鹤。古时候,人们遐想它是"神仙"的座骑,故又叫仙鹤。画家们常把松鹤绘在一起,作为松柏常青,延年益寿的象征,殊不知丹顶鹤是沼泽地的珍禽,并不是栖息在森林中的鸟类。

丹顶鹤3月份由南方飞来东北,以家族的形式成小群或成对地生活在芦苇及其他草丛的沼泽地带。早晨或傍晚出来觅食鱼类和乌拉苔草、芦苇、三棱草等嫩芽。巢筑于周围环水、高草密布的浅滩上,用芦花、乌拉苔草等铺垫,柔软舒适。幼鹤在5月下旬孵出,随同亲鸟漫游于浅滩或浅水中,觅食昆虫、鱼类和各种草的嫩芽,到9月末能独立生活,10月下旬随同鹤群离开孵育的地方,飞向长江中下游的江苏、浙江、安徽等地越冬。

还有一种珍禽名叫黑颈鹤,是鹤类中唯一的高山种,繁殖在海拔3500~5000米的山地、高原沼泽区,主要分布在我国青藏高原,四川省西北部的若尔盖高原招泽区也有它们的足迹。黑颈鹤体部洁白,只在脖颈上有黑色羽毛,犹如围上黑色的围巾一样,故而得名。在夏季的青藏高原和若尔盖高原沼泽区,常常看到成群成对的黑颈鹤在湖畔或草丛中觅食,有时飞翔在沼泽区的上空。秋风劲起,它们就飞往暖和的云南、贵州等地越冬。黑颈鹤也是珍禽,比丹顶鹤更稀少,是国家重点保护的鸟类。

鹭 广泛分布于全世界,据统计有59种,我国就有20种,如苍鹭、白鹭、草鹭等,是典型的沼泽草甸中的鸟类。

苍鹭是鹭类中最大的鸟,它同鹤一样,具有嘴脚、颈长的特点,很适宜在沼泽地行走和觅食。苍鹭体态轻瘦,喜寂静,有耐性,常在晨昏出来活动。为了捕食,往往在沼泽地或河湖浅水带站立数小时之久,耐心等待鱼、虾及其他水生小动物的到来，所以群众叫它“长脖老等”。它营巢于大树上，觅食于沼泽和河湖岸边。在中国，从东北地区到海南岛，从沿海到西藏高原都有分布。

野鸭 种类很多，全世界有145种，其中有44种见于中国。野鸭性喜群聚或成对生活，特别是迁徙时常成群结伙活动。它们栖息在水草丛生的河湖岸边或沼泽地，以各种草类和自身脱落的羽毛筑巢，利用茂密的植物把巢隐蔽起来，以防范敌害。有少数野鸭能筑精巧的巢，但并不把它隐藏起来。也有的野鸭利用洞穴或鸟巢辅以羽毛，作为自己的窝。平时喜在各种浅水中游动，有的白天休息，夜间出来觅食。鸭类多为杂食，草类种子、水生植物、藻类、昆虫、贝类、软体类，以及其他小型动物都是觅食的对象，有时也吃小鱼、虾和农作物。

野鸭种类多，数量大，是特别有经济价值的鸟类，肉、蛋可食，羽毛柔软，可作为被褥、衣服的填充料和装饰用羽，是我国主要狩猎对象。

天鹅 属鸭科，是一种大型野禽，一只天鹅可重十几斤。常见的天鹅有3种，即大天鹅、小天鹅和哑声天鹅。春天它们从长江以南经华中、华北、东北南部，来到边远的黑龙江和新疆等地的沼泽区繁殖，栖息在河流或湖沼地带，觅食水中的小动物、水生植物和莎草科的瘦果、香蒲和禾本科的根茎等。

四、特有的药用植物

在中国丰富多彩的药用植物宝库中，有许多中草药材是从沼泽和沼泽化草甸上生长出来的。据初步统计，约有250多种。这些药用植物，就其数量来说虽不及草原和森林之多，但只能在沼泽或沼泽化生境中才能找到它们，所以沼泽和沼泽化草甸也是中国药用植物的生产基地之一。

沼泽植物生长在多水或土壤过湿的环境中，靠种子来传宗接代是比较困难的，主要用根茎来繁殖。因此，有些沼泽药用植物的根茎比较粗大肥厚，增殖能力很强。如芦苇根茎一般为1~2厘米，最粗可达4厘米。中草药中的芦根，就是将芦苇的地下根茎挖取洗净、晒干而成的。它含有天门冬酰胺、蛋白质和糖类，具有利尿、解毒、清凉镇呕的作用。泽泻也是有名的中药材，为多年生沼泽植物，地下有球状块茎，直径可达4~5厘米，据分析块茎含淀粉23%，蛋白质7%，树脂及灰分14%。块茎入药有利尿消肿的功效。利用肥大根茎入药的还有菖蒲、黑三棱、香蒲、菰等。

以全草入药的种类最多。以三江平原沼泽中的中草药为例，全草入药的占该区中草药总数的54.8%。如睡菜为龙胆科的多年生草本植物，植株高度20~30厘米，根生叶，具有长柄，三出复叶，开白色小花。夏季采集鲜叶晒干备用，有健胃消食、美心安神的功能，果实具有催眠作用，睡菜即由此得名。山梗菜，又叫半边莲，也是沼泽地的一种药用植物，属桔梗科多年生草本，与南方的半边莲同属，花冠唇形，深蓝色。据《植物名实图考》记载：“其花如马兰，只有半边，俚医亦用之。”可见民间已用很久了。山梗菜在开花期采挖，全草可入药，具有散淤解毒作用，可外用防治毒蛇咬伤和消肿，故有“识得半边莲，不怕同蛇眠”之说。此外，全草入药的还有东北沼萎陵菜、狭叶泽芹、藤草、茅膏菜、驴蹄草等。

在积水较深的地段，还经常伴生有水生药用植物。如槐叶萍、两柄蓼、萍蓬草、睡莲、莲叶荇菜、眼子菜和菱等。

沼泽中木本药用植物以东北山地森林泥炭藓沼泽中的笃斯越橘为代表，属于杜鹃花科的落叶小灌木，高 50～60 厘米，互生的小叶呈倒卵形或椭圆形，表面绿色，背面灰绿色，花绿白色，结蓝紫色圆形浆果。叶片可入药，浆果是酿酒的上好原料。此外，在泥炭藓沼泽中还广泛分布着芳香植物细叶杜香，高 50 厘米左右，多分枝，叶线形，具革质，表面深绿色，背面有褐色绒毛。嫩枝、幼叶及花序上有黄色粒状腺体，散发浓郁的香味，所以走近生长有细叶杜香的沼泽，顿感空气清新，香气袭人。据化验分析，仅叶就含有 20% 的芳香油，故叶、枝、花、果均是提取芳香油的原料。

沼泽地的药用植物生长比较集中，有的种类呈大面积分布，形成单一的优势种。如在三江平原沼泽地的植物样方调查中，1 平方米内就有睡菜 13 株、东北沼萎陵菜 10 株、驴蹄草 8 株、球尾花 5 株。这对采集和收贮是非常有利的。

由于沼泽地处偏僻，交通条件差，药用植物资源没有得到充分利用。随着中国各项自然资源的开发，它将为我国的医疗事业做出贡献。

五、造纸原料基地

沼泽中生长着丰富的野生纤维植物，特别是芦苇，很早以来劳动人民就用于编织和作为建筑材料。随着科学技术的进步，它的用途愈来愈广，经济价值也愈来愈高，是中国今后应大力发展的资源植物。

中国约有芦苇沼泽 1000 多万亩，芦苇产量达 140 多万吨。芦苇茎秆中含有丰富的纤维，可达 51.78%，与木材的纤维含量近似。纤维质量好，中国各地芦苇纤维平均长度为 1.5~2.0 毫米，宽度为 14～18 微米，接近阔叶树种的纤维长度。据研究，生长较好的芦苇，每亩可提取纤维 500 多公斤，所以是造纸工业的良好原料。生产实践证明，用芦苇能制出很好的凸版纸和各种类型的纸张，每生产 1 吨纸约需 2.1~2.3 吨芦苇，或 5 立方米木材。

许多资本主义国家的制浆造纸工业，多以木材纤维为主。中国受封建主义和帝国主义的长期统治和对自然资源的残酷掠夺，森林遭到严重破坏，成为世界上森林覆盖率很低的国家，林地面积只有 18.7 亿亩，占总土地面积的 13%，远远满足不了国民经济建设中多方面对木材的需要，更不能把大量木材用于造纸。所以新中国成立以来，中国造纸工业原料的构成，根据资源条件，长期以来一直遵循“以草为主，草木并举”的方针。以 1978 年全国造纸工业使用的原料为例，草浆占 56.8%，其中芦苇占了 14%。

芦苇和树木一样，都属可更新资源。但生长周期不同，针叶树成材一般得几十年才能采伐，阔叶树虽较针叶树长得快，也得十几年才能使用。如大兴安岭林区，每亩针叶林的木材蓄积量只有 7 立方米，可造纸 1.2 吨，而芦苇栽种容易成活，几年后就可形成茂密的苇塘，一年一收，每亩 30 年的累计产量可造纸 5.2 吨，超过针叶林 3~4 倍。如果是高产苇田，还要多于这个数字，难怪有人把芦苇称作"中国的第二森林"，是长期受益、永续利用的理想造纸原料。

中国的草类纤维植物种类繁多，蕴藏丰富，为造纸工业的发展提供了有利条件，但是草类纤维植物分布分散，集运困难，质量混杂，产量不稳。芦苇却具备其他草类纤维植物难以具备的优点：第一，芦苇大多呈纯群落生长，资源比较集中，产量高，水陆集运方便，更利于加工储存；第二，芦苇为多年生植物，从栽种到形成茂密的苇塘只需几年，所以投资少，见效快，收益多；第三，芦苇适应环境的能力很强，比其他经济作物和农作物耐盐碱。更重要的是不占用良田，不与农牧业争地，利用淤滩、荒洲、海涂和常年积水的低洼地都可种植。因此，保护已有苇田和扩大芦苇种植，提高芦苇产量的潜力是很大的。

中国芦苇资源过去存在的问题是单位面积产量不高，利用多，管理少，许多苇塘还处于自生自灭状态。另外，片面强调粮食生产，毁苇开荒，使芦苇面积大大减少，产量愈来愈低，实际工业用苇比重很小。所以应充分利用自然条件，有计划地发展芦苇，加强管理，提高产量，以保证造纸工业的需要。目前，中国许多地方已开始注意保护芦苇资源，并开展了人工育苇，扩大苇田，提高产量的试验研究，取得了一定成绩。例如洞庭湖周围生长茂密的芦苇，过去围湖造田，毁苇开荒，使芦苇资源遭到严重破坏，而粮食产量又不高，降低了人民的生活水平。深刻的经验教训使人们认识到必须因地制宜地利用土地资源，才能获得好效果。经过几年来的努力，恢复并扩大了苇田面积，产量大大提高，人民收入增加，生活显著改善，并保证了造纸原料的供应。丹东造纸厂加强东沟和孤山子两地芦苇沼泽的管理，进行控制芦苇生境条件的试验研究，对退化芦塘进行了一系列田间措施和水利工程建设，使芦苇每亩产量由过去的 100 多公斤增加到 300 多公斤，基本满足了丹东造纸厂对原料的需要。盘锦地区也进行了大规模的田间管理和人工培育的试验研究，并取得了可喜成果。

国外的先进经验表明，要使造纸工业稳固发展，必须建立原料生产基地。

中国曾建立过一些芦苇生产基地，但由于认识不足，管理不善，效果并不显著，有些苇塘甚至出现严重退化现象。因此，必须改变只割不育，只用不管的落后状况。要采取有效管理措施，建立永久性的科学管理的稳产高产的芦苇生产基地，为造纸工业提供足够的纤维原料。

六、最年轻的煤——泥炭及其利用

地质考察证明，煤是由泥炭被深埋地下，经历了漫长的地质时期，在温度、压力不高的条件下逐渐转变而成的。所以从成煤的角度来说，泥炭是最年轻的煤。

泥炭又叫草炭、泥煤，是沼泽环境特有的产物。在多水的嫌气条件下，死亡后尚未完全分解的植物残体,年积月累堆积地表,形成较厚的松软的有机堆积层。在自然状态下,它含有大量水分,其固相物质除了植物残体和完全腐殖质化的黑色腐殖质外,还含有泥沙。国外的学者认为泥炭的有机物质部分应超过50%。根据中国情况,有机质含量达30%以上的土壤就可称作泥炭了。依据泥炭的蕴藏形式可分为表露泥炭和埋藏泥炭两种:现代泥炭沼泽中仍在不断堆积的泥炭,叫作表露泥炭;沼泽已消亡,堆积的泥炭被泥沙埋于地下,叫作埋藏泥炭。泥炭是一种宝贵的自然.资源,具有广泛的利用前途。

1.泥炭的分布

中国是世界上泥炭资源比较丰富的国家。据调查,泥炭储量达50多亿吨(烘干重),其中表露泥炭占80%,埋藏泥炭占20%。泥炭分布很不平衡,总的分布规律是北多南少,东多西少;表露泥炭主要分布在高寒山区和高原,埋藏泥炭多分布在东部堆积平原。集中分布在下列几个地区:

(1)东北地区泥炭分布区　主要分布在小兴安岭和大兴安岭北部以及长白山地区。由于山区气候冷湿,水源丰富,土壤冻结期长,所以在沟谷、滩地、阶地、熔岩台地,甚至山地缓坡、平坦的分水岭,多发育现代泥炭沼泽,堆积了不同厚度的泥炭层。在海拔500米以上的山地,多木本—草本—藓类沼泽,堆积了木本、草本藓类泥炭,厚度不大,一般为0.5~1.0米;在500米以下的沟谷和河谷地区,以及部分熔岩台地广泛发育了草本泥炭沼泽,堆积了苔草或苔草—芦苇泥炭,厚度一般为1~2米,也有达5~6米,甚至有10米多的。在三江平原,虽然沼泽面积大,但因气候具有多年干湿交替变化的规律,在干旱年份,沼泽水分消失,处于好气环境,植物残体易于分解,所以形成无泥炭的潜育沼泽。只在一些河流滩地、旧河道和阶地上水源补给稳定的深洼地发育了泥炭沼泽,泥炭一般厚达1米左右。如黑龙江的古河道水城子地区,浓江上游的深洼地,完达山南北麓的一些河流滩地,以及兴凯湖滨。另外,在辽宁省沿海地带还分布有埋藏泥炭,面积不大且不厚。

(2)青藏高原泥炭分布区　泥炭沼泽主要分布在高原东部,尤以若尔盖山原最为集中。泥炭层几乎覆盖了山原平坦的宽谷,一般厚约2~3米,最厚可达10米,总面积450万亩,储量为20亿吨左右,主要为苔草、嵩草泥炭。在雅鲁藏布江上游的仲巴,拉萨河流域的羊八井和拉萨附近的河谷滩地、阶地,大都有泥炭堆积,一般厚达1~2米。而藏北的那曲市,泥炭地面积约有100万亩,但因气候比较干寒,泥炭层只有0.5米左右。长江、黄河区源、青海湖周围也是泥炭沼泽发育的地区。

(3)北疆泥炭分布区　分布在阿尔泰山、天山以及山麓地下水溢出带,尤以焉耆盆地的博斯腾湖区最为集中。阿尔泰山区气候较冷湿,在冰蚀或冰碛湖盆洼地以及河谷发育了泥炭沼泽,泥炭厚度0.5~1.0米,有的厚达2米,为苔草泥炭;天山中部的大小尤尔都斯盆地主要是草甸草原,只在开都河沿岸局部有泥炭沼泽发育,泥炭层不厚,仅0.5~1米;开都河流出天山进入焉耆盆地后,在博斯腾湖西部形成大片芦苇沼泽,堆积了厚约1~2米的分解很差的芦苇泥炭,储量达2.9亿立方米。另外,在天山南、北麓,阿尔泰山南麓冲积—洪积扇缘地下水溢出带,也断续分布着小片芦苇泥炭沼泽，泥炭层仅0.5米左右。

(4)云贵高原泥炭分布区本区　主要是埋藏泥炭，表露泥炭较少。以云南高原分布最多。滇中的洱海、滇池湖滨地区以及河流形成的宽谷，有1米左右的泥炭层；滇东，滇西北山区的盆谷地，泥炭厚达2米左右。贵州高原主要分布在草海周围；高山区还零星分布着现代泥炭沼泽。

(5)沿海平原泥炭分布区　东部堆积平原是中国埋藏泥炭最多的地区，主要分布在长江中下游和沿海地带。长江中下游沿河两岸的漫滩地，旧河道以及湖滨，埋藏有2~3层泥炭，平均只有0.5米左右，多为芦苇和芦苇—苔草泥炭。沿海地区的泥炭主要分布在古潟湖和河滩洼地，埋深较浅，约1米左右，泥炭平均厚1米。在山地和平原接触的山前洼地带，因地下水溢出，曾发育了泥炭沼泽，堆积了1~2米厚的泥炭层，目前已被掩埋形成埋藏泥炭。

2.泥炭利用状况

中国泥炭多属中灰分、中分解、高腐殖酸、微酸性的富营养型草本泥炭。

泥炭具有多种用途，目前不仅在农业上被广泛利用，而且在工业、医药卫生、环境保护等方面也有广阔的利用前景。

(1)在农业上的利用　泥炭用于农业在中国已有悠久的历史，随着科学技术的发展，利用方式也愈来愈多，主要有下列几方面：

泥炭堆肥：在有泥炭资源的广大农村，很早以来，人们就用泥炭制造堆肥。如泥炭与粪便混合，泥炭与垃圾混合，泥炭与绿肥混合堆沤发酵，经过微生物“加工”，使复杂的有机物转化为植物可以吸收的营养元素。

泥炭圈肥：这是最早在农业上利用泥炭制肥的一种方式。分解较差的泥炭具有很强的吸水、吸气能力，利用它来垫牲畜圈，能吸附牲畜粪便散失的氨，既改善环境卫生，减少牲畜疾病，又能得到质量好的圈肥。如果把圈肥再经堆沤，肥效更加明显。

有机矿物质肥料：近些年来，许多地方用腐殖酸含量高、分解中等的泥炭与含氮、磷、钾的矿物肥料混合堆沤，制备各种有机矿物质肥料，如腐殖酸铵、腐殖酸钾，以及腐殖酸氮磷复合肥料。施用这种肥料作物都能增产，特别是经济作物，增产更为明显，一般可提高10%~30%。

营养土和营养钵：泥炭具有良好的透气、保水性能和很强的代换能力。把泥炭进行简易加工，再配以适量的其他复合肥料，可制成营养土或营养钵。中国科学院南京土壤研究所和吉林农业大学近些年来研制营养土用于蔬菜，花卉和育苗，效果都非常好。江苏省以泥炭配制的营养土与其他土壤进行盆栽试验的对比，充分说明营养土能为作物创造适宜的生活环境，促进植株的生长和发育。利用泥炭土作培养基栽培食用蘑菇，效果也很好。

(2)在饲养业上的利用　20世纪60年代，中国许多地方用泥炭发酵制作饲料养猪取得一些成果。目前，中国科学院山西煤炭化学研究所正在利用分解差、富含纤维素和半纤维素的泥炭，试验研究用酸水解泥炭，制取饲料蛋白酵母。据国外研究,在制得饲料酵母过程中,还可以得到多元醇、甘油、乙二醇、草酸、类脂物和胡萝卜素等生理活性物质,以及乙醇、糠醛。酸水解后的泥炭,含有多量的腐殖酸和木质素,可用来制造团煤粘结剂、活性炭、颗粒肥料、泥炭纤维板等。这是一种无废的综合利用途径。

(3)在能源方面的利用　中国泥炭的发热量因不同地区和不同类型而有差异。一般为16747200~20934000焦耳/千克(以有机质计),东北山区和若尔盖高原的泥炭发热量较高,多为22608720~23446080焦耳/千克。在缺乏燃料的地区,如太湖平原和安徽南部农村,广泛使用泥炭作为民用燃料。

四川和吉林等省,在沼气池中添加泥炭,与秸秆、人畜粪尿、杂草和垃圾等混合,在嫌气条件下发酵,可提高甲烷产量。沼气可作燃料,沼气液可作肥料,沼气渣可制成有机复合肥料。这样变废为宝,既解决了农村能源、肥源,又保护了环境卫生,是一项综合利用泥炭资源的好途径。

此外,东北师范大学与青岛葡萄酒厂共同试验研究,利用中国某些泥炭代替进口泥炭烘烤麦芽,试制优质威士忌酒已获成功。

(4)在建筑材料方面的利用,泥炭中含有大量的纤维素、半纤维索、木质素和果胶,经加工可制成各种建筑材料。

泥炭—木浆合成纤维板:辽宁省新宾、黑龙江省尚志和吉林省舒兰等地,利用泥炭纤维与一定比例的木浆混合,压制泥炭纤维板已初试成功,达到国家三级纤维板产品的标准。纤维板质地均匀、细致,质轻,隔音,可作天花板、间隔板等用材。

泥炭砖,泥炭瓦和泥炭保温套管:泥炭与硅藻土混合,可制成泥炭砖和保温套管。具有体轻、导热系数小、保温效率高等特点,适用于1000℃以下各种蒸汽管道与液体输送管道的表层保温,以及各种高温窑炉、锅炉墙隔热等。泥炭瓦隔热、坚固、体轻,便于安装和运输,是临时工棚、活动房屋、民房的理想屋顶建筑材料。目前,吉林省延吉市已开始试验性生产。

泥炭—塑料制品:近年来,我国北方许多省市开展了泥炭和塑料混合,制造代木制品,以节约大量木材。抚顺市利用废旧塑料与泥炭纤维混合,采用压制等成型工艺生产各种电表箱、电表盘、接线盒、包装箱、地板、家具等制品。它的刚性、硬度、压缩强度、耐热性以及温度变化时尺寸的稳定性均较强。这些产品用途广泛,成本低廉,还有利于解决“三废”。

(5)在医药卫生和环境保护方面的利用,泥炭是由植物残体及矿物质组成的,许多造炭植物本身就是药用植物。植物残体中含有丰富的葡萄糖、生物碱、氨基酸、维生素、抗生素等。用水解法就可获得葡萄糖,还可提取硫胺素(B_1)、核黄素(B_2)、维生素(B_{12})。用泥炭粉末与矿泉水混合作泥炭浴,对血液循环、风湿性关节炎等有较好的疗效。利用泥炭腐殖酸盐制作的药剂,还可治疗皮肤病、肠胃病、烧伤等疾病,具有止血、止痛、消炎、去腐生肌等作用。分解弱的藓类泥炭吸水量大.弹性好。松软,可做泥炭褥,防止患者长卧不起产生的褥疮。

泥炭具有较强的吸附能力和离子交换性能,是处理工业“三废”的重要原料。

泥炭经过加工处理和改性,可以吸附重金属离子和油类,用它净化含油废水和含重金属废水效果很好。有的单位用泥炭处理阳离子有色废水,去色率可达90%以上,还可用泥炭吸出废气及烟尘中的一些有害气体。

(6)在工业上的利用,主要是利用泥炭腐殖酸制品。腐殖酸钻井泥浆调整剂已在中国有关部门使用,对于油田深井钻探,能保证泥浆具有低失水,低切力,低黏度和抗高温等可贵性能。腐殖酸水泥减水帮已研制成功并投入生产。这种减水剂可使混凝土的和易性,强度、抗渗和抗冻性得到改善,从而节约了水泥用量,降低了建筑成本。腐殖酸除垢剂用于低压锅炉、火车头锅炉除水垢,效果显著,提高热能利用率,降低了煤耗,具有经济、简便、安全等优点。在陶瓷工业发达的江西景德镇,将腐殖酸钠掺入陶瓷泥浆中,能改善泥浆的流动性,提高产品成品率和质量。利用提纯腐殖酸作铅蓄电池的阴极膨胀剂,在中国已投入工业应用,它能提高蓄电池的低温起动性能、容量和使用时间。此外,利用腐殖酸研制的染料助剂,涂料助剂等均取得较好效果。总之,腐殖酸在工业上的应用,将愈来愈广泛。

中国的主要沼泽区

中国沼泽虽然分布广泛,但区域自然地理条件复杂,沼泽分布也具有相对的不平衡性,有些地区,沼泽比较集中,形成中国主要的沼泽区。

一、三江平原沼泽区

三江平原位于黑龙江省东北部,是由黑龙江、松花江和乌苏里江冲积形成的低平原,是中国面积最大的沼泽区。

1.三江平原区域概况

区内由北东走向的完达山脉将平原分为两部分。完达山以北的三江平原是一个大面积沉降区,盆地内堆积千米以上的沉积地层。当我们驱车行进至三江平原时,就会看到在一望无际的大平原中,耸立着一些小山丘,犹如云海中的孤岛。这里的河流多无明显的河槽,发源于山区的几条河流进入平原后漫散在平原中,形成无尾河。这些现象说明全新世以来许多地方沉降运动仍在继续进行。平原西半部海拔高度为60~80米,坡降较大,地表组成物质较粗,黏土、亚黏土层很薄,或是亚砂土、沙、沙砾层直接出露地面,沼泽及沼泽化土地面积小;东半

三江平原沼泽区

部,海拔高度一般为45~60米,坡降多为1/5000~1/10000,各种洼地星罗棋布,地表覆盖有3~17米厚的亚黏土和黏土层,渗透性差,沼泽及沼泽化土地广泛分布。

完达山以南的平原,称穆棱—兴凯平原,也为一个沉陷区,海拔高度一般为55~95米,自西向东倾斜,坡降较小,表层一般覆盖有1~4米的亚黏土、亚砂土,沼泽率也较高。

由于平原区地势低平,切割能力弱,因而河道稀疏,河网密度小。除黑龙江、松花江和乌苏里江外,有些河流发源于完达山或小兴安岭而穿行于平原沼泽之中,而有些河流则发源于沼泽洼地又流经于沼泽之中。这些中小型河流均具有平原沼泽性河流的特点,即河流纵比降小,河道弯曲,枯水河槽狭窄,河漫滩宽广,排水不畅。每年汛期,主要河流还受黑龙江、乌苏显江洪水顶托,回水距离一般为20~30公里,最长达70公里。由于洪水顶托,抬高了这些河流的承泄水位,使两岸低平地排水更为困难,促进了沼泽的形成和发展。

本区属温带湿润半湿润季风气候,光照充足,全年日照时数一般为2400~2500小时,年总辐射量100~112千卡/平方厘,年降水量多为500~600毫米,季节分配不均,年际变化较大,在一年中降水集中于夏秋,各地6~10月降水量占全年降水量的75%~85%,陆面可能蒸发量为550~650毫米。

总之,由于三江平原新构造运动以下沉为主,地势低平,土质黏重,夏秋多雨,排水不畅等多种因素综合作用的结果,在河漫滩、阶地和各类洼地上形成大面积集中连片的沼泽。根据调查和统计,本区沼泽面积达1699万亩,此外还有季节性积水的沼泽化草甸1960万亩。

2.三江平原沼泽的特点和类型

本区沼泽特点是:无泥炭积累的潜育沼泽居多;沼泽普遍有明显的草根层;以草本沼泽为主。

本区主要有如下几种沼泽类型:

(1)毛果苔草沼泽:分布在河漫滩及阶地上的各种洼地,是三江平原面积最大、分布最广的类型。一般年份地表积水大于20厘米,水化学类型为HO_3—Ca-Mg型,pH值为6.0~7.5,矿化度在50~500毫克/升之间。植被以毛果苔草为主,覆盖度50%~70%,伴生植物有驴蹄草、睡菜、燕子花。由于本区水分条件不稳定,早年积水消失,多无泥炭积累,发育为腐殖质沼泽土,表层有机质含量为10%~40%,发育在面积很小的深洼地上的毛果苔草沼泽有泥炭积累,泥炭层厚达80~100厘米,成为泥炭土。

(2)苔草—小叶樟沼泽:分布于毛果苔草沼泽的边缘和一些平浅洼地。季节性积水,一般为5~10厘米,pH值为6.5~6.7,矿化度为66~120毫克/升,水化学类型为HCO_3—Ca-Mg型。春季积水往往消失,但土壤多被水饱和。植物以臌囊苔草、灰脉苔草、小叶棒为主,伴生植物有越橘柳、小白花地榆,土壤为草甸沼泽土,表层有10~20厘米的草根盘结层,其下为20厘米左右的腐殖质层,有机质含量为10%~30%,营养元素含量丰富,是最有开垦前途的一类沼泽。

(3)漂筏苔草沼泽:分布于河床边缘,水线附近及牛轭湖等深洼地中。常年积水,积水深 20~50 厘米。水化学类型为 HCO_3—Ca-Mg 型,pH 值 6.0~6.5,矿化度 30~70 毫克/升。植物以漂筏苔草为主,覆盖度 70%~90%,伴生植物有狭叶甜茅,大叶樟、槐叶萍,草根层厚一般为 30~40 厘米,最厚达 70~80 厘米,一部分漂筏苔草沼泽有泥炭积累,泥炭层厚约 50~100 厘米,发育为泥炭沼泽土或泥炭土。由于积水较深,上层泥炭或草根层浮起,形成"浮毡"。当走进这类沼泽地时就会看到,远方地面慢慢升起,而脚下却缓缓下降,如果遇到浮毡层较薄处,就有掉进去的危险,群众称这类沼泽为"漂筏甸子""大酱缸"。

(4)芦苇沼泽:分布于小兴凯湖周围、都鲁河下游和七星河中游地区。由于水分条件的差异,芦苇长势各地不一。小兴凯湖东北部泄洪道附近的芦苇长势最好,群落纯,苇高 2.5~3.0 米,茎粗 0.5~0.8 厘米,其他地区的芦苇沼泽,由于水分不稳定或因积水过深,无排水系统,长期处于还原环境,芦苇长势不好。伴生植物有狭叶甜茅、苔草、小叶樟等。一般无泥炭累积,仅在小兴凯湖周围的一些低洼地有泥炭堆积,但泥炭中掺杂一些泥沙,有机质含量不高。芦苇沼泽多发育为淤泥沼泽土和腐殖质沼泽土。

(5)乌拉苔草—灰脉苔草沼泽　分布在山前倾斜平原的地下水溢出带和阶地上的低洼地。积水深度不一,一般为 0~20 厘米,水化学类型主要为 HCO_3—Ca-Mg 型,pH 值为 5.9~6.5,矿化度较低,为 30~80 毫克/升。植物以乌拉苔草和灰脉苔草为主,覆盖度 60%~70%,乌拉苔草和灰脉苔草形成草丘,丘高 20~40 厘米,草丘直径为 30~50 厘米,地表凸凹不平,群众称为"塔头甸子"。伴生植物有沼苔草,沼萎陵菜、臌囊苔草等,这类沼泽多有泥炭积累泥炭层厚 30~50 厘米,有机质含量为 30%~70%,形成泥炭沼泽土。

完达山南麓大王家以北及兴凯湖大湖岗与太阳岗之间的乌拉苔草—灰脉苔草沼泽,伴生有泥炭藓,局部地区有 20~40 厘米厚的泥炭藓层。沼泽中的水分被藓类吸附,水化学类型为 HCO_3—Ca-Mg-Na 型,pH 值为 5.8~6.5。沼泽植物除乌拉苔草、灰脉苔草和泥炭藓外,还伴生有细叶杜香、甸杜、越橘柳。沼泽中有泥炭堆积,泥炭层厚 20~70 厘米,发育为泥炭沼泽土和泥炭土。

3.三江平原沼泽是该区生态平衡中不可缺少的因素

三江平原开垦前,到处是茫茫无际的草甸和沼泽,素以"北大荒"著称。目前三江平原已拥有 4600 多万亩耕地,成为国家重要的商品粮基地。但是,在自然因素和人为因素的影响下,三江平原环境发生了明显的变化,北大荒那种"棒打獐子瓢舀鱼、野鸡飞到饭锅里"的沼泽荒原景象已不复存在了,并出现某些恶化现象,如气候趋干,旱灾增多;有些耕地遭到程度不同的风蚀;丘陵、阶地水土流失明显加重;珍稀动物减少等。为了防止一些不利因素的发展,应采取开发与治理相结合的方针,合理利用自然资源,建立排蓄结合的水利工程体系,用地与养地相结合,保护一定面积的沼泽。

三江平原沼泽发育于低平原上,在我国沼泽中独具特点,并有多方面作用,在水文作用方面，河漫滩的沼泽能消减洪峰，均化洪水过程。沼泽率较高的别拉洪河流域，径流自然调节系数达0.647，其调节作用与森林相当。在调节气候方面，沼泽能使其广大的毗邻地区空气相对湿度增高。沼泽还影响大气圈的气体组成，地球上的沼泽植被每年向大气圈释放 1.6×10^8 吨氧气。沼泽还有净化环境的作用，沼泽增加地表糙率，防止侵蚀作用的发展。由此看来，沼泽在生态平衡中是不可缺少的因素。

二、大小兴安岭沼泽区

大、小兴安岭位于中国东北地区的北部和西北部，这里纬度高，气温低，湿度大，沼泽分布广而集中，为中国主要沼泽区之一。大兴安岭北段沼泽率为9%，小兴安岭沼泽率为6%。

1.大、小兴安岭区域概况

大兴安岭北起黑龙江，南至西拉木伦河上游河谷，呈南北延伸，北高南低，平均海拔高度为1000米左右。山峦起伏连绵，山脊浑圆，北坡山体低而宽，顶部平缓。小兴安岭沿黑龙江西岸向东南延伸至松花江河谷，平均海拔高度700米，北部山幅宽阔，呈低山丘陵地貌。本区属寒温带和温带气候区，冬季漫长而严寒，夏季短暂而湿热，年平均气温-6～4℃；降水量400～600毫米，有80%的雨量集中在6、7、8月；年平均相对湿度北部为70%，南部减少至50%；≥10℃活动积温在1400～2500℃；区内普遍存在有冻土和季节冻土，大兴安岭北部扎赉诺尔，扎兰屯、德都、铁力一线以北形成多年冻土和岛状多年冻土。可见寒冻作用是本区气候的主要特点。冷湿的气候和冻土的存在；是本区沼泽形成和发育的主导因素；平坦的分水岭和河流上游宽坦的河谷、河漫滩、阶地，又为沼泽的形成提供了良好的空间场所。

2.沼泽的特点

(1)泥炭沼泽发育。本区泥炭沼泽占全区沼泽面积的一半以上，主要分布在多年冻土带，在平坦的分水岭及河流上游宽谷中泥炭沼泽十分发育，泥炭层一般厚0.5~1.0米，最厚可达2米。沼泽土壤中有机质含量高，一般为60%～80%，腐殖酸多为30%～40%，含氮量丰富，为1.5%～2.0%，分解较弱，pH值为4.5~6.0。

(2)沼泽类型复杂，本区除了由富营养沼泽植物组成的苔草沼泽、苔草—小叶樟沼泽和灌丛—苔草沼泽外，还有中、贫营养沼泽植物组成的落叶松—杜香—泥炭藓沼泽。此外，就发育源地来说，既有发育于同一源地的简单沼泽体，又有发育于几个源地的简单沼泽体联合而成的复合沼泽体，例如小兴安岭汤旺河上游河谷沼泽，就是由3个源地发育成的复合沼泽。

(3)大兴安岭沼泽北坡多于南坡，西坡多于东坡；小兴安岭沼泽北坡比南坡更加发育。大兴安岭南、北坡和东、西坡及小兴安岭南坡气候差异较大，北和西坡气温低，湿度大，地形平缓，有利于沼泽发育。如小兴安岭北坡的沾河和库尔滨河流域，为海拔400~500米的玄武岩台地，其上宽谷、坳沟和河滩发育，湖泡和洼地较多，因而沼泽面积较大，据调查小兴安岭北坡沼泽率高达15%。

（4）森林沼泽化和草甸沼泽化为主，冻土沼泽化是高寒地区沼泽发育的特有形式。由于森林采伐或森林火灾，使土壤水分循环失去平衡，出现了多余的水分，植物也随着发生变化。先为草甸化过程，形成致密的草根层后，沼生植物及藓类植物开始侵入，进入沼泽化阶段。另外，在森林植被的自然演替过程中，如落叶松生长十分茂密，林下枯枝落叶层松厚，保持大量水分，藓类植物大量繁衍，使落叶松生长发育受阻，出现成片的"老头松"或"站杆"，也能引起森林沼泽的发生。

草甸沼泽化在本区也比较普遍。由于冻层的存在或冰水沉积黏性土层的阻隔作用，水分不易下渗；有的地方因地下水位较高，土体经常为水饱和，疏丛型的禾本科植物逐渐被密丛型禾本科和莎草科植物取代，使草甸演化为沼泽。

冻土沼泽化是高寒地区沼泽发育的特有形式。大兴安岭最北部多年冻土基本连片，向南为岛状多年冻土和季节冻土地带。由于冻层存在，形成天然的隔水底板，阻碍地表水和土壤水的下渗，造成土壤常年过湿。季节冻土区，冻层融化常使局部地表下陷，造成凹凸不平，为积水创造了条件。冻土的存在又能降低土壤温度，使微生物活动受到抑制，因而植物残体不易分解，泥炭易于累积。在冻土地带泥炭藓常直接发育在含沙或黏土的冻层上。

本区水体沼泽化面积较小。在水体沼泽化过程中，周围地下水位较高，常引起附近森林沼泽化。

3.主要沼泽类型

大、小兴安岭沼泽类型多，既有富营养型的草本沼泽，也有中、贫营养型的木本—草本—藓类沼泽，还有少量的藓类沼泽。

（1）兴安落叶松—杜香—泥炭藓沼泽，分布于宽谷和缓坡地。主要靠大气降水和坡面径流补给。水化学类型为SO_4-HCO_3-Ca、SO_4-Na、SO_4-Cl-Na-Mg型，pH值5.0~5.5，矿化度97~200毫克/升。沼泽表面藓类植物发达，以泥炭藓为主，还有大金发藓，形成近圆形的藓丘，丘高一般为20~60厘米，有些地方藓丘连片，丘上生长杜香、笃斯越橘、杜鹃等灌丛。落叶松发育不良，稀疏矮细。有泥炭积累，泥炭有机质含量高达75%~85%，pH值3.7~5.0。多发育为泥炭沼泽土、泥炭土和藓丘泥炭土。

（2）泥炭藓沼泽，仅分布在大兴安岭最北部的古莲，满归等林业局境内的宽谷，牛轭湖及山缓坡上和小兴安岭汤洪岭林场。分布零星，面积较小。主要靠大气降水补给，沼泽水化学类型为Cl-SO_4-Mg-Na和Cl-HCO_3-Na-Mg型。沼泽中泥炭藓等藓类植物占绝对优势，并形成藓丘，丘高40~100厘米，藓类覆盖度100%。一般没有乔木生长，偶见枯死的落叶松"站杆"，其他植物很少。泥炭藓残体厚达50厘米以上，其下为多年冻土。泥炭有机质含量高达80%~90%，pH值为3.7~4.0，形成泥炭土和藓丘泥炭土。

（3）丛桦—苔草沼泽，主要分布在大、小兴安岭的缓坡和北部的一些河流漫滩上，以地下水和河水补给为主，地表积水10~20厘米，水化学类型为HO_3-Na-Ca

和 HCO_3-Ca-Na 型，pH 值为 5.5～6.0，矿化度 80～160 毫克/升。沼泽中以丛桦和各类苔草为主，伴生有沼柳，柳叶绣线菊、泥炭藓等。大部分有泥炭积累，泥炭层薄，不足 50 厘米，泥炭有机质含量为 60%～70%，发育为泥炭沼泽土。

(4)苔草沼泽，为本区主要的沼泽类型，多分布在大兴安岭南段和小兴安岭南坡河流中下游一带的河谷，阶地和河漫滩上，地表季节性积水，夏季积水深为 20～50 厘米，处于停滞或微弱流动状态，水层表面常出现红色水锈膜。沼泽中臌囊苔草、灰脉苔草、乌拉苔草形成点状草丘，使地表凹凸不平；丘间生长睡菜、沼萎陵菜、毛果苔草等。泥炭层较薄，多为 20～50 厘米，有的地段无泥炭累积，但草根层较厚。发育为泥炭沼泽土和草甸沼泽土。

(5)苔草—小叶樟沼泽，分布比较广泛，在大兴安岭的根河—加络达奇一线以南的河漫滩和小兴安岭伊春以南的河谷滩地均有分布。以河水和地下水补给为主，为季节性积水，夏季地表积水多在 10～20 厘米或土壤被水饱和，沼泽植物以各种苔草和小叶樟为主，伴生越橘柳、沼柳、丛桦、睡菜等，多无泥炭积累，发育为草甸沼泽土和泥炭沼泽土。

三、若尔盖高原沼泽

当年中国红军长征经过的茫茫无际、人畜难行的“草地”，其实是一片沼泽地。它位于青藏高原的东北边缘，包括黄河上游的黑河利白河流域。现属四川省阿坝藏族自治州若尔盖和红原两县，沼泽面积达 3000 平方公里。

1.区域自然概况

若尔盖高原为一完整的山原，南北最长 200 公里，东西最宽约 100 公里，周围被 4000 米左右的高山环绕，山原平均海拔高程 3400 米以上，区内主要由三叠纪砂岩和页岩互层，并夹有薄层灰岩组成，山原外侧为高山峡谷区，山原内部主要为低山丘陵，黑河和白河自南向北纵贯全区，向北注入黄河，为黄河上游流量较大、流速较小而水位十分平稳的两条支流。河谷开阔，泥炭沼泽发育，特别是黑河中、下游闭流和伏流宽谷，沼泽布满整个谷底，泥炭深厚，沼泽率多达 20%～30%。白河流域河流下切明显，沼泽远不及黑河流域发达。

2.高原沼泽的特点

本区沼泽有下列特点：

(1)富营养的草本泥炭沼泽为主，除沼泽地边缘分布有潜育沼泽外，多为泥炭沼泽，泥炭积累较厚，一般为 3 米左右，厚者可达 5~6 米。沼泽植物以富营养的木里苔草、毛果苔草、乌拉苔草、甜茅、藏嵩草、眼子菜、睡菜、狸藻、驴蹄草、苔藓为主，伴生植物有石菖蒲、棉花莎草、泽芹、水木贼、针蔺等，没有木本植物和贫营养型沼泽植物。

(2)嵩草是高原区特有的造炭植物。这种植物的分蘖节位于土壤表面以上，每年分蘖节都生于前一分蘖节之上，并生出新枝，结果形成草丘状植丛。这种丛生型植物是对地表过湿、土壤通气不良的一种适应,也是对高寒气候,特别是低温的一种适应。这种植物所组成的藏嵩草—驴蹄草群落在本区占据广大面积,也是本区造炭植物的主要类型之一。

(3)复合沼泽体发育。目前本区沼泽多已连片,成为巨大的复合沼泽体。最初在谷地及河、湖滨地带,发育了分散、孤立的简单沼泽体,由于沼泽的迅速发展,泥炭层渐渐增厚,向四周扩散,使边缘的草甸也逐渐沼泽化,于是这些简单沼泽体相继连接,构成一个统一的沼泽体。这时泥炭层覆盖了原有地面上一切小的起伏,使水文状况、矿物养分及植物群落也发生相应的变化。

3.沼泽类型及特征

根据沼泽发育过程,所处的地貌部位及沼泽植被的差异,将该区沼泽划分为一个型,4 个亚型和 9 种沼泽体。

(1)阶地沼泽　分布在黑河、白河及其支流谷地,特别是黑河干流的一级阶地和白河干流的一、二级阶地上分布的更为广泛。其面积约占沼泽总面积的 67.2%。沼泽结构比较单一,只有木里苔草—嵩草—驴蹄草沼泽体。

木里苔草—嵩草—驴蹄草沼泽体,沼泽发育程度较轻,泥炭层不厚,平均 1 米左右。组成泥炭的植物残体种类较多,主要是嵩草和苔草,分解较好,有机物质含量一般在 50%左右,全氮 1.2~1.4%,胡敏酸为 15%~21%,含油率 6%~7.6%,发热量 2400~2800 大卡/千克,pH6.6~7.0。地下水位一般在泥炭层下,但在沼泽中部,地下水位则位于泥炭层中,促使草丘向上增长,丘间洼地面积扩大,微地貌十分发育。从阶地后缘起,随着水分的增加,形成了由无规则型草丘到垄网状草丘的变化规律。丘间洼地呈沟穴状、格子状,为临时性积水和季节性积水,丘上与丘间水分状况有显著差异,生长着不同的植被,丘上为嵩草、驴蹄草,丘间以木里苔草为主,植物生长季节,是当地的重要牧场。

(2)闭流宽谷沼泽　分布在本区黑河中、下游的雾其里、客摩切、纽忍秋等宽谷中,约占全区沼泽总面积的 13.5%,沼泽占据整个谷底,由谷地中心向外发育有毛果苔草—狸藻沼泽体和乌拉苔草—木里苔草沼泽体。宽谷外侧有半圆形古冰斗或围谷,其底部发育了乌拉苔草沼泽体。

毛果苔草—狸藻沼泽体,分布在宽谷中部,地表积水较深,夏季约 15~35 厘米,向外变浅。由于常年积水,并处于停滞状态,故生物化学和蒸发浓缩作用强烈,水体混浊,呈黄褐色,浮有油花般的铁锈膜,有腥臭味,水中氯离子含量高,钙离子含量少,水的矿化度不大,只有 0.1~0.2 克/升,总硬度也只有 1.5~2.8 毫克当量/升。泥炭积累很厚,平均约 3 米,最厚达 6 米。构成泥炭层的主要植物残体是苔草,分解差,有机质含量多在 62%~65%,全氮为 2.0%~2.5%,含油率达 9%~12%,胡敏酸含量为 20%~23%,发热量 3000 大卡/千克左右,pH 值 7.5~7.8。沼泽中分布着稀疏的有机滩地和点状草丘,高度不大,高出水面约 8~20 厘米,在积水较深处,草丘密度约 10%左右。丘上植物主要为乌拉苔草,苔藓、毛茛和沼针蔺;丘间生长毛果苔草、木里苔草,还有狸藻和眼子菜沉于水中,睡菜仅花穗和叶的尖端伸出水面。狸藻是一种静水食虫植物，它的出现标志着泥炭中养分不足，沼泽发育较重。这类沼泽通行困难，人畜很少进入。

嵩草—乌拉苔草—木里苔草沼泽体，分布在闭流宽谷沼泽的边缘，地面微微向内倾斜，在沼泽边缘，潜水位深约50厘米左右，向内坡度减小，潜水位接近地表。随着潜水位由边缘向中心逐渐升高，水的矿化度、总硬度、钙离子等也相应增加，在本类沼泽体与毛果苔草—狸藻沼泽体的过渡带，它们的含量最大，总矿化度可达到0.3~0.5克/升。由于潜水位经常变化及坡面径流的影响，泥炭层中水分与空气进行经常或周期性的交换，因此有机残体分解良好。在沼泽边缘泥炭层只有20~30厘米，向内侧逐渐增厚至2米以上。泥炭植物残体主要由嵩草、苔草组成，有机质含量为50%~60%，全氮1.2%~1.4%，发热量2300~3300大卡/千克，胡敏酸15%~20%，pH值7.0~7.5。这类沼泽草丘发达，呈垄网状，草丘高30~60厘米，密度约30%~60%。丘间潜水位接近地表，为季节性积水，水深约5~15厘米；草丘积水不能淹没，呈湿润状态，故丘上多为草甸植物和少量沼泽植物，主要有藏嵩草、灯芯草、地榆和乌拉苔草；丘间为木里苔草、毛茛和苔藓。这类沼泽因地面高低不平，通行不便，但无危险。

乌拉苔草沼泽体，分布于黑河、白河中上游宽谷外侧半圆形的古冰斗或围谷中，底部平坦，谷坎已被沉积物或泥炭层埋没。泥炭层厚约1~2米，其下为角砾。潜水位距地表30~50厘米，底部平坦略向谷口倾斜的古冰斗，潜水位受谷坎阻塞，溢出成泉补给沼泽。沼泽中的植被主要为乌拉苔草。

(3)伏流宽谷沼泽　多分布在黑河中游纳垒曲、俄柯等伏流宽谷中，面积不大，约占沼泽总面积的5.5%。这类谷地原有河道，由于河道平浅，水流缓慢，河道与谷底均已沼泽化，被泥炭层所覆盖。由于各河段沼泽化程度不同，部分河段尚未被泥炭层全部覆盖，或尚未沼泽化，因此水流时隐时现，但尚可辨认出原河道的痕迹。这类沼泽是由河流沼泽化的睡菜—苔草沼泽体和积水洼地沼泽化的毛果苔草—睡菜沼泽联合而成的复合沼泽体。

睡菜—苔草沼泽体，分布在伏流两侧，宽约20米左右，常年积水，水深20厘米，微弱流动并与河流相连。水的矿化度较低，为0.1克/升左右，总硬度1.5毫克当量/升，pH值为6.8。沼泽植物除睡菜、苔草外，还有眼子菜、水木贼和苔藓等。沼泽中泥炭积累很厚，一般都在3米以上。泥炭的残体以睡菜和眼子菜为主，分解差，有机质平均含量约63%。地面平坦，无草丘发育。由于泥炭层松软，这类沼泽通行困难，伏流处有陷落人畜的危险。

毛果苔草—睡菜沼泽体，分布于睡菜—苔草沼泽的外侧，常年积水，深达40厘米左右，向两侧变浅。水源补给除坡积潜水外还有河水补给，水分呈微弱流动状态。泥炭积累较厚，一般4米左右，以睡菜和苔草残体为主，分解差，化学特征与睡菜—苔草沼泽相仿。其上的沼泽植物群落，第一层以毛果苔草为主；其次为乌拉苔草、棉花莎草和木里苔草；第三层以睡菜为主，乌拉苔草形成草丘。这种沼泽行走十分困难，也有陷入的危险。

(4)湖滨洼地沼泽　主要分布在若尔盖县的江错湖、错拉湖、夏曼北部和红原县瓦切等地的湖滨一带，其面积约占沼泽总面积的13.8%。湖滨洼地沼泽是由木里苔草—眼子菜、毛果苔草—眼子菜、嵩草—木里苔草沼泽体联合而成的复合沼泽。

木里苔草—眼子菜沼泽体，分布在现代湖滩上，为湖泊收缩不久形成的沼泽，受湖水周期性泛滥的影响，属季节性积水，夏季水深约3~10厘米，水化学特性与湖水相近，总矿化度约0.2克/升左右，总硬度为2.5毫克当量/升。沼泽中泥炭层较薄，平均1米左右，泥炭植物残体以苔草为主，其次是针蔺和眼子菜。由于受湖泊泛滥的影响，泥炭中含大量泥沙。泥炭有机质含量为57%~60%，全氮2%左右，pH值较高，平均为8.3。地表形成高大的团块状草丘，丘高20~40厘米，丘的直径为40~60厘米，草丘密度20%~50%。丘上生长木里苔草、藓类、丘间洼地植物稀疏，盖度30%~40%，主要有眼子菜、沼针蔺、杉叶藻和毛茛等。因草丘高大，在沼泽中通行困难。

毛果苔草—眼子菜沼泽体，分布于木里苔草—眼子菜沼泽的外侧，为湖泊洼地沼泽化后发育起来的。常年积水，中部水深约40厘米，向边缘变浅，约5厘米左右。沼泽水总矿化度为0.21克/升，总硬度为3~5毫克当量/升，pH值8左右。由于积水处于停滞状态，水中主要进行着化学和生物化学作用，使钠离子富集。由于周围多钙质岩层，水中钙含量亦较高。沼泽中泥炭积累较厚，多在4米左右，以苔草和眼子菜泥炭为主。沼泽微地貌不明显，多为有机滩地，边缘积水较浅地段，发育有团块状草丘，高30~40厘米。沼泽植物以毛果苔草为主，其次是木里苔草、石菖蒲等，沉水植物有眼子菜和狸藻。

嵩草—木里苔草沼泽，分布在湖滨复合沼泽体的边缘地带，地面坡度1~3°，微地貌十分发育，主要为垄网状草丘，丘高30~60厘米，密度为40%~60%。丘间一般无积水，雨后临时积水。丘上生长藏嵩草、羊茅、报春花、金莲花等，丘间为木里苔草、垂头菊、毛茛、驴蹄草和石菖蒲等。泥炭层一般厚约2米，以嵩草和苔草泥炭为主，分解良好，有机质含量较其他沼泽体低，为55%~57%，pH值7.0~7.2。嵩草—本里苔草沼泽为本区主要牧场之一。

四、海滨、湖滨、河流沿岸主要芦苇沼泽区

芦苇沼泽又称苇塘、芦荡，是中国沼泽的一种主要类型。芦苇适应环境条件的能力很强，所以自然界分布很广，几乎各省区都有分布。据不完全统计，芦苇沼泽面积约有1000万亩，占中国沼泽总面积的6%。

虽然中国芦苇沼泽分布广泛，但受环境条件限制仍具有不平衡性。有的地区芦苇面积大，植株高，生长茂密，形成纯群落，远望郁郁葱葱，犹如林海一般；有的分布零星，沿河两岸常呈带状，断断续续地形成屏障。根据分布规律，中国的重点苇区是：

1.滨海芦苇沼泽区

滨海地区的芦苇，主要分布在长江以北至鸭绿江口的淤泥质海岸，集中分布在河流入海的冲积三角洲地区。有些地区芦苇面积辽阔，生长茂密，成为著名的芦苇生产基地，辽宁省南部的盘锦苇区就是其中的一个。

盘锦芦苇沼泽区位于渤海北岸，西起大凌河，东至辽河下游入口，中间有双台子河、绕阳河、盘锦河、西沙河等，是由这些河流冲积形成的复合三角洲。芦苇沼泽面积新中国成立初期有156万亩，后经改造垦为农田，面积大为减少，目前尚有80多万亩。芦苇平均亩产近300公斤，总产量17万~18万吨，是营口和金城两大造纸厂的原料基地。

芦苇沼泽的形成与地质地貌、气候、水文和土壤等自然条件有密切关系。本区为新构造运动沉降区，第四纪沉积物厚达150~250米，主要为细沙和亚砂土，在地表不深处有亚黏土层，造水性不良，影响水分下渗；海拔高度2~3米，地面坡降万分之一左右，地势低平，排水不畅，所以河流多汊流，近海还有许多潮沟；气候属暖温带半湿润气候，年均温8.6~8.8℃，≥10℃积温3500℃以上，多年平均降水量600~700毫米，集中在夏秋季节，多年平均蒸发量1100~1700毫米；河流的流量和水位变化很大，以双台子河为例，最小流量9.1立方米/秒，最大流量3978立方米/秒，最低水位4.66米，最高水位9.56米，所以每逢夏季洪水泛滥，经常侵入这一低平地区，又遭受海潮顶托，河水宣泄更加困难，造成地表积水，汪洋一片，枯水季节地表很少有积水，但地下水位高，使地表仍处于湿润状态；土壤为盐化腐殖质沼泽土，含盐量高达0.5~1.0%，一般在0.5%以下。从上述自然条件来看，芦苇的生境是不错的，因此生长的芦苇在东北地区是最好的。

盘锦地区芦苇沼泽的分布规律是，近海地带芦苇高大，远离海岸长势差，芦苇矮小。分布在潮沟附近、河流两侧低洼地段和辽河下游的一些沙洲、岛屿的芦苇沼泽，一年中大部分时间地表积水，深20~30厘米，春季积水消失，土壤质地疏松，酸碱度8.0左右。芦苇茂密，基本呈纯群落，植株高达3米，茎粗壁厚，亩产达800~1000公斤，距海稍远，地势渐高，夏季地表虽有薄层积水，但大部分时间虽干燥状态，地下水位较低，土壤质地黏重，处于脱盐状态，酸碱度7.0~7.5。芦苇受生境条件的限制，长势稍差，苇高2米左右，产量也较高，此带芦苇分布面积最大。距海更远地区，地表仅夏季河流泛滥时有短暂的积水，地下水位降至1米以下，土质黏重，酸碱度7.5~7.9，芦苇矮小，杂草丛生，局部地段出现盐斑，生长碱蓬和柽柳灌丛，说明芦苇沼泽正逐渐变为杂类草草甸。

在鸭绿江口以西的海岸有河流汇入的河口地带，也发育了大片芦苇沼泽。如东沟、孤山子等地，共计面积11万亩，产量4万多吨，为丹东造纸厂的主要原料基地。此外，天津地区、江苏北部的射阳地区，也有较大面积的芦苇沼泽。

2.湖滨芦苇沼泽区

中国较大湖泊的周围，一般都有宽窄不等的芦苇沼泽。如洞庭湖、鄱阳湖、洪泽湖、博斯腾湖、艾比湖、乌梁素海、小兴凯湖等。这些湖泊都有河流汇入，其中有的是交替湖，水量多，水位变幅大，湖水的矿化度不高，适宜生长芦苇。洞庭湖、博斯腾湖区已成为中国著名的产苇区。

新疆的博斯腾湖是中国内陆干旱区最大的淡水湖，是发源于天山的开都河尾闾，又是注入塔里木盆地的孔雀河的源头。在博斯腾湖西南部开都河流入和孔雀河流出的小湖群区，以及西北部黄水沟流入的地方，发育了大片芦苇沼泽，总面积约60万亩，产量可达27万吨。小湖群区的芦苇沼泽是水体沼泽化形成的。开都河流入本区，每年携带大量泥沙淤积湖底，在湖底变浅的地段生长了芦苇等水生植物，死亡植物的残体年积月累形成较厚的芦苇泥炭层。黄水沟地区的芦苇沼泽是草甸沼泽化和水体沼泽化共同作用的结果。目前接受上游农田灌溉排水，沼泽有扩大趋势，水矿化度较高，可达5~6克/升，泥炭层也较厚。博斯腾湖区具有气温高，日温差大，积温多，日照时间长，光热充足的气候特点，在适宜的水分条件配合下，芦苇生长特别旺盛，植株最高达6~8米，一般也在4米以上，茎粗1.0~1.5厘米，每平方米生长80~150株，亩产1吨左右。近年来，由于自然和人为因素的影响，小湖区的芦苇严重退化，主要原因是开都河中下游大力开垦农田，引水灌溉，使注入小湖区的河水大量减少，加上放牧，牲畜践踏，原来高大芦苇的面积愈来愈少，低矮的小芦苇面积扩大，一些地段杂草丛生，已演替为沼泽化草甸，芦苇和鱼类资源遭到破坏。所以应全面规划，合理开发这里的土地资源，否则，破坏生态平衡，将给这块富饶的绿洲带来严重恶果。

湖南洞庭湖由于泥沙淤积，特别是人为因素的影响，目前仍在收缩。它是一个交替湖，南面有湘、资、沅、澧等河流汇入，北面连通长江，水量丰富。洪水季节，河水源源不断地注入湖泊，水位升高，湖面扩大，湖滩被淹；洪水过后，湖面缩小，地衰落淤，所以一年中水位有涨有落，变幅较大，广大湖滩呈现干湿交替变化。本区地处亚热带，年均温高，无霜期长达270天以上，年降水量1300毫米左右。充足的热量，丰富的水源和肥沃的土壤相结合，在海拔26.5~29.0米之间的湖滩，生长着茂密的芦苇。湖区从1965年开始对芦苇沼泽进行人工管理，芦苇面积不断扩大，产量迅速提高。目前，芦苇沼泽在湖泊周围的12个县区都有分布，面积由原来的17万亩扩大到90多万亩，产量由5.4万吨增长到53万吨，成为中国造纸工业的重要原料基地。

除上述湖泊沿岸发育大面积芦苇沼泽外，黑龙江省东部的小兴凯湖也有较大面积的芦苇沼泽，面积达19.6万亩。新疆塔城南湖、艾比湖、河北的白洋淀、江西的鄱阳湖，以及其他湖泊都有一定面积的芦苇沼泽。

3.河漫滩芦苇沼泽区

无论是外流河还是内流河，在中下游河段的洞漫滩上往往有芦苇沼泽分布。

内蒙古呼伦贝尔高原的一些河流滩地，是中国芦苇沼泽较多的地区，总面积约120万亩，主要分布在乌尔逊河、克鲁伦河、辉河和莫格勒河，芦苇蕴藏量达20万吨，一般年份产量仅3万~4万吨。由于河流流经平坦的高原，河道弯曲，河漫滩宽阔，牛轭湖众多，加之地表有粘性土质，影响水分下渗和不利水平排泄。本区年平均气温为0.3~-2.2℃，无霜期仅100~120天，≥10℃积温2022℃，年降水量230~320毫米，70%雨量集中在夏季。芦苇沼泽水源主要依靠河流泛滥补给，多水年芦苇沼泽扩大，干旱年景面积缩小。由于热量不太充足，水分保证率低，致使芦苇植株矮小，最好的芦苇高仅2~3米，茎粗0.6~1.0厘米。

东北地区松嫩平原的一些河流，也有大面积芦苇沼泽分布。黑龙江省西部的乌裕尔河下游，河遭漫散成为无尾河，大量河水汇集洼地形成芦苇沼泽，面积有100万亩，水草相间，生长茂密，栖息珍禽，为著名的丹顶鹤的乐园。吉林省境内的霍林河和洮儿河下游，河道蜿蜒曲折，有的地段汇流，有的地段漫散，沿途多泡沼，发育了大片芦苇沼泽，目前尚有50多万亩。松嫩平原过去是主要芦苇生产基地之一，但近年来退化严重，如霍林河流域历史上芦苇面积最多时可达145万亩，现在只剩下不到1/3了。主要原因是河流中上游修建水库，水量减少，再加上放牧割青，牲畜践踏苇田所致。

此外，东北地区三江平原的七星河两岸，都鲁河下游，也分布着大片芦苇沼泽。

需要提出的是，广大的新疆内陆地区河流两岸，大多有芦苇沼泽分布。北疆的额尔齐斯河、额敏河、精河、奎屯河以及伊犁河，南疆的塔里木河、车尔臣河、孔雀河、和田河和叶尔羌河等中下游段，都断断续续地发育了芦苇沼泽。芦苇长势好，繁茂如林。遗憾的是深居内陆，交通不便，除少部分芦苇资源利用外，大多处于自生自灭的原始状态。

高　原

喜马拉雅山脉8000米以上的高峰

喜马拉雅山西起我国阿里地区的印度河急转弯内侧南迦帕尔巴特峰，东止于雅鲁藏布江大拐弯墨脱县境内的南迦巴瓦峰，北以雅鲁藏布江——象泉河为界，南濒印度恒河平原。东西长2400余千米，南北宽200~350千米。它像一座巨大的天然屏障又像一座巨大的银色万里长城，屹立在亚洲的中部——横空出世的珠穆朗玛峰。

喜马拉雅山脉

喜马拉雅，这个美丽动人的名字来源于印度梵文，意为冰雪的居所。这是因为这里终年为皑皑白雪所盖之故。喜马拉雅山之所以被称为“世界屋脊”，是因为它的最高部分（主脊带）的平均海拔在6000米以上，群峰争艳。地球上大部分7000米以上的高峰汇集于此。

据统计，世界上14座8000米以上的高峰就有10余座分布在喜马拉雅山脉之中，它们是：第一高峰珠穆朗玛峰（8844.43米），第三高峰干城章嘉峰（8585米），第四高峰洛子峰（8500米），第五高峰卡鲁峰（8481米），第六高峰道拉吉里峰（8172米），第七高峰库汤山（8156米），第八高峰乔乌雅峰（8153米），第九高峰南迦帕尔巴特峰（8125米），第十高峰安那普那峰（9091米）和第十四高峰希夏邦马峰（8012米）。包括第二高峰乔戈里峰（8611米）在内的其他4座8000米以上的高峰则分布在同喜马拉雅山脉毗邻的喀喇昆仑山中。

所有科学事实证明，喜马拉雅山从一片汪洋横空出世以后，一直在不断地上升，然而成为今天的世界屋脊却是在最近一万至两万年地壳运动的结果。科学家认为这里的上升速度是一亿年以来为0.04厘米/年，50万年以来为0.2厘米/年，10万年以来为1~1.5厘米/年，7000年以来达到4~7厘米/年。

根据近十几年来的考察研究，作为古地中海一部分的喜马拉雅海（或称特提斯海）海水退出以后，这里还是一片逶迤起伏的年轻陆地。在距今一千万年前的第三纪晚期，喜马拉雅地区河流纵横，湖泊星罗棋布，在吉隆盆地发现的这个时期的欧螺型恒河螺化石说明，当时西藏同南亚水系是相通的，气候温暖，植物茂盛，像三趾马一类的动物在森林、草原中奔驰。喜马拉雅地区是一片兴旺的自然景象；到200万年前，由于不断上升，喜马拉雅山开始出现了冰川。

1967年，我国著名地质学家刘东生教授指出：在定日苏日开始出现了距今40万至50万年旧石器时代古人类使用过的石器，它们与北京周口店发现的中国猿人同属一个时代；1966年科学工作者在聂拉木县亚里发现的石器更精致，它们是距今7000~10000年前原始社会后期的人类使用的，同时发现的其他动物和植物化石表明，当时这里的环境温暖，杜鹃、柳树成林，适于人类生存。然而目前这里已经上升到4300米，周围一片高寒景象。从发现的化石证明，在3160年前，羊卓雍湖一带还生长着大量的松树、栎树和棹树，而不像现在这样高寒、荒凉。

喜马拉雅山北坡的一系列湖泊如泊古湖、戳错龙湖、多钦湖、羊卓雍湖等，过去并不是在现在的位置上，而在它的南边；雅鲁藏布江两岸的支流不太相同，南岸短北岸长。这是由于山脉主脊带上升速度快而北面上升速度慢造成的，因此地质学家们确定喜马拉雅山仍然在不断上升中。有人根据印度板块的漂移速度计算出喜马拉雅山目前正在以每年1~2厘米的速度上升着。解放后，我国测量工作者在西藏高原东部进行过重复水准测量，测得那里的上升速度为每年0.5~1厘米。科学家们断定，只要印度板块的向北漂移俯冲运动不停止，喜马拉雅山的这种上升运动也不会停歇。

喜马拉雅山系有多少自然气候带

“喜马拉雅”一词来自梵文，“喜马”意为雪，“拉雅”意为住屋或家乡，原意即为“雪的故乡”。它全长2400千米，宽200~300千米，主脊山峰平均海拔达6200米，是地球上最高而又最年轻的山系。喜马拉雅山系最奇特的景观就是垂直分布的自然带，其中包涵的问题非常复杂，正因为这样，这里才成为中外学者和探险家最为钟情的地方。

海拔8000米以上的极高峰也比较集中，仅在我国境内的就有5座，即珠穆朗玛峰（8844..43米）、洛子峰（8510.6米）、马卡鲁峰（8463米）、卓奥友峰（8201米）和希夏邦马峰（8012米）。它们和境外的干城章嘉峰、马纳斯仟峰，道拉吉里峰及安那鲁纳尔峰等海拔8000米以上的山峰共同构成整个喜马拉雅山系的最高地段。

喜马拉雅山脉的南北翼自然条件差异显著，动物和植物的种类组成截然不同。这种悬殊的自然景观十分奇特，让人惊叹造化之功。以喜马拉雅山脉中段为例：中喜马拉雅山的南翼山高谷深，具有湿润、半湿润的季风气候特点。在短短几十千米的水平距离内,相对高差达6000~7000米,垂直自然带十分明显。海拔1000米以下的低山及山麓地带是以婆罗双树为主的季雨林带。海拔1000~2500米的地方为山地常绿阔叶林带,与我国亚热带的常绿阔叶林类似,主要有栲、石栎、青冈、桢楠,木荷、樟、木兰等常绿树种。森林苍郁,有附生植物及藤本植物。森林中常可见到长尾叶猴、小熊猫以及杂色噪鹛、绿喉太阳鸟等,表现出热带、亚热带生物区系的特点。

海拔2100~3100米的地方为针阔叶混交林带,主要由云南铁杉、高山栎和乔松等耐冷湿、耐干旱的树种组成。动物组成具有过渡特征,随季节变化而做垂直的迁移。海拔3100~3900米的地方为以喜马拉雅冷杉为主的山地暗针叶林带。森林郁闭阴湿,地面石块及树木上长满苔藓,长松萝悬挂飘曳,形成黄绿色的"树胡子"。林麝和黑熊等适于这种环境,喜食附生在冷杉上的长松萝。冷杉林以上为糙皮桦林组成的矮曲林,形成森林的上限。

森林上限以上,海拔3900~4700米的地方为灌丛带。阴坡是各类杜鹃组成的稠密灌丛,阳坡则是匍匐生长的暗绿色圆盘状的圆柏灌丛。海拔4700~5200米的地方为小蒿草、蓼及细柄茅等组成的高山草甸带。再往上则为高寒冻风化带(海拔5200~5500米)及其上的永久冰雪带。

中喜马拉雅山北翼高原上气候比较干旱,没有山地森林分布。在海拔1000~5000米的范围内生长着以紫花针茅、西藏蒿和固沙草等为主的草原植被,组成高山平原带。这里的动物多为高原上广布的种类,如藏原羚、野驴、高山田鼠、藏仓鼠,高原山鹑、褶背地鸦等。海拔5000~5600米的地方为以小蒿苹、黑穗苔草等为主的高寒草甸和以蚤缀等组成的座垫植被带。主要动物有喜马拉雅旱獭、岩羊和藏仓鼠等。海拔5600米至雪线(6000米)间寒冻风化作用强烈,地面一片石海,只有地衣等低等植物,形成黄、橙、绿、红、黑、白等各种色彩,组成独具一格的图案。

喜马拉雅山脉的东、中、西各段也有明显差异。东段比较湿润,以山地森林带为主,南北翼山地的差异较小;西段较干旱,分布着山地灌丛草原和荒漠;中段的喜马拉雅地势高耸,南北翼山地形成鲜明对照。

青藏高原的地热资源

在高原范围内共有1000余处地热区。以西藏南部的地热带为最强盛。雄伟的冈底斯山和念青唐古拉山山脚下,常常见到山峰白雪皑皑,山脚热气腾腾,蓝天雪峰的背景与冉冉升起的白色汽柱交相辉映,蔚为壮观。青藏高原地热资源之丰富,类型之复杂,水热活动之强烈,为全球罕见。

南起喜马拉雅山,北抵冈底斯山和念青唐古拉山,从西陲阿里向东经过藏南延伸至横断山脉折向南迄于云南西部的强大地热带的形成,和年轻的喜马拉雅造山运动密切相关。我国科学工作者把它叫作喜马拉雅地热带。在这条地热带内有热水湖、热水沼泽、热泉、沸泉、汽泉和各种泉华等地热显示类型,还有世界上罕见的水热爆炸和间歇喷泉现象,是什么原因导致了这些现象呢?

青藏高原的地热资源

水热爆炸是一种极其猛烈的水热活动现象,爆炸后地表留下一个漏斗状的爆炸穴,穴口周围组成的环形垣体堆积物逐渐流散,穴体内壁也被淀积的泉华衬砌起来,泉口涌水量慢慢减少,水质渐清,水温降低。水热爆炸通常没有固定的时间和地点,前兆不明显,过程也很短促,约在10分钟以内,因此只有少数人碰巧亲睹过这种奇特的地热现象。

有人认为,水热爆炸属于火山活动的范畴,这是因为目前仅有美国、日本、新西兰和意大利等少数国家发现过水热爆炸,但几乎都出现在近代火山区内。然而,青藏高原上的水热爆炸活动和现代火山似乎没有什么联系。它是在以岩浆热源为背景的浅层含热水层中,当高温热水的温度超过了与压力相适应的沸点而骤然汽化,体积膨胀数百倍所产生的巨大压力掀开了上面的盖层而发生的爆炸。高原上水热爆炸的规模较小,但同一地点发生水热爆炸的频率却较高。如苦玛每年四五次,有的年份则多达20余次。这种罕见的高频水热爆炸活动说明,下覆热源的热能传递速率大,爆炸点的热量积累快。从地热带内其他各种迹象判断,这个热源可能是十分年轻的岩浆侵入体。19世纪末叶以来,涉足高原的任何外国探险考察家都没有报道过这里的水热爆炸活动,已经发现的水热爆炸活动大都发生在20世纪50年代以后,它们形成的垣体中也不见泉华碎块,这不仅说明这些水热区形成的年代新,而且还暗示这里作为热源的壳内岩浆体很年轻,正处在初期阶段。

西藏是目前我国境内发现间歇喷泉的唯一地区,共有间歇喷泉区3处。高温间歇喷泉是自然界一种奇特而又罕见的汽水两相显示,它是在特定条件下,地下高温热水做周期性的水汽两相转化,因而泉口能够间断地喷出大量汽水混合物的一种水热活动。相邻的两次喷发之间,有着相对静止的间歇期。这种奇特的、交替变幻的喷发和休止,决定于它巧妙的地下结构和热活动过程。间歇喷泉通常位于坚固的泉华台地上,其下有体积庞大的“水室”和四周的给水系统,底部有高温热水或天然蒸汽加热,还有细长喉管直达地面的抽送系统,酷似一个完整的天然“地下锅炉”。随着水室受热升温,汽化上下蔓延,至水室内具备全面沸腾的条件时,骤然汽化所产生的膨胀压力通过抽送系统把全部汽水混合物抛掷出去构成激喷。水室排空后重又蓄水、加热,孕育着再一次喷发。

西藏地热科研所现已修建了6座地热能温室,面积共达1600平方米。隆冬季节,温室内气温保持在30摄氏度左右,西红柿、茄子、黄瓜、辣椒等喜温作物生长非常良好。看来,西藏的地热资源可利用的空间还可以进一步扩大到许多领域。

世界上最高的煤矿

在西藏阿里地区,终年被冰雪覆盖的巍峨的冈底斯山主峰——冈仁波齐峰直插云霄,就在这个素有“神山”之称的山脚下,坐落着目前世界上最高的煤矿——著名的门土煤矿,它的第一个平巷洞口高度是海拔5150米。

门土煤矿是20世纪70年代初期发现的,经过有关部门的勘探、设计和施工,于1976年正式投产。它产有优质焦煤,是阿里地区具有重要经济价值的动力资源。在如此高寒缺氧、交通不便的荒山峻岭之上建成这样初具规模的世界最高的煤矿,是西藏工人阶级在征服大自然战斗中的一项硕果,是西藏自治区工业发展史上的骄傲。

门土煤矿的煤产于新生代早第三系地层中,说起这些“乌金”的形成,特别是它被抬升到如今的高度,还有一段不平凡的经历呢。谁能想到就是这个高达5000多米以上、经常被皑皑的冰雪所覆盖的含煤岩系,早在五六千万年前竟是海拔不到一二千米的群湖密布、丛林繁茂、鸟虫云集、四季如春的温暖之乡。

据考察所采集的化石标本鉴定结果来看,那里不但有生长在炎热多雨,代表热带或亚热带的桉树、榕树、蒲桃、杨梅等植物群;还有生殖在湿热的湖滨岸边的各种蚊虫、蛾子和鸟类,等等。这些历史的见证,真实地反映了当时这里确实是四季如春的温暖之乡。无数树木气候湿度压力条件之下,年复日久就变成了煤层。

高寒植物的特点

生长在高寒草甸的植物,为了适应干冷恶劣的自然环境,都拥有生存的“秘密武器”。通过解读这些秘密武器,我们才可能发现高寒植物为什么有强大生命力的原因。

胎生繁殖是植物对生长期短,生态条件恶劣的高环境的一种适应方式。常见的胎生植物有珠芽蓼、点头虎平掌、胎生早熟禾等。它们在高海拔地区生长发育、开花结果。当种子成熟后,不经过休眠期,立即在花序内萌生成幼苗,然后落地生根,在雪被的保护下安全越冬。

在终年冰雪带以下,寒冻风化作用极为强烈,山麓、山坡以至山顶到处是裸岩、碎屑、石块,宛如一片石海。岩石或石块表面生长着五颜六色的地衣,构成许多美丽的图案。地衣不怕风吹、雪盖、日晒和雨淋,并能分泌出特有的地衣酸来溶解和腐蚀岩石表面,以取得必要的养料,加速岩石表面的风化,使其转化为土壤,为其他植物的生长提供必要的条件。地农类通常分布在雪线附近几百米的地段,被称为高山区域的“先锋植物”。

搬开垒叠在一起的石块,可以发现石块间积聚着许多细小的土粒,其间生长着一些高等植物。最惹人注目的是全身密布白色绒毛的雪莲。这是菊科凤毛菊属植物。雪莲又叫“雪兔子”。远远望去一株株雪莲犹如一只只白色的玉兔,用它那浓厚的绒毛抵挡着凛冽寒风的袭击,在皑皑冰雪中傲然屹立。它的根系长达 1 米以上,为地上部分的 5~10 倍。

座垫植物在高原上分布广泛,它们是在高山极端环境下形成的具有特殊形态结构的地上芽多年生草本植物。座垫植物比较矮小,植株分枝多,茎节间强烈短缩,枝条排列成流线型的垫状体,呈半球状倒覆贴于地面。它们的叶缩成鳞片状、针状或极小的叶片覆于表面,小枝间有枯叶,细土充填,具有保护生长点和越冬芽与增加热容量的作用。白天,它们大量地吸收太阳辐射热,而散热则较慢,体内水分蒸腾也较少,形成了有利的“微环境”。座垫植物的主根多粗大而深入地下,保证了地上部分有足够的水分和养分供应。典型的垫状植物有枝叶密集的囊种草、盛开细小白花的苔状蚤缀和垫状点地梅等。在藏北高原,囊种草的根系集中分布在离地表 10~50 厘米内,其侧根发达,根系展布范围的直径相当于垫状体直径的 7~12 倍。

植株矮小是高山植物的又一生存武器。以柳属植物为例,在海拔较低的雅鲁藏布江中游谷地,它是绿影婆娑、垂枝飘拂的大树,但在高山带,它却成为几十厘米高的植物,有的甚至仅 2~3 厘米高,蔓地而生。又如沙棘,在藏东南低海拔的谷地中它可高达川多米,但在羌塘高原上却成为只有几厘米高矮的小灌木了。在高原东南部的高山上,以 3~5 厘米高的小蒿草为主组成的高山草甸植被结构简单,层次分化不明显,宛如铺在高原上的绿色地毯。它的生物生产量低,但其草质柔软,营养丰富,适口性强,成为良好的暖季牧场。在比较湿润的高山,有圆穗蓼、香青、紫菀、委陵菜、黄花草等和蒿草一起生长。这些杂草高 10~20 厘米,盛开着粉红色、紫色、黄色等各色花朵,五彩缤纷。高山上花色艳丽的植物不胜其数。蓝紫色的龙胆;黄色、红色、蓝色的绿绒蒿;白色的银莲花;金黄色的金莲花;深红色的角蒿,有的呈塔状矗立,有的连成一片,像色彩斑斓的锦缎,给高原增添了迷人的景色。

寒冷干旱的高原西北部占优势的代表植物是垫状驼绒藜。它植株矮小,为垫形的小半灌木,形成一个个小圆帽状的座垫。虽然高仅有 10 厘米,却有百年以上的寿命。它既能在含盐的、有多年冻土层的古湖盆底部形成高寒荒漠植被,又能生长在干旱的高山碎石坡上,其顽强的生命力令人钦佩赞叹。

高产的高原麦类

也许你不知道,青藏高原是我国冬小麦产量最高的地区。西藏格尔木香日德农场、江孜农业试验场、日喀则农科所先后创造了麦类亩产1000千克的全国高产纪录。消息传开,震惊中外。在气候温凉干燥的高原,人们怎么创造出这样的奇迹的?这里面有什么秘密吗?

要解开这个谜,必须从太阳辐射说起。阳光是绿色植物所需能量的唯一来源。作物通过光合作用,将从空气中吸收的二氧化碳和从土壤中吸收的水分制成碳水化合物。没有阳光,便不可能有作物生产,这就是"万物生长靠太阳"的道理。青藏高原有充分的太阳辐射,为农作物高产的出现提供了物质基础。我国著名的气象学家、地理学家竺可桢教授早在1963年就指出,德令哈农场虽是地处海拔二三千米,但是春小麦单位面积产量却超过500千克,这是受惠于太阳辐射强之故。

青藏高原的太阳总辐射值居全国之冠。拉萨每平方米地面全年接受太阳辐射19500千卡,相当于230~280千克标准煤燃烧所产生的热量。比纬度相近的成都、南京高1倍多。世界上接受太阳辐射最丰富的地方除非洲撒哈拉大沙漠外,就要数青藏高原了。由于日照强烈,即使在严冬,只要太阳一出来,气温就很快上升,气温日较差可达18~20℃有时甚至达23℃。藏族同胞的穿衣习惯就是为了适应这种特殊的气候条件。高原早晚很冷,藏民须紧裹藏袍御寒。而一到中午,日照强烈,气温上升,他们就得脱掉一只袖子,或脱掉两只袖子系在腰间。强烈的太阳辐射在一定程度上弥补了地高天寒的不足,为人类生产生活提供了便利条件。

高原上的麦类高产有一个显著特点,即穗大粒多。以近些年种植比较广泛的冬小麦品种"月巴麦"为例,每穗平均结实40~50粒,千粒重40~50克。每万穗籽粒重量约15~20千克。相比之下,华北平原和长江流域每万穗籽粒重量只有7~13千克。也就是说,在单位面积穗数相同的情况下,高原产量比东部低平地区高出0.5倍,甚至1倍以上。

青藏高原年平均气温和各生育期的平均气温均低于东部低平地区,从而使生育期延长。东部低平地区冬小麦250~280天成熟,可是高原却长达300~350天,而且随海拔升高,生育期还会延长,这样非常适合种植晚熟品种。晚熟品种成穗率高,穗大粒饱。

麦类的幼穗分化期是决定每穗粒数的关键时期,而灌浆成熟期是决定每穗粒重的关键时期。高原气温偏低,麦类生育期延长主要是延长了这两个时期,分别比东部低平地区延长20~30天和30~50天。幼穗分化期长,幼穗发育充分,穗大粒多;灌浆期长,积累养分多,籽粒饱满。

高原麦类生长期内气温不高,但晴天多,有利于光合作用。夜间降温快,温度低,呼吸作用消耗的养分少。根据科学家的测定,拉萨冬小麦呼吸消耗的养分仅仅是东部低平地区的1/2。

光照和温度配合的好坏,往往直接影响到光合作用的强弱。高原上一天之中光照和温度变化是较理想的。早上气温不高,太阳辐射亦较弱,所以光合作用不强。中午前后,气温适宜,太阳辐射强,光合作用也增加。东部低平地区中午前后气温过高,光合作用反而下降,科学家称为"午睡"现象。但在高原上却不存在这种情况，一天中有 10—12 小时能进行光合作用，因此作物产量大幅度增加。

高原上很少发生大风倒伏、雨害涝灾、高温逼热等天气灾害，温凉干燥的气候条件又限制了赤霉病、锈病、黏虫等病虫害的大面积流行。上述种种就是高原麦类能获得高产的原因。

“西藏的江南”——察隅

“察隅好，入冬天不寒。山头雪积银世界，山谷樟叶泛青光，郁郁似江南。”这诗句是人们对察隅的赞美，也是人们对察隅的向往。这里山高林密，层峦叠嶂，岭上白雪皑皑，山腰云雾缭绕，山坡上森林郁郁苍苍，山谷间清泉流水潺潺，加百鸟争鸣，蜂环蝶舞，异兽出没，真是一派江南风光。

察隅自然保护区基本上和长沙、南昌等地在同一纬度上。可是这里山体高低相差悬殊，在水平距离几十千米的范围内，相对高差三四千米，最能反映这种自然特点的莫过于包括了亚热带、温带、寒带的植物垂直带谱了。如 2300~2500 米以下是山地常绿阔叶林带和云南松林带，3200 米以下是山地阔叶混交林带，4200 米以下是亚高山暗针叶林与灌丛带，4500 米以下是高山灌丛草甸带，在此以上为冰雪带。每个森林带上分有：山地常绿阔叶林，山地落叶一常绿阔叶混交林、山地云南松林、针阔混交林、亚高山暗针叶林、常绿栎树林、高山疏林，高山灌丛 8 个森林植被型。其中又可分为几十个类型即：冷杉林，云杉林，铁杉林，云南松林，高山松林，高山栎林，水青树林，樟树林，芭蕉林，旱冬爪林，槭树林，桦、杜鹃灌丛等。

在众多的森林植被类型中，据不完全统计，常见的高等植物有 1000 多种，其中木本植物达 60 多科，140 多属，300 多种。现已被国家列为第一批重点保护的野生植物有：星叶草、长蕊木兰、云南黄连、红椿、澜沧黄杉、木青树、长苞冷杉、黄著、黄牡丹、天麻、锡金海棠、红花木莲、楠木、南方铁杉的同属云南铁杉、八角莲的同属西藏八角莲、假人参、桃儿七、延龄草、厚朴 19 种；古老的种类有水青树科、樟科、木兰科、五味子科、金缕梅科、松科、柏科；经济树木有山龙眼、胡桃、蔷薇科、漆科等。总之，从南方的芭蕉、橘子、樟、桂，栲、楠到北方的杨、柳、槭、桦，在这里聚亲会友，共茂一林。

察隅河大致呈南北方向，特殊的地理位置，丰富的食源是动物良好的栖息场所，所以云集着南来北往的动物种群。据有关资料表明，它们属于东洋界和古北界两大界动物区系。慈巴沟保护区近年来珍禽异兽迅速增多，羚牛已达了 700 多头，老虎已有 5~7 只，棕熊也来此地安家。进入这飞禽走兽和多种昆虫的乐园里，经常看到黑熊到树上摘果，猴子们摇荡着秋千，老虎悄悄地待食，羚牛老少静静地晒着太阳，神态自若地獐子来溪边喝水，山雀在树上为它们歌唱，山鹰翱翔在天空，龟儿们欢快地游戏在碧清的水底，还有那蜜蜂忙于采蜜，蝴蝶飞来舞去……

察隅地区之所以呈现出迷人的亚热带风光，根源于它不同寻常的地理位置。

位于青藏高原的东南角，喜马拉雅山脉呈“T”字形交汇处，东靠云南省，西接墨脱县，南邻缅甸、印度，北部是左贡、八宿、波密、整个地势北高南低，近似“簸箕”形迎向印度洋，东面是南北走向的横断山，层层山岳阻挡了东来的太平洋季风，北面是东西走向的念青唐古拉山。阻挡了南下的西伯利亚干冷气流，南面印度洋上孟加拉湾暖流所形成的高温高湿气流可以穿越喜马拉雅山各断口进入，因不能逾越东面和北面的高山而在本地回旋，因此形成这里温暖、多雨的自然气候。这样优越的气候条件，恐怕连江南也要甘拜下风了。

“世界屋脊之屋脊”——阿里

阿里地区东起唐古拉山脉以西的杂美山，与那曲市相连；西及西南抵喜马拉雅山西段，与印度、尼泊尔及克什米尔地区毗邻；南连冈底斯山中段，临日喀则市仲巴县、萨嘎县；北倚昆仑山脉南麓，与新疆维吾尔自治区相邻。

阿里是喜马拉雅山脉、冈底斯山脉、喀喇昆仑山脉汇聚的地方，群山竞高，湖泊星罗棋布，水力资源丰富，全地区有大小河流 80 多条，湖泊 60 多个，境内总流程 9500 千米，流域面积近 6 万平方千米。

阿里风景

阿里地区地形独特，湖泊众多，人烟稀少，具有独特的风光。这里耸立着众多美丽绝伦的雪山，险峻多姿，气势磅礴；这里有着星罗棋布的高原湖泊和天空般辽阔的草原，生存着各种高原珍奇动物和名贵的植物。被佛教信徒视为“世界中心”的神山岗仁波其和圣湖玛旁雍错都位于阿里地区，此外还有古格王国遗址、托林寺、班公湖自然风景区、鸟岛、科加寺、独特的地貌札达土林、东嘎皮映洞窟壁画、古象雄文化以及具有 500 年历史的普兰国际市场等著名景点。

这里有 4 条著名的河流，即狮泉河、孔雀河、象泉河和马泉河，分别是印度河、恒河、萨特累季河和雅鲁藏布江的源头。

古格王国是在 10 世纪前后，由吐蕃王朝末代赞普朗达玛的重孙吉德尼玛衮在王朝崩溃后，率领亲随逃往阿里建立起来的。遗址位于阿里札达县札布让区象泉河畔的一座土山上，整个建筑分上、中、下 3 层，依次为王宫、寺庙和民居。在其红庙、白庙及轮回庙的雕刻造像及壁画中不乏精品。

在阿里札达县境内，还可以看到象泉河两岸有众多土林环绕，密密绵绵，巧夺天工，蜿蜒曲折数十里。土林是经流水侵蚀而形成的特殊地貌，这些土林有的形似勇士驻守山头，有的形似万马奔腾，有的形似虔诚教徒静坐修行……姿态万千，神采各异，在高原迷幻光影的衬托下，宛若神话世界。

神山岗仁波其是西藏众多的神山之中地位最尊贵的一座，旁边还有圣湖玛旁雍错相伴。每年来此朝拜转山的信徒络绎不绝，据说转山108圈即可成佛。

阿里地区地处高寒之地，气候条件恶劣，交通极为不便。但那“世界屋脊之屋脊”的诱惑力却让人们无法抗拒，吸引着勇敢的人们来征服它。

高原古城拉萨

“世界屋脊”西藏高原上，“天河”雅鲁藏布江重要支流拉萨河畔，坐落着西藏自治区首府拉萨。拉萨所处的海拔高度3600余米，是中国、也是世界上最高的城市。世界上高于拉萨的有名地点还有，如它西面的日喀则（海拔3800米）就超过了它，可是作为一个城市，拉萨仍不失为世界高城冠军。

拉萨这座著名的高原古城，至今已有1300多年的发展历史。公元7世纪以前，拉萨一带为苏毗王国的属地。公元633年（唐太宗贞观七年），吐蕃赞普（藏王）松赞干布迁都拉萨。当时这里还不过是“以毡帐而居，无城廓屋舍”的荒凉之地。到唐朝文成公主嫁给松赞干布以后，才开始建筑宫殿。现在拉萨著名的古代建筑，如大、小昭寺，布达拉宫等都是在文成公主进藏后修建的。自从吐蕃迁都拉萨后，这里逐渐发展成为西藏的宗教、政治、经济、文化中心。

拉萨，古称逻些或逻娑，藏语是圣地或福地之意。拉萨之所以能建成世界最高城市，自然与多方面原因有关，但离不开有利的特殊自然条件。虽然地势高，但由于西藏高原面积大，起到“热源”作用，加上空气稀薄、干燥，太阳辐射强烈，又位于较阔的河谷地带，所以气温并不很低。年平均温度7℃左右，与东北区的沈阳接近，7月平均温度15℃，而1月平均温度零下2.4℃，比北京还高出2℃多。气候受西南季风的控制，年平均降水量443毫米，雨季集中在5~9月。总之，气候颇为宜人，河谷中土地平展，灌溉方便，适于从事农牧业生产。这些都为拉萨的发展提供了良好的生态经济基础。

拉萨是全国闻名的“日光城”，也是由地势和特殊的地方气候成全了这个美名。拉萨的白天经常是晴空万里、阳光普照，即使是雨季也总是夜间多雨，白天仍然晴朗。拉萨的夜雨率达80%以上。因此全年的日照充足，年日照时数多达3005小时，大大超过了它同纬度的重庆、九江、宁波等城市。同时由于这里纬度偏南，太阳高度角大，所以辐射强度大，年总辐射量高达202千卡/平方厘米，为世界上所罕见。拉萨的日照时数多，太阳辐射强，大大弥补了因地势高所导致的气温低的缺陷，又为农牧业生产、人类活动和城市的发展提供了一个独特的有利条件。

拉萨的名胜古迹很多。布达拉宫、大昭寺、罗布林卡、哲蚌寺、色拉寺、龙王潭、小昭寺都是闻名于世的名胜古迹。

迷人的稻城风光

稻城,古名“稻坝”,藏语意为山谷沟口开阔之地。稻城县位于四川甘孜州南部,东南与凉山州木里县接壤,西界乡城县与云南省香格里拉市毗邻,北连甘孜州理塘县。稻城高原是由横断山系的贡嘎雪山和海子山组成。两大山脉坐落南北,约占全县面积的1/3。这里地势北高南低,西高东低,群山起伏,重峦叠嶂,逶迤莽苍。

稻城地区丘状、冰蚀岩盆和断陷盆地遍布于高原上,是中国最大的古冰体遗迹,即“稻城古冰帽”。海子山草原辽阔,冰蚀地形十分发育,冰蚀岩盆随处可见,共有1145个海子,规模与数量在中国都堪称独一无二,是研究第四纪冰川地貌的重要基地。

海子山怪石林立,大小海子星罗棋布,自然景色绚丽磅礴,是喜马拉雅山造山运动留给人类的古冰体遗迹。海子山海拔3600~5020米,方圆3287平方千米。站在海子山,极目远眺,天地无止无境,撼人心魄。海子山又是个天然的石雕公园,山内的天然石雕随处可见,千姿百态而又形神兼备,令人叹为观止。海子山还曾是恐龙生息繁衍的地方。1982年,科学家们在海子山中部发现恐龙牙齿化石和桉树化石,说明几千万年前,恐龙曾生存在这个地方。

稻城南部耸立着巍峨的高山——俄初山。它海拔5140米,藏语中意为“闪光的山”。俄初山高峻而巍峨,挺拔却不失俊俏,像一位美貌仙子端坐云霓。俄初山山形平缓、森林广袤,山上风云变幻莫测。秋季,俄初山层林尽染,万山红遍,正如它美丽的名字,在阳光下闪闪发光,在俄初山顶远眺贡嘎日松贡布雪峰,景色十分壮观。俄初山东南是驰名藏区的佛教圣地——亚丁自然保护区。亚丁藏语意为“向阳之地”,景区核心为在世界佛教二十四圣地中排名第11位的三怙主雪山,“属众生供奉朝神积德之圣地”。

在近千年的宗教文化影响下,稻城的大寺院建筑遍及全县,体现出浓郁的宗教色彩。纷呈各异的民俗风情,节日、婚丧嫁娶、喜庆仪式、服饰、音乐歌舞等无不受到宗教文化影响,散发出让人难以抗拒的魅力,使雪域之外的人们也纷纷走进这片圣地,领略它那古朴独特的文化气息。

中华文明的摇篮——黄土高原

黄土高原是中国古代文化的摇篮,也是世界最大的黄土沉积区。按地形差别又分成了陇中高原、陕北高原、山西高原和豫西山地等区，大部分在海拔 1000~2000 米。在黄土高原 6.4 万平方千米的辽阔范围内，从东南向西北，气候依次为暖温带半湿润气候、半干旱气候和干旱气候。植被依次出现森林草原、草原和风沙草原。

黄土高原地貌

除了少数山地是石质的外，高原其他部分上面覆盖着厚厚的黄土层，厚度大约 50~80 米，最厚的地方甚至达到 180 米。黄土的颗粒细，土质松软，含有丰富的可溶性矿物质养分，十分有利于耕作，因此黄土高原的盆地和河谷地区农垦历史悠久，养育了中国古代的灿烂文明。但同时，高原的水土流失也相当严重。黄河的“黄”便主要是来源于这里流失的黄土。黄河 90%以上的泥沙来自黄土高原。

在这片黄土地上，居住着十几个民族，1 亿多人口。人们依地就势，在这片土地上创造出了一种别具特色的民居——窑洞，除了少数土房、砖房和楼房外，人们大多住在窑洞内。窑洞是从古代的穴居发展而来的，其工程省工省料，冬暖夏凉，非常适合居住。窑洞类型以在黄土坡上开挖的靠崖式窑洞最常见。人们在向阳的山腰或山脚的坡面上动工开凿窑洞，往往数洞相连，或上下数层，内有隧道式的小门连通。一院窑洞一般修 3 孔或 5 孔，中窑为正窑。窑洞深 7~8 米，高 3 米多，宽 3 米左右，最深的可达 20 米。窗户则有 1 平方米左右的小方窗和 3~4 平方米的圆窗两种。

窑洞是黄土高原的产物，也沉积了古老的黄土地深层文化。窑洞内炕周围的三面墙上约 1 米高的地方，会贴满一些绘有图案的纸和由各种烟盒纸拼贴的画，当地人称之为炕围子。炕围子的产生源自实用：它们可以避免炕上的被褥与粗糙的土墙壁直接接触摩擦，还可以保持清洁。为了起到装饰性的效果，人们在炕围子上作画，这就有了黄土高原上具有悠久历史的民间艺术——炕围画。窑洞的窗户更是人们装扮的重点，拱形的洞口由木格拼成各种美丽的图案，窑洞的主人们还用各式各样的剪纸装饰窑洞，给单调的黄土高原添上几分亮色。

黄土高原与黄河，是中华民族古老文化的发祥地。千百年来，这片千沟万壑的黄色高原，为中华民族的发展默默地提供着动力。

森　林

中国现有森林资源的基本状况

根据林业部1984~1988年组织进行的各省(自治区,直辖市)森林资源清查结果(西藏自治区仍沿用前次清查的数据;台湾地区引自1977年公布的资料),中国现有森林资源的状况为:

全国土地总面积为96027.16万公顷。

其中:林业用地面积为26742.89万公顷,占27.85%。

非林业用地面积为69284.27万公顷,占72.15%。

在林业用地中:

有林地面积为12465.28万公顷。根据有林地面积占国土面积比例计算,全国森林覆盖率为12.98%。

在有林地中:林分面积为10724.88万公顷,占有林地面积86.04%;其余为经济林和竹林。

全国活立木总蓄积量为1057249.86万立方米。其中:森林蓄积量为914107.64万立方米,占86.46%。

在森林蓄积量中:针叶林蓄积量为498076.98万立方米,占54.49%;阔叶林蓄积量为416030.66万立方米,占45.51%。

全国除台湾地区及西藏自治区控制线外的现有森林资源现状为:

1.各类土地面积

其中:林业用地面积为26131.44万公顷;非林业用地面积为68636.32万公顷。

在林业用地中:有林地面积为11947.71万公顷,占林业用地面积45.72%。

疏林地面积为1963.65万公顷,占7.51%。

灌木林地面积为2811.60万公顷,占10.76%。

未成林造林地面积为728.81万公顷,占2.79%。

苗圃地面积为18.45万公顷,占0.07%。

无林地面积为8661.22万公顷,占33.15%。

在有林地面积中:林分面积为10218.70万公顷,占有林地面积85.53%。

经济林面积为1374.38万公顷,占11.50%。

竹林面积为354.63万公顷,占2.79%。

在无林地面积中:

宜林荒山荒地面积为7661.46万公顷,占无林地面积88.46%。

采伐迹地面积为309.60万公顷,占3.57%。

火烧迹地面积为133.46万公顷,占1.54%。

宜林沙荒地面积为556.70万公顷,占6.43%。

2.各类林木蓄积量

活立木总蓄积量为952291.25万立方米。其中:

森林蓄积量为809149.03万立方米,占活立木总蓄积量84.97%。

疏林地蓄积量为54585.27万立方米,占5.73%。

散生林蓄积量为69453.09万立方米,占7.29%。

四旁树蓄积量为19103.86万立方米,占2.01%。

3.林分资源

按林种划分:

用材林面积为80006.96万公顷,占有林地面积67.02%;蓄积量为617317.13万立方米,占森林蓄积量76.29%。

防护林面积为1455.73万公顷,占12.18%;蓄积量139961.81万立方米,占17.30%。

薪炭林面积为444.38万公顷,占3.72%;蓄积量6562.04万立方米,占0.81%。

特用林面积为311.63万公顷,占2.61%;蓄积量15308.05万立方米,占5.60%。

按各龄组划分:

林分面积为10218.70万公顷,蓄积量809149.03万立方米。

其中:

幼龄林面积为3957.59万公顷,占38.73%;蓄积量102827.30万立方米,占12.71%。

中龄林面积为3258.96万公顷,占31.89%;蓄积量233662.84万立方米,占28.88%。

近熟林面积912.06万公顷,占8.93%;蓄积量98762.10万立方米,占12.20%。

成熟林面积为1527.66万公顷,占14.95%;蓄积量249463.09万立方米,占30.83%。

过熟林面积为562.43万公顷,占5.5%;蓄积量124433.70万立方米。

按针叶、阔叶划分:

针叶林面积为5035.02万公顷,占49.27%;蓄积量439232万立方米,占54.28%。

阔叶林面积为5283.68万公顷,占50.73%.蓄积量369917.03万立方米,占45.72%。

4.人工林资源

全国已成林人工林面积为13101.12万公顷，占有林地总面积25.96%。

其中：

林分面积为1874.27万公顷，占人工林面积60.44%。

经济林面积为872.22万公顷，占28.13%。

竹林面积为354.63万公顷，占11.43%。

未成林人工林造林地面积为728.81万公顷。

人工林面积、蓄积量：

人工林林分面积为1874.27万公顷，占全国林分面积18.34%；蓄积量52984.90万立方米，占全国林分蓄积量6.55%。

人工林按林种划分：

用材林面积为1476.06万公顷，占人工林林分面积78.75%；蓄积量42372.58万立方米，占人工林林分蓄积量79.97%。

防护林面积为310.28万公顷，占16.56%；蓄积量9660.71万立方米，占18.23%。

薪炭林面积为73.17万公顷，占3.90%；蓄积量654.95万立方米，占0.56%。

特用林面积为14.76万公顷，占0.79%；蓄积量654.95万立方米，占1.24%。

人工林按龄组划分：

幼龄林面积为1104.09万公顷，占58.91%；蓄积量15793.39万立方米，占29.81%。

中龄林面积为582.78万公顷，占31.09%；蓄积量25058.78万立方米，占47.29%。

近熟林面积为114.27万公顷，占6.10%；蓄积量7067.21万立方米，占13.34%。

成熟林面积为65.9万公顷，占3.52%；蓄积量4276.56万立方米，占8.07%。

过熟林面积为7.23万公顷，占0.38%；蓄积量789.73万立方米，占1.49%。

5.森林资源的权属（不含西藏自治区，下同）

林业用地各类土地面积按权属划分：

在林业用地中，国有林面积为9861万公顷，占38.36%；集体林面积（包含私有林，下同）为11513万公顷，占61.14%。

在有林地面积中，国有林面积为5271万公顷，占45.30%；集体林面积为6365万公顷，占54.70%。

在用材林面积中，国有林面积为4063万公顷，占52.02%；集体林面积为3747万公顷，占47.98%。

各类林木蓄积量按权属划分：

在活立木总蓄积量中，国有部分为589966万立方米，占66.22%；集体部分为300973万立方米，占33.78%。

在森林蓄积量中，国有部分为529429万立方米，占70.46%；集体部分为221942万立方米，占29.54%。

资源权属划分：

在人工林林分面积中，国有部分为548万公顷，占29.24%集体部分为1326万公顷，占70.76%。

在人工林林分蓄积量中，国有部分为21320万公顷，占40.24%；集体部分为31665万公顷，占59.76%。

6.森林资源质量

全国有林地中平均每公顷林木蓄积量为36.44立方米，林分平均每公顷蓄积量为79.18立方米。

按林种计算，各林种平均每公顷蓄积量为：用材林77.10立方米；防护林96.15立方米；薪炭林14.77立方米；特用林145.39立方米。

在用材林中，各龄组平均每公顷蓄积量为：幼龄林27.09立方米；中龄林71.06立方米；近熟林106.49立方米；成熟林173.06立方米；过熟林220.20立方米。

人工林林分各龄组平均每公顷蓄积量为：幼龄林14.30立方米；中龄林43.00立方米；近熟林61.85立方米；成熟林64.89立方米；过熟林109.23立方米。

全国用材林林木径级组蓄积量为：小径级（6~12厘米）占8.9%；中径级（14~24厘米）占26.4%；大径级（26~36厘米）占26.6%；特大径级（38厘米以上）占39.2%。

全国用材林近、成、过熟林中，属于一级的株数占70.6%；蓄积量占75%以上。

7.森林资源的分布

中国森林资源地理分布很不均衡，主要分布在东北、西南林区。如按森林蓄积量覆盖率比重计算，其分布依次为：

黑龙江、吉林、内蒙古：森林蓄积量为28.92亿立方米，占35.74%；覆盖率为19.8%。

四川、云南：森林蓄积量为23.7亿立方米，占29.29%；覆盖率为21.3%。

南方集体林10省区（广东、海南、广西、福建、浙江、江西、湖南、湖北、安徽，贵州）：森林蓄积量为13.37亿立方米，占16.53%：覆盖率为20.5%。

其他省，区，市（新疆、甘肃、青海、宁夏、陕西、山西、辽宁、北京、天津、河北、河南、江苏）：森林蓄积量为9.14亿立方米，占11.30%；覆盖率为4.8%。

西藏自治区：森林蓄积量为5.78亿立方米；覆盖率为2.7%。

8.林木生长量、枯损量和消耗量。

根据全国连续清查体系中各省（区、市）固定样板地的样本数据（西藏自治区用“五五”清查数据）推算，调查间隔期内全国林木平均总生长量为36497万立方米，年平均生长率为3.90%；全国林木年平均枯损量为3551万立方米，年平均损耗率为0.38%；全国林木年平均净生长量为32946万立方米，年平均净生长率为3.52%。全国林木年总消耗量（含枯损量）为38034万立方米，年平均总消耗率为4.06%。扣除自然枯损，全国林木年平均消耗量为34483万立方米，年平均消耗率为3.68%。

从新中国成立直至1988年，中国森林资源的年消耗量一直大于年生长量，导致森林资源日益减少。这是一个很大的矛盾，国家为了解决这一矛盾，从加快森林培育、加强森林资源保护和节约利用、综合利用等几个方面做了大量工作，终于结出了硕果。据林业部领导在1992年1月上旬召开的全国林业厅局长会议上宣布：通过1988—1990年全国森林资源清查和消耗量调查结果表明，我国已初步实现全国森林资源总生长量大于总消耗量，在此期间内，全国森林资源年生长总量为3.66亿立方米，年消耗总量为3.27亿立方米。两相对比，还多生长3900万立方米。

当前，全世界森林资源总体呈下降趋势，而中国森林资源开始呈上升趋势，这是一个可喜的兆头，它预示着我国森林资源将日益增多，中国的自然生态将不断改善。

在中国现有的森林资源中，属于优势树种的针叶树种约有145种。其中，最主要的树种有红松、冷杉、云杉、落叶松、樟子松、油松、华山松、黄山松、马尾松、思茅松、乔松、湿地松、黑松、杉木、水杉、柏木、银杉等等。属于优势树种的阔叶树种约有四五百种，其中，最主要的有水曲柳、胡桃楸、椴木、栎类、桦木、杨、柳、榆、泡桐、楠木、樟木、擦木、桉树、楸树、国槐、洋槐、银杏、椿树、苦楝、核桃、板栗、枣树，等等。

中国现有森林资源的特点

中国现有的森林资源，从面积、蓄积量和覆盖率来看，都是不足的，作为一个国土辽阔、人口众多的大国，与其地位是极不相称的。但中国森林资源与世界其他国家相比亦有其自己的特点。

1.森林树种丰富多彩

中国是世界上森林树种，特别是珍贵稀有树种最多的国家。据中国植物学家统计，中国有种子植物2万余种，其中，属于森林树种的有8000余种，仅乔木树种就有2000多种，而材质优良、树干高大通直、经济价值高、用途广的乔木树种约有千余种。针叶类的松、杉种，是构成北半球的主要树种，全球约有30属，而中国就占有20属，近200种。其中有8个属于中国特有，他国所无。8个特有属为水杉属、银杉属、金钱松属、水松属、台湾杉属、油杉属、福建柏属和杉木属。阔叶树种更为丰富，达200属之多，其中有大量特有树种，如珙桐属、杜仲属、旱莲属、山荔枝属，香果树属和银鹊树属，等等。

在种类繁多的树种中，有很多珍贵稀有树种，例如，水杉、银杏，银杉、铁杉，油杉、红豆杉、白豆杉、台湾杉、金钱松、陆均松、水松、雪松、竹叶松、竹柏、福建柏、珙桐、山荔枝、香果树、银鹊树、紫檀、降香黄檀、格木、蚬木、樟木、楠木、红木、柚木、轻木、铁力木、黄杨木、天目姜子、海南石梓、桃花心木、花榈木、青皮、坡垒、红椿、绿楠、青钩栲、木荷、胡桃楸，水曲柳、黄波罗、杉木、树蕨等等。这些珍贵稀有树种，都是建筑、桥梁、车船、家具和工艺雕刻上不可缺少的良材美木。这些树种，绝大多数都分布在中国南方林区。这是因为南方林区有更多的适宜各类树种生长的条件。

2.竹林资源遍布大江南北

竹林

中国森林资源的另一个特点是，拥有种类众多的竹林。中国的竹子种类、竹材及竹制品产量均占世界首位。全世界有竹子50多属，中国就有26属，近300个品种。

中国的竹子资源在大江南北均有分布，往北可以分布到山西南部。全国大致可分为三大竹区：一为黄河、长江之间的散生竹区，主要竹种有刚竹、淡竹、桂竹、金刚竹等；二为长江、南岭一带散生型和丛生型混合竹区，竹种以毛竹为主，也有散生型刚竹、水竹、桂竹和混合型苦竹、箬竹及丛生型慈竹、硬头黄、凤凰竹等；三为华南一带丛生型竹区，主要竹种有撑篙竹、青皮竹、麻竹、粉单竹、硬头黄和茶杆竹等。

在竹子资源中，特别值得提及的是毛竹（也叫楠竹），它是中国竹类中的佼佼者。毛竹林是面积大、蓄积量多、经济价值高和用途广的竹种。面积占中国竹林总面积的78%，约有250万公顷，357957万株，年产毛竹八九千万根（50根毛竹可顶1立方米木材）。毛竹分布范围较广，东起台湾地区，西至云南东北部，南至广东、广西中部，北至安徽北部、河南南部。在此范围内，既有较大面积的毛竹纯林，也有与杉木、马尾松或其他阔叶树种组成的天然混交林。浙江、江西、湖南、福建、广东、广西安徽、四川、江苏等省区，是毛竹林分布的中心，也是中国毛竹材生产的主要基地。

毛竹生长快，产量高，材质好，用途广。从出笋到成竹，只需两个月左右时间。竹竿散生笔直，一般高10米左右，最高的达20米以上，胸径6~15厘米，最粗的可达20厘米，5—6年即老化成材。如做纤维，造纸原料，当年即可利用。生长良好的毛竹林，每亩年产竹材2000公斤左右。

中国人民利用竹材历史悠久，可追溯到史前时期。河南安阳小屯殷墟中的出土文物，就有竹鼠遗迹；甲骨文中有“萠”“第”“箟”等带竹首的文字。在浙江余姚市河姆渡发现的距今六七千年的原始社会遗址中，也有竹制物品出土。中国人民在历史上使用竹子范围之广，正如宋代大文豪苏东坡所描述的那样：“食者竹笋，庇者竹瓦，载者竹筏。爨者竹薪，衣者竹皮，书者竹纸，履者竹鞋，真可谓不可一日无此君也。”

随着社会文明向前发展，人们应用竹子的范围更广，竹制品的花样更加丰富多彩。浙江东阳、福建泉州、上海嘉定、四川自贡和湖北蒲圻等地的竹编工艺品，如竹篮、果盒、门帘、屏风、条幅、竹人、竹马、扇子、文具盒等等，精巧雅致，美妙超群，誉满中外，畅销世界各大洲。

3.经济林木异常丰富

中国森林资源中的再一个特点是，经济林资源非常丰富。在全部经济林中，有大量木本粮油林、果木林、特用经济林和其他经济林。而每一类经济林中，又有许多树种，每一树种，又有几十个，甚至几百个品种。如大枣、油茶、板栗、核桃、荔枝等都是这样。中国的经济林分布最广，从南到北，从东到西，凡是有森林分布的地方，几乎都生长有各种各样的经济林，它在中国国民经济中占有很重要的地位。

中国的木本粮油林，资源多，分布广，产量大，经济价值高，自古以来在国民经济中占有特殊地位。这类经济林，主要树种有：板栗、大枣、柿子、核桃、油茶、文冠果、毛株、油棕、椰子、油橄榄、巴旦杏、油渣果、腰果、香榧、山杏、橡子树，等等。

中国的果木林种类繁多，具有代表性的有：苹果、桃、梨、李子、梅子、葡萄、柑橘、广柑、橙子、柚子、香蕉、荔枝、龙眼、槟榔、菠萝、杏，等等。

中国的特用经济林，不仅种类多，且有很多属于中国特产。在众多的特用经济林中，主要树种有：漆树、白蜡、油桐、乌桕、橡胶、栓皮栎、杜仲、茶树、桑树、花椒、八角、肉桂，黑荆树、枸杞、黄楝树，等等。

中国森林的地带性分布

森林的形成，同当地及其周围自然条件的长期作用有着密切的关系。中国地域广大，自北而南分属于寒温带、温带、暖温带、亚热带、热带五大气候带。气温由北而南逐渐升高；降水量则由南往北递减。高山、高原、丘陵，盆地等都有大面积分布，这种错综复杂的自然条件，对中国森林的形成和分布起着制约的作用。

在上述气候带及各种不同地形的长期作用下，中国各地区森林的分布很不相同，具有明显的地带性。从水平地带分布来看，由北到南，有寒温带针叶林、温带针叶与落叶阔叶混交林、暖温带落叶阔叶林、亚热带常绿阔叶林、热带季雨林和雨林。

从垂直分布来看，在纬度越低，气温越高，海拔越高，气温越低的气候规律作用下，上述各水平地带的森林类型，都在纬度较低的水平地带内按垂直带谱出现，而且是纬度越高，在垂直带内出现的下限则越低。例如，东北的小兴安岭和长白山，水平位置都属于温带，典型的地带性森林为温带针叶（以红松为代表）与落叶阔叶混交林。但在本地带山地的上部广泛分布有以落叶松和云杉、冷杉为代表的寒温带针叶林。小兴安岭在长白山以北，纬度较长白山高，落叶松林分布的下限为海拔700米，在长白山下限则为1100米。又如，秦岭山地属于暖温带向亚热带过渡的地带,南坡海拔1200米以下为北亚热带森林和含有亚热带成分的森林。在此以上和北坡的下部,则分布有暖温带落叶阔叶林和暖温带地区广泛分布的油松、华山松、铁杉等温带针叶林。而在秦岭山地的上部也分布有以落叶松、云杉、冷杉为主的寒温带针叶林,直至森林分布的上限。再如,西南高山峡谷地区的高山和台湾山地北部,其水平位置属于亚热带,典型的地带性森林是以常绿阔叶林为特征的亚热带森林。但是,由于纬度低、山体高。因而又分布着属于北方地区各水平地带的森林:下中部为常绿阔叶林和常绿阔叶—落叶阔叶混交林;在海拔2000米以上为暖温带与温带针叶林;3000米以上为寒温带针叶林,云南西双版纳,海南岛和台湾山地南部,下部是雨林、季雨林,上部则为其他热带森林和亚热带森林。台湾因山体高,再往上还分布有喜温凉的针叶林和寒温带针叶林。

中国森林的分布情况虽然错综复杂,但都具有明显的规律性。以下我们按水平地带森林的分布状况加以介绍。

一、寒温带针叶林

按水平地带分布的寒温带针叶林,仅限于中国东北地区的最北端,其范围包括黑龙江以南,洮儿河以北,呼伦贝尔草原和额尔古纳河以东,小兴安岭和松嫩平原以西的地区。总面积为2755万公顷,约占全国总土地面积的2.9%。本地带内森林面积为1466万多公顷,森林覆盖率为53.6%,森林总蓄积量为13.7亿立方米。

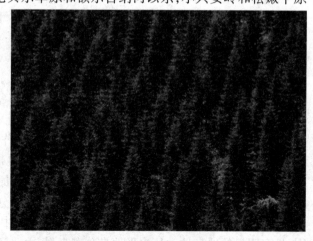

针叶林

从自然条件上看,本地带以山地为主,由大兴安岭及其支脉伊勒呼里山组成,平均海拔高1000米,山体浑圆,东陡西缓。山间有宽阔的平坦谷地,河流密布。气候寒冷潮湿,冬季漫长而严寒,夏季短促而,凉爽。年平均气温仅-4~-6℃,年降水量400~500毫米。本区牙克石以北有永冻层分布,一般厚度2~5米,形成大片沼泽、洼地。土壤以棕色针叶林土和暗棕色森林土为主,以及灰色森林土、黑土、黑钙土,非地带性土壤有草甸土、沼泽土和沙土等。

本地带森林植被系西伯利亚寒温性针叶林向南延伸部分。森林树种以耐寒冷的兴安落叶松占优势,往往形成坡连岭接、波浪起伏的大面积纯林,其次为樟子松。兴安落叶松的伴生树种为白桦、黑桦、山杨、蒙古栎等。在海拔1200米以上常见偃松灌丛。林下灌木主要有杜鹃、杜香、越橘、岩高兰;草本植物有少量苔草、红花鹿蹄草等。

本地带东南边缘为阔叶林带,以蒙古栎、黑桦占优势。林下灌木有胡枝子、绣线菊。林缘低地主要是大黄柳、小叶樟等树种。本地带西侧无连续的阔叶林区。树种以白桦、山杨阔叶林为主,呈岛状分布。在大兴安岭西坡森林草原的沙地上断续分布着樟子松疏林。本地带内其他地区均属阔叶混交林过渡带,落叶松、白桦、蒙古栎相间混生。

本地带牙克石—加格达奇一线以北,兴安落叶松成水平带分布,可以从河谷海拔 300 米一直到山脊;往南则成垂直带分布,一般从海拔 700~800 米起,分布到 1300 米以上,越往南,它的分布越高。以蒙古栎、白桦、山杨为主的温带针阔叶混交林,北部分布于海拔 300~600 米;南部分布于 600~1000 米。蒙古栎对生境条件适应范围比较广,除多年连续冻土区外,各地都能生长成林。

兴安落叶松林破坏后,往往首先长起以白桦、山杨,黑桦等树种为主的阔叶林。目前,本地带这类林子约占林地总面积的 25%,其中以白桦林为最多,常形成纯林或以它为优势的混交林。

二、温带针叶与落叶阔叶混交林

这一地带为中国现有森林中唯一有红松林分布的地带,其范围东北起自黑龙江,西南至辽东半岛,东与俄罗斯、朝鲜的同地带为邻,西为松辽平原,呈东北一西南走向。

这一地带有小兴安岭和长白山两大林区,现有森林面积约为 2000 万公顷。森林覆盖率为 44.3%,森林总蓄积量为 17.5 亿立方米。

小兴安岭山势低缓,海拔一般不超过 1000 米,长白山林区一般海拔为 800~1000 米,其中,长白山主峰为 1420 米,因受季风的影响较大,本地带年平均气温已在 0℃以上,南部地区可达 6℃。全地带年降水量 500~900 毫米,自东南向西北递减。本地带的山地土壤主要为高山草甸土、亚高山草甸森林土、山地棕色森林土和山地灰棕壤土等。

小兴安岭林区的森林,是以红松为主的温带针阔混交林,植物种类较为复杂,组成树种比较丰富。在大乔木树种中,针叶树有红松、冷杉、云杉、落叶松等;阔叶树有紫椴、枫桦、水曲柳、黄波罗、胡桃楸、春榆、色木、蒙古栎、白桦、山杨等。林下灌木有珍贵的药用植物刺五加,还有暴马子、毛榛子、溲疏、山梅花等。藤本植物有营养价值很高的狗枣子、山葡萄及重要的药用植物北五味子等。

在小兴安岭北坡,因气候接近寒温带,故有以兴安落叶松为主的寒温性树种分布。在局部地段兴安落叶松和以红松为主的针阔混交林相间分布。在黑龙江流域的沙质土壤阶地上,还有少量呈团块状的樟子松林分布。

以红松树种为主的针阔混交林破坏后,在坡麓或山腰缓坡,往往演变为次生落叶阔叶林，组成树种较复杂，主要树种有蒙古栎、黑桦、白桦、紫椴、黄波罗、水曲柳、色木、胡桃楸、山杨等。在林区外缘的低山丘陵或台地上，则形成以山杨、白桦、蒙古栎、大果榆、色木为主的次生林。在山间低洼谷地形成“黄花松甸子”。树种为长白落叶松（俗称黄花松）及白桦等。

本地带内的长白山林区植物种类繁多，仅维管束植物就有1900多种。常见的木本植物有150余种。森林是以红松为优势的针阔叶混交林，林分层次也比较复杂，有较发达的乔木层，下木层、草本层；藓苔层发育微弱，红松林的主要混生、伴生树种，在排水条件较差的红松林中，混生树种以云杉、冷杉为主。山坡下部湿润地段，则为春榆、黄波罗、水曲柳、胡桃楸及大青杨等阔叶树种。缓坡和斜坡的伴生树种则为椴树、枫桦、色木、青冈栎；在干燥的斜坡上有蒙古栎、辽东栎、槲栎等。

本区红松阔叶混交林类型有：北部完达山、张广才岭、老爷岭一带为红松、紫椴、枫桦针阔混交林；南部山地为红松、千斤榆为特征的针阔混交林，针叶树还有紫杉、赤松和朝鲜崖柏。伴生的阔叶树种，除有北部的树种外，还有花楷槭，青楷槭、刺楸等。

长白山中部地带具有明显的森林垂直分布带谱：海拔1800~2000米之间为岳桦林带，混生有少量长白落叶松；1100~1800米之间为暗针叶林，以云杉、冷杉占优势，有苔藓岳桦、云杉、冷杉林、藓苔红松、云杉、冷杉林等；1100米以下的玄武岩台地上则为阔叶—红松林。主要林型有灌木—阔叶红松林；蕨类—云冷杉红松林、陡坡红松纯林等。此外，还有非地带性的长白赤松林，长白落叶松林。

林下灌木层主要有耐阴性的毛榛、槭属，忍冬等；藤本植物有山葡萄、北五味子等；草本植物较多，主要有苔草等。

本林区森林破坏后，形成各种林型的次生林，最普遍的是萌生的蒙古栎林或由山杨、白桦等阳性先锋树种所形成的次生林。

三、暖温带落叶阔叶林

本地带的森林，由于长时期遭受人为的破坏，现在是大片森林少、林相较差和质量较低的一个地带。其范围为东起辽两山地、辽东半岛和胶东半岛山地丘陵，西到青海东部，北界长城，南到秦岭和淮河以北山地丘陵。

本地带的东南部以低平原为主，西部以黄土高原丘陵为主，中部、北部以山地为主，重要山脉为燕山、太行山，伏牛山、秦岭以及沂蒙山、吕梁山、子午岭、六盘山等。山地海拔一般为1000~2000米，少数高峰近3000米。气候具有明显的大陆性，夏秋炎热多雨，冬季寒冷干燥，年平均气温为4~14℃，年降水量400~900毫米，森林土壤一般为山地棕壤和栗钙土、灰钙土等，个别地方有沼泽土、高山草甸土和亚高山草甸土。

本地带水热资源比温带丰富，历史上到处都有茂密的森林分布。但因这一地带是中华民族的重要发祥地，农牧业发展最早，人口稠密，交通方便，长期无限制地毁林开荒,乱砍滥伐,致使大好森林遭受毁灭性的毁坏。现在保存的森林面积有830多万公顷,森林覆盖率只有8%。现有林分,除秦岭中段有较大面积的天然林外,其余绝大部分地区,只在偏远山地分布有面积大小不一的天然次生林。

本地带森林,总的来说属于暖温性落叶阔叶林。但由于各山地所处地理位置、历史条件不同,加之山地山体高度不一,形成的森林也不尽相同。在燕山—太行山区,原生类型的森林现在保存得极少,现有森林基本属于屡经破坏后恢复起来的天然次生林。由下而上,森林的垂直分布规律为:落叶阔叶林—温性针阔混交林—寒温性针叶林;再上为高山草甸,落叶阔叶林分布在海拔600~800米以下,愈往南分布界限愈高,主要阔叶树种为喜温耐旱的栎类,以及人工栽植的杨、柳、榆、国槐、臭椿、泡桐等,并有侧柏、桧柏、白皮松等针叶树。在落叶阔叶林以上到海拔1500~1600米左右,为温性针叶与落叶混交林,主要针叶树种有油松、华山松。海拔1600~2500米为寒温性针叶林,主要针叶树种有白杆、青杆、华北落叶松,冷杉等。并有白桦、蒙古栎、山杨等阔叶树种。由于地理位置和自然条件的差异,森林分布的最高界限各地有很大差别,如北京西北部的小五台山,森林上限阴坡为海拔2500米,阳坡为2100米。北京东北部的雾灵山森林分布上限降到1900米。

本地带内的陇秦晋山地,是黄土高原中露头的土石山区,森林资源保存得较好。由于山麓为黄土高原,山体不甚高大,大部处在温性针叶林带,一部分为寒温性针叶林带。构成林分的优势树种,下部有喜温性的栎类和油松、华山松等;在海拔1600米以上则为寒温性针叶林,主要树种有白杆、青杆、华北落叶松以及杨、桦等。

四、亚热带常绿阔叶林

本地带包括西南高山峡谷地区和整个亚热带地区。其范围东起东海沿岸及附近岛屿,西至青藏高原东侧,北至秦岭南坡、淮河干流及淮北灌溉总渠,南至福州、永春、永定接南岭山脉南麓、西江两岸和云南北部边境附近一线。总土地面积为19266万多公顷。现有森林总面积为5533万多公顷,森林覆盖率为28.8%。森林总蓄积量约23亿立方米。

亚热带常绿阔叶林

本地带由于地形复杂,水热条件优越,因此,所形成的森林类型也较为复杂。

1.西南高山峡谷多带谱森林

西南高山峡谷位于本地带西端的青藏高原东南部，沿嘉黎、巴青、治多、石渠、色达往北，绕青海省班玛北界。经甘肃迭部、宕昌一线为本地区的西北界和东北界，南面为国境。全区包括四川西部、云南西北部、西藏东部和南部、甘肃南端、青海东南端也有少部分地区属于这一范围。

本地区地貌十分复杂，全区到处是高山峡谷，河谷切割较深，山体嶙峋陡峭，相对高差达数千米以上。按照水平地带的位置，本地区处于亚热带地区，但因受青藏高原的影响，海洋季风成为本地区的水汽来源。东南部湿润多雨，又比较温暖。越往西北，气候的大陆性越强，气温逐渐降低，降水逐渐减少，呈现出从温暖湿润逐渐向寒冷干燥过渡的气候特征。例如，本区南部湿度较大，雨量比较丰富，亚东一带年降水量936.6毫米。而东南端年平均气温在20%：以上，年降水量为2000~3000毫米；西北部年降水量仅为300~500毫米。

本地区土壤，主要为红壤、黄壤、山地黄棕壤，山地棕壤和山地暗棕壤，森林线以上有高山草甸土，干热河谷有燥红壤。

本区森林植被比较齐全，几乎包括了从寒温带针叶林到热带雨林的一切森林植被类型，森林分布垂直带谱非常明显。大体上在海拔2000米以下为干旱河谷，分布着多刺和肉质灌丛，往上为湿性常绿阔叶林带，并含有多种落叶阔叶树种。2000~3000米上下主要为温性针叶林，其下部阳坡多为高山松和油松林；阴坡、半阴坡或河谷分布有铁杉与多种槭，桦形成的针阔混交林，高山松林与油松林的分布大致以四川邛崃山为界，以西为高山松林，有川滇高山栎、云杉、桦、杨等混生；以东为油松林，伴生辽东栎、白桦和华山松。大约在海拔3000米以上属于寒温性针叶林，为多种云杉、冷杉组成的纯林或混交林。其上部有红杉林或圆柏林。在这类垂直带内，岷江冷杉分布最广，阴坡多纯林，阳坡则出现混交林或分布有较大面积的高山栎类及灌丛。在海拔4000~4400米以上的高山，分布着灌丛和草甸。

在本区南部察隅、墨脱、达旺以南的河谷低山发育着热带雨林。其垂直带谱为：海拔1000~1100米以下为低山热带雨林和季雨林：1100~1800(2100)米为山地亚热带常绿阔叶林；2400~3100米为常绿与落叶阔叶混交林，是本地区铁杉林成带分布的范围；以上到4400米为山地温带和山地寒温带针叶林，再往上为高山灌丛草甸。

本区森林均为天然林，以成过熟林为主，林龄高，平均树龄为200年。树种以冷杉，云杉为主的针叶树蓄积量多于阔叶树蓄积量。

2.南亚热带常绿阔叶林

本地区位于西南高山峡谷以东，地势西高东低，东部和中部低山、丘陵，平原相间分布，地貌类型较多。

(1)西部中、高山地，包括秦巴山地和云贵高原，是低山丘陵向高山、高原的过渡地带，大部分海拔高2000~3000米。气候温和，年平均气温在14~21℃之间，气温自北向南递增；年降水量800~2100毫米左右，由东向西递减，山地降水高于平原，最多可达2500毫米，总的气候特征是温暖湿润，适宜于多种用材林和经济林木生长。主要地带性土壤有红壤、黄壤和黄棕壤3种。红壤多分布在海拔低的丘陵地区；黄壤多分布在中，低山地；黄棕壤主要分布在长江以北的山地和江南山地黄壤带以上。

本地区由于气候条件较好，天然生长的树木种类繁多。属于地带性的森林植被，以栲、石栎、青冈和樟、茶、木兰科属树种的常绿阔叶林为主；人工栽培的树木，以马尾松、杉木、云南松、柏木等最多。在长江以北，因气温渐低，降水量减少，落叶阔叶树种如麻栎、白栎、栓皮栎等树种比重增大。本地区的树种中突出的特点是珍稀树种多，中国特有的孑遗古老树种，如水杉、银杏、珙桐、青钱柳、黄杉、香果树、长苞铁杉、银杉、红豆杉、蚬木等等，均以本地区为多。

在本地区内，因自然条件差别较大，各地所分布的森林树种也有明显的区别。例如，四川盆地南侧的山地，海拔1800(1500)米，主要常绿阔叶树为栲、刺果米槠、瓦山栲、峨眉栲、苞石栎、四川大头茶、华木荷、大苞木荷、润樟、油樟等。针叶林以杉木、柳杉生长良好。盆地北沿山地常绿阔叶林，一般在海拔1300米的山地黄壤地段，主要树种为苞石栎、青冈、细叶青冈、华木荷、多穗石栎、猴樟、黑壳楠等。此类森林破坏后，多为马尾松林、巴山松林、柏木林和麻栎、栓皮栎所代替。

(2)幕阜山地区。本地区的森林植被以常绿阔叶林为主，垂直分布也很明显。在海拔800米以下，大部分是马尾松和竹林；在沟谷中有钩栗、大叶青冈、云山桐、青冈栎，栲树、黑壳楠等，并混生有红豆杉、穗花杉等。在海拔800~1200米之间，主要是黄山松，其次是锥栎、化香、枸树、鹅掌楸、椴树、四照花、槠等。在海拔1200~1400米之间，主要有白檀、杜鹃、海棠、野山楂、四川冬青、红果钩樟、水马桑等灌木丛。经济林木以油茶为主，油桐次之。

(3)武夷山地区。本地区为典型的常绿阔叶林地带，但原生的常绿阔叶林大部分被破坏，目前大面积分布的为杉木林、马尾松林及竹林。

本地区植物成分复杂，组成种类以甜槠、木荷为代表。常见的阔叶树为苦槠、青冈、石栎、栲树、南酸枣、枫香、红楠等。渐向西南，树木组成种类逐渐增多，更多地出现罴蒴栲、南岭栲、罗浮栲、泡花、润楠等喜温热的常绿栲、楠树种；并有以栲树、钩栗、云山青冈为主的常绿阔叶林。伴生树种有米槠、乌眉栲、少叶黄杞、猴喜欢、山杜英、华杜英、深山含笑、华南樟以及水青冈、南酸枣等。

在丘陵山地，大面积分布着马尾松、映山红群落以及马尾松、杉木及各种阔叶树混交林；并有油茶、油桐，茶、果树等经济林。在山区，有大面积的杉木林、毛竹林、各种阔叶林以及杉、松、毛竹等混交林，柳杉也有分布。800米以上山地有黄山松林，山顶上部为灌木林。

本地区有大量珍稀及珍贵用材树种，如百山祖冷杉、华东黄杉、福建柏、白豆杉、长叶榧、连香树、鹅掌楸，钟萼木、香果树、长柄，双花木、福建青冈栎、格氏栲、观光木、石梓、南方铁杉、江南油杉、华西枫杨、长序榆、领春木、凹叶厚朴、天女木兰、花榈木、红花香椿、银鹊树、天目紫茎、银钟树，等等。

五、热带季雨林和雨林

本地带的范围为滇南、粤桂沿海,海南岛及南海诸岛,粤闽沿海、台湾及附近岛屿等地区。约占全国总土地面积的3%,是比较小的一个森林地带。

这一地带地貌复杂多样,以山地、丘陵为主,间有盆地、谷地、台地、平原。西部属云贵高原南沿,地势由北向南倾斜,山地海拔多在1000~1500米,少数在2000米以上。中部多低山丘陵,地势西北高,东南低,少数山峰超过1000米,一般为300~800米。海南岛的中部为山地,向四周依次为丘陵、平原和滨海沙滩。台湾岛有5条北北东—南南西走向的平行山脉,高峰绵亘,海拔多在3000米以上。

热带雨林

本地带为中国纬度最低的地区,属于热带、亚热带季风气候,高温多雨、冬暖、夏长,平原地区年平均气温20~26.5℃,极有利于植物生长。但因地势高低不同,山地气温垂直差异较大。在海拔3000米以上的高山,冬季可见皑皑白雪。年降水量一般为1200~2000毫米,台湾山地有相当一部分地区在3000毫米以上。土壤缺盐基物质,呈酸性反应,富铝化作用较强。地带性土壤由南到北主要为砖红壤、赤红壤,其次为红壤、黄壤(包括黄棕壤)、石灰土、磷质石灰土。

本地带的植物种类最为丰富,其中,高等植物就有7000种以上。在高等植物中,其他地带没有的特有种也很多,仅海南岛就有500多种,西双版纳有300多种,更有不少是国家保护的珍贵稀有植物。森林为南亚热带常绿阔叶林、热带季雨林、雨林和赤道热带常绿林。

南亚热带季风常绿阔叶林分布在台湾北部、闽、粤、桂沿海山地、丘陵,桂西南喀斯特地区和滇东南。森林植被以壳斗科、樟科、金缕梅科、山茶科为主;还有藤黄科、番荔枝科、桃金娘科、大戟科、桑科、橄榄科、棕榈科、红树科等。次生植被,东部以马尾松为主;西部以云南松,思茅松为主。

热带季雨林、雨林主要分布在北回归线以北的海南岛、雷州半岛、台湾岛的中南部和云南的南端。植被组成有很多科属和中南半岛、印度、菲律宾等国相同。植物种类丰富,组成优势科主要有桑科、桃金娘科、番荔枝科、无患子科、大戟科、棕榈科、梧桐科、豆科、樟科等。热带中山以上山峰、山脊上常出现常绿性矮林、灌丛,苔藓林,以越橘科、杜鹃科、蔷薇科占优势。在西部滇南地势较高,山原地貌有众多纵深切割的河谷，植被垂直带各类型交错分布。在南海诸岛，由于土壤基质的制约，主要分布以麻风桐（避花霜）、草海桐等组成的热带珊瑚岛常绿林。滨海是沙生植物和红树林。

在滇南热带林保护区内，森林组成种类具有东南亚和印、缅热带雨林、季雨林特色。低海拔丘陵的雨林和半常绿季雨林的组成，以常绿性的热带科、属为主。其优势种类多为豆科、楝科、无患子科、肉豆蔻科、龙脑香科等。雨林中多典型的东南亚和印、缅地区热带雨林的种类。如龙脑香科的云南龙脑香、羯布罗香、翅果龙脑香、毛坡垒、望天树、四数木、番龙眼、千果榄仁、麻楝、八宝树等。山地常绿阔叶林，以壳斗科、术兰科、樟科和茶科为主组成，主要树种有印栲、刺栲、红花荷、银叶栲、滇楠等。山地常绿阔叶林各种类型垂直分布较明显，东部海拔1500米以上为亚热带常绿阔叶林，分布面广，保存较好，由于温凉、高湿、静风，林中苔藓植物发达，故称“苔藓林”。主要树种有瓦山栲、多种木莲、润楠等；中部西双版纳海拔1000~1500米山地，则以刺栲、红木荷等为主组成的常绿阔叶林，分布面积广，其中勐海地区保存面积最大，森林较完整，乔木次层樟科树种很多；西部海拔1000米以上的常绿阔叶林，以刺栲、印栲、红木荷或长穗栲、樟类组成。由于气候从东到西逐渐变迁、森林植被类型从东到西大致分为三类：东部为半常绿季雨林和湿雨林，以云南龙脑香、毛坡垒、隐翼为标志；中部西双版纳季雨林和半常绿季雨林，以大药树，龙果、番龙眼、望天树为标志；西部为半常绿季雨林，以高山榕、麻楝为标志。

在海南岛热带林保护区，植物种类极为丰富，是中国热带地区的生物基因库，共有维管束植物3500余种，分属于259科，1340属，其中约有83%属泛热带科。中国特有属有10余属，特有种有500多种。在众多的树种中，乔木树种约有900多种，属于商品材树种的有460种，其中特类至三类用材树种有200多种，多为珍贵用材树种。在乔木林中，优势树种不甚明显，但也可以见到青梅或南亚松占优势的单优林分。森林结构复杂，分层不明显。热带雨林的三大特点：由藤本植物组成的绞杀植物发达，板根普遍明显发育，老茎生花，在这里和滇南热带雨林中均较常见。

海南岛的热带雨林分布在中部山地海拔600~1000米的地段。较完整的雨林中，乔木一般可分三层，树干挺直，分枝高，林相茂密。由于岛内东西部干旱季节长短不同，季雨林又分为常绿季雨林、落叶和半落叶季雨林。森林类型多种多样，原生森林有热带雨林和季雨林，统称为热带雨林。从水平分布来看，从海滨到山地依次为：红树林、沙生草地或多刺灌丛、次生稀树草地、热带季雨林、热带雨林、亚热带常绿阔叶林、高山矮林。东部湿润地区以常绿阔叶林为主；西部干旱地区以落叶和半落叶季雨林占优势。

在台湾岛山地，地带性森林植被，在中、南部海拔大约2000米以下为热带雨林、季雨林常绿阔叶林；北部山地的下部属于亚热带季风常绿阔叶林。常绿阔叶林以上，依次为温性针叶林和寒温性针叶林，高山灌丛和高山草甸。常绿阔叶林的主要组成树种有，无柄米槠、青钩栲、厚壳桂、榕树、樟树、大头茶、红木棉等。混生有九芎、重阳木、无患子、台栾树等少数落叶半落叶树种，林内具有一定雨林特征。海拔较高的山地以红桧、台湾扁柏为主,海拔 3000 米以上。主要是以台湾冷杉为优势的亚高山针叶林区,再向上分布有高山杜鹃灌丛。

六、蒙新地区

中国的森林分布,除上述 5 个水平地带以外,地处中国北部和西北部的蒙新地区,从地理位置来看,自北而南跨越温带、暖温带两个地带。但是,这一广大地区因地处亚洲大陆腹地,年降水量在 400 毫米以下,除高山的中上部因海拔升高,气温降低,湿度增大,具备了≥400 毫米的降水条件,有森林分布外,其他地方一般没有天然林分布,而且经过长期的破坏和垦荒。现存的天然植被亦很少见,覆盖率不到 1%。故在介绍上述 5 个水平地带的森林分布时,未将这一地区的森林列入。

蒙新地区目前连片分布的天然林,大部分在一些中高山地,多为寒温性针叶林。如阿尔泰山、天山、祁连山、贺兰山和阴山的中部或上部,分布有以云杉、冷杉为主的针叶林。另外,在塔里木盆地北部边缘和准噶尔盆地周围绿洲有淡水源的地方,分布有以胡杨为代表的天然林。

在上述一些天然林区中,值得提出的是天山林区。本林区有森林植物 2500 余种,植物成分也比较复杂,以北温带和欧亚温带成分占优势,温带亚洲成分占比重很小。

本林区具有多样的植物区系、生态条件和悠久的发育历史,因而形成了复杂的森林类型。其中,最具有特色的森林,是中生的山地森林和草甸,它反映了本区比较温湿的生态环境。典型的植被带谱是:高山荒漠带—山地草原带—山地寒温性针叶林带—亚高山草甸带—高山草甸带—高山亚冰雪稀疏植被带—高山冰雪带。

在海拔 1500~2700(3000)米的地带上,是由雪岭云杉构成的山地寒温性针叶林带。天山南坡的森林,呈小块状分布于海拔 2300~3000 米之间的峡谷阴坡或谷底。雪岭云杉在天山林区绝大部分为纯林,仅在阜康一奇台林区的上缘局部地区和哈密林区的下缘,与西伯利亚落叶松构成较稳定的混交林。

雪岭云杉在伊犁山地分布最多,在中山地带构成连片森林,林分生产力也很高,个别林分树高达 60~70 米,胸径 1 米以上。

天山东部林区的上部为落叶松纯林,西部为云杉林。在云杉林内最常见的小乔木有天山花椒、崖柳等。在北坡中山火烧迹地上常形成稠密的柳、山杨、桦木次生林。常见下木有黑果栒子、忍冬、蔷薇、天山卫矛,茶藨子等。

天山谷地的植物区系成分亦丰富多样。植物组成的地理成分以中生的北温带—欧亚温带成分与中亚西部山地成分占优势。除天山北坡植被中已提到的以外,谷地森林和灌丛中尚有稠李、欧洲荚蒾、西伯利亚刺柏、覆盆子、新疆忍冬、阿尔泰山楂等。在中亚西部的植物成分中最具有特色的是新疆野苹果、野核桃,樱桃李、小叶白蜡和天山槭等。

中国的林业地区划分

为了合理地、全面地发展中国的林业事业，国家制定的全国林业区划方案，按照自然条件和社会经济状况，把中国的森林划分为50个林区。并按照大的地形区域、气候区域和森林植被类型等因素，又将50个林区进一步划分为七大林业地区，作为科学经营森林的总布局。各林区和各林业地区都有着与相邻地区不同的林业发展方向和发展措施。

这七大林业地区是：(1)东北用材、防护林地区；(2)蒙新防护林地区；(3)黄土高原防护林地区，(4)华北防护、用材林地区；(5)西南高山峡谷防护，用材林地区；(6)南方用材、经济林地区；(7)华南热带林保护地区。从现阶段情况来看，在这七大林业地区中，构成中国森林的主体及在今后发展上有重要作用的，主要为1、3、4、5、6、7六个林业地区。下面仅就这6个林业地区的森林资源，开发利用及今后发展方向等，分别加以介绍。

一、东北用材、防护林地区

东北用材、防护林地区位于我国的东北部，是中国森林资源最丰富的林区。近百年来，就以盛产红松和硬阔叶水曲柳、黄波罗、胡桃楸等优良木材而闻名国内外，曾一度成为沙俄，日本帝国主义和其他帝国主义者掠夺的对象。新中国成立以来，本林区一直是中国最大的木材生产基地，木材年产量占全国年产木材的1/2。

本地区的森林，不仅发挥着为国计民生提供木材的生产基地的作用，同样重要的是作为东北地区生态系统的主体，对维护当地的生态环境，如蓄水、保土、调节小气候等等，都发挥着效益，是整个东北地区的天然屏障。

东北林业地区的地理范围是，北起黑龙江，南抵辽东半岛，纵跨纬度14°，南北长1500余公里；东至乌苏里江，西接蒙古国，横跨经度19°40′，东西宽约1400公里。包括黑龙江省、吉林省的全部，辽宁省的大部和内蒙古自治区的呼伦贝尔市、兴安盟、通辽市以及赤峰市的大部。总面积近12000万公顷，全地区共有7个林区，即大兴安岭北部用材林区，呼伦贝尔草原护牧林区，松辽平原农田防护林区，小兴安岭用材林区，三江平原农田防护林区，大兴安岭南部防护、用材林区，长白山水源、用材林区。其中有一个以牧业为主、两个以种植粮食作物为主的林区。所以，本地区农业、牧业均有相当基础，也是中国重要的商品粮生产基地和肉类、毛皮生产基地。

本地区的植物组成以长自植物区系为主，另有西伯利亚、蒙古和华北植物区系成分。植被类型有森林、草原和沼泽植被。按水平地带分布情况，从北向南有寒温带针叶林、温带针阔叶混交林；从东到西为森林、草甸草原和草原。

东北林业地区的主要用材树种有红松、落叶松、云杉、冷杉、樟子松、美人松、红皮云杉、胡桃楸、水曲柳、紫椴、黄波罗、桦木、山杨、榆类、栎类、色木等。其中以小兴安岭和长白山两个林区的红松最为著名。红松林在世界上仅分布在亚洲东北部一带，在中国境内仅限于小兴安岭和长白山，分布范围南北长约900公里，东西宽约500公里。本地区的小兴安岭被称为“红松故乡”。

大兴安岭林区

本地区森林总面积为3333万多公顷，森林覆盖率为30.5%，森林蓄积量为31.9亿立方米。尚有大量宜于发展林业的荒山、荒地和沼泽地。本地区全面绿化后，则是中国最大的和森林资源最雄厚的林业基地，必将为社会主义建设做出更大的贡献。

40多年来，这一林业地区已经建成了以伊春、牙克石、加格达奇、敦化等城镇为中心的木材生产，加工和综合利用基地，已为国家生产木材8亿多立方米。建成了80多个林业企业局，林业职工近百万人，林区总人口超过400万，形成一个以林业生产为中心的林区社会。林区内铁路，公路交通发达，政治、经济、文化教育、卫生等事业都有很大发展。林业生产机械化已达到较高水平，居全国首位。

在本地区的7个林区中，以大兴安岭北部用材林区、小兴安岭用材林区和长白山水源、用材林区最为主要。

1.大兴安岭北部用材林区

这个林区范围包括黑龙江以南，洮儿河以北，呼伦贝尔草原和额尔古纳河以东，小兴安岭和嫩江平原以西的广大区域。由省区一级的黑龙江省大兴安岭北部用材、防护林和内蒙古自治区大兴安岭北部山地用材、水源林区组成。全区总面积为2733万多公顷。

本地区林业用地面积为2266万多公顷，占本区总面积的82%。有林地面积为1466万多公顷，占林业用地面积的65.3%，森林覆盖率为53.6%，森林蓄积量为13.7亿立方米，是中国重要的木材生产基地之一。

本区有林地中，用材林为1325万公顷，蓄积量为113541万立方米；防护林64万公顷，蓄积量为5114万立方米；经济林近5万公顷；薪炭林30万公顷，蓄积量为1494万立方米；特用林27万多公顷，蓄积量为5314万立方米。另有疏林220万公顷，未郁闭造林地100多万亩，灌木林地13万多公顷。

本林区的森林树种比较单纯，主要是兴安落叶松，在森林蓄积量中，兴安落叶松占总蓄积量的70%,其次为白桦、樟子松、栎类、杨、柳等。

本林区成过熟林面积占50%以上;蓄积量占67%。这些成过熟林多分布在海拔1000米以上的山地,林相稀疏,长势微弱。如果从合理采伐利用来考虑,这个林区内的大部分成过熟林,都应该尽早采伐利用,再进行天然和人工更新,培育第二代森林。但是,这个林区开发较慢,林业局、场还未全面铺开,国家今后将大力加快本林区的开发建设,以生产更多的木材支援社会主义建设。

新中国成立后,本区西部从1951年起,东部从1959年起进行开发建设,现已初步形成了以牙克石和加格达奇为中心的木材生产基地。全区现已建成25个林业局,8个经营局和25个综合利用,机械、电力、建筑材料等工厂。已为国家生产了上亿立方米的经济用材,并以各种方式更新和人工造林120万公顷;抚育幼林、中龄林46万多公顷,生产了大量栲胶、纤维板;培育樟子松种子林基地30万亩。林业企业已由开始时的单纯生产原木,向全面经营、综合利用的方向发展。

根据本林区自然和社会条件以及森林资源的特点,今后林业发展的方向应是,坚持以营林为基础的方针,在认真保护和合理利用好现有森林资源的同时,大搞采伐迹地更新和荒山造林,加强科学育林,最大限度地扩大森林面积,将森林覆盖率由现在的53.6%提高到70%以上。并且要不断改善林分质量,提高林木生长量,把本林区建设成为更理想的林业基地,并在保护本地区的生态环境方面发挥更大的作用,让绿色的大兴安岭永远成为中国北疆的明珠。

2.小兴安岭用材林区

本林区是东北的重要木材生产基地之一。它北起黑龙江,南抵松花江,东至三江平原,西北接大兴安蛉,西濒嫩江和大兴安岭隔江相望,西南以松嫩平原为邻,包括爱辉、孙吴、逊克、嘉荫、伊春等县市的全部及嫩江、德都、北安、萝北、鹤岗、汤源、依兰(松花江以北)、绥棱、海伦、庆安、铁力、巴彦、木兰、通河等县市的林区部分,总面积为1200万公顷,约占全国总土地面积的1.3%。

本区有林地面积为600万公顷,森林覆盖率为49.6%。其中,天然林为568万多公顷,占95.6%。在天然林中,用材林面积为544万公顷,成过熟林267万多公顷。已成林的人工林为27万多公顷,占4%。经济林30万公顷,灌木林近8万公顷。森林蓄积量为5.7亿立方米,其中,天然林蓄积量为52474万立方米,占92%。天然用材林蓄积量为49589万立方米,成过熟林蓄积量为37078万立方米。人工成林蓄积量为524万立方米;疏林地蓄积量为2860万立方米,散生木蓄积量为1000多万立方米。

小兴安岭用材林区,是东北林业地区中森林资源最集中,开发建设较早的林区之一。这里的森林资源,历史上以红松占优势,并有水曲柳、胡桃楸、黄波罗等珍贵的阔叶树种,因而以盛产珍贵用材闻名全国。但因开发的时间不同,区内各处的资源情况已经很不一样。如本区西部的森林历史上破坏较早,以红松为主的原始森林已砍伐殆尽,而代之以阔叶树种为主的次生林。树种单纯,蓄积量低,森林质量差。天然林面积占全区的32.8%,蓄积量只占全区的15.7%。本区东部的森林资源比较集中,尚有较多的珍贵红松林和一些以保护红松天然林为目的的自然保护区。如凉水自然保护区、丰林红松母树林自然保护区等。这一带的森林生长良好,单位面积蓄积量较高,森林面积占全区的35%,蓄积量占全区的46.7%。本区西南部红松林也已少见,现以珍贵的三大硬阔叶树——水曲柳、黄波罗、胡桃楸为主。针叶树次之,单位面积蓄积量处于较高的水平。

本区森林各林龄组面积分布不均,成熟林面积占全区的一半,蓄积量却占74.7%。针叶树占总蓄积量的36%,阔叶树占总蓄积量的64%。由于长期过量采伐,珍贵的三大硬阔叶树蓄积量已大为减少,总计只占成过熟林总蓄积量的2.1%,而且生长不良。出材率低的蒙古栎林却占了16.5%。由于幼、中龄林的面积小,后备资源不足,难以维持森林的永续利用。全区森林综合生长率为2.31%,低于全国的2.88%,用材林年生长量为1146万立方米。

本区有林地面积只占全国的4.4%,蓄积量占全国的6%,而每年生产的原木却占全国的1/7或1/8,新中国成立后一直是中国主要的木材生产基地。本区从新中国成立初期即大力进行开发建设,早已建成以伊春为中心的现代化林业基地。先后建立了24个林业局、两个实验林场和88个独立的国营林场。随着林业生产的发展,成立了伊春林业科学院,带岭林业科学研究所等科研机构。整个林区的政治、经济、文化教育和卫生等事业都比较发达,是一个繁荣的林区社会。

40年来,本区向国家提供计划内商品木材近3亿立方米。到1978年,全区原木生产能力达到年产量六七百万立方米。其中,伊春林区每年原木产量五六百万立方米。在大搞木材生产的同时,还大力进行了森林更新工作,取得了巨大成绩,不少林业局人工更新的红松、落叶松,已郁闭成林。

在进行原木生产的同时,相继建立了木材加工综合利用,林产化学、机修、林业机械、电力等工业。伊春是本区的森林工业中心,其次尚有南岔、友好、铁力等重点木材加工和林产化工等工业。全林区已由单一的原木生产,逐步向木材综合利用方向发展。随着木材综合利用工业的发展,已为国家生产了大量锯材、胶合板、纤维板、刨花板等多种林产品,提高了木材综合利用率。如南岔水解厂综合利用率为92%,友好木材综合加工厂为90%。

本林区今后林业发展的方向,与大兴安岭北部用材林区基本相同,应是在保护好现有森林和基本维持目前木材生产水平的基础上,限期完成全区迹地更新和荒山造林任务,把森林覆盖率提高到71%,做到全面的科学营林,促进林木迅速生长,增加森林蓄积量。按照本区的自然条件,全面恢复森林植被后,在科学营林的条件下,平均每亩蓄积量可达到10立方米,全区森林蓄积量可由现在的近5亿立方米提高到10亿立方米以上。到那时,本区作为国家重要的木材生产基地,将为国计民生做出更大的贡献。

3.长白山水源、用材林区

本林区位于东北林业地区的东部,西与小兴安岭,松辽平原交界,东南与俄罗斯、朝鲜为邻,东北伸入三江平原,西南接连辽东半岛。是一个呈东北—西南方向、贯通黑、吉、辽三省东部的长形地带。由黑龙江省的长白山北部用材、防护林区，吉林省东部长白山用材、防护林区和辽宁省辽东山地水源、用材林区3个省级林区组成，总土地面积为2466万多公顷。

长白山林区同小兴安岭林区一样，也是东北林业地区中森林资源相当丰富的重要林区之一。林业用地面积为1733万多公顷，占全区总面积的68.1%。有林地面积为1335万公顷，占本区林业用地面积的75.7%；森林覆盖率为55.8%，森林蓄积量为12.7亿多立方米。另有相当数量的疏林、灌木林和新造人工林。

本区森林资源以天然林为主，人工林面积占有林地面积的7.7%，蓄积量只占总蓄积量的2%。天然林中以用材林为主，占全区森林总面积的89.5%，蓄积量占94%。在用材林蓄积量中成过熟林蓄积量占61.9%。本区在东北各林区中自然条件最好，历史上也是以盛产红松材和珍贵的三大硬阔树——水曲柳、胡桃楸、黄菠萝名闻全国。但因近100多年来的大量采伐，这些优良用材树种资源已大大减少，红松等针叶树总蓄积量仅占成过熟林蓄积量的23.9%；各种阔叶树占76.1%。而在阔叶树蓄积量中，珍贵的三大硬阔叶树分别只占4.1%、2.3%和1.0%。

在本区范围内，有一大片被称为北国奇观的“地下森林”，是本区森林资源的一大特色。它位于黑龙江省的长白山北部宁安市镜泊湖自然保护区内的群山之中，海拔高约1000多米。据地质考察资料，在大约1万年以前，这里发生了强烈的火山喷发，事后，形成7个巨大的火山口，其中最大的一个火山口，直径700多米，深200多米。这些火山口，经过漫长的岁月，逐渐生长起大片森林。在整个火山口范围内（长20公里、宽4公里），有原始森林6万多公顷，活立木蓄积量3000多万立方米。森林中针叶树种有红松、鱼鳞松、黄花松、冷杉等；阔叶树种有紫椴、黄波罗、水曲柳，白桦等。由于火山口地势陡陷，构成封闭的深谷，形成了远较其周围地方优越的自然环境，气候温和湿润，蒸发量少，生长期长，树木生长旺盛。加上谷底受光面积小，在趋光作用的影响下，树木高生长尤为突出，一般树高在50米以上，最高的达100米以上，远远超过本地区地面上的森林，堪称北国奇观。这片“地下森林”，已被列为国家重点保护对象。它同长白山自然保护区中的白头山天池一样，吸引着国内外科学家和游人，慕名前来参观考察。

本林区内的长白山自然保护区，保存着比较完整的湿润温带山地生态系统。在长白山主峰，自下而上形成的森林植被带较齐全，有针阔叶混交林带、寒温性针叶林带、岳桦林带、高山灌丛和高山冻土带等垂直自然景观带。这些垂直分布的自然带，对于探索本地区生物的发生、发展及其自然演变规律，进行地理、气候、土壤、动物、植物、地质和生态等科学研究，都具有重要的意义。

保护区内约有1300多种植物，其中红松、长白落叶松、云杉、冷杉、水曲柳、黄波罗、椴木等经济用材树种有80余种。植物中的中药材人参、党参、贝母、黄芪、瑞香、北五味子等药材约600余种。

新中国成立后，本林区开发建设发展较快，已先后建立起33个林业局（尚待开发的林区只有两个局），另有4个以经营为主的局和一批木材加工、综合利用企业。

本林区今后林业发展方向与采取的主要措施，与前述两个林区基本相同。本区天然降水量大，水系多而影响范围广，因而森林涵养水源、保持水土的作用也最为明显。今后，在大力发展用材林的同时，要扩大水源林面积；实现“越采越多，越采越好，青山常在，永续利用”的目标。

二、黄土高原防护林地区

黄土高原因地表被深厚的黄土层所覆盖而闻名于世。本地区处在黄河中上游，占有黄土高原的主要部分。西起青海日月山，东抵山西五台山、太行山、中条山西麓，北界甘肃景泰、宁夏同心、陕西长城沿线和内蒙古呼和浩特、集宁一线，南至秦岭、中条山北麓。包括青海、宁夏、甘肃、陕西、内蒙古、山西等省区各一部分。总面积为3666万多公顷。

本地区是中国历史上开发最早的地区之一，森林资源经过长时期不合理开发利用，森林大部分被毁，自然条件恶化，水土流失严重。

本地区有林地面积为200多万公顷，森林覆盖率为6.25%，另有灌木林866万多公顷，两者合计的覆盖率也仅为8.7%。新中国成立40年来，人工造林保存面积为67万多公顷，占有林地面积的28.9%，森林蓄积量为1亿多立方米。平均每人占有林地只有半亩多，占有木材蓄积量不足2立方米。由于森林过少，不仅生态环境恶化，而且群众所需的燃料、木料奇缺。

本地区现有森林资源虽少，但有宜于发展林业的荒山荒地达733万多公顷，可以进行植树造林，把森林和灌木林覆盖率提高到50%以上。大力进行造林，增加乔、灌，草覆盖，最大限度地控制水土流失和改善当地生态环境，从根本上改变“四料”（燃料、木料、饲料、肥料）俱缺的困难，已成为黄土高原人民社会主义建设中的迫切任务。国家已将黄土高原造林列为“三北”防护林体系的重要组成部分，正在组织当地群众大力进行造林。

本林业地区共包括3个林区，即黄土丘陵水土保持林区、陇秦晋山地水源林区和汾渭平原农田防护林区。本地区的森林处于暖温带落叶阔叶林带，但在海拔较高的吕梁山、六盘山及其他山地上部亦有以云杉占优势的寒温性针叶林。由于长期反复垦殖，原生森林已经破坏殆尽。现在，仅青海东部山地，甘肃兴隆山、马衔山、子午岭、宁夏六盘山，陕西乔山、黄陇山，山西吕梁山等处，尚保留有部分天然次生林。主要树种有云杉、华北落叶松、油松、华山松、白桦、山杨、栎类、侧柏、白皮松、鹅耳枥、杜梨、大果榆等。下面以黄土丘陵水土保持林区和陇秦晋山地水源林区为例，略加补充说明。

1.黄土丘陵水土保持林区

本林区位于华北西部，西北东部。大体上西自青海日月山以东，东到山西吕梁山东麓，北部边缘从青海大板山经甘肃景泰、靖远，宁夏同心，陕西长城沿线到内蒙古托克托、呼和浩特，集宁市，南部边缘从青海贵德、循化，甘肃甘南高原北缘、小陇山，陕西"北山"到山西晋南盆地北界。包括青海、甘肃、宁夏、陕西、内蒙古、山西等省区的10个省级林区，即：陇中黄土丘陵水土保持、薪炭林区；陇东黄土高原水土保持林区；晋西黄土丘陵防护林区；吕梁东侧黄土丘陵水土保持林区；青海东部黄土丘陵水土保持林区；陕北黄土沟壑水土保持林区；渭北黄土高原水土保持、农田防护林区；西海固黄土丘陵水土保持、薪炭林区；六盘山水源涵养水土保持林区和阴山丘陵南部水土保持林区。

本林区森林植被属暖温带落叶阔叶林区域的晋陕黄土高原栽培植被松栎类林区和温带草原区域的黄土高原中东部草原区。由于广种薄收和滥垦滥牧的影响深重，天然植被遭到严重破坏，植被覆盖很差，仅在一些人烟稀少的土石山地残存有零星的天然次生林，其余多为人工栽培的林木。天然分布的树种有云杉、落叶松、白桦、山杨、辽东栎、油松、侧柏、杜松、白皮松、鹅耳枥、杜梨、文冠果、槲树、槲栎、榛子、茶条槭、大果榆、胡桃楸、丁香、山杏等。人工栽培的树木有杨、榆、柳、刺槐、泡桐、臭椿及苹果、梨、枣、核桃、桑、花椒、桃、杏、李等。

本地区林业用地共有733万多公顷，占土地总面积的27.45%。其中，有林地为86万多公顷，森林覆盖率为3.26%。灌木林地为60多万公顷。在有林地中，用材林为48万公顷，占52.8%；另有相当数量的防护林、经济林、薪炭林和特用林。在上述林地中，新中国成立后人工造林保存面积为56万多公顷，占62.6%。全区森林蓄积量为2200多万立方米，其中，林分蓄积量为1944.3万立方米，平均每公顷蓄积量为21.49立方米。

现有森林中幼林和中龄林居多数，按林龄组划分，幼龄林面积占61.36%，蓄积量占27.15%；中龄林面积占35%，蓄积量占60.8%，成熟林面积占3.64%，蓄积量占12.05%。

此外，本地区还有农田防护林和四旁树近4亿株，蓄积量840多万立方米。

新中国成立以来，本地区先后建立了一批国营林场和林业工作站等营林机构，积极开展了森林经营管理和造林工作。在不少地方取得了很大成绩。如山西省右玉县、吉县和陕西省淳化县，甘肃省康乐县等，多年来积极进行造林，绿化了大量荒山和黄土梁、峁，一些实现绿化的地方，生态环境有了很大的改善，水土流失减轻，土不下坡、水不出沟的理想开始实现；小气候也开始得到调节，田间风速降低，湿度有所提高，粮食产量稳步上升。当地群众开始尝到林茂粮丰的甜头。

本地区为黄河中游水土流失的严重灾区，为了最大限度地改变这里的自然面貌，今后发展林业的主要方向，必须以营造水土保持林为主，同时普遍推广封山育林、育草，采取一切有效措施，增加森林覆盖率。本区周围群众烧柴，用材都很欠缺，林业收益也不多。今后，要适当发展薪炭林、用材林和各种收益快的经济林。继续抓好农田防护林的营造和四旁绿化。最终达到水土保持林占60%以上，用材林占20%，薪炭林和经济林各占10%左右，使全区森林覆盖率达到40%~50%。

2.陇秦晋山地水源林区

陇秦晋山地水源林区，为黄土高原中部的一个狭长的土石山地带，也是一个天然次生林区。由山西吕梁山水源林区、陕西黄龙山、乔山水源林区和甘肃子午岭水源林区 3 个省级林区所组成。

森林植被属于落叶阔叶林地带,是黄土高原森林植被保存较好的地区,天然植被覆盖较好,但原生森林植被已经破坏,现存森林植被基本上为天然次生林,构成林分的优势树种主要有辽东栎、山杨、白桦、油松、侧柏、华山松等。此外,还有麻栎、栓皮栎、自皮松,槲栎、鹅耳枥、茶条槭、白榆、大果榆、胡桃楸、蒙椴、杜梨、山杏等。在吕梁山区,随着海拔和纬度的差异,分布有以白桦、红桦、山杨等构成的红桦林和白杆、青杆为主的云杉林及华北落叶松等山地寒温带针叶林。人工栽培的树木有杨、柳、榆、刺槐、苹果,梨,枣、核桃、桑、花椒、臭椿等。

本区林业用地共有 66 万多公顷,占总土地面积的 60.1%。其中,有林地 133 万多公顷,森林覆盖率为 29.4%,森林蓄积量为 6600 多万立方米,林分蓄积量为 6091.42 万立方米,平均每公顷蓄积量 46.5 立方米。另有相当数量的疏林、灌木林和新造人工林。

新中国成立以来,国家对经营这一林区的天然次生林和进一步扩大其森林资源很重视,先后建立了一大批营林机构。现已建立的机构有:甘肃子午岭林区的湘乐、正宁、合水、华池 4 个林业总场,共辖 24 个林场;陕北林区的黄龙、乔山、乔北 3 个林业局,共辖 44 个林场;山西省吕梁山林区的管涔山、黑茶山、关帝山、吕梁山 4 个森林经营局,共辖 46 个林场。这些营林机构在森林经营、抚育改造和更新造林等方面做了大量的工作,据山西、陕西两省统计,除了造林以外,还抚育改造了大量次生林,生产了大量木材,封山育林数千公顷。从而扩大了森林面积,改善了林分质量,增加了森林蓄积量。

本区为黄土高原水源林区。中国国务院已于 1980 年批准子午岭、乔山划为水源涵养林区,山西省已将吕梁山划为水源,用材林区。因此,本区今后发展林业的方向应坚持以发展水源涵养林为主。在地势平缓、土壤肥沃的地方,适当营造一部分用材林。林区的一切经营活动,必须以保护管理好现有林木,有利于水土保持和水源涵养为前提。同时,要大力进行造林、封山育林和促进森林天然更新。要严禁毁林开荒,陡坡耕地要逐步退耕还林。要通过各种途径,不断扩大森林覆盖面积,使全林区森林覆盖率达到 60%,力争达到 70%。

三、华北防护、用材林地区

华北防护,用材林地区同黄土高原防护林地区一样,也是中国开发历史最早的地区之一。自古以来,中华民族的祖先就在这一广大地区劳动生息,从事农业生产,形成以农业为主的经济结构。

本地区东临渤海、黄海,西止五台山、太岳山和中条山西麓,南至淮河下游和苏北灌溉总渠,北以燕山北麓和阴山南麓为界。由燕山太行山水源、用材林区,华北平原农田防护林区,鲁中南低山丘陵水源林区和辽南鲁东防护、经济林区 4 个省级林区组成。包括北京、天津二市，山东省的全部，河北省的大部以及辽宁、山西、河南、安徽、江苏五省的相当一部分。土地总面积为6933万多公顷，人口约占全国总人口的1/4，是全国七大林业地区中人口最稠密的一个区。

华北防护林

本地区土地垦殖最为广泛，不仅大平原绝大多数土地被开辟为农田，即使广大山区和丘陵区也已经反复开垦，许多地方已开山到顶，原生森林植被早已被破坏无遗。本区森林植被基本为暖温带落叶阔叶林。但山地因海拔差异较大，还分布有温性针阔叶混交林和寒温性针叶林。代表树种，山地为油松、赤松、华山松、云杉、冷杉、落叶松、桦树、山杨、槭、椴等，丘陵和山前地带为核桃、板栗、银杏、大枣、文冠果、花椒等；平原地带为杨、柳、榆、刺槐、国槐、泡桐、臭椿、桑、枣、苹果、梨、桃、柿子等。

本区现有林业用地面积为1533万多公顷，其中，有林地面积580万公顷，森林覆盖率为8.3%。另有相当数量的疏林、灌木林和新造人工林。森林总蓄积量为近2亿立方米，是7个林业地区中森林资源最少的地区之一。

新中国成立后，本地区的林业生产建设有明显的发展。下面仅以燕山太行山水源、用材林区和辽南鲁东防护、经济林区为例补充说明。

1.燕山太行山水源、用材林区

燕山太行山水源、用材林区，位于华北防护林，用材林区的西侧和北侧，东南临华北大平原，南抵伏牛山山脊，西为晋中南盆地，北达辽西的朝阳，阜新山地。它从西、北两面拱卫着中国首都北京和保护着华北大平原，地理位置非常重要。本林区包括辽宁、河北、山西、河南和北京、天津二市的部分地区，总土地面积为2533万多公顷。共含：辽西低山丘陵水土保持林区，冀北山地用材、防护林区，冀东山地防护、经济林区，北京燕山防护、经济林区，冀西山地防护、用材林区，京西太行山防护林区，延庆盆地农田防护林区，晋东石头山防护、用材林区，豫北太行山防护、经济林区，豫西黄土丘陵防护林区，豫西伏牛山北坡防护、用材林区等11个省级林区。

本区历史上曾经是茂密的天然林区，据历史记载，燕有“鱼盐枣栗之饶”，林木“如黑云在半天”，是华北大平原和北京的水源区，但是，随着华北平原人口的不断增加和农业生产的发展，本区绝大部分天然森林逐渐被开垦为农田，浅山近山尽成荒山秃岭，从而失去了涵养水源的能力，到处山穷水尽，平时河水断流，人畜用水也感到困难。一遇天降暴雨,山洪就滚滚而下,使下游遭受洪涝灾害,新中国成立以来,华北平原上的几次特大水灾和京沈铁路多次被冲断,都是由于森林遭受破坏,暴雨在本区某些地段集中的结果。残存不多的天然次生林,都分布在深山老峪,或大山脉山背两侧。

本区森林植被主要为落叶阔叶林,但因山体高差较大和土壤、湿度等生态因子的影响,植被类型丰富多样,原生植被由于长期的人为活动,现在保存极少,远高山的林木也是屡经破坏后恢复的天然次生林。由低山丘陵到亚高山森林植被为落叶阔叶林、针阔混交林、针叶林。落叶阔叶主要树种有麻栎、栓皮栎、槲栎、辽东栎、蒙古栎、白桦、山杨、色木、椴树,鹅耳枥等;此外,还有针叶树种油松分布。针叶林主要树种有白杆、青秆、华北落叶松、冷杉等。在山间盆地及沟谷地带,生长有杨、柳、桑、核桃、大枣、板栗、花椒、柿子等。此外,在广阔山区还有毛株、猕猴桃、漆树、翅果油树等珍稀经济林树种。

全区共有林业用地1066万多公顷,占总面积的42%。其中,有林地为306万多公顷,森林覆盖率为12%。森林蓄积量为8000多万立方米,另有大量疏林,灌木林和新造人林。

为了保护和恢复本区的森林,新中国成立以来,国家在这里建立起一批林业机构。在晋东南山区建立了五台山、太行山、太岳山、中条山4个森林经营局;在冀北、冀西建立了雾灵山、东陵、西陵等11个林场管理局。共管辖200多个国营林场。此外,各地区还办起了一大批集体林场。

已经建立起来的林业机构,在管护好现有森林的同时,大力进行了以下几方面的工作。

一是积极推行封山育林。封山育林是加快恢复森林的重要途径。本区有些地方分布着天然残林和散生母树,具有恢复森林植被的自然条件,现有的中、幼龄次生林、大部分是通过封山育林成长起来的。如晋东太行山,经过封育成长起来的次生林有数十万公顷。

二是开展了次生林抚育改造工作,这一工作,从20世纪50年代初期起就由点到面地逐步开展起来。通过抚育改造,改善了森林环境,促进了次生林生长。

三是进行了荒山造林。几十年来,全区造林上百万公顷,早期营造的人工林,凡树种选择适当,做到适地适树并管理及时的,多数已成林成材。从实践中也总结出不少绿化荒山的经验,如河南林县,济源、灵宝等县,在浅山丘陵区采用刺槐封沟,油松、麻栎"缠腰戴帽"的造林方式,收到了为当地群众提供用材、烧柴、保持水土、稳定农业生产的效益。群众高兴地说:"绿了荒山头,千沟变清流。"国营洪河林场从60年代初开始在棕壤土上引种落叶松,一般5~6年即可郁闭成林。据1979年调查,18年生林分平均树高16.8米,胸径19.5厘米。

为了加快本地区的造林步伐,从1958年雨季起有些偏远山区开展了油松飞播造林。据在河北平山、涞源、承德和河南洛阳等地区调查,凡掌握好雨期,选定在植被盖度适中的阴坡、半阴坡进行飞播造林,播后实行封山管护,都取得了较好的成绩，有不少播区长起大片幼林。

40年来，本地区森林经营、封山育林和造林、护林等，虽然取得了一定成绩，但与全面实现全区绿化的要求仍有很大差距。主要问题是，现有森林过少，全区尚有70%以上宜林荒山荒地没有绿化；造林树种单纯，且多纯林，易遭病虫害，防护效益和经营水平低，大量中、幼龄林长期未进行抚育改造，成林不成材，林木生长缓慢。

为了提高本区森林涵养水源的能力，必须尽快实现全区绿化。为此，国家已决定采取各种造林措施，并对本地区的林业发展布局作了区划。将河川上源和重点河流两侧的集水区划作水源林区；将水土流失严重的黄土丘陵区和陡峭瘠薄的土石山地，划为水土保持林区。同时，有重点地搞好用材林基地建设。充分利用本地区水、热、土的有利条件，发展核桃、板栗、大枣、花椒、桑、梨、柿等经济林，在缺柴地区，在近山、低山有计划地发展薪炭林。

2.辽南鲁东防护、经济林区

辽南鲁东防护、经济林区位于辽东半岛和鲁东的胶莱河、沭河以东。包括辽东半岛丘陵经济、防护林区和鲁东丘陵经济林区两个省级林区。辽东半岛突出于黄海与渤海之间，包括东港市、盖州市和大连市所辖各县，鲁东丘陵的滨海区伸入黄海，包括烟台，青岛市的全部和潍坊市、临沂地区的一部分。土地总面积为586万多公顷。

辽南鲁东林区原在地史上曾连成一片，所以天然植被分布情况相同。本区属暖温带海洋气候，地理上接近北亚热带，漆树、盐肤木、自檀、八角枫、天女木兰等在亚热带常见的树种，本区也有分布。本区原始森林植被已被破坏，部分山地有以栎类为主的次生林和以刺槐、赤松为主的人工林。一般海拔较高处有赤松分布，下木为绣线菊、照山自、胡枝子等；较低山地为栎类、刺槐、胡桃楸、水曲柳等杂木林，下木有酸枣、荆条等；丘陵与山麓多为柞树林（放养柞蚕的灌木林）和果园；平原为杨、柳、刺槐、泡桐、果树、紫穗槐等。

本区经济林主要为板栗、核桃、大枣等；果树以苹果、梨、葡萄等为主，是全国苹果和梨的主产区之一，柞蚕生产历史悠久。

本区林业用地为166万多公顷，其中，有林地为100万公顷，森林覆盖率为18%。另有大量疏林、灌木林和新造人工林。森林蓄积量为800多万立方米。

本区在新中国成立后，通过大力造林，森林资源有所增长，人工林占有林地面积的52.5%，超过了天然林的比重。

本区地理位置和水热资源优越，交通、经济条件都好，但水源枯竭、水土流失及海风等自然灾害，严重威胁着群众的生产和生活，阻碍着经济的发展，因此，这里今后林业生产主攻方向，应是大力造林、育林，提高森林覆盖率，特别是要重点发展水源涵养林、水土保持林、海岸防护林、农田防护林和其他各种防护林，以改善生态环境，给农、牧、渔、副业生产创造良好的条件。其次，应进一步加强经济林的经营管理，提高产量与质量。当地群众用材，烧柴都很困难，还要有计划地营造用材林和薪炭林。

四、西南高山峡谷防护、用材林地区

本地区位于青藏高原东南部，从冈底斯山东段和念青唐古拉山西段南侧，沿嘉黎、巴青、治多、石渠、色达往北绕班玛县北界经甘肃达部、宕昌一线为本地区的北界和东北界，南面为国境，西抵仲巴，东界沿四川阿坝藏族自治州的东界越二郎山经木里至云南丽江、兰坪、泸水以北一线。包括青海南部、甘肃南部、四川西部、云南西北部及西藏的东部和南部，是一个呈西窄东宽的长形地带。由雅鲁藏布江上中游防护、薪炭林区，高山峡谷水源、用材林区两个省区级林区组成。总面积为7866万多公顷。

本区由于地貌复杂，地势变化大，气候多样，植被类型几乎包括了从寒温带针叶林到热带雨林的所有森林植被类型。按照从东南向西北、从下向上的顺序，在藏东南地区峡谷地段有热带雨林，分布着白刺花、仙人掌、金合欢等多刺肉质灌木丛；往上分布着以壳斗科、樟科为主的亚热带温性常绿阔叶林；再往上部为针阔混交林；然后为温性针叶林和寒温性针叶林。

本林业地区森林资源丰富，是中国第二大林区。东部的川西林区和滇西北林区，是目前中国西南地区的主要木材生产基地。现有林区绝大部分集中在东半部即横断山脉和高山峡谷区。森林总面积1133万多公顷，森林覆盖率为14.6%，森林蓄积量近27亿立方米，其中，林分蓄积量占96%，多为成过熟林，其面积和蓄积量分别占84%和94%以上。森林生长率低，但因单位面积蓄积量高，所以，其绝对生长量还是比较大的。

从现阶段来看，本区内雅鲁藏布江上中游防护，薪炭林区森林较少，森林经营工作亦没有较大开展，故不多做介绍。下面仅以高山峡谷水源、用材林区为例略加说明。

本区地处青藏高原东缘，包括青海南部，甘肃西南部，四川西部，云南西北部及西藏东南部。由大渡河上游高山峡谷水源涵养林区，澜沧江、长江高山峡谷水源涵养林区，甘肃白龙江上游水源、用材林区，四川西部高山峡谷防护、用材林区，滇西北高山峡谷水源，用材林区，西藏自治区雅鲁藏布江中下游用材、经济林区，藏东南高山峡谷经济、用材林区，横断山脉水源，用材林区8个省级林区组成。全区以林牧业为主。

本区森林植被以亚高山针叶林为主体，海拔2400~3600米范围内主要为亚高山针叶林。下部阳坡为高山松和油松林，阴坡和半阴坡或沟谷中分布有铁杉林与多种槭、桦形成的针阔混交林。上部组成的亚高山常绿针叶林，多为云、冷杉组成的纯林或混交林。其上部有红杉林或圆柏林。

本区林业用地为2333万多公顷，其中，有林地面积约为1133万多公顷，约占本区林业用地面积的48%多，森林覆盖率为17.7%。另有疏林133万多公顷，灌木林800万公顷。本区森林总蓄积量为26.8亿立方米，其中，林分蓄积量约为25.7

亿立方米,占全国林分蓄积总量的29.7%。本区森林蓄积量大部分在川西,藏东南一带,约占全区的84.7%。本区用材林多,面积和蓄积量分别占75%和84.3%;防护林面积占18.4%,蓄积量占15.1%;薪炭林和特用林都很少。

本区森林以天然起源的成过熟林为主,如川西高山峡谷区,天然林中的成过熟林,其面积和蓄积量都占90%以上。用材林中也以天然成过熟林占绝对优势,平均林龄在200年以上。在天然林中,以冷杉、云杉等为主的针叶树种蓄积量多于阔叶树种。

本区森林质量较高,树木高大稠密,平均每亩活立木蓄积量为16.8立方米。青海班玛林区每亩蓄积量为25.6立方米;察隅地区的云南松130年生林分,每亩蓄积量为66立方米;波密岗乡200年生的云杉林,平均树高57米,胸高直径92厘米,每亩蓄积量高达130多立方米。这种高蓄积量林分不仅为全国其他林区所罕见,而且在世界上也是少有的。这是本林区森林的一大特色。

在植物分布方面,随着海拔高度不同,其分布有明显的垂直带谱出现。本区内自下而上分布着:常绿阔叶林、常绿阔叶落叶混交林、针阔叶混交林、针叶林、高山灌丛草甸和滑石滩稀疏植被等多种林型。森林中的珍稀树种,既有四川红杉、金钱槭、香果树、连香树、水青树等30多种我国特有的种类,又有铁杉、油樟、楠木、润楠、麦吊杉等十几种重要经济用材树种。药用植物也很多,其中,较为重要的有麻黄、天麻、黄连、竹节、三七、川党参、川贝母、大黄等四五十种。

新中国成立以来,随着社会主义经济建设的发展,国家对西南高山峡谷防护、用材林地区的川西林区和滇西北林区进行了开发利用,先后在这两个林区建立了几十个林业企业局(属于川西林区的有20多个,属于滇西北林区的有18个),已为国家生产了上亿立方米的优良用材,有力地支援了社会主义建设。

本地区的森林在大西南地区的生态系统中起着极其重要的作用。它既是四川盆地和云南高原广大农区的绿色屏障,又是长江上游各支流及雅鲁藏布江、怒江、澜沧江等河流的天然蓄水库。保护和经营好本区现有森林并尽可能地扩大森林面积,不仅关系到川、滇两省的工农业生产和国计民生,而且对长江中下游的农业与工业交通事业的发展,也有重大关系。从长远和全局来看,对这一大林区的森林经营管理不可等闲视之。从现在起,必须从指导思想上彻底扭转过来,坚决实行"以营林为基础,防护为主,合理经营利用"的方针。林业发展的方向,应当以涵养水源为主,生产用材为辅。就全区而言,防护林面积应由现在的18.4%提高到45%,用材林面积由现在的75%降为50%。在保护好现有森林的基础上,积极开展人工更新造林,大力促进天然更新;对本区内的宜林荒山,要大力进行造林,使之尽快绿化起来。通过迹地更新和荒山造林,力争把森林覆盖率由现在的17.7%提高到32%(包括灌木林),使这个绿色屏障发挥多种效益。

本地区木材利用率低和损失浪费大,是个亟待解决的大问题。首先要教育林区职工和周围群众爱惜国家森林资源,做到不随意砍伐,砍伐下来的木材不丢失浪费。其次,国家在力所能及的范围内,要千方百计地发展木材综合利用工业,把采伐和加工剩余物充分利用起来,变废为宝。

五、南方用材、经济林地区

南方用材、经济林地区,北界为秦岭、淮河干渠和苏北灌溉总渠,西界为横断山脉东部边缘,南界大致西起云南省西南部的沧源,向东过江城、红河、屏边、麻栗坡入广西,经百色、上林、宾阳、横县、北流入广东,经高要、从化、潮安向东北入福建,经永安、安溪、仙游到福州、罗源,东至东海沿岸及附近岛屿。包括贵州、湖南、湖北、江西、浙江等省的全部,四川、云南、广东、广西、福建、安徽、江苏的大部和甘肃、陕西、河南省的部分地区,总土地面积为 21733 万多公顷。本地区大体上处于北回归线与北纬 34°之间,受海洋潮湿季风影响较大,水热条件好,林木生长快,林业用地比重大。在七大林业地区中,是发展用材林和经济林潜力最大和最可能以较短时间建成大面积速生丰产林基地的地区。

南方用材、经济林地区,是全国七大林业地区中含林区最多的一个区,共有 18 个大林区,它们是:秦巴山地水源、用材林区,大别山桐柏山山地水源、经济林区,四川盆周山地用材、经济林区,四川盆地水保、经济林区,川黔湘鄂经济林区,长江中下游滨湖农田防护林区,幕阜山用材林区,天目山水源、用材林区,云南高原水保、用材林区,黔中用材、水保林区,南岭用材林区,湘赣浙丘陵经济林区,浙闽沿海防护、经济林区,武夷山用材林区,滇西南用材、经济林区,元江南盘江水源,用材林区,西江用材、经济林区和赣闽粤用材,水保林区。

油桐树

本地区森林植被以栲、石栎、青冈和樟科、茶科、木兰科、金缕梅科等主要树种组成的常绿阔叶林为主。针叶林有马尾松、杉木、云南松、柏木等。在长江以北地区,落叶阔叶树种如麻栎、白栎,栓皮栎等比重增多。我国特有的孑遗树种水杉、银杉原产于本区的中西部。此外,还有许多其他孑遗树种,如珙桐、青钱柳、黄杉、香果树、长苞铁杉、红豆杉、白豆杉等。

本地区现有林业用地 13266 万多公顷,占全区总土地面积的 54.1%。其中,有林地面积为 5333 万多公顷,占 46.7%,森林覆盖率为 25.2%。此外,疏林 800 万公顷，灌木林1333万多公顷，新造林266万多公顷。广阔的林业用地和优越的自然条件，使本地区在迅速扩大森林资源方面占据最有利的地位。本地区是中国近期应该集中力量进行造林、封山育林和开展科学经营的地区。如果能在10年或10年多一些的时间内实现绿化，那么到2010年，这一地区的森林蓄积量就可达到近百亿立方米，相当于目前全国的森林总蓄积量。

但是，本地区目前的森林资源不能适应国家建设需要。在现有以生产木材为主的森林中，主要是幼龄林，占51%；中龄林占31%；成过熟林只占18%。由于成过熟林少，缺乏可采资源，本地区人口又较稠密，工农业发达，木材需要量大。为了满足对木材的急需，目前砍伐中龄林（杀青）的现象比较严重，但仍然不能满足需要。即使20年后，现有的1333万多公顷中龄林达到成熟阶段，因届时社会主义现代化建设的大发展，木材需要量也随之增大，供应紧张的局面也难缓和。所以，根本的出路在于充分利用本地区的自然和社会经济的优越条件，大力进行造林，迅速增加森林面积，并尽可能在短期内建成大批速生丰产林基地。

以油茶、油桐、乌桕、白蜡、生漆等为主的经济林多，是本地区林业生产的一大特点。全地区18个林区中，经济林占较大比重的就有一半，特别是油茶、油桐、乌桕、白蜡、生漆、竹子，绝大多数集中在这个地区。

本地区由于分布着多种特殊的地貌类型，如滇东、桂北和黔南、黔中等地的喀斯特地貌，以粤北丹霞、皖南黄山为代表的丹霞地貌，以湖南张家界为代表的由砂岩冲蚀而成的石林等等，构成了独特的环境，使一些古老的植物种类能够避免亿万年来气候上的重大变化而保存下来。例如，著名的珍稀植物水杉、银杉、铁杉、水松、珙桐、香果树、喜树等，都是中国所特有的。

关于本地区的森林资源情况，林业开发建设及今后发展方向，可以武夷山用材林区，秦巴山地水源、用材林区和黔湘鄂经济林区为例加以说明。

1.武夷山用材林区

武夷山用材林区北接湘赣浙丘陵经济林区的东端，东与浙江的丽水、泰顺相接，南至福建戴云山，西临江西新干、永丰一带。由闽北，闽中山地用材、水源林区、赣东山地用材林区，浙谣南中山用材林区3个省级林区组成，总土地面积为866万多公顷。

本地区是中国最适于杉木生产的地区，也是南方最主要的用材林区之一，全区林业用地面积为666万多公顷。其中，有林地面积为400万公顷，森林覆盖率为44.5%，森林蓄积量为3.8亿立方米。另有大量疏林、灌木林和新造人工林。

在有林地中，用材林和竹林面积共占89.2%。其次是经济林，占7.4%；防护林、薪炭林和特用林所占比重都很少。

按林龄组划分，成熟林占16.2%，中龄林占41.5%，幼龄林占42.3%。成熟林平均每亩蓄积量为11.8立方米。

本区森林资源最大特点是，珍贵和稀有用材树种繁多。主要珍稀树种有百山祖冷杉、华东黄杉、福建柏、白豆杉、长叶榧、连香树、鹅掌楸、钟萼木、香果树、长柄双花木、福建青冈栎、格氏栲、观光木、石梓、湘妃竹、南方铁杉、江南油杉、华西枫杨、长序榆,领春木、凹叶厚朴、天女木兰、黄木莲、沉水樟、浙江楠、花榈木(鄂西红豆)、红花香椿、银鹊树、天目紫茎、银钟树等等。

本区自然条件优越,是中国杉木生产力最高的地区之一。在福建建阳、建瓯、南平、顺昌、沙县、三明、永安等中心产区,中等立地条件,进行一般经营的20年生杉木林,每亩年材积生长量均在0.5立方米以上。南平溪后杉木丰产林,39年生平均树高29.2米,胸径25.6厘米,每亩蓄积量78立方米,居全国首位。

此外,马尾松、檫树、木荷等树种生长也很快,单位面积蓄积量较高,是一个最有希望的木材生产基地。

本区今后发展林业的主要方向是:

(1)大力进行造林和封山育林,加快杉木、马尾松等用材林基地的建设,并积极发展材质优良的针阔叶树种,以满足特种用材的需要。

(2)在各江河干支流两侧、水库周围、陡坡山地和高峰源流处,划定水源涵养林区,以利于蓄水保土。

(3)管好武夷山等自然保护区。本区已批准建立的有武夷山自然保护区,三明莘口格氏栲保护区,建瓯万木林自然保护区和浙江凤阳山自然保护区等。特别是武夷山自然保护区,动植物种类十分丰富,珍稀树种繁多,有国内少见的大面积天然杉木林和黄山松林,野生动物也很多。是中外生物学家进行科研活动的重要基地及教学、旅游的良好场所。应加强管护,开展科学经营,使之发挥更大的作用。

(4)充分利用本地区丰富的自然资源的优势,和当地群众善于搞林副业产品生产的习惯,积极发展各种林副产品,以丰富人民的物质生活。

2.秦巴山地水源、用材林区

秦巴山地水源、用材林区,北起秦岭北麓及伏牛山脊,南抵大巴山脉分水岭和神农架南坡。东临豫东平原及鄂西北均县、谷城、南漳的东部县界,西达甘肃的漳县、武都、文县一线。含有陇南山地水源、经济林区,秦岭北坡关山水源、经济林区,秦岭南坡中高山水源、用材林区、秦巴低山丘陵经济、用材林区,汉中盆地农田防护林区,巴山北坡中山水源、经济林区,豫西伏牛山南坡用材、防护林区和鄂西山地用材、水源林区8个省级林区。土地总面积约为1666万多公顷。

本区森林开发较早,人为活动多,现在,除深山峻岭、交通不便和人烟稀少的高山区尚有原始森林外,其余多为天然次生林,但本区由于自然条件较优越,树木种类很多,主要用材树种有杉木、马尾松、侧柏、油松、白皮松、铁杉、华山松、栓皮栎、冷杉、落叶松、茅栗、槲树、红桦、川桦、毛红桦、化香、山杨等。主要经济树种有油茶、油橱、棕榈、漆树、白蜡、茶树、板栗、核桃等。

本区内的大巴山属北亚热带常绿落叶阔叶混交林的过渡带,兼有中国南北植物种类成分。由于地域广,自然条件复杂,原生植被丰富多彩。这个地区中的神农架林区,尚存有大面积的原始森林。

本区林业用地约为1200万公顷。其中,有林地面积为566万多公顷(包括竹林)，森林覆盖率为34.4%，森林蓄积量近3亿立方米。另有大量疏林、灌木林和新造人工林。

本林区的森林资源，特别值得提及的是鄂西山地用材、水源林区中的神农架林区。神农架相传是古炎帝神农氏的故乡。这里山高坡陡，神农氏采药时需搭梯而上，故而得名"神农架"。它位于湖北省西北部，鄂、川、陕三省交界处，横亘在长江与汉水之间，南濒长江三峡与兴山、秭归、巴东县接壤，西与四川省巫山县为邻，北与竹山、房县毗连。境内山峰高耸，层峦叠嶂，主峰海拔高3105米，山体雄伟，气势磅礴，是全国闻名的山峰之一，素有"华中第一峰"之称。

神农架是一个得天独厚的自然封闭较好的原始林区，也是中外闻名的第三纪古生物的避难所和北方动植物的发源地。20世纪40年代轰动世界的活化石植物——水杉，就是在神农架西南面的四川万县谋道溪和湖北利川市两地发现的。

据初步统计，神农架林区有维管束植物166科，近2000种。约占湖北全省植物种类的77%。生物资源不但丰富，且保存着很多中国特有的古老稀有珍贵树种。如有在国外被誉为"中国鸽子树"的珙桐；有花朵鲜艳美丽、香气馥郁，材质坚密的香果树；有胸径达2.4米，树冠庞大，树高参天的千年古树铁坚杉；有世界上仅此一种，具有特殊构造的水青冈树，以及连香树、领春木、鹅掌楸、银杏、七叶树，楠木、毛株、紫茎、麦吊杉等等。

神农架林区的中草药有500多种，其中，以党参、当归、黄连、川芎、独活、黄芪、白术、天麻、银耳以及对癌症有较好疗效的独角莲、粗榧、三尖杉产量为最多，还有独特名贵药材头顶一颗珠、江边一碗水、七叶一枝花、九死还阳草、文王一支笔、三变脸、金钗筹。此外，还产有鹿茸、豹骨、熊胆等动物药材。

新中国成立40年来，本区对护林防火工作一直较重视，各地建立了护林组织，设置了护林检查站(哨)、瞭望台和林区公安派出所等。在与邻省交界的林区，建立了护林联防委员会，实行联防护林。由于各级领导重视和群众支持，护林工作成效显著，出现了不少10年、20年无森林火灾县、林业局和林场。与此同时。各地都开展了造林、封山育林和飞播造林工作。到1979年，先后共飞播油松、马尾松、华山松等，可成林面积占飞播面积的60%以上。1975年以前播种的，大部分已郁闭成林。

次生林抚育改造方面，各地都取得了不少成绩。如甘肃小陇山林区，原有森林多系历史上滥伐后的残林，林相杂乱，多代萌生。经过造、育、改、采、封等措施，调整了林木组成，改善了林区卫生条件，扩大了森林面积，增加了森林蓄积。

在森林资源较集中的秦岭南坡西段中山以上地区，进行了开发利用，年产木材达20万~25万立方米，采伐方式以择伐为主，皆伐面积仅占采伐总面积的4%。在此期间，迹地更新面积占采伐面积的85%。

本区山高坡陡，峡谷密布，河流短急，特别是秦岭北坡和关山一带，有72条"峪"流向关中平原。这些河流源头和沿岸的森林一旦被破坏，将严重影响到关中地区的工农业生产和居民用水。因此，本地区今后发展林业的首要任务是，在河流上游和河源地段,要发展大面积的水源涵养林;主要河流两岸要营造护岸林带;在水土流失地段营造水土保持林;在较平缓的丘陵和平原营造农田防护林。在全区建立起以涵养水源为主的防护林体系。

本区内400万公顷宜林荒山,很多地方水热条件好,林木生长快,劳动力资源多,具备发展用材林的良好条件。应选择坡度平缓、土层深厚的地区发展用材林。

此外,本区经济林和林特产资源丰富,有些林特产品如生漆,在全国占重要地位,应因地制宜大力发展,建立经济林和林特产品生产基地。

3.川黔湘鄂经济林区

川黔湘鄂经济林区,东界湖北宜昌、湖南常德一带,南至湖南沅陵、怀化、贵州三穗等县,西到贵州镇远、德江、四川武隆、开县,北抵湖北神农架林区。由四川七曜山、巫山经济.用材林区,黔东北山地丘陵经济林区,湘西北经济、用材林区,鄂西山地用材、经济林区4个省级林区所组成。总面积为1400万公顷。

本区林业用地面积共约1200万公顷。其中,有林地面积为266万多公顷,森林覆盖率为22.6%,森林蓄积量近9000万立方米(其中用材林蓄积量近7000万立方米)。另有大量疏林、灌木林和新造人工林。

在有林地中,用材林面积为200万公顷;另有大量竹林、经济林,防护林、特用林和薪炭林所占比重较少。用材林中,大多数为幼龄林和中龄林。

本区经济林种类繁多,也比较集中。尤其是油桐,历史上已成为中国油桐中心产区,全国47个油桐重点县,大部分属于本区。桐油年产量达107万担,约占全国总产量的40%。特用经济林乌桕分布比较集中,仅黔东北地区年产乌桕籽达500万公斤左右,占贵州省总产量的41.7%。鄂西南地区的生漆产量占湖北省的51.5%,茶油产量也相当可观。

本区内有许多全国闻名的自然保护区。这里特别值得提及的是湖南张家界国家森林公园,它是中国正式宣布的第一个国家森林公园。

张家界国家森林公园,位于湘西土家族苗族自治州大庸县青岩山,处在当地砂岩冲蚀峰林地区的中部,约占该峰林区的1/5,面积约13万多公顷。张家界被宣布为国家森林公园之后,名扬四海,"世外山国"的湘西胜地,引来了一批批国内外探奇览胜的旅游者和考察研究的科学家。

青岩山是中国和世界上温带——亚热带落叶乔木树种最集中的地区之一,也是世界上少有的绿色宝库之一,被誉为"活化石标本园"和"天然植物园"。共有植物93科、517种,比整个欧洲拥有的木本种类多出1倍以上。如香榧、银杏、红豆杉、白豆杉、杉木、台湾松、珙桐、银鹊树、鹅掌楸、桫椤树等古老树种,有数十种之多。这里有木色丹红、盛饭不馊的红榧,有纹理美观的雕刻用木红椿,还有坚硬耐腐、贵重如金的滇楸,营养丰富、出油率高达50%的仿栗等等。

本林区适宜于油桐、油茶等经济林木生长,特别是油桐,当地群众早有栽培习惯,并积累了丰富经验,培育出不少优良品种。如贵州正安县的凤尾桐良种、湖南的葡萄桐等。在第二次世界大战前,中国桐油曾独占国际市场,近年来已有所下降。为了满足中国社会主义建设和国际市场的需要，必须充分利用本地区的有利条件，大力发展油桐林，再增加桐林面积，并把现有的油桐林管理好，争取在短期内恢复和超过历史最高生产水平。

此外，还要大力发展油茶、生漆、乌桕、核桃、板栗等经济林，使这个林区成为名副其实的以经济林为主的林区。

六、华南热带林保护地区

华南热带林保护地区是中国唯一的分布热带森林的地区。本地区处于中国的最南部，范围包括闽、粤、桂沿海地区，桂西南、滇南丘陵山地以及台湾地区、海南省的全部。在中国各个地区中，发展林业的水热条件以本地区最为优越，是发展热带珍贵用材林和经济林不可多得的好地方。本地区现有的热带森林，是中国热带植被和珍贵动植物保存较好的基因库，应坚决保护，进一步发展。

本地区森林资源与其他林业地区相比，有许多明显的特点：

(1)中国稀有的热带雨林和季雨林都分布在本地区。林分构成复杂，分层不明显，树木种类繁多，仅乔灌木树种多达千种以上，这是其他任何一个林业地区所不能比拟的。典型的森林植被层次多达六七层，树冠参差不齐，具有亚洲热带雨林代表性的树种——望天树，高达五六十米，高出于众林冠之上，翘首望天，俯视林海，藤本植物和附生植物甚为发达，板根有明显发育，绞杀植物榕属及老茎生花现象普遍存在。藤本植物中的木质藤本巨大，有的直径达1米以上；榕树的板根，像一块块大板插入地内，独木可以形成一片树林。

(2)植物种类比其他地区都多。全区7000多种高等植物中，有大量特有种类，西双版纳有300多种，海南岛有500多种。在众多高等植物中，药用植物极为丰富，仅海南岛林区就有1000多种，相当于全国药用植物的20%，是名副其实的药材宝库。其中，有不少属于抗癌植物，经过筛选的抗癌植物就有137种。

(3)有相当面积的红树林。从广西、广东、海南到福建、台湾，在沿海地区分布有大片稠密的常绿灌木或乔木红树林。

全地区林业用地面积约1466万多公顷，占总面积的50%多。其中，有林地面积为666万多公顷，占林业用地面积的51.6%。另有大量疏林和灌木林。全区森林蓄积量为6.1亿立方米。其中，林分蓄积量为5.7亿多立方米。占总蓄积量的94.1%，疏林蓄积量为2500多万立方米，散生林木蓄积量为1000多万立方米，人均占有蓄积量7.7立方米。

本地区内5个林区的森林资源情况各有不同。下面仅以滇南热带林保护区，海南岛、南海诸岛热带雨林保护区和台湾用材、经济林区3个林区为例略加说明。

1.滇南热带林保护区

滇南热带林保护区，北界西起盈江，向东经芒市、耿马、澜沧、江城，绿春、屏边、马关直到麻栗坡一线，南界为中国与缅甸、老挝、越南国境线，是云南省级林业区划的第八区。总面积为480万公顷。

本区内林业用地面积为400万公顷，占全区总面积的81.7%。其中，有林地面积为120万公顷，约占林业用地面积的1/3。森林覆盖率为25.6%。另有大量疏林、灌木林和新造人工林。森林总蓄积量为1.5亿多立方米。在林业用地中，用材林面积占79%以上；防护林占3.9%；经济林占13.8%，薪炭林和特用林所占比重都很小。在用材林蓄积量中，成熟林蓄积量占87.7%，以阔叶树成熟林居多数，占成熟林蓄积量的87.5%。本区森林单位面积蓄积量较高，平均为135立方米多，成熟林为160立方米。

本区用材林树种多，主要树种有瓦山栲、多种木莲、润楠、刺栲、红木荷、印栲、樟类、云南松、云南龙脑香、毛坡垒、望天树、四属木、番龙眼、千果榄仁、麻楝、八宝树、榕树等。主要经济树种有橡胶、油棕、咖啡、油茶、紫胶寄主树等。主要药用和经济植物有田三七、砂仁，草果、肉桂、槟榔、八角、金鸡纳、安息香等。

本区森林资源最具有代表性的，是西双版纳自然保护区。在保护区现有为数不多的热带原始森林里，蕴藏着丰富多彩的动植物物种资源，被国内外科学家誉为“动植物王国皇冠上的宝石”。从全区来说，植物资源中，高等植物约7000种以上，其中有小量特有种，西双版纳保护区内特有种达300种以上。

保护区内的望天树，是亚洲热带雨林的代表——龙脑香科的高大乔木，居林冠最上层，平均树高50~60米，最高的达80多米。树干通直，材质优良。在望天树林中，多层重叠的树木充分地利用了阳光和土地，它们共同生活在这个森林大家庭里，创造出非常高的生物生产量，蕴藏着无数物种资源。据科学家们估计，世界上的生物种类有300万至1000万种，有1/3左右的物种生活在热带雨林中。因此，热带雨林不但是世界上最重要的陆地生态系统，同时也是世界上最重要的物种基因库。而西双版纳热带雨林，在中国陆地生态系统中和物种保护方面的情况也是如此。因此，保护好西双版纳这块热带“绿宝石”，对中国社会主义建设有着重要的意义。

滇南热带林保护区，当前在林业生产上存在的主要问题是，为数不多的热带原始森林仍在不断遭受破坏，面积日益缩小，森林覆盖率大大下降。仅以西双版纳为例，1950年森林覆盖率在50%以上，1972年下降为33%，现在只有27%左右。热带雨林面积的减少，导致特有种的植物急剧减少。热带雨林被破坏的主要原因是毁林种植其他作物、森林火灾和乱砍滥伐。

本区今后林业建设的主要任务是，以保护现有林为主，贯彻“保护、恢复、发展”的方针。在保护好现有森林的同时，积极发展和引种速生、珍贵的用材林和热带经济林。主要措施是：第一，保护好已划定的自然保护区，并进一步建立保护珍稀动植物的保护区，扩大保护范围；第二，加强护林防火，加强爱林护林宣传教育，严格贯彻《森林法》，严禁毁林开荒，乱砍滥伐；第三，调整林种比例，增加特用林和防护林的比例，减少用材林比例。用材林由现在的79.2%减到51%，特用林（包括自然保护区，海拔800米以下的热带雨林）由现在的2.9%提高到29.2%，防护林由现在的3.9%提高到5.9%；第四，做好封山育林工作，现有的疏林地多数是经过多次采伐和破坏造成的。在当地良好的自然条件下，只要认真封山育林，加之以人为的措施，就会很快地恢复起原有的森林。

2.海南热带雨林保护区

海南热带雨林保护区在中国最南部，范围包括海南岛和东沙、中沙、西沙、南沙四大群岛和黄岩岛等岛屿。其中，海南岛是中国第二大岛，全区总面积为333万多公顷。

海南岛的热带天然林，是岛上陆地生态系统面积最大、结构最复杂、功能最稳定和生物产量最高的生态系统。也是华南热带林保护地区的重点林区。

本区林业用地面积为133万多公顷（不包括农垦橡胶林地），占全区总面积的41.2%。其中，有林地面积为45万多公顷，占林业用地面积的32.6%，森林覆盖率为13.4%，林木蓄积量为5000多万立方米，林分蓄积量为4960.4万立方米。另有相当数量的疏林，灌木林和新造人工林。

本区现有森林的特点，一是天然热带林多，面积占86%，蓄积量约占97%；二是用材林多，面积占76.9%，蓄积量占98%；三是中龄林多，成熟林、幼龄林少。中龄林面积占55.4%，蓄积量占50%以上；成熟林面积占20%，蓄积量占45.7%；幼龄林面积占24.6%，蓄积量只占4.1%。

本区森林树种多不胜举。在众多的乔灌木树种中，乔木树种多达900多种，占全国乔木树种的28.6%。其中，属于商品材树种约有460种，特类至三类树种有200多种。属于常绿林的乔木树种主要有光叶白颜、桂木、榕树、桃榄、青梅、幌伞枫、黄桐、海南韶子、见血封喉、假雀肾树和海南菜豆树，水石梓、枝花木奶果、蒲桃、山竹子、海南大同子、割舌罗等等。

属于混交季雨林（半常绿或落叶）的乔木树种主要有青皮、光叶巴豆、半枫荷、鸡头、猫尾木、黄牛木、琼梅、木蝴蝶、槟榔青、合欢、各种檀木、木棉、鹊肾树等等。

属于热带雨林的乔木树种主要有蝴蝶树、细子龙、青皮、坡垒、长柄梭罗木、海南加锡树、红椎、荷木、芬氏石栎、五裂木，山海棠、光叶杨桐、黄叶树、子京、油丹、油楠、陆均松、香楠、桢楠，谷木，荔枝、红豆树、闽粤栲、长序厚壳桂、桃花心木等等。

谈到海南省的热带森林，不能不提及海南岛尖峰岭热带原始林自然保护区，它是中国最大的热带雨林保护区之一，是蕴藏着无数美木良材的绿色宝库。

人们一走进这热带原始森林，就感到这里的空气充满着特有的树脂香味，清香四溢，沁人心脾。薄雾像一条透明的沙带，环绕在山谷之间，轻轻飘荡林下常年积存的枯枝落叶，富有弹性，如同海绵，人走在上面软绵绵的。举目四望，周围全是参天古树，一棵挨一棵，一层围一层，茫无边际。每棵古树都有三四抱甚至五六抱粗，高一般都在20米以上，有的树干高达三四十米才分生枝丫。有的树干上缠绕着数不清的爬藤，最大的直径有碗口粗，长达100多米，从树根一圈一圈缠到树顶，然后又从树顶垂下来。有的树干上附生着各色各样的植物，有的寄生植物像长了草的“巢”，有的像奇形怪状的“盆栽”。几乎所有“盆栽”都生长着各色各样的兰花，主要的有四五十种。寄兰一年四季开放，香满林区，它的花和叶形状几乎一样，花呈紫红色，叶呈青、蓝、白三色，是这个林区的兰花之王。有的树根系发达，板根像一块块木板露出地面一二米，呈辐射状从树干向周围突出。林内大小藤萝，草本、蕨类和地衣植物，不与其他高大植物争阳光，安分守己地甘居于林冠之下。

这个保护区珍贵木材树种很多，适用于造船和做高级家具的木材就有七八十种。那名贵的坡垒、予京、青梅、稠木，坚硬如铁，百年不腐，具有虫蛀不入、压不变形、入水不浮的特性，素有“绿色钢材”之称。南方特有的油丹、油楠、绿楠、黄檀、苦梓、花梨木等等，有着天然的颜色、花纹和香味，用来做成家具，不上油漆，那天生的花纹极其美观，天工难夺，不但经久耐用，而且香味长存。

这里有一种树叫高山榕，被称为“绞杀者”，能把大树绞死。高山榕是怎样绞杀大树呢？据说绿鸠和啄木鸟喜爱吃高山榕的果实，它们吃后排出的粪便常常落在其他大树上，如果落在某棵大树干、叉破洞的地方，高山榕的种子便在寄主树上萌芽生根，它的主根、侧根、支根把寄主树围得越来越严密，枝叶长得非常茂盛。尽管寄主树拼命争夺养分和阳光，但无济于事。最后，高山榕把整棵寄主树全遮蔽住，寄主树在养分、阳光不足的情况下，便慢慢地枯死、腐烂掉。

本地区的森林中，还有一种红树林，这是热带地区海滩上生长的特有植物群落。世界上组成红树林的树种有 30 多种，而中国就有 28 种之多，堪称世界上红树林树种最多的国家。

中国热带地区的红树林，主要分布在海南省，其次是在广西、福建、台湾等省、区的海滩地区。主要树种有海莲、红茄冬、木榄、秋茄、桐花树、海漆等。红树林多为常绿乔灌木类型，平均树高 2~3 米，个别条件好的地区，也有发育成常绿乔木林的。由于上述树种大多属于红树科，所以在生态学上统称为红树林。红树林生长在海滩上，大海涨潮时树干被海水淹没，仅见绿色的树冠在海浪中飘荡，似水上浮萍，海中绿洲。

红树林虽然也是以种子繁育后代，但它的繁育方式具有“胎生”的性质，这也是植物界中较为有趣的现象。它的种子成熟后，不离开母树，几乎没有休眠期，即在果实中开始萌发新芽，新芽先顶破种皮，后生长胚轴，胚轴逐渐增粗和胚根一起形成末端尖的棒状体，像一条条荚果垂在树枝上，而它的子叶却留在种子中充当吸气管，从母体中吸取营养。当胚胎生成幼苗后，幼苗凭着粗大的下胚轴的重力，从子叶节处脱落，离开母体，直插入树下的淤泥中，然后生根发育，形成一棵棵独立的树苗，发育成为大片的新林。

新中国成立以来，海南省的林业生产有很大发展，建立了一大批以营林，造林为主的地、县林业局和以生产木材为主的坝王岭、尖峰岭等林业企业局。开展了人工造林，营造了大量用材林、防护林。海防林近 4 万公顷，长度近 800 公里，占全岛海岸线长的 57%。这些海岸防护林，对改善沿海地区的生态环境，解决群众燃料和自用材起了很大作用。

但是，近二三十年来，由于盲目开发利用和乱砍滥伐，使森林资源减少了 54.

4%，超过全世界热带雨林近一个世纪来减少40%的速度。随着热带雨林急剧减少，珍贵的树种坡垒、花梨木、海南粗榧、血树等，已处于灭绝的危境。

根据本林区森林资源的特点及其重要性，今后林业发展的主要任务应该是：

（1）切实保护好现有热带森林，严禁毁林种植和乱砍滥伐，大力搞好封山育林。现有天然林中较集中的29个林区，要建立森林经营所，加强经营管理。木材生产不能进行强度主伐，只能进行抚育采伐和经营择伐。现有的国营采伐企业。应逐步调整为以营林为主，生产木材为辅。木材生产，以解决本岛开发建设自用为原则。

（2）在南渡江、昌化江、万泉河等13条河流的中、上游和松涛、石碌、长茅等七大水库周围划出一定面积的水源涵养林；在沿海1000多公里的海岸线上.以现有防护林为基础，因地制宜，因害设防，把沿海防护林、农田防护林、橡胶防护林和四旁植树结合起来，建成综合性防护林体系。

（3）在认真管理好已经建立的尖峰岭、坝王岭等7个野生动植物自然保护区的同时，应在五指山、佳西、尖岭等13个地点，继续建立珍贵动物、植物自然保护区，尽可能扩大保护区的范围。

（4）加速造林绿化、人工更新和次生林改造，把现有采伐迹地、疏林地和荒山荒地尽快绿化起来，在昌化、通什、青松等地，应建立珍贵树种用材林基地，以满足本岛用材的需要。

3.台湾用材、经济林区

台湾用材，经济林区，包括台湾本岛及其周围的全部岛屿，位于中国大陆的东南，东临太平洋，西连台湾海峡，北接东海，南至巴士海峡。总面积为360万公顷，台湾本岛面积为363万多公顷。

全区林业用地面积186万多公顷，占总土地面积的52%。

台湾森林分为生产林地（其中包括针叶林、针阔混交林、阔叶林和竹林）和非生产林地两种，生产林地面积为180万公顷，占有林地面积的95.8%，其中，针叶林占23.24%，针阔混交林占8.76%，阔叶林占60.55%，竹林占7.45%。

在生产林中，成过熟林面积占76%，蓄积量占98.1%。其中，阔叶林蓄积量占58%以上，桧木、铁杉、楮栎类各占13%左右。

台湾森林的一个很大特点是，树木高大粗壮，胸径达100厘米以上的占蓄积量的20%。单位面积蓄积量和生长量都较高。生产林地平均每亩蓄积量为12立方米多，最高达50立方米。每亩年生长量为0.41立方米，最高年生长量为0.85立方米，年净生长率为2.57%，全省健全林木的生长率达3.38%，其中阔叶林为4.72%。针叶林除柳杉、杉木及松树等主要人工造林树种生长率较高外，其余天然林多系成熟林，生长率较低，约1%左右。

台湾地区的森林资源丰富，植物种类繁多，从热带雨林的榕树到寒带森林的台湾冷杉均有分布。但是，由于长期不合理采伐，森林遭到严重破坏。台湾山势陡峭，岩石风化强烈，若无森林，则蓄水、保土、防风皆无所恃。遇狂风暴雨，山洪猛涨，淹没耕地，顿成巨灾。可以说，台湾的森林是全岛的命脉，没有大面积的山地森林，便没有发达的平原农业。

台湾水热条件优越，热带、亚热带珍贵用材林和经济林具有广阔发展前途。因此，本岛林业生产发展方向，应以用材林和经济林为主。应充分利用山地土地资源丰富的有利条件，积极营造新林，扩大森林面积。在滨海地区大力营造防护林。要充分发挥森林涵养水源、保持水土、防风固沙和提供木材等多种效益。

国学经典文库　图文珍藏版

中国百科全书

王艳军⊙主编

线装书局

目　录

动物篇

植物篇

军事篇

动物篇

低等动物

海葵

海葵是附在礁石和海岸边的防坡上，或住在浅水里的生物。潮退时，海葵看起来像一团团的糊状物。完全浸在海水里时，它们看起来就像花朵，因为海葵的身体呈瓶状，顶部周围有一些短小的触角，像花瓣一样。可是，它们并不是植物而是动物。海葵是肉食动物，以碰及触手的小动物作为食物。触手上布满刺螯细胞，可使游过的小鱼小虾麻痹，然后用触手把这些鱼、虾拉进口里。

海葵

海葵静静地躲在海底的沙地中享受着悠闲的岁月，它们从不挪动身体寻找食物。海洋中的食物真是太丰富了，它们只要伸伸触须，就可以捕捉到那些大意的家伙了。

尽管海葵的触须有毒，而且在捕食时十分有用，但是它们还是不可避免地成为一些动物的牺牲品。这些海生动物能分泌出某种化学物质来中和海葵触须的毒性，使它无法再螫别人。

美丽的海中森林——珊瑚

在温暖清澈的海水中，常有珊瑚岩石，珊瑚的外观如同植物，但实际上它们却是地地道道的动物，与海葵同属腔肠动物中的花虫类。其枝上的“花”便是由无数的珊瑚虫聚集而成的。珊瑚虫是一种水螅状的腔肠动物。它们利用触手捕食浮游生物，每个珊瑚虫栖居在一个杯状的珊瑚骨骼中。一些珊瑚虫死后，另外的珊瑚虫在老的珊瑚骨骼顶上营造新杯。因此，珊瑚不断增大增高。

在大海中的珊瑚，五颜六色，变化万千。它们有的像松树，有的像花朵，看上去真像千姿百态的植物。形成的珊瑚礁是五光十色的小虾、海葵、海星、海蛞蝓和海环虫的家园。珊瑚礁间还有色彩斑斓的刺尾鱼、雀鲷等鱼类。

美丽的海中森林——珊瑚

各种动物在珊瑚礁间产下大量的卵和后代，其中许多被生活在珊瑚礁的其他动物吞食。藏身在珊瑚中或在珊瑚间成群游动的小鱼，会遭鲨鱼、石斑鱼等大鱼捕食。

珊瑚虫同样常遭吞食，蝴蝶鱼会把珊瑚虫逐个吞吃，嘴像鹦鹉喙一样的鹦嘴鱼，一口能咬下一大块珊瑚，美丽的珊瑚是由珊瑚虫所分泌的石灰质构成的，而珊瑚虫本身则凭靠它们的触须捕捉飘浮而过的海藻微生物为生。生活在西太平洋的鹿角珊瑚是生长得最快的珊瑚。

在适当的条件下，每年可以增高 10 厘米。它们生活在较浅的水域中，通常在落潮时可以看见它们的尖端露出水面。像所有的珊瑚一样，它们附有两种珊瑚虫，一种负责“建筑”主干，而另一种负责两侧。

水母

水母是一种十分低等的动物，常常漂浮在海面上，随波逐流。大多数水母都是半透明的，因为它们的身体中有95%以上的水分。水母的外形多种多样，有的像一把撑开的雨伞，有的像一枚硬币，有的像帽子等等，十分漂亮。但是它们都长着许多长长的有毒的触手，如果你用手去触摸它，准会被螫得疼痛难忍。

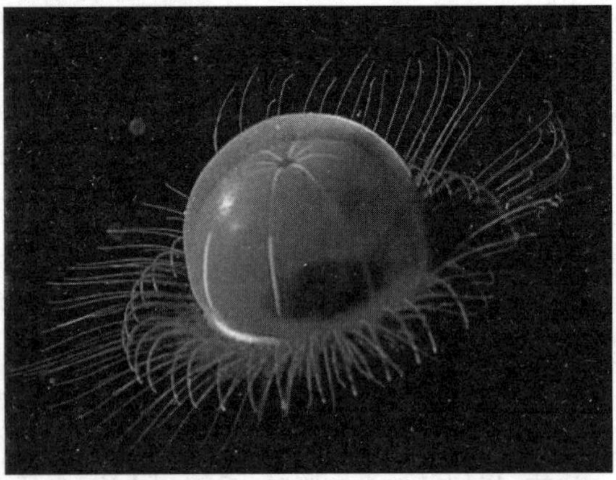
水母

水母是一种古老的生物，属于浮游生物，一般都是独居，非常分散，有时偶尔也成群结队。水母绝大部分时间都在游动，收缩、放松是水母游泳的规则动作。水母都以活的生物为食，是一种肉食性动

物。猎物一旦接近水母的触手陷阱，触手的恐怖机关立即启动，触手皮肤上有刺丝囊的特殊刺细胞，囊内有毒液和细倒钩，触手的纤毛一探测到猎物就释放毒液，使猎物中毒。水母没有骨骼、外壳、保护甲，所以非常脆弱。

水母的上半身是一团没有固定形状、可以任意伸缩的胶状体，它们就是靠着身体这部分的不断缩放，以及触手（或称作腕）的摇摆而在水中随波漂游的。当伞部下面的肌肉交替着做收缩和伸张的运动时，水流就可以从水母伞部下的一个口中被吸入或是吐出，水流的一吸一喷就产生了一种向上或是向前的反作用力，水母正是靠着这种反作用力才能够自如的行动。可以说，身体上的伞状结构是它们最重要的运动和生活控制中枢了，它们的进食和产生动力都要靠它，所以有的大型水母，其伞部的直径能达到 1 米多呢！

蚯蚓

蚯蚓对我们来说是那么熟悉和普通，以至于我们都快要忽略它的重要性了。蚯蚓的身体由许多环节构成，每一节都生有刚毛，用来支撑身体伸缩运动。蚯蚓在进食的过程中会促进植物成分的分解，使得其中有益的营养成分渗入土中。它们不断地在土里掘洞，使空气循环流通，也使雨水可以适量排走。如果没有蚯蚓，泥土很快就会变得坚硬，毫无生命力。

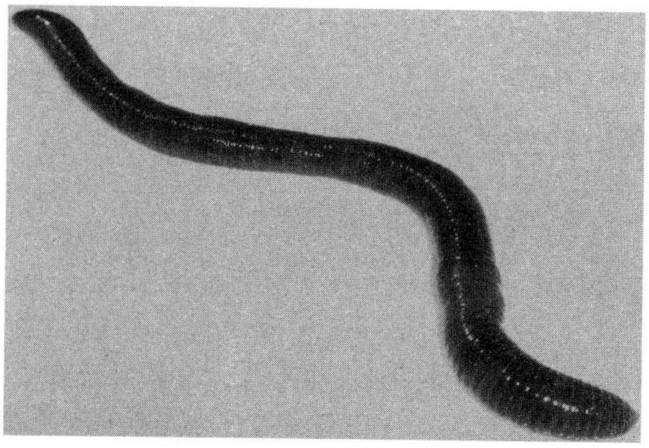

蚯蚓

蚯蚓在掘洞时会将泥土堆放在一边或直接将其吞下作为食物，有些蚯蚓把吞咽下的泥土带到地表，以小土粒或蚯蚓粪的形式将其排泄出来。

蚯蚓也会爬出洞外，拖一些地上的植物残叶为食。

如果一条蚯蚓失去了身体的一部分，它具有再生这部分的能力，新的节将生长在身体的前后两端。

你注意过没有，蚯蚓既没长眼睛，也没长耳朵。那么，它能不能看东西、听声音呢？

原来，蚯蚓虽然没有眼睛，看不到光线，身体上却有能够感觉光线的感觉细胞。蚯蚓的身体上，除了腹面以外，其他各部分都分布着对光的感觉器，这种感觉器在前端几节中分布较多。有了这些感觉器，蚯蚓就能辨别光的强弱，做出反应。

蚯蚓虽然没有耳朵，不能听到声音，但它的皮肤里有灵敏的感觉细胞。你敲击

桌子的振动，通过玻璃片，传到它皮肤的感觉细胞，所以即使一点轻微的振动，蚯蚓也能够感觉到。当它们感觉到敌人的行动，比如说一只鼹鼠在附近挖土，它们常会逃往地表。

鹦鹉螺

鹦鹉螺为一种古老的软体动物，在3.5亿年前的地球上就出现了，目前仅存约4种，它们生活在热带或者亚热带的深海中。鹦鹉螺有个美丽又坚硬的外壳，在一层灰白色的底色上，分布着橙红或者浅褐色的花纹，壳内是闪光的银白色珍珠层，算得上是一件艺术品。鹦鹉螺柔软的身体藏在壳里，左右对称。从壳中心到壳口，有一道道隔膜将壳分成许多像房间一样的气室。

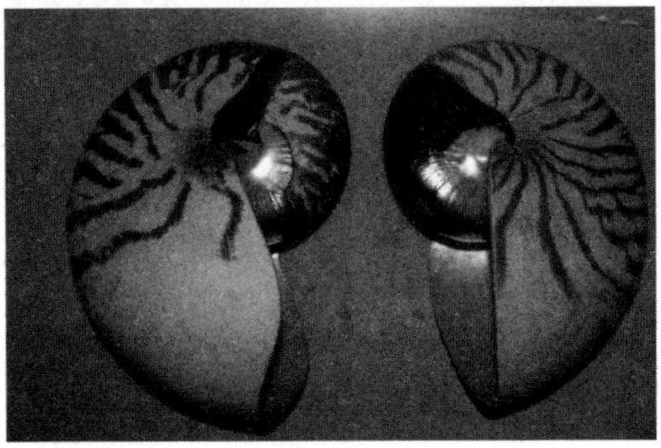

鹦鹉螺

鹦鹉螺是靠浮力游动的。鹦鹉螺的壳主要由气囊组成，它的身体大部分都在壳外，当鹦鹉螺长大时，壳中又会形成新的气囊，来抵消新生长的身体重量。鹦鹉螺的口周围和头的两侧长有约七八十只触手，捕食时触手全部展开，休息时触手都缩回壳里，只留一两个进行警戒。

鹦鹉螺的大壳内真是“别有洞天”，它被分隔成了许多的小室，而只有最靠外边的一间才是鹦鹉螺休息和睡觉时居住的地方；其他小室，大都是作为贮藏空气用的，各壳室之间有一条体管相连。随着鹦鹉螺身体的长大，壳内的小室也会不断增多、增大，一有新的小室形成，鹦鹉螺就会抽出其中的海水给它注满空气。它们也用这种办法来调节室内水分的多少，控制壳体在水中的垂直运动。

现代科学工作者在鹦鹉螺这种普通的海洋动物身上还有一个惊人的发现，就是在鹦鹉螺的小室壁上，都有着一条条清晰可见的环形纹路，而且每一面壁上都固定着这样的30条纹路，人们把它们命名为“生长线”。而这30条生长线恰巧是现今月亮绕地球1周的天数，也就是一个月有30天。后来，人们又在研究埋藏于各个不同的地层下面的鹦鹉螺化石时，发现凡是属于同一个地质年代的鹦鹉螺，它们身体内的生长线数目是一样的。规律则是，地质年代越久远，也就是越早，鹦鹉螺身上的生长线也就会越少。如此可以证明，在越是古老的年代，月亮离地球越近，那时月亮绕地球的时间也就越短。原来，这些生活在海底默默无闻的鹦鹉螺，还担任着记录月亮在亿万年的漫长岁月中变化的重任呢！

美丽的号角——海螺

如果你在海滩上随手捡起一只贝壳，多半是一个空的海螺壳，海螺属于软体动物中的腹足类。所谓腹足类动物就是体内的重要器官都集中在巨大的足部附近。单壳贝类则指它们大都只有一个螺旋形外壳，不像双壳贝类具备两片似韧带相连的外壳。腹足类是软体动物中最庞大的家族，分布地球各大海洋的腹足类，起码超过4万种。

海螺

海贝

海螺、扇贝、牡蛎、珍珠贝、鹦鹉螺等等，这些生活在海中的贝类，都长着色彩纷呈、形状各异的壳，看上去非常坚硬，而事实上，它们都属于软体动物。它们柔软的身体表面有一层膜，能产生富含钙质的液体，贝类的外壳就是这样形成的。海贝类都有头和足，体内有内脏团。它们在内脏团中完成消化、循环、排泄、生殖等各种功能。它们用鳃呼吸，许多贝类没有眼睛。海贝的体型差别较大。小型贝类的壳径和壳高只有几毫米，最大的贝类的外壳却长达1.5米，重达300千克。

海贝死去后空壳会被冲到海滩上。它们的品种繁多，但可以分成两大类：海蜗牛和双壳贝。海蜗牛像陆地上的蜗盾，有一个螺旋状的壳。双壳贝有两个半壳绞接在一起。海蜗牛有嘴而且长满了小而尖的牙，用来吃海藻或其他动物，而双壳贝是直接从海水中滤取食物碎片的。

海洋中的牛奶——牡蛎

牡蛎是双壳纲中著名的贝类，有较高的经济价值，是海贝养殖业的常见种类。牡蛎在各地的叫法不一，江苏、浙江一带称其为蛎黄，福建、广东一带称其为蚝，山东一带称其为海蛎子或蛎子。

牡蛎的肉鲜嫩可口，营养价值很高，其鲜肉含蛋白质超过10%，糖类超过4%，还有多种矿物质及维生素，素有“海中牛奶”之称。人们不但可以采捕自然生长的种类，还可以对其进行人工养殖。它同贻贝、扇贝一起构成了海水养殖业的重点品

种,在海产品中占据了极其重要的地位。我国沿海所产的牡蛎种类大约有 20 余种,最常见的品种是近江牡蛎、密鳞牡蛎、褶牡蛎、长牡蛎和大连湾牡蛎等。

同时,牡蛎还是重要的药材,李时珍在其著作《本草纲目》中曾对牡蛎做过详细的描述。牡蛎粉可以治盗汗、虚劳燥热等症,牡蛎内的珍珠层是明目的好材料,而牡蛎油即蚝油,更是闻名海内外。

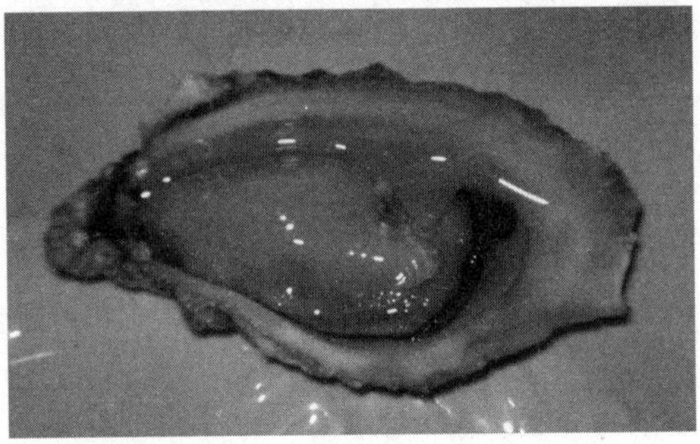

牡蛎

河蚌

河蚌,又名河歪、河蛤蜊、乌贝等,属于软体动物门瓣鳃纲蚌科,是一种普通的贝壳类水生动物。河蚌以滤食藻类为生,常见的有角背无齿蚌、褶纹冠蚌、三角帆蚌等数种,我国大部分地区的河水湖泊中有出产。河蚌肉质特别脆嫩可口,是筵席之佳肴。而且其营养价值很高。

河蚌肉对人体有良好的保健功效,它有滋阴平肝、明目防眼疾等作用,在临床上有很大实用价值。

河蚌浑身是宝。河蚌是珍珠的摇篮,不仅可以形成天然珍珠,也可人工养育珍珠。除育珠外,蚌壳可提制珍珠层粉和珍珠核。

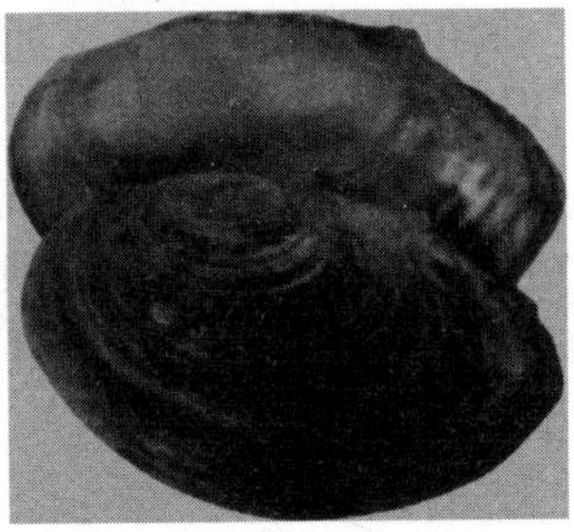

河蚌

乌贼

乌贼是海中软体动物的一种,它不仅能像鱼一样在海中快速游泳,还有一套施放“墨汁”的绝技。乌贼体内有一个墨囊,囊内储藏着能分泌天然墨汁的墨腺,在遇敌害或危急时,墨囊收缩,射出墨汁,霎时,海水中“黑雾”滚滚,一片漆黑,自己则趁机逃之夭夭。它还能利用墨汁中的毒素麻醉小动物,所以又叫墨鱼。

在软体动物中,乌贼堪称强兵悍将。它的身体像个橡皮袋子,内部器官被包裹在袋内。在身体的两则边缘有肉鳍,用来游泳和保持身体平衡。头较短,两侧有发达的眼。头顶长口,口腔内有角质颚,能撕咬食物。乌贼的足生在头顶,所以又称头足类鱼。头顶的 10 条足中有 8 条较短,内侧密生吸盘,称为腕;另有两条较长、

活动自如的足，称为触腕，只有前端内侧有吸盘。腕和触腕是乌贼的捕食和作战武器，不仅弱小的生命将丧生于乌贼的腕下，即便是海中的庞然大物鲸，遇到体长达十余米的大乌贼也难对付。

乌贼

章鱼

章鱼有个圆球形的身体，它的嘴巴就位于身体前端、8只有吸盘的手臂围在嘴的四周；嘴巴内有一对强有力的角质颚，可将猎物的身体咬碎，即使有像螃蟹那么硬的壳保护也无法幸免。

章鱼的身体下方有一个吸管，连接到一个包含有鳃的外套膜腔。章鱼就靠着将海水吸进外套膜腔后再喷出的方式来呼吸。此外，靠着这种方式还可使它获得一种作用力来使身体往后移动，以便捕捉食物、逃避敌人或是到处旅行。

章鱼和乌贼都有墨囊通向肠内，当它们遇到危险时，就会用吸管将墨汁喷出来，以蒙蔽敌人，使自己从容逃逸。

章鱼、乌贼的身体的内部都具有骨骼般的“壳”，能强化它们的身体。章鱼的壳由白色石灰质构成，乌贼的则由透明的角质构成。

鹦鹉螺和章鱼是同一祖先。像螺一样有壳，不过它们有60~80只触手，能在海中自由地游泳。

蛞蝓和蜗牛

蛞蝓和蜗牛都是属于腹足类的软体动物，它们的血缘非常接近，但是有一个最大的不同：蜗牛身上有一个自己造的壳可以保护身体，而蛞蝓却没有。

蜗牛和蛞蝓的内部构造，有很多相似的地方：它们都有一个肉足，可以在地上休息或爬行；头部的前方有嘴，嘴的上面长着两对可以伸缩的触角，上面那对触角的末端有眼睛，下方的触角较小，其上有一些感觉器官。蛞蝓和蜗牛靠着肉足到处爬行，它们以植物为食，鲜嫩的枝叶更是它们的美味佳肴。不过也有一些肉食性的蛞蝓，以吃其他蛞蝓或蚯蚓为生。

在蛞蝓的前半部身体的上表面，有一圆形隆起，那就是它的外套膜。蜗牛也有外套膜，不过它的外套膜藏在壳内。外套膜里面有一个空腔，内壁就像肺壁一样布满血管，具有类似肺的作用，可用来呼吸，空气便是由外套膜边缘的小洞进人体内。有的蜗牛也可以生活在河流或湖泊中，但数量最多、体型最大的则是色彩鲜艳的海

蛞蝓和海蜗牛，它们用鳃呼吸，以海绵、海藻和腔肠动物为食。

蜗牛在冬眠或夏眠时，足腺分泌出来的这种粘液在壳口形成一个薄膜，把身体严密地封闭在壳内，等到外界环境适宜时，再破膜而出来活动。

当外壳口部意外破损时，粘液在未破损的部分将身体封闭起来，一段时间后破损部分自行脱落，形成一个较小但却完整的壳体。这种粘液的功能多么奇特呀！

节肢动物

在无脊椎动物中，节肢动物是最重要而且种类最多的一门，它们的身体和肢体由结构与机能各不相同的体节构成。我们常见的虾、蟹、蜘蛛、蜈蚣及昆虫等，统称节肢动物。

单是昆虫类大约有 100 万种以上，约占整个动物种类的五分之四。

蜈蚣、马陆、蚰蜒是多足类节肢动物。它们的身体分头和躯干两部分，头部有一对触角，身体呈圆柱或扁平形，每一环节有一对或两对足。蜈蚣俗称“百足”。它的第一对附肢变成毒颚，会螫人，被咬处呈红肿且剧痛。这时用浓氨水洗擦伤口，中和毒液，可减轻疼痛。将蜈蚣制成干制品，是传统的中药。马陆又称“千足”。它没有毒颚，不会螫人。但在身体两侧有臭腺，分泌出一种难闻的臭液，以此作为防御武器保护自己。

蛛形类的种类也很多，常见的有蜘蛛、蝎子等。就蜘蛛来讲，全世界大约有 3 万多种，中国约有 3000 种，分布于陆地的各个角落。

甲壳动物体内没有骨，但身体表面覆盖一层壳，称为外骨骼。虾、蟹、喇咕等都是甲壳类。就目前所知甲壳动物已接近 4 万种。它们的形状千奇百怪，变化多端。从体形的大小看，差别更为悬殊，如日本产的一种形如蜘蛛的巨螯蟹，两个巨螯伸开后，两螯之间宽达 4 米，而小的挠足类和水蚤还不到 1 毫米长，只有借助于显微镜才能看清。

大多数甲壳动物生活在海洋里，它们绝大多数都是自由生活的，如虾、蟹等；但有些种类是固着在岸边或岩石以及其他坚硬物体上，如藤壶、茗荷等。

虾是种类很多的一类，经济价值很大。如海产的对虾、毛虾、龙虾等，淡水产的沼虾、螯虾、米虾都是经济上十分重要的物种。

蝎子

在世界上所有暖热地区都能发现蝎子，蝎子是一种很古老的陆地动物，早在大约 4.5 亿年前，就有 650 多个种类的蝎子遍布世界各地。

蝎子是肉食性的节肢动物，与蜘蛛是亲戚，但它的形态不像蜘蛛。蝎子浑身全副武装，周身披着壳质的铠甲，在不分节的头胸部，有单眼和复眼以及六对行动灵

活的附肢。第一对钳状附肢叫螯肢，第二对是巨大的螯足叫脚须。其余四对是用来奔跑的步足。蝎子的腹部较长，分布明显，前腹七节、较阔，后腹五节、较窄，末端有一球体，内藏毒液，突起部分形成尾刺，高高举起。蝎子昼伏夜出。一旦遇到猎物，立即用脚须钳住，尾巴钩转，用尾刺注射一针，将猎物毒死。它依靠一对大螯和一个尾刺，捕食蜘蛛或昆虫等。蝎子种类较多，分布在墨西哥和印度尼西亚、印度等地的毒蝎子能致人死亡。蝎子不仅对猎物凶猛，而且对“同类”也很残忍。一旦雄蝎子完成授精作用，雌蝎子就凶相毕露，一口咬死雄蝎子作为食物。有趣的是蝎子对后代却倍加爱护。蝎子是卵胎生的，产下的小蝎子往往攀登在母蝎子背上，逍遥自在。母蝎子负子而行，极尽保护职责，直到幼蝎子成长到能独立谋生。蝎子是一味重要的中药材，干燥的虫体可入中药，称全蝎，有解毒、止痛、镇疼、熄风等功效。许多地区捕捉自然种群，但不能满足医药上的需要。故在我国山东、河南等地，大力发展人工饲养蝎子。

蝎子为肉食性，夜行性动物，所以白天很少活动，而潜伏在碑石、枯叶下，夜间外出寻食。主要以昆虫、蜘蛛、小蜈蚣、盲珠、鼠和多足类等为食。能较长时间耐饥，甚至也能耐渴，可长期不喝水，喜干燥。蝎多产于热带。我国常见的钳蝎主要分布在北方及长江以南，另外，还有蝎、链蝎等。

蜈蚣

蜈蚣又名百足，是多足类陆生动物，全世界有 3000~5000 种，其体形构造大致相同，身体分头与躯干两部分，有许多体节，每一个体节具有一对结构相似的步足，末端有爪，适于在山地迅速爬行。蜈蚣均有毒，毒性强弱因种类及个体大小而异。蜈蚣头部第一对步足突化为三角形的颚足，称颚牙，先端尖锐，形呈钩状，内通毒腺，能分泌毒汁。蜈蚣的个体大小悬殊。如分布在南美洲的一种蜈蚣，个体甚小，它的体长仅为 0.48 厘米，很容易被人误认为是黑蚂蚁。这是已知蜈蚣中最小的一种。

蜈蚣

产于拉丁美洲牙买加的一种热带蜈蚣，是目前已知蜈蚣中足最多、体形最大的一种。它长着 180 对足，最长的足可达 26 厘米。扁平长条形的身体，最长的可达 1 米多。头部为红褐色。这种热带蜈蚣喜栖居于山溪潮湿阴暗的岩石洞内，夜间出洞捕食老鼠和壁虎之类的小动物。一旦发现猎物，飞速爬行，以自身扁长的身体将

猎物包围,形成一个椭圆形,把猎物围困刺死,然后美餐一顿。更稀奇的是,全部360只足都是防敌的武器。足内有腺,当受敌威胁时,能发射出有毒的烟雾。这种烟雾经化验,原来是一种氰化氢的有毒气体。

这种从头到足全身有毒的"百足虫",会使人产生恐惧的心理,但是它在医药上却能起解毒的作用,主治肿毒瘰疬和蛇咬伤等症。据说,印第安人常常捕捉这种"百足虫"做成餐桌上的美味佳肴。

对虾

对虾肉味鲜美,营养丰富,1吨对虾胜于2吨鲜鱼。因为个儿大,过去我国北方常成对出售而得名。对虾是我国黄海、渤海中重要的渔业资源之一。20世纪70年代初,中国对虾南移养殖成功,解决了亲虾越冬和人工育苗技术的问题,扩大了对虾养殖面积,使年产量大幅度提高。5~7月间,对虾的虾苗常生活在浅海湾和河口附近,渔民利用洼地、沟渠在涨潮时引入,到11月份捕捞出售。人工养殖对虾,通常是挑选当年养成的亲虾,在室内的池中越冬,到次年3~4月开始产卵并孵化虾苗。待虾苗长到0.8~1厘米时,移入虾塘放养。一般到了10~11月对虾已长成14厘米左右的大虾,便可及时捕捞了。对虾的发育过程,变化很多,需经历20多次蜕皮方能长为成虾。雄虾与雌虾交配后,雌虾第二年才能怀孕产仔。对虾的体色能随体内色素细胞的变化而发生改变。由于虾体内的色素在高温下能析出熔点较高的虾红素,所以虾煮熟是红色的。

对虾

虾中之王——龙虾

龙虾是虾中之王,一般最小的个体也有20~40厘米长,体重都在0.5千克以上。其中的锦绣龙虾,是龙虾中的魁首,重量在3千克以上,是世界上最大的虾,是虾中之王,它身上的"盔甲"五光十色,极为艳丽。

龙虾盔甲坚硬,浑身长刺,个头又大,显得威风凛凛。它们生性好斗,常攻击其他鱼类。但根本不会让人害怕,因为它们除了一些防身武器之外,根本就没有什么攻击性的武器,而且又有勇无谋。在与乌贼的搏斗中往往一味地猛攻,横冲直撞,毫无一点战略战术,动作迟缓而笨拙。乌贼往往巧妙地左躲右闪,避其锋芒,待龙

龙虾

虾累得精疲力竭，乌贼就寻机将其擒获，美餐一顿。还有的鱼喜捕食龙虾，遇到龙虾时先一口咬下触须，再把附肢一截一截咬掉，龙虾却束手无策，既不逃避，也不反抗，直到被全身肢解，吞食殆尽。

龙虾生活在温暖的海洋里，我国有七八种，东海和南海都有它们的踪迹。它们栖息在海底，白天隐匿在礁石缝里，夜间出来觅食。形态构造与一般虾类相比有显著的不同，头胸部粗大，腹部比较短小，游泳足退化，基本上失去游泳的功能，适应于爬行生活。龙虾第二对触角的基部有特殊的构造，摩擦眼睛下方的骨质板，会发出“吱吱”的响声，招引同类。

龙虾需要蜕皮才能不断地增大。它们蜕皮的方法是首先在尾和躯干部涨开一条横向裂缝，身体侧卧弯曲，慢慢从裂缝中蜕出来。这时大螯里的血液倒流，使得它们的体积只有原来的1/9大，能很容易地从壳中蜕出来。蜕皮后8个小时内身体就会长大15%，体重增加50%。它们蜕掉的旧壳可以完好无损。

龙虾身体末端的扇形尾节，不仅可以保持身体平衡，而且也可以在危急时刻急速反弹后退。

龙虾的繁殖是颇有意思的：在夏秋繁殖季节，雌虾把卵紧紧地抱在腹部，一次要抱50~100万颗之多。幼体在母体的“怀抱”里发育孵化。刚孵出来的幼体同成体毫无相似之处，身体扁平如一片叶子，故叫“叶状体”。叶状体经过半年的漂泊生活，几次蜕皮，终于变得像龙虾的样子。小龙虾又经过一个时期的游泳生活之后，“定居”海底过爬行生活。在野生情况下，每一万颗卵约有一颗能长至成熟期。

龙虾的肉厚质实，滋味鲜美，是比较名贵的海味。

河蟹

河蟹是最受欢迎的一种淡水蟹。其肉质细嫩、滋味鲜美，营养价值极高，所含蛋白质与海蟹相等，比鲫鱼要高；所含脂肪和碳水化合物远远高于沼虾、对虾、带鱼等；维生素A非常丰富，含铁质特别高，核黄素含量也多，硫胺素仅次于鲤鱼、鲫鱼。河蟹实属高级营养食品。

江南一带“九月菊花蟹正肥”，每年八九月间成熟的河蟹顺江而下，到海边进行交配，之后向江河下游迁移，到达海水淡水的交界河口处产卵。幼蟹稍大些，便溯

江而上洄游到江河湖泊中。渔民掌握了蟹的秋季洄游习性，在河川的上游编制竹篱以阻拦去路，再以灯光诱捕或用网器捕捉。然而“靠天吃蟹”十分被动，从70年代起，浙江省淡水水产研究所，研究出人工繁殖蟹苗的方法后，人工养殖河蟹便在我国迅速推广开来，解决了吃蟹难的问题。

河蟹

横着爬行的蟹十分顽皮。夏季，河蟹常爬到养殖池的“小岛”和树木花草上“乘凉”，因此在养蟹池塘周围要建造防逃围墙。在池塘中养殖一些水生植物，既可调节水温，净化池塘，又可为河蟹提供饵料和隐蔽场所。

河蟹在被敌人攻击、气温升高、身体太干和交尾时都会吐泡，这是怎么回事呢？原来这是河蟹独特的呼吸方式引起的。河蟹像鱼一样用鳃呼吸，不过鳃是隐藏在甲壳下面的。它的鳃像海绵一样，能吸进很多水，供爬到陆地上生活时用。但时间长了，鳃里的水会逐渐减少，引起嘴和鳃抽动，使吸进的空气与鳃里的水混合，所以就吐出气泡。

河蟹有一对大夹子，可用它们捕食、防御敌害，还能做左右摆动、前伸和高举等动作。河蟹原产于我国，以后才流传到朝鲜和欧洲。河蟹食性很杂，常以螺、蚌、小虾、动物尸体为主，也吃谷类、豆类和菜类。因此，养蟹饲料易得，为了加快蟹的生长速度，在蟹脱壳增大期，可向蟹池中加入生石灰溶液，以补充钙质。河蟹是肺吸虫的中间宿主，因此，吃蟹时一定要蒸透煮熟。

蓝蟹一般生活于近海浅水中，它们甲壳的前方边缘生有尖钉状的东西，身体两侧生有长刺，后足扁平，可以像船桨一样用来帮助自己在水中游动，所以具有十分高超的游泳技巧。它们经常在海底四处爬动，寻找食物，蓝蟹很常见，常被人们捕捞起来当作食物。

蜘蛛——智慧生物

蜘蛛属于节肢动物门，它有8条腿，腹部后端有6个吐丝器。平时蜘蛛织网纺出的丝是白色的，可是在它织储藏卵的卵袋时，却可纺出不同颜色的丝来。

蜘蛛织卵袋时的步骤是：先用些长丝连起树枝和树叶。架子搭好了，从下面开始，逐渐地织成一个1厘米左右深的口袋，再用许多条丝把口袋连在附近的丝上。蜘蛛开始产卵了，许多卵掉进了张开的袋口中。这口袋的容积也好像是预先经过精确计算过的，所产的卵正好装满到袋口，于是蜘蛛又以波浪式移动，在袋口织了

一个毡子盖。接着要织第二层了，此时，丝囊吐的丝变成了细软红棕色的丝，不再是白色的了，这些东西像云片般涌出，把中央的卵袋包了起来，蜘蛛用它的后腿把它们拍成一层疏松的棉胎，接着，丝囊又改变了吐出的丝的颜色，白色的丝又出现了。这次是要织厚的外层了。在袋颈部的边上，织得最仔细。在织好了包围的坚层后，丝囊就又出现一种深褐色到黑色的丝，做成了漂亮的带子围在袋的外面，工作完成，母蜘蛛就离开这里。

蜘蛛

母蜘蛛在8月间织卵袋产卵，过了冬天，到了明年6月，正好在卵受阳光孵化出的时候，卵袋就自动打开；小蜘蛛们就爬了出来。小蜘蛛从卵袋中爬出来以后，就在树枝上拉出丝来，而当一阵风吹来时，丝就断了，断了头的丝就把蜘蛛一只只地带到地上，一根根断了头的丝成了降落伞，这又是一个巧妙的法子。

所以，我们从蜘蛛的卵袋由各种不同颜色质地的丝所组成，看出蜘蛛是一位伟大的化学家和纺织纤维制造家；从卵袋受阳光照射而炸裂打开和小蜘蛛用降落伞的原理飞散开，而看出蜘蛛又是一位数学家。

海胆

海胆形体一般呈球形或半球形，长着许多刺，排成放射状，向四面八方伸展，所以它又叫海刺猬。生活在中国沿海的海胆有70种，有些海胆卵有毒，如生活在大西洋群岛的喇叭毒刺海胆等。

抛肠逃命——海参

海参是生活在浅海海底的一类棘皮动物。圆筒形的身体上长满肉刺，形似黄瓜。它没有强有力的自卫武器，但有快速游泳的本领。它一头的嘴部围着一圈触手，用来吮吸收集食物微粒。海参遇到危险时，它就从肛门中射出长长的黏稠纤维。有时带毒，类似洗衣机的管子，把侵犯者包裹住。而当海参刚刚被吃掉时，它会迅速排出自己的内脏，经过几个星期的休养生息，这些内脏会再生出一个完整的新的动物体来。若把海参切成两段放回海中，几个月后，每段都能生成一个海参。这种抛出内脏诱惑敌人的自卫方式，在动物界可算是独一无二了。海参种类很多，

广布世界各大海洋中,中国出产的可供食用的就有 20 多种,其中刺参、梅花参为上品。

海星

海星是一群具有高超“分身”本领的棘皮动物。身体由 5 个对称的腕及五腕交汇处——体盘所组成。行动时,以腕代脚,能在危险时割体逃生,一段时间后,缺损的腕会重新长出来。海星身体背面微隆,呈浅黄色或橙红色,腹面较平,有口,颜色艳丽。海星是一种肉食性海洋动物,尤喜食贝类。有些渔民因厌恶海星盗食贝类,吃掉鱼饵,捉住海星后常将其切碎扔入海中,这样却更加强了其再生繁殖的能力。

海星是个奇妙的动物,口长在身体的底面,正好在腕的正中央,肛门却在身体背面。它吃东西的样子非常奇特,胃能从体内翻出,把贝肉裹住,并分泌消化液进行消化,待把消化的贝肉吞下去,胃再缩回体内,这种用胃取食的方式在动物界是绝无仅有的。

海星没有头也没有脑,在它的身体下面有口腔。海星通常有 5 条手臂,每条手臂下面都覆盖着一些小小的充水吸盘叫管足。这些管足非常强而有力,海星就是靠它们来移动身体和捕食的。甲壳类动物是海星最爱的美食。

虽然生活在海洋中,但海星却不会游泳,它依靠腕在岩石、海底或海床上爬行。海星大约有 6000 多个品种,大多色泽鲜艳。不同颜色的海星轻伏在海底,看上去格外漂亮。

乔装变色的海兔

海兔是一种生活在海里的软体动物,它的头部有两对触角,前面一对有触觉功能,后面一对有嗅觉功能,两对触角在海兔爬行时能向前及两侧伸展,休息时则竖直向上,恰似兔子的两只长耳朵,“海兔”因此而得名。

海兔属浅海生活的贝类。但其贝壳已退化成一层薄而透明、无螺旋的角质壳,被埋在背部外套膜下,从外表根本看不到。

海兔以各种海藻为食。它有一套很特殊的避敌本领,就是吃什么颜色的海藻就变什么颜色。如一种吃红藻的海兔身体呈玫瑰红色,吃墨角藻海兔身体就呈棕绿色。有的海兔体表还长有绒毛状和树枝状的突起,体型、体色及花纹与栖息环境中的海藻十分相近,敌害很难发现,这样就为它自己避免了不少麻烦和危险。

海兔既能消极避敌,又能积极防御。海兔体内有两种腺体,一种叫紫色腺,生在外套膜边缘的下面,遇敌时,能放出很多紫红色液体,将周围的海水染成紫色,扰乱敌人视线,掩护自己逃跑。还有一种毒腺在外套膜前部,能分泌一种酸性的乳状

液体，气味难闻，是海兔御敌的化学武器。

春天是海兔的繁殖季节，雌雄同体的海兔进行异体受精。海兔的交尾方式很特别：一般是三五个到十几个联成一串进行交尾，前面的一个海兔充当雌体，最后面的一个作为雄体，这种交尾时间持续较长。产卵是在交尾过程中或分开几小时后进行的。海兔产卵很多，但能孵化的却很少，都被包裹在条状的胶质丝中，广东沿海称之为“海粉丝”，“海粉丝”是营养丰富的美味食品，也是消炎清热的良药。

我国的海兔种类很多，常见的有黑指纹海兔、蓝斑背肛海兔等，主要分布在东南沿海。

昆虫世界

蟑螂——现存最古老的昆虫

大约远在3亿年之前,昆虫作为地球上最早的“飞行家”而升入空中。而会飞的爬行动物和鸟类在这1亿多年以后,才出现于地球之上。

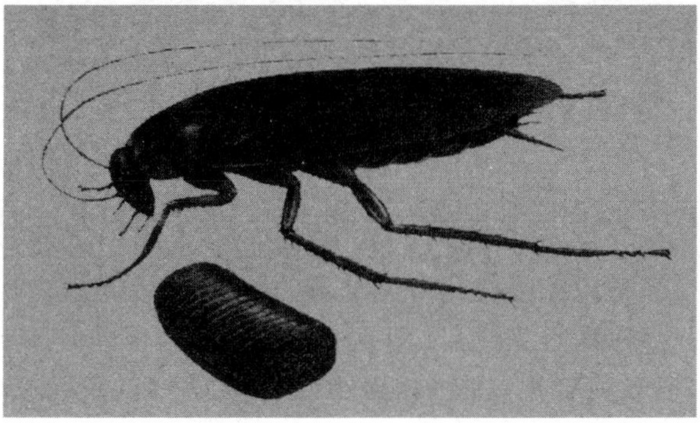

美洲大蠊(蟑螂)

自然科学家是通过它们的翅膀来识别古代的许多昆虫种类的。因为它们柔软而多汁的身体,在风吹、雨打、日晒等自然环境下,是不太可能作为完整的化石而保存下来的。人类已发现的古代最早的昆虫标本,是埋置在琥珀里和原始松树的树胶之中;其他一些昆虫的印迹是遗留在页岩和石灰石的聚积物中。在距今大约3.5亿年至2.7亿年的石炭纪时期,地球上的昆虫迅速地发展。大家熟悉的蟑螂是当时地球上占优势的一类飞行动物。科学家从化石的遗骸中,鉴别出500多种蟑螂。它们虽然没有现在生活于热带地区的一些巨蟑螂那样大的身体,但是大多数的个子还是很大的。这些古代蟑螂,与今天我们所见到的蟑螂差别不大,都有翅膀,会扑动翅膀作短距离飞行,可以说是有翅膀昆虫中的最古老的成员。现在地球上生存的蟑螂种类大约有2000多种。

闪闪发光的萤火虫

夏天的黄昏,人们常常可以看到,萤火虫三三两两在树丛中、小河边,飞来飞去,时隐时现。那绿色的幽光,忽上忽下,忽快忽慢,闪烁飘动,仿佛天上掉下来的星星。

萤火虫为什么会发光呢?动物学家发现,这种昆虫的尾部有个发光器,里面有

一种叫荧光素的物质。它在荧光酶的作用下和氧化合,便发出荧光。荧光素和荧光酶的比例不同,发光的颜色就不一样:有淡绿色和淡黄色的,也有橘红色和淡蓝色的。进入发光器的氧气数量的多少,会使发出的幽光亮度不一。

萤火虫黑夜发光,白天是不是也发光呢?可以做这样一个实验:在黑暗里,萤火虫发出了光亮。这时用非常细的一束光线照射在萤火虫的眼睛上,刹那间,萤火虫的小"灯"熄灭了。可见,萤火虫在白天是不发光的。萤火虫为什么要发光呢?实际上,这是它们在进行"对话"呢。美国佛罗里达大学动物学家劳德埃发现,同一种雄萤和雌萤之间能用闪光互相联络。有一种雌萤会按很精确的时间间隔,发出"亮一灭一亮一灭"的信号,这是告诉雄萤:"我在这里。"雄萤得知这个信号后,就会用"亮一灭、亮一灭"的闪光回答:"我来了!"并向雌萤飞去。它们用这种"闪光语言"继续保持联系,直到雌雄相会。

在掌握了萤火虫的这种通讯方式以后,有的科学家开始用电子计算机模仿萤火虫的应答反应,来与这种昆虫"通话"。一旦获得成功,人们就可以指挥萤火虫的行动了。

能"遮天蔽日"的蝗虫群

蝗虫的主要食物是稻、麦、高粱、玉米等粮食作物,此外还喜欢吃芦苇和茅草。这些东西吃光之后,便吃其他东西,只要能咬得动的,几乎没有一样不吃。1943年,我国河北省某地出现蝗群,它们先吃庄稼、芦苇,后来侵入村庄,连糊窗户的纸都咬。它们随咬随吐,其实并没有把咬过的东西全部都吃下去。就这样,农民辛辛苦苦种出来的庄稼,被它们糟蹋得颗粒无收。1929年,我国江苏省遭到一群蝗虫侵袭,它们遮住了沪宁线的铁路,使火车司机看不到轨道,以致火车误点。1944年山西解放区遭受了一次大蝗灾,太行山附近的23个县受到严重侵害。25万人参加灭蝗,共扑灭蝗虫大约1200多亿只,如果把它们一个个地连接起来,全长将围绕地球一周多。

近些年,世界上许多地区出现过严重的蝗灾。非洲的蝗群,蔓延几国。1979年,美国密苏里河西部14个州的牧场和农田,被密密麻麻的饥饿蝗虫所覆盖,华盛顿州的亚基马等地,蝗虫铺满了路面,它的厚度足以给行驶的车辆带来危险。

历史上最大的蝗群纪录,是1889年红海上空出现的一个蝗虫群,估计有2500亿只蝗虫,重量达55万吨。飞行时声振数里,遮天蔽日,太阳为之失色,也叹它为"奇观"吧。

蝗虫的飞行能力十分惊人.它们能连续飞行3天。菲律宾的蝗虫可以飞到我国的台湾。蝗虫掉在水里,也不会马上淹死,成虫能在水中游动24小时以上。一般的高山江湖,都难以阻挡它们的行动,所以它们是危害最大的害虫。

大刀杀手——螳螂

在昆虫中,螳螂算是体型较大的一种。它们体长在6厘米左右。头部呈三角形,镶着一对大复眼及3个小单眼。头上长有两根细触角。胸部有两对翅。它有三对足,前足粗大并且呈镰刀状,因此螳螂也称为刀螂。它是有名的突击好手,常常会在温暖的阳光下、草丛中或树枝上伺机捕食其他昆虫。

螳螂分巨眼螳螂、长角螳螂、绿螳螂和红花螳螂等许多种类。看似幼小的螳螂其实是凶猛的捕食者。某些种类的螳螂外形就像一朵花,这种伪装使它们既不易被猎物发现,也不易被鸟类等捕食者发现。

螳螂吃蝗虫、苍蝇、蚊子、蝶、蛾等害虫。一只螳螂在3个月内能吃掉700多只蚊子。它平时栖息在植物上,体色与环境相似,不易被发现。螳螂一旦发现目标,就如箭一般射出胫端挂钩,从猛扑到捕获只需要0.5秒钟,而且百发百中,从不扑空,因此被称为"捕虫神刀手"。

螳螂是咀嚼式口器,可以轻松咬裂甲壳类小虫的坚硬翅膀,并且经过细细的碾磨和嚼碎才咽下肚中。

雌螳螂在产卵之前,都会先分泌出一种黏液物质,然后将卵产在里面,许多卵就在这种泡沫状的黏液内被整整齐齐的分行排列好,形成一个个防震又防水的、保护完好的卵鞘。每只雌虫都可以产出4~5个卵鞘。这些用黏液组成的卵鞘大多就顺势粘附在雌虫生下它们时所在的树枝、树皮或石块上。

每年秋季,雄螳螂开始踏上"恋爱"和"求婚"的征途。在茂密的树丛中,雄螳螂一见到雌螳螂,就殷勤地迎上前去。它挺直了胸膛,伸直了颈项,扇动着双翅,"嚓嚓"作响,使对方知道自己急切的心情。当雄螳螂看到了雌螳螂"许婚"的表示后,便张开双翅,隆重地举行"结婚仪式"。

螳螂的"婚礼"并非都是喜剧。在交尾过程中,雄螳螂因前倾过度而失去平衡,以致将身体掉在雌螳螂面前,此时雌螳螂就会毫不客气地将它吃掉。某些专家认为,螳螂惯以捕食各种昆虫为生,其食量很大,使许多肉食性昆虫望尘莫及。平时,雌螳螂的食欲、食量就超过雄螳螂,它能逐个捕捉发现的猎物,把营养贮于体内。而在交尾期中,正是雌螳螂一生中食欲的高峰,出于自身的需要,它将雄螳螂的一部分肢体吃掉,以此来为生儿育女贮备养料。

近年来,科学家通过观察,对螳螂"食夫"之谜有了新发现,原来,是由于雌螳螂性器官未成熟而雄虫急于交配所致。雄的性器官成熟早,个体小,雌的性器官成熟晚,个体大,其体重是雄的两倍。若雌虫性器官尚未成熟,雄虫急于交配时,雌虫就毫不客气地将雄螳螂当点心吃掉。如果雌虫性器官成熟,雄螳螂被食率仅为20%。

会排队的毛毛虫

毛毛虫会排队,这是很有趣的事。毛毛虫是蝴蝶或蛾的幼虫。科学家称会排队行进的蛾类为行列蛾类。它们外出觅食时,通常由一只队长带头,后面的毛毛虫头顶着前一只伙伴的屁股,就这样一只贴着一只排成一列或两列前进,队伍数量的最高纪录是 600 只。为预防自己不小心走岔路跟丢了,行列毛毛虫一面爬一面吐丝,这样一来,即使走丢了也可以找回原路。因此,在“虫”队走过的地面,可以很明显地看到它们遗留下的一条“丝路”。

毛毛虫

有意思的是,毛毛虫在行进过程中,若将“队长”夹走,排在它后面的那一只立刻主动补位,成为新的队长,队伍丝毫不受影响。若切断它们的丝路,虽被切成两队,但后面那一队的队长就会到处闻、到处找,毫不费力地追上前面,两队又合二为一。行列毛虫到达目的地后,立刻自动解散,三三两两地啃食树叶。大批毛毛虫一起用餐,轻而易举地就能将一棵树的叶子啃个精光。嫩芽和树叶全被吞噬净后,毛毛虫会再次排队,跟着队长寻找下一个目标。等大伙全吃饱了,才又排好队,循着丝路爬回家去。

蚜虫

我们知道,昆虫一般都是雌雄异体的,雄虫和雌虫交配后,精子和卵子结合成受精卵,最后由雌虫的产卵器把它们排出体外,发育成新的个体,这种生殖方式称为卵生。所以,一般昆虫的一生要经过几次变态,如蝴蝶要经过卵、幼虫、蛹、成虫 4 个阶段。

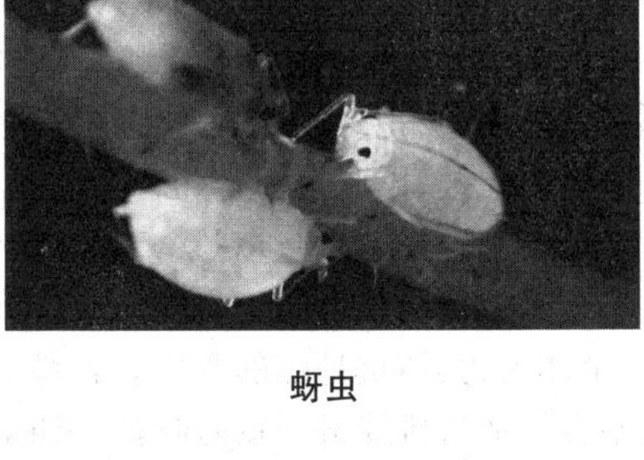

蚜虫

昆虫还有一种奇怪的生殖方式,当雄体没有或缺少时。卵可以不经过受精作用,直接在雌虫体内完成胚胎发育,一生出来就是小昆虫。这种单性生殖的方式叫“孤雌生殖”。

蚜虫既能卵生，又能孤雌生殖。不需要同雄性交配，雌蚜虫体内的卵就能在娘胎里发育，一只只小蚜虫就从雌虫腹部末端的生殖孔里直接跑出来。大蚜虫直接生出了小蚜虫，所以又称它为“孤雌卵胎生”。

新生的“胎儿”不到几小时就能吮吸叶汁了。蚜虫的繁殖速度很快，只要环境适宜，在5天左右，这些小蚜虫竟也能按孤雌生殖的方法开始繁殖，生出新的小蚜虫来。它们盘聚在植物的茎和叶上，基本上都是“五世同堂”。孤雌生殖本领并不是蚜虫独有的。有些昆虫，如蟑螂、水蚤、金小蜂、介壳虫等，在雄虫较少的时候，也会施展这种本领，生出自己的后代来。

金龟子

金龟子体型短粗结实，呈卵圆形，外壳坚硬而光滑，有的种类还富有金属色光泽，十分美丽。金龟子成虫头部较小，触角成鳃片状，由3~11节组合而成。它们的前翅已经硬化变为鞘翅，后翅比前翅大，是膜质的，是它们的飞翔工具。金龟子飞行时，先开启前翅，然后再打开只用于飞行的后翅起飞，在飞行的整个过程中，前翅始终张开。

金龟子体型大，极富光泽且有质感，颜色鲜艳美丽，故为昆虫收藏家最喜欢收集的昆虫之一，并且还有很多成年人用它们来做饰物。但是美丽的外表，并不能掩饰它们的实质，它们每相隔数年往往都会来一次大型繁殖，而它们的幼虫就是凶手，潜伏在土里，以植物的根系、幼苗或是块茎为食，破坏植物的生长。金龟子的幼虫长得白白胖胖的，称作“蛴螬”，它们生活在土中，身体常常曲成一个“C”形，尾部还有针刺状的毛。金龟子用坚硬的体壳保护着它们柔弱的躯体。

金龟子

螽斯

螽斯在外形特征上和蝗虫十分类似，体形较大，但是它们的触角比蝗虫可要长多了，节数在30节以上，有的甚至要超过自、己的体长。雌螽斯具有一个刀状或剑状的长形产卵器。螽斯类昆虫叫声的显著特点就是大而鲜明。雄性的螽斯多数都能发出鸣叫声，而且都非常具有个性，这是因为它们前翅之间相互运动产生的摩擦，可以发出特别的声音。当它们左翅上的音挫与右翅上的刮器相互不停地摩擦

时，就会震动翅面上的鼓膜，这样就会发出一种很有节律性的声音。螽斯的翅膀振动速度相当快，因此所发出鸣声的频率也很高，竟然会达到870~9000赫，这样，我们听起来，就会觉得十分清晰和嘹亮。

螽斯

全世界已知的螽斯约有7000多种，分布在我国境内的有100多种。每种螽斯的鸣声都具有自己的特点，绝不雷同。像我们最熟悉的蝈蝈，它们有着漂亮的翠绿色外衣，发出的声音就是“括、括、括”的十分的清脆；还有一类叫作“纺织娘”的，它们的声音就和织布机织布时发出的声音很像，“扎、扎、扎”的，名字也因此而来。螽斯极善于伪装，如果不动很难被人发现。

草丛中的歌手——蚱蜢

蚱蜢的身体细长，头尖，绿色或黄褐色。有两对翅膀，前翅长，后翅透明。飞行时，前足和后足摩擦，发出“扎扎”的声音。

蚱蜢

蚱蜢的歌声不是出自它的口，而是由它的腿发出来的。沿着后腿的大关节处有一排“钉子”，蚱蜢利用这些“钉子”与翅膀的摩擦来发声，这就产生了“唧唧”的声音。这些“鸣叫”声通常是雄蚱蜢为吸引雌性而发出来的。蚱蜢的耳朵不是长在头上，而是长在它的身体下侧。蟋蟀是蚱蜢的近亲，它的耳朵则长在膝盖上。交配以后，雌性蚱蜢卵产在卵囊中，卵囊则被埋在土里，以防敌人发现它。

蚱蜢靠着长长的后腿和良好的弹跳能力来逃离危险。逃跑的时候，它能够连蹦带飞。

每种蚱蜢都有独特的叫声，这一点相当重要，因为不同种类的蚱蜢是不能互相交配的。而雌性蚱蜢需要知道，它所听到的“鸣叫”声是否发自于与己同类的雄性蚱蜢。

蚱蜢身上的条纹和斑点有助于外形的伪装，使它难以被发现。有些蚱蜢的伪装技巧相当高。

蟋蟀

全世界蟋蟀约有2400种，大部分蟋蟀都身着黑色或绿色外衣，触角细而长，后足适于跳跃，背腹部略扁，腹上有2根细长的尾须。生有一对翅膀，平时折叠于背上。前翅是革质，较硬；后翅膜质，用于飞行。

蟋蟀

我们经常听到草丛中蟋蟀发出的“蛐、蛐”之声，为宁静的夜晚带来一丝喧闹，其实这些响亮的声音并不是从蟋蟀的嘴里发出的，而是通过翅膀相互摩擦产生的。在蟋蟀的左前翅有一条粗壮的脉，这就是蟋蟀的发音器官，右前翅基部横脉下还长有一排齿状的突起，形成音齿。这样两翅相互摩擦，就像拉小提琴一样，“弓”和“弦”相互摩擦，产生美妙的声音。

雌性蟋蟀基本上采取分散产卵的方式，将卵产于泥土里。它们的卵呈椭圆形，雌性蟋蟀一生中基本可以产近500粒左右的卵，每年繁殖一代，新生命就是以卵的形式度过寒冷的冬天。

当蟋蟀同敌人展开搏斗时，如果腿部不幸被敌人捉住，它们就会采取舍腿保命的方式逃脱出来，毕竟生命是第一位的。虽然切断的腿不能再长出来，但绝不会危及生命安全。

蟋蟀的前足胫节部位上各有一个听觉器，这可是与它们息息相关的侦察武器。当它们在万籁俱寂的夜晚，开始出来活动时，这就成了它们的救命法宝。往往在敌人即将捕捉到它们时，就会猛地弹跳起来，逃出危险境地，这就是依靠它们腿部听觉器的灵敏性时刻监视着周围的动静，以防不测。

蟋蟀的声音有两个作用，一个是求偶，一个是助威，它们可不是真正的歌唱家。当雄性蟋蟀感到寂寞时，就会发出轻柔而短促的声音吸引异性的到来，传递自己求偶的信号；找到异性目标之后，声音就变成清脆的“的令”之声，表达自己的爱意；当雌性同意与它交配后，叫声就变成“沙沙”的愉快之声。另外，当两只雄蟋蟀在搏斗时，为了助长自己的气势，也会以大声鸣叫来增长气焰。而当一只获得胜利后，它会相当自得的以清晰、快乐的叫声向外界宣布它的成功！

天牛

天牛种类繁多，在我国发现的也有1600多种。它们身体一般是呈长圆筒形的，背部略扁，最具特征的就是它们头上那一对非常长而且细的触角。前翅已经硬化形成鞘翅，保护腹部和呈膜质、薄而脆的后翅；后翅很发达，非常适于飞行。

天牛

天牛是一种很懒惰的昆虫，虽然善于飞行，却不太热衷于飞行，总是会选择一处清静的大树，静静地歇在树干或树枝上，所以对于想要捉到它们、并且意欲观察它们的人来说，是很容易在大树上找到它们的。

雌虫产卵于松树的树皮缝内，幼虫孵化后白白胖胖，上颚非常发达，专门以蛀食树干为生。它们把树干蛀食成横七竖八的隧道，坑道内堆满了它的粪便，使木质部与树皮脱离，不能运输水分及养料，树木就慢慢枯死。这些幼虫成熟以后又潜入木质部，钻成许多孔洞，并做成蛹室在其中化蛹，成虫羽化后继续去危害其他的松树。由于这种天牛为害成灾，常常给林业带来很大危害。

天牛被人们称之为“锯树郎”，因为它们有时会发出一种“咔嚓、咔嚓”似锯木头的响声。其实是因为它们的中胸背板上有一个发音器，每当中胸背板与前胸背板相互摩擦之时，就会振动发音器发出这种奇怪的声音来。

跳蚤是跳还是飞

跳蚤身上有许多自然之谜，已引起生物学家和航空专家的浓厚兴趣。

跳蚤身长只有0.5~3毫米，但却能向上跳350毫米，相当于身长的120~700倍。假如跳蚤像人那样大，就应该向上跳200~1100米。跳蚤每4秒钟跳一次，能连续不断跳78小时，起跳用的力是体重的140倍。由此计算跳跃加速度，相当于宇宙飞船的速度。

然而，根据实验测量，跳蚤肌肉只能产生跳跃所需力量的1/10，那么还有9/10的力从何而来？飞机设计师们对此很感兴趣，他们委托一位生物学家和一位科学摄影师进行研究。结果，出人意外地发现，跳蚤根本不会跳，而是靠长在腿上的弹性“翅膀”飞行。

“朝生暮死”的蜉蝣

如果“寿命”两字在昆虫中是指成虫生活的天数而言,那么蜉蝣是昆虫中最短命的。我国古代早有记载:“蜉蝣,……朝生暮死”。确实多种蜉蝣成虫的寿命只有几小时,最长的寿命不过一星期。

蜉蝣

蜉蝣的幼虫期生活在水里,要经过几次蜕皮才变成成虫。蜉蝣成虫的身体柔软,能反光;触角短刺状,两对膜质翅膀休息时直立在背上;腹端有比身体显然长得多的 3 条尾毛;咀嚼式口器极度退化,有些根本没有口器。蜉蝣成虫的职能是专门繁殖。雌蜉蝣可以说是一部产卵机器,从它的胸部后方直到腹部末端都是虫卵。蜉蝣的幼虫在水中会遇到无数敌害,在长期的适应过程中,它们以多取胜,使种族得以繁衍。

蜉蝣的交尾在“婚飞”中进行。傍晚时刻,水面上常集聚着大群刚羽化的蜉蝣,在飞行中,一只雄虫会突然抓住一只雌虫进行交尾。交尾后雌虫将卵产在水中。这时我们可以看到,卵的体积几乎与雌虫的腹部相等。蜉蝣产卵之后,次日,湖边岸上,到处都是它们的尸体。美国东北部五大湖泊附近的城市,甚至要用卡车清除街道和桥梁上的蜉蝣尸体,不然路滑不能行车。霓虹灯能吸引蜉蝣飞来,为了不使虫尸积聚,傍晚只好停止使用。但是,蜉蝣不是害虫,它们的幼虫是鱼类的重要饵料,死蜉蝣也可以饲喂鱼类,或者施在田里,当作肥料。

斑蝥——最毒的甲虫

斑蝥,别名“斑猫”“龙蚝”“地胆”,是最毒的甲虫。全世界约有斑蝥 2300 多种,我国则有 29 种。斑蝥全身披着黑色绒毛,翅长呈椭圆形,质地柔软,体长为 11 ~30 毫米,翅基部有两个大黄斑,中央前后各有一黄色波纹状横带,危害大豆、花生、茄子等作物,全国各地均有分布。

斑蝥多群集取食,成群迁飞。当它遭到惊动时,为了自卫,便从足的关节处分泌出黄色毒液。此黄色毒液内含有强烈的斑蝥素,其毒性甚强,能破坏高等动物的细胞组织,与人体接触后,能引起皮肤红肿发泡。

斑蝥素为一种无色无味发亮的结晶，一般内服0.6~1克斑蝥素即可中毒。斑蝥素致死量约为30毫克，外用敷贴过久发生皮肤坏死。内服者咽部有烧灼感，并有头痛、呕吐、剧烈腹痛等胃肠道症状。斑蝥素经肾脏排出，可引起排尿疼痛、尿频、血尿，引起中毒性损害。重者会出现高热、昏迷和循环衰竭等危险。

斑蝥

斑蝥素的毒性虽然很强烈，但可以列为中药使用。应用斑蝥可以治癌，斑蝥素及其类似物具有抗癌作用已被人们重视。我国开展斑蝥素抗癌研究，在临床上已获一定效果。斑蝥素内服还能利尿攻毒，外用可以作为发泡剂。

蛾

蛾类与蝶类同属鳞翅目，显然是一个大家族的近亲，但蛾类成员的数量远比蝶类多，约是蝶类的9倍，中国记录的有近7000种。

蛾

蛾类通常色泽暗淡，但也有不少鲜艳美丽的个体。它们多数在夜间活动，属全变态类型，1年可发生1代或数代，也有2~3年才完成1个世代的。除吸果蛾之外，蛾类成虫是不具有危害性的。成虫常有雌雄二型，甚至多型现象，如螟蛾科的玉米螟、二化螟。有些种类有季节型，即夏型和秋型。夏型体色浅而鲜艳，秋型体色较深而暗，如黄斑长翅卷蛾。夏型的前翅金黄色，后翅灰白色；秋型的前翅变为暗褐色，后翅灰褐色，稍有不慎会认为是不同的种类。

蛾类的幼虫为多足型，绝大多数以植物为食，食叶、潜叶、蛀茎、蛀果、咬根，危害种子、粮食、干果、药材、木材等，是农林业的重要害虫。蛾类的卵多为绿色、白色和黄色，形状上通常有两类：一类为椭圆形或扁形，卵的长轴与附着物相平行；另一类为瓶形、球形、半球形、圆锥形、鼓形，其长轴与物体相垂直，卵散产或成块产于寄主植物上或土内，少数产于叶内。蛹除了少数低等种类外都是被蛹。

大多数飞蛾都是在晚间出来飞行的，因为它们有良好的嗅觉和听觉，所以能适应夜游生活。它们在黑暗中穿行并不费事，灯光虽然对飞蛾很有吸引力，但是也常

照得它们头昏眼花。蛾在白天休息,而且许多蛾的颜色,很像树皮或树叶,这样,它们就不容易被鸟和蜥蜴等天敌发现。

蜻蜓——“飞行之王”

蜻蜓是自然界中一种结构极为精致的飞行昆虫,它的飞行技艺十分高超。一到夏秋,雨前雨后,它们常常成群结队,犹如战斗机群在晴空编队飞行。

蜻蜓——“飞行之王”

蜻蜓的腹部细长,两对翅膀又薄又透明,纤细的头颈更显得轻盈灵巧,非常适合飞行。蜻蜓的飞翔速度令人吃惊。在飞行中,它的两对宽大的翅膀保持平行伸展,前翅拍打翻腾空气,在空气中产生快速旋转的小漩涡,而后翅则从这种涡流的自旋中获得能量,形成了较大的升力。蜻蜓翅膀每秒振动达 20~40 次,每小时能飞 150 千米。它飞翔的速度能和世界女子 100 米短跑冠军的速度相媲美,和奔驰的火车差不多,这不能不使人惊讶。

蜻蜓还能在空中作特技飞行,姿态优雅,动作干脆利落。它时而盘旋,时而急飞,时而垂直,时而滑翔,时而忽然停住,又急速飞行。

蜻蜓飞翔的速度在昆虫行列里名列前茅,远程飞行更是惊人。它在海上长途飞翔时,如果半路上没有地方着陆休息,就必须忍受疲劳和饥渴一直向前飞翔,否则就毫无生路而葬身鱼腹!因此,有些蜻蜓居然能飞行 1000 千米。在昆虫世界里,蜻蜓飞行速度和耐力确是首屈一指,所以,蜻蜓是当然的“飞行之王”了。

蝉——最长寿的昆虫

1997 年的夏季,从美国的卡罗来纳州到纽约,每天晚上都有无数的黑色小虫子从地下飞出来,这就是十七年蝉。它们飞到几乎所有竖立着的目标,如树木、电线杆和建筑物,不一会儿,雄蝉发出欢乐喧闹的叫声,引诱雌蝉,这标志着它们自 1980 年出生之后在地下生存了 17 年,今年到地面上来举行“婚礼”了。

十七年蝉经过交配后,雌蝉就钻进树的表皮,把受精卵通过锯状的产卵器,排在树枝的裂缝中。大约过了 3~4 周之后,老的雄蝉和雌蝉就死去。留下的受精卵经过发育孵化,出来无数 1 毫米长的幼虫,它们本能地从树上落到地下,又钻进地里藏了起来。

这些幼虫在地下洞穴里要经过 5 个龄期和 5 次蜕壳。它们靠从植物支根韧皮

部吸吮富有营养的液汁来维持生命。当一些支根死去了,它们又会找寻新的支根继续为食。

蝉

十七年蝉的出现,最引人注目的是它们的数量十分庞大,地上常常出现密密麻麻的蝉穴洞,空的蝉壳到处可见,每平方米可藏有大约37万只蝉。这也许因为它们在地下渡过的17年的漫长岁月中,极少有敌害侵犯它们。而且它们在地面上生活的时间又很短暂,因此,自然界给它们提供了较大的保护。

绝大多数的昆虫,只有一年或更短的生活史,一般的蝉只有3~9年的生活史,虽然还有一种十三年蝉,但十七年蝉,是在地下生活了17个年头,这使它获得了昆虫世界里最长寿的头衔。

具有多种自卫本领的金凤蝶

金凤蝶花纹艳丽,两翅宽阔,后翅有明显的尾突,非常美丽。

金凤蝶是一种完全变态的昆虫,成虫的形成要经过卵、幼虫、蛹三个过程。幼虫又粗又大,体色以绿色为主,伴有许多黑色的横条纹,条纹上分布着许多橘红色的斑点。尽管金凤蝶美丽的幼虫常爬在胡萝卜、香芹菜等伞形科植物的花序上取食,大模大样从不躲闪,鸟儿却不敢碰它。

金凤蝶

原来,金凤蝶有一样得力的自卫武器,幼虫在受到惊扰时,会突然从头部后边挺出两根分叉的“角”——臭腺,臭腺中分泌出具有强烈恶臭味的物质,鸟儿抵挡不住这恶臭的袭击,只得敬而远之。金凤蝶幼虫还利用自己身体鲜艳的色彩来警告对方不要靠近自己。生物学上把这种具有臭腺、毒刺等动物所具有的鲜艳体色和花纹称为“警戒色”。这是动物的一种自我保护。金凤蝶幼虫化蛹时也有自卫的高招,常常因周围环境的光线明暗不同而形成颜色深浅不一的蛹。在光线充足的地方形成的蛹呈黄绿色,在靠近阴影中形成的蛹呈深谙绿色。这种动物与周围环境颜色相一致的颜色叫作“保护色”。蛹再经羽化,就变成了美丽的金凤蝶。

独角仙

独角仙是一种长相特别的昆虫,在南方的树林里,常见到它的踪迹。白天独角仙躲在树干上或泥土缝里,晚上才出来活动,它们专吃树木、其他昆虫的幼虫和植物的茎。

独角仙

为了对付敌害,争夺食物或者配偶,独角仙常常大打出手。雄独角仙争斗时,用角较大的一方,插到对手的腹部下方撑起,把对方弄翻。或会利用角和前额的突起物把对方挟住,有时甚至把对方的前肢弄破。在争夺配偶时,雄性独角仙之间往往展开激战,获胜者把对方赶走,迎娶"新娘"。独角仙特别喜欢吸食甜树汁,常常为了抢食树汁而争斗,胜利者可以饱饮一顿,失败者只好灰溜溜地走开。

头顶上像犀牛角一样的角是独角仙得心应手的武器。然而,并不是所有的独角仙都长角,长角的只是雄性独角仙,雌性独角仙不长角。雄性独角仙长得个头较大,再加上头顶上的角,显得就更大了。

蜜蜂——精打细算的建筑师

伟大的生物学家达尔文说:"蜂房的精巧构造十分符合需要,如果一个人看到蜂房而不备加赞扬,那他一定是个糊涂虫。"德国数学家杜娄收集了有史以来最有名的数学问题(其中有很多问题迄今未解决),蜂房问题便是其中之一。我国著名数学家华罗庚还曾为此做了一次专题讲演呢!

从正面看,蜂房是由一些正六边形所组成的,每一个内角都是120°,这样整齐地排列,很令人惊奇。更有趣的是蜂房的底部,原来蜂房并非六角棱柱体,它的底部是由三个全等菱形拼起来的,而整个蜂巢就是由两排这样的蜂房,底部和底部相嵌接而构成。

蜂房为什么要采取这样的形状?18世纪初,法国学者马拉尔琪曾去测量过蜂窝。他发现所有蜂房底部菱形的一个钝角都是109°28′,另一个锐角都是其补角,即70°32′。

这两个角互补,并不是偶然的巧合。通过数字计算表明,这种奇特的形状和角度,可使建造蜂房的蜂蜡用得最少,而又能适合于蜜蜂生长、酿蜜的需要。小小蜜

蜂，真是昆虫世界最会“精打细算”的建筑师啊！

蚂蚁“种”蘑菇

我们都知道，小蚂蚁非常勤劳，它们每天东奔西走，四处觅食。可是巴西有一种切叶蚁，它们不去到处觅食，而是在自己洞里“种”蘑菇。

每当黄昏来临时，善于夜战的切叶蚁就爬出洞口，组成浩浩荡荡的队伍，直奔树木茂密的地方。它们有的负责从树上把叶片咬下来，有的负责把落地的叶片咬成碎片，还有的负责把加工后的碎片搬回洞去。看来，切叶蚁的名字还真名副其实。

负责“种植”的园艺蚁，把运来的碎片进一步撕烂、嚼碎，再混合从自己肚子后边挤出的分泌物，然后把能培育出蘑菇的菌丝拌在这些碎叶上。不久，碎叶上就长出圆圆的蘑菇来了。

这些小蘑菇可以长年不断地长出来，切叶蚁就能经常吃到鲜美可口的蘑菇了。

蚊子——全能飞行家

全世界的蚊子大约有3150种，比较常见的可分为3类：一类叫伊蚊，身上有黑白斑纹，因而俗称花蚊子；另一类叫按蚊，停息时腹部向上抬起；第三类叫库蚊，常在室内或住宅附近活动。

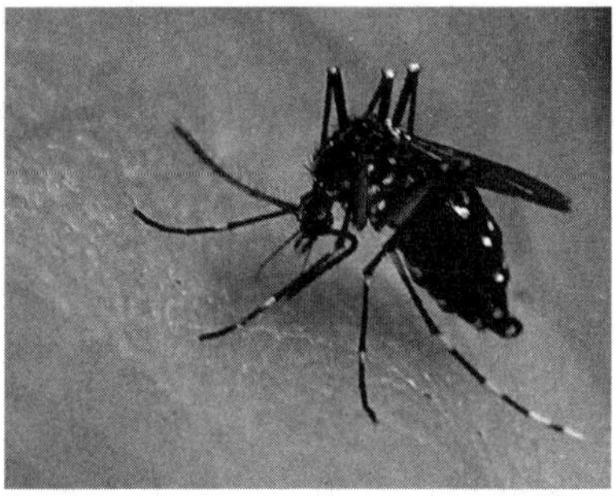
蚊子

蚊子是昆虫界有名的全能飞行家与游击战士，它有着一套神出鬼没的绝技。成蚊有一对较大的复眼，一对发达的前翅，后翅退化成一对短小的平衡棒。它有翅膀、腿和触角向四面八方伸出，具有现代化飞行器的各种优点。它飞行的“发动机”是身体中部的特殊翼肌，能以不可想象的速度自动收缩和松弛，一旦开动，每秒钟翅振可达250~600次，是任何飞行动物都赶不上的。它飞行的本领更大，可以回旋、翻筋斗、侧飞、倒飞和侧转飞，也可以突然加速和减速，因此被称为全能飞行家。根据观察，有的蚊子甚至能够穿行于雨点之间，而翅膀仍然不湿。这套飞行的绝技，可能最现代化的飞行器也是望尘莫及的。

此外，科学家们还发现，蚊子爱听“1”（读音“哆”）的音节，厌恶“4”（读音“发”）的音节，于是便利用蚊子这一有趣的特性，制造了许多型号的扬声触杀器，引诱蚊子聚而歼之。

苍蝇——法官的帮手

苍蝇给人类带来了许多危害,可有时它也能帮助人们侦破案件。昆虫学家经过研究发现,苍蝇能闻到50千米以外的气味。当一具尸体暴露在室外时,苍蝇便会迅速袭击“出事地点”,成为很好的“目击证人”。它所提供的线索,甚至可破解神秘莫测的罪案。

苍蝇为何能帮助侦破案件？首先,它能准确记录受害者的死亡时间。一个人若在空旷地被害,那么从他死时开始计时,10分钟内,便会有多种不同的苍蝇爬到死者的口、鼻、耳里,产下数以千计的卵。经过12小时,卵孵化成蛆虫,数天后便离开尸体到附近的泥土里结茧。苍蝇的生命循环有一个特点,每个步骤所需要的时间十分精确,尽管尸体腐烂速度可受温度、湿度的影响,但不会有很大的差异。掌握了这一规律,人们就可以据此判断出死者死亡的准确时间,在破案时,有了苍蝇的帮助,昆虫学家甚至可以查明受害人被害是在室内还是在室外,是在阳光下还是在阴影中,是白天还是晚上,当时气温偏暖还是偏凉。

苍蝇是人类破案的好帮手,是刑事侦缉中最新的科学工具,法医界称它们是“苍蝇神探”。

鱼类王国

鱼类是脊椎动物中种类最多、终身生活于水中、变温的一个类群。鱼类用鳃呼吸,多呈纺锤体体形,体表常披有起保护作用的鳞,是以鳍运动的一个类群,又是低等的水栖动物,属有颌类。最大的鱼是鲸鲨,体长约 20 米,最小的鱼则为潘达卡鱼,身长仅 0.01 米左右。全世界现存鱼类约有 24000 种左右,遍布于各种水域。依其骨骼的性质,将它们区分为软骨鱼类与硬骨鱼类。

刺盖鱼

刺盖鱼生活在热带各大洋的珊瑚礁间。它们体色鲜艳,身体扁平,从背到腹很宽,在鳃盖骨后下角有一根刺,因此得名。

刺盖鱼

刺盖鱼长着突出的吻和有力的牙齿,能啄出或切断要吃的珊瑚虫。

刺盖鱼除交配期以外,平时独居,顽强地守着自己的地盘。同种鱼入侵其领地,它便会炫耀色彩以示警告:如入侵者不游开,便会发生争斗。刺盖鱼稍受惊吓便会迅速藏入珊瑚礁缝中,不易捕捉。

刺盖鱼与蝴蝶鱼一样美丽动人,只是它们的体形大些,就像放大的蝴蝶鱼。

双目同侧的比目鱼

浩瀚的海洋深处,有一类长相十分古怪的鱼,它的两只眼睛都长在头的同一侧,所以叫作比目鱼。比目鱼有两种,两眼都长在左侧的叫鲆,都长在右侧的叫鲽。

比目鱼身体扁平,平卧海底,向上的一侧突起,体色较深,两眼长在这一边;向下一面较平坦,体色较浅,口、胸鳍和腹鳍等都不对称。

刚孵出的小比目鱼与父母外型相差很远,眼睛对称地长在头的两侧。大约在出生后 20 天、身体长到半寸长时,小比目鱼开始卧在海底生活,身体也开始了不平

衡的发育，下侧的眼向上移动，与上面的眼并列起来。

比目鱼

比目鱼喜欢单独潜伏于泥沙海底生活，时常夜间出来觅食。它运动时，靠侧躺的身体和尾部的上下摆动，以及长长的背鳍和臀鳍的波动缓缓前进。

比目鱼的体色能随环境的颜色不同而变化，这使它与环境混为一体，敌害很难分辨出来。比目鱼身体还能分泌一种乳白色的毒液，能杀死周围的小动物为食物，这种毒液即使凶猛的鲨鱼见了也要退避三舍。

比目鱼是重要的经济鱼类，我国沿海都有分布。它的肉味道鲜美，富含维生素，肝可制鱼肝油。有些种类还可入药，具有消炎解毒的作用。

会飞的鱼——飞鱼

海洋里确有很多会飞的鱼。在会飞的鱼中，要数飞鱼的本领最高强了。它飞得最远，有人在热带大西洋测得这样的飞翔纪录：飞行时间为 90 秒钟，飞行高度为 11 米，飞行距离为 1000 多米。然而鱼的飞翔，说得确切些，只是一种滑翔而已。飞鱼身体稍长，近乎圆筒形，青黑色，长 20～30 厘米；胸鳍特别长大，像鸟的翅膀；腹鳍大，可作为辅助滑翔用；尾鳍叉形，下叶比上叶长。它的飞翔是这样的：首先，飞鱼在接近水面时，尾鳍做急剧左右摆动，使身体迅速前进，产生强大的冲力，突然跃出水面，把胸鳍张开，在空中作滑翔飞行。这种飞行的主要动力是尾部，而不像鸟那样靠扇动翅膀。飞鱼的飞翔，多半是为了逃避敌害袭击，或靠近船只受惊而飞；但有时也会无缘无故起飞。成群的飞鱼跃出水面，高一阵、低一阵，掠过海空，犹如群鸟。飞鱼具有趋光的特性，若晚上在船的甲板上挂盏灯，成群的飞鱼会寻光而来，犹如飞蛾扑火，撞昏在甲板上。

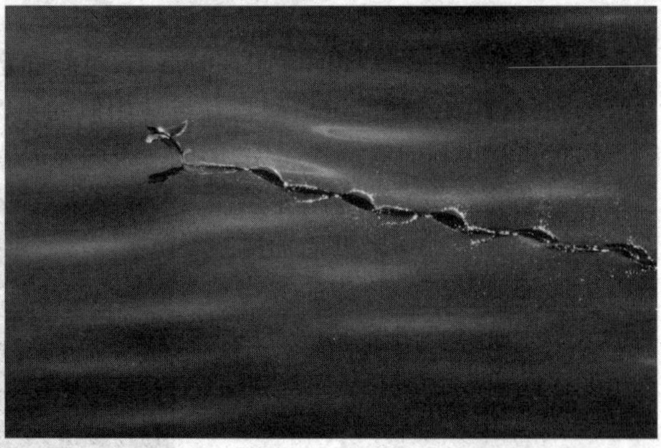
飞鱼

海龙

海龙生活在热带到温带海藻繁茂的浅海。它们与其他鱼种有很大的不同。全身被硬骨板覆盖,口在细长管状吻的前端。因为鳍不发达,所以游泳很慢。雄鱼都有育儿囊。

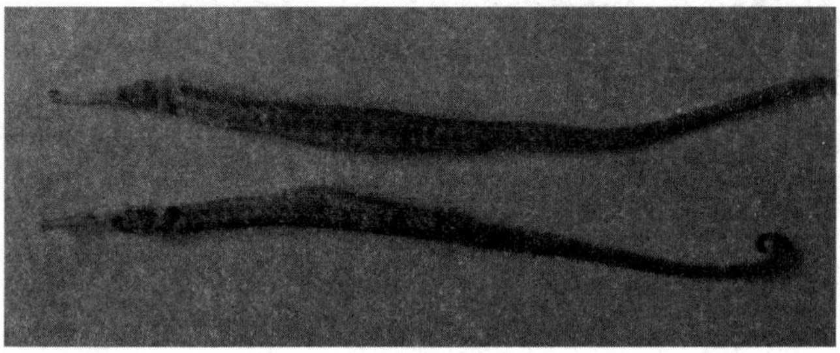

海龙

海马

海马是海龙的同类。尾巴卷附在海藻上,过着固定性的生活。它游泳时,摆动着背鳍和胸鳍,直立身体前进。海马有与马相似的头,身躯像条“龙”,从头部和躯体的直角状顶端再到能卷绕的尾尖,形成一条明显的骨栉状脊椎。

海马生儿育女非常奇特,他是由雄性海马育儿。雄海马尾巴前面的下部有一个袋子,叫孵卵囊,袋前方有一个孔,雌海马通过此孔把卵放入袋。小海马就在此内发育成长。海马生活在浅海,以小型甲壳动物为食。

海马

海马的眼睛生长在一个骨质的塔形结构上,每个小塔形都可以转向不同的方向,所以海马经常给予两只眼睛不同的任务。它们常常会用一只眼睛搜索食物,而另一眼睛却在机警地环绕四周,随时观察四周有没有敌人也在伺机捕获它们。

海马很聪明,知道如何可以躲避敌人的追杀。它们经常会用细长而弯曲的尾巴卷在一些海底的水藻、海草或者珊瑚上,保持一动不动的姿态,伪装起来,而它们的颜色和形态也赋予它们伪装的条件。

海马可做名贵的药材，素有“南方参”之称。

蝴蝶鱼

蝴蝶鱼属于硬骨鱼纲，它们的家族在鲈目中很庞大，大约有150个种类。蝴蝶鱼瘦瘦扁扁的体型好像陆地上翩翩起舞的蝴蝶在水中飞舞。五彩斑斓的色彩加之图案各异的身躯，都是识别彼此的最佳标志。热带地区的珊瑚礁为蝴蝶鱼提供了一个天然的庇护所。它们用尖尖的嘴部啄食附在珊瑚或岩石上的小动物。蝴蝶鱼的幼鱼和成鱼在颜色和体型上都有很大的区别。

蝴蝶鱼

鹦嘴鱼

鹦嘴鱼分布在热带的珊瑚礁海域，是一种大型鱼，生有很多的小牙齿，很像鹦鹉的嘴。它能用强壮的牙齿咬碎珊瑚，把不能消化的部分排出体外，一边游一边排，看起来就像沿途撒沙一样。

鹦嘴鱼

每到晚上，鹦嘴鱼的身体会生产一种黏液，形成像袋子一样的东西，可以包裹住自己的身体，然后在里面休息、睡觉。由于袋子前后有洞，所以不会妨碍呼吸。

雄鹦嘴鱼长大后，会长出额头，年龄越大，额头越大，最后长得像大肿瘤一样。

海上恶魔——蝠鲼

在我国南海，船员们有时会见到这样一种景象：一个庞然大物突然跃出水面，从人们头顶擦过，瞬间便越过甲板。只听“嘭”的一声巨响，海面上溅起无数的浪花，庞然大物随之消失得无影无踪。它就是蝠鲼，属于大型的软骨鱼类。蝠鲼体长7米多，重达2吨，如果不幸砸在小船上，必定会造成一场船翻人亡的惨祸，因此人们称之为“海上恶魔”。蝠鲼长相特殊，它的头上生有两个摆动的“头鳍”，能左右

转动,捕食时伸展到口下,像漏斗一样把食物送入口中。蝠鲼左右两个大胸鳍扁平而宽阔,和躯体构成一个庞大的体盘。游泳时,胸鳍上下摆动,就像鼓翼飞行的蝙蝠。它的背灰绿色,带有白斑,一条长长的鞭状尾巴拖在身后,在游泳时起着平衡身体的作用。

蝠鲼喜欢集群生活,到了生殖季节,一对对游到水里,翩翩起舞;它们有时鼓动双鳍拍击水面,跃水腾空,能在距海面 4 米的高空中拖尾滑翔。最为奇怪的是,小蝠鲼竟能在妈妈凌空飞行时降生。

蝠鲼生活在热带和亚热带的海洋中,我国南海是它们表演跃水腾空的场地。蝠鲼不但肉味鲜美,还可治疗多种疾病,特别是它的鳃,对治疗小儿麻痹症有特殊的效果。

鳐

鳐是一种很特殊的鱼,身体扁平,拖着一条细长的尾巴,鼓着一对翼状的大胸

鳐

鳍,像鸟一样在水中“飞翔”。鳐鱼的眼睛和喷水孔位于头的上部,而口、鼻和鳃却在鱼体的下部。多数鳐鱼生有有力的下腭,可以粉碎带壳软体动物和浮游甲壳动物。鳐并不凶悍,也不主动伤人。但它往往把自己半埋在沙泥中,潜水者一时觉察不到,踩到它们身上,结果会很糟。因为有些鳐的尾巴上有毒刺,刺入人体会造成难以忍受的疼痛。如果踩上电鳐会被击昏。

鳐多数生活在海洋中,体长约 1 米,属小型软骨鱼类。游泳时,鳐宽大的胸鳍上下波动,使身体向前进。世界上有鳐 438 种。电鳐具有能产生电力的巨大器官,它们位于头部的两侧,能够放出电压为 200 伏的电流,足以击昏猎物和吓退捕食者。最大的发电量甚至能把一个成年人击倒。

死亡使者——鲨鱼

鲨鱼是恐怖的象征,是海洋的死亡使者。它遍布世界各大洋,甚至在冷水海域中都能发现鲨鱼的影子。大部分鲨鱼生活在海平面到200米深的海水中,而且种类也比较繁多。现在,鲨鱼约有8个目30个科350多种。其中有20多种肉食类鲨鱼会主动攻击人。生活在热带温暖海域的鲨鱼,例如大青鲨、双髻鲨、噬人鲨(俗称大白鲨)等,是最具攻击性的肉食鱼类,人称海洋"杀手"。

鲨鱼

鲨鱼的皮肤很粗糙,表面覆盖着盾形鳞片。鳞片上的齿很锋利,就像鲨鱼的牙齿一样。不同的鲨鱼鳞片上齿的形状也不同,因此根据鳞片齿的形状,可以识别鲨鱼的类别。

鲨鱼长有几排像锯齿一样的牙齿,非常锋利。捕获食物时,鲨鱼用下颌利牙咬住猎物,然后上、下颌前后运动,迅速将食物送到腹中。鲨鱼的牙齿能咬穿外皮,嚼碎骨头,但它们过不了多久就会变钝。每颗牙只能维持几个星期,然后就脱落掉,再长出新牙来。

鲨鱼游泳时,不住地向两旁扭曲。它先是晃动头部,然后是摆动身子,最后是甩动那条大尾巴。海水沿着鲨鱼的身子向后涌动的同时,也就把鲨鱼往前推去了。

鲨鱼也像许多海鱼一样,身子比水重,照理说,它们会沉到海底。硬骨鱼身体里,长有能膨胀的鳔,可以止住身子下沉,而鲨鱼身体里,则长有贮满油液的肝脏。油比水轻,所以能帮助鲨鱼浮游。一条姥鲨肝内贮存的油,足够灌满5只大水桶。

鲨鱼有非常发达的面部神经,能探知海水中各种运动生物产生的电磁波,并由此来确定猎物的方位,以采取行动进行攻击。

鲨鱼的视力很好,在昏暗和黑夜的环境里都能适应。鲨鱼的嗅觉也极为灵敏,能分辨出海水中极微量的血液和其他化合物。鲨鱼是一种真正的肉食性动物,大大小小的活动物都会成为它的快餐,甚至连同类都能吃。鲨鱼有3种繁殖方式:卵生、卵胎生和胎生。它是一个游泳好手,身体大多是纺锤状。

大洋中有些鲨鱼不直接产卵,母鲨产的卵不排出体外,而是在母鲨腹中发育成小鲨。有的胎儿在腹中生活可达1年之久。小鲨一离开母体,便会游泳觅食。近岸的小型鲨鱼为卵生。小型鲨鱼产卵不多,仅有几个。这些卵从鲨鱼体内排出时,

外面裹着一层胶质物。进入水中后,胶质物就变成了不易破损的育儿袋,挂在海草或岩石上。鲨鱼卵就会在这个育儿袋中慢慢发育成熟。

世界最大的鱼——鲸鲨

最大的鱼,要数鲸鲨。它那庞大的躯体,仅次于世界最大的动物——鲸鱼。鲸

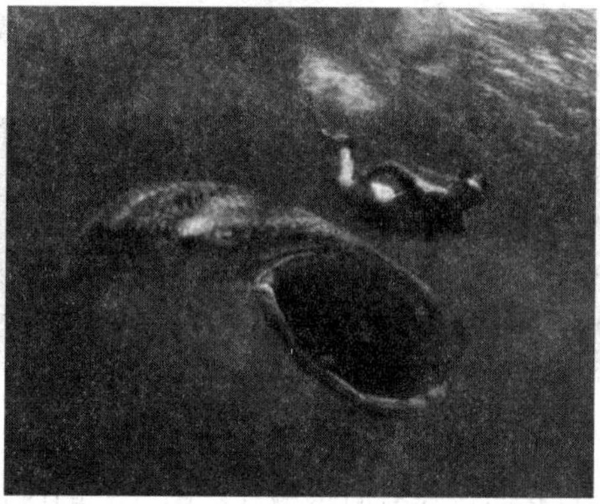

鲸鲨

鲨一般大小都在十几米以上。1919 年在暹罗湾内捕到一条大鲸鲨,体长 17.7 米,重量约 40.5 吨,堪称到目前为止发现的最大的一条鱼。这样大的鱼,小木船遇到它,得退避三舍,不然的话,肯定要翻船。

鲸鲨的长相颇特别,与其他鲨鱼有许多不同的地方。比如,鲨鱼的嘴在头部腹面,而鲸鲨的嘴在头的前端;鲸鲨的鳃也与众不同,鳃弓具角质鳃耙,相互交叉结成海绵状过滤器;背部两侧灰褐色,散布许多白色或黄色斑点,体侧自头后至尾柄具白色或黄色横纹 30 条,每侧还有两条显著的皮嵴,眼小,鼻孔大,一副怪模样,是大洋性的鲨鱼,常成群结队游于水面,有时游到近海。我国南海、东海、黄海均有发现。鲸鲨的胃口是很大的,每顿要吃大量的浮游生物和小型鱼类。饱食后常懒洋洋地浮在水面晒太阳,人们就常常趁机将它捕获。它的肉并不鲜美,可制鱼粉和药;肝可制鱼肝油;皮可制革,故有较大的经济意义。

全世界鲨鱼将近 250 种,多数都性情凶恶,游泳迅速,在海洋中横冲直撞,肆虐其他动物,有少数鲨鱼还会袭击人类。鲸鲨却性温和,无危害。

旗鱼——鱼类中的游泳冠军

二万余种鱼中,游泳速度冠军是旗鱼。旗鱼的嘴巴似长箭,能把水很快往两旁分开;背鳍生得奇特,竖展开来,犹如船上的风帆。它游起泳来,放下背鳍,减少阻

力，劈水斩波，1 小时可达 108.9 千米，比普通轮船的速度要快 3~4 倍，就是现在的特别快车也比不上它。从天津到上海 1300 多千米的海路，旗鱼只要用 10 个小时的时间就能游完。这样快的游速，其他鱼是望尘莫及的。旗鱼的身体呈流线型，前进时受到水的阻力小；另外，它的尾柄特别细，肌肉很发达摆动起来非常有力，像轮船的推进器。这些身体结构上的特点，是它创造鱼类游速最高纪录的可贵条件。还有，环境练就了它快速游泳的本领。旗鱼属于大洋性鱼类，大洋里的海流速度很快，如果没有迅速游泳的本领，就要被海流冲走。所以，久而久之，就炼出了如此快的游速。

旗鱼

在海洋鱼类中，快速游泳的种类不少，仅次于旗鱼的有剑鱼，每小时可达 103.8 千米，还有鲍鲣、大马哈鱼、鲔、马鲛鱼等，也都是鱼类中的“飞毛腿”。

能穿透铁甲板的剑鱼

一天，英国的“列波里特号”军舰在离开英国利物浦港口 600 海里的海面高速航行时，突然“嘭”的一声，军舰的铁甲板被击了一个洞，随后海水涌进了舰舱。人们以为遭到了伏击，舰长立即下达命令，准备战斗！船上的气氛立即紧张起来，就像弦上的箭在待发。修补窟窿的几个士兵发现，这窟窿既不像水雷炸的，也不像鱼雷击的，更不像什么机关枪之类射的，又找不到什么弹头弹片，这是怎么回事呢？就在这时，只见海面闪过一道白色的浪花，军舰的甲板又随着“嘭”的一声，被撞击了一个窟窿！有经验的舰长，立即下达停舰布网的命令。又过了一阵子，海面上又闪过一道白色浪花，舰长命令起网，竟然是一条鱼。那么，这是一条什么鱼？它又是如何撞破铁甲板的呢？

剑鱼

大家起网一看，原来是一条剑鱼。这种鱼长得很像无鳞的带鱼，不仅形体很长，两颚长有很多强而有力的牙齿，特别是它的头部，还长着一根特别尖长的利剑！就是这根尖长的利剑，将铁甲板击穿的！当然，它那像带子一样的长体和发达的肌肉，能像箭一样游泳击水，这就是它能击穿铁甲板的力量来源。有人比喻剑鱼的游

速跟来复枪射出的子弹差不多，其效果和射出的子弹一样厉害。这样形容并不过分。剑鱼游泳的最高时速可达 103.8 千米，由于它游得迅速，来不及避开船只，与船冲突的记录很多。剑鱼的利剑往往刺进木船拔不出来，要使它恢复自由除非折断吻部。

鱼医——霓虹刺鳍鱼

在波涛汹涌的辽阔无垠的海洋里，有许多"鱼医生"，其中霓虹刺鳍鱼称得上是小巧而热心的鱼医了。它身长不过 50 毫米，专门用头前边针状的嘴为各种各样的鱼治病，哪怕是海上专吃小鱼的凶恶鲨鱼，它也不拒绝，当然鲨鱼也不会伤害它的"医生"。那么，鱼也会生病吗？当然，鱼和一切生物一样，也会生病的。如鱼身上生长了细菌、寄生虫，或被其他海洋生物咬伤腐烂等，如果不及时清除，就会使鱼生病死亡。而"鱼医生"，特别是霓虹刺鳍鱼，总是有求必应，耐心地为患者服务，一天之内，可用尖尖的长嘴为 300 多个"患者"解除病痛。霓虹刺鳍鱼的医院，一般开设在浅水区，大约在 10 米深的海洋暖水层的珊瑚礁和突兀岩中间。这里常是列队"候诊"。别看鱼在其他地方是大鱼吃小鱼，凶鱼吃善鱼，可在这里，几乎所有的鱼都有尊有让，相处得很好。那么，霓虹刺鳍鱼做"鱼医生"是真的为鱼治病的吗？

不是的。霓虹刺鳍鱼，给长细菌、寄生虫和生腐烂肉等的鱼"治疗"，并非是因为它们真的是"鱼医生"，而是它们长期以来，寻找食物的方式和途径。它们从"患者"身上找到细菌、寄生虫和烂肉等作为食物，来维持自己的生存。天长日久，就形成了这种"医生"和"患者"的关系——这是自然界生物之间的共生现象。你不觉得这种相互依存的共生现象很有趣吗？

会织"睡衣"的鹦鹉鱼

太平洋中部的海底，生活着一种鹦鹉鱼。这种鱼有彩虹般美丽的花纹，很像玲珑乖巧的虎皮鹦鹉。

奇怪的是，每天傍晚，它能像蚕吐丝作茧似的从嘴里吐出洁白的丝，然后靠腹鳍和尾鳍的帮助，从头到尾织成一个囫囵的薄壳，将自己的身体编织在壳内，这便是它的"睡衣"。

鹦鹉鱼织"睡衣"的目的，是为了防御敌人的伤害及泥沙的埋没。由于"睡衣"编织得很坚固，所以第二天早晨，它要花费很大气力将"睡衣"弄破，再从中钻出来。当天的傍晚，又要花费 1~2 小时，重新织就一件新的"睡衣"。

能发电的电鳐

有一支海洋生物考察队，乘船来到太平洋的热带水域，潜水到海洋底部进行考察。突然，他们发现一条行动迟钝，足有20厘米长的鱼，它身体扁平，头、胸部连在一起。尾部呈粗棒状，很像一把厚的团扇，一对小眼睛长在背面前方的中央，身体的腹面有一横裂状的小口，口的两侧有五个鳃孔。他们很好奇，就急忙跟过去。当他们的手刚一接触到鱼身时，突然被电击了一下，这电压足有80~90伏特！这是怎么回事？难道这种鱼还会发电？

电鳐

正是这样，这种鱼叫电鳐，它身体内部有特殊的发电构造：头胸部腹面两侧各有一个肾脏形的蜂窝状的"发电器"。这两个发电器，是一块块肌肉纤维组织的"电板"重叠而成的六角形的柱状管，大约每个"发电器"中有600个柱状管。在这些"电板"之间。充满着胶状物质，可以起绝缘作用。每一个"电板"的一面，都有神经末梢联系着。一面为负电极，另一面则为正电极。电流的方向是由正极流向负极，即由电鳐的背面流到腹面。当大脑神经受到刺激或兴奋时，这两个发电器就能把神经能变为电能，放出电来。电鳐每次放电，一般为80~90伏特。每次放电后，特别是连续发电后，身体显得精疲力尽，需休息一段时间后才能恢复过来。电鳐放电，一般为击毙水中的小鱼、虾，把它们作为食料；再就是遇到敌害，用电来保护自己。如今，人们发现放电的鱼有好多种了。

冻僵后还能复苏的鳗鱼

近年来的研究，使科学家们找到了另外一条延续生命时间的道路，这就是超低温对生物影响的研究。

大家知道，天气一冷，许多植物和冷血动物都会因寒冷而死亡，人也会因机体的过度寒冷而发生冻伤。这是为什么呢？原来，生物体内的细胞在严寒条件下会冻结成冰，被破坏而死亡，最终导致机体的死亡。但奇怪的是，当人们把一条活蹦乱跳的小鳗鱼放到接近绝对零度的液态氦中时，虽然也同样观察到小鳗鱼被冻得僵硬，可只要把它重新置于适当温度的水中，它就会复苏，依然畅游自如，这又是为什么呢？经过研究，才知道当鳗鱼在液氦中冻僵时，它体内细胞的水分虽也凝结成

冰，但极端寒冷的超低温会使水分冻结过速，来不及凝成大的冰晶，而只形成极其纤细的冰粒，这就使生物细胞不致遭到破坏。所以，在适当的温度条件下，当冰融化以后，细胞会恢复原来的活力，生物也就复苏过来。

鳗鱼复活的试验，对科学家是一个很大的启发，他们设想，人体是否也可以采用这种方法冷冻起来，让生命在较长时期里延续下去。

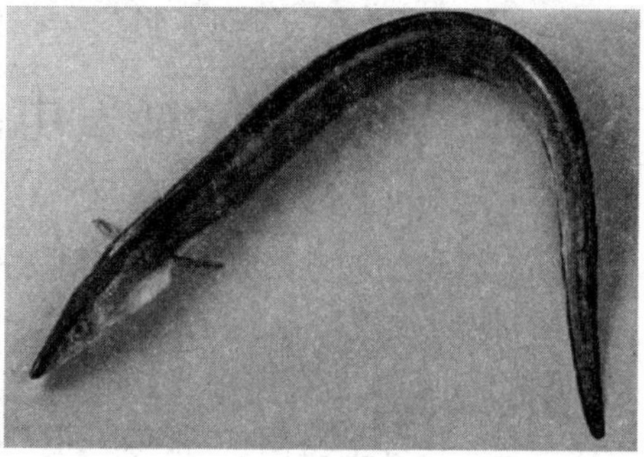

鳗鱼

海盗鱼——孔雀鱼

地中海中栖息着一种鱼类，由于身上彩纹艳丽，犹如羽色绚烂的孔雀，所以被叫作孔雀鱼。

最近，美国加州大学鱼类学家范德伯格，考察了法国科西嘉岛沿海的孔雀鱼，发现这种外表美丽的鱼群中的大个子雄鱼，会欺凌小个子雄鱼，强占它们的窝巢，剥夺它们繁殖的权力，迫使它们无偿照料其鱼卵。这位学者风趣地将其改名为“海盗鱼”。

孔雀鱼

每年夏季，孔雀鱼要花两个月左右的时间产卵。在大多数情况下，雌鱼在雄鱼建筑的窝巢中产卵，有时也会把卵产在海草上。在一般情况下，雄鱼在一个窝巢中，就可以收集到约1000粒鱼卵，然后保护它们，直至7~12天后孵化出幼鱼为止。以后，重新筑巢，迎接新的繁殖周期。

这一过程，对于雄鱼而言是十分辛劳的，于是一些生性懒惰的雄性孔雀鱼干脆就不筑巢，专门从事抢巢成亲的强盗行径，其方法有三种。

一是“守窝待亲”，一些体型较小的雄鱼混栖在其他一些雄鱼建造的窝巢周围，一旦有条雌鱼被领入巢，则争相交配。

二是“半路抢亲”，它们埋伏在岩层的空罅隙之中，一旦雌鱼产卵离巢后，即半路强行交配。

三是“抢窝成亲”，当一条雄鱼筑巢完毕，并诱惑雌鱼产卵时，一条体型最大的

雄性孔雀鱼，经过长期窥伺，突然闯入，通过短兵相接，依靠实力强占巢底，并与雌鱼交配。雌鱼产卵后离去。而失去窝巢的雄鱼则会重返家园，照料鱼卵。

透明鱼和透明刺猬

江西万安县鱼种场培育了一种金鳞型鲤鱼。这种鱼全身没有黑色素，皮肤又薄。人们可以看到它头部表皮下面的骨片和器官的轮廓。透过表皮，可以清楚地见到鳃部、体内结构、血液循环及肠内食物蠕动等情形。这种鱼是长江鱼苗中自然突变的一个新种。

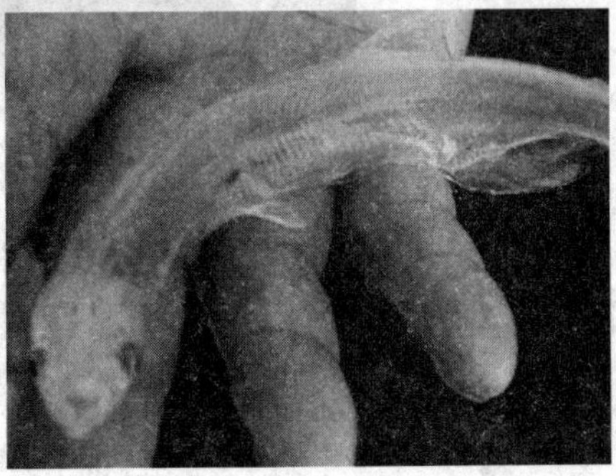

透明鱼

由人工培育而发生基因突变，会导致一个新鱼种的产生，那么在自然界中是否也有透明的动物呢？有的。

在美国的一个农场里，农场主在一个很深的水沟里，就曾发现过一只白色透明的刺猬。这只刺猬眼睛和皮肤呈玫瑰色，全身无色素沉着，内脏清晰可见。而这种在动物界十分罕见的现象，是因为它患了白化病，玫瑰色的眼睛和皮肤是由于毛细血管网接近皮肤表面的缘故。不过患白化病的刺猬很难存活下去，一方面难以隐蔽，容易被狐狸和獾了等天敌发现；另一方面同类也不欢迎它。

会捉老鼠的鲇鱼

人们都知道老鼠会偷吃鱼，但鱼会捉老鼠却鲜为人知。然而，在自然界中确实有会捉老鼠的鱼。这就是我们日常见到的鲇鱼。

鲇鱼，产于我国南部沿海地区，栖息于近海港沙泥处。夏季在海湾岩的隙穴处产卵，繁殖后代。它白天懒洋洋地浮在水面上喘息，夜间出来活动觅食。

鲇鱼有一套捕捉老鼠的本领。它白天养精蓄锐。晚上游到浅滩上，将尾巴露出水面，搁置于岸边，装似一条死鱼，等老鼠前来上钩。黑夜出来觅食的老鼠，闻到一阵阵的腥味，已经垂涎三尺。可是开始时，老鼠还是保持着警惕，不敢冒险，但是当它发现鲇鱼是“死”的以后，贪食成性的老鼠就完全丧失了警惕。它满以为这下可以美餐一顿，谁知正当老鼠用力咬着鲇鱼尾巴把它拉上岸时，装死的鲇鱼却使出全身力气，将它长而有力的尾巴一摆，老鼠就被打到水里了。虽然老鼠也懂得一点水性，可是怎能比得上鲇鱼呢？鲇鱼就紧紧咬着老鼠的脚，一会儿沉到水下，一会儿浮上水面，连续搞了几个回合以后，老鼠就被淹死了，成为鲇鱼的一顿丰美的夜

鲇鱼

餐。

为什么鲇鱼会捉老鼠？有关专家指出，鲇鱼属凶猛鱼类，贪婪、狡猾。它不仅捕食老鼠，而且也大量吞食鱼类，一只体重几千克的鲇鱼，一天吞食几百克鱼类。

会爬岩的扁头鱼

云南高黎贡山，连绵千里，山崖陡峭，溪流飞瀑，河流湍急，这里自由地生活着一种扁头鱼。它的头、尾、腹扁平，背呈流线型，在湍急的河流中，也能上下自如，觅食嬉戏，生衍繁殖，传宗接代。凡是有溪流的地方，几乎都有它们的行踪。它们一般重 50～100 克，大的约 250 克左右，无鳞、少刺、肉细嫩，味道鲜美可口，是边疆军民的美味佳肴。在高黎贡山西麓，有一条从山上流下来形成的山泉。每当仲夏的夜晚，江里的扁头鱼就会成群结队，顺着陡峭的河床往山上游，一直游到泉的尽头。当地群众说这是扁头鱼在登神泉。那么，在陡峭的河床处，扁头鱼是怎样游上去的呢？

扁头鱼

原来，在扁头鱼的肚子下有一个大吸盘，能紧紧地吸附在急流中的石头上，从而能上下自如，觅食繁衍。这可真是奇事。

珍贵的文昌鱼

在我国的厦门、青岛以及地中海、马来西亚、日本、北美洲等地的附近海面，生活着一种珍贵的文昌鱼。文昌鱼是比鱼类低等的动物。

文昌鱼

它和一般鱼儿不同,没有头,也没有脊椎骨、鳞片和眼睛,身体前端的腹面有口,口周围生有几十条触须,体形呈纺锤形,略似小鱼,一般长约50~60毫米,身躯柔软侧扁,而且是半透明的。

文昌鱼没有胸鳍和腹鳍,只有背鳍、尾鳍和臀鳍。白天它躲在海底泥沙中,露半个身子,摇摇摆摆,依靠水流带来的浮游生物作食物,晚上出来活动。它垂直游泳,有时像脱弓的羽箭,射到水面上。它用触须帮助摄取海水中微小的浮游生物。

文昌鱼对生活环境要求很高,喜欢在较松的沙砾地生活,砂中最好混有少量的贝壳碎片、棘皮动物的碎骨片,以便于它的钻动和呼吸。它还有其他的条件:海水要有一定的咸度,水温也要冷暖适当,水流不宜太急,风浪不能太大等。

文昌鱼因为对环境有这种苛刻的要求,所以繁殖得很少。稀少也是它珍贵的一个原因。但是,更重要的是,文昌鱼是从低等动物进化到高等动物的一个重要过渡类型,它是动物进化史中的活化石,在科学研究上有重要意义,因而受到人们的重视。

灯笼鱼

在漆黑一片的海洋深处,偶尔有一些闪闪发光的鱼游过,给深不可测的海洋又增添了几分神秘。这些发光鱼的身体里,都储藏着生物电能,一旦接通,就可以发出亮光,让人感到十分惊奇。

灯笼鱼

大多数发光的鱼都生活在漆黑的深海里,然而,在海岸附近的浅水域,偶然也能见到发

光的鱼,例如灯笼鱼。在灯笼鱼眼睛的下面,有一个鸡蛋形的发光器官。白天的时候,鸡蛋形器官是白色的;到了夜晚,它才会熠熠闪光。

灯笼鱼身上有能够控制灯光的开关。有一种印度尼西亚灯笼鱼,要“开灯”的时候,就把发光器官向身体外侧转;想“关灯”了,就把发光器官转向内侧,盖住光线。灯笼鱼为什么要发送光信号?它是想和自己的同伴取得联系呢,还是为了诱惑猎物?一直到现在,人们还没有找到正确答案。

金枪鱼

金枪鱼类属鲈形目鲭科,又叫鲔鱼,华人世界又称为“吞拿(鱼)”。是大洋暖水性洄游鱼类,主要分布于低中纬度海区,在太平洋、大西洋、印度洋都有广泛的分布。同金枪鱼最相似的是鲣属鱼类,最简单的区分方法是鲣属腹部有 4~6 条黑色纵带,其他相近鱼种如舵鲣、狐鲣等有暗色纵带等。而金枪鱼类,鱼体无任何黑斑,或深色纵纹。

金枪鱼

金枪鱼体呈纺锤形,具有鱼雷体形,其横断面略呈圆形。强劲的肌肉及新月形尾鳍,鳞以退化为小圆鳞,适于快速游泳,一般时速为每小时 30~50 千米,最高速可达每小时 160 千米,比陆地上跑得最快的动物还要快。金枪鱼若停止游泳就会窒息,原因是金枪鱼游泳时总是开着口,使水流经过鳃部而吸氧呼吸,所以在一生中它只能不停地持续高速游泳,即使在夜间也不休息,只是减缓了游速,降低了代谢。金枪鱼的旅行范围可以远达数千千米,能做跨洋环游,被称为“没有国界的鱼类”。根据科学家研究,金枪鱼是唯一能够长距离快速游泳的大型鱼类,实验显示,金枪鱼每天游程可以达到 230 千米。

它的产卵期很长,产卵海域甚广,使得全年都有金枪鱼在各海域中产卵,加上旺盛的繁殖力,人们才得以享受它得鲜美滋味。

四眼鱼

许多深海鱼儿长着一对奇怪的眼睛,它们的结构大同小异,形状千变万化。在中美洲和南美洲北部的河流和海域里,就生活着一种奇怪、罕见的四眼鱼。

四眼鱼其实并没有 4 只眼睛,只有一对形似蛙眼、高高地突出在头顶上的眼睛。每只眼睛构造非常奇特,被色素组织的斑点环带和两个虹膜瓣分成上下两部

四眼鱼

分，造成两个“瞳孔”，看起来很像4只眼睛。

四眼鱼的两只眼睛实际上起了4只眼睛的作用。眼睛的上半部分露在空气中，当光线经过角膜、晶状体，折射两次后，能看清空中飞行的昆虫。眼睛的下半部分埋在水中，当光线直线穿过角膜，再经过晶状体折射，就能监视水中的食物。

在捕食时，四眼鱼既可以潜入到深水下层追逐猎物，又能够跃出水面捕食飞虫。如果遇到陆上或水中敌害向它袭来，它的“4只”眼睛能观察到200米外，并以迅速的动作潜入水底。因此，这种鱼很不容易被捕捉到。

为什么四眼鱼的眼睛构造这样特殊呢？这和它的生活方式有关。长期以来，它以猎取水面生物为主。四眼鱼的眼睛各有不同用途，眼睛的下半部分是在水下用的，眼睛的上半部分是为在水面寻找食物用的。

会爬树的弹涂鱼

鱼儿也有会爬树的，说起来也许你不信，然而世界上的确有会爬树的鱼。

在我国沿海和西非及太平洋的热带海岸边，就生活着一种会爬树的怪鱼——弹涂鱼。这种鱼长着两只突出的眼睛，一只专管觅食，另一只专管监视敌情。它的胸鳍非常发达，胸鳍里面的肌肉纤维粗壮有力，好象两只“前臂”，能伸能缩。依靠这种特殊胸鳍的支撑，加上身体的弹跳力和尾鳍的推动力，它既可以游泳，又可以在沙滩上匍匐爬行或跳跃前进，即使遇到斜坡，也能顺利跳过去。有时它

弹涂鱼

能沿着树干爬到树枝上去,捕食落在树上的昆虫等小动物,所以也叫跳鱼。

这种鱼还有更奇妙的一手,它能用尾巴从水中和泥土中吸氧。每次登陆时,它先在鳃里贮满氧气,然后成群地到陆上旅行。当氧气用完后,它就将尾巴插进泥土里吸取氧气。弹涂鱼除了用鳃和尾鳍呼吸外,还可以用皮肤和口腔粘膜呼吸。

在我国南方还有一种小型鱼攀鲈,它可借用自己坚硬的臀鳍和胸鳍的棘,配合身体的左右摇摆,顺树根爬到树干上。攀鲈为什么能较长时间在水外生活呢?原来,在攀鲈第一鳃弓的鳃骨上,有特殊的呼吸器官,可以帮助它在陆上呼吸。它的这种特殊的呼吸器官,是经过长期变化而逐步形成的。

免费旅行家——鲫鱼

鲫鱼生活在热带和温带海洋,体似圆筒形,体长 80 多厘米。鲫鱼本身不擅长游泳,但它能吸附在鲨鱼、海龟和鲸类的腹部或船底,借以周游大海。因而被人称为“免费旅行家”。

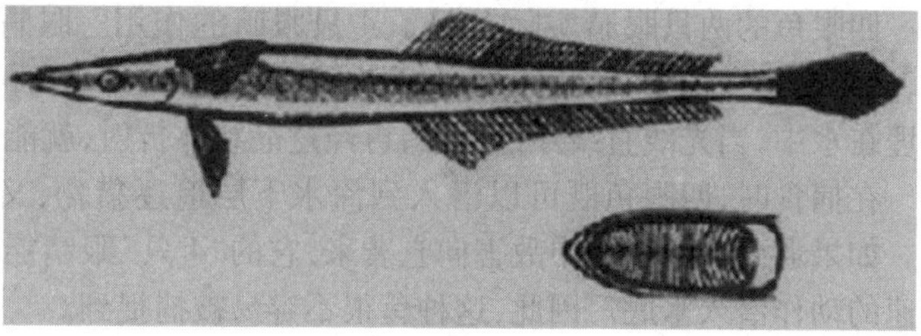
鲫鱼

鲫鱼是怎样吸附在其他物体或鱼类身体上的呢?原来它的第一背鳍已变态成为一个椭圆而扁平的吸盘,长在头顶。吸盘中间被一纵条分隔成两个区。每区都规则地排列着二三十条横皱,像是一扇百叶窗。其周围还有一圈皮膜。当吸盘贴在物体表面时,横皱条和皮膜立即竖起,挤出盘中的水,使整个吸盘变成一系列真空小室,借外部大气和水的巨大压力,牢固地吸附在该物上。鲫鱼在鲨鱼、鲸类身上吸附住以后,短时间内便会留下印盘的痕迹,鲫鱼的名字即由此而来。

鲫鱼吸盘的拉力有多大呢?传说古罗马一支舰队的旗舰,在航海途中被一条巨大的鲫鱼吸住,最后又给弄翻沉没,葬身海底。所以鲫鱼的拉丁文词意为“使船遇难”的鱼。据测量,一条长约 60 厘米的小鲫鱼的吸盘,能轻易地经受 10 千克的拉力。

由于鲫鱼有吸附他物的绝技,马达加斯加、桑给巴尔、古巴和俄罗斯等国家的渔民就利用鲫鱼捕捉鲨鱼、鲸、海龟、海豚、金枪鱼,甚至鳄鱼。渔民把鲫鱼放养在海湾里,出海捕鱼时,用绳子系住鲫鱼尾,拴在船后。到了生产海区就放开长绳,让它们吸在捕捉对象的身上,只要慢慢把绳收回,就能有可喜的收获。

作茧自缚的肺鱼

常言道:“鱼儿离不开水”,但在地球上生活着一种奇特的鱼,它能像陆生动物一样在陆地上生存,这种奇特的鱼就是肺鱼。

肺鱼

肺鱼有鳃,而且还有其他鱼所没有的具有肺功能的鳔,这也是“肺鱼”得名的缘由。它的鳔和食道相通,呈囊状,里面密布分支繁多的血管,且能像肺那样鼓动,吸进氧气和排出二氧化碳,因此,在环境干燥时,肺鱼能用鳔直接呼吸,继续生存。

非洲的旱季到来时,气候炎热干燥,少雨或无雨,江河湖泊断流,时间长达半年之久。肺鱼在旱季到来前,凶猛捕食,把自己养得膘满肉肥,皮下长出一层厚厚的脂肪。旱季一到,肺鱼在池水渐近干涸时,能很快地在池塘底部的污泥里挖一个长 50 厘米的深洞,钻进去蜷缩成一团。此时,它的皮肤不断分泌粘液,以保持湿润,并与软泥结成一个硬壳,自己被紧紧包在里面,嘴的四周,也由这种粘液形成个圆形漏斗,直通外面,让空气进入鳔进行呼吸,依靠原有的脂肪生存。这样,肺鱼就可在硬壳里酣然夏眠达半年之久。

肺鱼在地球上已生活 2.3 亿年了,不愧为鱼类的“老寿星”,分别居住在非洲、澳大利亚和南美。

筑巢的刺鱼

一向“四海为家”,过着群居生活的鱼类中也有例外者。在中国的东北有一种叫刺鱼的小型鱼类,怀卵只有一二百粒,御敌能力很弱。但是在一些水域中仍占有数量优势。究其原因,在于它们能利用高超的筑巢技术,筑起美观坚固的产卵巢,为后代提供安全的“庇护所”。

这类鱼的筑巢任务全由雄鱼承担,在春季繁殖季节,雄刺鱼用嘴和鳍把芦苇或其他水生植物的根、茎、叶等汇集起来,用肾脏分泌的粘液丝,胶合成椭圆形球状巢,巢搭在较为粗壮坚韧的水生植物的茎等地方。而后,雄刺鱼们用嘴吸取细沙,仔细地喷在巢壁上,并不断往上面涂粘液,用身体在内外壁上摩擦,使巢筑得格外

光滑和结实。雌刺鱼产卵时,独居巢内,产完卵马上弃巢而去。在整个孵化期间,雄刺鱼一直守卫在巢外,当巢内有不清洁杂物时.雄刺鱼便将卵一粒一粒地拉出来,把巢内打扫干净后再重新搬回去。幼鱼孵出以后,雄刺鱼继续日夜守卫,一直到它们的卵黄囊完全消失,有了比较强的游泳和防卫能力后,才肯让其离去。鲤科鱼类也有做巢产卵的习性。如乌鳢(也称黑鱼),它的巢与刺鱼的巢极为相似。

刺鱼

鲈鱼

鲈鱼分布于太平洋西部、我国沿海及通海的淡水水体中,黄海、渤海较多。为常见的经济鱼类之一,也是发展海水养殖的品种。主要产地是青岛、石岛、秦皇岛及舟山群岛等地。渔期为春、秋两季,每年的10~11月份为盛渔期。喜栖息于河口咸淡水,也能生活于淡水。性凶猛,以鱼、虾为食。个体大,一般体长30~40厘米,最大可长至30~50市斤,一般为3~5市斤。

鲈鱼

鲈鱼肉质坚实洁白,不仅营养价值高而且口味鲜美。鲈鱼因其体表肤色有差异而分白鲈和黑鲈。黑鲈的黑色斑点不明显,除腹部灰白色外,背侧为古铜色或暗棕色;白鲈鱼体色较白,两侧有不规则的黑点。

金鱼

金鱼真使人陶醉,它那轻盈优美的体态、艳丽纷繁的色彩,特别是又宽又大的多尾鳍,游动起来就像翩翩起舞的仙女的裙裾,美妙极了。但你是否知道金鱼是由鲫鱼变来的?

金鱼的祖先在中国。在唐代的"放生池"里,开始出现红黄色鲫鱼。鲫鱼本来是银灰色的,由于它的皮肤色素发生了变化,才出现了这种颜色特殊的鲫鱼。宋代开始出现金黄色鲫鱼,人们开始用池子养这种金鲫鱼,供观赏,后来又出现了白花和花斑两种。到了明代金鲫鱼搬进盆定居下来。生活环境改变后,金鲫鱼产生了

很大变异，体形由梭形变得短圆了，鳍变长变软了，游水的速度也变得缓慢了。人们保留颜色、体态优美的金鲫鱼，淘汰差的，使金鲫鱼离它的祖先越来越远。清代以后人们开始有意识地选种，使金鲫鱼品种不断增加，最终成为今天的金鱼。

金鱼

金鱼经过人们1000多年的择优汰劣的选择和变异，和祖先的面目以及习性已经大不相同。由于养在盆池里，生活平静，饵料丰富，活动量少，身体变短、变粗，腹部变大，眼睛变大而凸。颜色也由单一灰色变成了红、橙、紫、蓝、古铜、墨、银白、五花、透明等颜色，品种十分繁多，仅优良品种就有几百种。

乌鱼

乌鱼，又名黑鱼、生鱼、鳢鱼、才鱼等，属鲈形目，鳢科。在我国，鳢科鱼类有两属：鳢属和月鳢属。鳢属内有乌鳢（及黑龙江亚种）、斑鳢、甲鳢、眼鳢、点鳢、鳢、纹鳢等7种；月鳢属仅有月鳢一种。目前作为养殖对象的是乌鳢和斑鳢。

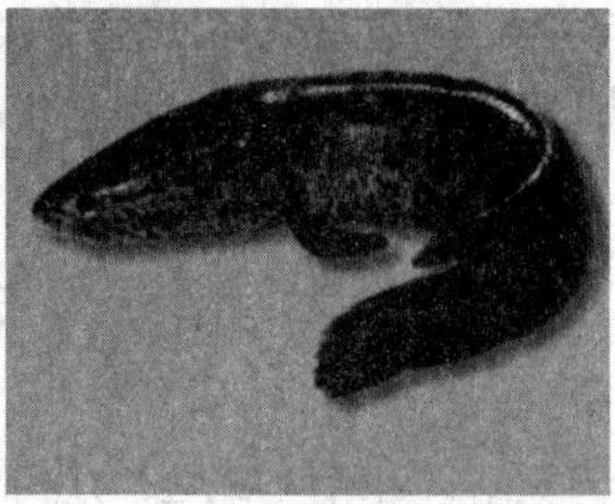

乌鱼

乌鳢除高原地区外，主要分布于长江流域以及北至黑龙江一带，尤以湖北、江西、安徽、河南、辽宁等省居多。长江流域以南有，但较少见。乌鳢的黑龙江亚种主要分布于黑龙江流域的南部以及乌苏里江流域和兴凯湖、松花江等沼泽地带。斑鳢则分布于长江流域以南地区，尤其是广东、广西、台湾、福建、云南等地较常见。

乌鳢肉质细嫩，口味鲜美，且营养价值颇高，因而在国内外市场深受欢迎，是人们喜爱的上乘菜肴。此外，乌鱼还具有去瘀生新、滋补调养、健脾利水的医疗功效。病后、产后以及手术后食用，有生肌补血、加速愈合伤口的作用，也可治疗水肿、湿痹、脚气、痔疮、疥癣等症。

乌鳢对外界环境要求不严格，生活适应能力较强，即使在溶氧不足的水域中仍能生存。乌鱼在养殖上要求不高，生长迅速，运输方便，近年来随着国内养殖业的发展和国外贸易的需要，乌鱼渐成为特种养殖品种一族，乌鱼的养殖技术已开始引起人们的关注和重视。

会“钓鱼”的鮟鱇鱼

鮟鱇鱼长得非常有意思:一个大脑袋,一张特别大的嘴,额头上长着一对大眼睛,后面拖着一条很小很小的尾巴,全身布满了皱纹。最奇怪的是,它的头上长着个像钓鱼竿一样的肉柱,肉柱的顶上有个类似灯泡一样的柱头,柱头可以发出绿幽幽的光,就像马路两边的路灯似的。别看它长相奇特,却能轻易地钓着鱼。这是为什么呢?原来道理很简单,如同路灯吸引小飞虫一样,鮟鱇鱼的柱头能发光,许多小鱼也和小虫一样喜欢围着光亮游玩。这样,胺鮟鱇鱼用不着自己去找食物,小鱼就会游到它的柱头周围来玩。鮟鱇鱼猛一抬头就会吃到许多小鱼。

鮟鱇鱼

鮟鱇鱼为暖水性和温水性底层鱼类,分布于各大洋热带、亚热带和温带水域。它们常生活于沿岸大陆架的海底,个别种类生活于深海。鮟鱇鱼常半埋于海底泥沙中,露出大眼睛,潜伏不动,吻旁的触手在大口前摆动,以捕食鱼类。主要捕食石首鱼类、鳐、虎鱼类等,也食虾类。虽然鮟鱇鱼不好动,即使游起来也很慢.但是它却能吃饱肚子。

会变性的黄鳝

黄鳝又名鳝鱼、蛇鱼,为热带及暖温带沼泽区底层生活的鱼类,喜栖息于河道、湖

黄鳝

泊、沟渠及稻田中。黄鳝每年6~8月产卵,怀卵量500~1000粒,卵径2~4毫米。黄鳝产卵前吐泡沫堆积成团,受精卵就在泡沫中发育,并借助泡沫的浮力浮在水面上。

黄鳝鱼有从雌性鱼变成雄性鱼的本领，生物学上称之为性逆转现象。每一条黄鳝鱼都要由雌性的变成雄性的，这是黄鳝鱼的特点。当它们刚刚出生的时候，每一条小黄鳝鱼都是雌性的，等它们慢慢长大成熟，经过第一次产卵繁殖后代以后，它们就会逐渐变化，第二次就变成雄性的黄鳝了。一般来说，体长在 200 毫米以下的个体几乎全为雌性；体长在 200 毫米左右，开始逆转为雄性；体长 360~380 毫米时，雌雄个体数约相等；380 毫米以上的个体雄性居多；530 毫米以上的个体全部为雄性。

黄鳝这种性的变化在其他动物身上是很少见到的。即使有的动物能够变化，那也只是极个别的现象。只有黄鳝，全部都要从雌黄鳝变成雄黄鳝。

鲤鱼

鲤鱼是中国人最喜欢吃的鱼类之一。在两千多年前孔子删编的《诗经》内就有四篇记载着鲤鱼。

鲤鱼

鲤鱼是暖温带淡水鱼类。原产于我国，朝鲜及日本也出产。因唐朝皇帝姓李，与鲤同音，曾严令禁止朝野食鲤，捕后必须放生，致使中国养鲤业衰落。但在此时鲤被引种移养到西邻波斯（即伊朗），到公元 1150 年被“十字军”带到奥地利，1496 年又传到英国，1560 年传到普鲁士后又传到瑞典，1729 年传到俄国，1830 年传到美国，1908 年传到澳大利亚，1915 年自香港传到菲律宾。所以现在鲤鱼已繁衍于欧、亚、北美及澳洲许多河湖中，成为全世界年产量最大的食用鱼之一。

两栖动物

两栖动物是脊椎动物的一个纲,是由水生到陆生的进渡类群。这类动物的发育经过变态,或变态不是显著。幼体用鳃呼吸,有侧腺,无成对附肢,适于水栖;成体多栖于陆上,故称为两栖动物。两栖动物只能在水中体外受精,幼体在水中发育;成体虽然可以用肺呼吸,但必须有皮肤的辅助和生活于近水的地方;体温受环境温度的制约,当环境温度降到7~8℃时,便进入蛰眠等等。

蝾螈

螈类都有尾巴,四肢不发达。有的一生在水中生活,有的在陆地上生活,但孵化后的幼体都要在水中发育生长。螈的视力很差,靠嗅觉捕食,主要以蝌蚪、蛙和小鱼为食。

蝾螈

蝾螈的身上有美丽的花纹,在繁殖期,雄性背上会生出像鸡冠状的突起。除繁殖期以外,都是在陆地捕食蚯蚓和昆虫。

钝口螈产于北美。生活在水中继续发育的幼体有两种可能,当水环境好时,外鳃保留,体形不变,能童体生殖;当水环境不利时,则外鳃消失,即登陆生活。

鳃盲螈生活在地下暗河和洞穴中,因一生在黑暗的环境中生活,眼睛已退化,身体也缺乏色素。

红螈有鲜艳的体色,幼体变态后鳃就消失了,成体无肺,进行皮肤呼吸。大鲵是螈类中体形最大的。产于中国和日本,因与生长在3亿年前的祖先很相像,所以有“活化石”之称。

最古怪的两栖动物——洞螈

世界上最古怪的两栖动物是洞螈。曾在很长一段时间里,科学家不知道应将它划归鱼类还是两栖动物类。

洞螈

洞螈居住在地下洞穴中,无眼睑,眼全部隐于皮下,眼睛看不见东西;体长小于30厘米,体色粉红,腿短而细,样子很像鳗鱼。洞螈一生都生活在地下水形成的暗洞内,常有规律地将鼻孔伸出水面呼吸空气,偶尔上陆活动和觅食。在光照下其肤色可变成黑色,一旦回到暗洞后,肤色即恢复原状。洞螈卵单生,分散贴附于石下。亲螈有护卵习性,约经三个月孵出。幼体阶段能看到眼,背面有鳍褶,发育为成体时,其他结构无改变,为永久性童体型。洞螈偶有卵胎生。和墨西哥美西螈一样,洞螈整个一生都保留着坚韧的鳃。

大鲵

在我国长江、黄河及珠江中下游山川溪流中,生活着世界上最大的两栖动物——大鲵,它也是我国特产的珍贵动物。大鲵发出的声音如婴儿哭啼,所以大家

习惯地称它为“娃娃鱼”。它身体扁平而壮实，头宽而圆扁，口大，眼小；外形甚似鲶鱼，无怪人们常称之为“鱼”；与鱼不同的是，它有短小的四肢。在湖南曾捕到一条体长 2.1 米，重 65 千克的大鲵。

大鲵

大鲵一般生活在海拔 100~2000 米的水流湍急、水质清凉、石缝和岩洞甚多的山区溪河中。白天常潜居于有洄流水的洞穴内，一穴一尾。傍晚或夜间出洞活动，夏秋之间也有在白天上岸觅食或晒太阳的习性。捕食主要在夜间，它常守候在滩口乱石间，发现食物经过，即张开大口，囫囵吞食，人们常用“娃娃鱼坐滩口，喜吃自来食”来描绘它。它们主要吃蟹，也吃蛙、鱼、蛇、虾及水生昆虫，耐饥力很强，只要饲养在清凉水中，2~3 年不进食也不会饿死。

雌鲵产卵于岩洞内，一次能产卵 300 多枚。产下的卵由雄鲵监护，雄鲵常把身体曲成半圆状，将卵围住，以免被流水冲走或遭受敌害；也有的雄鲵将卵带缠绕在身上加以保护，直到孵出幼鲵，雄鲵才离开产卵场所。

大鲵的寿命在两栖动物中也是最长的，在人工饲养条件下，能活 130 年之久。

青蛙

青蛙除了幼体时期外，都没有长尾巴。它们拥有浑圆的身体、大大的嘴巴、突出的眼睛和强健的四肢，善于跳跃的后肢更是格外强劲有力。

青蛙

青蛙通常将卵产在水中，让它自行孵化。刚孵化出来的蝌蚪主要吃植物性食物，在腿渐渐发育的时候，尾部也愈来愈短，此时，它们开始摄取动物性食物；而早期用来呼吸的鳃也逐渐退化，终至消失，此后它就开始用肺呼吸。到最后，蝌蚪终于变成拥有四只脚、没有尾巴的小青蛙了，开始陆地生活。

蝌蚪变成青蛙，需费时数星期。两栖类虽然已经具有肺，但其呼吸功能还不强，所以仍需依靠皮肤辅助呼吸。大多数的两栖动物在皮肤下都具有腺体，可分泌透明的黏液，以保持皮肤湿润，辅助呼吸。此外，它们常躲在潮湿、阴暗的角落，以防皮肤干燥。

蝌蚪的尾巴

在脊椎动物中,子女像父母是天经地义的。然而,青蛙、蟾蜍等两栖动物却不是这样。这类动物的子女——蝌蚪,一点也不像它们的父母。蝌蚪的身体圆鼓鼓的,拖着一条又扁又大的尾巴。它像鱼一样在水里生活,用鳃呼吸,靠尾巴游泳。经过一段时间的生长发育,蝌蚪的模样慢慢地变了:逐渐长出前肢和后肢,鳃萎缩消失,肺开始取而代之,大尾巴也不见了。最后,它变成了青蛙或蟾蜍。蝌蚪的尾巴是怎么消失的呢?现在,在电子显微镜的帮助下,这个问题有了答案。

蝌蚪

我们知道,细胞是绝大多数生物的基本结构单位和功能单位,蝌蚪自然也不例外。它和其他动物一样,细胞里有许多细微的细胞器。其中,有一种球形的细胞器叫溶酶体,里面含有30多种酸性水解酶,具有消化作用。这种溶酶体不仅能消除进入细胞的有害物质,而且还能“吃掉”细胞内外的物质。生物学家把这一现象称为细胞的“自溶作用”。蝌蚪的尾巴,就是被这种“自溶作用”消化掉的。刚长出四肢的蝌蚪,是靠吸收尾巴中的营养物质为生的,因而这时的大尾巴是它的食物仓库。

长在树上的蛙——树蛙

树蛙的体态非常娇小,只有五六厘米长,它们看上去很鲜艳,招人喜欢。因为它们一生都在树上度过,所以被称为树蛙。树蛙的后腿比前腿长,而且富有弹跳力。树蛙的颜色鲜亮,是要向对手表明自己的毒性很大,不能吃。树蛙的足趾短而粗,趾间有趾膜相连,趾端还有许多尖细的毛,上面带着一层类似粘胶的物质,所以它能稳稳地把自己固定在大树上的任何部分。

眠蛙

世界上有一种动物，一生中只醒 3~4 次，绝大部分时间是在睡眠中度过。这种动物就是丹麦的“司可尼蛙”，俗称眠蛙。

眠蛙大如手掌，头大体壮，四肢特别发达。因为它很少行走，所以长得体肥肢壮。这种蛙，从出生起，一生中只有在寻觅配偶、交配产子，或寻觅食物时才醒来。即使醒来时，它的一行一动也非常迟钝缓慢。

眠蛙是一种肉用蛙，当地人都将它当作肉用动物饲养，如同猪、羊等一样看待。在盛产眠蛙的巴西多隆那乃地区的居民，吃眠蛙肉就像吃牛羊肉一样。

眠蛙很少进食，一生中只吃食两次。那么为什么还能长得膘肥体壮呢？原来，这种蛙的皮肤和它的四肢的皮质，都能从地面、空气获取养料，供它消耗。它的皮肤上有粘性的皮表层，能将飞虫的躯体粘住、溶化、吸收。所以，即使眠蛙长睡不醒，躯体也能照样增长。

蟾蜍

蟾蜍与蛙相比，身体肥胖，四肢短小，背部皮肤厚而且干燥，有疣状突起，看起来疙疙瘩瘩，受惊时会分泌毒液。一般有褐色的花斑。成年后，基本上在一些河湖池沼附近等空气比较潮湿的陆地上度过余生。

蟾蜍

由于蟾蜍的外表丑陋而招致人厌，人们给它起了一个“癞蛤蟆”的俗名，其实这种“癞蛤蟆”比青蛙要聪明。比如说，青蛙只会跳跃，只有在保持蹲坐的静止姿态时，才会注意到飞行的昆虫，为人类除害。而蟾蜍即使在爬行时，也可以捕食到那些一动不动的虫子，由此可见，“癞蛤蟆”其实一点也不赖，是真正的除害高手。

蟾蜍是依靠肺和皮肤进行呼吸的，所以它们经常保持皮肤的湿润状态，以便于空气中的氧气溶于皮肤粘液进入血液，所以，在空气湿度大或下雨时，它们会一反常态地在白天出来活动。

海蟾——蟾中之王

癞蛤蟆，学名蟾蜍。它们行动缓慢，相貌奇丑，浑身布满大小不等的疙瘩，很不讨人喜欢。可是它们帮助人类消灭害虫的本领却是惊人的。

常见的大蟾蜍，不外拳头那么大小。但在中南美的热带地区，却生活着世界上最大的蟾蜍，这种蟾蜍叫作海蟾，最大的个体，长度达 25 厘米，是蟾中之王。因此它又被称为大蟾或巨蟾。

海蟾不仅体型大，胃口也特别好。它常活动在成片的甘蔗田里，捕食各种害虫。因此，世界许多产糖地区都把它请去与甘蔗的敌人作战，取得了良好的成绩。它的足迹遍及中南美及西印度群岛、夏威夷群岛、菲律宾群岛、新几内亚、澳大利亚和其他的热带地区。每年为人类保卫着相当 10 亿美元的财富。海蟾不仅能巧妙地捕食各种害虫，也能很好地保护自己。它满身的疙瘩能分泌一种有毒的液体，凡吃它的动物，一咬上口，马上产生火辣辣的灼伤感觉，又不得不将它吐出来。一只雌海蟾每年产卵 38000 枚左右，是两栖动物中产卵最多的一种。但有趣的是，它的蝌蚪却很小，仅 1 厘米长。

爬行动物

爬行动物的体表覆盖角质鳞片(如蛇、蜥蜴),起保护体内水分蒸发的作用,或有骨板(龟、鳖);皮肤干燥并缺少腺体;用身体的腹面贴地爬行;终生用肺呼吸;心脏分为二心房一心室,内有发育完好的隔膜;指(趾)端具爪,四肢健壮,尾发达,有明显的颈部;骨骼发育良好;雌雄异体,体内受精,卵生或胎生,卵具卵壳;混合型血液循环,是变温动物。全世界现有爬行动物大约近6000种,分布极广,除极寒冷地区以外,各地均有分布。

蛇类是一种不用脚爬行的爬行动物。分叉的舌头可说是蛇类的最大特征,也是它的重要器官。除了休息或睡眠外,蛇类会不断地伸吐舌头,来测试周围的环境。当舌头收入口腔底部的鞘中时,分叉的舌头会顶在口腔上方的助鼻器上,这是它的嗅觉器官。

所有的蛇类都是肉食性动物,从大型动物到小型动物都是它们的摄食对象。蛇类是一口将猎物吞进肚子里,因此它们都有一个可以张得很大的嘴巴。

事实上,蛇的下颌与头骨是分离的,且下颌的左右两部分在前方也没有直接契合,而由弹性韧带连系着,所以能把左右两边撑开,而将嘴巴张得大大的,吐出可怕的舌头。牙齿呈向后倾斜的反弯式,好像钩子一般,可以将食物钩住;而可自由移动的下颌就像跷跷板一样,一前一后地将食物送入具有弹性的喉咙内。有毒的蛇都有一对特别巨大的毒牙,其实那对巨大的牙齿,本身并没有毒,那些可置人于死地的毒液是藏在上颌的毒囊里,而擅长缠绕的蚺蛇或蟒蛇,则是利用它们有力、结实的身躯来环绕、压迫猎物,使其窒息而死。

珊瑚蛇

珊瑚蛇大约有65种,身上的花纹图案醒目而且体色极其艳丽,主要有红、黄、蓝或红、白、蓝3种颜色的环纹搭配。珊瑚蛇身体很短,浑身粗细均匀,脑袋小而且圆。

珊瑚蛇习惯过隐蔽的生活,喜欢在夜间活动,白天很少见到。它们的幼仔出生时非常小,只有成年人的手掌那么短。

珊瑚蛇有着美丽的外表、可爱的形体,但是这一切都只是惑人之相,大部分的珊瑚蛇都身负剧毒,故有俗话说:“红环接着黄环,咬上一口就完。”它们的毒已经被

列为最毒的一种蛇毒之一,属于神经性毒液。一条珊瑚蛇的毒,可以轻而易举地让一个成年人丧命。

珊瑚蛇属于眼镜蛇科,但是从外表看来却与眼镜蛇迥然不同,而且在生活习性上也大相径庭。有些蛇外表酷似珊瑚蛇,身上布满鲜艳的色环,但是它们是无毒的,只不过借着珊瑚蛇的名声招摇撞骗,躲避敌人的侵扰。珊瑚蛇在地上爬行时,都是呈"S"形向前移动。

巴西有一种珊瑚蛇,头和尾巴长得一样的粗细,每当它们遇到敌人时,都会狡猾地把头和尾一块立起来,当敌人正处于混乱状态,想要分清哪个是头、哪个是尾时,它们早就逃之夭夭。

蚺蟒

当你面对蚺蟒长达 9 米以上、粗壮的巨大身躯时,你一定会很震惊,不仅它们

蚺蟒

身体长而粗壮,而且它们的外表还有着美丽的斑纹。蚺蟒虽然没有剧毒,但却同样可怕。粗壮的躯干常常缠在树上。当它们捕获猎物时,用强劲的力量缠卷起猎物,使其窒息而死,然后张开大口吞下猎物。别看它的身体笨拙,可还是游泳高手呢!

黑头蚺蟒喜欢吃各种蛇,因为它对毒蛇的毒液有极强的免疫力,所以毒蛇对它来说,跟无毒的蛇一样。体色如翡翠的翠绿蚺,其美丽的外表不仅漂亮,还为它提供了极佳的保护色。网纹蚺蟒是蚺蟒中体形最大的一种,它的体长可达 11 米,是世界上最大的蟒。

雌雄蟒交配后,经过 3~4 个月的时间,雌蟒会产下 50~100 个卵,然后用身体把卵团团围住,用自己的体温孵化出小蟒,刚出生的小蟒仅有 60~70 厘米长,与它们的妈妈相比,真正小巫见大巫。

蚺蟒的腹部都遗留有腿的痕迹,这证明,蟒的祖先曾经是有腿的。

当你发现一条蚺蟒肚子高高隆起,这说明它刚捕食过猎物。这时的蚺蟒是最

和善的,攻击力极弱,它遇到敌人时都会主动逃逸。

响尾蛇

响尾蛇是一种比较大的毒蛇。它的攻击能力很强,眼和鼻之间有颊窝,能测到附近温血动物的准确位置,发现猎物时,能以每秒 1.4 米的速度扑过去,响尾蛇喜欢吃鼠类、野兔、小鸡、蜥蜴和其他蛇类。但是,它对庞然大物却很害怕,当人或大动物靠近它时,它就摇动尾巴,发出警告,企图把对方吓跑。此举往往很奏效,因为人和大动物都害怕它的毒牙。响尾蛇摇动它在尾部尖端的响尾环还有一个功能,尾环发出的声音很像流水的声音,小动物们以为这里有小溪,就前来饮水,结果误入蛇口,这也是用来猎食的一种手段。

响尾蛇的尾环是怎样形成的呢？原来当它每次蜕皮时,尾巴末端都会留下一段没脱落的角质环纹。由这种角膜围成了一个空腔,空腔内又由角膜隔成两个环状空泡,也就是两个空气振动器,当响尾蛇的尾巴一晃动,在空泡内形成了一股气流,随着气流一进一出地往返振动,空泡就发出音响。响尾蛇以每秒 40~60 次的频率摇动尾巴,响环就会发出"嘎啦、嘎啦"的响声,30 米以外都能听到。

滑翔蛇

两栖类、爬行类动物没有双翅,不可能飞翔。但有一种蛇却能滑翔,平时它喜栖息在树上,当遇到危险或发现鼠、蛙等小动物需要猎食时,就从树上快速滑翔到地面。这种蛇的滑翔本领很高,通常能从 10 米高的树上,向下滑翔达 50 多米。

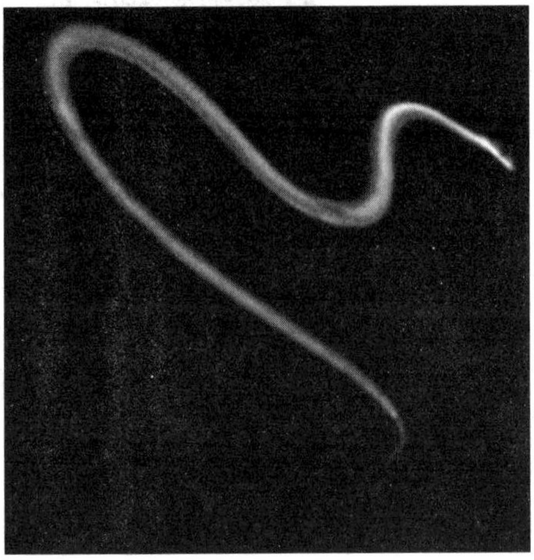
滑翔蛇

滑翔蛇所具有的奇特本领,引起科学家的兴趣,蛇只能从高处掉下来,怎么会滑翔呢？

原来它的奇特之处是它的身体结构与一般蛇不同,它的肋骨具有极大的活动性,当需要滑翔时,它就会把肋骨展开,使身体呈扁平状,像一条带子,用头尾掌握平衡,自然乘风,飘然而下。

海蛇——海洋杀手

生活在内陆的人恐怕都没有见过海蛇,但往往听说过能呼风唤雨的海底蛟龙和诱人上当的人面蛇身美女的故事。这“蛟龙”和“美女”,其实就是指海蛇。

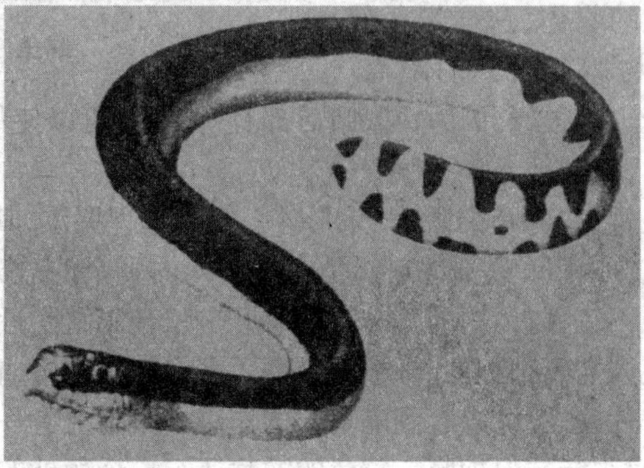

海蛇

海蛇和陆生蛇一样,也有较高的经济价值。海蛇的肉味鲜美,是海味中的珍肴美味。海蛇以鱼虾为食,它的肉含有高蛋白,味道鲜美,营养丰富,可以鲜食,也可加工成罐头食品。是一种滋补壮身的佳品,具有促进血液循环和增强新陈代谢的作用,常用于病后、产后体虚等症,更是老年人的滋补上品。

海蛇皮可以制琴膜及装饰品,如各种手提袋等;蛇毒可制成治癌药物“蛇毒血清”,还可以用于治毒蛇咬伤、坐骨神经痛、风湿等症,并可提取10多种活性酶;蛇血治雀斑十分有效;蛇油可制成软膏、涂料;蛇胆可入药,浸药酒有补身和治风湿之功效。

我国早就发现了海蛇的入药功效,唐代陈藏器的《本草拾遗》中就有详细记载。现代医学研究认为,仅从海蛇毒一项来说,它就含有多种生物酶,有极高的生物活性,可分离提纯多种酶类,用于医药、科研和生物工程等方面。对海蛇的开发研究已引起各国科研工作者的高度重视。

鳄鱼

鳄鱼有一个桶状的身体,后面接着一个长而有力的尾巴,尾巴上面排列着许多略呈三角形的长条鳞片,当它猛烈拍打时,就成了有效而危险的武器;脚短短的,上有四或五趾,部分有蹼连着;全身覆有突出的鳞片,身体前端是一个明显的大头,还有一个血盆大口,内有像钢钉般的牙齿。目前全世界的鳄鱼共有20多种,分为四

大类:鳄鱼、短吻鳄、中南美短吻鳄及恒河鳄。

鳄鱼

鳄鱼的眼睛长在头上较高的位置,所以我们会经常看到它们潜在水里,一动不动,只剩下两只眼睛露在外面。它们的两只眼睛靠得很近,并且都目视前方,可以看到三维的物体,这样鳄鱼就可以精确判断出物体离它们的距离。而且它们的夜视能力也很好,因为在眼睛后部有一个膜,可以使尽可能多的光线反射进入眼睛。

现今的人们经常用“鳄鱼的眼泪”来形容一个假惺惺哭泣,其实心怀鬼胎的人。鳄鱼的确会经常流“眼泪”,只不过它们是在排泄体内多余的盐分而已。因为鳄鱼肾脏的排泄功能很不完善,体内的盐分就要靠开口位于眼睛附近的盐腺来排泄.

鳄鱼在遇到敌人需要逃跑的时候,就会潜入水中。在水中,它们的耳孔和耳朵会被一个特殊的皮片盖住,可以起到隔离水的作用。眼睛上有一层透明的眼睑,闭合下来,就形成了对眼睛的保护膜。鳄鱼的喉咙还有一个额外的皮片,当它们张着嘴呆在水中的时候,这个皮片可以防止水进入到它们的肺里。真可以说是设施齐全,做到了滴水不进。

湾鳄——最大的爬行动物

湾鳄是鳄类中唯一能生活在海水中的种类。它广布于东南亚、新几内亚、菲律宾及澳大利亚北部的热带、亚热带地区,栖息在沿海港湾及直通外海的江河湖沼中,所以又称咸水鳄。

湾鳄

我国早在唐宋以前,南方的广西、广东、福建、台湾等沿海港湾和内陆河流中,就生活着许多湾鳄,以后由于自然条件的变迁,数量逐渐减少,至 20 世纪初已不复存在了。

湾鳄身躯巨大,能长到 5~6 米长,1 吨多重,并往往能活到一百来岁。湾鳄中最长的纪录是 10 米!这是根据保存在英国自然历史博物馆中的一个巨大的头骨标本推算出来的。该头骨为 1840 年在孟加拉湾捕获的一条鳄鱼的头骨。

湾鳄捕食各种动物,小的如鱼、蟹、螺、蚌,大的如鸡、鸭、犬、羊、猪、马、牛,比较奇怪的是,它也吞吃同种幼鳄。湾鳄还伤害儿童和成人,因此,有的地方又把它称

为“食人鳄”。

湾鳄最大的经济价值是利用其皮制革，是世界珍贵的皮革之一。泰国饲养鳄鱼是成功的，它们既可供观赏，又可提供珍贵的皮革。据说，好的鳄鱼皮每厘米可值 0.8 英镑。

短吻鳄

短吻鳄的寿命比其他鳄鱼的寿命都长，一般在 30～35 岁左右。短吻鳄，顾名思义，其吻部比其他鳄鱼相对来说要短些，但是比较宽大。这种鳄鱼善于挖洞，在洞内躲避危险和进行冬眠，它们以鱼类、鸟类和小型哺乳动物为食。其幼体为黑色，并带有黄色条斑，看起来比较漂亮，但是长大之后，就变成了浅褐色的丑陋模样。

壁虎

壁虎，又叫“守宫”，体长约 10 厘米。壁虎四脚上的指与趾均扁平扩大。趾下面是皮肤褶皱，上面有微细腺毛，因此，有极强的粘附力，能在墙和天花板上爬行。它不咬人，善捕食蚊蝇。遇着敌害，以断其尾而“自卫”。壁虎断下来的尾巴，因上面有神经尚能跳动，有人说它会钻到人耳朵里去，其实这是误传。壁虎的药用价值很高，可治中风、痉痛等，其干制品称“天龙”。常见的有无蹼壁虎、蹼趾壁虎等。

壁虎

大壁虎又称蛤蚧，国家二级保护动物，是一种名贵的中药。它能吸附在岩石、树皮上，体长 30～34 厘米，重近 100 克，动作敏捷，遇异物常咬住不放。在我国广东、广西、福建、云南等省区都有分布。

蜥蜴

现存蜥蜴约有 2500 种之多,大致分成两大类:一类主要栖息在地表,身体略呈扁平;另一类生活在树上或水中,身体则是窄窄的。它们的尾巴多为长鞭状,也有短钝型。最引人注目的是,它们的尾巴断掉后,还可以再长出一条新的来,因此蜥蜴遇到危险时,就会利用断尾来转移敌人的注意力,好趁机逃逸。

蜥蜴

大部分蜥蜴以昆虫为食,它们靠着口内的长舌头,快速向外吐出,就可轻松地将昆虫卷进口中饱餐一顿。不过也有例外,北美毒蜥以较小的蜥蜴为食;少数鬣蜥只吃树叶和水果;而住在海边的海鬣蜥则以海藻为食。

鳄蜥虽然外表看起来很像蜥蜴,但两者的身体结构却大不相同。此外,蜥蜴的行动显然比鳄蜥快多了,而鳄蜥却以缓慢的生活节奏及迅速入睡而闻名遐迩。

鬣蜥

一提起它的名字,很多人都会感到陌生,其实鬣蜥是爬行动物中最兴盛的一种类群。它身体细长,身体表面覆盖着齿状的鳞片;它种类繁多,身体大小差异很大,大的约有 70 厘米长,小的才只有 10 厘米左右。鬣蜥的脚趾扁平,不仅可在陆地上生活,而且在水中也能游泳,也有些喜欢躲在树上。它们跑起来的速度相当快。由于体重轻,还可将身体直立成 45°角的姿势,以每小时 15 千米的速度跳跃。甚至在水面上做短距离行走。

鬣蜥

有些鬣蜥的颈部长了一个大大的袋子,平时基本上是没有用武之地的。但是当它们求偶时,就会把这个“装饰袋”鼓成气囊来吸引异性,引起它们的注意,或者当有敌侵袭时,用来恫吓敌人。

鬣蜥类绝大多数都以捕捉其他动物为食,少数为杂食性,既吃动物又吃植物。然而面貌奇丑的加拉帕戈斯鬣蜥仅以仙人掌为食,是个绝对温和的素食主义者。

生活在美国西南部和墨西哥干燥地区的鬣蜥在下颚处有毒腺。鬣蜥是一种让人印象深刻的动物,它们是世界上最大的植食蜥之一,大部分时间都呆在高高的水边树木上晒太阳。它们的四肢很有力,上面生长尖利的爪。鬣蜥的生长速度慢,要用20 年的时间才能到繁殖年龄,这对于任何一个爬行动物来说,都是一项纪录。所以人们认为,它们能活 100 年之久。

饰蜥

饰蜥的家族成员众多,它们的大小与外形也各不相同,但它们却有一个共同点,那就是它们借助身上可以隆起的粗涩鳞片,将自己装饰成各种吓人的模样,它们的名字也因此而得名。饰蜥的四肢和趾头很细,所以跑不快,它们抵御敌人的本领主要靠各种吓人的模样来保护自己。

饰蜥类的成员身上有各种各样不同的装饰,有的身上长满了刺,叫巨刺蜥蜴。有的颚下长着一大堆胡须,因而称其为胡须蜥。它们大多夜间出来活动,以昆虫为食。为了适应树上的生活,它们没有自割尾巴的能力。

生活在澳大利亚北部的颈圈蜥蜴,脖子上长有一圈围脖似的褶膜。当遇到敌人时,它会把褶膜完全张开,这使得它的身体看上去大了许多,很像一头鬃毛倒竖的雄狮。敌人一见就吓得落荒而逃。如果被对手识破,它就会站起来用两只后脚蹦跳着逃之夭夭。此外颈圈蜥蜴在求偶或散热时也会张开脖子上的褶膜。

绝大多数的蜥蜴在遇到强敌时,会将尾巴自行断开,趁机逃走。但饰蜥却没有自割尾巴的能力。它们只会威吓对方。

彩虹饰蜥的头是三角形的,喉咙下方的褶会膨胀大。当它遇到危险时,它以此来威胁敌人。雄性的背部还有鬃毛状的鳞,兴奋时会竖起来。身材纤细的飞蜥身体两侧有膜,当它移动时,会展开像翅膀一样的膜飞向空中。这同样也是雄飞蜥向异性求爱的工具。

沙漠角蜥

在北美洲墨西哥的索诺拉沙漠地区,蜥蜴不仅种类繁多,而且长得奇形怪状,色彩绚丽,行动神秘。其中有一种表皮坚硬的蜥蜴善施骗术,它能从眼睛中喷射出一串高达 1.8 米的血流吓退天敌。这种蜥蜴通常被称为沙漠角蜥。

角蜥有很好的保护色,它浑身上下呈沙色,与沙漠环境的色调一模一样。这样,不管是凶狠的大型爬行动物,还是鸟类或其他动物都很难发现它们。角蜥利用保护色,不仅可以对付敌害,还能迷惑猎物。它们常常待在一处按兵不动,一旦猎物将它们误认为是沙丘、岩石,向它们走来,角蜥就会张大嘴巴,一口将猎物吞下。

角蜥身上还长有许多又尖又硬的鳞片，每个鳞片都像一把锋利的匕首，这是角蜥的重要防御武器。有人曾目击这样一个场面：一条神气活现的响尾蛇猛地向一条角蜥发起进攻，企图一口把它吞下。不料刚刚吞下角蜥的头部，却被角蜥脖子上的匕首状鳞片刺穿了喉部。此刻，响尾蛇痛苦极了，想吐出角蜥又不可能，因为鳞片穿刺方向与欲吐出方向正好相反。最终，这条响尾蛇因流血过多而死去。

沙漠角蜥

角蜥防身术最奇特的一招就是喷血。在索诺拉沙漠地区，有许多角蜥的敌害，特别是一些狡猾的猛兽，它们似乎知道角蜥身上匕首的厉害，从不用嘴去先咬它，而是用爪撕角蜥致死。每当这时候，角蜥看到来者不善，就会使出它的绝招，从眼睛里喷出一串血珠，吓退敌害。

能在水面上跑的斑冠鬣蜥

能在水面上跑，那有多么奇妙哇。神话中的神仙和鬼怪才会有这种本领。我们知道现实生活中有一种叫水黾的昆虫，它身体特别轻，轻到几乎没有重量，所以它能在水面上奔跑自如。但是，你不知道吧，有一种叫斑冠鬣蜥的爬行类动物也能在水上奔跑。

斑冠鬣蜥生活在离河川很近的地方，当被敌人追赶时，会很快逃到水里，它会游泳和潜水，最了不起的是能在水面上跑。在陆地上它用四腿走路，用两只后腿跑步。在水面上跑的时候，它后面的左右脚快速交替抬起和快速交替踩水。还由于后脚趾能张开，使得踩水面积大，又能增加水对身体的浮力，又加上奔跑速度快、身体轻、蹬水的力量又很大，所以，就沉不到水里了。

貌似蚯蚓的蚓蜥

在全世界大约3000多种蜥蜴中，论外貌，要数索诺拉沙漠上的蚓蜥最奇特了。

蚓蜥的长相十分出奇，和一般蜥蜴完全不同。它体长约50厘米，呈长圆柱形，看上去有许多环节，活像一条大蚯蚓，所以动物分类学家才给它取名为“蚓蜥”。

蚓蜥是一种极为罕见的蜥蜴，加上它外貌酷似蚯蚓，因而初到索诺拉旅游的人们常常误认为它们是一种蚯蚓。因为在一般人看来，蜥蜴是“四脚蛇”，有明显的四条腿，而蚓蜥却没有，所以认为不是蜥蜴。蚓蜥虽然没有明显的四条腿，但是它依

靠头部和短短的前肢，既能在树丛中蜿蜒攀爬，又能在疏松的沙土上蠕动前进，捕食昆虫。

在索诺拉沙漠地区，由于蚓蜥的粉红色体色与沙土、树叶的色彩很不协调，所以显得非常醒目，容易招来灾难。当地有一种叫走鹃的鸟类，就是以它为食的。在走鹃的交配繁殖季节里，雌鸟将捕捉到的蚓蜥喂给自己的子女吃；雄鸟捕到蚓蜥以后，则将其叼在嘴边，作为向雌鸟求爱的“礼物”。所以蚓蜥的伤亡率很高，这可能也是这种蜥蜴数量稀少的一个原因所在。

桥形蜥蜴

大部分爬行动物都喜欢温暖的气候，气温在25℃以上，它们才变得活跃起来。所以，热带国家的爬行动物比较多。

有一种桥形的蜥蜴却与众不同，它更喜欢凉快的天气。这种原始的蜥蜴生活在新西兰的海岛上。

12℃的气温是桥形蜥蜴最理想的温度，所以桥形蜥蜴只有早晨和傍晚才趴在阳光下，白天的大部分时间都在洞穴里度过。到了凉快的晚上，它可以几个小时呆在外面寻找食物。它吃昆虫、蠕虫和蜗牛，有时也洗劫鸟窝、偷吃鸟蛋。和热带的爬行动物相比，这种蜥蜴的动作当然要慢得多。在紧张的时候，桥形蜥蜴的呼吸每分钟也只有8次。如果在休息状态，一分钟它只呼吸一次就行了。桥形蜥蜴的心脏跳动和身体的其他新陈代谢过程也比别的动物慢得多。可想而知，它的生长也极其缓慢，大约需要20年的时间，一只桥形蜥蜴的身体才能长到80厘米长。

避役的舌头最长

避役，也叫变色龙，是一种树栖的爬行类，也是世界上珍贵动物之一。它不吃“素”，而以“活物”为食，喜食蝗虫、蚱蜢、蝶、蝇、蚊等。如发现前方有虫子，它就慢慢爬近，闪电似的喷射出舌头，把虫子粘住。这精彩的表现不需1秒钟就完成。避役捕食的动作，早有电影把它拍下。如用慢镜头观察，不难看出，它喷射出来的舌头可以超过它的体长。舌基部窄，末端稍膨大，上有粘性分泌物，舌像棒状，由弹性纤维组成。平时缩入口腔内的鞘内，捕食时的快速动作主要是由于舌内血管快速充血及舌肌的收缩，所以能极快地直射出来。在哺乳动物中，针鼹的舌是它体长的3/4；体长1.3米的食蚁兽，舌只能伸长到0.3米；大家熟悉的长颈鹿也有一个长舌头，但0.45米左右的舌与它那4米以上的身高相比，就微不足道了。就舌长和身长的比例而言，避役的舌可算是最长的了。

避役还有一个独有的特征，它的眼球大而突出的眼眶外，眼睑上下愈合为环

状，中央有孔，光从孔而入。两只会旋转的眼球，可各自独立运动，左右眼各不受牵制，左眼向前看，右眼可向后看或向上看。这样扩大了视野，有利于捕捉昆虫。捕食前有时还左右摆动身体，以调节焦距，一经瞄准，舌就直线喷射而出，百发百中。

避役

避役还以体色善变而闻名。在光、温度、湿度，或其他反射作用刺激下，中枢神经系统支配在真皮里的颗粒细胞和色素细胞改变位置，这就是体色迅速变换的原因。有时一天会变几种颜色，来保护自己和警戒。一般夜间常是黄白色，天亮时为暗绿色。避役这些高超的“武艺”是其他动物所没有的。

龟

龟主要分布在热带、亚热带及温带等较温暖的地区，以植物为主食，偶尔也吃些较小的动物或动物的尸体。通常，龟依其生活环境的不同，大致分为陆龟、海龟及淡水龟三大类。龟的种类不多，约有 35 种，其中以革龟（又称棱皮龟）的体型最庞大，身长约有 2 米，体重超过 500 千克。大部分的龟都具有一个甲壳。这种甲壳大多非常坚硬，它们的身体就藏在这个类似盒子的厚壳里，利用它来保护自己，有时甚至完全缩进壳里，以逃避敌害。龟是“长寿”的象征，目前已知，世界上已有 3 只龟的寿命长达 200～300 岁。这三只龟就是西西里陆龟、汤加陆龟及马利昂陆龟。它们都属于大型的陆龟。

海龟

海龟是棱皮龟科和海龟科的海栖龟类的统称。它们为了适应水生生活，身体比较扁平，四肢都变成鳍状，长长的前肢像船桨一样，非常适宜在水里自由自在地遨游。它们除了头、腿和尾巴以外，全身覆盖着硬壳。

海龟与陆地龟相比，它长长的前肢很像桨，这使得海龟能在水里自由自在地遨游。它褐色或暗绿色的脊部上长有黄斑，头顶上长一块长额鳞。海龟是体形最大的龟，它们的甲长一般在 1 米左右。除了产卵和晒太阳，海龟通常很少上岸。

绝大多数的龟性情温和，遇到敌人时只会将头缩起，不去攻击敌人。敌人对它硬硬的壳也毫无办法。龟就是凭借这种特殊的本能，已在地球上安然自得地生活

了2亿年。

海龟

雌海龟只有产卵时才上岸。每年夏季是海龟的繁殖期,雌海龟爬到沙滩上挖洞,然后将50~200枚卵产在洞里。大约过45~70天,小海龟就孵化出来了。有趣的是,每到夏季,海龟会返回同一块沙滩上产卵。

绿甲海龟可以在水下呆5个小时,为了节约氧气,海龟的心脏每9分钟才跳动一次。

玳瑁

玳瑁是一种海龟,背甲十分美丽,呈棕红色而且有黄色花斑,盾片都呈覆瓦状排列.有4对肋盾。背甲在日光下闪现琥珀样辉光,瑰丽可爱。它们生活在热带和亚热带海洋,经常出没于珊瑚礁中。玳瑁性情凶猛。上下颚强而有力,不仅能把坚硬的蟹壳咬碎,而且软体动物的外壳也不在话下。玳瑁一般身长只有几十厘米,体重约45千克左右,主食鱼类、虾、蟹和软体动物,也吃海藻。

珍贵食品——甲鱼

甲鱼是一种爬行动物,学名中华鳖。适宜在17~32℃的水温中生活,在低于15℃水温的秋后,进入冬眠,属变温动物。

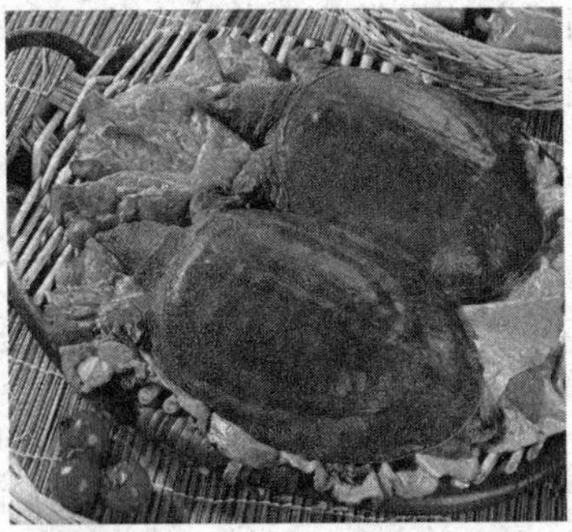
甲鱼

甲鱼是一种较为长寿的动物,可活40~60年。夏秋之际,甲鱼会爬上河滩,在松软的泥地上挖个浅坑,伏在上面产蛋。有趣的是,如果甲鱼产蛋的地方离水面比较近,就预示着近期不会有洪水;产蛋的地方离水面较远,说明水位要升高,将有洪水,真堪称“气象预报专家”。

甲鱼繁殖速度快,但生长却十分慢,最大体重只有7千克左右。甲鱼的生活习性很有趣,游在水中的甲鱼常常将头伸出水面,用鼻子换气。甲鱼咬住东西,就不肯放松。其实,这也不

难对付。只要用头发或棉丝捅一下它的鼻孔或卡它的脖子,或突然发出响声吓唬,或放入水中,它就会松口把头缩进甲壳里或逃跑。甲鱼既食多种小动物、昆虫,又食多种粮食和蔬菜,饲料易得,饲养容易。

甲鱼肉味鲜美,含有丰富的蛋白质和多种维生素,有滋阴、清热、壮阳等作用。还可治疗肠胃病、便秘、痔疮等疾病。病后体弱的人吃了以后,可以调养身体。

棱皮龟——世界上最大的龟

在太平洋、大西洋和印度洋的热带和亚热带海洋里,生活着世界上最大的龟——棱皮龟。它又叫革龟,也有的叫太平洋皮背鳖。

棱皮龟

棱皮龟的背甲并不像其他龟那样具有坚硬的角质龟壳,而是披以柔软的革质皮肤。背甲为心脏形,上有 7 条纵行的棱起,棱间凹陷似沟,这些棱起是由许多不规则的多角形小骨板组成的。腹甲骨化。有 5 条纵行棱起。四肢由于长期适应于海洋中游泳生活而呈桨状,前肢很长,背甲长一般为 1~2 米,体重在 200 千克左右,而最大纪录者,背甲长可达 2.5 米以上,体重达 715 千克。

棱皮龟终生生活于海洋中,善于游泳。1970 年,在我国长江口捕获一只棱皮龟,根据身上所挂的标记指出,是从大西洋的英国投放入海的,可见它的游泳本领之强。这种龟只有在产卵时,雌龟才离开大海,爬到偏僻的海岛沙滩上。用肢掘坑产卵,当雌龟产完卵后,又用后肢划动,将坑中的卵用沙掩盖好,在返回海洋的途中,它一面向前爬行,一面划抹掉因爬行而在沙上留下的行迹。其卵任自然孵化,刚孵出的小棱皮龟会自行爬向海洋,从此开始遨游在茫茫海洋之中。它以虾、蟹、软体动物、鱼类、海藻等为食。

象龟——陆地上最大的龟

象龟是陆生龟类中最大的一种,它因为腿粗似象脚而得名。它产于太平洋、印度洋热带岛屿,尤以南美洲西海岸的加拉帕戈斯群岛、印度洋上的塞舌耳群岛及阿尔达布拉岛居多。"加拉帕戈斯"在西班牙语中为"龟"之意,所以在 16 世纪,探险家就将此名来命名发现象龟的岛屿。

象龟以吃青草、野果和仙人掌为生。这些驯良的植食动物每天睡 16 小时,雨

季下山，旱季则爬到多雾的山顶生活，常在泥沼里打滚，以图凉快，并常常任小鸟替它清理掉身上的寄生虫。它壳长达 1.5 米，爬行时高可达 0.8 米，重 200～300 千克，最重可达 375 千克，能背负 1～2 人行走。雌龟每次下蛋 90～150 只。据报道，它的寿命可达 300 岁。

象龟

由于象龟壳长可达 1.5 米，当地居民常用壳当作摇篮。同时因为它与其他爬行动物一样，即使不吃不喝也能活很长的时间，加之从每只这样巨大的龟的身上能得到 100 千克以上美味的肉，所以很多船员将它捕来当作十分方便的“活罐头”。

在 16～17 世纪以前，这些岛屿上象龟十分繁盛。但由于从 18 世纪以来，先是海盗，后是航行到这些岛屿上的船员们大量捕杀，加之这些岛上移民增多，鼠及家畜经常捕食幼龟及龟卵，现在已有濒临灭绝的危险。

绿毛龟

绿毛龟是逗人喜爱的观赏乌龟。它的背甲、四爪和颌上都长满了 3～7 厘米长的柔轻的绿毛，非常有趣。

那么，绿毛龟身上的绿毛是怎么来的呢？其实，这种“毛”，不是乌龟本身长出来的，而是寄生在龟背上具有细胞结构的水生低等绿色植物——丝状绿藻，包括刚毛藻和基枝藻等。

绿毛龟

刚毛藻和基枝藻很像绿色的“毛”，通常生活在淡水湖泊、河流里。它们都生有固着器，这是一种根状的构造，能牢固地着生在具有钙质的基质上。只要有适宜的温度和阳光，它就可以在水中终年生长，迅速繁殖。

龟是一种爬行动物，它具有坚硬的含有钙质的龟壳，不仅适应陆地环境，而且更多地生活在水中。龟又是变温动物，体温随着外界温度的变化而变化。当外界温度过高或过低时，它就会进入洞穴休眠。加上龟的行动迟缓，寿命长，这些特点都有利于藻类的固着和生长。

有一种黄喉水龟，它的趾间有蹼，能长期在水中生活，很少上岸活动。当这种

龟在刚毛藻或基枝藻生长的地方觅食时，藻体成熟释放出的孢子就固着在龟背上，龟就像长出浓密的绿“毛”来。

龟的寿命

龟的寿命究竟有多长呢？据有关记录记载：在上海自然博物馆里，有一只保存着的大头龟，龟背甲上刻有“道光二十年（1840 年）”字样，这分明是为了记事用的。这一年中国发生了鸦片战争。这只大头龟是 1972 年从长江里捕获的，从刻字那年算起，到捕获时为止，这只龟至少活了 132 年了。

在伦敦动物园里，有一只象龟是 1773 年在印度了查戈斯群岛的埃格蒙特岛上捕到的，当时科学家鉴定的年龄是 100 岁左右。后来，被送到一个动物爱好者家里生活了很长的时间，又被送到伦敦的动物园。20 世纪 20 年代，它已活了近 300 岁了。

1983 年，中国人民革命军事博物馆展览橱窗里有只海龟，吸引了许多观众。这只海龟重 120 千克，2 月 22 日在橱窗里生蛋，两天里就产了 30 个蛋。经鉴定，这只海龟已活了 300 年。

那么海龟的寿命为什么这么长呢？

一些科学家研究表明，龟的长寿，同它们的行动迟缓，新陈代谢较慢和具有耐饥寒的生理机能有密切联系。根据动物学家和养龟专家的观察和研究，个头大、吃素的龟要比个头小、吃肉或杂食的龟寿命长。如：象龟，是世界上最大的陆生龟，它以青草、野果和仙人掌为食，寿命特别长，可活 300 岁。

鸟　类

鸟中情圣——鹦鹉

鹦鹉能言擅吻，它们的接吻技术并不比人类逊色。

鸟中情圣——鹦鹉

其他鸟类都是蜻蜓点水式的轻吻，一接触就各自振翅纷飞，不断地接吻也是啄木鸟式的，一下一下地。而鹦鹉接吻时，吻得很深，舌头互相紧勾，难舍难分。

鹦鹉能言，是因为人类声音通过其耳孔进入脑部，经多次向它说同一语言，它凭记忆重复，根本不解语言意义。而接吻是它的本能，并非模仿人类。

其他雀鸟比翼双飞，在空中触及，或在枝头互碰。一秒钟就完事。鹦鹉的交尾却历时20~30秒，它们休息5~6分钟之后，又一而再，再而三，一天之内可交尾许多次。交尾之前它们调情热吻，长吻过后，雄鹦鹉须用腰力，碰撞爱侣，可谓鸟中情圣。

鹦鹉性别难分辨，差别只是它弯曲的嘴巴颜色，雄性是青色或茶色，雌性是米黄色接近白色、或浅咖啡色。家中养一只鹦鹉不论雌雄，在其动情的求偶季节，都很不耐烦，左扑右扑。

金雕

金雕是大型猛禽的代表种类，体长为 1 米左右，翼展达 2 米，体重 2~5 千克。体羽为棕褐色，在后头、枕和后颈等部分都有很尖锐的金黄色羽毛，呈披针状，性情凶猛，体态雄伟。

金雕

金雕喙的最前端有一个尖锐的弯钩，主要用于撕裂猎物。腿上全部被有羽毛，脚的三趾向前，一趾向后，趾上都长着锐如狮虎的又粗又长的角质利爪，内趾和后趾上的爪更为锐利。

金雕善于滑翔和翱翔，常在高空中一边呈直线或圆圈状盘旋，一边俯视地面寻找猎物，发现目标后，常以每小时 300 千米的速度，闪电般从天而降。它捕食的猎物有数十种之多，甚至可以在草原上长距离地追逐狼。

鹫

鹫和鹰的长相差不多，可是，它们的习性却完全不同。鹰是典型的猛禽，专门捕食一些小动物，甚至连羊那么大的动物也是它们的捕猎对象。

根据自己的想象，人们把鹫也算作猛禽，认为它和鹰是同类。其实，鹫既不会袭击，也抓不住什么动物，最多只是吃死去的动物罢了。只有饿极了的鹫才会进攻活的动物，而它的猎物也大多是一些迷路的幼小动物。

鹫的爪子不像老鹰的那样尖利，它无法抓住奔跑的动物，更没本事把它们杀死。它最多只能夹住动物的尸体。鹫的长嘴也只是撕开腐肉的工具而已。鹫吃食时，要把它的头完全伸到动物的尸体里，再抬起头来的时候，没有羽毛的光脖子上沾不到什么残肉污血。这对鹫来说极为方便。另外，由于鹫生活在炎热的戈壁上，

脖子光秃秃的也更有利于散热。可见，鹫的脖子上没有毛，也是有道理的。

鸢

鸢又叫老鹰，它们是白天活动的猛禽。它的尾羽为叉形，这是有别于其他猛禽的地方。鸢全身披着暗褐色羽毛，在天空飞翔时，可以见翅下横贯的白斑。它独来独往，飞翔时一般不鸣叫，栖止时常常发出单调脆弱的“嗯、嗯、嗯、嗯”的叫声。

鸢

鸢主要的猎食对象是田鼠，有时也吃野兔、小鸟和昆虫。

到冬天，它们往往三五成群地漫游。飞行时，两翅徐徐鼓动一次，即往前滑翔一段距离；滑翔时，两翅并不振动，好似在空中高悬。鸢分布于欧亚大陆、非洲、印度，一直到澳大利亚。我国全国各地皆有分布。三月间开始繁殖，在温和的南方，到二月就开始繁殖了。鸢的巢很大，但极为简陋，仅用一些树枝搭制而成。巢大多筑在高树上，每巢产卵 2~3 枚，卵色污白，带有不同深度的红色。

鸽子的眼睛

鸽子有着一双神奇的眼睛，它能在人眼不及的距离发现飞翔的鹰，而且能区分出是吃腐肉的鹰还是吃活物的鹰，这样，它就可以决定是否需要逃跑。鸽子还能在几秒钟内从千万只鸽子中认出自己的伴侣。鸽子在长期离巢后，一旦返回故居，也能从许多看似相仿的鸟巢中一眼认出自己的家。

鸽子

为什么鸽子的眼睛如此厉害呢？原来，鸽子的眼睛视网膜上有 6 种神经节细胞，它们能分别对图形的某些特征产生特殊

反应,并且只对自上而下运动的物体产生反应,而对自下而上运动着的物体却视而不见。

科学家根据鸽子眼睛的构造,制造了一种电子鸽眼。如果将这种电子鸽眼配备在警戒雷达上,安装在机场和国境线附近,那么它就只会监视飞入机场和国境的目标,而对飞出去的目标却熟视无睹。这对于提高国防水平具有重要意义。

游隼

游隼是一种肉食鸟,捕捉以鸽子为主的鸟类和一些小型哺乳动物。它能在飞行中以惊人的速度准确地俯冲下来抓住食物。游隼创造了时速 355 千米的空中俯冲纪录,成为世界上飞得最快的鸟。游隼遍布于世界各地的荒野和森林,但是在山岭或沿海的岩石区较为常见。

游隼

由于游隼对其他的鸟类有震慑作用,近年来它们被放养在飞机场,用来吓唬小鸟,使之远离飞机跑道。

鸵鸟

鸵鸟生活在非洲的沙漠荒原,身高可达 3 米左右,它的脖子很长,头却很小,嘴

扁平，翅膀短小，不能飞，腿长而有力。

鸵鸟的羽毛颜色并不漂亮，雌鸟一般为灰褐色，雄鸟的翼和尾部有白色羽毛。它们以草、种子、野果、昆虫和软体动物为食。

在非洲的沙漠地区，鸵鸟经过训练可供人骑。它的羽毛可用来做装饰品。此外，还有不少国家大量饲养鸵鸟，因为它的肉用价值很高。

你别看鸵鸟的个头很大，但它其实生性很胆小。每当遇到危险时，鸵鸟会把头埋入沙中，以此认为是安全防御。当然，鸵鸟逃生的本领也很强，当它遇到敌害时，也会迈开强有力的双腿奔跑。时速可以达到60千米，绝对不比骏马慢。

鸵鸟

鸸鹋

鸸鹋产于澳大利亚，它不能飞翔，是世界上现存的第二大鸟。鸸鹋体格健壮，腿长，似鹤鸵。两性体羽均为浅褐色，头和颈为暗灰色。被困时用长有3趾的大脚踢人。鸸鹋终生配对，幼雏出壳后很快就能跟着成鸟跑。它们的气管有特别的结构，在繁殖期可发出巨大的隆隆声。有3个亚种栖息于澳大利亚的东部、东南部和西南部，第4个亚种（现在已经绝灭）曾栖息于塔斯马尼亚。

鸸鹋

鸸鹋本性温顺善良，很讨人喜欢。有时如有汽车停在鸸鹋生活区的路边，它们会立刻大摇大摆地走过来，把头伸进车窗，晃动漂亮的蓝色长脖颈，向人亲昵卖乖。原来它们这样做，是为了讨好人类，以获得一点食物。

鸸鹋平常以草原上的树木和青草为食物。当遇到干旱时，树木和草都枯死了，找不到食物裹腹。饥饿的鸸鹋则会转向田地破坏庄稼。

鸸鹋双翅已退化，所以不会飞。但它们有着惊人的奔跑本领，每小时能跑60千米以上。假如遇到强敌追赶时，它们两只高跷似的长腿，一步便能跨出2米。当地的澳洲人在捕捉鸸鹋时，只有骑在快马上追赶，直到它们累得倒地时才能捉住。

鸸鹋只生活在澳洲草原上。它们在澳洲人心目中的地位与袋鼠相同，因为在澳大利亚的国徽上，左边是袋鼠的图案，右边是鸸鹋的图案。

金丝燕做燕窝

我们吃的燕窝是一种叫金丝燕做成的窝。

金丝燕生活在亚洲热带地区的海岛上，我国南海的岛屿上也有它们活动的踪迹。它体长约18厘米，暗褐色的羽毛间闪现出金丝光泽，首尾犹如燕形，因而得名金丝燕。

金丝燕

每年春天，金丝燕开始做窝繁殖后代。它的咽部有非常发达的舌下腺，能分泌出很多有粘胶性的唾液，这是做窝的主要材料。它们把唾液从嘴里一口一口吐出，积少成多，在山洞潮湿的空气中，这些唾液自然凝结干固起来，经过20~30天，一个洁白晶莹、直径6~7厘米、深3~4厘米、形状如碗碟一般的小窝做成了，这就是燕窝。

金丝燕在一年中能做几次窝。第一次做窝完全是由唾液凝成，颜色雪白，营养价值最高，是燕窝中的上品。当人们把第一次窝采去以后，它们便毫不犹豫地立即开工做第二次窝。然而这次唾液已没有那么多了，金丝燕只得把身体上的绒毛啄下，和着唾液粘结而成，这种窝质量较为次之。当第二次窝被采走以后，勤劳的金丝燕又接着赶做第三次窝，这次就更为困难了，唾液只剩下很少一点，身上的绒毛也不多了，但顽强的鸟儿不气馁，它们飞到海边一口口衔来海藻和其他植物纤维，混以少量的唾液，再一次把窝做成。当然，这种窝的质量就更差了。此时，采窝人也就适可而止，不再继续采了，否则便会影响下一年燕窝的产量。

采集燕窝要冒很大风险，必须爬上悬崖峭壁，从崖顶上放下绳子才能采集到。由于燕窝稀少难得，价格也就特别贵，所以被东方人视为珍品。

信天翁

信天翁是一种大型海鸟，体长约1米，展开双翅可达4米。信天翁飞翔能力特别强，速度也很快，一天可以连续飞行600千米。它特别善于滑翔，尤其擅长借助风势飞翔，可以在海面上不扇动翅膀飞翔几个小时。

一般情况下，信天翁都有自己的领地。而且，信天翁保卫地盘的意识特别强。当遭遇外敌入侵时，所有的信天翁都会在鸟王的呼唤和带领下，奋力与敌人搏斗。不管敌人多么强大，它们都会宁死不屈，保卫家园。

对于在海上航行的人来说，信天翁可不受欢迎。你知道这是为什么吗？原来，

风可以帮助滑翔，所以当海面上大风将起时，也正是信天翁最高兴最活跃的时候。但是，这种天气对于出海捕鱼的人来说却是最糟糕的。所以，每当渔民一见到信天翁大量聚集到海面，就知道天气要变坏，必须立刻返航。

海鹦

海鹦是一种美丽而又喜爱热闹的海鸟。它的眼睛富于色彩，眼睛周围的图案使海鹦显得冷峻威武。海鹦总是成千上万地聚集在一起，在北寒带的沿岸岛屿的峭壁和石峰上筑巢而居。小海鹦在这里可以得到所有长辈的保护，很少受到肉食鸟的侵袭。

海鹦

海鹦拥有像鱼一样的潜水能力，能潜入水下 20 多米处捕鱼，一次捕猎十几条鱼。曾有人看见一只海鹦的口中排列着 60 多条鱼。在空中，海鹦是强有力的飞行者，它能 1 分钟振翅 300~400 次，飞行时速高达 64 千米。

海鹦的尾部有一个分泌油脂的腺体，它们常常将腺体分泌出的油脂涂抹在羽毛上，这样可以使海鹦在飞行时减少热量的散失，此外还能使海鹦在水中穿梭自如。

每年的繁殖季节，雄海鹦的喙就由原来的灰白色变成绚丽的彩色，以此来取悦雌海鹦。海鹦每窝只产一个呈梨形的蛋。海鹦的蛋像不倒翁似的重心在下方，所以当海风吹来时，它可以原地转动，而不会摔破。蛋的孵化期为 40~43 天，由雌雄海鹦交替孵化。当小海鹦出世后，它的父母轮流捕食，共同承担养育它的责任。

军舰鸟

军舰鸟是一种大型海鸟。它身披黑色的羽毛，展开双翅，宽度可达 2.5 米。军舰鸟的飞行技术十分高超，它能借助强劲的海风，长时间滑翔盘旋，可以飞到 1200 米的高空，也可以连续不停地飞到离鸟巢 1600 千米的地方。

军舰鸟在海洋上空度过漫漫长夜。这是因为军舰鸟的脚很小，在陆上行动很不方便。它们在沙滩上捕食刚孵出的海龟，还吃在人类聚居地可以找到的任何食物。

军舰鸟的繁殖行为非常奇异。雄军舰鸟的喉囊通常是暗橙色的，但在繁殖季节期间，却变成鲜艳的绯红色，并且膨胀起来，大如小孩子的头。雌鸟接近时，雄鸟

摆好姿势，展示自己的喉囊，以吸引对方注意。双方把喙向上翘，展开双翼，并向对方发出“咯咯咯”的叫声。这种求偶夸耀的行为达到高潮时，双方便顺理成章地进行交配。

雌鸟产下单独一枚蛋后，雄鸟的喉囊即慢慢瘪下，颜色也随之消退。雌雄军舰鸟一同筑巢、合力孵蛋及喂养幼雏。

军舰鸟虽然能够自己捕食，但它们却更多地采用强抢的方法，在空中劫掠其他鸟类，特别是红脚鲣鸟所捕获的鱼类。军舰鸟因这种强盗行为，而被人称为“飞行海盗”。

军舰鸟

杜鹃

杜鹃又叫布谷鸟，它是一种益鸟。它爱吃松毛虫，是捕捉松毛虫的能手，曾被人们冠以“护林卫士”的称号。杜鹃性情孤僻，平时大多单独活动，即使在繁殖期间，也不像其他鸟类一样雌雄成对生活在一起，而是雌雄乱配，过后分开。

杜鹃

它们不筑巢，不孵卵，不育雏，但是却能繁殖后代。原来，杜鹃在长期的生存演化中练就了一套以假乱真的本领，它下的蛋在颜色、大小、斑点、花纹上与黄莺、云雀等其他鸟的蛋完全一致，所以它常常把自己的蛋偷偷下在这些鸟的巢里，让这些鸟帮它孵化、育雏。当孵化小杜鹃的黄鹂、云雀还没醒悟过来时。羽毛丰满的小杜鹃便跟着等在附近的生母远走高飞了。

黄鹂

黄鹂又叫黄莺。成鸟体长 23~25 厘米。雄鸟通体金黄色.背部稍有绿辉，头部自嘴基向后通过眼周直达枕部，有一道宽带状的黑纹，翅羽大部分黑色而发亮。雌鸟背部呈浅黄绿色，下体有黑色纵纹，是一种非常美丽的鸟。

野生黄鹂是一种树栖性鸟，喜欢集群活动。黄鹂的主要食物是昆虫，有时也吃些果实、种子等食物。

黄鹂的巢营造在远离主干的枝梢间，一窝有4~5只。雏鸟生长很快，孵出一个多月后既能随父鸟和母鸟逐渐向南迁徙。

黄鹂

黄鹂的歌声犹如流水般婉转动听，平时常作"嘎——嘎——嘎——"的单声，但从四月至九月之间，啭鸣时歌声洪亮清脆、美妙多变、富有音韵。有时像"快来坐飞机——"；突然间，又好像一只老猫在叫"阿——儿——"，原来这是雄鸟在呼朋唤友。

啄木鸟

啄木鸟是居住在温带森林里的一种鸟，因为它专爱吃钻进树干里的虫子为树治病，所以被人们称为"森林医生"。

啄木鸟

啄木鸟的嘴直而有力，很像木匠用的凿子。它的翼短而钝，腿短而有力；脚有四趾，两只向前，两只向后；尾上的羽轴又硬又有弹性，在树上啄木时，就像一根支柱。啄木鸟的舌头又细又软能伸到口外14厘米，舌头尖端生有戗刺和粘液，不管在树干里隐藏多么深的害虫、幼虫和虫卵，都逃不过它的舌头。据统计，啄木鸟能够消灭森林中95%的害虫。

啄木鸟常在树洞中建巢。每年的四、五月间产卵，每窝产卵3~8枚，纯白色。雌雄鸟轮流孵化，大约16天后，幼雏出生，18~21天后，小啄木鸟便能飞出巢外，自己觅食了。

乌鸦

乌鸦是遍布我国各地的常见鸟类。因为它全身乌黑，叫声嘶哑难听，而且常常

成群结队地边飞边叫，所以从古时候起人们就认为乌鸦叫是不祥之兆。

根据科学家的研究发现，其实乌鸦和其他的鸟并没有不同，也不意味着不吉利。人们对乌鸦一贯的看法是片面的、不准确的。从某种程度上说，乌鸦还可以说是一种益鸟呢。乌鸦是杂食动物，常吃玉米、瓜果、豆类等农作物，对农业有危害。但它也吃一些耕地上的害虫，对农业也有一定的益处。

乌鸦

实际上，乌鸦是很聪明的动物。日本的乌鸦会将核桃放到停在红灯前的汽车轮下，等到绿灯一亮，汽车前进时，就会辗开核桃壳，乌鸦就能吃到里面的核桃仁了。怎么样？乌鸦吃东西很聪明吧。

乌鸦还有“尊老爱幼”的好美德。老乌鸦将小乌鸦喂养大后，自己年迈体衰时，小乌鸦会主动承担起捕物寻食，侍奉双亲的责任。这在整个动物界都是很少见的。

喜鹊

民间有句俗语：“喜鹊叫，喜将到。”人们喜爱喜鹊不仅仅是因为喜鹊体态优美，全身羽毛漂亮，更主要的是因为喜鹊是一种对人类很有益的鸟。

喜鹊享有“田野卫士”的美称。清晨，它们会成群结队地飞到田野里觅食，在庄稼地里跳跃着捉虫，每年能吃掉很多的蝗虫、松毛虫等害虫。根据科学家的调查，喜鹊一年的食物中，80%以上是危害农作物的昆虫，因此，喜鹊对人类是有益的。农民们看到喜鹊落到田间，尤其高兴。

喜鹊

喜鹊又是预报天气的高手，它的叫声同天气变化有密切关系，不同的叫声反映不同的气候状况。早晨，若喜鹊的叫声婉转动听，神态自如，而且边叫边跳，就表明今天将天气晴好；如果喜鹊的叫声显现出不安，说明阴雨天即将来临。

鹤

鹤类的长相一般都很漂亮，深受我国人民的喜爱。可是，在自然界，鹤却只能算是个弱者。鹤有很多天敌，为了在自然界里生存下去，它们必须对周围的生活环境保持高度警惕，时刻提防敌人的袭击。

那么，鹤是怎样睡觉的呢？原来，它们是站立着睡觉的。正因为鹤要时刻防备敌人，所以，它们绝不敢像一些猛兽那样躺在地上呼呼睡大觉。我们试想一下，如果它们躺下睡觉，万一碰到紧急情况，等到想爬起来逃跑，往往就来不及了。因此，鹤类不是不想躺下睡觉，而是周围的环境迫使它们不能这样做。

鹤

可是，站着睡觉毕竟很吃力。鹤只好用一只脚站着休息，过一会儿，用另一只脚交换站着，让自己舒服一下。如果睡觉的时候敌人突然来了，它们只要放下一只脚，伸展一下翅膀就能快速飞走，逃离危险。

丹顶鹤

丹顶鹤是一种生活在沼泽或浅水地带的大型鸟类。它身披白色羽毛，喉、颊和颈部为暗褐色，长而弯曲的黑色飞羽呈弓状，覆盖在白色尾羽上。裸露的头顶呈朱红色。它性情高雅，形态美丽，直立时有1米多高。

丹顶鹤是典型的候鸟，每年随季节气候的变化，有规律地南来北往迁徙。它多栖息于开阔的芦苇丛或多草的沼泽地带，主要以鱼、虾、贝类和植物根茎为食。丹顶鹤4月初开始择偶。一旦婚配成对，就偕老至终。丹顶鹤一般4月中下旬开始产卵。5月中下旬，雏鸟相继破壳而出，20多小时后就能蹒跚行走，还会游水；3个月后长大成形，就能自由飞翔。全世界野生丹顶鹤的总数仅1200只左右，我国约有700多只，占全世界总数的60%左右，

丹顶鹤

属于国家一类保护动物。

丹顶鹤的寿命一般为20~30年。

鸬鹚

鸬鹚是一种水鸟,除了南极区和北极区以外,世界各地都有分布。鸬鹚的样子看上去很像鸭子,但羽毛却是黑褐色的,并且,会发出金属般的蓝光。鸬鹚有一张长而带锯齿的嘴,捕起鱼来格外方便。其喉部有个膨大的地方,这是它暂时存放鱼儿的仓库。渔民们利用鸬鹚这个特点,把它的脖子扎起来,放到水中捕鱼。

鸬鹚

鸬鹚颈长翼短,在热带的淡水水域中一般都能发现它们的踪迹,而在温带淡水水域中,鸬鹚则大多是从海上来做客的。

作为水鸟,鸬鹚一般都是能飞翔的,但也有不能飞行的鸬鹚,这就是加拉巴哥群岛的不飞鸬鹚。

鹈鹕

鹈鹕又叫塘鹅,嘴很大,下颌有个如袋子般的喉囊,鹈鹕嘴里装的东西比它胃里能装的还要多。它的嘴里能装上一个星期的食物。虽然它们属于大型鸟类,但雄鹈鹕要保护的范围只是它嘴能够到达的地方。鹈鹕非常喜欢洗澡,它们摆动头部,将颌下腺体分泌的油脂擦在羽毛上,然后用嘴把羽毛梳妆整齐,翅膀张开有2米多宽。它擅于游泳,常常栖息在河湖岸边,用翅膀拍打水面,把鱼赶到浅水里,张开网兜似的嘴,捞起鱼来吞食。鹈鹕喜欢群居,一旦发现鱼群,会很快跟踪上来,排成一条

鹈鹕

直线.形成半圆形进行包抄,合而捕之。它的皮下有许多空气泡,是身体与水面撞击时的缓冲层。当它们在空中飞翔时,一旦发现鱼,会突然从空中箭一般地插入水中去捕鱼。

进入繁衍季节,鹈鹕的嘴上就会鼓起一个球形物。因为在繁衍季节,天气很热,它们鼓起喉部有助于散热,而不像狗那样伸出舌头去散热。

黑颈鹤面临灭绝

60 年代初,在黄河源头的鄂陵湖,第一次发现了世界各地已经灭绝了的动物——黑颈鹤。

黑颈鹤

鄂陵湖海拔 4200 米,气候不好,黑颈鹤为什么要到这里来繁殖?原来,这里食物丰富,又地处偏僻,人烟稀少,比较安全。体格魁伟的大鹤没有任何防御能力,它的全部本领,一是靠一张长嘴来啄,二是靠两只长腿来奔跑。一次,科学家们去拍摄小鹤出壳的镜头,大鹤在离它还有一千多米远的时候就逃跑了。科学家走到窝边,第一只小鹤已经出壳,第二只正在出壳。他们迅速拍完离开。大鹤回来后。为了自己的安全,只把已经出壳的那只带走,却把正在出壳的那只遗弃,结果被黑鹰叼食了。由于大鹤缺乏保卫子女的能力,幼鹤夭折率很高,有些鹤甚至辛苦一夏,一子不存。还有幼鹤相斗,如无人工分离,常常是一死一活。难怪黑颈鹤就要濒于绝灭了。

黑颈鹤对气候非常敏感。还在 8 月间,人们就发现大鹤领着小鹤,不是在平地练习起飞降落,就是到高山练习飞翔,这是怎么回事呢?后来才知道,进入 9 月,大雪就要来临,它们急于带领小鹤练好本领,好及时转移到比较温暖的大山河谷里去过冬。今年春季旱象严重,气象预报秋季有暴雨,湖水要猛涨,敏感的老鹤将孵化期提前一个月,就是为了在汛期来临之前,将幼鹤带出湖心。黑颈鹤真可以称得上是有经验的“气象专家”了。

白鹳

白鹳是一种较大的候鸟,它的身体长大约1米,腿喙细长呈朱红色。除翼的后半部分是黑色外,全身都呈纯白色。它们经常在溪流、池塘边漫游,也会在草地或稻田里寻找食物。它们飞翔缓慢,偶尔会伸展腿和颈滑翔。白鹳的家庭观念比较强,一旦选定配偶,就会保持好多年,而且每年都回到同一个巢中生儿育女。

白鹳

白鹳的翅膀长而且宽大,在长途飞行时,它们采用拍翅飞行和翱翔相结合的办法。由于翱翔飞行依赖于只有在陆地上空才能找到的热气流,所以白鹳避免在宽阔的海面上进行长距离的旅行。它们在欧洲与非洲之间的越洋迁徙路线总是选择直布罗陀狭窄的海峡上空或者位于黑海狭长海域的博斯普鲁斯海峡上空。

黑鹳

黑鹳全身的羽毛除胸腹部洁白如雪外,其余皆为黑褐色。它长有一张红色的长嘴巴,同白鹳原来是一对亲密无间的"堂姐妹",最初都居住在幽谷密林之中。

后来,白鹳在人们的屋顶上安下了舒适的家,而黑鹳却固执地继续居住在人迹罕至的林木树梢上。黑鹳的数量现在已十分稀少。

黑鹳

黑鹳是滑翔高手,飞行时动作轻快舒展。平时,它默然无语,对食物从不挑剔,有什么吃什么,主要觅食沼泽和潮湿之地上的蛙、鱼和甲壳动物。

黑鹳是一种观赏性很高的珍禽,已被列为国家一级重点保护野生动物。

牛背鹭

牛背鹭羽色以白色为主,头、颈、上胸及背上饰有橙黄色羽毛,嘴和眼裸露部分为橙黄色,脚趾为黑色。冬季牛背鹭的橙黄色饰羽脱落,全身羽毛变为白色。牛背鹭的卵呈蓝绿色,雌雄共同孵卵,共同育雏。

牛背鹭

牛背鹭经常喜欢在湖泊上空作短距离飞行,一般高度在40~100米上下,飞行时初级飞羽显现出来,边飞边鸣,甚为美妙。降落前,两翅平伸盘旋数圈,脚落地后两翅张一下,接着收拢,常伴有鸣叫声,显得优雅而自在。

牛背鹭栖息于低山、平原、牧场、湖泊和沼泽地。它们生性机警,见人即飞,飞行距离较短,大约10~50米就降落。牛背鹭筑巢在灌木枝上,巢材用枯枝和枯草。牛背鹭在夜宿时,颈部收缩,喙和脸插入背羽内,单脚站立。晚上栖息时有老牛背鹭警戒,后半夜才放心睡去,从前猎人经常趁此时机进行捕捉。牛背鹭十分机敏,受惊后一般不再来原地宿夜。天亮后,牛背鹭逐渐从睡眠状态中苏醒过来,理毛、观望,开始一天的生活。

白鹭

白鹭天生丽质,身体修长而瘦削,它有着细长的腿、脖子和嘴,脚趾也比较细长。

白鹭全身披着洁白如雪的羽毛,可谓名副其实。繁殖期间,脑后便会长出两根十余厘米长的羽毛,看上去好像小姑娘的两条辫子。胸部和背部会出现丝状的长羽毛,就如同用草叶编织成的雨衣,随风起舞的时候,显得尤为美丽。这些丝状长羽毛,是上等装饰品,西方许多国家曾一度用来作为女性的装饰品。

白鹭分布较广,在欧洲南部、非洲、亚洲中部和南部、澳大利亚等地区以及我国南方各地都有它的踪迹。平时,白鹭一只脚缩在腹部下面,另外一只脚则站在水里一动也不动,神态高贵而优雅。鱼、蛙等到它的身旁时,它靠灵活的脖子和鱼叉一样的尖嘴,迅速准确地把猎物抓住。遇到大河蚌,白鹭会十分巧妙地将它叼起来,

向岸边的石头上猛甩，直至将河蚌震得张开双壳，然后就敞开肚子美美地饱餐一顿。

翠鸟

翠鸟一般生活在水边，专门吃鱼，俗称“钓鱼郎”。除了红喙红腿外，全身大部分是翠绿色的。翠鸟是飞翔高手，时速可达90千米。

翠鸟

每年4~7月，翠鸟会成双成对地用凿子一样的大嘴，在陡峭的河岸上掘洞，建造自己的家。这时，翠鸟像直升飞机一样悬空停在土洞口，然后耐心地凿击土坡。翠鸟所掘的洞有时会深达2.5米。雌翠鸟凿洞时，雄翠鸟会把鱼送来，配合得非常默契。

翠鸟不善于泅水，但却是杰出的“跳水健将”。它们常常站在水边的树枝或者岩石上，静静地注视着水中游动的鱼儿，一旦看准了目标，就像一颗出膛的子弹一下子射入水中，用尖锐的大嘴既准又狠地捕鱼，然后像深水下发射的火箭一样，叼着鱼儿快速离开水面，飞回原来站立的地方。翠鸟怕鱼儿逃跑，先吞下鱼头，然后再美美地享用鱼儿的其余部分。

绿头鸭

绿头鸭是我国北方一种常见的野鸭，因雄鸭头颈部披亮绿色的羽毛而得名，它是现在家鸭的祖先之一。绿头鸭既会游泳，又善飞行。它们每年夏季生活在北方的沼泽地区，产卵育儿。一到秋天，就陆续南移越冬。野鸭成群结队，有时密集的鸭群掠空而过，好似一片乌云遮蔽上空。来年春暖花开时又从南方的越冬地返回

北方故里。雄性绿头鸭的头和颈均披金属亮绿色羽毛，颈下部有一白色领圈。背部羽毛黑褐色，腹部栗色。雌性鸭体棕褐色。绿头鸭以各种植物的根、茎，杂草种子和一些小型动物为食。

绿头鸭

白头鹰

世界上许多国家都有自己的国鸟。最早确定国鸟的是美国。

白头鹰也叫白头海雕，是美国特有的鸟类。可是，在以前的一段时间，由于过量使用 DDT 农药以及乱捕滥猎，美国的白头鹰一度濒临灭绝。这一现象引起了许多有识之士的重视，纷纷呼吁采取有力措施保护白头鹰。为了保护这种珍禽，使人们树立爱鸟、护鸟的意识，同时考虑到白头鹰具有威严、刚强的风采，美国国会通过决议，将白头鹰定为“国鸟”，作为美国的标志和象征。

白头鹰

从此以后，人们更清楚地认识到野生动物是大自然留下的珍贵遗产，是自然生态环境的重要部分，是人类的亲密朋友，应该努力为它们创造良好的生存环境。所以，世界上一些国家纷纷效仿美国的做法，把本国人民喜爱的或具有重要价值的鸟，选定为本国的国鸟。目前，我国还没有确定国鸟。

冠鱼狗

冠鱼狗上体呈青黑色并生有白色斑点和横斑,头部具有明显的冠羽。颊侧至颈侧有大块的白斑,上面有黑色的条纹。冠鱼狗的下体是黑色的,并具有黄黑色的胸纹,两肋具黄色横斑。

冠鱼狗

冠鱼狗有时浮在水面上空,鼓动双翅,像直升飞机那样悬停,伺机等候水中游鱼的出现。一旦发现,马上叼去喂养巢中的雏鸟。等它们的雏鸟长大,在巢穴附近便堆了很多的鱼骨头。冠鱼狗栖息于山麓或森林,在堤岸、田坎等处挖洞为巢。它们经常把卵产在峭壁上的洞中,这样人类和其他动物很难接近,有利于它们后代的繁衍。

冠鱼狗常在河溪沿岸飞翔,或栖息于水边近水面的树枝上,专注地观察着水面。如果它们发现鱼,就会迅速潜水去捕捉并把捕到的鱼带到栖息地。首先它们会把鱼在树枝上撞昏,然后再慢慢地享用。

火烈鸟

比起人和其他的哺乳动物来,鸟类的寿命相对要短得多。不过,也有个别鸟的寿命比较长。那么,你知道哪一种鸟是鸟类中的寿星吗?

火烈鸟

说到鸟类中的寿星,大概要数火烈鸟了。火烈鸟的寿命最高可达80岁,即使与人比起来也不逊色。火烈鸟喜欢生活在咸水湖、沼泽地带的边缘,成群的火烈鸟就像一团燃烧的火焰。火烈鸟跟鹤有些相似,嘴弯曲,颈部很长,羽毛呈白色微红,趾间有

蹼。主要捕食小鱼和蛤蜊,也吃昆虫和小草。

火烈鸟属于大型鸟类,主要生活在地中海沿岸。它们体长大约1~1.5米,十分擅长游泳。每年春天,火烈鸟都要定时脱换羽毛。初换新装时,它的羽毛颜色更加艳丽动人,十分惹人喜爱。火烈鸟喜欢群居,经常成千上万只聚集觅食和嬉戏,过着红红火火的大家庭生活。

疣鼻天鹅

疣鼻天鹅又叫哑声天鹅、赤嘴天鹅等,是一种大型游禽,也是天鹅类中体型最大的,体长约为140厘米,体重6~11千克。

疣鼻天鹅

疣鼻天鹅比较容易辨认,虽然全身的羽毛也是洁白色的,但嘴是赤红色的,嘴甲为褐色,嘴基和前额交汇处有一个黑色的疣状突起,十分明显。头顶至枕部沾有淡棕色,眼线裸露为黑色。尾羽较长而尖,明显与其他天鹅不同。爪和蹼均为黑色。

雌性疣鼻天鹅的体型要比雄鸟略小,前额的疣状突起也小一些。另外,它在水中游泳时,脖子常常弯成“S”形,如同身披白纱、涂着红唇的新娘。

疣鼻天鹅栖息于水草繁茂的河湾和开阔的湖面,有时它们常常在那里玩耍,或在水面上跳着欢快的舞蹈,如果没有外来者的干扰,它们会一直跳下去。

疣鼻天鹅主要以水生植物的叶、根、茎、芽和果实为食,也吃水藻和小型水生动物。白天觅食,晚上休息。

珍贵的朱鹮

朱鹮是一种非常美丽的鸟,是我国所特有的珍稀鸟类。即使是在整个世界上,

它也可以算得上是最珍贵稀有的鸟了。以前,朱鹮曾广泛分布于亚洲东部,目前在我国仅有几十只而已。

朱鹮

朱鹮的体长为 70~80 厘米,体重为 1.5~2 千克。从远处看去,朱鹮是白色的,其实它的翅膀和头部是粉红色的,额顶和颊部没有羽毛,呈朱红色。朱鹮的后枕部有冠羽,显得非常特别。

在生活习性上,朱鹮经常栖息在水田、河滩、池塘和山溪附近,有时也会在高大的树上休息。它主要以小鱼、软体动物、甲壳动物、水生昆虫和蛙类等为食。在春天繁殖的季节里,成对的朱鹃会离开越冬时结成的群体,在高大的杨树、松树或栗树上筑巢。雌雄鸟轮流孵化,孵化期大约要经历一个月。

猫头鹰

猫头鹰是一种长相很奇特的鸟。由于它的样子很怪,所以许多人很讨厌它,把它看作是不吉利的象征。其实,猫头鹰是益鸟,它还是人类的好朋友呢。

猫头鹰

大多数猫头鹰喜欢在夜间活动,它们可以凭借敏锐的听觉和视觉,在黑暗中捕猎。在黑暗中,猫头鹰的视力比人的视力要高出三倍。它能听到森林中发出的哪怕是极微弱的一点响声,老鼠只要一动就会被猫头鹰发现。猫头鹰的翅膀上长着一层带缘缨状边缘的羽毛,这些羽毛吞没了它在飞行中翅膀拍打发出的声音,使得猫头鹰能够悄无声息地飞向捕食的目标而不被发现。

一只猫头鹰一个夏季可以捕食 1000 多只老鼠。而一只老鼠至少要糟蹋掉几千克粮食。这样推算下来,一只猫头鹰一个夏季就至少为人类保护了 1000 千克粮食,相当于六个人一年的口粮,难怪人们称它是“田园卫士”。

蜂鸟

蜂鸟产于南美洲,只有人的拇指那样大小,在鸟类中,它是一种十分奇特而有趣的鸟。蜂鸟和辛勤的蜜蜂一样,以采集花蜜为生,因此人们把它叫作蜂鸟。蜂鸟的耐力很强,每年它都要飞越800千米宽的墨西哥湾。

蜂鸟

蜂鸟有一种其他鸟不具备的本领,它几乎可以完全“停”在空中。蜂鸟的翅膀短小而有力,扇动速度达到每秒钟70次,是鸽子的10倍,因此它具有神奇的飞行特技,能倒退飞行,或者停在空中不动,以及像直升飞机一样垂直升降。

为什么蜂鸟能有这样的本领呢?这一方面得益于它的身体很轻,另一方面,由于蜂鸟习惯于吃花蕊中的蜜汁和躲藏在花中心的小昆虫,而这些花儿一般又都太小而且非常娇柔,如果蜂鸟停在花上,花朵就会支持不住它的重量,所以蜂鸟不得不发展它那奇异的翅膀。当蜂鸟的翅膀急速振动的时候,人们只能够在眼前看到一片灰雾。

哺乳动物

顾名思义,哺乳动物是以乳汁哺育后代而得名的。绝大部分的哺乳动物全身长有毛发,繁殖方式是由雄性动物的精子和雌性动物的卵子在雌性体内结合发育而逐渐形成。在生机勃勃的地球上,大约生活着46,00种哺乳动物,科学家们根据它们幼体生长发育方式的不同,将这些哺乳动物分成了三大类:体内只有一个泄殖腔,后代不能在母体内发育,生殖方式仍是卵生的单孔目;幼体出生时非常小,发育还不完全,必须呆在母体的育儿袋中吸食乳汁继续发育的有袋目;以及母体内有一个联系母体与未出生幼体的胎盘,能供给胎儿营养的有胎盘动物。

刺猬

一提起刺猬,脑海里就会浮现电影《小刺猬奏鸣曲》那个可爱的小动物。在菜园子里东瞅瞅、西望望,像个小胖球似的,十分讨人喜欢。

刺猬长得又矮又肥,体长约25厘米,四肢短小,眼睛和耳朵也很小,身上披着又短又密的刺。它喜欢吃昆虫和蠕虫,喜欢生活在潮湿的菜园、打谷场、废物堆的周围。

它白天躲在洞里睡觉,晚上出来找吃的。有时也吃野果子。它常常把落在地面上的野果用身子一滚,就可以穿到刺上,然后带回家慢慢地吃。

刺猬刚生下来时,身上的刺并不硬,像橡胶那么软。一星期后,它的刺才开始变得坚韧起来。

刺是它一生的防卫武器,当刺猬受到别的动物侵袭时,它不慌不忙,并不急着逃走,而是缩头屈脚,将整个躯体向腹部卷起,脑袋几乎碰着尾巴。这样,就形成了一个全副武装的刺球,使来犯者扫兴而去。

尽管刺猬有它独特的防身武器,但像獾、狐狸等食肉动物,也还是能伤害它。刺猬最恶毒的敌人要数黄鼠狼了。

原来黄鼠狼的肛门里生有一种臭腺,能分泌臭液,臭液的威力很强。黄鼠狼通过排气,可以将臭液喷射出来,以此对付敌害。

黄鼠狼遇到蜷曲成球的刺猬时,只要找到一点缝隙,即可将气放在缝隙处。不一会儿,刺猬被臭液麻醉了,失去了知觉,身体就重新伸展开了。黄鼠狼也就可以得逞了。

另外，刺也给刺猬带来了麻烦。由于刺密集地生长，皮肤难以洁净，什么东西都能串上去，使许多小寄生虫附着在刺猬身上，给它带来了很多痛苦和烦恼。

貘

貘长着短脖子和小长鼻子，无角，尾巴特别短，有的几乎短得看不到。它们的鼻子向前突出很长，可以自由伸缩。皮很厚，而毛十分稀少，是一种食草动物。

貘

貘的身体粗短，壮实的短腿使它们能很好地在森林灌木中行走。它们的小长鼻子对嗅东西和扯下树叶放进嘴里很有用处。晚上，它们在森林中的空地上吃草，咀嚼嫩芽和多汁的植物。所有的貘都喜欢凉快，它们在水池里打滚，为了杀死皮肤上的寄生虫。

现存的貘只有四种，即生活在南美洲和中美洲的拜尔德貘、山貘和巴西貘，生活在东南亚的马来貘。

貘居住在稠密的森林和沼泽里，常常独居，由于怕人，常晚上出来活动，所以极少被人发现。生下来的小貘，身体颜色和大貘完全不同，浑身深褐色，并有许多黄色的条纹和斑点。小貘被捕获后会变得驯服。

山貘是最小的貘，身体结实，体重约 230 千克。山貘长着短而灵活的鼻子，这种鼻子是所有貘共同的特点，但只有山貘的口鼻部才覆盖着浓密粗糙的硬毛。

貘是濒临绝种的动物。

狐狸

狐是犬科动物，是著名的中小型猛兽，俗称狐狸，但从分类学上讲，狐和狸是两种犬科动物。狐是人们熟悉的野生动物，以机智多谋著称于世。

狐的样子有点像豺，但比豺要小。它身长 70 厘米，体重 6~7 千克，尾长 45 厘米。狐有两个特征：一是尾巴粗又长，尾尖白色；二是耳朵背面为黑色，四肢的颜色比身体的颜色深。狐的毛色因所栖息的环境不同变化很大，有褐色的、黄褐色的、灰褐色的、红色的、黑色的和黑毛带白尖的。和豺相比，狐的四肢较短，它的适应性

很强，栖息在森林、草原、丘陵、荒漠等各种环境中，甚至出没在城郊和村庄附近。虽然狐的腿较短，但跑起来非常快，不是所有的狗都能追得上。夜间，狐的眼睛能发出亮光，远看好像若隐若现的灯光。

狐的主要食物是鼠类，鼠类占它们口粮的大部分。除了吃鼠类外，狐还猎食兔子、鸟类、青蛙和蜥蜴等小动物。狐力气很大，它能猎杀梅花鹿的幼仔，也捕捉黄鼬等小型食肉兽。当然，狐猎杀别的动物不光是靠力气，而是靠足智多谋，讲究战术和经验。狐逃避敌害和脱离危险更多的是靠智慧，比一般动物技高一筹。

獴

獴身材修长，体态优美，浑身披着棕褐色的皮毛。它嗅觉极其灵敏，动作也异常迅捷，有些獴喜欢单独行动，有些则喜欢和大家共同生活。

群居獴非常团结，它们一起觅食，一起居住，也一起保卫自己的领地。尽管獴被称为是蛇的克星，但对于毒蛇，獴是不会轻易攻击的，除非它非常饥饿。在攻击毒蛇的战斗中，獴会先攻击蛇那长有毒牙的颚，这样对手就无法使用毒液了。

群居的獴具有一种互助互爱的团结精神。当一群獴觅食时，总有几只獴轮流充当卫兵，站在高处警觉地观察四周。成年獴外出时，必定会有 1~2 只长辈主动留下来照顾幼獴，而且，它们通常是幼獴的妈妈。

獴喜欢偷吃鸟蛋，它们吃鸟蛋时的动作非常滑稽。首先用两只前爪抱住鸟蛋，然后跳起来，把鸟蛋从胯下掷到后面的石头上，鸟蛋摔碎后，它们便可慢慢享用了。

一群獴中，当有一些在互相修整外表或进食时，其他的便守护着它们，看是否有危险。如果有鹰等飞过时，看守者就会叫一声。这群獴便会严密地注视着来者，直到这些动物飞走。

獴永远不会远离它们的洞穴，因此会很快把周围的食物吃光。当再也找不到食物时，它们只好搬家，找寻另一片适合的地方。

獴是猫鼬的一种，一般以 24 只为一群生活在一起。它们会在非洲辽阔的草原上建立起自己的家园。獴白天呆在地面上，经常只是晒晒太阳。

鬣狗

鬣狗有着不太好的名声，总是和贪婪、食腐、投机取巧等词联系在一起，这与它的外表和生活习性有着直接的关系。它们外形丑陋，生性凶残，以吃腐肉为生。所以，有鬣狗出现的地方，大都能找到动物尸体。鬣狗此举也减小了草原上发生传染病的机会。

鬣狗是草原上的清道夫，它们有着坚固的牙齿和腭骨，能轻而易举地咬断尸体

的骨头和肉,甚至包括非洲水牛和斑马这类大型动物的骨头、角。其叫声仿佛人的奸笑声一般,令人汗毛倒竖。

鬣狗

鬣狗平时独居,如果实在找不到现成的食物,饥肠辘辘的鬣狗有时会组成一支同盟军,由雌性鬣狗领导,破例发动一场大规模的狩猎活动。它们捕捉的对象多为虚弱或者有病的动物。

人们有时会误把鬣狗认作是豺犬,因为它们的外貌多少有些相似,但鬣狗的颈上长有鬃毛,而豺犬却没有。另外,鬣狗的尾巴尖,且不是白色的。

种类不同鬣狗有着各自不同的求生方式。身上长着圆形斑点的斑点鬣狗常常“托家带口”地借宿于土豚的洞中。一旦遇到危险,它们会溜之大吉。身上长着深色条纹的条纹鬣狗则会在被大型食肉动物追击下,假装死去保全性命。

食蚁兽

食蚁兽属于哺乳纲的贫齿目。两趾食蚁兽只有 15 厘米长,很少离开树木。遇到敌害袭击时,它会直立搏斗,以后腿和尾巴支撑身体,用前足的锐爪猛抓天敌。

食蚁兽

大食蚁兽并不喜欢吃蚂蚁,而偏爱吃白蚁,只在吃不到白蚁时才吃蚂蚁。食蚁兽似乎没有固定的居所,整天用鼻子紧贴地面,一刻也不停地寻觅食物。

大食蚁兽在春天生产,通常是单胞胎。幼兽出生后便由其母兽背着到处走。

同大食蚁兽一样,外出活动时,小食蚁兽也会将出生后不久的幼兽背在身上。它们也能伸出有黏液的长舌头,穿过蚁巢的通道,舔食蚂蚁。

袋食蚁兽又叫条纹食蚁兽,为有袋目动物。袋食蚁兽用锋利的脚爪扒开泥土或朽木里的白蚁穴,然后将它们长长的尖嘴伸进去,并伸出黏液的长舌头捕食白蚁。袋食蚁兽有 52 颗牙齿,除某些鲸以外,比任何哺乳动物都多。一只袋食蚁兽每天吞食白蚁数量竟有 20000 只之多。

食蚁兽是濒临绝种的动物。

犰狳

犰狳是南美洲的特产动物,分布在南美洲的南端到加勒比海滨的南美洲和中美洲大陆。世界上的犰狳大约有 20 种,包括较小的六带犰狳,体型和大鼠差不多的仙犰狳、多毛犰狳等。最大的种类是巨犰狳,体长可达 1~1.5 米,重 50 千克。

犰狳

犰狳长得十分奇特,头部长着一对小圆耳,嘴巴尖长,尾巴很长,乍看起来有些像老鼠。身上却披着一层甲胄,这个甲胄是一层由小骨片组成的棕褐色硬壳.覆盖在犰狳的背部和身体两侧。

犰狳躯干分前、中、后三段,前段和后段骨质鳞片是不可伸缩的,中段的鳞片呈条带状环绕而形成“绊”,同肌肉相连,可以伸缩。绊数因种类而不同,故分别称为三绊犰狳,六绊犰狳、九绊犰狳等。

犰狳是穴居动物,在地下掘洞居住,昼伏夜出。它以多种动物为食,例如昆虫(特别是蚂蚁和白蚁)、蠕虫、蜥蜴等。有时也吃一些植物的根。它们视力不好,但嗅觉极佳,能准确地找到蚁穴。挖开蚁穴后,便用它那有黏性的舌头舔食蚂蚁,饱餐一顿。

犰狳的天敌主要是狗、狼、野猪等。当它遇到敌害时,往往是将身体蜷成球状,用“天然盔甲”来保护自己,这和刺猬的避敌方式差不多。不过有些种类的犰狳仅能缩回四肢,蹲伏在地,伺机钻进稠密的灌木丛中,使追捕者无可奈何。当它受到进攻时,也可以用尖利的爪子凶猛地扑向进攻者。它避敌的最后一个绝招,就是从肛门喷出一股奇臭无比的热液,趁对手的眼睛被熏得灼痛难睁时,迅速逃走。

犰狳尽管其貌不扬,但对人类还是很有用的。犰狳肉味道十分鲜美,可与猪肉相比。犰狳的食谱中,有毒蜘蛛、蝎子、蚂蚁、甲虫等,一只犰狳一年里可以吃掉昆虫和其他小动物 100 千克,在一定程度上也起了防治虫害的积极作用。

此外,科学家们还在研究从犰狳身上提取麻风菌素,用于制取麻风疫苗。这对于人类制服麻风病将起很大的推动作用。

穿山甲

穿山甲尖头尖尾,身体呈流线型。四肢粗短,小眼小嘴小耳朵。除腹、面及四肢内侧外,其余都披挂覆瓦状的角质鳞片,如同鲤鱼鳞一般。

穿山甲

穿山甲属夜行性动物,白天蜷缩于洞内,入夜外出,在洞穴周围活动觅食。它能爬行,会游泳,行走时前肢趾背着地,独往独来,但胆子很小,一有惊动,即刻挖洞藏身。如躲避不及,就把身体蜷成一团,一动不动,用坚硬的铠甲护身。穿山甲是以黑、白蚁为主食的哺乳动物。它的听觉、视觉都很差,但嗅觉灵敏,能靠嗅觉发现蚁巢。它的舌又细又长,能伸缩,觅食时伸出黏腻的长舌,舔食蚂蚁。穿山甲穴居在丘陵或平原的灌木丛、杂树林和草莽潮湿地。穿山甲善于挖洞,循地而居。前肢挖洞,后肢刨土,速度极快。穿山甲是白蚁的重要天敌,有益农业、林业。目前数量很少,被列为我国二类保护动物。

蝙蝠

民间故事里常说,蝙蝠是老鼠吃了油以后变的。因而,有人以为,蝙蝠是带翅膀的老鼠。这种看法是不对的。

蝙蝠

乍一看,蝙蝠的头确实很像老鼠,它们的体色也比较接近。但是,它们的牙齿却大不相同。蝙蝠大多数是吃虫子的。它的嘴前面有一排小门齿,每边有一个长而尖的大犬齿,再后面是带着锐利齿尖的臼齿。老鼠就不同了,它是杂食性动物,没有长而尖的犬齿,在门齿和犬齿之间有较大的空隙。

蝙蝠是唯一能飞的哺乳动物。它的指骨特别长,指骨末端到后肢及尾之间长着薄而柔软的翼膜,所以能像鸟一样在空

中飞翔。老鼠没有翅膀,不能飞翔。

冬天,蝙蝠用爪钩住树枝,倒挂着身子,进入冬眠状态。这时,它不吃东西,静静地挂着,像个“冰雕的工艺美术品”。而老鼠通常是不会冬眠的。

事实表明,蝙蝠和老鼠在亲缘关系上距离很远。与蝙蝠亲缘关系较接近的是食虫类动物,如刺猬等。根据古生物学家的分析,蝙蝠的老祖宗是由生活在森林中的古代食虫类动物进化来的。起初,蝙蝠的祖先只能用爪在枝干上攀爬,或者从一根树枝跳到另一根树枝上。慢慢地,它跳跃的距离由近到远,又从跳跃发展成滑翔;前肢开始长出翼膜,翼膜逐渐扩大。后来,蝙蝠由滑翔发展成两翼的扇动,最后获得了远距离飞行的能力。

松鼠

松鼠是一种小巧敏捷的啮齿动物,大部分时间都生活在树上。松鼠的后腿强壮有力,毛色呈灰色、黑色或红色。松鼠一般都有一条毛茸茸的长长的尾巴,但也有无尾的松鼠。

松鼠

大部分松鼠都有一条长长的尾巴,这是它们在树上敏捷跳跃时不能缺少的。它们正是凭着这条美丽的大尾巴来保持身体的平衡使自己能在高高的树枝上跳上蹿下,或者是从一棵树枝跳向远处的另一棵树枝。在夜间,松鼠还会用蓬松的尾巴裹住自己来保持体温。

刚出生的小松鼠全身光秃秃的,没有胎毛,并且眼睛也紧闭。它们身上的毛要从生后的第 8 天起才会逐渐长齐,而且它们的眼睛则要在出生约一个月后才能睁开。大约再过 15 天。小松鼠就能吃坚果之类的东西了,并且可以爬树。

松鼠在秋季时,常采集很多果实埋在地里,以备过冬,但是松鼠并不能消耗掉自己埋下的全部种子,相反,有一半以上始终埋在土里,于是到第二年春天,这些种

子便会发芽，长成小树。科学家们估计，1只松鼠平均要储藏14000颗种子，可想而知，松鼠对森林的贡献有多大。因此我们说，松鼠是自然界中的环保专家。

金花鼠

金花鼠是松鼠家族中体形最小的成员。它既会爬树又会挖洞，但大部分时间喜欢在地面活动。背上五条黑色纵纹是它最显著的特征。金花鼠嗅觉灵敏，极爱干净，总是不停地修饰自己。除了清理皮毛中的灰尘外，还在寻找隐匿其中的寄生虫。金花鼠一生主要的工作就是不停地扩展自己的地下洞穴，因此它挖的隧道可长达10米。

金花鼠

金花鼠如果遇到可怕的敌人时，它们会进到长隧道里，并发出像口哨的声音或喉咙会“咔咔”作响，以此来通知伙伴危险来了。

在寒冷的冬天，金花鼠会在洞穴中蒙头大睡，这可不是真正的冬眠，因为它必须时常“起床”进食补充能量。

金花鼠的脸颊像个富有弹性的袋子，里面的容量大得惊人。当金花鼠吃饱之后，它还会把7~8颗橡子储存在脸颊里带回洞穴享用。

金花鼠的家庭观念较为淡薄，它们独自拥有一套结构复杂的地下宫殿，有出口、入口，还有舒适的卧室以及两间以上的储藏室。

每年6~7月份，幼鼠出生在地下的洞穴里。雌鼠仔细地照料它们，5周之后，它们才能离开黑暗的“家”，来到地面上活动。之后它们还要在妈妈的照料下生活1~2周，然后去寻找属于自己的领地，为自己挖出一个洞穴，并开始为过冬储存食物。

黑足雪貂

黑足雪貂是唯一原产于北美的雪貂,分布在加拿大南部,沿落基山脉向东到美国的奥克拉荷马、堪萨斯州和内布拉斯加广大地区。成年黑足雪貂平均体长 0.5 米,平均尾长 0.15 米,平均体重 1 千克。毛色通常呈浅黄色,腹部的颜色更淡一些,头顶,眼圈,腿和尾尖呈深褐色或黑色。

黑足雪貂

老鼠和地松鼠是黑足雪貂的主要食物来源,其中草原犬鼠是黑足雪貂的最爱,约占黑足雪貂全部食物的 90%。由于黑足雪貂的体型细长,所以能深入到草原犬鼠的洞穴中捕捉它们。雌性黑足雪貂约在 1 岁以后性成熟,每年的 3~4 月是它们的交配期,孕期在 35~45 天之间。初生幼仔并不弱小,刚出生时身材就能达到成年黑足雪貂的一半甚至 3/4。

黑足雪貂属于夜行性动物,而且喜欢独来独往。它们自己从不打洞筑窝,而是利用草原犬鼠遗弃的洞穴作为休息和狩猎的场所。在冬季,它们总是尽可能减少活动,甚至能躲在窝里 5~6 天不出来活动觅食。黑足雪貂具有强烈的领土意识,同性之间常常为了领土而发生争斗。草原犬鼠对牧场有一定的破坏作用,因此遭到了牧场主的憎恨。为了彻底消灭草原犬鼠,牧场主们投放了大量的毒饵。其结果是草原犬鼠的确遭到了灭顶之灾,但以草原犬鼠为主要食物来源的黑足雪貂也紧跟着遭了殃,到了 1985 年,全球仅剩下 31 只。

河狸

河狸是最大的啮齿类哺乳动物,身体肥硕,臀部滚圆,身上有细密光亮的皮毛。这种动物头短而钝,眼睛小,有鳞无毛。河狸的背毛栗色或棕褐色,体侧及臀部较淡,颊、喉及唇为黄棕色,腹毛为灰棕色,四足呈棕色,稠密的毛发使得它们在水里水外都很温暖。

河狸有一条奇特的大尾巴,宽大扁平,像把铲子,上面覆盖着大型角质鳞片,鳞片间有少许短毛,这条尾巴看上去,好像跟它们的身体没有连续性,就像谁给安上

河狸

的假尾巴。不过,它的作用可不小,能推动河狸在水中飞速地上下前进,同时也起到了舵的作用,在河狸前进时掌握“航行”的方向。

小河狸出生后,妈妈会用嘴将它们轻轻咬住放在自己的前脚上,像铲车一样搬运它们。小河狸出生后很快就学会游泳了,不过还要继续吃两个月的母乳才会断奶。当它们长到两岁时就会离开母亲,与异性河狸共筑“家”巢,组成新的家庭,开始新的生活。

河狸是一种非常珍稀的动物,由于它们的毛皮暖和、结实、光亮,是高级裘皮原料,导致人们的疯狂猎杀,给河狸的生活带来了深重的灾难,野生种已濒临灭绝。

河狸是一位优秀的建筑师,它们把自己的家建造得舒适而又讲究。河狸构筑的坝就连工匠也不得不佩服。它们的坝设计巧妙,整个坝呈楔形,使人联想到人工的重力坝。为加强坝的基础,河狸将树枝并排插入水下泥中,形成密集的栅栏层,可拦获顺流而下的碎石,这样,坝基础的强度就越来越高。

河狸的施工速度也很快,两只勤奋的河狸一周内可完成10米长的坝。在美国蒙大拿城曾发现一条全长750米的河狸坝。河狸筑坝是它自身生活的需要。河狸通常将食物贮存在池塘底,为了避免底部水在冬天结冰,它们就筑坝以使水平线保持一定高度,同时也可使通向河狸家里的水下通道在冬季仍能畅通无阻。

奔跑健将——羚羊

羚羊是牛、羊的近亲,种类很多,有大有小,有高有矮。羚羊有共同的特点:身体轻巧敏捷,四肢细长,蹄子又小又尖,奔跑速度极快。不同的羚羊的角形状各不相同,大部分雌雄羚羊都长角,有的种类仅雄羚羊才长角。羚羊主要生活在非洲,它是出名的奔跑健将,每小时最快可达60~70千米。羚羊的快奔快跑,是为了逃避狮子、狗的追击,否则它就很难在草原上生存下去。在羚羊大家族中,最珍贵的是阿拉伯羚羊,它双角直立,外形美丽。可惜的是,这种羚羊目前数量极为稀少,已

濒临灭绝境地。

羚羊

藏羚羊

藏羚羊生活在中国青藏高原(西藏、青海和新疆),有少量分布在印度拉达克地区。藏羚羊的栖息地海拔3250~5500米,更适应海拔4000米左右的平坦地形。这些地区年平均温度低于零度,生长季节短。

藏羚羊的活动很复杂,某些藏羚羊会长期居住一地,还有一些有迁徙习惯。雌性和雄性藏羚羊活动模式不同。成年雌性藏羚羊和它们的雌性后代每年从冬季交配地到夏季产羔地迁徙行程300千米。年轻雄性藏羚羊会离开群落,同其他年轻或成年雄性藏羚羊聚到一起,直至最终形成一个混合的群落。

藏羚羊群的构成和数量根据性别和时期不同会有所变化。雌性藏羚羊在1.5到2.5岁之间达到性成熟,经过7~8个月的怀孕期后一般在2~3岁之间产下第一胎。幼仔在6月中下旬或7月末出生,每胎一仔。交配期一般在11月末到12月之间,雄性藏羚羊一般需要保护10~20只雌性藏羚羊。

藏羚羊善于奔跑,最高时速可达80千米(50英里),寿命最长8年左右。

1990年藏羚羊的数量大约为100万只,1995年下降到7.5万只。以往可以发现1.5万只以上的藏羚羊群,现在数量大为减少。

豪猪

在亚、非、欧大陆和美洲大陆都有豪猪生活,但美洲的豪猪是攀树的,而亚、非、欧大陆的豪猪却都生活在地面上。豪猪长长的毛发中藏着秘密武器——2万根尖刺,当受到威胁时,这些刺会竖起并"嘎嘎"作响,警告攻击者离远点,如果攻击者还

不走开，豪猪就会背对着它冲过去。豪猪的刺刺进了人的脸或皮肤里，就很难拔掉，它们深深扎进肉里，引起伤口感染，给伤者带来巨大的痛苦，甚至导致死亡。

据说豪猪特别喜欢吃盐。它们会啃汗手握过的工具把柄，只是为了得到其中的一些盐分。

豪猪

野猪

野猪通常生活在平原、森林地带，但在海拔3000米以上的山中也有它的踪迹。它们过群居生活，有时一群多达50~100只，活动多在傍晚开始。

野猪是家猪的祖先，雄猪有獠牙露在唇外，是自卫和进攻的武器。它们常常游荡在草地、森林或灌木丛中，奔跑迅速，会游水。像所有的猪一样，野猪用鼻子拱翻地面以寻找可吃的东西。它们是杂食动物，所以几乎任何东西都可进入它们的食谱。它们长得青面獠牙，虽然不捕食其他动物，但仍十分凶猛。野猪是任何一种大型食肉动物的美味佳肴。由于体型相对较小，所以几乎无法用它们看似恐惧的獠牙对付天敌。狮子可以捕食任何大小的野猪，许多野猪却无法长到成年就会被捕食。

野猪

野猪常常会糟蹋庄稼、田地和竹林，侵犯农庄，因而常常遭到人们的厌恶。

野猪视力较差，主要靠听觉和嗅觉来发现敌人。它喜欢泥浴，常常在泥沼中翻滚数小时。

“国宝”——熊猫

熊猫，是我国特有的珍贵动物，是我国的国宝。熊猫的体形似熊，颜面宽短似猫，又称为猫熊。大熊猫主要分布在我国四川西部、甘肃和陕西的南部，它生活在2000~4000米的高山且有竹丛的密林中，以箭竹等十几种竹子为食，所以总是在2平方千米左右有竹子的地区活动。熊猫性格孤僻，常单独行动。目前生活在自然界的大熊猫估计只有1000只左右，而且正在逐年减少，这与它自身的生活能力差、

食性太单一、繁殖能力和防敌能力比较弱有关。

熊猫

有人认为，熊猫是因为太爱睡觉才长得这么胖.其实熊猫的睡眠时间并不多。因为熊猫的主要食物竹子的营养价值太低，所以它们不得不多吃一些以保持热量（每天大约吃45千克竹子）。这个庞大的饮食消化任务要占去它们每天从早到晚的16个小时，以致它们不得不少睡一点。

现在大熊猫的分布区已相当狭小，散布在六块基本断开的山地，包括陕西秦岭南坡，甘、川交界的岷山，四川境内的邛崃山、大相岭、小相岭及凉山，总面积不过3万平方千米。大熊猫是残存下来的古老动物，衰老的种群基本特性、食物高度特化、抗敌能力弱、繁殖能力低等，是大熊猫走向灭绝的内在因素；而人为地破坏山林，使大熊猫失去生存之地，再加上天灾病祸，竹子开花等，是大熊猫数量减少的外在原因。

小熊猫

小熊猫是世界上最罕有的动物之一。它的尾巴上有9条黄白相间的条纹，因此，也叫九节狼。小熊猫的身体比猫大，但比狗稍小一些，同狐的个儿差不多。它的毛是棕色的，上唇周围有白色的胡须，脸上有花斑。

小熊猫

小熊猫常居住在地面上，喜欢独来独往，拖着一条毛茸茸的长尾巴，看上去不像熊猫，倒更像浣熊。小熊猫动作像猫，身体十分灵巧。性情温和，能爬上跳下。

小熊猫生活在海拔2000~3000米的高山密林里，住在枯树洞或岩石洞中，一早一晚出来觅食，主要吃野果子、野菜、嫩叶、昆虫、小鸟和鸟蛋。小熊猫非常爱清洁，常常在吃东西前，先把食物放在水里清洗一下，然后再吃。小熊猫产于印度、尼泊尔等国家，在我国只产于四川、西藏、云南等地。因为数量极少，已被列为国家二级保护动物。

浣熊

浣熊主要产于北美洲温带丛林和南美洲的热带丛林里。浣熊个头较小,一般只有7~14千克重。全身的毛不是清一色的,而是灰、黄、褐等色的毛相互混杂在一起。它虽然叫熊,但长得一点都不像熊,吻部像狐,较尖细。

浣熊

浣熊在每次吃东西前,总是先要把食物在水中清洗一下。浣熊一般吃果实、坚果、种子、昆虫及鸟蛋,同时亦擅长用爪子在水中捕食淡水小虾等水生动物。

浣熊只有很短的冬眠,最多在寒汛期间打个瞌睡而已。

在北美洲,一些居民家中偶尔会闯入浣熊。它会十分熟练地打开冰箱,拧开糖瓶盖,或把放在桌子上的馅饼里的樱桃酱挖出来,美美地饱餐一顿,那样子俨然主人一般。

浣熊更是一个捣蛋鬼。一进居民家便东摸西拿,翻这翻那,忙个不停,直到把整个屋子搞得乱七八糟的。因此,居民们称浣熊为“调皮的小强盗”。

北极熊

熊类中以白熊的体型最大,因为它栖居在冰天雪地的北极,所以又叫北极熊。成年的雄性白熊,身长可达3米,重约370~450千克,浑身长着乳白色的长毛。它脚掌肥大,掌下长着的毛,既保暖,又可防止在冰雪上滑倒。白熊性情凶悍,擅长游泳。它看起来行动缓慢,其实跑起来比人还要快得多。

北极熊

北极熊生活在北极的边

缘,那里是世界上最寒冷的地区之一。北极熊通常是一种害羞的动物,习惯于长时间孤独地生活在冰天雪地之中。作为陆地上最大的食肉动物和北极地区的霸主,北极熊非常擅长游泳。它们喜欢吃鱼,同时也猎杀海豹和海象。北极熊在发怒的时候会变得异常凶猛。许多大型的食肉动物对北极熊也是敬而远之。为了适应北极严寒的气候条件,北极熊长有厚厚的皮毛和脂肪,它白色的体毛可以与冰天雪地融合在一起并且随着季节和太阳照射角度而改变——从纯白色变为乳白色再变为淡褐色。尽管这样,它们在冰层上的移动速度仍然很快,而且技巧很高,不会因为薄冰的裂开而掉入水中。

棕熊

棕熊是现存大型的肉食性动物之一,但它又是一个杂食的动物。棕熊是一种会跑、会爬、会游泳、会挖洞的全能动物。它近视但嗅觉很好,听觉也很好。在冬天,它就会找一个洞进行冬眠。棕熊喜爱散步,每天散步时都要留下宣告它存在的标记。棕熊经常以独居为主,但有时会到水流湍急的河岸边去捕鱼。

棕熊

棕熊看起来憨态可掬,有点蠢笨,其实它们还是挺机灵的。每年大群的马哈鱼逆流而上产卵时,棕熊就守在较险的河滩处以逸待劳。它们巨大的熊掌总能很准确地捕到马哈鱼,一个个吃得膘肥体壮。

棕熊冬眠前会不停地吃上几十天,积下厚厚的脂肪,以便美美地睡上一觉。树叶落光的季节,棕熊找一个舒服的树洞躺在里面。冬日阳光灿烂的时候,白雪反射阳光刺到棕熊的眼睛,它以为明媚的春天来了.就从树洞里爬出来散步。可到外面一看,地上还有很厚的积雪,棕熊便摇晃着胖胖的身体。回洞继续做它的美梦。

黑熊

黑熊体型肥大,体重可达 150 千克,尾巴很短,只有 7~8 厘米。黑熊的毛呈黑色,颈和肩部的毛较长。它的视力较差,所以我国北方人都习惯叫它“熊瞎子”。黑

熊栖息在山林之中,它有爬树的本领。生活在寒带的黑熊,一到秋天就开始大量吃喝,储备能量,然后躲进干燥的树洞或岩洞里开始冬眠,直到第二年的春天醒来。

犀牛

世界上牛的种类很多,但无论是野牛还是家牛,若和犀牛相比,只能算是小牛,因此,犀牛有个绰号“牛王”。犀牛是陆地上生存的动物中仅次于大象的庞大动物,目前地球上的犀牛已为数不多,主要分布在亚洲和非洲。

犀牛

现今世界上共有 5 种犀牛,即白犀牛、黑犀牛、印度犀牛、爪哇犀牛、苏门答腊犀牛。但是由于人们的肆意捕杀,犀牛的数量急剧下降,所以现今 5 种犀牛都被列入珍稀濒危动物的行列。

犀牛的体重约 2.5 吨,身高 2 米左右,厚而粗糙的皮肤上有许多褶皱,鼻端有一个短粗的角,下颚上还有两只巨大的獠牙。犀牛浑身是宝,血液、骨都可作药材,特别是犀牛的角,更是驰名世界的名贵药材,价值连城,比黄金还珍贵。

犀牛喜欢单独活动,在一般情况下显得很温和,但若被触犯也会猛冲上去用角和牙作武器与之厮打。它们吃各种植物。但不属于反刍动物,每天要用 14 个小时进食。

鼠海豚

鼠海豚是体形较小的海豚,体长为 170~180 厘米,体重 90 千克左右。头部较圆,没有喙。头部从侧面看上去很像鼠,所以得名。牙齿很小,为侧扁的铲形,齿冠部的直径大约为 2.5 毫米。第 1~6 枚颈椎愈合。双头肋骨较多。背鳍呈三角形,位于身体中间略后,高度为 15—20 厘米,尖端稍向后屈。鳍肢较小,呈卵圆形,具有 5 指。背部为蓝灰色,腹部为白色,过渡区为晕色,腰部

鼠海豚

近似黑色。鳍肢和尾柄部分为深蓝色,鳍肢的基部为白色,上面的颜色较深。鳍肢的基部至口角之间有深色带。

鼠海豚的分布很广,包括大西洋、太平洋,以及黑海、地中海、亚速海等,尤其是北大西洋和东北太平洋的数量较多,在我国仅见于黄海海州湾渔场和吕泗渔场。

鼠海豚大多在近海的浅湾处活动,喜欢集群,通常小于10只,觅食和洄游时也多达50只至数百只,但群体比较松散。一般潜水的时间不超过3~4分钟,有时全身跃出水面呼吸。主要以鲱鱼、鳕鱼、鳎鱼等鱼类为食,也吃乌贼、甲壳类,以及鱼卵等。

麝香鼠

麝香鼠原产于北美洲,分布广,北至五大湖,南至墨西哥,北美洲麝香鼠主要产区有:东北的五大湖,新泽西州,特拉华州,马里兰州和南部的路易斯安那州等。

麝香鼠

麝香鼠身体呈椭圆形,长35厘米,体重约1千克。头稍扁平,颈短,耳小隐于被毛中,眼圆、小,嘴钝、圆,有稀须,上下均有长而锐利的门齿,突出于唇外,上、下、左、右各有三枚臼齿。四肢短,灵活,内侧生有硬毛。前足有四趾,爪锐利,适于扒洞和抓取食物。后肢较长。趾阔有蹼。尾基圆,远端侧扁,上有圆形角质鳞片和稀短黑毛。后肢和尾在游泳时能起“桨”和“舵”的作用。被毛黑或粟黄色,腹部棕灰色。夏季被毛淡,冬春色深。麝香鼠每年换一次毛。麝香鼠寿命为4~5年,高的达10年。

野生麝香鼠营半水栖生活,喜栖于干草多的沼泽地带和湖泊,河流沿岸以及池塘。

麝香鼠系草食动物,喜食芦苇、水葱、水花生、莎草等的嫩根、茎叶,以及禾本科作物和块根及蔬菜等,偶食少量动物食物如蚌、小鱼、田螺、青蛙等。

龙猫

龙猫,学名南美洲栗鼠,属于哺乳纲,啮齿目豪猪亚目,美洲栗鼠科,动物,因其酷似宫崎俊创作的电影《龙猫》中的卡通形象龙猫,所以后被香港人改名叫“龙猫”。

龙猫

龙猫属于哺乳类啮齿豪猪亚目南美洲栗鼠科，许多人一提到鼠就想到老鼠，其实它和老鼠完全不同。其主要区别在于：老鼠是杂食性动物而龙猫是吃素的，它们的消化系统不同。老鼠是双排卵管而龙猫是单排卵管，所以老鼠（包括仓鼠）可以每20天就生一窝仔而龙猫每年只能产仔1~2次且每次产仔1~2只的概率是80%。

龙猫原产于南美洲之安第斯山脉，海拔1600尺的山洞及石缝便是其聚居之地。当地天气干燥，日夜温度差距极大，龙猫平时依靠一些热带植物（如树皮、树根、仙人掌）维生，所以其生命力极强，对中国的环境也很适应。其皮毛的主要用途是保暖及防止水分流失。但在16世纪，当时的欧洲人发现这种小动物之皮毛竟然是那么柔软，便大量捕杀龙猫。19世纪初，龙猫已经在绝种的边沿。后来幸得一位美国人M.F.Chapman带了11只回加州并成功在当地繁殖，今日才有机会饲养这种可爱的小动物。

大灵猫

别名九节狸、灵狸、麝香猫，属于灵猫科，英文名Viverra zibetha。藏名音译“匈布孜间且瓦”。大灵猫体重6~10千克，体长60~80厘米，比家猫大得多，其体型细长，四肢较短，尾长超过体长之半。头略尖，耳小，额部较宽阔，沿背脊有一条黑色鬃毛。雌雄两性会阴部具发达的囊状腺体，雄性为梨形，雌性呈方形，其分泌物就是著名的灵猫香。体色棕灰，杂以黑褐色斑纹。颈侧及喉部有3条波状黑色领纹，间夹白色宽纹，四足黑褐，尾具5~6条黑白相间的色环。

我国西藏的察隅、波密、墨脱、林芝、米林、错那等地数量较多，南方各省区也有分布。

大灵猫生性孤独，喜夜行，栖息地海拔高度为2000米以下。常活动于热带雨林、亚热带常绿阔叶林区、山地灌丛、丘陵山地草丛。杂食，食物包括小型兽类、鸟类、两栖爬行类、甲壳类、昆虫和植物的果实、种子等。遇敌时，可释放极臭的气体，用于防身。在活动区内有固定的排便处，可根据排泄物推断其活动强度。每年1~3月份发情，4~5月份产仔，每胎2~4仔。

大灵猫

大灵猫的经济价值很高，毛皮可制裘；分泌的灵猫香是香料工业的重要原料，对抑制鼠害、虫害也有重要作用。

狼

狼是一种极凶恶的动物，它们会用群力合作、围攻堵截的方式追捕猎物，而一旦有某一只动物成为它们追猎的目标，逃生的希望是微乎其微的。狼给人的印象是凶狠残暴。狼不仅群起攻击熊、鹿等大动物，危害猪、羊等牲畜，还吃受伤的同

狼

类，所以在童话中常把狼描写成狡猾凶狠的坏蛋。其实狼有许多优点。狼的社会管理得井井有条。

狼群中最强壮的一只雄狼是狼群的首领，它负责维持秩序，组织狩猎，保护狼群的安全。狼在捕猎时，十分团结，十几只狼一拥而上，咬死猎物，而在分配食物时，又表现得很谦让，它们总是等比较幼小的狼吃饱后，自己再进餐。

狼对幼子的照顾无微不至。刚刚断奶的幼狼消化能力还不强，老狼会把自己吃下去的半消化的食物吐出来，喂给孩子们，直到小狼能够独立吃肉时为止。夏天

的时候，狼爸爸和狼妈妈仍会亲自照顾当年生的小狼，由于食物比较充足，前一年出生的小狼可以自己外出练习捕食。到了冬天，食物匮乏，它们又回到父母身边，父母仍会照顾它们，和它们一起渡过饥寒交迫的冬天。

狼常在黎明或黄昏长嚎，这是它们在与同伴互相联络。

狼对巢室的设计颇有研究，它不仅会留下入口，还会设计一个“太平门”和一条隐秘的地道。它们还善于游泳，当敌人来犯时，就躲到水里藏起来。

狼的奔跑速度可达到每小时 40 千米，不仅如此，它们的耐力也极佳，能以极快的速度持续奔跑数小时不休息，所以耐力常常是它制敌的法宝。

大象

象是世界最古老的动物之一，远祖可追溯到 5000 万年前的长毛象。大象性情温和但记仇，如果你曾招惹过它，下次你见到它要躲得远远的，否则它会报仇。

大象

象属于哺乳纲，长鼻目，象科，是现存体积最庞大的陆生哺乳动物。以母权为主的象群，生活在大草原或林木茂盛的热带雨林之中。象仅以植物为食，有时也靠果实果腹。象的视觉不敏锐，长长的鼻子可见它的味觉和触觉最敏锐。值得一提的是没有人看见象的遗体，也很少有人看见大象的出生。长长的象牙是一种珍贵的物品，这成为它被捕杀的主要原因，因而亚洲象和非洲象的数量正急剧减少。

大象长长的牙齿是它的臼齿，由于不断被后面新发出来的臼齿挤压，最后长出嘴外，并且越长越长。雌雄非洲象都有长长的象牙，亚洲象的雄象一般看不到外伸的象牙。在大象的一生中，上、下共长有 12 颗牙，当它的牙齿都脱落后，大象便失去了嚼食能力而死亡。象牙是大象所独有的用于自卫的重型武器。

象的长鼻子不但柔韧而且肌肉发达，具有缠卷的功能，是象自卫和取食的有力器官。它能帮助象从树上摘取树叶和果实；能吸水喷洒在身上洗澡；也能吸起沙土撒在身上，除去身上的寄生虫，或者用沙子抵挡蛇的攻击。象鼻子的末端有指状突起，能感知物体的形状和性质，并能拿起细小的物体。象能帮助人做好多事情，它的劳动工具就是它的鼻子。象鼻子嗅觉还很灵敏，能探知地下水的位置。一些蚊蝇、小虫常要在大象身上打扰，靠一根短小的尾巴甩来甩去，蚊蝇根本不在乎，所以大象还需用自己的鼻子去赶散虫子。象鼻的卷力大得惊人，足以拔起一棵很大的

树。

象是胎生动物,但象的怀孕期比较长,要经过22个月。离开母体的幼象,体重能达到120千克。小象一生下来就能吮吸母亲的浮汁。在最初的几个月里,小象只吃母乳,半岁之后,才逐渐从象妈妈嘴里接过青草吃。幼象同母象一起生活的时间长达10~12年。

驯鹿

驯鹿大多栖息在北极地区。在我国大兴安岭西北坡,一些少数民族也有放养驯鹿的。驯鹿体型较大,全身长着厚密的粗毛,保温耐寒。圆大的蹄子四周也密生着特殊的刚毛,便于它在雪地里行走。雌雄驯鹿头上都长着树枝一样的大角,而且幼鹿出生一周后即长出角来。人工放养的驯鹿,能作为运输畜力使用,鹿拉雪橇是北极地区人们出行的重要交通工具。

长颈鹿

在非洲草原上,可以见到三五成群的长颈鹿优雅地漫步。它们身材优美,有着修长的脖子和健壮的长腿,皮肤上生有美丽的花纹。长颈鹿是食草性反刍哺乳动物,成年的可达5米多高,1吨重,可以活到26岁。长颈鹿每胎只生1子。小鹿一降生就面临一项严峻考验——它们要从妈妈离地近3米高的产道摔下来。

长颈鹿的嘴唇和舌头,也能够伸长,这可以弥补它的头颈之不足。长颈鹿难得饮水,甚至几星期可以滴水不进,其身体所需的水分常常是靠咀嚼针叶食物和橡胶草、含羞草等来供应。长颈鹿性情温和,弱小动物都十分高兴与这个好脾气的朋友相处,但是,对于敌人,它却毫不客气。它的四只赛似铁锤的巨蹄,是很厉害的防御武器,有30厘米长,据说能够踢死一头猛狮,即使是一只幼年的长颈鹿,也能对抗两只豹子。因此,单个的狮子是不敢单独向它挑战的,多半是联合起来围攻或趁它饮水时偷袭。长颈鹿还有一对长在头顶上的软角,只有几厘米长,这是用来与它的情敌做不流血的“决斗”的。

长颈鹿有格外壮的心脏和厚的心肌,这样才能把血液输送到头部,它的血压比人的血压高几倍,也是所有动物中最高的。

早期的观察家在看到长颈鹿低头饮水时感到奇怪,为什么血压冲到脑子里而不会引起致命的脑出血呢?原来当它的长脖子突然昂起或垂下时,为了经受住血液冲进大脑或冲离大脑的波动,长颈鹿生有颈静脉控制瓣和特殊的脑部血管网。惊人的颈动脉网保持了大脑血压的正常不变。

梅花鹿

梅花鹿常常一二十头一起活动,范围在数十平方千米的灌木林区,如果不受外界干扰,它们不会迁徙,即使受惊外逃,不久也会返回原来的地方。雄性梅花鹿喜欢单独行动,在繁殖季节,雄鹿之间经过激烈的争斗,胜者占有雌鹿群,繁殖期过后,它又单独生活了。梅花鹿是我国最早驯养的野生动物之一,驯养梅花鹿,主要是为了获取鹿茸。由于大量捕杀,现在野生的梅花鹿越来越少,因此梅花鹿也是我国珍稀保护动物。

云豹

云豹比金猫略大,比豹和雪豹都小。云豹全身呈灰黄色,体侧有数个狭长黑斑连接成云块状大斑,故名之为“云豹”。云豹眼周有黑环,颈背有 4 条黑纹,中间两条止于肩部,外侧两条则继续向后延伸至尾部,胸、腹部及四肢内侧为灰白色,并有暗褐色条纹,尾末端有几个黑环。

云豹生活在热带、亚热带丛林中。它们个头虽小,但与其他食肉兽一样凶猛和矫健。它们的爬树本领很高,常在树上捕食鸟、猴和其他树栖小兽,有时会从树上一跃而下。捕捉地面上的野兔、小鹿等。非林区的云豹,主要在地面上捕食中小型食草动物,甚至还吃各种野鼠。

云豹有个怪脾气,在生小豹时,需要绝对地隐蔽,不得有任何惊扰,否则幼豹不是被母豹吃掉,便是被母豹弃之不顾。云豹属夜行性动物,清晨与傍晚最为活跃。云豹一般很少下地,多半在树上活动和睡眠,它们身上的毛色和斑纹,在树丛中成了很好的伪装。尽管云豹较为凶猛,但一般情况下不会伤人。

云豹善于游泳,泳技特别高强,它们能只凭借一条后腿活动,就可以在水面上游动。它们大多是晨昏时刻在河边嬉戏玩耍,或是在河里游泳、洗澡。

老虎

虎总是让人充满恐惧同时又使人着迷,因为它们生来就是出色的杀手,而它那毛茸茸的斑纹的确又使人感到可爱。头圆圆的,一双“发射”冷光的眼睛,虎视眈眈;一条粗壮的尾巴如同一条钢鞭。它眼观六路,耳听八方,鼻嗅千里,性情凶猛,力气超群,走起路来威风凛凛,怒啸时声震山河。很多动物都害怕它,一看见它即逃之夭夭,逃不脱的则成了它的美味珍馐,连人也有谈虎色变的情况。

我国有东北虎和华南虎两个亚种虎。东北虎分布在吉林、黑龙江两省,生活在长白山、小兴安岭等处,可以说是虎中老大,耳大身长。它皮毛淡黄而长,斑纹也较疏淡,胸腹部和四肢内侧是雪白的毛,显得干净漂亮,尾巴又粗又肥,点缀着黑色环纹,更增加了它的俊伟。它经常在深草丛中休息,不会爬树,但游泳的本领可不低。虎生性昼伏夜出,独来独往。

华南虎分布在华中、华南、华东和西南,是世界虎类分布的中心地带,所以国外有叫它"中国虎",也有叫它"厦门虎"的。华南虎比东北虎个头小、体重轻,身着棕红色带有黑色条纹的皮毛,油光发亮,尾巴也没有东北虎的粗壮。由于南方天气炎热,华南虎白天不爱出来。为了避暑,它一天两次游泳,顺便饮水。别看它的个头没东北虎大,但游泳的本领可比东北虎强,能横渡大江大河,甚至能游过窄的海峡,厦门、香港都曾有过老虎。

猞猁

猞猁长得很像家猫,但个儿却比家猫大。产于亚洲和欧洲。在我国,它们生活在北方各省和青藏高原。猞猁有两个最显著的特点:

一是尾巴特别短,只有普通猫的一半,而且上半截为黄色,下半截为黑色。

二是两只耳朵特别尖,并长着耸立的笔毛。耳壳和笔毛可以朝发声方向活动,但是,剪去猞猁耳朵上的笔毛,便会影响它的听觉,因此,猞猁的笔毛起着收集声音的助听器作用。

猞猁的毛皮通常是淡黄色及灰褐色的,也有一些是棕红色的,上面长着许多暗色斑点,有点像小豹。

猞猁栖息在树林中。白天,它们大多在枯树洞或树根处睡大觉,夜晚才出来捕食,它们是一些我行我素、独来独往的家伙,一般喜欢单独活动。它们性情凶狠,动作敏捷,能游泳、善爬树,抓捕较大的鸟和兔、鼠、鸡等小动物吃,有时也盗食羊甚至伤害人。

近年来,猞猁数量越来越少,现已被列为国家二级保护动物。

骆驼——沙漠之舟

世界上的许多沙漠地带,荒漠无边,渺无人烟。在沙漠里旅行,最好的旅伴就是骆驼了。

骆驼是哺乳动物中最能忍饥耐渴的动物。骆驼的外貌非常特殊,弯弯的脖子,小小的脑袋,肥大的蹄子,且掌蹄又宽又大,长着软软的肉垫,富有弹性,因此,走起路来稳稳当当,耐热又耐冷。最为奇特的是,骆驼背上有一副自然的肉鞍,这叫"驼

峰”,内部积存着大量的脂肪,在营养缺乏时供给能量。骆驼不怕风沙,这是因为它的鼻子和眼睫毛的结构非常奇特,鼻孔里面有瓣膜状的东西,一有风沙,就将鼻孔关闭,而双重的眼睫毛像神秘的卫士能将风沙挡住,因此,风沙根本奈何不了它。

骆驼能在缺水达20天左右的时间内行走自如,这与它具有耐脱水和在短时间内能恢复水分平衡的奇特本领有关。它能脱水达体重的30%,但却不会死去,而且这时若有水,它又能大量饮入。有趣的是它喝的水量正是它失去的体重。骆驼还有个奇特的本领,即在缺水达体重的1/4时,其血量仅减少1/10,而且它能将快要排出去的尿,在体内“加工”成蛋白质。

骆驼全身是宝,肉可食,皮可制革,驼骨、驼血和驼峰等是补药。驼蹄与熊掌齐名,是上佳食品。骆驼不仅耐渴耐饥,还能耐酷热和寒冷,因此,被誉为“沙漠之舟”,是人类沙漠旅行的好伙伴。

高山骆驼——小羊驼

小羊驼是生活在南美洲的无峰骆驼。在它的家族中还有无峰驼和大羊驼。它们的背脊没有肉峰,耳朵尖长,头颈长,形似绵羊,所以叫作羊驼。印加人曾一度饲养过这种动物,获取它们的毛和肉,靠它们来搬运重物。

但是,小羊驼是不易被驯服的。它们生活在安第斯山脉高达3650~4800米的地方。在这样的高处,天气寒冷。狂风呼啸,氧气也要比海拔低的地方稀薄得多。

小羊驼之所以能够在这种条件下生存下来,是因为它身上长有厚厚的毛,也因为它们的血液不同于其他动物,其中有更多的携带氧气的红细胞。正因为如此,它们能更好地利用稀薄的氧气。

白天,它们在高山草地上吃草;晚上,到更高的地方去睡觉。

每年,成群的小羊驼被赶到一块儿剪毛。据说,它们的毛是所有动物中最好和最轻的。30年前,它们几乎绝种。今天,它们受到全面的保护,数量正日益增多。

小羊驼是雄性成群或整个家族成群一起生活。它们向前伸着脖子,在休息地和进食地之间走动。它们能够迅速逃离敌人的追杀。

最大的两栖动物——河马

河马是哺乳纲,偶蹄目,河马科。身体长约4米,重约4吨,只比非洲象稍轻一些,但它与象比起来,是名副其实的矮子。它脚短头大,身体圆滚滚光秃秃类似水桶。

河马分布在非洲的各大河川流域,甚至广及地中海的尼罗河沿岸。河马只有在日落后才进食,白天它就在水中呆着,它们的食物包括各种禾本科植物,但它们

不是反刍动物。河马也是群居的动物,领地范围由雄河马自己界定。河马的尖齿对进食毫无用处,它是打架时使用的利器。

河马还有潜水的本领,当它遇到危险时,可以全身潜入水底,最多可以潜10分钟左右。河马的皮肤几乎无毛,皮下脂肪很厚,达50厘米。河马利用腿足游泳。河马很喜欢泡在水里,每天可以在水中呆上十七八个小时。它泡在水里的时候,只把眼睛、鼻子和耳朵稍稍露出水面,这样,听得见声音,看得见东西,呼吸也可以照常进行。若河马离开水的时间一长,它体内的液体就会被迫通过皮肤分泌出来,但这种汗液很奇怪,色呈红色,像血一样在浑身上下流,会让人误以为河马受了重伤呢。河马的胃口很大,每天都要吃100千克以上的草料。河马的牙也很有趣,每天磨损多少,第二天就会长出多少。

别看河马长得又大又丑,却是一种很胆小的动物。在晚上,人们拿着几支手电筒突然照它的双眼,会使它大吃一惊,赶忙掉过头去,跌跌撞撞,撒脚快跑。河马一般不危害人类,可以群居在人类村庄附近的河流处。人类曾大量捕杀河马,河马过去广泛分布在非洲热带地区,现在只在中非和东非的一些地方,还比较多见。

环尾狐猴

环尾狐猴生活在非洲的马达加斯加岛。它们嗅觉灵敏,但无双眼视觉。其长相和狐相似,面部尖尖的,上面有熊猫一样的花斑,有一个湿润的鼻部,鼻子长得像狐狸的鼻子。其身体似猴,后肢较长,毛色为白色和灰色。它们最引人注目的特征就是长着一条高高翘起的尾巴,上面还有非常醒目的黑白相间的环状花纹。

环尾狐猴全身有3处臭腺,其臭液有很多作用。雄性环尾狐猴不但用臭液作为路标和领地的记号,还用作攻击对手的武器。当遇上敌人时,这种臭液既能用来自卫,又能用来进攻。环尾狐猴常常是结群聚居,每群可多达20只,它们通常躲藏在石隙洞穴间。

雄环尾狐猴也利用它们的尾巴互相威胁。争斗的雄环尾狐猴用其上肢臭腺分泌的臭液弄污自己的尾巴,然后把尾巴举到背部上方炫耀般地挥舞,以一种挑衅的方式向前方飘送臭气。

环尾狐猴在横生的大树上直立行走时,姿态很像人的样子。它们能用后肢的钩爪钩住树枝,寻找自己喜欢吃的树叶和果实。

漂亮的金丝猴

灵长类中最漂亮者莫过于金丝猴。有关专家比较了全部近200种灵长类动物,没有一种能与中国金丝猴媲美。

金丝是指猴子身上披着金黄色丝样的毛,长达 30 多厘米,金丝猴的名字由此而来。这种猴子的鼻骨极度退化,即俗话所说的没有鼻梁子,因而形成上仰的鼻孔。

金丝猴脸为乳白色,在头顶上生有黑褐色毛冠,两耳藏在乳黄色的毛丛里,棕红色的面颊由橘黄色衬托。脸和腹面乳白色,而四肢外侧却为棕褐色,色泽向体背侧渐深,从那深色毛区中,伸展出缕缕金丝,犹如贵夫人的金色斗篷。金丝猴的体毛五颜六色,风雅华贵。雄猴威武雄壮,雌猴婀娜多姿,被称为美猴王。

金丝猴生活在海拔 1400~3000 米的阔叶林和针阔混交林,以家族方式结群生活,最大的群体可达 600 余只,在灵长类中,如此庞大群体亦属罕见。它们主要在树上生活,也到地面找东西吃。主食有树叶、嫩树枝、花、果,也吃树皮和树根,爱吃昆虫、鸟和鸟蛋。

金丝猴是国家的一类保护动物,分布在我国的云南、四川、贵州等地,特别珍贵。

狒狒

狒狒生长在非洲,是最大型的猴子,重达 54 千克,体长 90 厘米以上。狒狒的头很大,幼狒狒生下来时鼻子并不很长,但随着身体的成长,会逐渐变得细长而突出。它们的脸看起来很像狗脸,脸上光滑无毛。雌狒狒的吻部较短,雄狒狒吻部较长。大部分狒狒的体色是浅灰褐色,但也有一部分狒狒的体色呈红色和棕色。它们成群生活,每群一般有 20~60 只。在一个狒狒群里,由一只年龄较大、身体强壮和经验丰富的雄狒狒当"狒王"。狒狒有时会吃小羚羊,但通常吃更小的动物,例如蝎子。狒狒也喜欢吃蔬菜和水果,因此常常损害农作物。

狒狒的生活很有规律,晚上一起睡在树林里,早上 7 点钟左右起来,然后一起到外面寻找食物。狒狒懂得用石头作武器,一旦遇上敌人,它们就在地上抓起石块投掷过去。

狒狒常常沿着固定的线路去找水源饮水。这是一件十分危险的事情,因为那些狡猾的狮子和蟒蛇往往会在水源处"等候"着它们。因此.每一次取水都是狒狒群一次计划周密的战斗行动。它们总是由最强壮和最勇敢的雄狒狒组成"开路先锋",其余的狒狒则躲藏在水源附近的树上。一旦遇上狮子扑来,打先锋的狒狒就同敌害进行顽强的搏斗,同时,周围树上的狒狒一起大声吼叫助威,并向"敌人"投丢石头和果实。在团结战斗的狒狒群面前,狮子往往只好狼狈而逃。

吼猴

在动物界,猴子并不擅长叫,一般只会发出稍高音调的叫声。不过,在南美洲热带丛林中却生活着一种特别的猴子,叫声像雷鸣一般,远在4~5千米以外都能听到,是个名副其实的大嗓门,因此人们把它称为"吼猴"。不同种群的吼猴,各有一定的居住领域,并以树木等作为界标,彼此严格遵守。在边界线上,还有吼猴站岗守卫。万一两个"家族"的吼猴遇上了,它们便不约而同地发出震耳欲聋的吼声,向对方发出警告:不准超过边界。因此,吼声成了它们自卫的武器。吼猴只有雄性的会吼,雌性则不吼叫。它们同种群之间相处十分融洽,当遇到敌害时,雄猴齐声发出巨大的吼声,以威胁警告敌方,使敌人因胆怯而退避,以达到集体自卫的目的。吼猴之所以能吼声如雷,是因为它的喉咙中有一种奇特的舌骨器官——盒式共鸣器。吼猴收缩胸部肌肉,压出空气,通过共鸣器上端的一个口,由喉部发出扩大音量的吼声。开始时,它发出的是时断时续的咆哮声,接着便会像一连串隆隆的雷鸣声。

黑猩猩

类人猿有四种:黑猩猩、大猩猩、红毛猩猩、长臂猿。它们都可以活很多年,没有尾巴,都能直立行走。有与人相似的平坦的胸部和牙齿,其遗传因子的构造和结构也与人相像。类人猿是与人类关系最密切的动物。大猩猩是最大、最强壮的类人猿,但性格却很温和。黑猩猩很机灵,但它们要危险得多——甚至能杀死鹿和猴子来吃!

黑猩猩是最聪明的类人猿,它具有比其他动物更为发达的大脑。正因为它大脑发达,所以它能用面部表达喜怒哀乐等多种表情,能用四肢表现复杂多样的行为,能把树枝用树藤绑在一起做成床,在床顶用树枝搭起伞状顶棚以避风雨。经过动物学家仔细研究发现,黑猩猩所具有的智力水平相当于两三岁的儿童,而4岁是黑猩猩一生中最聪明的时期,不过,它只是掌握得快,过不了多久便会忘记。

由于黑猩猩有似人的大脑,很像人,所以黑猩猩曾被人用火箭送入太空,通过它在太空的反应,了解宇航员进入太空后会有什么反应。人们还利用黑猩猩模仿能力很强的特点,教它多种多样的演技,让它为人们做精彩的表演。

长臂猿

长臂猿顾名思义，是一种臂很长的猿类。当猿站立时，两臂下垂，而手背着地有余，中国有多种长臂猿。有白眉长臂猿、白颊长臂猿、白掌长臂猿和黑冠长臂猿等。

在云南的原始森林里，每日拂晓不时传出悦耳的鸣声，此起彼伏，优雅动听，犹如歌咏比赛。那是白颊长臂猿每天必须的引吭高歌。

长臂猿生活在热带或亚热带森林里，从体型看，是树栖动物，善于攀爬，更善用长臂抓住树枝，利用摆动的力量，一下能把身体抛出10余米，如此两臂交替摆荡，行进速度极快，可谓疾如飞鸟。

长臂猿以家庭集居的形式生活，全部成员5~7只，由一对夫妻和它们的子女组成。

1000多年以前，长臂猿的分布，自南向北可达到长江流域。由于人们不断砍伐森林，破坏了长臂猿赖以生存的自然环境，分布区急剧缩减。现在，只有云南省的南部和西部，以及海南岛局部地区，尚存为数不多的长臂猿。

蓝鲸——古今最大的动物

蓝鲸，又名剃刀鲸，是现代世界上最大和最重的动物，而且与生活在一亿年以前的庞然大物——恐龙相比，它也是最大和最重的。所以，蓝鲸是自古到今的最大与最重的动物。自有记录以来，人类捕获的最大的鲸是一头雌性蓝鲸，身长达34.6米，体重约170吨，相当于30多只非洲象的重量。它的心脏约有600~700千克，肺有1500千克，舌头重约3吨，血液总量有8~9吨，肠子拉直有250米长。

蓝鲸

蓝鲸的成长也最快，它从一粒重0.00099克、肉眼看不见的受精卵，经过10.75个月的怀孕期，加上生下后12个月，仅22.75个月的时间，就变成了重约29吨的幼蓝鲸，这相当于增加了300亿倍！蓝鲸的力气极大，其拉力相当于一台中型火车头的拉力。据报道，曾有一头蓝鲸，把一只27米多长的捕鲸快艇拖着

跑了8个半小时,平均时速9千多米,当时那条快艇是开足马力向后退行,却仍被它拉着向前行驶了74千米,可见蓝鲸力气之强大!

1932年以来,虽然国际协会对于每年捕鲸的数量作了限制,但是20世纪捕杀的鲸数比19世纪捕鲸的总数要多4倍。半个世纪以前,蓝鲸还有300000头之多,到1974年时估计,全世界海洋中生存的蓝鲸只有25 000头,今年剩下的可能只有2 000头了。那寥寥可数的幸存的蓝鲸在这个辽阔的大海洋里,是不容易遇见配偶进行繁殖后代的。虽然猎鲸的国家已绝对禁捕蓝鲸,但在以后几十年内,这种世界上最大、最重的动物,恐怕仍难逃绝迹的命运。

虎鲸

虎鲸是海洋中生活的大型哺乳动物。身体呈流线型,表面光滑,皮肤下面有一层很厚的脂肪层,用来保持身体的热量。背上长有一鳍,能在水中保持平稳,四肢退化,前肢变为一对鳍,后肢已经消失。

虎鲸

虎鲸是用肺呼吸的,经常要浮出水面换气,所以它的鼻孔生在头顶,鼻孔朝天并有开关自如的活瓣。当虎鲸浮上水面时,活瓣就可打开,进行呼吸;同时鼻孔里喷出泡沫状的气雾。很多人以为这是一股水柱,其实这是它呼出的热空气,一旦接触外界冷空气后就凝结成小水珠而形成了雾柱。虎鲸是胎生动物,喜欢群居,一夫多妻,几乎终年都可交配。它的皮可制革,肉可食,肝可制鱼肝油,具有重要的经济价值。

虎鲸的性格非常凶猛,胆大狡猾,残暴贪食,是海洋中最凶残的猛兽。它们长着一口锋利的牙齿,在海中专门袭击海豚、海豹、海狮、海象等大型动物,甚至袭击巨大的蓝鲸。由于它们凶如猛虎,所以被称为虎鲸。

白鳍豚

在长江里大约生活了2500万年的白鳍豚,全身灰白,体态健美,呈流线型,眼睛很小,嘴似长剑,背鳍为三角形,尾鳍又大又圆,圆圆的鼻孔长在头顶,形若海豚,是中新世及上新世延存至今的物种,它比大熊猫更古老、更美丽、更稀有。白鳍豚

是鲸类家族中的小个体成员，是世界上现有 5 种淡水豚（拉河豚、亚河豚、恒河豚、印河豚、白鳍豚）中存活头数最少的一种。由于数量奇少，白鳍豚不仅被列为中国一级保护动物，也是世界上 12 种最濒危动物之一。白鳍豚水生物学家警示：白鳍豚总数已不足 100 头，如再不采取特殊措施加紧抢救，它将在 20 年内彻底灭绝！

海豚

海豚属于海生哺乳动物，是一种身材小且呈流线型的齿鲸类，通常有轮廓分明的喙形吻部。海豚体形似鱼，一般体长 4~5 米以下，背部呈青黑色，腹部呈白色。

海豚

以小鱼、小虾、乌贼、蟹等为食，分布在太平洋、大西洋和印度洋，常群游海面，追逐船只。海豚以形态优美、聪明、好嬉戏、对人友好而著名。最熟知的是普通海豚和宽吻海豚。亚里士多德、伊索、希罗多德等早期作家著作中提到的作为儿童坐骑或营救落水者的海豚，就是这两个种。多数海豚主要以鱼类为食，好群栖，常几只到几百只成群。

海豚精力充沛，喜爱玩耍，爱出风头，常常做出一些高难度的跳跃，在海面炫耀大自然赋予它们的力量。海豚是游泳能手，每秒可游 15 米，能把鱼、船只远远地抛在后面。游得这么快，仅凭它流线型的体态是不够的。

科学家们经过长期的观察、研究，发现秘密就在海豚的皮肤上。海豚的皮肤很柔软，皮肤外层生有无数中空突起，好像一根小圆管子，管子里充满了海绵物质。游泳时，整个皮肤表面能按水流作波浪起伏，变得和水波的形状一致，这就减少了 90% 的水的摩擦阻力。看来，海豚那种具有特殊组织构造的皮肤，是它游泳速度快的主要原因。

海豚是一种进化到高等阶段的哺乳动物，它的脑子的重量比人脑还要重一些，而且还像人脑一样，大脑中有深浅不同的沟。所以海豚很聪明。人们常常训练它来表演精美的节目，如打乒乓球、跳火圈等。人们还常常利用它高度发达的大脑，来训练它完成一些水下作业。经过训练的海豚，可以侦察到鱼群的行迹，海底矿藏所在，甚至还能承担海港警戒、潜艇侦察、抢救遇难者以及寻找海上失事的飞机及海底沉船等任务。

海豹

海豹种类众多，分布于北半球和南极大陆附近的温带及寒带海洋中。海豹长

海豹

着胖墩墩的纺锤形身体，圆圆的头上长着一双又黑又亮的圆眼睛。它们的鼻孔是朝天的，嘴唇中间有一条纵沟，很像兔唇，唇上还长着短短的胡须。海豹短胖的前肢非常灵活，能抓住猎物而摄食，还会抓痒。海豹平时浮在水上睡觉，冬天则在冰下生活。人们常会在冰面上看到一个圆孔，这就是海豹为自己开的呼吸孔。海豹和人类一样用肺呼吸，但它们可以在水中待较长时间而不呼吸。这与它们体内的血液含量、肌红蛋白和呼吸频率有着密切的关系。血液含量和肌红蛋白越多，储存的氧气也就越多，加之较低的呼吸频率，就使海豹能在水中长时间地活动了。

海豹虽然名字中有个“豹”字，但是它们没有一点豹子的迅猛和凶狠。在岸上，它们性情温和，行动迟缓，这使得它们往往无法摆脱被捕杀的命运。小海豹的毛皮非常珍贵，人类为了取得小海豹的毛皮而残忍地杀死它们。在海中，海豹的敌人是那些凶狠的鲨鱼及鲸鱼，而在陆地上，人类是它们最大的敌人。

海豹在岸边产仔，一胎产 1 仔。小海豹身上长着柔软的纯色毛。雌海豹对幼

仔非常慈爱,时刻都精心看护着幼仔。海豹成群在岸上晒太阳的时候,几只雄海豹负责看守海豹群的安全,雌海豹则将小海豹搂在怀中。一旦发现危险来临,雌海豹会立刻抱着小海豹逃入海中。

海豹凭借它们光滑的流线型身体,成了高超的游泳专家。它们没有足,却长有灵活的鳍肢,在水下可以随意地保持极快的速度或优美的姿势。这使它们能够非常迅速地改变游动方向,这使得它们能够发现并追逐快速游动的鱼群,以及逃避敌人的追杀,例如鲨鱼、虎鲸和北极熊。海豹还是优秀的潜水员,它们靠屏住呼吸和减慢心跳来节省氧气。有些海豹可以在水下待 70 分钟,而象海豹能够潜到水下 1000 米或更深的地方。

象海豹

象海豹是世界上最大的海豹,分为南象海豹和北象海豹两种,前者产于南半球,后者产于北半球。雄象海豹比雌象海豹大得多,最大的雄象海豹,体重可达 4000 千克。象海豹之所以得名,不仅因为体型巨大,还由于成年的雄象海豹有个短短的象鼻,鼻子垂下遮住口部。当雄象海豹发怒时,鼻子便会膨胀起来,发出很响的声音,鼻长可达 50 多厘米,向外伸出一个橘红色的肉质球。

象海豹

象海豹不但身躯巨大,体态臃肿,而且相貌丑陋,体色不雅,黄褐色中杂以灰色,看上去污秽不堪。它们在陆地上常挤在一起,犹如一个"土堆"。象海豹本来天生一副肮脏相,又不爱干净。夏天,成群的象海豹常常喜欢拥挤在岸边的土坑里,将鼻孔露出水面,躲在泥水中消磨时光。有时,象海豹躺卧在向阳背风雪的山岩下睡大觉,躺卧之处,遍地屎尿,腥臭扑鼻。此刻,外界若有动静,它们也懒得移动,只是张开血盆大口,发出粗犷的打鼾声。

繁殖季节,象海豹相互之间富有进攻性,雄兽互相搏斗以在海滩上占据领地,谁若取胜,谁就有权拥有 3~30 只的雌兽群。

海狮

全世界共有 14 种海狮。它们的吼声像狮子一样,而且有些种类雄海狮的颈部长毛也跟狮子很像,所以叫海狮。它们长着圆圆的脑袋,憨态可掬,全无陆地狮子的霸王气势。鳍状四肢如翅膀一样,后肢还可以转向前方。大部分海狮长着浓密

的短毛，毛色深浅不同，有黄褐色、褐色。雄海狮的身体一般比雌海狮长。

海狮虽然在陆地上生育和休息，但它们大部分时间都喜欢待在海里，尤其喜欢寒流带来的冰冷海水。这种海水带来数量庞大的鱼群，可以满足它们摄食的需求。

海狮

海狮和海豹看起来非常相似，但它们可不像海豹那样笨钝，在陆地上行动起来非常灵敏。海狮的前鳍相当有力，可以把身体前部支撑起来；后面的鳍肢能够起到脚的作用，通过不断拍打推动身子前行，甚至它们还可以挥动着双鳍迅速疾行。

当经过一次成功的捕食而饱餐一顿之后，海狮便会离开水面，到陆地上养精蓄锐。它们有时会在太阳底下躺上几个小时，有时会在海滩上慵懒地滚来滚去。然而，在这悠闲时刻，危险却还是存在的。因为逆戟鲸经常会突然从水中冒出来，捕获离它们最近的动物。

海狮非常擅长游泳和潜水，它们有时口中吐着泡沫，在水中追逐嬉戏。海狮易与人类亲近，记忆力非常好，可以通过不断的熏陶学习，掌握一定的杂耍本领。

海象

海象是北极地区仅次于白鲸和格陵兰鲸的大型海兽。它们的特征就是无论雌雄都长着一双长长的獠牙，沿着嘴角向下伸出。海象的躯体是圆筒状，全身皮肤厚实而又褶皱丛生，脑袋长得又小又扁，脸上长满像刷子般坚硬的短胡须。一双小眼睛埋在皮褶里几乎难以看见。海象生有 4 只宽大的鳍脚，2 只后鳍脚可以向前弯曲，帮助它们一拱一拱地在海滩上爬行。

海象

海象的长牙朝下生长，最长的可达 1 米，它们对海象非常有用，是生存的工具。海象潜入海底时，可以利用长牙把海底泥沙中的蛤蜊挖出来，再用宽大灵活的前鳍收集在一起，运到海面上以便食用；当海象攀登浮冰或山崖时，长牙则成了它们的攀登工具；当它们把猎物用前肢压住时，长牙则又成了它们的杀敌武器；海象还用长牙在冰上开洞以便呼吸；或者用长牙作杠杆，将庞大的身躯弄到

海岸或冰上去。另外,海象的长牙也是它们在家族中一种身份的象征。

海象身体的颜色能发生非常奇妙的变化。在陆地上是棕灰色,到海中则变成灰白色。因为当海象浸泡在北极寒冷的海水中时,血管收缩,皮肤颜色便变为灰白色;而当海象来到陆地上后,它们的血管就膨胀,血液循环加快,因此就变成棕灰色;当盛夏时节,海象晒太阳时,表皮血管膨胀散发体热,全身则会呈现玫瑰红的颜色。

海象聚集在一起时,每群常常数以千计,每只海象一天要吃掉3000只蛤蜊,因此它们必须生活在可供食用的水生贝壳动物非常丰富的地方。它们食贝的方法相当奇特:当它们把贝类从泥沙中挖出,聚集到一起之后,就会浮出水面用鳍脚将贝壳揉碎,被去了壳的贝肉下沉比壳要慢,所以它们一低头,一张嘴就可以吃到干净的贝肉了。

海象经常一上岸就集体卧倒在岸边休息,场面颇为壮观。海象的体型庞大,而且它们的鳍状脚不能很好地用于行走,所以海象在陆地上行动比较困难。当它们成群结队地在海滩上晒太阳时,会尽可能地占据所有的空地。有时,为了抢占一个好的地盘,海像彼此之间会产生争斗,它们用长牙和强有力的脖子互相攻击,战胜者将战败者驱赶走,并占领夺来的地盘。

海牛和儒艮

海牛性情温和,身躯肥大,看上去非常笨拙,但实际上它们在水中却很灵活。它有着像桨一样的尾巴和一对鳍状肢,但没有后足。它们白天在深海睡觉,晚上出外觅食。海牛视力较差,但听觉敏锐,外形与儒艮相似,两者不同之处是,海牛的尾巴呈扇形,而儒艮的尾巴是扁平分叉的;海牛喜欢过群居生活,而儒艮则喜欢孤单一“人”。其实,海牛和儒艮就是传说中的美人鱼。

海牛

雌海牛每3年生育一次,孕期大约12个月。刚出生的海牛约1.2~1.4米长,24~30千克重。小海牛在雌海牛的鳍肢下吸奶。

海牛似乎对水中的船只“情有独钟”,常跟随在船的左右,还喜欢在船的引擎或

锚链上“剔牙”，不过，这种危险的举动常常会使海牛丧生于船桨之下。

海牛和儒艮是仅有的海生食草动物，它们的共同特点是骨头内没有空隙，可以毫不费力地下沉或停留在水中。

在东方和西方的许多书中，都曾经有过关于美人鱼的记载，而第一个将海牛和美人鱼联系在一起的人是19世纪法国的博物学家库伏。他宣称“美人鱼的真面目是海牛”。那为什么人们会将笨拙的海牛当作是美人鱼呢？

动物学家们分析出三条原因：1、海牛可以身体竖立。2、海牛乳房的位置与人类相似。3、海牛能灵活地运用前肢。可以想象当它们在波涛汹涌的大海中探出身来，用前肢抱着小海牛喂奶的情景。海牛靠着强有力的肌肉挤压肺部来控制潜水的深度。

海獭

海獭是海洋哺乳动物中最小的一种，体长约1米，重40多千克，头小，躯干肥大呈圆筒形，前肢短，后肢长，鳍状，善于游泳与潜水，常采食海胆、海贝等。当采到海贝时，它往往用两个前肢各抓一个海胆，用力碰撞使壳碎裂，然后舐吸海胆的内脏。对海贝这类有坚硬外壳的食物，海獭会同时从海底捡来石块，连同海贝一起挟在前肢下松弛的皮囊中，浮上水面后立即仰游，然后用石块作砧，将海贝壳击碎，吞食贝肉。海獭喜欢栖息于近岸岩礁处，活动范围较固定。

海獭

海獭白天活动觅食，日落安息。它们有个非常有趣的习惯，喜欢寻找海藻丛生的地方睡觉。睡前要在水面上连连打滚，将海藻缠在身上，有时甚至用前肢抓住海藻，以免沉睡中被海浪冲走。海獭喜欢结群而居，睡觉时也靠得很近，还有几只海獭担任守卫工作，一旦有情况，便可立即发出尖锐的警报声。海獭体表的毛极为浓密，尤其是背中央的毛比貂皮还密4倍，非常珍贵。它也很爱惜自己的皮毛，饱食之后或临睡之前总要精心梳理、擦洗。海獭的皮脂腺极为发达，全身的毛上都有一层它自己分泌的防水物质，所以在海中生活却滴水不沾。

植物篇

顽强的沙漠植物

也许你会认为，在严重干旱，自然条件极为恶劣的沙漠中，不会有太多的植物能生长，其实不然，在浩瀚无际的大沙漠里，还生长着1000种左右的野生植物，其中包括不少经济价值较高的商用木材、药用植物、纤维植物等，让人感到无比惊奇。

由于沙漠缺水，所以沙漠里的植物大多数根系都非常之发达，以增加对沙土中水分的吸取。主根深、水平根(侧根)广，水平根可向四面八方扩展很远，不具有分层性，而是均匀地扩散生长，避免集中在一处消耗过多的沙层水分。如灌木黄柳的株高一般2米左右，而它的主根可以钻到沙土里3米半深，水平根可伸展到二三十米以外，即使受风蚀露出一层水平根，也不至于造成全株枯死。如此庞大的根系除了用来吸收水分外，还有固沙的作用。

沙漠中水分稀少，蒸发量却大得惊人，许多植物为了减少水分的丧失，演化出特殊的形态，如仙人掌的叶片进化成针状的小刺；而为了储存更多的水分，茎部则变得肥厚而多汁。白刺、沙拐枣的枝条呈现灰白色，可以抵挡强烈的阳光；沙冬青的叶表面有一层蜡质或灰白色毛；梭梭、柽柳的叶成鱼鳞状；霸王的叶退化等等。

还有许多植物是含有高浓度盐分的多汁植物，可从盐度高的土壤中吸收水分以维持生活，如碱蓬、盐爪等。

在沙漠中，由于雨季短暂，有些植物在1~2个月里就可以迅速发芽、生长、开花、结果，在相当短暂的时间里完成它的生活周期。沙漠植物都必须抢在有水的时候繁衍下一代，也为了吸引动物替它们传宗接代，往往会开出十分艳丽的花朵，为荒芜的大地带来缤纷亮丽的花季。

沙生植物在代谢途径上也有独到之处。如景天、落地生根、仙人掌等植物，白天气孔关闭，夜间开放。夜间二氧化碳由气孔进入体内形成苹果酸，贮于细胞液内；白天苹果酸再脱羧放出二氧化碳，参与光合作用。这条代谢途径对于它们的生存具有重大意义，因为这类植物生长在干热缺水的环境里，面临的重大问题是水分，而水不仅是光合作用的原料，也是生命活动不可缺少的物质。因此这类植物体内贮存水分，减少蒸腾是战胜干旱，获得生存的必要措施。白天气孔关闭，既可减少水分的过度蒸腾，又可利用前天晚上吸收的二氧化碳进行光合作用。而在夜间空气湿度较高，光照很弱，这时气孔打开吸收二氧化碳，既能提供白天光合作用的原料，又能减少水分损失。这也是此类植物适应环境的典型生理表现。但这类植物二氧化碳进入植株体内受到限制，其光合作用是很弱的，因而其生长速度非常缓慢。

菜中灵芝——沙葱

又名野葱、山葱。是生长在内蒙古、甘肃、新疆无污染的沙漠边缘或山石缝隙中的一种野生蔬菜；不仅营养丰富，风味独特，无论凉拌、炒食、做馅、调味、腌渍均为不可多得的美味。属纯天然绿色保健食品。

菜中灵芝——沙葱

经专家测定：沙葱含丰富的植物蛋白、膳食纤维和人体所需矿物质、维生素等多种营养成分，据蒙药典记载：沙葱具有降血压、降血脂、开胃消食、健肾壮阳、治便秘之特殊功效。食之能治赤白痢、肠炎、腹泻、胸痹诸疾。被誉为"菜中灵芝"。

沙葱在降雨时生长迅速，干旱时停止生长，耐旱抗寒能力极强，半年不降雨，遇雨后仍可快速生长。叶片可忍受-4～-5℃的低温，在-8～-10℃时叶片受冻枯萎。地下根茎在-45℃也不致受冻。生长适宜温度12～26℃，不同生育时期对温度的要求不同。发芽期最低3～5℃，抽苔开花期对温度要求偏高，达26～30℃。长时间高温(35℃以上)干旱条件下，叶片纤维素多，食用性变差。根系生长温度高于地上部分生长温度。沙葱属长日照，强光照植物。弱光条件下，沙葱生长细弱，呈淡绿色。沙葱生长要求较低的空气湿度(30%～50%)和通透性较强的湿润土壤。耐瘠薄能力极强。

沙葱植株呈直立簇状，株高15～20厘米。根为白色(新根)或黄白色(老根)；茎为缩短鳞茎，根茎部略膨大；叶片呈细长圆柱状，叶色浓绿，叶表覆1层灰白色薄膜；叶鞘白色，圆桶状。叶片含纤维素极少，花苔长15～25厘米，白色伞房花序，种子呈半椭圆形。

翡翠珠簾——绿之铃

绿之铃的茎非常细长，可长至90厘米，匍匐下垂，在茎节间会长出气生根，但不具攀缘性；细长的绿茎上长着一颗颗绿色圆珠状的叶子，宛如在盆上挂着一串串的铃铛，故有佛串珠、绿葡萄、绿之铃之美称，相当可爱。绿之铃的花朵着生在茎节间抽出的花梗上，属于单生的头状花序，花是白中带紫色的筒状小花，每年早秋前后开花，花朵很小。

有些植物的外观特殊可爱，很容易让人兴起一股非带它回家不可的冲动，绿之

铃就是有这样的魅力！很多园艺初学者在初次栽种植物时，常常毫不犹豫地选择了绿之铃，但一段时间后便发现，原来晶莹剔透的叶子慢慢腐烂掉落，植株渐渐枯死，从此便对栽种植物没有信心，其实都是因为不了解其习性，“溺”爱过头了！

翡翠珠簾——绿之铃

绿之铃是属于菊科的多年生草本植物，原产于南非。叶肉质，圆球型至纺锤型，叶中心有一条透明纵纹，尾端有微尖状突起。茎悬垂或匍匐土面生长，因此多被当成吊盆植物栽培。成株会开白色小花，但观赏价值不高。

栽种绿之铃失败最主要的原因，就是浇太多水了，绿之铃的原生环境较干旱，所以叶子呈肉质化，具贮存水分的功能，因此对水的需求较少，除非介质已经很干燥，否则不需浇水。栽培介质需排水佳，若是使用栽培土需再混入蛇木屑、珍珠石等能增加排水性的介质。绿之铃喜欢温和的直射阳光或整日明亮的场所，若光线低则新长出的叶子形状细长，且叶子间的间距也越拉越大，失去观赏价值。生育适温约 15~25℃，夏季的高温会使生长停顿，必须将植株移至通风且有遮阴处，并勿浇太多水。

有生命的石头——生石花

在自然界中，生物的拟态现象是普遍存在的。说起拟态，人们都说昆虫是拟态的高手，其实，在植物王国里，具有拟态避敌本领的也大有“人”在。

在干旱而多砾石的荒漠上，生长着一类极为奇特的拟态植物——生石花。它们在没有开花时，简直就像一块块、一堆堆半埋在土里的碎石块或者是卵形石。这些“小石块”有的灰绿色，有的灰棕色，有的棕黄色，顶部或平坦、或圆滑，有些上面还镶嵌着一些深色的花纹，如同美丽的雨花石；有的周身布满了深色斑点，好像花岗岩碎块。生石花的伪装简直惟妙惟肖，甚至使一些不明底细的旅行者真假不分，直到想拾上几块“卵石”留作纪念时，才知道上当。这些

有生命的石头——生石花

“小石块”就是生石花肉质多浆的叶子。

每年6~12月份，是南半球的冬春季节，也是生石花类植物生命交响乐中最动人的乐章。每天中午都有鲜艳夺目的花朵从“石缝”中开放，黄色、白色，还有玫瑰红色，花冠大如酒盅。

在这个季节，一片片生石花艳丽的花朵覆盖了荒漠，远远望去犹如给大地盖上了一床巨大的花毯。但当干旱的夏季来临后，荒漠上又是“碎石”的世界了。

据植物学家调查，世界上这类貌似小石块的植物有100多种，都属于番杏科，而且是生长在非洲大陆的南部，颇为珍贵。它们虽然十分弱小，而且充满了汁液，吃上去味道不错，却成功地模拟了无生命的石块，骗过了强大的天地——食草动物，保护了自己的生命。

生石花的茎很短，常常看不见。变态叶肉质肥厚，两片对生联结而成为倒圆锥体。品种较多，各具特色。3~4年生的生石花秋季从对生叶的中间缝隙中开出黄、白、红、粉、紫等色花朵，多在下午开放，傍晚闭合，次日午后又开，单朵花可开7~10天。开花时花朵几乎将整个植株都盖住，非常娇美。花谢后结出果实，可收获非常细小的种子。生石花形如彩石，色彩丰富，娇小玲珑，享有“有生命的石头”的美称。陈设案头，显得十分别致新颖，令人观之叹绝。

生石花喜欢阳光，生长适温为20℃~24℃，春秋季节宜放在南向阳台上或窗台上培养，此时正是其生长旺盛期，宜每隔3~5天浇1次水，促使生长和开花。生石花的生长规律是3~4月间开始生长，高温季节暂停生长，进入夏季休眠期，秋凉后又继续生长并开花，花谢之后进入越冬期。当春季开始生长时，原来的老植株逐渐萎缩并被新长出的植株所胀裂。此时要减少浇水，保持盆土略干燥些，并忌直接向植株上喷水，以防伤口感染引起腐烂。入夏后移至室内半光处，避免强光直射，同时要及时开窗通风降温，并要控制浇水，才能使其安全度夏。入秋后要逐渐增加浇水量，并施少量复合肥料，以利孕蕾开花。花谢后又要逐渐减少浇水，冬季更要严格控制浇水，以识持盆土干燥些为好。越冬期间要放在阳光充足处，室温保持在10℃以上即能安全越冬，但最好将其放在室温15℃以上的房间。生石花根系发达，故宜选用深盆栽培。盆土可用腐叶土4份、石灰质材料（贝壳粉、蛋壳粉、陈灰墙屑等）3份、河沙3份混匀配制。栽植不能过深，否则易引起植抹腐烂。繁殖生石花，采用播种和分株均可。家庭繁殖生石花，因需要的数量不多，可直接分栽从老株缝隙中抽生出的幼小植株。此法既简便易行，又可缩短繁殖时间。

沙漠英雄花——仙人掌

仙人掌科植物为了适应干旱沙漠生活条件，植物体呈多汁肉质，以贮藏水分；叶形成针状，以防水分大量蒸发。这些植物称为仙人掌植物。仙人掌植物原产美洲或非洲，国内大量引种，少数亦为野生。作为观赏植物仙人掌品种繁多，许多珍

贵品种已成为人们桌上宠物。

沙漠英雄花——仙人掌

仙人掌类植物原产干旱或半干旱地区的仙人掌类植物,常具有在于旱季节休眠的特性,雨季来临时,它们迅速吸收水分重新生长,并开放出艳丽的花朵。它们的叶子变异成细长的刺或白毛,可以减弱强烈阳光对植株的危害,减少水分蒸发,同时还可以使湿气不断积聚凝成水珠,滴到地面被分布得很浅的根系所吸收;茎秆变得粗大肥厚,具有棱肋,使它们的身体伸缩自如,体内水分多时能迅速膨大,干旱缺水时能够向内收缩,既保护了植株表皮,又有散热降温的作用。气孔晚上开放,白天关闭,减少水分散失。茎秆大多变成绿色,代替叶子进行光合作用,制造食物。通常根系发达,具有很强的吸水能力。正是这些形态结构与生理上的特性,使仙人掌类植物具有惊人的抗旱能力。

别看仙人掌的奇形怪状加上锐利的尖刺,使人望而生畏,但它们开出的花朵却分外娇艳,花色丰富多彩。如长鞭状的"月夜皇后",开白色的大型花朵,直径达五六十厘米。被人们喻为"昙花一现"的昙花,就是原产中、南美洲热带森林中一种附生类型的仙人掌类植物。

仙人掌以花取胜还只是培养者喜爱它的一个原因,而形状、颜色各不相同的刺丛与绒毛也受到许多观赏者的宠爱。尤其是一些鲜红、金黄的刺丛与雪白的绒毛品种,更是千姿百态。难怪有人称它们为"有生命的工艺品"呢。

墨西哥素有"仙人掌之国"的名称。仙人掌是墨西哥的国花。相传仙人掌是神赐予墨西哥人的。仙人掌有"沙漠英雄花"的美誉。仙人掌类植物全世界有两千多种,其中一半左右就产在墨西哥。高原上千姿百态的仙人掌在恶劣环境中,任凭土壤多么贫瘠,天气多么干旱,它却总是生机勃勃,凌空直上,构成墨西哥独特的风貌。什么病虫害都别想侵害它。它全身带刺,具有顽强的生命力,坚韧的性格,有水、无水、天热、天冷都不在乎,在翡翠状的掌状茎上却能开出鲜艳、美丽的花朵,这就是坚强、勇敢、不屈、无畏的墨西哥人民的象征。为了展示仙人掌的风采,弘扬仙人掌精神,每年 8 月中旬都要在墨西哥首都附近的米尔帕阿尔塔地区举办仙人掌节。节日期间,政府所在地张灯结彩,四周搭起餐馆,展售各种仙人掌食品。

在每 100 克可食仙人掌中,约含维生素 A220 微克,维生素 C16 毫克,蛋白质 1.6 克,铁 2.7 毫克,可以产生 25 千卡~30 千卡的热量。近年来,许多国家已开始用

仙人掌治疗动脉硬化、糖尿病和肥胖病，并且取得了很好的效果。据说，这主要是由于仙人掌所含的维生素能抑制脂肪和胆固醇的吸收，并可以减缓对葡萄糖的摄取。

仙人掌在我国作为药用首载于我国清代赵学敏所著的《本草纲目拾遗》。据该书记载，仙人掌味淡性寒，功能行气活血，清热解毒，消肿止痛，健脾止泻，安神利尿，可内服外用治疗多种疾病，清代刘善术著的《草木便方》中记载，仙人掌苦涩性寒，五痔泻血治不难，小儿白秃麻油擦，虫疮疥癞洗安然。《本草求原》载：寒，消诸痞初起，洗痔。《陆川本草》记载有消炎解毒，排脓生肌的作用，用于疮痈疖肿咳嗽的治疗。《岭南采药录》记载：仙人掌焙热熨之，用于治疗乳痈初起结核。《闽南民间草药》中说：用仙人掌鲜全草适量，共捣敷患处，治透掌疔。《广西中草药》载：仙人掌止泻，治肠炎腹泻。《闽东本草》载：能去痰，解肠毒，健胃，止痛，滋补，舒筋活络，疗伤止血。治肠风痔漏下血、肺痈、胃病，跌打损伤。《湖南药物志》记载：仙人掌消肿止痛，行气活血，祛湿退热生肌。《中国药植图鉴》记载：仙人掌外皮捣烂，可敷火伤，急性乳腺炎并治足胝。煎水服，可治痢疾。《分类草药性》载：专治气痛，消肿毒，恶疮。《贵州民间方药集》载：仙人掌为健胃滋养强壮剂，又可补脾、镇咳、安神。治心胃气痛、蛇伤、浮肿。从资料记载可以看出，仙人掌治疗疔疮肿毒的作用显著。现有报道除用于痢疾、哮喘、胃痛、肠痔泻血外，还用于肾炎、糖尿病、心悸失眠、动脉硬化、高血压、肥胖症及肝病的辅助治疗。

仙人掌生长在热带，对强光有很强的吸收作用，强光中有我们说的可见光和不可见光，而电脑和手机的电磁辐射也是不可见光容易被吸收。另外它的刺会发出负离子，中和正离子的有害作用。实际上放在电脑显示器附近的仙人掌的针刺上只能吸灰。不过，它确实喜欢这种辐射，在辐射源附近它生长得会很好，特别是在有阳光照耀的时候。所以小的盆栽仙人掌同样可以吸收，只是量的问题，你可以多摆几盆。另外电脑辐射的最强地带是键盘，所以在键盘旁边放一盆比较适合，不过手就要特别小心了。在电脑的显示屏的后背也是辐射较强地带。

如何栽培仙人掌？

仙人掌从野生到被广泛移入室内栽培，它反映了城市居民选择盆花品种的一种趋势。因楼房面积有限、空气干燥，培养大型或比较娇嫩的盆花常常生长不好，只有选择一些小型、耐旱、管理简便而观赏价值又高的品种最为适宜，仙人掌类植物正好符合这几种要求。

室内盆栽仙人掌，以选择小型、花多的球型种类为宜，栽培中不能认为这类植物耐旱，而忽略对它的正常浇水与施肥。室内栽培，可在窗台上用铅丝与塑料薄膜营造一个高温、高湿的封闭式空间，大多数仙人掌在这样的条件下不仅生长快而且色泽晶莹。

盆栽用土，要求排水透气良好、含石灰质的沙土或沙壤土。新栽植的仙人掌先不要浇水，每天喷雾几次即可，半个月后才可少量浇水，一个月后新根长出才能正

常浇水。冬季气温低,植株进入休眠时,要节制浇水。开春后随着气温的升高,植株休眠逐渐解除,浇水可逐步增加。每10天到半个月施一次腐熟的稀薄液肥,冬季则不要施肥。

在一般的住宅条件下,充分利用空间,培养几十盆各种各样的仙人掌,布置一个小小的“仙人掌花园”并不困难。当春夏之交,窗台上形形色色的仙人掌开放出琳琅满目的花朵,人们工作之余,在这样的条件下休息,不仅可以消除疲劳,而且可以说是一种对自然美的享受。

多肉植物——金琥

金琥别名黄刺金琥,是仙人掌科、金琥属中最具魅力的仙人球种类。栽椆中还有几个主要变种,如白刺金琥、狂刺金琥、短刺金琥、金琥锦、金琥冠等。

多肉植物——金琥

产地及习性:金琥原产墨西哥沙漠地区,现我国南方、北方均有引种栽培。金琥性喜阳光充足,多喜肥沃、透水性好的沙壤土。夏季高温炎热期应适当蔽荫,以防球体被强光灼伤。

金琥茎球状,球体深绿,密生黄色硬刺,球顶部密生金黄色的棉毛;花黄色,顶生于棉毛丛中,吕等大小,非常美丽壮观;果被鳞片及棉毛,种子黑色光滑。

金琥喜含石灰质的沙壤土,可用等量的粗沙、壤土、腐叶土及少量陈墙灰混合配制。每年应进行一次翻盆换土和剪除老根。3月中旬将球从盆中取出,剪除老根,勿伤主根。剪好后,放在通风处晾4~5天,使剪口风干;翻盆使用的新培养土,宜用发酵后的畜、禽粪肥作基肥,加入煤灰、草木灰及少量动物骨粉等混合拌匀;盆要用阳光晒、蒸煮和喷药等办法进行消毒处理,以防烂球。

金琥性喜阳光充足,但夏季宜半荫,当气温达到35℃以上时,中午前后应遮阴,避免强阳光灼伤球体。在上午10时以前或下午5时以后,可将它置于阳光下,促使多育花蕾,并可避免过分遮阴,球体变长而降低观赏价值。越冬温度保持8~10℃,并保持盆土干燥。温度太低时,球体会产生黄斑。夏季防雨淋。

夏季是金琥的生长旺季,需水量增加。如遇干旱要勤浇水,时间最好是在清晨和傍晚,切忌在炎热的中午浇过凉的水,易引起“着凉”而致病。如中午盆土过干,可少喷水使盆面湿润即可,不能向球的顶部及嫁接部位喷水,以免积水腐烂。生长期内,半月左右施1~2次含氮、磷、钾等成分的稀薄肥液,结合浇水使用。有机肥

要充分腐熟，浓度适当。

金琥生性强健，抗病力强，但夏季由于湿、热、通风不良等因素，易受红蜘蛛、介壳虫、粉虱等病虫危害，应加强防治。对红蜘蛛、用40%乐果或90%敌百虫1000～1500倍液喷雾防治。发现介壳虫、粉虱等为害时，可进行人工抹杀。

金琥寿命很长，栽培容易，成年大金琥花繁球壮，金碧辉煌，观赏价值很高。而且体积小，占据空间少，是城市家庭绿化十分理想的一种观赏植物。

养护金琥注意事项

(1)选用排水、透气性能良好的培养土。盆栽可用腐叶土2份、沙土4份、园土3份、腐熟鸡鸭粪1份混合配制，并在盆底放少量碎骨粉或贝壳粉作基肥。

(2)光照、温度要适宜。金琥喜阳光充足。生长季节需放在向阳处养护，夏季宜半阴，在强光直射下易灼伤。若长期放在光线不足的环境下，则球体会变长，缺乏生气，降低观赏价值。冬季也需放在室内阳光充足处，室温以保持8℃至10℃为好。最低也不得低于4℃。

(3)水肥要适量。春季和初夏，可适当浇水，并追施少量腐熟稀薄液肥和复合肥化肥。盛夏气温达38℃以上时，植株进入夏季休眠期，这时要控制浇水，停止施肥，待秋凉后方可恢复正常水肥管理。冬季更需严格控制浇水，保持盆土不过分干燥即可。金琥的繁殖，可用嫁接法。嫁接时，选2年生至3年生三棱箭作砧木，用直径约1厘米的金琥小球作接穗。嫁接方法同一般仙人球。嫁接成活后，经过几年的培养，球长得很大，砧木支持不住时，将球带一小段砧木(约3厘米至5厘米)切下，稍晒干后再行扦插。生根后上盆栽植，随即成为一株十分优美的仙人球。

沙漠的形象大使——巨人柱

仙人掌科植物。原产美国亚利桑那州等地。本种以挺拔高大著称，其垂直的主干高达15米。重达数吨，能活200年。茎干具有极强的储水能力。一场大雨过后，一株巨大的巨人柱的根系能吸收大约一吨水。

在沙漠里，作为“形象大使”的巨人柱仙人掌举着臂膀站在那里，可不是孤零零给活在不毛之地的秃鹰歇脚用的——它们饱含生命汁液，组成了沙漠里密布如林的“给养罐”。雨后数小时之内，很多仙人掌就会伸出新生的小根来，饱饮雨滴。这种植物手风琴一般的枝干结构可以吸收富余的水分而膨胀，正如钝尾毒蜥用超大号的膀胱来储水，可张可驰的尾巴里则塞满食物养分。在最干燥的5月和6月，当上个冬季的雨水已成为大多数生命的遥远记忆，巨人柱仙人掌，还有个头比它们更大的南方同仁摩天柱仙人掌，就会给自己戴上华美的白色花冠，甘露满盈。这些花蜜滋养了鸟类、昆虫，尤其是蝙蝠，它们则为仙人掌传播花粉作为回报。花谢果熟，饱满多汁，受益的生灵就更多了，从鬣蜥到草原狐都得以补充食物和水分，坚持到夏季雷雨降临。进食完毕，动物们便退避到这片沙漠特有的那许多小型树木中间，

沙漠的形象大使——巨人柱

小叶假紫荆、蓝花假紫荆、猫爪金合欢、铁木或是腺牧豆树，随便找一丛躲进去休息。一番消化之后，排出满是种子的粪便，落在树荫里——恰好就是巨人柱仙人掌和摩天柱仙人掌在柔弱幼年时成长所需的地方。假如生命在这里真的是命悬一线，一棵巨人柱仙人掌又怎能每年结出数百万粒种子、一活就是250年？面对严酷环境，依然有各式各样的生物群落能够找到办法，活得欣欣向荣，远不止是苟且偷生。

沙漠的生命之魂——胡杨

胡杨是杨柳科植物，是一种杨树。它的奇特之处在于它有三种叶子，一种像杨树叶，一种像柳树叶，还有一种既像杨树叶又像柳树叶。胡杨叶子的这种异形现象在植物界是非常罕见，所以胡杨又叫异叶杨。

沙漠的生命之魂——胡杨

生活在沙漠中的唯一的乔木树种——胡杨，自始至终见证了中国西北干旱区走向荒漠化的过程。而今，虽然它已退缩至沙漠河岸地带，但仍然是被称为“死亡之海”的沙漠的生命之魂。

胡杨曾经广泛分布于中国西部的温带暖温带地区，新疆库车千佛洞、甘肃敦煌铁匠沟、山西平隆等地，都曾发现胡杨化石，证明它是第三纪残遗植物，距今已有6500万年以上的历史。如今，除柴达木盆地、河西走廊、内蒙古阿拉善一些流入沙漠的河流两岸还可见到少量的胡杨外，全国胡杨林面积的90%以上都蜷缩于新疆，而其中的90%又集中在新疆南部的塔里木盆地——一个被称为“极旱荒漠”的区域。

胡杨虽然生长在极旱荒漠区，但骨子里却充满对水的渴望。尽管为适应干旱

环境，它做了许多改变，例如叶革质化、枝上长毛，甚至幼树叶如柳叶，以减少水分的蒸发，因而有“异叶杨”之名。然而，作为一棵大树，还是需要相应水分维持生存。因此，在生态型上，它还是中生植物，即介于水生和旱生的中间类型。那么，它需要的水从哪里来呢？原来，它是一类跟着水走的植物，沙漠河流流向哪里，它就跟随到哪里。而沙漠河流的变迁又相当频繁，于是，胡杨在沙漠中处处留下了曾驻足的痕迹。靠着根系的保障，只要地下水位不低于4米，它依然能生活得很自在；在地下水位跌到6~9米后，它只能强展欢颜、萎靡不振了；地下水位再低下去，它就只能辞别尘世。所以，在沙漠中只要看到成列的或鲜或干的胡杨，就能判断这里曾经有水流过。正因为如此，有人将胡杨称为“不负责任的母亲”，它随处留下子孙，却不顾它们的死活。其实，这也是一种对环境制约的无奈。

塔里木盆地的胡杨，特别是塔里木河沿岸的胡杨，是地球上胡杨最多的一片分布区，曾经十分辉煌。西汉时期，楼兰的胡杨覆盖率至少在40%以上，人们的吃、住、行都得靠它。在清代，仍“胡桐（即胡杨）遍野，而成深林”。但从20世纪的50年代中期至70年代中期的短短20年间，塔里木盆地胡杨林面积由52万公顷锐减至35万公顷，减少近三分之一；在塔里木河下游，胡杨林更是锐减70%。在幸存下来的树林中，衰退林占了相当部分。造成这种结局的原因，主要还是人类不合理的社会经济活动。胡杨及其林下植物的消亡，致使塔里木河中下游成为新疆沙尘暴两大策源区之一。有幸的是，人们已从挫折中吸取了教训，开始了挽救塔里木河、挽救胡杨林的行动。向塔里木河下游紧急输水已初见成效，两岸的胡杨林开始了复苏的进程。面积近39万公顷的塔里木胡杨林保护区已升格为国家级自然保护区；轮台胡杨公园也升格为国家森林公园；以胡杨林地主体的塔里木河中游湿地受到国际组织的关注，并列为重点保护的对象。第一次受到人类如此高规格礼遇的胡杨林，一定不会辜负人类的期待，将重展历史的辉煌！

维吾尔族人民给了胡杨一个最好的名字——托克拉克，即“最美丽的树”。它的美丽，源自它们面对干旱的顽强和悲壮，而保护和发展胡杨的美丽，则是我们人类不可推卸的责任和义务。

珍贵的草药植物

草药用在医学和魔术上已经有上千年的历史了。而对草药的系统研究则要追溯到古苏美尔人。他们为香菜、百里香、月桂和其他很多种植物定义了它们的药学用途。这些植物直到今天我们还在自己花园中种植。

我国的第一本中国草药学书籍《本草纲目》写成于公元前2800年,其中描述了366种植物的药学功效。古代罗马人和希腊人都用植物作为药物、调味料、化妆品、熏香和染料。他们当中更迷信的人甚至把草药制成护身符,系在脖子下面的袋子里,防止邪恶病魔、幽灵以及生气的邻居对自己的诅咒。在荷马史诗《奥德赛》中,英雄用来抵御瑟斯咒语的攻击。在神话中,神奇的草药总是与赫卡特女巫或美狄亚女巫联系在一起。因为她们用这些草药制成毒药作为礼物赠给她们喜爱的人,或者用这些毒药毒死他们想要消灭的人。

草药的应用范围很广,很多种治疗方法都是基于一个原理:那就是上帝在设计每一款植物的时候对它在医药中的作用都有一个直观的印象,因此仅仅凭借观察植物的长相就能判断出它应该是做什么用的。植物花朵的颜色、根或叶子的形象、花瓣或茎干的肌理都可能显示这种植物的药物用途。例如,像秋麒麟那样的黄花植物可以治疗黄疸病。而有着红色叶子或根的植物则可以治疗血液疾病或创伤。紫色茎干的鸢尾植物被制成膏状,用来治疗挫伤。

如果一种植物长得跟某个人体器官相似,人们就认为这种植物能够治疗这个器官。疗肺草之所以得名就是因为它的叶子看起来就像人的肺部,因此也被用来治疗肺部疾病。而三叶獐耳细辛草因为形状像肝,被用来治疗肝部疾病。颤杨树叶用来治疗瘫痪一类的发抖症状,而花朵像蝴蝶一样的植物则被用来治疗蚊虫叮咬。

人们认为很多疾病都是超自然的力量造成的。但是同样,对于这样的疾病也有治疗方法。地方女巫或草药师也许会建议你佩戴用黑莓编成的花环预防邪恶幽灵;在自己大门的锁眼里塞上茴香防止幽灵进入你的房子;在地板上泼洒毛地黄汁则能保护自己不受小仙女的骚扰。草药的神奇功效也可以用在其他更实际的地方。例如,一个旅行者如果担心在马车上睡着了的话,就应该携带篓蒿,它保证能够帮助你提神。寻宝人应该随身携带菊苣,能够帮助他打开锁着的大门和柜子。想生小宝宝的妇女应该在自己附近种植欧芹。

草药是植物整株,或一部分,常被用来作调味品(烹调用草药)或治疗健康问题(医用草药)。几千年以来,世界各地的人们都把草药用作药物。今天,成千上万的

人使用草药治疗法来预防和治疗各种健康问题。其中常用的有：紫锥花、大蒜、生姜、银杏、人参等。

温中止痛的良药——吴茱萸

主产长江以南地区的吴茱萸，别名曲药子、伏辣子、茶辣、臭泡子。生于温暖地带山地、路旁或疏林下。为芸香科灌木或小乔木，高2.5~8米。幼枝、叶轴、叶柄及花序均被黄褐色长柔毛。羽状叶对生；小叶5~11，长椭圆形或卵状椭圆形，长5~14厘米，宽2~6厘米，上面疏生毛，下面密被白色长柔毛，有透明腺点。花单性异株，密集成顶生的圆锥花序。骨突果紫红色，有粗大腺点，每果含种子1粒。花期6~8月，果期9~10月。

温中止痛的良药——吴茱萸

吴茱萸的果实含吴茱萸碱、吴茱萸次碱、羟基吴茱萸碱、柠檬内酯、辛弗林、吴茱萸烯等。其味辛、苦，性热，有小毒。有散寒止痛，降逆止呕，助阳止泻的功效。用于头痛、疝痛、脚气、痛经、脘腹胀痛、呕吐吞酸、口疮等症。

经验方选：

①治脚气疼痛，人感风湿流注，脚痛不可忍，筋脉浮肿：吴茱萸10克，紫苏叶10克，槟榔7枚，陈皮（去白）30克，木瓜30克，桔梗（去芦）15克，生姜（和皮）15克。上药研细，水煎，每日五更时服，每煎分3~5次服。

②治牙齿疼痛：吴茱萸少量，煎酒，含漱。

③治高血压：吴茱萸研末，每次取18~30克，用醋调敷两足心，最好睡前敷，用布包裹。一般敷一次，重的敷2~3次，即显示降压效果。

④治脘胁疼痛，呕吐酸水：吴茱萸1克，黄连6克，水煎服。每日2~3次，每日一剂。

⑤治呕吐便秘：吴茱萸5克，干姜2克，水煎，分3次服，每日一剂。

国际市场新药源——银杏

银杏也叫白果树，是地球上最古老的树种。银杏在中国很常见。在中国，银杏被视为神树，常种在寺庙的花园里。银杏叶子的形状像扇子，分成两半。银杏作为草药的历史可追溯到五千年前，是我国特有的多功能树种，它集果用、叶用、材用、

观赏、文化、环保、防护于一体，可以说银杏浑身都是宝。特别是银杏果、叶有防治心脑血管病等多种疾病的神奇功效。因此，近年来，它成为医药、食品、保健、饮料、化妆等方面竞相开发的产品，成为高价多能的新资源、国际市场上的新药源。

国际市场新药源——银杏

对银杏经济价值的全面认识是从20世纪80年代开始的，据统计，到20世纪90年代，中国银杏制品的年销售额已达到了数十亿元人民币。这时的银杏又变成一种“经济树”。

银杏提取物中含有两种有效成分：生物黄酮和萜内酯。生物黄酮的作用相当于抗氧化剂，可以清除自由基（不稳定的氧分子），防止破坏细胞。它还能降低血小板凝聚，从而阻止血液凝固。萜内酯的作用在于能改善循环和修复遭破坏的神经细胞。这样，既能增强血液循环（特别是脑部的）又能改善神经系统，就可以解释为什么银杏能预防或缓解老年痴呆症了。

银杏似乎能缓解由年老和动脉硬化症引起供血不足的症状。它可以增强大脑血液流动，从而增大对大脑的供氧量。对老年病人而言，银杏可以缓解眩晕、耳鸣和头痛的症状。据一些人报告，银杏可以缓解腿部疼痛（跛行），提高行走能力。银杏似乎仅对中等程度的失忆和痴呆病人具有疗效。

把银杏作为治癌手段的研究尚处于初级阶段。实验室（“试管实验”）研究表明，某些银杏中的化合物如苯酚，可以抑制人体某些肿瘤的生长。苏联对住在切尔诺贝利核电站泄漏地点附近的人的研究表明，银杏（一种抗氧化剂）能预防核辐射对DNA（细胞的遗传成分）的破坏。银杏能否治疗癌症，还需研究证明。

但是，某些病人服用银杏后，反映有轻微头痛或肚子痛。服用银杏前，请询问医生，特别当您的循环系统有问题时。

银杏的盆景栽培技术

银杏也称白果，是远古时代遗留下来的植物活化石，为药、食、材兼用的经济植物。银杏生命力旺盛，树干挺拔，树态优雅，叶形美丽，既是经济价值较高的干果树

种，又是优美的园林绿化树种，更是独特的制作盆景的良好材料。银杏盆景以其特有的形韵和深厚的文化内涵而深受人们的喜爱。

生长特性

银杏为雌雄异株的裸子植物，但不论是雌花还是雄花都是小而不明显，没有观赏价值。银杏的种子（不是果实）外观上没有特色，一般在10月底前完全脱落，观赏价值也不大。而且，银杏在北纬24度以南、年平均20℃的地区是不能开花的。所以，银杏盆景应以观叶和造型为主。但银杏是落叶树，冬季落叶，其观赏价值大为降低，也极大地影响银杏盆景的市场价值。防止银杏冬季落叶，是银杏盆景生产的关键。制作优美的银杏盆景涉及银杏植株的培育、盆景制作和防冬季落叶等技术环节。

播种

银杏一般用种核（白果）作播种材料，但商品白果含水量太高，直接播种容易造成烂果。银杏种子在播种前需在室内晾干至含水量30%左右再进行播种。通常银杏种子要经过1至2个月的休眠期后才开始萌发，因而银杏的播种育苗有两种方式：一是在秋季直接将晾干的白果播于苗床，第二年春季种子萌发；二是在播种前50天将白果埋没在含水量5%~10%的湿河沙中，上覆盖塑料薄膜，进行催芽，然后在春季播种。苗床基质可用菜园土、河沙和复合肥按50∶50∶1的比例混合，堆成宽100厘米、高15厘米、长300~500厘米的苗床。播种时银杏的种核必需平放，覆土3~5厘米，播种后上盖稻草，秋播者每7天淋水一次，春播者每3天淋水一次，直至出苗。出苗后每天淋薄水一次，每平方米苗床每周施0.3%磷酸二氢钾1500毫升。

育苗

当幼苗高度达到15厘米以上时，应当带土上盆，同时剪去顶芽以促进侧芽萌发。苗盆可选用直径15厘米左右的塑料花盆或育苗袋，盆土要求有机质多且透水透气性良好。当侧枝长至20厘米时，可用细麻绳捆绑和弯曲，以便造型。盆栽幼苗在5至10月需置于荫棚内，以防止强光抑制生长和灼伤嫩叶。盆栽幼苗每2至3天淋水一次，以盆土湿润为宜。施肥以腐熟的豆饼或复合肥为主，于每年的2月和8月各一次。

定植及管理

当银杏苗离地10厘米、直径达到1.5厘米以上时，应带土移至大盆定植。定植盆底应有穿孔以防雨天渍水，最好是置于砖块之上。定植后每周淋透水一次。每年入冬用波尔多液涂抹主干以防蚁害，次年新枝长至20厘米以上时可根据需要进行定形，也可根据造型需要于每年早春萌芽前进行嫁接。

银杏在南方每年有春、秋两个生长季节，夏季由于高温、冬季则由于低地温而停止生长。所以，银杏的施肥应在每年的春、秋两个生长季节进行。同理，银杏的修剪一般在夏季和冬季进行。

冬季防落叶

银杏是落叶树，每年深秋以后叶片开始变黄而逐渐落叶，继而植株进入休眠。银杏落叶的原因既是由于低温的影响，又是其本身生理规律的结果。多年的实验表明，用人工方法推迟银杏的落叶是可行的。目前较有效的方法是在秋冬季寒流到来之前喷施保叶素，并用塑料薄膜覆盖增温保湿，以维持银杏的继续生长。

防止冬季落叶的另一有效方法是二次发梢技术，即人工处理使银杏提前落叶和当年第二次萌发新枝。一般是在银杏每年的第二个生长季节中（10 月份），用药剂处理或人工剪叶，并进行长枝截短，促使侧芽萌发生长。二次发梢技术还必须配套施肥和保温措施，才能取得理想的效果。

每公斤售价 24 万美元——三尖杉

属三尖杉科三尖杉属常绿乔木，叶形似杉，但柔软不刺手，枝端冬芽呈三个排列，春天小枝分三叉生长，故名三尖杉。它树姿婆娑，端庄秀丽，形态奇特，叶背有两条银白色的气孔带，微风吹拂，银光耀眼，具有独特风姿。

三尖杉常自然散生于海拔 500 米至 1100 米的山涧潮湿地带，属于古老孑遗植物。该树种木材坚实，纹理直，结构细密，为高级家具、室内装饰的良材。种子可榨油，出油率高，可供工业使用。同时也是润肺、止咳、消积的良药。

三尖杉

经研究发现，三尖杉的根、茎、皮、叶内含多种生物碱，对治疗血癌（白血病）和淋巴肉瘤有特殊的疗效，故近年来，在医学界备受关注。其作用主要是由于三尖杉体内可提取出三尖杉酯碱和高三尖杉酯碱有效单体，对白血病的缓解率高达 82%，而且安全有效。

随着全社会老龄化的到来，慢性非淋巴性白血病多见于老年人，患者越来越多，并具有低龄化的发展趋势。环境的变化及现代家居应用的化学性装饰材料的增加，也导致我国白血病患者日益增多。

而目前对非淋巴性白血病主要采取以三尖杉酯碱和高三尖杉酯碱为主的联合化疗治疗方案，经临床使用多年证明，疗效显著。因此，对“双酯碱”的需求也进一步增加。据报道，100 公斤至 150 公斤三尖杉干枝叶可提取 1 克“双酯碱”。在目前对癌症尚无更多特殊疗效的情况下，三尖杉更显珍贵，其在国际市场上每公斤的售价已经达到 24 万美元。

三尖杉现存自然资源稀少,加之三尖杉为雌雄异株,结实量少,因此天然更新极为困难。经过10多年的试验研究,摸索了一整套三尖杉种子的采收、加工、催芽、播种、育苗、造林技术,现正准备投入巨资大面积造林,开发三尖杉产业。这一产业的开发将对保存和发展这一珍稀树种,提高中药抗癌药的国内外市场占有率,减少癌症患者痛苦,起到积极深远的意义。

中药之王——人参

人参是珍贵的中药材,以"东北三宝"之首驰名中外,在我国药用历史悠久。长期以来,由于过度采挖,资源枯竭,人参赖以生存的森林生态环境遭到严重破坏,因此古代的山西上党参早已绝灭,目前东北参也处于濒临绝灭的边缘。

人参的学名Panax来自希腊文Panacea,意指"万能药"。在我国,食用人参已有很长的历史,早在《神农本草经》里就将它列为上品。唐朝时人们就开始从朝鲜购入野生人参。中药材行业在经营中是按人参的品质情况及产地和生长环境不同,把人参分为野山人参、园参和高丽参3个品种。各种参里面按照加工方法还可以细分为生晒参、红参和糖参等。

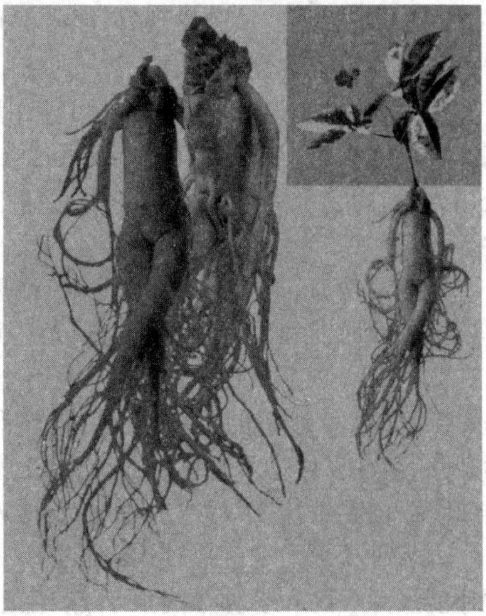

中药之王——人参

人参是名贵补药,久服健身延年,有很大的医疗价值和经济价值,在我国药用历史约四千年。但是,由于长期过度采挖,天然分布区缩小,以"上党参"为代表的中原产区(即山西南部、河北南部、河南、山东西部)早已绝灭。目前,东北的野生人参也极罕见,因此,保护本种的自然资源有其特殊的重要意义。

人参这类植物,大约有700种。生长在热带和气候温和的地方,常见于美洲和亚洲。人们相信,人参的根具有医疗特性。用于治疗的人参主要有两种:亚洲人参(亦称中国参或高丽参)和西伯利亚人参。美国另类医学常用到的一种美国人参,叫作西洋参。

中国人参中含有大量化学物质,它们共同作用产生良好的疗效。现已确定,超过十二种的人参皂甙可以提高精神、解除压力和提高体力及智力。人参中的其他化合物可以降低血糖和提高免疫系统能力。一些人相信,人参能对肾上腺产生作用,可被用作壮阳药和"减压药"(解除精神压力)。

西伯利亚人参用于预防感冒、流感和呼吸道感染。某些人声称它能增强精力和耐力。这种草药中的一组化合物五加甙，也有生理疗效。西伯利亚人参与亚洲人参一样，同样含有多糖。倡导者声称，人参可以提高肌肉耗氧能力，从而减少人体中的毒素。

人们食用人参已有很多年了，只是它的功效是被大大地夸大了。西方国家进行的科学研究，还没有得出很多可以确认人参这些生物活性的数据。过量食用人参会毒害身体，例如使人呕吐、出血甚至致死。试管实验显示，人参可以刺激免疫细胞和活化天生杀手细胞，来抑制肿瘤的生长。人们发现，一种人参皂甙化合物可以增强某种化疗药物顺氯氨铂预防卵巢癌扩散的能力。

1990 年，韩国研究发现，食用人参的人患癌症的可能性小于那些不食用的。研究还发现，人参提取液和人参粉末的效果比新鲜的人参切片、人参汁或人参茶好。把人参加入日常食物中，也使韩国人降低了患胃癌的危险。中药产品不受(药品管理法规)管理。试验发现，许多人参产品中的有效成分不如它许诺的那样多；一些根本就没有含有人参根。

但是，人参作为一种刺激物，可能引起神经紧张或兴奋，因此，临睡前不要食用。食用人参时，不要饮用咖啡或其他含咖啡因的饮料。血压高或头痛的人亦避免用人参，因它可能加重病情。因此如果您考虑服用人参或其他中药，请咨询医生。

人参喜冷凉、半阴半阳之处生长，耐寒，忌强光直射。栽培时需搭设荫棚。参畦以上午 8 时前和下午 6 时后进阳光适宜，中午强光直射则会造成参叶焦枯。适宜在 25℃以下气温中生长。森林腐殖土最适宜栽参，农田土加入充分腐熟的猪粪、堆肥等凉性肥料也可种植。要求柞、椴、榛等阔叶林地，土壤中性或弱酸性。农田栽参，前茬以种过禾本科及豆科，如玉米、高粱、谷子、大豆、小麦等地为好。根茎类作物为前茬不佳。栽种过人参的土地短期内不宜再栽参。怕积水，忌干旱。

人参种子采下来就播种，要经过 20～21 个月才能发芽，经过 8～9 个月催芽处理才能发芽。因人参种子有胚后熟、生理后熟两个过程，完成此过程需要一定的温、湿度条件。在田间条件下，将种子播在 5 厘米厚土中，土壤湿度 35%左右，从播种到种子裂口，土壤的温度约为 17～18℃左右为宜。此时土壤温度由高到低的变化大致可分为三个阶段：即播种到种胚目视可见圆点为第一阶段，此时平均温度 21℃左右；从目视种胚可见圆点到点到占乳的 1/2 为第二阶段，平均地温在 17.4℃左右；第三个阶段是胚占胚乳的 1/2 到裂口，此时胚乳仍继续生长一个阶段，再通过 3 个多月的低温(5℃左右)，至春季气温上升至 11.8～15.2℃时，20 天左右萌发率可达 90%以上。

泡酒珍品——地黄

别名酒壶花、山烟、山白菜、甜酒棵、怀庆地黄。属玄参科植物,为多年生草本,全株披柔毛及腺毛,基生叶丛生,叶片倒卵状披针形或倒卵状椭圆形,顶端钝,基部窄,下延成柄,边缘锯齿,叶面多皱,茎生叶无柄,花序总状;花萼钟形,尖端5裂;花冠宽筒状,稍弯曲,外面红紫色,内有黄色带紫条纹,尖端略呈2唇形;雄蕊4,2强;子房上位,花柱单一,柱花膨大。蒴果,上有宿存花柱,外有宿萼包蔽。

泡酒珍品——地黄

我国大部分地区都有栽培,药用部分为根。秋季采挖,洗净烘至七、八成干时,捏块,即为生地。将生地加黄酒,反复蒸晒,切片后晒干,即为熟地。

地黄的根内含烯醚萜苷类、糖类、多种氨基酸、磷酸、甘露醇、甾醇类、地黄素、生物碱、脂肪酸、梓醇、维生素A类等成分。

地黄有降低血糖、泻下及利尿、保肝强心、抗真菌等功效。民间多用于泡酒。

清热解毒药草——黄芩

别名山茶根、黄芩茶、黄金条根。香水水草。属唇形科植物,为多年生草本。株高30~60厘米,根圆锥形,断面鲜黄色。茎四棱形,叶交互对生,近无柄,叶片卵状披针形,有下陷的凹(腺)点,圆锥花序顶生,具叶状苞片;花萼唇形,上唇背部有盾状附属物,结果时增大;花冠唇形,蓝紫色或紫红色,花冠管细,基部弯曲,雄蕊4枚,稍露出;子房4室。小坚果4,包围于增大的宿萼中。

黄芩分布在黑龙江、吉林、辽宁、河北、河南、山东、山西、内蒙古、甘肃等省区。生于向阳地山坡、路边、山坡草地。

黄芩药用部分是根,春秋两季采挖,除去地上部分及泥土,晒至半干,撞去外皮,晒至全干。可清热解毒。

健脾补肾珍品——山药

别名淮山药、山药蛋、怀山。为草质藤本,属薯蓣科植物。药用部分是薯蓣的块茎。茎右旋,叶互生,至茎中部以上对生,稀叶轮生,形状变化较大,三角卵形,宽卵形或耳状 3 浅裂至深裂,中间裂片椭圆形或披针形,两侧裂片矩矩圆形或圆耳形,基部心形;叶柄长 7.5~3.5 厘米,叶腋间常有珠芽。花单性,雌雄异株,黄绿色;雄花序穗状,直立,2~4 个腋生,苞片三角状卵形,花被 6 片,较小,椭圆形,背面具棕色毛和散生紫褐色腺点,雄蕊 6 枚,雌花序下垂,每花基部有 2 枚大小不等的苞片,子房下位。蒴果有 3 翅,果翅长宽约 1.5 厘米,半月形。

健脾补肾珍品——山药

山药在我国各地都有栽培。朝鲜、日本也有栽种。它生长在林缘或灌丛中。春秋采挖,去掉外皮及须根,晒干或烘干,即为毛山药。将毛山药润湿闷透搓揉成圆锥状,切齐两头,晒干打光,为光山药。

山药的块根含有黏液质、胆碱、尿囊素和 16 种氨基酸多酚氧化酶、维生素 C。珠芽中含脱落素、多巴胺、酚性化合物和山药素。山药有健脾补肾的功效,主治脾虚久泻、糖尿病,小便频繁及慢性肾炎等症状。

药用一把伞——天南星

别名一把伞、南星。为草本植物,属天南星科。药用部分是它的块茎。

天南星株高 40~90 厘米。叶一枚基生,叶片放射状分裂,裂片 7~20,披针形至椭圆形,长 8~24 厘米,顶端具线形长尾尖,全缘;叶柄长,圆柱形,肉质,下部成鞘,具白色和散生紫色纹斑。总花梗比叶柄短,佛焰苞绿色和紫色,有时是白色条纹;肉穗花序单性,雌雄异株;雌花序具棒状附属器、下具多数中性花;无花被,子房卵圆形;雄花序的附属器下部光滑和有少数中性花;无花被、雄蕊 2~4 枚。浆果红色、球形。

天南星在我国大部分省区都有分布。印度、缅甸、泰国北部也有。生于山野阴湿处或丛林之下。秋、冬采挖,刮净外皮、晒干。

天南星的块茎含三萜皂苷、安息香酸、黏液质、氨茎酸、甘露醇、生物碱。果实含类似毒蕈碱样物质。

天南星有祛风定惊、消肿散结的功效。主治中风半身不遂、癫痫、惊风、破伤风、跌打损伤,或虫蚁咬伤等病症。

别名三步跳——半夏

别名,地文、三步跳、半子、和姑、蝎子草、麻芋子。半夏为草本,属天南星科植物。药用部分是它的块茎。

半夏株高15~20厘米。叶1~2枚,从块茎顶端抽出:叶柄长10~20厘米,基部常着生珠芽:叶片卵状心形,2~3年后的老叶为3全裂,裂片长椭圆形至披针形,中裂片较大。单性花同株,肉穗花序,花序梗比叶柄长,佛焰苞绿色或绿白色、下部细管状、不张开;雌花生于花序基部,贴生于佛焰苞;雄花生于花序上端,二者之间有一段不育部分、育部附属体长6~10厘米、细柱状。浆果卵形,绿色。

别名三步跳——半夏

半夏除了在我国的东北、内蒙古、新疆、青海、西藏生长分布以外,全国各省区基本都有。国外的朝鲜和日本也有分布。主要生于山坡、草地、田中、路边、林下及石缝中。夏秋采挖除皮晒干为生半夏。

半夏的块茎中含天门冬氨酸、B-氨基丁酸、高龙胆酸及其葡萄糖苷、甲醛等。生半夏和制半夏有明显的镇咳、镇吐、祛痰作用,能抑制腺体分泌。主制喘咳痰多,呕吐、反胃等症。

清热解毒利湿——土茯苓

别名禹余粮、刺猪苓、冷板头、冷饭藤、狗朗头。土茯苓为攀援藤本植物,属百合科植物。药用部分是它的根茎。

土茯苓为攀援藤本植物,属百合科植物。药用部分是它的根茎;地上茎无刺。互生叶、椭圆形、卵状披针形或披针形,长3~13厘米,掌状脉常为5条;叶柄常有2条卷须。秋季开花,雌雄异株;伞形花序腋生,花被6片,雄蕊6美;子房上位,3室1个。株头3。浆果球形,直径7~10微米,成熟时紫黑色。

土茯苓分布在华东、中南、西南及陕西、台湾等地。生长在山坡、丘陵灌丛中。全年都可采收、挖取根茎,洗净、除去须根、晒干,或趁新鲜时用硫磺烟薰,后切成薄片晒干。

清热解毒利湿——土茯苓

土茯苓根茎含皂苷、鞣质、树脂等，皂苷元为薯蓣皂苷元。尚含生物碱、微量挥发油。土茯苓有清热解毒利湿的功效。主治湿热淋浊、疮疡、疥癣、梅毒等症。

全株有毒的植物——曼陀罗

曼陀罗为一年生草本植物，属茄科。别名洋金花、风茄花、醉心花、狗核桃。原产南美洲、东南亚的热带雨林地区、中国的东西部各省区都有。

全株有毒的植物——曼陀罗

曼陀罗是从梵语音译而来，其意为“悦意花”。曼陀罗植株繁茂，阔叶浓绿，姿态洒脱，尤其是生在水滨、湖边，显得粗犷豪放、英姿绰约。它的花由6个洁白的花瓣组成、皎白妩媚、玉洁高雅、芳香扑鼻。一朵花虽然只开两三天，但其形如同一支支小唢呐，向上欲鸣，给人以生机勃勃之感。

我国栽种曼陀罗主要是供药用。花序、种子和叶都可入药。花的药名为洋金花、有毒,具有平喘、止咳、镇痛之功效。过去,常用它作外科手术的麻醉剂。此花全株有毒,种子的毒性最强,必须在医生指导下使用。

补益抗痨佳品——黄精

别名鸡头黄精、黄鸡菜,鸡头、甜黄精。黄精为草本植物属百合科。药用部分是它的根状茎。

黄精株高50~90厘米。根状茎圆柱形,节间长4~10厘米,一头粗,一头细。茎叶轮生。每轮4~6枚,条状披针形,长8~15厘米,顶端拳卷或磨曲成钩。花序常具2~4花,呈伞形状,俯垂,总花梗长1~2厘米,花梗长4~10厘米;苞片膜质;花被乳白色至淡黄色,全长9~12微米,合生长筒状,裂片6,长约4微米,雄蕊6枚。浆果直径7~10微米,熟时黑色。

补益抗痨佳品——黄精

黄精广布于东北、河北、河南、西北以及山东、安徽、浙江等省区。朝鲜、蒙古、俄罗斯的西伯利亚东部也有。生于林下、灌木丛或山坡阴处。春、秋季采收、洗净、蒸至油润、晒干或烘干。

黄精的根状茎含有黄精多糖甲、乙、丙,均由葡萄糖、甘露糖、丰乳糖、醛酸结合而成,另含3种低聚糖、氨基酸、锌、铜、铁等。

黄精,味甘,性微温,具有很好的补肺,强筋骨,降血糖,填精髓,延缓人体衰老的作用。据现代药理研究发现,黄精能增强人体T细胞的作用,因而可增加免疫功能。据统计,常食黄精者高血压、冠心病、糖尿病的发病率明显低于普通饮食者。由于黄精还有很好的抗结核菌作用,因而是极好的补益抗痨佳品。

黄精的主要用法如下:黄精煲鸭协助治肺结核。患者消瘦,咳嗽,间有潮热,乏力,舌质红,脉细数。可用黄精60克,白果(即银杏,去壳)12枚,蜜枣3枚,鸭1只,约重1千克(宰好,去毛及肠杂)。与上药文火煲90分钟,食肉饮汤,每日一次,配合服抗痨药,有助于康复。

黄精膏服之益寿延年,明目补肾。可用黄精36克,枸杞子15克,冰糖32克,加水文火煲90分钟,熬成膏状,每日分两次服,每次两汤匙。由于黄精较滋腻,凡便溏、胃肠不适者忌服。

常用的化痰止咳药——贝母

又名平贝母、平贝。为多年生草本植物,属百合科。药用部分是它的鳞茎。

贝母的鳞茎园扁平,由2~3瓣鳞片组成。茎直立、高约40厘米。中部叶轮生,上部叶常成对或全为互生,条形,长达15厘米,宽0.2~0.6厘米,顶端卷曲成卷须状。全株有花1~3朵,单生于叶脉,花梗细,下垂;叶状苞片4~6片;花窄钟形,外面深紫色,内面淡紫色散有黄色方格状的斑纹,花被6片,长园状倒卵形,长2~3厘米,宽0.5~1厘米,外花被较内花被稍长;花柱有乳突;雄蕊6枚,较长被片短。果广倒卵形,有6棱。

常用的化痰止咳药——贝母

贝母多分布在东北三省,生于林下湿润之处。现在大量人工栽培。初夏采挖、去杂质、晒干。

新疆贝母,是一种与川贝、浙贝齐名的贵重中药材。其中包括:伊犁贝母、费尔干贝母、滩贝母等几个品种。统称为新疆贝母。除滩贝喜生于沙滩涯地外,其他三种贝母多生于草原山地及灌木丛下。伊贝主产于伊宁、霍城;费尔干贝母新疆许多地方都有分布;轮叶贝母主产于塔城地区;滩贝母生产于霍城、察布查尔。

早在清代,新疆贝母便已开发利用。当时以北疆地区的昌吉、齐台县为集散市场,通过古丝绸之路的北线,用骆驼运、马驮,远销天津等口岸,通称"古贝"。由于数量极少,价格昂贵。

过去,新疆贝母多为野生。为了适应国内医疗保健事业和出口外销的需要,医药科研部门在五十年代末期即开始人工栽培实验,并取得成功。今后贝母将继续不断地稳步增产。

常用的化痰止咳药。为百合科植物川贝母和浙贝母的干燥鳞茎。川贝母主产于中国的四川、云南、甘肃等地;浙贝母主产于中国的浙江、江苏、安徽等地。川贝母味苦、甘,性微寒;浙贝母味苦,性寒。归肺、心经。功效化痰止咳、清热散结。主治热痰咳嗽、外感咳嗽、阴虚咳嗽、痰少咽燥、咯痰黄稠、肺痈、乳痈、痈疮肿毒、瘰疬等症。现代药理实验证明,贝母有镇咳、降压、升高血糖等作用。

气芳烈而性清凉——连翘

连翘是多年生落叶灌木,属木犀科植物。它的别名有兰华、绶丹、绶带、黄寿

丹、黄花杆、黄金条等。

气芳烈而性清凉——连翘

连翘即是观赏植物,又是主要药材,连翘的花迎着早春绽放,它虽没有牡丹花雍容华贵,也没有月季花绚丽多姿,但它那黄澄澄、金灿灿的花朵缀满纤细柔韧的枝条,为人们描绘出一幅春意盎然的图画。人们称其种子"如雀舌样,极小,其子折之,则片片相比如翘,因此而称为连翘"。

连翘"气芳烈而性清凉",它的药用部分是果实。在白露前采初熟的果,色尚青绿,晒干称为青翘;塞露前采熟果晒干,称为老翘。以青翘入药为佳。

连翘有清热解毒、消肿散结之功效,用于风热感冒、咽喉肿痛等疾病。

连翘用扦插、分株、压条和播种等方法繁殖均可。

滋补强壮药——枸杞

又名地仙、天精、仙人仗,是茄科植物,为落叶小灌木,生长于荒野,山丘和沙漠地。在我国大部分地区都有野生和人工栽培。枸杞的根、茎、叶、花和果实,都有一定的药用和食用价值,还可种植于庭院作观赏,可以说浑身是宝。

滋补强壮药——枸杞

枸杞的种类很多。宁夏枸杞主要用于采果。大叶和小叶枸杞主要用于采食嫩茎叶,还有一种新疆枸杞,生于沙漠地,是骆驼的佳肴。

枸杞的根叫地骨皮,性寒、味甘淡,有益精气、凉血、退热、消渴、止血等功效。

枸杞的茎叶,俗称枸杞头,性凉、味甘苦,有消热毒,散疮肿,除明目等功效,用茎叶煮汤代茶饮,效果也很好。

枸杞的果实称枸杞子,性平味甘,具有润肺清肝、滋肾益气,生精助阳、补虚劳、强筋骨的功效,是滋补强壮药并有抗衰老作用。目前,用枸杞制成许多种保健食品。

天青地红——三七草

三七因播种后三至七年方可采挖,植物形态为茎生三枝,枝生七叶,而得名三七。也有人以为是"山漆"在简化之后写为"三七"。

天青地红——三七草

别名血当归、天青地红、见肿消、土三七、菊叶三七、破血草。为草本等科植物。药用部分是根部。

三七草株高 1~1.5 米,根肉质肥大成块状。茎幼时紫褐色,上部多 5 枝,具纵沟。叶互生,膜质,长 8~24 厘米,羽状深裂、裂片卵形或披针形,顶端渐尖,基部楔形,边缘具不规则锯齿,托叶有或无。头状花序顶生,排成疏伞房状,花序梗细:总苞圆柱形,苞片 2 层,内层条状披针形,外层短、丝状,花两性,管状,金黄色,顶端 5 裂;花柱基部消球形,分枝顶端钻状,有短毛。瘦果狭圆柱形,冠毛多数,白色。

我国各地都有栽培,越南、日本也有。明代李时珍的《本草纲目》记载道:"此药始出南人军中,用以金疮要药,云有奇功。"可见,三七在云南民间应用年代久远。同时还记载道,三七有止血、散血、镇痛等功效。清代《本草纲目拾遗》记载道:"人参补气第一,三七补血第一"。近代科学研究,三七含多种皂甙,和人参所含皂甙类似,除此之外,还含 16 种氨基酸,其中 7 种氨基酸是人体必需的。三七对冠心病、心肌梗塞、高血脂、高血压、脑血管病、风湿病及防癌抗癌等有良好的治疗作用。誉满中外的云南白药,主要成分是三七。所以,云南人称三七为金不换。

云南文山州是三七的发祥地。文山州几个县,很多人是种植三七的专业户。全国三七每年产量达二百多吨,其中半数以上产自云南文山州。

三七是我国医药宝库中一颗绿色的明珠,愿这颗明珠,为人类健康事业做出更加辉煌的贡献。

紫绒三七养护常识

繁殖方法

常用扦插法繁殖。在春、秋两季选取10厘米长的茎段,每段插枝要带一二片叶,插入草炭和砂的混合基质中。可数枝插于一盆,第一次浇足水,用塑料薄膜罩好,放于明亮光照下,以后每天视干湿情况向叶面喷一两次雾即可,过湿易腐烂,约2~3周生根。也可用水养法,要保证水温高于气温,几周以后即可生根。

栽培管理

全年要求充足的光照,但夏季要避免阳光直射,宜选择居室的南窗摆放。

强光会使叶片焦枯,最初叶片稍变白,不久就会发黑,呈现脱水干燥的状态。相反,光照不足其表面的紫色绒毛就会褪色,叶色也会变得暗淡。栽培土壤一般用园土、泥炭土、腐叶土按2∶1∶1混合配制。在生长期掌握宁湿勿干的浇水原则,一旦土壤干透,叶片就会萎蔫下垂,此时需立即浇水或喷水,以促使其恢复坚挺生长。切忌直接把水喷在叶面上,否则会出现色斑。叶面绒毛长期积水,叶片极易变质腐烂。

冬季保持中等水量,不然枝条会变得柔软弯曲。保持相对湿度50%~60%。生长期可每周施肥一次,氮肥不要过多,以免引起徒长,且叶色淡化,多旋磷、钾肥。旋肥要注意一是肥不沾叶,二是施肥后控制盆土适当干些,这样植株叶片粗壮有力,紫色更浓。春、夏开花之际,花朵散发异味,可将整个花序剪去。

每年换盆一次。由于植株生长得快。应注意修剪和更新,可整成球形或悬崖式、斜坡式等增添美感。越冬时可用纸包好植株,扎好后再用塑膜口袋罩上,扎于盆口,置于室内即可。植株受冷后易腐烂。

药草之先——甘草

"十药九甘",人们这样形容甘草在中药中的位置。甘草是中医使用最多的药材之一。可是你知道吗,甘草不产在山清水秀、气候宜人的南方,却偏偏分布于我国干旱寒冷的西北地区,如新疆准格尔盆地、塔里木盆地,甘肃河西走廊以及内蒙古、宁夏的沙漠地带。"梅花香自苦寒来",甘草真可谓西北植物中的一宝。

平时我们所说的甘草指的是乌拉尔甘草。它是一种多年生草本,高不过1米。根粗壮。羽状复叶,小叶3~8片。蝶形花紫色,稍带白色。荚果镰形或环形弯曲,密被刺毛或腺毛,在果序轴上排列紧凑。与甘草同属的兄弟姐妹在全世界13种左右,我国8种,有5种都生长在西北沙漠地区。除乌拉尔甘草外,光果甘草和胀果甘草也都具有同样的药用价值。光果甘草荚果比较平直、光滑无毛,在果序轴上排列疏散;胀果甘草荚果粗短、光滑鼓胀,里面大都只有两粒种子。

甘草的干燥根及枝条都可入药。药性平,味甘。有补脾益气、清热解毒、祛痰

止咳、缓急止痛、调和诸药等作用。用于脾胃虚弱、倦怠乏力、心悸气短、咳嗽多痰、痈俎疮毒、元腹、缓解药物毒性烈性等。中药配伍上有君、臣、使、佐之分。利用甘草作为许多中药的臣药、使药及佐药,可以缓解某些药物毒性烈性,还使苦药不苦了,便于患者服用。正所谓良药甘甜利于病。

药草之先——甘草

从甘草中提取的有机化合物多达100多个,包括甘草甜素(甘草酸钾钙盐)、甘草甙等等。利用这些有用成分,人们开发出了许许多多的药品。甘草还在食品工业和烟草制造中有重要作用,例如某些蜜饯的香料和香烟的添加剂等。

甘草还是重要的固沙植物,它的根扎入沙地很深吸取水分。在很多地方,甘草与胡杨林、红柳为伴,共同把沙漠绿洲打扮更加美丽。不过,由于甘草在中药上的重要性,野生的甘草被毫无计划的滥采乱挖,许多地方资源已近于枯竭。而且使沙漠本来难得的植被遭到了破坏,沙尘暴又起。所以我们应该提倡人工种植甘草,甘草播种很容易出苗,据测算种植甘草比种植一般粮食作物,收入也更高出许多。

起死回生的灵丹妙药——灵芝

《水经注·江水》载:“天帝之爱好,名曰瑶姬,未行而亡,封于巫山之阳。精魂化为革,实为灵芝”。千百年来,中国人把灵芝视为吉祥之物,长寿的象征,是有传奇疗效,能起死回生的灵丹妙药。

传说,秦始皇统一中国后,四处寻求长生不老药。徐福向秦始皇说,东海有个蓬莱岛,那里住着神仙,岛上长着灵芝仙草,吃了后可以长生不老。秦始皇听后大喜,派徐福带领3000童男童女,乘船到东海去采长生不老之药灵芝。徐福带领人马去东海,采不到灵芝,因而,一去永不返。

起死回生的灵丹妙药——灵芝

神话故事《白蛇传》中的“盗仙草”一折,说的是白蛇和青蛇,在峨眉山修炼7000年思凡下山,下凡到人间,白娘子与许仙结为夫妻。过瑞阳节,家家撒雄黄,挂菖蒲,白娘子受克变成白蛇,许仙吓破了胆,昏死过去。白娘子为救活夫婿,飞身驾云到昆仑山,经历千辛万苦,盗到灵芝,救活了许仙。

《魏志·华佗传》斐松元注引中也提到一个灵芝的传说:有名樊阿者山中迷路,得仙人指点,服食灵芝之后,得享高龄且精力旺盛过人。在称为佛国仙山的四川峨眉山上有一处地质奇观——猪肝洞,在洞内岩石顶上,有一暗紫色巨石高悬,状若灵芝,相传,当年吕洞宾在此隐居即是靠饮此"灵芝"下滴的仙水而羽化成仙的。《峨嵋县志》对此有记载:"紫芝洞在罗目废县(注:罗目曾为峨嵋治所,后废,今为罗目镇)之南,入山里许……昔纯阳居之。"

灵芝不仅编造了许多神话故事,在医药当中也有记载。1800多年前,最早的药典《神农本草经》中,灵芝是被列在人参之上的圣药。明代李时珍在《本草纲目》中也极为推崇灵芝,说灵芝能补中气、补肝气、益心气、益肾气。

1958年黄山有位老药农向毛主席敬献灵芝,郭沫若为此写出如下诗句:人间大跃进,灵芝动凡心,愿将千年体,献给英雄人。

近代,我国是世界上最早开展灵芝研究的国家。经过国内外研究证明,灵芝含有独特的高分子多糖,能增强机体免疫功能,改善血液循环,提高对心脑的供血供氧能力,提高细胞组织生理功能、安神、解惊、解毒,调节人体机能正常化,缓和器官老化,从而延年益寿。在临床上对防癌、抗癌及治疗肝炎都具有特效。灵芝还对高血压、糖尿病,心血管病具有调节功效。现代科学技术必将促进灵芝的开发利用。

灵芝属真菌植物,和蘑菇、鸡枞是一个家族。灵芝形态优美,细长的菌柄支撑着圆形或肾形的菌盖。菌盖闪烁着亮丽光泽,有着道道美丽的环形的花纹。野生灵芝比蘑菇、鸡枞难从寻觅。民间流传说,"要采到灵芝,要身穿白衣白裤,头戴白帽,脚穿白鞋,手牵白狗,怀抱白鸡,肩负白盐,身带灵宝符,才能采到灵芝"。随着科学技术的进步,实现了灵芝人工栽培。云南成桂生物制品基地建成规模较大的灵芝人工生产基地。云南世博园中的药草园里陈列着的菌盖达53厘米的灵芝王,堪称灵芝之最。

天然抗生素——鱼腥草

鱼腥草又名蕺菜,为三白草科一年生草本植物,其叶嫩绿,形似鸡心,地下根茎分节,活像一支小藕。其味浓郁,呈鱼腥味,故名鱼腥草。

鱼腥草含一种天然的抗生素。现代医学研究表明,鱼腥草所含挥发油中的主要成分为甲茎正壬基酮、月桂烯、月桂醛等,还有栎素。药理试验有抗菌、抗病毒作用。动物实验证明有利尿、镇痛、止血、止咳、抑制浆液分泌、促进组织再生作用,栎素还能扩张血管,用于治疗心绞痛。目前已制成鱼腥草注射液,广泛应用于临床。

民间有不少用鱼腥草治病的单方验方,现介绍如下:

治扁桃体炎、咽炎:鲜鱼腥草泡水当茶饮,或烹食炒熟当菜吃。

治疗尿路感染,尿频涩痛:取鲜草50克或干品30克,煎服。

治肺脓疡:鲜草洗净炒菜吃,或用鱼腥草50克,桔梗12克,甘草6克,水煎服。

急性支气管炎、肺结核、咳嗽痰中带血：用鱼腥草30克，甘草6克，车前草30克，水煎服。

治多种皮肤病：用鲜品捣汁涂敷，或煎汁口服，均有清热消肿、除痱止痒的作用。用全草煎水外洗治天疱疮、脚癣。

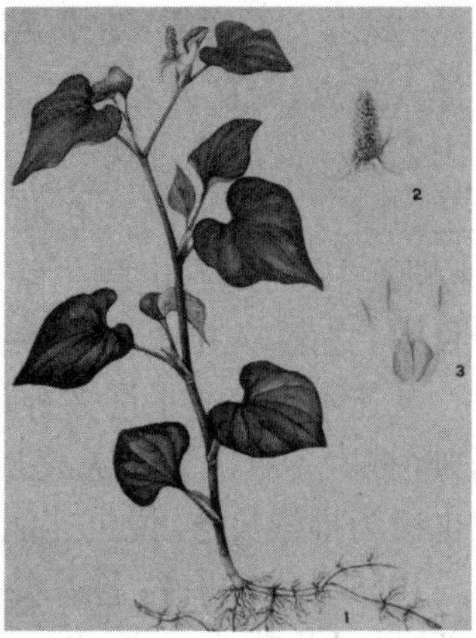

天然抗生素——鱼腥草

痈疖发背、疔疮肿毒(不论已破溃或未破溃)：用湿纸包裹鲜鱼腥草，置于灰火中煨熟，取出捣烂，涂敷患处。

子宫内膜炎、宫颈炎、附件炎赤白带及小腹痛：鱼腥草30~60克，蒲公黄、忍冬藤各30克，水煎服。

冠心病心绞痛：鲜鱼腥草的根茎每次用1~2寸放口中生嚼，一日2~3次，不但能缓解疼痛，亦能扩张冠状动脉血管。

治毒蛇咬伤：取鱼腥草62.5克，盐肤木根31.25克，黄仔叶根15.6克，飞扬草31.5克，煎水外洗用于毒蛇咬伤。

滋补强身的良药——何首乌

何首乌属蓼科植物，多年生宿根草本。何首乌肉质块根，外表黑褐色，内里紫红色，个别块根形状似男女胴体，这在植物根系中是极其罕见的，所以引起人们的惊讶和兴趣。何首乌是有名的中药，根，茎、叶均可入药。其根有补肝肾、益精血，乌须发之功能，是滋补强身的良药。

滋补强身的良药——何首乌

由于何首乌的块根形状特异，受到人们的钟爱，也引发出许许多多的传奇故事。李时珍的《本草纲日》就记载了这样一个何首乌的传说：有一个姓何的男人，年过50还未娶妻成家，头发已花白了，成天酒醉如泥。有一天晚上，醉眼中看到窗外有两根藤叶相交后又分开，分开后又相交，他感到十分惊奇。天亮后，他顺着两根相交的枝藤挖出两个块根，仔细一看，活脱脱的两个赤身裸体的男女。他上山砍柴时遇到一个山中老者，老者秘传给他如何服用挖出似一对男女的块根。他服了何首乌后不久，白发变成黑发，并娶妻生了儿子。消息传开后，因为他姓何，并因为头发首先变黑，人们就把这种植物和根叫何首乌，把枝藤叫夜交藤。

像枪的植物——大蒜

大蒜(葱属植物),作为洋葱科的一种,几千年来都被用作食物和草药。大蒜长有像枪一样的长而平的叶子(大蒜在英语中的意思是“像枪的植物”)。它的球茎由一簇分开的叫作丁香的瓣组成,外面包有一层像纸一样的皮。古希腊医生相信:大蒜对某些疾病,包括寄生虫感染、呼吸问题、消化不良和精力不够的治疗有帮助。

大蒜生成一种叫作蒜素的含硫化合物,蒜素一旦与酶作用,就转化成其他活性成分。

像枪的植物——大蒜

科学研究确信,大蒜能通过降低血液中胆固醇和甘油三酸酯的含量来预防动脉硬化症。它通过减少血小板粘连和溶解纤维蛋白(阻止结块的蛋白形成危害血细胞的网状)来防止血块生成。大蒜对细菌、病毒、真菌及肠道寄生虫引起的感染也有温和的预防作用。大蒜提取物能激活免疫系统,例如刺激淋巴细胞的繁殖、cytokines 的分泌和提高细胞活性。

一些研究显示,人多食用大蒜可以减少得胃癌、食道癌和结肠癌的可能性。动物实验表明,大蒜中的含硫化合物在某些酶的作用下能抑制活性,这就可以解释这种草药的抗癌特性。然而,适用于动物身上的剂量高得人体难以接受,而且,大蒜中的化合物会引发肝癌的恶化。

但是,何种形态的大蒜最好,目前还存在争论:是完全未加工的大蒜呢,还是加工成药片的大蒜;是存蒜呢,还是新蒜;是带有气味的大蒜呢,还是除去气味的大蒜。为了避免口臭或体臭,一些人喜欢选用肠衣包着的大蒜药片(它到小肠后才开始消化)。食用大蒜过多会引起心痛和气胀。

许多人只需通过饮食,就可以满足人体对大蒜的需求量。使用大蒜补品前,请同医生商量。因为这种草药阻止血液凝固,将要进行手术的病人服用前,一定要告诉外科医生。

消炎特效药——生姜

生姜是生长在印度、中国、墨西哥以及其他地区的一种多年生植物。它的根被用来生产生姜调味品、竹芋粉(一种淀粉)和姜黄。传统中医把生姜用来治疗消化不良、呕吐及咳嗽,已有几千年的历史了。印度医学认为生姜对消炎很有疗效。

生姜中的挥发性油(姜酚和姜烯酚)发出辛辣的气味,并产生对人体的治疗效

果。生姜及其同类植物中也含有能产生生物活性的化合物姜黄素。生姜对人体的消化系统具有疗效,它可以增强消化肌,保护胃不受酒精或非类固醇消炎药对它的刺激。父母们就常给小孩服用姜汁啤酒,用于消除胃疼。虽然人们对生姜如何控制反胃不清楚,但是都知道它能缓解呕吐。

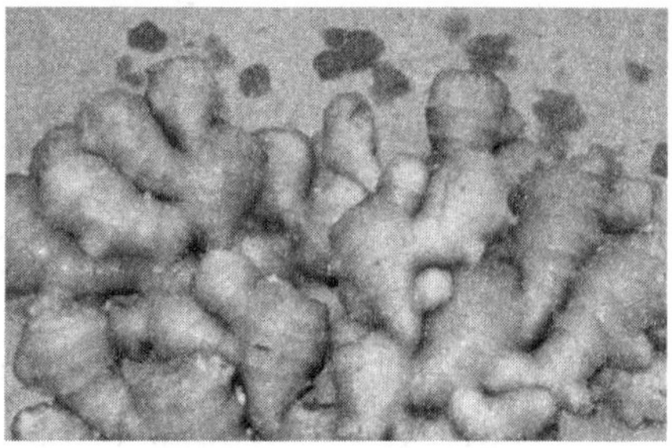
消炎特效药——生姜

目前正在进行把生姜作为治癌方法的研究。老鼠实验表明,生姜及其同类植物中的姜黄素能抑制皮肤癌的发育,并引发癌细胞的死亡。辛辣化合物可作抗氧化剂,这样就降低了破坏细胞、引发癌症的危险性。

但是,目前还没有证据表明,生姜对预防和治疗人体癌症具有疗效。服用生姜前,请询问医生。

散发香味的植物

能够散发出各种香味的植物，习惯上统一称为芳香植物，这种植物除了鲜艳的花朵和绿色的植株外，还能散发各种不同的芳香气味的植物，所以这类植物不但能美化、绿化环境，还能清新空气，给人以舒适的享受。

芳香植物兼有药用植物和天然香料植物共有属性的植物类群。在近代的科学研究中发现，芳香植物除了含有多种药用成分和香气成分外，还含有抗氧化物质、抗菌物质等，有些芳香植物释放出来的气味能杀灭细菌、病毒，驱逐蚊、蝇毒虫。芳香植物在医疗保健方面有着广泛应用的历史。早在1000多年前，《神农本草经》及其他医学专著中对这类植物就有“闻香治病”“芳香除秽辟疫”的记载。

芳香植物为什么能散发出香味？是因为在这些植物体内，含有一种挥发性的油脂类物质，随时散发在空气中，凡是具有芳香气味的这一类草本或木本植物，统称为芳香植物。芳香气味对植物体本身而言，有些可能是吸引昆虫前来传粉，有些也许是一种防身术，可以驱逐或杀灭敌害。

而对人类来说，则可以多方面利用芳香植物，为蔬菜、食品、化妆品、观赏以及香料工业和农业开拓新产品，这不仅深受人们的喜爱，而且还可以创造出比黄金还要高的经济价值。

排香草——藿香

又名排香草、合香，唇形科藿香属，多年生芳香草本。植株高40厘米～100厘米，夏季开花，花唇形，白色或紫色。

藿香的防疫治病有着久远的历史。早在《药品化义》一书中就指出：“藿香，其气芳香，善行胃气，以此调中，治呕吐霍乱，以此快气，除秽恶痞闷”，“香能和五脏，辛能通利九窍，若岗瘴时疫用之，不使外邪内侵，有主持正气之力”；《本草正义》中亦称藿香“可辟秽恶，解时行疫气”。

排香草——藿香

藿香还富含营养素和微量元素。它的嫩茎、嫩叶、嫩苗含有钙、胡萝卜素、蛋白质、纤维素及各种矿物质,可作为蔬菜食用,既美味可口,又是保健佳品。夏季常吃凉拌藿香,可预防感冒暑湿,养颜美容。

藿香的茎、叶可提取芳香油,供食品工业和化妆品工业作为香料。

藿香生长适应性强,耐寒、耐热,我国南北各地均可种植,不择土壤,耐肥、耐瘠。用种子或分根繁殖,极易成活。

散风解热香药草——薄荷

亦称苏薄荷、鱼香草,唇形科薄荷属,多年生草本,植株高30厘米~60厘米,秋季开花,花唇形,红、白或淡紫色。

薄荷在中医药中用途甚广,以茎、叶入药,性寒,味辛,具有解表、散风解热的功能。主治外感发热、头痛、目赤、咽喉肿痛;用茎、叶煎汤熏洗,可治各种皮肤湿疹、漆疹。

薄荷富含芳香油,茎、叶均可提取薄荷油、薄荷脑,除在医药上有广泛的用途外,在食品工业和化妆品工业上也广为应用。

薄荷适应性强,对土壤要求不严,我国各地均有分布。性喜温暖、湿润,常生长在水旁、沟边,可作为潮湿低洼地的被植物,生长势强,很快即可覆盖地面。易于繁殖,用分株、扦插或种子播种均可。

香飘云天外——桂花

中秋月圆时节,一树树桂花盛开了。满树金黄细小的花儿,点缀着红叶娇艳的季节。更有那浓郁的芳香,“一味恼人香”,袭人心怀,沁人肺腑。又在芳香中带有一丝甜意,使人久闻不厌。

有人说,香气浓郁的花,一般是“或清或浓,不能两兼”。然而,桂花却具有清浓两兼的特点。它清芬袭人,浓香远逸。它那独特的带有一丝甜蜜的幽香,常常使人遐想联翩,勾起种种美好的联想。传说桂花香飘万里,侨居外乡的人闻到桂花香,就能在你眼前浮现出家乡的山水,勾引起思乡之情。“天香生净想,云彩护仙妆”(朱熹)。所以人们给桂花起了个名字叫“九里香”。

桂花不但芳香袭人,而且树枝挺秀,枝叶丰茂,冬夏常绿。若是南方庭园栽培,则是“丹葩间绿叶,锦绣相叠重”(陆游)。若在北方盆栽作室内摆设,也端庄高雅。

好一个桂花,不以艳丽色彩取胜,不以娇妍风姿迷人,却因“天香云外飘”得到世人的独钟。有人形容桂花香是:“清风一日来天阙,世上龙涎不敢香。”

吴刚伐桂的故事,是流传至今、尽人皆知的一个关于桂花的神话。

据明代段成式的《酉阳杂俎》载："月桂高五丈，下有人常砍之，树疮随合，其人姓吴名刚，西河人，学仙有过，谪令伐树。"这则神话说的是汉朝河西人吴刚，学仙修道时触犯天条，被罚在月宫砍桂树。但是，不论他怎样砍伐，树总是随砍随合，千万年过去了，吴刚每天都在辛勤地伐树，那棵神奇的桂树，依然如旧，生机勃勃。吴刚也只好长期过着"金风玉露伴素月，徒然销魂"的生活了。但据说，每逢中秋佳节，吴刚可以在树下稍稍休息，与人间共度团圆佳节。所以中秋节这一天，人们赏月时看不到吴刚弯腰举斧伐桂的影子。毛泽东在《蝶恋花·答李淑一》词中有："问讯吴刚何所有，吴刚捧出桂花酒"的诗句，用的就是这个典故。至于吴刚捧出的"桂花酒"，则相传是仙人的饮料。曹植有《仙人篇》："玉樽盈桂酒，河伯献神鱼。"此处桂酒也就是桂花酒。

香飘云天外——桂花

由于传说中月中有桂，所以月亮又称作"桂魄"。唐代诗人李商隐有诗句："侵夜可能争桂魄。"宋代大文学家苏东坡有中秋词："桂魄飞来，光射处，冷浸一天秋碧。"这两处的桂魄，都是明月的代名词。而传说中的月宫也叫"桂宫"。"桂宫袅袅落桂枝"。

在古代，桂花还是友好和吉祥的象征。战国时，燕、韩两国就以互赠桂花表示友好。

在盛产桂花的少数民族地区，青年男女还常以互赠桂花表示爱慕之情。

由于桂树花发于秋，古人又常用它来赞喻秋试及第者，称登科为"折桂"。据《晋史》载，晋朝郗某对策考第一。武帝问他，他回答说："臣今为天下第一，犹犹桂林一枝。"应试及第称"折桂"，即由此而来。宋人叶梦得在《避暑录话》中记载："世以登科为折桂，此谓郗说对策，自谓桂林一枝也，启唐以来用之。温庭筠诗：'犹喜故人新折桂'。其后以月中有桂，故又谓之月桂。而月中又有蟾，故又以登科为登蟾宫。"于是，"蟾宫折桂"，就成了旧时人们仕途得志、飞黄腾达的代名词。

也由于"蟾宫折桂"借寓仕途通达，所以唐宋以来，文人墨客和官宦之家都竞相种植桂花。至今各地还留有不少当时种植的古桂大树。

毛泽东的《蝶恋花答李淑一》就是用嫦娥奔月和吴刚与桂花的神话传说来表达对革命烈士的哀思。

有关桂花的文字记载，最早见于屈原《楚词、九歌》"援北斗兮酌桂浆"，唐、宋以来，诗人墨客对桂花多作赞咏。李商隐的"昨夜西池凉露满，桂花吹断月中香"，杨万里的"不是人间种，移是月里来，广寒香一点，吹得满山开"。

桂花因叶色浓绿，花香馥郁，被评为我国十大名花之一，李时珍在《本草纲目》中对桂花记载道："花有白者为银桂，黄者为金桂、红者为丹桂"，把桂花白、黄、红三

色分为银桂,金桂和丹桂。清代陈子的《花镜》按桂花花期不同而命名为“四季桂”和“月月桂”两个品种。

桂花是木犀科木犀属的常绿乔木。宋代范成大在《桂海虞衡志》中记载:“凡木叶心皆一纵理,独桂有两道如圭形,故字从圭。”“桂”名原来由此而来。桂树学名木犀。因丛生于岩岭之间,所以又叫岩桂。桂树枝繁叶茂,树冠圆整、树姿挺秀高挑,高可达10米。叶形椭圆,花大多着生在当年的枝条上。

桂树寿命很长,一般都可活一百多年,有的树龄往往高达几百年的。江浙一带老桂很多,杭州西湖满觉垅一带,满山都是老桂,连附近板栗树上的栗子也带桂花香味,所以杭州的桂花栗子是远近闻名的。每到桂花成熟季节,满觉垅的姑娘们在树下撑起帐子,小伙子们爬到树上用力摇晃。那金黄色的桂花,就像雨点一样纷纷落下,被称为“桂花雨”。此时那西湖边上的满觉垅,漫山漫谷,连绵数里地下着“桂花雨”,浓郁的香气中传出姑娘小伙子愉快的笑声和歌声,胜似天堂美景。

我国是桂花的发祥地,栽培历史悠久,陕西汉中圣水寺内有一株汉桂,树虽苍老,却依然花繁叶茂,芳香四溢,相传是西汉时期萧何手植,距今已有1800多年历史,岁岁开花,至今不衰。勉县定军山诸葛亮墓前两株开红花的“护墓双桂”,已有1700多年的树龄。鲁迅的绍兴故居中有一株百年四季桂。太湖之滨的光福桂花,已有六百多年的栽培历史。苏州城的大街小巷,每到中秋节前后,到处都洋溢着木犀花香,其中尤以怡园、留园为盛。留园桂树丛边的亭上,曾题有“闻木犀香”的匾额。

桂花是我国寺庙常见的花卉。桂花随同佛教传入日本。18世纪后期传入英国,以后很快传遍欧洲各国。

普通的桂花多为八月桂,花香浓郁,花期短;另外还有金桂、银桂、丹桂、四季桂、月桂等桂花品种。有的花期短,有的香味淡;目前有一个新品种即:桂花中的珍品日香桂。

日香桂属桂花中的一个新品种,由于是20世纪80年代在四川发现的,因此在四川种植面积较大,浙江、安徽等地也有种植。日香桂是集园林绿化、美化、香化、彩化于一身的珍稀园林树木新品种。适用于广场、小区绿化、屋顶花园、道路、校园等园林工程;中小型株适合盆栽,用于香化居家环境;枝叶可作高档切花材料;日香桂栽培技术简单,应用范围广,是很有前途的新品种。

西洋山薄荷——香蜂花

由于它生长的地方柠檬样的香气扑鼻,常引来许多蜜蜂的缘故,所以取名为香蜂花。原产地是欧洲地中海两岸,日本人称它为“西洋山薄荷”,“香水薄荷”。瑞士的有名医生称它为“长生不老药”,英国人说“从50岁开始每天早上喝放有蜂蜜的香蜂花茶,就能活到116岁”。

香蜂花新鲜的种子非常香，干燥叶也可使用，经常和蜂蜜混合食用，有促进消化和缓和嗓子疼痛的作用，也可用色拉，鱼料理中也可使用，叶子的提取法可美容，也可做入浴剂，干燥叶也可作药枕，新鲜的叶子可直接贴于虫咬处或创伤处，香蜂花茶可治慢性气管炎、感冒、头痛。还有降血压.发汗的作用。新鲜叶子精油含油率在0.1%~0.8%，含柠檬醛、香茅醛、丁子香酚、芳障醇，还有半烯萜、单宁、生物碱等。

西洋山薄荷——香蜂花

长生不老药香草——鼠尾草

鼠尾草是欧洲十分古老的药用植物，使用已有1000多年的历史，古阿拉伯人将之称为长生不老药，在中世纪，甚至在故事中有这样一句有名的对句："既然拥有鼠尾草(撒尔维亚)的田园，人为什么还会死去?"后来，鼠尾草又作为香辛料蔬菜受人欢迎。它多用于赋香，可单独作成汁或作成调味汁、咖喱汁等加入料理中，具有强的芳香，因略带苦味或涩味，因而适合于肉类和鱼类的调味。意大利人把它作为健康食品，常与面包和黄油一起食用。

在欧洲，常在鼠尾草啤酒、鼠尾草茶以及鼠尾草汤等饮料中加入柠檬汁或醋后饮用，茶叶传到欧洲后，人们把茶3份和鼠尾草1份混合起来饮用。鼠尾草也是齿磨粉和漱口剂的重要原料，可治疗更年期障碍和断乳期回奶，也可作苦味健胃药，对祛风，抗痉挛，收敛，杀菌扩张末梢血管，抑制发汗，降低血糖，促进胆汁分泌都有作用。

芳香药草之后——薰衣草

薰衣草又名拉文达，是一种馥郁的紫蓝色的小花。又名"香水植物"。原产地中海地区，性喜干燥，花形如小麦穗状，有着细长的茎干，花上覆盖着星形细毛，末梢上开着小小的紫蓝色花朵，窄长的叶片呈灰绿色，成株时高可达90厘米，通常在六月开花。每当花开风吹起时，一整片的薰衣草田宛如深紫色的波浪层层叠叠地上下起伏着，甚是美丽。

中古时期，薰衣草在西欧社会里已被医疗单位广泛地使用，在当时薰衣草的杀虫抗菌效果早被肯定；以前的人通常把薰衣草香包放在橱柜中，借以驱虫。罗马人

盛赞其抗菌力,用薰衣草来泡澡和清洁伤口。

薰衣草属唇形科芳香植物,因为她的气味芬芳怡人,是药草园中最受喜爱的一种,素有“芳香药草之后”的称誉。由于她的香气浓郁,令人感到安宁镇静,具有洁净身心的功效,古罗马人经常使用薰衣草来沐浴薰香,希腊人则将薰衣草用来治疗咳嗽。

又能驱蚊又能吃——驱蚊草

多年生草本,株高50厘米左右,枝繁叶茂,白花成串,全株香气浓烈,室内放置数盆或门前栽种一片,令人心情舒畅,并有驱蚊作用。取其鲜叶与其他菜同炒或做汤,味道格外鲜美。

又能驱蚊又能吃——驱蚊草

香料之王——中华香草

素有“香料之王”的称号,在世界久负盛名,它大量用于食品、烟草业及化妆、卫生制品的加香,其香精油价值甚高,据悉,美国向我国大量求购此精油,宁夏、甘肃等省区正在扩大种植,有关科研已向多层次、多领域里开发。

在东北地区,香草已成为时下城镇市场最为畅销的天然香料商品,种植者将干燥好的植株运到城里,每株1元,市民竞相争购,被视为香化居室、衣体、人体的珍品,是新开发的高效农业项目。随着香草作为一个新兴产业的闪亮登场,其销售渠道也十分繁多,已渗透到各个生活领域。香味促销日渐风行,香味医院相继出现,在花园、花店、宾馆、餐厅、百货商场,甚至连洗手间都置有香草,有的放在地上,有的摆在柜台,来增加温馨芳香的氛围。经销香草的摊店到处可见,香气四溢的香草

香料之王——中华香草

不仅招来了更多的顾客,而且扩大了财源。香草与切花、干花、插花相组合,香味大增,售价也随之上扬,不少商人还把生意做到了国外,将一束束包装好的香草漂洋过海畅销东亚国家。

香草为豆科胡卢巴属一年生草本植物,株高40厘米,茎直立,花白色,成熟时植株放出袭人的香气,晒干置于房间,香味弥漫于空气中经久不退。香草为日中性植物,对光温反应不敏感,南北方都能种植,播种期随地区气候条件和耕作方式而异,北方多为春播,在清明前后,南方一年二熟或三熟地区,可与主作物套种、间作或复种,生育期80天左右,香草干株粉碎后可做面食的加香剂、着色剂、香草豆为咖啡的代用品。一般每公顷生产苗60~90万株,香草抗旱怕涝,在籽粒胚胎灌浆后种子蜡熟前收获、香气最足,过早收获香气不浓,晚则香气转化为干物质。

芳香浓郁谁能比——米兰

米兰是常绿灌木,为楝科、米仔兰属植物。主要品种有大叶米兰和小叶米兰两种。大叶米兰每年6~7月开一次花。小叶米兰则常开不绝,香飘不断。米兰树冠优美,枝叶茂密,叶色苍翠,米黄色的花朵从夏至秋,芳香四溢,令人感到神清气爽。人们称赞米兰“芳香浓郁谁能比,迎来远客泡香茶”。

芳香浓郁谁能比——米兰

小米兰可提取香精,所以它既是观赏植物,又是芳香植物,香精油是制造香水的原料。小叶米兰的花可重制成茶叶,茶叶香浓,鲜花还可以直接食用。

米兰的花、枝、叶均可入药。花药名为米仔兰,

有行气解郁、疏风解表、清凉宽中、醒酒止渴之功效。米兰的枝、叶有活血、化痰、消肿、止痛的作用。

冬季绿姿不改——夹竹桃

花似桃，叶像竹，一年四季，常青不改。从春到夏到秋，花开花落，此起彼伏。迎着春风、冒着暴雨、顶着烈日，吐艳争芳，在平凡中见伟大，在朴实中饱含坚韧，这便是本篇的主角——夹竹桃。

冬季绿姿不改——夹竹桃

夹竹桃的祖先在印度、伊朗，它是一种矮小的灌木，主干、枝条上有许多分枝，最小的小枝呈绿色。

夹竹桃的叶长得很有意思。三片叶子组成一个小组，环绕枝条，从同一个地方向外生长。夹竹桃的叶子是长长的披针形，叶的边缘非常光滑，叶子上主脉从叶柄笔直地长到叶尖，众多支脉则从主脉上生出，横向排列得整整齐齐。

夹竹桃的叶上还有一层薄薄的“腊”。这层腊替叶保水、保温，使植物能够抵御严寒。所以，夹竹桃不怕寒冷，在冬季，照样绿姿不改。

夹竹桃的花有香气。花集中长在枝条的顶端，它们聚集在一起好似一把张开的伞。夹竹桃花的形状像漏斗，花瓣相互重叠，有红色和白色两种，其中，红色是它自然的色彩，“白色”是人工长期培育造就的新品种。

夹竹桃的花期很长，从 4 月 ~12 月都能开花、结果，是花卉家族中开花时间最长的一种花。至于夹竹桃的果实，可不像我们想象的那样是个桃形，它是一个与众不同的长柱形。人们喜爱夹竹桃，不仅喜爱它的四季常绿、三季花开，香气连绵，更喜爱它的卓越品质：默默无闻、坚韧不拔。

夹竹桃朴实，但并不好欺。它的叶、花和树皮都有剧毒，茎叶可以用来制造杀虫剂。人不能随便采摘它，昆虫更不敢贸然进犯。

此外,夹竹桃对二氧化硫、氯气、气化氢等有毒气体有较强的抵抗能力,可以栽种到环境污染比较严重的地方,净化、美化人类生存的环境。所以,人们常说:夹竹桃是坚韧的绿色环保战士。

随着人们的物质生活不断提高,会有越来越多的人注意用鲜花来美化环境。如果在客厅、书房或卧室里摆上几盆花草,可使环境显得雅致清新。然而,当你陶醉于多姿多彩、芳香扑鼻的鲜花时,可要小心提防鲜花中毒。如果在客厅中放一盆夹竹桃,即可观叶,又可赏花,确实逗人。但夹竹桃的叶、皮和果实中,均含有一种叫夹竹桃苷的剧毒物质,误食数克就会中毒,甚至死亡。

花如其名——夜来香

夜来香,别名夜兰香、夜香花,为萝科、夜来香属灌木。小枝披短柔毛,分枝柔弱,叶对生,卵状长圆形或宽卵形,全缘,基部心形凹陷,叶具短茸毛,有长柄,质薄,先端有小尖。花簇生,有短柄,生于叶腋,黄绿色,芳香,尤其在夜间。花萼 5 裂,花冠具短筒,花期 5 月至 9 月,果狭圆状锥形,渐尖,长 7 厘米至 8 厘米。该花木原产亚洲热带,我国南方各省区有栽培。喜温暖湿润和阳光充足的环境,喜肥沃的土壤,忌积水。适宜栽于庭院内和盆栽,其花既可欣赏,又香味扑鼻,还可供食用和药用。

花如其名——夜来香

这种花真如其名,晚上开花,香气袭人,然而它花开之时散发出强烈刺激嗅觉的微粒,如闻之过久,会使高血压和心脏病患者感到头昏郁闷不适,甚至气喘,失眠。

养护夜来香注意事项

配制盆土

夜来香喜疏松、排水良好、富有机质的偏酸性土壤。其盆土一般用泥炭土或腐叶土 3 份加粗河泥 2 份和少量的农家肥配成,盆栽时底部约 1/5 深填充颗状的碎砖块,以利盆排水,上部用配好的盆土栽培。

适宜环境

盆栽夜来香要求通风良好的环境条件,5 月初至 9 月底宜放院内阳光充足或阳台上养护,其虽然喜阳光充足,但在夏季的中午应避免烈日暴晒。

施肥

在其生长过程中,应每隔 10 天至 15 天施一次液肥,4 月下旬开始每半月施一次稀薄液肥,从 5 月中旬起即可保证不断开花,如能施用春泉 883 或惠满丰等高效

腐殖酸液肥,则效果更好。

调水

其夏季是生长旺季,除施足肥料外盆土必须保持经常湿润,必要时一天浇 2 次水。若是幼苗,每天应向叶面喷水 1 次至 2 次。

适温

每年 10 月中下旬应将其移入棚室内,棚室温度要求保持 8℃ 至 12℃,如温度低于 5℃,叶片会枯黄脱落直至死亡。

换盆

换盆宜在春季 4 月初出室前进行,换盆时应去掉部分旧土和老根,换上新的培养土,并进行重剪,以促发新枝。换盆后要保持盆土湿润,但盆内不能有积水,换盆后若发现嫩叶略有下垂,要及时浇水。

调整株形

栽培管理中需搭设棚架,植株上棚后要及时打顶,促使多分枝,花开后要及时剪去残花梗,并加施肥料,花谢后应将枯干枝叶和过密枝条剪去。

治虫

其常有蚜虫和介壳虫危害,可用天王星、氯氰菊酯和快杀灵等防治,效果较好。

名贵的天然香料——迷迭香

迷迭香为唇形花科迷迭香属之多年生常绿小灌木。原产于地中海盆地,西班牙西北方及葡萄牙。目前生产地为英国、法国、葡萄牙、西班牙、突尼西亚、摩洛哥、前南斯拉夫、意大利、南非、印度、中国及澳洲。经济栽培以突尼西亚、法国、西班牙及摩洛哥为主。叶狭长、针状、革质、暗绿色、叶缘反卷。茎方型,由叶腋着生白色小花为总状花序,花长 1.2 厘米。花色有蓝、淡蓝、紫、粉红及白色等,一般在 12~4 月开花,小花含多量花粉对蜜蜂之吸引力大,所生产之蜂蜜,品质佳。果实为很小的球型坚果,卵圆或倒卵形,种子细小,黄褐色,每公克有 1000 粒种子。作为经济栽培的迷迭香约有 24 种之多,依其生长习性,基本上分直立型及匍匐型二种。

名贵的天然香料——迷迭香

直立型迷迭香

植株 1~2 米高,具健状茎,成熟后木质化,

分支具有狭长革质之针状深绿色叶片(内侧有点灰色),叶缘有点反卷,叶片较匍匐型迷迭香大。直立型品种有开白色花,开浅蓝色花之(非常适合烹调及景观造园用);开蓝色花利用于披萨调味及鸡肉;开粉红色花及开紫罗兰色花(此品种能适应高温及多雨的生长环境)等。

匍匐型迷迭香

植株高 30~60 厘米,硬质茎,茎上着生密集且狭长之暗绿色叶片,横向弯曲伸长达 50~120 厘米。比直立型品种较不耐寒。匍匐型品种有开鲜蓝色花,及生长快速,开浅蓝色花之等品种。由于有扭曲及涡旋状的分支,因此为极佳吊盆及地被植物。

迷迭香的妙用

在众多香草中,迷迭香是人们十分熟悉的一种,据说具有神秘的力量,可保护教堂、死者、甚至使生产者免受恶魔之害。因此西方在圣诞节时多会在教堂及家中的柱子或门上装饰迷迭香。

原产地在南欧,其芳香宜人、风味绝佳、药效卓越,各方面的特性均受到绝佳的赞赏,利用范围极广。

西洋民间有很多关于迷迭香的浪漫传说,据说圣母玛利亚在逃避追赶的途中,曾躲在迷迭香的草丛中,身盖麻布斗篷休息,在那当儿,原本白色的花朵,竟变成和玛莉亚身上的斗篷一样淡淡的蓝色;于是迷迭香神圣的芳香和这个传说传遍了整个欧洲,迷迭香也因此被视为可驱除恶魔的香料。

1370 年为匈牙利伊丽莎白女王所制作的匈牙利之水,便是以迷迭香为主要成分。当年呈送给女王的手写配方,现今仍保存在维也纳的皇家图书馆内。

药效:迷迭香的香味据说可常保年轻、增强记忆力、复活细胞的生命力。此外,因具有传说中驱魔的神秘力量,经常被种植在教堂的庭园里,或被当作焚香来燃烧。

迷迭香蜂蜜酱

材料:蜂蜜 200~300 毫升、新鲜迷迭香嫩枝 2 枝

作法:

①取 6~7 厘米的迷迭香嫩枝 2 枝,洗净后擦干水分;

②蜂蜜以隔水加热的方式加热至 80 度左右;

③将迷迭香嫩枝放水瓶中,注入蜂蜜;

④放凉后盖上盖子,静置 7~10 天将嫩枝取出。

迷迭香香草浴

迷迭香常葆青春的功效是人们所熟悉的,作为沐浴剂来使用,可促进血液循环、舒缓筋肉的疲劳,并常保肌肤年轻与弹性,功效十分显著。

材料:干燥迷迭香适量、棉质或纱布材质的小袋

作法:利用碎布、手帕或纱布来制作小袋。将迷迭香放入布袋中,封口后,放入盛有热水的浴缸中即可。

迷迭香果冻

材料:新鲜迷迭香嫩枝4~5枝、水400毫升、蜂蜜4大匙、柠檬汁1大匙、洋菜粉5克装2包。

作法:将迷迭香嫩枝放置热水浸泡5分钟;蜂蜜、柠檬汁、洋菜液倒入具有迷迭香香味的热水中搅拌。再倒入小杯子或模型中,放入冰箱中冷藏。

驱虫抗菌香料——土木香

土木香,别名祁木香、青木香。属多年生草本菊科。株高1~2米,全株密被短柔毛。基生叶椭圆形披针形,针状,头状花序排列成伞房状,花黄色,生于河边,水沟旁,田边等潮湿地。它的根含挥发油,二氢异土木香内脂等成分。有驱虫及抗菌的作用。人称它为除虫菊。可作驱蚊的原料。

驱虫抗菌香料——土木香

天下第一香——茉莉

号称"天下第一香"。茉莉为常绿小灌木,属木犀科植物,花白色,每年5月至10月开花,芳香清雅,浓郁持久,深受人们喜爱。

天下第一香——茉莉

茉莉原产印度、阿拉伯一带,中心产区在波斯湾附近,现广泛植栽于亚热带地区。主要分布在伊朗、埃及、土耳其、摩洛哥、阿尔及利亚、突尼斯,以及西班牙、法国、意大利等地中海沿岸国家,印度以及东南亚各国均有栽培。希腊首都雅典称为茉莉花城。菲律宾、印度尼西亚、巴基斯坦、巴拉圭、突尼斯和泰国等把茉莉和同宗姐妹毛茉莉、大花茉莉等列为国花。美国的南卡罗来纳州定为州花。花季,菲律宾到处可见洁白的茉莉花海,使整个菲律宾都散发着浓浓的花香。

茉莉花在1600多年前传入我国,现在全世界约有40个品种,我国有27个品种,常见的有木本茉莉、蔓性茉莉、宝珠茉莉、金茉莉等。茉莉花已成为我国八大名花之一。现在用茉莉花提起茉莉花香油,比黄金还贵。它是世界有名的芳香植物。用茉莉花香油制造的各种香水,闻名世界,如法国的茉莉香水、西班牙的茉莉香水、阿拉伯国家制造的茉莉花香水都是名牌产品。

如何使茉莉多开花

环境及光照:茉莉性喜炎热、潮湿、通风透气环境,需充足的光照。茉莉畏寒,南方地盆栽茉莉可在室外栽培越冬,北方在秋冬季需做好保暖工作,移入室内放在朝南方向。光照强则枝干健壮,叶色浓绿,花多而香,阳光不足则节稀花少而不香。

水分:茉莉不耐旱,但又忌积水,多雨季节要及时倾倒盆内积水,否则叶片易发黄。夏季炎热晴天每天要浇水两次,早晚各一次,如发现叶片卷垂应喷水于叶片,促进生长。

土壤:栽培茉莉土壤要肥沃的沙质和半沙质土壤为好,在pH值6至6.5的微酸性土壤种植,则根系茂密,生长健旺,如土质黏重,缺少有基质,肥力较低,通气性不良,则根系少,植株矮,茎叶纤细,花少而小。

施肥:盛夏高温季节是茉莉生长的旺期,多施有机肥和磷钾肥,如花生饼粉、骨粉、过磷酸钙以及多元素花肥,每月施两次。茉莉在夏季生长期常出现枝叶繁茂但不开花的现象,主要原因是施了过多的氮肥,造成枝叶徒长,遇到这种情况要控制肥水,增施磷钾肥,促使孕育花蕾,同时要注意把茉莉移到阳光充足、通风良好之处。

修剪:茉莉夏天生长很快,要及时修剪,盆栽茉莉修剪保留基部10厘米至15厘米,促发多数粗壮新梢,如新梢长势很旺,应在生长10厘米时摘心,促发二次梢,则开花较多,且株形紧凑。花凋谢后应及时把花枝剪去,减少养分消耗,也能促长新梢,使枝密、芽多、开花多。

防治病虫害:茉莉常有螟蛾幼虫和介壳虫、红蜘蛛为害,以7月至9月最为严

重，常蛀食花蕾，可用万能粉或杀灭菊酯加水 200 倍进行喷洒，每半月喷洒一次，即未发生病虫害也应进行喷洒，做到预防在先，喷洒时间以晴天上午 9 时和下午 4 时为宜，中午烈日不宜喷洒，防止药害。

花期养护：开花期不要喷水于花朵，防止提早落花和香味消失，降雨时应把盆栽茉莉移到避雨处。

肥水：夏季，茉莉花进入盛花期，要注意保持盆土湿润，茉莉花喜肥，每隔 3~5 天就要追施 1 次腐熟的稀薄液肥，或者在浇花市掺入少量的淡液肥。如盆土出现板结，松土后在施肥。秋天应适当地减少浇水量，并逐渐停止施肥。室外最低温度降到 5 度以前，将盆花移入室内阳光处。初入室时，要经常开窗通风，并要控制浇水。

修剪：花谚说："茉莉不修剪，枝弱花少很明显""修枝要狠，开花才稳"，但人们栽培茉莉花，往往注重肥水而忽视修剪，甚至越冬后的枯枝也舍不得剪去，以至于枝干细弱，叶片萎小、株型不雅、花也不盛。

茉莉花的修剪，除春季将越冬后的细弱枝条剪去，只留下粗壮基部以待新芽萌发外，夏季修剪很重要。花败后的枝条要及时留下 3~5 节，剪去顶梢，以促使萌发新亚。保证花旺。

茉莉从初夏即陆续开花，若管理得当，可出现三期盛花。

6 月上旬，茉莉陆续开出早花，但这批花一般小而少，要及时摘去，否则消耗养分过多，会影响其以后开花的质量与数量，并且延迟花期，影响观赏。摘花方法是连花摘去带叶嫩枝，促使新枝再发，枝叶茂盛。此时每周施 2 次淡肥水，并保持盆土湿润。

6 月下旬至 7 月上旬是第一期盛花，此时需加强肥水管理，薄肥勤施，每隔 2 天施肥 1 次，施以充分腐熟的有机液肥，肥水比例为 1∶4。浇水要充足，一般每 2 天 1 次。通常浇水宜在早晨进行，而施肥则以傍晚为好。这样持续至 7 月下旬，由于肥水充足，可使花开大而多。

8 月上旬，第二期花形成，此时施肥要比之前略浓，一般以肥水各半为宜。为促使茉莉更好开花，还可向叶面喷洒过磷酸钙溶液。到 8 月下旬，逐步减少施肥，6 天至 7 天施 1 次，浇水仍需较多，保持 2 天 1 次。

9 月上旬至 10 月上旬，第三期花形成，此时应停止施肥，浇水量也要逐渐减少，由于天气已渐转凉，会影响花蕾的形成，因而这批花的数量较少，至 10 月中旬以后开花结束，只需保持盆土略湿即可。

天然食用香料——丁香

别名丁子香，为桃金娘科植物，是常绿乔木，它的叶、花、果及茎枝均可蒸取丁香油，作为芳香、镇痉及祛风剂，其主要成分含丁香油，油中主要是丁香油酚、乙酰

丁香油酚等。它的含油量约14%~21%。花蕾可入药,花蕾又称公丁香。

丁香原产印度尼西亚的马鲁古群岛,现在我国广东、海南、云南等省都有栽培。丁香是调味品,其香气浓郁,开胃并具有辛辣感,主要是丁香油和丁香酚的作用。丁香还可消除异味,添香曾味,是较好的天然食用香料。

天然食用香料——丁香

丁香花芬芳袭人,为著名的观赏花木之一。欧、美园林中广为栽植。在我国园林中亦占有重要位置。园林中可植于建筑物的南向窗前,花时,清香入室,沁人肺腑。丁香还有杀菌和抗氧化的作用,可用于牙膏、肥皂、香水的原料。也可入药,有温脾胃、降逆气,祛风止痛等功效。

我国栽培丁香历史悠久,据考证,至今已有二千多年,早在三国时期,大文学家曹植就曾在《妾薄命》中写道:"坐者叹息舒颜,御金裛粉君傍,中有霍纳、都梁,鸡舌五味杂香,进者何人齐姜,恩重爱深难忘。"宋代王十朋称丁香"结愁千绪,似忆江南主"。历代咏丁香诗,大多有典雅庄重、情味隽永的特点。北宋周师厚《洛阳花木记》(1082)中记载,当时洛阳已栽培丁香。明代高濂在《草花谱》(1591)中记述了丁香的繁殖"接、分俱可"。清代陈淏子在其《花镜》(1688)中指出丁香"畏湿而不宜大肥"。20世纪30年代陈善铭发表了《中国之丁香》,对中国原产的22种丁香的分类、分布等做了详细的记述。

丁香宜栽于土壤疏松而排水良好的向阳处。一般在春季萌支前裸根栽植,株距3米。2~3年生苗栽植,穴径应在70~80厘米,深50~60厘米。每穴施100克充分腐熟的有机肥料及100~150克骨粉,与土壤充分混合作基肥。栽植后浇透水,以后每10天烧1次水,每次浇水后要松土保墒。栽植3~4年生大苗,应对地上枝干进行强修剪,一般从离地面30厘米处截干,第2年就可以开出繁茂的花来。一般在春季萌动前进行修剪,主要剪除细弱枝、过密枝,并合理保留好更新枝。花后要剪除残留花穗。一般不施肥或仅施少量肥,切忌施肥过多,否则会引起徒长,从而影响花芽形成,反而使开花减少。但在花后应施些磷、钾肥及氮肥。灌溉可依地区不同而有别,华北地区,4~6月是丁香生长旺盛并开花的季节,每月要浇2~3次透水,7月以后进入雨季,则要注意排水防涝。到11月中旬入冬前要灌足水。危害丁香的病害有细菌或真菌性病害,如凋萎病、叶枯病、萎蔫病等,另外还有病毒引起的病害。一般病害多发生在夏季高温高湿时期。害虫有毛虫、刺蛾、潜叶蛾及大胡蜂、介壳虫等。应注意防治。

调和者——百里香

为多年生草本植物,植株小型,高约20厘米,植株具有爽快的香气和温和的辛味。茎下部呈匍匐状丛生,上部直立,四棱形,多分枝。叶对生,狭长椭圆形或披针形,长约0.7厘米,宽约0.3厘米,灰绿色,叶缘反曲。初夏开花,花白带红色,径0.2厘米,轮散花序顶生。种子小,圆形,1克约有6000粒左右。

调和者——百里香

在2000年前罗马诗人的农事诗中,即有把百里香作为香料利用的记载。古希腊祭奠牺牲的勇士时,会在祭坛上点燃百里香,所以在希腊语中,百里香象征着高贵和勇敢。百里香早就以芳香草而著名,罗马人制作的奶酪和酒都用它作调料,并作为香料使用在汤和罐头中。百里香提炼的精油,具有明显的消毒和杀菌作用,可治疗胸部感染等症和受凉引起的胃痛和腹泻,并有抗痉挛、镇咳、治创伤等功效。也可作花坛植物布置。

百里香原产地广泛分布于地中海一带,经济栽培以南欧最多。百里香利用的历史很古老,英文Thyme即是从希腊文演变过来,意为具有勇气及可供奉神明之意,当时称赞一个人具有勇气可说他身上有百里香的味道,在厨艺中,百里香被称为“调和者”,意指能把食物中的味道拉在一起,这可能是它的味道温和又不太刺激之故,同时又有抗菌、防腐之效,古埃及把它当成防腐香油的成分之一来保存木乃伊。一般人很少听过百里香,更不用说看过它,因为它植株小叶片小,又趴在地上,看起来像杂草,却又不像杂草强健,水浇太多或是不小心受到摧残很容易死掉,但它的香气较柔和,不习惯其他香草浓烈气味的人,建议可先从百里香入门。

百里香用种子播种、分株或扦插繁殖。4月或9月播种,播后14~20天发芽。春天播种的,9月进行定植,定植距离约20厘米。生长速度比较缓慢,但第2年生长加快,并于5~7月开花。分株在3~4月,分株后即行种植。扦插在6月进行定植。种植注意不要过密,并注意浇水,但不要让土壤过于湿润,否则会降低精油的含有量。因生长旺盛,定植前要施足基肥,高温栽培困难,高湿则易产生腐烂。

高大的香树——樟树

乔木,高达50米;树皮幼时绿色,平滑,老时渐变为黄褐色或灰褐色纵裂;冬芽卵圆形。叶薄革质,卵形或椭圆状卵形,长5~10厘米,宽3.5~5.5厘米,顶端短尖或近

尾尖，基部圆形，离基3出脉，近叶基的第一对或第二对侧脉长而显著，背面微被白粉，脉腋有腺点。圆锥花序生于新枝的叶腋内。果球形，熟时紫黑色。花期4~5月，果期10~11月。

高大的香树——樟树

苏州太湖东、西洞庭山和宜兴等地有野生大树，现苏南各地普遍栽培，生于土壤肥沃的向阳山坡、谷地及河岸平地；分布于长江以南及西南。

本种为江南温暖地区重要的材用和特种经济树种，根、木材、枝、叶均可提取樟脑、樟油，樟脑供医药、塑料、炸药、防腐、杀虫等用，樟油可作农药、选矿、制肥皂、假漆及香精等原料；木材质优，抗虫害、耐水湿，供建筑、造船、家具、箱柜、板料、雕刻等用；枝叶浓密，树形美观可作绿化行道树及防风林。油的主要成分为樟脑、松油二环烃、樟脑烯、柠檬烃、丁香油酚等。

世界香花冠军——依兰香

番荔枝科常绿大乔木依兰香，又名香水树，高10~20米，花期5~11月，花朵较大，长达8厘米，黄绿色，具有浓郁芳香气味，是珍贵的香料工业原材料，用它提炼而成的"依兰"香料是当今世界上最名贵的天然高级香料和高级定香剂，所以人们称之为"世界香花冠军""天然的香水树"等。

世界香花冠军——依兰香

依兰香原产东南亚的缅甸、印度尼西亚、马来西亚、菲律宾等地，现广泛分布于世界各热带地区，国内广东、广西、福建、四川、云南、台湾等地有栽培，但在国内首次发现它却是一件十分偶然的事。20世纪60年代一个百花盛开的五月，一些植物学工作者在云南省西双版纳勐腊县调查植物，一天，他们刚走到边境上一个傣族寨子寨门时，一股浓烈的香味扑鼻而来，走进寨子，感觉整个寨子都弥漫在芬芳之中，

调查队员们都觉得惊奇,于是便四处寻找,后来才发现几乎每幢竹楼旁都种有几株开满黄绿色花朵的大树,走到树下,捡起花瓣一闻,香气袭人,而且还发现寨子里的姑娘们把这种香花穿成串,戴在发结上,虔诚的佛教信徒们把香花放在圣洁的水碗里,敬献在佛前,调查队员们随后采集了这种植物的标本,并查阅了大量相关资料,最后才确定这就是闻名世界的依兰香。

依兰香的发现引起了香料厂家的重视,随后便大面积地推广种植,并在西双版纳建立了依兰香基地。目前,在市场上以依兰香加工而成的化妆品、洗涤品层出不穷,而且十分畅销,供不应求。

宝贵的珍稀植物

在3亿年前,地球上已经有许多种类的植物,其中有些植物极为茂盛。到了30000万年前,由于地球上发生了多次大面积冰川,灭绝了许许多多至今我们未能看到的植物,只有少数如银杏等植物,在我国侥幸地生存下来成为“活化石”。所以,珍贵和稀有以及濒危的植物资源,是大自然赋予人类宝贵的财富,理应受到保护。我国已建立许多自然保护区,确保珍稀植物的生存和繁衍。

中国林中的“巨人”——望天树

比一比中国树木中的“巨人”,目前能摘取中国最高树木桂冠的,恐怕就只有高可达80米的望天树了。

中国林中的“巨人”——望天树

望天树是1975年才由我国云南省林业考察队在西双版纳的森林中发现的。属于龙脑香科,柳安属。该属共11名成员,大多分布在东南亚一带,望天树是只有在我国云南才生长的特产珍稀树种。只分布在西双版纳的补蚌和广纳里新寨至景飘一带的20平方公里范围内。望天树的所在地,大部分为原始沟谷雨林及山地雨林。它们多成片生长,组成独立的群落,形成奇特的自然景观。生态学家们把它们视为热带雨林的标志树种。

望天树是我国的一级保护植物。一般高达60多米,胸径100厘米左右,最粗的可达300厘米。高耸挺拔的树干竖立于森林绿树丛中,比周围高30~40米的大树还要高出20~30米,真是直通九霄,大有刺破青天的架势。

望天树生长很快,而且材质优良,材质坚硬、耐腐性强、纹理美观,是制造各种高级家具及用于造船、桥梁、建筑等的优质木材。

虽说望天树比生长在澳大利亚高150米的世界最高树杏仁香桉矮半截,比生长在美国高142米的世界第二高树的北美红杉也矮半个头,但在热带雨林中,它却

是鹤立鸡群,高得惊人。在我国以至整个亚洲现存的热带雨林植被中,望天树也可算是最高的雨林群落和最高的树种了。

如果说望天树只是长得高,那当然不见得有那么珍贵,当然也无指望被列为国家一级保护植物了。它的名贵还在于它是龙脑香科植物,是热带雨林中的一个优势科。在东南亚,这个科的植物是热带雨林的代表树种之一,是热带雨林的重要标志之一。过去某些外国学者曾断言“中国十分缺乏龙脑香科植物”“中国没有热带雨林”。然而,望天树的发现,不仅使得这些结论被彻底推翻,而且还证实了中国存在真正意义上的热带雨林。

望天树树体高大,干形圆满通直,不分杈杈,树冠像一把巨大的伞,而树干则像伞把似的,西双版纳的傣族因此把它称为“埋干仲”(伞把树)。同龙脑香科的其他乔木一样,望天树以材质优良和单株积材率高而著称于世界木材市场,据资料记载,一棵60米左右的望天树,主干木材可达十立方米以上。其材质较重,结构均匀,纹理通直而不易变形,加工性能良好,适合于制材工业和机械加工以及较大规格的木材用途,是一种优良的工业用材树种。

我国的望天树,是1974年在西双版纳州勐腊县境内的补蚌首次发现的。当时,植物科学工作者根据勐腊县林业局提供的线索,到补蚌进行考察,发现在森林茂密的沟谷边,这样的树成片分布,它一股劲地往上生长,占地面积很小,一亩地范围内往往矗立着10多棵,这里共有100多棵,形成了一个小小的群落。植物科学工作者从它的叶、花、果实的结构、形态,鉴定出它是龙脑香科的一个新种,并赋予它一个形象生动的名字——望天树,意思是“仰头看天才能看到树顶”。从此,在中国植物的目录中又多了“望天树”三个闪闪发光的大字。近年来,西双版纳旅游业日益红火,勐腊县自然保护局别出心裁,独辟蹊径,开发出新颖别致的旅游项目,即用网绳、木板、钢管等材料在高空将粗大的望天树连接起来,并美其名曰“空中走廊”。踏上晃晃悠悠的“空中走廊”,不仅可以体验到那种在高空摇荡的惊心动魄的刺激,还可以“会当凌绝顶,一览众山小”,从高空俯视整个热带雨林的全貌,感受大自然的神奇奥妙。

1996年10月,世界野生生物基金会会长、英国爱丁堡公爵、菲得普亲王参观了西双版纳热带植物园,并亲手种植了一株望天树。如今,这株望天树已枝繁叶茂,亭亭如盖矣!

珍贵的孑遗植物——银杏

银杏,又名白果,是现存种子植物中最古老的孑遗植物。植物学家常把银杏与恐龙相提并论,并有植物界的大熊猫之称。银杏属于干果类,在诸多的干果中,银杏的经济价值排名第三。白果的价值主要体现在食用和药用。

食用白果,养生延年,银杏在宋代被列为皇家贡品。日本人有每日食用白果的

习惯。西方人圣诞节必备白果。就食用方式来看，银杏主要有炒食、烤食、煮食、配菜、糕点、蜜饯、罐头、饮料和酒类。

珍贵的孑遗植物——银杏

白果的药用主要体现在医药、农药和兽药3个方面。明代李时珍曾曰："入肺经、益脾气、定喘咳、缩小便。"清代张璐璐的《本经逢源》中载白果有降痰、清毒、杀虫之功能，可治疗"疮疥疽瘤、乳痈溃烂、牙齿虫龋、小儿腹泻、赤白带下、慢性淋浊、遗精遗尿等症"。明代江苏、四川等地曾出现了用白果炮制的中成药，用于临床。银杏外种皮含有大量的氢化白果酸和银杏黄酮。外种皮水溶性成分具有较好的镇咳祛痰作用，其作用性质与环磷酰胺及地塞米松类似。外种皮醇类中间体对22种临床常见致病真菌的抑制有效率为81%。0.1%的氢化白果酸抑制25种临床致病真菌的有效率为92%。此外，外种皮提取物对苹果炭疽病等11种植物病菌的抑制率达88%~100%。醇提取物对丝棉金尺蠖3天内防治率达100%，同时可防治叶螨、桃蚜、二化螟等害虫。据《民间兽医本草》记载，银杏制剂可治家畜劳伤吊鼻、肺痈咳喘、肺虚咳嗽、尿淋尿血、母畜白带等症。山东牧畜医站研制的定喘汤，治疗鸡传染性喉气管炎，治愈率达95%。

银杏叶也具有重要的药用价值。到目前为止已知其化学成分的银杏叶提取物多达160余种。主要有黄酮类、萜类、酚类、生物碱、聚异戊烯、奎宁酸、亚油酸、蟒草酸、抗坏血酸、a-乙烯醛、白果醇、白果酮等。中国科学院植物所等单位于60年代用银杏叶研制出舒血宁针剂，经试验对冠心病、心绞痛、脑血管疾病有一定的疗效。同时，银杏叶也可以作为农药使用。将1kg叶加水20kg，煮沸30分钟，然后泡2至3天，取其药液喷红蜘蛛、菜青虫，防虫率达90%以上，而且无残留。

目前，用银杏叶提取物配制的护肤、护发等方面的产品达50余种。此外，利用银杏叶研制的银杏叶饮料、银杏桃果汁、银杏啤酒、银杏茶等保健品已在市场上流通，并取得了良好效果。

银杏的生态效益主要体现在：从栽培角度上看，银杏属于果树——干果；属于林木一用材树种、防护树种、抗病虫树种、长寿树种及耐污染树种。银杏适应能力强，是速生丰产林、农田防护林、护路林、护岸林、护滩林、护村林、林粮间作及"四旁"绿化的理想树种。它不仅可以提供大量的优质木材、叶子和种子，同时还可以净化空气、涵养水源、防风固沙、保持水土、改善农田小气候，是一个良好的造林、绿化及观赏树种，对我国大江南北农林种植结构调整、平原农区林业的发展有重要意义。银杏木材优质，价格昂贵，素有"银香木"或"银木"之称。银杏木材质具光泽、纹理直、结构细、易加工、不翘裂、耐腐性强、易着漆、掘钉力小，并有特殊的药香味，

抗蛀性强。银杏木除可制作雕刻匾及木鱼等工艺品,也可制作成立橱、书桌等高级家具。银杏木具共鸣性、导音性和富弹性,是制作乐器的理想材料。可制作测绘器具、笔杆等文化用品,也是制作棋盘、棋子、体育器材、印章及小工艺品的上等木料。在工业生产上,银木最适宜制作X线机滤线板、纺织印染滚、机模及脱胎漆器的木模、胶合板、砧板、木质电话等。

银杏还具有良好的观赏价值,银杏夏天一片葱绿,秋天金黄可掬,给人以俊俏雄奇、华贵典雅之感。因此古今中外均把银杏作为庭院、行道、园林绿化的重要树种。在我国的名山大川、古刹寺庵、无不有高大挺拔的古银杏,它们历尽兴沧桑、遥溯古今,给人以神秘莫测之感,历代骚人墨客涉足寺院留下了许多诗文辞赋,镌碑以书风景之美妙,文载功德以自傲。无怪乎人们惊叹古银杏与古文化紧密地连在一起。

银杏气势雄伟,树干虬曲、葱郁庄重。选取姿势优美的银杏,加工制成盆景,将大自然中银杏的雄姿浓缩在盆盎之中,古特幽雅、野趣横生,清供案头,令人怡情怡目。

银杏不仅是摇钱树,而且是文化树。据查,我国典籍中最早记载银杏树的,当推《上林赋》。其云:“上千韧,达连抱,夸条直畅,实叶峻茂。”早在唐代,银杏就成为诗人讴歌的对象。欧阳修多次写到银杏。其诗云:“鸭脚(银杏别名)生江南,名实本相符。降囊因入贡,银杏贵中州。”又云:“鹅毛赠千里,是以其人。鸭脚虽百个,得之诚可珍。”作为一种文化树,银杏的价值首先在于“镇邪”。古人称银杏为“平仲”,本身就赋予银杏以“正直”的品德。一般说来,全国各地名山大川,古刹寺庵,大都有银杏,其文化背景传统文化中所追求的“中”“平”的价值取向不无联系。郭沫若称赞银杏为“东方的圣者,中国人文的有生命的纪念塔”。其次,银杏有一种神奇的免疫力,能够抵抗和战胜许多疫病侵袭,因此它似乎有一种超乎一切战胜一切的生命力。文化现象中的银杏树实际上是“不朽”的象征。

人们常将松树作为不老的象征,其实银杏才是真正的“不老”的象征。银杏文化有一个发展过程。最初阶段银杏文化是正直、不朽的象征,“银杏留胜迹,思情代代传”,人们在银杏文化中发现了绵延千古的不朽价值。这时的银杏树乃是一种“长青树”。古人虽已认识到银杏的药用价值,但对银杏的认识却并不全面准确,《本草蒙筌》甚至错误地称银杏为“阴素之果,不可不防”。对银杏经济价值的全面认识是从20世纪80年代开始的,据统计,到20世纪90年代,中国银杏制品的年销售额已达到了数十亿元人民币。这时的银杏又变成一种“经济树”。从“文化树”到“经济树”反映了银杏文化价值的从形式到内容的发展。近来,人们开发出银杏盆景,突出了它的观赏价值。这就把形式(文化)和内容(经济)有机地统一了起来,银杏又变成了“观赏树”,即艺术树。

银杏为什么能长寿?

银杏生长缓慢是长寿的一个原因。因为它的种子从萌发要经过30年左右的

生长，才能进入盛果期，所以有“公德树”之称。在我国浙江省天目山，现在还有不少野生的古银杏。此外，银杏树体内含有多种有机酸等物质，具有杀虫和抑菌的作用，本身很少有病虫害，这也是长寿的原因之一。

植物界的活化石——银杉

在远古时代，银杉在地球上分布很广，但由于二、三百万年前大冰川的洗劫，各地的银杉都已灭绝，在德国、波兰和西伯利亚东部，距今 6000 万年的地层中都发现过银杉化石。而唯独我国广西、四川、地形复杂，受冰川的影响较小，才使有些银杉的树种得以幸存，成为今天的活化石——银杉。

银杉是我国特有的世界珍稀物种，和水杉、银杏一起被誉为植物界的“大熊猫”“活化石”。

植物界的活化石——银杉

远在地质时期的新生代第三纪时。银杉曾广布于北半球的欧亚大陆，在德国、波兰、法国及苏联曾发现过它的化石，但是，距今 200~300 万年前，地球发生大量冰川，几乎席卷整个欧洲和北美，但欧亚的大陆冰川势力并不大，有些地理环境独特的地区，没有受到冰川的袭击，而成为某些生物的避风港。银杉、水杉和银杏等珍稀植物就这样被保存了下来，成为历史的见证者。

银杉在我国首次发现的时候，和水杉一样，也曾引起世界植物界的巨大轰动。那是 1955 年夏季，我国的植物学家钟济新带领一支调查队到广西桂林附近的龙胜花坪林区进行考察，发现了一株外形很像油杉的苗木，后来又采到了完整的树木标本，他将这批珍贵的标本寄给了陈焕镛教授和匡可任教授，经他们鉴定，认为就是地球上早已灭绝的，现在只保留着化石的珍稀植物——银杉。50 年代发现的银杉数量不多，且面积很小，自 1979 年以后，在湖南、四川和贵州等地又发现了十几处，1000 余株。

银杉是松科的常绿乔木，主干高大通直，挺拔秀丽，枝叶茂密，尤其是在其碧绿的线形叶背面有两条银白色的气孔带，每当微风吹拂，便银光闪闪，更加诱人，银杉的美称便由此而来。

银杉为古老的残遗植物，该种的花粉在欧亚大陆第三纪沉积物中发现。其形态特殊，胚胎发育与松属植物相似，对研究松科植物的系统发育、古植物区系、古地理及第四纪冰期气候等，均有较重要的科研价值。

各地发现银杉之后，地方政府和有关单位都很重视，并采取了一些保护措施。

目前,已在广西花坪和四川金佛山建立了以保护银杉为主的自然保护区,开展了银杉的繁殖试验和引种工作。为了促进银杉的天然更新和扩大分布范围,建议在只有单株银杉生长,林分郁闭度较大、林下有幼树的分布点上,适当择伐部分生长较快的上层林木;或在有银杉生长的山脊两侧,择伐一些林木,以利银杉幼苗、幼树的生长。

植物国宝——水杉

“科学上的惊人发现——1亿年前称雄世界而后消失了2000万年的东方红杉,在中国内地一个偏僻的小村仍然活着!”这是1948年3月25日美国《旧金山纪事报》上登载的一条头号新闻。

这里所说的“东方红杉”或叫“黎明红杉”就是水杉。

植物国宝——水杉

1943年,植物学家王战教授在四川万县磨刀溪路旁发现了三棵从未见到过的奇异树木,其中最大的一棵高达33米,胸围2米。当时谁也不认识它,甚至不知道它应该属于哪一属?哪一科?一直到1946年,由我国著名植物分类学家胡先骕和树木学家郑万钧共同研究,才证实它就是亿万年前在地球大陆生存过的水杉,从此,植物分类学中就单独添进了一个水杉属、水杉种。

水杉是世界上珍稀的孑遗植物。远在中生代白垩纪,地球上已出现水杉类植物,并广泛分布于北半球。冰期以后,这类植物几乎全部绝迹。在欧洲、北美、和东亚,从晚白垩至新世的地层中均发现过水杉化石。自从上个世纪四十年代中国的植物学家在湖北、四川交界的磨刀溪发现了幸存的树龄约400余年的水杉巨树后,在湖北利川市水杉坝与小河又发现了残存的水杉林,胸径在20厘米以上的有5000多株,还在沟谷与农田里找到了数量较多的树干和伐兜。随后,又相继在四川石柱县冷水与湖南龙山县珞塔、塔泥湖发现了200~300年以上的大树。

水杉属于落叶乔木,高达35~41.5米,胸径达1.6~2.4米;树皮灰褐色或深灰色,裂成条片状脱落;小枝对生或近对生,下垂。叶交互对生,在绿色脱落的侧生小枝上排成羽状二列,线形,柔软,几无柄,通常长1.3~2厘米,宽1.5~2毫米,上面中脉凹下,下面沿中脉两侧有4~8条气孔线。雌雄同株,雄球花单生叶腋或苞腋,卵圆形,交互对生排成总状或圆锥花序状,雄蕊交互对生,约20枚,花药3,花丝短,药隔显著;雌球花单生侧枝顶端,由22~28枚交互对生的苞鳞和珠鳞所组成,各有5~9胚珠。球果下垂,当年成熟,近球形或长圆状球形,微具四棱,长1.8~2.5厘米;种鳞极薄,透明;苞鳞木质,盾形,背面横菱形,有一横槽,熟时深褐色;种子倒卵形,

扁平，周围有窄翅，先端有凹缺。

产地的气候温暖湿润，夏季凉爽，冬季有雪而不严寒，年平均温13℃，极端最低温-8℃，极端最高温35.4℃，无霜期230天；年降水量1500毫米，年平均相对湿度82%。土壤为酸性山地黄壤、紫色土或冲积土，pH值4.5~5.5。多生于山谷或山麓附近地势平缓、土层深厚、湿润或稍有积水的地方。为喜光性树种，根系发达，生长的快慢常受土壤水分的支配，在长期积水排水不良的地方生长缓慢，树干基部通常膨大和有纵棱。花期2月下旬；球果10月下旬至11月成熟。

水杉是一种落叶大乔木，其树干通直挺拔，枝子向侧面斜伸出去，全树犹如一座宝塔。它的枝叶扶疏，树形秀丽，既古朴典雅，又肃穆端庄，树皮呈赤褐色，叶子细长，很扁，向下垂着，入秋以后便脱落。水杉不仅是著名的观赏树木，同时也是荒山造林的良好树种，它的适应力很强，生长极为迅速，在幼龄阶段，每年可长高1米以上。水杉的经济价值很高，其心材紫红，材质细密轻软，是造船、建筑、桥梁、农具和家具的良材，同时还是质地优良的造纸原料。

水杉素有“活化石”之称。它对于古植物、古气候、古地理和地质学，以及裸子植物系统发育的研究均有重要的意义。此外，树形优美，树干高大通直，生长快，是亚热带地区平原绿化的优良树种，也是速生用材树种。

中国的“鸽子树”——珙桐

珙桐，又名水梨子、鸽子树，是我国特有的第三纪孑遗植物。隶属于珙桐科珙桐属，除珙桐和光叶珙桐外，目前其本科本属内没有任何近缘植物幸存至今，故而有“植物活化石”和“绿色熊猫”之称，是国家一类珍稀保护植物。

珙桐是落叶乔木，多零星生长，极少成林，树干能长高到20多米，大树胸径可达0.8米~1米以上。叶片有点像桑树叶，花开时节，两片乳白色的苞片大小和形状极似鸽之两翼，而圆球形的花序像极鸽子的头部，远远望去犹如白鸽栖上枝头，山风吹动，像一群群跃跃欲飞之白鸽，蔚为壮观，因此又名为“中国鸽子树”。珙桐树极其长寿，树龄常达百年以上。开花期更可长达5个月。

中国的“鸽子树”——珙桐

约在100万年前，地球上植被十分丰富，珙桐及其家族曾繁荣一时，但在第四纪冰川侵袭后，许多植物惨遭灭绝。由于我国高山大川多，成了各种动植物的天然避难所，珙桐就是在我国中西部偏僻的山区幸存下来的古老植物之一，植物学家称它为“林海中的珍珠”。

珙桐自然分布带主要在我国西南部，海拔700~2500米的深山密林之中。尤以四川的峨眉山及雷波、马边等县最为集中。湖北的神农架、贵州的梵净山、湖南

的张家界和天平山以及云南的东北部等地也有零星分布。

大熊猫的发现者法国神父戴维1900年前在四川穆平(宝兴)林区发现珙桐树,很快引起了欧美植物学家的重视,纷纷来川寻找珙桐。1900年英伦园艺公司派遣植物学家威尔逊到中国搜集珙桐种子,1903年至1904年几次将所采集的种子寄回英国繁殖。1897年,法国人法戈斯将他采集到的37枚珙桐树种子送回法国栽种,但只有一枚发了芽,在异邦的土地上生长良好,并于1906年开了花。英国的威尔逊也于1903~1904年寄种于英国育苗种植,并开了花结了果。在法戈斯、威尔逊之后,西方对"绿色熊猫"珙桐感到极大兴趣的专家、学者多了起来,采集到珙桐种子的人也多了起来。于是,珙桐种植风靡一时,珙桐不仅在一些著名植物园中扎下了根,而且很快出现在欧美的许多城市和街头,以后又陆续进入了普通居民的庭院,成了闻名中外的园林观赏树之一。

1925年我国老一辈植物学家陈嵘教授赴鄂西考察发现了珙桐,又在1927年夏季专程到四川调查,在穆平一带采集珙桐种子寄往美国。

1954年4月,周恩来总理在出席日内瓦会议期间,主人向他介绍庭院中那洁白的"鸽子"花是来自"中国鸽子树"(珙桐)开放的。周总理对这种奇特美丽的花十分赞赏,当即指示有关人员,一定要对珙桐的研究加以重视,让我们在城市和花圃中出现"白鸽展翅",也要有这象征和平友好的"鸽子"花。

冰山上的凤凰——雪莲

藏族老百姓将雪莲花分为雄、雌两种,据说雌的可以生吃,具有甜味,雄的带苦味。而植物分类学上将雪莲分为雪莲亚属和雪兔子亚属两大类。西藏产雪莲亚属13种,雪兔子亚属17种,共计30种。

雪莲花除产西藏外,在我国的新疆、青海、四川、云南也有分布。各地民间将雪莲花全草入药,主治雪盲、牙痛、风湿性关节炎、阳痿、月经不调、红崩、白带等症。印度民间还用雪莲花来治疗许多慢性病患者。如胃溃疡、痔疮、支气管炎、心脏病、鼻出血和蛇咬伤等症。在藏医藏药上雪莲花作为药物已有悠久的历史。藏医学文献《月王药珍》和《四部医典》上都有记载。

冰山上的凤凰——雪莲

雪莲花具有生理活性有效成分。其中伞形花内酯具有明显的抗菌、降压镇静、解痉作用;东莨菪素具有祛风、抗炎、止痛、祛痰和抗肿瘤作用,临床上治疗喘急性慢性支气管炎有效率为96.6%。芹菜素具有平滑肌解痉和抗胃溃疡作用;对羟基苯酮有明显的利胆作用。特别饶有兴趣的是雪莲花中所含的秋水仙碱,该成分是

细胞有丝分裂的一个典型代表,能抑制癌细胞的增长,临床用以治疗癌症,特别对乳腺癌有一定疗效,对皮肤癌、白血病和何金氏病等亦有一定作用。对痛风急性发作有特异功效,12~24 小时内减轻炎症并迅速止痛,长期使用可减少发作次数。

此外还具有雌激素样作用活性,能延长大鼠动情期和动情后期,而缩短间情期和动情前期。但秋水仙碱的毒性较大,能引起恶心、食欲减退、腹胀,严重者会出现肠麻痹和便秘、四肢酸痛等副作用。由于雪莲花中含有疗效好而毒性较大的秋水仙碱,所以民间在用雪莲花泡酒主治风湿性关节炎和妇科病时切不可多服。

“耻与众草之为伍,何亭亭而独芳!何不为人之所赏兮,深山穷谷委严霜?”一千多年前,唐代边塞诗人曾经这样吟唱雪莲。雪莲,又称雪荷花,有通经活血的效果,主要分布在新疆、青藏高原和云贵高原一带。横贯新疆中部的天山山脉,冰峰雪岭逶迤连绵,海拔 4000 米以上是终年积雪地带,被称为雪线,雪莲花就生长在雪线以下海拔 3000 至 4000 米的悬崖峭壁上。由于生长环境特殊,雪莲三到五年才能开花结果,以往一直是一种难以人工栽培的名贵中药材。为了拯救这种罕见的名中药材,2001 年有商家在天山深处的一个谷地建立了良好的人工种植雪莲的环境,于是我们才可以吃到如此大众化的补品。

虽然只是雪莲花的干制品,但它依然保留着雪莲花的香味和一定功效,烹制的时候需要浸泡一段时间,再连花带水入菜,让雪莲花味尽现。

雪莲种子在零摄氏度发芽,三到五摄氏度生长。幼苗能经受零下二十一摄氏度的严寒。在生长期不到两个月的环境里,高度却能超过其他植物的五到七倍,它虽然要五年才能开花,但实际生长天数只有八个月。这在生物学上也是相当独特的。雪莲形态娇艳,这也许是风云多变的复杂气候的结晶吧!它根黑、叶绿、苞白、花红,恰似神话中红盔素铠。绿甲皂靴。手持利剑的白娘子,屹立于冰峰悬崖。狂风暴雪之处,构成一幅雪涌金山寺的绝妙画图。

雪莲的形态和生境

关于雪莲的形态和生境,贾树模一九三六年在《新疆杂记》中就有这样的描述:“雪莲为菊科草本……生雪山深处,产拜城、哈密山中”。雪莲在医药上应用以有数百年的历史。汉族人民多视为治疗风湿关节炎之珍品;维吾尔、哈萨克族则当作妇科良药。雪莲种类繁多,如水母雪莲、毛头雪莲、绵头雪莲、西藏雪莲等。新疆雪莲,在《本草纲目拾遗》的记载中被视为正品。以天池一带的博格达峰所产者,质量最佳,并且有神秘色彩。过去高山牧民在行路途中遇到雪莲时,被认为有吉祥如意的征兆,并以圣洁之物相待。据传,这雪中之莲花,是瑶池王母到天池洗澡时由仙女们撒下来的,对面海拔五千多米的雪峰则是一面漂亮的镜子。雪莲被视为神物。饮过苞叶上的露珠水滴,则认为可以驱邪除病,延年益寿。

黄山第一绝——奇松

被誉为“天下第一奇山”的黄山，以奇松、怪石、云海、温泉“四绝”闻名于世，而人们对黄山奇松，更是情有独钟。山顶上，陡崖边，处处都有它们潇洒、挺秀的身影。

黄山无石不松，无松不奇。黄山最妙的观松处，当然是曾被徐霞客称为“黄山绝胜处”的玉屏楼了。楼前悬崖上有“迎客”“陪客”“送客”三大名松。迎客松姿态优美，枝干遒劲，虽然饱经风霜，却仍然郁郁苍苍，充满生机。它有一丛青翠的枝干斜伸出去，如同好客的主人伸出手臂，热情地欢迎宾客的到来。如今，这棵迎客松已经成为黄山奇松的代表，乃至整个黄山的象征了。陪客松正对玉屏楼，如同一个绿色的巨人站在那儿，正陪同游人观赏美丽的黄山风光。送客松姿态独特，枝干蟠曲，游人把它比作“天然盆景”。它向山下伸出长长的“手臂”，好像在跟游客依依不舍地告别。

黄山第一绝——奇松

黄山松千姿百态。它们或屹立，或斜出，或弯曲；或仰，或俯，或卧；有的状如黑虎，有的形似孔雀……它们装点着黄山，使得黄山更加神奇，更加秀美。

黄山松由于高寒、高照、云雾、岩山、风霜的影响，针对短密、树冠平整、自然造型、出奇于世。更奇的是它生长在花岗岩的峭壁上，云为乳，石为母，奇松皆石土，道出了黄山松的个性。峰越高，环境越险，松的形态就越美，只有在海拔八百米以上才能长成气盖非凡的黄山松。黄山松的根要比它的树干长好几倍。它分泌出的有机酸能溶解岩石，从中吸收养分。

珍贵的树种——猪血木

猪血木是我国特有的单种属植物，目前仅残存在一个分布点上，而且仅有 2 株。

猪血木属于常绿大乔木，高 15~25 米，胸径 60~150 厘米；树皮灰褐色；芽被短柔毛。叶互生，薄革质，长圆形，长 6~10 厘米，宽 2.2~2.5 厘米，边缘具细锯齿；侧脉 5~7 对，在近叶缘处弧曲联结，侧脉和网脉在两面均甚明显；叶柄长 5~7 对，在近叶缘处弧曲联结，侧脉和网脉在两面均甚明显；叶柄长 3~5 毫米。花小，两性，白色，2 至数朵生于叶腋，花梗长 3~5 毫米；萼片近圆形，长约 2 毫米，边有缘毛；花

瓣倒卵形，长约 4 毫米；雄蕊约 25，花丝细长，花药被丝毛；子房球形，3 室，每室有多数胚珠，花柱长 2~3 毫米。浆果圆球形，肉质，熟时紫黑色，直径 2.5~3 毫米；种子每室 2~4 粒，扁肾形，亮褐色，具网纹。

分布区极狭窄，根据过去调查见于广东阳春市八甲乡驳木和羊蹄刚岗附近保育林中有 10 多株，广西平南县思旺乡村北保育林中有 2 株。目前仅羊蹄岗尚残留 2 株，海拔为 50~150 米。其余植株均已砍掉。

猪血木为茶科单种属植物，兼具红淡经属和柃属的形态特征。对研究这些类群的亲缘关系以及它在厚皮香亚科中的发类位置等都很有科研价值。木材结构细致，不裂不挠，适于造船及建筑用材。

珍稀观叶植物——虎颜花

虎颜花，又名熊掌，属于野牡丹科虎颜花属，现为国家一级保护植物。本属植物只有虎颜花 1 种，仅原产于我国广东南部阳春市。由于其叶片硕大，叶形美观，耐阴性强，花蕾小巧玲珑、鲜艳欲滴，花和叶互相衬托，相映成趣，观赏价值高，可作为高档观叶植物用于室内和庭园观赏。室内观赏可用来点缀客厅、会议室、卧室、阳台、橱窗等；庭院栽培时常用于荫蔽处栽培或盆栽于花廊下摆设。

珍稀观叶植物——虎颜花

虎颜花为多年生常绿草本，具近木质化的短匍匐茎，直立茎极短；叶膜质，心形，顶端圆，边缘具细齿，上面无毛，下面密披绒毛，叶柄长，幼叶叶柄密披红棕色毛，幼叶在光照度较低时呈红色。成熟叶大，长 20 厘米~30 厘米，直径有时可达 50 厘米以上，基部有 9 条叶脉，侧脉互相平行，与基出脉垂直。总花梗长，可达 20 厘米~30 厘米，钝四棱；单朵花小，花 5 数，组成腋生的蝎尾状聚伞花序，花期 1~2 月，长可达 1 个月以上。花萼漏斗形，具 5 棱，棱上有翅，裂片渐尖；花瓣暗红色，倒卵形，一侧偏斜，顶端渐尖；雄蕊 10 枚，5 长 5 短。花药线形，单孔开裂，长雄蕊药隔下延成短柄，末端前方具 2 小瘤，短者花药基部具小瘤，药隔下延成短距；子房卵形，上位，5 室，顶端具膜质冠，通常 5 裂，胚珠多数，特立中央胎座。蒴果漏斗状杯形，顶端平截，5 裂，膜质冠木栓化，宿存，5 棱形，种子小，多数，楔形，密布小突起，果期 3~4 月。

在鹅凰嶂 1.5 万公顷的范围里，科考队员们踏遍了山山水水，却只在保护区的核心区——鹅凰嶂山脚下不足 1 平方公里的区域内发现有少量的虎颜花分布。据介绍，这种“娇气”的植物极其脆弱，受人类活动威胁非常大，只要森林遭受破坏，就

直接威胁着它的生存。

植物界的“大熊猫”——金花茶

山茶花是我国特产的传统名花，也是世界性的名贵观赏植物。据统计，总数约有220种。而经自然杂交及人工培育的品种当在数千种以上。但以前，人们没有见到过花色金黄的种类。1960年，我国科学工作者首次在广西南宁一带发现了一种金黄色的山茶花，被命名为金花茶。

金花茶的发现轰动了全世界的园艺界，受了国内外园艺学家的高度重视。认为它是培育金黄色山茶花品种的优良原始材料。

植物界的“大熊猫”——金花茶

金花茶属于山茶科山茶属，与茶、山茶、南山茶、油茶、茶梅等为孪生姐妹。金花茶为常绿灌木或小乔木，高约2~5米，其枝条疏松，树皮淡灰黄色，叶深绿色，如皮革般厚实，狭长圆形。先端尾状渐尖或急尖，叶边缘微微向背面翻卷，有细细的质硬的锯齿。金花茶的花金黄色，耀眼夺目，仿佛涂着一层蜡，晶莹而油润，似有半透明之感。金花茶单生于叶腋，花开时，有杯状的、壶状的或碗状的，娇艳多姿，秀丽雅致。金花茶果实为蒴果，内藏6~8粒种子，种皮黑褐色，金花茶4~5月叶芽开始萌2~3年以后脱落。11月开始开花，花期很长，可延续至翌年3月。

金花茶喜欢温暖湿润的气候，多生长在土壤疏松、排水良好的阴坡溪沟处，常常和买麻藤、藤金合欢、刺果藤、楠木、鹅掌楸等植物共同生活在一起。由于它的自然分布范围极其狭窄，只生长在广西南宁市的邕宁区海拔100~200米的低缓丘陵，数量很有限，所以被列为我国一级保护植物。为了使这一国宝繁衍生息，我国科学工作者正在通力合作进行杂交选育试验，以培育出更加优良的品种。近年来，我国昆明、杭州、上海等地已有引种栽培。

金花茶还有较高的经济价值。其花除作观赏外，尚可入药，可治便血和妇女月经过多，也可作食用染料。叶除泡茶作饮料外，也有药用价值，可治痢疾和用于外洗烂疮；其木材质地坚硬，结构致密，可雕刻精美的工艺品及其他器具。此外，其种子尚可榨油、食用或工业上用作润滑油及其他溶剂的原料。

著名的裸子植物——秃杉

秃杉是世界稀有的珍贵树种，只生长在缅甸以及我国台湾、湖北、贵州和云南。为我国的一类保护植物。最早是 1904 年在台湾中部中央山脉乌松坑海拔 2000 米处被发现的。

著名的裸子植物——秃杉

秃杉为常绿大乔木，大枝平展，小枝细长而下垂。高可达 60 米，直径 2~3 米，它生长缓慢，直至 40 米高时才生枝。枝密生，树冠小，树皮呈纤维质。叶在枝上的排列呈螺旋状。奇怪的是，其幼树和老树上的叶形有所不同。幼树上的叶尖锐，为铲状钻形，大而扁平，老树上的叶呈鳞状钻形，从横切面上来看，则呈三角形或四棱形，上面有气孔线。秃杉是雌雄同株的植物，花呈球形。其雄球花 5~7 个着生在枝的顶端。雌球花比雄球花小，也着生在枝的顶端。长成的球果是椭圆形的没有鳞片，苞片倒圆锥形至菱形。其种子只有 5 毫米左右长，带有狭窄的翅。

秃杉生长在台湾中央山脉海拔 1800~2600 米的地方，散生于台湾扁柏及红桧林中，在云南西北部和湖北利川、恩施两县交界处也有发现。其树的顶端稍弯，小花蕊多至 30 个以上，种鳞多达 36 个。贵州省也发现了不少秃杉。它们多集中分布在苗岭山脉主峰雷公山一带的雷山、台江、剑河等县。在成片的秃杉林中，有不少是百年以上的参天古树，高达三、四十米。

秃杉在台湾是重要的用材树种。它的树干挺直，木质软硬适度、纹理细致，心材紫红褐色，边材深黄褐色带红，且易于加工，是建筑、桥梁和制造家具的好材料。此外，它还是营造用材林、风景林、水源林、行道树的良好树种。

秃杉属于杉科台湾杉属。它只有一个“孪生兄弟”——台湾杉，由于它们长相相似，又分布在同一地区，因此，一般通称它们为台湾杉。但它们也还是有区别的，秃杉的叶较台湾杉的叶窄，球果的种鳞比台湾杉多一些。它们虽说都是珍稀树种，但比较起来，秃杉的数量更少，因此，秃杉被列为国家一类保护植物，台湾杉屈居于第二类。

我国特有的树种——金钱松

地质年代的白垩纪，金钱松曾经在亚洲、欧洲、美洲都有分布，更新纪的冰河时代各地金钱松都相继灭绝，唯有中国长江中下游残留少数，成为现今仅存于中国的

单属单种特有植物。由于其特殊的分类地位,金钱松成为植物系统发育重要研究对象。这一宝贵的植物遗产被定为国家二级保护植物。

我国特有的树种——金钱松

金钱松为落叶乔木,树高可达 40 米,胸径达 1.5 米,树干通直。树冠卵状塔形,雄壮美观,入秋叶色由绿转为金黄,形成美丽动人的景色,深为园林家所钟爱,成为江南地区园林观赏树种。枝分长枝与短枝两种类型,长枝上的叶螺旋状散生,短枝叶数十枚簇生,平展如铜钱,故名金钱松。线形叶,长 3~7 厘米,宽 1.5~4 毫米,叶下有两条灰色气孔带。球花生短枝顶端,雌球花单生,苞鳞大于珠鳞。成熟球果有短梗,卵圆形,长 6~7.5 厘米,直径 4~5 厘米,种鳞木质,卵状披针形,先端有凹缺,基部两侧耳状。种子卵圆形,具膜质种翅。

本种分布于江苏南部、安徽南部、浙江西部、江西北部、福建北部、四川东部和湖南、湖北等地。多生长于低海拔山区或丘陵地带,适宜温凉湿润气候。它的树干挺拔,叶子茂密,入秋后变成金黄色,非常漂亮,是世界著名的庭院树木之一。

台湾著名的树种——台湾杉

杉科。常绿巨大乔木,高达 75m,胸径 3.6m。叶四棱状钻形。雌雄同株。球果

台湾著名的树种——台湾杉

长椭圆形,直立,成熟时褐色。种子两侧具膜质翅。孑遗种。与秃杉的主要区别在

于球果具 15~21 枚种鳞，种鳞背面无明显的腺体；果枝上的叶较宽，下方明显的弯曲。分布于台湾、云南、湖北、四川、贵州。生地海拔 500~2300m 处的山谷林中。缅甸北部也有分布。国家一级保护稀有种。

台湾杉为我国台湾的主要用材树种之一，心材紫红褐色，边材深黄褐色带红，纹理直，结构细、均匀。可供建筑、桥梁、电杆、舟车、家具、板材及造纸原料等用材。也是台湾的主要造林树种。

台湾“神木”——红桧树

红桧产于台湾高山森林中，人称“神木”，它已经有 3000 岁了。二次大战被日本侵略者大量砍伐，许多巨型红桧毁于战争的需要。为了保护此珍贵树种，被定为国家二级保护植物。红桧树属柏科，常绿大乔木，高达 60 米。树皮淡红褐色，条片状纵裂，仅分布于台湾海拔 1050~2400 米处的山地。

台湾“神木”——红桧树

红桧是裸子植物，与大陆常见的侧柏树同属于柏科，亲缘关系较近。其树皮条片状纵裂，淡红褐色。与侧柏类似，有交互对生排在同一平面上的鳞片状叶，鳞叶长 1~2 毫米。花单性，雌雄同株，雌球花生侧枝顶，有 5~7 对球果鳞片。

此树仅分布于台湾，是我国特有植物。材质优良又是重要经济林种。除就地保护外，也应大量种植。据悉沿海部分城市已获引种成功。

我国优秀的树种——福建柏

常绿乔木，高达 20 米。生鳞叶小枝扁平，三出羽状分枝，排列成一平面。鳞叶大，长 4~7 毫米，表面深绿色，背面有白粉。雌雄同株，单性；球花单生枝顶；雄球

花有6~8雄蕊,每1雄蕊有2~4花药;雌球花有珠鳞6~8对,每1珠鳞有2胚珠。球果当年成熟,圆球形;种鳞木质,盾形,顶部凹下,中央有1尖头。种子卵形,长约4毫米,上部有1大1小的膜质翅。子2,出土。花期3~4月,球果10~11月成熟。

我国优秀的树种——福建柏

目前,我国福建柏天然林资源极少,仅在福建省龙岩和湖南、广西交界的都庞岭东坡发现成片分布的福建柏天然林,我省金沙、大方两县交界处有集中分布。另在习水三岔也有小片集中分布。除了这些天然分布外,福建柏在福建安半林林场有较大面积的人工林;省内仅在一些科研教学单位及绿化上有小量应用。因此,福建柏的异地保护工作应进一步与林业生产相结合,进行引种栽培试验,扩大其分布区。

木材之王——天料木

天料木属。产于中国西南部至东部、特别是海南岛的珍贵用材树种。木材红褐色,木质坚韧,纹理致密,是造船、家具、水工及细木工用材。树高可达40米。树干通直。树皮灰褐色,平滑不脱落。小枝褐色。单叶互生,薄革质,椭圆形至长椭圆形,具波状钝齿。总状花序腋生,花细小,两性,花瓣外面粉红色,里面白色。蒴果纺锤形,为宿存萼片或花瓣所包围,顶部分裂。喜光,幼树梢耐庇荫。适生于年平均温度22~24℃,最冷1月份在15℃以上,年降水量1500~2400毫米,相对湿度75%~85%的地区。喜肥沃、疏松、排水良好的土壤,在坡度较缓、土层深厚、腐殖质丰富的土壤生长良好。根系发达,具抗风能力。红花天料木分薄皮、中皮、厚皮和硬皮4种类型。厚皮型生长快,适应性强,在此类型优良母树上采种。多用播种育苗,也可扦插。苗高1米左右、地径1厘米以上即可出圃造林。

木材质坚韧,耐腐,颜色深沉红润,花纹瑰丽,它的心材还可代作降香,香味多年不减。百年不腐,坚硬如铁,入水不浮,压不变形,素有绿色钢材之称,特别是子

京，还是工业、家具、工艺美术的特级木材。坡垒和青梅材质坚韧厚重，干燥后很少开裂，也不变形，材色艳丽，耐腐，耐晒，耐侵，又不受虫蛀，有“木材之王”的美誉。

黄帝手植柏——古柏

在桥山脚下，有轩辕庙一座。轩辕庙院面积约 10 亩。院内有古柏 14 棵，右侧有一株古柏特别粗，树枝像虬龙在空中盘绕，一部分树根露在地面上，叶子四季不衰，层层密密，像个巨大的绿伞，相传为轩辕氏所手植，距今 5000 多年。树旁有一碑楼，内嵌石碑一块，上写：“此柏高五十八市尺，下围三十一市尺，中围十九市尺，上围六市尺，为群柏之冠。相传是轩辕黄帝手植，距今约有五千余年。谚云：‘七楼八搾半，圪里疙瘩不上算，’即指此柏。”有人说，此柏是目前全国最大的一株，称为“柏树之王”，被誉为“世界柏树之父”。

传说黄帝为了教化桥山群民从洞穴中走出，住在陆地上的房子里，便指挥大家大量砍伐树木，以至桥山及周围树木全被砍光。在一次山洪暴发时，居住在半山腰的人和房子全部被冲走冲倒了，悲痛的黄帝看到漫山遍野的沟沟洼洼，立誓今后再不乱砍树木了，并亲手栽下了一棵小柏树，臣民们深受感动，纷纷效仿，不几年，桥山林草茂密，郁郁葱葱，从此，植树造林便成了中华民族的优良传统，世世代代一直延续了下来。

抗癌稀有的杉树——红豆杉

红豆杉又称紫杉，也称赤柏松。属浅根植物，其主根不明显、侧根发达。是世界上公认的濒临灭绝的天然珍稀抗癌植物。是第四纪冰川遗留下来的古老树种，在地球上已有 250 万年的历史。

由于在自然条件下红豆杉生长速度缓慢，再生能力差，所以很长时间以来，世界范围内还没有形成大规模的红豆杉原料林基地。

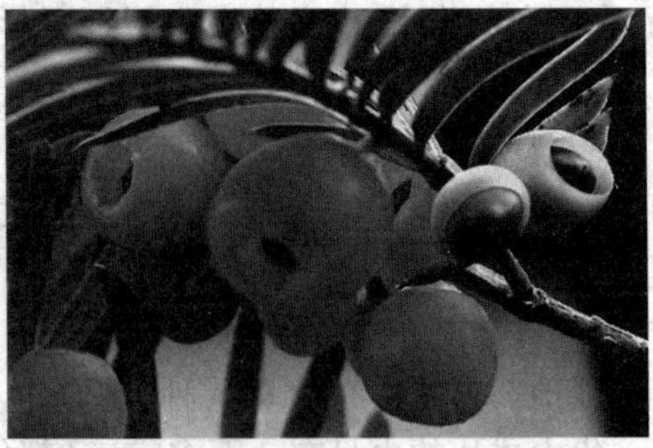

抗癌稀有的杉树——红豆杉

由于红豆杉的提取物紫杉醇具有独特的抗癌机理，美国国立肿瘤研究所所长 BRODER 博士称紫杉醇是继阿霉素、顺铂以后，十五年来被认为是对多种癌症疗效好、副作用小的新型抗癌药物。二十世纪八十年代开始，美国、英国、俄罗斯、韩国、中国都相继开展了深入的研究。

美国率先把研究成果应用于医学临床并在治疗各种癌症方面取得了显著的临床效果。从此人类在抗癌领域中又取得了新的突破。所以到目前为止以至在今后相当长的时间内,人类同癌症做抗争的最有利的武器还只能是紫杉醇。

紫杉醇主要是从红豆杉的根、皮、茎、叶中来提取。由于提取工艺较为复杂,由其是在去除原液中的叶绿素的成分方面较为困难,在加之设备投资较大,尤其是原料来源缺乏,紫杉醇的规模性提取在我国发展较晚,二十世纪九十年代刚刚开始。

目前,全球每年大约死于癌症的病人在630万左右。仅美国、欧洲、日本每年就在400万人左右。治疗这些病人每年大约消耗1500~2500公斤紫杉醇。而全世界每年大约只能生产350~500公斤紫杉醇。其中美国可生产25~50公斤、中国只能生产50公斤左右。因此紫杉醇的市场开发、应用潜力巨大。同时大规模的培植红豆杉原料用材林基地,也蕴藏着巨大的市场商机。所以,红豆杉的身价也因此倍增。

在国外,加拿大的植源药物公司、美国的泰坦化学公司、美国的施贵宝(BNS)公司是应用红豆杉开发紫杉醇最早、技术实力最强、经济实力最大的公司。尤其是美国的施贵宝公司,二十年来一直独霸世界紫杉醇市场。该公司用作提炼紫杉醇的原料有相当数量是从中国进口,或通过其他途径获得,然后其产品紫杉醇针剂在反销中国从中获取暴利。

中国生产的紫杉醇(TAXOL)含量都在98%以上,出口价位一般在800元/克人民币,在国外每克紫杉醇被制成33克针剂,每支含紫杉醇大约30毫升,反销我国大约每支2500元/支人民币。也就是说我国的癌症病人,每使用一克进口紫杉醇相当于付出了80000元人民币,是黄金价格的600多倍。

正因如此,中国的野生红豆杉,在短短的十几年中遭到了史无前例的砍伐和破坏,野生存量锐减。有的地区甚至已濒临灭绝。因此,保护现有资源、人工扩大红豆杉资源总量,就摆在了有识之士面前。

具有"中国硅谷"之称的中关村,在上世纪末做出重大产业并组的同时,也把五大产业之一的生物制药提到了重要位置。相信具有相当综合实力的中关村生物制药,在不久的将来,也必将在应用红豆杉开发紫杉醇方面有更大的作为,给中国的亿万癌症病人带来福音。

保一方平安的神树——沙地云杉

沙地云杉是稀有珍贵树种,现全世界仅存十几万亩,全部生长在内蒙古自治区。集中成片的也只有3万多亩,又都集中在内蒙古自治区克什克腾旗。这片沙地云杉最大树龄有500~600年,最小的树龄也有100年之久。

沙地云杉能保存至今,有一个古老而神奇的传说。相传在很久很久以前,有一天,在太阳要落山的时候,忽然,天空中霞光万道,彩云飞舞,万鸟齐鸣。太阳落山

后，天上的星星明亮闪烁，甚是迷人。这种奇特的景象，使当地民众兴奋不已，欢呼雀跃。第二天，当人们一觉醒来的时候，开门一看惊呆了，只见远处山坡上长满了高大挺拔的松树（沙地云杉）。惊奇之后，随之而来的是兴奋，因为这片森林将改变当地民众的生存环境和生存条件。

保一方平安的神树——沙地云杉

不久，来了一位德高望重的大喇嘛，他在森林内观望了许久，自言自语道："宝地，宝地呀！"于是，他就在林间空地建造了一座喇嘛庙，从此，一年四季来这里朝圣的人络绎不绝，终日香火不断，真是兴旺得不得了。鼎盛时期，寺院里有喇嘛 30 多位。

又过了几年，大喇嘛决意离开这里，寺院里所有喇嘛跪拜送行，只见大喇嘛飘然向西方而去，消失在天地间。第二天天亮后，人们发现这片沙地云杉向大喇嘛离去的方向移动了很多，如果不想办法把这片森林锁住，这些沙地云杉就要离开这里了。众喇嘛发现这片森林里有一棵神树，也叫树王，就是它在带头移动。有人出主意说，做一条铁索链子，用它将树王锁住；这一招果然灵验，树不走了。

为保护好这片森林不遭砍伐和破坏，喇嘛制定了民规乡约，称这片森林都是神树，它能保护一方平安，谁要砍伐必遭灭顶之灾。因此，这片沙地云杉得以保存至今。

别有情趣的植物

咬人的植物——树火麻

在云南西双版纳的森林里,有一种叫“树火麻”的小树,你别看它树小,人一旦触碰到它,它就会马上咬你一口,使人火烧火燎得难以忍受。就连大象也很怕它,大象一旦被“树火麻”咬伤,也会疼得嗷嗷叫。“树火麻”没有嘴,怎么会咬人呢?经科学家分析,原来它的叶子能分泌一种生物碱的物质,当人或其他动物触碰到它,它叶子上的刺毛就会蜇进人或其他动物的皮肤里,并分泌出碱质,使人疼痛难忍。有文献记载,可使小孩致死。据被树火麻灼伤过的人介绍,灼伤之后,只要在火上烤受伤部位,便可止痒止痛。

咬人的植物——树火麻

火树麻,茎秆直径在 2 厘米左右,株高 2.5 米,主要生长在低山沟雨林、石灰岩山雨林和其他灌木丛中。树火麻的茎秆有绿色和紫红色两种。这两种植物叶片很

大,长、宽在10~25厘米之间,叶片轮廓呈五角形,基部心形,掌状深裂,边沿长有不规则锯齿。茎秆和绿叶上,有螯毛和绒毛生长。

能产石油的树——橡胶树

地球上的石油资源有限,越开采越少,因为石油是动植物在地下埋藏了千百万年的时间才形成的。在石油资源日益三竭的今天,科学家们想:既然远古植物可以变成石油,那么从今天的植物里可不可以提炼出石油来呢?于是他们开始四处寻找和培育能产石油的植物。

能产石油的树——橡胶树

真是功夫不负有心人。经过多年的寻找,一位名叫梅尔温·卡尔文的美国科学家终于在巴西的热带雨林里发现了一种能产出"石油"来的树。这种能产"石油"的奇树名叫橡胶树,是一种高大的常绿乔木。人们只要在它的树干上打一个洞,就会有胶汁源源不断地流出来。这种胶汁的化学特性和柴油很相似,无须加工提炼,就可以当柴油来使用。安装柴油发动机的汽车,把它加入油箱,马上就可以点火发动,上路行驶。

橡胶树产的"油"不仅可以直接供汽车使用,而且产量还很可观。一棵树在六个月里分泌出的胶汁有二三十千克,一亩地如果种上六七十棵橡胶树,就可以产"石油"十几桶。种树能生产出宝贵的石油来,这对于那些石油资源匮乏的贫油国家来说,真是一个福音。

除了橡胶树,科学家还发现了一些其他能产"油"的植物,我国的海南省尖峰岭林区有一种油楠树,它的树干被砍伤以后,会流出淡黄色油状液体来,这种液体可以像石油那样燃烧,当地的人用它来点灯照明。

能帮人"采矿"的草——紫云英

在千奇百怪的植物界里,不但有一些植物能帮助人们找到矿藏,而且还有一些植物能帮助人类采矿呢。

说起人类发现植物能"采矿",还得从北美洲的"有去无回谷"的故事谈起。"有去无回谷"是一种神秘的山谷。可是到那里垦荒的欧洲移民,往往住不了多久,就会得一种莫名其妙的怪病。患病的人,先是双眼失明,然后毛发脱落,最后因全身衰竭而死。因此,当地的印第安人给它起了"有去无回谷"的名字。

后来,科学家考察了这个神秘的山谷,揭开了它的谜底。原来,这个谷地里含有十分丰富的矿物——硒,植物在生长时吸收了大量的硒,人吃了含有大量硒的植物,就在体内聚集起来,引起中毒死去。

能帮人“采矿”的草——紫云英

硒是一种很稀散的矿物元素,开采起来很费力,当人们弄清了“有去无回谷”致人死命的真相以后,就在那里种上了能大量吸收硒元素的植物紫云英,等到紫云英长成收获以后,将它烧成灰,便可以从中提取硒。用植物采矿的方法,人们不但得到了大量的硒,还节省了许多人力和物力。

会“气死”的树——檀香

大千世界无奇不有,林海中的植物也千奇百怪。仅在西双版纳的热带雨林中,就会有“害羞”的草、想“吻天”的树、能“吃虫”的花、会“变味”的果、会“蓄水”的藤、腹中“藏粮”的树。除此之外还有一种有“妒忌心理”,会因自己没有“邻居”旺盛,便哀怨而死的树。

会“气死”的树——檀香

这种会自己“气死”的树,名叫檀香,是一种珍贵的小乔木。这种树木原产于印度、马来西亚等热带地方,椭圆形绿叶对生,能开花结实,所开之花没有花,所开之花没有瓣,为圆锥状花序,核果球形。材质坚硬,带有香气,多用天制作器物,或提取香精。檀香房屋就是用檀香树材制作。檀香多数都已“气死”,只少数扎根长成树材。据说,檀香树地下根长有许多吸盘,靠吸食与它为邻的某些树木的养料的本领,因此只好靠吸盘附着在草本植物飞机草、长春花的根部,过寄生生活。小檀香长大以后,光靠从草本植物根部吸取养分不能满足需要。于是,又把带有吸盘的根伸向紫株、南洋楹等乔木,以相邻的一些树木作为寄生,盘剥友邻的养分。由于檀香的吸盘根于地下盘剥,一些相邻的树种,会被它弄得“面黄肌瘦”怎么也长不旺盛。如果被擅香“盘剥”的树木,竭力与檀香抗争,抵制它的“盘剥”,树势比擅香长得旺盛,柱香便会“生气”,自艾自怨,慢慢“气死”。檀香喜好的寄主树,在西双版纳的雨林里土生土长,生命力极强,新引种的檀香虽有“盘剥”邻里的本领,但它怎么也长不赢寄主树,因此大多哀怨地“气死”。

陷阱式食虫植物——猪笼草

猪笼草属于猪笼草科。人们比作《西游记》中，五件宝贝之一的“玉净瓶”，只不过“玉净瓶”是用来装人或装妖的，而在自然界中的“玉净瓶”则是一种十分有趣的食虫植物。

陷阱式食虫植物——猪笼草

猪笼草又名猪仔笼，为猪笼草科多年生偃伏或攀缘半灌木，是有名的热带食虫植物，主产地是热带亚洲地区。猪笼草拥有一幅独特的吸取营养的器官——捕虫囊，捕虫囊呈圆筒形，下半部稍膨大，因为形状像猪笼，故称猪笼草。在中国的产地海南又被称作雷公壶，意指它像酒壶。这类不从土壤等无机界直接摄取和制造维持生命所需营养物质，而依靠捕捉昆虫等小动物来谋生的植物被称为食虫植物。

当昆虫飞来爬在瓶口时，瓶口周围以及盖的下面都有蜜腺分泌的蜜汁，昆虫吸蜜时很容易滑入囊中，跌落陷阱，囊的内壁长有许多向下生长的腺毛，在陷阱中很难向上逃脱。囊的底部三分之一是水或是消化液，昆虫就在捕虫袋中淹死并慢慢被消化吸收。

地球上共有 70 多种猪笼草，主要生长在东南亚，以及我国华南南部。从海边的灌木林到海拔 3500 米的高山草地都能见到它们的身影。在没有树木可攀时，它们的捕虫袋就躺在地面捕虫。为著名的观赏食虫植物。

圈套式食虫植物——捕蝇草

捕蝇草中文名茅膏菜，茅膏菜科捕蝇草属；别名落地珍珠、捕虫草、食虫草、草立珠、一粒金丹、苍蝇草、山胡椒；英文名 VenusFlytrap。是食虫植物中的一种。

捕蝇草的株高比蒲公英或车前草稍高一些，它的叶子也像车前草那样几乎贴地而生。它有几枚至十几枚基生叶，看上去就像在餐桌上摆成一圈的怪模怪样的勺子。每一叶片都有长而宽的绿色叶柄，叶片中央的主脉从顶端伸出，成为一对近似半圆形裂片的中轴。这对裂片肉乎乎的，成 80 度角张开，很像一只河蚌打开“蚌壳”。裂片的外缘长着 14~20 个长齿，裂片内侧边缘有许多蜜腺，中部分泌大量红色的消化腺，正中央是三条鼎足而立的感觉毛。当昆虫爬上裂片吃蜜汁时，触动中

央的感觉毛，一对裂片立即闭合，边缘的长齿也随即交叉搭合起来，把昆虫圈套起来，将它活活的困死。中部分泌出来红色的消化液慢慢地把昆虫的尸体消化吸收。大约经过 10 天或 30 天的时间，一对裂片像鲜花一样又重新张开。

圈套式食虫植物——捕蝇草

捕蝇草没有眼睛和耳朵，但有“记忆”和判断的高超本领，能辨别真假猎物。风吹来的灰尘沙粒触动感觉毛时，裂片不会关闭。如果在 20~40 秒内，昆虫多次的触动，裂片才迅速合拢，长齿交叉搭合起来。人们对它不平凡的外貌和神奇的捕虫本领非常欣赏。

会“流血”的树——麒麟血藤、龙血树、胭脂树

一般树木，在损伤之后，流出的树液是无色透明的。有些树木如橡胶树、牛奶树等可以流出白色的乳液，但你恐怕不知道，有些树木竟能流出“血”来。

会“流血”的树——麒麟血藤、龙血树、胭脂树

我国广东、台湾一带，生长着一种多年生藤本植物，叫作麒麟血藤。它通常像蛇一样缠绕在其他树木上。它的茎可以长达 10 余米。如果把它砍断或切开一个

口子，就会有像“血”一样的树脂流出来，干后凝结成血块状的东西。这是很珍贵的中药，称之为“血竭”或“麒麟竭”。经分析，血竭中含有鞣质、还原性糖和树脂类的物质，可治疗筋骨疼痛，并有散气、去痛、祛风、通经活血之效。

麒麟血藤属棕榈科省藤属。其叶为羽状复叶，小叶为线状披针形，上有三条纵行的脉。果实卵球形，外有光亮的黄色鳞片。除茎之外，果实也可流出血样的树脂。

无独有偶。在我国西双版纳的热带雨林中还生长着一种很普遍的树，叫龙血树，当它受伤之后，也会流出一种紫红色的树脂，把受伤部分染红，这块被染的坏死木，在中药里也称为“血竭”或“麒麟竭”，与麒麟血藤所产的“血竭”具有同样的功效。

龙血树是属于百合科的乔木。虽不太高，约 10 多米，但树干却异常粗壮，常常可达 1 米左右。它那带白色的长带状叶片，先端尖锐，像一把锋利的长剑，密密层层地倒插在树枝的顶端。

一般说来，单子叶植物长到一定程度之后就不能继续加粗生长了。龙血树虽属于单子叶植物，但它茎中的薄壁细胞却能不断分裂，使茎逐年加粗并木质化，而形成乔木。龙血树原产于大西洋的加那利群岛。全世界共有 150 种，我国只有 5 种，生长在云南、海南岛、台湾等地。龙血树还是长寿的树木，最长的可达六千多岁。

说来也巧，在我国云南和广东等地还有一种称作胭脂树的树木。如果把它的树枝折断或切开，也会流出像“血”一样的液汁。而且，其种子有鲜红色的肉质外皮，可做红色染料，所以又称红木。

胭脂树属红木科红木属。为常绿小乔木，一般高达 3~4 米，有的可到 10 米以上。其叶的大小、形状与向日葵叶相似。叶柄也很长，在叶背面有红棕色的小斑点。有趣的是，其花色有多种，有红色的，有白色的，也有蔷薇色的，十分美丽。红木连果实也是红色的，其外面密被着柔软的刺，里面藏着许多暗红色的种子。

胭脂树围绕种子的红色果瓤可作为红色染料，用以渍染糖果.也可用于纺织，为丝棉等纺织品染色。其种子还可入药，为收敛退热剂。树皮坚韧，富含纤维，可制成结实的绳索。奇怪的是，如将其木材互相摩擦，还非常容易着火呢！

会害羞的植物——含羞草

含羞草原产于南美洲的巴西，是一种十分有趣的观赏植物。只要用木棒碰它一下，成对的小叶就会合并起来，再碰它几下，不但叶子全部合并，而且叶柄也下垂，好像十分害羞，因此称为含羞草。

其实含羞草不是真的害羞，这是植物的一种感震运动。过一会，叶柄又会竖起，叶片重新张开，同时它也受阳光影响叶片夜间闭合，到白天，又重新展开了。

会害羞的植物——含羞草

植物的运动通常是由细胞内膨压改变造成的。大部分成熟的植物细胞都有一个很大的液泡。当液泡内充满水分时，就压迫周围的细胞质，使它紧紧贴向细胞壁，而给予细胞壁一种压力，使细胞硬胀，像吹满了气的气球一样。液泡内所含的有机和无机物质的浓度高低，决定渗透压的高低，而渗透压的高低可以决定水分扩散的方向。当液泡浓度增高时，渗透压增加，水分由胞外向胞内扩散而进入液泡，增加细胞的膨压，使细胞鼓胀；反之，细胞则萎缩。这种过程只能造成缓慢的运动，例如气孔的开合。

含羞草的叶子如遇到触动，会立即合拢起采，触动的力量越大，合得越快，整个叶子都会垂下，像有气无力的样子，整个动作在几秒钟就完成。它并不是有神经系统支配，而是叶柄基部和小叶柄基部一些细胞的细胞膜的半透性发生霎时的变化，引致迅速膨压变化之故。

在叶柄和小叶柄基部都有一个较膨大的部分，叫作“叶枕”。叶枕对刺激的反应很灵敏，在它中心的部分有许多薄壁细胞。这些细胞在静止时会将带负电荷的氯离子运向细胞内，而把阳离子向细胞外运送，使细胞膜和邻近地区保持一定电位差，叫作静止电位。当外界刺激超过某一定限度时，这种差异通透性会突然改变，带正电荷的钙离子大量涌进细胞，而钾离子却向反方向进行，使膜内电位增高，甚至成为正电位，于是产生了动作电位，这种现象叫作去极化。动作电位会传递，当细胞到达动作电位时，也就是产生去极化现象时，细胞膜的差异通透性会消失，使原来蓄存于液泡内之水分在瞬间排出，使细胞失去膨压，变得瘫软。故当刺激小叶柄基部的叶枕，叶枕上半部薄壁细胞的膨压降低，而下半部薄壁细胞仍保持原来的膨压，引起小叶片沿着叶柄方向直立。而叶柄内的维管束，在叶枕合成一大管道，作容纳叶枕排出的水分。

含羞草这种感震运动，如果你用肉眼仔细观察，它的叶柄内部细胞有排水的变化。叶柄原来是淡灰绿色的，在受到振动刺激以后，叶柄下部马上收缩，颜色很快变成深绿色，而且有些透明，好像是一张纸被水浸湿前后的变化，这是受刺激后细胞内部发生的变化。科学家们也曾有过研究，但说法不一。也有人认为植物也有像动物那样的神经传导感觉，至今没有令人满意的结果。

含羞草的感震运动，是生物对环境适应性的一种具体表现。这种反应对含羞草的生存十分有利。因为含羞草原来生活在南方，它的叶子合并，叶柄下垂是一种

自卫本领，这不仅能经受狂风暴雨的袭击，而且还能使爬在它身上的害虫非但不易吃掉它，反而容易被摔下来。

会“怀胎”的植物——红树

许多人看红树，一片绿林生机勃勃。奇怪它为什么叫红树？专家这样解释：在世界的热带亚热带地区，一些生长在陆地的有花植物，进入海洋边缘后，经过极其漫长的演化过程，形成了在潮间带生长的红树林，这种在潮涨潮落之间，受到海水周期性浸淹的木本植物群落因其富含“单宁酸”，被砍伐后氧化变成红色，故称“红树”。红树是湿地的特色植物，全球共有 61 个品种：蜡烛果、秋茄树、木榄、海漆、榄李、海榄雌和银叶树等。不同的品种，展现出不同的生态特性。

会“怀胎”的植物——红树

在热带地区的海边，常常看到一大片枝叶茂密的红树林，每棵树都有强大的根系，有的粗跟像弯弓似的突出地面，盘根错节地固定着树干，还有从枝干上垂下来的气根，插入海滩的淤泥中，支撑着大树，在水面上成拱形的根有超大的皮孔，能吸收空气中的水汽，它们的叶子特别厚，可以反射阳光，减少水分蒸发。此外，它还有排盐的本领，从海水中吸入体内的过多盐分，会通过叶面上的排盐腺，排出体外。

红树林是由许多树种组成的，如红茄冬、海桑、角果木等等。红树的果实成熟后，暂不会脱落，其实里面的种子已经萌芽，它慢慢成长，形成一条条棒状的幼苗，一般长 20~40 厘米。当海风刮来，成熟的幼苗借助本身的重量，纷纷脱离母体，直落海滩，插进泥沙之中。幼苗下端很快长出侧根而牢牢固定在泥沙之中，成为一棵新的红树苗，加入红树林的行列。已经发芽的幼苗也可随海水漂浮到别的地方去生长发育。由于这种植物果实的种子是在树上萌发，也就是说在树上“怀胎”，故称

为胎生植物。在我国南部沿海,以及印度、马来西亚、西印度群岛和西非的一些海滩,都有红树林的分布。

能“报时”的植物——时钟花

自古道“花开花落自有时”,在西双版纳热带植物园里,你随处可见一种黄色小花,每到开花季节,每天早晨太阳升起时,大约九点钟左右,花朵就绽放,下午太阳落山时,大约六点钟左右,花朵就闭合,每朵小花每天都是这样,大约要持续一星期左右才凋谢。

能“报时”的植物——时钟花

这种美丽的黄色小花,就是时钟花科的草本植物时钟花。它来自遥远的南美洲。时钟花有多个品种,常见的有黄色时钟花和白色时钟花。时钟花为什么会按时开放?因为它具有生物钟,生物钟是长期进化过程中,为适应环境变化而形成的,也是基因控制的遗传性状。其实,植物、动物和人都有生物钟。

18 世纪,英国著名的植物学家林奈对植物开花时间做了很多观察和研究,然后在自己的花园里培植了一座有趣的“花钟”:蛇床花黎明三点钟左右开花;牵牛花黎明四点钟左右开花;野蔷薇黎明五点钟左右开花;龙葵花清晨六点钟左右开花;芍药花清晨七点钟左右开花。

能“假死”的植物——卷柏

蕨类植物中的一种卷柏,它有一种奇特的本领。如果将采下来的卷柏存放起来,它的叶子会因干燥而蜷缩成拳头状,看起来似乎已经干死了。其实它是“假死”,一旦有了水分,蜷缩的叶子又重新展开,渐渐还阳“复活”,继续生长。卷柏三番五次的“死”而复生,生而又“死”,经历着曲折的、生生死死的艰难历程,所以人

能“假死”的植物——卷柏

们称它为九死还魂草。

卷柏为什么具有九死还魂的本领呢？原来，卷柏生活在干燥的岩石缝里，很难得到充足的水分，长期进化而适应环境的结果，使他们形成了体内含水量极低的特点。遇到干旱的季节，卷柏便蜷缩成团，不再伸展，全身的细胞像是处在休眠状态，即使体内的含水量降低到5%以下，细胞内的原生质活动正常，所以卷柏照样能生存。雨季到来，卷柏吸水立即“苏醒”过来，又恢复正常的生命活动，枝叶重新展开，获得新生，它们的生命力真是顽强的很！

卷柏还是一种药，最明显的疗效是用于止血，治疗吐血、便血、尿血等疾病。

卷柏属卷柏科植物，是一种多年生小草，在我国也有分布，多生长在向阳山坡或岩石缝中。它一般株高5~15厘米，主茎直立，顶端丛生的小枝呈扇状分布。每当干旱缺水时，它的枝叶卷曲得像拳头，故又叫它“拳头草”。如果继续干旱下去，整个植株即会变得枯萎焦干，看上去好像已经干死了，可是只要一得到水，枝叶又会展开而复活；以后如再遇到干旱，它仍旧会“假死”，遇水后照样又重新复活，因为它可以三番五次的“死”而复活，所以人们还称它九死还魂草、长寿草、长生不死草、万岁草。

干“死”了的卷柏为什么遇水又能复活呢？植物学家们发现，卷柏的细胞原生质有着与众不同的奇妙性能。一般植物因干旱而过度失水时，细胞中的原生质就会遭受破坏，因此有水时也不能恢复生活能力了；而卷柏的细胞中的原生质耐旱脱水性能很强，即使在失水时也不会受损，一旦得到水后便能恢复正常的生理活动，所以它不易于死。

卷柏不但是观赏植物，也是药用植物，全草入药，有止血、收敛功能。卷柏生用破血，可治疗经闭、跌打损伤、腹痛；炒用止血，炒炭可治疗吐血、便血、尿血等症。

有趣的瓜——蛇瓜

蛇瓜，别名蛇豆、蛇丝瓜、大豆角等，葫芦科栝楼属中的一年生攀缘性草本植

有趣的瓜——蛇瓜

物,原产印度、马来西亚,广泛分布于东南亚各国和澳大利亚,在西非、美洲热带和加勒比海等地也有栽培,我国只有零星栽培,近年来山东省青岛地区种植较多。

蛇瓜以嫩果实为蔬,但嫩叶和嫩茎也可食。嫩瓜含丰富的碳水化合物、维生素和矿物质,肉质松软,有一种轻微的臭味,但是煮熟以后则变为香味,微甘甜。蛇瓜性凉,入肺、胃、大肠,能清热化痰,润肺滑肠,蛇瓜的嫩果和嫩茎叶可炒食、作汤,别具风味。蛇瓜少有病虫危害,可称为无公害蔬菜,具有一定的市场潜力。没有尝试过的人会觉其有一股腥味,不敢购买,但一经尝食后就会认可。

蛇瓜根系发达,茎蔓生,叶为掌状,绿色,有5~7个较圆的裂口,边缘有锯齿,叶面有细茸毛。雌雄同株异花,腋生,雄花为总状花序、白色。果实细长,末端稍弯曲,形状似蛇,故称蛇瓜。

植物界的“吸血鬼”——菟丝花

植物界中也有一种可耻的寄生虫,它们不愿自己进行光合作用,制造有机养料,而是通过窃取其他植物体内的营养来生存并繁衍,这种植物被人称之为“吸血鬼”,在生物学上称为寄生植物。而那些被窃取养分的植物被称为“寄主”。寄主对这些“寄生虫”毫无办法,只能任其生长,有时甚至会被榨干营养,干枯而死。寄生植物因为不必制造养料,叶子也就慢慢退化了。菟丝子就是其中的一种。

菟丝子常常寄生在大豆身上,它茎干上的吸器可穿透寄生植物运送养分的通

植物界的"吸血鬼"——菟丝花

道,窃取养料。菟丝子的根在它刚长出来的时候还稍稍起点作用,一旦攀附住寄主,根便不起作用而慢慢地枯萎了。

"看似无花却有花"——无花果

在植物王国中,有果必有花,无花哪有果呢?"看似无花却有花"的植物有几百种,无花果是一个典型的例子。无花果不仅有花,而且有许多花,只不过是人们用肉眼看不见罢了。我们吃的无花果,并不是无花果的真正果实,而是它的花托膨大形成的肉球,无花果的花和果实却藏在那个肉球里面。所以从外表上看不见无花果的花,这种花植物学上属于"隐头花序"。如果把无花果的肉球切开,用放大镜观察,就可以看到内有无数的小球,小球中央有孔,孔内生长着无数绒毛状的小花。雄花、雌花上下分开,每朵雄花,每朵雌花结一个小果实,也藏在肉球内。因此,无花果的名字其实是名不符其实的。

"看似无花却有花"——无花果

会变色的花——杏花、木芙蓉

植物王国中,有趣的是有些花,它们在开花的过程中,花朵的颜色会发生变化。杏花在含苞待放的时候,花朵是红色,开放后就逐渐变淡,最后会完全变成白色。

会变色的花——杏花、木芙蓉

木芙蓉的花更为奇特,初开为白色,第二天变成浅红色,后来又变成深红色,到落花之时,变成紫红色。这些花色的变化,看来似乎很神秘,其实是因为植物体内的色素随着温度、酸碱度的变化而发生变化的。

会喷射"炸弹"的植物——凤仙花、喷瓜、含羞草

喷瓜、凤仙花、含羞草、齐菜、豌豆等植物的种子,它们成熟后,会自动从果实中喷射出来,落在不太远的地方,繁殖后代。

仙花的果实成熟后,果皮会自动裂开,把种子像枪弹似的喷射到 2 米远的地方去。在丰富多彩的植物界里,这种本领并非凤仙花所独有,有的植物本领比它还要大!

原产欧洲南部的喷瓜,它的果实像个大黄瓜。成熟后,生长着种子的多浆质的组织变成粘性液体,挤满果实内部,强烈地膨压着果皮。这时果实如果受到触动,

会喷射“炸弹”的植物——凤仙花、喷瓜、含羞草

就会“砰”的一声破裂,好像一个鼓足了气的皮球被刺破后的情景一样。喷瓜的这股气很猛,可把种子及粘液喷射出 40~50 尺远。因为它力气大得像放炮,所以人们又叫它“铁炮瓜”。还有比喷瓜果实更有力气的果实吗?人们至今还没有发现。

它的种子不像我们常见的瓜那样埋在柔软的瓜瓤中,而是浸泡在粘稠的浆液里,浆液把瓜皮胀得鼓鼓地。当瓜成熟时稍一风吹草动,瓜柄就会自然与瓜脱开,瓜上出现一个小孔,紧绷绷的瓜皮把浆液连同种子从小孔里喷射出去,一直喷到几米远的地方,种子就这样传播出去了。

污水处理植物——凤眼莲

又叫水浮莲、水葫芦。是一种浮水草本植物。它的根能扎在泥中,也能随植株浮在水中。叶片倒卵形,基生成莲座状。为了飘在水上,叶柄在中部膨胀成囊状,就像个葫芦,在里面有气室。凤眼莲的花序穗状,由 6~12 朵花组成。花蓝紫色,像个裂开的漏斗。从根部生出的匍匐枝上萌生出新株。凤眼莲原产热带美洲,我

国南北各地栽培或亦为野生。

风眼莲富含蛋白质,是很好的青饲料。它还能迅速吸收金属元素,用来处理废水,净化环境。由于其资源丰富,生长迅速,收获容易,所以用它来造纸可以减少木材的消耗。将其切割,发酵,进入沼气池还是一种十分清洁的能源。

风眼莲繁殖迅速。在营养丰富的温水中,8~10 天种群成倍增长,一棵水中的凤眼莲可以繁殖出 60000 棵新的凤眼莲,当然,它也有负面影响,比如堵塞河道、水面,并造成其他生活在水中的生物不能存活。滇池就是由于凤眼莲的过度繁殖而覆盖,后来人们不得投入资金利用机械的、化学的等手段进行治理,才使情况得以改善。

污水处理植物——凤眼莲

会预报天气的花——风雨花

云南西双版纳生长着一种能预报风雨的花,名叫"风雨花"(即红菖蒲莲)。每当风雨将至,它便精神抖擞,含苞欲放;风雨降临便迅速开放,任凭风吹雨打,依然亭亭玉立;而风雨过后,则色彩绚丽,花红似霞,映红深山老林、悬崖峭壁。当地傣家人称它是迎着风风雨雨开放的花,傣语叫"糯蝶罕花"。

会预报天气的花——风雨花

风雨花是一种"风雨指示植物",卵球形鳞茎,叶片扁平修长,深绿色。花粉红色,苞片淡紫红色,花朵形状似水仙,有六条长着丁字形花药的雄蕊,当它盛开怒放时,就像一根根细长的点燃的蜡条熠熠发光。风雨花产于热带、亚热带地区,以种子繁殖,但习惯上把鳞茎分株移植。风雨花还可药用,全草入药,民间用以治疗疮毒、乳痛等。

会“旅行”的植物——风滚草

在五光十色、奥妙无穷的植物界，许多植物都有着适应环境的奇妙本领，比如会“旅行”的植物就是一个有趣的例子。

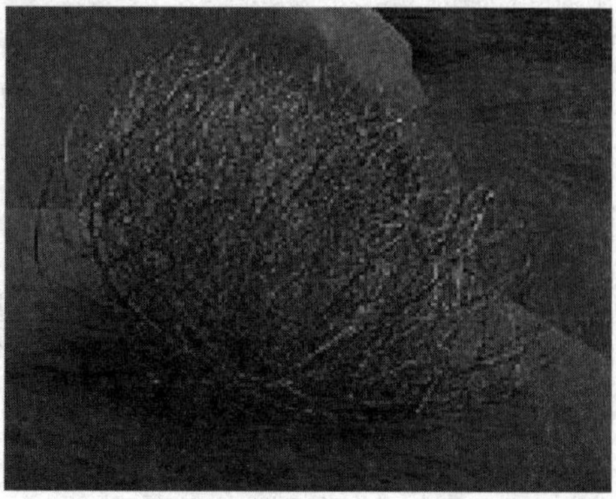
会“旅行”的植物——风滚草

当你在草原上漫步时，就可常常看到一个个草球在滚动，这便是被人们称为草原“流浪汉”的风滚草，它是草原上的“旅行家”。风滚草是草原上特有的一种植物类型，其中包括猪毛菜、矶松、刺藜、防风等十多种植物。每当秋季来临时，它们的枝条便向内卷曲，使整个植物体变为球形；茎的基部在靠近地面处也变得很脆，经大风一吹或被动物一碰，靠近地面处的茎便被折断，植物体脱离根部而随风在草原上滚动。

那么，这些草原上的“流浪汉”为什么要到处滚动呢？植物学家经过观察研究，揭开了其中的奥秘。原来，这些“旅行家”借助滚动来传播种子。植物学家们发现，风滚草果实开口的地方长着密密的茸毛，使其又轻又多的种子不可能一下子都撒播出去，只有在滚动中受到震动时，才能掉出几粒种子来。一棵风滚草就好比是一架天然的小播种机，经过滚动即可把种子撒播在广阔的草原上，从而保证了它们后代的繁衍。

真是无独有偶，在南美洲有一种蕨类植物叫卷柏，当天气干旱时，它的根就会自动折断，然后全身蜷成一个小球，风吹来时，小球就随风滚动，到处流浪。当它滚到水分充足的地方时，就停下来重新生根，展开球形，恢复原来的面目，在新的环境下定居下来。当遇到天气干旱水分不足时，则再次收拾“行装”，又开始新的“旅行”。卷柏无水就“走”，遇水而“居”，真是植物王国里的一个奇妙“旅行家”，故人们称它为“旅行植物”。

会发光的树——栾树

1983 年，在中国湖南省南县沙港乡，人们发现了一棵能发光的杨树。这棵树的直径有 23 厘米。4 月 7 日，这棵树被砍伐并剥掉树皮之后，竟然在晚上发起光来，就连树根和锯下的木屑也一样放光。一根 1 米长、5 厘米粗的树枝，其亮度就

相当于一支5瓦的日光灯，但随着树内水分的蒸发，亮度就一天一天地减弱。而树枝受潮以后，亮度又会增加。

会发光的树——栾树

在中国贵州省三都水族自治县的原始森林里，曾新发现了5棵罕见的夜光树。在没有月亮的夜晚，当地人会看到这样一幅奇景；在一棵大树的枝杈上，有成百上千个两寸多长的月牙儿正在闪着荧光。当微风吹过的时候，千百个小月牙儿轻轻地摇啊摇的，好看极了。原来那小月牙就是“夜光树”上会发光的叶子。

植物为什么会发光呢？这是因为这些植物体内有一种特殊的发光物质——荧光素和荧光酶。生命活动过程中要进行生物氧化，荧光素在酶的作用下氧化，同时放出能量，这种能量以光的形式表现出来。就是我们所看到的生物光。生物光是一种冷光，它的发光效率很高，有95%的能转变成光，而且光色柔和、舒适，科学家们正在研究。

会跳舞的植物——跳舞草

在我国南方的山坡野地里，就有这种奇妙的“舞草”。在无风的天气，只要有阳光照射到它，它就像鸡毛那样跳动，因此，当地人也称它为“鸡毛草”“风流草”。跳舞草属蝶形花科，学名叫山绿豆。它高约1尺，为奇数复叶，有小叶3片，前边1片较大，后面2片较小。它对阳光很敏感，一旦受到阳光照射，后面的2片小叶就会迎着太阳舞动，恰似蝴蝶在花丛中飞舞，从朝阳东升一直舞到夕阳西下才停止，不知疲倦地舞动一整天。

会跳舞的植物——跳舞草

据传说，古时候西双版纳有一位美丽善良的傣族农家少女，名叫多依，她天生酷爱舞蹈，且舞技超群，出神入化。她常常在农闲之际巡回于各族村寨，为广大贫苦的老百姓表演舞蹈，身形优美、翩翩起舞的她好似林间泉边饮水嬉戏的金孔雀，

又像田野上空自由飞翔的白仙鹤，观看她跳舞的人都不禁沉醉其间，忘记了烦恼，忘记了忧愁，忘记了痛苦，甚至忘记了自己。天长日久，多依名声渐起，声名远扬。后来，一个可恶的大土司带领众多家丁将多依强抢到他家，并要求多依每天为他跳舞。多依誓死不从，以死相抗，趁看守家丁不注意时逃出来，跳进澜沧江，自溺而亡。许多穷苦的老百姓自发组织起来打捞了多依的尸体，并为她举行了隆重的葬礼。后来，多依的坟上就长出了一种漂亮的小草，每当音乐响起，它便和节而舞，人们都称之为“跳舞草”，并视之为多依的化身。

另据传说，古时候有一傣族少女殉情自杀，死后便化身为跳舞草。所以，一旦遇到多情的小伙子高唱情歌，它就会随歌起舞。

跳舞草为什么会“跳舞”呢？原来，它的老家在热带，它很怕蒸发失水。当阳光照射时，它就以舞动的叶子抗拒酷热的阳光，这是为适应环境，谋求生存而锻炼出来的一种特殊本领。跳舞草可以入药，味淡微苦，有清热解毒、消肿散毒之功效，能治疗风热感冒、毒蛇咬伤、痈疮毒等病症。

会翻身的植物——长生草

在砂岩的斜坡上或松树林里，常常生长着一种奇怪的草，它的样子好似观音菩萨身下的“莲座”，人们叫它长生草。这种草有奇特的本领，它能像甲虫那样自己慢慢地翻身。

会翻身的植物——长生草

假如你稍加留意的话,就能观察到甲虫是如何翻身的。当甲虫背部朝地时,它就会用硬鞘翅支着地面而撑起身子,并舞动它的腿脚,慢慢地翻过身来;如果它的腿脚能抓到小草,翻身就省力和方便多了。说来十分有趣,长生草翻身与甲虫极为相似。

能预报火山爆发和地震的植物——报信花

火山爆发和地震等自然灾害对人类危害极大,因此人们正在积极探索对它们进行预测和预报。奇妙的是,科学家发现,一些"报警植物"却是人类开展这项工作的好帮手。

能预报火山爆发和地震的植物——报信花

在印度尼西亚爪哇岛的潘格兰格活火山上生长有一种奇特的野花,对火山爆发极为敏感,能预报火山爆发。人们经过长期观察发现,在火山爆发前它就开出美丽黄色的花朵,这时人们就赶紧离开火山,因此大家叫它"报信花"。

植物不仅能预报火山爆发,而且对地震预测也大有帮助。美国科学家哥尔顿·杰可比发现,树木的年轮具有记录地震的作用。这位植物学家在阿拉斯加州的某地发现松树的年轮长得很不规则,相互挤在一起。于是他查阅了有关资料,果然1899年这里曾发生过大地震,并且地震后地面上升了。杰可比认为,由于发生地震后,树木的生长环境发生了很大变化,从而影响了树木的生长。比如,地面上升或下降,能改变地下水对树木的供应;地面的裂口会损坏树根,从而影响树木对养料和水分的吸收。这些环境变化,都会在树木的年轮上留下痕迹。因此,经历过地下断层活动时期的树木的年轮,将为人们预测地震,提供有益的数据。

我国科学工作者也调查了地震前植物出现的异常现象:1970年宁夏西吉发生5.1级地震前一个月,距震中60多公里的隆德县在初冬蒲公英就提前开了花;1972年长江口地区发生4.2级地震前,附近地方的山芋藤突然开花;1976年8月16日

四川松潘地区发生 7.2 级地震前,平武县境内大面积箭竹开花死亡,使大熊猫遭到了灭顶之灾;1976 年唐山大地震前,唐山地区出现竹子开花、柳树枝条枯死等不正常现象。这表明,在地震前植物会出现一些前兆反应。

日本学者对这些现象进行了深入一步的研究,从细胞学的角度观察和测定了地震前植物机体内的变化。如用高灵敏度的记录仪对合欢的生物电位进行长期测定,并认真分析了记录下的电位变化,发现这种植物能感知火山活动和地震前兆的刺激,出现显著的电位变化和较强的电流。例如,1978 年 6 月 10 日和 11 日,合欢连续两天出现异常强大的电流,而当地在 11 日下午便发生了 7.4 级地震。余震持续 10 多天后,合欢的电流也随之变小。她认为,这是因为在地震前,地温、地下水、大地电位、磁场等均发生变化,植物通过根系能捕捉到这些变化,致使植物体内的电位也产生相应的变化。

这些研究还刚刚开始,科学家们预言,随着研究工作的逐步深入,结合其他手段,利用植物所发生的异常现象,肯定会对火山爆发预报和地震预报有着积极意义。

美丽的观赏植物

美丽的观赏植物,有观花的、有观叶的、有观果的,随着人们物质文化生活不断地提高,供人们观赏的植物,可以说是越来越多了,真是举不胜举。观赏植物的来源,一方面是人工培育出许多品种;另一方面会有更多更好看的野生植物被人们发现。如兰花,我国内地和台湾培育了不少品种,但有更多更美的野生种兰花,还默默无闻地生长在热带雨林之中。

万花敢向雪中出——梅花

相传隋代赵师雄游浮罗山时,夜里梦见与一位装束朴素的女子一起饮酒,这位女子芳香袭人,又有一位绿衣童子,在一旁欢歌笑语。天将发亮时,赵师雄醒来,却发现自己睡在一棵大梅花树下,树上有翠鸟在欢唱。原来梦中的女子就是梅花树,绿衣童子就是翠鸟,这时,月亮已经落下,天上的星星也已横斜,赵师雄独自一人惆怅不已,后用为梅花的典故。

万花敢向雪中出——梅花

春落梅枝头。每逢春寒料峭,瑞雪纷飞的残冬,梅花盛开了。清香馥郁、芬芳扑鼻。梅园里红梅、白梅、绿梅、墨梅,竞相开放。红的似片片朝霞,白的粉妆玉琢,绿的青翠欲滴,黑的庄重脱俗,使人目不暇接。那洁白素净的玉蝶梅,萼如翡翠的绿萼梅,胭脂点珠的朱砂梅,红颜淡妆的宫粉梅,浓艳如墨的墨梅,萼红瓣白的红梅,木蕊发红的骨里红,铁骨虬枝的龙游梅,枝若垂柳的垂枝梅,枝干和花蕊都向下,宛若探身弄影的照水梅……千姿百态、争丽斗妍,灿烂芬芳。随风飘动,像五彩云霞装扮着大地;风送幽香,点缀着残冬,使人间生出盎然春意。“烟姿玉骨,淡淡东风色,勾引春光一半出。”随着梅香的飘拂,那万物复苏、欣欣向荣的春天转瞬就要到了。

梅先天下春,这是梅最可贵之处。

梅花，不畏严寒，独步早春。它冒着凛冽的寒风，傲雪凌霜；它在冰中育蕾，雪中开花；它赶在东风之前，向人们传递着春的消息，被誉为“东风第一枝”。梅花的这种不屈不挠的精神和顽强意志，历来被人们当作崇高品格和高洁气质的象征。元代诗人杨维帧咏之：“万花敢向雪中出，一树独先天下春。”

梅花，是一种蔷薇科樱桃属植物，落叶乔木。别名又叫梅、春梅、干枝梅、獠。梅花分五瓣，花色有白、红、淡绿、淡红等。以白色和淡红色为主。花先于叶子开放，果实可分青梅（绿色）、白梅（青白色）、花梅（带红色）三种，除供鲜食外，还可制蜜饯和果酱。未熟的果经过加工就是乌梅。

梅原产我国，多分布在长江以南各地。我国植梅至少有三千多年的历史了。《诗经》里有“漂有梅，其实七分”的记载。1975 年在河南安阳殷代墓葬中出土的铜鼎里，发现了一颗梅核，距今已有三千二百年了。春秋战国时期爱梅之风已很盛，人们已从采梅果为主要目的而过渡到赏花。“梅始以花闻天下”，人们把梅花和梅子作为馈赠和祭祀的礼品，到了汉晋南北朝，艺梅咏梅之风日盛。《西京杂记》载：“汉初修上林苑，远方各献名果异树，有米梅、胭脂梅。”又：“汉上林苑有同心梅，紫蒂梅、丽友梅。”晋代陆凯，是东吴名将陆逊之侄，曾做过丞相，文辞优雅。陆凯有个文学挚友范晔（即《后汉书》作者）在长安。他在春回大地，早梅初开之际，自荆州摘下一枝梅花，托邮驿专赠范晔，并附短诗：“折梅逢驿使，寄与陇头人；江南无所有，聊赠一枝春。”“春”而且可以寄赠，自陆凯始，以梅花传递友情，传为佳话。

到南北朝，有关梅花的诗文、轶事也多了。《金陵志》云：“宋武帝刘裕的女儿寿阳公主，日卧于含章殿檐下，梅花落于额上，成五出花，拂之不去，号梅花妆，宫人皆效之。”这可能是用梅花图案美容的开端。

本文开台的隋人赵师雄在罗浮山遇见梅花仙子，故事美丽动人。说明当时人们也爱梅成风。

杭州孤山的梅花在唐时已闻名于世。诗人白居易在离开杭州时，写了一首《忆杭州梅花，因叙旧寄萧协律》，诗云：“三年闷闷在余杭，曾与梅花醉几场；伍祖庙边繁似雪，孤山园里丽如妆。”唐代名臣宋环在东川官舍见梅花怒放于榛莽中，归而有感，遂作《梅花赋》，诗中有“独步早春，自全其天”，“谅不移本性，方可俪于君子之节”等赞语。此外，如杜甫、李白等诸多名家均有咏梅诗篇。曾一度为唐明皇李隆基大加宠幸的江来苹，性喜梅花。据《梅妃传》记：“所居栏槛、悉植数枝……梅开赋赏，至夜分尚顾恋花下不能去。上（唐明皇）以其所好，戏名曰梅妃。”

北宋处士林逋（和靖），隐居杭州孤山，不娶无子，而植梅放鹤，称“梅妻鹤子”，被传为千古佳话。他的《山园小梅》诗中名句：“疏影横斜水清浅，暗香浮动月黄昏。”是梅花的传神写照，脍炙人口，被誉为千古绝唱。

南宋范成大是位赏梅、咏梅、艺梅、记梅的名家。他在苏州石湖辟范村，搜集梅花品种 12 个，并在 1186 年写成中国（也是全世界）第一部梅花专著：《梅谱》。1191 年冬，词人、音乐家姜夔住在范成大石湖梅园中，正值梅花盛开。他自度新曲，填了两首咏梅词，名曰：《暗香》《疏影》，音节谐婉，极受范的赞赏。

元代有个爱梅、咏梅、艺梅、画梅成癖的王冕,隐居于九里山,植梅千株,自题所居为“梅花屋”。又工画墨梅,花密枝繁,行笔刚健,有时用胭脂作没骨梅,别具风格。其《墨梅》诗名扬天下:“我家洗砚池头树,个个花开淡墨痕、不用人夸好颜色,只留清气满乾坤。”王冕还写过一篇《梅华传》,把《三国演义》中的“望梅止渴”故事改写成了一篇趣味盎然的童话:大将军曹操行军迷路,军士渴甚,愿见梅氏。梅聚族谋曰:“老瞒(编者注:曹操小名)垂涎汉鼎,人不韪(不韪即不同意)之。吾家世清白。慎勿与语。竟匿不出。”王冕借赞扬梅花蔑视权贵的精神来暗喻自己的人格。

南宋爱国诗人陆放翁咏梅的词《卜算子》里写道:“无意苦争春,一任群芳妒,零落成泥碾作尘,只有香如故。”借咏梅表现了诗人怀才不遇的寂寞和不论怎样受挫折也永远保持高风劲节的情操。毛泽东反其意而用之,作了《卜算子·咏梅》,指出:“已是悬崖百丈冰,犹有花枝俏。俏也不争春,只把春来报。待到山花烂漫时,她在丛中笑。”洋溢着革命英雄主义和乐观主义精神。毛泽东另一首七律《冬云》中也赞扬了“梅花欢喜漫天雪”的不畏严寒、独步早春的精神。

除了众多的诗词吟咏梅花之外,我国绘画史上还流传着这样一段轶事:宋代著名画家宋伯仁,生平喜爱梅花。他为了画梅,种植了许多梅树。每当梅花开放,他从早到晚地在梅树下细致观察,并将梅花的低昂、俯仰、分合、卷舒,从萌芽到花开,从盛放到枯萎的各种形态,一一描绘下来,整理成一百幅图稿,定名《梅花谱》。后人为了赞誉他梅花画得“喜神”,称他的百梅图为《梅花喜神谱》。近代金石书画家吴昌硕,曾有诗说他“家传一本宋朝梅”。

梅花不仅在我国是珍贵花卉,在国外也很受人喜爱,但国外仍以东方栽培较多。日本的梅是我国传去的,朝鲜也有。日本还有“梅之会”的组织,并出版发行专门刊物《梅》。到 19 世纪传入欧洲,本世纪初传入美国,现在世界各国均有栽培,但不及东方国家之盛。

梅花相传到现在,已是花繁品茂。据 1962 年调查,已有 230 多个品种。主要分果梅和花梅两大系统。果梅可分青梅、白梅、花梅、乌梅等。花梅以观赏为目的,按其生长姿态分,有直脚梅类、杏梅类、照水梅类、龙游梅类;按花型花色分,有宫粉型、红梅型、玉蝶型、朱砂型、绿萼型和洒金型等。其中宫粉型梅最为普遍,品种最多。玉蝶型别有风韵,绿萼型香味最浓,尤以成都的“金钱绿萼”为好。

梅的故乡在鄂西、川东。据《本草纲目》引陶弘景的《名医别录》记载:“梅实生汉中山谷”,而“襄汉川蜀江湖淮岭皆有之”。《花镜》上说:“古梅多著称于吴下、吴兴、西湖、会稽、四明等处,每多百年老干。”《花镜》在梅的注解中说:四川大渡河上游的丹巴县内,海拔 1900~2000 米的山谷地带,雅砻江流域会理县的海拔 1900 米的山间,都有野梅生长。广西兴安县山区、江西与广东交界的大庾岭,古代都是盛产梅的地方。广东增城市的罗浮山,历来以产梅花著称于世,“罗浮”后来就成了梅花的别名。

我国是梅的故乡,赏梅胜地很多,江南一带尤盛。而天下梅花之盛,莫过于苏州邓尉山和杭州西湖了。

苏州邓尉山及其附近山坞,遍植梅树,以梅著称。相传邓尉山因东汉太守邓尉隐居于此而得名。宋代淳事占年间,有高士查某在山坞大种梅树,后来山民就以种梅为业,越种越多,以致遍地是梅。据《光福志》载:"邓尉山里植梅为业者,十中有七。"清代诗人张诚有"望衡千余家,种梅如种谷"的诗。邓尉山附近的玄墓山、弹山、青芝山、铜井山等,也是千树万树的梅花连成一片。花盛开怒放时,满山盈谷,香气四溢,势若雪海,以至于清代巡抚宋荦即寓意在司徒庙西的山崖上,写下了"香雪海"三个斗大字,从此名著吴下。相传乾隆皇帝曾先后六次到邓尉山探梅赏景,并六赋《邓尉香雪海歌》的长诗。在万树梅花掩映的半山腰,有座"闻梅馆",又称"闻梅轩"。不远处一巨大岩石上有一"梅花亭",二者均为赏梅佳处。亭作五角形,铜鹤结顶,屋檐、石柱、石槛、瓦片均作五出梅花状。整座亭子借喻宋代隐士林和靖"梅妻鹤子"的典故。与周围梅花融成一体。亭旁,有乾隆皇帝于1751年来邓尉山赏梅时的手书碑刻一块。下得山来,山下倪巷村昔有清代潘遵祁的"香雪草堂"别墅。内有四梅阁,以宋代杨补之《四梅花卷》而得名。

梅开时节,满山皆白,像坠入云海,分不清哪是云哪是花,闪闪银波,在山间流光溢彩,奇丽无比。移目远眺,山上山下,银海荡漾,红绿相间,弥漫无际。真有"入山无处不春枝,远近高低路不知"的感觉。"邓尉梅花甲天下",邓尉探梅,已成为吴地春游的主要胜地。

杭州的孤山、灵峰、西泠并称"西湖三大赏梅风景区"。孤山在杭州西湖的里湖与外湖之间,因四面碧波萦绕、孤峙湖中,故名"孤山"。又因多梅花,也称"梅屿"。这里在宋代建有西太乙宫,清代康熙、乾隆时曾建有行宫,辛亥革命后改建公园,即今天的中山公园。孤山北麓有放鹤亭,是赏梅胜地,有诗云:"人们蓬岛是孤山,高阁清虚类广寒。里外湖光明似镜,有梅花处好凭栏。"灵峰位于杭州西湖西北,晋开运年间,吴越王在此建鹫峰禅院,北宋治平二年赐名"灵峰",寺后山巅有来鹤亭,与孤山放鹤亭遥相呼应,也是过去妙高台的旧址。宋苏东坡曾题诗壁上:"灵峰山下宝陀寺,白发东坡又来到;前世德云今我是,依稀犹记妙高台。"寺院附近有古梅近百株,较别处早开晚谢。故有"灵峰寻梅"之景。

要说赏梅还数杭州超山味儿最浓。超山自唐代以来,广植梅林,有"十里梅花香雪海"之称。更有古梅两株,一唐一宋,闻名江南。每当超山梅开,香雪成海,蔚为壮观,香风十里,醉入心田,素有"超山之梅天下奇"的美名。如今超山的"唐梅"和"宋梅",仍苍劲古朴,姿态奇特。如大明堂内的唐梅,虽是千余年老树,但其冠仍如伞,老枝扶疏,蓓蕾满枝,似有无限青春活力。在梅林上空,云烟缥缈,远处钱塘江水苍茫,山水梅林相互辉映。无怪乎近代金石书画家吴昌硕先生与超山梅林结下不解之缘,并作画题诗:"十年不到香雪海,梅花忆我我忆梅;何时买棹冒雪去,便向花前倾一杯。"直至84岁高龄,他仍偕子吴东迈、门生王个移等人,手持木杖到超山赏梅。逝世后,其亲属遵其遗愿,在超山大明堂前香雪坞中筑陵安葬,以永居梅林。

此外,南京的梅园新村和梅花山,无锡的梅园,上海淀山湖畔的大观园、莘庄公

园等,也都以梅花闻名。

梅树的寿命都很长,一般可活三五百年,甚至千年以上。世事沧桑,至今犹能保存下来的古梅,除了杭州超山的那两株"唐梅"和"宋梅"之外,最早的古梅当推湖北黄梅县的"江心古寺"遗址处的"晋梅"了。它饱经风霜,树干已成灰黑色,每年大寒开花,花开满树,整个开花期达冬春两季。还有浙江天台山"国清古寺"的一株"隋梅",距今也有1300多年的历史。相传是佛教天台宗的创始人智凯大师亲手植的。这株隋梅虽数度枯萎,但如今经人们精心培育,已返老还童,枯木逢春。主干苍老挺拔,四周嫩枝丛生,几年前树上还结了数千个梅子。清人梁绍王在其所著《两般秋雨庵随笔》中也记载了这么一件事,其云:"真州城东十余里淮提庵,有古梅一株,大可蔽牛,五千并出,相传为宋时物。康熙中,树忽死,垂四十年复活,枝干益繁,花时光照一院。"清嘉道年间名士阮元题其名曰:返魂梅。梅长寿不足奇,奇的是枯木能逢春。

所以梅有个特点是,愈老愈显得苍劲挺秀、生意盎然。历来有"老梅花、少牡丹"之说。

梅花的香韵一向为人们所倾倒,它浓而不艳、冷而不淡,那疏影横斜的风韵和清雅宜人的幽香,是其他花卉不能相比的。然而,更为可贵的,还是梅花的精神。梅的铮铮铁骨、浩然正气,做雪凌霜、独步早春的精神,被人们誉为中华民族之魂。"朔风吹倒人,古木硬如铁;一花天下春,江山万里雪。"人们把松、竹、梅称作"岁寒三友",尊梅、兰、竹、菊为"四君子",赞赏梅花的高洁、典雅、冷峭、坚贞,视为知友、君子,梅都是当之无愧的。

亭亭玉立的白衣仙子——马蹄莲

马蹄莲原产非洲南部的河流或沼泽地中。性喜温暖气候,不耐寒,生长适温20℃左右。喜湿润环境,不耐干旱。冬季需充足的光照,光线不足着花少,稍耐阴。喜疏松肥沃、腐殖质丰富的沙质壤土。其休眠期随地区不同而异。在我国长江流域及北方栽培,冬季宜移入温室,冬春开花,夏季因高温干旱而休眠;而在冬季不冷、夏季不干热的亚热带地区全年不休眠。

马蹄莲又名海芋,像慈如那样的花,是天南星科多年生宿根草本植物。马蹄莲,花叶俱佳,有较高的观赏价值。其叶柄长而粗壮,叶片呈戟形,碧绿有光泽,青翠挺拔;花形奇特,为佛焰花序,呈漏斗状或马蹄状,故名马蹄莲。

洁白晶莹的马蹄莲,让人感觉到圣洁的宁静。它那像花瓣的大苞叶将黄色的穗花序环绕其中。花冠很小,其含蓄地挤挨在中央的花柱上,散发着微香。而花苞却很张扬地大开着,它的表现欲太强了,以至于大多数人都把它当成是花瓣,其实它只是变了形的一片叶子。

马蹄莲还有一个很美的名字叫"观音莲",在一丛青翠的叶片中,盛开着青翠可

人的洁白花朵,似身着白衣的仙子亭亭玉立,微风过处,叶片轻动,花朵含苞,恰如南海观音踏浪而来。

马蹄莲的花形简单大方,花色洁白似雪,秀美绝伦,在绿叶映衬下,越发显得超凡脱俗,与众不同。在暑热严严的夏日里,如果有这样清新雅致的花姿可赏,会令人暑气顿消,烦躁的心情平静下来。

亭亭玉立的白衣仙子——马蹄莲

马蹄莲多为白色,近年来,已培育出多种颜色,有淡黄色、橙红色、甚至是蓝色等,别有韵味。送一束白色的马蹄莲给年轻的友人,是赞美对方纯洁、高雅、充满青春活力;黄色的马蹄莲则代表了精纯朴实,与朋友志同道合之意;送橙红色马蹄莲时,则是告诉对方"我对你有意思"。

空谷佳人——兰花

兰花是珍贵的观赏植物。其朴实无华,叶色长青,叶质柔中有刚,花开幽香清远,发乎自然,居"花草四雅"之首。因此人们将兰花尊为"香祖""国香""天下第一香"。兰花原生于深山幽谷之中,不为无人而不芳,不因清寒而萎缩,故有"花中君子"之誉。兰花,叶态优美,花姿娇媚,香馥幽异,是我国名贵花卉之一。所以,我国人民一直非常喜爱兰花,总结积累了不少养兰经验,如"春不出,夏不日,秋不干,冬不湿。"和《养兰中诀》。据不完全统计,目前全世界有七百多个属、二万多个种,每年还发现和培养出不少新品种。

空谷佳人——兰花

兰花属兰科植物,是被子植物中仅次于菊科植物。兰花以它美丽的外表和风芳的气味成为全世界最受欢迎的一种观赏植物,尤其在日本,每年都会开一次兰画展,专门展示这些珍奇花卉。兰科植物几乎都靠昆虫传粉,而且它们被认为是虫媒传粉的最高级类型,3枚花瓣中1枚演化成了唇瓣,并呈水平方向伸展成一个"降落平台",便于昆虫的起降,另2枚花瓣和3枚花萼尽量向四周展开,以便不妨碍昆虫采蜜。雄蕊与雌蕊长在一起,生成合蕊柱。

对有些不能散发香味的兰花来说,它们花朵的结构另有绝妙之处。它们的花

朵外形因为它们传粉的雌性昆虫非常相似,而且能散发与雌性昆虫分泌的雌性信息素相似的化学物质,诱使许多“痴情郎君”来与这些花朵交配,雄虫发现上当受骗时,身上已沾满了花粉,等雄虫再次飞到另一朵“佳偶”上时,花粉被传播了。

兰花喜欢温暖潮湿,日照时间短,无煤烟尘埃污染的环境及深厚、疏松肥沃、透水良好的微酸性土壤。兰花一般采用分株法繁殖,也有用嫁接繁殖。

兰花单生或成总状花序开于茎顶,其中两“肩”上耸呈蝴蝶翅膀状者为名贵品种。如蝴蝶兰,花如其名,花似蝴蝶般轻灵飘逸,活泼可爱。在众多美丽的兰科植物中,蝴蝶兰独得“兰花之后”的美誉。

中国兰花主要为春兰、蕙兰、建兰、寒兰、墨兰五大类,有上千种园艺品种。

春兰:春兰又名草兰、山兰。春兰分布较广,资源丰富。花期为一年的2~3月,时间可持续1个月左右。花朵香味浓郁纯正。名贵品种有各种颜色的荷、梅、水仙、蝶等瓣型。从瓣型上来讲,以江浙名品最具典型。

蕙兰:蕙兰根粗而长,叶狭带形,质较粗糙、坚硬,苍绿色,叶缘锯齿明显,中脉显著。花朵浓香远溢而持久,花色有黄。白、绿、淡红及复色,多为彩花,也有素花及蝶花。

建兰:也叫四季兰,包括夏季开花的夏兰、秋兰等。四季兰健壮挺拔,叶绿花繁,香浓花美,不畏暑,不畏寒,生命力强,易栽培。不同品种花期各异,5~12月均可见花。

寒兰:寒兰分布在福建、浙江、江西、湖南、广东以及西南的云、贵、川等地。寒兰的叶片较四季兰细长,尤以叶基更细,叶姿幽雅潇洒,碧绿清秀,有大、中、细叶和镶边等品种。花色丰富,有黄、绿、紫红、深紫等色,一般有杂色脉纹与斑点,也有洁净无瑕的素花。萼片与捧瓣都较狭细,别具风格,清秀可爱,香气袭人。

墨兰:墨兰,又称报岁兰、拜岁兰、丰岁兰等,原产于我国广东、广西、福建、云南、台湾、海南等。我国南方各地特别是广东、云南的养兰人最喜栽培与观赏。春剑:春剑常称为正宗川兰,虽云、贵、川均有名品,但以川兰名品最名贵。花色有红、黄、白、绿、紫、黑及复色,艳丽耀目,容貌窈窕,风韵高雅,香浓味纯,常为养兰人推崇首选。

兰花作为我国最古老的花卉之一,也是我国十大名花之一。它是香、花、叶“三美俱全”,观赏价值很高的植物。兰花代表着高贵与雅致,自古以来,就倍受诗人与画家们青睐。他们把兰花至于松、竹、梅之上,认为“竹有节而无花,梅有花而无叶,松有叶而无香,唯兰独并有之”。最受人崇敬的是兰花之“德”。兰花原来大多是生长在热带雨林、深山幽谷之中,以草木为伍,既无牡丹之丰容,又无桃李之明艳,但却“不固清寒而委琐”,“不为无人而不芳”。因此,兰花又有“空谷佳人”、君子、雅士、幽人等美称。张学良将军酷爱兰花,写诗称赞:“芳名誉四海,落户到万家。叶立含正气,花研不浮华。常绿斗严寒,含笑度盛夏。花中真君子,风姿寄高雅。”

当今所称的中国兰花——国兰,古代称之为兰蕙。正如北宋黄庭坚(1045~1105年)在《幽芳亭》中对兰花所做的描述:“一干一花而香有余者兰,一干五七花

而香不足者蕙”。

我们中国人观赏与培植兰花，比之西方栽培的洋兰要早得多。早在春秋时代的二千四百年前，中国文化先师孔夫子曾说：“芝兰生幽谷，不以无人而不芳，君子修道立德，不为穷困而改节”。他还将兰称之为“王者之香”，这句话流传至今，足以证明中国兰花在历史文化上所占的地位。

但有关孔子时代对兰之描述，有不同的看法。有人认为，春秋时代的卫国在河南北部（今滑县一带），鲁国在山东，孔子在河南北部到山东途中是不可能看到繁茂的野生兰花。因此他所说的芝兰实指菊科的草本植物泽兰。但也有人持有另一看法，认为孔子说的芝兰生幽谷是对当时兰花生态环境十分贴切的描述，而且当时的气候比今天温暖，河南一带还生长竹子，有竹子的山地必有兰花分布。因此，孔子当时路经深林幽谷时见到兰花独茂并不稀奇，他所说的芝兰实为当今所称的兰花。

百事合心——百合花

花资婀娜，花香袭人的百合花是世界名花之一。世界野生百合约有 90 多种，我国是世界百合起源的中心，据调查我国约有原产百合 46 种，18 个变种，占世界总数的一半以上，其中 36 种 15 个变种为我国特有，南平市就有 16 种，其中野生百合 5 种、变种 1 种、变异 10 种。在山区遍地野生的就有橙红色的卷丹和白色的野百合两种，是我国宝贵的种植资源。美国、法国及荷兰的花卉育种专家多次来南平考察百合花，称赞这些品种是世界上少有的优良品种，具有区域特色和发展潜力。

百事合心——百合花

百合花之美，是一种纯洁自然、清雅脱俗的美。依其品种不同，花型、色彩千变万化。麝香百合花色洁白，似淑女垂首，摇曳生姿；姬百合娇柔美艳，活泼可人，充满朝气；山百合花姿轻盈，秀美端庄，大方而自然。近年来，随着育种技术的不断发展，百合品种越来越多，如卡萨布兰卡、天使之梦等新品种的花朵越发美艳动人，高贵中不失俏丽，典雅中不失活泼。

百合花种类众多，是显花植物中种类最多的大家族之一。百合花由内侧的 3 片花瓣和外侧的 3 片花萼共同组成，但由于它们长相几乎难以区分，所以我们统称为花被。花被上的斑点是吸引昆虫前来采蜜授粉的显眼标志。百合花不仅花美，

让人赏心悦目,还有许多品种的鳞茎可供食用和药用。

我国人民对百合花怀有深厚的感情,古人把百合、柿子和如意摆放在一起,寓意了“百事合心”。在喜庆的日子里,人们互赠百合花,表示良好的祝愿。送给新婚夫妇一束百合花,就是祝福他们百年好合,白头到老。

百合花,是一种从古到今都受人喜爱的世界名花。它原来出生于神州大地,由野生变成人工栽培已有悠久历史。早在公元4世纪时,人们只作为食用和药用。及至南北朝时期,梁宣帝发现百合花很值得观赏,他曾诗云:“接叶多重,花无异色,含露低垂,从风偃柳”。赞美它具有超凡脱俗,矜持含蓄的气质。至宋代种植百合花的人更多。大诗人陆游也利用窗前的土丘种上百合花。他也咏曰:“芳兰移取遍中林,余地何妨种玉簪,更乞两丛香百合,老翁七十尚童心。”时至近代,喜爱百合花者也不乏人。昔日国家名誉主席宋庆龄平生对百合花就深为赏识,每逢春夏,她的居室都经常插上几枝。当她逝世的噩耗传出后,她生前的美国挚友罗森大夫夫妇,立即将一盆百合花送到纽约的中国常驻联合国代表团所设的灵堂,以表达对她深切的悼念。

在西方,百合花被誉为“天堂之花”“圣母之花”,是纯洁、光明、自由、幸福的象征。复活节那天,洁白美丽的百合花是装饰圣坛必不可少的花,是献给圣母马利雅的花。耶稣曾手持百合花,作为给信徒们的礼物,因为它象征了纯洁与忠贞。法国人尤其喜爱百合花,奉其为国花。相传法国第一个国王格洛威在接受洗礼时,上帝赠予它的礼物就是一束洁白的百合花。

独立人间第一香——牡丹

“竞夸天下双无绝,独立人间第一香”。牡丹花是我国特有的花,其花大、形美、色艳、香浓,为历代人们所称颂,具有很高的观赏和药用价值,自秦汉时以药植物载入《神农本草经》始,散于历代各种古籍者,不乏其文。在中国十大名花中占有显赫地位,享有“花中之王”“国色天香”之美誉,长期以来被人们当作富贵吉祥、繁荣兴旺的象征。

牡丹

中华民族是一个爱美的民族、爱花的民族,尤其钟爱牡丹。我们的祖先爱牡丹、种牡丹的历史几乎和他们生息繁衍、发展壮

大的历史一样深厚悠久。

牡丹作为观赏植物始自南北朝时期，文献多有记载。刘赛客《嘉记录》说："北齐杨子华有画牡丹"，牡丹既已入画，其作为观赏的对象已确切无疑。谢康乐更具体指出种植的具体情况："永嘉水际竹间多牡丹。"（《太平御览》）近代生物学先驱达尔文在十九世纪七十年代写的《动植物在家养情况下的变异》一书中说，牡丹在中国已经栽培了一千四百年。从十九世纪七十年代推到一千四百年前，那是公元5世纪，即南北朝初年，和中国牡丹的栽植历史大体相属。

好为花王作花相——芍药

"红红白白定谁先，袅袅娉娉各自妍。最是倚栏娇分外，却缘经雨意醒然。晚春早夏浑无伴，暖艳暗香正可怜。好为花王作花相，不应只遣侍甘泉。"古人认为"群花品中以牡丹为第一，芍药为第二"，故芍药有"一花这下，万花之上"的"花相"美称。芍药是春天百花园的压台好花。每当春末夏初，红英将尽，花园显得有点寂寞的时候，芍药正含苞欲放。要是适巧碰上一夜轻雨，清晨便会见芍药花烁烁盛开，婷婷婀娜、翠叶如玉；花朵如冠、如碗、如盘、如绣球；色彩斑斓、清香流溢、笑靥迎人，点缀在绿叶丛中，把将寂寞的花园装扮得生机无限。芍药兼具色、香、韵三者之美，历代诗人为之倾倒，留下了许多脍炙人口的诗篇。苏轼写过"多谢花工怜寂寞，尚留芍药殿春风"的诗句。唐代韩愈写有七言绝句："浩态狂香昔未逢，红灯烁烁绿盘龙，觉来独对情惊恐。身在仙宫第九重。"这里充分表达了作者为芍药的美态所陶醉，仿佛置于天堂之中的情感。

好为花王作花相——芍药

原产我国北部的芍药，在古代以扬州为盛地，现几乎遍及全国各地。芍药为毛茛科多年生宿根草本花卉。叶是二回三出羽状复叶，小叶有椭圆形、狭卵形、披针形等，叶端长而尖，全缘微波，叶面有黄绿色、绿色和深绿色等，叶背多粉绿色，有毛或无毛。花一般独开在茎的顶端或近顶端叶腋处，花瓣5~10枚，花色有白、黄、绿、红、紫、混合色等多种。

芍药耐寒,北方各省都露地越冬,夏季喜欢冷凉气候。栽植于阳光充足的地方,生长旺盛,花多而大,如在稍阴处虽亦可开花,但生长不良。芍药要求土层深厚、排水良好、疏松肥沃的沙质土壤。粘质土、盐碱土、瓦砾土均不宜,潮湿低洼之地也不宜。

芍药的用途很广,最重要的是作露地宿根花卉用。常以芍药成片种植于假山石畔来点缀景色。它对氟化氢气体反应灵敏,可用来监测氟化氢气体。芍药的根可入药,是重要的药材。有养血敛阴、平肝止痛、活血通经、凉血散瘀之功效。

真正的红——一品红

一品红,是花卉世界中的一个荣誉称号。它刚巧在每年的圣诞节前后开放,西方人就叫它做“圣诞花”。我国老百姓则称它为“老来娇”“猩猩木”。一品红是大戟科植物,有许多人可能认为它是一种观花植物,其实不然,真正具有观赏价值的是她那红色的叶。这些叶片,是长在枝端的苞片,初为绿色,秋冬便变红色。人们主要是观赏她那红色的苞叶。在这红色苞叶的中间,有一群细小的花,杯状,上有黄色球形的蜜槽,虽不起眼,但很别致,好似藏于鸟巢中的一群刚出生的小鸟,在快乐的吟唱。通常从 11 月至翌年 3 月都是它开花的季节,常把周围的时空装点得大红大绿,丽若丹霞。

真正的红——一品红

一品红之所以被称为圣诞花,除了它的花期适逢圣诞节外,还与它的原产地墨西哥的传说有关,当地的居民认为一品红好像那耶稣诞生地加伯利恒城所放射出来的耀眼星光,充满着万民欢腾,普天同庆的含义,被视为“双鱼星座”的幸运之花。

西方一年一度的圣诞节,有如华人欢度春节那样的热闹。据说这天 12 月 25 日为耶稣的生辰,全世界的基督教徒都要一齐来纪念他。人们不但把一品红扎成花环挂于门旁,还得把高大的松柏作为圣诞树摆设在厅堂的中间,挂满彩带、铜铃和灯饰,大家团坐在它的周围,谈笑风生,载歌载舞,许多青年男女还相互赠送礼物,合家熏烤火鸡,酗饮暴食。孩子们也同大人一道欢欣雀跃,梦求那颊满白须、笑容可掬,身穿红袍的圣诞老人背着那个大包袱,把糖果、玩具等礼物送到家里来。在这节日期间,人们解囊挥金,疯狂购物,使市场骤然变得生意兴隆。

红色在我国是节日的颜色,有喜事的征兆。尤其在万木萧条的冬季里,一品红就越发显得难能可贵了。关于一品红的"红",郭沫若也曾赞其是"真正的红,一品的红"。现在,这位来自墨西哥的"远客",冬季都在全国到处盛开。每年元旦,春节人们常常用一品红来装点工作环境和家庭,给大家感到喜气洋洋。如果在节日里,为亲友送去一盆一品红,将是一件讨人喜欢的礼物,她表达了"真诚的祝福"。

这个变化促使一品红迅速流行起来,它不仅只为公共场所绿化之用,而且有越来越多的家庭实行盆栽,借以美化居室。特别是美国专家选育出大花品种之后,更使一品红生产大行其道。该品种每朵苞片大如巴掌,一经绽开几朵就可铺满盆面,那种枝短、叶茂、花繁的景色很令人倾心。另外荷兰专家也选育出一种花苞变为球形的新品种。它的花不是四面单片排列,而是向内卷曲成簇,活像一个个紧握拳头似的红色绣球,宛如重瓣牡丹的样子,这品种在香港的嘉道理农场和海洋公园种得较多,在广州只有少数科研单位试种。

在花色方面,人们以为它既然叫作一品红,当然就应该只有红色一种了。其实不然,在它的家族里,曾先后出现过其他花色,专家们就分别冠以不同名字。诸如开白花的叫"一品白",开黄花的叫"一品黄",开宫粉色的叫"一品粉",还有更稀奇的是一花同时出现红白或红黄双色的,则称它为"一品杂"了。近年来,大概潮流时兴迷你型品种之故,在市场上又涌现出一种微型的一品红来,它每朵花苞细如鸡蛋,可种在一个茶杯大的小盆里,外面再套上一个玻璃瓶,很适宜摆在案上或窗前,显得格外奇特和精致。

有凤来仪——凤梨

凤梨原产于热带美洲的巴西、巴拉圭的亚马逊河流域一带,再由加勒比海居民带回中南美洲西印度群岛种植。拉丁属名的 ananas 就是当地住民对凤梨的称呼,其意是指"绝佳的水果"。公元1493 年 12 月,哥伦布第二次航海到加勒比海,下锚停留在西印度群岛火山岛旁的小海湾,之后进入到附近的村落,船员们受到热情的招待。当时送来的一大堆蔬果,其中一种让这一批欧洲来的水手好奇的就是凤梨。他们纪录道:"外形看起来令人反感的,一节节坚硬的似松果;果肉却又像苹果。因此,凤梨传入欧洲之后就以英文称之

有凤来仪——凤梨

为 pineapple,同时也成了晚宴或盛宴时象征社会地位及殷勤好客的指标。十六世纪,随着西班牙殖民及传教的脚步,凤梨从西班牙传到了菲律宾、夏威夷、印度与中南半岛,其后不久,又从中南半岛由陆路进入广东,此时称之为“波蜜”。台湾于清康熙末年才从东南亚引进凤梨栽培,当时有饱学之士见其果实怪异——“其果实有叶一簇,状似凤尾”,乃引用红楼梦中的“有凤来仪”简化成“凤来”来称呼这种水果。当切开凤梨,聚合果的轴与梨相似,而“来”这个字又与闽南语的“梨”同音,在意义上又似一种水果,所以在音、意与形三者条件的配合下,凤来被凤梨的称呼取代了。

“凤”本是指称一种吉祥的鸟类,象征富贵。在传统建筑上,常常可以在住屋的山脊上,看到有凤来仪的象征图像或雕塑。而凤梨也象征着这层意义,所以在汉人的祭仪上,都会在案前摆上凤梨,甚至在神案雕镂凤梨的图纹,以祈求平安顺利。凤梨与闽来语的“旺来”同音,所以,在各公司行号开张的处所,都会悬挂凤梨造型的彩饰,希望生意兴旺。其实凤梨原产地的住民亦把它当作吉祥的象征,在巴西出土的古文物中,仍然可以发现以凤梨外形的宽口坛,用以埋葬过世的亲人。

凤梨是热带地区极为重要的水果,除了去皮生食之外,其与肉一起烹煮,可以使肉类变得软嫩,其外皮捶打后用布包好,可以用来做药布治疗外伤;1891 年用鲜凤梨提炼出来的凤梨酵素,已经被用来治疗坏血症,新近的研究,凤梨酵素也常被用来治疗心脏疾病、烧伤、脓疮和溃疡等,有着很好的效果。另外,凤梨的叶片,则是用来制作萱纸的好材料。

花中皇后——月季

月季为植物分类学中蔷薇科蔷薇属的植物,是野生蔷薇的一种。野生蔷薇经过人们对它长期的人工栽培和品种选育工作,最后培育出在一年中能反复开花的蔷薇,即月季。月季因月月季季鲜花盛开而得名。别名有:月季花、月月红、斗雪红、长春花、四季花、胜春、瘦客等。在 1986 年与菊花一起被选定为北京市的市花,初步统计在我国选定月季为市花的城市还有天津、大连、锦州、西安、长治、石家庄、邯郸、邢台、沧州、廊坊、济宁、青岛、威海、郑州、商丘、漯河、淮阳(县)、驻马店、焦作、平顶山、三门峡、新乡、信阳、随州、宜昌、恩施、娄底、邵阳、衡阳、南昌、鹰潭、吉安、新余、芜湖、安庆、蚌埠、阜阳、淮南等 38 个城市。

月季花姿秀美,花色绮丽、花大色美,按月开放,四季不断,历来深受各国人民喜爱,素有“花中皇后”的美称。在花卉市场上,月季、蔷薇、玫瑰三者通称为玫瑰。用作切花的玫瑰实为现代品种月季,因此,称它为玫瑰不如称它为月季更为准确。月季在各种礼仪场合是最常用的切花材料。在花语中,红月季表示纯洁的爱,热恋或热情可嘉、贞节等,人们多把它作为爱情的信物,爱的代名词,是情人节首选花卉,红月季的蓓蕾还表示可爱;白月季寓意尊敬和崇高,在日本,白玫瑰(月季)象征

花中皇后——月季

父爱，是父亲节的主要用花；粉红月季表示初恋；黑色月季表示有个性和创意；蓝紫色月季表示珍贵、珍稀；橙黄色月季表示富有青春气息、美丽；黄色月季表示道歉（但在法国人看来是妒忌或不忠诚）；绿白色月季表示纯真、俭朴或赤子之心；双色月季表示矛盾或兴趣较多；三色月季表示博学多才、深情。

月季历来为中国人民所喜爱，是中国传统名花之一。宋代大诗人苏辙在《所寓堂后月季再生》的诗：

何人纵千斧，害意肯留木卉，

偶乘秋雨滋，冒土见微苗。

猗猗抽条颖，颇欲傲寒冽。

这首诗表现出月季非常顽强的生命力和敢于与恶劣环境搏斗的精神。

月季是我国劳动人民栽培最普遍的"大众花卉"，在一年中"四季常开"。

"谁言造物无偏处，独遣春光住此中。

叶里深藏云外碧，枝头长借日边红。

曾陪桃李开时雨，仍伴梧桐落后风。

费尽主人歌与酒，不教闲却买花翁。"

宋代大诗人徐积的《长春花》这首咏月季，赞美月季的诗，从大处落笔，描写的绘声绘色，使读者诵读后赏心悦目。

在日常生活中，好花长开，好事常来，好人长在，是人们美好的盼望，宋代大诗人苏东坡有一首赞美月季的诗这样写道：

花落花开不间断，春来春去不相关。

牡丹最贵为春晚，芍药虽繁只夏初。

唯有此花开不厌，一年长占四时春。

在历代诗人中，赞美月季花美气香，四时常开的诗海里，最有名的是宋代大诗

人杨万里的《腊前月季》这首诗，诗是这样描写的：

只到花无十日红，此花无日不春风。

一尖已剥胭脂笔，四破犹包翡翠茸。

别有香超桃李外，更同梅斗雪霜中。

折来喜作新年看，忘却今晨是冬季。

这些历代赞美月季的诗篇，从一个侧面反映了月季在我国悠久的栽培历史和蕴涵的人文文化历史。

月季原产于我国，有两千多年的栽培历史，相传神农时代就有人把野月季挖回家栽植，汉朝时宫廷花园中已大量栽培，唐朝时更为普遍。由于我国长江流域的气候条件适于蔷薇生长，所以我国古代月季栽培大部分集中在长江流域一带。中国的六朝南齐（公元 497~501 年）诗人谢朓有《咏蔷薇》诗句描述蔷薇花为红色。而古代月季的栽培，见之记载的则要比蔷薇晚二、三百年左右。宋代宋祁著《益都方物略记》记载："此花即东方所谓四季花者，翠蔓红花，属少霜雪，此花得终岁，十二月辄一开。"那时成都已有栽培月季。明代刘侗著《帝京景物略》中也写了"长春花"，当时北京丰台草桥一带也种月季，供宫廷摆设。在李时珍（公元 1950 年）所著的《本草纲目》中有药用用途的记载，但我国记载栽培月季的文献最早为王象晋（公元 1621 年）的二如堂《群芳谱》，他在著作中写到"月季一名'长春花'，一名'月月红'，一名斗雪红，一名'胜红'，一名'瘦客'。灌生，处处有，人家多栽插之。青茎长蔓，叶小于蔷薇，茎与叶都有刺。花有红、白及淡红三色，逐月开放，四时不绝。花千叶厚瓣，亦蔷薇类也。"由此可见在当时月季早已普遍栽培，成为处处可见的观赏花卉了。这比欧洲人从中国引进月季的记载早了月一百六十多年。到了明末清初，月季的栽培品种就大大增加了，清代许光照所藏的《月季花谱》收集有 64 个品种之多，另一本评花馆的《月季画谱》中记载品种月季有 109 种。清代《花镜》一书（公元 1688 年）写道："月季一名'斗雪红'，一名'胜春'，俗名'月月红'。藤本丛生，枝干多刺而不甚长。四季开红花，有深浅白之异，与蔷薇相类，而香尤过之。须植不见日处，见日则白者一二红矣。分栽、扦插俱可。但多虫莠，需以鱼腹腥水浇。人多以盆植为清玩。"这已简单说明了栽培繁殖月季的主要原则。并可看出有白色月季遇日光变红的品种，类似当今栽培的某些现代月季品种。由于从 1840 年的鸦片战争开始到新中国建立，中国大多时间处于战乱年代，民不聊生，中国的本种月季在解放初期仅存数十个品种在江南一带栽种。

据《花卉鉴赏词典》记载，月季于 1789 年，中国的朱红、中国粉、香水月季、中国黄色月季等四个品种，经印度传入欧洲。当时正在交战的英、法两国，为保证中国月季能安全地从英国运送到法国，竟达成暂时停战协定，由英国海军护送到法国拿破仑妻子约瑟芬手中。自此，这批名贵的中国月季经园艺家之手和欧洲蔷薇杂交、选种、培育，产生了"杂交茶香"月季新体系。其后，法国青年园艺家弗兰西斯经过上千次的杂交试验，培育出了国际园艺界赞赏的新品种"黄金国家"。此时，正值第二次世界大战爆发，弗兰西斯为保护这批新秀，以"3—35—40"代号的邮包，投机寄

到美国。又经过美国园艺家培耶之手，培育出了千姿百态的珍品。1945 年 4 月 29 日，太平洋月季为欢庆德国法西斯被彻底消灭，就从这批月季新秀中选出一个品种定名为“和平”。1973 年，美国友人欣斯德尔夫人和女儿一道，带着欣斯德尔先生生前留下的对中国人民的深情，手捧“和平”月季，送给毛泽东主席和周恩来总理。从此，这个当年月季远离家乡的使者，经历了二百年的发展变化，环球旅行一周后，又回到了它的故乡——中国。

月季被欧洲人与当地的品种广为杂交，精心选育。现在欧美各国所培育出的现代月季达到一万多个品种，栽培月季的水平远远领先于我国，但都是欧洲蔷薇与中国的月季长期杂交选育而成，因此中国月季被称为世界各种月季之母。

新中国建立后，北京天坛公园于 1956 年开始引进栽培月季，当时只有十几个品种。1959 年公园聘请从美国归来的将恩钿女士担任月季顾问，改进以往栽培技术，引进大量新品种。在当时无花房、圃地的条件下用扣瓶扦插法代替嫁接法，提高了成活率，为以后天坛月季的发展奠定了基础。又于 1960 年冬季对地栽月季采用根部堆土法防寒获得成功。这两项措施为北方露地栽培月季创出了新路。天坛月季在 1963 年杭州全国月季工作会上被定为北方月季品种参照标准。1961 年天坛公园开始在祈年殿西侧建设月季园，到 1963 年基本成型，占地 1.38 公顷，栽植月季 15000 多株，园内花台、花架、花篱均用月季栽培布置，别具一格，成为当时北方第一大月季园。因此在京城百姓的眼中，天坛月季在京城是最为有名的。

北京植物园于 1993 年 5 月建成了占地总面积 7 公顷的月季专类园，搜集和展示各类月季品种，目前种植月季有 620 个品种，计 10 万余株，是目前国内大型月季园之一，在国内处于领先的地位。现在每年“五一”左右开始一直到金秋十月，北京的公园、街头绿地到处都能见到月季花的身影，北京市月季协会每年还举办“北京月季花展”。月季花展传播了月季知识，弘扬月季文化，身受首都市民的喜爱。

一月留余香——蔷薇

蔷薇花又名白残花，自古就是佳花名卉。为蔷薇科落叶小灌木野蔷薇的花朵。

蔷薇喜生于路旁、田边或丘陵地的灌木丛中，分布于华东、中南等地。于 5~6 月间，当花盛开时，择晴天采收，晒干作药用。

蔷薇花，花色很多，有白色、浅红色、深桃红色、黄色等，花香诱人。明代顾磷曾经赋诗：“百丈蔷薇枝，缭绕成洞房。蜜叶翠帷重，浓花红锦张。张著玉局棋，遣此朱夏长。香云落衣袂，一月留余香。”诗中描绘出一幅青以缭绕、姹紫嫣红的画面。

蔷薇花为蔷薇科植物多花蔷薇的花朵。分布于山东、河南、江苏、安徽、新疆等地。5~6 月花盛开时，择晴天采收晒干即可。

食用蔷薇花的功效主要有：有清暑化湿、顺气和胃、止血的功效。常用于治疗暑热胸闷、口渴、呕吐、不思饮食、口疮、口噤、腹泻、痢疾、吐血及外伤出血等。味

一月留余香——蔷薇

甘、凉。清暑,和胃,止血。治疗暑热吐血,口渴,泻痢,疟疾,刀伤出血。

占得春光第一香——玫瑰

又名刺玫花、徘徊花、穿心玫瑰。属蔷薇科。落叶灌木,茎密生锐刺。羽状复叶,小叶5~9片,椭圆形或椭圆状倒卵形,上面有皱纹。因其形状、颜色、香味俱佳,故人们冠之以美玉之名——“玫瑰”。玫瑰因枝秆多刺,故有“刺玫花”之称。诗人白居易有“菡萏泥连萼,玫瑰刺绕枝”之句。玫瑰花可提取高级香料玫瑰油,玫瑰油价值比黄金还要昂贵,故玫瑰有“金花”之称。玫瑰为蔷薇科中三杰之一,另两种为月季、蔷薇。玫瑰有红玫瑰,黄玫瑰,紫玫瑰,白玫瑰,黑玫瑰,橘红色玫瑰和蓝玫瑰。以红、白为多,白者纯净无瑕,红者热烈奔放,被人们称之为爱情花。

占得春光第一香——玫瑰

玫瑰原产亚欧干燥地区,我国华北、西北和西南及日本、朝鲜均有分布。喜阳光,耐旱,耐涝,也能耐寒冷,适宜生长在较肥沃的沙质土壤中。

玫瑰株高1~2米,茎直立,密生锐刺,秆粗壮,枝丛生,表皮幼为绿色,后呈灰

色或白灰色。叶互生,奇数羽状复叶,叶柄基部有刺常对生,椭圆形或椭圆状倒卵形,先端尖,基部圆形或阔楔形,边缘有锯齿,叶表面深绿色,有光泽,背面稍白粉色,网状脉明显,有柔毛。托叶附着于总柄上。花夏季开放,单生或数朵簇生,花色多为紫红与白色,也有黄、粉等色的;花有梗,梗有绒毛、腺毛及小柔刺。花有单瓣、重瓣之分。玫瑰花味极香,素有国香之称。宋代诗人杨万里有“别有国香收不得”之句,近代诗人秋瑾称其“占得春光第一香”,唐代诗人唐彦谦有“麝炷腾清燎”之喻,等等,把玫瑰之香气称颂到无以复加的地步。

果实包藏于花托内,扁球形,初时青,熟时呈橙红色。玫瑰花繁殖与栽培容易。繁殖多用播种、分株、扦插进行。播种需在秋季,将种于进行砂藏处理。砂藏处理法:将砂子拌和少量土,用水浇湿,以手握可成团,散则成粒为度。再将种子淘洗后拌入砂内。在向阳或半阴地,挖宽60厘米,深80厘米,东西走向的壕沟,将拌了种子的砂子埋入其内,要留有气孔。翌年春初挖出,籽粒有破口者下种最好。分株繁殖在春秋均可进行,秋季为好。将1~2年生的苗木从老株上带部分根分开,伤口能消毒处理更好,极易成活。扦插,多在7~8月进行。选择二年生的健壮充实的枝条,剪取15~20厘米长节作插穗,每个插穗最少需带三个叶芽,下部削成马蹄斜形,上部平行。盆插、畦插均可。插后要遮阴、防晒,经常洒水保持一定湿度与温度。约一个月左右即可生根成为新株,一年之后可以移栽。

在情人节,送一束红玫瑰献给心中的人,表达爱慕之情。这是世界流行的风情,来源于希腊神话,爱神为救他的情人,急速奔跑,手脚被划破了,鲜血流淌在地上,地上长出了红玫瑰。所以红玫瑰是爱情的象征。

在西方,没有哪种花卉,像玫瑰一样有那么多的传奇和佳话。

在英国,玫瑰是皇族的象征。15世纪初,英国北部以红玫瑰为族徽的皇族,和西部用白玫瑰为族徽的皇族,为争夺王位而暴发了一场长达30年之久的“玫瑰之战”。最后以红玫瑰为族徽的亨利七世和以白玫瑰为族徽的伊丽莎白公主结成姻缘而告终。

在基督教传说中,耶稣被钉在十字架上,鲜血滴落在润泽的土地中,十字架下长出了艳丽的玫瑰花,因此,玫瑰也象征了仁慈与崇高。

相传在伊斯兰教圣地麦加,有一位美丽、善良的少女梦加,因拒绝了一无赖的追求,而遭到恶意的中伤,一些人听信谣言而对梦加处以火刑。临刑时,天神垂怜梦加的无辜,把即将燃烧的木柴变成了一丛玫瑰。

玫瑰花是保加利亚人民的骄傲。传说玫瑰花是女神送给保加利亚的礼物。保加利亚每年举国上下都要举行传统的“玫瑰节”。

玫瑰是保加利亚、英格兰、法国、卢森堡、美国、叙利亚等国的国花。没有哪种花卉被这么多的国家选定为国花。

神秘、优美的传说,给玫瑰花的名字,增添了浪漫的色彩。

玫瑰不仅是世界盛名的观赏植物,更是十分重要的芳香植物。玫瑰确实很香,它是世界上著名的香精原料,人们多用它熏茶、制酒和配制各种甜食品,其价值常

比黄金还高。玫瑰入药,其花荫干,有行气、活血、收敛作用,果实中维生素 C 含量很高,是提取天然维生素 C 的原料。

由花体制的芳香油,为高级香料。花入药,功能理气活血、疏肝解郁,主治肝胃气痛、食少呕恶、月经不调、铁打损伤等症。

玫瑰是世界名花,人们视为“爱情花”“友谊花”,并把具有坚强个性的美女称之为“刺玫瑰”。

司马相如《子虚赋》:“其石则赤玉玫瑰。”亦谓珍珠。《急就篇》:“璧碧珠玑玫瑰瓮。”颜师古注:“玫瑰,美玉名也……或曰,珠之尤精者曰玫瑰。”

玫瑰代表爱情,但不同颜色、有不同的喻义,所以送花时应对不同的花色含义区别清楚!

红玫瑰代表热情真爱;

黄玫瑰代表珍重祝福和嫉妒失恋;

紫玫瑰代表浪漫真情和珍贵独特;

白玫瑰代表纯洁爱情;

黑玫瑰代表温柔真心;

橘红色玫瑰友情和青春美丽;

蓝玫瑰代表敦厚善良和独一无二。

送玫瑰的数也有讲究:

1 朵玫瑰代表——我的心中只有你 ONLYYOU !

2 朵玫瑰代表——这世界只有我俩!

3 朵玫瑰代表——我爱你 ILOVEYOU !

4 朵玫瑰代表——至死不渝!

5 朵玫瑰代表——由衷欣赏!

6 朵玫瑰代表——互敬互爱互谅!

7 朵玫瑰代表——我偷偷地爱着你!

8 朵玫瑰代表——感谢你的关怀扶持及鼓励!

9 朵玫瑰代表——长久 ALWAYS !

10 朵玫瑰代表——十全十美无懈可击!

11 朵玫瑰代表——最爱只在乎你一人!

12 朵玫瑰代表——对你的爱与日俱增!

13 朵玫瑰代表——友谊长存!

14 朵玫瑰代表——骄傲!

15 朵玫瑰代表——对你感到歉意 I' MSORRY!

16 朵玫瑰代表——多变不安的爱情!

17 朵玫瑰代表——绝望无可挽回的爱!

18 朵玫瑰代表——真诚与坦白!

19 朵玫瑰代表——忍耐与期待!

20 朵玫瑰代表——我仅一颗赤诚的心！
21 朵玫瑰代表——真诚的爱！
22 朵玫瑰代表——祝你好运！
25 朵玫瑰代表——祝你幸福！
30 朵玫瑰代表——信是有缘！
36 朵玫瑰代表——浪漫爱情！
40 朵玫瑰代表——誓死不渝的爱情
50 朵玫瑰代表——邂逅不期而遇！
99 朵玫瑰代表——天长地久 FOREVER！
100 朵玫瑰代表——百分之百的爱 100%LOVE！
101 朵玫瑰代表——最……最爱！
108 朵玫瑰代表——求婚！

高风亮节的君子——菊花

菊花是我国十大名花之一，菊和兰、梅、竹一起以其各自独具特色的花、姿、色、韵，被称为花中“四君子”。菊花姿色俱佳，在北京有着悠久的栽培历史，元、明时期民间养花就以菊花为主，而北京传统艺菊的水平也很高，并且傲霜凌寒不凋，具有北京人的性格，因此北京把菊花选定为市花。在我国同样把菊花选定为市花的城市还有太原、南通、芜湖、开封、湘潭、中山、德州等城市。

高风亮节的君子——菊花

菊花在古代写作“鞠”，菊花身资为低头鞠躬式，在古代食其米，把米“鞠”起来，花朵十分紧凑，因此叫菊花。菊花是我国传统名花之一，赏菊历史悠久，名称多多。古代赏菊是从菊花的实用性开始的，中国古书记载菊花的“苗可以菜，花可以药，囊可以枕，酿可以饮，所以高人隐士篱落畦圃之间，不可一日无此花也”。在明

代李时珍的《本草纲目》载有“利五脉，调四肢，治头目风热，脑骨疼痛，养目血，去翳膜，主肝气不足”的功效。菊花因有延年益寿的药用功能，因得名寿客、傅延年；因菊花在农历九月开放，又名九华、九花、秋菊；因菊花美丽而名的女茎、帝女花；古代菊花品种单一，只开黄花，因此又称为“黄花”“金蕊”。

菊花原产于我国，中国是世界菊花的起源中心，分布有较多的野生菊花。中国栽培菊花具有3000多年的栽培历史，早在古籍《礼记》中就有“季秋之月，菊有黄花”的记载。汉代以将菊花作为药用植物栽培，晋魏时期已大量栽培，以后逐步发展为观赏花卉。宋代是菊花发展的鼎盛时期，宋代刘蒙泉所著的《菊谱》收有菊花品种163个，这是我国最早的菊花专著。明代王象晋所著的《群芳谱》收录菊花品种270多个。世界上许多国家的菊花都是由中国传去的。在公元386年中国菊花由朝鲜传入日本，至今已有1600多年的历史，日本栽培的菊花已成为四季常开，品种繁多的花卉。17世纪末叶，荷兰人来我国经商，将菊花带回欧洲。十八世纪中叶，法国商人又从我国搜集许多优良品种，引种到了法国。十九世纪英国植物学家福均，将我国和日本优良菊种进行杂交，在英国广泛传播。后来又从英国传入美洲。现在菊花以遍布全球，成了全世界人民所喜爱的名花，为古今中外花卉的奇观。

菊花为多年生宿根草本植物，人们通过人工栽培、杂交育种和自然变异，菊花从原始的黄色小菊演进为今天这样五彩缤纷的著名花卉。明末时菊花谱记载品种有14种，清朝时增至24个品种，民国时根据花瓣形状把菊花分为10大类。目前植物分类学记载全世界有菊科植物920属，19000种，我国约有164属，1950种。中国目前拥有3000多个菊花品种，在园艺上从其花色上分有黄、白、紫、绿等色，并有双色种；从花形上分有单瓣、复瓣、扁球、球形、外翻、龙爪、毛刺、松针等形；从栽培方式上分有立菊、独本菊、大立菊、悬崖菊、花坛菊、嫁接菊；从花期上分有春、夏、秋、冬、四季菊等。据《本草纲目》记载：“菊之品凡百种，宿根自生，茎叶花色，品品不同。……其茎有株蔓紫赤青绿之殊，其叶有大小厚薄尖凸之异，其花有千叶单叶、有心无心、有子无子、黄白红紫、间色深浅、大小有别，其味有甘甜之别，又有夏菊、秋菊、冬菊之分”。

菊花品种繁多，那么栽培菊花如何选择菊花品种呢？曾有人总结出选择菊花的四字诀：光、生、奇、品等四字，大意是：“光”意为花要哗然鲜艳自开至落不变色，“生”意为枝茎挺秀始终不垂，“奇”意为花瓣色泽风采矫然出众，“品”意为标新立异的风格自有一种天然的神韵。

菊花千姿百态的花朵，傲霜斗雪、独立寒秋、不畏严寒的性格使人倍加喜爱。历代都有赏菊活动，南宋时期每年在宫廷中举行菊花赛会，晚上点燃菊花灯。宋代民间花市就有“扎菊”，在一年一度的菊花会上，展览名菊、饮酒赏菊、写诗颂菊。

三国时期，司马昭重要谋士钟会赞菊有五种美德：“园花高悬，谁天极也。纯黄不杂，后土色也。早植晚发，君子德也。冒霜吐颖，象贞质也。杯中体轻，神仙食也。”战国时期的爱国诗人屈原著《离骚》中有“朝有木兰之坠露，夕餐秋菊之落英”

的诗句,象征坚贞不屈的意志和坚定顽强的斗争精神。

东晋田园诗人陶渊明的著名咏菊诗《饮酒》(其五):

“结庐在人镜,而无车马喧。
问君何能尔,心远地自偏。
采菊东篱下,悠然见南山。
山气日夕佳,飞鸟相与还。
此中有真意,欲辩已忘言。”

诗的大意是,在居住人多的地方却无车马的声音,心静就意识不到周围喧闹气氛的干扰,采菊东篱,悠然自得,偶尔抬头望去,南山遥遥在目,斜阳给峰峦撒上一层淡黄的颜色,飞鸟结群成队归巢,这种自然意趣,真是难以用语言表达,诗人借此忘情于世事。

唐代著名诗人元稹《菊花》诗:

“秋丛绕舍似陶家,遍绕篱边日渐斜。
不是花中偏爱菊,此花开尽更无花。”

此诗大意是说,宅院周围遍植菊花,浓香随风飘满家舍,似爱菊的陶渊明家。篱笆边的菊花在夕阳照耀下,金辉耀眼,不是偏爱菊花,因为菊花不畏严寒,迎风傲雪。菊花在一年当中开花最晚,菊花开过大自然中已无鲜花开放。

毛泽东主席在1929年10月写有《采桑子·重阳》词:

“人生易老天难老,岁岁重阳。
今又重阳,战地黄花分外香。
一年一度秋风劲,不似春光。
胜似春光,寥廓江天万里霜。”

诗中“黄花”即菊花。此诗赞颂了秋天重阳节之菊花胜过春天的风光。毛泽东喜爱菊花,他在中南海丰泽园将东厢房辟为书屋,取名“菊香书屋”。

说起菊花,在北京不能不提“洁园”。从30年代至60年代初,北京市新街口北大街路西有一处面积约6亩的艺菊园圃,称为“洁园”。在这不大的菊花园中,山、亭、树、花布置典雅,相映成趣。这里在解放后至1956年这里菊花品种近100种,1700多盆,突出品种有“主帅红旗”“和平堡垒”“绿朝云”“多宝塔”“雪点冰峰”等。特别是各色悬崖菊是这里独有的菊花品种,标本菊有高过屋檐,花朵直径达30厘米以上者,还有不少并蒂菊。这里多姿多彩的菊花世界吸引广大群众前来观赏。1951年12月31日,毛泽东首次来园赏菊后说:“菊展成绩很好,规模尚可扩大,以满足首都各界人士的爱好和观赏。”并询问是否有困难需要政府解决?后来政府帮助解决了扩建和雇工问题,为此园主人满怀感激之情写诗一首:

“万里长征督九戎,堂堂领袖旷世功。
游园雅兴看花晚,救世奇勋比岳松。
北陆风高歌白雪,东方日出溥天红。
车书混一从今始,远景昌明想望中。

此诗呈寄毛泽东主席，主席收到后曾亲笔回信表示感谢。1952 年 11 月 24 日，毛泽东第二次来园赏菊。

1955 年 11 ~ 月 20 日，周恩来总理偕夫人邓颖超前来观菊，亲笔题词"推陈出新，百花齐放"。朱德委员长 1949 年至 1961 年几乎年年来赏菊，在 1955 年 10 月 26 日观菊时曾写诗一首：

"奇花独立树枝头，玉骨冰肌眼底收。

切盼和平同处日，愿将菊酒解前仇。"

1961 年为纪念洁园养菊三十周年，朱德委员长 10 月 3 日亲临观菊，赠主人秋兰两盆，并写楷书诗幅：

"刘老洁园助国光，卅年种菊永留香。

精研善养奇葩好，成就启新世泽长。

全力栽培传后代，不辞辛苦为人忙。

京城老少来欣赏.敬赠幽兰配北堂。"

相继来园赏菊的还有董必武、谢觉哉、邓小平、宋庆龄、彭真等党和国家领导人和各界知名人士，在签名簿上可查的就有 70 多人。还有国际友人胡志明，日本前首相片山哲，当时世界和平理事会常任理事兼书记布伦姆夫人。

1960 年，洁园主人将该园全部土地、菊花、工具等无偿捐献给国家，市园林局即将所有捐赠交北海公园管理，养菊工人转为国家工人。此后北海经常举办菊花展览，2003 年 11 月在北海公园连续举办了第二十四届北京市市花——菊花展览，展出一万多盆，近五百个品种。

历届菊花展中，1964 年在北海公园举办的北京市菊花展览是建国以来规模最大的一次。郭沫若同志专门为这次菊展题词："菊花是集体的花，请以集体主义精神来欣赏吧。"整个展览分为琼岛区、东岸区和西岸区。展出品种有 1700 多个，当时展出的大立菊直径达 2 米，长达 3 米多的悬崖菊，矗立丈余的塔菊，还有一株开数十种不同姿色花朵的十样锦。

邮票有"国家的名片"之誉，在包罗万象的中国邮票设计图案中，花卉图案邮票成为中国邮票艺术中一束绚丽夺目的小花。菊花为中国传统名花，在中国邮票设计是少不了的。1960 年 12 月 10 日，我国邮电部发行一套"菊花"特种邮票，邮票志号"特 44"，全套共 18 枚，至 1961 年出齐。这套邮票生动地映衬着一枝枝怒放的菊花，洋溢出大自然无穷的魅力和顽强的生命力。

凌波仙子——水仙

水仙别名金盏银台，花如其名，绿裙、青带，亭亭玉立于清波之上。素洁的花朵超尘脱俗，高雅清香，格外动人，宛若凌波仙子踏水而来，故有凌波仙子的美称。水仙花语有两说：一是"纯洁"，二是"吉祥"。

凌波仙子——水仙

水仙为我国十大名花之一，我国民间的请供佳品，每过新年，人们都喜欢清供水仙，点缀作为年花。因水仙只用清水供养而不需土壤来培植。其根，如银丝，纤尘不染；其叶，碧绿葱翠传神；其花，有如金盏银台，高雅绝俗，婀娜多姿，清秀美丽，洁白可爱，清香馥郁，且花期长。这珍贵的花卉早已走遍大江南北，远渡重洋，久负盛名，誉满全球。她带去了我国的春天，我国人民的情谊和美好的心愿，赢得了“天下水仙数漳州”之美称。

中国水仙花属石葱科、水仙属多年生草本植物，鳞茎生得颇像洋葱、大蒜，故六朝时称“雅蒜”、宋代称“天葱”。之后，人们还给她取了不少巧妙、美丽的名字，如金盏、银台、俪兰、雅客、女星等等。这里有着许多关于水仙花优美动人的民间故事和传说。

传说水仙花是尧帝的女儿娥皇、女英的化身。她们二人同嫁给舜，姊姊为后，妹妹为妃，三人感情甚好。舜在南巡驾崩，娥皇与女英双双殉情于湘江。上天怜悯二人的至情至爱，便将二人的魂魄化为江边水仙，二人也成为腊月水仙的花神了。前人据此不知写下多少赞美水仙花的诗篇，如曹植的《洛神赋》，宋代高似孙的水仙花前赋与后斌。若把他们抒写水仙花的美凝聚到一点，便是“纯洁”。

据说，宋代时，有一闽籍的京官告老回乡，当他乘船南返，将要回到家乡漳州时，见河畔长有一种水本植物，并开着芳香的小白花，便叫人采集一些，带回培植。据《蔡坂乡张氏谱记》载：明朝景泰年间，他们的祖宗张光惠在京都做学官，一年冬天请假回乡，船过江西吉水，发现近岸水上，有叶色翠绿、花朵黄白、清香扑鼻的野花，于是拾回蔡板栽培育成新卉传下。

传说崇明水仙来自福建。那是唐代则天女皇要百花同时开放于她的御花园，天上司花神不敢违旨，福建的水仙花六姐妹当然也不例外，被迫西上长安。小妹妹不愿独为女皇一人开花，只行经长江口，见江心有块净土，就悄悄溜下在崇明岛。所以，福建水仙五朵花一株开，崇明水仙一朵怒放。

还传说在福建园山有一位善良的农妇,救济了饥饿垂死的乞丐。这乞丐原是神仙,将吃的饭喷在屋的四周,后来长出金盏银台水仙花。在民间赠送水仙的含义便为赞美您心好必有好运,祝贺您吉祥如意,万事称心。

希腊神话传说,水仙原是个美男子,他不爱任何一个少女,而有一次,他在一山泉饮水,见到水中自己的影子时,便对自己发生了爱情。当他扑向水中拥抱自己影子时,灵魂便与肉体分离,化为一株漂亮的水仙……

水仙花早在宋代就已受人注意和喜爱。“深水能仙天与奇,寒香寂寞动冰肌。仙风道骨今谁有?淡扫蛾眉篸一枝。”这是宋朝诗人刘邦直吟咏水仙的诗句。透过这几句诗,我们仿佛沉醉于亭亭玉立、凌波无尘的水仙花的绰约风韵之中,《漳州府志》记载:明初郑和出使南洋时,漳州水仙花已被当作名花而远运外洋了。

在西方,水仙花的意译便是“恋影花”,花语是坚贞的爱情,引申一下便是自省对爱情的诚挚。

水仙花主要有两个品种:一是单瓣,花冠色青白,花萼黄色,中间有金色的冠,形如盏状,花味清香,所以叫“玉台金盏”,花期约半个月;另一种是重瓣,花瓣十余片卷成一簇,花冠下端轻黄而上端淡白,没有明显的付冠,名为“百叶水仙”或称“玉玲珑”,花期约二十天左右。水仙花分布的范围极小,只在漳州八大胜地之一的园山东麓一带,因它具有得天独厚的条件:园山挡住了烈日,园山在斜影所及的地方日照较短,为水仙花栽培创造了有利格条件。当地有歌云:“园山十八面,面面出王侯,一面不封侯,出了水仙头。”

每年春节,能工巧匠们创作出的水仙盆景雕刻艺术,且能依照人们的愿望,在预定的期间里开放,给节日、寿诞、婚喜、迎宾、庆典增添了不少光彩。那栩栩如生,生机盎然,耐人寻味,怪不得人们赞誉水仙一青二白,所求不多,只清水一盆,并不在乎于生命短促,不在乎刀刃的“创伤”,不在乎于严寒的“凌辱”,始终洁身自爱,带给人间的是一份绿意和温馨。

母亲节的节花——康乃馨

康乃馨又名香石竹,属石竹科一年声草本植物,全株呈灰绿色,茎节膨大,披针形的叶片对生,花萼圆筒体,花瓣很多,边缘有深裂,呈锯齿状,颇似“王冠”。其英文名字 carnation,就是“王冠”之意。康乃馨的花色非常丰富,有红、黄、白、粉红、紫、镶边等多种颜色。

康乃馨的出名得益于 1934 年 5 月美国首次发行母亲节邮票。邮票图案是一幅世界名画,画面上一位母亲凝视着花瓶中插的石竹。邮票的传播把石竹花与母亲节联系起来。于是西方人也就约定俗成地把石竹花定为母亲节的节花。每当母亲节这一天,母亲健在的人佩戴红石竹花,并制成花束送给母亲。而已丧母的人,则佩戴白石竹花,以示哀思。世上没有无母之人,康乃馨也就成了无人不爱之花。

康乃馨因母亲节而蒙上一层慈母之爱色彩，成为献给母亲不可缺少的礼物。

母亲节的节花——康乃馨

康乃馨引入我国，算来已百年之多。据传，1900年英国人罗埃斯在上海南京路外滩开了个“大英花店”，主要销售康乃馨，属独家经营。可是到了1920年，他发现中国人开的花店也卖康乃馨，便勃然大怒，告上法庭。开庭那天，罗埃斯傲气十足地说，中国没有康乃馨，是他从国外买来的，应享有专利，中国人卖的康乃馨肯定是从他那里偷来的，要求惩办中国花店。中国律师问他：“你卖的康乃馨是摘下的花朵，还是有叶有芽的花枝？”罗说：“全是卖的花枝。”中国律师说：“你卖了花枝，收了钱，买方有权利将买的花枝扦插繁殖，怎能说是偷窃？”罗无言以对。法庭宣判，大英花店败诉。

康乃馨，这种体态玲珑、斑斓雅洁、端庄大方、芳香清幽的鲜花，随着母亲节的兴起，正日益风靡世界，成了全球销量最大的花卉。母亲营造了温馨，祝母亲健康平安。

康乃馨是生肖属马和属羊的朋友的幸运花。

人面相映红——桃花

桃花为落叶小乔木，属蔷薇科植物。桃花分果桃花和观赏桃花两大类。花有单瓣和重瓣，果桃多为单瓣，观赏桃多为重瓣，花色艳丽，先开花，后出叶。

人面相映红——桃花

桃花树形优美、枝干扶疏、花朵丰腴，色彩绚丽，是春季最主要的观赏花木。桃树常被呈林片地栽种，无论是植于山坡、园林、庭院，还是湖畔、溪边，都可成为观赏佳景。桃花盛开时，那成片的桃林如云蒸霞蔚，置身其间，顿感心旷神怡，春光无限。桃花作盆景、做切花插瓶观赏，也会使人感到韵味

无穷，春意盎然。桃花尽管未被列入我国十大名花之列，却占有很高的地位。人们将桃树视为“五木之精”，将桃花作为美好的事物的化身。人们赞称美女的娇容“艳若桃李”，将理想的生活环境称为“世外桃源”，太平盛世称为“桃林”。《诗经》中称赞美满婚姻“桃之夭夭，灼灼其华”。唐代诗人刘禹锡描写当时民间观赏桃花的时称：“紫陌红尘拂面来，无人不道看花回”。最受人们称颂的是桃花那“嫣然出篱笑，似开未开最有情”的神态，那“千朵万朵竞研媚，浓于胭脂烈如火”的激情与顽强的生命力。桃花喜阳光和温暖的环境。多用嫁接法繁殖。以山桃、毛桃的实生苗和杏作砧木。

空中仙子——吊兰

吊兰是多年生常绿草本植物，属百合科。常见的品种有金心吊兰、银边吊兰、金边吊兰，还有全绿色的吊兰。吊兰是最为传统的居室垂挂植物之一。它叶片细长柔软，从叶腋中抽生的匍匐茎长有小植株，由盆沿向下垂，舒展散垂，似花朵，四季常绿；它既刚且柔，形似展翅跳跃的仙鹤，故古有“折鹤兰”之称。吊兰的一条条从叶丛中抽出的匍匐状花茎悬空倒垂。枝上的小花随风摇曳，一棵棵新植株轻盈飘逸，如蝴蝶翩翩起舞，如礼花四溢，让人兴味无穷，故吊兰有“空中仙子”“空中花卉”的美称。总之，它那特殊的外形构成了独特的悬挂景观和立体美感，可起到别致的点缀效果。

空中仙子——吊兰

吊兰的生命力很强，只要有一点水土，甚至一杯清水，就能生根、发芽，抽出新枝。它随遇而安、不争养分、不争地位高低，即使悬挂在空中，也不感到孤寂，照样为人们带来清新与碧绿。因此，吊兰虽然花朵很小，貌不惊人，却深受人们的喜爱。它在客厅、书房、居室伴随人们工作和休息。元代诗人谢宗曾有诗对吊兰的形态和品质作了栩栩如生的描述，诗中赞曰：“午窗试读《离骚》罢，却怪幽香天上来。”

吊兰不仅是居室内极佳的悬垂观叶植物，而且也是一种良好的室内空气净化花卉。吊兰具有极强的吸收有毒气体的功能，一般房间养 1~2 盆吊兰，空气中有毒气体即可吸收殆尽，故吊兰又有“绿色净化器”之美称。

江南第一花——玉簪花

玉簪花又名白萼、白鹤仙。因其花苞质地娇莹如玉，状似头簪而得名。碧叶莹润，清秀挺拔，花色如玉，幽香四溢，是我国著名的传统香花。

江南第一花——玉簪花

玉簪花为多年生宿根草本植物，属百合科。玉簪花色洁白如玉，花香浓郁芬芳。其叶片为宽心脏形、色泽鲜绿，别具特色。玉簪是赏叶、观花、闻香俱佳的花卉之一。

玉簪花在我国已有2000多年的栽培历史。宋朝黄庭坚的一首名为《玉簪》的诗中写道："宴罢瑶池阿母家，嫩琼飞上紫云本。玉簪坠地无人拾，化作江南第一花。"这首诗为人们讲述了一个关于玉簪的神话故事：九天仙女参加王母在瑶池举办的宴会后，好像一块美玉般飞身登上了紫云本。头上佩戴的玉簪掉落在人间，化成了一株美妙的花，得名玉簪花。郭沫若先生对玉簪的描述更加生动："乳白的花簪聚在碧雪梢头，一花谢了，一花又开，昼夜不休。扇形的绿叶把香风扇得和柔，保持清白，骄气、娇气都不敢有"。

洁白优美的玉簪花，花开在七、八月份，似一身着白衫的仙女，悄然立于一片绿云之上，散发出迷人的芳香，为炎热的盛夏带来一丝清凉甘爽之气。将玉簪花送与亲友表达亲切的问候。尤其适合送给生肖属兔的朋友。

花烛——红掌

红掌又名花烛、安祖花、火鹤、红鹤等。原产哥伦比亚，为多年生草本植物，属天南星科。

红掌的花梗细长、挺直。往往被人误认为是花的佛焰苞、心形、平直展开，鲜红

有光泽，像镀了一层蜡似的。而其真正的花却并不显眼，是白苞叶中抽出的圆柱形的肉穗花序，淡黄色、直立。

红掌最适生长温度为 20～30℃，最高温度不宜超过 35℃，最低温度为 14℃，低于 10℃随时有冻害的可能。最适空气相对湿度为 70%～80%，不宜低于 50%，因为保持栽培环境中较高的空气湿度，是红掌栽培成功的关键。因此，一年四季应多次进行叶面喷水。红掌不耐强光，全年宜在适当遮阴的环境下栽培，即选择有保护性设施的温室栽培。

花烛——红掌

其实，红掌与火鹤并不完全相同，这两种花苞片形状、花序颜色稍有不同，是同属植物的不同品种，只能算是“近亲”。

无论是红掌，还是火鹤，它们都能很形象地反映出它们的共同特点，鲜红亮丽，火般的色彩，让人顿觉眼前一亮，不禁怦然行动。细长花梗托起心形的苞片，像一颗跃动的红心，热烈而奔放。

红掌不仅花朵美丽大方，其叶片也毫不逊色，草质的叶片，呈长椭圆状心脏形，鲜绿有光泽。所以，红掌既能观花又能赏叶，一举两得。红掌是生肖属马或属虎的人的幸运花。

大叶花烛的繁殖管理

繁殖方法

繁殖采用播种和分株法。

原种可用种子播种繁殖，在高温环境中栽培的植株，经人工授粉可以收获种子。播种在一般家庭中较困难，故多采用分株法繁殖。

4～5 月间，可将开花后的成龄植株旁有气生根的子株剪下，单独分栽。分下的子株至少应有 3～4 片叶。子株培养一年可形成花枝，一株成龄株一年只能分 1～2 株，繁殖率极低。也可扦插繁殖，将较老的枝条剪下，每 1～2 节为一插条，去除叶片，将插条直立或平卧插于底温 25～35℃的插床中。几周后长出新芽和根，成为独立植株。

栽培管理

盆栽所用基质必须要有很好的通气性，南方地区可用木泥炭、草炭土、珍珠岩按 2:1:2 的比例配合，栽培效果较好。北方地区用腐烂后的松针土作栽培基质最为适宜。上盆时土压得不可过紧，以免妨碍空气流通。

大叶花烛虽为喜阴植物，但光对它的叶片同化作用效率影响极大，花茎的长度与佛焰苞的大小亦随光的水平增加而增加。因此，需要全日照量的 60%～80%。

夏季温度高，光强度过高时，遮光率应达到75%～80%。冬季气温较低，光强度较弱，遮光率应控制在60%～65%。生长温度白天不超过35℃，夜间不低于14℃。低于10℃时生长不良，恢复极慢。25℃以上高温时，要特别注意加强通风。相对湿度应维持在85%～95%以上，以极细小的雾点为佳。冬季有阳光的日子，气温高于20℃，每3天微喷一次。夏天，每日微喷一次，其中2次在中午前后。

每隔2～3年换一次盆，一般在春天进行，并结合进行分株繁殖。生长季节1～2周施用1次追肥，并注意保持盆土有充足的水分。

万绿丛中一片红——石榴花

石榴树为落叶乔木，属石榴科植物。原产中亚的伊朗、阿富汗。喜阳光充足和干燥环境，耐寒，耐干旱，不耐水涝，不耐阴，对土壤要求不严，以肥沃、疏松的沙壤土最好。

石榴又名安石榴、甘石榴、天浆。石榴的观赏价值很高，夏日红花、秋日红果，华实并丽。石榴之美，别有一番风姿。

万绿丛中一片红——石榴花

初夏时节，春光已老、花事正淡。在绿叶荫荫，芳菲落寞之间，却见石榴于万绿丛中，燃起一片火红，灿若烟霞。正是“只待绿荫芳树合，蕊珠如火一时开”。古诗中咏石榴的不少，最美的要数江淹《石榴颂》：“美木艳树，谁望谁待？缥叶翠萼，红华降采。照烈泉石，芬披山海。奇丽不移，霜雪空改。”

石榴花不仅花美，而且花落之后，经过两三个月的孕育后，枝头便会挂满硕果。其枝叶间“朱实星悬，光若琥珀，如珊瑚之映绿水”。

石榴树还有净化空气的功能，对空气中的氟、铅、氯的污染，有一定的吸收和积累能力。

送一盆石榴花给友人，可以表达多福多寿的良好祝愿。

兰中皇后——蝴蝶兰

蝴蝶兰为草本植物，属兰科。单茎性附生兰，茎短，叶大，花茎一至数枚，拱形，花大，因花形似蝶得名。其花姿优美，颜色华丽，为热带兰中的珍品，有“兰中皇后”之美誉。

兰中皇后——蝴蝶兰

以前,欧洲人并不喜欢蝴蝶兰,将这种集俏丽、活泼、高贵、端庄、典雅于一身的迷人花卉认作是魔鬼的化身。直到后来,才把它看作是上帝赐予人间的花之精灵,蝴蝶兰才备受青睐。

蝴蝶兰原产马来西亚,我国台湾也有分布。其叶片为长椭圆形、厚呈草质,自叶腋间抽生花茎,总状花序,花茎前端略弯呈弓形,可着花 3~15 朵。蝴蝶兰的花奇特而优美、唇瓣 3 裂,末端有一对分开的卷须,外围是 3 枚萼片、测瓣 2 枚呈宽圆形,好似一只张开翅膀的轻盈优美的蝴蝶,翩翩然振翅欲飞。蝴蝶兰的花色亦十分丰富,有白色、黄色、粉红色的,还有带斑纹的,千变万化,让人百看不厌。

在我国台湾和泰国、菲律宾、马来西亚、印度尼西亚等地都有分布。其中以台湾出产最多。全世界原生种约有 70 多种,经杂交选育的品种有 530 多个。以开黄花的较为名贵。有个称为“天皇”的黄花品种,堪称“超级巨星”,讨价甚昂。至于蓝花品种亦较为珍稀。1952 年与 1953 年的国际洋兰博览会上,台湾送展的蝴蝶兰连续两年获得金牌奖杯。1989 年香港举办的第 14 次兰花展览,胡炳炽先生送展的一棵白瓣红唇的蝴蝶兰获得全场的总冠军奖。这些杰出的殊荣为蝴蝶兰的开拓奠定了坚实的基础。如今,欧美各国人士对蝴蝶兰的消费量不断增加,举凡高级宴会都少不了蝴蝶兰作摆设。许多新娘和滨相更喜爱用它作为捧花和襟花。单是意大利在 1990 年曾销售蝴蝶兰 260 多万株,创历史最高纪录。在香港每盆约卖 70~100 港元,母枝切花售 15~30 港元。

蝴蝶兰也是馈赠的佳品、送于亲友,带去了幸福、快乐、吉祥的祝福,显得大方而得体。

锦上添花——蟹爪兰

蟹爪兰的名字中虽然带有“兰”字,但它并不属于兰科,而是仙人掌科蟹爪兰属

的植物。

锦上添花——蟹爪兰

蟹爪兰又名圣诞仙人掌，属附生类仙人掌，原产巴西。喜温暖湿润和半阴研境。不耐寒，怕烈日暴晒。宜肥沃的腐叶土和泥炭土，怕煤土煤灰。冬季温度不低于10℃。植株常呈悬垂状，嫩绿色，新出茎节带红色，主茎圆，易木质化，分枝多，呈节状，刺座上有刺毛，花着生于茎节顶部刺座上。常见栽培品种有大红、粉红、杏黄、和纯白色。因节径连接形状如螃蟹的副爪，故名蟹爪兰。节茎常因过长，而呈悬垂状，故又常被制作成吊兰做装饰。

原产巴西的蟹爪兰又名蟹叶仙人掌或称为锦上添花，它于冬、春开花，是春节里点缀居室、烘托节日气氛的观赏植物。在欧美国家，人们也用它来装饰圣诞节日，故也称它为“圣诞蟹爪兰”。

人们通常是把蟹爪兰嫁接在仙人掌或三棱箭上生长，这样整体造型优美，可提高其观赏价值。蟹爪兰的“茎状叶”很别致，花亦很美丽、着生在茎顶端，花苞时呈枣核形，开放时，瓣化的萼片层层展开，微向后弯曲，露出雄蕊围绕着雌蕊，雌蕊的柱头呈现粉红色，为整朵花增色不少。它的花多为紫红色，但也有红色、黄色、白色等杂交品种。蟹爪兰翠绿色的茎自然下垂，每当花朵盛开时，灿若锦绣，正应其“锦上添花”的美名。

木上生花——石斛兰

我们日常所看到的石斛兰大多从泰国进口的，通常被称作“泰国兰”。

石斛又名石斛兰为兰科石斛属植物。是我国古文献中最早记载的兰科植物之一。由于花形、花姿优美，艳丽多彩，种类繁多，花期长，深受各国人民喜爱和关注，在国际花卉市场上占有重要的位置。当今世界上许多国家都有广泛栽培，尤以东南亚最盛。其中以泰国产量最大，1993 年年产 3600 吨石斛兰，1994 年出口意大利 6290 万支、荷兰 1425 万支、德国 1170 万支，还出口日本和北美。另外，新加坡、马来西亚和我国台湾也有一定数量生产，主要出口国家有荷兰、德国、意大利、英国、法国和日本。菲律宾以自产自销为主。在亚洲，日本是石斛兰最大的进口国，1993 年市场销售 230 万盆、销售额为 2800 万美元，占盆栽花卉销售的第六位。

木上生花——石斛兰

石斛兰喜欢生长在温暖、潮湿、通风的环境。李时珍在《本草纲目》曾提道："石斛丛生石上。其根纠结甚繁，干则白软，其茎叶，生皆黄色。节上自生根须。人亦折下，以砂石栽之，或以物盛挂屋下，频浇以水，经年不死。俗称千年润。"现今，在市场上所见的石兰为杂交后选育的有良品种，花美，具有较高的观赏价值。石斛兰的观赏期较长，一般能持续10~25天。

石斛兰具有圆筒状的假球茎，茎上有节。叶互生，卵圆形，叶鞘环状包围假球茎。自上部叶腋间抽生花茎，每一花茎上可着花8~15朵。石斛兰的花形小巧、秀丽在绿色的花茎上，密密地开放着。清秀、可爱的花朵色彩艳而不娇，流露出温和、典雅的气质。花茎顶端通常带有形似"菱角"的花苞，为整串花增添了几分活泼的气息。

浪漫女神——紫罗兰

紫罗兰又名草桂花，属十字花科，多年生草本，常作二年生栽培，一般在头年秋季播种，翌年春季开花。此花株高30~50厘米，茎直立，多分枝，基部梢木质化。叶面宽大，长椭圆形或倒披针形，先端圆钝。总状花序顶生和腋生，花梗粗壮，花有紫红、淡红、淡黄、白等颜色，单瓣花能结籽，重瓣花不结籽，果实为长角果圆柱形，种子有翅。花期3~5月，果熟期6~7月。

紫罗兰原是欧洲名花之一。在罗马神话中，有一则关于紫罗兰的传说：古时有一对温柔、聪慧的姐妹，她们用灵巧的双手为竞技中获胜的勇士制作花冠。有一天，姐妹俩认识了一对善良、勇敢的兄弟，双双坠入爱河。许多暗恋这姐妹俩的坏人十分嫉妒，联合起来杀死了那兄弟俩。姐妹二人闻讯后，悲痛欲绝，也自杀身亡。天神同情她们，将姐妹俩化成了美丽的紫罗兰。在法国，有这样一个古老的习俗，

当男性遇到理想的女性时，就将紫罗兰插在帽子上、拿在手中，从女性身边走过，表示“此情不变”。因此，在花卉王国中，紫罗兰是颇具浪漫色彩的一种。在希腊神话中，司爱司美的女神维纳斯，与爱人话别时，伤心的眼泪滴落在泥土中，长出一株美丽的花，就是紫罗兰。

紫罗兰的花，总是飘来阵阵幽香，不禁引人遐思。紫罗兰花色丰富，有紫、紫红、粉红、黄、白等多种色彩。紫罗兰花朵茂盛，花色鲜艳，香气浓郁，为众多赏花者所喜爱，适宜于盆栽观赏，适宜于布置花坛、台阶、花径，整株花朵可作为花束。

浪漫女神——紫罗兰

我国新引进的非洲紫罗兰是一种充满异国情调和新时代气息的“迷你”盆花。它被许多姑娘和少妇视为家庭室内最理想的装饰花草。

非洲紫罗兰属苦苣苔科草本。又称“非洲堇”。原产于非洲东部的坦桑尼亚，因花容酷似紫罗兰而得名。实际上同正宗的兰花并无亲缘关系。据闻是 1892 年为德国植物学家柏荣·冯·圣保罗发现的，有人叫它“圣保罗花”。它的株高不到半尺，没有长茎，叶似汤匙，披有柔软的丝绒，全部从基部伸出，构成一个工整的莲座，多数花朵集生于中央。由于品种不同，花样更是千姿百态，有的像个绣球，有的好似金星，也有的宛如宝塔。而花色亦非常丰富，除黑、绿色外，几乎色色俱全。特别是那些一花两色、三色的品种更是令人陶醉。例如“美国加洲 1 号”就是当今的名种之一。它的瓣色粉红，边缘翠绿，叶旁也镶有黄色，仿佛花中有叶，叶中有花，极为秀丽，被花迷们视为难能可贵的珍品。

当今，许多经济发达的国家，由于人们的生活节奏紧张，对大棵的花木难以侍弄，因而对轻巧、耐观和易管的小盆花产生了强烈的兴趣，非洲紫罗兰便成了最佳的选择。不论摆在案上、窗前或床头柜上，都会令人产生和谐和温馨的感觉。许多人称赞它是一种具有情趣，乐趣和雅趣的花草，形容它像“新娘的面靥”，“醇馥的香槟”。闻说香港有位林藻家女士，是位现职教师。她的丈夫黄善生先生是从事电脑出入口生意的商人，他俩对非洲紫罗兰有强烈爱好，每天利用业余时间不断栽种，一见花店有新品种则不惜代价购口家中，先后连续种了 10 多年，至今已有 3000 多盆，共有 500 多个品种，约占全世界 2000 多个品种的四分之一。几乎把阳台、客厅、书房以至洗手间都摆满了。香港举行花展比赛，他俩送展 12 盆，竟有 9 盆获奖，许多亲友称赞他俩是天生的一对“花痴”。

非洲紫罗兰因属中档时花，社会上有能力购买的人很多。故从它问世以来，国际花市的销售量一年比一年递增。有不少妇女还以之作为家庭副业，把它卖给花店。由于爱好者越来越多。美国特专门成立了全国性的非洲紫罗兰协会，并出版

名为《非洲紫罗兰》的专业杂志，在全世界拥有数以万计的读者，这对花卉界的学术交流真是一桩可喜可贺的盛事。

虽然非洲紫罗兰的观赏价值颇高，但如果不了解它的生长发育规律，往往种下不久就会突然死亡。主要原因是它的植株细胞组织非常脆弱，如果淋水施肥不当，就很快引起腐烂。故在购买花苗时，要注意选择正在开花，叶部坚挺，富有弹力，叶柄短粗，没有病虫害的种苗方可购买。对种花的植料一定要用腐叶土、蛭石、珍珠岩、河沙、干粪、骨粉和花生麸混合的营养土，其酸碱度为中性，pH 值在 6.5～7 之间，用 7～9 厘米直径的小红陶盆栽种为宜。

非洲紫罗兰的生长适温为 20～25℃，相对湿度为 60%～80%，喜欢在空气流通，没有大风袭击和光线较多的环境生长。要求每天上午都有朝阳和散射光射到才能正常开花。否则就需要用光管加照五六个小时，以便补充光源。对于淋水方面，则要掌握不干不浇，一浇要透的原则。要用长嘴的茶壶逐盆将水斟入盆内，切不可淋湿叶面。而且在追肥时亦不能让肥水沾到叶上，以免引起腐烂衰亡。如果不慎淋到应尽快用纸巾吸干吸净。

通常危害非洲紫罗兰的有白绢病、菌核病等，当发现时可用波尔多液，或大生 1000 倍溶液喷射。如发现有蚜虫、蓟马为害，可用速灭松或马拉松乳剂 1000 倍液喷杀，并隔数天再喷 1 次即可扑灭。

好女儿花——凤仙花

凤仙花为一年生草本植物，属凤仙花科植物。每到夏季，是凤仙花盛开的时节。风姿清丽可人，花朵纷繁如凤，故凤仙花又名“金凤”。凤仙花可以用来染指甲，所以它还叫指甲花。

凤仙花花大而美丽，粉红色，也有白、红、紫或其他颜色，姿态娇美，色彩丰富绚丽，而且容易种植，文人墨客将它作为六月的花使令。宋代徐致中《金凤花》赞它：“鲜鲜金凤花，得时亦自媚。物生无贵贱，罕见乃为贵。”明代徐有阶称：“金凤花开色最鲜，佳人染得指头丹。”元代女诗人陆秀卿一首《醉花阴》，将女子用凤仙花染指甲描绘得妙趣横生。词云：“曲阑凤子花开后，捣人金盘瘦。银甲暂散除，染上春纤，一夜深红透。绛点轻濡笼翠袖，数颗相思豆。晓起试新装，画到眉弯，红雨春山逗。”传说南宋时，因光宗李后的小名叫凤娘，宫中避讳，故称凤仙花为好女儿花。

古代传说凤凰是鸟中之王，雄鸟名凤，雌鸟名凰，由于凤仙花有这一美名，让人一见凤仙花就联想起凤凰。明代诗人瞿佑在《凤仙》一诗中云：“高台不见凤凰飞，招得仙魂慰所思。”其意是说人们虽然不曾看到高处有凤凰飞，但却可看见由凤凰仙魂所化的凤仙花，也可安慰人对凤凰的思念了。唐代诗人吴仁壁在《凤仙花》一诗中云：“香红嫩绿正开时，冷蝶饥蜂两不知。此际最宜何处看，朝阳初上碧梧枝。”据说凤凰非梧桐树不栖，诗中碧梧枝指的就是梧桐树枝，诗人已把凤仙花当作凤凰

好女儿花——凤仙花

的化身,可见凤仙花在我国花卉文化史上有一定的地位。而用凤仙花染红的指甲,也让诗人浮想联翩,元代杨维桢在《凤仙花》一诗中有"弹筝乱落桃花瓣"的语句,形容染红指甲的女子弹筝时,手指上下翻动,好似桃花瓣落纷纷。

凤仙花还有一个有趣的英文名字叫"Touchmenot",如将此名直译,其意是"勿碰我"。因为当凤仙花种子成熟时,只要轻轻一碰,果瓣立即开裂,并向内弯卷收缩,将种子弹出。而我国中医也因此将凤仙花种子的药用名叫急性子,有的地方也把凤仙花叫急性子。此外,中医还将凤仙花的茎作为治疗风湿疼痛和跌打损伤的药,因而凤仙花也叫透骨草。

凤仙花对氟化氢很敏感,稍接触,便会花残叶败,甚至枯死。因此,可用凤仙花监测氟化氢的污染。

亭亭玉立——美人蕉

"芭蕉叶叶扬遥空,月萼高攀映日红。一似美人春睡起,绛唇翠袖舞东风"。这首诗把美人蕉的形态比喻的栩栩如生。正因此原产于美洲热带和亚热带的红蕉被称为美人蕉。

美人蕉株高 1~1.5 米,喜爱高温高湿的气候和阳光充足的环境。美人蕉在园林中常用作花径、花篱或者种植于花坛中心及装饰一面的背景。

亭亭玉立——美人蕉

美人蕉植株挺拔秀丽、叶色碧绿、舒展如美人翠袖。红色的花朵簇生于茎顶，绮丽多姿，远观灿若红霞，近看艳如火焰。美人蕉不断涌茎长芽，顶端的花谢之后，新芽继续生长，发出花枝，相继开放，花朵从夏到秋，绵延不断。在唐代以前，美人蕉花只有红色，故称红焦。唐代李绅《红焦》诗曰："红焦花样炎方识，瘴水溪边色更深。叶满丛深殷似火，不惟烧眼更烧心。"经过人们不断地改良品种，美人蕉出现了多种花色。因其叶酷似芭蕉，花朵美丽，后人便将红焦改称为美人蕉。清人庄大中的《美人蕉》诗说："照眼花明小院幽，最宜红上美人头。无情有态绿何事，也倚新妆弄晚秋。"这首诗使美人蕉如美女亭亭玉立，衣裙轻飘的姿态跃然眼前。

美人蕉对二氧化硫、氯气等有害气体有较强的抗性，对尘埃有一定的吸附作用，是良好的环保植物。

六出香雪——栀子花

栀子花为常绿灌木，属茜草科植物。又名黄栀子、金栀子、银栀子、山栀花。茜草科，四季常绿灌木，木本花卉。高 1 余米，叶对生或 3 叶轮生，有短柄，叶片革质，倒卵形或矩圆状倒卵形，顶端渐尖，稍钝头，表面有光泽，仅下面脉腋内簇生短毛，托叶鞘状。花大，白色，芳香，有短梗，单生枝顶。花期较长，从 5~6 月连续开花。

栀子性喜温暖湿润气候，好阳光但又不能经受强烈阳光照射，适宜生长在疏松、肥沃、排水良好、轻粘性酸性土壤中，是典型的酸性花卉。常见的栽培品种有：大花栀子，花大，叶大；卵叶栀子，叶倒卵形，尖端园；狭叶栀子，叶呈披针形；黄斑栀子，叶有斑纹，叶绿黄色。栀子花喜欢温暖湿润的气候，阳光充足的环境，肥厚带酸性的土壤。用扦插、压条、分株何播种法繁殖均可。

栀子花是我国传统的八大香花之一，在汉代已为我国名花。因其花蕊金黄、花冠似古时盛酒的器具"卮"，而被称为卮子花，后又称栀子花。每当春末夏初，一丛

碧油翠绿的栀子枝条上缀满了硕大洁白如玉的花朵,其香醇馥郁、随风远溢、沁人心脾,让人沉醉。栀子花的单瓣品种花有六瓣、被称为六出花。《酉阳杂》称,"诸花少六出者,唯栀子花六出。"人们联想到雪花也是六出,而瑞雪兆丰年,故又称栀子花为香雪、夏雪。栀子花植株挺秀,枝干苍劲,种于水边池畔、临池横枝,则更加优美怡人。宋代陆游称它为"清分六出水栀子"。

六出香雪——栀子花

栀子花对二氧化硫、氟化氢等有害气体有较强的抗性,并可吸收空气中的硫,是净化环境的最佳花木之一。

出淤泥而不染——荷花

荷花,属睡莲科多年生水生草本花卉。地下茎长而肥厚,有长节,叶盾圆形。花期6至9月,单生于花梗顶端,花瓣多数,嵌生在花托穴内,有红、粉红、白、紫等色,或有彩文、镶边。坚果椭圆形,种子卵形。荷花种类很多,分观赏和食用两大类。原产亚洲热带和温带地区,我国栽培历史久远,早在周朝就有栽培记载,性喜温暖多湿。荷花花大叶丽,清香远溢,出淤泥而不染,深为人们所喜爱,是园林中非常重要的水面绿化植物。

出淤泥而不染——荷花

我国有150多个荷花品种,通常分为藕用、子用和观赏用三大类。藕用和子用的荷常种植在湖沼、泽地、池塘、稻田等处相对稳定、平静的浅水中,水深一般为0.3

~1米。观赏荷用口大身矮的缸栽种。用藕(地下茎)或莲子播种。

荷花是我国十大名花之一,其色、香、姿、韵极佳,有"水中芙蓉""花中君子"之美誉。有很高的观赏价值。

荷花先叶后花,花叶同出,并且一面开花,一面结果,蕾、花、莲蓬并存,与硕大的绿叶交相辉映,尤其是雨后斜阳,花苞湿润晶莹,绿叶随风摇曳,水珠在绿叶上滚动,如珍珠般折射出太阳光的七彩,光艳夺目,更加美艳绝伦。夏日炎炎,人们看见荷花,闻到那特有的清香,就有暑气顿消,神清气爽之感。宋朝理学大儒周敦颐著《爱莲说》称荷花"出淤泥而不染,濯清涟而不妖,中通外直,不蔓不枝,香远益清,亭亭净植",使荷花享有"花中君子"的美誉。

荷花全身皆宝,藕和莲子能食用;莲子、根茎、藕节、荷叶、花及种子的胚芽等都可入药,可治多种疾病。

浓艳对秋光——鸡冠花

鸡冠花为一年生草本植物,属苋科。花序酷似鸡冠的鸡冠花,不但是夏秋季节一种妍丽可爱的常见花卉,还可制成良药和佳肴,且有良好的强身健体功效。同时能抗二氧化硫、氯化氢等有害气体,具有美化和净化环境的双重作用。作为一种美食,鸡冠花则营养全面,风味独特,堪称食苑中的一朵奇葩。形形色色的鸡冠花美食如花玉鸡、红油鸡冠花、鸡冠花蒸肉、鸡冠花豆糕、鸡冠花籽糍粑等,各具特色,又都鲜美可口,令人回味。

鸡冠花是一种适应性很强的大众花卉,我国及全世界都有广泛栽种。鸡冠花虽然原产印度等地,但我国唐代就有种植此花的记载。鸡冠花巍峨直立,高冠突兀、气势轩昂,俨然昂首欲啼的报晓雄鸡。因其花色艳丽、花姿绰约、开花期长、自播力强,一次播种,年年开花,更有一种繁英竞研、豁达洒脱、催人奋进的精神。唐代罗邺称赞它:"一枝浓艳对秋光,露滴风摇倚砌旁。晓景乍看何处似?谢家新染紫罗裳。"

观音竹——棕竹

又称观音竹。棕榈科常绿丛生灌木。棕竹叶色光洁翠绿,株姿潇洒飘逸,四季常青,是优良的室内观叶花卉,为棕榈科、棕竹属常绿丛生灌木。株高2米至3米,盆栽约高1米左右,分蘖力强,常从地下逐年萌发新的单干枝茎,茎上有节,绿色似竹,不分枝。叶鞘在茎上宿存,下部褐色纤维网状,和棕榈的幼株相似。掌状裂叶生长在枝茎的上端,枝茎随着新叶的发生而向上加长生长,下面的老叶逐片枯黄。幼株叶裂的基部常合生在一起,3年以后续发的新叶裂片则深达基部。每叶具裂

片7枚至20枚，叶缘有细齿，叶柄细长，光滑无刺。雌雄异株，肉穗花序腋生，多分枝，小花黄色。小浆果白色，形似豌豆粒，花期4月至5月，10月间果熟，种子圆形。常见栽培的有阔叶与细叶两个品种。同属的筋头竹，亦名观音竹，叶上常带白条或黄条，尤为美观。

观音竹——棕竹

山林美容师——杜鹃花

杜鹃花，群众又叫映山红，泛指各种红色的杜鹃花，形容它那如火如荼的鲜红的光彩把山都映红了。其实杜鹃花哪只红色，现今植物分类学上仅把“映山红”作为其中一个种类（包括许多栽培品种）。杜鹃花自然分布于北半球温带及亚热带，全球800余种，我国就有600多种，云南一省有近300种之多。无疑，中国是杜鹃花的原生地，而云南又是其分布中心。

山林美容师——杜鹃花

在我国西南地区的横断山脉中，当杜鹃花盛开的季节，满山遍地一片红，故杜鹃花又叫作映山红。那里被誉为是“世界杜鹃花的天然花园”和“杜鹃花王国”。由于杜鹃花对土壤有严格的选择性，所以它成为酸性土壤的指示植物。有些杜鹃花科植物如羊踯躅是有名的药材。

传说，远古时候蜀国国君望帝杜宇，被人暗杀而死化成杜鹃鸟。杜鹃鸟啼声哀怨，不到吐血啼声不止。四月清明节，杜鹃鸟哀怨声声，火红的杜鹃花开的满山遍

野,人们都说,火红的杜鹃花是杜鹃鸟吐血染红的,故有“杜鹃啼处血成花”,“鲜红滴滴映霞月,尽是冤禽血染成”的名句。

杜鹃花是世界著名的花卉,唐朝诗人白居易赞美杜鹃花“花中此物是西施”,人间美女是西施,花中美花是杜鹃。中国是杜鹃花的发祥地和世界最大的分布中心,资源异常丰富。有匍匐生长在石岩上的紫背杜鹃,也有高达25米的大树杜鹃。杜鹃花有红、粉、白、黄、紫等颜色。每当仲春时节,祖国的大江南北,长城内外,杜鹃怒放,万紫千红,缤纷灿烂,美不胜收。有位外国朋友登上大理苍山,看到满山遍野的杜鹃花,热泪盈眶地惊呼道:“上帝,这是我要寻找的天堂。”

正因为杜鹃花在园林上的重要价值,我国品种丰富的杜鹃花资源早就为西洋各国所觊觎。早在19世纪初,他们曾不惜巨资多次派人前来云南采集标本、种子,现今英国皇家植物园夸耀于世的几百种杜鹃花系多自云南采集培育,早已蔚然成林,花蕾盛开之际,英伦士女,往来如梭,流连忘返。

由于杜鹃花在山林中地生长繁衍,使整个山林绚丽夺目,故人们称它为山林的美容师。

1919年,英国采集家傅利斯在云南腾冲高黎贡山西坡,意外地发现了他从未见过的“杜鹃巨人”——大树杜鹃。贪婪之心,驱使他雇来苦力,横着心,举起斧,硬将这一株高达25米、胸径达87厘米、树龄达280年的大树杜鹃砍倒,捞了一个圆盘状的木材标本回去,至今仍陈列在伦敦的大英博物馆里。但在63年之后,1981年2月,科学家又在原址,找到了这世界已知的最高最大的杜鹃花王。后经腾冲市林业局进一步调查,现有胸径在1米以上的大树杜鹃尚有12株,其中最大的1株高25米,其径粗达3.07米,树龄在500年以上。大树杜鹃的花序是一个十分秀美的花团,水红色,每花序由20至24朵长6厘米~8厘米、口径6厘米的钟形花朵组成,花序直径达25厘米。这顶天立地的大树杜鹃,茂盛的树冠遮天蔽日,灿烂的花朵美如云霞,它是云南的骄傲,它是祖国的骄傲!

杜鹃花多为高一二米的灌木和小乔木,亦有高仅几厘米、匍匐于岩石地面的旬行杜鹃、紫背杜鹃,也有高达数丈、繁花万朵的大树杜鹃、巨魁杜鹃。杜鹃花的顶成伞形花絮,由数朵钟状或漏斗状的花朵组成,宛如有一个饱满的绣球。叶片多为革质.大如批把,小似指甲,尚有一种吐尖杜鹃,叶片竟长达70多厘米,宽20多厘米;果为蒴果,种子细如尘埃,播种须精心管理,方能出土成苗。

杜鹃花在云南生长于海拔800米~4500米的高山、中山、低丘和田野,以滇西部高山种类最为丰富。尤其是高山冷湿地带。多种常绿杜鹃如黄杯杜鹃、白雪杜鹃、团花杜鹃、宽钟杜鹃等各色杜鹃花,常成密集的杜鹃花灌丛和纯林,竟有连绵一二十公里尽为杜鹃花“花海”的奇观。杜鹃花的花期依气候和种类而不同,低山暖热地带多在2~3月开放,中山温凉地带多在4~6月开放,高山冷凉地带多在7~8月开放。因其种类繁多,分布广泛,生态环境之复杂多样,杜鹃花的体态风姿也是多种多样:有的枝叶扶疏,有的干枝百千;有的郁郁葱葱,俊秀挺拔,有的曲若虬龙,苍劲古雅。其花色更是五光十色,多姿多彩:殷红似火、金光灿灿、晶蓝如宝,或带

斑带点，或带条带块，粉红的、洋红的、橙黄色的、淡紫色的、黄中带红的、红中带白的、白中带绿的，真是千变万化，无奇不有。有的浓妆艳服，有的淡著缟素，有的丹唇皓齿，有的芬芳沁人，真的各具风姿，仪态万千。

天山上的红花——郁金香

郁金香原产中亚及周围地区，即我国“天山上的红花”。在花卉的天地里，郁金香堪称大名鼎鼎的洋花。它的确切起源已难于考证。但现时多认为源自锡兰及地中海偏西南方向，至 1863 年传至荷兰。热爱奇花异卉的荷兰人一下子把郁金香捧上了天。他们对它那种美妙的酒杯形花朵竟如痴如醉。

天山上的红花——郁金香

郁金香的名字来自于拉丁文的“dulband”或“turban”。“turban”意指穆斯林的头巾。之所以这么起名字是因为它们的球状花骨朵看起来像是穆斯林教徒戴的头巾。郁金香最初产自地中海，1554 年从土耳其引入欧洲。从此马上风行起来，到了 17 世纪成了荷兰疯狂金融投机商们竞相追逐的目标。1637 年，荷兰的郁金香市场崩溃了。最后政府介入阻止了进一步的投机。在疯狂投机时期，金融市场上的郁金香数量超出了实际种植的数量。而今，郁金香已普遍地在世界各个角落种植，它代表着优美和雅致。

有人还编了一个故事：古代有位美丽的少女住在雄伟的城堡里，有三位勇士同时爱上了她。一个送她一顶皇冠；一个送把宝剑；一个送块金堆。但她对谁都不予钟情，只好向花神祷告。花神深感爱情不能勉强，遂把皇冠变成鲜花，宝剑变成绿叶，金堆变成球根，这样合起来便成了郁金香了。在每年的情人节，为了表达爱意的少男少女们，除了玫瑰，郁金香也成了传情意给情人的最佳选择。这个故事更加深了荷兰人对这花的印象。甚至有宣传媒介还宣扬一句箴言：“谁轻视郁金香，谁就是冒犯了上帝。”终于一场“郁金香热”席卷荷兰全国以至欧洲。不少人认为“没

有郁金香的富翁也不算真正的富有”。有的人竟宁愿用一座酒坊或一幢房子去换取几粒珍稀的种头。这许许多多的“狂人舞曲”却把荷兰奏富起来了。19世纪之初荷兰全国只种郁金香130英亩,到了20世纪中叶已发展到两万多英亩,占全世界郁金香出口总量的80%以上,行销125个国家,被誉为“世界花后”。这个超级拳头产品的出现,使郁金香当然无愧地成为国花,也无愧与风车、奶酪、木鞋一道被定为“四大国宝”了。

郁金香属于百合科多年生草本植物。经过园艺家长期的杂交栽培,目前全世界已拥有8000多个品种。它色彩艳丽,变化多端,以红、黄、紫色最受人们欢迎。但开黑色花的郁金香,却被视为稀世奇珍。19世纪,法国作家大仲马所写的传奇小说《黑郁金香》,赞美这种花“艳丽得叫人睁不开眼睛,完美得让人透不过气来”。其实,纯黑的花是没有的。黑郁金香所开的黑花。并不是真正的黑色,它有如黑玫瑰一样,倒是红到发紫的暗紫色罢了。这些黑花大都是通过人工杂交培育出来的杂种。诸如荷兰所产的“黛颜寡妇”“绝代佳丽”“黑人皇后”等品种所开的花都不是纯黑的。据国外报道,现在,有一种真正黑色的品种开始问世。但香港花界人士说眼下尚在寻寻觅觅、祈祈盼盼之中。可惜我国的民情不喜欢用黑花过年,故再新再奇也不易使人解开腰包。在国外因洋人喜插切花,而郁金香的花柄长达四、五十厘米,我国大多用作盆花,那就显得花高叶矮,有点像跳芭蕾舞的味儿了。如果能加以矮化处理,恐怕会更加秀丽。

郁金香因喜欢在冷凉的气候生长,花期又只有10天左右,除了北方之外岭南各地难以繁殖种头,每年总得依靠进口。按照它的习性要经历一段冷藏的刺激才能诱发花芽分化。

中国的母亲花——萱草

中国的母亲花——萱草

萱草是多年生宿根草本植物。我国是萱草的主产国。全世界共有萱草15种,我国就有12种。萱草的适应性强,房前屋后都能栽种,是花叶兼美,有很高观赏价值的花卉。萱草叶色苍翠,狭长四垂,婉柔如兰叶。花茎挺拔、芳香素雅的花朵着生于茎顶,或开展如盘,或直立如杯、或花瓣反向卷扬,千姿百态。花叶相映,焕发出外柔内刚、端庄雅丽的风采。我国栽种萱草已有3000多年历史。萱

草的主要品种黄花萱草的花名又称黄花菜、金针菜,是我国的“山珍”之一。内含秋水仙碱、天门冬素、萱草根素以及大量的磷,对神经系统有滋补作用。日本已将萱草花列入健脑食品。

萱草,在我国一向有“母亲花”的美称。远在《诗经·卫风·伯兮》里载:“焉得谖草,言树之背?”谖草就是萱草,古人又叫它忘忧草,“背”,意思是“北”,代指母亲住的北房。这句话的意思就是:我到哪里弄到一支萱草,种在母亲堂前,让母亲乐而忘忧呢?母亲住的屋子又叫萱堂,以萱草代替母爱,如孟郊的游子诗:“萱草生堂阶,游子行天涯;慈母依堂前,不见萱草花。”叶梦得的诗云:“白发萱堂上,孩儿更共怀。”萱草就成了母亲的代称,萱草也就自然成了我国的母亲之花。

微笑不露齿——含笑

含笑又名香蕉花,原产我国南部。喜温暖和湿润环境,不耐强光曝晒,不耐瘠薄土壤,要求排水良好、肥沃的微酸性土壤,冬季温度不低于5摄氏度。

微笑不露齿——含笑

是我国名贵的香花和重要的园林花木,固“花开不满,若含笑然”而得名。其花色温润如玉,星星点点,疏疏落落地分散在青枝翠叶腋间,花冠半开微吐,下垂者如掩面窃喜,翘首者如抿嘴微笑,恰似窈窕淑女“微笑不露齿,含羞半低头”。“入夜玉肌香、柔情暗自流”。只有此花偷不得,无人知处忽然香。含笑花对氯气有较强的抗性,其香气能杀死空气中的结核菌、肺炎球菌,是环保和净化居室的重要花木。陈设于室内或阳台、庭院等较大空间内。因其香味浓烈,不宜陈设于小空间内。

盛夏三白之一——白兰花

又名白兰,原产喜马拉雅地区。喜光照充足、暖热湿润和通风良好的环境,不耐寒,不耐阴,也怕高温和强光,宜排水良好、疏松、肥沃的微酸性土壤,最忌烟气、台风和积水。

盛夏三白之一——白兰花

白兰花与茉莉花、栀子花并称为"盛夏三白",是我国著名的香花。白兰花枝叶繁盛,四季常绿,姿态优美,叶碧绿如翠玉,花朵洁白如皑雪。宋代诗人称赞它:白步清香玉肌,满堂皓齿转明眉。

白玉兰是制茶、酿酒的重要原料。白兰花株形直立有分枝,落落大方。在南方可露地庭院栽培。北方盆栽,可布置庭院、厅堂、会议室。中小型植株可陈设于客厅、书房。因其惧怕烟熏,应放在空气流通处。

春天的寒暑表——玉兰

玉兰为落叶小乔木,树高可达 25 米,先开花、后出叶。有白玉兰、紫玉兰和朱砂玉兰等品种。

在园林、庭院到处可见玉兰花,它是我国著名的早春名贵的花木,有"春天的寒暑表"之称。玉兰花在百花尚未开放的早春时节,不待新叶吐绿就绽放出绒绒的花蕾,不出二三天就开出朵朵洁白的花朵,花清香如兰,一缕缕,沁人心脾。玉兰花即使在花凋时也美不胜收,花瓣随风飞舞而下,古人称之为"微风吹万舞,好

春天的寒暑表——玉兰

雨尽千妆”’“千花万红艳阳春，素质摇光独立难。但有一枝堪比玉，何须九畹始征兰”。

玉兰树是长寿树，可生活数百年。玉兰花不仅是观赏而且可食用和药用。

大吉大利——金橘

金橘别名：金柑、金枣、罗浮。常绿灌木或小乔木，高3米，通常无刺，分枝多。叶片披针形至矩圆形，长5~9厘米，宽2~3厘米，全缘或具不明显的细锯齿，表面

大吉大利——金橘

深绿色。光亮。背面表绿色，有散生腺点；叶柄有狭翅，与叶片边境处有关节。单花或2~3花集生于叶腋，具短柄；花两性，整齐，白色，芳香；萼片5；花瓣5，长约7毫米，雄蕊20~25，不同程度的合生成若干束；雌蕊生于略升起的花盘上。果矩圆形或卵形，金黄色。果皮肉质而厚，平滑，有许多腺点，有香味。

金橘常见的栽培品种有：金弹、金豆、园金柑、长寿金柑，长叶金橘等。金橘无论观叶、赏花，还是看果都会让人其乐无穷。金橘树形优美、株纤细清丽，枝叶繁茂，四季葱茏青翠，花朵娇小玲珑，洁白无瑕，“不施妆粉亦生香”。果熟时黄澄澄，金灿灿，清香四溢。人们将金橘的特点归结为“三多三小四悦”，即枝多、叶多、果多；叶小、花小、果小；味悦口、花悦目、气悦鼻、誉悦耳。

金橘之名，既有金又有吉（祥），给人们喻义着“大吉大利”，“四季吉祥如意”。还有人称之为代代果，意味着“代代平安”。用它送礼，深受亲友欢迎。

金橘果可以食用，果皮中富含糖分和维生素C，整个食用，味道酸中带甜，营养丰富。

夜间开花的植物——昙花

昙花别名琼花、月下美人，拉丁文取名的意思是“花开在叶子上”。其实，那不是叶子，是叶状的变态茎。其叶子已经退化成丝毛痕迹。

昙花非常美丽，花外围是紫绛色、中间洁白如雪。盛开时满室生香、芳香扑鼻，光彩夺目，有“晚皇后”之称。但是它花开至花谢不过只有3~4小时。夏秋之夜，悄悄怒放。

人们常用“昙花一现”来形容出现不久，顷刻消逝的事物。为什么用昙花一现比喻呢？因为昙花的花开起来大而美丽，白天不开花，要在晚上八九点钟以后才开，通常花开3~4小时即谢，由于昙花开花的时间很短，开后不久即谢，故称“昙花一现”。

夜间开花的植物——昙花

昙花为什么会夜间开花呢？这奇异开花特性要从它的原产地的气候与地理特点谈起。它生长在美洲墨西哥至巴西的热带沙漠中。那里的气候又干又热，但到晚上就凉快多了。晚上开花，可以避开强烈的阳光曝晒；缩短开花时间，又可以大大减少水分的损失，有利于它的生存。使它生命得到延续。于是天长日久，昙花在

夜间短时间开花的特性就逐渐形成,代代相传至今了。

昙花的故乡在墨西哥中美洲和南美洲的热带沙漠地区,那里气候又热又干、白天气温非常高,柔弱娇嫩的昙花只有在夜间开花,而且时间短才能减少水分的蒸发,这种开花的特性,是长期自然选择的结果。

品质高贵的花——君子兰

君子兰属石蒜科君子兰属。为多年草本花卉,肉质根粗壮,茎分根茎和假鳞茎两部分。叶剑形,互生,排列整齐,长30~50厘米,聚伞花序,可着生小花10~60朵,冬春开花,尤以冬季为多,小花可开15~20天,先后轮番开放,可延续2~3个月。每个果实中含种子一粒至多粒。

品质高贵的花——君子兰

君子兰是一种原生于非洲的品种独特的花卉。它传入我国只有100多年历史,而在民间养殖,仅有40多年,但由于该花姿态优美,端庄典雅,受到广大养花者的喜爱。它那厚实光滑的叶片直立似剑,象征着坚强刚毅、威武不屈的高贵品格;它丰满的花容、艳丽的色彩,象征着富贵吉祥、繁荣昌盛和幸福美满,所以人们广泛培育。

君子兰之所以特别受人喜爱,不仅是由于它鲜艳娇美的花容,更由于它具有一种其他花卉所无可比拟的优越性:这就是它既有令人赏心悦目的花朵,更有值得欣赏的碧绿光亮、犹如着蜡、晶莹剔透、光彩照人的叶片。所以,不少鉴赏花卉的行家认为:君子兰即使没有娇艳动人的花朵,仅仅它那犹如碧玉琢成的叶片,就已经是一些观叶植物所望尘莫及的了。

我国栽培的君子兰有垂笑君子兰(又名细叶君子兰)和大花君子兰(又名上花君子兰)两种。垂笑君子兰在北京及其附近一带繁殖最多。其叶片较窄,深绿色,叶片50~90厘米,花冠张开度较小,花序中的许多小花,都像钟形,且倒挂下垂;大叶君子兰在河北省繁殖最多。它的显著特点是叶短而宽,花葶粗壮而长,伞状的花冠张开弃较大,花朵朝上,观赏价值较高。

怎样养护盆栽君子兰

君子兰多采用播种和分株繁殖。播种繁殖是为了获得优良的品种。在开花时选择优良植株上的花粉,进行人工授粉,当果色由绿逐渐变红时,把果子剪下,剖出种子即可播种。播种宜用腐殖质丰富的沙壤土,盆底铺填一层瓦砾。君子兰的种

子很大，可采用点播，把种子均匀地按入盆土内，覆土 1.0~1.5 厘米。浇透水后，放在 20℃左右的室温下，保持盆土湿润，经 40~50 天种子发芽，发芽后适当控制水分，并给予一定的光照，使幼小植株长出 2 片叶子就可分盆栽植。分株繁殖是利用君子兰的根颈周围易产生分蘖的特性。当脚芽长到 15 厘米以上时，分离母株，如分离母株后的脚芽没有发生幼根，先把脚芽扦插在沙里，培养根系，基质温度控制在 25℃左右，要保持空气湿润，经 20~30 天可以产生新根，再行盆栽培养。君子兰盆栽作土，一般用腐叶土 3 份、发酵腐熟的马粪 5 份、粗砂 2 份进行调制。君子兰的肉质纤维状根含有丰富的水分和养分，栽植时要防止损伤。

君子兰在管理中忌盆土含水过多。浇水时，一般冬季温室内 3~5 天浇一次，春、秋季可 1~2 天浇一次，夏季每天浇一次。君子兰不十分喜肥，每次换盆时更换新的培养土，就可满足生长所需。为了使花开得更加鲜艳，应加过磷酸钙和黑矾，以增加含磷养分和调节土壤酸碱度，提高植株对肥料的利用能力。

香港市花——紫荆花

唐朝大诗人韦应物曾在《见紫荆花》一诗中写道：

杂英纷已积，含芳独暮春；

还如故园树，忽忆故园人。

虽笔墨不多，但游子思归、忆念故里之情却溢于言表，感人至深。

香港市花——紫荆花

说到紫荆花，恐怕大多数中国人都会想到香港。

在香港特别行政区，除悬挂中华人民共和国国旗和国徽外，还可使用区旗和区徽。香港特别行政区区旗就是五星花蕊的紫荆花红旗。红旗代表祖国，白色紫荆

花代表香港，紫荆花红旗寓意香港是祖国不可分离的一部分，并将在祖国怀抱中兴旺发达。花蕊上的五星象征香港同胞热爱祖国。花、旗分别采用红、白不同颜色，象征“一国两制”。香港特别行政区区徽呈圆形，中间是五星花蕊的紫荆花，周围写有中文“中华人民共和国香港特别行政区”和英文“香港”。中间图案也是红底白色五星花蕊紫荆花，寓意与区旗相同。

在香港的历史上，还有一段关于紫荆花的悲壮故事：1898 年 6 月 19 日，丧权辱国的《展拓香港租界专条》在紫荆城签订，英国政府强行租借九龙半岛大片土地及附近二百多个岛屿（后称新界），租期 99 年，两个月后，英方不顾中国民众的强烈反对和抵制，在大炮的轰鸣声中，强行提前举行占据仪式，数千名爱国群众揭竿而起，武装保卫自己的家园，反攻英国军营，使英军受到重创，但民众也遭到残酷的镇压，新界 10 万人口丧失了土地。劫变过后，村民们在桂角山建造了一座大型坟墓，合葬那些壮烈牺牲的英雄。后来桂角山上长出一棵从前没见过的开着紫红色花朵的树。几年后，那种花开遍了新界山坡，色彩缤纷，尤其是清明前后，花期正盛，像是对烈士的缅怀，民众将其命名为紫荆花。1965 年，紫荆花有幸当选为香港市花。

在中国古代，紫荆花常被人们用来比拟亲情，象征兄弟和睦、家业兴旺。它来源于这么一个典故：传说南朝时，京兆尹田真与兄弟田庆、田广三人分家，当别的财产都已分置妥当时，最后才发现院子里还有一株枝叶扶疏、花团锦簇的紫荆花树不好处理。当晚，兄弟三人商量将这株紫荆花树截为三段，每人分一段。第二天清早，兄弟三人前去砍树时发现，这株紫荆花树枝叶已全部枯萎，花朵也全部凋落。田真见此状不禁对两个兄弟感叹道：“人不如木也。”后来，兄弟三人又把家合起来，并和睦相处。那株紫荆花树好象颇通人性，也随之又恢复了生机，且生长得花繁叶茂。

紫荆花又叫红花紫荆、洋紫荆、红花羊蹄甲，为苏木科常绿中等乔木，叶片有圆形、宽卵形或肾形，但顶端都裂为两半，似羊蹄甲，故有此名。花期冬春之间，花大如掌，略带芳香，五片花瓣均匀地轮生排列，红色或粉红色，十分美观。紫荆花终年常绿繁茂，颇耐烟尘，特适于做行道树；树皮含单宁，可用作鞣料和染料；树根、树皮和花朵还可以入药。

不可或缺的原料植物

人类的衣、食、住、行,工农业生产,道路交通,城市建设所必需的原料,很重要的一部分是来自原料植物。如油脂、木材、橡胶、油漆、棉麻纤维等等,甚至能源之一的煤炭,也是来自埋藏在古老的地层内的植物尸体演化而成的。所以,原料植物不仅要重点保护而且还要大力发展。将来,原料植物有望成为发展航天工业和高精尖技术中不可缺少的成员。

楠木

樟科。常绿大乔木,高达30m以上,胸径1m。叶长圆形至长圆状倒披针形,下面被短柔毛,侧脉明显。圆锥花序腋生,被短柔毛。核果椭圆形或椭圆状卵形,黑色。分布于四川、贵州、湖北、湖南、生于海拔1100m以下的阴湿处。国家三级保护渐危种。

楠木

楠木为我国特有,是驰名中外的珍贵用材树种。以往四川有天然分布,是组成常绿阔叶林的主要树种。由于历代砍伐利用,致使这一丰富的森林资源近于枯竭。目前所存林分,多系人工栽培的半自然林和风景保护林,在庙宇、村舍、公园、庭院等处尚有少量的大树,但病虫危害较严重,也相继在衰亡。

杉木

分布于秦岭以南,海拔2000米以下山坡和丘陵常见树种,是我国重要的材用树种之一。杉木树干通直,高大,木材纹理直,材质轻软,结构细致,不开裂,耐腐蚀,为优良用材,是我国南方资源最丰富的木材树种之一。杉木生长迅速,作为速生林已被大面积造林。

松树

松树的品种在全世界有100多种，全是阳性速生树种，除幼苗期间需要些庇荫外，在生长期都喜欢光照和肥沃湿润的土壤。有的省份原有的乡土品种如华山松、油松、白皮松、马尾松、巴山松和杜松，从国内外引进的品种有华北落叶松、雪松、云南松、樟子松、湿地松、火炬松等。这些树种的生物特性各不相同，有的喜欢温暖湿润性气候，有的喜欢温和冷凉的气候。有的耐寒抗旱，有的不耐寒怕干旱。

中国人视松为吉祥物，松被视作“百木之长”，称作“木公”“大夫”。松的特点是凌霜不凋、冬夏常青。因此，古人视松为长青之树，古代有长生不老松之说，人们赋予其延年益寿、长青不老的吉祥寓意。松也是吉祥的梦兆。松更普遍地是被视作祝颂、祈盼青春永驻、健康长寿的象征物。

红松的木材是松树中质量最好的，是我国重要的珍贵用材树种。木材轻而较软，细致、纹理直。耐腐性强，有较高的工艺价值。可作建筑、航空、电杆、枕木、桥梁、车船等用材。树皮可制栲胶，红松还可割松脂。松针可提取松针油，种子也可入药，称为“海松子”。红松主要分布在我国东北地区小兴安岭一带，朝鲜、日本北部和独联体也有分布。

柚木

你到过云南德宏和西双版纳旅游吗？你看到旅游工艺商品店里那些琳琅满目，古色古香的木雕吗？大象、狮子、老虎、水牛、少女、观音、罗汉……千姿百态，妙趣横生，叫人爱不释手，件件都想买。你知道这些工艺品是用什么木头雕刻的吗？如果不是冒牌货，它们是用柚木雕刻的。

柚木是马鞭草科大乔木，原产南非，亚洲以缅甸最多。柚木树干通直，分枝少。木材呈褐黑色透亮，纹路清晰美丽，材质比重大，一根柚木要多人才能抬得起。

柚木生长十分缓慢，树龄要过百年，采伐的柚木材质才好。百年以上的材色黑里透亮，沉甸甸的，树龄短的柚木材色是淡黄色的，比较轻。俗话说：“十年树木，百年树人”，这话对柚木不太适用了。栽一株柚木要经历二三代人才能砍伐，爷爷栽树，孙孙砍伐。

柚木是著名的优良木材，如果用柚木盖房架屋，几百年甚至上千年不会腐烂。据报纸最近披露：1970年用120天时间重修天安门，全部木柱木梁都是用柚木和金丝楠木，是从加蓬和北婆罗洲进口的。

蓖麻

大戟科。一年生草本,高 1.5~2 米,茎直立,上部分枝。叶互生,盾状着生,掌状 5~11 裂,边缘不规则锯齿。圆锥花序顶生,或与叶对生,雄花在下,雌花在上,雄蕊多数,花丝分裂;雌蕊子房 3 室,被软刺,花柱 3 枚,红色。蒴果球形,径 1.5 厘米,种子亮黑褐色具白色花斑纹。

蓖麻

种仁含油高达 69~73%,重要油料植物。

红花

菊科。一年生草本,茎直立,株高 30~100 厘米,上部分枝。叶互生,叶片长椭圆形,长 7~15 厘米,宽 2.5~6 厘米,边缘羽状齿裂,齿端具针刺。头状花序排成伞房状,总苞球形,花全为管状,初开黄色,后转红色,瘦果椭圆形。

种子含油,食用或工业用;花入药或作饮料。

油桐

大戟科。落叶乔木,高 3~8 米。叶互生,叶卵形,或宽卵形,长 20~30 厘米,宽 4~15 厘米,种子具厚壳状种皮。油桐 4~5 月开花,果期 7~10 月;花后子房膨大,结球形核果,果顶端有短尖头;果内有种子 3~5 粒;种子具厚壳状种皮,宽卵形;种仁含油,高达 70%,桐油是重要工业用油,制造油漆和涂料,经济价值特高。

桐是我国特有经济林木,它与油茶、核桃、乌桕并称我国四大木本油料植物。

油桐

油桐至少有千年以上的栽培历史。

世界上种植的油桐有6种,以原产我国的三年桐和千年桐最为普遍。油桐属大戟科,落叶乔木。三年桐学名油桐,长得快,结果早,产量高,盛果期可达20年~30年。千年桐学名木油桐,因果皮有皱纹,又称龟背桐,寓意长命百岁。千年桐比三年桐高大,有10多米,树龄较长。油桐种子榨出的油叫桐油;木油桐种子榨出的油叫木油,质量稍逊。

四川、贵州、湖南、湖北为我国生产桐油的四大省份,四川的桐油产量占全国首位。贵州秀山的"秀油",湖南洪江的"洪油",是我国桐油中的上品。

油棕

油棕

棕榈科植物,单干,高可达20米,羽状复叶长6米,羽片排列成多个平面。果实近似椭圆形,表皮光滑,成熟时为黄色或红色。原产于非洲西海岸,是一种热带植物,也是重要的油料作物。由于树形有点像椰子,又称"油椰子"。

油棕是世界上单位面积产量最高的一种木本油料植物,每亩可产棕油约200公斤,产油量是花生的5~6倍,是大豆的近10倍,因此有"世界油王"之称。它原来一直生长在非洲的热带雨林中。

红麻

红麻是一年生草本的韧皮纤维作物,又称洋麻、槿麻、钟麻。原产印度或热带非洲两种看法。以中国、泰国、印度、苏联种植较多,次为孟加拉国、越南、古巴、巴西、印度尼西亚和伊朗。中国于 1928 年引种,50 年代因炭疽病害而停种,60 年代由于推广抗病品种,生产得以恢复发展。广东、广西、浙江、河南、山东、安徽、江苏、湖南、湖北、江西、四川等省、自治区均有种植。

红麻纤维拉力强、耐腐、吸湿、散水快,可纺织包装用麻袋,麻布,也可织地毯、制造绳索等。还可造纸。麻骨可制纤维板。麻叶是牲畜的好饲料。

剑麻

剑麻的叶片似剑。原产墨西哥,1901 年引入中国台湾,1928 年传至海南省。现在广东、广西、福建、云南、四川和浙江等省(自治区)南部试种和进行生产。

剑麻

剑麻叶片内含丰富的纤维,纤维细胞呈长形结构,细胞腔大而长,壁厚,具有纤维长,色泽洁白,质地坚韧,富有弹性,拉力强,耐摩擦,耐酸碱,耐腐蚀,不易打滑之特点,由于耐海水侵蚀。常作渔网、船舶绳索等用具。广泛应用于渔业、航海、工矿、运输、油田等事业上,以及用于编织剑麻地毯、工艺品等生活用品上。

棉花

棉花是唯一由种子生产纤维的农作物。有 4 个栽培种:草棉、亚洲棉、陆地棉和海岛棉。栽培最广泛的是陆地棉。

棉花

棉花原产于高温、干旱、短日照的热带和亚热带的荒漠草原，是多年生的亚灌木或小乔木。经过人类长期栽培驯化，才逐步成为栽培的一年生作物。中国古代的棉花是从国外分两路传入的。中国的海南岛、云南西部、广西桂林和新疆吐鲁番等地在距今2000多年以前已经广泛种植棉花。中国于1965年开始从美国引种陆地棉。中国是世界上棉花生产大国，其他还包括美国、苏联和印度等。

棉花是世界上最主要的农作物之一，产量高，生产成本低。棉花能制成各种规格的织物。棉织物坚牢耐磨，能洗涤并在高温下熨烫。棉布吸湿和脱湿快速而使穿着舒适。

棉纤维是纺织工业的主要原料；棉子含油分、蛋白质，是食品工业的原料；棉短绒也是化学工业和国防工业的重要物资。

棉纺织工业中需要量最大的是中长绒棉和长绒棉；超级长绒棉主要用于纺织优质细纱。短绒棉和中短绒棉主要用于纺织粗纱，或作絮棉用。棉籽是棉花生产的主要副产品。其产量约相当于纤维产量的1.5倍，是食品和饲料工业中油料和蛋白质的重要资源。种仁中含蛋白质为30~35%；经过脱脂后的棉仁粉蛋白质含量可达43~50%。其赖氨酸含量在氨基酸组成中约占6%，远超过稻、麦、玉米的含量。

亚麻

亚麻是古老的韧皮纤维作物和油料作物。亚麻起源于近东、地中海沿岸。早在5000多年前的新石器时代，瑞士湖栖居民和古代埃及人，已经栽培亚麻并用其纤维纺织衣料，埃及各地的“木乃伊”也是用亚麻布包盖的。油用型亚麻又叫作胡麻。胡麻在我国至少有1000年栽培历史。纤维型亚麻是1906年从日本引入的。中国主要分布在黑龙江和吉林两省。亚麻喜凉爽、湿润的气候。亚麻纤维具有拉力强、柔软、细度好、导电弱、吸水散水快、膨胀率大等特点，可纺高支纱，制高级衣料。

亚麻种子性状种子呈扁平卵圆形，一端钝圆，另一端尖而歪向一侧，长4~6毫

亚麻

米，宽2~3毫米。表面红棕色或灰褐色，平滑而有光泽，放大镜下可见微小的凹点；种脐位于尖端凹入部分，种脊浅棕色，位于一侧边缘。种皮薄，除去种皮后可见棕色薄膜状的胚乳，内有子叶2片，黄白色，富油性，胚根朝向种子的尖端。气无，嚼之有豆腥味。含油35~45%，无氮浸出物22%，纤维素9%。亚麻油属于干性油脂，含灰分3%，水分8%，亚麻油含有亚麻酸、甘酸、甘烷酸、硬脂酸、软脂酸等。可供食用、医药和工业原料用。亚籽饼是畜禽良好饲料。

漆树

漆树属漆树科，落叶乔木，高达20米，有乳汁。我国漆树分布广泛，大体在北纬25°~42°，东经95°~125°之间的山区。秦巴山地和云贵高原为漆树分布集中的地区。云南、四川、贵州三省的产量最多，福建是我国著名漆器产区。

漆树

漆树，又名山漆树。分大木漆和小木漆，漆树主产品为生漆，附着力、遮盖力、耐火性、防蚀性很强，且耐水、耐热。耐磨、耐溶剂侵蚀，广泛用于国防、机械、石油、化工、采矿、纺织、建筑等行业的防腐蚀涂料，是我国传统出口商品。漆蜡、漆仁油也有很大利用价值。漆树一般分布海拔800~2500米，湿润肥沃排水良好的地区。

多倍体植物

一般植物的染色体组数为 2N，称为二倍体。用秋水仙素等激素的处理后，培育出来的植物所含的染色体数在 2 倍以上的，统称为多倍体。如无籽西瓜是 3 倍体植物。香蕉是 3 倍体植物。水仙花是 4 倍体植物。普通小麦是 6 倍体植物。番茄是 6 倍体植物。马铃薯是 4 倍体植物。苜蓿是 4 倍体植物。巨峰葡萄倍体植物等。多倍体植物的枝株大多是粗壮，叶片和果实都比较大，所含糖类、蛋白质营养物质都较多。但生长较慢，成熟比较迟。

无籽西瓜

普通西瓜为二倍体植物，即体内有 2 组染色体（2N=22），用秋水仙素处理其幼苗，令二倍体西瓜植株细胞染色体成为 4 倍体（4N=44），这种 4 倍体西瓜能正常开花结果，种子能正常萌发成长。然后用 4 倍体西瓜植株做母本（开花时去雄）、二倍体西瓜植株做父本（取其花粉授 4 倍体雌蕊上）进行杂交，这样在 4 倍体西瓜的植株上就能结出 3 倍体的植株，在开花时，其雌蕊要用正常二倍体西瓜的花粉授粉，以刺激其子房发育成果实。由于胚珠不能发育为种子，而果实则正常发育，所以这种西瓜无子！

无籽西瓜

无子西瓜是用种子种出来的，但这个种子不是无籽西瓜里的种子，而是自然的二倍体西瓜跟经过诱变产生的四倍体杂交后形成的三倍体西瓜里的种子，由于是三倍体，所以他本身是没有繁殖能力的，所以也没有子。

马铃薯

马铃薯又名土豆、洋芋、山药蛋等。原产于南美洲安第斯山区的秘鲁和智利一带。十六世纪中期，马铃薯被一个西班牙人从南美洲带到欧洲。那时人们总是欣赏它的花朵美丽，把它当作装饰品。后来一位法国农学家——安·奥巴曼奇在长期观察和亲身实践中，发现马铃薯不仅能吃，还可以做面包等。从此，法国农民便开始大面积种植马铃薯。十九世纪初期，俄国彼得大帝游历欧洲时，以重金买了一袋马铃薯，种在宫廷花园里，后来逐渐发展到民间种植。块茎可供食用，是重要的粮食、蔬菜兼用作物，因其营养丰富有“地下苹果”之称。

马铃薯产量高，对环境的适应性较强，中国马铃薯的主产区是西南山区、西北、内蒙古和东北地区。其中以西南山区的播种面积最大，约占全国总面积的1/3。黑龙江省则是全国最大的马铃薯种植基地。

巨峰葡萄

曾经得过农产品头等奖的巨峰葡萄，是属于套袋、无农药残毒及有机栽培管理的葡萄生产，之所以命名为巨峰葡萄，最主要是因为其果粒大，坚实而耐贮藏，呈长椭圆形的外观而来。巨峰葡萄，除了注意形状为长椭圆形且色泽以深紫色为佳之外，最好选择小串一点的葡萄，愈大串的葡萄营养及甜份容易分散，反而不如小串葡萄颗颗尽得精髓，能够味道香醇，吃起来甜中带点微酸，且肉质口感极佳。

巨峰葡萄

甘薯

我们平时所说的"白薯",在植物学上正式的名称是甘薯。它传入我国的历史,过去没有确切的记载,以致传闻与事实多有出入。但是,近来从福建发现了《金薯传习录》一书,真相为之大白。原来最初把甘薯种传到我国的是福建的一个华侨,名叫陈振龙,时间是在明代万历二十一年农历五月下旬。

甘薯

从这一部传习录的记载中可以看到,陈振龙是福建长乐市人,常到吕宋经商。他发现吕宋出产的甘薯产量最高,而统治吕宋的西班牙当局却严禁甘薯外传。于是他就耐心地向当地农民学习种植的方法,并且设法克服许多困难,在海上航行七昼夜,终于把甘薯种带回福州。他的儿子陈经纶向巡抚金学曾递禀,请求帮助推广,金学曾却要他父子自行种植,没有加以推广。陈氏父子就在福州近郊的纱帽池旁边空地上种植甘薯,收获甚大。第二年适值福建大旱歉收,金学曾才下令推广种植甘薯,以便度荒。事后金学曾却大吹大擂,要地方官绅出面为他立功德碑,并将甘薯取名为"金薯",反而把陈振龙父子丢在一边,根本不提。

后来山东、河南、河北等地普遍种植甘薯,仍然是陈氏子孙努力推广的结果。陈振龙的裔孙陈世元曾联络几个同伴,到达山东的古镇,试种甘薯,成效卓著。后来他又在胶州潍县等地传播种植甘薯的经验,并且派他的大儿子和二儿子到河南的朱仙镇等地推广试种,最后到了北京郊外试种,效果都很好。南北各地的农民们逐渐对甘薯的好处有了认识,甘薯的种植才逐渐普遍了。

现在福建省立图书馆收藏着《金薯传习录》的一部完好的本子。这部书刊印于清代乾隆三十三年,即公元一七六八年,由福州南台小桥"升尺堂书坊"刊行,分为上下两卷。此后又过了十八个年头,到了乾隆五十一年,即公元一七八六年,清朝政府才明令推广种植甘薯。可惜这部书又长期被农学家所忽视,没有继续发挥它

的积极作用。

现在我们对于各种农业技术书籍都很重视,对这部书也应该重新予以出版,供给我国各地农业技术工作者们作为参考,以便进一步总结甘薯在我国各地的生产和用途等各方面丰富的经验。

在我们北京郊区,甘薯的产量虽然也很大,但是,人们对于它的食用方法还知道得不多。一般城乡居民只会蒸、煮、烤等吃法,很少像擦萝卜丝一样把甘薯擦成细丝,然后晒干贮藏起来,随时用它做饭吃;同时也很少像做柿子饼一样把甘薯晒成饼子,可以保存很久,吃起来又特别香甜可口。

虽然人们也知道甘薯在工业上用途很广,全身没有废物,但是,却很少人知道它在药物学上还有许多用处。据《金薯传习录》所载,它有六种药用价值:一可以治痢疾和下血症,二可以治酒积热泻,三可以治湿热和黄疸病,四可以治遗精和白浊淋毒,五可以治血虚和月经失调,六可以治小儿疳积。

这里有几种用处是其他薯类所没有的。

我国古代本来也有一些薯类作物,但是都没有甘薯这样高产和这样多的用途。《山海经》的《北山经》就有如下的记载:"景山北望少泽,其上多草薯蓣。"晋代郭璞注云:"根似羊蹄可食,今江南单呼为薯。"《本草纲目》上也写着:"薯蓣,薯蓣也,一名山芋。"

这些都证明,薯类在我国本来有好多种。我们的祖先对于薯类作物并非全无所知。不过,甘薯从南洋群岛传来以后,我国人民又掌握了一种薯类的优良品种;而甘薯也变成越来越能够适应于我国土壤和气候的好作物了。

烟草

烟草起源于美洲、大洋洲和南太平洋的一些岛屿。目前发现有 66 个种,被栽培利用的仅有 2 个种,即普通烟草。又叫红花烟草,黄花烟草。美洲印第安人栽培利用烟草最早。1492 年 10 月,哥伦布率领探险队到达美洲,看到当地人在吸烟。1558 年航海水手们将烟草种子带回葡萄牙,随后传遍欧洲。16 世纪中叶烟草传入中国。开始传入的是晒晾烟,距今已有 400 多年的种植历史。1900 年在台湾试种烤烟,自 1910 年后相继在山东、河南、安徽、辽宁等地试种烤烟成功,1937 年~1940 年开始在四川、贵州和云南试种,发展成为我国主产优质烟区。20 世纪 50 年代引进香料烟,20 世纪 60 年代引进白肋烟,分别在浙江新昌、湖北建始试种成功。黄花烟约在 200 年前由俄罗斯传入我国北部地区种植。

烟草之最

第一个把烟草当作药物的大使——1560 年,当时烟草还不流行,法国驻葡萄牙大使让·尼科把烟草作为治疗许多疾病的药物寄回国。几百年后,化学家们终于揭示出烟草中的所误用能治病的药物是有害物质,并取名为尼古丁。

烟草

第一个大面积种植烟草的人——1612 年,英国殖民官员约翰·罗尔夫在弗吉尼亚的詹姆斯镇大面积种植烟草,并开始做烟草贸易。

第一个以烟代钱的统帅——1776 年,美国独立战争中,英军攻占纽约,美军统帅华盛顿呼吁美国人帮助他的军队:“公民们,你们不给钱,就给烟草。”

第一篇指出烟草有害的文章——1924 年,美国《读者文摘》刊载一篇文章,题目是:“烟草损害人体健康吗?”

第一位撰文提出吸烟致癌的医生——1927 年,英国医生弗·伊·蒂尔登在医学杂志,《手术刀》上撰文:他看到或听到的每一个肺癌病人都有吸烟。

第一个给烟草种植者特殊待遇的总统——1942 年,第二次世界大战期间,美国总统罗斯福宣布烟草为重要作物,其种植者缓服兵役。

第一位提出被动吸烟有危害的人——1986 年,美国卫生官员西·埃弗里特·库普提出:生活在烟雾中的不吸烟的人,面临严重的健康危险。

小麦

禾本科小麦属的重要栽培谷物。一年生或越年生草本;茎具 4~7 节,有效分蘖多少与土肥环境相关。叶片长线形;穗状花序直立,穗轴延续而不折断;小穗单生,含 3~5(~9)花,上部花不育;颖革质,卵圆形至长圆形,具 5~9 脉;背部具脊;外稃船形,基部不具基盘,其形状、色泽、毛茸和芒的长短随品种而异。颖果大,长圆形,顶端有毛,腹面具深纵沟,不与稃片粘合而易脱落。

小麦富含淀粉、蛋白质、脂肪、矿物质、钙、铁、硫胺素、核黄素、烟酸及维生素 A 等。因品种和环境条件不同,营养成分的差别较大。从蛋白质的含量看,生长在大

陆性干旱气候区的麦粒质硬而透明,含蛋白质较高,达 14~20%,面筋强而有弹性,适宜烤面包;生于潮湿条件下的麦粒含蛋白质 8~10%,麦粒软,面筋差,可见地理气候对产物形成过程的影响是十分重要的。面粉除供人类食用外,仅少量用来生产淀粉、酒精、面筋等,加工后副产品均为牲畜的优质饲料。

小麦

番茄

番茄别名臭柿、西红柿、柑仔蜜。自然产期 1~5 月,10~11 月为盛产期。

茄科,番茄亚属。一年生或多年生草本,株高可达 1.5~2 米;植株有矮性和蔓性两类,全株具粘质腺毛,有强烈气味。叶为羽状复叶或羽状深裂,边缘具不规则的锯齿或裂,小叶长卵形或长圆形叶偶数羽状,夏秋开花,总状或聚伞花序腋外生,

番茄

有花 3~7 枚,黄色,花萼及花冠各 5~7 裂,雄蕊 5~7 枚,花药合生成长圆锥状。浆果呈扁圆、圆或樱桃状,红色、黄色或粉红色。种子扁平,有毛茸,灰黄色。性喜温暖。原产南美洲,我国普遍栽培,一般冬春于保护地育苗,春季栽培为主,冬季温室栽培。果实营养丰富,含多种维生素。作蔬菜或水果。亦可制成罐头食品。

性味甘、酸,性凉。功用清热生津、养阴凉血、健胃消食。

食用须知

营养学家们认为,每天只要生食 100~200 克新鲜番茄,就能保证人体所需的维生素与矿物质,但生食要注意以下几点:

①不宜食用未成熟的番茄。未成熟的生番茄里含有龙葵碱,食后会使口腔苦涩,胃部不适,食多了可导致中毒。

②不宜空腹食用大量番茄，因为番茄中含有较多的胶质、果质、柿胶酚等成分，易与胃酸结合生成块状结石，造成胃部胀痛。

③患有急性胃肠炎、急性细菌性痢疾的病人不宜吃番茄，以免病情加重。

④不能食用腐烂变质的番茄，以防中毒。

军事篇

中国军事人物

中国古代军事人物

伊尹

商初大臣。名伊(另说名挚),尹为官名。今莘县人。出仕前,曾在“有莘之野”躬耕务农。传说他为了见到商汤,遂使自己作为有莘氏女的陪嫁之臣,说汤而被用为“小臣”。后为成汤重用,任阿衡,委以国政,助汤灭夏。汤死后,历佐卜丙(即外丙)、仲壬二王。仲壬死后,太甲即位,因不遵汤规,横行无道,被伊尹放之于桐宫(今山西省万荣县西,另说今河南省虞城东北),令其悔过和重新学习汤的法令。3年后,迎回太甲复位。死于沃丁时。他为商朝理政安民60余载,治国有方,权倾一时,世称贤相,3代元老。另说伊尹放逐太甲后,篡位自立,太甲潜回,将其杀死。

武丁

商朝国君,军事统帅。子姓,名昭。商王小乙之子。相传少年时期遵父命行役于外,与平民一同劳作,得以了解民众疾苦和稼穑艰辛。继位后,勤于政事,任用工匠出身的傅说及甘盘、祖己等贤能的人辅政,励精图治,使商朝政治、经济、军事、文化得到空前发展。武丁对周边方国、部族之战争,拓展了商朝版图和势力范围,促进了中原地区与周边部族的经济、文化交流,使商朝成为西起甘肃,东至海滨,北及大漠,南逾江、汉流域,包含众多部族的泱泱大国,史称“武丁中兴”。在位59年而卒,被追谥为高宗。

姜太公

中国商周之际军事家。生卒年不详。名尚,姜姓,吕氏,字子牙。齐国始祖,称

太公望，俗称姜太公，是周灭商的重要筹谋者。周文王采纳吕望谋略，卑事商纣，暗中积蓄力量，乘隙翦商羽翼，造成“三分天下有其二”（《论语·泰伯》）的局面，奠定了灭商基础。周武王即位后，尊吕望为尚父。武王伐纣前，吕望亲入商都探察情况，并协助制定乘虚进军、奔袭商都的作战方略。商、周牧野之战，吕望率一部精锐士卒，迅猛冲击商军前阵，商军前队倒戈，周军主力乘势进攻，一举灭商。周成王亲政后，吕望以周朝开国重臣受封于齐（今山东北部）。史称吕望有著述，难以凭信。传世《六韬》，当是战国至秦汉间人托名吕望之作。

姜太公画像

齐桓公

春秋时齐国国君（前685～前643），姜姓，名小白。其兄齐襄公被杀后，由莒回国即位。任用管仲改革，选贤任能，加强武备，发展生产。号召“尊王攘夷”，助燕败北戎，援救邢、卫，阻止狄族进攻中原，国力强盛。联合中原各国攻楚之盟国蔡，与楚在召陵（今河南郾城东北）会盟。又安定周朝王室内乱，多次会盟诸侯，成为春秋五霸之首。

齐桓公画像

先轸

春秋中期晋国主政的卿,名将。食采于原(今河南济源西北),故又称原轸。晋献公时,为公子重耳近臣,与狐偃、赵衰等随重耳长期流亡国外。及重耳回国即位为文公,任大夫。周襄王十九年(前633),因宋国背楚从晋,楚联合陈、蔡、郑、许等国,出兵围攻宋都商丘(今商丘南)。先轸明察大势,主张抓住时机,出兵援宋,以求取威、定霸,促使晋文公定下以武力与楚争夺霸权的决心。随即在晋军由二军整编为上、中、下三军之时,被任命为下军副将,始入晋卿之列。次年,为实施攻楚盟国曹、卫以调动楚军北上的决策,出谋首先攻取与齐、鲁靠近的卫地五鹿(今清丰西北),与齐结盟,迫鲁中立,使晋军得以避免两面作战。不久以知兵善谋而升任中军元帅,指挥全军。在与楚国争霸的城濮之战、与秦国的崤之战中,击败对手,为晋国的争霸立下功劳。

孙武

孙武,字长卿,即孙子,春秋末著名军事家。齐国人。曾以《兵法》十三篇见吴王阖闾,受任为将。领兵打仗,战无不胜,与伍子胥率吴军破楚,五战五捷,率兵6万打败楚国20万大军,攻入楚国郢都。北威齐晋,南服越人,显名诸侯。所著《孙子兵法》是我国最早的兵法,被誉为“兵学圣典”,置于《武经七书》之首,被译为英文、法文、德文、日文,成为国际间最著名的兵学典范之书。

勾践

勾践,春秋末越国国君,又称菼执。越系古代越人所建之国,越王允常时其国渐强,故楚国联越以制吴。前496年,当越王勾践即位不久,即打败吴国。两年后,吴王夫差攻破越都,勾践被迫屈膝投降,并随夫差至吴国,臣事吴王,后被赦归返国。勾践自战败以后,时刻不忘会稽之耻,日日卧薪尝胆,反躬自问:“汝忘会稽之耻邪?”他重用范蠡、文种等贤人,经过“十年生聚又十年教训”,使越的国力渐渐恢复起来。可是吴对此却毫不警惕。前482年,吴王夫差为参加黄池之会,尽率精锐而出,仅使太子和老弱守国。越王勾践遂乘虚而入,大败吴师,杀吴太子。夫差仓促与晋定盟而返,连战不利,最终吴国灭亡。

吴起

战国初期著名的政治改革家,卓越的军事家、统帅、军事理论家、军事改革家。卫国左氏(今山东省定陶,一说曹县东北)人。后世把他和孙子连称“孙吴”,著有

《吴子》,《吴子》与《孙子》又合称《孙吴兵法》,在中国古代军事典籍中占有重要地位。

吴起喜好用兵,一心想成就大名。曾经在孔子弟子曾参门下求学,在鲁国为臣。周威烈王十四年(前412),齐国进攻鲁国,鲁国国君想用吴起为将,但因为吴起的妻子是齐国人,对他有所怀疑。吴起由于渴望当将领成就功名,就毅然杀了自己的妻子,表示不倾向齐国,史称杀妻求将。鲁君终于任命他为将军,率领军队与齐国作战,最后大获全胜。

勾践画像

孙膑

孙膑,战国时齐国人,孙武的后代,与庞涓同学,拜鬼谷子为师,是鬼谷子最有成就的学生之一。庞涓被魏惠王拜为大将,先后打下了一些小国,后来把齐国也打败了。因此庞涓常常居功自傲。但他知道孙膑本事比他高强,又是吴国大将孙武的后代,只有他才知道祖传《孙子兵法》的下落。

魏惠王也听说过孙膑,当他听庞涓说孙膑是他的同门师弟时,便叫庞涓派人把孙膑请到了魏国。由于庞涓动机不纯,意欲窃取《孙子兵法》,又害怕孙膑对自己构成威胁,便在魏惠王面前诬陷孙膑私通齐国。魏惠王听信了谗言,把孙膑打入大牢,还在脸上刺字,同时剜下他的双腿膝盖。由于这种刑罚叫膑刑,故叫他孙膑。后来,孙膑被齐国使者偷偷地救到了齐国,被齐威王看重。公元前354年,孙膑采用"围魏救赵"之战术,一举解了赵国的危机。公元前341年,韩国向齐国告急,希望得到帮助。孙膑仍然采用"围魏救赵"的打法,救了韩国,在这次战斗中,魏军大败,太子申被俘,庞涓兵败自杀。一时间,孙膑用兵如神,声名大振,传遍了诸侯各国。

赵武灵王

赵武灵王(约前340~前295)名雍,战国时期赵国国君,杰出的政治家、军事家、军事改革家。赵肃侯之子。公元前325~前299年在位。他所推行的"胡服骑射"政策,对于当时赵国乃至以后中国社会的发展都产生了积极的影响。经过赵武灵王对赵国国家结构的整体改造,对赵国国家性格的重新塑造,赵国一跃成为当时

的超级强国，与秦国共同成为战国后期争霸战的主角。

乐毅

乐毅，生卒年不详，中山灵寿（今河北灵寿西北）人。战国后期杰出的军事家，拜燕上将军，受封昌国君，辅佐燕昭王振兴燕国，报了强齐伐燕之仇。

乐毅少年聪颖，喜好兵法，深得赵人推崇。赵武灵王时，因避沙丘之乱来到魏国都城大梁（今河南开封西北）当了大夫。

乐毅

此时，燕昭王因为子之的叛乱而被齐国打得大败，燕昭王时刻不忘为燕国雪耻。乐毅适于此时替魏出使到燕国，燕昭王用客礼厚待乐毅。乐毅谦辞退让，最后终于被昭王诚意所动，答应委身为臣，燕昭王封乐毅为亚卿（仅次于上卿的高官）。

周赧王三十一年（前284），率燕国军队破齐，连克70余城，随即集中兵力围攻仅存的莒（今山东莒县）和即墨，齐国危在旦夕。齐将田单利用反间计，离间燕君臣关系，改派骑劫代乐毅，失去兵权后的乐毅，奔逃到赵国，被赵人封于观津（今河北武邑东），号望诸君，以客卿身份往来燕、赵间，后死在了赵国。

田单

齐国名将，生卒年不详，战国后期，凭借孤城即墨（今山东平度东南），由坚守防御转入反攻，一举击败燕军，收复国土。

时齐愍王被杀，其子法章在莒被立为齐王，号召齐民抗燕。乐毅兵困即墨，即墨被围不久，守将战死，军民共推田单为将。田单利用两军相持的时机，集结7000余士卒，加以整顿、扩充，并增修城垒，加强防务。他和军民同甘共苦，深得军民信任。田单在稳定内部的同时，为除掉最难对付的敌手乐毅，又派人入燕行反间计，燕惠王中计，派骑劫取代乐毅。齐军使用火牛阵大破燕军，收复失地，迎齐襄王回临淄（今山东淄博东北）。田单受封安平君。此战，田单创立的“火牛阵”制胜，成为中国军事史上的著名战例。

廉颇

战国末期赵国名将。周赧王三十二年(公元前283),率军攻齐,取晋阳(今河

廉颇画像

北晋州西北),因功封为上卿。曾居功自傲,不服蔺相如位居其上,后感其顾全大局,负荆请罪,结成生死之交,合力抗秦,留下了"将相和"的故事。后来,赵王困于秦的攻伐,欲复用廉颇,然其使者受权臣郭开贿赂而毁之。赵王认为廉颇老了,就没任用他,廉颇也就没再得到为国报效的机会。

楚国听说廉颇在魏国,就暗中派人迎接他入楚。廉颇担任楚将后,没有建立什么功劳。他说"我思用赵人",流露出对祖国乡亲的眷恋之情。但赵国终究未能重新启用他,致使这位为赵国做出过重大贡献的一代名将,抑郁不乐,最终死在楚国的寿春(今安徽省寿县)。

蒙恬

秦朝名将。秦将蒙骜之孙、蒙武之子。祖籍齐国。秦始皇帝二十六年(前221),凭家世为将,随将军王贲攻齐。后拜为内史。

秦始皇统一中国之后,蒙恬奉命率领三十万军队北上反击匈奴,然后驻守北部边境。后来又支持修建万里长城,西起陇西的临洮(现在中国西部甘肃岷县),东到辽东(现在中国东北部辽宁境内),将原来燕、赵和秦国的长城连接起来,对防御北方的匈奴骚扰起了积极作用。

公元前210年,秦始皇出巡途中病死,赵高和李斯联合制造假诏书,命扶苏和蒙恬自尽。扶苏不辨真假,自杀身亡。蒙恬不愿自尽,请求向胡亥申诉。赵高派的使者则将他囚禁起来。蒙恬被囚禁之后,赵高曾经想放了他,但又担心蒙恬兄弟卷土重来,在胡亥面前他无法专权,所以就在胡亥面前诬陷蒙恬弟弟蒙毅曾经在秦始

皇面前说胡亥的坏话，最后胡亥听信了赵高的谗言，将蒙毅杀死，然后又派人去杀蒙恬。蒙恬再次请求使者给他申诉的机会，但使者没有答应，蒙恬只好含恨服毒自尽。

韩信

秦末汉初著名军事家。淮阴（今江苏淮阴西南）人。陈胜、吴广起义后，韩信始投项梁，继随项羽，后从刘邦。汉高祖元年（前206），经丞相萧何力荐，始为大将，协助刘邦制定了还定三秦以夺天下的方略。

楚汉战争期间，韩信率兵数万，开辟北方战场。破魏之战，针对魏军部署，佯作正面渡河之势，暗从侧后偷渡，攻其不备，俘获魏王豹。井陉之战，背水为阵，使将士死地求生，人自为战，大破赵军。潍水之战，借助河水，分割楚军，将齐、楚联军各个击灭。汉高祖四年二月，被封为齐王。参与指挥垓下（今安徽灵璧南）决战，击灭楚军。韩信熟谙兵法，战功卓著，为汉王朝的创建做出了重要贡献。其用兵之道，为后世兵家所推崇。刘邦虽用韩信而心存疑忌，故在项羽败亡后，即夺其兵权，徙为楚王，继又黜为淮阴侯。吕后知刘邦疑忌韩信，于是与萧何定计，于汉高祖十一年正月诱韩信至长乐宫，以谋反罪名杀之。

韩信

韩信自言用兵“多多益善”，实则“择人而任势”，因势用兵，以兵造势，故能出奇制胜，战必胜，攻必取。著有兵书三篇，已失传。

李广

西汉名将，陇西成纪（今甘肃秦安）人。做过骑郎将、骁骑都尉、未央卫尉、郡太守，镇守边郡使匈奴不敢犯多年，被称为“飞将军”。元狩二年（前121），以郎中令率4000骑出右北平击匈奴，行数百里，被左贤王部4万骑兵围困。先遣其子李敢领数十骑往来冲击，示敌不足畏，以安军心，继以圆阵对敌，又亲发强弩射杀匈奴裨将数人，使敌沮丧，后援兵赶至，化险为夷。

李广

其一生未得封侯，或许时运不济，有历史典故“冯唐易老，李广难封”。公元前119年，在漠北之战中随卫青出征匈奴，因无向导，迷失道路，未能如期与主力会合，获罪自杀。李广骁勇善射，前后对匈奴70余战。为将宽缓不苛，与士卒同甘共苦，受赏赐辄分部属，家无余财，深得军心。《汉书·艺文志》载《李将军射法三篇》，已佚。

卫青

西汉著名将领。河东平阳（今山西临汾西南）人。字仲卿。系县吏郑季与平阳侯府中婢女卫氏的私生子。幼为家奴，饱尝酸辛，及长，为侯府骑奴。建元二年（前139），因其同母异父姊卫子夫得幸武帝，始以卫为姓，入宫当差。不久被武帝升为建章监、侍中，迁大中大夫。多次同匈奴交战，击溃匈奴主力，被封为大司马。卫青一生七次率兵击匈奴。卫青率军与匈奴作战，屡立战功，所得封邑总共有一万六千三百户。虽然战功显赫，权倾朝野，但从不结党干预政事。他和霍去病不同，对士卒体恤较多，能与将士同甘苦，威信很高。

公元前106年，大司马大将军卫青去世，汉武帝命人在自己的茂陵东边特地为卫青修建了一座像卢山（匈奴境内的一座山）的坟墓，以象征卫青一生的赫赫战功。平阳公主死后，与卫青合葬。

霍去病

西汉著名将领。河东平阳（今山西临汾西南）人。卫青外甥。一生以除边患为己任，有“匈奴未灭，无以家为”（《史记·卫将军骠骑列传》）的壮言。元朔六年（前123），霍去病被汉武帝任为骠姚校尉，随卫青击匈奴于漠南（今蒙古高原大沙漠以南），以800人歼2000余人，受封冠军侯。元狩二年（前121）任骠骑将军。于春、夏两次率兵出击占据河西（今河西走廊及湟水流域）地区的匈奴部，歼4万余人。同年秋，奉命迎接率众降汉的匈奴浑邪王，在部分降众变乱的紧急关头，率部驰入匈奴军中，斩杀变乱者，稳定了局势，浑邪王得以率4万余众归汉。从此，汉朝控制了河西地区，打通了西域道路。四年夏，与卫青各率5万骑过大漠（今蒙古高原大沙漠）进击匈奴。霍去病击败左贤王部后，乘胜追击，深入2000余里，歼7万余人。后升任大司马，与卫青同掌兵权。他用兵灵活，注重方略，不拘古法，勇猛果敢，每战皆胜，

霍去病雕像

深得武帝信任。元狩六年(前117)因病去世。

夏侯渊

三国时期曹魏名将。字妙才,沛国谯(今安徽亳州)人。是曹操同族兄弟,在曹操起兵时率众来投,从此随曹操南征北战。夏侯渊性格刚烈,十分勇敢,作战总是冲锋在前,先后参加官渡、赤壁、平马超、灭张鲁等战,战功卓著。夏侯渊用兵神速,尤重视后勤保障,常亲督粮运,作战获胜后也首先取粮。曹操常告诫其"为将当有怯弱时"。后来,夏侯渊留守汉中,与刘备军交战,在定军山中蜀将法正之谋,为蜀将黄忠突袭斩杀。

张辽

三国时期曹魏名将。字文远,雁门马邑(今山西朔州)人。少为郡吏,后任州从事。入京先后属何进、董卓,继归吕布为骑都尉。汉献帝初平三年(192),随吕布败走,东出武关,投袁术、张扬、袁绍。198年,率众降曹操。

从曹操以后,张辽随军征讨,多有战功,曹操也益待之如亲信;又从劝关羽降于曹操。赤壁战中,张辽亲载曹操脱难,并射伤东吴名将黄盖。赤壁战后,曹操独任张辽引李典、乐进等守合肥,以御孙权。后孙权果引军入寇,张辽智激李典后三人一同出战,自率二千余骑打败敌军十万,威震逍遥津,名扬天下。曹丕即位后,升前将军,封晋阳侯。黄初三年,带病率军攻吴,破吴将吕范。不久病卒于江都(今江苏扬州西南)。一生征战,以果敢著称,也有谋略。

司马师

即晋景帝,晋武帝司马炎的伯父。中国三国时期魏大臣。字子元,河内温县(今河南温县西)人,司马懿长子,西晋奠基人之一。司马师沉着坚强,且有雄才大略,与夏侯玄、何晏齐名。魏景初年间,拜散骑常侍,累迁中护军。曾与其父司马懿谋划诛杀曹爽,以功封长平乡侯,食邑千户,不久加卫将军。司马懿死后,以抚军大将军辅政,独揽朝廷大权。

司马师画像

司马昭

三国后期曹魏名将。字子上,河内温县(今河

南温县西)人。司马懿次子,晋武帝司马炎之父。初为洛阳典农中郎将,后任散骑常侍。魏正始五年(244)随大将军曹爽攻蜀,兴势之战受挫之时,劝曹爽急退,并奋勇断后,使全军免遭覆没。正始十年(249),随父及兄司马师诛曹爽,使司马氏得以独专朝政。

司马昭随父司马懿抵御诸葛亮伐魏,多有军识。司马师死后,司马昭为大将军。手握兵权,专揽国政,并阴谋伐魏。甘露五年,杀魏帝曹髦,另立曹奂为帝。景元四年,司马昭分兵伐蜀。蜀灭亡后,钟会阴谋造反,司马昭率领大军亲讨。未至,钟会业已败亡。回朝后自称晋公,后加晋王,立子炎为世子。咸熙二年,昭中风猝死。数月后,子司马炎代魏称帝,追尊司马昭为文皇帝。司马昭继父兄之业,较重视发展生产,稳定政局,统军用兵也善筹谋,随情而变,终成伐魏大业。

关羽

在中国古代层出不穷的名人之中,被后世戴上炫目光环并尊之为“圣人”者,仅有二人,他们就是被民间尊称为“文圣”的孔子和“武圣”的关羽。

关羽画像

关羽,三国时期著名将领。字云长,本字长生。河东解县(今山西运城解州镇)人。美须髯。早年随刘备起兵涿郡(今河北涿州),曾参与镇压黄巾起义,与张飞同为平原相刘备的别部司马,分统部曲,三人亲如兄弟。汉献帝兴平元年(194)入徐州,随刘备征战,先后击败袁术、吕布等。后为曹军用,斩袁绍大将颜良,解白马(今河南滑县东)之围,封汉寿亭侯。不久回归刘备。次年随刘备入荆州,后刘备与孙权联合,大败曹操军于赤壁。并与诸葛亮等随刘备夺取武陵、长沙等四郡。继任襄阳太守、荡寇将军,驻江陵。十六年,刘备西入益州,关羽奉命坐镇荆州。二十四年,任前将军。秋,出兵攻襄阳、樊城,趁汉水泛滥,迫降曹将于禁,擒杀庞德,围困曹江、吕常,威震中原。后因曹操遣兵增援,吴将吕蒙袭取江陵,关羽军心动乱,败走麦城(今当阳东南)。十二月,与子关平等潜逃,被吴军擒杀于临沮章乡(今远安境)。关羽作战勇猛,人称“万人敌”。关羽以忠贞、守义、勇猛和武艺高强称著于世,历代封建统治者都需要这样的典型人物来作为维护其统治的守护神,渲染其忠、义、勇、武的品格操守,希望有更多的文臣武将能像关羽那样尽忠义于君王,献勇武于社稷。

张飞

三国时期蜀汉名将。字翼德，涿郡(今河北涿州)人。早年与关羽随刘备起兵，曾参与镇压黄巾起义，与刘备关羽三人亲如兄弟。建安十三年，刘备兵败长坂(今当阳境)，仓皇弃妻、子而逃。张飞率20骑断后，据水断桥，怒目横矛，曹军为之疑惧，不敢近前，刘备方得脱险。随即参加赤壁之战，迫曹操败回北方。又与诸葛亮、关羽等奉命夺取荆州数郡，继任宜都太守、征虏将军，封新亭侯。十八年，奉命随诸葛亮溯江而上，克白帝城(今四川奉节东)，破江州(今重庆)，俘太守严颜，进取德阳(令遂宁东南)，入巴西(治阆中，今属四川)，于次年与刘备会师，攻取成都，兼任巴西太守。二十年，曹将张郃进攻宕渠(今渠县东北)，张飞率兵迎战，相持50余日后，示弱撤退，待张郃军追入狭窄山道，突然反击，致其前后不能相救，张郃大败，仅带十余人逃走，收兵退回汉中(今属陕西)。后任右将军。蜀汉章武元年(221)任车骑将军兼司隶校尉，不久，奉命率部自阆中会师江州以攻吴，出发前，被部将刺杀。张飞作战勇猛，指挥果断，与关羽同被当世誉为“万人敌”。

赵云

三国时期蜀汉名将，字子龙，常山真定(今河北正定南)人。初从公孙瓒，建安五年(200)，与刘备重逢于邺(今河北临漳西南)，并秘密募兵数百，皆称刘备部曲，壮大其力量。次年随刘备南入荆州。十三年，刘备兵败长坂(今湖北当阳境)，赵云救其妻、子脱险，因功升牙门将军。赤壁之战后，随刘备夺取武陵、长沙等四郡，以偏将军兼桂阳太守。十六年，刘备入益州，赵云与诸葛亮、关羽等仍屯荆州，为留管司马。十八年，奉命随诸葛亮溯江(长江)西上，至江州(今四川重庆)后，自率军克江阳(今泸州)、健为(今彭山东)，于次年与刘备、诸葛亮会师，攻取成都，升翊军将军。二十四年三月，曹操率军南进，欲夺回汉中。某日，赵云分兵随黄忠出击，欲截取曹军军粮，逾时未归。赵云率数十骑接应，与曹军遭遇，退回军营，偃旗息鼓，大开营门。曹军追至，疑有伏兵而退。赵云急令齐击战鼓，发射劲弩，曹军败走。刘备赞曰:“于龙一身都是胆也”。蜀汉建兴元年(223)，升中护军、征南将军，后任镇东将军。五年，随诸葛亮进驻汉中，次年为掩护主力攻祁山，领军为疑兵牵制魏大军，虽寡不敌众而失利，但仍能聚众固守，亲自断后，安全撤退。七年，病卒军中。赵云戎马生涯约40载，善筹谋，作战勇猛，时人赞其一身是胆。有远见卓识，力主维护孙、刘联盟;巴蜀初定时，曾劝阻刘备分田赐将，以安抚民众，增强国力。

周瑜

东汉末年吴名将，字公瑾，庐江舒县(今安徽庐江西)人。出身士族，与孙策为

挚友。初随孙策起兵，平定江东，授建威中郎将，吴郡人皆称之为周郎。建安五年(200)四月，孙策遇刺身亡后，周瑜任中护军，与张昭共同掌管军政大事，辅佐孙权。建安十三年(208)，曹操率军南下，欲取江东，东吴群臣多主降，周瑜力排众议，坚决主战。遂任左督，统军三万，与刘备联合，在赤壁用火攻大败曹军，奠定三足鼎立局面。后任偏将军，兼南郡太守，屯兵江陵。建安十五年(210)十二月病逝于巴丘(今湖南岳阳)，年仅三十六岁。

吕蒙

三国时期孙吴名将。字子明，汝南富陂(今安徽阜阳境)人。少依姐夫孙策部将邓当。邓当死后，代领其众，任别部司马。因治军严整，为孙权赏识，增其兵。汉献帝建安十三年(208)，从孙权攻江夏太守黄祖获胜，升横野中郎将。继随周瑜、程普等大破曹操于赤壁，迫曹仁离南郡，升偏将军。十七年，随孙权拒曹操于濡须水，并建议孙权夹水口立坞，坞成后吴军在防御作战中多次获益。十九年，建议攻皖城(今安徽潜山)，破坏曹魏屯田，并速决获胜，俘数万人。随即任庐江太守，还屯寻阳(今湖北黄梅西南)。次年，率兵 2 万拒蜀将关羽，夺回长沙、桂阳郡，又智降零陵郡守郝普，引军赴益阳助鲁肃，迫刘备求和撤军。继从孙权攻合肥，被曹将张辽等袭击，与凌统等备力死战，使孙权幸免于难。二十二年，奉命为督，以强弩万张守濡须坞，击退曹操，升左护军、虎威将军。鲁肃亡后，率军西屯陆口(今嘉鱼陆溪口)，领其军万余人，兼汉昌太守。二十四年，乘关羽离江陵北围襄阳、樊城(今襄樊)之机，率军袭取江陵，于十二月遣将追斩关羽。转任南郡太守，封孱陵侯，不久因病去世。吕蒙征战 20 余年，少时果敢有胆识，为将后好学，文武兼备。荐用人才，不计私怨。

吕蒙画像

陆逊

三国时期吴国军事家。本名议，字伯言，吴郡吴县(今属江苏)人。世为江东大族，孙策婿。少孤，随叔父庐江太守陆康。汉献帝建安八年(203)从孙权，初为东西曹令史，出任海昌屯田都尉，兼管县事。天灾之年开仓济民，发展生产，深得民心。继募兵平会稽山越人之乱，渐有部曲 2000 余人。不久，任定威校尉。建议孙权大举平乱以稳定江东，得到赞许，任帐下右部督。随即率军攻丹阳(郡治今安徽宣州)

费栈等,乘夜潜入山,鼓噪而前,一举获胜。并整顿会稽、丹阳等东三郡,选强壮者为兵,得精卒数万。后屯芜湖(今属安徽)。二十四年,陆逊助吕蒙奇袭江陵,夺取荆州,任宜都太守,拜抚边将军,封华亭侯。继攻取秭归、巫(今四川巫山)等地,升右护军、镇西将军。蜀汉章武元年(221),刘备大举攻吴,陆逊为大都督率兵5万相拒,先避蜀军锐气,主动后撤,集中兵力于夷陵(今湖北宜昌境)、猇亭(今枝城北)一线,坚壁不战。次年,待敌兵疲意懈,采用火攻,大败蜀军,升辅国将军,兼荆州牧。吴黄武五年(226),陆逊建议扩大军屯,得孙权赞许。七年,魏大司马曹休举兵10万入皖,陆逊率军击破魏军,追至石亭,歼万余人,缴获甚多,使曹叡即位后的首次大举攻吴告败。黄龙元年(229),升上大将军、右都护,镇武昌(今湖北鄂州),辅太子,并掌荆州及豫章、鄱阳、庐陵三郡事。嘉禾五年(236),奉命取襄阳,因军机泄露,又遇沔水(汉水)骤减,进军不利,便佯示进攻,并夺占安陆(今属湖北)等地,乘魏军惊疑不定,安然还师。赤乌七年(244)任丞相。次年因病去世。陆逊是三国鼎立时期吴国最杰出的将领,长于谋略,用兵慎,变化多;治军严整,宽待士卒;顾全大局,善待老将。

刘裕

南朝宋开国皇帝,军事家。字德舆,小名寄奴。祖籍彭城(今江苏徐州),后迁居京口(今镇江)。年轻时务农,兼做樵夫、渔夫及卖履小贩。应募参加东晋北府兵,初为冠军将军孙无终司马。东晋隆安三年(399)转任前将军刘牢之参军,随其镇压孙恩农民起义军,常率所部以少胜多。五年,迁建武将军、下邳太守。元兴元年(402),刘牢之死后,任徐、兖二州刺史桓修中兵参军,参与镇压卢循农民军。刘裕入建康,后控制朝政。

刘裕画像

元熙二年(420)六月,代晋称帝(是为宋武帝),国号宋。宋永初二年(421)九月,使人杀晋恭帝。三年五月,病逝于建康。

刘裕一生征战,善于因机制变,以谋取胜;把握全局,计划周详;长于料敌,知己知彼;在强敌面前,临危不乱,处变不惊,出奇用诈,避实击虚,常以少胜多。且治军严明,择贤任将,爱护士卒,故兵为之用。称帝前后,对政治、经济进行若干变革,如抑制豪强,加强中央集权,减轻赋役,奖励生产等,故刘宋王朝一度成为南朝疆土最大、经济较快发展、政治也较稳定的政权。

王世充

隋朝将领，地方割据者。字行满，本姓支。祖籍西域，后徙新丰（今陕西临潼东北）。广涉经史，尤好兵法。隋开皇中，以军功授议同、兵部员外郎。大业中，任江都郡丞。因善阿谀顺旨，颇受隋炀帝宠信。多次镇压隋末农民起义军，炀帝被杀后，于东都拥立越王杨侗为帝。后杀元文都等大臣，任尚书左仆射、总督内外诸军事，执掌军政大权。乘瓦岗军与宇文化及军在童山大战消耗较大之机，率精锐2万余于偃师（今偃师东南）北邙山击败瓦岗军，得李密将卒十余万及许多州县。唐武德二年(619)，废杨侗称帝，国号郑，年号开明，成为河南地区的重要割据势力。三年，所据州县多为唐攻占。四年，洛阳被围，兵败援绝，遂降唐。入长安（今西安）后，为仇人所杀。

窦建德

隋末河北农民起义军首领。贝州漳南（今河北故城东北）人。世为农民，后投奔聚于清河（今清河东北）的高士达起义军。在高士达阵亡后，继为首领，攻取饶阳（今属河北），收集散兵数千人，自称将军，归附者甚众，起义军迅速发展至十余万人。次年正月，称长乐王，唐武德元年(618)称夏王。随后兼并魏刀儿起义军，大力扩展属地。二年闰二月，围攻聊城（今山东聊城东北），擒杀自立为帝的原隋大将宇文化及。后被秦王李世民击败于武牢（即虎车，今河南荥阳汜水镇西），受伤被俘，七月被杀于长安（今西安）。

窦建德画像

李靖

唐朝初期的著名将领，雍州三原（今陕西三原县东北）人。本名药师。其舅韩擒虎为隋朝名将。封卫国公，世称李卫公。李靖归唐时已年过半百，他善于用兵，长于谋略，15年中四次统兵作战，皆获全胜。既有深厚的军事理论基础，又有丰富的战争实践经验。李渊称赞其谋略可与古代名将韩（信）、白（起）、卫（青）、霍（去病）媲美。后人评论其用兵"临机果，料敌明"。太宗时名相王珪称其"才兼文武，出将入相"。著有数种兵书，大都亡佚。

尉迟恭

唐初名将。字敬德,朔州善阳(今山西朔州)人。以武勇著称。隋大业末从军,后为刘武周偏将。唐武德二年(619),随武周大将宋金刚攻唐,大败永安王李孝基等于夏县(今属山西)。三年,宋金刚兵败,举介休(今属山西)降唐,任右一府统军。随秦王李世民讨王世充,当李世民率500骑察看地形,被王世充万余骑围困时,跃马大呼,将追击李世民的王世充骁将单雄信横刺坠马,掩护世民冲出重围;又率兵还战,大败王世充军。四年,从李世民击灭窦建德军。五年,击刘黑闼时,率壮士奋战,冲破重围,救出李世民。不久,又从李世民破徐圆朗。以功授秦王府左二副护军。因不肯归附太子李建成,遭齐王李元吉诬陷下狱,得李世民营救获释。九年,参与“玄武门之变”,射杀李元吉,助李世民夺取帝位,拜右武侯大将军,封吴国公。不久,任泾州道行军总管,大破突厥于泾阳(今属陕西),杀千余人。因常当庭指责大臣得失,颇以功自负,于贞观三年(629)出任襄州都督,后迁同州刺史。曾在侍宴时因对座次不满,拳击任城王李道宗,受唐太宗严厉警告。十一年,任宣州刺史,改封鄂国公。后历鄜、夏二州都督。十七年,上表请求归养,授开府仪同三司。十九年,任左一马军总管,参与唐太宗攻高丽之战。晚年笃信方术,杜门不出。

秦叔宝

唐初名将。名琼,齐州历城(今济南)人,以勇悍著称。初为隋将来护儿部属。隋末,从齐郡通守张须陀镇压卢明月、孙宣雅等起义军,以功授建节尉。张须陀击瓦岗军败死,率残部往投河南讨捕大使裴仁基。隋大业十三年(617),从裴仁基降于瓦岗军首领李密,任帐内骠骑。在童山(今河南浚县西南)与宇文化及作战中,独骑奋战,救出中箭坠马的李密,又收兵力战,击败追兵。李密败后,归附王世充。因恶世充猜忌多诈,于唐武德二年(619)降唐,任秦王府马军总管。随秦王李世民击刘武周,与唐将殷开山破武周骁将尉迟恭于美良川(今山西夏县北),授秦王右三统军;又破刘武周大将宋金刚于介休(今属山西),拜上柱国。四年,随李世民讨王世充,常为前锋;又从击窦建德,以精骑数十先陷其阵,封翼国公。五年,从李世民破刘黑闼。征战中,常跃马挺枪刺敌骁将,深得李世民器重。九年,参与“玄武门之变”,助李世民夺取帝位,拜左武卫将军。一生经历大小200余战,数重创。贞观十二年因病去世。

秦叔宝画像

哥舒翰

唐朝将领。突厥族哥舒部人,安西副都护哥舒道元之子,世居安西(今新疆库车)。年40余,客居京师,遭长安尉侮慢,遂发愤,投河西节度使王倕,参与谋划击吐蕃于新城(今青海门源)。后事节度使王忠嗣,被补为衙将。任大斗军副使,率军攻吐蕃,击杀违命副将,军中服其威。迁左卫郎将。与吐蕃战于苦拔海,持半段枪迎击顺山而下的三路吐蕃兵,所向披靡,由是知名。唐天宝六年(747),授陇右节度使、都知关西兵马使、河源军使。天宝十二年进封凉国公,加河西节度使,不久封西平郡王。十四年二月入朝,因病留居长安(今西安)。后因安禄山反唐,拜为皇太子先锋兵马元帅,统兵镇守潼关。因玄宗屡催出战,不得已抱病出战,兵败被擒,后降于安禄山。至德二年十月,在安庆绪兵败撤离洛阳时被杀。

哥舒翰

朱温

五代十国时期后梁太祖,军事统帅。降唐后赐名全忠,称帝后改名晃。宋州砀山(今属安徽)人。唐乾符四年(877),参加黄巢起义军。中和二年(882),任义军同州防御使,数为唐河中节度使王重荣所败,继降唐,镇压农民起义军,逐渐成为实力最强的藩帅,欲控制朝廷。后应召入长安,尽杀宦官,总揽朝政,强迫昭宗李晔自长安迁都洛阳(今属河南)。天祐四年(907)四月,废唐称帝,建都开封(史称后梁),年号开平。开平四年十二月,遣军北进,于柏乡之战中被晋王李存勖击败。乾化二年(912),亲率军渡河攻晋,兵败枣强(今属河北)。回师洛阳,愧愤病重中为其次子友珪所杀。

李存勖

五代十国时期后唐开国皇帝,军事统帅。小字亚子。出生于晋阳(今太原南晋源镇),沙陀族人,唐河东节度使、晋王李克用长子。少习《春秋》,及壮,善骑射,胆略过人。唐乾宁中,随父征讨王行瑜,受命献捷于京师,得昭宗李晔钟爱。

公元923年攻灭后梁,统一北方,四月,在魏州(河北大名县西)称帝,国号为唐,不久迁都洛阳,年号"同光",史称后唐。后唐统治确立后,心满志移,荒淫骄矜,宠信宦官、伶人,疑忌将臣。同光四年,刘皇后密令皇子魏王李继岌谋杀重臣郭崇

韬，进而株连虐杀，激起魏州等地兵变。在都城洛阳亲军哗变时，李存勖中流矢死。

耶律阿保机

辽太祖，开国皇帝，著名军事统帅。姓耶律氏，契丹名阿保机，汉名亿，契丹迭剌部人。耶律阿保机出生于契丹贵族家庭，成人后掌握了契丹的兵马大权。此后，他率军南征北战、西讨东伐，大破室韦、于厥及女真，进而升为于越（官名，地位仅次于可汗），总管军国大事。907 年，阿保机废传统选汗制，即皇帝位，上尊号天皇帝。后梁贞明二年（916），正式废除契丹的传统部落联盟制度，在临潢府（今内蒙古巴林左旗）称“大圣大明天皇帝”，建元神册，国号大契丹。天显元年（926）东灭渤海，归途中病逝于扶余府（今吉林四平西）。

耶律阿保机经过多年的征战，把北方各族统一在自己的政权统治之下，建立起幅员广阔的辽王朝，密切了北方各民族间的政治、经济和文化交流，推动了契丹及北方各民族的发展和进步。阿保机勇谋兼备，善于治军用兵，统一安抚诸族，为辽朝 200 年统治奠定了基础，也为日后中国的统一奠定了基础，做出了贡献。

赵普

宋初谋臣。字则平，幽州蓟（今北京城西南）人，徙居常山（今属浙江），后迁洛阳。刚毅果断，多谋有略。后为赵匡胤幕僚，累官节度掌书记。参与策划陈桥驿（今河南开封东北陈桥镇）兵变，拥立赵匡胤称帝，授右谏议大夫，充枢密直学士。建隆元年（960），从宋太祖赵匡胤平阳义节度使李筠之乱，建议倍道兼行，攻其不备，并自请从征，以功迁兵部侍郎、枢密副使。同年，又请速平淮南节度使李重进之乱。三年，任枢密使。乾德二年（964），任宰相。参与制定先南后北、先易后难的统一战争方略，并根据唐末以来藩镇权重，君弱臣强，兵骄逐帅的教训，提出强干弱枝、罢禁军统帅和节镇兵权，实行枢密院掌兵籍和发兵之权，三衙（殿前司、侍卫马军司、侍卫步军司）统兵，以文臣知州，置诸州通判，选精卒为禁兵等一系列重大措施，均被太祖采纳。对辽力主防御，反对以武力收复燕云十六州。后恩宠渐衰，出为河阳三城节度使。太平兴国六年（981）复相。后出为武胜军节度使。端拱元年（988），再次入相。淳化元年（990），又出为西京留守。三年，因病去世。

赵普

杨业

北宋名将。本名重贵，又名继业。麟州新秦（今陕西神木北）人。出生将门，智勇兼备，号称“杨无敌”。初为北汉将领，屡立战功，官至建雄军节度使。太平兴国四年（979），北汉亡，归宋，授左领军卫大将军。不久知代州兼三交驻泊兵马都部署。治军严明，整饬所部，针对边地及辽军作战特点，悉心钻研战法，亲临教场，严格督教。次年，辽军10万攻雁门关（今山西代县西北），杨业率精骑迂回关北，与宋军主力南北呼应，杀辽将萧咄李，俘都指挥使李重诲，大获全胜。雍熙三年（986），宋军分三路攻契丹（辽于983~1066年重称契丹），任云应路行营副都部署，与都部署潘美、监军王侁率军出雁门关，连克寰（今朔州东）、朔、应、云（今应县、大同）等州。后因东路军在岐沟关（今河北涿州西南）溃败，契丹军乘胜西进复占寰州，奉命与潘美掩护四州民众南撤。力主避敌锋锐，分兵诱其向东，设伏阻扼契丹军南下，保障民众转移。潘美、王侁不纳其策，强令趋朔州迎战契丹军。杨业知这次战争必败，临行前约潘美在陈家峪口（今山西宁武北）接应。遂挥军奋进，陷入重围，苦战终日，退至陈家峪口时，潘美已违约撤军。因孤军无援，部众多战死，身受重伤被俘，绝食而死。

狄青

北宋名将。字汉臣，汾州西河（今山西汾阳）人。初为仁宗侍卫。宝元元年（1038）应诏戍边，先后任延州指挥使、都监等职。在宋与西夏军作战中，他每战披头散发，戴铜面具，一马当先，所向披靡，在4年时间里，参加了大小25次战役，身中8箭，但从不畏怯。在一次攻打安远的战斗中，狄青身负重伤，但“闻寇至，即挺起驰赴”，冲锋陷阵，在宋夏战争中，立下了累累战功，声名也随之大振。皇祐四年（1052）六月，推枢密副使。后虽然多次立下战功，但是受到猜忌，不得志而死。

狄青画像

李纲

北宋末、南宋初抗金名臣。字伯纪，祖籍邵武（今属福建），后迁无锡（今属江苏）。政和二年（1112）进士。宣和七年（1125）为太常少卿。金宋战起，上疏宋徽

宗禅位于太子，以便广开言路，更新政局，号召国人抗金。钦宗立，任兵部侍郎。靖康元年（1126），任尚书右丞、亲征行营使，许便宜从事。反对议和，主张整饬军队，联合民众，固守京师，坚决抗金。金攻东京（今河南开封），亲率军民抗击，多次登城督战，击退金军，斩杀数千人，挽回危局。金军退，任知枢密院事。不久任河北、河东路宣抚使，援太原，后因失利被召还。金再举攻宋，陷太原，李纲被贬为保静军节度副使，建昌军（今江西南城）安置。未几，金军复围东京，起为资政殿大学士，领开封府事。不久率湖南兵援京师，未至而北宋亡。二年五月，南宋高宗立，拜尚书右仆射，兼中书侍郎。进献内修政事外御强敌的兴国十策。建议设河北招抚司、河东经制司，招募两河（今山西与河北中、南部一带）义勇；沿黄河、淮河、长江各置帅府、要郡作为防御要点，建立梯次防御；积极推荐重用宗泽、张所、傅亮等抗金将领，均为宋廷所纳。后遭主和势力诋毁，罢相谪居鄂州（今武汉武昌）。绍兴二年（1132），起为荆湖南路宣抚使，兼知潭州。五年，授江南西路安抚制置大使兼知洪州。一再上抗金中兴之策，终不见采用。九年，授荆湖南路安抚大使，力辞不就，次年因病去世。

李纲

李纲一生尽忠为国，受命于危难之时，以文臣统军，败金军于东京城下。有功遭贬，但不计得失。其抗金思想对南宋军民有广泛影响。

韩世忠像

南宋名将。字良臣，延安（今属陕西）人，一说绥德人。智勇兼备，善于用兵。青年应募从军。崇宁四年（1105），随军攻西夏银州（今陕西榆林南），破关入城，杀其守将。

韩世忠多次击败西夏军队和辽军、金军，屡获擢拔。绍兴元年（1131），率军赴福建镇压范汝为起义。同年，任建康、镇江、淮东宣抚使，在大仪镇之战中，俘金将挞孛也等200余人，乘势追击，迫金军退出淮南。六年，改京东、淮东路宣抚处置使，驻守楚州（今淮安），招集散亡，联结义军，加固城池，屡挫金兵与伪齐军，加横海、武宁、安化军三镇节度使。十一年，被夺兵权，授枢密使。后因面责权相秦桧制造岳飞冤狱，被迫解职。晚年自号清凉居士，不言兵事。二十一

韩世忠

年病逝。后追封蕲王,谥忠武。韩世忠起于行伍,历经百战,严于治军,善待士卒。所部号为“韩家军”,与“岳家军”齐名,是南宋初期的抗金劲旅。韩世忠性格耿直,轻财重义,平生战功赫赫,全身刀痕箭疤累累,双手仅余 4 指,还不能活动。特别对兵器设计独具匠心,克敌弓、连锁甲及骑马跳涧、洞靶射箭的方法都是韩世忠首创。

文天祥

南宋抗元名臣。原名云孙,字履善,一字宋瑞,号文山,吉州庐陵(今江西吉安)人。宝祐四年(1256)进士第一。德祐元年(1275)正月,闻元军东下,即在赣州组织义军,开赴临安(今杭州,当时南宋的京城)。次年被任为右丞相兼枢密使。景炎二年(1277),进兵江西,收复州县多处。后兵败被俘,妻子儿女皆被执,将士牺牲甚众,天祥只身逃脱,于是退广东继续抗元。后因叛徒引元兵袭击,同年十二月,在五坡岭(今广东海丰县)被俘。元将张弘范迫其招降张世杰,于是书《过零丁洋》诗以斥之云:“人生自古谁无死,留取丹心照汗青。”后被解至元大都(今北京),元世祖忽必烈亲自劝降,许以宰相的职务。文天祥大义凛然,宁死不屈,1283 年于大都就义,年仅 47 岁。

哲别

蒙古名将,蒙古别速部人。初随泰赤乌部作战,后降成吉思汗,被赐名哲别(蒙古语“神箭手”的意思),也译“者别”。在统一蒙古诸部时多建战功,誉称“四狗”(即四先锋)之一。蒙古成吉思汗元年(1206),世袭千户。太祖六年(1211),成吉思汗将兵南下攻金,金筑乌沙堡拒之。成吉思汗命哲别攻之,破乌沙堡、乌月营。蒙古军拔德兴府,金居庸关守将遁去。哲别率兵入关,抵金中都(今北京)。十三年(1218)奉成吉思汗命,率 2 万人讨伐屈出律,执斩之,灭西辽。十四年(1219),随成吉思汗西征。1223 年,于阿里吉河(今乌克兰日丹诺夫市北)战役中击溃斡罗思诸国王公与钦察汗的联军,进掠斡罗思南境,又转攻也的里河(今伏尔加河的突厥名,又译也的勒)上的不里阿耳国,然后东返蒙古,病死在归途。

拖雷

蒙古军统帅,成吉思汗第四子。英勇有谋。初常随父征战,被视为“那可儿”(伴当)。成吉思汗七年(1212),攻金德兴府(今河北涿鹿),率先登城,克之。次年冬,蒙古军分三道遍掠金境,随父率中路军攻占河北、山东诸州县。十四年起,从父西征花剌子模国,取布哈拉、撒马尔罕;后自率一军入呼罗珊(今阿姆河以西地区),取马鲁(今土库曼斯坦马里)、尼沙不耳(今伊朗内沙布尔)、也里(今阿富汗赫拉特)诸城。十九年班师漠北。后按蒙古族以幼子继承父业习俗,得成吉思汗大部军

队和牧地。二十二年,在成吉思汗病逝后,监国近两年,推举兄窝阔台为大汗。窝阔台汗二年(1230),从窝阔台攻金,多次击溃金军。不久,随窝阔台北返,死在了途中,年约40岁。

拔都

蒙古西征军统帅,成吉思汗孙。

1227年术赤去世,拔都受诸兄弟推戴,继承父位,统领术赤兀鲁思。1229年,率术赤系诸王赴怯绿连河(今蒙古克鲁伦河)大斡耳朵参加忽里台,推举窝阔台为大汗。1235年,窝阔台召集忽里台大会,决定由各系宗王居长者统兵远征钦察(今俄罗斯乌拉尔河以西伏尔加河流域)、斡罗思、孛烈儿(今波兰)、马札儿(今匈牙利)等国,拔都为诸王之长,统领先锋速不台和术赤诸子、窝阔台长子贵由、拖雷长子蒙哥、察合台子拜答儿等,率军15万出征。1251年,蒙哥即位,拔都因拥立有功,取得更大权力。又将斡罗思、塔剌思及河中地区置于自己的控制之下。蒙哥又将谷儿只(今格鲁吉亚)授予拔都弟别儿哥为分地。术赤兀鲁思遂成为大蒙古国中领土最大的宗藩之国,罗思诸公国。

拔都

斡罗思人称拔都大营为"金帐",穆斯林史家因拔都家族立国于钦察草原,称之为钦察兀鲁思,金帐汗国、钦察汗国之名即出于此。其疆域东起也儿的石河流域,南至里海,西含斡罗思诸公国,北迄也的勒河上游。四年后年死在了亦的勒河畔。因对将士宽厚,被称为"赛因汗"(好汗)。

蒙哥

即元宪宗,蒙古国大汗(1251~1259年在位),军事统帅。成吉思汗孙,拖雷长子。刚明雄毅,沉勇决断。蒙古窝阔台汗二年(1230)起随窝阔台汗攻金,屡立战功。七年,从宗王拔都西征。九年,攻入钦察(里海、黑海以北的突厥语部族)地区,俘酋长八赤蛮。继入斡罗思(俄罗斯),破也烈赞城(梁赞)。十二年,班师漠北。蒙哥汗元年(1251),被诸王拥为大汗。历三年攻灭大理国。八年春,大举攻宋,督主力攻合州钓鱼城(在今合川东),遭宋将王坚依险抗击,历时五月

蒙哥

不克。时值盛夏，军中病疠蔓延，蒙哥执意冒暑攻城，受挫。因负伤（一说染病），七月死在了温汤峡（今重庆北温泉）。

刘福通

元末农民起义领袖，北方红巾军统帅。颍州（今安徽阜阳）人。

至正十一年（1351）五月，与栾城（今河北栾城西）人韩山童等以白莲教组织民众，利用元朝征民夫开黄河故道之机，在颍上（今属安徽）密谋起义，事泄，韩山童被杀，不久与杜遵道等聚众攻占颍州。部众以红巾为号，故称红巾军或红军（也因烧香拜佛，又称香军）。队伍迅速发展至十余万人，连克朱皋（今河南固始北）、真阳（今正阳）、确山等地。江淮和黄河中下游一带民众纷起响应，逐步形成全国性元末农民战争。多次击溃元军，后因内部互不协调，被元军各个击破。最后，被朱元璋部将廖永忠溺死于瓜步（今江苏六合瓜埠）江中。

刘福通塑像

徐寿辉

元末南方红巾军首领。又名真一、真逸，罗田（今属湖北）人。初以贩布为业。至正十一年（1351）八月，与邹普胜等继红巾军首领刘福通之后，利用白莲教在蕲州（今蕲春西南）以红巾为号组织起义。九月，率军击败元成顺王宽彻不花，攻占蕲水（今湖北浠水）及黄州路（治今黄州）。十月称帝，国号天完，建元治平。与元军多次交锋，十六年正月，定都汉阳，以倪文俊为丞相。继分路出兵，之后攻占湖广北部、四川东部、江浙中部许多州县。十七年九月，在倪文俊图谋篡位被部将陈友谅杀死后，大权旁落。十九年，被陈友谅挟持，移都江州。二十年闰五月，被陈友谅杀于采石（今安徽马鞍山西南）。

朱元璋

即明太祖。明朝开国皇帝（1368～1398 年在位），元末农民起义军首领。著名军事家、政治家。字国瑞，濠州钟离（今安徽凤阳东北）人。

元天历元年九月十八日（1328 年 10 月 21 日），生于贫苦农民家庭。至正四年（1344），逢大饥疫，父兄相继去世，遂入皇觉寺为僧。后游食庐州（今合肥）、光州（今河南潢川）、汝州、颍州（今安徽阜阳）等地，历二年复返寺。十一年，元末农民战争爆发。次年，参加农民起义军郭子兴部。郭子兴卒后，统其军，逐渐壮大起来。

后采纳儒士朱升“高筑墙，广积粮，缓称王”(《明史·朱升传》)的建策，歼灭陈友谅、张士诚，完成对元残余势力的追击，建立了明王朝。因为其少年曾出家做过和尚，被人们称为“和尚皇帝”。

刘基

明初军事谋略家。字伯温，浙江青田人。通经史，晓天文，精兵法，时人比为诸葛亮，曾为元朝官吏，后被朱元璋聘至应天(今南京)，充任谋臣。针对当时形势陈时务十八策，提出避免两线作战、各个击破，为朱元璋采纳。辅佐朱元璋集中兵力，先西后东，攻灭陈友谅、张士诚、方国珍等势力。二十四年，朱元璋自立为吴王，命刘基为太史令。二十七年，升御史中丞兼太史令，参与朱元璋制定先取山东，转师河南，然后进兵大都(今北京)的灭元方略，并得以实现。共参与军机八年，筹划全局，朱元璋赞其有定策之功。明洪武元年(1368)，奏立卫所军制，加强沿海边防建设。三年封诚意伯。后遭诬陷，忧愤成疾，八年四月死于故里，年65岁。有《诚意伯文集》行世，载其军事谋略等论述。

刘基画像

朱棣

即明成祖，世称永乐皇帝(1402~1424年在位)。著名军事家、政治家。明太祖朱元璋第四子。明洪武三年(1370)封燕王，十三年就藩，拥有重兵，镇守北平(今北京)。安定北方边境，多次击败元军残余。后发动“靖难之变”，夺取了南京政权，即帝位，迁都北京。在位时，建长城，抗元军残余，派郑和出使西洋，国力空前繁盛。

戚继光

明朝名将，民族英雄，军事家。字元敬，号南塘，晚号孟诸。祖籍河南卫辉，后迁定远(今属安徽)，再迁山东登州(今蓬莱)。

嘉靖七年闰十月初一(1528年11月12日)生于鲁桥(今山东济宁东南)。出身将门，自幼喜读兵书，勤奋习武，立志效国。戚继光军队纪律严明，被人们称为“戚家军”。创造鸳鸯阵战法，屡败倭寇。三十七年，倭寇犯台州、温州，转攻岑港(今舟山西)，再掠柯梅(今舟山北)，俞大猷和参将戚继光督率军民进剿，迫其泛海南移福建。四十年四月，戚家军在台州九战皆捷，击败倭寇万众。戚继光入闽，一

举捣毁横屿岛倭巢，福建倭患暂平。四十二年春，福建倭患复烈，戚继光进剿，巩固了福建海防。倭寇万余围攻仙游，福建总兵戚继光率兵前往解围，大败倭寇于城下，乘胜追歼大部。至此，基本荡平入侵福建的倭寇。四十三年六月，俞大猷在广东惠州、潮州消灭倭寇2万余，迫使大盗吴平乞降。四十四年，消灭吴平部。抗倭战争基本结束。

袁崇焕

明朝军事家、名将。字元素，一字自如，广西藤县人，祖籍广东东莞。万历十二四月二十八(1584年6月6日)生。四十七年进士。天启二年(1622)正月，经荐举，任兵部职方主事。后金军破广宁(今辽宁北镇)，明廷议守山海关，遂单骑抵关考察形势，返京自荐守辽。二月，超擢兵部佥事，监关外军。袁崇焕多次击溃后金对明辽东等地的进攻，取得了“宁锦大捷”等军事上的胜利。后因为遭到崇祯的猜忌，被杀。

秦良玉

明朝女将。字贞素，四川忠州(今忠县)人。自动从父习文练武。善骑射，谙经史，有智谋。22岁嫁石柱宣抚使马千乘，常与其议兵事，简练士卒。万历二十七年(1599)随夫领兵，攻播州(今贵州遵义)反叛土司杨应龙。次年初，以3500人击败杨应龙所部，乘胜连破七寨。四十一年，其夫死后，袭石柱宣抚使，统率部队号称“白杆兵”，远近闻名。泰昌元年(1620)，奉命遣子马祥麟及兄秦邦屏、弟秦民屏率兵救援辽东，抗击后金军。曾被崇祯帝朱由检召见，赐诗褒奖：“蜀锦征袍手制成，桃花马上请长缨。世间多少奇男子，谁肯沙场万里行。”(《补辑石柱厅志》)晋一品夫人。在后金军撤还后，奉命归川。自七年起十余年间，先后与高迎祥、李自成、张献忠、罗汝才等部农民军多次交战。清顺治初，被南明隆武帝加封太子太保、忠贞侯，授总镇关防铜印。

秦良玉画像

史可法

南明抗清名将。字宪之,号道邻,大兴(今属北京)籍,祥符(今河南开封市)人。明崇祯元年(1628)进士。初授西安府推官,后迁右参议,改副使,在安庆(今属安徽)等地堵截农民起义军。十年,执右佥都御史,巡抚安庆、庐州(今合肥)、太平(今当涂)、池州(今贵池)四府及河南、湖广、江西等地,提督军务,统兵万余,屡与农民军作战。十六年,任南京兵部尚书,参赞机务。清顺治元年(1644)五月,清军占领北京,明福王朱由崧在南京建立政权,史可法被任命为礼部尚书、东阁大学士,仍掌兵部事,称“史阁部”。受大学士马士英排斥,被迫自请督师扬州,节制驻守淮北、泗水、临淮、庐州的四镇官兵,划分防区,加强江北防务。并答书清摄政王多尔衮,愿联兵合击农民军,但拒绝削藩称臣。在清军南下,形势岌岌可危时,发誓抗击。二年(南明弘光元年)四月,在扬州之战中,多次拒绝清军招降,率军民坚守孤城八天,以炮火矢石击杀清兵数千。二十五日城破,自尽未果被俘,不屈而死。次年,义子史德威葬其衣冠于扬州城北梅花岭。乾隆时追谥忠正。有《史忠正公集》行世。

史可法

李自成

明末农民起义军领袖。字鸿基。万历三十四年八月二十一(1606 年 9 月 22 日)生于陕西延安府米脂县李继迁寨。童年为地主牧羊。天启六年(1626),充银川驿卒,苦习骑射。崇祯三年(1630),李自成被裁辍业,于米脂号召饥民起义,率众投农民军首领不沾泥,继投高迎祥,号八队闯将。六年,在农民军首领王自用因病去世后,收其遗部2万余人。后与农民军首领张献忠等合兵。李自成统军作战十余年,常以灵活战法出奇制胜,破北京城,迫崇祯帝朱由检自缢煤山(今景山),推翻了明朝的统治。在山海关之战中被吴三桂、清

李自成画像

摄政王多尔衮联兵击败,清顺治二年(1645)五月于通山县(今属湖北)九宫山被地主武装杀害,年40岁(一说兵败后禅隐湖南石门夹山)。

张献忠

明末农民起义军领袖。字秉吾,号敬轩,陕西延安府柳树涧(今属延安)人。张献忠初为延安府捕快,后至延绥(今榆林)当边兵。崇祯三年(1630),于陕西米脂聚18寨之众响应农民军首领王嘉胤起义,自称西营八大王。四年,与农民军首领罗汝才受明总督洪承畴招抚。次年复起,从农民军首领王自用转战山西,为36营主要首领之一,在沁州(今沁县)、辽州(今左权)两败明军。后从农民军首领高迎祥渡黄河,转战豫西、陕南、湖广。后与罗汝才转战四川。1644年6月,张献忠攻占重庆,八月克成都,分兵取未附州县。十一月,张献忠在成都称帝,建国号大西,年号大顺,改成都为西京。张献忠命孙可望为平东将军、李定国为安西将军、刘文秀为抚南将军、艾能奇为定北将军。大西大顺三年(清顺治三年,1646),率师出成都,北上迎战清军。十一月二十七(1647年1月2日),于四川西充凤凰山为清靖远大将军豪格部偷袭,中箭身亡,年42岁。余部由孙可望、李定国等统领退至云南、贵州继续抗清。

张献忠统与作战十余年,善于以走致敌,运用远程奔袭、声东击西和里应外合等战法,出奇制胜,为推翻明朝统治起了重要作用。

努尔哈赤

清太祖努尔哈赤,后金汗(1616~1626年在位)。八旗兵创建者和统帅,著名军事家、政治家。满族,爱新觉罗氏。生于建州左卫赫图阿拉(今辽宁新宾西赫图阿拉老城)女真贵族家庭。十八九岁时隶明总兵李成梁部,屡立战功,受器重。后建立后金,统一了女真各个部落。此后,多次与明军交战,夺取了包括沈阳在内的广大辽东土地。在宁远之战中被明将袁崇焕凭坚城用大炮击败,愤恨退还沈阳。八月十一日(1626年9月30日)因病去世(一说在宁远受炮伤卒),终年68岁。

努尔哈赤

努尔哈赤戎马生涯40余年,创建一支能征善战的八旗兵,培养一批统军有方的将领,为后金(清)统一中国奠定了基础。

洪承畴

明末清初重要将领。字彦演，号亨九。福建南安人。曾镇压农民起义军，后总督蓟辽军务，抗击清军。十三年起，督率明军与清军进行松锦之战，十四年率吴三桂等八总兵、13万步骑与清军决战松山（今属辽宁凌海），次年兵败被俘，后降清，

洪承畴

隶汉军镶黄旗。清顺治元年（1644），随清军入关，任兵部尚书兼都察院右都御史，佐理军机。二年，总督江南各省军务，用攻抚兼施之策，平定江南。五年还京，仍佐理军机。十年，经略湖广、云南、贵州等地，总督军务兼理粮饷，对南明政权采取以守为攻，待机进攻的方略，然师劳无功，遭钦臣非议。十四年，率军偕宁南靖寇大将军洛托入青州，攻南明永历政权。次年，遣信郡王多尼、平西大将军吴三桂、征南将军卓布泰三路合兵，击败永历政权主力李定国部。十六年，会师克昆明，永历帝朱由榔逃入缅甸。不久，因眼疾解任回京。卒年73岁。辑有《古今平定略》等。

吴三桂

明末清初将领。字长伯，明锦州总兵吴襄子。曾率军参加松锦之战，兵败后率师逃遁。十七年春，封平西伯，率师入卫京师（今北京），途中拥兵观望。在李自成占领北京后，投降清兵。清顺治元年（1644）四月，降清后与清军合兵在山海关之战中大败李自成大顺军，封平西王。后为清军前锋，镇压陕西、四川等地农民军。后发动“三藩”之乱，曾称帝。因屡败忧忿病死，孙吴世瑶继位，不久为清军所灭。

郑成功

明末清初军事家,民族英雄。初名森,又名福松,字明俨,号大木。福建南安人。明天启四年七月十四(1624 年 8 月 27 日)生于日本平户,父亲郑芝龙为明福建总兵,母亲田川氏系日本人。明崇祯三年(1630)从日本回国。自少习文练武,渐知兵法。南明弘光时监生。南明隆武元年(清顺治二年,1645),受隆武帝朱聿键倚重,赐姓朱,改名成功,封忠孝伯,任御营中军都督,世称"国姓爷"。多次与清军交战,取得了不少胜利。顺治十八年(1661),郑成功驱逐荷兰殖民者,收复台湾,不久建立以澎湖为前哨的抗清基地。

郑成功一生,抗清驱荷,以赶走荷兰殖民主义者、收复祖国领土台湾的业绩载入史册,海峡两岸均立像树碑纪念。有《延平王集》行世。

爱新觉罗·玄烨

即清圣祖,年号康熙,世称康熙皇帝(1661~1722 年在位)。军事统帅,政治家。满族,爱新觉罗氏。清世祖福临第三子。

顺治十一年三月十八(1654 年 5 月 4 日)生。十八年嗣位,年八岁,由索尼、苏克萨哈、遏必隆、鳌拜四大臣辅政。康熙六年(1667)亲政。除鳌拜,平"三藩",击溃准噶尔部,收复台湾,在雅克萨击败沙俄,维护了我国东北地区的领土和主权,签订了《中俄尼布楚条约》。玄烨在位期间,清朝开始进入"康乾盛世"。

施琅

清朝水师名将。字尊侯,号琢公,福建晋江人。初为明总兵郑芝龙部将。通阵法,善水战,熟悉海上风候、潮汐。清顺治三年(1646),从郑芝龙降清。后投郑成功抗清,任左先锋,率兵相继攻占漳浦、云霄(今均属福建)等地。八年,因与郑成功交恶,被夺兵权遭逮禁,后以计脱逃,复降清。

康熙二十二年,指挥收复台湾的军事行动,占澎湖,迫郑克塽以台湾归降。复授靖海将军,封靖海侯。后又奏请朝廷加强对台湾的统辖,设县、府、巡道,并派兵驻守,严加海禁,稽核商船,均被采纳,为统一和开发台湾做出了贡献。

噶尔丹

清代卫拉特蒙古准噶尔部首领。巴图尔珲台吉第六子,僧格之弟。年少入西藏为僧,拜达赖五世为师,授呼图克图尊号。逐渐统治了南北新疆地区,康熙二十七年,藉沙俄支持,率骑兵 3 万攻喀尔喀蒙古,次年使正在抗击沙俄入侵军的喀尔

喀蒙古腹背受敌,土谢图汗等三汗被迫率众迁漠南。二十九年,举兵追击喀尔喀部众,于乌尔会河(即乌拉桂河,在今内蒙古乌兰浩特西)布弓形阵,击败清理藩院尚书阿剌尼部。继长驱直入,在乌兰布通之战中摆“驼城”(又叫作“驼阵”,以骆驼缚足卧地构成的环形防御阵地),被康熙帝玄烨亲统大军击败,退回科布多(在今蒙古国西部),招集旧部,以图再起。三十四年,复率兵2万(一说3万)进抵喀尔喀蒙古巴颜乌兰(今乌兰巴托西南),扬言借沙俄鸟枪兵6万人举攻漠南。次年,惨败于昭莫多之战,仅引数十骑逃遁。后率残部千人游荡于塔米尔河一带,拒绝清王朝招抚。三十六年三月,在清军追击下,势穷服毒自尽(一说因暴病去世)。

噶尔丹

阿桂

清朝名将。章佳氏,字广庭,号云崖。初为满洲正蓝旗人,后以功隶正白旗。大学士阿克敦子。乾隆三年(1738)举人。初以父荫授大理寺丞,后在军机处郎中任上行走。十三年,参加大小金川之战,因未劾四川总督张广泗贻误军机罪,被逮。后复官,为江西按察使。二十一年,任参赞大臣、蒙古镶红旗副都统,戍守西北边疆。二十四年,参加平定大小和卓之战。事平后移师驻伊犁,提出于新疆屯田,被采纳。此后数年间,历任内大臣、汉军镶蓝旗都统、军机大臣、满洲正红旗都统、伊犁将军、四川总督等。三十三年,授兵部尚书、云贵总督,以副将军偕经略傅恒领兵与侵扰滇境的缅甸军交战,屡获捷。次年,与傅恒会师攻老官屯不下,奉命罢兵议和。三十六年,再次参加大小金川之战,历时5年,之后任参赞大臣、定边副将军、定西将军,运筹战事,多合机宜。四十一年,降服土司索诺木。事平,封一等诚谋英勇公。四十二年,授武英殿大学士。后两次督师镇压甘肃回民起义,参与制定镇压台湾林爽文起义和抗击廓尔喀(今尼泊尔)进攻西藏的进兵方略。卒年81岁。参与编纂《军需则例》15卷。

阿桂

中国近现代军事人物

关天培

鸦片战争中抗英名将。字仲因,号滋圃,江苏山阳(今淮安)人。

1839 年,钦差大臣林则徐到广东禁烟,协助缉拿烟贩,收缴鸦片,并指挥水师多次与英舰船交火。1840 年,鸦片战争爆发,钦差大臣琦善至广东,一意主和,懈于防务。1841 年 1 月 7 日,英方发动虎门之战,企图以武力迫使琦善屈服,出动舰船 10 余艘,攻占沙角,大角炮台。2 月 26 日,英军又以战舰 10 艘,汽船 3 艘,配以登陆部队,猛攻横档岛一线 6 炮台。关天培于靖远炮台督军顽强抵抗,并亲燃大炮对敌轰击,负伤力战,殉国。

陈化成

鸦片战争中抗英名将。字业章,号莲峰,福建同安(今属厦门)人。1830 年(清道光十年)晋福建水师提督,驻守厦门,多次率水师战船缉拿、驱逐英国等国鸦片武装走私船。1840 年初,调任江南水陆提督。不久,得知英国侵略军进犯定海,急赴江苏最重要的海口吴淞,积极备战,先后调集清军 4000 余名,调配各型火炮 250 余门,并沿黄浦江西岸修筑防御阵地"土城"达 5 千米,上筑火炮掩体"土牛",加固东南炮台。1842 年 6 月,英军入长江口。16 日吴淞之战爆发,英军以军舰 7 艘、轮船 5 艘(共载炮 200 余门)及陆军两团(不足额),分攻东、西土塘及江面清军船只。陈化成不畏强敌,下令向英舰开炮轰击,击伤英舰 4 艘。在西炮台遭英军水陆夹击、守军相继溃退之时,仍率数十亲兵坚守阵地,最后被炮弹击中,英勇捐躯。吴淞要塞也随之失守。

陈化成

石达开

太平天国著名军事统帅。广西贵县(今贵港)人。参与金田起义,被封为后军主将、翼王。

石达开塑像

太平军从广西向南京进军途中,石达开与西王萧朝贵被委任为“开通前路”的先锋。1853年(太平天国癸好三年、清咸丰三年)3月攻占南京。石达开冲锋陷阵,战功卓著,被清军称为“石敢当”。太平军建都天京(今南京)后,一度负责天京城的卫戍工作,建立起严密的防御、警戒体系,有效地保证了天京的安全。1855年1~2月,太平军接连重创湘军水师,挫败了湘军的攻势,扭转了西征之战局,充分显示出石达开卓越的军事指挥才能。1855年秋,石达开解天京周围军事危机。天京变乱后遭洪秀全猜疑,于1857年5月带部出走。其脱离天京率军远征,虽牵制了部分清军,却严重分散了太平天国军力,流动作战近7年,最后于大渡河陷入绝境,兵败身死。

李秀成

太平天国后期军事统帅。广西藤县人,雇农出身。

李秀成画像

1851年(太平天国辛开元年,清咸丰元年)参加太平军,卓有战功。1858年,为后军主将。8月,与陈玉成等会议于安徽枞阳镇(桐城市东南),订约会战,以解天京之围。9月,与陈玉成合力,击破清江南江北大营,进军上海受挫。1860年进军浙江,经与外国侵略军反复激战,一度进抵上海城下。6月洪秀全严令其回援天京。图挽危局,但已无能为力。年底苏州失守,天京形势日岌,提出让城别走,即放弃天京,转移江西,再入湖北,与扶王陈得才部汇合,但被洪秀全拒绝。后虽率军民奋力固守天京,终因援绝粮尽,于1864年7月19日失城。城破时,保护幼天王(洪秀全长子洪天贵福)突围,混乱中失散被俘。8月7日被曾国藩杀害。

曾国藩

晚清军事家，湘军的创立者和统帅。原名子城，字伯涵，号涤生，湖南湘乡人。1838 年（清道光十八年）进士。历任翰林院检讨、传讲学士、内阁学士，礼、兵、工、刑、吏部侍郎。1852 年（清咸丰二年）夏，太平军自广西入湖南，围长沙，克武昌，势不可挡。1853 年 1 月 8 日，曾国藩奉命帮办湖南团练。咸丰四年（1854），湘勇练成水陆两军 17000 多人，成为镇压太平军、维护清王朝统治的重要支柱。多次与太平军交战，至 1864 年 7 月，终于攻破天京，完成对太平天国起义的镇压。朝廷褒功，封曾国藩为一等毅勇侯，加太子太傅，赏双眼花翎。

曾国藩重视采洋务，成为清末兴办洋务事业的首创者。曾国藩毕生服膺程朱理学，又主张兼取各家之长，认为义理、考据、经济、辞章四者不可缺一，但始终将理学放在首要地位。于古文、诗词也很有造诣，被奉为桐城派后期领袖。1872 年 3 月在南京因病去世。赠太傅，谥文正。后人辑其所著诗、文、奏章、批牍等为《曾文正公全集》。

左宗棠

晚清军事家，洋务派重要代表人物，湘军统帅。字季高，湖南湘阴人。青年时即注重经世致用之学。1832 年（清道光十二年）中举人。后三次会试不第，遂为塾师。值鸦片战争爆发，左宗棠多方了解外国，钻研军事，提出练鱼屯，设碉堡，简水卒，设水寨，设厂造炮船、火船等抗敌措施，并写成《料敌》《定策》《海屯》《器械》《用间》《善后》等篇军事论著。在镇压太平军的战斗中屡立战功。1876 年出击阿古柏，收复新疆。后任军机大臣兼在总理衙门行走，管理兵部事务。同年夏，调两江总督兼南洋通商大臣。1884 年 6 月，奉召入京，再任军机大臣。1885 年病故于福州。

李鸿章

晚清军事家，洋务派首领，淮军、北洋海军创始人和统帅。字少荃，安徽合肥人。曾受业于曾国藩，讲求经世义理之学。1847 年（清道光二十七年）中进士。1853 年（清咸丰二年），随侍郎吕贤基回籍办团练抵抗太平军。1859 年初，入曾国藩幕府，襄办军务，在建军、作战思想上颇受其影响。组建淮军，镇压太平军、捻军。1870 年，继曾国藩任直隶总督兼北洋通商大臣，从此控制北洋达 25 年之久，并参与掌管清政府外交、军事、经济大权，成为清末权势最为显赫的封疆大吏。李鸿章从 19 世纪 70 年代起，进一步扩大洋务事业，因标榜"自强"进而"求富"，主要以"官督商办"的形式创办了一系列民用企业。同时，又着手筹办北洋海防。为《马关条

约》《辛丑条约》的主要签订者，背负了历史骂名。

丁日昌

晚清国防近代化的倡导者和实践者。字持静，号禹生(又作雨生)，广东丰顺人。1842 年(清道光二十二年)中秀才，1859 年(清咸丰九年)，任江西万安知县，不久入湘军统帅曾国藩幕府，襄办军机要务。1863 年(清同治二年)被江苏巡抚李鸿章调至上海创办洋炮局，生产开花炮和炮弹。主张积极发展军事工业，亟图自强以抵御外侮。力主改革清朝陆军军制，分设野战军和地方治安部队，重点建设野战军以抵御外敌侵略。1874 年，在总理各国事务衙门发动的各督抚大臣关于海防的大讨论中，其三洋海军计划成为中心议题。又上奏海防条议，全面论述有关国防近代化问题，在朝廷内外引起很大反响。曾赴台巡视，1882 年病逝。有《抚吴公牍》《丁禹生政书》《洋枪队操练图说》等存世。

丁日昌雕像

刘铭传

晚清淮军著名将领。字省三，安徽合肥刘老圩(在今肥西)人。自幼喜好兵家著述。19 世纪 50 年代在乡结寨办团练，曾助清军攻陷太平军占领的六安。1862 年(清同治元年)率部投李鸿章，编入淮军，号“铭字管”(后称“铭军”)，先后在上海、苏南、浙江、安徽等地与太平军、捻军作战。刘铭传擅长权谋，作战奋勇，所部装备新式枪炮，兼采西方战法，成为淮军劲旅。1884 年(清光绪十年)，受命以巡抚衔督办台湾军务，抵抗法军对台湾的入侵。中法停战后，致力于台湾、澎湖地区的海防建设，整顿台湾军制，兴办军械制造，建筑新式炮台。1885 年 10 月台湾建省，为首任巡抚。任内兴办铁路、煤铁矿及新式学堂，对开发台湾、增强其防务多有贡献。1891 年因病离任，1896 年死在家中。有《刘壮肃公奏议》传世。

刘铭传

冯子材

晚清抗法名将。字南干，号萃亭，生于广东钦州（今属广西）。中法战争爆发后，奉命督办广东高、雷、廉、琼等州团练事宜。1884年8月，闻清王朝对法宣战，遂上书请战，并召集旧部，募兵18营，号“萃军”，开赴广西前线。次年2月，驻越清军战败逃入关内，溃不成军，法军前锋一度进占镇南关（今友谊关）。时年近古稀的冯子材受命帮办广西关外军务，被前线各路将领公推主持战事，力撑危局，杀败法军，取得镇南关大捷。不久挥师猛追，采用夜战抄袭战法，连克越南文渊、凉山，重伤法军第2旅指挥官尼格里，将法军逐于郎甲以南。法国茹费理内阁因此倒台。正当冯子材筹划攻取河内、收复全越之时，清廷却下诏停战，冯子材被迫撤军回国。1899年，任云南提督。两年后又调为贵州提督。1903年，为会办广西军务大臣，不久卒。有《军牍集要》传世。

刘永福

晚清抗法、抗日名将，黑旗军首领。字渊亭，祖籍广西博白，生于广东钦州（今属广西）。当过船艇佣工，精于拳棒。1857年（清咸丰七年）参加广西农民起义军。1866年（清同治五年）投天地会武装吴亚忠部，所部200余人，以七星黑旗为战旗，称“黑旗军”。应越南政府的邀请，抗击法军。中法战争结束后于6月率黑旗军3000人归国，后大部被遣散。次年任广东南澳镇总兵。1894年8月，奉命赴台帮办台湾军务。次年，在中日甲午战争中战败的清政府将台湾割让给日本，并令在台官员内渡。刘永福抗旨不归，被台湾绅民推举主持抗日军事。于是联合苗栗、彰化、嘉义等地义军，在大甲溪、八卦山、曾文溪等地，以阵地坚守和伏击、袭扰等战法，英勇抗击侵台日军。是年10月中，于台南失陷前夕内渡厦门。晚年退居家乡，仍不泯爱国之心。辛亥革命时曾出任广东军政府民团总长，不久即辞职。1915年通电反对袁世凯与日本政府签订卖国的“二十一条”。1917年病逝于家乡。

丁汝昌

晚清北洋海军提督。字禹廷，安徽庐江人。早年参加太平军，后随队叛投湘军，不久改隶淮军，参与对太平军和捻军作战，官至记名提督。1879年（清光绪五年），被李鸿章调北洋海防差用。1881年1月，率北洋水师官兵200余人赴英国，接带清政府在英订购的“超勇”和“扬威”巡洋舰回国。1888年，北洋海军正式成军，出任北洋海军提督。在任职期间对北洋海军和北洋海防的建设有所建树。1891年，率舰队访问日本。大东沟海战中，北洋舰队遭受重创，被革职留任。1895年1月30日~2月11日在威海卫之战中，指挥北洋舰队抗击日军围攻，但驻守港内消

极待援,终致北洋海军陷入绝境。他坚持抗敌报国立场,严拒日本联合舰队司令长官伊东佑亨的劝降和北洋海军洋员端乃尔等的逼降,临危不惧,坚守指挥岗位,在援军已绝的情况下,当晚,服鸦片自杀,延至十八日晨7时辞世。丁汝昌死后,手下军官牛昶昞盗用他的名义,与日方签订了《威海降约》。李鸿章经营多年的北洋海军,至此全军覆没。

邓世昌

晚清北洋海军爱国将领。字正卿,广东番禺人。少年时目睹西方列强军舰在中国海区横行,立志献身保卫海疆。1867年(清同治六年),考入福建船政局后学堂学习舰船驾驶。1871年,登"建威"练习舰练习航海,远至渤海湾和南洋新加坡、槟榔屿各口岸。后历任"海东云""振威"和"飞霆"等舰船管带。1879年(清光绪五年),调北洋水师任职。1881年1月,赴英国接收订购的军舰,驾驶"扬威"巡洋舰经地中海、印度洋回国,遂任该舰管带。1887年,以参将管带职衔再次赴英国,驾驶"致远"巡洋舰回国。1888年,北洋海军成军,任中军中营副将、"致远"舰管带。以治军严格、忠勇刚正闻名。1894年9月17日黄海海战中,指挥"致远"舰勇敢战斗,在战舰受重创侧倾的情况下,全速撞向日联合舰队第一游击队旗舰"吉野",决心与其同归于尽。不幸鱼雷发射管被敌击中,舰体爆裂沉没,同全舰200余名官兵一起壮烈殉国。

邓世昌

袁世凯

北洋军阀首领、北洋政府总统。字慰亭,河南项城人。早年投淮军吴长庆,任"庆军"营务处会办。1885年(清光绪十一年)以"办理朝鲜交涉通商事务"名义驻朝鲜办事。1895年以道员衔在天津小站训练"新建陆军"。1899年升任山东巡抚,镇压义和团。1901年继李鸿章任直隶总督兼北洋大臣。1903年为练兵处会办大臣,将北洋军扩编为6镇,从此成为北洋军阀集团首领。1909年(清宣统元年)初被罢职。1911年武昌起义后,凭借北洋势力和帝国主义的支持,出任内阁总理大臣,挟制清帝退位,以武力威胁孙中山让位,成为中华民国临时大总统,在北京建立北洋军阀政权。1913年派人刺杀宋教仁,镇压国民党二次革命。后又解散国会,篡改约法,实行独裁统治。1915年12月宣布改次年为洪宪元年,准备恢复帝制。25日蔡锷、唐继尧等在云南宣布独立,发起护国运动,贵州、广西、广东、浙江等省

相继响应。1916年3月被迫宣布取消帝制。6月6日忧惧而死。

段祺瑞

皖系军阀首领。字芝泉,安徽合肥人。天津武备学堂毕业,曾赴德国学习军事。1896年随袁世凯创建北洋军,曾任保定军官学堂总办、第六镇统制、江北提督。辛亥革命后任北洋政府陆军总长、参谋总长、国务总理。曾反对袁世凯称帝,为袁所忌。袁世凯死后复任国务总理,成为北洋皖系军阀首领。与总统黎元洪争权,挑起"府院之争",使张勋趁机入京,拥戴宣统复辟。旋即在天津组织"讨逆军",击败张勋,再造共和,重任国务总理。1920年直皖战争中被曹锟、吴佩孚击败,宣布下野,避居天津。1924年第二次直奉战争后被推任为北京临时政府执政。1926年4月被国民革命军驱逐下台。1936年去世。

冯国璋

直系军阀首领。字华甫(也作华符)。直隶(约今河北)河间人,1884年(清光绪十年)投淮军当兵。次年入天津北洋武备学堂,后协助袁世凯在天津小站编练新建陆军,参加镇压义和团。1902年袁在保定设立军政司,冯任该司教练处总办。1903~1911年秋,先后任清政府练兵处军学司正使兼北洋陆军达成学堂督办、陆军贵胄学党总办等职,为清皇族和北洋军阀集团培养大批军事骨干,同时发展了自己势力。武昌起义爆发不久,接替荫昌任第1军军统,率部入鄂镇压革命军。1912年3月袁世凯出任中华民国临时大总统,9月冯被任为直隶都督兼禁卫军军统,12月被授为陆军上将。1913年7月任江淮宣抚使兼第2军军长,率部进攻安徽、南京讨袁军,镇压"二次革命",12月任江苏都督。1914年6月,被袁授为宣武上将军,督理江苏军务后,不断培植亲信,扩充实力,成为东南地区的大军阀。护国战争爆发,于1916年初暗中串通各省将军,准备联名发出迫袁取消帝制的电报。事泄,袁大为震惊。袁病死后,北洋集团分裂,冯成为直系军阀首领。10月被国会选为中华民国副总统,11月兼江苏督军。1917年7月任代理总统。护法战争后,皖系政客在此时已建立"安福俱乐部",策划新的总统选举。冯国璋自知当选无望,于1918年8月13日,通电辞职。于1919年返回河间故里。1919年病逝,终年60岁。

冯国璋

张作霖

奉系军阀首领。字雨亭，奉天（今辽宁）海城人。1894年（清光绪二十年）入清军当兵。后投身绿林，充任“保险队”头目。1902年被新民府收编。1912年9月被袁世凯任命为陆军第27师师长，后逐渐控制了东三省。1920年7月直皖战争中率兵入关，帮助直系打败皖系，和直系共同把持北洋政府。1922年发动第一次直奉战争，被直系击败，退回关外，宣布东三省自治。1924年发动第二次直奉战争，击败直系军阀，控制了北洋政府，势力扩张到长江流域。北伐战争开始后，于1927年4月杀害李大钊等中国共产党人及其他革命志士。在北京成立安国军政府，自任中华民国陆海军大元帅。1928年上半年，在第二期北伐中战败，宣布奉军撤回东北。6月3日，自北京返奉。由于没有满足日本侵占东北主权的全部要求，当其专列火车于4日晨行驶至皇姑屯（今属沈阳市）车站附近时，被日本关东军炸死。

陈炯明

广东军阀。字竞存，广东海丰人。1908年毕业于广东法政学堂。1909年加入同盟会。1910年参与策划和发动广州新军起义。次年参加广州起义（又称黄花岗之役）。后参加讨袁战争、护国战争。护法战争期间，任援闽粤军总司令，率部击败在福建的北洋军后，大量扩编部队，拥兵自立，对孙中山的指示阳奉阴违。1920年11月被孙中山任命为广东省省长兼粤军总司令。1921年5月任广州革命政府陆军部部长兼内政部部长。6月率部入桂，击败桂系陆荣廷部后，暗中与吴佩孚、唐继尧等人勾结，以“联省自治”为名，阻挠孙中山领导的北伐，妄图在广东建立军阀政权。1922年6月在广州发动武装叛乱，炮轰总统府，公开背叛孙中山。次年1月，所部被讨贼军许崇智等部逐往东江地区。1925年经广州革命政府组织的两次东征，所部被全歼。陈逃往香港。1933年9月22日在香港病故。

陈炯明

冯玉祥

民国时期军事家，爱国将领。原名基善，字焕章，安徽巢县（今巢湖市）人。少时家贫，1896 年（清光绪二十二年）投淮军当兵。参与发动滦州起义、讨伐张勋辫子军、直奉战争等，逐渐成为一方军事力量。在同蒋介石的几次战争中失利，逐渐丧失兵权。1937 年“七七”卢沟桥抗战爆发后，为抗日奔走，不久受蒋排挤离职。1948 年 1 月中国国民党革命委员会在香港成立，当选为常务委员和政治委员会主席。因轮船失火遇难。

蔡锷

蔡锷

中国近代军事家、爱国将领。原名艮寅，字松坡，湖南宝庆（今邵阳）人。1897 年（清光绪二十三年）入长沙时务学堂。1899 年赴日本，先后入东京大同高等学校、陆军成城学校和陆军士官学校。对军队整训等有研究。后被推为云南军都督府都督。1913 年被调往北京后反对袁世凯复辟帝制，击败数倍于己的北洋军，赢得战争胜利。1916 年 7 月任四川督军兼省长。病故后被北洋政府追赠为陆军上将。有《蔡松坡先生遗集》《蔡锷集》等行世。

吴佩孚

直系军阀首领。字子玉，山东蓬莱人。秀才出身。1898 年投淮军，曾任北洋军第三镇曹锟部下管带，颇得器重，后升任第三师团、旅、师长。1919 年五四运动爆发时，曾多次通电反对在巴黎和约上签字，支持学生运动。冯国璋病死后，曹锟、吴佩孚继承了直系军阀首领的地位。1920 年 5 月，发动直皖战争，指挥直军在奉军配合下大败皖军。1922 年 4 月，第一次直奉战争中，战胜奉军，成为北洋军阀的首要人物，操纵政局。1923 年残酷镇压京汉铁路工人大罢工，制造“二七”惨案。1924 年 9 月，第二次直奉战起，任“讨逆军总司令”，由于冯玉祥倒戈发动北京政变，为奉军及国民军所败。后占据河南、湖北等地。1926 年北伐战争开始，其主力在汀泗桥、贺胜桥、武昌等战役中被歼，从此一蹶不振，依附四川军阀杨森。九一八事变后回北京居住。抗日战争全面爆发后，拒绝出任伪职，被日本人毒死。国民党政府追认其为陆军一级上将。

孙传芳

直系军阀。字馨远,山东历城(今济南历城)人。1903 年入保定北洋速成武备学堂。次年赴日本士官学校留学,加入中国同盟会。1909 年回国,在多年混战中逐渐控制江浙等东南五省。在同北伐军作战中连连失败,后投靠奉系军阀张作霖、张学良。1929 年 1 月移住大连。1931 年“九一八”事变后迁居天津英租界。1934 年 4 月,孙在天津组织佛教居士林,自任理事长。1935 年 11 月 13 日,在居士林被施从滨之女施剑翘开枪打死,终年 51 岁。

马占山

抗日将领。字秀芳,生于奉天怀德(今吉林公主岭市)。初为绿林头目,后投靠张作霖,逐渐升任旅长。1931 年“九一八”事变后,被张学良委任代理黑龙江省政府主席兼代东北边防军驻(黑龙)江副司令长官,不顾蒋介石的不抵抗政策和辽宁、吉林两省相继陷落的孤立困境,于 11 月 4 日率部奋起进行江桥抗战,打退日伪军多次进攻,鼓舞了全国人民的爱国热情。终因力尽援绝,撤至海伦。17 日被国民政府任命为黑龙江政府主席。1932 年 2 月一度屈服于日本关东军的压力,任伪黑龙江省省长和伪满洲国军政部总长,受到全国舆论谴责。4 月 1 日从齐齐哈尔秘密出走,7 日抵达黑河,通电反正,并致电国联调查团揭露日本制造伪满洲国内幕。5 月联合省内旧部和民团、乡勇在海伦组织黑龙江省民众抗日救国义勇军,被推为总司令,率部在黑龙江省南部、吉林省北部铁路沿线和山林地区打击日伪军,后因孤立无援、寡不敌众,于 12 月退入苏联境内。1933 年 6 月返上海,要求回东北继续抗日,未获蒋介石应允,被任命为军事委员会委员,闲居天津。1936 年 1 月被授为陆军中将。1937 年“七七”卢沟桥抗战爆发后,任东北挺进军总司令,率部转战晋、绥、陕等省。1945 年 6 月任第十二战区副司令长官。抗战胜利后,任东北保安副司令长官。1948 年 8 月任东北“剿总”副总司令,见国民党军大势已去,称病寓居北平(今北京)。后为促进北平和平解放做了有益的工作。

马占山

蒋光鼐

爱国将领。字憬然，广东东莞人。1906 年入广东陆军小学堂。1909 年入南京陆军第四中学堂。参加讨袁战争、北伐战争，在汀泗桥、贺胜桥等战役中屡建战功。1932 年 1 月任京沪卫戍司令长官，和蔡廷锴共同指挥"一·二八"抗战，激战月余，给予日军以沉重打击。1933 年发动福建事变，成立中华共和国人民革命政府，任政府委员兼军事委员会委员等职。福建事变失败后被迫流亡香港。1939 年任第四战区参谋长。1940 年 9 月任第七战区副司令长官，参与指挥粤北会战诸役。1943 年 9 月被授为陆军中将。1946 年任衢州绥靖公署副主任。1948 年 1 月在香港参与组织中国国民党革命委员会。1949 年 9 月，出席中国人民政治协商会议，被选为常务委员。中华人民共和国成立后，任纺织工业部部长、中国国民党革命委员会中央常务委员。

张自忠

抗日爱国将领。字荩忱，山东临清人。1914 年投北洋陆军第 20 师当兵。1916 年入冯玉祥部，从排长递升至旅长。1926 年任国民军联军总司令部副官长。1927 年任第 28 师师长兼潼关警备司令。翌年先后任第 25 师师长、开封警备司令和第 2 集团军军官学校校长，治军严明，长于带兵练兵。1929 年升第 11 军副军长兼第 22 师师长，年底部队缩编任第 6 师师长。1930 年参加蒋冯阎战争。次年所部被蒋介石收编为第 29 军第 38 师，任师长。1933 年率部参加长城抗战，在喜峰口前线重创日军。1935 年 6 月任张家口警备司令。11 月兼察哈尔省政府主席。1936 年 6 月调任天津市市长。1937 年"七七"卢沟桥抗战爆发时，受第 29 军军长宋哲元委任，代理冀察政务委员会委员长及北平市市长。平、津陷落后，于 9 月 3 日潜离北平（今北京）。11 月被任命为第 59 军军长。1938 年率部参加徐州会战、武汉保卫战、随枣会战及冬季攻势。1940 年 5 月枣宜会战时兼任第五战区右翼兵团总司令，又第三次率部由湖北宜城渡襄河截击南撤日军，奋战九昼夜，陷入日军重兵包围，负伤多处仍坚持指挥作战，于 16 日在宜城南瓜店壮烈牺牲。7 月，被国民政府追晋为陆军上将，举行国葬。随后相继在北平、天津、上海、汉口、徐州、济南等大城市设立张自忠路。8 月，延安召开追悼大会，中国共产党领导人毛泽东、周恩来、朱德等赠挽词悼念。

白崇禧

民国时期军事家，国民党军高级将领。字健生，广西临桂（今桂林）人，回族。

1916年毕业于保定陆军军官学校。后逐渐成为新桂系首领之一,统一两广,改编桂军。积极参与策划和发动“四一二”反革命政变。1930年在蒋冯阎战争中参加反蒋军第1方面军,出兵湖南被击败。1932年4月任广西绥靖公署副主任兼民团司令,提出并实行寓兵于团、寓将于学、寓征于募的“三寓”政策,得李宗仁支持,巩固了广西势力地盘。1937年“七七”卢沟桥抗战爆发后,任军事委员会副总参谋长,参与制定对日作战计划。白在国民党军队中素有“小诸葛”之称。参与指挥武汉保卫战、桂南会战。1946年5月任国防部部长,积极执行蒋介石反人民的内战政策,所部在解放军发动的衡宝战役、广西战役中被歼。1949年9月任战略顾问委员会副主任。12月由海南岛去台湾,后暴死。

白崇禧

杨虎城

爱国将领。原名忠祥,号虎臣,后改为虎城,陕西蒲城人。曾参加陕西民军与清军作战、陕西护国军、护法战争,策应了北伐战争。后参加蒋冯战争和蒋唐(生智)之战。1930年蒋冯阎战争中,相继任蒋军第7军军长、第17路军总指挥,率部攻击冯军。同年10月兼任陕西省政府主席。1931年“九一八”事变后,积极主张抗日。次年1月任西安绥靖公署主任。1933年6月,所部与川北的中国工农红军第四方面军达成互不侵犯默契。逐渐倾向联共抗日,反对蒋介石的“攘外必先安内”政策。1936年12月趁蒋介石亲临西安时同张学良发动兵谏,扣留蒋介石,并以八项抗日救国主张通电全国。经中共中央派周恩来等参与谈判,与蒋达成停止内战、共同抗日的六项协议。由此为蒋所嫉恨。后遭蒋囚禁。1949年9月17日在重庆惨遭国民党特务秘密杀害。

傅作义

民国时期军事家,爱国将领。字宜生,山西莱河安昌村(今属临猗)人。1910年考入太原陆军小学堂。次年参加辛亥太原起义,任学生军排长,在娘子关等地与清军作战。1912年被保送北京第一陆军学堂。1915年升入保定陆军军官学校。1918年毕业,回山西在晋军

傅作义

服役,因治军有方,由排长递升至师长。1931 年任第 35 军军长兼绥远省政府主席。"九一八"事变后,通电坚决抗日。1936 年指挥绥远抗战,获百灵庙大捷,收复失地。"七七"事变后先后参加南口张家口战役、忻口会战、太原保卫战诸役。抗战胜利后,任张垣绥靖公署主任兼察哈尔省政府主席、华北"剿总"总司令,执行蒋介石的内战政策。1949 年 1 月天津解放后,接受中国共产党提出的和平解放北平(今北京)的条件率部起义,对完整地保留文化古都做出重大贡献。随后,接受毛泽东、周恩来委托,和邓宝珊促成绥远起义。中华人民共和国成立后,曾任绥远军政委员会主席、绥远军区司令员、国防委员会副主席、水利部部长、中国人民政治协商会议全国委员会副主席等职。1955 年被授予一级解放勋章。

胡宗南

国民党军高级将领。字寿山,浙江孝丰鹤落(鹿)溪(今属安吉县)人。1924 年 11 月于黄埔军校毕业后,追随蒋介石。

抗日战争期间,先后率部参加淞沪会战、武汉保卫战等。其间,曾派重兵包围封锁陕甘宁边区,多次向八路军挑衅,制造摩擦。1945 至 1948 年,先后任第一战区司令长官、西安绥靖公署主任等职,极力推行蒋介石反共反人民的内战政策,指挥所部进犯陕甘宁边区,一度进占中国共产党中央委员会所在地延安。1949 年 5 至 7 月,所部在人民解放军发动的陕中扶眉战役中遭受沉重打击后,陆续撤至秦岭、巴山地区。9 月兼任川陕甘边区绥靖公署主任。12 月任西南军政长官公署副长官兼参谋长。在人民解放军发动的成都战役中,所部大部起义或被歼,余部逃往西昌。1950 年 3 月由西昌逃往台湾后,任江浙"反共救国军"总指挥、澎湖防守司令官等职。

余汉谋

国民党军高级将领。字幄奇,广东高要人。早年入广东陆军小学堂、武昌陆军第三预备学校学习。1919 年春于保定陆军军官学校毕业后,在参战军任排长。次年投粤军,逐渐掌握广东军权。1937 年任第四战区副司令长官兼第 12 集团军总司令。1938 年在广州作战中指挥不力,被蒋介石撤职留任。1939 年底至 1940 年春,指挥部队两次击退日军对粤北的进攻。8 月任第七战区司令长官。1945 年任衢州绥靖公署主任。1948 年任陆军总司令。1949 年 1 月任广州绥靖公署主任。8 月任华南军政长官。10 至 11 月,所部在人民解放军发动的广东战役中被击败。1950 年 4 月由海南岛败走台湾,后任战略顾问委员会战略顾问等职,晋陆军一级上将。

卫立煌

爱国将领。字俊如,安徽合肥人。1912年在安徽和县革命军当兵。1914年入湖南都督汤芗铭部学兵营,毕业后在上海参加“肇和”舰起义反对袁世凯。后追随蒋介石,“剿共”积极,为蒋赏识。抗日战争爆发后,在忻口抗击日军,访问延安,与八路军友好相处,相互支援。1941年调任军事委员会西安办公厅主任。1943年11月任中国远征军代司令长官。次年,指挥所部击败滇西和中缅边境的日军,收复滇西。1945年1月所部与中国驻印军在缅甸孟尤会师,打通中印公路。4月任同盟国中国战区中国陆军副总司令。1948年1月任东北“剿总”总司令,所部在东北人民解放军发动的辽沈战役中被歼,败逃南京,被软禁。1949年初秘密去香港。中华人民共和国成立时,致电祝贺。1955年3月赴北京,历任国防委员会副主席、中国人民政治协商会议全国委员会常务委员、中国国民党革命委员会中央常务委员等职。

陈诚

国民党军高级将领。字辞修,浙江青田人。1922年毕业于保定陆军军官学校,后在浙军、粤军中任排、连长。后竭力为蒋介石效命。蒋介石多次在庐山等地

陈诚

举办训练团,陈均充任副团长或教育长。陈严于治军,强调“精神教育”,有实干家与战术家之称,深受蒋介石宠信。抗战期间参加淞沪、武汉、宜昌诸战役。1946年5月任参谋总长兼海军总司令,力主内战,连遭失败。1948年5月被免职,10月去台湾。历任台湾地区主席兼警备总司令、台湾当局“行政院”院长、“副总统”、国民

党副总裁等职。

汤恩伯

国民党军高级将领。名克勤，字恩伯，浙江武义人。抗战期间参加武汉保卫战、随枣会战。1942 年任第一战区副司令长官兼鲁苏皖豫边区总司令。1944 年 4 月在豫中会战中所部溃败，受撤职留任处分。9 月调任黔桂边区总司令。1945 年 3 月任陆军第 3 方面军司令官，率部参加桂柳追击战。1945 年 12 月任徐州绥靖公署副主任。1946 年 5 月任首都卫戍司令。6 月任陆军副总司令。1947 年春兼第 1 兵团司令，率部参加对山东解放区的重点进攻。5 月所部整编第 74 师被全歼。1948 年 8 月任衢州绥靖公署主任。1949 年 1 月任京沪杭警备总司令，奉蒋介石之命凭借长江天险固守宁沪杭地区。4—5 月，所部主力在人民解放军发动的渡江战役、上海战役中被歼，残部溃退厦门。10 月由金门去台湾，任战略顾问委员会战略顾问等职。病逝后被追晋陆军上将。

张学良

爱国将领，东北军首领。字汉卿，号毅庵，奉系军阀首领张作霖长子，生于奉天新民桑林子(今属辽宁台安)。1928 年 6 月张作霖被日本关东军炸死后，于 7 月就任东三省保安总司令，继其父成为东北最高统治者。12 月不顾日本和亲日派阻挠，毅然宣布东北易帜，遵守三民主义，服从南京政府，被任为东北边防军司令长官，从此，所部称东北军。1930 年爆发蒋冯阎战争，初持观望态度，蒋军攻占济南后，于 9 月挥师入关助蒋击败反蒋军。10 月就任中华民国陆海空军副司令职。1931 年奉命在北平(今北京)设立陆海空军副司令行营，节制东北、华北军事。“九一八”事变时，执行蒋介石不抵抗命令，致使日军迅疾侵占东三省，受到全国人民谴责，逐渐转变思想。1936 年同杨虎城于 12 月 12 日毅然在西安举行兵谏，扣留蒋介石并通电全国，提出八项政治主张，通电联共抗日，同时致电中共中央。后被蒋介石囚禁。1959 年虽被台湾当局宣布解除“管束”，但仍受到监视。1991 年 3 月获准赴美探亲。1995 年 4 月决定定居美国檀香山，2001 年 10 月病逝。

谢晋元

抗日殉国将领。字中民，广东镇平(今蕉岭)人。1925 年入黄埔军校，次年毕业后参加北伐战争。历任国民革命军排、连、营长等职。1935 年任第 88 师补充团团副、师部参谋。次年任该师第 262 旅参谋主任。1937 年“七七”卢沟桥抗战爆发后，于 8 月随部开赴上海参加淞沪会战。9 月任该旅第 524 团团副，率部坚守北火车站近两个月。10 月 26 日大场失守，率部在闸北西面的观音堂附近完成掩护主力

撤退任务后,奉命于27日率第1营452人(号称八百壮士)死守四行仓库,孤军奋战四昼夜,击退日军多次围攻。31日奉命率部撤入公共租界,即被公共租界当局羁禁于胶州路兵营。在被羁禁期间,仍严格训练部属,拒绝日伪威逼利诱,保持民族气节。11月晋上校团长。1941年4月24日,被叛兵刺杀身亡。5月8日,被国民政府追赠为陆军少将。中华人民共和国成立后,被追认为革命烈士。

高志航

抗日殉国将领。奉天(今辽宁)通化(今属吉林)人。1924年考入东三省陆军讲武堂。1925年被派往法国学习航空技术,先后毕业于牟拉纳民航学校和伊斯特陆军航空学校。1927年回国后任东北航空队飞行员、东北航校教官等。1931年"九一八"事变后参加中央航空队,任笕桥航空学校教官、空军教导总队队副等职。1937年任空军第4驱逐机大队大队长。同年8月14日,日军飞机大规模空袭杭州等地区时,率领本大队起飞迎击,英勇善战,共击落日机3架(高击落2架)、击伤1架,首创中国空军击落日机之战绩。此后又多次率队升空作战,屡建战功,升任空军驱逐机司令兼第4大队大队长。1937年11月中旬,从兰州接收苏制飞机返抵河南周家口(今周口)机场,21日,遇日机空袭,冒着敌机的猛烈轰炸扫射,紧急登机起飞抗击,未及升空即中弹,为国殉职。后被国民政府追赠为空军少将。

高志航

中国历代战争

中国古代战争

涿鹿之战

古史传说中黄帝与蚩尤在涿鹿之野（今太行山与泰山之间的广阔原野）的战争，也即父系氏族社会后期的大规模部落战争。距今约四五千年前，发祥于今陕西渭河支流的黄帝姬姓部落和炎帝姜姓部落，因其发展壮大而向东迁徙。黄帝部落渡过黄河到达今河北北部，炎帝部落沿渭河、黄河进至河北中部。同时，发祥于今河北、山东、河南三省相邻地区的蚩尤九黎部落正向西发展，为争夺生存地和奴役其他部落，与炎、黄两大部落发生冲突。

传说蚩尤部落勇猛剽悍，长于角抵，善做兵器，他联合巨人夸父部落，凭借强大力量击败炎帝。黄帝、炎帝结成联盟，在涿鹿之战中，经反复激烈较量，最终战胜蚩尤。涿鹿之战，是中国古代战争起源的重要标志。战争的胜利者黄帝部落与东方夷人部落融合，并向南发展，与炎帝、共工及黄河流域的众多氏族部落融合，逐渐形成以黄、炎部落为核心的华夏族。传说中的黄帝、炎帝，则被后人尊崇为华夏族的祖先。

牧野之战

商朝末年，周武王为兴周灭商，统兵直捣商都朝歌（今河南淇县），与商军在牧野（今淇县南卫河以北地区）展开的决战，史称“武王伐纣”。商朝自祖甲以后，在内外矛盾交织中逐渐衰敝。商纣王为加强王权，信用四方逃来的人，触犯旧贵族利益，造成统治集团内部分裂，兼因施用残暴酷虐手段，加重剥削、压迫，更激化与奴隶、平民的矛盾，导致商朝统治危机。地处今泾河、渭河流域一带，被商征服的周族方国，自周太王时开始崛起，中经王季历，到了文王继位，周西征诸戎，经略江、汉流域，势力日增，欲摆脱商朝控制。商王文丁杀季历，纣王一度囚文王，使商、周矛盾愈益加深。周武王即位后，在孟津大会诸侯，联合各个部落，率领大军一路挺进到

牧野之战

距离纣王所居的朝歌只有七十里的牧野。商纣王闻讯后仓促部署防御,但商军主力此时正在进攻东夷,无法调回,只好武装大批奴隶,由自己亲自率领,开赴牧野迎战周师。牧野之战异常激烈,史载"血流漂杵"。商军中的奴隶阵前倒戈,商朝军队顷刻间土崩瓦解,一败涂地。纣王逃回朝歌,在鹿台自焚而死,商朝灭亡。

周公东征

西周初年(约公元前 11 世纪中叶),周公旦为巩固周朝统治,平定管叔、蔡叔,武庚等叛乱,征服东方诸国之战争。周武王灭商后,封纣王子武庚(又称禄父)于商故地统治商遗民,封弟管叔、蔡叔、霍叔于商故地周围进行监视。武王死,其子成王年少继位,武王弟周公旦称王摄政。管叔、蔡叔对此不满,散布周公欲篡夺王位的流言,引起王室贵族疑惧。周公以短暂奔楚之举,昭示自己竭诚辅王的心志,使管、蔡流言自破。管叔、蔡叔于是串通本有叛心的武庚,并联合东方夷人势力徐(今江苏泊洪南)、奄(今山东曲阜)、蒲姑(今博兴东南)等 17 个方国起兵反周,新王朝面临严重威胁。周公"内弭父兄,外抚诸侯"(《逸周书·作朋》),迅速安定王室内部,并向全国臣民发布讨伐叛军的动员令,于摄政二年初亲率大军东征,历时三年攻下殷都,杀死武庚,斩首管叔,流放蔡叔,贬霍叔为庶民,稳定了周朝统治。

"国人"起义

西周后期,王室日趋衰弱。周厉王即位后,不断对外用兵,国力耗损,任用好利的荣夷公为卿士,对山林川泽实行"专利",横征暴敛,严重触犯"国人"(周部族)利益。国人中的广大平民,承受战争与赋敛的重负,濒于破产,纷纷抨击厉王暴政。

厉王不听大臣召公"防民之口,甚于防川"(《国语·周语》)的进谏,用卫国巫师暗察国人私议,压制民众言论,实行恐怖统治。国人忍无可忍,于公元前 841 年

在宗周(今西安西)爆发声势浩大的武装起义。以平民为主体,包括下层贵族、军中士卒及手工业奴隶在内的起义队伍,向王宫发起攻击。厉王仓皇出逃,渡过河水(黄河),远奔于彘(今山西霍州)。起义者冲进王宫,不见厉王,又包围隐藏厉王太子的召公家,逼其交出太子静。召公迫于情势,将自己的儿子冒充太子交起义者处死,以平众怒。诸侯拥戴"好行仁义"的共伯和(有人认为即卫武公)摄行天子事,史称"共伯和干王位",又叫作"共和行政"。国人起义,给西周奴隶主贵族统治以沉重打击,加速了西周王朝的灭亡。

长勺之战

周庄王十三年(前684),鲁军迎战齐军于长勺(今山东曲阜北,一说今莱芜东北),后发制人而获胜的著名战例。春秋初期,齐、鲁两个相邻军事大国争衡,时有冲突。

长勺之战

周庄王十二年,齐国因襄公的死发生内乱,鲁庄公以武力干预齐国立君之事,导致齐、鲁战于乾时(今山东桓台南),鲁军惨败,军力大损。齐桓公君位方定,不听主政大夫管仲"国未安"、不可轻动的意见,急于对鲁用兵,以报鲁助公子纠争夺君位之仇。次年春,齐出动大军攻鲁,长驱深入鲁腹地,进逼鲁国都。鲁庄公发兵抗御。此时,居鲁国都郊外、出身低级贵族的曹刿,认为主政者愚陋浅识,未能远谋,为救国于危难,不顾多人劝阻,毅然求见鲁庄公,问凭何而战。庄公初以衣食分赐臣下、祭祀十分虔诚作答,曹刿以其无利于民而不然。及闻庄公所答准情度理断诉讼,方视为"中心图民"(《国语·鲁语上》),必能得到民众支持,具有制胜之本。于是自请随同庄公出战,参与指挥。

这次战争,曹刿知彼知己,正确运用"后人有待其衰"(《左传·昭公二十一年》引《军志》)的作战指导原则,采取敌疲而后击之战法,成为后发制胜的著名战例。

假途灭虢

春秋初期，晋国诱骗虞国借道以攻虢，实现灭虢亡虞的战例。晋国经过长达数十年的内部斗争，终由庶支武公取代大宗列为诸侯。晋献公继武公为君，逐个消灭各支族公子，稳定了君位，将一军扩建为二军，专力向外开拓领土。继攻灭耿、霍、魏三国，击败赤狄别种东山皋落氏，消除后顾之忧后，又欲南下攻虢（都上阳，今河南陕县境），夺取崤函险阻之地。紧邻虢北境的虞国（今山西陆北），为晋攻虢必经之地。为避免虞、虢联合抗晋，晋献公纳大夫荀息假虞国之道攻虢、各个击灭之计，于周惠王十九年（前658）派荀息用美玉、骏马贿赂虞公，声称：晋曾为虞复仇伐敌，今需借道攻虢以解晋患。虞公贪利，为荀息巧言所惑，不听大夫宫之奇谏阻，应允借道，且愿以军相助。当年夏，虞国之师会同晋大夫里克、荀息所率晋军攻虢，夺取重镇下阳（今平陆境），晋得以控制中条山南要冲，切断虞、虢间通道。二十二年，晋又向虞借道攻虢。宫之奇向虞公说明虞、虢地理相连，利害相关，虢亡则虞亡，犹如“辅车相依，唇亡齿寒”（《左传·僖公五年》），力谏不可借道。昏庸不识大势的虞公，以为晋、虞乃同宗之国，晋不会欺虞，且自己虔诚祀神，必得神的佐护，拒不听谏，再次借道。十月十七日，晋军围攻虢都上阳，到了十二月初一，破城灭虢，虢公逃奔王城（今河南洛阳）。晋军还师，以休整为名，驻于虞国，乘虞公毫无戒备，突然袭击，破虞，灭其国，生俘虞公。晋灭虞虢，控崤函，扼秦国东进咽喉，为尔后争胜于秦、称霸中原创造了重要条件。这次战争所昭示的“唇亡齿寒”之理，成为后世弱国联合抗击强国的重要战略思想。

崤之战

春秋中期，秦、晋两国争霸，晋军在崤山（今河南陕县东南）山谷隘道对秦军展开的一次伏击歼灭战。这次战争中，秦国为壮大实力、待机东进、徐图中原，而一味追求不可得的利益，师出无名，寄成功于侥幸，致全军覆没，“匹马只轮无反”（《公羊传·僖公三十三年》）。晋国选择有利时机、有利地形，创造伏击歼敌的著名战例。

桂陵之战

战国前期，齐军在桂陵（今河南长垣北）对魏军的一次著名截击战。这次战争，齐军料敌而谋，避实击虚，攻其必救，已握战略主动，又示弱骄敌，快速机动，巧施截击，终获败魏救赵之功，创造中国军事史上著名的“围魏救赵”战法，对后世有着深远的影响。

马陵之战

战国中期，齐军在马陵（今河南范县西南）大败魏军的一次著名伏击战。魏于桂陵之战中被齐击败，又被秦夺去河西重镇少梁（今陕西韩城西南）、旧都安邑（今属山西运城），然其实力尚未根本削弱。周显王二十五年（前344），魏又召集邹、鲁、宋、卫等国赴逢泽（今河南开封南）会盟，自称为王。齐、楚、韩等国对此不满，拒不赴会。次年，魏命庞涓率军伐韩，韩求救于齐。孙膑认为可待韩、魏两败俱伤时出兵，既可令韩完全听命于齐，又有更大的把握胜魏强兵。齐威王于桂陵战后图谋继续利用三晋矛盾，给魏以致命打击，遂用孙膑之议，暗中许诺齐将出兵，韩得此诺即全力抗魏，五战俱败之后全面倒向齐国。二十七年，齐以田忌为主将、孙膑为军师，发兵救韩。马陵一战，齐军再次运用“批亢捣虚”（《史记·孙子吴起列传》）之策，迫使魏军回救，陷于被动；针对庞涓骄傲轻敌，不过早与其决战，而以退兵减灶之计调动魏军，出奇制胜，以作战指导的高度主动性、灵活性，创造了中国古代战争史上一个出色的机动战例。

马陵之战

长平之战

战国后期，秦军在长平（今山西高平西北）对赵军的一次大规模围歼战。

周赧王四十六年（前269），客卿范雎以远交近攻之策建议秦昭襄王结好齐国，威逼楚、赵，先攻韩、魏，逐次推进。四十九年，范雎任秦相，谋划军令，认为韩、魏借赵之势而未服秦，且韩、秦地形交错，为秦心腹之患，战必先攻韩以逼赵。五十年，秦即攻韩取少曲（今河南济源东北）、高平（今济源南）。次年遣白起攻取韩汾水旁的陉城（今山西侯马东北）等五城。五十二年又取韩南阳（今河南王屋山南）。次年，取韩野王（今沁阳）。至此，韩的上党郡（今山西长治西南）与其本土完全隔绝。韩桓惠王震恐，派阳成君赴秦献上党求和。上党郡守靳踵不从命，遂改以冯亭为守。冯亭私以上党17县降赵，欲引秦攻赵，迫赵与韩合纵抗秦。赵孝成王即派平原君赵胜赴上党受地，封冯亭为华阳君。秦本以上党为必得，即将以此为攻赵的前进基地，不容赵坐得其利。五十四年，秦以一军攻锦缑氏（今河南偃师东南），牵制韩军；另以左庶长王龁为主将，率大军攻上党，冯亭军不敌，上党民纷纷奔赵。赵派廉颇率重兵入上党郡，据守长平，以安定上党局势并加强西面防御。廉颇坚守不战，秦派人携千金向赵国权臣行贿，用离间计使赵王派赵括代廉颇为将。秦国则暗

长平之战

派白起为秦军主将。赵括一反廉颇部署，轻敌出战，被白起诱敌深入，分割包围，粮道也被秦军截断。赵兵被围四十六日，被迫突围，赵括被杀，四十余万赵军降秦，全部被坑杀。赵国从此一蹶不振。

陈胜、吴广起义

公元前209年，秦二世下令征发淮河流域的900名贫苦农民去防守渔阳（今北京密云），陈胜和吴广被指定为屯长。当他们走到蕲县大泽乡（安徽宿县西南）时，受到连绵阴雨的阻隔，不能如期赶到渔阳戍地。按照秦法规定，误了期限就要全部被处死。陈胜和吴广借机杀掉押送他们的两个军尉，陈胜被推举为将军，吴广为都尉，提出了“伐无道，诛暴秦”的口号，组成一支农民起义军。中国历史上第一次农民大起义爆发了。

陈胜、吴广起义

陈胜、吴广率领农民起义军，占领大泽乡，攻下蕲县，很快攻占了五六个县城。起义军所到之处，贫苦农民纷纷响应，起义军队伍发展到几十万人，有兵车千辆。起义军攻占陈县后，建立“张楚”政权，陈胜为王。起义军乘胜前进，分三路攻秦。一路由周文率领进抵关中戏地（今陕西临潼境），逼近咸阳。秦二世急忙派遣少府章邯率领几十万在骊山修墓的刑徒，迎击起义军。同时，又从边塞调军队30万人，与起义军对抗。起义军作战失利，退出函谷

关，驻扎曹阳（河南灵宝东），等待增援。起义军另一路人马由武臣率领，占领邯郸后在张耳、陈余怂恿下自立为赵王。陈胜为了顾全大局，勉强予以承认，并命他率军西上支援周文。张耳、陈余不但不救援周文农民军，反而割据自立，不听陈胜指挥。接着，六国旧贵族相继割地称王。这样，就造成陈胜、吴广所领导的起义军处于腹背受敌的境地。周文率军在曹阳坚持斗争三个月，终因众寡悬殊，孤立无援，周文战败自杀。不久，围攻荥阳的吴广被部将杀害。其他几支起义军，也先后被秦军击破。公元前209年12月，陈县被秦军攻破，陈胜被车夫庄贾暗杀。陈胜、吴广起义失败。起义军余部后来与项羽、刘邦等人领导的起义军会合，继续同秦军作战。

韩信破魏之战

楚汉战争中，韩信统中汉军击灭河东（今山西西南部）魏军的一次奇袭战。汉王二年（前205）五月，魏王豹以省亲为名，辞汉王归河东。至则断绝沿河津渡交通，反汉附楚，使汉军侧翼受到威胁。八月，刘邦使郦食其劝降，遭拒绝，于是以韩信为左丞相，率灌婴（骑将）、曹参（步将）等击魏。战前，刘邦得知魏方大将为柏直，骑将为冯敬，步将为项佗，料其不能当汉方三将。韩信也以柏直为庸夫，遂进兵。魏王豹料汉军从临晋（今陕西大荔东）渡河（黄河），便率主力扼守蒲坂（今永济西），阻击汉军。韩信将计就计，调集船只于临晋渡口，多布疑兵，佯示必渡，暗中率主力从上游百余里处的夏阳（今陕西韩城南），以木罂（用木条缚扎陶瓮而成的渡河工具）偷渡，复顺河而下，在东张（今永济西）大破仓皇迎战的魏军，后转向东，攻下魏后方重镇安邑（今夏县西北）。继追击魏王豹于曲阳，到了东坦（今垣曲东南），俘魏王豹。此后，汉军攻取魏都平阳（今临汾西南），尽收魏地。这次战争，韩信以声东击西战法攻灭魏军，解除了汉军侧翼威胁，并以魏地兵员输送汉军主战场，有力支援刘邦主力抗击楚军。

彭城之战

楚汉战争中，项羽重创汉军的一次远程奔袭战。汉王二年（前205）三月汉王刘邦在洛阳誓师，揭开楚汉战争序幕。刘邦麾下，有已降汉的塞王司马欣、翟王董翳、常山王张耳、河南王申阳、魏王豹、殷王司马印和自愿助汉的彭越、韩王信、陈余等。四月，刘邦经外黄（今河南兰考东南）东进。汉将曹参、灌婴等部由围津（即白马津，今滑县东）渡河，在定陶（今山东定陶西北）南击败楚将龙且、项佗军后，与汉王会合。诸侯联军56万人长驱直入，克砀（郡治淮阳，今河南商丘南）、萧（今安徽萧县西北），攻占楚都彭城（今江苏徐州）。汉军收取财宝、美女，每日宴饮，疏于戒备。在齐地作战的项羽闻讯，留部分将领继续击齐，自领精兵3万从鲁出胡陵（今山东鱼台东南）迅速南下，复取萧，切断汉军归路。拂晓猛攻彭城，到了午时大败汉

军。汉军北逃，被逼入谷水、泗水，死十余万人。南退入山，又被楚军追及于灵璧（今安徽淮北市西）东，十余万人死于睢水中。刘邦被楚军重重包围，形势危急，适大风骤起，飞沙走石，得以趁乱领数十骑脱逃。其父、妻被楚军俘获。这次战争，项羽指挥果断、以少胜多。刘邦贪图逸乐，致汉军受重创，诸侯复附楚背汉。

崤底之战

东汉建武三年（27）春，刘秀军在崤山（今河南洛宁西北）谷地攻灭赤眉农民起义军的作战。

建武元年九月，赤眉军攻占长安（今西安西北），消灭刘玄更始政权。因补给发生严重困难，且军纪败坏，失去人民支持，于二年十一月焚宫室放弃长安，西向就食，遭到陇西隗嚣的截击。此时，西北有邓禹，南有刘嘉、延岑，东南有王常，赤眉军只得重返长安，驱走乘虚而入的邓禹。但是，20余万赤眉军缺粮，十二月再次放弃长安东归。三年闰正月初，冯异收集残部和当地豪强武装数万人，约赤眉会战，并先派一支假扮赤眉军的部队乘夜埋伏道旁。翌日晨，赤眉军以万人进攻冯异前部。冯异以少数兵应战，示弱诱敌。赤眉军全力猛攻，到了下午兵疲势衰。冯异伏兵突起，赤眉军惊慌溃乱，降者8万余人，余部向东逃去。刘秀亲率六军，以逸待劳。于闰正月十七日在宜阳将赤眉军全部包围。十九日，刘盆子、樊崇、谢直等率士卒10余万人投降，前后延续10余年的赤眉起义终告失败。

黄巾起义

东汉末年张角领导的大规模农民起义战争。起义者头裹黄巾，故称“黄巾起义”。

东汉后期，政治腐败，横征暴敛，加之灾情严重，民不堪命，农民纷纷奋起反抗。汉灵帝时，巨鹿（今河北平乡西南）人张角创立“太平道”，自称“大贤良师”，以咒符水治病为传道手段，利用宗教秘密宣传组织群众，反抗东汉暴政。十余年间，拥有徒众数十万，分布在青、徐、幽、冀、荆、扬、兖、豫等州，并按地域将其分为36方（部），大方万余人，小方六七千人，各有首领。还在京城发展道徒和收买宦官，作为起义内应。又以谶语宣扬“苍天已死，黄天当立，岁在甲子，天下大吉”，准备于甲子年（184）三月初五

黄巾起义

起义，后被迫提前行动。36方“一时俱起”，达数十万人，旬日之间，天下响应，京师震动。灵帝慌忙调集各路大军进剿，各地豪强地主也纷纷起兵，配合官军镇压黄巾军。黄巾军被各个击破，张角病死，弟张梁、张宝相继阵亡，各路主力相继失败。

黄巾军几支主力被镇压后，分散各地的余部仍坚持斗争。青州黄巾军到了初平三年(192)一度拥众数十万；活动于西河郡(今山西离石)白波谷一带的黄巾军攻入太原、河东，曾大败董卓军。在黄巾军起义影响下兴起的黑山军，也取得多次胜利。起义军此伏彼起，坚持斗争20多年。

赤壁之战

三国形成时期，孙权、刘备联军于汉献帝建安十三年(208)在长江赤壁(今湖北蒲圻西北，一说今嘉鱼东北)一带大败曹操军队，奠定三国鼎立基础的著名决战。曹操基本统一北方后，声称要决战吴地，夺取孙吴占据的地区。孙刘联军在夏口部署后，溯江迎击曹军，双方在赤壁对峙。周瑜用连环计和火攻大破曹军。曹操占据

赤壁之战

北方，刘备在荆州益州发展，东吴孙氏政权也得到巩固，三国鼎立格局逐渐形成。赤壁之战，曹操自负轻敌，指挥失误，加之水军不强，终致战败。孙权、刘备在强敌面前，冷静分析形势，结盟抗战，扬水战之长，巧用火攻，创造了中国军事史上以弱胜强的著名战例。

潞州之战

后梁开平元年(907)五月至次年五月，晋王李克用军挫败后梁军围攻潞州(今山西长治)之战。

唐末，诸藩镇为扩展各自势力，频繁征战。天祐三年(906)八月，梁王朱全忠(即朱温)出兵进攻沧州(今河北沧州东南)，企图征服割据幽、沧的卢龙节度使刘

仁恭。十月，晋王李克用借应援刘仁恭之机，袭占潞州，以昭义节度使李嗣昭等率军据守，借以屏蔽河东。次年四月，朱全忠建后梁称帝，改名朱晃，改元开平。五月，命陕州节度使康怀贞率军8万，会魏博（治魏州，今大名东北）兵，经孟、怀（今河南孟州市南、沁阳）、泽州（今山西晋城）北上，进攻潞州。六月，进抵潞州城下。后梁军昼夜猛攻，半月不克，于是筑垒挖堑，欲长围久困。李克用恐潞州有失，以蕃汉马步军都指挥使周德威为行营都指挥使，率军由晋阳（今太原南晋源镇）救援潞州。八月初，周德威军进至潞州西的高河，后梁康怀贞遣部将秦武率部迎击，被晋军击败。朱晃见康怀贞久战无功贬其为行营都虞候，命李思安为潞州行营都统，率河北兵西上，到了潞州城下，增筑重城，称为"夹寨"，内以防其突围，外以拒其援军。周德威与诸将率军昼夜轮番进攻，迫使后梁军疲于应付，遂闭寨不出。十一月，李克用为牵制后梁军增援潞州，先后遣军进攻晋州（今山西临汾），袭扰洺州（今河北永年东南）。朱晃急调河中（今山西永济西蒲州镇）、陕州（今河南三门峡市西）兵救援，晋州围解。这次战争，晋军长期据城固守，消耗疲惫后梁军，以援军出其不意，突然出击，一战获胜。

黄天荡之战

南宋建炎四年（金天会八年，1130），宋军在长江黄天荡（今南京东北）东南水域，截击金军归师的著名水战。

建炎三年冬，金太宗完颜晟以完颜宗弼为统帅，率军号称10万南下攻宋。十一月，宗弼军自马家渡（今安徽马鞍山市东北）渡河。宋浙西制置使韩世忠为避其锋，自镇江（今属江苏）引军退守江阴（今江阴）。宗弼迫降建康（今南京）后，迅速挥师南下，奔袭临安（今杭州）。韩世忠料金军孤军深入，难以久据，遂将其军分为三部：前军驻通惠镇（今上海青浦北），中军驻江湾（今属上海），后军驻海口，大置海船，操练水战，伺机北上截金军归师。

黄天荡之战

次年正月，韩世忠为隐蔽企图，亲至秀州（今浙江嘉兴）过上元节，张灯结彩，歌舞欢庆。不久乘金军不备，率军八千、战船四余艘急取镇江。二月十三日，宗弼获悉，恐归路被截，率军自临安沿运河北上，企图出镇江渡江北归。后与韩世忠在黄天荡展开激战。

这次战争，韩世忠正确审料敌情，先占有利地势，凭借长江天险，充分发挥水战

之长，阻扼金军40日不得渡江。

郾城之战

南宋绍兴十年（金天眷三年，1140），岳飞在进军中原时，于郾城（今属河南）击败金军反击之战。

顺昌之战后，金都元帅完颜宗弼率军退回东京（今开封）。南宋湖北、京西宣抚使岳飞乘势大举反攻。按照以襄阳（今属湖北襄樊）为基地，联结河朔，进图中原的方略，遣将联络河北、河东义军，攻占州县，袭扰金军后方；自率数万大军，于六月中旬，由鄂州（今武汉武昌）北上，采取分进合击之战法，先后收复郾城、颍昌（今河南许昌）、郑州等重镇，切断金军东西联系，对东京金军形成威逼之势。时宗弼侦知宋淮南东路的张俊、王德军已由亳州（今属安徽）退回庐州（今合肥），乘岳飞孤军深入，兵力分散之机，于七月初八，率龙虎大王完颜突合速、盖天大王完颜赛里，昭武大将军韩常等，统领1万精骑，奔袭岳飞宣抚司驻地郾城，企图摧毁岳飞军指挥中枢，打破岳飞反攻计划。宗弼军进抵城北20里处列阵，向郾城推进。针对金军作战特点，岳飞决定先以骑兵冲杀，分割打乱金军阵势；继而以步制骑，破其精锐。令其子岳云率背嵬、游奕马军与金骑鏖战。骁将杨再兴为生擒宗弼单骑突阵，击杀金军近百人，多处受伤，仍拼死力战。正当两军激战之时，岳飞亲率40骑驰入阵中，射杀金军多人。岳飞军士气倍增，奋勇冲杀。宗弼见难取胜，遂将头戴铁盔、身披重甲的“铁浮图”和号称“拐子马”的精骑投入交战。“铁浮图”一字排阵，从正面推进；“拐子马”自两翼迂回包抄，对岳飞军形成很大威胁。岳飞临机应变，待金军进至阵前，令步卒持麻扎刀、提刀、大斧入阵，专砍马足，“铁浮图”大乱。同时令背嵬、游奕马军专门对付金军的“拐子马”军，以灵活机动之战术，忽攻其前，忽击其侧，致金军于被动。岳家军步骑密切配合，从午后战至黄昏，重创金军。宗弼率余部仓皇溃逃。这次战争，是宋金两军于平原旷野进行的大规模步骑战。岳飞利用士气旺盛、训练有素等有利条件，以坚阵和长兵器对付金骑的密集冲击，破其所长，击其所短，一举获胜。

采石之战

南宋绍兴三十一年（金正隆六年，1161），南宋文臣虞允文率领军民于采石（今安徽马鞍山市西南）阻遏金军渡江南进的江河防御战。南宋绍兴三十一年秋，完颜亮亲率大军10余万，号称40万，攻淮西。宋军连遭失败，完颜亮率军攻占两淮。宋高宗为挽救危局，命李显忠为建康府都统制，取代王权。十一月初六，中书舍人兼督视江淮军马府参谋军事虞允文连夜前往芜湖（今属安徽），催李显忠赴任，并往采石犒师。十一月初八，虞允文抵采石，见金军列阵未完成，即率已退到江南的王权军登江岸高地后，将水军海鳅船分为五队，一队载精兵于中流待战；两队载当涂

民兵,沿江东西配置,护岸抗敌;两队隐蔽港内,以为后备。完颜亮令数百舟自杨林口驶出,70 舟冲破宋水军防御抵达南岸,突遭宋军伏击,金兵大乱。虞允文往来指挥,身先士卒,激励斗志。部将时俊率兵出阵奋勇拼杀,全歼登岸金军。水军以海鳅船猛冲金舟,并施放霹雳炮。金舟大部被击沉,士卒溺死 4000 余,被俘 500 余。宋军为防金军反扑,连夜布阵,封锁杨林口。初九,金军果然到来,遭突击,损舟 300 而遁。十二日,金军被迫转向淮东,欲与扬州(今属江苏)、瓜洲(今扬州南)军会合南渡。虞允文识破其谋,率师驰援镇江(今属江苏),于江岸布阵设防。金将见宋军有备,不愿再战,收军北还。时完颜亮闻完颜雍在东京(今辽宁辽阳)称帝,急于灭宋北归,强令将士三日内渡江。完颜元宜等将认为渡江必败,遂于二十七日夜闯入御营杀死完颜亮,率军北撤。此战,虞允文在危急时刻,敢于担当重任,组织指挥军民抵抗金军。由于部署周密,善于团结激励将士,凭借长江天堑,充分发挥宋军水上优势,从而转败为胜,使南宋再度转危为安。

鄱阳湖之战

元至正二十三年(1363),陈友谅乘朱元璋领军北援安丰(今安徽寿县)之机,率师号称 60 万围攻洪都(今南昌)。朱元璋闻讯,一面命其侄朱文正坚守洪都,消耗陈军;一面命正在围攻庐州(今合肥)的中书省右丞徐达、行省参政常遇春撤围,救援洪都。七月初六,朱元璋与徐达、常遇春等率舟师 20 万沿江西上,十六日进至鄱阳湖口,把陈军困于湖中。陈友谅围攻洪都 85 天不克,闻朱元璋率师救援,遂撤围移师鄱阳湖迎战。七月二十日,两军在康郎山水域遭遇,陈军大败。朱元璋乘风纵火,乘势猛攻,大败陈军。陈军受重创后,企图退保鞋山(今湖南鄱阳湖中),被朱军所阻。朱元璋为控扼长江水道,乘夜移军左蠡(今江西都昌西北)。陈友谅也移舟泊于渚矶(今江西星子南)。相持三日,陈军左、右金吾将军相继投降朱元璋,士气更趋低落。陈友谅冒险向湖口方向突围,陷入朱军伏击圈。朱元璋指挥诸军阻击,火舟、火筏猛冲。陈军混乱溃逃,至泾江口又遭朱军伏兵袭击,陈友谅中箭身亡,其子善儿等被俘。次日,平章陈荣率余部 5 万余人投降朱元璋,张定边与陈友谅次子陈理逃回武昌。次年二月,朱元璋率师围攻武昌,迫陈理投降,尽占陈友谅所辖长江中游广大地区。此战,朱元璋乘陈友谅军久攻坚城受挫,分兵据守鄱阳湖口,先断其退路;继集中兵力,巧用火攻,歼其主力;后水陆截击,全歼陈军于突围之际。创造了中国水战史上以少胜多的著名战例,为统一江南奠定了基础。

土木堡之战

明正统十四年(1449)秋,英宗朱祁镇亲征蒙古瓦剌,在土木堡(今河北怀来东南)突遭瓦剌军围攻,全军溃败之作战。明朝建立后,元朝残余势力败退漠北。后蒙古瓦剌部首领也先以为攻明时机成熟,以明廷刁难其贡使和毁弃婚约为由,于正

统十四年七月倾全力分四路大举攻明。英宗和王振仓促率领大军号称50万前往大同迎战,也先侦知明军主力出征,且行阵如蚁,首尾难顾,遂佯装畏惧,主动北撤,隐伏塞外,纵明军兵骄,寻机待战。也先察知明军易道北行,指挥混乱,断定并非用计,立即改变设伏之策,发挥蒙古骑兵倏来忽往、灵活机动的特点,在明援军必经之地鹞儿岭(今河北涿鹿西北)设伏待机。明军主力退至四面环山、水源缺乏的土木堡。其地道路不良,大军机动困难。王振强令大军扎营。当晚,瓦剌军占领土木堡西北、西南要地,控制了堡南的唯一水源,对明军形成包围之势。十五日,也先遣使议和,行佯退之计,麻痹明军。明军断水二日,兵马饥渴难熬。英宗和王振急欲摆脱困境,遂遣使往瓦剌军营议和。王振下令全军移营觅水,人马争路,相互践踏,阵势大乱。也先乘机指挥精骑从四面入阵。明军惊恐,指挥失灵,加之临阵配发火器,不熟悉性能,未经激战即全军大溃,死伤数十万。英宗被俘,随征将臣张辅、朱勇等50余人阵殁,王振被护卫将锤杀。史称"土木堡之变"。

萨尔浒之战

"抚清之战"后,后金军据有浑河南侧地区,明军辽东防线动摇。明朝为挽回败局,命兵部右侍郎杨镐为左侍郎兼右佥都御史,经略辽东,调各路援兵约11万,号称20万,于万历四十七年(1619)二月底匆忙分四路进发,企图合击后金都城赫图阿拉(今辽宁新宾老城)。努尔哈赤侦知明军动向,采取"凭尔几路来,我只一路去"(夏允彝《幸存录·东彝大略》)之策,率八旗军迎战。三月初,两军展开萨尔浒之战,明军三路被歼,一路溃逃,总兵杜松等战死,所部死伤约6万。从此,明辽东形势急转直下。败讯传至京师(今北京),举朝震动。后金攻占沈(阳)辽(阳),明军退守辽西,后金军获萨尔浒大捷后,乘胜扩展势力。

萨尔浒之战

山海关之战

崇祯十七年(1644)正月,李自成于西安称大顺王,建国号大顺,三月十九日破北京城,迫崇祯帝朱由检自缢煤山(今景山),推翻了明朝的统治。改明五军都督府为五军部,变武将称谓,定品位,完善军制。

为瓦解明军残余势力,李自成多次遣使招降明总兵吴三桂,未果。四月十三

日，率兵约10万（一说6万）往攻。在山海关之战中被吴三桂、清摄政王多尔衮联兵击败，损兵数万，退师北京，大顺军由盛转衰。此战，李自成大顺军对清军入关助战毫无准备，同时缺乏对清军骑兵作战的经验，终为清军所胜，精锐遭受重创，未能再起。清军乘势占领北京，取得全国政权。

扬州之战

清顺治二年（南明弘光元年，1645），南明大学士史可法率领扬州军民抵御清军围攻的城邑守卫战。是年初，清定国大将军多铎率兵南下，四月十八日，前锋抵扬州城郊。清军集结兵力，收罗船只，准备渡江，并派明降将李遇春等到达扬州劝降，被史可法严词拒绝。时史可法督师扬州，节制驻守淮北、泗水、临淮、庐州（今合肥）的四镇官兵，视情势危急，檄招各镇援兵，仅总兵刘肇基率4000余人自高邮（分属江苏）入城守卫。史可法泣谕士民，为死守计，督万余官兵分守各门，自守旧城西门险要。二十二日，守将李栖凤、高岐凤率部4000余人出降。清军连日集兵围攻，从四面向城内放炮，屡毁城墙。史可法率军民以草袋盛土填堵，修补城墙，多次击退清军进攻，杀伤清军数千，并血书告急，南明政权不应。二十四日，清军从泗州（今江苏盱眙西北）运来红衣大炮，围攻渐急。二十五日，多铎集巨炮猛轰城西北隅，守城军民浴血奋战，击杀清军甚众。清军叠尸为梯，蜂拥攀缘登城，城破。史可法被俘，不屈而死。刘肇基率余部与清军巷战，皆战死。清军屠城十天，史称“扬州十日”。

全州之战

清初，南明军与大顺军余部在全州（今属广西）联合反击清军的一次胜仗。顺治三年（南明弘光二年，1646），清军灭南明鲁王朱以海、唐王朱聿键政权后，随即遣平南大将军、恭顺王孔有德及智顺王尚可喜、怀顺王耿仲明率军攻湖广，于四年春占领湖南。十月，耿仲明遣将董英等率部进兵广西，于黄沙镇（全州东北）击败南明联军，进据全州。南明兵部尚书、督师何腾蛟和大学士瞿式耜，晓夕筹划，转运粮饷，急遣焦琏、郝摇旗、卢鼎、赵印选、胡一青分别扼守桂林周围的兴安、灵川、永宁、义宁各州县。十一月初，何腾蛟、瞿式耜下令五路合击，与清军大战于全州城下，败清军佟养和部，斩杀千人，夺马300匹，收复全州，诸将联营300里，迫清军退师湖南。

衡州之战

清顺治九年（南明永历六年，1652）七月，李定国率部攻占桂林，不久收复被清兵占领的广西各地，军声大振，后又北攻湖南，取永州，占衡州（今衡阳市）。清王朝

为扭转湖广战局，命敬谨亲王尼堪为定远大将军，率兵10万由湖南湘潭急速南下，于十一月二十三日抵衡州。李定国得悉，即率部4万隔蒸水与清军对阵，另派兵一部设伏于衡州以北山区林中。二十四日晨，清军与李定国部战于衡州城北香水庵、草桥、黄沙湾（今衡阳北蒸水左岸）等地，互有伤亡。李部佯败，尼堪率兵追击20余里，进入伏击圈。李定国部伏兵四起夹击，清军欲撤，尼堪令有进无退，遂陷入重围，死伤甚众。尼堪督众苦战力竭，被杀，清王朝大震。未几，李定国因兵力不足，还屯武冈，清军又占衡州。

清平定三藩之战

康熙初年，清王朝对三藩尤其对吴三桂拥兵自重深为不安，开始限制和削弱其权力。六年（1667），康熙帝玄烨亲政后，决意待机撤藩。十二年三月，为削弱藩王权力，巩固中央集权，准平南王尚可喜疏请告老回辽东。七月，在平西王吴三桂、靖南王耿精忠上疏佯请撤藩实窥测朝廷动向时，玄烨认为其势已成，撤也反，不撤也反，遂下令撤除吴、耿二藩。十一月，吴三桂起兵谋反，耿精忠、尚之信起兵响应。在清平定三藩之战中，先后遣大将军勒尔锦、杰书、董额、图海、岳乐、喇布、彰泰等统军四出，赴湖南、浙江、福建、陕西、广东、四川、云南平叛。以先翦两翼、后捣腹心、剿抚兼施、重用汉将等战略措施，用兵近40万，历时八年，平定叛乱。

此战，康熙帝重用汉将，剿抚兼施，各个击破，平定三藩叛乱，加强了中央集权，维护了国家统一。

雅克萨之战的历史背景

雅克萨位于黑龙江省漠河县东、呼玛县西北黑龙江北岸。该地自古以来就是中国的领土。满族祖先肃慎族曾生活于此，秦汉至明清各个朝代均在此设官统辖。17世纪上半叶，沙俄武装人员多次入侵中国黑龙江流域，烧杀抢掠，遭到当地居民的顽强反抗。清顺治年间，沙俄军队再次侵入，并在雅克萨建城堡，企图长期盘踞，被当地军民击退。康熙初年，沙俄侵略军乘清政府平定三藩之乱、无暇北顾之机，重新占领雅克萨，并在中国尼布楚（今俄罗斯涅尔琴斯克）和雅克萨修寨建堡，建立殖民据点，对黑龙江中下游进行骚扰和蚕食，还遣使对清王朝进行恫吓讹诈。康熙帝希望和平解决中俄边界争端，多次接见沙俄使团，遣使向驻雅克萨俄军交涉，均未奏效。于是，清王朝决意用武力反击沙俄入侵者。

第一次雅克萨之战

康熙二十四（1685）年正月，康熙帝改命都统彭春总管黑龙江军务，统军收复雅克萨。四月，彭春与萨布素率军3000余离瑷珲，水陆并进，于五月二十二日抵达雅

克萨,随即向沙俄军头目托尔布津发出通牒,令其从速撤兵。托尔布津自恃城堡坚固,屯兵近千顽抗。二十三日,清军分水陆两路列营,陆师布于城南,水师集战船于城东南。二十四日,截击一队乘木筏前来助战的沙俄援军,毙、俘 40 余人。当晚,在城南筑挡牌上垒,布置弓弩,佯作攻势,潜置红衣大炮于城北,将“神威将军”铜炮等火器架设在东西两翼。次日黎明,攻城炮火齐发,城垣渐毁,又积柴草于城下,欲行火攻,沙俄军一片混乱,被击毙百余人,士气沮丧。托尔布津见援兵不到,局势难支,遂请降。经清军允准,托尔布津率部 700 余人(含少数妇女、儿童)撤到尼布楚;另有 45 人不愿归还者,被安置于盛京(今沈阳),编为佐领。清军平毁雅克萨城即还师。

第二次雅克萨之战

托尔布津返回尼布楚,与流放西伯利亚的波兰战俘杯敦(拜顿)率兵再次侵入雅克萨旧址,筑城盘踞。康熙二十五年二月,康熙帝得知沙俄军复据雅克萨,命萨布素督修战舰,水陆分进,急赴黑龙江城,再次往攻雅克萨;令建议侯林兴珠率藤牌兵 400 前往助战。四月,又命副都统郎坦等参赞军务。五月,萨布素率兵 2000 余进围雅克萨城,勒令沙俄军投降,托尔布津置之不理。六月,清军开始攻城,沙俄军率残余死守待援,清军执行长围久困之策,沙俄军粮弹消耗殆尽,战死病死甚众,仅剩 66 人。在此期间,清政府多次致函谴责沙俄侵略行径,建议谈判撤军。九月,沙俄先遣信使到北京,表示接受清政府建议,举行边界谈判,乞撤雅克萨之围。二十六年四月,清军后撤 20 里,到查克丹驻营。八月后撤到瑷珲和墨尔根。雅克萨之战结束。但沙俄军仍增兵雅克萨,众至 300 余。此战,清王朝以武力为后盾,政治、外交相配合,周密准备,水陆军协同,先扫外围,致沙俄军困守孤城,被迫投降,一度稳定了东北边境。此后,两国使节在尼布楚经过反复谈判,以清朝让出尼布楚,沙俄撤出雅克萨而达成和议。

二十八年七月二十四日(1689 年 9 月 7 日),中俄双方签订了《中俄尼布楚条约》(即《黑龙江界约》),从法律上确定了中俄东段边界。

清王朝与准噶尔部之战

此战为清康熙、雍正、乾隆年间,清军击败卫拉特蒙古准噶尔部割据势力,维护国家统一之战争。

准噶尔部游牧于额尔齐斯河至伊犁河流域。康熙十年(1671),噶尔丹夺得该部统治权后,多次出兵兼并邻部,势力扩展至天山南北。清王朝多次抚谕,仍不能制止。二十六年,噶尔丹借沙俄支持,率劲骑 3 万东进漠北。次年,使正在抗击沙俄的喀尔喀蒙古援背受敌,土谢图汗等被迫率众迁往漠南。二十九年,准噶尔军借口追击喀尔喀蒙古,挥戈南下,兵锋指向北京。七月,康熙帝下令亲征。八月,清军

在乌兰布通之战中大败准噶尔军。噶尔丹不甘兵败，图谋再举，清王朝调兵备战。三十五年，康熙帝统兵近9万人亲征，五月，进行昭莫多之战，再次大败准噶尔军。次年，噶尔丹败亡，其侄策妄阿拉布坦继汗位。五十六年，准噶尔军攻入拉萨，清王朝遣军入藏，又击败准噶尔军，迫其撤出西藏。雍正五年(1727)，策妄阿拉布坦死后，其子噶尔丹策零继位，继续图谋扩张，并藏匿在柴达木之战中败逃的叛乱首领罗卜藏丹津。清王朝欲发兵征讨，噶尔丹策零施缓兵计，清王朝暂停进兵。九年，清军轻敌冒进，在和通泊之战中大败。次年，清军发起光显寺之战，歼灭准噶尔军大部。十二年，噶尔丹策零向清王朝请和罢兵。乾隆十年(1745)，噶尔丹策零死，达瓦齐夺得汗位后，与阿睦尔撒纳互相攻伐。十九年，阿睦尔撒纳降清。次年，清王朝乘机发兵，直捣伊犁，达瓦齐猝不及防，兵败被俘。不久，阿睦尔撒纳因统治卫拉特蒙古四部的野心未能得逞，聚众叛乱。二十二年，清王朝遣军从巴里坤(今属新疆)等地分路进击，阿睦尔撒纳全军覆没，只身逃沙俄，同年病死。清王朝与准噶尔部历经近七十年之战争，终于消除了准噶尔部割据势力，统一了天山南北。

林爽文起义

清乾隆五十一年至五十三年(1786~1788)，林爽文领导台湾民众反抗地方官府统治的武装斗争。

林爽文原籍福建平和县，于乾隆三十八年随父迁居台湾彰县化大里庄，募众垦田致富。四十七年，天地会首领严烟自福建渡海至彰化传道。次年，林爽文入会，后成北路首领。天地会迅速发展，抗拒官府，清王朝令其解散。五十一年十一月，清台湾总兵柴大纪命知府孙景燧、副将赫生额等率兵三百到彰化镇压，勒令村民擒献林爽文，激起民愤。林爽文遂以“剿除贪官，拯救万民”为号召，率众起义，攻清军营垒，全歼其官兵。不久克彰化，杀孙景燧等人；释放狱囚，开仓取械；再克淡水、诸罗(今台南市佳里镇)等地。十二月，众举林爽文为盟主大元帅，建元顺天。台南天地会首领庄大田起兵响应，攻克凤山(今高雄)。嗣后，南北两路义军会攻台湾府城(今台南)，久攻未克。起义军纪律严明，得到广大农民支持，仅诸罗、彰化两县就有数十万人参加，攻占台湾一府四县三厅大部。清王朝大震，于五十二年正月急调水师提督黄仕简、陆路提督任承恩等率兵四千渡海赴台增援，黄、任未能扭转败局被革职。三月，又调闽浙总督常青赴台督师，因师老无功被免职。八月，改命大学士福康安为将军、领侍卫大臣海兰察为参赞大臣，率水师渡海，于十月从鹿仔港(今彰化西南)登岸。五十三年正月初，清军多路出击，于仑仔顶和牛稠山连败义军，在老衢崎俘获林爽文，解到北京杀害。庄大田率余部退入台湾最南端的琅峤，不久也被俘杀。起义遂告失败。

中国近现代战争

鸦片战争

1840~1842 年间,中国军民抗击英国借口中方销毁鸦片而派兵入侵之战争。清中叶以后,英国等国向中国大量输出毒品鸦片。1838 年(清道光十八年)冬,道光帝派湖广总督林则徐为钦差大臣,赴广东查禁鸦片。次年三月,林到任后,严行查缴鸦片 2 万余箱,并于虎门海口悉数销毁。英国政府以此为借口,决定派出征军侵华,英国国会也通过对华战争的拨款案。1840 年 6 月,鸦片战争开始。最后,清政府战败,被迫签订了《中英南京条约》《中美望厦条约》等,中国自此进入半殖民地半封建社会。

金田起义

1843 年(清道光二十三年),洪秀全创立拜上帝会,深入广西,以宗教发动农民群众。1851 年(清咸丰元年)1 月 11 日,洪秀全率领拜上帝会众在广西桂平金田村举行反清武装起义,建号太平天国,史称金田起义。洪秀全编组太平军,颁布《太平军目》,又以"十款天条"严明军纪。起义初期敌强我弱,遂率义军乘虚蹈暇,于转战各县中寻机歼灭清军,保存和壮大自己。后来,太平军建都南京,多次击溃清军和湘军,势力范围达到南方数十个省。

太平军首克武昌

武昌扼长江中游,与汉阳、汉口隔江相望,统称武汉三镇。1852 年(太平天国壬子二年,清咸丰二年)12 月 17 日,太平军撤离湖南岳州(今岳阳),分水陆两路向武汉挺进。时武昌守城清军仅 3000 多人,湖北巡抚常大淳、提督双福将城外兵勇全部撤入城内。为防太平军挖地道攻城,又下令尽毁城外民房,坚守待援。21 日,由湖南来援的总兵常禄、王锦绣率清军千余进入武昌城内,另加团勇,守城兵勇达万余人。22 日,太平军船队到达武汉江面,不久即在汉阳鹦鹉洲登岸,于次日攻占汉阳。陆师也于同日到达武昌城外,占领城东的钵盂山、洪山、小龟山、紫荆山等处,在城南挖沟筑墙,阻敌援军,并进围文昌、望山、保安、中和、宾阳、忠孝、武胜诸门。为了集中兵力攻下武昌,杨秀清命典水匠唐正才率部以铁索系巨舟,在长江上架起两道浮桥,一道由汉阳鹦鹉洲至武昌白沙洲,一道由汉阳南岸嘴至武昌大堤口,一夜建成。29 日,太平军由汉阳渡过汉水,占领汉口,洪秀全、杨秀清移驻汉

口。又架起一座沟通汉口、汉阳的浮桥(位置相当于今汉水铁桥)。三座浮桥的架成,为太平军攻克武昌创造了重要条件。尾随太平军的清军向荣部万余人于24日到达武昌城南的白木岭,为长虹桥太平军所阻,便绕往东南,驻营卓刀泉,于1853年1月7日夺占洪山。太平军一面分兵堵拒向荣部清军,使城内外敌军无法联结,同时以主力合围武昌,在文昌、平湖各门开挖地道,准备轰城。1月12日晨,在文昌门附近,轰塌城墙20多丈,太平军先头部队冲入缺口,其余方向的太平军则缘梯而上,攻入城内。清军四散溃逃,常大淳等自杀,提督双福、总兵常禄、王锦绣等被杀。太平军遂克武昌。这次战争,太平军先占汉阳、汉口,横江架设数道浮桥,集中兵力,合围武昌,并成功地运用了穴地攻城战法,因而迅速攻克坚城。

太平军北伐

太平天国农民战争中,太平军于1853~1855年间,为攻取北京而采取之战略行动。历时两年,其作战过程可分作三个阶段。1853年(太平天国癸好三年,清咸丰三年)5月13日,太平天国派天官副丞相林凤祥、地官正丞相李开芳,春官副丞相吉文元等率军2万多人,自浦口(今属南京)出发入安徽境。9月1日,太平军取道济源入山西,连克垣曲、绛县、曲沃、平阳(今临汾)、洪洞,于是折而东,经屯留、潞城、黎城,复入河南,占涉县、武安(今均属河北),入直隶(约今河北)境。10月22日,北伐军占领天津西南的静海和独流镇,前锋到天津郊外10里的稍直口村,准备进攻天津。清兵加紧对太平军的围攻,最后太平军北伐失败。

太平军北伐,孤军远征,长驱六省,虽为精锐之师,但后援不继,终不免全军覆没。广大将士英勇奋战,震撼清朝心脏地区,牵制大量清兵,对南方太平军和北方人民的斗争客观上起到了支持作用。

天京保卫战

太平天国农民战争中,太平军为抗击湘军围攻天京(今南京)而进行的防御作战。

太平军安庆保卫战失败后,两江总督曾国藩吸取江南大营两次被击溃的教训,提出了“欲拔本根,先剪枝叶”(曾国藩《遵旨统筹全局折》)的方略,从东西两个方向对天京实施多路向心进击。1862年(太平天国壬戌十二年,清同治元年)3月下旬,湘军水陆师2万余人从安庆沿江东进,5月底直抵天京城下,布政使曾国荃率陆营扎于城南雨花台一线,兵部侍郎彭玉麟率水师进抵护城河口。署江苏巡抚李鸿章则率淮军6500人于4、5月间分批船运上海,勾结英、法侵略军与“常胜军”阻挡太平军进攻上海,并作西攻苏州、无锡、常州的准备。浙江巡抚左宗棠率军万余由江西入浙,步步东逼。天京在湘、淮军的包围中最终失陷。

上海小刀会起义

1853~1855年间刘丽川等领导小刀会在上海等地进行的城市反清武装起义。小刀会是天地会支派,19世纪50年代初由福建传入上海。1853年(清咸丰三年)春,太平天国定都南京后,闽南小刀会随之起义。夏,上海天地会首领刘丽川联合李咸池的小刀会、潘起亮的庙邦等沪上各帮会,组成秘密反清联盟,称上海小刀会,成员多为原籍粤、闽、浙等省的船夫、码头工人、失业手工业者等下层群众。是年秋,刘丽川派人与青浦抗粮首领周立春及嘉定罗汉党首领徐耀等联络,密商反清起义,确定先占嘉定,继夺上海,然后分取邻近各县的起义计划。9月5日,周立春、徐耀等率部攻占嘉定县城。7日,刘丽川等率众攻入上海县城,杀知县袁祖德,擒苏松太道吴健彰,控制全城,建立政权。江湾、洋泾等城郊乡民纷起响应。刘丽川初以"大明国统理政教招讨大元帅"名义发布告示,不久,改称"太平天国统理政教招讨大元帅",并上书天王洪秀全,自称"未受职臣"。李咸池称平胡大都督,陈阿林、林阿福为副,潘起亮等四人为大将军。起义政权宣布对外侨秋毫不犯,要求外国势力保持中立。上海小刀会起义之后,即派出义军,分攻邻近各厅县,以为犄角。9日,嘉定义军进占宝山。上海义军12日攻取南汇,13日占领川沙厅。17日,周立春率部夺取青浦县城。至此,小刀会起义势力以上海县城为中心,遍及周围五厅县。清政府急忙调江南大营兵力,由署江苏巡抚许乃钊率领到上海镇压,与美、英、法等国驻上海领事相勾结。小刀会起义坚持17个月,终因寡不敌众,最后以失败而告终。

第二次鸦片战争

1856~1860年间,中国军民抗击英法联军入侵之战争。因其性质与鸦片战争基本相同,史称第二次鸦片战争。19世纪中叶,伴随西方资本主义国家经济的迅速发展,其对外侵略扩张日益加剧。1854年(清咸丰四年)和1856年,英、法等国驻华公使向中国提出"修约"要求,企图攫取比《中英南京条约》更多的特权,均遭清政府拒绝。时清政府正忙于在长江中下游与太平军作战,对外国侵略实行消极避战,于是,英、法在美、俄支持下,恃其海军的优势,不惜诉诸战争,以胁逼清政府同意"修约"。1856年英国借口"亚罗号事件",1857年法国借口"马神甫事件",组成英法联军,于1857年12月攻陷广州,并继续北上,于1858年5月攻陷大沽炮台,进抵天津,清政府被迫与英法签订《天津条约》。1860年2月,英法扩大了侵华战争,10月攻入北京,清政府与英法订立了《北京条约》。第二次鸦片战争结束。

抗击英法联军入侵大沽之战

大沽位于海河出海口，是天津的门户，两岸建有炮台，南岸3座，北岸1座，共安炮200余门，守军3000人；另于南岸炮台后侧及海河两岸驻军5000人，由直隶总督谭廷襄指挥。1857年（清咸丰七年）12月，英法联军攻占广州后，即策划北犯，企图直接胁迫清王朝"修约"。1858年4月，英、法舰船20余艘，载兵2600余人驶抵大沽口外。5月20日，联军炮艇6艘袭击大沽两岸炮台，掩护陆战队千余人分向炮台侧翼登陆。各台守军发炮还击，击沉敌舢板2只，击伤炮艇4艘，毙伤敌近百人。当登陆之敌逼近炮台时，守军冲出炮台，展开白刃格斗。谭廷襄等在危急时刻竟弃军逃跑，后路驻军也不战自散。炮台守军孤立无援，300余官兵壮烈牺牲，南北炮台先后为敌攻占。26日，联军炮艇沿海河驶抵天津城下。6月下旬，英、法、美、俄公使胁迫清王朝签订了《天津条约》。

抗击英法联军入侵大沽之战

捻军起义

19世纪50年代初至60年代末，由捻党发展起来的，主要活动于长江、黄河间的一次大规模农民反清起义战争。捻军是在捻党（"捻"系皖北方言，为一支一股的意思）的基础上发展起来的。捻党组织产生于19世纪初（清嘉庆年间），是一种分散的农民小集团。1851年（清咸丰元年），淮河流域捻党不断起义。1853年，太平军北伐、西征经过黄、淮流域，捻党起义全面展开，小股的捻党武装斗争逐步形成大规模的捻军武装起义。起义以皖北为中心，遍布豫东南、鲁西南、苏北、鄂北地区，主要有张乐行、龚得树、苏添福、韩奇峰、侯士伟、王贯三、李昭寿、任乾、李大喜等十数支。但初期的捻军"居则为民，出则为捻"，各自为战，互不统属。1855年秋天，各路捻军首领聚集安徽亳州雉河集（今涡阳）会盟，推张乐行为盟主，称大汉永王（一作大汉明命王），统一号令，颁发布告，发布《行军条例》，确立军事纪律，建立五旗军制。捻军曾经取得了斩杀僧格林沁的巨大胜利，但是最后还是失败了。

李蓝起义

1859~1865 年间由李永和、蓝朝鼎等领导的，主要活动在四川、陕西等地的农民起义。

1859 年（清咸丰九年），李永和（即李短鞑）、蓝朝鼎（即蓝二顺）领导破产的农民、脚夫在云南昭通牛皮寨起义。10 月，率众入川，一路攻城略地，后据铁山为基地，以“打富济贫，除暴安良”为号召，众至数十万。1860 年秋，二三十万大军会师于牛佛渡（今四川富顺北、沱江左岸）。不久，由蓝朝鼎、李永和、周绍勇率所部分别向川北、川南、川东发展。次年 5 月，蓝部十余万人进围绵州（今绵阳），李部十余万人围攻眉州（今眉山），均屯兵坚城之下，久攻不克。时奉命督办四川军务的骆秉章率湘军入川，采取由北而南、先蓝后李的作战方针，首先集中 1.9 万清军攻击蓝部。9 月，激战于绵州城外。缺乏严格训练的起义军错误地进行阵地战，招致惨败，仅剩万余人，被迫南退丹棱（今丹棱），与李部成犄角之势。骆秉章督军南下，转攻李部。11 月，清军先打蓝部援军，继攻李永和大营。蓝部援军受阻，李部战败，伤亡 3 万余人，遂撤眉州之围，退据青神。骆秉章再移师猛攻丹棱。起义军据垒坚守，清军强攻受挫，改行坐困之计。起义军突围北走，蓝朝鼎督后队掩护，12 月 13 日阵亡。1862 年（清同治元年）1 月，李永和率部从青神突围，回据铁山。清军接踵而至，起义军被困粮绝，再次突围，时分时合，先后移驻天洋坪（今富顺、隆昌间）、八角寨（今宜宾境）和铁山地区龙孔场等地。然始终无法摆脱清军的围追堵截，损失惨重。10 月，四川布政使刘蓉令清军淹灌龙孔场，李永和等 4700 余人被俘遇害。至此，起义军主力损失殆尽。

左宗棠收复新疆

1876~1878 年间左宗棠指挥清军驱逐侵占新疆的阿古柏侵略军，维护祖国领土完整之战争。

19 世纪中叶，资本主义列强在世界范围内争夺殖民地的斗争加剧，英俄两国在中亚地区的角逐激化，对中国西部边疆安全构成直接威胁。1865 年（清同治四年），中亚浩罕汗国（在今乌兹别克斯坦境）军事头目阿古柏在英国支持下，率兵侵入南疆，建立“哲德莎尔”伪政权，进而占领天山南北广大地区，实行殖民统治。清政府忙于镇压内地人民起义，无暇西顾。1871 年，俄国又乘机出兵占领时为新疆军政中心的伊犁地区，加紧与英国争夺中国西北边陲。与此同时，中国东南、西南和南部边疆也面临列强侵略威胁，边疆危机日益严重。1875 年（清光绪元年），清王朝采纳左宗棠等人的当务之急是出兵收复新疆的主张，任命左宗棠为钦差大臣，督办新疆军务。左宗棠统帅大军出击新疆，击败了阿古柏，粉碎了沙俄分裂中国的阴谋，维护了国家统一和领土完整。

中法战争爆发的原因

19 世纪下半叶，法国金融资本迅速发展，促使其加紧推行殖民政策。1862 年(清同治元年)，法军大举入侵越南，占领西贡(今胡志明市)及其附近大片地区。1873 年法军又侵占河内等地，越南国王请求被迫流离越南保胜(今老街)的中国广西天地会起义军别支黑旗军帮助抗法。12 月 21 日，黑旗军统领刘永福率部大败法军于河内近郊，毙其头目安邺，迫使法国侵略者退出河内。1882 年(清光绪八年)法军再次入侵越南北桥，先后占领河内、南定等地，并声言攻取黑旗军根据地保胜。刘永福又一次应邀援越抗法，1883 年 5 月 19 日于河内近郊纸桥再败法军，击毙法军司令李威利(又译"李维业")等数十人。8 月，法军攻占越南都城顺化，强迫越南政府签订《顺化条约》，变越南为法国的保护国。此后，法国加快侵华步伐，威逼清政府承认法国对越南的殖民占领，要求与其签订不平等的商务协定及国境条约。遭拒绝后，法军即于同年 12 月中旬向应邀驻扎于北桥的中国军队发动进攻，清军被迫应战，战争爆发。

马尾海战

中法战争中，中国福建海军在福州马尾港抗击法国侵华舰队偷袭之战，又叫作马江之战。1884 年(清光绪十年)7 月中旬，法国远东舰队司令孤拔率舰队侵入马尾港，伺机挑衅。此时，清王朝仍幻想议和，不但严令清军不得主动出击，也未作有效的防御部署。8 月 22 日，法国政府电令孤拔消灭中国福建海军。23 日 13 时 45 分，法军 8 艘军舰、2 艘鱼雷艇同时发起攻击。会办福建海疆事宜大臣张佩纶、船政大臣何如璋遁逃，负责指挥的副将张成开战后跳水逃命，各舰失去统一指挥，仓促应战。官兵们英勇还击，击伤孤拔座舰"窝尔达"号。管带陈英、许寿山、叶琛、林森林，督带吕翰、高腾云等英勇战死。战斗达半个多小时，中国福建海军舰艇损失殆尽。翌日，法舰又轰击福建船政局。此后数日，又轰击和捣毁了闽江下游两岸炮台。这次战争，中国福建海军被击沉击毁军舰 9 艘、其他船只 13 艘，官兵阵亡 770 人；法军舰艇数艘被击伤。8 月 26 日，清政府被迫对法宣战。

马尾海战

镇海之战

1884年(清光绪十年)基隆马尾之战后,法军为孤立台湾清军,宣布封锁台湾海峡。1885年1月,中国南洋海军派出“开济”“南琛”“南瑞”“驭远”“澄庆”5舰由上海南下援台,以期打破法军的封锁。法远东舰队司令孤拔亲率7舰拦击。2月13日,双方舰队于浙江象山石浦檀头山附近洋面遭遇,总兵吴安康率队逃遁,“驭远”“澄庆”两船避入石浦港内,15日晨“驭远”被法军鱼雷艇击伤后自沉,“澄庆”自沉;“开济”等3舰驶入镇海口内。孤拔遂率舰进犯镇海。镇海(今属宁波)位于甬江入海口,为浙东咽喉。法舰侵扰东南沿海以来,浙江提督欧阳利见督率守军增炮修台,挖壕筑墙,密布地雷,并充实兵力,调整部署,加强了该地区的防御。28日夜,孤拔率4舰闯入镇海洋面,欧阳利见即下令沉船堵口,命守军严阵以待。援台3舰同原泊口内的“超武”“元凯”两舰也都做好战斗准备。3月1日下午,法舰4艘猛扑口门,北岸招宝山守军和南洋海军各舰发炮拦击,战斗约2小时许,法舰不支退走。翌日夜晚,法两舰企图进口偷袭,又被守军水陆炮火击退。3日上午,孤拔再次率舰进攻,清军岸炮和海军舰炮猛烈轰击,法舰随即掉头撤退。此后,法军又多次利用夜暗以舢板进行偷袭和鱼雷攻击,均未得逞,不得不停止进攻。这次战争,由于清军守军预有准备,水陆防守严密,协同较好,因而伤亡甚少。法军舰艇略有损伤,无功而返。

镇南关大捷

1885年初,执行越南北圻陆路反攻任务的东线清军作战失利,于2月上旬,溃退入广西镇南关。法军占领谅山后,乘势侵占镇南关;此后因兵力不足、补给困难,又退至越南文渊(今同登)、谅山,伺机再犯。其时,受命帮办广西关外军务的老将冯子材,被前线各部将领推为主帅,部署兵力,形成正面纵深梯次配置并有两翼策应的兵力部署,总计前线兵力约64营3万余人。法军冒犯,遭到黑旗军和清军的痛击,最后溃败而逃。镇南关大捷使清军在陆上战场转败为胜,转守为攻。法军败讯传至巴黎,茹费理内阁被迫辞职。

中日甲午战争的历史背景

1894年(清光绪二十年)干支为甲午,史称甲午战争。日本发动对中国的侵略战争,蓄谋已久。早在1868年(清同治七年),日本明治天皇登基伊始,便极力鼓吹军国主义,以实行对外扩张为基本国策,并将侵略矛头首先指向其近邻朝鲜和中国。明治政府抓紧改革军制,推行近代军事教育和训练,积极扩军备战。到甲午战争爆发前,日本陆军建成6个野战师和1个近卫师,现役兵力12.3万人。甲午战争

中，日本实际动员兵力达240616人，其中174017人在国外参战。战前日本海军拥有军舰32艘、鱼雷艇24艘，排水量共达6.2万余吨。还派遣大批特务，到中国和朝鲜搜集军事情报，绘制详细的军用地图。清政府对日本的侵略野心有所察觉，北洋大臣李鸿章曾指出日本将为“中土之患”。1874年日本侵犯台湾事件后，尤其是中法战争后，清政府加强海防建设，以京师门户北洋为设防重点，主要防御对象为日本。1888年，北洋海军正式编练成军，有舰艇25艘，官兵4000人。到甲午战前，北洋舰队的大沽、威海卫（今山东威海）和旅顺（今属辽宁大连）三大基地建成。然清朝政治腐败，军事变革基本停留在改良武器装备的低级阶段，陆海军总兵力虽多达80余万人，但体制不顺，编制落后，管理混乱，训练废弛，战斗力低下。1894年春，朝鲜爆发“东学党”农民起义，朝鲜政府于6月3日请求清政府派兵协助镇压。清军首批部队于6月8日抵朝。早在6月2日，日本内阁就做出入侵朝鲜，进而直接与清军开战的决定。日方先以欺骗手段诱使清军入朝，继则以清军入朝为借口，大批调遣日军赴朝，迅速抢占从仁川至首尔一带各战略要地。同时设立战时大本营，作为指挥侵略战争的最高机构。7月19日，日本驻朝公使大鸟圭介据其外相陆奥宗光训令，强逼朝鲜政府废除中朝通商条约，并驱逐清军出境。23日，日军悍然攻占朝鲜王宫，成立以大院君李昰应为首的傀儡政府。25日，大鸟令大院君废除中朝两国间的一切商约，并“授权”日军驱逐屯驻牙山的清军。当天，日本联合舰队发动丰岛海战，在丰岛附近海域对中国运兵船及护航舰只发动突然袭击。日本陆军第5师的混成第9旅也于29日向由牙山移驻成欢的清军叶志超部发动进攻，清军败退平壤。8月1日，清政府被迫对日宣战。同一天，明治天皇也发布宣战诏书。

威海卫之战

中日甲午战争中，清军在山东半岛抗击日本陆海军侵犯威海卫（今山东威海）之战役。

1894年（清光绪二十年）11月下旬，日军侵占旅顺（今属辽宁大连）后，其大本营鉴于渤海湾即将进入冰封期，不便于登陆作战，遂决定暂缓执行直隶（约今河北）平原作战计划，而将战略进攻方向转至山东半岛，海陆配合攻占威海卫，企图歼灭北洋海军。为此，陆军在其第2集团军基础上组成“山东作战军”，下辖第3、第4旅和原属第6师的第11旅，共计2.5万余人。清王朝因对日军主攻方向判断错误，集重兵于奉天（今沈阳）、辽阳和京津一带，山东半岛防御薄弱。威海卫位于山东半岛东北部，遥对旅顺、大连，建有拱卫渤海门户的北洋海军基地。北洋海军各舰艇于旅顺失陷前即撤返威海港，尚有大小舰艇27艘；港区陆上筑有炮台23座，安炮160余门，守军19营；烟台、酒馆（今牟平东）、荣成（今旧荣成）等处另有驻军41营。此时慈禧太后起用恭亲王奕䜣，令其与直隶总督兼北洋大臣李鸿章共筹和议。当得知日军企图后，始作迎战准备。李鸿章令北洋舰队水陆相依，陆军同守大小炮台，舰船依托岸上炮台进行防御。由于李鸿章的错误指挥，北洋海军在日军的猛烈

进攻下全军覆没，海军提督丁汝昌自杀。

抗击八国联军入侵战争

自从中日甲午战争以后，西方列强掀起了瓜分中国的狂潮。1899年（清光绪二十五年）至1900年间，山东、直隶（约今河北）等省爆发义和团运动。各主要帝国主义国家以镇压义和团为借口，悍然发动战争。清军中的爱国官兵和义和团在津、京和直隶地区奋起抗战。慈禧太后对列强时而宣战，时而乞和；时而利用义和团抗击侵略军，时而命清军屠杀义和团，没有明确之战略方针。两江、湖广等省区督抚则勾结英、美，实行东南“互保”，反对与列强作战。

最后，联军在天津大沽口登陆，攻陷北京，慈禧挟光绪逃往西安。抗击八国联军入侵战争失败，八国联军洗劫了北京城及其附近，犯下了滔天罪行。

清政府与列强于1901年9月7日签订《辛丑条约》。条约除规定“惩办”祸首、赔款外，清政府还被迫同意各国在使馆区及京津、津榆铁路沿线驻军，清军不得在白河口、山海关、秦皇岛等处设防，京城已无屏障可言。此后，中国的民族危机更加深重，中国人民进一步掀起对外反对列强侵略，对内反对清朝封建专制统治的民主革命高潮。

东北军民抗击沙俄入侵之战

1900年中国东北黑龙江、吉林、盛京（今辽宁）三省军民抗击沙俄军队入侵之战争。

1900年（清光绪二十六年）夏，沙皇俄国在参加八国联军入侵中国天津、北京的同时，又企图单独攻占中国东北，以推行其“黄俄罗斯”计划。7月6日，尼古拉二世宣布自任俄军总司令，以摩罗巴特金为总参谋长，征调13.5万余官兵，编成西伯利亚第1、第2、第3军和登陆军，在中国东北周围各战略要地集结，准备从中国瑷珲（即黑龙江城，今黑龙江黑河市南）、呼伦贝尔（今属内蒙古）、宁古塔（今黑龙江宁安）、拉哈苏苏（今同江）、珲春（今属吉林）、旅顺（分属辽宁大连）等方向，实施多路进攻，夺占齐齐哈尔（今属黑龙江）、哈尔滨、吉林、长春、奉天（今沈阳）等重要城市，以实现其分进合击，速战速决，夺取东北三省之战略目的。时京、津地区战事吃紧，清王朝无力顾及东北，当地驻军仅9万余人，武器装备落后，战斗力低下。三省军政要员，或主战或主和，无法进行统一的部署和指挥。俄军侵入东北后，各地义勇燃起了“御俄寇，复国土”的烽火。1901年1月下旬，吉林的抗俄队伍数万人统一编成忠义军，在海龙、通化一带，声东击西、出没无常地打击俄军。沙俄政府慑于东北人民的反抗和其他帝国主义列强的反对，于1902年4月8日同清政府签订《中俄收交东三省条约》，虽攫取许多特权，但不得不将俄军撤出东北，其“黄俄罗斯”计划终未得逞。

武昌起义

20世纪初叶，在中国同盟会的领导、推动下，全国革命运动高涨。湖北革命团体文学社、共进会在武汉运动新军，积聚了雄厚的革命力量。1911年（清宣统三年）9月，四川保路运动演化为武装起义，清王朝急调湖北新军入川镇压，武汉清军兵力减弱。9月14日，文学社、共进会在同盟会中部总会推动下联合组成起义领导机关，推文学社蒋翊武为临时总司令，共进会孙武为参谋长，制定起义计划，定于10月10日举事。10月9日，孙武配制炸弹不慎爆炸，领导机关遭破坏，革命文告、名册、印信被抄，蒋翊武出走。10日，革命党人刘复基、彭楚藩、杨宏胜被捕遇难。在此危急关头，新军中革命党人主动联络，决定按原计划立即起义。晚8时许，驻于武昌中和门外的新军工程营、辎重营首先发难。工程营革命代表熊秉坤带队夺占楚望台军械库，推左队队官吴兆麟为临时总指挥。各营革命党人纷纷响应，陆续到楚望台集中补充弹药。当晚，起义军分三路经王府口、水陆街、保安门正街向总督府及第8镇司令部连续发起进攻。起义炮兵第8标入城，占领中和门、蛇山阵地，控制制高点，轰击督署。清军在附近构筑街垒，组织抵抗。起义士兵在炮火支援下，前仆后继，英勇战斗，突破清军防线，进围督署。湖广总督瑞澂、第8镇统制张彪逃走。11日黎明，起义军占领武昌，并相继攻取汉阳、汉口。革命党人发表宣言，改国号为中华民国，号召各省起义；成立湖北军政府，推第21混成协统领黎元洪为都督。武昌起义的成功，给清朝统治以沉重打击，湖南等省区争相响应，纷纷宣布独立，脱离清王朝，形成全国范围的革命高潮。

护国战争

由于袁世凯的倒行逆施、复辟卖国，1915年底和1916年云南等省组织护国军，反对袁世凯复辟帝制，维护中华民国民主共和制度之战争。讨袁战争失败后，袁世凯下令取缔国民党，取消国民党议员资格，并解散国会，图谋复辟帝制。为取得日本政府对复辟的支持，1915年5月与其签订卖国的“二十一条”。8月，指使其亲信、幕僚成立进行复辟帝制活动的“筹安会”。12月12日申令接受“推戴”为中华帝国皇帝，不久下令改次年为洪宪元年。在袁准备称帝期间，孙中山的中华革命党和梁启超的进步党等组织曾派人赴云南策动武装起义。前云南督军蔡锷与云南将军唐继尧等人，于1915年12月25日在昆明宣布云南独立，不久即建立云南都督府，组织约2万人的讨袁护国军。蔡锷、李烈钧分任第1、第2军总司令，唐继尧任都督府都督兼第3军总司令。计划第1军攻川，第2军入桂、粤，第3军留守云南，乘机经黔入湘，而后各军在武汉会师北伐。另由都督府左参赞戴戡一部兵力入黔策动起义。袁世凯急令北洋军和川、湘、粤等省军队共约8万人，从川、湘、桂三路攻滇，企图一举歼灭云南护国军。最后，由于袁世凯的复辟活动和反动行为不得人

心、前线部队不听指挥等原因,全国反袁运动迭起。袁世凯三路攻滇计划失败,加上在广东、山东等地袁军也遭到打击,外交上又连受挫折,被迫于1916年3月22日宣布撤销帝制,但仍居大总统位。为彻底推翻袁的独裁统治,5月8日,已独立的滇、黔、桂、粤等省在广东肇庆成立对抗北洋政府的军务院。不久,陕西、四川、湖南等省相继宣布独立。袁益陷窘境,6月6日病死。蔡锷等护国军将领依靠人民支持和部队旺盛士气,适时变更部署,持重待机,重视瓦解敌军,并采用佯动、袭击、割裂等手段,使护国战争赢得胜利,推翻了洪宪帝制。但代之而起的仍是直、皖、奉北洋集团的军阀统治。护国战争是近代由中国资产阶级单独领导的仅次于辛亥革命的又一次伟大的革命运动。云南,不仅是讨袁护国首先起义的省,而且云南各族人民为护国战争做出的重大贡献和牺牲,是值得人们永远怀念的。从云南开始的护国战争粉碎了封建帝制的延续阴谋,恢复了共和制。

护法战争

1917年8月至1918年5月,孙中山为维护与恢复标志共和国体的《中华民国临时约法》和国会,发动和领导的反对北洋军阀之战争。又称"南北战争"。1917年7月,张勋复辟失败,段祺瑞重掌北洋政府大权后,通电各省拒绝恢复约法和国会,并派北洋军第8、第20师等部入湘,镇压南方革命。孙中山等率部分驻沪海军抵广州后,电邀国会议员赴粤,并致电和派人联络西南军阀陆荣廷、唐继尧等人,共同推翻以段为首的北洋政府。8、9月间,在广州召开的国会非常会议,决议建立中华民国军政府,选举孙中山为军政府海陆军大元帅,兴师讨伐段祺瑞。护法军政府所统辖及响应护法的军队有湘、桂、粤军等约15万人以上,组成联军,10月在湖南与北洋军接战,开始了护法战争。11月护法联军转为优势,先后攻占长沙、岳阳。各省护法军纷纷响应。战场扩展到湖南、湖北、四川、广东、福建等省。但桂系军阀却暗中与直系军阀谋和,阻挠南方护法军的进攻,剥夺孙中山的领导权,并于1918年5月迫使孙中山辞去大元帅职务,篡夺了护法军政府实际权力,第一次护法战争宣告失败。

第二次护法战争

直系军阀在直皖战争后,控制了北京政府的主要权力,推行武力统一政策,支持桂系军阀进攻闽南护法区。1920年8月驻闽粤军回师广东讨伐桂系军阀,占领广州后,孙中山宣布重建军政府。国会议员也准备重开国会非常会议,第二次护法运动开始。1921年4月,国会非常会议通过《中华民国政府组织大纲》,选举孙中山为非常大总统。1921年6月孙中山命令粤、赣、黔、滇各军进攻广西,陆荣廷被迫下台,两广得到统一。当时陈炯明担任军政府内政兼陆军总长和粤军总司令兼广东省长,他暗中勾结直系军阀,反对北伐,准备推翻广州革命政权。1922年夏季,

孙中山发动了讨伐直系军阀之战争。正值北伐军胜利进军的关键时刻，陈炯明在广州发动了反对孙中山的武装叛乱，6 月 16 日陈部炮轰总统府，欲置孙中山于死地。孙中山适时地转移到永丰舰上，坚持与叛军斗争，8 月 9 日离粤赴沪，第二次护法战争又告失败。

直皖战争

1920 年 7 月，直系军阀在奉系军阀支持下，与皖系军阀为争夺北洋政府控制权在京津地区进行之战争。

1916 年袁世凯死后，北洋军阀分裂为直系和皖系。奉天督军张作霖逐渐控制东北三省，形成奉系。皖系军阀首领段祺瑞先后任国务总理、参战督办，控制中央政权，与日本签订丧权辱国的《中日陆军共同防敌军事协定》和《中日海军共同防敌军事协定》，并向日本大量借款，扩充皖系军队，坚持“武力统一”政策，主张削平军事割据，组织安福俱乐部，操纵国会，排除异己，同直系和奉系等军阀发生利害冲突。以曹锟、吴佩孚为首领的直系军阀取得英、美等国支持，与皖系军阀对抗。1919 年 11 月，吴佩孚与西南军阀唐继尧、陆荣廷等人的代表在湖南衡阳签订《救国同盟军草约》，结成反皖同盟。1920 年 4 月，曹锟在直隶（约今河北）保定以追悼入湘阵亡将士为名，召开各省代表大会，组成直、奉两系的直隶、江苏、湖北、江西、奉天（今辽宁）、吉林、黑龙江，河南八省反皖联盟。5 月，吴佩孚由西南军阀提供毫洋 60 万元资助，自衡阳领兵北上，直达保定，准备讨伐皖系。段祺瑞立即集结兵力于北京附近准备迎战。7 月初，皖军以 5 个师和 4 个混成旅组成定国军，段祺瑞任总司令，西路陈兵涞水、涿州、固安地区，东路布防杨村以西的梁庄（今西梁庄）、北极庙（今北章庙）一带。直军以 1 个师和 9 个混成旅组成讨逆军，吴佩孚任前敌总司令，西路占据高碑店，东路驻守杨村。张作霖令奉军一部入关，占领天津马厂、军粮城等地。张作霖通电奉军协同直军向皖军进攻。在东路指挥作战的皖军参谋长徐树铮见西路失利，东有奉军迫近，于是从廊坊逃回北京，所部不战而降。19 日，段祺瑞见大势已去，被迫宣布辞职。23 日，直、奉两军进驻南苑，办理军事善后。皖军不久被遣散或收编。直、奉两系军阀遂共同控制中央政权。这次战争，直奉联盟，并争取西南军阀的支持，使皖系军阀陷于孤立；在战争中，吴佩孚运用侧翼迂回战法，直捣皖军指挥中枢，一举获胜。

北伐战争

第一次国内革命战争即北伐战争，又称“第一次大革命”，是 1924 年至 1927 年中国人民在中国共产党和中国国民党合作领导下进行的反帝反封建的革命斗争。1926 年 2 月，中国共产党向全国人民明确提出了出兵北伐推翻军阀统治的政治主张。1926 年 5 月，国民革命军第 7 军一部和第 4 军叶挺独立团等作为先头部队，先

行出兵湖南,援助正被吴佩孚部击败而退守湘南衡阳的第8军唐生智部。7月1日,广东国民政府发出《北伐宣言》,7月9日国民革命军的8个军约10万人,兵分三路,从广东正式出师北伐。北伐战争打击的对象是占据中国广大地区、受帝国主义支持的北洋军阀吴佩孚、张作霖和孙传芳。在西路主攻方向上,国民革命军第4军、第7军主力同第8军会合后,在7月11日胜利进入长沙;8月22日,占领岳州;随后又攻克汀泗桥、贺胜桥,击溃吴佩孚的主力,直指武汉;9月6日、7日第8军主力占领了汉阳、汉口;10月10日,第4军主力和第8军一部攻克已被围困月余的武昌。共产党直接领导的叶挺独立团在湖南和湖北战场一些关键性之战役,如汀泗桥、贺胜桥和武昌战役中英勇搏杀,建立了重大功勋,因此,独立团所在的国民革命军第4军被誉为"铁军"。北伐军中路部队进展缓慢,蒋介石的嫡系1军1师在南昌附近屡遭挫折,溃不成军,不得不向武汉求援。第4军、第7军先后转入江西,于11月初在南浔铁路一带发动猛烈进攻,终于歼灭孙传芳部主力,占领九江、南昌。在东路福建战场,原来留驻粤闽边境的第1军两个师也乘势向福建发动进攻,于12月中旬进占福州。在北伐军攻占汉阳、汉口的同时,冯玉祥领导的国民军也在苏联顾问团和共产党员刘伯坚、邓小平等的帮助下,于1926年9月17日在五原誓师,绕道甘肃东进,参加北伐。北伐军在不到半年的时间里,打垮了吴佩孚,消灭了孙传芳主力,进占长江流域和黄河流域部分地区,沉重地打击了帝国主义和封建军阀的反动统治。

北伐战争

1927年3月,帝国主义制造了令中国军民死伤2000余人的南京惨案。蒋介石为首的国民党右派同帝国主义和中国资产阶级右翼勾结起来,加紧反革命阴谋活动。4月12日,蒋介石公开发动了"四一二"政变。蒋介石叛变后,7月15日,汪精卫指使反动军阀发动"马日事变",大肆屠杀共产党人,第一次国内革命战争遭到失败。

汀泗桥、贺胜桥战役

北伐战争中的著名战役。1926年8月,叶挺率国民革命军第4军独立团长驱直进,连战皆捷,屡建战功。在湖北咸宁境内汀泗桥地区击溃军阀吴佩孚军,俘敌2400余人,获重大胜利。国民革命军第4、第7军在湖北咸宁境内贺胜桥地区击溃军阀吴佩孚军主力,俘敌3500余人,获重大胜利。此后,叶挺被誉为"北伐名将",所部被称为"叶挺独立团",为4军赢得"铁军"称号。

长城抗战

长城抗战系指 1933 年中国军队在长城一线抗击日军侵略之战斗。

1933 年元旦，日军进犯山海关，中国守军何柱国旅奋起抵抗，揭开了长城抗战的序幕。1933 年 2 月日军进犯热河（今并入河北、辽宁及内蒙古）。3 月初，日军侵占热河，并继续向长城一线进犯。3 月 9 日进犯长城军事要地喜峰口、冷口、古北口，中国守军顽强抵抗，坚守阵地。其中喜峰口守军，原西北军二十九军将士组织五百人大刀队，夜袭敌营，夺回喜峰口。此役毙敌千人，五百壮士仅二十余人生还。从 10 日至 25 日，在喜峰口至罗文峪的长城线上，中国将士屡次打败日军进攻。同一时期，冷口和古北口的中国守军，也对日军实行反击。蒋介石政府对此不予援助。日军受挫后，一面进扰察东，攻占多伦、沽源、宝昌、张北诸县；一面派兵改由山海关突进滦东。4 月初攻陷石门寨、海阳、秦皇岛等地，使长城线上的中国守军腹背受敌。5 月下旬，中国军队相继放弃长城各口，日军突破滦河，侵入滦西，攻陷冀东 22 县，直接威胁平津，长城抗战失败。

长城抗战

福建事变

由于同蒋系的矛盾和逐渐接受共产党及红军的抗日反蒋主张，1933 年 11 月 20 日，李济深、陈铭枢、蒋光鼐、蔡廷锴等人以中国国民党第十九路军为主力，在福建发动的抗日反蒋事件，简称"闽变"。1931 年九一八事变后，李济深、陈铭枢、蒋光鼐、蔡廷锴等人由于他们的抗日要求和行动得不到蒋介石南京国民政府的支持，与蒋的矛盾日益激化。1933 年 6 月 1 日《塘沽协定》签字后第二天，蒋、蔡在福州发表通电，反对蒋介石对日妥协，出卖华北。接着又在中国共产党抗日主张的影响下和"剿赤"军事失败的刺激下，放弃了抗日与"剿赤"并行的方针，于 10 月 26 日派代表至江西瑞金与中国工农红军签订《反日反蒋的初步协定》，为事变的发动创造了有利条件。

11 月 20 日，李济深等在福州召开中国人民临时代表大会，发表《人民权利宣言》，福建事变爆发。21 日，李济深等通电脱离国民党，随后联合第三党和神州国光社成员发起成立生产人民党，以陈铭枢为总书记。22 日，中华共和国人民革命

政府宣告成立，由李济深、陈铭枢、陈友仁等十一人任委员，李济深任主席，改中华民国二十二年为“中华共和国元年”，并宣布革命政府的中心任务是外求民族解放，排除帝国主义在华势力；内求打倒军阀，推翻国民党统治，实现人民民主自由，发展国民经济，解放工农劳苦群众。

中华共和国人民革命政府成立后，受到各地民众和海外华侨的拥护，但同时也遭到蒋介石政府的舆论攻击和军事镇压。12 月下旬，蒋介石抽调进攻江西苏区的嫡系部队十余万人，以蒋鼎文为前敌总指挥，在海、空军的配合下，由赣东和浙江分路进攻延平、古田等地。1934 年 1 月上、中旬，延平、古田、福州先后被蒋军占领，中华共和国人民革命政府和十九路军总部分别迁往漳州和泉州。21 日，泉州、漳州相继失守，福建事变终告失败。李济深、陈铭枢、蒋光鼐、蔡廷锴逃往香港，第十九路军的番号被取消，军队被蒋介石改编。

绥远抗战与百灵庙大捷

绥远抗战发生在 1936 年中国抗战由局部转向全面抗日的时期，是局部抗战取得完全胜利的重大战役。

绥远省位于内蒙古西部，是贯通华北、西北，联结内蒙古与外蒙古的重要战略地带，控制了绥远，向南可威胁河北、山西，向西则可进兵陕西、宁夏、甘肃，向北觊觎外蒙古。为此，日军制订了以政治谋略和军事进攻两手并用夺取绥远省的计划，即对傅作义先进行收买，不行则武力驱逐。1933 年 7 月，日军侵占了内蒙古绥远部分地区后，蒙古族上层反动分子德穆楚克栋鲁普（德王）公开投降日本，成立伪蒙古军政府。1936 年 8 月，日本侵略军指挥蒙军向绥远东北地区进攻，绥远省政府主席兼第 35 军军长傅作义率部奋勇抗击。

敌军进攻的首先目标是红格尔图。这是一个不大的村镇，人口不过千余人，但却是绥东的门户，是由察哈尔西部进入绥远的必经之地，且与百灵庙、大庙（西拉木楞庙）成犄角之势，地位十分重要。11 月 13 日，日伪军在飞机、大炮的支援下，发动对红格尔图的进攻。此役一直持续到 19 日结束，历时 7 昼夜，中国守军打退了日伪军的进攻，歼灭大量敌军，取得了红格尔图保卫战的胜利。

红格尔图战役后，傅作义部队又于 11 月 24 日零时向百灵庙发起攻击。12 月 9 日绥远驻军收复了日伪的重要据点百灵庙和大庙，重创“日蒙联军”。至此这次战役全部结束。绥远抗战是中国军民自 1933 年开展抗战以来获得的第一次胜利，使全国军民欢欣鼓舞。

绥远抗战是中国抗战史上取得完全胜利的局部抗战，三战三捷，肃清了绥远境内的全部日伪军，挫败了日军侵犯绥远的计划。

“七七”卢沟桥事变

1937年7月7日，日本侵略军在河北宛平（今并入北京）卢沟桥制造事端，中国守军奋起抵抗之战。又叫作“七七”事变、卢沟桥事变。

1931年日本帝国主义发动“九一八”事变，侵占中国东三省后，相继入侵上海，攻占热河（今分属辽宁、河北、内蒙古），进犯河北。1935年日本政府策划华北五省自治阴谋失败后，遂企图以武力攻占北平（今北京）、天津，夺取华北。1937年6月，日本驻丰台的中国驻屯军步兵旅第1团第3营频繁进行军事演习，伺机挑起事端。7月7日夜，日军在北平西南通往河北南部的咽喉要地卢沟桥附近演习，诡称一士兵“失踪”，要求进入宛平城搜查，遭守军严词拒绝后，即炮轰宛平城，向卢沟桥发起进攻。守军奋起还击，曾一举夺回失去阵地，全歼侵占卢沟桥火车站的日军。

“七七”卢沟桥事变

“七七”事变发生后，全国人民群情激奋，声讨日本侵略军。

日军进攻卢沟桥受挫后，日本政府一面以“不扩大方针”和“就地解决”为幌子；一面向华北增兵，加紧侵略部署。7月17日，蒋介石在庐山发表谈话，表示如果和平已根本绝望，便只有抗战到底。后日军发动袭击，廊坊、北平、天津等城相继陷落。

“七七”事变，标志着日本帝国主义全面侵华战争的开始，揭开了中国人民伟大的全面抗日民族战争。从此，中国各族人民在国共合作的全民族抗日统一战线的旗帜下，同仇敌忾，共赴国难，同入侵者展开了殊死抗争。

“八一三”淞沪会战

1937年8月13日至11月12日中国军队抗击侵华日军进攻上海之战役。淞沪地区位于长江下游黄浦、吴淞两江汇合处，扼长江门户。

日本帝国主义侵占平津后，又积极策划进攻上海，沿用它的故伎，挑起事端。先是在7月24日，上海日本海军陆战队借口一名士兵失踪，制造紧张局势，不久，这名士兵被查获送还日本领事馆。日又借机撤退上海日侨，作发动战争的准备。借口虹桥机场事件，日本海军陆战队在12日晚陆续登陆。而且在杨树浦、闸北、虹口一带布防。到12日止，调集淞沪的日舰已达30余艘，海军及陆战队1.5万之众。

8月13日上午9时15分起,日海军陆战队在铁甲车的掩护下,由宝山路商务印书馆旧厂址出发,于横浜桥过淞沪铁路,向宝山路我军阵地进发,并向我军阵地开枪射击。我方保安队为自卫起见,用机枪扫射,打退了敌军,日方士兵死5人,伤10余人。下午3时50分,日军开始大规模进攻,并以大炮轰击,我军奋勇抵抗,"八一三"战争爆发。

"八一三"淞沪会战

淞沪抗战历时3个多月,日军以松井石根大将为总司令,共投入12个师团及海空军、特种兵部队30余万人的兵力。中国军队先以冯玉祥为总司令,后由蒋介石兼任,共投入70余个师70余万人的兵力,伤亡高达25万人,日军在此役中共伤亡40672人。日本企图3个月灭亡中国的计划未能实现。

"八一四"空战

1937年8月14日,中国空军抗击侵华日军空袭杭州笕桥机场的空中作战,史称"八一四"空战,又称"笕桥空战"。13日,日军以重兵向上海发动进攻,国民政府军事委员会下令,将驻河南周家口的空军第4驱逐机大队调往杭州,加强淞沪地区的防空力量。

14日下午,第4驱逐机大队27架霍克-3型战斗机飞抵笕桥机场,还未加油,便遭日机空袭。大队长高志航即率队升空,同日机展开空战。高志航在分队长谭文的配合下,迅速逼近1架日机,两次开火,将其击落。随后高志航又发现3架日机,迅速占据有利位置瞄准攻击,又击落日机1架。同时,第21中队中队长李桂丹等人也发现2架日机,经连续攻击,击落、击伤各1架。空战当天,天象复杂,日机为逃避中国空军飞机的攻击,在云层中上下机动,中国空军穷追不舍,经过30分钟激战,取得击落日机3架、击伤1架之战果,中国空军无一损伤。

此次空战是中国进行全面抗战后,空军飞行员抗击侵华日军空中袭击的第一次空战,首战获胜,极大地鼓舞了中国军民的抗日斗志,增强了战胜侵略者的信心。为纪念首次空战胜利,国民政府将8月14日定为"空军节"。

太原会战

山西地势雄固,为华北天然堡垒,又是拱卫陕甘西北的屏障。山西东部从1935年起,即开始构筑国防工事,主要是从正太路的娘子关及以北的龙泉关、平型关等各主要由东向西的通道地区,构筑成有纵深配置的防御工事,为日后防御日本侵略军进攻起到了相当的作用。太原是山西省省会,阎锡山在太原经营多年。日军在

取得一系列“胜利”后，决定侵占山西，占领太原。在阎锡山晋军、国民党中央军和共产党领导的部队的统一战线下，中日在太原地区展开会战。

太原会战包括有天镇战役、平型关战役、忻口战役、娘子关战役、太原保卫战。

经过艰苦之战斗，日军步步逼近太原城。1937 年 11 月 6 日，日军第五师团和蒙疆兵团向太原阵地进攻，8 日由北城突入，守军向西山突围，太原陷落。日军 9 日陷交城，接连陷祁县、平遥后停止。中国军队退守子洪镇、韩侯镇、兑九峪。太原会战结束。

忻口会战

忻口会战是平津失陷、淞沪会战开始之后，国民党正面战场第二战区组织的一次以保卫太原为目的的大会战，这次会战从 1937 年 9 月 13 日至 11 月 8 日，历时近两个月。忻口为晋北通往太原的门户，是保卫太原的最后一道防线。在忻口会战中，共产党领导的八路军一一五师主力和一二九师一部先后取得了平型关大捷和夜袭阳明堡战斗的胜利，有力地配合了正面会战。但由于国民党指挥无方，作战不力，终于失去了忻口、太原。从此，华北屏障不复存在。华北正面战场无战事，共产党领导的八路军深入敌后，开辟根据地，开展游击战争，逐渐成为华北抗战的主体。

南京会战

淞沪会战后，日军华中方面军司令官松井石根即指挥 7 个师团另 2 个旅团约 20 万人，分两路跟踪追击中国军队。北路上海派遣军 4 个师团沿太湖北岸沪宁铁路（上海—南京）追击；南路第 10 集团军 3 个师团沿太湖南岸宁杭公路（南京—杭州）追击，并以其一部出广德趋芜湖阻止守军西撤。日军趁势越过吴福线（吴县—福山）和锡澄线（无锡—江阴）两道筑城防线，直逼南京。

南京会战

中国政府对是否固守南京举棋不定，最后决定弃守南京，迁都重庆。12 月 4 日，中日双方开始小部队接触，6 日各路日军抵近栖霞山、汤山、淳化镇、秣陵镇，对南京形成三面包围。7 日，日军发起攻击，最后唐生智奉命突围。13 日，日军占领南京后，连日屠杀中国军民达 30 余万人，史称“南京大屠杀”。

徐州会战

1937年12月，日军占领南京后，为沟通南北战场，打通津浦路，会师武汉，把徐州作为他们攻取的首要目标。

徐州是江苏省西北部一个重要城市，它位于黄淮两水间，地据鲁、豫、皖、苏四省的要冲，是津浦、陇海两铁路的枢纽；徐州四周山峦重叠，河川纵横，在我国历史上历来是兵家必争之地。南京政府鉴于徐州战场的安危直接关系到全国的抗日大事，决心全力防守，在此进行一次会战。这次会战以徐州为中心，史称徐州会战。徐州会战分两期，第一期是津浦路的初期保卫战，第二期是台儿庄会战。3月20日至4月7日，中国军队在台儿庄地区取得歼灭日军1万余人的重大胜利，振奋了全民族抗战的精神。5月19日，日军占领徐州及其附近地区，随即沿陇海铁路（今兰州—连云港）向西追击。第五战区主力撤至豫皖山区。

徐州会战与李宗仁

1937年10月，李宗仁被任命为第五战区司令长官，驻节徐州，指挥津浦路沿线作战。

李宗仁受命后，即选派徐祖贻任战区参谋长，组织战区司令长官部。11月初，李宗仁奔赴徐州前线。投入这次会战的中国军队有数十万人，但部队战斗力强弱差异较大。李宗仁调兵遣将，按其所长，作了细致部署。第31军军长刘毅辖131师、135师、138师，军中班排长以上干部，均系李宗仁亲自从广西征调而来，颇有作战经验，指挥也得心应手，因此李宗仁将其部署在海州，以防敌人在该处登陆；第三集团军总司令韩复榘部的12军、55军，训练、装备以及人员素质较差，李遂让其驻扎山东境内；57军军长缪澄流，辖111师和112师，该部装备尚可，但战斗力不强，李便命其部驻防苏北；51军军长于学忠，辖113师、114师，战斗力较强，李命其在临沂方面堵截日军前进。部署就绪，李宗仁密切注视着敌人的动向。在此期间，李宗仁指挥约60万中国军队与日军展开徐州会战，以阵地战、运动战、游击战相结合，获台儿庄大捷。

台儿庄大捷

1938年2月20日，日军第10师濑谷支队南进连陷临城（今薛城）、枣庄、韩庄后，孤军深入，向台儿庄突进，企图一举攻占徐州。李宗仁以第2集团军总司令孙连仲率部固守台儿庄，第20军团军团长汤恩伯率部让开津浦铁路正面，转入兰陵及其西北云谷山区，诱敌深入，待机破敌。3月23日，日军由季庄南下，在台儿庄北侧的康庄、泥沟地区与守军警戒部队接战。24日起，日军反复向台儿庄猛攻，多

次攻入庄内。守军第2集团军顽强抗击，与日军展开激烈的争夺战。第五战区以第20军团主力向台儿庄机动，拊敌侧背，与第2集团军形成内外夹击之势，并令第3集团军进至临城、枣庄以北，断敌后路。日军为解台儿庄正面之危，速以第5师坂本支队（相当于团）从临沂驰援，进至兰陵北面的秋湖地区，即被第20军团第52军圈击包围。4月3日，第五战区发起全线反攻，激战四天，歼灭日军濑谷支队大部、坂本支队一部共万余人。其余日军残部于7日向峄城、枣庄撤退。这一重大胜利被人们称为“台儿庄大捷”。

武汉空战

1938年中国空军抗击日军飞机空袭武汉之战。1937年12月，日军侵占南京后，溯长江西犯。翌年春，日军航空兵开始重点对武汉地区空军基地进行连续大规模空袭，企图摧毁其空中抵抗力量。中国空军在苏联空军志愿队配合下，英勇抗击，1938年2至5月与日机多次空战，其中规模较大的有三次。2月18日12时许，日军轰炸机12架在驱逐机26架掩护下进袭武汉。中国空军驻汉口，孝感的第4驱逐机大队所属3个中队，在大队长李桂丹率领下先后起飞伊-15、伊-16型驱逐机29架迎击。12时45分，第21中队伊-16型驱逐机10架从汉口机场起飞，上升至2000米高度，在机场西北与日军12架轰炸机、十余架驱逐机遭遇，经几番空战，日机向东逃逸。中国空军飞行员奋勇追击，击落日机3架，击伤2架。在此同时，第22、第23中队也与日机展开激战。是日空战，中国空军击落日军飞机10架，击伤2架。大队长李桂丹等5人阵亡，损失飞机5架，伤5架。4月29日，日军出动轰炸机、驱逐机共39架偷袭武汉。中国空军对此预有防备，集中飞机67架，以伊-15型驱逐机编队钳制日驱逐机，伊-16型驱逐机集中打击日轰炸机。经激战，中国空军击落日机21架；被日机击落12架，牺牲飞行员5人，其中陈怀民击落1架日机后，在被敌包围、飞机多处受伤情况下，仍向敌机猛冲过去，与敌同归于尽。日军遭此惨败后，又于5月31日出动轰炸机18架、驱逐机36架再袭武汉。中国空军和苏联空军志愿队英勇抗击，再次粉碎了日军空袭企图。中国空军在保卫武汉的空战中，连战皆捷，打击了日军的嚣张气焰，鼓舞了全国军民的抗日斗志。

武汉保卫战

1938年6至10月，中国军队为保卫武汉，在安徽、江西、河南、湖北等省抗击侵华日军进攻的作战。又称“武汉会战”。

日军侵占南京后，国民政府虽西迁重庆，但政府机关大部和军事统帅部却在武汉，武汉实际上成为当时全国军事、政治、经济的中心。1937年12月13日，国民政府军事委员会拟订保卫武汉作战计划。在徐州失守后，即调整部署，先后调集约130个师和各型飞机200余架、各型舰艇及布雷小轮30余艘，共100余万人，利用

大别山、鄱阳湖和长江两岸地区有利地形，组织防御，保卫武汉。

1938年5月攻陷徐州后，日军决定先以一部兵力攻占安庆，作为进攻武汉的前进基地，然后以主力沿淮河进攻大别山以北地区，由武胜关攻取武汉，另以一部沿长江西进。后因黄河决口，被迫中止沿淮河主攻武汉的计划，改以主力沿长江两岸进攻。

在武汉保卫战中，国共并肩作战，中国共产党充分发动人民支援抗战，呈现出一个个感人的爱国杀敌场面。最后，中国军队处处设防，分兵把守，但是未掌握强有力的预备队，没有充分发动群众，破坏对方交通线，因此，未能重创日军。在日军已达成对武汉包围的情况下为保存力量，中国军队不得不于10月25日弃守该城。日军26日占领武昌、汉口，27日占领汉阳。

武汉保卫战，是抗日战争战略防御阶段规模最大的一次战役，中国军队英勇抗击，消耗了日军有生力量（日军承认伤亡共3万余人），迟滞了日军行动。日军虽然攻占了武汉，但其速战速决、迫国民政府屈服以结束战争之战略企图并未达到。此后，抗日战争进入战略相持阶段。

万家岭大捷

武汉会战中，日军第106师团从九江沿南浔铁路（南昌—九江）南犯。守军第1兵团第29军团和第4、第8军等部依托庐山两侧及南浔铁路北段的有利地形进行顽强抗击，日军进攻受挫。8月20日，日军第101师团从湖口横渡鄱阳湖增援，突破第25军防线，攻占星子，协同第106师团企图攻占德安，夺取南昌，以保障西进日军的南侧安全。第1兵团总司令薛岳以第66、第74、第4、第29军等部协同第25军在德安以北的隘口、马回岭地区与之激战，双方成胶着状态。9月底，日军第106师团第123、第145、第147联队和第101师团第149联队孤军深入，进至德安西面万家岭地区。薛岳指挥第4、第66、第74军等部从侧后迂回，将其包围。日军第27师团一部增援，在万家岭西面白水街地区被第32军等部击退。10月7日，中国军队发起总攻，激战三昼夜，多次击败日军反扑。日军由于孤立无援，补给断绝，战至10日，4个联队大部被歼。史称“万家岭大捷”。

兰州空战

1939年2月，在抗日战争中，中国空军和苏联空军志愿队在甘肃省兰州地区空域联合抗击日军空袭的空战。

1939年2月12日，日军29架轰炸机从山西省运城起飞空袭中国西北重镇兰州，先头9架因看错地标，将甘肃省靖远县城误认为兰州而轰炸了靖远机场，后面的20架飞机未到兰州上空即遭中国空军拦截，经空战，日机多架被击伤后逃离。20日，日军20架轰炸机从山西运城起飞，分批轰炸兰州。中国空军第3大队和苏

联空军志愿队共起飞29架驱逐机分头拦击,共击落日机9架,击伤多架。23日,日机20架又从运城起飞空袭兰州。当日,中国空军6架战斗机预先升空警戒,发现日机来袭,再起飞25架飞机拦击,击落日机6架,其余日机均被击伤。此3次空战,中国空军共击落日机15架。

桂南会战

1939年11月,日本侵略军第21军司令官安藤利吉为截断中国广西与越南的国际交通线,开辟海军航空兵对滇越铁路(昆明至河内铁路)、滇缅公路作战基地,指挥第5师团和台湾混成旅团共3万余人,在海军协助下,于15日在钦州湾登陆,突破中国守军防御阵地,中日桂南会战开始。24日,日军攻占南宁。随后,日军以一部南下攻占龙州及镇南关,另一部北上攻占高峰隘、昆仑关。中国军事委员会委员长桂林行营主任白崇禧为收复南宁,恢复桂越国际交通线,指挥第四战区主力分三路反攻南宁:北路军为第38集团军共4个师,从思陇向昆仑关进攻;东路军为第26集团军共4个师,袭扰邕江南岸日军,破坏邕钦路,阻止日军增援;西路军为第16集团军共4个师,向高峰隘进攻,并阻击南宁出援的日军;预备队为第99军(少1个师)。12月18日,北路军向昆仑关发起总攻。第5军军长杜聿明以荣誉第1师从昆仑关正面发起总攻,以新编第22师向五塘、六塘攻击,迂回昆仑关侧后,19日,西路军向高峰隘、四塘、新圩、吴圩等地进攻,东路军向钦州、小董、大塘等地攻击,以配合北路军作战。北路军战至31日,歼灭日军4000余人,收复昆仑关。1940年1月上旬,日军由粤北抽调第18师团和近卫混成旅团增援桂南,28日发起进攻,至2月3日,先后攻占宾阳、昆仑关,随后收缩兵力于南宁附近。中国军队发起反击,于2月14日再次夺回昆仑关,并进至五塘等地。日军固守南宁外围,在四塘、高峰隘、蒲庙一线与中国军队形成对峙,会战也告结束。

昆仑关大捷

1939年12月至1940年1月,在抗日战争的桂南会战中,中国军队在广西南宁地区对日军进行的攻坚战役。

昆仑关,为南宁北侧的天然屏障。1939年12月16日,桂林行营下达了反攻南宁的作战命令,白崇禧为指挥。18日拂晓,中国军队第5军荣誉第1师在战车及炮火支援下,对昆仑关发动猛烈攻击,与日军在昆仑关隘口周围的崇山峻岭上展开激战,反复争夺厮杀。

在中国军队打击下,日军被迫放弃该地,回援南宁。驻南宁日军第5师团第21旅团驰援昆仑关。24日,第5军荣誉第1师于九塘东北枯桃岭向该旅团攻击,予敌重创,击毙旅团长中村正雄少将。29日,第5军在友军协同下发起总攻。30日,中国增援部队到达,向日军发起更猛烈的进攻,相继攻占了同兴、界首及其东南各高

地，打破了昆仑关日军的防线。31 日拂晓，杜聿明军长把指挥所推进至大坟岭，指挥官兵向日军猛攻。至 8 时，第 159 师占领 653 西南高地；上午 11 时，新编第 22 师攻入昆仑关，迫使日军向九塘方面退却。

战至 31 日收复昆仑关，获昆仑关大捷。歼灭日军 4000 余人，击落、击毁日机 20 余架。

豫南会战

1941 年 1 月，日第 11 军为了打通平汉铁路南段，解除中国军队对信阳日军的威胁，纠集步兵 7 个师团、骑兵 1 个旅团、战车 3 个联队的兵力，在司令官园部和一郎的指挥下，分左、中、右三路，准备向豫南发起进攻。第五战区司令长官李宗仁决定采用避实击虚之战略，留少数兵力正面抗击，主力转向两翼，待日军进攻兵力分散之时，从其两侧及背后围歼之。

1 月 25 日清晨，日军开始进攻。29 日，日军左、右翼兵团分别在接官厅、上蔡附近，遭到中国第 13 军、第 85 军的猛烈攻击，伤亡较大。而中路的日军则因中国军队主动后撤，进展较快。30 日，日军中央兵团兵分两路，主力由西平向舞阳迂回，一部由遂平向上蔡攻击，企图协同两翼兵团夹击中国军队。31 日，日军攻占舞阳、上蔡，形成包围圈，但中国军队已先行转移，致使日军扑空。此时，日军侧背受到中国军队攻击，正阳已被皖西第 84 军克复，后方交通受到威胁，遂于 2 月 1 日开始回撤。日军第 3 师团从舞阳撤出后，于 4 日攻占南阳，6 日放弃该城向唐河、泌阳方向撤退。中国第 13 军顺势收复舞阳后，即向南阳方向追击日军。与此同时，由舞阳南撤的日军第 17 师团及第 15 师团、第 4 师团各一部，在象河关附近遭到中国军队猛烈打击，伤亡惨重，向南溃退。至 7 日，各路日军均撤回信阳附近。此役，共毙伤日军 9000 余人。

豫南会战以侵华日军失败、中国军队胜利而告结束。豫南会战的胜利大大增加了中国人民抗日战争取胜的信心，体现了中国军民团结的伟大力量，有力地打击了侵华日军的嚣张气焰。

中条山会战

1941 年 5 至 6 月，中国军队在中条山地区抗击日军进攻的作战。又称“晋南会战”。

日军第 1 集团军司令官筱冢义男指挥 6 个师团、2 个独立混成旅团及伪军一部共 10 余万人，在第 3 飞行集团和华北方面军炮兵支援下，采取两翼钳击、中央突破战术，向驻守中条山的中国军队进攻。中国第一战区司令长官卫立煌为确保中条山地区，指挥 2 个集团军另 2 个军共 16 个师 17 万余人，在第二战区一部支援下抗击日军进攻。同时，邀请八路军第 129 师陈赓旅挺进中条山及汾南三角地带开展

敌后游击战予以配合。

5月7日,日军在航空兵支援下,以山西垣曲(今古城镇)为主要突击方向,分由中条山西、北、东部发起总攻。战至12日,日军完成对守军的四面包围。14日后,日军以一部兵力封锁黄河渡口,主力对中条山守军进行“梳篦”扫荡。中国守军一部突破重围退往黄河南岸,大部化整为零转移至吕梁区、太岳区。6月15日会战结束。此役,歼灭日军近3000人,中国军队伤亡1.3万余人。

中国远征军

太平洋战争爆发后,日本大本营为尽速攻占东南亚各国和西太平洋诸岛屿,令第15集团军司令官饭田祥二郎率2个师团由泰国麦索侵入缅甸,陷仰光后,又增调2个师团,共约9.5万人,飞机250架,分路向缅甸北部进攻。为保障中国国际交通线滇缅路(中国昆明—缅甸仰光)畅通,中国政府根据《中英共同防御滇缅路协定》,以3个军10个师共10万余人组成中国远征军第1路。1942年2月下旬,应驻缅英军总司令T.J.胡敦请求,由第1路副司令长官杜聿明率第5军、第6军入缅,于3月初接替英军仰光—曼德勒铁路以东至泰、老、越接壤地区的防务。之后,又增调第66军进至曼德勒地区,并派中国战区参谋长J.W.史迪威(美军中将)、第1路司令长官罗卓英入缅指挥作战。远征军经一个多月作战,在保卫东吁、解救英军诸战中,英勇顽强为世人所赞誉。但由于出国时机过晚、盟军作战缺少协同、多头指挥等原因,使远征军始终处于被动态势,未能达成战役企图。

远征军第二次入缅甸作战

为打通中印、中缅公路,开罗会议商定盟军从缅北发动进攻。为此,1943年10月至1945年3月,中国远征军和中国驻印军先后有8个军共22个师的兵力,在美、英军配合下,在缅甸北部和中国云南西部举行反攻。中国驻印军于1944年3月攻占缅北孟关,6月攻克莫冈,8月在美军配合下攻占密支那。中国远征军于5月实施滇西战役,次年1月在孟尤与中国驻印军会师,打通中印、中缅公路。随后,中国军队南下,3月底与英印军在皎梅会师。为配合缅北进攻,1944年1至2月,南线英军向若开地区发起攻势,迫使日军撤退。3月,日军从缅甸向印度因帕尔地区发起进攻,以牵制盟军对缅甸中部地区的进攻,7月进攻失败。在缅甸国民军配合下,盟军于1945年3至5月间先后进驻曼德勒、仰光并收复缅甸全境。第二次入缅甸作战,远征军共歼灭日军4.8万余人,收复了怒江以西国土和缅北的中心城市密支那,打通了滇缅、中印公路。中国远征军为解放东南亚人民做出了贡献,并有力地支援了盟军在亚洲、太平洋战场对日军之战略反攻。

鄂西会战

1943年5月至6月，在抗日战争中，中国第六战区部队在湖北省西部、湖南省北部地区对日军进行的防御战役。

4月下旬，日军为打通长江上游航线，攫取中国船舶及洞庭谷仓，窥伺重庆门户，调集6个师团、1个旅团的兵力和200余架飞机，在第11军司令官横山勇指挥下，对鄂西地区中国军队发动进攻。第六战区集中第33、第29、第26、第10集团军和江防军等部队，在代司令长官孙连仲指挥下，确定在既设阵地先以坚强的抵抗给日军以不断消耗，诱日军于石牌要塞至渔洋关间，然后转入攻势，歼灭日军于长江西岸的方针。

5月5日，日军第3师团主力、独立第17旅团及第40、第34师团各一部，由藕池口、华容、白螺矶向洞庭湖北岸进攻。守军第29集团军第73军在安乡、南县等地与日军血战后转移。12日，日军独立第17旅团向新安攻击被阻；第3师团向暖水街攻击；第13师团一部向新江口，班竹垱攻击，主力由枝江、洋溪间西渡长江。至15日，双方在枝江、刘家场、暖水街、大堰垱西侧一线展开激战。16日、17日，日军第58师团先后增援，守军向西转移。

30日，守军正面各军全面反攻。至31日，日军因伤亡过重全面动摇，开始东撤，其第13师团主力被围困于宜都附近。中国空军与美国空军以大编队机群，协同战斗，给日军以重大杀伤。到6月3日，江防军完全恢复战前态势，第33集团军第74军及第29集团军也先后克复暖水街、王家场、新安，进迫至公安附近。7日，宜都被围日军在飞机掩护下并施放毒气，经过激烈战斗付出重大伤亡后突出重围，其师团长赤鹿理中将也告失踪。8日，守军收复宜都，9日克枝江，到17日克班竹垱等地，日军退守华容、石首、藕池口、弥陀市一线，恢复战前态势。是役，中国军队共歼灭日军3500余人。

日军发动豫湘桂会战的目的和背景

1943年，同盟国反法西斯战争转入战略反攻，日军在太平洋战场上屡遭失败，使南洋（东南亚）各地军队的海上交通线受到威胁。日本大本营为保持本土与南洋的联系，决定打通从中国东北直到越南的大陆交通线，同时摧毁沿线地区的中美空军基地，以保护本土和东海海上交通安全，遂令中国派遣军使用累计约51万兵力，发动打通大陆交通线的作战。国民政府军事委员会以共约100万兵力进行抗击。整个作战分为豫中会战、长衡会战，桂柳会战三个阶段。

豫湘桂会战的结果

在豫湘桂会战中，国民政府军事委员会由于战略指导失误，战役指挥失当，致使豫、湘、桂大片国土被占，空军基地、场站被毁。日军尽管达成作战企图，却无力保障大陆交通线畅通，也未能阻挡美机空袭日本本土。此外，由于日军分散了兵力，为中国军队反攻提供了条件。

豫中会战

1944 年 4 月至 6 月，在抗日战争的豫湘桂战役中，中国第一战区部队在河南中部地区对日军华北方面军第 12 军进行的防御战役。

1943 年前后，日本通往太平洋前线海上交通线已无保证。日军为挽救其不利态势，从 1944 年春起，集中兵力，向中国正面战场发动了代号为“1 号作战”之战略进攻，企图打通大陆交通线和歼灭中国西南部空军基地。会战分三次进行。第一次于 4 月初始，日军从东北、华北抽调 5 个师团、5 个旅团约 15 万兵力，由华北方面军司令官冈村宁次大将指挥，分三路向豫中进攻，打通平汉线南段。第一战区集中 18 个军约 30 万人，在第八、第五、第十战区配合下，由第一战区副司令长官汤恩伯统一指挥，组织抵抗。

这次战争，中国军队虽经艰苦奋战，付出了重大牺牲，终未阻止日军打通平汉线的目的，郑州、许昌、洛阳、西平等战略要地沦陷；但给予日军以相当大的消耗。中国军队主力退守豫西、皖西各要地，继续袭扰日军，使其未能有效地利用平汉线（北平至汉口）的交通。

桂柳会战

1944 年 8 月，日军侵占湖南衡阳后，又把广西桂林、柳州作为战略目标。9 月 10 日，第 6 方面军司令官冈村宁次奉命指挥第 11、第 23 集团军、第 2 飞行团（飞机约 150 架）和第 2 遣华舰队一部，共约 16 万人，在南方军一部配合下，以打通桂越（南）公路为目标，向桂林、柳州进攻。中国第四战区司令长官张发奎指挥 9 个军、2 个桂绥纵队、空军一部（飞机 217 架），共约 20 万人，在黔桂湘边区总司令部的 3 个军支援下，以分区防御抗击日军。14 日，日军第 11 集团军攻占全州，随后调整部署，准备攻击桂林。22 日，日军第 23 集团军陷梧州，至 10 月 11 日相继攻占平南、丹竹和桂平、蒙圩。第四战区鉴于全州地区日军尚无行动，遂调整部署，将所部编组为桂林、荔浦、西江 3 个方面军，南宁、靖西 2 个指挥所，以大部兵力固守桂林，集中一部兵力先击破西江方面之敌。21 日，第 64 军配属桂绥第 1 纵队向进占桂平、蒙圩的日军独立混成第 23 旅实施反击；另以第 135 师等部向平南、丹竹攻击，策应

反击。战至28日,日军第23集团军主力逼近武宣,中国军队遂停止反击退守武宣。与此同时,日军第11集团军突破桂林、荔浦方面军的防御阵地,主力于11月4日进抵桂林城郊;一部向柳州进攻。11日,桂林陷落,柳州失守。随后,日军第3、第13师团沿黔桂铁路(都匀—柳州)向西北进攻;第23集团军沿柳邕公路(柳州—南宁)向西南进攻,24日占南宁。28日,日军南方军第21师团一部从越南突入中国,向广西绥渌(今属扶绥)进攻。沿黔桂铁路进攻的日军至12月2日攻至贵州独山,遭黔桂湘边区总司令部部队的反击,撤回广西河池。10日,日军第21师团与第22师团各一部在绥渌会合。至此,大陆交通线全部打通。

中国接受日军投降

1945年上半年,苏、美、英同盟军取得战胜德、意法西斯的胜利,使日本法西斯陷于孤立无援困境。在中国遭长期抗击业已疲惫的日军,由于敌后战场和正面战场军民的全面反攻和苏、美等同盟军的打击,迅速崩溃。日本政府被迫接受波茨坦公告,于8月15日正式宣布无条件投降。按同盟军太平洋战区最高统帅部划分的受降分工,中国战区受降范围为中国大陆(东北三省和香港地区,分别由苏军、英军受降)和台湾地区及越南北纬16度线以北地区。中国政府继9月2日接受日本政府在东京湾美舰密苏里号上举行投降签字仪式后,于9月9日9时在南京陆军总司令部礼堂举行接受日军投降签字仪式。由中国战区最高统帅代表、陆军总司令、陆军一级上将何应钦接受日本帝国政府及大本营代表、中国派遣军总司令官、陆军大将冈村宁次签署并呈递投降书。随后,划分15个受降区,接受日军投降。国民政府至1946年4月,共接收日军中国派遣军总司令部及下属方面军司令部3个、集团军司令部10个,师(含坦克、飞行师)36个,独立旅(含骑兵旅)41个、独立警备队(含守备队、支队)19个、海军陆战队(含特别根据地队)6个,共1283240人,收缴枪支776096支、火炮12446门、坦克383辆、装甲车151辆、卡车(含特种车)15785辆、马74159匹、飞机1068架、舰艇船舶1400艘(总排水量约5.46万吨)。

中国共产党领导的人民军队与日军投降

中国共产党领导的八路军、新四军、华南人民抗日游击队在敌后坚持抗战八年,为战胜日本法西斯做出了重大贡献。在中国战区的受降问题上,中共领导的人民抗日武装理应有权接受敌军投降,但由于美国的无理干涉,却被剥夺了受降权。蒋介石命令日伪军抵抗人民军队的受降。美国总统命令所有在中国(东北除外)的日本陆海空军只能向国民党政府及其军队投降,不得向中国其他武装力量缴械。八路军、新四军、华南人民抗日游击队遵照朱德总司令8月10日发布的《第一号命令》,给继续顽抗和拒绝投降的日伪军以坚决打击,迫其缴械,至1945年底,共歼日军1.37万余人、伪军38.5万余人,收缴枪支24.8万余支、火炮1300多门。

中国共产党领导的革命战争

八一南昌起义

土地革命战争时期，中国共产党率领部分国民革命军在江西省南昌市举行的武装起义。

八一南昌起义

1927年4月和7月，中国国民党内的蒋介石集团和汪精卫集团，勾结帝国主义和大地主大资产阶级，在上海和武汉发动反革命政变，残酷屠杀共产党人和革命群众，使中国人民从1924年开始的国共合作的反帝反封建的大革命遭到失败。为了反抗国民党反动派的屠杀政策，挽救中国革命，中共中央于7月12日进行改组，停止了中央委员会总书记陈独秀右倾投降主义的领导。后来，中共中央指定周恩来、李立三、恽代英、彭湃等组成中共中央前敌委员会，以周恩来为书记，前往南昌领导起义。8月1日，在以周恩来为首的中共中央前敌委员会和贺龙、叶挺、朱德、刘伯承等的领导下，北伐军二万余人举行南昌起义。起义部队经过五个小时的激烈战斗，全歼驻在南昌的敌人并控制了全城。在反动势力的围堵绞杀下，起义部队最后转移。

南昌起义，由于客观上敌人力量过于强大，主观指导上缺乏经验，没有和湘、鄂、赣地区的农民运动相结合，开展土地革命战争，而是孤军南下广东，企图打开海口，争取外援，重建革命根据地，再次举行北伐，加之两次分兵，不能集中兵力歼敌，反为敌人各个击破等原因，最后遭到失败。但这次起义的伟大历史功绩是不可磨灭的。它在全党和全国人民面前树立了一面鲜明的武装斗争旗帜，充分地表现了中国共产党和中国人民不畏强敌、前赴后继的革命精神。

湘赣边界秋收起义

土地革命战争时期，中国共产党在湖南、江西两省边界地区领导农民自卫军、工人纠察队和革命士兵举行的武装起义。

“四一二政变”后，1927年8月7日，中国共产党中央委员会在汉口召开紧急会议，纠正和结束了陈独秀的右倾投降主义，确定了实行土地革命和武装起义的方

针，号召全党和全国人民继续战斗。在此前后，中共中央还做出了在工农运动基础较好的湖南、湖北、广东、江西四省发动秋收起义的决定。

"八七"会议后，毛泽东到长沙领导秋收起义。起初各路暴动队伍均取得一些胜利，但不久即受挫。14日，毛泽东命令停止进攻长沙。同时湖南省委也放弃了长沙暴动的计划。19日，各路暴动队伍于浏阳文家市会合，毛泽东主持召开前委会议，决议退兵湘南。29日，暴动队伍到达永新县三湾村，在毛泽东领导下进行了具有重要历史意义的三湾改编，并开始酝酿进军井冈山。秋收起义的爆发具有重大的历史意义，创建了我党第一支工农军队，标志着我党独立领导武装斗争的开始，具有里程碑式的意义。最后，秋收起义部队转兵井冈山，开辟了第一个农村革命根据地，找到了中国革命的正确道路，中国共产党从此由小变大，由弱变强，最终取得了中国革命的最后胜利。

海陆丰起义

土地革命战争时期，中国共产党在广东省海丰、陆丰两县领导农民武装举行的起义。早在大革命时期，海丰、陆丰两县的农民运动，在中共中央委员彭湃等人领导下就有很大的发展。1927年蒋介石、汪精卫相继背叛了革命后，5月1日，以张善铭为书记的中共海陆丰地委曾领导海丰、陆丰两县农民自卫军和农民群众1000余人，举行过武装起义。八一南昌起义后，为接应南昌起义部队南进东江地区，9月7日至17日，中共海陆丰县委（由中共海陆丰地委改称）领导农民赤卫军和农民群众3000余人，再次举行武装起义，攻占了海丰、陆丰两县城。海丰县全境，陆丰县除上沙乡外，均由工农武装占领。中旬，在彭湃主持下，两县先后成立苏维埃政府，领导农民开展土地革命和政权建设。1928年1月5日，由广州起义部队改编的中国工农革命军第4师1000余人进入海丰县城，与工农革命军第2师会合，加强了海陆丰苏区的革命武装力量。后在国民党反动派的进攻下，起义队伍转入山区进行游击战争，继续斗争。

琼崖起义

1927年4月12日，蒋介石发动政变后，国民党琼崖（今海南省）当局也于4月21日发动清党大屠杀。中共琼崖特委为适应斗争形势，于7月底将琼山、文昌、定安、琼东、乐会（今属琼海）、万宁、陵水、澄迈、临高等县农民武装共1000余人，编为琼崖讨逆革命军第1至第9路军。中共中央"八七"会议后，琼崖特委决定举行全琼武装起义。

在中共琼崖特委书记杨善集及冯平、王文明、冯白驹等领导下，从1927年9月开始在定安、琼山、万宁、陵水、乐会、文昌、琼东、儋县、临高等地先后发动起义，又称九月暴动。由于敌强我弱，起义受挫。起义军在艰苦的条件下创建工农革命军，

积极开展游击战争，建立了琼崖革命根据地。1928 年 2 月，琼崖工农革命军改称工农红军。8 月 12 日，琼崖第一次工农兵代表大会举行，宣布成立琼崖苏维埃政府，王文明任主席。此时，琼崖的形势已十分险恶，敌我力量对比悬殊。面对国民党军队的进攻，为了保存有生力量，红军转移到母瑞山区，开辟新的革命根据地，坚持长期的革命斗争。

渭华起义

土地革命战争时期，中国共产党在陕西省渭南县、华县地区发动国民党西北军一部和农民举行的武装起义。1928 年 3 月，中共陕西省委根据中共中央的武装起义方针，决定在陕西省渭南、华县地区组织武装起义。4 月下旬，在国民党西北军新编第 3 旅进行兵运工作的共产党员刘志丹、唐澍和旅长许权中（中共党员）率该旅由潼关向华县高塘镇进发，途经华县瓜坡镇时宣布起义。起义部队进驻高塘镇后改编为西北工农革命军，辖 4 个大队、1 个骑兵队，近 1000 人，刘志丹任军事委员会主席，唐澍任总司令，中共陕东特委书记刘纪曾任政治委员，许权中任总顾问兼骑兵队长。5 月 1 日，渭南县、华县万余农民在西北工农革命军的支持下，于渭南县崇凝及其附近地区举行起义，建立了崇凝区苏维埃政府和陕东赤卫队。后多次与国民党反动派交锋，起义力量被迫转移，刘志丹等少数人员分散转入隐蔽斗争。渭华起义是大革命失败后中共陕西省委领导的，以军事力量与农民运动相结合，在全国具有重大影响的起义之一。这次起义沉重地打击了西北反动统治阶级的嚣张气焰，鼓舞了西北人民的斗志。同时也教育和锻炼了陕西人民，培养了政治、军事干部，为以后创建西北革命根据地积累了经验。

平江起义

1927 年 5 月马日事变之后，平江工农群众惨遭反动派的“清乡”镇压，激起农民的不屈反抗，湖南省平江地区的工农群众在中国共产党的领导下举行过几次暴动，并组织了游击队开展游击活动。1928 年 3 月的“扑城”农民达十万余众。1928 年 7 月 22 日，共产党人彭德怀、滕代远、黄公略等在湖南平江领导革命的士兵和农民举行起义，占领了平江县城，成立了平江县工农民主政府，建立了工农红军第五军，彭德怀任军长，滕代远任党代表。平江起义后，湖南军阀纠集六个团的兵力进行围攻。8 月 1 日，红五军撤出平江县城，转战于平江、浏阳和江西的万载、修水、铜鼓，湖北的通山一带，进行游击战争，开辟了湘鄂赣革命根据地。12 月中旬，彭德怀、滕代远率领红五军主力到井冈山与红四军会合，其余部分武装在黄公略的领导下，继续在湘鄂赣边区坚持游击战争。

这次起义成功地粉碎了平江的反动武装，成立了工农红军第五军和平江工农兵苏维埃政府，是继南昌起义、秋收起义和广州起义的又一著名起义。

百色起义

1929年5月，蒋桂战争结束。国民党政府任命俞作柏为广西省(今广西壮族自治区)政府主席，任命李明瑞为广西各部队编遣特派员。俞、李主政广西后，为巩固其地位，主动要求与中国共产党合作，逐渐发展广西警备第四大队、第五大队等武装力量。后来，俞作柏、李明瑞在南宁通电反对蒋介石，10月初，因部下被蒋收买而失败。中旬，邓斌(邓小平)、张云逸率所掌握的广西警备第四大队和教导总队近2000人离开南宁，于22日抵达右江重镇百色，部署武装起义。12月11日，在百色的广西教导总队一部、警备第四大队和右江农军4000余人举行武装起义，成立中国工农红军第七军。起义打击了国民党反动派的气焰，成立了左右江革命苏区。

百色起义

龙州起义

1929年10月，国民党广西省(今广西壮族自治区)政府主席俞作柏和广西各部队编遣特派员李明瑞倒蒋(介石)斗争失败后，在广西工作的中共中央代表邓斌(邓小平)与中共广西特委决定，由广西警备第五大队大队长、共产党员俞作豫(俞作柏胞弟)率所部撤离南宁，开赴龙州，与当地工农运动结合，准备武装起义。李明瑞随第五大队抵达龙州后，在共产党组织帮助下，拒绝蒋介石的拉拢，毅然决定参加革命队伍。12月中旬，邓斌赴龙州部署起义。1930年2月1日，广西警备第五大队和龙州工人赤卫队、农民赤卫队共2000余人，在龙州举行武装起义。成立中国工农红军第八军，俞作豫任军长，邓斌兼任政治委员，李明瑞任红七、红八军总指挥。接着，分别在龙州、凭祥、养利(今属大新)，崇善(今属崇左)等10余县成立了革命委员会。此后，起义部队转战中越边境和桂滇边界地区，10月到达凌云县(今乐业县)上岗村与红军第七军会合。11月，编入红七军。

龙源口战斗

土地革命战争时期，中国工农红军第四军在江西省永新县龙源口地区，反击国民党军对井冈山革命根据地第四次“进剿”的作战。又称七溪岭战斗。1928年6

月，驻江西省国民党军第3军第9师和第31军第27师共5个团，由第9师师长杨池生担任总指挥，对井冈山革命根据地发动第四次“进剿”。红四军得悉这一情况后，主动由永新退回根据地中心区域宁冈，进行反“进剿”准备，同时组织地方武装袭扰进犯永新的国民党军。中旬，杨池生率部由吉安进占永新。22日，以2个团留守永新及其附近地区，以3个团分两路进至龙源口和白口，企图分经新、老七溪岭合击宁冈，消灭红四军。据此，以毛泽东为书记的中共湘赣边特委和红四军军委决定，由军长朱德、军委书记陈毅率红四军主力在新、老七溪岭阻击国民党军，然后相机转入反攻，求歼国民党军一部，以打破其“进剿”。23日上午，红四军第29团和第31团第1营在新七溪岭击退国民党军左路1个团的多次进攻，守住了阵地；红四军第28团向进占老七溪岭制高点的国民党军右路2个团发起多次攻击，战至下午，攻占了老七溪岭制高点，随即乘胜追至白口歼其一部，并直插龙源口，切断国民党军左路的退路。此时，红29团等部将左路国民党军1个团击溃，并跟踪追至龙源口，在红28团和地方武装的协同下，将其全歼。接着，红军乘胜再占永新城。这次战斗，红四军歼国民党军1个团，击溃2个团，打破了国民党军对井冈山革命根据地的第四次“进剿”。

黄洋界保卫战

1928年7月，中国工农红军第四军主力在湘南行动受挫后转移到桂东。红四军前委书记毛泽东率领第31团第3营由井冈山赴桂东接应主力，第32团和第31团第1营留守井冈山。8月中旬，国民党湘军和赣军共5个团，准备对井冈山革命根据地进行第二次“围剿”。红四军第31团团长朱云卿、党代表何挺颖等得悉敌人即将进攻的情况，根据毛泽东坚守井冈山的指示，在赤卫队和人民群众的支援下，组织部队利用山险，设置竹钉，构筑工事，进行作战准备，等待主力回师，共同粉碎国民党军的“围剿”。下旬，国民党军乘红四军主力在湘南欲回未归之际，对井冈山根据地发起第二次“围剿”。30日晨，湘军第8军2个团由酃县（今炎陵）出发，在赣军一部的策应下，向井冈山黄洋界哨口发起进攻。黄洋界位于井冈山主峰地面，扼山险要道，为井冈山五大哨口之一。红军第31团第1营2个连凭险据守，连续打退湘军多次猛烈攻击。下午，正当湘军重新组织进攻时，红军以仅有的1门刚修复的迫击炮，轰击其在源头的后续部队。湘军误以为红四军主力回山，惧怕被歼，当夜撤回。赣军闻讯后，也停止策应湘军的行动。黄洋界战斗的胜利，为红四军主力回师井冈山，打破国民党军对井冈山革命根据地的

黄洋界保卫战

第二次“围剿”创造了条件。

大柏地战斗

1929 年 1 月 14 日,中国工农红军第四军主力在军长朱德、党代表毛泽东率领下离开井冈山向赣南挺进,2 月 9 日转战于江西省瑞金市以北的大柏地、隘前地区。此时,尾追红军的国民党军第 15 旅两个团由旅长刘士毅率领,也自澄江进到瑞金。中共红四军前委决定,乘第 15 旅孤军冒进之机,利用大柏地以南两侧谷地的有利地形,采取伏击手段将其歼灭。当日,红军第 28 团(不含第 2 营)、第 31 团和军特务营、独立营分别埋伏于麻子坳至前村(今杏坑)两侧的树丛中;第 28 团第 2 营在隘前警戒并诱敌进入伏击区。10 日 15 时,第 15 旅进到隘前时,遭红军警戒分队的阻击,战至黄昏,双方外峙。11 日晨,红军警戒分队边战边撤。当将第 15 旅诱至麻子坳、前村时,红军伏击部队突然发起攻击,第 28 团第 1 营从右翼迂回到茶亭东,攻占了第 15 旅指挥部,截断该旅的退路,第 2 营向敌正面发起进攻;第 31 团向敌左翼进攻,并占领南侧高地;军特务营、独立营迅速迂回到前村南侧,对敌军形成包围,并乘势发起总攻,激战到中午,歼第 15 旅大部,俘其 800 余人,缴获枪 800 余支(挺)。

陕甘苏区第三次反“围剿”

土地革命战争时期,中国工农红军在陕西省北部和陕西、甘肃两省边界地区,反击国民党军第三次“围剿”的作战。

1935 年 7 月,蒋介石调集东北军和陕西、甘肃、宁夏、山西、绥远(今属内蒙古)五省国民党军共 13 个师又 5 个旅近 10 万人,采取南进北堵、东西夹击之战法,组织对陕甘苏区的第三次“围剿”。下旬,中国工农红军西北革命军事委员会前敌总指挥部决定,乘国民党军“围剿”部署尚未就绪之际,集中兵力,首先消灭东线孤立突出的晋绥军一部,而后打击南线东北军第 67 军。8 月 1 日,总指挥刘志丹率领红 26 军一部和红 27 军共 5 个团及游击队,由清涧北上,秘密进至吴堡、宋家川地区,遂以一部兵力进攻慕家塬守军,主力进至慕家塬以南地区隐蔽待机,求歼援敌。11 至 18 日,红军在吴堡慕家塬和绥德定仙,歼晋绥军第 206 旅 1 个团又 4 个连,俘其 1800 余人,迫使晋绥军主力撤回黄河以东。从而巩固了苏区的后方,为而后集中兵力打破国民党军的“围剿”创造了条件。

中央苏区第四次反“围剿”

土地革命战争时期,中国工农红军第一方面军在江西省中部地区,反击国民党军 40 万兵力对中央苏区“围剿”之战役。

国民党军发起进攻，红军向苏区腹地退却，国民党军在对中央苏区的三次“围剿”失败后，被迫在较长时期内处于守势。从 1932 年冬开始，国民党赣粤闽边区“剿匪”总司令部陆续调集近 40 万兵力，组织对中央苏区的第四次“围剿”。1933 年 1 月底，蒋介石到南昌亲自兼任赣粤闽边区“剿匪”军总司令，指挥这次“围剿”，决定采取“分进合击”的方针，企图将红一方面军主力歼灭于黎川、建宁地区。红军在总司令朱德、总政治委员周恩来指挥下，灵活应变，诱敌深入，集中兵力歼灭敌人。最终，国民党军第四次“围剿”基本被打破。此役，红一方面军共歼国民党军近 3 个师，俘 1 万余人，缴获各种枪 1 万余支，创造了红军战争史上以大兵团伏击歼敌的范例。

红军长征的历史背景

1933 年 9 月至 1934 年夏，中央苏区红军第五次反“围剿”作战，由于中共中央领导人博古（秦邦宪）和共产国际派来的军事顾问李德（又名华夫，原名奥托·布劳恩，德共党员），先是实行冒险主义的进攻战略，后又实行保守主义的防御战略，致使红军屡战失利，苏区日渐缩小。1934 年 4 月，中央红军（1 月，由红一方面军改称）在江西省广昌与国民党军进行决战，损失严重，形势危殆。7 月，中华苏维埃共和国中央革命军事委员会命令红军第 7 军团组成北上抗日先遣队，向闽浙皖赣边挺进，建立新的苏区；命令红军第 6 军团从湘赣苏区突围西征，到湘中发展游击战争。中革军委派出两个军团分别北上、西征，意在调动国民党“围剿”军，以减轻中央苏区的压力，但未能达到目的。10 月初，国民党军向中央苏区的中心区域进攻，迅速占领了兴国、宁都、石城一线。红军的机动回旋余地更加缩小，在苏区内打破国民党军的“围剿”已无可能，于是被迫退出苏区，进行战略转移。

湘江战役

1934 年 11 月中旬，中央红军突破国民党军第三道封锁线后，由湖南省南部向广西省（今广西壮族自治区）北部前进。蒋介石为将中央红军歼灭于湘江以东地区，任命何键为“追剿”军总司令，指挥 16 个师共 77 个团分五路专事“追剿”；并令桂军 5 个师在全州、兴安、灌阳等地阻击红军；令粤军 4 个师北进粤湘桂边，阻止红军南下；令贵州省“剿共”总指挥王家烈派有力部队到湘黔边堵截，总兵力近 30 万人。当时，中共中央、中央革命军事委员会领导人博古和共产国际派来的军事顾问李德一味退却逃跑，消极避战，鉴于全州、兴安一线敌人兵力比较薄弱，中革军委于 25 日决定中央红军分四路纵队从全州、兴安间抢渡湘江，突破国民党军第四道封锁线，前出到湘桂边境的西延地区。当日，红 1、红 3 军团击破桂军的阻击进入桂北。27 日，先头部队红 2、红 4 师各一部渡过湘江，控制了脚山铺至界首间 30 千米的湘江两岸渡口，但后续部队因辎重过多，道路狭窄，行动迟缓，未能赶到渡口。此

时，国民党“追剿”军迅速赶到，敌桂军湘军对红军发动攻击，红军损失较大。

12月3日，中央红军主力渡过湘江。湘江战役，中央红军经过英勇奋战，突破了国民党军第四道封锁线，挫败了蒋介石企图歼灭红军于湘江以东的计划。但此役也是中央红军长征中损失最大的一次。连同前三次突破封锁线的损失（包括非战斗减员），中央红军渡过湘江后由长征开始时的8.6万余人锐减为3万余人。

四渡赤水

土地革命战争时期，中央红军长征中，在贵州、四川、云南三省交界的赤水河流域同国民党军进行的运动战战役。红军长征进至遵义，蒋介石调集30万兵力围追堵截。1935年1月上旬，中央红军长征到达贵州遵义地区。15至17日，中共中央政治局在遵义召开扩大会议，纠正了王明“左”倾冒险主义在军事上的错误，实际上确立了毛泽东在红军和中共中央的领导地位。面对蒋介石围追堵截的不利局面，毛泽东决定伺机北渡金沙江，北渡长江。

其中，经过四次渡过赤水河，成了毛泽东用兵如神指挥战役的经典。红军一渡赤水，改向川滇黔边发展；红军二渡赤水，进行遵义战役；红军三渡赤水，由遵义再进川南；红军四渡赤水，将国民党军甩在乌江以北。四渡赤水之战，毛泽东等根据情况的变化，指挥中央红军巧妙地穿插于国民党军重兵集团之间，灵活地变换作战方向，调动和迷惑敌人，创造战机，在运动中歼灭大量国民党军，牢牢地掌握战场的主动权，从而取得了战略转移中有决定意义的胜利。这是中国工农红军战争史上以少胜多、变被动为主动的光辉战例。

强渡大渡河

1935年5月上旬，中央红军长征从云南省皎平渡巧渡金沙江后，沿会理至西昌大道继续北上，准备渡过大渡河进入川西北。蒋介石急令第2路军前线总指挥薛岳率主力北渡金沙江向四川省西昌进击；令川军第24军主力在泸定至富林（今汉源）沿大渡河左岸筑堡阻击；以第20军主力及第21军一部向雅安、富林地区推进，加强大渡河以北的防御力量。企图凭借大渡河天险南攻北堵，围歼中央红军于大渡河以南地区。大渡河是岷江的一大支流，河宽300米，水深流急，两岸是险峻的群山，地势险要，大部队通过极其困难。5月24日晚，中央红军先头部队第1师第1团，经80多千米的急行军赶到大渡河右岸的安顺场。此地由川军2个连驻守，渡口有川军第24军第5旅第7团1个营筑堡防守。当晚，红1团由团政治委员黎林率第2营到渡口下游佯攻，团长杨得志率第1营冒雨分三路隐蔽接近安顺场，突然发起攻击，经20多分钟战斗，击溃川军2个连，占领了安顺场，并在渡口附近找到1只木船。25日晨，刘伯承、聂荣臻亲临前沿阵地指挥。红1团第1营营长孙继先从第2连挑选17名勇士组成渡河突击队，连长熊尚林任队长，由帅士高等4名当地

船工摆渡。7时强渡开始,岸上轻重武器同时开火,掩护突击队渡河,炮手赵章成两发迫击炮弹命中对岸碉堡。突击队冒着川军的密集枪弹和炮火,在激流中前进。快接近对岸时,川军向渡口反冲击,杨得志命令再打两炮,正中川军。突击队迅速登岸,并在右岸火力的支援下奋勇冲杀,击退川军的反扑,控制了渡口,后续部队及时渡河增援,一举击溃川军1个营,巩固了渡河点。随后,红1军团第1师和干部团由此渡过了被国民党军视为不可逾越的天险大渡河。

强渡大渡河

腊子口战斗

1935年9月13日,中国工农红军陕甘支队(由红一方面军第1、第3军和军委纵队改编)从甘肃省俄界地区出发,继续长征北上。16日,先头部队红4团在前进中击溃国民党军新编第14师第6团的阻截,当日下午逼近甘肃省南部要隘腊子口。腊子口素称"天险",口子宽约30米,两边绝壁峭立,中间是腊子沟,沟上有座木桥,是通过腊子口的唯一通路。国民党军新编第14师在桥头和山崖上筑有碉堡,以1个营扼守隘口,1个营配置在隘口后边的三角形谷地,师主力配置在隘口以北至岷县一带,可随时增援。红4团决定,以第6连从正面强攻,夺取水桥;第1、第2连迂回到隘口守军侧后,两面夹击,夺占隘口。入夜,攻击开始。团政治委员杨成武指挥第6连在密集火力掩护下,向桥头猛冲,国民党军居高临下,凭借险要地形和坚固工事,固守桥头堡,第6连几次猛攻均未奏效。17日凌晨,第6连又由15名战士组成3个突击小组轮番向桥头突击。此时团长黄开湘(又名王开湘)率领的第1、第2连,从守军左侧攀上峭壁悬崖,迂回到隘口守军侧后,突然发起攻击。守军腹背受击,一部被歼,其余溃逃。拂晓,红4团占领腊子口,为红军陕甘支队北上打开了通路。

直罗镇奠基战役

土地革命战争时期,中国工农红军第一方面军在陕西省鄜县直罗镇地区对国民党军的进攻战役。

1935年10月,中国工农红军陕甘支队(由红一方面军第1、第3军和军委纵队改编)长征到达陕甘苏区。与此同时,红军第15军团在陕甘苏区第三次反"围剿"中又取得劳山战役的胜利。蒋介石对此极为震惊,立即重新调整"围剿"部署,以5个师的兵力,企图首先构成沿葫芦河的东西封锁线,并打通洛川、鄜县(今富县)、甘

泉、延安之间的联系，构成沿洛河的南北封锁线，限制红军向南发展，而后采取南进北堵，逐步向北压缩之战法，消灭红军于洛河以内、葫芦河以北地区。

红 15 军团将敌第 109 师残部包围于直罗镇土寨子，24 日上午全歼敌军，击毙师长牛元峰。

此役共歼国民党军 1 个师又 1 个团，共计毙敌 1000 余人，俘 5300 余人，缴获各种枪支 3500 余支（挺），打破了国民党军对陕甘苏区的第三次“围剿”，巩固了陕甘苏区，为中共中央把全国革命大本营放在西北创造了条件，历史上又称直罗镇战役为“奠基”之战。

西征战役

1936 年 5 月 5 日，红一方面军东征回师陕北后，中华苏维埃人民共和国中央政府和中国人民红军革命军事委员会发表了《停战议和一致抗日通电》。但是，蒋介石坚持内战政策，拒绝议和，并调集 16 个师另 3 个旅准备对陕甘苏区发动新的“进剿”。其中宁夏第 15 路军司令马鸿逵以其新编第 7 师一部驻守定边、盐池、豫旺（今下马关）等地；第 35 师（师长马鸿宾）驻守庆阳、曲子、环县、镇原地区，防堵红军西进。中革军委为贯彻中共中央提出的扩大和巩固西北抗日根据地，壮大红军，努力争取西北抗日力量大联合，实现全国性的对日抗战的任务，于 18 日决定，以红一方面军第 1 军团第 1、第 2、第 4 师，第 15 军团第 73、第 75、第 78 师和第 81 师、骑兵团等共 1.3 万余人组成西征野战军，由彭德怀任司令员兼政治委员，进行西征，打击宁夏“二马”，在陕甘宁三省边界地区创武装。陕北游击队在东线坚持游击战争，牵制国民党军，保卫陕甘苏区，策应西征作战。西征战役打击了敌人，巩固了陕北苏区，但是红军西路军也损失较大。

监利战斗

1930 年 9 月中旬，活动在洪湖苏区的红军第 2 军团遵照中共中央指示，准备渡长江南下配合红军一方面军攻打湖南省会长沙。为在渡江前使苏区得到巩固，红 2 军团决定先行攻克长江北岸的监利县城。该县城是国民党军阻塞洪湖苏区南北通路的重要据点，由国民党军新编第 3 师教导团和监利县保安团 16 个连驻守。22 日拂晓，红 2 军团在总指挥贺龙、政治委员邓中夏指挥下，在监利、华容等赤色教导军、游击队和人民群众数万人的配合下，共分 3 路向监利城发起进攻。首先攻克堤头、毛家口、太马河等地国民党军据点，进而入北部曾家夹堤、火把堤一线战胜守军，迅速冲进监利县城。巷战过程中，因国民党军两个连在共产党员杨嘉瑞率领下举行火线起义，当晚红 2 军团占领监利县城。国民党军退守城南河堤和大庙的 1 个营，在红军的压迫下，于 23 日晨缴械投降。这次战斗，共歼国民党军新编第 3 师教导团及保安团 2000 余人，缴获各种枪支 1000 余支（挺）、迫击炮 5 门。

沙洋战斗

1931年夏,湖北、湖南两省边界的洪湖苏区遭受严重水灾,国民党军乘机决堤放水,对苏区进行"清湖"围困。8月初,为打破国民党军的围困,减轻苏区负担,保存红军基本力量,中共湘鄂西中央分局和湘鄂西临时省委决定,以红军第3军第9师第25团坚持苏区斗争,第9师主力向襄河以北出击,开辟潜江、京山、天门地区。13日,红9师师长段德昌、政治委员陈培荫率主力由湖北省监利、潜江边境向北行动,先后歼灭周家矶、黄家场一线国民党军。17日拂晓抵达荆门市沙洋镇。该镇为鄂中地区物资重要集散地之一,驻有国民党军新编第3旅旅部及其第2团。红9师决心乘其不备歼灭该敌,遂迅即扫除外围哨所,继而分西、南两路向沙洋镇发起进攻。国民党军被逼至沙洋东侧正逢涨水的襄河河边,无法渡河,大部投降。这次战斗,共歼国民党军2000余人,并击毙其旅长,缴获大量武器、弹药和物资。战后,红9师以缴获的武器装备组建了第27团。

忠堡战斗

1935年5月中旬,红军第2、第6军团由湘西地区北出鄂西,寻机歼敌。这时,鄂西地区国民党军大部集中于施南、宣恩、黔江、咸丰等城镇,贺龙、任弼时遂决心以围城打援之战法,寻歼鄂军一部。6月9日夜,红军以一部兵力突然包围宣恩县城,主力则隐蔽集结在城南10千米处准备打援。12日,国民党军鄂军纵队司令兼第41师师长张振汉指挥约4个旅的兵力,编成3个支队:以第48师第144旅及新编第3旅1个团和保安第5团为右支队,第41师第123旅为中支队,第41师直属队及第121旅为左支队,分别由李家河、来凤出动西进,增援宣恩。红军在鄂军出动前即获其计划,当即以红6军团一部继续围攻宣恩,以红2军团及红6军团主力于11日南下忠堡地区截击,经65千米急行军,于12日15时赶到忠堡东北黄牛棚附近。这时,鄂军右支队先头已进至忠堡,中支队和左支队正向忠堡前进。红军不待其靠拢即向运动中的右支队发起攻击,歼此后卫一部,同时击溃左支队前卫营,抢占有利地形。13日,将左支队包围于忠堡以东的皮岭山谷。14日晨,红2、红6军团集中4个团又1个营的兵力,发起向心攻击,激战至15时左右,将其全歼。这次战斗,共歼国民党军1个师部和1个旅又1个营,俘张振汉以下2000余人,缴获枪2000余支(挺),电台2部。

袁家沟口战斗

1934年12月,中国工农红军第25军长征进至陕西省维南(今洛南)地区后,即大力进行开辟苏区的工作。至1935年5月,打破了国民党军第一次"围剿",创

建了鄂豫陕苏区。是月上旬，蒋介石调集30多个团，对苏区发动第二次“围剿”。红25军在中共鄂豫陕省委和军长程子华、政治委员吴焕先领导下，决定采取诱敌深入、先拖后打之战法打破“围剿”。6月25日，红25军转到山阳县黑山街。29日陕军警备第1旅追至黑山街附近。红25军决定以伏击战法消灭该旅，当即以小部队与其接触后，即退至山阳县以西的袁家沟口、桃园岭一带。这是一条长约5千米的山沟，两侧山高林密，便于设伏。为隐蔽企图，部队撤至袁家沟口西北的红岩寺。7月1日，警1旅追至袁家沟口。当晚，红25军进入预定地区，第223团占领袁家沟口北面一线高地，第225团主力占领袁家沟口西南的东沟、李家沟南侧高地，第225团一部由西向东堵击，当地游击师在东南高地及其附近地区担任断其退路和警戒任务。2日拂晓，红25军趁警1旅在袁家沟口村西集合之机，突然发起攻击，激战至午后，将其全歼，计毙伤300余人，俘旅长以下1400余人，缴获轻重机枪40余挺，长短枪1600余支，粉碎了国民党军对鄂豫陕苏区的第二次“围剿”。

包座战斗

1935年6月，中国工农红军第一、第四方面军长征在四川省懋功（今小金）会师后，于8月中旬分左右两路军北上。至下旬，由中共中央、中央革命军事委员会和红军前敌总指挥部率领的右路军（由红一、红三、红四、红三十军组成）到达班佑、巴西地区。班佑以东的上、下包座，地形险要，是红军进入甘南的必经之地，由国民党军胡宗南部1个团凭险防守。胡宗南得悉红军北上的消息后，急调其第49师驰援包座，企图堵截红军。为了打开向甘南的通路，右路军决定采取围点打援战法，求歼包座和增援之敌。战斗至8月31日，红军占领上包座。战斗中，红10师师长王友均不幸牺牲。包座战斗，共毙伤国民党军4000余人，俘800余人，缴获长短枪1500余支、轻机枪50余挺以及大批粮食、牛羊，打开了红军向甘南进军的门户。

平型关大捷

“七七”事变后，北平（今北京）、天津相继沦陷，华北战局危急。八路军第115师主力于1937年8月22日由陕西省三原县云阳镇出征，第120师主力和第129师主力先后于9月3日和30日，由陕西省富平县庄里镇出征，开赴华北抗日前线，执行开创抗日根据地，牵制与消耗日军，配合国民党军正面战场作战，发展壮大自己之战略任务。在八路军日夜兼程向抗日前线挺进时，沿

平型关大捷

平绥路(今北京—包头)西进的同军已侵入山西,并沿同蒲路(大同—风陵渡)南下,对中国军队形成右翼迂回包围的态势。为避免陷入日军迂回包围之中,确保战略上处于主动地位,根据中共中央军委决定,八路军3个师改变原定集中用于恒山地区之战略部署,采取疏散之战略配置,第115师挺进晋东北,第120师挺进晋西北,第129师向晋东南地区挺进,实行"独立自主的山地游击战"的作战指导方针,在日军翼侧和后方积极开展游击战争,配合退守平型关、雁门关内长城一线的第二战区国民党军部队阻止日军进犯,保卫山西腹地。9月25日,第115师于平型关附近阻击歼灭日军1000余人,取得华北战场上中国军队主动寻歼日军的第一个大胜利,振奋了全国人心,提高了共产党和八路军的声望。

发动百团大战的目的

抗日战争时期,八路军在华北地区使用105个团的兵力,向日军占领的交通线和据点发动的大规模进攻战役。1940年夏秋,日本帝国主义乘德国法西斯军队在西欧和北欧迅猛推进,美国之战备尚未完成,英国又无力东顾之机,积极准备实行"南进"政策,攫取英、美、法、荷等国在东南亚和西南太平洋上的殖民地。因而,在中国战场加紧对国民党政府进行政治诱降活动,同时以主要力量继续进攻抗日根据地,特别是在华北加紧推行1940年度"肃正建设计划"和以"铁路为柱,公路为链,碉堡为锁"的"囚笼政策",企图摧毁华北各抗日根据地,巩固其占领区,使中国成为其"南进"的后方基地。为粉碎日本侵略者的"囚笼政策",争取华北局势有力发展,并影响全国的抗战局势,克服国民党妥协投降的危险,八路军总部决心向华北日军占领的交通线和据点,发动大规模进攻战役。

百团大战

百团大战的结果和历史意义

历时3个半月的百团大战,八路军在地方武装和广大人民群众的紧密配合下,共作战1824次,毙伤日军2万余人、伪军5000余人,俘日军280余人、伪军1.8万余人,拔除据点2900多个,破坏铁路470余千米、公路1500余千米,缴获各种炮50余门、各种枪5800余支(挺)。八路军也付出了伤亡1.7万余人的代价。日军在遭受打击后惊呼"对华北应有再认识",并从华中正面战场抽调2个师团加强华北方面军,对华北各抗日根据地进行更大规模的报复作战。百团大战,是抗日战争中八

路军在华北地区发动的一次规模最大、持续时间最长的带战略性的进攻战役。在这次战役中,中国共产党领导的华北敌后抗日军民,齐心协力,前仆后继,同日本侵略者浴血奋战,充分表现了中华民族不屈不挠之战斗精神。百团大战严重地破坏了日军在华北的主要交通线,收复了被日军占领的部分地区,给侵华日军以强有力的打击。百团大战对坚持抗战、遏制当时国民党妥协投降暗流、争取时局好转起了积极作用,进一步鼓舞了全国人民夺取抗战胜利的信心,提高了中国共产党和八路军的声威。它在中国抗日战争史上写下了光辉的一页。也有史家后来分析,“百团大战”过早地暴露了共产党的军事力量,在很大程度上直接或间接导致了国共摩擦的升级。

易涞战斗

抗日战争时期,八路军晋察冀军区部队在河北省易县、涞源地区反击日军进攻的作战。

1938 年 3 月中旬,日军华北方面军以第 114 师团步兵第 115 联队及炮兵、骑兵各一部,由易县经紫荆关进攻涞源,企图打通易县至涞源、涞源至蔚县公路,分割和封锁晋察冀抗日根据地。晋察冀军区以第 1 军分区和第 3 军分区一部,在地方武装配合下,依托山区有利地形,采取游击队广泛袭扰与主力部队机动出击相结合之战术,反击日军的进攻。这次战斗,晋察冀军区部队以伤亡 300 余人的代价,毙伤日军 1400 余人,缴获步枪 230 多支、军马 150 匹,打退了日军的进攻,保卫了初建的晋察冀抗日根据地。

宣村伏击战

1940 年 12 月下旬,八路军晋察冀军区所属冀中军区第 7 军分区第 17 团主力,为在平汉铁路(今北京—汉口)定县(今定州)至新乐段伏击日军军用列车,于 26 日黄昏由定县城西东邸村出发,进至城南宣村以南设伏,工兵分队迅速埋设地雷、炸药。当夜,由定县方向开来的 1 列载有日伪军 300 余人和大批武器装备的列车驶入伏击地域,工兵分队首先起爆地雷、炸药,机车被炸毁,车厢大部分出轨。此时,各投弹组、射击组一起开火,突击队立即发起冲击,迅速歼灭了处于慌乱中的全部日伪军。而后,运输组指挥民兵抢运军用物资。仅半小时,战斗结束。这次战斗,第 17 团仅 1 人负伤,毙伤日伪军约 300 余人,焚烧和炸毁机车 1 台、车厢 13 节、汽车 40 辆、坦克 1 辆、山炮 9 门、野炮 8 门,缴获山炮 2 门、迫击炮 7 门及其他大批军用物资。

狼牙山战斗

1941年8月中旬起，日军华北方面军调集7万余人的兵力，对晋察冀抗日根据地进行大规模“扫荡”。9月25日，日军3500余人在河北省易县狼牙山地区实施“清剿”。该地区驻有八路军晋察冀军区所属第1军分区机关、部队和涞源、易县、徐水、满城四县党政机关及群众数万人。第1军分区第1团第7连奉命掩护机关、部队和群众转移。该连依托山地有利地形巧布地雷阵，运用麻雀战阻击和迷惑日军。完成任务后，为甩掉尾追的日军，遂以第6班掩护全连转移。该班5个人坚定沉着，将日军诱向狼牙山主峰棋盘坨。日军误认为已将第1团主力包围，遂向棋盘坨猛攻。该班连续击退日军4次冲击，毙伤日军90余人。最后，在子弹耗尽、日军蜂拥而至的情况下，毅然砸毁武器，跳下悬崖。班长马宝玉、战士胡德林、胡福才壮烈牺牲，副班长葛振林、战士宋学义负伤后被救。他们的壮烈举动，表现了八路军战士崇高的民族气节，被誉为“狼牙山五壮士”。

狼牙山战斗

冉庄地道战

抗日战争时期，河北省中部清苑区冉庄民兵挖筑地道对日伪军进行的作战。1941年秋，冀中平原的抗日斗争进入困难阶段，日伪军“扫荡”日益残酷。冀中人民抗日武装为了保存自己的力量，长期坚持平原游击战争，开始挖掘和利用地道对日伪军进行斗争。冬初，清苑区冉庄民兵先在自己家中挖了单口隐蔽洞（俗称蛤蟆蹲），很快遭到日伪军的破坏。民兵把单口隐蔽洞改造成能进能出的双口隐蔽地道，但仍不能有效地进行战斗，多数地道又遭到破坏。1942年夏季反“扫荡”开始后，中共冀中区委和冀中军区号召冀中人民普遍开展挖地道的活动，地道的构造不断改进和完善，初步形成户户相通、村村相连，既能隐蔽、转移，又便于依托作战的地道网络，成为长期坚持冀中平原抗日斗争的坚强地下堡垒。冉庄的地道也有较大的发展，共有4条主要干线、24条支线，村内户户相通，向外可通往孙庄、姜庄、隋家坟、河坡等村，全长30余华里。地道一般宽1米、高1.5米，顶部土厚2米以上；地道内设有瞭望孔、射击孔、通气孔、陷阱、活动翻板、指路牌、水井、储粮室等，

便于进行对敌斗争。

从1943年开始，地道战进入了一个新的发展阶段，在冀中平原和冀南一些地方，逐渐形成了房连房、街连街、村连村的地道网，形成了内外联防、互相配合、打击敌人的阵地。地道战开始后，敌人也曾费尽心机，采用寻找洞口和放火、放水、放毒等办法进行破坏。但是，党领导群众不断改进地道，使其更加完善。为使敌人不易发现洞口，除对群众进行必要的保密教育外，还把洞口巧妙地隐蔽起来，用墙壁、锅台、水井、土炕做掩护；为使敌人不敢进入洞内，在洞口修筑陷阱、埋设地雷、插上尖刀，或者在洞内挖掘纵横交错的“棋盘路”；为了防止敌人用水、火、毒破坏地道，还在洞内设有卡口、翻板和防毒、防水门，或者将地道挖得忽高忽低、忽粗忽细，并且设有直通村外的突围口。这样，地道便成了进可攻、防可守、退可走的地下堡垒。

地道战的广泛开展，对平原地区进行严酷的反“扫荡”斗争起了重大的作用。例如，1943年3月，驻灵寿的日伪军200多人包围了正定县高平村。拂晓，敌人开始进攻，群众已进入地道，民兵游击组、爆炸组利用地道工事监视敌人。当敌人进入地雷阵时，先后两次拉响4枚地雷，炸死20多个鬼子，敌人吓得在街上乱跑，又接连踩响了9颗地雷，加上手榴弹和冷枪，打得敌人乱跑乱窜，防不胜防。至中午，敌人伤亡40多人，狼狈逃回据点。地道战是平原人民对敌斗争的伟大创举，在河北平原抗日斗争史上闪烁着灿烂的光辉。聂荣臻元帅曾为此亲笔题词：“神出鬼没，出奇制胜的地道战，是华北人民保家卫国，开展游击战争，在平原地带战胜顽敌的伟大创举。地道战又一次显示出人民战争的无穷伟力。”

海阳地雷战

在山东境内，海阳民兵并非最早发明和使用地雷的，但海阳民兵却在实践中发明和制造了数十种地雷，海阳的地雷战在山东是最有名气的，它在抗日战争和解放战争中发挥了巨大的作用。

地雷战是抗日战争时期山东海阳民兵最重要的作战方法之一，地雷是当时最重要的作战武器。抗战时期，海阳地雷大显神威，共毙伤敌人1025人，涌现出赵疃、文山后、小滩三个胶东特级模范爆炸村，并涌现出于化虎、赵守福、孙玉敏3名全国民兵英雄和13名胶东民兵英雄、99名胶东模范、11名胶东爆炸大王，不仅在海阳人民的革命斗争史上写下了光辉的一页，而且在胶东抗战史上涂上了浓重的一笔。

海阳地雷战有力地支援了胶东其他地区的抗战。海阳民兵不仅在海阳境内大显身手，而且还奉上级武委会之命，多次组织远征爆炸队，到周边县配合当地部队作战，为当地民兵和部队培训了若干爆炸能手，有力地支援了相关地区的抗战，从而推动了整个胶东地区的抗战，为胶东地区的抗战胜利做出了杰出的贡献。

由于海阳民兵工作突出，特别是地雷战战果辉煌，因而获得了不少殊荣。1943年冬，山东省军区政治部授予海阳“民兵工作模范县”光荣称号。1945年6月，胶

东区武委会授予海阳县“战斗模范县”光荣称号。

五丈湾地雷战

1943 年 5 月，日军对晋察冀抗日根据地北岳区实施“辗转扫荡”，其独立第 11 团 700 余人由河北省曲阳县党城镇向阜平县进攻。阜平五丈湾村民兵中队长李勇率民兵在日军必经之路埋设了地雷。12 日上午，日军进入埋伏区，发现埋有地雷，遂成疏开队形缓慢通过。李勇机智地开枪射击，击毙 3 人。日军在慌乱中踏爆地雷数颗，亡 8 人、伤 25 人，被迫改道。当其由阜平行至龙泉关时，又踏入李勇民兵中队埋设的地雷群，死伤 100 余人。战后，李勇民兵中队受到晋察冀军区的通令嘉奖，李勇获“爆破英雄”称号。

肃宁战斗

八路军晋察冀军区所属冀中军区第 9 军分区在 1944 年春夏季攻势作战中，基本清除河北省肃宁县城外围据点，使该城陷于孤立，迫使城内日军主力撤走，主要由伪保安大队 600 余人守备。8 月 18 日，第 9 军分区侦悉驻肃宁城伪军 180 余人赴河间城运输枪械弹药并由原路返回。军分区司令员黄寿发、政治委员陈鹏，遂令第 34 区队及肃宁县游击队于 20 日拂晓进至河间至肃宁公路北侧张庄、大史庄一带设伏。上午，由河间返回的伪军通过白家庄后，预伏部队即以一部兵力转向河间方向警戒，一部沿公路隐蔽跟踪，一部迂回包围。当伪军行至张庄时，预伏部队形成三面包围，并突然予以袭击、截击和阻击，经半小时激战，将伪军全歼。29 日夜，第 9 军分区集中第 34 区队及肃宁、博野县游击队共千余人，在民兵 2000 余人配合下，包围肃宁城，不久即发起强攻。30 日晨，突破城关，攻入城内。而后分东、西两路，向城中心压缩守敌，中午，占领肃宁全城。与此同时，第 9 军分区部队还击退由高阳增援的日伪军 600 余人。午后，第 9 军分区部队又乘胜攻克城东玉皇庙、梁家村两个据点，从而肃清肃宁县境内全部日伪军。这次战斗，第 9 军分区部队仅以伤亡 12 人的代价，毙伤俘日伪军、伪政府人员 800 余人，缴获迫击炮 2 门、各种枪 700 余支，解放人口 7 万多人。

雁门关伏击战

抗日战争时期，八路军第 120 师第 358 旅第 716 团在山西省代县雁门关地区对日军汽车运输队进行的伏击战斗。1937 年 10 月，日军侵占大同后，继续向南进犯太原。为配合国民党军在忻口的防御作战，第 358 旅第 716 团奉命深入日军侧后，在代县的广武、雁门关、太和岭间，破坏大同经代县、忻口到太原的公路，打击日军运输队，截断日军补给线。18 日，第 716 团主力在团长贺炳炎、政治委员廖汉生

率领下,设伏于雁门关以南黑石头沟公路西侧高地。上午,日军运输汽车50余辆,满载兵员、弹药,由北向南驶入伏击区。第716团即以密集的火力进行袭击。激战中,日军又有汽车200余辆由阳明堡方向向北驶来。第716团即分兵一部阻击该敌。激战至夜间,日军援兵又至,第716团遂撤出战斗。这次战争,共毙伤日军300余人,击毁汽车20余辆。20日夜,第716团一部复占雁门关,另一部破坏了广武至太和岭间的公路及桥梁。21日晨,第716团再次设伏于黑石头沟地区。日军由南向北的汽车200余辆和由北向南的汽车数十辆相向而来,当其先头车辆驶入伏击区时,第716团居高临下,以突然而猛烈的火力展开攻击。日军在8架飞机支援下进行反扑。第716团毙伤日军一部后撤出战斗。该团两次伏击战斗,共毙伤日军500余人,击毁汽车30余辆,一度切断繁峙至忻口间交通,配合了国民党军的忻口防御作战。

黄崖底战斗

1937年10月下旬,日军第109师团经河北省九龙关向山西省进犯。为打击和迟滞西犯的日军,八路军第129师师部率第386旅于31日进至山西省昔阳县城以东地区。11月2日,日军第109师团第136联队1个大队约700人由东冶头镇经黄崖底向昔阳攻击前进。第129师决定在黄崖底利用两侧高地,采取诱伏手段歼灭日军。遂以第386旅第771团于黄崖底以南凤居村占领阵地,并派出小分队向黄崖底方向警戒,第772团隐蔽集结于黄崖底以东巩家庄一带高地设伏。当日7时,日军经南界都进至黄崖底,第771团警戒分队与其接触后,节节抵抗,退至凤居村西北高地据险把守。日军屡次反扑,退守黄崖底河滩内集结。这时,在日军翼侧的第772团集中火力,居高临下,向日军实施猛烈袭击,激战1小时,予以大量杀伤。日军集中500余人向第772团阵地连续进行3次反扑,均未得逞,复退至黄崖底村中及附近沟渠内顽抗待援。伏击部队因受到地形限制,不便出击,遂撤出战斗。这次战争,第386旅以伤亡30余人的代价,击毙日军300余人、军马200余匹,缴获长短枪100余支、电台1部。

神头岭战斗

抗日战争时期,八路军第129师在山西省潞城县东北部神头岭地区伏击日军的战斗。

1938年3月上旬,第129师奉命由正太铁路(今石家庄—太原)附近进至晋东南的襄垣地区,侧击由邯郸经东阳关向潞城、长治进犯的日军第108师团,并破坏东阳关至长治的公路。黎城是日军在邯郸至长治公路线上的重要兵站基地,潞城有日军重兵据守,两城之间为丘陵,并有浊漳河相隔。第129师师长刘伯承、政治委员邓小平决心利用这一地形,袭击黎城,调动潞城日军出援而于途中伏击歼灭

之。其部署是：以第 385 旅第 769 团袭击黎城，并阻击涉县出援的日军；以第 386 旅在潞河村与微子镇之间的神头村以西山岭设伏，歼灭潞城出援的日军。据此，第 386 旅于 16 日拂晓前沿神头岭上公路三面设伏。3 月 16 日 4 时，第 769 团第 1 营袭入黎城城内与日军展开激战，歼其百余人，于拂晓前即主动撤出城内，向西北乔家庄转移。同时，第 769 团主力在东黄须、西黄须击退由涉县驰援的日军，第 771 团特务连烧毁赵店镇公路大木桥，切断了黎城、潞城之间的交通。黎城受袭，潞城日军即以步骑兵 1500 余人向黎城增援。9 时，其本队进至神头岭地区，日军遭到突然袭击，顿时陷于混乱，且由于狭形限制，兵力兵器难以展开，死伤惨重。战斗结束时，八路军第 129 师以伤亡 240 余人的代价，毙伤日军 1500 余人，俘获 8 人，缴获长短枪 550 余支、骡马 600 余匹及大批军用物资，给侵入晋东南的日军以有力打击。

神头岭战斗

响堂铺战斗

抗日战争时期，八路军第 129 师在邯郸至长治公路线上响堂铺地区伏击日军辎重部队之战斗。

1938 年 3 月下旬，八路军第 129 师为打击向晋东南进攻的日军，破坏敌后方交通运输线，决定由副师长徐向前指挥部队在邯郸长治公路上黎城至涉县间的响堂铺地区伏击日军辎重部队。其部署是：以第 385 旅第 769 团主力、第 386 旅第 771 团在公路以北后宽漳至杨家山一线山地分为左右两翼设伏，以第 386 旅第 772 团主力在马家拐阻击可能由黎城、东阳关增援的日军，并掩护伏击部队侧后的安全；以第 769 团一部阻击由涉县可能来援的日军，并以 1 个连进至王堡保障该团后方安全。各部队于 30 日午夜进入阵地。31 日拂晓，由东阳关出动的日军约 200 余人，向位于苏家岭的第 772 团第 7 连进攻。徐向前判断日军并未发觉设伏企图，除令第 772 团以 1 个营进至庙上村以东高地加强右后方安全保障外，仍令参战各部继续隐蔽设伏。8 时许，日军第 14 师团辎重部队 2 个中队的汽车 180 辆及掩护部队 170 余人，由黎城经东阳关向涉县开进。9 时许，日军车队进入设状地区，预伏部队突然发起攻击，经 2 小时激战，日军除 30 余人逃窜外，余均被歼。与此同时，担负警戒任务的第 772 团击溃由黎城出援的日军 300 余人；第 769 团一部击退由涉县出援的日军 400 余人，并歼其一部，击毁汽车 1 辆。16 时许，日军出动 12 架飞机，在响堂铺地区大肆轰炸，但第 129 师伏击部队已撤出战斗，安全转移。这次战斗，第 129 师以伤亡 317 人的代价，共歼日军 400 余人，烧(击)毁汽车 181 辆，缴获

长短枪130余支、迫击炮4门及大批军用物资。

黄崖洞战斗

在太行区1941年冬季反“扫荡”作战中，八路军驻太行区部队在民兵和群众配合下，给予日军第36师团以杀伤，使其被迫退至黎城等地。11月9日，日军以“反转电击”战术向黎城以北黄崖洞、水腰地区进攻。黄崖洞地区是八路军的重要兵工厂所在地，地势险要，易守难攻，由八路军总部特务团约1个营的兵力守卫。10日拂晓，日军在炮火掩护下，进攻赤峪、槐树坪，特务团防守分队凭险抗击，打退其10多次猛烈冲击。11日，日军复以1000余人强攻南口阵地，特务团防守分队以手榴弹、滚雷与日军展开激战，毙伤其200余人。日军两度冲击受挫后，于13日拂晓调集5000余人，并携重炮10余门，自赤峪、赵姑村轰击桃花寨东南隘口阵地后，步兵全力进攻，强夺阵地。特务团防守分队顽强抗击，毙伤日军300余人，桃花寨失而复得数次。14日，日军侵占该阵地。15日，日军分左、中、右三路进攻水窑口阵地，坚守阵地的特务团分队在三面受敌的情况下，连续打退日军11次冲击。下午，日军继续强攻，并使用燃烧弹和毒气，均未得逞。16日早晨，日军在强大火力支援下，再度发起攻击，使用喷火器烧毁了水窑口的核心工事。此时，鉴于兵工厂职工和部分机器已安全转移，守卫分队在埋设地雷后于当夜撤出战斗。17日拂晓，日军进入厂区，遭到地雷杀伤，兵工厂也遭日军破坏。这次战争历经8昼夜，八路军总部特务团以伤亡100余人的代价，毙伤日军800余人。

夜袭虹桥机场

抗日战争时期，新四军所属江南抗日义勇军第2路袭击上海市郊日军机场的战斗。1939年春，新四军第1支队为执行中共中央关于向东发展之战略方针，派遣第6团团长叶飞率部从苏南茅山地区向无锡、江阴、苏州敌后挺进。5月初，该团在武进区南部戴溪桥，与中共地方组织领导的游击武装合编，沿用当地游击武装“江南抗日义勇军”的番号（简称“江抗”），第6团编为江抗第2路。随即越过京沪铁路（南京—上海），抵达无锡梅村地区，积极开展敌后游击战。5月31日，江抗第2路途经无锡东北黄土塘，与下乡“扫荡”的数百名日伪军遭遇，当即展开激战，经勇猛冲杀，展开白刃格斗，毙伤日伪军近百名，迫其退出黄土塘。6月24日，第2路夜袭浒墅关车站，毙伤日军20余人，并烧毁车站，炸断铁路，使京沪铁路交通一度中断。而后，江抗第2路继续东进，直逼上海近郊。7月下旬，江抗第2路一部在追击伪军时袭入虹桥机场，先将机场内伪警察、伪办事人员俘获，随后分路搜索，发现机场一角停放飞机4架，决定予以烧毁。此时，驻守机场四角碉堡内的日军发觉，用步、机枪射击。江抗部队鉴于日伪军增援迅速，久留不利，遂迅速接近敌机点燃汽油，将飞机焚毁，然后安全撤出战斗。这一胜利，鼓舞了上海人民的抗日斗志，扩

大了新四军的政治影响。

皖南事变的历史背景

皖南事变是抗战期间，国民党顽固派对华中的新四军军部所发动的一次突然袭击，是国民党第二次反共高潮的顶点。国民党顽固派策划消灭新四军阴谋，中共中央展开针锋相对的斗争。1940 年 9 月，日本帝国主义与德国、意大利订立军事同盟后，图谋迅速结束侵华战争，抽兵南进，向东南亚和南太平洋地区扩张。它以撤出南宁、龙州为诱饵，加紧对国民政府进行诱降活动。英、美两国从其自身利益出发，需要中国继续抗战，牵制日本南进，对国民政府极力拉拢，故大量增加财政经济和军事援助。然而，国民党蒋介石集团把这一国际形势看成是加紧反共的有利时机，遂发动第二次反共高潮，在进攻江苏省泰兴市黄桥新四军抗日阵地失败后，又加紧策划袭击皖南新四军领导机关及所属部队的阴谋。

皖南事变中的“皓电”

抗战进入相持阶段后，国民党顽固派加紧制造反共摩擦活动。1940 年 10 月 19 日，国民政府军事委员会正副参谋总长何应钦、白崇禧发出致八路军朱德总司令、彭德怀副总司令和新四军叶挺军长的“皓电”。“皓电”对中国共产党及其领导的武装力量进行了种种攻击和诬蔑，并要求在大江南北坚持抗战的八路军、新四军于一个月内全部开赴黄河以北，并将 50 万八路军、新四军合并缩编为 10 万人。与此同时，国民党当局又密令汤恩伯、李品仙、韩德勤、顾祝同等部准备向新四军进攻。“皓电”成为第二次反共高潮的起点。

皖南事变的过程

中共中央对形势发展的前途以及影响它的各种力量做出冷静的分析，提出打退国民党顽固派进攻的正确方针。要求江北部队暂时免调；对皖南方面，决定让步，答应新四军北移。11 月 9 日，中共中央以朱德、彭德怀、叶挺、项英名义复电何应钦、白崇禧（即“佳电”），据实驳斥“皓电”的反共诬蔑和无理要求；同时表示，新四军驻皖南部队将开赴长江以北。12 月 8 日，何应钦、白崇禧再电朱、彭、叶、项（即“齐电”），要求迅即将黄河以南八路军、新四军全部调赴黄河以北。12 月 9 日，蒋介石发布命令：长江以南的新四军于 12 月 31 日前开到长江以北地区，黄河以南的八路军、新四军于 1941 年 1 月 30 日前开到黄河以北地区。12 月 10 日，他又密令第三战区司令长官顾祝同、第三十二集团军总司令上官云相等，调兵围歼新四军部队。

1941 年 1 月 4 日，奉命北移的新四军军部及其所属皖南部队 9000 余人，从云

岭驻地出发绕道北上。6 日在安徽泾县茂林地区，突遭国民党军队七个师 8 万余人的包围袭击。新四军部队英勇奋战七昼夜，终因寡不敌众，弹尽粮绝，除约 2000 余人突出重围外，一部被打散，大部壮烈牺牲或被俘。军长叶挺在和国民党谈判时被扣押，政治部主任袁国平牺牲，副军长项英、参谋长周子昆在突围中被叛徒杀害。1 月 17 日，蒋介石反诬新四军“叛变”，宣布取消新四军番号，声称将把叶挺交付“军法审判”。这就是震惊中外的皖南事变。这一事变是国民党顽固派发动的第二次反共高潮的最高峰。

皖南事变的解决和结果

中共中央高瞻远瞩、总揽全局，提出在政治上取攻势、在军事上取守势，坚决击退国民党顽固派第二次反共高潮的正确方针。周恩来领导南方局在重庆，对国民党顽固派从政治上和宣传上进行了猛烈反击。周恩来为《新华日报》题写“为江南死国难者志哀!”“千古奇冤，江南一叶；同室操戈，相煎何急?!”的题词，对国民党顽固派进行了有力的声讨。中共中央军委还发布命令重建新四军军部，整编全军，继续坚持抗战。共产党的正义自卫立场，得到了各界人士、民主党派的同情和支持。国民党当局在政治上陷于空前孤立的形势下，不得不收敛其反共活动。1941 年 2 月，蒋介石公开表示“以后再也绝无剿共的军事”。第二次反共高潮被打退。国民党顽固派制造皖南事变，警醒和教育了对国民党抱有幻想的人们，孤立了自身。中国共产党的坚定立场和维护抗战大局的态度，赢得了多方面同情，扩大了群众影响，提高了政治地位。

天目山反顽战

抗日战争时期，新四军苏浙军区部队在浙江省天目山地区，对国民党顽固派军队进行的三次自卫反击战。1944 年秋，日军为确保南京、上海、杭州三角地带，防止美军可能在浙江、福建方向登陆，先后占领温州、福州等要地，控制了浙闽两省沿海地区，国民党军纷纷西撤。中共中央华中局和新四军军部遵照中共中央关于开展东南沿海抗日斗争，发展苏浙皖边与浙江沿海地区，以准备实行战略反攻的指示，命令第 1 师主力南进，首先打开苏南、浙西抗日局面，再与浙东打通联系，而后相机向南发展。12 月下旬，第 1 师 3 个团南渡长江，于 1945 年 1 月与在浙江长兴地区的第 16 旅会合。1 月 13 日，新四军苏浙军区成立，粟裕任司令员，谭震林任政治委员（未到职），将苏南、浙东和第 1 师南下部队整编为第 1、第 2、第 3 纵队（4 月增编第 4 纵队），并确定了向东南敌后进军的部署。正当苏浙军区部队积极向敌后挺进之际，国民党顽固派连续调集重兵企图聚歼苏浙军区部队。苏浙军区部队被迫于天目山地区进行了为时 5 个月的自卫反击作战。新四军苏浙军区部队天目山三次自卫反击战，挫败了国民党顽固派军队聚歼苏浙军区主力，驱逐新四军出江南

的企图，巩固和扩大了苏浙皖边抗日根据地，为完成向东南沿海发展的战略任务创造了有利条件。

阜宁战役

抗日战争时期，新四军第3师兼苏北军区部队，在江苏省北部阜宁县城对伪军进行的进攻战役。1945年春季，新四军第3师兼苏北军区为执行扩大解放区、缩小沦陷区之战略任务，在江苏省北部对日伪军发起攻势作战。3至4月间，日军为防止美军在华中沿海登陆，加强长江下游防务，将阜宁等地的日军南撤至长江沿岸地区，以伪军接替苏北各据点守备。阜宁县城及城北各据点由刚从河南省开封地区调来的伪第2方面军第5军第41师和苏北屯垦警备第1总队等部3400余人守备。阜宁县城水陆交通便利，是盐阜区的军事要地。第3师兼苏北军区针对阜宁地区伪军失去日军支撑，忙于交接防务，城内粮食缺乏等情况，决定抓住这一有利战机，集中第8旅全部、第10旅主力、师部特务团及阜宁、阜东、射阳、建阳、盐乐等5个县独立团共11个团的兵力，由参谋长洪学智为前线指挥，发起阜宁战役。战役于4月24日午夜发起。此役，第3师兼苏北军区部队共毙伤伪军339人，俘2073人，攻克阜宁县城及其外围据点22处，摧毁碉堡143个，收复国土250平方千米，解放村镇560余处，控制了(南)通(赣)输公路中段。这一胜利，给伪军以沉重打击，扩大了苏北解放区。

高邮战役

1945年12月，新四军华中野战军在江苏省高邮、邵伯地区，对拒绝投降的日伪军进行的进攻作战。1945年8月，日本政府宣布投降后，高邮、泰州、江都等城镇仍为日伪军驻守。盘踞高邮的日伪军，自恃兵多城固，妄图与新四军对抗。12月，新四军华中野战军司令员粟裕、政治委员谭震林为消灭拒绝投降的日伪军，并为阻止国民党军由扬州北上进攻解放区创造条件，决心发起高邮战役，以第8纵队攻击高邮城，以第7纵队攻击高邮以南邵伯，以地方武装配合作战。高邮城四周为湖泊河流所环抱，城墙高厚，工事坚固。城内有日军独立混成第90旅团2个大队和伪军第42师7个团防守，且随时可得到扬州国民党军的配合。12月19日晚战役开始。华中野战军第7纵队于20日攻占邵伯，歼敌近千人，切断了日伪军南逃退路，并沿邵伯、丁沟一线构成对扬州、泰州国民党军的防御。21日，第8纵队在扫除高邮外围据点后，直逼城下，一面作攻城准备，一面对守军开展政治攻势。25日晚，攻城突击队在炮火支援下，冒雨从西北、东、南三个方向攻城，一部以云梯登城突破，与守军展开激烈争夺战，打退守军多次反扑，扩大了突破口。第8纵队主力随即投入战斗。经7小时激战，首先消灭日伪军，26日晨攻进日军旅团司令部，迫使驻守日军投降。同时，击退了由扬州北援的国民党军队。此役，共歼日军1100余人、伪军

4000余人，缴获各种炮80余门、枪6000余支，拔除了残存在华中解放区内的日伪军据点。

豫南作战

抗日战争时期，新四军第5师一部挺进河南省南部，创建抗日根据地的作战行动。1944年5月下旬，日军结束河南战役转兵向湖南、广西进攻，中共中央鉴于河南境内日伪军兵力薄弱，决定以八路军、新四军各一部发展河南抗战，并指示新四军第5师以一部向河南南部挺进，创建抗日根据地。7月下旬，鄂豫边区党委和第5师决定以淮南支队5个连、信阳独立第25团5个连和第38团第3营共1000余人，组成由黄林任指挥长、任质斌为政治委员的豫南游击兵团。29日，先遣队5个连从信阳东北陡沟附近渡过淮河，突破国民党豫南挺进军等部阻击后，向北发展。8月29日晚，豫南游击兵团主力由萧王店西北黎山头奔袭驻正阳胡冲店的县保安团，俘其600余人，缴枪500余支。9月下旬，豫南游击兵团越过平汉铁路（今北京—汉口）西进。10月下旬，在确山县竹沟镇东南爬头筹歼灭土匪武装500余人。与此同时，豫南游击兵团得到第5师4次增派兵力，又吸收大批农民参军，扩充为4个团，于11月改称河南挺进兵团。10月中旬，挺进兵团留下少数部队坚持豫南地区的斗争，以第2、第4团和第1团第9连向豫中挺进，在遂平、西平、舞阳、叶县地区展开工作，创建豫中抗日根据地。1945年2月8日，第2、第4团和第39团1个营及嵖岈山游击支队，向盘踞遂平城西北母猪峡一带“皇协军”独立支队进攻，歼其300余人，并击退漯河、驻马店、舞阳、叶县等地日伪军2000余人的增援。3月26日，第38、第39团（欠1个营）和挺进第4团4个连，夹击位于舞阳城南尹集镇的伪“和平建国军”第1旅，歼灭、击溃其各1个团，俘800余人，缴枪300余支；继又乘胜攻占了确山县西南任店伪军据点，争取其一部投诚。4月13日，第2团一举攻破西平城西合水镇，歼伪“和平建国军”第2师一部，俘其师长等指挥官多人并击毙日军官佐多名，从而使叶县、方城、舞阳与西平、遂平抗日根据地连成一片。至抗战胜利前夕，控制了南起信阳、北达叶县、东自正阳、西迄泌阳间1万多平方千米的土地，成立了3个地委、专署和10多个县抗日民主政权和武装总队，与挺进河南的八路军部队共同沟通了华中与华北抗日根据地的联系。

百花洞战斗

1941年6月10日，驻广东省东莞市的日伪军600余人，利用夜暗袭击县城东南约20千米处大岭山抗日根据地中心区百花洞村，企图消灭广东人民抗日游击队第3大队。第3大队大队长曹生获悉日伪军企图后，率领三个中队200余人及自卫队近1000人，占领百花洞村周围高地。11日拂晓，日伪军进至百花洞村，遭游击队突然打击，仓皇占领村东北高地顽抗。第3大队第2、第3中队在自卫队配合下，

迂回至百花洞村以西大环一带山地,切断日伪军退路,形成包围。同时,第1中队向被包围的日伪军发起攻击。战至15时许,日伪军两次施放烟幕掩护突围,均被击退。入夜,日伪军原地固守待援。游击队派出小分队不断袭扰、杀伤日伪军。12日,日军以飞机支援,空投粮弹,并由广州、石龙出动日伪军1000余人增援。第3大队及自卫队主动撤出战斗。此次战斗,共毙伤日伪军50余人。

克山城战斗

1940年秋,东北抗日联军第3路军第3支队,接连取得了诱歼嫩江森林警察队、袭击北兴镇警察署、攻占讷南镇等战斗的胜利。9月,克山县城的日伪军警出城"讨伐",城内留守兵力仅200余人。第3路军政治委员冯仲云率领的第9支队与第3支队会合后,决定乘隙攻打克山城。25日凌晨,第3、第9支队150余人潜至城外。傍晚,第3支队以1个加强班于西门牵制日军守备队;另100余人化装成伪军,由西北城墙豁口处潜入城内。20时30分,第3、第9支队突然发起攻击:第3支队切断电网攻入伪县公署院内,以猛烈火力歼日伪军警大部,击毙日军指导官,并迅速占据了警察署、武器库、监狱等,解救出被关押群众217人;第9支队冲入伪军团部,将伪军全部缴械。此时,日军守备队50余人乘汽车向城内增援,第3、第9支队在城西门十字街口等处,依托既得工事交替阻击,予以重创,23时30分撤出战斗。这次战争,共毙伤俘日伪军130余人,缴获迫击炮4门、步枪150支、手枪16支、子弹1.5万发、马40匹,烧毁汽车1辆。

重庆谈判

1945年8月15日,日本帝国主义宣布无条件投降。国共两党面临和平组建联合政府或进行全面内战的重大抉择。13天后,应蒋介石3次电请"共商国是",毛泽东和周恩来、王若飞,在张治中的陪同下,由延安飞往重庆与国民党谈判。8月28日到达。当晚,毛泽东与周恩来、王若飞赴歌乐山林园出席蒋介石的欢迎宴会,美国大使赫尔利以及张群、邵力子、陈诚、张治中、蒋经国应邀作陪。接着,毛泽东与蒋介石进行了长达43天共9次直接谈判。在此期间,毛泽东广泛地接触了各民主党派和社会各界人士,会见了宋庆龄、沈钧儒、张澜、冯玉祥等,还在桂园设宴招待各国援华团体代表和国际朋友。蒋介石面临全国人民要求和平的形势,加之在谈判期间调动军队进攻解放区惨遭失败,最后于10月10日签署《政府与中共代表会谈纪要》(即《双十协定》),表示要结束"训政",承认各党派平等合法地位,释放政治犯,召开政治协商会议,避免内战,建设独立富强的新中国。《双十协定》并未得到遵守,全面内战很快爆发。

上党战役

1945 年 9~10 月，晋冀鲁豫军区部队在山西省南部长治地区对国民党军进行的自卫反击作战。1945 年 8 月日本宣布投降后，以蒋介石为首的国民党政府一面邀请中国共产党中央委员会主席毛泽东赴重庆进行和平谈判，一面调集大批军队向解放区发动进攻。8 月中旬，国民党军第二战区司令长官阎锡山所部在日伪军接应下进占太原和同蒲铁路（大同—风陵渡）沿线城镇后，以第 19 军军长史泽波指挥 4 个步兵师及 1 个挺进纵队（相当师），连同收编长治地区（古称上党郡）的伪军共 1.7 万余人，乘晋冀鲁豫军区部队正在向日伪军举行大反攻之际，进占长治及其周围地区。

上党战役

为了保卫抗战胜利果实，中央军委命令晋冀鲁豫军区坚决歼灭进入上党地区之敌，除去心腹之患。晋冀鲁豫军区司令员刘伯承、政治委员邓小平遵照军委指示，针对史泽波所部孤军深入、守备分散的特点，决心以所属的太行、冀南、太岳军区部队及地方武装共 3.1 万余人，在解放区人民群众支援下，首先逐个夺取长治外围各城，吸引史泽波的主力从长治出援，力争在运动中予以歼灭，而后收复长治。9 月 10 日，战役正式发起。至 12 日，将突围的国民党军全部歼灭在沁河以东将军岭及桃川村地区，俘虏史泽波。上党战役，是抗日战争胜利后解放区部队反击国民党军进攻所进行的第一个较大规模的歼灭战，共歼国民党军 3.5 万余人，缴获山炮 24 门、机枪 2000 余挺、长短枪 1.6 万余支，军区部队伤亡约 4000 人，巩固了晋冀鲁豫解放区后方，加强了中国共产党在重庆和平谈判中的地位。

邯郸战役

1945 年 10 月 10 日，蒋介石迫于全国人民反对内战、要求和平的压力，在重庆谈判中与中共签订了“双十协定”。当协定公布之后，蒋介石仍然实行其大规模进犯解放区的原定计划，调集兵力继续沿平绥、同蒲、平汉、津浦等铁路向华北各解放区推进，其中平汉线（北京—汉口）为国民党军进攻的主要方向。10 月中旬，国民党军第 11 战区司令长官孙连仲所属的第 30 军、第 40 军及新编第 8 军共 7 个师 4 万余人组成第一梯队，在第 11 战区副司令长官高树勋的率领下，从新乡出发，沿平汉线及其以东北进；第 32 军及收编的伪军孙殿英部为第二梯队尾随跟进。国民党军企图进占邯郸、石家庄，控制平汉线。10 日中旬，中共中央军委指示晋冀鲁豫军区，以一部兵力截击沿同蒲路北进的国民党军第 1 战区后续部队，集中主力，对付沿平汉路北进之敌。同时要求晋冀鲁豫军区以逸待劳，诱敌深入，打破敌人的迷

梦。

10月24日，晋冀鲁豫军区主力部队将敌人包围在邯郸以南地区。时任第11战区副司令长官兼新编第8军军长高树勋率部起义，敌兵力锐减，部署呈现严重缺口，军心动摇。11月1日夜，我军主力一部突入马法五的指挥部。国民党军失去指挥，顿时大乱。晋冀鲁豫军区部队奋起围追，战至2日，国民党军除少数逃脱外，大部被歼灭。由石家庄、安阳出援的国民党军闻讯回撤。

邯郸战役，晋冀鲁豫军区部队伤亡4700余人，共歼灭国民党军3万余人，毙伤3000余人，俘战区副司令长官马法五以下1.7万余人，争取起义约万人。此役，对迟滞国民党军沿平汉铁路北进，掩护解放军部队向东北进军及争取国内和平的斗争，发挥了重要作用。

中原突围

中原解放区是抗日战争转入相持阶段后，由新四军第5师和王震率领的八路军南下支队在鄂、豫、皖、湘、赣五省交界地区创建的敌后抗日根据地。日军投降前，中原军区部队已发展到2个纵队、3个独立旅及3个军区共6万余人，根据地也已扩展到60多个县，并对战略要地武汉形成了包围之势。抗日战争胜利后，武汉成为国民党军从大后方进军华东、华北和东北的战略枢纽。为了抢夺抗战胜利果实和部署进行内战的兵力，蒋介石调集了20多个师，加紧包围和蚕食中原解放区。至6月下旬，蒋介石用于包围中原军区的兵力已增至10个整编师（相当于军）约30万人。

1946年6月26日，蒋介石撕毁国共双方于1月间达成的《停战协定》，命令郑州绥靖公署主任刘峙指挥10个整编师，约30余万人的兵力，首先对中原军区部队发起大规模进攻，致使全面内战爆发。中原军区遵照中共中央军委的指示，为了保存力量，争取主动，除以一部分武装分散坚持游击战争，牵制敌人，掩护主力转移外，主力在李先念、郑位三、王树声、皮定均等带领下千里突围。

中原军区部队的成功突围，打破了国民党军苦心经营半年之久的封锁和包围，胜利地完成了战略转移的任务。这一行动不仅粉碎了蒋介石企图消灭中原军区部队的企图，而且牵制了国民党军30多个旅的兵力，并将其大部调往豫西、陕南，从战略上有力地配合了其他解放区的作战。

巨野战役

1946年9月28日，进攻鲁西南的国民党军攻占定陶、菏泽等地后，以第5军和整编第11师分别沿荷（泽）巨（野）公路及潴水河南岸东犯，10月3日进至巨野县城以西龙堌集和县城以南张凤集地区。中国人民解放军晋冀鲁豫野战军司令员刘伯承、政治委员邓小平决心集中第3、第6、第7纵队歼灭位置较突出的整编第11

师一部；以冀鲁豫军区部队牵制菏泽、金乡方向的整编第88、第55、第68师等部；以第2纵队阻击第5军，保障主力作战。当晚，晋冀鲁豫野战军3个纵队对张凤集守军整编第11师第11旅展开多路突击，但因敌情侦察不确，各路攻击部队均未遇敌主力。5日晚各纵队继续攻击，第3、第6纵队从两翼迂回，实施钳形攻势，又因雨后淤泥积水太多未能奏效。第7纵队一部虽突入第11旅第32团驻地，但后续部队未及时跟进，当夜未能解决战斗。6日突入张凤集的部队转入防御，击退守军多次反击，坚守了阵地。黄昏，第3、第7纵队各一部也攻入张凤集，激战至7日上午，国民党守军3000余人除200人逃脱外，全部被歼灭。与此同时，第2纵队将第5军遏阻于龙堌集以西地区，毙伤其2000余人。下午，第5军和整编第11师分别向西和西南方向退却，逐渐靠拢，晋冀鲁豫野战军遂结束战役。是役，晋冀鲁豫野战军伤亡4300余人，毙伤俘国民党军5300余人。

宿北战役

解放战争时期，中国人民解放军山东野战军和华中野战军在江苏省宿迁以北地区反击国民党军进攻的战役。1946年6月全面内战爆发后，国民党军以重兵进攻华东解放区，至11月，以损失10万余人为代价，占领了苏中、淮南、淮北地区。12月中旬，国民党徐州绥靖公署主任薛岳指挥25个半旅，分四路从江苏省东台、淮阴、宿迁和山东省峄县（今属枣庄）出动，企图先占苏北，消灭分别集结于峄县以东和盐城、涟水地区的山东、华中两野战军主力，或迫使其北撤，然后与其在山东省境内决战。在此期间，山东和华中野战军担任阻援任务的部队，在盐城、涟水和峄县以东地区坚决阻击进攻之敌，保证了主力在宿北作战的胜利。此役，共歼灭国民党军2.1万人。这是山东野战军和华中野战军会师后的第一个胜仗，初步取得了大兵团协同作战的经验。

新开岭战役

解放战争时期，东北民主联军第4纵队在辽宁省宽甸县新开岭地区反击国民党军进攻，进行的运动战战役。1946年10月，国民党军在东北已调集正规军7个军，连同地方保安部队共约40万人，但由于战线很长，仍无力向东北民主联军发动全面进攻。遂采取南攻北守、先南后北的作战方针，企图首先集中兵力消灭或驱逐东北民主联军南满部队，解除后顾之忧，而后集中全力进攻北满，以占领全东北。10月中旬，国民党军8个师10万余人，分三路向南满解放区发起进攻。左路新编第1军和第52、第71军各1个师，从营盘、兴京（今新宾）、柳河向辑安（今集安）、临江（今浑江）方向进攻；右路新编第6军2个师和第60军1个师，从大石桥、海城向庄河、大孤山方向进攻，并迂回安东（今丹东）；中路第52军2个师，分别从桥头、本溪向东北民主联军辽东军区机关所在地安东进攻。辽东军区为打破国民党军的

重兵进攻,决定撤离安东、凤城等城市,集中兵力坚持东部山区,并寻机在运动中歼敌多部或一部。第4纵队司令员胡奇才、政治委员彭嘉庆奉命率所部第11、第12师,以一部兵力实施运动防御,迟滞国民党军中路的进攻,掩护军区主力集中及后方机关转移;主力隐蔽待机。此役,辽东军区第4纵队伤亡2000余人,全歼国民党军号称"千里驹"的第25师8000余人,并俘师长以下5000余人,开创了东北民主联军在一次作战中歼国民党军1个整师的先例。

三下江南,四保临江

解放战争时期,东北民主联军在南满临江、通化地区实施运动防御和适时反击,在北满松花江以南地区实施进攻,以挫败国民党军对南满根据地进攻的作战。1946年11月,国民党军东北保安司令长官杜聿明为实现其"南攻北守,先南后北"之战略计划,调集新编第1、第6军和第52、第60、第71军各一部,准备向临江地区发动进攻,企图消灭或驱逐东北民主联军南满部队;同时以新编第1军主力扼守长春、永吉(今吉林市)以北、松花江以南各要点,阻止东北民主联军北满部队过江南援。这时,东北民主联军南满根据地仅剩临江(今浑江市)、蒙江(今靖宇县)、长白、抚松等四县。鉴于坚持南满根据地对扭转东北战局意义重大,中共中央和东北局坚持南满根据地的斗争。

东北民主联军总体以少胜多,以弱胜强,但在局部战斗中,却以多吃少,以强击弱,集中兵力打歼灭战,伏击战已退居次席,作战样式多元化,其中有张麻子沟伏击战、焦家岭围歼战、清沟子伏击战、城子街攻坚战、靠山屯围歼战、红石砬子伏击战等著名战役。

三下江南、四保临江作战,历时3个半月,民主联军南满、北满部队密切配合,东满、西满部队主动出击,共歼灭国民党军4万余人,收复城镇11座,粉碎了国民革命军南攻北守、先南后北的战略计划,保卫了南满根据地,迫使其在东北战场由攻势转为守势。

鲁南战役

解放战争时期,中国人民解放军山东野战军和华中野战军在山东省南部地区反击国民党军进攻的战役。战役期间,山东解放区组织支前民工60余万人、大小车1500余辆、担架6000余副,有力地保障了部队作战。此役历时19天,山东野战军和华东野战军伤亡8000余人,共歼国民党军5.3万余人,缴获坦克24辆、各种火炮200余门、汽车474辆,首创华东战场人民解放军一次歼灭国民党军2个整编师和1个快速纵队的纪录,挫败了国民党军进攻临沂的计划,获得了对机械化部队作战的经验,并为组建自己的特种兵部队奠定了基础。

莱芜战役

解放战争时期,中国人民解放军华东野战军在山东省莱芜地区对国民党军进行的运动战战役。

1947年1月中旬鲁南战役结束后,山东、华中两野战军合并组成华东野战军,下辖11个步兵纵队和1个特种兵纵队,主力集结于山东省临沂地区,2个纵队位于苏中、苏北坚持敌后斗争。国民党军统帅部判断华东野战军经过宿北、鲁南战役,伤亡惨重,继续作战能力不强,遂制定“鲁南会战”计划,企图在临沂地区寻求与华东野战军决战。为了实现这一计划,蒋介石亲自到徐州部署,并派参谋总长陈诚坐镇指挥。1月31日欧震集团开始北进,采取“集中兵力、稳扎稳打、齐头并进、避免突出”的作战方针,逐步推进。2月2日李仙洲集团分两路南下,先头部队于4日占领莱芜。

2月15日,南线国民党军占领临沂。蒋介石、陈诚判断华东野战军放弃临沂,是由于“伤亡过大,不堪再战”,严令李仙洲集团加速南进,实施南北夹击。华东野战军主力利用在解放区内作战的有利条件,冒严寒,踏山路,夜行晓宿,于18日到达莱芜周围地区,形成战役合围态势。

战役于2月20日发起,第8、第9纵队主力于21日在和庄地区,以伏击手段,歼灭了由博山开往莱芜归建的第73军第77师。其余各纵队经20至21日激战,将李集团指挥所及第73军主力和第46军全部包围于莱芜城。经过激战,大胆穿插,分割围歼,李仙洲集团大部被歼,李仙洲被俘。第73军军长韩浚率1000余人逃至口镇,会同新编第36师余部逃向博山,途中被第9纵队所歼灭,韩浚被俘。当李集团由莱芜开始北逃时,同中国共产党有联系的国民党军第46军军长韩练成,在陈毅委派的敌军工作干部劝告下,临阵放弃指挥,造成李集团内部混乱,对莱芜战役的胜利做出了重要贡献。

此役,华东野战军伤亡8800余人,歼灭国民党军1个绥靖区前进指挥所、2个军部、7个师共5.6万余人,连同南线及胶济路东段的作战,共歼国民党军7万余人。解放博山、淄川等13座县城,使渤海、鲁中、胶东解放区连成一片,粉碎了国民党军的“鲁南会战”计划,取得了打大规模运动战的经验。

孟良崮战役

解放战争时期,中国人民解放军华东野战军在山东省蒙阴县东南孟良崮地区对国民党军进行的进攻作战。国民党军重兵集团进攻鲁中山区,企图同华东野战军决战。华东野战军决心寻机歼灭进犯的国民党军,敌整编七十四师冒进为我军抓住战机,将其四面包围。蒋介石急忙命令增援。华东野战军司令员兼政治委员陈毅、副司令员粟裕,为迅速歼灭整编七十四师,于当日13时调整部署后,即令部

队发起总攻。最后,华东野战军主力仅用不到 3 天时间,痛快淋漓地全歼国民党军“五大主力”之一的整编第七十四师及第八十三师五十七团,毙伤俘第七十四师师长张灵甫、副师长蔡仁杰、师参谋长魏振钺和旅长卢醒、明灿等高级军官及其以下官兵共计 3.2 万余人,战役取得全胜。

孟良崮战役

华东野战军首长在战略守势的不利形势下,以“百万军中取上将首级”的惊人胆略和高超指挥艺术,在敌军重兵集团中寻求战机,以一比三的代价,全歼国民党军精锐主力整编第七十四师,名震中外。中共中央于 5 月 17 日发来贺电:“陈、粟、谭请转全体指战员:庆祝你们歼灭进犯军七十四师的伟大胜利。”

孟良崮战役的全胜,一举扭转了华东战局,基本粉碎了国民党军对山东解放区的“重点进攻”,标志着国民党当局这一新战略的破产,人民解放军在全国战场上开始赢得战争主动权,是人民解放军即将转入战略反攻的信号。

1947 年初党中央撤离延安的原因

解放战争进行了 8 个月之后,国民党军战线拉长,兵力不足的矛盾日益突出。1947 年 3 月起,被迫由全面进攻改为对山东和陕北两解放区的重点进攻,企图在战略上首先实施两翼突破,而后钳击华北。在陕北战场,国民党军集中 34 个旅 25 万余人,以第一战区司令长官胡宗南部 20 个旅由洛川、宜川一线向北担任主攻,以西北行辕副主任马步芳、马鸿逵部 12 个旅由银川、同心、镇原一线向东,以晋陕绥边区总部所属第 22 军 2 个旅由榆林向南,企图围攻延安,摧毁中共中央机关、人民解放军总部,消灭陕甘宁解放区部队于黄河以西或通过黄河,而后会同华北国民党军将其歼灭于黄河以东地区。此时,人民解放军在陕北战场仅有 4 个野战旅和 3 个地方旅 2 万余人,且装备很差。中共中央军委决定充分利用陕北有利的地形条件和群众基础,诱敌深入,歼其有生力量;必要时放弃延安,采用“蘑菇战术”,牵制胡宗南集团主力于陕北战场。

青化砭战役

解放战争时期,中国人民解放军西北野战部队在陕西省延安县青化砭地区对国民党军进行的伏击战。

1947年3月19日,国民党军第一战区司令长官胡宗南部占领延安后,继续寻找陕甘宁解放区部队决战。人民解放军西北野战部队在中共中央军委副主席彭德怀、中共中央西北局书记习仲勋的指挥下,以一部兵力诱敌北上安塞,主力隐蔽集结在延安东北甘谷驿、青化砭等地待机。21日,胡宗南以整编第1军所属整编第1、第90师共5个旅由延安向安塞方向急进;另以该军整编第27师第31旅旅部率第92团由延安东南的临真镇前出青化砭,保障其主力侧翼安全。23日,西北野战部队以6个旅的兵力在青化砭地区利用公路两侧山地伏击孤军冒进的第31旅。其中,第1纵队第358旅位于林坪至阎家沟公路两侧地区;第2纵队(辖第359旅、独4旅)及教导旅位于房家桥至青化砭以东地区;新编第4旅在青化砭以东赵家沟以南高地,利用有利地形隐蔽待机;第1纵队独立第1旅集结在青化砭西南地区为预备队,并担负对延安、安塞方向的警戒任务,保障主力侧翼安全。24日,胡宗南部5个旅进至安塞。25日拂晓第31旅旅部率1个团由拐峁沿公路北进,10时许进入西北野战部队预设的伏击地域。西北野战部队即采取拦头、断尾、两翼夹击之战法,突然发起猛攻,经过近两小时激战,全歼第31旅旅部及第92团共2900余人。此役,是西北野战部队撤出延安后的首战胜利,打击了胡宗南部的进攻气焰,鼓舞了解放区军民斗志。

羊马河战役

解放战争时期,中国人民解放军西北野战部队在陕西省子长县羊马河地区对国民党军进行的伏击战。

1947年3月青化砭战役后,西北野战部队主力转移到蟠龙、青化砭西北地区休整,以部分兵力与敌周旋。国民党军第一战区司令长官胡宗南急于寻找陕甘宁解放区部队决战,集中整编第1、第29军共11个旅的兵力,由安塞、延安、临真等地分三路进至延川、清涧地区。4月3日又折向子长(旧称安定),连连扑空,兵疲粮罄。遂改以整编第76师守备延川、清涧,整编第15师第135旅守备瓦窑堡,主力于5日南返蟠龙、青化砭休整补充。6日,整编第29军第12旅途经永坪时遭西北野战部队的攻击,损失600余人。后来发现西北野战部队主力位于蟠龙西北地区,即以8个旅的兵力,于12日由蟠龙、青化砭地区向西北方向进攻,并以整编第76师第72团接第135旅防务,第135旅沿瓦窑堡至青化砭大路南下策应,企图围歼西北野战部队于蟠龙、青化砭西北地区。西北野战部队在中共中央军委副主席彭德怀和中共中央西北局书记习仲勋的指挥下,以第1纵队(2个旅)伪装主力,牵制胡宗南集团主力,诱其向蟠龙西北地区进攻;集中第2纵队和教导旅、新编第4旅共4个旅的兵力在子长县城西南羊马河地区设伏,全歼孤军南下的第135旅。13日,整编第1、第29军主力被阻于蟠龙西北李家岔、云山寺一线。14日晨,第135旅沿子长、蟠龙公路两侧高地南下,10时进至羊马河西北高地时,西北野战部队突然对其发起攻击,迅速分割包围,首先于东山歼灭其1个团,继而伺机歼灭位于西山的旅

部及另1个团。激战至16时,将第135旅4700余人全部歼灭。

蟠龙战役

解放战争时期,中国人民解放军西北野战部队对陕西省北部国民党军补给基地延安县蟠龙镇进行的攻坚战。1947年4月羊马河战役后,西北野战部队秘密转移至瓦窑堡附近休整。国民党军统帅部判断中共中央机关及人民解放军西北野战部队主力在绥德地区并正在东渡黄河,遂令第一战区部队急速北上,并令驻守榆林的第22军等部南下,企图南北夹击,将其消灭于葭县(今佳县)、吴堡地区,或逼过黄河。国民党军第一战区司令长官胡宗南以整编第1、第29军共9个旅的兵力,于4月26日由蟠龙、永坪地区分两路向绥德地区急进,仅留整编第1师第167旅(少1个团)及陕西保安第3总队等部守备其补给基地蟠龙。中共中央军委副主席彭德怀和中共中央西北局书记习仲勋决心乘胡宗南集团主力北上绥德,回援不及之机,进攻孤立据点蟠龙。遂以第2纵队第359旅一部、第3纵队独立第5旅及绥德军分区部队伪装主力,引诱胡宗南集团主力继续北上;以第1纵队独立第1旅、警备第3旅各一部组成南进支队,威胁其后侧;集中第1纵队第358旅、独立第1旅和第2纵队独立第4旅及新编第4旅共4个旅的兵力攻取蟠龙;并令教导旅位于蟠龙以南,第359旅主力位于永坪以东准备阻敌主力回援。30日,各攻击部队隐蔽进入蟠龙镇附近。5月2日,胡宗南集团主力进占绥德。当日黄昏,西北野战部队对蟠龙守军突然发起攻击。守军凭借外围高地和坚固工事抗击。至4日16时,西北野战部队夺取了蟠龙东山守军主阵地,黄昏攻占全部外围阵地。接着发起总攻,战至24时,攻克蟠龙镇,全歼守军6700余人,缴获面粉1.2万余袋、服装4万余套及大批武器、弹药。蟠龙战役,连同在此之前的青化砭、羊马河战役,西北野战部队三战三捷,共歼国民党军1.4万余人,从而稳定了陕北战局,为转入战略反攻奠定了基础。

进军大别山的战略目的

解放战争进行到1947年6月,全国形势发生了显著变化。国民党军由430万人下降为370余万,虽然在兵力上仍占优势,在战略全局上也仍保持进攻态势,但因机动兵力不足,在东北和华北战场已转为守势;在南部战线,除对陕北、山东解放区实行重点进攻外,鲁西南、豫皖苏边界直至大别山地区兵力薄弱,形成两头重、中间轻的"哑铃型"态势;又因整师整旅不断被歼,士气日益低落,官兵厌战情绪增长,战斗力下降;国民党政府在政治、经济方面也已陷入困境。人民解放军则由120余万人上升到195万人,虽然在兵力装备上仍居劣势,但握有战略机动力量;在战略全局上除陕北、山东战场尚处防御地位外,其他各战场已逐步转入战略性反攻阶段;部队士气高涨,战斗力不断提高;广大解放区的土地改革已基本完成,后方日趋

巩固。但大部分解放区遭受战争破坏,人力、物力损耗巨大。为了粉碎国民党军将战争继续引向解放区,进一步消耗解放区人力、物力,使人民解放军不能持久作战之战略企图,中国共产党中央委员会制定了以主力打到外线去,将战争引向国民党区域,在外线大量歼灭敌人之战略方针,并决定将战略进攻的主要方向置于战略地位重要、国民党军防御薄弱的鄂豫皖三省边界大别山地区。

三路大军经略中原

1947年6月,中共中央根据敌我战略形势的变化,果断地制定了由战略防御转入战略进攻,以主力打到外线去,将战争引向国民党区域,在外线大量歼灭敌人的战略方针;并决定将战略进攻的主要方向,置于既是敌人要害又是敌人防御薄弱地带的中原地区。根据这一方针,中共中央军委采取的战略部署是:以晋冀鲁豫野战军司令员刘伯承、政治委员邓小平率野战军主力(又叫作刘邓野战军),实行中央突破,南渡黄河,在鲁西南地区尽量多地歼灭敌军,然后以跃进方式挺进大别山地区,建立根据地;以晋冀鲁豫野战军第4纵队司令员陈赓、政治委员谢富治率野战军一部(又叫作陈谢集团)为右后路军,直出豫陕鄂边区,建立根据地;以华东野战军司令员兼政治委员陈毅、副司令员粟裕率外线兵团(又叫作陈粟野战军)为左后路军,从鲁西南挺进豫皖苏边区,扩大原有根据地。这三路大军以"经略中原"为目标,互为犄角,配合作战,开辟江淮河汉间新的解放区。以西北野战军攻打榆林,调动进攻陕北的敌军北上,以华东野战军内线兵团在胶东作战,继续把进攻山东的敌军引向海滨,来策应三军挺进中原的行动。同时,还决定其他战场的人民解放军继续在内线发动攻势,从战略上配合外线作战。

鲁西南战役

为了打破敌人的围堵,刘伯承、邓小平发起鲁西南战役。1947年7月8日晨,第1纵队攻克郓城,全歼整编第55师师部及2个旅,吸引金乡之敌北援;10日夜,第6纵队全歼定陶之第153旅,第2纵队收复曹县城,第3纵队进至定陶以东待机。此时,王敬久集团向北增援的部队已进至六营集、独山集、羊山集之线摆成一字长蛇阵。刘、邓当即率部东进,对北援的王敬久集团进行分割包围。于14日将整编第70师1个半旅和整编第32师1个旅、整编第66师(不含第199旅)分别包围在六营集和羊山集;在嘉祥以西地区歼灭整编第32师第139旅;同时,以独立第1、第2旅进至万福河地区阻援。当晚,对六营集采取"围三阙一"部署,以第1纵队在其东面布成袋形阵地;以第6纵队由西向东猛攻,将向东突围的国民党军全歼于预设阵地内。15日,第2、第3纵队开始攻击羊山集。

蒋介石获悉上述情况后,于19日飞抵开封,令王敬久亲率整编第58师和第199旅,由金乡北上解羊山集之围;并从西安、洛阳、豫北、山东、汉口等地抽调8个

整编师和1个骑兵旅向鲁西南驰援。刘、邓为争取先机之利,首先将北援之第199旅歼灭在万福河地区;接着集中7个旅于27日夜对羊山集发起总攻,战至28日晚,全歼整编第66师师部及2个旅。

至此,晋冀鲁豫野战军以15个旅的兵力,歼灭了国民党军4个师部9个半旅约6万人,打乱了国民党军在南线的战略部署,开辟了挺进大别山的道路。

挺进大别山的历史意义

中国人民解放军由战略防御转为战略进攻,是解放战争的一个伟大转折。在这一历史转折关头,中共中央军委以晋冀鲁豫野战军主力组成战略突击队,在各解放区军民的策应和后面两路大军的配合下,采取无后方的千里跃进的进攻样式,直捣国民党统治的大别山区,创建了大块革命根据地,威胁其首都南京和武汉两大重镇,为转入全国性的战略进攻奠定了基础。这一创造性的战略决策、独特的战略进攻样式和丰富的作战经验,给毛泽东军事思想增添了新的内容。

清风店战役

解放战争时期,中国人民解放军晋察冀野战军和地方部队一部、在河北省保定以南清风店地区对国民党军进行的运动战战役。

1947年秋,经过晋察冀军区部队连续打击,国民党北平(今北京)行辕被迫将所部主力5个军收缩于北平、天津、保定三角地带,以1个军驻守石家庄地区,企图依托铁路线,确保平、津、保战略要地。9月中旬,东北民主联军发起秋季攻势作战,蒋介石令北平行辕抽调5个师至北宁铁路(今北京—沈阳)沿线或出关增援东北。晋察冀野战军司令员杨得志、政治委员罗瑞卿、第二政治委员杨成武遵照中共中央军委和晋察冀军区指示,决心在平汉铁路(今北京—汉口)保定以北地区发起攻势作战,调动和歼灭国民党军一部,策应东北民主联军的秋季攻势。遂率所部第2、第3、第4纵队和炮兵旅及冀中军区独立第7、第8旅向保定以北地区出击,采取围城打援战法,以一部兵力围攻徐水,吸引国民党军增援,以主力集结于徐水东北地区,寻机歼灭国民党援军。在获知徐水危机后,敌人调第3军1.3万人增援,被我军包围于清风店地区。发起总攻后,全歼第3军军部、第7师主力及第22师1个团,俘敌主帅罗历戎。此役,共歼灭国民党军1.7万余人,内俘1.1万余人,击落飞机1架,对扭转华北战局起了重要作用,并策应了东北民主联军的秋季攻势作战。

胶东保卫战

解放战争时期,中国人民解放军华东野战军东线兵团在山东省东部地区反击

国民党军进攻的战斗。1947 年 8 月,华东野战军主力(不久组成西线兵团)进入鲁西南地区转入外线作战,策应晋冀鲁豫野战军主力挺进大别山;东线兵团留在内线作战。国民党军统帅部组织中原防御深感兵力不足,企图迅速结束山东战事,以便转用兵力于中原战场。为此,蒋介石亲自飞赴青岛,制定"九月攻势"作战计划,由陆军副总司令范汉杰指挥整编第 8、第 9、第 25、第 45、第 54、第 64 师及整编第 74 师第 57 旅等部共 20 个旅组成胶东兵团,在海、空军配合下,出潍县至青岛一线进攻胶东解放区,企图首先攻取平度、莱阳、烟台,逐步将华东野战军东线兵团压缩在胶东半岛的"牛角尖"内加以消灭。胶东地区三面环海,腹地多山,是华东野战军的主要后方基地。东线兵团司令员许世友、华东野战军区副政治委员兼东线兵团政治委员谭震林遵照中共中央军委关于多打中小规模歼灭战,牵制、阻击国民党军,保卫胶东解放区的指示,决定发起胶东保卫战。华东野战军东线兵团在内线运动防御,另一部在诸城地区作战威胁敌侧背,寻机在运动中歼敌。9 月 22 日阻击中歼敌 14000 余人。处于敌后的华野内线兵团施计使敌回援,歼敌 12000 余人,俘少将旅长张忠中等。从此,山东战场人民解放军开始转入战略反攻。在此期间又击退青岛增援蓬莱之敌 8 个旅的兵力。至此我军收复了胶东大片土地,迫使敌人收缩于青岛及烟台、福山、蓬莱、龙口等几个孤立的据点。持续 4 个月的胶东保卫战,我军共歼国民党军 63000 余人,彻底打破了蒋介石企图占领胶东半岛的计划,根本改变了山东战场的形势,有力地配合了外线兵团的作战。

沙家店战役

解放战争时期,中国人民解放军西北野战军在陕西省米脂县沙家店地区对国民党军进行的进攻作战。

1947 年 8 月 16 日,西北野战军撤围榆林后,以一部兵力掩护后方机关伪装主力于葭县(今佳县)附近东渡黄河,主力集结于榆林东南、沙家店西北地区隐蔽待机。国民党西安绥靖公署主任胡宗南判断西北野战军将东渡黄河避战,遂令所部整编第 1 军军部率整编第 1 师 3 个旅守备绥德,以整编第 29 军军部率 5 个旅由绥德经义合镇向葭县方向急进,整编第 36 师师部率 2 个旅自榆林经归德堡南下,企图合击西北野战军于葭县西北地区。8 月 17 日,整编第 29 军进至吉征店以南;整编第 36 师师部及第 165 旅大部为后梯队进至镇川堡,第 123 旅附第 165 旅 1 个团为前梯队向沙家店以东乌龙铺前进。西北野战军司令员兼政治委员彭德怀决心以一部兵力牵制整编第 29 军 5 个旅,集中主力乘整编第 36 师孤军冒进、侧冀暴露的有利时机,将其歼灭于沙家店地区。18 日上午,西北野战军第 3 纵队及绥德军分区部队在乌龙铺以北与整编第 36 师前梯队接触,第 1、第 2 纵队及新编第 4 旅、教导旅在常高山附近向整编第 36 师后梯队发起攻击。整编第 36 师迅即收缩于沙家店、泥沟则、张家坪地区。因山洪暴发,西北野战军前进道路被阻,遂停止进攻。20 日拂晓再次发起攻击,第 1、第 2 纵队及新编第 4 旅、教导旅将整编第 36 师前后梯

队分割包围于沙家店和常高山以南地区，战至黄昏，将其全歼。与此同时，第3纵队及绥德军分区部队在乌龙铺东南地区阻击整编第29军军部所率3个旅(欠1个团)的增援，并歼其一部。此役，西北野战军共歼国民党军6000余人。至此，基本粉碎了国民党军对陕北的重点进攻，扭转了陕北战局。

石家庄战役

石家庄位于石德、平汉、正太三条铁路交会处，是华北战略要地。国民党军在原侵华日军构筑的工事基础上，经连年加修，至1947年已构成完备的环形防御体系。石家庄守军总兵力2.4万余人。晋察冀军区司令员兼政治委员聂荣臻与野战军司令员杨得志、政治委员罗瑞卿、第二政治委员杨成武等研究制定了作战计划。

11月5日夜，攻城部队南渡滹沱河，突然包围石家庄外围各据点。6日拂晓全线发起攻击，主力继续向内市沟守军阵地推进，最后全歼守军。

此役，共歼国民党军2.4万余人，缴获坦克9辆、火炮100余门、枪1万余支、铁甲车5列、机车90台、汽车280辆及大批弹药、物资，拔除了国民党军在华北的一个战略要点，使晋察冀和晋冀鲁豫两大解放区连成了一片，开创了人民解放军夺取重要城市的先例，为而后进行城市攻坚战提供了宝贵经验。

襄樊战役

解放战争时期，中国人民解放军中原野战军和中原军区部队各一部，对驻守湖北省襄阳、樊城地区的国民党军进行的进攻作战。

1948年6月，人民解放军华东野战军主力和中原野战军一部发动豫东战役，迫使国民党军从豫南、鄂北抽兵北上增援，在鄂北襄阳、樊城(今襄樊)地区仅留第15绥靖区司令官康泽率3个旅担任守备。其绥靖区司令部和第104、第164旅分别位于襄阳、樊城，第163旅旅部和1个团位于谷城，1个团位于老河口。中原野战军决定集中所部第6纵队和中原军区所属桐柏、陕南军区部队主力共14个团，由桐柏军区司令员王宏坤统一指挥，发起襄樊战役，夺取川陕鄂三省要冲襄阳、樊城。7月2日，第6纵队向河南省新野地区西进，袭占老河口。守军经谷城南撤，谷城守军也随即南逃。3日，陕南军区第12旅于谷城以南进行截击，将第163旅大部歼灭；桐柏军区主力也于茨河西北截歼其辎重营。随后，第6纵队等部沿汉水南下，于7日开始襄樊外围作战，准备首先攻取襄阳。襄阳城三面环水，一面靠山，北与樊城隔汉水相对，城南右羊祜山、虎头山等制高点，地势险要，工事坚固。攻城部队于10日攻占了襄阳城外东西两面守军的一些阵地。樊城守军惧歼，于11日渡河撤入襄阳。攻城部队鉴于襄阳南山主要阵地不易攻占，而城东、城西守军防御薄弱等情况，遂打破历史上取襄阳必先夺南山的惯例，以一部兵力牵制南山守军，集中优势兵力，用“猛虎掏心”战术，从东西两面、重点置于西面，钳击城内守军。战至

13 日，攻城部队占领西关和东关大部。南山守军于 14 日退入襄阳城内，企图固守待援。15 日夜，第 6 纵队和桐柏、陕南军区部队主力发起总攻，分别从西门、城东南与东北角 3 个方向攻入城内，并展开激烈巷战。三路部队密切协同、向心攻击，于 16 日下午合击杨家祠堂第 15 绥靖区司令部，全歼守军。此役，共歼灭国民党军 2.1 万余人，俘康泽。

济南战役

解放战争进入第三年即 1948 年秋时，形势变得更有利于人民解放军。解放区空前扩大，部队士气高昂，装备改善，攻坚作战能力提高。国民党军力量不断削弱，被迫改“分区防御”为“重点防御”，一面加强大城市的设防，一面组织若干机动兵团准备随时救援，以求保持对重要点线的控制。在华东战场，华东野战军山东兵团接连取得周张、潍县及兖州等战役胜利后，已形成对济南的包围之势。华东野战军西线兵团、山东兵团、苏北兵团已经会合。蒋介石为屏障徐州，隔断华北、华东两解放区的联系，并迟滞华东野战军南进，做出确保济南的决定，令第二绥靖区司令官王耀武率部固守济南，并在徐州及其附近地区集中 3 个兵团，准备待华东野战军进攻济南受到一定消耗后，伺机北上举行会战，还决定集中 162 架战斗机、42 架轰炸机进行空中支援。中共中央军委和毛泽东主席根据华东野战军领导人提出的作战方案，确定了“攻济打援”方针，令华东野战军秋季作战以攻克济南为主要目标，并准备歼灭徐州北援的国民党军。

整个“攻济打援”作战由华东野战军代司令员兼代政治委员粟裕指挥，攻城部队由山东兵团司令员许世友、华东野战军副政治委员兼山东兵团政治委员谭震林指挥。攻城部队攻势迅猛，以 4 天时间扫清了守军的外围据点，从四面包围了济南市区。接着于 1948 年 9 月 26 日解放了济南。国民党军先后弃城撤逃。至此，山东全省除青岛及少数边沿据点和岛屿外，均获解放。战役期间，中原野战军严密监视和牵制中原战场的国民党军，有力地策应了攻济作战。华东军区所属各军区和豫皖苏、冀鲁豫军区部队及民兵也积极配合，主动出击当面敌人，攻克据点数十处。济南战役，华东野战军经 8 昼夜激战，以伤亡 2.6 万余人的代价，共歼灭国民党军 10.4 万余人（内起义 2 万余人），俘其高级将领 23 名，缴获各种火炮 800 余门、坦克和装甲车 20 余辆、汽车 238 辆，击毁、击伤飞机 3 架。济南战役的胜利，开创了人民解放军夺取国民党军重兵坚守的大城市的先例，动摇了其据守大城市的信心，锻炼和提高了人民解放军攻取大城市的能力，并使华北、华东两大解放区连成一片，为华东野战军会同中原野战军南下陇海铁路以南举行更大规模的歼灭战创造了有利条件。

塔山阻击战

解放战争时期，中国人民解放军东北野战军第4、第11纵队等部在辽沈战役中，为保障主力夺取锦州，于辽宁省锦州西南塔山地区对增援锦州的国民党军所进行的防御作战。塔山阻击战鏖战六昼夜，东北野战军阻援部队共歼国民党军6000余人，守住了阵地，保障了主力部队的侧后安全和攻锦作战的胜利。

锦州战役

锦州西距山海关近200千米，东距沈阳230千米，是国民党军东北"剿总"与华北"剿总"连接的枢纽，战略地位十分重要。遵照中共中央军委关于集中主力、东野大军首先攻占锦州的指示，东北野战军司令员林彪、政治委员罗荣桓决定以5个纵队16个师和炮兵纵队主力夺取锦州。锦州攻坚战分为两个阶段：第一阶段，扫清锦州外围据点；第二阶段，总攻锦州城垣。1948年10月14日10时，东北野战军集中火炮360余门，向锦州城发动猛烈轰击，为步兵突击扫除障碍。11时左右，突击部队迅速突入城内，在打退守军的多次反扑后，继续向纵深发展。后续梯队及时投入巷战。15日拂晓，攻城部队胜利会师，歼灭范汉杰指挥所和第6兵团部。此时，残余守军约1.6万余人退守锦州老城，企图凭坚顽抗。东北野战军第7纵队由南门和城东南角突破，第2纵队由城西北角突破，并迅速攻克该城，至18时战斗结束。

此战，东北野战军伤亡24548人，歼灭国民党军10万余人，其中俘范汉杰以下官兵8万余人，缴获大批武器弹药和其他军用物资。解放军迅速攻占锦州，使东北战局急转直下，对国民党军形成了"关门打狗"的态势。

辽沈战役

1948年9月至11月，中国人民解放军东北野战军在辽宁西部和沈阳、长春地区与国民党军展开的战略性决战，是解放战争三大战役之一。1948年，国民党军队遭到我军多次打击后，战斗力已经大大削弱，其在东北共有14个军共计44个师，加上地方保安团，约55万人。这些部队被我军分割在长春、沈阳、锦州三个互不相连的狭小地区，失去了机动作战能力。而我军已拥有12个步兵纵队，一个炮兵纵队，一个铁道兵纵队，17个独立师，加上地方部队，总兵力达到105万。部队兵源、粮源、支前民工充足，我军在东北战场上已占明显优势。

1948年9月12日，辽沈战役首先在北宁线义县至唐山段打响。10月14日，我军对锦州发起总攻，15日攻占锦州，全歼守敌，俘获范汉杰以下10万余人，而后长春和平解放。锦州、长春被我军解放后，东北蒋军全军覆灭的命运已成定局。但

蒋介石仍想夺回锦州，令廖耀湘兵团继续向锦州进发，并令52军主力抢占营口，企图将东北的残敌经陆路或海路撤逃。26日，我军在黑山、大虎山、新民地区全线出击，对廖耀湘兵团展开大规模围歼。经两日一夜的激战，至28日全歼廖耀湘兵团10万余人。

11月2日，我军解放沈阳，歼敌13.4万人。辽沈战役胜利结束，共歼敌47万人。东北全境获得解放。辽沈战役是一场规模宏大的战略决战，解放了东北全境，使全国的军事形势出现了一个新的转折点，从此，人民解放军不仅在质量上占了优势，而且在数量上也占了优势。辽沈战役的胜利，使得人民解放军拥有了一个稳定的战略后方，为后面两大战役的胜利创造了有利的条件。

淮海战役

解放战争时期，中国人民解放军华东野战军和中原野战军在华东、中原军区和华北军区所属冀鲁豫军区部队配合下，在以徐州为中心，东起江苏省海州（今属连云港），西迄河南省商丘，北至山东省临城（今薛城），南达淮河的广大区域内，同国民党军刘峙集团进行的战略决战战役，是解放战争具有决定意义的三大战役之一。

1948年11月6日，人民解放军华东野战军、中原野战军联合举行淮海战役，整个战役由邓小平、陈毅统一指挥。东北国民党军全部被歼，徐州地区国民党军有南撤的迹象。据此，中共中央军委采取粟裕的建议，决定以60万兵力，全歼国民党军主力于淮河以北、陇海铁路以南、平汉铁路以东地区。11月6日，淮海战役开始。12日，开始围歼国民党军黄伯韬兵团，并将李延年兵团、刘汝明兵团分别阻于蒙城，固镇地区。蒋介石为重战宿县，调集兵力，分三路并进，淮海战役总前委决心先歼孤军冒进的国民党军第十二兵团。

11月24日，国民党军黄维第十二兵团被中原野战军合围，多次突围，均被击退。12月4日，国民党军杜聿明集团被华东野战军包围。15日，中原野战军全歼国民党军第十二兵团，生俘兵团司令黄维。遵照中央军委指示，为配合平津战役作战，对杜聿明集团暂不作最后消灭，华东野战军自12月16日起，一面休整，一面围困杜聿明集团。1949年1月6日，华东野战军发动总攻。10日，全歼杜聿明集团，生俘杜聿明。至此，战役结束。淮海战役历时66天共歼国民党军55万余人，解放了长江中下游以北广大地区。

淮海战役胜利结束，国民党反动派的老窝南京，就完全暴露在我人民解放军的直接威胁之下。淮海战役的胜利，连同辽沈、平津战役的胜利，使国民党赖以发动反革命内战的精锐部队基本上归于消灭，中国人民革命战争的全国胜利局面，业已确定了。

平津战役

解放战争时期，中国人民解放军东北野战军和华北军区部队将国民党军傅作义集团抑留于北平、天津、张家口地区，予以各个歼灭之战略决战性战役，是解放战争具有决定意义的三大战役之一。

辽沈战役结束，全国军事形势发生新转折，蒋介石决定暂守北平、天津。1948年11月，中共中央军委明确提出了抑留并歼灭傅作义集团于华北地区的作战方针，并决定发起平津战役。

战役第一阶段，人民解放军完成对傅作义集团的分割包围，切断其南撤西逃之道路。战役第二阶段，人民解放军在完成了对傅作义集团的战略包围和战役分割之后，按照毛泽东的指示精神，采取先打两头、后取中间的战法，逐次歼灭新保安、张家口、天津国民党军。战役第三阶段，天津解放后，北平国民党守军25万人，陷入了人民解放军的重重包围之中。中共中央军委为保护这一文化古城，决定继续进行谈判，争取以和平方式进行接管；同时，也训令部队做好强攻的准备。傅作义率部接受改编，北平和平解放。

平津战役历时64天，东北野战军和华北军区部队成功地将国民党军傅作义集团抑留于华北地区，进行战略包围和战役分割，予以各个歼灭，并以军事压力与政治争取相结合，实现了对北平守军的和平改编。共计歼灭和改编国民党军华北“剿匪”总司令部及3个兵团部、1个警备司令部、13个军部、51个师（包括战役中新建和重建的军、师），连同非正规军总计52.1万人。人民解放军伤亡3.9万人。平津战役的胜利，连同辽沈战役、淮海战役的胜利，是毛泽东关于战略决战思想的伟大实践，使国民党丧失了三大精锐战略集团，国民党的统治基础发生了根本动摇，为解放战争在全国胜利奠定了巩固的基础。

绥远和平解放

1949年初，解放战争已取得决定性胜利。国民党绥远省（今属内蒙古）政府主席、华北“剿总”驻归绥（今呼和浩特）指挥所主任董其武率1个兵团部、1个军部、8个师、8个旅及保安部队等共6.5万人驻守归绥、包头地区，处境孤危。北平（今北京）的和平解放，对绥远国民党军政当局产生巨大影响，上层开始分化，董其武等主张走和平解决的道路。2月22日，中共中央主席毛泽东接见为北平和平解放做了重要贡献的傅作义将军，同时就解决绥远问题进行商谈。3月，中共七届二中全会提出采用和平手段解决绥远问题的“绥远方式”，即有意地保存一部分国民党军队，争取其在政治上站在革命方面，或者保持中立，以便人民解放军集中力量首先解决残余国民党军的主要部分，在一段时间后再将暂时保留的国民党军改编为人民解放军。接着，由华北人民政府和傅作义互派代表在北平谈判，拟定了包括军队划界

驻防、平绥铁路通车、在绥远使用人民币和互派联络员等项内容的《绥远和平协议》草案，征得董其武同意后于6月8日签字生效。7月中旬，华北人民政府联络处进驻归绥，协助进行起义的准备工作。国民党总裁蒋介石为阻止绥远问题和平解决，不断派遣人员以威逼利诱、策动哗变等手段破坏和平协议，并于7月25日加委董其武为西北军政长官公署副长官。8月25日，中共中央委托傅作义赴绥远协助组织起义。9月19日，在解放战争胜利形势的影响和中国共产党政策的感召下，以董其武为首的39名绥远军政各界和各族代表通电宣布起义，绥远和平解放。随后起义部队改编为中国人民解放军第36、第37军，1950年12月合编为第23兵团，董其武任司令员。

太原战役

解放战争时期，中国人民解放军华北军区部队和第一、第四野战军各一部对国民党军坚固设防的山西省太原市进行的攻坚战。

1948年7月下旬晋中战役结束后，山西省除太原、大同外均告解放。国民党太原绥靖公署主任阎锡山的所辖部队已被歼灭，余部5个师和1个暂编总队收缩于太原及其外围地区，企图依托险要地形和坚固设防进行固守。为夺取太原，歼灭阎锡山集团，华北军区第一副司令员兼第1兵团司令员和政治委员徐向前奉中共中央军委命令，统一指挥11.5万余人，乘晋中战役胜利之势进逼太原，发起太原战役。乘守军脱离筑城地带予以歼灭，我军顺势夺占东山要塞。随后，在中共中央军委统一部署下缓攻太原，休整部队和开展政治攻势。

1949年2月15日，阎锡山乘飞机逃离太原，我军各部队在强大炮火支援下，采取勇猛穿插、分割包围、各个歼灭的战法，迅速突破守军防线，解放了太原城。太原战役，人民解放军伤亡1.5万人，歼灭国民党军1个绥靖公署、2个兵团部、6个军部、20个师，共毙伤俘13.5万余人。太原解放后，大同国民党守军万余人见大势已去，也于4月29日接受改编，大同和平解放。至此，山西全省解放，结束了阎锡山对山西省人民长达38年的统治。

渡江战役

解放战争时期，中国人民解放军第二、第三野战军和第四野战军一部，在长江中下游强渡长江，对国民党军汤恩伯、白崇禧两集团进行之战略性进攻战役。经过辽沈、淮海、平津三大战役以及在战略决战阶段的其他战役，国民党军大部主力已被歼灭，人民解放军已解放东北全境、华北大部、西北一部和长江中下游以北广大地区，各解放区已连成一片。人民解放军的总兵力已发展到400万人，士气高昂，装备得到进一步改善，大兵团作战的经验更加丰富，已完全有把握在全国范围内战胜国民党军。国民党军以70万兵力组织长江防御，企图阻止人民解放军渡江。

在蒋介石下野、李宗仁任代总统后,国共开始“和谈”,李宗仁妄图“划江而治”,最后拒绝在和谈协议上签字,1949 年 4 月 21 日,我军发起渡江战役。

渡江战役历时 42 天,人民解放军以木帆船为主要航渡工具,一举突破国民党军的长江防线,并以运动战和城市攻坚战相结合,合围并歼灭其重兵集团。此役,人民解放军伤亡 6 万余人,歼灭国民党军 11 个军部、46 个师共 43 万余人,解放了南京、上海、武汉等大城市,以及江苏、安徽两省全境和浙江省大部及江西、湖北、福建等省各一部,为而后解放华东全境和向华南、西南地区进军创造了重要条件。

李宗仁所谓“划江而治”

在蒋介石之后由代总统李宗仁领导的国民党南京政府于 1949 年春提出了“和谈”的要求,其真正的企图,是通过和谈,达到“划江而治”的目的。掌握军事实权的蒋介石,之所以退居幕后,同意让李出面谈和,更是企图阻止人民解放军渡江,而将残余部队全部撤至长江以南,组织长江防线,并在江南征集新兵,编练第二线兵团,伺机卷土重来。与此同时,蒋介石指示国民党军加紧进行战争准备,并决定在西南地区编组 18 个军。其国防部兵役局于 3 月 9 日宣布本年内征兵 200 万。4 月间,在江南各省设置了 14 个编练司令部,组训新兵,企图将国民党军重新扩充到 350 万至 500 万人。李宗仁的真实企图是:“希望早日举行和平谈判,今后可以有一个划江而治的政治局面,希望中共军队不要渡过长江。”“将来就以长江为界,暂时南北分治。”党中央毛泽东识破了李宗仁的目的,于 1948 年 12 月 30 日新年献词中,发出“将革命进行到底”的伟大号召。

上海战役

解放战争时期,中国人民解放军第三野战军主力对国民党军重兵据守的上海市进行的城市攻坚战。

1949 年 4 月下旬解放军发动渡江战役以来,已歼灭了汤恩伯的大部分有生力量,其剩下的 25 个师约 20 万人退守淞沪地区,企图凭借永久工事,继续抵抗。为了解放上海,解放军第三野战军分别从浦东、浦西迫近吴淞口,阻敌退路。解放军在做了充分准备之后,发动上海战役。至 22 日,解放军已扫清上海外围之地,逼近市区,并完成对汤部的合围。解放军于 23 日晚发起总攻,部队迅速跃进,很快占领了市区和高桥、吴淞口。亲临督战的蒋介石见大势已去,遂命汤恩伯逐次掩护,从海上撤出。上船逃走的仅残兵败将 5 万余人。其余 15 万人全部被歼。5 月 27 日,苏州河以北最后一股蒋军被消灭。上海战役宣告胜利结束。

上海战役,除汤恩伯率 5 万人乘军舰撤逃外,第三野战军歼灭国民党军第 51、第 37 军和 5 个交警总队全部及第 123、第 21、第 12、第 75、第 52 军大部,共 15.3 万余人;缴获各种炮 1370 门,坦克、装甲车 119 辆,汽车 1161 辆,舰艇 11 艘。上海的

解放，为继续肃清华东国民党军余部，保卫东南沿海国防，以及恢复国民经济创造了有利条件。

汉浔间渡江作战

解放战争时期，中国人民解放军第四野战军先遣兵团和中原军区部队一部入湖北省武汉至江西省九江强渡长江，对国民党军的进攻作战。1949 年 4 月渡江战役开始后，人民解放军第二野战军一举突破国民党军长江下游防线，解放了国民党政府所在地南京。在此形势下，位于武汉的国民党华中军政长官公署长官白崇禧急令所部收缩长江中游防线，将主力撤至湘赣边地区。5 月上旬，武汉（简称汉）至九江（简称浔）间长江两岸仅有第 126 军及第 46 军一部防守，武汉至嘉鱼由第 19 兵团两个军防守，武汉市由第 58 军担负城防，总兵力约 8 万人，其防御重点为长江南岸。人民解放军第四野战军为突破国民党军长江中游防线，并继续向中南地区进军，根据渡江战役的统一部署，决定由第 12 兵团司令员兼政治委员萧劲光率领先遣兵团（辖第 40、第 43 军）共约 12 万人，在中原军区一部兵力配合下，于武汉至九江间发起渡江作战。此役，解放了武汉和大冶等 16 个市、县，毙伤俘国民党军 16 万余人，接收国民党军起义部队 2 万余人。

兰州战役

解放战争时期，中国人民解放军第一野战军在甘肃省兰州地区同西北国民党军进行的决战性作战。

1949 年 7 月扶郿战役后，国民党西安绥靖公署主任胡宗南所部退至秦岭及其以南地区。西北军政长官公署长官马步芳、副长官马鸿逵为阻止人民解放军第一野战军沿西（安）兰（州）公路西进，将所部分别退守兰州、同心及其以北地区。8 月中旬，在人民解放军第二、第三、第四野战军风卷残云般的进军下，国民党政府撤逃台湾、广州、重庆等地，幻想保住西南四省，重整军备，伺机卷土重来，急需胡、马各部在西北地区作战略配合，遂在广州召开“西北联防会议”，拟制订“兰州决战计划”，企图以马步芳部依托兰州的坚固城防和黄河天险，吸引和消耗人民解放军兵力，会同宁夏地区的马鸿逵部和陕南陇南地区的胡宗南部，挫败第一野战军于兰州外围。兰州是西北第二大城市，为马步芳经营多年。

8 月 4 日，第一野战军司令员兼政治委员彭德怀根据中共中央军委关于向全国进军的战略部署和对兰州作战的指示，发出攻取兰州、西宁的作战命令。8 月 9 日至 12 日，第一野战军各兵团先后从陇东地区向兰州、西宁攻击前进。经过两次激烈战斗，兰州解放，接着又解放了西宁和青海。

兰州战役，包括在青海省境内的作战，第一野战军共歼灭国民党军 4.2 万余人，使西北国民党军主力丧失大半，打开了进军宁夏、新疆的门户，奠定了解放西北

全境的基础。

宁夏战役

1949年8月,国民党军西北军政长官公署代长官马步芳所部主力在兰州战役中被歼灭后,副长官马鸿逵逃往香港,由其子马敦静指挥宁夏兵团(辖第128、第11军及贺兰军)及第81军等共7万余人的兵力,依托黄河天险,分别在同心、靖远、景泰、中卫、中宁、金积、灵武地区组成三道防线,企图阻止人民解放军北进宁夏。人民解放军第一野战军决定以第19兵团并指挥西北军区独立第1、第2师进军宁夏。第19兵团司令员杨得志、政治委员李志民指挥所部第63、第65军于9月5日和8日先后由兰州地区出发,第64军和西北军区独立第1、第2师于11日由固原、海原地区出发,分三路向银川挺进。至14日,先后解放靖远、同心、中宁等县城。15日,景泰守军新编骑兵第15旅投降。第63军主力于16日进至中卫县城以南常乐堡,歼第81军2个团。第63军第188师由景泰经腾格里沙漠于17日抵近中卫城西,与我军主力形成夹击第81军之势。在军事压力与政治争取下,19日,原国民党西北军政副长官马鸿宾与其子、第81军军长马惇靖起义(起义部队于同年12月19日改编为中国人民解放军西北独立第2军)。同日,第64军进攻金积、灵武等城镇,至21日,马部的三道防线已被全部摧毁。马敦静乘飞机逃到重庆,宁夏兵团失去指挥,贺兰军和第11、第128军相继溃散。24日,第19兵团进驻银川,宁夏遂告解放。此役,共歼灭和改编国民党军4万余人,从此结束了马氏家族对宁夏36年的封建统治。

河西战役

解放战争时期,中国人民解放军第一野战军对溃退甘肃省河西走廊地区的国民党军进行的追击战。1949年9月兰州、西宁等地解放后,国民党西北军政长官公署及所属第91、第120军等部自景泰向河西走廊地区溃退。人民解放军第一野战军司令员兼政治委员彭德怀决心以第2兵团(辖第3、第4、第6军并配属野战军炮兵团、战车营)和第1兵团部率第2军分别沿甘(肃)新(疆)、西(宁)张(掖)两条公路呈钳形实施追击。9月4日,第2兵团由兰州地区向西挺进,沿途国民党军纷纷起义、投诚。至22日,第2兵团占领永登、古浪、武威、永昌、山丹、民勤等县城。9月10日,第1兵团部率第2军从西宁地区向北迂回,翻越海拔4000余米的祁连山,于17日攻占民乐县城,歼灭国民党军骑兵第15旅旅部及1个团。18日,又在该县西南三堡、六霸等地歼灭西北军政长官公署警卫团和第120军1个团。19日,攻克张掖县城,再歼第120军2个团和保安部队1个团。20日,第91、第120军各1个团投诚。21日,第1、第2兵团会师张掖。24日,逃至酒泉地区的国民党西北军政长官公署机关、后方联合勤务第8补给区司令部、甘肃河西警备总部和第91、

第120军残部共3.5万余人，在人民解放军的军事压力和政治争取下，宣布起义。25日，第2兵团组织的快速部队进占老君庙油矿（今玉门油田）。28日，第1兵团第2军一部进驻酒泉、安西等城镇。至此，河西战役结束。是役，共歼灭（含起义、投诚）国民党军4万余人，解放了河西走廊地区，为进军新疆创造了有利条件。

长沙和平解放

1948年6月，在中国人民解放军不断取得胜利的形势下，蒋介石为稳住华中阵脚，并牵制桂系，任命原武汉行辕主任程潜为长沙绥靖公署主任兼湖南省政府主席。中国共产党湖南省工作委员会鉴于程潜曾与中共领导人有过合作，与蒋介石及副总统李宗仁矛盾较深，决定争取程潜靠拢人民，谋求湖南和平解放。经过政治争取和长沙各界进步人士的推动，程潜于年底定下伺机脱离国民党政府走和平道路的决心。1949年2月，程潜早年的学生、第1兵团司令陈明仁所部由湖北调驻湖南长沙等地区。程潜向陈明仁表达了走和平起义道路的意向，陈明仁表示愿与其一致行动。4月，中共中央主席毛泽东委托民主人士转达对程潜走和平道路的殷切期望。4至5月，人民解放军发起渡江战役，解放南京、上海、杭州、武汉、南昌等地。国民党华中军政长官白崇禧率指挥所退驻长沙，破坏湖南实现和平。6月，根据中共湖南工委提议，程潜向中共中央和毛泽东递送了起义“备忘录”。7月下旬，宜沙、湘赣战役后，人民解放军第四野战军第12、第13兵团从东西两面逼近长沙，并对其形成环形包围之势，迫使白崇禧率指挥所退到衡阳，以策应程潜、陈明仁起义。同时，第四野战军根据中共中央军委指示，派出代表团赴长沙进行谈判。程潜和陈明仁接受《国内和平协定》，于8月4日率长沙绥靖公署、第1兵团部和所属3个军部、9个师、3个保安师通电起义。长沙和平解放后，程潜任湖南人民临时军政委员会主任委员，陈明仁任湖南省临时政府主席。起义部队除部分叛逃外，实有7.7万余人，于1949年10月改编为中国人民解放军第21兵团，陈明仁任司令员。

长沙和平解放

赣南战役

1949年4至5月渡江战役中，中国人民解放军第二野战军和第四野战军先遣兵团分别解放赣东北和赣西北地区。7月上、中旬，第四野战军发起湘赣战役，解

放赣西地区。此时,滞留在江西省南部地区的国民党军有第4兵团部及所属第23、第70军,驻赣州及其周围地区,连同驻兴国、会昌、信丰等地的保安部队共2.5万余人,为保存实力,准备继续南撤。第四野战军为掩护所属主力部队休整和夺取进军广东的前进基地,令第48军军长贺晋年、政治委员陈仁麒率所属3个师共4.2万余人由上高、南昌地区南下,发起赣南战役。7月26日,第48军第142师经吉安、遂川向赣州以西推进,8月12日攻占唐江,守军南撤,第142师在追击中歼其一部,并于14日占领南康,切断了赣州地区国民党军向西南撤逃的道路。第48军主力沿赣江以东南下,占领兴国、雩都(今于都),然后向赣州进击。赣州守军大部向龙南,一部向会昌方向退却。第48军于14日解放赣州后,分兵继续追击。第143师攻占信丰、安远,在信丰以南连续突破国民党军三道阻击阵地,解放龙南、定南、虔南(今全南)等地,歼国民党军一部;第144师解放会昌、瑞金、宁都;第142师一直追至赣粤边界地区,29日战役结束。是役,第48军仅伤亡200余人,歼灭国民党军近万人,解放县城14座,为第四野战军主力而后进军广东创造了有利条件。

长山列岛战役

长山列岛位于山东半岛与辽东半岛中间,扼渤海湾门户,由南、北长山岛等17个岛屿组成。山东省大部解放后,退据长山列岛的国民党军陆战第2团等部,破坏渔业生产和海上交通,妄图封锁渤海湾。1949年8月,中国人民解放军山东省军区指挥第24军第72师、炮兵第13团和警备第4、第5旅进行解放长山列岛的作战。11日晚,第72师和警备第4、第5旅分别从蓬莱市刘家旺、栾家口、解宋营起渡。12日凌晨,警备第4、第5旅攻占长山列岛两翼大小黑山岛、大小竹山岛,牵制停泊在南北长山岛的国民党军舰艇。第72师在友军配合下,接近南北长山岛,并在炮火掩护下迅速登岛,与守军展开激战,上午攻占南长山岛,下午占领北长山岛。而后以警备第5旅为主,向砣矶岛、大小钦岛、南北皇城岛发起进攻。至18日下午,守军残部弃岛逃遁,战役结束,山东省全境解放。

衡宝战役

解放战争时期,中国人民解放军第四野战军主力和第二野战军一部在湖南省衡阳、宝庆地区,对国民党军白崇禧集团进行的进攻作战。1949年8月长沙和平解放后,人民解放军第四野战军主力和第二野战军一部挺进到江西省南部和湖南省东北部地区。由湖北省南撤的国民党军华中军政长官白崇禧集团被迫调整部署,将其主力5个兵团11个军31个师共20万余人退据以衡阳、宝庆(今邵阳)为中心的湘南地区,与华南军政长官余汉谋集团组织“湘粤联合防线”,企图在川湘鄂边区绥靖公署主任宋希濂集团呼应下阻止人民解放军南进,战况不利时再退向广西、海南岛或贵州、云南,或逃往国外。国民党军主要集结防守于衡阳、宝庆等地。为歼

灭白崇禧集团，第四野战军司令员林彪、第二政治委员邓子恢遵照中共中央军委主席毛泽东关于对白崇禧集团取大迂回动作，插至敌后，先完成包围，然后再回打的方针和部署，统一指挥第四野战军第12、第13、第15兵团和第二野战军第4兵团，分成中、西、东三路进军华南，同时发起衡宝战役和广东战役。参加衡宝战役的中、西两路军共约40万人。

白崇禧发现人民解放军突破其“湘粤联合防线”左右两翼，并已楔入腹心，即令所属主力向广西方向撤退，改守湘南新宁、零陵、新田、嘉禾一线。在衡宝地区仅留第14军第10、第62师等部于桃花坪、宝庆间警戒，掩护主力撤退。第四野战军发现白崇禧集团已全线收缩，即令各部队坚决进行阻击和追击，白崇禧集团大部逃往广西。

衡宝战役，是人民解放军向中南进军中具有决定意义的战役之一，历时34天，歼灭国民党军4.7万余人，解放了湘南和湘西大部地区，为而后第四野战军主力进军广西全歼白崇禧集团和第二野战军经湘西进军西南创造了有利条件。

新疆和平解放

1949年5月，中国人民解放军第一野战军在司令员兼政治委员彭德怀指挥下开始进军西北，对国民党军实施战略追击。至9月，歼灭了西北地区国民党军大部，解放陕西、甘肃、宁夏、青海四省，挺进甘肃河西走廊，主力集结于酒泉、玉门、安西、敦煌一线，威逼新疆。早在1949年3月中共七届二中全会上，中共中央主席毛泽东就提出了解决残存国民党军的天津、北平（今北京）、绥远三种方式。8月，中共中央提出和平解放新疆的主张，并派出人员赴新疆做促进和平解放的工作。9月10日，曾担任过国民党西北行营主任兼新疆省主席、年初到北平同中共谈判未归的国民党政府首席代表张治中，受毛泽东委托，致电国民党军新疆警备总司令陶峙岳和新疆省政府主席包尔汉，敦促起义。陶峙岳、包尔汉接受了中共中央提出的八项和平条件。9月23日，陶峙岳派代表到兰州，与彭德怀商谈和平解放新疆事宜。同时，陶峙岳和包尔汉共同挫败了新疆国民党军中的少数顽固分子企图破坏和平解放新疆的阴谋。9月25日至26日在迪化（今乌鲁木齐）先后通电，率所部7万余人起义。新疆宣告和平解放。

福州战役

解放战争时期，中国人民解放军第三野战军第10兵团对福州地区国民党军进行的进攻作战。1949年4至5月间，人民解放军举行渡江战役，解放了南京、上海、武汉和苏南、皖南、浙西、赣东北、闽北等广大地区。败退的国民党军以第6、第22、第8、第12兵团在福州、厦门、漳州和闽粤交界地区设防，企图阻止人民解放军向闽中、闽南推进，以屏障台湾。福州为福建省省会，地处闽江下游，毗连重要军港马

尾，闽江横贯市区南部，北部、东部有大、小北岭和鼓岭为屏障。国民党福州绥靖公署主任朱绍良、第6兵团司令官李延年率5个军13个师约6万人驻守福州地区。7月，国民党总裁蒋介石到福州，布置增修工事，调整兵力，加强防御。第三野战军第10兵团（辖第28、第29、第31军）在上海战役后奉命进军福建。战役于8月6日打响。17日晨，第10兵团攻占福州市区后，留一部兵力担任警备任务，主力追击逃敌，至23日，除第96军一部逃往漳厦地区外，其余均被歼灭于福清、永泰以北和乌龙江以南地区。此役共歼灭国民党军4万人，解放了福州市和周围县城9座及军港马尾。

漳厦金战役

1949年8月下旬福州解放后，国民党军固守以漳州、厦门、金门岛为重点的福建省南部沿海地区，以屏障台湾。第三野战军第10兵团司令员叶飞、政治委员韦国清根据当时敌情，决定首先攻歼漳州地区及金门、厦门岛外围守军，扫清南下的海陆通道，而后同时攻取金、厦两岛。9月10日前后，第10兵团主力由福州、福清南下泉州、安溪地区，稍做准备后即发起漳厦金战役。第29军直插云顶岩、曾厝垵、黄厝，第31军直插厦门市区。17日晨，第31军1个营再次攻击鼓浪屿，登陆成功，守军投降。至11时解放厦门全岛，歼守军2.7万余人，其第166师逃往小金门。此役，共歼灭国民党军近4万人，解放了福建省南部大陆和除金门、马祖、东山等岛以外的全部沿海岛屿。金门岛登陆作战受挫，为而后渡海登陆作战提供了经验教训。

成都战役

1949年12月，中国人民解放军第二野战军主力在四川省成都地区围歼国民党军胡宗南集团等部的作战，是进军西南的决定性战役。人民解放军第二野战军主力及第四野战军一部，在第二野战军司令员刘伯承、政治委员邓小平指挥下，自1949年11月初开始进军西南以来，以大迂回、大包围动作，先后解放了湖北省西部，贵州全省和四川省东部、南部广大地区，并从东南西三面逼近成都。由第一野战军转隶属第二野战军建制的第18兵团在西北军区司令员贺龙指挥下，于秦岭地区完成抑留川陕甘边区绥靖公署主任胡宗南集团的任务后，于12月初兼程南下，对南撤的胡宗南集团跟踪追击，从北面逼近成都。11月30日，重庆解放前夕，国民党总裁蒋介石偕要员逃到成都，企图以撤退到成都地区的国民党军保住川西地区，背靠康、滇山区，等待时机，图谋反攻，敌军共约32万人。由于第二野战军各部队正向成都地区进逼，国民党华中军政长官白崇禧所部也已在广西被歼灭，蒋介石眼看割据西南、待机反攻之战略企图已经破灭，于是任命胡宗南为西南军政长官公署副长官兼参谋长，代行长官职权，全权指挥川西地区国民党军进行抵抗，自己则飞

往台湾。刘邓指挥第二野战军部队将数十万国民党军全部被包围于成都地区,节节推进。国民党军投降的投降,起义的起义,成都宣告解放。30日,第二野战军第18兵团进驻成都。此役,第二野战军以强大军事压力和政治攻势,使成都地区国民党军30余万人大部起义,一部被歼,只有少数溃散和逃往西昌地区。至此,国民党军在大陆上的最后一个战略集团被歼灭。国民党当局盘踞川西、待机反攻的企图被粉碎。

舟山群岛战役

1949年8月至1950年5月,中国人民解放军第三野战军一部对驻守舟山群岛的国民党军进行的进攻作战。

1949年夏,上海市和浙江省大陆解放后,国民党军第75、第87军和暂编第1军等共10个师约6万人退据舟山群岛,企图对上海、杭州地区实行海上封锁,并屏障台湾。第三野战军第7兵团奉命以第22军指挥第21军第61师,采取逐岛攻占方针,解放舟山群岛。8月18日晚,渡海登陆部队分三路向舟山外围岛屿发起进攻,逐次攻占舟山外围岛屿30多个,取得了渡海作战经验,夺取了前进阵地,为进攻舟山本岛创造了有利条件。作战期间,国民党军陆续从台湾、金门等地调兵增援,使舟山本岛总兵力达5个军,连同海、空军及特种部队约12万人,并加筑工事,抢修机场,企图固守。1950年4月,第三野战军为保证战役全胜,决定增至6个军和特种兵纵队炮兵一部参战,组成南、北两个集团,分由第7、第9兵团指挥,并延长了进攻舟山本岛的准备时间。各参战部队筹集船只,进行渡海登陆训练。在进攻舟山本岛作战即将发起之际,国民党军鉴于海南岛已失,为集中兵力确保台湾,遂于5月13日开始将据守舟山的部队秘密撤退。16日,第7兵团组织部队渡海登岛,追歼逃敌,相继占领定海、朱家尖、岱山、普陀山、长涂山等岛,至19日舟山群岛全部解放。此役,共歼国民党军8850余人。舟山群岛的解放,打破了国民党军对长江口的封锁,对建设上海和巩固浙东海防具有重要意义。

西昌战役

1949年12月28日,从成都逃往海南岛的国民党西南军政长官公署代长官胡宗南返回西康省(今分属四川、西藏)西昌,与西昌警备司令贺国光纠集由四川逃出的国民党军第27、第56、第2、第124军等残部及西昌警备司令部所属1个多师共约3万人,盘踞西昌地区,企图建立“游击根据地”。1950年3月12日,中国人民解放军西南军区暨第二野战军以第14、第15、第62军各一部,共13个团的兵力发起西昌战役。大军对西昌形成南北夹击之势。胡宗南、贺国光仓皇乘飞机逃跑,守军纷纷溃逃。第27、第56军残部逃向西昌以北小相岭山区。第62、第15军随即对其实施合击,在彝族群众的帮助下,至4月5日,全歼被围困在小相岭山区的国

民党军，毙原西南军政长官公署副长官、四川第1路游击总指挥唐式遵等。第14军和桂滇黔边纵队各一部于3月20日分别由禄丰、宾川北进，渡金沙江，猛追八昼夜，在宾川、邓川（今属洱源）一带歼灭由西昌地区南逃的第124军残部。第62军另一部于3月17日由雅安西进，至24日，解放泸定、康定，歼第127军残部。此役，歼灭国民党军1万余人，解放了西昌地区和巧家、华坪、康定、泸定等18座县城。

平而关战役

1949年12月广西战役中越国境外逃的国民党军第17兵团部及所属第100军残部，于1950年1月31日在兵团司令官刘嘉树率领下，辗转回窜广西龙津县水口关（今龙州水口街）东北地区，企图寻机经平而关进入十万大山，逃往海南岛或台湾。正在南宁地区担负剿匪任务的中国人民解放军第45军第134师奉命歼灭该敌。由于得到的情报是国民党军仅1000余人，决定就近调集4个多营约3000人的兵力，由副师长张晓冰指挥，以1个营隐蔽集结于水口关以南那菊卡、龙村地区，2个营秘密进至龙州西北科甲地区，1个营集结于南宁西南苏圩地区，准备待国民党军深入内地后，采取分进合击战术予以歼灭。2月1日，国民党军攻击水口关，第134师驻水口关1个排阻击后即主动撤离。4日，国民党军由水口关南进，5日进至平而关地区。第134师在苏圩的1个营即乘汽车疾进，占领平而关以南的南大山，截断了国民党军去路；其余3个营同时急速南进，于5日下午将其包围于平而关地区。此时，才发觉国民党军有6700余人。第134师遂进行火线政治动员，同时组织部队猛烈攻击。国民党军为了打通前进道路，全力争夺南大山，连续冲击10余次，均被击退。6日上午，第134师将国民党军压缩在平而关南面的河谷内，激战至7日上午将其全歼。此次战斗，第134师行动迅速，战术灵活，打得勇猛，取得了以少胜多之战绩。

海南岛战役

解放战争时期，中国人民解放军第四野战军第15兵团部指挥两个军，在琼崖纵队接应下渡海登陆，对退守海南岛的国民党军进行的进攻作战。海南岛又称琼崖，为中国第二大岛，面积3.2万多平方千米，海岸线长1584千米，北隔琼州海峡，宽11~27海里，与雷州半岛相望。中国人民解放军琼崖纵队在中共琼崖组织领导下，坚持斗争23年，建立了以五指山为中心的根据地，至1949年底，部队发展到2.5万人。岛上国民党军为海南防卫总司令薛岳所部总兵力10万余人，组成“立体防御”，企图凭险固守，把海南岛当作反攻大陆的基地。

第四野战军根据中共中央军事委员会关于慎重从事，充分准备，争取于1950年春夏解决海南岛问题的指示，以第15兵团司令员邓华、政治委员赖传珠指挥第

40、第43军及炮兵、工兵各一部共10万余人，组成渡海作战兵团，征集大小帆船，准备解放海南岛。在琼崖纵队独立团接应下，大军两次渡海成功，逐步推进，解放了海口、三亚等城市。薛岳所部紧急逃亡至台湾。是役，人民解放军歼灭国民党军3.3万余人，创造了以木帆船为主，配以部分机帆船进行大规模渡海登陆作战，摧毁了国民党陆海空军“立体防御”体系的战例，为解放其他岛屿的作战提供了宝贵经验。

万山群岛战役

1950年5至8月，中国人民解放军中南军区陆、海军各一部对国民党军据守的广东省万山群岛进行的进攻作战，是人民解放军海军初建时期协同陆军进行的首次登陆作战。

万山群岛有48个岛屿，位于广东省珠江口外，居香港与澳门之间，扼广州门户。主要岛屿有垃圾尾（今桂山）、外伶仃、东澳、三门、大小万山岛和担杆、佳蓬列岛等。1950年5月1日海南岛解放后，国民党海军企图控制进出香港、澳门的主要航线，封锁珠江入海口，阻止人民解放军解放万山群岛。人民解放军第15兵团积极备战，为统一指挥，在兵团副司令员兼广东军区江防部队司令员洪学智指挥下，由各参战部队主要指挥员组成联合指挥所。5月8日参战部队在中山市沿海集结，5月25日凌晨，登陆输送船队和火力支援船队由唐家湾起航，26至28日，登陆部队相继占领牛头、垃圾尾、蜘洲、大碌、大头洲、东澳及大小万山等岛。8月7日，我军攻占蚊尾洲，战役结束。

万山群岛战役历时75天，人民解放军攻占了万山群岛各岛屿，共毙伤俘国民党军700余人，击沉其舰艇4艘，击伤11艘，缴获舰船11艘。万山群岛的解放，打破了国民党军对珠江口的海上封锁，对于巩固华南海防、保证海上渔业生产和交通运输的安全具有重要意义。

一江山岛战役

中国大陆解放后，国民党军残余部队退据东南沿海部分岛屿。台湾国民党当局企图利用这些岛屿作为护卫台湾的屏障，反攻大陆的跳板，袭扰大陆的基地。国民党军在浙东沿海所据守的岛屿，经过几年经营，已构成防御体系，其防务由“大陈防卫区司令部”组织实施，刘廉一任总指挥。守军主要是美械装备的第46师和6个突击大队，还有10余艘海军舰艇经常在此海域游弋，总兵力达2万余人。一江山岛由南一江、北一江两岛组成，是国民党军威胁浙江的主要据点。1954年5月中旬，人民解放军华东军区部队攻占了东矶列岛、头门山、田岙、雀儿岙等岛。1955年1月18日，中国人民解放军华东军区陆海空军各一部发起一江山岛登陆作战。此役，共毙俘国民党军1086人。

一江山岛解放后,浙东前指为了实现解放大陈等浙东沿海岛屿的既定计划,于1月30日下达准备攻占大陈岛的预令。台湾当局被迫于2月5日决定将国民党军撤离以大陈岛为中心的台州列岛。至2月25日,在美国海空军掩护下,国民党军全部撤离。至此浙东沿海岛屿全部解放。

一江山岛战役,是人民解放军陆海空军首次联合登陆作战。解放一江山岛,改变了台湾海峡的斗争形势,初步取得了联合兵种协同作战的经验。

炮击金门

新中国成立后,台湾国民党当局在美国支持下,不断派遣陆海空军,以金门、马祖等岛屿为前哨据点,对大陆东南沿海地区进行袭扰和破坏活动,妄图进而"反攻大陆"。

炮击金门

1954年12月,美国政府和台湾当局签订《共同防御条约》,企图使入侵台湾海峡的美国军队取得合法地位,并增加兵力,扩建军事基地,继续给予台湾当局大量军事援助并制造"两个中国",以阻挠中国人民解放台湾。在这个条约的策划阶段,人民解放军福建前线部队奉命于1954年9月3日和22日两次炮击金门,惩罚国民党军,表明反对美国干涉中国内政的严正立场。

1958年7月,在美国、英国先后出兵侵略黎巴嫩、约旦之际,台湾国民党当局在美国支持下,企图趁火打劫,叫嚷"加速进行反攻大陆的准备",中国人民解放军福建前线部队为了对据守福建省金门岛的国民党军进行惩罚,进行了大规模炮击封锁行动。

1959年1月9日,中共中央军委决定"今后逢单日不一定都打炮"。此后福建前线部队炮击次数逐渐减少,只是在1960年6月17、19日,即美国总统艾森豪威尔访问台湾前夕和离台时,进行了更大规模的示威性炮击,发射炮弹数万发。由于精心观测和射击,弹着点都在滩头、水洼和阵地之间,未造成伤亡。1961年12月中旬起,遵照中央军委关于保持台湾海峡局势稳定,不主动打击金门国民党军的指示,福建前线部队只在单日以宣传弹进行射击。1979年1月1日,中美两国建交,美国政府和台湾国民党当局的《共同防御条约》即告终止。同日,中国全国人民代表大会常务委员会发表《告台湾同胞书》,宣布争取和平统一祖国的方针。国防部部长徐向前发表《关于停止炮击大、小金门等岛屿的声明》,福建前线部队对金门的

炮击即告停止。

抗美援朝战争的历史背景

1950年6月25日,朝鲜内战爆发。美国为了维护其在亚洲的霸权地位,推行侵略政策,立即出兵干涉。26日,美国总统杜鲁门命令美国驻远东的海、空军参

中国人民志援军开赴朝鲜战场

战,支援南朝鲜(韩国)军。27日,杜鲁门发表声明,宣布派兵入侵朝鲜,并令美国海军第7舰队侵入台湾海峡,侵占中国领土台湾。美国操纵联合国,制定了干涉朝鲜的决议。9月15日,美军以其第10军在朝鲜西海岸仁川登陆,并越过38度线,企图迅速占领全部朝鲜。朝鲜民主主义人民共和国处境危急。中共中央做出"抗美援朝、保家卫国"的决策。1950年10月19日,中国人民志愿军在司令员兼政治委员彭德怀率领下,跨过鸭绿江,开赴朝鲜战场,与朝鲜人民军并肩作战。

抗美援朝战争第一次战役

1950年10月25日,志愿军发起抗美援朝战争第一次战役,以1个军的主力配合朝鲜人民军在东线进行阻击,集中5个军和1个师于西线给"联合国军"以突然性打击,将其从鸭绿江边驱逐到清川江以南,毙伤俘敌1.5万余人,挫败了"联合国军"企图在感恩节(11月23日)前占领全朝鲜的计划,初步稳定了朝鲜战局,并取得了以劣势装备同具有现代化装备的美军作战的初步经验。

抗美援朝战争第二次战役

1950年11月7日至12月24日,中国人民志愿军在朝鲜人民军配合下,将美国为首的"联合国军"及其指挥的南朝鲜(韩国)军诱至预定战场后,对其突然发起反击之战役。11月24日,"联合国军"发起旨在圣诞节结束朝鲜战争的总攻势。志愿军按预定计划,故意示弱,将"联合国军"诱至预定地区后,立即发起反击,予以出其不意的打击。"联合国军"兵败于西部战线的清川江两岸和东部战线的长津湖畔,被迫弃平壤,丢元山,分从陆路、海路退至"三八线"以南。志愿军在朝鲜人民军配合下,又赢得抗美援朝战争第二次战役的重大胜利,毙伤俘敌3.6万余人,其中美军2.4万余人,扭转了朝鲜战局。

抗美援朝战争第三次战役

"联合国军"在战场上连遭失败,为挽回败局,美国于12月14日操纵联合国大会通过成立所谓"朝鲜停战三人委员会"的决议,打出"先停火,后谈判"的幌子,企图争取时间,整军再战。为不给"联合国军"以喘息时机,在政治上取得更大主动,毛泽东决定志愿军立即越过"三八线"。据此,志愿军同朝鲜人民军一起于1950年除夕发起抗美援朝战争第三次战役。这次战役,采取稳进的方针,志愿军集中6个军,在人民军3个军团协同下,对依托"三八线"既设阵地进行防御的"联合国军"发起全线进攻,将其从"三八线"击退至北纬37度线附近地区,占领汉城,并适时停止了战役追击,第三次战役结束,共毙伤俘敌1.9万余人。

抗美援朝战争第四次战役

"联合国军"在中朝人民军队第一、第二、第三次战役的打击下,丢失汉城,退至北纬37度线附近地区。为恢复攻势,挽回其失败影响,美国操纵联合国大会第一委员会通过所谓"立即安排停火"的"五步方案",同时从美国本土和其他地区迅速抽调大批老兵补充在朝部队。1951年1月25日,美军在全线发起大规模进攻。中朝人民军队停止休整,转入防御作战。为争取时间,掩护后续兵团集结,大量杀伤敌人有生力量,中朝人民军队决定以志愿军1个军和人民军1个军团组成西集团,在西线抗击敌人主要进攻集团;以志愿军4个军组成中央集团,以朝鲜人民军3个军团组成东集团,在东线寻敌弱点,实施反击。在西线,中朝军队将进攻之敌阻止在汉江以南的内飞山、文衡山、武甲山、杨子山一线。在东线,韩国军和美军一部进到砥平里、横城、下珍富里、江陵一线,其中,韩国军第8、第5、第3师前进至横城以北约10公里,态势突出,翼侧暴露。中朝人民军队决心乘此有利时机,采取两翼突击和正面攻击相结合的战法,实施横城反击作战。2月11日,中朝人民军队向横

城以北之敌发起反击。中央集团经一昼夜激战,将韩国军第8师3个团、美军第2师1个营和4个炮兵营歼灭。东集团在突破后,向平昌、宁越方向发展。中央集团攻砥平里未克,遂停止进攻。3月7日,“联合国军”集中兵力,开始在整个战线发动猛烈进攻。中朝人民军队节节阻击,大量地杀伤敌人。至4月21日,将敌阻止在开城、涟川、华川、杆城一线,迫使其基本上停止了进攻,第四次战役遂告结束。

此役,中朝人民军队历时87天,毙伤俘敌7.8万余人,完成防御任务,赢得时间,掩护了志愿军后续兵团集结,为进行第五次战役创造了有利条件。

抗美援朝战争第五次战役

1951年4月22日,中朝人民军队发起抗美援朝战争第五次战役。首先集中志愿军11个军和人民军1个军团于西线实施主要突击,再次越过“三八线”,直逼汉城;接着,志愿军又转移兵力于东线,同人民军一起给予县里地区的联合国军以歼灭性打击。胜利后,中朝人民军队为保持主动,向北转移,准备新的作战,至6月10日,将战线稳定在“三八线”南北地区,此次战役历时50天,毙伤俘敌8.2万余人。

上甘岭战役

抗美援朝战争中,中国人民志愿军为粉碎美国为首的“联合国军”及其指挥的南朝鲜(韩国)军“金化攻势”,于1952年10月14日~11月25日,在上甘岭地区依托坑道工事,所进行的坚守防御作战。1952年秋,志愿军和朝鲜人民军全线性战术反击作战取得节节胜利,“联合国军”处境愈加被动。在朝鲜停战谈判中,美方坚持所谓“自愿遣返”原则,企图强行扣留中朝人民军队被俘人员,并于10月8日单方面宣布无限期休会。时值美国总统选举和联合国第七届大会召开前夕,“联合国军”为适应政治斗争需要,谋求在停战谈判中的有利地位,并伺机夺取志愿军中部战线要点五圣山以改善防御态势,摆脱战场上的被动局面,于10月14日发动“金化攻势”,向上甘岭地区的597.8高地和537.7高地北山实施进攻。

上甘岭战役

志愿军为坚持持久作战,巩固已有阵地,创造性地建成了以坑道工事为骨干、同野战工事相结合的支撑点式的坚固防御体系。从而由带机动性质的积极防御,转为带坚守性质的积极防御;由主要用于坚守战线、消耗敌人的阵地防御,逐渐转向以歼灭敌人为主的阵地进攻,攻防作战均处于更加主动地位,取得了上甘岭战役

的胜利,粉碎了“联合国军”发动的规模较大、持续时间较长的“金化攻势”。

金城战役

抗美援朝战争1953年夏季反击战役中,中国人民志愿军第20兵团在第24军配合下,于7月13日至27日,对金城以南地区向朝鲜(韩国)军4个师防守的坚固阵地实施的进攻作战,是抗美援朝战争的最后一次战役。此役历时15天,毙伤俘敌5.2万余人,有力促进了朝鲜停战的实现。

奇袭白虎团

抗美援朝战争1953年金城战役中,中国人民志愿军第68军第203师穿插至直木洞以南地区,袭击南朝鲜(韩国)军首都师第1团(白虎团)的作战。7月14日零时,由第609团第2营和第607团侦察班组成的穿插营,在师主力攻占南朝鲜军第一线主阵地的同时,迅速通过3千米的炮火封锁区,向其纵深疾进。途中遇南朝鲜军约1个连的兵力向北增援,穿插营先头第5连当即以猛烈的火力将其大部歼灭。零时50分,进至三南里后,第5连向上枫洞方向前进;第4、第6连以侦察班为先导,向二青洞猛插。1时40分,在二青洞沟口与乘坐40余辆汽车的南朝鲜军机甲团第2营遭遇,当即对其首尾夹击,予以大部歼灭。由副排长杨育才带领的侦察班(12人),化装成护送美军顾问的南朝鲜兵,巧妙越过多道岗哨,冲破南朝鲜军增援部队阻拦,迅速插至白虎团团部,趁敌开会之际,突然开火,毙伤参加会议的机甲团团长以下54人,俘16人,缴获了白虎团团旗,捣毁了该团指挥系统。穿插营继续分路作战,先后击毁2辆坦克,歼灭多管火箭炮连和美军第555榴炮营,于2时40分占领421.2高地及其以南诸高地,完成了穿插任务。这次战争,对师主力全歼白虎团起了重要的配合作用。

朝鲜停战谈判

中国人民志愿军以顽强的意志、无比的勇气和智慧,战胜了许多困难,同朝鲜人民军并肩作战,取得了抗美援朝战争的胜利。面对一连串的失败和军事上的重创,美国和南朝鲜(韩国)在武力取胜无望的情况下,被迫表示愿进行停战谈判。最后,1953年7月27日,战争双方在朝鲜停战协定上签字。至此,历时2年零9个月的抗美援朝战争,以中朝军民的胜利和美国的失败而宣告结束。

援越抗美

1965至1973年,中国人民解放军派出防空、工程、铁道、后勤保障等部队及海

军扫雷工作队，对越南人民抗美救国战争所提供的军事援助。

1954年7月，美国逐步取代法国渗入越南南方，扶植西贡政权，阻挠越南南北统一，企图变越南南方为美国的殖民地和军事基地。越南南方人民奋起进行武装反抗。美国为消灭越南南方人民武装力量，对越南的侵略逐步升级，特种战争升级为“局部战争”。

中国是日内瓦协议签字国之一，对维护印度支那和平负有责任。早在1962年夏，为援助越南南方人民抗击美国侵略，中共中央、中国政府就决定无偿给越南提供各种枪9万支。随着战争规模扩大，中国无偿提供的军事援助也不断增加。中国人民解放军于1965年5月至1973年8月，先后派出防空、工程、铁道、后勤等部队23个支队和海军扫雷工作队(12艘扫雷艇、4艘保障艇)共32万余人，到越南北方担负防空作战、国防工程建设和扫雷等任务。

1968年5月13日，越美两国政府在巴黎开始谈判。11月1日起，美军停止轰炸和炮击越南北方。经中越两国政府商定，中国防空、工程、铁道、后勤等部队于1970年7月9日前全部撤离越南。1973年8月，海军扫雷工作队在越南东北沿海完成扫雷任务，也撤离越南回国。中国政府对越南抗美救国战争提供全面的军事援助，保卫了越南北方重要目标的安全，加强了越南北方的防御能力，保障了越南北方铁路、公路和重要港口、航线的畅通，为越南人民抗美救国战争取得完全胜利做出了重大贡献。

中印边境自卫反击战

印度1947年独立后，不仅继承了英国殖民主义者侵占中国的部分领土，还进一步扩大占领范围。到1951年前后，印度军队先后侵占了中印边界东段传统习惯线以北、非法的“麦克马洪线”以南约9万平方千米的中国领土，中段2000平方千米以及西段的巴里加斯，并企图侵占西段的3.3万平方千米的中国领土。印度政府还私自改画地图，把已占领和想占领的中印边界东段、中段、西段的中国领土划入印度版图。印度政府加紧进行进攻中国的准备和部署，中国政府多次提出通过谈判解决边界问题的建议，均遭印度政府拒绝。

1962年10月20日，印度军队在中印边界东段和西段，向中国发动了大规模全面进攻。当天，中国边防部队被迫进行自卫反击。反击战分为两个阶段。在第一阶段，中国边防部队在东段收复了达旺地区被印军占领的中国领土。11月14日、16日，印度军队再次在中印边境发起进攻，中国边防部队被迫实施了第二阶段的反击。在东段击溃各路进犯之敌，并拔除印军据点16处，一直追击到传统习惯线附近。在西段，中国边防部队收复了班公湖地区。11月21日，中国政府发表声明，宣布中国边防部队自翌日起在中印边界全线主动停火。中印边境自卫反击战的胜利，维护了国家尊严，提高了中国和中国军队在国际上的威信，并开创了胜利之师主动停火、主动后撤、主动交还缴获物资和俘虏人员的先例。

西沙自卫反击战

1974年1月,中国人民解放军海军南海舰队一部与陆军分队、民兵协同,对入侵西沙群岛的南越军队进行的反击作战。位于南海的南沙群岛、西沙群岛、中沙群岛和东沙群岛,历来是中国领土。但在20世纪50年代后半期,越南南方当局侵占西沙群岛的珊瑚岛等岛屿,并对南海其他诸岛怀有领土野心。1973年9月,南越当局又非法宣布将南沙群岛的南威、太平等10多个岛屿划入其版图。1974年1月11日,中华人民共和国外交部发言人发表声明,谴责南越当局对中国领土主权的肆意侵犯,重申中国对南沙、西沙、中沙和东沙各群岛拥有领土主权,中国政府决不容许南越当局对中国领土主权的任何侵犯。南越当局不顾中国政府的严正警告,于1月15日派驱逐舰16号("李常杰"号)侵入西沙的永乐群岛海域,后强占金银、甘泉两岛,企图作为继续侵占其他岛屿的据点。中国人民解放军海军南海舰队奉命派出海军,执行巡逻任务,保护中国渔轮安全生产。

中国人民解放军海军南海舰队遵照上级指示,向被南越军队侵占的甘泉、珊瑚和金银三岛逐岛发起攻击,至13时45分收复三岛,全歼入侵的南越军队。这次战斗,中国人民解放军海军南海舰队共击沉南越海军护航炮舰1艘,击伤其驱逐舰3艘,俘49人(战斗结束后不久,中国即将全部俘虏遣返),收复被南越军队侵占的永乐群岛中的3个岛屿。这一胜利,沉重打击了南越当局的扩张主义,维护了国家领土主权。

珍宝岛自卫反击战

珍宝岛位于黑龙江省虎林市境内,在乌苏里江主航道中心线中国一侧,向为中国领土,中国居民祖祖辈辈在这里进行捕鱼等生产活动。自1967年1月至1969年2月,苏联边防军先后16次侵入该岛,干涉中国居民的正常通行和生产活动,阻止中国边防部队执行正常巡逻勤务,打伤中国边民和边防战士多人。中国一再严正要求苏联方面停止其武装入侵活动,苏联却置若罔闻。1969年3月2日,苏联边防军出动70余人,分乘2辆装甲车和2辆军车,从珍宝岛上游的下米海洛夫卡和下游的库列比业克依内两个方向侵入珍宝岛,袭击中国边防部队巡逻人员,打死打伤6人。中国边防部队被迫自卫反击,将入侵的苏军逐出珍宝岛。15日,苏联边防军3次出动50余辆坦克、装甲车和步兵200余人,在直升机、炮火支援下向守卫珍宝岛的中国边防分队发起猛烈进攻,并用多种火炮轰击中国境内纵深地区。中国边防部队激战近9小时,顶住了苏联边防军的6次炮火急袭,挫败其进攻。17日,苏联边防军又出动步兵70余人,在坦克支援下入侵珍宝岛。中国边防部队以炮火将其击退。中国边防部队的珍宝岛自卫反击作战,保卫了国家的领土,维护了中华民族的尊严。

法卡山战斗

法卡山位于中国广西壮族自治区宁明县上石地区边缘，海拔500米，由3个高地组成，面积为1万多平方米。越南军队侵占法卡山后，利用其有利地形，经常袭击中国边境军民。1981年5月5日，中国人民解放军广西边防部队某部第2营第4连进行反击，收复了法卡山，并随即转入保卫法卡山的战斗。10日黄昏，越军向法卡山发射炮弹约2000发，随即以1个加强连的兵力发起进攻，占领第4连前沿阵地。第4连在友邻分队配合下实施反冲击，夺下了前沿阵地。16日晨，越军又以猛烈炮火轰击法卡山，以1个团的兵力分三路发起进攻。接替第4连坚守阵地的第5连面对10倍于己的越军，顽强奋战2小时，终因寡不敌众，部分阵地失守，情况十分危急。此时，在山下的第6连主动增援，登上法卡山主阵地，勇猛地将越军击退，夺回了失去的阵地，而后连续打退越军的7次进攻，恢复了法卡山的防御态势。19日和6月7日，越军又各以约1个营的兵力向法卡山及其两侧高地进攻，均被击退。至此，越军5次进攻法卡山均遭失败。

老山战斗

老山位于中国云南省麻栗坡县船头以西，主峰海拔1422.2米，扼越南西北部河江市通向中国云南省的咽喉要道。1979年春，越南军队第313师第122团抢占了老山主峰及附近有利地形，建立4个军事据点群，频繁袭扰我边境。至1984年3月，侵占老山地区的越军向麻栗坡县境内发射炮弹2.8万余发，打死打伤中国边民300余人，炸毁民房上百幢。中国人民解放军云南边防部队于1984年4月28日发起老山反击作战。当日凌晨，炮兵对老山主峰和662.6高地实施火力急袭，突击部队采取两翼多路攻击和侧后穿插之战法，不到5个小时即收复了老山主峰。另一支部队只用了9分钟即收复662.6高地，1426高地的越军也于当日弃阵撤逃。5月15日，云南边防部队又清除了封锁中国船头通道的八里河东山越军据点。至此，全部收复老山地区被越军侵占的中国领土。

老山战斗

国学经典文库　图文珍藏版

中国百科全书

王艳军⊙主编

线装书局

目　录

文化篇

艺术篇

科技篇

文化篇

传世作家

先秦两汉作家

墨子

墨子(约公元前468—前376年),名翟,相传原为齐国人,长期住在鲁国。战国初期思想家、政治家、教育家,墨家学派创始人。主张“兼爱”“非攻”“尚贤”“节用”,弟子众多,在当时思想界影响很大,与儒家并称“显学”。《墨子》是墨家学派的著作总汇,虽然是保留记录言行的语录体形式,但已成初具规模的论说文。

老子

老子(约公元前571—前471年),姓李,名耳,字伯阳,谥曰聃,楚国苦县(今鹿邑县)人。春秋时代思想家,道家学派创始人。曾做过周朝的守藏史。老子的著作,有《五千文》即《道德经》,也叫《老子》。它是老子用韵文写成的一部哲理诗,既是道家的主要经典著作,也是研究老子哲学思想的直接材料。

老子画像

孔子

孔子(公元前551—前479年),名丘,字仲尼,春秋鲁国昌平乡陬邑(今山东曲阜市东南)人。古代著名思想家、教育家,儒家学派创始人。孔子的学说是中国两千多年文化的主流,对世界的思想史、文化史、教育史影响深远。他的思想核心是“仁”。相传其弟子3000人,贤者72人。《论语》是记载孔子及其弟子言行的语录体散文专集,也是儒家经典著作之一。

孟子

孟子(约公元前372—前289年),名轲,字子舆,邹国(今山东邹城市)人,战国时期的思想家、文学家,儒家学派的主要代表之一。幼年丧父,家贫,曾受业于孔子之孙子思。学成后,讲学授徒,游说诸侯,推行仁政,终未见用。后退居乡里,“序《诗》《书》,述仲尼之意,作《孟子》七篇”,继承和发展了孔子的思想,并提出一套完整的思想体系,对后世产生了极大的影响,被尊奉为仅次于孔子的“亚圣”。《孟子》一书包括《梁惠王》《公孙丑》《滕文公》《离娄》《万章》《告子》《尽心》共七篇,其文章以对话体为主,言简意赅、说理畅达、章法巧妙、文采生动,富有浓郁的艺术感染力,是先秦诸子散文的代表之一,深刻地影响了后世散文的发展。

庄子

庄子(约公元前369—前286年),名周,战国中期宋国蒙(今安徽蒙城)人。和老子同为道家学派创始人,世称“老庄”。他具有朴素的辩证法思想,但又宣扬虚无主义和宿命论。他愤世嫉俗,鄙视富贵利禄,作品揭露了统治者“仁义”的虚伪。庄子及其后学所著《庄子》一书,唐代以后又称《南华经》,是道家经典著作之一。其文想象丰富,言辞瑰奇,具有浓厚的浪漫主义风格,对中国文学影响深远。他创作的许多寓言故事,如“螳臂挡车”“东施效颦”等广为人知。名篇还有《庖丁解牛》《秋水》《逍遥游》等。

庄子

屈原

屈原(约公元前340—约前278年),名平,字原,战国时期楚国政治家,伟大的爱国诗人。因遭奸臣陷害而被放逐,后投汨罗江而死。他为中国古代的诗歌开辟了浪漫主义的新天地。主要作品有《离骚》《九章》《九歌》等。

荀况

荀况(公元前313—前238年),字卿,世称荀子,汉时避宣帝刘询讳,改称孙卿。战国后期赵国(今山西南部)人,思想家、教育家,先秦儒家的最后一位大师,其著作后人编定为《荀子》32 篇。荀子思想体系吸收诸子之长,是先秦唯物主义的集大成者,他针对孟子"性善论"提出"性恶论",针对儒家"天命论"提出"天行有常"的朴素唯物论和"制天命而用之"的"人定胜天"思想。

韩非

韩非(约公元前 280—前 233 年),也称韩非子,韩国贵族,荀况弟子,生活于战国末期,是先秦法家学派代表人物,后因其同学秦相李斯的陷害,自杀于狱中。在政治上提出重赏、重罚、重农、重战诸项政策,主张君主集权,反对贵族操纵政治。其文化思想是一个彻底的功利主义者。现存《韩非子》55 篇。

韩非

贾谊

贾谊(公元前 200—前 168 年),河南洛阳人。西汉政治家、文学家,世称贾生。他青年时代就有才名,22 岁时因廷尉吴公的推荐,被汉文帝召为博士,才能学识得文帝赏识,提为太中大夫。后遭权贵诽谤,被汉文帝疏远,贬为长沙王太傅,后又为梁怀王太傅,怀王坠马身亡,贾谊十分悲伤,一年后亦死。贾谊是骚体赋的代表作家,代表作品是《吊屈原赋》《鹏鸟赋》。其最为人称道的是政论作品,代表作品是《过秦论》《论积贮疏》和《治安策》。

司马相如

司马相如(约公元前 179—前 117 年),字长卿,西汉蜀郡成都(今四川成都)人。汉景帝时为武骑常侍,后免官游梁,与枚乘、邹阳等为梁孝王门客,梁孝王死后归蜀,后被武帝召入宫。其代表作有《子虚赋》《上林赋》等,最终确立了典型汉代大赋的体制。

司马相如画像

司马迁

司马迁(公元前 145—前 90 年),字子长,夏阳龙门(今陕西韩城)人,是我国著名的史学家和文学家,主要著作有《史记》。他的父亲司马谈是汉武帝的太史令，学识渊博，掌握秘籍，专司记述，并有著史宏志。司马迁早年就从父亲那里得到较好的文学教养。司马迁42岁开始《史记》的写作。后因上书替败降匈奴的李陵辩解，触怒了汉武帝，被捕入狱，受了宫刑。自此他更加发愤著书，将全部精力投注到《史记》的著述上。大约在54岁左右，司马迁终于完成了《史记》这部巨著。《史记》开创了中国纪传体的史学，它的记事，上至传说中的黄帝，下至汉武帝太初年间，是中国历史的伟大总结，也是中国古代文学的瑰宝。

魏晋南北朝作家

孔融

孔融(153—208年)，字文举，鲁国(今山东曲阜)人。汉末文学家。建安七子之一。孔子二十世孙。“七子”中，他年辈最高，政治态度与其他6人不同。献帝时任北海(山东寿光)相，世称孔北海，又任少夫、太中大夫等职。为人不拘小节，恃才负气，刚正不阿。因非议曹操，被杀。其散文辞藻华丽，多用骈句，但能以气运词，有新变化。曹丕《典论·论文》称他：“体气高妙，有过人着者。然不能持论，理不胜词。”代表作《论盛孝章书》和《荐祢衡表》，都显示这种特色。诗仅存7首，其中《杂诗·岩岩钟山首》写远大怀抱，情辞慷慨；《远送新行客》写丧子的悲痛，情致哀婉，都富有抒情色彩。

曹操

曹操(155—220年)，字孟德，小名阿瞒。三国时政治家、军事家、诗人，沛国谯县(今安徽亳州)人。汉献帝官至丞相，后被封为魏王，死后其子曹丕代汉建魏，追尊曹操为魏武帝。在文学上，他是建安诗坛的领袖，是建安文学的保护者、倡导者，在他身边聚集了许多文士诗人，形成了著名的邺下文人集团。在创作上，他继承乐府民歌“感于哀乐，缘事而发”的现实主义传统，不受古题古意的束缚，“用乐府题目自作诗”，“叙汉末时事”，形成文人写实的新现实主义传统。有抒情诗《观沧海》《龟虽寿》《蒿里行》等乐府歌辞，有《魏武帝集》留世。

诸葛亮

诸葛亮(181—234年)，字孔明，琅琊阳都(今山东沂南)人。三国时蜀汉政治家、军事家。东汉末,隐居邓县隆中(今湖北襄阳西)十余年,自比管仲、乐毅,被称为“卧龙”。建安十二年(207年),经颍川徐庶推荐,刘备“三顾茅庐”,诚心求教。他向刘备提出著名的《隆中对》。刘备采纳了他的主张,建立蜀汉政权,诸葛亮任丞相。刘备死后,诸葛亮倾心辅佐刘禅,励精图治,赏罚分明,抑制豪强,加强对西南各族统治,并改善同西南各族人民的关系,促进当地经济、文化发展。他又屯田汉中,发展农业生产,对统一和开发我国西南地区做出重大贡献。他曾五次北伐,其中两出祁山,与魏争夺中原。后与司马懿在渭南对峙,病故于五丈原(今陕西眉县西南)军中。他治国治军严谨慎重,善于用兵,有《诸葛亮集》《出师表》传世。

诸葛亮画像

曹丕

曹丕(187—226年),字子桓,曹操次子。220年曹操死,他继承了曹操的地位,并废汉献帝而自立为皇帝,国号魏,称魏文帝。他的父亲大力打击豪强巨族,而他则对大贵族、官僚地主采取让步,采用了陈群制定的“九品中正法”的用人制度,确立和巩固了士族门阀在政治上的特权地位。曹丕生长在戎旅之间,自幼娴习弓马,精于骑射和剑术,爱好文学,博闻强识,勤于著述。他的《典论·论文》提出了关于文学方面的许多问题,开创了文学批评的新风气,是我国较早的文学批评著作。他创作的诗歌形式多样,抒情深婉有致,其中《燕歌行》是我国文学史上流传下来的第一首完整的文人七言诗,明人辑有《魏文帝集》。

曹植

曹植(192—232年),字子建,曹操的第三子,曹丕之弟,三国时期魏国杰出诗人。自小聪颖,能七步成诗。他是中国诗歌历史上第一个大量创作五言诗的作家,是建安文学的集大成者。现存诗作80首,其中《七步诗》《赠白马王彪》《洛神赋》《与杨德祖书》广有影响。

曹植画像

阮籍

阮籍

阮籍（210—263 年），字嗣宗，陈留尉氏（今河南尉氏县）人，三国时期文学代表作家，“竹林七贤”之一。阮瑀之子，晚年做过步兵校尉，故世称“阮步兵”。阮籍博览群籍，本有“济世志”，后因政治黑暗终日纵酒佯狂，为人鄙弃礼法，任情自适。阮籍的诗歌对于中国五言诗的发展具有重大的影响，代表作为 82 首五言《咏怀诗》，组诗内容复杂，多用比兴，用笔曲折，含蕴隐约。阮籍的五言诗开拓了中国古典诗歌的广度和深度，增强了哲理性和抒情力度。阮籍的散文，以《大人先生传》最著名，文章骈散相杂，眼光锐利，说理透彻，并且成功塑造了大人先生的完美形象。

嵇康

嵇康（224—263 年），字叔夜，谯郡铚（今安徽宿县西南）人。魏晋之际文学家、音乐家，“竹林七贤”之一。魏宗室女婿，官至中散大夫，世称嵇中散。少孤贫，然励志勤学，博闻广洽，文学、玄学、音乐无不精通。嵇康恬静寡欲而又峻急刚烈不拘礼法，因其不合作态度，为司马昭所害。嵇康的诗歌以四言取胜，代表作有《幽愤诗》、组诗《赠秀才入军》等，其中的名句“风驰电逝，蹑景追飞”“目送归鸿，手挥五弦”等流传千古。嵇康的文章成就也较高，《与山巨源绝交书》等散文嬉笑怒骂、文风大胆，《声无哀乐论》等论说文则逻辑严密、说理透彻。有明刻《嵇中散集》行世。

陈寿

陈寿（233—297 年），字承祚，安汉（今四川南充境内）人，西晋著名史学家。所撰二十五史之一的《三国志》是一部纪传体国别史，分国记载了东汉末年至东吴灭亡约 110 年的历史，条理清晰，简约生动，体例也有创新，对后世的史学、文学均有很大影响。其中的《隆中对》广有影响。

左思

左思(约250—305年),字太冲,山东临淄(今山东淄博)人,出身于寒素之家,西晋文学家,"二十四友"之一。其代表作《咏史》诗8首,借古讽今,批判了士族门阀制度的不合理,抒发了寒门士人怀才不遇、有志难伸的心曲。其诗风高亢雄迈,刚健质朴,语言简劲,继承了建安文学的传统。钟嵘誉之为"左思风力"。左思的《三都赋》则有"洛阳纸贵"之誉。

陆机

陆机(261—303年),字士衡,吴县华亭(今上海市松江区)人。西晋文学家。其作品多,影响大,代表了西晋一代文学风气。所著《文赋》为古代重要的赋体文艺批评论文专著。宋人辑有《陆士衡集》。

王羲之

王羲之(约303—约361年),字逸少,琅琊临沂(今属山东省)人。东晋大书法家。后移居会稽山阴(今浙江绍兴)。始任秘书郎,继为长史、宁远将军、江州刺史,并曾为右军将军、会稽内史,世称王右军。永和九年三月三日,他和孙绰、谢安等41人,宴集山阴兰亭,写下了千古流芳的《兰亭集序》。

陶渊明

陶渊明(365—427年),名潜,字元亮,东晋著名诗人,中国山水田园诗的开拓者和集大成者。他的诗歌平淡自然,亲切纯真,语言本色而精工,对整个山水文学的发展产生了深远影响。代表作有《归园田居》《桃花源记》《饮酒》等。

谢灵运

谢灵运(385—433年),陈郡阳夏(今河南太康附近)人,东晋文学家,晋代名臣谢玄之孙,因年轻时即袭封康乐公,故世称谢康乐,有《谢康乐集》。他在任职永嘉、临川及隐居家乡始宁时,经常四处探奇寻胜,其山水诗极富特征。谢灵运对文学最突出的贡献就是开创了山水诗派,他的诗才高词盛,富艳华美。

范晔

范晔(398—445 年),字蔚宗,顺阳(今河南淅川东南)人。南朝宋史学家、文学家。他少年好学,博涉经史,官至太子詹事。所撰《后汉书》是一部纪传体东汉史,共 90 卷,因《后汉书》无志,后人取晋人司马彪《续汉书》之志 30 卷补之,共计 120 卷。《后汉书》首创《烈女传》《张衡传》和《文苑列传》,对后世史学影响很大。

江淹

江淹(444—505 年),字文通,济阳考城(今河南兰考)人。少孤而家贫,爱好文学,有才名。南朝梁著名诗人和赋家,代表作有《恨赋》和《别赋》。江淹写自己生活的作品,无论是写景还是抒情,都少有深刻、雄健的笔力,而喜欢参用楚辞、古诗中的语汇,写种种迷惘的感伤,以清丽幽怨见长。

刘义庆

刘义庆(403—444 年),彭城(今江苏徐州)人。是刘宋王朝宗室。宋武帝很赏识他的才华,袭封临川王,历任秘书监尚书友仆射、中书令、荆州刺史等职,官至南兖州刺史,后因生病回京,不久去世,时年 42 岁。刘义庆爱好文学,《宋书》称他“招聚文学之士,远近必至”。刘义庆善于通过富有特征性的细节,三言两语地把人物的思想面貌,性格特征鲜明地表现出来,语言精练传神。主要作品有《世说新语》《幽明录》30 卷,已佚。

刘义庆雕像

萧衍

萧衍(464—549 年),字叔达,南兰陵(今江苏常州)人,齐梁时文学家,南朝梁武帝。在南齐时历官宁朔将军、雍州刺史。和帝中兴二年(502 年),通过“禅让”的形式代齐即皇帝位,建立梁朝。侯景叛乱后,被囚最后饿死。萧衍博学能文,工书法,通音乐,又笃信佛教,是“竟陵八友”之一。即位后,重用文士,提倡文学创作,在他的影响下,贵族大臣纷纷效法,对当时文学创作的繁荣有重要的影响。萧衍著作很多。他重视乐府民歌，像《子夜四时歌》的《春歌》《夏歌》，《河中之水歌》，《东飞伯劳歌》等，清新活泼，称得上是帝王贵族中出色的作品。他的诏令书写得也极有文采，曾经受到明代张溥的称誉。

钟嵘

钟嵘（约468—约518年），字仲伟，颍川长社（今河南长葛东北）人。齐代官至司徒行参军。入梁，历任中军临川王行参军、西中郎将晋安王记室。《诗品》是他的诗歌评论专著，以五言诗为主，是魏晋南北朝时期一部著名的诗歌理论批评专著。其《序》总论五言诗的起源和发展，以及有关诗歌创作的重要理论问题；正文将自汉魏至齐梁的122位诗人分为上中下三品，分析了每一位诗人的思想艺术特征及其历史渊源。钟嵘在《诗品》中提倡自然真、美，主张风骨与辞采并重。《诗品》不仅是一部诗歌理论批评的专著，也可以看作是一部关于五言诗作家作品的文学史专著，它被后人尊奉为中国古代诗话之祖。

郦道元

郦道元（？—527年），字善长，北魏范阳涿（今河北涿州）人，北魏地理学家、散文家。历任尚书主客郎、冀州镇东府长史、鲁阳太守、东荆州刺史、河南尹、御史中尉等职。执法严猛，为权豪所忌。孝昌三年，出为关右大使，为雍州刺史萧宝夤所害。著有《水经注》。《本经》本是一部记述水道的地理书，内容极简略，郦道元旁征博引，又结合游历考察，作《水经注》40卷。擅长描写山水之美，文风清峭隽永，绚丽多姿。《水经注》版本较著名的有《永乐大典》本，清人戴震、王先谦等人的校注本。近代杨守敬、熊会贞《水经注疏》集各家校勘之大成。

郦道元画像

刘勰

刘勰（约465—约532年），字彦和，原籍莒县（今山东莒县），世居京口（今江苏镇江）。南朝齐梁间杰出的文学理论家。曾任东宫通事舍人，遂有“刘舍人”之称。晚年出家为僧，法号慧地。所撰《文心雕龙》是我国古代第一部完整的文学理论著作，全书50篇，包括总论、文体论、创作论、批评论四个主要部分。该书对后世文学批评家有很深的影响。

隋唐五代十国作家

骆宾王

骆宾王(约626—约684年),字观光,婺州义乌(今浙江义乌)人,唐代诗人。"初唐四杰"(卢照邻、骆宾王、王勃、杨炯)之一,又与富嘉谟并称"富骆"。曾任武功、长安两县主簿,侍御史等职。武则天称帝后,曾多次上书讽谏,因而触怒武氏,遭诬下狱,有《在狱咏蝉》诗,托物寄情。后被贬为临海县,世称骆临海。7岁时作《咏鹅》诗被称为神童。他擅长七言歌行,其诗多悲愤之词,他的长篇歌行《帝京篇》在当时就已被称为绝唱。骆宾王的创作在扭转六朝以来的形式主义诗风、重视作品的内容方面,起了一定的先驱作用,特别是在近体诗语言的提炼与形式的完成上做出了贡献,对唐诗的发展起了推动作用。有《骆宾王文集》。骆宾王少年落魄,宦海沉浮反抗的情绪。后来徐敬业起兵反对武则天,他代为写下了著名的《讨武曌檄》。传说武则天看这篇檄文,读到"一抔之土未干,六尺之孤安在"时,大吃一惊,忙问"这是谁写的",并责备宰相没有用这个人。后徐敬业兵败,骆宾王下落不明,有的说是被杀,有的说是做了和尚。

卢照邻

卢照邻

卢照邻(约636—695年),字升之,自号幽忧子,幽州范阳(今河北涿州)人,唐代诗人。"初唐四杰"之一。他擅长诗歌骈文,他的诗以歌行体为最佳。意境清迥,以韵致取胜。其代表作《长安古意》借历史题材,描绘首都长安的繁华景象与现实生活的各个侧面,清词丽句,委婉顿挫,寄慨深微,耐人寻味。

杜审言

杜审言(645—708年),字必简,河南巩义市人,唐代诗人,杜甫的祖父。中进士后，任隰城尉，恃才高，以傲世见疾。累迁洛阳丞，因事贬吉州司户参军。武后时授著作佐郎，迁膳部员外郎。神龙初年，因交结张易之获罪，被流放峰州。后入朝为国子监主簿、修文馆直学士。他是武后时代的宫廷诗人，写过一些内容空虚的应制诗，与同时的沈佺期、宋之问齐名，“文章四友”之一。他也写有一些表现游宦生活、极富真情实感、以浑厚见长的好诗，《登襄阳城》为其代表作。他熟练运用律诗这种新体制，五律与七律均完全和律，无一粘者，对律诗的定型做出了杰出贡献，由此奠定了他在诗歌发展中的地位。

苏味道

苏味道（648—705年），赵州栾城人，唐代诗人，与李峤并俱文名，时人谓“苏李”。他是武后时代的宫廷诗人，与杜审言、李峤、崔融号称“文章四友”。苏味道在当时颇有文名，但文章现失传，诗仅存16首，其诗风清正挺秀，绮而不艳，多咏物诗。代表作为《正月十五夜》《咏虹》《和武三思干天中寺寻复礼上人之作》等，其中《正月十五夜》写元宵夜景，有古今元宵诗第一之誉，诗中“火树银花合，星桥铁锁开。暗尘随马去，明月逐人来”更是佳句。

正月十五夜

王勃

王勃(649或650—675或676年),字子安,绛州龙门(今山西河津)人,唐代文学家。“初唐四杰”之一,也是“初唐四杰”中成就最高的一位。代表作有抒情诗《送杜少府之任蜀州》,其中“海内存知己,天涯若比邻”成为千古流传的名句;散文名篇有《滕王阁序》。著有《王子安集》。

杨炯

杨炯(650—?),唐代诗人。“初唐四杰”之一。杨炯以边塞征战诗著名,所作如《出塞》《从军行》《战城南》《》等,表现了为国立功的战斗精神,气势轩昂,风格豪放。今存诗33首,五律居多。

宋之问

宋之问(约656—712年),一名少连,字延清,唐代诗人,上元二年(675年)进士。武则天时官尚方监丞。唐中宗增置修文馆学士,他与杜审言等同入选。因谄附张易之、张昌宗兄弟,于神龙元年贬为泷州参军。后官至考功员外郎。以知贡举受贿,贬越州(今浙江绍兴)长史。睿宗即位,以其依附太平公主,流放钦州(今广东省钦县),随即“赐死”。宋之问与沈佺期齐名。他们对诗歌的贡献主要在声律方面。宋之问擅长宫廷应制诗,为武后所赏识,但贬谪荒远之地所写的非宫廷应制作品,则多有真切的生活感受,也有一些优秀的篇章。如《题大度岭北驿》《渡汉江》等。尽管其诗还没有摆脱齐梁的影响,但语言的锤炼,气势的流畅,已和齐梁浮艳的诗风不同;在格律形式的完整上,更为历代批评家所推崇。

贺知章

贺知章(659—744年),字季真,晚年自号四明狂客,唐代诗人、书法家。少年时因文辞知名,后因“清淡风流”而为人倾慕。武则天证圣元年(695年)时为进士,超拔群类科,累迁太子右庶子,充侍读。因张说推荐,入丽正殿书院修书,同撰《六典》和《文纂》,后迁礼部侍郎,累迁秘书监。后弃官徒步归乡里,自号“四明狂客”。天宝初年(742年)请求批准为道士,皇上答应,以自家宅为“千秋观”而隐居。又求周公湖数顷为放生池,皇上还诏赐镜湖。《六典》为《唐六典》,十三卷,详载当时百官的职掌及沿革。《文纂》今已佚。

张若虚

张若虚(约 660—约 720 年),唐朝诗人。曾任兖州兵曹。唐中宗神龙中以文辞俊秀驰名于京都,与贺知章、张旭、包融并称“吴中四士”。现仅存诗两首:《代答闺梦还》和《春江花月夜》。《春江花月夜》是一篇脍炙人口的名作,它沿用陈隋乐府旧题。抒写真挚动人的离情别绪及富有哲理意味的人生感慨,语言清新优美,韵律婉转悠扬,洗去了宫体诗的浓脂艳粉。诗中“江畔何人初见月,江月何年初照人,人生代代无穷已,江月年年只相似”为后人千古传唱。

陈子昂

陈子昂

陈子昂(661—702 年),字伯玉,梓州射洪(今四川射洪)人,唐代诗人。生活在武后时代,出身富豪之家,敢于直谏,屡遭打击,最后死于狱中。陈子昂对文学的突出贡献主要表现在从诗歌理论和实践两方面扫除了形式主义的残余,开创了唐代诗风。陈子昂是初唐诗歌革新的倡导者,初唐诗坛经“初唐四杰”的倡导后开始逐渐摆脱梁陈宫体诗颓靡诗风的影响,陈子昂是继“四杰”之后又一位高举诗歌革新大旗的文学家。其代表作《感遇》诗 38 首突破了泛拟古题的倾向,借古喻今,抒发了作者的思想和怀抱。他的另一首代表作《登幽州台歌》,境界阔大,感情深沉,营造出深广邈远、悲壮苍凉的意境。

张九龄

张九龄(678—740 年),字子寿,韶州曲江(今广东韶关)人。他是盛唐前期重要的诗人。尤其是他的五言古诗,在唐诗发展中有很高的地位和巨大的影响。他的五言古诗代表作有《感遇》12 首、《杂诗》5 首等。他的五言律诗情致深婉,蕴藉自然,如《望月怀远》《湖口望庐山瀑布泉》等都是历来传诵的名作。

王之涣

王之涣(688—742 年),字季陵,原籍晋阳(今山西太原市),后迁往绛郡(今山西新绛)。唐代边塞诗人,现仅存 6 首绝句,但这 6 首诗却使他在文学史上有一定的地位。他的诗音乐性强，适宜配乐歌唱，许多诗被乐工制成歌曲。他的诗中有关边塞风光的描写尤为著名，如《折杨柳》，其中后两句“羌笛何须怨杨柳，春风不度玉门关”，尤其含蓄双关，婉转深刻。名篇有七绝《凉州词》、五绝《登鹳雀楼》。

孟浩然

孟浩然（689—740年），襄州襄阳（今湖北襄阳市）人。唐代的田园山水诗人。孟浩然早年隐居鹿门山，并游历于吴越湘闽之间，40岁时才到长安求仕，结识了许多达官名士，诗名大噪，但应进士不第。后来他的好朋友张九龄从尚书右丞相降为荆州都督府长史，召他去做幕中从事，这时他已经50岁了。不久就患疽疾而死，所以他是一个以布衣终老的诗人。孟浩然是唐朝第一个大量写山水诗的人，是从谢灵运的山水诗到王维的山水诗这一过渡阶段最有名的山水诗人，与王维齐名。他的诗清淡，长于写景，反映隐逸生活的诗作居多，受到李白、杜甫等人的推崇。现存诗260首左右，其中220首是五言诗。著有《孟浩然集》。

王昌龄

王昌龄（约698—756年），字少伯，京兆长安（今陕西西安）人。盛唐最负盛名的诗人之一，开元十五年（727年）进士。他在文学史上的特殊贡献就在于对七言绝句的开拓。他的七言绝句成就很高，既善于捕捉典型情景，又善于概括和想象，语言圆润蕴藉，音调和谐婉转，民歌气很浓。他现存诗180余首，如表现戍边生活的《从军行》和描写妇女生活的《越女》《采莲曲》《闺怨》等，因多写边塞军旅生活，气势雄浑，格调高昂，被誉为“七绝圣手”。

王维

王维（701—761年），字摩诘，太原祁县（今山西祁县）人，唐代著名诗人、画家，山水田园诗的集大成者。王维的创作以诗歌为主，随着思想的变化可分为前后两期。前期诗歌创作内容积极，风格豪放，多以游侠、边塞为题材，情调昂扬，表达了建功立业的英雄气度和保国戍边的爱国热情。其笔下的边塞景物也充满了豪情，如《使至塞上》的名句“大漠孤烟直，长河落日圆”。后期他在政治上逐渐妥协，为了逃避，他寄情山水，继承和发展了谢灵运开创的山水诗的传统，对陶渊明田园诗的清新自然也有所吸取，使山水田园诗的成就达到了一个新的高峰。他后期的诗文和绘画作品被誉为“诗中有画，画中有诗”。其特点在代表作《山居秋暝》等诗中都有较好的体现。总之，王维的山水田园诗都力求勾勒一副画面，表现一种意境，给人浑然一体的印象，在表现山水田园之美的同时也表现出诗人的性格。

李白

李白（701—762年），字太白，号青莲居士，唐代诗人。官至供奉翰林，因性格傲岸，不为权贵所容，使他对腐败社会加深了认识，写下了许多抨击帝王权贵荒淫奢侈和控诉现实政治黑暗的诗篇，是继屈原之后最伟大的浪漫主义诗人，中国古典诗歌巅峰时期的杰出代表，对后世影响极大。他与杜甫齐名，并称"李杜"，后人尊称他为"诗仙"。现存诗作990余首，其名篇有《蜀道难》《行路难》《将进酒》《梦游天姥吟留别》《长干行》《静夜思》《秋浦歌》《望天门山》《送友人》等。著有《李太白集》。

高适

高适（702—765年），字达夫，又字仲武，德州莜（今河北景县）人，唐代边塞诗人，因任左散骑常侍，封勃海县侯，世称高常侍。其诗作侧重表现现实，多苍凉悲壮之音，对当时的边疆形势和士兵疾苦均有反映，与岑参并为唐代边塞诗派的代表，人称"高岑"。代表作《燕歌行》，著有《高常侍集》。

崔颢

崔颢（704—754年），汴州（今河南开封）人，唐代诗人，开元十一年（723年）进士，官至司勋员外郎。所作边塞诗慷慨豪迈。代表作有七律《黄鹤楼》。明人辑有《崔颢集》。

刘长卿

刘长卿（709—约780年），字文房，河间（今河北河间市）人，唐代诗人。他生活在唐王朝由盛转衰的时期，诗歌内容广泛，各体皆备，诗名盛于中唐前期。安史之乱的社会状况及民生疾苦在诗中亦有所反映。但大多写遭谗贬谪、胸萦不平之意，以及感慨政治失意和山水闲逸的情怀，缺乏雄深苍劲之作。刘长卿以五七言近体为主，尤工五言，自诩为"五言长城"。其风格含蓄温和，清雅洗练，接近"王孟"一派。五律简练浑括，于深密中见清秀，如《新年作》《岳阳馆中望洞庭湖》等都是精工锤炼之作；七律也多秀句，如"细雨湿衣看不见，闲花落地听无声""秋草独寻人去后，寒林空见日斜时"等历来传诵入口；绝句如《逢雪宿芙蓉山主人》《江中对月》，则以白描取胜，饶有韵致。著有《丛书集成》《刘随州集》。

杜甫

杜甫(712—770年),字子美,世称杜少陵,唐代诗人。他的诗歌以深刻、真实的笔触,广泛地再现了当时社会的动荡、政治的黑暗和人民的疾苦,感情真挚而沉郁,风格雄浑而壮丽,被后世誉为"诗史",他也被称为"诗圣"。杜甫继承了《诗经》、汉乐府的现实主义传统,记事名篇,因事命题,开创性地发展了现实主义,与李白成为盛唐诗坛现实主义与浪漫主义高峰的代表,对新乐府运动产生了积极影响。其名篇有《望岳》《丽人行》《兵车行》《春望》《闻官军收河南河北》《偶题》《茅屋为秋风所破歌》等,著有《杜工部集》传世。

岑参

岑参(715—770年),原籍南阳(今河南南阳)人,后迁居江陵(今湖北江陵),唐代边塞诗人,官至嘉州刺史。岑参诗歌的主要思想倾向是慷慨报国的英雄气概和不畏艰难的乐观精神;其艺术特色是气势雄伟,想象丰富,色彩绚烂,风格奇峭。他擅长七言歌行,用歌行体描绘壮丽多姿的边塞风光,为唐诗的繁荣发展做出了贡献。从军多年,对边塞生活体验深刻,有《岑嘉州诗集》。代表作有七古《白雪歌送武判官归京》等。

岑参画像

韦应物

韦应物(737—约792年),京兆长安(今陕西西安)人,唐代诗人。出身关西望族,初以三卫郎侍玄宗,放浪不羁,后悔悟,折节读书。贞元初任苏州刺史,故有"韦苏州"之称。他的部分作品对安史之乱后社会离乱、人民疾苦的现状有所反映,《采玉行》《夏冰歌》等揭露了官吏的横行,表达了对人民的同情,可以说是元、白新乐府的新声。他以山水田园诗歌著名,人比之为陶潜。后世以陶、韦并称,或以王、孟、韦、柳并称,都是根据这类诗歌。他的诗歌,语言简淡,绝去雕饰,而风格秀朗,气韵澄澈。代表作如《滁州西涧》《淮上即事寄广陵亲故》《赋得暮雨送李胄》《游开元精舍》等。著有《韦苏州集》。

孟郊

孟郊(751—814年),字东野,湖州武康(今浙江德清)人。唐代著名诗人。年近50举进士时，写下“春风得意马蹄疾，一日看尽长安花”的名句。诗以五言古诗为主，《游子吟》深入人心。因作诗刻意苦吟，好奇险，与贾岛齐名，苏轼称之“郊寒岛瘦”。元好问嘲笑他是“诗囚”。他积极支持韩愈的文学主张，有“孟诗韩笔”之誉。

韩愈

韩愈（768—824年），字退之，河南河阳（今河南孟州市）人，祖籍昌黎，又称韩昌黎。贞元十九年任监察御史，因上疏极言宫市之弊，贬为阳山令。晚年任吏部侍郎，又称韩吏部。韩愈学通贯六经百家，反对六朝以来的文风，提倡散体，文笔雄健，气势磅礴。由于他和柳宗元等人的倡导，终于形成了唐代古文运动，开辟了唐宋以来古文的发展道路。他的诗歌有独创成就，对宋诗的发展有重要影响。门人李汉编其撰作为《昌黎先生集》。

韩愈画像

刘禹锡

刘禹锡（772—842年），字梦得，洛阳（今河南）人，匈奴族后裔，唐代文学家、哲学家。刘禹锡诗风雄浑深沉，言近旨远，加之创作数量极多，后世称之为“诗豪”。其作品《陋室铭》《竹枝词》《柳枝词》及《酬乐天扬州初逢席上见赠》等均为流传不衰的名篇。著有《刘梦得文集》。

白居易

白居易（772—846年），字乐天，晚号香山居士，唐代杰出诗人，新乐府运动的开创者和集大成者。在文学上主张“文章合为时而著，歌诗合为事而作”。他的长篇叙事诗《长恨歌》《琵琶行》将抒情与叙事完美地结合在一起，还有讽喻诗《秦中吟》《新乐府》，七古《卖炭翁》，七律《钱塘湖春行》是千古传颂的名篇。有《白氏长庆集》传世。

柳宗元

柳宗元（773—819年），字子厚，河东解（今山西运城市解州镇）人，贞元九年（793年）进士，因官终柳州刺史，又称柳柳州，也称柳河东。诗文皆工，尤擅长散文，笔风峭拔简练，独具风格。与韩愈同为古文运动的倡导者。他的散文题材多样，其论说文表达自己的政治历史观，如《封建论》；传记叙事文多取材于下层人物，发展了《史记》以来的人物传记，如《捕蛇者说》；寓言散文，篇幅短小，寓意深刻，《黔之驴》最为著名。尤其著名的是他的山水游记，如“永州八记”：《始得西山宴游记》《钴鉧潭记》《钴鉧潭西小丘记》《至小丘西小石潭记》《袁家渴记》《石渠记》《石涧记》《小石城山记》，即其典范。传世有《柳河东集》，也称《唐柳先生集》。

柳宗元画像

贾岛

贾岛（779—843年），字浪仙，一作阆仙，范阳（今河北涿州市）人。唐代诗人。曾任长江主簿，故称贾长江。其诗长于五律，注重词句锤炼，为唐代著名“苦吟诗人”，自称“两句三年得，一吟双泪流”。“推敲”的典故即由其诗句“僧敲月下门”而来。《寻隐者不遇》为其名作。著有《长江集》。

李贺

李贺（790—约816年），字长吉，福昌（今河南宜阳）人，唐代诗人，唐皇室远支，死时仅27岁。常与王勃等同被后人引作“天妒英才”的实例。有“鬼才”之称。他文思敏捷，以乐府诗著称，其诗想象丰富，构思奇特，极具浪漫主义风格。他的诗歌，抒发了理想无法实现的苦闷，反映了社会的现实矛盾，揭露了统治者的荒淫堕落，表达了对人民疾苦的同情，歌颂了边塞将士的英雄气概。他的诗歌特点是善用神话传说，意境新奇瑰丽，想象奇特丰富，色彩艳丽浓重，语言精练，富有象征性。他的诗歌对晚唐杜牧、李商隐、温庭筠都有影响。代表作是《李凭箜篌引》《雁门太守行》等。著有《昌谷集》。

杜牧

杜牧（803—852年），字牧之，京兆万年（今陕西西安）人，出身高门望族，唐代文学家，晚年居住长安南樊川别墅，后世因称之杜紫微、杜樊川。杜牧的文学创作有多方面的成就，诗、赋、古文都足以成名家。诗歌创

杜牧画像

作是杜牧最特出的方面，善用绝句形式讽咏时事，如《赤壁》《过华清宫绝句》等。他与晚唐诗人李商隐齐名，并称“小李杜”。他的古体诗受杜甫、韩愈的影响，题材广阔，笔力峭健。他还把散文的笔法、句式引进赋里，写出象《阿房宫赋》那样融叙事、抒情、议论为一炉的新体“散赋”，突破六朝、唐初以来赋作日益骈偶化、声律化的趋势，对后来赋体的发展有重要影响。著有《樊川文集》。

温庭筠

温庭筠（812—866 年），本名岐，字飞卿，太原祁（今山西祁县）人，唐代词人、诗人。他是唐宰相温彦博后代，但后来家道中落。他长期出入于歌楼妓馆，为士大夫不齿，终生困顿，晚年始任方城尉和国子监助教。他才思敏捷，据说他叉手一吟便成一韵，八叉八吟就完成一篇，时称“温八叉”“温八吟”。温庭筠是唐代写词最多的作家，也是中国文学史上第一个大量写词的文人。温庭筠的词多写闺情，描绘妇女的容貌、服饰、情态，这类词继承南朝宫体诗风，并替花间词人开了道路。五代时后蜀赵崇祚选录了温庭筠、皇甫松、孙光宪等 18 家词为《花间集》，温庭筠被尊为花间词的先导，由此形成“花间词派”。温庭筠的诗和李商隐齐名，并称“温李”。他的诗写羁旅行役、吊古兴亡、边塞荒寒、咏史咏物等。但更多表现个人的沦落，而较少伤时感世的作品。他的爱情诗，辞藻瑰丽，而雕琢过甚。

李商隐

李商隐（约 813—858 年），字义山，号玉溪生，又号樊南生，晚唐杰出的诗人。李商隐的诗歌流传下来的约 600 首。无题诗是李商隐独具一格的创造。它们大多以男女爱情相思为题材，意境要眇，情思婉转，辞藻精丽，声调和美，读来令人回肠荡气。李商隐以近体诗和律诗的成就最高，代表了晚唐诗歌的最高成就，对后世影响很大。有《李义山诗集》《樊南文集》传世。

李商隐画像

陆龟蒙

陆龟蒙（？—881 年），字鲁望，吴郡（今江苏苏州）人，举进士不第，隐居松江甫里，人称甫里先生，又号江湖散人，晚唐文学家。他是晚唐文学家皮日休的好友，文学主张和创作风格都与皮日休接近，并称“皮陆”。陆龟蒙的文学成就主要是讽刺散文，这些作品,多愤世嫉俗之词,富有现实意义,或比喻、寓言,借物寄讽,或者用历史故事,托古刺今,都有很强的讽刺力量。代表作是《野庙碑》《蚕赋》等。他的某些小诗,讽刺也很尖刻,《筑城词》是代表。著有《笠泽丛书》《甫里先生集》。

皮日休

皮日休(834—883 年),字逸少,后改袭美,自号间气布衣、醉吟先生、鹿门子等,襄阳(今湖北襄樊)人,晚唐著名诗人、散文家。懿宗咸通七年(866 年),入京应进士试不第,退居寿州(今安徽寿县)。八年再应进士试,以榜末及第。曾在苏州刺史崔璞幕下做郡从事,后入京任著作佐郎、太常博士。僖宗乾符二年(875 年)出为毗陵副使。后参加黄巢起义军,任翰林学士。巢败,不知所终。皮日休与陆龟蒙并称"皮陆",有唱和集《松陵集》。诗文多抨击时弊、同情人民疾苦之作。他和陆龟蒙、罗隐的小品文被鲁迅誉为唐末"一塌糊涂的泥塘里的光彩和锋芒"(《小品文的危机》)。著有《皮子文薮》。

冯延巳

冯延巳(约 903—960 年),一名延嗣,字正中,广陵(今江苏扬州)人,南唐诗人。仕于南唐烈祖、中主二朝,三度入相,官终太子太傅,卒谥忠肃。多才艺,尤长写词,内容虽多闺阁情事,而语句清新,取象开阔,艺术成就很高。王国维在《人间词话》里评论其词曰:"虽不失五代风格,而堂庑特大,开北宋一代风气。"可见其影响之大。存词一百多首,著有《阳春集》。

李煜

李煜(937—978 年),原名从嘉,号钟隐,又号莲峰居士,字重光,徐州(今江苏徐州)人,一说湖州(今浙江湖州市)人,南唐第三代君主,世称南唐后主,与其父南唐中主李璟合称南唐二主。李璟在位时南唐已奉表称臣于周,961 年,李煜即位,宋已代周,南唐更是岌岌可危,但仍纵情声色,过着苟且偷安的生活。975 年 11 月宋灭南唐,被俘的李煜过了两年多的囚徒生活,42 岁时被宋太宗毒死。李煜工书善画,能诗善乐,尤长于写词,其在位时的词多是对宫

李煜

廷生活的迷恋,如《浣溪沙》,风格近似花间派,是五代时最著名的词人。被俘后的词念念不忘"故国""往事",词多深哀剧痛,直抒胸臆,善于用今昔对比、借物寓情,白描的手法,通俗明净的语言,塑造悲剧形象,具有高度的艺术概括力,如《虞美人》"春花秋月何时了"、《浪淘沙》"帘外雨潺潺"、《乌夜啼》"林花谢了春红"等,均见于《南唐二主词》。

宋代作家

柳永

柳永(约 987—1053 年),字耆卿,原名柳三变,因排行第七,世称柳七,又曾官至屯田员外郎,世称柳屯田,崇安(今福建)人。柳永为人放荡不羁,流连歌楼舞榭,为当时士人不屑。由于仕途坎坷、生活潦倒,他由追求功名转而厌倦官场,沉溺于旖旎繁华的都市生活,在"倚红偎翠""浅斟低唱"中寻找寄托。是北宋第一个专业词人,他不仅开拓了词的铺叙手法,使词通俗化、口语化,在词史上产生了较大影响。代表作品有《雨霖铃》《八声甘州》等。著有《乐章集》。

范仲淹

范仲淹(989—1052 年),字希文,吴县(今江苏苏州)人,北宋政治家、军事家、文学家,谥号文正。其散文多富有政治内容,名词《渔家傲》反映了边塞生活。贬为邓州知州时写了著名散文《岳阳楼记》。著有《范文正公文集》。

晏殊

晏殊(991—1055 年),字同叔,抚州临川(今江西临川县)人,北宋宰相、词人。14 岁以神童应试,赐进士出身,出仕真宗、仁宗两朝,死后谥元献。晏殊擅长小令,有《珠玉词》130 多首。其一生优游富贵,其词多为歌酒风月,闲情别绪,笔调闲婉,理致深蕴,音律谐适,词语雅丽。代表作是《浣溪沙》(一曲新词酒一杯)、《踏莎行》(细草愁烟)、《破阵子》(燕子来时新社)。他也工诗,代表作是《寓意》。著有《宴元献遗文》一卷。

梅尧臣

梅尧臣(1002—1060 年),字圣俞,宣州宣城(今属安徽)人,宣城古称宛陵,故

范仲淹

又称宛陵先生，北宋诗人。梅尧臣工诗，与苏舜钦齐名，时号“苏梅”，他是北宋诗文革新运动的重要人物之一。欧阳修十分敬重他，称其为“诗老”。他的诗歌指陈时弊，关心民生疾苦，反映了较为广阔的社会生活，具有较深刻的社会意义。其诗风格平淡、意境含蓄，善于以朴素的语言描画清切新颖的景物形象。代表作品如《田家四时》《伤桑》《田家语》《寒草》等，均能在平凡的景物之中寓以深刻的哲理。他对开辟宋诗的道路做出了重要贡献，刘克庄称他为宋诗的“开山祖师”。著有《宛陵先生集》60 卷。

欧阳修

欧阳修(1007—1072 年)，字永叔，号醉翁、六一居士，吉州吉水(今江西吉安)人，北宋散文家。宋仁宗天圣八年(1030 年)进士，官至枢密副使，参知政事，因议新法，与王安石不合，致仕，退居颍川，卒谥文忠。欧阳修是北宋诗文革新运动的领袖。他的文学成就以散文最高，影响也最大。他继承了韩愈古文运动的精神，在散文理论上，提出文以明道的主张。他取韩愈“文从字顺”的精神，大力提倡简而有法和流畅自然的文风，反对浮靡雕琢和怪僻晦涩。他不仅能够从实际出发，提出平实的散文理论，而且自己又以造诣很高的创作实绩，起了示范作用。他一生写了 500 余篇散文，有政论文、史论文、记事文、抒情文和笔记文等，各体兼备。《朋党论》《与高司谏》《醉翁亭记》《丰乐亭记》等，都是历代传诵的佳作。他的《六一诗话》是中国文学史上第一部诗话，以随便亲切的漫谈方式评叙诗歌，成为一种论诗的新形式。并撰有《毛诗本义》《新五代史》《集古录》等。与宋祁合修《新唐书》。著述今存有《欧阳文忠公集》，153 卷，附录 5 卷，其中《居士集》为欧阳修晚年自编。

苏洵

苏洵(1009—1066 年),字明允,号老泉,眉山(今四川境内)人,北宋散文家。他与其子苏轼、苏辙并称“三苏”,俱在“唐宋八大家”之列。苏洵散文论点鲜明,论据有力,语言锋利,纵横恣肆,具有雄辩的说服力。他的论文见解亦多精辟,他反对浮艳怪涩的时文,提倡学习古文;强调文章要“得乎吾心”,写“胸中之言”;主张文章应“有为而作”,“言必中当世之过”。著有《嘉祐集》。《权书》包括 10 篇文章,都是评论政治和历史的。

周敦颐

周敦颐画像

周敦颐(1017—1073 年),字茂叔,道洲营道(今湖南道县)人,北宋文学家。他一生担任州县地方官吏,晚年在庐山莲花峰下建濂溪堂讲学,因此世称“濂溪先生”。周敦颐是以客观唯心主义的创始人而出现在中国哲学史上的,他开创的宋学理学,后经二程、朱熹发展,成长为官方正统哲学。周敦颐讨厌纸醉金迷的生活,以素净、淡泊为足,以“饱暖”“康宁”为乐,酷爱端庄清幽、玉洁的莲花。他写了《爱莲说》,通过对莲花的赞美,歌颂其坚贞的气节。鄙弃追名逐利的世态,表现了他洁身自好的生活态度。

司马光

司马光(1019—1083 年),字君实,陕州夏县(今山西闻喜)涑水乡人,世称“涑水先生”,北宋政治家、文学家。仁宗宝元年间中进士,神宗时官至翰林学士、御史中丞。他极力反对王安石变法。哲宗即位后,他出任宰相,几乎全部废除王安石的变法措施。为给统治者提供历史借鉴,主持编写《资治通鉴》一书,成为古代一部杰出的编年史。《资治通鉴》上起周威烈王二十三年(前 403 年),下迄后周世宗显德六年(959 年),全书共 294 四卷。另有《目录》《考异》各 30 卷。取材于各种正史、野史文集、谱录等 200 余种,经过作者加工剪裁而成。该书语言简练晓畅,事实清晰严谨,有些篇章具有较高的文学价值,如“赤壁之战”“水之战”等。著有《司马文正公集》。

王安石

王安石(1021—1086年),字介甫,号半山,江西临川(今江西抚州)人,北宋政治家、文学家。庆历二年进士。仁宗嘉祐上万言书,主张变法。神宗熙宁二年任参知政事,领三司条例使,实行新法,兴农田、水利、青苗、均输、保甲、免役、市易、保马、方田诸法,为旧党所反对。熙宁九年罢相,神宗死,太皇太后高氏临朝听政,司马光入相,尽罢新法。晚年退居江宁,闭门不言政,以元丰中封荆国公,世称王荆公。王安石博学,于诸经皆有著作,文章诗词皆主张文学"务为有补于世"。所作险峭奇拔,政论尤简洁有力,其代表作品有《游褒禅山记》《读孟尝君传》《答司马谏议书》《祭欧阳文忠公文》《伤仲永》《上仁宗皇帝言事书》等。后人称为"唐宋八大家"之一。卒谥文。著有《周官新义》《唐百家诗选》《临川先生文集》(又名《王文公集》)等。

晏几道

晏几道(1030—1106年),字叔原,号小山,抚州临川(今江西抚州)人,晏殊第七子,北宋词人。能文善词,与其父齐名,合称二晏。自述写词是"往者浮沉酒中,病逝之歌辞不足以析酲解愠,试续南部诸贤绪余,作五、七字语,期以门娱",受五代艳词影响而又兼"花间"之长,以小令见长,工于言情,语言华丽,曲折轻婉,其词做多抒写人生失意之苦与男女悲欢离合之情,对歌女常怀深刻之同情,感情真挚,深沉动人。《临江仙·梦后楼台高锁》《鹧鸪天·彩袖殷勤捧玉钟》等也是其代表作。著作有《小山词》。

沈括

沈括(1031—1095年),字存中,号梦溪,钱塘(今浙江杭州)人,北宋著名科学家、政治家。曾参与王安石变法,后屡遭贬谪。晚年退居润州(今江苏镇江)梦溪园,撰写学术性巨著《梦溪笔谈》,内容涉及数学、天文、气象、物理、化学、生物、地质、医药等领域,被誉为"中国科学史上的坐标"。

沈括

苏轼

苏轼(1037—1101年),字子瞻,号东坡居士,北宋杰出的文学家、艺术家。官至礼部尚书。他与父亲苏洵、弟弟苏辙合称"三苏",为"唐宋八大家"之一。他是北宋中期的文坛领袖、文学巨匠,散文、诗词、书、画等都有很高的造诣和成就。他的诗歌清新豪放,洒脱自如,善用夸张比喻,少数诗篇也反映民间疾苦,指责统治者的奢侈骄纵,把宋词艺术推上了最高峰。词开豪放一派,对后代很有影响。代表作品有《念奴娇·赤壁怀古》《前赤壁赋》《水调歌头·丙辰中秋》等。

苏辙

苏辙(1039—1112年),字子由,晚年居颍川,因自号颍滨遗老,眉州眉山(今四川眉山)人,北宋散文家。仁宗嘉祐进士,累官尚书右丞,门下侍郎。政治态度与诗文风格均受兄苏轼的影响。其为文力倡"养气"说,提出"文者气之所形"的主张,强调作家主观修养、气质及性情与客观实际阅历的结合。其散文气势不及苏轼,但简洁秀丽。《黄州快哉亭记》为传诵名篇。与父苏洵、兄苏轼同列"唐宋八大家"。著有《栾城集》。

苏辙

黄庭坚

黄庭坚(1045—1105年),字鲁直,号山谷道人,又号涪翁,洪州分宁(今江西修水)人,北宋著名的诗人、书法家,江西诗派的开创者。他推崇杜甫,重视诗法,但刻意求奇;书法尤善行草,自成一格,与苏轼、米芾、蔡襄并称"宋四家"。代表作有《登快阁》《雨中登岳阳楼望君山》《清明》等,思致幽远,情趣深浓,历来为人称道。著有《山谷集》,书法有《黄庭坚书颜延之〈五君咏〉》传世。

秦观

秦观(1049—1100年),字少游,一字太虚,号淮海居士,世称淮海先生,高邮(今江苏高邮市)人,北宋词人。少年时丧父,侍母家居,借书苦读,研习文辞。元丰八年(1085年)进士。秦观与黄庭坚、晁补之、张耒齐名,号称"苏门四学士"。秦观的诗、词、文皆工，尤长于词。他是北宋以后几百年被视为词坛第一流的正宗婉约派作者。其词多写男女恋情和放逐后的愁苦。笔法致密，长于运思，蕴藉含蓄，音律和美。如《满庭芳》《望海潮》《水龙吟》《千秋岁》《踏莎行》等名作，哀感顽艳，幽婉动人，具有很高的艺术性。在他描写男女恋情的词中，也不乏爽健开朗之作，如广为传诵的《鹊桥仙》中写到的“两情若是长久时，又岂在朝朝暮暮”，与一般此类作品相比，就具有很高的思想境界。著有《淮海集》《淮海居士长短句》等。

陈师道

陈师道（1053—1102 年），字履常，一字无己，别号后山居士，彭城（今门苏徐州）人，北宋诗人。16 岁时从师曾巩，当时朝廷用王安石经义之学取士，陈师道不以为然，不去应试。后由苏轼等推荐，为徐州教授，后历任太学博士、颍州教授、秘书省正字。一生安贫乐道，闭门苦吟，为“苏门六君子”之一。他诗宗杜甫，受黄庭坚影响很深，内容多局限于个人生活，反映社会现实不够深广。《示三子》《舟中》为其代表作。其词内容狭窄，以拗峭惊挺见长，存在词意艰涩之病。代表作有《木兰花》《西江月》《卜算子》《南柯子》《南乡子》《清平乐》等。著有《后山先生集》。

周邦彦

周邦彦（1056—1121 年），字美成，号清真居士，钱塘（今浙江杭州）人，宋神宗时因献《汴都赋》擢为太学正，后交替在地方和京都任职。周邦彦是北宋后期的著名词人，他的作品多写男女情思及羁旅行役，表现了那个时代文人士大夫的压抑和苦闷。艺术上他精通音乐，能自度曲，尤严于格律，平仄之外，又分四声，经他之手，词的声韵变得更为和谐精当，为后世格律词派所宗，称之为“词家之宗”“集大成者”，开南宋姜夔、张炎一派，影响巨大。他还发展了柳永开创的铺叙手法，在其改造下，词的章法结构、谋篇布局显得变化多端，跌宕有致，词的表现力、抒情容量都得到了提高。周邦彦本人的创作风格典雅精丽，颇有传世杰作。《兰陵王 · 柳》《少年游 · 并刀如水》为其代表作品。著有《清真词》。

叶梦得

叶梦得（1077—1148 年），字少蕴，号石林居士，苏州吴县（今江苏苏州）人，北宋词人。哲宗绍圣四年（1097 年）进士，翰林学士、吏部尚书、龙图阁直学士。晚年隐居湖州卞山石林谷，以读书吟咏自乐。能诗工词，词风早年婉丽，中年学东坡，南渡后多感怀国事，转向简淡宏阔，晚年简洁。著有《建康集》《石林词》《石林燕语》等。

李清照

李清照(1084—约1155年),号易安居士,济南章丘(今山东济南)人,南宋著名女词人。是礼部员外郎李格非之女,太学生、金石学家赵明诚之妻。夫妻二人琴瑟和美,共同搜集的古代书画金石甚多,因金兵入侵,流寓南方,所收藏的大部分遗失,不久赵明诚亦病卒。李清照是婉约派的代表人物,其词清新、含蓄、曲折。其创作有前后两个明显时期,前期作品主要内容为离别相思与自然风光。如风格活泼、自然,语句清新、别具一格的《如梦令》二首,而抒写对丈夫的相思之情的《一剪梅》《醉花阴》《凤凰台上忆吹箫》等则意味隽永,耐人寻味。后期作品一改闲适清新风格,主要抒发伤感怀旧、悼亡之情。如表达女词人哀愁和寂寞情绪的千古名作《声声慢》,笔调细腻,感情真挚,富含感染力,传唱至今。有作品《漱玉词》。

岳飞

岳飞(1103—1142年),字鹏举,相州汤阴(今河南汤阴县)人,南宋初期抗金名将、文学家。幼年家贫,由其母亲自授学,喜读兵法和史书,有勇气。宣和四年(1122年)应募从军,英勇善战,屡建奇功。自建炎初年以来,岳飞始终主战,反对妥协投降。但在宋高宗及秦桧等投降派的统治下,岳飞的抗战主张难以实现,被秦桧等设计召回,解除兵权,并诬以谋反,下狱害死。孝宗淳熙六年(1179年)赐谥武穆。宁宗嘉定四年(1211年)追封鄂王,改谥忠武。岳飞在一生戎马生涯中写下了不少洋溢着爱国激情的作品。如他的诗作《送紫岩张先生北伐》,慷慨激昂;他的词作《满江红》《小重山》,动人心魄,感人肺腑,均为后世广为传诵。著有《岳忠武王文集》传世。

岳飞画像

陆游

陆游(1125—1210年),字务观,号放翁,越州山阴(今浙江绍兴)人,南宋伟大的爱国主义诗人。一生以诗文为武器,抒写抗敌御侮、恢复中原的激越情怀和壮志难酬的悲愤,想象丰富而气势雄浑,在文学史上具有深远影响。他存诗共约9300余首。其诗歌中始终贯穿着炽热的爱国主义精神;体制上各体兼备,古体、律诗、绝句都有出色之作,其中尤以七律写得又多又好。代表作品有《剑南诗稿》《渭南文集》《老学庵笔记》等。

范成大

范成大(1126—1193 年),字致能,号石湖居士,平江吴县(今江苏苏州)人,南宋诗人。29 岁中进士,历任司户参军,参知政事等职,因疾退居石湖,卒谥文穆。“中兴四大诗人”之一。范成大是我国诗歌史上著名的田园诗人,代表作《田时田园杂兴》60 首,分“春日”“晚春”“夏日”“秋日”“冬至”五组,描绘了农村景色,风俗人情和农民生活,风格清新明快,脍炙人口。他也是位爱国者,1170 年出使金国写的'72 首绝句,集中表现了他的爱国精神。此外,以《催租行》《后催租行》为代表的揭露剥削、同情人民的诗,既真实,又辛辣,风格平易浅显,清新妩媚。今存《石湖居士诗集》《石湖词》等。

范成大画像

杨万里

杨万里(1127—1206 年),字廷秀,号诚斋,吉州吉水(今江西吉安)人,南宋诗人。绍兴二十四年(1154 年)进士及第官至秘书监。杨万里一生作诗 1 万多首,流传下来的有 4200 余首。他与陆游、范成大、尤袤齐名,并称“南宋四大家”。他的诗歌创作开始时学江西诗派,后转向唐代诗人学习,并把青少年时学江西诗派所写的 1000 多首诗全部烧掉。后又转而师法自然,终于创辟了一种新鲜泼辣的写法,世称“诚斋体”。他的诗以描写自然景物为最多,并以写景咏物见长,想象丰富,意境新颖,语言清新活泼,浅近明白,有的作品还具有幽默、诙谐的特点。代表作有《过扬子江》《雨作抵暮复晴》《悯农》《农家叹》等。著有《诚斋集》。

朱熹

朱熹(1130—1200 年),字元晦,一字仲晦,号晦庵,晚号晦翁,别称紫阳,徽州婺源(今江西婺源县)人,南宋著名理学家。侨寓建阳(今属福建),宋高宗绍兴十八年(1148 年)进士。历知南康军、秘阁修撰、宝文阁待制。主张抗金,并强调积极准备。后主持白鹿洞书院、岳麓书院,教授五十余年,弟子众多。死后追封信国公,改徽国公,从祀孔庙。他广注典籍,对经学、史学、文学、乐律以及自然科学等都有一定贡献。他写了大量讲解儒家经传的著作，发展了程颢、程颐关于理气关系的学说，建立了一个完整的客观唯物主义的理论体系。明清两代他被提升到儒学的正宗地位，是理学之集大成者。在人性论上，主张“存天理，去人欲”，“格物致知”，以“穷理尽性”。但也有不少真知灼见的评论。他有较高的文学素养，诗文创作有一定成就，存诗1300余首。著作颇丰，有《四书集注》《诗集传》《楚辞集注》《韩文考异》等。

辛弃疾

辛弃疾画像

辛弃疾（1140—1207年），字幼安，号稼轩，历城（今山东济南）人，南宋爱国词人。辛弃疾的词现存600多首，是宋人词集中最丰富的一家。辛词不但数量上超过时人和前辈，思想艺术上也达到了高度成就。辛词内容十分丰富，抒写力图恢复国家统一的爱国热情，倾诉壮志难酬的悲愤。与苏轼共为豪放派代表，《破阵子·为陈同甫赋壮词以寄之》《永遇乐·京口北固亭怀古》《水龙吟·登建康赏心亭》等均有名。著有词集《稼轩长短句》。

文天祥

文天祥（1236—1283年），字宋瑞，又字履善，号文山，庐陵（今江西）人，南宋大臣，爱国政治家、文学家。文天祥的文学创作以元军攻陷临安为界，分为前后两期。前期多为应酬之作，精华多在后期，所作《指南录》《指南后录》的集名出自其诗句“臣心一片磁针石，不指南方不肯休”，表现他力图恢复，念念不忘宋室的不屈不挠的意志。其中《正气歌》写于大都狱中，诗中遍举胸怀“正气”之士的高风亮节以自勉，集中体现了作者的崇高气节和至死不渝的坚贞意志。《过零丁洋》中的“人生自古谁无死，留取丹心照汗青”，更是历来人们争相传诵的名句。著有《文山先生全集》。

金代作家

王若虚

王若虚（1174—1243年），字从之，号慵夫、滹南遗老，藁城（今河北藁城县）人，金代文学家。承安二年（1197年）进士，累官国史院编修、左司谏等职。王若虚精于经、史和文学，所著《滹南遗老集》具有浓厚的批判色彩和怀疑精神，在金代学术界有着独特的地位。在文学理论上，他对风靡一时的夸奇斗险的江西派形式主义文风深为不满。他的理论，对于革新金代诗风有着积极的作用。

元好问

元好问(1190—1257年)，字裕之，号遗山，忻州秀容(今山西忻县)人，金代文学家、史学家。出生于鲜卑贵族拓跋氏。元好问的文学成就以诗歌最高。今存诗1360余首，在题材的广泛性、内容的丰富性和反映现实的深刻性上，堪称一代之冠。代表作如《壬辰十二月车驾东狩后即事五首》《癸巳五月三日北渡》等，表现了金元之际国破家亡的社会现实。其登临览胜之作如《游黄华山》等，皆雄秀高奇，别开新境。另外，他的词的成就也很高，足以与两宋词家并比。著有《元遗山全集》。

元明作家

关汉卿

关汉卿(约1210—1300年)，号已斋叟(一作一斋)，大都(今北京市)人。曾任太医院尹。他学富才高，是元初最著名的杂剧作家，为元曲四大家(关汉卿、马致远、白朴、郑光祖)之首。关汉卿生性倜傥，机敏过人，且滑稽多智，不仅所编剧本为一时之冠，而且通棋艺、诗学、书法、围棋，会歌舞会演唱，有着丰富舞台经验，他凭助于对艺术的始终不渝的追求而从事创作。他的作品既有悲剧作品也有喜剧作品，还有不少散曲，今存有60余种。现存杂剧作品18种，小令57首，套数13套。《关大王单刀会》《闺怨佳人拜月亭》《感天动地窦娥冤》《赵盼儿风月救风尘》《望江亭中秋切脍旦》都是著名的杂剧作品。关汉卿的散曲全收在《金元散曲》中。

白朴

白朴(1226—约1306年)，字仁甫，一字太素，号兰谷，元代戏曲家。白朴的杂剧有16种，现存《唐明皇秋夜梧桐雨》《裴少俊墙头马上》《董秀英花月东墙记》3种，其内容大多写男女情事。他的散曲内容大抵是叹世、咏景和闺怨之作，这也是元代散曲家经常表现的题材，艺术上以清丽见长，是当时有成就的作家之一。此外还有一些小令吸收了民间情歌的特点，显得清新活泼。

马致远

马致远(约1250—约1321年),号东篱,大都(今北京市)人,元代戏曲作家。他热衷于功名又在功名上遭受过不少挫折,只任过省提举等小官,后看破红尘,隐居林中。马致远共创作杂剧16种,现存7种:《破幽梦孤雁汉宫秋》《吕洞宾三醉岳阳楼》《马丹阳三度任风子》《西华山陈抟高卧》《半夜雷轰荐福碑》《江州司马青衫泪》《开坛阐教黄粱梦》,还有《刘阮误入桃花洞》第四折残曲。其中《汉宫秋》最为有名,马致远是个享有盛名的戏曲家,他在散曲上的成就为元代之冠,明代贾仲明称他为“曲状元”。作品内容主要有三类:叹世、咏景、恋情,共留下104首,套数17套,总名《东篱乐府》,其中〔天净沙〕、〔寿阳曲〕为人们所熟悉。

张养浩

张养浩(1270—1329年),字希孟,号云庄,济南人,元代著名散曲家。曾任监察御史,因批评时政而免官,复官至礼部尚书,又辞官隐居济南云庄。元文宗天历二年(1329年),关中大军征拜陕西行台中丞。张养浩自幼好学,上自儒家经典,下至诸子百家,唐诗、宋词、笔记小说,无所不读,又诗赋、文章无所不能,尤长于散曲。他隐居济南云庄8年期间,登华不注,游大明湖,览龙洞,赏泉水,“寄傲山林,纵情诗酒”,创作了大量诗文散曲。其作品流传下来的有散曲小令160多首,诗近400首,各类文近百篇。代表作品《山坡羊·潼关怀古》,其中“兴,百姓苦!亡,百姓苦!”句更是饱含对人民的同情,感情真挚,含义深沉。

王实甫

王实甫,生卒年不详,一名德信,大都(今北京市)人,元代戏曲作家。代表作《西厢记》5本共21折,在元代杂剧中具有“天下夺魁”的艺术成就。以歌颂反封建的爱情为主题,歌颂张珙和崔莺莺为争取婚姻自由所进行的斗争,矛头直指封建礼教和婚姻制度,具有强烈的反封建思想。王实甫所做杂剧,名目可考者共13种。今存有《崔莺莺待月西厢记》《吕蒙正风雪破窑记》和《四大王歌舞春堂》3种;此外还有少量的散曲流传:小令1首,套曲3种(其中有一残套)。小令「中吕·十二月过尧民歌」(《别情》)很有特色,辞藻绮丽,与《西厢记》曲词风格相似。

郑光祖

郑光祖,生卒年不详,字德辉,平阳襄陵(今山西临汾附近)人,元代杂剧作家。

他写过杂剧18种，今存《迷青琐倩女离魂》《醉思乡王粲登楼》《辅成王周公摄政》等8种。《倩女离魂》是其代表作。此剧据唐人陈玄祐传奇《离魂记》改编而成，写王文举与张倩女“指腹为婚”，但张母嫌文举功名未就，不许二人成婚。文举被迫上京应试，倩女忧念成疾，灵魂离开躯体去追赶王文举，与之相伴多年。王文举中状元后，携倩女魂归至张家，离魂与病卧之身重合为一，遂欢宴成亲。郑光祖的杂剧曲词艳丽、典雅而情致凄婉。他的散曲今存套数两首，小令6首，词曲清丽，讲究音律。

纪君祥

纪君祥，一作纪天祥，生卒年不详，元代戏曲作家，钟嗣成《录鬼簿》说他“配李寿卿、郑廷玉同时”。著有杂剧6种，现仅存1种，即《赵氏孤儿冤报冤》(一作《赵氏孤儿大报仇》，简称《赵氏孤儿》)。《赵氏孤儿》是一部具有浓郁悲剧色彩的历史剧。故事情节跌宕起伏、曲折；人物造型特色鲜明，剧情真实感人。剧中的一批正面人物形象，作者赋予他们不畏强权，见义勇为，视死如归的崇高品格。但他们性格的完成，并不是标签式的抽象道德观念的外化，而是在剧情的展示和尖锐的矛盾冲突中加以凸现的，因而显得真实感人。另《陈文图悟道松阴梦》一剧，仅存曲词1折。

宋濂

宋濂(1310—1381年)，字景濂，号潜溪，谥文宪，浦江(今浙江浦江)人，明代文学家。官至翰林学士承旨。宋濂推崇宗经，认为只有孔子之文“才称之为文”，“六籍之外当以孟子为宗，韩子次之，欧阳子又次之”，对于违背“温柔敦厚”传统的文章一律采取否定态度。他擅长散文创作，尤以传记文成就突出，代表作《秦士录》《王冕传》《李疑传》等文章人物形象生动鲜活。他的写景散文数量亦不少，且风格近似欧阳修，文笔清新，写景状物生动，不事雕琢，代表作有《桃花洞修禊诗序》《环翠亭记》等。他被明太祖朱元璋推其为“开国文臣之首”。著有《宋学士文集》。

刘基

刘基(1311—1375年)，字伯温，青田(今浙江青田)人，明初文学家。元末进士，他博学多才，通天文、兵法，亦善诗文。辅佐朱元璋平定天下，为开国功臣之一，封诚意伯。尽管他像范蠡一样功成身退，但仍然受到朱元璋的猜疑，被牵入胡惟庸案，忧愤而死。寓言体散文集《郁离子》较为著名。著有《诚意伯刘文成公集》。

罗贯中

罗贯中(约1330—1400年),名本,字贯中,号湖海散人,杭州人,祖籍太原,元末明初小说家、戏曲家。罗贯中的创作才能是多方面的。他写过乐府隐语和戏曲,但以小说成就为主。今存署名罗贯中的作品,除《三国志通俗演义》外,还有《隋唐志传》《残唐五代史演义》和《三遂平妖传》。这些作品中《三国志通俗演义》的成就最高。为我国四大古典名著之一。全书以宏大的结构描绘了三国时期复杂的政治军事斗争,起自黄巾起义,终于西晋统一。作品谴责了统治者的残暴和丑恶。反映了动乱时代人民的痛苦和对清明政治、对亡君的向往,体现了鲜明的“拥刘反曹”倾向。《三国志通俗演义》“文不甚深、言不甚俗”,语言简洁明快而又生力。它把历史和文学自然结合,有现实的描绘,又充满了浪漫主义的传奇色彩。除小说创作外,贾仲名《录鬼簿续编》说他“乐府隐语,极为清新”。他现存戏曲作品有《赵太祖龙虎风云会》杂剧。杂剧的基本思想和《三国志通俗演义》类似,描写君臣之间的亲密关系,并希望通过“正三纲、谨五常”来结束奸雄争霸造成的悲惨局面。

高启

高启(1336—1374年),字季迪,长洲(今江苏苏州)人,元末曾隐居吴淞江畔的青丘,因此号青丘子,明初著名诗人。明初受诏入朝修《元史》,授翰林院编修。洪武三年(1370年)朱元璋拟委任他为户部右侍郎,他固辞不赴,返青丘授徒自给。后被朱元璋借苏州知府魏观一案腰斩于南京。他与杨基、张羽、徐贲合称“吴中四杰”。其诗雄健有力,富有才情,开始改变元末以来缛丽的诗风。学诗兼采众家之长,无偏执之病。但从汉魏一直模拟到宋人,又死于盛年,未能熔铸创造出独立的风格。反映人民生活的诗质朴真切,富有生活气息;吊古或抒写怀抱之作寄托了较深的感慨,风格雄劲奔放。有诗集《高太史大全集》,文集《凫藻集》,词集《扣舷集》。

于谦像

于谦

于谦(1398—1457年),字廷益,号节庵,钱塘(今浙江杭州)人,明代政治家、文学家。明成祖永乐十九年(1421年)进士,曾任兵部右侍郎、左侍郎。1449 年，瓦剌部也先犯境，英宗御驾亲征被俘，于谦调集军队守卫京都，被明代宗提升为兵部尚书。他才智过人，指挥时镇定自若，思虑周密开阔。性格刚直不阿，说话据理据实不避嫌疑，因而得罪权贵。在被释放的英宗夺取帝位后，听信权臣诬陷而将于谦处死。终年 60 岁。于谦是明代著名诗人，他笔力遒劲，意象深远，其高风亮节时时表露于词句中，《石灰吟》是其明志之诗。他的散文多为奏议，慷慨陈词、切中事理，可见其雄才大略。传世有《于忠肃集》。

唐寅

唐寅(1470—1523 年)，字伯虎，一字子畏，号桃花庵主、鲁国唐生、逃禅仙史、南京解元等，江苏苏州人，明代书画家、文学家，被誉为明中叶江南第一才子。与祝允明、文徵明、徐祯卿号称“吴中四才子”。他博学多能，吟诗作曲，能书善画，曾因科场舞弊案受牵连，功名受挫，自此“任逸不羁，颇嗜声色”，采取了玩世的生活方式。唐寅以卖文鬻画闻名天下。他的诗词真切平易，不拘一格，大量采用口语入诗，意境警拔清新，具有独创的成就。他的画从山水到人物、仕女、神仙故事以及写意花鸟等都十分精到，他的书法也俊逸超群，在书画史上具有重要的地位。

施耐庵

施耐庵，生卒年不详，明代小说家。长篇小说《水浒传》的作者。因现存《水浒传》的嘉靖本、天都外臣序本以及袁无涯刊本等皆题有“施耐庵集撰、罗贯中纂修”的字样，可知施、罗的生活时代应相近。施耐庵对《水浒传》的创作是功不可没的。《水浒传》以北宋末年宋江起义为故事框架，融合了南宋以来的水浒故事，在元代《大宋宣和遗事话本》的基础上，借鉴了元杂剧《李逵负荆》《黑旋风双献功》等情节，最终写成。施耐庵将长达数百年间流传下来的水浒故事整理出来，将原来简单、粗糙的初级原始文学素材加工成一部不朽的文学巨著，在前代艺人、戏剧家的基础上，将一部口头相传的民间文学作品变为案头供人阅读之作，塑造了一批性格鲜明的形象，在主题、结构、语言诸多方面进行了再创作，使梁山好汉一百零八将的故事

施耐庵雕像

深入人心，取得了杰出的艺术成就。

吴承恩

吴承恩(约1500—约1582年)，字汝忠，号射阳山人，是明朝著名小说家。出身于一个由官入商的家庭。吴承恩一生创作了多部作品，其代表作《西游记》是一部举世瞩目的浪漫主义杰作。《西游记》以唐代玄奘和尚赴天竺取经的经历为蓝本，在《大唐西域记》《大唐慈恩寺三藏法师传》《大唐三藏取经诗话》等作品基础上，经过整理、构思最终写定。作者无情地撕下了天庭、龙宫、地府所谓庄严神圣的外衣，并给予极大的蔑视和无情的嘲弄。就连西天所谓的极乐世界，作者也以玩世不恭的口吻，揭露了这个世界在佛祖如来的纵容下勒索钱财的丑行。作者笔下那昏庸无道的玉皇大帝，实际也是明代人间帝王的影子，而那些妖魔鬼怪，除了一部分是自然力的体现外，更多的则是人间贪官豪绅的象征。特别是人物塑造上，采取人、神、兽三位一体的塑造法，特别体现在对孙悟空、猪八戒的形象塑造上，使人觉得亲切、新奇、有趣。全书组织严密，繁而不乱，语言活泼生动且夹杂方言俗语，使全书呈现出一种乐观向上的情调。

梁辰鱼

梁辰鱼(约1521—约1594年)，字伯龙，号少白、仇池外史，苏州昆山人，明代戏曲家。平生任侠好游，因失意于功名，而寄情于声乐。《浣纱记》是昆腔兴起后出现的第一个昆曲剧本，也是他的代表作品。这部剧作取材于《吴越春秋》，以范蠡和西施的爱情故事为线索，描写了吴越的兴亡，赞扬了为国家利益牺牲个人爱情和幸福的行为。但是与一味宣扬封建伦理的作品不同，这部剧作也渲染了西施在成为政治的牺牲品时所感受到的悲哀，令人十分感动。其他主要作品还有散曲集《江东白苎》以及杂剧《红线女》。

徐渭

徐渭(1521—1593年)，初字文清，改字文长，号天池山人、青藤道士，浙江山阴(今绍兴)人，明代戏曲家、文学家、书画家。工书法，善绘画，长于行草，擅长花鸟画。他曾8次乡试都名落孙山，后入胡宗宪幕府，参与策划抗倭事宜。胡宗宪被逮自杀，徐渭深受刺激，先后九次自杀，还因为杀死妻子下狱7年。晚年更是潦倒不堪，穷困交加，以卖画为生。徐渭的写意花卉惊世骇俗，用笔狂放，笔墨淋漓，不拘形似，自成一家，创水墨写意画新风，历来被世人称道。他的诗文书画处处弥漫着一股郁勃的不平之气和苍茫之感。著有《徐文长集》30卷留世。他的作品《南词叙录》是中国戏曲史上研究南戏的一部重要的专著。他的杂剧《四声猿》在中国戏曲史上也占有很高的地位。此外,还有一部讽刺闹剧《歌代啸》相传也是他的作品。

王世贞

王世贞(1526—1590年),字元美,号凤洲,又号弇州山人,太仓(今江苏太仓)人,明代文学家、史学家。嘉靖年间进士。王世贞早年与李攀龙同为后七子领袖,继承并鼓吹前七子的复古理论,主张"文必秦汉,诗必盛唐"。他主张诗歌要华与实统一,提倡"学古而化","一师心匠"。到了晚年见解有所改变。他的诗歌创作能秉承前人的现实主义传统。不论是乐府诗、律诗都有佳作。他还是一个史学家,在收集和整理明代史料方面,做出了重要贡献,后人称赞他"负两司马之才"。对戏曲艺术他也颇有研究。他的作品主要有《弇州山人四部稿》《续稿》《弇山堂别集》等。

李贽

李贽(1527—1602年),号宏甫,又号卓吾,别号温陵居士,福建泉州晋江人,明代思想家、文学家、史学家。26岁时乡试中举,官至云南姚安府知府,54岁时辞官,晚年专事于著书讲学。因其思想异端,且对封建的假道学、程朱理学的抨击引起了当权者的不满,被以"敢倡乱道,惑世诬民"的罪名被劾入狱,自刭而死。他倡导"童心说",反对孔孟之道,即反对以孔子的是非观为是非标准。此外,他的思想中还有民主性的因素,认为"尧舜与途人一,圣人与凡人一"。其思想对晚明社会和文学创作具有重大影响。他的著作主要有《焚书》《续焚书》《藏书》《续藏书》《李氏文集》等。

汤显祖

汤显祖(1550—1616年),字义仍,号若士、海若,自署清远道人,晚号茧翁,临川(今江西)人,明代戏曲作家。少年即有诗名,万历年间进士,曾任南京太常寺博士、礼部主事,与顾宪成等东林党关系密切。49岁辞官回家,专事于戏曲创作。他的传奇作品《牡丹亭》《邯郸记》《南柯记》《紫钗记》被称为"玉茗堂四梦"或"临川四梦",以他为代表的这一戏曲派别被称为"临川派"或"玉茗堂派"。在哲学上,他受王学左派、泰州学派的影响,推崇李贽,重视人心自然的情感,崇尚真性情,反对假学道。在戏剧创作上,他提倡文采,主张抒写人的真情实感,不受格律的限制。《牡丹亭》是其代表作品,文采斐然,具有很高的文学性和思想性,代表了明代戏曲创作的最高峰。除戏曲创作外,他还著有诗集《红泉逸草》《问棘邮草》和诗文集《玉茗堂全集》。

冯梦龙

冯梦龙(1574—1646年),字犹龙,号墨憨斋主人,长洲(今江苏)人,明代文学家。与兄冯梦桂、弟冯梦熊并称"吴下三冯"。他的代表作是话本集《喻世明言》(又称《古今小说》)、《警世通言》《醒世恒言》,合称"三言",代表了明代拟话本小说的成就。此外,他还增补了长篇小说《平妖传》。将其改为《新列国志》,编辑了《古今谭概》《情史》等笔记故事。由于其在通俗文学方面的巨大贡献,被称为"民间文学整理人"。

冯梦龙画像

清代近代作家

金圣叹

金圣叹(1608—1661年),名采,字若采,一名人瑞,字圣叹,吴县(今江苏苏州)人。明末清初著名文学批评家。曾评点"六才子书",即《离骚》《庄子》《史记》、杜诗、《西厢记》《水浒传》。对《水浒传》艺术特点的分析颇有见地。

黄宗羲

黄宗羲(1610—1695年),字太冲,号南雷,又号梨洲,浙江余姚人,明清之际思想家、史学家、爱国作家。为东林党人黄尊素长子。年轻时,曾领导"复社"成员坚持反宦官权贵的斗争。南明亡后隐居著述。他认为天地之间只有一气,反对"理在气先"的宋儒观点。从明朝的覆灭中他认识到诸多的社会弊端,都源于君主专制制度,而强烈抨击专制制度。所著《明儒学案》是我国第一部学术史专著。他的反君主专制思想,集中体现在其另一代表作《明夷待访录》中。该书代表了市民阶层争取权利平等的要求,被学术界视为中国启蒙思想的先驱,对近代政治思想影响很大。

李渔

李渔(1611—约1680年),号笠翁,字笠鸿、谪凡,浙江兰溪人,清代著名的戏曲作家和戏曲理论家。自少遍游四方，曾到过苏、皖、赣、闽、鄂、鲁、豫、陕、甘、晋、北京等地，晚年自南京移家杭州西湖，因此自号湖上笠翁。他的戏曲论著都保存在《闲情偶寄》中。李渔重视戏曲文学，重视作品的结构，将主题思想和结构联系起来论述，并要求戏曲语言浅显。他继承别人的成就，结合自己舞台和演出方面的经验，在戏曲文学的创作实践和舞台演出方面提出了许多宝贵的意见。他写的剧本保留下来的有 18 种，常见的为《笠翁十种曲》。

顾炎武

顾炎武(1613—1682 年)，初名绛，字宁人，号亭林，明亡后改名炎武，自署蒋山傭，昆山(今江苏昆山)人，明末清初思想家、学者、诗人。青年时曾参加“复社”，反宦官权贵。清军南下，又起兵抗清。失败后，游历大江南北、长城内外，观察形势，图谋再举，至死不仕清朝。他学问博深，在学术上有多方面的成就，开清代朴学之风，著有《天下郡国利病书》《日知录》等。在音韵学上，他对阐明音学源流和分析古韵部目等方面，多有贡献，著有《音学五书》。散文《复庵记》文字简洁，感情真挚，其名句“天下兴亡，匹夫有责”成为中国人的座右铭。

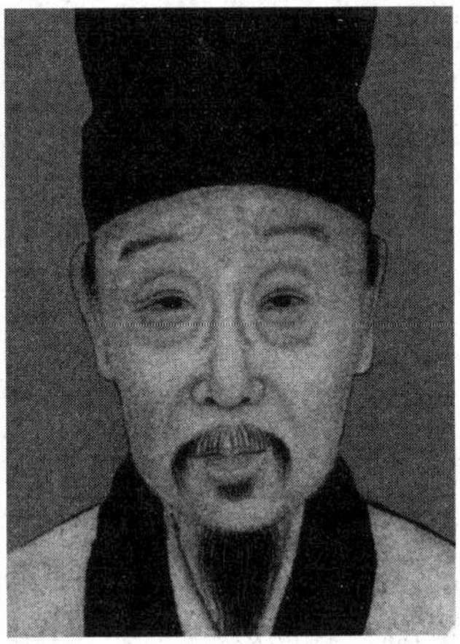

顾炎武

蒲松龄

蒲松龄(1640—1715 年)，字留仙，一字剑臣，别号柳泉居士，世称“聊斋先生”，山东淄川(今山东淄博市)人，清代文学家。出身“书香”门第，大部分时间居乡以授徒自给，贫困潦倒。蒲松龄憎恶贪官污吏、土豪劣绅，同情劳动人民的疾苦。他是一个多才多艺的作家，一生著作颇丰，有诗、文、词、赋、戏曲、俚曲和杂著。最有名的是他花 20 多年左右的时间写成的文言短篇小说集《聊斋志异》。《聊斋志异》共有 491 篇，其内容有抨击科举制度、八股文风的，有揭露贪官污吏、恶霸劣绅的，更多的则是写爱情故事，赞美自由纯真的爱情，控诉封建礼教对爱情婚姻的束缚。由于作者思想的局限，小说中也有一些陈腐的封建说教和因果报应等迷信色彩。在艺术上，多采用幻想形式，想象丰富奇特，境界扑朔迷离，神奇迷人。特别是一些狐妖幻化的人物，给人一种平易可亲的感觉，既有平常人的感情个性，又有超凡的奇异之处，具有很强的吸引力。代表篇章有《席方平》《促织》《司文郎》《红玉》等。此外，还著有《聊斋诗集》《聊斋文集》《日用俗字》《农桑经》等。

洪昇

洪昇(1645—1704 年),字昉思,号稗畦。浙江钱塘(今杭州)人,清代戏剧家。所作《长生殿》歌颂了唐玄宗与杨玉环的忠贞爱情,同时又暴露他们腐朽生活给社会带来的灾难,场面壮丽,曲词优美,曾轰动一时。与孔尚任被誉为“南洪北孔”。

孔尚任

孔尚任(1648—1718 年),字季重、聘之,号东塘,别号岸堂,自称云亭山人,山东曲阜人,清代戏剧家、诗人。孔子 64 代孙。所作《桃花扇》演绎侯方域、李香君的爱情和南明兴亡的故事,充满爱国情怀。

纳兰性德

纳兰性德(1655—1685 年),原名成德,字容若,号楞伽山人,满族正黄旗人,清代词人。其先祖原为蒙古吐默特氏,后因攻占纳喇部,以地为氏,改姓纳喇,即纳兰。康熙十一年(1672 年)举人,康熙十五年赐进士出身,授三等侍卫,后迁至一等。其父纳兰明珠为清康熙时大学士。纳兰性德留传下来的诗词很多,但词的成就更高。其词以小令见长,缠绵清丽,多哀婉凄愁之情调,抒情真挚,描写生动自然,不事雕琢,风格颇似李煜。另外因其曾任康熙皇帝侍卫,多次奉命出塞,故一部分描写边塞生活的词作也写得颇具特色。王国维评之曰:“纳兰容若以自然之眼观物,以自然之舌言情。此初入中原,未染汉人风气,放能真切如此。北宋以来,一人而已。”(《人间词话》)此语对纳兰性德词的评价甚高,亦概括了他的个人风格。有词集《侧帽集》《饮水词》。辑有《全唐诗选》和《词韵正略》。

方苞

方苞(1668—1749 年),字凤九,一字灵皋,号望溪,桐城(今安徽桐城市)人,清代散文家。“桐城派”创始人之一。康熙四十五年(1706 年)进士,累官礼部右侍郎。曾经因戴名世《南山集》案牵连入狱,后获赦,擢礼部右侍郎、三馆总裁。方苞崇尚理学,论文讲“义法”。因而,他的文论仍然是儒家正统的论调。他的散文多为经说和书序碑传之类,内容大抵是程朱学说,阐发封建伦理观念。但也有一些脍炙人口的作品,如《狱中杂记》,以确凿的事实,揭露了清代监狱中的种种黑暗、腐败和残酷的内幕,对惨无人道的封建统治进行了有力的控诉。文章重在叙述事实,材料典型,组合有序,环环相扣,简洁有力。著有《方望溪全集》。

沈德潜

沈德潜

沈德潜(1673—1769年),字确士,号归愚,江苏长洲(今苏州)人,清代诗人、诗论家。乾隆四年(1739年)进士,官至内阁学士兼礼部侍郎。沈德潜现存诗2300多首,大多是歌功颂德之作,只有少数作品反映了当时民间的疾苦。他的古体诗宗汉魏,近体诗宗盛唐,不喜宋元诗歌,推崇前后七子。论诗主张"格调说",提倡"温柔敦厚"之"诗教"。晚年入仕后极受乾隆皇帝赏识,被称为"老名士",经常出入皇宫与乾隆皇帝议论诗歌源流升降,甚受嘉许,使其诗歌和诗论风行一时,影响很大。著作有《沈归愚诗文全集》,编有《古诗源》《唐诗别裁集》《明诗别裁集》《清诗别裁集》等。

郑燮

郑燮(1693—1765年),字克柔,号板桥,兴化(今江苏)人,清代文学家、书画家。康熙年间秀才、雍正年间举人、乾隆年间进士。郑板桥有多方面的文学、艺术才能,擅画竹、兰、石。工书法,用隶体参入行楷。他的诗、书、画,人称为"三绝"。生平狂放不羁,多愤世嫉俗的议论与行动,被称为"扬州八怪"之一。他的诗歌表现真率性情,大量题画诗都有寄托,诗歌特点是不傍古人,多用白描,明白流畅,通俗易懂。他的词多写景状物以及酬赠之作,也有一些佳篇。其散文风格,坦率自然,富有风趣,《家书》传诵尤广。

吴敬梓

吴敬梓(1701—1754年),字敏轩,号粒民,晚年又号文木老人,安徽全椒人,清末小说家。青年时生活豪纵,后家业衰败,迁居南京。36岁时安徽巡抚举荐他到京应博学宏词试,因病不赴,此后对科举不再热衷,开始做《儒林外史》。中年以后,生活愈加贫困,性格也愈加倔强,不向贫困低头,不向权贵俯首。晚年开始研究经学,还著《诗说》7卷。善诗赋,尤以小说著称。所作《儒林外史》,从多方面揭露士大夫的丑恶嘴脸,对科举制度和封建礼教进行深刻的批判,成为我国文学史上著名的古典讽刺小说。著有《文木山房集》。

曹雪芹

曹雪芹(约1715—约1763年),名霑,字梦阮,号雪芹,又号芹圃、芹溪,祖籍辽阳，其先世原是汉族，后为满洲正白旗“包衣”，清代小说家。少时家势贵盛，生活豪奢，其父被革职后，落入贫困。巨大变故使其对社会有了深刻认识，“披阅十载，增删五次”，创作了我国古典小说中最伟大的现实主义作品《红楼梦》，后40回一般认为是高鹗续作。

曹雪芹像

袁枚

袁枚(1716—1797年)，字子才，号简斋，别号随园老人，浙江钱塘(今杭州)人，清代诗人、诗论家。曾任知县，辞官后于江宁(今南京)小仓山下修筑随园定居，自号仓山居士。他的思想比较自由解放，他对当时统治学术思想界的汉、宋学派都表示不满，特别反对汉学考据。他认为“诗有工拙，而无古今”，提倡诗写性情、遭际和灵感，反对尊唐小说，不满神韵派，也批驳了沈德潜的主张，创为性灵派。著有《小仓山房诗文集》。著名诗评有《随园诗话》，还有笔记体志怪小说专集《子不语》，散文名篇有《黄生借书说》《书鲁亮侪》等。

纪昀

纪昀(1724—1805年)，字晓岚，一字春帆，自号石云，谥“文达”，直隶献县(今河北献县)人，清代著名学者。乾隆进士，官至礼部尚书、协办大学士。他学问渊博，长于考证训诂，曾任四库全书馆总纂官，以毕生精力纂定《四库全书总目提要》200卷，论述各书大旨及著作源流，考得失，辨文字，为清代目录学成就的巨著。他的诗文中，多应制奉和、歌功颂德之作，属于典型的“廊庙文学”。少数述怀、纪行诗歌尚清新可诵。所著《阅微草堂笔记》是《聊斋志异》后又一部影响很大的文言短篇小说集。

蒋士铨

蒋士铨(1725—1785年)，字心余，又字苕生，号清容、晚号定甫，江西铅山人，清代诗文家、戏曲家。乾隆年间进士，官至内阁中书，被授予编修，充武英殿纂修官等职。其戏曲作品有《红雪楼十二种曲》等。其中《冬青树》主要叙述南宋灭亡的历史故事，歌颂文天祥等人坚贞不屈的民族气节。《临川梦》则将剧作家汤显祖搬上舞台，表达了对这位伟大的剧作家无限崇敬之情。蒋士铨的创作题材多样，是个多才多艺的作家，主要继承了汤显祖的风格，在当时影响较大。

除剧作外，他还著有《忠雅堂诗集》《诗集》《铜弦词》等。

姚鼐

姚鼐（1732—1815 年），字姬传，一字梦谷，室名惜抱轩，人称惜抱先生，安徽桐城人，清代散文家。乾隆年间进士，官至刑部郎中、记名御史等。曾在江宁、扬州等地书院讲学达 40 年。治学以经为主，兼及子史、诗文。他是继方苞、刘大櫆之后“桐城派”的集大成者。在理论上，他提倡文章要“义理”“考证”“辞章”三者相互为用。在文章美学上，他提出了阳刚与阴柔的概念。同时，他发展了刘大櫆的拟古主张，提倡从“格律声色”入手去模拟古文，进而达到“神理气味”。著有《惜抱轩诗文集》。

洪亮吉

洪亮吉（1746—1809 年），字君直，一字稚存，号北江，阳湖（今江苏常州）人，清中叶经学家、文学家。在经史、地理、音韵、训诂等方面都有成就。著有《洪北江全集》，其论文《治平篇》提出了人口繁衍与社会经济力量存在的矛盾问题，是我国历史上人口论学说中的一个创见。

林则徐

林则徐（1785—1850 年），字元抚，一字少穆，晚号埃村老人，福建侯官（今福州）人，清代著名政治家、诗人。嘉庆十六年（1811 年）进士，历官翰林院编修、道台。道光十八年（1818 年），以钦差大臣赴广东查禁鸦片，抗击英军。战后，被诬革职，谪戍伊犁。后放还，任云贵总督。他曾与龚自珍、魏源、黄爵滋等人提倡经世致用之学。写诗虽系余事，但写得情深意浓，诗意盎然，从严谨的格律和深厚的功力中表现出诗人豪爽俊逸的艺术风格。著有《云左山房诗钞》。

龚自珍

龚自珍（1792—1841 年），一名巩祚，字瑟人，号定庵，浙江仁和（今杭州）人，清代思想家、文学家。道光进士，官至礼部主事，后辞职南归。其博学多识，为嘉、道年间提倡“通经致用”的今文经学派重要代表人物。其哲学观点，持“性无善无不善”之论，反对孟子“性善”与荀子“性恶”的偏颇论断。强调万事万物无不处于变化之中。其诗文中积极倡导“更法”“改图”，敢于揭露政府的腐败无能，洋溢着爱国热情。晚年受佛教天台宗影响较深。所写散文奥博纵横，自成一家，诗歌尤富有战斗性，风格多变，人称“龚派”。著有《定盦文集》，留存文章 300

余篇，诗词近800首，今人辑为《龚自珍全集》。著名诗作《己亥杂诗》共315首。多咏怀和讽喻之作。

魏源

魏源（1794—1857年），原名远达，字默深，又字墨生、汉士，湖南邵阳（今湖南隆回）人，近代学者、思想家、诗人。晚年皈依佛教，法号承贯。道光进士。与龚自珍齐名，并称“龚魏”。魏源生活在近代社会内忧外患重重矛盾交织的特殊时期，他希望能够提出切实可行的救国方针，于是他综合考察各国的地理历史条件创作了《圣武记》《海国图志》两部著作，提出了著名的“以夷制夷”“师夷长技以制夷”的方针。这种对于现实的关注态度使得魏源在学术思想上批判汉学末流与宋学末流学风，提倡“经世致用”的学风。他的山水诗如《湘江舟行》等诗，亦在艺术上很有特点，使魏源的诗歌创作呈现出不同的艺术风格。在散文创作方面，魏源秉承“经世致用”的文风，内容充实，说理透彻，分析精当，语意畅达，令文章独具一格，与桐城派古文的意趣大相径庭，对后来新体散文的发展产生了一定影响。

魏源

严复

严复（1854—1921年），字又陵，又字几道，福建侯官（今福州）人，中国近代启蒙思想家、翻译家、文学家。少年就读于福州船政学堂，光绪二年（1876年）留学英国，接受了西方资产阶级的政治文化思想。回国后，任北洋水师学堂总教习等职。甲午战争失败后，他忧心国事，努力寻找救国之路，提倡民主，提倡新学，成为维新运动中出色的启蒙思想家。他翻译了赫胥黎的《天演论》和亚当·斯密的《原复》等书，第一次系统地介绍了西方资产阶级的政治制度、哲学思想，在当时产生了很大影响。政论文章为《严译名著丛刊》。

严复

刘鹗

刘鹗(1857—1909年),字铁云,别署洪都百练生,江苏丹徒(今江苏镇江)人,清末小说家。少精数学,后学医术,复改经商。因八国联军入京时私售仓粟,获罪流放新疆而死。所著《老残游记》被鲁迅称为晚清四大谴责小说之一。另著有《铁云藏龟》。

康有为

康有为

康有为(1858—1927年),原名祖诒,字广厦,号长素,广东南海人,近代思想家、文学家。光绪进士。在民族危亡日益深重之际,曾多次给皇帝上书,阐述其改良主义的政治主张和变法的具体措施,影响极大,成为近代维新运动中的领袖人物。他是著名诗人。诗作题材广泛,记录了诗人的政治活动和时代风云的变迁,抒发了他变法图强的思想。戊戌政变失败,流亡海外,足迹遍及亚、欧、非、美四大洲,丰富的生活阅历,给他的诗增添了新的内容。诗作远法杜甫,近接龚自珍,意象瑰丽,气势磅礴,风格雄浑,富有浪漫主义色彩。主要著作有《新学伪经考》《孔子改制考》《大同书》《康南海先生诗集》等。

李宝嘉

李宝嘉(1867—1906年),字伯元,号南亭亭长,江苏武进人。清末小说家,是清末小报创始人之一。小说以《官场现形记》《文明小史》成就最高,前者为晚清四大谴责小说之一。在晚清谴责小说创作方面,李宝嘉是一位多产而卓有成就的作家,他虽然寄希望于封建统治者的“觉悟”和改良,但痛切地看到社会政治的腐败,广泛运用讽刺手法,从各个不同的角度反映了清末封建社会的黑暗现实,特别是对清末官场的种种罪恶行径进行了有力的揭露与鞭挞,在晚清小说史上占有重要地位。

章太炎

章太炎(1869—1936年),名炳麟,后改名绛,字枚叔,号太炎,浙江余杭人,中国近代哲学家、社会学家、民主革命家、学者。早年提倡维新变法,曾任《时务报》撰述,后来接受了孙中山的民主革命纲领,宣传民主革命。1903年因发表《驳康有为论革命书》并为邹容《革命军》作序,触怒清廷,被捕入狱。1906年出狱后东渡日本并加入中国同盟会。1917年之后他逐渐脱离了民主运动,以讲学为业。1935年在苏州主持章氏国学讲习会,主编《制言》杂志。晚年参加了抗日救亡运动。他的一生著述颇丰,约有400余万字,研究范围涉及文学、历史、哲学、政治等各个方面,在我国近现代学术史上占有重要的地位。他的著作主要有《訄书》《国故论衡》《社会学》(译著)、《章氏丛书》《章氏丛书续编》《章氏丛书三编》等。

章太炎

曾朴

曾朴(1872—1935年),字孟朴,又字小木、籀斋,号路珊,笔名东亚病夫,江苏常熟人,近代小说家。出身于官僚地主家庭,光绪十七年(1891年)中举,后赴京参加会试。早年接受了西方思想影响,倾向维新派,参加过康有为、梁启超组织的变法活动。光绪二十九年弃官后,从事出版业,先后开办了小说林书社、创办了《小说林》杂志,其间开始创作其代表作《孽海花》。全书以金雯青与傅彩云的故事为主线,通过展现当时京城内外官僚名士、庸俗文人的生活环境和精神世界,揭露了清末社会的黑暗与腐败,将批判的矛头直指封建王朝的最高统治者,将救国的希望寄托在资产阶级民主革命派身上。这些都是作品中反映出的进步思想。但是由于阶级的局限,曾朴并未看到造成当时社会混乱状况的真正根源是什么,使作品思想的深度不够,同时他对资产阶级民主革命派的幻想过多,过度美化了自由民主的口号。小说在艺术上取得了一定成就,可称得上是"晚清四大谴责小说"中最成功的一部。

梁启超

梁启超(1873—1929年),字卓如,号任公,别号饮冰室主人,广东新会人,戊戌维新的领袖,政治家、文学家。协助康有为发动在京应试举人联名请愿的"公车上书"。1898年在京参加"百日维新"。9月,政变发生。梁启超逃亡日本,一度与孙中山为首的革命派有过接触。在日期间,先后创办《清议报》和《新民丛报》,鼓吹改良,反对革命。著作有《饮冰室合集》。《少年中国说》《谭嗣同传》为其代表作。

现当代文学作家

王国维

王国维(1877—1927年),字静安,号观堂,浙江海宁人,近现代著名学者、文学评论家。清末秀才。他早年广泛研读了西方哲学及文学著作,对德国唯心主义哲学家叔本华的学说尤为喜爱。30岁以后,从事中国戏曲史和词曲研究,著有《曲录》《宋元戏曲考》和《人间词话》等,初步勾勒出中国古代戏曲发展的轮廓。特别是《人间词话》影响很大。论词标举境界说,所论涉及艺术特征和现实主义与浪漫主义的创作方法等问题。他崇尚自然,指出艺术思维的特征是:"贵具体而不贵抽象",强调文学艺术的美感作用。1913年起,专攻经、史,旁及古文字学、音韵学,以精研甲骨文、金文闻名中外。他的学术思想及史学思想,对中国近代哲学、历史学和文学的发展都有较大影响。在文学史方面,除词曲、戏剧和《红楼梦》的研究外,还对西方资产阶级文学思想和美学思想进行介绍,引入中国。著有《海宁王静安先生遗书》《观堂集林》。

鲁迅

鲁迅

鲁迅(1881—1936年),原名周樟寿,后改名周树人,字豫才,浙江绍兴人,现代文学家、思想家、教育家、革命家。1902年去日本学医,后弃医从文,希望用以改变国民精神。1909年,翻译《域外小说集》,介绍弱小民族文学。1918年5月,第一次用"鲁迅"的笔名,在《新青年》发表中国现代文学史上第一篇白话小说《狂人日记》,彻底揭露了封建礼教的“吃人”的性质,奠定了新文学运动的基石。参加《新青年》杂志工作,成为“五四”新文化运动的伟大旗手。1921 年发表了中篇小说《阿 Q 正传》。1930 年起,先后参加中国自由运动大同盟、中国左翼作家联盟等。先后参与主编了《莽原》《语丝》等文艺期刊。陆续创作出版了《呐喊》《坟》《热风》《彷徨》《野草》《朝花夕拾》《华盖集》《华盖集续编》等专集。表现出爱国主义和彻底的革命民主主义思想。编著《中国小说史略》《汉文学史纲要》《唐宋传奇集》《小说旧闻钞》等。

苏曼殊

苏曼殊(1884—1918 年),原名戬,字子谷,后改名玄瑛,法号曼殊,广东香山(今广东中山)人,近现代作家、诗人、翻译家。苏曼殊多才多艺,诗、文、小说俱佳,且工书画,善尺牍,精于禅理,并通晓英、法、日、梵等多种文字,他较早地将雨果、拜伦等作家介绍到了中国并翻译了他们的作品。苏曼殊的小说艳丽而凄婉,诗歌清新纤巧而又略带高逸之气,在近代文坛上具有很大的影响,后人将他的作品辑为《苏曼殊全集》。在近代文坛上,苏曼殊可以说是一位怪杰,他并没有受过很高的教育,却极有天分,他曾两度出家却又情缘不断。柳亚子评价他“不可无一、不可有二”。死时仅 35 岁。

周作人

周作人(1885—1967 年),原名櫆寿,字启明,号知堂,浙江绍兴人,现代散文家。“文学研究会”发起人之一,“五四”运动时期提倡“人的文学”,20 世纪 30 年代和林语堂一起倡导“闲适幽默”小品。其诗《小河》被誉为“新诗中的第一首杰作”。著有《自己的园地》《过去的生命》《中国新文学的源流》等。

柳亚子

柳亚子(1887—1958 年),原名慰高,又名弃疾,字安如,又改字亚庐、亚子,笔名青兕、春蚕等,江苏吴江人,现代著名诗人。柳亚子工于旧诗,尤长于七言,诗词具有爱国精神。著有《磨剑室诗集、词集、文集》《柳亚子诗词选》,编有《苏曼殊全集》《孙竹丹烈士遗集》等。

胡适

胡适(1891—1962 年),原名洪马辛、嗣穈,字适之,安徽绩溪人,现代作家、学者。早年留学美国,回国后任北大教授。五四初期反对文言文,提倡白话文,是新文化运动的著名人物,影响很大。1917 年初在《新青年》上发表了《文学改良刍议》。曾在古代文学史、哲学史方面做过一些开创性工作。1946 年任北京大学校长。主要作品有《胡适文存》《白话文学史》《中国章回小说考证》《五十年来之中国文学》等。

刘半农

刘半农(1891—1934 年),江苏江阴人,现代文学家、语言学家。著有《扬鞭集》和《回声实验录》等专著。

郭沫若

郭沫若(1892—1978 年),原名郭开贞,笔名郭鼎堂、麦克昂等,四川乐山人,现代著名的诗人、剧作家、历史学家、考古学家。他是鲁迅之后的中国文坛领袖。其诗歌代表作《女神》在中国新诗史上有创始之功,其中名篇有《凤凰涅槃》《天狗》《心灯》《地球,我的母亲》。他的历史剧《屈原》《蔡文姬》《武则天》等在中国近代戏剧中也占有极重要的位置。诗集另有《长春集》《东风集》。还著有文艺论集多部,如《李白与杜甫》等。

叶圣陶

叶圣陶(1894—1988 年),原名叶绍钧,江苏苏州人,著名作家、教育家。"文学研究会"发起人之一。长期在商务印书馆和开明书店任编辑,编过《小说月报》和《中学生》等刊物,并从事创作工作。1922 年出版第一本短篇小说集《隔膜》,1923 年出版的《稻草人》是我国第一部童话集。代表作品为长篇小说《倪焕之》,批判了"教育万能"的错误思想。新中国成立后,曾任出版总署署长、教育部副部长兼人民教育出版社社长、中央文史研究馆馆长、全国政协副主席等职务。

叶圣陶

张恨水

张恨水（1895—1967 年），原名张心远，笔名愁花恨水生、恨水，祖籍安徽潜山人，生于江西广信，现代小说家。其贡献在于完成了对章回体小说的改良和完善。张恨水一生写了约 3000 万字的作品，中长篇小说达 100 余部。他是由深受鸳鸯蝴蝶派影响的旧派小说向现代小说过渡的代表性作家。代表作主要有长篇章回体小说《金粉世家》《啼笑姻缘》《春明外史》《八十一梦》《五子登科》等，通过恋爱悲剧反映军阀统治下的黑暗现实。

邹韬奋

邹韬奋

邹韬奋（1885—1944 年），原名思润，江西余江人，现代作家、新闻记者，“七君子”之一。从 1928 年在上海主编《生活》周刊起，毕生从事新闻出版工作。1935 年，由美归国，创办《大众生活》周刊，同时参加抗日救亡活动。1936 年 3 月被迫出走香港，创办了《生活日报》及《生活日报星期增刊》。1943 年写下《对国事的呼吁》一文，表达了他对蒋介石实行反动政策的愤慨。他写的通讯和评论具有极强的现实主义特色，产生了广泛的社会影响。主要著作有《萍踪寄语》《萍踪忆语》《经历》《抗战以来》《患难余生记》等。

林语堂

林语堂（1895—1976 年），原名林和乐、后改为林玉堂、林语堂，福建龙溪人，著名作家、学者。早年留学美国、德国。创办《论语》，成为“论语派”的主要代表，提倡“闲适幽默”的小品文。曾主编过《人世间》《宇宙风》等刊物。著有《剪拂集》《大荒集》《锦秀集》《国语词典》等，代表长篇小说有《京华烟云》等。

茅盾

茅盾（1896—1981 年），原名沈德鸿，字雁冰，浙江桐乡市乌镇人，是中国现代作家。和鲁迅、郭沫若一起，为中国现代文学奠定了基础，在文学史上有着不可磨灭的功绩。在 1927 年 9 月发表《幻灭》时，他首次使用“茅盾”为笔名。他一生有不少的小说、散文、文学评论创作，还翻译过许多外国作品。长篇小说《子夜》是他的代表作，被誉为中国第一部成功的现实主义作品。《林家铺子》《春蚕》这两部短篇小说在现实主义小说中也占据了很高的地位。主要作品还有“蚀”三部曲《幻灭》《动摇》《追求》;“农村三部曲”《春蚕》《秋收》《残冬》;长篇小说《腐蚀》《霜叶红似二月花》;剧本《清明前后》;散文《白杨礼赞》等。中国作家协会设立了“茅盾文学奖”。

茅盾

郁达夫

郁达夫(1896—1945年),原名郁文,字达夫,浙江富阳人,现代作家。曾留学日本,归国后与郭沫若等组织了创造社。1945年在印尼被日本宪兵杀害。小说大多带有“自叙传”性质。代表作有小说《沉沦》《春风沉醉的晚上》《薄奠》等,著名散文有《故都的秋》《钓台的春昼》等。

徐志摩

徐志摩(1896—1931年),笔名诗哲、南湖等,浙江海宁人,现代著名诗人。曾利用《新月》公开反对我国无产阶级革命及革命文学运动,是“新月派”的主要诗人。曾留学美国、英国,回国后先后在北京大学、南京中央大学任教。主要作品有《志摩的诗》《翡冷翠的一夜》《猛虎集》《云游》《落叶》等,较有名的诗篇有《再别康桥》等。

田汉

田汉(1898—1968年),字寿昌,湖南长沙人,现代戏剧的奠基人,诗人、剧作家。1919年开始话剧创作,写了《咖啡店之一夜》等作品,其早期的剧作表现了较强的浪漫和唯美情调。1920年出版通信集《三叶集》。1921年与郭沫若等人组织“创造社”,同年回国,编辑出版《南国》半月刊。1927年发起组织南国电影剧社,进行话剧创作和演出。1929年创作了代表作《名优之死》,塑造了刘振声的反抗性格和悲剧命运。1930年加入“左联”,积极推进革命戏剧的发展。创作了《义勇军进行曲》《毕业歌》等优秀歌曲的歌词。著有文学剧本《乱钟》《回春之曲》《月光曲》《琵琶行》《江汉渔歌》《丽人行》《汉阳泪》《哀江南》等,戏曲剧本《白蛇传》《西厢记》《晴探》《文成公主》《熳郥

朱自清(1898—1948年),原名自华,字佩弦,号秋实,祖籍浙江绍兴,生于江苏

扬州，现代作家、学者、民主战士。曾留学英国，是“文学研究会”成员，长期在清华大学任教，从事创作与学术研究，最后成为一名坚强的民主战士。其著作共 26 种，约 200 万字。诗文合集有《踪迹》，散文集有《背影》《欧游杂记》《你我》，学术著作有《经典常谈》。尤以散文成就最高，被称为“至情之文”“至美之文”。散文名篇有《背影》《春》《绿》《荷塘月色》《威尼斯》《桨声灯影里的秦淮河》等。

郑振铎

郑振铎（1898—1958 年），笔名西谛、郭源新等，福建长乐人，现代作家、文学史家。“文学研究会”发起人之一。先后主编《小说月报》《文学周刊》等，文学研究著作有《文学大纲》《中国俗文学史》《欧行日记》等，著有长诗《卢沟桥》，还翻译过泰戈尔的《新月集》《飞鸟集》等外国文学作品。

翦伯赞

翦伯赞（1898—1968 年），维吾尔族，湖南桃源人，我国著名历史学家。他是中国马克思主义思想早期传播者之一。用马克思主义立场、观点和方法，研究中国的社会问题。抗日战争是时期，他发表了大量的抗日救亡论文，唤醒、鼓动民主抗日。1937 年 5 月，翦伯赞加入中国共产党，投身中华民族解放事业。解放后，翦伯赞历任中央人民政府政务院文化教育委员会委员、中央民族事务委员会委员、北京大学副校长等职，并当选为全国政协委员。全国人大第一、二、三届代表。代表作有游记体散文《内蒙访古》。

老舍

老舍（1899—1966 年），原名舒庆春，字舍予，老舍是笔名，满族，北京人，现代作家。五四时期开始白话创作。曾任英国伦敦大学东方学院中文讲师。回国后任齐鲁大学、山东大学教授。1951 年被北京市人民政府授予“人民艺术家”称号。他的小说以浓郁的地方色彩、生动活泼的北京口语写成，通俗而不乏幽默，形成了老舍的风格，成为“京味小说”的开创者。主要作品有《月牙儿》《我这一辈子》《老张的哲学》《骆驼祥子》《四世同堂》《龙须沟》《茶馆》《济南的冬天》《小麻雀》《烈日和暴雨下》等。

闻一多

闻一多（1899—1946 年），原名闻家骅，号友山，笔名一多，湖北浠水人，现代著名诗人、学者、民主战士。是前期“新月派”的重要诗人，主张新诗格律化，追求“三美”（音乐美、绘画美、建筑美），在“五四”诗坛上具有独特风格。有诗集《红烛》《死水》。著名篇目有《太阳吟》《洗衣歌》《发现》《一句话》《死水》等，学术著作有《神话与诗》《古典新义》等。1946 年 7 月发表了著名的《最后一次讲演》后当天下午被国民党特务杀害。

方志敏

方志敏（1899—1935 年），江西弋阳人，无产阶级革命家，现代文学家。在狱中写出的著名散文《可爱的中国》《清贫》《狱中纪实》是我国革命文学中的精品，也是方志敏的代表作。

瞿秋白

瞿秋白（1899—1935 年），原名瞿双、瞿爽、瞿霜，笔名有史铁儿、宋阳、易嘉等，江苏常州人，无产阶级革命家，散文家。文艺理论家、翻译家。1920 年以《晨报》记者身份赴苏联考察，写了《俄乡纪程》和《赤都心史》，这是我国两部最早的报告文学作品。1922 年在苏联加入中国共产党。1931 年—1933 年在上海期间，与鲁迅结下了深厚友谊，并一起领导左翼文艺运动，编选《鲁迅杂感选集》，并写了《序言》；翻译了恩格斯、列宁等有关文艺方面的经典论著和其他马列文论著作，并写了不少文艺理论的文章。主要著作有译文集《海上述林》（两卷）、《高尔基创作选集》《街头集》《论中国文学革命》等。

冰心

冰心

冰心（1900—1999 年），原名谢婉莹，福建福州人，现代著名散文家、诗人、儿童文学家。在 1919 年发表小说《两个家庭》时首次使用“冰心”作为笔名。她的诗歌可将哲理性与抒情融合在一起，即含蓄又生动，能给人以思想启迪和美感享受，且短小精悍，自由活泼，一时形成“冰心体”小诗的潮流。她的散文成就比小说和诗歌更高，多表现“爱的哲学”，被誉为“美文”的代表。诗集《繁星》《春水》，小说《超人》《悟》，散文《笑》《寄小读者》等是她早期作品中的代表性作品。《樱花赞》《小橘灯》《再寄小读者》等则是发表于建国后的优秀作品。冰心对印度文学家泰戈尔的诗歌和剧作及其他国家的文学作品的翻译,也有突出贡献。

夏衍

夏衍(1900—1995年),原名沈乃熙,字端先,浙江杭州人,现代剧作家、翻译家。1929与郑伯奇等人组织上海艺术剧社。他的剧作多从平凡的日常生活中选取题材,大都具有强烈的时代性,在人物的刻画上致力于揭示其内在的心理活动,情节多平淡无奇,结构严谨,具有隽永、素淡的艺术风格,为中国的话剧做出了突出的贡献。主要著作有话剧剧本《上海屋檐下》《秋瑾传》《赛金花》等,电影文学剧本《风云儿女》《压岁钱》等,报告文学《包身工》,论著《夏衍剧作选》《电影论文集》等,译著长篇小说《母亲》等。

柔石

柔石(1902—1931年),姓赵,名平福,后改名为平复,柔石是其笔名,浙江宁海人,现代小说家,"左联五烈士"之一。主要作品有小说《二月》《为奴隶的母亲》等。另有短篇小说集《希望》和翻译作品卢那察尔斯基的《浮士德与城》《高尔基》《阿尔泰莫诺夫之事业》及《丹麦短篇小说集》等。

沈从文

沈从文(1902—1988年),原名沈岳焕,湖南凤凰人,现代著名作家。1926年起先后在《晨报副镌》《现代评论》《文学》等刊物上发表作品。其创作中影响较大的是乡土小说,主要表现士兵、船夫和湘西少数民族的生活,讴歌下层人民的淳厚性格以及人情美和风俗美。代表作有中篇小说《边城》《长河》,散文集《湘西散记》等。

胡风

胡风(1902—1985年),原名张光人,湖北蕲春人,现当代著名诗人、评论家。1949年新中国成立前著有诗集《野花和箭》《为祖国而歌》,新中国成立初创作了长诗《时间开始了》。后者激情勃发,语言凝重,为当代歌颂性的诗歌创作开了先河。另著有评论集《逆流的日子》《为了明天》等,诗集《欢乐颂》《安魂曲》等,散文及杂文集《棘源草》《人环二记》等,另出版有《胡风评论集》《胡风杂文集》《胡风译文集》等。

梁实秋

梁实秋(1902—1987年),原名治华,字实秋,笔名子佳、秋郎、程淑等,原籍浙江杭县(今浙江余杭)人,生于北京一个诗礼仕宦之家,现代作家、理论批评家、英国文学史家、文学翻译家。1949年赴台湾,梁实秋一生著译丰硕,从20世纪20年代起出版的主要理论批评著作有《浪漫的与古典的》《文学的纪律》《文学因缘》《偏见集》,散文、杂文集有《骂人的艺术》《雅舍小品》《秋室杂文》等。他的散文大抵从日常生活事件中撷取题材,透视社会情态,抒写人生襟怀。作者学识渊博,腹笥宏富,行文庄谐并出,机趣迭生,情味浓郁,雅洁清隽,自成一格。他还出版有专著《英国文学史》以及几乎倾毕生之力译成的《莎士比亚全集》37卷,并主编有目前最大型的英汉辞典《远东英汉大辞典》等字典多种。

梁实秋

冯雪峰

冯雪峰(1903—1976年),原名福春,笔名雪峰、画室、洛扬等,浙江义乌人,现代作家、诗人、文艺理论家。主要作品有诗集《湖畔》《灵山歌》《真实之歌》,杂文《乡风与市风》《有进无退》,反映长征的长篇小说《卢代之死》。

巴金

巴金(1904—2005年),原名李尧棠,字芾甘,四川成都人,现代著名作家。“巴金”是他1928年发表第一个中篇小说《灭亡》时始用的笔名。重要作品有:长篇小说“激流三部曲”《家》《春》《秋》,“爱情三部曲”《雾》《雨》《电》,中篇小说《寒夜》《憩园》等。《家》等是我国现代文学史上描写封建家庭历史最成功的作品。1982年,巴金获意大利“但丁文学奖”。巴金创作的常带有强烈主观性、抒情性的中长篇小说,与茅盾、老舍的客观性、真实性的中长篇小说一起,构成现代文学中长篇小说的艺术高峰。

丁玲

丁玲(1904—1986年),原名蒋冰之,湖南临澧人,现当代女作家。1927发表小说《莎菲女士的日记》,反响强烈。这部丁玲早期的代表作,显示出了她热情与开放的创作个性。1930 年参加中国左翼作家联盟,主编左联机关刊物《北斗》月刊。这时期她创作了《水》《母亲》等多个作品,是其走向文学创作道路的丰收时期。1936 年去陕北,在解放区写的小说分别收录在《一颗未出膛的枪弹》《我在霞村的时候》等集子中,这些作品是对人民大众的斗争和意识改造及成长的记录。1948 年写成了她创作道路上具有里程碑意义的长篇小说《太阳照在桑干河上》。小说描绘了新中国成立前土改的历史画面,反映了当时农村尖锐的阶级斗争,概括了时代转换的历史进程。

沙汀

沙汀(1904—1992 年),原名杨朝熙、杨子青,四川安县人,现代作家。“沙汀”是 1932 年出版短篇小说集《法律外的航线》时用的笔名。主要作品有《淘金记》《困兽记》《还乡记》《在其香居茶馆里》等,散文集《记贺龙》。建国后又创作中篇小说《春枫坡》和短篇小说《你追我赶》等。

戴望舒

戴望舒(1905—1950 年),原名戴梦鸥,浙江杭县(今浙江余杭)人,现代诗人。是我国“现代派”诗歌的代表作家。诗歌代表作有《我的记忆》《雨巷》《狱中题壁》《我用残损的手掌》等,《雨巷》使戴望舒获“雨巷诗人”的美誉。有诗集《我的记忆》《望舒草》《灾难的岁月》《望舒诗稿》等,另有不少译著、论述和笔记。

臧克家

臧克家

臧克家(1905—2004 年),山东诸城人,现当代诗人,诗坛泰斗之一。1933 年出版了第一部诗集《烙印》。1946 年在上海任《侨声报》文艺副刊、《文讯》月刊、《创造诗丛》主编。1949 年创作著名诗篇《有的人》,诗作语言朴素、对比强烈、形象鲜明,歌颂了鞠躬尽瘁、死而后已的人,嘲弄了对人民作威作福不可一世的人。臧克家的诗歌语言朴素凝练,感情真挚深沉,具有韵味无穷的艺术魅力。著有新诗集《烙印》《罪恶的黑手》《运河》《从军行》《淮上吟》等,旧体诗集《臧克家旧体诗稿》,散文集《乱莠集》《我的诗生活》《怀人集》等。评论集《学诗断想》等。

赵树理

赵树理(1906—1970年),原名赵树礼,笔名野小、吴戴等,山西沁水人,现代作家。是“山药蛋派”代表作家,他的小说有浓厚的乡土气息。早年即从事通俗文学的创作。20世纪40年代先后发表《小二黑结婚》《李有才板话》《李家庄的变迁》《三里湾》等作品,影响很大。《小二黑结婚》被誉为“解放区文艺的代表作之一”。

吴伯箫

吴伯箫(1906—1982年),原名吴熙成,山东莱芜人,现代著名散文家。1925年发表处女作《白天与黑夜》。20世纪30年代发表散文结集《羽书》。1951年任东北教育学院副院长,1954年任人民教育出版社副社长、副总编辑,后任中国社会科学院文学研究所副所长。著有散文集《羽书》《黑红点》《出发集》《烟尘集》《北极星》《忘年》,报告文学《潞安风物》。

张天翼

张天翼(1906—1983年),原名张元定,号一之,湖南湘乡人。现代作家、儿童文学家。抗战初写《速写三篇》,揭露抗战中的阴暗面。代表作为讽刺短篇小说《华威先生》和《包氏父子》。主要作品有《鬼土日记》《从空虚到充实》,儿童文学作品有《大林和小林》《宝葫芦的秘密》《大灰狼》《秃秃大王》等。

李健吾

李健吾(1906—1982年),笔名刘西渭,山西运城人,现代作家、戏剧家、文学翻译家。学生时代即写作小说、散文和新诗。曾留学法国,研究福楼拜作品。回国后致力于教学、写作和翻译工作。作品有《雨中登泰山》《坛子》《使命》《一个兵和他的老婆》《青春》《山河怨》等。

萧军

萧军(1907—1988年),原名刘鸿霖,笔名田军、肖军,辽宁义县人,现代作家。主要作品有《八月的乡村》《五月的矿山》《过去的年代》《涓涓》《江上》等。

周立波

周立波(1908—1979 年),原名周绍仪,湖南益阳人,现代作家。长篇小说《暴风骤雨》描写了东北农村土改运动的全过程,获斯大林文学奖。新中国成立后创作作品有《铁水奔流》《山乡巨变》《湘江一夜》《中国人民的胜利》等。

傅雷

傅雷(1908—1966 年),上海人,现当代文学翻译家、文艺评论家。1927 年开始发表作品。一生译著宏富,译文以传神为特色,更兼行文流畅,用字丰富,工于色彩变化。有专著《傅雷家书》《世界美术名作十二讲》,译著《托尔斯泰传》《约翰·克利斯朵夫》《恋爱与牺牲》《高老头》《欧也妮·葛朗台》《幻灭》《贝姨》《老实人》《嘉尔曼》《艺术哲学》《罗丹艺术论》《傅雷译文集》等。

萧乾

萧乾(1909—1999 年),原名萧秉乾,黑龙江兴安岭人,蒙古族,现代作家、翻译家。二战期间,曾作为《大公报》记者在欧洲战场采访,写出许多优秀特写。1979 年赴美进行文学交流活动,写出特写集《美国点滴》。有长篇小说《梦之谷》、报告文学集《人生采访》和翻译作品《好兵帅克》《培尔·金特》《尤利西斯》等。

殷夫

殷夫(1909—1931 年),原名徐柏庭,又名徐祖华,笔名殷夫、白莽等,浙江象山人,现代诗人。“左联”五烈士之一,被视为“革命诗人”和“红色诗人”。诗歌代表作有《别了,哥哥》《血字》《五一歌》等,有诗集《孩儿塔》。

吴晗

吴晗(1909—1969 年),原名吴春晗,字辰伯,浙江义乌人,著名历史学家、杂文作家。曾与闻一多一起积极参加爱国民主运动,是著名的民主战士。新中国成立后历任清华大学历史系主任、文学院院长及北京市副市长等职。致力于历史研究几十年,著作颇多,是著名的明史研究专家。代表作有《朱元璋传》、京剧剧本《海瑞罢官》《谈骨气》。

曹禺

曹禺(1910—1996年),原名万家宝,字小石,祖籍湖北潜江人,出生于天津,现代戏剧家。学生时期就经常参加戏剧演出,大学毕业前写成话剧《雷雨》,轰动剧坛。此后又创作了《日出》《原野》《北京人》《明朗的天》《王昭君》等剧本。曹禺在话剧艺术上的成就,使他成为现代文学史上最有成就的戏剧家之一。

艾青

艾青(1910—1996年),原名蒋海澄,笔名莪加、克阿、林壁等,浙江金华人,我国现代著名诗人。"艾青"是1933年发表寄自狱中的诗《大堰河——我的保姆》时首次使用的笔名。艾青是继郭沫若之后最有成就的诗人,把"五四"以来的自由诗发展推向了一个新的高峰。代表诗集为《黎明的通知》。还有长诗《火把》《向太阳》,其他诗集《大堰河》《北方》《旷野》等。

钱钟书

钱钟书(1910—1998年),字默存,号槐聚,江苏无锡人,现代著名学者、小说家。被誉为"中国文化昆仑"。1937年毕业于英国牛津大学,获副博士学位。又赴法国巴黎大学进修法国文学。1938年秋归国。1941年回家探亲时,因沦陷而羁居上海。1946年出版短篇集《人·兽·鬼》,1947年出版了最为著名的《围城》,《围城》已有英、法、德、俄、日、西语译本。散文大都收入《写在人生边上》一书。学术著作有《谈艺录》《管锥篇》。

钱钟书

姚雪垠

姚雪垠(1910—1999年),原名姚冠三,河南邓州市人,现代作家。20世纪30年代即开始发表小说,其代表作《李自成》共5卷,约30多万字。这部历史小说巨著,经过了长时期的酝酿准备,倾注了作者几十年的心血,获首届"茅盾文学奖"。其作品还有《差半车麦秸》《牛德全与红萝卜》《春暖花开的时候》《戎马恋》《长夜》等。

萧红

萧红(1911—1942年),原名张乃莹,笔名萧红、悄吟,黑龙江呼兰区人,现代作家。1933年因抗婚而出走,漂泊中结识萧军,在他及其他东北作家的影响下,开始文学创作。1934年,萧红将自己的5个短篇小说和萧军的6个短篇小说合编成小说集《跋涉集》出版。同年完成了长篇小说《生死场》,在鲁迅帮助下作为“奴隶丛书”之一出版,由此也奠定了她在中国文学史上的地位。1940年出版短篇小说集《朦胧的期待》。同年赴香港,期间完成了她的代表作——回忆性长篇小说《呼兰河传》。主要著作有散文集《商市街》《桥》等,短篇小说集《旷野的呼喊》等,长篇小说《马伯乐》等。

邓拓

邓拓(1912—1966年),笔名马南邨,福建闽侯人,新闻工作者、杂文家、历史学家。曾从事工人运动、史学研究和报刊领导工作。20世纪60年代写的《燕山夜话》,共收杂文150篇,具有较强的思想性、艺术性和趣味性。

孙犁

孙犁(1913—2002年),原名孙树勋,河北安平人,现代作家。“荷花淀”派的创始人和代表作家。他的小说熔写景抒情于一炉,充满讲情画意,有“诗体小说”的美誉。20世纪30年代到延安鲁艺,发表了《荷花淀》《芦花荡》等优秀短篇小说。主要作品有长篇小说《风云初记》、中篇小说《铁木前传》,还有一些散文集、论文集。

杨朔

杨朔(1913—1968年),原名杨毓瑨,山东蓬莱人,现代作家。1937年集资创办了北雁出版社,同年去延安参加革命,并着手翻译《彼得大帝》。1953年出版了他的代表作《三千里江山》。小说热情地歌颂了中国人民志愿军战士的崇高的爱国主义和国际主义精神。其成就主要表现在散文创作上。他的散文以诗情而著称,著有中篇小说《帕米尔高原的流脉》《红石山》《望南山》《北线》《锦绣河山》,短篇小说集《月黑夜》《北黑线》,长篇小说《三千里江山》《洗兵马》(未完),散文、报告集《潼关之夜》《铁骑兵》,散文集《亚洲日出》《东风第一枝》《海市》《生命泉》,儿童文学作品《雪花飘飘》,以及《杨朔文集》等。名篇有《茶花赋》《雪浪花》《荔枝蜜》《香山红叶》等。

杨沫

杨沫(1914—1995年),原名杨成业,笔名杨君默、杨默,湖南湘阴人,现代女作家。代表作《青春之歌》是一部反映20世纪30年代知识分子精神面貌和思想历程的优秀作品。其他作品还有长篇小说《苇塘纪事》,短篇小说选《红红的山丹花》《杨沫散文选》,长篇小说《东方欲晓》《芳菲之歌》《英华之歌》,长篇报告文学《不是日记的日记》《自白——我的日记》等。

徐迟

徐迟(1914—1996年),原名徐高寿,浙江吴兴人,现代诗人、著名报告文学家。代表作是报告文学《哥德巴赫猜想》。还著有诗集《二十岁的人》,散文集《美文集》,报告文学《地质之光》《生命之树常绿》《在湍流的涡旋里》,译著《巴尔玛修道院》(司汤达著)。

梁斌

梁斌(1914—1996年),原名梁维周,河北蠡县人,现代作家。1935年发表了描写高蠡暴动的第一篇小说《夜之交流》。代表作品为长篇小说《红旗谱》,激起强烈反响,被誉为反映民主革命时期中国农民生活和斗争的史诗式作品,具有鲜明的民族风格和浓郁的乡土气息。其他作品还有《播火记》《烽烟图》《翻身记事》等。

田间

田间(1916—1985年),原名童天鉴,安徽无为县人,现代诗人。1934年加入"左联",被誉为"时代的鼓手"。1936年出版的《中国牧歌》和长诗《中国农村的故事》,被国民党列为禁书。代表诗作有《给战斗者》《假使我们不去打仗》,有诗集《给战斗者》《戎冠秀》《赶车传》《我的短诗》等,散文集《板门店纪事》《火花集》,诗评集《海燕颂》等。

柳青

柳青(1916—1978年),原名刘蕴华,陕西吴堡人,现代著名小说家。抗战时期开始了文学生涯,主要作品有短篇小说集《地雷》《牺牲者》,长篇小说《种谷记》《铜墙铁壁》《创业史》(第一、二部),中篇小说《狠透铁》,散文特写集《皇甫村的三年》

和《柳青小说散文集》等。

刘白羽

刘白羽(1916—2005年),北京人,现代作家。20世纪30年代开始文学创作,40年代是随军记者。抗美援朝期间曾两赴朝鲜。其作品以散文为主,代表作有散文集《万炮震金门》《红玛瑙集》《长江三峡》等,他的散文基调是歌颂光明、歌颂英雄的人民;深刻的哲理性是他散文的特色。刘白羽散文风格激越、刚健,闪耀着时代的光彩。

秦牧

秦牧(1919—1992年),原名林觉夫,广东澄海人,现代作家。其文学创作涉及面广,写过小说、诗歌、散文、杂文以及文艺评论、科学小品,但以散文为主。影响最大的作品是文艺随笔集《艺海拾贝》《语林采英》。他的散文熔博识、理趣和激情于一炉,联想灵巧,开掘深广,意到笔随,娓娓漫谈,承传和发展了现代散文史上的"谈话风"传统,因而成为当代中国散文的代表作家之一。

郭小川

郭小川(1919—1976年),原名郭恩大,笔名郭苏、伟倜等,河北丰宁县人,现代诗人。先后出版《投入火热的斗争》《致青年公民》《雪与山谷》《将军三部曲》《甘蔗林——青纱帐》《郭小川诗选》等十余本诗集。郭小川作为一位著名的"战士诗人",他的诗歌始终与时代共同着脉搏,从中可以"看到时代前进的脚步,听到时代前进的声音"。诗人还善于把强烈的时代精神与自身日益成熟的诗歌艺术结合起来,借助浓郁的抒情、鲜明的形象和巧妙的构思,以触动读者的心灵并引起长久的思索。他曾采用阶梯式、民歌体、自由诗、新辞赋体等多种诗体形式进行创作,尤其是在学习我国民歌和古代诗歌、辞赋的表现手法,倡导与实践新格律体诗歌创作方面,做出了很大的贡献。

魏巍

魏巍(1920—),原名魏鸿杰,笔名红杨树,河南郑州人,当代作家。早期创作以诗歌为主,长诗《黎明风景》曾获晋察冀边区文联授予的鲁迅文艺奖。主要诗作收入《魏巍诗选》。中华人民共和国建立后,致力于散文、通讯、报告文学创作,取得突出的成就,《谁是最可爱的人》《依依惜别的深情》等名篇传诵一时,先后结集出版了《谁是最可爱的人》《壮士行》等。1978年完成长篇小说《东方》,获首届茅盾文学奖。随后又写成长篇小说《地球的红飘带》,这些作品都富有时代感和革命英雄主义气概。

张爱玲

张爱玲(1920—1995年),原籍河北丰润,生于上海,名门之后,现当代女作家。她有着异常的文学才华,从小就受到西方文学艺术的熏陶,又酷爱中国的古典诗词和小说,因此她的作品是中西古今文学艺术的融会,既是传统的,又是现代的,历来被称为"新鸳蝴体""新洋场小说""娱情小说"等。她的作品是才与情的统一,其内容多以上海和香港两大都市为背景,描写当时社会那些没落的封建世家和半新半旧的资产阶级家庭人物,注意挖掘人物的精神世界,表现人性中的种种病弱和丑拙,同时也对人物内心深处的寂寞和悲凉寄予了极大的同情和理解。艺术上她注重意象世界的创造,作品含蓄、凝练而耐人寻味。主要作品有散文集《流言》,散文小说合集《张看》,中短篇小说集《传奇》,长篇小说《倾城之恋》《半生缘》。其代表作《金锁记》曾被傅雷誉为"我们文坛最美的收获之一"。晚年主要从事中国文学评价和《红楼梦》研究。

张爱玲

贺敬之

贺敬之(1924—),笔名艾漠、荆直,山东峄县人,现代诗人。抗战时期开始诗歌和散文创作。曾在延安鲁艺学习,和丁毅等集体创作了大型歌剧《白毛女》《回延安》《放声歌唱》《雷锋之歌》《西去列车的窗口》等脍炙人口的诗作。

金庸

金庸(1925—),原名查良镛,笔名姚馥兰、林欢,浙江海宁人,当代武侠小说家。金庸作品富于民族主义和爱国主义思想,在浑厚的中国主体文化意蕴中注入了现代意识,在传统的小说风格中引进了西方小说技巧,确立了新的创作规范,发展了武侠的文艺特性,成为新派武侠小说的一代宗师。他在广阔而严峻的背景下,描写了波澜壮阔的英雄故事,展现武侠世界的瑰姿逸态,气象万千,格调奇崛幽峭,富于幽默谐趣。主要武侠作品有《书剑恩仇录》《雪山飞狐》《倚天屠龙记》《射雕英雄传》《神雕侠侣》《天龙八部》《笑傲江湖》《鹿鼎记》等15部,以及《金庸作品集》。

梁羽生

梁羽生(1926—),原名陈文统,笔名梁慧如、冯瑜宁等,广西蒙山人,当代作家。1962年后专事写作。梁羽生继承中国章回小说的传统写法,结合西方现代小说技巧,将人物置于一定的历史背景和地理环境内展开活动,渲染时代氛围,注重塑造生动的人物形象,重视作品的思想内涵。以独特的创作个性和卓著的成绩,成为港台新派武侠小说的代表性作家之一。著有《龙虎斗京华》《七剑下天山》《萍踪侠影录》《江湖三女侠》《白发魔女传》《云海玉弓缘》《还剑奇情录》《瀚海雄风》《侠骨丹心》《狂侠·天骄·魔女》《风云雷电》《广陵剑》《弹指惊雷》等武侠小说30余部。另有《中国历史新话》《古今漫话》《文艺杂谈》等历史小品、文艺随笔集。

梁羽生

高晓声

高晓声(1928—1999年),生于江苏武进一耕读之家,20世纪50年开始创作、诗、戏剧,都写而不多。1958年被打成右派,1979年平反后才重新握笔。以小说《李顺大造屋》《陈奂生上城》,被视为是农村题材反思、改革小说的代表人物。迄今已出版小说、散文、诗歌、戏剧、创作谈等专集和选集30部,部分作品被译成多国文字,其中英、日、德、荷四种文字有专集。

陆文夫

陆文夫(1928—2005年),江苏泰兴人,当代作家。著名作品有短篇小说《献身》《小贩世家》和《围墙》《美食家》等。

余光中

余光中(1928—),福建永春人,生于南京,台湾诗人、散文家。1952年出版第一本诗集《舟子的悲歌》。几十年来，他的诗、散文、评论、翻译作品等著作达几十种，其中诗集《莲的联想》《敲打乐》《天狼星》等十多部，散文集《左手的缪思》《青青边愁》等 7 部。其诗题材广泛，构思奇巧，字句凝练，主题隐伏，受西方现代诗影响很深。在台湾和海内外都有影响。

柯岩

柯岩(1929—)，原名冯恺，祖籍广东南海，生于河南郑州当代女作家。为孩子们创作了大量富有教育意义和生活情趣的戏剧，诗歌。主要作品有剧本《飞出地球去》《水晶洞》，儿童诗集《大红花》《最美的画册》，诗与戏剧合集《“小迷糊”阿姨》等。其作品多取材于少年儿童的日常生活，构思精巧，语言清新，儿童诗尤具特色。《周总理，你在哪里?》是作者在粉碎“四人帮”后创作的一首著名的抒情短诗，作品以真挚的感情、新颖的构思，丰富的想象和拟人化的手法，并特别运用了反复咏唱的方式，深沉而真切地表达出人们怀念周总理的情感。

流沙河

流沙河(1931—)，原名余勋坦，四川成都人，现代诗人。1948 年高中时期开始发表作品。1956 年出版第一部诗集《农村夜曲》。1957 年参与创办诗刊《星星》，并发表散文诗《草木篇》，由此为诗界、文学界瞩目。但后者不久即遭到公开批判，被认为是“站在已被消灭的阶级立场”上，“向人民发出的一纸挑战书”，由此被打为右派，遣送回原籍劳动。20 世纪 70 年代末回归文坛，仍然以诗作为主，记叙自己以往的生活遭遇和心理体验，后结集为《流沙河诗集》《故园别》《游踪》等。

邓友梅

邓友梅(1931—)，笔名右枚、方文等，原籍山东平原，生于天津，当代作家。1956 年发表成名作《在悬崖上》。邓友梅的小说创作浸润着时代的风雨，着力塑造性格鲜明的人物形象和注重风俗画的描绘，作风刚健、明朗、醇郁。他的《话说陶然亭》《寻访“画儿韩”》《那五》《烟壶》等一组体现独特风味和美学追求的民俗小说，为人所赞赏。还著有长篇小说《凉山月》《邓友梅短篇小说选》、中短篇小说集《京城内外》、中篇小说《“猎户星座”行动》、散文集《樱花 · 孔雀 · 葡萄》等。

王蒙

王蒙(1934—)，河北南皮人，当代作家。1953 年创作长篇小说《青春万岁》，作品讲述了20世纪50年代初期一批高中学生的火热生活。1956年发表早期的代表作《组织部新来的年轻人》,引起极大的反响。小说对机关内的官僚主义作风及其危害进行了无情的抨击,体现了作品鲜明的现实主义风格。1963年赴新疆生活多年。王蒙的作品反映了中国人民在前进道路上的坎坷历程,他也由初期的热情、纯真趋于后来的清醒、冷峻,而且乐观向上、激情充沛,并在创作中进行不倦的探索和创新,被誉为“中国当代文坛的常青树”。另著有长篇小说《活动变人形》《这边风景》等,中短篇小说集《深的湖》《蝴蝶》等,小说集《冬雨》《坚硬的稀粥》等,散文集《德美两国纪行》,评论集《漫话小说创作》《王蒙报告文学集》等。作品被译为英、俄、日等多种文字在国外出版。

王蒙

李敖

李敖(1935年— 2018),生于哈尔滨,1936年随家迁北平,当代作家。1949年全家迁居台湾。1963年出版第一本著作《传统下的独白》。1979年应邀为《中国时报》写专栏,出版有《李敖文存》《李敖文存二集》。1981年发表《天下没有白坐的黑牢》,揭露台湾监狱黑暗。翌年8月又发表《隐而不退的告白》,并逐月出版一册《千秋评论》。著有《历史与人像》《中国思想趋向求答案》《教育与脸谱》《上下古今谈》《文化论战丹火录》《闽变研究与文星讼案》《乌鸦又叫了》《两性问题及其他》《李敖的信》《也有情书》《不要叫吧》《李敖回忆录》等。

刘绍棠

刘绍棠(1936—1997年),北京通州人,当代作家。他的小说格调清新淳朴,文笔通俗晓畅,描写从容自然,结构简洁完整,乡土色彩浓郁。成名作是短篇小说《青枝绿叶》。其他作品还有《蒲柳人家》《蛾眉》《中秋节》《小荷才露尖尖角》《京门脸子》《豆棚瓜架雨如丝》以及散文短论集《我与乡土文学》等。

张贤亮

张贤亮(1936—),原名张贤良,原籍江苏盱眙,生于南京,当代作家。他的《灵与肉》(后改编为影片《牧马人》)、《肖尔布拉克》分获第3、第6届全国优秀短篇小说奖;《绿化树》获第3届全国中篇小说优秀奖。中篇小说《男人的一半是女人》曾引起争论,并出版了英、美、法、日等国及香港、台湾地区版本。他的作品还有小说集《灵与肉》《肖尔布拉克》《感情的历程》,中篇小说《土牢情话》《龙种》《河的子孙》,长篇小说《男人的风格》,散文集《我的菩提树》等。他的小说深沉而广阔的反映时代风貌,注重描写人物的心灵及其命运,笔调凝重,气象雄浑,表现出对诗情意境和哲理意味的美学追求。

谌容

谌容(1936—),原名谌德容,原籍四川巫山,生于湖北汉口,当代女作家。谌容1964年开始创作,1980年因发表中篇小说《人到中年》而蜚声中外。她的作品曾多次获奖。出版有长篇小说《万年青》《光明与黑暗》,小说集《永远是春天》《赞歌》《真真假假》《太子村的秘密》《谌容小说选》《谌容中篇小说集》,以及《谌容集》等。她还发表过一些散文。谌容善于在日常家庭生活中挖掘出重大的社会主题,追求小说的诗意美和艺术表现的新颖独到,格调清新明丽、委婉细腻、朴实深沉。

琼瑶

琼瑶

琼瑶(1938—),原名陈喆,笔名琼瑶、心如、凤凰等,湖南衡阳人,台湾当代女作家。16岁在台湾《晨光》杂志发表短篇小说《云影》。读高中时,先后发表200余篇文章。1963年自传式长篇小说《窗外》出版,一举成名。1963—1985年,共创作长篇小说《幸运草》《几度夕阳红》《彩云飞》《心有千千结》《在水一方》《月朦胧,鸟朦胧》《雁儿在林梢》《碧云天》《冰儿》等四十余部。美化人生的爱情理想是她小说的主旋律;曲折新奇、波澜起伏的故事情节是她小说引人入胜的主要手段;具有浓郁诗意、雅俗共赏的文学语言是她小说独具魅力的重要特点。因此她的言情小说拥有庞大的读者群。并有大量作品被拍成电影、电视剧。

蒋子龙

蒋子龙(1941—),笔名田重,河北沧县人,当代作家。小说《乔厂长上任记》在

1979 年全国优秀短篇小说评选中名列前茅。中篇小说《开拓者》《赤橙黄绿青蓝紫》《阴错阳差》《燕赵悲歌》等也深受读者欢迎。蒋子龙以敏锐的思想,择取工业的重大题材,将时代风云汇于笔端,提示改革进程中的诸多矛盾,着重塑造开拓者的群像,显示出刚健、遒劲、沉雄、豪放的格调。其他作品还有短篇小说集《拜年》《一个工厂的秘密》《蒋子龙短篇小说集》《蒋子龙中篇小说集》和长篇小说《蛇神》,散文集《珍爱心灵》等。

刘心武

刘心武(1942—),笔名赵壮汉、刘浏等,四川成都人,当代作家。1977 年发表短篇小说《班主任》,获首届全国优秀短篇小说奖,由此取得在文坛上的地位。后又发表《爱情的位置》《我爱每一片绿叶》等小说,曾激起强烈反响。他对生活感受敏锐,善于做理性的宏观把握,擅长青年题材,把塑造人物同对生活思考的抒情议论结合,是他小说的艺术特色。主要著作有短篇小说集《班主任》《母校留念》等,中短篇小说集《绿叶与黄金》《大眼猫》《蓝夜叉》等,长篇小说《钟鼓楼》《风过耳》等,还出版有散文集、理论集、儿童文学等作品以及 8 卷本《刘心武文集》。

冯骥才

冯骥才(1942—),祖籍浙江慈溪,生于天津,当代作家。冯骥才以写知识分子生活和天津近代历史故事见长。注意选取新颖的视角,用多变的艺术手法,细致深入的描写,开掘生活的底蕴,咀嚼人生的況味。著名作品有《神鞭》《雕花烟斗》等,前者被改编成同名电影。其他还有小说集《铺花的歧路》《啊!》、《意大利小提琴》《高女人和她的矮丈夫》等。

席慕容

席慕容(1943—),原名穆伦·席连勃,意为浩荡大江河,祖籍内蒙古明安旗,蒙古族,台湾女作家。她是蒙古族王族之后,外婆是王族公主。在父亲的军旅生活中,席慕容出生于四川。14 岁入台北师范艺术科。后又入台湾师范大学艺术系。1964 年入比利时布鲁塞尔皇家艺术学院专攻油画。毕业后任台湾新竹师专美术科副教授。举办过数十次个人画展,出过画集,多次获多种绘画奖。1981 年,台湾大地出版社出版席慕容的第一本诗集《七里香》,一年之内再版七次。其他诗集也是一版再版。席慕容多写爱情、人生、乡愁,写得极美,清新、易懂、好读也是她拥有大量读者的重要原因之一。

三毛

三毛(1943—1991 年),原名陈平,浙江定海人,生于四川重庆,台湾女作家。1948 年随父母去台湾。1972 年,去撒哈拉大沙漠与西班牙潜水师荷西结婚。在沙漠生活的 6 年中,写下了富有大漠浪漫风情的散文集《撒哈拉的故事》《雨季不再来》《稻草人手记》《哭泣的骆驼》等作品。1979 年荷西意外遇难,她在《梦里花落知多少》《背影》等散文中,叙写生离死别的悲哀和痛惜。三毛的作品是她人生的真实记录,虽缺乏对社会现实开阔深入的关照,但她独特的生活经历,率真任性、洒脱自如的文字,取得生动感人的效果。1991 年 1 月 4 日因病住院期间自杀。

周国平

周国平(1945—),生于上海,当代著名散文家、学者。1967 年毕业于北京大学哲学系,1981 年毕业于中国社会科学院研究生院哲学系,现为中国社会科学院哲学研究所研究员。著有学术专著《尼采:在世纪的转折点上》《尼采与形而上学》,随感集《人与永恒》,诗集《忧伤的情欲》,散文集《守望的距离》《各自的朝圣路》《安静》,纪实作品《妞妞:一个父亲的札记》《南极无新闻——乔治王岛手记》等,1998 年底以前作品结集为《周国平文集》(1—6 卷),译有《尼采美学文选》《尼采诗集》《偶像的黄昏》等。

余秋雨

余秋雨

余秋雨(1946—),浙江余姚人,当代著名学者。毕业于上海戏剧学院戏剧文学系。历任上海戏剧学院院长、教授,上海戏剧家协会副主席。1962 年开始发表作品。在海内外出版过史论专著多部,曾被授予“国家级突出贡献专家”“上海市十大高教精英”等荣誉称号。近年来在教学和学术研究之余所著散文集《文化苦旅》先后获上海市文学艺术优秀成果奖、台湾联合报读书最佳书奖、上海市出版一等奖等。余秋雨的艺术理论著作——《戏剧理论史稿》,在出版后次年即获全国首届戏剧理论著作奖,十年后获文化部全国优秀教材一等奖;《戏剧审美心理学》荣获上海市哲学社会科学著作奖。因《行者无疆》获得 2002 年度台湾白金作家奖。

路遥

路遥(1949—1992 年),陕西清涧人,当代作家。1982 年起从事专业创作,任中国作协理事、作协陕西分会副主席。著有中篇小说《惊心动魄的一幕》《人生》。《人生》被改编摄制成同名电影上映,产生广泛影响,还出版有小说集《人生》《当代纪事》《姐姐的爱情》,3 卷本长篇小说《平凡的世界》等。

张抗抗

张抗抗(1950—),当代女作家。张抗抗的小说以对人的尊严和价值、人生的意义和人性结构的关注为旋律。她善于展现特定的时代的青年人从迷茫到躁动、到抗争的心路历程,人物的心理状态在她细腻的笔下显得活灵活现。主要作品有长篇小说《分界线》《隐形的伴侣》,小说集《张抗抗中篇小说集》《夏》《塔》《淡淡的晨雾》等。

舒婷

舒婷(1952—),原名龚佩瑜,福建厦门人,当代女诗人。著有诗集《双桅船》《会唱歌的鸢尾花》、散文集《心烟》等多种。代表作有《致橡树》《四月的黄昏》《祖国啊,我亲爱的祖国》。诗风细腻而沉静,哀婉而坚强,具有抒情、浪漫、朦胧的女性风格。

王小波

王小波(1952—1997 年),北京人,当代作家。他生前鲜为人知,死后声名广播。出版作品有《黄金时代》《白银时代》《青铜时代》《我的精神家园》《沉默的大多数》《黑铁时代》《地久天长》;纪念、评论集有《浪漫骑士》《不再沉默》《王小波画传》。

毕淑敏

毕淑敏(1952—),出生于新疆伊宁,长在北京,当代女作家。从事医学工作 20 年后,开始专业写作。1987 年开始共发表作品 200 余万字。1989 年加入中国作家协会。著有长篇小说《红处方》《血玲珑》《拯救乳房》,中短篇小说集《女人之约》

《昆仑殇》《预约死亡》,散文集《婚姻鞋》《素面朝天》《保持惊奇》《提醒幸福》,短篇集《白杨木鼻子》《毕淑敏文集》(8 卷)等。

贾平凹

贾平凹(1953—),原名贾平娃,陕西丹凤人,当代作家。1972 年发表处女作《一双袜子》。1978 年发表小说《满月儿》,开始引起文坛注意。他早期的作品主要是以陕西山村的普通人为题材,抒写恬淡的生命旨趣,富于地域风土特色,格调清新隽永、明丽自然。自“商州系列”起,则开始向空灵的意韵发展,并且探讨都市中人的生存状态。出版小说、散文、文论集二十余本。主要有长篇小说《商州》《废都》《白夜》等,中、短篇小说集《山地笔记》《早晨的歌》《天狗》等,散文集《月迹》《爱的踪迹》等。

莫言

莫言(1955—),原名管谟业,生于山东高密,当代作家,中国作家协会副主席、2012 年诺贝尔文学奖获得者,亦是第一个获得诺贝尔文学奖的中国籍作家。1981 年开始创作生涯,1997 年以长篇小说《丰乳肥臀》夺得中国有史以来最高额的“大家文学奖”。迄今有长篇小说《红高粱家族》《天堂蒜薹之歌》等,中短篇小说集《透明的红萝卜》《炸》等。2013 年担任网络文学大学名誉校长, 2014 年 12 月,获颁香港中文大学荣誉文学博士学位; 2016 年 12 月,当选中国作家协会第九届全国委员会副主席; 2017 年 11 月,莫言获香港浸会大学荣誉文学博士学位,同年 12 月,凭借作品《天下太平》,获“2017 汪曾祺华语小说奖”中的短篇小说奖。莫言因一系列乡土作品充满“怀乡”“怨乡”的复杂情感,被称为“寻根文学”作家。据不完全统计,莫言的作品至少已经被翻译成 40 种语言。

顾城

顾城(1956—1993 年),北京人,当代诗人。20 世纪 70 年代开始写诗。顾城是我国新时期“朦胧”诗派的代表人物,被称为以一颗童心看世界的“童话诗人”。顾城的诗纯真无瑕、扑朔迷离,在充满梦幻和童稚的诗中,却充溢着一股成年人的忧伤。这忧伤虽淡淡的,但又像铅一样沉重。因为这不仅是诗人个人的忧伤,而是一代人觉醒后的忧伤,是觉醒的一代人看到眼前现实而产生的忧伤。著作有诗集《无名小花》《舒婷、顾城抒情诗选》《北岛、顾城诗选》《黑眼睛》《顾城诗集》等,另与谢烨合著长篇小说《英儿》。

铁凝

铁凝(1957—),河北赵县人,生于北京,当代女作家。1975 年发表第一篇小说《会飞的镰刀》等。1979 年发表《灶火的故事》等短篇小说。出版有短篇小说集《夜路》,作品集《没有纽扣的红衬衫》《哦,香雪》,中篇小说《午后悬崖》,长篇小说《玫瑰门》《无雨之城》,以及 5 卷本《铁凝文集》。台湾曾出版她的短篇小说集《麦秸垛》。《没有纽扣的红衬衫》获第 3 届全国优秀中篇小说奖及“十月”文学奖,改编为电影《红衣少女》,曾获当年百花奖。

池莉

池莉(1957—),湖北人,当代女作家。1990 年调入武汉文学院,为专业作家。1995 年,任文学院院长。2000 年,任武汉市文联主席。1979 年开始发表文学作品。著有《池莉文集》(7 卷)、小说《烦恼人生》《不谈爱情》等,长篇小说《来来往往》《小姐,你早》以及散文随笔集多部。获全国优秀中篇小说奖,鲁迅文学奖以及《人民文学》《十月》《当代》《小说月报》等各种文学奖 50 余项。有多部小说被改编为电影、电视剧。

王朔

王朔(1958—),北京人,当代作家。先后发表小说《一半是海水,一半是火焰》《顽主》《我是你爸爸》《看上去很美》等中、长篇小说,受读者欢迎。作品以游戏、颓废为精神特征,对白通俗又充满活力,语言戏谑、反讽。

余华

余华(1960—),浙江人,当代作家。主要作品有《世事如烟》《黄昏里的男孩》《在细雨中呼喊》《活着》《许三观卖血记》等。是“先锋派”的代表作家,小说具有非凡的想象力,冷漠的叙事语言风格,充满淡泊而又坚毅的力量。《活着》被译为多国文学。

张小娴

张小娴(1969—),英文名 Amy Cheung Siu Han,香港著名言情小说家。1995 年推出第一部长篇小说《面包树上的女人》而走红文坛,是继亦舒之后,香港最受欢迎的言情小说家。她的写作风格随意自然,深深扣住读者的内心。其他小说作品包括《卖海豚的女孩》《三个 ACUP 的女儿》《荷包里的单人床》。散文集包括《我微笑,是为了你微笑》《不如,你送我一场春雨》《禁果之味》《月亮下的爱情药》《亲密心事》《悬浮在空中的吻》《幸福鱼面颊》《思念里的流浪狗》等。张小娴的作品,善于描写都市的男欢女爱,深受年轻读者的欢迎。

经典名著

尚书

作者简介

《尚书》是由谁编写的呢？历来有不同的说法，但司马迁和班固都认为是孔子编写的。孔子是中国古代文化承上启下的集大成者，他生活的年代是礼、乐废弛，《诗》《书》缺佚的春秋末期。所以他周游列国之后回到鲁国，把晚年的精力都花在编订《诗》《书》《礼》《易》《乐》《春秋》六经上面，还为《尚书》写了序。《尚书》有今文和古文之别，今文《尚书》是汉代伏生所授，在汉代有欧阳氏、大小夏侯氏三家传授。东晋末年，又有梅赜献出的古文《尚书》，综合起来，便形成了今天流行的《尚书》本子。但据清代阎若璩、惠栋等人考证，确认古文《尚书》为伪本。不过其中仍保留了原已散佚的今文《尚书》，因而仍有一定的史料价值。

名著概要

《尚书》即上古之书，是儒家经典《六经》之一，故又称为《书经》，也简称《书》。它是我国现存最早的一部史书，其体裁属史料选辑，它的内容主要是商、周二代的政府文书，如政府报告、公告、誓词、命令之类，因而可以说它是一部远古的行政档案汇编。

在《汉书·艺文志》和《隋书·经籍志》中都言明《尚书》为百篇，但经过秦始皇焚书，《尚书》一度散佚，到了汉文帝时，才由伏生口授出来，共28篇。这就是所谓的今文《尚书》。

28篇中以朝代分，计《虞书》2篇：《尧典》《皋陶谟》；《夏书》2篇：《禹贡》《甘誓》；《商书》5篇：《汤誓》《盘庚》《高宗肜日》《西伯勘黎》《微子》；《周书》19篇：《牧誓》《洪范》《大诰》《金滕》《康诰》《酒诰》《梓材》《召诰》《洛诰》《多士》《无逸》《君奭》《多方》《立政》《顾命》《费誓》《吕刑》《文侯之命》《秦誓》。

《尚书》是以记言为主的史书，其内容大都是历史人物的言语以及朝廷的文诰。若按其性质可分为以下六类：1.讲述帝王事迹：如《尧典》，这已经可以称之为正式历史；2.记载典章制度：属于后来志书性质，如《禹贡》，可以说是我国最早的地理志；3.议论国家政治：《洪范》就是箕子为武王论天地之大法、谈治国平天下的道理；4.誓师词：如《甘誓》《牧誓》；5.策命：如《文侯之命》；6.诰：在全书中所占比重最大，其内容所涉及的范围也很广，有的是自上而下，也有的是自下而上。由此可见，前三类是历史记载，后三类是文书档案。

虽然仅存28篇，但它所涉及的历史很长。《虞书》这两篇的内容上有较为密切的联系，可以看作是姊妹篇。《尧典》着重记载尧和舜的事迹，反映原始社会末期氏族制度解体的历史。《皋陶谟》的中心问题是讨论治国的方略，提出"知人""安民"，同时提出了"五礼"与"五刑"。这说明当时等级制度与国家机器正在酝酿产生中。《夏书》这两篇反映夏代两件大事：禹治水和夏王伐有扈。禹治水是我国古代一个重要的历史传说，先秦古籍中多有记载。夏王伐有扈则是中国社会制度转化的一件大事。此外《禹贡》一篇的重要性，不单在于记载了这一重要的历史传说，同时还是一篇不可多得的古代地理名著，文中详细地记载了山川的方位和脉络，行政区域划分方面，将全国区分为9州。《甘誓》一篇，虽然文字极为简短，但它所写的战争事件，意义非常重大，对研究我国奴隶社会的建立，提供了文献依据。《尚书》中记载殷商时代历史的，共有5篇：《汤誓》记载了商王朝的建立；《盘庚》《高宗肜日》两篇记载了商王朝的中兴；《西伯勘黎》《微子》记载了商王朝的衰亡。可见5篇基本上反映了商王朝的发展过程。记载周代历史的共有19篇，在今文《尚书》中所占篇幅最多，其史料价值最高。由《牧誓》至《顾命》这15篇，所记载的是西周初期的历史，亦即文王、武王、成王、康王时期的历史。《吕刑》《文侯之命》《费誓》等的主要内容是写周王朝建立过程中的重大历史事件以及周王朝建立以后所采取的巩固政权的措施。就历史事件而言有：武王伐纣、平定武庚禄父及三监的叛乱、周公执政、成王之死与康王受命。

阅读指导

《尚书》在所有中国古代典籍中，最为难读。因此，要阅读《尚书》，必须参照其他书一块儿来读。其中最有参考价值的是《史记》中的《五帝本纪》《夏本纪》《商本纪》和《周本纪》，司马迁在写作时利用了《尚书》中的大量资料，并用当时的语言叙述出来，因而对阅读《尚书》很有帮助。此外，在版本选择上，可供选择的有孔颖达的《尚书正义》、蔡沈的《书经集传》、孙星衍的《尚书今古文注疏》以及刘逢禄的《尚书今古文集解》，这些书各有所长，可供读者选择。

诗经

作者简介

《诗经》是我国古时的一部诗歌总集。它不是一个人或者几个人写出来的。《诗经》的作者,有的本诗中就有记载,例如《小雅》的《节南山》明说“家父作诵”,《巷伯》明说“寺人孟子,作为此诗”,《大雅》的《崧高》《保民》都明说“吉甫作诵”;有的可以从别种古书上查出来,例如《尚书》说《鸱鸮》的作者是周公旦,《左传》说《载驰》的作者是许穆公夫人,《常棣》的作者《国语》说是周公、《左传》说是召穆公。

但有作者可指的毕竟是极少数,大量的诗是采诗官从民间收集起来的,我们无法知道那些优美而婉转的诗歌的作者到底是谁。我们可以假想这样一个情景:人高兴或悲哀的时候,常愿意将自己的心情诉说出来。日常的言语不够,便用歌唱。碰到节日,大家聚在一起酬神作乐,也要用歌唱表达感想。歌谣越唱越多,留在了人的记忆里。有了现成的歌谣,就可借着抒发感情,要是没有合适的,就删改一些,直到满意。这样,歌谣经过大众的修饰,经采诗官记录下来,结成集子,就是我们现在看到的《诗经》。完全可以说,《诗经》的作者就是上古的大众。

背景介绍

《诗经》中作品的年代大多不可考,但它所收诗的年代断限,一般是由比较公认的最早或最晚的几首诗来确定的。《豳风》中的《东山》《破斧》据记载是反映“周公东征”的。周公东征在周成王四到三年左右(前1113—前1112年)。《诗经》中最晚的诗是《陈风·株林》,它所反映的是“刺灵公”的事。据《左传》记载,陈灵公淫乱的事,在周定王七年(前600年),相当于春秋中叶。也就是说,《诗经》中诗篇的时代,应上起西周初,下不晚于春秋中叶。

西周和春秋时代,周王朝实行的是分封制,中国由许许多多诸侯国统治着。那时各国都养着一班乐工,各国使臣来往或者宴会时都得奏乐唱歌。乐工们不但要搜集本国乐歌,还得搜集别国乐歌;不但搜集乐词,还得搜集乐谱。那时的社会有贵族与平民两级。乐工们是伺候贵族的,搜集的歌谣自然得迎合贵族的口味,平民的作品往往必须经过乐工们的加工后才会入选。除了搜集的歌谣以外,太师们所保存的还有贵族们为了特殊事情,如祭祖、宴客、房屋落成、出兵、打猎等等所作的诗,这些可以说是典礼的诗。当时还有这样一种风气,臣下想要劝谏或者赞美君主的时候,往往不直接说出自己的意见,而是作了诗献给君上,让乐工唱给君上听,这就是献诗。太师们保存下这些带着乐谱的唱本、唱词共有三百多篇，当时通称作“《诗》三百”。到了战国时代，贵族渐渐衰落，平民渐渐抬头，新乐代替了古乐，职业的乐工纷纷散走，乐谱就此亡失，但还是有三百来篇唱词流传了下来，这便是后来的《诗经》。

名著概要

《诗经》是我国第一部诗歌总集，共收入诗歌 305 篇(《小雅》中另有 6 篇“笙诗”，有目无辞，不计在内)，最初称《诗》，汉代儒者奉为经典，乃称《诗经》。

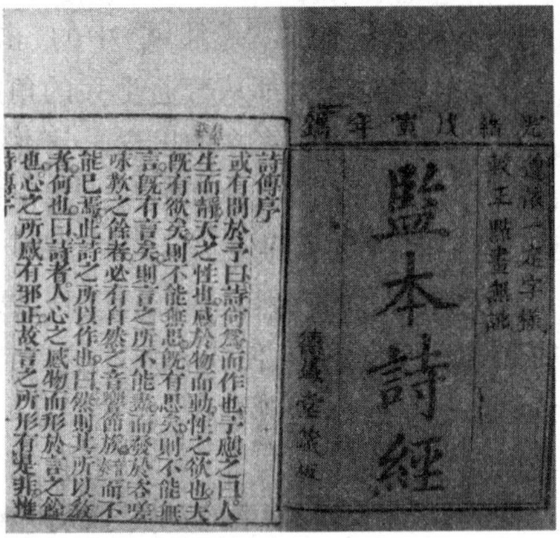

《诗经》书影

《诗经》分为《风》《雅》《颂》三部分。《风》包括《周南》《召南》《邶风》《鄘风》《卫风》《王风》《郑风》《齐风》《魏风》《唐风》《秦风》《陈风》《桧风》《曹风》《豳风》，共 15《国风》，诗 160 篇；《雅》包括《大雅》31 篇，《小雅》74 篇；《颂》包括《周颂》31 篇，《商颂》5 篇，《鲁颂》4 篇。

《诗经》歌咏的内容很复杂，由于诗歌的性质不同，描述的内容也相应有所不同。下面，我们分别选择若干重要的类型加以介绍。

《周颂》是周王室的宗庙祭祀诗。除了单纯歌颂祖先功德以外，还有一部分于春夏之际向神祈求丰年或秋冬之际酬谢神灵的乐歌，我们从中可以看到西周初期农业生产的情况。如《丰年》中唱道：“丰年多黍多稌，亦有高廪，万亿及秭。为酒为醴，烝畀祖妣，以洽百礼，降福孔皆。”而《噫嘻》则描绘了大规模耕作的情形：“噫嘻成王，既昭假尔，率时农夫，播厥百谷。骏发尔私，终三十里。亦服尔耕，十千维耦。”

《大雅》中的《生民》《公刘》《绵》《皇矣》《大明》五篇是一组周民族的史诗，记述了从关于周民族的始祖后稷到周王朝的创立者武王灭商的历史。如《生民》叙述后稷的母亲姜嫄神求子，后来踏了神的脚印而怀孕，生下了后稷，不敢养育，把他丢弃，后稷却历尽苦难而不死：“诞置之隘巷，牛羊腓字之。诞置之平林，会伐平林。诞置之寒冰，鸟覆翼之。鸟乃去矣，后稷呱矣。实覃实訏，厥声载路。”

西周后期，由于戎族侵扰、诸侯兼并，社会剧烈动荡。《大雅》《小雅》中产生于这一时期的诗，有很多批评政治的作品。如《瞻卬》中说：“人有土田，女反有之。人有民人，女覆夺之。此宜无罪，女反收之。彼宜有罪，女覆悦之。”更多的政治批评诗，表达了作者对艰危时事的忧虑，对统治者的强烈不满。如《十月之交》写道：

"烨烨震电,不宁不令。百川沸腾,山冢崒崩。高岸为谷,深谷为陵。哀今之人,胡憯莫惩!"

《国风》中也有这一类的诗,如《伐檀》:"坎坎伐檀兮,置之河之干兮。河水清且涟猗。不稼不穑,胡取禾三百廛兮?不狩不猎,胡瞻尔庭有悬貊兮?彼君子兮,不素餐兮!"《相鼠》也是类似的作品:"相鼠有皮,人而无仪。人而无仪,不死何为!相鼠有齿,人而无止。人而无止,不死何俟!相鼠有体,人而无礼。人而无礼,胡不遄死!"

关于战争和劳役的作品也很多。《小雅》中的《采薇》《杕杜》《何草不黄》,《豳风》中的《破斧》《东山》,《邶风》中的《击鼓》,《卫风》中的《伯兮》等,都是这方面的名作。这些诗歌大都从普通士兵的角度来表现他们的遭遇和想法,着重歌唱对于战争的厌倦和对于家乡的思念。其中《东山》写出征多年的士兵在回家路上的复杂感情,在每章的开头,他都唱道:"我徂东山,慆慆不归。我来自东,零雨其濛。"又如《卫风·伯兮》:"伯兮朅兮,邦之桀兮。伯也执殳,为王前驱。自伯之东,首如飞蓬。岂无膏沐,谁适为容?其雨其雨,杲杲出日。愿言思伯,甘心首疾。焉得谖草,言树之背。愿言思伯,使我心痗。"这首诗是以女子口吻写的。她既为自己的丈夫感到骄傲,因为他是"邦之桀(杰)",能"为王前驱";又因丈夫的远出、家庭生活的破坏而痛苦不堪。

在《国风》中,最集中的是关于恋爱和婚姻的诗。《召南·野有死麕》:"野有死麕,白茅包之,有女怀春,吉士诱之。""舒而脱脱兮,无感我帨兮,无使尨也吠。"一个打猎的男子在林中引诱一个"如玉"的女子,那女子劝男子别莽撞,别惊动了狗,表现了又喜又怕的微妙心理。《郑风·将仲子》写道:"将仲子兮,无逾我里,无折我树杞!岂敢爱之,畏我父母。仲可怀也,父母之言,亦可畏也!""仲子"是她所爱的情人。但她却不敢同他自由相会,且不准他攀树翻墙,只因父母可畏。《国风》中有许多情诗,咏唱着迷惘感伤、可求而不可得的爱情。又如:"月出皎兮,佼人僚兮,舒窈纠兮,劳心悄兮!"《陈风·月出》"南有乔木,不可休思。汉有游女,不可求思。汉之广矣,不可泳思。江之永矣,不可方思。"(《周南·汉广》)《国风》中还有许多描写夫妻间感情生活的诗。像《唐风·葛生》,一位死了丈夫的妻子这样表示:"夏之日,冬之夜,百岁之后,归于其居。"《邶风》中的《谷风》,《卫风》中的《氓》,是最著名的两首弃妇诗。《诗经》中写恋爱和婚姻问题的诗,内容丰富,感情真实,是全部《诗经》中艺术成就最高的作品。

阅读指导

阅读《诗经》,我们能获得美的享受。诗歌的美不仅体现在内容上,而且体现在手法与节奏上。古人说《诗经》有"六义",即风、雅、颂与赋、比、兴。风、雅、颂是诗的性质、体制上的分类,赋、比、兴则是诗的创作手法上的分类。朱熹《诗传纲领》

云:“赋者,直陈其事;比者,以彼状此;兴者,托物兴词。”“赋”是直抒情意,直述人事;“比”是借物为比,喻其情事;“兴”是托物兴起,抒写情意。例如,“关关雎鸠,在河之洲。窈窕淑女,君子好逑”这一章,以河洲上雎鸠之关关而鸣以求其偶为比,以兴起后二句所赋的淑女、君子之为佳偶,这一类诗是“兴”的做法。

《诗经》中的诗以四言诗为主,但也有例外。《郑风·缁衣》云:“缁衣之宜兮,敝,予又改为兮。适子之馆兮,还,予授子之粲兮。”“敝”和“还”是一言的。《小雅·祈父》云:“祈父,予王之爪牙。”“祈父”是二言的。《召南·江有汜》云:“江有汜,之子归,不我以。不我以,其后也悔。”前四句都是三言的。《召南·行露》云:“谁谓雀无角,何以穿我屋?谁谓女无家,何以速我狱?”都是五言的。《小雅·十月之交》的“我不敢效我友自逸”,是八言的。但以全部《诗经》而论,终以四言诗占绝对多数。《诗经》中也有“兮”字调,如《周南·麟之趾》的“麟之趾,振振公子,于嗟麟兮”,则每章末句用“兮”字;《召南·摽有梅》的“摽有梅,其实七兮。求我庶士,迨其吉兮”,则间一句用“兮”字。以全部《诗经》而论,虽然“兮”字调只占极少数,但还是可以看出由《诗经》增变到《离骚》体的“兮”字调的痕迹来。

黄帝内经

作者简介

《黄帝内经》冠以黄帝名,并非真为黄帝所作。《淮南子》曾指出:“世俗之贱今,必托之于神农、黄帝。”《内经》既非黄帝之作早已为确论,但其成书究竟何时?又出于何人之手?对此,历代以来意见纷纭,终未能取得共识。综观历代学者,《内经》现存本的汉代原本是由谁编订一无所知。仅有的争论在于第9篇的部分内容,第66—71篇的全部及第74篇有关“五运”的部分,这些都不见于全元起的校注本,而一般认为是后人所伪造的。由宋英宗治平四年(1067年)版的注释中推测这些部分是由唐人王冰补入的,这种看法已被后来的学者所认可。而只有范适是一个显著的例外,他极其繁复地论辩哪些部分是由五代或宋初的无名氏补入的。在《黄帝内经》成书年代的问题上约有以下几种观点:如说成书于春秋战国说,说成书于春秋战国至秦汉之际说,说成书于西汉说,或谓更为晚出说等等,现仍为学者争论最为激烈的问题之一。在这个争论上,有一点则为大家所公认,即明代医学家吕复之所论:“乃观其旨意,殆非一时之言。其所撰述,亦非一人之手。”

名著概要

《黄帝内经》这一名称常常分别冠于《素问》《灵枢》《太素》《明堂》四本书标题

前。自北宋以后它常作为前两部分的总称,在这种用法上,它常缩写为《内经》。《黄帝内经》由黄帝与同样具有传说色彩的六大臣之间的对话组成。尽管最著名的部分是黄帝提问,由岐伯作答,但在其他部分这些大臣也参加谈话。全书中他们对宇宙、人们生活的直接的环境与人体、情绪之间的关系、对生活习惯与健康之间的关系、对体内各脏器之间的关系、对生命过程与病理过程之间的关系、对于病症与症状之间的关系以及对如何通过对所有这些的分析而做出诊断与医疗决定都提供了见解。《黄帝内经》流传甚广,现就《素问》《灵枢》分述之:

《素问》:公元6世纪全元起首次对《素问》做全面注释,当时第七卷早佚,故只有8卷。762年,王冰补注,称为《黄帝内经·素问》24卷,81篇,其中除72—73篇有目缺文外,经王氏补入了"旧藏"7篇。11世纪,北宋校正医书局对王氏注本再加校勘注释,改名《重广补注黄帝内经素问》,成为宋之后历代刊刻研究之蓝本和依据,刊刻本有数十种之多。

《灵枢》:在《汉书·艺文志》名为《九卷》,公元6世纪前后,其名有《针经》《九虚》《九灵》《灵枢》等不同书名之传本。南北朝、隋唐间,《针经》注本多种曾有流传,并见于隋唐及日、朝之医事法令,甚至将其列为医学教材,但未能流传后世。如前所述,宋代刻刊《灵枢》(1135年)后,即成为《九卷》之唯一刻本流传于世,虽有12卷本与24卷本之不同,但篇目内容次第等并无差异。

《黄帝内经》内容十分丰富,《素问》偏重人体生理、病理、疾病治疗原则原理,以及人与自然的关系等基本理论;《灵枢》则偏重于人体解剖、脏腑经络、腧穴针灸等等。二者之共同点均系有关问题的理论论述,并不涉及或基本上不涉及疾病治疗的具体方药与技术。

《内经》认为:认识人类疾病必须首先认识人类自身。《内经》的作者们很可能直接参与了对人体的解剖研究,并实地进行了人体体表与内脏的解剖。

《内经》中涉及许多高明的医疗技术。例如该书不但记述了水浴疗法、灌肠技术,而且比较正确地论述了血栓闭塞性脉管炎——脱疽的外科手术截趾术等。《内经》已设计使用了筒针(中空的针)进行穿刺放腹水的医疗技术,这是一次改善腹水治疗和减轻患者痛苦比较成功的尝试。筒针穿刺放腹水虽然未能创造出根治腹水的方法,但作为一种医疗技术在后世继续得到发展和应用。

《内经》提倡疾病预防强调早期治疗。中国医学自古就十分重视促进人体健康以预防疾病的思想,追其源则始于《内经》。

阅读指导

《黄帝内经》以对话的形式写成,由黄帝提问,六大臣作答,在阅读上,要把重点放在黄帝的提问、岐伯作答的部分上,这是全书最著名的地方所在,要注意把握书中关于宇宙、直接的环境与人们情绪之间的关系、生活习惯与健康之间的关系、病症与病症之间的关系等的见解。对于普通读者而言,《黄帝内经》的专业性还是很强的,因而可以先通过阅读一些介绍性的读物做初步了解,然后再进行阅读。在版本上最好采用人民卫生出版社出版的校注本。

山海经

作者简介

《山海经》的作者与成书年代,众说纷纭。传统上《山海经》被认为是大禹及其助手益所作,如《论衡》《吴越春秋》及刘歆的《上山海经表》所说。另外一些人表示怀疑,北魏郦道元作《水经注》时已发现:《山海经》编书稀绝,书策落次,难以辑缀,后人又加以假合,与原意相差甚远。北齐的颜之推注意到了书中出现的汉代地名,认为是在秦代焚书之后或董卓所加,此后随着考古学与辨伪学的发展,禹、益之说日趋被否定。当代学者较一致认为《山海经》是由几个部分汇集而成,并非出于一人一时之手。但具体看法又不同,有学者认为《山海经》由三大部分组成,其中以《山经》成书年代最早,为战国时作;《海经》为西汉所作;《大荒经》及《大荒海内经》为东汉至魏晋所作。有的学者对《山海经》中的《山经》与《禹贡》做比较研究,结论是《山经》所载山川于周秦汉间最详最合。至于时代当在《禹贡》之后,战国后期。

名著概要

《山海经》记述的内容十分丰富,其中囊括了天文、历法、地理、气象、动物、植物、矿物、地质、水利、考古、人类学、海洋学和科技史等诸多内容。同时也保留了大量远古神话传说。《山海经》的今传本为18卷39篇,分《五藏山经》《海外经》《海内经》《大荒经》四部分,其中《五藏山经》5卷,包括《南山经》《西山经》《北山经》《东山经》《中山经》,共21000字,占全书的2/3。《海内经》《海外经》8卷,4200字。《大荒经》及《大荒海内经》5卷,5300字。

《山经》以五方山川为纲,记述的内容包括古史、草木、鸟兽、神话、宗教等。《海经》除著录地理方位外,还记载远国异人的状貌和风格。在古代文化、科技和交通不发达的情况下,尤为可贵。

卷1—5分为26节,描写了447座中央陆地上的山脉。每座山的描写至少包括它的名字,它距前面提到的山脉的距离,以及关于其植物、动物和矿物的信息。还包括对居住于一座山或者一群山脉上的守护神和怪物以及某些神话传说的评说。当一条河与一座山相连时,原文详细说明了河流的起源和出口、流向以及其中所见的物品。在24个小部分的末尾，还提供了一些有关山精崇拜的规定，这些记载对研究中国早期宗教是十分重要的。卷6—18的内容有些不同。地名几乎无法确认，植物学和动物学让位于虚构的民族学；医学的、占卜的和仪式的规定再也找不到了，神话纪录倒为数更多。

作者以《中山经》所在地区为世界的中心，四周是《南山经》《西山经》《北山经》《东山经》中所记录的山系，它们共同构成大陆，大陆被海包围着，四海之外又有陆地和国家，再外还有荒远之地，这就是《山海经》所描绘的世界。

《山海经》的地域范围依今天的行政区划来分析，大致如下：《南山经》东起浙江舟山群岛，西抵湖南西部，南抵广东南海，包括今天的浙、赣、闽、粤、湘5省。《西山经》东起晋、陕间的黄河，南起陕、甘秦岭山脉，北抵宁夏盐池西北，西北达新疆阿尔泰山。《北山经》西起今内蒙古、宁夏腾格里沙漠贺兰山，东抵河北太行山东麓，北至内蒙古阴山以北。《东山经》包括今山东及苏皖北境。《中山经》西达四川盆地西北边缘。

《山经》以山为纲，分中、南、西、北、东五个山系，分叙时把有关地理知识附加上去。全文以方向与道里互为经纬，有条不紊。在叙述每列山岳时还记述山的位置、高度、走向、陡峭程度、形状、谷穴及其面积大小，并注意两山之间的相互关联，有的还涉及植被覆盖密度、雨雪情况等，显然已具备了山脉的初步概念，堪称我国最早的山岳地理书。在叙述河流时，必言其发源与流向，还注意到河流的支流或流进支流的水系，包括某些水流的伏流和潜流的情况以及盐池、湖泊、井泉的记载。《山海经》中最具有地理价值的部分《五藏山经》，在全书中最为平实雅正，从形式至内容都以叙述各地山川物产为主。

另外本书中记载的医学史料、药物知识，对研究中国医药学的萌芽和演化尤为重要。据学者吕子方统计，《山海经》载录的药物数目，动物药76种（其中兽类19种，鸟类27种，鱼龟类30种），植物药54种（其中木本24种，草本30种），矿物药及其他7种，共计137种，并且所收载的药物有明确的医疗效能的记述。经过长期的研究证实，《山海经》还是世界上最古老的矿藏地质文献，所记载的226处金、银、铜、铁、锡等矿藏，现在大都可以证实。

楚辞

作者简介

《楚辞》是我国古代又一部重要的诗歌集，它编纂于西汉末年。编纂者是著名的文学家、目录学家刘向。《楚辞》的主要作者是屈原和宋玉。

屈原，名平，字原，战国时楚国秭县（今湖北省秭归县）人，约生于公元前340年，卒于公元前277年。出身贵族，是楚武王后裔，曾任左徒、三闾大夫。怀王时，主张联齐抗秦，选用贤能，但受其他贵族排挤而不见用。遭靳尚与上官大夫等人毁谤，先被放逐到汉北，又被流放至江南，终因不忍见国家沦亡，怀石自沉汨罗江而死。传说，屈原投汨罗江这天，正是农历五月初五，村民得知他投江，赶紧划着船，在江上打捞。但江水茫茫，已经无法寻找了。村民们怕鱼儿咬伤屈原的尸体，就用竹叶包了米饭，撒在江中喂鱼，就算是对屈原的祭奠。从此以后，每年的这一天，人们为了怀念屈原，都要划龙舟、包粽子。这一习俗流传下来，就成了我们现在的端午节。

宋玉的生平，古书中记载很少。传说他是屈原的学生，更详细的情况我们现在已经无法知道了。

背景介绍

与黄河流域一样，长江流域也孕育着古老的文化，楚文化就是这一地域文化的代表。楚人很早就和中原的国家有联系，同时，它也始终保持着自身强烈的特征，因而楚人长期被中原国家看作野蛮的异族。楚文化的兴起比中原文化迟，原始宗教——巫教盛行可以说是楚文化落后的表现。但在其他方面，楚文化不一定落后，甚至有许多地方远远超过中原文化。

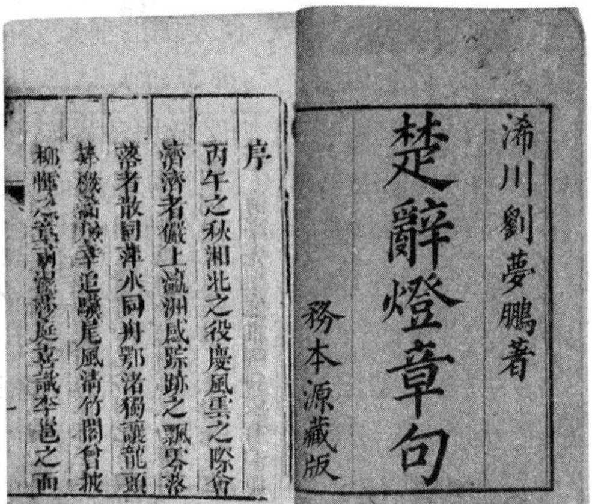

《楚辞》书影

南方的自然经济条件比北方优越，在南方谋生比较容易，不需要结成强大的集体力量去克服自然、维护生存，所以楚国没有形成像北方国家那样严密的宗法政治制度。在这样的生活环境中，个人受集体的压抑较少，个体意识相应就比较强烈，这就造成了楚国艺术的高度发展，这是楚文化明显超过中原文化的一个方面。中原文化中，艺术包括音乐、舞蹈、歌曲，主要被理解为“礼”的组成部分。与此不同，在楚国，艺术，无论娱神的还是娱人的，都是在审美愉悦的方向上发展，展示的是人的活跃的情感。就是在这样的背景下，楚地的歌谣演变出了楚辞。

名著概要

《楚辞》一书中选编了屈原的《离骚》《九歌》《天问》《九章》《远游》《卜居》《渔父》及宋玉的《九辩》《招魂》等名篇。

《离骚》是屈原最重要的代表作。全诗370余句,2400余字,是中国古代最宏伟的抒情诗。它的写作年代,是在屈原被放逐之后。

《离骚》的题旨,司马迁解释为“离忧”,班固把“离骚”解释为“遭忧作辞”;王逸则把“离骚”解释为“离别的忧愁”。这三种说法都有一定的道理。总之,这是屈原在政治上受到严重挫折之后,面临个人和国家的厄运,对于过去和未来的思考,是一个崇高而痛苦的灵魂的自传。

《离骚》从第一句“帝高阳之苗裔兮”开始,诗人用大量笔墨,从多方面描述自我的美好而崇高的人格。他自豪地叙述他是楚王的同姓,记叙自己降生在一个吉祥的时辰(寅年寅月寅日),被赐以美好的名字,又强调自己禀赋卓异不凡,并且叙述自己及时修身,培养高尚的品德,锻炼出众的才干,迫切地希望献身君国,令楚国振兴。诗人自我的形象,代表着美好和正义。“党人”是同诗人敌对的,代表着邪恶。他们只顾苟且偷安,使楚国的前景变得危险而渺茫,还“内恕己以量人,各兴心而嫉妒”,“谓余以善淫”,诬蔑诗人是淫邪小人。诗人受到沉重的打击,却更激起了诗人的高傲和自信。他反复用各种象征手法表现自己高洁的品德。同时,再三坚定地表示:他决不放弃自己的理想而妥协从俗,宁死也不肯丝毫改变自己的人格。而后诗人在想象中驱使众神,上下求索。他来到天界,然而帝阍——天帝的守门人却拒绝为他通报。他又降临地上“求女”,但那些神话和历史传说中的美女,或“无礼”而“骄傲”,或无媒以相通。诗人转而请巫者灵氛占卜、巫咸降神,给予指点。灵氛认为楚国已毫无希望,劝他离国出走;巫咸劝他留下,等待君臣遇合的机会。于是,诗人驾飞龙,乘瑶车,扬云霓,鸣玉鸾,自由翱翔在一片广大而明丽的天空中。在幻想中,正当诗人“高驰邈邈”的时候,“忽临睨夫旧乡。仆夫悲余马怀兮,蜷局顾而不行”。他发现自己根本无法离开故土,既不能改变自己,又不能改变楚国,那么,除了以身殉自己的理想,以死完成自己的人格外,也就别无选择。《离骚》闪耀着理想主义的光辉异彩。诗人以炽烈的情感、坚定的意志,追求真理,追求完美的政治,追求崇高的人格,至死不渝,具有巨大的艺术感染力。

《九章》由九篇作品组成:《惜诵》《涉江》《哀郢》《抽思》《怀沙》《思美人》《惜往日》《橘颂》《悲回风》。《九章》的内容都与屈原的身世有关,这与《离骚》相似。在《九章》中,《橘颂》的内容和风格都比较特殊。作品用拟人化的手法,细致描绘橘树的灿烂夺目的外表和“深固难徙”的品质,以表现自我优异的才华、高尚的品格和眷恋故土、热爱祖国的情怀。在描写过程中,诗人既不黏滞于作为象征物的橘树本身,又没有脱离其基本特征,从而为后世咏物诗的创作开辟了一条宽广的道路。

其他篇章,多为屈原在放逐期间所作。《涉江》是屈原在江南长期放逐中写的一首纪行诗。诗中叙写作者南渡长江、又溯沅水西上、独处深山的情景。其中的风光描写最为人称道。楚辞中这类风光描写,成了后代山水诗的滥觞,屈原也被推为我国山水文学的鼻祖。《哀郢》作于秦将白起攻陷楚都以后。屈原在流亡中,亲眼目睹了祖国和人民遭受的苦难,心情沉痛,写下这首诗,哀叹郢都的失陷。《怀沙》是屈原临死前的绝笔。诗人一面再次申说自己志不可改,一面更为愤慨地指斥楚国政治的昏乱,表现出对俗世庸众的极度蔑视。诗人希望世人能够从自己的自杀中,看到为人的准则。《九章》的大部分都反映了屈原流放生活的经历,这些诗篇善于把纪实、写景与抒情相结合,以华美而富于表现力的语言,写出复杂的、激烈冲突的内心状态。

《天问》是一篇奇文。它就自然、历史、社会以及神话传说,一口气提出 172 个问题。这些问题,有些是在当时已经有公认答案的,但诗人并不满足,还是严厉地追问,想找到新的答案。比如尧舜,在当时已被儒家奉为偶像,在《离骚》《九章》中也被反复当作理想政治的化身来歌颂,但在《天问》中,他们仍然不能逃脱深刻的怀疑。

《九辩》是宋玉的代表作,它明显受到屈原的影响。《九辩》中袭用或化用《离骚》《哀郢》等作品中现成语句的地方共有十余处。《九辩》借悲秋抒发“贫士失职而志不平”的感慨,塑造出一个坎坷不遇、憔悴自怜的才士形象。《九辩》的哀愁,主要是一种狭小的、压抑的哀愁,基调是“惆怅兮而私自怜”。宋玉的文才,他的怀才不遇的遭遇,他的见秋景而生哀的抒情模式,都影响了后世标榜清高而自惜自怜的文人,写出许多伤春悲秋的诗文。

阅读指导

楚辞受楚地歌谣的影响很深。楚歌的体式和《诗经》不同,不是齐整的四言体,而是每句长短不一,句尾或句中常用“兮”字作语气词。这也是楚辞的显著特征,阅读时不可不注意。

楚地盛行的巫教也影响了楚辞,使楚辞具有浓厚的神话色彩。楚辞充满奇异的想象和炽热的情感。诗人在表现情感时,大量运用神话材料,驰骋想象,上天入地,飘游六合九州,给人以神秘的感受。比如《离骚》由“神游”到“降神”,都借用了民间巫术的方式。这是楚辞的另一个突出的特点。

中原文化对楚国的影响在楚辞中也有明显的痕迹。《九章》中的《橘颂》全诗都用四言句,在隔句的句尾用“兮”字,可以看作《诗经》体式对《楚辞》体式的渗透。这种影响正是春秋战国时期华夏民族融合过程的反映。

周易

作者简介

对《周易》的作者说法不一,传说伏羲氏画卦,周文王作彖辞,孔子作传,不见得可靠。据近人研究,它可能产生于殷周之际,是对于古代卜卦的记录,经过较长时间的积累而成。而其中的传等形成于战国晚期,是多人合手而成的。

背景介绍

在原始社会,由于生产力的低下,人们对自然和社会现象的客观情况和规律性缺乏认识,因而产生宗教迷信,当时人们是根据神灵的启示来判断吉凶的,而传达神灵启示的手段是占卜。进入阶级社会之后,占卜逐渐成为一门专业,从事这门专业的人叫作"卜人"或"筮者"。这些卜人,把他们积累的经验编辑成书,以便翻检和传授。在夏朝有《连山》,在商朝有《归藏》,在周朝时出现了《周易》。

名著概要

《周易》,又称《易经》,简称《易》,包括"经"和"传"两部分。"经"的部分主要包含卦象、卦辞和爻辞。"传"的部分主要包含彖传、象传、文言、系辞传、说卦传、序卦传和杂卦传等,古称"十翼"。从不同的角度而言,它是古代的卜筮学、哲学、预测学、信息学、系统学、伦理学、宇宙代数学的混合产物。它涉及天文、地理、气象、历法、数学、物理、化学、生物、医学、武术、炼丹、养生、哲学、历史、文学、艺术、教育、民俗、心理、伦理、军事、宗教、卜筮等等领域。它还有许多有价值的方法和思想,如简单性原则、相似性原则、循环原则以及稳定与不稳定、无穷演化的思想等等。

《周易》认为,阴阳是天地、万物的总起源,自然界与人及动物没有什么两样,也是由两性相交产生的。万物在阴阳两势力的矛盾中产生变化,而变化的形式就是通过交感。《周易》认为世界上没有东西不在变化。变化又是有阶段性的,发展到最后阶段,就会带来相反的结果,"物极"就要走向反面。

《易传》是《易经》的解释。它包括《彖》上下、《象》上下、《系辞》上下、《文言》《说卦》《序卦》《杂卦》,也称《十翼》。《彖》是对卦辞的解释。《象》是对爻象和爻辞的解释。《系辞》总论《易经》的基本观点,阐发这些基本观点如何应用于自然和社会。《文言》专论乾、坤两卦的基本概念。《说卦》论述六十四卦的排列秩序。

《杂卦》说明卦名的意义及其相互关系。

《易传》的基本思想：(一)“-”“--”宇宙存在论，“-”为阳爻，“--”为阴爻。宇宙存在说的观点：第一，八卦产生不是人类主体思维之虚构，它来自人们“近取诸身、远取诸物”，是对宇宙客观存在的认识。第二，八卦论说宇宙生成存在的逻辑思维，是从人的生命之源，来推演宇宙其他事物之源与其变化。男女交而生人，故宇宙亦在交合中产生。第三，宇宙是对立统一体。第四，八卦用对立统一解释事物的普遍性质。六十四卦来自八卦之重叠，八卦最终取自阴(--)阳(-)二符号，(-)(--)二符号是对六十四卦所阐述的各种具体事物的普通性质的抽象化，(-)(--)抽象的对立统一物，代表了事物的普通性质。(二)“变则通”的宇宙发展论。第一，《易传》肯定事物都在发展变化中存在，“易穷则变，变则通，通则久”。第二，变化是事物吉凶的征兆。第三，事物的变化的原因是事物间相互交感的矛盾运动。(三)《易传》社会学说：《易传》对自然的揭示，为人类社会管理提供了模拟的依据。在孔子看来，有一种本质无边的东西存在，那就是天(乾)一定在上，地(坤)一定在下，在上者必尊，在下者必卑。这种上下有序、尊卑有别的思想，便形成了儒家政治思想的基础。

《周易》把“道”作为宇宙的本体，如履卦九二爻辞有：“履道坦坦，幽人贞吉。”随卦九四爻辞：“有孚在，道以明，何咎。”这里所讲的“道”，就是作为宇宙本体的“道”。“十翼”对于《周易》所提出的作为宇宙本体的“道”可以说是理解很深刻、发挥很透彻的，超越了《周易》作者的水平。

阅读指导

阅读《周易》，重在理解其最基本的概念，以及它对宇宙、社会、人生的看法。但是阅读起来还是有相当困难的，因此，为了方便读者阅读，这里着重推荐如下几个版本，以供读者选择：中国书店出版的唐代李鼎祚撰《周易集解》、孔颖达撰《周易正义》，宋代朱熹撰《周易本义》、清代丁寿昌撰《读易会通》。而最能帮助读者理解的当属近人顾颉刚的《周易卦爻辞中之故事》和高亨的《周易古经今注》《周易大传今注》。这几本书可以说代表了现代人研究周易的成就。

六韬

作者简介

姜子牙，姜姓，吕氏，名尚，一名望，字子牙，商朝末年河南卫辉人。尊称太公望，武王尊之号为“师尚父”。其始祖四岳伯益因佐大禹治水有功而被封于吕地

（尽在河南南阳），因此得吕氏。姜子牙出世时，家境已经败落，所以姜子牙年轻的时候为谋求生计干过宰牛卖肉的生意，后被周文王重用。姜太公后成为齐国的缔造者，周文王倾商武王克殷的首席谋主、最高军事统帅与西周的开国元勋，齐文化的创始人，亦是中国古代的一位影响久远的杰出的韬略家、军事家与政治家，历代典籍都公认他的历史地位，儒、道、法、兵、纵横诸家皆追他为本家人物，被尊为“百家宗师”。著有《六韬》一书，誉为“兵家权谋之始祖”。

姜子牙塑像

名著概要

《六韬》一书以文、武、龙、虎、豹、犬为标题，各一卷，共61篇，近2万字。卷一《文韬》即论治国用人的韬略，内分《文师》《盈虚》《国务》《大礼》《明傅》《六守》《守土》《守国》《上贤》《举贤》《赏罚》《兵道》等12篇，主要论述作战前如何充实国家的实力，在物质上和精神上做好作战的准备：如对内先要富国强民，对人民进行教育训练，使之万众一心，同仇敌忾；对外要掌握敌方的情况，注意保守自己的秘密，只有这样才能立于不败之地。卷二《武韬》主要讲用兵的韬略，内分《发启》《文启》《文伐》《顺启》《三疑》5篇，有的版本把“《兵道》”列于《三疑》前。此卷主要论述取得政权及对敌斗争的策略，强调在作战前必须先对敌我双方的情况了如指掌，进行比较，以己之长克敌之短，方能制胜。卷三《龙韬》内分《王翼》、(《论将》)、《选将》、(《主将》)、《将威》《励军》《阴符》《阴书》《军势》《奇兵》《五音》《兵征》《农器》等13篇，主要论述军事指挥和兵力部署的艺术，指出在战争中要调动对方，选择将帅、严明纪律，然后确定如何发号令、通信息。还指出要注意天时地利、武器装备和物质供应等。卷四《虎韬》内分《军用》《三阵》《疾战》《必出》《军略》《临境》《动静》《金鼓》《绝道》《略地》《火战》《垒虚》等12篇，主要论述在宽阔地区作战中的战术及其他应注意的问题。卷五《豹略》内分《林战》《突战》《帮强》《敌武》《山兵》《泽兵》《少众》《分险》等8篇，主要论述在各种特殊的地形作战中的战术及其他应注意的问题。卷六《犬韬》内分《分合》《武锋》《练士》《教战》《均兵》《武车士》《武骑士》《战骑》《战车》《战步》等10篇，主要论述教练与编选士卒以及各种兵种如何配合作战，以发挥军队效能等问题。《六韬》的内容十分广泛，涉及战争观、军队建设、战略战术等有关军事的许多方面，其中又以战略和战术的论述最为精彩,它的权谋家思想也很突出,堪称“先秦军事百科全书”。

作品影响

《六韬》是一部集先秦军事思想之大成的著作,对后代的军事思想有很大的影响,被誉为“兵家权谋类的始祖”。其军事思想比较复杂,几乎先秦各家的军事思想在书中都有反映。书中最突出的是阴谋权术思想,一般兵书大都重视战场上的战略战术,对阴谋手段论述得较少。把阴谋论述得如此详细的,《六韬》最突出。在战略战术上,《六韬》有其独到之处。《兵道》说:“凡兵之道,莫过乎一。一者能独往独来。黄帝曰:‘一者,阶于道,几于神。’用之在于机,显之在于势,成之在于君。”这是说,用兵的原则在于“一”。所谓“一”,就是事权要专一,兵力要集中,行动要统一,这样才能独往独来,机动灵活,不受牵制,取得战争的主动权。对于军队的建设,《六韬》认为首先应注意将领的选拔与培养,因为“国之大事,存亡之道,命在于将。将者,国之辅,先王之所重也”。《论将》“社稷安危,一在将军。”《主将》。《六韬》虽然从总体水平来说赶不上《孙子兵法》《孙膑兵法》等,但也有其独特的价值。北宋神宗元丰年间,《六韬》被列为《武经七书》之一,为武学必读之书。《六韬》在16世纪传入日本,18世纪传入欧洲,现今已翻译成日、法、朝、越、英、俄等多种文字,受到世人瞩目。

阅读指导

《六韬》具有朴素的唯物主义思想。它一方面反对巫祝卜筮迷信活动,把它列为必须禁止的“七害”之一,另一方面又主张用天命鬼神去迷惑敌人。它具有朴素的辩证法思想,初步认识到了矛盾的对立和转化,提出了“极反其常”的重要辩证法思想,是对古代辩证法思想的重要贡献。它的许多军事思想都是建立在这一思想基础之上的,如“夫存者非存,在于虑亡;乐者非乐,在于虑殃”,“大智不智,大谋不谋,大勇不勇,大利不利”,“太强必折,太张必缺”,“无取于民者,取民者也”等等。

道德经

作者简介

关于老子其人、其书及其“道论”历来有争论。根据《史记》介绍如下:老聃,姓李名耳,字伯阳,楚国苦县厉乡曲仁里(今河南鹿邑东)人,是春秋时著名的思想家,道家学派的创始人。他的生卒年月不详。老子做过周朝的“守藏室吏”，所以他谙于掌故，熟于礼制，不仅有丰富的历史知识，并且有广泛的自然科学知识。他和孔子是同时代的人，较孔子年辈稍长。世称“老子”。公元前520年，周王室发生争夺王位的内战，这场长达5年的内战，最终以王子朝失败告终。王子朝失败后，席卷周室典籍，逃奔楚国。老子所掌管的图书也被带走。于是老子被罢免而归居。由于身受当权者的迫害，为了避免祸害，老子不得不“自隐无名”，流落四方，后来，他西行去秦国。经过函谷关（在今河南灵宝市西南）时，关令尹喜知道老子将远走隐去，便请老子留言。于是老子写下了5000字的《道德经》。相传老子出关时，骑着青牛飘然而去，世不知其所终。

背景介绍

春秋战国时期，奴隶制走向崩溃，封建制度逐步确立，社会矛盾尖锐复杂。封建制度先后在各个国家确立起来后，社会主要矛盾已经不是新兴地主阶级同奴隶主阶级的矛盾，而是地主阶级与农民阶级的矛盾，同时也有地主阶级内部的矛盾。当时国与国之间的战争，各个政治集团的争夺，就属于地主阶级内部矛盾性质。面对当时的社会动乱，诸子百家都提出了自己的济世之方。儒家主张礼治、德治和贤治；墨家反对礼治，但也主张德治和贤治；法家反对墨家而主张法治。同诸家相对立，老子则主张无为而治，认为社会之所以动乱，在于人们的智巧太多，欲望太甚；而智欲的根源在于物质生活的发达和种种造作有为的政治。

名著概要

《道德经》又名《老子》《老子五千文》，是中国道家的主要经典，全面反映了老子的哲学思想。全书共81章，分上下两篇，上篇37章为《道经》，讲的是世界观问题，下篇44章为《德经》，讲的是人生观问题。全书文辞简奥，哲理宏富，且体系完整，内容丰富，涉及宇宙、社会、人生、军事、政治、医学等各个方面。其中“道”的观念，是其思想体系的核心。老子反对儒墨两派的道德观，认为真正的道德是不追求道德，提倡柔弱虚静，减少私欲，知足不争；理想政治是无为而治，理想社会是小国寡民的社会。老子提出了以“道”为核心的哲学体系，用“道”来说明宇宙万物的本质、构成、变化和根源。老子认为“道”是天地万物的本源，他的“道论”的中心思想是：“道即自然，自然即道。”他说，“道”是万物之母，“道可道，非常道。名可名，非常名。无，名天地之始。有，名万物之母”。也就是说，作为宇宙的本原就是道，它是永远存在的。道的运行是自由的、必然的，即按其自身的规律而运行。天地万物都是由它产生的，它是宇宙的母体。老子认为，道产生了天地，德是道的性能，天地生养着万物，万物各成其形，各备其用。所以万物没有不尊道而贵德的。道的尊崇，德的贵重，不是有谁给它爵位，而是自然而然的，所以道产生天地，德畜养万物，长育万物，成熟万物，覆盖万物。老子的“道”是超形象、超感觉的观念性存在，是无，没有颜色，没有声音，没有味道。

《道德经》一书中具有丰富的辩证思想。它触及了矛盾普遍存在的原理，提出了一系列对立范畴：阴阳、刚柔、强弱、智愚、损益……它认为这些对立双方处在互相依存之中，而且这些对立的双方又是互相成就、互相转化的。对立双方之所以能互相转化，乃是因为它们的相互包含，不过，对立面的转化有一个量的积累过程。老子的辩证法是来自实际、返诸现实的。老子观察了自然界的变化，生与死、新与旧的相互关系，观察了社会历史与政治的成与败、福与祸等对立的双方的相互关系，发现了事物内部所具有的一些辩证规律。同时还深刻地论证了相辅相成的道理，长和短二者只有彼此比较才能显现出来，不同的声音产生谐和，前后互相对立而有了顺序。总之，老子承认事物是在矛盾中发展的。老子还初步意识到量的积累可以引起质的变化。

老子的“道论”，基本上可以概括为“天道自然观”。所以老子的人生哲学和政治哲学基本上是人当法道，顺其自然。至于如何治理国家，老子认为最好是采取“无为而治”的办法，让人民去过自由自在的生活，用无所作为听其自然发展的办法，来达到治理好国家的目的。在老子看来，无为正是有所作为，“无为而无不为”。老子反对用刑、礼、智这些来治理国家，反对向人民加重赋税，反对拥有强大的兵力。在老子看来，人类社会不要“圣智”“仁义”“巧利”，国家就大治了。这三种东西不足以治国，最好的办法是使人们着意于“朴素”“少有私欲”，不求知识，就可以没有忧患了。

老子所向往的理想世界是小国寡民的原始社会。他的这一设想在一定程度上反映了当时人民迫切要求休养生息和减轻剥削的愿望。这是老子政治思想的进步因素。但是，小国寡民的理想，却是幻想，它是违反社会历史发展规律的。

作品特色

《道德经》一书，基本是抽象的理论阐发，而不涉及人物描写。它的艺术特色主要表现为句式比较整齐，多用韵语，读起来朗朗上口，便于记忆。但在韵语之外，又恰到好处地结合了散体文章，这种韵散结合的文体，使得它在先秦诸子的散文中独树一帜，既不同于《论语》的语录体散文，也不同于《诗经》的韵诗，而显得别具一格。

《道德经》的第二个艺术特色是善用比喻。为了说明一个比较深奥的道理，老子常用身边的事物打比方。如为了说明“有无相生”的道理，他以碗为例：如果一个碗做成实心的，看起来是“有”了，可它起不到碗的作用，也就是说它在碗这个意义上是“无”；而如果把它做成空心的，看起来它的中心是“无”，可正是这必要的“无”，使它有了碗的功用。这些例子，都取之于人们的生活本身，所以显得通俗易懂,但却能将"有无相生"这样抽象深奥的道理讲得透彻明白。

《道德经》的第三个艺术特色是它的行文凝练精妙,多用格言警句。如:"合抱之木,生于毫末;九层之台,起于垒土;千里之行,始于足下。"(《道德经》第六十四章)

这些格言警句短小精悍,而且寓意深刻,具有很深的启发意义。和差不多同时期的语录体《论语》相比,显得更为精警洗练。因此有人认为《道德经》不是一人一时所作,而可能是不同时期的人们将生活中的谚语和格言汇总在一起而形成的,所以不是每一句话都紧扣道家的思想。当然,这些都是瑕不掩瑜的小问题。

作品影响

《道德经》对中国乃至世界的影响是无与伦比的。它对中国传统文化有着巨大的影响,对中国思想史有不可替代的作用。战国时期,儒家的孔子、道家的庄子、法家的韩非子都受到《道德经》的影响。汉初,黄老之学盛行,并渗入到政治生活中,名相萧何、曹参在治国时,"镇以无为,从民之欲而不扰乱"(《汉书·刑法志》)。东汉末年,道教奉老子为教主,视《道德经》为经典。魏晋时期,玄学昌盛,在朝的玄学家注重《道德经》的无为而治,在野的玄学家提倡《道德经》的"自然"之说,《道德经》的思想成为抒发政治主张、抨击现实的武器。大唐盛世,帝王自称为老子后裔,为之立庙,唐太宗采用"无为而治"为兴国方针,唐高宗封老子为"太上玄元皇帝",唐玄宗将《道德经》开为贡举策试的经典之一,并亲身为它作注。宋代帝王对道教情有独钟,宋真宗加封老子为"太上老君混元上德皇帝",宋徽宗把《道德经》列为太学及地方学校的课本。这一时期,《道德经》的思想对理学也有所渗透,并影响甚大。在中国几千年的历史里,每个朝代在其鼎盛时期,无一例外地采用"内用黄老,外示儒术"的治国理念,即内在的、起领导作用的是中国传统文化中的道家理想。

《道德经》的影响不仅时间久,历史长,而且领域广、方面多。在宗教上,它是道教的开山之作;在修身方面,"功成身退"是文人入世的信条;在军事方面,"以柔克刚"成为军事家奉行的准则;在管理方面,老子的"以人为本"是日本企业最基本的信条;在艺术方面,"道法自然"成为书法家、绘画家、诗人遵循的理念;在文学方面,《道德经》精警凝练,处处闪烁着哲人的智慧,妙语巧喻、格言警句比比皆是,蕴含人生哲理。

《道德经》的影响不仅在中国,在世界上,它也备受关注和推崇,形成了老子热。《道德经》被译成多种文字,海外发行量居中国传统文化经典之首,堪与《圣经》比肩。他的思想影响了诸如托尔斯泰、奥尼尔、海德格尔、爱因斯坦、汤川秀树等世界级的科学家、思想家和文学家。

阅读指导

《道德经》是一部哲理诗,用诗歌的语言来说明深奥的道理,往往缺乏必要的论证,这也是造成人们理解不一以至误解的重要原因,这就要求阅读时,一定要把握其特点,一定要弄清《道德经》所谈问题的针对性和角度,这样才能真正理解其深刻含义,从中吸取其有利于自身健康发展的东西。

孙子兵法

作者简介

孙子即孙武,字长卿。春秋末期著名军事家。孙子出生于齐国乐安,出身将门家庭,生卒年月不详。他是陈国公子完的后裔,由于内乱陈完出奔齐国,以食邑改姓田氏。孙武的祖父孙田书,因伐莒有功,齐景公赐姓孙氏,封地乐安,并封其为齐国大夫。后因孙武家族人谋反作乱,不得不逃往吴国。公元前512年,孙武因文武兼备得到伍子胥引荐,得到了吴王阖闾的重用,并以自著兵法13篇献于吴王阖闾,阖闾得知孙武能用兵,封其为大将。

孙武画像

背景介绍

春秋时期,各诸侯国之间连年争战,战争规模也日益扩大,长期的兼并战争使各国积累了丰富的战争经验,对作战的战略战术的要求也越来越高,新兴地主阶级为了巩固政权、扩大领土,迫切需要总结战争经验,找出战争的规律,制定用兵的战略战术。《孙子兵法》正是诸侯兼并、战争频繁以及诸子百家学术争鸣这一特定时代的产物。

名著概要

《孙子》,又称《孙子兵法》《吴孙子兵法》《孙武兵法》。传世本《孙子兵法》13

篇,是孙武一派兵家的著作,其主要内容和核心思想属于孙武,但经过他的门生和战国兵家的整理补充。该书中所描写的战争规模,似是战国时代的情况。现存的《孙子兵法》是经过三国时代曹操删定编注的,全书分为13篇:《计》《作战》《谋攻》《形》《势》《虚实》《军争》《九变》《行军》《地形》《九地》《火攻》《用间》,总结了春秋至战国时期长期战争的经验,揭示了战争的一些规律,具有朴素的唯物主义思想和原始的军事辩证法思想。其思想内容主要有三方面:

一、战略指导思想

战略论是孙子军事学说的主体部分。孙武在此书中首次提出了战略概念——"庙算",具体论述"安国保民"的最高目标、"五事七计"的全局运筹、"不战屈敌"的止战谋划、"知彼知己"的作战指挥等战略思想。在战略论中孙子提出"安国全军""唯民是保"的战略目标,把"重战""慎战"作为根本用战原则。并从其对待战争的严肃态度出发,评述了"五事七计"的重要性。"重战",即重视战争,提高警惕,加强戒备,应取态度是:"无恃其不来,恃吾有以待之;无恃其不攻,恃吾有所不可攻也"。慎战即开始须慎重,其原则是:"非利不动,非地不用,非危不战"。"五事七计"书中详述"道"(治道)、"天"(天时)、"地"(地利)、"将"(将帅)、"法"(法度)五要素,及其"主孰有道、将孰有能、天地孰得、法令孰行、兵众孰强、士卒孰练、赏罚孰明"等七个对战备全局作正确估计的条件。但孙子并没有认为军事力量越强越好,而是主张顾及国力,有限地发展军事。孙子反复强调要以"伐谋""伐交"作为优先的决策,总结"不战而屈人之兵"的"全胜战略"。而在实战中争取一"军"、一"旅"、一"卒"、一"伍"之"全"仍不失为上策。如此,"谋""攻"思想已贯彻到底。

孙子关于"知彼知己"和"致人而不致于人"之说,为作战指挥的战略原则。并尽可能"策之而知得失之计,作之而知动静之理,形之而知死生之地,角之而知有余不足之处"。争取"先机之利","致人""不致于人",掌握战争的主动权。

二、作战策略思想

以战略为基础,孙子提出相应用兵策略。其重要策略原则有六:其一,因利制权,因敌制胜。其二,奇正相生,出奇制胜。其三,避实击虚,击其惰归。其四,我专敌分,以众击寡。其五,攻其无备,出其不意。其六,示形用诈,诡道制胜。

三、军事哲学思想

孙子论"天":"阴阳、寒暑、时制也",是自然界之天;论"道":"令民与上同意也",具有民本主义因素。在书中把具有理性思维的人,放在认识和掌握战争规律的主体地位,并详细分析了战争对客观条件的依赖关系。孙子重视矛盾的相互依存,尤其重视矛盾的相互转化,说"乱生于治,怯生于勇,无恒形",关键是造成"胜兵先胜"的条件,促使矛盾向有利方面发展。《孙子兵法》除三个主要方面以外,各篇均有其主题思想,又构成一个完整的思想体系。

《计》篇论述的是能否进行战争的问题。开宗明义指出战争是国家大事,关系到生死存亡，因而首要的是明了战争的规律和决定战争胜负的主客观条件。该篇主要提出了“道”“天”“地”“将”“法”是决定战争胜负的五项基本要素。

《作战》篇主要阐述的是如何进行战争。孙子认为，战争的消耗和战费的开支是十分庞大的，战争旷日持久势必危及国家的存亡，所以主张速胜。

《谋攻》篇主要论述如何进行攻敌的问题。孙子主张以尽可能小的代价，去取得最大的成功，即力求不战而胜，不靠硬攻而夺取敌城，不需久战毁灭敌国。而要做到这一点，就不仅要知己，还要做到知彼。

《形》篇主要讲如何利用物质之“形”来保全自己，取得完全的胜利。孙子认为，只有先使自己立于不败之地，然后等待和寻求战胜敌人的时机，才能夺得战争的胜利。当取胜条件不足时，应采取守势；当取胜条件具备时，则应采取攻势。

《势》篇主要阐述如何造成有利的态势，来压倒对方。强调“势”与“造势”。所以，要出奇制胜，就应该善于因时、因地、因事制宜，根据情况的变化，改变奇正的战法。此外，要造成有利的态势，还必须善于故意向敌示弱，诱敌以利，以达到欺骗和调动敌军的目的，造成战胜敌军的有利时机。

《虚实》篇主要论述指挥作战如何争取主动权，主动灵活地打击敌人。“五行无常胜，四时无常位”，指出“夫兵形象水，水之形避高而趋下，兵之形避实而击虚，水因地而制流，兵因敌而制胜”。

《军争》篇论述的是如何通过机动掌握主动，先于敌人造成有利态势和取得制胜的条件。

《九变》篇主要讲述了如何发挥指挥上的灵活性。孙子认为，灵活性的基础在于对利弊进行全面的衡量。

《行军》篇主要讲述如何配置、组织军队、观察判断敌情和团结将士。孙子认为，行军作战必须占据便于作战和生活的有利地形，善于根据地形配置兵力。

《地形》篇主要论述在不同的地形条件下如何指挥军队的行动。孙子认为，地形是用兵的辅助条件。

《九地》篇论述在九种不同的作战地区指挥作战的原则。孙子认为，在不同的作战地区，将帅应该根据地形的不同而采取不同的行动。

《火攻》篇主要指出火攻的目标、种类、发火的物质和气象条件，以及实施方法。孙子认为，火攻只是辅助军事进攻的一种手段。

《用间》篇主要论述使用民间间谍的重要性及其方法。孙子认为，是否了解敌情对战争的胜负具有重要影响。

作品影响

《孙子兵法》是中国古代兵学著作的杰出代表，是中国优秀传统文化的重要组成部分。它的军事思想、军事体系、文学语言，对后世产生了深远的影响，跨越古今,渗透中外,荣膺"世界古代第一兵书"的美誉。

历代军事家、政治家无不从《孙子兵法》中汲取养料,行军治国平天下。秦末的项羽,汉代的韩信、霍去病,三国的诸葛亮,唐朝的太宗李世民,宋代的岳飞,明朝的戚继光,都曾从《孙子兵法》中受益匪浅。他们运用其理论指导战争、治理国家。到近代,它更是声誉日隆,影响甚大。孙中山先生曾说:"就中国历史来考究,二千多年的兵书,有十三篇,那十三篇兵书,便形成了中国的军事哲学。"毛泽东历来重视对《孙子兵法》的研究,他称孙武是"中国古代军事学家",认为"知彼知已,百战不殆"是颠扑不破的科学真理。他不但在著作中多次提到孙武和《孙子兵法》,而且在中国革命战争中创造性地灵活运用这部兵书的理论精髓。可以说,《孙子兵法》丰富和促成了毛泽东卓越的军事思想。

1772 年,法国神父约瑟夫·阿米欧在巴黎出版了法文《中国军事艺术》丛书,其中有《孙子十三篇》。1815 年,拿破仑大败滑铁卢后被囚禁于圣赫勒拿岛。一日,读到《孙子兵法》,拍案叫绝,唏嘘慨叹:"倘若早日见到这部兵法,我是不会失败的。"

日本一些大公司的高层管理人士必读《孙子兵法》,认为它是一本"商战圣典",是任何人都应该学习的一本书;美国著名的西点军校将它列为必读书目之一。进入 20 世纪 80 年代,国际上流行"《孙子兵法》热"。《孙子兵法》不但受到军事界和战略家的重视,而且已经扩展到军事以外的其他领域,如经济、体育、管理、外交等,尤以商业和管理业中的应用最为瞩目。

总而言之,《孙子兵法》以高度凝练的形式概括总结了放之四海而皆准的规律和法则,是一门攻无不克的艺术、创造辉煌的科学。

阅读指导

《孙子兵法》在现代已不仅仅是一部军事学著作,更多的人把《孙子兵法》的思想运用于经济领域。因而在阅读时,不能仅仅要求了解事例本身的蕴义,更应注意与现实生活相结合,学以致用。

延伸阅读

战国中期齐国的军事家孙膑是孙武的四世孙,著有《孙膑兵法》。它的体系与风格和《孙子兵法》一脉相承,强调"必攻不守""贵势"的战术思想。

北宋神宗元丰年间,朝廷将《孙子》《六韬》《吴子》《三略》《尉缭子》《司马法》《李卫公问对》合在一起,号为"武经七书"。

论语

作者简介

孔子(前551—前479年),名丘,字仲尼,春秋后期鲁国人,是儒家学派的创始人、中国古代最著名的思想家和教育家。孔子的先世是宋国的大臣,后迁于鲁,但孔子出生时家境已衰落。他父亲孔纥,又名叔梁纥,曾做过陬邑(今山东曲阜东南)宰,本身属于贵族阶级下层的"士"。他的母亲姓颜,名叫征在。孔子早年接受过良好的教育,十分熟悉六艺,加上孔子天资聪明,谦虚好学,因此学识日进。孔子30岁时,他的博学举世闻名,并且开始招收门徒,传授古代文化典籍。孔子早年在鲁国执政季氏手下担任管理仓储、牛羊的小官,都能恪尽职守。后因鲁国内乱,旅居齐国,后又回鲁国收徒讲学,门下弟子达三千之众。50岁后,一度被鲁国国君委以官职,做到司寇,主管鲁国的司法工作。但由于他的主张与当政的季氏等三家大夫产生了矛盾,被迫离开鲁国。此后,孔子为了推行自己的政治思想,先后到过卫、曹、宋、郑、陈、蔡、楚等诸侯国,并在卫国、陈国停留了较长的时间,但他始终没有找到贤明君主来实现自己的政治抱负。在奔走于各国期间,孔子仍坚持不懈地进行治学和教育,留下了很多著名的言论。公元前484年,浪迹约40年的孔子重返鲁国,此后他一边继续讲学,一边整理文化典籍,对诗、书、礼、乐、易、春秋六部典籍进行删订,编成最后的定本。孔子晚年生活屡遭不幸,独子孔鲤、得意门生颜渊和子路都先他而去世。公元前479年孔子病逝于家中,弟子们为其举行了隆重的葬礼。然而终其一生,他没有为自己著书立说。他逝世之后,他的弟子及再传弟子根据其平日的言传身教收集整理,编辑成《论语》。

背景介绍

春秋时期,是一个奴隶制向封建制过渡的大变革时期。各诸侯国的社会经济继续发展,奴隶和自由民的反抗斗争不断,一些主要大国,在争霸的形势下,为了顺应社会变革的潮流,都实行了不同程度的改革,社会变革的结果是:诸侯的逐渐崛起和周王室的日益衰落,一些大国尽力发展自己的实力,出现了旷日持久、错综复杂的"大国争霸"局面。这个时期各诸侯之间兼并争霸战争以及相互交往的频繁,构成了这一时期的历史特点。

名著概要

《论语》是一部语录体散文，全书总共20篇，计有《学而》《为政》《八佾》《里仁》《公冶长》《雍也》《述而》《泰伯》《子罕》《乡党》《先进》《颜渊》《子路》、《宪问》、《季氏》《阳货》《微子》《子张》《尧曰》等，篇名取篇首的前两三字为题，无意义。全书言简意赅，古朴生动，既富于启发性、哲理性，又幽默诙谐，口语化，体现出语录体散文的独特魅力。

孔子杏林讲学图

《论语》的核心是仁的精神和境界。而在《论语》中对“仁”这个概念作了多角度的阐释，一是“仁者爱人”；二是“克己复礼为仁”；三是“仁者人也”。我们可以看出孔子对“仁”的最简单表述就是“爱人”，即对人尊重和有同情心。孔子认为：一个人如想达到“仁”的标准，就必须“克己复礼”，通过对自己的克制和约束以提高道德水平，从而符合礼的要求。孔子将“仁”看作道德的最高准则，也是道德的主体。孔子还提到很多其他道德名目，如忠、孝、义、信、廉等。但他认为这些都是局部性的东西，能做到某项或几项，值得肯定，但还不能算是达到“仁”。孔子把求仁看作是人生的根本原则。他认为，礼和乐固然能陶冶性情，加强修养，但一个人能否成为品质高尚的君子，关键还在于他能否自觉地按照“仁”的要求去进行实践活动。孔子反对“过”和“不及”，以中庸为至德，对人处世常采取“无可无不可”的态度，但在求仁行义问题上，他认为求仁或违仁是君子与小人的分水岭，有志之士应当为实现崇高的道德理想而奋斗。

孔子把以“仁”为核心的伦理道德思想贯彻到政治领域，提出“仁政”的学说。他希望统治者“节用以爱人，使民以时”，反对对人民过分剥削压榨，而提出富民惠民的主张。他又希望统治者“为政以德”，反对一味使用严刑峻法，而要先用严格的道德标准要求自己，以身作则，通过道德感化搞好政治。综观《论语》，孔子以德治天下的决心和构想昭然可见。在礼崩乐坏的春秋乱世，孔子的德治主义自然是四处碰壁，但孔子并不因此而改变初衷。

在天道观上，孔子不否认天命鬼神的存在，但又对其持怀疑态度，主张“敬鬼神而远之”。相对天命而言，孔子更加注重人事，强调人的主观努力，把探讨和解决人世间的实际问题放在优先地位。

孔子重义轻利，但并非一概否定功利。他重视公利，主张见利思义，旨在谴责见利忘义、为谋私利而不择手段的行为,要人们追求合乎正道的利益。孔子的义利观,有义利相分的倾向,也有义利并重的倾向。

与从政事业相比较,孔子一生在教育领域取得的成就就要大得多。他是中国历史上第一个向平民普及文化教育的人。他不但提出“有教无类”的原则,而且还创立了一套行之有效的教育方法,提出“因材施教”,重视启发式教育,注意培养学生的学习自觉性和独立思考能力。

作品特色

《论语》是一部以记言为主的语录,同时具有一定的文学价值。它以当时通俗平易、明白晓畅的口头语言为主,又吸收古代书面语言精粹洗练、典雅严谨的长处,形成了一种言简意赅而又深入浅出、朴实无华而又隽永有味的独特语言风格。《论语》善于从常见的生活现象中概括出深刻哲理,尤其善于把深邃的哲理凝聚于具体的形象之中,使抽象的说理文字具有某种诗意。如“岁寒,然后知松柏之后凋也”(《子罕》),通过赞扬耐寒的树木,来歌颂坚贞不屈的人格,形象鲜明,意境高远,启迪了后世无数文人的诗情画意。《论语》词汇丰富、新鲜、生动、活泼,大量使用排比、递进、并列、对偶等手法,句式长短相间,错综变化,造成迂徐婉转、抑扬唱叹的效果,有很强的表现力。同时,《论语》中经常采用“比物连类”的含蓄手法,造成特殊的意蕴和审美效果。如《阳货》:“不曰坚乎!磨而不磷。不曰白乎,涅而不缁。吾岂匏瓜也哉,焉能系而不食?”连用三件具体实物,一层进一层地表明自己的政治态度,把微妙的心理寄寓在浅近的形象之中,再辅以重叠反诘的句式,更显出一种无可奈何的苦衷,耐人寻味。

作品影响

《论语》自西汉武帝以后,由于孔子及儒家地位的提升,成为每个文人的必读书。从元代仁宗皇帝开始直到明清,更是被定为科举考试的教科书,不仅是平民百姓教育子孙的启蒙读物,而且也是士人考取功名、齐家治国平天下的宝典。北宋赵普曾对太宗赵光义说:“臣有《论语》一部,以半部佐太祖定天下,以半部佐陛下致太平。”可见,《论语》包含有深邃的政治思想和治国之道。

该书的另一大价值体现在文学上。由于它是中国散文的最初形式——语录体,多为记言,所以言简意赅,生动凝练,质朴无华,不少篇章闪烁着智慧的光芒,妙语连珠,发人深省,如“子在川上曰:‘逝者如斯夫,不舍昼夜。’”“岁寒,然后知松柏之后凋也。”前者由东流之水联想到人生的沧桑,富有诗意,含着哲理;后者由树的常青象征风骨的凛然。这样的句子,《论语》中比比皆是,许多已成为今天常见常用的成语,如因材施教、当仁不让、过犹不及、三思而行、功亏一篑等等。此外《论语》

大量运用语气词、叠句、排比、对偶等手法，许多章节富有故事情节和感情色彩，对后世的小说、散文、诗歌产生了很大影响。

总之，作为构成中华文明的儒家经典，《论语》对几千年来中国人的心理结构、文化价值观、道德素质、风俗习惯都有着不可估量的作用，是了解中国古代社会的一把钥匙。

阅读指导

阅读《论语》一书，关键是在于读者的出发点。这里所提出只是可供选择的版本。自《论语》成书以来，最有代表性的是三国魏何晏的《论语集解》、南朝皇侃的《论语义疏》、北宋邢昺的《论语注疏》、南宋朱熹的《论语章句集注》、清刘宝楠的《论语正义》，还有近人杨树达的《论语疏证》、杨伯峻的《论语译注》。

《论语》的思想具有两重性。一方面，它体现了鲜明的民本思想，要求君主重视老百姓的利益和愿望，“使民以时，与民实惠”，而“不可滥施刑罚，不教而诛”。另一方面，它是站在统治阶级维护统治的立场，要为恢复礼乐教化而努力，因此提倡“仁悌孝信”，反对“犯上作乱”。这种矛盾是由孔子当时所处的阶级、社会、时代的局限性所决定的。在阅读的时候，应该客观地进行分析，剔除那些落后的东西，保留那些有价值的东西，以充分吸取《论语》中熠熠发光的珍贵思想。

延伸阅读

《论语》是儒家的经典之一。诸子百家除儒家外，还有墨家、道家、阴阳家、法家、名家、纵横家、农家、杂家、小说家等。

儒家的另一本经典著作是由亚圣孟子所做的《孟子》，他提倡“仁政”，认为士大夫应“富贵不能淫，贫贱不能移，威武不能屈”“善养浩然之气”，这对后代文人的思想影响甚大。

荀子是孟子之后的儒家学派的代表人物，他的著名弟子有李斯、韩非。《荀子》同样是荀子门人辑纂的语录，其构思之缜密，结构之严整，条理之清晰，可称鸿篇巨制，在文学上成就斐然。

大学

作者简介

《大学》原是《礼记》中的一篇，约为秦汉之际儒家的作品。一说是曾子所作。

曾子(前505—前435年)，春秋鲁南武城人，名参，字子舆，孔子弟子。其事迹散见于《论语》各篇及《史记·仲尼弟子传》中，《汉书·艺文志》有《曾子》八十篇，已佚。

曾子画像

名著概要

《大学》就是大学问的意思，就其实质来说，它是儒家的政治哲学。《大学》对儒家理想人格的修为之道进行了从内到外的总结，《大学》全篇所阐释的是一种修己治人之道，亦即儒家思想一以贯之的内圣外王之道。《大学》一开始便讲"自天子以至于庶人，壹是皆以修身为本"。把"修身"作为其整个道德修养体系的价值目标和根本目的，并且成为其治国平天下的逻辑出发点。具体说就是，《大学》明确提出了两条最基本的儒家道德修养原则，即"三纲领"说和"八条目"说，而"修身"正是《大学》"三纲八目"说的核心。《大学》开宗明义写道："大学之道，在明明德，在亲民，在止于至善。""明明德"就是修明天赋的光明德性；"亲民"就是管理好臣民百姓，"止于至善"就是要达到至善至美的境界。这三个基本原则被认为是封建统治者一生努力的方向和奋斗的目标，所以这也叫作"三纲领"。要达到这三个努力的方向和奋斗的目标，必须加强个人的道德修养。通过对《大学》中"三纲领"的分析，我们可以看到它们之间存在的一种递进的逻辑关系。这一关系表明了道德主体从"在明明德"出发，经过"亲民"的发展，最终达到"止于至善"的理想境界，这种对主体修为实践活动的规定直接引发出"内""外"两种相联系的具体修为方式，儒家同样以逻辑发展的合理结果提出了"八条目"的具体实践之道。

《大学》在提出了"大学之道"即"三纲领"说之后接着又提出了"八条目"之说。一般来说，我们把格物、致知、诚意、正心作为道德的内在修为，而把修身、齐家、治国、平天下作为道德的外在修为。《大学》提出的"修身"途径主要是指"八条目”中的格物、致知、诚意、正心,实际上可以概括为两个步骤:正心诚意和格物致知。《大学》认为,修身的起点是格物致知,《大学》对格物致知没有做过多的解释,通过历代一些学者的注疏,我们可以看出,所谓“格物”就是指“对自然外界进行研究”的意思,“格物”“致知”是联系紧密、层层递进的两个步骤,“格物”的逻辑结果是获得了对万事万物运行发展规律的理性认识,而这正是“致知”的内在含义。而“致知”的来源首先是个体对客观外界事物的认知,所以《大学》说:“格物而后致知。”《大学》教人如何防止个人感情欲望的发展。《大学》把修身看作根本,而修身是建立在取消或以之愤恨、恐惧、好乐、忧患各种感情欲望的基础之上。只有对这些感情欲望彻底消除或抑制,才能达到“致知”的境界,否则“修身为本”只能是一句抽象的空话。《大学》认为最根本的修身方法应该是“慎独”,也即“内心反省”,也就是说要使自己的意念真诚,就是不要欺骗自己,就像厌恶臭味、喜欢美色一样。所以,君子即便是独自一人时,也务必要谨慎地进行内心反省。小人在别人看不见时做不好的事,看见了君子就躲躲闪闪,把不好的德行掩盖起来,以证明自己有好的德行。人们还是有一定的判断力的,一旦把他们的本质看透,那又有什么益处呢?这就是讲,人的内心必然要表现于外表的,所以,君子一个人时也要进行自我修养。在政治观上,《大学》直接秉承了孔子、孟子的思想,主张统治者不要过分盘剥人民,要爱民,其目的在于巩固封建等级制度;它强调统治阶级要修己,目的在于取得被统治阶级的理解,达到所谓上行下效的结果。

阅读指导

在阅读《大学》时读者应该有意识地记忆一些其中的言语,最好是能够背诵下来,在这样的基础上就能比较好地理解其中的一些哲学思想。《大学》中的许多内容是用来修身的,读者在阅读时,可以静下来修养身心。

中庸

作者简介

子思(约前483—前402年),孔子的孙子,名伋,字子思。关于子思的生平,现存资料极少。只有《孟子·公孙丑》记载他受到鲁缪公优礼一事,其余不甚了了。《汉书·艺文志》著录《子思》23篇,已佚。现存《礼记》中除《中庸》外,《表记》《坊记》等相传也是他的作品。关于《中庸》是否是子思的作品,历来就有过多次争议,汉时司马迁在《史记·孔子世家》中,肯定子思“作《中庸》”。近代多数学者根据

《中庸》中的思想也认为它出自子思之手,后人曾对它做过增损和润色,但并没有失去原作的本来面目。

子思画像

名著概要

《中庸》首先主要体现为以"诚"为本体的唯心主义世界观。"诚"原本指的是十分完美的、"至善"的精神世界。在《中庸》中是一个道德概念,构成了世界的本原,成了第一性的东西。"诚"就是天道,它本身不是有什么另外更高的东西产生的,而是"自成"的,更进一步地说,它不但"自成",而且还产生万物、派生万物。《中庸》讲的这个从道德精神本体到物质演变过程的"诚",集中地体现了它的唯心主义宇宙观。这种宇宙观推衍方法的前提是"至诚无息"。

其次表现为"尊德性""道学问"的认识论和修身术。《中庸》说,一个人如果完完全全地把"诚"体现出来,就达到了"至诚"的境界,便与"天道"合一成为"圣人"。如何达到"至诚",认为有两条途径,一条是明白自己的本性,即"尊德性";一条是从事学习,接受教育,即"道学问"。《中庸》写道:"天命之谓性,率性之谓道。"这是说,人的本性是由天命决定的,顺着这种天赋的本性的行为,才算作道。因而"反求诸其身"。明白和保持这种天赋的道德本性——"尊德性",乃是修身的根本要求。对自己的行为,在别人看不到的地方和别人听不到的地方也要谨慎警惕。《中庸》的这种明白和保持天赋的道德本性的方法实际上是一种主观内省、自身体验的先验论。"道学问"是达到"至诚"的另一条途径。"道学问"可以分为五个步骤,即"博学之,审问之,慎思之,明辨之,笃行之"。人们如果能按照"道学问"这五个步骤去做,"人一能之,己百之;人十能之,己千之"。如果加倍的话,那么"虽愚必明,虽柔必强",任何人都能达到目的。在认识论中,认为有了"诚"就有了一切知识,而且这种知识是最可靠的、最根本的知识。另一方面,"明"也可以达到"诚","明"的目的就在于恢复"诚"。

最后体现为"中庸"之道的处世哲学。《中庸》认为,"诚"的具体化,就是"中庸",也叫"中和""中道"。《中庸》一书把"中庸"当作处世从政的根本法则。"天下之达道"就是"君臣也,父子也,夫妇也,昆弟也,朋友之交也"。这五者是人人具有的五方面的关系,处理这五方面关系的准则为"君惠臣忠""父慈子孝""夫义妇顺""兄友弟恭""朋友有信"。靠通行天下的三达德:智、仁、勇,仁是这三达德的核心。

《中庸》认为,在人与政治制度等政治实体的关系中,人是活的主动的因素,治国之本在人而不是在于政治实体,如制度、法律、已形成的政治传统等。据此主张人治，反对法制和政治。同时《中庸》认为只有修身之人才能处理好德与才的关系。

阅读指导

《中庸》这本书自从被朱熹从《礼记》中提出来以后，便成了士大夫进身求名的必读书。因此，在阅读该书时，应着重体悟《中庸》一书中所阐释的儒家的生活哲学内涵，体悟“中庸”“诚”“明”等概念在现代社会中的意义，从而对自己的人生修养有所裨益。

左传

作者简介

《左传》是研究春秋历史的最重要典籍，而且在文学史上也有极高的价值。然而这样一部史学和文学的名著，它的作者究竟是谁，历来众说纷纭，莫衷一是。自西汉以来的许多记载，都说《左传》是左丘明所撰。司马迁在《史记·十二诸侯年表序》中称：“鲁君子左丘明惧弟子人人异端，各安其意，失其真，故因孔子《史记》（即《春秋》），具论其语，成《左氏春秋》。”《汉书·艺文志》著录有“《左氏传》三十卷”。班固自注云：“左丘明，鲁太史。”刘歆亦谓：“《春秋左氏》，丘明所修。”然而这个说法是大成问题的。《论语·公冶长》篇载孔子曰：“巧言、令色、足恭，左丘明耻之，丘亦耻之；匿怨而友其人，左丘明耻之，丘亦耻之。”据此，左丘明是孔子尊重的前贤，不是孔丘的弟子，年龄不会小于孔子。但《左传》记事，却说到晋“知伯贪而愎，故韩、魏反而丧之”，还称赵无恤之谥为“赵襄子”。知伯之灭在孔子死后 26 年，赵无恤之死更在其后，左丘明怎么能活到那时？再说，《左传》的文风绝不同于孔子。可见《左传》的作者绝不会是与孔子同好恶的左丘明。在清代和近现代，还有一些学者如刘逢禄、康有为、徐仁甫等，认为《左传》是刘歆窜乱他书的伪作而托之左丘明。这种说法因论据不足而多为人所不取。究竟《左传》是左丘明写的，或是左史倚相、子夏、吴起所纂，还是哪些人的集体创作？要做一个明晰的结论，实在不是一件容易的事。鉴于《左传》所记涉及孔子死后数十年之事，

左丘明画像

而其文风又驳杂浮夸，故历来有不少学者，如唐人赵匡，宋人叶梦得、郑樵等，都认为《左传》的作者不是左丘明，而是战国时代的另一个左氏，却又说不出他的名字。目前一种较有影响的说法，认为《左传》是由吴起纂集而成。此说源自清代的姚鼐、章炳麟，而现代学者郭沫若、童书业、钱穆等都赞同之。

背景介绍

周平王东迁以后，至于春秋战国之际，社会急剧变化，阶级斗争复杂激烈，奴隶主贵族日趋没落，地主阶级逐渐兴起。为了维护各自的利益，他们都必须汲取历史的经验教训，国有大事，互相赴告；会盟朝聘，史不绝书；褒善贬恶，直笔不隐。因此各国史官便自觉地积累了大量的档案资料，以备编纂之用。这时候，从前专门记载王朝、诸侯的诰命和大事记如《尚书》《春秋》之类，已不能满足新时代的需要，于是产生了以记载各国卿大夫和新兴阶级士的言论以及诸侯各国的政治、外交和军事活动为主要内容的历史，这就是《左传》《国语》《战国策》等新型历史著作。

名著概要

《左传》全名《春秋左氏传》，或称《左氏春秋》，是我国古代记述春秋时期周王与各诸侯国事迹的编年体史书。全书共有 18 万余字，始于鲁隐公元年（前 722 年），迄于鲁悼公四年（前 464 年），前后长达 259 年。《左传》一书，丰富多彩。其主要内容为春秋列国的政治、外交、军事各方面的活动及有关言论。其次则为天道、鬼神、灾祥、卜筮、占梦之事，作者认为可资劝诫者，无不记载。

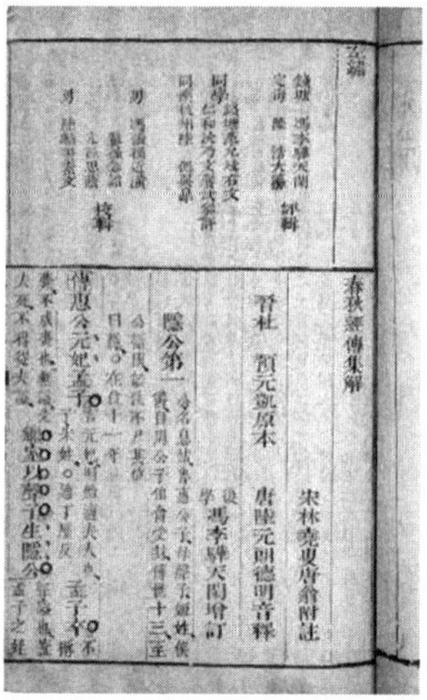

《春秋左传正义》书影

《左传》的记事文体大概可分三类，每类的来源不同，其史料价值因之而异。第一种是文字比较简短，但有月日，此类应出自当时史官记事，其史料价值最高。其次是一般记事，包括那些零星的故事，一般无时间记载，多半出自各国私人记录，史事与传说都有，一般是可信的，少数是后人插入的，那就不可信了。再其次是一些长篇大论的文章，类似《国语》，很像后人借题发挥，其可信度就很小了，有的是不可信的，当分别观之。

《左传》叙事，往往很注重完整地叙述事件的过程和因果关系。《左传》叙事最突出的成就在描写战争。《左传》的战争描写，全面反映了《左传》的叙事特点。《左传》一书，记录了大大小小几百次战争，城濮之战、崤之战、邲之战、鄢陵之战等大战的描述历来被人们赞不绝口，不计其数的小战役也写得各具特色，精彩生动。一般说来，《左传》写战争，不局限于对交战过程的记叙，而是深入揭示战争起因、酝酿过程及其后果。《左传》对事件因果关系的叙述，还常有道德化与神秘化的特点。《左传》是一部历史著作，但作者有时就像一个故事讲述者，把事件叙述得颇具戏剧性。大量生动的戏剧性情节，使这部作品充满故事性。不仅如此，《左传》有的叙事记言，明显不是对历史事实的真实记录，而是出于臆测或虚构。《左传》叙事中人物的行动、对话构成了表现人物的主要手段，而绝少对人物进行外貌、心理等主观静态描写。通过人物在重大历史事件中的言行，人物性格得以展现，形象得以完成。《左传》在战争描写中还有许多与整个战局关系不大的事，这些事只是反映了战争的一些具体情状，在战争中并不具有重要意义。《左传》还在复杂的战争过程、政治事件中，大量描写细节。作为历史著作，这些描写内容完全可以不写或略写，但《左传》却大量地描写了这些琐事细节，它们在叙事生动和人物刻画方面具有文学意义。

由于春秋战国时期社会变革的影响，《左传》通过人物言行所表现的进步思想是很显著的。首先是民本思想，例如卫人逐其君，晋侯以为太甚。师旷说："或者其君实甚……夫君，神之主也，民之望也。若困民之主，匮神乏祀，百姓绝望，社稷无主，将安用之？弗去何为？"又说："天之爱民甚矣！岂其使一人肆于民上，以从(纵)其淫，而弃天地之性？必不然矣。"(襄公十四年)师旷这番议论，在从前是不可想象的。他表面上似乎没有摆脱天道鬼神的观念，但实际上却是根据人民利害来发表他的政见的。其次是爱国思想。弦高遇秦兵侵郑，机智地以犒师为名，因而保全了郑国(僖公三十三年)。吴师入郢，昭王奔随。申包胥如秦乞师，七日夜哭不绝声，勺饮不入口。秦竟出兵，败吴而复楚(定公四年)。作者记载这些动人的历史事件，就是有意表扬他们高度的爱国主义精神。

作品特色

尽管《左传》被认为是一部阐释春秋时期鲁国史书《春秋》的作品，但《左传》实质上是一部独立撰写的史书。

《左传》是一部史书，但它又不仅仅是一部史书。它没有对历史事件做客观的罗列，而是以"礼"的规范总结历史、批判人物，为人们提供历史的借鉴。同时，作者敏锐的目光已经深刻地穿透了历史，看透了周王室的衰落和诸侯的争霸，看透了新旧势力的消长和社会变革的趋势。作为一部刚刚摆脱了"巫"文化不久的历史著作，《左传》已经开始表现出"人"的觉醒的力量，这就是至今仍为人们所称道的"民本"思想。一方面，《左传》揭露了贪婪无耻、暴虐荒淫之辈，褒扬了忠良正直之士；另一方面，在《左传》的作者看来，只有尊重人民的权利，才能得到人民的拥护；只有得到人民的拥护，国家政权才能稳固。在《桓公六年》中，作者借师旷之口表明了自己的观点："夫民神之主也，是以圣王先成民而后致力于神。"在《庄公三十二年》，说:“国将兴,听于民;将亡,听于神。”这些议论,在以前几乎是不可想象的,然而却实实在在地发生在奴隶社会行将衰亡的时代。表面上看来,天道鬼神的痕迹依然无法抹去,但实质上,“民”已经成为与这些神秘力量平起平坐,甚至高于他们之上的宇宙间的高大形象。在黑暗的奴隶社会,这是怎样的一道人性的曙光啊!由它所埋下的人性觉醒的火种,必然在不久的将来开花结果。

严格来讲,《左传》并不是文学著作,但它却处处孕育着文学的细胞。作为中国第一部大规模的叙事性作品,《左传》的叙事能力比以前任何一种著作都表现出惊人的发展。许多头绪纷杂、变化多端的历史大事件,都在作者笔下处理得有条不紊,繁而不乱。尤其是关于战争的描写,更是曲折完整,精彩动人,为后人所称道、所借鉴。《左传》一书,记录了大大小小几百次战争,不但像城濮之战、鄢陵之战这样的大战役写得惊心动魄、曲折动人,就是那不计其数的小战役也写得精彩纷呈、各具特色。《左传》并不限于对战争过程的描述,而是将战争的远因近因,各国关系的组合变化,战前策划,交锋过程,战争影响,都以简练而不乏文采的文笔一一交代清楚。在那样久远的年代,这种早熟的叙事能力令人感叹不已。而且,《左传》在记叙历史事件与历史人物时,并不完全从史学价值考虑,而是常常注意到故事的生动有趣,常常以较为细致生动的情节,表现人物的形象。这些都使作品充满了浓厚的文学色彩。

在整个中国文学史上,小说与戏剧在很久以后才产生。然而与此有关的文学因素,却在春秋战国时代就借助了历史著作的母胎儿孕育着。《左传》正是第一部包含着丰富文学因素的历史著作,它所创立的文史合一的创作传统,既为后代小说、戏剧的写作提供了经验,又为之提供了丰富的素材。

阅读指导

《左传》既然不仅是一部内容丰富、史料价值很高的重要历史著作,还是一部富有文学价值的历史散文名著。阅读时,可以关注《左传》的语言,特别是对春秋时期几次大规模战争的描写,体会《左传》对行文辞令的表达,既委婉曲折,又刚劲有力。

资治通鉴

作者简介

在我国历史上,有两位著名的历史学家,因都复姓司马,所以人们称为“两司马”。即撰写《史记》的司马迁和主编《资治通鉴》的司马光。司马光(1019—1086

年),字君实,北宋陕州夏县(今山西夏县)人。他父亲司马池,官任天章阁(皇帝藏书阁)待制(皇帝顾问)。司马池为人正直、清廉,这对司马光有深刻的影响,时人赞誉司马光是"脚踏实地的人"。司马光自幼酷爱史学,"嗜之不厌"。仁宗宝元元年(1038年)司马光中进士,历仕仁宗、英宗、神宗三朝,任天章阁待制兼侍讲、龙图阁直学士、翰林学士、御史中丞等职。当时正值神宗用王安石变法,而司马光是反对变法的"旧党首领",故于熙宁三年(1070年)王安石执政后,司马光就请求做外官,出知永兴军。此年,王安石为相后又自请改判西京御史台。哲宗即位,高太后听政,保守派掌权,司马光任过尚书左仆射,把新法废除得一干二净。时隔不久,与世长辞,死后封温国公,谥文正。

司马光修书时有三大助手:刘恕,字道原,筠州(今江西高安)人,18岁中冯京榜进士,再试经义说书皆第一,司马光受诏修书,上表推荐刘恕,年仅34岁成为史学名家。刘攽,字贡父,号公非先生,临江新喻(今江西新余)人,庆历进士,曾任国子监直讲,入秘书少监,官至中书舍人。范祖禹,字梦得,成都华阳(今四川华阳)人,进士出身,官至奉议郎。

背景介绍

司马光自幼酷爱史学,"嗜之不厌"。屡次深切感受到历代史籍浩繁冗杂,并且除《史记》之外多数为断代史,不便参阅,使学习历史的人感到很困难,同时他为了给封建统治者提供借鉴,于是决定动手编一部"删削冗长,举撮机要,专区国家盛衰,系生民休戚,善可为法,恶可为戒"的史书,并确定此书的宗旨是"鉴前世之兴衰,考当今之得失,嘉善矜恶,取是舍非"。英宗治平三年(1066年),他将记载战国、秦朝历史的《通志》呈进朝廷,获得赏识,并受诏设局续编。书局始辟于开封,后迁至洛阳,设主修、同修、书吏多人。宋神宗曾专听司马光进读书稿,并赐其书名为《资治通鉴》。同时御撰书序,以示褒奖。元丰七年,全书完成,历时19年之久。

名著概要

《资治通鉴》是中国最著名的编年体通史。共294卷,洋洋三百余万字,上起周威烈王二十三年(前403年),下迄后周显德元年(959年)。记载了包括周、秦、汉、魏、晋、宋、齐、梁、陈、隋、唐、后梁、后唐、后晋、后汉、后周在内的16个朝代的1362年历史。分为294卷,共计300多万字;另外《目录》30卷,《考异》30卷。《周纪》5卷,《秦纪》3卷,《汉纪》60卷,《魏纪》10卷,《晋纪》40卷,《宋纪》16卷,《齐纪》10卷,《梁纪》22卷,《陈纪》10卷,《隋纪》8卷,《唐纪》81卷,《后梁纪》6卷,《后唐纪》8卷,《后晋纪》6卷,《后汉纪》4卷,《后周纪》5卷。司马光是为了巩固当时的封建政权才编写《资治通鉴》的,这就决定了此书的内容主要是政治史。他把历史上的君主依据他们的才能分为五类：第一类是创业之君，比如汉高祖、汉光武帝、隋文帝、唐太宗等；第二类是守成之君，如汉文帝和汉景帝，第三类是中兴之帝，如汉宣帝；第四类是陵夷之君，如西汉的元帝、成帝，东汉的桓帝、灵帝；第五类是乱亡之君，如陈后主、隋炀帝。在司马光看来，最坏的是那些乱亡之君，他们“心不入德义，性不受法则，舍道以趋恶，弃礼以纵欲，谗谄者用，正直者诛，荒淫无厌，刑杀无度，神怒不顾，民怨不知”，像陈后主、隋炀帝等就是最典型的例证。对于乱亡之君，《资治通鉴》都做了一定程度的揭露和谴责，以为后世君主鉴戒。

《资治通鉴》对军事的记载也很突出，对战争的描述也很生动。凡是重大的战役，如赤壁之战、淝水之战等，《资治通鉴》都要详细记载战争的起因、战局的分析、战事的过程及其影响。《资治通鉴》也注意关于经济的记载，因田赋等赋税是封建经济的首要问题，因此对于商鞅变法、文景之治、北魏孝文帝的均田制等都有记载。《资治通鉴》在文化方面也有记载。从《资治通鉴》残稿学术思想上来说，上至先秦的儒、法、名、阴阳、纵横五家的代表人物和学术主张，下及汉代的黄老思想、汉武帝的独尊儒术以及魏晋玄学的盛行都有记载。还叙述了佛教、道教的起源及流传，同时也涉及了著名的文人学士及其作品。从史学方面来讲，从《汉书》到沈约的《宋书》以及唐代的修史制度均有记载。从科技方面来讲，历代的历法是记载最多的，其他还有天文学、地理学、土木建筑（如秦长城、隋唐长安城和洛阳城）、水利工程（隋大运河）等都有记载。《资治通鉴》还有历史评论，一类选录前人的评论，开头都写明作者名氏，不过所选录的前人史论都符合司马光的观点，大部分都是用来表达他的政治思想的，还有一类是属于司马光自己写的，每篇以“臣光曰”开头。

《资治通鉴》主张治理国家必须用人唯贤。司马光认为一个国家能否治理得好，关键在于能否选拔到一批得力的人才。不仅如此，他还反对以门第族望为取人的标准。另外在用人问题上，《资治通鉴》还记载了齐威王与魏惠王论宝的一席对话，语言生动，含义深刻，把德才兼备、智勇双全的大臣，视为国家的无价之宝，突出强调了得人才的重要性。

这里还要提一下《通鉴目录》和《通鉴考异》。《目录》30 卷，仿《史记》年表的体例，纪年于上，列《资治通鉴》卷数于下；《考异》30 卷，说明材料去取的理由。这两书虽不能与《资治通鉴》相比，但它们互相配合，这样使《资治通鉴》的体例更为完备，这是值得读者注意的。

阅读指导

由于《资治通鉴》原书卷帙较富，可以选择较好的选本《资治通鉴》作为入门读本。首先通观选本子目，以对选本内容有一综合了解；其次以选本选文为主要阅读对象，兼及北宋以前相关载籍的相关内容，再次正式读此选本之前，似以首读选本的《附录》为宜。

梦溪笔谈

作者简介

沈括(1031—1095年),字存中,钱塘(今杭州)人,北宋治平元年(1064年)进士,曾经担任负责天文、立法的提举司天监,负责兵器制造的判军器监,负责全国政权的权三司使等,曾参与王安石变法运动,又曾出使辽国,驳斥契丹的争地要求,并曾多次巡查地方政务,相度农田水利,并主持修订《奉元历》,改制浑仪、浮漏、影表。宋神宗元丰三年(1080年)任鄜延路经略安抚使时,整顿军备,防御西夏入侵。一生勤奋好学,于天文、方志、律历、音乐、医药、卜算无所不通。后因边事获罪被贬。他博学多才,为一代学问大家。著述达35种,大多散佚。《梦溪笔谈》集其一生研究和见闻的精华,涉及天文、数学、历法、地理、地质、水利、物理、生物、医药、军事、文学、史学、考古及音乐。

背景介绍

此时正处北宋的较繁荣时期。宋太祖建立北宋后,又和弟弟宋太宗,陆续消灭南唐等割据政权,结束五代十国以来的藩镇割据的局面,与此同时,宋太祖按宰相赵普的建议,采取一系列措施,加强了中央集权,这为北宋经济、文化、科技的发展创造了良好的环境,到了庆历年间,北宋的经济发展到了一个相当高的水平。《梦溪笔谈》记述了当时社会发展的各方面状况。

名著概要

《梦溪笔谈》是用笔记文学体裁写成的,共26卷,再加上《补笔谈》三卷和《续笔谈》,共列有条文609条,遍及天文、数学、物理、化学、地学、生物以及冶金、机械、营造、造纸技术等各个方面,共分30卷,属自然科学的条文有200多条,约占三分之一,其余皆为社会科学。全书分17类,计有:故事、神奇、异事、谬谑、杂志、人事、辩证、乐律、象数、官政、权智、艺文、书画、技艺、器用、药议,涉及典章制度、财政、军事、外交、历史、考古、文学、艺术,以及科学技术等广阔的领域,包罗万象,应有尽有。

《梦溪笔谈》尤以科学技术价值著称。全书论及科学技术的内容非常广泛。根据英国科技史专家李约瑟的统计,书中关于科学技术的条文有207条,占全书三分之一，内容包括天文、历法、数学、地质、地理、地图、气象、物理、化学、生物、农学、医药学、印刷、机械、水利、建筑、矿冶等各个分支。

《梦溪笔谈》中涉及物理学方面的内容主要有声学、光学和磁学等各方面，特别是在磁学方面的研究成就卓著。

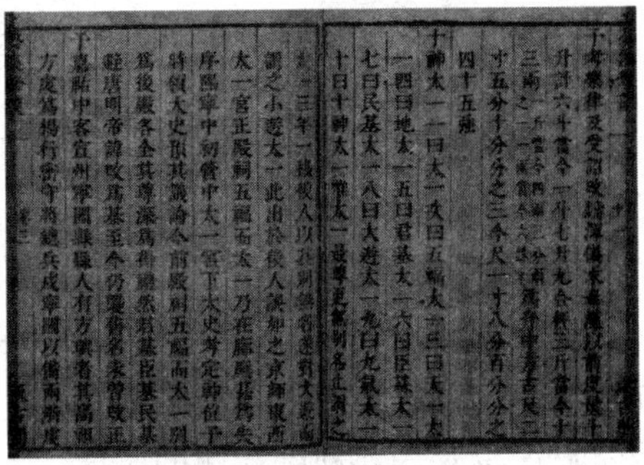

《梦溪笔谈》书影

在磁学上，书中谈及指南针的偏向问题，这是世界上有关地磁偏角的最早记录。他指出指南针是由人工磁化而成，并讨论了指南针的四种装置法；在光学上，沈括通过观察实验，对小孔成像、面镜成像，及镜的放大和缩小规律做出了具体的说明，他对西汉透光镜的原理，也做过一番科学研究。沈括在《梦溪笔谈》中留下了历史上对指南针的最早记载。他在书卷二十四《杂志一》中记载："方家以磁石磨针锋，则能指南，然常偏东，不全南也。"这是世界上关于地磁偏角的最早记载。

在声学上，沈括在《梦溪笔谈》中精心设计了一个声学共振实验。他剪了一个纸人，把它固定在一根弦上，弹动和该弦频率成简单整数比的弦时，它就振动使纸人跳跃，而弹其他弦时，纸人则不动。沈括把这种现象叫作"应声"。用这种方法显示共振是沈括的创见。

在化学方面，他研究鄜延境内的石油矿藏和用途，注意到石油资源丰富，而"石油"一词更是他首先使用的。

在光学方面，《梦溪笔谈》中记载的知识也极为丰富。关于光的直线传播，沈括在前人的基础上，有更加深刻的理解。为说明光是沿直线传播的这一性质，他在纸窗上开了一个小孔，使窗外的飞鸟和楼塔的影子成像于室内的纸屏上面进行实验。根据实验结果，他生动地指出了物、孔、像三者之间的直线关系。此外，沈括还运用光的直线传播原理形象地说明了月相的变化规律和日月蚀的成因。在《梦溪笔谈》中，沈括还对凹面镜成像、凹凸镜的放大和缩小作用做了通俗生动的论述。

在天文方面，记述有作者改进浑仪、浮漏、圭表河，开宋元时代天文仪器改革之先河。在历法方面，记述了作者主持编订《奉元历》的始末，民间天文学家卫朴的成就和在改历中的贡献。又论及历代历法的疏密，以及历法推步的方法。

在数学方面，记述有作者首创之隙积术和会圆术。隙积术是一种求解垛积问题的方法，会圆术是一种已知弓形圆径和矢高求弧长的方法。

在地质、地理、地图方面，记述有浙江雁荡山"峭拔险怪，上耸千尺，穹崖巨谷"，西部黄土地区"立土动及百尺，迥然耸立"等地貌特征，指出此乃流水之侵蚀作用所造成。

在化学和矿冶方面，记载有利用铜铁离子置换反应而发明的湿法冶铜"胆铜法”,以及古代最先进的炼钢方法灌钢法,还记述了井盐、池盐,以及羌族的冷锻铁甲法。

在农学、生物学方面,记述有不少作物和动植物的地理分布、生态特征和分类,并对一些古生物进行了考证。

在水利方面,记述有作者在汴河分段筑堰,逐段进行测量的过程。在印刷技术方面,记述有庆历年间布衣毕昇发明泥活字印刷术,以及活字印刷的工艺过程。

在建筑学方面,记述有著名匠师喻皓加固杭州梵天寺木塔的事迹,以及其所著建筑学专著《木经》的片段。

在医学方面,记述有人体解剖生理学,并阐述了食物、药物、空气进入人体后的运转过程,以及人体新陈代谢的原理。

除了记述科学技术之外,还有极其丰富的内容。如叙典章制度,有官制、礼制、兵制、舆服、仪卫、文牍、掌故。叙外交,有作者熙宁八年受命使辽,与辽方谈判边界争议的记述。叙财政,有茶法、盐法、均输法,以及北宋历朝铸造铜钱之情况。叙军事,有阵法、兵器、筑城、屯边、战守、粮运、谋略。关于史学,除全书所记述大多为可靠史实外,还有很多记述,为其他史籍所无,或较其他史籍记载翔实。关于考古,对各种出土文物之时代、形状、花纹、文字等,均有细致的考证。关于文学,除文字流畅、洗练,描述条理清晰,层次分明,本身就是一部笔记体文学佳作外,也表现了自己的文艺思想,如于诗、词强调把形式、内涵、情感、技巧融为一体。

阅读指导

在阅读此书时,要注意对各个方面的成就作分门别类的概括,主要注意物理学(声学、光学、磁学)、历法、化学、地理、自然现象等自然科学方面。

窦娥冤

作者简介

《窦娥冤》的作者是关汉卿。关汉卿是中国古代戏剧创作的代表人物,但是有关关汉卿生平的资料却很缺乏,只能从一些零星的记载中知道一个大概。他号已斋(或作一斋),大都(今北京市)人,大约生于金末或元太宗时。据元代后期戏曲家钟嗣成《录鬼簿》的记载,关汉卿很可能是元代太医院的一个医生。南宋灭亡(1279 年)之后,关汉卿曾到过当时南方戏曲演出的中心杭州,写有《南吕一枝花·杭州景》套曲,还曾到过扬州。关汉卿熟悉勾栏伎艺,《析津志》说他“生而倜傥,博学能文，滑稽多智，蕴藉风流，为一时之冠”。明代臧晋叔《元曲选·序》说他“躬践排场，面敷粉墨。以为我家生活，偶倡优而不辞”。关汉卿是元代前期杂剧界领袖人物，玉京书会里最著名的书会才人。据各种文献资料记载，关汉卿编有杂剧 67 部，现存 18 部，其中《窦娥冤》《救风尘》《望江亭》《拜月亭》《鲁斋郎》《单刀会》《调风月》等，是他的代表作。贾仲明《录鬼簿》悼词称他为“驱梨园领袖，总编修师首，捻杂剧班头”，可见他在元代剧坛上的地位之高。1958 年，关汉卿被世界和平理事会提名为“世界文化名人”，北京隆重举行了关汉卿戏剧活动 700 年纪念大会。

背景介绍

元代是中国历史上第一个少数民族入主中原的朝代。蒙古人用他们的精兵铁骑征服了大半个欧亚大陆，也灭亡了腐朽的南宋王朝，占据了富庶的中华大地。蒙古人依种族将全国的人民分为四等：第一等是蒙古人；第二等称色目人，包括西域各族；第三等称汉人，指黄河流域原来受金国统治的人民；第四等是南人，就是原来南宋统治下的人民。汉人和南人的地位低下，不能做官，很多事情都受限制。

元代的知识分子境遇更惨。元朝初年，士人与普通民众一样常常被掳掠为奴隶。蒙古人对世人的观念，似乎是把他们当作一种工匠。当时流传的形容元代的社会阶层的民谣：“八娼九儒十丐”，儒生的社会地位比娼妓还低。元代初年不设科举，士人失去了晋升的机会，又没有谋生的能力，景况往往很惨，很多人混入勾栏瓦肆，以戏曲为业。

蒙古人看不起汉人与南人，所有的州县官员都由蒙古人或色目人充任，有的甚至世袭。然而蒙古人中有政治才能的人实在不多，他们的政治，大抵只是防止反叛与聚敛赋税，统治的黑暗可想而知。官员颠倒黑白，社会道德败坏，民众的生活水深火热。当时社会的黑暗催生了《窦娥冤》这样的描写社会现实的作品。

名著概要

本剧全名《感天动地窦娥冤》。主要情节如下：

贫寒秀才窦天章上京城求取功名，向寡妇蔡婆借盘缠。蔡婆早就看上了他的女儿瑞云，于是乘机索要瑞云做童养媳。瑞云三岁丧母，七岁便到蔡婆家，改名窦娥。十七岁时窦娥与蔡婆的儿子成婚，一年后丈夫病故，婆媳相依为命。一天，蔡婆去向赛卢医索讨银钱，赛卢医想赖账，骗她到僻静处，想勒死她，幸亏张驴儿及其父把她救下。

因这救命之恩，张驴儿和他的父亲想霸占婆媳二人。窦娥执意不从。张驴儿在羊肚汤里放了毒药，想害死蔡婆，强占窦娥。不料其父喝下了那碗羊肚汤，中毒身亡。张驴儿反诬窦娥毒死公公，并威胁窦娥嫁给他为妻，不然要去公堂告发。窦娥问心无愧，与张驴儿去见官评理。太守桃杌是一个昏官，严刑逼供，窦娥决不屈从。桃杌转而对蔡婆用刑，窦娥为救婆婆，含冤招认，被判死罪。临刑时窦娥满腔悲愤，死前发出三桩誓愿：若是屈死，死后血飞白练，六月降雪，大旱三年。这些誓愿果然一一应验。

窦天章后来官拜两淮提刑肃政廉访使，来到楚州地面。窦娥鬼魂托梦给父亲，诉说冤情。窦天章重新审理此案，杀了张驴儿。窦娥冤情得以昭雪。

《窦娥冤》是深刻地反映元代社会现实的一个著名的悲剧。

阅读指导

悲剧《窦娥冤》揭示了元代社会的黑暗，也赋予主人公窦娥以决不妥协的性格。本剧着重描画窦娥那股惊天地、泣鬼神的如虹怨气，给作品撒上一层浪漫的色彩。作者还以高超的艺术手腕，细致地刻画了窦娥内心矛盾冲突和性格的不同侧面，使她成为一个令人同情和崇敬的、有血有肉的艺术形象。

《窦娥冤》第三折是全戏的高峰，这是一场唱功戏。开始的【正宫·端正好】【滚绣球】等几支曲子，把窦娥的满腔怨恨如火山爆发般倾泻出来。窦娥胸中的激愤之情汹涌澎湃，犹如山呼海啸，震撼人心！而此后的【倘秀才】【叨叨令】【快活三】【鲍老儿】等曲情绪陡然转化，从另一侧面表现了窦娥深沉细腻、忠厚善良的性格。剧中窦娥与婆婆生离死别的描写，情绪低回深沉，场面凄楚哀怨，深深地扣动着人们的心扉。最后窦娥发出三桩誓愿，这是作者一种大胆的艺术处理，其精神是浪漫主义的。剧终时窦天章的出现以及窦天章对案情的重新审理，表现了对窦娥的深切同情，也体现了古人善恶有报的良好愿望。

关汉卿是一位杰出的语言艺术大师，他汲取大量民间生动的语言，熔铸精美的古典诗词，创造出生动流畅的语言风格。他的人物语言，酷似人物口吻，符合人物身份，如本剧中窦娥的朴素无华，张驴儿的无赖油滑，都惟妙惟肖。

西厢记

作者简介

《西厢记》的作者王实甫，元代杂剧作家，名德信，大都（今北京市）人，生卒年不详，生平事迹资料缺乏。钟嗣成的《录鬼簿》将他列入“前辈已死名公才人”，由此可以推知，王实甫活动的年代可能与关汉卿等相去不远。他的主要创作活动当在元成宗元贞、大德年间。据流传下来的散曲作品推测，王实甫早年曾经为官，宦途不无坎坷，晚年退隐。王实甫所做杂剧，今仅存有《崔莺莺待月西厢记》《吕蒙正风雪破窑记》和《四大王歌舞丽春堂》等三种。

背景介绍

我们称包括京剧和各种地方戏在内的传统戏剧为“戏曲”，这是因为“曲”的演唱在其中特别重要。戏曲的起源可以追溯到很古的时代，原始歌舞就是戏曲的萌芽状态。元杂剧的直接源头主要是两个方面：一是从宋到金的说唱艺术“诸宫调”，一是从宋到金的以调笑为主的短剧——宋杂剧和金院本。

说唱有古老的历史，唐代发展为变文；北宋中叶，艺人孔三传创造了说唱长篇故事的“诸宫调”；金代出现了董解元《西厢记诸宫调》，说唱艺术更为成熟了。它的音乐即是元杂剧音乐的基础；它按不同宫调将多个曲牌分别联套演唱一段段故事情节；体式上曲与说白交错；经常通过故事中人物的自叙来展开情节，这些都给元杂剧非常大的影响。

以诙谐、调笑为特点的艺术表演，始于上古宫廷弄臣“优”，东汉时演化为双人表演的“弄参军”。唐代“参军戏”很兴盛，现代的相声还保留着它的一些基本特征。参军戏与歌舞相结合，并渗入了戏剧的因素，便形成宋杂剧和金院本。宋杂剧和金院本已经是基本成型的戏曲，它们的内容以诙谐调笑为主，有了简单的故事情节；形式上有的偏重于唱，有的偏重于念白，两者逐渐结合；角色有四五个，各有不同的名目；正在向代言体转化。

元杂剧是直接继承金院本又糅合了诸宫调的多种特点而发展起来的。元杂剧已经成为具有完备的文学剧本、严格的表演形式、完整而丰富的内容的成熟戏剧。在体制方面，元杂剧有如下基本特点：结构方面，一般是以四折，通常外加一段楔子为一本，表演一种剧目。少数剧目是多本的，楔子可以没有，也可以用到两三个；唱词和演唱方面，元杂剧的核心部分是唱词，每一折用同一宫调的一套曲子组成，并一韵到底，四折可以选用四种不同的宫调。元杂剧通常限定每一本由正旦或正末两类角色中的一类主唱，正旦所唱的本子为“旦本”，正末所唱的本子为“末本”；宾白方面，有散白与韵白之分，前者用当时的口语，后者用诗词或顺口溜式的韵文。元杂剧的角色，可分为旦、末、净、外、杂五大类，每大类下又分若干小类，把剧中各种人物分为若干类型，便于程式化的表演。

名著概要

《西厢记》的故事源于唐代元稹的《莺莺传》，直接取材于金代董解元的《西厢记诸宫调》。《西厢记》故事波澜起伏，环环相扣。情节概要如下：相国之女崔莺莺随母亲回乡，与书生张君瑞邂逅于普救寺，彼此生相慕之心。守将孙飞虎听说莺莺美貌,带兵合围普救寺,想抢夺崔莺莺为妻。张生在老夫人许婚的条件下,冒险写信给他的朋友蒲关守将杜君实,杜君实带兵解围。然而紧接着老夫人赖婚。崔张在红娘的帮助下暗相沟通,莺莺心存疑惧,好事多磨。张生相思成疾,卧病在床,眼见得好梦成空,忽然莺莺夜访,两人私自同居。此后幽情败露,老夫人大怒。红娘据理力争,并抓住老夫人的弱点,使她不得不认可既成事实。然而老夫人提出相府不招"白衣女婿",迫使张生赴考。之后,与莺莺原有婚约的郑恒设计骗婚,再度横生枝节。最后张君瑞得中进士,与崔莺莺团圆成婚。

《西厢记》很受文人推崇,金圣叹把它称为"第六才子书",赵景深称《西厢记》与《红楼梦》是"中国古典文艺的双璧"。

阅读指导

《西厢记》中主要人物的性格都具有鲜明的特征。张生性格忠厚,他对莺莺一往情深。莺莺的性格深沉而内向,她对张生虽亦一往情深,但欲前又却,内心曲折。红娘伶俐机敏,敢于抗争,有勇有谋,在"拷红"一场中,她的思想性格得到了最充分有力的表现。

《西厢记》情节曲折,波澜迭起,悬念丛生,引人入胜。全剧接连不断的起伏跌宕,常给人山重水复、柳暗花明之感。《西厢记》不仅善于正面刻画人物,而且长于侧面描写,使人物性格呈现出丰富的色彩和立体浑成的效果。《西厢记》的心理描写,不仅在曲词中,而且在人物的对话、动作中,也往往有着丰富的潜台词,间接地表现人物的内心活动。《西厢记》的曲词华美,并有诗的意境。作者常常结合剧情,在景物描绘中,构发抒情意味极浓的意境。

《西厢记》故事表现了中国古代爱情剧的模式特点:"私订终身后花园,落难公子中状元,金榜题名大团圆"。这就是所谓的才子佳人模式。

三国演义

作者简介

《三国演义》作者罗贯中(约1330—约1400年),名本,字贯中,号湖海散人。杭州人,祖籍太原。元末明初小说家、戏曲家。《录鬼簿续编》记载罗贯中"与人寡合","遭时多故"流浪江湖。罗贯中生当元末社会动乱,有自己的政治理想,不苟同流俗,东奔西走,参加了反元的起义,明朝建立之后,即不再从事政治,而"传神稗史",专心致力于小说创作。相传他写有巨著《十七史演义》,现存署名由他编著的小说有《三国志通俗演义》《隋唐两朝志传》《残唐五代史演传》《三遂平妖传》等。罗贯中有着多方面的艺术才能,《录鬼簿续编》说他“乐府隐语,极为清新”,著录他创作的杂剧三种:《赵太祖龙虎风云会》《忠正孝子连环谏》《三平章死哭蜚虎子》。他所有的著作以《三国演义》最著名,被后人称为“第一才子书”,是我国历史小说的开山之作,也是我国长篇历史小说最杰出的巨著。

背景介绍

演义是一种以一定的历史事件为背景,以史书及传说的材料为基础,增添一些细节,用章回体写成的小说。它要求所写的故事和人物生动形象,细节往往虚构,但基本情节不能违背史实。

三国故事很早就流传于民间。据杜宝《大业拾遗录》记载,隋炀帝观赏水上杂戏,便有曹操谯水击蛟、刘备檀溪跃马等节目。刘知几《史通 · 采撰》记载,唐初时有些三国故事已“得之于道路,传之于众口”。李商隐《骄儿》诗说:“或谑张飞胡,或笑邓艾吃。”可见到了晚唐,三国故事已经普及到小儿都知道的程度。宋代通过艺人的表演说唱,三国故事更为流行。根据《东京梦华录》载,北宋时已出现了“说三分”的专家霍四究,同时皮影戏、傀儡戏、南戏、院本也有搬演三国故事的。这时的三国故事已有明显的尊刘贬曹倾向。苏轼《东坡志林》记载:“王彭尝云:涂巷中小儿薄劣,其家所厌苦,辄与钱,令聚坐听古话。至说三国事,闻刘玄德败,颦蹙眉,有出涕者;闻曹操败,即喜唱快。”宋元时代三国故事更是经常地被搬上舞台。《宋史 · 范纯礼传》及南宋姜白石《观灯口号》等诗歌中都有演出三国戏的记载。金元演出的三国剧目至少有《三战吕布》《赤壁鏖兵》《隔江斗智》等三十多种,在这些剧本中,继续表现出“尊刘贬曹”的倾向。三国故事流传的历史如此长久,以三国故事为题材的平话小说,可能很早就产生了。现存早期的三国讲史话本,有元至治年间所刊《三国志评话》,其故事已粗具《三国演义》的规模,不仅拥刘反曹的倾向极为鲜明,而且刘、关、张等人都富有草莽英雄气息,张飞的形象最活跃、最有生气,诸葛亮的神机妙算也写得很突出,但情节颇与史实相违,民间传说色彩较浓;叙事简略,文笔粗糙,人名地名多有谬误,显然没有经过文人的修饰。与此同时,戏剧舞台上也大量搬演三国故事,现存剧目即有四十多种,桃园结义、过五关斩六将、三顾茅庐、赤壁之战、单刀会、白帝城托孤等重要情节都已具备。此后罗贯中“据正史,采小说,证文辞,通好尚”,创作出杰出的历史小说《三国志通俗演义》。它是文人素养与民间文艺的结合。他充分运用《三国志》和裴松之注等史籍所提供的材料,重要历史事件都与史实相符;又大量采录话本、戏剧、民间传说的内容,在细节处多有虚构,形成“七分实事,三分虚假”的面目。

名著概要

《三国演义》的故事从东汉灵帝建宁二年(169 年)起,到晋武帝太康元年(280 年)止,叙写了百年左右的时间里发生的事件,中间着重写了历时约半个世纪的魏、蜀、吴三国的兴亡盛衰过程。第一回到第三十三回,写东汉末年黄巾起义和曹操平定北方的过程;第三十四回到第五十回,集中写赤壁之战以及战后天下三分的局势;第五十一回到第一百一十五回,重点写刘备集团活动,以及刘备死后诸葛亮治理蜀国、南征北伐等事情;第一百一十六回到第一百二十回,写晋朝统一全国。全部故事的基本轮廓和基本线索,主要人物的主要活动,大体上同历史记载相去不远,但是三国历史只是一个框架,作品的细节部分则主要是虚构的。著名的情节有:“三英战吕布”“连环计”“吕布射戟辕门”“夏侯惇拔矢啖睛”“关公五关斩六将”“煮酒论英雄”“关云长挂印封金”“刘备三顾茅庐”“官渡之战”“刘备跃马过檀溪”“隆中对”“诸葛亮火烧新野”“张飞大闹长坂桥”“赵子龙单骑救主”“群英会蒋干中计”“诸葛亮舌战群儒”“孔明借箭”“华容道关羽义释曹操”“孔明三气周瑜”“关云长单刀赴会”“关云长刮骨疗毒”“关云长败走麦城”“刘备遗诏托孤”“七擒孟获”“孔明挥泪斩马谡”“木牛流马”等。

《三国演义》在曹操、刘备、孙权三个政治势力中,把曹操与刘备作为主要对立面,而把刘备集团放在中心地位。孙权更多是作为刘备对抗曹操的联合力量出现的。小说刻画了很多生动的人物形象。曹操在《三国演义》里是一个极端利己的典型。把曹操本来有诡诈、残暴的特点夸大,成功地刻画了曹操诡谲多变、心狠手毒的形象。小说中有他的一句名言:“宁教我负天下人,休教天下人负我。”罗贯中也写了曹操的“雄才大略”,在与董卓、袁绍等人的对比中描写他的政治远见与政治气度。同曹操相反,对刘备则在政治与道德上都加以美化。刘备有一句话:“吾宁死,不为不仁不义之事。”刘备是一位理想仁君的形象。诸葛亮是《三国演义》中又一个重要人物。刘备对诸葛亮自称“如鱼得水”,不仅言听计从,而且付托军国大事,诸葛亮为报答刘备三顾茅庐的知遇之恩,“鞠躬尽瘁,死而后已”。他足智多谋,高瞻远瞩,沉着机警,料事如神,是理想的贤臣。小说中的另一个重要人物是关羽。《三国演义》描写刘备同关羽、张飞的关系,着重表现他们的“义”。关羽武勇刚强,“义重如山”。刘、关、张“桃园结义”已经成为古往今来人们讲求朋友信义的楷模。民众看重“义”,因此,把关羽推崇到了很高的地位,直到现在,关帝庙依然遍布全国各地。

作品特色

《三国演义》塑造了大量性格鲜明的英雄人物形象。在塑造人物的时候,作者喜欢采用类型化的写法，即从人物的各种复杂性格中，舍弃次要方面，而集中笔墨突出、渲染其某一个方面的特点，把这一特点发展到极端。比如曹操的形象就是一个典型。一方面，他的身上集中了狡猾诡诈、阴险毒辣、两面三刀、假仁假义、损人利己、专横残暴等“奸”的特征，不但用残暴的手段消灭异己，而且善于用狡诈的方法来开脱自己的罪责，奸诈和残忍令人发指；但另一方面，他身上又充分地体现了“雄”的特点：志存高远、心怀天下，富有长远发展的政治手段和谋略，能够以本集团的长远利益为出发点，而不计较一时的成败得失，因此才能在群雄并起的时代，他最终能兼并其他诸侯，成就一番大事业。残暴狡诈和雄才大略紧密结合，显示了这个千古奸雄的独特性格。

《三国演义》的艺术成就，在中国“演义”体小说中是最为突出的。作者成功地把历史因素与艺术因素结合起来，把历史人物和艺术典型统一起来，使这部“七分事实、三分虚构”的小说，在艺术上成为不朽杰作。全书叙述了将近一个世纪的历史，几百位人物，尽管头绪纷繁，但作者依然能组织得法，详略得当，做到脉络清晰，主次分明。作者既善于把一些简单的小事件写得波澜起伏、错落有致；也善于把一些错综复杂的大事件写得脉络分明、有条不紊。作者还善于使实写、虚写、详写、略写、明写、暗写、正写、侧写各尽其妙，在叙事时又能兼用顺叙、倒叙、插叙、补叙等不同方法。这样，既避免了行文的冗长和繁复，又使故事参差错落、浓淡适宜。

阅读指导

《三国演义》的艺术结构，既宏伟壮阔，又不失严密和精巧。全书时间漫长，人物众多，事件复杂，头绪纷繁。但作者以蜀汉为中心，抓住三国矛盾斗争的主线，井然有序地展开故事情节，既曲折变化，又前后贯串，宾主照应，脉络分明，较少琐碎支离的情况，构成了一个基本完美的艺术整体。这在艺术上是很高超的。

《三国演义》善于通过错综复杂的故事情节，巧妙地表现政治事件，尤其善于描写战争。作者总是围绕战争双方的人物，写出战争的各个方面，双方的战略、战术，使大小战役各具特色。精彩的有：官渡之战、赤壁之战、七擒孟获、六出祁山等。其中赤壁之战最为精彩。《三国演义》用长达八回的篇幅，把赤壁之战故事渲染得波澜壮阔，淋漓尽致。写双方备战，作者紧紧抓住曹军不习水战的问题，写周瑜和曹操之间来回隔江斗智，曹操两次派蒋干过江以及遣蔡中、蔡和诈降，都被周瑜识破，并巧妙地利用。但是周瑜这些妙计每次都不出孔明的意料。周瑜忌妒孔明，想用断粮道、造箭杀孔明，计谋也被孔明识破。这样作者便很自然地写出孔明的才能、气度处处高过周瑜。作者善于在紧张的气氛中点染抒情的笔调，孔明饮酒借箭，庞统挑灯夜读，曹操横槊赋诗等插曲使人物的形象更为真实生动。叙述战争时还善于运用实写和虚写结合的手法，对战争的胜利者，往往不惜详尽描写，如上引的“关云长温酒斩华雄”一段就是典型的虚实相生的写法。

《三国演义》吸收了传记文学的语言风格，并使之通俗化，“文不甚深，言不甚俗”，雅俗共赏，具有简洁、明快而又生动的特色。叙述描写不以细腻见长，而以粗笔勾勒为精；还有许多生动片段，也写得粗中有细。

水浒传

作者简介

《水浒传》的作者，明代人有多种记载。明代人大致有三种说法：施耐庵、罗贯中和施、罗合作。郎瑛《七修类稿》中说：“《三国》《宋江》二书，乃杭人罗本贯中所编。予意旧必有本，故曰编。《宋江》又曰钱塘施耐庵底本。”高儒《百川书志》中说：“《忠义水浒传》一百卷。钱塘施耐庵的本，罗贯中编次。”李贽《忠义水浒传叙》中提到作者时，说是“施、罗二公”。这是认为施、罗合作的。此外，田汝成《西湖游览志余》和王圻《稗史汇编》都记载罗贯中作。而胡应麟《少室山房笔丛》则说是“武林施某所编”，“世传施号耐庵”。

现在学术界大都认为施耐庵作，也有少数人认为施、罗合作。关于施耐庵，没有什么可靠的历史记载。他大概是元末明初人，生平不详。民间传说他曾参与张士诚的农民起义军，这未必可信。但是他生活的时代较罗贯中稍早，可以肯定的是，元末如火如荼的农民大起义，他应当是见过或亲身经历过的，这对他的小说创作也许有某种影响。

背景介绍

《水浒传》取材于北宋末年宋江起义的故事。关于宋江起义，史籍中有些零星的记载。《宋史·徽宗本纪》记载：“淮南盗宋江等犯淮阳军，遣将讨捕；又犯东京、江北，入楚海州界，命知州张叔夜招降之。”《张叔夜传》说：“宋江起河朔，转略十郡，官兵莫敢撄其锋。”宋代陈均《九朝编年备要》和徐梦莘的《三朝北盟会编》，也都有类似的记载。还有的记载说宋江投降后曾参与征讨方腊。宋代说书兴盛，在民间流传的宋江等36人故事，很快就成为话本的素材，南宋罗烨《醉翁谈录》记载有小说《青面兽》《花和尚》和《武行者》，都是水浒故事。宋末元初，画家龚开的《宋江三十六人赞》完整地写出了36人的姓名和绰号。宋末元初的《大宋宣和遗事》有一部分涉及水浒故事，只是内容非常简单，可能是说书人的提纲。它所记水浒故事，从杨志卖刀杀人起，经智取生辰纲，宋江杀阎婆惜，九天玄女授天书，直到受招安平方腊，顺序和现在的《水浒传》基本一致。元代出现了大量水浒戏，至今存目的有 30 余种,其中完整传世的有六种:《李逵负荆》《燕青博鱼》《黄花峪》《双献功》《争报恩》《还牢末》。在这些戏里,水浒原来的人物故事日益发展丰富起来。其中有的英雄人物如李逵、宋江、燕青等已有生动的描绘。施耐庵正是在这样的背景下,综合民间流传的水浒故事,并且加上自己的修饰点染,写成了这部优秀的古典小说《水浒传》。

名著概要

《水浒传》全书可分前后两大部分。前七十回为前半部分,写各路英雄纷纷上梁山大聚义,打官军,聚义排座次。《水浒传》写英雄们走上造反的道路,各有不同的原因;但是在逼上梁山这一点上,许多人是共同的。如阮氏三雄的造反是由于生活不下去,他们不满官府的压榨,参加劫"生辰纲"的行动,上了梁山;解珍、解宝是由于受地主的掠夺起而反抗的;鲁智深是个军官,他好打不平,结果被逼上山落草;武松出身城市贫民,为打抱不平和报杀兄之仇,屡遭陷害,终于造反;林冲原是东京八十万禁军教头,是个有地位的人,他奉公守法,安分守己,但最终也被逼上梁山。其中精彩的故事有:"鲁提辖拳打镇关西""鲁智深大闹五台山""鲁智深火烧瓦官寺""花和尚倒拔垂杨柳""林冲棒打洪教头""鲁智深大闹野猪林""林教头风雪山神庙""林冲雪夜上梁山""杨志卖刀""智取生辰纲""林冲水寨大并火""宋江怒杀阎婆惜""景阳冈武松打虎""武松怒杀西门庆""施恩再夺快活林""武松醉打蒋门神""武松血洗鸳鸯楼""梁山泊好汉劫法场""杨雄醉骂潘巧云,石秀智杀裴如海""三打祝家庄""时迁偷甲""时迁火烧翠云楼""梁山泊英雄排座次"等。

七十一回以后为后半部分。后半部分由五个小部分组成,即征辽、平田虎、平王庆、平方腊及结局。其中平田虎、平王庆两部分是后来加的,今天有的百回本,征辽之后紧接平方腊,没有这两部分。后半部分中,梁山受朝廷招安,成为官军,南北征战,英雄们或死或伤,渐渐离散,很少有人善终。最终有以宋江、李逵服毒身亡结局。这一部分读来令人丧气,因此金圣叹"腰斩"《水浒传》时将他们都删了。

作品特色

作为中国第一部成熟的白话长篇小说,《水浒传》在艺术上取得了很高的成就,这首先表现在它对人物形象的塑造上。施耐庵善于将人物置于具体环境中,紧扣人物身份、结合心理与细节描写来刻画人物各自的性格,成功地塑造了数十个性格鲜明的人物形象。其中,宋江的形象对于理解全书思想内涵具有枢纽的作用。作为梁山起义军的领导人,宋江的性格中同时存在着革命性与妥协性、进步的一面与落后的一面。他是出身于地主阶级的知识分子,又做了个"刀笔精通、吏道纯熟"的押司,这样的阶级地位和身份,使他对包括君权、父权、法权在内的统治权威从内心里绝对遵从,形成了他性格中根深蒂固的"忠"的本质。但同时,他身上又非常富有正义感、仗义疏财、济困扶危、排难解纷,因此被人们称为"山东及时雨",这是他身上的"义"的特征。在这种"忠"和"义"的双重主导下,宋江的性格既矛盾又统一的曲折发展着:他一边与梁山好汉有着斩不断的关系,另一方面又严守"忠"的尺度,害怕自己被扯入造反者的行列中。即使是被逼无奈上了梁山后,他也始终抱定等待朝廷赦罪招安的念头,直到饮了朝廷的毒酒死在旦夕,还表白着自己的忠心。而他所坚持不肯放弃的"忠",正是造成他自身以及梁山泊英雄悲剧的根源。对传统皇权的"忠"和对江湖的"义"组成了一个矛盾的宋江,这种矛盾性正是这个人物艺术魅力的体现,不过也反映出了作者历史观的局限。《水浒传》不是仅仅描写某一方面的特征,它抓住了人物性格中的矛盾冲突,使得它塑造人物的艺术性达到了同期小说艺术的最高水平。

《水浒传》的语言也独具风格。施耐庵创造性地继承和发展了"说话"的语言艺术,以北方口语、山东一带口语为基础,形成了明快、洗练、表现力非常强的《水浒传》语言。状人叙事时,多用白描,不用长段抒写,寥寥几笔就神情毕肖。同时,《水浒传》的语言开始从《三国演义》的类型化写法摆脱出来,走向初步个性化写法,这标志着传统的写实方法在古代小说创作上的重大发展。

阅读指导

《水浒传》的故事内容富有传奇性,情节跌宕起伏,变幻莫测,一波未平,一波又起。如"拳打镇关西""智取生辰纲""宋江杀惜""武松打虎""血溅鸳鸯楼""江州劫法场""三打祝家庄"等情节,数百年来脍炙人口。《水浒传》最精彩的是人物形象的塑造。作者把故事情节和人物性格融合在一起,用不同的情节来表现不同的性格。武松、林冲都受过官府的陷害,被充过军,但他们面对厄运时的反应却大不一样。林冲在路上受差人任意摆布,忍气吞声;武松则相反,充军恩州路上,收拾了要害死他的差人,还不解恨,一口气奔回孟州,血洗鸳鸯楼。这是因为,林冲是东京八十万禁军教头,是有地位懂法度的人,不幸遭受冤枉,只希望服刑期满,重振家声;而武松无家室之累,惯走江湖,性格强悍,无所顾忌,报复心强,手段也狠。作者对他们的性格特点把握得十分细致。

《水浒传》的语言特色是明快、洗练、生动,无论是作者的描述,还是人物的语言,都惟妙惟肖,生活气息浓厚,写景、状物、叙事、表情,都很传神。《水浒传》善于白描,简洁明快,没有冗长的叙事,也没有烦琐的景物描写,比如"武松打虎"就写得简练而传神,简洁地写老虎一扑、一掀、一剪,一只活生生的老虎便跃然纸上。

《水浒传》人物语言准确而精练,能准确地表现出人物的性格、地位以及文化教养。如粗鲁而不懂得客套的李逵第一次见宋江,就问戴宗:"哥哥,这黑汉子是谁?"他刚上梁山便大发狂言:"便造反怕怎地,晁盖哥哥便作大宋皇帝,宋江哥哥便作小宋皇帝……杀去东京,夺了鸟位。”寥寥数语,便描画出活脱脱一个草莽英雄的形象。

西游记

作者简介

《西游记》的作者吴承恩(约1500—约1582年),字汝忠,号射阳山人,淮安山阳(今江苏淮安)人。吴家世代书香,到他父亲时败落为小商人。吴承恩自幼聪敏好学,博读群书,闻名乡里。他喜欢奇闻逸事,爱读稗官野史和唐人传奇,这对他创作《西游记》可能有很重要的影响。吴承恩屡次参加科举考试,然而屡试不中,以至于“迂疏漫浪”。中年当过长兴县丞,不久,因“耻折腰”而辞官。晚年归居故乡,放浪诗酒。《西游记》就是他晚年的作品。吴承恩另外还作有传奇小说集《禹鼎志》,篇幅很短。

背景介绍

《西游记》的故事经历了一个漫长的演变过程。《西游记》所写的唐僧取经故事是由玄奘的经历演绎成的。唐太宗贞观元年,和尚玄奘不顾禁令,偷越国境,费时17载,经历百余国,只身一人前往天竺(今印度)取回佛经657部。玄奘口述西行见闻,由弟子辩机写成《大唐西域记》。他的弟子慧立、彦琮又写成《大唐大慈恩寺三藏法师传》,记述玄奘西行取经事迹。为了宣传佛教并颂扬师父的业绩,他们不免夸大其词,并插入一些带神话色彩的故事,如狮子王劫女为子、西女国生男不举,迦湿罗国“灭坏佛法”等。此后取经故事即在社会上广泛流传,愈传愈离奇。在《独异志》《大唐新语》等唐人笔记中,取经故事已带有浓厚的神异色彩。南宋的说经话本《大唐三藏取经诗话》,开始把各种神话与取经故事串联起来,书中出现了猴行者。他原是“花果山紫云洞八万四千铜头铁额猕猴王”,化身为白衣秀士,来护送三藏。他神通广大、足智多谋,一路杀白虎精、伏九馗龙、降深沙神,使取经事业得以“功德圆满”。这是取经故事的中心人物由玄奘逐渐变为猴王的开端。猴行者的形象源于我国古代的志怪小说。《吴越春秋》《搜神记》《补江总白猿传》等书中都有白猿成精作怪的故事,而李公佐的《古岳渎经》中的淮涡水怪无支祁的“神变奋迅”和叛逆性格同取经传说中的猴王尤为接近。书中的深沙神则是《西游记》中沙僧的前身,但还没有出现猪八戒。到元代,又出现了更加完整生动的《西游记平话》,其主要情节与《西游记》已非常接近。由宋至明,取经故事也经常出现在戏曲舞台上。宋元南戏有《陈光蕊江流和尚》,金院本有《唐三藏》,元代吴昌龄有《唐三藏西天取经》杂剧,元末明初有《二郎神锁齐天大圣》杂剧和杨景贤的《西游记》杂剧。吴承恩创作《西游记》以前,取经故事已经以各种形式在社会上长期流传。吴承恩就是在前代传说和平话、戏曲的基础上,创作出这部规模宏大的神话小说《西游记》的。

名著概要

《西游记》全书一百回,大致可分为三个部分:第一部分是前七回,写孙悟空"大闹天宫"。孙悟空原是破石而生的美猴王,占领花果山水帘洞后,海外拜师,学得七十二般变化。他不愿受冥府、天界管束,大闹"三界",自封"齐天大圣",与玉皇大帝分庭抗礼,搅得天昏地暗。第二部分为八至十三回,交代取经的缘由,写魏征斩龙、唐太宗入冥、观音访求高僧和唐僧出世,为取经做了铺垫。第三部分为十四至一百回,由 41 个小故事组成,写了孙悟空在猪八戒、沙僧的协助下保护唐僧前往西天取经,一路克服了八十一难,斩妖除怪,历尽艰险,终于取回真经,师徒四人也都修成正果。其中著名的情节有"黑风山怪窃袈裟""高老庄""黄风岭""大战流沙河""五庄观行者窃人参果""三打白骨精""红孩儿""车迟国显法""大闹金山兜洞""女儿国""火焰山""盘丝洞""大战青龙山"等。

《西游记》中的主要人物性格鲜明。唐僧恪守宗教信条,善良慈悲,胆小懦弱;孙悟空叛逆大胆,急躁敏捷,足智多谋;猪八戒粗夯莽撞,好吃懒做,嫉妒心强,好拨弄是非,但是心肠倒也不坏,某些方面还有可爱之处;沙僧则任劳任怨,忠厚勤恳。

作品特色

《西游记》中的艺术形象,既以现实的人性为基础,又加上作为其原形的各种动物的特征,再加上浪漫的想象,写得生动活泼,令人喜爱。如孙悟空的热爱自由、不受拘束,勇于反抗等特点,体现着人性的欲求,这已经在前文做了分析。而他的神通广大、变化无穷,则是人们自由幻想的产物;他的机灵好动、淘气捣蛋,又是猴类特征和人性的混合。猪八戒的形象也颇值得注意。他行动莽撞、贪吃好睡、懒惰笨拙等特点,既与他错投猪胎有关,又是人性的表现。自然,猪八戒也有些长处,如能吃苦,在妖魔面前从不屈服,总记得自己原是"天蓬元帅"下凡等等。但他的毛病特别多,除了上述几项,他还贪恋女色,好占小便宜,对孙悟空心怀嫉妒,遇到困难常常动摇,老想着回高老庄当女婿,在取经的路上,还攒着一笔小小的私房钱。他在勇敢中带着怯懦,憨厚中带着奸猾。猪八戒的形象,体现了人类普遍存在的欲望和弱点。但在作者笔下,这一形象不仅不可恶,而且很有几分可爱之处。比起孙悟空的形象多有理想化成分,猪八戒的形象更具有日常生活中人物的真实性,读起来让人觉得亲切。这一种人物形象，是过去的文学中未曾有过的，他的出现，显示出作者对于人性固有弱点的宽容和承认，也显示了中国文学中的人物类型进一步向真实、日常和复杂多样的方向发展。

《西游记》虽是由众多零散故事传说汇聚成的一部大书，但经过再创作，结构却相当完整；它的文字幽默诙谐，灵动流利，善于描写各种奇幻的场面，都显示了相当高的艺术水平。

阅读指导

《西游记》虽然是神话小说，但是正如鲁迅在《中国小说史略》中说的，《西游记》“讽刺揶揄则取当时世态，加以铺张描写”。《西游记》神话实际上表现了丰富的社会内容，曲折地反映出明代社会的黑暗，有很明显的现实批判意义。唐僧师徒取经路上遇到的妖魔鬼怪很多都是菩萨或天神的坐骑，当孙悟空打败妖魔、准备灭杀的时候，它们的主人往往就出来说情，将它们救走。从这里，我们可以看出明代社会有势力的宦官庇护他们的干儿子干孙子们贪赃枉法的影子。另外，一些神圣

《西游记》图册

的人物在《西游记》中形象很恶劣。如玉皇大帝是一个优柔寡断、软弱无能的形象，遇到事情拿不出什么解决的办法；而如来佛祖则贪图小利，向唐僧一行人索要贿赂，甚至把唐僧化缘用的紫金钵都要走了。这些细节描写都折射出当时当权者的所作所为，有很强的讽刺意味。

《西游记》创造了神奇绚烂的神话世界。情节生动、奇幻、曲折，具有非凡的想

象力和强烈的浪漫色彩。天上地下、龙宫冥府、八十一难、七十二变、各种神魔都充满幻想色彩。他们使用的武器法宝都具有超自然的惊人威力:孙悟空的金箍棒重一万三千五百斤,缩小了却可以藏在耳朵里;"芭蕉扇"能灭火焰山上的火,缩小了就能够噙在口里。而且"一生必有一克",任何武器法宝都有厉害的对手:孙悟空的金箍棒可以一变千条、飞蛇走蟒一般打向敌人;可是青牛怪却能用白森森的"金钢琢"一股脑儿套去。"芭蕉扇"能将人扇出八万四千里,孙悟空噙了"定风丹",就能在漫天盖地的阴风前面岿然不动。这些宝贝五花八门,让人惊叹不已。

《西游记》的语言生动流利,尤其是人物对话,富有鲜明的个性和浓烈的生活气息,富有幽默诙谐的艺术情趣。吴承恩提炼民众生活中的口语,吸收其中的新鲜词汇,利用它富有变化的句法,熔铸成优美的文学语言。敌我交锋时,经常用韵文表明各自的身份;交手后,又用韵文渲染炽烈紧张的气氛。它汲取了民间说唱和方言口语的精华,在人物对话中,官话和淮安方言相互融汇,如"不当人子""活达""了帐""断根""囫囵吞""一骨辣"这些词语,既不难理解,又别有风趣。往往只用寥寥几笔,就能将人物写得神采焕发,写出微妙的心理活动。如猪八戒吃人参果、狮陀国三妖设谋、孙悟空以金箍棒指挥风云雷电的描写,都精彩纷呈。

金瓶梅

作者简介

《金瓶梅》作者署名兰陵笑笑生。兰陵笑笑生到底是何许人?三百多年来众说纷纭,直到现在还没有定论。据考查,涉嫌的作者竟有十二位之多,连李笠翁、徐渭、李卓吾等都被列为考疑的对象,但说法最多的不外兰陵笑笑生与王世贞两人。有人论定为兰陵笑笑生,仅仅因为兰陵笑笑生是山东人,与小说中之方言有诸多相同。很显然,这个根据是远远不足以说明问题的。

据《野获编》记载,《金瓶梅》的作者是王世贞。王世贞(1526—1590年),明文学家。字元美,号凤洲、弇州山人,太仓(今属江苏)人。嘉靖进士,官至南京刑部尚书。与李攀龙同为"后七子"领袖,主张"文必秦汉,诗必盛唐",倡导诗文复古风气,在文学史上很有影响。据说,他作《金瓶梅》乃出于为父报仇。王世贞是出名的大孝子,其父被奸相严嵩所害,传说严嵩好读奇书,王世贞于是著《金瓶梅》,在书角蘸以砒霜毒液,然后将书卖给严嵩,严嵩读完此书,遂毒发而死。这个故事很有传奇色彩,但依然没有确证,仅仅是传说而已。

背景介绍

明代从正德年间开始，整个社会即呈现出末世的征兆。嘉靖、隆庆之后，整个社会奢靡淫纵，拟饰娼妓之风气更为猖獗。宪宗成化年间，大臣竟献“秋石方”以媚上。上行下效，举世若狂，纵谈服食采战，闹帏亵事，全无羞耻感。街市上公然出售春宫画和淫具。“男风”时尚亦于此时兴盛。

晚明及清初的文献史料记载，文人士大夫的“名士风流”俯拾皆是：王世贞作诗赞“鞋杯”；李开先宿妓染疥；袁中道津津乐道于自己的流连“游冶之场，倡家桃李之蹊”；钱谦益与柳如是“兰汤共浴”，一时也传为佳话；冯梦龙沉湎秦楼楚馆，为品评金陵妓女的《金陵百媚》一书撰写书评，其《情史》颇多对妓女浓情的歌颂。它们传达了一个普遍的价值虚无主义的信念。

但是，我们应该知道，晚明文人颓然自放，浪荡风月场，表现的只是表面的放荡。表面的玩世不恭掩饰不住内心的苦闷，传统的价值观念已经幻灭，他们把人生的寄寓从原先的仕途转向了市井曲巷的声色犬马；而摆脱了名缰利锁的束缚，又使他们在做人为文上失落了可以凭依的准则。于是，他们的作品在涉及两性关系时，展现出了旷古的自主意识。历代人做得说不得的事，晚明文人做了也说了，而且更为狂放。正是在这样的社会风气和文化氛围中，产生了《金瓶梅》等世情小说。

名著概要

《金瓶梅》成书于明朝万历年间（1573—1620年），是我国第一部文人独创的长篇小说，又是我国第一部家庭生活题材的长篇小说，有“第一才子书”之称，清代被列为禁书。世传的版本有两个系统：《金瓶梅词话》和《金瓶梅》。《金瓶梅》是《金瓶梅词话》的改编本。书中除西门庆外，还着重写了潘金莲、李瓶儿和春梅，《金瓶梅》的书名，就是从这三个人名字中各取一字连缀而成的。其情节梗概如下：

山东阳谷县人武植，人称大郎，因饥荒，搬到清河县，卖炊饼度日。邻居张大户的妻子余氏厌恶使女潘金莲妖艳，把她嫁与武大。

一日大郎遇见失散的兄弟武松。原来武松在景阳冈打死猛虎，在清河县做了巡捕都头。潘金莲见武松体格雄壮，备酒招待武松，想撩逗他，可是却被武松严厉训斥了一番，讨了一个没趣。不久因本县知县到任一年有余，捞到许多金银，派武松送到东京亲眷处。

潘金莲由邻居媒婆王婆牵线与西门庆勾搭上了。这西门庆是清河县一个财主，在县城开着个生药铺，是个浮浪子弟。武大得知奸情，便去捉奸，被西门庆一脚踢伤，后又被潘金莲毒死。西门庆买通仵作，将武大火化，不留痕迹。武松回县后，到县里告状。因上下官吏都与西门庆有来往，不允拿西门庆审问。

武松只好自找西门庆报仇。找到狮子楼,西门庆跳窗逃走,武松打死在场的李外传。西门庆买通官吏,把武松刺配两千里充军。西门庆见已无事,就娶潘氏来家做了第五房妻妾。娶潘氏之前还娶了富孀孟玉楼,为第三房妾。第四房妾叫孙雪娥。吴月娘为了拉拢潘金莲,让自己的丫头春梅服侍潘氏。潘金莲为了收服她,又让西门庆收用了她。

西门庆有个结义兄弟名叫花子虚。西门庆勾搭上了花子虚的妻子李瓶儿,借官司侵吞了花子虚的财产,把他气成重病,不久死去。

当时西门庆的亲家因事被参劾,要发边充军。女婿陈经济带了财物和西门大姐来投西门庆。西门庆派家人进京找蔡京的儿子蔡攸打通关节。李瓶儿见西门庆家中出事,便招赘了医生蒋竹山。西门庆祸事已脱,逼打了蒋竹山,娶李瓶儿做第六房妾。西门庆又勾搭家人来旺的妻子宋蕙莲。来旺乘醉怒骂西门庆,西门庆与潘金莲设计诬陷来旺,买通夏提刑,将来旺递解原籍为民。宋蕙莲悲痛万分,上吊自尽。

蔡太师生日,西门庆奉送重礼。蔡太师大喜,送了西门庆山东提刑所理刑副千户的五品官职。正好李瓶儿又生了一个儿子,便取名叫官哥儿。第二年蔡京生日,西门庆又亲自进京拜寿,拜蔡京为干爹,以父子相称。

西门庆有了官衔,朝中又有了大靠山,更加贪赃枉法,大胆妄为。又曾伙同夏提刑,庇护见财起意、杀死主人的苗青。

西门庆家中妻妾之间成天争宠斗强,通奸卖俏。李瓶儿生官哥儿后,潘金莲心怀妒忌,常在家内挑拨是非。潘金莲特地养了一只猫,把官哥儿惊吓成病而亡。李瓶儿痛不欲生,加上潘金莲常在那边百般称快地暗骂,痛上加气,得了重病,不久病亡。

李瓶儿死后不久,西门庆又奸了奶妈如意儿,又与王招宣家的私通。后来酒醉多服了胡僧给他的淫药,贪欲得病,33 岁纵欲而亡。当天吴月娘生子,取名孝哥儿。李娇儿乘乱偷去 5 锭元宝,随后嫁人去了。潘金莲与春梅一起同陈经济通奸。月娘先将春梅卖给周守备做二房,又叫王婆领潘金莲出去嫁人,随后又将女婿陈经济赶了出去。

陈经济往东京去取银子要娶潘金莲。这时武松遇赦回清河县,依旧在县里当督头。他假说要娶潘金莲,趁机杀了潘金莲和王婆,祭了武大的灵牌,便投十字坡张青夫妇去了。

不久孟玉楼改嫁给本县知县儿子李衙内。孙雪娥被月娘卖给周守备。春梅本来就与孙雪娥作对,便将孙打下厨房做厨娘。陈经济从东京回来交上了无赖铁指甲杨先彦,娶了娼妓冯金宝,把妻子西门大姐逼死。做生意的本金又被铁指甲骗走,一贫如洗,乞食街头,后到晏公庙做道士,却又偷老道士的钱去嫖妓,被抓到守备府,在周守备公堂上被春梅认出,认为姑表兄弟。春梅为了与陈经济姘居,借故将孙雪娥卖给了私娼家。后来陈经济被孙雪娥的姘头张胜所杀,孙雪娥也自缢身亡。不久,周守备升任统制,与金国兵马作战,中箭身亡。春梅在家纵欲无度,29岁身死。

兵荒马乱中,吴月娘戴孝哥儿往济南府投奔云离守,想为孝哥儿成亲。在城郊遇见雪洞老和尚普静。月娘此时已经感悟,遂让孝哥儿随雪洞老和尚为徒,取法名明悟。

阅读指导

读《金瓶梅》,我们最应该注重的是它的世情描写。它描写了朝廷、官场、市井,各行各业,各种人物,各种场景。作者对于他所描绘的世态人情,都持一种冷眼观世的态度。这些描述,在他的笔下那样详细无遗、毫发毕现,总给人一种极端冷静的感觉,嘲讽的味道。

我们也应该注意他所刻画的女性的形象与性格。《金瓶梅》中刻画了十余位性格鲜明的女性形象,她们虽然或淫荡,或狠毒,或滑黠,然而实际上都是弱者,甚至只是男人的玩物,她们的命运的悲苦也正源于此。

正如张竹坡《批评第一才子书读法》中所说:"《金瓶梅》不可零星看,如零星便只看其淫处也。故必尽数日之间,一气看完,方知作者起伏层次,贯通气脉,为一线穿下来也。"

菜根谭

作者简介

洪应明(生卒年不详),字自诚,号还初道人。洪应明的籍贯、事迹,都无从考证,从他的作品推测应当是一位勤于耕耘稼穑的布衣之士。洪应明著有《仙佛奇踪》。他与金坛(今属江苏省镇江市)人于孔兼是好朋友。于孔兼于明万历年间进士及第,官至礼部仪制郎中,后来因为直言极谏而遭贬谪,罢官后隐居田里长达20余年。屏居茅舍,日与渔夫、田夫朗吟唱和。或许洪应明就是此时此地与于孔兼结为挚友的。于孔兼应洪应明的请求,给他所写的《菜根谭》写了"题词",在"题词"中于孔兼称赞这部书:"其谭性命直入玄微,道人性曲尽岩险。俯仰天地,见胸次之夷犹;尘芥功名,知识趣之高远。笔底陶铸,无非绿树青山;口吻化工,尽是鸢飞鱼跃。"他认为这本书"悉砭世醒人之吃紧,非入耳出口之浮华也"。

清朝乾隆年间,三山病夫重刻《菜根谭》一书,给它做了一个序言:"其间有持身语,有涉世语,有隐逸语,有显达语,有迁善语,有介节语,有仁语,有义语,有趣语，有学道语，有见道语，词约意明，文简理诣。”三山病夫很看重这部书，认为《菜根谭》可以“启迪天下后世”。读者如果能“熟习沉玩而励行之，其于语默动静之间，穷通得失之际，可以补过，可以进德，且近于律，亦近于道矣”。清朝中叶以后，《菜根谭》逐渐得到重视，人们不断翻刻，各种版本流行于世，把它看成修身处世的通俗课本。

背景介绍

明朝是中国封建社会高度发展的时期，商品经济已经有了长足的发展，在江南地区已经开始出现资本主义因素的萌芽，主要体现在商业、农业和手工业等领域。在政治上，封建专制统治进一步加强，专制主义更为突出，各种社会矛盾日益尖锐，整个社会处于激烈的斗争之中。

名著概要

《菜根谭》一书共有 6 篇，篇目依次是：《修身》《应酬》《评议》《闲适》《概论》《补遗》。

该书以“菜根”来命名，蕴含着作者的深刻含义。其含义大致有以下三点：一、努力培养处世之根。蔬菜是人类得以生存的必不可少的东西，是营养极其丰富的佐餐佳品。菜可能是甘甜美味，也可能是清醇爽口，还可能是又辛又辣，但这都是由根产生的。一般老农都知道这个道理，所以他们在种菜的时候必定重点放在菜根上。人生在世，为人处世，也必须厚培其根，这根就是对人生真谛的探求和理解。二、不可轻视菜根。与菜叶、菜茎相比，菜根多被人们所遗弃。很多人认为，处世的道理就如同菜根，根本不值得重视。洪应明却认为处世之道不能等闲视之。三、菜根自有菜根的妙处。根与菜相比，远远比不上，但一些贫困人家常常把菜根当作菜蔬来食用。只要不存在太多的奢望，不贪求更多，菜根吃起来其实也是很香的。或许洪应明就是嚼着菜根谈“菜根”，他希望世人阅读《菜根谭》如同咀嚼菜根，能从中体味出一些为人处世的滋味来。

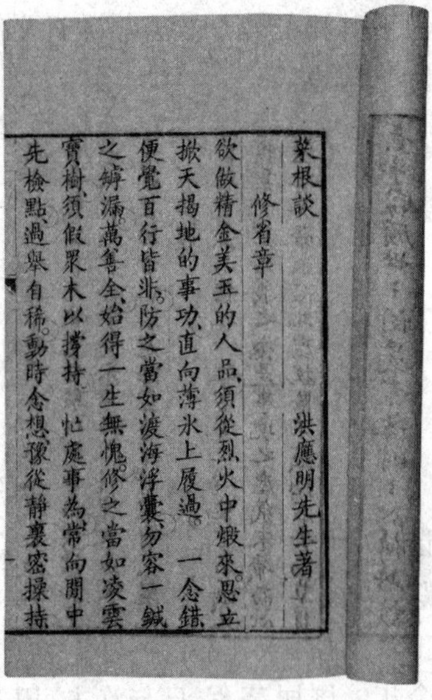
菜根談
修省章　洪應明先生著
欲做精金美玉的人品須從烈火中煅來思立掀天揭地的事功直向薄氷上履過一念錯便覺百行皆非防之當如渡海浮囊勿容一鍼之罅漏萬善全始得一生無愧修之當如凌雲寶樹須假衆木以撑持忙處事為常向閒中先檢點過舉自稀動時念想預從靜裏密操持

《菜根谭》书影

《菜根谭》所提倡的处世原则、处世方法、处世手段是十分广博的，涉及人际交往中的方方面面。《菜根谭》提倡的处世哲学主要有三点：首先，提倡安贫乐道，淡泊名利。安贫乐道，是治国、平天下的大经络；淡泊名利，是修身处世的做人原则。作为一名普通的百姓,应该要学会安于清贫的生活,甘心处于窘迫的境地,乐于接受人们共同遵守的道德,不存非分之想,也不做非分之事。名和利就如镜中花,水中月。洪应明在《修省》篇中反复强调不要把富贵名利看得太重,而要耐得住贫寒寂寞。唯有这样,才能在纷繁复杂的世界中优游自处,如鱼得水,游刃有余。如同他在《评议》篇中告诫的那样:“富贵是无情之物,看得它重,它害你越大;贫贱是耐久之交,处得它好,它益你反深。”其次,提倡克己博爱,厚以待人。《菜根谭》所有的篇章都闪耀着这一处世思想的光芒。“克己”的内容非常广泛,但首要的是要节制欲望,要能制怒。要清心寡欲,抑制各种欲望,各种怒火要抑而不发。洪应明在《修省》篇中形象地说:“人欲从初起处剪除,便以新刍剧斩,其功夫极易;天理自乍明时充拓,便如尘镜复磨,其光彩更新。”在《应酬》篇中提供了一种节欲制怒的方法:“己之情欲不可纵,当用逆之之法以制之,其道只在一忍字;人之情欲不可拂,当用顺之之法以调之,其道只在一恕字。”人食五谷杂粮,接触千人万物,不可能不产生种种欲望,关键在于要肯于并善于控制,把“欲”消灭在萌芽之中。薄以待己,宽以待人,是人际交往、处世酬人时不可或缺的原则之一。最后,提倡心地坦白,慎于独处。“慎独”是儒家一贯提倡的修身处世的原则,今日也被人们所接受,承认这是应该具有的美好的道德品质。为人处事要心地坦白,光明磊落,要做一个正人君子,对自己心安理得,无所愧悔,也就无偏私,无畏惧,对人则开诚布公,无隐瞒,无避讳。如果当面一套,背后一套,见人说人话,见鬼说鬼话,就会失掉朋友,在人世中也难以容身。正如《概论》篇中所言,只有“不昧己心,不拂人情,不竭物力”,才能“可以为天地立心,为生民立命,为子孙造福”。

阅读指导

正如洪应明给此书命名的一样,他希望读者阅读《菜根谭》时如同咀嚼菜根,从中体味出一些为人处世的滋味。而菜根的咀嚼则应该嚼的时间越长,越能品味出菜根的与众不同,品味出菜根的另一番景致。所以在阅读时,要细细品味,慢慢体会,宁慢勿滥,心若止水,道自然就从中来。

本草纲目

作者简介

李时珍(1518—1593年),字东璧,湖北蕲州(今湖北蕲春)人,出生于医学世家,祖父和父亲都是医生。他自幼受到医药知识的熏陶,喜爱研究医药,立下了治病救人的志愿。李时珍14岁考取秀才,但是17岁、20岁、23岁三次参加乡试都没有考中举人,于是他便决心放弃科举途径,专心研究医药学。他拜名医顾日岩为师,苦读10年,以后也开始给人看病。34岁时,他被楚王府聘为奉祠,掌管良医所的事,得有机会饱览藏书,以后曾被推荐到京城太医院任职,不及一年便辞官回乡,一面行医,一面开始编写《本草纲目》(1552年)。李时珍"搜罗百氏,访采四方",一面"渔猎群书",一面实地考察访问。"步历三十稔,书考800余家,稿凡三易"。可见付出了多么大的艰苦劳动。1578年在李时珍61岁的时候,书稿完成,共52卷,但1590年才开始由南京刻书家胡承龙出钱刻印,直到1596年首次出版。而李时珍已经于三年前去世,未能亲眼看到了。除医药学外,李时珍对生物、矿物、化学、地学、天文等也有研究。传世著作还有《濒湖脉学》和《奇经八脉考》。

背景介绍

明代中叶开始,在商品经济繁荣的江南地区,已出现了资本主义因素的萌芽,它反映在手工业、商业和农业生产等各个领域。由于手工业和商品经济的发展,城市的日益繁荣,出现了以手工工人、小商品生产者、工场主和中小商人为主体的市民阶层,这使社会矛盾呈现出更加尖锐和错综复杂的状况,除地主阶级和农民阶级这一对基本矛盾以及地主阶级内部的矛盾外,还出现了新兴市民阶层反对封建势力压制和摧残的斗争。

名著概要

《本草纲目》共收录了中药1892种,共52卷。卷一至卷四是全书的附录,收入序言、凡例、目录、附图、引用书目、资料及一些医药基础理论等等。卷五以后是全书的主体部分,李时珍把所有药物分为16部:水部、火部、土部、金石部、草部、谷部、菜部、果部、木部、服器部、虫部、鳞部、介部、禽部、兽部、人部。每一部又分为若干类,共计62类。其中植物1195种,动物340种,矿石357种。

书中更有历代医家临床验方11096种，其中8100多个为新增，另附各种矿物植物插图1127幅。

在药物解说方面，《本草纲目》包括八个部分：第一，释名，罗列典籍中药物的异名，并解说诸名的由来；第二，集解，集录诸家对该药产地、形态、栽培、采集等的论述；第三，修治，介绍该药的炮制法和保存法；第四，气味，介绍该药的药性；第五，主治，列举该药所能治的主要病症；第六，发明，阐明药理或记录前人和自己的心得体会；第七，正误，纠正过去本草书中的错误；第八，附方，介绍以药为主的各种验方及其主治。

《本草纲目》的分类是先无机物而后有机物，先植物而后动物。

在植物类药物中，则先草、谷、菜而后果、木；在动物类药物中，则先虫、鳞、介而后禽、兽，最后则叙述人类药物。该书首先是对矿物药之科学分类，这在无机化学方面也已具备一定的水平。李氏记述的每一物质，均评论其来源、鉴别其化学性质。该书以单体元素为纲，对各化合物做了比较全面的论述和分类，大体上对前代所存在的混乱作了澄清。

在生物药的分类方面，可以说是划时代的，基本上采用了"双名法"。其法虽不能达到现代所应用的拉丁系统双名法那么科学精确，但在明代却是世界上最为先进的。其次在关于动物药之分类方面，基本上有以下之特点，例如书中的虫类相当于无脊椎动物，鳞类相当于鱼类和部分爬行类，介类则相当于两栖类和少数软体动物类，禽类则为鸟类，兽类系哺乳类动物。其分类方法富有科学性，代表了当时的先进水平，近代中外学者称赞其有着生物进化论思想，为把人为分类法推向自然分类法做出了重要贡献。

在药物学发展方面，也做出了卓越的贡献。不但考订了前人1518种药物，并以自己的亲身实践，调查研究，搜寻访验，为中国医药宝库增加新药374种。

在药物鉴别方面，《本草纲目》纠正了明代之前《本草》中的许多错误和非科学内容。关于水银的记述，更能说明李时珍严肃认真求实的科学态度和无畏精神。他的认识在当时达到科学发展的最新水平，对彻底根除服水银以求长生的荒谬做法产生了积极的作用。

关于生物对生活环境的适应，《本草纲目》也有独到见解。以动物药的描述为例，《纲目》对每一动物药的动物都有概括性的定义，多能抓住各类动物的生物学属性特征。《本草纲目》在有关药物的论述上，还强调了生物受到人工方法的干预而在生活习性方面发生改变的特性。

在制药化学和实验研究方面，《本草纲目》所载制药化学包括蒸馏、蒸发、升华、重结晶、风化、沉淀、干燥、烧灼、倾泻等许多的方法，较之以前也有着突出的发展。

牡丹亭

作者简介

《牡丹亭》的作者是明代伟大的戏剧家、文学家汤显祖。汤显祖(1550—1616年),字义仍,号若士,又号海若,又号清远道人,别号玉茗堂主人。江西临川人。汤显祖一生蔑视权贵,不肯趋炎附势,经常得罪人。早年参加进士考试,因拒绝内阁首辅张居正的招致而落选。直到三十三岁时才中进士。中进士后,拒绝当时执掌朝政的张四维、申时行的拉拢。仕途坎坷,很不得志。汤显祖晚年潜心佛学,自称“偏州浪士,盛世遗民”,说“天下事耳之而已,顺之而已”,后又自号“茧翁”。汤显祖的主要创作成就在戏曲方面,代表作是《牡丹亭》,它和《邯郸记》《南柯记》《紫钗记》合称“玉茗堂四梦”,又称“临川四梦”。他生前有《玉茗堂文集》刊行。汤显祖也是世界文化伟人之一,日本学者青木正儿在《中国近世戏曲史》中,将他和莎士比亚并称,为东西方交相辉映的两颗明星,被誉为“东方的莎士比亚”。

背景介绍

汤显祖所生活的时代——明王朝正走向衰落。两千年来作为社会思想基础的儒学,已经日益迂腐固执,禁锢着人们的思想发展,扼杀人性。女性受到礼教的束缚就更为残酷。《丛杂记》记载说:明时,“以家有烈女贞妇为荣,愚民遂有搭台死节之事。女有不愿,家人或诟骂辱之,甚至有鞭打使从者”。可见当时妇女遭受的摧残是多么严重。

然而,时代毕竟在变化。16 世纪,新的商业城市在兴起,市民阶层逐渐形成。这样,社会上出现了一些新的思想,比如反对超经济的榨取方式,主张个人主义的国民之富;反对君主专制的政体,主张没有皇帝的民主政治;反对迷信和正统思想的束缚,要求个性解放等等。在文学上,出现了以市井人物为主角的文艺作品。

在这样的历史条件下,汤显祖创作《牡丹亭》,塑造了一个背叛礼教的形象,反对束缚人的个性,呼吁给妇女做“人”的权利,不能不说是进步社会思想的反映。这也是《牡丹亭》的意义和价值的重要方面。

名著概要

《牡丹亭》共五十五出,写杜丽娘和柳梦梅的爱情故事。本剧不少情节取自话本《杜丽娘慕色还魂》。剧情梗概是:贫寒书生柳梦梅梦见在一座花园的梅树下站着一位佳人,说同她有姻缘之分,从此经常思念她。南安太守杜宝之女名丽娘,才貌端庄美丽,跟从师傅陈最良读书。她由读《诗经·关雎》章而产生伤春的情绪,于是由丫鬟陪同,去后花园游赏。回来后,在昏昏睡梦中,见一书生持半枝垂柳前来求爱,两人在牡丹亭畔幽会。杜丽娘从此愁闷消瘦,一病不起。她在弥留之际要求母亲把她葬在花园的梅树下,嘱咐丫鬟春香将她的自画像藏在太湖石底。其父升任淮阳安抚使,委托陈最良葬女并修建"梅花庵观"。三年后,柳梦梅赴京应试,借宿梅花观中,在太湖石下拾得杜丽娘画像,发现就是梦中见到的佳人。杜丽娘魂游后花园,和柳梦梅再度幽会。于是,柳梦梅掘墓开棺,杜丽娘起死回生,两人结为夫妻。这个故事感人至深,汤显祖在本剧《题词》中写道:"如丽娘者,乃可谓之有情人耳。情不知所起,一往而深,生者可以死,死可以生。生而不可与死,死而不可复生者,皆非情之至也。"

作品特色

《牡丹亭》塑造了封建社会中为了真情而冲破封建礼教的束缚,大胆地走向人性解放的青年女子杜丽娘的形象,并以此折射出了吃人的封建礼教对人性的摧残和压抑。杜丽娘从小得到父母的疼爱,而疼爱的方式却是竭力把她塑造成一个绝对符合于礼教规范的淑女。杜宝夫妇以自己的"爱"给予女儿以最大的压迫。杜丽娘的老师陈最良"自幼习儒",穷酸潦倒;更可怜的是除了几句经书,他就不知道人生是什么;但他也不是"坏人",他只是拿社会教导他的东西教导杜丽娘,这同样给杜丽娘以深重的压迫。作品深刻地揭示了杜丽娘所面临的对手不是某些单个人物,而是由这些人物所代表着的整个正统意识和正统社会势力。她所做的只是徒然的抗争,她的现实的结局只能是含恨而死。显然,如果作品只是到此结束,也有相当的艺术魅力和现实意义,但作者的目的并不止于此。他通过积极的浪漫主义手法,让杜丽娘复活。这种复活,不是简单生命的复原,而是爱情意识的觉醒和胜利,也是新思想对旧思想的觉醒和胜利。作者所追求的并非情节的离奇,而是要通过离奇的情节来表现人们追求自由与幸福的意志无论如何也不能被彻底抹杀,它终究要得到一种实现。

《牡丹亭》是一部美丽的诗剧,它的抒情气氛极为浓厚。构成这种抒情气氛的主要因素,一是众多的浪漫的幻想场景,一是大量的内心独白,再就是显示出作者富赡才华的优美文辞,像《惊梦》《寻梦》两出,把春日园林的明媚风光、杜丽娘的伤春情怀和内心深处的隐秘融为一体,用艳丽而精雅的语言写出,非常动人。前面所录《皂罗袍》便是一支名曲。还有《闹殇》《冥誓》《玩真》诸出,都富于诗情,其中《闹殇》写杜丽娘临终之际凄凉的景象,充满伤感。总体上说,明传奇的语言比之元杂剧有较多的人工雕琢的痕迹,在辞采方面追求过重。另外,《牡丹亭》也有卖弄才情的倾向,比起《西厢记》的既优美又老练爽朗,还是略为逊色。

阅读指导

《牡丹亭》在艺术上的最大特色是它的浪漫色彩。它的浪漫色彩最重要的表现是“梦而死”“死而生”的幻想情节。杜丽娘所追求的爱情在当时的现实环境里几乎是不可能实现的;可是在梦想、魂游的境界里,她终于摆脱了礼教的种种束缚,改变了一个大家闺秀的软弱性格,实现了梦寐以求的美好愿望。例如在《惊梦》里,杜丽娘在梦里和柳梦梅相见,“真个是千般爱惜,万种温存”。又如在《冥判》里,杜丽娘还敢于向阎王殿下的胡判官诉说她感梦而亡的全部经过,得到判官的允许自由自在地去寻找梦里的情人。作者用这些富有奇情异彩的艺术创造突出了现实和理想的矛盾,也表现了青年妇女对自由幸福生活的强烈追求。本剧采用抒情诗的手法,抒写人物内心的感情,《惊梦》《寻梦》《闹殇》《冥誓》等出更多地像抒情诗,而不太像剧本。用写诗的手法写戏曲是我国戏曲作家的传统,汤显祖正是这方面的代表人物。

《牡丹亭》以文辞典雅秀丽著称。如《惊梦》的几支曲子一向为人称道。这些曲子写杜丽娘对春光的欣赏和叹惜,透露了她爱情上的苦闷。这种典丽的曲文用来刻画杜丽娘这样出身官宦人家的小姐的情态是很适合的。《牡丹亭》的曲文并不单纯是典丽,在描写下层人物如农夫、牧童和桑妇时,比较通俗。在宾白的运用上,语言比较精练,也较通俗,在描写陈最良等人物时,尤为出色。不过《牡丹亭》曲文也表现出它的弱点,比如使用冷僻的典故过多,甚至有晦涩生硬之病。

天工开物

作者简介

宋应星(1587—1663 年),字长庚,明南昌府奉新县北乡人。他出生在官宦之家,书香门第,自幼就聪明过人。宋应星的爱好兴趣十分广泛,对农业、手工业生产都比较注意观察和研究。万历四十三年(1615 年),28 岁的宋应星和他的哥哥在江西乡试时同时中举,一时间成为广为流传的佳话。明思宗崇祯七年(1634 年)即宋应星 47 岁时,出任江西分宜县教谕(管教育的官),动手编写《天工开物》,3 年后成书。以后在福建、安徽当过小官,但是他在科举场上屡次受到挫折,以致“六上公车而不第”,之后他就幡然醒悟。从此以后,宋应星一方面做官,另一方面著书立说。《天工开物》是宋应星任江西分宜教谕时(1634—1638 年)撰写成的,初版于崇祯十年(1637 年)。1644 年明朝灭亡后,宋应星便弃官回乡隐居。宋应星的著作还有《思怜诗》《画音归正》《卮言十种》等,但今已佚失。

宋应星画像

背景介绍

明代是我国古代农业、手工业、商业都比较发达的阶段,由于商品经济的发展,明代中期以后,部分地区不少行业中还出现了资本主义萌芽。在农业方面,耕地面积扩大,农作物的品种得到改良和增加,粮食作物、经济作物的总产量和单位面积产量都有了明显的提高,有些地区出现了专业化经营。在手工业方面,种类众多,并且已经具备了一定的规模,特别是冶金、陶瓷、纺织等行业。明代的商业和交通也较为发达。农业、手工业和商业的发展,都有力地促进了科学技术的发展。在那个时代,人们重视实践,许多学术观点都带有启蒙思想的气息。这就为《天工开物》的产生创造了优越的条件。

名著概要

西方曾把《天工开物》以《中华帝国古今工业》为书名,翻译出版。这是一部有关农业和手工业生产技术的百科全书,总结了各个生产领域的知识。宋应星把天工开物分为三编,全书按照"贵五谷而贱金玉"的原则列为十八个类目,每类一卷,共十八卷。上编记载了谷物的栽种、蚕丝棉苎的纺织染色,以及制盐制糖的工艺。中编记载了砖瓦、陶艺的制作、车船的制造、金属的铸造、矿石的开采和烧炼以及制油造纸的方法等。下编记载了兵器的制造、颜料的生产、酿酒的技术以及珠玉的采集和加工等。而当中更有附图一百余幅,是一部图文并茂的科技文献。书中详细地记载了有关炼锌技术,其中介绍了密封加热法,解决了锌极易氧化的问题。亦有记载铁矿石变成钢的生产过程,完全符合现代钢铁生产的原理。书中还介绍防治稻田八大灾害的方法,至今仍然在农村中广泛流传和应用。

《天工开物》中记载的冷浸田使用骨灰蘸秧根,是我国使用磷肥的最早记录;利用不同品种蚕蛾杂交而生出"嘉种",是我国利用杂交技术改良蚕种的最早记录。书中记载的精巧复杂的提花机是当时世界上最先进的,记载的锌的冶炼技术在世界上是最早的。

《天工开物》在作物分类学上提出了一些新的方法和标准,且与今人之分类法十分接近。如它把古代农业归纳成了乃粒、乃服、彰施、粹精、甘嗜、膏液、曲蘖7个大类，这在先世或者同时代的其他农书以及本草类书中是不曾见过的。该书还把水稻排到五谷之首，稻下又分出了水稻、旱稻，麦下又分出了大麦、小麦，并指出了荞麦非麦。这些分类方法，给人一种眉目清晰之感。在水稻栽培技术上，较早地阐明了秧龄和早穗的关系，首次记述了再生秧技术，以及冷浆田中以骨灰、石灰包秧根的技术，还最先记述了旱稻在干旱条件下变异为旱稻的问题。在麦类栽培管理技术方面，最先指出了以砒霜拌豆麦种子的防虫杀虫之法，最先指出了荞麦的吸肥性。在养蚕技术上，最先记述了利用"早雄配晚雌"的杂交优势来培育新品种的方法，并指出家蚕"软化病"的传染性，提出"需急择而去之，勿使败群"的处理方法。在金属冶炼、铸造、加工方面，空前绝后地记述了串联式炒炼法，较好地记述了明代灌钢工艺的发展，首次记述了今俗称为"焖钢"的箱式渗碳制钢工艺，最早记述了火法炼锌的操作方法，最早以图文并茂的方式记述了大型器物的铸造工艺，较早图示了活塞式鼓风箱的使用情况。最早明确地记述了响铜的合金成分以及有关响器的成型工艺，最先记述了铁锚锻造工艺、钢铁拉拔工艺以及一种叫作生铁淋口的特殊化学热处理工艺，较早地详述了金属复合材料技术的基本操作。

在煤炭和化工技术方面，较早对煤进行了分类，较早记述了煤井排除瓦斯的方法。最早记述了银朱生产过程中的质量互变关系，可认为这是"化合物"观念和"质量守恒"观念的萌芽。

阅读指导

阅读此书时注意两点：第一，《天工开物》是在当时商品经济高度发展、生产技术达到新水平的条件下写成的，必然有资本主义萌芽时期的烙印；第二，对书中各方面知识的论述可以以现代学科分类的标准进行分类，这样理解起来会容易得多，如果具备相关的知识背景，如物理、化学等方面的知识，读起来会觉得比较轻松。

聊斋志异

作者简介

《聊斋志异》的作者蒲松龄（1640—1715年），字留仙，又字剑臣，别号柳泉居士，世称聊斋先生，山东省淄川县人，清代杰出文学家。蒲松龄自幼聪慧好学，十九岁参加科举考试，县、府、道三考皆第一，名闻乡里，但后来却科场不利，直到七十一岁时才成岁贡生。为生活所迫，他曾给宝应县知县孙蕙做了数年幕宾，一生大部分时间在官宦人家做塾师，前后将近四十年。他一生怀才不遇，穷困潦倒，少年时起就“雅好搜神”“喜人谈鬼”，并且热心地记录、加工，集成《聊斋》一书。除《聊斋志异》外，蒲松龄还有大量诗文、戏剧、俚曲以及有关农业、医药方面的著述存世。计有文集十三卷，四百余篇；诗集六卷，一千余首；词一卷，一百余阕；戏本三出（《考词九转货郎儿》《钟妹庆寿》《闹馆》）；俚曲 14 种（《墙头记》《姑妇曲》《慈悲曲》《寒森曲》《翻魇殃》《琴瑟乐》《蓬莱宴》《俊夜叉》《穷汉词》《丑俊巴》《快曲》《禳妒咒》《富贵神仙复变磨难曲》《增补幸云曲》）；以及《农桑经》《日用俗字》《省身语录》《药崇书》《伤寒药性赋》《草木传》等多种杂著，总计近二百万言。

蒲松龄塑像

背景介绍

《聊斋志异》是一部“不平而鸣”的作品。“不平而鸣”是中国文人中一种长久流传的心态。汉代，司马迁就发过这样的见解。他在《报任安书》里，对中国古代历史上的许多士人和政治家的不平而鸣做了描述：“盖西伯拘而演《周易》；仲尼厄失明，厥有《国语》；孙子膑脚，《兵法》修列；不违迁蜀，世传《吕览》；韩非囚秦，《说难》《孤愤》。《诗》三百篇，大抵圣贤发愤之所为作也。此人皆意有所郁结，不得通其道，故述往事，思来者。……以舒其愤，思垂空文以自见。”唐代古文家韩愈在他的《送孟东野序》里有一段相当精辟的话：“大凡物不得其平则鸣：草木之无声，风挠之鸣。水之无声，风荡之鸣。……其于人也亦然，人声之精者为言，文辞之于言，又其精也。尤择其善鸣者而假之鸣：其在唐、虞，咎陶、禹，其善鸣者也，而假以鸣；夔弗能以文辞鸣，又自假于韶以鸣；夏之时，五子以其歌鸣；伊尹鸣殷，周公鸣周。凡载于《诗》《书》、六艺，皆鸣之善者也。”

蒲松龄早年醉心于科举，可是命途多舛，屡试不第，他一直考到五十岁，也未能金榜题名。长达 30 年的应举路途换来的除了失望之外，更多的就是愤愤不平。他说：“仕途黑暗，公道不彰，非袖金输璧，不能自达于圣明，真令人愤气填胸，欲望望然哭向南山而去！”又说：“集腋为裘，妄续幽冥之录；浮白载笔，仅成孤愤之书，寄托如此，亦足悲矣！”他把满腔的孤愤，倾注在一部《聊斋志异》中。

名著概要

《聊斋志异》共 16 卷，计 400 余篇。《聊斋志异》的故事来源很广泛，有的是作者的亲身见闻，有的出自过去的题材，有的采自民间传说，有的为作者自己的虚构。

有些故事,虽有模拟的痕迹,但作者以丰富的想象和生活经验,推陈出新,充实了这些故事的内容。《聊斋志异》的作品内容主要有以下几类:

暴露现实社会的黑暗。当时社会政治腐败、官贪吏虐、豪强横行、生灵涂炭,都在《聊斋志异》内有所反映,如《促织》写成名一家为捉一头蟋蟀"以塞官责"而经历的悲欢坎坷,《席方平》则写席方平魂赴地下、代父申冤的曲折。这些作品虽然写的是狐鬼,其实是黑暗现实的投影。《聊斋志异》有很多作品写贪官暴吏的恶行,如《梅女》中的典史为了三百钱的贿赂,便逼死人命;《书痴》中的彭城邑宰贪爱别人妻子的美貌,竟利用职权,捕人入狱。

揭露科举考试的种种弊端。蒲松龄一生科举不利,非常熟悉科场的黑暗与对士人的摧残,如《素秋》《神女》等篇章写科举考试中的营私作弊;《司文郎》《于去恶》等篇章讽刺考官的不学无术。有些作品生动描写被科举考试戕害了的读书人,如《叶生》中的叶生、《于去恶》中的陶圣俞和于去恶、《三生》中的兴于唐、《素秋》中的俞慎和俞士忱等人。

描写人与狐鬼的爱情。《聊斋志异》中数量最多的是人和人、人和狐鬼精灵的恋爱故事,如《娇娜》《青凤》《婴宁》《莲香》《阿宝》《巧娘》《翩翩》《鸦头》《葛巾》《香玉》等,都写得十分动人。《香玉》中的黄生爱上了白牡丹花妖香玉,不幸花被人移走,黄生日日哭吊,结果感动了花神,使香玉复生。《青凤》写狐女青凤与耿去病相恋,两人不顾礼法与险恶,互相爱慕,终于获得幸福。有些作品写了青年男女爱情生活对压抑他们爱情的人与事的反抗。如《连城》写乔生与连城相爱,因为父亲阻挠,连城含恨而死,乔生也悲痛而亡,两人在阴间相会,结为夫妻。《晚霞》写龙宫中的歌妓阿端和晚霞,不顾龙宫中的王法,互相爱慕,拼死逃出龙宫,在人间做了夫妻。人们数百年来喜爱《聊斋》,有一部分原因就是里面的爱情描写。

作品特色

《聊斋志异》能获得如此高的成就,主要源于作者高超的艺术创造力,就在于他能够把真实的人情和幻想的场景、奇异的情节巧妙地结合起来,从中折射出人间的理想光彩。《聊斋志异》既结合了志怪和传奇两类文言小说的传统,又吸收了白话小说的某些长处,形成了独特的叙事风格。作者能以丰富的想象力建构离奇的情节,同时又善于在这种离奇的情节中进行细致的、富有生活真实感的描绘,塑造生动活泼、人情味浓厚的艺术形象,使人沉浸于小说所虚构的恍惚迷离的场景与气氛中。小说的叙事语言是一种简洁而优雅的文言,而小说中人物的对话虽亦以文言为主,但较为浅显,有时还巧妙地融入白话成分,既不破坏总体的语言风格,又在一定程度上克服了通常文言小说的对话难以摹写人物神情的毛病,这是很难得的成就。

阅读指导

《聊斋志异》的作品具有惊人的想象力。它说狐谈鬼，无奇不有，如书中所写红莲变成美女、裙子可作帆船、襟袖间飞出花朵、天空飘落彩船、诵诗治病等情节。写鬼写狐，不仅怪异，而且在怪异之外写出了人情味，这是《聊斋志异》较一般志怪小说高明的地方。正如鲁迅所说，“《聊斋志异》独于详尽之外，示以平常，使花妖狐魅，多具人情，和蔼可亲，妄为异类。”这些描写大大增强了故事情节的感染力。

《聊斋志异》的叙事语言是简洁优雅的文言，小说中人物的对话虽然也是文言，但比较浅显，有时还融入了白话成分，摹写人物神情声口更加逼真。作者还融会了当时的方言俗语，形成了典丽而活泼的语言风格，不管是抒情写景，还是叙事状物，都绘声绘色，惟妙惟肖。比如《刘姓》中恶霸的流氓腔调，《邵女》中媒婆的神态，《阎王》中村妇的口吻，《小翠》中姑娘们斗嘴的情致，都写得神采飞扬，如在眼前。

古文观止

背景介绍

《古文观止》的编选者吴楚材（名乘权）、吴调侯（名大职）为叔侄二人，生于浙江山阴（今绍兴市）。清吴兴祚在《古文观止序》中说：“会稽章子、习子，以古文课余子于三山之凌云处；维时从子楚材实左右之。楚材天性孝友，潜心力学，工举业，尤好读经史，于寻常讲贯之外，别有会心。与从孙调侯，日以古学相砥砺。调侯奇伟倜傥，敦尚气谊。本其家学，每思继序前人而光大之。二子才气过人，下笔洒洒数千言无懈漫，盖其得力于古者深矣。”二人的情况现在只能于此序中窥见一斑。“观止”二字，出自《左传·襄公十九年》：吴季札在鲁国赏周乐，至《韶箾》舞，赞叹：“德至矣哉！大矣”，认为无美不具，于是说：“观止矣。”书名为观止，意在力图选编达到尽善尽美，无以超越。

名著概要

《古文观止》一共有十二卷，收入上起周代下讫明末的历代文章 222 篇，论说抒情，写景状物，众体兼备。

书中西汉以前的文章以左丘明的《左传》为突出点，选录 34 篇，占全书的六分之一以上；《国语》《战国策》《公羊传》《谷梁传》《礼记》的文章选录有 36 篇，两者汇总计70篇,占《古文观止》全书的三分之一。编者有意强化对汉代以前文章的分量,为了使读者更清晰、更全面、更深入地了解中国古代散文的源本,以便打好根基。

对两汉的文章,编者比较重视司马迁的《史记》,汉文31篇,《史记》有14篇。唐代文章以"唐宋八大家"中的韩愈、柳宗元为主,分别选入24篇和11篇;宋文以欧阳修、苏轼为侧重点,分别选入13篇和12篇。秦文仅选李斯一篇,六朝文章选6篇,元代一篇未选,明代选入18篇。

编者在文章的选择上轻重得宜,取舍有据,集中反映汉文及唐宋八大家文,有轻有重,便于阅读。

作品影响

《古文观止》篇幅适当,所选的文章以汉唐二代为多,以散文为主,兼顾骈韵二体,既有长篇大论,又有精短美文,反映出编者眼光的细致和周到。它本身的鲜明特点与突出优势使它在问世后的300多年里,成为最流行、最通俗、最广为人知、最有影响的初学古文选本,常作为私塾及学堂的启蒙读本,几乎家家备一本,海内风行。那么,它最突出的特点和优势是什么呢?《古文观止》之前的古文选本,大多依据昭明太子萧统《文选》的体例,分类烦琐,常以条目为主线,阅读使用时都很不简便。《古文观止》则以时代为纲,作者为目,将作者的各类文体的作品集萃于一处,阅读方便,查看快捷,使读者对清代之前的散文史认识清楚,印象深刻。所以,《古文观止》的流行性与通俗性、权威性至今难以动摇,仍影响巨大,是青年首选的普及性古文选本,一版再版,依旧常售不衰。

延伸阅读

《唐宋八大家文钞》是明代茅坤编定的一本书。此书流行以后,"唐宋八大家"的说法才得以固定下来。自那时起,学古文者皆以八大家为宗师,唐宋八大家的影响也愈来愈大。唐宋八大家是指唐朝的韩愈、柳宗元,宋朝的欧阳修、苏洵、苏辙、苏轼、曾巩、王安石。

《文选》是梁代昭明太子萧统编辑的现在所能见到的最早的诗文总集。它收录从先秦到梁代八九百年间130位作者的514篇各种体裁的文学作品,成为历代文人学习的榜样。民间曾有"《文选》烂,秀才半"的谚语。

唐诗三百首

背景介绍

《唐诗三百首》的编选者蘅塘退士(1711—1778年),原名孙洙,字临西,江苏无锡人。他自幼家贫,性敏好学,寒冬腊月读书时,常握一木,谓木能生火可敌寒。乾隆九年(1745年)他考中顺天举人,授景山官学教习,出任上元县教谕。乾隆十六年(1752年)他得中进士,历任卢龙、大城知县。后遭人谗陷罢官,平复后任山东邹平知县。乾隆二十五年(1761年)、二十七年(1763年)两次主持乡试,推掖名士。他为官清廉如水,爱民如子,又勤勉好学,书似欧阳询,诗宗杜工部,著有《蘅塘漫稿》。乾隆二十八年春,孙洙与他的继室夫人徐兰英相互商榷,开始编选《唐诗三百首》。编选这本书是有感于《千家诗》选诗标准不严,体裁不备,体例不一,希望以新的选本取而代之,成为合适的、流传不废的家塾课本。他们的选诗标准是“因专就唐诗中脍炙人口之作,择其尤要者”。既好又易诵,以体裁为经,以时间为纬。《唐诗三百首》于清乾隆二十九年(1765年)编辑完成,书的题目有的说脱胎于民谚“熟读唐诗三百首,不会作诗也会吟”,有的说取自“诗三百”,说法各不相同。

名著概要

《唐诗三百首》共选入唐代诗人77位,计310首诗,其中五言古诗33首,乐府46首,七言古诗28首,七言律诗50首,五言绝句29首,七言绝句51首,诸诗配有注释和评点。

五言古诗简称五古,是唐代诗坛较为流行的体裁。唐人五古笔力豪放,气象万千,直接用于叙事、抒情、议论、写景,使其功能得到了空前的发挥,其代表作家有李白、杜甫、王维、孟浩然、韦应物等。

七言古诗简称七古,起源于战国时期,甚至更早。现在公认最早的、最完整的七古是曹丕的《燕歌行》。南北朝时期,鲍照致力于七古创作,将之衍变成一种充满活力的诗体。唐代七古显示出大唐宏放的气象,手法多样,深沉开阔,代表诗人有李白、杜甫、韩愈。

五言律诗简称五律,是律诗的一种。五律源于五言古体,风格峻整,音律雄浑,含蓄深厚,成为唐人应制、应试以及日常生活中普遍采用的诗歌题材。唐代五律名家数不胜数,以王昌龄、王维、孟浩然、李白、杜甫、刘长卿成就为大。

七言律诗简称七律,是近体诗的一种,格律要求与五律相同。七律源于七言古体，在初唐时期渐成规模，至杜甫臻至炉火纯青。有唐一代，七律圣手有王维、杜甫、李商隐、杜牧、罗隐等，风华绝代，辉映古今。

五七言绝句简称五绝和七绝，都是古典诗体中绝句的一种。五绝起源于汉，七绝起源于六朝，两者都在齐梁时期成型，初唐阶段成熟。唐代绝句气象高远，率真自然，达到了吟诵自由化的最高峰，名家有李白、王维、王昌龄、韦应物、杜牧、刘禹锡等人。

作品影响

中国是诗的国度，唐朝是中国诗歌的巅峰，巅峰时期的那个黄金时代令人神往。诗歌是当时文学的最高代表，成为中国传统文学坚实的重要组成部分，也是中华文明靓丽的风景线。

唐诗与宋词、元曲并称，题材宽泛，众体兼备，格调高雅，是中国诗歌发展史上的奇迹。唐诗对中国文学的影响极为深远。历朝历代的文人视唐诗为圭臬，奉唐人为典范。公元7世纪，孙季良开始编纂唐诗选本，至辛亥革命前，一千二百余年间，每二年即有一本唐诗选本问世。众多选本中以《唐诗三百首》流传最广、影响最大，风行海内，老幼皆宜，雅俗共赏，成为屡印不止的最经典的选本之一。《唐诗三百首》以成功务实的编法、简易适中的篇幅、通俗大众的观点、入选的精美诗歌打动着读者，成为儿童最成功的启蒙教材、了解中国文化的模范读本，对中国诗歌选编学、中国人的心理构成都有很大的影响。

延伸阅读

《千家诗》由南宋著名词人刘克庄编辑的蓝本增删而成，从宋代至今，在民间流传很广，是非常有名的儿童启蒙读物。所选诗为唐宋两代的作品，大多文采晓畅，易于吟诵。

《全唐诗》在康熙四十五(1707年)年，由彭定求、沈三曾等编校而成，收诗4.8万多首，作者2000余人，是自唐到清内容最丰富的唐诗总集。此后，由于敦煌文书的出土以及新的唐诗的发现，《全唐诗》得以更加完善，又增加了数千首唐诗。

《唐诗别裁集》于康熙五十六年(1718年)问世，由江苏苏州人沈德潜编辑而成，这部书重点突出了沈德潜的文学思想，在清代的文士间影响较大。

红楼梦

作者简介

《红楼梦》的作者曹雪芹(1715—1763年),名霑,字梦阮,“雪芹”是他的别号,又号芹圃、芹溪。他出生在官宦世家。曹家的先世原是汉族人,后为满洲正白旗“包衣”人。清初时他的高祖父曹振彦随清兵入关,立有军功,家族开始发达起来。曾祖父曹玺曾任江宁织造,曾祖母做过康熙帝玄烨的保姆,祖父曹寅做过玄烨的伴读和御前侍卫,后继任江宁织造,兼任两淮巡盐监察御史,此后曹雪芹的伯父与父亲相继袭任此职,祖孙三代四人担任此职前后达60余年。康熙六下江南,其中四次由曹寅负责接驾,并住在曹家。曹雪芹就是在这种繁盛荣华的家境中度过了他的少年时代。雍正初年,曹家备受打击。父亲被以“苛素繁费,苦累驿站”“织造款项亏空甚多”等罪名革职,家产被抄没,全家迁回北京。乾隆初年,曹家彻底败落,子弟们沦落到社会底层。曹雪芹曾在一所宗族学堂“右翼宗学”里当过掌管文墨的杂差,境遇潦倒,生活困顿,晚年流落到北京西郊的一个小山村。

曹雪芹“身胖,头广而色黑”。他性格傲岸,愤世嫉俗,豪放不羁,酷爱喝酒,才气纵横,善于谈吐。他是一位诗人,也是一位画家,喜欢画突兀奇峭的石头。他最重要的作品当然是《红楼梦》。

背景介绍

《红楼梦》又名《金陵十二钗》《石头记》,整个故事是以南京为背景。学者们历来对《红楼梦》的故事来源有很多种猜测,现简要介绍几种:

有人认为《红楼梦》写的是纳兰性德的故事。这个说法相信的很多。陈康祺《燕下乡脞录》中说:“小说《红楼梦》一书,即记故相明珠家事,金钗十二,皆纳兰侍御所奉为上客者也,宝钗影高澹人;妙玉即影西溟先生:‘妙’为‘少女’,‘姜’亦妇人之美称;‘如玉’‘如英’,义可通假。”侍御指的是明珠的儿子纳兰性德,字容若。纳兰性德是清初著名的词人,才华横溢,词作缠绵凄婉,至今为人喜爱。

有人认为是写顺治皇帝与董鄂妃的故事。王梦阮、沈瓶庵合著之《红楼梦索隐》中说:“盖尝闻之京师故老云,是书全为清世祖与董鄂妃而作,兼及当时诸名王奇女也。”又说董鄂妃就是明末秦淮名妓董小宛,清兵下江南,带回北京,得到清世祖宠爱,不久夭亡,世祖哀痛不已,于是往五台山出家为僧。

有人认为写的是康熙朝的政治状态。蔡元培的《石头记索隐》说:“《石头记》

者，清康熙朝政治小说也。作者持民族主义甚挚，书中本事，在吊明之亡，揭清之失，而尤于汉族名士仕清者寓痛惜之意。”认为，“红”影射“朱”字；“石头”指金陵；“贾”意在指责伪朝；“金陵十二钗”暗指清初江南的名士：林黛玉影射朱彝尊，王熙凤影射余国柱，史湘云影射陈维崧，宝钗、妙玉也各有所指。

还有人认为本书是作者自叙。胡适经过考证后认同这种观点。曹雪芹的家世与书中描写的内容很相似，这种说法也很有说服力。

名著概要

《红楼梦》写的是贾宝玉与林黛玉之间的爱情悲剧，同时写了贾、王、史、薛四大家族的兴衰。贾宝玉前生是女娲补天时剩下的一块顽石，曾化作神瑛侍者，用水浇灌一株绛珠草，使其脱去草木之质，幻化为女形。绛珠仙子为了报答神瑛侍者的浇灌之恩，在神瑛侍者投胎下凡时也往生人间，要还他一生的眼泪。林黛玉因为母亲亡故，被外祖家收留。与表兄贾宝玉从小生活在一起，渐渐产生爱情。这是本书故事的前世因缘。宝黛故事凄恻动人，读者可以从容细心体会，这里不多叙说，只简要介绍一下主要的几个人物。

贾宝玉、林黛玉、薛宝钗是本书的主要人物。贾宝玉是荣国府嫡派子孙，他出身不凡，又聪明灵秀。他因自己生为男子而感到遗憾，他觉得只有和纯洁美丽的少女们在一起才惬意。他憎恶和蔑视男性，亲近和尊重女性。他说“女儿是水做的骨肉，男子是泥做的骨肉。我见了女儿便清爽，见了男子便觉浊臭逼人”。他企求过随心所欲、听其自然的生活，即在大观园女儿国中斗草簪花、低吟悄唱、自由自在地生活。“我此时若果有造化，趁着你们都在眼前，我就死了，再能够你们哭我的眼泪，流成大河，把我的尸首漂起来，送到那鸦雀不到的幽僻去处，随风化了，自此再不托生为人，这就是我死的得时了。”贾宝玉对个性自由的追求集中表现在爱情婚姻方面。他爱林黛玉，因为林黛玉的身世处境和内心品格集中了所有女孩子的一切能使他感动的美好。他对待身边的女孩子们的态度也是同情和亲爱。他爱林黛玉，但遇着温柔丰韵的薛宝钗和飘逸洒脱的史湘云，却又不能不炫目动情。

林黛玉出生在一个已衰微的家庭。她父亲是科甲出身，官做到巡盐御史。林黛玉没有兄弟姐妹，母亲的早逝使她从小失去母爱。她保持着纯真的天性，爱自己之所爱，憎自己之所憎，我行我素，很少顾及后果得失。因父母相继去世，她不得不依傍外祖母家生活。林黛玉的羸弱的身体、孤傲的脾性以及自定终身的越轨行为，贾母是不会喜欢的。贾母要给贾宝玉说亲，曾托过清虚观的张道士，后来又留意打量过薛宝琴，她就是没有选择林黛玉的意思。最后，林黛玉的幻想破灭了，眼泪流尽了，怀抱纯洁的爱离开了尘世，实现了她的誓言：“质本洁来还洁去，不教污淖陷渠沟。”

薛宝钗出生在一个富商家庭。薛家是商人与贵族的结合，既有注重实利的商

大观园图

人市侩习气，又有崇奉礼教的倾向。薛宝钗幼年丧父，兄长薛蟠是个没有出息的酒色流氓。出身于这样一个家庭，薛宝钗有着与林黛玉截然不同的性格。她们同样都博览诗书，才思敏捷，但林黛玉一心追求美好丰富的精神生活，薛宝钗却牢牢把握着现实的利益。"好风凭借力，送我上青云"，薛宝钗孜孜以求的是富贵荣华。薛宝钗也深爱着贾宝玉。她在初次和贾宝玉单独相处时，热衷于贾宝玉脖子上的"通灵宝玉"，又急切地让贾宝玉认识自己项上的金锁。搬进大观园后，她还常常到贾宝玉的怡红院玩到深夜；她去探视被贾政打伤的贾宝玉时压抑不住内心的爱怜之情。

《红楼梦》是一部百科全书式的长篇小说，它在描写宝黛爱情的同时，也描写了广阔的社会生活，上至皇妃国公，下至贩夫走卒，都有生动的描画。它对贵族家庭的饮食起居各方面的生活细节都进行了真切细致的描写，比如园林建筑、家具器皿、服饰摆设、车轿排场等等。它还表现了作者对烹调、医药、诗词、小说、绘画、建筑、戏曲等等各种文化艺术的丰富知识和精到见解。《红楼梦》的博大精深在世界文学史上是罕见的，因此很早就有人研究它。现在，研究《红楼梦》已经成为一门独立的学问——"红学"。可见《红楼梦》的魅力之大、影响之深。

作品特色

《红楼梦》在艺术上取得了巨大的成就，它塑造出成群的有血有肉的个性化人物形象。例如贾宝玉、林黛玉、薛宝钗、王熙凤就成为千古不朽的典型形象。作者对人物独特的性格反复皴染，给人以深刻的印象。贾宝玉的叛逆性格以各种"似傻如狂""行为乖张"的形式表现出来，作者总是通过日常的生活细节，惟妙惟肖地写出了他对黛玉、宝钗、晴雯、袭人、平儿等不同类型女性所持有的不同感情和态度，着力刻画了他"爱博而心劳"的性格特征。

曹雪芹善于将相近人物进行复杂性格之间的全面对照，使他们的个性在对比中凸显出来。如薛宝钗和林黛玉两个人，都是美丽多才的少女，但一个"行为豁达，随分从时”,有时则矫揉造作;一个“孤高自许”“目无下尘”,不免尖酸任性。一个倾向理智,喜怒不形于色,“任是无情也动人”;一个执着于感情,宁愿为纯洁的爱情付出全部的生命。一个城府很深,顺从环境,既会对上迎奉,又会对下安抚;一个我行我素,以感情的追求作为人生的目标。这样两个难以调和的性格在对比中就鲜明地呈现出其独特性。

《红楼梦》一改过去古代小说中人物类型化、绝对化的描写,写出了人物性格的丰富性。作者把王熙凤放在广阔的社会生活中,从各个侧面去描写,构成了她性格的丰富性、完整性,达到了典型化的高度。作者一方面写出了这位管家奶奶治家的才干,她似乎是支撑这座将要倾塌的大厦的顶梁柱;另一方面她舞弊营私,真正是蚀空贾府内部的大蛀虫。她的阴险毒辣令人胆寒,而幽默诙谐、机智灵巧又让人叹服。这是一个充满活力,既使人觉得可憎可恨,又让人感到可亲可近的人物形象。

阅读指导

《红楼梦》代表了我国古典小说最高的艺术成就,在人物描绘、情节安排、细节描写等方面都非常出色,堪称一绝,其中的美妙难以用语言传达,读者当在细细品味中体悟《红楼梦》的博大精深。这里只拈出其中的一个特色稍做讲解:

《红楼梦》很大的一个特点就是好用谶语。在第五回中,警幻仙子给宝玉看的金陵十二钗画册上的题诗和十二支《红楼梦》曲子分别暗示了每一位佳丽的身世,如【终身误】曲“都道是金玉良姻,俺只念木石前盟。空对着,山中高士晶莹雪;终不忘,世外仙姝寂寞林。叹人间,美中不足今方信。纵然是齐眉举案,到底意难平。”就暗示了宝黛爱情的悲剧结局。作者善用“谐音寓意”的手法,他把贾家四姐妹命名为元春、迎春、探春、惜春,这是谐“原应叹息”的音;在贾宝玉神游太虚幻境时,警幻仙姑让他饮的茶“千红一窟”,是“千红一哭”的谐音,又让他饮的酒“万艳同杯”,这酒名是“万艳同悲”的谐音,这样的手法几乎贯穿了全书。小说的行文中也往往暗示以后的情节,这为索隐派的红学家提供了很多考证的蛛丝马迹,寻找和思索这些谶语也许是一件很有意思的事情,有心的读者可以试试。

艺术篇

绘画艺术

基本常识

绘画

绘画是造型艺术的一种。是用笔、刷、刀等工具,黑墨、颜料、油脂、溶剂、稀释剂等物质材料。通过构图、造型、线条、设色、明暗处理等表现手段,在纸木板、纺织品、器皿、墙壁或其他平面上,绘制可见形象的艺术。绘画分为东方画系和西方画系。以中国画为代表的东方绘画,偏重写意传神和线条造型。传统的西方绘画,以素描为基础,油画为正宗,用近远法、描影法等各种技法精深地画出立体感,注重形态的写实性,一些西方现代派绘画追求抽象表现,与传统绘画大相径庭。

绘画的几种颜料

绘画的创作过程是一种触觉和视觉上的体验。在所有优秀的绘画作品中,所画的对象和所用的方法之间总是会有一场令人着迷的对话,画家熟练而巧妙地铺涂上颜料来表达所要诉说的对象。颜料不同,诉诸画布的效果就不同。绘画发展到今天,主要有油画颜料、水彩、水粉、蛋彩、丙烯等颜料。

中国画

我国绘画若从新石器时代仰韶文化的"鹳鱼石斧纹"算起,至少有5000年;若以战国帛画为首,则起码也有2300年以上的历史了。晋唐之时,出现了许多绘画名人,如顾恺之、展子虔、吴道子、韩幹等,唐时曾设宫廷画师。宋时绘画更是有了发展,徽宗时还曾设画院从事专门创作,徽宗亦是著名的丹青高手。明清时文人画又兴盛一时。"中国画"一名出现比"西洋画"晚。1917年,陈独秀首次提出了改良中国画的主张。中华人民共和国成立后,"国画"一名继续使用。1957年,北京国画院成立时，周恩来总理建议改称“北京中国画院”。自此，“中国画”成为公认的、统一的名称。

中国画简称国画。国画指我国具有悠久历史和民族文化特征的传统绘画。按照题材分，可以分为山水画、人物画和花鸟画；按手法分，可以分为写意、工笔、勾勒、没骨、设色、水墨画；按照形式分，又可以分为屏风、立轴、横披、长卷、册页、扇面等样式。

油画

油画是西洋画的一种。用含有油质的颜料在布或木板上绘成。严格地说，油画起源于尼德兰。欧洲初期的油画，采用生鸡蛋作调料融合矿物颜料作画，最后在画面上用很薄和透明的油色罩在画上。15 世纪，尼德兰画家凡·艾克在总结前人作画经验的基础上，反复试验。发现亚麻油和核桃油是比较理想的调和剂，颜色易于调和，便于运笔，同时又可层层敷设，画面透明鲜亮，表现对象更具真实感的效果。用这种油调色作画，画面干燥的时间不快不慢，可以趁湿继续在已经画就的底层上加工绘制，干透的时间也只要两三天，而无须像从前那样借助光晒和炭火烤。颜色干透后很牢固，附着力强，色彩既有光泽，也不易褪色。艾克现在还有作品存于墨尔本。他被称为早期尼德兰画派的一位大画家。用这种油调色作画，具有很多优点，故很快流传全欧洲，成为欧洲各国绘画的主要形式。

油画——蒙娜丽莎

素描

素描是油画的基础,画家在进行创作时,通常先画素描稿。素描强调表现对象的结构,并运用明暗五调子(亮部、中间色、暗部、高光和反光)描绘对象。有不少油画大师的素描作品具有独特的审美价值,如,文艺复兴时期的意大利画家达·芬奇、19 世纪末俄罗斯画家列宾等的作品。由于素描对绘画的影响,美术院校都将其作为主课。

素描——乡村田园山水

水粉画

水粉画是使用水调合粉质颜料绘制而成的画,是介于水彩画与油画之间的一个画种,能兼具油画的浑厚与水彩画的明快两种特点。水粉颜料一般不透明,具有较强的遮盖力,可以在画面上产生艳丽、柔润、明亮、浑厚的艺术效果。

水粉画源于意大利。文艺复兴时期艺术大师达·芬奇、米开朗琪罗,均曾用水粉画笔做过素描和画稿;1720 年,威尼斯女画家卡里埃拉将水粉画带到巴黎,得以在法国繁衍并传遍全欧洲,当时的大画家布歇、夏尔丹、拉杜坎非常热衷于此,一时间作水粉画成为社会风尚,形成水粉画第一个鼎盛时期;进入 19 世纪后,大画家如德拉克洛瓦、米勒、马奈、雷诺阿等无不作水粉画,尤其是德加和美国女画家卡萨特,将水粉画推到又一个顶峰。水粉画于 20 世纪初传入我国。

壁画

壁画是古老的艺术形式,通常画在洞窟、宫殿、寺院、墓室和厅堂的墙壁上,作为装饰。壁画是人类早期最主要的绘画品种,无论东西方都有大量的壁画遗迹。如古埃及神庙里的壁画、我国著名的敦煌壁画、西方文艺复兴时期的壁画等。这些

敦煌壁画

壁画的内容大部分与宗教有关,是当时社会生活的真实写照。古代的壁画材料比较简单,一般使用蛋清或水与植物材料混合成颜料。现代壁画的材料有较大的发展,如使用丙烯等颜料,科技含量较高,作品色泽可以长久保持。

版画

版画是一种以刀为笔,在木板、铜板、石板等材质的板面上进行刻画的绘画艺术。它可以印出多份原作,视觉冲击力很强,也很有表现力,多用于文学作品的插图。版画种类主要有凹版(铜版画)、凸版(木刻与胶版画)和平版(石版画)三种。

版画——老子出关图

套色版画、凸版版画

套色版画指以几块木版套印出两种以上颜色的版画。因制作工具、材料及印刷的不同,又可分为水印、油印、粉印等。

凸版版画是版画的一种类型。有木刻、石刻、砖刻、石膏刻等多种。方法为:在介质的平面上以刀刻去画稿的空白部分。所存形象凸起,故称凸版。模样刻成后,经印刷后完成。一般的印章就是这种刻法。木版画用油性油墨印刷,称为油印。用水性颜料印刷,称为水印。

帛画

帛画是中国绘画中的一种重要形式。河南洛阳东郊殷人墓葬中出土的画幔是现存最早的帛画。战国时代的帛画艺术已有相当高的成就,尤其是人物肖像画。这个时期的帛画,到现在共发现四件:一是《人物龙凤图》;二是《人物御龙图》;三是《缯书四周的画像》;最后一件帛画画面已经无法辨识,出自湖北江陵马山一号墓。

西汉帛画

瓶画

古希腊时期画在陶制器皿上的图画称为瓶画。

漆画

指以天然漆为主要材料的绘画。中国漆画有七千多年的历史。

岩画

岩画是刻凿或者绘在岩壁表面上的图像。中国史前时期的岩画,形象较小,分布较散,主要采用平刻或平涂的表现手法。

人物画

中国画的三大主要画科之一,也是西方绘画的主要门类之一,是以描绘和塑造人物形象为主体的绘画艺术。中国的人物画出现在山水画、花鸟画之前,因描绘侧重不同,可以分为:肖像画、故事画、风俗画。根据记载,人物画在春秋战国时已达到很高水准。从战国楚墓帛画,可以看到当时人物画的成就。中国人物画强调"以形写神""气韵生动""形神兼备",有独特的艺术风格。现代人物画在发扬笔墨传统的同时,借鉴西方写实方法,使中国的人物画面貌一新。

仕女画

人物画的一种。指以描绘上层妇女生活为题材的画。现存最早的有实物仕女图的是长沙楚墓出土的帛画《人物龙凤图》。而能正式代表仕女优美娴雅姿态的绘画是晋代顾恺之的《女史箴图》《列女仕智图》《洛神赋图》等。

仕女画——女史箴图

文人画

中国画的一种。指中国古代文人画家的绘画。文人画家主张表现画家的主观情感,不拘于物象的外形刻画,强调绘画要有诗一样的意境。喜欢用简淡的水墨表现,不推重工细艳丽的画法。文人画从北宋时开始形成。代表画家有唐代的王维;宋代的苏轼、米芾等。

风景画(山水画)

以自然景物(包括村庄和城市)为描写对象的绘画。在中国民族绘画中,称为"山水画"。早期山水画多是为了烘托人物,后来逐渐独立出来成为单独的画种,而人物成了点缀或者不画人物。山水画的主要形式有水墨、浅绛、青绿、金碧等。

花鸟画

中国画的三大画科之一。是以描绘花卉、竹石、鸟兽、虫鱼为主体的绘画艺术。

我国远古陶器上已有简单的花鸟图案,这是最早的“花鸟画”。东晋、南北朝、宋时画在绢帛上的花鸟画已经逐步形成独立画科,并出现了一些专门的画家。唐宋时趋于成熟、繁荣。

中国花鸟画从传统技法的角度可划分为工笔、写意和工兼写三种。工笔花鸟画从画法上还可以分为白描、淡彩、重彩和没骨四种。

界画

中国绘画中用界尺引线的特殊门类。以宫室、楼台亭阁等建筑物为题材,而用界笔直尺画线的绘画,也称“宫室画”。历史上著名的界画作品有宋代的《雪霁江行图》《黄鹤楼》《滕王阁图》等。

静物画

一般指描绘摆放在桌子上的花果、器物等无生命者的绘画。静物画,是专业绘画训练中不可缺少的学习手段,也是独立存在的一门绘画种类。静物画看似简单,其实需要画家有以物传情,以情入画的本领,需要使情感和表现形式高度统一。从美学角度看,静物画可以使复杂趋于简单,使客观现实传达主观意念,更好地表现事物本身从容、坦然的特性。

历史画

以历史事件为题材的绘画。在中国此类绘画颇多,现存的如唐代阎立本的《步辇图》,以及宋代陈居中的《文姬归汉图》等,都是描绘历史故事的作品。在欧洲,17 世纪理论家认为历史画是绘画中最重要的题材。历史画在 19 世纪获得了新的发展。

院体画

院体画又简称“院体”“院画”。中国画的一种,一般指宋代翰林书画院及其后宫廷画家比较工致一路的绘画。院体画为迎合帝王宫廷的需要,多以花鸟、山水、宫廷生活及宗教内容为题材,作画讲究法度,重视形神兼备,风格华丽细致。

宣传画

也叫“招贴画”。一种以宣传鼓动为目的、结合简短号召文字的绘画,通常指政

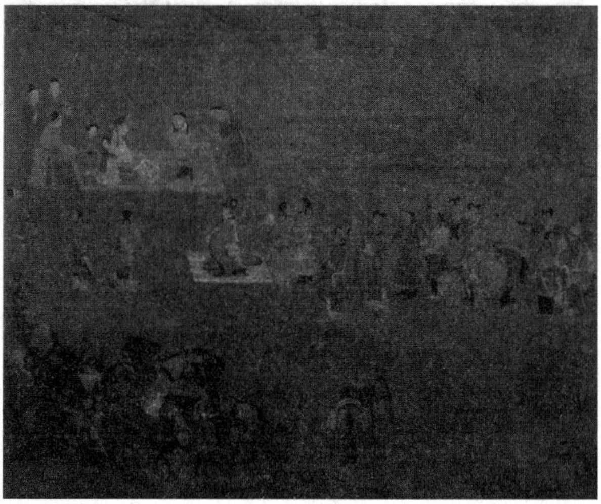

历史画——文姬归汉图

治宣传画。广义包括文化活动的海报和商品广告等。具有造型简括突出、色彩鲜明醒目等特点。大都经过复制，张贴于街头或公共场所。它从早期的图画传单演变而来。

漫画

漫画是一种具有幽默性质的画种，画面诙谐、风趣。一般是用夸张、比喻和象征的手法，突出地表现内容，以利于讽刺、批判或宣传、鼓动。我国的现代漫画，常用来歌颂新人、新事、新风尚。用漫画形式来表现广告内容，也能达到“出奇制胜”的效果。

年画

年画是中国的一种绘画体裁，多在欢庆大年(春节)时张贴，装饰环境，含有祝福、吉祥、喜庆之意，故称“年画”。年画是中国特有的民间美术形式，最早大约萌始于秦汉之际，当时逢大年除夕便在门户上画神荼、郁垒和虎以驱鬼魅不祥之物。现在的年画为木版水印，以简练的线条、鲜明的色彩，表现喜庆欢乐的画面。年画产地不一，各富地方特色，而天津杨柳青、山东潍坊和苏州桃花坞是中国三大著名木版年画产地，此外，广东佛山、四川绵竹等地的年画也较为著名。

连环画

连环画是用多幅画面连续叙述一个故事的绘画形式。连环画源于我国。汉

《西游记》连环画——三打白骨精

代,我国就有刻在砖上的单幅人物故事画。唐代,开始具有连环画的雏形。当时的画格式非常自由,有些已用连续性的绘画来表现。元明时代,小说、戏曲发达,因而有了连环画的插图。建安虞氏所刻《全相平话三国志》,是第一部以插图形式出现的连环画。清代,又产生了单页的连环故事画(即年画),一个故事印一张或印二三张。清末,随着石印技术的输入,出现了最初的"回回书"(小说的每一篇、每一回都插图)。光绪二十五年(1899 年),上海文益书店首次出版朱芝轩绘制的石印《三国志连环图画》,使连环画得以迅速发展。"连环画"一词亦源于此。

我国第一次把图画故事书叫作连环画,是从 1925 年开始的。当时上海世界书局出版了一本《西游记》定名为"连环图画"。虽然有人把以后出版的这类书称为"公仔书""牙牙书""小人书"。但统一的叫法还是"连环画"。

组画

是用一组或几幅画来表现一个主题的绘画形式,每幅画之间既可以各自独立,又是同一主题的组成部分。如。顾恺之的《女史箴图》、荷加斯的《时髦婚姻》等。

画像砖

古代祠堂、墓室的装饰画。盛行于东汉,四川、山东、河南等地发现较多。表现形式为阳刻线条、阳刻平面、浅浮雕等相结合;用模型印制,或直接刻在砖上,有的施加色彩。内容有割禾、制盐、采莲、射弋、饮宴、歌乐、杂技、车马出巡、神仙故事等。构图富于变化,造型简练生动。后代园林建筑等也用画像砖,大都浮雕、圆雕结合,亦称"花砖"。

画像石

所谓画像石就是在石头上刻出一些图像,也称石刻画,主要用于墓室、墓前祠堂、石阙等墓葬建筑的建造与装饰。它产生于西汉,盛于东汉,魏晋之际仅有个别实例。故又称汉画像石。它的产生恐怕是担心壁画不能久传的缘故。从技法上讲,这种石刻画突出以线造型的特点和黑白关系,没有色彩,是绘画和雕刻结合的一种形式。主要内容可分为以下6类:庄园经济条件下的生产劳动,体现墓主人身份、经历的礼仪与象征物,墓主人生活,历史故事和历史人物像。神话故事、祥瑞物象与天象图,各种以植物为主题的花纹和图案。

变体画

画家对同一画题,用几种不同的构图、表现方式加以处理,力求更充分体现主题思想,除其中主要的一幅外,其余各幅都叫变体画。如,法国画家杜米埃的《起义》《洗衣妇》,俄国画家列塞的《不期而至》《查波罗什人》等,均有几幅变体画。

肖像画

肖像画是指描绘人物形象的绘画,包括头像、胸像、全身像和群像等。欧洲肖像历史悠久,15世纪以后达到全盛,涌现出了大批著名的肖像画家。肖像画要求画家有精湛的写实能力,并且能准确抓住人物的性格特征,达到形神兼备的艺术效果。中国肖像画也称“写真”“传神”“写照”。

风俗画

一种绘画的风格和类别,描绘一定地区、民族和一定社会阶层中人们的日常生活、民俗风情的绘画。在更普遍的意义上,指的是“种类”,指各种按主题不同分类的绘画,如风景画、人体画等。

指画

所谓指画,就是用指头蘸墨作画。据说为清初画家高其佩梦中所创。高其佩从小喜欢作画。他发明指画后,曾说过他作指画运用了手的各个部分,指甲、指头、手掌、手背。可见指画不单用指头。高其佩作品颇丰,他用指头画的《钟馗》《松鹰图》《出猎图》等,用线既拙且活,别有一番情趣。高其佩之后继者也很多,逐渐形成了“指头画派”,师承高其佩的甘怀园、赵成穆、朱伦瀚、李世倬、高璥等均小有名

最早的风俗画——清明上河图(局部)

气。乾隆年间人苏廷煜也工指画。如现代画家潘天寿也是其中名家。

火笔烫画

火笔烫画是我国古代流传下来的一种民间艺术。历代火烫画多以花鸟鱼虫或仕女图为题材,以装饰为主。如,在木制家具上烫制花卉、小鸟,显得高雅美观;在堂屋正中挂上一幅火烫中堂、对联,显得宏丽庄重。现代烫画多以电烙铁或专制的火笔在三合板、五合板或红、白松木板上作画。火笔烫画既有国画特点,又有工笔画的风格:既是艺术品,又是工艺品。

铁画

铁画,亦称"铁花",是一种具有独特风格的民间工艺美术品。它是用铁片和铁线锻打焊接成的山水、花鸟画形式,做成挂屏、挂灯。铁画源于我国安徽芜湖一带,相传已有三百余年的历史。据说。创始人汤鹏原是一个铁匠。自幼与画家为邻,时常偷看画家作画。有一次竟遭斥责,从此发愤图强。以砧为砚,以锤代笔,锻铁为画,终于"名噪公卿间"。目前,铁画已驰名中外。

速写

速写是绘画的一种方式,是面对观察对象,运用简练的线条,迅速简要地描绘出对象的轮廓、神态等特征的艺术手法。是培养画家敏锐的观察力和迅速把握事物特征的重要练习方法。

插图

又名"插画"。指插附在书刊中的图画。有的印在正文中间,有的用插页方式,对正文内容作形象的说明以加强作品的感染力。各类书刊的插图,如文学、科学、儿童读物等,因内容不同而形式各异。现在一般所说的插图,主要指文学作品的艺术插图。画家根据作品的思想内容,进行创作,因此文学插图又具有独立的艺术价值。中国过去的“出相”“绣像”“全图”等亦属插图的一种。

题款

又称款书、款识,指画家在画上题写的姓名或字号、标题、作画的时间、地点及诗文等。款书从元代起,开始逐渐流行。“款”是指作者的署名,“题”是指与绘画相关的文字、诗词等。在画面上大段题字的称为“长款”,仅题作者姓名的称为“穷款”。画面上除诗跋外,仅题作者姓名和年代、地点的称“单款”,又叫“下款”。另题馈赠者名姓、字、号、原因的叫“上款”。

六要

中国古代画论对绘画创作提出的六个要求。有两种说法:一是五代梁荆浩《笔法记》“夫画有六要:一曰气,二曰韵,三曰思,四曰景,五曰笔,六曰墨。……气者心随笔运,取象不惑;韵者隐迹立形,备仪不俗;思者删拨大要,凝想形物;景者制度时因,搜妙创真;笔者虽依法则,运转变通,不质不形,如飞如动;墨者高低晕淡,品物浅深,文采自然,似非因笔”。二是北宋刘道醇《圣朝名画评》提出识画之诀,在乎明六要而审六长,“所谓六要者:气韵兼力一也,格制俱老二也,变异合理三也,彩绘有泽四也,去来自然五也,师学舍短六也”。

绘画流派及并称

南北二石

指齐白石、傅抱石两位画家。

青藤、白阳

陈道复的山水画笔墨淋漓,不拘形似,以神统形,与徐渭并称“青藤、白阳”,对后世的影响很大,被世人称道。

六朝三杰

东晋的顾恺之，有才绝、画绝和痴绝三绝之称；南朝梁人张僧繇，画山水不以笔墨勾勒，史称“没骨山水”；南朝宋人陆探微，用笔连绵不断，称为“一笔画”。

清末三大画家

指书画家、篆刻家赵之谦；画家任颐和书画家吴俊卿。

六朝四家

指六朝时期杰出的四位画家，分别是顾恺之、曹不兴、陆探微与张僧繇。

五代山水四大家

五代时期山水画成绩斐然，名家辈出，出现了四位著名的山水画家：荆、关、董、巨，即荆浩、关仝、董源和巨然，他们合称为“五代山水四大家”。

南宋四家

南宋院体山水画家刘松年、李唐、马远和夏珪四人的合称。属豪纵简略一路画风。

元四家

元四家是元代山水画四位代表画家黄公望、王蒙、倪瓒、吴镇的合称。黄公望的画笔意简远逸迈、气势雄浑；王蒙是茂密幽邃而有秀逸之趣；倪瓒则以简朴淡雅为主而寓萧疏气象；吴镇画风近似倪瓒而又别具空灵之气，让人有身在江南湿润水乡的感觉。

明四家

明代中叶画家沈周、文徵明、唐寅、仇英四人的合称。而沈、文两位又为“吴门派”宗师。四人中沈周与文徵明为文人画，唐寅与仇英为近院体画。四人又有师友关系，画艺各有特点。

清初画坛“四王”

旧时对清初山水画家王时敏、王鉴、王翚、王原祁四人的合称，又称“江左四王”。他们之间有着师友或亲属关系，在绘画风尚和艺术思想上，直接或间接受董其昌影响，其画风提倡摹古，讲究笔墨趣味，表现出淡泊宁静，与世无争的情怀。对清代山水画则有深远影响。康熙至乾隆年间有王昱（字日初，号东庄，原祁族弟）、王愫（字存素，号林屋山人，时敏曾孙）、王玖（字次峰，号二痴，翚曾孙），王宸（字小凝，号蓬心，原祁曾孙）；其后又有王三锡（字邦怀，号竹岭，昱侄）、王廷元（字赞明，玖长子）、王廷周（字恺如，玖次子）、王鸣韶（字夔律，号鹤溪，嘉定人），画山水俱效法“四王”，前者称为“小四王”，后者称为“后四王”。

清初“四僧”

指朱耷（八大山人）、石涛（朱若极）、弘仁（江韬）和髡残（刘介丘）。均明末遗民，深通禅学，寄情书画，各有独特造诣。其画风格张扬个性，反对因循守旧，感情色彩强烈。

元六家

元代山水画家赵孟頫、高克恭、黄公望、吴镇、倪瓒、王蒙6人的合称。他们的画风虽各有特点，但主要都从五代董源、北宋巨然的基础上发展而来，重笔墨、尚意趣，并结合诗文书法，是元代山水画的主流。

清六家

清初山水画家王时敏、王鉴、王翚、王原祁、吴历、恽寿平六人的合称。亦称“四王、吴、恽”。四王之间有着师友和亲属关系，都受明末画家董其昌影响，画学宋元，法本黄公望，重临摹，仿古画，轻写生和创造。“四王”山水受到官方的推崇，被尊为“正宗”，从学者甚多，对清代三百年画坛影响至深。吴历出于王时敏之门，曾随传教士去澳门，略带西洋技法，又是王翚的同乡。恽寿平初善山水画，后与王翚为友，舍山水而学花竹禽虫，以北宋徐崇嗣没骨法为宗，有明丽秀润的特色，称为“恽派”。他们六人为继明代董其昌之后享有盛名，领导画坛，左右时风，当时被视为“正统”。

金陵八家

明末清初在南京的八位画家龚贤、樊圻、高岑、邹喆、吴宏、叶欣、胡慥、谢荪八人的合称。他们八人的绘画题材和风格不尽相同,因聚居金陵(今江苏南京)皆有一定时誉(以龚贤最著),故称。另有乾隆间《上元县志》载:陈卓、吴宏、樊圻、邹喆、蔡霖沧、李又李、武丹、高岑为"金陵八家"之说。但多以前者为准。

扬州八怪

清朝康熙、雍正、乾隆三朝有一批在扬州卖画的"怪"画家,他们的绘画风格与当时的正统画家不同,他们的思想行为也和当时的习俗不大一样,因而后人称其为"扬州八怪"。关于八位画家,说法不一,《天隐堂集》谓是郑燮、金农、高凤翰、李鱓、李方膺、黄慎、边寿民、杨法;《古画微》谓是李方膺、汪士慎、高翔、边寿民、郑燮、李鱓、陈撰、罗聘;《瓯钵罗室书画过目考》谓是罗聘、李方膺、李鱓、金农、黄慎、郑燮、高翔、汪士慎;《中国绘画史》谓是金农、罗聘、郑燮、闵贞、李方膺、汪士慎、黄慎、李鱓。

画中九友

清初吴伟业所作《画中九友歌》中,赞明末清初董其昌、杨文聪、程嘉燧、张学曾、卞文瑜、邵弥、李流芳、王时敏、王鉴等9位画家为"画中九友"。

画中十哲

指清代娄东画派的10位画家。即董邦达、高翔、高凤翰、李世倬、张鹏翀、李师中、王延格、陈嘉乐、张士英、柴慎等10位。他们崇古保守的画风,与"虞山画派"相依托。即这10位娄东派的画家,亦兼写虞山画派,如李世倬。他们又受"四王"的影响甚大,其主要以临摹复古为主。但其中也有自出机杼、别故致新的画家,如高凤翰、高翔等。

各画派的代表人物

浙派——戴进;吴门派——文徵明;江夏派——吴伟;松江派——董其昌;云间派——沈士充;苏松派——赵左;虞山派——王翚。

米派

指宋代米芾、米友仁父子所绘之画。画史上称"大米""小米",或名"二米"。米芾画山水从董源变来,突破勾廓加皴的传统技法,多用水墨点染,不求工细,自谓"信笔作之,多以烟云掩映树石,意似便已"。其子米友仁山水画发展了米芾技法,

“略变其尊人所为，成一家法”，用水墨横点写烟峦云树，崇尚平淡天真，运笔潦草，自称“墨戏”。“二米”均居襄阳和镇江，对萧、湘二水及金、焦二山自然景色特别陶醉。故“二米”山水画多以云山、雨霁、烟雾为题材，纯以水墨烘托，用卧笔横点成块面的“落茄法”表现烟雨云雾、迷茫奇幻的妙趣，世称“米点山水”“米氏云山”。

浙派

亦称“浙江画派”。明代前期主要画家戴进开创。作画受李唐、马远影响很大，取法南宋画院体格。擅山水、人物、花果、翎毛，画艺很高，风行一时，从学者甚多，逐渐形成“浙派”。后江夏（今湖北武昌）人吴伟，学戴进而更为豪放，也有不少人追踪他的画风，又形成浙江派的支流——“江夏派”。浙派、江夏派的著名画家有张路、蒋三松、谢树臣、蓝瑛等。明代中叶后，吴派兴起，主宰画坛。至明末“浙派”不再出现于画坛。

吴门派

亦称“吴门画派”。明代沈周与其学生文徵明，画山水崇尚北宋和元代。与取法南宋的“浙派”风格不同。它盛行于明代中期，从学者甚众。著名的有文伯仁、文嘉、陈道复、陆治、钱毅等。他们都是苏州府人，苏州别名“吴门”，故称。吴门派在当时画坛占有重要位置。

吴派

明代中、晚期的代表画派。明中期的画坛，以“吴门派”为首，晚期则推崇“松江派”。松江本属吴地，后人因合称两派为“吴派”。

新安画派

以明末清初渐江为先路，与查士标、孙逸、汪之瑞合称“新安派四大家”。因渐江为歙县人，查士标、孙逸、汪之瑞为休宁人，而晋唐时这两个县皆属新安郡治，所以得名“新安画派”。该画派的特点宗法元代书画家黄公望、倪瓒，多写生黄山云海松石之景。着墨无多。用笔坚洁简淡。

华亭派

“华亭派”又名“松江派”，以顾正谊为创始，以董其昌为代表。董其昌深谙古法，所画用笔洗练。墨色清淡，风格古雅秀润，代表了“华亭派”的风格，与“吴门画派"精工具体形体对照。董其昌以自己的绘画实践做理论的基础,"开堂说法",提出了引起后世争论的"南北宗"学说。董其昌提倡文人画的书卷气,强调南宗绘画的正统地位,从而表明崇南贬北的个人爱好。虽然董其昌"南北宗"论为一己之说,但是它能形成巨大的社会反响,应该说是反映了当时的社会风尚,有着广泛的社会基础。"华亭派"中的其他画家还有宋旭、陈继儒、赵左(苏松派)、沈士充(云间派)等。

娄东派

一称"太仓派"。清代山水画流派之一。山水画家王原祁,继其祖父王时敏家学,效法黄公望,名重于康熙间,一时师承者甚多,以族弟王昱、侄王愫,弟子黄鼎、王敬铭、金永熙、李为宪、曹培源、华鲲、温仪、唐岱等为著。其后,曾孙王宸、族侄王三锡,以及盛大士、黄均、王学浩等,亦学王原祁。王原祁是江苏太仓人。娄江东流经过太仓,故人称"娄东派"。此派崇古保守的画风,与"虞山派"相同。对清代山水画甚有影响。

江西派

亦称江西画派。以清初画家罗牧为代表的画派。罗牧江西宁都人,寄居江西南昌。善画山水,笔意空灵,在黄公望、董其昌之间,得魏石床传授,林壑森秀,墨气盎然,颇具韵味。时称妙品。江淮间人师之者众,为江西派创始人。秦祖永评其画云"稳当有余而灵秀不足"。

虞山派

清代山水画流派之一。山水画家王翚,先后师王鉴、王时敏,并取法宋、元,画名盛于康熙间,学生有杨晋、顾昉、李世倬、上睿、胡节、金学坚等。翚为江苏常熟人,当地有虞山,一因有"虞山派"之称。其崇古风尚对清代山水画影响颇大。

海上画派

简称"海派"。中国画的一个流派。指鸦片战争后聚集上海的各地画家,他们在传统基础上破格创新,风格自由,个性鲜明,雅俗共赏,与民间艺术关系密切,善于借鉴吸收外来艺术。代表人物有赵之谦、虚谷、任颐、吴昌硕等。

岭南画派

简称"岭南派"。近代中国画的一个流派。广东地处五岭之南,明清以来出过很多著名画家。高剑父、高奇峰、陈树人等人创立了岭南画派。他们的作品,多写中国南方风物,融合日本和西洋画法,注重写生,笔墨不落俗套,色彩鲜丽,别创一格。

翰林图画院

一名“翰林图画局”,简称“画院”“图画院”。宋代帝王御用的绘画机构。汉、唐已有宫廷画家。五代十国时,画家比较集中南唐、西蜀,始有“画院”。北宋初设置“翰林图画院(局)”,按才艺高下,分别予以祗候、待诏、艺学、学生等职衔。徽宗朝,一度建立“书画学”,规定肄业和考绩等制度;“画院”的规模以此时为盛。南宋重整“画院”,规模不减北宋,元、明、清虽未设立和宋代相同的机构,但仍罗致画家服务宫廷。

著名画家

曹不兴

曹不兴，生卒年月不详，三国吴画家。不兴，一作弗兴，吴兴（今属浙江）人。擅画龙、虎、马和佛教人物。作巨幅画像，心敏手运，须臾即成。在吴地与皇象善书、严武善弈等号称“八绝”。相传孙权命他画屏风，误墨成蝇状，孙权疑为真，举手弹之。时康居僧人会（即康僧会）携佛像从南方入吴，不兴曾加模写，有“佛画之祖”之誉。书画真迹早已散失。

顾恺之

顾恺之（约345—406年），东晋画家。字长康。小字虎头，晋陵（今江苏无锡）人。曾为桓温及殷仲堪参军，义熙初年（405—418年）初任通直散骑常侍。多才艺，工诗赋、书法，尤精绘画，尝有“才绝、画绝、痴绝”之称。多作人物肖像及神仙、佛像、禽兽、山水等。画人注重点睛，自云“传神写照，正在阿堵（即这个，指眼珠）中”。在建康瓦棺寺绘《维摩诘像》壁画，光彩耀目，轰动一时。后人论述他作画，“意存笔先，画尽意在”；笔迹周密，紧劲连绵如春蚕吐丝。后人把他和师法他的南朝宋画家陆探微并称“顾陆”，号为“密体”，以区别于南朝梁张僧繇、唐吴道子的“疏体”。著有《论画》《魏晋胜流画赞》《画云台山记》，其中“迁想妙得”“以形写神”等论点，对中国画的发展有很大影响。存世的有《女史箴图》《洛神赋图》《列女仁智图》等。

顾恺之画像

展子虔

展子虔（550—约604年），北周末隋初画家。渤海（今山东阳信）人。历北齐、北周入隋任朝散大夫、帐内都督。擅画人物、车马，人物描法细致，以色晕染面部；画马立者有走势，卧者有起跃之状。亦工台阁，写山川远近，有咫尺千里之势。曾在洛阳、长安、江都等地寺院绘佛教壁画。画迹有隋代官本《法华变相图》《长安车马人物图》《南郊图》《游春图》等。《游春图》为现存最古的卷轴山水画。

阎立本

阎立本（？—673年），唐代画家。雍州万年（今陕西西安）人。与父毗、兄立德俱擅工艺、建筑和绘画，驰名隋、唐间。立本继承家学，显庆中任将作大臣；兄死后，代工部尚书，后任右相，改中书令。工书法，擅画人物、车马、台阁，有丹青神化"冠绝古今"之誉。取法张僧繇、郑法士，而能"变古象今"，笔力圆劲雄浑；尤精肖像，善于刻画性格。画唐太宗像及《秦府十八学士》《凌烟阁功臣二十四人图》等，为当时称誉。作品《步辇图》是一幅具有重要意义的历史画，今存有宋代摹本。此外，存世作品有《历代帝王图》等。

吴道子

吴道子（约685—758年），唐代画家。又名道玄，阳翟（今河南禹县）人。擅画道释人物，兼工山水、花鸟。为唐玄宗器重，授以"内教博士"。所画人物衣袖、飘带有迎风飞舞之势，故有"吴带之风"之称。在设色上，其画作常以线条为主体，略加渲染，以显出立体感。从而突破了南北朝以来铁线描、施重彩的雅致绮丽风格，呈现出雄浑奔放、墨彩兼备的画风。故而被奉为"画圣"，民间画工尊之为"祖师"。画迹有《明皇受箓图》《十指钟馗图》《天王送子图》《维摩诘图》等。

韩滉

韩滉（723—787年），唐代书画家。字太冲，长安（今陕西西安）人。与韩幹是同时代的鞍马画大家。他书法学张旭，绘画学陆探微，擅长画田家风俗，人物水牛，能曲尽其妙，尤其是画牛。画迹有《李德裕见客图》《尧民击壤图》《田家风俗图》《五牛图》（旧称《文苑图》）等。元代赵孟頫为《五牛图》题跋，称其"神气磊落，稀世名笔"。

周昉

周昉，生卒年月不详，唐代画家。字景玄，又字仲朗，京兆（今陕西西安）人。出身显贵家庭。先后官越州、宣州长史。工仕女，初学张萱，后则小异，多写贵族妇女优游闲佚的生活情景，衣褶劲简，容貌丰肥，色彩柔丽，颇为当时宫廷和士大夫等所欣赏。并擅作佛道宗教画，创制有民族风格的“水月观音”。雕塑者亦仿效它，称为“周家样”。兼工肖像，有兼得神情之誉。亦能画鞍马、鸟兽、草木。画迹有《三家像》《杨妃出浴图》《簪花仕女图》等。相传《挥扇仕女图》也是他的作品。

荆浩

荆浩（约850—？），五代后梁画家。字浩然，沁水（今属山西）人，隐居太行山洪谷，号洪谷子。擅画山水，常携笔摹写山中古松；作云中山顶，能画出四面峻厚的雄伟气势。他自称兼吴道子用笔和项容用墨之长，创水晕墨章的表现技法。亦工佛像，曾在汴京（今河南开封）双林院画过壁画。是中国山水画发展过程中具有重要影响的画家之一。存世《匡庐图》相传是他的作品。

顾闳中

顾闳中（约910—约980年），五代南唐画家。江南人。曾在南唐中主、后主时任翰林院待诏。工人物，用笔圆劲，间有方笔转折；设色浓丽，善于描写人物神情意态。当时，南唐后主李煜打算用中书侍郎韩熙载为相，但听说他好声伎，经常在家举行夜宴活动，便暗中命顾闳中夜至其家。窥视韩熙载与宾客门生的夜宴活动。顾闳中经过细心观察，绘成了他唯一的传世之作《韩熙载夜宴图》。

关仝

关仝，生卒年月不详，五代至北宋的著名画家。也作关同、关童，长安（今陕西西安）人。其山水多画黄河中游地区的巍峰林峦。时而也描绘村居野渡、渔市山驿等生活场景，皴法严实而劲健，力现山崖与林木的坚实形质，布境兼“高远”与“平远”两法，落墨渍染生动，饶于韵味，笔简气壮，景广意长，人称“关家山水”。在北宋画坛上，关仝与李成、范宽齐名，号称“三家山水”。传世作品有《秋山图》《秋晚烟岚图》《江山渔艇图》《江山行船图》《春山萧寺图》。

董源

董源（？—约962年），五代南唐画家。源一作元，字叔达，钟陵（今江西南昌）人。自称“江南人”。中主时任北苑副使，人称“董北苑”。擅画水墨或淡着色的山水，用状如麻皮的皴笔表现山峦，上多矾头（山顶石块）苔点，多画丛树繁密，丘陵起伏，云雾显晦和溪桥渔浦、汀渚掩映的江南景色，后人评为平淡天真，唐无此品。也有设色浓重的，山石皴纹甚少，景物富丽，近李思训格调，而较放纵活泼。兼工龙、牛、虎和人物。巨然学他的水墨山水画，有所变格，后世并称“董巨”，为五代、北宋间南方山水画的主要流派，对后世影响很大。作品有《渔父图》《牧牛图》《出洞龙图》《夏景山口待渡图》《潇湘图》《夏山图》《龙宿郊民图》等。

李成

李成（919—967 年），五代、宋初画家。字咸熙，先世为唐宗室，居长安（今陕西西安），后迁居青州益都（今属山东）。人称李营丘。能诗，善琴、弈。尤擅画山水，初师荆浩、关仝，后常模写真景而自成一家。多作平远寒林，画法简练，笔势锋利，好用淡墨，有“惜墨如金”之称；画山石好像卷动的云，后人称这种表现技法为“卷云皴”。他和关仝、范宽形成五代、北宋间北方山水画的三个主要流派。后人学他画法的较多。他的画迹在北宋时已经很少，米芾甚至提出了“无李论”之说。作品有《晴峦萧寺图》《读碑窠石图》等，现存与王晓合作的《读碑窠石图》为宋代摹本。

范宽

范宽，生卒年月不详，北宋山水画家。名中正，字仲立，因性情宽和，人称范宽，华原（今陕西耀州区）人。常往来汴京、洛阳，天圣（1023—1032 年）中尚在。初学李成，继法荆浩，后感“与其师人，不若师诸造化”，因移居终南山、太华山。对景造诣，不取繁饰，自成一家。落笔雄健凝练，用状如雨点、豆瓣、钉头的皴笔画山。皴笔布列山石的正面，起伏更见有势，山顶植密林，水边置大石，屋宇笼染黑色，画出秦陇间峰峦浑厚、峻拔逼人的景象。亦擅画雪景。评者以为“得山之骨”。与关仝、李成形成五代、北宋间北方山水画的三个主要流派，对后世影响很大。作品有《溪山行旅图》《寒林雪景图》《雪山观楼图》等。

米芾

米芾（1051—1107 年），北宋书画家、鉴赏家。初名黻，后改为芾。字元章，号襄阳漫士，海岳外史、鹿门居士等，祖籍太原（今山西）人，迁襄阳（今湖北襄樊）。世称米襄阳。后定居润州（今江苏镇江）。宋徽宗赵佶召为书画学博士，官至礼部员外郎，人称“米南宫”。能诗文，擅书画，精鉴别，好收藏名迹，能以假乱真。他以行草书最著，博取前人所长，用笔俊迈豪放，有“风樯阵马，沉着痛快”之评。与蔡襄、苏轼、黄庭坚合称“宋四大家”。画山水出自董源，天真发露，不求工细。多用水墨点染，自谓“信笔作之，多以烟云掩映树石，意似便已”。子友仁继父法有所发展，自称“墨戏”。画史上有“米家山”“米氏云山”和“米派”之称。传世书法作品甚多，主要有《苕溪诗卷》《蜀素帖》最为著名，还有《书史》《画史》《宝章待访录》等著作。

李唐

李唐（1066—1150年，一作约1050—?），南宋画家。字晞古，河阳三城（今河南孟州市）人。宋徽宗朝（1100—1125年）入画院，宋高宗南渡，李唐亦流亡至临安，以成忠郎衔任画院待诏，时年近八十。擅画山水，变荆浩、范宽之法，用峭劲的笔墨，写出山川雄峻的气势。晚年去繁就简，创"大斧劈"皴。画水打破鱼鳞纹程式，而得盘涡动荡之状。兼工人物，初似李公麟，后衣褶变为方折劲硬。并以画牛著称。李唐的画风为刘松年、马远、夏圭、萧照等师法，在南宋一代传派很广，对后世也有大的影响。作品有《万壑松风图》《清溪渔隐图》《长夏江寺图》《采薇图》《晋文公复国图》等。

赵佶

赵佶（1082—1135年），北宋皇帝、书画家。即宋徽宗。神宗子，哲宗时封端王。政治上昏庸腐败，生活上穷奢极欲，任用蔡京等人把持国政，推行对内镇压，对外妥协的"守内虚外"的政策。搜刮江南奇花怪石，筑园名"艮岳"，导致阶级矛盾日见激化，爆发了河北、山东、江南等地农民起义。宣和七年（1126年）底。在女真贵族发动掠夺战争期间，他传位与儿子赵桓（钦宗），自称"太上皇"。靖康二年（1127年），他和钦宗同被金兵俘虏，后死在五国城（今黑龙江依兰）。在位时广收历代文物、书画，扩充并亲自掌管翰林图画院：使文臣编辑《宣和书谱》《宣和画谱》《宣和博古图》等书。擅书法，真书学薛曜，自称"瘦金书"，也写狂草，传有真书及草书《千字文卷》等书迹。绘画重视写生，以精工逼真著称，工花鸟，相传用生漆点鸟睛，尤为生动。但不少作品是画院中人的代笔。画迹有《芙蓉锦鸡图》《瑞鹤图》《池塘秋晚图》《四禽图》《雪江归棹图》等。

张择端

张择端，生卒年月不详，北宋画家。字正道。东武（今山东诸城）人。幼好读书，早年游学汴京（今河南开封），后习绘画。宋徽宗赵佶朝供职翰林图画院。专工界画宫室，尤擅舟车、市肆、桥梁、街衢、城郭，自成一家。传世作品《清明上河图》是其杰作之一。画上无名款。但卷后有金代张著1186年题跋，文中提到画卷前有宋徽宗赵佶题写标题，故知张择端为徽宗时画院的画家。

马远

马远（1140—1225年），南宋画家。字遥父，号钦山，祖籍河中（今山西永济西），生长钱塘（今浙江杭州）。曾祖贲、祖兴祖、父世荣、伯父公显、兄逵，都是画院画家。他继承家学，宋光宗、宋宁宗时（1190—1224年）历任画院待诏。擅画山水，取法李唐。能自出新意，下笔遒劲严整。设色清润。山石以带水笔作大斧劈皴，方硬有棱角；树叶有夹笔，树干用焦墨，多横斜曲折之态；楼阁大都运用界尺，而加衬染。多作"一角""半边"之景，构图别具一格。有"马一角"之称。后人也有认为此系南宋偏安写照。又工画水，兼精人物、花鸟。后人把他与夏圭并称"马夏"，加上李唐、刘松年，合称"南宋四家"。存世作品有《踏歌图》《水图》《华灯侍宴图》等。

刘松年

刘松年，生卒年月不详，南宋画家。钱塘（今杭州）人。其山水、人物画在院画中称为绝品。同时擅长界画。山水画的内容多以江南"茂林修竹，山清水秀"的风光为对象。他经常把人物和山水结合起来，着重描写典雅清丽的自然环境，表现士大夫的悠闲享乐生活。画迹有《便桥会盟图》《溪亭会话图》《四景山水图》《醉僧图》《罗汉图》等。

黄公望

黄公望（1269—1354年），元代画家。本姓陆，名坚，平江常熟（今属江苏）人。出继永嘉（今浙江温州）黄氏为义子，因改姓名，字子久，号一峰、太痴道人，晚号自号井西道人。他幼时聪颖，博学多才，通音律、善书法。五旬之年才开始学画，专写山水，得赵孟頫指授，宗法董源、巨然。作品常描绘所居虞山、富春山一带风景。喜欢用纸作画，比前代画家更重视用笔的变化，尤其多用干笔皴擦，发展了董源、巨然一派运用水墨的传统，着色仅淡赭，被称为"浅绛"画法。他的画对明、清山水影响甚大，后人把它与吴镇、倪瓒、王蒙合称"元四家"。著有《写山水诀》。传世画迹有《富春山居图》《天池石壁图》《九峰雪霁图》等。

倪瓒

倪瓒（1301—1374年），元代画家。初名珽，字元镇，号云林子、幻霞子等，无锡（今属江苏）人。生于富豪之家。年轻时生活优裕，性格孤傲。中年后家境败落，寄居佛寺。生活境遇的巨变，使他情绪十分消极、悲观，陶醉于吟诗作画。他擅长水墨山水，极少赋色。构图平实简约，不求奇险，用笔用墨极其简练；多用清淡水墨，干笔皴擦，创造出一种幽然淡泊的意境。其作品有《渔庄秋霁图》《虞山林壑图》《容膝斋图》《幽涧寒松图》等。

沈周

沈周（1427—1509年），明代书画家。字启南，号石田、白石翁，长洲（今江苏苏州）人。一生未仕，为人宽厚，工诗文、书法、绘画，享誉极高。出身书香门第，曾祖与王蒙友善，父、伯皆为文人画家，他自幼学画，擅山水、花鸟、人物，以山水最有名。山水早年得杜琼、刘珏亲授，主要师法王蒙，所作多盈尺小幅，笔法细密。中年后转师黄公望及宋代诸家，作品也始拓为大幅，用笔劲健，颇具骨力。晚年又醉心吴镇，笔墨粗简，苍劲浑厚，秀润雄逸，意境清幽淡远，同时讲求诗书画的有机结合，丰富和发展了文人画的笔情墨趣。作品多画江南山水，注重师法造化。其花鸟，形象写实，笔墨简括厚润，画风质朴。沈周的绘画在明清时影响很大，创绘画中的吴门派，并被后世列为明四家之一。有《庐山高图》《仿董巨山水》《东庄图》《沧洲趣图》等传世。著《客座新闻》、《石田集》等。

文徵明

文徵明（1470—1559年），明代书画家。初名壁，字徵明，以字行，更字徵仲，号衡山居士，江苏长洲（今江苏苏州）人。"吴中四才子"之一。他年少时欲求取仕途，但屡试不第。曾荐授翰林院待诏，不久，即致仕归田。毕生致力于诗书画，成为享誉大江南北的画坛高手。文徵明是沈周的学生，山水、人物、花卉无所不长，而尤以山水画题材数量最多。成就也最高。尤其是他笔下的青绿山水，创立了极具文人画意趣的小青绿样式，对后世有深远的影响。他是吴门画派的杰出人物。董其昌把他推为"南宗"正统。他的书法也卓有成就，尤长行书与小楷，法度谨严，颇有晋唐书风。传世作品有《古木寒泉图》《溪桥策杖图》《江南春图》《惠山茶会图》等。

唐寅

唐寅（1470—1523年），明代画家。字子畏，又字伯虎，号六如居士，江苏长洲（今江苏吴县）人。29岁应乡试，是应天（南京）府中第一名解元，声名很盛。与祝允明、文徵明、徐祯卿号称"吴中四才子"。他博学多能，吟诗作曲，能书善画，曾因科场舞弊案受牵连，功名受挫，自此"任逸不羁，颇嗜声色"，采取了玩世的生活方式。唐寅以卖文鬻画闻名天下。他的诗词真切平易，不拘成法，大量采用口语入诗，意境警拔清新，具有独创的成就。他的画从山水到人物、仕女、神仙故事以及写意花鸟等都十分精到，他的书法也俊逸超群，在书画史上具有重要的地位。代表作有《惊艳图》《孟蜀宫伎图》《牡丹仕女图》等。

董其昌

董其昌（1555—1637年），明末书画家、鉴赏家、书画理论家。字玄宰，号思白、香光居士，谥文敏，华亭（今上海市松江区）人。万历十七年（1589年）中进士，累官至南京礼部尚书。他的书法结构森然而天真烂漫，神秀淡雅，在赵孟頫妩媚圆熟的“松雪体”称雄书坛数百年后独辟蹊径，称雄一代。他的山水画潇洒生动，特别讲求用墨的技巧，水墨画兼擅泼墨、惜墨的手法，浓淡、干湿自然合拍，着墨不多，却意境深邃，韵味无穷。他的创作成为文人画追求意境的典范。画论上标榜“士气”，把古代山水画家比喻佛教宗派，划分为“南北宗”，并推崇“南宗”为文人画正脉，形成崇“南”贬“北”的偏见，此说滋蔓晚明以后的画坛。但也说过作画须“读万卷书，行万里路”，给后来论画有积极影响。传世作品有《鹤林春社图》《浮岚暖翠图》《神楼图》《西湖八景图》《溪回路转图》等。

陈洪绶

陈洪绶（1598—1652年），明末画家。字章侯，号老莲，诸暨（今属浙江）人。幼年即喜绘画，师蓝瑛；及长，求理学于刘宗周。补生员后应乡试不中，至北京捐为国子监生；一度为宫廷作画，后雨返。清兵入浙东，于绍兴云门寺为僧一年余；后自号悔迟、悔僧。亦称老迟。在绍兴、杭州卖画。擅画人物，取法李公麟，评者谓其力量气局在唐寅、仇英之上。所作躯干伟岸，衣纹细劲清圆；晚年作品，造型夸张。他的人物画存世作品很多，较著名的有《吟梅图》《窥柬》《屈子行吟图》《归云来图》《生鲁居士四乐图》《隐居十六观图》《六逸力图》《莲石图》《荷叶鸳鸯图》《花卉山马图》以及《杂画册》等。

朱耷

朱耷（1626—约1705年），清初画家。有雪个、个山、人屋、八大山人等别号，南昌（今江西南昌）人。他本是明代皇室后裔，20岁时便弃家避祸山中，23岁剃发为僧，释名传綮，字刃庵，中年时曾因为躲避清政府征召而佯狂装疯。康熙十九年（1680年）还俗，此后便在家乡以诗文书画为事，直至去世。他擅画水墨花卉禽鸟，笔墨简括、凝练，形象夸张，亦画山水，意境冷寂。所画鱼鸟每作“白眼向人”的情状，署款八大山人，连缀似“哭之”或“笑之”的字样；以及意含隐晦的题诗，都寄寓着亡国之痛。朱耷是明清近三百年来成就最高、影响最大的画家之一，他绘画做到了削尽冗繁,返璞归真,笔墨清脱,以一种含蓄蕴藉、丰富多彩、淋漓痛快的艺术语言,塑造了一个前所未有的纯净、酣畅境界。他的书法平淡天成。藏巧于拙,笔涩生朴,不加修饰,静穆而单纯,不着一丝人间烟尘气,有着很高的艺术成就。传世作品有《快雪时晴图》《河上花图》《行书四箴》《般若波罗蜜心经》《杂画图》《杨柳浴禽图》等。

石涛

石涛(1642—约1718年),清初画家。姓朱,名若极,广西全州人。明藩靖江王朱守谦子,悼僖王朱赞仪的十世孙。父朱亨嘉于南明隆武时在广西自称"监国",为瞿式耜俘杀。他年龄尚幼,后隐蔽为僧,法名原济,亦作元济(后人误传为"道济"),号石涛,又号苦瓜和尚、大涤子、清湘陈人等。早年屡游安徽敬亭山、黄山;中年住南京,曾在南京、扬州两次见康熙帝;去过北京,与辅国将军博尔都等交游;晚年定居扬州卖画,康熙五十七年(1718年)尚在。擅画山水,常体察自然景物,主张"笔墨当随时代",画山水者应"脱胎于山川""搜尽奇峰打草稿",进而"法自我立"。所画山水、兰竹、花果、人物,讲求独创,构图善于变化,笔墨恣肆,意境苍莽新奇,一反当时仿古之风。对扬州画派和近代中国画影响很大。兼工书法和诗,并擅园林叠石。有《苦瓜和尚画语录》(其手写刻本名《画谱》)及后人所辑的《大涤子题画诗跋》等。对画论有深入研究。

李鱓

李鱓(1686—1762年),清代画家。亦作觯,字宗扬,号复堂,别号懊道人。江苏兴化人。康熙间举人,曾为宫廷作画,后任藤县知县,被免职后,在扬州卖画。擅花卉虫鸟,初师蒋廷锡,画法工致;又师高其佩,进而崇尚写意,取法徐渭、朱耷,落笔劲健而有气势。每有反映其仕途失意和"孤芳自赏"之作。能诗。为"扬州八怪"之一。代表作品有《风荷图》《墨松图》《松藤图》《芍药萱花图》等。

金农

金农(1687—1764年),字寿门,又字司农、吉金,号冬心先生、曲江别史、稽留山民、曲江外史、昔耶居士、心出家庵粥饭僧等,浙江钱塘(今杭州)人。长住扬州。清代书画家。以"布衣"自乐,被荐举办博学鸿词科未就。遂只身游历四方,最后流落在扬州卖画为生,贫困老死。能诗,善书法,其隶书最为著名。楷书自创格调,自称"漆书",精篆刻。50岁后,才从事绘画。擅画梅花、竹子及浅墨小品,用笔简朴。又善画山水、佛像、马,兼长于题咏。他的绘画尤以墨梅见长。他从画汉代画像石刻中汲取精髓，故作品富有金石气，风格质朴、苍老，造诣很深，世间称他为“扬州八怪”之首，声望很高。作品有《采菱图》《荷塘图》《双勾兰花图》《人物山水图》等。著有《冬心先生集》。

郎世宁

郎世宁(1688—1766年)，天主教耶稣会修士、画家兼建筑家，意大利米兰人。康熙五十四年(1715年)来中国北京传教，成为清代宫廷画家，曾参与增修圆明园建筑工事。擅长肖像、花鸟、走兽，尤工画马。所作参酌中西画法，注意透视和明暗，刻画细致，注重写实，而止于形似。他将欧洲的绘画品种和方法传授给中国的宫廷画家，为中西文化艺术的交流做出了积极的贡献，颇得皇家青睐。作品有《百骏图》《弘历观马戏图》《松鹤图》等。

郑燮

郑燮(1693—1765年)，清代书画家、文学家，字克柔，号板桥，江苏兴化人。康熙时秀才，雍正举人，乾隆进士。曾任山东范县、潍县知县，后因助乡民胜诉及赈济饥民，得罪豪绅，遭弹劾而罢官。久居扬州卖画为生。书画文辞名重一时，尤以墨竹为胜，将草书中竖长撇法入画，风格明快劲峭，用笔略嫌扁薄，变化不大。又好论画。工书法，融隶书于行楷中，自称“六分半”。郑氏蔑视贪官，同情穷人，是一位有气节、受人爱戴的文人，但也是一位一生不得志的画家。他的书画风格对后世的影响较大。代表作品有《竹石图》《劲竿凌云图》《丛兰荆棘图》等。著有《郑板桥全集》。

郑燮画像

吴昌硕

吴昌硕(1844—1927年)，近代篆刻家、书画家。初名俊、俊卿，字昌硕，仓石。别号有缶庐、苦铁、大聋、老缶、老苍等。浙江安吉人。清末曾官江苏安东知县，在任仅一月，后寓上海。中年后始作画，其绘画内容以梅、兰、竹、菊、藤萝、葡萄等为主，取法徐渭、朱耷、李鱓，并受赵之谦、任颐的影响。设色大胆，别开生面，用色混而不脏，艳而不俗。自有一种古朴的美。他把书法用笔融于绘画，成为“海上画派”的杰出代表。工诗、书法，擅写“石鼓文”，精篆刻。远宗秦汉，近取浙皖精英，自创面目。光绪三十年(1904年)在杭州成立“西泠印社”，被推为社长。他又能融各家之长，并贯通他的书法、篆刻，创雄健苍劲的风格。对艺术创作主张“出己意”“贵有我”，因此他的作品具有浓厚的“性格特点”。他的作品诗、书、画、印配合得宜，融为一体，其艺术风尚对我国近现代画坛影响极大，对日本影响也很大。传世作品有《桃实图》《天竹花卉》《紫藤图》《墨荷图》《杏花图》等。

齐白石

齐白石（1864—1957年），现代书画家、篆刻家。原名纯芝，字渭清，后改名璜，字濒生，号白石，别号借山吟馆主者、寄萍老人等，湖南湘潭人。早年曾为木工，后结交当地文人，学习绘画、诗文、篆刻、书法，靠为人写照、卖画、刻印为生。中年多次出游南北，57岁后定居北京。专业卖画、刻印。在艺术上常与陈衡恪相切磋，推崇徐渭、朱耷、李鱓及吴昌硕等诸家，60岁后，画风遽变，重视创造。融合了传统写意画和民间绘画的表现技法，形成独特的艺术风格。擅作花鸟虫鱼，笔墨纵横雄健，造型简练质朴，色彩鲜明热烈；并善于把阔笔写意花卉与微毫毕现的草虫巧妙地结合一起。亦画山水、人物。篆刻初学浙派，后多取法汉代凿印，布局奇肆朴茂，单刀直下，劲辣有力。能诗文。建国后，他对书画、篆刻的活动，益见勤奋。曾任中国美术家协会主席。代表作品《虾》，是其画虾的最高境界，具有极高的艺术价值。

齐白石

黄宾虹

黄宾虹（1865—1955年），现近代艺术巨匠。原名懋质，后改名质，字朴存，一作朴人。后以号行，别署予向、虹庐、虹叟，中年更字宾虹，祖籍安徽歙县，出生于浙江金华。他早年激于时事，参加了同盟会、南社等革命社团，后潜心学术，深研画史、画理。黄宾虹对中国的传统山水画笔墨做了总结性的考察研究，他的作品已经走到了传统山水画模式的边缘，其抽象性格又和世界现代艺术倾向接近，为中国画史进入现代竖起了一块新的里程碑，堪称中国传统山水画精华之集大成者和现代艺术的开拓者。代表作有《山水》等。著有《古印概论》《古文字释》《古画微》《虹庐画谈》《鉴古名画论》《画法要旨》《宾虹诗草》等，与邓实合编《美术丛书》，别有辑本《黄宾虹画语录》。

何香凝

何香凝(1878—1972 年),现代著名画家。原名瑞谏,号双清楼主。祖籍广东南海,生于香港。国民党革命派杰出代表。她的父亲是香港的大地产商,但她却不安于现状,积极投身革命。1897 年 10 月,她与著名革命家廖仲恺结婚,后来跟随孙中山从事辛亥革命和反对南北军阀的斗争。他们夫妇协助孙中山制定了“新三民主义”革命纲领,对改组国民党、促成国共合作做出了巨大贡献。新中国成立后曾担任中国美术家协会主席等职务。何香凝是一位具有创新意识的画家,她的绘画观念、表现技法曾借鉴了日本画的写意精神、细节之精微描绘、山水画中天空的晕染法等,所作山水、花鸟笔致圆浑质朴,尤工狮、虎、鹤等动物画,意态生动逼真,显示出高超的技艺和独特的风格。著有《何香凝诗画集》。

何香凝

潘玉良

潘玉良(1895—1977 年),近代画家。原名陈玉清,后改名为张玉良。生于苏州。她幼年父母早逝,13 岁时被赌棍舅父骗到芜湖,卖给了妓院当烧火丫头,幸得芜湖盐督潘赞化救出火坑,并与之结为伉俪。玉良为表感激之情。遂改为潘姓。潘玉良是我国旅法最早、最著名的女画家,她曾两次远渡重洋,在巴黎从事艺术活动达五十多个春秋。她将中国传统的线描手法融入西方绘画技巧,色彩线条互相依存,用笔俊逸洒脱,气韵生动,赋色浓艳,雍容华贵,呈现出秀美灵逸而又极富独创性和个性化的审美情趣。代表作品有《窗前女人像》《菊花和女人体》等。

潘玉良

刘海粟

刘海粟(1895 或 1896—1992 或 1994 年),现代美术家、教育家、美术史家、画家。字秀芳,江苏省武进区人。1912 年在现代中国第一所美术学校——上海国画美术院(上海美术专科学校前身)任校长,招收了徐悲鸿、王济远等高材生,并冲破封建势力,首创男女同校,增加用人体模特和旅行写生。1918 年到北京大学讲学,并第一次举行个人画展,受到蔡元培、郭沫若的称赞。1919 年他到日本考察绘画及美术教育,其油画作品备受日本画坛重视和推崇,被称为"东方艺坛的狮"。1929 年刘海粟赴欧洲考察美术,三年间创下近百幅美术作品,受到巴黎美术界好评。新中国成立后曾任华东艺术专科学校校长,南京艺术学院院长,1981 年被聘为意大利国家艺术院名誉院士,并被授予金质奖章。刘海粟是一位兼容并包的艺术家,他兼擅中国画、油画、书法、诗词和美术史论,笔力深厚,苍拙老到,笔、墨彩的混用,创立了独家面貌,是我国 20 世纪最杰出的画家之一。代表作品有《黄山》《彩荷》《山茶锦鸡》《白菡新开初过雨》等。

刘海粟

徐悲鸿

徐悲鸿(1895—1953 年),现代画家、美术教育家,江苏宜兴人。少时刻苦学画,后留学法国。曾携中国近代绘画作品赴法、德、比、意及苏联展览。抗日战争期间,屡以己作在国外展售,得款救济祖国难民;并参加民主运动。长期从事美术教育工作,建国后任中央美术学院院长,中华全国美术工作者协会主席。在绘画创作上,提倡"尽精微,致广大";对中国画主张"古法之佳者守之,垂绝者继之,不佳者改之,未足者增之,西方绘画可采入者融之"。擅长油画、中国画,尤精素描。人物造型,注重写实,传达神情。曾创作《九方皋》《愚公移山》等寓有进步思想的历史画。所画花鸟、风景、走兽,简练明快,富有生气,尤以画马驰誉中外。画能融合中西技法,而自成面貌。其他作品还有《奔马》《溪

徐悲鸿

我后》《田横五百士》《会师东京》等。

丰子恺

丰子恺(1898—1975 年),现代画家、文学家、美术和音乐教育家,浙江桐乡人。早年曾从李叔同学习绘画、音乐,1921 年去日本。回国后先后在上海、浙江、重庆等地从事美术和音乐教学。受佛教影响,作《护生画集》寓以佛家护生戒杀之旨。五四运动后,即进行漫画创作,早期漫画多暴露旧中国的黑暗,后期常作古诗新画,并常把儿童生活作题材,自谓"要沟通文学及绘画的关系",有《锣鼓响》等作品。造型简括,画风朴实,受日本画家竹久梦二的影响。建国后,曾任上海中国画院院长、中国美术家协会上海分会主席。作有《庆千秋》《饮水思源》等具有新意的作品。著有《音乐入门》,译有《西洋画派十二讲》和外国文学作品《源氏物语》《猎人笔记》等多种。

潘天寿

潘天寿(1898—1971 年),现代画家、美术教育家。早年名天授,字大颐,自署阿寿、雷婆头峰寿者、寿者,浙江宁海人。长期从事绘画活动和美术教学。建国后,曾任中国美术家协会副主席、浙江美术学院院长。擅长写意花鸟和山水画,远师徐渭、朱耷、石涛等人,近受吴昌硕影响,布局善于"造险""破险",笔墨有金石味,显得朴厚劲挺,气势雄阔,赋色沉着斑斓,能融诗、书、画、印于一炉,形成自己面目。亦能人物。他所独创的指墨画以其沉郁古拙、气势恢宏而独步画坛。于画史、画论研究有素。代表作有《松石》《小龙湫下一角》《秋夜》《和平鸽图》《泰山图》等等。著有《中国绘画史》《治印丛谈》等。

潘天寿

张大千

张大千(1899—1983 年),现代画家。原名正权。后改名爰,曾一度为僧,法号大千,又称大千居士,以法号行。四川内江市人。自幼随母学画,作花鸟草虫白描。他钻研传统艺术。博采百家之长。工笔写意、花鸟、山水、人物无所不精,最喜写荷花。20 世纪 30 年代山水画有"南张北溥(心畬)"之说。并与齐白石齐名,又称"南张北齐”。1940 年去敦煌临摹壁画和雕塑两年半。画风一变,作品神采生动,朦胧厚重。1952 年后定居巴西。从事写生作画,举办画展等,驰名世界艺坛。1978 年后移居台北,晚年绘画生涯,在中国画传统技法的基础上吸取现代抽象艺术因素,创泼墨、泼彩新貌,对中国画的发展做出了新的贡献。他传世作品颇多,有《泼墨荷花图》《黄山文笔峰图》《庐山全图》《溪桥行舟图》等。印有《张大千画辑》《张大千画集》《大风堂名迹》等。

傅抱石

傅抱石(1904—1 965 年),现代山水画大家。原名瑞麟,号抱石斋主人,江西新余人。早年曾得到徐悲鸿资助留学日本,回国后在中央大学艺术系任教。建国后任江苏省国画院院长、中国美术家协会副主席。傅抱石在艺术上崇尚革新,他长期深入体察真山真水,摆脱了古人的笔墨,在山水画上取得了巨大的成就。他创作时章法结构不落俗套,别出心裁,线条纵逸挺秀,设色沉浑质丽,善于把水、墨、色融合为一体。在布局上,他打破了传统形式,常在满纸上下充塞山峦树木,不大留出天空,以“大块文章”的结构形成遮天盖地、壮丽沉雄的磅礴气势。人民大会堂的巨幅山水画《江山如此多娇》便是他与关山月合作的杰作。他还擅绘水和雨,独创“抱石皴”法。他的人物画也用笔洗练,着重气韵,自成一格,达到了传神的效果。有《傅抱石美术文集》《中国绘画理论》《中国山水人物画技法》等数十种著作行世,影响甚为深远。

傅抱石

著名绘画作品

《女史箴图》

东晋画家顾恺之的代表作品。此画是根据西晋文学家张华《女史箴》一文而作。描绘了古代宫廷仕女的节仪行为,人物造型准确生动,神情变化微妙,动态自然,线条飘逸,富有韵律,充分展现了中古艺术的秀雅与高贵。

《洛神赋图》

东晋画家顾恺之的代表作品。此画是由多个故事情节组成的类似连环画而又融会贯通的长卷。全幅作品共画了 61 个人物。分为几个场景。分段描绘的画卷用一幅幅连续的画面展示了从曹植见到洛神，直到洛神离去、曹植返回的整个过程，反映着人物欢乐、哀怨的情绪。画家将不同情节置于同一画卷中，洛神和曹植在一个完整的画面的不同场景中反复出现，以山石、林木及河水等背景，将画面分隔成不同情节，使画面既分隔又相连接，和谐统一，丝毫看不出连环画式的分段描写的迹象。图中山石、林木，反映了早期山水画的表现技法和面貌。

《游春图》

隋代展子虔的作品。此画是我国现存画中最早的一幅独立山水画，历来被认为代表了中国早期山水画的面貌。它是一幅描绘贵族游春的山水画。只见幽静的山谷间，伸出一条曲折的小径。游人们行于小径上，或骑马或步行，观赏着沿途的青山绿水。波光粼粼的湖面上，一艘游艇缓缓荡漾，船上的女子被美景陶醉，流连忘返。山腰和山坳处有几处佛寺，其幽静令人向往。全幅以自然景物为主，人物点缀其中，线条细劲有力，人马虽小如豆粒却一丝不苟，形态毕现。山石有勾无皴，色彩厚重，以青绿为主调，间以红白诸色，和谐中又见变化，其鲜艳明亮的色彩烘托出秀丽山河春意勃发的生机。构图上画家采用俯视取景法，将远景、近景向中景集聚，使画面各物整体地统一为一体，有种“咫尺千里”之艺术效果。

《步辇图》

唐代画家阎立本杰出的历史肖像画作品。此画描绘的是唐太宗接见迎接文成公主的吐蕃使臣禄东赞的情景。画家用遒劲坚实的铁线描塑造人物，极为概括简练，色彩虽仅着红、黑、白和淡赭，但已觉十分丰富。

《历代帝王图》

唐代画家阎立本的作品。《历代帝王图》画了两汉至隋代 13 位帝王像。画中帝王或立或坐，通过对外貌特征的刻画，揭示了每一个帝王不同的心态、气质和性格。如晋武帝司马炎富于宏图大略的气度，陈后主平庸暴虐终成亡国之君的鄙俗相貌等，都给人以深刻的印象。作品有别于南北朝时人物创作类型化的技法，而使肖像的创作达到了一个新的水平。

《江帆楼阁图》

唐代画家李思训的作品。李思训被称为“青绿山水画之祖”。此画是表现游春的情景。画面上方江天辽阔，烟波浩瀚，几只轻舟似有若无，点缀其中；下方是山峦密树，林木掩映中有一座院落，可以看到院内的楼阁朱廊。山道、河岸，有人或骑马或步行，游赏春天景色。人物虽小，却笔法工整，精致生动。设色以石青、石绿为主，墨线转折处用了泥金。颜色有深浅不同的变化，层次丰富，气派豪华，是唐代艺术堂皇典丽、金碧辉映的贵族作风。画中雕梁画栋的建筑物，画家须用界画画出。历代都有不少界画的名家，他们受到了唐代界画艺术的影响。

《虢国夫人游春图》

唐代画家张萱的作品。此图描绘唐玄宗的宠妃杨玉环的三姊虢国夫人及其眷从出游赏春的情景。全幅共画八人，皆骑马，前三骑与后三骑是侍从、侍女和保姆，中间并行二骑为秦国夫人与虢国夫人，其中秦国夫人居右上首，正向虢国夫人说着什么。图中人马动势舒缓从容，人物形象艳媚丰满，正应游春主题。构图上错落自然，疏密有致，画家只以湿笔点出斑斑草色作为背景，极好地突出了主要人物。用笔简练而圆润秀劲，透出妩媚之姿。全图极为生动贴切地表现了贵妇人们春游时悠然自得的神情，画面格调活泼明快，设色典雅富丽，意境空濛清新。此幅洋溢着一种雍容、自信、乐观的盛唐风貌，反映了当时的贵族妇女尤其是杨家兄妹无聊而骄奢的生活。

虢国夫人游春图（局部）

《捣练图》

唐代画家张萱的作品。捣练，就是把生绢捣熟，因为生绢发硬，捣熟后的绢才能用来做衣服。捣练是一种单调费力的劳动，高官显贵们的夫人小姐们是不肯做这些工作的，在宫中从事捣练的人都是那些无品级的宫女们。《捣练图》依次描绘了捣练、织修、熨烫等劳动情景。画中的妇女体态丰盈，高髻艳装。作者用简明坚劲、柔和流动的线条，斑斓而不冗杂、明艳而不单调的色彩，刻画了捣练女子的健康之美、劳动之美。在构图上,这幅图虽然也没有设置背景。但整个画面安排得十分巧妙,三组人物或立或坐,有低有高,错落有致。各组人物之间又彼此呼应,联系紧密又自然和谐。捣练一组,一人回身挽袖与理线一组相应,后两组人物之间穿插了一个蹲着扇火转首的女童,使三组人物气脉相承。最后一组人物中,最左边的妇女身姿略向后倾,扯直的长练依然有飘柔的质感,使画面有了生动的韵律。此外,作者还善于捕捉劳作中的微小细节,并对这些细节进行了深入的刻画。生动地传达出了生活的情趣,表现出了人物不同的心理和性格特点。

《江干雪霁图》

唐代画家王维的作品。此画江水横流、江岸蜿蜒、雁阵排排、雪山连绵,可谓意境深远,气势雄浑。其间再点缀些杂树、房舍、小桥、人物,更为画面增添了几分情趣。称得上“笔墨宛丽,气韵高清”,充满了诗一般的气氛和情调。为诗情与画意巧妙结合的经典之作。

《斗牛图》

唐代画家戴嵩的作品。此画也是传世的画牛佳作。这两头水牛相斗,也许是尾声了:一头牛已经力怯,正要逃离,另一头牛却穷追不舍,用角猛抵着它的后腿。从这里我们可以想见它们相斗时的凶狠。画家用水墨绘出,大的动势显出牛的野性的一面。

《五牛图》

唐代画家韩滉的代表作品。此画图中所画行进中的五头牛姿势各异,神态有别,色泽花纹亦不同,其一举一动、一俯一仰,仿佛皆有灵气。第一头牛侧身俯首,伸长脖子,似在寻觅青草;第二头牛翘首甩尾,好像正在咀嚼;第三头牛在大声鸣叫,为图中唯一正面站立的牛,表现难度较大,画家却描绘准确,立体感极强;第四牛缓步前行,姿态优美;第五牛似行似止,仿佛刚摆脱了羁绊。整个画面除右侧有一小树除外,别无其他衬景,每头牛都可独立成章。技巧上,作者以粗壮有力、具有块面感的线条表现牛的强健、有力和皮毛的质感。体现了朴实的田家风味。据说画家是以此五牛来比喻自己兄弟五人。以任重而温顺的牛的品性来表达自己内心为国为君的情感。所以此图是以物寄情的典型之作。此图卷是目前所能见到的最早画在纸上的绘画作品。笔法精妙,线条流畅,表现了作者高超的笔墨技巧,是难得的唐画佳作。

《簪花仕女图》

唐代画家周昉的传世杰作。描绘的是一群贵妇在花园中游戏赏花的情景，分为采花、赏花、漫步和戏犬四个场景，人物形象丰满，神态优美，线条细致流畅，设色鲜艳，展示出高超的绘画技法。

簪花仕女图(局部)

《潇湘图》

五代南唐画家董源的作品。此画表现了一派秀丽风光，江面开阔平静，山峦起伏连绵。近处，滩头有乐工在吹奏击鼓，小船上有穿红衣服的人在端坐，似是达官贵族游览潇湘胜景。远处，渔人们在拉网捕鱼，有的在水中把守网口，有的在岸上拉网。两组人物之外，河洲间隐约有两只渔船往来。画家将自然美景与人们的现实生活相结合，更使作品生色。全画水墨淡色，素雅轻润，只有人物用厚重鲜艳的颜色，显得十分醒目。董源的水墨山水开创了多种画法，对后世影响很大。

《写生珍禽图》

五代后蜀花鸟画家黄筌的作品。此图是他画给儿子临摹用的画稿，没有构图上的组织，共画了22种飞禽、昆虫和一大一小两只乌龟。每一种都画得极其精细，羽毛、翅翼、鳞甲，无不质感逼真。让人觉得它们都有活泼的生命。全图采用双勾填彩的画法。就是先用淡墨细笔勾出轮廓，再填上彩色染成，风格富丽工巧。画家在精确描绘自然对象的同时，还表现了一定的意趣。

《韩熙载夜宴图》

五代南唐画家顾闳中“目识心记”的稀世珍品。描绘了南唐中书侍郎韩熙载纵情享乐的场景。全画由“听乐”“观舞”“休闲”“清吹”和“散宴”五部分组成，既可各自独立而又互相关联。从而以韩熙载为中心,描绘了夜宴的整个过程。作品用墨圆劲流利而又不失沉着,设色绚丽而又不失清雅,用高超的绘画技巧细腻地描绘出韩熙载的心境:超然自适、气度轩昂,却又郁郁沉闷、寂寞寡欢。

《雪竹图》

五代南唐画家徐熙的作品。此图描绘竹石覆雪的情景。石后粗竹峭拔,老树盘根,细嫩丛杂的小竹参差其间,意趣盎然。画家在每节竹子的上部用浓墨点染,至下部逐渐淡至白色,竹节突出部位的白雪就显得很有厚度。有些小枝及竹叶,则是在反面即绢底上柒墨衬出来的,使雪意更加浓烈,突出了雪竹的特点。

《溪山行旅图》

北宋画家范宽的名作。此图以峻伟屹立的大山,一泻千尺的飞瀑,路边淙淙溪水及山路上的行旅。描绘了秦陇山川的雄伟景色,使人如身临其境。高岫巨嶂上,崇山巨峰,屏障天汉,使人犹觉石破天惊。涧中飞泉一线,直落千仞。下临深谷,山断云横,空蒙一片,俯窥而不能知其深。山脚下石径斜级,逶迤于密林荫底。一队赶驴行人,由左侧穿林而来,点出"溪山行旅"主题,极富关陕地方特色和生活气息。整幅画全用浓墨皴擦,很好地凸现了景物的质感。范宽的画峰峦浑厚,势壮雄强,深沉磅礴,气势逼人,有一种真正理解山的精神,使山的精神与人的思想感情融为一体的境界。《溪山行旅图》便是这种境界的突出展现。

溪山行旅图

《早春图》

北宋山水画家和理论家郭熙的传世名作。描绘了北方早春时特有的季节特征。曙色笼罩着大地,山谷间晨雾蒸腾而起。冰雪开始融化,树枝绽出新芽。早醒的溪水已带着大地复苏的消息流向四方……画家同时并用了多种透视方法,远近高低,层次丰富。画面纯用水墨表现,画山,用了一种弯曲的皴法,岩石看起来好像云一样可以流动;画树,树枝形似螃蟹的爪,这种笔法使树木也仿佛有了活跃的生命。整幅画从布局到笔墨,都使我们感受到大自然内在的律动,宁静的气氛中潜行着新春的活力。

《墨竹图》

北宋书画家文同的作品。一竿倒垂的竹子占据了整个画面,竹枝弯曲,如飞凤展翅。枝干刚劲有力,富有弹性,竹叶迎风翻转,生机蓬勃。画家只用墨来画,借墨的浓、淡、干、湿的变化,显出竹子的光影层次,效果和彩色一样丰富。文同喜欢种竹、赏竹、画竹,日积月累,细心观察。竹子的形与神已活跃在画家胸中。成语"胸有成竹",就是从文同画竹的故事来的。

《渔村小雪图》

北宋画家王诜的作品。此画描写的是江南冬季,小雪初霁,渔夫捕鱼的情景。图中雪山奇松,峰回路转,溪岸边渔艇停泊,意境萧索,画面中笼罩着一种空灵静寂的感觉,虽有渔夫的艰苦劳作,反映的却是高人志士向往山林隐逸生活的超脱情怀。此图是王诜师法李成又自成一家的作品。图中山石画家先以侧锋短笔勾皴,再以"破墨法"渲染其边缘轮廓,之后用清水向内化开,使墨色轻淡自然。寒林长松则用中锋浓墨。颇显葱郁茂密,突出了其凌寒不凋的高贵品格。积雪的表现上以山峦留白为主,另外还在峰顶、树杈、沙脚施以白粉。而雪后的阳光,画家则以树头、苇尖略染金粉的方式表现。使得通幅水墨之中参以唐朝以来金碧山水的画法,极有创造性。王诜师法李成又极尽己才,独成一家。其独有的画风在北宋画坛上独树一帜,对后世亦影响颇大。

《潇湘奇观图》

北宋末、南宋初书画家米友仁的代表作。这幅画中,山水画常用的皴法几乎都遮去了,剩下的是苍苍林带,冥冥云山。山水随着云雾的游动变化而时隐时现,朦胧缥缈,超逸空灵。画家充分发挥了水墨渲染的效果,形成醒目而委婉的黑白章法,率意而真切地抒发了对江南春雨景色的感受。元、明、清以及现代山水画家连点成面或大面积墨块、色块的画法,可以说都受到米派的影响。

《瑞鹤图》

北宋皇帝、书画家赵佶的作品。此图典雅华贵,占画面五分之四的天空中,有20只仙鹤,除两只立在皇宫屋顶外,其余的都在天空盘旋,但飞动方向绝无雷同。

设色上，大面积的石青色平涂，凸现了鹤的洁白；宫殿的青瓦红墙及缭绕的红云，表现了祥瑞的气氛，上下在对比中形成了平衡。

《清明上河图》

北宋画家张择端的代表作品。此画描绘了清明时节，北宋京城汴梁以及汴河两岸的繁华景象和自然风光。全图可分为三部分：序幕是在疏林薄雾中，各形各色的人从京郊踏青扫墓归来，点出清明时节的特定风俗。中段是繁忙的汴河码头，只见人烟稠密，粮船云集，车水马龙，熙熙攘攘。后段是热闹的市区街道部分，以高大的城楼为中心，两边的屋宇鳞次栉比，各色人等，各种交通工具穿插其中，绘色绘形。全画共涉及人物500多，牛、马、骡、驴等牲畜五六十匹，车、轿20多辆，大小船只20多艘，构图疏密有致，注重节奏感和韵律的变化，笔墨章法都极为巧妙。此画是中国绘画史上最著名的作品之一，创立了一种全景式的社会风俗样式，具有巨大的艺术价值和历史价值。

《江山秋色图》

南宋画家赵伯驹的作品。此图描绘深秋时节辽阔的山川郊野景色。全图重峦叠嶂。奔腾起伏，悬崖间行云缭绕，瀑布飞溅；山下河渠弯曲，涟漪道道；峰间水畔穿插楼观屋宇，又栈道长廊回环其中；苍松古柏、茂林修竹错落有致，与自然山水相得益彰。景物中还安排了众多的人物活动：闲步于竹径者、放牧于林间者、垂钓于水滨者皆栩栩如生，又有游人拾级登高，山顶高楼处亦有人正侃侃而谈，人物极小但比例准确，须眉表情皆清晰可见，生动传神。全图布局严谨，色调明快，恰到好处地再现了祖国锦绣河山之美，堪称是一幅“周密不苟”的佳作。赵伯驹对中国画坛做出了重大贡献，与其弟赵伯骕并为“青绿巧整”的代表画家之一，形成了南宋院体画派之一格，对后世影响甚大。

江山秋色图(局部)

《西湖柳艇图》

南宋画家夏圭的作品。此图描绘了西湖堤岸的杨柳和水榭画舫，中景点缀乘轿游人，以简洁的画面表现了西湖恬淡秀美的风貌。夏圭画山劈染兼用，水墨交融，淋漓尽致，突出表现了其精于山水，用笔苍老，水墨淋漓，点景人物笔简神全，寥寥数笔而神态迥出的笔墨特色。

《泼墨仙人图》

南宋画家梁楷的作品。放浪江湖的仙人，有一种与常人相异的奇趣——光光的、宽宽的额头隆起，几乎占据整个头颅的三分之二，朝天的鼻子上有一双眯成"八"字的小眼睛。身披长袍，脚蹬草鞋，袒胸露腹，一副醉态。画家是用墨泼在纸上画的，以精练的笔墨勾写，用大笔任意挥洒。仙人的自在逍遥、酒后忘情的神态面目跃然纸上。在这幅画中，画家变形、漫画以及抽象意味的绘画手法，比西方现代主义绘画早了 8 个世纪。

《出水芙蓉图》

出水芙蓉图

南宋画家吴炳的作品。荷花，又称"莲花"，或称"水芙蓉"。此图以近距离的特写镜头，突出了荷花初放最佳时刻的妩媚花姿。全图以"没骨法"画出，用墨绿重色画叶面，留出浅绿色的叶茎；用粉红色作为花瓣的底色。再用稍浓的红色晕出花瓣的明暗，勾出脉纹与轮廓，色彩清丽饱和；用嫩黄色画出的花蕊，似乎还带着拂晓时晶莹的露珠。整个画面虽然只是一朵荷花，但娇艳欲滴，像刚刚涌波出水，形象高洁，表现了出淤泥而不染的品格。

《富春山居图》

元代画家黄公望的代表作品。此画长达 6 米有余，画家花费了 4 年心血绘制而成。描绘了富春江两岸的初秋景色，笔墨苍简清润，空灵秀逸，体现了黄公望炉火纯青的功力。

富春山居图(局部)

《墨梅图》

元代画家王冕的作品。此图描绘一枝含苞的梅花横斜在画幅中间,劲拔有力的枝干有数尺之长。已开未开的梅花洋溢着一种蓬勃的生气,显得十分清新可爱。画的左上角有一首题诗:"吾家洗砚池边树,朵朵花开淡墨痕。不要人夸好颜色,只留清气满乾坤。"很明显,诗与画中充满生气的梅花寄托了画家的胸怀和理想。全画虽然只用淡墨,却能把梅花的姿态表现得那样清新悦目。

《渔父图》

元代画家吴镇的作品。描绘了悠悠然随意漂泊于江湖中的一叶孤舟,并题渔歌于其上,词语清新,如"只钓鲈鱼不钓名""一叶随风万里身"等句,抒发其安贫乐道、自鸣高雅的情怀。吴镇作画吸取董源、巨然皴法,笔墨雄秀清润,具有苍茫气象。

《牡丹仕女图》

明代画家唐寅的作品。图中绘一高髻簪花女子,手持纨扇,露出无限眷恋之意。仕女形象娟秀端丽,眉目和发髻勾勒精细,晕染匀净,线条苍劲畅利,既继承了宋代人物画法中工整流畅的线描工夫,又吸取了元人刚健方折的笔法,具有刚柔相济的艺术特点。

《墨葡萄图》

明代书画家徐渭晚年的作品。此图画的是山野之中的野葡萄,画家以饱含水分的泼墨法,随意挥洒,点染出藤条和葡萄。藤条错落低垂,葡萄晶莹欲滴。画家自题的诗句"笔底明珠无处卖,闲抛闲掷野藤中",道出了他有才能而不能施展的心境,叹息自己纵有千斛明珠的才华却无人赏识,也只能像山葡萄那样在荒野中自生自灭。那串串被"闲抛闲掷"的葡萄,正是徐渭的化身。

《松鹤图》

清代画家沈铨的作品。此图描绘江畔的两只仙鹤。图中大江波涛翻滚,场面雄奇壮阔,江畔立一块峻峭青石,上有仙鹤两只,一只引颈高鸣,另一只缓步回首,均意态悠闲,气度堂堂,如同两位诗人在临江放歌一般。石隙间有茂盛的丛竹挺出,逶迤延伸到江波之中,波涛汹涌处,竹枝随波浮沉,天趣盎然。峭壁古松苍劲,随风横空起舞。气象沉雄博大。全图苍松浓郁,枯藤披垂,竹花互掩,清流急湍,鹤的形体动势都极为生动,蕴涵"松鹤延年"的吉祥之意。画家讲究法度,笔墨精妙,造型严谨,赋色妍丽,极尽勾染之能事,显示了深厚的写生功力。此幅是画家花鸟画作中的精品,作者取北宋黄家院体画法作画,技法上又有所发展,独成一格,引领着当时的花鸟画坛,影响远及日本,在绘画史上占有重要地位。

《竹石图》

清代画家郑燮的作品。画家以白描笔意绘庭中竹石。只见画面中有修竹数枝,艰瘦挺拔,节节屹立而上,直冲云天,几欲撑破画面,每一片叶子都有着不同的表情。墨色水灵,浓淡有致,极为逼真地表现出了竹子的质感,竹后的巨石亦顶天立地,气势冲天。画家构图突破陈规,采取以柱石居中、左竹右诗的章法,竹、石和题诗文字的位置处理得十分协调,整个画面浑然一体,完美统一。图中瘦石与修竹并立,有种"秋风昨夜窗前到,竹叶相敲石有声"的诗意。全画用笔简练,墨色浓淡枯润。极具性情,气势俊朗萧散,卓然不群。画家的一生甚为坎坷,图中的竹倔强而独立,正是其傲然不屈的形象写照,画家独特的艺术风格在中国画坛上举足轻重。影响极为深远。

《苏武牧羊图》

清代画家任颐的作品。苏武是汉武帝时的官员,天汉元年(公元前100年),奉命出使匈奴。后被匈奴扣留，他宁死不屈，被流放到北海（今俄罗斯的贝加尔湖）牧羊。19 年后才被匈奴放归。他到达匈奴时正当壮年，归来时已是须发皆白的老人了。《苏武牧羊图》突破了传统人物画的格局，删除繁复的背景，着重于人物神态的刻画，获得形神兼备的效果。苏武仰望长空，神情坚毅，手中举的是代表汉朝政权的节杖，在流放的漫长岁月中，他昼夜怀抱节杖，不忘祖国。

松鹤图

《百子图》

清代画家吴嘉猷的作品。此图描绘百子游玩的情景。图中画有一段高高的墙壁，墙壁中间有一拱形门，院内院外各有一棵细瘦的树，树枝上尚未长叶却开满了粉红的花朵。树下一群孩子正在玩耍。他们都约五六岁的样子，头上扎着小辫，穿着五颜六色的衣服，有的在做游戏，有的在讲故事，有的在踢毽子，门外还不断有小孩子涌进来。画面设色淡雅。儿童神态逼真，活泼可爱，只是人物面容稍嫌雷同。画家作画时注重传统的国画手法。也吸收了某些西洋技法，画面构图紧凑，线条流畅简洁。《百子图》是画家风俗画中的代表作。这种新兴的世俗美术适应 19 世纪末的上海市民口味。画家的画风在当时有相当大的社会影响，对以后的年画和连环画创作也产生了一定的推动作用。

《桃实图》

近现代画家吴昌硕的作品。此图描绘一枝生于岩石之畔的桃枝，枝上硕果累累。画家以浓墨写桃叶，寥寥数笔勾就，形象逼真。设色艳丽的七颗大桃，浓重浑厚，艳而不俗。如见盈盈果实，如闻馨香四溢，令人垂涎欲滴。整个画面风格豪放浓丽，构图布局极具匠心，而且画家以最擅长的篆籀手法用笔，使画面融有金石之气。技法上，画家以长锋悬肘挥写，笔意雄健，使全幅笔墨淋漓，色彩浓郁，气魄醇厚。画面右侧自叶下的一行直款，一直拖至底，使画面的章法更加完美，充分体现了画家多方面的艺术造诣。此图是画家 72 岁高龄时的花卉精品，不仅代表了画家花卉领域的最高造诣，而且是百年来的桃画作品中最成功的作品之一。画家雄健的画笔一振晚清萎靡干枯之风,开创现代写意画派的新景象。

《虾》

近现代画家齐白石的作品。《虾》描绘了水中的八只虾,八虾皆在水中活泼、灵敏、机警地游动着,浓墨点成的双眼活灵活现,浸润渲染的腰身晶莹剔透,线条勾勒的长须柔中有刚,极富生命力。画家笔墨简练,以寥寥之笔描绘虾的形态、质感、动势,却皆栩栩如生,极为传神。画面左侧有画家颇富个性和功力的书法题款和奇绝飘逸的金石印章。使得整个画面更有非凡的表现力。值得一提的是,画家只画了八只透明的小虾,而未用一丝一毫的笔墨去渲染水,观之却感觉清水满满荡漾于整个画面,真是怪哉妙极,不得不佩服画家功力之浓厚。画家一生嗜画鱼虾,但一直到晚年才把虾画得生机盎然,出神入化,这幅作于画家88岁高龄的杰作,代表了画家毕生画虾的最高成就,具有极高的艺术价值。

《山水》

现代画家黄宾虹的作品。此图山峦重叠,云雾缠绕,古树苍郁,葱茏林木中可见数间房舍及二三人物。画家笔墨枯淡浓湿,参差离合,在浓重密黑中状写出浑厚华滋、凝重幽深的境界。

《玉兰黄鹂图》

近现代画家于非闇的代表作品。此图是一幅著名的工笔花鸟画作。只见画幅中一枝玉兰花枝从右上向左下横斜而生,其上开满洁白的玉兰花朵。高雅娇嫩,幽香阵阵似正随风而来。两只黄鹂正游戏于玉兰花间,一只盘旋飞于空中,一只栖于枝上向空中的伴侣啼叫,羽毛鲜艳,动态活泼。画家以宁静的蓝色作地,如沉睡的大海般深沉,其上的玉兰花雅洁端庄,冷暖相衬间更显其纯净典丽。画家以工笔入画,画面充满浓厚的装饰意味。画家虽工笔作画但笔法并不拘泥于摹似的真实,而是更强调艺术家理性与感性的加工,风格自成一家,对现代的工笔花鸟影响极大。

《黄山》

近现代画家刘海粟的作品。在刘海粟的山水画作中,黄山是最常见的题材。他先后十上黄山揣摩造化。其所绘黄山,有的全用泼彩、泼水,用笔健劲老辣,气势逼人;有的泼墨与没骨重彩并用,汪洋恣肆,气魄阔大。奇幻壮丽的黄山寄托了画家对祖国山河无限热爱的深情。画中点画勾勒与泼彩并用,笔线强悍而老辣,设色以石青、石绿和大红。在强烈的色彩对比中突出了画家晚年的艺术风格和艺术创造性。

《奔马》

近现代画家徐悲鸿的代表作品。图中之马四蹄腾空,急驰而至,那飞动的马鬃,腾空的四蹄,都充分展现了马儿挣脱羁绊,追求自由的精神。马匹的骨骼结构准确,外形动态逼真。是具有典型个性的徐悲鸿画马模式,完美而精彩。画家融合中、西技法,逼真而生动地描绘了马的飒爽英姿,用笔刚健有力,用墨酣畅淋漓,施彩时以马的形体结构为依据,墨色浓淡有致,既表现出了马的形体,又不影响墨色的韵味,极好地体现了中西绘画的精髓,使马儿带着时代精神驰骋在画坛上。给当时的中国画坛带来了清新、有力、刚劲的风气。画家一生极嗜画马,写生画稿达几千幅之多,这幅举世闻名的《奔马》也是现代中国画的象征和标志。在中国现代绘画史上,徐悲鸿的马独步画坛,无人能与之相媲美。

《庐山全图》

近现代画家张大千的作品。此图是画家的绝笔,雄浑博大,气象万千。展开画幅:右首起部,云雾缥缈,峰峦隐现,隐约长松临风,郁郁葱葱;接着云消雾散,密树杂生,其间亭桥屋宇,星罗棋布;再而峰岭叠嶂,逶迤起伏,古木森然,如黑云蔽日;继而飞瀑流泉,柳暗花明,山冈屋树,如沐春阳;末端峰峦明灭,层次鲜明。山势至此直落幽深;水天相接处,平湖如镜,全卷结束。画家以泼墨为主成画,虚实相间,时而雄伟,时而细腻,几经潮起潮落,最后以悠远宁静收尾。全幅浑厚撼人,奇伟瑰丽,似与天地相融,观之令人犹如置身山前,遍览庐山磅礴雄姿。

《江山如此多娇》

现代画家傅抱石、关山月的作品。《江山如此多娇》系两人为庆祝中华人民共和国成立 10 周年而合作创作的巨幅国画,以毛主席的诗词为题材绘成并命名。画面中,一轮红日照耀着长城和黄河,沐浴着江南的沃土和喜马拉雅山的积雪。明亮的阳光下,祖国的大好河山“红装素裹”,显得“分外妖娆”,图中的画名为毛主席当年所亲题。此画摆脱了古人的

江山如此多娇

笔墨,大气磅礴,壮丽沉雄。画家创作章法不落常套,水、墨、色自然融合为一体,布局上亦打破传统,整个画面几乎不留空白,形成了遮天盖地的磅礴气势。此画逼真地表现了祖国河山的壮丽雄伟,是两位画坛巨匠的山水画之代表作品,在山水画坛上有着极高的声誉。

《流民图》

现代画家蒋兆和作品。流民,指因遭遇灾害而流亡外地,生活没有着落的人。这幅画作于1945年。日本帝国主义入侵我国,劳苦大众在敌人的铁蹄下亡命流离,饥寒交迫,老弱无依。画家直面人生,刻画了百余个真人大小的人物,有倒毙路旁的老人,有病饿而死的孩子……反映了日寇统治下中国老百姓的悲惨处境,揭露了法西斯残害人民的暴行。蒋兆和以中国画的线描为基础,用线造型,同时引入西画素描和明暗光影,描摹生动,形神兼备,开创出中国现代水墨人物画的新境界。《流民图》是中国人物画史上的一座丰碑。

《春雨江南图》

现代画家李可染的作品。画家破除了明清以来山水画的形式化和程式化,注入了现代特色,创造了一种前无古人的新境界。《春雨江南图》中画家没有用传统的线性笔墨结构,而是用团块性的笔墨结构来描绘江南山水。天与地的空间被压缩到极限,突出立体山势。山体紧紧地贴在一起,画面深邃静穆。同时。他将前人没有表现过的山林间的逆光引入画面,形成了前山亮、中山黑、远山灰的色调,最明亮的高光部分放在最小的空间,格外醒人眼目。画家表现的是现代人眼中的中国山水,气韵生动,博大沉雄。

《三毛流浪记》

现代画家张乐平的作品。《三毛流浪记》反映了旧中国儿童的苦难,是画家对黑暗现实的控诉。1948年一发表,就引起了轰动。画家以洗练的笔墨塑造出一个倔强而幼稚的小男孩形象,叙写出他令人心酸、催人泪下的遭遇。三毛的故事中有着孩子的天真,读《孤苦伶仃》,我们会在感叹中发出苦笑,在苦笑中眼含泪花。1949年后,画家用三毛的形象表现新中国儿童的幸福生活。画家笔下的三毛已不再是那个头大腿细、面黄肌瘦的流浪儿了,而是系着红领巾的活泼健康的小男孩,连3根头发也好像高兴得在跳动。

《绿色长城》

现代画家关山月的作品。此画吸收了西画的成功经验，赋予色彩以鲜明的表现力。绿色的树林。红色的屋顶，视觉上十分响亮；海面与林木上的光线，有着很强的层次感，显示了岭南画派的用色特点。苍劲朴厚的树木枝干，又表现了画家传统国画的深厚功夫。关山月画梅自成一家，《俏不争春》的梅花雄浑厚重又妩媚清丽，枝干全用隶书笔意写出，花朵则以没骨点成。枝干如铁，繁花似火，构成了关氏笔墨中的阳刚之美。

《开国大典》

现代画家董希文的作品。1949 年 10 月 1 日，毛泽东在北京天安门向全世界庄

开国大典(油画)

严宣告中华人民共和国成立。《开国大典》再现了这一激动人心的历史场景。画家构图时把国家领导人集中在画面的左侧。背景是一排顶天立地的大红圆柱，给人以庄严崇高的感受。画面中心是正在讲话的毛泽东主席的侧面形象。画面右侧是游行队伍。气势宏伟开阔。天空中的朵朵白云，则为肃穆的气氛增添了动感。同时，画家借鉴中国传统的工笔重彩画法，强调色调的单纯、对比与强烈。红地毯、红灯、红柱、红旗，蓝天、绿树，黄色的菊花，金色的灯穗，节日的喜庆色彩，使人感到富丽堂皇又热烈亲切。《开国大典》表现了鲜明的民族特色和民族气魄。

《父亲》

当代画家罗中立的作品。这是一位老年农民的形象:布满皱纹的古铜色脸膛,缺豁的牙齿,皴裂的嘴唇,青筋隆起、皮肤粗糙的双手端起了盛水的粗碗。画家表现了他的勤劳、朴实、善良、慈祥和生活贫困的真实境况。此画借鉴了西方超级写实主义的手法,描绘精细,每一个毛孔、每一滴汗珠都得到了逼真的显现,并合理地凝结为一个整体。同时,强烈的暖色调,充分表现了秋收时节炙人的阳光、淋漓的热汗和乏渴的痛饮,进一步突出"父亲"劳作的艰辛。画面迸发出摄人心魂的巨大力量。《父亲》反映出画家对中国社会现实的深沉思考,对默默无闻、含辛茹苦为中国革命和建设做出重大贡献的中国农民的虔敬。在《父亲》面前,每一个观者都会受到触及心灵的强烈震撼。同时,从"父亲"忧虑的面孔中也看出坚忍而不消沉的希望之光。

书法艺术

基本常识

◎书法

中国传统艺术之一。指毛笔字书写的方法,主要讲执笔、用笔、点划、结构、分布(行次、章法)等方法。如执笔要指实掌虚,五指齐力;用笔要中锋铺毫;点划要圆满周到;结构要横直相安,意思呼应;分布要错综变化,疏密得宜,全章贯气等等,都是前人在实践中总结出来的经验。

金石

古铜器、石刻的总称。金,指钟鼎铜器之类;石,指碑碣石刻之类。是撰文于金石上,记创造、勒箴铭、颂扬功德等而产生的一种镌刻品。钟鼎彝器始于段商,石刻则创于秦代。两汉金石并盛,汉以后金少石多,南北朝则造像勃兴,金器更少传世,唐代碑碣尤盛。至于辑历代金石文字,编为目录,则始于北宋欧阳修之《集古录》;摹其形状集为图谱,则盛于吕大临之《博古图》;至明清金石、考古之风尤盛,顾炎武、叶弈苞等,各有著述,或以石刻考辨今古文,或以金文发明六书指要,成为新兴的专门学科。

甲骨文

亦称"契文""卜辞""龟甲文字""殷墟文字""贞卜文字"。是我国现存最古老的文字。因镌刻、书写于龟甲和兽骨之上,故名。殷商王朝,常利用龟甲兽骨写刻卜辞及占卜有关的纪事文字。甲骨文多出土于河南安阳小屯村,(殷商都城遗址,也叫殷墟),光绪二十四年(1898 年)始被发现。光绪三十年(1904 年)孙诒让首先考释骨文,著成《契文举例》。1928 年后,经多次考古发掘,先后出土十余万片,为盘庚迁墟后至纣亡273年间之物。单字总数约4600字,其中可识文字达1700字。文字结构已由独体趋合体,并有大批形声字,是相当进步的一种文字,但多数字的笔画和部位都没有定型。文字象形简古,劲健挺秀,且有很高的艺术性。在今天可识的汉字中,以甲骨文为最古。

石鼓文

秦代刻于十块鼓形石上的文字而得名。它是我国现存最早的石刻文字。唐初在陕西雍县(今凤翔)三畤原出土。因其文字内容记狩猎事,故又名"猎碣",或因地名而称"雍邑刻石"。其文属大篆,秦系文字的典型作品,亦是研究小篆来源的重要资料。其书用笔匀圆对称、凝重,体现出稳中求变的特色,昭示出已向小篆过渡。自石鼓文以后刻石作为一种新文化,风靡于秦国,出现了《诅楚文》《峄山》《泰山》《琅琊台》等刻石。传世著名的有北宋拓本明安国《十鼓斋》"中权""先锋""后劲"三本,已流入日本。后劲本存字最多,凡491字。

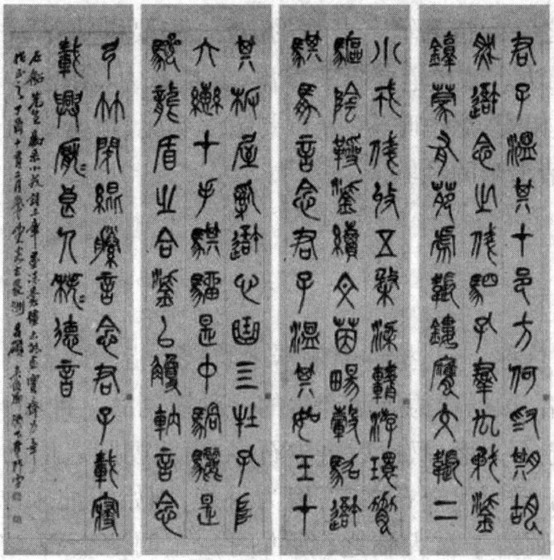

石鼓文

碑学

亦称碑版学。其一,研究考订碑刻之源流、时代、体制、拓本真伪和文字内容等的学科;其二,崇尚北碑之书派与"帖学"相对称。清嘉庆、道光以前,书法崇尚法帖,自阮元倡为南北派论,包世臣、康有为继起提倡北碑,其风大盛。道光之后,碑学中兴,盖事势推迁,不能自滞,遂有北派碑学与南派帖学之分。

帖学

指研究考订法帖的源流、优劣、拓本的先后好坏，以及书迹的真伪和文字内容等的学问。又指崇尚魏晋以下，如钟繇、王羲之、颜真卿等书风体系的学派，以区别于碑学，即崇尚法帖的书派，与“碑学”相对称。帖学盛行于清代。

篆书

篆书先有大篆后有小篆。三千多年前的殷商时代，在龟甲、兽骨上刻画的文字，即“甲骨文”是篆书的雏形；商周时代铸造在钟、鼎、货币、兵器等青铜器上的文字，称“金文”或“钟鼎文”；春秋战国时代刻在石篁、石鼓等石制器皿上的文字，称“石鼓文”。上述甲骨文、金文、石鼓文通称大篆。公元前221年，秦始皇统一中国后，规范全国文字，由丞相李斯整理、书写了统一的字体，称为“小篆”。篆书的代表作品有秦代李斯的《泰山刻石》《琅玡台刻石》，唐代李阳冰的《三坟记》，清代邓石如的篆书墨迹等。

隶书

隶书是汉字书体之一。相传为秦末程邈所整理，省改小篆，去繁就简，字形变圆为方，笔画改曲为直，改“连笔”为“断笔”，从线条化走向笔画化，更便于书写。这种书体流行于古代“徒隶”，即下层办公文的小官之中，故称为“隶书”。从篆到隶是汉字演变史上的一个转折点，奠定了楷书的基础。隶书结体肩平，工整精巧，撇、捺等点画向上挑超，轻重顿挫富有变化，书法造型艺术较为美观。隶书的代表作品有《史晨碑》《礼器碑》《曹全碑》《乙瑛碑》《张迁碑》《石门颂》等。

隶书

正楷

正楷又称“正书”“真书”“楷书”，从隶书演变而来。字形由扁改方，笔画中取消了隶书的波势，变成横平竖直。这种书体由于规矩整齐，具有“楷模”的作用，故称楷书。楷书盛行于六朝，到了唐代，出现繁荣局面，并形成书法发展的高峰。宋元明清的书法家都以唐以前楷书为规范，近代以至当代学者更是如此。唐代的颜真卿、柳公权、欧阳询，加上元代的赵孟頫，被公认为四大楷书名家。他们的作品至今仍是初学书法的范本。楷书的代表作品有颜真卿的《颜勤礼碑》《大麻姑仙坛记》，柳公权的《玄秘塔碑》《神策军碑》，欧阳询的《九成宫醴泉铭》，赵孟頫的《胆巴碑》《妙严寺碑》等。

行书

亦称“行押书”。行书是楷书的快写，始于汉代，以后流行于各个朝代。它不如楷书工整，也不如草书潦草，是介于楷、草之间的一种书体。最有名的草书作品是东晋书法家王羲之的《兰亭序》，有“天下第一行书”之誉。行书中带有楷书或接近于楷书的称为“行楷”，带有草书或接近于草书的则称为“行草”。

草书

别称“藁书”。草书是按照一定规律将字的点画连写起来的书体，并不是随心所欲地乱画，它的艺术价值超过实用价值。一般分章草和今草两种，章草是隶书简易快写的书体，字字独立不连写，笔画带有隶书的形迹，东汉史游的《急就章》是其代表作。今草是楷书急就快写的书体，字和字之间往往连在一起，晋代王羲之的《十七帖》，唐代孙过庭的《书谱》是其代表作。唐代的书法家张旭和怀素将今草写得更加放纵，多字相连，夸张浪漫，难以辨认，被称为“狂草”。张旭的《古诗四帖》和怀素的《自叙帖》是狂草的代表作。

瘦金书

亦称“瘦金体”。楷书的一种。宋徽宗赵佶，楷书学褚遂良、薛曜、薛稷而出以新意。运笔挺劲犀利，笔道瘦细峭硬而有腴润洒脱的风神，成一家法，自号“瘦金书”。存世作品有《楷书千字文》《神霄玉清宫碑》。今之仿宋体，亦是从此中脱出。此书体以形象论，本应为“瘦筋体”，以“金”易“筋”，是对御书的尊重。

金文

金文被誉为中国“书法之祖”。金文是“吉金文字”的简称。金文最早出现在商代末期，盛行于西周，内容多为关于当时祀典、赐命、诏书、征战、围猎、盟约等活动或事件的记录，都反映了当时的社会生活。金文字体整齐遒丽，古朴厚重。传世的有铭文的钟鼎彝器很多，较著名的有大盂鼎、散氏盘、毛公鼎、王孙钟、宗周钟等。金文基本上属于籀篆体。这些文字，在汉武帝时就已被发现，当时有人将在汾阳发掘出的一尊鼎送进宫中,汉武帝因此将年号定为元鼎(公元前116年)。以后金文又陆续有所发现。宋代文人欧阳修、赵明诚都著书对金文做过研究和记载。虽然金文是书法之鼻祖,但它随着历史的发展,逐渐被淘汰,不及碑文传世多,但越是稀少,越显得珍贵。金文因铸于铜器,比书于竹简布帛上的文字更垂久远,因此对后代书法有更大的影响。

魏碑

魏碑是指介于隶书、楷书之间的一种书体,也称魏体。因见于北朝元魏石刻上故名。时楷书初兴,隶法尚存,故体貌百变,而方正凝重,上承钟、王,下启隋、唐。有"北朝书体"或"北碑体""北书"与"南朝体"之分。元魏为北朝书体之代表,见于当时的石刻、摩崖、造像等。北派指赵、燕、魏、齐、周、隋之书,由钟繇、卫瓘、索靖至崔悦、丁道护等人。南朝体指东晋、宋、齐、梁、陈的书风。清咸丰、同治之际,崇尚北碑,经康有为、阮元、包世臣的鼓吹而影响一代书风。

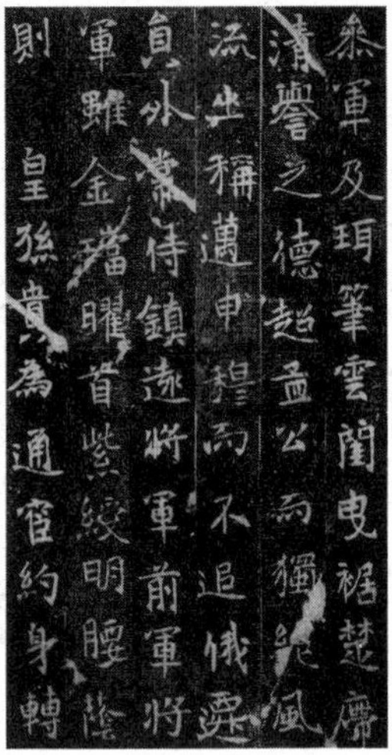

魏碑

十体书

即十种书体。有两种说法:一是唐张怀瓘《书断》以古文、大篆、籀文、小篆、八分、隶书、章书、行书、飞白、草书为十体。二是《宣和书谱》以古文、大篆、小篆、八分、飞白、薤叶、垂针、垂露、鸟虫、连珠为十体。

文房四宝的别称

笔——毛颖、管城子、管、毫、毛锥子、中书君。

墨——陈玄、松滋侯、龙宾、龙香剂。

纸——褚先生、麦光、赫蹄、滑砥方絮。

砚——陶泓。

文房四宝

湖笔

元明时期,湖笔出名。湖笔的发源地在浙江吴兴的善琏村,吴兴旧属湖州府,所以称为“湖笔”。相传蒙恬曾在善琏村住过，被当地人奉为“笔祖”，还修建了纪念他的“蒙公祠”。这个时期，湖州成了全国的制笔中心，并出现了冯应科、张进中、吴升等一大批制笔名师。随后，湖笔的制作工艺开始向外流传，在全国很多地方都有湖笔笔庄。

砚及四大名砚

砚是用来研墨的。我国最早的古砚是秦代石砚。到了唐代，制砚工艺达到高峰，出现了广东端州的端砚、安徽歙州的歙砚、甘肃临洮的洮河砚以及山西绛州的澄泥砚，即我们现在常说的“四大名砚”。它们是以砚的出产地命名的，其中端砚名气最大。端砚的产地在广东肇庆，古称端州。它有“群砚之首”“天下第一砚”“文房四宝之宝中宝”的美誉。那里的石料质地细密柔润，研出的墨黔均匀，雕出的花纹精美生动，是难得的艺术珍品。

著名书法家及作品（墨迹）

李斯

李斯（公元前 284—前 208 年），秦代书法家。字通古，楚上蔡（今河南省上蔡县西南）人。从荀卿学帝王术，西仕于秦，为客卿。始皇定天下，斯为丞相。定郡县之制，下禁书令，变仓颉籀为小篆，后世称为“小篆之祖”。李斯篆书“画如铁石，字若飞动，作楷隶之祖，为不易之法”。李斯佐秦灭六国，后为赵高构陷，腰斩咸阳。著有《仓颉》七篇，已佚。传世书迹有《泰山刻石》《琅玡台刻石》等。《泰山刻石》的篆书，世称“玉筋篆”，对后世影响深远，历来习小篆者无不奉为圭臬。

李斯画像

蔡邕

蔡邕（132—192 年），东汉文学家、书法家。字伯喈，祖籍陈留圉（今河南杞县南)。他在汉灵帝时被召任郎中,后因弹劾宦官而遭到诬陷,流放朔方。遇赦后亡命江湖十余载。献帝时董卓专权,强令邕入都为侍御史,拜左中郎将,因此后人也称他“蔡中郎”。董卓遭诛后,他亦被捕,死于狱中。蔡邕精于篆、隶,他的字章法自然,笔力劲健,结字跌宕有致,整饬而不刻板,静穆而有生气,无求妍美之意,而具古朴天真之趣。他还受工匠用扫白粉的帚在墙上写字的启发,创造了千古称绝的“飞白书”。这种书体,笔画中丝丝露白,似用枯笔写成,为一种独特的书体。蔡邕还是汉代书法理论的集大成者,他的《篆势》《笔赋》《笔论》《九势》等在中国书论史上占有重要地位。传世作品有《嘉平石经》,相传《曹娥碑》也是他写的。

钟繇

钟繇(151—230年),三国魏大臣、书法家。字元常,会之父。颍川长社(今河南长葛东)人,一作许昌人。举孝廉为郎,历官侍中尚书仆射,封东亭武侯;魏国初建,迁相,明帝即位,迁太傅,人称钟太傅。工书,师法曹喜、蔡邕、刘德升,博采众长,兼善各体,尤精于隶、楷。点画之间,多有异趣,结体朴茂,出于自然,形成了由隶入楷的新貌。与张芝、王羲之齐名,并称“钟张”“钟王”。历代奉以为法。真迹不传,宋以来法帖中所刻《宣示表》《贺捷表》《荐季直表》《力命表》《墓田帖》等,都出于后人临摹。

钟繇画像

王羲之

王羲之(321—379年,一作303—361年),东晋书法家。字逸少,琅玡临沂(今属山东临沂)人。出身贵族。官至右军将军,会稽内史,人称王右军。因与王述不和辞官,定居会稽山阴(今浙江绍兴)。工书法,早年从卫夫人(铄)学,后改变初学。草书学张芝,正书学钟繇,并博采众长,精研体势,推陈出新,一变汉、魏以来质朴的书风,成为妍美流便的新体。其书备精诸体,尤擅正行,字势雄强多变化,形成自己独特的艺术风格,开创了书法历史的一代新风,有着承前启后的作用,被称为“书圣”。书迹刻本甚多,散见宋以来所刻丛帖中。行书保存在唐僧怀仁集书《圣教序》内最多。草书有《十七帖》等。真迹无存,唯有唐人双钩廓填的行书《姨母》《奉

王羲之

橘》《丧乱》《孔侍中》《兰亭序》及草书《初月》等帖。《兰亭序》是他的代表作,有“天下第一行书”之誉。

王献之

王献之(344—386 年),东晋书法家。字子敬,小字官奴,琅玡临沂(今山东临沂)人。他是王羲之的第七子,在书法史上被誉为“小圣”,与其父并称为“二王”。曾经担任过州主簿、秘书郎、长史,累迁建武将军、吴兴太守,征拜中书令,故人称“王大令”。王羲之一家数子均谙书法,唯独王献之最具禀赋,敢于创新,不为其父所囿,从而也为魏晋以来的今楷、今草做出了卓越贡献,有“破体”之称。他的字在笔势与气韵上要超过其父,米芾称他“运笔如火箸画灰,连属无端末,如不经意,所谓一笔书”,即是指在草书上的“一笔书”狂草。作品有《鸭头丸帖》《兰草帖》《舍内帖》《诸舍帖》《中秋帖》《洛神赋》《授衣帖》等。

欧阳询

欧阳询

欧阳询(557—641 年),唐代书法家。字信本。潭州临湘(今湖南长沙)人。官至太子率更令,弘文馆学士,封渤海县男。工书法,学二王(羲之、献之),劲险刻厉,于平正中见险绝,形成刚健严谨的独特风格,世称“欧体”。对后世影响很大。与虞世南、褚遂良、薛稷并称为唐初四大书法家。碑刻有正书《九成宫醴泉铭》《化度寺碑》《虞恭公温彦博碑》《皇甫诞碑》等。行书墨迹有《张翰》《卜商》《梦奠》等帖。编有《艺文类聚》一百卷。

虞世南

虞世南(558—638 年),唐初书法家。字伯施,浙江余姚(今属浙江)人。他从小就过继给叔父为子,曾跟随王羲之之七代孙僧智永和尚习书法,深谙王羲之的笔法。虞世南生性沉静,刚直忠贞,为唐太宗李世民所器重,官至银青光禄大夫、弘文馆学士。唐太宗常称虞世南有德行、忠直、博学、文辞、书翰“五绝”,对其评价极高。虞世南的书法用笔深粹、典丽,圆融道逸而外柔内刚,风骨遒劲而几无雕饰或火气。被称为“虞体”流派,与欧阳询的“险劲”一路并称“欧虞”。他的行草书,则几乎是王羲之行草诸帖的嫡传。他与欧阳询、褚遂良、薛稷并称为唐初四大书法家。传世作品有《孔子庙堂碑》《汝南公主墓志铭并序》《积时帖》等。

李邕

李邕(678—747年),唐代文学家、杰出的书法家。字泰和,广陵江都(今江苏扬州)人。李善之子,少知名,荐为左拾遗。天宝初为汲郡北海太守,故人称李北海。天宝元年(747)被诬奸赃入狱。宰相李林甫令祁顺、罗布爽杖杀之。北海文章、书翰、正直、辞辨、义烈皆过人,时称六绝。善正行草书,文名满天下。李邕长于碑志文,当时许多人请他作碑志。取法二王(羲之、献之)而有所创造,笔力沉雄,由于他善于吸收众家之长,自成一家,故他的书法风采动人,气宇轩昂,有一种凌厉无前之气势。唐李阳冰称他为“书中仙手”。对书法,李邕反对模仿,曾说“学我者死,似我者俗”。李邕高超的书法艺术,影响到宋、元、明。他对宋米芾、元赵孟頫、明董其昌等产生过较大的影响,学者多以为法式。据著录记载,他书艺出众,尤长碑颂。先后撰八百通,现存尚有二十多种。较著名的有《云麾将军李思训碑》《云麾将军李秀碑》《麓山寺碑》《法华寺碑》《卢正道碑》,其中以《麓山寺碑》最著名。明人辑有《李北海集》。

张旭

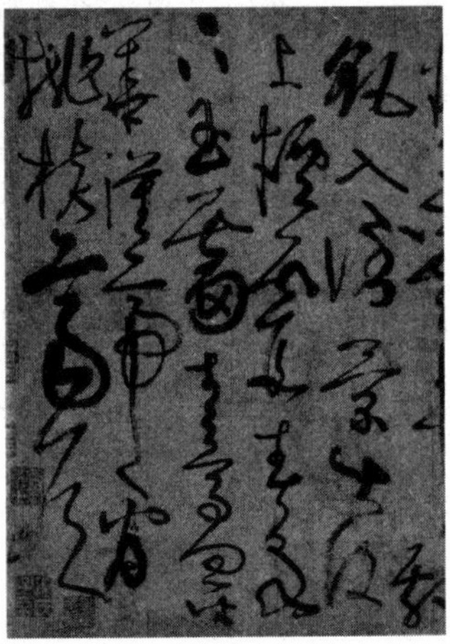
张旭书法

张旭,生卒年月不详,唐代书法家。字伯高,吴郡(今江苏苏州)人。他初仕为常熟尉,后官至金吾长史,人称“张长史”。张旭是一位极有个性的草书大家,他为人洒脱不羁,卓尔不群,喜欢饮酒,往往大醉后挥毫作书,或以头发濡墨作书,如醉如痴,世人称之为“张颠”。并与李白、贺知章等人相善,称为“酒中八仙”。他精工楷书、草书,尤以草书著称,师学“二王”而又能独创新意,用抽象的点线去表现书法家思想情感博大清新、纵逸豪放之处,远远超过了前代书法家的作品,把书法艺术升华到新的境界,具有强烈的盛唐气象。传世书迹有《郎官石柱记》《肚痛帖》《古诗四帖》等。

颜真卿

颜真卿(709—785年),唐代大臣、书法家。字清臣。京兆万年(今陕西西安)人。开元进士,任殿中侍御史,因被杨国忠排斥,出为平原(今属山东)太守。安禄山叛乱,他联络从兄杲卿起兵抵抗。后入京,历官至吏部尚书,太子太师,封鲁郡公,世称颜鲁公。唐德宗时,李希烈叛乱,他被派前往劝谕,为希烈缢死。书法初学褚遂良，后从张旭得笔法，正楷端庄雄伟，气势开张；行书遒劲郁勃，古法为之一变，开创了新风格，他的书法代表了唐代书法艺术的第二次高峰，对后人影响极大。他创造的“颜体”，是后世临摹的范本。与柳公权并称“颜柳”。碑刻有《多宝塔碑》《麻姑仙坛记》《李元靖碑》《寒食帖》《颜勤礼碑》《颜家庙碑》等。行书有《争坐位帖》。书迹有《自书告身》及《祭侄文稿》。后人辑有《颜鲁公文集》。

颜真卿画像

怀素

怀素（737—799 年），唐代书法家。俗姓钱，字藏真，零陵（今湖南长沙）人。他原本出身世家，少年时忽发出家之意，皈依佛门改字藏真，史称“零陵僧”或“释长沙”，晚年在四川成都宝园寺撰写经文。怀素与草书家张旭齐名，人称“张颠素狂”或“颠张醉素”。他虽然身在佛门，却嗜酒如荤，醉后兴之所至，便笔走龙蛇，留下风骤雨旋般气势磅礴的作品，给人以“剑气凌云”的豪迈感。他的草书用笔圆劲有力，使转如环，奔放流畅，一气呵成，称为“狂草”。传世作品有《千字文》《自叙帖》《圣母帖》《论书帖》《藏真帖》等。

柳公权

柳公权（778—865 年），唐代书法家。字诚悬，京兆华原（今陕西耀州区）人。官至太子少师。工书，正楷尤知名。初学王羲之，遍阅近代笔法，而得力于颜真卿、欧阳询，骨力遒健，结构劲紧，自成一体，与颜真卿并称“颜柳”。他创造的“柳体”是继颜真卿之后唐代书法的又一座高峰，在书法史上占据着重要地位，对后世影响巨大。他的书碑很多，以《玄秘塔碑》《金刚经》《神策军碑》为最著。书迹有《送梨帖题跋》。

蔡襄

蔡襄（1012—1067 年），北宋书法家。字君谟，兴化仙游（今属福建）人。官至端明殿学士。工书，学虞世南、颜真卿，并取法晋人。正楷端重沉着，行书温淳婉媚，草书参用飞白法，为“宋四家”之一。传世碑刻有《万安桥记》，书迹有《谢赐御书诗》和书札、诗稿等。后人辑有《蔡忠惠集》。

黄庭坚

黄庭坚(1045—1105年),北宋诗人、词人、书法家。字鲁直,自号山谷道人,晚号涪翁,又称黄豫章,洪州分宁(今江西修水)人。英宗治平四年(1067年)进士,以校书郎为《神宗实录》检讨官,迁著作佐郎。后以修实录不实,遭到贬谪。黄庭坚为苏门四学士之一,是江西诗派的开山祖师,生前与苏轼齐名。世称苏黄。擅文章、诗词。尤工书法,兼擅行、草,以侧险取势。纵横奇崛,自成风格,为宋四家之一。所著《豫章先生文集》30卷,《四部丛刊》本,诗文兼收;《山谷全集》39卷,《四部备要》本,只收诗赋;自选诗文集《山谷精华录》,词集《山谷琴趣外篇》等。墨迹有《华严疏》《松风阁诗》等。

黄庭坚画像

赵构

赵构(1107—1187年),宋代高宗皇帝、书法家。字德基,涿州(今河北省涿州市人)。赵佶第九子。在位36年,偷安忍耻,称臣纳贡,终成南宋偏安之局,是一位昏庸无能之主。但在书法上却颇有造诣,尤工正、行书,书宗"二王"、智永、山谷、米芾又辅以六朝风骨,遂成一家。存世书迹有《道德经》《禁酒碑》《临智永真草千字文》《草书洛神赋》等。陶宗仪《书史会要》所评曰:"高宗善真、行草书。天纵其能,无不造妙。或云初学米芾,又辅以六朝风骨,自成一家。"

赵孟頫

赵孟頫(1254—1322年),元代书画家。字子昂,号松雪道人、水晶宫道人、在家道人、太上弟子等。居有欧波亭,世称赵欧波,又颜其斋为"松雪",因称"赵松雪""松雪道人"。吴兴(今浙江湖州)人。宋亡仕元,官至翰林学士承旨、荣禄大夫,封魏国公。"荣际五朝,一名满四海。"卒后,谥文敏。工书,初效宋高宗赵构,中学钟、王诸家,晚法李邕。文才极高,书法影响元、明、清三代,六体俱能,尤工楷、行,所书与颜、柳、欧并举,世称"赵体"。赵体书法字体秀美,法度谨严,神采焕发。结体略取横势,重心安稳,撇捺舒展,取李北海笔意,往往在楷书中带有行书体态。赵孟頫在中国书法史上,是承前启后、继往开来的一位大书法家。传世墨迹和碑板较多。亦善画、能刻印。著有《印史》《松雪斋集》等,墨迹有《龙兴寺帝师胆巴碑》,此外还有《清河秘箧表》《东图玄览》《南阳名画表》《式古堂书画汇考》《三虞堂书画目》等书著录。

包世臣

包世臣(1775—1855年),清代学者、书法家、书学理论家。字慎伯,号倦翁、小倦游阁外史,安徽泾县人。泾县古名安吴,人称包安吴。曾任江西新喻(今新余)知县。关心时政,对农政、漕运、盐政、货币、鸦片以及鸦片战争后外国商品侵略对中国自然经济的破坏等问题,均有论述。工书,用笔以侧取势,提倡北碑,对后来书风的变革,颇有影响。著有《安吴四种》,其中《艺舟双楫》下篇为书法理论著作,为学者所推重。

《石鼓文刻石》

战国刻石文字。原石为10个短粗的鼓形石柱,每石皆环刻四言古诗,内容系记载国君的狩猎活动,故又称"猎碣"。无年代及撰书人名。据各家考订,有周宣王、秦文公、秦穆公、秦襄公不同之说。各鼓字数不等,每石9至15行,每行5至8字。大篆书。石鼓于唐代贞观初年出土于陕西雍县(今之凤翔)。其书法古茂遒朴,历来为世人所重。从书法角度看,石鼓文"如金钿委地,芝草团云,不烦整裁,自有奇果"(康有为语),具有高度的艺术性。作为传世最早的石刻篆书,石鼓文在篆书艺术乃至整个书法艺术的发展中具有重要地位。

《泰山石刻》

亦称《封泰山碑》。是秦始皇二十八年(公元前219年)登泰山颂秦德的刻石。相传为李斯所书。字形工整,笔画圆健,是秦始皇统一文字后的标准字体,即"小篆"。

泰山石刻

《西岳华山庙碑》

东汉名碑。刻于桓帝延熹八年(165 年),原在陕西省华阴市西岳庙中,明嘉靖三十四年(1555 年)关中地震,碑被震倒,碎裂。今已无存。碑文内容系概述汉代礼祀名山大川之制的历史渊源、祀典内容及祭祀之庄重气氛。清朱彝尊评此碑云:"汉隶凡三种,一种方整,一种流丽,一种奇古,惟延熹(华岳碑)正变乖合,靡所不有,兼三者之长,当为汉隶第一名。"因此文献艺术价值极高,唐以来备受金石书法界盛赞。由于此碑书法精妙,而碑石又毁灭不存,所以名气极大,其拓本十分珍贵。原石拓本传世者有四,即长垣本、华阴本、四明本和玲珑山馆本。

《曹全碑》

它的全名是《汉合阳令曹全碑》。此碑刻于东汉中平二年十月,碑上记载了合阳县令曹全的功绩。明万历初《曹全碑》在陕西合阳出土,现藏于西安碑林博物馆。

曹全碑(局部)

《马王堆帛书》

汉代无款墨迹。湖南长沙马王堆汉墓中所发掘的汉代墨迹。书于绢帛之上。帛有整幅与半幅,整幅宽 48—50 厘米。出土时破损严重,经整理,已判明共有 28 种,共 12 万余字。内容其中除《周易》和《老子》有今本传世外,绝大多数为古佚书,包括六艺、诸子、兵家、数术、方术、古地图、哲学、天文等,其内容十分丰富,经专家考订,这些帛书大部分于西汉初年(汉高祖至文帝初年),即公元前 2 世纪初前后 30 年之间抄写的。这是中国考古学和中国书法史上的一次重要发现。书体以篆隶为主,亦有介于二者之间的古隶。书法不拘一格而通体和谐,其字形修长,笔画屈曲圆转,多用中锋,这些都还是篆书的遗绪;但许多偏旁部首已脱离篆书的写法,具备了隶书的雏形。其中《老子》(甲本)、《老子》(乙本)和《战国策》书法最精美。这些作为西汉初期的墨迹实物,使人们清楚地看到了"古隶"的真实面目。这对探讨书体相衔、衍化之迹价值很大。

《张迁碑》

汉碑中的名品。此碑用笔以方笔为主,拙朴淳厚,骨力雄健,碑额为缪篆颇有特色。结体取正势,端直横茂,浑穆古拙;运笔以方笔为主,转折处方圆兼备,而多在直线和方折中加一熟练有力的弧线。在拙朴中见秀美,端庄中显灵动。

《洛神赋》

单刻帖。三国魏曹植撰文,晋王献之书。小楷。十三行(《洛神赋》文片段)。此帖原为麻笺本,入宋残缺。南宋末贾似道先得九行,后又得四行,刻于苍白石上,美其名曰“碧玉”,故又称《玉版十三行》。其书法虚和简静,宽绰灵秀,世称“小楷之极则”。原石书法挺遒劲朗。重刻本数十种皆从此摹刻。《戏鸿堂》《快雪堂》《停云馆》等均曾摹刻。

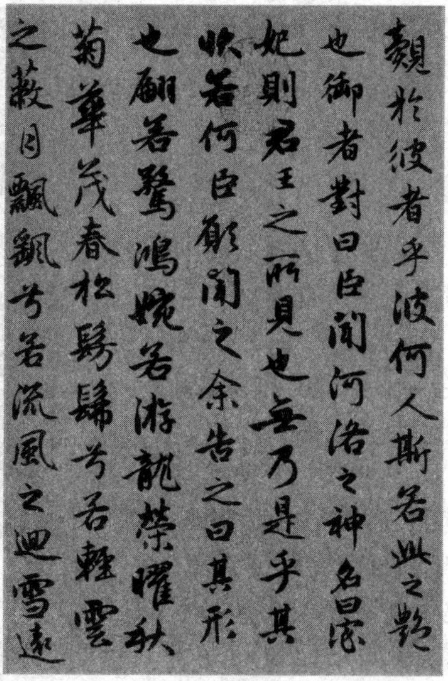

洛神赋(局部)

《黄庭经》

单刻帖。晋代小楷法帖。传为王羲之书于永和十二年(356年)。唐代褚遂良《右军书目》列入正书五卷中第二。帖凡60行,结体质朴端凝,比例舒适。呼应巧妙。字形因字而异,或抱合,或开拓,上下承继变化,左右虚实借让,全无做作之气。

行虽不直，但气势流贯，得自然之趣。其运笔筋骨血肉相辅，粗细长短相间，虽穷极变化，复归匀称。世有初学《黄庭》恰到好处之说，故历来被奉为小楷上品。隋代智永，唐代欧阳询、虞世南、褚遂良等均有临李。又李白诗云："山阴道士如相见，应写黄庭换白鹅。"故此帖亦称《换鹅经》。原迹久佚，传世临摹翻刻本极多，以《秘阁续帖》本、《越州石氏帖》本为最佳。

《乐毅论》

单刻帖。夏侯玄（泰初）文，永和四年（348 年）王羲之书。小楷 44 行，行 17 字。其书开阔纵横，柔中寓刚。唐代褚遂良谓"笔势精妙，备尽楷则"。是传世王羲之小楷最佳范本之一。唐太宗所集右军书，唯此为石刻（刻于梁代）。此石本传为随唐太宗殉入昭陵。后为温韬盗出，石残。末行存"海"字。后世拓本以"海字本"为祖本，但无原拓本传世。

《兰亭序》

《兰亭序》是王羲之最具代表性的作品，被称为"天下第一行书"，在我国书法史上产生过巨大的影响。此帖用笔以中锋为主，间有侧锋，笔画之间萦带纤细轻盈，笔断而意连，提按顿挫一任自然，整体布局错落有致，具有潇洒流利、优美动人的无穷魅力。

《十三行》

著名小楷法帖。晋王献之书《洛神赋》残存的一段，自"嬉"字起，至"飞"字止，计十三行，故名。元赵孟頫《松雪斋集》载，墨迹有两本：一为晋时用麻笺所书，墨彩飞动。宋高宗先收得九行，后归贾似道，贾又续得四行，最后为赵孟頫所得。又一本是唐人用硬黄纸所书，后有柳公权跋两行，人称《柳跋十三行》，书法道丽。明万历间，杭州出一石刻（石紫色，前人传为"碧玉"），谓在葛岭出土，或云出自西湖。或以为即贾似道据家藏墨迹所刻的原石。南宋末，曹之格曾翻刻入《宝晋斋法帖》中。柳跋一本。在南宋《越州石氏帖》中有摹刻。

《爨龙颜碑》

南朝名碑，亦称《大爨碑》（《爨宝子》又称《小爨碑》，二合为"二爨"）。南朝宋大明二年（458 年）立。碑原在云南省陆凉县贞元堡，清道光六年（1826 年）云南总督阮元访得，始大显于世。圜首有穿，额正书"宋故龙骧将军护镇蛮校慰宁州刺史

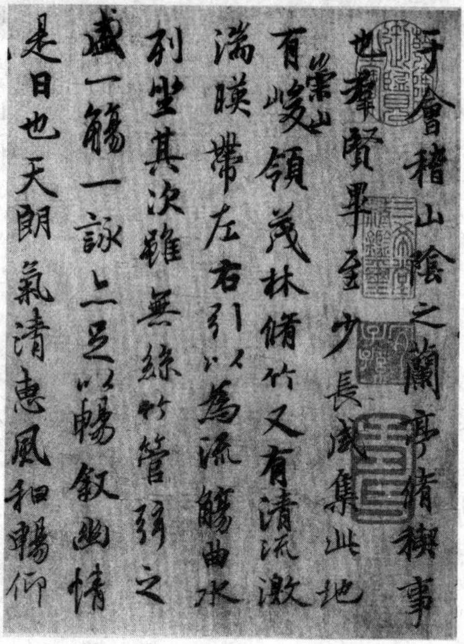

兰亭序(局部)

邛都县侯爨使君之碑”。碑文为爨道庆撰。内容为有关爨须颜镇压当地少数民族起义的记载,对研究民族史有一定参考价值。道光七年(1827 年)阮元建亭保护时曾刻跋语。书法极似北魏《嵩高灵庙碑》,险劲简古。颇多隶意。康有为评为:“隶楷之极则,有‘六朝碑版之冠’之誉。”

《十七帖》

著名草书法帖。原为唐太宗集藏晋王羲之草书书卷之一。计书札二十八通,因第一札首有“十七”二字,故名。当时太宗于卷末亲书“勑”字,付弘文馆解无畏摹勒成副,并经褚遂良校定,号称《勑字本十七帖》,也称《馆本十七帖》。为传世王羲之草书中之代表作。今存有翻摹的宋拓本。此帖部分书札也刻入《淳化阁帖》《大观帖》中,字迹与“馆本”不同,相传为唐贺知章的临本。又有“西安本”,不全,亦唐人所临,石已佚。

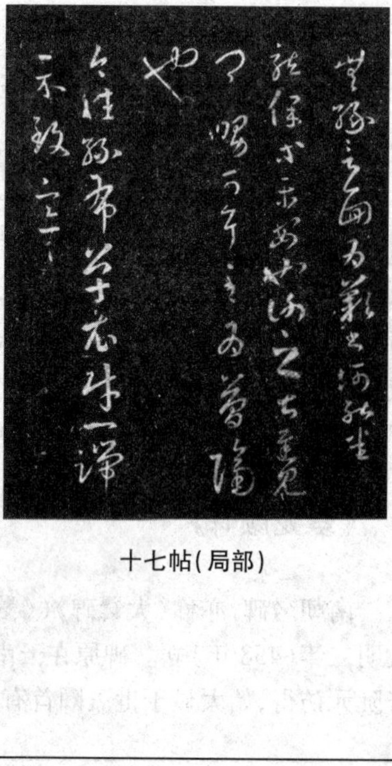

十七帖(局部)

《自叙帖》

《自叙帖》是怀素的代表作,笔力最为狂纵。全文纵横奔放,一气呵成,其势如大江大河,一泻千里。参差变化是其最大特点。每行多为6字,也有8字,行行字数不同,疏密不一,全靠手心相应的节奏而定,却极富层次感、节奏感,于参差变化中得匀称,给人以巧夺天工、奇趣天成之感。

《伯远帖》

王珣是王羲之的族侄,以辞翰著称,擅行草。《伯远帖》是王珣的书法名作,也是传世晋人墨迹中唯一具有名款的真迹。此帖行笔出入顿挫,峰棱俱在,笔笔有浓淡变化。笔画写得较瘦劲,结体较开张,特别是笔画少的字显得格外疏朗、飘逸。

《肚痛帖》

唐代张旭所书。《肚痛帖》一共30个字,写的是:忽肚痛不可堪,不知是冷热所致。取服大黄汤冷热俱有益。张旭当时肚子疼得厉害,在这种非常情况下,他拿起毛笔,蘸饱墨,洋洋洒洒一气贯之。所以整幅作品看起来非常连贯,潇洒飘逸,极富情趣。

肚痛帖(局部)

《三希堂法帖》

《三希堂法帖》是产生于清代的一部历代书法名作汇帖。清代乾隆皇帝十分喜爱书法，他征得晋代王羲之的《快雪时晴帖》，王献之的《中秋帖》和王珣的《伯远帖》三部稀世书法珍品，遂收藏于养心殿一室内，并将该室取名“三希堂”。乾隆十二年（1747年），又命大臣选宫内所藏历代书法墨迹之精华与这三件珍品汇总，选编、摹刻成一部丛帖，命名为《三希堂石渠宝芨法帖》，简称《三希堂法帖》。该帖收录了历代135家340件楷、行、草书作品，另有题跋210件，总计9万多字。所收法帖极多，刻工精良，堪称历代法帖之冠。

雕塑艺术

基本常识

雕塑

传统的雕塑一般是指雕刻和塑造。雕刻的雕塑是将硬质材料，如石头、大理石或木头中凿去多余的部分而凿成的。塑造是指利用诸如黏土、熟石膏和蜡这类可塑性材料逐步成型的塑造过程。雕塑不长于叙述，只能表现动作的一个瞬间，但恰是这一点，使作品的效果生动传神。

石雕

雕塑的一种形式。亦称“石刻”。石雕是在大理石、花岗石、青石、砂石等石质

石雕

材料上雕刻而成。由于石质材料得诸自然,又能长期保存,因此石雕成为大型和装饰性雕塑的主要品种。我国古代大型石窟、摩崖、陵墓雕刻和建筑雕刻,绝大多数用石雕成。现仍保存大量的石窟,秦代的石鲸鱼是巨大的石质雕成。

贝雕

雕塑的一种形式。在贝壳上雕刻花纹或图像,或用贝壳镶嵌成工艺品,都称为“贝雕”。距今约60万—1万年前的旧石器时代的原始先民已用蚌壳雕磨成简单的装饰品,为中国古老的雕刻制品之一。经过长期的发展,其品种越来越多。在陈设品方面,有人物、动物、花卉、挂屏、屏风等;在生活用品方面,有各种文具、烟具、台灯等。也有介于二者之间的用品。由于贝壳是自然资料,取材便利,色彩富丽,深受广大群众的欢迎。

椰雕

雕塑的一种形式。中国海南岛人们利用椰子壳雕制成的工艺品。旧时代官吏常以之进贡朝廷,因此曾被称为“天南贡品”。品种有镶锡、镶银、檀香木镶嵌、贝雕镶嵌、清壳等。雕刻手法有平面浮雕、立体浮雕、通雕、沉雕等。风格古朴,深浅得宜,造型自然优美。

泥塑

雕塑的一种形式,亦称“彩塑”。它采用黏土、纤维(如麦秸、稻草、纸筋、棉花等)、河沙作为塑造主要原料,加水捣匀后,捏制成雕塑形象的泥坯,经阴干打磨后,再上粉底,然后在粉底上施彩绘。这类作品主要是塑在庙宇及石窟之中,如我国甘肃省敦煌莫高窟等。另外还有民间工艺品,如无锡的“惠山泥人”及天津的“泥人张”等(俗称泥人),是各具风格的工艺美术品。一般作为金属铸像、石膏像、水泥像、玻璃钢像、石雕等不同雕塑制品的形象与造型阶段,亦即创作阶段。是制范的模子,各种材料复制的依据。

木雕

雕塑的一种形式。木雕是以各种木材及树根为材料进行的雕刻,是传统雕刻工艺中的重要门类。木雕常用的材料有楠木、樟木、柏木、黄杨、龙眼木、红木、梨木、杨木、桑树根及其他果木。木雕一般构图都以圆木周边宽度为限,以雕刻人物、山水、花卉、翎毛、楼台亭阁、动物水禽等室内小型题材作品为主。

竹刻

雕塑的一种形式。按材料分类的工艺雕刻品之一。在竹制实物(如折扇骨、烟具、文具、对联、雨伞等)上面雕刻各种字、画的一种工艺品。流行于我国南方各地,已有四百多年的历史,明代后期上海嘉定竹刻最有名,形成以“三朱”为代表的“嘉定派”。有浮雕、镂雕、阴刻等多种技法。另有用老竹根雕成各种人物、动物等形象的可作陈设品、供观赏的工艺品。这种“竹根雕”也称“竹刻”。

寿山石雕

福建福州市郊寿山所产的石料雕刻品。利用当地出产的晶莹如玉、色彩富丽的石料,雕成各种人物、动物、花果等的陈设品。寿山石也是雕刻印章的名贵材料。

寿山石雕

青田石雕

青田石雕产于浙江省青田县,约始于南宋庆元年间,距今有 800 年的历史。青田石雕以镂刻见长,在创作上,它的特点是依形布局,取势造型,依色取巧,因巧施艺,尤其对天然俏色、透明白色的利用,使其更具风采。风格上,它构图丰满,富有浓厚的装饰趣味和江南的地方色彩。在技艺上,它精雕细刻,不留刀痕,异常光洁。品种上,则以花卉、山水风景见长。“葡萄山”“高粱”“西游记”是青田石雕的优秀作品。

雕塑种类及作品

半坡陶塑

原始社会雕塑。属仰韶文化半坡类型遗物。1954—1957 年陕西西安东郊半坡遗址出土的一批陶器上附饰品,距今约 6800 年前,以地命名为半坡遗物。从塑工粗放拙雅看,是运用捏塑与锥划相结合方法制作的雕塑。比较重要的作品有圆雕陶塑人头像、兽形盖钮和鸟形盖钮三件。

河姆渡陶塑动

原始社会雕塑。属河姆渡文化遗物。1973—1974 年间浙江余姚县河姆渡遗址出土的两件陶塑动物。均捏塑手法制作，两者大小一样，长 6.3 厘米，高 4.5 厘米。一是陶猪，身体肥胖，腹部下垂，四肢短小，嘴部前伸，肩部略耸，仿佛在奔走觅食，具有温驯家猪的形态；二是陶羊，呈翘首匍匐状，形象亦颇温驯善良。此物是我国江南地区迄今发现年代最古老的雕塑作品，对于研究江南原始艺术与早期畜牧业发展具有重要意义。现藏浙江省博物馆。

秦始皇兵马俑

1974 年 3 月在陕西省临潼骊山下的秦始皇陵东侧，发掘出陶制的兵马俑千余件。陶俑的身高均在 180 厘米以上，陶马高约 150 厘米，和真人真马相仿。兵马俑的形象塑造十分生动，富有变化。按身份有将领、中下级官吏和兵卒之分，兵卒又分骑士、驭手、车士、弩兵等。这些陶俑都很写实，精确地刻画出了陶俑的不同身份、年龄、个性与心理活动。形象塑造真所谓栩栩如生，呼之欲出，使人惊叹不已，成为世界雕塑艺术中的一批瑰宝。

陶俑——秦始皇兵马俑

陶乐舞俑

山东济南无影山西汉前期墓出土。这是一组彩绘乐舞、杂技、宴饮陶俑。在一个长 67 厘米，宽 47 厘米的陶盘上塑造了 22 个陶俑，情节丰富，形象生动，两个长袖飘飘的女子，正在翩翩起舞，4 个青年男女表演杂技，备具特色。有倒立的，有折腰的，有作柔术的，十分活泼精彩。奏乐的有 8 个人，或吹笛，或抚琴，或执棒敲钟，或击扁形小鼓，或击大鼓，还有袖手而立的观赏者。这组陶俑表现了西汉时期地主阶级的奢侈生活。在雕塑作品中还是第一次发现描写杂技的题材。

长信宫灯

是一尊圆雕。长信宫灯1966年出土于中山靖王刘胜妻窦绾墓。此灯外形是

圆雕——长信宫灯

宫女执灯，灯盘可以转动，以改变灯光照射的角度。灯火的烟通过手进入体内。整座灯是一件完美的圆雕，各部分造型比例适当，人物神态安详。

司母戊大方鼎

商代青铜器。司母戊大方鼎是现今发掘出来的最大的青铜器。它因腹内铸有“司母戊”三个字而得名，一般认为这个鼎是商王祭祀母亲“戊”用的祭器。司母戊大方鼎呈长方形，长110厘米，宽78厘米，高133厘米，重875公斤。这个巨型的青铜器，造型雄伟，花纹华丽，结构复杂。大鼎腹部铸有蟠龙纹和饕餮纹，脚部刻有蝉纹。整个鼎具有非常强烈的神秘感。

四羊方尊

商代后期青铜器装饰雕刻，亦称“四羊方尊”与“四羊方尊雕刻”，1938年在湖南宁乡月山铺出土。尊高58.3厘米，口方每边长52.4厘米，重3.5公斤。大沿，沿下饰焦叶纹和夔纹带，长颈，高圈足，器身为四羊，肩部有四突出的羊前半身，即羊的头部和腹部构成尊腹的四角。羊角向内卷曲。形象逼真，其间还有龙纹、龙首突出在四羊首之间；高圈足上饰羊的腿部及首朝下的夔纹，羊口微张，仿佛发出“咩咩”叫声，生动别致。器通体饰扉棱八道，尊用圆雕、浮雕与线刻，浑然一体。方尊采用分铸法制造，纹饰非常细致，达到雕刻与器形的完美结合。它体现了极强的艺

青铜器——四羊方尊

术性，是商代后期青铜器中的精品。

马踏飞燕

汉代雕塑，又名铜奔马、马踏龙雀。著名学者、考古学家郭沫若第一个认出骏马蹄下的是只燕子，所以给它定名马踏飞燕。虽然有些人对这只燕子持怀疑态度，认为是鹰的一种，但我们却习惯叫它马踏飞燕。

汉代雕塑——马踏飞燕

数珠观音

宋代雕刻。大足石刻是宋代规模较大,制作精良而又凿造比较集中。具有代表性的雕刻遗存。四川大足县境内分布的摩崖造像甚多,经普查现存有宝顶、北山等 19 处。数珠观音是北山摩崖石刻的精品之一,深受大家赞赏,都为她所具有的艺术魅力所吸引。她两手斜搭胸前,上身微微向后侧转斜倚,头部略朝前倾,眼梢嘴角流露着微妙的喜悦,全身姿态,静中显有轻柔的动势,肌肤柔和,质感很强,特别是那临风飞舞的衣带,更加强了优美、飘逸的气氛,使人感到她仿佛是一位人间的少女,仪态妩媚,亲切可爱,具有人间世俗情趣,所以人们则称之为"媚态观音"。

秦桧跪像

明代铜铸像。在今浙江杭州岳王坟左侧前方。岳飞被秦桧杀害后十余年,孝宗朱佑樘诏复其官,谥武穆,并在杭州栖霞岭下修建岳飞坟。武宗朱厚照正德八年(1513 年),指挥李隆在岳坟前铸秦桧、王氏、万俟岛三人反绑裸体铜像。神宗朱翊钧万历二十二年(1594 年),又增一张俊铸像。因民众憎恨奸臣秦桧,跪像屡毁屡建。清德宗载湉光绪二十二年(1896 年)布政使张祖翼曾重铸铁像,并有《岳墓重铸四铁像记》,云:"益以人心义忿,积秽詈击,身首残弃,因命乙范之,使跪如前状、殛奸回于既往怀正气于人间,以告万世之为人臣者。"

明十三陵石刻

在北京昌平区境内的天寿山。陵区包括明代永乐七年(1409 年)至十一年(1413 年)建成的长陵及陆续修建的献陵、景陵、裕陵、茂陵、泰陵、康陵、永陵、昭陵、定陵、庆陵、德陵和思陵。陵区正门前竖着一座五门六柱十一楼的汉白玉石大牌坊,坊宽 28.86 米。约为坊高的一倍有余。结构宏伟,牌坊的尖柱石上方雕有蹲卧的麒麟、狮子以及其他怪兽构成的生动的石雕图案,是我国现存石碑坊中最大的一座。神道两旁排列石兽 6 种,12 对,24 件。獬、骆驼、象、狮、麒麟、马各为一对蹲卧,一对伫立。石人 12,武将、文臣、勋臣各两对,均为立像。雕像均用整块的白石琢成,体积最大的达 30 立方米。

莫高窟

古代雕塑。莫高窟俗称"千佛洞"。位于甘肃省敦煌市东南的鸣沙山东麓崖壁上,是一处由建筑、绘画、雕塑组成的博大精深的综合艺术殿堂,也是世界上现存规模最宏大、保存最完好的佛教艺术宝库，被誉为“东方艺术明珠”。它创建于前秦建元二(366 年)。后来经过各朝相继凿建，到唐代已有 1000 余窟龛。现存洞窟 492 个。

龙门石窟

在河南洛阳南郊 12.5 千米的伊水两岸，从北魏迁都洛阳之后(494 年)开始凿

龙门石窟雕像

建。龙门开凿的造像活动，在北魏晚期盛极一时，此后的东魏、西魏、北齐、北周等都续有雕造，到唐代贞观至天宝(627—756 年)间又曾兴盛。合计佛龛 2100 多个，雕像 10000 余躯。题碑 3000 余块，佛塔近 40 座。北魏具有代表性的石窟除古阳洞、宾阳同，还有莲花洞等。龙门石窟的雕像内容较多，同时技法也趋向成熟和精致。圆雕主要组成中除了佛与胁侍菩萨外，又出现了迦叶、阿难二弟子与护法力士的形象。佛、菩萨的塑像造型厚重匀称，脸型逐渐变得温和秀丽，衣服由贴体迈向宽松，衣纹逐渐流畅。

云冈石窟

云冈石窟位于山西省大同市西 16 千米武周山(又名云冈)南麓。石窟依山开凿，东西绵延一千米。现存洞窟 53 座，造像 5.1 万余尊。石窟始凿于北魏兴安二年(453 年)，大部完成于太和十九年(495 年)，造像工程延续到正光年间(520—525 年)。后世曾多次修缮，并增建佛寺，以辽金所建规模最大。云冈石窟以石雕造像气魄雄伟、内容丰富多彩见称。大佛最高者 17 米，最小者仅几厘米；菩萨、力士和飞天等形象生动活泼，塔柱的动物形象和植物纹样引人入胜。在云冈数十座洞窟

中，第 5 窟、第 6 窟和五华洞堪称云冈艺术精华。

麦积山菩萨像

麦积山菩萨像位于甘肃天水市东南丛山中的麦积山石窟，是十六国后秦(384—417 年)年间开凿的，经北魏、北周、隋、唐、宋、元以至明、清都有造像。现存龛窟 194 个，大型雕像 1000 余躯。其中北朝作品，多属北魏与北周时代的，无论佛像、菩萨和飞天等，一般身躯都瘦削修长，肩阔腰细，衣纹贴身而流畅，面相清俊秀丽，表情自然活泼，动态自由多样，富有生活气息，显示了佛教雕像更合乎当代人们审美的艺术形式。麦积山全部造像多为泥塑，在形象塑造上，麦积山的泥塑更接近于现实生活，佛像更富有人间味，供养像几乎都是当地民间服饰，肤色着色，与敦煌泥塑相仿，均是彩塑。麦积山第 121 窟中的佛弟子和菩萨像，并排直立在一个小龛中，似在窃窃私语，婉言商议，神态生动而有真实感，体躯比例合度，衣饰线条简洁、流畅，富有装饰趣味。

天安门华表雕刻

明代石刻。属明清宫廷建筑雕刻之一。举世闻名的北京天安门，明代称“承天门”。现存的天安门前后两组 4 座白石华表，一组在天安门前金水桥南两侧，一组

天安门华表雕刻

在天安门后，以天安门为中心形成南北东西对称布局。明代的汉白石华表是运用

多种雕刻手法雕造成的建筑装饰。缠绕在华表柱身上的主体云龙纹,以压地稳起的浅浮雕手法,使华表整体深厚挺拔。柱头横贯透雕的云朵,两者相结合,犹如蟠龙凌空腾飞,透出神奇之美。柱头的莲花瓣石盘上饰以圆雕的坐“吼”。华丽的八角座围及四周的栏板上雕刻凸起蜿蜒的行龙,和4个角柱饰有圆雕蹲狮的组合,都烘托白石华表特有的素洁华贵之美。这是由立体圆雕、透雕、浅浮雕等综合技法表现的结果。华表主身上雕刻的云龙代表了明清时代宫廷建筑的主题,“华表”之称也有中华民族的象征。它与雄伟的天安门结合,使之更加雄伟壮观。

人民英雄纪念碑

人民英雄纪念碑始建于1952年,1958年完成。作者是刘开渠、曾竹韶、王丙召、傅天仇、滑田友、王临乙、萧传玖、张松鹤等人。形式为浮雕群,在北京天安门广场人民英雄纪念碑身下须弥座束腰四周,内容是“鸦片战争、太平天国金田起义、辛亥革命、武昌起义、五四运动、五卅运动、八一南昌起义、抗日战争、胜利渡长江等”。造型概括真实,典型地反映了不同时期人民斗争的活动,有较高的艺术价值和教育意义。

人民英雄纪念碑

建筑艺术

基本常识

建筑学

研究设计与建造建筑物的一门科学。主要内容为综合研究建筑功能、物质技术条件、建筑艺术以及三者的相互关系;研究建筑设计方法以及如何综合地运用建筑结构、施工、材料、设备等方面的科学技术成就,以建造适用、经济、美观的建筑。

庄园

中国古代的庄园,是指包括住所、农田、园林等的建筑组群。就其名称而言,因庄园主的地位不同就有着不同名称。如属于贵族、官吏、地主的为私庄,有别庄、别业、别墅、有墅等名称;属于寺庙的称常住庄;属于皇室的为皇庄,有王庄、宫庄、有苑等名称。中国封建社会前期,大面积经营庄园很是盛行,其庄园主往往占有大片良田沃地及山川名胜。庄园内一般较多农田、住宅、鱼塘、林牧场、果蔬园、农副业作坊以及供游赏的园林等。唐代以后,以园林为重点的别墅有较大的发展,中国园林史上最著名的别业,当推唐诗人兼画家王维的辋川别业。这些规模较大的园林,对造园艺术的发展有着深远的影响。

牌坊

中国古代建筑品种,也叫牌楼。我国古代作为表彰、纪念、导向、标志功德的建筑物。是一种只有单排立柱,起划分或控制空间作用的建筑物。在单排立柱上加额枋、垫板等构件而不加屋顶的称牌坊,在单排立柱上加额枋、斗拱等构件,上覆瓦顶的称牌楼。但后来将两词通用,但严格地说两者仍是有区别的。初期于两望柱间加额枋,立于城区街坊入口处,作为坊门。古人常用坊门表彰人和事,如贞节坊、功德坊等。北宋中期里坊制度废除后,改用牌坊代替坊门。后来为加强其标志功能,渐由一门发展为三门、五门或七门。从规模上分,有一间二柱三楼,三间四柱七楼,三间四柱九楼等。随着历史的发展,牌坊的作用也增加,在园林、庙宅、陵墓、祠堂、衙署、道路等地不断竖立起牌坊,起到渲染气氛、陪衬主体建筑、丰富街景、指示方位等作用。石牌坊以明代的、琉璃坊以清代的具有代表性。牌坊多立于离宫、园囿、寺观、陵墓等大型建筑入口处和城镇街衢要冲、大路起点、桥两端等处。

华表

传统建筑品种。为成对的立柱,起标志或纪念性作用。表在秦汉已有,是一种标志性的独立木柱,柱上有横木。表又称表木、桓表,成对地立于宫署门前或桥梁、道路、城垣或陵墓两侧。华表最早多以木为柱,后来为了坚固,改用石柱。东汉时已有石制墓表,立于神道两则。现存的表都是石制,如南京南朝帝王陵墓的墓表、河北定兴北齐义慈惠石柱及明清北京天安门前后的华表和陵墓的墓表等。南朝墓表以梁吴平忠侯萧景墓前的最为完整精美,有方座圆形柱础,竖刻束竹形槽和凹槽的柱身,顶置石刻圆盘和辟邪,柱身上段正面嵌横长石版,刻职衔。义慈惠石柱柱顶为小石屋,可能为表征佛国的"天宫楼阁"。柱身八角,正面上部平面上刻有颂铭。明清的表又称华表,多经雕饰,柱身刻盘龙,柱上端贯云版,顶为蹲狮,俗称"朝天吼"。表柱有圆形、八角形等。华表四周围以石栏。华表和栏杆上遍施精美浮雕。明以后的华表多为石制。主要立在宫殿、陵墓前,个别有立在桥头的,如北京卢沟桥头。明永乐间所建北京天安门前和十三陵碑亭四周的华表是现存的典型。

影壁

又称照壁、照墙。古称门屏。是古建筑大厅前特有的设置,即砌筑于大门内或大门外,与大门相对的用作屏障的短墙。始置于西周时期。后世影壁多以砖砌,有的墙下还砌有须弥座,顶部覆以瓦脊。墙面或绘画,或砖雕,兼有装饰、遮蔽、标志功能。雕饰精美的影壁,在建筑物的入口处,成为建筑物的第一道空间,使人产生即将进入内院的思想准备,形成空间转换的心理感受。影壁的形式各异,有一字形,八字形等。它是由壁身、壁座、壁顶三部分组成。壁身用磨砖做出枋柱形,中心和四角加砖雕花饰或代以吉祥语牌。壁座又称下碱,一般为砖砌。壁顶有庑殿式、歇山式、悬山式、硬山式等。所用的建筑材料也不同,有砖砌、土坯砌或用夯土砌、琉璃镶砌等多种。影壁的作用在于,能在大门内外形成一道与街巷既相连又有限隔的过渡空间,使人无法窥视宅院内部情况,故有较大的实用价值。

女儿墙

源出“女墙”,又名“压檐墙”。房屋外墙高出屋面的短墙。也是屋面与外墙衔接处理的一处方式,作为屋顶上的栏杆或房屋外形处理的一种措施。在制作方法上,一般均将顶部砌成直线形或曲线形,绝大多数墙面多有雕刻或贴塑花纹装饰,起到屋顶栏杆的作用,并可防止雨水直接下落。亦有一种女墙,又称“女垣”。筑于城垣墙顶两侧,故亦称堞。它的产生出于军事防御需要。

著名建筑家及建筑著作

鲁班

鲁班(约前507—前440年),我国古代建筑工程家,被建筑工匠尊为祖师。鲁班姓公输,名般,因为他是鲁国人,“般”和“班”同音,古时通用,故称鲁班。童年时参加过较多的土木建筑工程劳动,积累了丰富的实践经验,在木工、建筑、器械诸方面都有发明创造。鲁班的名字散见于先秦诸子的论述中,被誉为“鲁之巧人”。两千多年来,鲁班的名字已家喻户晓,故有关鲁班的传说广泛流传,大致内容主要关于主持兴建具有高度技术性的重大工程、关于改革和发明生产工具,以及热心帮助建筑工匠解决技术难题等。

鲁班画像

李诫

李诫(1035—1110年),北宋建筑专家。字明仲,郑州管城(今河南郑州)人。出身于官僚家庭,父亲李南公曾做过户部尚书。荫官郊社斋郎,从哲宗元祐七年(1092年)开始在将作监供职,曾任主管营造的将作少监、将作监等职。期间他主持了不少有名的宫殿、府邸、城门、寺庙等大型土木建筑工程。如主管营造五王邸、龙德宫棣华宅、九成殿、朱雀门、太庙、辟雍、开封府廨等。并受命重修《营造法式》,于元符三年(1100年)完成,宋徽宗崇宁二年(1103年)颁行,其内容多来自当时熟练工匠的实践经验，体系严谨，内容丰富，是当时建筑科学技术的百科全书，流传至今，成为研究中国古代建筑的重要参考书。李诫博学多艺，还著有《续山海经》十卷、《古篆说文》十卷、《续同姓名录》二卷等，惜均失传。

梁思成

梁思成

梁思成（1901—1972 年），我国现代建筑学家和建筑教育家。广东新会县人。生于日本东京。1923 年毕业于清华大学，1927 年获宾夕法尼亚大学建筑系硕士学位。1927—1928 年在美国哈佛大学研究院研究世界建筑史。他是中国建筑学的开拓者之一。曾任前"中央研究院"研究员、清华大学建筑系教授等。1940—1947 年，被美国耶鲁大学聘为教授，联合国总部大厦设计委员会成员，1953 年起任中国建筑学会副理事长，1995 年当选为中国科学院技术科学部委员。他是我国最早用科学方法研究古建筑的学者之一。由于他长期研究中国古代建筑，为中国建筑史的研究做了开创性的工作。他为中华人民共和国国徽、首都人民英雄纪念碑等建筑的设计工作做出了贡献。主要著作有《宋营造法式》《清式营造则例》《中国建筑史》等。

贝聿铭

贝聿铭（leoh Ming Pei，1917—），美国当代著名建筑大师。美籍华人，生于中国广东，成长于苏州。1935 年赴美求学，1940 年获麻省理工学院学士学位。1946 年获哈佛大学硕士学位，留校任教，1948 年起，任译肯多夫地产公司建筑部负责人。1956 年自设建筑事务所，从事建筑设计工作。由于他经常与建筑家交往，从而形成了从环境经济和实用角度去理解建筑的思想方法。尤其值得注意的是，他注意建筑为人所用，为使用者着想。他的建筑作品较多，对纽约、波士顿、费城、蒙特利尔、新加坡等大城市的旧区改造和新区的开发做出了贡献。美国建筑界赞誉他"一直处于现代建筑设计的顶峰"。他的作品较多，主要有美国大气研究中心、纽约肯尼迪国际机场候机楼、华盛顿国家美术馆东馆、北京香山饭店等。

著名建筑

五台山佛光寺

我国现存著名的佛教建筑之一。位于今山西五台豆村的佛光山，故名。相传创建于北魏，后毁。唐大中十一年（857年）重建。该寺依山而建，坐东向西。占地70余亩，其主建筑大殿面阔7间，进深4间，长34米，宽17.66米，有内外两周柱列。屋顶采用单檐四坡式，外观大方雄伟。柱头上的斗拱出跳四层，下两层为“华栱”，上两层为“下昂”。梁架用九架，有格子状的天花板，称为“平綦”。在“平綦”之上有梁架，构件不加艺术处理。但在“平綦”之下的部分露出大梁，以四跳的偷心斗栱支撑起，构造简明有力。殿内空间幽雅多变，富韵律感。殿内有一长形佛坛，上面供奉唐朝原塑的众多菩萨神像，造型雄浑，具有很高的艺术价值。殿内的唐代题字、壁画、塑像等，是重要的唐代艺术遗物。配殿文殊殿建于金天会十五年（1137年），整个大殿建筑唐风甚浓，被人称作“世间的瑰宝”，在世界建筑史上占有重要的地位。

五台山佛光寺

悬空寺

悬空寺自古以来一直被列为北岳恒山的第一奇观。其建筑特色可以概括为“奇、悬、巧”三个字。悬空寺距地面高约50米，上载危岩，下临深谷。整个建筑皆为木质结构。民谚以“悬空寺，半天高，三根马尾空中吊”来形容悬空寺的奇险。悬空寺的主要建筑有寺院、佛堂、禅房、太乙殿、三佛殿、关帝庙、钟楼、鼓楼、送子观音殿、伽蓝殿、千手观音殿、地藏王菩萨殿、纯阳宫、释迦殿、三官殿、雷音殿、栈道、五佛殿、三教殿等。此外，悬空寺内共有各种铜铸、铁铸、石雕、泥塑像八十余尊。

大昭寺

大昭寺气势磅礴，宏伟壮丽，占地面积约为 2 万平方米。文成公主从长安带来的释迦牟尼镀金铜像被供奉在主殿中央，两旁屹立四尊姿态各异的力士塑像。松赞干布、文成公主和尺尊公主等人的群像陈列于西侧配殿内。

大昭寺的建筑结构采用了汉族的梁架、斗拱、藻井等形式。人物、飞天、鸟兽、植物等浮雕及彩画被刻于梁、柱、枋、框上。成排的木雕伏兽和人面狮身像排列在内廊檐部。在大昭寺主殿四墙上，绘满长近千米的壁画，在壁画中可以看到《文成公主进藏图》，还有一幅绘画了大昭寺施工场面的《大昭寺修建图》。寺内保存了大量元代壁画、雕像。大殿内藏有元代之前的佛经 1 万余部。

妙应寺塔

是我国现存最早、造型优美的喇嘛塔。此塔建于元代至元八年(1271 年)，由

妙应寺塔

尼泊尔匠师阿尼哥设计，通体白色，台基高 9 米，塔高 50.86 米，底座面积 1422 平方米，由塔基、塔身和塔刹三部分组成，塔身不用雕饰，而轮廓雄浑，气势磅礴，是我国古代喇嘛塔中的杰作。

卢沟桥

位于广安门外丰台区，因跨越卢沟河(今永定河)而得名。卢沟桥与河北赵州桥、泉州洛阳桥并称中国古代三大名桥。此桥始建于金代，初名广利桥，迄今已有八百余年历史。卢沟桥的东端建有碑亭，石碑为乾隆皇帝所书，正面为“卢沟晓

月”,背面为卢沟桥诗。卢沟晓月在金代时便是著名的燕京八景之一。这里曾爆发了震惊中外的卢沟桥事变。桥的东侧便是宛平县城。宛平城建于明末,原是保卫京都的拱极卫城。宛平城墙上至今可见中日军队在此交战的累累弹痕。

卢沟桥

拙政园

位于苏州城内东北。明嘉靖(1522—1566 年)时,御史王献臣辞职还乡,购大宏寺废地建园,取晋代潘岳《闲居赋》中“拙者之为政”之语意,命名“拙政园”。此园经多次易主,经过多次改建而成。全园主要有 3 部分:中部是重心,西部称为补园,东部旧为归田园址。其中部是精华所在,主要以水面为主,十分之八九的建筑皆临水而筑。中部正中为水池,池东南以建筑为主,分布各处的建筑物都以与水面及其周围风景相结合为准则,而以游廊、小桥等为串联全园风景建筑的脉络。在池东南的建筑群中,以远香堂为主体,南望有山如屏,东望绣绮亭,西邻倚玉轩而见香洲,北临荷池,隔岸雪香云慰亭和待霜亭突出于水面小山之巅,一园之景可窥其轮廓。池北以山林为主,较空旷而富有自然山林野趣。西部鸳鸯馆和十八曼陀罗花馆为主体,其主体建筑倚园南缘布置,沿水墙边构水廊,高低曲折,是苏州诸园中游廊之范例。

颐和园

颐和园位于北京西郊西山脚下海淀一带,是西山园林“三山五园”之一。颐和园全园分四大部分:东宫门区,原为清朝皇帝从事政治活动和生活起居之所,曾囚禁光绪皇帝的玉澜堂便处于此区;万寿山前山景区,是最华丽的景区,建筑也最多,区内的佛香阁是全园中心,周围建筑对称分布,呈众星捧月之势,相当宏伟;后山后湖景区,林木葱茏,山路曲折,优雅恬静;前湖区,烟波浩渺,西望群山起伏,北望楼

颐和园

阁成群,湖中的西堤极具江南特色,横卧湖面的十七孔桥,造型优美。令人过目不忘。颐和园集中了中国古典建筑的精华,容纳了不同地区的园林风格,堪称园林建筑博物馆。

圆明园

圆明园位于北京市西郊,海淀区东部。原为清代一座大型皇家御苑,占地约5200亩,平面布局呈倒置的品字形。圆明园由圆明、长春、绮春三园组成,总面积达350公顷。它的陆上建筑面积和故宫一样大,水域面积又等于一个颐和园。圆明园汇集了当时江南若干名园胜景的特点,融中国古代造园艺术之精华,以园中之园的艺术手法,将诗情画意融化于千变万化的景象之中。圆明园的南部为朝廷区,是皇帝处理公务之所。其余地区则分布着40个景区,其中有50多处景点直接模仿外地的名园胜景。最有名的观水法、万花阵迷宫以及西洋楼等,都具有意大利文艺复兴时期的风格。圆明园是一座珍宝馆,集中了古代文化的精华,同时也是一座异木奇花之园,完整目睹过圆明园的西方人把她称为万园之园。1860年英法联军和1900年八国联军两次洗劫圆明园,园中的建筑被烧毁,文物被劫掠,只剩断垣残壁,供人凭吊。现在的圆明园是遗址花园。

故宫

故宫又称紫禁城,是中国明、清两朝皇帝居住的地方,也是世界上最大的皇帝寝宫。故宫历经了24个皇帝,距今已有570多年的历史。故宫四面环有高10米

故宫

的城墙和宽 52 米的护城河。城南北长 961 米,东西宽 753 米,占地面积达 78 万平方米,共有 9000 多间房屋。故宫城墙四周各设城门一座,现今南面的午门和北面的神武门专供参观者游览出入。故宫城内的宫殿建筑布局沿中轴线向东西两侧展开。总体来说,整组宫殿建筑布局谨严、秩序井然、气势雄伟、辉煌壮丽,寸砖片瓦皆遵循了封建的等级礼制,是我国古代建筑艺术的精华。

雍和宫

位于北京城内东北隅安定门内。建于清康熙三十三年(1694 年),原为康熙皇帝第四子胤禛(后来的雍正皇帝)的府邸——雍亲王府,雍正三年(1725 年)改为雍和宫。乾隆九年(1744 年)改建为喇嘛教寺院,作为清政府管理喇嘛教事务的中心。此宫坐北朝南,总体布局严整,有明显的中轴线。门前有广场和三座牌坊,山门以内,沿中轴线向北依次有天王殿、雍和宫、永祐殿、法轮殿、万福阁和绥成楼等主要建筑。与两侧的翼楼组成五重院落,建筑布局别具一格。前半部为左右配殿与前廊座所组成反转式三合院,院中建一大殿,与常见四合院形制不同。后半部采用三殿并列形式,保存了大殿与东西堂并列的古代建筑布局的特点。气派极大,是现存寺庙中少有佳例。而万福阁与左右永康阁、延绥阁以飞阁复道相通,这种手法多见于唐代佛教壁画,此处为罕见的实物。在南北向中轴线上,建筑自前至后,一殿高于一殿,层次分明,主从有序。其中万福阁为最高最大的建筑,阁内是一个高达 25 米的木雕旃擅佛像。

布达拉宫

在西藏拉萨市西北布达拉山上。相传始建于唐初松赞干布迎娶文成公主时，现有建筑是清顺治二年(1645年)开始营造的，工程历时50年，其后经多次增修改建，始具今日规模。此宫位于布达拉山南侧，从山腰处拔升而起，直达山顶，宫堡东西长400余米，南北宽350米，占地41公顷。外观13层，实为9层，宫顶覆盖镏金瓦，高达117.19米。宫的主体，分为红宫和白宫两大部分。位于上部中央的红宫，由经堂、佛殿、政厅、图书馆，以及存放历代达赖喇嘛灵塔之处的灵堂所组成，是宗教活动和政治活动的中心。白宫位于红宫东面，内设寝室、膳房、客厅、仓库及经堂等。红宫与白宫前的一片平坦地段上，分布着佛具制造所、印经院、马厩、守卫所及监狱等。厚墙围绕宫的四周，防卫森严，此宫全为木石结构，外观气势雄伟，建筑风格体现了藏汉文化的交流。宫内有二十多万尊雕塑大小佛像和大量的壁画。

避暑山庄

避暑山庄又称热河行宫或承德离宫，是清帝王避暑和处理朝政的离宫。位于承德市区北部。占地面积564万平方米。始建于康熙四十二年(1703年)，是中国现存最大的皇家园林。承德自然环境兼有南秀北雄的特色，加之距离京师较近，因而被康熙选中辟为北巡行宫。康熙五十年(1711年)康熙帝在山庄的内午门上题额“避暑山庄”，遂得名。后经康、乾两帝近90年的不断扩建，至乾隆五十七年(1792年)最后竣工。园内共有宫殿、庭园、寺庙及亭、台、楼、榭等120余组古建筑，由宫殿区和苑景区两部分组成。

承德避暑山庄是中国古典园林艺术的杰作，享有“中国古典园林之最高范例”和“中国地理形貌之缩影”的盛誉。

秦陵兵马俑

秦陵兵马俑的确切名称是秦始皇兵马俑从葬坑，位于秦始皇陵东侧约1500米处。发现于1974年，是当代最重要的考古发现之一。一号坑是当地农民打井时发现的，后经钻探又先后发现二、三号坑，其中一号坑最大，面积达14260平方米。三个坑内共有陶俑近万个，陶马500多匹，木质战车130多乘。无论是兵还是马均同真人真马一般，栩栩如生。坑内还有制作精良的强弓、劲弩、弋、矛、戟、镂、青铜宝剑等兵器。虽然埋在土里两千多年，依然刀锋锐利，闪闪发光，可以视为世界冶金史上的奇迹。这一宏伟的地下建筑古迹，被誉为世界第八奇迹，具有很高的艺术价值。

十三陵

十三陵是明朝十三代皇帝的陵墓区,位于北京市昌平区城北。陵区为一小盆地,周围达40千米。北、东、西三面群山屏立,南面龙、虎二山分列左右,若天然门户。从明永乐七年(1409年)始,先后建长陵、献陵、景陵、裕陵、茂陵、泰陵、康陵、永陵、昭陵、定陵、庆陵、德陵,清初建思陵,总计十三陵,葬有13位皇帝,23位皇后,1位皇贵妃。陵区陵道长7000米,有石牌坊、大宫门、大碑亭、石人石兽等依次排列。1958年在陵区东南修建了十三陵水库。水库南侧建有北京九龙游乐园。陵区松柏葱郁,果树成林,景色宜人,是旅游胜地。1981年设立十三陵特区。

天坛

天坛

天坛占地面积达270万平方米,是我国现存最大的一处坛庙建筑,也是世界上最大的祭天建筑群。天坛初名天地坛,嘉靖十三年(1534年)改称天坛。天坛环境庄严肃穆,是明、清两代皇帝祭天、祈谷的场所。

长城

我国古代宏伟的建筑之一。始建于公元前7世纪—前5世纪的春秋战国时代。战国时期,各国就在自己的边境上建造长城,以为防御之用。秦代统一中国后,为防御匈奴,把在各国北面的长城连接扩增,西起临洮,东至辽东碣石,号称万里。当时强迫动员了30万人民来从事这项艰巨的工作,流传着很多反对秦始皇暴政的可歌可泣的故事。自秦代以后,各朝代都曾修建长城。有时是增补,有时是改线。现有长城大都是明代所建。其沿线城堡墩台林立,险要地带。均设关隘,建筑造型坚挺有力,气魄雄伟。现有长城自甘肃酒泉市市嘉峪关开始至河北秦皇岛市山海关止,共约四千余里,每隔数十米便设有一座烽火台,沿城重要关口,均设有关城。

工艺美术

基本常识

工艺美术

造型艺术之一,有时也划属造型艺术范畴。它是以工艺和美术的存在为前提的。大多为劳动人民直接创造,同人民的物质生活和精神生活相关。它们的生产常因历史时期、经济条件、地理环境、文化技术水平、民族风尚和审美观点的不同而表现出不同的风格特色。

工艺造型

又作"造形"。按照审美的要求,即对产品形体的形象进行塑造,就是工艺造型。亦即将工艺材料按照形式美法则进行艺术加工。狭义指造型艺术中的形体塑造,广义则泛指对一切具体可感的物质材料(包括工艺美术、绘画、书法、篆刻、雕塑、建筑等)的形体塑造。其要素包括形态、色彩、肌理三部分。工艺造型必须遵守"适用、经济、美观"为原则。

工艺形象

工艺形象是将工艺材料进行艺术加工、造型后塑造出来的物品的图像,称谓工艺形象。工艺形象属于文学艺术,它是反映现实生活的一种特殊手段,是人们根据现实生活中的各种特殊手段和各种现象加以艺术概括,所创造出来的具体生动的图画。

工艺色彩

是指使用各种不同工艺材料的固有色和人造色。不管是天然色彩还是人工色彩,都可以从色彩的形成因素来认识它。

工艺材料

是制作工艺品所用的物料。工艺材料的质地优劣对工艺品生产更具有特殊意义和作用,它会直接影响工艺品的实用性和审美性。

芙蓉出水与错彩镂金

美学家宗白华把中国艺术中美的理想归为两类:错彩镂金的美和芙蓉出水的美。楚国的图案、楚辞汉赋、六朝骈文、明清瓷器、京剧服装等是“错彩镂金,雕绘满眼”的美,这种美华丽、耀眼。而汉代的铜镜与陶器、王羲之的书法、顾恺之的画、陶潜的诗、宋人的白瓷,是“初发芙蓉,自然可爱”的美,这种美清新、脱俗。在中国美学史上,更多的崇尚“初发芙蓉”的美,即自然、朴素、内在的美。

工艺家

丁缓

丁缓,生卒年不详。传为汉代成帝时工艺名匠。长安(今陕西西安市西北)人。曾制万向置架、卧褥香炉、九层博山香炉、常满灯、七龙五凤灯、七轮扇等名品。因新颖奇巧、别致生动而名盛一时,誉为巧匠。他制造的卧褥香炉作薰被用具,炉中放入香料点燃后安放在褥中,香气四溢,又名“被中香炉”。他设计制作的铜灯,以七龙五凤作装饰,衬以芙蓉莲藕,华丽美观,名谓“常满灯”。还有九层博山香炉,上面透雕有各种奇禽怪兽、穷诸灵异,能自然运动,亦为薰香器皿。所制七轮扇,构思机巧,七轮大皆经尺,递相连续,一人运转,满堂生风。

朱克柔

朱克柔,生卒年不详。宋代女工艺家。名强,以字行。云间(今上海松江)人。宋徽宗、高宗时以缂丝著名。尤擅摹缂书画名迹。所缂人物、树石、花鸟,精巧绝伦,品价极高。缂丝作品主要有《莲塘乳鸭图》《牡丹》《山茶》等。缂工精细,风格高古,形神生动,为南宋缂丝代表作。后世收藏家珍同名画。她的缂丝名作分别藏于上海博物馆和辽宁博物馆。

杨茂

杨茂,生卒年不详。元代雕漆工艺家。嘉兴(今浙江)西塘杨汇人。又工戗金、戗银法。杨茂制造《花卉纹剔红渣斗》,周身以土黄色漆为地,再涂朱漆约五十道,上部雕秋葵,下部雕山茶,底部靠边有针刻“杨茂造”三字款。组织严谨,刀法有力,花纹自然柔和,具有明确的浮雕效果,表现出高超的雕技。另一件杨茂造《山水人物纹剔红八方盘》,亦为故宫博物院藏品。杨茂作品,传世不多。中国剔红技法,传入日本以后,他们称剔红为“堆朱”,盖剔红器为朱漆一道道堆上的意思。又把中国元代雕漆名家张成和杨茂两人的名字,各取一字,称为“堆朱杨成”。沿用到现在,堆朱杨成变为专用姓氏了。

张成

张成,生卒年不详。元代雕漆艺术家。嘉兴(今浙江)西塘杨汇人。擅雕漆,尤以剔红著名。其作品刀法严谨,镂刻深峻,圆浑而无锋芒。所刻山水人物、树石、花卉,均富有装饰美感。与杨茂合称“堆朱杨成”,至今用作雕漆工艺的代称。足见其漆艺高超,影响深远。传艺作品有《观瀑图圆盘》《花卉圆盘》,在黑漆底部有针刻“张成造”三字落款。

周翥

周翥,生卒年不详。明代工艺家,明末时人。江苏扬州人。擅剔红(即雕漆),并创百宝嵌漆器,以金银珠宝、象牙螺甸等多种珍贵材料嵌入器,高贵华美。后人将这种漆器镶嵌法,称为“周制”。作品有大者如屏风、桌、椅、窗格、书架,小者如笔架、茶具、砚匣、书箱等,五色陆离。他又精于雕镂嵌空,以金玉珠母石青绿,嵌作人物花鸟,老梅古千,玲珑奇巧。周翥为扬州漆器百宝镶嵌创始人。今扬州漆器以百宝镶嵌为著名品种,仍以“周翥”或“周制”呼之。

濮仲谦

濮仲谦,生卒年不详。明代工艺家。名澄,字仲谦。以字行。金陵(今江苏南京)人。为金陵派刻竹“开山鼻祖”。有巧思、善选材,常因材施艺,刀法简练,刻数刀便成名作。刀痕浅,剔成器皿,俱被人视为至宝。亦工刻犀、玉、髹漆工艺,与同代嘉兴人张鸣岐铜炉、姜千里螺钿、时大彬砂壶齐名。

工艺美术的种类

图案纹样

图案

广义指某种器物的造型结构、色彩、纹饰进行艺术处理而事先设计的施工方案,制成图样,通称图案。狭义则指器物上的装饰纹样和色彩而言。有的器物如某木器家具,除了造型结构之外,别无其他装饰纹样,亦属图案范畴,或者称立体图案。

纹样

器物上装饰花纹的总称。一般分为单独纹样、适合纹样、隅饰纹样(即角隅纹样)、边饰纹样、散点纹样、连续纹样等。二方连续、四方连续属于连续纹样。纹古通文,是与质相对而言的外在纹彩、装饰。

开光

装饰方法之一。为了使器物上的装饰变化多样,或突出某一形象,往往在器物的某一部位留出某一形状(如扇形、蕉叶形、菱形、心形、桃形、圆形等)的空间,然后在该空间里饰以花纹,称为开光。常见于景泰蓝、雕漆、陶瓷器皿上的图案装饰。原从古代某种建筑物上窗户的形式演变而来。

饕餮纹

饕餮是古代传说中的一种贪食的怪兽。中国商、周时代的青铜器上常刻以夸张变形的饕餮头部形象成一种图案化的兽面,作为装饰纹样,称饕餮纹。首先采用这个名称的是宋代的《宣和博古图》。

几何图案

用各种直线、曲线、圆形、方形、菱形、三角形、梯形等构成规则或不规则的几何纹样作装饰的图案。常运用统一、对比、重复、交错、重叠等组织法则去体现形式美的规律,具有条理化、程序化的美感。由于几何图案是相对于具象的动物、植物纹样而言的非具象形态的组合,也是最早新石器时代先民们对自然形态高度提炼、概括的结晶,所以在以后商周时的青铜器及后世各种工艺品的装饰较多见,如云雷纹、乳钉雷纹、重环纹、弦纹、斜条纹、直条纹、双矩纹、方胜纹等,数千年来一直沿用不衰。

吉祥图案

通过某种自然物象的寓意、谐音或附加文字等形式来表达人们的愿望或理想的流行于民间的图案。如以喜鹊、梅花代表"喜上眉梢",以莲花、鲤鱼代表"连年有余"。

陶瓷工艺

陶器漆器

陶器大约出现在距今1万年前左右的新石器时代。这一时期的陶器造型神奇独特、丰富多样,纹饰寓意丰富,构图新奇,被美术界称为"史前彩绘陶"。商代以后,中国进入彩釉陶时期。其中,唐三彩造型生动逼真,色泽艳丽,花纹自然协调,富有生活气息,成为彩釉陶的精品。

宜兴陶器

江苏宜兴丁蜀镇所产的陶器,以日用陶器为大宗,"苏缸"、酒坛、砂锅,质坚耐用。其中紫砂工艺陶更为著名,品种有:壶、杯、碟、瓶、花盆、雕塑等,质地精密,造型大方,装饰纯朴,具有民族风格。据民间传说,紫砂陶器盛暑贮茶不易变味,盆栽花草不易烂根。其传统造型样式有掇球、合菱、竹扁、鹅蛋等多种。宜兴制陶历史悠久,旧有"陶都"之称,建国后生产发展迅速,已成为全国综合性的主要陶瓷产区之一。

紫砂陶器

用中国江苏宜兴丁蜀镇北黄龙山产的陶土(紫砂泥)制成的陶器。又称宜兴紫砂陶器。紫砂泥外观呈紫红色，质地柔软，结构致密，由水云母、高岭土、石英碎屑、赤铁矿等主要矿物组成，具有良好的可塑性。宜兴紫砂陶器的造型大体可分为几何形、自然形、筋纹形和仿古形等几大类。通过点、线、面的巧妙组合与泥色的浑然配置，集造型、色泽、书画、诗词、雕刻于一体，使紫砂陶器别具一格。宜兴紫砂陶器通常采用绞泥、浮雕、镂刻、填泥和银丝镶嵌等装饰手法。生产的品种有餐具、茶具、文具、雕塑和陈设工艺品共2000多种，年产量达800万件。其中以紫砂茶壶最具特色，造型典雅大方，色泽古朴浑厚，既可供人欣赏，又是优良的饮茶用具。

紫砂陶器

瓷器

瓷器是以黏土为主要原料，制成坯胎，在较高的温度下（1300℃以上）烧制而成的。我国是闻名世界的陶瓷古国，英文“中国”（China）一词，就是瓷器的意思。我国最早的瓷器，大约出现在商代后期，到宋元时期，陶瓷工艺达到了鼎盛。当时五大名窑出品的瓷器，成为后世追求仿效的典范。明清时期盛行的彩绘瓷器，如青花、五彩、粉彩等，都达到了彩瓷工艺的高峰。

钧瓷

钧瓷是一种极为稀有的珍贵瓷器。人们用“黄金有价钧无价”来形容钧瓷的名贵。钧瓷加工复杂，色彩绝妙天成，可谓誉满全球。钧瓷源于我国河南省禹县神星镇，因此地有夏禹治水时大会各路诸侯的古钧台而得名。加工钧瓷约源于唐，瓷窑工无意中烧出在黑釉或褐釉上泛有大片蓝斑或灰白斑的花瓷，出现了色似窑变的艺术效果。这种被称为“唐钧”的花瓷烧造技术，启迪了以后的宋钧瓷的产生，并逐渐兴盛于宋，列为宋代五大名窑之首（钧、官、哥、定、汝）。宋人烧制一件钧瓷，要经过七十多道工序。更重要的是他们研究的独特的窑变釉色，同一窑的产品，施同一种釉，烧制出来的釉色却千变万化，无一相同。这是世界瓷工艺发展史上的首创。

青花瓷

青花瓷是一种白地蓝花的釉下彩瓷器。青花瓷萌生于唐代，成熟于元代，盛行于清代，是我国最富民族特色的瓷器。青花瓷的釉质透明如水，胎体质薄轻巧，在洁白的瓷体上敷以蓝色纹饰，素雅、清新，充满生命力。

唐山瓷器

河北唐山所产的瓷器。始于明代，当时只有粗陶，清末始有粗瓷。新中国成立前略产细瓷，建国后才迅猛发展。产品有餐具、茶具、瓶、盘等日用细瓷和陈设品。装饰方法不断革新，如新彩、喷彩、刁金、刁金加彩，20 世纪 70 年代试制成功的结晶釉，则更有特点。此外，尚有建筑、化工、特种工业等方面的用瓷。已成为全国著名的瓷器产区。

景德镇瓷器

景德镇自五代时期开始生产瓷器，至今已有千年历史。景德镇素有“瓷都”之称。景德镇瓷器造型优美、品种繁多、装饰丰富、风格独特。以“白如玉，明如镜，薄如纸，声如磬”的独特风格蜚声海内外。青花、玲珑、粉彩、颜色釉，合称景德镇四大传统名瓷。薄胎瓷人称神奇珍品，雕塑瓷为中国传统工艺美术品。

唐三彩

唐代盛行的一种低温铅釉的彩釉陶器，产地以洛阳为代表，以黄、褐、绿为基本釉色，所以亦称洛阳唐三彩。唐三彩源于唐代，以造型生动逼真、色泽艳丽和富有生活气息而著称。唐三彩的生产已有一千三百多年的历史，吸取了中国国画、雕塑等工艺美术的特点，采用堆贴、刻画等形式的装饰图案，线条粗犷有力。唐三彩的产品种类十分丰富。包括各种形象的人物、动物俑，以及建筑模型、生活用器皿等。有许多艺术珍品。其中以马的塑造表现最为出色，表现出来的姿态十分生动。新中国成立后，唐三彩在传统技术的基础上，改进工艺，提高产品质量，其产品畅销国内外，大大地提高了经济效益。

唐三彩

宋三彩

宋代生产的三彩陶器，是唐三彩的继续。盛行于宋代的仿唐三彩，是低温彩釉陶。它不如唐三彩光润丰富，品行较少，三彩中用红色比较罕见。在河北磁州窑和河南登封、曲河、鲁山、段店等窑普遍烧制。

辽三彩

盛行于辽代的仿唐三彩,亦是低温色釉陶。因以黄、绿、白三色为主,故名。其制品有壶、瓶、罐、盘等印花三彩、刻画花三彩和釉斑三彩。这类色釉富有鲜明的契丹族特色。在今内蒙古赤峰市巴林左旗林东、赤峰缸瓦窑屯已发现烧造辽三彩的窑址。

辽三彩

吹釉

又称“喷釉”。瓷器的传统施釉方法之一。将细纱布蒙于竹筒口上对准坯胎吹釉,吹釉遍数视器物大小而定,少者三四遍,多者十余遍,凡圆器物之大件者均用吹釉法。此法创始于明代景德镇窑。在明宣德间(1426—1435年),该窑匠师运用吹釉创制了“洒蓝”品种,“雪花蓝”就是利用吹釉的厚薄不均、深浅不同,在白瓷上吹上蓝釉而白瓷仿佛隐于蓝釉之中的白雪,故名雪花蓝。吹釉流行于明清以后。

捏塑

瓷雕成型的一种方法。是用手将陶瓷土捏制成型,此法多用于小件玩具的制作。如陶瓷俑人,及各种动物。捏塑也与雕塑、印花、堆贴等技法结合起来作局部装饰。四川邛县和河南、河北地区瓷窑的捏塑制品为多,其器物造型形态生动而不觉夸张。

开光

瓷器的传统装饰技法之一。此法借鉴于古建筑上的开窗，在器物的主要部位或显明位置，以曲直长短线型，勾勒出圆、方、长、菱形、云彩、心型、花瓣等形的栏框或边框。在边框内描绘花纹山水、人物等，使主题纹饰突出。元代青瓷器上开光装饰很普遍，明清时期开光的花样更为丰富多彩。若在边框外饰以锦纹的，称为锦地开光。

釉里红

釉里红是一种带紫色的红色釉下彩，创烧于元代而盛于清代。它可单独装饰，也可与青花结合使用形成青花釉里红。釉里红呈色稳定敦厚，在我国传统习惯上，常以这种色彩象征吉祥康乐和繁荣昌盛。

中国古代名窑

越窑主要分布在今浙江一带（即余姚、上林湖、滨湖地区），唐朝时称该地为越州，故名。为唐代六大青瓷产品之一。始于商周、盛于唐，发现窑址已达二三十处，以鳖唇山东晋时期遗址最早。该地瓷窑烧制技术精湛，称为“诸窑之冠”。越窑瓷胎骨较薄，施釉均匀，青翠莹润。因烧瓷精美绝伦，唐宫设官监制，专制宫廷用具。五代吴越时，越窑瓷器已规定“臣庶不得用”，作为吴越王钱氏御用和贡品，这就使其成为后来的所谓“官窑”前身。历史上又通称为“秘色窑”。

定窑地址在定州（今河北曲阳涧山村和燕山村），故名。是宋代五大名窑之一。以烧白瓷为主，早在唐代已产白瓷，五代时已盛产。至宋代有较大发展。除白瓷外，还有黑釉、酱釉和绿釉等品种，文献上称为“黑定”“紫定”“绿定”，有剔花、划花、印花等装饰，风格典雅。对各地瓷窑有一定影响，曾有不少瓷窑仿制它的瓷器。原有民窑，北宋后期专烧宫廷用瓷，纹饰以龙凤纹为主。此类宫廷用器多有传世。

汝窑地址在河南临安市，是宋代北方的第一个著名的青瓷窑，是宋代五大名窑之一。它吸收了越窑的釉色、定窑的装饰技法而独树一帜，故釉滋润、薄胎，宋人评青瓷，以汝窑第一。明、清两代品评宋代五大名窑时，也列汝窑第一。它有两部分，其一于北宋后期被官府选为宫廷御用瓷器。其特点：天青色，釉润胎薄底有细小支钉痕。另一部分在临安严和店、轧花沟、下任村三处遗址烧制民用青釉瓷器，现称“临汝窑”。烧瓷时间比前者长，烧青釉印花瓷为主。

官窑是随宋室南渡，便在杭州凤凰山下和后郊坛下先后设置的瓷窑，是在汝窑影响下产生的另一青瓷窑，置窑于修内司。造青瓷，故凤凰山下的官窑又称修内司窑和内窑。内窑青瓷澄泥为范,极其精致,油色莹彻,为世所珍。但窑址迄今未发现。后郊坛下的窑址在30年代时发现在杭州乌龟山,所烧瓷器除盘碗外,多仿周汉时期铜器玉器式样,胎呈黑褐色,釉有粉青、月白、炒朱黄各色。

钧窑地址在钧州境内(今河南禹县),故名,是宋代五大名窑之一。创烧于唐代。历经宋、金、元时期,境内有窑址近百处,以小白峪历史最早。唐代已烧黑釉带斑点的花瓷,由于首创花瓷,原料中加入能产生窑变的铜元素,可以人工掌握色彩艳丽的效果。有玫瑰紫、海棠红等紫红色釉,美如晚霞。北宋后期,专为宫廷烧制供养植奇花异草用的各式花盆与盆托。钧台窑是宋代众多钧窑中最具代表性之一,在窑的遗址中发掘出土数以千计供宫廷陈设用的此类瓷器。

哥窑是宋代五大名窑之一。址在浙江龙泉市。相传南宋时有兄弟二人,各主一窑,兄所烧者曰"哥窑",弟者曰"弟窑"。两窑的记载最早见于明嘉靖四十年(1561)的《浙江通志》。哥窑多仿三代铜器式样,釉开片形如冰裂,纹片呈黄黑二色,故有金丝铁线之称。传世品较多,多收藏于北京故宫博物院。哥窑地址在龙泉市,但未证实是属龙泉窑系统。

磁州窑在磁州境内(今河北省磁县观台景、彭城镇一带),故名,建于宋代。所烧器物纯供民间使用,品种繁多,以白地黑花(属釉下彩装饰)为主要特征。胎质疏松,造型和纹饰比较豪放。曾对南、北方不少瓷窑产生很大影响。

景德镇窑在今江西景德镇,故名。据记载始于唐代,经宋代至明,在明代一跃成为全国瓷器烧制中心。青花瓷有很大发展,并且出现了彩釉品种。在清代彩釉更有改进和创造。品种更加丰富。既能仿宋代名窑瓷器,又能仿饶玉、石、漆、铜及干鲜果品,几可乱真,南宋起就远销东南亚。自古至今誉满海内外。

中国古代名瓷

青瓷主要产地在浙江一带,因古时称浙江为越州,故青瓷又有越瓷之名,青瓷胎骨较薄,施釉均匀,青翠莹润,如玉似冰。由于烧窑技术的不断改进和提高,青瓷的名贵品较多。

白瓷胎质细洁、瓷质坚硬,被选为唐代宫廷烧制贡瓷。建国后陕西地区唐墓出土有邢州白瓷,唐大明宫遗址也有不少胎釉洁白的邢窑白瓷出土。

宋瓷是中国宋代各地生产的瓷器的总称,宋代瓷器已臻成熟,主要有定瓷、汝瓷、官瓷、钧瓷和哥瓷。以上各瓷历代均列为宋代五大名瓷之一。各种瓷又各具特色,定瓷胎质坚细,汝瓷葱色郁绿,官瓷好施粉青,钧瓷釉色浑浊,哥瓷釉面开片。

景德镇瓷起于汉代,品种齐全,以白瓷之最,青花瓷则色白而花青。

中国古代名陶

彩陶系指坯体上有红、黑、白、黄、赭等彩绘图案者,是我国最古老的工艺美术品。成熟于新石器时中晚期,距今约10000—4000年前,其遗物最早发现于河南渑池仰韶村,也是仰韶文化的象征。根据地域,时间及艺术风格不同,可分为半坡、庙底沟、马家窑、半山、马厂等主要类型,基本上在黄河上游地区。

黑陶是因烧窑时的渗碳作用,使黏土含有游离的炭而成黑色,故名。它是我国新石器时代陶器的一种,是龙山文化的象征。黑陶多是轮制陶器,具有黑、薄、光、纽等特点。

白陶是用质地细腻、色泽洁白的高岭土为原料作坯、烧制而成的一种陶器。最早出现于新石器时代大汶口文化时期,制品以壶、鬶为代表,皆为素面,无纹饰,胎质较粗,白度也较差。至商代,白陶烧制有很大提高,胎色纯白。质地细腻坚致,并雕有精美饰纹。白陶的创烧,是由陶向瓷发展的过渡阶段,在陶瓷史上具有重要意义。

灰陶是因成型的陶坯,在烧制时黏土中的铁发生还原作用而呈现的灰色,故名。灰陶有两种,一是在陶土中掺细砂的称"夹砂灰陶",一是不掺砂的称泥质灰陶。灰陶最早见于距今六千多年前的陕西宝鸡北首领仰韶文化遗址。至商代,灰陶的生产已成为制陶工艺的主流,多为日常生活用品。

唐三彩是唐代多彩铅质釉陶产品的总称。三彩多用白、黄、绿三种色。有时也用点蓝釉或黑釉,呈现出色彩斑驳秀润、富丽多姿的艺术特色。唐三彩釉陶器主要见于随葬明器,如俑人、马、骆驼、亭台楼阁、舟船等,也有日用器皿和文房用具等,几乎包括了当时社会生活用器的各个方面。主要产地在西安、洛阳等。

印染织绣工艺

蜡染

古称"蜡缬",是中国民间传统印染工艺之一。蜡染的主要工艺过程如下:用蜡刀蘸蜡液,在白布上用蜡刀描绘各种图案纹样,如几何图案或花、鸟、鱼、虫等,再浸入靛缸(以蓝色为主),后用水煮脱蜡即现纹样。蜡染制品的特点:结构严谨,线条流畅,装饰趣味很浓,具有鲜明的民族风格和地方特色。此法在布依、苗、瑶、仡佬等民族中至今仍盛行,衣裙、被毯、包裹单等多喜用蜡染作装饰,并且作为工艺品受到国内外人民群众的欣赏。

蓝印花布

传统民间印染工艺品之一。用涂柿漆的油纸刻成镂空花板,蒙在白布上,然后用石灰、豆粉和水调成防染粉浆，刮印、晾干后，用蓝靛染色，再晾干，刮云粉浆而成，在防染处成白色花纹，衬以蓝底。蓝印花布具有单纯、质朴、大方、醒目的装饰效果，一般用作被面、蚊帐、门帘、衣料、围裙等。常见纹样有花、鸟、草、蝶等具有吉祥的寓意。中国的纺织品印花技术，始于汉代，宋代称为“药斑布”，清代又称“浇花布”。在明清时各地民间的蓝印花布流行极为普遍，有蓝底白花和白底蓝花。花样不同，各具风格。现在民间发展为彩色花布，工艺基本相同，但染色比较复杂。

刺绣

刺绣是我国的一种传统民间工艺，是以绣绷、绣针、绣架为主要工具，用丝线、纱线、绒线、花线、金银线在绣料上刺缀图案的艺术。在我国几千年的历史文化长河中，刺绣工艺不断发展，先后产生了苏绣、粤绣、湘绣、蜀绣等名绣，各具特色，传承至今。

苏绣

四大名绣之一。以江苏苏州为中心的刺绣产品的总称。中国江南地区，盛产

苏绣——荷花翠鸟

蚕桑，一向有“家家养蚕，户户刺绣”的说法。苏州一带刺绣素为民间群众性的副业生产，自成传统业。据历史记载，苏绣已有二千六百多年的历史。宋代宫廷即在苏州设置绣局，民间刺绣作坊相当普遍，当时的刺绣技艺已达较高水平。明清时期，苏绣吸收了上海“顾绣”的技法之长，在图案、针法、色彩等方面逐步形成独特风格。由于积历史之经验，形成了主题突出、形象生动、色彩柔和、层次丰富、针法多样、绣工精微的苏绣风格。自古至今在海内外享有盛誉。由于历史悠久，名手辈出，自成特色。在清末民初，刺绣大师沈奉，除自己绣工绝顶外，还开设学堂，传工讲学，造

就艺徒,并有《雪宧绣谱》刺绣名作传世。

湘绣

四大名绣之一,以湖南长沙为中心的刺绣产品的总称。据考证,在清嘉庆年间,长沙地区民间刺绣业也很普及,已有优秀匠师胡莲仙。光绪二十四年(1898年),其子吴汉臣在长沙开设自制自绣的"吴彩霞绣坊"。绣品精良,流传各地。此

湘绣——百花争艳

后湘绣渐渐闻名全国。又由于当地画师参与绣稿创作,吸取了苏绣、广绣的长处,使湘绣的艺术水平在原有民间刺绣基础上得到不断提高。原先以日用刺绣为主,后增添了绘画性题材的新品种,强调颜色的阴阳浓淡,写实风格。狮、虎、松鼠等动物湘绣为传统题材,形象生动逼真,极有生气。

蜀绣

又称"川绣",四大名绣之一。以四川成都为中心的刺绣产品的总称。据晋代常璩著《华阳国志》记载,当时蜀中刺绣已十分闻名,把它誉为"蜀中之宝"。它是四大名绣中属于最早者。清代民间蜀绣已作坊林立。光绪时成立刺绣管理机构,促进了蜀绣的发展。蜀绣以软缎和彩丝为主要原料。针法有晕针、切针、拉针、沙针、油针等一百二十余种。针距细密,针脚平齐,片绒光亮,层次微妙。作为观赏类的传统产品有《芙蓉鲤鱼》《公鸡与鸡冠花》,其禽羽、游鱼的质感性独特。日用品有被面、枕套、服装饰物等,都具有浓郁的地方色彩。所以蜀绣是具有悠久历史的传统刺绣品种之一,具有浓郁的地方色彩。

广绣

又称“粤绣”。四大名绣之一。是广东省广州及其邻近的南海、番禺、顺德等县的“广绣”和潮州的“潮绣”的统称。亦泛指广东近二三世纪的刺绣品。粤绣以构图饱满、繁而不乱、针步均匀、纹理分明、善留水路、装饰性强、色彩浓郁、金银垫绣、立体感强等特点,在绣林中独树一帜。其针法丰富多变,有扭针、捆咬、续插针、旋针、平绣、凸绣、凹针垫筑绣、织锦绣等百余种,极富创造性。绣品分观赏型和实用型两大类。大如6尺高屏风,小如荷包扇套、服装服饰及床上用品,装饰味极富。题材以龙、凤、牡丹、松鹤、猿、鹿、禽鸟、折枝花卉为常见。18世纪又出现了纳丝绣,多用羊皮金作衬,金光闪闪,格外漂亮,广东称“皮金绣”。清代艺人以孔雀毛和马尾毛捻绒入绣,愈增强了表现力。乾隆年间广州成立刺绣会,即锦绣行;光绪时又设工艺局及广绣坊等。因此,从官方来讲也十分重视其生产规模和质量的提高。广绣珍品,国内收藏品以故宫博物院最多,并具有代表性。

京绣

从北京民间刺绣基础上发展起来的一种刺绣品。明、清已有京绣的独立行业,以刺绣各种服饰、日用品为主,尤以刺绣戏衣最为出名。

顾绣

顾绣又称为“露园香绣”,是明代上海民间发展而来的一种出自名门闺媛之手的闺阁绣,因源头为进士顾名世而得名。顾绣材质不限于丝,而广取草、斗鸡尾毛甚至头发等材质;其针法丰富多样,绣品中各类形象生动逼真,富有层次感,具有书画的艺术效果。

瓯绣

浙江温州生产的刺绣品。由于温州位于瓯江之滨,故名。其特色为构图精练,纹理分明,绣面光亮适目,有绣画结合之妙。

苗绣

中国苗族妇女的刺绣品。多数苗族妇女从小就学会刺绣,一般应用在袖口、袖套、衣领、后肩、裤脚、裙腰、头巾、腿套等处。花纹布置严密,色彩对比强烈,多采用几何纹样，具有浓厚的地方特色。

绒绣

用彩维绒在特制的网眼麻布上进行绣制的一种工艺品，它是建国后新兴的工艺美术。主要产地上海。绒绣绣制过程中可以自行拼色。它善于表现油画、国画、彩色摄影等艺术效果。它可以做到色彩丰富，层次清晰，形象生动。

挑花

刺绣针法，又是织绣的一种。根据布面的经纬纹理，用十字形或井字形的针法挑绣，属于刺绣针法的一种。其组成各种图案纹样，具有朴实、大方、耐用的特点。多用于手帕、服饰、枕套、床沿等处的装饰。流行于北京、浙江等地。另一种属于织绣，又称“挑织”或“十字花绣”。在布料或锦缎上依据经纬线组织，按照设计图案，用细密十字形挑织成花纹。北京、四川的民间挑花以及贵阳的苗族挑花，均具有质朴、浓郁的地方色彩。

织花

用各种纱线、丝线、麻线、毛线在织布机上织成带有花纹的纺织品。中国在商代就有很精美的织花丝绸。少数民族地区，用手工编织的服装饰物或生活用品的装饰，流传非常普遍。

云锦

云锦是中国传统丝织工艺品之一，因其锦纹瑰丽如云彩，故而得名。云锦产地在南京。它的特点是大量用金线，包括捻金、缕金，也包括缕银与银线，是一种善于用金装饰织物花纹的提花丝织物。云锦的主要品种为“妆花”“欣金”“织锦”。它们以各种金银线交织于一件彩锦中，使花纹金彩辉映，整件织物形成一种瑰丽灿烂、典雅而高贵的艺术效果。

蜀锦

自三国时期起，四川的织锦业一直非常发达，居全国领先地位，当时成都织造的经线起花的彩锦色泽美丽、花纹新颖，织造技术已达到成熟的地步，被誉为“蜀锦”，名扬天下，另外还出现了加金锦等新品种。

宋锦

四川产的蜀锦和苏、湖、杭等地产的宋锦为宋代最有名的织锦精品。宋锦采用一种精密细致的“三枚斜纹地”，经线分面经和底经两重，面经用本色生丝，底经用有色熟丝，纬用多种色彩的练丝。以底经作地纹组织，面经作纬线幅长的“结接经”。这种结构继承了唐以来的纬锦织造技术，用彩纬加固结经，形成纬三重起花。宋锦的织造过程完全体现了中国本民族的风格，因而显得严谨规范。

壮锦

壮族劳动妇女编织的工艺品。主要产地分布于广西壮族自治区的靖西、忻城、宾阳等县。以棉纱为经，丝绒为纬，经线一般为原色。纬线则用各种彩色。质地结实，图案别致，纹样精美，色彩绚丽，可作床毯、被面、台布、几垫、挂包、头巾、背带以及壁挂、锦屏等等。传统沿用的纹样主要有回纹、水纹、云纹、花卉、动物等二十多种。近年来又出现了“朵朵葵花向太阳”“民族大团结”“革命圣地”“桂林山水”等八十多种新图案，富有民族风格。

金宝地

“云锦”妆花类品种之一。是运用不同光泽的金线特点，以圆金线织成金底，在金底上织出五色缤纷的花纹，并用扁金线织制大片锦纹，衬托其间。织品金彩辉映，灿烂夺目，是云锦中最具特色的传统产品。

地毯

铺覆地面用的纺织品。种类名目繁多。常以棉、毛、麻线等做原料编织而成。我国生产的编织地毯，常用强度极高的棉纱或化纤股绳作经纱和地纬纱，而在经纱上根据图案的设计，扎入彩色的粗毛（或化纤）纬纱构成毛绒，然后经过剪毛、刷绒等工艺过程而制成。其正面密布耸立的毛绒，质地坚实，强性良好，久已驰名世界。中国地毯编织历史十分悠久，唐代已有新疆地毯与波斯毯交流的记载。宋元以后，随着北方民族的南迁，地毯生产更有所发展。

编织工艺

竹编

竹编是运用竹材制作家具,编织用品。各地竹编风格各异。浙江竹编造型优美,做工精巧,往往是用细篾丝编成器体,用宽竹片制作把手或提梁。福建竹编可

竹编

以编成十字花、海棠花等十多种花样,并且往往在竹篾上加以色漆和金彩,更使人感到精巧华丽。四川竹编以纤细精美著称,作为卷轴面的竹丝帘,薄如蝉翼、光泽似绢的竹丝扇等,都美不胜收。安徽舒城的竹席,闻名中外,被称为“舒席”。湖北章水泉的竹器,用刮花、刻花进行装饰,并擅长用不同的竹节组成图案,也具有独特风格。

草编

草编材料种类很多,有黄革、蒲草、咸水草、龙须草、金丝草等。由于传统技艺不同,各地风格也不尽相同。如,北方生产小麦,麦秆编就极为发达,山东、河北、河南等省都是著名产地,草帽编在历史上就已大量出口。河北、山东地区的蒲草编,历史极为悠久。此外,嘉定地区的黄草编,广东地区的咸水草编,将草料加工染色,编制具有装饰图案的各种生活用品,如,提篮、套盒、鞋帽、杯垫、草箱、草席以及玩具装饰等,品种丰富多彩,技艺也十分精美。

棕编

用棕丝制成的工艺品。主要产地是四川新繁地区。特点是比一般草编工艺坚实耐磨。主要产品有提兜、箱子、凉帽、拖鞋、玩具等。

棕编——奔马

藤编

山藤多产于南方各地,有梨藤、灰藤、花黑藤、盘山藤等多种品种。韧性最强而又金黄闪光的藤是上品,以海南岛产最佳。藤编工艺能编出各种不同的花样和网眼。根据器物的不同部位,可制出各种各样的藤丝。藤编除了制作家具外,还可编织提篮、灯罩、花插以及鸟、兽、灯笼等各种玩具。

竹帘画

一种传统工艺品。是在细竹丝编成的帘子上加上书画的工艺品。早期多当作轿帘使用,清末逐渐发展成为室内陈设的画帘形式。品种有通景屏、单条、斗方、帐檐、对联、灯等百余种。产于四川梁平。

翻簧竹刻

翻簧竹刻是一种特殊的竹制品。它是将竹簧煮后压平,制成各种文具器皿。簧片光洁淡雅,具有象牙的质感。在制品上,往往用单刀或双刀雕刻,或用“火绘”(即烫花)进行装饰。这些工艺品在湖南邵阳、浙江黄岩、四川江安、江西井冈山等地都有生产。

金属工艺

景泰蓝

正名“铜胎掐丝珐琅”，简称“珐琅”，俗呼“珐篮”，习称“景泰蓝”。中国著名的特种工艺品之一。产地北京。点蓝烧蓝，铜胎填嵌，珐琅彩在中国有悠久历史，景泰年间制作最精而著名。故宫博物院最早存品系创于明宣德(1426—1435)间。用铜胎制成，当时以蓝釉最为出色，又在景泰年间广泛流行，习惯称为“景泰蓝”。

清景泰蓝包袱纹瓶

铁画

也叫“铁花”。用铁片和铁线锻打焊接成的各种山水、花鸟画的形式，做成挂屏、挂灯。相传系明末清初安徽芜湖铁匠汤鹏所创造，以后逐渐流传到北京、山东等地。

鎏金

古代金工传统工艺之一，近代称“火镀金”。系将金溶于水银之中，形成金泥(即金汞剂)涂于铜或银器表面加温，使水银蒸发，金就附着于器表，称之“鎏金”。我国古代铜器常用此法作为装饰。

鎏金铜佛像

金银首饰

黄金和白银特别容易加工成形，制作的工艺品造型精巧优美，色泽富丽华贵，有史以来一直伴随着王公贵族的奢华生活。目前发现的最早的金银制品，是古埃及时代制作的。我国商代已经有了金银饰物，后来的历代封建王朝，都设有官府管理的手工作坊，专门制作金银器。

金缕玉衣

1968 年夏在河北省满城县陵山上发现了两座保存完好的大型汉代墓葬。两墓系并穴合葬墓在石质山体中开凿而出，墓主为汉景帝刘启之子、汉武帝的庶兄刘胜和其妻子。在这两座墓内摆放着琳琅满目的奇珍异宝，最引人注目的是刘胜和其妻窦绾所穿的殓服——金缕玉衣。这两件玉衣的外观和人体的形状相似,它是用正方形、长方形或梯形的小玉片,四角穿孔,以金丝缀连而成,因此称为"金缕玉衣"。如果把金缕玉衣分解开来,可以分为头部、上衣、裤筒、手套和鞋五个部分。刘胜的玉衣全长1.88米,由2498片各种形状的玉片组成,仅金缕就重700克左右。

漆器工艺

漆器

用漆涂在各种器物的表面上所制成的日常器具及工艺品、美术品等,称为"漆器"。早在新石器时期,人们就已广泛使用漆制器物。漆器由于装饰性强,轻便耐用,且工艺精湛,深受人们喜爱。漆器种类繁多,有彩绘、描金、堆漆、雕填、戗金等近20个品种。

扬州漆器

中国民间著名的工艺品之一。产于江苏扬州。西汉已具较高技术水平,唐代创"剔红雕漆",明代兴"镶嵌"之法,至清代把两者相结合,又添特色。现生产有"雕漆嵌玉""平磨螺钿""骨石镶嵌""刻漆""红彩勾刀"五大类,产品有各花式的屏风、桌柜、盘盒等家具和陈设用品三百余种。其中"雕漆嵌玉",是将各种具有不同天然色彩的玉石镶嵌在漆器上,构成画面,非常精美。"平磨螺钿"将蚌壳、云母等磨成薄片,锯成各种形状,镶入漆器上,最后磨光,明亮如镜。

扬州漆器——正方柜

福州漆器

中国民间著名的工艺品之一,主要产于福建省福州市。其特点轻巧美观,色泽光亮,不怕水浸,能耐温、耐酸碱腐蚀。品种有瓶、盘、盒、文具、围屏等。这种脱胎漆器,清代已称誉海内外,并有些作品已流传至欧美。

虎皮漆

漆器品种之一。漆器表面光滑呈现不同色泽的斑纹,各地叫法不同,也与朝代有关。1984 年在安徽马鞍山市三国吴朱然墓出土的一件“犀皮鎏金铜口皮胎漆耳环”,黑、红、黄漆色相同,是迄今为止最早的犀皮实物。明、清时期均有佳作传世,今已为少之。

晕金漆器

晕金漆器又称为“泥金画彩”。以描金纹样先按要求厚施彩漆,再于漆面将干之际用细金粉涂抹,以分阴阳脉理,具有金漆的装饰效果,用这种方法制成的漆器就是晕金漆器。

雕漆

又名“剔红”,相传始于唐代。目前主要产地有北京、扬州、天水、徽州等地,以北京产品为最著名。制法是先将调好的漆料涂在铜胎或木胎上,一般涂八九十层。上漆后趁未干透时立刻进行浮雕,然后再烘干,磨光。以朱红色为主。品种有瓶、罐、盘、盒、橱、插屏及台灯和烟碟等。

雕漆盖碗

马王堆漆器

汉代漆器,1972 年湖南省长沙市马王堆 1 号汉墓出土。有《软侯家具杯盒》《双层九子奁》等 184 件。大部分为木胎成形,即旋木胎,有鼎、盒、钟、盂、盘等,器壁较厚(有的漆盒壁厚仅达 4 厘米);斫木胎有耳环、具杯盒、匜、钫,匕、案等;卷木胎有奁、卮,用于直壁器,壁较薄;此外尚有少量夹纻胎和竹胎。装饰方法有漆绘、油彩绘、针刻、贴金箔、金彩绘等;装饰花纹多为流动的卷云纹、龙凤、涡旋形等,线条刚柔相济,笔势婉约流利,构图疏密有致,具有很高的艺术性。

青铜器

青铜器

青铜是红铜与锡、铅等其他化学元素的合金。公元前21世纪,中国进入青铜时代。在奴隶制社会,青铜器是代表贵族身份的礼器。纹饰精美、形象生动、技术高超、种类繁多的古青铜器,集造型、雕塑、绘画等多种艺术于一身,具有极高的实用价值和艺术审美价值,是中国文物艺术中的瑰宝,也是世界艺术史上的精华。

青铜礼器

西周奴隶主制定出整套礼制,规定了森严的等级差别,以维护奴隶制统治秩序。由于礼制的加强,一些用于祭祀和宴饮的器物,被赋予特殊的意义,成为礼制的体现,这就是所谓"藏礼于器"。这类器物叫作"青铜礼器",简称"礼器",或称"彝器"。青铜礼器种类繁多,数量巨大。工艺精美,其存在是中国古代青铜器的显著特点。青铜礼器可分为食器、酒器、水器、乐器四大类。

青铜兵器

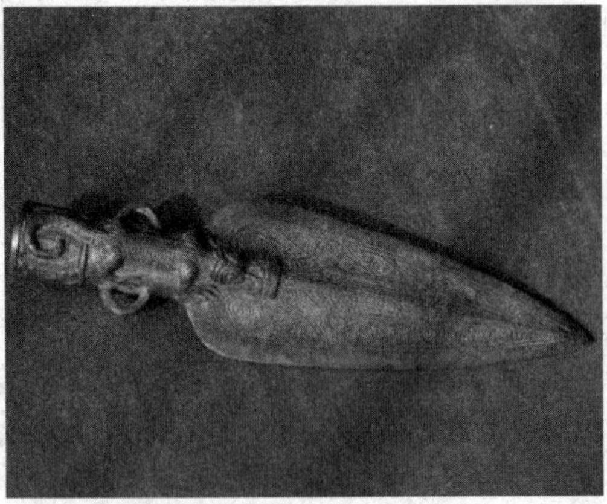

青铜兵器——短剑

古代的青铜兵器和我们后来常见的十八般兵器有所不同,青铜兵器种类较多,如刀、剑、戈、矛、钺、戟、甲胄等等,功能和形状也较为原始。最常见的青铜兵器是钺。它是用于斩杀的刑具,因而又演化成为权力的象征。中国青铜剑制作,其时代可上溯到商。古代贵族和战士常常随身佩带,用以自卫防身进行格斗。西周早期出现柳叶形的剑。东周时期,战争频繁,剑得到充分发展。这一时期出现了不少稀世珍宝,许多名剑和制剑大师的名字也从此流传百世。装有长柄的砍斫武器刀,在商代就出现了,尤其在西北地区比较流行。戈是从收割作物用的刀发展而来的，其使用方法与刀相仿。它是商周时期兵器中最常见的一种，也最具特色。矛是用于冲刺的兵器。把矛装在戈卡必的上端，既可刺又可勾杀的双重性能兵器称之为戟，西周时代出现了矛戈混铸成一体的“十”字形戟，战国流行“卜”字形戟；到了秦汉，戟变成了“片”字形，如三国时吕布“辕门射戟”的戟，在中国是家喻户晓的武器。

青铜镜

青铜镜是古代人们用以梳妆饰容的生活用具，也是中国青铜器中自成体系、艺术价值极高的工艺美术品。中国古代的青铜镜，就目前所知，最早出现在齐家文化(约公元前1960年)的墓葬中，距今已有4000年的历史。在古代，铜镜与人们的日常生活有着密切的关系，直到玻璃镜出现之后，它才随着玻璃镜的普及而退出了历史舞台。铜镜成为古代青铜器中从齐家文化一直延续到清代，历史最为悠久的门类品种。

青铜铸币

春秋战国时期，青铜铸币成为主要通货。早期青铜铸币的造型大都以农耕工具或刀具为样本，民间俗称这样的钱币为“布币或刀币”。真正把中国钱币外形统一成为“外圆内方”鲜明民族特点的是秦王朝，此后两千余年来中国钱币就一直沿着这一定制进行创新发展。

青铜铸币

玉器

玉

玉是一种色彩美丽、质地坚硬而不多见的珍稀的石头。用玉雕琢成的工艺制品称为“玉器”。玉器产生于石器时代，在我国已有七千多年的历史。古代社会，玉器不仅被用于装饰，而且是财富、权力的标志，是统治者祭祀天地、沟通神灵的法物。

玉雕

玉是石的精华,它的质地和色泽都给人以美感。玉雕是以玉为原料雕刻成的工艺品。古语说"玉不琢不成器",一块玉石,只有经过人工雕刻,才会有更高的价值。常见的玉器有生活器具和装饰物,如,玉杯、玉盘、玉镯、玉制花鸟、山水走兽等。我国的玉雕制品精细玲珑,造型可爱,有很高的收藏价值。

玉雕——一帆风顺

礼玉分类

玉璧:通常是扁圆形,中间有孔。王侯贵族朝聘、丧葬时所使用的重要礼器。

玉琮:内有圆孔、外圈为正方形或钝角方形。一般作陪葬之用。

玉圭:扁片状、长条形,一端方头,另一端呈尖角状。最终演变成大臣上朝使用的笏板。

玉璋:状似古代农具石锄。祭祀山神的礼仪用具。

玉琥:圆雕或片状虎形器。多用于佩饰。

玉璜:有圆柱和扁体之分,呈半环形,弧度有大小之分。多用于佩饰。

珐琅器

珐琅器

珐琅器是在金属胎的外表涂以玻璃质的釉料，经窑烧而制成的器物。我国的珐琅工艺，分为掐丝珐琅和画珐琅两大类，是在外来文化的影响下，先后于公元 13 世纪末和 17 世纪初发展起来的。

民间艺术

皮影

又名“驴皮影”，属造型艺术品类，是民间表演艺术的道具，亦称“影人”。它是一种用厚纸或驴皮（少数也用牛皮），平面雕镂并着色的造型艺术品。既是皮影戏的工具，又是壁饰、橱窗装饰的陈设品。皮影最初用厚纸雕刻，以后普遍用驴皮、牛皮或羊皮，经过削制、刮平，根据角色和衬景的需要设计，经过雕簇、敷色、烫平、装订等工序完成。风格类似民间剪纸。因“影人”有手臂、腰、腿等关节部位，分别雕成后用线连缀在一起，在演出时活动自如。

皮影

剪纸

剪纸是我国最为流行的民间艺术之一。民间艺人往往通过谐音、象征、寓意等手法提炼、概括自然形态,然后用纸剪出各种形象的图案,点缀墙壁、门窗、房柱、镜子等。剪纸具有强烈的民族特色,它选题广泛,内容丰富,善于用变形夸张的造型,刻画众多栩栩如生的艺术形象。

剪纸

烙花

也叫"烫花"。中国民间工艺品之一。用烧热的铁针,在扇骨、梳篦、葵扇或木制家具上烫出各种人物、花卉等纹样。以河南南阳所出产的较为著名。

檀香扇

民间特种工艺品。用檀香木做成各式女用折扇,加以精美的雕刻装饰,用以搧风,香气扑鼻,精神益智。做成大尺寸的折扇可作陈列品。主要产地在杭州、苏州、广州。苏州以"绢花",广州以"拉花"(在檀香木上刻花)尤为著名。

檀香扇

风筝

属民间工艺类别。现为装饰和玩赏的民间工艺制品。唐代后渐变为具有观赏、娱乐、运动等功能的民间玩具。中国风筝传入世界各国年代有先后,但目前放风筝已成为国际性体育项目之一。风筝的制作普及各个角落,其中尤以北京、天津、潍坊、南通最为著名。

盆景

民间工艺品。在花盆里培养某种小型的花草,配置适当的泉、石、亭、桥等构成一种自然景色的缩影,供室内陈列用。我国有五大盆景流派,分别是以扬州命名的"扬派"盆景,以苏州命名的"苏派"盆景,以四川命名的"川派"盆景,以徽州命名的"徽派"盆景,以岭南地区命名的"岭南派"盆景。

泥塑

泥塑,俗称"彩塑",是至今我国保留最古老、最具民族特色的手工制品。它以泥土为原料,以手工捏制成形,或素或彩,以人物、动物为主。泥塑造型优美,生动逼真,具有浓厚的乡土生活气息。

泥塑——弥勒佛

惠山泥人

民间玩具,因产于江苏无锡惠山而得名。因惠山一带有种被称之"磁泥"的黏土,质地细腻,可塑性强,和水糅合敲打后,具有干而不裂、弯而不断的特点,特别适于泥塑。这里民间艺人代代相传,家家擅长捏塑,户户均能彩绘。惠山泥人始于明代,已有四百多年历史。惠山泥人有粗货、细货之分。粗货也称"耍货",即为用模印生产的玩具——彩泥人玩具,代表作品如《大阿福》《蚕花猫》《春牛》等,造型圆浑、丰满、简练,色彩鲜艳。细货又名"手捏戏文",属于观赏泥人,全部用手工捏制,取材于戏曲题材,注重于以虚拟实、以简代繁、以神传情的艺术技巧,具有浓郁的江南情调。

泥人张

泥塑来自民间，古代就有做俑人殉葬、塑佛像供人膜拜、捏玩具供人玩赏的风俗。天津的“泥人张”、无锡的惠山泥人是全国闻名的泥塑。“泥人张”由天津张明山所创，源于清代，世代相传。其泥人形象逼真，神采各异，具有生活实感和独特的风格，形成天津传统工艺的一绝，因此被誉为“泥人张”。张明山传世之作有《惜春作画》《黛玉抚琴》《张敞画眉》等，现藏于故宫和颐和园。

唐卡

又称“藏族轴画”，是藏族人民的传统绘画形式。画幅较大，多绘制在棉布或绸

唐卡——观音菩萨

缎等丝织品上，以各色彩缎镶边，并饰有飘带，上下两端有以银、铜装饰的木轴，以备展卷。基本色调分蓝、黑、红三种，分别用于不同的祭祀、庆典场合。历史悠久，题材多取历史、宗教故事和生活场景。

面具

又称“假面”“脸子”，民间戏曲或舞蹈演员的面部道具。用纸、木、竹札糊或以整块木料挖雕成型，外面施以彩绘，塑造出各种不同的角色形象，以增强演员造型的表现力。角色分文官、武将、神怪、动物等。多取传统戏曲验谱的形式，对形象作强烈的夸张，以强调其性格特征，纹饰具有浓烈的装饰美，早期面具多作宗教巫术活动，后渐变成戏曲、舞蹈的道具。另有一部分演变为儿童玩具。由于科技发展，塑料制品作面具的也多了起来，更有特色。

四大名扇

杭州的檀香扇、苏州的绢扇、肇庆的牛骨扇、新会的葵扇。

明式家具

中国木器家具的制造格式之一。明、清以来，家具格式有苏作（苏州制造）、广作（广东制造）、京作（北京制造）等几种。明式家具，基本上就是苏式家具，是当时具有代表性的家具格式。多用紫檀、花梨、红木、杞梓、铁梨等质地坚硬、纹理细密、色泽光润的木材做成。它的形式特点，主要在于造型大方、结构单纯简练，不用烦琐的装饰，充分利用木材固有的纹理色泽，做到既适用又美观。现故宫尚保存有这种格式的实物。它与清代中叶以后追求烦琐雕琢的形式，忽视实用价值的家具风格，形成对比。

篆刻艺术

基本常识

印

印也叫印章，一般蘸红色印泥盖在纸上，是书画的重要组成部分，印文突出，印出来是红字的叫阳文；印文凹进去，印出来是白字的叫阴文。古代书画作品上的印章各种各样，既有作者的名章，也有历代收藏者的名章。与刻印相关的是篆刻艺术，中国很多大书画家同时也是大篆刻家。

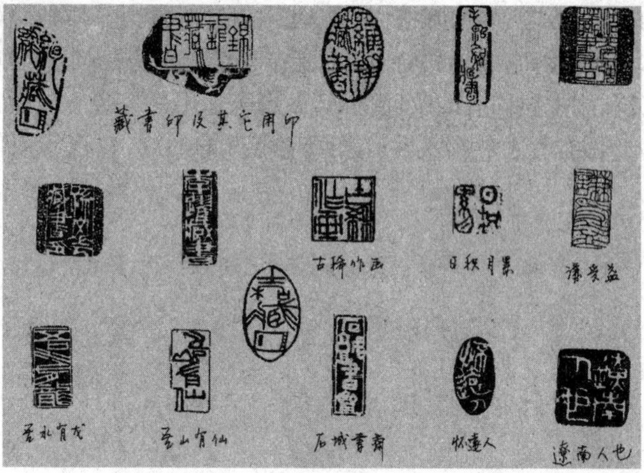

篆刻

章

即“印章”。《汉旧仪补遗》云：“丞相、大将军，黄印龟钮，文曰‘章’。”据史料记载，汉代沿袭秦制，当时除玺、印名称外，开始有“印章”二字。印章就其作用看有信印、闲章之分。闲章是指斋馆印、收藏印、肖形印、吉语印等。如宋代就有人刻某某图书字样的印章，盖在自己所藏的图书上，以示所有。当人们普遍使用时，人们把一般印章叫“图书”了。现在我们把印章也称为“图章”，这个名词就是由此来的。

玺

又作鉨，即印章。战国时期不论官印、私印都不叫印，而称为“玺”或写作“鉨”“鈢”字，就是现在的“玺”字。在秦以前尊卑通用，官、私印均可称“玺”。秦以后只有皇帝的印方可称“玺”。隋、唐时皇帝印章亦称“玺”。武后（武则天）因她厌恶玺字（玺与熄灭的“熄”字音通）。将“玺”字改为“宝”字。清代时皇帝的印章称宝也称玺。

和田玉老玉玺

朱记

我国隋唐以后，官印多用朱文，并用朱色加盖印章。唐时已有称印为“记”者。宋朝以后，则“记”“朱记”并用，乃官印之一种，如传世宋印有“通远军遮生堡朱记”。《宋史》中有记载给京城以外的官吏及诸军将校等，制有长1寸7分、宽1寸6分的“朱记”官印。又载监司、州县长官等称印，其僚称记。其印约方寸。

金石

金，指商周以来在金属器物上铸刻之文字；石，指秦汉以来碑版刻之文字。后人称研究金石文字谓金石学，篆刻家研究印玺之源流、沿革、文字、风格之变迁等，与金石文字有密切之联系。

边款和印纽

边款就是印章的背、侧、边上所刻的文字，主要用于记载刻制年月、刻制者的名号等。边款书体有行、楷、隶、草各体。印纽上有小孔，最初是为方便佩戴而设，后来只是为了美观而设。

篆书

字体名。一是泛指汉代隶书以前的古代文字。如小篆、籀文、金文、甲骨文等。二是指春秋战国时通行于秦国的籀文（如石鼓文）。秦始皇统一六国后创立了“秦篆”（即小篆），汉代的缪篆。如王莽时六书，“三曰篆书，即小篆”。

篆刻

篆刻亦称治印，是镌刻印章的通称，为我国的传统艺术之一。由于印章最早采用的是篆书体，故称篆刻。篆刻源于春秋战国时代，篆刻最早的作用是受命做官的凭信和封固简牍，先秦及汉、魏晋时期，印章都由制印正匠镌刻，制印风格各代虽有不同，但都有很高的艺术水平。汉代是印章发展的极盛时期，魏晋以后至唐宋，篆刻艺术日趋衰落。元朝出现了吾丘衍、赵孟頫等文人刻印，篆刻艺术开始复兴。元末明初，王冕得浙江丽水县天台宝华山所产的花乳石，爱它色彩斑斓，刻画如意，开始用石刻印，后人纷纷效仿。明唐伯虎、文徵明等文人，不仅书画高妙，治印亦是能手，受其影响。在文人中兴起一种研究印学之风。

用刀十三法

这是前人根据刻印时进刀、运刀、刻刀、印质、印文等不同情况与要求而提出的用刀之各种技法。许容《说篆》云：“夫用刀有十三法：正入正刀法（以中锋入石，竖刀略直，其势雄，有奇气），单入正刀法（以一面侧入，把刀略卧，其势平，臻于在雅），双入正刀法（两面侧入石也，卧刀。势平，不可轻滑），冲刀法（以中锋抢上，无旋刀，宜刻细白文），涩刀法（欲行不行。不可轻滑潦草，宜用摹古），迟刀法（徘徊审顾。不可率意轻滑），留刀法（停蓄顿挫，留后地步，与涩、迟二法略异），复刀法（一刀不到，再复之也；看病在何处，复刀救之），轻刀法（轻举而不痴重，非浅率之谓），埋刀法（笔锋藏而不露；刀法著而不浮），切刀法（直下而不转旋，急就、切玉，皆用此法），舞刀法（迹外传神，熟极生巧），平刀法（平起其脚，用刻朱文、白文亦间用）。以上刀法全在用刀之时，心手相应，各得其妙。”另在陈炼《印说》中提到之刀法超过以上，各种刀名虽不可不知，然总要刀下有轻重、顿挫、筋力，多用中锋，少用侧锋，时时存古人写字之法。所有刻刀之法，在刻印时不可能如此复杂，仅供实践者揣摩之。

刻印六法

指气韵生动、刀法古劲、布置停匀、篆法大雅、笔与刀合和不流俗套。

封泥

亦称“泥封”。即印章按于泥块上，作为门户和包裹等封口的凭证，这种钤有印章的土块，称为“封泥”。中国古代公私简牍大都写在竹简、木札上，封发时用绳捆缚，在绳端或交结处加以检木，封以黏土，在土块上盖印章，作为信验，以防私拆，常用此法。以后纸帛盛行，封泥之制渐渐废除。封泥制主要盛行于秦汉与魏晋时代。

封泥

印泥

亦称“印色”。名称由“封泥”演绎而来的。印泥的发展已有2000年的历史，早在春秋秦汉时期就已使用印沁泥，那时的印泥是用黏土制的，临用时用水浸湿，这就是当时称的封泥。到了隋唐以后，随着社会的进步，有人研制出纸张，人们又改用水调组朱砂于印面，印在纸上，这就是印泥的雏形。到了元代，人们开始用油调和朱砂，之后便渐发展成我们现代的印泥了。

齐白石的篆刻

齐白石是一位出身木匠而又诗、书、画、印无不卓绝的大艺术家，对这四绝。他自认为篆刻第一，诗词第二，书法第三，绘画第四。他的篆刻改圆笔的篆书为方笔，形成大刀阔斧的单刀刻法，自成一格。

篆刻著作

《学古编》：篆刻论著。元代吾丘衍著。上卷为《三十五举》，次载《合用文集品目》。尾系《附录》，合为一卷。其中《三十五举》是该书主体，叙述了篆、隶书体的演变及篆刻知识，内容相当具体，是我国最早的印学理论著述。故后世将《三十五举》直呼为书名。在印学史上有划时代的意义，一直被举为经典论著。

《续学古编》：篆刻论著。明代徽派开创者、篆刻家何震所著。此书仿元吾丘衍《学古编》体例。书中亦有不少新颖，还第一次对历来被忽视的古官印、特别印制进行深入探求，别树一帜，具有开拓之功。

《印法参同》：篆刻论著。明代徐上达著。此书完成于明万历四十年(1613年)。42卷。此著对篆刻学的各种分类均做了详细的分析，尤注重以相辅相成的辩证思想探讨印章之技法，阐述畅达，体參精微。它流传不广，清以后才为世人知晓。

《六书通》篆体字书。清代闵齐假编、毕宏述增订。十卷。此书以明代《洪武正韵》一书部次编排，首列《说文》篆文，以下列古文、籀文、金文及印文，选录嫌杂，间有错误，因当时字书甚少，旧时篆刻家多以此为据。

《十钟山房印举》篆刻论著。清代篆刻家陈介祺编。是印谱中名著之一。初稿共 10 部，每部 50 册，每页 1—4 印。光绪九年（1883）重编，每部增至 194 册，因举分别各种印式。故名"印举"。每页一印，集印逾万，所选较精，可作篆刻参考。

《缪篆分韵》：篆体字书。清桂馥类编。五卷，补遗五篇。集汉、魏印文，依韵排列。搜罗较博，所集之字，下注出处。煎姚觐元有重刻本。

《篆刻学》篆刻论著。现代篆刻家邓散木著。他篆刻著力特深，融书法篆刻于一体，自言生平事艺，篆刻第一。此书初稿系出于作者在 20 世纪 30 年代讲授篆刻时的讲义。本书分上、下两编，共九章，是一部理论与实践创作相结合的佳作，可供学者及治印家研读取经。

篆刻名家

文彭

文彭（1498—1573 年），明代篆刻家、书画家。字寿承，号三桥，别号渔阳子、国子先生，长州（今江苏吴县）人。文徵明长子。继承家学，亦善书画，而精于篆刻，风格工稳。与何震并称"文何"。他原多作牙章，在南京居住时，偶得民间灯光石四筐，解剖制作印石，晶莹夺目，冻石之名始见于世，从此改攻石章。为后世所宗，称为流派的开山鼻祖。石章的使用，对篆刻的发展起很大作用。他的篆刻长期被篆刻家奉为规范，印作被后人奉为金科玉律。他的篆刻作品存世极少。

何震

何震（？—约 1604 年），明代篆刻家。字主臣、长卿，号雪渔，安徽婺源（今属江西）人。篆刻风格端重，他的成就在于创新，能"法古而不泥古"，一变当时篆刻风貌，名盛一时，后人推为"皖派"（也叫"徽派"）的开创者。与文彭并称"文何"。著有《续学古编》二卷。

丁敬

丁敬,(1695—1765 年),清代篆刻家。字敬身。号钝丁,别号龙泓山人、丁居士等,浙江钱塘(今杭州)人。篆刻吸取秦印、汉印及前人的长处,擅长以切刀法刻印,苍劲质朴,别具面目,形成“浙派”,为“西泠八家”之首。与黄易并称“丁黄”。爱好金石文字,工书能诗。著有《武林金石录》《砚林诗集》《龙泓山馆集》等。

邓石如

邓石如(约 1743—1805 年)。清代书法家、篆刻家。原名琰,字石如,又名顽伯,号完白山人,又有完白、古浣、游笈道人等别称,安徽怀宁人。他出身寒门,读书不多,20 岁左右便开始浪迹江湖,到处寻师访友。他不入仕途,不慕荣华,始终保持布衣本色,在交游中度过一生。他的小篆富有创造性地将隶书笔法糅合其中,线条圆涩厚重,雄浑苍茫,臻于化境,大大丰富了篆书的用笔,开创了清人篆书的典型,对篆书艺术的发展做出了不朽贡献。在篆刻上,他打破了汉印中隶化篆刻的传统程式,在篆刻中首次采用小篆和碑额的文字,将制印艺术的视野空前地扩大,并形成了自己刚健婀娜的风格。由于他法书基础雄厚,其篆刻作品中的各种篆体精神饱满,加以刀法苍劲浑朴,婀娜多姿,其篆刻成就突出,在清代的印坛名重一时,其篆刻世称“邓派”,也有称“皖派”。晚清篆刻家吴熙载、赵之谦、吴昌硕等均受其影响。传世作品有《完白山人篆刻偶成》《完白山人印谱》《邓石如印存》等。

黄易

黄易(1744—1802 年),清篆刻家、书画家。字大易、大业,号小松、秋盦、秋景庵主等,浙江仁和(今杭州)人。篆刻醇厚渊雅,发展了秦、汉的优良传统,有青于蓝,胜于蓝之誉。与丁敬并称“丁黄”,为“西泠八家”之一。他有“一心篆刻,大胆秦刀”一语,深得篆刻三昧。工隶书,沉着有致。擅画山水,笔墨清隽;亦写墨梅。兼喜集金石文字。在山东济宁府做同知官时,广搜碑刻,绘有《访碑图》,并著《小蓬莱阁金石文字》等。

陈鸿寿

陈鸿寿(1768—1822 年),清代篆刻家。字子恭,号曼生,别号种榆道人、夹谷亭长、曼龚等,浙江钱塘(今杭州)人。篆刻取法秦、汉,旁及丁敬、黄易,善于切刀,刀法纵肆爽利,对后来取法浙派者影响颇大。为“西泠八家”之一。善书法,能画山水、花卉、兰竹。在溧阳县做官时,制陶家杨彭年为制茶具,经其作铭,风行于时,称"曼生壶"。著有《种榆仙馆印谱》《桑连理馆集》等。

赵之琛

赵之琛(1781—约1860年),清代篆刻家。字次闲,号献父、献甫,别号宝月山人,浙江钱塘(今杭州)人。篆刻早年师法陈鸿寿,后从陈豫钟为师,并取各家之长,以工整挺拔出之,以单刀著名。为"西泠八家"之一。印作功力极深,所刻边款,尤为精致。其刀法、章法趋于定式,刀法如锯齿。他生平勤于篆刻,存世作品较多,学者称便。工书法,亦能画花卉、竹石。著有《补罗迦室印谱》等。

钱松

钱松(1818—1860年),清代篆刻家。字叔盖,号耐青、铁庐,别号未道士、西郭外史等,浙江钱塘(今杭州)人。为"西泠八家"之一。篆刻得力于汉印,曾摹汉印二千方,所作雄浑淳朴。他见闻广博,章法与众不同,刀法总结前人经验,创造一种刀中带削的新刀法,立体感很强,韵味无穷,是当时开创的新流派,并为后来吴昌硕所取法,在浙派中别具面目。善书,能画山水。著有《钱胡印谱》《未虚室印谱》等。

黄士陵

黄士陵(1849—1908年),清代篆刻家。字牧甫,或作牧父、穆甫,别号倦叟、黟山人,安徽黟县人。篆刻取法汉印,参以商、周铜器文字的体势笔意,章法自然,运刀挺拔,在皖、浙两派外,自成一家,成为黟山派的开创者。对篆刻发做出了重大贡献。并能书画。著有《班诺波罗蜜多心经印谱》《籀书吕子呻吟语》《黟山人黄牧甫印谱》等。

邓散木

邓散木(1896—1963年),现代篆刻家。初名菊初、士杰,更名铁,号钝铁、老铁,又号无恙、楚狂人、无外居士等,上海市人,晚年迁居北京。他的书法气势雄健,能四体书。篆刻师赵古泥(赵石),行刀亦冲亦切,布局参用封泥特点,疏密有致。特别是在章法上苦心孤诣,集各家之大成,又显有时代气息。印文融籀篆隶于一体。自言,平生事艺,篆刻第一。善诗画。著有《篆刻学》《书法百问》《三长二短印存》《厕简楼编年印稿》等。

音乐艺术

基本常识

音乐的分类

分声乐、器乐两大类。再按体裁形式分为:独唱、重唱、合唱、独奏、重奏、合奏、协奏、交响曲以及丝竹乐吹打、说唱音乐等等。音乐又往往与诗歌、戏剧、舞蹈等相结合,成为歌剧、舞剧、戏曲等综合艺术。

轻音乐与通俗音乐

轻音乐与通俗音乐互相移植、借鉴和融合。现已很难把轻音乐与通俗音乐做出严格的区分。轻音乐具有轻便、易懂和易被人接受的特点。它包括一般的生活歌曲、抒情歌曲、诙谐歌曲、讽刺歌曲,还包括一些轻歌剧、圆舞曲、小型管弦乐序曲、小夜曲等。通俗音乐产生于18—19世纪,它轻松活泼、易于流传,因此很快受到了人们的欢迎,迅速流行起来。

旋律

旋律又称"曲调",是音乐的灵魂和基础。它是用节奏组织起来的一系列乐音,在高低方面呈现出有秩序的起伏呼应。在音乐作品中,旋律是表情达意的主要手段,也是一种反映人们内心感受的艺术语言。

和弦

3个或3个以上不同的音,按一定的音程关系叠置并同时发出。构成和弦的基本方法是以三度音程叠置,可产生三和弦、七和弦、九和弦等,构成这些和弦的音被称为和弦音，由下至上分别称为根音、三音、五音、七音、九音等。其中大三和弦、小三和弦、大小七和弦最为常用。和弦是和声的基本组织，它的运用是和声学的基础。在中国音乐里，和弦不一定都按三度关系构成。

和声

由两个以上不同的音同时发声构成的音响组合。它的单位（亦说基本素材）是和弦，即由3个或3个以上不同的音结合构成，是和声的纵向结构。和弦的先后连接是和声的横向运动，即和声进行。和弦、和声进行即和声所应涵盖的内容。它通常根据各个和弦所代表的感情色彩而编写，在音乐作品中起着润色、烘托、渲染的作用，和声与和弦可以共同增强旋律的表现力。

节拍

节拍指音乐中强拍和弱拍的组合规律，也就是重音和非重音循环重复的序列。使用节拍，是为了利用乐音的各种强度来组织它们，从而形成具有一定规律的强弱变化的乐音。

小节

节拍的单位。由一强拍到下一强拍前为止的部分。在乐谱中，小节与小节之间均界以纵线，称“小节线”。

音阶

音阶是一组音高各不相同的音符。它包括7个字母，分别用C、D、E、F、G、A、B来命名。在世界音乐史上，产生过很多种类的音阶，如流行于亚洲、非洲等地的“五声音阶”，也常被称为“中国音阶”。这5个音阶叫作宫、商、角、徵、羽。

音高

在声学中称音调。听觉赖以分辨乐音高低的一种特性。乐音的高度主要决定于音波的频率；频率次数多者音高，频率次数少者音低。

音调

①音乐声学名词，即音高。②有广狭两种意义：狭义指有一定表现意义的短小

旋律;广义指有特定风格的音乐语言。不同时代、民族、地区、流派、作曲家及不同体裁的音乐,各有其不同风格的音调。

调号

标示于每行五线谱左端用以表明乐曲的词的升降记号,具体指乐曲所用的调中始终升高或降低的音。分为三种情况:(1)无调号,即没有升降记号;(2)升种调号,即有一个或几个升记号,其顺序为#F、#C、#G、#D、#A、#E、#B;(3)降种调号,即有一个或几个降记号,其顺序为♭B、♭E、♭A、♭D、♭G、♭C、♭F。

唱名

歌唱旋律时,为了便于发音和区别音级,常用七个拉丁文的音节来代表自然音阶中的七个音阶,即do、re、mi、fa、sol、la、si(或ti)。中国工尺谱中的上、尺、工、凡、六、五、乙,亦为唱名。六、五、乙的低八度音则唱作合、四、一。

乐章

大型器乐作品(交响曲、协奏曲、组曲、奏鸣曲等)中相对独立的段落。不同的时期、不同的作曲家的音乐作品乐童数量不同。一般采用四个乐章的居多,也最为常见。

视唱

不经过练习、临时看谱演唱的技能。从17世纪以来,人们逐步认识到视唱对于音乐专业的重要,而愈来愈重视对此项技能的培养,将它列为音乐教育的基础必修课。现今音乐教育中,它往往与练耳配合进行,成为音乐专业学生必须掌握的基本技能之一。其训练方法一般用发声的元音或唱名唱音阶、音程、和弦、旋律等,其中唱名又采用首调唱名法和固定唱名法两种体系。

练耳

即听觉训练,其目的在于培养对音乐的听辨力、记忆力,丰富并提高人们的内在听觉,切实理解乐谱并具备对其音响效果的想象力和内在感应力。可以采用模唱、敲击节奏、听觉分析、听写等方式进行训练。训练过程必须与乐理、和声、复调、曲式等音乐理论知识相结合,以达到能够在有限的时间内正确判断、记写音程、节奏、旋律、调性、调式、节拍、和弦连接、多声部织体、乐曲结构等。在专业音乐院校中，练耳与视唱配合进行，成为一门必修的基础课程，同时是音乐专业学生必须掌握的一门技能。

十二律

中国古代律制。用三分损益法将一个八度分为12个不完全相等的半音的一种律制；各律从低到高依次为黄钟、大吕、太簇、夹钟、姑洗、仲吕、蕤宾、林钟、夷则、南吕、无射、应钟。又，奇数各律称“律”，偶数各律称“吕”，总称“六律”“六吕”，或简称“律吕”。十二律有时称“正律”，乃对其半律（高八度各律）与倍律（低八度各律）而言。

琴七弦

传舜制琴，设五弦，名为宫、商、角、徵、羽。后周文王、周武王加以改进，增两弦，第六弦少宫，第七弦少商，琴遂成七弦。

六乐

六乐，又称为“六舞”，即“六代之乐”，是周代时所选定的六部乐舞的合称，主要包括夏商周的宫廷乐舞《大夏》《大濩》《大武》以及黄帝、尧、舜时代的《云门》《大咸》《大韶》。六乐是当时雅乐的最高典范，歌、舞、乐并举，场面恢宏，气势庄严，主要用于祭祀场合。

五声二变

五声是中国民间音乐的音阶表示方法，又称为“五音”，即宫、商、角、徵、羽五个音阶，即相当于现在简谱中的1(Do)、2(Re)、3(Mi)、5(SO1)、6(La)。后来又出现了“二变”：变徵和变宫，即相当于现在简谱中的4(Fa)和7(si)，与原来的五声合称为“七声”。

简谱

简谱亦称数字谱，是记谱法的一种。以七个阿拉伯数字表示七声。16世纪中叶初步成型于欧洲。17、18世纪先后经法国人苏埃蒂、卢梭等人加工而渐趋完备。曾流行于日本，传入中国后又经改进，被普遍采用。现用简谱以1、2、3、4、5、6、7七个数字表示七声(读 do、re、mi、fa、so、la、si),用“O”表示休止,其时值为四分音符和四分休止符。在数字下面标一个圆点为低八度音。以此类推,两个点为低重八度音,在数字上面标圆点为高八度。同样,音域越高圆点逐一增加。在数字后面加一短横线“-”表示时值比原音增长一倍。加两个短横线,表示比原音增长两倍……。休止符的时值增长用“O”的增加来表示。在数字或“O”的后面加一圆点(称“附点”)则表示此音或休止符的时值比原音式休止符增长二分之一。调号通常用 1=C、1=D 等表示。

五线谱

五线谱就是用五条横线来记载音乐的一种记谱法。它的诞生至今已有一千多年的历史。远在 10 世纪的时候,法国人古多就用四条横线来记载音乐。这个发明几乎震动整个欧洲。当时的罗马教皇知道之后,立即将古多召到罗马,并命他把罗马教堂收藏的乐谱,一律改用他的记谱法。当时古多式的记谱法还很不完善,如拍号、小节线条都还没有。直到 17 世纪初,人们将四条横线改为五条横线,又增加了一个记谱符号,才正式形成体系,并为世界各国所普遍采用。

美声唱法

提起美声唱法,我们就会想到帕瓦罗蒂、多明戈、卡雷拉斯这世界三大男高音。他们那优美的嗓音,往往使得观众报以热烈的掌声。美声唱法是学院派演唱风格,产生于意大利。16 世纪初,意大利出现专业歌手,这对美声唱法的形成起了重要的促进作用。17 世纪,美声唱法已在意大利产生,这同意大利得天独厚的气候环境和意大利语言适宜歌唱有关。18 至 19 世纪上半期,美声唱法最盛行,这和意大利歌剧三杰罗西尼、唐尼采蒂和贝利尼的创作业绩分不开,他们的声乐曲不仅适宜美声唱法,而且还将新的歌唱技巧和要求注入美声唱法中,使之达到新的高度。19 世纪中期,美声唱法逐渐衰落,但至今仍是被世界公认的一种演唱风格,并且在不断地丰富和发展。直到今天,意大利的歌剧仍然具有非常高的水平。

音乐“1—7”的由来

“多、来、咪、发、梭、拉、西”是舶来品。在我国古代,记述音乐是采用宫、商、角、徵、羽五音记法。在 11 世纪的欧洲,当时教会里唱赞美诗,只有“一、二、三、四、五、六”这六个音。后来,意大利僧侣音乐家归多把圣乐的一首赞美诗每行歌词的第一音依次排列起来,刚好是“六个音阶”,因此,他就用每行歌词的第一个音节“多来咪发梭拉”来代表六声音阶。不久,七声音节问世,才把原来弃掉的那些赞美诗最后一句“圣约翰”几个字的第一音字母拼起来,成为第七个唱名“七”,发音为“西”。到了17世纪,意大利音乐家布隆契认为第一音名“乌”,不响亮,提出换用“多”音,他的意见为许多音乐家所接受,于是“一、二、三、四、五、六、七”就正式成为今天的唱法。

乐器

鼓

鼓是一种历史悠久的打击乐器。据传说,我们的祖先在劳动过程中,发现枯树干和实心树干有完全不同的声音,并且发现中空物体有音量增大的共鸣作用。于是,便用空心树干,蒙以兽皮或蟒皮,做成了木鼓,供娱乐时敲打。到了汉朝,不仅有大小、形状、质地、装饰不同的鼓,而且民间出现了鼓舞乐。在古代,鼓不仅是乐器,而且还是军中必备之物。从汉代开始,鼓的种类渐渐多起来,大约有20多个品种,60多个规格,常见的有大鼓、铜鼓、手鼓、花鼓、腰鼓,缸鼓、铃鼓、书鼓和八角鼓等。各民族也有自己的鼓,朝鲜族和瑶族有长鼓,傣族有象脚鼓,藏族和维吾尔族有手鼓、苗族有铜鼓等。

鼓

筝

筝亦称古筝,是一种弦乐器。源于我国战国秦地,又名秦筝。音箱为木制长方形,面上张弦,每弦用一柱支撑,柱可左右移动以调节音高,按五声音阶定弦。唐宋时教坊用筝均13弦,唯清乐用12弦,以寸余长的鹿骨爪子拨奏。近代筝为16弦。后经改革,增至18弦、21弦、25弦等,能转12个调。传统演奏手法是用右手大、食、中三指弹弦,以取得弦音的变化,现已发展为双手均可弹奏,表现力更为丰富。用于独奏、伴奏和合奏。

箫

箫是一种管乐器,源于我国。传说由春秋时箫史根据竖笛改制而成。在古代,箫是用16根或24根开有音孔、长短不等的竹管,排在一起,插入木制的鸟翼形的座子上的一种吹奏乐器(名排箫)。后世则称竹制单管直吹为箫。它音色圆润轻柔,幽静典雅,适于独奏和重奏,是我国古代普遍受欢迎的乐器之一。贵州省玉屏县的玉屏箫十分名贵,是用当地特产的水竹制作的,外形精巧,音质纯正,在全国享有盛名。

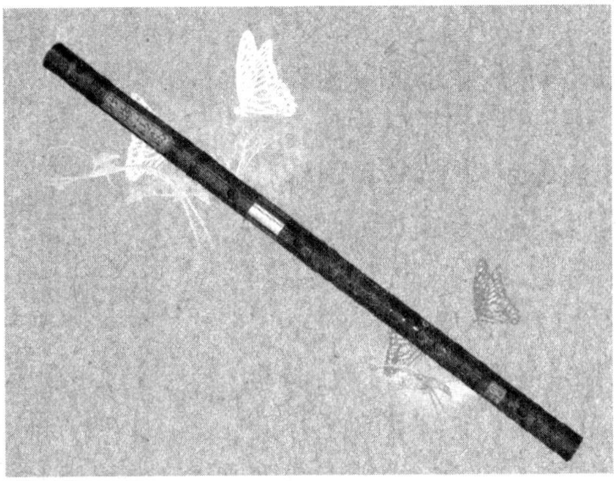

箫

埙

气鸣(吹孔)乐器。是中国古老的吹孔乐器,有约 7000 年的历史。制作材料有石、骨、玉、陶土等,表状有球形、管形、鱼形和梨形等。以陶土烧制的梨形埙最为普遍。古代有 1—7 音孔的埙。现代,改革后的埙放大了体积和肩部,扩展了内膛,使音量增大,穿透力强,音色低深苍劲,醇厚悲壮;音孔增加到 10 个,扩大了音域。分大、中、小 3 种,大埙定调为 D,中埙定调 F,小埙定调为 G,都能吹出两个八度和一个泛音,并可以转调。

笙

气鸣(簧管)乐器。早在殷代的甲骨文中就有“和”(即小笙)字。笙是春秋、战国和秦、汉时期重要的欢奏乐器。南北朝至隋、唐时期有 13 簧、17 簧、19 簧等。笙由笙斗、簧片、笙笛、按音孔、笙箍等组成。笙斗最早用匏(葫芦)制,唐代改用木制,现代则用铜制。笙斗连有吹嘴。笙片最早用竹或苇制成,现代用铜制。笙笛为竹管,上有按音孔和出音孔,下端笙脚装簧片,插入笙斗内。明、清时期,已广泛应用于民间戏曲、说唱伴奏和器乐合奏。有方笙、圆笙等。普遍流行的是 13 簧、14 簧笙。现代,经改革的笙,有 17 簧、21 簧,带扩音管的 24 簧加键笙、36 簧加键笙等。演奏时多吹奏 3 个或 4 个音组成的和音,24 簧加键笙和 36 簧加键笙还可吹奏出 6 个音以内组成的三和弦或七和弦,音量大,转调方便。笙的演奏技法有打音、吐音、历音、滑音、颤指等。可用于独奏、重奏、伴奏、合奏等。17 簧笙音域为$^{\#}c^1 \sim q^2$;21 簧笙音域为$q \sim b^2$;24 簧笙音域为$a \sim f^3$;36 簧笙音域为$q \sim {}^{\#}f^3$(全部半音)。

锣

打击乐器。早在 1400 多年前北魏时期就有了锣。从宋代起,锣便在民间乐队中广泛使用。1791 年,法国作曲家戈赛克把我国锣使用于管弦乐队中。从此,锣就正式加入了交响乐队的"家族",人们称它为"中国锣"。中国锣的音色低沉、浑厚、雄壮,音量变化幅度大,敲时发音迟钝,余音长。一般单击、慢奏、弱奏与中强力度击奏,效果最佳。它宜表现不祥的预兆,灾难性的场面,恐怖的景象,送葬的行列及死亡与哀悼等。合奏中虽不多用,但往往只敲几下就足以刻画出所描述的音乐形象。像在柴可夫斯基的《第六交响曲》,辛沪光的《嘎达梅林》等中外名曲中,虽然仅仅只打一下或两下、三下,却能产生巨大的艺术魅力。

锣

钟

钟流行于世界各国,多以铜、铁铸成。在中国,钟历史悠久。早期编钟的音高多靠钟体大小决定,后期则多凭钟体的厚薄而定。因此,早期编钟是大小相次第,后期编钟多数大小如一。

号

号属于唇振气鸣乐器的一种,管体上有嘴孔或装有吹嘴,吹奏时将唇绷紧贴靠其上,以强度不同的气流使其发音。号的种类很多,有小号、长号、圆号、短号等。

圆号

气鸣(唇振动)乐器,又译法国号。铜制圆锥形号身弯成圆形。号嘴为漏斗状,喇叭口较大,号身上装有回旋式活塞。常用 F 调和 F、^{b}B 双调两种。音域 $B_1 \sim f^2$。使用高音谱表时,记谱音比实际音高纯五度;使用低音谱表时,记谱音比实际音低纯四度。属于移调记谱乐器。圆号声音柔和、丰满,加弱音器后音色温柔、暗淡、悠远,是管弦乐队铜管组和军乐队中的主要中音乐器。

丝弦

丝弦是流行于江苏南部常州、无锡、宜兴一带的大型器乐曲,由民间艺人集体演奏。曲调纯朴明朗,雄健有力,优美动听。从前,每逢庙会、节日,农民即自动集合起来演奏。

胡笳

气鸣(簧管)乐器。又名笳,亦写作葭、篚、菰、菰。其早期形制为芦叶卷而吹之。汉代以后改用木制,并装有苇制哨,无孔。因当时主要流行于塞北西域,故称其为胡笳。后被用于汉魏鼓吹乐中,有大胡笳、小胡笳。清代加有三孔,并带有扩音碗,用于笳吹乐中。自蔡琰《胡笳十八拍》问世以后,以"胡笳"一词为名的诗、词、歌、赋及乐曲屡见不鲜,大多以汉族与匈奴的关系为主题。胡笳音色悲凉,故又有悲笳、哀笳等称谓。

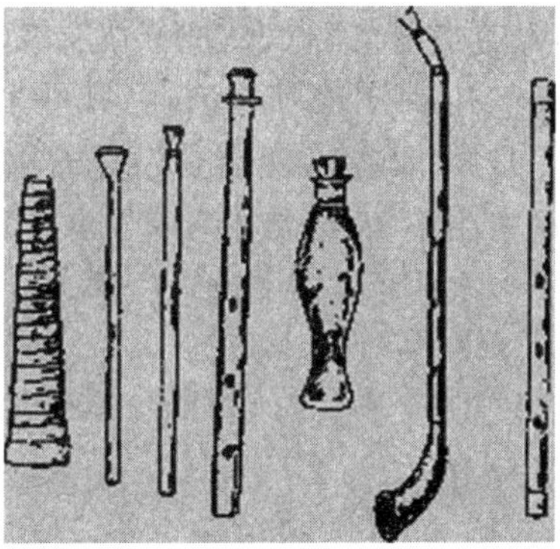

胡笳

箜篌

一作"空侯""坎侯",古拨弦乐器,分卧式、竖式两种。卧箜篌传为汉武帝时乐人侯调所造。据《通典》:"其形似瑟而小,七弦,用拨弹之。"竖箜篌为竖琴前身,后汉时经西域传至中原地区。《旧唐书·音乐志》:"竖箜篌,……体曲而长,二十有二(一作三)弦,竖抱于怀,用两手齐奏,俗谓之擘箜篌。"又有凤首箜篌,属竖箜篌之一种。

唢呐

气鸣(吹管)乐器,又称"喇叭""大笛""苏尔奈"。唢呐是阿拉伯语 surma(祖尔纳)的译音。金元时传入中国。唢呐由哨、芯子、气盘、杆、铜碗等部分组成。其形制是在锥形管杆上开 8 个按音孔(前 7 后 1),杆上端插一细铜管做芯子,芯子上套一苇制哨子,杆下端承接一个喇叭形铜碗。唢呐以形制的大小分别称为大、中、小唢呐,亦有以杆用材不同,将铜杆唢呐称为铜笛,锡杆唢呐称为锡笛。多数唢呐杆为木制,高音小唢呐被称为海笛。唢呐音色高亢明亮,技巧丰富多彩,能吹奏滑音、揉音、箫音、吐音、气顶音、气塌音、花舌音、变色音等。唢呐音色浑厚、响亮,成为民间常用的吹奏乐器之一。北方称“小唢呐”为“海笛”,江南亦有称“大唢呐”为“梅花”,“小唢呐”为“梨花”的。经过改革后的唢呐,有高音、中音、低音 3 种,亦有加键的半音阶唢呐,扩大了音域,转调方便。在乐队中使用的唢呐,高音唢呐音域为$^{\#}f^1 \sim d^3$,中音唢呐音域为 $a \sim a^2$,低音唢呐为 $A \sim d^2$。

笛子

笛子是一种古老的管乐器。笛子源于我国,竹制横吹,又称“竹笛”“横笛”。周代便有竹制横吹的篪。周代还有一种竹制竖吹的“笛”,5 孔。汉武帝时,张骞通西域后,从新疆、中亚一带传入一种“横吹”,是现在笛子的前身。从汉至今,笛子在我国民间广泛流行,品种日益发展,已有竹笛、木笛、铁笛,甚至玉笛、塑料笛等。笛上有吹孔、膜孔各 1 个,按音孔 6 个,尾部常有 2—4 个出音孔,通常可以吹奏四个调。是用于独奏、合奏或伴奏的重要民族乐器,在民间乐队中,常处于领奏地位。形制大小不一,最常用者有“梆笛”“曲笛”两种。中华人民共和国建立后,对笛进行了多次改革,先后制出了成套的 12 调的笛,有的增加了半音指孔和音键,便于转调。

短笛

气鸣(吹孔)乐器。在管弦乐队中用于木管组。用木料或金属材料制作。构造与长笛相同,管状,长约 31 厘米。c 调。音域 $d^2 \sim c^5$。乐谱用高音谱表记写,实际演奏音比记谱音高一个八度。音色尖锐、透明,穿透力极强。在任何编制的管弦乐队中,均使用一支短笛,由第三长笛手兼,很少用于独奏。在铜管乐队中作用尤为重要。

长笛

气鸣(吹孔)乐器,管弦乐队木管组和军乐队主奏乐器。用木料或金属材料制作。管状,全长 62 厘米,由二至三段插接组成。笛头封闭,笛尾开放。笛头一端开椭圆吹孔,管壁开指孔,并装有杠杆式音键。c 调,音域 $b \sim {}^{\#}f^4$。乐谱用高音谱表记写。低音区($b \sim {}^{\#}c^2$)音色丰满、柔美,中音区($d^2 \sim {}^{\#}c^3$)音色清亮、甜润。高音区($d^3 \sim b^3$)音色明亮而迷人,超高音区($c^4 \sim {}^{\#}f^4$)音色尖锐,富有穿透力,在乐队中以演奏旋律和华彩乐句为主。巴赫、莫扎特、维瓦尔蒂、亨德尔、海顿等作曲家均写有大量长笛奏鸣曲和长笛协奏曲。

琵琶

琵琶是一种弹拨乐器，因弹奏方法而得名。源于我国。公元前300年的秦代就已出现，琵琶原名批把，是描摹两种弹奏的手法。在敦煌北魏壁画中所见到的一种腹部为梨形，用4弦或5弦的曲项琵琶，可说是现代琵琶的前身，曲项琵琶约在350年前后，通过印度传入我国。唐代，琵琶被视为最重要的乐器之一，在十部乐中居于首位。琵琶当时不是竖弹，而是横抱着用骨片或木片拨弦发声。贞观初年，有太常乐之裴神符，废弃拨子，改用手指弹奏。这种手弹方法沿用至今。现代琵琶为6相24品，音域3个半八度（$A \sim e^3$），包括12个半音，可以转12个调。定弦有很多种，最常见的为A、d、e、a，其他则可视乐曲的风格及技巧的需要而定。今福建南音乐队中的琵琶仍为横抱弹奏。

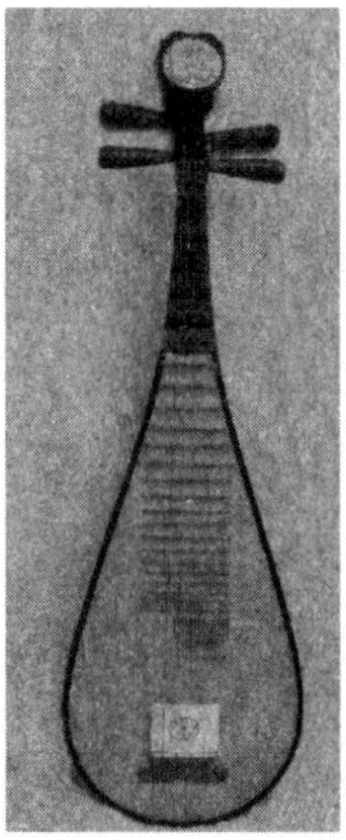

琵琶

古琴

古琴是我国古代最早的拨弦乐器。源于我国。传说，周初由一名宫女所创。古琴是中国最古老的弹弦乐器，原只称琴，近几十年来，才加上古字。周代开始出现，定型于汉代；魏晋以后，形制已和现在的大致相同。古琴身为狭长的木质音箱，长约110厘米，琴头约17厘米，琴尾较细；面板用桐木或杉木制成，开有大小不等的两个出音孔（称“凤沼”或“龙池”），琴面设七根弦，音域宽广，音色变化丰富，所以又称“七弦琴”。弹奏时右手弹弦，左手按弦，有吟、揉、绰、注等手法，琴音圆润，韵味悠长，表现力很丰富。在传世古琴之中以唐琴最为珍贵，古人有“唐琴第一推雷公，蜀中九雷独称雄”的赞语。而“春雷琴”则是唐代制琴名家雷威所一生所制之琴中的极品。宋徽宗赵佶在宣和内府曾专门设有“万琴堂”搜罗流传天下的古琴，春雷在万琴堂中名列第一品。

胡琴

胡琴属弓弦乐器，分京胡、二胡、板胡、四胡等，胡琴源于我国。近千年来，在民间广泛流传，不断得到丰富与发展。胡琴琴筒以蛇皮工桐木板蒙面，筒上装琴杆，杆端木轸二或四，从木轸到筒底张弦，琴筒面置琴码架弦，以弓张马尾纳二弦间，奏时左手按弦，右手拉弓，使马尾擦弦而发音。胡琴的母型中又派生出高音乐器京胡、高音二胡、南胡、椰胡和板胡；中音乐器坠胡、中音二胡、四胡和马头琴；低音乐器革胡、大胡和低胡等。二胡虽然只有两根弦，但在艺术家的手中却能奏出优美、浑厚,或欢快,或忧伤的音乐。

钢琴

被称为“乐器之王”。弦鸣(击奏)乐器。由键盘、踏板、击弦机、琴槌、琴弦、金属框架、共鸣板等部件组成。有三角钢琴和立式钢琴两种形制。三角钢琴外形为翼状三角形。琴弦水平装置,通常为7组88键,音域$A_2 \sim c^5$;立式钢琴外形如长方形立柜,琴弦斜向交错装置,通常为7组85键,音域$A_2 \sim a^4$。按十二平均律半音排列,基本音级为白键,变化音级为黑键。触动键盘,琴槌即通过杠杆作用击打琴弦发音。

风琴

气鸣(自由簧)乐器,亦称簧风琴。形制如立式钢琴,略小,始见于19世纪。规格较多,39—61键不等,音域较窄,不超过5个八度。按键时,双脚交替踩动踏板,操纵风箱振动簧片发声。最早用于教堂,代替管风琴为唱诗班伴奏。1897年前后由日本传入我国,曾广泛用于音乐普及教育。

口琴

气鸣(自由簧)乐器。最早源于德国,1910年传入我国。木料或塑料琴身,长方形,有多种形制和规格。常见规格16—20厘米长,4—5厘米宽。正面开两排方格形吹孔,按自然音阶排列。琴身两侧装有金属盖板,音域可达4个八度。其发音原理与中国笙相似,呼气、吸气均可发音。现代口琴有双簧口琴、八度双音口琴、和弦口琴、变调口琴、半音口琴、低音口琴等多种形制。其中以24孔双簧定调口琴最为多见。口琴音色柔和,表现力丰富,可用于独奏,亦可组成不同规模的乐队合奏。

吉他

弦鸣(拨奏)乐器。起源于古代东方。13世纪前后由摩尔人传入西班牙,并逐渐发展为具有代表性的西班牙民族乐器。现代吉他的形制于1790年前后确立。木制音箱。面板开有圆形音孔,指板上有品位。张6根金属或尼龙弦,故又称“六弦琴”。定弦E、A、d、g、b、e^1,常用音域达3个八度以上。19世纪以后流行范围遍及世界。吉他音色迷人,演奏技巧复杂,表现力极为丰富。

冬不拉

一作东不拉。哈萨克族拨弦乐器。红松木或桦木制成。琴腹呈梨形，分平底和凸底两种，颈细而长，其上缠丝弦以分隔音位，张二弦；用右手弹奏，音量较弱，用以伴奏歌舞。现亦有大小型冬不拉组成的乐队，可奏多声部合奏曲。

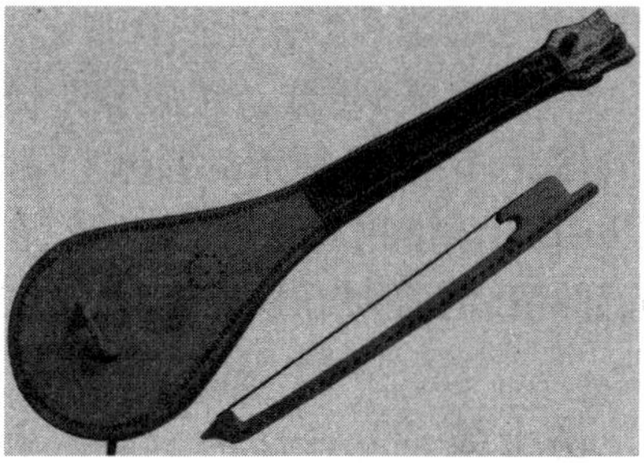

冬不拉

马头琴

弦鸣（拉奏）乐器。流行于中国内蒙古、新疆及青海等地蒙古族中。因琴杆上端雕有马头而得名。由音箱、琴杆、弦轴、琴弦、弓子等构成。音箱木制，呈梯形，两面蒙饰有图案的马皮（或羊皮）。琴杆硬木制作，无指板音品。张两根用马尾制成的弦。马头琴的定弦外弦比内弦低，传统马头琴定弦为 e~a，音域为 c 到 c^2；改良马头琴定弦为 $a \sim d^1$，音域为 a 到 f^3。演奏时，将音箱置于两膝间，左手扶琴按弦，右手持弓，用马尾弓在琴弦外方拉奏。经过改革的马头琴，扩大了音箱，蒙蟒皮，用尼龙丝弦代替马尾弦。除独奏外，并用于民歌、说书的伴奏，亦常与四胡等乐器合奏。

马头琴

单簧管

气鸣（单簧）乐器。18 世纪以后广泛用于管弦乐队、军乐队、爵士乐队和轻音乐队。因管体多用黑檀木制作，故中国俗称“黑管”。全长 66 厘米，由管嘴、吹节座管、上节管、下节管、喇叭口 5 个部分组成。单簧哨片（芦竹制作）用箍卡固定在管嘴上。管体上装有杠杆音键。发音浑厚圆润。有 Bb 调、A 调单簧管与 Bb 调低音单簧管等数种。常用于特殊效果。在管弦乐队中用于木管组。为使用方便起见，演奏者必需备有一支 A 调单簧管。

双簧管

气鸣（双簧）乐器。管弦乐队木管组和军乐队中最主要的旋律乐器。木制圆锥形管体，长 60—70 厘米。管体上端装有芦片对合而成的双簧吹嘴。c 调，常用音域 $^{b}b \sim g^{3}$。乐谱用高音谱表记写。在管弦乐队中常用于描写牧歌式的田园风光和伤感的情绪。管弦乐队定音时，常以双簧管 a^{1} 音为标准。

爵士鼓

我国对爵士乐队中打击乐器组合的习惯称谓，亦称套鼓。主要乐器有以下几种：（1）低音鼓，膜鸣（击奏）乐器。鼓槌用踏板和杠杆装置控制，用脚掌和脚尖踏击演奏，主要起计算节拍和控制节奏的作用。（2）踩镲，体鸣（碰奏）乐器。装在金属架上，用踏板和杠杆装置牵动上下钹互碰，亦可手持木槌敲击，主要起装饰节奏重音的作用。（3）小鼓，膜鸣（击奏）乐器。双手握槌击奏鼓面，音响有力、清脆，节奏鲜明，有明显的摇动感。用铁帚轻击鼓面，则产生轻柔、悦耳的音响。（4）小桶鼓和大桶鼓，膜鸣（击奏）乐器。双手握槌敲击鼓面，节奏变化丰富，常起装饰旋律和渲染气氛的作用。（5）吊镲，体鸣（击奏）乐器。用单手或双手握槌敲击不同部位，音色对比明显，多用于制造特殊气氛。以上乐器均由一人演奏。

著名音乐家

师旷

师旷，生卒年不详。春秋时期晋国的宫廷乐师。字子野，冀州南和人，双目失明。师旷虽是个盲人，但他的听觉格外灵敏，辨音能力超出常人，而且会演奏多种乐器，尤其是演奏古琴达到出神入化的境界。以“曲高和寡”而著称的《白雪》正是师旷所创。此外，他对十二律的完善起了重要作用。“师旷之聪”使得他不但精辩十二律，而且初步掌握了旋宫转调的方法。师旷在音乐理论上是个坚持礼乐正流的保守派。他反对新声淫风，其“好乐无荒”的意思，对孔子“《关雎》乐而不淫”的思想有过影响。可以说师旷的音乐思想，是后来儒家礼乐理论的先驱。

沈其昌

沈其昌(1858—1930年),近代琵琶演奏家。号绍周,字肇州。江苏海门人。崇明派代表人物。1918年前后被聘为南通师范学校和南京高等师范学校的国乐导师。刘天华曾在其指导下学习琵琶。身后,其门生徐卓(字立荪)感念恩师情谊,汇编其遗著及授课要点,编纂《瀛洲古调》三卷。上卷《通论》,以讲述琵琶的构造、音域、品位、定弦、指法等问题为主,强调练习时要循序渐进,慢而不断,快而不乱。中卷《音乐初津》,录有《三六板》等供初学者用的民间乐曲5首;下卷《瀛洲古调》,共收《平沙落雁》《飞花点翠》《昭君怨》《十面埋伏》琵琶曲55首。

萧友梅

萧友梅(1884—1940年),近代专业音乐教育奠基人,作曲家、教育家、音乐理论家。广东中山人。1912年赴德国学习音乐,以论文《中国17世纪前管弦乐队之历史研究》获哲学博士。1927年在蔡元培等人支持下于上海创办中国近现代音乐历史上第一所音乐学院——国立音乐院(即后来的上海国立音乐专科学校)。中国音乐教育事业先驱,在创办专业音乐教育机构和培养专业音乐人才方面功不可没。撰有《普通乐学》等书,并作歌曲《问》《国耻歌》等数十首及钢琴曲等。

华彦钧(阿炳)

华彦钧(1893—1950年),民间音乐家。小名阿炳。江苏无锡东亭人。自幼随父华清和道士习音乐。15—16岁时已成为无锡道教界出色乐师。35岁时双目失明,时人称其为瞎子阿炳。由于社会动乱,道产亦变卖殆尽,阿炳开始了流浪艺人生涯。他的大部分器乐作品出于此时。他精通民族乐器,尤精于琵琶,技艺娴熟,富创作天才,深为群众欢迎。著名作品有二胡曲《二泉映月》《听松》《寒春风曲》;琵琶曲有《大浪淘沙》《昭君出塞》《龙船》等。杨荫浏等辑有《阿炳曲集》。

冼星海

冼星海(1905—1945年),作曲家。曾用名黄训、孔宇。祖籍广东番禺,出生于澳门。1926年赴北京,入国立艺专学习小提琴。1928年赴上海,入国立音乐专科学校学习小提琴。翌年赴法国留学,在法国期间,创作了《风》(女高音独唱和单簧管与钢琴)和《d小调小提琴奏鸣曲》等作品,演出时受到了巴黎听众的好评。1935年回国,创作了《救国军歌》《夜半歌声》《热血》《青年进行曲》等抗日救亡歌曲。

1938年到武汉，创作了《保卫卢沟桥》《游击军》《到敌人后方去》《在太行山上》等爱国歌曲。1938年11月赴延安，在延安期间创作了《黄河大合唱》《九一八大合唱》《生产大合唱》《牺盟大合唱》等大型声乐作品，以及《反攻》《打倒汪精卫》等抗日歌曲，在全国产生了广泛的影响。1940年赴苏联，因苏德战争爆发先后滞留阿拉木图、塔什干、库斯坦那伊和乌兰巴托等地。在此期间，他创作了《神圣之战交响曲》《民族解放交响曲》《中国狂想曲》《满江红组曲》和小提琴独奏曲《郭治尔·比戴》等器乐作品。1945年因病医治无效在莫斯科病逝。冼星海一生创作了各类体裁的音乐作品近三百首。在创作中，他坚持不懈地追求作品的民族风格，用交响音乐的形式表现了中国的民族气质，以及中国人民在抗日战争中的英勇气概和大无畏的斗争精神。

冼星海

聂耳

聂耳（1912—1935年），作曲家。原名守信，字子义（亦作紫艺）。祖籍云南玉溪，生于昆明市。1927年考入云南第一师范高级英语组，发起组织了“九九音乐社”，经常参加校内外的音乐、戏剧演出活动，并利用课余时间学习钢琴和小提琴。1931年到上海谋生，翌年，以“黑天使”为笔名发表了《中国歌舞短论》等一系列评论文章。1932年组织了“中国新兴音乐研究会”。同时，从外籍教师学习小提琴和作曲理论。1935年4月赴日本求学。同年7月17日在藤泽市鹄沼海滨游泳时不慎溺水身亡，年仅23岁。聂耳一生的音乐创作大多是为电影、话剧、舞台剧所写的插曲和主题歌。作品有《开矿歌》《大路歌》《码头工人歌》《新女性》《毕业歌》《前进歌》《自卫歌》《义勇军进行曲》《铁蹄下的歌女》《飞花歌》《塞外村女》《梅娘曲》《告别南洋》等。这些歌曲既有浓郁的民族风格，又有强烈的时代气息，音乐形象十分鲜明。聂耳的创作对我国歌曲艺术的发展产生了极其深远的影响。

聂耳

王洛宾

王洛宾(1913—1996年),现当代杰出的音乐家、艺术家。北京人。他早年毕业于北京师范大学艺术系,抗战爆发后参加革命,从事宣传工作。1949年9月,他参加中国人民解放军,同年随军进入新疆。在此后的近半个世纪中,他的足迹遍布大西北,先后收集整理、改编翻译了十几个民族的七百多首民歌,并创作了大量具有浓郁西部特色的优秀民歌,先后出版了8部歌曲集,使中国的西部民歌不仅流传全国,而且传遍了全世界。由于在中国民歌的搜集、整理、传播、创作方面做出的巨大贡献,他被人们尊称为“中国民歌之父”,由他所创作、整理的《在那遥远的地方》《半个月亮爬上来》《达坂城的姑娘》《阿拉木汗》《青春舞曲》等歌曲,至今在世界各地的华人中广为传唱。

王洛宾

马可

马可(1918—1976年),现代作曲家。江苏徐州人。1939年赴延安,在鲁迅艺术学院音乐系工作。解放战争时期,在东北解放区从事音乐活动。中华人民共和国成立后,致力于戏曲音乐研究工作,并任中国音乐学院副院长兼中国歌剧舞剧院院长等职。1945年参加新歌剧《白毛女》的音乐创作工作,对中国新歌剧的创造和发展做出了重要贡献。又作有秧歌剧《夫妻识字》、管弦乐《陕北组曲》、歌剧《小二黑结婚》及歌曲《南泥湾》《咱们工人有力量》《我们是民主青年》等二百余首。此外,还撰有《中国民间音乐讲话》等音乐论文。

刘诗昆

刘诗昆(1939—),钢琴家。从小学习钢琴。17岁首次参加国际钢琴比赛,获李斯特国际钢琴比赛第三名和匈牙利狂想曲特别奖,成为我国最早在国际乐坛上争得荣誉的钢琴家之一。多年来,除教学常举办独奏音乐会,演奏中外钢琴曲,同时积极参加《钢琴协奏曲》《战台风》《青年钢琴协奏曲》等中

刘诗昆

国钢琴作品的创作。演奏技巧精湛，音色雄浑明亮，有摄人心魄的力量，对作曲家的意图刻画入微，又具有个人的独特风格和见解。

施光南

施光南（1940—1990年），现代作曲家，祖籍浙江金华，歌曲创作影响广泛，20世纪70年代初即写有《最美的赞歌献给党》《打起手鼓唱起歌》等群众歌曲，1976年后创作了《周总理，你在哪里》《祝酒歌》等著名作品。1978年后到北京中央乐团，写有《吐鲁番的葡萄熟了》《在希望的田野上》等脍炙人口的集群众性和艺术性为一身的歌曲。同时，留有著名歌剧《伤逝》。

著名歌唱家

郭兰英

郭兰英（1930—），女歌唱家。原名心爱，山西平遥人。6岁开始学山西中路梆子。1946年加入华北联合大学文艺工作团主演新秧歌剧、新歌剧。郭兰英不仅表演基本功扎实，音色亮丽，行腔优美，且能运用戏曲中的牙、眼、身、法、步配合唱、念、做、舞，成功饰演不同角色。她演戏富于激情，极具感染力，赋予角色以鲜活的生活气息和艺术表现。主演的代表剧目有《白毛女》《小二黑结婚》《刘胡兰》《窦娥冤》等，演唱的《南泥湾》《翻身道情》等大量具浓郁地方色彩和民族风格的歌曲，深受欢迎，流传全国。

郭兰英

邓丽君

邓丽君（1953—1995年），是一位华人社会具有影响力的歌手，亦是20世纪后半叶最负盛名的华语和日语女歌手之一。原名邓丽筠，英文名Teresa Teng，祖籍河北省大名县，生于台湾省云林县褒忠乡田洋村，后移居台北县芦洲乡。其父为原“中华民国”军人，随军撤台。有许多资料声称邓丽君小时家境贫穷，但其实并不然，两蒋时代在台外省人有着殊遇。“贫穷”一词只能当作是她或者她的家人的自谦之词。事实上，邓丽君应属于小康家庭的女儿，因拥有优异的歌唱天赋，与刚好符合时代潮流（标准北京话小调）的嗓音与唱技而大放异彩。

邓丽君

1963 年，年仅 10 岁的邓丽君参加中华电台的歌唱比赛并夺得冠军。1966 年，她参加了当时台湾著名的“正声广播公司”的第一期歌星训练班。1967 年正式加盟宇宙唱片公司，14 岁灌录第一张唱片《凤阳花鼓》，当时正值流行歌曲在台湾萌芽时期，她的小调民歌更是大受欢迎。15 岁获邀在台湾最具影响力和最受欢迎的电视歌唱节目“群星会”中表演，随后开始登台演出、上电视、演电影，被誉为天才女歌星，唱片大受欢迎，四年灌录了 20 张专辑，从此她在华人歌坛创下一个又一个耀眼的成就。

音乐作品

《高山流水》

《高山流水》是中国古代著名的琴曲，又分为“高山”“流水”两部分。传说著名琴家俞伯牙一次在一处弹琴，樵夫钟子期竟能领会这里描绘“巍巍乎志在高山”，那里描绘“洋洋乎志在流水”，以其形象鲜明、情景交融、韵味隽永而广为流传。子期死后，伯牙痛失知音，摔琴绝弦，终身不弹。

《阳春白雪》

古代著名的琴曲。传为春秋时晋国音乐家师旷所作；一说齐国刘涓子所作。古时每以“阳春白雪”连称，故常被认为一曲，后世琴谱则均分为两曲。最早见于《神奇秘谱》。其《阳春》解题称唐高宗时曾由吕才加以修订；《白雪》解题称：“《阳春》取万物知春、和风澹荡之意；《白雪》取凛然清洁、雪竹琳琅之音。”

《广陵散》

是一部著名的琴曲。它最早见于东汉《与刘孔才书》：“听广陵之清散。”此曲又名《广陵止息》或《止息》,可独奏,亦可合奏。现在的琴曲《广陵散》是从《聂政刺韩王》发展而来的。它是现存古琴曲中最长的曲子,又名《广陵止息》,讲述聂政刺韩王的故事。嵇康得异人传授此曲,从不传人,后因反对司马氏专权而遭杀害,临刑前曾从容弹奏此曲以托志,自叹“广陵散终将绝响矣”。据传,在刑场上有音乐奇才将听到的曲子写出传了下来,就是今天的《广陵散》。

《汉宫秋月》

中国民族器乐曲名。近代曾以多种演奏形式在民间流传,多是同名异曲。(1)山东菏泽筝曲。主题旋律是由民间乐曲《八板》的变奏构成。它以缠绵哀怨的音调,表现古代宫女望月思乡的情感。乐曲在民间流传约有200年的历史。(2)琵琶曲。同名异曲两首,一为乙字调(A调)《汉宫秋月》,最早见于1916年沈肇州所编《瀛州古调》。旋律凄凉婉转,表现一种哀怨情绪。二为尺字凋(C调)《汉宫秋月》,见于无锡吴畹卿传抄谱。全曲6段加尾声,旋律抒情委婉,细腻深情,表现古代宫女的苦闷与哀怨。后由《南北派十三套大曲琵琶新谱》《养正轩琵琶谱》等收入,各传派的曲名和乐谱段落划分等虽有不同。但旋律基本相同。(3)二胡曲。1929年左右,刘天华记录了唱片粤胡曲《汉宫秋月》谱,改由二胡演奏。粤胡曲《汉宫秋月》(又名《三潭印月》)源出同名琵琶曲第1段。表现了宫女哀怨悲愁的情绪。

《渔樵问答》

古琴曲。此曲有三十多种版本,现存谱初见于明代。乐曲采用渔者和樵夫对话的方式,表现渔樵在青山绿水间自得其乐的情趣,从而表达出对追逐名利者的鄙弃。乐曲旋律飘逸潇洒,表现出渔樵悠然自得的神态。

《平沙落雁》

古琴曲。明朝此曲称《雁落平沙》。最早见于《古琴正宗》(1634年)。曲调悠扬流畅,通过时隐时现的雁鸣,描写雁群降落前在天际盘旋的情景。琵琶大曲中亦有同名乐曲,以不同曲调表现相似的内容和意境。亦有称琵琶曲《海青拿天鹅》为《平沙落雁》者。

《夕阳箫鼓》

又名《浔阳琵琶》《浔阳夜月》《浔阳曲》等。琵琶大曲。原有抄本流传,后收入

《南北派十三套大曲琵琶新谱》，称《浔阳琵琶》。近人改编此曲为民族管弦乐曲，曾易名为《春江花月夜》。各种谱本的分段及小标题多不相同。全曲旋律优美流畅，通过对夕阳西下、渔舟晚归的描绘，赞美了祖国的锦绣河山。

《春江花月夜》

《春江花月夜》是大约在1925年由上海大同社根据《夕阳箫鼓》改编而成的丝竹乐曲，它通过动与静、远与近、情与景的结合，使整个乐曲富有层次，高潮突出，音乐所表达的诗情画意引人入胜。

《胡笳十八拍》

《胡笳十八拍》是古代乐曲。胡笳是一种吹奏乐器，汉代流传于塞北和西域一带，是汉、魏鼓吹乐中的主要乐器。现存《胡笳十八拍》有琴曲与琴歌两种。琴歌曲作者佚名，词作者为诗人蔡琰，即蔡文姬。汉末战乱，蔡文姬流落匈奴部落12年，后被曹操接回中原，表达了一种复杂的心情。音调哀婉凄楚，调式变化丰富，层次发展分明，表现了文姬既思念故土又怀念幼子的痛苦情怀，真切感人，催人泪下。该曲18段，每段歌词8句、10句、12句不等，因此与之相配合的音乐也长短不一。每段音乐是完整独立的，可以单独或连接演唱。同时，全曲内在上和谐统一。清初《澄鉴堂琴谱》载有全曲。

《十面埋伏》

该曲为琵琶曲，声音激越、跌宕，乐曲描写楚汉相争在垓下最后决战的情景。全曲分为十三段：列营、吹打、点将、排阵、走队、埋伏、鸡鸣山小战、九里山大战、项王败阵、乌江自刎、众军奏凯、诸将争功和得胜回营。

《梅花三弄》

明初朱权在洪熙元年整理刊行的《神奇秘谱》中记载了古曲《梅花三弄》，并说此曲原是东晋桓伊为王徽之吹奏的笛曲，又名《梅花引》。桓伊最拿手的乐器是笛子，据说他吹奏的乃是东汉蔡邕的遗物，有名的柯亭笛。王徽之是王羲之之子，也是一代名流。二人在路上邂逅，王徽之请桓伊为他吹笛，于是吹奏出“三调”，也就是《梅花三弄》了。

这只笛曲，至唐代还很流行。《神奇秘谱》所载《梅花三弄》是标题音乐。它10段各有小标题，分别为：溪山夜月；一弄叫日声入大霞；二弄穿月声入云中；青鸟啼魂;三弄横江隔江长叹声;玉箫声;凌风夏玉;铁笛声;风荡梅花;罢是不能。原谱为琴箫合奏。全曲以音乐形象描绘梅花不惧严寒,迎风怒放,幽香远传的境界。

《秦王破阵乐》

这是我国唐代的宫廷乐舞。最初用于宴飨,后用于祭祀,属武舞类。音乐以汉族清乐为基础,吸收龟兹乐因素,是中国历史上著名的歌舞大曲之一。唐高宗时的《神功破阵乐》、唐玄宗时的《小破阵乐》皆源于它。

《阳关三叠》

著名的古曲。明清时有不同传谱,但都配有歌词的琴曲,可独奏,亦可弦歌。《阳关三叠》的歌词,就是王维《送元二使安西》一诗:“渭城朝雨浥清尘,客舍青青柳色新。劝君更尽一杯酒,西出阳关无故人。”这首诗抒写离愁别绪很有典型意义,在唐代是一首“流行歌曲”。唐朝时被称为《渭城曲》或《阳关曲》。“三叠”是宋人提出的。三叠如何叠法,后人记法各异。以苏轼之说为例,是第一句唱一遍,后三句皆重复唱一遍,共七唱,极尽回肠荡气之能事。现在流行的《阳关三叠》琴曲,是清末《琴学入门》的传谱。

《潇湘水云》

这是宋代琴家郭沔的代表作,开古琴流派之先河。作品表现了作者爱恋祖国山河的盎然意趣,利用荡吟等手法,成功地表现了云水掩映、烟波浩渺的艺术境界。

《将军令》

民间器乐曲。流行全国,但在旋律、结构与使用乐器等方面,各地不尽相同。常以唢呐主奏,锣鼓配合。许多传统戏曲剧种用之于“吹台力”(幕前曲),亦用作摆阵、操演、升帐等场面的伴奏。如京剧《金锁阵》的摆阵。琵琶大曲中有同名乐曲,并分《汉将军令》《满将军令》两种,见《南北派十三套大曲琵琶新谱》。

《渔舟唱晚》

中国筝曲。娄树华以古曲《归去来辞》为素材发展而成。又一说系金灼南根据山东民间筝曲《双板》《三环套月》《流水激石》改编而成。乐曲分为3段。第1段以优美典雅的曲调和舒缓的节奏,描绘出一幅夕阳映照万顷碧波的画面。第2段用按揉的两种指法相配合，音乐活泼而富有情趣。第3段用快板奏出优美动听的模进音型，随之乐曲逐步加快，表现了心情喜悦的渔民悠然自得，片片白帆随波逐流，渔舟满载晚归的情景。

《霓裳羽衣曲》

《霓裳羽衣曲》是唐代大曲中法曲的精品，唐歌舞的集大成之作。相传，此曲的前部分是唐玄宗望见女儿山后悠然神往，回宫后根据幻想而作；后部分（歌和舞）则是他吸收河西节度使杨敬述进献的印度《婆罗门曲》的音调而成。在开元、天宝年间曾盛行一时，"安史之乱"后，此曲失散。后来，李后主得到残谱后进行了补缀成曲，才又流传至后世，成为中国音乐舞蹈史上一颗光彩夺目的明珠。此曲共为三段：首先是器乐演奏，优雅的古乐萦绕厅堂，仿佛将人们带入玄妙仙境；其次是身披七彩霓虹舞衫的舞女舒展长袖，轻歌曼舞；高潮时，独舞者在急促的舞曲声中奔放舞动，随后旋律转慢，舞而不唱，最终以优美的姿态徐徐退下。

《牧童短笛》

钢琴曲。贺绿汀曲。创作于1934年。同年底，获俄国钢琴家、作曲家在上海举办的"征求有中国风味的钢琴曲"头等奖，对于复调、和声的民族化具有创新意义。

《良宵》

刘天华著名的二胡作品之一。该曲描绘了人们除夕之夜共度佳节的欢乐气氛，基本上是一气呵成的单段体。前32小节旋律优美，节奏平稳，微露愉悦之情。后32小节音域扩展，活跃欢快。

《义勇军进行曲》

歌曲。田汉词，聂耳曲。创作于1935年春，原为影片《风云儿女》的主题歌。在当时，这首战歌激发了人民群众的革命热情和战斗意志，给广大爱国民众以极大鼓舞，成为影响最大的群众歌曲之一。新中国成立后选《义勇军进行曲》为国歌。

《二泉映月》

阿炳最负盛名的作品。乐曲的旋律含蓄深情，如泣如诉，如悲似怒，时而委婉低回，时而激越高亢，流露出一位饱含人间心酸与痛苦的流浪艺人幽怨悲苦的情绪以及对未来美好生活的向往。

《黄河大合唱》

冼星海最重要和影响最大的一部代表作。这部作品以黄河为背景，热情歌颂了中华民族的光荣历史和中国人民的斗争精神，痛斥侵略者的残暴，展现了抗日战争的壮丽情景，激发了全国人民的抗日激情。共八个乐章：《黄河船夫曲》《黄河颂》《黄河之水天上来》《黄水谣》《河边对口曲》《黄河怨》《保卫黄河》和《怒吼吧，黄河》。

《东方红》

《东方红》是一首举世闻名的歌曲，它表达了中国人民对毛泽东同志的崇敬和爱戴之情。词作者李有源是陕西佳县有名的"伞头"（秧歌的领唱、领舞者），他对陕北民歌有着浓厚的兴趣，一有空闲就自编自唱一些歌颂党和领袖人物的民歌小调。1942 年的一个旭日东升的清晨，李有源边观赏日出，边用《骑白马》的民间小调填上自己编的词唱起来：东方红，太阳升/中国出了个毛泽东/他为人民谋生存/他是人民大救星/山川秀，天地平/毛主席领导陕甘宁/迎接移民开山林/咱们边区满地红……李有源给它起了歌名《移民歌》，还把这首歌教给儿子李增正唱。1943 年李增正带领移民队去延安开荒，这首歌随移民队到处传播，深得群众欢迎。后延安文艺工作者将歌词重新整理修改，并更名为《东方红》，在延安《解放日报》上发表，从此传遍全国。

《没有共产党就没有新中国》

《没有共产党就没有新中国》是一首大家都很熟悉的、语言亲切、质朴的群众歌曲。曹火星词曲，作于 1943 年 9 月。当时，蒋介石所著《中国之命运》一书出版，他在书中宣称："没有中国国民党那就没有了中国。"此论调一出，全国人民十分愤慨，延安的《解放日报》以《没有共产党，就没有中国》为题发表了社论，文中列举铁一般的事实据理驳斥蒋介石的论调。

音乐工作者曹火星读了这篇社论之后，激情难抑，他结合自己耳闻目睹中国共产党领导的八路军英勇作战、流血牺牲、打击日本侵略者的功绩和解放区人民安居乐业的活生生事实，产生了一种强烈的创作欲望。他奋笔疾书，以社会精神为依据，以社论标题为歌名，创作了这首从延安传遍整个解放区，又传遍全中国的歌曲。

1949 年初，根据民主人士章乃器的提议，在原歌名中增添一个"新"字，改名为《没有共产党就没有新中国》。

舞蹈艺术

基本常识

舞蹈形象

以舞蹈艺术为手段塑造的人物形象和表演过程中的动态形象，即人体的姿态、造型、步伐等动作借助音乐、舞台美术、化装、服饰等艺术因素产生的具有欣赏价值的视觉效果。

舞蹈表情

根据现实生活中人的心理活动和流露感情的习惯特点，经过提炼和艺术加工，用不同的舞蹈形式加以概括并表现出的喜、怒、哀、乐等内心情感变化。

舞蹈动作

舞蹈动作是舞蹈最基本的艺术手段，是构成舞蹈的基本单位。它是指经过艺术提炼、美化了的人体动作，是人们对日常生活、劳动中的动作的模仿及加工。

舞蹈布景

舞蹈布景是完成舞蹈舞台美术造型任务的重要组成部分。根据创作的需要和舞台美术设计意图，一般通过木框景片、画幕、幻灯投影、平台等不同的物质材料，运用绘画、塑型、光色变化等多种造型手段，塑造舞台空间形象，创造舞蹈、舞剧的环境气氛，表现舞蹈和舞剧的时间、地点，并起到情景交融的作用。

舞蹈灯光

舞蹈灯光是舞蹈、舞剧舞台美术的造型手段之一。除提供照明外，主要为了使演出达到条理通顺、场景生动、节奏鲜明的艺术效果，利用光与形、明与暗、光色的冷暖与进退所造成的对比与和谐，使一幅幅舞蹈画面及各个画面之间产生连贯、互应、对比、联想等相辅相成的关系，并通过光色的变化帮助揭示舞蹈、舞剧内在的含义，增强艺术感染力。

舞蹈服装

舞蹈服装是演出时的衣着和服饰。它是角色外部造型的重要组成部分，也是舞台综合艺术不可分割的组成部分。

舞蹈道具

舞蹈道具是为舞蹈表演而制作的用具。多由演员随身携带，是构成舞蹈艺术视觉形象的有机组成部分。

民间舞

泛指产生并流传于民间、受民俗文化制约、即兴表演但风格相对稳定、以自娱为主要功能的舞蹈形式。民族舞不乏朴实无华、形式多样、内容丰富、形象生动等特点，历来都是各国古典舞、宫廷舞和专业舞蹈创作不可或缺的素材来源。

古典舞

泛指以各地区、国家或民族的政治、文化为背景，历史久远、风格独特并且有明显创作痕迹的传统舞蹈。

宫廷舞

奴隶社会、封建社会及现代君主国家专供帝王（酋长）、后妃和贵族阶层欣赏或自娱的舞蹈。大多由宫廷艺术家根据民间舞蹈编创、表演。

社交舞

亦称舞会舞。泛指欧洲文艺复兴以来流行于宫廷舞会和近代流行于各种社交场所的舞蹈。舞步简单易学,形式自由,便于即兴发挥和宣泄情感的舞蹈。在公共舞厅备受青睐,社交舞因而很快融入了平民阶层的文化生活。

乡村舞

英国民间舞蹈,源于苏格兰乡村草地娱乐活动中的对舞和图形舞蹈。16 世纪传入英国宫廷后备受贵族阶层青睐,逐渐发展为宫廷娱乐活动中的轮舞、双纵队舞和图形舞,并对葡萄牙、丹麦、法国宫廷舞蹈的发展产生了深远的影响。舞步比较简单,参加人数不限,但队形变化和行进路线、构图均有较严格的约定,并以体现参加者的修养和风度为主要目的。

舞剧

以舞蹈为主要表现手段,并综合音乐、美术、戏剧、文学等艺术形式,表现特定的戏剧内容、意境,人物形象、情绪、心理状态和行为,以及推动情节发展的舞台表演艺术。

独舞

舞蹈样式之一。泛指由女演员或男演员单独表演、结构完整的舞蹈。

双人舞

舞蹈样式之一。泛指由两名演员(性别不限)表演,主题明确,内容、情节完整的舞蹈作品。

三人舞

舞蹈样式之一。泛指由三名演员(性别不限)表演,有独立的内容和主题,情节完整的舞蹈作品。

群舞

舞蹈样式之一。泛指源自民间舞蹈"集体舞"的舞台表演形式,即三人以上、人数不等的多人舞。群舞的画面、构图多变,要求表演者动作整齐,风格统一,配合默契,因而具有丰富的艺术表现力。

现代舞

现代舞是20世纪初在欧美出现的舞蹈形式,是在现代主义思潮的影响下产生和发展起来的。现代舞只是一种舞蹈类型的统称,并不概括其中各种流派的全貌。其最显著的特点是反对古典芭蕾的表现形式和内容,用新的舞蹈手段表现自我,表现自然、社会与人之间的矛盾。

自由舞

所谓自由舞,并不是指随心所欲地舞蹈,而是指通过身体的训练更为自由地表达自我。自由舞的奠基人是美国舞蹈家邓肯。19世纪末,邓肯认为古典芭蕾刻板的程式和陈腐的内容限制了舞蹈家对人类本能感情的表达,于是她光着脚、赤着身,只披着希腊式的长袍,自由坦率地抒发自己的内心感情——当时被称为"自由舞"。

国际标准交谊舞

国际标准交谊舞来源于各国的民间舞蹈,在传统交谊舞的基础上,加以国际统一规则而成。它分为现代舞和拉丁舞两大部分。现代舞包括华尔兹、探戈、维也纳华尔兹、狐步舞、快步舞5种舞蹈。其特点是格调高雅、舞姿优美、轻柔流畅、节奏起伏。拉丁舞包括伦巴、恰恰、桑巴、斗牛舞、牛仔舞5种舞蹈。

舞蹈形式

蒙古族舞蹈

蒙古族民间舞蹈与游牧、狩猎生活密切相关,既热情奔放,又不乏沉稳、含蓄、

蒙古族舞蹈

舒展的特点。一是筷子舞,流行于鄂尔多斯市地区,由一名男子在风俗性节日里单独表演。舞蹈者右手执一把筷子,呈半蹲状,边唱民歌,边用筷子敲击手掌、肩部、腰部和腿部,有时敲击地面。节奏由慢而快,情绪热烈。表演时用三弦、四胡、扬琴、笛子等乐器伴奏。二是安代舞,流行于通辽市一带,又称“查干额利叶”(畦白鹰),源于萨满教的巫术活动。舞蹈者左手叉腰,右手在胸前上下甩动绸巾,有单甩巾踏地、双甩巾踏地、甩巾踏步等几种舞姿。集体表演时,队形呈圆形,一人领唱,众人相和,风格热烈奔放,朴实刚健,有很强的自娱特点。伴奏乐器以抓鼓为主。三是盅碗舞,流行于伊克昭地区,又称“打盅子”,是一种独舞形式的民间舞蹈,常在节日欢宴时表演。舞蹈者开始表演时席地而坐,左右手各拿两个盅碗,随着音乐的节奏碰击,发出清脆、悦耳的音响;然后舞蹈者缓缓而起,双手边碰击盅碗边舞动身躯,双脚一前一后踏动,舞姿典雅而优美。伴奏乐器有三弦、扬琴、四胡、笛子等。

朝鲜族舞蹈

流传在中国吉林省延边朝鲜族自治州与黑龙江、辽宁等省的朝鲜族聚住区。

朝鲜族是从事水田种植的古老民族，其民间舞蹈具有农耕劳动的特征，它是在古代的扶余、高句丽及朝鲜半岛的传统文化基础上形成的，后又在中国东北地区的特定环境中，育成具有风韵典雅、含蓄等特色的舞蹈。朝鲜族舞蹈动作多为即兴性的，其特点是幅度大，表演者的内在情绪与动作和谐一致，长于表现潇洒、欢快的情绪。其伴奏音乐旋律优美，节奏多变。朝鲜族舞蹈的主要形式有农乐舞、假面舞、剑舞、长鼓舞、扁鼓舞、扇舞、拍打舞等。

维吾尔族舞蹈

维吾尔族民间舞蹈继承了古代鄂尔浑河流域和天山回鹘的文化传统，并吸收了古代西域乐舞的精华，形式多样，风格独特。其特点是用身体各部位的动作与面部表情相配合，进行感情交流。舞蹈者的头、肩、腰、背、臂、腿和脚趾都有复杂的动作，常以动、静的结合和大、小动作的对比，以及移颈、翻腕等装饰性动作的点缀，形成热情、豪放、稳重、细腻的风格特点。

藏族舞蹈

藏族的舞蹈种类繁多，内容丰富，各类舞蹈分别具有不同的形式、跳法和功能：有顿足为节、连臂踏歌、热烈欢腾的农村果谐，有注重情绪表现、舞姿优美豪放的农牧区果卓，有伴随劳动、激发劳动热情的勒谐，以及稀世罕见、古香古色、具有西域风味的宫廷乐舞噶尔等等。

藏族舞蹈

汉族舞蹈

如果说"高台""地会"是汉族的一种民间舞蹈，那应该说真正的汉族舞蹈则是"祭孔"时所表现的"乐舞"。祭孔乐舞走上正轨则是明、清两朝。清朝后期，汉族舞蹈不仅只有"祭孔乐舞"，而且同治、光绪年间，舞蹈已经能登上"会戏"（即庙会）的大雅之堂，当时的人只有观看舞蹈的记录，没有记述舞蹈的名称及形式。进入民国以后民间的花灯歌舞逐步盛行且覆盖了乡村。建国以后，舞蹈进入了全盛时期，民族的大融合在歌舞中表现更加突出，此中的你中有我，我中有你，没有必要再谈汉族的舞蹈是什么。

白族舞蹈

白族舞蹈种类较多，按活动性质划分，有娱乐性、祭祀性两大类。祭祀性舞蹈有羊皮鼓舞、手巾舞、碗箩舞、耍花舞、灯盏舞、巫舞等。娱乐性舞蹈最有代表性的是绕山林。绕山林是白族一年一度最盛大的歌舞集会，一群男女青年手持霸王鞭、八角鼓、双飞燕，浩浩荡荡，吹吹打打，且歌且舞，迤逦而行，场面宏大，热烈非凡。

傣族舞蹈

傣族民间舞蹈优美恬静、感情内在而含蓄，手部动作复杂，四肢及躯干呈弯曲状，形成富有特色的“三道弯”造型。舞蹈动作随节奏的重拍均匀颤动，具有南亚地区民间舞蹈的特征。内容亦十分丰富。

孔雀舞

孔雀舞是傣族具有代表性的一种民间舞蹈，多表现孔雀飞跑下山、漫步森林、饮泉戏水、追逐嬉戏等内容。感情内在含蓄，舞蹈语汇丰富，舞姿富于雕塑性。

孔雀舞

长袖善舞

古代舞蹈十分讲究舞袖，因此有“长袖善舞”之称。舞袖通过服饰造成的人体臂部的延伸，不仅夸张了舞蹈动作，而且增强了其表现力。随着各种舞步与身段，双袖时而高扬，时而飘拂，时而翻卷，在空中产生无数美妙无比、流动起伏的舞蹈形象。唐代著名的《霓裳羽衣舞》就是长袖舞。

中央芭蕾舞团

创建于 1959 年。早期隶属于北京舞蹈学校，1963 年改建为中央歌剧舞剧院芭蕾舞团。建团后陆续上演了《无益的谨慎》《天鹅湖》《海侠》《吉赛尔》《巴赫切萨拉伊的泪泉》《巴黎圣母院》《仙女们》等世界著名芭蕾。1964 年以后开始进行中国题材和风格的芭蕾创作，先后上演了《红色娘子军》《沂蒙颂》《草原儿女》《祝福》

《鱼美人》等中国风格的芭蕾作品。1980 年改用现名。中央芭蕾舞团演员阵容强大,白淑湘、钟润良、薛菁华、刘庆棠、郁蕾娣、武兆宁、唐敏、张卫强等舞蹈家先后担任过主要演员。曾出访过缅甸、南斯拉夫、苏联、罗马尼亚、德国、奥地利、美国、菲律宾等国家,在国际舞坛享有较高的声誉。

上海芭蕾舞团

创建于 1960 年。其前身为上海舞蹈学校演出一队。建团后陆续上演了《天鹅湖》《吉赛尔》《仙女们》等外国古典芭蕾名剧,以及《葛蓓莉亚》《罗密欧与朱丽叶》《堂吉诃德》中的选场。同时创作了《白毛女》《苗山风云》《长征》《金孔雀》《剑舞》《雷雨》等中国风格的芭蕾作品。1979 年改用现名。1981 年根据鲁迅名著创作了《魂》《伤逝》《阿 Q》等塑造中国近现代文学作品中的典型人物形象的芭蕾作品。顾峡美、石钟琴、凌桂明、余庆云、茅惠芳、欧阳云鹏、林建伟、汪齐凤、杨新华等舞蹈家先后担任过该团主要演员。曾出访过朝鲜、日本、法国、加拿大等国,均深受好评。

舞蹈家

戚夫人

戚夫人(? —前 194 年),汉代善舞者。定陶(今属山东)人,高祖刘邦宠姬。晋葛洪《西京杂记》称其“善为翘袖折腰之舞,唱出塞入塞望归之曲”。又善楚舞。刘邦死后,遭吕后残害而死。

赵飞燕

赵飞燕(? —公元前 1 年),汉代宫廷女舞蹈家。原名冯宜主。自幼聪明伶俐,能歌舞,善行气术。其父为音乐家,能做“凡靡之乐”。父亡,家境破败,流落长安(今陕西西安)街头,后被咸阳侯赵临收养,教习歌舞,送给阳阿公主做贴身侍女。因其“身轻若燕,能作掌上舞”,人称赵飞燕。成帝刘骜悦其舞姿,召入宫,封为婕妤。永始元年(公元前 16 年)立为皇后。相传宫中有太液池,池中有洲,洲上筑榭高 40 尺,飞燕舞《迎风送远曲》于其上,遇大风,似欲飞去。成帝又令造水晶盘,命二宫女跪托之,供飞燕行舞其上。哀帝即位,封为太后。平帝即位,贬为孝成皇后,遂又废为庶人。后被迫自杀身死。

杨贵妃

杨贵妃(719—756年),号太真,小字玉环,唐蒲州永乐(今山西永济)人。初为玄宗子寿王瑁妃,后入宫得宠于玄宗。天宝四载(745年)封为贵妃,姊妹皆显贵,堂兄杨国忠擅权。她通音律,善歌舞,尤擅舞《霓裳羽衣》和《胡旋》。天宝十四年(755年)安禄山作乱,玄宗偕贵妃逃蜀,路经马嵬驿(今陕西兴平西),六军不发,杀国忠,贵妃也被缢而死。

杨贵妃画像

公孙大娘

公孙大娘,生卒年不详。唐代著名舞蹈艺人。善舞《剑器》。唐诗人杜甫曾在开元五年(717年)观看公孙大娘舞剑器,后于大历二年(767年)在《观公孙大娘弟子舞剑器行》一诗中回忆当时情况:"昔有佳人公孙氏,一舞剑器动四方。观者如山色沮丧,天地为之久低昂。"赞叹公孙大娘的剑舞惊心动魄,雄妙神奇。公孙大娘舞时着军装,唐司空图《剑器》诗:"楼下公孙昔擅场,空教女子爱军装。"

舞蹈作品

《霓裳羽衣曲》

《霓裳羽衣曲》是唐代歌舞的集大成之作,相传为唐玄宗所作,在安史之乱之后失传。《霓裳羽衣曲》共36段,表现了仙乐飘飘、舞姿婆娑的情景,描写的是中国道教的神仙故事。《霓裳羽衣曲》在盛唐时期的音乐舞蹈中占有重要地位,玄宗亲自教梨园弟子演奏,由宫女歌唱。

《鱼美人》

3幕5场民族舞剧/北京舞蹈学校创作并于1959年在北京首演/总编导:(苏联)彼·安·古雪夫/编剧:李承样、王世琦、栗承廉等/作曲:吴祖强、杜鸣心/演员:陈爱莲、王庚尧、陈铭琦等大海公主鱼美人向往人间美好生活，爱上了勇敢的青年猎人，却不料被垂涎已久的山妖掠走。猎人救下鱼美人，互诉衷情，又被山妖的魔法破坏，猎人堕入海中。鱼美人救醒猎人，并希望他永做海王。猎人谢绝盛情，带领鱼美人返回人间。正当他们举行婚礼之际，山妖再度施法，将鱼美人掠至妖洞进而逼婚。猎人历尽艰险闯进魔穴，经受种种诱惑最后战胜魔法斩除山妖，与鱼美人终结百年之好。

《白毛女》

7场芭蕾舞剧/上海市舞蹈学校创作并于1965年在上海首演/编导：胡蓉蓉、付艾棣、程代辉、林泱泱/作曲：严金萱/演员：茅惠芳、石钟琴、凌桂明等

除夕之夜，贫苦农民杨白劳被前来逼债的地主黄世仁的狗腿子们打死，其女儿喜儿也被抓走顶债。喜儿在黄家受尽折磨，她不甘凌辱逃到深山靠野果度日，乌发皆白。与喜儿青梅竹马的王大春参加八路军后率队解放了家乡，并追寻到山洞与变成“白毛女”的喜儿相认。在斗争恶霸地主黄世仁的大会上，喜儿血泪控诉，为父报仇。红日东升，喜儿与大春开始了幸福的新生活。舞剧将芭蕾艺术与中国人民革命斗争生活相结合，注重塑造真实的农民形象，将中国京剧和民间舞的素材融入芭蕾的创造之中。舞剧以广为传唱的歌剧音乐作为音乐的主题，并创造性地加入伴唱，使舞剧更具民族风格。

《东方红》

中国大型音乐舞蹈史诗/作者：魏巍、徐怀忠、郭小川、贺敬之、乔羽

这部史诗在周恩来总理的直接关心和指导下完成，组织了专业和业余文艺工作者三千多人参加演出。它概括了从中国共产党的诞生到中华人民共和国成立的斗争历程，体现出了中国人民在中国共产党的领导下不屈不挠、英勇顽强、艰苦奋斗的大无畏的革命精神，形象地表现出了秋收暴动，井冈山会师、二万五千里长征、抗日战争、解放战争等一系列可歌可泣的斗争历程。《东方红》包括朗诵、表演唱、歌舞、舞蹈等方面的综合艺术，集中体现了中国音乐、舞蹈的艺术成就，场面宏大，雄伟壮观，1964年10月为庆祝中华人民共和国建国15周年在北京首演。1965年北京电影制片厂、八一电影制片厂和中央新闻电影制片厂摄制成彩色宽银幕影片。

《红色娘子军》

编导：李承祥、王锡贤、蒋祖慧/作曲：吴祖强、杜鸣心、戴洪威、施万春、王燕樵/演员：白淑湘、钟润良、刘庆棠、王国华等

《红色娘子军》是中国第一部革命历史题材的芭蕾舞剧。编导运用芭蕾原有的

特点和技巧，与中国民族民间舞蹈相结合，并从部队生活和军事动作中提炼出新的舞蹈语汇，成功地塑造了吴琼花、洪常青等人物形象。该剧是中国芭蕾事业发展史上的里程碑。

《丝路花雨》

6 场民族舞剧/编剧：甘肃省歌舞团《丝路花雨》创作组，赵之洵执笔/编导：刘少雄、张强、朱江、许琪、晏建中/作曲：韩中才、呼延、焦凯/演员：贺燕云、张丽、傅春英、崔凤云、仲明华、李为民等

唐代丝绸之路上，画工神笔张救起波斯商人伊努思，却意外地丢失了女儿英娘，数年后伊努思仗义疏财，赎出已沦为歌舞伎的英娘，使父女得以团聚。莫高窟内，神笔张从英娘的舞姿中创作出“反弹琵琶伎乐天”。市曹要霸占英娘，英娘只好随父去往异国。伊努思奉命使唐，市曹唆使强人加害波斯商人，神笔张点燃烽火报警后被害。27 国交易会上，英娘化装献艺，揭露市曹等人的阴谋，消除了丝路之害。

科技篇

历代科技成就

天文历法

最早的历书——《夏小正》

《夏小正》是我国最早的记载物候的著作，也是中国现存最早的一部农事历书，对古代天象与先秦历法研究有相当重要的参考价值。

《夏小正》是我国现存最早的文献之一，也是现存采用夏时最早的历书。这部书文辞古朴简练，用字不多，但内容却相当丰富，它按一年十二个月分别记载了物候、气象、天象和重要的政事，特别是有关说明我国古代以农立国方面的政事。

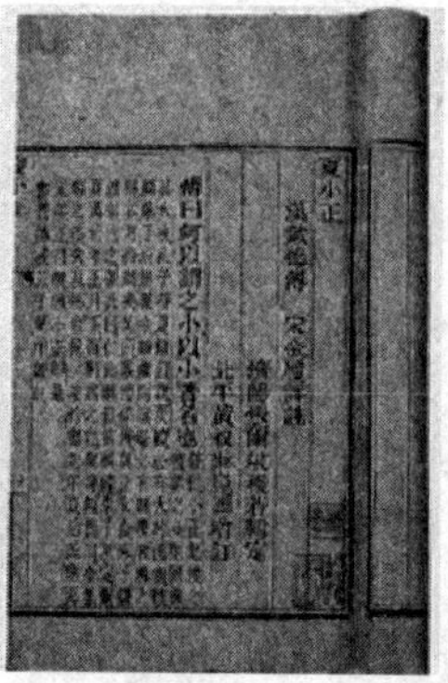
《夏小正》书影

书中反映当时的农业生产的内容包括谷物、纤维植物、染料、园艺作物的种植，蚕桑、畜牧和采集、渔猎。蚕桑和养马颇受重视；马的阉割，染料中的蓝，园艺作物芸、桃、杏等的栽培，均为首次见于记载。

《夏小正》最突出的部分是物候。由于农业生产上的需要，书中注意收集物候资料，并且按月记载下来，作为适时安排农业生产的依据。它主要是各月的物候和农事活动的记载，大多数是二字、三字或四字为一完整句子。其指时标志以动植物变化为主，用以指时的标准星象都是一些比较容易看到的亮星，如辰参、织女等。书中缺少十一月、十二月和二月的星象记载，还没有出现四季和节气的概念。《夏小正》记载的生产事项无一字提到“百工之事”，这是社会分工还不发达的反映。所有这些表明《夏小正》历法的原始和时代的古老。

《夏小正》的成稿年代争论很大，但一般认为最迟成书在春秋时期。隋代以前，它只是西汉戴德汇编的《大戴礼记》中的一篇。后来出现了单行本，在《隋书·经籍志》中第一次被单独著录。从北宋至清代，研究者有十余家。

相传夏禹曾“颁夏时于邦国”。《礼记·礼运》载:“孔子曰:我欲观夏道,是故之杞,而不足征也;吾得夏时焉。”郑玄笺:“得夏四时之书也,其书存者有《小正》。”《史记·夏本纪》也说:“太史公曰:孔子正夏时,学者多传《夏小正》云。”这些记载表明,《夏小正》在春秋时代以前已经出现,春秋时代的杞国还在使用它。

学者夏纬瑛、范楚玉认为,《夏小正》的经文成书年代可能是商代或商周之际,最迟也是春秋以前居住在淮海地区沿用夏时的杞人整理记录而成的。《夏小正》的内容则保留了许多夏代的东西,为我们研究中国上古的农业和农业科学技术提供了宝贵的资料。《夏小正》的《传》则是战国时期的人作的。关于《夏小正》所反映的地域,夏纬瑛认为,经文中有明显的反应淮海地区物候的记载,表明它是淮海地区的产物。对此观点其他学者也有不同意见。

现存最早最完整的历法——《太初历》

《太初历》的制定,是中国古代历法史上的一项伟大壮举,也是中国古代宇宙理论发展史上的巨大突破。《太初历》是中国第一部有完整文字记载的历法,也是当时世界上最先进的历法。

西汉初年,采用的历法是秦朝的《颛顼历》。但《颛顼历》有一定的误差,随着农业生产的发展,人们渐渐觉得这种历法与习惯通用的春夏秋冬不合。公元前104年(元封六年),汉武帝采纳司马迁等人的提议,下令改定历法。

公元前104年(元封七年)农历十一月初一恰好是甲子日,又恰交冬至节气,是一个千载难逢的好机会。五月,汉武帝命公孙卿、壶遂、司马迁等人议造汉历,并征募民间天文学家20余人参加,其中包括治历邓平、长乐司马可、酒泉郡侯宜君、方士唐都和巴郡落下闳等人。

落下闳青铜像

他们或作仪器进行实测,或进行推考计算,共提出了18种方案。对这18种改历方案,专家们进行了一番辩论、比较和实测检验,最后选定了邓平、落下闳提出的八十一分律历。把元封七年改为太初元年,并规定以十二月底为太初元年终,以后每年都从孟春正月开始,到季冬十二月年终。

这种历法叫《太初历》,是我国最早根据一定规制而颁行的历法。《太初历》规定一年等于365.2502日,一月等于29.53086日;将原来以十月为岁首改为以正月为岁首;开始采用有利于农时的二十四节气;

以没有中气的月份为闰月，调整了太阳周天与阴历纪月不相合的矛盾。这是我国历法上一个划时代的进步。

《太初历》不仅是我国第一部比较完整的历法，也是当时世界上最先进的历法，它问世以后，一共行用了189年。

汉代天文学家数学家——张衡

汉代是中国历史上科技与文化非常辉煌的一个时期，张衡就诞生在这个时代。他集文学家、天文学家、数学家、地震学家、制图学家、官员等多种头衔于一身，对中国古代天文学、机械技术、地震学的发展，贡献尤多。

张衡画像

张衡(78—139)，字平子，南阳西鄂(今河南南阳市石桥镇)人，汉代著名的天文学家、数学家。他出生在一个破落的官僚家庭，自小刻苦向学，很有文采。

94年，16岁的张衡就离开家乡到外地游学，进过当时的最高学府——太学。当时南阳郡太守鲍德非常钦佩张衡的才华，邀请他出任南阳郡主簿，帮助自己办理郡政。张衡辅佐鲍德治理南阳，政绩斐然。8年后鲍德调任京师，张衡即辞官居家。在南阳期间他致力于探讨天文、阴阳、历算等学问，并反复研究西汉扬雄著的《太玄经》。111年，张衡被征召进京，拜为郎中。

118年，张衡被任命为尚书郎。第二年，升为太史令。张衡在太史令这个职位上做了14年，他的许多重大的科学研究工作都是在这一阶段里完成的。133年，张衡升为侍中。但不久就受到宦官的排挤和中伤，三年之后，张衡被调到京外，任河间王刘政的丞相。但刘政是个骄横奢侈、不守中央法典的人。张衡到任后严整法纪，打击豪强，使得上下肃然。三年后，他向顺帝上书请求退休，但朝廷却征拜他为尚书。就在这一年(139年)他与世长辞。

张衡的一生在天文学、地震学、机械技术、数学乃至文学艺术等许多领域都做出了杰出的贡献，是一位不可多得的具有多方面才能的科学家。

发明浑天仪

浑天仪是张衡发明的一种演示天球星象运动的仪器。它的外部轮廓像一个圆球，这与张衡所主张的浑天说相吻合，因此命名为浑天仪。张衡的浑天仪，主体与今天的天球仪相仿，浑天仪的黄、赤道上都画上了二十四节气，浑天仪上还有日、月、五星。贯穿浑天仪的南、北极，有一根可转动的极轴。浑天仪转动时，球上星体有的露出地平环之上，就是星出；有的正过子午线，就是星中；而没入地平环之下的星就是星没。

最早测量地震的仪器——候风地动仪

东汉时期,我国各地地震灾害频发,引起地裂山崩、江河泛滥、房屋倒塌,造成了巨大的损失。为了掌握全国地震动态,经过长期的研究,张衡发明了世界上第一架地动仪——候风地动仪。

候风地功仪模型

东汉时期,经常发生地震。有时候一年一次,也有一年两次。发生了一次大地震,就影响到好几十个郡,城墙、房屋倒塌,还死伤了许多人畜。当时的封建帝王和一般人都把地震看作是不吉利的征兆,有的还趁机宣传迷信、欺骗人民。但是,张衡却不信神,不信邪,他对记录下来的地震现象经过细心的考察和反复试验,发明了一个测报地震的仪器,叫作"地动仪"。

地动仪用精铜制成,圆径八尺,合盖隆起,形似酒樽。表面作金黄色,上部铸有八条金龙,分别伏在东、西、南、北及东北、东南、西北、西南八个方向。龙倒伏,龙首向下,龙嘴各衔一颗小铜球,与地上仰蹲张嘴的蟾蜍相对。地动仪空腔中央立一根铜柱,上粗下细。铜柱周围有八根横杆,称为"八道",各与一龙头相连。铜柱是震摆装置,八道用来控制和传导铜柱运动的方向。在地动仪受到地震波冲击时,铜柱就倒向发生地震的方向,推动同一方向的横杆和龙头,使龙嘴张开,铜球下落到蟾蜍嘴中,并发出响声,以提示人们注意发生了地震及地震的时间和方向。

一颗珠子放在平台上,如果将哪方稍微往下一按,珠子就向哪方滚动。又如我们点亮一支蜡烛,将它放在一张不平的桌子上,它总会向低的一方倒。地动仪就是根据这些简单的原理设计的。地动可以传到很远的地方,只不过太远了人就感觉不到了,但地动仪能准确地测到。

帕米里地动仪

138 年 2 月的一天,张衡的地动仪正对西方的龙嘴突然张开来,吐出了铜球。按照张衡的设计,这就是报告西部发生了地震。可是,那一天洛阳一点也没有地震的迹象,也没有听说附近有哪儿发生了地震。因此,大伙儿议论纷纷,都说张衡的地动仪是骗人的玩意儿,甚至有人说他有意造谣生事。过了几天,有人骑着快马来向朝廷报告,离洛阳一千多里的金城、陇西一带发生了大地震,连山都有崩塌下来的。陇西距洛阳有一千多里,地动仪标示无误,说明它的测震灵敏度是比较高的。同时张衡对地震波的传播和方向性也有一定了解,这些成就在当时来说是十分了不起的,而欧洲直到 1880 年,才制成与地动仪类似的仪器,比起张衡的发明足足晚了 1700 多年。

自动化的天文台——水运仪象台

苏颂发明的水运仪象台是我国古代的一种综合性观测仪器,它集观测天象的浑仪、演示天象的浑象、计量时间的漏刻和报告时刻的机械装置于一体,充分体现了我国古代人民的聪明才智和富于创造的精神,是一部自动化的天文台。

苏颂

苏颂(1020—1101),字子容,厦门同安人,北宋天文学家、药物学家。

苏颂出生在一个书香仕宦之家,他的祖父、伯父、堂叔、兄长都是宋朝的进士,他的父亲苏绅担任过大理寺丞、尚书员外郎、直史馆、翰林学士等官职。在如此的家庭环境下,苏颂自幼便勤奋好学、博览群书,22 岁那年便与王安石同榜考中进士。从那时开始,苏颂步入仕途,从地方到中央,担任了一系列重要的官职,最后位及宰相,为官 50 多年,政绩颇丰。

实际上,苏颂在处理宋朝政府事务时,已经显示出作为一个科学家严谨治学的行事风格。苏颂曾在宋朝的文史馆和集贤院任职九年。工作的便利,让他每天能接触到皇家收藏的许多重要典籍和资料,其中有不少是稀世珍本。苏颂对这些资料很感兴趣,每天背诵两千字文章,回家后再将它默写记录保存下来。经过长期的积累,苏颂的学识变得更加渊博。在这九年里,苏颂还与掌禹锡、林亿等编辑补注了《惠佑补注神农本草》,校正出版了《急备千金方》等书。又主持编著了《本草图经》21 卷。明代著名医学家李时珍对《本草图经》的科学价值亦予以极高的评价。

苏颂一生标志性的贡献,在于他制成了水运仪象台。1085 年(元丰八年),苏颂组织了一批科学家,并运用自己丰富的天文、数学、机械学知识开始设计制作水运仪象台,历时 3 年终于告成。仪象台以水力运转,集天象观察、演示和报时三种功能于一体,是世界上最早的天文钟。其后,苏颂又写了《新仪象法要》3 卷,详细介绍了水运仪象台的设计及使用方法。

根据《新仪象法要》记载,水运仪象台是一座底为正方形、下宽上窄略有收分的木结构建筑,高大约有十二米,底宽大约有七米,共分为三层。上层是一个露天的平台,设有浑仪一座,用龙柱支持,下面有水槽以定水平。浑仪上面覆盖有遮蔽日晒雨淋的木板屋顶,为了便于观测,屋顶可以随意开闭,构思比较巧妙。露台到仪象台的台基有七米多高。中层是一间没有窗户的“密室”，里面放置浑象。天球的一半隐没在“地平”之下，另一半露在“地平”的上面，靠机轮带动旋转，一昼夜转动一圈，真实地再现了星辰的起落等天象的变化。下层包括报时装置和全台的动力机构等。设有向南打开的大门，门里装置有五层木阁，木阁后面是机械传动系统。

水运仪象台

水运仪象台的构思广泛吸收了以前各家仪器的优点，尤其是吸取了北宋初年天文学家张思训所改进的自动报时装置的长处；在机械结构方面，采用了民间使用的水车、筒车、桔槔、凸轮和天平秤杆等机械原理，把观测、演示和报时设备集中起来，组成了一个整体，成为一部自动化的天文台。

因此，英国科学家李约瑟等人认为水运仪象台“可能是欧洲中世纪天文钟的直接祖先”，并称赞苏颂是中国古代甚至是中世纪世界范围内最伟大的博物学家和科学家之一。

郭守敬的成就——仰仪和《授时历》

郭守敬是元代著名的天文学家、数学家、水利专家和仪器制造专家。他与王恂、许衡等人共同编制出中国古代最先进、施行最久的历法《授时历》。为了编历，他创制和改进了简仪、高表、候极仪、浑天象、玲珑仪、仰仪、立运仪、证理仪、景符、窥几、日月食仪以及星晷定时仪 12 种天文仪器仪表，为中国天文学的发展做出了不可磨灭的贡献。

郭守敬（123l—1316），字若思，顺德邢台（今河北邢台）人。我国元代著名的天文学家、数学家、水利专家和仪器制造专家。

郭守敬的祖父郭荣是金元之际一位颇有名望的学者，他精通五经，熟知天文、算学，擅长水利技术。郭守敬就是在祖父的教养下成长起来的。祖父一面教郭守敬读书，一面领着他去观察自然现象，体验实际生活。郭守敬自小就喜欢自己动手制作各种器具，在十五六岁的时候就显露出了科学才能。

修水利显身手

1264 年，郭守敬在老师张文谦的带领下赴西夏兴修水利。那时，西夏沿着黄河两岸已经修筑了不少水渠,但在成吉思汗征服西夏的时候,大部分的水闸水坝都遭到了破坏,渠道也都填塞了。郭守敬到了那里,立即着手整顿。有的地方疏通旧渠,有的地方开辟新渠,又重新修建起许多水闸、水坝。在郭守敬的带领下,百姓一起动手,这些工程竟然在几个月之内就完工了。郭守敬充分展示了自己在水利工程方面的卓越才干,回到上都后就被任命为都水少监。

郭守敬

发明仰仪

仰仪是郭守敬的独创,这件仪器是一个铜制的中空半球面,形状像一口仰天放着的锅,所以命名为"仰仪"。半球的口上刻着东西南北的方向,用一纵一横的两根竿子架着一块小板,板上开一个小孔,孔的位置正好在半球面的球心上。太阳光通过小孔,在球面上投下一个圆形的象,映照在所刻的线格网上,立刻可读出太阳在天球上的位置。人们可以避免用眼睛逼视那光度极强的太阳本身,就看明白太阳的位置,这是很巧妙的。更妙的是,在发生日食时,仰仪面上的日象也相应地发生亏缺现象。这样,从仰仪上可以直接观测出日食的方向,亏缺部分的多少,以及发生各种食象的时刻等等。

简仪

修订《授时历》

1276年,元朝政府决定改订旧历,颁行元朝自己的历法,下令组织历局,调动了全国各地的天文学者,另修新历。应老同学王恂的邀请,郭守敬参加了新历的修订工作,他奉命制造仪器,进行实际观测。

为了修订新历，郭守敬共设计和监制了简仪、高表、候极仪、浑天象、玲珑仪、仰仪、立运仪、证理仪、景符、窥几、日月食仪、星晷定时仪等12种天文仪器，这些仪器设备推动了郭守敬的科学研究工作，也为我国天文事业的发展做出了巨大的贡献。

经过王恂、郭守敬等人的集体努力，到1280年春天，一部新的历法终于宣告完成了，元世祖将它命名为《授时历》。同年冬天，正式颁发了根据《授时历》推算出来的下一年的日历。

《授时历》是中国古代最先进、施行最久的一部精良历法。它采用至元十七年(1279年)的冬至时刻作为计算的出发点，以至元十八年(1280年)为"元"，即开始之年。所用的数据，个位数以下一律以100为进位单位，即用百进位式的小数制，取消日法的分数表达式。它以365.2425天为一年，比地球绕太阳一周的实际时间只差二十六秒，与现在国际上通行的格里历的周期相同，但是格里历比《授时历》晚了整整三百年。

《授时历》这部优秀的新历法，节气的推算比较准确，对农业生产的帮助很大，在中国实际行用了364年，并且还传到朝鲜、日本和越南等国家。元代科学家郭守敬在天文、水利、测绘、仪器制造等方面成就辉煌，有多项发明遥遥走在世界的前端。郭守敬以毕生精力从事科学活动，服务社会，恢复经济，发展经济，造福民众，以至于在元朝当代就有人赞叹"天佑我元，似此人世岂易得，呜呼，其可谓度越千古矣"。他的科学思想与科学思维方式是我国宝贵的历史文化财富。

明清之际的民间天文学家——王锡阐

王锡阐是我国著名的民间天文学家，他在吸收欧洲天文学优点的基础上，发展了中国天文学，曾独立发明计算金星、水星凌日的方法，并提出精确计算日月食的方法。王锡阐所著《晓庵新法》《历说》和《五星行度解》等，为中国近代天文学和数学的发展做出了卓著贡献。

王锡阐

王锡阐(1628—1682)，字寅旭，号晓庵，江苏吴江人，我国明清之际的民间天文学家。王锡阐与天文数学家梅文鼎同时而又齐名，王锡阐号晓庵，梅文鼎号勿庵，遂被后人并称为"二庵"。两人都娴于天文历算，然而王锡阐精核，梅文鼎博大，各造其极，不分高下。

1644年，李自成的农民起义军进入北京，明朝覆亡；随即清军入关南下，弘光小朝廷覆灭。在急风暴雨的时代大变迁中，由于难以忍受"留发不留头，留头不留发"的民族高压政策，江南各地纷纷起兵抗清。

王锡阐当时年仅十七岁，却具有强烈的民族自尊，为了表示忠于明朝，他奋身投河自尽，但是意外地被人救了起来。此后，王锡阐放弃了科举考试之路，他隐居在乡间，以教书为业，致力于学术研究，甘心做一个故国遗民而终其一生。

王锡阐性格孤僻，对于天文历算特别爱好，在参加惊隐诗社活动和写作《明史记》的同时，一直不停地进行天文研究。王锡阐热衷于实际测算，每当遇到天色晴朗，他就爬到屋顶上，仰卧着观察天空中的星象，整夜不睡觉。然后他对历算书籍进行精心研究，验证实际测算的结果。经过长期的实际测算，王锡阐对于中、西历法有了相当深度的了解，他曾作《西历启蒙》和《大统历法启蒙》来讨论中、西历法的优劣。王锡阐基于一贯倡导的探求数理之本的主张，在当时作的《历说》《晓庵新法序》以及以后的著作中，对中、西历法的交食、回归年、刻度划分、节气闰法、行星理论等主要问题作了评论。

王锡阐生活在耶稣会士东来，欧洲天文数学知识开始传入中国的时期。这些天文方法有较高的精确度，其中运用了对中国来说还是全新的三角几何学知识、明确的地球观及度量概念，因而产生了巨大影响。对于应否接受欧洲天文学，当时中国学者有三种不同态度：一种是顽固拒绝，一种是盲目吸收，只有他能持批判吸收的态度。他从当时集欧洲天文学大成的《崇祯历书》入手，对其前后矛盾、互相抵触之处予以揭露，对其不足之处予以批评，进而在吸收欧洲天文学优点的基础上，发展了中国天文学。他在对中西历法有了较深了解的基础上，兼采中西，参与己意，写成《晓庵新法》和《五星行度解》。

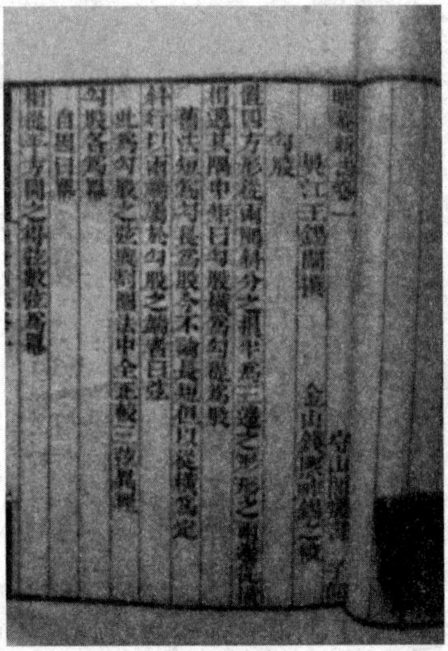

《晓庵新法》书影

《晓庵新法》共六卷，运用刚传到中国的球面三角学，首创准确计算日月食的初亏和复圆方位的演算法，以及金星、水星凌日和五星凌犯的演算法，后来都被清政府编入《历象考成》，成为编算历法的重要手段。

《五星行度解》是在第谷体系的基础上建立的一套行星运动理论。第谷为丹麦天文学家，曾提出一种介乎托勒密的地心体系和哥白尼的“日心体系”之间的宇宙体系。王锡阐认为五大行星皆绕太阳运行，土星、木星、火星在自己的轨道上左旋，金星、水星在自己的轨道上右旋，各有各的平均行度；太阳在自己的轨道上绕地球运行，这轨道在恒星天上的投影即为黄道。他据此推导出一组公式，能预告行星的位置，这种探讨使他成为中国较早注意引力现象的学者之一。

数学成就

数学史上的伟大创造——算筹

算筹是中国古代的计算工具,它是世界数学史上的一个伟大创造。算筹记数法十分明确地体现了十进位值记数法,以其为基础发展出一整套筹算算法,开成了中国传统数学的独特风格,取得了许多辉煌的数学成就。

西安出土的西汉金属算筹

根据史书的记载和考古材料的发现,古代的算筹是一根根同样长短和粗细的小棍子,一般长为13—14cm,径粗0.2—0.3cm,多用竹子制成,也有用木头、兽骨、象牙、金属等材料制成的,大约270多枚为一束,放在一个布袋里,系在腰部随身携带。需要计数和计算的时候,就把它们取出来,放在桌上、炕上或地上都能摆弄。别看这些都是一根根不起眼的小棍子,在中国数学史上它们却是立有大功的。而它们的发明,也同样经历了一个漫长的历史发展过程。

古时候,有一个卖米商人去城里运货。天刚蒙蒙亮,人们都还在睡觉,他就急匆匆地出发了。走着走着,就到中午了,商人坐下来,休息了一会儿。这时,他忽然想起了一个问题,他的马车最多能运七十五袋米,现在马车上已经有三十四袋米了,最多还能运几袋米呢?商人想来想去,都不知道该运多少。

这时,有两根树枝从树上掉了下来,让商人有了一点启发:用五根树枝表示五袋米,在用七根稍长一点的树枝表示七十袋,并在下面摆三根大的树枝,四根小的树枝,再从五根树枝中拿出四根,七根树枝中拿出三根,就是四十一了!原来最多能运四十一袋。商人知道了最多能运几袋,坐起身来,骑上马,继续向县城行驶。

这就是有关算筹发明的故事。在算筹计数法中,以纵横两种排列方式来表示单位数目的,其中1—5均分别以纵横方式排列相应数目的算筹来表示,6—9则以上面的算筹再加下面相应的算筹来表示。表示多位数时,个位用纵式,十位用横式,百位用纵式,千位用横式,以此类推,遇零则置空。

为什么又要有纵式和横式两种不同的摆法呢?这就是因为十进位制的需要

了。所谓十进位制,又称十进位值制,包含有两方面的含义。其一是“十进制”,即每满十数进一个单位,十个一进为十,十个十进为百,十个百进为千……其二是“位值制”,即每个数码所表示的数值,不仅取决于这个数码本身,而且取决于它在记数中所处的位置。如同样是一个数码“2”,放在个位上表示2,放在十位上就表示20,放在百位上就表示200,放在千位上就表示2000了。在我国商代的文字记数系统中,就已经有了十进位值制的萌芽,到了算筹记数和运算时,就更是标准的十进位值制了。

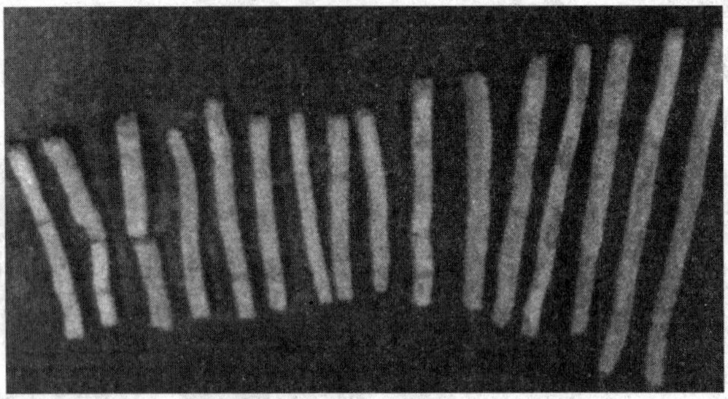

陕西千阳县出土的西汉骨算筹

中国古代十进位制的算筹记数法在世界数学史上是一个伟大的创造,与世界其他古老民族的记数法相比较,其优越性是显而易见的。古罗马的数字系统没有位值制,只有七个基本符号,如要记稍大一点的数目就相当繁难。古美洲玛雅人虽然懂得位值制,但用的是20进位;古巴比伦人也知道位值制,但用的是60进位。20进位至少需要19个数码,60进位则需要59个数码,这就使记数和运算变得十分繁复,远不如只用9个数码便可表示任意自然数的十进位制来得简捷方便。

中国古代数学之所以在计算方面取得许多卓越的成就,在一定程度上应该归功于这一符合十进位制的算筹记数法。马克思在他的《数学手稿》一书中称十进位记数法为“最妙的发明之一”,确实是一点也不过分的。

世界上第一个最精密的圆周率

祖冲之不但精通天文、历法,他在数学方面的贡献,特别对“圆周率”研究的杰出成就,更是超越前代。祖冲之算出的圆周率精确到小数点以后7位,成为当时最先进的成就,他创造的世界纪录到15世纪才由阿拉伯数学家卡西打破。

求算圆周率的值是数学中一个非常重要也是非常困难的研究课题。中国古代许多数学家都致力于圆周率的计算,而公元5世纪祖冲之所取得的成就可以说是圆周率计算的一个跃进。要做出这样精密的计算,是一项极为细致而艰巨的脑力劳动,祖冲之为此付出了艰苦卓绝的努力。

有一天,祖冲之正在翻阅刘徽给《九章算术》做的注解,他被刘徽用高度的抽象概括力建立的“割圆术”与极限观念所折服，不禁拍案叫绝。连连称赞：“真了不起！真了不起！”在一边专心致志看书的儿子祖暅被这突如其来的声音所震动，忙问：“父亲，谁了不起了？”“我说刘徽了不起。”祖冲之的眼睛仍然停留在竹简上。“刘徽是谁？”当时只有十一、二岁的祖暅还不知道刘徽是个什么样的人。“三国时代的科学家。”“他有什么地方了不起呢？”“他用极限观念建立了割圆术。”“割圆术？”祖暅茫茫然地望着父亲。

“你看！”祖冲之指着手中拿着的竹简，滔滔不绝的给儿子讲着。“刘徽提出：在圆内做一个正六边形，每边和半径相等。然后把六边所对的六段弧线一一平分。做出一个正十二边形。这个十二边形的边长总加起来比六边形的边长的总和要大，比较接近圆周，但仍比圆周短。刘徽认为，用同样方法，做出二十四边形。那周长总和又增加了，又接近圆周了。这样一直把圆周分割下去，割得越细，和圆周相差越少，割而又割，直到不可再割的时候，这个无限边形就和圆周密合为一，完全相等了。刘徽用割圆术计算了六边、十二边、二十四边、四十八边，一直计算到九十六边形的边长之和，得出圆周是直径的3.14。”

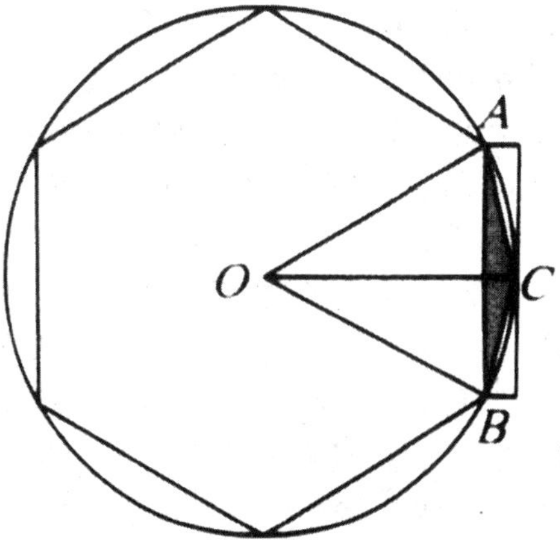

割圆术示意图

祖冲之把刘徽计算圆周率的“割圆术”讲给儿子听，祖暅虽然似懂非懂，但也引起了他无限的兴趣。“刘徽真了不起！真行！”祖冲之听着孩子的话，沉思片刻说：“我告诉你吧，刘徽算出的圆周率，其实他自己也不满意。他声明：实际的圆周率应该比3.14稍大。如果他继续‘割了又割’地割下去。就会算得更精确。”“那我们来继续‘割而又割’，行吗？”祖暅问了一句。“行呀，我们可以算出更精确的圆周率！这就需要我们付出更为艰巨的劳动！”

这一夜，父子俩久久未能入睡。枯燥无味的数学却引来了儿子无限的兴趣，丰富的幻想；祖冲之则盘算着如何去消化前人的成果，开拓数学研究的新路。

461年，祖冲之被派在刘子鸾手下做一个小官。他始终没放松对科学技术的钻研，每天早上都得进宫办事，下午一回来，就一头钻进了他的书房，有时甚至忘了吃晚饭，忘了休息。年幼的儿子，被他父亲的这种孜孜不倦，废寝忘食的刻苦攻关精神所感动。

一天，祖冲之早上进宫办完杂事，就匆匆赶回了家，在书房的地板上画了一个直径一丈的大圆，运用“割圆术”的计算方法，在圆内先做了一个正六边形。他们的工作就这样开始了。日复一日，不论是酷暑，还是严寒，从不间断地辛勤地计算着……

祖冲之为了求出最精密的圆周率,对九位数进行包括加减乘除及开方等运算一百三十次以上。这样艰巨复杂的计算,在当时没有算盘,只靠一些被称作"算筹"的小竹棍,摆成纵横不同的形状,用来表示各种数目,然后进行计算,这不仅需要掌握纯熟的理论和技巧,更需具备踏踏实实、一丝不苟的严谨态度,不惜付出艰巨的劳动代价,才能取得杰出的成就。经过艰苦的计算,祖冲之终于得出较精确的圆周如直径为1,圆周大于3.1415926,小于3.1415927。

祖冲之经过刻苦钻研,继承和发展了前辈科学家的优秀成果。祖冲之求出的圆周率,精确到小数点后七位,这在当时全世界上只有他一人。祖冲之对圆周率数值的精确推算值,用他的名字命名为"祖冲之圆周率",简称"祖率"。

南宋杰出的数学家——杨辉

杨辉是世界上第一个排出丰富的纵横图和讨论其构成规律的数学家,他给出的纵横图的编造方法,打破了幻方的神秘性,也是世界上对幻方最早的系统研究和记录。杨辉的数学成就极大地丰富了我国古代数学宝库,为数学科学的发展做出了卓越的贡献,不愧为"宋元四大家"之一。

杨辉

杨辉,生卒年不详,字谦光,浙江钱塘(今杭州)人,南宋时期杰出的数学家和数学教育家。杨辉担任过南宋地方行政官员,为政清廉,足迹遍及苏杭一带,杨辉一生留下了大量的著述,它们是:《详解九章算法》12卷、《日用算法》2卷、《乘除通变本末》3卷、《田亩比类乘除捷法》2卷、《续古摘奇算法》2卷,其中后三种为杨辉后期所著,一般称之为《杨辉算法》。杨辉的数学研究与教育工作的重点是在计算技术方面,他对筹算乘除捷算法进行总结和发展,有的还编成了歌诀,如九归口决。

杨辉一生最杰出的成就是排出了丰富的纵横图并讨论了它的构成规律。说起杨辉的这一成就,还得从偶然的一件小事说起。

一天,台州府的地方官杨辉出外巡游,路上,前面铜锣开道,后面衙役殿后,中间,大轿抬起,好不威风。走着走着,只见开道的镗锣停了下来,前面传来孩童的大声喊叫声,接着是衙役恶狠狠的训斥声。杨辉忙问怎么回事,差人来报:"孩童不让过,说等他把题目算完后才让走,要不就绕道。"

杨辉一看来了兴趣,连忙下轿抬步,来到前面。衙役急忙说:"是不是把这孩童哄走?"

杨辉摸着孩童头说:"为何不让本官从此处经过?"

孩童答道:“不是不让经过,我是怕你们把我的算式踩掉,我又想不起来了。”

“什么算式?”

“就是把 1 到 9 的数字分三行排列,不论直着加,横着加,还是斜着加,结果都是等于 15。我们先生让下午一定要把这道题做好,我正算到关键之处。”

杨辉连忙蹲下身,仔细地看那孩童的算式,觉得这个数字,从哪见过,仔细一想,原来是西汉学者戴德编纂的《大戴礼记》中提及的。杨辉和孩童俩人连忙一起算了起来,直到天已过午,俩人才舒了一口气,结果出来了,他们又验算了一下,结果全是 15,这才站了起来。

华罗庚著《从杨辉三角谈起》书影

杨辉回到家中,反复琢磨,一有空闲就在桌上摆弄着这些数字,终于发现一条规律。一开始将九个数字从大到小斜排三行,然后将 9 和 1 对换,左边 7 和右边 3 对换,最后将位于四角的 4、2、6、8 分别向外移动,排成纵横三行,就构成了九宫图。后来,杨辉又将散见于前人著作和流传于民间的有关这类问题加以整理,得到了“五五图”“六六图”“衍数图”“易数图”“九九图”“百子图”等许多类似的图。杨辉把这些图总称为纵横图,并于 1275 年写进自己的数学著作《续古摘奇算法》一书中,流传后世。他是世界上第一个给出了如此丰富的纵横图和讨论了其构成规律的数学家。

杨辉不仅是一位著述甚丰的数学家,而且还是一位杰出的数学教育家。他一生致力于数学教育和数学普及,其著述有很多是为了数学教育和普及而写。《算法通变本末》中载有杨辉专门为初学者制订的“习算纲目”,它集中体现了杨辉的数学教育思想和方法。

近代数学教育的鼻祖——李善兰

李善兰是将解析几何、微积分、哥白尼日心说、牛顿力学、近代植物学传入中国的第一人,为近代科学在中国的传播和发展做出了开创性的贡献。在任北京同文馆天文算学总教习期间,审定了《同文馆算学课艺》《同文馆珠算金鍼》等数学教材,培养了一大批数学人才,是中国近代数学教育的鼻祖。

李善兰(1811—1882),字壬叔,号秋纫,又名心兰,清代浙江海宁硖石镇人,我国清代数学家、天文学家、力学家、植物学家,曾任户部郎中、广东司行走、总理各国事务衙门章京等职。李善兰出身于书香世家，自幼就读于私塾，受到了良好的家庭教育。他资禀颖异，勤奋好学，于所读之诗书，过目即能成诵。9 岁时，李善兰发现父亲的书架上有一本中国古代数学名著《九章算术》，感到十分新奇有趣，从此迷上了数学。

14 岁时，李善兰又靠自学读懂了欧几里得《几何原本》前六卷，这是明末徐光启与意大利传教士利玛窦合译的古希腊数学名著。欧氏几何严密的逻辑体系，清晰的数学推理，与偏重实用解法和计算技巧的中国古代传统数学思路迥异。李善兰在《九章算术》的基础上，又吸取了《几何原本》的新思想，这使他的数学造诣日趋精深。

几年后，作为州县的生员，李善兰到省府杭州参加乡试。因为他“于辞章训诂之学，虽皆涉猎，然好之总不及算学，故于算学用心极深”，结果八股文章做得不好，落第。但他却毫不介意，而是利用在杭州的机会，留意搜寻各种数学书籍，买回了

李善兰在同文馆与他的学生们合影

李冶的《测圆海镜》和戴震的《勾股割圆记》，仔细研读，使他的数学水平有了更大提高。1845 年前后就发表了具有解析几何思想和微积分方法的数学研究成果——“尖锥术”。

咸丰二年（1852 年），李善兰到上海，参加墨海书馆的编辑工作，与英国人伟烈亚力、艾约瑟等交游，共同研讨科学问题，并与伟烈亚力一起翻译了欧几里得《几何原本》后七卷。同时又与艾约瑟合作，翻译英国力学家胡威立的《重学》。李善兰的翻译工作是有独创性的，他创译了许多科学名词，如“代数”“函数”“方程式”“微分”“积分”“级数”“植物”“细胞”等，匠心独运，切贴恰当，不仅在中国流传，而且

东渡日本,沿用至今。

继梅文鼎之后,李善兰成为清代数学史上的又一杰出代表。他一生翻译西方科技书籍甚多,将近代科学最主要的几门知识从天文学到植物细胞学的最新成果介绍传入中国,对促进近代科学的发展做出卓越贡献。

1868 年,李善兰被推荐到北京同文馆任天文算学总教习,从事数学教育十余年,其间审定了《同文馆算学课艺》《同文馆珠算金鍼》等数学教材,培养了一大批数学人才,是中国近代数学教育的鼻祖。

世界著名的数学家——华罗庚

华罗庚是世界著名的数学家,他是中国解析数论、典型群、矩阵几何学、自守函数论与多复变函数论等很多方面研究的创始人与开拓者,为中国数学的发展做出了举世瞩目的贡献,被誉为“人民科学家”。

华罗庚(1910—1985 年),江苏金坛人,中国杰出的数学科学家。华罗庚出生于一个小商人家庭,他 12 岁从县城仁劬小学毕业后,进入金坛市立初级中学学习。

1925 年,华罗庚初中毕业,因家境贫寒,无力进入高中学习,只好到黄炎培在上海创办的中华职业学校学习会计。不到一年,由于生活费用昂贵,华罗庚被迫中途辍学,回到金坛帮助父亲经营一间杂货铺。在单调的站柜台生活中,他一面帮助父亲干活、记账,一面继续钻研数学。有时入了迷,他竟忘了接待顾客,甚至把算题结果当作顾客应付的货款。因为经常发生类似的事情,时间久了,街坊邻居都传为笑谈,大家给他起了个绰号,叫“罗呆子”。每逢遇到怠慢顾客的事情发生,父亲就说他念“天书”念呆了,要强行把书烧掉。争执发生时,华罗庚总是死死地抱着书不放。当时,他的数学书仅有一本《代数》、一本《几何》和一本缺页的《微积分》。

有志者事竟成。1930 年春,华罗庚的论文《苏家驹之代数的五次方程式解法不能成立的理由》在上海《科学》杂志上发表,得到了清华大学数学系主任熊庆来教授的高度赞扬,华罗庚也因此获得了在清华学习的机会并被派往英国剑桥大学留学。

新中国成立后,华罗庚回到了清华大学,担任数学系主任,在数学领域取得了辉煌的成就。他的论文《典型域上的多元复变函数论》于 1957 年 1 月获国家发明一等奖,并先后出版了中、俄、英文版;1957 年出版《数论导引》;1959 年首先用德文出版了《指数和的估计及其在数论中的应用》,又先后出版了俄文版和中文版;1963 年他和他的学生万哲先合写的《典型群》一书出版。他还写了一系列数学通俗读物,在青少年中影响极大。他主张在科学研究中要培养学术空气,开展学术讨论。他发起创建了我国的计算机技术研究所,也是我国最早主张研制电子计算机的科学家之一。

1958 年,华罗庚被任命为中国科技大学副校长兼应用数学系主任。在继续从事数学理论研究的同时,他努力尝试寻找一条数学和工农业实践相结合的道路。他发现数学中的统筹法和优选法是在工农业生产中能够比较普遍应用的方法,可以提高工作效率,改变工作管理面貌。于是,他一面在科技大学讲课,一面带领学生到工农业实践中去推广优选法、统筹法,取得了很大的经济效益和社会效益。

华罗庚一生在数学上的成就是巨大的,他在数论、矩阵几何学、典型群、自守函数论、多个复变函数论、偏微分方程及高维数值积分等很多领域都做出了卓越的贡献。他之所以有这样大的成就,主要在于他有一颗赤诚的爱国报国之心和坚忍不拔的创新精神。正因为如此,他才能够毅然放弃美国终身教授的优厚待遇,迎接新中国的黎明;他才能够顶住非议和打击,奋发有为,成为蜚声中外的杰出科学家。

当代杰出的数学科学家——陈景润

陈景润是我国当代杰出的数学科学家,他打开了两百多年来一直无人能够打开的"哥德巴赫猜想"的奥秘之门,被称为攻克"哥德巴赫猜想"的第一人,受到世界数学界的高度重视和称赞,是中国人民的骄傲。

陈景润

陈景润(1933—1996),福建省闽侯人,世界著名数学家。陈景润自幼家境贫寒,学习刻苦,他在小学读书时,就对数学情有独钟。一有时间就演算习题,在学校里成了个"小数学迷"。

陈景润在福州英华中学读书时,有幸聆听了清华大学调来的一名很有学问的数学教师沈元讲课。他给同学们讲了一道世界数学难题:"大约在200年前,一位名叫哥德巴赫的德国数学家提出'任何一个偶数均可表示为两个素数之和',简称1+1。他一生也没证明出来,便给俄国圣彼得堡的数学家欧拉写信,请他帮助证明这道难题。欧拉接到信后,就着手计算。他费尽了脑筋,直到离开人世,也没有证明出来。之后,哥德巴赫带着一生的遗憾也离开了人世,却留下了这道数学难题。200多年来,这个哥德巴赫猜想之谜吸引了众多的数学家,从而使它成为世界数学界一大悬案。"老师讲到这里还打了一个有趣的比喻,数学是自然科学的皇后,"哥德巴赫猜想"则是皇后王冠上的明珠!这则引人入胜的故事给陈景润留下了深刻的印象,"哥德巴赫猜想"像磁石一般吸引着陈景润。从此,陈景润开始了摘取数学"王冠上的明珠"的艰辛历程。

1953 年,陈景润毕业于厦门大学数学系,留校当了一名图书馆的资料员,除整理图书资料外,还担负着为数学系学生批改作业的工作。尽管工作繁忙,他仍然坚持不懈地钻研数学科学。陈景润对数学论有浓厚的兴趣,利用一切可以利用的时间系统地阅读了数学家华罗庚的专著。陈景润为了能直接阅读外国资料,掌握最新信息,在学习英语的同时又攻读了俄语、德语、法语、日语、意大利语和西班牙语。学习这些外语对一个数学家来说已是一个惊人突破,但对陈景润来说只是万里长征迈出的第一步。

为了使自己梦想成真,陈景润不管是酷暑还是严冬,在那不足 6 平方米的斗室里,食不知味,夜不能眠,潜心钻研,光是计算的草纸就足足装了几麻袋。1957 年,陈景润被调到中国科学院数学研究所工作,他更加刻苦钻研。经过 10 多年的推算,1966 年 5 月陈景润发表了《大偶数为一个素数及一个不超过两个素数的乘积之和》(简称"1+2")。论文的发表,受到世界数学界和国际知名数学家的高度重视和称赞,成为哥德巴赫猜想研究上的里程碑。陈景润也因此被称为"攻克'哥德巴赫猜想'的第一人",英国数学家哈伯斯坦和德国数学家黎希特把陈景润的论文写进数学书中,称为"陈氏定理"。

此外,陈景润曾任中国科学院数学研究所研究员、所学术委员会委员兼贵阳民族学院、河南大学、青岛大学、华中科技大学、福建师范大学等校教授,国家科委数学学科组成员,《数学季刊》主编等职。共发表研究论文 70 余篇,并有《数学趣味谈》《组合数学》等著作。

2009 年 9 月 14 日,他被评为 100 位新中国成立以来感动中国人物之一。

物理化学

光影迷离的魔镜——透光镜

透光镜是西汉中晚期制作的具有特殊效果的铜镜。透光镜的发明,是我国古代物理学方面的伟大成就,反映了两千年前我国劳动人民的智慧。

透光镜是西汉时出现的一种独特的神奇铜镜,镜的外形与一般青铜镜无异,但当光线照射镜面时,会显现出镜子背面的花纹,仿佛光从镜子背后透出一样,由此被称为"透光镜"。隋唐之际王度的《古镜记》、宋周密的《云烟过眼录》等,都有关手透光镜的记载。明明是一面没有镂空,不透明的铜镜,为什么能透光呢?

为了研究铜镜透光的原理,历代学者对"透光镜"投入了极大的关注。宋代科学家沈括对"透光镜"进行了深入的考察,指出透光镜之所以可以透光,关键原因在于"文虽在背,而鉴面隐然有迹",这个解释是十分正确的。因为镜背面有花纹,致使镜面也呈现出相对应的微观曲率,肉眼虽然容易觉察,但当镜子反射光线时,由于长光程放大效应,就能在屏上反映出来。清代的物理学家郑复光对透光镜的原理进行了进一步的说明,他还利用水面纹波的道理对透光镜进行了生动的解释,平静的水面所反射的光线,投到墙壁上,也能看到有点动荡,这就是因为水面实际上有微小的起伏的波纹,和透光镜的原理是一样的。

1975 年,复旦大学光学系和上海博物馆的研究人员还用实验证明了沈括的解释的正确性。他们用淬火冷缩法仿制了一面透光镜,效果和古镜一样。上海交通大学铸工教研组的研究认为:铜镜在铸造过程中,镜背的花纹凹凸处凝固收缩,产生铸造应力;研磨时又产生压应力,因而形成弹性形变。研磨到一定程度时,这些因素叠加地发生作用,使镜面产生与镜背花纹相应而肉眼不易觉察的曲率,引起

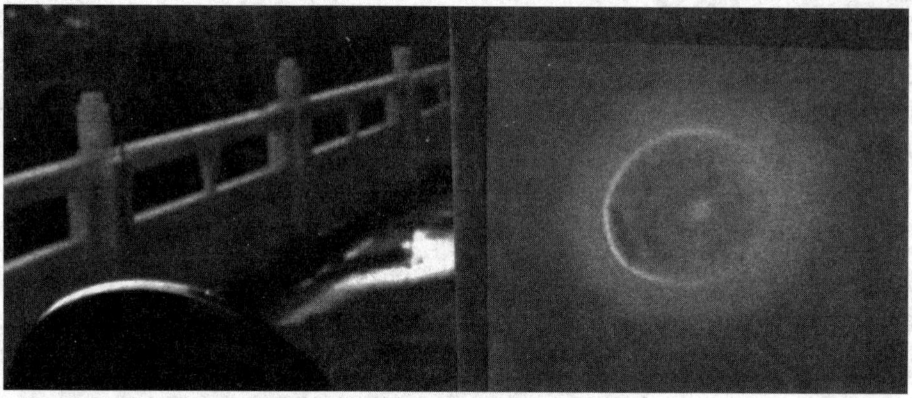

现代仿制透光镜

“透光”效应。因此这种镜子的效应实际不是透光而是映象。

在河北省衡水市饶阳县五公镇,村民李兰捆,凭着一本《中国古代冶金简史》,经过无数次的钻研和摸索,在自己盘的土打铁炉上,成功复制了传说中的“透光镜”。2009 年国庆前夕,李兰捆在自己的打铁炉上又造出一枚透光镜,上面有“新中国六十华诞纪念”字样,他说,作为共和国的同龄人,他要造出一枚透光镜迎接新中国成立 60 周年。

在造这枚透光镜的时候,李兰捆将两个镜面背对着镶嵌在一起,用铜条严密地箍着,还加了些装饰性的花纹,但是这样一来,铜镜背面的内容就看不到了。于是李兰捆又特意制作了一个铜质包装盒,铜镜背面的花纹和“祖国万岁”字样就印在上面。把这枚铜镜镜面对准阳光,向一个白木板上反光时,铜镜后面的图案果然呈现在了光影里,果然是花纹的图案和“祖国万岁”四字。

机械工程史上的壮举——水排的发明

水排的发明是我国古代冶铁史上的重大技术革新,它不仅节省人力、畜力,而

且推动冶铁炉向大型发展,是机械工程史上的一大壮举。这一重大科技发明与运用,比欧洲人早约 1100 年。

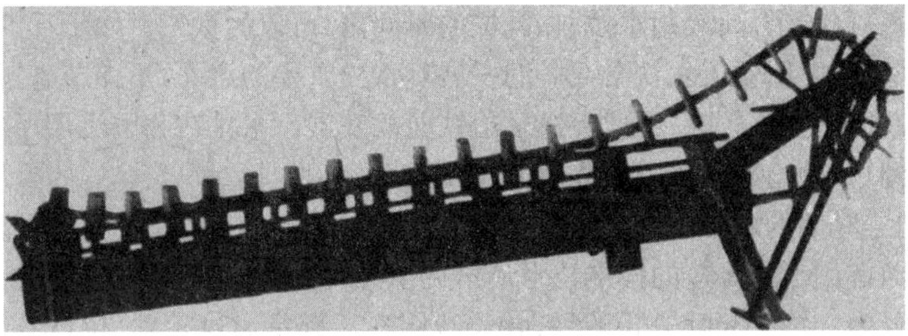

三国水排模型

杜诗(? —38),字君公,河内汲县人,东汉官员及发明家。杜诗青年时期就才能出众,在河内郡(今河南武陟西南)任吏员时,人们赞扬他处事公平。光武帝初年,为侍御史。当时将军萧广放纵士兵,在洛阳民间为非作歹,老百姓惶恐不安。杜诗通告萧广约束部下,萧广不予理睬。杜诗下令按法诛萧广,并将经过情形向上汇报,得到表扬。建武七年(31 年),杜诗迁升为南阳郡太守。当时南阳是全国冶铁中心,冶铁业的发展促进了水利事业的兴盛,杜诗在这方面也做出了很大成绩,促进了当地农业生产的发展。杜诗最大的贡献就是创造了利用水力鼓风铸铁的机械水排。

至今仍在使用的水车

最初的鼓风设备叫人排,用人力鼓动;继而用畜力鼓动,因多用马,所以也叫马排。直到杜诗时改用水力鼓动,称水排。所谓"水排",就是应用水力机械轮轴带动鼓风囊,使皮囊不断伸缩、给冶金高炉加氧的一种器具。这种装置,用力少,见功多,是我国冶金史上的一大改革,也是中国对世界冶金技术的杰出贡献。用水排代替人排、马排,大大提高了劳动生产率。古代每一熟石合一百二十斤。马排用马一百匹冶铁一百二十斤;改用水排,在同样的时间内,可以冶铁三百六十斤,提高功效三倍。水排的发明对于生铁冶业铸的发展有着极重要的意义,不但节省了人力、畜力,而且鼓风能力比较强,因此促进了冶铁业的发展。水排在我国沿用了很长一个时期,直到20世纪70年代,一些地方还在使用。

由同一时期的水碓和翻车结构推测,东汉时的水排应该是一种轮轴拉杆传动装置,我国古代水排构造的详细技术最早见于元代的《王祯农书》,依水轮放置方式的差别,分为立轮式和卧轮式两种,并绘有图形。都是通过轮轴、拉杆及绳索把圆周运动变成直线往复运动的,以此达到起闭风扇和鼓风的目的。因为水轮转动一次,风扇可以起闭多次,所以鼓风效能大大提高。

水排的发明是中国古代机械工程史上的伟大创举,对冶铁业的发展起到了巨大的推动作用,杜诗作为水排的发明者名留千古。

书写史上的革命——造纸术

西汉初年,政治稳定,思想文化十分活跃,对传播工具的需求旺盛,纸作为新的书写材料应运而生。自从蔡伦革新了造纸术之后,纸张便以新的姿态进入社会文化生活之中,并逐步在中华大地传播开来,之后又传播到世界各地。

蔡伦(61—121),字敬仲,东汉桂阳郡(今湖南耒阳市)人。蔡伦从小到皇宫里做太监,担任职位较低的职务小黄门,后来得到汉和帝信任,被提升为中常侍,参与国家的机密大事。他还做过管理宫廷用品的尚方令,监督工匠为皇室制造宝剑和其他各种器械,得以经常和工匠们接触。

蔡伦画像

中国是世界上最早养蚕织丝的国家,古人以上等蚕茧抽丝织绸,剩下的恶茧、病茧等则用漂絮法制成丝绵。漂絮完毕,篾席上会遗留一些残絮。当漂絮的次数多了,篾席上的残絮便积成一层纤维薄片,经晾干之后剥离下来,可用于书写。但这种漂絮的副产物数量不多,在古书上称它为赫蹏或方絮。

蔡伦总结了前人造纸的经验,开始潜心研究改进造纸术的方法。他认为扩大造纸原料的来源,改进造纸技术,提高纸张质量,就可以使纸张为人们所接受。蔡伦首先使用树皮造纸,树皮是比麻类丰富得多的原料,这样就使纸的产量有了大幅度的提高。但树皮中所含的木素、果胶、蛋白质麻类高很多,脱胶、制浆都比较困难。蔡伦发现,草木灰水有较大的碱性,用草木灰水制造纸浆造出来的纸张光滑、平实、易书写。

东汉元兴元年(105年)蔡伦把他制造出来的一批优质纸张献给汉和帝,汉和帝通令天下采用。从此,蔡伦改进的造纸方法得以广泛推广。造纸术的发明,是中国在人类文化传播和发展史上做出的一项十分宝贵的贡献。

“造纸工艺流程”

随着人们对造纸术研究的逐步深入,对造纸术的发明者产生了很多争议。

持否定造纸术是蔡伦发明的专家们认为,在史籍里,早在蔡伦以前,就有了关于纸的记载。《三辅旧事》上曾说:卫太子刘据鼻子很大,汉武帝不喜欢他。江充给他出了个主意,教他再去见武帝时“当持纸蔽其鼻”。太子听从了江充的话,用纸将鼻子掩盖住,进宫去见武帝,汉武帝大怒。此事发生在公元前91年。又如《汉书·赵皇后传》记载:汉成帝的宠妃赵飞燕的妹妹赵昭仪要害死后宫女曹伟能,就派人送去毒药和一封“赫蹄书”,逼曹伟能自杀。据东汉人应劭解释,“赫蹄”即“薄小纸也”。

一种意见坚持认为,蔡伦是我国造纸术的发明者。理由是根据汉代许慎《说文解字》中有关纸的解释,在蔡伦之前古代文献中所提到的纸,都是丝质纤维所造的,实际上不是纸,只是漂丝的副产品,自古至今要造成一张中国式的植物纤维纸,一般都要经过剪切、沤煮、打浆、悬浮、抄造、定型干燥等基本操作。所谓西汉古纸,充其量不过是纸的雏形。蔡伦及其工匠们在前人漂絮和制造雏形纸的基础上总结提高,从原料和工艺上把纸的生产抽调到一个独立行业的阶段,用于书写,这才是真正的纸。

火药发明之谜

火药的发明大大推进了世界历史的进程，标志着人类改造大自然的能力进一步增强，对军事武器的进步也有着重要意义。火药是我国古代四大发明之一，在化学史上占有重要的地位。

炼丹术产生于战国到西汉这段时期。当时，一些达官显贵最害怕生老病死，做梦都想长生不老。有些人就试着把冶金技术用到了炼制药物方面，希望能炼出仙丹妙药。那些矿物硝和硫在一起加热后，还真的炼成了一粒粒闪闪发光的金丹，遗憾的是，这金晃晃的小丸子，不是什么仙丹，它不过是一种最普通不过的化学反应罢了。

虽然没有一个人靠仙丹得以长寿，但这并不能动摇炼丹家们的炼丹信念，他们认为仙丹是肯定可以炼成的。于是，他们把自己关在深山老林中，一门心思地为炼丹忙碌着。当然，炼制仙丹是件永远也不可能完成的任务。但是在炼丹过程中，炼丹家发现了两个有趣的现象：一是硫磺的可燃性非常高，二是硝石具有化金石的功能。硫磺和硝石都是制造火药的重要原料，正是这两项的发现，为将来火药的发明奠定了基础。

《太平广记》中记载了一个故事，说的是隋朝初年，有一个叫杜春子的人去拜访一位炼丹老人。半夜杜春子梦中惊醒，看见炼丹炉内有“紫烟穿屋上”，顿时屋子燃烧起来。还有一本名叫《真元妙道要略》的炼丹书也谈到用硫磺、硝石、雄黄和蜜一起炼丹失火的事，火把人的脸和手烧坏了，还直冲屋顶，把房子也烧了。书中告诫炼丹者要防止这类事故发生，这说明唐代的炼丹者已经掌握了一个很重要的经验，就是硫、硝、碳三种物质可以构成一种极易燃烧的药，这种药被称为“着火的药”，即火药。

炼丹炉(明)

火药发明后，首先被古代军事家所利用，制造出火药武器，用于战争。火药发明之前，火攻是军事家常用的一种进攻手段，那时在火攻中，用了一种叫作火箭的武器，它是在箭头上绑一些像油脂、松香、硫磺之类的易燃物质，点燃后用弓射出去，用以烧毁敌人的阵地。如果用火药代替一般易燃物，效果要好得多。有了火药，军事家们开始利用抛石机抛掷火药包以代替石头和油脂火球，战斗力倍增。

到了两宋时期，火药武器发展很快。人们越来越认识到火药的重要性，于是在

红夷炮复原图

13世纪的南宋时期,新式的管形火器问世了。这时候,人们已经对火药的性能了如指掌,任何烈性火药都能控制自如。等到了宋末元初,管形火器开始用铜和铁等材料铸制,大的叫火铳,小的叫手铳,模样同近代的武器大同小异。

今天,火药不仅仅用于制造枪炮,开山筑路、挖矿修渠都离不开它,所以一些外国科学家说:火药的发明,加快了人类历史演变的进程。

印刷术的革命——活字印刷术

自从汉朝发明纸以后,书写材料比过去用的甲骨、简牍、金石和缣帛要轻便、经济多了,但是抄写书籍还是非常费工的,远远不能适应社会的需要。于是,人们开始寻找一种便捷高效的方法,活字印刷术就应运而生了。

活字印刷术是北宋平民发明家毕昇发明的。他总结了历代雕版印刷的丰富实践经验,经过反复试验,在宋仁宗庆历年间(1041—1048)制成了胶泥活字,实行排版印刷,完成了印刷史上的一项重大革命。

毕昇雕像

毕昇发明活字印刷术的灵感来自两个儿子玩的“过家家”游戏。有一年清明节,毕昇带着妻儿回到家乡祭拜祖先。在乡下,两个儿子玩得不亦乐乎,他们从田间挖来泥巴,做成了锅、碗、桌、椅、猪、人等泥雕,随心所欲地摆来摆去。当时,毕昇正为了改良印刷术而发愁,儿子们捏的泥雕让毕昇眼前一亮。当时他就想,我何不也来玩过家家:用泥刻成单字印章，不就可以随意排列，排成文章了吗？这个发现让毕昇兴奋不已。回到家中，毕昇就开始了活字印刷术的第一场实验。

毕昇的方法是这样的：他先用胶泥做成一个个规格一致的毛坯，在一端刻上反体单字，字划突起的高度像铜钱边缘的厚度一样，用火烧硬，做成单个的胶泥活字。为了适应排版的需要，一般常用字都备有几个甚至几十个，以备同一版内重复的时候使用。遇到不常用的冷僻字，如果事前没有准备，可以随制随用。为便于拣字，把胶泥活字按韵分类放在木格子里，贴上纸条标明。排字的时候，用一块带框的铁

王祯盘

板作底托，上面敷一层用松脂、蜡和纸灰混合制成的药剂，然后把需要的胶泥活字拣出来一个个排进框内。排满一框就成为一版，再用火烘烤，等药剂稍微熔化，用一块平板把字面压平，药剂冷却凝固后，就成为版型。印刷的时候，只要在版型上刷上墨，覆上纸，加一定的压力就行了。为了可以连续印刷，就用两块铁板，一版加刷，另一版排字，两版交替使用。印完以后，用火把药剂烤化，用手轻轻一抖，活字就可以从铁板上脱落下来，再按韵放回原来木格里，以备下次再用。

在毕昇发明活字印刷术之前，人们普遍使用的印刷方法是雕版印刷。即在一定厚度的平滑木板上，粘贴上抄写工整的书稿，稿纸正面和木板相贴。雕刻工人用刻刀把版面没有字迹的部分削去，就成了字体凸出的阳文，和字体凹入的碑石阴文截然不同。印刷的时候，在凸起的字体上涂上墨汁，然后把纸覆在上面，轻轻拂拭纸背，字迹就留在纸上了。雕版印刷对文化的传播起到了重大作用，但是它也存在明显缺点：第一，刻版费时费工费料；第二，大批书版存放不便；第三，有错字不容易更正。

毕昇发明的活字制版正好避免了雕版的不足。只要事先准备好足够的单个活字，就可随时拼版，大大地加快了制版的速度。活字版印完后，可以拆版，活字可重复使用，且活字比雕版占有的空间小，容易存储和保管，有错字也很容易改正。这样活字印刷术的优越性就表现出来了。

活字印刷术不仅能够节约大量的人力物力，还能够大大提高印刷的速度和质

量。现代的凸版铅印，虽然在设备和技术条件上是毕昇的活字印刷术所无法比拟的，但是基本原理和方法是完全相同的。活字印刷术的发明，为人类文化做出了重大贡献。

中国铁路之父——詹天佑

詹天佑是我国首位铁路工程师，他负责修建的京张铁路是我国的第一条铁路，也是中国人自己修建的第一条铁路。

詹天佑（1861—1919），号眷诚，字达朝，广东南海人，他是中国首位铁路工程师，负责修建了京张铁路等铁路工程，有“中国铁路之父”“中国近代工程之父”之称。

詹天佑雕像

詹天佑出生在一个普通的茶商家庭，少年时制作各种机器模型。有时，他还偷偷地把家里的自鸣钟拆开，摆弄和琢磨里面的构件，提出一些连大人也无法解答的问题。1872 年，年仅十二岁的詹天佑到香港报考清政府筹办“幼童出洋预习班”。父亲在一张写明“倘有疾病生死，各安天命”的出洋证明书上画了押。从此，他辞别父母，怀着学习西方“技艺”的理想，前往美国。1877 年，詹天佑以优异的成绩毕业于纽海文中学。同年五月考入耶鲁大学土木工程系，专攻铁路工程。

1881 年，詹天佑学成归国。但是，清政府洋务派官员却过分迷信外国，在修筑铁路时一味依靠洋人，竟不顾詹天佑的专业特长，把他派遣到福建水师学堂学驾驶海船。后来几经周折，詹天佑终于转入了中国铁路公司，担任工程师，这正是他献身中国铁路事业的开始。

詹天佑刚上任不久,就遇到了一次考验。当时从天津到山海关的津榆铁路修到滦河,要造一座横跨滦河的铁路桥。滦河河床泥沙很深,又遇到水涨急流。铁路桥开始由号称世界第一流的英国工程师担任设计,但失败了;后来请日本工程师实行包工,也不顶用,最后让德国工程师出马,不久也败下阵来。詹天佑要求由中国人自己来搞,负责工程的英国人在走投无路的情况下,只得同意詹天佑来试试,最终詹天佑成功建成了滦河大桥。

1905 年,清政府决定兴建我国第一条铁路京张铁路(北京—张家口)。詹天佑担任总办兼总工程师,全权负责京张铁路的修筑。詹天佑顶着压力,坚持不任用一个外国工程师,对全线工程提出了“花钱少,质量好,完工快”三项要求。京张铁路工程难度最大的就是关沟段,铁路要在这里越过八达岭,南口和八达岭高度差近 60 米。詹天佑运用折返线原理修建了一条“人”字形线路,使线路坡度降低到 33‰以下,并且为火车前后各挂一个火车头,以提升爬坡能力。经过几年奋斗,京张铁路在 1909 年 9 月全线通车。原计划六年完成,结果只用了四年就提前完工,工程费用只及外国人估价的五分之一。

京张铁路的建成,不仅为詹天佑赢得了世界声誉,更为整个中国工程技术界在世界上赢得了相应地位。当时,有人把京张铁路与万里长城并列为中国的伟大工程。

1919 年,詹天佑因积劳成疾不幸病逝。中国工程师学会基于他在铁路建设上所做出的重大贡献,特地在青龙桥建立了一尊铜像,来纪念这位杰出的爱国铁路工程师。

著名物理科学家——钱学森

20 世纪中叶,新生的中华人民共和国百废待兴,落后就要挨打的教训让每一个中国人都铭记于心。尽管当时的国家经济状况非常困难,但发展科学技术、巩固国防的信念却没有一丝动摇,钱学森就在这个时候回到了他阔别 20 年的祖国,为祖国的腾飞做出了杰出的贡献。

钱学森(1911—2009),浙江杭州人,我国伟大的物理科学家、工程控制论的创始人。

1923 年 9 月,钱学森进入北京师范大学附中学习;1929 年,他考入交通大学机械工程系;1934 年他考取清华大学公费留学生,次年 9 月进入美国麻省理工学院航空系学习。1936 年 9 月,钱学森转入美国加州理工学院航空系,师从世界著名力学大师冯·卡门教授,先后获航空工程硕士学位和航空、数学博士学位。1955 年 10 月,钱学森历经重重困难,回到了祖国的怀抱。他为建设新中国做出了卓越的贡献,被誉为“中国航天之父”“中国导弹之父”“火箭之王”“中国自动化控制之父”。

钱学森是人类航天科技的重要开创者和主要奠基人之一,是航空领域的世界级权威、空气动力学学科的第三代掌门人,工程控制论的创始人,是 20 世纪应用数学和应用力学领域的领袖人物——堪称 20 世纪应用科学领域最为杰出的科学家。他长期担任中国火箭和航天计划的技术领导人,对航天技术、系统科学和系统工程做出了巨大的开拓性贡献;共发表专著 7 部,论文 300 余篇。

在应用力学方面

钱学森在空气动力学及固体力学方面做了开拓性研究,揭示了可压缩边界层的一些温度变化情况,创立了卡门—钱学森方法,并最早在跨声速流动问题中引入上下临界马赫数的概念。

在喷气推进与航天技术方面

20 世纪 40 年代到 60 年代初期,钱学森在火箭与航天领域提出了若干重要的概念:他在 40 年代提出并实现了火箭助推起飞装置(JATO),使飞机跑道距离缩短;在 1949 年提出了火箭旅客飞机概念和关于核火箭的设想;在 1953 年研究了行星际飞行理论的可能性;在 1962 年出版的《星际航行概论》中,提出了用一架装有喷气发动机的大飞机作为第一级运载工具,用一架装有火箭发动机的飞机作为第二级运载工具的天地往返运输系统概念。

在物理力学方面

钱学森在 1946 年将稀薄气体的物理、化学和力学特性结合起来研究,这是先驱性的工作。1953 年,他正式提出物理力学概念,主张从物质的微观规律确定其宏观力学特性,改变过去只靠实验测定力学性质的方法,大大节约了人力物力,并开拓了高温高压的新领域。1961 年他编著的《物理力学讲义》正式出版。此外,钱学森在系统工程、思维科学领域、马克思主义哲学等方面也有很重要的贡献和创新。

中国原子能科学之父——钱三强

钱三强是中国原子能事业的主要奠基人,由他领导建成的我国第一个重水型原子反应堆和回旋加速器开创了我国原子能研究的新纪元。同时,钱三强还成功地研制了我国第一台大型通用计算机,并承担了第一颗原子弹内爆分析和计算工作,为我国原子能科学事业的发展立下了不朽的功勋。

钱三强(1913—1992),浙江湖州人,中国原子能事业的主要奠基人,杰出科学家。钱三强的父亲钱玄同是中国近代著名的语言文字学家,他少年时代就跟随父亲在北京生活,曾就读于蔡元培任校长的孔德中学。

钱三强

上中学时，钱三强读到了孙中山的《三民主义》《建国方略》，书中构建的中国未来蓝图，激发了他对理工学科的兴趣："要使祖国不受屈辱，摆脱贫穷，走向富强，非建立强大的工业不可。"1930年秋，17岁的钱三强以优异的成绩被北大理学院录取为预科生。入学后他把所有课余时间都用来学习，短短半年之后便通过了英语考试，连他的父亲钱玄同也不禁暗叹："属牛的孩子，还真有一股牛劲。"

在北大，每周都有各种学术报告会。钱三强都带着浓厚的兴趣去听，有一次听清华大学的吴有训讲授近代物理学。吴有训与众不同的讲法、生动的课堂实验，在轻松愉快中向学生传授了难懂的概念，使钱三强渐渐产生了对物理学的热爱，最后萌发报考清华物理系的念头。1932年秋，钱三强在北大预科毕业后，考取了清华物理系，师从叶企孙、吴有训、赵忠尧等教授。父亲钱玄同欣然题写了"从牛到爱"四个大字送给他。这成为钱三强人生的转折点。

1936年，钱三强以优异成绩从清华大学毕业，担任了北平研究院物理研究所严济慈所长的助理。在严济慈的推荐之下，钱三强通过了公费留学生考试，进入巴黎大学居里实验室做研究生，导师是居里夫人的女儿、诺贝尔奖获得者伊莱娜·居里及其丈夫约里奥·居里，正是他们开启了钱三强探索微观世界的大门。钱三强每天很早起床乘地铁去实验室，工作一天后回到宿舍还要整理资料、写实验报告。生活平淡，但他却乐在其中。他的聪慧和实干，深得居里夫妇的赞赏。

1946年底，钱三强荣获法国科学院亨利·德巴微物理学奖，历经辗转终于在解放前夕回到了阔别多年的祖国，开始为祖国科技的腾飞效力。从此，钱三强全身心地投入到原子能事业的开创之中。1955年，中央决定发展中国核力量后，他成为规划的制定人，并汇聚了邓稼先、彭桓武、王淦昌等一大批核科学家。当1959年苏联撤走全部专家后，钱三强担任了总设计师。在这场艰苦的攻坚战中，他凭借自己过人的领导能力，协调这项极为复杂的系统工程，用4年时间研制成功原子弹，两年8个月后氢弹又试爆成功，创造了世界奇迹，为共和国铸就了不朽的功勋。

钱三强以自己一生的脚踏实地、艰苦攀登，实践了父亲临终前的嘱托："学以致用，报效祖国。”

“两弹”元勋邓稼先

邓稼先是中国核武器研制与发展的主要组织者、领导者，是核武器理论研究工作的奠基者之一，从原子弹、氢弹原理的突破和试验成功及其武器化，到新的核武器的重大原理突破和研制试验，均做出了重大贡献，被称为“中国原子弹之父”。

邓稼先

邓稼先(1924—1986)，安徽省怀宁县人，我国杰出的物理科学家。邓稼先出身于书香门第，祖父是清代著名书法家和篆刻家，父亲邓以蛰是我国著名的美学家和美术史家，曾担任清华大学、北京大学哲学教授。1925年，母亲带他来到北京，与父亲生活在一起。他5岁入小学，在父亲指点下打下了很好的中西文化基础。1935年，他考入崇德中学，与比他高两班、且是清华大学院内邻居的杨振宁结为最好的朋友。

1947年，邓稼先通过了赴美研究生考试，于翌年秋进入美国印第安纳州的普渡大学研究生院。由于他学习成绩突出，不到两年便读满学分，并通过博士论文答辩。此时他只有26岁，人称“娃娃博士”。这位取得学位刚9天的“娃娃博士”毅然放弃了在美国优越的生活和工作条件，回到了一穷二白的祖国。

1958年8月的一天，中国科学院原子能研究所的一位领导对邓稼先说：“钱三强同志极力推荐你参加一项秘密工程——搞原子弹。”邓稼先听到这番话，兴奋得几乎要跳起来。

邓稼先被调到第二机械工业部核武器研究所任理论部主任，他是被选来的第一位高级研究人员。筹建队伍是当务之急，他挑选了一批刚从大学分配来的毕业生，在十分艰苦的条件下，学习爆轰物理、流体力学、状态方程、中子输运等基础知识。

邓稼先带领理论队伍开始对原子弹的物理过程进行大量的模拟计算和分析，在当时“中国式的计算机”上模拟原子弹爆炸的全过程。所谓“中国式的计算机”，不过是几台手动、电动计算器，外加几把算盘而已。

然而他们就是凭着这样的“武器”在打攻坚战。邓稼先边学习、边钻研、边教学。有时，从夜里搞到凌晨三四点钟，就在办公室的长椅上躺下休息，天亮又继续投入工作。别人劝他要注意休息，他说：“在这个关键时刻，有人卡我们的脖子，想让我们低头。我们要争口气，把腰杆挺起来。”

我国第一颗原子弹爆炸成功

一年之内,他们进行了九次模拟计算,考察了各种物理因素对计算结果的影响,取得了研制原子弹的许多关键参数。周光召则用最大功原理论证了计算结果的合理性,打消了一些人对计算结果的怀疑。

1964年10月16日下午3点30分,美丽的蘑菇云从沙漠中升起。原子弹爆炸成功,理论设计方案圆满地通过了检验。之后,他又同于敏等人投入对氢弹的研究,最后终于制成了氢弹,并于原子弹爆炸后的两年零8个月试验成功。这同法国用8年、美国用7年、苏联用4年的时间相比,创造了世界上最快的速度。

1972年,邓稼先担任核武器研究院副院长,1979年又任院长。1984年,他又在大漠深处指挥中国第二代新式核武器试验成功。

邓稼先是中国知识分子的优秀代表,为了祖国的强盛,为了国防科研事业的发展,他甘当无名英雄,默默无闻地奋斗了数十年。他常常在关键时刻,不顾个人安危,出现在最危险的岗位上,是我国科技工作者的典范与骄傲,被称为"中国原子弹之父"。

当代毕昇——王选

王选是汉字激光照排系统的创始人,他发明的"精密汉字照排系统"彻底改变了中国印刷行业的命运,使中文印刷业告别了"铅与火",大步跨进了"光与电"的

王选

时代。他对中国印刷出版业现代化做出了巨大贡献,被人们赞誉为“当代毕昇”和“汉字激光照排之父”。

王选(1937—2006),江苏无锡人,我国著名计算机科学家,汉字激光照排系统的创始人。王选出生于上海一个知识分子家庭,在轻松自然的学习气氛中,他以优异的成绩读完了小学。1954年在上海南洋模范中学毕业后,考进北京大学数学力学系。他选择了计算数学专业,尽管这是一门新兴学科,但他认为越是新的领域,留给人们的创造空间就越大,而且计算机在今后社会发展中会有不可估量的作用。“专业的选定,成了我一生中最重要的转折点。”王选后来感慨地说。

1958年,王选毕业留校任教,当时我国正掀起研制计算机热潮。由于计算机人才奇缺,王选才没有受到“右派”父亲的株连,参加到我国第一台红旗计算机的研制。长年累月的忘我工作,使他重病缠身,不得已返回上海养病。但他仍以强烈的事业心自学电脑软件理论,成长为当时国内研究高级语言编译系统的著名专家之一。

1975年11月,北京召开汉字精密照排系统论证会,王选抱病参加了会议。由于身体虚弱,说话困难,由他的妻子代他发言并用计算机展示了模拟实验的结果。王选的方案对多数人就像听“天方夜谭”,有人甚至说这是王选的数学“畅想曲”,是玩数学游戏。回家后,王选夫人开玩笑说道:“咱们还是算了吧。”王选却认真地回答:“干!不到长城非好汉。”

就在王选紧张地投入研制时,全球著名的英国蒙纳公司,凭借着雄厚资金和先进技术,也正在加紧研制汉字激光照排机,想一举占领中国市场。面对双重压力,王选只是默默地加快自己的工作进度，带领着一帮年轻人夜以继日地勤奋工作。他们创造性地采用了许多令世界瞩目的新方法，照排控制机上的电路板，那些由密密麻麻的集成电路组成的尖端高科技设备，大多是王选他们自己动手做出。

1979 年 7 月 27 日，精密汉字照排系统的第一台样机调试完毕。大家围在样机旁，紧张地注视着它的动作，机房里只有敲击计算机键盘发出的嗒嗒声。转眼之间，从激光照排机上输出了第一张八开报纸的胶片，王选怀着兴奋紧张的心情接过这张可以直接印刷的胶片，各种精美的字形、字体、花边、图案美不胜收。1980 年，支持这套系统的电脑软件，包括具有编辑、校对功能的软件也先后研制成功，并排印出第一本样书。

精密汉字激光照排系统的发明开创了汉字印刷的一个崭新时代，引发了我国报业和印刷出版业“告别铅与火，迈入光与电”的技术革命，彻底改造了我国沿用上百年的铅字印刷技术。国产激光照排系统使我国传统出版印刷行业仅用了短短数年时间，就从铅字排版直接跨越到激光照排，走完了西方几十年才完成的技术改造道路，被公认为毕昇发明活字印刷术后中国印刷技术的第二次革命。王选两度获中国十大科技成就奖和国家技术进步一等奖，并获 1987 年我国首次设立的印刷界个人最高荣誉奖——毕昇奖，被誉为“当代毕昇”。

农学农具

古代机械大师——马钧

马钧是我国古代的机械大师，他发明的新式织绫机大大加快了我国古代丝织工业的发展速度，为我国家庭手工业织布机奠定了基础；而他创制的龙骨水车一直被我国农村历代沿用，在农业生产上发挥着巨大的作用。

马钧（220—265），字德衡，三国时期魏国扶风（今陕西省兴平市）人，伟大的机械制造家。马钧从小口吃，不善言谈。但是他很喜欢思索，善于动脑，同时注重实践，勤于动手，尤其喜欢钻研机械方面的问题。他一生致力于机械的发明、改造和制造，为生产技术的发展起到了巨大的作用，曾获“天下之名巧”的誉称。

发明新式织绫机

我国是世界上生产丝织品最早的国家，劳动人民在生产实践中发明了简单的织绫机。这种织绫机有一百二十个蹑（踏具），人们用脚踏蹑管理它，织一匹花绫得用两个月左右的时间。为了提花，要把经线分成 60 综，而每一综必须用一个蹑操纵，工作起来手忙脚乱，速度很慢，而且容易出错。

马钧看到工人在这种织绫机上操作，累得满身流汗，生产效率还很低，就下决心改良这种织绫机。于是，他深入到生产过程中，对旧式织绫机进行了认真研究，重新设计了一种新式织绫机，简化了踏具，改造了桄运动机件(即开口运动机件)。马钧把原来六十根经线的六十蹑改成了十二蹑，这样一来，新织绫机不仅更精致，更简单适用，而且生产效率也比原来的提高了四、五倍，织出的提花绫锦，花纹图案奇特，花型变化多端，受到了广大丝织工人的欢迎。

马钧像

龙骨水车的创制

马钧曾在魏国做过一个小官，经常住在京城洛阳。当时在洛阳城里，有一大块坡地非常适合种蔬菜，老百姓很想把这块土地开辟成菜园，可惜因无法引水浇地，一直空闲着。马钧经过反复研究、试验，终于创造出一种翻车，把河里的水引上了土坡，实现了老百姓的愿望。马钧创造的这种翻车，使用极其轻便，连小孩也能转动。它不但能提水，而且还能在雨涝的时候向外排水。这就是龙骨水车，是当时世界上最先进的生产工具之一，从那时起，一直被我国乡村历代所沿用，直至实现电动机械提水以前，它一直发挥着巨大的作用。

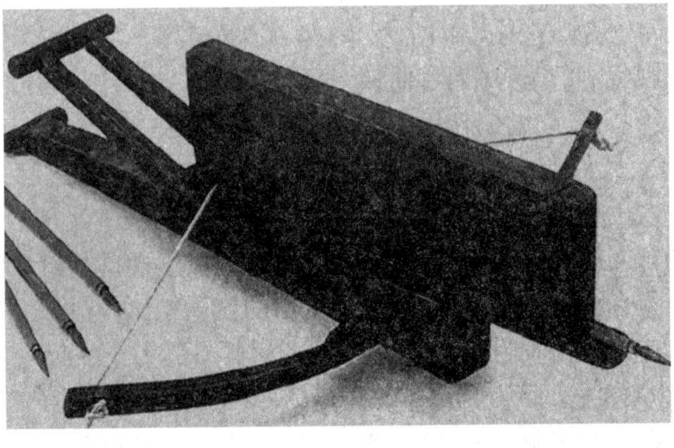

三国连弩复原模型

“水转百戏”的研制

一次，有人进献给魏明帝一种木偶百戏，造型相当精美，可那些木偶只能摆在那里，不能动作，明帝觉得很遗憾。就问马钧：“你能使这些木偶活动起来吗?”马钧肯定地回答道："能！"没过多久，马钧久成功地创造了"水转百戏"。他用木头制成原动轮，以水力推动，使其旋转，这样，上层的所有陈设的木人都动起来了。有的击鼓，有的吹箫，有的跳舞，有的耍剑，有的骑马，有的在绳上倒立，还有百官行署，真是变化无穷。"水转百戏"的研制成功，说明马钧已经熟练掌握了水利和机械方面传动的原理。

马钧在手工业、农业、机械等方面有很多发明创造，是三国时代最优秀的机械制造家，就是在我国古代几千年的历史当中，也不多见，堪称一代机械大师。

农具发展的重大突破——曲辕犁

耕犁在农业生产中是最重要的整地农具，曲辕犁的出现在我国农具史上具有非常重大的意义，它是耕犁发展到唐代的一次重大突破，从此以后，曲辕犁就成为我国耕犁的主流。历经宋、元、明、清各代，耕犁的结构都没有明显的变化。

曲辕犁，也称东江犁，它是江南农民在长期的生产实践中创造出来的，最早出现于唐代后期的东江地区。自古以来，我国就是一个农业大国，历代统治者都很重视农业的发展和农具的创造更新。犁是人类早期耕地的农具，中国人大约自商代起使用耕牛拉犁，木身石铧。随着冶铁技术的广泛运用，战国时出现了铁犁铧，使农业发展进入了一个新的阶段。唐代曲辕犁的广泛推广，使中国在耕地农具方面达到了鼎盛时期，在技术上足足领先欧洲近2000年。

根据唐朝末年著名文学家陆龟蒙《耒耜经》记载，曲辕犁由十一个部件组成，即犁铧、犁壁、犁底、压镵、策额、犁箭、犁辕、犁梢、犁评、犁建和犁盘。犁铧用以起土；犁壁用于翻土；犁底和压镵用以固定犁头；策额保护犁壁；犁箭和犁评用以调节耕地深浅；犁梢控制宽窄；犁辕短而弯曲；犁盘可以转动。整个犁具有结构合理、使用轻便、回转灵活等特点，它的出现标志着传统的中国犁已基本定型。《耒耜经》对各种零部件的形状、大小、尺寸有详细记述，十分便于仿制和流传。后来曲辕犁的犁盘被进一步改进，出现了"二牛抬扛"，直到今天仍被一些地方运用。

在唐代之前，人们普遍使用的是笨重的长直辕犁，这种耕犁耕地时回头转弯不够灵活，起土费力，效率也不高。曲辕犁和以前的耕犁相比，有几处重大改进。

首先是将直辕、长辕改为曲辕、短辕，旧式犁长一般为今9尺左右，前及牛肩，曲辕犁长合今6尺左右，只及牛后。在辕头安装可以自由转动的犁盘，这样不仅使犁架变小变轻，而且便于调头和转弯，操作灵活，节省人力和畜力。由旧式犁的二牛抬杠变为一牛牵引。而且，由于占地面积小，这种犁特别适合在南方水田耕作，所以在江东地区得到推广。

其次是增加了犁评和犁建，如推进犁评，可使犁箭向下，犁铧入土则深。若提起犁评，使犁箭向上，犁铧入土则浅。将曲辕犁的犁评、犁箭和犁建三者有机地结合使用，便可适应深耕或浅耕的不同要求，并能使调节耕地深浅规范化，便于精耕

二牛耕地画像砖

细作。

曲辕犁还改进了犁壁。唐时犁壁呈圆形,因此又称犁镜。犁壁不仅能碎土,还可将翻起的土推到一旁,以减少前进阻力,而且能翻覆土块,以断绝草根的生长。曲辕犁结构完备,轻便省力,出现后很快就逐渐推广到了全国的各个地区,成为当时最先进的耕具。

唐代曲辕犁的设计较以前的直辕犁更加人性化,符合人机工程学要求。材料选用自然的木材,农民对木材特有的感情会使其在使用时有亲切感。设计上符合人机工程学的要求,主要体现在:通过犁梢的加长,使扶犁的人不必过于弯身;加大犁架的体积,便于控制曲辕犁的平衡,使其稳定。

另外,从经济性来说,唐代曲辕犁的设计,更经济实用,适合普通老百姓的购买和使用。用材主要是木材和铁,木材价格低廉,随处可取;当时铁已广泛用于各种器物上,冶炼的技术被人普遍掌握;从结构上看,既简单又连接牢固。整体经济性好,便于普遍推广利用。

唐代曲辕犁在我国古代农具发展史上有着重要的意义,影响深远。它不仅技术上在当时处于领先地位,而且设计精巧,造型优美。在当代农具的设计中,曲辕犁仍有着很好的借鉴意义。

纺织技术的传播——黄道婆的发明

黄道婆对棉纺织技术的革新,促进了棉纺织业生产力的提高,推动了松江地区纺织业的发展,同时也间接地推动了棉花种植业的发展,松江一度成为全国的棉纺织业中心。

黄道婆(1245—1330年),又名黄婆,松江府乌泥泾镇(今上海市华泾镇)人,元代棉纺织家。她出身贫苦,生性刚强,因无法忍受公婆和丈夫的羞辱虐待而离家出走,远赴少数民族聚居的崖州。在黎族人民那里,黄道婆学会了先进的纺织技术。勤劳聪明的黄道婆很快成为当地有名的纺织能手,还和黎族姐妹一起改进纺织工具和纺织工艺,创造了许多新的花色。

在崖州生活了20多年后,由于思念故土,黄道婆告别黎乡,返回了阔别多年的故土。黄道婆重返故乡时,植棉业已经在长江流域大大普及,但纺织技术仍然很落后。她回来后,就致力于改革家乡落后的棉纺织生产工具。她毫无保留地把自己精湛的织造技术传授给故乡人民,以帮助他们摆脱贫困,过上幸福的生活。

黄道婆画像

制造轧棉机

黄道婆首先改革了擀籽工序。她先去了解之前人们是怎样去籽净棉的,妇女们苦恼地告诉她,还是用手指一个一个地剥。黄道婆说,从现在起,咱们改用新的擀籽法吧,便教大家一人持一根光滑的小铁棍儿,把籽棉放在硬而平的捶石上,用铁棍擀挤棉籽,试验以后,妇女们乐不可支地嚷着:“一下子可以擀出七八个籽儿呀,再也不用手指头挨个儿数了!”

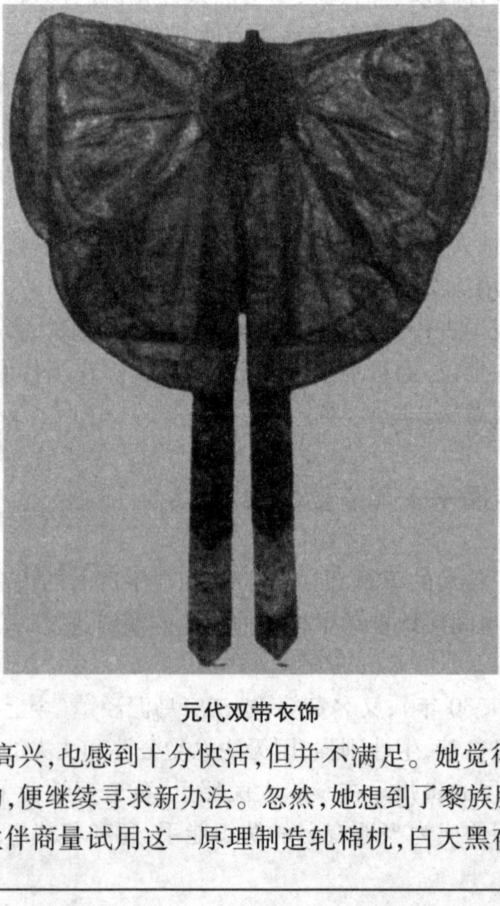
元代双带衣饰

黄道婆见大伙高兴,也感到十分快活,但并不满足。她觉得,用手按着铁棍儿擀,还是比较费力的,便继续寻求新办法。忽然,她想到了黎族脚踏车的原理,心里豁然一亮,马上和伙伴商量试用这一原理制造轧棉机,白天黑夜都琢磨。最后,用四块木板装成木框，上面树立两根木柱，柱头镶在一根方木下面，柱中央装着带有曲柄的木铁二轴；铁轴比木轴直径小，两轴粗细不等，转动起来速度不同。黄道婆同两个姐妹，一个人向铁木二轴之间缝隙喂籽棉，两个人摇曲柄，结果，棉絮棉籽迅速分落两轴内外两侧。

创造三锭脚纺车

在纺纱工序上，黄道婆创造出三锭脚纺车，代替过去单锭手摇纺车。脚踏的力量大，还腾出了双手握棉抽纱，同时能纺三根纱，速度快、产量多，这在当时世界上是最先进的纺车，是一个了不起的技术革命。

改良织布机

在织布工序上，黄道婆对织布机也有一定的改革。她借鉴我国传统的丝织技术，汲取黎族人民织"崖州被"的方式，与乡亲们共同研究错纱配色、综线挈花等棉织技术，织成的被、褥、带、帨（手巾）等，上面有折枝、团凤、棋局、字样等花纹，鲜艳如画，"乌泥径被"名驰全国。

从黄道婆传授了新工具、新技术后，棉织业得到了迅速发展。到元末时，当地从事棉织业的居民有1000多家，到了明代，乌泥泾所在的松江，成了全国的棉织业中心，赢得了"衣被天下"的声誉。

杂交水稻之父——袁隆平

袁隆平是中国杂交水稻研究的创始人，他成功地将水稻亩产从300公斤提高到了800公斤。产生了巨大的经济和社会效益，缓解了全世界的粮食危机，给人类带来了福音。袁隆平被誉为"当代神农氏""当今中国最著名的科学家"。

袁隆平（1930—），江西省德安县人，中国杂交水稻育种专家，中国工程院院士。现任中国国家杂交水稻工作技术中心主任暨湖南杂交水稻研究中心主任、湖南农业大学教授、中国农业大学客座教授、联合国粮农组织首席顾问、世界华人健康饮食协会荣誉主席、湖南省科协副主席和湖南省政协副主席。2006年4月当选美国科学院外籍院士，被誉为"杂交水稻之父"。

1953年，袁隆平毕业于西南农学院。毕业后，一直从事农业教育及杂交水稻研究。

1960年7月的一天，袁隆平像往常一样来到校园外的早稻试验田观察，偶然发现了一株特殊的稻子：共有10余穗，每穗有160—170粒。第二年，他适时将这独特的种子播到试验田里，结果分离变异现象十分严重，原有的优势没有发挥出来。面对这一结果，袁隆平马上想到孟德尔、摩尔根的遗传理论，顿悟到：那是一株"天然杂交稻"！当时，杂交水稻研究是世界上公认的难题，并且全世界都流传着"水稻是白花授粉作物，不良基因早已淘汰，既然自交不退化，那么杂交就没有优势”的观点。但袁隆平并没有因这些固有的说法而退缩，他坚信杂交优势是生物界的普遍规律。

袁隆平

从此，袁隆平开始了他的漫长的探索过程。夏季骄阳似火，正是南方水稻的杨花季节。袁隆平头顶烈日，脚踏烂泥，手拿放大镜，像猎手搜寻猎物一样，在安江农校农场的稻田里寻找水稻雄性不育植株。第一天、第二天、第三天都无所收获，两手空空。直到第14天，袁隆平才发现了第一株雄蕊退化的水稻不育株。在九个月时间里，他前后检查了14000余个稻穗，找到了六株雄性不育株，并对它们的杂交第一代和第二代进行了研究，向世界吹响了“绿色革命”的号角。

1975年，由袁隆平任技术总顾问的杂交水稻试验田第一次获得成功，为1976年在全国大面积试种推广杂交水稻培育了大量的种子。到2000年，全国累计推广38亿亩，增产3600亿公斤，并引起世界范围的关注，三系杂交水稻被誉为“东方魔稻”。

面对接踵而至的荣誉，袁隆平没有沉醉，依然探索不止。美国学者巴来伯格赞扬道：“袁隆平赢得了中国可贵的时间，他增产的粮食实质上使人口增长率下降了。他在农业科学上的成就打败了饥饿的威胁，是他领导着人们走向丰衣足食的生活。”

水利工程

因势利导的防洪方略——大禹治水

在上古时代，由于生产力水平低下，人类在自然灾害的巨大威力面前束手无策。大禹治水开创了人类与大自然做斗争的先河，同时大禹还开创性地发明了因势利导的防洪方略，为开创我国第一个奴隶制国家——夏，奠定了坚实的基础。

大禹，又名文命，字高密。相传生于西羌（今甘肃、宁夏、内蒙古南部一带），后随父迁徙于崇（今河南登封附近）。尧时被封为夏伯，故又称夏禹或伯，大禹是中国第一个王朝——夏朝的建立者，同时也是奴隶社会的创建者。

大禹治水

据古文记载,大约在四千余年前,黄河流域发生了一次特大的洪水灾害。当时正处于原始社会末期,生产力极端低下,生活非常困难。面对到处是茫茫一片的洪水,人们只得逃到山上去躲避。部落联盟首领尧,为了解除水患,召开了部落联盟会议,推举了鲧去完成这个任务。由于鲧用的是"堙""障"等堵塞围截的方法,治水九年,劳民伤财,不但没有把洪水治住,反而水灾越来越大。尧死后,大家推举舜当了部落联盟的首领。舜巡视治水情况,看到鲧对洪水束手无策,耽误了大事,就将鲧治罪,处死在羽山。

部落联盟又推举鲧的儿子禹。禹是个精明能干、大公无私的人。他接受治水任务时,刚刚和涂山氏的一个姑娘结婚,他毅然决然地告别妻子,来到治水的工地。

大禹请来了过去治水的长者和曾同他父亲鲧一道治过水害的人,总结过去失败的原因,寻找根治洪水的办法。有人认为:"洪水泛滥是因为来势很猛,流不出去。"有人建议:"看样子,水是往低处流的。只要我们弄清楚地势的高低,顺着水流的方向,开挖河道,把水引出去,就好办了。"这些使大禹受到很大启发,他经过实地考察,制定了切实可行的方案:一方面要加固和继续修筑堤坝,另一方面,禹改变了他父亲的做法,用开渠排水、疏通河道的办法,把洪水引到大海中去。用"疏导"的办法来根治水患。

为了便于治水,大禹还把整个地域划分为九个大州,即冀、兖、青、徐、扬、荆、豫、梁、雍等州。从此,一场规模浩大的治水工程便展开了。

禹亲自率领20多万治水群众,浩浩荡荡地全面展开了疏导洪水的艰苦卓绝劳动。大禹除了指挥外,还亲自参加劳动,为群众做出了榜样。他手握木锸(形状近似于今天的铁锹),栉风沐雨,废寝忘食,夜以继日,不辞劳苦。由于辛勤工作,他手上长满老茧,小腿上的汗毛被磨光了,长期泡在水中,脚指甲也脱落了。

在治理洪水中,大禹曾三次路过自己家门口。第一次路过家门口,他的妻子刚刚生下儿子没几天,恰好从家里传来婴儿哇哇的哭声,他怕延误治水,没有进去;第二次路过家门,抱在妻子怀里的儿子已经会叫爸爸了,但工程正是紧张的时候,他还是没有进去;第三次过家门,儿子已长到10多岁了,使劲把他往家里拉。大禹深情地抚摸着儿子的头,告诉他,治水工作还是很忙,又匆忙离开,没进家门。

在大禹领导下,广大民众经过十多年的艰苦劳动,终于疏通了九条大河,使洪水沿着新开的河道,服服帖帖地流入大海。他们又回过头来,继续疏通各地的支流沟洫,排除原野上的积水深潭,让它流入支流。从而制服了水灾,完成了流芳千古的伟大业绩。

中国古代水利史上的新纪元——都江堰

都江堰水利工程开创了中国古代水利史上的新纪元,它以不破坏自然资源,充分利用自然资源为人类服务为前提,变害为利,使人、地、水三者高度和谐统一,是全世界迄今为止仅存的一项最伟大的“生态工程”,标志着中国水利史进入一个新阶段。

都江堰是战国时期李冰及其子率众修建的一座大型水利工程,坐落在四川省成都市城西,位于成都平原西部的岷江上。

秦昭襄王五十一年(前256年),秦国蜀郡太守李冰和他的儿子,吸取前人的治水经验,率领当地人民,开始主持修建都江堰水利工程。工程由鱼嘴分水堤、飞沙堰溢洪道、宝瓶口引水口三大主体工程和百丈堤、人字堤等附属工程构成。

开凿“宝瓶口”

李冰父子邀集了许多有治水经验的农民,对地形和水情作了实地勘察,决心凿穿玉垒山引水。但玉垒山山石坚硬,民工们用铁具凿、挖、撬,工程进度极其缓慢。后来,一个有经验的老民工建议,应当在岩石上开一些沟槽,然后放上柴草,点火燃烧,岩石在柴草的燃烧下就会爆裂,可以加快挖的速度。实践证明这个办法非常有效。

经过一段时间的努力,终于在玉垒山开凿了一个20米宽、40米高、80米长的口子,因形状很像瓶口,因此叫“宝瓶口”。奔流不息的岷江水通过宝瓶口源源不断地流向东部旱区,这样,东部的农田得到了灌溉。都江堰的第一大工程终于完成了。

修建“分水鱼嘴”

宝瓶口引水工程完成后，虽然起到了分流和灌溉的作用，但江东地势较高，江水难以流入宝瓶口。为了使岷江水能够顺利东流且保持一定的流量，并充分发挥宝瓶口的分洪和灌溉作用，李冰在开凿完宝瓶口以后，又决定在岷江中修筑分水堰，将江水分为两支：一支顺江而下，另一支被迫流入宝瓶口。但是江心修筑分水堰是一项很艰巨的工程，因为江心水高浪大，水流急速，筑成的堰提要很坚固，否则随时都会被洪水冲走。

李冰父子塑像

李冰请来许多竹工，让他们编成长 3 丈、宽 2 尺的大竹笼，再往里面装满鹅卵石，然后让民工将沉重的大竹笼一个一个地沉入江底。大竹笼在湍流的水中安然不动，稳稳地固定在那里，周围再用大石头加固，就这样分水大提终于建成。由于大提前端的形状好像一条鱼的头部，所以被称为“鱼嘴”。鱼嘴的建成将上游奔流的江水一分为二：西边称为外江，东边称为内江，江水经大大小小的渠道，形成一个纵横交错的灌溉网。

修建“飞沙堰”

为了进一步控制流入宝瓶口的水量，防止灌溉区的水量忽大忽小，李冰又在鱼嘴分水堤的尾部，靠近宝瓶口的地方，修建了分洪用的平水槽和“飞沙堰”溢洪道，用来调节内江和外江的水量。当内江水位过高的时候，洪水就经由平水槽漫过飞沙堰流入外江，使得进入宝瓶口的水量不致太大，保障内江灌溉区免遭水灾；同时，由于漫过飞沙堰流入外江的水流产生了漩涡，由于离心作用，泥沙甚至是巨石都会被抛过飞沙堰，还可以有效地减少泥沙在宝瓶口周围的沉积。

都江堰构思、设计、选址独具匠心；乘势利导，因时制宜，不与水为敌的治水方略自树一帜，它是自然生态、科学文化、人与自然紧密结合的伟大创举，使川西平原成为“水旱从人”的“天府之国”，两千多年来，一直发挥着防洪灌溉作用。

古代著名大型水利工程——郑国渠

郑国渠开引泾灌溉之先河，是中国古代最大的一条灌溉渠道，为当时关中地区的农业发展做出了重要贡献，使秦国从经济上完成了统一中国的准备。

战国时期，一些强大的诸侯国都想以自己为中心，统一全国。在秦、齐、楚、燕、赵、魏、韩七国中，秦国国力蒸蒸日上，虎视眈眈。韩国是秦国的东邻，随时都有可能被秦并吞。

公元前246年，韩桓王在走投无路的情况下，采取了一个非常拙劣的所谓“疲秦”的策略。他以水利工程人员郑国为间谍，派其入秦，游说秦国在泾水和洛水（北洛水，渭水支流）间，穿凿一条大型灌溉渠道。表面上说是可以发展秦国农业，真实目的是要耗竭秦国实力。在韩国看来，这是危难之际疲乏秦国、救亡图存的好办法。在当时，各国没有常备军队，全民皆兵，而修建大型灌溉工程，秦国要动用所有青壮年劳力，耗费大量财力和精力，这必然要影响到秦国统一战争的进程。韩国想借此求得暂时的安宁。

郑国渠首遗址

郑国入秦之时，正是秦王嬴政刚刚登上王位的第一年，由于嬴政还未成年，秦国的军政大权实际掌握在以“仲父”地位辅政的丞相吕不韦手中。商人出身的政治家吕不韦敏锐地看到，在诸侯国之间日益激烈的兼并战争中，不仅仅是军队实力的博弈，更是国家经济实力特别是粮食供给能力的博弈，而兴修水利是提高粮食产量最为有效的途径。如果在关中修一条灌溉大渠,这岂不是为大秦再造一座“天下粮仓”!吕不韦见郑国精通水利,把修渠的事隋说得头头是道,认定他修渠引水的方案切实可行,便很快批准了郑国修渠的建议。

公元前246年,关中平原的泾水至洛水之间,成了当时中国最为热火朝天的建筑工地,修渠大军多达十万人,而郑国正是这项空前规模的水利工程建设的总指挥。郑国渠是以泾水为水源,灌溉渭水北面农田的水利工程。作为主持此项工程的筹划设计者,郑国在施工中表现出杰出的智慧和才能。他创造的“横绝”技术,使渠道跨过冶峪河、清河等大小河流,把常流量拦入渠中,增加了水源。他利用横向环流,巧妙地解决了粗沙入渠,堵塞渠道的问题,表明他拥有较高的河流水文知识。据现代测量,郑国渠平均坡降为0.64%,也反映出郑国具有很高的测量技术水平,他是中国古代卓越的水利科学家。

郑国渠于公元前236年前后建成,至公元前221年秦始皇统一中国,在大约10年左右的关键时期,郑国渠灌溉的关中地区和都江堰灌溉的川西平原,南北呼应,共同构筑了秦国强大的经济长城。这条当初被韩国当作救命稻草的郑国渠,以疲秦之计始、以强秦之策终,恰恰成了帮助秦国扫平天下的标志性工程。

郑国渠建成15年后,秦灭六国,中华一统。嬴政感念郑国修渠有大功于秦国,下令将此渠命名为“郑国渠”,这是中国历史上第一个以人名命名的水利工程。

现存最完整的古代水利工程——灵渠

灵渠是与都江堰齐名的秦代水利工程,它不仅是桂林大旅游圈中的一块瑰宝,也是世界水利史上的一块丰碑。灵渠设计巧妙,工程宏伟,是现存世界上最完整的古代水利工程、最古老的运河之一,有着“世界古代水利建筑明珠”的美誉。

灵渠位于广西壮族自治区东北部兴安县境内,是现存世界上最完整的古代水利工程,与四川都江堰、陕西郑国渠齐名,并称为“秦朝三大水利工程”。

公元前211年,秦始皇对浙江、福建、广东、广西地区的百越发动了大规模的军事征服活动。秦军在战场上节节胜利,唯独在两广地区苦战三年,毫无建树,原来是因为广西的地形地貌导致运输补给供应不上。因此,为尽速征服岭南,秦始皇命令史禄开凿灵渠。

历经3年艰辛,这条体现我国古代劳动人民智慧和科学技术伟大成就的人工运河,终于凿成通航,奇迹般地把长江水系和珠江水系连接了起来。

灵渠全长37公里,又称湘桂运河或兴安陡河,于公元前208年凿成通航。灵渠工程主体包括铧堤、大小天平石堤、南渠、北渠、陡门和秦堤,完整精巧,设计巧妙,通三江、贯五岭,沟通南北水路运输,与长城南北呼应,同为世界奇观。

灵渠连接了长江和珠江两大水系,构成了遍布华东华南的水运网。自秦以来,对巩固国家的统一,加强南北政治、经济、文化的交流,密切各族人民的往来,都起

史禄塑像

到了积极作用。灵渠距今已2200多年了,依然发挥着重要作用。

据史料记载,历史上灵渠是多事之渠,南渠和北渠沿岸农民为争用渠水而引发的大规模械斗之事曾不断发生。其中尤以宋元宝年间和明隆庆年间发生的两次械斗规模最大,双方共聚集数千人在渠边斗殴,人员伤亡巨大,地方官吏因制止不力而被撤职查办的不少。到了清乾隆年间,由于连年久旱,从海阳河流到灵渠的水日益减少,眼见水争又起,县令魏荣急忙筹谋解决。他先后到南北二渠沿途进行调查,发现古人修建南北二渠分水并不科学,且南北渠之间界限不分明,水量也不稳定。由此,他得出结论:由于分水不均,人们之间的争水事件才会一直频发。

针对上述弊病,魏荣试行了一种新的分水方案,即“派水”。他分别在南北二渠渠口上一丈许的地方,“铸铁柱十一根,分为十洞,南三北七”,则渠面“广狭有准矣”。铁柱上下“横贯铁梁,使铁柱相连为一”。同时对铧嘴挡水石墙加高加固,使流人分水塘内之水彼此顺流,不至于水势陡断,升降铁栅栏高低“令水下如建瓴,(水)则缓急疾徐亦可调矣”。魏荣的派水方案,使得分水塘内之水无论多少,都能让大家亲眼看见均匀地分配,方案实施之后,南北二渠再也没有发生过因争水而引起的纠纷了。

世界上最古老的石拱桥——赵州桥

赵州桥是世界上最古老、保存最完善的石拱桥,是我国古代建筑工程中最杰出的成就之一,处处都体现着中国古代工匠们的聪明才智,1961年被国务院列为第一批全国重点文物保护单位。

河北赵县洨河上的千年古桥——赵州桥

关于赵州桥,有一段美丽的传说。相传赵州桥是鲁班所造,大桥建成后,八仙之一的张果老倒骑着毛驴,带着柴荣,也兴冲冲地去赶热闹。他们来到桥头,正巧碰上鲁班,于是他们便问道:这座大桥是否经得起他俩走。鲁班心想:这座桥,骡马大车都能过,两个人算什么,于是就请他俩上桥。谁知,张果老带着装有太阳、月亮的褡裢,柴荣推着载有"五岳名山"的小车,所以他们上桥后,桥竟被压得摇晃起来。鲁班一见不好,急忙跳进水中,用手使劲撑住大桥东侧。因为鲁班使劲太大,大桥东拱圈下便留下了他的手印,桥上也因此留下了驴蹄印、车道沟、柴荣跌倒时留下的一个膝印和张果老斗笠掉在桥上时打出的圆坑。

其实,赵州桥建于隋代,是安济桥的俗称,位于今河北省赵县城南五里的洨河上,由著名匠师李春设计和建造,距今已有1400年的历史。隋朝统一中国后,结束了长期以来南北分裂、兵戈相见的局面,社会经济得到了良好的发展。当时,赵县是南北交通的必经之路,北上可抵涿郡,南下可达京都洛阳,交通十分繁忙。可是这一交通要道却被城外的洨河所阻断,每当洪水季节甚至不能通行。因此,隋朝大业元年(595年),政府决定在洨河上建设一座大型石桥,李春受命负责设计并管理大桥的施工。李春率领工匠对洨河及两岸地质等情况进行了实地考察,把桥台建筑在河床密实的粗沙层上,桥台由五层石料砌成。同时李春认真总结了前人的建桥经验,提出了独具匠心的设计方案,设计了单孔圆弧敞肩的大桥。经过精心细致的施工,李春出色地完成了建桥任务。

赵州桥横跨洨河南北两岸,是我国现存最早的大型石拱桥,也是世界上现存最古老、跨度最长的敞肩圆弧拱桥,被誉为"华北四宝之一"。大桥全长50.83米,宽9米,主孔净跨度为37.02米,是一座由28道相对独立的拱券组成的单孔弧形大桥。赵州桥最大的科学贡献就是它"敞肩拱"的创举,在大拱两肩,砌了四个并列小孔,既增大流水通道，减轻桥身重量，节省石料，又增强了桥身稳定性。这就有力地保证了赵州桥在1400年的历史中，经受住了多次洪水冲击，8次大地震摇撼，以及车辆重压，仍挺立在洨河之上。

赵州桥桥体全部用石块建成，共用石块1000多块，每块石头重达1吨，桥上装有精美的石雕栏杆，雄伟壮丽、灵巧精美。它首创的敞肩拱结构形式、精美的建筑艺术和施工技巧，充分代表了我国古代劳动人民在桥梁建造方面的丰富经验和高度智慧。

最古老的运河——京杭大运河

京杭大运河，是世界上里程最长、工程最大、最古老的运河之一，它凝聚了我国政治、经济、文化、社会诸多领域的庞大信息，显示了我国古代水利航运工程技术领先于世界的卓越成就。它和万里长城并称为我国古代的两项伟大工程，闻名于全世界。

京杭大运河

京杭大运河的开凿始于春秋时期，形成于隋代，发展于唐宋，最终在元代成为沟通海河、黄河、淮河、长江、钱塘江五大水系，纵贯南北的水上交通要道。在两千多年的历史进程中，大运河为我国经济发展、国家统一、社会进步和文化繁荣做出了重要贡献，至今仍在发挥着巨大作用。

大运河北起北京（涿郡），南到杭州（余杭），经北京、天津两市及河北、山东、江苏、浙江四省，全长约1794公里，开凿到现在已有2500多年的历史。京杭大运河的开凿与演变大致分为三期：

第一期运河

公元前494年，吴王夫差大破越国，一心要北进中原与齐国争霸。但长途跋涉最大的难题就是军粮和武器战备的运输问题，如果靠陆上运输，不仅花费巨大而且道路不畅通，很难达到目的。但吴国有一个优势就是舟师和先进的开河、造船、航运技术，利用江、淮间湖泊密布的自然条件，就地度量，局部开挖，把几个湖泊连接起来。公元前486年，吴王夫差开始在扬州开凿邗沟，把长江和淮河两道水系连接了起来。到战国时代又先后开凿了大沟（从今河南省原阳县北引黄河南下，注入今郑州市以东的圃田泽）和鸿沟，从而把江、淮、河、济四水沟通起来。

第二期运河

第二期运河主要是指隋代的运河系统。以东部洛阳为中心，于大业元年（605年）开凿通济渠，直接沟通黄河与淮河的交通，并改造邗沟和江南运河。三年又开凿永济渠，北通涿郡，连同584年开凿的广通渠，形成了多枝形运河系统。

关于隋炀帝开凿京淮段至长江以南的运河，还有一个有趣的故事：据说隋炀帝有一次夜间做梦，梦到一种非常漂亮的花，但是不知道这花叫什么名字，长在什么地方。醒来以后，隋炀帝就命人把他梦中的花画成图案，发布皇榜寻找认识这种花的人。当时在扬州见过琼花的王世充刚好在京城，看到这张黄榜，便揭榜进宫，对隋炀帝说，图上所画的花叫作琼花，长在扬州。隋炀帝听后，很想见一见，便开运河、造龙舟，与皇后和嫔妃下扬州看琼花。隋炀帝在扬州城内开凿的运河，使扬州成为南北交通枢纽，借漕运之利，富甲江南，是中国最繁荣的地区之一。

第三期运河

第三期运河主要是指元、明、清阶段。元代开凿的重点段是山东境内泗水至卫河段和大都至通州段，目的是避免绕道洛阳，裁弯取直，比隋朝运河缩短了900多公里的航程，这是今天京杭运河的前身。明、清两代维持元运河的基础，明时重新疏浚元末已淤废的山东境内河段，从明中叶到清前期，在山东微山湖的夏镇（今微山县）至清江浦（今淮阴）间，进行了黄运分离的开泇口运河、通济新河、中河等运河工程，并在江淮之间开挖月河，进行了湖漕分离的工程。

京杭大运河是我国古代劳动人民创造的一项伟大工程，是活着的、流动的重要人类遗产，对中国南北地区之间的经济、文化发展与交流，特别是对沿线地区工农业经济的发展和城镇的兴起起了巨大作用。

水电建设史上的里程碑——葛洲坝

葛洲坝水利枢纽工程是我国长江上建设的第一个大坝，是长江三峡水利枢纽

的重要组成部分。它的设计水平和施工技术，体现了我国当前水电建设的最新成

葛洲坝

就，是我国水电建设史上的里程碑。

葛洲坝水利枢纽工程位于湖北省宜昌市三峡出口南津关下游约3里处，是三峡水利枢纽工程完工前我国最大的一座水电工程。该工程1974年动工，1988年完成。

长江出三峡峡谷后，水流由东急转向南，江面由390米突然扩宽到坝址处的2200米。由于泥沙沉积，在河面上形成葛洲坝、西坝两岛，把长江分为大江、二江和三江。大江为长江的主河道，二江和三江在枯水季节断流。葛洲坝水利枢纽工程横跨大江、葛洲坝、二江、西坝和三江。

葛洲坝工程主要由电站、船闸、泄水闸、冲沙闸等组成。大坝全长2595米，坝顶高70米，宽30米。控制流域面积100万平方千米，总库容量15.8万立方米。电站装机21台，年均发电量141亿度。建船闸3座，可通过万吨级大型船队。27孔泄水闸和15孔冲沙闸全部开启后的最大泄洪量，为每秒11万立方米。

葛洲坝水利工程的船闸为单级船闸，一、二号两座船闸闸室有效长度为280米，净宽34米，一次可通过载重为1.2万至1.6万吨的船队。每次过闸时间约50至57分钟，其中充水或泄水约8至12分钟。三号船闸闸室的有效长度为120米，净宽为18米，可通过3000吨以下的客货轮。每次过闸时间约40分钟，其中充水或泄水约5至8分钟。上、下闸首工作门均采用人字门，其中一、二号船闸下闸首人字门每扇宽9.7米、高34米、厚27米，质量约600吨。为解决过船与坝顶过车的矛盾，在二号和三号船闸桥墩段建有铁路、公路、活动提升桥，大江船闸下闸首建有公路桥。

葛洲坝水利枢纽工程年发电量达157亿千瓦时，相当于每年节约原煤1020万吨，对改变华中地区能源结构，减轻煤炭、石油供应压力，提高华中、华东电网安全运行保证度都起了重要作用。葛洲坝水库回水110至180公里，由于提高了水位，淹没了三峡中的21处急流滩点、9处险滩，因而取消了单行航道和绞滩站各9处，

烟波浩渺的万里长江

大大改善了航道，使巴东以下各种船只能够通行无阻，增加了长江客货运量。

葛洲坝水利枢纽工程施工条件差、范围大，仅土石开挖回填就达 7 亿立方米，混凝土浇筑 1 亿立方米，金属结构安装 7.7 万吨。它的建成不仅发挥了巨大的经济和社会效益，同时提高了我国水电建设方面的科学技术水平，培养了一支高水平的进行水电建设的设计、施工和科研队伍，为我国的水电建设积累了宝贵的经验。这项工程的完成，再一次向全世界显示了中国人民的聪明才智和巨大力量。

世界上最大的水利枢纽——三峡工程

三峡工程是目前世界上综合效益最大的水利枢纽，在发挥巨大的防洪效益和航运效益外，其 1820 万千瓦的装机容量和 847 亿千瓦时的年发电量均居世界第一。

三峡水利工程位于西陵峡中段的湖北省宜昌市境内的三斗坪，距下游葛洲坝水利枢纽工程 38 公里。三峡大坝工程包括一座混凝重力式大坝、泄水闸、一座堤后式水电站、一座永久性通航船闸和一架升船机。大坝坝顶总长 3035 米，坝高 185 米，水电站左岸设 14 台，右岸 12 台，共装机 26 台，前排容量为 70 万千瓦的水轮发电机组，总装机容量为 1820 万千瓦时，年发电量 847 亿千瓦时。

工程施工总工期自 1993 年到 2009 年共 17 年，分三期进行，到 2009 年工程全部完工。一期工程（1992—1997）主要进行一期围堰填筑，导流明渠开挖。修筑混凝土纵向围堰，以及修建左岸临时船闸，并开始修建左岸永久船闸、升爬机及左岸部分石坝段的施工。二期工程（1998—2003）主要任务是修筑二期围堰，左岸大坝的电站设施建设及机组安装，同时继续进行并完成永久特级船闸、升船机的施工。三期工程(2003—2009)进行右岸大坝和电站的施工，并继续完成全部机组安装。完工后，三峡水库是一座长达600公里，最宽处达2000米，面积达10000平方公里，水面平静的峡谷型水库。

世界上效益最大的水利枢纽

三峡工程防洪效益大。三峡水库运行时预留的防洪库容为221.5亿立方米，水库调洪可削减洪峰流量达27000—33000立方米/秒，属世界水利工程之最。

巫峡

三峡工程水电站大。三峡水电站将安装26台单机容量为70万千瓦的水轮发电机组，总装机容量1820万千瓦，年平均发电量846.8亿度，是世界上最大的水电站。

三峡工程航运效益显著。三峡水库回水至西南重镇重庆市，它将改善航运里程660公里，使重庆至宜昌航道通行的船队吨位由现在的3000吨级提高至万吨级，年单向通航能力由1000万吨提高到5000万吨，称三峡工程为世界上改善航运条件最显著的第一枢纽工程当之无愧。

世界上工程规模最大的水利工程

三峡工程综合工程规模大。三峡水利枢纽主体建筑物施工总工程量包括：建筑物基础土石方开挖10283万立方米，混凝土基础2794万立方米，金属结构安装25.65万吨，水电站机电设备安装26台套。这些指标均属世界第一。

三峡工程单项建筑物大。三峡水利枢纽大坝为混凝土重力式，挡水前沿总长2345米，最大坝高181米，坝体总混凝土量为1486万立方米，大坝总方量居世界第一。

三峡工程金属结构居世界第一。三峡工程金属结构总量包括各类闸门386扇,各种启闭机139台,引水压力钢管26条,总工程量26.65万吨,其综合工程量为世界已建和在建工程之首。

三峡工程浓缩了中华民族艰辛与奋斗的历史,是中华民族走向复兴的历史见证,将为我国人民带来无可估量的福祉与实惠。

地理探索

航海史上的重大突破——指南针

指南针的发明是我国古代科学技术发展史上的重大进步。指南针及磁偏角理论在远洋航行中发挥了巨大的作用,使人们第一次获得了全天候航行的能力,人类第一次得到了在茫茫大海中航行的自由。

相传在4000多年以前,在中国北方的中原地区,黄帝和蚩尤在涿鹿进行过好几次大规模的战争。战斗持续了半年的时间,但仍没有分出胜负。按道理说,黄帝在这场战斗中应该能够取胜,因为他的部落相对比较强大,而且也代表着正义。但是,每当战斗即将胜利的时候,总会出现突来的大雾,迷漫山野,让人辨不出方向,所以每次都是前功尽弃。黄帝认为这大雾降得蹊跷,就派人上山侦查蚩尤部落的动静,发现这些大雾都是蚩尤施妖术弄出来的。黄帝回到营地后,在仙女的帮助之下,制造出了指南车,借助于指南车,黄帝率领军队冲出了重重迷雾的阻挡,最终打败了蚩尤,取得了战争的胜利。

与指南车有相同功能的是指南针。指南针是用以判别方位的一种简单仪器,它的前身是中国古代四大发明之一的司南。指南针的主要组成部分是一根装在轴上可以自由转动的磁针,磁针在地磁场作用下能保持在磁子午线的切线方向上。磁针的北极指向地理的北极,利用这一性能可以辨别方向。

指南针一经发明很快就被应用到军事、生产、日常生活、地形测量等方面,特别是航海上。在《萍洲可谈》中有记载:“舟师识地理,夜则观星,昼则观日,阴晦则观指南针。”这是世界航海史上最早使用指南针的记载。12世纪以后,指南针传到了阿拉伯国家和欧洲,又大大推动了世界航海事业的发展和中西文化交流。指南针的发明,是中华民族对世界文明的一项伟大贡献。马克思曾把指南针和印刷术、火药的发明称作“是资产阶级发展的必要前提”。

指南针的始祖

指南针的始祖“司南”出现在战国时期。它是用天然磁石制成的,样子像一把汤勺,可以放在平滑的"地盘"上并保持平衡,且可以自由旋转。当它静止的时候,勺柄就会指向南方,所以古人称它为"司南"。

司南的出现是人们对磁体指极性认识的实际应用,但司南也有许多缺陷。首先是天然磁石很难找到,加工时又容易失磁,所以司南的磁性比较弱。它与地盘接触处要非常光滑,否则会很难旋转起来,达不到预期的指南效果。而且司南有一定的体积和重量,携带很不方便,这也是司南长期未得到广泛应用的主要原因。

人工磁化的发明

指南针是磁铁做成的,但天然磁石又很难找到,于是中国古人便发明了一种人工磁化的方法,利用地球磁场使铁片磁化,即把烧红的铁片放置在子午线的方向上。铁片烧红后,铁片中的磁畴便瓦解而成为顺磁体,蘸水淬火后,磁畴又形成,但

司南

在地磁场作用下磁畴排列变得具有方向性,所以能指示南北。人工磁化方法的发明,对指南针的应用和发展起了巨大的作用。

指南针的发明是我国劳动人民,在长期的实践中对物体磁性认识的结果。由于生产劳动,人们接触了磁铁矿,开始了对磁性质的了解。人们首先发现了磁石引铁的性质,后来又发现了磁石的指向性。经过多方的实验和研究,终于发明了极具实用价值的指南针。

航海史上的壮举——郑和下西洋

郑和下西洋不仅是我国航海史上的著名大事,也是世界航海史上的空前创举,在展示中国高超航海技术的同时,还传达了世界和平的美好理念。

郑和(1371—1433),本姓马,小字三保,云南昆阳(今晋宁昆阳镇)宝山乡知代村人,明代航海家、外交家、武术家。洪武十三年(1380年)冬,明朝军队进攻云南。马三保被掳入明营,被阉割成太监,又称三宝太监。因跟随朱棣参与靖难之役有功,赐姓郑,始名郑和。从永乐三年(1405年)至宣德八年(1433年),郑和奉命率

郑和塑像

船队七下西洋,访问了亚非沿岸30多个国家和地区,最远到了非洲东海岸之麻林地(今属肯尼亚),为世界航海史上的创举。

在郑和远航的过程中,也曾遭遇到很多的困难。有一次,郑和的船队到达旧港(今苏门答腊岛的巨港)的时候,突然遭到海盗的拦截袭击。这群海盗的头子叫陈祖义,他见郑和船队船多兵众,不敢贸然下手,就假意向郑和投降,暗地里却准备打劫船队。郑和及时发现了陈祖义的阴谋,立即部署对策。等陈祖义率众人来抢劫时,他指挥将士们把海盗打败,杀死了五千多人,烧毁了海盗船只十艘,俘获七艘,还活捉了陈祖义。

据《明史·郑和传》记载,郑和航海宝船共63艘,最大的长四十四丈四尺,宽十八丈,是当时世界上最大的海船,折合现今长度为151.18米,宽61.6米。船有4层,船上9桅可挂12张帆,锚重有几千斤,要动用两百人才能启航,一艘船可容纳有千人。可以说,郑和的船队是一支以宝船为主体,配合以协助船"马船""粮船""坐船""战船"组成的规模宏大的航海舰队。郑和的船队完全是按照海上航行和军事组织进行编成的,在当时世界上堪称一支实力雄厚的海上机动编队。英国的李约瑟博士在全面分析了这一时期的世界历史之后,说:"明代海军在历史上可能比任何亚洲国家都出色,甚至同时代的任何欧洲国家,以致所有欧洲国家联合起来,都无法与明代海军匹敌。"

郑和曾到达过爪哇、苏门答腊、苏禄、彭亨、真蜡、古里、暹罗、阿丹、天方、左法尔、忽鲁谟斯、木骨都束等三十多个国家,最远曾达非洲东岸,红海、麦加,并有可能到过澳大利亚。这些记载都代表了中国航海探险的高峰，比西方探险家达伽马、哥伦布等人早八十多年。当时明朝在航海技术，船队规模、航程之远、持续时间、涉及领域等均领先于西方。

郑和下西洋是一种国家行为，它的历史意义还有许多超出于航海之外的解读。在稳定东南亚国际秩序、维护国家安全、发展海外贸易、传播中华文明等方面都有着积极作用。“郑和时代的中国，则是真正承担了一个文明大国的责任：强大却不称霸，播仁爱于友邦，宣昭颁赏，厚往薄来。”

著名地理学家杨守敬及其成就

在清末民初的学术界，杨守敬是一位经历不凡、成就突出的大学者。他用毕生的精力研究《水经》《水经注》，集我国几百年水经研究之大成，写成了《水经注疏》《历代舆地沿革图》等伟大著作，享誉世界。

著名地理学家杨守敬

杨守敬（1839—1915），字惺吾、号邻苏，晚年自号邻苏老人，湖北省宜都市陆城镇人，清末民初杰出的历史地理学家、书法艺术家、藏书家。杨守敬出生于一个商人家庭，八岁的时候，母亲为他请了一位老师覃先生。

一天，母亲准备好酒席，请覃先生吃饭，开席后覃先生夹了一块鸡腿一咬，鸡骨头把牙齿“顶”了一下，覃先生就对杨守敬说：“香鸡稀烂棒硬。”此时，杨守敬正从厨房捧着一碗绿豆汤出来，随口就应声道：“豆汤翻滚热炀。”覃先生听后大吃一惊，想他小小年纪就出口不凡，于是就高高兴兴地收下了这位学生。

第二天是正月十五元宵节，宜都陆城家家户户门口都挂大红灯笼，覃先生的夫人做了一个鲤鱼跃龙门的大灯笼，覃先生就在灯笼的右面写了上联：龙变鱼，鱼变龙，龙鱼变化。写好后叫杨守敬来对下联。杨守敬说：“老师，我若对上了，你奖给我什么呢？”覃先生说：“我书案上的文房四宝任你挑一件。”

杨守敬马上对出了下联：老携幼，幼携老，老幼欢欣。覃先生听后，大加赞赏，连说：“好，好，好！”杨守敬随即机敏地爬上覃先生的书案，抱上一块端砚跑回家去了。

杨守敬一生专心致志，刻苦学习，一丝不苟，严谨治学，这既是他的成功之道，也是他留给后人的宝贵精神财富。他十一岁时，由于生计而辍读，开始习商，但仍不废学业，白天站柜台，晚间在灯下苦读，常至鸡鸣才就寝。十八岁时参加府试，因答卷书法较差而落榜，于是他发愤练字。十九岁再次参加府试时，五场皆第一。

杨守敬一生具有多方面的成就，尤以舆地学的成就最为突出，代表作是与门人熊会贞历时数十年写成的《水经注疏》。他对我国正史地理志和其他地理著作，都曾深入研究，撰写、绘制了十余种历史地理著作和72幅历代沿革舆地图。为写《水经注疏》，他对《水经》和《水经注》做了深入研究和考订，总结前人的得失，比前人的研究更为周详。《水经注疏》吸取历代《水经注》的研究成果，以朱谋玮《水经注笺》为正文，考证精详，疏之有据。

《水经注疏》是明清以来郦学研究的一次全面总结和发展，代表了郦学地理学派的最高水平，备受学术界重视。近代学者汪辟疆评价它："抉择精审，包孕宏富。前修是者，片长必录，非者必严加绳正，至于期当；其引而未申者，稽考不厌其详。故精语络绎，神智焕发，真集向来治郦《注》之大成也。"

2006年5月25日，杨守敬故居和墓被国务院批准列入第六批全国重点文物保护单位名单。

著名科学家和地质学家——李四光

李四光

李四光是世界著名的科学家和地质学家，他的最大贡献是创立了地质力学，并以力学的观点研究地壳运动现象，探索地质运动与矿产分布规律，从理论上推翻了中国贫油的结论，为我国的地质、石油勘探和建设事业做出了巨大贡献。

李四光(1889—1971)，字仲拱，原名李仲揆，湖北省黄冈市人，我国卓越的科学家、地质力学的创立人。

李四光出生于黄冈市一个贫寒人家，幼年就读于其父李卓侯执教的私塾，14岁那年告别父母，独自一人来到武昌高等小学堂学习。

1905年，李四光因学习成绩优异被选派到日本留学。他在日本接受了反满革命思想的影响，成为孙中山领导的同盟会中年龄最小的会员，以“驱逐鞑虏、恢复中华”为己任。孙中山赞赏李四光的志向：“你年纪这样小就要革命，很好，有志气。”还送给他八个字：“努力向学，蔚为国用。”李四光先去日本学造船，后又去英国学采矿，最后确定以地质学为终身事业，在地质力学方面做出了巨大的贡献。

摘掉“中国贫油”的帽子

解放初期，大规模的经济建设开始后就遇到石油短缺的困难，当时全国所需石油80%至90%都依靠进口。顶着“中国贫油论”的压力，李四光根据自己几十年来对地质力学的研究，分析了我国的地质条件，肯定地说：“中国的陆地一定有石油。”1954年，在毛泽东、周恩来的支持下，他亲自组织队伍，在松辽平原和华北平原开展石油普查，经过几年的艰苦努力，相继发现了大庆油田、胜利油田、大港油田……在国家建设急需能源的时候，使滚滚石油冒了出来，中国终于摘掉了“贫油”的帽子。

第四纪冰川的发现

从19世纪以来，就不断有德国、美国、法国、瑞典等国的地质学家到中国来勘探矿产，考察地质。但是，他们都没有在中国发现过冰川现象。因此，在地质学界，“中国不存在第四纪冰川”已经成为一个定论。可是，李四光在研究蜓科化石期间，就在太行山东麓发现了一些很像冰川条痕石的石头。他继续在大同盆地进行考察，越来越相信自己的判断，于是，他在中国地质学会第三次全体会员大会上大胆地提出了中国存在第四纪冰川的看法。

为了让人们能接受这一事实，他继续寻找更多的冰川遗迹。1936年，李四光又到黄山考察，写了“安徽黄山之第四纪冰川现象”的论文，此文和几幅冰川现象的照片，引起了一些中外学者的注意，德国地质学教授费斯曼到黄山看罢回来赞叹道：“这是一个翻天覆地的发现。”李四光十多年的艰苦努力，第一次得到外国科学家的公开承认。

地震是可以预测的

李四光在地震地质领域建树极高。1966年邢台大地震后，李四光提出要注意河北河间、沧州；要注意渤海；要注意云南通海；要注意四川炉霍；要注意云南的彝良大关；要注意松潘；要注意唐山……这一路走来，都被李四光言中。

李四光坚持地震可以预报的理念，认为地震本身就是地壳在地应力作用下发生的现象，是可以预测的，到了晚年他仍积极地关注地震研究。

手工制造

最早的飞行器——风筝

风筝是飞机的最早雏形,对后世科学技术的发展产生了深远的影响。英国著名学者李约瑟把风筝列为中华民族的重大科学发明之一。

在我国,每当春回大地、暖风吹拂的时候,人们都喜欢在阳光明媚的日子里到野外去放风筝。风筝在我国已有两千年以上的历史了。古时候,人们把风筝叫作"风鹞""纸鸢"或"鹞子",这是因为风筝像鹞鹰那样平伸翅膀,在天空盘旋。到五代时,有人别出心裁地在纸鸢上安装上竹哨,风吹竹哨,嗡嗡作响,声如筝响,因此得名"风筝"。

中国是风筝的故乡。相传墨翟以木头制木鸟,研制三年而成,是人类最早的风筝。后来鲁班用竹子改进墨翟的风筝材质,更而演进成为今日多线风筝。到南北朝,风筝开始成为传递信息的工具。由于风筝具有"越险阻而飞远,越川泽而空递"和"辅舆马之不能,补舟楫之不逮"之功,所以首先用于军事。

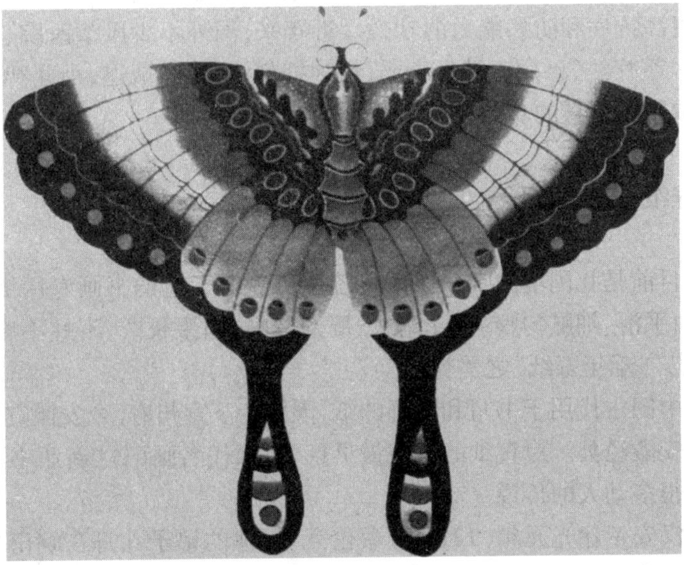

蝴蝶风筝

楚汉争霸时期,张良围困项羽于垓下(今安徽灵璧东南),以放飞的风筝为信号,指挥各路军队协同进攻。项羽的大军被刘邦团团围住,这时,刘邦命手下人制作了许多大风筝,放在空中,让其发出箫的声音,并号召士兵唱起楚歌。连年征战而又远离故土的楚国士兵，听得这凄惨的箫声和悲凉的歌声，勾起一缕缕思乡之情，再加上汉兵大军压境，结果人心涣散，溃不成军。这就是历史上有名的“四面楚歌”。

隋唐时期，风筝开始逐渐脱离军事用途，变成娱乐品。品种花样繁多，千姿百态，有彩蝶、凤凰、蝙蝠、螃蟹、美人等多种式样；有的还装上琴弦、竹笛，有的装上明亮的灯笼。及至明、清两代，放风筝则达到了鼎盛时期。明代才子徐渭常以风筝作为绘画、写诗的题材，留下37首咏风筝的题画诗，形象地反映了明代民间放风筝的盛况，足见那时风筝的技艺已经达到了多么高的水平。

我国古代还发明了一种由普通风筝演化而来的弓形翼式风筝，这种风筝能较好地运用空气流体力学的原理，飞得更高、更快、更稳。而这种风筝的翼，顶部弯曲凸起，底部呈凹面或水平，同现代的飞机机翼形状相差无几。根据风筝原理，世界最早的飞行器设计师和空气动力学创立者乔治·凯利，在1804年制作了第一架现代滑翔机的模型。1882年，俄国的莫查伊斯基仿照风筝，制成了世界上第一架用蒸汽发动机和螺旋桨推动的飞机。本世纪初，早期的优秀飞行员们甚至把他们驾驶的飞机称作“中国风筝”。

直到今日，风筝在测量风力、风向，进行气象科学研究方面，仍然发挥着不可忽视的作用。同时，越来越多的人发现，风筝还具有医疗和体育健身作用。一线在握，目送风筝直上云天，或缓步慢行，或嬉戏奔跑，对老人、青年人或儿童来说，都有增强体质，提高抗病和防病能力的功效。近年来，国外不少风筝医院、风筝疗养院应运生。“风筝疗法”已用于神经衰弱、精神抑郁症、视力减退、小儿智力不足等症的治疗，并取得了可喜的功效。

千年寿纸——宣纸

宣纸是目前是我国境内唯一保留传统手工造纸工艺的书画专用纸，它具有质地柔韧、洁白平滑、细腻匀整、色泽耐久、墨韵清晰、固墨长久、不蛀不腐等特质，故有“纸中之王”“千年寿纸”之美誉。

宣纸是中国古代用于书写和绘画的纸，因原产于宣州府（今安徽宣城）而得名，现主要产于安徽泾县。对宣纸的记载最早见于《历代名画记》《新唐书》，我国历代关于宣纸有很多动人的传说。

相传东汉安帝建光元年（121年）蔡伦死后，他的弟子孔丹在皖南造纸。他很想造出一种洁白的纸，好为老师画像，以表缅怀之情。他在一峡谷溪边，偶见一棵古老的青檀树，横卧溪上，由于经流水终年冲洗，树皮腐烂变白，露出缕缕长而洁白的纤维，孔丹欣喜若狂，取以造纸，经反复试验，终于成功，这就是后来的宣纸。

制作宣纸的原料，明代以前一律用纯一的青檀树枝韧皮，配方单一；以檀皮为原料制成的宣纸，韧力、拉力强，润墨性好，用它来创作泼墨山水，可以任意涂抹，而绝无穿通的忧虑。明代之后为青檀皮和沙田稻草两种原料互相搭配使用。

青檀树为中国特产，是生长在长江中下游山丘地区的一种多年生植物，其树皮纤维细长并强韧，是造纸的最佳原料。青檀树又以二年生的枝条皮为最佳，并于春末夏初剥取为宜。沙田稻草为皖南山区山脚田出产的稻草，因山脚田肥力不足，其生长的稻草纤维拉力强，有机质少，叶少杆多，制料时容易漂白加工，适宜于造纸。

人们将上述两种各具特点的木类植物长纤维和草类植物短纤维以适当的比例混合后，纤维之间就能自然而然地紧密聚合而成纸，不需胶合粘连。所造之纸强度和挺度好，所以千百年来宣纸始终以青檀皮和沙田稻草为原料。

宣纸的制作过程极其繁杂，其原料需经过浸泡、灰腌、蒸煮、漂白、水捞、加胶、贴烘等18道流程和近百个操作工序，历时一年方可制成。有人把其制作过程浓缩为“日月光华，水火济济”八个字，足见其制作之难。自古民间就有“一张书纸，千滴血汗”之说。

正因为原料之难取、工艺之复杂、时间之长久、劳动之艰辛，所以宣纸产量有限，价格也相当高，历代都被列为贡品。宣纸具有“韧而能润、光而不滑、洁白稠密、纹理纯净、搓折无损、润墨性强”等特点，并有独特的渗透、润滑性能。写字则骨神兼备，作画则神采飞扬，成为最能体现中国艺术风格的书画纸。

中国画技法有“墨分五色”，即一笔落成，深浅浓淡，纹理可见，墨韵清晰，层次分明，这是书画家利用宣纸的润墨性，控制了水墨比例，运笔疾徐有致而达到的一种艺术效果。手工抄造的宣纸最适宜表达中国书画艺术的韵味，所以，历代文人墨客、书画名家无不以在宣纸上挥毫泼墨为人生一大快事，或题词称颂赞誉，或留下墨宝丹青。

2002年，宣纸被国家质检总局批准为中华人民共和国原产地域产品，明确规定只有在泾县境内以青檀皮、沙田稻草为原料，采用传统工艺生产的书画纸才能被称为宣纸。

人类发展史上的新纪元——陶器的发明

陶器工艺品是我国最古老的工艺美术品，是人类留传下来的所有远古文化遗迹中最显著的标志，标志着新石器时代的开端。陶器的出现，也大大改善了人类的生活条件，开辟了人类发展史上的新纪元。

我国陶器的制造和使用大致始于距今1万年左右的原始社会时期。人们将具有可塑性的粘土，用水湿润后，经过手捏、轮制、模塑等方法加工成型后，在阴凉通风处风干，干燥后在800—1000℃高温下用火烧造而成坚固的制品，这就是陶器。陶器的主要成分是硅和铝的无机盐类，它们无毒、无味，是制作生活用具的良好原料。

在陶器发明以前，人们为了取得熟食，有时把食物架在篝火上烤熟；或者是用

彩陶人首瓶(仰韶文化)

石头砌成一个大坑,把猎物去皮,放进坑内,盖上热灰,直到焖熟;还有的就是用灼热的石块将兽肉烫熟;或把兽肉放入网中,泡入高温的泉水中,泡熟后食用。经过百万年的狩猎与采集生活,在原始的农耕作业的生产过程中,人们对于泥土的性质和状态有了更加深刻的认识。而居住环境的相对固定和生活资料的积累,使得人们开始研究储存生活资料的用具器物,在石质品、骨质品以及其他自然物之外去寻找一种新材料,用以煮熟、储存食物,于是以水、火、泥的合成方式生产的陶器就应运而生了。

陶器的发明,是人类文明发展的重要标志,是人类第一次利用天然物,按照自己的意志,创造出来的一种崭新的东西。它揭开了人类利用自然、改造自然的新篇章,具有划时代的意义。陶器的发明,也大大改善了人类的生活条件,在人类发展史上开辟了新纪元。

浙江余姚河姆渡遗址出土的黑陶,造型简单,早期盛行刻画花纹。河南渑池县仰韶村新石器时代遗址和陕西省西安市郊半坡遗址出土的彩陶,做工精美,设计精巧。这两个新石器时代遗址都属于母系社会遗址,有6000年以上的历史。

到了商代和周代,已经出现了专门从事陶器生产的工种。在战国时期,陶器上已经出现了各种优雅的纹饰和花鸟。这时的陶器也开始应用铅釉,使得陶器的表面更为光滑,也有了一定的色泽。

到了秦代,前期后期都处于全国战争的动荡之中,一般的生活用陶器、建筑陶器均无多少特征,与战国陶器基本一致。秦代最为杰出的制陶成就是秦始皇陪葬坑的兵马俑。从已发掘的俑坑情况可以看到,陶制兵马俑数量巨大,仅仅一个角落就有千万之巨；制作精湛，神态各异，造型生动，工艺成熟。

汉代历时400余年，陶器制作取得了很大成就，是中国陶瓷历史上的一个重要转折点。所制器物的表面被广泛施釉。汉代陶器整体造型风格比较端庄，腰腹多用几条弦纹装饰，陶俑以表现生活为主，造型与制作上不受拘束，神态准确，表情丰富。

唐三彩骑驼乐舞俑

唐代时，人们制陶时在色釉中加入不同的金属氧化物，经过低温焙烧，形成浅黄、赭黄、浅绿、深绿、天蓝、褐红、茄紫等多种色彩，但多以黄、褐、绿三色为主，后来人们习惯地把这类陶器称为“唐三彩”。唐三彩的出现标志着陶器的种类和色彩已经开始更加丰富多彩。

民族文化的瑰宝——漆器的发明

漆器工艺是华夏文化宝库中一颗璀璨夺目的明珠，是中国古代在化学工艺及工艺美术方面的重要发明，有着悠久的历史和卓越的成就。像陶瓷、丝绸一样，漆器是民族文化的瑰宝，是中国对世界文明的一项重大贡献。

中国是世界上最早发明漆器的文明古国，先秦漆器，特别是战国、秦汉漆器上的绘画，在中国绘画史上熠熠生辉。

漆是原产我国的漆科木本植物漆树的一种分泌物，生漆是从漆树割取的天然液汁，主要由漆酚、漆酶、树胶质及水分构成。从漆树中分泌出来的漆液含有漆酚，在日光作用下会变成黑色发光的漆膜。

人们从观察到漆树的自然分泌液形成黑色漆膜的现象受到启示，而有意识地利用漆液来装饰器物。后来，人们又发现漆膜美观精致，经久耐用，用它作涂料，有耐潮、耐高温、耐腐蚀等特殊功能，又可以配制出不同颜色，光彩照人，能对器物起保护作用，于是开始制造漆器。

战国至西汉，是漆业的鼎盛时期。战国时漆器生产规模已经很大，成为国家重要的经济收入，并设专人管理。据记载，庄子年轻时曾经做过管理漆业的小官。漆器生产工序复杂，耗工耗时，品种又特别繁多，不仅用于装饰家具、器皿、文具和艺术品，而且还应用于乐器、丧葬用具、兵器等。这时的漆器很昂贵，但新兴的诸侯不再热衷于青铜器，而把兴趣转向光亮洁净、易洗、体轻、隔热、耐腐、嵌饰彩绘、五光十色的漆器。于是，漆器在一定程度上取代了青铜器。

彩漆木雕座屏（战国中期）

制作漆器先制作胎体。胎为木制，偶尔也用陶瓷、铜或其他材料，也有用固化的漆直接刻制而不用胎。胎体完成，漆器艺人运用多种技法对表面进行装饰。漆器一般髹朱饰黑，或髹黑饰朱，以优美的图案在器物表面构成一个绮丽的彩色世界。在湖北曾侯乙墓出土的漆器有220多件。这些漆器是楚墓中年代最早也是最为精彩的，而且品类全，器型大，风格古朴，体现了楚文化的神韵。

汉代是漆器的鼎盛时期，漆器的品种又增加了盒、盘、匣案、耳环、碟碗、筐、箱、尺、唾壶、面罩、棋盘、凳子、危、几等，漆器也是以黑红为主色。同时，还开创了新的工艺技法，如多彩、针刻、铜扣、贴金片、玳瑁片、镶嵌、堆漆等多种装饰手法。

漆器图案根据不同的器物，以粗率简练的线条或繁缛复杂的构图表现，增强人或动物的动感与力度。黑红互置的色彩产生光亮、优美的特殊效果。在红与黑交织的画面上，形成富有音乐感的瑰丽多彩的艺术风格，展现了一个人神共在、绮玮谲诡、流动飞扬、变幻神奇的神话般的世界。

漆器初步制作好后，要放置在潮湿条件下干燥，固化后的漆器具有坚硬、耐酸、耐碱、耐磨的特性。要想让漆器固化后不产生裂纹或褶皱，需要建造专门的阴室，创造阴湿无尘的环境，以供漆器阴干之用。

《史记·滑稽列传》中记载：秦二世胡亥登基之后，想要用漆来漆绘城郭。由于胡亥暴虐、专横，没有人敢去谏止。当时有一个聪慧的侏儒名叫优旃，他对胡亥说：“主上如果不提出这件事情，臣也一定会向主上提议的。漆城虽然会使老百姓感到发愁和增加经济负担，但这是一件大好事。漆城光滑无比，敌人来了无法上城。涂漆是很容易的，但是要建造荫室却非常困难了，得建一个比都城更宏大的城郭才行啊。”这番话让胡亥认识到了自己的错误，于是就停止了这次劳民伤财的工程。由此可见,阴室在当时已成为漆器制造的重用设施,这种阴干方法后来一直沿用。

秦汉以后,由于瓷器的发展,漆器日用品如杯、壶、盘等渐为瓷器所代替,漆器作为生活用品减少了,但是作为工艺品,仍深受人们的喜爱,传统工艺一直沿袭,并不断有所创新,并先后传到日本、朝鲜、东南亚,以及中亚、西亚、欧洲各国,受到了世界各国人民的欢迎。

古老文明的载体——青铜器的发明

青铜器是中华民族古老灿烂文明的载体,它是世界冶金铸造史上最早的合金,是人类历史上的一项伟大发明。中国古代铜器,是我们的祖先对人类物质文明的巨大贡献,在世界艺术史上占有独特地位。

大禾方鼎(商代)

青铜器是以青铜为基本原料加工而制成的器皿。青铜,古称金或吉金,是红铜与其他化学元素(锡、镍、铅、磷等)的合金,其铜锈呈青绿色,因而得名。史学上所称的“青铜时代”是指大量使用青铜工具及青铜礼器的时期。这一时期在中国主要是从夏商周直至秦汉,时间跨度约为两千年左右,这也是青铜器从发展、成熟乃至鼎盛的辉煌期。由于青铜器以其独特的器形、精美的纹饰、典雅的铭文向人们揭示了先秦时期的铸造工艺、文化水平和历史源流,因此被史学家们称为“一部活生生的史书”。中国上古文明悠久而又深远,青铜器则是其缩影与再现。

中国古代的青铜文化十分发达,并以制作精良、气魄雄伟、技术高超而著称于世。贵族把青铜器作为宴享和放在宗庙里祭祀祖先的礼器。青铜器不是一般人可以拥有的,它作为一种权力和地位的象征,一种记事耀功的礼器而流传于世。

大约二千年以前,自夏代开始中国进入了青铜时代,开始有青铜容器和兵器。

到商代中期,青铜器的品种已经很丰富了,并出现了铭文和精细的花纹。商代晚期至西周早期,是青铜器发展的鼎盛时期,各种青铜器物造型多种多样,浑厚凝重,铭文逐渐加长,花纹繁缛富丽。随后,青铜器胎体开始变薄,纹饰逐渐简化。春秋晚期至战国,由于铁器的推广使用,铜制工具越来越少。

虽然从目前的考古资料来看,中国铜器的出现,晚于世界上其他一些地方,但是就铜器的使用规模、铸造工艺、造型艺术及品种而言,世界上没有一个地方的铜器可以与中国古代铜器相比拟。这也是中国古代铜器在世界艺术史上占有独特地位并引起普遍重视的原因之一。

青铜礼器十分发达是中国古代青铜文化区别于其他国家古代青铜文化的一个显著特点之一,这也是中国古代青铜文化的本质特点。礼器的发达是由中国古代社会异常强大的"宗法血缘"关系决定的。人们对祖先、对神灵的崇拜远远超越了对于自身的认同。夏代已出现了青铜礼器,到了商代,特别是商代晚期青铜礼器已十分成熟,主要的器类都已具备,主要有食器、酒器、水器和乐器。鼎是青铜礼器中的主要食器,在古代社会中,它被当作统治阶级等级制度和权力的标志。

中国青铜器不但数量多,而且造型丰富、品种繁多。每一器种在每个时代都呈现不同的风采,同一时代的同一器种的式样也多姿多彩,而不同地区的青铜器也有所差异,犹如百花齐放,五彩缤纷,因而使青铜器具有很高的观赏价值。自从有了青铜器,我国农业和手工业的生产力水平不断提高,物质生活条件也逐渐丰富。中国人民所创造的灿烂的青铜文化,在世界文化遗产中占有独特的地位。

"文明时代"的重要标志——瓷器的发明

中国是瓷器的故乡,瓷器的发明是中华民族对世界文明的伟大贡献,为人类历史写下了光辉的一页。它在技术和艺术上的成就,传播到世界各国,并深刻影响了陶瓷和文化的发展,为我国赢得"瓷器之国"的盛誉。

瓷器脱胎于陶器,它的发明是中国古代汉族先民在烧制白陶器和印纹硬陶器的经验中逐步探索出来的。原始瓷器起源于3000多年前,作为陶器向瓷器过渡时期的产物,与各种陶器相比,具有胎质致密、经久耐用、便于清洗、外观华美等特点。原始瓷烧造工艺水平和产量的不断提高,为后来瓷器逐渐取代陶器成为中国人日常生活的主要用器奠定了基础。

中国真正的瓷器出现是在东汉三国时期。首先是在南方地区开始出现的,浙江绍兴上虞市上浦小仙坛发现东汉晚期瓷窑址和青瓷等。瓷片质地细腻,釉面有光泽,胎釉结合紧密牢固。从显微照相可见,青瓷残片釉下已无残留石英。这种釉无论在外貌上,或是显微结构上,都已摆脱了原始青瓷的原始性,已符合真正的瓷器标准了。

北方瓷器生产晚于南方数百年,但它一旦掌握了青瓷生产之后,便迅速改进生

白瓷龙口注壶(北宋)

产技术,提高工艺水平,并结合北方的人文特点,创造了白瓷。白瓷是由青瓷发展而来的,两者的区别仅在于胎、釉中含铁量的不同。瓷土含铁量少则胎呈白色,含铁量多则胎色较暗,呈灰、浅灰或深灰色。就瓷器本身的发展而言,是从单釉瓷向彩瓷发展的,无论是褐绿彩、白地黑花、青花、釉里红,还是斗彩、五彩、粉彩或珐琅彩,都是以白色为衬托,来展现各种色彩的艳丽与美妙的。所以,白瓷的产生,对瓷器的发展有及深远的影响,至唐代已形成"南青北白"的格局。

宋代瓷器在胎质、釉料和制作技术等方面又有了新的提高,烧瓷技术完全成熟,艺技术上有了明确的分工。宋代名窑很多,耀州窑、磁州窑、景德镇窑、龙泉窑、越窑、建窑,以及被称为宋代五大名窑的汝窑、官窑、窑哥、钧窑、定窑等产品都有自己独特的风格。

元代时景德镇窑异军突起,所产青花、高温蓝釉、高温铜红釉、高温卵白釉、釉里红、釉上彩及孔雀绿釉等品种,给人耳目一新之感,为明、清时期景德镇成为全国的制瓷中心奠定了基础。

明代瓷器丰富多彩,加釉方法多样化,制瓷技术不断提高。成化年间创烧出在釉下青花轮廓线内添加釉上彩的斗彩,嘉靖、万历年间烧制成不用青花勾边而直接用多种彩色描绘的五彩,这些都是著名的珍品。

清代的瓷器是在明代取得卓越成就的基础上进一步发展起来的,制瓷技术达到了辉煌的境界。康熙时的素三彩、五彩,雍正、乾隆时的粉彩、珐琅彩都是闻名中外的精品。

瓷器取代陶器,不仅方便了人们的日常生活,丰富了人们的审美情趣,也证明了中华民族是具有伟大创造力的民族。其在每一个工艺过程中凝聚的古代先民的智能和辛勤汗水,更是蕴含了重要的历史价值和艺术价值。

瓷器在汉唐以后源源不断地输出到世界各地,促进了当时中国与外界的经济、文化交流,并且对其他国家人民的传统文化和生活方式产生了深远的影响,使中国为世界人民所认识，获得“瓷国”的美誉。同时，瓷器还是人类从“野蛮时代”进入“文明时代”的重要标志，它是中国对世界历史、文化、艺术、科技等方面做出的一项重大且不可磨灭的贡献。所以说，一部中国陶瓷史，就是一部形象的中国历史，也是一部生动的中国民族文化史。

医学药物

古老的医疗手段——针灸

针灸是一门古老而神奇的科学，也是我国特有的一种民族医疗方法，具有鲜明的汉民族文化与地域特征。千百年来，针灸对保卫人民健康有着卓越的贡献，直到今天仍发挥着重要作用。

远古时期，人们发生某些病痛或不适的时候，偶然被一些尖硬物体，如石头、荆棘等碰撞了身体表面的某个疼痛部位，会出现意想不到的症状减轻或消失的现象。于是，古人便开始有意识地用一些尖利的石块来刺身体的某些部位或人为地刺破身体使之出血，以减轻疼痛。

大约在距今八千至四千年前的新石器时代，相当于氏族公社制度的后期，人们已掌握了挖制、磨制技术，能够制作出一些比较精致的、适合于刺入身体以治疗疾病的石器，这种石器就是最古老的医疗工具砭石。人们就用“砭石”刺入身体的某一部位治疗疾病。《山海经》中的：“有石如玉，可以为针”，是关于砭石的早期记载。可以说，砭石是后世刀针工具的基础和前身。随着古人智慧和社会生产力的不断发展，针具逐渐发展成青铜针、铁针、金针、银针，直到现在用的不锈钢针。

金医针

针灸法产生于火的发现和使用之后。在用火的过程中，人们发现身体某部位的病痛经火的烧灼、烘烤而得以缓解或解除，继而学会用兽皮或树皮包裹烧热的石块、砂土进行局部热熨，逐步发展以点燃树枝或干草烘烤来治疗疾病。经过长期的摸索，选择了易燃而具有温通经脉作用的艾叶作为灸治的主要材料，于体表局部进行温热刺激，从而使灸法和针刺一样，成为防病治病的重要方法。由于艾叶具有易于燃烧、气味芳香、资源丰富、易于加工贮藏等特点，因而后来成了最主要的灸治原料。

针灸是针法和灸法的合称，是一种中国特有的治疗疾病的手段。它是一种“从外治内”的治疗方法，是通过经络、腧穴的作用，以及应用一定的手法，来治疗全身疾病的。在临床上按中医的诊疗方法诊断出病因，找出疾病的关键，辨别疾病的性质，确定病变属于哪一经脉，哪一脏腑，辨明它是属于表里、寒热、虚实中的哪一类型。然后进行相应的配穴处方，进行治疗。以通经脉，调气血，使阴阳归于相对平衡，使脏腑功能趋于调和，从而达到防治疾病的目的。

作为一门古老而神奇的科学，早在公元6世纪，中国的针灸学术便开始传播到国外。目前，在亚洲、西欧、东欧、拉美等已有120余个国家和地区应用针灸术为本国人民治病，不少国家还先后成立了针灸学术团体、针灸教育机构和研究机构，著名的巴黎大学医学院就开设有针灸课。1980年，联合国世界卫生组织提出了43种推荐针灸治疗的适应病症。1987年，世界针灸联合会在北京正式成立，针灸作为世界通行医学的地位在世界医林中得以确立。

中国自然疗法——推拿按摩

推拿按摩是中国古老的医治伤病的方法，属于现在所崇尚的自然疗法的一种。由于它的方法简便无副作用，治疗效果良好，所以几千年来在我国不断得到发展、充实和提高。

南宋大诗人陆游是个长寿诗人，在“人生七十古来稀”的古代社会，一直活到86岁的高龄。他在《木山》诗中说：“摩挲朝暮真千回。”在《病减》诗中又说：“病减停汤熨，身衰赖按摩。”从这几句诗看来，陆游认为年老有病的人如果要身体健康有精神，按摩的作用是不可忽视的。

陆游诗中所说的“摩挲”“按摩”，也就是推拿。推拿一词是由摩挲、按矫、按摩逐渐演变而来的，此外，推拿还叫“按跷”“跷引”“案机”，它是依据中医理论，在体表特定部位施以各种手法，或配合某些肢体活动，来恢复或改善身体机能的方法。

推拿按摩作为我国医疗保健的一种方法，可能起源于先人们在劳动时身体扭伤不适，总会不由自主地用手在伤痛之处来回按压，以求减轻病痛。天长日久发现这种方法还是挺管用的。随着经验的积累，便渐渐地摸索出了一系列行之有效的推拿按摩方法。早在《黄帝内经》中，推拿按摩就被列为中医治病的疗法之一了。《灵枢·九针篇》说：“形数惊恐，筋脉不通，病生干不仁，治之以按摩醪药。”

西汉时，推拿按摩方法得到了进一步发展，1973年长沙马王堆三号汉墓出土的《五十二病方》中载有“止血出者，燔发，以安其痏”，已把按摩作为配合治疗创伤出血的方法。真正标志推拿按摩正式成熟并形成体系的，则是我国推拿按摩史上的第一部专著《黄帝岐伯按摩》的推行于世。《黄帝岐伯按摩》全书10卷，可惜后来佚失不传，只有书目可供参考，这不能不说是我国按摩发展史上的一大损失。

由于推拿按摩在医疗实践中的作用，引起了封建统治者的重视，自隋朝开始，太医署设医科、按摩科、咒禁科等，后来唐承隋制，于太医署分科中也设有按摩科。唐朝太医署规定，按摩科设博士，师4人，工16人，学生15人。从此，按摩不仅完

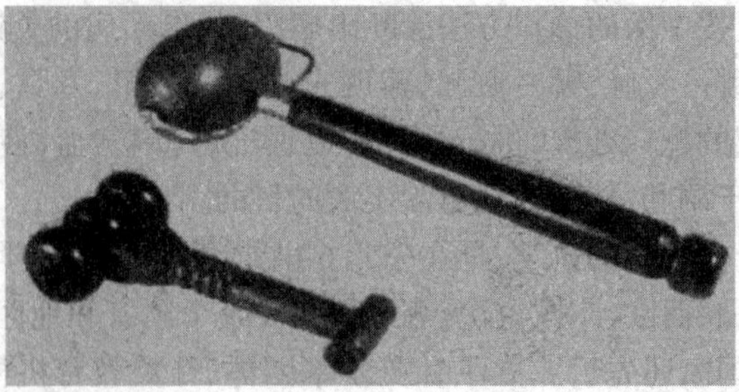

按摩器

全独立成科，并且在教学上形成了一套传授制度。

推拿按摩在宋元明清几代，还有所发展，尤其到了清代，还出现了用器械模仿按摩手法，制成的按摩器。今天，故宫的御药房里还藏有乾隆、光绪期间的两件按摩器，一件是由三颗蜜蜡朝珠做成的，一件是由金星石雕成瓜棱形的按摩器，这个革新创造为祖国医学宝库增添了新内容。

推拿按摩作为一种物理治疗方法，它的作用主要表现在以下几个方面：(1)疏通经络。《黄帝内经》说："经络不通；病生于不仁，治之以按摩"，说明按摩有疏通经络的作用。如按揉足三里，推脾经可增加消化液的分泌功能等。(2)调和气血。明代养生家罗洪在《万寿仙书》里说："按摩法能疏通毛窍，能运旋营卫"。这里的"运旋营卫"，就是调和气血之意。用现代医学来解释，就是推拿按摩手法的机械刺激，通过将机械能转化为热能的综合作用，以提高局部组织的温度，促使毛细血管扩张，改善血液和淋巴循环，使血液粘滞性减低，降低周围血管阻力，减轻心脏负担，故可防治心血管疾病。(3)提高机体免疫能力。通过按摩可以使白细胞的数量增加，并能增强白细胞的噬菌能力，也就是加强了人体的抗病能力。

推拿按摩手法因历代医家的研究发现而出现了很多种，但归纳起来，常用的不外乎按法、摩法、推法、拿法、揉法、捏法、颤法、打法八种。推拿按摩手法由于具有简单易学、便于操作、疗效显著、费用低廉、无毒副反应等优点而备受人们的喜爱。近年来，按摩疗法被公认为非药物疗法的代表，深受国内外各界人士的推崇。

神医扁鹊的医学贡献

扁鹊是我国医学科学的奠基人，是民间医学的开创者，他发明四诊，最早实施外科手术和麻醉术，革新医疗器具，是中国传统医学的鼻祖，对中医药学的发展有着特殊的贡献，世人敬他为神医。

扁鹊(前407—前310)，原名秦越人，又号卢医，勃海郡郑(今河南郑州新郑市)人，春秋战国时代名医。

扁鹊少年时期在故里做过舍长，即旅店的主人。当时在他的旅舍里有一位长住的旅客长桑君，他俩过从甚密，感情融洽。长期交往以后，长桑君终于对扁鹊说：

“我掌握着一些秘方验方，现在我已年老，想把这些医术及秘方传授予你，你要保守秘密，不可外传。”扁鹊当即拜长桑君为师，并继承其医术，成为一代名医。

神医扁鹊雕像

扁鹊成名后，周游各国，为君侯看病，也为百姓除疾。他的技术十分全面，无所不通。在邯郸听说当地尊重妇女，他便做妇科医生。在洛阳，因为那里很尊重老人，他就做了专治老年病的医生。秦国人最爱儿童，他又在那里做了儿科大夫，不论在哪里，都是声名大振。

根据史料记载，魏文王曾求教于扁鹊：“你们家兄弟三人，都精于医术，谁是医术最好的呢？”扁鹊：“大哥最好，二哥差些，我是三人中最差的一个。”

魏王不解地说：“请你介绍的详细些。”

扁鹊解释说：“大哥治病，是在病情发作之前，那时候病人自己还不觉得有病，但大哥就下药铲除了病根，使他的医术难以被人认可，所以没有名气，只是在我们家中被推崇备至。我二哥治病，是在病初起之时，症状尚不十分明显，病人也没有觉得痛苦，二哥就能药到病除，使乡里人都认为二哥只是治小病很灵。我治病，都是在病情十分严重之时，病人痛苦万分，病人家属心急如焚。此时，他们看到我在经脉上穿刺，用针放血，或在患处敷以毒药以毒攻毒，或动大手术直指病灶，使重病人病情得到缓解或很快治愈，所以我名闻天下。”

扁鹊发明四诊

扁鹊在诊视疾病中，已经应用了中医全面的诊断技术，即后来中医总结的四诊：望诊、闻诊、问诊和切诊，当时扁鹊称它们为望色、听声、写影和切脉。他精于望色，通过望色判断病症及病症演变的结果。如扁鹊晋见蔡桓公时，通过望诊判断出桓侯有病，但是病情尚浅。他劝蔡桓公接受治疗，但桓侯因自我感觉良好，拒绝治疗。不久，扁鹊再度晋见桓公，指出他病情已加重，病位已进展到血脉，再次劝说他接受治疗。但蔡桓公不听，认为扁鹊在炫耀自己，并以此牟利。当扁鹊第三次晋见他时，蔡桓公的病情已恶化，病位进入到内部肠胃。但蔡桓公仍不听从扁鹊的劝解，拒绝治疗。最后一次，扁鹊判断出桓侯病情危重，已进入到骨髓深处，病入膏肓，无法救治。果然不出所料，蔡桓公不久即发病，不治而死。

扁鹊的预防思想

扁鹊十分重视疾病的预防。他认为对疾病只要预先采取措施，把疾病消灭在初起阶段,是完全可以治好的。他曾颇有感触地指出:客观存在的疾病种类很多,但医生却苦于治疗疾病的方法太少。因此,他很注重疾病的预防。

外科鼻祖华佗的医学成就

中国的医学到汉代已经有了很多辉煌的成就,华佗批判地继承了前人的优秀学术成果,在总结前人经验的基础上,创立新的学说。华佗是我国医学史上为数不多的杰出外科医生之一,他首创用全身麻醉法施行外科手术,被后世尊为"外科鼻祖"。

外科鼻祖华佗画像

华佗(约145—208),字元化,一名旉,沛国谯(今安徽省亳州市谯城区)人,东汉末年医学家,与董奉、张仲景被并称为"建安三神医"。

华氏家族本是一个望族,其后裔中有一支定居于谯县以北十余里处风景秀丽的小华庄(今安徽省亳州市谯城区华佗镇)。至华佗时家族已衰微,但家族中对华佗寄托了很大的期望。从其名、字来看,名"佗",乃负载之意,"元化"是化育之意。华佗自幼刻苦攻读,习诵《尚书》《诗经》《周易》《礼记》《春秋》等古籍,逐渐具有了较高的文化素养。

华佗行医,并无师传,主要是精研前代医学典籍,在实践中不断钻研、进取。当时我国医学已取得了一定成就,《黄帝内经》《黄帝八十一难经》《神农本草经》等医学典籍相继问世,望、闻、问、切四诊原则和导引、针灸、药物等诊治手段已基本确立和广泛运用;而古代医家,如战国时的扁鹊,西汉的仓公,东汉的涪翁、程高等,所留下的不慕荣利富贵、终生以医济世的动人事迹,所有这些不仅为华佗精研医学提供了可能,而且陶冶了他的情操。华佗精通内、外、儿、妇、针灸各科,特别擅长外科,是世界上最早使用麻醉法施行外科手术的医生,比西方采用麻醉术早1600多年。

华佗制麻沸散

从东汉末年到三国时期,兵荒马乱,战祸连年,受伤的士兵不计其数。动手术时,那些伤兵痛苦的哀号让人毛骨悚然。作为外科手术医生,华佗一直在思考减轻患者痛苦的方法。

一天傍晚,华佗家里来了一位病人。病人的家属说,这位年轻人喝醉了酒,在家门口酒性大发,跌得头破血流,请医生赶快救救他。

华佗察看了伤势,额头上有道创口,血流得吓人。华佗赶快给他洗了伤口,用药线给他缝合并敷了药。病人家属千恩万谢地抬走了依旧醉得不省人事的年轻人。

华佗却陷入了沉思:别人缝创口时,鬼哭狼嚎;这个醉酒的病人却连一丝痛苦的表情都没有。看来应该是酒能迷性,迷性之后,就不觉疼痛。这个发现让华佗欣喜不已。经过再三斟酌,他决定用曼陀罗花做主药,配上其他中药,制成一帖让人麻醉的药,这就是世界史最早的麻醉剂——麻沸散。

五禽戏

在医疗体育方面,华佗也有着重要贡献。他创立了著名的五禽戏,就是模仿五种动物的形态、动作和神态,来舒展筋骨,畅通经脉。五禽,分别为虎、鹿、熊、猿、鸟,常做五禽戏可以使手足灵活,血脉通畅,还能防病祛病。他的学生吴普桑用这种方法强身,活到了90岁还是耳聪目明,齿发坚固。

应用心理疗法

华佗还是一名能运用心理疗法治疗疾病的专家。一次,一位太守请他看病,华佗认为经过一次大怒之后,他的病就会好。于是他接受了许多财物,却不给他好好看病,不久又弃他而去,并留下了一封书信骂他。太守大怒,让人去追,他的儿子知道事隋的真相,便悄悄拦住了去追赶他的人。太守在极度愤恨之下,吐出了几升的黑血,病很快就好了。

“药王”孙思邈

孙思邈是中国古代医德医术都堪称一流的医学名家,也是世界史上著名的医学家和药物学家,他的著作《千金要方》和《千金翼方》是中国医药学宝库中的重要组成部分,继承和发扬了我国古代医学的精华。

“药王”孙思邈

孙思邈(约581—682),京兆华原(今陕西耀州区)人,我国唐代著名医学家。他自幼勤奋好学,尤其喜欢研究医学,青年时代就已经成为远近闻名的医生。

在长期的医疗实践中,他感到过去的一些方药医书,浩博庞杂,分类也不妥当,查找很难,等找到药方已来不及医治了。于是,他一方面认真学习前人的经验,一方面广泛搜集民间的药方,着手编著新的医书。经过长期的努力,大约在652年,他70多岁时,写成了第一部医书《备急千金要方》30卷,简称《千金要方》。后来,他又在101岁的高龄,写成了第二部医书《千金翼方》30卷,作为对前书的补充。

对针灸学的贡献

孙思邈的医术非常高明,在针灸和医治一些疑难病症方面都很有成就。有一次,一个腿疼的病人前来就诊,孙思邈便给他针灸。他按照传统的疗法,扎了几针,都未能止疼。他想,难道除了古人发现的365个穴位之外,再没有别的穴位了吗?他认真仔细地寻找新的穴位,一面用大拇指轻轻按掐,一面问病人按掐的部位是不是疼,病人一直都摇头。当孙思邈手指按掐住一个新的部位时,病人立即感到腿疼的症状减轻了好多。孙思邈就在这一点扎了一针,病人的腿立刻不疼了。这种随疼点而定的穴位,叫作"阿是穴",又名"天应穴"或"不定穴"。这是孙思邈对针灸学的一大贡献。

重视养生保健

孙思邈很重视妇婴保健。他在《千金要方》中首先列《妇人方》三卷,其次为《少小婴孺方》二卷。对于妇科病的特殊性,小儿护理的重要性,论述尤为详细,很有实际意义。对于孕妇,他提出住处要清洁安静,心情要保持舒畅,临产时不要紧张;对于婴儿,提出喂奶要定时定量,平时要多见风日,衣服不可穿得过多等等。这些主张在今天看来,仍然有一定的现实意义,为后来妇科和儿科的形成和发展奠定了良好的基础。

孙思邈崇尚养生并身体力行,正由于他通晓养生之术,才能年过百岁而视听不衰。他将儒家、道家以及外来古印度佛家的养生思想与中医学的养生理论相结合,提出的许多切实可行的养生方法。时至今日,这些养生方法还在指导着人们的日常生活,如心态要保持平衡,不要一味追求名利;饮食应有所节制,不要过于暴饮暴食;气血应注意流通,不要懒惰呆滞不动;生活要起居有常,不要违反自然规律等等。

导尿术的发明

有一次,一个病人得了尿潴留病,撒不出尿来。孙思邈看到病人憋得难受的样子,他想:吃药已经来不及了,如果想办法用根管子插进尿道,尿或许会流出来。他看见邻居的孩子拿一根葱管在吹着玩儿,葱管尖尖的,又细又软,孙思邈决定用葱管来试一试,于是他挑选出一根适宜的葱管,在火上轻轻烤一下,切去尖的一头,然后小心翼翼地插进病人的尿道里,再用力一吹,不一会儿尿果然顺着葱管流了出来,病人的小肚子慢慢瘪了下去,病也就好了。

大脖子病的治疗

孙思邈不仅刻苦钻研医术,他还经常不畏艰险,背着药篓亲自上山采药。孙思邈在山地采集药材的过程中，还随时随地给山区老百姓看病。久住山区的人，因为缺碘很容易得大脖子病，脖子前面长出一个大瘤子。孙思邈想：人们常说，吃心补心，吃肝补肝，能不能用羊靥（山羊或绵羊的甲状腺体）治疗大脖子病呢？他试治了几个病人，果然见效。

孙思邈重视医德，强调为人治病，应不分高低贵贱，一视同仁，曾系统论述医德规范。

孙思邈死后，人们将他隐居过的“五台山”改名为“药王山”，并在山上为他建庙塑像，树碑立传。

吴有性创立温疫学说

吴有性创立的温疫学说，形成了一个比较系统的温病辨证论治纲领，充实了中医温热病学的内容。他著有《温疫论》，将温疫与伤寒病分开，为温病学说的形成与发展做出了贡献。

吴有性（约1582—1652），字又可，江苏震泽人，我国明代医学家。吴有性的生活时代正值明末战乱，饥荒流行，致使疫病蔓延。据史料记载，崇祯十四年（1641年），山东、河南、河北、浙江等地温疫流行，患者甚多。由于当时的医生用治疗外感病的方法或伤寒的方法治疗，不仅对遏制温疫无效，反而导致病情迁延，进一步向危重阶段发展，枉死者不可胜数。鉴于以上情况，吴有性潜心钻研，认真总结，提出了一套新的认识，强调这种病属温疫，非风非寒，非暑非湿，非六淫之邪外侵，而是由于天地间存在有一种异气感人而至，与伤寒病截然不同。感受疫疠之气之后，可使老少俱病。这就从病因学方面将温疫与一般外感病区别开来，并与伤寒病加以区分。吴氏突破了六气致病的传统观点，提出了新的传染病病原观点。这些，已被现在的医学、微生物学所证实，这是吴氏对温病学的一大贡献。

吴有性通过大量的临床观察发现，温疫邪气侵犯人体的途径是从口鼻而入，停留在半表半里之间。他指出温疫之病所以用治外感病的方法治疗不得痊愈，就是因为此病邪的部位不同于一般外感病的在表或在里，而是在于半表半里的膜原，这个部位是一般药物所不能到达的。由于其既连表又连里，邪气盛时则可出表或入里，这时才可根据邪气溃散的趋势，因势利导予以治疗。吴氏将温疫病的传变从表里两大方面进行总结、归纳出九种传变方式，称为“九传”。即但表不里、表而再表，但里不表、里而再里、表里分传、表里分传再分传、表胜于里、里胜于表、先表后里、先里后表。

吴有性经过潜心钻研，创立了达原饮一方以治疗温疫，达到使邪气尽快从膜原溃散，以利于表里分消的目的。方中槟榔能消能磨，为疏理气机之品，可以除伏邪，又可治岭南瘴气；厚朴也属于疏理气机之品，可以破戾气之所结；草果辛烈气雄，可以辛散以除伏邪蟠踞。三味药物相合协力，以使气机疏利，直达巢穴，促使邪气溃散，速离膜原。

如果温疫之邪已经散漫，则又要根据邪气所在部位予以不同治疗。如果见脉长而洪散，大汗大渴，周身发热，则说明邪气已离膜原，而里热散漫，其病机已与伤寒病阳明气分证一致，故仍可用白虎汤辛凉解散。如果邪气透于胸膈，而见满闷心烦喜呕，欲吐不吐，虽吐而不得大吐，腹中不满，欲饮不能饮，欲食不能食，说明膜原之邪已外溃于胸膈，邪气在上，可选用瓜蒂散涌吐疫邪。

吴有性创立了温疫学说，著有《温疫论》。《温疫论》是在《伤寒论》成书1400年之后医学史上又一部具有划时代意义的有关外感病的论著。它第一次认识到温疫感染于戾气、具有传染性，充实了中医温热病学的内容，开温病学说之先河，后世许多温病论著皆受此书的影响和启发。

建筑设计

古代祠庙建筑的典范——曲阜孔庙

孔庙是中国现存规模仅次于故宫的古建筑群，堪称中国古代大型祠庙建筑的典范。孔庙是中国渊源最古、历史最长的一组建筑物，也是海内外数千座孔庙的先河与范本，和相邻的孔府、城北的孔林合称“三孔”。2006年05月25日，孔庙被国务院批准列入第六批全国重点文物保护单位名单。

孔子画像

孔庙位于山东省曲阜市南门内，是第一座祭祀孔子的庙宇，初建于公元前478年，以孔子的故居为庙，以皇宫的规格而建，是我国三大古建筑群之一，在世界建筑史上占有重要地位。

孔子是我国古代伟大的思想家和教育家,儒家学派创始人。在我国历史上,流传着很多孔子的故事。孔子不仅是一位伟大的教育家,还是一位音乐家,他既会唱歌,又会弹琴作曲。他在与人一同唱歌时,如果人家唱得好,他一定请人家再唱一遍,自己洗耳恭听,然后再和一遍。孔子曾跟师襄学琴,有一天师襄交给他一首曲子,让他自己练习,他足足练了十来天,仍然没有停下来的意思,师襄忍不住了,说:"你可以换个曲子练练了。"孔子答道:"我虽然已熟悉它的曲调,但还没有摸到它的规律"。过了一段时间,师襄又说:"你已摸到它的规律了,可以换个曲子练了。"不料孔子回答:"我还没有领悟到它的音乐形象哩。"如此又过了一段时间,师襄发现孔子神情庄重,四体通泰,好似变了人样。这次不待师襄发问,孔了就先说道:"我已经体会到音乐形象了,黑黝黝的,个儿高高的,目光深远,似有王者气概,此人非文王莫属也。"师襄听罢,大吃一惊,因为此曲正好名叫《文王操》。

孔庙就是为了纪念孔子而建的,孔庙建成后,经过历代帝王的不断加封和扩建,到清代雍正帝时扩建成目前的规模。庙内共有九进院落,以南北为中轴,分左、

孔庙

中、右三路,纵长630米,横宽140米,有殿、堂、坛、阁460多间,门坊54座,"御碑亭"13座,拥有各种建筑100余座,460余间,占地面积约95000平方米。孔庙内的圣迹殿、十三碑亭及大成殿东西两庑,陈列着大量碑碣石刻,特别是这里保存的汉碑,在全国是数量最多的,历代碑刻亦不乏珍品,其碑刻之多仅次西安碑林,所以它有我国第二碑林之称。

孔庙的总体设计是非常成功的。前为神道,两侧栽植桧柏,创造出庄严肃穆的气氛,培养谒庙者崇敬的情绪;庙的主体贯串在一条中轴线上,左右对称,布局严谨。前后九进院落,前三进是引导性庭院,只有一些尺度较小的门坊,院内遍植成行的松柏,浓荫蔽日,创造出使人清心涤念的环境,而高耸挺拔的苍桧古柏间辟出一条幽深的甬道,既使人感到孔庙历史的悠久,又烘托了孔子思想的深奥。座座门坊高揭的额匾,极力赞颂孔子的功绩,给人以强烈的印象,敬仰之情不觉油然而生。

第四进以后庭院，建筑雄伟，黄瓦、红墙、绿树，交相辉映，既喻示出孔子思想的博大高深，也喻示了孔子的丰功伟绩，而供奉儒家贤达的东西两面，分别长 166 米，又喻示了儒家思想的源远流长。

两千多年来，曲阜孔庙旋毁旋修，从未废弃，在国家的保护下，由孔子的一座私人住宅发展成为规模形制与帝王宫殿相埒的庞大建筑群，是人类建筑史上的伟大壮举。曲阜孔庙以其规模之宏大、气魄之雄伟、年代之久远、保存之完整，被我国著名的建筑学家梁思成称为世界建筑史上的"孤例"。

中国的象征——长城

长城是我国古代劳动人民创造的伟大奇迹，是中国悠久历史的见证。它与北京天安门、秦陵兵马俑一起被视为中国的象征，是中华民族的宝贵遗产。1987 年长城作为人类历史的奇迹被列入《世界遗产名录》。

春秋战国时期，各诸侯国为了防御别国入侵，修筑烽火台，用城墙连接起来，形成了最早的长城。后来，历代君王大都对长城进行过加固和增修。长城东起辽宁山海关，西至甘肃嘉峪关，遗址分布在今天的北京、甘肃、宁夏、陕西、山西、内蒙古、河北、新疆、天津、辽宁、黑龙江、河南、湖北、湖南和山东等 10 多个省、市、自治区。

长城的防御体系

无论是秦皇汉武，还是明代帝王，修筑长城既是积极防御，又是积蓄力量、继续进取。长城作为防御工程，主要由关隘、城墙、烽火台组成。

关隘是长城沿线的重要驻兵据点。关隘多选择在出入长城的咽喉要道上，整个构造由关口的城墙、城门、城门楼、瓮城组成，有的还有罗城和护城河。关隘的城墙是长城的主要工程，内外檐墙多用巨砖、条石等包砌，内填黄土、碎石，高度在 10 米左右，顶宽 4—5 米。城墙外檐上筑有供瞭望和射击的垛口，内檐墙上筑有防止人马从墙顶跌落的宇墙。城门上方均筑有城门楼，是战斗的观察所和指挥所，也是战斗据点。

城墙是联系雄关、隘口的纽带。城墙高约 7—8 米，山冈陡峭的地方城墙比较低。墙身是防御敌人的主体，墙基平均宽约 6.5 米，顶部宽 5.8 米。墙结构主要有版筑夯土墙、土坯垒砌墙、砖砌墙、砖石混合砌墙、石块垒砌墙和木板墙等。在城顶外侧的迎敌方向，修有一些高约 2 米的齿形垛口，上部有小口用来瞭望敌人，下部有小洞用来射击敌人。

烽火台是利用烽火、烟气以传递军情的建筑。烽火台通常设置在长城内外最易瞭望到的山顶上，一般是土筑或用石砌成一个独立的高台，台子上有守望房屋和燃烟放火的设备，如遇有敌情，白天燃烟或悬旗、敲梆、放炮，夜间燃火或点灯笼。

在长城防御工程系统中，还有一些与长城相联系的城、堡、障、堠等建筑物。这些建筑物大都建筑在长城内外,供兵卒居住和防守用。

长城的意义

巍然屹立的长城,显示中华民族悠久的历史,反映中国古代建筑工程技术的伟大成就,表现中国古代各族劳动人民的坚强毅力与聪明才智,体现中国自古以来形成的积极防御的战略思想,是中国古代文化的象征。山海关、八达岭和嘉峪关 3 处长城区段在 1961 年被定为全国重点文物保护单位,已被联合国教科文组织列为世界文化遗产。

天下绝景——黄鹤楼

黄鹤楼是“江南三大名楼”之一,是古典与现代熔铸、诗化与美意构筑的精品,享有“天下绝景”的美称。它处在山川灵气动荡吐纳的交点,正好迎合了中华民族喜好登高的民风民俗、亲近自然的空间意识和崇尚宇宙的哲学观念。

黄鹤楼

黄鹤楼位于湖北省武汉市,始建于三国时期吴黄武二年(223 年),传说是为了军事目的而建,至唐朝逐渐演变为著名的名胜景点。黄鹤楼濒临万里长江,雄踞蛇山之巅,挺拔独秀,辉煌瑰丽,很自然就成了名传四海的游览胜地。登黄鹤楼,不仅能获得精神上的愉悦,更能使心灵与宇宙意象互渗互融,从而使心灵净化。这大约就是黄鹤楼的魅力经风雨而不衰、与日月共长存的原因之所在。

黄鹤楼名称由来

传说,从前有一位辛先生,平日以卖酒为业。有一天,店里来了一位衣衫褴褛,看起来很贫穷的客人。他神色从容地问辛先生:“店家,可以给我一杯酒喝吗?”辛先生没有怠慢他,连忙盛了一大杯酒奉上。如此过了半年,辛先生每天都请位客人喝酒。

有一天,这位客人告诉辛先生说:“我欠了你很多酒钱,没有办法还你,今日我就替先生把酒钱挣回来。”那客人从篮子里拿出一块橘子皮,画了一只黄色的鹤在墙上,边用手打节拍边唱歌,墙上的黄鹤也随着歌声、合着节拍,蹁跹起舞。酒店里的其他客人看到这种妙事都付钱观赏。如此又过了十年,辛先生也因而累积了很多财富。

十年之后,那位衣着褴褛的客人,又飘然来到了酒店。辛先生连忙上前致谢,客人微微一笑,并不答话。接着便取出笛子吹了几首曲子,没多久,只见一朵朵白云从天而降,黄鹤也随着白云飞到了客人面前。客人跨上鹤背,黄鹤展翅腾空而去,慢慢就不见了身影。辛先生为了感谢及纪念这位客人,用十年来赚下的银两在黄鹄矶上修建了一座楼阁,这就是黄鹤楼。

黄鹤楼建筑特色

黄鹤楼共五层,高 50.4 米,攒尖顶,层层飞檐,整个建筑具有独特的民族风格。主楼周围还建有胜象宝塔、碑廊、山门等建筑。黄鹤楼内部,层层风格各不相同。底层为高大宽敞的大厅,正中藻井高达 10 多米,正面壁上是一幅表现“白云黄鹤”为主题的巨大陶瓷壁画。四周空间陈列历代有关黄鹤楼的重要文献、著名诗词的影印本,以及历代黄鹤楼绘画的复制品。二至五层的大厅都有不同的主题,在布局、装饰、陈列上各具特色。二楼大厅正面墙上,有用大理石镌刻的唐代阎伯理撰写的《黄鹤楼记》;三楼大厅的壁画为唐宋名人的“绣像画”,如崔颢、李白、白居易等,也摘录了他们吟咏黄鹤楼的名句。四楼大厅用屏风分割成几个小厅,内置当代名人字画,供游客欣赏、选购。顶层大厅有《长江万里图》等长卷壁画。

重建黄鹤楼

1957 年建武汉长江大桥武昌引桥时,占用了黄鹤楼旧址,如今重建的黄鹤楼在距旧址约 1 千米左右的蛇山峰岭上。1981 年 10 月,黄鹤楼重修工程破土开工,1985 年 6 月落成,主楼以清同治楼为蓝本,但更高大雄伟。运用现代建筑技术施工,钢筋混凝土框架仿木结构。飞檐 5 层,攒尖楼顶,金色琉璃瓦屋面,通高 51.4 米,底层边宽 30 米,顶层边宽 18 米,全楼各层布置有大型壁画、楹联、文物等。楼外铸铜黄鹤造型、胜像宝塔、牌坊、轩廊、亭阁等一批辅助建筑,将主楼烘托得更加壮丽。登楼远眺,“极目楚天舒”,不尽长江滚滚来,三镇风光尽收眼底。

海拔最高的宫殿式建筑群——布达拉宫

布达拉宫是藏式建筑的杰出代表,也是中华民族古建筑的精华之作。它是拉萨城的标志，也是藏族人民巨大创造力的象征，是西藏建筑艺术的珍贵财富，也是独一无二的雪域高原上的人类文化遗产。

布达拉宫坐落在中国西藏自治区拉萨市中心的红山上，同山体融合在一起，高高耸立，壮观巍峨。宫墙红白相间，宫顶金碧辉煌，具有强烈的艺术感染力，是西藏人民巨大创造力的象征，是西藏建筑艺术的珍贵财富。

布达拉宫的兴建

公元7世纪，吐蕃国王松赞干布勤政爱民，王朝日益强大。为了与中原的唐朝建立友好关系，引进中原先进技术和文化，松赞干布决定向唐朝求婚。唐太宗答应了松赞干布的求婚，将文成公主许配给他。松赞干布就在红山上建九层楼宫殿一千间，取名布达拉宫迎娶文成公主。9世纪时，布达拉宫因吐蕃内乱遭到破坏，仅存法王洞。洞内供着据传为松赞干布生前所造的他自己和文成公主等人并列的塑像。

1642年，五世达赖喇嘛建立了噶丹颇章政权。1645年，五世达赖开始重建布达拉宫，三年后竣工，是为白宫。1653年，五世达赖入住宫中。从这时起，历代达赖喇嘛都居住在这里，重大的宗教和政治仪式也都在这里举行，布达拉宫由此成为西藏政教合一的统治中心。五世达赖去世后，为安放灵塔，1690年继续扩建宫殿，1693年竣工，形成红宫。

布达拉宫建筑群

布达拉宫依山垒砌，群楼重叠，自山脚向上，直至山顶，主要建筑由白宫和红宫组成，是当今世界上海拔最高、规模最大的宫殿式建筑群。

布达拉宫

白宫位于布达拉宫东部，外墙为白色，共有七层，最顶层是达赖的寝宫日光殿。日光殿分东西两部分，分别是十三世和十四世达赖的寝宫，也是他们处理政务的地方。殿内包括朝拜堂、经堂、习经室和卧室等，陈设均十分豪华。

红宫位于布达拉宫的中央位置，外墙为红色。围绕着历代达赖的灵塔殿建造了许多经堂、佛殿,从而与白宫连为一体。红宫最主要的建筑是历代达赖喇嘛的灵塔殿,共有五座,分别是五世、七世、八世、九世和十三世。红宫中还有一些很重要宫殿,三界兴盛殿是红宫最高的殿堂,藏有大量经书和清朝皇帝的画像;坛城殿有三个巨大的铜制坛城,供奉密宗三佛;持明殿主供密宗宁玛派祖师莲花生及其化身像;世系殿供金质的释迦牟尼十二岁像和银质五世达赖像,十世达赖的灵塔也在此殿。

布达拉宫建筑艺术

布达拉宫的壁画、唐卡(卷轴画)和其他装饰彩绘,是其建筑艺术的一颗璀璨明珠。布达拉宫的大小殿堂、门厅、回廊等墙面无不绘有壁画,取材涉及历史人物、宗教神话、佛经故事等,还有民俗、体育、建筑等方面,有的以单幅表现,有的以横卷形式将画面相连缀。

布达拉宫的雕塑非常精美,宫内集中了大量珍品,有泥塑重彩、木雕、石刻,金、银、铜、铁等金属塑像数量最多,大的达十余米,小的仅几厘米。宫内还保存着大量具有浓厚宗教色彩和藏族艺术风格的工艺品,如藏毯、卡垫、经幡、华盖和幔帐等刺绣贴缎织物。

布达拉宫是中国首批被列为国家重点文物保护单位,也是世界十大土木建筑之一。它集中西藏宗教、政治、历史和艺术诸方面于一身,是“西藏历史的博物馆”。

古城西安的象征——大雁塔

大雁塔是中国唐朝佛教建筑艺术杰作,它是西安市的标志性建筑和著名古迹,是古城西安的象征,西安市徽中央所绘制的便是这座著名古塔。1961 年,大雁塔被国务院颁布为第一批全国重点文物保护单位。

大雁塔又名大慈恩寺塔,位于陕西省西安市南郊大慈恩寺内。大雁塔始建于652 年(唐高宗永徽三年)。当时,玄奘法师为了供奉从印度带回的佛像、舍利和梵文经典,在慈恩寺的西塔院建起一座五层砖塔。在武则天长安年间重建,后来又经过多次修整。大雁塔在唐代就是著名的游览胜地,因而留有大量文人雅士的题记,仅明、清朝时期的题名碑就有二百余通。

大雁塔名称由来

在古印度,摩揭陀国有一座寺院,当时大乘佛教派和小乘佛教派并立,都非常有势力,并不像现在的大乘佛教一统天下。小乘佛教是可以吃肉,不忌腥荤的。有一天,是菩萨的布施日,和尚们到了中午还没有饭吃,有一个小和尚就感慨地说:如果菩萨显灵的话,他应该知道这个时候应该给我们施舍一点肉了。他话音刚落,此时天上飞过来一群大雁,领头的头雁就坠地而亡了。和尚们马上醒悟过来:这是菩萨显灵在点悟我们。于是,他们就在大雁落下的地方将大雁埋葬了,并修起了一座塔,取名叫雁塔,而且从此改信大乘佛教,不食荤腥了。玄奘去西天取经的时候,亲自瞻仰了这个圣迹,知道这个地方叫雁塔,回来之后,就把自己在大慈恩寺存放经卷和舍利的地方也取名叫雁塔。五十年之后,武则天为她的丈夫李治祈福,也修了一个塔,这个塔小一点,所以叫小雁塔,而大慈恩寺塔就叫大雁塔。

大雁塔的建筑构造

大雁塔是仿木结构的四方形楼阁式砖塔,由塔基、塔身、塔刹组成,现通高为64.517米。塔基高4.2米,南北约48.7米,东西45.7米;塔体呈方锥形,平面呈正方形,底边长为25.5米,塔身高59.9米,塔刹高4.87米。塔体各层均以青砖模仿唐代建筑砌檐柱、斗拱、栏额、檀枋、檐椽、飞椽等仿木结构,磨砖对缝砌成,结构严整,磨砖对缝坚固异常。塔身各层壁面都用砖砌扁柱和阑额,柱的上部施有大斗,在每层四面的正中各开辟一个砖拱券门洞。塔内的平面也呈方形,各层均有楼板,设置扶梯,可盘旋而上至塔顶。塔上陈列有佛舍利子、佛足石刻、唐僧取经足迹石刻等。

塔的底层四面皆有石门,门楣上均有精美的线刻佛像,西门楣为阿弥陀佛说法图,图中刻有富丽堂皇的殿堂。画面布局严谨,线条遒劲流畅,传为唐代画家阎立本的手笔。底层南门洞两侧镶嵌着唐代书法家褚遂良所书、唐太宗李世民所撰《大唐三藏圣教序》和唐高宗李治所撰《述三藏圣教序记》两通石碑,具有很高艺术价值,人称“二圣三绝碑”。

对大雁塔的保护

大雁塔由于人为破坏,加上自身结构等问题,在1719年就发现塔身倾斜。到1985年古塔已倾斜了998毫米,至1996年,古塔向西北方向倾斜达1010.5毫米,平均每年倾斜1毫米。1983年西安市政府将《大雁塔倾斜问题及其加固研究》列为重大科研项目,并成立了课题组。后经有关部门20多年的探查、保护、排水、防渗等方面综合整治,大雁塔的倾斜状况已明显趋于缓和和稳定,2005年倾斜量为1001.9毫米。

世界五大宫之首——故宫

故宫是世界现存最大、最完整的木质结构的古代皇宫建筑群,它是无与伦比的古代建筑杰作,被誉为世界五大宫之首。故宫历经了明、清两个朝代二十四位皇帝,是明清两朝最高统治核心的代名词。1961年,国务院宣布故宫为第一批“全国重点文物保护单位”。

故宫位于北京市中心,旧称紫禁城,是明、清两代的皇宫。故宫始建于明永乐

4年(1406年),1420年基本竣工。故宫南北长961米,东西宽753米,面积约为725000平方米,建筑面积15.5万平方米。相传故宫一共有9999.5个房间,实际据1973年专家现场测量,故宫有房间8704间。有人做过形象比喻,说一个人从出生就开始住,每一天住一间房,不重复,要住到27岁才可以出来。

故宫

故宫周围环绕着高12米、长3400米的宫墙,形式为一长方形城池,墙外有52米宽的护城河环绕,形成一个壁垒森严的城堡。故宫宫殿建筑均是木结构、黄琉璃瓦顶、青白石底座,饰以金碧辉煌的彩画。故宫有4个门,正门名午门,东门名东华门,西门名西华门,北门名神武门。面对北门神武门,有用土、石筑成的景山,满山松柏成林。在整体布局上,景山可说是故宫建筑群的屏障。

故宫的建筑依据其布局与功用分为"外朝"与"内廷"两大部分。"外朝"与"内廷"以乾清门为界,乾清门以南为外朝,以北为内廷。故宫外朝、内廷的建筑气氛迥然不同。外朝以太和、中和、保和三大殿为中心,是皇帝举行朝会的地方,也称为"前朝",是封建皇帝行使权力、举行盛典的地方。此外两翼东有文华殿、文渊阁、上驷院、南三所;西有武英殿、内务府等建筑。内廷以乾清宫、交泰殿、坤宁宫后三宫为中心,两翼为养心殿、东西六宫、斋宫、毓庆宫,后有御花园,是封建帝王与后妃居住之所。内廷东部的宁寿宫是当年乾隆皇帝退位后为养老而修建。内廷西部有慈宁宫、寿安宫等。此外还有重华宫、北五所等建筑。

故宫严格地按《周礼·考工记》中"前朝后寝,左祖右社"的帝都营建原则建造。整个故宫,在建筑布置上,用形体变化、高低起伏的手法,组合成一个整体。在功能上符合封建社会的等级制度,同时又达到了左右均衡和形体变化的艺术效果。故宫前部宫殿,建筑造型宏伟壮丽,庭院明朗开阔,象征封建政权至高无上。因此,太和殿坐落在紫禁城对角线的中心,四角上各有十只吉祥瑞兽,生动形象,栩栩如生。后部内廷庭院深邃，建筑紧凑，因此东西六宫都自成一体，各有宫门宫墙，相对排列，秩序井然，再配以宫灯联对、绣榻几床，都是体现适应豪华生活需要的布置。

故宫是几百年前劳动人民智慧和血汗的结晶。在当时社会生产条件下，能建造这样宏伟高大的建筑群，充分反映了中国古代劳动人民的高度智慧和创造才能。建筑学家们认为故宫的设计与建筑，实在是一个无与伦比的杰作，它的平面布局、立体效果，以及形式上的雄伟、堂皇、庄严、和谐，堪称中国古代建筑艺术的精华。

中国园林之母——拙政园

拙政园是江南园林的代表，也是苏州园林中面积最大的古典山水园林，被誉为"中国园林之母"，充分展现了江南园林在千年悠悠岁月中美的历程和旖旎风采。

拙政园位于苏州市中心，初为唐代诗人陆龟蒙的住宅，元朝时为大弘寺。明正德四年(1509 年)，明代弘治进士、明嘉靖年间御史王献臣仕途失意归隐苏州后买下拙政园，聘请著名画家、吴门画派的代表人物文征明参与设计蓝图，历时 16 年建成。400 多年来，拙政园屡换园主，曾一分为三，园名各异，或为私园，或为官府，或散为民居，直到上个世纪 50 年代，才完璧合一，恢复初名"拙政园"。

现在的拙政园全园占地 52000 平方米，建筑大多是清咸丰九年(1850 年)拙政园成为太平天国忠王府花园时重建，至清末形成东、中、西三个相对独立的小园。

拙政园东园

拙政园东园明快开朗，以平冈远山、松林草坪、竹坞曲水为主，主要景点有兰雪堂、缀云峰、芙蓉榭、天泉亭、秫香馆等。

兰雪堂是东园的主要厅堂，堂名取意于李白"独立天地间，清风洒兰雪"诗句。兰雪堂为五楹草堂，堂前两棵白皮松苍劲古拙，墙边修竹苍翠欲滴，湖石玲珑，绿草夹径，东西院墙相连。堂坐北朝南三开间，"兰雪堂"匾额高挂，长窗落地，堂正中有屏门相隔，屏门南面为一幅漆雕《拙政园全景图》，屏门北面为《翠竹图》，全部采用苏州传统的漆雕工艺，屏门两边的隔扇裙板上刻有人物山水。芙蓉榭体现了中国古代建筑之优，屋顶为卷棚歇山顶，四角飞翘，一半建在岸上，一半伸向水面，灵空架于水波上，伫立水边、池水清清，秀美倩巧，是夏日赏荷的好地方。

拙政园中园

拙政园中园为拙政园精华所在，总体布局以水池为中心，亭台楼榭皆临水而建，有的亭榭则直出水中，池广树茂，景色自然，临水布置了形体不一、高低错落、主次分明的建筑，保持了明代园林浑厚、质朴、疏朗的艺术风格，主要景点有远香堂、香洲、荷风四面亭、见山楼、小飞虹、枇杷园等。

远香堂以荷香喻人品，为拙政园中园的主体建筑，位于水池南岸，隔池与东西

拙政园

两山岛相望,池水清澈广阔,遍植荷花,山岛上林荫匝地,水岸藤萝粉披,两山溪谷间架有小桥,山岛上各建一亭,西为雪香云蔚亭,东为待霜亭,四季景色因时而异。

远香堂之西,倚玉轩与香洲遥遥相对,与其北面的荷风四面亭成三足鼎立之势,都可随势赏荷。倚玉轩之西有一曲水湾深入南部居宅,有三间水阁小沧浪,它以北面的廊桥小飞虹分隔空间,构成一个幽静的水院。

拙政园西园

拙政园西园台馆分峙、回廊起伏,水波倒影,别有情趣,装饰华丽精美,主要景点有卅六鸳鸯馆、倒影楼、与谁同坐轩、水廊等。

卅六鸳鸯馆是西园的主体建筑,精美华丽,大厅分为两部,南部为十八曼陀罗花馆,北部为卅六鸳鸯馆。十八曼陀罗花馆宜于冬、春居处,厅南向阳,小院围墙既挡风又聚暖,并使室内有适量的阳光照射;北厅(后厅)临清池,夏、秋时推窗可见荷池中芙蕖浮动,鸳鸯戏水。

总之,拙政园的布局疏密自然,以水为主,水面广阔,景色平淡天真、疏朗自然。它以池水为中心,楼阁轩榭建在池周围,其间有漏窗、回廊相连,园内的山石、古木、绿竹、花卉,构成了一幅幽远宁静的画面,代表了明代园林建筑风格,为江南园林的典型代表。

“四大名园”之——苏州留园

留园是我国“四大名园”之一,它在空间上的处理充分体现了古代造园家的高超技艺、卓越智慧和江南园林建筑的艺术风格和特色,它千姿百态、赏心悦目的园林景观,呈现出诗情画意的无穷境界。

苏州留园和北京颐和园、承德避暑山庄、苏州拙政园合称为中国四大名园。留园始建于明朝万历二十一年(1593 年),距今已经有 400 多年历史,以其精湛的造园艺术、独特的建筑风格和深厚的文化底蕴，成为中国历代私家园林的典型代表。

留园位于苏州古城之西的阊门外，占地约30000平方米，明代为太仆寺少卿徐泰时的私家园林，时称东园。清代归刘蓉峰所有，改称寒碧山庄，俗称刘园。清光绪二年（1876年）又为盛旭人所据，始称留园。

留园的建筑布局

现在的留园分为中、东、北、西四部分，其间以曲廊相连，迂回连绵，达700余米，通幽度壑，秀色迭出。

中部以山水为主，是全园的精华所在。中部又分东、西两区，东区以建筑为主，西区以山水见长。西区南北为山，中央为池，东南为建筑。主厅为涵碧山房，由此往东是明瑟楼，向南为绿荫轩，远翠阁位于中部东北角，闻木樨香处在中部西北隅。另外还有可亭、小蓬莱、濠濮亭、曲溪楼、清风池馆等处。山上古木参天，显出一派山林森郁的气氛。山曲之间水涧蜿蜒，仿佛池水之源。

东部的中心是五峰仙馆，五峰仙馆四周环绕着还我读书处、揖峰轩、汲古得绠处。揖峰轩以东的林泉耆硕之馆设计精妙、陈设富丽。

北面是冠云沼、冠云亭、冠云楼以及著名的冠云峰、岫云峰和端云峰。三峰为明代旧物，冠云峰高约9米，玲珑剔透，有"江南园林峰石之冠"的美誉。周围有贮云庵，佳晴喜雨快雪之亭。西部以假山为奇，取其自然景色，土石相间，浑然天成。山上枫树、香樟郁然成林，盛夏绿荫蔽口，深秋红霞似锦。至乐亭、舒啸亭隐现于林木之中。山左云墙如游龙起伏，山前曲溪婉转，流水淙淙。北面桃园，俗称"小桃坞"。东麓有水阁"活泼泼地"，横卧于溪涧之上，令人有水流不尽之感。

留园的空间布局

留园的建筑虽多但虚实相间，景致复杂但层次分明，平面变化生动，立体看来自然多姿。留园在空间上用欲扬先抑和渐入佳境的布局手法，给每位入园者一个期待和新奇的感觉，充分体现了古代造园家的高超技艺、卓越智慧和江南园林建筑的艺术风格。

留园布局紧凑，结构严谨，以建筑结构见长，善于运用大小、曲直、明暗、高低、收放等变化，组合景观、高低布置恰到好处，营造了一组组层次丰富、错落有致、有节奏、有色彩、有对比的空间体系，建筑与园境相映成趣。

留园入口部分采用空间对比的手法，曲折狭长又十分封闭的空间与园内主要空间有着强烈的对比，人们穿越它进入主要空间时，顿觉豁然开朗。走进留园，使人领略到忽张忽弛、忽开忽合的韵律节奏感。此外，留园在运用空间渗透的手法方面亦是十分卓越的。

1961年，留园被国务院首批列入全国重点文物保护单位，1997年12月，经联合国教科文组织批准，留园列入《世界遗产名录》。

留园雪景

现存最大的皇家园林——承德避暑山庄

承德避暑山庄是我国著名的园林建筑,它以朴素淡雅的山村野趣为格调,取自然山水之本色,吸收江南塞北之风光,成为中国现存最大的古代皇家园林。避暑山庄不仅具有极高的美学研究价值,而且还保留着中国封建社会发展末期的历史遗迹。

承德避暑山庄是由皇帝宫室、皇家园林和宏伟壮观的寺庙群所组成的大型古建筑群,始建于康熙四十二年(1703 年),建成于乾隆五十五年(1790 年),占地 564 万平方米,环绕山庄蜿蜒起伏的宫墙长达万米,是中国现存最大的古典皇家园林。

清朝第二个政治中心

康熙二十年(1681 年),清政府为加强对蒙古地方的管理,巩固北部边防,在距北京 350 多公里的蒙古草原建立了木兰围场。每年秋季,皇帝带领王公大臣、八旗军队、后宫妃嫔、皇族子孙等前往木兰围场行围狩猎,以达到训练军队、固边守防之目的。为了解决皇帝沿途的吃住,朝廷在北京至木兰围场之间相继修建 21 座行宫,热河行宫——避暑山庄就是其中之一。避暑山庄是清代皇帝夏天避暑和处理军政要事、接见外国使节和边疆少数民族政教首领的场所,也是清朝的第二个政治中心。

避暑山庄的布局

避暑山庄的建筑布局分为宫殿区和苑景区,苑景区又分成湖区、平原区和山区,内有康熙乾隆钦定的 72 景,拥有殿、堂、楼、馆、亭、榭、阁、轩、斋、寺等多组建筑。

南端的宫殿区,东北接平原区和湖区,西北连山区,是皇帝行使权力、居住、读书和娱乐的场所。宫殿区的主体建筑居中,附属建筑置于两侧,基本均衡对称,充分利用自然环境而又加以改造，使自然景观与人文景观巧妙结合，显示出皇家园林的气派。

宫殿区由正宫、松鹤斋、东宫和万壑松风四组建筑组成。正宫是宫殿区的主体建筑，占地1万平方米，包括九进院落，由丽正门、午门、阅射门、澹泊敬诚殿、四知书屋、十九间照房、烟波致爽殿、云山胜地楼、岫云门以及一些朝房、配殿和回廊等组成。正宫分为前朝、后寝两部分，前朝是皇帝处理军机政务的办公区，后寝是皇帝和后妃们日常起居的生活区。主殿澹泊敬诚殿是皇帝治理朝政的地方。正宫东面一组八进院落的建筑是松鹤斋，以供皇太后居住。在松鹤斋的东面是东宫，1945年东宫失火被烧毁，现仅存基址。

湖区的洲岛错落有致，共有5个湖，各湖之间又有桥相通，两岸绿树成荫，秀丽多姿。湖区的总体结构以山环水、以水绕岛，布局运用中国传统造园手法，多组建筑巧妙地营构在洲岛、堤岸和水面之中，展示出一片水乡景色。湖区的风景建筑大多仿照江南名胜建造，烟雨楼模仿浙江嘉兴南湖烟雨楼的形状修建，金山岛的布局仿自江苏镇江金山。

平原区主要是一片片草地和树林。山峦之中，古松参天，林木茂盛，原建有四十多组轩斋亭舍、佛寺道观等建筑，但多已只存基址。

避暑山庄的建筑风格

避暑山庄取自然山水之本色，吸收江南塞北之风光，山中有园，园中有山。园林建造实现了宫与苑形式上的完美结合，继承和发展了中国古典园林“以人为之美入自然，符合自然而又超越自然”的传统造园思想，并创造性地运用各种建筑技艺，撷取中国南北名园名寺的精华，仿中有创，表达了“移天缩地在君怀”的建筑主题，把中国古典哲学、美学、文学等多方面文化的内涵融注其中，使其成为中国传统文化的缩影。

皇家园林博物馆——颐和园

颐和园是中国封建社会修建的最后一座超大型的皇家园林，为中国四大名园之一。颐和园园林艺术构思巧妙，是集中国园林建筑艺术之大成的杰作，在中外园林艺术史上地位显赫，被誉为皇家园林博物馆。

颐和园位于北京市西北近郊，距北京城区15公里。原是清朝帝王的行宫和花园，前身清漪园，是三山五园中（万寿山、玉泉山、香山；颐和园、静明园、静宜园、畅春园、圆明园）最后兴建的一座园林，始建于1750年，1764年建成。颐和园是利用昆明湖、万寿山为基址，以杭州西湖风景为蓝本，汲取江南园林的某些设计手法和意境而建成的一座大型天然山水园，也是保存得最完整的一座皇家行宫御苑，占地约290公顷。

颐和园

颐和园集传统造园艺术之大成,万寿山、昆明湖构成其基本框架,借景周围的山水环境,饱含中国皇家园林的恢宏富丽气势,又充满自然之趣,高度体现了“虽由人作,宛自天开”的造园准则。颐和园亭台、长廊、殿堂、庙宇和小桥等人工景观与自然山峦和开阔的湖面相互和谐、艺术地融为一体,整个园林艺术构思巧妙,在中外园林艺术史上地位显赫。

在万寿山和昆明湖交界的岸边有一条长长的游廊,据说是乾隆皇帝为了让他的母亲在游园之时不受雨雪日晒之苦而修建的。乾隆皇帝的母亲喜欢听故事,经常一边在长廊中游览,一边让宫女给她讲各式各样的故事听。有些她特别喜欢的故事,就让宫女们反复地讲。时间一长,宫女们肚子里的故事讲完了,以前讲过的故事也记不清了,这可难坏了宫女们。后来,她们想出了一个好办法:将故事的内容画在长廊两侧的梁枋上。故事越讲越多,梁枋上的人物故事彩画也越来越丰富。从此,宫女们再也不愁没有故事给太后讲了。而太后也因为年迈眼拙,看不清梁枋上的彩画,对此竟毫无察觉。据说,这就是颐和园长廊人物故事彩画最初的来历。

园中主要景点大致分为三个区域:以庄重威严的仁寿殿为代表的政治活动区,是清朝末期慈禧与光绪从事内政、外交政治活动的主要场所。以乐寿堂、玉澜堂、宜芸馆等庭院为代表的生活区,是慈禧、光绪及后妃居住的地方。以长廊沿线、后山、西区组成的广大区域,是供帝后们澄怀散志、休闲娱乐的苑囿游览区。前山以佛香阁为中心,组成巨大的主体建筑群。

在1860年的第二次鸦片战争中,颐和园被英法联军烧毁;1886年,清政府挪用海军军费等款项重修,并于两年后改名颐和园(此前叫清漪园),作为慈禧太后晚年的颐养之地。从此，颐和园成为晚清最高统治者在紫禁城之外最重要的政治和外交活动中心，是中国近代历史的重要见证与诸多重大历史事件的发生地。

1900 年，八国联军侵入北京，颐和园再遭洗劫，1902 年清政府又予重修；清朝末年，颐和园成为中国最高统治者的主要居住地，慈禧和光绪在这里坐朝听政、颁发谕旨、接见外宾。

1998 年 12 月 2 日，颐和园以其丰厚的历史文化积淀，优美的自然环境景观，卓越的保护管理工作被联合国教科文组织列入《世界遗产名录》。

古代科学典籍

天文

天文学是我国古代最早产生的学科之一，它同数学、医学、农学一道构成我国古代科技史中最有成就的四门主要学科。传说自黄帝时起，我国就开始观察日月星辰的变化、制定历法，以指导人们的农牧业生产。历代统治者都对天文学的发展十分重视，尤其是进入封建社会以后，观测天象、“敬授民时”、颁告正朔，更成为皇权的象征。因此，天文学在我国古代一直处于唯我独尊的地位，所取得的成就之大也就可想而知了。

我国古代天文学的成就可概括为四个方面，即历法、天文仪器、天文观测记录和宇宙理论。当然，这四个方面并不是截然分开的，而是互相联系，互相促进。我国古代的天文学著作十分丰富，大致有如下几类：(1)丰富的天象观测记录；(2)具有中国传统特色的各种天文星图；(3)占星术著作；(4)历法推算和天文测量著作；(5)天文仪器著作。特别要指出的是，从《史记》开始，我国的史书不但记载历代史实，而且还有大量的天文学内容。著名的二十四史中有十七史专门著有天文、律历、五行、天象诸志，全面记载了各个历史时代的天文观测、历法推算、仪器制作和有关的天文学理论等情况，甚至有的天文学著作被整部收入到有关篇章中。在官修正史中，长期、连续和全面地记载天文学的发展，在世界上是罕见的。它是研究中国古代天文学史的一个珍贵的资料来源。

宇宙理论

《周髀算经》

关于天地关系、宇宙的结构，以及日月星辰的运动规律，自古就引起了人们的思考。在我国古代，从“天高地厚”的原始观念开始，我们的祖先展开了丰富的想象。有的说在一个叫汤谷的地方长着一棵叫扶桑的参天大树，10 个太阳在上面居住，每日一个太阳在上面，9 个太阳在下面；又传说上古时共工和颛顼为争夺帝位发生大战，战败了的共工一怒之下将撑天的巨柱——不周山撞折了，因此天向西北倾斜，日月星辰发生移动，大地变得西北高、东南低，水向东流。这些虽然都是古籍中记载的上古神话，但我们却可以从中窥视到上古朴素的宇宙观念。

随着天文观测技术的进步，天文观测资料的日益丰富，人们对天地关系、宇宙结构的认识也越来越深入。到了西汉时期，逐渐形成了以盖天说、浑天说和宣夜说为主的几种宇宙理论。这几种宇宙理论的渊源都可以上溯到春秋战国。在汉代，持不同见解的各家各派之间发生了激烈的辩论，其中浑天说和盖天说的争论，被视为我国天文学史上的一个重大事件。争论的同时，各派学者还纷纷著书立说，阐发自己的观点。宣夜说认为，天是没有形体的无限空间，日月众星依赖气的作用悬浮在宇宙中，各天体运动状态不同，速度各异。但是，关于宣夜说的著作在东汉就失传了，我们了解它的唯一资料，是《晋书·天文志》中保存的一段汉代郄萌(1世纪)

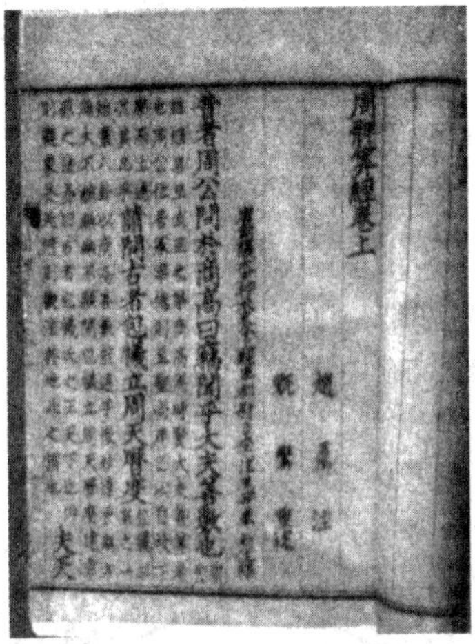

《周髀算经》二卷书影

对宣夜说所做的总结。浑天说的代表作是张衡(78—139)的《浑天仪注》和《灵宪》。在《浑天仪注》中，张衡将浑天比喻为一个鸡蛋，天球像蛋壳一样包围着大地，大地则像蛋黄一样漂在水面上，天球一半在地上，一半在地下，所有天体在天球上运动，又随天球旋转。在《灵宪》中，张衡又系统地论述了宇宙的生成和演化，并指出浑圆的天并不是宇宙的边界，从而表达了宇宙无限的观念。可惜的是，张衡的著作也没有完整地传下来，只在一些古代文献中保留了《灵宪》的序文以及其他一些资料。在几种宇宙学说中，盖天说无疑是最古老的。早期的盖天说认为天像一个撑开的圆盖，地像一个平正的棋盘。我国天文学史上称之为第一次盖天说。这种说法有明显的欠缺，如公元前6世纪的曾参就感到圆形的天盖和方形的大地是合不拢的。于是学说进一步改进，在春秋战国时形成了第二次盖天说。二次盖天说认为天像盖笠，地则像倒扣的盘子。二次盖天说的经典著作是《周髀算经》。该书是我国最早的有体系的天文学理论著作，在中国天文学史上占有突出的地位。

《周髀算经》成书于公元前1世纪，原名《周髀》。按照书中的解释，“髀”就是测量用的表杆，并认为用8尺长的表杆进行测量的方法起自周代，所以称为《周髀》。在唐代，该书经李淳风作注后，被作为数学教科书收入算经十书，才加上"算经"两字，一直沿用至今。

《周髀算经》的内容大体可分为以下层次：开头部分以周公与商高问答的形式说明勾股定理及用该定理进行测量可以得到天地之间各种度数的道理，相当于一篇引言。随后以荣方问陈子的形式具体阐明如何用立表测望的方法确定太阳高度、日道径、光照范围、人目所能望见的远近，以及从周地到四极的南极、北极的里数和周地的东西里数，等等。最后一部分是与历法有关的内容，论述了二十四节气影长、日月行度的求法、回归年、朔望月、一年月份的安排等。

《周髀算经》的作者曾借周公之口发出"大哉言数"的感叹，对数学十分推崇，并力图用数学方法为盖天说建立一个数理化的宇宙模型。这在中国古代宇宙论中是极为少见的。书中盖天模型的具体内容为：天以北极为中心，地以正对北极的极下之地为中心，天地都是中心高，四周逐渐变低的突起面，并且相互平行，之间的距离同为8万里。天体附在天盖上，天盖每天以北极与极下地的连线为中心旋转不息，带动天体东升西落。太阳在天盖的位置时高时低，冬天在天盖低处，绕一个大圈子，以冬至日的日道直径最大，有47.6万里；夏天在天顶附近，绕的圈子较小，夏至日最小，只有23.8万里；春秋日道则在两者之间。画出各主要节气的日道，就得到一系列以北极为中心的同心圆，即"七衡六间图"，其中最外第一衡为冬至日道，

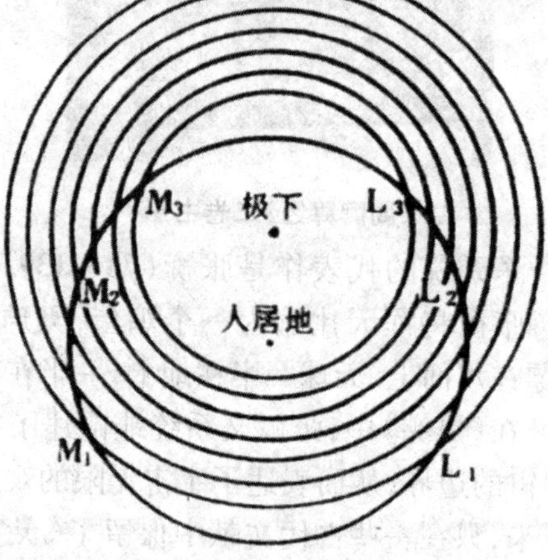

七衡六间图

中间第四衡为春分、秋分日道，最内为夏至日道。人居住之处在极下之南10.3万里，人眼所能见到及太阳所能照到的距离为16.7万里（以人居地为中心，16.7万里为半径的范围为一个与七衡相交的圆），再远就看不见了。当太阳离人小于这个距离时，便可见到白昼，反之便是黑夜。冬至、春分、秋分及夏至时的日出点分别为L_1、L_2、L_3，日落点分别为M_1、M_2、M_3，由此可以解释四季太阳起落方位的变化。同时，由于L_1M_1只占冬至日道的小部分，而L_3M_3，却占夏至日道的大部分，所以冬至

白昼最短,夏至白昼最长。

虽然《周髀》中的盖天模型已被今天的科学证明是错的,但2000多年前的古人却用它巧妙地对一些自然现象做出了解释。如书中提到北极附近“夏有不释(化)之冰”(常在日照距离以外,即夏季离日中心也远),中衡左右的地方“冬有不死之草”;“日运行处极北,北方日中,南方夜半”等,这些猜想惊人地准确。

在星图发展史上,《周髀算经》也有重要地位。这是因为书中提到“青图画”和“黄图画”两样东西。其中“黄图画”上有冬至、夏至和春分、秋分的日道,又画有二十八宿和其他星相。这实际上是一幅以北极为中心的全天星图。后人称这种形式的星图为“盖图”,流传的时间很长也很普遍。另外,《周髀算经》中的历法数据与春秋后期我国产生的四分历是相同的,与秦汉时使用的历法有所不同,因此是关于先秦历法的重要史料。

《周髀算经》包含着大量的数学知识。由于该书是在前人资料基础上加以总结而写成的,因此其中的数学知识反映了先秦以至西汉我国数学发展所达到的水平。

《周髀算经》在篇首就指出“数之法出于圆方”,第一次明确地把数和图形联系起来。沿着这一思路,书中最早记叙了勾股定理。它称直角三角形的两直角边为勾、股,斜边为弦,先给出了勾三股四弦五的特例,又进一步说明了勾、股平方和为弦之平方的一般关系。《周髀算经》非常重视勾股学的应用,不仅解释了三角、矩形和圆之间的关系,而且给出了测量高、远、深的一般方法。书中就是用这些方法测量天地,给盖天说以数量化的概念。如在不同的地方各立一个表杆,假定影子千里差1寸,根据相似比例关系,就可求出当日太阳的高度。这是《周髀算经》中测量日高的方法。显然,这是把大地当作平面计算的,结果也可想而知是错误的。但是,用这种方法去测量地面上的高远目标则是可行的。后来,这种方法在中国古代发展成测量中的重差理论。

分数的四则运算,在今天是很平常的,然而在古代并非易事。西方直至18世纪,对于分数的运算还感到十分畏惧。我国古代很早就对分数进行了研究。《左传》记载天子给诸侯分封土地,《管子·地员》讲到乐律,《考工记》介绍各种手工业产品的规格等,都有不少分数知识。《周髀算经》中则有更复杂的分数运算。如:已知1月 $=29\frac{499}{940}$ 日,月行每日 $13\frac{7}{19}$ 度,周天 $365\frac{1}{4}$ 度,求12个月后,月所及度数。答数是 $354\frac{6612}{17860}$ 度。由于《周髀算经》还没有把约分工作做好,因而计算过程十分繁复,但在当时能做如此复杂的分数运算,确实显示了我们祖先了不起的智慧。

《周髀算经》的作者认为天文历法都是可以用数学方法解决的,因此全书虽以论述天文现象为主,著作年代又正当宗教迷信盛行之时,但我们却没有发现片言只语涉及神学观念。这种朴素的唯物主义观点在当时是难能可贵的。

《周髀算经》的盖天模型有着自身的严重缺陷。如宇宙模型天地都是中间高的凸起面，而在计算上却是以地平为基础，还有影差千里差一寸的假设，以及一些数据也有生凑之嫌，等等。盖天学说在解释具体天象上也有许多困难。如太阳绕北极旋转，离我们远了看不见，那么日出、日落时太阳应该呈竖半圆的形状，而实际上我们看到的却是横半圆；又如太阳转到北极以北，我们就看不见，而恒星比太阳暗，为什么绕到北极以北我们却又能看见？等等。在具体解释天象上，浑天说要比盖天说更为便利，因此盖天说在汉武帝时就失去了在天文学实践中的地位，隋唐以后更少有人讨论，浑天说成了我国关于宇宙结构的权威学说。明末以及清代，西方天文学传入我国，许多学者才又对《周髀算经》中的宇宙理论进行研究，并用来和西方天文学相比较。如认为"七衡六间图"和地球五带说相吻合，并认为《周髀算经》中已有地圆思想等。这些研究的方法和结论虽然是错误的，但是这一研究热潮也引起了人们对《周髀算经》的兴趣，促进了对该书具体内容的深入研究。

天文观测与天象记录

《开元占经》

古代中国以农立国。观测天象，掌握季节变化，对农业生产有着极其重要的作用。传说在颛顼时就有了"火正"的官，专门负责观察"大火"（心宿二）的出没来指导农业，成为探讨宋代恒星观测水平不可缺少的文献。然而最著名、保存资料最丰富的星占著作要数《开元占经》了。

《开元占经》，全称为《大唐开元占经》，共 120 卷，是印度裔天文学家瞿昙悉达奉命在唐朝开元年间领导太史监的工作人员集体编写的。书成后，作为皇家秘本，一直深锁宫闱，很少流传。其后历经沧桑，几乎到了失传的地步。明神宗万历四十四年（1616），安徽歙县一个叫程明善的人，在整修一尊佛像时，意外地在佛像腹中发现了《开元占经》的抄本。一时人们纷纷传抄，该书才得以流传。现在传世最广的刊本是清朝道光年间的恒德堂刻本。《开元占经》也曾东渡日本，在日本有此书的古抄本。

对现代学者来说，《开元占经》相当于一座巨大的历史文献宝库。该书在撰写过程中，采用的古代文献达 300 多种，其中许多都已失传。据统计，书中辑录和摘引现已失传的古代天文和星占著作 77 种，纬书 82 种。《开元占经》虽然是一部占星术的著作，但它所包括的内容却大大超出了星占所需要的范围，其丰富程度远胜于其他同类古籍。

《开元占经》在头两卷"天地名体"篇中，集中辑录了自汉代以来，各家对天地结构问题的讨论。其中有些内容，如后秦姜岌的《浑天论答难》、梁武帝在长春殿召集群臣讨论天地结构问题的记录、南朝祖暅对姜岌的批判等，均仅见于此书。而祖暅的《浑天论》、陆绩的《浑天象说》等，也比《晋书·天文志》《隋书·天文志》中的记载更详细。另外，卷二关于地动说的一段讨论也为我们了解传统的以地动解释某些天象的地动说的内容、流传及发展情况提供了重要线索。

除卷一〇三至一一〇之外，《开元占经》自卷三后都是星占内容，集中汇编了汉代以来的各家星占著作，依天占、地占、日占、月占、五星占、恒星占、流客彗孛占、云气占、气候占、草木鸟兽及人鬼器物占等项分类叙述。这不仅为我们探讨星占这一古老文化现象提供了丰富的素材，也为我们了解古人对各种天象的观测情况提供了必要的帮助。例如，书中卷九中就有汉代京房用水盆法观测日食的记录，还提到他所描述的在日全食时看到的白云从日面边缘向四外"冲出"的现象，这实际上是射线状日冕的观测记录。

《甘石星经》是我国最早的星占著作，但早已失传。然而在《开元占经》中我们可以见到大量的引文和辑录，其中包括一份《石氏星表》。这份星表记录了121颗恒星的位置，是世界上最早的星表之一，比古希腊的依巴古星表和古罗马托勒密星表都要早。《石氏星表》对恒星位置的描述，采用了赤道坐标，这说明我国至迟在战国时代就已经在天文观测上应用了比较先进的赤道坐标系统。书中卷二十三摘有甘德对木星的一段论述，说木星"有小赤星附于其侧，是谓同盟"。据科学工作者研究认定，这颗附在木星边上的小赤星，正是木星卫星中最亮的一颗——木卫二。在欧洲，直到伽利略发明望远镜之后，才观测到这颗木星卫星，比中国晚了将近2000年。

与全书大部分内容相异，在《开元占经》卷一〇三至一一〇中，几乎没有星占内容。其中卷一〇三介绍了唐初天文学家李淳风编定的《麟德历》。这部历法继承了隋朝天文学家刘焯《皇极历》的成就，并在天文数据和有关的数学计算方面又有许多进步，是我国历法史上的一部重要作品。关于《麟德历》《旧唐书》和《新唐书》中都有记述，但是错误很多且互有差异。《开元占经》编撰时，《麟德历》正在行用，因此它的记载对于研究《麟德历》自然有更大的参考价值。

唐代是一个气魄宏大的时代，中外文化交流十分频繁，《开元占经》就为我们保留了中印天文学交流的一些史料。书中的卷一〇四辑录了瞿昙悉达编译的印度历法《九执历》。印度天文学曾经受到希腊天文学的影响，其系统与我国古代天文学有很大差异。从历法中的天文数据来看，《九执历》比我国当时的历法略显粗疏，但有的天文学的概念和计算方法却是比较先进的，很值得我们借鉴。书中关于《九执历》的内容，不但为研究古代中印文化交流提供了珍贵资料，同时也为研究印度天文学史提供了一份难得的历史文献。

星官，是中国古代的一种恒星命名形式，一个星官是一个恒星组合，其中星数多寡不等。中国古代的天文学家分为许多流派，许多流派都有自己的星官体系，它们之间有同也有异。三国时，吴太史令陈卓把古代主要的三家星官体系——甘氏（甘德）、石氏（石申）、巫咸，并同存异，综合为由283个星官组成，包含1464颗星的完整体系。这个体系被后世接受，成为中国传统的恒星命名系统。但是，由于陈卓的综合成功,反倒使三家星官的原貌逐渐不为世人所知。在《开元占经》的卷一〇六至卷一一〇中,有"二十八宿星座古今同异""石氏中官星座古今同异""甘氏中官古今同异""甘氏外官""巫咸中官"等内容,依次列出了二十八宿距度的古今同异以及三家星官位置的古今异同。这样,联系前面卷六十九到卷七十一中甘氏及巫咸中、外官星占的有关内容,使我们对三家星官的原貌有了一个大致的了解。中国古代大量的天象记录常以星官作为天文事件发生地点的参照坐标,因此,对星名和星官演变的研究,不仅有史学上的价值,而且也为有关的现代天文学家所关注。

天文仪器

《新仪象法要》

在我国历史上,天文仪器的种类很多,有测角的,有测时的,有演示性的,有的还将几种仪器联在一起使用。其中圭表、漏刻、浑仪和浑象是最为常用的。我国最早使用的天文仪器大概是表,也就是《周髀算经》中的"髀",通过测量表杆影子的变化,可以确定方位、时刻和节令。后来为了提高精度,在表下又加了一个平正的标准尺,这就是《周礼》一书中多次出现的"土圭之法",所以这种测影仪器又叫圭表。由圭表又发展出多种多样的测影仪器,如下面装有罗盘或时间刻度盘等,它们又统称日晷。秦汉时期就已有了专论日晷的著作,《汉书·艺文志》中记有《大岁谋日晷》29卷、《日晷书》34卷。

漏刻的起源也很早,传说是黄帝发明的,考古研究认为在公元前三四千年我国就开始使用漏刻计时了。早期的漏刻只有贮水和受水两个壶,由于结构简单,所以要许多人轮流看守。《周礼》是我国最早提到漏刻的文献,上面记载掌管漏刻的人员,自挈壶氏以下,有20人之多。后来,人们又在贮水壶上加一个能够飘浮的小箭,上有刻度,随水位降低而显示不同的时间。秦汉时,已有浮箭式漏刻,也就是将有刻度的小箭放在受水壶中,随着水量增多而逐渐上升。这样改革,便于在贮水壶中添水,以保持水位和流速的稳定,也为发明多级补偿式漏刻创造了条件。多级漏壶,就是用上一级漏壶漏出的水来补充下一级漏壶的水位,使其保持基本稳定,补偿壶越多,最下面的漏壶的水位就越稳定,计时也就越准确。东汉张衡《浑天仪图注》中记"漏水转浑天仪"里用的是二级漏壶,是我国这项发明的最早记载。汉代专论漏刻的著作还有《常符漏品》和霍融的《漏刻经》等。魏晋南北朝时,漏刻又有重大发展,有许多改进和发明,漏刻专著就有十几种。晋代孙绰的《漏刻铭》最早记载了三级补偿式浮箭漏;梁代陆倕的《新漏刻铭》记载了祖暅用龙口承接吐水,避免了水波激荡,不易读刻数的发明。公元5世纪,北魏道士李兰发明了秤漏,即用中国秤称量流入受水壶中水的重量的变化来计量时间,其详细结构都记载于李兰所著的《漏刻法》中。该书中还记有一种称为“马上奔驰”的漏刻,顾名思义,这是一种便携式的漏刻,可以在骑马出行时计量时间。

浑仪和浑象,前者是观测仪器,后者是演示天象的仪器,两者的理论根据都是浑天说,因为它们都是以圆形的天球作为观测和演示对象。浑仪约创制于公元前4世纪至公元前1世纪之间,据西汉末杨雄《法言》中的记载,汉武帝时落下闳曾制造过一架浑仪,另一位天文学家鲜于妄人用它来观测。一般认为原始的浑仪可能由两个圆环组成,一个是赤道环,其平面和赤道面平行,上面刻有周天度数;一个是四游环,也叫赤经环,能够绕着极轴旋转,上面也刻有周天度数。在四游环上附有窥管,可以绕着环的中心旋转。旋动四游环和窥管,当窥管指向某待测天体时,它在各读数环中的位置就是该天体的坐标。为了便于测定太阳的位置,东汉的傅安和贾逵在前人浑仪的基础上又增设一个黄道环。张衡时又增加了一个地平环和一个子午环,至此,我国古代创制的浑仪就基本定型了。东晋时期前赵孔挺制造的一架浑仪,在浑仪发展中有着重要的地位。这架浑仪去掉了黄道环,使浑仪外重变成由地平、赤道、子午3个相交的大圆环组成的固定骨架;内重的四游环则变成直径8尺的双环,双环直径中间夹着可以转动的望筒。孔挺的浑仪是我国最早有详细结构记载的浑仪。

和浑仪一样,浑象的发明也是一个谜,我们只知道西汉宣帝时耿寿昌曾制造过浑象。浑象的基本结构是在一个象征地平的圈或框中,架着一个可以转动的象征天球的大圆球;大圆球上布满星辰,画有南北极、黄赤道、恒显圈、恒隐圈、二十八

浑仪

宿、银河等。由于大圆球的转动带动星辰也转,在地平以上的部分就是可以见到的天象了。东汉时期张衡曾发明了用漏壶中的流水推动浑象与实际天象同步运转的

水运浑象,并且附有一个叫萁荚的机构,是一个自动的机械日历。《浑天仪注》实际上就是这架仪器的说明书。张衡的发明开创了后代制造自动运转仪器的先声。魏晋南北朝时,又造过多架浑象,刘宋元嘉十七年(440)钱乐之造的小浑象,以白、黑、黄三色珠为星,以区别甘德、石申、巫咸三家星官。当陈卓的著作散失后,这是后世记载三家星官的主要依据。

由前面的叙述我们可以看出,至南北朝时期为止,我国的天文仪器有了很大发展,并且出现了许多专著,可惜除了极少部分外,大多都没能流传至今。像北朝信都芳写的《器准图》,全面介绍了浑仪、候风地动仪、漏刻等天文仪器,且图文并茂,十分珍贵,也没有流传下来。我们今天之所以能了解南北朝以前天文仪器的发展情况,不能不感谢唐代的李淳风,他为我们留下了《晋书·天文志》和《隋书·天文志》两部重要著作。在两书《天文志》中,李淳风对前代仪象的发展情况进行了考证和追述,并做了简要总结。像前赵孔挺的浑仪的详细记载就见于《晋书·天文志》。由此开始,历代史书《天文志》都将天文仪器的制造和发展列为重要内容。

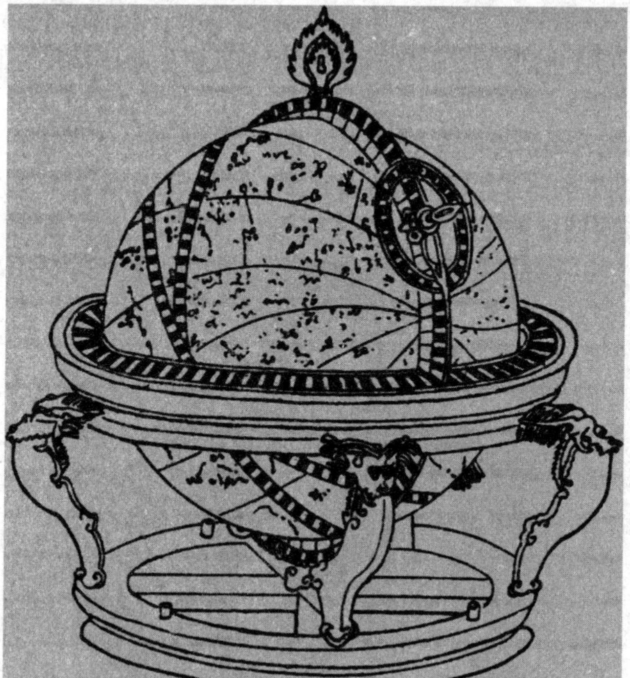

浑象

唐代是我国天文学发展的一个重要时期,在天文仪器的制作上也谱写了新篇章。在这方面,李淳风也是一个承前启后的重要人物。他所制造的浑仪又加了黄道圈、白道环,而且根据实际天象,二环位置可以转换。从李淳风开始,中国传统浑仪的三重圈结构(即六合仪、三辰仪、四游环)已基本固定下来,成为后代浑仪的定式。李淳风著的《法象志》是一本天文仪器著作,记载了他的研究成果。开元年间,僧一行和梁令瓒又造了一架浑仪。这架浑仪在外重的六合仪上去掉赤道而增加了卯酉圈,因而外重为子午、卯酉、地平三圈交合,中间的三辰仪,也由 3 个大圆构成,赤道上每隔一度打一圆孔,表示赤道与黄道的交点。黄道环根据实际天象放到相应的一对圆孔中固定。这样的装置可使黄道在赤道内游动,故名黄道游仪。一行等人的浑仪达到了完善阶段,但其结构的复杂性也达到了高峰。为了实现唐玄宗要求制作更精巧的天文仪器的愿望,一行和梁令瓒又研制了“开元水运浑天俯视图”。这是继张衡和隋朝耿询之后的第三架水运浑象。这架浑象在天球外又增套了两个环,一个环上运行太阳,一个环上运行月亮,并有木人击鼓敲钟报时。一些研究人员认为这架水运浑象已使用了擒纵装置。关于一行等人的工作,《新唐书·天文志》和《旧唐书·天文志》都有记载。

宋元时代是我国天文仪器发展的高峰。宋代从太平兴国四年(979)至元祐七年(1092)不到百年内,创制了五大浑仪,每架用铜都达两万斤左右,在数量和规模上为历代王朝之冠。据《宋史》记载,燕肃在公元 1031 年发明了莲花漏壶,首次使用了漫流系统,也就是在漏壶上部开孔,使多余的水由此溢出,以保持水位的恒定。燕肃的发明最终取代了唐宋以来普遍使用的秤漏。宋代对天文仪器的改革是全方位的。1074 年沈括向朝廷连上三道奏本——《浑仪议》《浮漏议》《景表议》,后人合称《浑仪浮漏景表三议》。这是中国古代重要的天文仪器专著。在三篇奏本中,沈括回顾了历代天文仪器制作的历史及其优缺点,提出了改革建议。如在漏刻上考虑到水流量、水粘滞性、漏管的长度和半径对计时精确度的影响;在测影时建议把圭表放在密室中,让阳光从狭缝中穿入,以减少灰尘对阳光的散射。特别是他在浑仪制作上省去了白道环,将黄道环和赤道环固定,减少了多环对天空的遮挡。沈括的这项改革是浑仪由简至繁,再由繁至简的一个转折点。在宋代,曾两次制造水运仪象,一次是太平兴国四年张思训的“太平浑仪”,用水银代替水作为浑仪的动力是他的一大革新。另一次就是苏颂等人制造的著名的水运仪象台,这是天文仪器史上的一个杰作,其结构苏颂在《新仪象法要》中有详细的说明。宋代的天文仪器专著还有许多,光漏刻专著就有近 20 种,其中南宋颜颐仲的《铜壶漏箭制度》是中国古代流传至今的所有漏刻著作中最为完整的一部。

元代是我国天文仪器制作的鼎盛时期。在这一时期对天文仪器的研制做出巨大贡献的功臣当首推郭守敬。他先后设计制造出简仪、高表、窥几、仰仪、正方案、玲珑仪等十几种新天文仪器,其中最重要、最有独到之处的是简仪和高表。为了避免多环遮掩星区,妨碍观测的弊病,他将传统的浑仪分解为赤道经纬仪和立运仪两大部分,并在窥管两端加上十字丝,创造了结构简单奇巧,便于观测,精度更高的简仪,最终完成了我国浑仪发展史上由繁至简的改革。高表是郭守敬在前人基础上的又一大革新。元之前的圭表一般高 8 尺,而郭守敬大胆地把表高增到 4 丈,并在表上增一水平横梁,在圭面上设一利用小孔成像原理制成的景符。当太阳、横梁和景符小孔连成一线时,圭面上形成的太阳和横梁的倒影,清晰可见,大大提高了观测精度。郭守敬创制的天文仪器在当时世界上是领先的,《元史·天文志》中为我们保存了较详细的资料。

明代在天文仪器上没有多大发展,所造的仪器也大多是仿制前代的。明末清初,西方天文学传入我国,像南怀仁的《灵台仪象志》《崇祯历书》等,都大量介绍了西方天文仪器。因此,在天文仪器制造上出现了中西合流的趋势。

《新仪象法要》是北宋科学家苏颂撰写的介绍中国传统天文仪器制作的专门性著作,由于图文并重,也可称是一本古代天文仪器的专门设计书。该书是中国古代最重要的天文仪器专著之一。

苏颂(1020—1101),字子容,泉州同安(今福建同安)人,出生于官宦家庭,受过良好的教育。仁宗庆历二年(1042)中进士,曾担任过馆阁校勘、集贤校理、尚书左丞和尚书右仆射等官职。苏颂博学多才,对"图纬、律吕、星官、算法、山经、本草"等无所不通,曾组织医官增补《开宝本草》,并著有《嘉祐补注本草》和《图经本草》等。苏颂于元祐元年(1086)奉诏"定夺新旧浑仪"。他在前人水运浑象设计的基础上,提出将浑仪、浑象、报时装置结合在一起用漏水来运转的设想,并找到了能实现这一设想的吏部令史韩公廉。韩公廉天性机巧,知晓天文,精于算术,在水运仪象台的建造中起过重要作用。水运仪象台建成后,苏颂就水运仪象台的各部分的形制写成一部技术专著——《新仪象法要》。该书于绍圣初年完成,呈进宫廷,一直藏于宫廷秘阁,所以极少流传。宋室南迁后,为重建水运仪象台,曾两次访求本书。南宋乾道八年(1172)吴兴施元之将此书刻印,方使此书流传于世。

《新仪象法要》一书分上、中、下三卷。卷上主要包括两部分内容,一是苏颂所做的"进仪象状",二是对仪象台上所用浑仪结构的详细介绍。在"进仪象状"中,苏颂首先叙述了他奉命对当时太史局和天文院所用浑仪进行考察的结果,以及水运仪象台制作的始末。随后,苏颂又简单回顾了自张衡以来的仪象发展史,重点介绍了一行、梁令瓒的开元水运浑天俯视图和宋初张思训的太平浑仪。他把古代仪象分作三类,即单纯用于观测的铜候仪,能自动演示恒星中天等天象的浑天仪,以及用以描绘周天星官分布的浑象(天球仪),指出新制的水运仪象台汲取了各家仪象之长,以自动装置连接浑仪和浑象,达到了"制备二器而通三用"的效果。

在介绍台上所用浑仪结构时,苏颂先介绍了该仪的总体结构和六合仪、三辰仪、四游仪三个主要组成部分,然后又对三个主要部分的零件一一详细描述,包括零件的名称、尺寸与作用等。全部文字共配图17幅,是现存最详细、最直观的一部古代浑仪资料。据苏颂的介绍,这架浑仪上增加了一个"天运环",它实际上是平行于赤道环的一个齿轮,口径比赤道环小。天运环由恒定转速的"枢轮"经过齿轮系统的换向和变速等一系列调节,可以带动浑仪中的四游环的窥管追随天体运动,进行跟踪观测。天运环的功能与现代天文望远镜上的转仪钟的功能大体相似,但它的诞生却比四方出现的转仪钟早好几个世纪。

该书卷中介绍台上所用的浑象,包括三部分内容。首先是浑象结构,有图3

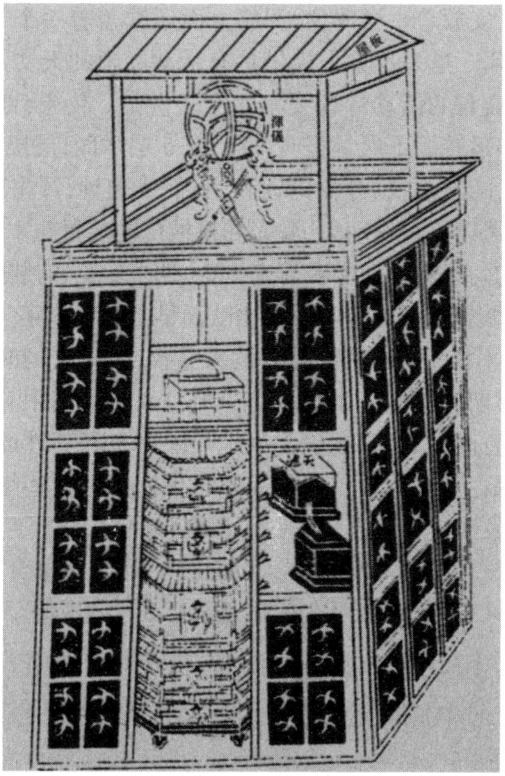

水运仪象台

幅,仍是按总体到部分一一说明。其次是浑象上的星图,共计5幅。这5幅星图可分为两套全天星图。一套由一幅圆图及两幅连续的横图组成,圆图画的是以北极为中心的拱极的紫徽垣星官,横图则以赤道为对称轴,标画出恒显圈到恒隐圈之间的星官。另一套是由两幅分别以南、北极为中心,以天赤道为边界的圆图组成,分别叫作浑象南极星图和浑象北极星图。这5幅星图上共有283官和1464星,是目前我国古代流传下来的最古老、最完整的星图之一。经学者们研究计算,认为这些星图是根据北宋元丰五年(1082)在开封实际测量后绘制的,各星座的相对位置准确无误,是当时世界上最完备的科学星图。另外在绘图技术上,它采用正圆柱投影法和天顶等距投影法,都比西方早4个世纪以上。

卷中的第三部分是介绍四季(春、秋二分,冬、夏二至)昏旦中星,资料分别取自《礼记·月令》的记载、僧一行的观测和宋代元丰年间的观测结果,共绘有9幅中星图。

《新仪象法要》的卷下主要介绍仪象台的机械结构和工作原理。机械结构也是从整体到局部,从驱动、传动及控制装置,到演示、报时机构一一剖析,分述其构造、形状、尺寸和功用,并配有插图25幅。依靠苏颂的描述,我们知道:这架仪器高约12米,宽约7米,是一座上狭下宽的呈四方台形的木结构建筑。它分上、中、下三层。最高层为平台，安放着一台浑仪，浑仪上面还覆盖着一个“摘脱板屋”，可以根据观测需要自由启闭。这是世界上最早具有活动屋顶的天文观测室，比公元1561年普鲁士卡塞尔天文台的活动屋顶要早4个多世纪。仪象台的中层是间密室，放置浑象，与天体同步运转。下层是报时系统，有5层木阁，层层有门，层层木阁都有木人可以开门而出，随着浑仪、浑象的运转，它们或敲钟，或击鼓，或摇铃，或示牌，及时报时。整台仪器以流水作动力，漏壶和机械传动装置在木阁后面，通过“天衡”控制，使整台仪器均匀运转。据学者研究，这个叫“天衡”的装置是一组杠杆，类似于现代钟表中的擒纵装置。这项发明又比欧洲早了600多年。

《新仪象法要》不仅是一本极为重要的天文仪器著作，同时也是一本机械工程著作，对研究北宋时期的机械技术水平有重要意义。该书中有图57幅，其中机械插图采用透视和示意两种画法，准确无误地反映了各种部件的尺寸比例和相互关系，可以说是我国保存下来的最古老的完整机械图纸。这些图和文字说明为我们后人研究这一巨大发明提供了宝贵史料。根据《新仪象法要》一书，1958年中国历史博物馆成功地复原了一架木制的、为原大1/5的水运仪象台模型，1989年北京天文馆与福建省同安区科委合作，再次复制成原大1/8的模型。

历法

《授时历》

“三月，参星在西方地平线上快要落下去了，这时桑叶萌发，杨柳抽枝，蝼蛄鸣叫，冰已融化，……妇女们要开始养蚕了。”这是《夏小正》中的一段话。由于文字古奥，我们把它译成白话。在天文学史上，称这种通过观测天象和物候来安排一年季节与月份的方法为“观象授时”。“野人无历日，鸟啼知四时”。在历法知识尚不完备的条件下，“观象授时”活动曾持续了相当漫长的一段历史时期。《夏小正》据说就是夏代的历法，虽然现在研究认为该书成书于春秋战国，但书中无疑保存了很久以前人们积累的观象授时资料。除《夏小正》外，《礼记·月令》《淮南子·天文训》和《逸周书·时则解》等早期月令著作中都有观象授时的内容。

大约在春秋中晚期，我国产生了一种以$365\frac{1}{4}$日为回归年长度，取19年7闰为闰周的历法，我们称之为四分历。四分历的两个基本数据在当时世界上是十分先进的，比古希腊人默冬的同样发现要早100年左右，它的出现标志着我国历法已经进入比较成熟的时期。

在中国古代，历法关系着国计民生的各个方面，因此，颁布历法是一件极为重要的事。战国时期，列国争霸，许多诸侯国都颁布了自己的历法，主要有黄帝、颛顼、夏、殷、周、鲁6种。6种历法都是四分历，只是所规定的历法起算年份(历元)

和每年开始的月份(岁首)有所不同。秦国使用的是颛顼历,因此当秦扫灭六国,一统江山后,颛顼历就成为秦始皇颁发全国的历法,直到汉初仍在继续沿用。到了汉武帝时,颛顼历已日渐疏漏,影响了农业生产,所以汉武帝组织一批天文人才颁布了新的历法《太初历》。汉武帝的改历,奠定了中国改朝换代时更换历法的传统,而《太初历》的出现则标志着中国古代历法体系的形成。《太初历》首次提出了以没有中气(雨水、春分、谷雨等十二节气)的月份为闰月的原则。这个方法在农历(或夏历)中一直沿用到现在。《太初历》还第一次明确提出了135个朔望月中有23个食季的食周概念,并且依据五星在一个会合周期内动态的认识,建立了一套推算五星位置的方法。可以看出,《太初历》并不是一个单纯的日历,而是综合了气朔、闰法、五星、交食等多项内容,类似于现在天文年历的综合性工具书。它成为后来编撰各种历法的模式依据。

由于中国古代历法有着丰富的内容,因此,历法的改革也是多方面的,它包括新理论的提出和运用,精密数据的测定,计算方法的改进等。历法的改革带动了整个古代天文学的发展,因此有人认为我国古代天文学史,从一定意义上来讲,就是一部历法改革史。在中国古代,先后出现的历法就达100多种。

东汉一代,月亮运动及交食问题是改历活动的一个争论焦点。汉和帝时贾逵用自己造的黄道铜浑仪进行观测时就已经发现月亮的运动是不均匀的。随后相继出现了《九道术》《月食术》《月食注》等专门讨论月行和月食的著作。到了东汉末年,刘洪在《乾象历》中第一次将月行迟疾引进历法,定出了比较精确的近点月日数和一个近点月内每天的月亮实际所行度数,由此可以更准确地推算日食和月食。《乾象历》还第一次定出了交食食限的数值,这在交食预报上是个重要的发明。另外,《乾象历》在交点月、回归年长度、黄白道距离等研究上也均有突破,从而开辟了中国古代历法发展的新纪元。

三国两晋南北朝时期,是个社会大动荡的时期,各个民族、各个地区的局部政权更迭迅速,因而也出现了许多新历法。这时的历法进步主要表现在三个方面:首先是三国时魏国杨伟在《景初历》中提出了食分和日食亏始方位的计算方法,促进了交食理论的发展。其次是刘宋时祖冲之在《大明历》中首次把东晋虞喜发现的岁差现象引入历法计算中,提高了冬至点推算的准确性。第三是北齐民间天文学家张子信在一个海岛上利用自制仪器进行观测,发现了太阳、五星也和月亮一样,它们在天空的视运动速度是不均匀的。它告诉人们一个节气和另一个节气的日数可能是不相等的,而计算日月交食不仅要考虑月亮运动的不均匀,还需考虑太阳运动的不均匀性。这一发现预示着历法史上又一次大变革的到来。

隋唐时期的历法在前代成果积累的基础上产生了新的飞跃。首先是隋代刘焯在《皇极历》中采用了定朔的方法,代替平朔,并创立了二次等间距内插法,用以推定五星位置和日月食起讫(初亏和复圆)时刻及食分等,还采用定气的方法来计算日行度数和交令时刻。到了唐初李淳风的《麟德历》,定朔法得到肯定,从此代替了平朔法。唐代最著名的历法是一行的《大衍历》。一行为了编制新历,曾进行过大量的实际观测,最为人熟知的是他主持的世界上用科学方法进行的第一次子午线实测。一行的《大衍历》对太阳运动的规律做了比张子信、刘焯等人更合乎实际的描述。他认为冬至时日行最急,夏至时日行最慢;他的太阳运动表[日躔表]是根据定气编的。由于太阳运动的不均匀性,所以两个定气之间所需的时间是各不相同。为了从数学上解决这个问题,一行创立了不等间距二次内插法。《大衍历》在日月食和五星运动计算方面也有较大进步,如考虑到视差对交食的影响,创立了一套计算视差影响的经验公式。《大衍历》共分 7 篇,内容和结构都很系统,表明我国古代的历法体系已经完全成熟。之后的各次修历,一般都仿效《大衍历》的结构。中唐以后,曹士芳首先在《符天历》中以一个二次函数式描述太阳周年运动的不均匀性;之后边冈在《崇玄历》中也把二次函数式引入了黄赤道坐标的换算以及月亮黄纬与食差的计算,又在影长计算中应用了三次函数,在太阳赤纬及昼夜漏刻的计算中使用了四次函数。这些工作使高次函数法成为中国古代历法计算的又一重要方法,开创了各种天文数表及其算法公式化的新传统。

宋代,历法计算上又有所发展。周琮《明天历》中的各项计算均使用了高次函数式,并且用到了五次函数。这部历法是中国古代公式化程度最高的历法。以后,姚舜辅在《纪元历》又前进一步,许多经验计算公式,都比以前的历法简便、精密。

郭守敬塑像

宋代历法中,最富有创造性的是杨忠辅的《统天历》。该历中的回归年长度为 365.2425 日,和欧洲于公元 1582 年以后采用的格里高利历完全一致,但却要早近 400 年。不仅如此,杨忠辅还提出回归年长度不是固定不变的,它的数值古大今小,这是天文学史上的一个重要发现。

中国古代历法发展的顶峰是元代郭守敬等人编撰的《授时历》。《授时历》吸收了以前历代历法的长处,并有所发展、创新,成为我国古代历法史上划时代的产物。

《授时历》是中国古代最优秀的一部历法，由元代王恂、郭守敬等人编撰。历法初稿完成于元世祖至元十七年(1280)，并于第二年颁行天下。而历法的最后定稿则要到至元二十三年(1286)。

早在元世祖忽必烈初登皇位的时候，他的谋臣刘秉忠就曾建议改革历法。1276 年忽必烈攻占江南后，下令改革历法，设太史局，任命张文谦、张易为主要领导，而以王恂为实际负责人，郭守敬为副手。王恂(1235—1281)，字敬甫，河北唐县人。郭守敬(1231—1316)，字若思，河北邢台人。王、郭二人都在少年时代就精通天文、数学，又都是刘秉忠在邢台西南紫金山隐居时的学生。在改历中，王恂主管推算，郭守敬负责制造仪器和观测。后来又先后聘请了南方著名学者许衡、杨恭懿等，从事阐述历理的工作。当时参加改历的南北天文工作人员有数十人之多。经过 4 年的艰苦努力，新历完成初稿，元世祖赐名《授时历》，取义于“敬授民时”的古语，1281 年新历颁行。也就在这一年，王恂病故，而张文谦、张易、许衡也在此前后去世，杨恭懿告老辞归。郭守敬在以后的几年里，独立完成了新历的全部整理定稿工作。后人往往因此认为郭守敬是《授时历》的作者，而实际上《授时历》的完成是当时一批优秀人才集体智慧的结晶。

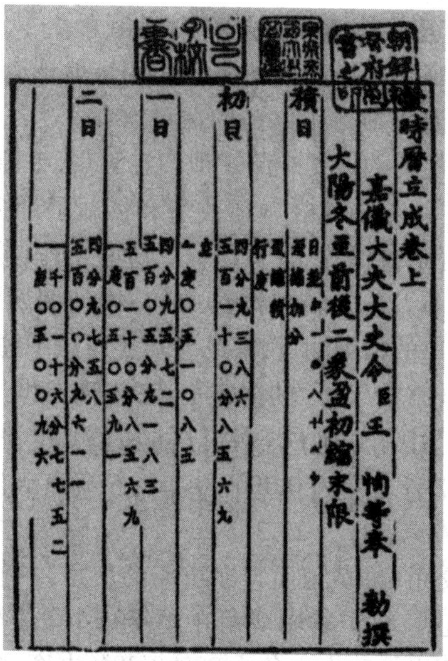
時曆立成卷上
嘉議大夫太史令臣王恂等奉勅撰
太陽冬至前後二象盈初縮末限

《授时历》

《授时历》现今只是狭义地指保存在《元史·历志》里的《授时历经》2 卷 7 篇。这 7 篇分别是：(1)步气朔，介绍推算节气、朔、弦、望所在时刻的方法；(2)步发敛，推算卦、候、土王及五行用事等项；(3)步日躔，求太阳每日在黄道上运行的速度和位置。介绍太阳黄、赤道经度的互推；(4)步月离，求月亮的运行和月道与赤道的交点等；(5)步中星，计算昼夜长短时刻、影长和昏旦中星的度数；(6)步交会，即日、月食的推算方法;(7)步五星,推算五大行星的运动和位置。《授时历经》的篇章结构和内容基本上沿用了自《大衍历》以来的历法传统。然而,从广义上说,《授时历》还应包括同授时历法有关的历法理论、天文观测成果等内容,也就是郭守敬整理新历时得到的成果:《推步》7卷、《立成》2卷、《历议拟稿》3卷、《转神选择》1卷、《上中下三历注式》12卷。1286年,郭守敬升任太史令,又写成《时候笺注》2卷、《修改源流》1卷、《仪象法式》2卷、《二至晷影考》10卷、《五星细行考》50卷、《古今交食考》1卷、《新测二十八宿杂坐诸星入宿去极》1卷、《新测无名诸星》1卷、《月离考》1卷等。可惜这些书大部分没有流传下来。朝鲜等国保存着《立成》。近年人们又从北京图书馆的明抄本《天文汇钞》中发现了《三垣列舍入宿去极集》,认为是郭守敬《新测二十八宿杂坐诸星入宿去极》一书的改抄本。此外,《元史·历志》保存有李谦奉元世祖之命所撰的《授时历议》,当是根据《历议拟稿》和其他有关材料写成。而《元史·天文志》中记载郭守敬所创制仪器的资料,也有可能是根据《仪象法式》一书改写的。所有这些,都可视为《授时历》的组成部分。

《授时历》是在总结前人历法经验,认真观测推算的基础上创造出来的一部精良的历法。它在天文观测数据的精确度和历法推算的数学方法上都取得了辉煌的成就,一般统称之为“考正七事”和“创法五事”。

郭守敬很重视天文观测在历法改革中的作用。他认为:“历之本在于测验,而测验之器莫先于仪表。”真正抓住了修历的关键所在。为了得到精确的天文数据,郭守敬等人进行了空前规模的天文观测。他们在北京、太原、成都、雷州等27处设立了观测所,比唐代多了一倍。郭守敬还改造和创新了许多天文仪器,如圭表、简仪、仰仪、七宝灯漏、星晷定时仪等,有十几种。这些工作,使《授时历》中天文数据的精密程度大大超越了前人。如《授时历》中的岁实(回归年)取365.242 5日,这是郭守敬等人历时近4年的精细测量,并结合前代历法中的可靠资料,加以考证推算而成。它与南宋杨忠辅《统天历》的岁实一样,与现在世界通用的公历回归年数值相同。又如,《授时历》中的朔策(即朔望月)取29.530 593日,现代朔望月的精密值为29.530 589日,二者之差为0.000 004日,精确度确实很高。另外该历中的近点月为27.554 608日,交点月为27.212 224日,精确度也很高。

自汉代以来,黄赤交角(即黄道面与赤道面的交角)一直被认为是24度,经过1000多年,始终无人更正。其实黄赤交角在逐年减小。在《授时历》中,郭守敬根据精密的天文测量,归算出的黄赤交角为23°90′30″(古度)折合成今天的360度制为23°33′33″9,而精确值为23°31′58″,误差仅为1.6′。另外,《授时历》中二十八宿距度的测量平均误差才4.5′,也达到了当时世界最先进水平。

《授时历》中还彻底废除了沿用已久的上元积年。旧历法家推算上元积年,是寻求一个所谓的“祥瑞”的计时起点,要恰逢甲子日、朔旦(朔望月的开始时刻,即夏历初一)和冬至同在一天的夜半发生,还要“日月合璧”“五星联珠”,即日月五星并见于一方。这些条件全部会齐,作为计时起点,就是上元。积年是从制历这一年上推到上元那一年累积的年数。由此可见这项工作是多么繁重。《授时历》抛弃了这种传统算法，而是以实际观测数据为基础，以至元十八年(1281)辛巳岁冬至为历元，使计算方法更为简便、合理。这种方法和近代采用的截元法是一致的。这是对我国古代历法的一次重大改革。

除了根据实测考证天文数据外，《授时历》还把当时最先进的数学知识应用于天文计算。郭守敬等人经过刻苦研究，在《授时历》中创立了天文学上5项新的推算方法，即用招差法计算日月运动，推算太阳每日在黄道上运行的速度，推算月亮每日绕地球运行的速度等；用弧矢割圆法互推太阳黄、赤道经纬度，计算月道和赤道的交点。《授时历》中的招差术相当于3次或更高次的内插法，它的天文基础是考虑了日月五星的不等速运动。这个问题隋代刘焯和唐代一行曾分别用等间距二次内插法和不等间距二次内插法来解决，但不彻底。《授时历》采用三次差分的内插法原理，成为历法中的一大创举。弧矢割圆法类似两个球面三角公式，是我国独特的球面三角学，是数学方法在天文学中应用的一大创新。

在《授时历》中，还废除了用复杂分数表示数据的方法。我国古代历法一般用分数来表示天文数据的整数后的奇零部分，运算十分烦琐。唐代南宫说的《神龙历》和曹士蒍的《符天历》中虽然已经引进了十进制的小数概念，但没有被一般天文学家所重视。直到500年后，王恂和郭守敬等人才在《授时历》中采用。《授时历》以一日为100刻，一刻为100分，一分为100秒，秒以下的单位也一律百进位，因此一日的数据可以精确到小数点后面第六位，精度高而且比分数表示法简单明了得多。

《授时历》是我国古代行用最久、最精密的一部历法，从1281年到明末，行用了360余年，在明代时改名为《大统历》。《授时历》还传到海外，元朝时朝鲜高丽王朝就原封不动地搬用了《授时历》，日本1684年采用的《贞享历》也利用了《授时历》的原理和方法。

数学

直到明中叶以前，在数学的许多分支领域内，中国在世界上一直处于遥遥领先的地位。传说早在黄帝时代，隶首就创造了数字符号和计算方法。《史记》中记载大禹治水时已使用了规、矩、准绳。从出土文物看，公元前三四千年的西安半坡遗址和公元前2000年的河南偃师二里头遗址出土的陶文中就有了数字；而通过对商代甲骨文中数字的研究，我们发现其中已具有了位置值制的萌芽，形成了十进制的数字系统。十进制记数法是我国古代人民对世界人民的一项不可磨灭的贡献。

在我国的上古及夏商周时代，一些专门技能和知识往往掌握在少部分人手中，并且世代相传。那时数学和天文的专门人才被称为“畴人”。到了春秋时代，周室衰微,政权下移,畴人子弟四散,私学开始兴起,数学知识逐渐普及。同时生产的发展,也促进了数学知识和计算技能的提高。从古代文献中我们得知,九九乘法表在当时是人们的常识,分数概念和分数运算也已形成,特别是像营造都城这样的大型土木工程,无疑需要更为复杂的数学运算。可见,春秋时代我国的数学已有了较高的水平,只是没有专门的数学著作传世而已。

战国至西汉,是我国以《九章算术》为代表的古代数学体系确立的时期。在春秋战国之交,我国社会完成了生产关系的转变,人们的生产积极性大为提高,兴修水利,开垦土地,改进耕作技术,同时手工业和商业也得到进一步发展。在这些活动中,数学知识得到普遍应用,为数学的发展提供了新的动力。如《考工记》中就有许多表示直角、钝角、锐角和分数等的专门术语。这时的思想界也异常活跃,诸子兴起,百家争鸣,不仅在社会文化方面取得了丰硕的成果,而且促进了思维规律方面的研究。其中的墨家和名家尤为重视逻辑推理和理性思辨,他们提出的一些命题具有深刻的数学内涵。像《墨经》中关于圆、平、端(点)等数学概念的定义就已十分严谨。应该说这时已具备了对数学知识进行总结整理的条件。据《周礼》记载,当时"士"阶层所受的数学教育有"九数"之称,"九数"指的是数学分为九个细目。东汉郑玄注《周礼》时引郑众之说:九数是"方田、粟米、差分、少广、商功、均输、方程、赢不足、旁要。"这与现传《九章算术》的篇目基本相同,只是第九为旁要而不是勾股。《周礼》一般认为成书于战国,因此,至迟在战国时代,由九数发展起来的数学著作可能就存在了。1983 年底在湖北江陵张家山西汉墓中出土的《算数书》,是我国目前所见最早的数学著作,其中有许多内容与《九章算术》相似,有些标题和算题甚至完全一致。由于该书文字古朴,一般认为很可能是先秦著作或录自先秦著作。

汉代成书的《九章算术》,是先秦至西汉数学知识的总结和升华,在数学的许多方面取得了在当时世界领先的成就,确立了中国古代以计算为中心的数学体系。另外,我们前面谈到的《周髀算经》,由于其中的数学内容,也被后世视为重要的数学著作。

《九章算术》产生以后,我国古代数学研究有过两次高潮,第一次是在魏晋南北朝时期。这一时期数学著作的一大特点是为《九章算术》《周髀算经》作注。据《隋书·经籍志》记载,仅注《九章算术》的著作就有 8 种。魏晋南北朝时期,由于战乱不断,政治斗争严酷,致使一些人采取以静制动的方针周旋于纷乱复杂的社会之中,于是清谈之风盛行。在思想领域,儒家的统治地位被削弱,取而代之的是以《周易》《老子》《庄子》为主的玄学。玄学力图通过抽象的思辨来论证现实世界的后面有一个产生和支配现象世界的本体,即世界的本原和根本规律。与之相适应,数学家们也开始重视数学理论的研究,试图把以前积累的数学知识建立在必然性的基础之上,三国赵爽的《周髀算经注》和晋代刘徽的《九章算术注》就是典型代表。在这一时期,还出现了一些新的数学著作,弥补了《九章算术》所未涉及的内容,开创了数学研究的新的分支。其中即有刘徽的《海岛算经》。该书原本附于《九章算术注》之后，后人将它独立成书。书中讨论了由《周髀算经》测日高法发展而来的重差术，并因书中首题是测量一海岛的高远而得名。《孙子算经》，约成书于公元400年前后，记述了筹算记数制度和乘除法则、分数和开方等。其中最著名的是"物不知数"题，书中提示的解法被后世推广成一次同余式组解法，由于是本书中首先提出这一课题，因此被史家称为"孙子定理"。《张丘建算经》，公元5世纪张丘建所著，主要成就是最大公约数与最小公倍数的应用、等差级数、开带从平方和不定方程等，著名的"百鸡问题"就是出于此书。北周甄鸾著有《五曹算经》《五经算术》《数术记遗》3种数学著作。《五曹算经》是一部为地方行政官员编写的应用算术书，其中有十进制小数的萌芽；《五经算术》对儒家经典中需要数学知识的部分做了注释；《数术记遗》介绍了3种大数进位制及14种算法，反映了当时改进计算工具的历史情况。这一时期还有许多数学著作没能流传到今天，比较著名的有《夏侯阳算经》、祖冲之的《缀术》、董泉的《三等数》，前2种被收入唐代的"算经十书"，后一种在唐代也是教科书。《缀术》在数学上的成就极高，书中将圆周率精确到3.1415926到3.1415927之间，同时在球体积问题、二三次方程正负系数的开方问题等方面都有重大突破。

隋唐统治者在国子监设算学馆，在科举考试中设明算科，唐代还将汉唐间的10部重要数学著作加以整理注释，作为算学馆的教科书。这10部著作是《周髀算经》《九章算术》《海岛算经》《孙子算经》《夏侯阳算经》《张丘建算经》《五曹算经》《五经算术》《缀术》和《缉古算经》。其中《缉古算经》是唐初王孝通所著，书中20个问题大部分用高次方程求解，是现存最早的介绍开带从立方（即求三次方程的正根）的数学著作。中唐以后，由于工商业有较大发展，人们对简化筹算计算过程的要求较为迫切，于是出现了不少有关实用数学的著作，如龙受益的《算法》、江本的《一位算法》、陈从运的《得一算经》等。但是这些著作都没能传到今天，只有韩延的一部算书因原来的《夏侯阳算经》失传，被冠以《夏侯阳算经》之名补入"算经十书"，才流传下来。该书中记载了相当多的捷算方法，并对十进小数进行了推广。总的来说，唐代数学研究的成就不高。除了一行等人的二次内插法外，没有什么重大突破。究其原因，是唐代统治者对数学的重视不够，学习数学的人社会地位非常低，远不如以儒家经典和诗词歌赋中举的人地位高。但是，唐代对古代算书的整理以及算学知识的普及却为宋元数学的发展奠定了基础。

宋元时期，社会相对稳定，经济稳步发展，特别是工商贸易的发达，对实用数学知识的渴求，为数学发展创造了条件。当时出现了许多"捷法"和"歌诀"等，以帮助人们迅速掌握各种计算方法。另外，在这一时期，印刷术已得到广泛应用，并且发明了活字印刷，促进了数学著作的刊印。宋元丰七年（1084），秘书省刊刻了十部算经，作为学校的课本，这是印刷本算书在我国首次出现。当时数学家撰写的数学著作大都能在成书不久就刊印行世。数学著作凭借印刷术得以空前广泛地流传。

在这种背景下，宋元数学研究掀起了又一次高潮，特别是在13世纪下半叶，涌现出了秦九韶、李冶、杨辉、朱世杰等一批杰出的数学家，一时间群星闪烁，成就辉煌，可以说是中国古代数学发展中一个登峰造极的阶段。11世纪上半叶贾宪《黄帝九章算经细草》的问世，标志着我国算法系统在代数学上的飞跃，书中创造的求高次方程系数的“开方作法本源图”（贾宪三角）和增乘开方法超越其他民族几个世纪。差不多同时期的沈括在《梦溪笔谈》中首创隙积术，开创了高阶等差级数求和这一新的分支，还提出了弓形弧长的近似公式。蒋周著的《益古集》用二次方程解决圆的各种关系问题，对天元术的发展也做出了贡献。12世纪刘益的《议古根源》再次引入负系数方程，并创造了益积开方术和减从开方术，南宋杨辉称之为“实冠前古”。南宋时期，由于宋辽、宋金、宋元在政治上长期南北对峙，因此数学研究也形成了南北两个中心。南方中心以秦九韶、杨辉为代表，以高次方程数值解法、同余式解法及改进乘除捷法为主要研究对象。秦九韶的著作是《数书九章》，其中有两项举世瞩目的重要成就，一个是首次系统解决了一次同余式组的解法，一个是提出了求高次方程正根的完整方法。杨辉的著作很多，主要的有《详解九章算法》《乘除通变本末》《田亩比类乘除捷法》《续古摘奇算法》。后3部是杨辉晚期作品，后世合称《杨辉算法》。在杨辉的著作中，收录了不少现已失传的各种数学著作中的算题和算法，如贾宪的“增乘开方法”和“开方作法本源图”等，并且在二阶等差级数和乘除简捷算法上都取得了很高的成就。北方数学中心以李冶为代表，以列高

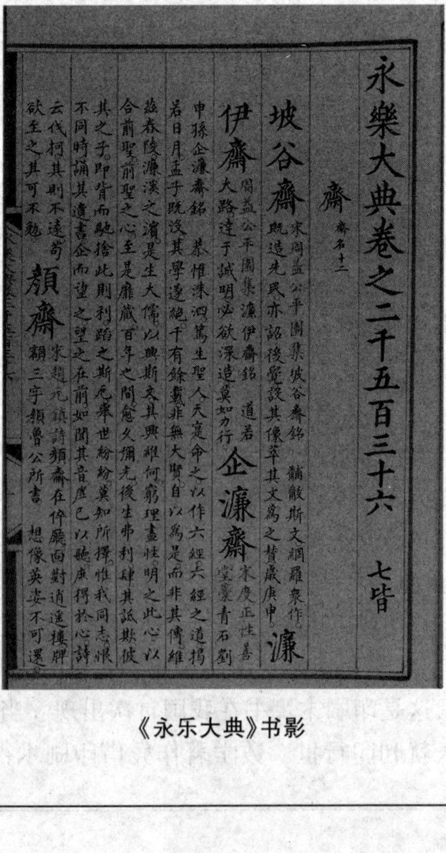

《永乐大典》书影

次方程的天元术及其解法为主要研究对象。李冶在前人的基础上，系统地总结了天元术。他的《益古演段》和《测圆海镜》是现存最早讲述天元术的著作，前者是为初学天元术的人写的入门著作；后者则借助勾股、方圆等几何关系建立高次方程，从而全面系统地介绍天元术的理论和算法，其中丰富的几何内容和演绎推理的倾向为古代数学著作中罕见。元统一中国后，南北数学的交流就成了顺理成章的事。朱世杰就生活在这一环境下。他有两部著作，《算学启蒙》是一部数学启蒙读本，包括了从乘除捷法到增乘开方、天元术、高阶等差级数求和等当时数学各方面的内容；《四元玉鉴》是朱世杰的成名作，其中介绍了二、三、四元高次方程的布列和解法，并在高阶等差级数求和问题上有重大突破，两项成就都早于西方数百年，成为宋元数学高峰的代表作。

从明代开始，中国古典数学开始衰落，当时的数学著作也不少，但在创造性上远不及宋元算书。不过，这一时期的数学仍有两件影响深远的大事。一件是1408年编修《永乐大典》，将明代以前的数学著作分类抄入，许多数学著作都赖此才得以流传到今天。另一件是随着筹算简捷算法的日臻完备，珠算法也得到了发展和普及。如吴敬的《九章算法比类大全》、王文素的《通证古今算学宝鉴》、朱载堉的《算学新书》等，除了介绍筹算方法外，都提到了珠算。特别是程大位于公元1592年写成的《算法统宗》，系统地介绍了算盘的使用方法，曾风行一时，流传甚广。

明朝末年，西方数学传入，开始了中西数学融会贯通的新阶段。清代的数学著作非常多，据有人初步统计，中算家有600多人，著作在1000种以上。但是，从总体水平上看，已经落后于西方。

《九章算术》及《九章算术注》

《九章算术》唐宋间又称《九章算经》《黄帝九章算经》，是中国古代最重要的数学经典。据魏、晋间刘徽《九章算术注》序载，西汉时数学家张苍、耿寿昌在秦始皇焚书劫余残篇的基础上，对该书进行了增订、删补。现代研究者认为，《九章算术》并非出自一人一世之手，而是数代人辛勤努力的结晶，最后成书当在西汉末到东汉初年。在中国，该书在千余年间被直接用作数学教育的教科书；它还影响到国外，朝鲜和日本都曾用它当过教科书。

《九章算术》共收集246个应用题，按问题的性质类别分为九章。各章的次序和内容是：(1)方田，是关于土地面积的计算，包括矩形、三角形、梯形、圆形、环形、弓形、截球体的表面积的计算。由于计算面积要用到分数，因此这一章还系统讲述了分数的运算。(2)粟米，讲的是比例问题，特别是如何按比例交换各种谷物等。(3)衰分，是按等级分配物资或按等级摊派税收的比例分配问题。(4)少广，是由已知面积和体积，求几何体一边的长，讲的是由田亩计算引出的开平方和开立方的方法。(5)商功，包括了各种工程中体积的计算，以及人工的合理安排问题。(6)

均输,是计算如何按人口多少、物价高低、路途远近等条件,按比例合理摊派税收和派出民工的问题。(7)盈不足,是关于算术中盈亏问题的解决,称“盈不足术”。此章中也涉及比例问题。(8)方程,主要是关于线性方程组的问题。(9)勾股,是关于各种测量和几何计算中勾股定理的应用。

《九章算术》的主要部分采取了以算法统率应用题的形式,即或先列出几个例题,再给出抽象性的术文,此时例题一般只有题目、答案;或先给出抽象性的术文,再列出例题,此时例题一般有题目、答案和具体术文。在九章中,有近100个普遍性公式和解法,已包括现在中小学数学的相当大的一部分内容。如在分数的四则运算、比例、面积和体积、开平方、开立方、正负数、一次方程组、二次方程、勾股定理等方面,书中都有较完备和详细的叙述。

对于分数的运算,我国很早就进行了深入的研究。《周髀算经》的天文计算中就已经有相当复杂的分数运算,但由于没有把约分工作做好,所以算草比较繁复。而在《九章算术》中则给出了包括约分、通分、四则运算等在内的一整套分数运算法则。如书中用“更相减损”术求最大公约数,指出如果分子、分母可以被2整除,就都先除以2。不能被2整除的,则以分母和分子相减,一直减到减数和被减数相等,此数即为最大公约数。这种方法和现代算术中的辗转相除法基本一致。而当时,除了我们的祖先,只有希腊人知道这个方法。《九章算术》是世界上最早系统叙述分数运算法则的著作,类似的著作,印度迟至公元7世纪才出现,而欧洲则在15世纪以后才逐渐形成现代分数的算法。

《九章算术》方程章中的方程术,也就是线性方程组的解法,可以说是这部经典中最杰出的成就。由于中国古代使用算筹表示各项数字,因而书中采用了分离系数法表示方程,相当于现在的矩阵。在解方程中,它所使用的方法叫“直除法”,和现在通用的加减消元法基本一致,是世界上最早的完整的线性方程组的解法。在欧洲,到17世纪莱布尼兹才提出线性方程组的完整解法,比我国要晚15个世纪还多。在列方程移项、合并同类项(损益术)和消元过程中会出现负数。《九章算术》在这部分中首次引入了负数概念,并提出了正负数的加减法则,而且在实际运算中进行了正负数的乘除。在世界数学史上,这是第一次突破了正数范围,扩充了数系的概念。

“今有(数人)共买物,(每)人出(钱)八,盈三;(每人)出(钱)七,不足四。问人数、物价各几何?”这是《九章算术》盈不足章的一个应用题。书中创造性地应用了两次假设法,来解决这类问题。设人数为x,物价为y;每人出钱为a_1,盈为b_1;每人出钱为a_2,不足为b_2,则有下列等式:

$$x=\frac{b_1+b_2}{a_1-a_2}\quad y=\frac{a_2b_1+a_1b_2}{a_1-a_2}$$

这种方法被称为“盈不足术”,书中用它解决盈亏问题和一些数学杂题。“盈不足术”在大约公元9世纪传到阿拉伯,被称为“中国算法”,相同的方法西方直到13世纪才首次在意大利数学家斐波拿契的著作中出现。

形与数密切结合，是《九章算术》的一个重要特色。在勾股章中，几何问题都依据勾股定理来解决，提出了几何图形的面积、体积和测量“高、深、广、远”等问题的解法，反映了当时测量数学的发达以及地图测绘的水平。在计算面积和体积问题时，要遇到许多开方计算。在《九章算术》少广章中，给出了开平方、开立方的方法，它们和现今的开方法基本一致，是世界上最早的开方程序。需要指出的是，用算筹列出几层来进行开平方和开立方的运算，相当于列出一个二次或三次的数字方程，即用上下不同的各层表示一个方程各次项的系数。勾股章有一测望问题就归结到开带从平方，即解二次方程。后来，求解高次方程的正根都称为“开方”，成为中国古代数学中最发达的领域。

《九章算术》取得的数学成就是全面的、杰出的，奠定了它在中国古代数学中的崇高地位，称它为中国算经之首是毫不过分的。该书对以后的数学著作产生了极其深远的影响。从内容上讲，《九章算术》的九部分内容确定了中国古代数学的基本框架，形成了中国古代数学以计算为中心的特点；九章246个问题，大都来自人们生产、生活的实际需要，开创了数学理论密切联系实际的风格；全书没有任何数字神秘主义的内容，体现了朴素的唯物主义观点，并为以后的数学著作树立了榜样。从全书结构上讲，《九章算术》一般有“题”“答”“术”三个部分，这种以术统题的方法，逐渐形成了中国古代数学著作的一种基本形式。《九章算术》以后，中国古代数学著作主要采取两种模式，一种是以该书为楷模编写新的著作，一种是为该书作注。

提到为《九章算术》作注，就不能不提到刘徽。刘徽是我国古代一位非常杰出的数学家，生活在公元3世纪。由于《九章算术》产生年代较早，又非出自一人一世之手，所以也有着自身的缺欠。如文字简奥、部分内容抽象程度不高，还有对问题只给出解法和答案，缺乏必要的解释和证明等。刘徽从幼年开始，就反复研究《九章算术》，后来他采集前人研究成果，并融入自己的数学心得，写成了《九章算术注》一书，对《九章算术》进行了全面的解释和论证。

刘徽是我国古代数学理论的奠基者。他在《九章算术注》的序中说：“事类相推，各有攸(所)归，故枝条虽分而同本干者，知发其一端而已。”意思是说有许多数学问题，表面上看不相同，但在理论上却有着共同的根源。这种逻辑推理思想，在中国古代数学发展中极为重要。在解释和论证数学问题时，他认为要“析理以辞，解体用图”，既要有语言论述，也要结合图形进行直观的证明。这种数与图结合的方法是中国古代数学证明的一种独特的方法。

刘徽注在数学史上的另一大贡献是用“割圆术”求得圆周率π值。中国古代很长一段时间π值取的是3。刘徽认为这只是圆内接正六边形周长与直径的比率，是不正确的。他首先肯定圆内接正多边形的面积小于圆面积，而将边数屡次加倍后，面积也相应增大，边数越多，那么圆内接正多边形的面积就越接近圆面积。

他写道:“割之弥细,所失弥少。割之又割,以至于不可割,则与圆合体而无所失矣。”这句话反映了刘徽的极限思想。从计算圆内接正六边形面积开始,刘徽依次计算圆内接正十二、二十四、四十八……一百九十二边形的面积,得到圆周率近似于3.14。据说他还不满意,又继续推算出 $\pi=\frac{3927}{1250}$(相当于3.1416)的数值,这是当时世界上圆周率的最佳数值。从理论上讲,利用刘徽注中的方法可以将圆周率计算得非常准确。研究者们一般认为,南朝祖冲之在《缀术》中将圆周率精确到8位有效数字,即3.1415926和3.1415927之间,就用了刘徽的方法。刘徽的方法奠定了我国圆周率计算在世界上领先千年的基础。

刘徽注对数学的贡献还有许多方面。如它发展了《九章算术》的率概念,定义率为“凡数相与者谓之率”,即数与数相互关联为率,并讨论了率的性质,用率理论论述了《九章算术》的大部分内容。书中认为今有术是普遍方法,九章中的许多问题的解法都可以归结到此术。今有术即比例方法,已知比例式中的三项求第四项。例如 $a:b=c:d$,已知a、c、b,则 $d=\frac{bc}{a}$。这种方法古代印度也有(三率法),但有关记载要晚于《九章算术》,16世纪该法由阿拉伯人传入欧洲,在商业上得到广泛应用,被誉为黄金法则。另外,刘徽注中对求弧田面积、圆锥体积、球体积、十进分数、解方程等问题,以及对分数性质的论述、正负数的定义等,都有独到的见解。

刘徽的注,修正了《九章算术》中的错误,发展了其中的数学理论,充实和完善了《九章算术》的数学体系,是所有为《九章算术》作注的著作中最重要的一部。

《数书九章》

南宋秦九韶撰写的《数书九章》是中国古代重要的数学著作,宋元数学高潮的代表作之一。

秦九韶(约1202—1261)字道古,自称为鲁郡(今山东曲阜、兖州一带)人,生于普州安岳县(今四川安岳县),是南宋著名的数学家、天文学家。他18岁就当过义兵的首领,但后来在仕途上却历经曲折。秦九韶自幼聪明好学,而且兴趣广泛。他对于天文、音律、算术、营造等都有深入的研究,至于游戏、弓马、蹋毬、剑术等,对他来讲也是驾轻就熟的。可以说秦九韶是一个不可多得的通才,这对于他以后博采众长、触类旁通,在数学上取得巨大成就,不能说没有影响。公元1247年,秦九韶总结了自己多年数学研究的心得,写成《数书九章》。

《数书九章》,又名《数术》《数术大略》《数学大略》《数学九章》等,《数书九章》的书名是明代后期才出现的。至于原来的书名到现在还不能确定。该书写成后没有马上刊印,仅有抄本流传,明代将它分类辑入《永乐大典》,清代又从《永乐大典》中抄出,收入《四库全书》。另有一部自明文渊阁辗转传抄出的本子,经沈钦裴、宋景昌汇集各家注释并进行校勘，于清道光二十二年(1842)由上海郁松年刻入《宜稼堂丛书》，是最为流行的版本。

《数书九章》全书81问，分为九大类，每类各九问。九大类分别是：(1)大衍类，叙述“大衍求一术”并用之解决各种实际问题；(2)天时类，有关历法制定、天象测算、计算降雨降雪量等的数学问题，其中的天池盆是世界最早的雨量器；(3)田域类，是关于各种形状的田地面积的计算，反映了江南人民围海、围湖造田等活动；(4)测望类，讨论勾股测量，涉及测望山、水、城、塔和敌军的远近以及古迹的修复等问题；(5)赋役类，是关于田赋、户税问题的计算，反映了南宋赋税的实际情况；(6)钱谷类，是关于粮食转运和仓库容积问题，设计了由于南宋各地加大量器、增加田租造成器量混乱而带来的数学计算问题，还记载了南宋发行世界上最早的纸币会子及新旧会子的兑换情况；(7)营建类，解决的是工程施工中的数学计算，其中计造清台问是世界上现存最早的天文台设计图；(8)军旅类，是关于营盘布置、测算敌方人数，以及军需供应等方面的问题，这和当时宋金、宋元战事激烈有关，有为战争服务的目的，在古代算书中比较少见；(9)市易类，处理商业贸易和利息计算等问题，保存了许多南宋商品交易和相关政策的史料。

从《数书九章》的分类和内容上看，很明显，它受《九章算术》的影响是深刻的，与现实生活有着紧密的联系，反映了当时社会经济、文化、政治、科学技术等各种活动的一个侧面。秦九韶在本书的自序中曾说：数学“大则可以通神明，顺性命，小则可以经世务，类万物”，将数学提到了极高的地位。但是，他将数学与世界本源联系起来，认为“数与道非二本也”，又说明他受到了当时理学思想和象数学的影响。

“大衍求一术”是秦九韶最得意的杰作，也是中国古代数学的一项伟大成就，因此秦九韶将它放在该书的首位是非常合适的。早在公元4世纪前，《孙子算经》中提出过这样一个问题，用现在的话说就是：有一个数，用3除它余2，用5除它余3，用7除它余2，求这个数。这就是著名的“孙子问题”，也是一个一次同余式组的问题。在中国古代历法中推算上元积年，也遇到了解同余式组的问题。对于这类问题，《孙子算经》给出的解法过于简略，而历法中也没有形成系统的算法，甚至误认为是线性方程组的解法。直到秦九韶的《数书九章》才首次比较系统地解决了这类问题。秦九韶方法的关键是用“奇数”和“定数”辗转相除及一整套计算程序，求出满足要求的“乘率”。因为计算“乘率”的辗转相除要直到最后余数为1时止，所以秦九韶把它称为“求一术”。在秦九韶的问题中，数据可以是整数，也可以是分数、小数，他都给出了相应的化解程序。总之，秦九韶在世界上第一次系统地解决了一次同余式组问题，而且计算步骤相当严密。过了500多年，欧洲的尤拉和高斯等人才对联立一次同余式进行了较为深入的研究。“大衍求一术”被介绍到西方后，引起了欧洲学者的高度重视。西方数学史家称这一定理为“中国剩余定理”，德国著名数学史家康托称赞发现这一算法的中国数学家是“最幸运的天才”。

在该书的第二至九类，秦九韶使用了《九章算术》以来的许多数学方法，并有创造性发展,其中最重要的是求高次方程正根的正负开方术。在我国古代,解一般高次数字方程叫作“开方”,《九章算术》中就已经记载了开平方和开立方的方法,后来一般的二次方程和三次方程的数值解法,分别被称为“开带从平方”和“开带从立方”,就是因为它们都是从开平方和开立方的方法中推衍出来的。开方术在宋代取得了重大发展。首先是贾宪创造了“增乘开方法”,通过随乘随加的方法,可以求出高次方程的正根。12 世纪刘益又引入负系数开方,方程的系数可正可负,取消了方程系数只允许为正整数的限制。到了南宋,秦九韶在《数书九章》中提出了“正负开方术”,也就是利用随乘随加逐步求出高次方程正根的一套完整的程序。在秦九韶的方法中,除因运算需要规定“实”(常数项)常为负之外,没有任何限制,是任意高次方程的一般解法,和现在求高次数字方程正根的方法基本一样。而现代算法是意大利人鲁斐尼在 1804 年和英国人霍纳在 1819 年提出的,也就是人们熟知的鲁斐尼—霍纳方法,比秦九韶晚了 600 多年。秦九韶还发挥了刘徽创造的继续开方计算“微数”的思想,开方到无理根时,用十进小数作无理根的近似值,这也是世界数学史上最早的贡献。

《数书九章》的数学成就还表现在更多方面。在方程术上,也就是线性方程组的解法上,它使用了互乘相消法,即让两个方程的 x 项系数互乘各方程,用一次相减就可以达到消去 x 项的目的。这种方法免去了直除法连续相减的麻烦,和今天人们普遍应用的方法完全一样。该书中还将《九章算术》和《海岛算经》中的测望之术发扬光大,对勾股、重差问题有许多创造发明。特别值得一提的是“三斜求积公式”,即用三角形三边求面积的公式,它和西方的海伦公式是各自独立发明的,却又不谋而合。另外,《数书九章》中对自然数、分数、小数、负数都有专条论述,并有所发展,是研究中国古代记数法的重要资料。

《数书九章》的数学成就远远超过了在此之前的数学著作,仅就一次同余式组解法和高次方程数值解法两项来说,已代表了中世纪世界数学发展的主流与最高水平,是中国数学史上光彩夺目的一页。

《四元玉鉴》

元代朱世杰著的《四元玉鉴》是宋元数学高潮的又一部代表作,在中国古代数学史上有着重要地位。朱世杰(生卒年不详),字汉卿,自号松庭,家住燕山,也就是今天的北京附近。元朝统一中国后,结束了南北对峙的局面。朱世杰曾在全国各地周游 20 多年,一面进行数学研究,一面从事数学教育活动。通过长期和广泛的游历,他对南北数学研究所取得的成就都有深入的了解,成为身兼两个数学中心之长的著名学者。当朱世杰游至扬州时,四面八方来向他学习的人日益增多。为了满足学员的要求,他便开始著书,以供学员们使用。公元 1299 年,他写成《算学启蒙》,由赵元镇刊刻印行。1303 年,《四元玉鉴》完成,也由赵元镇刊印。

《四元玉鉴》全书3卷，共24门，288问。书首先给出4种图：古今开方会要之图，给出了增乘开方法的图示和九层八次方的贾宪三角；四元自乘演段之图、五和自乘演段之图、五较自乘演段之图则是图示处理几何问题时立方程的各个步骤。四图之后是假令四草，给出了一气混元、两仪化元、三才运元、四象会元4个例题，分别阐述天元术、二元术、三元术、四元术的解题模式。这些图和例题都是为了举例发凡，是统御全书的纲纪。在全书其他各问中，朱世杰没有再记出任何一题的算草。这种写作形式在中国古代数学著作中是一种独特的创造。之后是各卷内容。上卷6门：(1)直段求源，关于勾、股、弦的计算问题；(2)混积问元，田亩面积问题；(3)端匹互隐，有关绫、罗等纺织品的各种计算；(4)廪粟回求，谷物容积问题；(5)商功修筑，工程建筑问题；(6)和分索引，关于分数的各种运算。中卷10门：(1)如意混和，把性质不同的问题混和以增加问题难度；(2)方圆交错，有关方、圆的混合问题；(3)三率究圆，以古率 $\pi=3$、微率 $\frac{157}{50}$、密率 $\frac{22}{7}$ 等计算有关圆与球的问题；(4)明积演段，与勾股形(直角三角形)有关的各种计算；(5)勾股测望，用勾股定理及相似勾股形测算距离；(6)或问歌彖，以诗歌形式给出的问题；(7)茭草形段，垛积问题；(8)箭积交参，关于方箭、圆箭的垛积问题；(9)拨换截田，截割田亩的面积问题；(10)如象招数，招差术问题。下卷8门：(1)果垛叠藏，垛积问题；(2)锁套吞容，相互交错的图形的面积计算；(3)方程正负，线性方程问题；(4)杂范类会，是各种杂题；(5)两仪合辙，关于勾股及面积的二元二次方程组；(6)左右逢元，关于勾股及面积的二元高次(三次以上)方程组；(7)三才变通，关于勾股问题的三元方程组；(8)四象朝元，关于勾股问题的四元方程组。

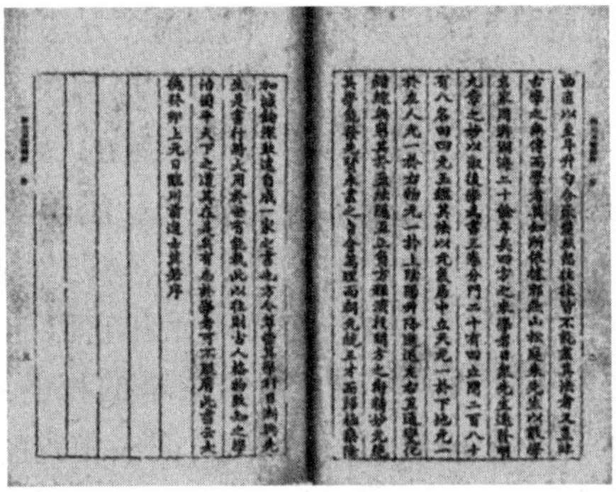

《四元玉鉴》书影

在《四元玉鉴》中，几乎所有问题都与方程或方程组有关，其中主要记载了朱世杰的伟大创造——四元术。我们知道，用解方程的方法解决实际问题，一般来说都需要两个步骤。首先是列出含有未知数的方程，然后才是解方程求出它的根来。列方程，古代称“造术”，这对于今天具备初等数学知识的人来说是轻车熟路，然而在天元术未出现以前，却并不简单。当时数学家们列方程只有借助文字叙述，非常复杂。金元之际，北方出现了一批有关天元术的著作，李冶的《测圆海镜》是现存最早系统论述天元术的著作。所谓“天元术”,实际上是列方程的一种代数方法。天元术中“列天元为某某”,就是“设 x 为某某”的意思,方法是在筹算的一次项旁写上“元”字,或在常数项旁写上“太”字。天元术的出现解决了一元高次方程的列方程问题。据记载,李德载的《两仪群英集臻》和刘大鉴的《乾坤括囊》分别对二元术和三元术做了研究,但他们的著作都没有流传下来。流传至今并将其发展成四元术的是朱世杰的《四元玉鉴》。四元术用天、地、人、物四元表示四元高次方程组。它是在常数项右侧记一“太”字,天、地、人、物四元和它们的乘幂的系数分别列在“太”字的下、左、右、上,相邻二未知数和它们的乘幂的积的系数,记入相应的两行相交的位置上,不相邻的几个未知数的积的系数,记入相应的夹缝中。这实际上是多元高次方程组的分离系数表示法。朱世杰还创造出一套完整的消未知数方法,称为四元消法。通过逐次消元,最后得到只含一元的方程式,然后用增乘开方法求正根。虽然由于受到筹算的局限,朱世杰只达到四元高次方程,但这一成果却在世界上长期处于领先地位。直到 18 世纪法国数学家别朱才系统叙述了高次方程组消元法问题。

垛积招差术,即高阶等差级数求和,是《四元玉鉴》中的另一项重大成就。它们主要被记载于茭草形段、如象招差、果垛叠藏 3 门中。关于垛积的研究,最早的要算是沈括,在《梦溪笔谈》中,他为计算用酒坛堆积的长方台的酒坛数,提出了一个新的计算公式——隙积术,其后杨辉又给出了三角垛、方垛、果子垛等公式,但这些公式实际上可以看成沈括隙积术的特例。到了朱世杰,垛积术的研究出现了全新的局面。《四元玉鉴》中的垛积公式共有三大类:(1)三角形,包括茭草垛、三角垛(或称茭草落一形垛)、三角撒星形垛(或称三角落一形垛)、三角撒星更落一形垛;(2)岚峰形,包括四角垛、岚峰形垛、三角岚峰形垛(或称岚峰更落一形垛);(3)值钱形(垛积物的价格逐层递增或递减),包括茭草值钱正垛、茭草值钱反垛、三角值钱正垛、三角值钱反垛、四角值钱正垛、四角值钱反垛。三类中,三角形垛积公式是最基本的。由于朱世杰在书前的贾宪三角中增加了平行于两斜边的连线,再加上他用“落一”“更落一”表示几种三角垛积的关系,所以,人们认为朱世杰已掌握了一般三角形垛的求和公式。同样道理,朱世杰也掌握一般岚峰形垛的求和公式,而第三类公式可以从前两类公式推导而出。

《四元玉鉴》中的招差问题和垛积问题互为表里,也是该书最精彩的部分之一。在朱世杰以前,招差问题是独立发展的一门知识,它和我国古代历法中计算天体运行有着密切关系。公元 206 年,刘洪在《乾象历》中首次提出用一次内插法计算月亮的变速运动,隋初刘焯《皇极历》中使用了二次内插法,到元代郭守敬等人已采用三次差分的内插法原理计算日月五星的运动。而朱世杰则将垛积和招差联系起来,在世界上第一次给出了包括四次差的内插公式。书中明确指出,公式中的各项系数是三角垛的积。由于朱世杰已经掌握了三角形垛的构造规律,所以一般认为他已得到任意高次的内插法公式。在欧洲,直到 17 世纪格列高里、牛顿等人才取得同样的结果。

除了上述成就外，朱世杰的创造性工作还表现在几乎全书的每一门中。例如，他突破了有理式的限制，开始讨论无理方程。又如，在几何学上，他在传统的勾股和体积、面积计算的基础上，进一步研究了勾股形和圆形内各几何元素的关系，使得几何研究的对象由图形整体深入到图形内部，体现了数学思想的进步。

《四元玉鉴》写成的时候，社会上对算学十分尊崇，所以受到重视。明代以后，该书被人们所忽视，到了几乎失传的地步。清朝嘉庆年间，阮元在浙江访得《四元玉鉴》抄本，送交四库馆，后来何元锡将抄本刊印。该书重新刊印后，许多数学家对它进行过研究，其中以罗士琳的《四元玉鉴细草》影响最大，以后的许多版本都源于此书。

农学

中国是世界农业的重要起源地之一。古史中关于神农氏始播百谷、发明耒耜等农具的传说，实际上告诉我们：在过去一个非常遥远的年代，我国的农业就产生和确立了。这个年代的确很早，河北磁山和河南新郑裴里冈等新石器时代遗址中发掘出的农业工具和谷物遗存向我们证明，我国的农业有近万年的发展史。

中国古代一直以农立国，古语常说"民以食为天"，因此历代对农业生产的发展都是十分重视的。商代甲骨文中，就有许多关于农事的卜辞，内容涉及农作物的生长、天气的晴雨、收成如何、粮食储藏等。其中出现了稻、禾、稷、粟、麦、来(大麦)等农作物名称，还有畴、疆、甽(圳)、井、圃等土地整治的文字，说明当时的农业已经达到相当高的水平了。周人的祖先后稷，传说是夏代的农官。他们很早就是一个经营农业的部落。从金文、《尚书》《诗经》等古文献中的零星记载，我们知道周代在耕地整治、土壤改良、作物布局、良种选育、农时掌握、除虫除草等农业技术方面都有了初步发展，精耕细作技术已在其中萌芽。

春秋战国时期，铁犁和牛耕的出现，以及农田水利事业的发达，标志着我国传统农业的真正到来。当时的耕作制度已从休闲制向连种制过渡，深耕、熟耘技术逐渐普及，田间施肥日益受到重视，人们更加强调良种的选育并提出了良种选育的标准；另外，当时对"农时""地宜"以及病虫害防治的认识也越来越深入。所有这些，说明我国传统农业的精耕细作的生产技术体系在这一时期已开始形成。随着农业生产技术的进步，我国的农学研究也开展起来。到战国时期，重农思想已经形成，并且深入人心。在诸子百家的著作中几乎都可以找到重农言论以及相关的农学知识的记述。当时形成的众多学派中，有一个学派被称为"农家"，是一个专门研究农业政策和农学知识的学术团体。我国最早的农学著作《神农》《野老》等就是他们的作品。但是，这一时期的农学著作现在都已失传，我们所能见到的只有《吕氏春秋》中的《上农》《任地》《辩土》《审时》4 篇。《上农》专讲怎样以政治措施保证农民及时地从事农业生产操作,强调农业是政治安定的首要因素。《任地》指出了利用土地的原则。内容涉及水旱地利用、盐碱土改良、耕作保墒、防除杂草、株行距、植株健壮、产量和出米率、子粒品质等,至今仍是人们所关心的农业生产中最基本的问题;还讨论了正确处理土壤坚硬与柔和、休闲与连种、贫瘠与肥沃、紧密与疏松,潮湿与干燥等矛盾关系的原则,以及及时耕种的重要性。《辩土》和《审时》实际上是对《任地》所提出的问题做了具体回答,前者阐述了针对性质不同的土壤,如何在耕种时间上做不同安排,以及耕作不良、不及时和整地不得法的弊害,还谈到庄稼的合理布局对生长的影响;后者则论述了操作及时与不及时对作物各方面的影响,做了一个总结性的比较。《吕氏春秋》中的这 4 篇合起来,已经是一套完整的农学论文,它们中的农本思想和相关政策,以及从天时、地利、人力几方面论述的一整套具体农业生产技术,已经形成了一个体系,成为中国传统农学的奠基石。

秦、汉、魏、晋、南北朝时期,黄河流域的农业生产虽然时常遭到战争的破坏,但仍在继续向前发展,是当时全国农业的先进地区。农业生产除粮食作物外,经济作物、园圃业、林业、畜牧业、蚕桑和渔业都获得了长足的进步,牛耕在西汉中期以后已普遍使用,并逐步推向全国;我国传统农具的许多重大发明,如耦犁、耢、耙、耧车、风扇、转磨、翻车等,都在这时出现了。到魏、晋、南北朝时期,北方旱地农业精耕细作技术体系已经形成,其具体表现是:在种植制度上形成了丰富多样的轮作倒茬方式;在耕作技术上则以抗旱保墒为中心,形成耕—耙—耢—压—锄相结合的耕作系统,并出现了"代田法"和"区田法"等特殊抗旱丰产方法;施肥改土更受重视,出现了穗选法和类似现代混合选种法等选种技术,并培育出许多适应不同栽培条件的品种。与农业发展相对应,这一时期,中国农学也进入了成熟阶段。据《汉书·艺文志》"农家类"载,西汉的农书有《董安国》《氾胜之书》《蔡葵》等。除此以外还有一些在当时不被视作农书的著作,如《相六畜》《神农教田相土耕种》《种树藏果相蚕》等,也应算作农书。整个汉代约有十几种农书,但大部分失传了,只有《氾胜之书》和东汉崔寔的《四民月令》的一些零星残篇通过后世文献的引用保存到了今天。《氾胜之书》已具有完整的农学思想体系。书中总结了农业生产上及时耕作、土地的利用和改良、施肥、保墒灌溉、及时中耕除草、及时收获 6 个基本环节的理论和技术问题,将农作物栽培的全过程当作一个有机的整体加以研究;同时,又对粟、麦、大小豆等十几种农作物从选种、播种、田间管理、收获和贮藏等方面分别加以论述。这两方面相当于后世农书的农作物栽培的总论和分论。《氾胜之书》对农学的论述要比《吕氏春秋》中的 4 篇更为准确、深刻和丰富,它的出现是我国农学进入成熟阶段的一个重要标志。《四民月令》是按每年的 12 个月和节气的先后,安排应该进行的农事操作以及手工业和商业经营等事项。该书在农学上的贡献主要是开创了农书写作的一种比较好的新体裁,后世农家月令类型的农书都源于它。在《四民月令》完成近 400 年后,出现了《齐民要术》。其间也有一些关于畜牧和种植方面的著作，留传下来的有《竹谱》和《南方草木状》，但这些著作对于农学来说，远不及《齐民要术》重要。北魏贾思勰的《齐民要术》是我国现存最早和最完整的农学名著，是农学发展史上的一个里程碑。该书对公元 6 世纪以前北方旱地农业生产技术的总结和阐发全面、精到，对后世农书的写作有极大影响，因此为中外农史研究者所推崇。

此后的唐、宋、元时期，我国的农学得到了全面发展。这一时期的一个显著变化是南方农业的发展和全国经济重心的南移。从唐代中期开始，南方农业已表现出迅猛发展的势头。唐代晚期南方水田已普遍使用先进的曲辕犁（又叫江东犁），元代又发明了中耕用的耘荡，于是形成了耕—耙—耖—耘—耥相结合的水田耕作体系；还有秧田移栽、烤田、排灌、水旱轮作稻麦两熟复种制的逐渐普及，以及讲究的积肥和用肥、作物地方品种的大量涌现。这些技术成就，标志着南方水田精耕细作技术体系的形成和成熟。唐、宋、元时期农业发展的另一表现是农作物品种极大丰富。当时棉花已传入长江流域，油料作物更加多样化，种蔗和种茶已发展成农业生产的重要部门，蔬菜和果树种类大大增加，作为园艺业分支的花卉栽培也十分兴盛。另外，畜牧和渔业也有了巨大发展，如青、草、鲢、鳙“四大家鱼”的养殖以及将野生金鲫鱼培育成观赏的金鱼都出现于这一时期。这一时期的农学著作有以下几个特点：(1)著作的种类空前增多。据统计，从战国至唐以前的近 1400 年中的农书总计为 30 多种，而这一时期近 800 年中的农书总计则有 170 多种，增加了 4 倍半还多。(2)除了综合性农书继续发展外，专业性农书大量涌现，涉及蚕桑、茶、花卉、果树、蔬菜、农具、作物品种等各方面，占当时农书总数的一大半，反映了农学分科研究在这一时期，特别是宋、元时期十分发达。其中不少专业农书具有开创性和较高的学术价值。(3)出现了反映江南农业生产知识和南北兼顾的综合性农书，不少专业性农书也记述了南方作物。在唐代的农书中，武则天时撰写的《兆人本业》(686)是我国第一部官修农书（已佚）；陆羽的《茶经》是我国也是世界上最早的茶叶专著；晚唐韩鄂的《四时纂要》兼采字书、综合性农书和农家月令书之所长，重视对农业生产技术的记述，如种茶树、种菌子、养蜂以及多种药用植物栽培的技术都是中国最早的记载；唐末陆龟蒙的《耒耜经》既是一部最早专论农具的书，也是首次涉及江南农事的著作；另外，唐代的《司牧安骥集》是我国现存最古老的兽医专著。宋代的统治者对农业生产相当重视，真宗年间曾令朝臣编撰了《授时要录》。类似的官修农书还有《大农孝经》《本书》等，但都已散失。南宋陈旉的《陈旉农书》是现存最早反映江南农业生产的一部典型的地方性农书。该书从农业生产全局出发，农业经营和生产技术并重，突破了以前农书侧重耕作栽培技术的传统形式。另外，书中还第一次用专篇记述土地的利用、耕牛的饲养管理，并首次把蚕桑作为农书的重要部分来处理。南宋时还出现过一种描绘农业生产过程的《耕织图》，包括耕图 21 幅，织图 24 幅，每幅图附诗一首。该图虽已失传，但它以图配文的形式却对后来王祯《农书》和《天工开物》等著作有启发作用。除了以上几部农书外，宋代种类最多的是专业性农书,如蔡襄的《荔枝谱》、秦观的《蚕经》、陈玉仁的《茵谱》等,都是有关方面现存最早的专著;又如,韩彦直的《桔录》是中国也是世界上第一部系统总结柑橘栽培技术的专著,陈翥的《桐谱》也是中国和世界上最早的泡桐专著,二书都有着很高的学术价值。另外,宋代的花卉专著也很多,有20多种,著名的有欧阳修《洛阳牡丹记》、王观《扬州芍药谱》、陈景沂《全芳备祖》、刘蒙《菊谱》、王贵学《兰谱》等,它们反映了宋代在花卉栽培上取得的重大成就。元朝虽然建国不足百年,但由于统治者大力提倡农业,并设置司农司推广和奖励农业生产,所以在短时间内却留下了三部较好的农书。第一部是《农桑辑要》,是我国现存最早的官修农书,是司农司所编。该书的特点是体系完备、资料丰富、规模较大、注重实用;蚕桑部分受到特别重视,约占全书1/3;书中大力提倡向黄河中下游地区推广苎麻、棉花,除详述相关技术外,还对阻碍作物传播的唯风土论进行了批驳。《王祯农书》是元代第二部重要农书,它第一次兼论南北水旱田的农业生产技术知识,比以往农书更具有整体性和系统性。元代的第三部重要农书是维吾尔族鲁明善撰写的《农桑衣食撮要》,这是现存农家月令式农书中最好的一部。

明清时期,社会长期统一安定,有利于农业生产的发展。然而农业的发展大大促进了人口的增长,所以人多地少成为明代、特别是清代社会的一个重要问题。当时解决的办法主要有三个:一是千方百计开垦新地;二是引进推广新作物和高产作物;三是依靠精耕细作传统,提高土地利用率和单位面积产量。这些促使我国传统农业继续深入发展。意义特别深远的是在长江三角洲和珠江三角洲地区出现了堤塘综合利用的生产方式,它是现今"立体农业"或"生态农业"的先河。明、清时期,中国农书的种类和数量是历史上最多的,又因为距离今天时间比较近,也是现存农书最多的。《中国农学书录》著录历代农书总计为541种,而明清时期就有329种,占60%,即相当于以前1000多年农书总数的一倍半。明清时期有两部大型的综合性农书,一部是明末徐光启的《农政全书》;另一部《授时通考》,是乾隆皇帝下令编写的中国历史上最后一部大型综合性官修农书,但该书除了大规模汇辑前人资料外,并无新颖之处。明清时期的专业农书向着种类更多、内容更专更细的方向发展,如《龙眼谱》《水蜜桃谱》《桑志》《鸡谱》等,都是专记某一种动植物;又如专门讨论区田的著作就有《区田编》《教稼书》等10多种。一些专业农书在学术史上有重要价值,如明代《元亨疗马集》为兽医经典;明黄省曾《养鱼经》是现存最早的养鱼专书;明朱橚《救荒本草》是最早的救荒植物专著;另外,《治蝗考》《治蝗全书》等治蝗专书,在当时也有着重要的实用价值。这一时期地区性农书也很多,如《沈氏农书》(湖州)、《梭山农书》(江西奉新)、《齐民四术》(江淮)、《三农记》(四川)、《浦泖农咨》(江苏)、《马首农言》(山西新阳)等,这些农书对当时、当地的农业生产都有参考、指导的作用。

《齐民要术》

北魏贾思勰撰写的《齐民要术》是中国现存最古、最完整的大型综合性农书，也是世界上第一部涉及多方面知识而被完整保存下来的农学巨著。贾思勰是山东益都人，曾做过高阳郡(今山东临淄县西北)太守。他是一位具有我国传统“农本思想”的地方官员，这一点从他写的这部农书的书名中就可以看出来。中国古代，统治者为了加强封建统治，将老百姓按与封建国家的关系编定户籍，叫“编户齐民”。《齐民要术》的意思就是老百姓谋生的主要方法。

《齐民要术》全书10卷，共92篇。书首有贾思勰的自序。在序中，他首先列举了经史中许多教训和故事，说明农业生产的重要性，并指出他写本书的目的就是教育大众和家人务农的道理。其次，指出本书的资料来源，“采捃经传，爰及歌谣，询之老成，验之行事”，即摘录古今书籍，搜集口头传说、民谣、谚语，访问有经验的老农，并亲身实验。现代研究证明，本书确实搜集了大量资料，其中谚语和歌谣有30多条，征引古代和当代著作160种。像《氾胜之书》《四民月令》等北魏以前的农业科技资料都赖此书得以保存。按照贾思勰的设计，该书的内容从耕种操作起，到制造醋和酱，凡与农家生活有关的都要包括。因此全书内容为：卷一，垦荒、整地1篇，收种1篇，种谷1篇；卷二，各种粮食、纤维、油料作物的栽培种植13篇；卷三，蔬菜作物的栽培14篇，其中“杂说”1篇；卷四，木本植物栽培总论2篇，各种果树栽培共14篇；卷五，材用树木和染料植物等11篇；卷六，家畜、家禽和养鱼共6篇；卷七和卷八上半，酿造酒、酱、醋、豉等共11篇；卷八下半和卷九，食品加工、保存和烹调共17篇，另有制胶和制墨2篇；卷十，“五谷、果蓏、菜茹非中国物产者”1篇。

《齐民要术》在学术上的成就和贡献在于系统总结了公元6世纪北方旱地农业科技知识，特别着重总结了《氾胜之书》后北方关于精耕细作的新经验、新成就。因此，该书的出现实际上标志着北方旱地精耕细作体系的成熟。

贾思勰继承了我国农学注重天时、地利、人力三要素的传统。他在《齐民要术》中指出：“顺天时，量地利，则用力少而成功多。任情返性，劳而无获。”清楚地论述了我国古代因时制宜、因地制宜的先进农业生产思想。根据这一思想，书中把农业操作的时间，按照不同作物分为上、中、下三时，又将土地所宜分为上、中、下三等，认为同一种作物因地方的不同和时间的不同，播种也应有所不同。这是符合科学实际的。

《齐民要术》总结的主要是北方旱地耕作的经验。而北方干旱少雨，如何平整土地，恰当地保持土壤的水分，也就是保墒，是保证农作物生长的重要一环。《齐民要术》提出了一系列精耕细作的技术原则。如强调秋耕的重要性，并认为初次耕地要深，再次耕地时要浅，耕地时要选择土壤湿度适当的时机等。又如耕地后把地耱平，中耕除草，可以防旱保墒，以及抢墒播种等经验，也是由贾思勰总结出来的。

贾思勰塑像

为了合理地利用土地和改良土壤,达到"用地养地"的目的,我国很早就出现了换茬轮作、复种等耕作方法。轮作、复种,就是依据作物的不同特性,在同一块田中每年换种不同的作物。如种谷用瓜茬,是因为瓜地施肥多,尚有余力可资利用。麦接黍茬,或小豆接麦茬,可以充分利用两种作物生长期的前后衔接。《齐民要术》对这些方法进行了总结,指出哪些作物可以轮作,哪些不能,完善了一整套轮作法。在讨论轮作换种时,《齐民要术》提出了绿肥的运用。每年的五六月间,在田间密种绿豆、小豆、胡麻等,七八月时犁耕,将这些作物埋在土下,到来年春播时,这些作物就变成了肥料。轮作制是我们祖先的发明,公元 6 世纪西欧还只知道用轮换休耕的办法来恢复地力,而到 18 世纪 20 年代,英国才开始推行绿肥轮作制。

《齐民要术》对作物种子的选育非常重视,仅《种谷篇》中介绍的谷子的品种就有 80 多种。书中对各品种的品质和特点进行了细致的分析,如作物的成熟期、植株高度、产量、质量等。这些都是以前农书没有的。书中还介绍了浸种、晒种和用药物拌种防治病虫害等选种和育种技术,有些技术在现代农业生产中仍在使用。

除了农业生产技术外,《齐民要术》还记录了许多其他方面的科学成果。在畜养方面,总结了相畜法(外形鉴定)和饲养管理、选种、育种等宝贵经验,是我国现存最早而且比较系统的畜牧科学文献。在兽医方面,收集了阉割法、直肠掏结术、兽医辩证论等,这些经验是我国及世界兽医学上的最早成就。由于贾思勰亲自观察农作物的生长情况和农副产品的加工过程,因此他的许多发现在生物学史上也是非常重要的。该书中介绍了雄麻和雌麻的不同特性,指出了花粉与结实之间的关系。在"制酱法"中,则明确了"黄衣"(即黄曲霉孢子)在制酱中的作用。他还发现了不同地理环境下作物产生的变异现象。如山西某地无大蒜,从河北引种后,蒜瓣细小而且多,不同于原种地的瓣大而少。贾思勰指出产生这种变化的原因是"土地之异"。

《齐民要术》内容丰富、资料多,记述详细。有人说它是"中国古代的农业百科全书"。在《齐民要术》产生后的1000多年,我国北方旱地农业生产技术的发展,基本上没有超出该书所指出的方向和范围。因此,它在我国农业发展史上具有里程碑的意义。

《王祯农书》

《王祯农书》是继《齐民要术》之后的又一部重要的大型综合性农书。王祯,字伯善,元代东平(今山东东平)人,曾在宣州旌德(今安徽旌德县)和信州永丰(今江西广丰)当县官。王祯同样有着浓厚的农本思想,认为地方官有"劝导农桑"的责任。在任职期间,他对农业生产十分关心,广泛搜集和阅读历代农书和有关文献,还经常深入乡村进行实地观察,细心总结当地农民的生产经验。《王祯农书》就是在他做地方官时写成的。

《王祯农书》是中国农业科学技术史上第一部兼论南北,从全国范围总结农业生产经验的农书。分"农桑通诀""百谷谱"和"农器图谱"3部分,约11万字。"农桑通诀",可以看作是农业科学的总论,从农业的起源,天时、地利和人力的应用,一直到农业生产的整个过程,以及蚕桑、畜牧等各个方面,每一个细节、每一个方面都有详细的论述。"百谷谱",相当于农业各论,记载了各种作物的栽培、管理、收获、利用等技术和方法。王祯把栽种的植物先列出谷属、蓏属、蔬属、果属及竹木、杂类、饮食等类,属(类)下再分细目,具体叙述某种或几种栽培植物。这种写作方法对科学的农学分类体系的建立,作出了贡献。王祯还将被人们久已遗忘了的《齐民要术》中的"救荒"内容,扩充成一个专题——"救荒论"。这在古代天灾人祸、饥荒不断的年代,意义是十分重大的。"农器图谱"包括20门261目,展示了古代农业生产工具的卓越成就。以往的农书,除了《齐民要术》有"耕田""收种"两篇外,都是就各种农作物分论栽培种植各环节,而没有概括的总论;至于详细的分类方法,就更没有了;而把农具列为综合性农书的重要组成部分,也是《王祯农书》的首创。因此,建立了较为完整的农学体系,是《王祯农书》超越前人的一大成就。

注重天时、地利、人力的综合运用,是我国农业发展的光荣传统,在《王祯农书》中更加突出了这一点。为了便于人们掌握农时,王祯绘制了一幅"授时指掌活法之图",把星象、季节、节气、物候、农业生产程序,灵活巧妙地联成一体,指导人们合理安排农事活动。王祯特别说明,按月授时只是取"天地南北之中气"作标准,由于地理距离的远近、天气寒暖的差别,人们应根据当地的实际情况做出调整。王祯很注意在我国广大地域中各地区适宜的作物不同的特点,认为"九州之内,风气不同。

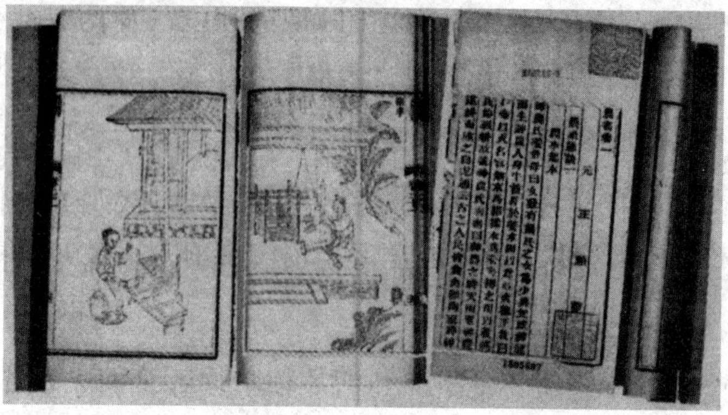

《王祯农书》书影

凡物之种，各有所宜。”他曾编绘了一幅“地域图”，标注出各地土壤的差异和适宜种植的作物。王祯希望人们能根据这幅图安排全国各地的种植。可惜该图后来失传了。用图标示农时、作业、土宜等，是王祯在农书中首开的范例。

棉花，我国古代称“木棉”，原来只在边远地区有少量种植。宋末元初，棉花开始向内地传播。王祯对棉花种植极为重视，他高度评价了棉花的推广种植以及在纺织加工方面的作用。“百谷谱”的“木棉”条中说：棉花有“不蚕而棉”“不麻而布”“又兼毡毯之用”的特点，可以弥补桑麻的不足。他曾用棉花从海南传到福建、陕西等地生长良好的事实，对“风土决定”说加以批驳，为棉花种植的推广做出了贡献。

《王祯农书》对农田水利的认识是比较全面、系统的。书中主张农田灌溉和航运、水力利用、水产等综合考虑，合理利用，并提出了兴修水利的条件和一些设想。在“农器图谱·灌溉门”中，介绍了多种灌溉工具的设计，并绘有图样。

“农器图谱”是《王祯农书》中的重点，也是这部书最具特色的部分。它的篇幅约占全书的80%。书中附图300余幅，其中绝大多数是农器。每件农器后附有图说和铭赞诗赋，说明该农器的构造和用途。“农器图谱”不仅包括了当时南北通行的农业生产工具，还描绘了当时处于世界先进水平的纺织机械、灌溉机械，甚至古代早已失传的机械，经过王祯的多方搜访、精心研究，也绘出了复原图。如西晋时发明的一牛转八磨，应用杠杆和齿轮传动，用力少而见功多，但久已失传。王祯通过研究复原，绘出了“连磨图”。又如东汉南阳太守杜诗，发明过一种用于冶炼的鼓风机械——水排，元代已不知它的制造方法。王祯不仅复原了“水排”，还用当时的“木扇”（简单的风箱）代替原来的皮袋，作鼓风装置，在技术上更为先进。同时也为我国“木扇”出现的年代提供了佐证。

“农器图谱”中还记载了王祯设计的一种称为“水转连磨”的机械。它用一个立式大水轮带动3个齿轮，每个齿轮又各带动3个盘磨，“三轮之力，互拨九磨”。轮下还可兼装几个水碓，用来舂米。这样，一套机械可以同时进行碾米、舂米、磨面3项工作，据说1天加工的粮食，可供1000户人家食用。干旱时节，只要在主轮上

水转连磬剧

安上水筒，它就可以起到引水灌溉的作用。王祯这种一机多用的设计思想，具有相当高的科学技术价值。

"农器图谱"无论是在数量上还是在质量上都是空前的，它是我国现存最古、最全的农器图谱。明朝的《农政全书》、清代的《授时通考》，以及大型类书《古今图书集成》中的农器图，大部分取自《王祯农书》。

王祯的创造才华不仅表现在农业方面，而且体现在他对印刷术的贡献上。《王祯农书》中有篇杂录"造活字印书法"，记载了王祯发明的木活字和转轮排字架，是我国活字印刷术的宝贵文献之一。沈括《梦溪笔谈》记述毕昇发明泥活字时，曾说过之所以不使用木活字，是因为木材质地疏密不一致，沾上水膨胀后高低不平，而且排版后沾在字上的松脂、蜡、纸灰等不容易去掉。王祯克服了这些困难，大规模地使用了木活字。王祯以后，木活字印书一直在我国流行。转轮排字架是一架可以转动的轮盘，将活字按音韵分类排布在轮盘上。排版时，人只需坐着转动轮盘，就可以找到要找的字。

《农政全书》

明末徐光启撰写的《农政全书》是中国古代最大的一部农业百科全书。徐光启（1562—1633），字子先，号玄扈，明代松江（今上海）人。他一生中多次担任高官，官至尚书、内阁大学士。徐光启是我国古代第一流的科学家，对农学、天文、历法、数学、测量、水利等方面都有突出贡献。他又是一位沟通中西文化的先行者，曾向意大利人利玛窦学习西方科学技术，并且最先翻译外国著作，如《几何原本》等。作为一个政治家，中国传统的重农思想深深地影响着他，在他的科学研究活动中，农学是他用力最勤的学科之一。他曾经在上海开辟小型试验园地，进行甘薯的引种和栽培实验，后来又两次利用病休的机会在天津试办水利和经营农事，有着丰富的农业经验。1621年,他开始专心研究总结古代农业文献,并进行各种栽培试验,写作《农政全书》。可惜直到他去世,这部农学巨著都还没有定稿。后来,江南名士陈子龙邀请一些人对这部书进行整理,于1639年刻印成书。

《农政全书》共60卷,约70万字。全书分12个项目,包括:农本(经史典故、各家杂论等)、田制、农事、水利、农器、树艺(谷物、蔬菜、果树)、蚕桑、蚕桑广(木棉、苎麻)、种植(经济作物)、牧养、制造(食品加工、房屋建造等)、荒政(备荒)。《农政全书》引用了古代农业文献达200多种,比《齐民要术》《王祯农书》都要多,约占全书的90%。但徐光启并不是照搬前人著作,而是经过精心挑选、剪裁,把它们归纳到一个完整的体系之中。在许多地方,他还写了夹注、旁注、评语或加了圈点,以表达自己的观点。同时他自己的许多农学著述也收入了这部著作中。

作为一个身居要职的政治家兼农学家,徐光启写作农书的角度和方法自然和前人有所差别。他的农书并不只是从农业生产技术方面进行一般性的总结,还就发展农业生产的政策、制度、实施措施等方面进行了论述。书名的"农政"一词,就表现了徐光启的深刻用心。屯垦、大规模的水利工程、备荒三项,不是一般的农业生产措施,但却是保证农业生产和农业劳动者生活安定必备的基础,而这些又不是无组织的农民自己可以办得到的事情。以前的大小农书,除《王祯农书》中曾小规模地谈过备荒外,从没有集中和系统地叙述过这三件事。徐光启把这三项突出地提了出来,成为《农政全书》的显著特色。

明朝末年,朝政衰败,军队腐朽,人民流离失所。徐光启看到这些现象,在《农政全书》中辑录了前人关于垦田的具体方法和实际经验,也介绍了自己的垦田实践,意图是针对当时严重存在的弃耕撂荒现象开列药方。尽管他提出的一些技术措施是合理的、可行的,但这些主张也只能是一些细枝末节的改良。当时的根本问题是大地主激烈的土地兼并,劳动人民极度贫困,不解决这个主要矛盾,单是建议开垦荒地,是解决不了问题的。

徐光启十分重视水利方面的工作,认为兴修水利可防止旱灾和水灾,是充分发挥土地功能和粮食丰收的保证。在《农政全书》中,他系统总结了前人和自己的农田水利理论,其中尤其以他提出的用水五法最为重要。这五法是:(1)用水之源,就是利用泉水,分别说明了水源高于田地、低于田地、近于田地、远离田地等情况下,应采取什么方法加以利用;(2)用水之流,就是怎样利用河、塘、浦、泾、浜的各种水流的方法;(3)用水之潴,就是利用湖泊等积聚的水源;(4)用水之委,就是利用大海潮汐,以及岛屿、沙洲等地方对水的利用;(5)作原作潴以用水,就是凿井、挖塘、修水库等方法。《泰西水法》是徐光启和传教士共同翻译的一本介绍西方水利工程的书,在翻译的同时,他还请工匠制作器械,进行实验。这部译著也被收入《农政全书》,丰富了农田水利的内容。

徐光启非常注意备荒、救荒的问题,认为有备无患,人定胜天。该书中辑录了历代备荒、救荒的具体措施,并记入了他自己的研究成果。明初朱橚的《救荒本草》

是我国最早的救荒专著,也是古代植物学的重要著作。徐光启将它全部收入《农政全书》。他曾亲自尝过《救荒本草》中的一些野菜、野果。

《农政全书》重视“农政”,但并没有因此而忽视具体的农业生产技术。书中不但收集了前人著作中的农业技术,而且总结了当时农业生产的新经验。明代,棉花的生产和纺织技术已经有了很大发展。徐光启全面研究了棉花的品种、选种、种子贮藏和播种前处理、播种时期、间作套种、施肥技术,以及“摘心”等田间管理技术,提出了比较完整的棉花栽培技术理论。他将这些理论通俗地概括成 14 个字:“精拣核,早下种,深根短干,稀料肥壅”。他看到当时北方盛产棉花,却要运到南方去织布,认为很不合理,认为北方应当发展棉纺织业。为了解决北方天气干燥,纺织中容易断线的问题,在书中他介绍了肃宁(在今河北省内)人在地窖内纺织,以保持空气湿度的方法,供人们参考。

徐光启非常热心推广高产作物和优良品种。甘薯当时传入我国不久,他亲自在田间种植,仔细观察,写成了《甘薯疏》,收入《农政全书》,提倡人们大量种植,用来备荒。《农政全书》中对许多新引入、新驯化的作物,都做了详细的记录。徐光启认为,“风土不宜”的说法是传播新品种、新技术的极大障碍。我国古代农书里的“风土说”,本来有因地制宜种植农作物的含义,是有一定科学道理的。但是如果把它作为教条,认为某种植物只能生长在某地,而没有种过的地方绝对不能种,就妨碍了农业生产的发展。他列举了棉花、颇棱(菠菜)等一批引种作物,并结合自己的实践,对“风土说”的保守思想进行了批驳。

为了消灭蝗灾,徐光启统计了我国历史上记载的蝗灾发生的时间和地点,总结规律,认为蝗灾多发生在谷物成熟的五、六、七月,地点一般是湖泊沼泽、旱涝无常的地区。他还访问老农,研究蝗虫的产卵、变蛹、成虫和群集飞行的规律,成为我国古代详细描述蝗虫生活史的第一人。《农政全书》不但说明了蝗虫的危害和捕捉方法,而且指出,治蝗一定要发动群众,才能收到良好的效果。

《农政全书》全面总结了中国 2000 多年来农业科学的成果,还吸收了西方农业科学知识,是中国古代农学集大成之作,其科学性和实践意义都远超以前的同类著作,在农学史上占有重要地位。

[illegible]

[illegible]

[illegible]

[illegible]

[illegible]

国学经典文库 图文珍藏版

中国百科全书

百科全書

王艳军⊙主编

线装书局

目　录

生活篇

健康篇

社会篇

生活篇

居家卫生

室内环境

如何防止室内环境污染

首先是不使用或尽量少使用有污染的装潢材料。装潢好的新房子要经常打开门窗透气,一年内非到迫不得已,不要关窗使用空调器。有条件的可以安装活性炭空气净化设备。

家中的厨房和卫生间要有良好的通风系统,抽油烟机要有足够的排风量,并且要安装合理,不能有抽风死角。在家里尽量少做油炸食品,炒菜时的油温不宜过高。

最好不要在居室内养鸟,否则鸟的羽毛、粪便等会污染室内空气。再者,鸟在笼中喜欢飞来飞去,会加速致敏源和细菌在室内的传播。

此外,家中要注意保持清洁卫生,每天要开窗透气;尽量不要用地毯,以利于打扫卫生;没有用的物品,摆在家里既占地方,又污染环境,要狠下心来处理掉;生活垃圾要分类包装,及时处理。

居室飘香 5 法

1.在灯泡上滴几滴香水或花露水,开灯后便会逐渐散发香味。

2.把一汤匙松节油缓缓倒入开水中搅拌,室内就会充满松树的清香。

3.在热水中放入一根肉桂棒、一把丁香,可使香气沁人心脾。

4.用微火烘烤少许橘皮,房内会有一股橘香。

5.把餐巾纸剪成小张,浸入香水中,晾干后,放在抽屉或柜子内,香味可保持较长时间。

卫生“死角”要怎样清洁

1.玻璃清洁法

家中凹凸不平的玻璃，如果没有好方法，清洁起来非常麻烦。现在教你一招，方便好用。你可以用牙刷把玻璃凹处及窗沿的污垢清除掉，并用海绵或抹布将污垢除去，再蘸上清洁剂拭净，当抹布与玻璃之间发出清脆的响声时，就表示玻璃擦干净了。

2.地毯干洗法

有一种环保干洗法，把苏打粉均匀地洒在地毯上，约15分钟后，使用吸尘器清理即可，效果不错。羊毛地毯或化纤长毛毯，由于放置家具的时间过长，会受压留下些痕迹，用热水浸湿毛巾拧干后压在印痕处，5~10分钟后用梳子和吹风机梳理吹干，即可恢复原状。

3.开关插座、灯罩清洁法

电灯开关上留下手印痕迹，用橡皮一擦，即可干净如新。插座上如果沾染了污垢，可先拔下电源，然后用软布蘸少许去污粉擦拭。清洁带有皱纹的布制灯罩时，选用毛头较软的牙刷做工具，不易损伤灯罩。清洁用丙烯制的灯罩，可抹上洗涤剂，再用水洗去洗涤剂，然后擦干。普通灯泡用盐水擦拭即可。

如何除去室内异味

1.室内的烟味

可在室内不同的位置放几条湿毛巾，然后点燃几只蜡烛，烟雾和烟味即可很快消失。

还可用毛巾蘸上稀释的醋，在室内挥舞数下，即刻生效。若用喷雾器喷洒稀释的醋，则效果更佳。

2.室内的霉味

抽屉、柜橱、衣箱等若很久不开，会产生一股霉味。若在里面放一块香皂，霉味很快会消失。

3.室内的臭味

室内若通风透光条件不好，会产生一种类似碳酸氢铵的臭味。可在灯泡上滴些香水，灯泡发热后，香水味就能慢慢散发，室内的臭味即可消除。

4.室内的花肥臭味

养在室内的花卉盆景，需用发酵的液肥，但时间长了臭味难闻。可将鲜橘皮切碎掺入液肥中浇灌，臭味即可减轻或消除。

5.洗澡间的异味

只要在洗澡间内划燃一根火柴,即可除去那种令人讨厌的临时性异味。

6.厕所里的臭味

先用水冲净,再把一盒清凉油去盖放在厕所里,使清凉油味溢出,臭味便可消除。

或在厕所里点蚊香,1 周 2 次即可。

在入睡之前,往尿具中丢两张燃烧的废纸,氨臭味便会消失。

快速去除樟脑味法

樟脑丸虽是收藏衣服时不可缺少的,但其独特的气味总令人不快。虽然可将衣服放在阴凉通风的地方除味,但必须花上一天的时间。如急用衣服时,可将衣服放入塑料袋内,再将袋内放入冰箱用的脱臭剂,密封起来,只要 1~3 小时即可完全除去异味。也可用吹风机或电风扇将异味除去。

室内消毒有窍门

1.室内空气消毒

可采用最简便易行的开窗通风换气方法,每次开窗 10~30 分钟,使空气流通,使病菌排出室外。

可采取紫外线照射进行消毒。病原微生物在阳光的直接照射下,大部分会自然死亡。

使用化学消毒剂,通过喷雾或气体熏蒸方法进行室内空气消毒。家庭消毒,基于方便、实用的原则,可购买过氧乙酸自行配制溶液,亦可购买过氧化氢等制成的空气清新消毒喷雾剂,如威理氧化型消毒剂等,进行室内喷雾消毒。传统的含氯消毒剂也行,但最好短期使用,因其有一定毒性及副作用,对人体容易造成二次污染。

2.餐具消毒

可连同剩余食物一起煮沸 10~20 分钟或可用 500 毫克/升的有效氯,或用浓度为 0.5%的过氧乙酸浸泡消毒 0.5~1 小时。餐具消毒时要全部浸入水中,消毒时间从煮沸时算起。

3.手消毒

要经常用流动水和肥皂洗手,在饭前、便后、接触污染物品后最好用含 250~1 000 毫克/升的 1210 消毒剂或 250~1 000 毫克/升有效碘的碘伏或用经批准的市售手消毒剂消毒。

4.衣被、毛巾等消毒

宜将棉布类煮沸消毒 10~20 分钟,或用浓度为 0.5%的过氧乙酸浸泡消毒 0.5~1 小时,对于一些化纤织物、绸缎等只能采用化学浸泡消毒方法。

另外，消毒药物配制时，如果家中没有量器也可采用估计方法。可以这样估计：1 杯水约 250 毫升，1 盆水约 5 000 毫升，1 桶水约 10 000 毫升，1 痰盂水约 2 000 到 3 000 毫升，1 调羹消毒剂约相当于 10 克固体粉末或 10 毫升液体，如需配制 10 000 毫升浓度为 0.5%的过氧乙酸，即可在 1 桶水中加入 5 调羹过氧乙酸原液而成。

室内霉菌的清除方法

梅雨季节，就连一些密不通风或新落成的房子，也很容易受潮长霉。尤其是鞋柜或长年铺放地毯的地方，最容易滋生霉菌。由于地毯会和皮肤直接接触，对有小孩的家庭而言是一大威胁，同时也是过敏源之一。一旦发现家中有霉菌的话，可以用 5 倍的水加酒精稀释后以拧干的抹布擦拭去除。此外，不光是长霉菌的地方，就连四周也要一并擦拭。酒精不仅可以去除霉菌，还有杀菌的功能。平常最好每星期用酒精擦拭一次，以杜绝病菌滋生。

冬季室内湿度如何保持

湿度，是指空气中的含水量而言。冬天，室内生着火炉或开着暖气，时间长了，会使人鼻子、嗓子干得难受，毛细血管破裂出血，有时还会诱发上呼吸道感染及头痛等病症，这就是室内湿度太低的缘故。因为，冬季气候干燥，空气里的水分本来已经很少，加上室内取暖，空气就更干燥了。当空气湿度低于 40%时，鼻部和肺部呼吸道黏膜脱水，弹性降低，灰尘、细菌等容易附着在黏膜上，刺激喉部引发咳嗽。另外，由于流感病毒是附着在浮尘上存活的，因此干燥的空气会加速流感的传播。所以，在保持室内温度时一定不要忘记调节室内的湿度。如果没有湿度计的话，不要紧，用下面的方法就可以了。

在用火炉取暖的室内，可在炉上烧上一壶水，把壶盖打开，保持沸腾，以水蒸气增加室内的湿度。如果用暖气取暖，则可以在暖气片上放一个水槽。此外，在室内摆几盆花，晾几块湿毛巾或向地面上洒点水，也是增加室内空气湿度的好办法。

冬季室内消毒法

冬季，居室门窗经常关闭，室内空气因不能充分与室外新鲜空气交换而较污浊，含各种微生物较多，此外还可增加室内烟气、二氧化碳、一氧化碳、氡气、臭氧等的含量，会不同程度地危害人体健康，因此要经常加强消毒，具体室内消毒方法有：

1.居室每天开窗通风。如晨起后，晚睡前，打开门窗通风半小时，可使室内空气净化。调查表明，每换气 1 次，可除去空气中原有微生物 60%。

2.室内安装紫外线灯。如每10~15平方米面积安装1只30瓦低臭氧紫外线灯,照射1小时以上,可杀灭室内空气中微生物90%左右。

3.室内用化学熏蒸法消毒。可用过氧乙酸、食醋熏蒸。消毒时,将药液按需注入耐热耐腐蚀容器中,放在电炉、煤炉或酒精炉上加热,使之汽化,液体蒸发完,计算消毒时间。在温度15℃以上,相对湿度在60%以上时,每立方米用药液1克,熏蒸1小时可使空气达到消毒。消毒后通风半小时。

4.室内点燃消毒卫生香。这类消毒香主要成分为除虫菊、苍术、艾叶等中草药。使用时,在1间屋室内点香1盘。由于中草药消毒香无毒、无刺激,消毒时人可留在室内。

减少室内电磁辐射污染4要诀

1.注意室内办公和家用电器的设置,不要把家用电器摆放得过于集中,以免使自己暴露在超剂量辐射的危险之中。特别是一些易产生电磁波的家用电器,如微波炉、收音机、电视机、电脑、冰箱等电器,更不宜集中摆放在卧室里。

2.尽量缩短办公和家用电器的使用时间,各种家用电器、办公设备、移动电话等都应尽量避免长时间操作,同时尽量避免多种办公和家用电器同时启用。手机接通瞬间释放的电磁辐射最大,在使用时应尽量使头部与手机天线的距离远一些,最好使用分离耳机和话筒接听电话。

3.注意人体与办公和家用电器间的距离,使用者应与使用的各种电器保持一定的安全距离。人与电器越远,受电磁波侵害越小。

4.注意电磁辐射污染的环境指数,生活和工作在高压线、变电站、电台、电视台、雷达站、电磁波发射塔附近的人员,经常使用电子仪器、医疗设备、办公自动化设备的人员,生活在现代电气自动化环境中的工作人员,佩戴心脏起搏器的患者,孕妇,儿童,老人等7种人是电磁辐射的敏感人群。如果他们生活的环境中电磁辐射污染比较高,就必须采取相应的措施。

房屋污迹粉刷法

1.按每平方米污迹需1千克的比例准备青灰,放在盆中用清水浸泡,搅成粥状。然后滤去粗渣,再用刷子在污迹上涂刷一遍。待干后,用细砂纸稍加打磨,接着用大白浆粉刷整个房间,最后再粉刷已涂过青灰浆的地方,大白浆刷两遍即可。

2.按2∶1的比例将乳白调和漆、醇酸稀料调匀,在污迹处刷一遍,干后再刷一遍,然后用细砂纸打磨.最后刷两遍大白浆即成。

驱蚊小窍门

1.在房间里放上几盒开盖的风油精、清凉油，或在墙上涂点薄荷。蚊子会闻而生畏，不敢前来“侵扰”。

2.在身上或枕头上洒些香水，或在睡前在床边点几滴绿油精效果也不错。

3.将樟脑丸磨碎，撒在屋内墙角。

4.夏天在室内放几个大蒜头，也可驱赶蚊虫。

5.取广口瓶数只，内装少许浓度较高的糖汁或啤酒，轻轻摇晃，使瓶内壁上沾上糖汁或酒液，放在室内蚊子较多的地方，蚊子闻到糖味，就会往瓶内飞钻，而被粘住或淹死。

6.在室内的花盆里栽一两株西红柿，西红柿枝叶发出的气味会把蚊子赶走。

7.在灯下挂一棵葱，或用纱袋装几根葱段，各种小虫都不会飞来。

8.用橘红色玻璃纸或绸布套在灯泡上，灯泡最好是 60 瓦左右。蚊子最怕橘红色光，这样蚊子就不会靠近了。

9.每天服用维生素 B_1 两片，可预防蚊虫叮咬，因维生素 B_1 代谢后随人尿或汗中排泄出一种特殊的能驱蚊的气味。

驱除蚂蚁妙法

1.烟丝驱除蚂蚁法

将烟丝在水中泡 2~3 天，取其汁洒在蚂蚁出没处，蚂蚁闻到烟味即会躲避，连洒几天，蚂蚁就不见了。

2.橡皮条驱除蚂蚁法

用报废的自行车内胎或橡胶手套，剪成约 1 厘米宽的长橡皮条，将表面烤焦，然后固定在食品柜脚上，也可钉在门框、窗框上，能有效地驱除蚂蚁。

3.花椒防蚁法

在厨房柜子的各个角落放上数十粒花椒粒，防蚁颇有效果。

4.蛋壳灭蚁法

将若干个鸡蛋壳放在炉子上烤黄，注意不能烤焦，然后研成粉末，撒在蚂蚁经常出入处，蚂蚁吃后即被撑死。

除蟑螂妙法

将加水稀释的洗衣粉，擦拭于易滋生蟑螂处，或直接喷洒在蟑螂身上，对身体无害又可以除掉蟑螂。但最重要的还是平时要保持环境的整洁，才不会惹来讨厌的蟑螂。

辣椒防蛀虫

将红辣椒晒干后磨成粉末装在小布袋里，代替樟脑放在箱柜中，可以起到防虫蛀的作用。

百叶窗清洗法

1.先戴上橡皮手套，外面再戴军用手套，接着将手浸入家庭用清洁剂的稀释溶液中，再把双手手套拧干。

2.将手指插入全开的百叶窗叶片中，夹紧手指用力滑动，这样一来，便能轻易清除叶片上的污垢了。

3.若是军用手套擦脏了，可以像洗手般地将双手放进清洁液中用力揉搓，就能把手套洗干净了。

4.百叶窗擦干净之后，调整叶片的那条绳子，也可采取相同的方法擦拭。类似百叶窗的窗户或窗帘，都可利用这个方法来打扫。

地板洁净亮泽法

1.将等量的漂白粉和松节油混合兑成溶液，用它来擦地板，能使地板更加洁净、亮泽。

2.用酸败的牛奶擦地板，不但可以去掉地板上的污迹，还能使地板更加亮丽。

如何清洁地板

地板每天都应该拖一次。你要先用扫帚将地板打扫一次，保证地板干净没有灰尘。然后用加入清洁剂的温水拖抹。注意拖布不宜浸得太湿，拖后用清水再清洗一遍。然后用光亮剂擦拭，但不要用得过量，因为如果光亮剂太厚，地板会变得很滑而容易发生危险。一般说来，地板一个月擦一次光亮剂就足够了。

草木灰去除水泥地油污法

用糊状草木灰均匀地铺在水泥地上，10 小时以后将它清除掉，然后再用清水冲洗几次，水泥地上的油污就会除净。

香醋除厕臭法

住宅楼的室内厕所，即使冲洗得再干净，也常会留下一股臭味。只要在厕所内放置一小杯香醋，臭味便会消失。因为臭气是由大小便中的氨气所致，放一杯醋后，醋酸分子与氨分子发生化学反应，生成了无臭的物质，臭味便不存在了。其有效期为六七天，可每周换一次。

生活用品

巧除电脑污垢法

电脑的显示器、键盘和主机及其他器具使用时间长了，其表面沉积的灰尘污垢，用普通的肥皂水和洗涤剂都难以清除干净。如将牙膏挤在抹布上，用其擦拭灰垢，效果非常好。

电视机除尘诀窍

拔下电源插头，把电视机搬到室外，小心拆下后盖板，利用打气筒(拔下金属出气嘴)一边打气，一边向机内有灰尘的部位吹去，直到吹净为止。在操作时应特别注意，不可让胶管碰坏电器元件及机内连线。

电视

电冰箱如何快速除霜

首先断开电冰箱电源，把箱内食品取出。然后根据冷冻室大小，将一个或两个铝制饭盒装上开水放入冷冻室内。数分钟后，冷冻室壁上的霜块开始整块脱落(尚未脱落的，可用手轻扳)。

如果冷冻室顶部没有金属蒸发板，盛开水的饭盒应盖上，以免低温下的塑料内壁因骤然升温而变形。采用这种方法比停电自行升温化霜省时得多。

怎样防止电冰箱内出现异味

1.要从食物本身入手

生鱼、虾、禽、畜类腥味较重的食物，最好取出内脏并去掉腐烂部分后洗净，撒上一点细盐，用无毒塑料袋包好，放入冷冻室内速冻，单独存储，不要与冷藏室内其他食物混放。瓜果、蔬菜等要洗掉泥污，择去腐烂部分，控干水滴，装入食品袋内存放，可避免把腐败变质部分以及细菌、泥污等带入冰箱内，而且当个别袋内的果菜腐烂霉变时，臭味大部分都能被封闭在袋内，对其他食品影响不大。吃剩的饭菜要用容器装好，盖上盖子，并尽可能与生食物分开，防止交叉污染，吃时加热处理，不仅杀菌，还可去除异味。

2.使用一段时间后应进行“扫除”

用软布蘸适量的洗洁精和除臭剂把冰箱内壁、隔架、箱门存放格、果菜盒等处的污渍擦掉，再用干布擦抹干净，打开箱门，在阴凉透风处散味除臭。还可以用容器装一点药用炭片或炭粉，放在冷藏室支架上层，借助活性炭吸附冰箱中的不良气味，对减少冰箱中的“臭气”有显著效果，炭片使用一个月左右应拿到阳光下曝晒几小时后再用。把新鲜柑橘皮用纱布包裹好，分几处散放在箱内，对消除箱内异味，也有一定效果。

打气筒清除电冰箱积垢法

电冰箱冷藏室排水孔堵塞，可卸下电冰箱后面连接排水孔的塑料胶管，把打气筒气嘴对准电冰箱连接排水孔处，往里打气，落在里面的食品碎屑即会被吹出，堵塞即被排除。

电熨斗锈垢去除法

电熨斗加热后，在底部涂上少许白醋，然后用较粗的布在上面擦拭，污垢就能除去。

灯具清洗法

灯具一般都挂在高处，而且灯罩灯泡又易破碎，所以不便清洁。此时可用旧棉袜进行擦拭，首先关掉电源，然后把棉袜套在手上，轻轻地擦拭灯罩和灯泡。如果灯泡很脏，可以在棉袜上倒一点儿洗涤精轻轻擦拭，即可擦干净。

地砖污迹去除法

1.用布蘸一点亚麻籽油，可擦去地砖上的泥水。

2.用湿布蘸石粉，可除去地砖上的褐色污迹。

3.取等量的亚麻籽油、松节油，调匀后擦拭地砖上的污迹，既可防止地砖破裂，又能使地砖保持良好的光洁度。

桐木衣橱去污法

桐木衣橱有了污垢，可用40号以上的细砂纸沿着木纹擦拭，然后将砥石粉末蘸水涂上，干后用干布擦亮即可。

金漆家具去污法

金漆家具漆面有了油污，可用软绒布蘸汽油擦拭，千万不能用其他液体去擦，以防腐蚀家具漆面。

清洁皮制沙发

皮制沙发清洁时要加倍小心，因它很容易被划破和弄脏。平时你只需要用湿布抹去表面上的尘埃，当沙发表面有顽固的污渍时，就应该用一种特殊的沙发喷雾剂，用的时候只需在距离污渍大约10厘米的位置喷一下，然后用湿布轻轻擦拭一下即可，这样会令您的沙发光亮如新，而这种保洁方式每月只需一次即可。为了使沙发更加光亮，同时也可以用光亮剂，用法如同清洁沙发一样简单。

抽油烟机巧清洗

1.可用加热的洗涤剂溶液清洗抽油烟机。

2.如果抽油烟机非常脏，污垢过厚，可用液体玻璃窗清洗剂清洗。

3.滤油网可用洗碗机清洗。

4.当滤油网上积油过多时，不宜与瓷器一起洗涤。

5.如果用手洗滤油网，最好先把滤油网放在洗涤液中浸泡数小时。

6.将用剩的小肥皂块泡成糊状，在抽油烟机外壳上薄薄涂上一层，待干后就成了一层自然保护层。经过一段时间的使用后，粘在抽油烟机表面的油污只要用湿布一擦即可除掉。

7.抽油烟机扇叶空隙小，手伸不进去，油烟污染后清洗很不方便，还往往在清洗时，把扇叶碰变形，造成重心不平衡。可将刷洗好的扇叶(新的效果更好)晾干后，涂上一层办公用胶水，使用数月后将风扇叶油污成片取下来，既方便又干净，若再涂上一层胶水又可以用数月。

8.抽油烟机集油盒收集的污油，向外倒时很不顺利。为解决倒油难的问题，可在已装好的油盒或新油盒内装衬一层塑料薄膜，当油满时将塑料薄膜一起拔出，再换一层新薄膜即可，既方便又卫生。

微波炉顽垢清除法

微波炉用后最好的办法是随即擦拭干净。如不及时清洗，很容易在内部结成油垢。如有油垢，可将一个装有热水的容器，放入微波炉内加热两三分钟，让微波炉内充满蒸汽，这样可使顽垢因饱含水分而变得松软，容易去垢。清洁时，用中性清洁剂的稀释水先擦一遍，再分别用湿抹布和干抹布擦干。如仍不能将顽垢除掉，可用塑胶卡片之类刮除，千万不能用金属片刮，以免伤及内部。再将微波炉门敞开，让内部彻底风干。

微波炉异味去除法

1.将柠檬皮及汁投入半杯水中，放进微波炉掀盖烘烤5分钟，再用清洁湿布揩拭炉内，即可去除异味。

2.将半杯醋掺进半杯水中烧开，等温度降到45℃左右，再用湿布蘸着擦拭微波炉内部，便可去除烹烧鱼肉时产生的强烈气味。

除壶内水垢窍门

1.鸡蛋除水垢

烧开水的壶用久了，积垢坚硬难除，可用它煮上两次鸡蛋，会收到理想的效果。

2.热胀冷缩法除水垢

将空水壶放炉上烧干水垢中的水分，看到壶底有裂纹或烧至壶底有“嘭”的响声时，将壶取下迅速放在冷水中(不要将冷水注入壶中)，可除去水垢。

3.马铃薯皮除水垢

将马铃薯皮放在壶里面，加适量的水烧沸，煮10分钟左右，可除去水垢。

灶面不沾油法

厨房里的锅灶上方，虽然装有抽油烟机、排风扇等设备，但由于经常烧炒，还是会有油气分子飞溅在周围的瓷砖、墙面上，日积月累形成油垢，擦起来很费劲。只需将保鲜纸轻轻一抹，即平整光洁的牢牢附着于瓷砖、墙面上，待油垢较重时，只需轻轻揭下扔进垃圾桶，另铺新纸即可，省却了擦拭之劳。

米汤去除灶具污迹法

煤气、液化气灶具沾上油污，可在灶具上涂一层黏稠的米汤，待米汤干燥结痂后，会把油污粘在一起。清除米汤结痂时，油污也附带被除掉。

如何清理瓦斯炉

沾满油污的瓦斯炉很难清理，你可以这样做：

1.锅架、盛盘：放进煮沸的滚水中，煮10~20分钟，待油污浮起后再用锅刷刷洗。

2.开关：用洗洁剂刷洗即可。

3.导火器：先用钢刷刷掉油污，再用竹签清除孔内污垢。

4.橡皮管：将清洁剂直接涂抹在管子上，等油污溶解后，用百洁布或不要的牙刷刷洗，再用清水冲洗即可。

市面上有贩卖一些厨房专用的清洁剂，可以让你事半功倍。

巧洗油腻碗筷

碗筷上的油腻太大时，很难洗干净，这时可用淘米水洗碗。在淘米水中加上1勺醋，即可洗去碗筷上的油腻。

巧除砧板异味法

砧板用久了，会产生一股腥臭味。可将砧板放入淘米水中浸泡一段时间，再用点盐来洗擦，然后用热水冲净，砧板上的腥臭味就可以消除了。

煤气灶污迹清除法

煤气灶趁热用干布擦拭效果最好，能使不锈钢发出光泽。也可用萝卜横断面蘸清洁剂反复擦拭，再用干布擦。

热水瓶除垢法

1.将白醋加热，倒入热水瓶内盖上盖子，再用力摇动或清洗（要小心），很容易就能清除水垢。

2.把蛋壳打碎,加上一匙食盐和少许清水,倒入瓶内用力摇动,很快就能清洁干净。

3.热水瓶内积了水垢,可放入2个卫生纸团成的小圆球,然后注入热水,盖好木塞,横过来边转动边左右摇晃,几分钟后,就可去除胆内的水垢。

科学使用杀虫剂

1.居室内不能使用敌敌畏、滴滴涕等药物来杀虫灭害,否则会引起人体中毒。

2.使用气雾剂前,要事先关好门窗,然后喷洒,喷洒完后人应立即离开房间,密闭半个小时至一个小时,击倒蚊蝇后再回家打开玻璃窗、关上纱窗,让室内空气流通,药物自然散发,以减少对人体的危害。

3.喷雾剂不宜过量、经常使用,用过一次后应隔一周左右再喷。居住环境较差,蚊蝇较多的居室,建议使用蚊帐等,杀虫剂不能每天大量使用。

4.不要混合使用多种喷雾杀虫剂,以免毒物增多,毒物相互作用后使毒性增强。

5.居家应保持清洁卫生,不给苍蝇、蚊子等害虫生存的环境,装好纱门、纱窗,堵住源头,尽量少用或不用杀虫剂。

6.杀虫气雾剂等不能直接对着人体、食物喷射,避免吸入喷雾剂或接触皮肤、眼睛,不要让儿童触及,不要与食物等混放。气雾剂不能接触火源,还要避免高温,以防爆炸伤人。

7.不要购买低价的劣质杀虫剂,也不要用空罐到市场上去灌装散卖的杀虫气雾剂,因为这种劣质杀虫剂多半是在落后的条件下制成的,而且化学配方也不适当,有的还含有对人体危害极大的违禁药品(如敌敌畏等)。这种杀虫剂不仅损害身体健康,而且还污染生活环境。

8.装有空调的房间由于房间密闭、空气不能循环和对流,不要使用杀虫气雾剂。

9.居家要注意蚊蝇滋生地的消毒与杀灭,如厨房、厕所的上下水道口、阳台上的花盆等,要定期对这些滋生地进行喷药,以减少蚊蝇的来源。

清洁厨房下水管

由于厨房排水管的阻塞物以油渍和饭菜残渣为主,因此,必须使用颗粒状的水管疏通剂,利用其中的苛性钠成分发生反应时产生的高温,将凝结的油渍变为液体状,并藉由片状铝片的上下旋转运动,将菜渣打散。

软质塑胶管或橡皮软管、铝管不能使用颗粒状的水管疏通剂,只能使用液体快速通乐，以免因温度过高而导致软管扭曲变形。

正确清洁方式是先清除积水；开启疏通剂瓶盖后，将1/10~1/5的量慢慢倒入水槽或地板排水口内；然后再加入250毫升的冷水（地板排水口需倒入750毫升冷水），静待30分钟后，大量冲入冷水即可。未使用完的厨房通乐，记得瓶盖要盖紧，以免因接触到水气而使其产生作用。

淘米水去除漆味法

新买来的漆器用具有一股漆味。如用淘米水再加少许食醋，用干燥柔软的布蘸混合液来擦抹漆器用具，上面的漆味就可除去。

乌贼骨粉去除铝制品油污法

铝制品表面蒙上油污后，可用湿布蘸乌贼骨研成的细末进行擦拭，铝制品便可立即光亮如初。

浴室用品清洁法

1.洗手台：撒些苏打粉或食盐，或者也可以直接将清洁剂涂在污垢处，过一会儿，待污垢溶解后，用百洁布及清水刷洗就可以消除污垢了。

2.水龙头：以柠檬汁刷洗水龙头，再用水冲洗，擦干即可。变黑的地方可以用牙膏、牙粉来擦拭，一定会有让你满意的效果出现。

3.镜子：抹布蘸清洁剂擦拭镜面，再用清水冲洗，最后擦干即可。严重的污垢可以使用酒精来清除。

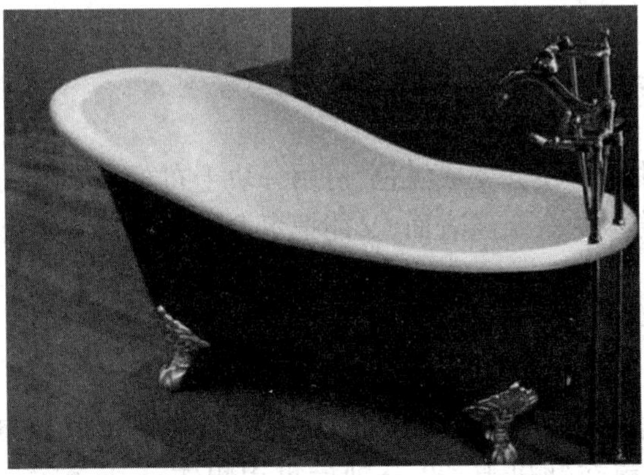

浴缸

4.浴缸：涂上浴室专用清洁剂，稍待片刻，等污垢溶解，脱落之后刷除，最后再用水冲净。浴室墙壁和天花板上的霉垢，通常使用百洁布即可刷掉，若不行，你可以使用酒精或漂白水，也会有不错的效果。

5.瓷砖缝：你可以使用具有漂白作用的去污剂，涂在发霉的地方，约等30分钟后，再用刷子或牙刷刷洗干净。

6.排水口：先浇淋热水，再涂上稀释过的漂白粉热水，待污垢脱落后，再以清水冲洗即可。

浴缸清洁法

1.先用醋擦洗一遍，再用碳酸氢钠抹一次，最后用清水冲洗，即可将浴缸上的积垢、污痕清除干净。

2.浴盆池壁上的黄色污垢，可以用漂白粉加水按1:9的比例配成溶液，再用布蘸着擦拭，污垢极易消除。

3.将柠檬切片，盖住浴缸里的黄迹，可使黄迹逐渐消失。

如何清洁马桶

清洗马桶的正确步骤是应先把坐垫掀起，并以洁厕剂喷淋内部，数分钟后，再用厕所刷彻底刷洗一遍，再刷洗马桶座和其他缝隙。由于马桶内缘出水口处是较易藏污纳垢的地方，一般喷枪式的马桶洁厕剂，无法顺利将清洁剂喷淋在该处，因此，最好使用有独特鸭嘴头设计的洁厕剂，才可深入马桶内缘，清除顽垢。

至于一般人较易忽略的马桶外侧底座，也应用清洁剂喷淋刷洗一遍，并用水洗干净，最后，用干净的布将其整个擦干，就可以亮白如新了。提醒大家，切勿将不同成分的酸性、中性或碱性清洁剂混合使用，以免因化学变化而发生危险。

巧除水龙头黑垢

自来水龙头用久了便会变成黑色，可用一块干布蘸面粉擦拭，然后再用干布擦拭，这样，既不损伤水龙头金属表面，又能把水龙头擦得光亮如新。

盐醋去除瓷制器具锈迹法

瓷制脸盆、浴缸等的水龙头附近会出现铁锈斑迹，可取等量的盐、醋，加温搅拌，然后用布吸满盖在锈斑上，30分钟后再用粗布蘸盐、醋溶液用力擦拭，就能去除。

羽绒被洗涤法

用清水浸透羽绒被后拧干，然后浸入 50℃ 左右的肥皂水中 10 分钟，取出放在板上拍平，再用刷子刷洗。如沾上了油垢，可洒上一点石碱，刷子刷过后，清水冲净晾干，拍打平整即可，注意切忌搓洗。

巧洗蚊帐

用数片生姜沏一盆水，把脏蚊帐放进盆里泡 3 个小时，然后轻搓慢揉，蚊帐上的黑黄污渍就会很容易被去掉。再用清水加些洗衣粉洗就干净了。

怎样消除玻璃鱼缸上的水迹

养鱼爱好者在清洗鱼缸时，对清除缸内水面留在玻璃上的水迹（一道白线）很发愁，用清洗剂担心会使鱼得病或死亡。其实只要用一个 1 角钱硬币蘸点水在水迹处摩擦两下就会清除掉这道水迹。

白兰地清除镜片油污法

眼镜片蒙上了污垢油迹，可用细布蘸些白兰地酒或煤油来擦拭，既简便又清洁。

白兰地

图书油迹去除法

1.图书上沾上了食油、煤油、机油等油迹，可先将宣纸、棉纸、皱纸等吸水纸盖在油迹上，用熨斗轻轻熨烫，或用盐水瓶装满沸水在上面滚动，油迹多时可以换张吸水纸，直至把油吸尽。

2.可用几滴汽油加入氧化镁擦拭，效果也很明显。

家庭装修

材料选购

大理石的选择

在选择大理石装饰材料时，除应充分考虑装修的整体效果外，还应就大理石的表面是否平整，棱角有无缺陷，有无裂纹、划痕，有无砂眼，色调是否纯正等方面进行筛选。

大理石

总之，大理石的质量要求光洁度高，石质细密，色泽美观，棱角整齐，表面不得有隐伤、风化、腐蚀等缺陷。

橱柜面板的选择

市场上目前常见的橱柜面板有烤漆板、镜面树脂板、吸塑板、防火板和三塑氢氨板几种。我们可以通过以下三种测试方法来进行选购。

测试一:耐磨性能

测试方法:用钢丝球在这五种面板上用相同力度进行划擦,测试它们的磨损程度。

测试结论:在耐磨性方面,镜面树脂板和烤漆板的耐磨性能欠佳,这是由于它们表面光滑,使用中的划擦会在面板上留下痕迹。三聚氢氨板、吸塑板和防火板都有不错的耐磨性能。

测试二:防水性能

测试方法:把这五种面板浸入水里24小时,看它们的变形程度。

测试结论:在防水性能方面,防火板的防水性能最差,浸水后变形严重,这是因为防火板是热压成型的。三聚氢氨板的防水性能一般,浸水后有轻度膨胀现象。烤漆板、镜面树脂板和三聚氢氨板都有很好的耐水防潮性能。

测试三:耐高温性能

测试方法:我们用加热到100℃的电熨斗来模拟厨房里的高温操作,看看对橱柜会造成什么样的影响。

测试结论:在耐高温性能方面,吸塑板表面的耐高温性能最差,由于它的表面是一层PVC膜,所以遇到高温会留下印痕。烤漆板和镜面树脂板的耐高温性能一般,这是因为它们受热后会产生变色现象,但几分钟后变色情况有很大改善,基本恢复到原来的状态。三聚氢氨板和防火板的耐高温性能最佳。

此外,对色彩要求高、追求时尚的消费者可以选择烤漆板或镜面树脂板的橱柜,不过由于它不耐划刮,所以需要注意保养和维护。如果您对橱柜面板的造型有较高要求,那就可以选择吸塑板,因为它的立体造型非常丰富。追求简约、强调物美价廉的消费者可以选择三聚氢氨板来制作您家的橱柜。要是您家的厨房使用率比较高,特别重视经久耐用性,同时愿意牺牲一些橱柜的美观性,那么您可以选择防火板。

如何挑选吊顶材料

龙骨是装修吊顶中不可缺少的部分,其中包括木龙骨和轻钢龙骨。使用木龙骨要注意木材一定要干燥。现在家庭装修大部分选用不易变形、具有防火性能的轻钢龙骨,挑选时要注意龙骨的厚度,最好不低于0.6毫米。装修最好选用不易生锈的原板镀锌龙骨,避免使用后镀锌龙骨。区别两者要注意原板镀锌龙骨俗称“雪花板”,上面有雪花状的花纹,强度也高于后镀锌龙骨。

另一种是石膏板,在选择吊顶纸面石膏板时,要注意纸面与石膏不要脱离,贴接度要好。最好试试石膏强度,可用指甲掐一下石膏是否坚硬.如果手感松软,为不合格产品。用手掰试石膏板角,易断、较脆均为不合格产品。

一般家庭装修还喜欢用天花板,如何挑选PVC板和金属天花板?

现在家庭装修浴室、厨房多用PVC板、金属天花板吊顶。在选择PVC板时，除注意外表美观、平整外，最好闻一闻板材，带有强烈刺激性气味的板材对身体有害，应选择无味安全的产品吊顶。选择金属天花板时要注意其厚度不宜低于0.6毫米，否则容易造成塌腰现象。

如何选购水泥砂浆

在家庭装修中，地砖、墙砖粘贴以及砌筑等都要用到水泥砂浆，它不仅可以增强面材与基层之间的吸附能力，而且还能保护内部结构，同时可以作为建筑毛面的找平层，所以在装修工程中，水泥砂浆是必不可少的材料。

许多人认为，水泥占整个砂浆的比例越大，其粘接性就越强，因此往往在水泥使用的多少上与装修公司产生分歧。其实不然，以粘贴瓷砖为例，如果水泥标号过大，当水泥砂浆凝结时，水泥大量吸收水分，这时面层的瓷砖水分被过分吸收就容易拉裂，缩短使用寿命。水泥与砂浆的比例应按1:2(体积比)的比例来搅拌。

目前市场上水泥的品种很多，有硅酸盐水泥、普通硅酸盐水泥、矿渣硅酸盐水泥等等，家庭装修常用的是硅酸盐水泥。

水泥与砂的选购原则

1.为了保证水泥砂浆的质量，水泥在选购时一定要注意是否是大厂生产的425#硅酸盐水泥。

2.砂应选中砂，中砂的颗粒粗细程度十分适于用在水泥砂浆中。许多人以为砂越细砂浆越好，其实不是这样的。太细的砂吸附能力不强，不能产生较大摩擦而粘牢瓷砖。

多彩涂料优劣的鉴别

辨别多彩涂料的优劣主要有“四看”：

一看水溶液：多彩涂料在经过一段时间的储存后，其中的花纹粒子会下沉，上面会有一层保护胶水溶液。一般约占多彩涂料总量的1/4左右，凡质量好的多彩涂料，保护胶水溶液呈现无色或微黄色，且较清晰。

二看漂浮物：凡质量好的多彩涂料，在保护胶水溶液的表面，通常是没有漂浮物的，有极少量的彩粒漂浮物，尚属正常。

三看粒子度：取一透明的玻璃杯，盛入半杯清水，然后，取少许多彩涂料，放入玻璃杯的水中搅动。凡质量好的多彩涂料，杯中的水仍清晰见底，粒子在清水中相对独立，粒子的大小很均匀。

四看销售价：质量好的多彩涂料，均由正规生产厂家按配方生产，价格适中；而质量差的多彩涂料生产中偷工减料，成本低，销售价格比质量好的多彩涂料便宜些。

内墙涂料质量鉴别

1.看日期:一般水性内墙涂料的有效贮存期为3个月。超过贮存日期和无厂名、无生产日期的产品均不能使用。

2.看外观:是否有发霉、变黑的现象,是否有恶臭味。如有发霉、变黑和恶臭现象,说明涂料已腐败变质,绝对不能使用。有的涂料有较重的异味和强烈的刺激性气味,很有可能存在有害化学成分,对人体健康有严重危害,因此要特别警惕。此外,有结块、沉淀、气泡的涂料不可使用。

3.看黏稠度:好的涂料用搅棒搅动应感觉有一定的黏稠感,且很容易搅匀。不合格的涂料太薄、黏度太低,涂刷时就容易流挂。如棒上沾着的涂料呈透明或半透明状,说明涂料的质量不太好。

4.看质地:较高级的装潢涂料,如水性的"贵殊漆"及"乳胶漆",无论在色泽、质感上均较优良,颜色也持久不褪,并能防霉、抗碱性,在较潮湿的环境中,可减少墙面因发霉或吐碱所引起的漆面剥落的情形发生。

家具油漆的选用

1.聚氨酯清漆:附着力强,耐摩擦、耐湿热、防霉菌,是高级装饰用漆,可用于壁橱等。

2.丙烯酸木器漆:漆膜丰满、光亮、坚硬、耐击,且耐酸、碱、醇等化学物的侵蚀,装饰性强,多用于乐器外壳和高级家具。

3.酚醛清漆:漆膜坚硬,耐磨抗潮,耐化学腐蚀,干燥快,适用于柜橱等家具涂用。

4.硝基木器清漆:漆膜坚硬,光泽度好,耐久性强,适用于光度要求高的高级木制家具。

5.醋胶清漆(也叫耐火漆):漆膜光亮,能受阳光、高温、风吹、雨淋及温度变化的侵蚀,可用来刷木桶、盆、方凳等。

6.醇酸清漆:漆膜光亮,附着力强,干燥性好,不受气候变化的影响,是较受欢迎的一种透明清漆。

乳胶漆质量鉴别

乳胶漆分为内、外墙两种,居室装修一般选用内墙乳胶漆。好的内墙乳胶漆有如下特点:

乳胶漆

1.具有色泽持久、涂膜坚固、遮盖力强、防霉变、耐洗刷、易施工等优点。

2.涂刷后表面光洁,无杂质和粒子悬浮、无刷痕、流平度良好,涂刷后的墙面有明显的张力特征。

3.每千克的涂刷面积应不少于6平方米。

4.对人体无任何危害,具有无毒无味,不含铅、汞等有毒添加剂。如不具备以上特征,就不能称为乳胶漆。如墙面遇潮易起皮,涂层面看上去无张力、有粉层感,摸墙面手会沾粉等,这类只能称为普通涂料。

石膏浮雕的选购

1.看光洁度:好的石膏浮雕装饰品表面细腻,手感光滑。而质量低劣的石膏浮雕装饰品表面粗糙,摸上去毛毛糙糙,这类产品大多是低劣的石膏粉制作的,绝对不能贪图便宜去购买它。

2.看图案花纹深浅:好的石膏浮雕饰品,图案花纹的凹凸应在1厘米以上,且制作较为精细,而采用盗版模具生产的石膏浮雕饰品,图案花纹较浅,一般只有0.5~0.8厘米左右。

3.看产品厚薄:好的石膏浮雕装饰品摸上去都很厚实,而不合格的石膏浮雕装饰品摸上去都很单薄,不仅使用寿命短,严重的甚至会影响居住人的安全。

墙纸选购法

首先要选择墙纸的底色,然后再选择花样图案。如传统的中式客厅,图案宜选择浅棕底、深棕花,或者银灰底、淡墨花。花样以松、竹、梅等中国花卉图案为宜。如果是现代会客厅,墙布宜用浅底色,花样图案应清新活泼。又如新房的花样宜选用红梅、孔雀等花样,以表现出欢快、喜庆的气氛。老年人卧室要求朴实、庄重,花样以淡墨松、竹等画为宜。儿童房应表现出欢乐活泼的气氛,显得富有朝气。花样可选童画型、积木型或丛花型。

此外,还要根据各人经济情况和墙纸的特点进行选择。一般而言,胶面纸底的墙纸,可以用清水或肥皂清洗,较为耐用持久,适合家庭使用。而纸底纸面的墙纸,则是最经济的选择,不过图案有限,贴后很容易剥落。双层墙纸,是用多层纸作为衬底,表面可印出纹理悦目的浮雕图案。木屑墙纸,是在双层墙纸中加上细木屑制成的,可产生一种粗粒状效果.也可以贴到墙上后再油漆,纹理与颜色能随个人喜好而变化,但价格较贵。

壁纸墙布胶粘剂的选购

壁纸、墙布的胶粘剂选用是否得当,直接影响到新居墙面装饰的质量。理想的胶粘剂应按壁纸和墙布的品种选配,并应具有防霉、耐久等性能。如墙面装饰有防火要求,则胶粘剂还应具有耐高温、不起层等性能。

瓷砖的选购

1.看色差:同一种品牌、型号、规格的瓷砖放在一起应颜色一致,无色差。

2.看外形:整块瓷砖的正面及边缘是否镀满釉层,瓷砖表面有无裂缝、斑点、疵点。

3.检查平整度:将瓷砖面向玻璃,轻压四个角,检查瓷砖是否平整。瓷砖越平整质量就越好。平整度不好的瓷砖不宜用其贴灶台面。

室内地砖选购法

室内地砖有釉面砖、同质砖和大理石等。选择地砖可从功能和色彩两方面考虑。

1.功能

釉面砖俗称瓷片,表面光滑、美观,色彩图案丰富,便于营造各种氛围,其表面的耐腐蚀性能较好,按国家标准可分为五级,表面耐磨性则分为四级,用户可视不同的需求选购。

同质砖的耐腐蚀性、耐磨性均优于釉面砖。其他如抗弯曲强度、耐急冷急热等性能也优于釉面砖。但相对而言,色彩较为单调。

天然大理石砖具有天然的色彩和图案，气质稳重、华贵，但它的耐磨性和耐腐蚀性均不及上述两种，而且价格较贵，适合于较高档的室内装饰。

人造大理石具有天然大理石的特性，虽色彩、图案不及天然大理石，但仍能显示出稳重典雅的气质，且价格较为便宜。

2.色彩

地砖色彩应同墙面色调相一致，同时比墙面明度低暗，使房间产生上轻下重的稳定感，也易保持地面清洁。地砖色彩切忌过于花哨，如用彩色地砖拼大图案或用强烈对比的地砖拼网格图形都会使人在视觉上产生混乱感觉。总之，可依据居室的不同功能和个人的审美情趣及经济角度进行遴选，创造出一个温馨舒适的环境。

如何选购地热地板

由于地热采暖的特殊性，对地板的要求非常严格，因此，地热地板在满足常规质量指标的同时，还要满足以下四大要求：

1.导热散热性要好——宜薄不宜厚。木材和竹材都是很好的天然材料，地面热量通过地板传递到表面，必然会有热能损失，理想的地板能把损失降到最低。所以为了减少热能的损失及降低供暖运行维护开支，地面采暖地板必然“选薄不选厚”。可选择多层实木、竹地板和强化木地板，板厚不超过 8 毫米，最多不能超过 10 毫米。

2.尺寸稳定性要好——宜小不宜大。地热地板的使用环境相当复杂，尤其是在北方地区，非采暖季地面要承受各种潮气，而供暖时地面温度又要骤然升温，木地板必然承受“温度”“湿度”的双重变化。所以地热地板必须要选购稳定性好的，如强化地板、多层实木地板、竹木地板这些集成复合型地板。

3.防潮耐热性要好——宜于环保胶。集成复合型地板要用黏合剂，黏合剂需符合环保、胶合强度、耐高温高湿老化这三大指标。尤其是对于地热地板来讲，要经过耐高湿、耐低温等实验，如果采用普通的黏合剂，环保指标、耐潮性、耐老化性、膨胀率等均不能达标。因此消费者在选购时，查看商家的产品报告、检验报告是非常必要的。

4.耐磨性要持久。由于地热地板宜薄不宜厚，所以复合表面层一般以 0.3~0.6 毫米为多。主要表层的油漆耐磨耗值要比传统指标高。

如何挑选软木地板

1.先看地板砂光表面是不是很光滑，有没有凸出的颗粒，软木的颗粒是否纯净。这是挑选软木地板的第一步，也是非常关键的一步。

2.看软木地板的边长是否直。其方法是：取 4 块相同地板，铺在玻璃上或较平整的地面上,拼装起来后看其是否合缝。

3.检验板面的弯曲强度。其方法是将地板两对角线合拢,看其弯曲表面是否出现裂痕,没有裂痕则为优质品。

4.对胶合强度的检验。方法是将小块样品放入开水中浸泡,如果其砂光表面变得凹凸不平,则表明此产品为不合格品;若表面无明显变化,则为优质产品。

如何选择复合木地板

目前,复合木地板(强化木地板)是最常采用的家庭地面装饰材料之一。但由于市场上有很多品牌和型号,而其性能、价格等因素也相差很大,消费者在选择复合木地板时往往会感到无所适从。选购时要特别注意的几个方面:

1.看耐磨值:耐磨值是用转数表示的,转数越大、耐磨程度越高,价位也就越高。作为居家环境,耐磨值在 7 000 转左右就够了。如果选择过高的耐磨值,有时会造成不必要的浪费。

2.看企口是否平直:企口的完整程度直接关系到木地板的使用寿命。

3.看颜色和木纹:挑选颜色、木纹时,一定要考虑房间的大小、家具的颜色与风格以及个人的爱好。一般来说,房间大可选择颜色深一点、木纹复杂点的地板;房间小选择颜色浅、木纹素雅点的更好。

4.挑板面光洁度:复合木地板从板面光洁度大致分为沟槽型、麻面型、光滑型等。这些品种无所谓哪一种好,完全取决于消费者的个人爱好。

另外,还要注意,由于地板在铺装过程中会有少许损耗,购买时一定要多买几块才能保证正常的铺设数量。还有在搬运过程中一定要保护好边角。

防噪材料的选择

1.软木地板:关爱楼下邻居

目前软木地板主要有三种。

纯软木地板:安装方式为粘贴式,施工工艺比较复杂,对地面要求也较高。市场价在每平方米 100 元左右。

“三明治”软木地板:表层与底层均为软木,中间层为中密度板。安装简单,对地面要求不高。市场价 300 多元每平方米。

软木静音地板:是软木与复合地板的结合体。这种地板的安装方式与复合地板一样,可以采用锁扣的方式。它的市场价在 110~180 元每平方米之间。

2.静音门:把吵闹锁在门外

“桥洞力学板”是德国制造的一种全新的高科技门芯板。其独特的管状结构,能有效地隔音:管状结构中存留的空气,类似保温瓶与隔音玻璃的原理,可达到相当于 30~44 分贝的隔音效果。

3.中空玻璃窗:双层静音

安装双层玻璃窗,可以将外来噪音降低一半,这对于临街的居室来说是很有必要的。但要警惕不要将没经过处理的双层玻璃误当成是中空玻璃。

灯饰的选择

面对各式各样、五颜六色的灯具,每个人有各自的品位、追求,选择取向也不同。但万变不离其宗,您在设计家居照明时,可以依照空间的不同来选配灯具。

首先,房间的高度对灯具的选择有很大影响。如果您的房间只有 2.5 米高,一般情况下,屋顶灯本身的高度应该在 20 厘米左右。因为光源距地面 2.3 米左右时,照明效果是最好的。如果您的房间高度在 2.7 米左右,选择的余地就很大了。您可以选择一般的吸顶灯,也可选择高度为 40~50 厘米的吊灯,来营造更好的居室灯光效果。

另外,您在注意房间层高的同时,还要注意房间的面积。例如客厅的层高是 2.5 米、面积是 15 平方米的话,灯具的直径最好在 60 厘米左右。如果房间的面积较大,灯具的高度可以略低。

我们的生活空间一般都是由门厅、客厅、卧室、餐厅和卫生间等组成。您在挑选灯具时,最好选一下客厅主灯的款式和格调,再依此类推。这样做能使灯具的选择变得简单得多。因为目前我们家居生活的主要空间,还主要是在客厅里,因此,客厅的主灯是整套居室的焦点。如果您客厅的天花板较高,预留的灯位下面有茶几等家具,那么您最好选择吊灯或半吸顶式的灯具;如果房间较低则最好选择半吸顶式的灯具。

浴缸的选择

当你选择浴缸的时候,你要考虑的是尺寸、形状、款式、舒适度、龙头孔的位置及款式,还有材料。你应该很清楚知道需要多大的浴缸,尺码相同的浴缸,深度、阔度、长度和轮廓也并不一样,如果你喜欢浸在深水之中,要检查废物出口的高度。边位较低的浴缸是为年长者及伤残人士设计的。

款式上,独立有脚或是嵌在地上的浴缸,无论你选择哪种,在付钱之前,都要仔细地检查浴缸内外有没有划痕、缺口和裂痕,修补细缝或表面涂装的工作比较简单,但是严重的瑕疵、裂痕则无法弥补。

若想在浴缸之上加设花洒,供站着淋浴的位置要平整及稍呈正方形,这样淋浴会较方便及安全,也可以选择表面经防滑处理的款式。

如果预算宽松,你不妨考虑按摩浴缸。按摩浴缸能够按摩肌肉、舒缓疼痛及活络关节。按摩浴缸有三种：漩涡式，令浸浴的水转动；气泡式，把空气泵入水中；结合式，结合以上两种特色。但要注意选择符合安全标准的型号，还要请专业人士代为安装。

电器开关的选购

合格的电器开关有如下特征：

1.表面光洁，品牌标志明显，字迹清楚，有防伪标志和中国电工安全认证的长城标志。

2.开启开关时手感灵活，底座稳固。

3.电器开关的面板材料外形美观、坚固、耐用，结构严谨，并具有防撞性和阻燃性。

4.可搭配性的电工开关其功能件与面板必须装卸容易。

防盗铁门选购法

1.看材质：合格的防盗铁门一定是用厚铁皮管做的，劣质防盗门用的都是薄铁皮管。凡用硬物敲击发出叮叮脆声的是厚铁皮管，凡发出铿铿闷声的是薄铁皮管。另外，合格的防盗门在底层涂着防锈漆，而劣质防盗门只在表面刷上一层油漆。检验时只要在防盗门的底端用硬物划一下，即可看出内部是否有红色防锈漆。

2.看安装：合格的防盗铁门在安装时门框及铁门的四角都呈 45 度拼角，这样会增加铁门的牢固度。劣质防盗铁门加工简单，门框及铁门的接口都是垂直角。

3.看门锁：如果铁板尺寸足够大，并封到门边，看不见锁舌，门外无法撬动，则表明门锁安全；反之，则说明门锁装得不合格。

4.看电焊：电焊应严密可靠，尤其要看固定门框及门铰链的螺帽，是否加封电焊，凡加封电焊的比较坚牢。

5.看铁管间距：铁管间距应在 10 厘米以内，如铁管间距过大，就起不到防盗作用。

塑钢门窗选购法

1.型材：优质塑钢门窗型材表面光洁，腔体结构合理。型材壁厚、型材配方符合国家建材部门的标准。

2.五金配件：优质塑钢门窗五金配件的灵活性、密闭性、耐磨性和耐腐蚀性都符合设计要求。主要检查置放在型材腔体里的衬钢，好的衬钢应是镀锌 A3 号钢，壁厚至少 1.2 毫米。

3.加工工艺:优质塑钢门窗加工尺寸准确,焊接强度高,五金配件的配套合理,整个门窗加工工艺精良。

百叶窗帘的选购

1.铝合金百叶窗帘抗锈蚀,耐高温,不变形,手感轻,色彩艳丽,经久耐用,但价格较贵;塑料百叶窗帘价格适中,色彩丰富,使用方便,但容易老化和褪色。可根据家庭经济情况选用。

2.活动百叶窗帘的叶片应上下升降活络,或左右翻转灵活,角度翻转均匀,能准确地停在任何一个位置和角度上。

3.应根据环境选用色彩适当的百叶窗帘,使之美观和谐。

科学家装

装修成本应该如何控制

1.把投资的总数额事先定好,并计划可增数额的限制数,然后在设计时,将施工中的项目内容清单逐一列出,如超出指标则压缩材料单价,改选品种或减少施工内容,等以后资金宽裕了再补做。这种计划方法适用于资金比较紧张的居民。资金比较宽裕的居民,则可采用第二种方法,即先根据自己的要求做出设计方案,然后按自己的爱好选择主材,把自己的居室按理想要求定出标准,请装饰装修公司逐一报价,最终得出准确的投资数目。

2.人们常说,装饰装修很难控制投资费用。装饰装修公司往往是钓鱼上钩,以低价让你开工,让你骑虎难下,最终却以高价与你结算,可谓“宰”你没商量,矛盾纠纷由此而起。因此,市民要到材料市场去调查一下,这样可以较准确地算出费用,有一点你必须清楚:没有一家装饰装修企业会赔钱帮你装饰装修,送你的物品其实就是你自己的钱。

当你制订装修计划时,一定要实事求是地把自己的需求告诉装饰装修公司,让装饰装修公司根据设计方案计算出准确的含有全部内容的报价清单,不能漏项,如漏项一多,你的计划就会被打乱。对这份报价清单你必须仔细认真地审核调整,以确定基本的投资计划数。在施工过程中尽量不要随便改变主意,因为一有改变就意味着花销会大大增加。

家庭装修8项注意

1.不得在混凝土圆孔板上凿洞、打眼、吊挂顶棚及艺术照明灯具。

2.在隔断墙上粘贴瓷砖,应该用建筑胶作为胶结材料,用水泥砂浆粘贴时,必须将原抹灰铲除。

3.在粘贴厨房、卫生间地面装饰材料前,必须对基层做防水处理,并按规定办理蓄水24小时检验合格的签认手续。

4.阳台因承重小,不得粘贴除塑料地板砖、硬木地板以外的装饰材料。

5.未经房屋原设计单位认可同意,其承重墙、共用部分隔断墙、外用护墙、抗震墙等墙体上不得随意掏挖、打洞、剔槽,不得擅自拆改。

6.未经房屋安全鉴定站鉴定的房屋装饰,其棱(地)面装饰材料的重量不得超过每平方米400牛顿。

7.卫生间的蹲坑改坐便器时,不得随意变动下水道排水口位置。

8.室内装饰要保证煤气管道和设备的安全要求,电气管线及设备与煤气管水平的净距离不得小于10厘米,电线与煤气管交叉净距不少于3厘米。

安全家装"六不准"

生活中,很多初次装修的业主对于房屋的结构并不十分清楚,哪些墙面可以改造,哪些材料不可以大量运用,都是装修中需要注意的问题,这些都关系到房屋结构的安全性。

1.不随意改造结构

原则上应尽可能避免对原有居室结构进行改造。如必须改造,应在专业人员的指导下,通过浇注混凝土过梁或架设钢梁等方法进行加固,以确保安全。

2.不使用超重材料

在家庭装修中应尽可能选择轻质材料。抬高地坪时,可选用较轻的珍珠块材;铺设花岗岩和大理石时,应尽可能控制铺设面积;分隔房间的墙体最好采用轻钢龙骨或内填隔音隔热材料的木结构;做吊顶时,应简化结构,选用轻质材料。

3.不擅自改变房屋用途

将厨房改成卧室,这种做法极其危险,因为一旦煤气泄漏,后果不堪设想。将外阳台改成厨房或卧室,此举同样不可取,因为外阳台楼板的承重力一般不大,而外阳台改成厨房或卧室后会使阳台楼板受力增大,很可能会导致楼板断裂脱落。

4.不因排放管线而凿墙切断钢筋

5.不自行移接煤气管道和煤气表

煤气管道不能埋入墙内,移接煤气表必须由专业人员操作。自行移接煤气管道和煤气表,容易引发煤气泄漏事故。

6.不误选误用装潢材料

有的装潢者大量使用易燃性材料,又不采取防火措施,这样就给住宅种下了祸根。目前,一些木结构和木饰面的装潢材料被大量采用,在使用这些材料时最好能涂饰防火涂料。其次,要提高警惕,防止使用假冒伪劣的涂料和墙纸,以避免有毒有害的涂料和墙纸带来危害。此外,有些花岗岩和大理石具有放射性,因而最好选用已经有关部门鉴定合格的产品。另外,应该注意,劣质水管会影响水质,劣质电线会引发事故。

卧室装潢省钱法

1.卧室装修如不做吊顶,可省去一笔为数不少的材料、人工费。不做吊顶,可考虑在顶部墙角粘贴石膏的系列装饰线条,既省钱且又有效果,避免视觉上的压抑感。装饰线条立体感强,不占用空间,而且价格低,品种丰富,大有选择余地。

2.墙面装饰可采用国产乳胶漆分别涂刷四壁、两板,价格与普通墙纸相当,但耐用性与效果都比墙纸略胜一筹。

3.对房门的装饰,最实惠的就是在原来的房门基础上拼镶木线条,只需花上一二百元即可达到立体效果,这样又可省去购买新房门的一大笔钱。

厨房装修 16 条原则

1.厨房的设计应从减轻操作者的劳动强度,方便使用等来考虑。

2.厨房燃气灶台的高度,以距地面 70 厘米左右为宜。

3.厨房设计应合理布置灶具、抽油烟机、热水器等设备,必须充分考虑这些设备的安装、维修及使用安全。

4.厨房的顶面、墙面宜选用防火、抗热、易于清洗的材料,如釉面瓷砖墙面、铝板吊顶等。

5.厨房的装饰设计不应影响厨房的采光、通风、照明等效果。

6.严禁移动煤气表,煤气管道不得做暗管,同时应考虑抄表方便。

7.厨房是烹饪的场所,劳作辛苦。为减轻劳动强度,需要运用人体工学原理合理布局。

8.厨房灯光需分成两个层次;一个是对整个厨房的照明,一个是对洗涤、准备、操作的照明。

9.因个人需要不同,可把冰箱、烤箱、微波炉、洗碗机等布置在橱柜中的适当位置,方便开启、使用。

10.厨房里的矮柜最好做成推拉式抽屉的,方便取放,视觉效果也较好。而吊柜一般做成30~40厘米宽的多层格子。

11.吊柜与操作平台之间的间隙一般可以利用起来，放取一些烹饪时所需的用具。

12.厨房里许多地方要考虑到防止孩子发生危险。

13.为自己设置一个可以坐着干活的附加平台。

14.厨房里垃圾量较大，气味也大，垃圾桶应放在方便倾倒又隐蔽的地方。

15.厨房的装饰用料必须易于清理，最好选用不易污染，容易清洗，防湿、防热而又耐用的材料，瓷砖和塑料地板都符合这些要求。

16.厨房若面积够大，可放置小型餐桌，这样就能兼做饭厅使用，无须另觅空间作为饭厅。

卫生间应如何装潢

1.卫生间湿度大，一定要选用防湿性能强的材料。如地面宜用地砖、花岗岩，墙饰材料宜用瓷砖、大理石，顶棚宜用塑料板材、玻璃、半透明板材等防水防污的材料。

2.卫生间墙壁材料、卫生洁具的颜色一般多采用冷色调，例如，墙上用白色、浅白色的瓷砖，浴缸是淡绿或蓝色的，具有清洁感。卫生间墙壁、卫生洁具也可选择华丽的色彩，使其有一种高贵的感觉。但要注意相互协调，总体风格上要保持一致。

3.为避免室内水汽凝结，保持空气畅通，卫生间应尽可能装排风扇或其他交换空气的设备，这样有利于人体的健康和墙面的保养。

4.卫生间的地坪应略有斜势，尽量向排水口倾斜，这样有利于室内排水。

在浴室装修过程中如何防潮

浴室装修时，墙地砖铺设、吊顶处理、管道安装及设备的选择等都应考虑防水防潮的需求，并做周密安排。

1.墙地砖、石材铺设时应在面层下做防水层，选用水泥砂浆将地面找平，涂防水涂料，之后再铺一层1∶2的水泥砂浆作为结合层，将地砖等饰材铺贴上去，浇水后用木板拍实，使其平整牢固、接缝严密。石材铺贴前要做背涂处理，减少“水渍”现象发生。防水层四周与墙接触处，应向上翻起，高出地面约25~30厘米以上。做涂料装饰时应先刷防水腻子并选用防水涂料。处理地面面层时要使流水倾向地漏，不倒水、不积水，经24小时蓄水试验无渗漏。

2.吊顶建议用有微孔的铝扣板，以加强通风和预防遇冷凝水。若做石膏板吊顶，应先刷防水腻子，再刷防水涂料；PVC吊顶易产生冷凝水，并下滴，要慎用。

3.管道安装尽量避免改动原来的上下明管,必须装修时应做到横平竖直、铺设牢固,坡度符合要求。阀门、龙头安装平正,使用灵活方便,明管刷防锈涂料,暗管刷防腐漆。给水管道与附件、器具连接严密,经通水试验无渗漏。地漏设计仍要以上下水管路为基础,表面应略低于地面。

4.卫生器具安装位置要正确,器具上沿要与水平方向一致。浴室电器应选择防水性能较好的品牌产品,如长期在潮湿的环境下使用的沐浴暖灯,外壳应由不锈钢制成,防腐性能要好,而且带防水电源开关、电缆及插头,通电使用或断电时不怕水淋、水溅,不会造成漏电或损坏。还需配备防水灯罩、防水插座等。

5.在浴室应避免使用木质材料,必须使用时,应选用防火板或做全混油装饰,均可防水。在做吊顶或其他包裹装修时,暗藏的木龙骨均需刷防水涂料或防腐剂。

6.浴室保持良好的通风环境是非常重要的。选用质量较好的通风设备有助于水分、蒸汽迅速挥发,保持室内清新洁净。

做好以上几个方面的工作,你一定能体会到在完全放松的状态下,人与自然和谐统一的沐浴感受。

小户型装修必备宝典

1.色彩的选择

结合自己爱好的同时,色彩设计一般可选择冷色调。冷色调有扩散性和后退性,使居室能给人以清新开朗、明亮宽敞的感受。最好能以柔和亮丽的色彩为主调,避免同一空间内过多采用不同的材质及色彩,以免造成视觉上的压迫感。

2.家具的布置

要选择那些造型简单、质感轻、小巧的家具,尤其是那些可随意组合、拆装、收纳的家具。这样既可以容纳大量物品,又不浪费空间,使得居室内各功能既有分隔又有内在联系,不产生拥挤感。

3.避免空间划分

小户型房子在装修时,应合理地布置人行路线和一些大型家具,在不影响使用功能的基础上,利用相互渗透的空间增加室内的层次感和装饰效果。

4.合理布置家居

在布置家居时要充分利用空间的死角,例如摆放小型家具。

在墙面上相间地涂上两种浅暖色的线条,线条与平面平行,横线条由下部往上逐渐变窄,这样就给人一种宽大明快、放大延伸的感觉。

可在入门对面的墙壁上挂上一面大镜子,这样可以映射出全屋的景象,似乎使客厅增大了一倍,或在狭长的房间两侧装上玻璃,也可达到类似的效果。

小居室的3种阳台改造方式

想要让小空间既有的室内面积变大，进行“阳台改造”工程，是创造空间最主要，也最可行的手段之一。

1.阳台外推增加室内空间

将阳台完全外推，再利用外推出去的空间放床，原来放床的空间就让给了客厅，在床边再加个层板，层板上方可坐人，下方空间还可收纳书籍。

2.将阳台纳为室内使用

将阳台改为室内空间，并加大窗户，即成为采光极佳的休憩区。此外，由于阳台位于楼梯间，也使得整体空间更有层次感。

3.露台架设采光罩，增加使用面积

在露台上架设斜边的采光罩，即可将厨房移出去，再做上一张便餐台，晚上吃饭便有星星陪伴。如此，既增加使用面积，又维持空间的完整性。

阴雨天装修应注意的问题

1.购买材料：阴雨天空气湿度大，一些易吸收水分的材料，如木材、石膏板，在运送或存放的过程中处理不当，极易受潮，受潮后的板材会生霉点。并且在由板材做成木龙骨、木制品后，随着空气逐渐干燥，材料中的水分挥发后，极易开裂变形，还会影响其他材料。例如用板材做龙骨的石膏吊顶，因为板材的收缩系数比石膏大，木龙骨变形会直接导致石膏吊顶开裂，影响装修质量。所以购买材料时一定要注意材料是否干燥，还要尽量避免在阴雨天购买。

2.刷漆：对于木制品，无论是刷清漆或做混油刷硝基漆时，都尽量不要安排在下雨天时刷。因为木制品表面在雨天时会凝聚一层水汽。如果这时刷漆，水汽便会包裹在漆膜里，使木制品表面浑浊不清。比如雨天刷硝基漆，会导致色泽不均匀；而刷油漆，则会出现返白的现象。另外，虽然阴雨天对墙面刷乳胶漆的影响不太大，但也要注意适当延长第一遍刷完后墙体干燥的时间。一般来讲，正常间隔为2小时左右，雨天可根据天气状况再延长。据行家介绍，装修中许多工艺步骤都有一个“技术间歇时间”，如水泥需要24小时的凝固期，刮腻子每一遍要经过一段干燥期，每遍干透才能再刮一遍；油漆也需要每一遍干透后再刷上第二遍、第三遍。所以在阴雨天，这种技术间歇时间一般都要延长，必须耐心等待。

3.铺木地板：无论是铺设实木地板还是复合地板，都尽量不要在下雨天进行铺装。因为阴雨天空气湿润，地面受潮，水分蒸发得慢，胶干得也慢，在这种情况下铺装木地板，将来很容易出现变形或空鼓现象，特别是一楼，还会出现返潮现象。在空气湿度不是很大的阴天里，是可以铺木地板的，但检查地板含水率非常重要，一般强化木地板、实木复合地板均能达到要求,而实木、竹地板务必检查,否则到冬季,室内干燥又有暖气,地板会出现缝隙过大的现象。检查合格后,务必把地板装入原包装,并用塑料布包好,否则地板会吸收室内空气中的湿度而变形。在阴天铺装木地板,业主应注意提醒装修人员要铺装得紧凑些,否则天一晴,水分被蒸发后,会导致木地板收缩,地板间缝隙增大。

4.电路改造:阴雨天装修时,电路布置时特别要注意,更应注意对电路改造的规范化操作。不能将裸线直接埋在墙壁或是地板里,应加有保护的绝缘线管。特别是在阳台等容易被雨淋湿的地方,一定要将埋线时露在电线外面的铜制线头包好,以防止电线受潮后短路。尤其对于环绕在受潮的木龙骨、大芯板等木制品周围的电线,更应注意到这一点。否则一旦不慎,很有可能引发火灾。

装修后何时搬入新居最适宜

家庭装修在施工时,要使用大量的装饰材料,其中绝大部分是化学合成材料,存在着易挥发的成分,因此装修后的房间会有一定的化学气味,刚一完工就入住,对人的身体没有好处,应该晾置一段时间,待气味基本消除后再入住为好。

一般最少应晾置三日,在晾置期间,应保证空气的流通,避免雨淋及暴晒。如果室内使用酚醛油漆涂刷,晾置时间应适当延长。墙壁使用多彩喷涂等含有苯、酚等物质的涂料,晾置时间应在一个月以上才能入住。在涂刷乳胶漆的房间,由于没有气味,完工后待面层干透即可入住。另外,房屋也不宜过久晾置,否则,会由于气候的变化,导致装饰面的变化,而造成不必要的损失。

怎样让卧室空间变大

想让你的房间看起来更宽敞,不妨试着做些改变:

1.善用床底下空间

利用一些床底储物盒或其他收纳盒,把比较不常用的物品或换季衣物收藏在这里。

2.衣柜的选择

购买组合式衣柜,它的多种内部配件,如网篮、抽屉或是吊衣杆等,都增加了收藏的多变性,可以依个人需求来组合内柜。

3.衣柜内侧

橱柜内侧左右柜面,可以加上挂钩或铁丝等,来挂些重量轻的物品,如领带、围巾、丝巾等,既不占空间也可以保持领带、丝巾等的线条。

4.多利用挂钩

利用S型挂钩、挂衣架或折叠式挂钩,可以节省很多空间。

5.层板使空间更立体

不妨加装一些层板,不但增加摆放位置,也营造出空间感。

客厅设计布置法

1.客厅饰面材料的选择应以典雅大方、宽敞舒适、明快和谐为原则;色彩要尽量和谐统一,不能过分强调对比;饰面材料要尽量采用耐磨耐用的材料。地面可用地砖、薄板石材、复合地板、硬木地板等。墙面可用涂料、壁纸、装饰面板、木夹板等。吊顶的处理则应尽量简洁、明快,不要过于繁杂、琐碎,以免造成居室空间的压抑感。

2.客厅是人们活动的最主要场所,因此必须留有足够的空间,尤其是充足的走道。就餐厅和会客厅要做到有机分开,中间可放置吧台、柜,不要摆得太满,要给人以隔而不断的感觉。

3.客厅里家具布置要得当,不宜摆放过多,体积也不宜过大。确定家具的摆放位置前,首先要为厅区定出一个焦点,这个焦点可以是一套音响组合、茶几、几棵集聚放置的植物等,家具则围绕焦点而摆放,务求为这个厅区焦点营造一股凝聚力。

4.客厅墙壁装饰必不可少。根据室内环境条件选择一些符合主人身份的壁挂、壁饰、壁画来美化客厅。客厅要有良好的照明和光感。顶上要有一个或几个吊灯(大客厅),沙发旁要设有一个地灯,展示架里的灯光要能直接照到装饰物(如古玩、陶瓷制品)上,给人一种艺术的美感。

居室氛围选择法

居室利用不同的色彩和布置,可营造出不同的氛围:

1.海洋景:蓝色墙壁辅以蓝色灯具、浅色家具,构成海洋景色调,可使人心胸开阔。一年四季都适用。

2.大地景:将灯具、灯光设计成富有大地感的土黄色,配上土黄色或褐色家具,使人有广阔感,适用于春秋季。

3.森林景:绿色灯具、灯光、墙面,配上栗色或橄榄色家具,使人有凉爽舒适感,适用于夏季。

4.阳光景:将灯具、灯光配成橙色,辅以淡黄色墙壁、浅色家具,有温暖感觉,适用于冬季。

家具摆放的5点禁忌

禁忌一:强烈的阳光会使沙发表面褪色,直接影响沙发的耐用性,所以无论沙发采用哪种质料制造,都不能长期摆放在窗户旁边,尤其房间朝向西面的,就更要避免。

禁忌二:摆放影音器材的位置也要远离窗户,因为电视机的荧光屏被光线照射时,会产生反光的效果,让人在欣赏电视节目时眼睛不舒服。另外靠近窗户易沾染尘埃,下雨时,雨水更可能溅到器材,影响其功能,甚至发生漏电的现象。

禁忌三:市场上的灯饰大多以吊灯为主,使用必须得当,如房子太低,就要留意吊灯的高度,太低会妨碍走动。吊灯安装在中间位置,光线会更平均。

禁忌四:写字桌的桌面应低于肘部以方便活动。吊柜顶部与地面的距离最好不要超过 2 米,艺术柜有两层的话,第一层最好以平视能看到里面放置的物件为理想高度,第二层则以手举高即可拿取到东西为佳。

禁忌五:床不宜对着镜子,因为镜子会反射其他事物,当人在模糊的状态下,可能会因而受惊。床也不宜位于梁下,因为躺在梁下,潜意识会感到受压迫。

室内绿化法

室内绿化装饰的原则是柔和、舒适、宁静。一般以观叶植物为主,并随季更换。矮橱低柜上可放小型观叶植物;高橱上可放常春藤;在茶几、条案上可放抽叶藤;阳光充足的窗边可放四季秋海棠。室内插花以淡色为佳,花香不宜太浓。

家庭盆景设置

1.设置盆景,要因地制宜。宽敞的客厅、门厅、门口宜陈设大型树桩或水石盆景;一般居室宜放中小型盆景;栏杆、高台应置曲干或悬崖式盆景;书桌、书架可装饰微型盆景。

2.盆景摆设位置要考虑其种类和造型。山青水碧的山石盆景,适宜摆放在与视线相平或略低的位置上,以突出山峰之峻峭;而姿态别致的树桩盆景,若放在比水平视线略高的地方,则会更显古树之苍劲。

3.盆景背衬处不要挂放画幅、窗帘、彩色壁纸等物件,以免视觉互扰,影响观赏效果。

家庭盆景

如何美化暖气

1.展示柜与暖气罩合二为一

一般的暖气罩均是按照暖气本身的高度与长度确定形状、大小，这样虽然经济实用，但也难免千篇一律。不妨在暖气的位置打造一个简单实用的小型展示柜，将暖气包进展示柜下方，前方留检修活门，而展示柜上方则用玻璃与板材制造。这样一来，既美化了暖气罩，又充分利用了空间，一举两得。

2.半遮半掩的暖气片

在有心的设计师眼里，普通的暖气片也并非一无可取，它本身的金属质感和粗犷的线条，如果加以利用，也可以成为美化居室的有益因素。只用几块竖板，给暖气加一个装饰性的外框，再涂上彩色的油漆，这样用木材粗线条的勾勒，既弥补了暖气片的整体外观不足，又在半遮半掩中丰富了空间的层次。

3.用冲孔铁板做暖气百叶

以往多用木材做暖气百叶，虽然美观，但影响了暖气散热，许多设计师都为此苦恼。而用冲孔铁板做成的暖气罩则充分利用了金属导热性良好的特性，可使装饰取暖两不误。

灯具与家具色彩协调法

灯具和家具的色调应力求和谐，给人以舒适感。大红、大紫灯具配深色家具有华丽之感；米黄、淡黄灯具配深色家具显得典雅大方；果绿、浅蓝灯具配浅色家具给人以幽雅文静的美感。

怎样让居室常住常新

只要你动动脑筋，改变身边布局的一小部分，整个房间的格局就会产生很大的变化。

家具是家庭布置中的一个重要的组成部分。有时候，把一件大型的家具换一换位置，或干脆改变所有家具的位置，就会给人耳目一新的感觉。比如说把沙发、电视柜的位置换一下，就会让每一个进门的人感觉到室内的变化。当然，变化家具的位置要从进出和取物方便、布局合理等几方面考虑，不然，就会弄巧成拙。

经常变换床单、窗帘、沙发套的颜色及造型，可以改变居室的色彩。颜色的变换可以按照当时的心情以及季节的变化来考虑。不管你如何变换色彩都要注意色调的一致，在气候炎热的夏季，冷色调能为你驱除不少的暑气，寒冷的冬季暖色调又会带给你许多温暖。

经常地更换装饰品。装饰品在家庭装潢中起着画龙点睛的作用，它的面积虽小，可作用却不容小觑。对于这种摆设你完全不必每次都去购买新的，而是可以自己动手制作，利用一些废弃的用品如旧的挂历、碎的布头来动手进行拼接也能达到良好的效果，而且保证不会有雷同的情况发生。

最后，还要注意居室的清洁，既然要让居室常住常新，那么就要时刻保持居室的整洁，在窗明几净的环境中心情自然会变好，觉得居室敞亮了许多。

书画陈列法

陈列中国书画要注意如下几方面。

1.将书画作品适当装裱，或配上红木镜框，会显得古朴清雅。

2.书画作品平正地悬挂在大片的墙壁上，最好是迎门的墙上，不宜挂在角落或大件家具的阴影里，不要上下交错，更不要斜挂。

3.书画作品不宜同时陈列过多，随季节更换，可产生新鲜感。

陈列西洋油画要注意如下几方面。

1.风格统一：要同房间的装饰风格相一致，古典风格的、写实的油画适合于色调凝重、装潢华贵的房间；现代派、抽象派的油画则宜挂在墙面明亮、家具简洁的房间。

2.色彩协调：油画与房间的色彩一般以对比色为好，能起到画龙点睛的作用，但必须协调。温馨淡雅的房间宜选色彩柔和的油画；色彩明艳的房间则宜用对比强烈的油画。

3.品味适宜：油画作者的艺术品位要同房间主人相适宜，作品要有较强的观赏性，耐人回味。

4.投资增值：如能选择作者有知名度，市场行情有潜力的油画，即可获保值、增值的利益。

美容护肤

美容常识

让女人永远靓丽的12个小秘方

1.上妆不要过浓,只需用少量的粉底、腮红和眼影便能达到晶莹剔透的妆容效果。

2.若想让两眼有神,并凸显眼部轮廓,可使用质地细滑且带有珍珠光的眼影,颜色最好是象牙色或粉红色系,均匀涂抹于眼皮上。

3.东方人的睫毛颜色较深,疲劳时睫毛尤其容易显得平板暗淡,不妨使用棕色或海蓝色的睫毛液,让其显得明亮。

4.将零乱的眉毛拔除,可以改变眉形和整个脸部五官的感觉。不过第一次修眉时,最好让熟识的专业美容化妆师代劳,以免一时失手,影响修眉效果。

5.不吸烟。吸烟容易造成黑眼圈,并使牙齿发黄,此外,吸烟时不断重复的吸吮动作,很容易让嘴部四周出现细纹。

6.不喝酒。过量的酒精残留在体内,容易引起水肿,产生粉刺及暗疮等,影响肤质。

7.要注意休息。只有得到充分的休息时,你才会整个人看起来精神奕奕,神采飞扬。

8.早上起床或晚上临睡前,以热水敷脸,可以让你的脸色健康,还可以促进血液循环,放松紧绷的肌肤。

9.不妨早、晚各一次在手掌涂上薄薄的一层面霜,然后由下而上按摩脸部肌肤。就算不用面霜,只是徒手按摩肌肤,也可以让脸部线条变得更美。

10.尽量穿可以托起臀部和抚平腹部的紧身袜裤,这样既可遮掩腹部松弛的肌肤,又可托起松弛下垂的臀部。

11.穿马甲内衣。它可以完美地掩饰体型上的缺点,使腰背的线条平顺,但又不失曲线美。

12.穿有承托力的胸罩。它可修饰胸部曲线,并有效地承托胸部。

现代职业女性工作紧张,生活忙碌,要想达到最佳的美容效果,除了一定的物质条件保证外,还需要修身养性,笑对生活,保持平和恬淡的心态。

不同部位肌肤保养方法

1.额头

额头皮肤容易被各种面部表情所牵扯,受到过度挤压或拉伸,频繁挤压使其产生皱纹,频繁拉伸则导致其干燥、硬化,进而失去弹性。因此,平时尽量不要皱眉和挑动眉毛,并使用不含油脂的保湿护肤品,且涂抹时注意由下至上,由眉骨往发髻方向涂抹,或采用轻轻拍打的方式。

2.鼻翼

鼻翼两侧皮肤角质层较厚,毛孔相对粗大,因此油脂分泌旺盛,是粉刺最容易生长的地方,还容易出现黑头。除了日常仔细清洁鼻翼两侧皮肤外,还需要使用控油产品。专家特别提醒不要使用鼻贴,因为大力的牵扯会使鼻翼两侧出现细纹。

3.嘴部

嘴唇的皮肤很薄,而且没有色素保护,容易受紫外线伤害而发生老化,所以无论什么季节都应该使用有防晒成分的唇膏。而且嘴唇比全身任何一处皮肤都渴望水分,因此唇膏的滋润效果一定要好。另外,戒烟也很重要,因为经调查发现,吸烟这一动作会使嘴部周围皱纹增加47%。

4.颈部

颈部正面皮肤肤质娇嫩,随岁月增长会最先松弛,因此每天洗脸时要用冷水拍打颈部,给脸部皮肤使用护肤品时也不要遗忘颈部皮肤,且注意由下至上轻轻涂抹。另外,睡觉和工作时的不良姿势,都容易使颈部皮肤产生皱纹,皮肤专家建议,睡觉时不要使用过高的枕头,不要长期侧睡,工作时头部和电脑保持平行。

5.眼部

眼部皮肤是全身最薄的,最常出现的问题是鱼尾纹和眼袋(下眼睑水肿)。最新研究发现,降低洗脸水温能明显减少鱼尾纹的出现。而睡觉前半小时内少喝水,适当垫高枕头,早晚用眼霜按摩眼睑皮肤都有助于减轻眼袋。

6.胸部

胸部的大部分组织是脂肪,包在脂肪上的皮肤因为缺少肌腱和肌肉的支撑,容易松弛。因此建议每天淋浴时利用喷射的冷热交替的水流按摩胸部皮肤,当然,还应该使用一些有紧致肌肤功效的护肤品。

7.手部

手部皮肤皮脂腺较少,其分泌的少量保护性油脂又常因暴露在外及接触水等而被消耗,因此容易粗糙、干燥。皮肤护理专家建议,每天给手部使用含有油脂的保湿护肤品(注意与面部使用的不含油脂的保湿护肤品不同)。

8.膝盖

膝盖是全身利用率最高的大关节,此部位的皮肤每时每刻都受到骨头与韧带的牵拉,因此容易产生细纹,再加上经常与衣物摩擦而生成角质,变得粗糙,所以需要每周去角质并涂抹高效保湿护肤霜。另外,每天用橙子或柠檬擦拭膝盖皮肤,也可以使皮肤变得细腻白嫩。

9.腿部

腿部皮肤下有强大的肌肉做支持,比其他部位的皮肤紧绷、致密,但由于缺乏皮脂腺,因此容易干燥并形成皮屑。洗澡时最好用麻质手套加以按摩,以彻底清洁、去角质,并刺激腿部血液循环和皮脂腺分泌。注意由下至上,朝向心脏方向按摩。洗完澡后给腿部涂抹护肤品,也按照这种方法进行按摩。

美白肌肤的日常护理

1.如果不是必须,尽量避免在夏季10~14时之间出去,因为在一天当中,这段时间的阳光最强、紫外线最具威力,对肌肤的伤害最大。

2.外出时尽可能戴帽子、撑太阳伞、戴太阳眼镜、穿长袖衣裤.以保护肌肤。

太阳眼镜

3.每次晴天外出时,都应涂防晒品,而且应每隔2~3小时擦一次。游泳时也应涂防晒品,并且还应使用防水且防晒指数较高的防晒品。

4.只要从事过户外活动,无论日晒程度如何,回家后都应先洗澡,并以按摩的方式轻轻擦拭全身,先用温水,再用冷水冲淋,并全身抹些护肤露。

5.暴晒后,如有条件可用毛巾包着冰块来冰镇发红的被灼伤皮肤以减缓局部燥热,并尽量少用手抓,否则将会加剧晒后斑的产生。

6.晒后还可取用家中鲜芦荟,刮出其中的芦荟物质敷在肌肤上,有镇定和美白的作用。

7.在外出时,手也要擦防晒露,而手臂、脚、膝外露时也应涂防晒品,这样既可以防晒又可以有效减少斑点,特别是可以避免中年以后过早生成"老年斑"。

8.水是美容圣物,早晨醒来应及早空腹喝凉白开,如在水中加片柠檬,则美容效果更明显。

9.多吃黄瓜、草莓、西红柿、橘子等,因为其含有大量维生素 C,能有效帮助黑色素还原,协助美白,增进免疫力。

10.充足睡眠,有效缓解生活压力,多听音乐也是美白的好帮手。

11.少抽烟,少喝刺激性饮料,可保持肌肤柔嫩光润。

12.远离人工添加剂,少吃油炸食品,慎用激素和避孕药,这些都会直接导致黑色素沉着和雀斑生成。

按摩美白皮肤法

1.减褪晒黑肤色指压法:用食指及中指的第 2 节位在耳背的凹下位置按压,每次按 3 秒,做 5 次。

2.减褪汗斑指压法:用双手中指指腹放在眼头位置指压,每次 6 秒;再用食指及无名指按眼肚位;然后把手指转向掩双眼轻按,同样是每次 6 秒;最后再轻按眉尾至太阳穴位置。

以上动作每日重复 10 次为 1 个疗程。

3.减褪天生深肤色指压法:用手掌或海绵沿小腿外侧打圈,左右脚重复交替做,用力一点效果更好;在距离脚踝内侧 7 厘米位置,用大拇指按压 5 秒。

以上动作各重复 6 次。

4.去斑点指压法:用左手食指指腹按右手肩与臂之间的凹点,按 3 秒停 1 秒。左右手交替做,重复 6 次。

皮肤由黑变白的饮食原则

1.少摄入富含酪氨酸的食物:因为黑色素是由酪氨酸经酪氨酸酶的作用转化而来的。如果酪氨酸摄入少了,那么合成黑色素的基础物质也就少了,皮肤就可以变白了。所以应少吃富含酪氨酸的食物,如马铃薯、红薯等。

2.多摄入富含维生素 C 的食物:化学实验证明,黑色素形成的一系列反应多为氧化反应,但当摄入维生素 C 时,则可阻断黑色素的形成。因此,多吃富含维生素 C 的食物,如酸枣、番茄、柑橘,新鲜绿叶蔬菜等。

3.多摄入富含维生素 E 的食物:现代科学研究证明,维生素 E 在人体内是一种抗氧化剂,特别是脂肪的抗氧化剂,能抑制不饱和脂肪酸及其他一些不稳定化合物的过氧化。而人体内的脂褐素是不饱和脂肪酸的过氧化物。维生素E则具有抑制它们过氧化的作用，从而有效地抵制了脂褐素在皮肤上的沉积，使皮肤保持白皙。同时维生素E还具有抗衰老作用。富含维生素E的食物有卷心菜、菜花、芝麻油、芝麻等。

不同肌肤的洗脸妙方

1.干性肌肤：在用来洗脸的水中，加入几滴蜂蜜，洗脸时蘸湿整个面部并拍打按摩面部几下，这样能滋润面部及增添肌肤光泽。

2。中性肌肤：先用冷水洗脸，后用热水的蒸汽蒸脸部片刻，然后轻轻抹干，可使肌肤变得柔滑有弹性。

3.油性肌肤：洗脸时，在温热的水中加入几滴白醋，能有效地清除肌肤上多余的油脂，从而减少毛孔阻塞问题。

健康洗脸窍门

洗脸前准备好热水、干净的毛巾和一块中性的洁面皂。

1.冷热交替法

先将洁面皂在手中搓出丰富的泡沫，然后轻轻揉搓双颊、鼻翼、额头、唇周等皮肤出油比较多的部位，尤其是男士要注意，千万不要用碱性很大的香皂来洗脸，这样容易破坏面部的酸碱平衡，一定要选用性质温和的中性香皂，或者男士洗面奶。揉搓完面部以后，先用热水清洗，冲掉油垢，然后改用冷水，之后再接干净的热水，冷热交替反复冲洗2~3遍。这样，在冷热的交替刺激下，毛孔会放大和收缩，利于排除油脂，并刺激血液循环。此法可经常使用。

2.纱布法

如果您的青春痘比较多，那么就需要借助一些工具来洗脸。先剪下一段纱布，折成小块。然后在纱布上打上洁面皂，用它来擦拭额头、鼻翼和唇周。这样纱布的纹理可以帮助清除比较厚重的油垢和死皮。接下来把纱布夹在手指中间，轻擦两颊，注意不要太用力。此种方法一周使用2~3次就可以了，使用过勤、用力过大也会伤害到皮肤。

3.指套法

与纱布法原理相同，如果您家有白色干净的尼龙手套，可以将它的食指、中指、无名指剪下，做成三个指套套在手指上。当然，根据青春痘轻重程度的不同，您也可以选择只用两个指套。这样，用尼龙指套来搓泡沫，再清洁面部青春痘比较多的部位，能起到比纱布更理想的效果。指套每次用完后进行清洁，还可重复使用。

女性脸部清洁的正确步骤

脸部的清洁工作是最重要的。若没清洁彻底很容易产生青春痘或黑斑，所以清洁是保养、爱美的第一步。

1.卸妆：无论是否有化妆，长期暴露在脏空气中的你都应该做卸妆的工作。重复地将卸妆品涂抹在脸上，以打圆的方式按摩，使彩妆充分溶解，再用温水冲净或面纸拭净。

2.洗脸：选择适合肤质的洗面奶，取适当的分量在手上轻轻搓揉到起泡，再均匀地涂抹在略湿的脸上，以上到下，左至右的方向按摩脸部，在污垢溶解脱落后，用温水冲净即可。

呵护双唇重在保养

1.清洁：唇部的肌肤是比较敏感的，所以在选择卸妆液时，要尽量选择性质温和的。用充分蘸湿卸妆液的清洁棉轻轻按压在双唇上 5 秒钟，再将双唇分为 4 个区，从唇角往中间轻拭。

2.去唇部死皮：专用去角质的产品一般都含有清凉的薄荷配方，在让双唇平滑滋润的同时，还具有修复的作用，一个星期一次即可。

3.按摩：用大拇指和食指捏住上唇，食指不动，大拇指轻轻揉按；再用食指和大拇指捏住下唇，大拇指不动，轻动食指按摩下唇。然后，再以上述方法反方向有节奏地按摩上下唇，反复数次，这样可以减少嘴唇横向皱纹。如果你的嘴角有了纵向的皱纹，那么用两手中指从嘴唇中心部位向两侧嘴角揉摩，会使肌肤有被拉长的感觉。先上唇，后下唇，可反复几次。

4.抹唇膏：记得使用不含香精和色素，含有天然酵母精华并具有水合作用的滋润唇膏。在出门抹口红前，先用唇膏打底，可加强对唇黏膜的保护，有的唇膏还可以防晒。

5.上唇膜：可以用精华素和柔和的营养霜按 1:1 的比例混合后仔细地涂在嘴唇和唇角周围，也可以去商场的化妆品专柜买唇膜。

缩小毛孔的 7 种方法

1.冰敷

把冰过的化妆水用化妆棉蘸湿，敷在脸上或毛孔粗大的地方，可以起到不错的收敛效果。

2.毛巾冷敷

把干净的专用小毛巾放在冰箱里，洗完脸后，把冰毛巾轻轻敷在脸上几秒钟，可起到缩小毛孔的效果。

3.用水果敷脸

西瓜皮、柠檬皮等都可以用来敷脸，它们能很好地收敛柔软毛细孔，还有抑制油脂分泌及美白等多重功效。

4.柠檬汁洗脸

油性肌肤的人可以在洗脸时，在清水中滴入几滴柠檬汁，除了可收敛毛孔外，也能减少粉刺和面疱的产生。但要注意浓度不可太高，且不可将柠檬汁直接涂抹在脸上。

5.化妆棉加化妆水

事先准备1小瓶无油化妆水再装上化妆棉，1小时后，以喷上化妆水的化妆棉轻拭出油的部位。

6.鸡蛋橄榄油紧肤

将1个鸡蛋打散，加入半个柠檬的汁液及一点点粗盐，充分搅拌均匀后，将橄榄油加入鸡蛋汁里，使二者均匀混合。平日可将此面膜储存在冰箱里，1周做1~2次就可以改善毛孔粗大的状况，使皮肤变得光滑细致。

7.栗皮紧肤

取栗子的内果皮，捣成末状，与蜂蜜均匀搅拌，涂于面部，能使脸部光洁、富有弹性。

保持眼皮青春的3种方法

1.指压：用双手的3个长指先压眉框上方，再压眼眶下方，5次为1遍，每日数遍。

2.按摩：闭目，一手撑住太阳穴，另一手由外眼角向里轻轻作螺旋式按摩，逐渐移向内眼角，5次为1遍，每日2遍。

3.眼操：眼珠连续上下左右移动，每日数次。

以上三法交替进行效果更好。

预防和祛除眼袋的方法

1.预防眼袋

眼睛周围的皮肤极其薄弱，化妆或卸妆的时候，动作要轻柔，切忌用力拉扯皮肤。

画下眼线时以不拉动眼皮为原则，为求方便，可以用干粉扑轻按在脸上来固定手的位置，这便不容易画错位置了。

洗脸时,用棉花抹洗眼睛周围的皮肤,比用粗糙的毛巾好。

配戴隐形眼镜的时候,不要拉下眼皮,如果想方便地戴上镜片,可轻轻拉高上眼皮。

不要养成擦眼睛、眯眼睛、眨眼睛的坏习惯,阳光猛烈的时候要戴上太阳眼镜。

切忌减肥、节食,以致出现营养不良或体重突然下降的现象,因为脂肪量迅速改变会影响皮肤的弹性。

每天要多喝清水,尤其是早晨起床时。晚上则不适宜饮太多水。

早、晚要涂眼霜。

眼部卸妆应用专用卸妆液。

2.祛除眼袋

如果有眼袋,可以用热茶叶包敷眼睛。

也可做眨眼运动:上下眼睑有意识地做闭合运动,每天做100次以上,使眼睑肌有收缩和放松的感觉,目的在于消除眼睑下垂,祛除眼袋。

也可用盐水热敷:1杯热水当中放1茶匙盐,拌匀后用药棉吸盐水敷于眼袋上,冷则更换,反复做,数天后眼袋将逐渐消失。

消除黑眼圈5法

1.涂蜂蜜法

在洗脸后勿擦干脸上的水分,让其自然晾干,然后在眼部周围涂上蜂蜜,先按摩几分钟,再等10分钟后用清水洗净,待其自然晾干后,涂上面霜即可。

2.敷酸奶法

用纱布蘸上些酸奶,敷在眼睛周围,每次10分钟。

3.热鸡蛋按摩法

将鸡蛋煮熟后去壳,用小毛巾包裹住,合上双眼用鸡蛋按摩眼睛四周,可加快血液循环。

4.苹果片敷眼法

将果汁含量多的苹果切片,外敷双眼,每次15分钟。

5.马铃薯片敷眼法

马铃薯去皮切成约2厘米的厚片,外敷双眼每次5分钟。

如何祛除眼睛四周皱纹

1.必须戒除日常的不良行为习惯,例如:不要眯眼睛看东西,如有近视、散光应配戴眼镜,矫正视力;不要经常刻意眨眼;不可忽视眼皮浮肿,要查病因,对症下药;想减肥者要采取渐进式的方式,因为体重如果骤然下降,皮肤就会没有足够的时间来适应体内脂肪的突然减少，也会生成皱纹；化妆卸妆时不要用力拉扯皮肤；在干燥的环境中应及时补充水分，否则皱纹也会增多。

2.为使眼部四周肌肤富有弹性，可常做眼部运动，比如尽量睁大眼睛，持续几秒钟；徐徐闭上双眼，到上下眼皮快要接触时再睁开，动作要缓和，连续重复5次，1日可数次。

3.为减少眼部四周的皱纹，必须供给眼部足够的养分，使其可以及时补充失去的水分，选用合适的眼霜也是一个重要的环节。涂眼霜时切忌胡乱涂抹，正确的方法是：首先以无名指蘸上少许眼霜，用另一只手的无名指把眼霜匀开，轻轻地"打印"在眼皮四周，最后以打圈方式按摩5~6次即可。

如何补救晒伤的眼部肌肤

晒伤后，应在眼部周围涂上不含果酸或多余添加剂、性质温和的护肤品。一天三次在眼部敷冰袋也可消肿止疼。以后出门时记得戴上防紫外线的太阳镜以保护双眼，为了避免刺激细嫩的眼部皮肤，眼部周围应该使用无香料的专用防晒品。

眼部晒伤后尽量不要化妆，如果实在需要化妆，则可在红肿部位涂上比肤色稍浅的粉底液。使用柔色眼影如褐色、古铜色或桃色，可有效掩饰眼部的红肿。

常伸舌头可减轻双下巴

据有关专家调查，伸出舌头这个小动作，是令下巴和脖子之间的皮肤保持不松弛的理想方法，这样就可以防止形成双下巴，也能让形成的双下巴减轻。不过如果你认为这是一个不太雅观的动作，那么你还可以选择另一种方式：舌头用力顶下颚的牙肉，同样可以收到收紧颈部肌肤的功效，减轻双下巴。

走出春日防晒8误区

1.防晒品越贵越好

防晒化妆品滤隔紫外线的能力，在于所含的防晒成分和含量，与价格高低并无绝对关系。一般说来，SPF值愈高，价格也愈高，加有保湿成分，具低敏感功效的防晒化妆品，价格也会较高。贵的防晒品也不一定就适合你用，因此还应视个人肤质需求选择。

2.防水性防晒护肤品要多用

专家指出，防水性防晒护肤品最好只在游泳时选用，因为这类产品多为油包水乳化型，涂在皮肤上很油腻，给肌肤不透气之感，且容易堵塞毛孔。

3.SPF值越高防晒效果越好

SPF 的含义是指皮肤抵挡紫外线的时间倍数，并非越高越好。一般情况下，外出购物、逛街时可选用 SPF 为 5~8 的防晒产品即可，外出游玩或游泳、日光浴时则需选用 SPF 值偏高的产品。

4.SPF 值能累加

有些人以为即使自己使用的防晒产品 SPF 值较低，但只要涂抹两层，SPF 值就会相应变高些，事实并非如此。

5.室内、阴天不需防晒

紫外线会从门窗及四周物体上折射进入室内，伤害肌肤；阴天，紫外线依然会伤害肌肤。

6.临出门才涂抹防晒品

由于防晒品被肌肤吸收需要一个过程，所以最好提前约 20 分钟涂抹，如去海滩，还可提前 30 分钟涂抹。

7.防晒护肤品不能在上妆前使用

上妆前使用防晒护肤品，可起到隔离、保护作用，隔离彩妆、日光、粉尘对肌肤的侵害。

8.早上涂一次就万事大吉

防晒护肤品的使用要达到一定的量才会起到防晒的作用，每一次涂抹后需间隔 2 小时再补涂一次，否则防晒效果不理想。

夏季的美容护肤

夏季，皮肤容易失去平衡。往往中性的皮肤，都会变成油性或干性的。这时，人们应根据季节的变化，来调整自己的美容护肤品，以使自己的皮肤得到最佳的保护。

一般夏日的紫外线对皮肤构成的威胁最大。它不仅使皮肤角化失去弹性，造成早衰，还能引发黄褐斑和日光疹等皮肤病。这时，防晒护肤就成了重点。外出时，最好戴帽或打伞，同时在脸上或暴露部位涂些防晒剂，有霜、膏、蜜、脂剂型的，它们均能有效地抵御紫外线对皮肤的伤害。夏季花露水常可作消毒杀菌剂使用，它由 3%的香精和 70%的酒精及适量的水分组成。在卧室、客厅或身上撒些，不仅能除臭去汗、杀菌止痒，还能健脑提神。

秋季护肤养颜法

秋季风大灰尘多，空气十分干燥。此时，人们暴露在外的面部皮肤有一种紧绷绷的感觉。这是由于皮肤水分蒸发加快，使皮肤角质层缺少水分的缘故。如果皮肤缺水严重，则会干裂，有碍美容。所以，秋天的皮肤护理特别重要。

1.要选择合适的护肤品。选择护肤品的原则一是根据皮肤属性，二是根据时间和气候。在秋季要选用不含酒精成分的化妆水，滋润而不油腻的日霜及晚霜，有漂白效果的软性面膜等。

2.要注意日常的皮肤护理。

做白天的护理，要坚持每天做两次面部清洁，还要使用护肤霜补充适当的油分和水分，让皮肤洁净与滋润。外出时，如果阳光强烈就要使用有防晒作用的日霜。

做晚上的护理，洁肤一定要彻底，先用温水和洗面奶彻底清洁面部，再用不含酒精的化妆水进一步洁肤及补充水分；然后在面部均匀地抹上渗透性强的晚霜，并适当地热敷，让其营养渗透到皮肤深层中去。

3.每周做一次全套的皮肤护理。除了每日护肤外，每周还应做一次面部的全套皮肤护理，包括洁面、蒸汽美容、面部按摩及用软性面膜敷面。这样既能令面部的污垢及死皮得到进一步清除，又能令皮肤的血液循环加速，并使皮肤从面膜和护肤霜中获得水分及营养成分，使皮肤光洁柔软，健康地度过干燥的秋天。

4.要注意饮食调养。宜多喝开水，多喝豆浆、牛奶等饮料；多吃新鲜的蔬菜、水果、鱼、瘦肉；尽量戒除烟、酒、咖啡、浓茶及煎炸食品；多吃些芝麻、核桃、蜂蜜、银耳等防燥滋阴食物，亦能较好地滋润肌肤、美化容貌。

冬季的美容护肤

冬季，人体皮肤的水分极易被户外空气吸收，使新陈代谢变得缓慢。眼周由于皮脂腺较少，在这个季节，很容易产生皱纹。

一般人们可准备点热水，以其蒸汽来湿润自己的脸约10分钟左右，由于热蒸汽的作用，会造成皮肤毛细血管扩张，血液循环加快，新陈代谢增加，皮肤因得到水分而光泽。皮肤经过保养后，还要在眼眉至下眼睑处搽一些油质面霜，然后轻轻地按摩，以防产生皱纹。

为了防止皮肤的干裂，还应注意以下几点：

1.不要用碱性过强的肥皂洗手和洗脸；

2.洗脸后用软毛巾擦干面部，并擦些油脂、甘油等润肤剂；

3.多吃些菠菜等含维生素A较多的食品。因维生素A有保护皮肤、防止皱裂的作用。

预防青春痘的方法

1.不要情不自禁用手摸脸。这往往会造成细菌在脸部肌肤滋生，从而产生青春痘。头发的不洁有时也容易刺激脸部肌肤，长出烦人的青春痘。

2.被子、床单、枕头、洗脸毛巾等要保持清洁。在阳光下曝晒是最好的消毒方法,紫外线具有杀死细菌的作用。

3.喜欢吃甜食而不能自我控制是造成长青春痘的重要因素。糖分多的蛋糕和碳水化合物多的点心最容易导致青春痘的生成。

4.精神上的压力会造成皮脂分泌旺盛,也是青春痘的成因,心情愉快才会让自己远离青春痘。

5.快餐、零食等垃圾食品,容易造成便秘;爱吃宵夜不仅对胃不好,而且会造成便秘,引来青春痘。

6.无论多忙,最晚在11点就上床睡觉。肌肤的新陈代谢通常在晚上11点到半夜2点时进行,把你的生理时钟调对时间,才不会产生青春痘。

减少青春痘疤痕的3个小秘诀

1.在青春痘出现"白头"时,千万不要挤压,否则肯定会出现印记。就算是要挤压,也得严格进行消毒。或者尽量到专业正规的美容院求助。

2.在青春痘快要愈合时,会将原来的深色皮褪去,这个时候更是切忌用力将皮撕下,否则愈合期将会被大大加长。

3.在青春痘发展期要使用专门的去痘产品,在愈合期可使用一些具有修复功能的美白品。同时要加强皮肤的防晒工作,紫外线对肌肤的侵袭极易造成黑色素沉淀,从而让你的青春痘肌肤更加难以愈合。

此外,敏感性肌肤在抗痘愈合期很容易产生痘坑,此时不要盲目使用化妆品,应找寻专业的皮肤科医生进行治疗。

消除雀斑的天然食物

1.西红柿汁:每日喝1杯西红柿汁或经常吃西红柿,对防治雀斑有较好的效果。因为西红柿中含丰富的维生素C,被誉为"维生素C的仓库"。维生素C可抑制皮肤内酪氨酸酶的活性,有效减少黑色素的形成,从而使皮肤白嫩,黑斑消退。

2.黄瓜粥:取大米100克,鲜嫩黄瓜300克,精盐2克,生姜10克。将黄瓜洗净,去皮去心切成薄片。大米淘洗干净,生姜洗净拍碎。锅内加水约1 000毫升,置火上,下大米、生姜,猛火烧开后,改用文火慢慢煮至米烂时下入黄瓜片,再煮至汤稠,入精盐调味即可。1日2次温服,可以润泽皮肤、祛斑、减肥。经常食用黄瓜粥,能消除雀斑、美白皮肤。

3.柠檬冰糖汁:将柠檬榨汁,加冰糖适量饮用。柠檬中含有丰富的维生素C,100克柠檬汁中含维生素C可高达50毫克。此外还含有钙、磷、铁和B族维生素等。常饮柠檬汁,不仅可以白嫩皮肤,防止皮肤血管老化,消除面部色素斑,而且还具有防治动脉硬化的作用。

4.黑木耳红枣汤:取黑木耳30克,红枣20枚。将黑木耳洗净,红枣去核,加水适量,煮半个小时左右。每日早、晚餐后各食1次。经常服食,可以驻颜祛斑、健美丰肌,并用于治疗面部黑斑、形瘦。

5.胡萝卜汁:将新鲜胡萝卜研碎挤汁,取10~30毫升,每日早晚洗完脸后,以鲜汁拍脸,待干后用涂有植物油的手轻拍面部。此外,每日喝1杯胡萝卜汁也有祛斑作用。因为胡萝卜含有丰富的维生素A原。维生素A原在体内可转化为维生素A。维生素A具有滑润、强健皮肤的作用,并可防治皮肤粗糙及雀斑。

另外,用冬瓜藤熬水用来擦脸、洗澡,可使皮肤滋润、消除雀斑。金盏花的叶汁也有护肤除斑的功效。将金盏花叶捣烂,取汁擦涂脸部,既可消除雀斑,又能清爽和洁白皮肤。蒲公英花水也能用于除斑,取一把蒲公英,倒入一茶杯开水,冷却后过滤,然后以蒲公英花水早晚洗脸,可使面部清洁,少患皮炎。

10种皮肤最喜欢的食物

1.西兰花:它含有丰富的维生素A、维生素C和胡萝卜素,能增强皮肤的抗损伤能力,有助于保持皮肤弹性。

2.胡萝卜:胡萝卜素有助于维持皮肤细胞组织的正常功能,减少皮肤皱纹,保持皮肤润泽细嫩。

3.牛奶:它是皮肤在晚上最喜爱的食物,能改善皮肤细胞活性,有延缓皮肤衰老、增强皮肤张力、消除小皱纹等功效。

4.大豆:其中含有丰富的维生素E,不仅能破坏自由基的化学活性,抑制皮肤衰老,还能防止色素沉着。

5.猕猴桃:富含维生素C,可干扰黑色素的生成,并有助于消除皮肤上的雀斑。

6.西红柿:含有番茄红素,有助于展平皱纹,使皮肤细嫩光滑。常吃西红柿还不易出现黑眼圈,且不易被晒伤。

7.蜂蜜:含有大量易被人体吸收的氨基酸、维生素及糖类,常吃可使皮肤红润细嫩,有光泽。

8.肉皮:富含胶原蛋白和弹性蛋白,能使细胞变得丰满,减少皱纹,增强皮肤弹性。

9.三文鱼:这种鱼中的脂肪酸能消除一种破坏皮肤胶原和保湿因子的生物活性物质,防止皱纹产生,避免皮肤变得粗糙。

10.海带:它含有丰富的矿物质,常吃能够调节血液中的酸碱度,防止皮肤过多分泌油脂。

怎样做简易蒸脸

蒸脸是面部保养的一个重要手段，一般每周做一次为宜。

1.净面：用水壶烧开1壶水，掺入2匙甘菊花茶。用1块大毛巾将自己的头部与冒着蒸汽的水壶围住，形成筒状（小心别烫伤），让蒸汽不断升到脸部，以不觉得烫为限度。蒸脸10~15分钟，然后用毛巾按在脸上，吸去水珠。

2.按摩：蒸完脸，要趁皮肤吸收力强的时候进行营养调节与按摩。先用爽肤水在脸上喷洒几下，如果脸上有面疱等物，则可在爽肤水中加入一些硼酸；然后用按摩霜顺着脸部血液循环路线做柔和的圈状按摩数分钟，直至皮肤有松弛感。

3.热敷：将蒸脸水烧烫，用毛巾浸入，拧干后盖在脸上5分钟；然后用拭面纸拭净脸上的洁肤和按摩用品。

做完这一切后，再涂上适宜的营养霜。蒸脸最好在临睡前进行。

咀嚼美容法

嘴里嚼块口香糖或是在吃饭时细嚼慢咽，可有效调动面部肌肉的伸缩，加速其血液循环，从而使双颊逐渐红润，减少面部的皱纹，使皮肤更加光滑。

指肚弹击美容法

将双手洗净，用十指的指肚在面部像弹钢琴般轻轻地弹击敲打，可改善皮肤新陈代谢的不良状态，抑制皱纹和色素的产生。每天至少1次，每次10~15分钟为宜。

香橙浴润肤法

在浴水里挤入2只橙子的汁，将身体在浴水中浸泡10分钟，让皮肤充分吸收维生素C，皮肤会变得滋润、光滑、健美。

男人最好什么时间刮胡子

早晨起来不应该急着刮胡子，否则，可能不到下午就会长出新胡子茬儿了。最好起床20分钟后刮胡子，才能保持一天的面部清洁。这主要是由于刚起床时，经过一夜的休息，生殖功能旺盛，胡子生长也快。经过20分钟到半个小时的消耗，男性体内的雄性激素已没那么旺盛了，胡子的生长速度减缓，这时再刮，就不会很快长出来。

运动前后要避免刮胡子，因为此时身体会大量出汗，刺激刚刮过胡子的皮肤，会产生烧灼感。

无痛刮须法

1.刮须前，用热毛巾敷在胡须上 3~5 分钟，使胡须软化，再抹上肥皂，将剃刀放在热水中浸泡一下，这样刮须既顺利又无疼痛。

2.刮须时，先在胡须上抹些凡士林、雪花膏之类的皮肤润滑剂，可使刮须顺当无痛。

化妆技巧

淡雅柔媚化妆 7 技巧

1.粉底：用淡雅的粉霜，以点状方式遍扑脸颊，用微温的掌心按压揉匀，粉霜泛出的油光用化妆纸吸净，使底色有晶莹剔透之感。

2.粉：以颜色较白且不发亮的蜜粉为主，用大粉刷均匀地轻刷整个脸部。

3.眼影：较含蓄的是茶色、咖啡色、灰色及杏色。均匀柔和地刷满整个眼皮，双眼皮折痕内的色彩可深可浅。

4.眼线：要加强眼神，可用扁毛刷蘸深色眼影粉刷睫毛边缘，但不要使之显出太明显的线条。

5.眉毛：呈自然弯曲形，眉色较淡，通常以扁毛刷蘸深咖啡色及灰色眼影粉加深眉毛。

6.唇部：最时髦与典雅的唇部化妆，是先以颜色柔和的唇笔描绘唇型，然后刷上同色系口红，再用化妆纸将多余的口红抿掉，用笔刷蘸米色的粉质眼影抹于唇上，刻意造成粉质不反光的唇色。

7.腮色：色彩以自然的咖啡红色系为主，加深颧骨下方的轮廓即可。若要展现朦胧的美感，可在刷过腮红后，再刷上一层浅米色。

化生活淡妆的窍门

1.巧画眼影：眼影可使眉眼之间轮廓清晰，使眼神显得深邃迷人。涂好眼影还可修饰眼窝的大小和凸凹。凸眼窝者，宜涂淡湖蓝或橄榄绿色，以使眼窝显得深一点;凹眼窝者,宜涂紫红或胭脂红等色,以增加眼窝亮度,使眼窝显得凸一点。

2.巧画眼线:完成眼影晕染后,用眼线笔画眼线,可使双目更加妩媚有神。画下眼皮眼线时,手持小镜子位于眼睛上方,张开眼睛向上看;画上眼皮时,手持小镜子位于下方,眼睛半张向下看,可画得更理想。

3.巧画眉毛:标准眉型为眉头位于眼角正上方,眉梢位于上唇中央与该侧眼联结的延长线上,眉峰位于距离眉梢 2/5 眉长处。在化妆前,可结合自己脸形和标准眉型修眉。画眉毛时,先用棕褐色眉笔淡淡描出轮廓,然后用橄榄绿或黑色画好。另外眉头颜色要浅而柔和,眉梢自然淡出。

4.巧涂睫毛膏:睫毛膏可使睫毛加长、增黑、变弯,使眼睛显得更加明亮。为了防止睫毛膏粘住睫毛,涂刷睫毛的时候宜从内向外,顺着睫毛生长方向呈"Z"字形轻轻操作,待睫毛膏干后,用干净的笔刷疏松一下睫毛即可达到预期的效果。

5.巧选口红:口红的选用要因人而异,你喜欢的颜色不一定就适合你。唇形美,又以嘴唇作为脸部化妆重点的人,可以选用颜色漂亮、醒目的口红,如粉红色系的口红。嘴唇小的人,可以选用鲜艳的颜色,这样可使嘴唇显得略大一些。唇厚的人可以选用颜色浅淡的唇膏,这样与脸部皮肤的颜色接近,可使嘴唇显得薄一些。

中年女性化妆 8 要诀

1.化妆时不可选用深棕色粉底,应该选择和肤色相近的粉底,这样看起来比较自然。

2.眼影不可用有闪光的粉底,不要用油质眼影膏。这两种化妆品均会使眼部显得浮肿,使笑纹更加突出。

3.不要画唇线,不要用颜色太深的唇膏,应用较柔和的颜色,使唇色自然。多用润唇膏滋养唇部,人上了年纪,嘴唇的皱纹会自然流露出年龄的秘密,使用润唇膏,能保守年龄的秘密。

4.眉毛切忌画得太浓。浓眉更适宜年轻人。

5.不宜选择走在时代尖端的发型,这样的发型只会让人感到你在用尽所能和时间竞赛。多用护发素,让头发显得更健康。

6.眼镜框最好选择两侧向上微挑的款式,能使你显得更年轻。

7.衣服的颜色要避免太过鲜艳,大红大紫的衣服会使得上了年纪的人显得戏剧化。如果想要显得年轻,可考虑穿粉红色系的衣服。

8.颈部也是一个容易透露年龄的部位,中年女性适宜衣领较高的衣服,或用护肩、围巾、项链转移别人的视线。

实用卸妆5窍门

1.透明润唇膏可清理珠光眼影、唇膏、亮片

用棉签蘸透明润唇膏轻轻擦拭，润唇膏特有的黏度和滋润度既可把附着物清理掉，又不会伤害眼部和唇部娇嫩的皮肤。

2.润肤乳可清理浓密睫毛膏

为了让睫毛看起来又浓又密，你往往会有意多刷几层睫毛膏，但卸妆时会发现睫毛早已变得硬硬的，这时用棉签蘸上少许润肤乳涂在睫毛上，一会儿睫毛就会变得柔软了。

3.酒精棉球可清理假睫毛

用手指按住外眼角皮肤，由内向外轻轻揭下，如果假睫毛粘得比较牢，可先用酒精棉球拭掉粘胶再揭。

4.婴儿油可清理身体彩绘

无论是身体上还是脸上的小彩绘，都是时下年轻人非常喜爱的，但由于颜料特殊，很难清洁干净。这时可先用湿巾擦淡彩绘的颜色，再用婴儿油卸除就很容易了。

5.婴儿润肤巾可清理淡彩妆

市面上有很多种婴儿润肤巾，可别小瞧了它，它可是卸妆的好帮手。如果你化的妆比较浅淡，婴儿润肤巾就可以把妆卸得干干净净，而且用后皮肤还会很滋润。

6种不必补妆的化妆技巧

1.粉底不浮粉小技巧

若是你用粉底霜或粉底液上妆，最好以海绵垂直轻弹的方式，让粉底与皮肤更融合，粉底也就比较持久。

如果用两用粉底上妆，应将海绵拧至八分干后，按一般步骤上粉底，接着用干的海绵，再上一次粉底，第二次的粉底可代替蜜粉，这样粉底不易浮粉。

2.蜜粉紧贴小技巧

扑粉时蘸适量蜜粉，先拍打脸部各处，再以按压方式上蜜粉。

3.眉毛定型小技巧

首先以眉笔定出眉型，用细的眼影笔蘸点水，将水弄到快干时，蘸点眉粉或眼影粉，顺着眉毛的形状轻刷眉型。少许的水分，可以让眉粉更轻易地固定在你的眉毛上。

4.眼影不脱落小技巧

上妆时眼影部位也要上粉底。用眼影刷或眼影棒蘸少量的水，用面纸将眼影

刷上附着的水分吸掉，眼影刷快干时蘸上眼影粉，以按压的方式上妆。这样上妆眼影不易落粉，眼影的颜色更好。

5.眼线笔持久小技巧

眼线笔持久度不如眼线液，不过只要在用眼线笔后，在眼线上再盖一层眼影粉，就能运用这层眼影粉让眼线更持久。在上眼线之前，先在眼线部位上一道蜜粉，就能得到你要求的持久效果。

6.腮红定妆小技巧

上完粉底后，用手指蘸膏状腮红，淡淡地在颧骨处涂匀后上蜜粉，最后上与膏状腮红颜色相近的粉状腮红即可。

按脸形化妆6法

1.椭圆脸形。眉毛要顺着眼睛修成正弧形，位置适中，不要过长，眉头与眼角齐。胭脂应抹在颧骨最高处，向后向上化开。嘴唇要依自己的唇样涂成最自然的样子，除非自己的嘴唇过大或小。发式要采用中分路，左右均衡的发型最为理想。

2.长脸形。应利用化妆来增加面部宽厚感。眉毛的位置不可太高，眉尾尤其不应高翘，胭脂要抹在颧骨的最高处，然后向上向外抹开，嘴唇可稍微涂得厚些。两颊下陷或窄小者，宜在该部位敷淡色粉底做成光影，使其显得较为丰满。发式可采用七三或更偏的分路，这样可使脸看起来更宽。

3.圆脸形。眉毛不可平直和起角，但也不宜太弯，应为自然的弧形和带少许弯曲。胭脂的涂法是从颧骨一直延伸到下颚部，必要时可利用暗色粉底做成阴影。唇部画成阔而浅的弓形，切勿涂成圆形小嘴，发式以六四偏分头路最好，这样可使脸显得不那么圆，两侧要平伏一点。若有刘海的，则必须弄厚实些，并要有波浪纹。

4.方形脸。化妆时要注意增加柔和感，以掩饰脸上的方角。这种脸形的人，两边颧骨很突出，因此要设法加以掩饰：眉毛要稍阔而微弯；胭脂不妨涂得丰满一些；可用暗色粉底来改变面部轮廓；头发四六分或中分都可，偏分时，两侧头发会造成不平衡的感觉。

5.三角形脸，即额部较窄而两腮大，显得上小下阔。此类脸形的化妆秘诀跟圆脸、四方脸差不多。眉毛宜保持原状，胭脂由眼尾外方向下涂抹，两腮可用较深的粉底来掩饰。唇角应稍向上翘。头发应以七三比例来偏分，使颊部看来宽阔。

6.倒三角形，即人们所说的瓜子脸，特点是上阔下尖。眉毛眉型应顺着眼睛的位置，不可向上倾斜。胭脂要涂在颧骨最高处，然后向上向后化开。嘴唇要显得柔和。如果下巴显得特别尖小，脸的下部便要用淡两级的粉底，而过宽的前额宜用较深的粉底。发型应做成大量蓬松的发卷，并遮掩部分前额。

按眼睛化妆4法

1.眼睛太小者:应该在上眼皮的外侧,画上一道细眼线,使笔端稍微上扬。画眼线时,不要用毛刷和眼线液,而用柔软的眼笔来画,并且用手指将它稍微弄模糊些。下眼皮尽量在靠近睫毛处涂些白色亮光剂。

2.两眼距离太近者:将大量白色亮光剂顺着鼻子一直涂到眼皮的外侧部分,并要弄得模糊些。眉型有助两眼看来较宽,画眉时颜色要淡,眉笔的使用要非常谨慎,因为浓眉会强调出你那双小而窄的眼睛。

3.眼睛太眯者:很多女性其实眼睛并不小,却因为爱眯眼,看上去显得小了。化妆时,不要将整个眼皮涂满眼影。而要在每边眼皮的正中央,涂些亮光剂,这样可使眼睛看起来更圆更大些。

4.眼睛深陷者:化妆时,先在眼皮和眉毛上撒些细香粉,轻按之后用面纸将多余的擦掉,然后,在眼皮和眉毛下都涂上象牙色和白色相混的亮光剂,以达到柔和的效果。眉骨上,刷上少许能补充眼睛颜色的深色眼影。睫毛膏的使用要非常谨慎,可在睫毛上涂些凡士林以增加光彩。千万不要用眼线液或眼笔去描眼睛,眉毛也不要画得太浓。

戴眼镜者化妆的窍门

1."近"浓,"远"淡:近视镜具有缩小眼睛的效果,因此眼部化妆要比正常人浓艳一些,这样才能达到强调和突出的化妆效果。比如,用黑色眼线笔或眼线膏适当扩大眼睛轮廓,用睫毛膏使睫毛变得浓黑修长,加深眼影颜色等。相反,如果戴的是远视镜,镜片将放大你的眼睛,此时化妆以柔和淡雅,朦胧模糊为宜,并将睫毛、眼线画得更细致。此所谓"近"浓"远"淡。

2.戴镜化妆,巧加修饰:眼镜本身也是一种装饰品,如果佩戴平光眼镜,不受度数等客观条件限制,戴上眼镜后,镜边不应遮住眉毛。对镜子观察自我形象,若肤色较白,镜框和镜片颜色较浅,化妆时应以清淡为主;若二者皆较深,化妆时可浓深一些。涂抹唇膏时,宜考虑是否与镜框和镜片颜色相配。

如何选择粉底颜色

1.黄色粉底

亚洲人的肤色偏黄,适合使用自然的黄色粉底,可以让皮肤看起来比较透明。

2.粉红色粉底

肤色较白的人,可以用粉红色的粉底,会使皮肤看起来健康红润。

3.紫色粉底

适合肌肤偏黄或有黑眼圈的人。

4.绿色粉底

绿色粉底能遮住青春痘留下的小疤痕以及雀斑、黑斑等。

5.蓝色粉底

蓝色粉底的修饰作用类似绿色粉底,但蓝色粉底的修饰效果更好。

6.白色粉底

白色粉底具有膨胀的视觉效果,想让脸部看起来更立体或是双颊过于瘦削的人,如果使用白色粉底可以达到凸显五官线条、让脸部看起来丰润有弹性的效果。

最后,皮肤真的很不好的人可以试着混合多种颜色的粉底让皮肤颜色看起来均匀些。使用顺序是:先使用绿色可增加白皙感;再使用紫色可加强透明度;最后再擦肤色粉底液。

香粉的正确使用法

1.香粉不宜搽得过厚,而且必须搽得均匀,一般应从颈部扑起,这样可以使脸部和颈项皮肤色泽均衡,别人也不易察觉。

2.皮肤干燥者在搽粉前最好先以冷霜打底,然后再搽香粉,既能护肤,又能使香粉不易脱落。油性皮肤者可在洗完脸后直接将香粉搽在脸部。

3.同时用颜色深浅不同的两种香粉可起到美容作用。脸宽而鼻稍塌者,可在鼻子中部搽浅色的粉,在鼻子两侧搽稍深的粉;下巴肥大者,在下巴处搽较深的粉,在额部搽上浅色的粉就会显得美观匀称。

香水应该喷在哪里

1.头发:先将香水喷在手上,再抹到头发上,这样香味才不会太浓。

2.耳后:将香水喷在耳根上会是最好的耳后香味。

3.手:手腕和手肘内侧靠近脉搏的地方温度较高,利于香味的散发。

4.脚:香味是从下往上散发出来的,所以将香水喷在下身的效果最好,可以喷在脚踝、膝盖内侧或裙摆上。

5.腰部:香水使用在腰部能柔润地发出香味。

如果只想享受淡淡香味,可以在化妆室内喷香水,让香水沾附上衣服而散发出微香。

正确涂眼霜的方法

先用右手无名指蘸取半粒米大小的眼霜,在右眼下方点一下,左手轻轻地将右眼的下眼皮往下拉一点,千万要轻。这样做可以把眼部的细纹拉平,让眼霜渗入这些细纹中。用右手无名指从右眼的右下角开始顺时针慢慢地按摩整个眼圈,直至完全吸收。一般为 4~5 圈。左眼的操作同右眼。最后再用两手的无名指,轻轻地点拍相对应的眼睛,特别是眼袋部分,这样有助于血液循环,减少黑眼圈。

睫毛膏的正确涂法

可先借助睫毛钳加强睫毛的弧度后,再涂抹睫毛膏。涂睫毛膏时应从睫毛根部开始向毛尖方向涂,眼角处的细毛也要涂到,稍有涂到外面的睫毛膏用棉签擦掉。先涂上面的睫毛,然后涂下面的睫毛,待干后再涂第二遍。涂刷上睫毛时,横向拿睫毛刷,从里往外刷,视线始终保持向下,不移动。涂刷下睫毛时,镜子处于平视位置,下巴向里收,脸部皮肤拉紧,横刷、竖刷都方便。睫毛粘在一起后可用睫毛梳梳理。

此外,如果上了睫毛膏后有湿黏的感觉,可以使用面纸吸去多余的睫毛膏;如需要较具明净感觉的妆效时,下睫毛便不需刷涂睫毛膏;睫毛刷应尽量保持平行,避免将刷头尖端对着自己的眼睛,因为这样不仅会使睫毛产生结块,而且也很危险;切勿在行进的车上刷涂睫毛膏;要每天清除睫毛膏,否则会使睫毛有折断的危险,新睫毛再长出要有 120 天的时间。可以使用温和的清洁液彻底清除眼部化妆品。

如何涂抹指甲油

先在指尖点一下以防指甲油剥落,然后从指甲中间由根部向指尖均匀、平滑地涂上指甲油,接着再涂两侧部分。待指甲油稍干后,可再涂一遍,效果会更持久亮丽。

为使指甲得到更好的呵护,可在使用指甲油前,先涂上护甲系列产品。

指甲油颜色需细选

1.肤色较黄:适用鲑鱼粉红、珊瑚粉红及淡茶色等暖色系的颜色。

2.肤色较白:任何颜色都会很合适,只要您喜欢。

3.肤色较黑:适用深色系的颜色,如黑色、咖啡色等。

4.可爱型:淡淡的粉红色系或柔和的紫色等。透明感的乳白色也不错哦!

5.时髦帅气型:黑色、咖啡色、深茶色等流行的颜色。

6.成熟优雅型:粉红、淡褐色、粉红色及柔和的紫色等。

7.职业型：略带蓝的鲜艳玫瑰红及不带杂质的鲜红色都适合。

8.性感型：遮盖红色的蓝色系或茶色系，茶色系橘色及混合的个性色彩都是最佳的选择。

自制面膜

白菜叶面膜

取新鲜大白菜叶3片，酒瓶1个。将菜叶洗净，放在干净菜板上摊平，用酒瓶轻轻碾压10分钟左右，直到叶片呈网糊状；将网糊状的菜叶贴在脸上，每10分钟更换1张叶片，连换3张。每天做1遍，有治疗青春痘和嫩白皮肤的功效。

草莓面膜

将5只草莓弄碎，加入少许鲜奶油、1汤匙蜂蜜，搅成糊状，涂于洗净的脸部，20分钟后用浸过鲜奶的脱脂棉拭净。适用于干性皮肤。

蛋白面膜

取1只鸡蛋，从鸡蛋中取出蛋白，然后用蛋白敷面15~20分钟，再用清水洗净。蛋白有收紧皮肤的作用，也有助于改善皮肤油脂的分泌状况，在夏天容易出汗的日子，可每天早上洁面后敷1次，使皮肤保持清爽，化妆后也不会容易脱妆。

豆腐汁面膜

取豆腐1块、纱布袋1个。将豆腐弄碎装在薄纱布袋内，洗脸后用来搓揉脸部，直至豆腐无汁。常用此法可使皮肤变得白皙光滑。

番茄面膜

将洗净的番茄放入果汁机中打碎，用纱布过滤后，和适量的面粉调匀，就成了简单的面膜。用来敷脸可以滋润美白皮肤。

蜂蜜调色面膜

取蜂蜜、蛋白、麦片各适量。将3种材料调匀，做成糊状，然后敷面。20分钟后用清水冲洗即可。此方可以降低色素沉着度，令经常出现在混合性皮肤上的肤色不匀（如额及鼻的肤色较深）情况改善。

蜂蜜调色面膜

橄榄油面膜

取1茶匙炼乳、1/4茶匙精纯级的橄榄油，混合搅拌均匀。先在脸上涂薄薄的1层，2分钟后再涂第2层，依序一直涂至第4层，全干后用干净的布蘸水擦净即可。此方可美白皮肤。

红萝卜面膜

先将1/3个红萝卜洗净，连皮磨成泥状，和入适量的面粉并加进1滴柠檬汁，再加上1滴橄榄油搅拌成糊状即可。皮肤苍白、干燥的人常用此法，会使皮肤变得白里透红，呈现健康美。

胡萝卜面膜

将2只新鲜胡萝卜磨碎，加上少量藕粉、生蛋黄一起搅匀，涂在面部，保留20分钟后用温水洗净，能使粗糙的皮肤变得细腻滋润。

黄瓜面膜

1.将新鲜黄瓜去皮切片，立即贴于刚洗净的脸部，再用手指轻按黄瓜片，使其不脱落，20分钟后揭下。经常用此法，可使皮肤变得细嫩爽滑。

2.将小黄瓜洗净，磨成泥状，加入适量面粉及少许清水，就制成了淡绿色的小黄瓜面膜，有美白作用。

3.黄瓜汁是很棒的紧肤水。把黄瓜汁均匀涂在脸上，15分钟后用清水洗干净，可以收紧毛孔。

鸡蛋面膜

取1碗面粉加上1个鸡蛋,倒进1滴婴儿油(或橄榄油)调匀即可。如觉太干,可再加一些清水。它富含营养,适合冬季使用,皮肤干燥粗糙者使用尤佳。夏季皮肤油性大,蛋黄可少放一点,过度的营养反而会给皮肤造成负担。

鸡蛋面膜

芦荟蛋白面膜

取芦荟叶1片,蛋白、蜂蜜少许。将芦荟叶捣烂,与蛋白、蜂蜜混合在一起即可。芦荟有消炎镇定的功效,蛋白可以清热解毒,蜂蜜中所含的维生素、葡萄糖、果糖则能滋润、美白肌肤,并有杀菌消毒、加速伤口愈合的作用。

绿豆粉面膜

取绿豆粉、养乐多各适量。用绿豆粉3小匙加少许养乐多调成泥涂于脸上,用指腹由里向外打圈,整个面部按摩5~8分钟即可。此法不但可去角质、消炎、平衡油脂及镇定肌肤,也可以改善暗沉肤色。对有青春痘的朋友帮助很大,而且还可以消减青春痘所留下的疤痕。

柠檬汁面膜

把柠檬榨汁,直接涂于面部,保持15分钟后洗净。每周2次,可使皮肤逐渐变白,适于色斑皮肤和油性粗黑的皮肤。盛夏时节如果被阳光灼伤了皮肤,可将柠檬汁搅拌在少量面粉中,敷在面部,保持约20分钟后洗去,灼伤处可自愈。

美发护发

美发常识

科学修剪头发

无论刚修剪的造型多么令人满意,它最多也只能保持12个星期。每根头发的生长都会受到发根处毛乳头细胞分裂的影响,有的生长快些,有的生长慢些。时间一长,头发就会变得参差不齐,头发就会显得乱蓬蓬的。

在头发的生长过程中,头发过长会影响头部皮肤的呼吸和代谢,使头皮出油增多。所以头发长到一定长度后,应该及时修剪,以免引起皮脂代谢紊乱。定期修剪头发,还可以刺激毛发细胞的新陈代谢,促进毛发的生长,从而使发丝保持健康亮丽的状态。

长、短发型的修剪时间可以有所不同。一般来说,短发可以每月修剪一次;长发则不超过3个月就得修剪一次。

美发从认清自己的头发开始

1.干性发质:专家一致认为,除了遗传因素,头发干枯是因为长时间不护理头发,或洗头后未冲洗干净,有化学品残留在头发上。当然,精神压力、内分泌的变化以及饮食的平衡与否等等,也会对发质产生或多或少的影响。选用一种配方特别温和的完全不含或只含少量洗涤剂但却能有效地补充水分的洗发水是很重要的。洗发无须过于频繁,2天1次效果最佳,当然不要忘记使用护发素。为防止发丝内的水分流失,应尽量避免使用电吹风以及其他以电力操作的美发器具。如果必须使用,最好事先在头发上涂一层护发品。饮食方面,多吃新鲜的水果蔬菜无疑对身体大有好处。身体健康者的头发有足够的养分可摄取,自然柔亮可人。

2.油性发质:皮脂腺分泌出过多的天然油脂,是形成油性发质的根本原因。要改善这种情况,你需要的是一种性质温和的洗发水,并经常清洗头发。富有刺激性的洗发水不但对头发无益,还会使油脂分泌量增加。由于头皮已能分泌足够的油脂,护发素只要涂在距离发根数寸的发梢上即可。

3.纤细发质:如果你的头发过于纤细柔软,应该寻找一种能渗入发茎的洗发水,使头发丰盈起来。给头发造型时,最好使用能使头发丰盈起来的喷雾产品。

4.头皮屑:头皮屑的生成源自内分泌失调、饮食不均衡以及循环系统故障等多方面因素。要去除头皮屑,一些带有止屑配方的洗发水可供选择。不清洁的梳子和发刷也可能是头皮屑的温床,因此应该经常把它们浸在温暖的肥皂水中加以洗涤。由于以电力操作的美发器具会使头皮屑更严重,因此在问题没有解决之前,最好对其敬而远之。

5.分叉的发丝:梳理秀发的次数过多,用过热的电吹风吹干头发,染发、烫发等等都会对头发造成一定程度的损害,引起头发分叉。建议用柔软的发刷从头皮梳向发梢,将头皮的天然油脂带到发梢,而平日尽量用阔齿的发梳来梳理头发,同时不要忘记在每次洗发后使用护发素,以避免加剧头发的分叉。另外,切忌用毛巾大力绞擦头发,脆弱的发丝需要的是温柔摩挲。

吹塑完美发型的3定律

1.吹发前需先涂上造型泡沫

造型泡沫在秀发上会形成一层保护膜,可避免秀发直接受到热风的伤害,而且有助更快吹出效果理想,时间持久的发型。

2.选择适合自己的发梳

吹风机必须与发梳配合,才能吹出完美的效果,而不同的发型需要不同的发梳。

3.热风造型后必须要冷冻

当塑造出理想的发型时,即用冷风冷冻秀发,便可起“凝固”的作用,达到持久的效果,否则,即使停止热风吹塑,但因为秀发曾被热风吹过,仍停留在温暖的状态,任何细微的活动,诸如换衣服、化妆,甚至头发本身的重量,均会使刚塑造好的发型变样。所以,要维持理想的发型,冷冻过程必不可缺。

看发质选发型

1.柔软的发质:这种发质是比较容易整理的一种类型。因为柔软的头发比较服帖,所以这种发质比较适合俏丽的短发,更能充分表现出个性美。

2.自然卷曲的发质:这种发质只要利用好卷发的自然属性,就能做出各种漂亮的发型。这种发质如果将头发剪短,卷曲度就不太明显,而留长发则会显示出其自然的卷曲美。

3.直硬的发质：这种发质要想做出各种各样的发型是不容易的。在做发型以前，最好能用油性烫发剂将头发稍微烫一下，使头发能略带波浪，稍显蓬松。在卷发时最好能用大号发卷，看起来比较自然。由于这种头发很容易修剪得整齐，所以设计发型时最好以简洁为主，尽量避免复杂的花样，做出比较简单而且高雅大方的发型来。

脸形与发型的合理配合

1.圆脸：将头顶部的头发梳高，将前发剪成"刘海儿"，使脸部显长，避免遮住额头，分发线采用侧分法。

2.长脸：尽量让头发向两旁分散，以增加发容量，分发线采用侧分法。

3.方脸：让头发披在两颊，减少脸部的宽度。颈部梳低发髻，有优雅感。分发线向头顶斜伸。

4.三角脸：以发稍微遮两颊为宜，增加头侧部头发的分量，分发线自中心向外侧斜伸。

5.菱形脸：以蓬松的大波浪遮住颧骨，分发线自眉上斜伸向外侧分，使脸部的线条显得柔和些。

6.大脸形：把头发剪短，全部向后梳，不要分发线。使头发自然服帖地遮住两颊，以减少脸的宽度。

7.鹅蛋脸：鹅蛋脸是标准的美人脸形，各种发型均适宜。

8.低额角脸形：如果你喜欢刘海儿，必须让前面短，但决不能低于发线，发梢应离开前额向上梳。

9.高额角脸形：剪刘海儿或使头发呈现波浪状，使头发遮住一部分前额，发梢应向下梳。

10.窄额角脸形：沿两鬓向后梳，如果你剪了刘海儿或波浪，绝对不要让它延伸到太阳穴前边。

11.大鼻子脸形：头发梳高或向后梳，避免从中间分开，最好不要做发卷或刘海儿。

12.高颧骨脸形：不要梳中分式，两鬓的头发向前梳，超过耳线，盖住颧骨，刘海儿可略长些。

13.低颧骨脸形：两鬓的头发尽量向后梳，不要遮蔽耳线，两鬓可以做出发卷，从中间分开。

完美染发的4个小建议

1.只有头发健康，染上的颜色才能保证持久不易流失；只有头发强韧，才能避免染色后的黯淡、枯黄、脆弱。可选择专门针对染后护理的修护产品,修复染发造成的发质损伤。

2.在挑选颜色时,除了注重与发型、衣着的视觉和谐外,更要注重与个性、气质的内在和谐。

3.由于浅黄色和金色系的发色与肤色太过接近,所以并不适合亚洲女性。

4.如果你的工作要求染发的颜色不能太过大胆和醒目的话,可以用挑染把颜色藏在头发内层,在参加派对的时候只要对秀发重新做些打理,就可以立刻呈现出与平时截然不同的面貌。

如何吹直脑后的头发

1.在潮湿的头发上均匀地抹上一些直发膏,然后将全部头发分成均等的四份(两份拨到前面,两份留在脑后)。用发夹将前面的头发夹好,脑后的两份头发拉到肩前。

2.将脑袋微微前倾,然后用大平梳梳起一份头发的发根,略用力拉到离发根30厘米处。保持拉紧的状态,然后使用吹风机吹干发根。注意吹风机不要距离头发太近,也不要固定在一个位置吹5秒钟以上,否则可能会伤害到头发和头皮。

3.将吹风机转至身前,把前面两份头发拨到后脑去。用梳子从发根梳向发梢,吹风机跟着梳子移动,重复这个动作直到头发吹干。这样就可以让脑后头发达到干燥而顺直的效果。依此法也可吹干其余的头发。

发梳的选择

1.易断、缺弹力的长发

用防静电的榉木发梳,能加强层次和弹力,又不会弄得发丝飞扬,而且能够轻柔地弄开缠结的发丝。圆钝的木发针对头皮还有按摩功效。

2.丰厚、卷曲的秀发

用粗发针的发刷梳理头发易于保持头发本身的弹性。镀有贵金属的发针防静电,柔软的气囊可以使发针富有弹性,不伤头皮,经高温处理过的树脂发刷可以耐住浴室高温高湿的环境。

3.呈波纹状的长发

要梳出一头动感带光泽的头发,尤其发尾带微曲的秀发,最适宜用的是短齿圆发刷,它可助你梳出微曲发尾,而不会变得卷成一团。

4.细软的短发

嵌有猪鬃的发刷适合头发细软的人使用,发针对头皮的刺激非常小,有防脱发的功能。

5.细发或少发

使用金属空心的圆发刷吹发，可利用强风筒的热力效果，令整头秀发更富层次。

怎样打理短发

1.洗发，然后风干，如果你的头发本来就很直，也可以在短梳的梳理下，用吹风机吹干头发。

2.当头发完全干了以后，分出靠近脸边的底层头发，如果你觉得更方便，也可以先分上层的头发。然后将电热防护液喷在发上，数到十就停。拿出直发器，准备熨直头发。

3.抓起分出的头发，将直发器插进发根处，熨3秒钟后移开。如果有任何卷曲，再熨一次（注意使直发器远离脸）。用同样的方法熨直所有的头发，从最下面的头发开始，然后做中间的，最后做最上面的头发。

4.现在你的头发非常直，我们来让你的头发自然一些，在手上挤一点蓬松液，双手揉搓开，抹在发根上，使你的头发看起来更松乱自然。

打理长卷发的3个关键点

1.整理直发

洗好头发，在上面抹上定型摩丝，用梳子梳开。然后从头顶开始，把头发梳成一缕一缕，拿夹子固定好；再从脖根开始，用滚梳卷起每一缕，拉直，用吹风机吹干，直到打开头顶最后一个夹子；吹风时，一定要顺着每一绺头发从上往下吹，以使头发的表层保持一个方向，头发看起来更光滑。如果头发还不够平滑亮泽，那就挤几滴发乳在手心，轻轻抹在头发上，以达到最好效果。

2.做长卷发

待洗净的头发干后，用梳子梳通，不留一点纠结。从前额开始，随意将头发一缕缕挑起，喷上发胶；之后，将每一缕头发用卷发棒卷起，收紧，再用带有喷雾器的吹风机低温吹头发，让头发冷却几分钟后，拿掉卷发棒；随后，从根部开始将头发用手指捋顺，也可以用一点发乳或发蜡，再用手指把头发抖蓬松，最后，喷上一点点发胶，定型，一头长长的卷发就做成了。

3.梳理卷发

把头发洗净用毛巾擦干，抹上定型摩丝；低下头，使头发散落下来，用带有喷雾器的吹风机把头发吹乱；最后，在发端处抹上一些发乳，就可以了。

打理直发的3个关键点

1.打理:先把长发分叉的发尖剪掉,然后进行强力护理。专门护发用品中的修复养分和小麦蛋白可以让头发在20分钟之内变得健康有光泽。

2.洗发:直发最好选用保湿洗发液,它能令不服帖的发缕变得柔润,然后再用合适的护发素,让头发丝一般地光滑。

3.造型:用拉直器将干头发拉直,能使头发超常光泽,但必须同时使用防热定型发胶。

刘海剪得太短怎么办

1.把头发梳向一侧:把你刘海最长那侧的头发分出几缕来,将其经前额梳向另一侧,使其遮住过短的刘海。

2.做出麻花式发绺效果:前额上的刘海越是故意打理成一缕缕麻花状,越容易掩盖你拙劣的削剪手法。在掌心和指尖之间涂抹上少量定型产品,把额前刘海分成几股,每股从发根至发梢处拧绞成麻花状。

3.系上一条别致的头巾:如果刘海只是剪短了,并不歪斜,可试试这个办法——紧贴前额把刘海梳平直,再沿发际线束上一条头巾或一根束发带,压住刘海,使其看起来长短正合适。

染发的4个必知常识

1.头发跨度的区分

头发从自然黑色逐渐脱色至浅亚麻色分为10个跨度,专业染发会根据目标色及头发自身颜色的色相跨度来选择浓度适合的双氧水配合染剂。如果目标色与头发自然色跨度超过4度,则需要利用漂粉把自然色漂浅后再染。这种情况建议选择专业染发,以易于掌握及控制效果。

2.头发自身状况的诊断

头发呈现为受损发质、烫后发质、染后发质、健康发质等不同状况,所以同一种染发方法用于不同的发质会呈现不同的染后效果。所以要根据头发不同的状况来决定染发的次序:先染发梢,还是先染发杆,还是只染发根。

同样一个人,顶部头发与内层头发的发质也会有所区别。通常外层头发因为直接接触空气阳光会相对脆弱。所以染发时要利用时间差来控制效果。再如靠近头皮的发根部会受到头皮热量的影响,如掌握不好,那么同样的染剂染后也会产生色差。另外,如果原来染过的头发,再染同样的颜色,那么一定要先染发根,将剩余染剂用水降低强度后再染其余头发，还要注意时间。如果想改变颜色，那么还需要多一个脱色的过程。

3.白发的影响

如果有超过30%的白发，那么家庭染剂（除染黑外）就不会有令人满意的遮盖力。白发超过50%，家庭染剂就会失去功效。最好求助于专业染发，根据白发量加以适量基色。那么，基色+目标色+适合浓度的双氧水，就能显现出非常满意的效果。

4.个性化

选择一种适合自己气质、个性及形象的颜色，利用各种方法如挑染、穿插交叠，多色并用等，创造出富于变化的染色效果。

护发技巧

健康柔美秀发的洗护攻略

1.用温水彻底冲湿头发，为使用洗发水做好准备。

2.根据头发的长度，往手掌里倒入适量的洗发水，搓揉起沫后，再擦到头发上。应使用足量的洗发露，以便产生足够的泡沫来覆盖全部头发。

3.抹洗发水时，从头皮部位抹起，小心地抹匀全部头发，并用指尖进行按摩。记住，使头发自然下垂，别把头发盘堆在头上。

4.清洗时，让水淌过头发，并自上而下抚摸头发。重要的是此时不可过分用力摩擦头发，并要确认洗发水已从头发上被彻底清洗干净。

5.用指尖轻柔地把护发素抹入发丝里。把护发素均匀地涂抹在头发上，这一点至为重要。让它停留1~2分钟，使护发素发挥作用后，再清洗头发。

6.如果你需要特别加强头发护理，特别是分叉受损的头发或发梢等较易损伤处，要用滋润剂。在将滋润剂冲掉前让其在头发上停留3分钟以上，具体做法与使用护发素时相同。

7.用干毛巾擦拭洗净的头发，尽量避免使用吹风机，让头发自然风干能够更好地保护秀发。

受损头发急救方案

1.断发

最佳的改善方式是给头发增加营养，每天给头发喷营养素，每周使用3次护发素,每隔两周做1次焗油。

每次洗发的时候,在使用洗发水之前先涂上护发素,用手指轻轻地做3分钟的头部按摩。然后按照一般的规律,用洗发水洗发,最后再使用一次护发素。这样可以保证护发素的营养更容易被头发所吸收,使头发变得更柔顺,更易打理。

卷曲的头发更容易折断,这是因为头皮中的营养物质不太容易延伸到发梢。所以最好每隔1~2天洗一次头,以免发根处的油脂被洗去,此外还要特别注意洗发与护发程序的分开。

2.缺少光泽

停止使用碱性的洗发水,而改用弱酸性的(pH值在5.5~6.5之间)洗发水。头发的pH值约为6,弱酸性的洗发水更容易被头发接受,它会使你的秀发很快就能恢复原有的光泽。

而使用过量的洗发水,会把头发中的油脂都冲洗掉,头发看起来就会缺乏光泽,所以在洗发的时候,用一点儿洗发水轻轻洗一下就可以了。还有一点要特别注意的,就是洗发水是不可以直接涂抹到头发上的,要先挤到手心上,用水稀释开才可以使用。

3.缺乏弹性

用弱酸性的洗发水和护发素洗发,1个月以后头发会有很大的改观。每次洗发的时候,需要冲掉的护发素一定要彻底冲洗干净,它们留在头发上会引起头皮发痒、头皮屑等问题。冲洗的时候顺便用梳子梳一下头发,效果会更好。

如果这些方法的效果都不好,那么极有可能是你的甲状腺分泌出了问题,需要向医生寻求帮助。

4.头发变黄

为了防止受到阳光中紫外线的伤害,可以在外出的时候戴上一顶漂亮的帽子,或者选择一些含有防紫外线的护发产品。对于爱好游泳的人来说,在每次游泳后洗发之前,先用橄榄油或发乳按摩头发,再用热的毛巾将头发包起来,大约5分钟以后用洗发水洗干净头发就可以了。

5.头屑增多

要谨慎地选用洗发水,在头皮屑渐渐减少之前,一定要坚持每天洗发。保持头发的清洁是减少头屑的唯一途径,如果头发喷上了发胶,头皮上的死细胞加上分泌的油脂和发胶混合成一层湿黏的膜罩在头皮上,阻塞了毛囊,以致产生大量的头屑。最好在每次洗发时,在头皮上均匀按摩,刺激头皮的血液循环,同时,尽量少使用发胶等化学产品。

6.头发过多脱落

注意保持饮食的规律性和营养的均衡摄入。偏食对身体的损害也同样会在头发上表露出来,同时.即使在减肥期间,也不能突然地节食。对于女性来说,月经周期的不规律、服用避孕药等也会改变生理周期,影响荷尔蒙的分泌,从而对生理功能造成损害,所以应尽量避免对身体的突然伤害,比如停服避孕药,宜一天天地减少药量,而不要突然中止。

此外,还要注意对情绪的调整,避免心理上过大的起伏。并且千万不要无休止地“折腾”头发,如烫发、染发等。隔一段时间给头发一个“休整期”,让它得到充分的休息。

健康秀发梳理6秘诀

除了靠饮食帮助外,正确的梳头方式也很重要。

1.购买梳子时,应选择梳齿顶端圆润不尖锐的。

2.避免使用尼龙梳,以免产生静电,导致头发脱落。

3.整理湿发时,应使用齿距较疏的发梳,以避免脱发。

4.梳发时不可太过用力,最重要的是必须梳至头皮,因为刺激头皮可以促进血液循环。

5.梳发的方向也很讲究:前面的部分由前往中央梳,两侧部分由耳上(太阳穴)往中央梳,后面部分则由后发根往上向中央梳。

6.重复梳10~20次,可使血液循环顺畅,辅助生发。

改变发质的小窍门

1.使用薄荷改善油性发质

首先要取得薄荷汁。若用干燥薄荷草,可用水泡出其汁液;若用新鲜薄荷,则用捣碎的方式取得。

然后,将薄荷汁加入一般洗发水中使用即可。

2.使用橄榄油改善干性发质

可以将橄榄油加热,在洗发前抹在头发上,按摩头皮20分钟。再用梳子梳20分钟,然后洗掉即可。

也可到药房购买橄榄油,价格很便宜,只需20块左右。在洗发后,取一盆温水滴上几滴橄榄油,搅拌一下,然后将头发泡在水中几分钟,不需冲净,即可直接擦干头发。

烫发护理秘诀

1.当头发还潮湿时,用发刷或粗齿梳梳理发丝,但不要拉。

2.千万不要用发刷刷干发,否则发卷容易拉直,发丝容易拉断。

3.不要用高温吹风机,并且吹风机不能离头发太近。

4.最好用大风筒,使烫发蓬松而不弄乱发卷。

5.洗头后或早晨整理发型时,要用美发造型产品以增加发卷的卷曲度。

防头屑9秘诀

1.避免吃煎炸、油腻、辛辣、含酒精及咖啡因的食物,这些会增加头发油脂,加速头皮屑的形成,应戒掉。

2.戒食过甜食品。因为头发属碱性,甜品属酸性,食用会影响体内的酸碱平衡,加速头皮屑的产生。

3.勿将洗发水直接倒在头上。因未起泡的洗发水会对头皮造成刺激,形成头皮屑,故应倒在手中搓起泡再涂在头发上。

4.用温水洗头。水过热会刺激头皮油脂分泌,令油脂更多;水温过冷会令毛孔收缩,发内的污垢不能清洗掉,使用约20℃的温水即可。

5.勿用指甲梳头。应用指腹轻轻按摩头皮,不但可增加血液循环,还可减少头皮屑的形成。

6.7天换1瓶洗发水。洗发水对头发的清洁作用只是短暂性的,7天后头皮会适应,洗发水会失去清洁效果,宜同时买2瓶洗发水交替使用。

7.喷发胶等化学性用品会伤害头发,刺激皮肤,同样会加剧头皮屑的生成。

8.早晚梳头100下,有助于增进血液循环,减少脱发,又可减少头皮屑。

9.可食用一些含锌量较多的食物。如糙米、蚝、羊肉、牛肉、猪肉、红米、鸡肉、意大利粉、奶、蛋。

游泳时怎样护发

夏日游泳不容忽视的一个问题,就是要注意保护美丽的头发。游泳爱好者常因池水中的氯气使头发枯黄而烦恼,那么,如何保护好乌黑的头发呢?

1.戴游泳帽以阻挡强烈的阳光对头发的直射和水中杂质对头发的侵蚀。

2.在游泳之前,先将头发浸湿,然后抹上焗油膏(或用护发素),使之在头发的表面形成一层薄薄的保护膜,减轻对头发的伤害。

3.每次游泳之后,先将头发彻底冲洗干净再梳头,以防梳头时水中杂物与头发摩擦对发丝造成损伤。洗头时要选用一些碱性尽可能小的温和洗发水,之后使用护发素。

4.在游泳期间要常吃些黑小豆、玉米等含植物蛋白较高的食物,以及莴苣、卷心菜、花菜等富含维生素E的蔬菜,以保护头发的光泽。另外,吃些核桃、鸡蛋、芝麻等可以防止头发干枯分叉;羊奶、猪瘦肉、海鱼、虾等可防止头发干脆、脱发。

5.尽量避免用电吹风吹干头发,让其自然晾干。

3 招解决早晨的乱发

早晨醒来照镜子,最怕看到原本美丽的发型变得乱七八糟的。专家建议先把头发打湿,然后再依下列方法加以吹整:

1.头发毛卷卷的

先用吹风机把头发吹到快干的程度,注意热气要分散,不要对着同一部位一直吹。然后用手指将头发分撮,每一撮从发根到发尾,涂上造型凝胶,把头发绕转在手指上成卷曲状。

2.头发又平又扁

用毛巾擦干头发,然后用手指把发根拉起,从发根处开始把头发吹干。挑染头发,让它增添些自然的光泽,效果会更好。

3.头发四处乱翘

用毛巾擦干头发,涂上发雕凝胶或摩丝再吹整。或者直接在梳子上喷上薄薄一层的发胶,再用来整理头发。

预防脱发的 10 条秘诀

1.不用尼龙梳子和头刷。因尼龙梳子和头刷易产生静电,会给头发和头皮带来不良刺激。最理想的是选用黄杨木梳和猪鬃头刷,既能去除头屑,增加头发光泽,又能按摩头皮,促进血液循环。

2.勤洗发。洗头的间隔最好是 2~3 天。洗发的同时需边搓边按摩,既能保持头皮清洁,又能使头皮活血。

3.不用脱脂性强或碱性的洗发剂。这类洗发剂的脱脂性和脱水性均很强,易使头发干燥,头皮坏死。应选用对头皮和头发无刺激性的天然洗发剂,或根据自己的发质选用合适的洗发剂。

4.戒烟。吸烟会使头皮毛细血管收缩,从而影响头发的发育生长。

5.节制饮酒。白酒,特别是烫热的白酒会使头皮产生热气和湿气,引起脱发。即使是啤酒、葡萄酒也应适量,每周至少停止饮酒两日。

6.消除精神压抑。精神状态不稳定,每天焦虑不安会导致脱发,压抑的程度越深,脱发的速度也越快。对女性来说,生活忙碌而又保持适当的运动量,头发会光彩乌黑充满生命力。男性相反,生活越是紧张,工作越忙碌,脱发的机会越高。因此,经常进行深呼吸,散步,做松弛体操等,可消除当天的精神疲劳。

7.烫发吹风要慎重。吹风机吹出的热度达 100℃,会破坏毛发组织,损伤头皮,因此要避免总吹风。烫发次数也不宜过多,烫发液对头发的影响也较大,次数多了会使发丝大伤元气。

8.多食蔬菜防止便秘。要常年坚持多吃谷物、水果。如蔬菜摄入少,易引起便秘,影响头发质量,得了痔疮还会加速头顶部的脱发。

9.空调要适宜。空调的暖湿风和冷风都可成为脱发和白发的原因,空气过于干燥或湿度过大对保护头发都不利。

10.注意帽子、头盔的通风。头发不耐闷热,戴帽子、头盔的人会使头发长时间不透气,容易闷坏头发。尤其是发际处受帽子或头盔压迫的毛孔肌肉易松弛,引起脱发。所以应做好帽子、头盔的通风,如垫上空心帽衬或增加小孔等。

瘦身美体

美体常识

理想体形计算公式

1.20~29岁

体重=身高-112;胸围=身高×0.515;胸下围=身高×0.432;腰围=身高×0.370;臀围=身高×0.542。

2.30~39岁

体重=身高-109;胸围=身高×0.525;胸下围=身高×0.453;腰围=身高×0.386;臀围=身高×0.553。

3.40~49岁

体重=身高-106;胸围=身高×0.543;胸下围=身高×0.468;腰围=身高×0.401;臀围=身高×0.565。

注:身高(厘米),体重(千克),量围(厘米)。

保持身材的饮食守则

1.三餐正常,如果只吃午餐和晚餐,容易造成两餐过量,反而会堆积更多脂肪。

2.少吃盐,过多的盐分会使体内水分过多积存,造成水肿。

3.细嚼慢咽会让你容易有饱胀感,吃的就比较少。

4.适当地摄取高纤维食物,强化肠功能,排除体内的废物,才不会导致便秘,造成腿部浮肿。

5.禁食消夜,睡觉是不会消耗很多热量的,所以睡前3小时绝对不能吃夜宵。

诱人三围的保养攻略

1.胸围保养要点:一定要戴有较强承托力的胸罩,更不能贪凉快而不戴胸罩,且要常做胸部运动,让乳房长时间地保持结实和弹性。

2.腰围保养要点:若腰部肌肉已有松弛现象,应使用优质的透气腰带,同时常做腰部运动。

3.臀围保养要点:不要穿布料太少又窄小的内裤,尤其是30岁以上且生育过的臀部肌肉已下垂和松弛的女性,最好常穿弹性强且能包裹住整个臀部和腹部的内裤。

4.多爬楼梯:楼梯是绝好的减肥工具,可多利用上楼机会,抬高腿用整个脚踏每一步台阶,下楼时脚尖先着地,然后整个脚掌着地,试着走走看,会觉得踮起脚走路费劲,但费力正可使下半身有效地减肥。

5.浸泡泡浴:选一个特别的时间,使用一种最喜爱的浴液,浸一个泡泡浴,一边看书,一边听音乐,浴后你的心情会愉快而充满活力。

6.早睡早起:人体要顺从自然变化规律,“早卧早起、广步于庭”,中午小憩片刻,给大脑“充充电”,会使人精神饱满,头脑清醒。

7.吃好早餐:营养学家认为,吃好早餐可使人的新陈代谢从一大早就开始,而多餐少食和少吃肥腻食物可以保证你的能量在一天里维持相对的平衡。

8.活动肢体:每天不妨多活动活动身体,如抽空散散步、练练功、打打拳。锻炼能加速心率,促进血液循环,提高肌体对氧的利用。还可以调整身体状况,不致使某一条筋肉的疲劳扩散到其他肌肉上。

9.常听音乐:经常选听一些振奋人心、富有韵味的音乐,如《春之歌》以及《步步高》《狂欢》《金蛇狂舞》等,可使你心旷神怡,充满朝气。

完美胸部最需要的食物

1.橙、葡萄、西柚及番茄等含维生素C的食物,可防止胸部变形。

2.芹菜、核桃及红腰豆等含维生素E的食物,有助胸部发育。

3.椰菜、葵花子油等含维生素A的食物,都有利于激素的分泌。

4.牛肉、牛奶、豆类及猪肝等含维生素B的食物,亦有助激素的合成。

5.多吃海产品,如虾贝类等,其所含的锌是制造荷尔蒙的重要元素。

6.蜂王浆。连续服用数月,即能有一定的丰胸功效,因蜂王浆有刺激荷尔蒙分泌的功效。

7 招塑造优美的臀型

1.单腿下蹲:左腿直立,右腿直伸,两臂侧平举,左腿弯曲并尽量下蹲,然后再站直。此动作至少完成2组,每组8次(以下每个动作均完成两组)。

2.双膝跪地:前臂支撑于地而且交叉。将额头平放在手上,使背部与地面保持平行。抬起一脚用力上举,直到膝部与臀成一条直线,且大腿与地面保持平行。然后放下该腿。换腿再做。

3.下蹲:两腿分立,稍宽于肩。两脚外展,双臂相交,平举下蹲,直到大腿与地面平行。站立及下蹲时尽量收臀。

4.前跨步:单腿向前跨步。双膝弯曲,前跨大腿与地面平行,小腿直于地面。后腿弯曲角度大于90度。前腿收回,并拢站立时尽量收臀。换腿做。

5.深蹲:两腿分开与肩同宽,将杠铃放于颈后部(应挑选举起时较舒服且可重复举6~8次的杠铃),挺胸直背,屈膝下蹲,至大腿与地面平行。

6.登台阶:面对高的台阶,右腿登上台阶,左脚跟上,双腿站稳,然后退下右脚,左脚跟下。换腿做。

7.半蹲/前蹲:双脚分立与肩同宽,将杠铃放于颈后部,背部挺直,屈膝下蹲,使大腿与小腿成90度。

青葱玉手靠保养

手被称为女人的第二张面孔,可见其在表现个人气质风采方面的重要性。而同时,手往往又是人进行各种体力劳作时不可或缺的原始工具。双手不仅常常暴露于阳光和污染的空气中,而且不时浸入冷水或碱性的肥皂液、清洗液中,最易出现老化现象,这里为你提供8条简便可行的护手美手处方,不妨参考运用:

1.常备润手霜。无论冬夏,润手霜都应是手袋中必备之物,每次洗手后及时涂上它,可补充水分及养分。另外,选润手霜也有讲究。如果手背肌肤有绷紧感觉及少许细纹,宜选用一些性质较温和、含甘油等滋润剂的润手霜。

2.为双手选定几副专用的手套,提过重的东西或搬运粗糙物品时,需戴上厚实耐磨的劳动手套,寒冷天气外出时,则应戴上质地柔软的保暖手套。

3.用浸过清洁剂的抹布做完家务后,需用柠檬水或食醋水把手洗净,以去除残留在肌肤表面清洁剂里的碱性物质,然后抹上润手霜。

4.看电视或闲暇时,不妨做一些简单的手指操,比如模仿弹钢琴的动作,让手指一曲一张地反复活动,可使手指关节灵活,又如,让双手攥紧拳头后立即张开,马上再攥紧,如此一张一合快速进行数次,可以锻炼手部关节,健美手形。

5.调理好日常饮食,平日应充分摄取富含维生素A、E及锌、硒的食物,如绿色蔬菜、瓜果、鸡蛋、牛奶、海产品等,以避免肌肤干燥。

6.经常修剪指甲,防止指缝内积存污垢而破坏双手的美观性。若留指甲,应将指甲边缘摩擦修饰光滑,并修剪成椭圆形,过尖的指甲会削弱指甲的韧力而使其变得容易折断。

7.临睡前用淘米水浸泡双手 10 分钟,再用温水洗净、擦干,涂上护手霜,有意想不到的效果。

8.将牛奶或酸奶抹到手上,约 15 分钟后用温水洗净,这时你会发现双手嫩滑无比。

15 种瘦身美体的食物

1.紫菜:除了含有丰富的维生素 A、维生素 B_1 及维生素 B_2,它还蕴含丰富的纤维素及矿物质,可以帮助排除身体内的废物及积聚的水分,从而起到瘦腿的功效。

2.芝麻:它的"亚麻仁油酸"可以去除附在血管内的胆固醇,加快新陈代谢,减肥瘦腿就轻松得多。

3.香蕉:虽然卡路里很高,但脂肪却很低,而且含有丰富的钾,又饱肚又低脂,可减少下身脂肪的积聚,是减肥的理想食品。

4.苹果:含独有的苹果酸,可以加速代谢,减少下身的脂肪,而且它的含钙量比其他水果丰富,可减少令下身水肿的盐分。

5.红豆:它所含的石碱酸成分可以增加大肠的蠕动,促进排尿及减轻便秘,从而清除下身脂肪。

6.木瓜:它有独特的蛋白分解酵素,可以清除因吃肉类而积聚在下身的脂肪,而且木瓜肉所含的果胶是优良的洗肠剂,可减少废物在下身的积聚。

7.西瓜:它是水果中的利尿专家,多吃可减少留在身体中的多余水分,多吃也不会增加体重。

8.蛋:它含有的维生素 B_2 有助于去除脂肪,除此之外,蛋内的烟碱酸及维生素 B_1 可以去除下半身的肥肉。

9.西柚:大家知道西柚卡路里极低,多吃也不会胖,同时它也含有丰富的钾质,有助减少下半身的脂肪和水分积聚。

10.蒟蒻:完全不含脂肪又美味,也是减肥必食之物,因为它含丰富的植物纤维,可以使下身的淋巴畅通,防止腿部浮肿。

11.菠菜:可以促进血液循环,让距离心脏远的双腿能获得足够养分,平衡新陈代谢,排毒瘦腿。

12.西芹:一方面含有大量的钙质,可以补"脚骨力",另一方面也含有钾,可减少下半身的水分积聚。

13.花生:含有极丰富的维生素 B_2 和烟碱酸,一方面带来优质蛋白质,长肉不长脂肪，其次也可以消减下身的脂肪。

14.奇异果：除了富含维生素C外，其纤维含量也十分丰富，可以加快分解脂肪的速度，避免腿部积聚过多的脂肪。

15.番茄：吃新鲜的番茄可以利尿并能消除腿部的疲劳，减少水肿现象，如果是生吃的话，效果会更好。

减肥诀窍

如何选择正确的减肥方法

选择正确的减肥方法有助于取得良好的效果，选择适合自己的减肥方法可以帮助自己持久地坚持减肥。这需要因人、因时、因地、因利来决定。

1.因人：是根据减肥者肥胖的程度和并发疾病的特点来选择减肥方法。如果仅为超重或轻度肥胖，应当以节食治疗辅助运动锻炼，坚持不懈，将体重维持在理想范围内。中度以上的肥胖者除节食和运动外，可借助一定的减肥药物，甚至减肥手术进行治疗。如果合并代谢性疾病就要专门配制适合疾病的膳食。

2.因时：每天进食、运动的时间应相对固定，不论从何时开始减肥都要坚持下去。如果没有整块时间参加活动，可以抽10~15分钟做些形体训练，如健美操、打拳等，每日2~3次，即使出差在外也不中断。

3.因地：指的是减肥的场所，健身房、运动场、游泳馆等都是良好的减肥场所。如无上述场所，在自己的家中也可进行锻炼。其实只要坚持运动，无论在什么地方都是有益于健康的。

4.因利：是指提高经济效益，做到少花钱，多办事。很多减肥者为了快速不费力地减肥，幻想不节制饮食，靠药物就能减轻体重，于是花大量的钱买很多的减肥药、减肥茶或减肥器械等。其实，我国在保健品方面的各项法规、法律尚不完善，诸多减肥品的价钱与效用并不相等。总之，最经济最有效的仍是节食治疗加上适当运动的减肥方法。

减肥期的合理饮食

1.控制三餐主副食量。一般主食量早餐为75~100克，午餐为75~125克，晚餐为75~100克，副食宜以蔬菜为主，每天不超过1 000克。

2.少食动物油、肥肉、山芋、糖果、冰激凌、糕饼、酒类等高热、高脂、高糖食品。

3.适量食用瘦肉、鱼、酸奶、豆腐等高蛋白、低脂肪食物。

4.多吃黄瓜、冬瓜、竹笋、萝卜、薏米、木耳、豆芽、赤豆等富含维生素、矿物质纤维素的食品。

5.适量食用带酸味的零食。

6.年节盛宴及日常晚餐要注意控制食量,选择品种。

7.进食时要细嚼慢咽。

选购减肥产品有诀窍

一般来说,选择减肥产品应注意以下几个问题。

1.包装:看其配方是否含有激素,含激素的产品会引起内分泌失调,导致其他并发症。

2.机理:看清说明书上有无药物的减肥机理,以确定其是否安全有效。

3.看肥胖类型:减肥产品一般对单纯性肥胖、饮食和运动无法控制的肥胖有效,对遗传性肥胖等疗效不佳,如果自己无法确定肥胖类型,可到当地的减肥中心咨询医生,请专业人士帮助你,制订适合自己的减肥方案后,再选用适合的减肥产品。

4.批号:要注意产品的批准文号,是否是国药准字批号等国家权威主审机关审批,一般国家主审机关的审核要求比地方审批机关严格,能够通过国家主审机关审批的产品,品质和安全性都是可靠的。

冬季减肥效果最佳

一年四季都可减肥,但把握住冬天尤为重要。其原因主要有两点。

1.冬季气温下降,人的皮肤血管收缩,胃肠供血量增多,消化吸收功能增强,胃口好,故冬季是人体最易发胖的季节,若能在这几个月中控制住体重,则发胖风险大大减少。

2.冬季减肥效果最佳,主要得益于环境气温低,以运动为例,同样的运动量在寒冷空气中所消耗的热量比在温暖环境中多得多。

减肥者睡眠时间多少为佳

最佳的睡眠时间是7~8个小时,大致规律为晚10点睡觉,早6点起床,中午不睡觉。食物进入胃肠道后,大约在进食后4~5小时才能完全排空。大多数家庭在6~7点吃晚餐,至10点多大约4小时,食物基本上完全排空,此时睡觉既不会使热量储存起来,又不至于有饥饿感。睡眠过程仅需要极低的能量就可以了。

如果早睡,则多余的能量未能消耗而逐渐被储存起来,导致发胖。如果太晚睡，睡觉前将会有饥饿的感觉，逼迫自己又去吃东西，这一方面影响了饮食治疗，另一方面摄入过多的热量后就去睡觉，使能量都转化为脂肪。久而久之，还会加重心脏负担，甚至发生心功能不全。因此，为了减肥成功，希望减肥者严格安排作息时间，这样才能保证减肥达到最佳效果。

不睡午觉的建议并不是硬性规定的，主要也是为了避免饱食后的睡眠。因为吃饱了就睡者最容易长肉。午睡不仅使午餐的热能无法排出，容易致胖，而且多数人午睡后晚上有了精神，看电视看到很晚，恶性循环，最终导致身体虚胖，倦怠无力。因此需要在晚间将觉睡足，第 2 天及时起床锻炼，达到减肥目的。

"热效应"减肥法

过胖的人总是重视控制食物的热量，其实如果合理地控制脂肪的摄入量，不必少吃就能达到减肥目的。这种方法旨在减弱"热效应"，故在减少脂肪摄入量的同时，必须补充摄取蛋白质和碳水化合物，以满足身体的需要。由于含脂肪的食物比较可口且易饱，刚实行此法时会使人乏味易饿，但坚持下去就会逐渐适应。

"少吃多餐"减肥法

这是目前一些西方国家流行的饮食减肥新方法。医学家认为，少食多餐不仅省时间，而且由于空腹的时间缩短，可防止脂肪积聚，有利于防病保健，增进人体健康。这表明空腹时间越长，造成脂肪积聚的可能性就越大，更容易使人发胖。

按穴减肥法

每天清晨静心定意，轻轻用手掌在脐下 3 寸处的关元穴有节律地按摩，每次 5 ~10 分钟即可，严重肥胖者可在临睡前加 1 次，每天坚持，短期内即可收到成效。

20 秒钟腹部减肥操

许多女士年过三十以后，常因小腹脂肪堆积而苦恼。下面介绍一种腹部减肥操，只要坚持练习，就可使小肚子回缩。具体方法是：

取坐姿或站姿，背脊保持笔直，将腹部回缩，持续 20 秒，然后放松。做这项运动时不可停止呼吸，呼吸应保持正常。每天重复做 16 次。

慢食减肥法

据研究放慢进食速度，可以达到减肥的目的。研究者分析认为，食物进入人体后,体内的血糖就会升高,当血糖升高到一定水平时,大脑食物中枢就会发出停止进食的信号。如果一个人进食速度太快,当大脑发出停止进食的信号时,这个人往往已经吃了过多的食物。

巧喝水也能减肥

喝水减肥的方法:

1.清早喝杯温水清肠胃:一早起床,在吃丰盛早餐前先喝1大杯温开水,有助于推动肠道蠕动,令人产生便意,帮大肠来一次大扫除。这招喝水法瘦身成功指数极高。

2.午餐前饮水可以减食量:午餐前尽量饮1杯清水,一来可以填饱"咕噜咕噜"响的肚子,降低饮食分量;二来补充身体所需的水分,加速新陈代谢。

3.下午茶时段喝水戒零食:1次下午茶的热量会高过1顿午餐,这段时间喝水是避免吃零食的好方法,且两餐之间补充一些水分对肾脏是极有利的。

4.晚餐喝水瘦身:只喝水的节食瘦身法是不健康的,正确的饮水瘦身法是配合摄取蛋白质和蔬菜,所以每餐菜单应以蔬菜为主,卡路里低又不怕有胃胀的情况,而且还要慢慢咀嚼。

需要注意的是,消化的时间(餐末或餐后)是应避免大量饮水的,此时过多的水分会加速胃的排空,导致消化紊乱。

散步减肥法

饭后45分钟后,以每小时4.8千米的速度散步20分钟,热量消耗最快。若能在饭后2~3小时后再散步20分钟,减肥效果更佳。

提前进餐减肥法

人体内的新陈代谢活动在一天的各个时间段内是不相同的。一般来说,从早晨6时起人体新陈代谢开始旺盛,8~12时达到最高峰。减肥者只要把吃饭的时间提前,比如说早饭5时吃,中饭安排在9~10时吃,就可达到减肥的目的。专家们对要减肥的人做过实验,同样发现只要把吃饭时间提前,就可以在不减少食物量的情况下减肥,最明显时一星期可减少1千克体重。

自制居家减肥茶

1.荷叶茶:情绪低落、精神压力大,可能引起肠道的敏感性增加,而产生便秘困扰，推荐饮用荷叶茶。

取荷叶3克，炒决明子6克，玫瑰花3朵，用开水冲泡。

此茶有清暑利湿，治水气浮肿，生发清畅的功效。

2.柠檬茶：既能消脂去油腻，又能美白肌肤。

将柠檬切片，榨出柠檬汁，用温水冲调，加入适量蜂蜜。

此茶有消脂肪、助消化、美白肌肤、滋润肺腑的功效。

3.普洱茶：胃里积食不化，不但影响肠胃功能，而且会使脂肪、糖分得不到正常的消耗而致胖，因此推荐饮用普洱茶。

取普洱茶叶适量，干菊花5朵，用热水冲泡。

此茶有帮助消化、消除油脂的功效。

4.玫瑰花茶：多功能的玫瑰花，可以冲茶浸酒，多喝可以保护胃。

取玫瑰花5克，用温开水冲泡。

此茶有活血散淤，治肝胃气痛的功效。

5.菊花茶：清火、减肥最方便的饮品。

取几朵干菊花，直接以热水冲泡。

此茶有清暑退热解毒、消脂肪、降血压的功效。

6.山楂茶：山楂茶最适合喜欢吃肉的肥胖者。

取山楂10克，用水煎煮。

此茶能消除油脂，帮助排泄体内废物，散淤化痰。

3种不利于减肥的运动方式

并非所有运动都对减肥有帮助，不适当的运动有可能使你“增重”。专家为此列出了3种不利于减肥的运动。

1.大运动量运动

若运动量加大，人体所需的氧气和营养物质及代谢产物也就相应增加，这就要靠心脏加强收缩力和收缩频率，增加心脏输出血量来运输。做大运动量运动时，心脏输出血量不能满足机体对氧的需要，使机体处于缺氧的无氧代谢状态。无氧代谢运动不是动用脂肪作为主要能量释放，而是主要靠分解人体内储存的糖原作为能量释放。因在缺氧环境中，脂肪不仅不能被利用，而且还会产生一些不完全氧化的酸性物质，如酮体，降低人体运动耐力。短时间大强度的运动后，血糖水平会降低，血糖降低是引起饥饿的重要原因，这时人们往往会食欲大振，这对减肥是极为不利的。

2.短时间运动

在进行有氧运动时，首先动用的是人体内储存的糖原来释放能量；在运动30分钟后，便开始由糖原释放能量向脂肪释放能量转化；大约运动1小时后，运动所需的能量才以脂肪供能为主。如果只做1小时的运动，也就是说，在脂肪刚刚开始分解的时候，人们就停止了运动，其减肥效果自然不言而喻。

3.快速爆发力运动

人体肌肉是由许多肌纤维组成的，主要可分为两大类：白肌纤维和红肌纤维。在运动时，如进行快速爆发力锻炼，得到锻炼的主要是白肌纤维，白肌纤维横断面较粗，因此肌群容易发达粗壮。用此方法减肥会越练越“粗”。

总之，要达到全身减肥的目的，就应做心率每分钟在120~160次的低中强度、长时间（1小时以上）耐力性有氧代谢全身运动。例如：健身操、慢长跑、长距离长时间的游泳等。

服装首饰

服饰选购

服装选择 7 法

1.儿童服装宜长不宜短

儿童处于长身体阶段,稍长一点才可多穿一段时间。

2.青年人服装宜小不宜大

18 岁以后身体基本定型,服装以稍紧稍短为好,不宜过大,这样才显得精神、利索。

3.中老年服装宜大不宜小

中老年穿稍稍宽大的衣服不但舒适方便,而且显得庄重大方,并能遮掩发福的体态。

4.瘦高者服装宜肥不宜长

身材偏瘦偏高者穿稍稍宽大的衣衫,可在视觉上产生一种横向扩张的感觉,掩饰身材的高度和瘦度。

5.矮胖者服装宜长不宜肥

矮胖者穿稍长一些的衣裳,可利用视觉竖向错觉,使体型稍微得到一些调整。

6.皮肤白皙者深浅皆宜

肤色白的人原则上穿浅色或深色都可以。

7.脸色萎黄者要注意配色

一般可选浅蓝、苹果绿、草绿、浅棕等色,而不宜选黄色、白色、黑色。

西服的选购

1.西服的做工质量主要体现在领、肩和前胸几个位置。首先衣领应十分平整,不能有褶皱或鼓衬,衣领不能过高,以伸直脖子时衬领外露 1~2 厘米为宜。领口形状应对称挺括。

2.袖口长度应在腕与虎口之间,手平伸时能露出衬袖 3~4 厘米。上装应略显紧束,手臂上举时腋部应稍有拘谨感。西服背心扣上扣子后以贴身紧凑为合适。

3.西服裤的裆不可兜得太紧,以蹲下再站起时感觉平滑舒适为好。裤子应比其他便装裤类略长一点。

4.男性西服颜色多选沉稳的黑、深蓝、深灰色,如果是轻松场合则可选颜色较浅或条、格状的西服。女式西服颜色的选择范围则宽泛得多。

羽绒服的选购常识

选购时,应特别注意以下几个方面:

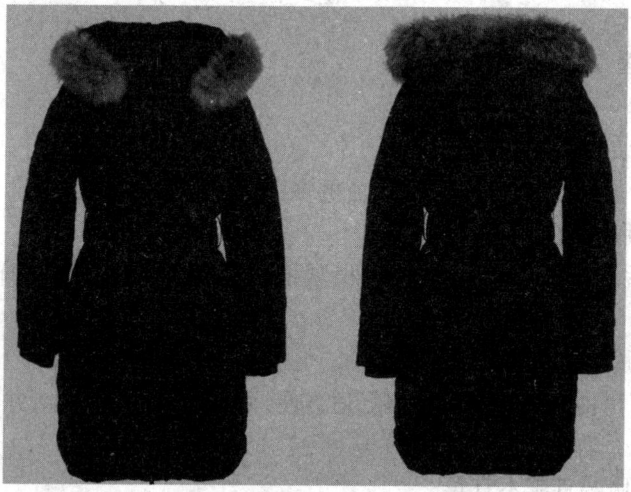

羽绒服

1.款式:新颖、别致、适体、大方、实用,以脱卸式为好。

2.价格:一般以价格适中为宜,如价格过低,则羽绒内在质量无法保证,容易产生各种后遗症。

3.含绒量与充绒量:应选购适合自己需要的含绒量和充绒量。羽绒服的含绒量一般以 70%以上的为宜,具有一定的蓬松度和轻柔感。充绒量的多少,则涉及羽绒服的保暖程度,应根据自己穿着的需要来确定。

4.回弹性:将蓬松的羽绒服按一下,再松开后,如能迅速回弹,恢复原状,说明羽绒的蓬松度良好。如含绒量低,掺有一定量的毛片或粉碎毛的,回弹性就差,而羽绒服拎在手里会有沉重感。

5.防钻绒性能:羽绒制品面里料应具有防钻绒性能。拍一拍,发现钻绒的羽绒制品肯定是劣品。由于羽绒具有柔滑的特性,有少量的绒丝从缝线中溢出是正常的。

6.透气性：羽绒服不能钻绒，但也要具有一定的透气性，如羽绒服的面料、里料、胆料的透气性差，一是穿着过程中的水汽不易散发，引起潮湿而感到不舒适；二是洗涤后不易晒干，以上两个因素都会使羽绒在受潮的条件下不同程度地变质，散发臭味。

7.气味：闻一闻，紧贴羽绒制品做深呼吸，闻一下里面的气味，避免选购味重刺鼻的商品(一般说明这些羽绒品清洁度和耗氧指数未达到标准)，但由于是动物羽毛，有一定气味是正常的。

8.辅料：一件羽绒服上，有不少辅料，如拉链、金属扣等，需注意观察其是否美观、光滑、松紧适宜。

特别提示：

1.羽绒服上的各种标记应当齐全，如厂名、厂址、面料里料的成分含量、羽绒的种类及含绒量、充绒量的指标、洗涤标志、质量等级、执行标准代号等。

2.选购羽绒服应到有质量信誉，售后服务规范的大中型商场，有利于保护消费者的合法权益。

如何选购大衣

有关专家建议消费者在选购大衣时应注意以下五点：

1.大衣产品上的各种标志必须齐全

产品上有商标和中文厂名厂址，有利于了解该企业产品质量的信誉及知名度。

产品上有服装号型标志，并与自己的体形相适宜。

产品上有明确的纤维含量标志，主要是指服装的面料、里料的纤维含量标志，各种纤维含量的百分比应清晰、正确。

产品上有明确的洗涤标志图形符号及说明。

产品上有产品合格证、产品执行标准编号、产品质量等级及其他标志。

2.大衣的外观质量的鉴别

大衣的主要表面部位无明显织疵、条痕(主要表面部位指大身的外露部位)。

大衣的主要缝接部位无色差(需要在一定的光亮度下看色差情况)。

大衣面料和里料结构应紧密，如果面料、里料的结构疏松，会使大衣的接缝部位达不到标准规定要求，引起织物纰裂。

大衣面料的花型、倒顺毛应顺向一致。条格面料的服装，主要部位应对称、对齐。

注意大衣上各种辅料、配料的质地，如纽扣应牢固等。

大衣的领子、驳头、袋盖、门襟处应无脱胶、起泡等现象。

3.大衣的缝制质量的鉴别

目测大衣各部位的缝制线路是否顺直，拼缝应平服，绱袖吃势应均匀、圆顺，袋盖、袋口应平服、方正,下摆底边应圆顺平服。大衣的主要部位一般指领头、门襟、袖笼及服装的前身部位,是需要重点注意的地方。

查看大衣的各对称部位是否一致。大衣上的对称部位很多,可将左右两部分合拢检查各对称部位。

4.大衣试穿时的造型和感觉

大衣穿在身上后,各部位应平整、自然,如衣领的左右应对称,肩部平服,袖笼处圆顺,胸部丰满、自然,无裂形,门襟自然下垂成直线,不绞不豁,后背领下平服,后背下摆处不起翘等。

大衣穿在身上后,整体感觉要有舒适感和轻松感。如:两手前后、上下摆动舒畅,颈部及肩胛部没有压迫感或负重感,腋下处没有不舒服的感觉等。

大衣穿在身上后,各主要部位的规格大小应适宜,如衣长、袖长、肩宽、胸围等处的宽松度应适合。规格尺寸的过大、过小也会引起穿着时的不舒服感及外观整体不平服的感觉。

5.选购大衣的商场及相关注意事项

消费者选购大衣时,应到比较正规的大、中型商场去购买,并对商店的质量信誉、售后服务予以适当的了解或评价,千万不要到不正规的乱打折的商店、摊贩处购买,一旦发现质量问题,可能会给售后处理带来困难。

购买大衣后,必须要有正规的发票,并妥善保管好发票。

购买的大衣,其面料、里料的纤维含量标志、洗涤说明的标志,必须是永久性的标志,即印制在织带上并缝制在产品上,不管是水洗还是干洗,该标志是不会脱落的,称为永久性标志,作为消费者投诉的主要依据。

牛仔服的选购

1.消费者在购买直接将图案印在牛仔服装上的印花牛仔服时,要注意检查印花的牢固度,牢固度不够洗几次就会掉色。可用指甲轻轻划一下印花表面,若划痕很快消失说明牢固度很好。

2.粘了荧光粉的牛仔服。冒牌货的荧光粉里很容易含有对身体有害的化学物质,因此最好不要购买。

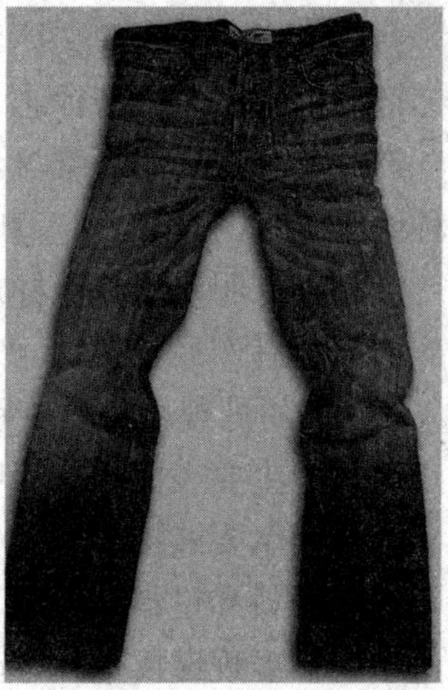

牛仔裤

3.牛仔上钉的珠花特别容易脱落,挑选时看看珠花反面的线头是否牢固,最好在刚买回时自己再重新缝一下来加固。

4.而选择衣边或裤脚呈毛茬状的拉毛牛仔时,要检查拉毛底端是否缝合牢固,以免出现脱线的现象。

5.另外要试用几次钉在牛仔裤服装上的弹簧扣,检验牢固的程度和吻合情况,因为弹簧扣是借助于机器才铆上去的,一旦损坏,消费者自己没法修复。

童装的选购

选购童装时应充分考虑儿童的生理特点,除要从柔软、透气、舒适、安全和健康等方面综合考虑外,还应注意以下几点。

1.产品上有无商标和中文厂名厂址。

2.产品上有无成分标志,主要是指服装的面料、里料的成分标志,各种纤维含量百分比应清晰、正确。

3.产品上有无洗涤标志的图形符号及说明,并了解洗涤和保养的方法、要求。

4.产品上有无产品的合格证、产品执行标准编号、产品质量等级及其他标志。

如果产品上标有甲醛含量,0~24 个月的婴幼儿类服装应小于 20 毫克/千克,大于 24 个月的儿童穿着服装接触皮肤类小于等于 75 毫克/千克,非接触皮肤类小于等于 300 毫克/千克。

5.童装的永久性标志应选择柔软的材料制作,并缝制在适当的部位,应注意避免缝制在直接与儿童皮肤接触的地方,防止因摩擦而损伤儿童的皮肤。

6.注意童装上各种辅料、装饰物的质地,如拉链是否顺滑、纽扣是否牢固、四合扣是否松紧适宜等。特别要注意各种纽扣和装饰件的牢固度,以免儿童轻易扯掉并误服。

围巾的选购

1.厚薄应相宜:服装较厚时,宜配用羊毛、腈纶以拉毛、钩针工艺编织的膨体大围巾;服装较薄时,宜配真丝、尼龙绸等薄型围巾或纱巾。

2.配色要协调:深色服装宜配鲜艳围巾;浅色服装可配素雅围巾;红色毛衣宜选黑色纱巾;藏青色服装可配纯白围巾。彩色丝巾中凡有一色与服装颜色相近,一般即可相配。

3.体形可调整:颀长窈窕但胸围偏小的女性,可配有蓬松感的大花形围巾,对称悬于胸前,能使胸部显得丰满;溜肩男子可用素色加长围巾悬系颈部,使体形更显协调。

围巾

领带的选购技巧

1.手拿起领带,先从大头起,顺次察看有无织造、染色、印花等疵点,尤其是在大头33厘米内必须整洁、完好。

2.用双手顺长捋直,看领带是否平直。特别要注意在大头33厘米以内不能扭曲。

3.用手在领带中间部位攥一下,然后放开,领带若马上复原、平直,则表示领带的质量较好,弹性较大,使用时不易变形。

选购皮手套应注意的问题

皮手套常见的质量问题有以下几种。

1.面革过薄、板硬、松壳、起皱,同副手套粗细、软硬、厚薄不一。

2.同副手套的皮面颜色不一致。手心、手背色泽左右不对称,指条、三角、滚口皮色差。

3.针脚疏密不均匀,不整齐,底面线浮松、跳针、空针,边线弯曲、出轨。

4.叉脚虎口不平服、皱褶、吊裆,指头不圆正,大拇指左右不相同,有矫立现象,五指有松口、裂口、脱线。

5.同副手套背筋不对称,不整齐,弯曲不齐,进出不一。

6.带子、铜口装置左右不对称,不牢固,高低不一。

7.滚口接头处有脱口、松散,滚口粗细不匀、曲缩、宽狭。

8.里太短或太狭,毛皮里有酥板、空板,拼接缝不平服,有脱线脚现象。

选购文胸的技巧

1.看:左右罩杯是否有偏差,布纹是否对称。

文胸面料要能吸汗,不会产生静电,能舒服地服帖于皮肤;里料以纯棉为好,做工要精细平整;前后吊扣要细滑,以免刮伤皮肤。

2.试:肩带调整的位置要落在肩窝处,这样既舒服又可以保持文胸的弹性。

如有一边乳房偏低,可缩短这一边的肩带使乳房稍微提高,左右对称。边面弧度要顺畅平直,能与身体侧面的弧度贴切吻合。花边柔软,无刺痒感觉的文胸较好。

3.拉:有弹性的地方如肩带、侧翼要弹性强、柔软性好,随身体的运动伸缩自如。

皮鞋质量鉴定法

1.皮鞋面分光面革和反面革两种

光面皮鞋应表面粗细均匀,无褶皱和伤痕;色泽鲜艳、明亮且均匀一致;用手指按压皮面,出现细小均匀的褶皱,放开褶皱便立即消失;手感润滑柔软,富有弹性;皮革厚薄要均匀适度。

反面皮鞋的表面绒毛要均匀、细软,颜色一致,无明显褶皱和伤痕,也没有油斑、污点,手感与光面皮鞋相同。

2.皮鞋底有皮质和胶质两种

皮质鞋底表面应光亮平滑,厚薄均匀,无油斑、污点和伤痕,手感坚实,用手指弹,声响清脆。

胶质鞋底即合成革底,表面应光滑一致,花纹整齐且边角鲜明完整,从侧面看,无厚薄不均现象,无杂质。手摸后感觉有韧性和弹性。粘胶皮鞋不应有脱胶现象;线缝皮鞋针码不宜太密,也不宜太疏。

K 金首饰的选购

一般而言,正规厂家生产的首饰都会在适当的位置打上厂家代号(或商标)、材料成色等印记。因此消费者在购买 K 金首饰时需注意:

1.可以看印记,如果是镶钻首饰还要仔细查看钻石的鉴定证书;

2.用手摸摸焊接处、边角处是否光滑、均匀;

3.可以试戴,尤其是项链。K 金项链的链扣通常是圆形的,试戴时可以试试链扣是否牢固,弹簧的弹力好不好。

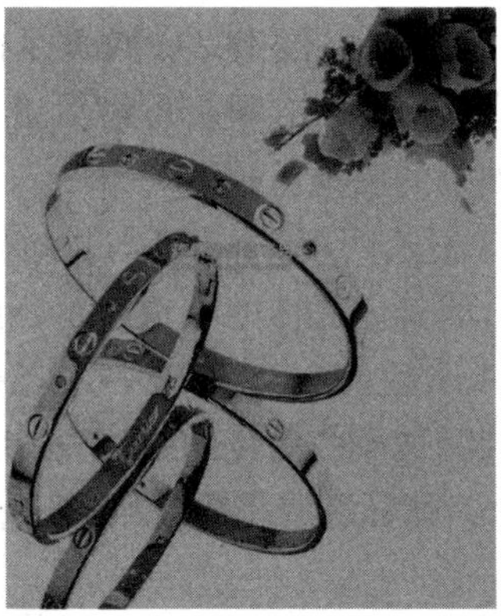

K 金首饰

此外,佩戴 K 金首饰尤其是 K 金镶钻首饰时要注意保养,比如干重体力活或洗澡的时候应该取下首饰;为保持其光亮,可以经常用绒布擦拭,隔一段时间不妨送到珠宝店清洗。

银首饰的识别

对银首饰的识别,主要有以下几点:

1.印记:银首饰一般应打上银的英文缩写("S"或"Sterling")的印记。标准银的印记是S925,足银的印记是S990。但也有许多国家在银首饰上不打印记。

2.色泽:银首饰多呈微带黄的银白色,呈柔和的金属光泽。因易氧化,时间久了,色泽会变成暗的黄白色。

3.掂重:银的密度为10.53克/立方厘米。比铂金、黄金小,用手掂量无坠手感。用钢针可以划出痕迹,也可以折弯。用这种方法可以和铂金、K白金或仿银的德银首饰相区别。

4.酸试:银遇任何酸都会变色,甚至溶解。如果在银首饰的内侧滴上一滴浓盐酸,会立即生成白色苔藓状的氯化银沉淀。而其他贵金属则无此现象。

5.声韵:标准银首饰落地后声音沉闷,不弹跳,不滚动。

辨别玉石的质量

玉,主要有硬玉和软玉两种。软玉已成为古董爱好者和玉器收藏家的珍品;硬玉则是市面上所常见的玉器首饰。如何辨别硬玉的质量,这里提供五种简单的方法。

1.看颜色:颜色是评估硬玉品质最重要的因素。没有颜色的玉,只是石头而已。颜色达到匀、阳、浓、正的为上品。"匀"是指均匀;"阳"是指色泽鲜明,给人以开朗、无郁结之感;"浓"是指颜色够深;"正"是指无其他杂色。

2.看质地:硬玉是硅酸盐在高温和高压下形成的多晶体矿物,其组成晶体的大小,会直接影响到经过琢磨后玉的光滑度、透明度及色调。因此,多晶体结构越细密,硬玉的质地就越好。

3.看透明度:透明度与质地是硬玉相辅相成的物理现象,硬玉的通透程度像玻璃一样,其内晶体的细密程度,可使光线直照而不受阻挡。

4.看后天加工:加工中完全未经任何漂白褪色或染色处理的硬玉为"A"级,价值最高;被漂白褪色的硬玉为"B"级,价值次之;被染色的硬玉为"C"级,价值较低。

5.看裂纹:有了裂纹后,不论其质地、颜色和透明度如何好,都会影响到价值。

珍珠的识别

珍珠有天然珍珠和养殖珍珠之分,二者虽然外观上几乎一模一样,但其内在品质却有着天壤之别。那么,怎样辨识养殖珍珠呢?

1.看光泽。由于养殖珠的包裹层较天然珠的包裹层薄而且透明,因此其表面往往有一种蜡状光泽,当外界光线射入珍珠时,养殖珠那因层层反射而形成晕彩的珠光便不如天然珠艳美,也不像天然珠一样光洁到能看见自己眼睛的程度。

2.可将珍珠穿绳的孔洞彻底洗净,然后用强光照射,用放大镜仔细观察孔内,凡是养殖珠在其巨大内核与外包裹层之间都有一条明显的分界线。而天然珠极细的生长线却一直是呈均匀状排列到中心,仅仅在接近中心处时颜色较黄或较褐。

3.可将珍珠置放在强光照射下的位置,然后慢慢转动珠子,凡是养殖珠都会有珍珠母球核心反射的闪光,一般360度闪烁两次,这是识别养殖珠与天然珠的一个重要证据。

真假水晶鉴别方法

1.眼看:天然水晶在形成过程中,往往受环境影响,总含有一些杂质,对着太阳观察时,可以看到淡淡的均匀细小的横纹或柳絮状物质。而假水晶多采用残次的水晶渣、玻璃渣熔炼,经过磨光加工、着色仿造而成,没有均匀的条纹、柳絮状物质。

2.舌舔:即使在夏季最炎热的三伏天,用舌头舔天然水晶表面,也有冷而凉爽的感觉。假的水晶,则无凉爽的感觉。

3.光照:天然水晶竖放在太阳光下,无论从哪个角度看它,都能放出美丽的光彩。假水晶则不能。

4.硬度:天然水晶硬度大,用碎石在水晶上轻轻划一下,不会留痕迹;若留有条痕,则是假水晶。

5.用偏光镜检查:在偏光镜下转动360度,有四明四暗变化的是天然水晶,没有变化的是假水晶。

6.用二色镜检查:天然紫水晶有二色性,假水晶没有二色性。

7.用放大镜检查:用10倍放大镜在透射光下检查,能找到气泡的基本上可以定为假水晶。

8.用头发丝检查:将水晶放在一根头发丝上,人眼透过水晶能看到头发丝双影的,则为天然水晶,主要是因为水晶具有双折射。

9.用热导仪检测:将热导仪调节到绿色4格测试宝石,天然水晶能上升至黄色2格,而假水晶不上升,但面积大时上升至黄色1格。

钻石的简易鉴定法

1.钻石具有特殊的光泽——金刚光泽。强的色散和高的折光率使钻石光彩夺目,在100瓦白炽灯光下,琢磨好的钻石比其他相似的宝石更具光泽,更加美丽悦目。

2.钻石对油泥和污垢有吸附力。手指带有油脂,抚摩钻石有黏性。会在钻石表面留下手指的纹路。这种特性是其他宝石不具备的。

3.钻石属等轴晶系,单折光性质,透过钻石看纸上的线条为单线,字不重影。而其他多数宝石是双折光的,透影时将出现双像。

4.钻石表面抛光光滑,但用钢笔在钻石表面划过能留下连续的墨水线。如是假冒品,所留下的墨水线条将是小圆点。

5.钻石是自然界最硬的物质,任何矿物都不能刻画它,故而可作为一种重要的鉴别依据。如蓝宝石硬度是9度,能刻动蓝宝石的只有钻石,相反则不行。确定它们的相对硬度,再辅以其他方法观察就可以确定钻石的真伪了。

服饰搭配

服色肤色协调法

要根据皮肤颜色来选择服装的色调,以求得互为映衬、浑然一体的效果。

1.肤色白皙者:对服装色彩的要求不是很严格,适应度较宽。

2.肤色萎黄者:穿上粉红色或浅紫色的服装会增加脸色的亮度,显出生气勃勃的活力。

3.肤色较深者:不宜穿黑色的服装,也不宜穿太鲜嫩的颜色;可选择咖啡色、茶色系列,但肤色暗褐者不要穿这种颜色或其他色调浑浊的衣服。

服色环境协调法

一个人的服装颜色必须与周围环境、气氛相吻合、协调,才能显示其魅力:

1.参加野外活动或体育比赛时,服装的颜色应鲜艳一点,给人以热烈、振奋的美感。

2.参加正规会议或业务谈判时,服装的颜色则以庄重、素雅为佳,可显得精明能干而又不失稳重矜持,与周围工作环境和气氛相适应。

3.居家休闲时,服装的颜色可以轻松活泼一些,式样则宽大随便些,可增加家庭的温馨感。

饰物与服装颜色协调的诀窍

1.同色系:饰物与服装的颜色相同或相近。如黄色可以配上橙色、奶油色、棕色、浅咖啡色等;红色可以配上紫色、粉红色等。这样搭配能给人柔和的感觉。

2.对比系:饰物与服装的颜色相对。如桃红色服装可配上灰色的配件,草绿色服装可以配上绛紫色配件。两种相对的颜色配在一起,可产生一种强烈的对比效果。这种搭配方式需有较高的审美能力才能处理得恰到好处。

3.清一色的搭配法是最不理想的，如全身是咖啡色，咖啡色帽子、鞋子、袜子、手提包、耳环、胸针等，人看了会觉得非常俗气和呆板。

4.服装式样的简单与否，与饰物颜色搭配也有很大关系。穿素色或式样简单的衣服时，不妨戴色泽鲜艳、图案夸大的饰物或配件。而当衣服已经很花、式样复杂时，则配件宜选颜色单纯的。应该记住衣服是主、配件是副，配件的目的在于衬托衣服的美，因而不可过分强调配件，以免喧宾夺主。

5.现代时装崇尚自然轻松、款式简单，颜色则以鲜明为主。如服装是以红黄为主色的艳丽色彩组合，那么就应用同色系的饰物搭配；如果服装颜色是反差强烈的色彩，那么最好不用饰物；如果服饰是柔和浅淡的颜色，则可用对比色的饰物来搭配。另外，喜欢佩戴耳环者，要尽量避免上身配用太多的其他衬饰，如项链、丝巾、胸针等。

衣着修饰形体缺陷的小技巧

1.让大腿粗的人也能享受迷你裙

A 字线条的短裙，或打两片活褶的短裙，裙片较宽，正好能充分掩饰大腿部位。

2.较长的上衣能刻意遮住微突的小腹

较长的上衣，不论是 T 恤或衬衫，都能刻意地遮住微突的小腹。穿着此类上衣时，只需注意将露在裙或裤外的衣服下摆整理好，既显得很时髦，又避免了小腹突出的缺陷。

3.较宽大或伞状上衣可成功掩饰浑圆腰部

宽上衣的质料不限，只要是与自己原有的服装搭配得当的款式即可，不过，需注意下半身最好选择较合身的。此外，如果你个子较高，则可选择宽大又长的上衣，如果你较娇小，最好选择刚好过腰的宽上衣，便可成功掩饰浑圆的腰部。

4.背心式的长洋装，解决胸围过大的烦恼

背心式或围裙式的长洋装，因可以搭配不同颜色的上衣，而适时造成胸围的视觉切割，使得胸围看起来顺畅，选择此类洋装时需注意，布料尽可能以平织布为主。

5.时髦的宽长裙，能让人看起来特别修长

穿着较宽线条的长裙，除了能让你看起来更加优雅之外，还有明显的修饰修长功能，即使腿部肥胖、腹部微突都可因宽长裙而改变视觉效果，喜好较年轻穿法的人可搭配较厚重或粗犷的皮鞋，或高筒布鞋等。

6.合身直筒长裙，解决臀围较大、个子矮小的困扰

每年的流行趋势里，总少不了长裙的作陪，长裙的样式、风貌也随着年代而改变，但唯一不受趋势影响的是直筒合身长裙，因它适合各种身材，为一般女性的最爱。

7.香烟裤型，小腿肥胖者的大好消息

当一切身材比例都恰到好处时,最怕就是小腿肥胖,因为那会使一切的美感归于平淡,而这样的人适合穿着香烟裤型。香烟裤型的优点在于裤型稍有宽松,但臀围却又合身,小腿部分将因裤型而显得修长。通常香烟裤型多以斜纹布、丹宁布、棉质布、牛仔布为主,所以非常适合活泼帅气、中性的打扮。

身材矮小如何穿衣

体型娇小的女性宜选用简洁流畅风格的服装。

1.在颜色上,以色彩素淡、线条简单、图案小巧为宜。另外颜色过多或对比强烈都不合适。

2.在款式上,宜穿白色高跟鞋,选用与服装颜色对比强烈的面料做衣领,以起到延长身体曲线的作用,增加一点修长的韵味。大裤筒的喇叭裤、衣肩过宽的上装都不合适。也不宜穿长裙或低腰类的裙、裤和笨重的鞋子,以免降低人们的视线,暴露出身材上的缺点。

身体肥胖者如何穿衣

1.手臂粗的人,应该避免穿过短或蓬蓬袖的衣服,试试五分或七分袖,可以有遮掩的效果,但如果太紧则会有反效果。

2.身体较胖的人,可以选择领口较宽或较深的衣服,会使身体的面积看起来比较小。

3.肩膀宽大的人应避免穿领口宽松的衣服,会造成反效果,适合 V 形领及深色的衣服,避免穿有垫肩或没有肩线的衣服,如有垫肩的西装外套或棒球装就应避免尝试。

4.避免穿花纹过于复杂或有大花纹、大格子的衣服,否则会有膨胀效果。

5.选择松紧合宜的衣服可以使人看起来较纤细,避免穿太紧身的衣服,但是故意穿太宽松的衣服反而会显得邋遢没精神。

6.深色的衣服可以有遮掩的效果,身体较胖就可以上半身穿深色下半身穿浅色,利用对比色模糊实际的比例。

7.臀部肥胖应避免穿紧身裤及七分裤,会让下半身看来更胖,可以试试中直筒裤、硬挺的西装裤,或是 A 字裙。

8.小腹凸起及有啤酒肚的人应避免穿过紧的衣服,这类衣服会凸显小腹,应选择腰身松紧适中、材质较硬的衣服,衬衫是不错的选择。

怎样穿着西服才算得体

1.讲究规格:西服有两件套、三件套之分,正式场合应穿同质、同色的深色毛料套装。两件套西服在正式场合不能脱下外衣。按习俗,西服里面不能加毛背心或毛衣。在我国,至多也只能加一件"V"字领羊毛衣,否则会显得十分臃肿,以致破坏了西服的线条美。

2.穿好衬衫:衬衫为单色,领子要挺括,不能有污垢、油渍。衬衫下摆要放在裤腰里,系好领扣和袖扣。衬衫衣袖要稍长于西装衣袖 0.5~1 厘米,领子要高出西装领子 1~1.5 厘米,以显示衣着的层次。

3.系好领带,戴好领带夹:西装脖领间的"V"字区最为显眼,领带应处在这个部位的中心,领带的领结要饱满,与衬衫的领口吻合要紧凑,领带的长度以系好后下端正好触及腰上皮带扣上端处为标准。领带夹一般以夹在衬衫第三粒与第四粒扣子间为宜。西装系好纽扣后,不能使领带夹外露。

4.用好衣袋:西服上衣两侧的口袋只作装饰用,不可装物品,否则会使西服上衣变形。西服上衣左胸部的衣袋只可放装饰手帕。有些物品,如票夹、名片盒可放在上衣内侧衣袋里,裤袋亦不可装物品,以求臀位合适,裤形美观。

5.系好纽扣:双排扣的西服要把纽扣全部系上,以示庄重。单排两粒扣,只扣上面一粒纽扣,三粒扣则扣中间一粒,坐下时可解开。单排扣的西服也可以全部不扣。

6.穿好皮鞋:穿西服一定要穿皮鞋,而且裤子要盖住皮鞋鞋面。不能穿旅游鞋、轻便鞋或布鞋、露脚趾的凉鞋,也不能穿白色袜子和色彩鲜艳的花袜子。男士宜着深色线织中筒袜,切忌穿半透明的尼龙或涤纶丝袜。

职业女性的着装

当生活模式日趋丰富,工作节奏日益加快,许多职业女性都有不知如何着装的困惑。这里为职业女性着装提供了几条建议,供您参考。

1.庄重大方型

您可以尝试飘逸柔软的服装,渐渐走出"女强人"的模式。衬衫款式以简单为宜,与套装配衬,可以选择白色、淡粉色、格子、线条等颜色和样式。着装整体色彩上,可以考虑灰色、深蓝、黑色、米色等较沉稳的色系,给人留下充满亲和力与感染力的印象。这招适合从事教育、文化、咨询、信息和医疗卫生等工作的职业女性。

2.成熟含蓄型

西服和西裤搭配显得成熟稳重,连衣裙适合身材窈窕的女性,神秘的黑色适合成熟含蓄的女性。颜色以白、黑、褐、海蓝、灰色等基本色为主。若嫌色彩过于单调,不妨扎条领巾,或在套装内穿件亮眼质轻的上衣。此招适合从事保险、证券、律师、公司主管、公共事业和政府机关公务员等工作的职业女性。

3.素雅端庄型

您需记住穿着以不影响工作效率为原则,衣着如太暴露,容易让男同事不知所措,自己则要时常瞻前顾后,如此会影响自己的工作效率。太薄或太轻的衣料,会给人不踏实、不庄重之感。衣服样式宜素雅,花色衣服则应挑选规则的图案或花纹如格子、条纹、人字形纹等。此招适合从事科研、银行、商业、贸易、医药和房地产等工作的职业女性。

4.简约休闲型

简单的服饰可造就不简单的女人,白色或者深蓝色细格的棉质衬衫,修身的设计,半透明的质感,内衬白色吊带背心,简约和性感混合在一起。穿这样的衣服,令您在单位人气大增。此招适合从事新闻、广告、平面设计、动画制作和形象造型等工作的职业女性。

女性的穿衣技巧 18 步

1.由浅入深,穿衣有三层境界:第一层是和谐,第二层是美感,第三层是个性。

2.聪明、理智的你买衣服时可以根据下面三个标准选择,不符合其中任何一个的都不要掏出钱包:你喜欢的、你适合的、你需要的。

3.经典很重要,时髦也很重要,但切不能忘记的是一点匠心独具的别致。

4.不要太注重品牌,这样往往会让你忽视了内在的东西。

5.衣服可以给予女人很多种曲线,其中最美的依然是 X 形,衬托出女性苗条、修长的身段,女人味儿十足。

6.应该多花些时间和精力在服装的搭配上,不仅能让你以 10 件衣服穿出 20 款搭配,而且还可以锻炼自己的审美品位。

7.即使你的衣服不是每天都洗,但也要在条件许可的情况下争取每天都更换一下,两套衣服轮流穿着一周比一套衣服连着穿 3 天会更加让人觉得你整洁、有条理。

8.选择材质精良的保暖外套,里面则穿上轻薄的毛衣或衬衫,这样的国际化着装原则将会越来越流行。

9.绝没有所谓的流行,穿出自己的个性就是真正的流行。

10.无论在色彩还是细节上,相近元素的使用虽然安全却不免平淡,适当运用对立元素,巧妙结合,会有事半功倍的奇妙效果。

11.优雅的衣着有温柔味道,但对于成熟的都市女子来说,最根本的是高贵和冷静。

12.时尚发展到今日,其成熟已经体现为完美的搭配而非单件的精彩。

13.闪亮的衣饰在晚宴和 Party 上将会永远风行，但全身除首饰以外的亮点不要超过 2 个，否则还不如一件都没有。

14.一件品质精良的白衬衫是你衣橱中不能缺少的，没有任何衣饰比它更加能够千变万化。

15.每个季节都会有新的流行元素出台，不要盲目跟风，让自己变成潮流预报员，反而失去了自己的风格。关键是购买经典款式的衣饰，耐穿、耐看，同时加入一些潮流元素，不至于太显沉闷。

16.黑色是都市永远的流行色，但如果你脸色不是太好，则最好避免选择此种颜色的衣物。

17.寻找适合自己肤色的色彩，一定要注意服装是穿在自己身上的，而不是穿在白色或者黑色的模特衣架上。

18.重视配饰，衣服仅仅是第一步，在预算中留出配饰的空间，认为配饰可有可无的人是没有品位的。

男性如何穿牛仔裤

1.腿粗的男性：宜选线条宽松的直筒裤或裤管较大的牛仔裤，深蓝色或黑色的都可以，并要系上腰带，上身衣着要适当讲究一些，但不宜穿缩小裤口或裤管上有双线的牛仔裤，以便从视觉上尽量减少对腿部的注意力。

2.上下体型一样粗的男性：可选深色略宽松些的牛仔裤，再系上腰带以形成收腰形。上身穿着粗蓝布衫或有质感的衣服，可使腰部显得纤细一些。

3.腿细的男性：可选裤管稍宽的牛仔裤，但要避免把裤脚翻卷，且不宜配穿硬质鞋。否则，将会暴露细腿的缺陷。

4.腿短的男性：宜选直筒型长可至脚踝的牛仔裤，但裤筒上下不要有横线之类的装饰，否则会使腿显得更短。

5.圈形腿的男性或个子矮小的男性：可选择侧边有装饰线条的直筒型裤，或从上到下裤管逐渐变窄的牛仔裤，以掩饰腿部的缺陷。

6.臀部肥大的男性：宜选暗色、合身而光滑的牛仔裤，裤前最好有口袋，可以让臀部不是那么显得肥硕。不要买臀部口袋很大，有横线的牛仔裤，裤管既窄又紧的牛仔裤也不合适，因为这些式样都会使臀部显得更大。

7.臀部瘦小的男性：可穿任何样式的牛仔裤，但如想使臀部显得有型，最好选购后面有大口袋、有横线条的牛仔裤。

8.臀部平坦的男性：可选臀部打裥或有口袋的牛仔裤，将衬衫束入长裤中以增加臀部分量，并系上腰带以浑圆臀部。这些做法也同样适用于臀部瘦小者。

9.腰粗的男性：不宜选有装饰的牛仔裤。衬衣要放在裤子外，不要扎进裤子内，上身可穿牛仔上装或背心，以掩饰粗腰。

10.身材偏瘦的男性:可选直筒型牛仔裤,上身配宽松衬衫,并系腰带,可显得轻盈飘逸。

11.腰部和臀部均较大的男性:宜选择直筒式牛仔裤,并注意上身的装饰,可配穿印花T恤。

12.小腹突出,臀部不大的男性:可选上部宽松、下部中等、颜色稍暗的牛仔裤,上身配穿明亮颜色的上衣,使视觉重心移至下部,减少腹部突出之感。

老年人应如何穿衣

1.老年人服装造型要符合身份。总的要求是服装要显出老年人的端庄大方、谦逊含蓄,有助于发挥老年长者的气质和风度,体现一种成熟美。服装要宽松、合体,线形简练,不紧不松,即上下左右比例对称,以直线结构为主,不附加装饰物,以充分体现老年人的庄重、稳健。衣领设计宜宽松,衬料宜柔软。为适应老年人腹大等特征,老年人裤腰不宜过小,后裆不宜过宽。

2.老年人服装款式要简洁明快。颜色以偏深为宜,下装色彩可再深一些。除了常用的黑、灰、白单色调外,淡紫、淡红、淡墨绿、奶黄、淡咖啡之类颜色都是可以选择的。条纹太多太杂和太艳的色彩,一般与老年人不太相配。流行色的服装,一般以轻质料的为宜。凡是选料较为高档的,还是以基本色为好。中国人黑发、黄肤,穿着深藏青、绛红、深中灰、黑色等色调的服装,显得较为神气,构成了中国服装的基本色。

3.老年人衣服色彩要适当变换,不要一个时期老穿一种颜色,可同时在大面积的素色背景上点缀些小花、小色斑或两色交织。

4.老年人服装的面料要柔软,以棉布为佳。化纤类的布料由于静电作用以及易脏因素,不宜做直接接触皮肤的内衣使用。内衣、内裤一般应选择纯棉布料,使穿着者感到柔软、舒适,行动也方便。

5.老年人要注意穿衣艺术,强调个性化。要根据身材的高矮、胖瘦,脸形的长圆、尖方,脖子的粗细、长短来制作或选择服装。身材高大的老人,色调宜用深色、单色;女性不宜穿色泽鲜艳、大花发亮的衣服。身材矮小的老人以上下一色为宜,这样能显得修长,或上浅下深,鞋袜最好同一颜色。妇女穿衣裙套装时,上衣不宜短到刚及腰,裙子长度以到小腿肚稍下为宜。瘦小老人宜穿色泽淡雅的服装,不宜穿紧身衣,肥胖老人亦不宜穿紧身衣,而应以宽松为好。

6.老年人选择鞋、帽不仅要注意美观,更要注意是否有利健康。在各种材料制成的鞋类中,最适合老年人穿的是我国传统的布底、布帮的布鞋。这是因为布鞋具有保温、透气、防滑、舒适四大特点。老人在选择帽子的时候要注意尺寸合适。帽子款式要与自己的服式、肤色、脸形相协调,如穿中山装可选用圆顶帽;穿夹克衫可选前进帽;穿派克大衣戴风雪帽等。如果作为装饰用帽,外观要完好,颜色要鲜艳,款式要多变。

怎么变化你现有的服饰

你的衣服，是可以随意搭配，穿出变化来的，但要考虑下面几个要素：

1.场合：各类正式与非正式的场合又有许多区别。举例说，上班有正式与非正式之分，集会、拜访和晚宴也有正式与非正式之别。因此，场合应是女性装扮的第一考虑要素。建议你以套件方式穿着，即保守（外套）+华丽（一件晚装或露肩上衣）。如此一来，穿上保守的外套，你可以应付普通的朋友；脱下外套，你的恋人将更为欣赏你。

2.颜色：颜色影响视觉的效果更强，有时比服装本身的设计还引人注目。

相信每个人都会有一种自己偏好的颜色，在同款式不同色系的挑选中唯色是从。你可能会发现，你的衣柜里有一排黑裙子，而它们的差别也许只是扣子的形状或拉链的方向不同而已。建议你用颜色来改变这些大同小异的单调。在由基本型发展出来的款式里，不过是裙子的颜色或上衣的形式改变，就使人有活泼与冷静的区别。因此，假如你只有一种颜色的服装，没关系，只要添购两种其他颜色的服装，就可以搭配得绚丽多彩了。

如何用饰物艺术表现女性美

饰物与服装似乎是不能分开的，但真要搭配得当，衬托出女性的美，就是一门艺术。一般来说，全身的饰物最好不超过 3 件，否则会给人以复杂或沉重的感觉。饰物搭配的组合变化，形式很多，正确的搭配能体现出佩戴者的品位、个性。佩戴饰物还应注意与周围环境相协调，起到互补的艺术效果。

1.手镯：手臂细长的人适宜戴宽形或多只细线型手镯，而手臂粗的人，宜戴较细些的手镯。

2.戒指：手指细长的人，同时戴几只戒指都会很好看，无论是圆的或方的，均可使手指显得宽圆。而手指粗短的人，戴一只流线型戒指已经足够了。

3.项链：脸形圆且身体较矮的女士最好佩戴细长带坠子的项链。颈部较长的人，可佩戴贴颈短项链，大圆珠的也不错。买项链时，不妨同时买下色系或质地相同的耳环和手镯，以便陪衬。

4.耳环：贴耳式的耳环，小巧可爱，有圆珠形、心形、蝴蝶形、椭圆形等，适合身体较矮的女性佩戴。大环形的较适合身体高大的女性，小环形的适合娴静美丽的年轻女性佩戴。戴上耳环，最好不要再佩戴胸针或手镯，以免显得呆滞。若配上同色系列的项链或戒指则会增色添辉。戴眼镜的女士配上穿耳洞的小耳环（贴耳式），可显得清雅脱俗，但不可再戴项链或胸针。耳环给人的感觉是横向，所以，长脸形的人佩戴更为适宜。

戴耳环有何讲究

1.要配合脸形

圆形脸应选戴长方形、“之”字形、叶片、泪形等垂吊耳环,以造成一种修长感。要避免佩戴圆形耳环,那样会使脸看起来更宽横。

方形脸宜佩戴卷曲线条或圆形的耳环,可缓冲脸形的棱角,纽形或垂挂耳环也很适合。

耳环

三角形脸最好戴上窄下宽的悬吊式耳环,这样可以使下颏更丰满一些,圆形耳环也比较适合。

心形脸宜选配三角形、大圆形、大纽形等夸张款式的耳环。

椭圆形脸适合任何一种式样的耳环,相比之下,大方或大圆形耳环是理想款式。

长形脸不宜戴垂珠式耳环,而应以心形、菱形为好。

2.耳环的颜色要与肤色匹配

肤色较白的人,可选用颜色浓艳一些的耳环,适合佩戴淡红色或暗红色耳环。

若肤色较黄,戴古铜色或镀银色的耳环为好。

古铜肤色者要选用颜色浅淡一点儿的耳环,白色耳环最佳。

肤色黝黑者佩戴银色耳环最佳。

总之,肤色深的人应戴浅色耳环,肤色浅的人应戴深色耳环,这样才能相互辉映,美不胜收。

如何根据脸形、颈形选购项链

根据脸形选购项链。

1.尖形脸:对尖形脸的人来说,V 字形的项链会重复你的面形的尖线条,不宜选用。短的项链及横的条纹可以柔和你脸部太尖的线条,而胸针宜放在一边。如果胸针放在正中间,只会令你的脸形看起来更尖。

2.圆脸形:你宜佩戴长一些的项链,例如用中等大小的珍珠制成的长项链,可以使脸形看起来长一些。胸针也宜夹在面下的正中,也会有增强面部长度的作用。

3.椭圆脸形:椭圆形脸是东方妇女传统的审美标准。在首饰的佩戴上,几乎各种款式都能与这种脸形相配,同样,各种款式的项链也都适合于椭圆形脸的人佩戴。而如果是长椭圆形脸,则可以考虑用短项链来协调。

4.方形脸:方形脸的人,戴V字形的项链加上吊坠,或中至长的项链都可以让脸看起来比较修长。胸针宜放在颈部正中间,做成另一V字形的线条,增加柔和的感觉。

根据颈形选购项链。

1.细长颈:细长颈的人宜选择那些有横纹、较粗的短项链。

2.短肥颈:宜佩戴较长或V字形的项链。因为直的线条可将观者的视线由上往下引,可增加颈部的修长感。

服饰保养

服装的保管与收藏

1.保持清洁:收藏存放服装的房间或箱柜要保持干净,要求没有异物及灰尘,以防止异物及灰尘污染服装,同时要定期进行消毒。穿后的服装都会受到外界及人体分泌物的污染。这些污染物如不及时清洗,长时间黏附在服装上,随着时间的推移就会慢慢地渗透到织物纤维的内部,最终难以清除。另外,这些服装上的污染物也会污染其他服装。

2.保持干度:保持干度就是要提高服装收藏存放的相对干度。收藏存放服装前应将要衣物晾干,并选择通风干燥处,避开潮湿和有挥发性气体的地方,可用防潮剂防潮,收藏存放期间要适当地进行通风和晾晒。

3.防止虫蛀:在各类纤维织物服装中,化纤服装不易招虫蛀,天然纤维织物服装易招虫蛀,尤其是丝、毛纤维织物服装更甚。一般都使用樟脑丸,用白纸或浅色纱布将其包好,散放在箱柜四周,或装入小布袋中悬挂在衣柜内。

4.保护衣形:直观上平整、挺括的服装能给人以很强的立体感、舒适感。一定要将衣形保护好,不能使其变形走样或出现褶皱。衬衣衬裤及针织服装可以平整地叠起来存放,外衣外裤要用大小合适的衣架裤架将其挂起。悬挂时要把服装摆正,以防变形,衣架之间应保持一定的距离。切不可乱堆乱放。

西装预防变形法

西装脱下后,必须把领、肩、背、袖等易碰脏处用刷子轻刷一遍,然后用西装衣架悬挂。穿 1~2 个星期必须熨烫一次,1 个月至少用含有数滴氨的清水整体擦拭一遍,这样可以保持西装久不变形。

收藏毛衣的方法

通常我们都是将毛衣折叠好后放在衣橱里收藏,等天气变凉时再拿出来穿,可

毛衣

是往往时间久了,拿出来的毛衣上到处都可清楚地看到折叠过的痕迹,非常不美观。其实,在收藏毛衣的时候,可以将毛衣一件一件轻轻地卷起来,整整齐齐地放到衣橱里收藏,这样一来,下次拿出来时,毛衣就可以保持原来的平整了。

牛奶防皮革干裂法

用变质的牛奶擦拭皮鞋、皮包、皮衣等皮革制品,可防止皮质干裂,还能使之柔软、光亮、洁净。

牛仔裤防褪色法

将新买的牛仔裤浸泡在浓盐水中 12 小时,取出后再用清水洗净,阴干后即可防褪色。

皮鞋如何保养

1.要勤擦鞋油。先用干净软布把皮鞋表面的灰尘擦掉,然后均匀涂油擦拭。

2.下雨、下雪时,尽量不要穿皮鞋,或可以加穿鞋套保护。

3.皮鞋受潮后，要放在通风干燥处吹干，切忌曝晒和烘干，同时不要把鞋头朝地竖放，应该平直放，以免变形。

4.不要碰到油类、酸性、碱性和尖锐物质，以防因腐蚀或刻画而受损。

5.彩色皮鞋（包括白色皮鞋）在穿着中尤应注意，不能碰到污水、污物和茶渍。彩色皮鞋（包括白色皮鞋）在穿着中出现褶皱现象不属质量问题。

6.皮鞋存放时，要擦干上油，放在干燥处，切忌因挤压而造成变形。存放一段时间后（特别在梅雨季节）要拿出来通风，重新擦净防止发霉。

7.多涂些鞋油能起到长期保护鞋面的作用，但鞋面易开裂。如改用肥猪肉或生猪油涂抹，则鞋面始终光滑油润。

皮鞋裂痕整修法

皮鞋上出现小裂痕，可将石蜡嵌入裂痕中，用电熨斗仔细熨平，即可恢复平滑。

如何修复长期不擦油的皮鞋

皮鞋长期不擦油，皮鞋油脂就会散失，使皮革发硬，这时涂一层凡士林，待吸收后再擦上鞋油，皮面就会变软。如果皮鞋过于干燥，也可用一块肥肉或鸡油，反复揉擦，再用微火烤一下，使油脂渗进皮面层，过两天用酒精棉球将鞋擦净，再上一层鞋油，鞋面就极富光泽了。

白鞋防脏法

先用白色蜡烛在白鞋上涂一层蜡，再用鞋刷刷一下。因为白蜡能隔离灰尘和污垢，白鞋便不易被弄脏了。

泡沫凉鞋延寿法

新买回的泡沫凉鞋，可放在盐水中浸泡 4~5 个小时后，晾干再穿，不易裂口，耐磨耐穿。

薄丝袜寿命延长法

新丝袜在水中浸透后，放进电冰箱冷冻室里，等丝袜冻结后拿出，让其自然融化并晾干，这样穿着时就不易损坏。

巧补塑料雨衣

将塑料雨衣裂缝处的部位对齐，上面放一张玻璃纸，用热熨斗在玻璃纸上轻轻熨几下，下面的塑料布便可黏合好，如果破处较大，可剪一块比破处稍大一点的薄塑料布压在破处，上面再盖玻璃纸，以同样方法粘补。

首饰保养要诀

首饰虽然多种多样，但是它们的保养却有许多方面是相同的，最重要的有下列几点。

1.轻拿轻放，避免受到碰撞与摩擦纯金、K 金、白金或白银的未镶嵌宝石的首饰，虽然掉落到地上或受到碰撞并不会破裂断开，但也要养成轻拿轻放的习惯。如果是镶嵌了宝石的首饰，尽管一般宝石都有较高的硬度，不易被磨损或破坏，但也要尽量避免受撞击和摩擦，以防破裂或失去光泽。

2.远离高温、暴晒，不与酸、碱溶液接触

许多镶嵌在首饰上的宝石，遇到高温或在阳光下长时间暴晒，容易褪色；有的首饰与酸、碱溶液接触也会褪色，甚至因遭受侵蚀而溶解。

3.经常检查，防止宝石脱落

镶嵌在金银首饰上的宝石，往往只是靠几个金银的小爪子固定，并不是十分牢靠的，即便是用包镶的方式，也要经常检查其牢固程度，以便发现问题及时处理。

4.及时取下收藏

在不需要佩戴首饰时，应及时将其取下并妥善收藏好。如参加生产劳动（田间或工厂车间）、体育活动、洗澡、洗头、家务劳动（洗衣服、洗碗筷、打扫卫生等）时，应取下珠宝首饰，以免宝石、金银首饰受到损伤（撞击、磨损、宝石脱落，或受洗涤剂中化学物质的侵蚀）。

5.及时清洗保存

珠宝首饰暂时不佩戴时，一定要及时清洗后再保存。有的人戴了很多年也从不清洗，以致灰尘油污在首饰的各个角落里积存起来，严重影响了它的光彩。其实，清洗首饰并非难事。取一碗温热的清水，适量加入几滴中性洗洁精，然后用棉花（或小毛刷、旧牙刷）蘸水轻轻擦拭首饰。待将污垢清除之后，再把首饰在另一碗清水中漂洗一下，然后放在通风处晾干，首饰便可恢复其光亮的本来面目。项链、耳环、挂坠等有开关或有弹簧装置之处，也应适时清洗并加润滑油，以保持其清洁与灵活。首饰处理完毕后，将其放入首饰盒内保存。放置时，宜将宝石朝上，不要与其他物品接触。如果没有首饰盒，可用干净的软布将其包裹起来保存。一定要注意，不要把多个首饰一起放在同一个盒子里，也不要用一块软布包裹多个首饰，以免各个首饰之间互相磨损。

珍珠首饰如何保养

珍珠首饰如果使用时间过长，加之受外界油腻的污染会变成黄色，保养不当就会失去光泽。珍珠忌与汗、醋等接触，因为汗、醋都是酸性的，会侵蚀珍珠。珍珠也怕磨损，不能接触粗糙的质料。珍珠还忌与香水、香粉、发胶接触，因为粉很容易吸附在珍珠表面，将珠面高低不平处填平，降低它的光亮度，香水和发胶也容易黏附在珍珠表面上，使它逐渐失去光彩。珍珠首饰一旦遇到污染，应立即放入清水中漂洗，然后用软干毛巾擦净，再放在通风的地方晾干，这样才能恢复珍珠的光泽。

珍珠首饰

铂金首饰的保养

1.在佩带铂金首饰时，不要触摸漂白剂或其他有刺激性的化学品，虽然它们不会损伤铂金，但化学品可能会使首饰上的宝石褪色。

2.在做手工工作时，要取下铂金首饰，将其单独保存在珠宝盒或软皮口袋内。

3.定期清洁铂金，就像清洁其他贵重首饰一样，使用专门的首饰清洁器或者将它浸在温和的洗涤液中，然后用柔软的布轻轻擦拭。

4.每过一段时间将铂金首饰送去做专业清洗。镶嵌宝石的铂金首饰，要确保每6个月进行一次专业清洗，如果保养适当的话，应该不需要任何修理。当需要做些调适，例如调整大小、抛光的时候，必须前往拥有专业铂金工匠的珠宝店了。

黄金饰品的保养

1.洗洁精的化学物质会改变金子的色泽，所以做清洁工作之前应该取下金饰品。

2.避免直接与香水、发胶等高挥发性物质接触，否则容易导致金饰褪色。

3.游泳时要取下金饰，以免碰到海水或池水后，其表层发生化学变化。

4.保管的时候用绒布包好再放进首饰箱，避免互相摩擦，以致损坏。

5.黄金比较软，容易变形，所以不要拉扯项链等饰品，以免变形。

6.纯金饰品在遇到水银时会产生化学反应，出现白色斑点，清洗时只要在酒精灯下烧烤一会儿，就能恢复原色。

7.佩戴后的金饰常因污渍及灰尘的沾染而失去光泽，此时，只要将金饰置于中性洗洁剂中，以温水浸泡并清洗，再取出擦干即可。

银饰的保养

银制首饰是比较有灵气的珠宝之一，它的保养也很有讲究。

1.避免与发胶、香水、护肤品放在一起，以免被腐蚀。

2.洗衣、洗澡、干粗活时应取下银饰，以免被划伤。

3.银饰的最佳保养方法是天天佩戴，因人体油脂可使银饰产生自然温润的光泽，就是所谓的“人养”。

4.银饰接触温泉水或硫化物，易使表面产生变化，因此应避免在温泉地区佩戴。

5.银质氧化时呈现淡咖啡色，可以用擦银布直接擦拭（擦银布含有银保养成分，不可水洗，擦拭产生的污痕为银，可多次使用）。

6.银饰在不戴时应密闭保存。

另外，银饰的抗氧化性和光泽的持久性也跟个人体质有关，体质好的人会越戴越亮，而如果体质较弱，体内毒素较多的话，可能银饰很快就会发黑，这已经不是氧化了，而是我们通常说的“中毒”。“中毒”的银饰光用擦银布就没什么用了，得专门拿去抛光才行。

洗涤熨烫

洗涤前的注意事项

1.首先要检查服装口袋里有没有物品，如果误将物品和衣物一起洗，洗涤时会污染服装，损害物品，还会磨损机器。

2.有特殊污垢的衣物不能和同类衣服一起洗涤，应该先将其做去渍处理。

3.要脱落的部件，如纽扣、饰物等应缝牢后再与同类衣服一起洗涤，否则有可能脱落，磨损机器。

4.有扣或拉链的服装，洗涤时应将衣服扣好或合上拉链，避免变形。

不宜烘干的衣物

1.含有橡胶或丝质的衣物。这类衣物所含的挥发性物质易燃，因此不可放进干衣机内烘干。

2.凡染有机油或经除油剂处理过的衣物。这类衣物中的油性物质同样易燃，不可放入干衣机内烘干。

3.睡袋、羽绒服、枕头以及大毛毯等加热会膨胀，妨碍机内的空气流动，因而不适宜用干衣机烘干。

不宜机洗的衣物

1.丝绸衣物：丝绸衣物脏了，可在冷水中加些洗涤剂，浸泡后用手反复揉搓几次就可以了。它不宜用洗衣机洗涤，是因为丝绸衣物质地薄软，耐磨性差，在高速运转的洗衣桶内洗涤极易起毛，甚至在表面结成很多绒球，干后再穿很不雅观。

2.嵌丝衣料：不可用洗衣机洗涤甩干，尤其不可用力揉搓和拧绞。只宜放在水温在35℃左右的中性肥皂液或合成洗涤液中浸泡，泡透后用手翻动几次，再用清水漂洗后，挂在衣架上，让其自然滴水晾干即可。

3.毛料衣服：毛料衣服不少部位是用针缝制的，衬布多是棉麻类织物，在洗衣桶中旋转翻滚会因为吸水后收缩率不均而变形，影响外观美，且会使牢固程度下降，所以不宜在洗衣桶中水洗，应干洗。

4.沾有汽油的工作服：因为油污扩散后会腐蚀洗衣机，而且汽油易燃、易爆，有可能使运转中的洗衣机出现打火现象，引起爆炸。所以千万不可在洗衣机内洗涤。

毛线洗涤法

将毛线拆开，分成数桄，投入冷水中浸泡10分钟左右，拧干后投入水温在50℃左右的中性洗涤剂溶液中，反复揉搓洗净后，再用温水漂洗两次，随后用清水漂净，拧干后按桄抖散，穿挂在竹竿上阴干。毛线洗涤时忌用热水浸烫，以免毛线褪色、脆化。

呢绒衣物洗涤法

1.选择洗涤剂：最好是羊毛衫专用洗涤剂或高级中性洗涤剂。

2.快洗：呢绒衣物不宜在洗涤剂中浸泡过久，要随浸随洗，上下拎涮，洗净后在清水中漂净，以防串色。

3.抻平：晾晒时要抻平，以免收缩。

裘皮衣服干洗法

干洗裘皮服装的一般步骤:

先用铁梳将裘皮服装表面梳通,用专用干洗剂顺毛擦洗,短毛裘装或污渍较大的裘装则可逆毛擦洗;洗净风干后,再用旧毛巾蘸醋揉擦其皮毛,以增加光泽;晾干后再用稀齿梳将皮毛梳整顺滑。

丝绸衣物洗涤法

丝绸衣物洗涤时需注意以下事项:

1.水温不可过高,一般情况下用冷水即可。

2.洗涤时要用碱性极小的高级洗涤剂或丝绸专用洗涤剂轻轻揉洗。

3.洗涤干净后可在清水中加入少许醋进行过酸,可保持丝绸织物的光泽。

4.晾晒时要避免在烈日下曝晒,而应在阴凉通风处晾干。

5.在衣物尚未全干时,即可收下用熨斗熨干。

丝绒衣物干洗法

干洗前要先将丝绒制品晒干风透,再用软毛刷清除其表面灰尘,用干洗剂擦洗,用力一定要均匀,以免损伤料子,擦净后用蒸汽蒸一下,随后趁热用软刷逆向梳刷,以使绒毛恢复原状,最后挂在通风处晾干。

丝绒衣物水洗法

丝绒衣物污渍严重时也可用水洗法洗涤。

先投入冷水中揉洗一遍,再在温水中加中性洗涤剂搓洗,拧干后做过酸处理,再用清水漂净,挂在通风处阴干。如果是提花类乔其绒衣物,还应在尚未干透时用毛刷将提花上的毛绒刷顺刷平。

羽绒服洗涤法

先将羽绒服放入冷水中浸泡 20 分钟,然后放入水温在 30℃左右的低泡洗衣粉溶液中浸泡 15 分钟,取出后将衣服平铺在铺板上用软毛刷轻轻刷洗,再投入洗衣粉溶液中拎涮几次,再在温水中漂洗 2~3 遍,最后投入清水中反复漂净。洗净后用毛巾毯将衣服包卷好,将其水分挤出,挂上衣架晾干,再用藤条拍拍打打,使羽绒恢复蓬松。

西装洗涤法

西装太脏，不宜干洗时，洗涤前应先在冷水中浸泡20分钟左右，用双手大力挤出水分，再放入40℃左右的中性洗涤液（每件1汤匙）中浸泡10分钟，切忌热水浸泡和用碱性强的肥皂。将衣服带水捞出，刷洗时要注意“三平一匀”，即洗衣板平、衣服铺平、洗刷走平、用力均匀。

洗刷重点：上衣是翻领、前襟、下摆、口袋、袖口和两肩；西裤是裤腰、裤袋、前后裤片和裤脚。

刷洗后把衣服放回洗涤液中拎涮几次，然后挤除洗涤液，用白醋25克加温水洗净，再用冷水漂洗。拉直理平各部位，挂在阴凉通风处晾干，切忌火烤或在强日光下暴晒。

绣花织物洗涤法

先将绣花织物的一角浸湿，然后再把它往白布料上擦几下，若白料子被染上色，说明绣花线会褪色。洗涤时先把绣花织物放在温盐水里浸泡，然后放进洗衣粉溶液，加些醋轻轻搓揉，最后用水漂净即可。

兔毛衫洗涤法

将兔毛衫放入白布袋里，用40℃的温水浸泡，再加入中性洗涤剂，然后双手轻轻揉搓，再用温水漂净。晾至将干时，将兔毛衫从布袋中取出，垫上白布用熨斗烫平，再用尼龙搭扣贴在衣面，然后轻飘、快速地向上提拉，兔毛衫就会质地丰满、柔软如新。

腈纶织物洗涤法

将皂片或皂粉放在温热水中融化，把腈纶织物浸入，搓揉洗净，晾在阴凉通风处。如织物的平整度与手感不好，可先在大盆内放进开水，再将织物平铺在开水中浸泡，但不能用开水直接浇在腈纶织物上，待水自然冷却后再将织物取出晾干。

麻织物洗涤法

麻纤维刚硬，抱合力差，洗涤时应轻柔，切忌在搓板上强力搓擦，或用硬刷擦刷，也不能用力拧，否则会使麻纤维滑移、起毛，影响外观和牢固度。

绒衣绒裤洗涤法

把绒衣绒裤放在温洗衣粉溶液中浸泡15~20分钟，轻轻揉搓后捞出，再用冷水漂洗几次，挤去水分，不可用力拧绞。应把绒面朝外晾晒，再用双手轻轻揉搓，使绒毛恢复疏松柔软。红色或紫色的绒衣受到烟熏后，只要用碱水喷一遍，就能去除黑斑和灰暗感，恢复原有的色泽。

毛毯洗涤法

先将毛毯放在清水中浸透，轻轻搓洗两遍；然后用约25℃的温水加中性皂片或高级洗衣粉溶成洗涤液，把毛毯浸入，轻轻揉压、搓洗，然后用清水漂净。纯毛毯在最后一次漂洗的水中加入50克白醋，可恢复毛毯的鲜艳。洗净后将毛毯卷起，轻轻挤压掉水分，再用毛刷将绒毛刷整齐，最后将毛毯四边拉齐，恢复方正。

白球鞋去污法

白球鞋受潮后会产生黄点或灰白点，可先用旧牙刷把浓度为50%的高锰酸钾溶液涂在鞋面污点上，1小时后渐成淡黄色，再用另一把旧牙刷把浓度为10%的草酸溶液涂在相同处，约3分钟后，用清水冲去，污点即消失了。最后用清水将整个鞋面清洗一下，防止局部留下水渍。

衬衫领子洗涤法

衬衫的领衬材料，多数是麻布或树脂麻布，为了保持其平直挺括不变形，宜用洗衣粉溶液浸泡15分钟，再用毛刷轻轻刷洗，而不宜用力拧绞、揉搓。

皮帽洗涤法

皮帽可用切成片的洋葱擦净，裘皮帽可用软布蘸汽油顺毛擦拭，即可起到洗涤的作用。

围巾洗涤法

各种围巾均宜用中性的洗衣粉或肥皂洗涤，在温水中轻轻搓洗捏干，然后摊平阴干,再用湿布覆盖烫平。切忌用沸水浸泡或用力搓揉刷绞,以免围巾缩绒和变形。兔毛围巾晾干后,可用塑料卷发器在其面上反复粘拉,即能蓬松如初。

洗帽子不变形法

洗刷帽子不要像洗衣服一样搓洗,应先找一个和帽子差不多大小的东西,如瓷罐、大玻璃瓶等,把帽子套在上面洗刷、晾晒,待半干时再整理一下,干了就不会变形走样了。

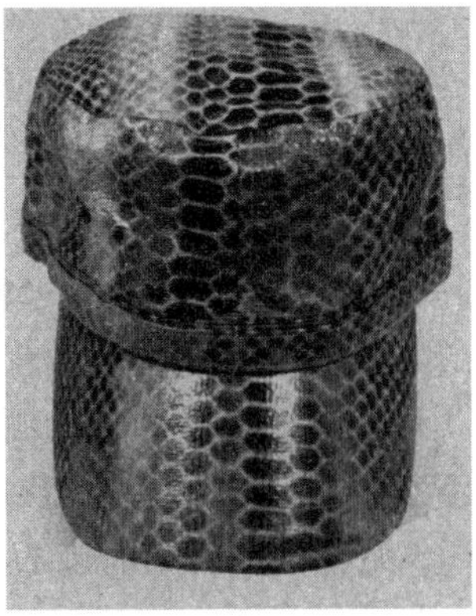

皮帽

巧除外套衣袖污垢法

外套穿着时间久了,就会在衣领和袖口处堆积一层污垢,既不卫生,也不美观。可用切得较厚的面包片用力摩擦,即可去除这些污垢。

洗涤毛衣防起球法

1.洗涤时把毛衣里朝外,减少毛衣表面的摩擦度,可防止毛衣起球。

2.用洗发精洗毛衣,可使毛衣柔顺自然,减少起球。

硼砂清洗雨鞋法

浅色雨鞋玷污变色后,可取少量硼砂与洗洁精拌匀,用来擦拭雨鞋,稍等片刻再用柔软的毛刷轻擦,即可使旧雨鞋焕然一新。

氨水的洗涤妙用

1.氨水去除尿迹法

布绸类(锦纶、维纶除外)衣物上遗留的尿迹,可用1:1氨水与醋酸混合液清洗,或将28%的氨水、酒精按1:1混合后洗涤。

2.氨水去除汗渍法

清水里加入数滴氨水,把有汗渍的衣服放进去搓洗,然后用清水漂净即可。

3.氨水去除陈奶迹法

当衣物上沾上牛奶或血渍时,千万不能用热水洗。新迹要立即用冷水洗。陈迹用洗涤剂洗过后,再用淡氨水洗。

酒精的去污妙用

1.酒精去除圆珠笔污迹法

先用肥皂洗涤,再用95%的酒精、苯或丙酮揩拭,可除衣物上的圆珠笔污迹。

2.酒精去除油漆污迹法

可先用棉花蘸95%的酒精湿润刚沾上油渍的衣服,涂上肥皂用力搓片刻,然后在清水中漂洗,重复2~3次即可。

3.酒精去除食用油迹法

把酒精涂于衣物油污处让其挥发,可以除掉油迹。

4.酒精去除松木油污迹法

搬运松木时衣服上会沾上松油,可用酒精擦洗,能洗尽油迹。

5.酒精去除碘酒污迹法

刚污染的碘迹,应立即放入热水或酒精中脱碘,然后用清水洗涤。

甘油的洗涤妙用

1.甘油助洗羊毛衫法

在最后一次漂洗羊毛衫的水中加入1汤匙甘油,将羊毛衫放入浸泡10分钟后取出晾干。这样洗出的羊毛衫干净、柔软,而且不褪色。

2.甘油去除红药水污迹法

把衣服沾湿后,用甘油擦拭红药水污处,再用含氨皂液反复搓洗,然后用清水漂净。

3.甘油去除番茄酱污迹法

衣服沾上了番茄酱,用35℃左右的甘油涂在污迹上,放置半小时后,再用温皂液刷洗,冷水漂清即可。

4.甘油去除蛋黄污迹法

衣服沾上了蛋黄,可用35℃左右的甘油揩拭,再用肥皂、酒精在温水中洗刷,最后漂清即可。

甘油

生姜的洗衣妙用

1.生姜去除血迹法

生姜切片擦拭血污部分,然后用毛巾蘸冷水擦洗,或是照常规清洗,血迹可除。

2.生姜去除汗渍法

把生姜切成碎末,放在衣服汗渍上搓洗,漂净即可除去汗渍。

食醋的洗涤妙用

1.醋增丝袜牢度法

滴几滴食醋在温水里,将洗净的丝袜浸泡片刻再捞起晒干,其纤维会变得更坚韧,还可去除袜子的异味。

2.醋去除熨迹法

要消除衣服上的褶纹和熨烫痕迹,可将食醋滴在毛边纸上,盖在褶皱处,用电熨斗烫一下,烫迹就会消失,衣物即恢复平整。

3.醋去除圆珠笔污迹法

先用洗头液浸透污迹处,再用刷子蘸些白醋加水稀释的溶液轻刷即除。

4.醋去除衣袜异味法

将少量食醋加入清水中,再把洗净的衣服、袜子放入漂洗一遍,就能去除异味。

5.醋去除羊毛衫极光法

羊毛衫肘部被磨亮,出现极光时,可取等量的醋和水调匀,喷在极光处,再用清洁的白布擦拭,便可消除极光。

6.醋去除黄药水污迹法

黄药水沾染衣服时,可将醋滴于污处,再在酒精中搓洗,一般即可去除污迹。如果仍有色迹,应用适宜的漂白剂漂白。

7.醋去除红药水污迹法

衣物上沾上红药水污迹,可用白醋搓洗,然后用洗涤剂揉搓,最后清水漂净。

8.醋去除葡萄汁渍法

如不小心将葡萄汁滴在棉布或棉的确良衣服上,千万不要用肥皂(碱性)洗。因为用碱性物质洗不但不能褪色,反而使汁渍颜色加重。应立即用食醋(白醋、米醋均可)少许,浸泡在渍处数分钟,然后用清水洗净,不留任何痕迹。

柠檬的洗涤妙用

1.柠檬汁治衣物泛黄法

在清水内滴入少量柠檬汁,浸泡洗涤泛黄衣物,返白效果尤佳。

2.柠檬汁去除血迹法

用柠檬汁加盐水浸泡搓洗,可以去除衣物上的陈血迹。

3.柠檬酸去除柿子污迹法

丝绸织物刚沾上柿子污迹,可用10%柠檬酸溶液清洗消除。

4.柠檬酸去除尿迹法

白色织物上的尿渍，可用10%的柠檬酸溶液浸泡1~2小时再洗涤，然后用清水漂净。

柠檬

苏打的洗衣妙用

1.苏打去除墨迹法

用4%大苏打水刷洗衣服上墨迹玷污处，然后再用一般的清洗方法洗涤。

2.苏打去除碘酒污迹法

衣物沾染上碘酒污迹，用酒精等未能除净时，可用稀释的大苏打水揩除。

3.苏打粉去除熨焦法

丝绸烫黄，可马上涂上少许苏打粉掺水调成糊状物，待干后再用牙刷轻刷，垫上干净的湿布熨烫，焦痕便可消除。

牙膏的洗涤妙用

1.牙膏去除圆珠笔污迹法

先用冷水浸湿，污迹处涂些牙膏，加少许肥皂轻轻揉搓。如有残迹，再用酒精清洗即可。

2.牙膏去除衣领衣袖污垢法

浅色衬衣的领子和袖口特别容易脏，单用肥皂难以洗净，可将衬衣浸湿，然后在衣领和袖口处均匀地涂一层牙膏，再用刷子轻轻刷洗，用清水漂净后，再用肥皂洗，领子和袖口就会格外干净。

3.牙膏去除墨迹法

在衣服墨污处涂上牙膏，反复揉搓后，再用肥皂清洗。

4.牙膏擦皮鞋法

擦皮鞋时，在鞋油里加一点儿牙膏，用力擦拭，皮鞋就会光亮鉴人。

盐水的洗涤妙用

1.盐水去除油迹法

熟油（菜汤油等）弄脏了衣服，用温盐水浸泡后，再抹上肥皂冲洗便可去除。

2.盐水去除血迹法

衣物刚沾染上血迹，应立即用淡盐水洗（禁用热水，因血遇热会凝固，不易溶化)，再用肥皂或10%的碘化钾溶液清洗。

3.盐水去除尿迹法

衣物上的尿迹，应趁湿放入温盐水中搓洗，然后清水漂净。

4.盐水去除汗迹法

衣物上的汗迹，可调制5%的食盐水，浸泡衣服1小时，再轻轻揉搓漂净。

5.盐去除胶鞋异味法

把细盐均匀地撒在球鞋和其他帆布鞋的鞋底，可在短期内消除汗臭。

6.盐水防牛仔裤褪色法

将新买的牛仔裤浸泡在浓盐水中12小时即可防褪色。

淘米水的洗衣妙用

1.淘米水治衣物泛黄法

泛黄的衣服先用淘米水浸泡2~3天，每天换1次水，然后取出用冷水清洗，泛黄衣物可恢复原有的洁白。

2.淘米水去除汗渍法

白色衣服上留下的汗渍，经常用淘米水浸洗，就不致发黄。

3.淘米水洗衣法

用淘米水洗浅色衣服，能保持衣物颜色鲜亮。

萝卜汁的洗涤妙用

1.萝卜汁去除蛋清污迹法

衣服上沾上了蛋清，可用新鲜萝卜捣汁搓洗，效果明显。

2.萝卜汁除油迹法

衣物上沾上了动物油渍，用鲜萝卜汁洗涤可除。

3.萝卜汁去除血迹法

用白萝卜汁或捣碎的胡萝卜拌盐，皆可去除衣物上的血迹。

熨烫温度掌握法

熨烫不同织物所需的温度是不同的，可按下列标准选用：

1.丙纶、维棉、尼龙织物以100℃左右为宜，把水滴在熨斗底面无声响，水滴不易散落。

2.真丝、腈纶织物、精纺毛织薄料以100℃~120℃为宜，把水滴在熨斗底面，发出“吱”声，水滴散开，周围起小水泡。

3.涤腈中长纤维、纯涤纶织物、混纺交织丝绸以 120℃ ~ 140℃ 为宜，把水滴在熨斗底面，发出“吱”声，水滴很快变成水泡向周围溅起小水珠。

4.纯棉、涤棉、全毛织物以 140℃ ~ 160℃ 为宜，把水滴在熨斗底面，发出“吱”声，水滴迅速变为滚动的水珠。

5.粗纺厚呢织物、卡其布、劳动布以 160℃ ~ 180℃ 为宜，把水滴在熨斗底面，发出“扑吱”声，水滴变成水珠迅速流失，很少存留。

6.亚麻织物以 180℃ ~ 200℃ 为宜，把水滴在熨斗底面，发出短促的“扑吱”声，水滴迅速散开，直接蒸发成水蒸气，完全不留湿痕。

化纤织物熨烫法

在化纤织物表面垫上布，并喷水，放置几分钟后才能熨烫。熨烫时，用力不宜过大，要不停地移动熨斗。如熨斗粘住织物或织物出现泛黄的现象，可调低温度后再烫。熨烫维纶织物时不可喷水，也不可垫湿布。腈纶膨体绒线衫裤以及弹力锦纶丝衫裤等，不应熨烫。在不加垫布，不喷水的情况下，温度控制如下：粘胶 120℃ ~ 160℃，棉纶 120℃ ~ 140℃，涤纶 120℃ ~ 140℃，腈纶 100℃ ~ 120℃，维纶 120℃ ~ 130℃，丙纶 90℃ ~ 100℃，氯纶不宜熨烫。

丝绸衣服去皱法

丝绸衬衫、被面之类有了褶皱，可放入温水中，加适量醋与大蒜汁，浸泡 1 ~ 2 小时后，捞出来抖去水，再用清水冲刷一遍，晾干后就平展如新了。

乳胶助衣领挺括法

将领子和领衬裁片烫平，在领衬上均匀地涂一层白乳胶（学名为聚醋酸乙烯乳液、化工或文具店有售），将领面和领里覆盖在领衬上粘牢，用熨斗烫干烫平，领子就能平挺而富有弹性了。棉布、涤棉布等能耐热的衣料均可采用此法。

衣服熨黄后的补救方法

1.毛料：取适量白矾用开水溶化后晾凉，然后用刷子蘸白矾水刷熨黄的部位，再把衣服拿到太阳下照晒即可。

2.棉织料：马上往熨黄的部位撒一些细盐，然后用手轻轻揉搓，再放到太阳下晒一会儿，用清水洗净。

3.化纤料：立即在上面垫上湿毛巾再熨几遍，焦痕轻则可恢复原状；严重熨伤，则只有采用相同颜色的布料加以缝补。

4.丝绸料:马上用少许苏打粉掺水调成糊状涂在焦痕处。待水蒸发后,再垫上干净的湿布用熨斗熨烫。

5.厚呢料:厚呢料烫黄,可以用上好的细目砂纸轻轻摩擦,然后用牙刷轻刷,使其重新出现新的绒毛,再垫上湿布,顺呢料绒毛原来的倒向熨烫,焦痕一般就能消除。

围巾熨烫法

1.腈纶厚绒围巾晾至九成干,平铺在木板上,将湿润白纱布平盖在围巾上;将电熨斗温度调至中温,然后平压均匀用力烫平即可。

2.羊毛围巾晾干后平铺在木板上,均匀地喷上水雾,再平盖上湿润的白纱布;把电熨斗温度调至中温,然后根据经纬走向按顺序烫平即可,切忌按斜线走向熨烫,以致围巾变形。

3.丝织围巾可平铺在木板上,用略湿润的白纱布平盖其上,再用手拍平拍齐;把电熨斗温度调至中低温,熨烫时需轻一些,以防出现水渍印和烫痕,熨至平整即可。

健康篇

饮食保健

吃对食物，吃出强壮体魄

多吃绿色食物，养眼更抗衰

绿色蔬菜和绿色食品统称为绿色食物，包括油菜、空心菜、黄瓜、芹菜、韭菜、菠菜、苋菜、雪里蕻、小白菜等绿颜色的蔬菜以及绿豆、绿茶等绿色食品。绿色蔬菜有多种保健功效，它们可以作用于肝胆，帮助肝胆舒缓压力，调节其功能，并且可清热及平息肝火，促进肝脏排毒，起到美容抗衰的目的。

新鲜绿色蔬菜中所含的叶绿素可以有效对抗自由基，有抗癌作用。叶黄素是一种绝佳的抗氧化剂，对人体非常有益，尤其可以起到保护眼睛、抵抗衰老的作用，这种营养素也大量存在于绿色蔬菜里。如菠菜就是叶黄素的最佳来源之一。现代研究表明，绿色蔬菜的颜色越深，所包含的叶绿素和叶黄素也就越多。

女性应多吃红色食物

红色食物包括红色蔬菜、红色五谷、红色水果等，是指红辣椒、西红柿等色彩艳丽、富含天然胡萝卜素的食物，最主要的，红色食物的优势在于它们都富含天然铁质。还有如我们常吃的樱桃、大枣等都是贫血患者的天然良药，也适合女性经期失血后的滋补。

红色食物可增加机体对疾病的抵抗能力，保护人体预防伤风感冒。如呛辣的红辣椒中含有辣椒红素，能激发人体的抗氧化能力，激发巨噬细胞的活力，帮助身体抵抗疾病。因此，多吃红色食物，免疫力可以大大增强。

黄色食物，食物里的抗癌高手

黄色食物如胡萝卜、柠檬、南瓜、大豆等，它们给人以清香、脆嫩的感觉，使人倍觉清新、味甜。黄色食物大多含有丰富的维生素C,而维生素C是最好的抗氧化剂,具有延缓皮肤衰老、祛除色素沉着、美白肌肤的功效。

工作压力大的人可以经常吃黄色食物,不仅可以舒缓心情,并且能增加自身的幽默感,更重要的是可以作用于脾胃和肌肉,清除血液中的毒素。如玉米和香蕉等就是很好的人体垃圾清理剂,因为玉米和香蕉有滋养、强化消化系统与肝脏的功能,同时还能清除血液中的毒素,令皮肤变得细滑柔嫩。

白色食物,平衡人体内的营养

白色食物包括白萝卜、大白菜、菜花、荞白、莲藕、冬瓜等。白色食物中,牛奶的营养素最齐全,人体需要的营养素牛奶中几乎都有,是食物中最佳的平衡食物。

燕麦片与荞麦粉均有三降一抗作用:降血压、降血脂、降血糖,抗癌。亦可改善高血压、高血脂、糖尿病、结肠癌、直肠癌与便秘。

在白色食物中,大蒜被誉为“抗癌之王”“杀菌之星”。此外,大蒜还含有100多种药用成分,对高血压、高血脂、糖尿病有改善作用。

黑色食物是老年人的最佳食品

黑色食品主要是指黑米、黑豆、黑芝麻、黑枣、黑木耳、香菇、海带、紫菜、发菜、豆豉、乌骨鸡和海参等食物。

黑米是米类珍品,含有多种氨基酸、矿物质和维生素。多食黑米可开胃益中、健脾暖肝、明目活血,还可缓解少年白发,对孕产妇有补虚养身之效。

多食黑豆、豆豉可降胆固醇,预防肥胖和动脉粥样硬化。以黑豆、甘草和生姜共煮可去热毒,可用于缓解心痛、膝关节痛等症。

黑芝麻中的维生素E十分丰富,所以多吃黑芝麻可延缓衰老。若用黑芝麻、粳米煮成黑芝麻粥加糖食用,有润五脏、强筋骨、益气力等作用。

黑芝麻

黑木耳中含铁质最为丰富,常食能减少血液凝结,预防动脉粥样硬化,且可益气补血、改善痔疮、缓解便秘、降血压。

香菇外皮黝黑,因富含核酸物质,所以对胆固醇有溶解作用,多食可降血脂及胆固醇。

海带、紫菜、发菜含褐藻胶、硫、钙、甘露醇等成分,有助于降低胆固醇,软化血管，改善高血压、冠心病等症。

紫色食物，血压的“好帮手”

紫色的食物，如紫茄子、扁豆、甘蓝、紫菜、苋菜等，富含花青素，可以改善血液循环，有效抗氧化，预防心血管疾病。

紫色食物能使人赏心悦目，且大多都是含碘丰富的食品，碘能够促进甲状腺分泌各种激素，以维持身体的正常健康状态。如紫菜中大量的碘可有效抵御甲状腺肿大，特别适合有甲状腺相关疾病家族史的人。紫葡萄对皮肤的养护和心脏的健康有极大作用，紫葡萄中富含B族维生素族，可以加速身体中的血液循环。至于葡萄酒更是对心脏和血液循环系统益处多多，每天饮用一杯可达到延年益寿的效果。

五色搭配，均衡营养

各种食物都具有各自天然的色彩，在日常生活中各色食物搭配食用，并不断变换花样，不仅能在视觉上给人以美的享受，而且还能做到营养均衡，保证身体健康。

尤其是食用蔬菜时不能光看颜色吃单一品种，因不同的蔬菜含维生素各有侧重，不可能一种蔬菜含有全部维生素。即使不同颜色的同一品种，其营养成分亦有差异。因此，日常生活中必须同时食用多种不同颜色的蔬菜，方能起到取长补短、互通有无的作用。最好每天要食用4份蔬菜、水果，其中1份为绿色叶菜，至少隔天吃1份黄褐色蔬菜或水果，这样才能“广吃兼收”，得到均衡的营养。

血虚该吃些什么食物

体内血液亏虚不足，脏腑组织失于濡养，临床表现为面色苍白或萎黄、指甲淡白、头晕眼花、手足发麻、心悸失眠、虚劳、长期发热、月经不调、崩漏、闭经、不孕以及西医的营养不良、造血功能障碍、慢性消耗性疾病、神经衰弱或出血性疾病等。

心主血，肝藏血，心、肝两脏与血的关系最为密切。若心血虚，表现为心悸、失眠、多梦等症；肝血虚则表现为眩晕、耳鸣、视物模糊、手足震颤等。

补血虚的蔬菜有黑木耳、胡萝卜、菠菜等。这些食物可以供给人体丰富的铁、蛋白质、维生素C，具有补血的显著疗效。

气虚该吃些什么食物

气虚是因机体脏腑功能衰退、元气不足引起，多见于久病体弱、年老体虚等多种情况。

气虚患者的临床表现以神疲乏力、少气懒言、呼吸气短、语声低微或头晕目眩、自汗、活动后诸症加重、舌质淡、脉虚细无力等为主。根据虚损脏腑的不同,气虚又可分为心气虚、肺气虚、脾气虚、肝气虚、肾气虚等症。

气虚体质者宜吃性平或性甘温且具有补肺气、益脾气作用的食物,包括扁豆、白萝卜、豇豆、百合、桑葚、山药、土豆、胡萝卜、黑木耳、香蕈等。

阳虚该吃些什么食物

阳虚是机体阳气不足的症候,主要表现有形寒肢冷、面色苍白、神疲乏力、自汗、口淡不渴、尿清长、大便稀溏、舌质淡、脉弱等,以脏腑虚损来分,又分心阳虚、脾阳虚、肾阳虚等。

阳虚之人宜吃属热性或温性的食物,食之有温中、补虚、除寒的功能,如白面、豆油、干姜、葱、香菜、胡萝卜、辣椒、枸杞子菜、韭菜等,以滋补阳气。

阴虚该吃些什么食物

阴虚是机体阴液亏损的症候,主要临床表现有午后潮热、盗汗、颧红、咽干、手足心热、小便短黄、舌红少苔、脉细数等。按虚损脏腑的不同,又可分为心阴虚、肺阴虚、肝阴虚、肾阴虚等症。

阴虚的人宜吃具有生津养阴、甘凉滋润的膳食,养阴的食物有菠菜、黑木耳、银耳、大白菜、油菜、黄瓜、甜瓜、丝瓜、西瓜、竹笋、茄子等。

不能以水果代替蔬菜

水果与蔬菜各有自己的特点和功用,水果不能代替蔬菜,蔬菜也不能代替水果。对此,古人有云“五菜为充,五果为助”,早已准确地道出了蔬菜和水果在功用上和用量上的不同。

水果和蔬菜虽然都富含维生素 C 和矿物质,但在含量上还是有所差别的。除了含维生素 C 比较多的鲜枣、山楂、柑橘等外,一般水果如苹果、鸭梨、香蕉、杏等所含的维生素和矿物质都比不上蔬菜,特别是绿叶蔬菜。

吃蔬菜时通过合理烹调加工,还可以从盐、植物油、酱油等调料中获得其他一些营养物质,而吃水果在这方面就会受到限制。

吃维生素并不能代替吃蔬菜

从营养学的角度来看,吃维生素并不能代替吃蔬菜。因为蔬菜中除了维生素外,还含有蛋白质和钾、钠、钙、铁和锌等多种矿物质的微量元素,这些微量元素都是人体不可缺少,但是在其他食物中又难以摄取到的。而且长时间地服用维生素类制品还有可能会出现副作用,引发一些病症。所以在日常生活中,要多吃一些新鲜蔬菜。

吃蔬菜,把握时令更有营养

许多蔬菜的营养价值会随着季节的转换而变化。如蔬菜中维生素 C 等营养成分的含量通常在其大量上市的季节最为丰富。如 7 月份购买的西红柿,每 100 克可食用部分的维生素 C 含量,是 1 月份的 2 倍;黄瓜在夏季的维生素 C 含量同样也是冬季的 2 倍左右。

胡萝卜中的 β-胡萝卜素含量 6 月份时是隆冬时节的 1.5 倍;西红柿等蔬菜中的 β-胡萝卜素含量也在夏季明显增加;青椒中的维生素 C 和 β-胡萝卜素的含量虽然没有明显的季节差异,但最好也要在其正当时令时食用。

另外,菠菜在冬季食用最具营养,春夏季其营养含量则比冬季时要少 8 倍,这是因为春夏季的菠菜含水量明显增加,固体成分减少大约一半。还有一些冬令青菜,冬季时尤为好吃,甜糯可口,营养全面。

选择无污染的蔬菜吃

一般来说,从蔬菜外观的形状和颜色上是无法辨别农药是否超标的,要想减少污染物对身体的损害,首先要了解哪些蔬菜和水果更容易受到污染。

容易生虫、生虫后比较难防治的果蔬常常是农药污染较严重的品种。如水果中的苹果、梨、李子、葡萄、草莓、西瓜、橘子、香蕉等农药残留比较严重,而带壳的水果如荔枝、桂圆等污染较小。污染较重的蔬菜有叶菜和细菜,如小白菜、西兰花、鸡毛菜、韭菜、菠菜、油菜等,而根菜、瓜菜和果菜(如土豆、南瓜、黄瓜、苦瓜、西红柿以及洋葱等)受到农药的污染相对较小,并且这些蔬果的营养成分也较高。

生病时吃蔬菜有禁忌

在疾病发生时,必须避免食用一些可加重病情的蔬菜,如:

患肠胃炎时,不能吃辛辣刺激的蔬菜,如生姜、辣椒等。

患全身性红斑狼疮时,不能吃苜蓿等,否则会加重病情。

患痛风时,不能吃竹笋、香菇、黄花菜等卟啉含量高的蔬菜。

患糖尿病时,不能吃红薯、莲藕等。

患消化性溃疡时,不能吃芹菜、竹笋、空心菜、洋葱等。

患肾功能不良、尿毒症时,不能吃苋菜、油菜、南瓜等。

苦味蔬菜对人体有很多益处,比如可促进胃肠蠕动、清热解毒、利水消暑等。通常不同的苦味蔬菜也有不同的功能。

苦瓜:味苦,性寒。含有丰富的维生素 C,有祛热、解疲劳、清心明目、益气壮阳

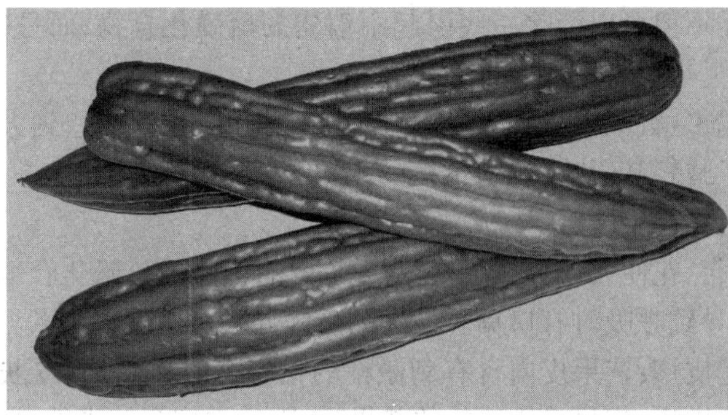

苦瓜

的功能。苦瓜还含有生理活性蛋白,能提高人体免疫力,有利于皮肤及伤口的愈合。再者,科学家还从苦瓜中提取出口服胰岛素类药物,故苦瓜对糖尿病有很好的疗效。

芹菜:是一种凉性蔬菜,能清热凉血、平肝祛风、祛痰消肿,还有降低胆固醇、降血压的功效。

莴笋:味苦,性微寒。具有清热化痰、利气宽胸、泻火解毒的作用。适用于咳嗽痰多、纳差胃胀、大便秘结者。

香椿:味苦,性平。富含蛋白质、胡萝卜素、维生素 C 和钙、磷、铁等矿物质。具有清热化痰、解毒消炎的功能。将香椿捣烂外敷,可缓解疮和肿毒。

马兰:是一种野生蔬菜,味苦,性大寒,具有清热解毒、凉血消斑的作用。

蔬菜混着炒,营养更均衡

蔬菜中含有丰富的维生素、矿物质、膳食纤维和果酸等,是人体所需营养的重要来源。如果将几种蔬菜混在一起炒,可起到营养互补的作用。比如维生素 C 在深绿色蔬菜中最为丰富,而大豆芽富含 B 族维生素,若将大豆芽和菠菜一起炒,则两种维生素均可获得。柿子椒中富含维生素 C,胡萝卜中富含胡萝卜素,土豆中富含热量,若将三者合炒,则可营养互补。

此外,混炒蔬菜还能增进食物的色香味。红色、绿色菜肴可促进食欲。若在莴笋中放入胡萝卜片、鲜红辣椒,可使菜品色泽鲜艳;若菜中放入一些生香菜,则可使菜变香;西红柿还可使菜变成红色并有酸味,可促进食欲。

清除水果蔬菜“副作用”有招儿

吃生洋葱不消化:可吃半生的。方法是将切碎或切丝洋葱放在漏勺中,滚开水淋烫一下。这样不但可以消除一些引起不消化的硫磺化合物,而且吃起来仍有生洋葱的爽脆。

吃大豆放屁多:大豆中含有大量难以消化的物质,当它们达到大肠时,即发酵产生废气。为了减轻其影响,浸泡干豆的水不要用,用新水煮,且一定要煮熟。半生半熟的大豆更易产生废气。

生菜花及西兰花使人口臭:这是因为它们含有大量的硫磺化合物,会黏附于人的体内和口中,导致呼吸时有口臭。最好的烹饪方法是用滚水快煮。

吃芒果会起皮疹:芒果皮内含有刺激性的松香,如果接触到皮肤,就可能会引起皮疹。为避免皮疹,应尽量挑选熟的芒果吃,因为它们含较少的松香。削皮的时候,最好戴橡胶手套。吃完芒果后,要彻底清洗双手。

慎食畸形果蔬

果蔬变形的原因主要有两种:营养不均衡和使用激素不当。现在很多果蔬是在温室和塑料大棚中栽培的,这些果蔬会因低温、干燥、氮磷肥喷施过多而缺钙,形成畸形。更有一些菜农为了让蔬果蔬菜提早上市,在种植过程中使用激素对果蔬进行催熟处理,最终造成果实空腔、畸形等。

农药、化肥、激素等广泛应用于果蔬种植中,会对人体造成伤害。食用了这些水果和蔬菜,人可能会出现乏力、呕吐、腹泻、肌颤、心慌等症状,如果农药长时间在体内蓄积,还可致畸、致基因突变、致癌。因此变形的果蔬不宜食用。

有些人不宜吃辣椒和大蒜

辣椒具有强烈的刺激性,如果过量食用,可引起胃中发烧或胃痛,也可能引起肛门发烧刺痛。因此,患有痔疮、疖肿、胃溃疡、食道炎、肺结核、高血压、牙痛、喉痛、红眼病等病的人均不宜过量吃辣椒。

大蒜性温味辛,如过食可致上火,影响视力。凡是口干、大便干燥、午后发烧、面红耳赤者应少食或不食。

患有慢性胃炎、胃和十二指肠溃疡的患者也最好不吃,因为大蒜能刺激胃黏膜,使胃酸增多,易加重胃病病情。

这些蔬菜有些人不宜吃

蔬菜是人人皆需、营养丰富的食品，但吃起来也要因人而异。

菠菜、葱、茭白等富含草酸，影响人体对钙质的吸收，所以肺结核患者不宜多吃、肾结石患者少吃为好。

扁豆含有酪氨酸成分，服用单胺氧化酶制剂的人不宜食用，以免引起高血压。

新鲜的黄花菜含有大量的秋水仙碱，食后易引起中毒。小儿应慎食。

西红柿含有大量的胶质、果质、柿胶酚和可溶性收敛剂等，空腹时不宜吃。

土豆中含有大量淀粉，所产生的能量比一般蔬菜高得多，故糖尿病患者不宜多吃。

别吃半生半熟的金针菇

金针菇必须完全煮熟才能吃，因为未熟透的金针菇中含有秋水仙碱，人食用后容易因氧化而产生有毒的二秋水仙碱，它对胃肠黏膜和呼吸道黏膜有强烈的刺激作用。一般在食用 30 分钟至 4 小时内，患者会出现咽干、恶心、呕吐、腹痛、腹泻等症状。如果大量食用还可能会引起发热、水电解质平衡紊乱、便血、尿血等严重症状。

另外，食用新鲜金针菇前，应先将其在冷水中浸泡 2 小时；烹饪时要把金针菇煮软煮熟，使秋水仙碱遇热分解；凉拌时，除了用冷水浸泡，还要用沸水汆烫一下，让它熟透。

吃西红柿要挑对颜色

西红柿的吃法，因人们的喜爱而有所不同，有的人爱生吃，有的爱熟吃。一般来说，生吃宜选择粉红色，熟吃宜选择大红色。这是因为前者糖、酸含量较低、味道淡一点，后者则糖、酸含量都较高、味道也浓。橙色的西红柿含西红柿红素少，但胡萝卜素含量高一些。

西红柿

因此，买西红柿前，应考虑是生吃还是熟吃。大红色的西红柿适宜炒菜、做汤，味道浓郁。因为大红色的西红柿中含有大量的茄红素，抗氧化功能强，而且还有预防癌症的功效，但这些茄红素只有通过加热，西红柿组织的细胞壁崩解后才能析出，而生吃西红柿却只能吸收其中的维生素

C。所以大红色的西红柿炒菜或做汤比较好。在制作热菜时,要注意西红柿下锅加热时间不要过长,以保证西红柿本身的鲜味及营养素不流失。

聪明吃水果,健康美丽自然来

想减肥,水果最好饭前吃

不论是宴会的上菜程序,还是大多数人的生活习惯,均是饭后吃水果以去油腻、助消化。营养专家认为,如果你想减肥的话,饭后吃水果不仅达不到预期的效果,反而还会导致体重超重。而饭前进食一定量的水果对身体健康有很多好处。

首先,水果中的许多营养成分均是水溶性的,有维生素以及可降低血液中胆固醇水平的可溶性植物纤维果胶等。这些营养成分在空腹时的吸收率要远高于吃饱后的吸收率。

其次,饭前吃水果有助于实现健康饮食"八分饱"。水果是低热量食物,其平均热量仅为同等重量面食的1/4,同等猪肉的1/10。如果先进食低热量的食物,就比较容易控制总的摄入量。

第三,水果容易被氧化、吸收,先吃水果可缩短其在胃中的停留时间,降低其氧化腐败程度,可以减少对身体造成的不利影响。

吃水果要看体质

对水果必须视体质不同和肠胃状态不同做适当的调整。有些水果不宜一次吃太多,而有些不宜空腹食用,应该依每个人身体状况的不同吃不同的水果。

体质不同要把握"正体质,反进补"的原则。寒性体质适合吃温热性水果及平性水果,吃多了寒性水果,会造成身体不适。热性体质适合吃寒凉性水果及平性水果,吃多了温热性水果会对身体造成不良影响。

肠胃不好的人吃水果要注意。最好选择"温和"一点的水果以及容易消化的瓜类。如水梨、苹果等,不要太甜,也不要太酸。中医辨证认为,虚寒体质以及有慢性肠炎、十二指肠溃疡或者有胃炎、胃溃疡的患者,最好少吃西瓜、香瓜等寒凉食物。

本身不宜过多食用的水果,即使体质适合也不宜一次吃太多。如荔枝,多吃会产生燥热、牙龈肿痛、口干、鼻子出血等情况;葡萄,多吃会令人郁闷、眼睛干涩、目滞发暗;桃子多吃令人上火;李子多吃易损伤脾胃。

另外,人的年龄大小、体质强弱不同,吃的分量也应有所不同。

西瓜好吃莫贪多

夏天适量吃些西瓜，对人体健康大有裨益。而过量食用或吃冷冻后的西瓜对人体不仅无益，反而有害。

这是因为，西瓜吃得过多会伤脾助湿。凡是脾胃虚寒湿盛、消化不良、腹胀腹泻、食欲不振者以及肾功能不佳者均应慎食或忌吃西瓜；胃溃疡患者也不宜多吃西瓜，以免引起胃穿孔；糖尿病患者吃西瓜也不宜过多，以免痰湿阻盛、血糖升高。

西瓜

即使是健康的人吃西瓜也不宜过多。一是会冲淡胃液，影响胃酸分泌，引起消化功能不良或腹泻；二是食之过多，脾胃湿阻过盛，容易引起胃纳欠佳；三是食之过多，易引起胃扩张。另外，老年人一般脾胃虚弱、脾胃功能衰退，食之过多不易消化吸收。

令人活力四射的 4 种热带水果

大自然给我们准备了大量的养生之物。例如，令人活力四射的 4 种热带水果：木瓜、菠萝、香蕉和芒果。这几种奇异的水果几乎含有对人体健康有益的所有维生素，而且是天然蛋白质的极好的来源。在消除慢性消化不良症方面，它们可使病情很快得到缓解，使消化系统逐步得到改善，恢复正常。

芒果

人们每咽下一口食物，就会有一种酶随之变成另一种酶的形式。当一种特殊的维生素或矿物质从食物中分离出来，就会被运转到需要能量的机体部位中去。木瓜、菠萝、香蕉和芒果这 4 种热带水果之所以具有恢复活力的力量，正是因为它们含有酶。

吃葡萄也要看身体状况

葡萄对慢性肝炎患者来说是极有益的食品,慢性胃炎、食欲不振者常食葡萄和

葡萄

葡萄干也是极有好处的。贫血及恶性贫血患者可持续饮用葡萄酒。因葡萄有安胎补气的作用,所以又是孕妇首取的上好果品。

但也有人认为,葡萄性偏于温,有利尿作用,阴虚内热、津液匮乏者忌食之,《医林纂要》曾载:“多食生内热。”

水果罐头打开后应当一次吃完

水果罐头含糖、酸较多,一旦打开后没有吃完,就很容易被空气中的乳酸菌、酵母菌等微生物所污染。这些微生物繁殖迅速,它们在生长的过程中不断地把糖和有机酸分解为乳酸、醋酸、乙醇以及其他物质,从而使罐头内食品出现酸腐味和酒精味。若是铁盒水果罐头,吃剩的部分留在盒内,由于糖水中含有较多的有机酸,有机酸与铁皮接触很容易氧化,使之锈蚀,吃起来会有铁锈味。

而且,如果罐头密封不良,还易发生其他致病菌的污染。因而,经常吃罐头食品弊端很多,尤其对儿童、老人、孕妇更为不利。

老人吃水果应该有选择性

水果对老年人的健康好处多多,但也要有选择性地吃。

香蕉肉绵软味美,对牙齿功能欠缺的老人堪称理想佳果,而且还有润便功能。但香蕉性寒,含钠盐多,过多进食会影响肾功能。

柑橘性凉，胃肠、肾功能虚寒的年迈者不可多食。一般饭后吃2个橘子或广柑即可，既能促进消化，又不至于引起腹痛、腰膝酸软等病症。

梨具有祛火、止咳的作用，但梨汁性冷，脾胃虚寒的老年人一旦食之过量，会导致呕水、便稀等，同时还有可能引起血糖升高。

柿子味甘、肉厚，熟透的柿子甜如蜜汁，但老人过量食用会引起便秘。而且柿子中所含的单宁收敛力强，空腹吃柿子还易导致“胃柿石症”。

荸荠、菱角不宜生食

菱角、荸荠的果肉含有丰富的淀粉、蛋白质、脂肪、葡萄糖、B族维生素、维生素C及矿物质等。但由于荸荠、菱角生长在水田里，容易被一种叫作尾蚴的幼虫污染，人吃后易患姜片虫病。这种病症会引起肚子痛，特别是饥饿时痛得更厉害，大便也会时稀时干，毫无规律。有部分人常常牙龈出血，一天天会消瘦下去，出现贫血、面色焦黄、全身浮肿等症状，严重时还会出现腹水。一旦肠内寄生虫的数量增多，就会堵塞肠道，引起剧烈的腹痛和呕吐，若不及时就诊甚至会有生命危险。小孩感染严重的，还会影响发育。因此，荸荠、菱角等尽量不要生吃。

吃菠萝要防过敏

菠萝酸甜可口，营养丰富，为营养佳果之一。但香脆可口的菠萝也可使人发生过敏症。尤其是过敏体质的人吃了或是进食的方法不对，都会引起过敏。这是因为菠萝汁中含有一种生物苷及菠萝蛋白酶，生物苷会刺激口腔及食管黏膜，使口腔发痒。

菠萝蛋白酶是一种异性蛋白，对此过敏的人吃了之后会产生过敏反应，有恶心、呕吐、腹痛、腹泻、头痛及口舌、皮肤瘙痒等症状，严重的还会出现呼吸困难，甚至昏迷死亡等症。

此外，菠萝汁中还有5-羟色胺，有强烈收缩血管和升高血压的作用。每100克菠萝汁中含5-羟色胺2.5~3.5毫克。过多摄入后的直接反应就是头痛。

水果未必比蔬菜营养好

不少人认为水果比蔬菜营养价值高，其实不然。蔬菜有它自己的特殊价值，比如含有一些调味物质，如挥发油、芳香物、有机酸等。而且蔬菜还能刺激食欲、促进消化、杀灭细菌，改变食物滋味。

蔬菜中含有大量膳食纤维，虽然不能被人体消化和吸收，但它可刺激肠蠕动，保持大便畅通。

医学专家认为，少吃或不吃水果不会对身体健康有太大的影响，而长期不吃蔬菜却会患某些疾病。可见,就人体需要来说,蔬菜比水果要好。

根据职业选水果

不同的水果含有的营养成分不同,适合不同职业的人食用。例如:

香蕉可以使服务行业从业人员对消费者的态度更好,因为它能缓和紧张的情绪,提高工作效率,缓解疲劳。

柿子对疲惫不堪的体力劳动者很有益处,因为疲劳在多数情况下是因为缺血造成的,而柿子里含有很多铁元素,可以刺激血红蛋白的生成,缓解疲劳。

橙子

橙子可以帮助经常吸入废气的司机排除体内的毒素。

菠萝最适合运动员食用,它有消炎和消肿的作用,能改善血液循环,促进肌腱炎症和外伤的康复。

经常坐在电脑前的白领应该多吃梨,因为梨含丰富的维生素 A、维生素 E 和 B 族维生素,对眼睛有益。

葡萄有祛痰作用,咳嗽的时候可以吃点。

木瓜可以增强精力,提高性能力。

芒果含有丰富的β-胡萝卜素和独一无二的酶,可以令皮肤富有弹性,并且延缓皱纹生成,最适合爱美的女性。

别靠吃水果来减肥

水果被公认为是减肥圣品,尤其是一些爱美的女性,常用水果代替日常三餐,以为既可减肥,又能美容。

水果中含有丰富的维生素及矿物质,热量又不高,膳食纤维又多,的确对人体非常有益。但是,靠水果减肥的办法却并不科学,因为水果中含有大量的果糖,而蛋白质和脂肪的含量却很少。用水果代替正餐,在分量又没有节制的情况下,减肥自然无效。如果以水果代替米饭,一碗米饭的热量约等于 3 根香蕉的热量,如果再加几个柳橙,几个苹果,总共所吸收的糖分或热量可能不低于正常一餐所摄入的食物,说不定还会超过很多呢!

此外,人体需要均衡的营养,如果只吃水果而不吃含脂肪、蛋白质等的食物,可能会导致营养不良。此外,缺少油脂,身体就不易吸收脂溶性维生素,此种不均衡的饮食势必会造成营养不良,损害健康。

吃水果可调节情绪

吃水果可调节自己的不良情绪。

当情绪紧张时，可吃一些橙子或柑橘。这些水果颜色鲜艳、酸甜可口，所发出的气味还有助于缓解心理压力，能帮助缓解紧张的情绪，尤其是对女性的影响较大。

当感到忧郁时，可多吃些猕猴桃。猕猴桃中所含的天然肌醇能增强脑部活动，有助于走出忧郁的阴影。

当愁眉苦脸时，可多吃香蕉。香蕉被誉为“快乐之果”，富含泛酸成分，可以帮人体减轻，心理压力，解除忧愁。

当害怕交际时，喝一点加有蜂蜜的果汁，可以缓解这类症状。

易怒时，可多吃些钙质丰富的水果或是其他食物。因为情绪不稳、易怒的人大多是因为长期缺钙所造成的。

如果感觉自己不够勇敢，平时可多吃些维生素 A、维生素 C 和 B 族维生素丰富的水果。因为胆小主要是由缺乏这几类维生素引起的。

能解酒的水果

西瓜：饱含水分与果糖、多种维生素、矿物质及氨基酸，可以改善中暑发烧、汗多口渴、小便量少、尿色深黄等症状外，有口腔炎、便血、酒精中毒者均适宜多吃，疗效显著。

杨桃：具有清热解毒、生津利尿的功效，适用于酒精中毒、风热咳嗽、牙痛、口腔溃疡、尿道结石、小便不利等症。但肾功能异常者千万不可吃。

甘蔗

甘蔗：具有解酒毒、清热润肺、生津止渴、利尿通便、除口臭的功效，可改善反胃呕吐、宿醉不醒症状。

梨：有生津止渴的作用，更是很好的解酒水果，据李时珍记载，梨可“解疮毒酒”。所以，贪杯的人可以通过吃梨解酒。

冬季可把水果热了吃

水果是人们日常生活的必需品，但冬季天气寒冷，水果冰凉，尤其是老年人和身体不适者更怕生冷。怎么办呢？别担心，这里介绍几种水果热食的方法。

热橙：将甜橙用刀削去黄色外皮，放入炖盅内炖热或将原个甜橙放在口盅里，加温水烫热之。这种食法最宜采用。

熟蔗：将甘蔗洗净，切成小段，放入锅里，用蒸架垫高离水蒸煮 10 分钟，便成熟蔗，食味更觉清甜暖心。

热马蹄:将马蹄洗净煲热,食时容易剥皮,且觉甜中带韧。

炖熟木瓜:将熟木瓜去皮切块,加适量的冰糖,用炖盅炖热,有清热润肺之功。

炖雪梨:将雪梨削皮去心切块,加适量的糖,用炖盅炖热,有清心润肺止咳之效。

用苹果、雪梨煲汤:将苹果或雪梨削去皮心切块,加肉类煲汤佐膳,味道鲜甜可口。

选择水果有讲究

水果营养丰富,味道鲜美,是人们喜爱的食物。在琳琅满目的水果摊前,怎样选择水果呢?

即使人们吃同样一种水果,其味道也各不相同。有的甘甜,有的酸涩,有的细腻,有的粗糙。出现这种情况,原因在于水果也有“男女”之分,“雌雄”之别。

雌性水果的味道比雄性更胜一筹。若择雌而购,就能吃到味美的水果。苹果的雌雄之分主要是在果蒂。果蒂较大者为雌苹果,味甘美爽口,汁多皮薄。橘子和苹果一样。荔枝壳上的刺呈针尖状者为雌,壳薄,核小,汁水丰富且甜。其他如梨、桃等水果也是如此。

饥饿时不要用香蕉充饥

有些人饥饿时喜欢用香蕉充饥。其实,这是在无意中陷入了饮食的误区。

香蕉含有大量的镁元素,空腹食用香蕉可使血液中的含镁量骤然升高,造成人体血液内镁、钙比例失调,对心血管产生抑制作用,不利于身心健康。

值得注意的是,香蕉含钾盐、糖分较多,患有慢性肾炎、高血压、水肿和糖尿病的患者应慎吃。

汤水茶饮如何喝出健康与美味

需要及时补水的特别时刻

运动后:运动后都应适当喝水,这样可缓解疲劳。在有空调的环境中尤其需要补充水分。

怀孕时:女性怀孕时格外需要水,每天至少饮 2 升的水,但是避免在用餐时间喝水。

瘦身时:瘦身时特别需要喝水,喝水能把体内的脂肪代谢出来。

发烧时:发烧时水分流失大,多喝水可以及时补充水分。

搭乘飞机时:搭乘飞机时由于压力加大,缺水厉害,所以要多喝水。

“男奶女浆”中的养生哲理

牛奶和豆浆是人们最喜欢的两种高蛋白饮料,对男女来说,分别多饮用牛奶和豆浆也是养生诀窍之一。

大豆含有与蛋、肉、奶相似的蛋白质,且质量较好,还含有优良脂肪,有预防高血压和心脏病发生的作用。最新研究发现,豆浆含有大豆苷原,能较好地调节中老年女性内分泌系统,降低乳腺癌、子宫癌的发病率,减轻更年期综合征的不适。另外,豆浆补虚润燥,清肺化痰,能缓解虚劳咳嗽、哮喘及便秘等,并有降低血脂、防止动脉粥样硬化、改善心理状态、促进体态健美和抗衰延年等作用,女性常饮豆浆还能减少面部青春痘、暗疮的发生,使皮肤洁白润泽、容光焕发。

虽然,牛奶和豆浆都是好饮料,男女都应适量多饮,对改善饮食结构和提高身体素质很有益处,但针对男女性别特点,有所侧重很有必要,男性多喝牛奶会更健康强壮,女性多饮豆浆会更健康美丽。

不要用含乳饮料代替牛奶

我们讲的奶包括液体奶(如鲜牛奶、纯牛奶和各种配方奶)、发酵奶(如酸奶)和固体奶(如各种奶粉)。这些牛奶乳液或按说明调成的奶粉乳液中的各种营养成分应接近鲜牛奶。例如,每100克乳液中蛋白质含量不得低于2.5%。也就是说,各种商品名称的“奶”或“乳”,必须确保其营养成分,如其中蛋白质含量不得低于2.5克/100克。否则,就只能称为含乳饮料,而不能叫“奶”或“乳”。

牛奶

各种含乳饮料与“奶”或“乳”不同,从根本上讲它们是饮料,而不是奶。虽然其中包含了必备的牛奶成分,但其中更多的是水。通常情况下,含乳饮料的蛋白质等营养成分含量只相当于鲜牛奶的1/3左右。

很多家庭喜欢将口味较好、易于被儿童接受的含乳饮料当成牛奶给孩子喝;有些学校甚至选择含乳饮料作为学生奶给学生饮用,这样做势必影响儿童的体格和智力发育。

喝牛奶出现乳糖不耐受怎么办

不少人喝牛奶或食用奶制品后会发生腹胀、腹鸣不适,甚至出现腹痛和腹泻等现象。这一系列症状被称为乳糖不耐症。其主要原因是体内乳糖酶减少或缺乏造成的。

牛奶中含有的碳水化合物主要是乳糖。乳糖是一种双糖,不能被小肠直接吸收,必须在乳糖酶的作用下,首先被消化成半乳糖和葡萄糖两种单糖后,才能经肠道吸收。如果人体内乳糖酶不足,便会出现牛奶中乳糖不能被完全消化,从而发生上述不适的症状。哺乳动物生下来是以吃奶求生存的,人也不例外,绝大多数婴儿体内有足够的乳糖酶,有利于消化乳汁。因先天性乳糖酶缺乏,生下来就不能耐受人乳或牛奶的婴儿极为少见。

另外,即使对于已经发生乳糖不耐症的人也不应放弃喝奶和食用奶制品。据研究,大多数人每天仍能耐受 10 克乳糖。每 100 克牛奶含乳糖约 3.4 克,乳糖不耐受者每天仍然可以饮用牛奶 300 克,即仍然可以喝 1 袋鲜牛奶。但需要注意的是,每天应当将牛奶分成几个时间段喝,并应安排在进食其他食物以后。

煲靓汤的 5 个妙招

1.汤变鲜:熬汤最好是用冷水,并一次加足,然后慢慢地加温,这样食材中的蛋白质才能充分溶解到汤里,汤的味道才鲜美。另外,熬汤不要过早放盐,否则会加快蛋白质的凝固,影响汤的鲜味。酱油也不宜早加,葱、姜和酒等佐料不要放得太多,否则会影响汤汁本身的鲜味。

2.汤变清:要想汤清、不浑浊,必须用小火烧,使汤只开锅、不沸腾。因为大滚大开,会使汤里的蛋白质分子凝结成许多白色颗粒,汤汁自然就浑浊不清了。

3.汤变浓:在没有鲜汤的情况下,要使汤汁变浓,一是在汤汁中勾上薄芡,使汤汁增加稠厚感;其二是加油,令油与汤汁混合成乳浊液。方法是先将油烧热,冲下汤汁,盖严锅盖用大火烧,很快汤就发白了。

4.汤变淡:只要把面粉或大米缝在小布袋里,放在汤中一起煮,盐分就会被吸收进去,汤自然就会变淡了。也可放入一个洗净的生土豆,煮 5 分钟,汤也能变淡。

5.汤变爽:有些油脂过多的原料烧出的汤特别油腻,遇到这种情况,可将少量紫菜置于火上烤一下,然后撒入汤内,可解去油腻。

喝豆浆 5 忌

豆浆对人体健康非常有益处,但喝豆浆不讲究科学也能由益变害,具体讲有忌：

1.忌冲鸡蛋：鸡蛋中的黏蛋白容易和豆浆中的胰蛋白酶结合产生不被人体所吸收的物质，从而失去营养价值。

2.忌冲红糖：红糖中的有机酸能与豆浆中的蛋白质结合，产生变性沉淀物。而白糖无此现象。

3.忌不煮透：豆浆中含有蛋白酶抑制物，如煮不透，人喝了会发生恶心、呕吐、腹泻等症状。

4.忌装保温瓶：豆浆中的皂素能除掉保温瓶里的水垢，时间长了细菌会滋生繁殖，致使豆浆变质，对人体造成损害。

5.忌超量饮用：一次喝豆浆过多，容易引起过食性蛋白质消化不良，出现腹泻、胀满等不适症。

大量出汗后不可狂饮

喝水也要讲科学，夏季大量出汗时，如果大量猛喝白开水对人体是很不利的。这是因为人出汗不但损失了水分，也损失了盐分。光喝白开水就会把血液里的盐冲得更淡了，血液为了维持一定的含盐量，就会把多余的水通过肾脏以尿的方法排出体外，另一部分则会跑到血管外的组织里，造成水肿。

因此，大量出汗后喝水，一方面会感到全身无力、恶心，甚至出现水泻现象。另一方面，大量猛饮还会增加心脏的负担，加紧推动血液循环，并冲淡胃酸，影响胃的杀菌功能，降低食欲和胃肠的消化、吸收功能。

饮用咖啡要注意

咖啡豆因品种的不同，内含的咖啡因也有差异，一般炒过的咖啡豆含咖啡因 0.65%~2.7%，而速溶咖啡中含咖啡因高达 4.8%。

咖啡因在医学上的应用很广泛，具有强心、利尿和提高人体基础代谢的作用，会使大脑兴奋，可以消除疲乏、提神醒脑。但是，过量饮用咖啡，会导致失眠、神经质，使人易发怒、焦虑不安，还会引起心律不齐与循环系统的障碍。尤其饮速溶咖啡要特别注意，它对中枢神经和心血管有较大的刺激作用，胃病患者不宜饮用。

残茶的妙用

隔夜茶中的鞣酸、氟含量丰富，具有杀灭病菌、防止毛细血管出血的作用。用其漱口可以清除口臭、固齿以及消除牙床红肿。用其洗涤伤口可防止疮口化脓、出血等。

如果眼睛因上火而出现红丝、红肿或流泪时,可清晨用隔夜茶冲洗,有助于消炎,使症状好转。

用隔夜茶洗头,可止痒、去头屑、乌发。

将残茶叶收集起来晒干、充填枕芯,不仅有利于入睡,还有清火安神的作用。

吃生蒜或大葱后,嚼一口残茶或用茶水漱口,既可除口臭,又可去口腻感。

用残茶水煮饭,米饭不仅色香味俱全,而且可消炎化食。

酸奶不宜蒸煮

有人觉得酸奶比较凉,冷天喝了易闹肚子,想加热再喝。其实这是不对的,因为酸奶经过加热后,就会失去它的特性,其物理性状等都发生了变化,特有的风味也消失了,营养价值也下降了。更重要的是,起特殊保健作用的乳酸菌经加热会部分或全部被杀死,所以酸奶是不能加热的。

如果感到酸奶太凉,可以把酸奶瓶放在温水里稍稍加温,加到热度与体温相仿就可以了。

留神"染"出来的果汁

随着果汁饮料需求的增加,果汁生产厂家迅猛增多。有关专家提醒消费者,果汁生产过程中或多或少都会加入一些人工合成的添加剂,这些添加剂由于质量参差不齐,对人体健康存在一定危害。

果汁等饮品的颜色部分来自原料本身以及在生产过程中所形成的特殊色泽。除此之外,有时也添加色素来模拟天然食物的色彩,但须严格执行国家卫生部门的使用规定。一般常用的有胭脂红、苋菜红、柠檬黄、靛蓝等,这些色素均为合成色素。因此,喝饮料时一定要注意果汁质量,否则喝下去的可能不是饮料而是染料。

碳酸饮料不宜多喝

盛夏季节,人们会喝一些清凉饮料,可乐等碳酸饮料就是人们青睐的饮料之一。但有的人却把可乐当成白开水喝,毫无节制,这对身体有害无益。

首先,碳酸饮料喝得过量,会导致体内钾离子缺乏。

其次,碳酸饮料、可乐饮料的基本成分主要是碳酸水、磷酸、咖啡因、柠檬酸等酸性物质及白糖、焦糖色、食用香料等,有些还含有人工色素等物质。除糖类能给人体补充能量外,可乐中几乎不含营养素。不仅营养价值低,其中的糖还给我们带来了大量的热量,易导致肥胖。

再次,碳酸饮料的成分大部分都含有磷酸,这种磷酸会潜移默化地影响骨骼,这主要是由于大量磷酸摄入影响了钙的吸收，引起钙、磷比例失调，从而影响到骨骼和牙齿。而一旦钙缺失，对于处在生长过程中的少年儿童身体发育危害非常大，缺钙就意味着骨骼发育缓慢、骨质疏松。有资料显示，经常大量喝碳酸饮料的青少年发生骨折的危险是其他青少年的3倍。

此外，长期大量饮用碳酸饮料，特别是奶及奶制品又摄入不足时，还容易引发骨质疏松。

碳酸饮料

五谷杂粮，打造健康一生

常吃发酵面食好处多

面团经酵母发酵会产生较多的活性植酸酶，可使植酸水解，使磷、钙、锰、钾、锌等从植酸中分解出来，形成矿物质形式，易被人体吸收利用。而且酵母菌在生长繁殖过程中，还能增加面团中B族维生素的含量。

因此，多吃用酵母发制的面制品，可以提高食物中矿物质和多种B族维生素的利用率，对人体健康十分有益。

常吃带馅面食好处多

带馅面食中营养素较齐全，符合人体需要。因为带馅面食中既有荤菜，又有素菜，含有人体需要的多种营养素，并能起到各种营养素互补作用，符合平衡膳食的要求。

另外，不爱吃荤菜的人，优质蛋白质的来源会大大受到限制；而偏食荤菜的人，又会导致热量过剩和各种维生素及矿物质的缺乏。而吃带馅食品荤素兼备，含有人体必需的多种营养素，可有效地改变偏食习惯。

常吃八宝粥、腊八粥对身体有益

任何一种米中的营养都是不完全的，而八宝粥、腊八粥在制作过程中，除大米、糯米外，还会加入小米、绿豆、红小豆、核桃仁、花生仁、大枣、山药、莲子等多种食材混合熬制成粥,营养丰富。一般谷类缺乏赖氨酸,而豆类赖氨酸含量比较高;小米中含亮氨酸比较多;各种坚果类富含人体必需的脂肪酸以及各种微量元素和多种维生素。五谷杂粮混合煮粥,可以充分发挥氨基酸的互补作用,相互取长补短,提高蛋白质的利用率,并且尽可能多地摄取到维生素及多种矿物质。

因此,八宝粥、腊八粥是营养比较全面的食品,有益身体健康。

熬绿豆汤最好别加明矾

熬绿豆汤时加少量的明矾,可使熬好的绿豆汤清澈透亮,并且绿豆容易蓬松。因为明矾有沉淀杂质和使食品膨松的作用。但加矾产生的问题也不少。

明矾的种类很多,主要有钾明矾(硫酸铝钾)、烧明矾和烧铵明矾等,其中以钾明矾最常用。加矾的绿豆汤口味变涩,不仅会失去原来的清香适口的味道,而且会使绿豆汤中的部分营养素遭到破坏。

此外,明矾在水溶液中加热能产生二氧化硫和三氧化硫等有害物质。故熬绿豆汤时不应该加明矾。

煮绿豆的火候也有讲究

生绿豆具有较强的清热解毒祛火作用,而其中的营养成分及所具有的药物功效经过加热后都会随温度的变化而改变。

为了最大限度地发挥绿豆的清毒功效,应将生绿豆加凉水煮开,大火再煮5分钟左右(汤汁绿而未红)即可。如果煮绿豆的时间过长,绿豆所含的各种酶由于过热而失活,营养素含量也会随之降低。同时,绿豆由生变至熟,这个过程中会发生某些物理和化学变化,其功效也发生了相应变化,清热解毒的功效也会随之下降。但对于脾胃虚寒的人来说,如果担心绿豆过于性凉,则可以等绿豆汤开后,多煮一个小时再饮用。

没有煮熟的豆类食物不宜吃

豆类食物是人们膳食中的主要食品,含有丰富的蛋白质、膳食纤维和维生素,是人们喜爱的食品。但食用没有煮熟的豆类、豆浆等,容易引起中毒。

未煮熟的豆类食物中含有皂素、抗胰蛋白酶因子和植物血球凝聚素等物质。抗胰蛋白酶因子可以影响人体对蛋白质的消化。皂素对消化道黏膜有强烈的刺激作用,可引起局部充血、肿胀及出血性炎症,使人出现恶心、呕吐、腹泻和腹痛等胃肠道症状;皂素还可以破坏血液中的红细胞,引起溶血性症状。植物血球凝集素具有凝血作用,可引起剧烈的呕吐反应。

豆类食物煮熟后，所含的中毒性物质一般都会被破坏失去毒性。因此豆类食物必须烧熟煮透，尤其是豆浆必须加热到95℃以上。

吃豆制品也要适量

在安排食谱时，适当吃一些豆类和豆制品是正确的，但也不要过量摄入。须知过量吃豆制品也是有害的，比如大豆，过量食用，其中的蛋白质会阻碍人体对铁元素的吸收，长时间过多地摄食就可能会导致缺铁性贫血。

此外，豆制品还含有较多的蛋氨酸，经常大量摄入豆制品，蛋氨酸会在酶的作用下转变为同型半胱氨酸，损伤动脉管壁内皮细胞，促使胆固醇和甘油三酯在动脉壁沉淀下来。豆腐中含有嘌呤较多，痛风患者和血尿酸浓度高者不宜多吃豆腐。

禽肉鱼蛋类如何吃更健康

产后吃老母鸡不利于下奶

产妇产后炖母鸡汤喝，不但不会催乳，反而会导致奶水不足。因为产妇分娩后体内雌激素与孕激素明显减少，有利于发挥体内催乳素的催乳作用，使乳汁分泌增多。但母鸡体内的卵巢分泌较多的雌激素，产妇吃炖母鸡，体内就会增加雌激素的含量，从而起到抑制催乳的作用，使产妇乳汁分泌量减少。

如若改吃炖公鸡汤，可有利于催乳，因为公鸡的睾丸含有雄激素，能对抗雌激素的作用，因而有利于发挥催乳素的催乳作用，使产妇的乳汁增加。

不同的鱼有不同保健功能

鱼的营养丰富，食之有味，对人体有着较强的保健功能。但鱼的种类繁多，不同的鱼具有不同的保健功能。

鲫鱼：有益气健脾、利水消肿、清热解毒、通络下乳等功能。除此之外，还可降低血液黏度，促进血液循环。

鲤鱼：有健脾开胃、利尿消肿、止咳平喘、安胎通乳、清热解毒等功能。

鲢鱼：有温中益气、暖胃、润肌肤等功能，是温中补气的养生佳品。

青鱼：有补气养胃、化湿利水、祛风除烦等功能。其所含锌、硒等微量元素有助于抗癌。

黑鱼：有补脾利水、祛淤生新、清热祛风、补肝肾等功能。产妇食清蒸黑鱼可催乳补血。

草鱼：有暖胃和中、平肝祛风等功能，是温中补虚养生的美食。

带鱼：有暖胃、补虚、泽肤、祛风、杀虫、补五脏等功能，可作为迁延性肝炎、慢性肝炎者的日常饮食。

鳗鱼：有益气养血、柔筋利骨等功能。

鲫鱼

吃松花蛋要放姜、醋汁

松花蛋大多用鸭蛋腌制，因而带有水草腥味，而且在腌制过程中加入了茶叶、石灰、碱等，以致松花蛋中有儿茶酚、氢氧化钠等碱性物质。同时蛋白质分解产生的氨气使松花蛋有一种咸涩味。

鲜姜含有姜辣素，米醋中含有有机酸。姜辣素和有机酸能够去除腥味，中和松花蛋中含有的碱性物质，除去咸涩味。而且用姜末和米醋配成的姜醋汁，能促进胃液分泌、增强肠道蠕动、促进食欲、帮助消化。

因此，吃松花蛋放姜醋汁是很有道理的。

煮熟的鸡蛋不要用冷水浸泡

刚下的鸡蛋因有蛋壳膜覆盖，不易被细菌侵入，蛋内水分也不易蒸发，因此鲜蛋在一定的时间内不易变坏。而鸡蛋煮熟后，蛋壳膜被破坏，同时由于鸡蛋壳和壳内的双层内膜上都分布着许多小孔，当冷水进入蛋内后，细菌、霉菌等微生物也会随之进入蛋内，并且与蛋内的酶一起分解鸡蛋内的容物，容易引起鸡蛋腐败变质。

另外，鸡蛋中有直径为4~11毫米的气室，煮鸡蛋时，由于温度升高，气室内的气压也随着升高，这时气室里的气体就会被“挤”出蛋外。当刚煮熟的鸡蛋投入冷水中时，温度急骤降低，气室内压力随之下降，这也会使蛋壳外的冷水和微生物通过气孔进入蛋内。

正确的方法是将煮熟的鸡蛋取出后，立即用干净的抹布揩净蛋壳表面的水，让其自然冷却，这样既好剥皮，又利于保存。

怎样去除羊肉的膻味

羊肉是冬令的滋补佳品，如烹调不得法，便会有很大的膻味，使人兴味大减。现介绍几种除膻的方法：

煮羊肉时先不放调料，按每5000克羊肉配50克绿豆，用水煮沸15分钟后，可将羊肉捞出，原汤和绿豆倒掉，将肉加入新水煮，可除膻味。

羊肉切成块，按1000克羊肉1000克水的比例将水先烧开，然后放入羊肉，随之放入25克醋，煮15分钟后，将原汤倒掉，再将肉放入新水内烹调，则可除膻。

煮羊肉时，同时放入白萝卜（每5000克羊肉放入500克白萝卜），煮15分钟后倒掉白萝卜和水，再进行烹制，也可除膻。

炖肉不宜一直用大火

如果炖肉一直用大火，肉锅必然从始至终大开大滚，肉中呈香味的物质挥发性很强，必然会随着肉锅的大开大滚而蒸发掉；同时，由于肉锅大开大滚，促使肉中蛋白质加速变性而变硬，不溶解于水，这就使得所煮的肉发硬难吃。

另外，一直用大火猛煮，肉中的含氮物质释放也大为减少，这会使肉的香味降低，肉中的肌纤维不容易煮烂。

炖肉的正确做法是：刚开始时用大火，尽快把锅烧开，以使肉块表面的蛋白质迅速凝固，防止其香味物质跑掉。一旦肉块挺实、撇去浮沫后，就要改用微火，火候以保持肉锅的水微开为好，直到把肉煮熟。这样，即使肉汤的浮油不易翻滚，又使锅内形成一定气压，保持了汤的温度，还使肉的香气不易挥发跑掉，肉不但熟得较快，而且肉质也松软好吃。

怎样健康吃涮火锅

使用火锅前，要检查火锅有否因多次使用摩擦导致铜质裸露在外，受空气与潮湿作用而生成硫酸铜。它对人体黏膜有很强的腐蚀性，轻者引起口腔、食道、胃肠道黏膜充血、红肿、刺痛、局部溃疡、恶心、呕吐现象，重者出现脱水、休克、溢血等严重症状。因此，一旦发现火锅上有锈斑，要立即擦洗干净，用温开水洗净后才能使用。

火锅底料中有较强的辣味与过高的温度，因易刺激患者全身血管收缩、心脏与脑缺血的发生，冠心病、高血压患者要慎食。患有痔疮、肛裂者也不宜吃火锅，以免辛辣食物加重病情；孕妇、慢性胃炎、胃溃疡患者，也应避免吃太烫的火锅。

另外，经常吃火锅对身体也是不利的，它能使食道上皮发生恶变，易导致食道癌的发生。

水产品，吃出充沛活力

吃海鲜，要选生猛的活海鲜

吃海鲜要确保其新鲜，味道鲜甜，最好应购买活海鲜来烹调。

龙虾、虾及蟹类买时要很活跃，捉拿时尾巴会卷向腹部。新鲜的小龙虾和长须虾摸起来应该干干爽爽的，至于那些又干又软的则不新鲜。

活的淡菜、蛤蜊、鲍鱼的壳应该紧紧合住。如果壳已打开、碰触时不会马上关起，这种表现是海鲜不新鲜或已经死了。

扇贝的壳纵使大开也可能是活的，只要触摸它的内膜时，其内膜会移动，就是活的。

蜗牛、螺蛳和其他腹足类动物只要一摸，它们就会躲回壳里。烹煮后，它们的壳都会打开，如果没打开一定不能食用。

鳝鱼味鲜美，当心中毒

鳝鱼，俗称黄鳝，不论蒸、炒、炖或是油炸、红烧乃至火烤，其肉质都非常细嫩、味道鲜美。

鳝鱼虽是一种美食佳品，但吃鳝鱼是有一定讲究的，那就是一定要买活的，吃鲜的，死鳝鱼不可食用。这是因为鳝鱼一旦死亡，其体内所含的组氨酸便会在细菌的作用下分解，生成有毒的组胺，鳝鱼死亡时间愈长，其毒性愈重。

鳝鱼

买水产品要“察言观色”

人们提着篮子上市场采购海鲜或到大排档品尝海鲜时，有没有想到，在不知不觉中就会误买或误食了带有甲醛的海鲜。

由于甲醛能固定鱼虾及禽畜肉类的蛋白质，杀灭和抑制细菌及微生物的生长繁殖，且无损于海鲜产品体表、鳞片、鳃丝和肌体，所以，一些不顾道德牟取暴利的商贩，就滥用甲醛作为防腐保鲜剂，用于各种肉食和水产品。

甲醛为原生质毒物，能影响人体的代谢机能，有一定的毒性和刺激性。它的毒性对呼吸道、消化道及神经系统等器官和组织都有严重危害，会引起呼吸困难、呕吐、胃痛、腹痛等症状。

有些人不宜吃螃蟹

螃蟹的肉质鲜嫩，味道独特，博得了“满桌佳肴蟹独鲜”的赞誉。但是，并非人人都宜食蟹。

螃蟹性寒，腥气浓重，并含有较多的蛋白质，蟹黄又含有较多的胆固醇（据分析，每 100 克蟹黄含胆固醇量高达 460 毫克以上），因此，高血压、冠心病、动脉粥样硬化和高血脂患者最好不要吃蟹黄。患伤风、发热、胃痛、腹泻的人不宜吃螃蟹。另外，脾胃虚寒的人、慢性胃炎、十二指肠溃疡、胆囊炎、肝炎活动期的人也不宜吃，以免引起病情恶化。

螃蟹

有过敏反应的人，在吃了螃蟹之后，皮肤出现风疹块，即荨麻疹，应立即停食。

此外，皮肤病患者以及老人、小孩、孕妇等，都不宜多吃螃蟹。

皮肤创伤者不宜吃海产品

有一种与溶血弧菌相似的弧菌，叫创伤弧菌，为嗜盐的弧菌属，属海湾及海岸海水正常生物的一部分，海产品上，如贝壳类、海鱼及海底沉淀物等常有这种弧菌。如人体皮肤损伤后接触海产品，可能会感染这种弧菌，导致皮肤伤口水肿，形成红斑，有剧烈疼痛，并通常发展迅速，侵及周围组织，最终诱发败血症。由创伤弧菌引起的败血症，若诊断治疗不及时，病死率高达 40%。

创伤弧菌感染有明显的季节性，约 85%的疾病发生在比较暖和的 5~10 月份。因此，皮肤损害者在夏季不宜接触海产品，也不宜在有外伤时接触海水。

甜酸苦辣咸，五味有宜忌

炒菜该何时放盐最科学

炒菜时，应根据不同的菜肴来决定放盐的时间。

烹制将毕时放盐的菜肴：烹制爆肉片、回锅肉、炒白菜、炒蒜薹、炒芹菜时，在大火、锅热时将菜下锅，并以菜下锅就有“啪”的响声为好，全部煸炒透时适量放盐，炒出来的菜肴嫩而不老，营养成分损失较少。

烹调前先放盐的菜肴：蒸制肉块时，因物体厚大，且蒸的过程中不能再放调味品，故蒸前要将各种调味品一次放足；烧整条鱼、炸鱼块时，在烹制前先用适量的盐将其腌渍，有助于咸味渗入肉内；烹制鱼圆、肉圆等，先在肉茸中放入适量的盐和淀粉，搅拌均匀后再吃，能使其吃足水分，烹制出的鱼丸、肉丸就会又鲜又嫩。

食前才放盐的菜肴：凉拌菜如凉拌莴笋、黄瓜等，如果放盐过早，会使其汁液外溢，失去脆感，如能在食用前片刻放盐，略加腌渍，沥干水分，放入调味品，食之更脆爽可口。

烹烂后再放盐的菜肴：肉汤、骨头汤、腿爪汤、鸡汤、鸭汤等荤汤在热烂后放盐调味，可使肉中蛋白质、脂肪较充分地溶在汤中，使汤更鲜美。炖豆腐时也应在熟后放盐，与荤汤同理。

怎样正确使用酱油

酱油是我国独制的一种发酵调味品，它五味调和、营养丰富，并有抗癌防癌的功效。

但需要注意，酱油不宜在锅内高温烧煮，以免失去鲜味和香味，同时，酱油中的糖分在高温下会焦化变苦，食后对身体有害，所以，放酱油宜在出锅之前。

酱油要加热后再用。这是因为酱油在存放、运输、销售等环节中会受到各种尘菌污染，生食对身体健康不利。

炒菜，什么时候放料酒好

料酒甘甜味美，除有提香、提鲜、去腻作用外，还有较好的营养作用，是烹调中不可缺少的调味品，但使用料酒应注意投放时间。

烹调前加入：适用于一些新鲜度较差的原料，如鱼、肉等，由于其三甲基胺等腥味物质较多，应在烹调前加料酒浸拌。因为料酒具有很强的渗透性，能迅速渗入原料中的三甲基胺，并经加热与乙醇一起逸出，可达到除腥、除异味的作用。

随同原料加入：适用于加热时间较长，温度较低的清蒸鱼和烹煮肉类等菜肴。这些菜肴将原料与料酒一起加入，经加热后可与溶解后的脂肪产生脂化反应，使菜肴逸出浓郁香气，增加菜的复合味和鲜味。另外，料酒中的乙醇还是有机溶剂，可使肥肉鲜焦爽口、肥而不腻。

起锅前加入：适用于一些急火快炒的菜肴，由于温度高，乙醇在高温下易挥发，加料酒的时间以在起锅前温度低时为宜。

烹调中如何使用糖

用于祛腻除臭，矫正口味：糖可减少和抑制菜肴中原料的苦涩味，缓和辣味。尤其是在调制辣味菜肴时加点糖，可使辣味菜肴辣而不燥。

用于烹制红烧、卤、酱菜肴：汁卤稠浓，油润光亮以及色泽加深。

用于拔丝苹果、拔丝山药等：加糖可以改变、丰富菜肴口味，增加香气鲜美，使之柔和醇厚，突出特殊风味。

用糖拌腌凉菜时：加点糖少加些盐，可使凉菜更加鲜美。

用于腌肉时：加入适量白糖可改善成品的滋味，并可防止肉品褪色，阻止有害微生物的繁殖，有防腐作用。

炒菜时勾芡有讲究

勾芡是烹制菜肴中不可缺少的一环。勾芡不仅可防止营养成分蒸发流失，而且可使菜肴味道鲜美，外形美观，对一些不易入味的菜，还可增加风味。

根据菜肴的烹调方法和质量的不同要求，可用以下方法进行勾芡。

淋芡：即在菜肴将成熟时，一面将调匀的芡汁均匀淋入锅中，一面用勺铲推动菜肴，使芡汁和菜肴均匀结合，汤汁稍浓，适宜于红烧、烩菜等。

拌芡：即事先将各种调味品及芡汁放在一起调匀，使芡汁粘裹在原料上。主要适用于爆、炒、熘等。

浇芡：即菜肴成熟装盘后，将芡汁兑好与调味品一起加热搅拌做熟，再快速浇在菜肴上。此法宜于糖醋鲤鱼等。

不是每一道菜都要用味精

味精是我们烹调菜肴不可缺少的调味品，使用味精的目的是使菜肴增加鲜味，但如果使用不当，就会影响菜肴味道。

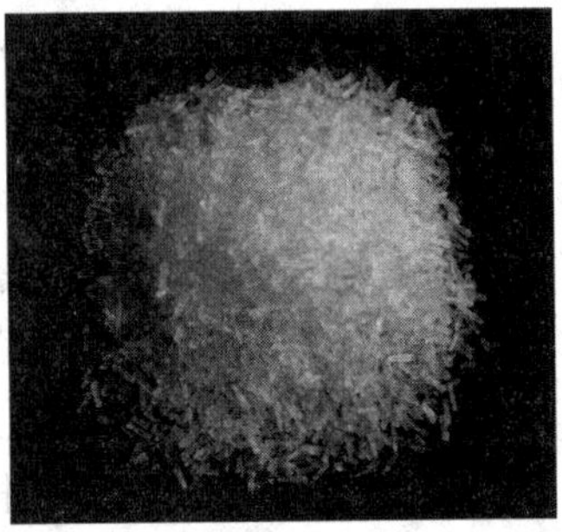
味精

味精易溶于水，在汤菜会中很快溶解而产生鲜味，但当菜肴在锅中加热温度达到100℃以上时，大部分谷氨酸钠就会变成焦谷氨酸钠，不仅失去其鲜味，而且还会产生微量毒性。所以，炒菜时味精宜在起锅时添加，汤菜在汤烧好后另加为宜。

但在某些菜肴或使用某种烹调方法时，使用味精起不到应有的作用，反而造成浪费。如炒、蒸鸡蛋，鸡蛋本身含有较多的谷氨酸和一定数量的氯化钠,遇热后自身会产生特有的鲜味,放味精也起不了什么作用。

烹调醋熘鱼片、糖醋排骨等带酸性菜肴时,味精的溶解度变小,几乎也起不到增鲜的作用。

干炒食物、菜时,加入的味精不会溶解,又会遇高温而使谷氨酸转变为焦谷氨酸钠,产生微毒。

一般凉拌菜因温度太低,水溶性也差,味精的增鲜效果也弱,放与不放效果基本一样。

吃好一日三餐,铸就健康盾牌

再忙也要吃早餐

"早餐要吃好,午餐要吃饱,晚餐要吃少",这是妇幼皆知的生活谚语。事实上有很多人因为早上赶着要上班,或是由于手里忙于工作而忽略早餐的重要性。其实这是不对的,再忙也要吃早餐。

清晨,人们从睡梦中醒来,各器官系统活动开始加强。前一天晚上吃的食物在胃内只能停6小时左右,如果不吃早饭,胃肠空空,整个上午活动所消耗的能量全靠前一天的晚餐提供,这就难以满足人体的需要,甚至会导致血糖过低出现头晕、眼花、出冷汗及肢体乏力等,影响工作、学习。

青少年活动量大,更要吃早餐,最好在上午10点左右再加上一餐,可避免课间有饥饿、头晕、胃痛及注意力不集中的现象。

胆结石也与长期不吃早饭有关。空腹过久,胆汁分泌减少,胆酸含量也减少,而胆固醇量不变,胆汁成分发生变化,形成高胆固醇胆汁。若空腹时间过久,胆固醇饱和而在胆囊中沉积,就会形成结石的核心物质。

忌在饭前饭后吃冷饮

饭前吃冷饮,由于冷的刺激会造成胃肠毛细血管收缩,影响消化腺的分泌,使消化过程不充分,日久则会影响消化功能。

另外,冷饮中含有大量蔗糖、牛奶,少量奶油和水,有的还加有淀粉等。饭前吃冷饮使血糖增高,食欲下降。

饭后吃冷饮,会使胃部扩张的血管收缩,血液流动减少,妨碍正常的消化过程。而且冷刺激还会使胃肠道蠕动加快,减少营养物质在肠道中的吸收。

因此,冷饮、雪糕之类不宜在饭前、饭后食用,在两餐之间最为适宜。

上班族自备午餐有讲究

有许多上班族因工作需要或上班单位离家较远，选择了从家自备午餐。

要自备午餐，首先就要注意营养。在经过一上午的紧张学习、工作和劳动后，人体能量消耗较大，而下午的工作也有赖于午餐来供应能量，这就使午餐具有补偿消耗、储备能量的双重作用，故午餐的热量应占全天热量的40%左右。因此，午餐一定要讲究营养和烹调方法。主食要粗细搭配，花样多变；副食要品种多样，营养丰富，供给足够的蛋白质、脂肪、维生素和矿物质。如果只考虑携带方便或怕麻烦，品种单调，长期下去则会营养不足，影响健康。

其次，尽量自带营养素流失少的菜品，如排骨、烧鱼、烧肉等，蔬菜应尽量在早晨上班之前现炒现装入饭盒，有条件者饭后可吃一些水果；也可带点生吃的经过清洗、消毒的蔬菜，如西红柿、黄瓜、白萝卜、胡萝卜，以补充维生素。

晚餐不必吃得太丰盛

早上忙于赶班车，中午在单位吃饭，晚上回来犒劳自己一顿，许多人就这样形成了早餐和中餐马马虎虎、晚餐丰盛的生活习惯。这种生活习惯是非常不科学、不可取的。

丰盛的晚餐，如鸡、鸭、鱼、蛋等，吃下去的最直接后果就是导致肥胖。因为这些多是高蛋白、高脂肪、高能量食物，这些热量会以脂肪的形式积累起来，晚餐后活动量又小，久而久之便会导致肥胖。

同时，丰盛的晚餐还是一些疾病的诱发因素。如危害中老年人健康的心绞痛、心肌梗死、糖尿病等都与长期进食丰盛的晚餐有着十分密切的关系。

另外，热量集中在晚餐摄入会降低肠胃对糖的处理能力，致使胰腺负担加重，使胰腺功能提前衰退，进而诱发糖尿病。

如何才能健康吃夜宵

很多人迫于工作压力，不能自我控制作息时间，常常奋战到凌晨。熬夜不仅会导致睡眠不正常，身体的其他系统也会随之发生变化。尤其凌晨往往是饥寒交迫的时刻，这个时候吃点夜宵，补充能量是非常必要的，不但可以让人工作更有精神，而且能避免产生由空腹引起的寒冷和劳累感。

适合夜宵的食物有全麦面包、汤面、牛奶、鸡蛋、坚果、苹果、西红柿等。这些食物大多清淡，富含优质蛋白质、维生素、膳食纤维、钙和铁等营养物质。尤其是富含B族维生素的食物，有助于缓解疲劳，保护肝脏，并能起到安定神经、提高注意力、舒缓压力的作用。

食品安全是家人健康的基石

选购食品注意区别保质期和保存期

在超市选购食品时,人们一般都会关注食品的保质期。在某种程度上,保质期直接影响着人们的购买结果。另外,国家对一些食品的保存期限也做了严格的规定,消费者在选购食品时请予以注意。

饮料:各类香槟保存期限为6个月,各类汽水为3个月,甜白葡萄酒为3个月,桶装和瓶装鲜啤酒为7天,瓶装熟啤酒为2个月。

罐头:铁皮罐头保存期限为1年,玻璃瓶罐头为半年。

奶粉:马口铁罐装密封充氮包装的保存期限为2年,非充氮包装为1年,瓶装为9个月,袋装一般为6个月。

蛋糕:一季度为10天,二、三季度为7天,四季度为15天,礼品大蛋糕为3~4天。

月饼:保存期一般为15天。

街头麻辣烫谨慎光顾

街头麻辣烫以其独特的风味风行于城市的街头巷尾。下班后的街头小巷,常常有男男女女三五成群地围在街头吃麻辣烫,吃得津津有味,有的干脆不吃晚饭,直到填饱肚子为止。

街头麻辣烫由于价格便宜,吃起来又省事,备受街头食客的青睐。然而,街头麻辣烫却一直存在着严重的健康隐患。如:

卫生问题:在外面吃麻辣烫很难保证食品原料的新鲜以及煮涮过程中的交叉传染问题。

油脂不新鲜:一些摊点使用反复加热后的油,或者检验指标不达标的油,造成油脂没有营养,甚至产生一些有毒物质。

调味品不合格:如使用化学水解酱油、配制醋等。这也是街头麻辣烫的一个普遍问题。

烫菜水反复使用:其中可能积累有害物质,比如亚硝酸盐和草酸的含量不断上升。

辣味过重:有人喜欢吃一些过辣的麻辣烫,岂不知这些过辣的麻辣烫却严重影响着呼吸道疾病、消化道疾病和各种慢性疾病患者的身体健康。

加热时间不足:有些摊主为了提高效率,加热时间不足,可能存在病菌存活的隐患。

食物容器不够清洁:盛放食物的容器未充分消毒;一次性筷子、餐巾纸的卫生不合格。

休闲食品不宜多吃

薯片、虾条、雪饼、果脯、话梅、花生、松子、杏仁、开心果、鱼片、肉干等休闲食品备受人们的青睐,尤其是女性和儿童。

话梅

然而,这些休闲食品如果过量摄食,容易打破人的正常饮食规律,影响消化功能,而且还会造成蛋白质、碳水化合物的摄入不足,从而影响体质。

休闲食品多是甜食,含糖量过多,无形中糖便随着休闲食品源源不断地进入人体,在没有任何感觉的情况下已经摄入过多的糖分了,长期摄入甜品会降低胶原蛋白的作用,从而使得人体骨骼发脆、皮肤发皱。所以,如果不想过早衰老,就一定要控制住休闲食品的摄入量。

食品安全要做到"净、透、分、防"

净:就是在原料处理过程中,要剔净、掏净、择净、洗净,通过粗加工,保证食品中没有杂质。

透:就是要在烹饪过程中,做到蒸透、煮透、炸透,通过热加工把食品内部的细菌全部杀死。

分:就是将粗加工和细加工分开;解冻用水与蔬菜洗涤分开;生熟食品用具分开;加工后的熟制品与半成品分开存放,半成品与未加工的原料分开存放。

防：就是加工后的熟食要注意防蝇、防尘；勿用手接触熟食，防止食品交叉和重复污染。

从一般来说，搞好以上几个方面，食品卫生安全就会得到基本保障。

食品加工，越简单越好

对于食物，重要的不在于每天吃多少，而在于所吃食物中脂肪和膳食纤维的含量。健康食品的主要特点是低脂肪和高膳食纤维。水果、蔬菜和粮食制品恰恰符合这一特点，且健康食品一般加工越简单越好，加工越简单通常就越有营养。

加工食品在制造过程中会严重破坏食物的营养成分，尤其表现在矿物质和维生素的损失上。稻米、小麦和食糖的加工食品是白米、面粉和白糖，它们所含的营养与相应的天然食物糙米、全粒小麦比较后会发现，前者的维生素和矿物质所剩无几。天然食物不仅营养丰富，而且对防癌有实效。专家认为，目前癌症的发病率日益上升，与加工食品的泛滥不能说没有关系。反之，如果食物不经加工精制，癌症的发病率会相应减少。

健康饮食，降低烟酒危害

米酒饮用夏冬有别

夏季米酒（有些地方又叫黄酒）可以冷饮，比如直接冰镇或在酒中加冰块。这样既能降低酒温，又能降低酒的浓度，同时饮用起来也爽口，给人以舒适的享受。

而在冬季如果能喝上一杯炽热的米酒，不但会使人体周身发热、祛风解乏，而且能促进人的食欲，的确是佐餐的佳品。

然而在冬季，米酒若凉饮，酒味淡薄，且饮后身体发冷。但米酒不宜温过头，以免破坏了酒中的乙醇成分。因此，只有将米酒加热到80℃时才味道纯正，清心爽口。可以在饮用前将酒倒入壶中放在炉子上加热，酒沸即可。

哪些菜适合做下酒菜

含蛋白质丰富的肉、禽、蛋类：饮酒会影响身体的新陈代谢，消耗身体里的蛋白质，因此，应选择烧排骨、清炖鸡、松花蛋等做下酒菜，以补充蛋白质。

属于碱性食品的蔬菜、水果：饮酒时，鸡、鸭、鱼、肉类的菜相对较多，这些都是酸性食品。为了保持体内的酸碱平衡，还必须选择蔬菜、水果等属于碱性的食品，如炒豆芽、醋熘白菜、橘子、苹果等。

加糖菜肴:酒经过肝脏被解毒后才能排出体外,因此会刺激肝脏,而糖对肝脏有保护作用。因此,应选择糖醋鱼、糖炒花生米、拔丝山药、糖醋里脊等当下酒菜。

加醋的菜肴:因为醋和酒精能发生化学反应,有解酒的作用。饮酒时多吃点醋熘白菜、多喝点放醋的汤为好。

豆腐:任何酒都含有乙醛,其是一种有毒物质。而豆腐中的胱氨酸是一种重要的氨基酸,它能解乙醛之毒,并使其排出体外。因此,人们在饮酒时或饮酒后吃点豆腐是大有好处的。

调整饮食结构可减少吸烟毒害

烟草的危害大多是通过某种原子团引起的,有效的"除氧剂"可明显减缓有害物质对细胞的侵袭,而维生素C、维生素E、β-胡萝卜素及微量元素硒等就属于这种"除氧剂"。

维生素C能提高人体免疫力,抑制癌细胞的形成。而吸烟者的维生素C消耗量比常人高出30%,因此吸烟的人应当多食芥蓝、西红柿、土豆、青椒及柑橘等富含维生素C的食物。

牛奶或鸡蛋中含有丰富的维生素A,也是烟民所不可缺的食物。

绿叶蔬菜如菠菜等含β-胡萝卜素极为丰富,土豆、白薯、芒果等也含胡萝卜素。另外,葵花籽油、全麦面包、蛋、鱼、绿叶菜等含有维生素E的食品,对烟民们也大有补益。

微量元素硒是某种酶的重要组成部分,成年人对硒的日需要量约为50~70毫微克,缺乏硒会导致肌肉及心脏功能障碍。另外,海鱼、粮食、奶及大蒜等食物中均含有硒,可有效降低烟草对人体的毒害。

剧烈运动后不宜喝啤酒

大多数人都喜欢剧烈运动或重体力劳动后喝上一杯清凉的啤酒,认为这样可以消除疲劳,而且感到非常痛快。然而,此举却有导致痛风的危险。

剧烈运动后的人立即喝啤酒,会使血液中尿酸浓度增加到运动前的2.1倍。当尿酸排泄发生障碍时,在人体的内脏和其他组织中就会发生尿酸结晶沉积,特别是沉积于关节部位,容易发生痛风症。

如果大量饮用冰镇啤酒还会影响消化功能。这是因为冰镇啤酒的温度较人体温度低20℃~30℃,大量饮用会使肠胃道的温度急剧下降,血流量减少,从而造成生理功能失调,并影响消化功能,严重时甚至会引发痉挛性腹痛和腹泻。

为了避免诱发痛风、腹泻等不适,剧烈运动或重体力劳动后,应当休息一会儿,吃点水果和蔬菜,而不要急于喝啤酒,尤其不要贪图一时凉爽猛喝冰镇啤酒。可以适量饮用一些清凉饮料,多喝热茶、绿豆汤以及吃西瓜等水果。

厨房里的食物加工小窍门

胡萝卜最好高温爆炒

胡萝卜中含有叶酸、生物素及β-胡萝卜素。其中叶酸和生物素有预防肺癌作用;β-胡萝卜素是维生素A的先生物,进入人体后,在肝和肠壁中转化为具有防癌作用的维生素A。

胡萝卜等蔬菜之所以有抗癌作用,是因为其中含有一种能抗细胞癌变和抗病毒感染的干扰诱生剂。人体内正常细胞不含有这种干扰素基因,一旦受到诱生剂的刺激,这种基因就能产生干扰素。干扰素能有效地干扰癌细胞和病菌生存,抑制恶性肿瘤的生成。但是这种有效成分必须高温爆炒才能溶出。

烧鱼不要过早放姜

鱼的食用方法很多,烹调时一般都要放葱、姜、蒜、料酒等调料,这样可去腥、杀菌,增加鲜味,但应注意不宜过早放姜。因为过早放姜后,鱼体渗出液中的蛋白质会使生姜不能发挥去腥作用。

因此,烧鱼时,应待鱼的蛋白质凝固后再加入生姜,以发挥其去腥、增鲜功能。

骨头汤不必久熬

骨头汤肉少、不腻、味香,而且富含钙质,是很好的滋补食品。但有人习惯煮骨头汤时间长些,认为煮的时间越长汤越稠,味越香,可以把骨头中的营养都给熬出来,营养越丰富,滋补效果越好。

其实,这是错误的认识。

煮骨头汤时间过长,会破坏骨头中的蛋白质,增加汤内的脂肪,这对人体保健并不利,所以骨头汤不宜久煮。

正确的熬骨头汤的方法是:用高压锅熬至骨头酥软即可。这样时间不太长,汤中的维生素等营养成分损失不多,所含钙、磷等微量元素也易被人体吸收。

烹调中把握火候的技巧

掌握火候是烹调的基本技巧之一，掌握火候需要把握5个技巧：一要根据原料形状的大小；二要根据原料质地的老嫩；三要根据原料用量的多少；四要根据加热的中介传导方法，五要根据使用的烹调方法。

具体来说就是：质老形大的原料要用小火，时间要长；质嫩形小的原料要用大火，时间要短；要求脆嫩的菜肴要用大火，时间要短；要求酥烂的菜肴要用大火，时间要长；要求外焦里嫩的菜肴要用大火，时间长短均可；用水传热，菜肴要求软、嫩、脆的，要用大火，时间要短；用蒸汽传热的，菜肴要求新鲜的，要用中火，时间长短均可；采用炒、爆烹调方法的菜肴要用大火，时间要短，采用炸、烧烹调方法的菜肴，须用大火，烹调时间要长；采用烤、炖、焖、煎、贴、塌、煨等烹调方法的菜肴，须用中小火，烹调时间要长；采用汆、烩、熬等烹调方法的菜肴，须用大火，烹调时间要短；采用熘、烹等烹调方法的菜肴，须用中大火，烹调时间长短均可。

炒菜时怎样保持菜的绿色

厨师们有句行语“色衰则味败”。这说明，叶绿素在烹妙中被破坏，不仅影响菜的美感，还会失去菜的鲜味。那么，烹调时怎样保持其绿色呢？

用淡盐水浸渍：对鲜嫩的蔬菜可用淡盐水浸渍几分钟，然后控去水分炒制，除保持色泽外，还可使菜质清新脆嫩。

热水浸烫：对于不需在沸水中汆烫的蔬菜，可用60℃～70℃热水汆烫，这样可使叶绿素水解酶失去活性而保持鲜绿色。

适时盖锅：叶绿素中含有镁元素，它会被蔬菜中的另一种物质——有机酸替代出来，生成一种黄色物质。如果放上菜就将锅盖严，此种物质聚在锅内，会使菜褪色变黄。正确做法是先敞锅炒，使这种物质受热挥发后，再盖好锅盖。

加碱：炒菜时，为增加菜的美感，可在炒菜时加一些碱或小苏打。叶绿素在碱水中不易被有机酸破坏，可使蔬菜更加碧绿鲜艳，并能增加蛋白质溶解度，使原料组织膨胀，易于煮熟。但碱能破坏维生素，如非需要，则不宜添加。

烹调青菜时不宜加醋

醋有很多益处，如可以增进食欲、促进消化、防腐杀菌等，但在烹调青菜时却不宜加醋。

这是因为，青菜中的叶绿素在酸性条件下加热时极不稳定，其分子中的镁离子可被酸中氧离子取代，而生成一种暗淡无光的橄榄脱镁叶绿素，使其营养价值大大降低。因此,烹调青菜时,不但要大火快炒,而且不宜放醋,使其在中性条件下,既可保持鲜绿的色彩,又不会使营养遭受较大损失。

炒猪肝不宜过于鲜嫩

猪肝含有丰富的蛋白质、B族维生素、维生素A及铁、锌等多种营养成分,适合于夜盲症、视力减退、缺铁性贫血等症者经常食用。

然而,猪肝是猪体内最大的毒物中转站与解毒器官。烹调前,应把猪肝在清水中反复浸泡,以除去存留的毒物。但只是单纯的浸泡并不能除去猪肝内所寄生的各种寄生虫和某些致病菌,而它们经长时间加热后,都可以被杀死。因此,爆炒猪肝时,炒的时间应稍长些,炒老些。炒得过于鲜嫩的猪肝不宜食用。

合理搭配,营养加倍

菠菜豆腐汤并不科学

豆腐是在豆浆中加入盐卤或石膏后制成的。豆腐中含有丰富的钙,盐卤中含有氯化镁,石膏含有硫酸钙。

菠菜中含有很多鞣酸,其对人体没有益处,而且可与豆腐中的氯化镁、钙、硫酸钙等发生化学反应,生成不溶于水的草酸镁或草酸钙的白色沉淀。钙是人体需要的重要营养素之一,但在变成不溶于水的物质沉淀后,人体便不能吸收了。因此,菠菜与豆腐同煮是不科学的,应分开加工。

炖肉的最佳配菜

牛肉配土豆:牛肉营养价值极高,并有健脾胃的作用,但牛肉纤维粗,有时会刺激胃黏膜。土豆与之共煮,不但味道好,且有保护胃黏膜的作用。

羊肉配生姜:羊肉补血温阳,生姜有止痛、祛风湿的作用。二者搭配,生姜既能去腥膻味,又能助羊肉温阳驱寒。

鱼肉配豆腐:鱼肉中蛋氨酸含量丰富,苯丙氨酸含量少,而豆腐则恰恰相反。二者合而食之,可取长补短。豆腐含钙较多,正好发挥鱼体内维生素D的作用,提高人体对钙的吸收率,非常适合老年人和孕妇使用。

鸡肉配栗子:鸡肉为造血疗虚之品,栗子重在健脾,二者同食,更有利于营养成分的吸收,使造血机能增强。

鸭肉配山药:老鸭既可以补充人体营养,又可补阴,并可清热止咳。山药的补阴之力更强,与鸭肉伴食,可消除油腻,补益效果更佳。

猪肉配洋葱:洋葱能够促进人体新陈代谢,降低血液黏稠度,减少猪肉高脂肪的"副作用"。

同类食品互换,调配丰富的三餐

生活应该是丰富多彩的,餐桌上更应该如此。各种各样的食品交换搭配,可调制出丰富的菜肴。调换口味,即同类食物互换,不仅可满足口福,更能增进健康。

那么,同类食品怎样互换呢?如大米可以与面粉、杂粮互换,馒头可以与面条、烙饼、面包等互换;大豆可与豆制品或杂豆类互换;瘦猪肉可与等量的鸡、鸭、牛、羊、兔肉互换;鱼可与虾、蟹等水产品互换;牛奶可与羊奶、酸奶等互换。

冷热搭配,体质平衡

吃东西时,要根据自己的体质来选用适当的食物。选食原则是:"寒者热之,热者寒之,虚则补之,实则泻之。"

一方面,寒凉体质的人宜食温热性食物,温热体质的人宜食寒凉性食物,即"辨体施食",冷热搭配。因为人的体质也有寒、热、温、凉、平之分。这样根据体质搭配食物,可以调整人体阴阳平衡(寒属阴,热属阳),起到维护人体健康的效果。

另一方面,冷热平衡还可以指食物与食物、食物与气候之间的一种平衡搭配。如夏天炎热,喝碗清凉解暑的绿豆汤;冬天寒冷,就喝红小豆汤;受了外感风寒,吃碗放上葱花、辣椒的热汤面;吃寒性的螃蟹一定要吃些姜末,吃完最好再来一杯红糖姜水;冬天吃涮肉,一定要搭些凉性的白菜、豆腐、粉丝等,这些都是寒者以热补、热者以寒补的平衡膳食的方法。

追求健康,从饮食习惯开始

进餐的禁忌

忌过饱:过饱时可加重消化道的负担。

忌过快:食物未经细嚼即吞咽,唾液没有充分和食物混合,不利于消化。

忌谈笑:进餐时谈笑风生,易使食物进入气管。

忌看书阅报:看书阅报会使大脑处于兴奋状态,致头脑血管充血,消化器官的血液减少而影响消化。

忌过热：过热可灼损口腔、咽喉、食道及胃黏膜，引起炎症。

忌饭前大量喝水：大量饮水会冲淡胃液，妨碍消化。

忌偏食：偏食会造成体内某些营养缺乏。

忌轻视早餐：不吃早餐会出现头痛、耳鸣、视力疲劳、记忆力减弱等症状。

忌精神创伤：吃饭时哭泣、愤怒可导致人体植物神经功能紊乱，致消化腺分泌减少和肠道吸收功能减弱，造成食欲不振。

一日三餐要有规律

“三餐制”的形成，使人体逐渐形成了进食方式上的条件反射，并建立起与之相适应的生理功能。

在每餐前，以胃为中心的消化系统都在这种反射的刺激下做好了接受和消化食物的准备。如果饥饱无时、食量不定，这些器官既没有准备好适量的消化液，又没有适合接受这种变化了量的“容器”，在被动的情况下勉强接受这种现实，疾病自然就容易发生了。

食物进食先后有讲究

饮食也要讲究食物入胃的顺序。乱了顺序，就会“苦”了肠胃。

各类食物中，水果的主要成分是果糖，无须经过胃来消化，而是直接进入小肠被吸收。米饭等淀粉类食物以及含蛋白质成分的食物，则需要在胃里停留1~2个小时甚至更长的时间，跟消化液胃酸产生化学作用，等完全分解后，才会被小肠所吸收。

如果进餐时先吃饭菜，再吃水果，消化慢的淀粉蛋白质就会阻塞消化快的水果，导致所有的食物一起搅和在胃里，尤其是水果在胃内容易腐烂产生毒素，引起身体不适。

至于饭后吃甜点，最大的害处就是会中断、阻碍体内的消化过程，致使胃内食物容易腐烂，产生胃气，形成肠胃疾病。

饭后喝汤的最大问题则在于会冲淡食物消化所需要的胃酸，所以，吃饭时最忌一边吃饭，一边喝汤，或是汤泡饭，或是吃过饭后，再来一大碗汤。这些都容易阻碍食物正常消化。

吃饭不要狼吞虎咽

食物入口后，要认真仔细咀嚼，以利于其他器官的积极工作和对营养物质的吸收利用。狼吞虎咽，囫囵吞食，不但会给胃增加消化的困难，引起胃消化功能的障碍,而且还会出现哽咽、粗糙食物划破食道、鱼刺卡嗓等事故。

俗语说:“小口吃饭,细嚼慢咽。”食物经仔细咀嚼,唾液不但可以稀释食物,下咽方便,容易消化,而且唾液里含有多种物质和酶,可以杀死病菌。有些科学家研究表明,食物在口腔中如能咀嚼30下,一般的细菌可以杀灭。

进餐应有好气氛

营养学家认为,环境对人的食欲有很大影响。食欲好坏在很大程度上取决于进餐时的气氛。影响进餐时的气氛或影响食欲的因素主要有:

情绪波动太大:刚刚经历过大的感情冲击,马上进餐,会加重消化器官的负担。所以,最好不要在慷慨激昂或怒气冲冲之后进餐,以免降低食欲。

心不在焉:虽然吃饭,但心里老是惦着其他事,进餐时难以对可口的饭菜产生浓厚的兴趣。

疲劳过度:体力或脑力劳动消耗过大时,身体尚未恢复,进餐时会嚼而无味。

良好的进餐气氛,应该是愉快、温暖而又安静的,家庭的全体成员在规定的时间坐在一起,不再考虑任何事情,把全部注意力都集中在进餐上。吃饭时看书、看电视或进行冗长的讨论,都是无益的。

山楂和山楂制品酸甜可口,开胃助消化,是儿童最喜爱的小食品。许多家长们也乐意买给孩子们当零食吃,觉得可以帮助孩子消化,多多益善。

山楂的确有促进胃液分泌的作用,因而能帮助消化,但山楂及山楂片等对进食的各种食物并没有直接的消化作用。此外,山楂含有多种有效成分,具有强心、扩张血管和兴奋等作用,对痢疾菌有相当的杀灭作用。

但是,过量进食山楂及山楂制品并不会带来更多的好处,反而因此而造成浪费与害处。由于小儿进食山楂时,吃进了较多的糖和淀粉,这种较高的糖和淀粉经消化吸收后会使小儿的血糖维持在较高的水平,如果这种高血糖水平维持到小儿该吃饭的时间,会使小儿没有饥饿感,影响正餐。这样,由于山楂及山楂制品提供的能量有限,营养单一,久之会导致小儿营养不良、贫血等。因此,饭前饭后少量吃数片,可增加小儿食欲,帮助消化,但不可当零食过量食用,以免影响正常进食。

吃出活力,吃出健康

根据肤质吃对食物

干性皮肤的人:宜多食用含维生素A、脂肪等的食物,这样可滋润皮肤。但千万要注意不能随便服用过量维生素A,以免造成头发脱落。

油性皮肤的人:宜多食用含蛋白质高的食物,少食促进皮肤分泌的食物,如甜食、淀粉等;尽量不食用含油脂高的食物,如牛肉、猪肉、羊肉和奶油等食物;不宜食用辣椒、辣酱等。

黑色素易于沉淀的人:宜多食用维生素C或含维生素C的食物,不宜多饮咖啡。

皮肤易于发红的人:不宜多食刺激和扩张毛细血管的食物,如大蒜、辣椒、韭菜、酒类等。

皮肤发黄的人:不宜多食橘子、胡萝卜、南瓜等。

一般性皮肤的人:宜多食含水分高的食物,如牛奶、瓜果等。但需切记多喝水不能代替牛奶、水果。

吃能制造垃圾,吃也能排除垃圾

吃能制造体内垃圾,同样我们也可以通过吃来排除体内垃圾,关键是一定要吃对。

海带:海带中的胶质成分能促进体内的放射性物质随尿液排出体外,从而减少放射性物质在人体内的积聚。

绿豆汤:绿豆可解百毒,能帮助体内毒物的排泄,促进机体的正常代谢。

黑木耳和其他菌类植物:黑木耳有良好的抗癌作用,黑木耳和其他菌类含有丰富的硒。经常食用可降血压、降胆固醇、预防血管硬化、提高机体免疫功能。

猪血汤:猪血的血浆蛋白经胃酸和消化液分解后,能产生一种有润肠作用和解毒作用的物质。

新鲜果汁、生鲜蔬菜:新鲜的水果和蔬菜是人体内的“清洁剂”,能清除体内堆积的毒素和废物。

这食物可以帮孩子长高

每一个家长都希望自己孩子“高人一等”,想要男孩长得高大、英俊,女孩长得苗条、健美。

专家指出,营养是影响身高的重要因素。儿童身高增长有两个高峰,一个是4岁以前,每年生长速度可达到15~20厘米,另一个是青春期,每年可增高10厘米左右。到20岁左右,生长速度几乎下降到零。注意营养,尤其是保证这两个阶段的营养非常重要。

促进长高的食品,主要包括牛奶和豆制品,这二者含有骨骼生长必需的钙和磷。另外,鱼虾、瘦肉、禽蛋等含有丰富的蛋白质、维生素A、维生素D和多种矿物质;各种新鲜蔬菜和干鲜果品,如青菜、萝卜、菠菜、西红柿、黄瓜、柑橘、苹果、大枣、柿子、山楂、核桃、银杏、栗子和杏等含有丰富的维生素。这些营养元素对孩子的生长发育十分有益。

饮食不可违背四时节律

一年之中,由于四时气候存在着春温、夏热、秋凉、冬寒的特点,人的生理、病理必然会受到这种气候变化的影响。因此,无论是健康的人或是患病的人,都应注意所选择的食物与气候相适应。

春季,阳气生发,饮食宜清淡,不宜过食油腻烹煎动火之食物。可常选食一些梨子、荸荠、橘子、甘蔗等水果,常吃些绿豆汤、绿豆芽菜等,取其清淡、甘凉,这样可避免使热气积在体内。

夏季炎热,皮肤毛孔开泄,出汗多,常使人贪吃生冷,但吃生冷之物太过,则易伤脾胃。因此,夏季切忌过吃生冷,更不可多吃油腻厚味,饮食宜选甘寒、利湿清暑、少油之品,可吃西瓜、冬瓜、绿豆汤、酸梅汤等。

秋冬季节也有各自的气候特征,食物的选择也要符合秋冬季节的特点,这样的饮食才符合养生之道。

衣着保健

穿着的方式与健康

领带佩戴有讲究

西装被誉为国际性服装,兼以领带衬托,可显示出男士仪表堂堂、风度翩翩。在社会交往中,一个人的仪表尤为重要。尽管现在流行休闲装,随意搭配,但在白领阶层中,尤其是当他们处于办公场所、参加重要会议等比较严肃的场合,西装革履依然是不可缺少的包装。

领带

然而,领带的佩戴却很有讲究。领带系得过松,常起不到应有的效果,系得过紧则显得拘束,并对颈侧动脉构成压迫,使头部供血不足而出现头晕不适、烦躁不安,并导致视力与视觉发生疲劳及反应迟钝,严重者出现呼吸不畅、头晕头痛、工作效率下降等现象,并产生明显疲劳感。

牛仔裤穿着弊大于利

从人体生理学的角度来说,牛仔裤的弊大于利。法国时装设计大师皮尔卡丹说:"牛仔裤的流行,是时装的瘟疫。"

研究证实,男性穿着牛仔裤会使其臀部被裹紧,睾丸无活动余地,紧贴皮肤,常被迫进入腹股沟部,致使睾丸温度上升,精子质量下降。此外,牛仔裤布料质地厚硬,透气散热性能不良,睾丸产生精子的功能也会发生障碍。

女性穿着牛仔裤,由于皮肤汗渍、摩擦,以及细菌等作用于会阴部,可诱发会阴炎、阴道炎、尿道炎,甚至可上行诱发盆腔炎等病症。长期穿着牛仔裤的男女青年,会影响生育。

时髦穿着多半不健康

又紧又窄的胸罩：女性如果每天长时间穿着又紧又窄的胸罩，会影响乳房及其周围的血液循环，使有毒物质滞留在乳房组织内，增加患乳腺疾病的可能。

长时间穿高跟鞋：女性长时间穿着高跟鞋容易引发脚部疾病，发育期少女穿高跟鞋还会影响正常发育与身高增长。

太小太紧的内裤：有些身材不完美的女性片面追求束身效果，经常穿着又小又紧的内裤。这样不仅会感到浑身不舒服，而且那些勒在身上的橡皮筋、弹力纤维也会影响到血液流通，并会使局部肌肉因为不透气、出汗而发炎。

连体紧身胸衣：很多胃部、小腹突出的女性喜欢穿紧身内衣，这种衣服长时间穿在身上会使人出现心口灼热、心跳加快、头晕、气短等不适现象，甚至会出现心口疼痛。

迷你裙：如果穿迷你裙时间太久，会使腿和脚部形成脂肪团，这是身体部位在冷空气中所做出的生理反应，即肌肉为避免冻伤而产生的脂肪保护团。

青春期少女不宜束胸束腰

女性到了青春期，乳房渐渐隆起，这是正常的生理现象。乳房发育最初表现为乳头下出现乳核，乳晕渐渐扩大；一年后，乳腺组织开始增多，乳房渐渐发育；大约四五年后，即可发育成熟。

有些青春期女性总是把胸部束得紧紧的，这样会使乳头内陷，影响以后的哺乳。如果不用胸罩，任其自然发育，乳房又容易下垂。所以，应选择合适的胸罩，但不是穿紧身衣。

也有的青春期少女为了追求体型美拼命束腰，时间长了会妨碍胃肠功能与血液循环，甚至还可能会引起子宫移位等疾病。

衣装的选购与健康

购买真丝衣物穿着最健康

天然桑蚕丝制成的真丝绸应是最佳的保健纤维，其保健作用胜过其他天然纤维，它受外界温度、湿度的影响小，并能较好地吸收皮肤排泄出来的汗液及其他分泌物，可保持皮肤清洁凉爽。

此外,用其制作内衣贴身穿,润滑舒适,不会产生静电作用。另外,真丝绸有护肤美肤的作用,可保护人的皮肤免受紫外线伤害,对保健十分有益。

真丝衣物还具有预防疾病的功效。这是因为蚕丝是一种蛋白质的纤维,含有18种氨基酸,可营养、保护皮肤。其中赖氨基酸能加速细胞的新陈代谢,保护皮肤表面的脂膜,维持皮肤的滋润光滑;丝氨基酸能防止皮肤老化,增进皮肤细胞的活力,有防止血管硬化、抗老防衰的保健功能。

真丝织物吸湿透气性能优良,对于促进皮肤伤口愈合具有特殊功能。皮肤有伤,可穿真丝内衣,垫真丝褥子或用真丝包扎患处,有辅助疗效。这是因为真丝的吸水性好,能促进水分蒸发,可保持患部清洁和相对的干燥,从而加速伤口愈合。还有专家认为,真丝对于某些皮肤病还有辅助性疗效。

胸罩要选买大一号的

可以说,如今,胸罩已经成为乳腺疾病的重要诱因之一。

选择胸罩首先要舒适、贴身,胸罩太紧或太松都不能起到托持乳房、修饰身材的作用。胸罩的型号是以胸部乳房最高位置量出的顶胸围与从乳房下围最小处量出的底胸围的差数来确定的。

胸罩的基本规格是由底胸围决定的,所以我们平时要熟悉自己顶胸围和底胸围的尺寸,这样在买胸罩时才能挑选到合适的。要知道,选择胸罩千万不要大意,随着时间的流逝,不合适的胸罩往往会成为乳腺增生、乳腺炎甚至乳腺癌等乳房疾病的"导火索",给女性带来无法想象的伤害。

因此,专家建议,佩戴胸罩应选用宽松的,最好比自己乳房大一号。否则长期戴过小过紧的胸罩,会影响局部血液和淋巴循环,诱发各种乳腺疾病。

尖头皮鞋,少穿为佳

穿尖头皮鞋时,由于鞋的前方狭窄,常使脚部五根跖骨的前方,特别是跖骨头部受到横向挤压,无形之中限制了脚横弓的弹性。这样不仅加重了对大脑的震动,而且常受挤压的跖骨还会出现疼痛,医学上称为跖痛病。

尖头皮鞋

另外,穿尖头皮鞋时,脚跟高抬,重心前移至脚掌的五趾关节处。行走时,往往会使五趾挤压在一起,等于增加了各个脚趾的长度,长时间的伸拉,易引起跖趾关节劳损。特别是在上坡时穿尖头皮鞋会加重脚趾的背屈程度,走路时间长了就会容易发生跖趾关节疲劳甚至劳损的症状,出现脚底疼痛。

再者，狭窄的尖头皮鞋会使趾甲和甲床受压，常常使甲旁两侧的皮肤隆起，因而使趾甲向皮内生长，医学上称这种现象为"嵌甲"。

把握冷暖是穿着养生的首要任务

春季穿衣宜上薄下厚

一些年轻姑娘出于爱美，往往在早春时节就穿起了五颜六色的裙装，甚至是裙长不及膝的超短裙，这样对身体不利，也有违春季养生中衣着"下厚上薄"的主张。如气温太低，特别在阴雨绵绵的日子里穿裙子，暴露在外的下肢会因风寒的侵袭而出现发凉麻木、行动不灵、酸痛等不适，特别是膝关节处皮下脂肪少，缺乏保护，对冷空气的侵袭较为敏感，受寒后更易发生局部麻木、酸痛等症，久之会引发关节炎。

春季应按照天气变化添减衣服，穿衣宜上薄下厚。在天气未全面回暖之前，生活在北方的人不宜追求时尚，穿衣不要过于单薄。尤其是年老体弱的人换装要谨慎。

盛夏，这样穿更凉快

因为天气炎热，是否"凉爽"成了夏季着装的首选条件。夏季穿衣是否凉爽，除了与衣料的透气性（主要是厚度、密度）有关外，与衣料的吸湿性关系也很大。在炎热的夏天，如果穿上一件棉纤维衣物，就比穿一件贴身衬衫要凉爽、适宜得多。

一般来说，夏季衣服覆盖面积越小，身体散热也越快，因而愈觉得凉爽。但也不是说穿衣越少越凉爽。有的男士打赤膊、图凉快的做法是错误的，因为裸露在外的皮肤只能在皮肤温度高于环境温度时，起到传导散热的作用，而当最高气温接近或超过37℃时，皮肤不但不能散热，反而会从外界环境中吸收热量，因而裸露得越多感觉越热。从这个意义上说，越是暑热难熬之时，男士越不应打赤膊，女士也不要穿过短的裙装。

要想夏季穿着凉爽，还必须考虑到衣服内的"吸风"和"鼓风"作用，衣服要做得宽松些，尤其领、袖、裤腿等开口处要做得敞开些。女性常常和裙子密不可分，其中，喇叭裙、连衣裙在走动时能产生较大的鼓风作用，因而穿起来比西服裙更凉快。

秋季穿衣不宜过多

初秋，暑湿未尽，凉风时至，衣服要逐渐添加，但不可一下加得过多，捂得太严。

即使是晚秋时分，穿衣也要有所控制，有意识地让身体"冻一冻"，这样可避免因多穿衣服产生的身热汗出、汗液蒸发、阴津耗伤、阳气外泄，顺应了秋天阴精内敛、阳气内收的养生需要，为冬季藏精做好准备。

医学研究表明，微寒的刺激可提高大脑的兴奋性，增加皮肤的血流量，使皮肤代谢加快，增强机体耐寒能力。

一般来说，秋季气候干燥，易引起人们的烦躁情绪，在面料上应选择滑爽的衣料，衣裤不宜太紧狭，以宽松舒适为好。

冬季穿衣要重视"衣服气候"

所谓"衣服气候"，是指穿的衣服表面温度大约在0℃左右，而衣服里层与皮肤间的温度始终保持在32℃～33℃，这种理想的"衣服气候"，可在人体皮肤周围创造一个良好的小气候区，缓冲外界寒冷气候对人体的侵袭，使人体维持恒定的温度。

冬季，老年人生理机能下降，皮肤老化，血管收缩较差，加上代谢水平低，穿衣以质轻又暖和为宜。青年人代谢能力强，自身调节能力比较健全，对于寒冷的刺激，皮肤血管能进行较大程度的收缩来减少体热的散失。因此，穿衣不可过厚。

婴幼儿则不同，其身体较稚嫩，体温调节能力低，应注意保暖。但婴幼儿代谢旺盛，也不可捂得过厚，以免出汗过多影响健康。

冬季戴棉帽，如同穿棉袄

头部的保暖与人体的热平衡有着十分密切的关系。正如俗话所说："冬季戴棉帽，如同穿棉袄。"

冬天天气寒冷，头部暴露在寒冷的空气中，不但容易散热，而且会因寒冷刺激而使血管和肌肉收缩，容易导致头痛、神经痛和感冒，严重时还会造成胃肠不适等病症。所以，人们在冬季应注意加强头部保暖，老弱病残者尤其要注意这一点。冬季戴帽最好选择质地柔软、轻便、保暖性强的帽子。

帽子的佩戴亦应因人而异。例如，婴儿的脑袋小，皮肉细嫩，对气候变化适应性很差，因此要选戴质地轻盈、手感柔软、保温透气的帽子；青少年应选择御寒性能好，并能保护脸颊、耳朵的帽子；老年人选择的帽子应该实用，以柔软轻便为好；皮脂分泌旺盛、头汗重的人宜用轻薄透气的帽子，并应经常洗晒，以保持清洁；易感风寒头痛的人冬季可戴毛呢制品等保暖性能好的帽子；高血压患者戴帽子时不宜过于厚重，以免引起头痛头晕。另外，对皮毛产品过敏的人均应避免佩戴这类帽子。

女性戴一顶式样别致的女帽，不仅可御寒保暖，而且还可和服装相配，成为增加女性风采的一种装饰。

冬季要注意脚的保暖

俗话说:“寒从脚起”,脚离心脏最远,血液供应少且慢,再加上脚的表皮下脂肪层较薄,保温性较差。因此,脚的皮肤温度最低,趾尖温度有时只有25℃。

中医学认为,足部受寒邪,势必影响内脏,可引致胃脘痛、腹泻、行经腹痛、月经不调、阳痿、腰腿痛等病症,因此必须重视在寒冬对脚的保健。

冬季鞋袜的尺寸要稍大些,脚与鞋之间应有空隙,也就是利用空气的导热作用,增强脚部的保暖性。鞋底要适当增厚,因为鞋底厚则鞋的防寒性能好。在冰天雪地里工作的人,应穿带毛的高腰皮鞋或长筒皮靴。易生冻疮的人应及早穿棉鞋,有脚汗的人宜选用透气性较好的棉鞋和棉线袜。

穿袜子也有学问

袜子是衣着重要的组成部分。不正确地穿用袜子,会导致一些疾病。

在对于袜子的选择上,除了美观之外,还要注意随季节的变换来正确地选择十分重要,特别是在寒冷的冬季。

一般说来,冬季穿用的袜子尺寸要大些,脚与袜子之间应留有一定的空隙,利用空气的隔热作用来增加保暖性,切忌脚上的袜子穿得过厚将鞋子塞得满满的,这样会将鞋内的空气挤走,失去了隔热保温层,这样保暖性反而降低,易患冻疮。有脚汗的人应选择透气性较好的棉线袜。袜子汗湿后要及时烘干。

选用袜子的质地要以“夏季轻薄易透汗,春秋底厚要松软,冬季筒高须保暖”为原则。袜子的质地以棉线、毛线织的为好。线袜吸水性好、柔软、穿着舒服;尼龙袜子结实耐磨,丝袜透气性较好;棉、毛袜子保暖性好。可以根据季节的需要选择。

低腰裤、露脐装美丽“冻”人

如今,不少追求时尚、前卫的年轻女性喜欢穿低腰裤、露脐装,虽然看起来很性感、美丽。但由于将腰部、肚脐暴露在外,在寒冷的天气里非常有损于身体健康。

用中医的理论讲,肾脏在人体的腰部,肾的阳气有温暖全身的作用,而全身的正常工作靠的就是肾的阳气的推动。一旦腰部受寒,肾气受损,人就会感到怕冷、无力,出现倦怠、食少、大便稀薄等症状。另外,脐部受寒会影响人体的胃肠功能,易发生腹泻、痛经等症状。关节炎、风湿病等也与穿着和气候变化有关,也就是“感受风、寒、湿之邪气,会造成气血经络闭阻不通”,从而感到酸软、疼痛、麻木等。

另外,寒冷的空气还会刺激皮肤引起血管收缩,致使表皮血流不畅,使脆弱的脂肪细胞发生变性,引起寒冷性脂肪组织炎。

因此，建议年轻女性在展示曼妙身材的同时，一定要遵循气候变化规律，珍惜自己的健康，注意保暖，千万别忘了给小肚脐、小蛮腰一点点关爱，不然等患病后就悔之晚矣。

穿着也要讲卫生

切忌把工作服穿回家中

工作服在使用时常常吸附或黏附着许多有害物质。在某些情况下，可危及着装者或与其接触者的健康。比如：

工作服如果不及时更换或清洗，以致有害物质在工作服上蓄积，穿在身上就会污染内衣或皮肤，对身体造成危害。在一项对婴儿铅中毒的原因调查中发现，母亲乳头皮肤有较高的铅污染，其来源则主要是由于在工作中接触铅，通过工作服的渗透而污染了乳头，通过哺乳而传播给宝宝。

带有污染物的工作服在非工作场合出现，如家庭、食堂以及其他的公共场所等，还会污染相应的环境。例如，有的医务人员穿着白大褂进入食堂用餐，或到托儿所抱孩子，或夏天穿着短袖工作服回家，都会把医院里的肝炎、流感、结核、肠炎等病毒、病菌散播到所到之处，害人害己。

也有从事食品加工的工作人员穿着工作服进出容易污染病菌的场所，如商店、医院、厕所、公共汽车等，然后就会通过工作服把致病物散播在加工制作的食品中。

此外，用日常衣服代替工作服，这种生活、工作“两用衣”显然是达不到保护健康与安全的目的，更容易引起交叉感染。

小小衣兜的卫生不可忽视

在生活中，有不少人的衣兜里常常是既装纸巾，又装香烟、瓜子、花生及各种零食等，还有人喜欢将购物时找回的零钱、票据等也揣进衣兜里。这种习惯很容易造成交叉污染，容易传染痢疾、肝炎或肠蛔虫症等。特别是对于那些爱吃零食的人来说，更容易得病了。

尤其是钱币更不易装进衣兜里。钱币作为一种流通手段，经常地从这个人手中转到那个人手上，这种传递可以进行多次。如果其中某个人患有疾病（特别是传染性疾病）、携带细菌病毒，那么货币也就难免沾染上而成为可能传染疾病的祸根。

忌把围巾当口罩使用

冬季天气寒冷、风大的时候，一些人会把围巾围到嘴和鼻子上当口罩使用。其实，这是很不卫生的做法。

围巾不比口罩，换洗频率较快，并且在使用和存放过程中，围巾很容易沾染致病细菌、尘埃等有害物质。加上围巾一般均以羊毛、兔毛、纤维等为原料织成，就更容易隐藏细菌。倘若把围巾围到口上，势必将附着在围巾上的有害细菌吸进呼吸道，从而给人体健康带来危害。特别是过敏性体质的人，吸入羊毛等纤维后，还会诱发哮喘病。

当心衣服静电的危害

人体活动时，皮肤与衣服之间以及衣服与衣服之间都会互相摩擦，产生静电，并且随着家用电器的增多以及冬天人们多穿化纤衣服，家用电器所产生的静电荷会被人体吸收并积存起来，加之居室内空气干燥，墙壁和地板多是绝缘体，因此更容易受到静电干扰。

衣服上的静电对人的健康有很大的危害。静电能使人焦躁不安，情绪波动。过高的静电还常常使人头痛、胸闷、呼吸困难、咳嗽。

穿衣注意不要束腰太紧

用腰带紧紧裹住腰部，虽然能使腰身形成优美的曲线，但却将人体的血液循环拦腰隔为两截，一方面使心脏在收缩时后负荷增加，久之会引起高血压病和冠心病；另一方面，使腹腔受到挤压，胃、肠、肝、肾等腹腔脏器活动受限，血流不畅，使其功能受到影响。

其次，束腰太紧还可以造成腰骨畸形或损伤，导致痔疮出现。因为人体肛门周围有好几组静脉，称为痔静脉，痔静脉本来较为疏松，当腰部、腹部的压力过力增大时，痔静脉内血液回流受到阻碍，会使痔静脉扭曲成结，形成痔疮。

不要为图方便"大杂烩"洗衣服

洗衣服时，经常把内衣、外衣，甚至袜子混在一起洗，或者一家人的衣物混合洗，看起来方便省事，但非常不卫生。

各种衣服混在一起，容易交叉污染。外衣污染脏东西的机会比内衣多，混在一起洗，会将这些脏物甚至病菌黏附到内衣，特别是内裤上。更有甚者，如果把肝炎、感冒病毒传染到毛巾、手帕上，那么传染的概率就会更大。也有的将妇科病从一个人的内衣上传到他人的内衣上，从而使妇科病在全家女性之间传染。袜子上如果有足癣真菌，也可传染别人患足癣，或者引起皮肤传染病。另外，洗衣机内机械性的均匀搅动，不仅会使浅色衣服易被褪色的深色衣服染色，而且浅色衣服上的纤维还易黏附在深色衣服上。

因此，不可图方便或是偷懒而“大杂烩”洗衣，要内衣与外衣分开洗；内衣要各人分开洗；浅色衣服与深色衣服分开洗；过脏的衣服与不太脏的衣服也要分开洗。

小小饰品里藏着的大学问

戴首饰谨防“首饰病”

戒指是女性青睐的饰品之一，由于戒指戴松了容易脱落，戴紧了又容易阻碍血液循环，为此，很多女性喜欢去专门定做适合自己的戒指，且经常久戴不摘。久而久之，手指就会因受压凹陷形成环状畸形；或者造成远端血液及淋巴液循环受阻，引起手指淤血、肿胀，造成局部坏死或化脓感染；有时还会因指神经受压迫，引起麻木，使活动受限。

穿耳洞时由于消毒不彻底，可能会造成感染、化脓，如不及时治疗，导致病菌扩散就有可能引起难以治愈的耳软骨炎。通常耳朵被穿洞后，受损的组织常有少量液体渗出，加上局部与耳环接触时间过长，从而使皮肤经常受到摩擦而发炎。

除纯金项链外，含金量比较低的项链在制作过程中均要掺入少量的铬和镍，佩戴时，皮肤可能会出现微红或瘙痒等症状。

佩戴玉石有益健康

现代科学研究发现，玉石具有特殊的光电效应，在切削、研磨和抛光过程中，会使这些效应聚焦蓄能，形成一个电磁场，相当于谐振器，能同人体发生谐振，使人体各部位更协调，运转更加合理。同时，玉石中含有硒、锌、镍、钴等微量元素，长期佩戴玉饰，微量元素通过皮肤浸润会被人体皮肤所吸收，使体内各种微量元素获得平衡，达到平衡生理机能，防病保健的功效。为此，经常佩戴玉石挂件有益于人体的健康。

比如珍珠，其性寒、味甘咸寒，能生肌收敛、养颜护肤，因此可预防甲亢、咽炎、眼疾等症。

目前还证实，佩戴珍珠项链可缓解女性经前紧张综合征和更年期综合征。这是由于珍珠项链长期与人体摩擦，使珍珠的有效成分渗入皮肤，为皮肤所吸收，从而增强了人体的细胞活力，促进新陈代谢，使皮肤柔嫩洁白，湿润光滑，起到延缓皮肤衰老的作用。

玉石首饰

佩戴戒指、项链等首饰的禁忌

佩戴首饰也有一定的讲究与禁忌，如：

忌戒指戴得太紧：受箍的皮肤、肌肉易成环状畸形，时间长了，容易影响手指血液循环而产生局部坏死。

忌夹式的耳环戴的时间过久：由于耳垂血液循环丰富，夹式耳环戴久了会影响耳垂血液的循环，造成耳垂部位麻木，肿痛。

忌佩戴粗糙的项链：脖颈皮肤薄，因此戴项链的部位很容易受到伤害引起炎症。因此，佩戴项链从生理卫生的角度来讲，应选择加工精细的制品，不要用镀铬、镀镍、镀水银或铅锡合金制品，否则会造成局部皮肤的损害。此外，洗澡、午休、睡觉时应将项链取下来。

炎热夏季慎选墨镜

炎炎夏日，很多人喜欢佩戴墨镜，一则可以阻挡刺眼的阳光，二则显得更加时尚。实际上，戴墨镜对眼睛是有损害的，一般的太阳镜虽能遮住太阳可见光线对眼睛的刺激，却无法遮挡有害射线对眼睛的照射。因为当墨镜遮住阳光时由于眼睛缺少了对强光的自然反射而不会自行闭眼，这样就使得眼睛长久暴露在看不见的紫外线下，久之会对眼睛造成永久性损坏。

墨镜

而且，人不戴墨镜时，眼睛会自行调节光线，如会眨眼睛或把眼睛眯小，这样就减少了紫外线的射入。因此，在不必要的时候还是不戴墨镜好。

电脑族慎戴隐形眼镜

对于需要长期面对电脑工作的人来说,佩戴隐形眼镜会对眼睛造成伤害。这是因为现在大多数隐形眼镜都属于高分子材质产品,这些高分子材料的分子虽然采用了多种材料,但所有的隐形眼镜在计算机屏幕辐射照射下都会渐渐分解变质产生变异。这些变异后的小分子,有的会透过淋巴循环到达水晶体,和水晶体的修复组织结合,造成新的聚合物。

正常情况下,少量的聚合物会从眼球内排出到眼球表面,最后变成眼屎。但量多的时候,聚合物的大小会超过排出孔的大小,此时这些眼球内的杂物就会堆积在水晶体内,渐渐形成白内障。

因此,配戴隐形眼镜且常常接触电脑的朋友,休息时一定要把隐形眼镜摘下来。

睡眠保健

谁偷走了你的睡眠

大便不通畅会影响睡眠

我们知道，进食后大约13～20小时，食物的残渣就变成大便排泄出去。在小肠中被消化了的呈半液体状态的食物，到了大肠后，水分被逐渐吸收，就会变成比较硬的塑状物。

正常情况下，粪便在大肠里停留的最长时间约为6小时，粪便在大肠里停滞的时间越长，水分被吸收得越多，就越坚硬，也就越难排泄；如果粪便在大肠里发酵还会产生臭屁，甚至粪便中某些有害物质还会被血液吸收，以致进入大脑而扰乱其正常的睡眠，引起全身不适。

因此，大便的通畅与否，与睡眠有一定的关系。

用脑过度会引起失眠

长时间用脑过度，会造成神经长期处于兴奋状态，从而导致失眠。为了防止脑力劳动过度而造成的失眠症，选用最佳用脑时间和设定时限则是有效的方法之一。

科学家研究认为，人脑的活动在白天也有潜在的周期，与夜间睡眠周期相似，基本上是2个小时一个起伏。因此主张脑力劳动者持续工作2小时后就需要休息一下。

当然，休息并不一定是闭目养神，也可以采取积极的休息方式，如参加文体活动、散步和各种消遣等。若要改换思考内容，交叉用脑，也要经过一刻钟的轻松，因为连续地更替大脑活动内容，就会出现一种叫作“后摄抑制”或“前摄抑制”现象，不是前项思考干扰后项内容，就是后项内容干扰前项思考，不仅影响思维，而且易使大脑疲劳。

如果长期过度地从事脑力劳动，不考虑用脑的时限性，就有可能出现超负荷状态，除了导致失眠以及伴随的神经衰弱外，还可引起紧张性高血压、过性脑供血不足等后果。

科学的跑步有助于睡眠

跑步时，头脑只是清醒，但不兴奋。身体只是发热，但不出汗。这样的跑步状态，跑后较容易进入睡眠状态。跑步后到上床睡觉的间隔时间以15~20分钟左右为宜。这时，脉搏可以基本上恢复到安静时的状态。如果间隔时间太短，脉搏没有恢复时，上床睡觉会感到气喘、难受，从而影响入睡。

想用睡前跑步促进睡眠，必须掌握适当的强度、距离和睡眠间隔的时间才行。

床的摆放直接影响睡眠质量

床的摆放会影响人的睡眠。从科学角度看，床的摆放有以下不宜：

不应摆放在窗下：床摆放在窗下会增加睡眠者的不安全感，如遇大风、雷雨等天气，不安全感觉更为强烈。

床头不宜设在卧室门或窗的通风处：否则稍有不慎就会着凉感冒。

床上方不能放置吊灯：由于吊灯的造型和重量都容易给人带来不安全感，因此床的正上方最好安装轻型灯具。

睡床或床头不宜正对房门：睡觉时最讲求安全、安静和稳定，房门是进出房间必经之所，因此门不可正对睡床或床头，否则床上的人容易缺乏安全感。

咖啡

睡前饮茶和咖啡易致失眠

茶、咖啡类饮料等含有中枢神经兴奋剂——咖啡碱，晚间饮用可引起失眠。即使是在白天，摄入过多的咖啡和浓茶，也会导致夜里睡眠不深。

年过50岁的人，消化系统功能会降低，这样咖啡因就会在体内待的时间更长，可以持续到10个小时。

因此，要把一天喝的浓茶或咖啡限制在两杯以内，而且不要在睡前6个小时内引用。如果还是会引起失眠，那就要减少摄入咖啡因的总量了。

睡觉的6个坏习惯

1.一定要睡满8小时,才不会影响身体健康:每个人都有自己的睡眠时钟,其实在强迫自己入睡的情况下躺得越久,睡得就越差。

2.把睡前当成每天检讨的时间:一边做着隔天的行程计划,越想越多当然睡不着。

3.曾经失眠过,可能睡不好:一到天黑便开始担心。其实睡眠是正常的生理需求,越想越睡不着。

4.半夜失眠,拿起闹钟来看时间:结果时间分秒过,自己就真的睁眼到天亮了。

5.常在床上念书、吃东西、看电视:越是这样,就容易培养不想睡的气氛。要清楚,床是让人睡觉的地方。

6.白天活动少:白天的活动不多,睡眠的需求自然就不大,睡多了自然睡不着。

过饥或过饱都不利于睡眠

饮食与睡眠有一定的相关性,人类的午睡可能也与午餐有关。通常情况下,慢性失眠者基本上都是身体消瘦者,如果睡眠好转后,体重会迅速恢复。而大多数焦虑、抑郁者常有食欲下降、体重减轻、失眠等症,其体重与睡眠情况的改善往往就是这种疾病好转的征兆。

睡眠还与食物的营养结构有关。据研究,高碳水化合物、低脂肪的膳食与营养成分平衡、低碳水化合物、高脂肪的膳食相比,后者的睡眠质量差。

另外,如果很饿,可以吃一些富含碳水化合物的零食,可帮助人体释放出一些化学物质复合胺,让人松弛下来。还可以吃几块饼干,或是喝一碗燕麦粥,并配一些牛奶或一片鸡肉,后两者都富含氨基酸和色氨酸,它们都有催眠作用。

创造有利于睡眠的环境

孩子单独睡觉更健康

孩子和大人一起睡很不卫生,大人在社会上活动的范围要比孩子广泛,传染各种病菌、病毒的机会也比孩子多得多。而孩子的各种器官都比较娇嫩,抵抗力弱。如果晚上与大人一起睡,病菌、病毒等就容易传染给孩子。如果大人身患传染病,那更会危害孩子的健康。

此外，大人身体的热量多，和孩子一个被窝睡，容易使其感到太热而出汗多，有时大人翻身，被窝漏了风，还会使孩子着凉感冒。

所以，从卫生与健康的要求来说，父母应该让孩子从婴儿期就和大人分床睡觉。

选择一个健康的枕头

在选择枕头时，应注意枕头的高度、硬度和弹性。

枕头

枕头以仰卧时高 15~20 厘米，侧睡时高 20~25 厘米为宜。与成年人比起来孩子的枕头以平躺时高一拳，侧睡时高一拳半为宜。枕头过高或过低，都不利于身体健康。

在硬度和弹性的选择上，则要注意枕芯的质量，具有良好支撑度和弹性回复力的枕芯能保护颈椎不受伤害。使用过硬的枕头，头部与枕头接触面积过少，压力太少，会使人觉得不舒服；太软的枕头难以保持枕头的高度，易因过于松软，导致头部与枕头接触面积太大，造成压迫，以致影响血液循环。

枕芯用料有讲究

茶叶枕芯：对减轻高血压、神经衰弱、头晕目眩、视觉模糊、鼻炎、感冒头痛和暑热头晕等症状有良好的效果。

绿豆枕芯：散热性良好，夏天使用，不仅清凉舒适，同时还能缓解头痛症状，有镇痛明目的作用。

用菊花、决明子等原料做的枕芯：对高血压患者的症状有一定的缓解功效。

蚕沙枕芯：可以头部的湿度及头部的压力，使枕内药物有效成分缓缓释放，同时桑叶的香气沁人心脾，还可作用于头项部的颈脖和穴位，使全身的经络舒通，气血流畅，脏腑安和。

苦荞麦枕芯：主要填充材料为苦荞麦壳，其经过特殊工艺处理并经高温辐射杀菌消毒，具备防霉变、防生虫的特点。专家指出，苦荞麦壳是做枕芯的最佳保健用品之一，它具有清热除淤、平血降压、消湿解毒，缓痛健脑，调节人体内血液循环等功能。

如何改善高血压并发的失眠

首先，要控制喜、怒、哀、乐，锻炼自己的意志，做到能控制自己的情绪，使精神始终保持轻松愉快，可以经常听一听轻松的音乐，练练书法。临睡前，不要看激动人心的电视节目、书刊，保持情绪稳定，以利于睡眠。

其次，高血压患者应该注意劳逸结合，不可过度疲劳。同时，要根据病情的不同程度进行适当的锻炼。晚饭后、入睡前可以散散步或打打太极拳，这样可以有助于睡眠。

另外，高血压患者的晚餐宜清淡、少盐、勿过饱，肥胖的患者应该限制糖和脂肪的摄入，以减轻体重。还要多吃水果、蔬菜，尤其是芹菜，既可以降低血压，又可以助睡眠。

最后，高血压的患者一定要保持大便通畅，否则，“胃不和则卧不安”。

颈椎病患者睡眠中的讲究

颈椎病患者对卧具十分讲究，枕头的高度以保持颈椎前凸的生理体位为佳。由于白天工作时头颈前屈过度，若在夜间睡觉时又使用较高的枕头，这样就等于同白天工作时一样，头颈仍处于前屈状态，这必然会增加颈部劳损的概率。

所以，颈椎患者在睡觉时使用枕头不宜过高，可用直径12~13厘米的圆枕，要有适当硬度，且以中间低、两端高的元宝形为佳。枕放颈后，在仰卧时既可保持颈部正常的生理曲度，对头颈部可起到相对的固定作用，同时亦起到牵引作用，以减少在睡眠中头颈部的异常活动。

床的选择应从符合脊柱的生理弯曲要求着手。只要在木板床上面垫一个较厚的软垫，就能使脊柱基本上保持正常的生理状态。北方的土炕具有与木板床类似的优点，冬季加温后，既能抗寒，又对痉挛与疼痛的肌肉、关节有热疗作用。炕面上的褥垫应稍厚，以减少对骨关节等突出部位的压迫。

腰肌劳损者睡眠时要注意的细节

腰肌劳损的患者应注意劳逸结合，保证充足的睡眠。因为充足有效的睡眠有利于损伤的腰部肌肉的恢复。

对于腰肌劳损的人来说，一般安静躺卧着休息常会使腰痛减轻，但若睡在软绵绵的海绵垫上或弹性不好的弹簧床、钢丝床上时，虽然起初会感到比较舒服，久之无论是平卧还是侧卧，都会因重力的作用导致脊柱弯曲，使得腰部肌肉、韧带及腰背筋膜等都受到长时间的牵拉，出现痉挛、疲劳而引起腰痛。

床的软硬要适度

从科学的理论来讲，床品太硬或太软，对身体都不好。因此一定要掌握尺度，软硬适中。

床褥若太硬，坚硬的床面不适应人体曲线的需要，人躺在上面会使腰部悬空，无法很好地承托腰椎，必须靠腰背肌肉支撑脊柱，使脊柱处于僵挺紧张状态。这样不但达不到让脊柱休息及肌肉放松的目的，反而会对身体造成严重损伤。合适的床褥应该要填满腰背部后方与床面之间出现的虚位。

床垫也不是越软越好。床垫太柔软，人体受压部位容易变形，使脊椎弯曲或扭曲，从而改变人体正常的脊柱弧度，使相关肌肉、韧带被绷紧，长时间得不到充分放松和休息，出现腰酸腿痛的感觉。长此以往，会加快肌肉劳损变性和脊柱骨骼的老化增生。

布置一个色彩淡雅的卧室

不同的颜色对人的心理影响不同，如蓝色和绿色是大海和树木的颜色，对于安定情绪有很好的效果，适宜作为卧室墙壁窗帘的颜色。

色彩淡雅的卧室

卧室内色彩应淡雅，应该避免红和黑、黑和白、黄和黑等强烈的对比配色，像紫色、草绿色等令人炫目的颜色，以免引起情绪不安而难入睡。

卧室的设计应在隐秘恬静、便利、舒适、健康的基础上，寻求优美的格调，使身处其中的人能在愉快的环境中获得身心的满足。

当然，选用颜色时除了从心理学角度考虑以外，当然还要根据卧室主人自己的喜好和习惯。

先睡心，后睡眼

4 种方法让你改善因精神紧张引起的失眠

1.要缓解情绪过度的紧张，多进行一些轻松的运动或娱乐，使精神放松，消除心中的种种顾虑及杂念，这是得以安眠的重要前提。

2.要纠正对睡眠的种种误解，消除对失眠的畏惧心理。即使一时难以入睡，也千万不要着急；否则，越急就越难入眠。

3.认清病因，进行自我放松。要认识自己的失眠是由于白天精神紧张所致，以最短的时间放松身心。

4.对他人期望不要过高，对自己也不可过分苛求，不仅要学会自己疏导情绪，也要学会“屈服”于别人。

合理用脑，预防失眠

脑力劳动过度，极易产生失眠、疲劳等症状。而科学合理地用脑，不仅能提高工作与学习效率，更能防止产生失眠等症状。

首先，应掌握自身“生物钟”的变化规律。有人早晨特别精神，有人晚上才能集中精力，应选择精力充沛、精神集中的最佳时刻，全力用脑，做到暂时“与世隔绝”，尽可能使学习工作环境安静，以免受噪声干扰，影响效率。

其次，要保证大脑的活动节律，用脑应做到有张有弛，有劳有逸，忌打疲劳仗。

再次，饱饭后或饥饿过度时忌过度用脑，以免因脑供血不足而使效率下降。

此外，用脑时忌饮酒吸烟，因为酒能抑制大脑的高级机能活动；烟叶中的一氧化碳和血液中的血红蛋白结合，影响大脑的携氧能力。

消除杂念，自然安睡

许多失眠者之所以失眠，是因为躺在床上后脑子里就开始不停地想这想那，静不下心来。要想安心入睡，可以试试以下方法：

躺在床上把这些问题分类为 1、2、3 大类，然后把 1、2、3 大类再归为一个“睡”

字来概括，当杂乱思潮出现时，就用“睡”字来打断这些“杂念”。“睡”也是总结，也是要睡的意思，明天的事不就是一个“睡”字吗？睡吧。

经验表明，此法对消除杂念有效。如果30分钟过去了，还睡不着，不要躺在床上“翻烧饼”了，起床做一些放松的事，如听听轻松的音乐，或翻一翻杂志，或喝一杯热牛奶，也许就能帮助入睡了。

让音乐伴你入睡

音乐可以对人的生理和心理状态产生一系列的影响，乐曲的节奏、旋律、音调、音色不同，对人体能起到兴奋、抑制、解郁、镇痛等不同的作用。一些古典曲目都具有舒心、轻缓、柔美、宁静、清新、雅致等特点，失眠者听后会感觉心情平静，没有了烦躁紧张，可以轻松自然地进入甜蜜的梦乡。

这类音乐如《春江花月夜》《梅花三弄》《高山流水》《金陵十二钗》《双飞燕》等；或者一些国外经典曲目如《致爱丽丝》《雪绒花》《摇篮曲》等。另外，还有一些其他类型的曲目，如各种宗教音乐、流行的瑜伽音乐、各种轻音乐……失眠者可以根据自己的睡眠情况、身体状况、性格特点等选择自己喜欢的音乐，帮助改善睡眠。

调整身心，获得满意的睡眠

要想获得满意的睡眠，就要学会调整身心。对任何事情，都要保持平和的心态，防止过忧过喜，避免情绪异常波动；平时多做些力所能及的活动和体育锻炼；睡前不要谈论、回想会引起心情不快的事，也要避免过于喜悦；不要为自己的失眠担心，顺其自然；为了使心情平静，睡前还可以在室内外漫步或静坐。这些心理上的调理，对于睡眠都有一定的帮助。

必要时，还可寻求专业心理医生帮助，找出造成失眠的心理因素，用心理学的方法进行疏导治疗，消除心理障碍，增强心理适应能力，重建心理平衡。

放松疗法可让自己安然入睡

睡前放松疗法可使人体全身的骨骼、肌肉、韧带、血管、神经放松，辅以轻松的音乐与合适的温度，可以调节紧张的心理，调节神经系统兴奋与抑制的平衡性，达到身心松弛，使身体的自主神经系统的活动性朝着有利于放松和睡眠的方向转化，从而改善睡眠。

让自己处于一个安静的环境中，舒适地躺在沙发或床上，安静休息10~15分钟，排除杂念，身心保持松弛状态，然后想象一幅记忆清晰的令人松弛和愉快的自然风景，轻闭双眼，从头顶开始按顺序一个部位一个部位地想象并放松：头顶、前额、眼眉、眼睑、眼球、鼻子、嘴唇、面部、下颌、颈部、双肩……大腿、膝关节、小腿、踝关节、两脚。

为加强放松效果，可在想象到每个部位时默念“松”字，也可同时播放轻音乐。如果做了一遍还达不到平静情绪的效果，可再做一遍。经过一段时间的练习，便能够在很短的时间内进入全身放松状态，达到自我调节的目的。

要养成科学的睡眠方式

充足的睡眠需要“积极休息”

许多人在通宵达旦的娱乐后，就倒头猛睡，认为只要把睡眠补上就能恢复体力。其实并非如此。因为这样做只能算是“消极休息”，是一种被动的休息。

人体需要的不是“消极休息”，而是“积极休息”。只有“积极休息”才是合理的休息，才能起到迅速恢复体力的作用。所谓积极休息，指的是用另外一种活动来促使疲劳部位的体力恢复。例如，当跑步运动员两腿疲劳时，可用引体向上、俯卧撑等臂力运动来缓解腿的劳累感。

积极而恰当的休息，不仅能帮助缓解疲劳，而且还可放松神经，提高工作与学习的效率。

睡姿的选择因人而异

你知道吗，错误的睡姿不但睡不好觉，还会影响健康。

仰卧是最常见的睡姿，四肢可自由伸展，体内的各个器官也较为舒适，对血液循环有利。但仰卧有时则不利于全身放松，尤其是腹腔内压力较高时，容易使人产生憋闷的感觉。同时要注意，仰卧时不要将手放在胸部，否则容易做噩梦。

俯卧的人较少，一般也不提倡这种睡姿。因为俯卧会压迫胸部，影响呼吸，可使心脏受压，增加肺工作量，不利于健康。

从有益于人的生理健康角度而言，侧卧是最为理想的。

当然，睡眠姿势也不是一成不变的，绝大多数的人在睡眠中都会不断变换着姿势，这样更有利于解除疲劳。

不同的人有不同的休息和睡眠方式

休息不单指睡眠休息，不同的人有不同的休息和睡眠方式。

假如你是一位体力劳动者，疲劳主要是由体内产生大量酸性物质引起，如果十分疲劳，应采取静的休息方式。可以躺下来，通过睡觉把失去的能量补充回来，把堆积的废物排除出去。如果不是很累，也可以在床上先躺一躺，闭目静息，让全身肌肉和神经完全放松后，再起来活动活动。

假如你是科研人员，脑力经常高度集中，大脑皮层极度兴奋，而身体却处于低兴奋状态，对待这种疲劳，可进行适当的体育锻炼，如做工间操，倒背双手散步，深呼吸几口室外的新鲜空气，或者听听音乐，哼哼小曲，品茶谈天等，都能放松神经和肌肉，恢复大脑的再创造力。

假如你是空闲较多的人员，体内机能代谢缓慢，也会感觉很疲劳，这时最好的休息方式就是锻炼或参加劳动了。

顺应生物钟的节律按时入睡

如果我们每天按时上床睡觉，准时起床，定时去迎接每天早晨的阳光，那么体内的生物钟就会准时运转。研究表明，按照生物钟的规律按时作息是提高睡眠质量的关键要素之一。

体温是影响生物钟的运行的因素之一。人的体温波动对生物钟的节律有很大的影响。人的体温下降就容易引起睡意，这是利用体温调节生物钟的有效方法。如果体温调节失控，就会引起睡眠生物钟发生紊乱。控制体温的方法很多，例如睡前洗澡或睡前做20分钟的有氧运动等，睡觉的时候体温就会有所下降。

总之，形成习惯之后，人就会按时入睡，可见，养成良好的睡眠习惯是最重要的。

有利于催眠的简单疗法

调好睡眠的生物钟

要想提高睡眠质量，除了早睡早起外，还要调节好睡眠生物钟的变化，尽量与自然周期同步。由于太阳光是影响人体生物钟的重要因素，所以调节生物钟应设法从改变光线的亮度入手。

我们每天应尽量在户外度过黄昏时光，在太阳还未下山时就去户外散步、侍弄花草等，使身体能感受到阳光而推迟困倦的感觉；而中午则应避免光线的刺激，中午外出散步最好戴上太阳镜，因为光线主要是靠眼睛来感受的。尽量使人的生物钟与自然周期同步，使睡眠与夜晚同行。

如何降低熬夜带来的损伤

熬夜之后应尽快“补觉”，如果没有长时间补觉，也要利用午间休息或其他时间“见缝插针”地睡一会儿。此外，经常打羽毛球、爬山，多去户外走动，也有助于身体健康和精神愉快，也是摆脱熬夜后萎靡状态的好办法。

如果必须要熬夜，就必须提前安排好一日三餐，保证身体摄入足够的热量、优质蛋白质、矿物质和维生素等，并应控制盐的摄入量。熬夜过程中要注意补水，可以喝枸杞子大枣茶或菊花茶，既能滋补身体又有祛火功效。

穴位按摩，帮你改善睡眠

由于药物会对肝脏造成损害，所以，对改善睡眠不踏实的现象，人们常常希望不通过服用药物就可以改善。那么，下面就介绍几种效果显著的镇静催眠按摩术：

运百会：百会穴位于头顶部正中线上，距前发际 5 寸，或两耳尖连线与头部正中线之交点处。按摩时取卧位，两手轮流以食指、中指指腹按揉百会穴 1 分钟。手指用力不能太重。能定神安眠。

揉神门：神门穴位于掌后腕横纹尺侧端，尺侧腕屈肌桡侧缘凹陷处，揉神门穴时可以取坐位，左手食指、中指相叠加，按压在右手神门穴上，按揉 5 分钟，然后再换手操作。可宁心安神。

按涌泉：涌泉穴位于足掌心，当第二跖骨间隙的中点凹陷处。按涌泉时取平座位，两侧中指指腹分别按压在两侧涌泉穴上，随呼吸的节奏而有节律地按压。每次操作 3 分钟，能起到交会阴阳、平衡气血的作用。

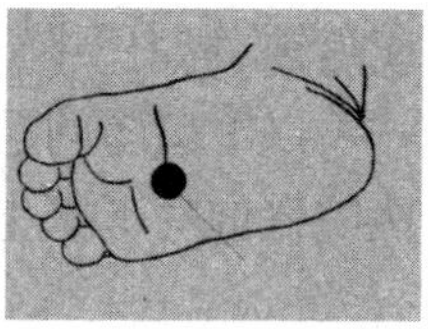
涌泉穴

以上方法，可在睡前 1 小时内进行自我按摩，若能持之以恒，可以对改善睡眠有一定的疗效。

运动是缓解各种睡眠问题的最佳方法

可促进睡眠的常用运动有以下几项：

体育锻炼的项目很多，如篮球、排球、乒乓球、康乐球、高尔夫球、门球以及游泳、健美操、跑步、竞走等。以上体育锻炼项目可以根据自己的爱好、习惯、年龄、性别、体力以及客观环境条件，选择 1~2 项坚持锻炼，时间久了对于改善睡眠确有较好的疗效。

太极拳锻炼是一项非常有益的健身运动，只要能够长期坚持，不仅有健身作用，并且还有调节神经、精神状态和改善情绪、睡眠、大脑功能等多重功效，有不少的失眠者就是通过打太极拳而使病情好转或痊愈的。

气功有助于精神放松，情绪安定，注意力集中，能够增强人们的自我控制能力、忍耐力以及对疾病的抵抗力和对外界环境的适应力。这些对失眠患者来说都是十分重要的。只要失眠的人能够坚持科学的练习气功，大多会取得不错的效果。

你的睡眠缺氧吗

缺氧是无法用肉眼来确诊的，大多数人也无法自我察觉，很多人甚至不会想到睡觉还能“睡”出病来。其实，睡眠缺氧即是“睡”出来的疾病。那么，如何判断你的睡眠是否缺氧？

比比看，你的日常生活中是否有下述一条或者几条表现：

打呼噜，鼾声大作，有时隔壁或全楼的人都能听到鼾声，给别人的感觉是睡得好“香甜”，其实，只要我们留心就可发现他们睡眠爱醒，不踏实，不老实，睡眠时的“毛病”特别多，比如睡眠多汗，肢体抽动、抖动，哼哼，用嘴吹气等，而且总也睡不够。

有心慌、心跳、胸闷、憋气、心前区疼痛不适等感觉，夜间排尿次数和尿量的增加，甚至一些人夜尿可达 3 次以上。

晨起有咽干、嗓子疼、口干口苦、咽喉部有黏液附着的感觉，懒得起床，睡后有疲劳、不解乏的感觉。

白天多有头脑不清醒、乏力、精力不足、头晕、记忆力减退、注意力难以集中、反应迟钝、智力下降、工作学习效率降低等症状。

以上诸多问题，你的“命中率”越高，患睡眠缺氧的风险就越大，建议你尽早到医院咨询一下医生，是否需要进一步治疗。

走出睡眠的误区

睡眠时间不是越长越好

在传统观念里，8 小时被视为正常而理想的睡眠时间。睡眠不足 8 小时即代表休息不够充分，甚至失眠了。为此，很多人每天都要睡 8 个小时以上，甚至把所有空闲时间都用来睡大觉。岂不知，这样是极其有害的。

睡眠时间过长，身体长时间处于无活动状态，久之全身肌肉张力就会减退，心脏收缩的力量必然下降，心脏生理负担也就加重了，物质代谢也相应地遭到破坏，由此不仅会导致肥胖病，还会带来更多的疾病隐患。所以睡眠过多，不但不会健康长寿,而且是造成短寿的重要原因之一。

睡眠时间的长短,因每个人的身体状况、工作量、家庭负担、生活习惯所不同而各不相同。不少"猫头鹰"习惯在夜深人静时工作、学习便说明了这一点。

睡眠有 8 忌

1.忌仰卧:睡眠时宜侧身屈膝,若仰卧,则胸肌肉不能放松,手易搭胸,会影响呼吸,多生噩梦。

2.忌睡前忧虑:睡下以后不要胡思乱想,更不要忧愁焦虑,否则会导致失眠。

3.忌睡前恼怒:凡情绪变化均会引起气血紊乱,故睡前不可恼怒,应保持平稳的情绪和良好的心态去睡眠。

4.忌睡前进食:临睡前最好不要进食,否则容易增加胃肠的负担,导致消化不良,既影响安然入睡,也不利于身体健康。

5.忌睡前言语:睡觉前不要长时间聊天,免得引起大脑兴奋,影响睡眠。

6.忌睡眠时张口:睡眠张口呼吸会使肺脏受冷空气和灰尘等的刺激,胃内也易进入凉气,对健康不利。

7.忌睡眠掩面:睡眠时若以被掩面,会导致呼吸困难,且易吸入自己呼出的二氧化碳,对健康不利。

8.卧处忌受风:入睡后,人体对环境的适应能力降低,最易受风邪的侵袭,如背受风则咳嗽,肩受风则臂疼。

失眠者有 10 戒

一般失眠者若做到以下 10 戒,可逐渐恢复正常。

1.戒睡得太早或太晚,避免经常性地熬夜,睡眠要定时。

2.戒在入睡时谈论过于兴奋的事,也不要思考过多过难的问题,以避免激动,保证入睡前心情舒畅。

3.戒入睡前看令人激动的书刊、电视,入睡前心境要放松。

4.戒入睡前进行剧烈的体育活动,可先在室外散步,多吸点新鲜空气。

5.戒入睡前吸烟、喝茶、饮咖啡,免得兴奋大脑,但睡前要刷牙、漱口。

6.戒入睡前从事繁重的劳动,过度疲劳会影响睡眠。

7.戒卧室关窗和开灯睡觉,卧室应保持安静、空气流通、温度适宜,光线应暗些。

8.戒睡眠时手压于胸前和蒙头而睡,要穿宽松的睡衣,床铺要平,全身肌肉要放松。

9.戒过分依靠安眠药,如果失眠,适当适量服用安眠药是可以的,但不能过分依赖安眠药。

10.戒长期紧张或情绪忧郁，要合理安排工作、学习和生活。对失眠要正确对待，不要过分紧张，偶尔失眠一两夜，对健康无太大影响。

打鼾是不是一种病

打鼾不但影响他人的休息，而且也影响自己的健康。响度在60分贝以下的鼾声往往属于正常的生理现象，而超过60分贝的鼾声会妨碍上呼吸道气流的通过，部分严重者发生憋气缺氧时，甚至可能危及生命，发生意外。

打鼾时反复发生的呼吸暂停可引起低氧血症和高二氧化碳血症，长期如此会导致大脑严重缺氧，最终可引起心、脑、肺多系统脏器的功能损害，可并发高血压、冠心病、脑卒中、心肌梗死和夜间猝死等。

所以，打鼾可能和诸多疾病相关，必须充分重视。尤其是肥胖的中年男性，如果有习惯性打鼾史，特别是曾经发生过睡眠呼吸暂停现象者，应及时到医院诊治。

合理膳食，吃出好睡眠

多吃有助于睡眠的食物

小米：小米中所含的色氨酸能促进大脑分泌5-羟色胺，使大脑的思维活动受到暂时的抑制，使人产生困倦感。如小米熬成粥，临睡前食用，可使人安然入睡。

桂圆：桂圆具有补心益脑、养血安神的功效。临睡前饮用桂圆茶或取桂圆加白糖煎汤饮服均可，对改善睡眠有益。

核桃：核桃能缓解和改善神经衰弱、健忘、失眠、多梦等症。取粳米、核桃仁、黑芝麻，用慢火熬成稀粥食用，可用白糖调味，在睡前食用。

大枣：其对气血虚弱引起的多梦、失眠、精神恍惚等有显著疗效，如取大枣去核，加水煮烂，加冰糖、阿胶用小火煨成膏，睡前吃1~2匙。

蜂蜜：蜂蜜具有补中益气、安五脏、和百药之效，对失眠患者疗效显著。可每晚睡前取蜂蜜50克，用温开水冲服。

牛奶：牛奶对体虚而致神经衰弱者的催眠作用尤为明显。因此，临睡前可以饮一杯温牛奶。

葵花子：葵花子含亚油酸、多种氨基酸和维生素等，能调节人脑细胞正常代谢，提高神经中枢作用。每晚吃一把瓜子，可起到安眠作用。

吃富含 B 族维生素及钙、镁的食物促睡眠

有些科学家认为，B 族维生素及矿物质钙、镁等可以帮助睡眠。这种说法确有道理，但也有前提条件。

人的神经系统动作确实需要 B 族维生素，如果缺乏将会影响神经系统的正常运作，可能会使人白天没有体力，晚上难以入睡。但若不是因为缺乏 B 族维生素而影响睡眠的人，多服用 B 族维生素对促进睡眠是没有帮助的。需要提醒大家的是，不要太过迷信复合维生素的效力，其实，在日常生活中只要饮食均衡，就可获得充足的维生素，神经动作自然正常，晚上也就容易入睡。

钙与镁的补充也是同样的道理。钙可以促使肌肉收缩，镁则可使肌肉放松及维持心跳规律。与其说它们可以帮助睡眠，不如说充足地摄取这些营养，才能让你的肌肉与神经有最适当的运作，借此提升睡眠品质。

促进睡眠的 3 款食疗方

1.冰糖百合：取新鲜百合 1 个，冰糖适量，将百合煮熟后加入冰糖即可，还可以加入大枣。此法不但可以帮助入睡，减少噩梦，还有美容养颜的作用。

猪脑木耳汤

2.小麦大枣粥：取小麦 50 克洗净，加热水浸涨，粳米 100 克、大枣 5 粒洗净，桂圆肉 15 克切成细粒。将其一起放入砂锅中煮成粥，起锅后加入白糖 20 克即可服用。可补益脾胃，养心安神。

3.猪脑木耳汤：将黑木耳 15 克用清水泡发洗净，入热油锅翻炒 3 分钟，加米酒 1 匙，盐少许，清水适量，焖烧 5 分钟后，放入洗净的猪脑 1 个，小火烧 30 分钟，再加葱花、味精少许即可。可滋肾补脑，安神益智。

心理调节

给自己的不良心境安上一个调节阀

发泄焦虑的6种方法

当情绪焦虑时,以下方法有很好的宣泄效果:

1.发泄焦虑:有了焦虑,可以向自己信任的亲朋好友等倾诉自己的内心痛苦和压抑,也可以选择适当的场合大声痛哭或呼喊。

2.要以一种平常的心态去对待:无论做什么事情都应该顺应自然,积极主动地接纳自己,接受现实。一个人要学会在烦恼和痛苦中树立战胜自我的理念。

3.进行必要的自我放松训练:如果必要,可以在心理医师的指导下进行训练。

4.确定目标:无论学习还是工作,没有目标就会让人茫然不知所措。所以,一定要根据不同的发展阶段确立自己的目标。

5.经常回忆或讲述自己最成功的事或最得意的举动:这样做可以很容易引起愉快情绪,忘掉不愉快的事,很快消除紧张、压抑的心理状态。

6.患有焦虑症的人应多听听音乐:研究表明,音乐能影响人的情绪行为和生理功能,不同节奏的音乐能使人放松,具有镇静、镇痛作用。

学会自我放松

生活中每个人都有安慰别人或得到别人安慰的时候,可重要的是要学会自我放松。自我放松能抚慰自己因失败、挫折、不幸而痛苦不堪的心灵,使暗淡的心理图景上闪现出心灵之光,以便重新荡起生活之舟。

要学会说“不”。当你遇到挫折流下眼泪时,应对自己说:“不要哭,勇敢地面对生活。”

要为自己留下一点时间,去散散步,避免一切干扰。

去找知心朋友谈谈天,把心中的苦闷诉说出来,不要让它留存在心里。

参加一次集体组织的旅游活动。

不嫌弃自己,对自己的性格能够宽容,才能乐观、自信地面对生活。

放松身心,常言道,心底无私天地宽,只要你心底无私,干起事来便无可畏,不必患得患失,就可始终保持乐观舒畅的心情。

不苛求他人。能够宽厚待人,也是自我放松的一种有效途径。

朋友是最好的心理医生

在日常生活中,人们都有这样的体验:当心里不痛快时总想找知心朋友谈谈,倾吐内心的苦衷。找朋友谈心,胜似吃药。如能把心里的积怨对自己信任的朋友诉说,将会使自己的心态有所改观。

然而,目前人们调节情绪的方式大多是采取抑制、转移等方法进行调节。但心理卫生学家不主张人们无限制地压抑自己的情绪,此时,如能把心里的积怨对自己的朋友诉说,将会对自己的心态有所改观。

事实也是如此,人们都愿意把自己心中的苦闷、忧虑、悲伤以至愤懑告诉知心朋友。甚至包括夫妻之间发生的不愉快和烦恼,也愿意向知心朋友诉说,而且,朋友也正是解决这些令人头痛问题的能手。在这方面他们很像一些内行的心理医生,不仅会帮助你摆脱不良情绪的困扰,而且还能帮你卸下精神包袱,尽快进入良好的心境。

自我暗示,让心灵走向阳光

运用自我暗示法缓解压力和调整不良情绪,主要也是通过语言的暗示作用。

比如,在发怒时提醒自己"不要发怒","发怒会把事情变坏";忧愁时,提醒自己"愁也没有用,还是面对现实,想想办法吧";着急时,警告自己"不要着急",等等。

遇到挫折时,不妨先坐下来理一理头绪,看一看问题究竟有多少,切不可让它充塞在头脑里而成为一堆乱麻。应该时刻想到:"我能胜任!"或"只要坚持下去,一定会成功!"

不论遇到什么样的阻力,都要保持自信的精神状态,要坚信:"别人能办到的,我也能办到!"自我暗示法一般是用不出声默念;你还可以将提示语写在日记本上、条幅上,贴在墙上、床头上,压在玻璃板下等,以便经常鞭策自己。

缓解期盼性焦虑的4个妙招

1.开怀大笑:人在开怀大笑时,处于紧张心态的心脏、躯干和四肢会得到迅速放松。在开心笑过之后,由于血压、心跳和肌肉的紧张有些缓和,全身有一种如被卸掉重担似的格外轻松感。

2.和盘托出:将心中的焦虑坦率地说出来,能使你感到踏实。特别是当对方是一位有相同经历的长者时,他更能帮助你。如果羞于启齿,不妨在信中写下自己的内心感觉,寻求对方的帮助。

3.洗澡解愁:研究表明,洗澡能起到解乏,消除忧愁的作用。

4.深呼吸:人在焦虑时心跳加快,呼吸急促,因此缓慢地做深呼吸可以使人镇静下来。深呼吸的时间短则2分钟,长则10分钟。

疏散注意力,营造良好的心境

转移:离开这个环境、这件事,将注意力转移到其他方面,将不良情绪的狂涛,理智地引向平静的彼岸,使大脑形成另一个兴奋点,不愉快的情绪会得到缓解。

倾诉:敞开心灵窗扉,把心中烦恼、忧郁、委屈、愤怒,向明智的知心朋友倾诉,该说就说,想哭就哭,决不能憋在心头,尽量将不良情绪发泄出来,以减轻心理负担,求得心理平衡或借他物转移。

欢乐:欢乐是一种天然镇静剂,是祛病健身的灵丹妙药。当你完全进入角色时,眼前的不快和烦恼,都会涣然冰释,心理会很快恢复平衡。

自劝自慰,换一个坦然胸怀

为不使愁云遮眼,烦事绕身,要经常用"心底无私天地宽""知足常乐"等格言,自我陶冶,自我解救,以使心理乐观豁达、淡泊人生,对名利不争、不攀、不嫉、不馋,事事自重自爱。

还可以想想康德所说的:"生气是用别人的错误惩罚自己。"冷静想一想,此事已发生,或怒发冲冠,或苦思冥想,或愁云满面、长吁短叹,又于事何补?此事与身体健康孰轻孰重?何必自寻烦恼!尽快地松弛下来。当冷静下来后,会起到意想不到的效果。换一种随遇而安、坦然的心态面对生活。

小不忍则乱大谋

人的欲望是无止境的,以有限的生命追逐无限的欲望等于自戕。故遇事要克制,要忍耐,做到"欲不可纵,志不可满,乐不可极"。忍让是一种美德,是一种修养,往往是"忍一步海阔天空,让三分风平浪静",能忍心会安,小不忍则乱大谋。

无论是处理与同事之间的关系,还是家庭内部的关系,一定程度的克制与忍让是非常必要的。

例如在单位里，如果与同事发生冲突，你适度忍让，表面上看可能是输了，但实际上是赢得了大多数人的尊重；在家庭里，夫妻之间、婆媳之间的冲突会更多，如果没有克制和忍让，是很难解决矛盾的，特别是婆媳之间的冲突，作为媳妇，有时适当的忍让会获得婆婆日后更多的理解。

告别烦恼的5种方法

1.不要对人喋喋不休、诉说不如人意的事：遇事不分对象地拼命诉说、发牢骚的结果是越说越气。可以将精力放在其他感兴趣的事情上，尽可能撇开不愉快的思路，去想其他的事情。

2.利用运动来忘掉不如意的事：活动身体能使身体舒畅，具有安心定神的效果。

3.大声喊叫：假日和友人到海边或空旷的山上，以声音发泄内心的不满。

4.倒立两三分钟：对外界的事物不妨和倒立的身体一样反过来看，尽量去想其他高兴的事，可以使心境平静下来。

5.改变常走的道路：每天走同一条路上班的人，不妨改变一下路线，产生新的刺激，会让心情变得舒畅。

心情别随信息走

现在是信息爆炸的时代，通过电视、广播、报纸等途径，人们每天将获得大量的信息。研究表明：人对信息的吸收成平方数增长，但思维模式却不能同步调整接受如此大量的信息，因此，容易造成自我强迫，出现类似焦虑症的症状。

信息焦虑综合征也称为知识焦虑综合征，是心理不适应的一种反应。记者、广告员、信息员、网站管理员、情报人员等是该综合征的高发人群。发病时，会出现突发性恶心、呕吐、焦躁、神经衰弱、精神疲惫等症状。医学专家认为，这是一种身心障碍。

信息焦虑综合征并不可怕，只要能意识到病因并通过正确处理是可以缓解的，不用担心会转变为精神疾病。在接收信息时，切忌搞“填鸭式”和疲劳操作，要训练大脑，对信息进行分类，使信息更具条理化、层次化、兴趣化。

人要有大气量

屠格涅夫曾经说过：“生活中不会宽容别人的人，是不配得到别人宽容的。但是，谁能说自己是不需要宽容的呢？”

因此，我们凡事要多设身处地为别人着想，在待人接物时，时刻不要忘记宽恕与谅解。

俗话说:“壶小易热,量小易怒。”动辄发脾气、动肝火是胸襟狭窄、气量太小的表现。

心理学家忠告说:“气量大一点吧,如果我们每件事情都要计较,就无法在这个大千世界上生活下去。”

那么,应如何扩大气量呢?

一方面,凡事要从长计议,不要鼠目寸光。另一方面,凡事要先考虑后果,不可只顾一时痛快。尽管“忍”字心上插着一把刀,但是,莫大之祸,常常起于须臾之不忍。因此,在情绪激动、缺乏自制的时候,切莫冲动行事。

防治心理障碍,让阳光洒进心灵

走出令你自毁的6种心理陷阱

“我怎么会这样?”“我怎么总是一事无成呢?”“我为什么始终得不到我想要的?”如果你总是充满痛苦地发出这样的呼声,那无异于自毁前程。仔细对照下面的6种最常见的心理陷阱,看自己是否已沉溺于这些漩涡中无法自拔。

1.求败的性格:有些人的性格天生就具有“求败”的倾向。他们一再地自陷于受欺辱、被打击的绝境,而且一筹莫展,就是眼前摆明了有退路、出口,他们还是视而不见,拒绝利用。就算是能够胜任的工作,他们也一再失败。

2.自恋狂:自恋狂常常需要别人不停地赞美、爱慕,为了让对方喜欢自己,常不顾及自己的能力答应别人的所有要求,失败当然在所难免。

3.缺乏自信心:总认为自己会失败,存在着错误的心理预期,无法正确地评价自己,在困难面前退缩不前。

4.期望过高:志大才疏,对自己的才能和潜力不能做出明智的估测,对自己要求过高,生活目标极不现实。不切实际地空想,不会取得实际的结果。

5.过于自卑:自卑感严重的人由于自尊心作祟,有时会做出荒诞之举以证明自己的价值,结果却适得其反。

6报复心强:易意气用事,怨气冲天,一旦急火攻心,常只顾着发泄情绪而不听劝诫,无法泰然面对挫折,造成人际关系紧张,麻烦不断。

积极调解自我,走出挫折的漩涡

遭受挫折并不可怕,关键是用积极的行为方式去自我调节,从消极的挫折心理中得以解脱。

总结法：面对现实，承认挫折，进而科学地分析，找出导致挫折的关键所在。这样，使挫折心理处于乐观的、理智的、积极的状态之中。

补偿法：如果你有一个和睦温暖的家庭，有一位温柔体贴的妻子或通情达理的丈夫，不妨将苦闷向他们倾吐出来，爱情的力量可使一个人从挫折中解脱出来。

转移法：如果你爱好文艺或体育，不妨去听听音乐，跳跳舞，打打球，借以松弛一下绷紧了的神经。工作之余，应常到公园游玩或赴郊外散步，欣赏乡野风光。

倾吐法：与志同道合的知己促膝交谈，把受挫的经过和目前的心境和盘托出。俗话说旁观者清，在交谈中，烦恼的心情会随之消散。

抛弃完美主义的思维方式

一个事事追求完美的人如何克服自己的完美主义倾向呢？

明白这种思维方式的弊端。比如：会造成精神极度紧张而难以胜任工作；会因怕犯错误而不敢创新、不敢尝试新事物；总是因发现自己的瑕疵而惶惶不可终日；常常感到目标过高而信心不足，以致总无法行动起来，等等。

完美主义者应求佳不求优。在做事过程中，设立的目标要实际一些，精神压力和受挫感就不会那么大，获得成功的信心就强些。你也许会发现，不想刻意写一篇杰作时，倒能写出佳作来。

在晚上临睡之前，列举每天所做的如意之事，看看自己累积起来的成就，只要坚持两周，你就会改变自咎自责的习惯。

调理灰色心态的健康处方

灰色心态不同于更年期综合征，其特征是：在心理和性格上发生突变，时常感到无聊、空虚、精神萎靡不振、郁郁寡欢或焦躁不安、疲乏无力，遇事犹豫不决，而自己却矢口否认自己有任何毛病。

心理学家们开出了一系列简单可行的饮食处方：

均衡营养，合理饮食：营养和热量过剩，以及为了节食导致某些营养和热量的不足，都会引起灰色心态。

补充维生素：从事文字工作或经常用电脑者，要多吃富含维生素 A 的食物；常坐办公室的人要多吃海鱼、鸡肝等富含维生素 D 的食物。

补钙可安神：工作中难免会有不顺心的时候，这时可有意识地多喝牛奶、酸奶等食物。

应酬之后多食清淡食品调理：如蔬菜、水果、豆制品、海带、紫菜等。

碱性食物抗疲劳：可多食用以水果为主的碱性食物，如西瓜、桃、李子、荔枝、哈密瓜、樱桃、草莓等。

常笑老来少,常愁白了头

人忧愁时,情绪低沉,大脑皮层处于压抑、郁结的状态,气机不能舒畅,生理机能受到阻碍,故常感到肺部压抑、胸闷气短、精神不振、茶饭不思。长期处于忧愁状态,会造成体力过分消耗、肌肉麻木、手疲足软、四肢无力、身体免疫功能低下、大脑功能紊乱、内脏功能失调等疾患,易引起未老先衰。

然而,人的一生不如意之事十有八九,要保持心情舒畅,就必须学会化解忧愁。当苦闷不堪或烦恼不安时,千万不要一个人闷头发愁,此时最好听听音乐,看看电影、电视,或读一本能吸引自己的书。也可以出外走走,找朋友谈谈心,把自己的委屈和难处向朋友倾诉,定能得到对方的安慰和规劝,即使对方说的是一些无济于事的话,你的忧闷得到了宣泄和安慰,也能减轻心头的重压,使心情得到调节。

工作是排忧的良药

人们在空闲的时候,往往并不快乐,一些无端的烦恼常常会缠绕心头。相反,工作忙碌的人,往往是最快活的人。

因此,摆脱忧愁、烦恼的最好方法,是找事情干,让各种工作占满你的时间表,自然没有时间去追忆痛苦和烦恼了。

人的情绪是互相排斥的,任何人不可能同时为两种情绪所占据,不能一方面紧张地工作,一方面又始终为一件不愉快的事烦恼,即使有时出现不快,也会因工作的思考和忙碌所代替,一闪即逝。同时,工作能使人获得满足感和自尊感,这也可抵挡忧愁情绪的侵袭。所以说,工作是一种医治不良情绪的灵丹妙药。

心理养生,百病不生

让心脏快快乐乐,笑口常开

心脏也有"生气"的时候,那恰恰是它的主人大发雷霆的瞬间。有人对正在暴怒者的心脏进行过测试,发现这时心跳急剧加快,有的还变得不规律。心脏不太健康者在暴怒之时骤然停跳送了性命的报道并不少见。由此可见,人在情绪极度兴奋时,对心脏的危害有多大!不仅如此,任何恶劣的情绪,如极度或持续性紧张、苦闷或焦虑、悲痛或忧愁等,均会危及心脏的健康。这些恶劣情绪如果长期出现或反复发生,常成为心律失常或引起心脏病发作的诱因。因此,平时要学会控制自己的情绪,积极消除紧张因素,这对身体健康非常重要。生活中难免遇到烦心的事情,可以用倾诉的方法来缓解忧郁的情绪。对朋友可以畅所欲言,遇到问题要想到求助,不良的情绪要善于转移。要知道,许多事情靠发脾气是得不到解决的,反而会将事情弄得更糟。

在身体健康方面,情绪因素是非常重要的,同等生活条件下心情舒畅的人,食欲好,消化功能好,营养吸收相应地也很好。相反,心情郁闷,整天愁眉苦脸的人,食不甘味、睡不安寝,消化功能肯定低下,自然会导致营养缺乏,甚至疾病缠身,更谈不上美容和美貌了。在生活中,很少有一帆风顺的,努力从困难逆境的磨砺中锻炼出良好的心理素质来,这些经历可以成为一生宝贵的财富。做一个心胸开阔、情绪乐观的人就不难拥有靓丽的容颜。

当人们心情舒畅、笑口常开时,心脏是最快乐的。心脏的功能会处在稳定状态,心血管调节系统的功能活动也变得更协调,从而有利于心脏健康。研究表明:文明、健康、有规律、愉快、和谐的生活,是维持心脏健康必不可少的条件。资料证实:生活规律、情绪稳定、精神愉快的人,心脏的患病率显著低于生活紊乱、情绪波动和精神不佳的人。

心理养生有“8 戒”

现就养身与养心的关系,提出心理养生“8 戒”:

1.戒疑:疑神疑鬼,总以为别人在暗算自己,在背后说自己坏话,在做对自己不利的小动作。

2.戒妒:自己的能力与别人有落差,却妒忌别人的成就,只希望别人栽跟头,最后却反倒折磨了自己。

3.戒卑:觉得自己处处不如旁人,在人前仿佛矮三分,猜想别人会嘲笑自己,不愿和人交谈,不喜欢与人共事,性格越来越孤僻,脾气越来越古怪。

4.戒傲:处处自以为是,一派老子天下第一的作风。周围的人对他敬而远之,他却自鸣得意。

5.戒躁:既自卑又清高,随之而来的是暴躁、容易发脾气,毁坏物件等。

6.戒愁:整天愁容满面,心事重重,凡事总往坏处想。

7.戒惧:时时提心吊胆,怕说错话,怕办错事,怕得罪人,惊恐不已。

8.戒怒:常想着生活中曾发生的一些不幸的事,不觉悲从中来。

拥抱现在,学会遗忘

有的老年人总是喜欢回想当年,抚今追昔,感慨万千,对一生所遇到的坎坷、挫折以及不幸忧忧怨怨;有的老年人对自己的一生充满遗憾和悔恨,唏嘘感伤,沉湎于过去,精神萎靡而不能自拔;还有的老年人对生活失去信心,乃至于自卑自贱、自暴自弃。

可是,为了一些无能为力的事情唏嘘不已有什么用呢?那些不可改变的就让它过去吧。

日本心理学家井上胜为此提出了一个老年人幸福生活的准则:"为今天而生。"老年人既无须为过去懊恼,也不必担心未来,而应牢牢地把握现在,过好每一个"今天"。

生活如此精彩,当我们用积极主动的眼光来重新看待它,就不会觉得生活枯燥无趣,只要过好每一个"今天",老年人一样可以拥有灿烂、愉快的生活。

换位思考,心安神定

人体的疾病,很多是想出来的。养生的最佳方法,就是驾驭自己的情绪,善于自我排忧,自我解脱,以达调摄心神、开阔胸怀,使心里恬淡虚无、乐观平和,以免疾病缠身,呻吟求医之苦。

当你发怒、忧虑或情绪不佳时,思维方式往往主观片面,只见树木不见森林,"我"成为思维的全部重心,全部强调自己的所谓"理由"。这时,最好来一个换位思考,忘掉自我,设身处地站在事物另一方;或者身处事外,站在旁观者角度,客观、全面地分析事物的因由和全貌,静心思过。这时,你会轻而易举地找到客观、公正的答案。

只要人们静心有方,且持之以恒,则可达到情绪安定,意志调畅,身轻气适,体魄健壮的目的,永享康寿之福。

澄心静坐,还大脑轻松活力

长时间的精神紧张或脑力劳动,会使人精神疲劳,头昏脑涨,记忆力减退,注意力不集中,甚至情绪低落,此时不妨澄心静坐一段时间,可以使人重新精神焕发。能使思维意识、呼吸和血液循环在一种平静轻松的环境中达到和谐统一,使人感到头脑清晰,耳聪目明,精神健旺,记忆增强。

选择一个比较安静的环境,坐在一个舒适的位置上,使自己产生一种即将入睡的意向,但不要躺下。双目微合,自然地进行深腹式呼吸,并抛开各种杂念,先默记呼吸的次数,腹式呼吸的关键要深、自然、慢而轻,并且呼吸均匀,保持一定的节律。默记呼吸次数,可集中思想,排除杂念,使腹式呼吸这种生理动作与专心记数这种心理功能有机地结合起来,达到心身统一。然后再默念"松、松、松","安静、安静、安静",持续一段时间后,精神便可为之一变。

静坐可采取多种姿势，可跪坐、盘膝坐或端坐椅上，关键在于要坐得稳，全身肌肉要放松。双目微合，似闭似睁，既要避免外界干扰，又要避免内心产生杂念。

小事糊涂更健康

常言道："大事清楚，小事糊涂"，意即对原则性问题要清楚，处理要有原则，而对生活中无原则性的小事则不必认真计较。生活中的种种矛盾在所难免，如果一个人遇事总是过分计较，一味地追根问底，硬要讨个"说法"，烦恼和忧愁便会先自"说法"而来，久之则不利于身心健康。

医学研究表明，人若经常处于烦恼和忧愁的漩涡之中，就会频频激发人体的"应激反应"，这样不仅会加速人的衰老，而且会引起高血压、心脏病、糖尿病、消化性溃疡及过敏性结肠炎等疾病。而小事"糊涂"，既可使矛盾"冰消雪融"，又可以使紧张的气氛变得轻松、活泼，岂非养生的妙法？

摆脱烦恼与忧愁"3 步走"

烦恼和忧愁对人没有任何好处，不仅对解决问题于事无补，而且还会影响心态和行动，甚至会对身体造成不利的影响，《红楼梦》中的林黛玉就是个很典型的例子。

那么如何才能摆脱烦恼和忧愁呢？

1.要选好看问题的角度。任何问题都有好的方面和不好的方面，有时一件事情从某个角度看可能是件不好的事，但从另一个角度看，可能就会变成一件有利的事了。

2.要用积极的心态面对生活。生活中有喜也有忧，有幸运也有不幸，这是正常的，也是不可改变的事实。面对生活中的困难、烦恼，要有积极的心态，只有抱着积极的心态去做事，才能发挥自己最大的潜力，才能尽力把事情做好。无论做什么，都不要带着消极的情绪去做，而要有积极乐观的心态，这样才能快乐、高效地做事。

3.要有良好的心态。一个人的心态决定着他看问题的角度。人之所以会产生烦恼，是因为把什么都看得太重，什么都放不下，一旦遇到挫折更会加重自己的烦恼，这样的心态是不正确的。不要把得失看得太重，不要什么都不肯放下，这样只会加重自己的负担。培养良好的心态是帮助人们摆脱烦恼的关键。

争强好胜应有度

一个人具有好胜心和竞争意识是好事，这样可以督促他不断进步，但是，争强好胜不应无度。争强好胜的人总有一种高人一等的心态，总要处处把别人比下去，否则就会感觉心理不平衡,导致烦恼。当争强好胜的心态太过,而环境、条件又不允许时,就有可能挫伤自己的锐气、压抑自己的个性、损害自己的健康,进而影响心理稳定,这也是心理不成熟的表现。如果好胜心过强,还会使自己患得患失,并产生嫉妒心理,不仅不利于个人的身心健康,而且还会影响到正常的人际关系。

我们要积极运用有利的方面,来使自己在激烈的社会竞争中立于不败之地。

生活除了竞争还有许多值得我们去做的事情。对于那些争强好胜的人来说,首先要改变的是对待成功的态度。生活中并不是每一件事情都需要争出强弱、分出胜负。适当地学会妥协,不仅有利于保持平和的心态,也会带来良好的人际关系。周围人也要宽容地对待那些喜欢争强好胜的朋友,多给他们提些建设性的意见,而不是一味地针锋相对。

心理失衡,百病滋生

你的性格、你的病

现代行为医学根据性格和行为特征,将人群分为四类:

A 型性格者:即“急躁好胜”型,表现为易冲动、好发脾气,其血胆固醇、甘油三酯往往比较高,平时精神紧张度本身就高,稍遇刺激就会心跳加快、呼吸加快、血压升高。这类人易患动脉硬化、高血压、冠心病等。所以,A 型性格人群应积极矫正不良情绪,可以通过体育锻炼、音乐治疗、强制性休假等方法,达到放松宣泄的目的。

B 型性格者:表现为安于现状,不思进取,比较没有主见,但往往健康状况良好。

C 型性格者:“忍气吞声型”,表现为常常过度克制自己,压抑自己的悲伤、愤怒、苦闷等情绪,不让发泄。工作中没有主见,不确定性多,对别人过分耐心,尽量回避各种冲突,屈从于权威,工作中总是感到压力很大。不良情绪长期作用于大脑会导致内分泌紊乱,降低人体免疫功能,从而给癌症以可乘之机。这类人群应学会自得其乐,及时疏导和发泄不良情绪,增强自信心。

D 型性格者:即“孤僻型”,表现为时常沉默寡言,消极忧伤,易患心脏病和肿瘤。这类人应培养兴趣爱好,改变独处习惯,学会向他人倾诉。

不同疾病患者的性格特征	
老年痴呆症患者	缄默寡言和抑郁、不善与外界交往、经常处于信息低负荷状态
背痛患者	被压抑、有逃避的愿望
荨麻疹患者、神经性皮炎患者	渴望得到同情、有罪恶感、常有自我惩罚倾向

神经性皮炎患者	精神紧张、忧郁、脾气暴躁、较固执己见
高血压患者	好高骛远、好争强、忙碌、固执保守
偏头痛患者	死板、内心冲突、易烦恼、习惯于把怨恨埋在心里
哮喘病患者	易焦虑、暗示性高、幼稚、依赖、敏感且懦弱
结肠病患者	抑郁、吝啬、较刻板、谨小慎微、顺从
溃疡病患者	依赖、攻击性强、情绪被压抑、雄心勃勃并有挫折感
十二指肠溃疡病患者	情绪不稳、因循守旧、过分关心自己，不好交往
冠心病患者	急躁、没耐性、易激怒、慌慌张张
癌症患者	心理矛盾、好生闷气、压抑懊丧、性急、好胜

备注：性格分类法不是固定不变的，也不是一个人只有一种性格特征，所以在判断时要灵活运用、抓住重点。

防怒制怒的 5 个有效方法

1.转移法：在将要发怒时，快快退出现场，离开此情此景，出去走走，听听音乐，找朋友聊聊，这样可获得情绪上的稳定，慢慢安静下来。

2.避免法：发现自己在怒气冲天时，应避免陷入太深，矛盾不能靠一场大吵大闹解决，冷静下来商谈，才是上策。

3.自我安慰法：多进行自我安慰，使大脑冷静下来，用理智来制怒是最好的方法。

4.暴露法：实在不可控制时，应找爱人或知心朋友谈心，发泄出来，以减轻发怒时的不良后果。

5.忘却法：发怒时，可不停地去做其他的工作，帮助你摆脱怒火。

不惑之年如何安度“危机期”

不少男人在不惑之年会出现不稳定的情绪和恐惧心理，表现出对前途悲观失望，对来自家庭、社会各方面的压力和复杂的人际关系无所适从；为填补心灵空虚，常常沉醉于各种自我毁灭性的活动，染上一些恶习，如迷恋打牌、摆“长城”、上歌舞厅、赌博酗酒、有家不思归、寻求婚外情等。

作为妻子，当你发现丈夫有这种危机的表现时，首先要给他以足够的时间和空间，让他喜欢家庭生活。家庭是避风避雨的港湾，作为妻子，应该耐心地倾听丈夫的诉说，夫妻间的彼此沟通是消除中年危机的一把金钥匙。

常生闷气危害大

人的感情无论怎样压抑,最终都要经过各种途径宣泄出去。夫妻长期把气闷在心里,并不会使闷气自消自灭,反而会使夫妻感情出现裂痕乃至感情的完全破裂,毁掉一个本该幸福的家庭;或是气结于心,肝郁气滞,使一方或双方引起严重的疾病。

夫妻间不应用生闷气的方式去处理矛盾。有话讲到当面,把心里的不痛快和怨气全部发泄出来,只要方式得当,并不会伤害夫妻间的感情。因为经常交换意见,既是维系双方感情的重要纽带,又是保持夫妻双方身心健康的重要手段。

性情急躁易患胆石症

胆囊炎、胆结石的发生与胆汁淤滞、胆汁成分改变及体内胆固醇代谢失调有关。而精神因素可以造成胆汁各成分间比例失调,加速胆结石的形成。可以说胆石症的发生与精神情绪有着密切的关系。

精神紧张、急躁、易怒,可以使儿茶酚胺的分泌量增加,导致血脂、胆汁成分等发生异常,促进胆结石的发生和发展。

情绪波动和精神刺激,通过植物神经系统,影响胆囊或总胆管平滑肌舒缩功能,使胆囊排空受限,胆汁流动缓慢,胆汁分泌平衡失调,胆囊内蓄积的胆汁日久即可形成胆结石。

有胆结石的人因为负面情绪的影响还可以进一步促进胆结石的发展,或发生急性胆绞痛,或导致胆结石移动。

不良情绪是疾病的"活化剂"

科学家们研究发现,在疾病的发生过程中,心理因素起着"活化剂"的作用。

假设致病因素在周围环境中随时随地存在,正常情况下,由于人体免疫功能的控制,使其不能发生作用。而这个外因,可通过某种个性特征的内因,使人产生孤寂、愤怒、悲哀、绝望等负面情绪。

当一个人长期处于这种负面情绪状态下,就会导致神经内分泌紊乱,器官功能活动失调,从而使机体的免疫能力降低,使病症突然发生或加重。

不良情绪是许多人祸不单行、遭受精神打击后又患恶症的原因之一。

情绪紧张是胃溃疡的“肇事者”

情绪紧张是胃溃疡的发病诱因之一。其原因是精神过度紧张或强烈的情绪激动,引起大脑皮层的兴奋与抑制过程不平衡,导致胃收缩增强,胃液分泌增多,胃黏膜随着胃紧张收缩,抵抗力下降,胃屏障受到破坏引起溃疡病。

对正常人来说,可以通过以下方法进行自我调节,达到情绪稳定,来防止溃疡发生。

要对生活充满爱,要有生活目标,并努力去实现它,热爱自己的工作,有上进心。

要正确处理人与人之间的关系,要学会“谈心术”,同他人搞好关系。

要自寻快乐,使自己感到悠然自得,情绪松弛而不紧张。并积极锻炼身体,保持精力充沛,使心理和身体都保持良好状态。

注意控制自己的情绪,避免情绪失控。

精神紧张、焦虑易患肠易激综合征

肠易激综合征是一种常见功能障碍性胃肠道疾病。不少患者在肠症状发作之前会精神紧张,还有一些患者与意外事故刺激,焦虑或抑郁症状等心理障碍有关。该病女性多见,约为男性的2~3倍,并且是以20~40岁的青年女性为主。

女性相对于男性来说,心理素质和承受能力较低,遇事容易产生紧张、焦虑情绪。性格内向者则容易将心事存于心中而产生抑郁症状。由于精神心理障碍导致皮质下中枢神经信号紊乱,结肠动力与分泌功能的不协调,因而患者便出现了便秘、腹泻症状,或便秘与腹泻症状交替出现,并常发生腹胀、食欲减退、体重下降,以及烧心、吞咽不适等症状。

预防肠易激综合征,首先要消除思想顾虑,减缓紧张、焦虑情绪。抑郁症状明显者可请心理医生给予心理治疗、催眠或生物反馈疗法,使心理障碍消除。许多患者经过上述调整治疗,无须再用对症药物治疗便可使症状改善或消退。

在饮食方面,肠易激综合征患者都要增加食物纤维的摄入,无论是便秘还是腹泻,宜补充含纤维丰富的食物,如水果和蔬菜,以及海带、紫菜等海产品,但应限制碳酸饮料、酒精、豆类、苹果、葡萄等食品的摄入,以减少肠胀气的产生。

防癌,从“心”开始

良好的心理因素不仅能有效地预防癌症,还有利于癌症及其他疾病的治疗。负性心理会损害人体的免疫系统,诱发癌症。

一份调查报告显示:66.9%的癌症患者发病前有负性情绪,许多人患病前经历了重大生活事件,如亲人去世、婚姻破裂、工作受挫等。重大生活事件引起的负性情绪如果得不到及时调整,很容易形成“癌症性格”。人体一旦受到“癌症性格”的干扰,就会导致神经内分泌系统功能紊乱,组织器官活动失调,免疫能力降低,免疫监测功能削弱,丧失识别和消灭癌细胞的监测作用,易导致癌细胞转化和突变。

预防癌症的最终目的是降低发生率和死亡率,除建立合理的饮食结构和良好的生活方式外,保持健康的心态是十分重要的。

独具特色的心理疗法

多吃零食也可以改变坏心情

吃零食的目的并不仅仅在于满足肠胃的需要,更重要的是它可以缓解和消除紧张情绪、内心冲突。

当食物与胃部皮肤接触时,它能够通过皮肤神经感觉器将感觉信息传递到大脑中枢神经系统而产生一种慰藉,使人通过与外界物体的接触而消除内心的孤独。另一方面,当口腔接触食物并做咀嚼和吞咽动作时,可使人对紧张和焦虑的注意中心得到转移,在大脑的摄食中枢产生另一个兴奋灶,从而使紧张兴奋区得到抑制,最终使身心得以放松。

当人处于紧张、焦虑、忧郁和疲劳状态时,吃点水果、点心、瓜子或喝杯饮料等,都有助于消除紧张和疲劳,保持心理平衡。

眼泪是解除精神负担最有效的良药

人在哭泣的时候,会不间断地长吁短叹,这大大有助于提高呼吸系统和血液循环系统的工作效率。

随着现代医学的发展,这种“带哭的呼吸”已经被运用到一些对治疗气喘和支气管炎的试验中,研究发现它既有利于增强和锻炼肺功能,改善呼吸,又有利于呼吸道纤毛的运动,增强呼吸道纤毛排除异物的能力。

不同病人戒猛烈的精神刺激

冠心病:冠心病患者受到精神刺激,可出现心跳加快,血压升高、冠状动脉痉挛等,轻则引起胸闷、心前区不适、头晕,重则导致心肌缺血、缺氧而诱发心绞痛、心肌梗死而危及生命。

高血压：高血压患者受到突然猛烈的情绪刺激时，血压会突然升高，出现暂时性头痛、头晕或是突然意识丧失，甚至出现脑出血、蛛网膜下腔出血等脑血管意外，严重时会导致偏瘫。

胆囊炎：剧烈的情绪刺激使人体各部位血管收缩，导致大量血液流入肝脏，引起肝管中的胆汁流入胆囊，胆囊中的胆汁只进不出，使胆囊内压力不断增高，从而诱发慢性胆囊炎急性发作，甚至引起胆绞痛。

糖尿病：糖尿病患者一旦受到突然强烈的不良情绪刺激，会导致血糖增高和尿糖增加，从而诱发病情加重甚至恶化。

哮喘：这类患者由于情绪波动会使支气管平滑肌痉挛，诱发或加重哮喘。

癌症：经常受到强烈刺激会干扰人的免疫系统，减少抗体产生，导致抗病能力减弱，使病情迅速恶化。

排毒养颜

饮食排毒法

让膳食纤维做肠胃“清道夫”

膳食纤维可帮助人们预防结肠癌和大肠癌,避免便秘、降低血胆固醇、调节血糖、预防慢性疾病(如心血管疾病)等,并能控制体重,是维持健康的重要因素之一。

膳食纤维能促进肠道蠕动而加速排便,及时清除宿便和肠道垃圾,有效预防便秘和因毒素沉积引起的肠胃不适;膳食纤维吸水后使肠道中的食物膨胀变软,并稀释大肠中的致癌物质,同时可促进肠道有益细菌群的繁殖,在肠壁形成保护屏障,从而有效地预防肠癌。

大部分绿色蔬菜中都含有丰富的膳食纤维,如芹菜、青椒、韭菜等。多吃绿色蔬菜除了能清洁肠胃外,还有舒缓压力、调节身体酸碱平衡的功效。

香蕉、南瓜等黄色素食也是营养丰富的高纤维食品。而谷物加工越精细,所含纤维就越少,并且许多营养成分(如麦芽糖等)会在加工时损失不少,因此多吃如玉米、小麦、高粱等粗粮可以增加膳食纤维的摄入。

解毒“4 杰”

解毒食物中,功效显著且最为廉价的解毒食物当属黑木耳、猪血、绿豆和蜂蜜了。

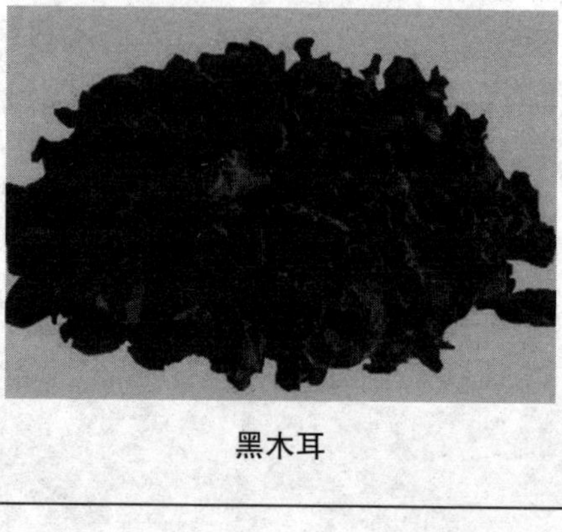
黑木耳

1.黑木耳:黑木耳生长在背阴潮湿的环境中,中医认为得阴气最多,因此它具有补气活血、凉血滋润的作用。从特性来看它偏于凉性,颜色黑可入血分,所以能清除血液中的热毒。

2.猪血:猪血具有很强的清肠作用,有“肠内清道夫”之称,经常食用可以将肠内的大部分毒素带出体外。

3.绿豆:绿豆味甘性寒,有清热解毒、利尿和消暑止渴的作用。所以,每到夏天人们习惯于熬绿豆汤喝。用绿豆皮做枕头芯,还有清火明目和降血压的作用。

4.蜂蜜:生用,性凉能清热;熟食,性温可补中气,味道甜柔,具有润肠解毒的功能。《本草纲目》把蜂蜜的作用总结为清热、补中气、解毒、润燥、止痛,全面地说明了蜂蜜的养生功效。

水是最好的解毒药

每天喝够2升水可以冲洗体内的毒素,减轻肾脏的负担,是排毒最自然和简便的方法。

不要等到口渴才去喝水,在工作的间隙,喝杯水休息一下,提提神,继续工作也会更有精神、更有效率。

但需要特别注意的是,喝饮料不等于喝水,喝饮料会摄取大量的糖分和热量,对身体没有好处。

科学研究发现,所有的疾病都是由于细胞内水的特性变化而引起的。因而,治疗疾病的根本,也在于使细胞内的水的代谢正常化,从而保证细胞恢复正常的生理功能。

苦味食物的神奇解毒功

苦瓜:苦味食品一般都具有解毒功能。有关专家通过对苦瓜的研究发现,苦瓜中含有的一种蛋白质能增强免疫细胞活性,清除体内有毒物质。尤其女性,多吃苦瓜还有利经的作用。

苦菜:野菜中的苦菜含有多种营养物质,性味苦寒,有安心益气、清热解毒之功效,可辅助治疗腹泻、阑尾炎、乳腺炎、胆囊炎、扁桃体炎等。

茶叶:茶叶味甘苦、性微寒,能缓解多种毒素。茶叶中含有茶多酚,可作为一种天然抗氧化剂,也可作为清除活性氧自由基的有效措施;茶多酚对重金属离子沉淀或还原,通过与蛋白质的结合,可以抑制细菌和病毒的毒害。此外,茶多酚还可作为生物碱中毒的解毒剂。

藻类是排毒的佼佼者

海洋中的藻类食物,多有清肠作用,因此可以排除毒素。

海藻:海藻中含有一种叫作硫酸多糖的物质,它能够吸收血管中的胆固醇,并

海藻

把它们排出体外,使血液中的胆固醇保持正常含量,起到排“污”的作用。

海带:海带表面上有一种特殊的白色粉末,略带甜味,这种白色粉末就是甘露醇。在海带中,甘露醇含量达17%。它具有良好的利尿作用,可以辅助治疗肾功能衰竭、药物中毒、浮肿等。

裙带菜:《食疗本草》中说它有“软坚散结,消肿利水”的作用,通过尿液的排出,体内不少毒素也会随之排出。

海石花:有清热解毒的作用。

龙须菜、紫菜:也有清热利水的作用,可有效排毒解毒。

多吃水果,轻松排毒

新鲜水果大都有帮助机体解毒和排毒的作用,被称为体内“清洁剂”,经常吃水果可将积聚于细胞内的毒素溶解,起到中和体内酸性毒素、净化体内脏器、平衡体质的作用。其奥妙在于水果拥有一种“秘密武器”——碱性成分。鲜果汁进入体内消化系统后,会使血液呈碱性,溶解沉淀于细胞内的毒素,使之随尿液排泄掉,有助于解除体内堆积的毒素与废物,而且水果普遍热量较低,不会有发胖的危险。

樱桃:樱桃是目前公认的极富营养的天然药食,具有帮助人体去除毒素及清洁体液以促进肾脏的排毒的功效,而且还有温和的通便作用。

葡萄:深紫色葡萄也具有排毒的效果,能改善肠内黏液组成,帮助肝、肠、胃、肾清除体内的垃圾。

草莓:草莓也是不可忽略的排毒水果,它热量不高,而且富含维生素C,能清洁胃肠道中积聚的垃圾和保护肝脏。

科学断食,净化体内环境

不少人认为,断食可以排毒。这是让体内肠道休息的一种手法,并且达到瘦身的效果,这种方法究竟有没有科学根据呢?

有些医生表示,正确的断食疗法对于身体排毒的确有不错的效果,它的原理是将身体当成了焚化炉,自我燃烧废弃物,以此来达到体内环保的效果。但现在许多人误解了断食的疗法,他们往往都抱着一试的心态,然而,那些身体状况不佳者、肝功能不好者,根本不能随便断食,这样做甚至会造成致命的严重后果。

一般想要断食的人,通常都想要获得健康的身体,它不仅需要排除体内有形的毒素,还要真正排去体内“无形的毒素”。当一个人真正能够了解断食的真谛,能够断食自如时,即使不在断食期间,也能改变饮食习惯,达到身心净化的境界。

物理排毒法

自然排毒最健康

生、老、病、死是大自然的规律,不可违背,但有了正确的健康意识,会给人们带来更大的快乐。

就大便生理而言,中国古代有一句名言:“欲得长生,肠中常清;欲得不死,肠中无滓”。正常的人在食物经胃肠道消化、吸收后,其残渣成为粪便,定期规则地由大肠顺利排出,这是机体的基本生理过程。摄人适量纤维混合食物的健康人,多数每日排解成形软便一次,在摄入低纤维食物时可隔日排便一次,也属正常排便。

合理膳食,适度锻炼,起居有常,戒烟限酒,健康心态,这才是实现健康长寿的秘诀。若刻意为排肠道之毒而使用,强迫排便、导泻、洗肠等方法来改变正常的生理功能达到长寿的目的,往往会干扰了人体正常生物钟规律,造成肠内功能紊乱、失调,从而引发一些并发症,如营养不良引起的贫血、内分泌失调导致的月经紊乱、植物神经功能紊乱引起的失眠、心悸、出汗等。这样又何谈什么长寿呢?

拔罐排毒,祛病养生

拔罐排毒法可以减轻人体受到疾病的困扰,通过拔罐可以驱走人体多种疾病,如咳嗽、哮喘、感冒、失眠多梦、胃痛、颈椎病等。

排毒拔罐疗法的治疗过程大致可以分为3个阶段,即排毒期、出病期和恢复巩固期。

排毒期:排毒期是指留罐时从罐口部位向外排出体内垃圾的阶段。这个阶段罐口部位会出现水疱、黄白赤水、黏稠物质等各种现象。由于病情的轻重、疾病的不同、年龄的差异,体内垃圾的数量也不同。体内垃圾越多,排毒期的时间越长。

出病期:出病期即病气外排的阶段。一般可持续1~2个月,儿童3~5天。这个阶段的表现是水疱基本出完,不再继续出新疱,不再出异物。在留罐的时间里,罐口部位不断出现比较重的疼痛感或较强的痒感以及其他不同的感觉。罐口部位可能出现凝血、白沫、黑疮等。

恢复巩固期:此阶段是指罐口部位表面结痂,痂开始脱落,直至皮肤表面完全愈合。这个阶段大约需要2个月。

刮痧排毒,青春常驻

刮痧排毒可以将肌肤积存的毒素舒畅、轻松地排出体外,防治细胞毒质的存在和蔓延,促进生理健康,使肌肤光滑白嫩,青春常驻,40岁以上的女性效果尤为显著。

人体可以刮痧的部位很多,常用的有第七颈椎上下左右四处、喉骨两旁、两胳臂弯、两腿弯、脊椎两旁、前胸肋骨间、后背肋骨间、两足内外踝后的足跟肌腱处、左右肋下肝脾区以及两肩等处。

先将准备刮痧的部位擦净,用刮痧板的边缘蘸上刮痧油或按摩油,在确定部位进行刮痧。刮痧要顺一个方向刮,不要来回刮,力量要均匀合适,不要忽轻忽重。连刮两胳膊弯十几下,即出现暗紫色的条条瘀痕,刮痧时,一般每处可刮20下。刮完后,人会立即感到轻松,应休息几分钟。若在前胸、后背、肋间、颈椎上下,或两肩部上下刮动十余下,需再饮糖姜水或白开水,会立即感到非常舒畅。

芳香疗法排毒,让身心在芬芳中得到改善

芳香排毒法中,精油起着重要作用。精油是一种渗透力非常强的液体,它可以透过皮肤加速人体内的微循环,使排毒疗法达到更好的效果。而普通的按摩膏只能作用于皮肤的表层,起润滑作用,所以使用精油效果更好。每种精油的效果各不相同,比如:柑橘精油改善过敏的效果很好,玫瑰精油可以美白肌肤。

在进行芳香疗法时,受疗者先躺在一张长椅上,赤裸全身或只穿一些内衣,用毛巾裹住身体保持暖和。房间应该比较温暖,受疗者应尽量保持平衡、放松的状态。这一疗法大约需持续一个小时。治疗完毕后受疗者会觉得有些累,可以喝一杯清水来减轻疲乏感。还可以在自己家里进行芳香疗法,按条件和情况选用适宜的芳香油按摩,充分发挥精油的作用。

运动排毒法

4种有利于排毒的运动方式

1.大步走:只需在走路时加快速度,尽可能大地摆动和舒展手臂,就是最简单方便的排毒运动,可以刺激淋巴系统运动、降低胆固醇和血压。

2.瑜伽:瑜伽是顶级的排毒运动,能帮助血液循环,润滑关节,通过把压力施加

到身体各个器官和肌肉上来内外调节身体,展开排毒行动。

3.蹦跳:弹跳可以刺激淋巴系统排毒,松弛紧张的情绪,降低胆固醇,改善循环和呼吸,甚至祛除致命的蜂窝组织炎。

4.深呼吸:呼吸可以排除体内毒素。但我们深呼吸时,往往会不自觉地挺起胸部,收缩胃部和腹部,这样肺部每次只有 1/3 的空间被利用。正确的深呼吸方法是:找一个空气清新的地方,首先放松胃部,用指尖轻轻触及腹部;接着用鼻子平稳地深深吸气,此时指尖可感觉到胃部鼓起,直到整个胃部充满了气体;让气体在胃部停顿 4 秒钟,再用嘴慢慢呼气。

自我按摩促排毒

面部和颈部按摩:手指并拢,将指腹贴在面部,用力揉搓;双手同时进行揉搓,向上、向外、向下,搓遍整个面部,然后继续揉搓至颈部和前胸的部位。

胸部按摩:将手掌平放在腹部,用双手在整个躯干上揉搓。揉搓要呈圆形的动作,右手逆时针进行揉搓,左手顺时针进行揉搓。揉搓动作要有一定的力度。

腰部和脊椎部按摩:身体站直,保持双腿与肩等宽。双手放于臀部,大拇指在前,四指在后,大拇指在脊椎和腰部处进行按摩。按摩时一定要用力。

大腿和臀部按摩:坐下,将腿支在床沿边上,用手掌在臀部和大腿部位揉搓。当臀部和大腿发热、皮肤微微泛红时,再将拳头握紧继续揉搓。一开始进行按摩时用力要轻缓,然后再逐渐增加力度。

脚底按摩:脚底的淋巴引流反射区是人体排毒最重要的部分之一,通过脚底的淋巴按摩可以将人体内无用的蛋白质、细菌、病毒和死掉的细胞等排出体外,并且能将细胞之间多余的液体运送到淋巴结储存起来,将细胞废物引至大肠,最终与粪便一同排出体外。

主动出汗身体更健康

人体的出汗方式分为两种,主动出汗和被动出汗。被动出汗是由于天气炎热而出的汗,会使人产生许多不良的情绪,如烦躁、易怒等,对人体健康非常不利。而主动出汗是对身体功能的一种主动调节,可保持体内的热量平衡和水平衡,加速新陈代谢,出汗后会感到很舒服。主动出汗的好处很多,最主要的就是排毒。

皮肤所负责的任务便是排汗,通过出汗排出体内的二氧化碳等有害物与多余的水分。皮肤上有几百万个汗毛孔,每当人体体温升高到一定温度,这些汗毛孔就会自动打开,仿佛开窗通风换气一样,体内及体表的毒素污染物就会通过汗液而排出,并将体内的有害细菌杀死,给身体内部来一次大清扫,使人体其他内部器官免遭病毒的侵扰,同时也美化了肌肤。这就是人体运动出汗后会感到神清气爽的根本原因。

药物排毒法

排毒保健品,最好别乱吃

近年来,冠以"排毒养颜"之名的保健品异常走俏,不少人争相购买。排毒保健品真的有这么神奇吗?

要想排毒,应看毒在何处。比如刚刚误吃了某一毒物,就需用催吐或洗胃的方法来排毒;得了外感热病,应采用发汗解表来清热祛毒;肾脏有病,甚至发生了尿毒症,可通过透析以清除体内废物和毒素。可见排毒途径不只是通大便,如何排毒还须听从医生指导。

有些排毒类保健品的主要成分是以含大黄为主的通便药物,对经常便秘、胃肠积滞的人来说,泻下通便可起到排毒的作用。但个体差异使不同的人对通便药的耐受性不同,有的人吃10克大黄都不见得会拉肚子;而有的人吃3克就泻得很厉害,还会出现腹痛、恶心、胃部不适等副作用。另外,大黄只能短期服用,否则可能会伤害胃肠道,影响其对食物的消化和吸收,从而损害身体健康。

盲从服用排毒药物有损身体健康

很多女孩子为了美容和减肥,将排毒药品当成了家常便饭;还有一部分人把它当作治疗便秘的特效药长期服用;也有人把它当作保健的一种手段,用来调理身体。

但对于什么是毒,这些人却没有明确的认识。在一些厂家的宣传品里,把便秘、口气难闻、脸上出现色斑或痤疮、失眠、注意力不集中、头痛等都归结为体内有毒;还有的厂家宣称,"毒是指对机体有不利影响的物质,毒存留体内可导致各种功能障碍,出现气血失和、阴阳失衡,引发多种疾病……所以人人都需要排毒"。

专家认为,是药三分毒。长期服用排毒药品对身体健康的危害性很大。没病不要乱吃药。药的作用是纠偏,如果一个人身体没有太大的偏差需要纠正,吃药反而会伤身体。因此,无论是非处方药、保健食品,还是药膳都要在医生的指导下食用。

走出排毒的3个误区

误区一:人人都需要排毒。人体有一个自我调节的排毒机制,通过新陈代谢保持平衡。我们每个人每天除了通过排便来排出体内废物外,出汗、呼气、分泌唾液、呕吐等都可以排毒。人体内一般可以通过肝脏将血液中的有害物质变成无毒或低毒物质,通过肺排出二氧化碳,通过肾脏以尿液的形式将毒素排出体外,以便维持人体的代谢平衡。所以,大多数人只要精力充沛、饮食和睡眠正常就不需要再排什么毒了。

误区二:排毒药能治便秘。导致便秘的原因很多,如饮食中缺乏粗纤维、运动太少、一些肠胃疾病或肠道病变等,一些内分泌疾病如甲状腺功能低下也会导致便秘。其实只要多吃蔬菜水果,适当运动,保证睡眠充足,便秘症状就能逐渐得到改善。如果便秘比较严重,应该到正规医院就诊而不是乱吃排毒药。

误区三:排毒能养颜。中医讲美容历来就有两个角度,即补与泻。人气色失常是一种症状,且面色不好的原因有很多,并非排毒一种方法所能解决。如有的人面色萎黄,可能是由于贫血造成的,这时候就应该补血而不是排毒。所以,排毒与养颜之间并没有特别必然的联系。

保健品安全吗

保健品不是滋补品,更不是吃了没害处。近几年出现了一些保健品的安全性问题,提示我们食用保健品要谨慎。

实际上,保健品是一种特殊的食品,获得了国家卫生部批准的保健品应该说是安全的、合法的,但不代表是最适合你的。保健品安全性问题的出现,一方面是因为有的厂家为了扩大销售,从而扩大了适应人群。比如说排毒,有的厂家就大打排毒的旗号,“每个人都有毒,都需要排毒”。那么,作为消费者就要理智消费,如果自己脾胃比较虚弱就不适合排毒。另一方面,并不是保健品自身的安全性问题,而是在使用过程中的操作不当,或是使用对象有误而造成的。

排毒更重于进补

空气及水源污染、残留农药、生活垃圾等威胁着人类的健康;过量营养造成营养失衡有损健康;抽烟、酗酒、吸毒、喜食咸食或熏烤腌制食物是健康的杀手;保健品及治疗用药使用过多、过量、过杂带来的毒副作用也不小。因此,有关保健专家提出了“排毒”重于“进补”的现代保健新观念。

心理也需要排毒

给你的精神排排毒

现代人的体力劳动越来越少,而来自脑力和心理的疲劳却有增无减,这是为什么？其实，这是精神毒素在作怪。

人们往往认为排毒无非就是洗洗肠、吃吃药、做几个排毒疗程，这些足以达到净化身心的目的。实际并非如此。皮肤是身体的镜子，而身体则是心灵的镜子。只有精神健康，才有身体健康。如果缺乏健康的精神，就不可能有真正健康的身体。

心理学家调查研究发现，许多以工作为中心的人，下班后不懂得如何放松。那种在歌舞厅杯觥交错、醉生梦死的休息方式，充其量只能算是对生活的暂时逃避，根本就不是真正的放松，不仅不能缓解心头的压力，反而更可能会危害健康、搞垮身体。

要哭就大声地哭出来

当我们落下"情绪眼泪"时，排除的是有可能致命的"毒"。眼泪，是情绪的宣泄，是缓解压力的最好方式！研究证明，想哭而强忍着不哭，容易导致忧郁症，并且危害生理健康。下次当坏情绪来袭时，就让这些坏情绪，随着眼泪一起解放，也许你会发现内心深处真实的自我。

既然哭泣会给身体带来健康，我们就要善加利用。我们不用刻意逼自己哭泣，因为哭泣是心灵真正放松时的状态之一，只要真正抛弃"哭泣是软弱"的陈腐观念，解开心灵的枷锁，我们就能放声痛哭一场！

每日的放松情绪方案

早上醒来，不要马上起床穿衣服，身体整夜忙于自我修复、制造出一些自然的废物。假如你因为时间晚了而急急忙忙蹦下床，废物一下子就释放出来，会加重肝脏的负担。因此清晨第一件要做的事就是伸展肌肉，让毒素慢慢地通过体内各个系统。

接着，再洗一个热水澡。你可能更习惯睡前洗澡，但就寝之前你不能泡澡排毒，因为许多泡澡所用的精油里面含有的利尿成分会让你不停地起夜。

吃早点对排毒非常关键。这不仅是给新的一天的身体补充夜晚自我修复耗费的所有养分的第一个机会，它还能刺激排泄系统开始排除它所产生的残渣。

吃两片水果作为零食排毒效果也不错。排毒效果较好的水果有橙子、猕猴桃、草莓、蓝莓和苹果等。有规律的少食多餐既能增加营养的摄入，又可防止血糖水平突然下降。

吃午饭可增强排毒能力，午餐可多吃具有排毒效果的水果、蔬菜，再加入一些低脂且富含蛋白质的食物。吃饭前还要先喝一杯暖身汤或净身蔬果汁。

黄昏时分是一天里做运动的最佳时机，因为此时的肌肉最温暖。一周 3 次，每次半小时，可以做一些有氧运动，如游泳、跑步或快走。其他 3~4 天可以练习瑜伽。

晚上吃一些甜食可以帮助你睡眠，让体内毒素静静地排出体外。

疾病自查

面部疾病信号

面部对每个人来说都很重要，它出现的一些症状可以给我们提供一些信息。在日常的生活中，我们可以根据面部的情况来推断我们即将要面临的苦恼，并且有针对性地、及时地解决问题。

脸色异常传递信息

脸是人的阴晴表，一个人的脸色与身体健康有着密切的联系。体内发生的病变，必然会反映到体表，脸色就是这种体表反映之一。所以，对每个人来说，了解各种脸色代表的意义是很有必要的。

面呈红色

面红多为热证的表现。如果出现满面红光，则有可能是面部毛细血管扩张引起的，可能是高血压的症状。面色通红，伴有口渴甚至抽搐，面部潮红，是一种急性热病的面色，如急性传染病，高热性疾病。这种热病面容除了潮红之外，还会有口唇周围的疮疹或皮肤上的皮疹等症状。潮红是红色的一种，病理性潮红主要是发生在感染引起的高热性疾病，如伤寒、疟疾、肺结核、肺炎等。

脸色出现潮红的症状还可能是脑充血的前兆。有时候红色出现的部位也是有讲究的，如果红色出现在面颊和腮边，则有可能是心脏病。两面颧部呈现绯红色，可能是结核病。红斑有时也是一些疾病的症状。蝶形红斑是红斑狼疮疾病的征兆，如果儿童面颊两侧出现玫瑰色片状水肿性红斑，则有可能是传染性发疹性疾病。但是，因剧烈运动、饮酒、日晒、情绪激动等引起的短暂的面部潮红则不是疾病的征兆。

面呈白色

面白一直是很多人追求的目标，但是只有白里透红才是健康的脸色，苍白、灰白等颜色则是病态白。面色苍白是由面部毛细血管痉挛，局部充血不足或者血液中的红细胞或血红蛋白含量减少引起的。面色苍白属于虚证和寒证，是体质差的体现。就一般疾病来说，虚寒病症、贫血及某些肺病患者、里寒的剧烈腹痛、或外寒的恶寒重者，都可能导致面色苍白。而甲状腺机能减退症、慢性肾炎等患者的面色，也要比一般人苍白得多。此外，出血性疾病、经常痔疮出血、女性月经过多，也会造成面色苍白。休克之人因面部血液循环受阻，也会脸色发白。因寒冷、惊恐等刺激引起的毛细血管强烈收缩也会导致面色苍白，这也是正常现象，不是某种病症的表征。

此外，铅中毒时，患者面色以灰白为主要特征，寄生虫病、白血病等患者、长期室内工作及营养不良者脸色也是呈灰白色。面色灰白而发紫，且表情冷漠是心脏病晚期的病危症状，面部出现白点或白斑可能是肠道寄生虫病。

面呈黑色

面部黑色是慢性病的征兆，我们应特别注意。面色呈现黑色是因为肾精亏损，补肾药物可以缓解这种疾状。总的来说，面部黑色多是肾上皮质功能减退症、慢性心脏功能不全、肝硬化、肝癌等疾病的征兆，而且随着病情的增重，颜色也会增黑。长期使用某些药物，如砷剂、抗癌药等，亦可引起不同程度的面色变黑，但一旦停药后又能恢复正常。在观察面色的时候，并不能把所有的黑色都误认为是疾病的前兆，因生理现象而形成的脸色变黑、老年性色素斑、女性妊娠斑等都是正常的，不属于疾病。所以，当面部开始呈现黑色时，不要一味地认为是疾病，要谨慎地思考一下原因。

面呈青紫色

脸部及嘴唇青紫，被称为发绀，是由皮下淤血所致。面部青紫和缺氧有很大的关系。严重的哮喘、肺气肿、肺梗死、慢性支气管炎等疾病会引起面部青紫。此外，面部青紫还可能因窒息、先天性心脏病、心力衰竭等疾病而出现。胃、肠道寄生虫病、肠部痉挛性疼痛、胆道疾病引起的胆绞痛也可以使面部青紫。此外，小儿高热，面部出现表紫，以鼻柱与两眉间较为明显，是引发惊风的预兆。忍受某种剧痛时，面部也可隐约显现出青晦气。青紫色可能出现在疾病晚期，所以当面部呈现青紫色时要多加小心。

面呈黄色

脸部发黄是由血液中胆红素增多引起的。黄色常见于急性黄疸型肝炎、先天性胆管畸形、胆管癌、肝癌等疾病。面黄最多见的是黄疸病。不同程度的黄色也代表疾病的不同发展阶段。黄色鲜明如橘色属于湿热，称为“阳黄”；黄色阴晦如烟熏多属于寒湿，称为“阴黄”。此外，面色萎黄多为心脾虚弱、营血不足；面黄浮肿为脾虚有湿。钩虫病导致患者长期慢性失血，从而出现面色发黄的情况。疟疾、食物中毒等也可能引起面部发黄。

除了疾病引起面部发黄外，进食还能够引起同样的效果。如果经常进食含胡萝卜素较多的胡萝卜、南瓜、菠菜等食物可能会导致面部发黄，尤其是甲状腺功能减退或肝功能不全时，被吸收的胡萝卜素在肝内转化为维生素 A 的过程发生障碍，鼻旁发黄就是常见的症状。

除了上述几种常见症状外,疾病还可能引起面部其他颜色,如绿色、橙色等。每一种颜色代表不同的一种或多种疾病。总的来说,脸色是我们初步探测身体健康状况的工具,是不能够被掩盖的。健康人的脸色为略带红润,微发黄,有光泽,其程度随年龄的不同而不同。不论什么颜色,鲜明、荣润的,表示病变清浅、气血未衰;晦暗、枯槁的,表示病情深重、精气大伤。我们可以根据详细分析出来的信息,进行疾病的排除,并遵循"有病治病、无病防治"的原则将病痛扼杀在摇篮中。

面容异常传递信息

面部表情是传递信息如疾病、心情等不可或缺的重要因素,面容异常也是诊断疾病的一个重要组成部分。因人的面部表面肌肉丰富,血运充足,同时也是颅神经支配集中的部位,所以面容可以很明显地透露出疾病的信息,让我们可以很准确地辨别出疾病。不同疾病可以表现出不同的面容,因此我们要关注面容异常情况。健康者的面容应该是两眼有神,眉目清秀,皮肤富有光泽。

急性面容

急性面容常见于急性热病,如疟疾、大叶性肺炎、流行性脑脊髓膜炎等。急性面容表现出来的状况有面色潮红、兴奋不安、表情痛苦等。如果出现这些情况,一般需要通过正规的检查确认疾病的存在,之后就要针对这一情况进行施治。

慢性面容

慢性面容常见于慢性消耗性疾病,如肝硬化、恶性肿瘤、严重结核病等,表现出来的有面容憔悴、面色灰暗或苍白、目光暗淡等。

浮肿面容

浮肿,顾名思义,用手按压面部,面部皮肤会下陷。浮肿面容常见于甲状腺功能减退症以及糖尿病和心脏病等疾病,而且经常出现的症状有面色苍白、颜面浮肿、目光呆滞、反应迟钝等。此外,浮肿面容还常见于肾病。

衰老面容

衰老面容指容貌与实际年龄极不相称,面部皮肤皱纹叠生,显得异常衰老。这是很多人,尤其是女性都不能接受的,是影响形象的因素。早老症、先天性全身脂质营养不良、脂肪萎缩性糖尿病等疾病会引起衰老面容。

痴呆面容

痴呆面容常见于呆小症,表现出来的症状有头大颈短,眼裂小眼睛肿大,鼻深宽平,鼻翼肥大,舌大宽厚且经常伸出口外。

半侧瘫痪面容

半侧瘫痪就是指一侧的面部表情动作完全丧失,另外一侧可以自如活动。半侧瘫痪面容有两种情况,如果出现这一情况的人前额没有皱纹,而且眼裂扩大,鼻唇沟平坦,口角下坠,则有可能患有面神经麻痹症。除此之外,如果有的人没有出现眼裂扩大、闭目困难等症状,则有可能患有各种原因导致的中枢性面瘫症。至于是哪种情况,这就要分情况来仔细斟酌。

半侧痉挛面容

半侧痉挛面容常见于面部神经瘫痪后遗症、三叉神经、中枢神经障碍等疾病,它经常表现为半侧面部肌肉阵发性不规则抽搐,偶尔表现为瞬间的痉挛或口角抽搐。

恐怖状面容

恐怖状面容常见于甲状腺功能亢进疾病,此种疾病的患者常常表现出面容惊愕、眼球突出、目光闪亮,惊惧的表情、眼裂增大等情况,而且这类患者的面颊消瘦,喜怒无常,易兴奋,情绪很不稳定。

伤寒面容

伤寒面容常见于肠伤寒、脑脊髓膜炎、脑炎等高热衰弱性疾病,患有这些疾病的人在面容上表现出来的则是表情淡漠,反应迟钝,呈无欲状态,有时还会有少气懒言、意识不清等症状。

毁灭性面容

毁灭性面容一般见于梅毒、寻常狼疮、麻风、恶性皮肤肿瘤等疾病,患有这些疾病的患者可能会因这些疾病而导致面容被毁坏。面容毁坏的程度各有不同,有的人只是面容受损,有的人则是五官等也受到损害,或者是损坏愈合后面部形成不规则的收缩性疤痕。这样的疾病对人们的伤害是很大的,严重的会夺去很多人的生命。

增殖体面容

增殖体面容常见于增值体肥大疾病,它可能的症状则是鼻梁宽平、硬腭高拱、切牙外突、牙齿排列不齐。此外,嘴唇厚、上嘴唇上翘、面部表情呆滞也是其常见的症状。如果一个人具备了大部分的情况,那他极有可能已经患有增殖体肥大症。

除了上述的各种面容外,还存在很多种面容异常的情况。只要不是正常的面容表情,那就说明疾病已经开始侵袭我们的健康了。面容异常不仅影响美容,还会影响正常生活,所以,我们要对我们的面容异常情况非常警觉,以便于快速接收到面容异常给我们传递的信息。

我们在日常生活中要丰富此类的经验,留心分析观察。

面部异常传递信息

面部麻痹

面部麻痹是指面部的肌肉失去平衡,嘴唇被牵向一边,主要是一边的面部肌肉发生瘫痪,失去了控制。面部内的神经因水肿变化而受到压迫时,面部麻痹的症状就会产生。如果还有严重的淤痛，或者淋巴腺，那么这种情况多与骨折、肿瘤、中耳炎、颅骨乳突部分发炎等疾病有很大关系。面部麻痹症状的出现多是很突然的，而且历经的时间也是长短各异的。如果诊治得当，大部分患者的麻痹情况是可以全部或部分消除的。所有的患者并不是一样的情况，但是其面临的困难是一致的，所以，在检查是否患有这种病的时候，眼光不要太狭窄，要从多种角度来检验病情。

脸部疼痛

脸部疼痛是指脸部的一边或者双边疼痛，或者额头处疼痛。和疼痛的位置不同一样，疼痛的力度也是不一样的。脸部疼痛的原因很多，每一种原因都是由不同的疾病引起的。三叉神经炎会引起脸部疼痛，此种情况常见于女性，而且右侧脸较多。这种疾病引起的疼痛一般比较剧烈。三叉神经痛是一种突发性的严重面部疼痛，它可以由非疼痛性的刺激产生。此外，带状皮疹也会引发面部疼痛。如果曾经长过红色起水疱的皮疹，那么就有可能引发面部疼痛。带状疱疹引发的面部疼痛是不可避免的，要认真对待。此外，如果患有皮疹，要防患于未然，为可能来临的疼痛做好各种准备。

面部血丝

面部血丝也是由疾病引起的症状，它是由面部毛细管扩张引起的现象。如果皮肤白嫩，在脸上就可以看到一根根扩张的小血管互相沟通呈网状。先天性的称为先天性毛细血管扩张症。这类先天性的面部血丝的出现可能是由妇科病、慢性便秘等所致，此外，其他如高血压、动脉粥样硬化等循环系统疾病也有可能引发面部血丝。有的人的脸上看不见微血管，但是并不是说疾病不存在，只是被隐藏起来了，不能够直接看出来。只要稍受刺激脸部就会通红的人很有可能有自律神经的问题，这就要马上在医生的指导下进行治疗，服用自律神经调整剂。除此之外，后天性的情况也会引发面部血丝。有的人，尤其是女性喜欢在脸上涂抹一些化妆品，这些化妆品并不是没有副作用的，其中含有的成分对皮肤的刺激是很大的。氟轻松等激素类软膏就是这样一种物质，它会减慢面部皮肤的表皮生长速度，抑制纤维组织的生成。使毛细血管逐渐扩张，进而出现网状血丝，并可能伴有局部皮肤色素加深的情况。总而言之，不管是先天性的原因还是后天性的原因，我们都应该努力把握机会，不要让这一疾病侵扰我们的生活。

面部笑容异常

正常人的笑容是心情愉快的表露。但是，有一些笑并非是人们欢乐情绪的表露，可能隐藏着某种疾病的蛛丝马迹，是疾病所表现出来的特殊症状。

破伤风常会使患者脸上出现苦笑，并且张口困难，咀嚼肌抽搐，牙关紧闭，面部肌肉痉挛。破伤风还有四肢强直与角弓反张等症状。此外，笑发性癫痫会引起阵发性笑，在临床上还伴有形形色色的自动症、脑电图改变等症状。

大脑发育不全和老年痴呆等患者常常出现傻笑的现象，无缘无故地憨里憨气地发笑。表现为乐哈哈，但是面容却给人一种呆傻的感觉。傻笑是不能够自制的，无须任何刺激、在任何情况下都有可能出现。

笑容异常还有很多别的表现，只要不是正常的笑容都是危险的，而且有的笑容是不受控制的，会给正常人害怕的感觉。所以，对待笑容异常的情况，我们不能够掉以轻心，要把治疗疾病放在首要位置。

眼部疾病信号

眼睛的特定部位与脏腑有着密切的关系，它会透露出很多信息，包括疾病的情况。如果五脏六腑功能失调，就会在眼睛部位反映出来。眼睛疾病信号很重要，它能够及时地传递相关信息，让我们把握住线索，很好地辅治疾病。

眼球异常传递信息

眼球是眼睛重要的组成部分，它的大小、形状、颜色都是有一定条件的，如果超出正常范围，那就说明某一种疾病或者多种疾病已经开始干扰人体健康。

眼球大小异常

眼内肿瘤或者婴幼儿青光眼可能会导致眼球过大，眼球过小则有可能是由眼球萎缩或者先天小眼球引起的。

先天小角膜则只会导致黑眼球过小，对白眼球没有影响。除了这两种异常情况，眼球还有可能出现突出的情况，即眼球向外突出的距离超出正常距离。甲状腺功能亢进是引起眼突的最常见的一种疾病，在眼突的同时还伴有多汗、低热、心悸等症状。颅内脑瘤也是引起眼突的一种疾病，视力减退、视野缺损等症状也是其造成的。除了这些情况，颅内肿瘤还有可能引发闭经、性功能减退、多尿等内分泌系统变化。

引发眼突的疾病还有很多。眼球是我们必须要加倍保护的部位，没有了眼球，我们就会失去视力，一直流连于黑暗世界。所以，凡是对眼球有危害的疾病都是我们的敌人，我们要防止它们对眼球的侵害。

眼球颜色异常

我们对眼球最深刻的印象就是它有一个黑眼珠，黑眼珠一般不会出现什么问题，但是它周围的颜色会因为疾病的不同而有所变化。

如果黑眼珠周围出现红色，而且还带有点状白色混浊，同时有眼疼、怕光、视力不好等症状，这就说明虹膜炎已经开始侵袭眼部健康了。此外，脑动脉硬化还有可能会引发黑眼球周围的白色环。白色环是血液中胆固醇水平增高的征兆，它与心脏病的发生有密切联系。

同样，白眼球也会出现类似的情况。健康人的白眼球洁白而有光彩，没有其他颜色。如果出现异色或斑点,就表示人体的内脏有病。白眼球充血发红是最常见的情况,这是由细菌、病毒感染发炎引起的。眼睛有分泌物、发痒、眼痛也是由它引发的,并且这几种症状是伴随着发生的。此外,严重失眠者、心功能不全者、高血压患者也会出现眼结膜充血的症状。儿童和孕妇的眼白发蓝,这是贫血的表现。中、重度贫血者的颜巩膜都呈现蓝白色。由肝病或胆道疾病、妊娠中毒等疾病所引起的黄疸会使自眼球变黄。

眼球光泽异常

健康人的眼球很有光泽,看起来神采奕奕。但是,维生素 A 的缺乏会使眼球干燥、无光泽。成人、儿童缺少维生素 A 会使眼球结膜干燥、无光泽、毛糙,甚至失明,就算是没有失明,在晚上也会看不到东西,易患夜盲症。所以,如果发现眼球出现这些情况,那就有可能是出现了一些健康问题,这需要边远山区和农村的人们多加注意,一定要保证营养的充足,让眼球看起来充满活力且富有精神。

眼睑异常传递信息

眼睑,就是眼皮,是眼球前面的软组织,对眼球起保护作用,是防御外物侵犯的屏障。眼睑通过开闭可以使眼球保持湿润和角膜的光泽,清除结膜囊灰尘及细菌。但是,眼睑也会有异常的情况,如果发现眼睑异常现象,我们要加以重视并且积极治疗。

眼睑下垂

眼睑下垂有先天和后天之分,后天性眼睑下垂往往由重症肌无力、抑郁症、某些脑血管病变等疾病引起。有时,眼睑下垂还伴随着其他症状。偏头痛除了会引发眼睑下垂,还有可能引起复视及头痛的现象。此外,眼睑下垂和头痛两种症状并发还有可能是由脑瘤或是脑动脉瘤导致的。

如果眼睑下垂时,眼睛周围伴有肿痛的现象,还有肌肉疼痛的情形,则有可能是因为感染了寄生虫。

此外,眼球本身有肿瘤生成时也会引起眼睑下垂和眼睛肿胀的。

眼睑浮肿

眼睑浮肿有生理浮肿和疾病两种因素。睡眠不足、睡眠时枕头过低、眼球接触过敏物等都是生理因素引起的浮肿。眼睑结膜发炎、心脏病、肾小球肾炎等是疾病因素引起的浮肿。针对这一情况,当眼睑出现浮肿时,我们应该仔细分析是哪一种因素,然后再针对性地对浮肿的眼睑进行治疗。如果得不到及时的处理,眼睑浮肿的情况会越来越糟。

黑眼圈

黑眼圈是我们比较常见的一种情况,它的出现往往是因为睡眠不足、过度疲劳或房事过多引起的,症状就是眼睑呈灰暗色。一般来说,偶然的眼圈发黑没有什么害处，只要注意校正生活节奏，尤其是节制性生活，避免劳累，这种情况就会逐渐消失。但是，长期的黑眼圈就不会这么容易地改善了。它是一种病态表现，往往是肾亏兼有淤血症的信号。而且，患有严重肾亏和内有淤血的人常与内分泌及代谢障碍、肾上腺皮质功能紊乱、心血管病变和微循环障碍等因素有关。所以，我们在日常生活中要注意各种细节，不要因为一时的不注意就让黑眼圈伴随我们，否则后果是很严重的，而且黑眼圈还和疾病有密切关系，要防止黑眼圈给我们带来的危害。平时，我们可以经常按摩眼睑周围的皮肤，让黑眼圈的症状得到缓解。

眼睑内、外翻

睫毛向后倒向角膜是眼睑内翻的情况，它多是由沙眼、睑缘炎、眼睑痉挛等原因引起的。内翻的倒睫摩擦角膜，可引起刺痛、流泪、结膜充血，久而久之就会造成角膜混浊与溃疡，所以，对待倒睫我们要小心。如果出现这种情况，要在它恶化之前尽快解决。

眼睑离开眼球前面、向外翻转而使结膜暴露于外的情况是眼睑外翻，它多是由睑部疤痕、面神经麻痹或者少数老年人皮肤松弛引起的。眼睑内、外翻都是眼睑出现的异常情况，不管是什么原因引起的，我们都要加倍小心。

眼睑松弛

神经控制的部位和脸部表情控制的肌肉长期贫乏甚至老化，最终导致了眼睑松弛，眼睑松弛也就意味着出现了眼袋。眼袋是很多人，尤其是女性不愿意接受的事实，它带来的影响是很大的。眼袋会使原来的“笑囊”更加明显，从而影响人的外形。

虽然可以通过整形等方法消除眼袋，但是这不是最好的解决办法。因为毕竟是眼部的健康，我们不能够轻而易举地对其进行各种潜藏着危险的手术和治疗，所以，我们要注意导致眼袋形成的各种原因，在日常生活中给予眼睑适当的注意。

除了上述提到的情况，眼睑还存在很多异常情况。不管是何种情况，对眼睑都是有害无利的，进而还会影响到其他方面的健康，所以，关注眼睑健康是保证身体各方面健康的前提和必要条件。

结膜充血

结膜处在眼睑的内层、眼球的表面，是一层薄薄、透明的黏膜。有时候结膜会出现血斑或者血丝，这是患有多种疾病的表现。

如果结膜炎充血伴有皮下出血、鼻出血等出血症状，且伴有发热、乏力等症，这可能是血液病的信号。此外，糖尿病也经常会出现结膜出血的症状，在没有用眼过度的情况下也会出现眼充血，而且还可能出现皮肤瘙痒和视网膜病等症状。

眼结膜是非常敏感而且容易感染的部位，我们在平时要注意眼部的清洁卫生，防止感染。

视觉异常传递信息

视力对我们来说是很重要的,我们每个人都希望有正常的视力,在别人眼里能够有很好的形象,但是,生活往往事与愿违,很多人都忍受着视觉异常的痛楚。每一种异常情况的缘起和影响都是不一样的,需要我们特别对待。

近视问题

现在越来越多的青年都有近视问题,而且近视的范围还逐渐向儿童扩展,随处都可以看见戴眼镜的人。虽然近视已经很普遍了,但是,并不能说近视没有问题,只是它危害的人群越来越广。近视是以视近清楚,视远模糊为特征的眼病。遗传因素和环境因素都有可能引起近视。如果没有先天近视,那看书写字姿势不端正、连续阅读时间过长、在照明条件差的情况下看书报等原因都能够引起近视。所以,在日常生活中,我们要杜绝这些可能引起近视的情况,以保证我们的视力正常。保护视力的责任要从小做起,从孩童时就开始接受适量的关于保护视力的教育,让他们懂得相关的知识,使他们能够自觉地为自己的视力保驾护航。一旦发现有不正确的姿势或者情况,我们就要及时地阻止并且为他们排忧解难。

远视问题

远视是和近视相反的情况,它能够保证远距离的清晰,但是如果是看近距离的事物就不能够有任何保证。远视在学龄前儿童中多见,轻度远视没有什么影响,而且随着年龄的增长、身体的发育,它可能会自然消失。度数较深的远视一般都伴有散光、视物不清的情况。兼患有散光的人看电视的时候习惯于斜着眼睛或者歪脖子,这对健康是很不利的。而且这种度数较深的远视散光不能够向轻度数那样自然消失,需要正当的矫正才可以复原,严重的还可能会导致弱视、斜视等严重的眼病。所以,家长要时刻观察儿童的情况,一旦发现视力有问题就要及时地进行检查和调整。

斜视问题

斜视也是视力异常的一种情况,属于眼外肌疾病,可分为共同性斜视和麻痹性斜视。人们正常看事物的情况应该是两只眼睛平行,如果在看东西时,出现两眼视轴不平行的情况,那么就有可能是斜视。斜视会影响外观,还会影响双眼视觉功能,严重者将会失去良好的立体视力。大部分斜视患者都同时患有弱视。5 岁以前的儿童是斜视的高发期,如果儿童患上斜视,那很有可能影响全身骨骼的发育,如先天性麻痹斜视的代偿头位,使颈部肌肉挛缩和脊柱发生病理性弯曲及面部发育不对称等情况。

引起斜视的原因有很多,视功能发育不健全就不能够保证眼外肌的收缩和舒张,所以,如发烧、惊吓等任何一种外界的刺激都有可能使不稳定的双眼单视力功能减弱或者丧失而诱发斜视。反过来,双眼单视力功能的发育又受到了斜视的阻碍和影响,使其不能够正常发展。此外,看电视时间过长,而且姿势的错误也会导致斜视。尤其是幼儿,看电视时间过长会引起过度疲劳,而且还会导致眼内肌的过度调节。

辨色失误

辨色是眼睛视网膜锥细胞的一种功能。当人体健康时,眼睛能够准确无误地辨认出很多种颜色,但是当人体患某些疾病时,就有可能出现辨色失误的情况。有这种情况的人会把各种颜色混淆,还有可能产生幻觉,将物体形态弯曲。

辨色失误有几种常见的情况,虹视是我们经常遇见的。它是指当看亮着的灯时,在光源周围会出现像彩虹一样的光晕。青光眼患者在眼内压升高时常有虹视现象。急性充血性青光眼患者和长期接触短波光线的人都有可能出现虹视现象。此外,眼部有炎症、角膜表面附有黏液、泪液或其他物质时,虹视现象也可能会出现。除了虹视,绿视也是其中一种情况。绿视是因为大脑视觉皮质受到某种直接刺激或者出现病灶等原因引起的。绿视多为癫痫发作的早期症状。此外,经常服用某些药品也会造成绿视的形成,如某些心律失常的患者经常用胺碘酮治疗多半会出现绿视。

视力下降

视力下降也是视觉异常的情况,多是因为缺乏维生素 B_2。糖尿病会损害视神经,导致视力下降,可能还会引起眼底血管病变,使视网膜组织缺氧而形成微血管瘤。老年人视力突然下降就有可能是患了糖尿病,还有可能是白内障的原因(老年人得白内障的机会较多,与新陈代谢障碍有关)。

引起视力下降的原因也有很多,动脉粥样硬化、高血脂、高血压等疾病可能会造成视网膜血管堵塞,而视网膜血管堵塞会造成一侧眼前有浓密黑影阻挡,眼睛外观没有异常。此外,眼部炎症、头部器官炎症或全身性疾病等病变可能会导致视力下降,而且还伴有视力缺损、头痛等症状。

在视觉方面,我们还会发现很多异常情况。每一种情况都有它自己的特征和影响,我们能够做的只能是提前预防以及情况发生之后的恰当弥补。针对上述所提到的情况,儿童患病率很高,所以,家长要注意孩子的视力情况,一旦发现问题就要及时治疗,以阻止其可能会引发的后果。

口唇疾病信号

口腔是疾病进入人体的门户,由不洁食物引起的各种传染病以及糖尿病、高血压、肥胖等病症都是与食物经口分不开的。疾病可以从口腔进入,同样也能够通过口唇表现出来。所以,经常观察我们的嘴唇,可以让我们对身体状况有初步的了解和认识。

嘴唇异常传递信息

嘴唇外表异常

嘴唇干燥

引发嘴唇干燥的原因有很多，如高烧、气候干燥、缺水等原因都会导致嘴唇干燥，此外，缺乏B族维生素和很少吃新鲜蔬菜、水果也极易造成嘴唇干燥。经常大量饮酒者和慢性胃病患者也会出现嘴唇干燥的情况。引起嘴唇干燥最常见的原因是唇炎，它会使口唇脱屑、皲裂，而且在进食刺激性食物时会引起疼痛，严重的还会发生肿胀、水疱。出现嘴唇干燥的人要注意多喝水，还要多吃水果，少食辛辣油腻之物，尽量少用烟酒。

嘴唇流涎

嘴唇流涎就是流口水，是婴幼儿常见的一种情况。流口水是很常见的，一般不是疾病。病态的流口水称为"流涎症"，多由神经系统疾患引起。当小儿患口腔炎、牙龈炎时，由于炎症刺激，唾液腺分泌增加，导致流口水，而且还会有臭味。当孩子患咽峡疱疹、扁桃体炎时，由于吞咽疼痛致患儿不敢吞咽，也会使患儿暂时性流涎，但随着原发疾病的恢复，流涎即会停止。面神经瘫痪也可能引起唾液的大量积累，唾液多清稀无味。此外，一些消化系统疾病如食管溃疡、食管癌、胃溃疡等也可使唾液分泌增多。

由于唾液偏酸性，且含有一些消化酶和其他物质，对皮肤有一定的刺激作用，所以对经常流口水的幼儿，父母应当经常为他们擦去嘴边的口水，并常用温水洗净，然后涂上油脂，以保护下巴和颈部的皮肤，最好给孩子围上围嘴，防止口水弄脏衣服。

嘴唇颜色异常

唇部颜色异常是指唇部失去原来的红润光泽，而呈现或红或紫或白等不正常的病态现象。如果嘴唇不是正常的颜色，就表示有一些疾病正在侵扰或者即将侵扰人体。

嘴唇发黑

唇色紫黑焦干是病情危重的信号。若唇色黯黑而浊，即有可能是消化系统有病，时见便秘、腹泻、下腹胀痛、失眠等症状。慢性肾上腺皮质功能减退会使唇上出现黑色斑块，口唇边缘有色索沉着。如果出现环口黑色，那极有可能是肾绝，口唇干焦紫黑更是恶候。此外，如果在唇部、口角，特别是下唇及口腔黏膜上有褐色或是黑色斑点，则有可能在患者的胃肠道中发生多发性息肉。

嘴唇发白

嘴唇苍白是由虚脱、主动脉瓣关闭不全和贫血造成的。唇色泛白是血虚的特征，由血液循环功能较弱所致，在冬天会出现四肢冰冷发紫的现象。如果双唇淡白，多属脾胃虚弱、气血不足，常见于贫血和失血症。此外，子宫病也有可能引起嘴唇发白的情况。如果下唇苍白，多为脾胃虚寒，会出现上吐下泻、胃部发冷、胃阵痛等症状。如果出现大肠虚寒、泄泻、腹绞痛、冷热交加等情况，那么极有可能是上嘴唇苍白泛青的表现。如果出现嘴唇发白的现象，那么就要及时地治疗。

嘴唇深红

急性发热性疾病会加速血液循环，使毛细血管过分充盈，从而造成嘴唇呈深红色。唇色火红如赤，常见于发热。煤气中毒时，唇色如樱桃红。唇色鲜红，属阴虚火旺；上唇色红，下唇色白，为心肾不交的症状。肺源性心脏病伴心力衰竭者，当缺氧时嘴唇呈绛紫红色。赤肝火旺会使嘴唇内红，而且脾气也随之急躁。肺气肿、风湿性肝病、冠心病等病症可能会使嘴唇出现紫红色的情况。

除了上述几种颜色外，某些疾病还可能使嘴唇发青、发黄等。如果嘴唇不是红润有光泽，那就说明我们在或多或少地承受着一些疾病的侵袭，不要把它当成小事，只要是关乎我们的健康，我们就不能够懈怠，一定要找到病原所在。另外，一旦出现类似的情况，我们就要按照相关的处理办法进行医治。

口内异常传递信息

口淡

口淡，指口中味觉减退、自觉口内发淡而无法尝出滋味。肠炎、痢疾以及其他消化系绩疾病会产生口淡的情况。内分泌疾病、营养不良、长期发热的消耗性疾病等患者也会因舌味蕾敏感度下降而产生口淡的情况。此外，口淡无味、味觉减退甚至消失，还是癌症的特征之一。严重的口淡患者，对甜、酸、苦、咸诸味均不敏感，味觉会出现普遍升高的现象。

如果出现口淡的现象，我们就要弄清楚它是否和某种疾病有关系，要高度警惕癌症的可能。此外，口淡无味，饮食不香，也可能是病后脾肾虚弱的表现。所以，大病初愈者也要多加注意饮食，加强锻炼，把味觉尽快找回来，重拾健康。

口干

在我们的日常生活中，口干是很常见的事情。如果是短暂性的口干，那么就是因为天气情况、饮水过少等原因造成的。但是，如果是长时期的口干就可能不是这么简单的原因了。一些疾病可能在慢慢地损害我们的健康，所以，对待长时期的口干，我们要加倍小心。

造成口干的原因也是很多的。一些口腔疾病如慢性炎症会使口腔黏膜萎缩变薄、干燥，出现口干的情况。严重的口干症状还会使舌背光滑无苔、乳头萎缩，而且颜色也变得很显眼。不仅如此，它还会使两口角湿糜、皲裂，而且伴有白色念珠菌感染。此外，抑郁症、间脑疾患引起的肥胖、月经减少及腮腺反复肿大综合征等中枢神经系统疾病也会造成口干的情况。针对这一点，就要求我们要放开心胸，不要过度忧虑、抑郁，也不要让心情过度变化，从而保证神经系统的健全。

造成口干的其他原因还有很多，我们都应该有所了解。口干在治疗上还没有找到非常有效的办法，主要是通过饮食的调理和日常生活习惯的纠正来实现。而且，还要记住一些禁忌，禁止吃一些辛辣或过酸、过咸的食物。

口甜

口甜，指口中自觉有甜味。口甜常见于消化系统功能紊乱或糖尿病患者。消化系统功能紊乱会引起各种消化酶分泌失常，尤其是增加唾液中的淀粉酶含量。因此，口中会有甜甜的味道，即使是喝水也会有这种甜味。糖尿病使血糖增高，从而提高了唾液内糖分的含量。此外，脾肾功能失常也是导致口甜的一个重要原因。脾胃实热、湿热郁阻、肝脾痰火内蕴的患者口舌也有发甜的感觉，古人称之为"脾热口甘"。

口甜是和口淡一样的情况，无论是从中医角度还是西医角度来看，它的出现是和一些疾病有密切联系的。我们要从根本入手解决这一问题，让口中不再有异常的甜味。

口臭

口臭是指人们从口中发出的一种难闻的异味，影响了很多人的正常生活，同时也换来了别人的厌恶和反感。

经常抽烟而且不注意清理口腔卫生的人容易患口臭。戴假牙的人会因为不及时清理假牙或者睡眠时不摘下假牙而产生口臭的情况。这是一些人为的原因，只要是稍加注意，对自己的身体多关心，这样的情况就能避免。此外，人为的原因还有饮食的因素。经常吃葱、蒜、臭豆腐等含强烈刺激性味道的食物会造成口臭。如果在吃完后，能够及时清洁口腔，重视饭后漱口刷牙，那么会使口臭症状减轻或消除。

除了人为的因素，一些疾病也会产生口臭的情况。一些口臭不一定是由口腔疾病引起的，而是由于身体其他部位的病变而引发的。糖尿病可能会使脂肪代谢紊乱，酮体增多，从而在口腔内产生一种异味，同时还伴有口干、口渴的症状。副鼻窦炎、萎缩性鼻窦炎、气管炎等疾病极有可能引发口臭。

当发现有口臭的毛病时，我们应该了解一下是不是人为原因造成的，如果确实是，那就需要我们经常清洁口腔卫生了。如果不是人为原因，那么我们就要及时去医院就诊，必须医治出现口臭的病根。

除了上述几种口内异常情况，有时口中还会有苦、辣等味道。如果不是正常的情况，那么就是由一些疾病引发的，需要我们针对具体情况加以治疗。不过，最重要的是根除疾病，让那些异常情况失去发展的根源。

舌头异常

一些医生在诊疗时往往要看看病息舌头的情况，以此作为诊断疾病、观察病情的重要依据之一。舌头与脏腑、经络有着极为密切的关系，因此，人体脏腑、气血、津液的虚实，疾病的深浅、轻重缓急等情况，可以在一定程度上反映在舌头上。

舌苔颜色异常

正常人的舌苔是薄白而且清洁、干湿适中的。而不健康人的舌苔就会呈现出不同的颜色。寒湿、痰饮和水肿等情况会使舌苔变得白厚而且光滑。一些慢性支气管炎、哮喘、支气管扩张症等疾病也会使舌苔出现这种症状。舌尖有白色舌苔，则有可能患有胃黏膜炎；舌中部出现白苔，可能是十二指肠有问题；而肠炎则可能会使舌后有白苔。

此外，消化系统疾病如消化不良、慢性肠胃炎、胃溃疡等胃肠功能紊乱疾病会使舌苔的颜色变黄，使舌头上有一层厚厚的黄苔。一般情况下，黄色的深浅和疾病的轻重有密切的关系。各种急性传染病，如伤寒等病症的严重阶段以及重症肝炎、肺炎等均可出现黄苔。

舌苔变色的情况是由疾病引起的，其他如红色、黑色、灰色等情况的出现也是不容小觑的。我们要利用各种手段把影响舌苔颜色的疾病根除，还舌苔本来颜色。

舌体形态异常

舌体也会出现异常情况。重舌是异常情况的一种，其表现为舌体强硬，运动失常，舌色深红。脑炎、脑挫裂伤、高热昏迷等脑、肝、肾诸脏疾病都有可能出现重舌。

肿胀舌是另一舌体异常的情况，舌胖得口内装不下，只能把舌头伸出口外，这是小儿甲状腺功能减退症的特点。如果出现肿胀舌，那就有可能是甲状腺功能减退，或是脑垂体前叶功能亢进引起的脂端肥大症。肝硬化不但会使舌头肿胀，舌质还会呈现蓝红色。

此外，舌头还有歪斜的情况，当舌头伸出时，它会偏向一侧而不能控制。脑血管疾病可能会使舌头在歪斜的情况下，还伴有舌头淡红、舌苔渐青的情况。如果伴有舌面红绛，则多为脑卒中。舌部肿瘤与舌下神经受损也会引起舌头歪斜，而且伴有舌萎缩。

舌部灼痛

舌灼痛是指口腔内，特别是舌尖或舌边部位时常有一种烧灼样疼痛。引起舌灼痛的病因可分为局部刺激、全身疾病及精神心理因素三种。女性更年期内分泌失调、干燥综合征、糖尿病等疾病可能会引发舌部灼痛的症状。此外，慢性炎症刺激、充填物或者义齿的机械性刺激等局部性刺激都有可能产生这种情况。

舌灼痛症状的影响是很严重的，它影响了患者的正常生活。此外，它还会影响患者的味觉，让患者感觉口内有咸味或金属味。针对种种的病因和影响，我们要积极治疗原发病，树立战胜疾病的信心，建立良好的生活习惯。

牙齿异常

牙齿也是身体不可或缺的组成部分，其正常发育有利于身体机能的发挥。在日常生活中，牙齿也会经常出现异常情况。

牙齿发育异常

牙的发育过程分为发生、钙化和萌出三个时期。在牙齿发育过程中，有一些疾病或者营养不够等情况会影响牙齿的正常发育。

全身疾患、营养障碍或严重的乳牙根尖周感染可能会导致釉质结构异常。维生素 A 缺乏时，造釉器不能分化成高柱状细胞而退变成扁平细胞，使釉质发育不全。维生素 D 严重缺乏时，钙盐在骨和牙齿组织中的沉积迟缓，甚至停止，使形成的釉质基质得不到及时的矿化，不能保持它的形状而塌陷，造成釉质表面上形成凹陷和矿化不良。

除了釉质发育不全，还可能长出四环素牙。四环素与钙离子有亲和作用，二者相结合形成稳固的四环素钙复合物。当牙齿发育、矿化期间连续服用四环素类药物，四环素分子即可与牙齿的羟基磷灰石晶体密切结合，形成四环素钙正磷酸盐复合物，易使牙齿变色，严重者还可抑制牙齿硬组织矿化物质的沉积和牙本质细胞的胶原合成，影响牙釉质及牙本质的发育。

牙齿发育异常还有其他的现象，不论是疾病原因还是遗传因素，我们都要提高警惕，尤其要正确使用药品、保证身体摄入适当的营养。

牙痛

牙痛是牙病中最常见的症状，影响了很多人的身体健康和心理健康。这些症状都有可能是某些疾病引发的。

牙痛大致分为蛀牙牙痛、牙周炎牙痛和风火牙痛三种。牙痛的原因大体可以归为由蛀牙引起的和由牙龈萎缩引起的。蛀牙会引起牙髓炎，牙髓炎是牙病中最常见的疾病，其分为慢性牙髓炎和急性牙髓炎两种。蛀牙及牙髓炎都属于牙齿本身的疾病，而除此之外的绝大部分牙病问题的根源都来自牙龈萎缩。牙龈萎缩主要表现为牙周炎，牙痛，露出牙根，对冷热酸等刺激极为敏感，从而导致牙齿松动、咀嚼功能降低，最终牙齿脱落或被迫拔牙。

除了上述两种主要原因外，一些疾病也会引起牙痛。高血压升高时，可引起外周小动脉硬化；若发生痉挛，则可导致牙龈出血，牙组织营养不良而出现牙痛。此外，冠心病很有可能引起牙痛。有些冠心病患者心绞痛发作时，心脏症状并不明显，而是表现为一侧或上下多个牙齿同时疼痛。另外，有时心肌梗塞也会导致牙痛出现。

很多人认为牙痛不是问题，忍忍就过去了，对身体健康没有多大的影响。其实不然。牙痛也会给我们的身体健康带来很多的负面影响。只要身体有一部分处在欠佳的状态，整体的健康也会随之下降。

牙龈出血

人们在刷牙时，偶尔会出现牙龈出血的情况，这是正常现象。但是，如果经常出血，而且出血量很大，且在牙龈出血时伴有牙龈肿痛等现象，那就不正常了。

首先，牙龈炎可能会引起牙龈出血。在人的牙龈边缘和牙齿之间有一条浅浅的牙龈沟，当口腔不清洁时，牙龈沟内常会堆积许多已经腐化变软而且带有黏性的食物残渣,其中混有大量的细菌,形成软性牙垢,日久之后,再加上唾液中分离出来的矿物质沉积在牙垢中,就会形成坚硬的牙石。这些软性牙垢和硬性牙石不断刺激牙龈,加上细菌的不断侵袭,就会造成牙龈发炎,表现为牙龈红肿、龈缘溃烂,只要稍加触碰,就会引起出血。

此外,一些全身性疾病也有可能引起牙龈出血。所以,牙龈出血的现象也有可能是全身性疾病的信号之一,比如出血性紫癜、血小板减少等。肝硬化、脾机能亢进、肾炎后期等疾病会引起凝血机能低下或严重贫血,也可出现牙龈出血的症状。

牙齿变黄

牙齿的颜色不仅是牙齿表面的颜色,还包括透过牙齿表面的牙釉质显现出来的牙本质的颜色。幼儿时乳牙是乳白色,随着年龄的增长,牙齿会慢慢变黄。

牙齿变黄的原因是多方面的。有一些牙齿变黄的情况是一种病态,牙齿在发育过程中由于营养不好或生过病,会使牙齿的钙化受到影响,牙齿会黄而松脆。还有一些地区的水中含氟量高。过多地饮用氟牙齿会发黄,而且不是1~2个牙齿,是满口大黄牙。此外,四环素类药物也会导致牙齿变黄,因此要适当地服用这一类药物。

除了疾病因素,牙齿变黄还有其他原因。其可能是由于牙齿表面存在多种细菌,它们在牙齿表面分泌许多黏性物质。日常饮食如喝茶、饮咖啡、吸烟等都会在我们的牙齿上留下色素,这些色素吸附在这些黏性物质上,逐步使牙齿表面变黄或变黑。

防止牙齿变黄的办法主要是注意牙齿的清洁卫生和改正不良习惯。漂白牙齿是有很大负面影响的,是不可取的。健康与美白要同步进行,切不可只注重外观美丽而忽略了各种牙齿疾病的威胁。

毛发疾病信号

头发异常传递信息

头发是人体的一部分,它不仅具有保护头颅、防紫外线等作用,而且还是人体外貌的重要组成部分。头发是人体健康的一面镜子。头发的生长、脱落与健康息息相关。

颜色异常

健康人的头发的颜色是黑而且有光泽的,这是人体健康的标志,是精血充足、肾气充盛的表现。正常黄种人的头发多为黑色或黑褐色。但是,除了这种健康的颜色外,还有一部分人的头发会呈现其他颜色。

白色是常见的异常颜色。老年人头发变白是很正常的，这不是病态。但是，年轻人头发早白就有问题了，青少年出现白发，多是因为严重的焦虑、忧郁等原因。此外，动脉粥样硬化、结核病、贫血等疾病都有可能使头发早白。冠心病和白发有密切的关系。白发还可能见于斑秃、白癜风等疾病。

体内缺少蛋白质、脂肪、各种维生素和矿物质，可能会使头发稀疏橘黄。因此，营养不良、缺铁性贫血等疾病都可能造成头发枯黄。此外，除了一些疾病的因素，烫发、染发还会使头发受到损伤，变得枯黄。

黑发是黄种人特有的头发颜色，但是，头发过黑就不是正常情况了。如果头发过于黑，或者一直都不太黑而突然变得漆黑，就有患癌症的可能。

头发不正常的颜色以这几种为主，当然还有其他的颜色。但是，不管是哪种颜色，都不是健康的表现，一旦发现这种异常，我们就要究其原因，并且认真地解决，让我们的头发能够变回正常颜色。

脱发异常

头发脱落本来是正常情况，但是，如果也存在不正常的脱发。体内缺锌可能会引发不正常的脱发。如果头发脆弱易断，可能是甲状腺疾病。

男性脱发和女性脱发在原因上是不同的，虽然有一部分是相同的，但是，主要原因是各有差异的。带状疱疹、霉菌癣等疾病会侵袭男性的头发，使其脱发。如果男性前额脱发，那么有可能患有肾脏病。此外，男性脱发的原因还有肾气亏损、营养失调等。如果肾气亏损、肾阴不足，则头发枯槁无华或花白、脱落。此外，营养不良还会使男性营养不均衡，缺乏某种必备的元素。儿童的成长阶段，必须有大量的蛋白质和各种维生素，人体的毛发对于营养的供应充足与否反应最为敏感。

女性全身散发性脱落提示患有肾炎的可能。如果头颅顶部脱发，那就有可能是结肠炎、胆囊炎等疾病。此外，贫血及细菌感染等疾病也会引起营养不良、免疫功能紊乱、皮脂分泌失调，从而造成脱发甚至是斑秃。过大的精神压力会使女性脑神经长期紧张、睡眠不足，从而造成头发脱落。

眉毛异常传递信息

眉毛在一定程度上可以反映出人体的健康状况，眉毛的异常情况有时是疾病的外在反映。所以，观察眉毛对诊断疾病有一定的帮助。

正常的眉毛应该是粗长、浓密、润泽的，而异常的眉毛则稀疏、短秃、细淡。黏液性水肿、脑垂体前叶功能和甲状腺功能减退等疾病可能使头发过于稀疏或者脱落。此外，身体虚弱、体弱多病的人眉毛也有可能稀疏恶少。当女性月经不调、男性患有神经系统疾病时，眉毛梢直而且干燥。白癜风、病毒性红膜睫状体等疾病可能会使眉毛变白。

和头发一样，眉毛也有异常情况下的脱落现象。如果眉毛脱光说明人体可能患有黏液性水肿、脑垂体前叶功能与甲状腺功能减退等疾病。

眉部皮肤肥厚，眉毛脱落可能是麻风病的预兆。此外，拔眉毛的行为是不正确的。没有了眉毛的保护，眼角膜很容易被刺激，引起角膜炎和结膜炎，严重时还可能导致角膜溃疡。此外，拔眉毛容易对神经血管产生不良刺激，使面部肌肉运动失调，从而出现疼痛、视物模糊或者复视等症状。另外，皮炎、毛囊炎等疾病也是拔眉毛潜在的危险。

睫毛异常传递信息

眼睫毛可遮挡异物和光线等，有保护眼睛的作用。健康人睫毛生长排列整齐，均匀有致，黑而明亮。但是，眼睫毛也会出现异常情况。

睫毛内倒是指下眼睑尤其是内侧部分的睫毛倒向眼球。这样的异常会刺激角膜，引起眼睛不适。这种情况在幼儿期很频繁，和小儿的生长特点有关系。此外，沙眼瘢痕也会导致睫毛内倒，皮肤松弛也有可能引起此后果。除此之外，睫毛的长度也是有尺度的。如果睫毛过长，那么有可能是体质较弱。女性如果睫毛过长，眼白呈青蓝色，那就说明其身体较弱，表现为生殖器未成熟，而精神方面却已成熟，这多半有神经质的倾向。

睫毛还有其他方面的异常，都是身体不健康的表现。如果发现有诸如此类的问题，一定要检查出根源，治疗原发病，让身体的各个部位都正常发育。

耳部疾病信号

耳部也是身体的一部分，与身体健康有着密切的关系。所以，一些疾病在耳部往往也会有所表现。

耳廓异常传递信息

耳廓被比喻为缩小了的人体身形，人体各组织器官在耳廓上都有相应的穴位，当体内器官组织发生病变时，在耳廓相应部位就会产生相应的变化和反应。

耳廓形态异常

正常耳廓肉厚而润泽，无隆起物，耳廓血管隐而不见，耳轮光滑平整。耳廓异常是身体发生病变的表现，在现实生活中，耳廓异常的情况也有很多。

耳廓相应部位产生形态改变，有一结节状隆起或见点状凹陷、圆圈形凹陷、索条样隆起及纵横交错的线条等形状，常见于肝病、胆石症、肺结核、心脏病、肿瘤等疾病。如果在耳廓肝区处呈现出隆起和结节，而且边缘清楚，那么可能是肝硬化的缘故。而腰椎、颈椎骨质增生等疾病则会使耳轮出现粗糙不平的棘突状结构。急慢性气管炎、急慢性肠炎等疾病则可能使耳廓相应部位出现高于周围皮肤的点状隆起。如果耳廓比正常人的小1倍,甚至仅见小的肉疙瘩突起,称之为小耳,这是先天性外耳畸形,也常伴有外耳道及中耳畸形。但是,如果耳廓大而且肥厚,表面却粗糙不平,颜色暗红或发紫,并伴有发热,那么可能是耳毛细血管瘤或海绵状血管瘤的表现。

耳廓形态异常还有其他情况,一旦发现异常,就要立即诊治出原发病,并且及时、有效地医治,以除后患。

耳廓颜色异常

正常耳廓色泽微黄而红润,其他颜色则可能就是病变的征兆了,这就需要我们了解一些异常颜色的基本知识。

如果耳垂经常潮红,可能是多血质体质者。当脏腑或躯体发生病变时,在耳廓的相应部位也会出现各种变色的阳性反应。其规律是:急性炎症性疾病的阳性反应呈点状或片状红晕、充血、红色丘疹等;慢性器质性疾病的阳性反应多数呈白色点状、片状或呈点状白色边缘红晕等;肿瘤疾病的阳性反应呈结状隆起,以暗灰色点状、片状形态出现。如果耳背出现红色脉络,而且伴有耳根发凉的现象,那么可能是麻疹的征兆。

当耳廓出现颜色异常的情况,我们就要找出其发病的相应部位,诊断其病因,然后有针对性地对其进行治疗。

耳朵异常传递信息

耳痛

耳痛是一种常见的症状,特别是儿童更为常见。引发耳痛的原因有好几种。其中最常见的原因是发炎,主要包括两种:一是外耳道炎,即耳疖肿;另一个是急性化脓性中耳炎。

耳疖肿是一种外耳道炎症,可局限于一处或多处,多是由挖耳时损伤、药物刺激或细菌感染引起的,它使耳痛较重,并有脓性分泌物,且耳周伴有脓胀和压痛感。

而急性化脓性中耳炎引起的耳朵疼痛部位在耳道深部,外边的触压和咀嚼运动对它无明显影响,只是在吞咽、打哈欠或擤涕时耳痛加重。由于咽鼓管连通鼻咽部和耳内的鼓室,当发生上呼吸道感染(如急性鼻炎或鼻窦炎)时,炎症便经咽鼓管进入中耳,从而引起成年人的急性化脓性中耳炎。

此外,耳周神经痛也是耳痛的原因之一。如果出现持续性耳痛、顽固性耳痛,那么有可能是恶性肿瘤的征兆。而小儿感冒以及牙齿和牙龈的疾患也会引起耳痛。

耳内分泌物异常

耳内有分泌物是很正常的,可以起到保护耳道皮肤及粘附异物的作用。但是,如果分泌物过多则可能就是疾病的症状了。

化脓性中耳炎可能是耳内分泌物过多的原因,其包括急性化脓性中耳炎和慢性化脓性中耳炎两种。急性化脓性中耳炎常见于儿童,初期会有咽鼓管充血肿胀、发热、全身不适等症状,并且逐步发展至耳内剧烈疼痛、耳朵流脓、听力下降,如果未得到及时、有效的治疗,那么就有可能转化为慢性化脓性中耳炎。听力减退、耳内间歇性或持续性流脓是其主要表现。

此外,外耳恶性肿瘤也有可能引发耳内分泌物过多,它可能发生于耳外,也可能发生于耳道中,早期没有任何症状,当耳道流出血性分泌物时就已经到了晚期了。所以,针对这一情况,我们要时刻提高警惕。

手部疾病信号

手部是我们身体的一部分,起着相当重要的作用。人体本身是一个完整的生物体,构成这一生物体的每一个细胞都带有人体生命的全部显性特征,贮存着整个物象的全部信息。所以,手部也可以反映出人体的健康状况。一些疾病可以在手部有所表现。

手指异常传递信息

高血压、心脏病和中风可能会使拇指指节较短而且过于坚硬,不易弯曲,不能灵活转动。小脑运动失调症则有可能使拇指和食指不能迅速反复接触。如果无名指指端弯曲,指节漏缝,那么有可能是泌尿系统疾病和神经衰弱等疾病的影响。正常的手指应该是粗细适中的,但是类风湿性关节炎则会使手指指关节肿胀,呈现两头小中间粗的症状,而且手指也不能够伸直,经常有疼痛的感觉。如果指骨骨折愈合后不能够完全弯曲,不能与其余四指接触,那么可能是遗传性骨骼病变的原因。

指甲异常传递信息

指甲是人体的重要组成部分,是由坚实的角化上皮组成的,人的健康状况也会通过指甲表现出来。指甲形态随时可变,随时都能反映出人体生理、病理的变化情况。

指甲形状异常

正常指甲是饱满红润,光滑而有光泽的。异常的形态则是有一定原因的。如果指甲显著地向上拱起,而且围绕手指变曲,那么可能是由气肿、心脏血管病、溃疡性结肠炎或者肝硬化等疾病引起的。如果指甲肥厚变硬，而且不透明，失去光泽，那么可能是因为外伤、真菌感染、银屑病和先天性外胚层缺陷等疾病。铁质不足性贫血、梅毒、甲状腺功能障碍等疾病则可能会使指甲中间下陷，整片指甲变平坦或者呈匙状。如果指甲下面的皮肤大部分变成了白色，只剩下近指甲尖处的一小部分呈现正常的粉红色，这可能是肝硬化的症状之一。此外，如果指甲根部的新月形白痕有一层蓝晕，那么可能表示有血液循环受阻、心脏病、雷诺氏症状等疾病，通常是由受冷引起的。有时还可能和类风湿性关节炎或自身免疫性疾病红斑狼疮等疾病有关系。

指甲颜色异常

有些人的指甲不是正常的颜色，那就有可能是由一些疾病引起的。如果指甲呈黑色，可能是患有肾上腺皮质功能减退症、黑色素斑、胃肠息肉综合征等全身色素沉着的疾病。此外，缺乏维生素 B_1 也有可能出现黑指甲。值得注意的是，当指甲呈一片黑色或褐色时，最常发生于大拇指，这就可能意味着患有一种恶性肿瘤——黑色素瘤。这就需要及时就医治疗。

除了黑色，指甲还有可能呈现红色。如果指甲出现红斑点或是纵向红色条纹，那么就有可能说明毛细血管出血了，可能是由于高血压、皮肤病、心脏感染等疾病的存在。胃肠道有炎症或者心瓣膜脱垂、房室间隔缺损等情况可能会使指甲前端出现横向红色带。如果指甲周围出现红斑，那么极有可能是皮肌炎、全身性红斑狼疮等病症导致的结果。

急救常识

创伤的紧急处理

烧伤的水泡不宜挑破

对于皮肤烧伤引起的水疱，人们通常习惯把它刺破，流出渗液后再涂上一些药水。但对于轻度烧伤引起的水泡，尽可能不要动，更不要刺破，如果自发破溃了，也不要将水疱上皮去除掉。

烧伤患者受感染对身体的伤害很大，金黄色葡萄球菌是潜在的感染源，它的感染途径多为烧伤创面。如果剪除了水疱上皮，也就给细菌入侵打开了方便之门。因此，只有当水疱已发生了感染时，才可以将水疱上皮剪除。

人们通常还认为将水疱中液体吸出来后疼痛会减轻。其实不然，经研究观察，约45%的患者剪除上皮后疼痛反应会加重。

儿童烫伤的急救

儿童烫伤在急诊中占较大的比例。轻者烫伤部位留下疤痕，如果烫伤占全身表面积5%以上，就可以使身体发生重大损害。烫伤后局部血管扩张，血浆从伤处血管中渗透出来，使血液损失血浆而浓缩；血液循环受到影响，组织缺氧，后果严重。所以可以采取以下措施。

烫伤时，可用水冷却烫伤部位(10~15分钟)，直到没有痛与热的感觉。

烫伤部位被衣物粘住时，不可硬脱下来。可以一面浇水，一面用剪刀小心剪开。

烫伤范围过大时，可全身浸泡在浴缸中(冬天除外)，如发生颤抖现象，要立刻停止冷却。

冷却后，用干净的纱布轻轻盖住烫伤部位。如有水泡，不可压破，以免引起感染。

勿在烫伤部位涂香油、酱油等，应赶紧送往医院救治。

发生出血时的快速止血法

一般来说，发生出血现象后的自救或互救方法主要有以下几种。

指压止血法：当伤口较小、出血不多时，可用清洁的手指或敷料直接按压在伤口上。当伤口较大、出血较多、按压不能达到止血目的或伤口中有异物无法取出时，可采用间接按压法，即用拇指按压出血血管上方（近心端）的动脉压迫点上，使血流中断，将伤口部位抬高至心脏以上的位置，也会有较好的止血效果。

加压包扎止血法：用敷料覆盖伤口，用绷带、三角巾等紧紧包扎能达到较长时间压迫止血的目的。但有骨折或伤口中有异物时，不能用此方法。

堵塞止血法：将消毒或清洁的棉球、纱布等敷料塞于凹陷伤口处，能达到止血的目的。常用于鼻腔、牙齿等部位的止血。

止血带止血法：常用于危及生命时的四肢大动脉出血，一般必须由专业医护人员进行操作。

鼻出血，莫抬头

平时很多人鼻出血后立即抬头，不仅如此，他们还将此“经验”传授给其他鼻出血的人。殊不知，此时低头才是正确的方法。

坐下来，全身放松，用手指压着流鼻血的鼻子中部，最好用一块湿布或冰垫之类的东西压着，把一块两寸的纱布塞进鼻孔中，不要用棉花。这样一两分钟后鼻血就会止住。

有人也许会问，低头后，鼻血更容易流出来，岂不是止不住出血吗？其实不然。鼻出血大多发生在鼻腔前方，如果抬头的话，血就会流到鼻腔后方、口腔、气管甚至肺部，重者可导致气管堵塞、呼吸困难，甚至危及生命。如果把血都咽下去，还会引起胃部不适或疼痛，同时医生也无法估计出血量，不利于治疗。

踝关节扭伤怎么办

在踝关节扭伤24小时内，可以将踝部浸入冷水中，或用冷毛巾置于局部，6小时1次，每次10~20分钟，可起到收缩血管、消肿止痛的作用。冷敷后，可以进行自身按摩，方法是将脚抬高，放在凳子上，先用双手捏挤踝部及其附近。之后，用小指侧手掌自足背轻轻地往足跟部刮约10分钟。手法要轻而缓。

24小时之后，可再进行热敷，以便局部血液循环加快，减轻疼痛，使组织间隙的渗出液尽快吸收。用热毛巾置于踝部，每天1~2次，每次30分钟左右，也可用热水洗泡并逐渐活动踝关节。可使足尖自下经左向上到右画图。还可放一根圆木棒或空酒瓶在地上,用脚来回搓动。注意活动量不要过大、过猛,以免造成新的损伤。

伤口暴露好还是湿敷好

伤口,包括烧伤、烫伤、擦伤,是暴露好还是湿敷好?这要根据具体情况而决定。

一般来说,小伤口宜暴露,大伤口则湿敷好。这是为什么呢?

伤口的愈合过程有两个阶段:第一阶段是炎症细胞逐渐减少,直至消失;第二阶段是成纤维细胞和内皮细胞增殖,直至新的结缔组织和新的表皮形成和新血管建立。研究证明,湿敷比暴露更能促进这两个阶段,因此我们说大伤口湿敷好。当然,是在洁净的条件下湿敷,可以用既有杀菌功效、又无刺激性的药液覆盖创面,或者用这类药液敷包伤口或涂布创面。而小伤口须暴露,是因为创面有血液、淋巴液积聚在伤口周围结痂形成牢固的保护层,可不治而愈,或仅需涂些消毒药水而已。

伤口换药有什么讲究

伤口换药的主要目的是保护和清洁伤口,了解和观察伤口情况,并给予适当的治疗和处理,即消除或减轻一切不利于伤口愈合的内因和外因,加强或促进一切有利于伤口愈合的条件,以达到早期愈合的目的。

换药的时间和次数,须视伤口情况而定。一般说来,手术后缝合的伤口,在拆线前,如不感染可疑或渗液、出血等情况时,就不必打开敷料,待拆线时再更换,必要时(如热天),可于术后第三天换一次。缝合伤口有引流的,多在手术后24或48小时内进行第一次换药,并酌情取出引流物。清洁的开放伤口,如单纯性刺伤、切伤、挫伤,经过早期良好清创处理的轻、中度烧伤,或无感染的肉芽组织创面,可隔4~7天换一次。污染伤口,渗液不多的,可隔1~4天换一次。脓性分泌物或腐烂坏死组织较多的,则应勤更换,至少每日更换1~7次。

此外,凡符合上述换药适应证条件的,都应该及时更换。

头磕破了怎么办

头部外伤是生活中很常见的外伤之一,常见的头部外伤有三种情况:头皮擦伤、裂伤和血肿。

头皮擦伤:仅为头皮表层部分的损伤,损伤处有少量血液或血水渗出。处理时先将伤处及其周围的头发剪去,再依次用肥皂水、生理盐水洗净,抹干,涂上红药水或紫药水,一般不用包扎。如果创面泥沙、污物较多,速到医院处理为妥。

头皮裂伤:由于头皮血管丰富,有时出血来势很猛,不易找到出血点。可以在血迹最多的地方分开头发,认真察看,用手指压迫出血点一侧皮肤或压住伤口周围的皮肤,均可止血。也可用干净布或新布压迫伤口止血,并及时包扎好送医院。

头皮血肿:外伤处表皮无损伤,仅是局部出现血肿或硬块。此时,应尽早局部涂上食油或局部重压包扎,防止肿块扩大。切忌用跌打药酒对局部进行外搽和按揉推拿。

突发疾病的紧急处置

发热的家庭应急处理

卧床休息,多吃水果或多饮汤水,适当的时候可在水中加少量盐,以补充体内水分。

可选用阿司匹林、扑热息痛及消炎痛口服,幼儿可酌用10%~15%安乃近溶液滴鼻。

物理降温可采用75%酒精或温水擦拭四肢、胸、背及颈等处,也可以用冰水或凉水浸湿毛巾冷敷,一般于前额、颈旁、腹股沟、腋下及腋窝等处,每隔5分钟左右更换一次。

若病因明确,可采取相应的治疗措施。

腹泻的家庭应急处理法

卧床休息,不提倡饥饿疗法。适当进食一些稀、软、易消化、有营养的食物,如鸡蛋羹、麦片粥、米粥、面条等,避免刺激性食物;充分地补给水分,最好在温热开水中加少量的盐饮用,不可饮用牛奶或可乐等。

轻微腹泻者可用黄连素0.5克,1日3次;或痢特灵0.1克,1日3次;或氟哌酸0.2~0.4克,1日3次(最好在医生的指导下服用)。

伴有脓血便或米泔样大便者,应将患者用过的餐具、衣物等煮沸消毒,排泄物需进行处理(可用石灰)。

腹泻伴有呕吐或腹泻严重者,应马上送医院治疗。

发现有人心脏猝死时怎么办

如果发现有人心脏猝死时就能进行及时正确地抢救,进行心脏复苏,往往可以挽救垂危的生命。

发生心脏猝死时，首先立即向患者的前胸偏左部位重击一拳，连叩2~3次，注意用力不要过猛。如果无效，立即进行人工呼吸和胸外心脏按压。

采用口对口的人工吹气法抢救效果很好，具体方法是：

垫高患者的肩部，使其头部尽量后仰，而后用干净的手帕或纱布将患者的嘴盖住，右手压住下颌，使其口能够张开，左手拇、食二指捏紧其鼻孔，以自然呼吸次数略大于自己的呼吸量进行人工吹气，吹气的程度以患者胸部有明显的隆起为度。

胸外心脏按压的具体方法是：患者背靠硬板或硬地，抢救者位于其右侧，用一手食指和中指并拢放在患者胸骨下端，另一手手掌根紧靠在食指处，用手掌进行按压。按压的速度一般是每分钟60~80次，程度以使胸骨下陷3~4厘米为宜，挤压时注意用力均匀，切忌粗暴。

人工呼吸和胸外按摩最好是由两人同时进行，按压与吹气的比例为4:1，即做4次心脏按压，做一次吹气，交替进行。如果是一人操作，每按摩10次，口对口吹气2次，直到患者恢复正常呼吸、正常心跳为止。

发生骨折时如何进行现场急救

发生骨折后，应立即进行现场急救。

要尽量避免不必要的搬动或勉强伤员活动，如下肢骨折不要扶着患者走路。如有皮肤、肌肉损害或出血，应先止血、包扎，再根据骨折的部位进行固定。

固定用器材，可利用现场条件，临时选择木板、竹板、木棒、高粱秆、画报册、多层报纸卷、鞋底等作为夹板。固定的范围一般包括伤肢的上下两个关节。不要把绷带或布条直接绷扎在受伤的地方。

绷扎不可过紧或过松。夹板或替代物不能与皮肤直接接触，要用棉花或布片等柔软物品垫好。尤其在夹板两头、骨突部位要用毛巾、衣服等衬垫，以免受伤肢体受到压迫。

可用干净纱布或消毒纱布块覆盖伤口，然后再进行固定。固定四肢时，最好露出指（趾）头，以便观察伤肢的血液循环情况，如发现指（趾）尖苍白、青紫、发凉或麻木等情况，应及时调整松紧度或重新固定。对于骨折发生的肢体弯曲、扭转或畸形不可勉强复位。

经过上述临时固定等急救处理后，应立即送医院处理。

有人发生脑卒中时如何抢救

脑卒中在家中发病占多数，常在用力、激动或性活动中急性发病，也有的患者早晨醒来手脚不能动或不能说话。还有一些患者可出现抽搐、大小便失禁等。出现这些情况，千万不要惊慌，掌握下面正确的应急措施对于维持生命体征、防止病情加重，是十分有必要的。

使患者仰卧，头肩部稍垫高，头偏向一侧，防止痰液或呕吐物吸入气管造成窒息。如果患者口鼻中有呕吐阻塞，应设法抠出，保持呼吸道通畅。

解开患者领口纽扣、领带、裤带、胸罩，如有假牙也应取出。

如果患者是清醒的，要注意安慰患者，缓解其紧张情绪。宜保持镇静，切勿慌乱，不要悲哭或晃动患者，避免造成患者的心理压力。

呼叫救护车来运送患者，如果是自行运送，在搬动患者时不要将患者扶直坐地，不要抱、拖、背、扛患者。

急救时的 7 个禁忌

如果有人突发意外，出现旧病复发或受外伤等情况时，急救非常重要。然而，不正确的抢救往往是雪上加霜，所以，急救时应防止以下几种常见的错误抢救方法：

1.急性腹痛用止痛药：这样做的目的是以免掩盖病情，延误诊断，应尽快去医院查治。

2.使用止血带结扎时间过长：止血带应每隔 1 小时放松 15 分钟，并做记录，防止因结扎肢体时间过长造成远端肢体缺血坏死。

3.昏迷患者仰卧：应使其侧卧，防止口腔分泌物、呕吐物吸入呼吸道引起窒息。更不能给昏迷患者喂食、喂水。

4.心源性哮喘患者平卧：因为平卧会增加肺脏淤血及心脏负担，使气喘加重，危及生命。应取半卧位使下肢下垂。

5.小而深的伤口马虎包扎：若被锐器刺伤后马虎包扎，会使伤口缺氧，导致破伤风杆菌等厌氧菌生长，应清创消毒后再包扎。

6.腹泻患者在未消炎之前乱服止泻药：乱用止泻药会使毒素难以排出，肠道炎症加剧。应在使用消炎药之后再用止泻药。

7.遇有触电者徒手拉救：如发现有人触电应立即切断电源，或用干木棍、竹竿等绝缘体挑开电线，再进行急救。

中毒的紧急处置方法

煤气中毒的预防与家庭急救

在冬季使用火炉取暖，使用燃气热水器沐浴，通风不畅或煤气管道故障等情况下，常会发生煤气中毒。当处在空气不太流通的地方并感到头晕、胸闷时，应特别警惕煤气中毒。

煤气中毒的预防与救助方法如下：

冬季用煤炉取暖，房间窗户上一定要安装排气扇，以保证室内空气的流通。

燃气热水器禁止安装在卫生间内，应安装在通风的地方，使用时注意开窗通风。

不要擅自改动煤气管道，也不要在有煤气管道的房间内休息，防止煤气泄漏危及生命。

发现房间内有刺激性异味时（煤气泄漏），应尽快开窗通风，或用湿毛巾捂住口鼻，撤离污染区。

遇到有煤气中毒的患者，要迅速将其抬到通风的地点，松开衣领、裤带，保持其呼吸道通畅，但要注意保暖，防止感冒。

孩子误服药物时怎么处理

孩子误服药物临床很常见，多数是由于家长放置药物不妥，让孩子随意拿到而误服。

当孩子误服药物时，首先要明确服了什么药物，食入的量有多少，并要看看这种药对人体的毒性是否强。若误服的是毒性很小、用量又不大的药物，可以给孩子多饮水，促使药物自然排泄，并密切观察孩子的情况，看有何不适表现。

若服入毒性较大的药物，如镇静药、安眠药、解痉药、驱虫药等，或一些外用药如碘酒、碳酸等，应尽快采用急救措施。首先要催吐，可用手指或筷子触动咽部，让孩子恶心、呕吐，尽量将药物吐出。但若孩子有抽搐，则不能用催吐的方法，应立即到医院洗胃。

如误吞碘酒，可立即给孩子喝米汤或其他淀粉的液体。若误服强酸物品，则禁催吐，可用弱碱溶液，如极稀的肥皂水或石灰水的上清液、镁乳、氧化镁溶液胃管内注入，以中和强酸，还可用生蛋清、牛奶等保护胃黏膜。

若误服强碱物质，如碱水、去污剂、氨水等，可立即食用醋，大量果汁、橘汁、柠檬汁等以中和强碱，然后食用生蛋清、牛奶、植物油等保护胃黏膜。

醉酒了怎么办

酒精对中枢神经系统的作用先是兴奋后是抑制，严重时可引起呼吸中枢的抑制，陷入昏迷，同时对肝也有毒性。

急性酒精中毒多见于亲友团聚时狂饮致醉、情绪不佳而借酒消愁等场景饮酒过量所致。

对神志尚清未出现昏迷的轻度患者，应让其平卧，注意保暖，可饮大量茶水或喝绿豆水以解酒，也可使用市售的解酒醋。

对呼吸缓慢或浅表的重度患者，一边进行人工呼吸，一边迅速送医院抢救。

肝肾功能不佳者，不宜大量饮酒。患有高血压、心脏病、胃病等要严格控制饮酒量，以免造成酒精中毒或引起其他并发症。

意外事故的紧急救护与安全防范

被蛇咬伤后如何自救

被蛇咬伤后，首先要弄清是被有毒蛇还是无毒蛇所伤。这一点，只要检查一下伤口就能知道。毒蛇咬伤的伤口有一对毒牙痕，通常粗大而深；所以毒蛇咬伤后，有严重的局部和全身症状；无毒蛇咬伤的伤口只有 2 排或 4 排均匀细小的牙痕。

如果是被含有血循毒的毒蛇咬伤，则以出血症状为主，如皮下出血、鼻出血、血尿、内脏出血，可以出现休克。如果是被含有神经毒的毒蛇咬伤，则以中枢神经和周围神经的麻痹症状为主，比如呼吸表浅而不规律、头晕、头痛、肢体麻木、张口困难、不能咽东西和说话等。如果是被含有混合毒的毒蛇咬伤，那么以上几类症状都可以见到。

在确定了是被毒蛇咬伤后，要立即采取以下急救措施：

立即用止血带或毛巾等结扎伤口的上方，被咬者要保持镇静，静卧少动，以阻止和避免毒液的扩散、吸收。

用清水、冷开水或 0.1%的高锰酸钾溶液冲洗伤口，用消毒的锋利刀片沿毒牙痕的方向作纵行切开，促使毒液流出。

用拔火罐或吸奶器反复吸引伤口处，尽可能使毒液排尽。毒液吸完后，伤口处仍要用湿敷，以助毒液继续流出。

如何防治被动物咬伤

预防户外动物咬伤应注意，野外活动，尤其是在丛林或草地上行走，最好穿长裤和旅游鞋，并扎紧裤脚。不论在什么情况下都不要主动去激怒动物，不要捅马蜂窝、捉蝎子、蚂蚁。野外行走可用竹棍、木棒等探路，利用打草惊蛇的原理，可有效地躲避毒蛇的攻击。到常有毒蛇或有毒昆虫出没的地方，应随身携带蛇药和其他解毒药品，以防不测。

如果被有毒昆虫蜇咬，如被蜂蜇后应把毒刺挑出，但不要挤压伤口；被蜘蛛、蜈蚣等咬伤可与毒蛇咬伤一样对待，采用冷敷的办法可缓解伤口的疼痛。

不要与猫、狗等动物有过分亲密的接触，防止给自己带来意外伤害。

对家中饲养的宠物，必须按照有关规定定期进行防疫注射。

猫科、犬科甚至猫头鹰都有可能携带狂犬病毒，狂犬病可以置人于死地，所以外出遛狗时要用绳索牵引，防止伤害他人。

一旦被狗等哺乳动物咬伤，应彻底清洗伤口上的唾液并立即到医院注射狂犬疫苗，否则会有生命危险。

触电时如何抢救

抢救触电的关键是使患者迅速脱离电源，如关闭电闸、拉开闸盒，或用木捧、板凳、竹竿、塑料棒等不导电的用具将电线、电器挑开或将患者拔离触电处。切勿用手拉患者，以免自身触电。

患者离开电源后应保持安静休息，若表现呼吸心跳微弱或停止者，应立即就地进行人工呼吸和心脏按压，要不停顿地进行，包括在转送医院的过程中，直至呼吸心跳恢复时为止。

老人倒地时的急救

如果有位老人突然摔倒，切不可急于搀扶，否则很可能“帮倒忙”。如脑卒中或蛛网膜下腔出血者，如果倒地后立即扶起，只会加重出血症状；脑供血不足引起的晕厥，患者本应平卧，如将其扶起，反而加重脑部缺血状况；如发生骨折或脱臼，搀扶会加剧损伤，尤其是脊柱骨折患者若伤及脊髓神经，可引起截瘫。

因此，应先观察摔倒者的表情、神态，如神志清醒的，可询问摔倒的原因，然后给予帮助。如心绞痛患者，应让其服下急救药，然后送医院；遇到昏迷或有语言障碍的患者，应立即打急救电话；见呕吐患者，应将其头部侧向一边，以防呕吐物返回流入呼吸道引起窒息。

突发火灾时如何自我救护

当遇到火情时，应该如何选择正确的逃生方法和逃生路线？除了不要惊慌失措、不要盲目呼喊、不要贪恋财物、不要乱开门窗、不要乘坐电梯、不要随意奔跑、不要方向错误、不要轻易跳楼外，还要注意寻求以下自我保护措施。

如果疏散方向的通道上刚刚起火，而且疏散通道还保持畅通，再加上对疏散通道比较熟悉，可用湿棉毯子、棉被等披在身上，果断地冲出火海。如果疏散楼梯已经烧断，逃生方向被火封闭的时候，你应采取以下逃生方法：

充分利用阳台、窗户等自然条件攀到周围安全地点自救逃生。

充分利用自救绳自救逃生。

在建筑物内无任何设施可利用的情况下，应充分利用建筑外的一些自然条件进行自救。

创造避难间，避难自救逃生。

登山时要注意哪些安全问题

登山在对人的身心健康大有好处的同时，也潜伏着一定的危险。那么，登山活动时应该注意些什么问题呢？

登山之前一定要了解好周围环境和路径，以及当地的地理环境和天气变化情况等，同时要携带当地地图。

穿运动鞋，准备食品和水。在夏季，一定要带足水，因为登山时会出汗，如果不补充足够的水分，容易发生虚脱、中暑。

准备急救药品，如云南白药、止血绷带等，以备在发生摔伤、碰伤、扭伤时作救治处理。

准备双肩背包，以便于用双手抓攀。

禁止在危险的崖边照相，以防发生意外。

游泳时有哪些注意事项

游泳前，如果事先不做好充分的准备，也存在着诸多危险。那么，游泳之前应该注意哪些问题呢？

确认一下自己身体的健康状况。正值月经期的女性不宜游泳。

要慎重选择游泳场所，了解游泳环境的安全状况，不要在不确定深度的江河湖泊中游泳。

下水前要做好身体准备活动。可以跑跑步、做做操，做好热身活动，还应少用冷水冲洗一下躯干和四肢，这样做可以使身体尽快适应水温，避免出现头晕、心慌、抽筋等不适症状。

饱食、饥饿或者身体疲劳时，最好不要游泳。

周围水域情况不明时，不要贸然下水。

给你的宝宝选择安全的玩具

游戏是孩子学习的重要手段，游戏一般离不开玩具，父母在为孩子选择玩具时要注意以下几点：

玩具不应有锐利的尖或边缘。

玩具应用卫生、无毒的材料做成。

有较长绒毛的玩具易藏有细菌等微生物，孩子接触后会增加感染的机会，不宜选用。

玩具要易于清洗，以保持清洁。

玩具要经常检查，已损坏的玩具有时易损伤儿童皮肤；装有电池的玩具要时常注意电池是否有泄漏，因电池流出的液体有腐蚀性。

告诉孩子玩玩具的正确方法，避免不安全使用。

社会篇

大学常识

清华大学

清华是全国九所重点大学之一,名列"985"工程和"211 工程"。根据中国广东管理科学研究院《中国大学评价》课题组的 2006 年中国大学排名,清华名列第一位。依据 2005 年英国《泰晤士报高等教育增刊》(Thames Higher Education Supplement)的世界大学排名,清华大学总排名为世界第 62 名。2021 年 QS 世界大学排名中位列第 15 名,目前该校教师当中,有诺贝尔奖获得者 1 人,中国科学院院士 34 人(其中外籍院士 3 人),中国工程院院士 26 人。全校固定资产总数 271,268 万元,在中国所有大学中居首。

传统上,清华大学为文、理并重,工程科目强势。1952 年的院系调整后,文科不复存在,理科削减,工程技术相关学科实力最强,近几十年来清华大学常被比喻为中国的麻省理工学院。1980 年代后期以来,开始致力于建设多学科的综合大学。在保持工程领域的优势的形势下,其生物、数、理、商、法、新闻等专业已经逐步取得领先地位。

清华大学

至 2005 年 4 月,清华大学有理学院、建筑学院、土木水利学院、机械工程学院、信息科学技术学院、人文社会科学学院、经济管理学院、法学院、美术学院、公共管理学院、应用技术学院、北京协和医学院、新闻与传播学院、航天航空学院等 13 个学院和 54 个系,41 个研究院(所),35 个研究中心和 171 个实验室,其中包括 1 个国家实验室(筹建中)、12 个中国国家重点实验室和 15 个中国教育部重点实验室。

清华大学现有教职工 7800 余人,其中诺贝尔奖获得者 1 名(杨振宁)、图灵奖获得者 1 名(姚期智)、中国科学院院士 35 名、中国工程院院士 31 名,正高级专业技术职务 1300 余人。国家重点学科 49 个;本科专业 60 个,第二学士学位专业 1

个，硕士学位授权点 170 个，博士学位授权点 128 个，博士后科研流动站 27 个。在校全日制学生 32000 余名，其中本科生 13000 余名，硕士生 13000 余名，博士生近 5000 名。有来自 46 个国家和地区的在校留学生及进修生 1700 余名，远程教育学员 9000 余名。

清华大学概述

英文名：Tsinghua University

清华大学校园，地处北京西北郊繁盛的园林区，是在几处满清皇家园林的遗址上发展而成的。清华校园周围高等学府和名园古迹林立，园内林木俊秀，水木清华；清澈的万泉河水从腹地蜿蜒流过，勾连成一处处湖泊和小溪，滋润着一代代清华学子高洁的志趣和情操。

清华大学的前身是清华学堂，始建于 1911 年，当时是由美国“退还”的部分“庚子赔款”建立的留美预备学校。1912 年，清华学堂更名为清华学校。1925 年设立大学部，开始招收四年制大学生，并开设研究院（国学门）。1928 年更名为“国立清华大学”，拥有文、法、理、工等院系。

清华大学的初期发展，以清华国学研究院四大导师王国维、梁启超、陈寅恪、赵元任以及讲师李济为代表的清华学者，主张“中西兼容、古今贯通、文理渗透”，形成了著名的“清华学派”和“清华学风”，对清华的发展产生了深远的影响，培养出了一大批高水平的学术大师，中国近现代很多学科的萌发和兴起最早都是从清华开始的，清华在中国近现代学术史上占据着重要的地位，可谓群星璀璨、光耀西山。

抗日战争爆发后，国立清华大学与国立北京大学、私立南开大学在昆明组成西南联合大学。在战火纷飞、物质条件极度匮乏的岁月里，师生休戚与共、艰苦办学，联大也以名师云集、水平高、学风好而蜚声海外，培养了大批优秀人才。

1941 年清华大学在昆明庆祝清华建校 30 周年时，美国大学曾致函称誉清华“中邦三十载，西土一千年”，惊叹清华用三十年的时间就走完了西方大学千年的路。

抗日战争胜利后的 1946 年，清华大学迁回清华园原址复校。

清华大学有着光荣的革命传统，在如火如荼的抗日救亡运动中，在震撼全国的一二·九运动中，在反饥饿、反内战、反迫害斗争中，一代代清华仁人志士在探求救国道路、传播先进思想、争取民族独立和人民解放斗争中成为后世的楷模。

1952 年中国高等教育体系仿照苏联模式进行全国范围大规模的院系调整，清华的文学院、法学院、理学院、农学院、航空系等院系划归其他学校，清华大学成为一所高等工业学校。这一做法对清华大学的发展和中国高等教育的发展造成了重大损失。1952 年 11 月蒋南翔出任清华大学校长，积极探索符合中国国情的社会主义高等教育的办学道路，在培养又红又专、全面发展的工程技术和尖端科技人才方面成绩卓著。

1978年以来，清华逐步复建了理科、经济管理和人文社会科学等各学科，恢复了综合性大学的布局，进入了一个蓬勃发展的新时期。目前，清华大学设有人文社会科学学院、理学院、美术学院、新闻与传播学院、法学院、经济管理学院、公共管理学院、建筑学院、土木水利学院、机械工程学院、信息科学技术学院、医学院、应用技术学院等院系。清华大学已成为一所具有文、法、理、工、医、经济、管理和艺术等学科的综合性大学。

在清华的天空中，有太多我们引以为豪的学术大师、兴业之士和治国之才。

在人文社会科学方面，清华先后培养出了一批又一批学术大师，他们中的代表人物如赵元任、李济、陈岱孙、闻一多、曹禺、梁实秋、李健吾、夏鼐、杨绛、金岳霖、潘光旦、费孝通、徐仲舒、高亨、王力、姜亮夫、谢国桢、季羡林、吴晗、钱钟书、张荫麟、何炳棣、杨联升、李学勤、许国璋、王铁崖、胡乔木、乔冠华、于光远等等。

在自然科学方面，清华培养的人才同样是济济多士，他们中有竺可桢、叶企孙、吴有训、周培源、钱学森、钱三强、钱伟长、王淦昌、王大珩、赵九章、熊庆来、华罗庚、邓稼先、杨振宁、李政道、林家翘、周光召、高士其、姜立夫、段学复、张子高、杨石先、梁思成、杨廷宝、吴仲华、林宗棠、张光斗等等。

除此之外，清华还为国家输送了大批治国之才，他们中的代表有朱镕基、胡锦涛、习近平等等。

历史证明着清华的辉煌，解放前的中央研究院院士和解放后的中国科学院院士中，“清华人”占据了三分之一。在1999年被授予“两弹一星勋章”的23位功勋中，有14位是清华校友。截至2001年12月底，1537名中国科学院和中国工程院院士中，近25%为清华大学校友。

水清木华，钟灵毓秀，清华园发散着独特的精神魅力。清芬挺秀，华夏增辉，今天的清华大学面临着前所未有的历史机遇，新时代的清华人继承爱国奉献的优良传统，秉承“自强不息、厚德载物”的校训和“行胜于言”的校风，努力跻身世界一流大学行列，为中华民族的伟大复兴而努力奋斗。

清华大学校园环境

清华大学主体所在地——清华园，地处北京西北郊名胜风景园林区，清朝康熙年间成为圆明园的附属园林，称熙春园。道光道年间分为熙春园和近春园两部分，咸丰年间熙春园改名为清华园。

清华校园占地六千余亩，以南北主干道为线分为东区、西区。西区校园为老校区，以美式的校园布局和众多西洋风格的砖石结构历史建筑为特色，大礼堂为其中心景观，图书馆、科学馆、清华学堂、西体育馆及新建的理学院、新图书馆等建筑分布其间，而原“工字厅”“古月堂”“水木清华”等古建筑，以及朱自清先生在《荷塘月色》中描述的“近春园荒岛——荷塘”等，则展示了中国传统的皇家园林风格。东区校园50年代则以兴建的苏式主楼为主体，90年代开始主楼前后新建了各院系系馆及综合体育馆、游泳馆、紫荆公寓等现代风格的建筑物,雄伟大气,而又安静舒适。

2003 年,第六教学楼、信息技术研究院楼、纳米科技楼、美术学院大楼、紫荆学生公寓等工程项目陆续竣工。目前相继竣工的项目还包括紫荆学生公寓区的研究生、留学生公寓和高级培训学员公寓、理化楼、公管学院大楼、老年学研究中心等。截至 2007 年底,学校占地面积 5.19 平方千米,建筑面积 281.58 万平方米,图书馆藏书 380.96 万册,另有清华生态园等绿地作为学校预留发展用地。

近期,学校开始动工兴建的主要项目有射击馆、新清华学堂(清华百年讲堂)、音乐厅、校史馆、艺术博物馆、人文社科图书馆、图书馆四期扩建工程等,这些项目将在 2011 年百年校庆前全部竣工,并投入使用。校园内绿草青青,树木成荫,湖光山色,景色优雅,各个不同时期的建筑自然形成各具风格的建筑群落,为师生创造了适宜的工作、学习、生活环境。

清华文化传统

清华的校园文化具有悠久的历史,个性鲜明,丰富多彩,在众多大学中独树一帜。

校训:

自强不息,厚德载物

起源:

1914 年梁启超先生到清华以"君子"为题做演讲,以《周易》"乾""坤"二卦"天行健,君子以自强不息""地势坤,君子以厚德载物"为中心内容激励清华学子发愤图强。此后,学校即以此八字尊为校训,制定校徽。1917 年修建大礼堂即以巨徽嵌于正额,以壮观瞻。

关于校训的解释:

早在 1911 年,清华学堂初创时就提出"以进德修业、自强不息为教育之方针"(《清华学堂章程》)。1914 年,著名学者梁启超莅校做《君子》为题的讲演,以"自强不息""厚德载物"勉励学生,后被铸入校徽,高悬于大礼堂的上方,成为师生共同遵守的校训。

"自强不息""厚德载物"出自《周易》:"天行健,君子以自强不息"(乾卦)、"地势坤,君子以厚德载物"(坤卦)。意谓:天(即自然)的运动刚强劲健,相应于此,君子应刚毅坚卓,奋发图强;大地的气势厚实和顺,君子应增厚美德,容载万物。

在中国历史文化的发展过程中,"自强不息,厚德载物"的精神不断获得丰富和发展,被赋予新的内容。作为一个高尚的人,在气节、操守、品德、治学等方面都应不屈不挠,战胜自我,永远向上,力争在事业与品行两个方面都达到最高境界。

在做人做事方面应该顺应自然,胸怀博大,宽以待人,承担起宏伟的历史任务。“自强不息,厚德载物”精辟地概括了中国文化对人与自然、人与社会、人与人的关系的深刻认识与辩证的处理方法。中华民族历经几千年时间的考验和兴衰变化,而一直能稳固地凝聚在一起,并保持一个伟大民族的生机与活力,是同这种深刻认识分不开的。事实上,“自强不息,厚德载物”已构成中华民族的民族精神与民族性格的重要表征。

在决定民族命运的较量中,清华大学承担着不容推卸的重要任务。所有师生都必须树立一流意识。胸怀祖国,放眼世界,奋发图强,争创一流。我们应该勇敢地抵御来自国内外腐朽思潮的侵袭,努力战胜自身的弱点,不断提高自己的精神境界,在各自的岗位上做出堪与世界先进水平相比拟的业绩。我们鄙视那种畏缩不前、懦弱颓唐、耽于名利、甘居末流的猥琐品行,它们是同“清华人”的称号不相容的。此外,目光如豆、高傲自大、心胸狭窄、蝇营狗苟等卑下品格也都是同“厚德载物”的要求相去甚远的。

时代为传统注入新的活力。“自强不息,厚德载物”的古训在新的时代条件下,必然以它生生不息的活力鼓舞着清华人开创新的历史,再造新的辉煌!

校风:

行胜于言

学校精神:

独立之精神,自由之思想

起源:

清华国学研究院导师王国维先生去世两周年,研究院师生在二校门北边小山下设立纪念碑,陈寅恪先生撰写碑文,这是最广为流传的一句,化作了一代代清华学人的精神风骨。

校歌:

中华民国十二年,公元一九二三年前后,学校公开征求校歌,当时在清华教授国文与哲学课的汪鸾翔先生(字巩安,汪健君先生的尊翁)以其佳作“西山苍苍”应征,经校外名人审定膺选,又经本校英文文案处主任何林先生的夫人张丽真女士配曲,赵元任编合唱,于是成为隽永流传,

(一)直深受历代师生欢迎的佳作。

歌词共有三段,录之如下:

西山苍苍,东海茫茫,吾校庄严,巍然中央,

东西文化,荟萃一堂,大同爰跻,祖国以光。

莘莘学子来远方,莘莘学子来远方,

春风化雨乐未央,行健不息须自强。
自强,自强,行健不息须自强!
自强,自强,行健不息须自强!

(二)

左图右史,邺架巍巍,致知穷理,学古探微,
新旧合冶,殊途同归,肴核仁义,闻道日肥。
服膺守善心无违,服膺守善心无违,
海能就下众水归,学问笃实生光辉。
光辉,光辉,学问笃实生光辉!
光辉,光辉,学问笃实生光辉!

(三)

器识为先,文艺其从;立德立言,无问西东。
孰介绍是,吾校之功,同仁一视,泱泱大风。
水木清华众秀锺,水木清华众秀锺。
万悃如一矢以忠,赫赫吾校名无穷。
无穷,无穷,赫赫吾校名无穷。
无穷,无穷,赫赫吾校名无穷。

水木清华

校庆日:

四月最后一个星期天为清华校庆日。
校庆日活动通常为校友返校日。

校色:

紫、白校花

清华大学的校花是紫荆花和丁香花,但通常也仅指紫荆花,这是由于紫荆花与校旗、校色的颜色一致,其次是由于紫荆花在校庆日前后盛开。

清华必胜歌：

为拉拉队歌，称为 Tsinghua Fight Song，即清华战歌，或 Cheer for old Tsing Hua。歌词为：

Cheer for old Tsing Hua,
Tsing Hua must win.
Fight to the finish,
never give in.
You do your best, boys,
we'll do the rest, boys.
Fight for the victory, Rha, Rha, Rha!

校呼：

校呼即为 Tsinghua School Cheer，为校际球赛上为校队加油的呼号：
"Ri-ri-ri, Rah-rah-rah！清华，清华，清华！Rah-rah-rah！"
"嘶……砰，叭，清华，清华，清华。"

清华大学历任领导一览表

<table>
<tr><th>学校名称及起讫年月</th><th>姓名</th><th>职务</th><th>任期</th></tr>
<tr><td rowspan="2">清华学堂(1911.4—1912.10)</td><td>周自齐</td><td>监督</td><td>1911.2—1912.4</td></tr>
<tr><td>唐国安</td><td>监督</td><td>1912.4—1912.10</td></tr>
<tr><td rowspan="6">清华学校(1912.10—1928.8)</td><td>唐国安</td><td>校长</td><td>1912.10—1913.8</td></tr>
<tr><td>周诒春</td><td>校长</td><td>1913.10—1918.1</td></tr>
<tr><td>张煜全</td><td>校长</td><td>1918.7—1920.1</td></tr>
<tr><td>金邦正</td><td>校长</td><td>1920.9—1921.10</td></tr>
<tr><td>曹云祥</td><td>校长</td><td>1922.4—1927.12</td></tr>
<tr><td>温应星</td><td>校长</td><td>1928.4—1928.6</td></tr>
<tr><td rowspan="3">国立清华大学(1928.8—1937.8)</td><td>罗家伦</td><td>校长</td><td>1928.8—1930.5</td></tr>
<tr><td>吴南轩</td><td>校长</td><td>1931.4—1931.6</td></tr>
<tr><td>梅贻琦</td><td>校长</td><td>1931.12—1937.8</td></tr>
<tr><td>国立长沙临时大学(1937.10—1938.2 由北大清华南开组合)</td><td colspan="3">未设校长，设立"常务委员会"，由北大、清华、南开三校校长任常务委员。</td></tr>
<tr><td>国立西南联合大学(1938.3—1946.5 由北大清华南开组合)</td><td>梅贻琦</td><td>清华校长
(常务会主席)</td><td>1938.5—1946.5</td></tr>
<tr><td>国立清华大学(1946.10—1948.12)</td><td>梅贻琦</td><td>校长</td><td>1946.10—1948.12</td></tr>
</table>

学校名称及起讫年月	姓名	职务	任期
清华大学(1949年1月以后)	冯友兰	校务会议临时主席	1948.12—1949.5
	彭珮云	党总支书记	1949.3—1950.3
	叶企	校务委员会主任委员	1949.5—1952.6
	何东昌	党委书记	1950.3—1953.9
	刘仙洲	院系调整筹委会主任	1952.6—1952.9
	袁永熙	党委书记	1953.9—1956.5
	蒋南翔	校长	1952.11—1966.6
	刘达	校长	1978.6—1983.5
	高景德	校长	1983.5—1988.10
	张孝文	校长	1988.10—1994.1
	王大中	校长	1994.1—2003.4
	顾秉林	校长	2003.4—2012.1
	陈吉宁	校长	2012.1—2015.3
	邱勇	校长	2015.3—至今

本科专业设置(院系专业)

人文社会科学学院:人文科学实验班、社会科学实验班
中国语言文学系:汉语言文学
历史系:历史学
哲学系:哲学
心理学系:心理学
社会学系:社会学
国际关系学系:国际关系学
经济学研究所:经济学
外语系:英语、日语
新闻与传播学院:新闻学
法学院:法学
经济管理学院:信息管理与信息系统、工商管理、经济学、金融学、会计学、企业管理系、经济与金融类、工商管理类

美术学院:艺术设计、工业设计、广告学、绘画、雕塑、艺术设计学
理学院:数理基础科学实验班、化学生物基础科学实验班
数学科学系:数学与应用数学、信息与计算科学
物理系:物理学
化学系:化学、化学生物学
生物科学与技术系:生物科学、生物技术
清华大学北京协和医学院:临床医学
生物医学工程系:生物医学工程
建筑学院:建筑学、建筑环境与设备工程
土木工程系:土木工程
建设管理系:工程管理
水利水电工程系:水利水电工程
环境科学与工程系:环境工程、给水排水科学与工程
机械工程系:机械工程及自动化
精密仪器与机械学系:机械工程及自动化、测控技术与仪器、微机电系统工程、制造自动化与测控技术
工业工程系:工业工程
热能工程系:能源动力系统及自动化
汽车工程系:车辆工程
电机工程与应用电子技术系:电气工程及其自动化
电子工程系:电子信息科学类、电子信息工程、电子科学与技术
计算机科学与技术系:计算机科学与技术
自动化系:自动化
微电子与纳电子学系:微电子学
工程物理系:工程物理、核工程与核技术
航天航空学院:工程力学与航天航空工程
化学工程系:化学工程与工业生物工程、高分子材料与工程
材料科学与工程系:材料科学与工程
软件学院:计算机软件

清华之最

第一、清华是中国综合实力最顶尖的大学

一部清华史,就是一部中国民族的自强史,就是一部爱国奉献的历史。清华,自它诞生起,就担负起民族的兴旺、中国崛起的重大责任和使命,九十余年来,清华为中国培养出了最多的学术大师、兴业之士、治国之才,为新中国的建设做出了最

多的贡献，为国家和民族奠造了最宝贵的人文传统。

始建于1911年的清华，在一批具有世界眼光和现代大学教育的有识之士的共同努力下，奠定了“学术自由”和“教授治校”的制度架构，被学者认为是中国真正具有现代意义的第一所大学，开创了现代大学在中国的发展史。在历史长河的每个阶段，清华都以其卓越的人才培养和学术贡献，取得了举世瞩目的成就，并赢得了社会的广泛赞誉。从媒体报道和社会认可度来看，清华是国内外公认的最优秀的，综合实力最强的大学，是获得最多的“第一”的中国大学，在多个大学评价体系中均名列榜首，是中国大学迈向世界一流大学中的领军者。

第二、清华是最具有高等学府精神的大学

梁启超先生曾引用《周易》里的话来勉励清华学子要做君子，要树立“完整人格”：“天行健，君子以自强不息；地势坤，君子以厚德载物。”先生所言，影响深远，“自强不息，厚德载物”后来即成为清华永远的校训。

清华以紫荆为自己的校花，校旗亦为紫白两色组成。紫色由红、蓝两色混合而成，红色是火焰，是中国的国色；蓝色是海水，是西土的象征，红蓝相融亦蕴含着中西文化的会通，亦是清华的历史与文化的特征。

清华园大礼堂的草坪前日晷上在风雨中挺立数十载，上面刻着清华的校风：“行胜于言”。“行胜于言”不是不言，而是言必求实，以行证言。

在清华二校门北边小山下，有一块被清华校友称为“清华第一碑”的“海宁王静安先生纪念碑”，这是当年的国学研究院师生为了纪念王国维先生而立的，碑铭上陈寅恪先生撰写的“独立之精神，自由之思想”恰是一代代清华学人精神的写照。

淡泊风骨、质朴坦诚，同仁一视，泱泱大风，清华人用自己的人生去阐述清华的精神。“自强不息，厚德载物”的校训，“行胜于言”的校风，“独立之精神，自由之思想”的精神，早已超出清华一校的意义，影响着整个民族的发展，清华的力量，正在于此。

第三、清华具有第一流的人文社会学科

清华从建立初期就是中国的人文重镇，清华九十多年的历史中，既有“老文科”，也有“新文科”。历史上，从蜚声中外的清华国学研究院开始，清华园里大师云集，贤人辈出。清华学人以“古今融会、中西贯通”为指导思想，创造了一个影响整个时代的“清华学派”。

水木清华，人文日新。今日清华，正在恢复成为中国人文社会科学学界的脊梁，也是中国文科从复兴到走向世界所依靠的重要力量。点数清华文科，涵盖文、史、哲、法、经济、管理、艺术等学科门类，汇聚了国内一大批知名学者和青年才俊，并以令人瞩目的发展速度跻身国内文科前列，多个学科跻身国内顶尖，且与国际教育培养模式相接轨。

第四、清华具有中国最好的理工学科

清华在工科方面是国内高校当之无愧的第一。多年来,清华以其自身的独特优势,在国家科技创新体制中承担着重要的责任。教育部的权威统计资料显示,目前清华大学本部共拥有国家重点实验室12个,教育部重点实验室13个,国家工程中心5个,在国内高校中均位居首位。在国家面向国际科技前沿建设的5个国家实验室中,清华以其在信息科技的雄厚实力,独力承担"清华信息科技国家实验室"的建设。多年以来,清华在3CI(科学引文索引)、EI(工程索引)、1340(科技会议索引)发表的重要科技论文均位居全国高校首位,专利授予数连续十多年位居全国高校首位;学校在基础研究、应用技术、科技成果转化方面均具有很强的优势。

近年来,清华的科研经费一直名列全国高校之首,为学校的学科建议和科研发展提供了坚实的保障。在2001年全国重点学科评估中,清华大学本部及北京协和医学院(清华大学医学部)在包括"理工农医"4个学科门类的"大理科"共有62个学科获选,名列全国高校之首;其中理工科共有47个学科获选,在高校中遥遥领先。在2002~2004年全国一级学科评估中,在"理工农医"4个学科门类内,清华大学的"电子科学与技术""通信与信息工程""建筑学""力学"等11个一级学科获得第一名,总数在全国高校中以较大优势领先。

在现代科技发展向着交叉、融合的方向发展的背景下,清华利用其综合性的学科优势,构建了信息学科群、建筑学科群、能源学科群、环境学科群、航空航天学科群、材料学科群、理学学科群、生命科学与医学学科群等大的学科平台。这些学科群中存在着大量有待探索和求证的领域,并在整个科技发展和推动社会进步中占据主导位置。这为有志于求知探索科学真理、成为科技改变社会的实践者的理工科考生提供了最广泛的选择。

第五、清华正在建设最出色的经济管理学科

在教育部学位中心举办的一级学科评估中,清华"工商管理"一级学科在全国高校中名列第一。清华经济管理学科还具有广泛的国际影响力,被世界著名的《财富》杂志称为"中国最好的商学院"。"高起点、国际化"是清华经管学科的重要特色。

清华经济管理学科拥有超豪华的顾问委员会阵容,由前院长朱镕基建立的这一顾问委员会,汇集了国内外最知名的企业家、政府管理者和国外著名商学院的院长,为学院的国际化指引方向,因此,清华的经济管理学院不仅是国际定位,而且是国际的高层次定位,在国内的高校中是首屈一指的。除了具有世界顶尖豪华阵容的"顾问委员会"和真正实际给本科生授课的"海外特聘教授"之外,在培养方案上也与国际接轨,是国内教育培养理念最先进的。

对于发展前景和各种机会方面,经管学院无疑也是国内同类学科中遥遥领先的。在校期间,经管学院的学生拥有充分的海外交流机会,另外几乎每周都有来自国内外的著名学者、国内外著名公司的高层管理人员等的讲座和面对面的交流。清华经管学院的另一大优势除了我们的教育国际化之外就是毕业生的就业前景极其光明。清华经管学院毕业生可以有一部分选择直接出国,有40%在过去的几年中是选择国内的推研,有相当多的是在清华继续念研究生,还有一半的学生是选择直接就业。直接就业学生的去向是非常令人鼓舞的,国内一些大型的金融和非金融的企业,国际著名的投资银行,咨询公司,保险公司,会计师事务所等等都活跃着清华经管学子的身影。

对那些有志做大事业,有志为中国和世界经济发展建设做出贡献的学子,清华经济管理学院无疑是最好的选择。

第六、清华正在建设最好的生命学科和医学院~北京协和医学院

北京协和医学院~清华大学医学部是国内声誉最好,影响力最大,实力最强的医学院,被业内人士誉为医学界的"黄埔",在我国医学教育体系中独树一帜。

为创建世界一流水平的大学,培养医学精英人才,清华大学与中国协和医科大学确立紧密合作关系,中国协和医科大学更名为"北京协和医学院~清华大学医学部",旨在打造迈向国际一流水准的医学院。通过强强合作,清华大学雄厚的基础学科综合优势和优良的学术氛围,与协和在医学领域中强大的科学研究和临床医学实力,将得到充分的发挥。

一部协和发展史,被称为半部中国医学发展史,协和最早开启了我国八年制高等医学教育和高等护理学教育的先河,在我国医学教育领域具有特殊的地位和独特的社会影响力。协和具有鲜明的办学特色,优良的办学传统和丰富的办学经验,在教学上以高标准、严要求著称,以培养具有真才实学、学风严谨、医德高尚、医术精湛的医教研复合型人才而闻名。八十余年来,协和以培养研究生为重点,以培养八年制医学博士为特色,创造和凝聚了现代科学思想,培养了一大批享誉国内外的著名医学人才,可谓人才济济,硕果累累,对我国医学教育和医学科学事业的进步和发展起到了积极的推动作用,在国内外享有极高的声誉。协和拥有闻名国内外的集医疗、教学和科研为一体的综合性医疗服务体系,附属医院技术力量雄厚,学术水平。协和还拥有中国科学院院士10人,中国工程院院士15人,为国内医学学科最雄厚的师资力量。

北京协和医学院~清华大学医学部是我国培养医学博士的摇篮,也是优秀学子施展才华的向往之地,是广大有志于投身医学事业的莘莘学子的第一选择。

概括来讲,近年来:

清华的文科~"异军突起",

清华的理科~"咄咄逼人",

清华的工科~"遥遥领先",

清华的未来~"无可限量"。

第七、清华拥有国内大学中最雄厚的师资力量

清华老校长梅贻琦有一句名言:“大学者,非谓有大楼之谓,乃有大师之谓也。”经过多年努力,清华已经形成了一支国际化、高素质的师资队伍。清华现任全职教授中,有中国科学院院士 34 人,中国工程院院士 31 人,两院院士总数 65 人,位居全国高校首位。此外,清华延聘的讲席教授中有两院院士 5 人,双聘教授中有两院院士 26 人,兼职教授中有两院院士 57 人,各类在任教师中两院院士总人数达 153 人,在国内高校中遥遥领先。与清华大学共建“清华大学北京协和医学院”的中国协和医科大学现有两院院士 26 人,以较大优势在全国各医科大学(医学院、医学部)中列第一。

863 计划、973 计划、攀登计划是我国科技发展的三个重要科研计划。目前清华现任教授中有国家 973 计划首席科学家(含聘任首席科学家后调入清华的)23 人,国家 863 计划各领域首席科学家 7 人,国家攀登计划首席科学家 3 人,均居全国高校之首。

多年来,清华大学的教师以其学术上的卓越成就,赢得了广泛的国际声誉,他们中有 50 多位当选为西方发达国家和国际学术权威机构院士,其中有美国科学院院士、国家工程院院士 11 人,俄罗斯国家院士 11 人,法兰西学院院士 2 人,瑞典皇家工程院院士、墨西哥工程院院士、荷兰皇家科学院院士、加拿大工程院院士、奥地利科学院院士、乌克兰科学院院士、瑞士技术科学院院士和国际宇航科学院院士共 9 人,国际电子电气工程师学会会士 13 人,第三世界科学院院士 17 人,国际欧亚科学院院士 3 人、国际陶瓷科学院院士 2 人、国际高校科学院院士 2 人,以及国际科学院院士和国际能源科学院院士各 1 人,在全国高校中以较大优势领先。

第八、清华拥有国内最好的育人环境

清华,有着国内最好的教育培养和人才学习成长的环境。在国内的高校中,“学在清华”的赞誉广泛流传。“名师上讲堂”,知名教授活跃在教学一线,是清华人才培养的重要传统。在教育部评选的百名“高等学校教学名师”中,清华大学共有 7 名教师入选,居全国高校之首。在已经进行的 4 届高校青年教师奖评选中,清华共有 18 位教师当选,是入选人数最多的高校。

在教学上,清华大学广泛吸收世界著名大学的经验,为学生提供国际化的教育。清华多个院系均实现了人才培养与国际接轨,在多门课程上采用英语教学或双语教学,使用国外原版教材,与世界名校共同组织课程、联合培养等重要措施,都旨在为学生提供国际化的视野。

清华为每一位学生提供了全面而具有个性化的教育。每学期,清华大学为全校本科生开设了近两千门课程,几乎涉及所有的学科领域。这两千多门课程,除个别专业很强的课程以外,都是面向全校学生开放的。同学们可以在培养计划的指导下,根据自己的学习计划和兴趣,各取所需。这一在国内领先的选课制度,打破了国内传统的各院系之间层层封闭、学生选课自由度小的问题，真正实现了综合性大学的魅力。

高水平的艺术教育和体育教育是清华的重要特色。艺术教育帮助人去体验自然和生活的美，其重要性不言而喻。清华拥有全国高校中规模最大、水平最高的学生艺术团（800 名成员中大部分都是普通高考录取的学生），这里更有全国综合性大学最丰富的艺术课程，涵艺术史论、美学、赏析、艺术表演与艺术创作等，年均选修学生达 7000 人以上。

“为祖国健康工作五十年”是清华大学在历史时期提出，并一直延续下来的口号和传统，而强健的体魄、良好的锻炼习惯，是清华给学生相伴一生的重要财富。目前清华开设有全国综合性大学中最丰富的体育课程，年均选修学生超过 25000 人次，其中定向越野、射击、跳水、艺术体操等都是深受同学欢迎的特色课程。在体育运动中，清华人的许多优秀品质，比如合作中的竞争精神，朝气蓬勃的体魄和工作动力，都孕育在其中了。

第九、清华拥有全国最好的生源

多年以来，各省理科前 10 名 70%以上选择进入清华深造，从 1999 到 2006 年 8 年间录取的各省状元分别为 38、39、39、28、28、33、32、32 人，总计 268 人（全国的理科状元 75%进了清华）。随着清华文科的快速发展，越来越多优秀的文科考生把清华作为第一报考志向，清华各省市的文科录取分数线在全国高校中名列前茅，在文科招生的绝大多数省份分数线均是第一或者第二。历年国家理科实验班学生，国际数、理、化、生和信息等国际竞赛奖牌得主也多进入清华大学学习。

大学，就是一群天才聚在一起切磋砥砺、慢慢成长的地方。在课程上、在实验室、在宿舍，在校园的走廊、草地、树下，到处都可以看到清华学子的身影。在无数学子、家长和老师眼中，清华就是“优秀”的代名词，进入了清华，就是选择了人生的高起点，选择了成为清华人的毕生荣誉，也选择了成为清华人所意味着的毕生责任。

第十、清华学子拥有最好的毕业发展前景

清华大学学生拥有国内最好的毕业前景。清华“通识教育”与“专业训练”并重的培养特点，使清华的毕业生深受社会各界欢迎。对用人单位连续几年的跟踪调查结果表明，清华毕业生的专业知识、数理基础、计算机能力、外语能力、自学能力、实践动手能力和创新能力都得到了用人单位的充分肯定。在招聘过程中，用人单位往往看重清华毕业生的综合素质和能力潜质，职业道德和敬业精神。目前清华本科毕业生约有 70%选择在国内国外名校中继续攻读硕士博士学位（其中大部分是免试推荐），其余的选择高质量就业或者自主创业。

近年来，清华的本科生培养越来越被世界一流大学所广泛认可。哈佛大学和麻省理工学院这两所美国最具代表性的名校，近年来招收的中国学生半数以上来自清华。据美国《高教年鉴》报道,2006年清华成为全球在美国院校获得各类博士学位数量最高的本科生母校,2005年这个位置是北大的。

对于选择就业的同学来说,录取清华毕业生的用人单位不仅数量多,而且层次高。名列世界500强的惠普、微软、IBM、壳牌、通用电气、中石油、中石化、国家电网等企业,联想、华为等国内高科技企业,汇丰银行、摩根士丹利、高盛投资银行、工商银行等国内外金融单位,以新华社、中央电视台、广州报业集团为代表的全国各大主流媒体,包括清华大学、中科院在内的重点院校和科研院所,清华毕业生都活跃在其中。

清华的学习生活的主旋律不是自由和安逸,而是奋斗和挑战。因而清华的生活也绝不是学生一生的顶峰,而是莘莘学子起跑,加速,奔向更高远人生目标的关键一程。朱镕基学长以"水木清华,春风化雨,教我育我,终生难忘"来表达自己的母校的感情。许多清华校友在取得事业的成功后,回味清华时光时,都衷心地感谢在清华得到的高质量的教育。清华是莘莘学子腾飞的起点、精神的家园。

第十一、清华培养出了中国最优秀的人才群体,拥有国内最具影响的校友力量

清华的声誉,是与清华校友对社会发展做出的杰出贡献分不开的。在国家表彰的23位两弹一星勋章获得者中,有14位是清华校友。获得国家最高科技奖的9位科学家中,有5位是清华学子。在清华近百年的历史中,59位清华学子当选为解放前的中央研究院院士,500多位校友当选为中国科学院院士和中国工程院院士,18名校友当选美国国家院士。约有1/3的中国科学院院士,1/4的中国工程院院士是清华校友,500多名毕业生就任国内兄弟院校校长、党委书记。以上数据在国内均位居首位。另外,在中国近现代以来的学术史上,清华是享有盛誉的人文社科重镇,滋养了一代代思想先驱、文学巨匠、史学大家、经济学者和法学巨擘,他们开创并发扬了清华的人文传统,为清华赢得了全社会的尊重。

在清华的天空中,有着太多我们引以为豪的学术大师、兴业之士和治国之才。

在人文社会科学方面,清华先后培养出了一批又一批学术大师,他们中的代表人物如赵元任、李济、陈岱孙、闻一多、曹禺、梁实秋、李健吾、夏鼐、杨绛、金岳霖、潘光旦、费孝通、徐仲舒、高亨、王力、姜亮夫、谢国桢、季羡林、吴晗、钱钟书、张荫麟、何炳棣、杨联升、李学勤、许国璋、王铁崖、英若诚、端木蕻良、胡乔木、乔冠华、于光远等等。

在自然科学方面,清华培养的人才同样是济济多士,他们中有竺可桢、高士其、姜立夫、段学复、张子高、杨石先、叶企孙、周培源、钱三强、王淦昌、邓稼先、朱光亚、梁思成、杨廷宝、钱伟长、吴仲华、周光召、林宗棠、熊庆来、华罗庚、吴有训以及杨振宁、李政道、林家翘等等。

除此之外,清华还培养了大批治国之才,前任国家主席胡锦涛,现任国家主席习近平,国务院前任总理朱镕基,前任全国人大委员长吴邦国,前任中共中央政治局常委吴官正、前任国务院副总理黄菊、曾培炎,前任最高人民检察院检察长贾春旺等均为清华毕业生，三百多位省部级干部毕业于清华。

第十二、清华园是求学成才的最理想之地

“西山苍苍，东海茫茫，吾校庄严，巍然中央”，清华大学主体校园面积近六千亩，其中林木俊秀，芳草依依，道路宽阔，气势磅礴。

这里曾经是清代皇家园林圆明园的一部分，皇家建筑的尊贵气度，西洋建筑的诗情画意，苏式建筑的雄伟庄重，现代建筑的简洁典雅，融会在清华的校园中。

山水花木衬托着各式建筑是风景秀丽的清华园的特色，形成了优美安静宜人的育人环境。清华目前已建成了环保生态型的可持续发展的绿色大学。绿化覆盖率超过 50%，园内树木近 20 万株。目前清华的植物种类和数量在北京市仅次于北京植物园，连年被北京市评为“花园式单位”，是北京最重要的“绿肺”之一。工字厅、水木清华、大礼堂、图书馆、近春园、理学院、主楼前、北院等新老景观，处处怡人。参访者赞誉道“清华总是大手笔！”

清华还拥有国内最好的住宿、教学环境，最先进的校园设施系统和最完善的体育锻炼设施，清华的校园建设水平已经成为国内大学共同学习的典范。

清华，在她成长的早年，是国运衰败中的一个希望，一个梦想！

清华，在她辉煌的今天，是莘莘学子希望与梦想的摇篮！

在清华的天空上，有太多让我们引以为豪的学术大师、兴业之士和治国之才。他们共同构成了一个闪耀的星群，将中华大地映照的熠熠生辉。从 1909 年深秋越洋留美的 47 位少年，到如今的 10 万学子，清华是一部动人的长篇故事，清华是一首写不完的长诗。

水木清华，钟灵毓秀。清华园，让人魂牵梦绕的地方。清澈蜿蜒的万泉河，贵族气息的工字厅，洁白神圣的二校门，高雅华贵的大礼堂，繁茂如茵的大草坪，古朴精致的清华学堂，宁静清灵的荷塘月色，让多少学子为之终生无悔。“恰同学少年，风华正茂”，勤奋而又睿智的清华学子，在这里，度过他们一生中最美丽的金色年华。

一个名字，
让你憧憬，
让你遐想，
让你过目不忘，
这就是会让你一生骄傲的
清华大学。

著名校友（包括西南联大、包括曾在清华工作的）

梅贻琦、梁启超、王国维、陈寅恪、赵元任、李济、吴宓、陈岱孙、潘光旦、费孝通、朱自清、闻一多、金岳霖、汤用彤、贺麟、冯友兰、李方桂、徐中舒、姜亮夫、王力、吴其昌、姚名达、高亨、陆侃如、刘节、杨树达、刘盼遂、谢国桢、贺麟、张荫麟、梁实秋、吴晗、季羡林、钱钟书、张岱年、罗根泽、周传儒、蒋天枢、殷海光、杨联升、何炳棣、李学勤、傅璇琮、夏鼐、钱端升、萧公权、罗隆基、王铁崖、陈鹤琴、李健吾、杨绛、铁崖、英若诚、端木蕻良、于光远、李健吾、张骏祥、曹禺、洪深、穆旦、胡风、端木蕻良、吴国桢、俞国华、张民党、王浩、许国璋、王佐良、李赋宁、英若诚，胡适、竺可桢、茅以升、侯德榜、叶企孙、吴有训、顾毓琇、萨本栋、周培源、熊庆来、华罗庚、周光召、钱三强、钱伟长、王淦昌、王大珩、赵九章、邓稼先、朱光亚、杨振宁、李政道、林家翘、叶笃正、杨石先、钱思亮、陈鹤琴、高士其、杨廷宝、梁思成、吴仲华、郑哲敏、邹承鲁、吴征镒、陈克恢，孙立人、胡乔木、乔冠华、朱镕基、胡锦涛、习近平、李刚等。

清华学生社团

清华大学有着悠久的学生自治传统，各种学生社团在校园生活中扮演着重要的角色。清华大学的学生社团至今已逾百家，涉及公益、人文、科技、体育等各个领域。

最新评出的20家五星级学生协会包括：

绿色协会、山野协会、手语社、职业发展协会、国际象棋协会、陈帅佛易经协会、跆拳道协会、心理协会、爱心公益协会、海峡两岸交流协会、周易协会、对外交流协会、马拉松爱好者协会、汽车爱好者协会、京剧昆曲爱好者协会、理财协会、国际文化交流协会、摄影协会、越剧协会、文学社。

台湾清华大学

台湾清华大学于1955年在台湾新竹地区复校，由梅贻琦校长主持，并沿用原校名，先设立原子科学研究所招收研究生，1957年正式开始招收本科生，恢复为一所完备的大学。梅贻琦既担任过北京清华大学的校长，也是台湾的清华大学的创校校长。

两岸清华大学同根同源，有着共同的校名、校史、校训、校徽、校歌、校花和学校精神、文化传统，如今台湾的清华大学也已发展成具有理、工、文、法等学科的综合性大学，从1980年代开始，同根同源的两岸清华各项交往日渐频繁。如今，两岸清华都在为建设成为世界一流大学而努力奋斗！

清华网址

http://www.tsinghua.edu.cn

http://www.thu.edu.cn

台湾清华大学网址：http://www.nthu.edu.tw

附录：清华大学改革开放大事记

1978年　恢复全国高等教育招生考试

1984 年　设立国内高校中第一个研究生院
在管理工程系基础上建立经济管理学院
在已有理学科系基础上恢复理学院
1985 年　建立国内第一个继续教育学院
1988 年　在建筑系基础上建立建筑学院
成立材料科学与工程系。
1993 年　在已有人文社会科学学科系、所基础上建立人文社会科学学院
1994 年　在已有信息学科系、所基础上建立信息科学技术学院
1996 年　在已有机械类学科系、所基础上建立机械工程学院
1999 年　恢复建立法学院
原中央工艺美术学院并入，成为清华大学美术学院
2000 年　在已有土木水利类学科系、所基础上建立土木水利学院
在公共管理系的基础上建立公共管理学院
2001 年　建立医学院
2002 年　在传播系基础上建立新闻与传播学院
2003 年　原隶属信息产业部的华信医院（原酒仙桥医院）和玉泉医院正式并入
2004 年　4 月正式挂牌，分别成为清华大学第一附属医院和第二附属医院
在工程力学系、宇航技术研究中心等基础上建立航天航空学院
2006 年　中国协和医科大学更名为“北京协和医学院（清华大学医学部）”
2008 年　成立马克思主义学院
2009 年　成立生命科学学院
2011 年　成立环境学院、建校 100 周年
2012 年　成立五道口金融学院，成立人文学院、社会科学学院、材料学院
2015 年　成立药学院
2016 年　国际弦理论大会在我校举行、成立地球系统科学系、成立临床医学院
2017 年　成立科学史系
2019 年　成立天文系、成立车辆与运载学院
2020 年　成立万科公共卫生与健康学院
2021 年　4 月 26 日建校 110 周年

北京大学

名称：北京大学
简称：北大

旧称:京师大学堂,国立北京大学
英文名:Peking University 英文缩写 PKU(英文媒体也常用 Beijing University)
德语名:Universite De Pekin
成立时间:1898 年
学校主页:http://www.pku.edu.cn/
英文主页:http://english.pku.edu.cn/
学校地址:北京市海淀区颐和园路 5 号
邮政编码:100871

学校历史

大学堂匾额北京大学创立于 1898 年,初名京师大学堂,是中国第一所国立大学,也是中国在近代史上正式设立的第一所大学,其成立标志着中国近代高等教育的开端。

北京大学

北大以中国最高学府的身份创立,最初也是当时的中国最高教育行政机关,身兼中国最高学府与教育部的双重职能。北大传承着中华数千年来国家最高学府——"太学"的学统,是中国古代最高学府在现代的延续,自建校以来一直享有崇高的名声和地位,可谓"上承太学正统,下立大学祖庭"。辛亥革命后(1912 年),京师大学堂更名为"北京大学"。

北京大学是目前中国综合实力最强的大学之一,是国家首批"211 工程"和"985 工程"重点建设的大学,理科、文科、社会科学、新型工科和医学学科都是它的强项。在 2006 英国泰晤士报高等教育增刊(THES)的世界大学排名里,北京大学位列世界第十四位,也是亚洲排名最高的大学(但被公认为亚洲之首的是位于日本的东京大学）。

作为新文化运动的中心和五四运动的发祥地，作为中国最早的马克思主义和民主科学思想的源头之一，也作为中国共产党最早的活动根据地之一，北京大学为民族的振兴和解放、国家的建设和发展、社会的文明和进步做出了不可替代的贡献，在中国走向现代化的进程中起到了重要的先锋作用。爱国、进步、民主、科学的传统精神和勤奋、严谨、求实、创新的学风在这里生生不息、代代相传。

1917 年，著名教育和民主主义革命家蔡元培出任北京大学校长，他“循思想自由原则、取兼容并包之义”，对北京大学进行了思想解放和学术繁荣，北京大学从此日新月异。陈独秀、李大钊、毛泽东以及鲁迅、胡适等一批杰出人才都曾在北京大学任职或任教。

1927~1929 年间，北京大学处于动荡之中，并遭到严重摧残。奉系军阀攫取北京政权后，于 1927 年悍然宣布取消北大，与北平其他八所国立大学合并为京师大学校。1928 年南京国民政府先将其改为中华大学，复改为北平大学，复改为国立北平大学北大学院。1929 年北京大学宣布自行复校，国民政府于 8 月 6 日将北大学院改为国立北京大学。1930 年，曾三度代理北大校长的蒋梦麟开始执掌北大，他提出“教授治学，学生求学，职员治事，校长治校”的十六字方针，对学校工作进行了全面整顿。设文、理、法三学院，下设 14 个学系；实行教授专任制，聘请了一批知名教授，特别是理学院延揽了一大批一流科学家，使北大理科得到较快发展；制定《国立北京大学组织大纲》，明确办学宗旨为“研究高深学问，养成专门人才，陶融健全品格”，并按照美国的大学教育制度，对旧的教学和科学研究制度进行了大刀阔斧的改革：推行学分制，要求毕业生撰写论文并授予学位，正式设立研究院，推进高等教育的正规化。蒋梦麟还多方筹集资金，1931 年北京大学与中华教育文化基金会设立合作研究特款。1934 年北大动工兴建新的图书馆；理科各系设施得到相当的改善，到 1935 年，北大已建成实验室 40 多个，实验仪器 6716 件，标本 15788 种，药品及实习用具 3100 多件，设备条件居于全国高校前列。以地质系为例，在李四光的主持下，修建了新的地质馆，建立了矿物室、古生物等实验室，开辟了地质陈列室和研究室，延续并发展了北大地质系的传统优势。蒋梦麟掌校期间，正是民族危亡内忧外患之时，而经过亡校风波的北大却在教学与科研水平稳步上升，蒋梦麟这位中国现代杰出的教育家功不可没。

1937 年卢沟桥事变后，北京大学与清华大学、南开大学南迁长沙，共同组成长沙临时大学。1938 年初，临时大学迁往昆明，改称国立西南联合大学。西南联大汇聚三校菁华，以刚毅坚卓精神，维系中华教育命脉。抗战胜利后，北京大学返回北京沙滩，于 1946 年 10 月正式复学。

中华人民共和国成立后，全国高校于 1952 年进行院系调整，北京大学成为一所以文理基础教学和研究为主的综合性大学，为国家培养了大批人才。据不完全统计，北京大学的校友和教师有近 400 位两院院士，中国人文社科界有影响的人士相当多也出自北京大学，并且产生了一批重大研究成果。

改革开放以来,北京大学进入了一个前所未有的大发展、大建设的新时期,并成为国家“211 工程”重点建设的两所大学之一。

2000 年 4 月 3 日,北京大学与原北京医科大学合并,组建了新的北京大学。

原北京医科大学的前身是国立北京医学专科学校,创建于 1912 年 10 月 26 日。二十世纪三、四十年代,学校一度名为北平大学医学院,并于 1946 年 7 月并入北京大学。1952 年,在全国高校院系调整中,北京大学医学院脱离北京大学,独立为北京医学院。1985 年成为国家首批“211 工程”重点支持的医科大学。两校合并进一步拓宽了北京大学的学科结构,为促进医学与人文社会科学及理科的结合,改革医学教育奠定了基础。

截止 2021 年 3 月现任校长郝平、党委书记邱水平。

学风校训

北京大学学风:勤奋、严谨、求实、创新。

北大一直没有确定的校训。盛传的校训有两个,第一是为人所熟知的“兼容并包、思想自由”,第二个便是“爱国、进步、民主科学”。没有校训仿佛是一个遗憾,但是,作为北大,没有校训,仿佛便是最好的校训——充分的个人发展空间,或许你可以选择“格物致知”,也可以选择“修身齐家”,更可以选择“治国平天下”,这正是北大的精神所在。

学校地址

北京大学位于北京市海淀区中关村核心地带,西靠颐和园,北临圆明园,南靠北四环,周边高校众多。例如东北边的清华大学、东边的北京航空航天大学、北京邮电大学、北京电影学院,北边的中国农业大学,南边的中国人民大学、北京外国语大学、中央民族大学、北京理工大学等。

学校概况

中国综合实力最强的大学。初名京师大学堂,创办于 1898 年。1912 年改名为北京大学,严复任校长。1917 年 1 月,蔡元培任校长,对学校进行了整顿和革新,奠定了北京大学向近代大学转变的基础。抗战后南迁,1937 年 9 月,与清华大学、南开大学在湖南组成长沙临时大学,1938 年 4 月,又在昆明组成国立西南联合大学。1946 年 5 月西南联大解散,北京大学迁回北大图书馆原址复校,同年 10 月正式开学。1949 年人民政府接管北京大学。1951 年 6 月,马寅初教授被任命为中华人民共和国建立后的第一任校长。1952 年院系调整后,北京大学从北京城内沙滩迁到现校址,成为一所侧重于基础学科教学和研究的文理科综合大学。

北京大学占地面积2.72平方千米(4080亩),建筑面积142.23万平方米。国家重点一级学科18个,国家重点二级学科87个,国家重点培育学科3个。北京大学共有一级学科博士学位授予权学科38个,二级学科博士学位授予权学科249个;自2002年以来,全国先后三次完成了全部80个一级学科(军事学门类除外)的评估工作。北京大学共有33个一级学科参与评估,其中有11个一级学科排名第一,排名为全国前5名的一级学科共29个,名列所有参评单位之首。

北京大学共有5个学部、43个院系、360个研究所(中心)、16个国家重点实验室、18个附属和教学医院;105个本科专业、4个第二学士学位专业、258个硕士专业、249个博士专业33个博士后科研流动站;专任教师2926人,博士生导师1169人。博士生5088人,硕士生10031人,本科生14465人。

北京大学的院士、"973项目"首席科学家、教授、博士生导师、长江学者以及国家重点学科、重点实验室的数目,均居全国高等院校之首。北京大学图书馆为亚洲最大的大学图书馆,藏书万余册。

2021年QS世界大学排名中位列第23名。

学术地位

北京大学作为对中国近代史上影响深远的大学,其学术水平一直在国内傲视同侪,不少各界出色业者及知名学者出自北大或曾在北大任职。

在一些国际学术排名榜中,北大除工程与技术领域略逊于清华大学外,其余领域均高踞中国大陆之首。在中国大陆的一些排名榜中,各种排名均是以清华大学或者北大居首。不过,在国外所做的有关大学排名中,则往往是北京大学名列国内第一,更曾获评为澳、亚地区最佳大学,名列世界第十四,比国立澳大利亚大学及东京大学等更高。然而,单就中国大陆而言,大学排名的首二位均不出北大和清华,暂未见有其他大学能跃居首二名内。

在学术期刊方面,北京大学所发行的部分学术期刊,是中国大陆当中,少有获得国际知名的大学所认可、具品级的学术期刊。而一些知名学府如牛津大学、哥伦比亚大学等亦有与北大合作共同发行期刊。

历史变迁

★京师大学堂

1898年6月11日,光绪皇帝下《明定国是诏》,正式提出要兴办京师大学堂。同年7月3日,京师大学堂在孙家鼐的主持下在北京创立,最初校址在北京景山东街(原马神庙)和沙滩(故宫东北)红楼(现北京五四大街29号)等处。京师大学堂是中国近代第一所正式大学。

★京师大学堂遗址

1900 年，八国联军进入北京后，京师大学堂遭受破坏。1902 年 12 月，京师大学堂恢复。吏部尚书张百熙任管学大臣。吴汝纶和辜鸿铭任正副总教习，严复和林纾分任大学堂译书局总办和副总办。创办于 1862 年洋务运动期间的京师同文馆也并入大学堂。1904 年选派蔡元培首批 47 名学生出国留学。

京师大学堂遗址

自国子监和科举制度取消、京师大学堂成立以后，京师大学堂即成为中国唯一官方最高学府和官方教育行政机构，加上各方最优秀之士子大部分均投身京师大学堂，从职能、学统等方面均显示出京师大学堂与国子监之间的传承，因此不少学者皆认为京师大学堂（北京大学）是中国太学的唯一正统继承者。1948 年，胡适在《北京大学五十周年》一文中说："我曾说过，北京大学是历代的'太学'的正式继承者。"除胡适之外，冯友兰、任继愈、周培源、季羡林、萧超然等学者教授也曾经表示同意北大"太学渊源"之说，甚至有人提出北大的校史应当提前一、两千年。

而北大中文系陈平原教授则曾在《北大校史：怎样溯源?》中反对北大"太学渊源"之说，认为京师大学堂并非由国子监改组而成，不是直接承继自国子监。

★国立北京大学

1912 年 5 月，京师大学堂更名为国立北京大学，是中国历史上第一所冠名"国立"的大学，严复出任校长。

1917 年，蔡元培出任北京大学校长，他"循思想自由原则、取兼容并包之义"，使得北京大学思想解放，学术繁荣。陈独秀、李大钊、朱家骅、胡适等一批重要的历史人物都曾在此时期在北京大学任职或任教，鲁迅也在此兼讲师。北大因而成为开风气之先的"新文化运动"中心和多种社会思潮的策源地。北京大学是中国共产主义思想的重要发源地和中国共产党早期活动的重要基地。北京大学教授"南陈北李"相约分别在南方和北方筹建中国共产党，陈独秀当选为第一届中共中央总书记,曾任北京大学图书馆管理员的毛泽东自1935年至1976年去世长期作为中共实际的领袖人物。

1919年5月4日,“五四运动”爆发。北京大学等北京多所学校的学生在天安门前集会,罗家伦、江绍原、张廷济为学生运动三个代表,罗家伦起草了《北京学界全体宣山》,随后举行示威游行。军警当场逮捕学生。蔡元培、李大钊、陈独秀、朱家骅、胡适、鲁迅当时为了营救学生,不惜发动全国工商界罢工罢市。北京学生的爱国运动,得到了各地青年学生和人民群众的同情和支持,学生爱国运动的烈火迅速燃遍全国,发展成为全国性的反帝爱国运动。

★日本占领时代

校地、房子和大批图书、仪器留在北京,还有4位因身心或家庭等因素没有随国民党政府迁移的老教授:周作人、孟森、马裕藻、冯祖荀,就是所谓“留平教授”。

撤退前最后1任校长蒋梦麟在回忆录《西潮》和《新潮》里谈到委托周作人留守的经过(参见周作人条)。

日本人控制华北期间,整合了医学院、北平大学农学院以及北洋工学院留在北平的部分师资和学生,号称“恢复”北京大学,在1939年1月3日派汤尔和任总监督,主理校务,1月12日聘原图书馆领导周作人任图书馆馆长,3月28日聘周作人兼“文学院筹备员”,文学院成立后,周作人出任文学院院长。

1940年,汤尔和升任华北政务委员会教育总署督办,钱稻孙出任校长(新职称),同年11月汤尔和病逝,1941年周作人升任华北政务委员会教育总署督办,校长钱稻孙兼文学院院长(并曾兼农学院院长)。

1945年8月15日日本裕仁天皇宣布投降,结束本时期。

★胡适校长时代

抗日战争胜利后,南京国民政府教育部在1945年9月4日发表胡适出任校长,当时胡适还在美国办外交,委由傅斯年代理,傅把汪精卫政权时代全部的教职员全都开除,1946年7月才把校务交给胡适。

★胡适

胡适在1948年12月15日搭国民党政府专机逃到南京。

曾经校长胡适1949年2月,北平解放,文学院院长汤用彤出任北京大学校务委员会主席。

1949年4月,胡适从国民党统治下的上海坐船离开中国,经日本到达美国(最后在纽约定居),他的爱人江冬秀已先被送到台湾。

1949年5月起,胡适连名义上的校长都不是了。

中华人民共和国成立前,国立北京大学最后一任校长是汤用彤。

拥有中央研究院院士和中国科学院学部委员职称的汤用彤同时也是中华人民

共和国成立后第一任北京大学校长(社会主义新中国的北京大学没有国立2字),1951年才交棒给马寅初。

胡适

★合并后的北京大学

中华人民共和国成立后,政府于1952年对高等院校进行院系调整,清华大学、燕京大学的文理科的部分师资并入北京大学,北京大学工学院机、电、土、建4系合并到清华大学,化工系合并到天津大学,农学院、医学院、地质系、政法专业等脱离北京大学,或组建成新的高等院校,或并入其他相关院校。院系调整后的北京大学迁校址于原燕京大学校址,成为一所以文理基础教学和研究为主的综合性大学,为中国各行业培养了大批人才。

毛泽东题写的北大校名。1949年12月12日,经校委会主席汤用彤、秘书长郑天挺同意,校委会秘书汪子嵩起草了给毛泽东主席的信,请文书刘椿年楷书誊写后,送中南海毛主席办公处。信中邀请毛主席在北大五十一周年校庆纪念日(12月17日,解放后的第一个校庆)之际为北京大学题写校名,以备制作新的校徽之用。信中附寄了一张纸,纸上有文书刘椿年画的一个长11厘米、宽3.1厘米的长方形框,框下标注"北京大学"四个字,供毛主席写校名时作尺寸参考。1950年3月17日,中共中央秘书室将毛主席为北大校徽的题字放在一信封内送给北大,并附言:"寄上毛主席为北大校徽题字,敬请收查。"

1998年5月4日,北京大学百年校庆之际,时任国家主席江泽民题词:"发扬北京大学爱国进步民主科学的优良传统为振兴中华做出更大贡献",并在庆祝北京大学建校一百周年大会上发表讲话,发出了"为了实现现代化,我国要有若干所具有世界先进水平的一流大学"的号召。

北京大学百年校庆之后,在政府的支持下,北京大学启动了"创建世界一流大学计划"。从此,北京大学的历史又翻开了新的一页。

北京医科大学的前身是国立北京医学专科学校,创建于1912年10月26日。20世纪三、四十年代,学校一度名为北平大学医学院,并于1946年7月并入北京大学。1952年在全国高校院系调整中,北京大学医学院脱离北京大学,独立为北京医学院。1985年成为国家首批"211工程"重点支持的医科大学。2000年4月3日,北京大学与原北京医科大学合并,组建了新的北京大学,北京医科大学成为北京大学医学部。

改革开放以来,北京大学进入一个前所未有的大发展、大建设的新时期,成为国家"211工程"和"985工程"重点建设两所大学之一。

北京大学始终保持"爱国、进步、民主、科学"的传统和"勤奋、严谨、求实、创新"的学风,百余年来,北大校园中人文渊薮,英才辈出,为民族复兴、国家强盛做出了不可替北大学生打出的“小平您好”横幅代的贡献。据统计，截至2008年，北大校友中已有吴文俊、王选、黄昆、刘东生、叶笃正、吴征镒、徐光宪、王忠诚等八人获得中华人民共和国国家最高科学技术奖（全国共14人），12人成为中国“两弹一星”的元勋，近500人当选两院院士，北大的毕业生和教师为我国的自然科学、人文社会科学、医学、工程技术及国防事业、文化事业的发展做了奠基性和开拓性的贡献。

北京大学被认为是中国最优秀的大学之一，有“中国的哈佛”之称。

2007年1月25日，国家体育总局授予北京大学“中国奥委会备战2008年奥运会科技合作伙伴”，北京大学正式成为2008奥运会提供科技服务的合作单位，这是中国内地高校中唯一获此殊荣的高校（另一所是香港地区的香港理工大学）。

北京大学以其突出的影响力吸引着全世界的目光，全世界的政要、学者无不把到北京大学演讲作为中国之行的首选。

组织结构

一、历任校长

1.孙家鼐（1898年7月~1900年春）
2.许景澄（1900年春~1900年8月）
3.张百熙（1902年1月~1904年1月）。
4.张亨嘉（1904年1月~1906年2月）
5.李家驹（1906年3月~1907年8月）
6.朱益藩（1907年8月~1908年1月）
7.刘廷琛（1908年1月~1911年12月）
8.柯劭忞（1910年12月~1911年12月）
9.劳乃宣（1911年12月~1912年2月）
10.严复（1912年2月~1912年10月）
11.章士钊（1912年10月~1912年12月）
12.何燏侯（1912年12月~1913年11月）
13.胡仁源（1913年11月~1916年12月）
14.蔡元培（1916年12月~1927年7月）
15.刘哲（1927年8月~1928年6月）
16.李煜瀛（1928年6月~1929年1月）
17.陈大齐（1929年1月~1929年8月）
18.蔡元培（1929年9月~1930年12月）
19.蒋梦麟（1930年12月~1945年10月）
20.胡适（1945年10月~1948年12月）

21.汤用彤(1949 年 5 月~1951 年 9 月)
22.马寅初(1951 年 9 月~1960 年 3 月)
23.陆平(1957 年 10 月~1966 年 5 月)
24.周培源(1978 年 7 月~1981 年 3 月)
25.张龙翔(1981 年 6 月~1984 年 3 月)
26.丁石孙(1984 年 3 月~1989 年 8 月)
27.吴树青(1989 年 8 月~1996 年 8 月)
28.陈佳洱(1996 年 7 月~1999 年 12 月)
29.许智宏(1999 年 12 月~2008 年 11 月)
30.周其凤(2008 年 11 月~2013 年 3 月)
31. 王恩哥(2013 年 3 月~2015 年 2 月)
32. 林建华(2015 年 2 月~2018 年 10 月)
33. 郝平(2018 年 10 月~)

院系设置

北京大学已经成为一所拥有自然科学、技术科学、新型工程科学以及人文科学、社会科学、管理科学、教育科学、医药科学和语言科学等多种学科的新型综合性大学,充分发挥着人才培养、科学研究、社会服务的功能。

目前北京大学的教学单位分为理学部、信息与工程科学部、人文学部、社会科学部、医学部和跨学科类六大类。

【理学部】

数学科学学院、物理学院、化学与分子工程学院、生命科学学院、城市与环境学院、地球与空间科学学院、心理学系

【信息与工程科学部】

信息科学技术学院、工学院、计算机科学技术研究所、软件与微电子学院、环境科学与工程学院

【人文学部】

中国语言文学系、历史学系、考古文博学院、哲学系(宗教学系)、外国语学院、艺术学院、对外汉语教育学院

【社会科学部】

国际关系学院、经济学院、光华管理学院、法学院、信息管理系、社会学系、政府管理学院、马克思主义学院、教育学院、新闻与传播学院、人口研究所、中国经济研

究中心、体育教研部

【医学部】

基础医学院、药学院、公共卫生学院、护理学院、公共教学部、医学网络教育学院,第一医院、人民医院、第三医院、口腔医院、第六医院、北京肿瘤医院、深圳医院、首钢医院艾12所教学医院

【跨学科类】

元培学院、先进技术研究院、前沿交叉学科研究院、中国社会科学调查中心、分子医学研究所。

【深圳研究生院】

信息工程学院、化学生物学与生物技术学院、环境与城市学院、汇丰商学院、国际法学院、人文社会科学学院、微处理器研究开发中心、互联网信息工程研发中心。

此外还有百余个研究中心。

近年来,北京大学大力推进教学改革,按照"加强基础,淡化专业,因材施教,分流培养"的方针,修订了教学计划,加强了基础教学,充实更新了教学内容,注重培养学生的创新能力和创造精神。在教学管理上,实行学分制,提高选修课的比例,鼓励学生跨专业选课、修读辅修专业或第二学士学位,提前修满学分的学生可以提前毕业,并推荐品学兼优的应届毕业生免试攻读硕士、博士学位。

学校开展广泛的国际交流与合作,与40多个国家和地区的200余所高等院校建立了校际联系。北大学生不会因经济困难而辍学或影响学业。为保证经济困难学生顺利完成学业,设立"经济困难学生助学体系",包括助学贷款、勤工助学、减免学费、借款、临时困难补助、助学金、奖学金等。

师资力量

北大师资力量雄厚,他们或为学界泰斗,或为学术新星,构成了北大独特的学术风景。北大的中国科学院院士人数已达53人,中国工程院院士人数达到7人,第三世界科学院院士14人,文科资深教授22人,长江学者99人。在"973"项目中,北大出任各项目首席科学家的教授成为目前国内出任"973"项目首席科学家人数和承担"973"子项目最多的单位。北大教师队伍日趋年轻化。

截至2001年,北大共有58位青年学者获得杰出青年基金奖励,为全国高校最多;8人获得海外青年学者合作研究基金。北大教授平均年龄为53岁,副教授平均年龄42岁,而最年轻的教授只有33岁,42岁以下的教授有200余人。每年都有大量海外著名专家学者受聘前来北大讲学,仅2001年就有长期外教64名、短期外教274名。他们大多曾执教于哈佛、耶鲁、剑桥等世界名校。每年都有许多世界著

名学者来北大做演讲。2001 年就有法国诺贝尔化学奖获得者让·马利·莱恩等 8 位诺贝尔奖得主来北大举办了讲座。在全国和北京市教学成果奖评审中，北大荣获全国特等奖 1 项、一等奖 5 项、二等奖 18 项，北京市一等奖 31 项、二等奖 22 项，获奖数量之多和获奖级别之高，均在高校中独占鳌头，充分反映了北大教学工作的实力和水平。在教育部第三届"高校青年教师奖"评选中，北大陈大岳、柳彬、刘玉鑫、王浦劬等 4 人榜上有名。

科研成就

北大是学术的圣殿，是科学家与学者的摇篮。从"新人口论"的提出，到牛胰岛素的首次人工全合成；从我国第一台百万次电子数字计算机的设计，到汉字信息处理与印刷革命；从印度史诗《罗摩衍那》的翻译，到微分动力系统稳定性研究荣获国家自然科学一等奖，北大开辟的是一条奋进之路。2000 年，北大纳米中心"长江学者"彭练矛研究组发现了 0.33nm 级别的单壁碳纳米管，突破了日本科学家所给出的理论极限。这一成果与北大承担的国家空间信息基础设施关键技术研究一起，双双入选 2000 年"高校十大科技进展"，北大是唯一一所有两项成果入选的学校。

重点的研究院和研究所

北京大学有 98 个研究所、126 个研究中心、2 个国家级工程研究中心，81 个国家重点学科，已建成国家重点(专业)实验室 15 个。

一级国家重点学科(18 个)：哲学、理论经济学、法学、政治学、社会学、中国语言文学、历史学、数学、物理学、化学、地理学、大气科学、生物学、力学、电子科学与技术、计算机科学与技术、口腔医学、药学。

国家重点学科(81 个)：汉语言文字学、中国古代文学、中国现当代文学、中国古典文献学、语言学及应用语言学、比较文学与世界文学、中国哲学、外国哲学、美学、马克思主义哲学、世界史、中国古代史、考古学及博物馆学、英语语言文学、印度语言文学、法学理论、宪法学与行政法学、刑法学、经济法学、政治学理论、国际政治学、科学社会主义与国际共运、政治经济学、国民经济学、社会学、人类学、教育经济与管理、图书馆学、基础心理学、基础数学、计算数学、概率论与数理统计、应用数学、理论物理、粒子物理与原子核物理、凝聚态物理、光学、天体物理、无机化学、物理化学、高分子化学与物理、分析化学、有机化学、植物学、动物学、生理学、细胞生物学、生物化学与分子生物学、神经生物学、自然地理学、人文地理学、环境科学、大气物理学与大气环境、气象学、固体地球物理学、构造地质学、固体力学、流体力学、一般力学与力学基础、微电子学与固体电子学、物理电子学、通讯与信息系统、计算机软件与理论、计算机应用技术、核技术及应用、免疫学、病理学与病理生理学、内科学(心血管病、血液病)、皮肤病与性病学、儿科学、外科学(骨外、泌尿外)、口腔临床医学、流行病与卫生统计学、药物化学、生药学、药理学、精神病与精神卫生学、运动医学、妇产科学、眼科学、肿瘤学。

国家重点(专业)实验室(15 个):视觉听觉信息处理、蛋白质工程及植物基因工程、分子动态及稳定态结构、膜及膜的工程、人工微结构与介观物理、暴雨测定与预报、稀土材料化学及应用、湍流研究、区域光纤通信网与新型光通信系统、文字信息处理、环境模拟与污染控制、生物有机分子工程、第四纪年代测定、电子光学与电子显微镜、微米/纳米加工技术。

博士后流动站(30 个):物理学、力学、数学、大气科学、生物学、天文学、地理学、地质学、地球物理学、计算机科学与技术、电子科学与技术、信息与通信工程、核科学与技术、环境科学与工程、哲学、理论经济学、应用经济学、工商管理、社会学、历史学、法学、中国语言文学、外国语言文学、基础医学、口腔医学、药学、生物学(医学部)、公共卫生与预防医学、临床医学。

一级学科博士点(38 个):哲学、理论经济学、应用经济学、法学、政治学、社会学、马克思主义理论、教育学、心理学、中国语言文学、外国语言文学、艺术学、历史学、数学、物理学、化学、天文学、地理学、大气科学、地球物理学、地质学、生物学、科学技术史、力学、电子科学与技术、信息与通信工程、计算机科学与技术、测绘科学与技术、核科学与技术、环境科学与工程、基础医学、临床医学、口腔医学、公共卫生与预防医学、药学、工商管理、公共管理、图书馆、情报与档案管理。

文化传统

这是一块神圣的土地。百余年来这里成长着中国几代最优秀的学者。丰博的学识,闪光的才智,庄严无畏独立思想,这一切又与先天下的严峻思想、耿正不阿的人格操守以及勇锐的抗争精神相结合,构成了一种特殊的精神魅力。

这是一片自由的阵地。从十九世纪末叶到如今,一百多年间中国社会的痛苦和追求,都在这里得到集聚和呈现。一代又一代的中国学者,从这里眺望世界,以坚毅的、顽强的、几乎是前仆后继的精神,在这片辽阔的国土上传播文明的种子。民主与科学已成为这块阵地不朽的灵魂。

学校把培养社会主义现代化建设需要的高级专门人才同重大研究有效地结合起来,在继续加强和发展基础学科的同时,着力发展经济建设、科技进步和社会发展急需的应用学科、交叉学科和新兴学科,使学校成为一所拥有自然科学、技术科学、社会科学、人文科学、管理科学、教育科学、语言科学、医药科学和新型工程科学等多种学科,集人才培养、科学研究、社会服务为一体的新型综合性大学。

社团组织

北京大学拥有约 250 家学生社团。其中北京大学爱心社、北大山鹰社、北京大学台湾研究会、自行车协会、中医协会(医学部)于2007年底被评为三年一度的“北京大学品牌社团”。北京大学阳光志愿者协会、模拟联合国协会、街舞风雷社、青年马克思主义发展研究会、乒乓球协会、黔中文化发展促进会、棒垒球协会、元火动漫社、朗诵艺术协会、轮滑协会(医学部)于2007年底被评为一年一度的“十佳社团”。

著名校友

一、当选院士

北大的数学科学学院田刚、王诗宬教授、物理学院教授赵光达、秦国刚教授、化学与分子工程学院黄春辉教授、地球与空间科学学院涂传诒教授、城市与环境学院方精云教授、工学院黄琳教授、医学部童坦君教授等九位教授在2001~2005年间当选为中国科学院院士,同时当选的还有北大学子周又元、汪承灏、叶朝辉、石耀霖、王颖、高玉臣、刘宝镛、夏建白、邝宇平、解思深、陆琰、郑有炓、陈创天、计亮年、陆大道、吴养洁、王鼎盛、陈和生和吕达仁等19位。中国科学院院士是中国设立的给予科学技术领域有杰出贡献的个人的最高学术称号,为终身荣誉。

北大医学部庄辉教授、信息科学技术学院原院长何新贵教授在2001~2005年间当选为中国工程院院士,同时当选的还有北大学子冯培德、唐希灿、孙承纬、龚知本、李连达、刘昌孝、刘韵洁、丁一汇和陈君石等9位校友。中国工程院院士是中国设立的给予工程技术及管理领域有杰出贡献的个人的最高学术称号,为终身荣誉。

北大物理学院陈佳洱教授、医学部韩启德教授、数学科学学院文兰教授、中国经济研究中心林毅夫教授在2001~2005年间当选为第三世界科学院院士,同时当选的还有北大学子李国杰、许绍燮、艾国祥、冼鼎昌、解思深、徐至展、石耀霖等7位。至此北大已有34位学子当选第三世界科学院院士,占全部中国内地的该院院士总数的1/4强。第三世界科学院院士是从第三世界国家的科学院、大学和研究机构以及发达国家的科学组织中选举产生,院士们均在各自的科学领域对第三世界国家科学发展做出了杰出的贡献。

北大校友钱煦2005年当选为美国国家科学院院士,是全美仅有的8位拥有国家科学院院士、国家工程院院士以及国家科学院医学院院士三顶头衔的科学家。

北大数学科学学院教授和麻省理工学院数学系Simons讲座教授田刚2004年当选美国艺术和科学院(American Academy of Arts and Sciences)院士。与他同时当选的还有另外两名来自中国的学者。这也是改革开放以来大陆留美学子中首次获此殊荣。

北大物理系58届校友徐荣栏2003年当选国际宇航科学院基础科学部院士。

北京大学北京现代物理中心主任北大校友李政道教授2003年被教皇约翰·保罗二世任命为教廷宗座科学院院士。李政道教授目前是中国科学院外籍院士、美国国家科学院院士、美国艺术和科学院院士、意大利林琴科学院院士、台湾中央研究院院士。

北大校友侯朝焕、王德良、金亚秋当选国际电气电子工程师学会会士(IEEE Fellow)。

北大校友杨伟涛(化学系82届)、李东琦(物理系85届)、沈群(物理系81届)、曾晓成(84届)、李晖(物理系90届)当选美国物理学会会士(American Physical Society Fellows),北大校友共12人荣膺此衔,列大陆各校毕业生之冠。

北大64届校友、香港科技大学机械工程系系主任余同希教授2003年当选美国机械工程师学会会士(Fellow,American Society of Mechanical Engineers)和英国机械工程师学会会士(Fellow,Institute of Mechanical Engineers,UK),以表彰他对机械工程专业做出的重要贡献。

北大化学系82届校友、加拿大卡尔顿大学化学系教授王植源2003年当选加拿大化学学会会士(Fellow,Chemical Institute of Canada)。

北大化学系84届校友谢晓亮2005年当选美国生物物理学会会士(Fellow)。

北大校友谢晓亮(化学系84届)、张有学(地质系82届)当选2005年年度美国科学促进会会士(Fellow,AAAS)。

北大物理系66届校友宋菲君2005年当选美国国际光电工程学会院士、资深会员(Fellow,SPIE)。

二、国内获奖

北大计算机科学技术研究所王选院士(1958年毕业于北京大学数学力学系计算数学专业)和物理系45届硕士黄昆院士获得2001年国家最高科学技术奖,西南联大地质系42届校友刘东生院士获2003年国家最高科学技术奖,西南联大40届校友叶笃正院士获得2005年度国家最高科学技术奖,化学与分子工程学院徐光宪院士和北京大学医学院50届校友王忠诚院士获得2008年国家最高技术奖,加上2000年获奖得吴文俊院士(1951~1952年任教于北京大学),2007年获奖的吴征镒院士(1940~1942年入西南联合大学理科研究所攻读研究生,师从西南联合大学生物系主任张景钺教授(北京大学教授))至今为止北大校友共8次荣膺国家最高科学技术奖(全部共十四位)。

北大地质地理系69届校友、西北大学舒德干教授与另外两位合作者分享2003年度国家自然科学一等奖。国家自然科学奖一等奖在2001-2005年中仅授予两项。

北大技术物理系85届校友、石油化工科学研究院副总工程师宗保宁领衔获得2005年国家技术发明一等奖奖。国家技术发明奖一等奖在2001~2005年中仅授予三项。

北大化学与分子工程学院徐光宪院士荣获2005年度何梁何利科技成就奖,为北大继徐光宪院士之后第二位获此殊荣的科学家(全国高校仅6位)。北大化学系

45届校友邹承鲁院士和吴征镒院士(曾在西南联大任教)荣获2003年度"何梁何利基金科学与技术成就奖"。迄今为止的23位成就奖(2001~2005年间仅4项)得主中有北大校友12位。

北大数学科学学院段学复、物理学院陈佳洱、甘子钊、杨应昌、赵柏林、化学与分子工程学院张滂、黄春辉、地球与空间科学学院涂传诒、信息科学学院王阳元、医学部冯传汉等十位教授在2001~2005年间获得何梁何利科学技术进步奖,迄今为止北大共37位教授获此殊荣,在全国高校中遥遥领先。同期,魏宝文(物理系57届)、李泽椿(地球物理系65届研究生)、杨起(地质系46届硕士)、顾方舟(医学院50届)、张仁和(物理系58届)、冼鼎昌(技术物理系56届)、王世绩(技术物理系56届)、惠永正(化学系62届)、丁一汇(地球物理系63届)、戴汝为(数学力学系55届)、王乃彦(技术物理系56届)、熊大闰(地球物理系62届)、肖序常(地质系52届)、吴德昌(化学系49届)、曹学义(医学部预防医学系毕业)、钟南山(医学部医疗系60届)、程耿东(数力系64届)、杨国桢(物理系62届)、张焕乔(物理系56届)、陈庆云(化学系52届)、白春礼(化学系78届)、许志琴(地质地理系64届)、唐希灿(生物系57届)、刘应明(数学力学系63届)、夏建白(物理系65届研究生)、杜庆华(原北大教师,1952年调出北大)等26位校友也获得何梁何利科技进步奖北大校友朱建士(数力系58届)获得2002年第四届光华工程科技奖工程奖,校友范滇元(62届)、钟南山(医学部医疗系60届)获得2004年第五届光华工程科技奖工程奖。光华工程科技奖由中国工程院管理、承办,是中国工程科技界的最高奖。此前,北大校友张宗祜(地质系48届)、王寿云(数力系60届)、金国藩(工学院50届)曾荣膺此奖。

北大数学科学学院教授姜伯驹院士(数学力学系57届)获得2002年第五届华罗庚数学奖。北大校友姜礼尚教授(数学力学系57届)获2005年第七届华罗庚数学奖。华罗庚数学奖是中国数学会与湖南教育出版社联合主办的为了纪念著名数学家华罗庚先生而设立的奖项,用以奖励并鼓励对中国数学事业的发展做出突出贡献的我国数学家。该奖自1992年以来的获奖数学家中,北大人有五位,位居各高校之冠。

北大校友、中科院数学与系统科学研究院巩馥洲研究员(1995年至1997年在数学科学学院从事博士后研究)和段海豹研究员(1987年博士毕业于北京大学)分获2003年第九届和2005年第十届"陈省身数学奖"。该奖旨在奖励在数学领域做出突出成果的我国中青年数学家。自1986年以来,在获得该奖20位中青年数学家中,有北大校友8人,位居各高校之冠。

北大计算数学专业84届校友、香港浸会大学数学系讲座教授汤涛获2003年度"冯康科学计算奖"。1995年设立的冯康科学计算奖旨在奖励科学计算领域做出杰出贡献的海内外中国青年数学家。该奖每两年颁奖一次,奖金15,000元。自设立以来的11位获奖者中,有北大校友5位,居全国高校首位。

北大物理学院马伯强教授(物理系89届博士)获得2002~2003年度周培源物

理奖。北大校友、中国科学院物理研究所解思深(物理系 65 届)、王恩哥(物理系 90 届博士)分别获得 2000~2001、2004~2005 年度周培源物理学奖。该奖项至今的六位获奖者中五位是北大毕业生。该校工学院黄永念教授(数力系 63 届、66 届研究生)获得 2002 年第三届周培源力学奖,为该奖的第三位获奖者。周培源物理奖和力学奖由周培源基金会设立,每两年评选一次,一般每次评选一人或一个项目。

北京大学物理学院秦国刚教授获得 2000~2001 年叶企孙物理奖,龚旗煌教授获得 2004~2005 年饶毓泰物理奖,北大校友水永安(物理系 53 届)获得 2000~2001 年饶毓泰物理奖。

王鼎盛(物理系 52 届)获得 2000~2001 年叶企孙物理奖,马中骐(物理系 64 届研究生)获得 2004~2004 年王淦昌物理奖。中国物理学会胡刚复、饶毓泰、叶企孙、吴有训、王淦昌物理奖在 2001~2005 期间供授奖三次,授予 14 项。

北大化学与分子工程学院院长席振峰教授获 2003~2004 年度"中国化学会——巴斯夫青年知识创新奖"和 2004 年我国金属有机化学领域的最高奖——中国化学会第一届"黄耀增金属有机化学奖"。

北京大学地球与空间学院何国琦和郑亚东教授分别获得 2001 年、2005 年第七次、第九次李四光地质科学奖"教师奖"。北大校友叶连俊、杨起、石耀林院士分别获得李四光地质科学奖荣誉奖。李四光地质科学奖是我国地质学领域的最高奖,其中荣誉奖在三次授奖中只授予了 8 人。

北京大学王劲松博士荣获 2005 年度赵九章优秀中青年科学奖。赵九章优秀中青年科学奖专门奖励在大气物理学、地球物理学、空间探测学和空间物理学领域从事基础研究、应用基础研究和开发研究中做出贡献的 45 岁以下的中青年科技工作者。

北大计算机研究所汤帜研究员荣获首届"中国发明协会发明创业奖"特等奖,同时授予"当代发明家"荣誉称号。"发明创业奖"由国家科技部批准,中国发明协会设立,是首个为发明家设立的国家最高奖项,也是今年以来国家奖励办批准的唯一一个奖项。今年共 10 人获得特等奖。

北大外国语学院教授黄燎宇和已故田德望教授分别获得 2005 年第三届鲁迅文学奖文学翻译奖。中国作家协会主办的鲁迅文学奖是国家级文学奖,黄燎宇教授(北京大学学士、硕士、博士)也是第八位获得鲁迅文学奖的我校毕业生。

北大校友刘国光(1946 年毕业于西南联大经济系)获得 2005 年度首届中国经济学"杰出贡献奖"。中国经济学奖是由中国宏观经济学会和中国经济体制改革研究会共同发起设立的,旨在奖励在经济理论、政策及研究方法等领域做出杰出贡献的中国学者。首届中国经济学奖侧重于评选 1978 年 12 月党的十一届三中全会以来,把经济学原理与中国实际相结合,在国家发展与改革开放政策制定中做出杰出贡献的经济学家。

北大法学院教授张守文、陈瑞华先后入选 2002、2004 年度两届中国十大中青年杰出法学家,同时当选的还包括吕忠梅(84届)、袁曙宏(法学博士)、蔡定剑(法学博士)、景汉朝(96届法学硕士)、马怀德(法律系88届)、莫纪宏(法律系86届)等六位校友。至此,在历届十大青年法学家评选中,已有12位校友获此称号。

三、国外获奖/受勋

北京大学教授、侯仁之院士2001年获得美国国家地理学会大奖~"研究与探险委员会主席奖"。美国国家地理学会是世界最大的非营利性科学与教育机构。研究与探险委员会主席奖是授予那些为世界带来新知识、拥有杰出贡献的国家地理学会基金获得者。侯仁之院士长期从事城市历史地理、沙漠环境变迁和历史地理学理论的研究,是公认的中国历史地理学巨擘。

北京大学外国语学院教授金鼎汉(55届东语系)2001年获得印度总统纳拉亚南亲自颁发的代表印地语研究最高成就的奖项~乔治·格里森奖。金鼎汉教授是我国自己培养的第一批印地语学者,他的主要著作和翻译作品有《印地语汉语词典》《印地语汉语成语词典》等。他翻译的《罗摩功行之湖》,第一次把这部印度文学史上影响最大的集史诗、哲学思想和宗教经典于一体的巨著推到中国读者面前。金鼎汉教授还曾于1993年获印度总统夏尔玛颁发的世界印地语荣誉奖,印度中央印地语研究院称赞他为当今世界印地语研究界最有影响的学者之一。

北大医学院50届校友、中国医学科学院北京神经科学研究所所长、北京天坛医院名誉院长王忠诚院士获得2001年"第十二届世界神经外科联合学术会议"授予的"最高荣誉奖章",这是世界神经外科最高奖,他是迄今我国唯一获此殊荣的神经外科医生。

北大化学系78届校友、中国科学院常务副院长、国家纳米科学中心主任白春礼院士获得国际化学工业协会总部授予的2001年度"国际奖章",以表彰他在纳米科学领域的杰出贡献和为国际科技合作交流所发挥的领袖作用。白春礼院士是继我国化学家侯德榜1943年获该学会"荣誉会员"后第二位获奖的中国科学家。

北大校友刘东生院士(地质系42届)获2002年度"泰勒环境"(Tayler Enmvironmental Prize),获颁金制奖牌和20万美元奖金。"泰勒环境奖"是环境科学领域的最高奖,有"环境科学的诺贝尔奖"之称。

北大校友李旸博士(经济学院90届)获欧盟经济学进步奖,表彰其在宏观经济学方面的成就;该奖是欧盟十七国共同设立的有关宏观经济政策研究的大奖。

北京大学人类学蔡华教授被法国科学院授予2002年度"法语国家大奖"金奖,以表彰他在人类学领域的杰出成就。"法语国家大奖"是由法国、加拿大、摩洛哥等法语国家共同设立的一个奖项,表彰在学术上做出突出贡献的用法语作为工作语言的学者。蔡华教授是第一个获得这个奖项的中国人。

北大景观设计学研究院俞孔坚教授主持设计的作品中山岐江公园获得美国景观设计师协会(AsLA)2002年度颁发的全美景观设计年度最高奖:设计荣誉奖(Design Honor Award),2003年中国建筑艺术奖的公共环境类城市环境艺术优秀奖,2004 年由全国工商联住宅产业商会和中国民族建筑研究会联合颁发的“中国现代优秀民族建筑综合金奖”。

选择北大的十大理由

理由之一:北大是中国的最高学府

北京大学,创立于 1898 年,初名京师大学堂,是我国中央政府设立的第一所大学,为中国近代正式设大学之始,其成立标志着中国近现代高等教育的开端,由此开创了中国的现代学制。北大成立之初即为中国最高学府,也是当时中国的最高教育行政机关,行使教育部的职能,统管全国教育事宜。北大传承着中华数千年国家最高学府~“太学”的学统,是中国古代最高学府在现代的延续,自建校以来一直享有崇高的声誉。“上承太学正统,下立新学祖庭”,这是对北大地位的精确评价。时至今日,北大依然是全国实力最强的综合性大学,并朝着世界一流大学前进。

理由之二:北大是中国最具精神魅力和学府气质的大学

作为中国最具精神魅力的学府,百余年来,这里成长着中国几代最优秀的学者,他们从这里眺望世界,走向未来,以坚毅的、顽强的、几乎是前仆后继的精神,在这片辽阔的国土上传播文明的种子。它不是一种物质的遗传,而是灵魂的塑造和远播。“思想自由、兼容并包”的传统在北大薪火相传,构成一种恒远而不具形的存在。“科学与民主”早已成为这圣地不朽的灵魂。在北大学会的不仅仅是单纯的知识,感受更多的却是北大对一个人人格的熏陶,从这片园子里面走出的人都会深深打上北大的“烙印”,具备特殊的精神气质。

理由之三:北大是中国实力最强的综合性大学

北京大学不仅是中国最早的综合性大学,更是中国实力最强的综合性大学。北大理科、文科和医科的国家重点学科数,均居全国第一。工科非常有特色,能源与资源工程、石油地质、力学、测绘科学与技术、材料科学、景观设计与建筑学、环境工程、计算机科学与技术、电子科学与技术、航空航天研究、先进技术研究、跨学科研究等都在国内处于领先水平。全校共拥有国家重点学科 81 个,在全国高校中遥遥领先(比第二名多出 32 个),理学、医学、工学、法学、文学、历史学、哲学、经济学、管理学、教育学等学科门类齐全、分布平衡、协调发展。同时,北大的一级学科博士点数量亦居全国高校之首。北大有着最强的综合学科实力和多元化的校园氛围,最适合人才的成长。只有在北大这样的综合性大学,你才可能像其他北大人一样,轻松拥有那种诱人的资质。

理由之四:北大是中国理科最强的大学

北大是中国第一个建立理科的大学,我国第一个数学、北物理、化学、计算机等专业皆诞生于此,有着最为悠久的历史和最深厚的积淀。北大理科的总体实力之强,全国其他高校无法望其项背。按照教育部最新评定的国家重点学科数目,无论是纯理科还是大理科(包括理工农医),北大均为全国第一,而北大拥有最多的院士也同样证明了这一点。北大的科研总体实力在全国高校中遥遥领先,目前全校共拥有各类研究所(中心)271 个,国家级重点实验室 12 个,国家工程研究中心 2 个,教育部重点实验室 14 个,卫计委重点实验室和工程研究中心 8 个,国家基础人才培养基地 18.5 个,18 个附属和教学医院。北大的声誉由一连串令人自豪的科学成就赢得:世界上第一例人工合成牛胰岛素有北大参与完成;世界上直径最小的单壁碳纳米管在北大产生;我国第一台百万次电子数字计算机在北大设计;锑、铕、铈原子量的国际标准在北大测定……凭借其浓厚的学术氛围和卓越的科研水平,北大能够不断地推陈出新,把最前沿的科学知识传授给学生。

北大堪称我国科学的圣地。

理由之五:北大拥有国内最雄厚的师资力量

一流的大学最重要的是拥有一流的大师。而北大正可谓名师如林,目前拥有中国科学院院士 52 名,中国工程院院士 7 名,第三世界科学院院士 11 名,中科院院士的数量在国内高校中高居第一。北大还拥有教育部"长江学者"75 人;国家杰出青年基金获得者 108 人;国家 973 项目首席科学家 15 人;博士生导师逾 1000 人,上述指标均居全国高校第一。

理由之六:北大能给你最好的高等教育

北大为学生提供了得天独厚的学习条件。全校共拥有 17.5 个国家基础科学研究与教学人才培养基地,数量居国内高校之首。北京大学图书馆的前身是始建于 1898 年的京师大学堂藏书楼,是中国近代第一所新型的国立图书馆,现为亚洲高校最大的图书馆,藏书已达 703 余万册,并以每年 8 万册的速度递增。北大作为中国教育网华北地区网络中心,校园网以专线连接到每一间宿舍,同时北大也是中国第一所实现校园无线上网的高校,学生可以自由地在信息的海洋里遨游。北大一贯重视教学的水平与质量,课程体系周密完备,重视学生素质的均衡发展。

理由之七:北大拥有中国最优秀的学生

北大是全国中学生心目中的圣殿,北大辉煌的历史、深厚的底蕴、最强的师资、综合的学科、最好的学术条件以及诱人的毕业去向,一直以来就吸引着全国最优秀的学子报考。北大是历年来录取各省市高考第一名最多的大学,历年来国际数学、物理、化学、生物奥林匹克竞赛获奖学生绝大部分都在北大深造。北大 2003 年招生工作成绩喜人。全国各省(直辖市、自治区)文理科前十名的学生中有近 60% 报考北大,其中包括各省(直辖市、自治区)文理科第一名 35 人。同时国际数学、化学、生物奥赛奖牌得主几乎被北大囊括,数量继续位居各高校之首。北大在各地录取的总平均分,文科录取平均分平均高出重点线 100 分,理科录取平均分平均高出重点线 130 分,医学部录取平均分平均高出重点线 100 余分。同时,每年报考北大研究生的人数,一直以来为全国高校第一。

理由之八:北大是人才的摇篮,毕业去向良好

北大英才辈出,堪称大师之园。北大的毕业生和教师为我国的自然科学、人文社会科学、医学、工程技术及国防事业、文化事业的发展做了奠基性和开拓性的贡献。这些北大师长们的杰出成就激励着一代一代的青年学子们奋发图强。据不完全统计,在北大校友中已有 586 人当选院士(学部委员),总数雄踞全国高校之首。在 23 名"两弹一星"的元勋中,北大校友就达 12 位。在北大学子中,不仅涌现了李政道、邓稼先、杨振宁、钱三强、于敏、郭永怀、朱光亚、周光召、唐敖庆、裴文中、黄汲清、刘东生等一大批科学巨匠,也出现了冯友兰、徐志摩、茅盾、朱自清、俞平伯、罗常培、顾颉刚、傅斯年、范文澜、冼星海等一大批饮誉海内外的文科大师。尤其值得庆贺的是,9 位国家最高科技奖中就有 5 位获得者是北大(和西南联大)校友,他们是吴文俊、王选、黄昆、刘东生、叶笃正 5 位院士。北大人的身影活跃在各行各业之中。聪明的才智、坚实的培养、名牌的声誉、务实的风格……这些无不在为北大人铺就良好的出路。根据 2003 年最新的教育部统计,北大学生就业率高居全国之首。另外,北大学子出国每年出国的人数和学校的档次都同样高居全国之首,比如哈佛大学在中国招收的留学生名额,大部分都投放给北大学子。

理由之九:北大是国际上知名度最高的中国大学

北大自创立以来就一直是国际上知名度最高的中国大学,同时也是国内最具开放性的大学。置身于此,正可以放眼世界,胸怀天下。现有来自近百个国家的四千余名留学生在北大求学,留学生人数在全国高校中遥遥领先。历年来访问北大的诺贝尔奖获得者、国际学术大师、各国元首与政府首脑的人数在国内高校中均居第一。2004 年,斯坦福大学、耶鲁大学、剑桥大学、牛津大学、巴黎高师、巴黎高科等国际著名大学负责人访问我校,9 位诺贝尔奖得主登上我校讲台,8 位外国政要莅临我校发表演讲。

目前,北大已与世界上 47 个国家的 219 所著名大学建立了校际交流关系,数目亦居全国高校之首。

理由之十:未名湖畔是读书求学最理想的环境

北大校园又称燕园,包括淑春园、勺园、朗润园、镜春园、鸣鹤园、蔚秀园、畅春园、承泽园等,在明清两代是著名的皇家园林,数百年来,其基本格局与神韵依然存在。校园北与圆明园毗邻、西与颐和园相望。北大充分利用了这一难历史遗产,营建了风景如画的校园环境,使之既有皇家园林的宏伟气度,又有江南山水的秀丽特色。这里不仅有亭台楼阁等古典建筑,而且山环水抱,湖泊相连,堤岛穿插,风景宜人;校园内古木参天,绿树成荫,四季常青,鸟语花香,园林景色步移景异。优美典雅的环境内充满着丰富多彩、魅力无穷的校园生活,使学生可以同时感受到自然的风景和浓厚的人文气息。美丽的湖光塔影伴随着大师的背影,这正是燕园中最美的图画。著名的一塔湖图指的就是未名湖畔的景色。

从沙滩到燕园,从红楼到未名湖,百年北大伴随着风雨而前行。北大人那惊天动地的宏伟业绩与默默沉潜的学术思索,共同汇聚成一种可歌可泣的壮与美,凝铸一段梦魂牵绕的不灭的记忆。秉承着这圣地的精神魅力,每一位北大人都深深地知道,于今日之北大与中国,"北大人"这个名字不仅昭示着一种荣耀,更提醒着一种责任。

复旦大学

校名全称:复旦大学

英文名称:Fudan University

成立时间:公元1905年

学校地址:邯郸校区位于中国上海市杨浦区邯郸路220号。

枫林校区位于中国上海市徐汇区医学院路138号,护理学院位于中国上海市徐汇区枫林路305号。

张江校区位于中国上海浦东新区张江高科技园区张衡路825号。

江湾校区位于中国上海市杨浦区淞沪路2005号。

学校三维地图、校园实景展示:http://fudan.6dxy.corn/

复旦的校训:博学而笃志,切问而近思(出自《论语·子张篇》)

复旦的校风:文明、健康、团结、奋发

复旦的学风:刻苦、严谨、求实、创新

复旦的教学原则:通才教育,按类教学

复旦的教学理念:宽口径,厚基础,重能力,求创新

办学定位:努力实现从研究型大学向名列亚洲前列的世界知名高水平大学的转变,最终经过数十年建设,跻身世界一流大学行列。

复旦大学现任校长为杨玉良教授,党委书记为秦绍德教授。

历史沿革

复旦大学创建于1905年,原名复旦公学,于光绪三十一年(1905)中秋节正式开学,是第一所由中国人通过民间集资自主创办的高等学校。"复旦"二字由创始人、中国近代知名教育家马相伯先生选定,选自《尚书大传·虞夏传》中《卿云歌》"日月光华,旦复旦兮"的名句,意在自强不息,寄托当时中国知识分子自主办学、教育强国的希望。一百多年来,复旦大学经历了数不清的风风雨雨,然而"复旦"

二字却深深地镌刻进了一代又一代复旦人的心中。2005 年是复旦大学的百年校庆。国家主席胡锦涛发来贺信,贺信中称复旦大学是“由中国人自主创办的第一所私立大学”。全国人大常委会委员长吴邦国参加校庆大会并致辞。国家邮政总局发行复旦百年校庆纪念邮票,这是继北京大学百年校庆后我国第二次为一所大学百年校庆发行邮票。2006 年,“复旦”被评为上海市著名商标;2007 年,“复旦”商标(包括“复旦”二字和图形标识)被国家工商行政管理总局商标局认定为中国驰名商标(教育类),复旦因此成为继清华之后,中国第二所获此殊荣的高校。

复旦大学

复旦大学经历逾百年的沿革。1917 年复旦公学改名为私立复旦大学,下设文、理、商三科以及预科和中学部。1937 年抗日战争爆发后,学校内迁重庆北碚,并于 1941 年改为“国立”。1946 年学校迁回上海江湾原址。到 1949 年学校已设立文、理、法、商、农五院 20 多个系(科)。鲁迅、郭沫若、邹韬奋、老舍、竺可桢、马寅初等著名学者曾到校演讲或任教。1950 年高校初步进行院系调整,复旦大学的海洋系并入山东大学;上海暨南大学的文、法、商三院,同济大学的文、法两院,以及浙江大学、英士大学的部分系科并入复旦大学。1952 年秋全国高校院系调整,复旦大学的法学院、商学院、农学院调出,分别成立了华东政法学院、上海财经学院和沈阳农学院;而华东地区的浙江大学、交通大学、南京大学、安徽大学、金陵大学、圣约翰大学、沪江大学、震旦大学、大同大学、光华大学、大夏大学、上海学院、中华工商专科学校、中国新闻专科学校等高等院校的文、理科有关系科并入复旦大学。二十世纪 80 年代以后,尤其是通过教育部和上海市共同建设,以及“七五”“八五”和“九五”的重点建设,复旦大学逐步发展成为一所人文科学、社会科学、自然科学、技术科学以及管理科学在内的多科性研究型综合大学。2000 年 4 月 27 日上海医科大学与复旦大学合并,成立新的复旦大学。上海医科大学创建于 1927 年,是中国人自己创办的第一所高等医学院校。建院时定名为第四中山大学医学院,1932 年改名为国立上海医学院,1952 年更名为上海第一医学院,1959 年被中央指定为全国 16 所重点高等院校之一,1985 年改名为上海医科大学。上海医科大学与复旦大学合并，进一步拓宽了复旦大学的学科结构，为综合性大学的发展目标奠定了坚实的基础。

校园环境

经过多年的建设和发展，复旦大学已经形成“一体两翼”的校园格局：即以邯郸校区、江湾新校区为一体，以枫林校区、张江校区为两翼。截至 2006 年底，学校共有土地 2317267 平方米，合约 3476 亩。其中，邯郸校区土地 922297 平方米，合 1383 亩；枫林校区土地 192123 平方米，合 288 亩；张江校区 228176 平方米，合 342 亩；江湾校区 974671 平方米，合 1462 亩。生均占地面积 76.5 平方米。校舍建筑面积逾 119 万平方米，全校固定资产 22 亿元。

截至 2006 年底，复旦大学图书馆由文科馆、理科馆、医科馆、张江校区图书馆、江湾校区图书馆组成，馆舍面积 56066 平方米。另有 35 个院系和研究中心的资料室，总面积 7850 平方米。全校图书馆总面积合计 63916 平方米。馆藏纸质图书 470 余万册，含各院系资料室藏书 112 万册。馆藏文献中包括线装古籍 40 万册（含善本 8 万册），民国时期图书 10 万册，外国教材 2.8 万册。年订购中西文纸本期刊 6753 种，订购报纸 476 份。

院系设置

复旦大学现有哲学学院、外国语言文学学院、新闻学院、法学院、国际关系与公共事务学院、社会发展与公共政策学院、经济学院、管理学院、数学科学学院、生命科学学院、信息科学与工程学院、计算机科学技术学院、上海医学院、公共卫生学院、药学院和护理学院等 16 个全日制学院（含 70 个系），中国语言文学系、历史学系、文物与博物馆学系、旅游学系、艺术设计系、物理学系、化学系、力学与工程科学系、光源与照明工程系、材料科学系、高分子科学系、环境科学与工程系等 12 个系，以及社会科学基础部、体育教学部、大学英语教学部、艺术教育中心等 4 个公共教学部门和复旦学院。共设有本科专业 70 个，一级学科博士学位授权点 24 个，博士学位授权学科、专业点 153 个（其中自设 29 个，专业学位 1 个），硕士学位授权学科、专业点 225 个（其中自设 50 个，专业学位 8 个），并设有 25 个博士后科研流动站。学校还拥有中山医院、华山医院、眼耳鼻喉科医院、肿瘤医院、妇产科医院、儿科医院、华东医院、金山医院、上海市第五人民医院、上海市公共卫生临床中心等 10 个附属医院。此外，学校还与有关机构合作举办了复旦大学太平洋金融学院、复旦大学上海视觉艺术学院等 2 所独立二级学院。

教　育

学校学科门类齐全，涵盖了哲学、教育学、经济学、法学、文学、历史学、理学、工学、管理学和医学等十大学科门类。现有哲学、理论经济学、中国语言文学、新闻传播学、数学、物理学、化学、生物学、电子科学与技术、基础医学、中西医结合等11个一级学科国家重点学科；金融学、产业经济学、政治学理论、国际关系、中国近现代史、历史地理学、计算机软件与理论、内科学（心血管、传染病、肾病）、儿科学、神经病学、影像医学与核医学、外科学、妇产科学、眼科学、耳鼻咽喉科学、肿瘤学、流行病与卫生统计学、药剂学、社会医学与卫生事业管理等19个二级学科国家重点学科，被重点学科覆盖的二级学科总数达86个，居全国第三位。

学校现有中国语言文学研究所、中国社会主义市场经济研究中心、美国研究中心、历史地理研究所、人口研究所、世界经济研究所、金融研究院、数学研究所、现代物理研究所、遗传学研究所、上海市心血管病研究所、上海市放射医学研究所、肝癌研究所等306个各类研究机构，有先进光子学材料与器件、专用集成电路与系统、应用表面物理、遗传工程、医学神经生物学等5个国家重点实验室，省、部级研究机构39个。

学校现有各类学生近50200人，其中博士、硕士研究生11976人，普通本专科生14816人，外国留学生2812人，成人教育本专科生11160人，网络教育本专科生近9510人。

学校拥有一支高水平的师资队伍，现有专任教师与科研人员2481人，其中教授、副教授近1400人，中国科学院、中国工程院院士35人（含双聘），博士生导师831人，教育部"长江学者奖励计划"特聘教授40人、讲座教授14人，"国家重点基础研究发展计划（简称973）"项目首席科学家9人，"国家级有突出贡献中青年专家"33人。

复旦大学把培养具有全面素质的高质量人才作为教学的根本目标。学校注意从自己的实际出发，大胆吸收国内外高校的成功经验，注重加强学科间的渗透、交叉、组合，发挥综合性大学多学科的特色和优势。经过长期的实践和探索，已经建立起一套比较完整的、有自身特点的教学计划和管理体系。学科建设全面启动，发展势头良好。

学校按照"厚基础、宽口径、重能力、求创新"的教学理念，将综合教育和文理基础教育为特色的通识教育和宽口径专业教育有机地结合起来。学校从1994年实施学分制教学管理，2001年全面推进学分制建设，通过调整课程设置、开放选择专业、推行学期开课制、设立自由选修学分等多种途径，从各个教学环节上落实学生个性发展，给学生以更多的自主选择权。学校大力提倡"名教授上基础课、带基础实验"，建有严格的教学质量保障体系，在历年的全国优秀教学成果奖评选中获奖数始终名列全国前茅。学校建立了一套有实效、有特色的教学管理制度，研制和开发了具有国内先进水平的《高校网上教务管理系统》，实行导师制等一系列措施，全面实现了科学化、专业化管理，并坚持不懈地整治教风和考风，形成了良好的学风和校风。

学校把加强和发展研究生教育视为建设世界一流大学的关键，始终以"提高研究生培养质量"为核心，激励研究生的创新能力，营造完善的成才机制和浓重的学术氛围。积极推进招生制度改革,扩大博士生导师的招生自主权,通过提前攻博、硕博连读和招收直博生制度来吸引优秀生源。通过加强课程建设和教材建设来完善研究生学位课程体系,以严格的科研训练和能力培养来激发研究生的自主创新潜力,实施学位论文开题报告、中期考核和博士资格考试等措施,提高研究生的培养质量。近年来,研究生发表的论文在质量和数量上都有较大的提高,在连续六届的全国百篇优秀博士学位论文评选中,我校有33篇入选,在全国名列第三。为适应国家现代化建设的要求,近年来着力于研究生教育专业结构的调整,大力发展专业学位研究生的培养,取得了很好的成效,得到社会的广泛认同。在2001年亚洲13所著名商学院参加的"亚洲创业计划大赛"上,我校MBA代表队囊括全部单项与总分冠军,在全国"华为杯"研究生电子设计大赛中,我校多次获团体和个人冠军。在第一届100名国家教学名师奖评审中,复旦2位教授获得殊荣;上海市首届52名教学名师奖评选中,有8名教授入选,居上海市各高校之首。

学校注重课堂内外教育的结合,鼓励学生开展学术研究和社会实践。设立了"学生科技创新基金""大学生暑期社会实践基金",开办百台精品讲座,倡导读百本书,参加百项社会实践和实验课题,使以德育为核心,培养创新能力和实践能力,德、智、体、美相互渗透的素质教育,成为校园生活的主旋律。在反映学生科技创新能力的全国大学生"挑战杯"比赛中,复旦大学在1995年、2000年、2001年和2005年四次获得第一名,是获得第一名最多的学校。学生话剧团经常在校园上演世界名剧和自编自导自演的新戏。校男女排球队都是全国甲级队。艺术体操、射击是复旦大学的传统体育项目,在全国大学生比赛中屡次夺冠。

复旦努力以一流的师资,一流的管理,培养出一流的复旦人才。复旦培养的人才,在各自岗位上大显身手,赢得了社会的肯定和用人单位的普遍欢迎。本科毕业生绝大多数在4月底前能落实单位,五、六家单位争夺一名毕业生的现象也不乏其例。在全国高校毕业生就业市场竞争日益激烈的情况下,复旦本科生当年就业率近年来始终在95%以上。从毕业生流向,也可看出复旦人在社会发展中所担当的角色。进入国家机关的人数占毕业总人数的6%~7%,直升或考取研究生,以及留在高校及科研单位的约占40%。金融单位、各类公司企业、律师、会计师事务所等比例均较高。用人单位普遍反映,复旦的学生大多数具备自信心强、有协作精神、适应能力强等诸多优点,在工作中往往能脱颖而出。

1979年"文革"后复旦第一个学生社团~书画协会成立。现校内本科生学生社团分学术、实践、体育、艺术等四大类,总数125个,其中学术类社团28个、实践类社团43个、体育类社团41个、艺术类社团29个。

科学研究

复旦大学以深厚广博的人文精神和汇通中外的学术能力,为社会奉献了无数重要成果。

陈望道教授建立起我国修辞学的科学体系,朱东润教授和郭绍虞教授在文学批评史方面取得了令人瞩目的成果，谭其骧教授编纂的《中国历史地图集》独树一帜、嘉惠后学，周谷城教授在世界史研究、周予同教授在经学史方面都取得了很高的成就，他们都是开启学风、树立师道的典型。

苏步青教授，陈建功教授培养出一大批中国数学界和数学教育界的中坚。谢希德教授在半导体物理、固体能谱和表面物理等方面做出了突出贡献；周同庆教授主持研制出中国第一只 x 光管；此外，复旦大学还诞生了中国第一台质子静电加速器和第一台电子模拟计算机。

吴绍青教授创立上海肺病中心诊所，对我国结核病的控制做出了卓越贡献；沈克非教授毕生致力于外科学的研究，对普通外科的发展和提高以及神经外科、血管外科的开拓和创建做出了重大贡献；石美鑫教授主持研制成功我国第一台静立垂屏式人工心肺机；苏德隆教授在血吸虫病防治上贡献卓著。原上海医科大学在解决公共卫生问题、治疗疑难杂症、防治严重职业病等公共事务中，为社会做出了卓越的贡献。

截至 2006 年底，学校目前正在承担的国家重点基础研究发展规划项目（973 项目）8 项、863 课题 60 项，国家自然科学基金重大项目 1 项，国家自然科学基金重点项目 38 项。“十五”期间，我校获得国家自然科学二等奖 5 项、国家科技进步二等奖 8 项（第一完成人或第一完成单位）、国家技术发明二等奖 1 项，还获得授权专利 436 项，发表国际论文 6656 篇（含 SCIE、EI 和 ISTPB），其中在国际顶尖学术刊物 Science、Nature、Cell 等杂志上发表了 9 篇论文。同时，学校面向国民经济主战场，在专用集成电路、计算机网络工程、生物技术、有机纳米材料和催化剂研究等方面开发了一系列科技成果，产生了显著的社会与经济效益。在非线性数学、先进材料、人类基因组学、基础医学与临床医学等领域都取得了重要的科技进展。

人文科学和社会科学研究方面，在历届上海市哲学社会科学优秀成果评选中，复旦的获奖等级和总数都以绝对优势领先，其中《中国历史地图集》《英汉大词典》《中国文学批评通史》获特等奖；有 5 项成果获 2000 年首届全国哲学社会科学基金规划项目优秀成果奖，其中由陆谷孙教授主编的《英汉大词典》获一等奖，是上海地区唯一的一等奖获得者。在 2003 年教育部中国高校第三届人文社会科学优秀研究成果奖的评比中，我校有 5 部著作荣获一等奖，获一等奖著作数排名全国第一。2004 年我校获上海市哲学社会科学优秀成果奖 82 项，邓小平理论研究与宣传优秀成果奖 12 项，蒋学模、刘放桐获得首次设立的学术贡献奖；在 2004 年上海市的社科评奖中，我校获奖总数占全市的 32%。2004 年我校又获上海市决策咨询研究成果奖 8 项，获奖总数大幅度提高并首次位列上海高校第一。

在 2003 年、2004 年、2005 年国家社科基金项目评审中，我校分别有 20、28、23 个项目立项，立项数连续数年位列上海高校第一。复旦还多次获得中国图书一等奖、“五个一工程”优秀图书奖、上海市优秀图书特等奖等奖项。

复旦更加深入而广泛地服务于国家和地区经济发展，以国家大学科技园区为载体，构建富有活力的产业化体系，以新形态、新途径发扬学校服务社会、回报社会的优良传统。学校积极兴办科技产业，推动产、学、研联合，促进科技成果转化为生产力，打造出了生机勃勃的“复旦”校办产业群，开辟出一条具有“复旦特色”的产业化之路。学校现有上市公司3家，其中香港创业板上市公司2家。如上海复旦微电子股份有限公司，是国内首家专门从事超大规模集成电路设计、开发、生产、销售的发起式股份有限公司，它是在香港上市的第一个复旦大学品牌的高科技企业，在“亚洲金融”杂志评出的2001年度中国大陆地区最佳企业排行榜上，该公司列为第10位，它的“神威1号”嵌入式32位微处理器的项目获得国家国防科技一等奖。

交　流

复旦大学已成为国际上有影响的学术中心之一，具有广泛紧密的国际联系，学术交流活动非常活跃，已与近30个国家和地区的150多所高校和研究机构建立了合作交流关系，并向300多位国际知名学者和人士授予了名誉博士、名誉教授、顾问教授等称号。美国总统里根、副总统切尼、法国总统德斯坦、荷兰首相吕贝尔斯、以色列总理拉宾、德国总统约翰内斯·劳、德国前总理科尔、施罗德、爱尔兰总理埃亨、阿根廷总统基什内尔等外国元首或政府首脑，美国微软公司创始人比尔·盖茨、DELL公司创始人戴尔、著名金融家乔治索罗斯等商界名流曾到复旦访问并发表演讲。复旦大学是全国四个对外汉语教学基地之一，留学生数名列全国第二。在校学生赴境外交流人数不断增加，2006年出国出境学习的学生达到979人，学生眼界大为拓宽，学习能力获得提高。

复旦大学积极参与各类重要国际大学组织，继1998年成功举办东亚研究型大学年会之后，2000年成功举办21世纪大学校长协会第4次年会，2001年又成功举办了“环太平洋大学协会”第5次年会。随着国际地位的提升，复旦主办了相当多的学术会议，2002年学校主办了国际数学联盟执委会会议、国际合成金属会议和第七届世界对外汉语教学会议等高规格、大规模的国际学术会议，2004年举办国际学术会议60场次。

复旦大学积极推进国际化进程，与美国耶鲁大学、日本早稻田大学、新加坡国立大学等世界著名大学建立了战略合作伙伴关系，2004年与27个国外大学及学术机构签订了交流协议。复旦校董会热心学校工作，学校每年都得到国内外校董及社会各界的大力资助。

前景与使命

复旦是上海的复旦。上海这个中国近代最大的通商口岸和经济文化中心，浸润了复旦，造就了复旦。复旦见证了上海的沧桑与辉煌，复旦的进取、开放、自由、民主的特质正是这座城市精神的反映。复旦因上海而卓越，上海因复旦而骄傲。新世纪的复旦大学，将积极推进“融入上海、服务上海”的战略，带动上海高新技术产业、区域经济升级和科技文化社会等各方面事业的协调发展，打造高新人才高地和创新团队，成为上海思想的灯塔、智慧的港湾、科研的重镇、创新的乐土。复旦是上海的名片。

复旦是中国的复旦。复旦作为第一所由中国人通过民间集资自主创办的大学,筚路蓝缕,开启山林,是中国现代高等教育史的标志,具有里程碑的意义。复旦百年,深深卷入到中国这一百年曲折坎坷、遇挫愈坚的历史潮流之中,复旦的历史、科学、人文精神,与民族的兴衰、社会的进步息息相关。复旦一贯坚持以有利于民族平等和社会进步为指针,历经百年,无怨无悔,总是以最大的热诚和坚毅建设民族文化、投身社会变革。一百多年来,她已经为祖国培养了 20 多万名人才;今天,她依然要以自己的教学、科研和思想创造辐射全国,奉献全国人民,完成国家和社会赋予学校的神圣使命。

复旦是世界的复旦。开放融合、汇通中外是复旦大学建校以来就一直拥有的特色。从历史走向未来,从中国走向世界,复旦大学有责任在吸收国际科研技术最新成果和顶尖人才的同时,创新前沿科技,培养具有世界眼光的创造性人才,为中国高等教育跻身世界舞台而身体力行、不懈努力。在创造性地发展中华文明的同时,为世界文明创新和人类进步做出贡献。

日月光华,旦复旦兮。复旦拥有阳光,复旦更加灿烂辉煌！在教育部和上海市政府的重点投资下,复旦这所百年名校正力争建设成为一所立足上海、服务全国、国际一流的高水平、研究型的世界一流综合性大学,为人类文明进步,不断探索教育、科技创新和制度创新成果。

一百多年来,学校在培养人才、创新科技、传承文明、服务社会方面为国家做出突出贡献。复旦历史上拥有一大批学术大师和著名学者,在中国学术和教育史上产生深远影响。复旦师生谨记"博学而笃志,切问而近思"的校训;严守"文明、健康、团结、奋发"的校风;力行"刻苦、严谨、求实、创新"的学风,发扬复旦精神,为民族的解放和振兴,国家的建设和发展,社会的文明和进步做出重要贡献。2005 年复旦大学迎来百年华诞。中共中央总书记、国家主席、中央军委主席胡锦涛发来贺信,中共中央政治局常委、全国人大常委会委员长吴邦国出席百年校庆庆祝大会并发表重要讲话。在复旦大学第二个一百年开始之际,学校制定了《复旦大学"十一五"发展规划纲要》,以坚持内涵发展为主导,以增强综合实力为主线,以争取重大突破为方向,向建设世界一流大学的目标大步迈进。

复旦大学校歌

复旦大学校歌由刘大白作词、丰子恺作曲,创作于 1925 年:

复旦复旦旦复旦,巍巍学府文章焕,学术独立思想自由,政罗教网无羁绊;无羁绊,前程远,向前、向前,向前进展！复旦复旦旦复旦,日月光华同灿烂！

复旦复旦旦复旦,师生一德精神贯,巩固学校维护国家,先忧后乐交相勉;交相勉,前程远,向前、向前,向前进展！复旦复旦旦复旦,日月光华同灿烂！

复旦复旦旦复旦,沪滨屹立东南冠,教育国士恢廓学风,震欧铄美声名满。声名满,前程远,向前、向前,向前进展！复旦复旦旦复旦,日月光华同灿烂！

复旦大学校花:白玉兰

每年春天,校花白玉兰绽放芳华,让人回想起复旦在山河破碎的岁月里度过的草创期。那是1913年3月,春寒料峭,复旦公学刚刚从吴淞迁入上海西区徐家汇的李公祠。庭院中有数株白玉兰树正在绽放皎洁的花环,幽香浮动,花姿娴雅,师生誉之为"花中君子",以她为校花。1947年李登辉正式提议白玉兰为复旦校花。

八十八年后,白玉兰被上海市民选为市花。

著名校友

复旦历史上曾经拥有一大批学术大师和著名学者,在国内外享有盛誉。周谷城、陈望道、颜福庆、苏步青、谭其骧、周予同、陈建功、朱东润、胡曲园、严北溟、张世禄、伍蠡甫、卢鹤绂、谢希德等著名学者长期在校执教,为复旦奠定了雄厚的学术传统和基础。谈家桢、吴浩青、谷超豪、胡和生、王迅、陈中伟、杨雄里、杨福家、汤钊猷、顾玉东、李大潜、陈灏珠、沈自尹、闻玉梅、王威琪、陆谷孙、章培恒、王沪宁等一大批知名专家,仍活跃在国内外学术舞台上,成为复旦当代学术精神的代表。建校以来复旦大学共培养了18万余名各类毕业生,涌现出包括于右任、邵力子、陈寅恪、竺可桢、张志让、李岚清、李源潮等校友在内的众多杰出人才,为国家的建设事业做出了卓越贡献。据不完全统计,曾在复旦就读和担任教职的两院院士有145位。美国对其本土大学中外籍学生获得博士学位者(1999~2003)的本科毕业院校的统计数据显示,复旦大学毕业生获得美国学位的有626人,排全球第7位。这从一个侧面反映了复旦大学人才培养基础扎实的特点。

以下为曾在复旦大学(含原上海医科大学)就读和工作过的两院院士名单(不完全统计,资料截止到2007年12月31日)

蔡吉人、柴之芳、陈火旺、陈冀胜、陈凯先、陈良惠、陈克复、陈式刚、陈世骧、陈新、陈寅恪、陈宗懋、戴尅戎、邓景发、丁传贤、丁大钊、方荣祥、方守贤、冯德培、龚昌德、顾玉东、顾健人、关兴亚、郭柏灵、郭景坤、韩济生、韩启德、何积丰、贺福初、洪德元、洪国藩、洪家兴、洪孟民、胡思得、黄民强、候保荣、侯惠民、江明、金鉴明、黎鳌、李朝义、李大鹏、李大潜、李家春、李庆逵、林其谁、林永年、刘以训、毛江森、穆穆、彭实戈、秦伯益、桑国卫、沈倍奋、沈学础、沈寅初、沈自尹、盛彤笙、盛志勇、施立明、石钟慈、宋鸿钊、汤钊猷、陶瑞宝、童第周、王启明、王威琪、王迅、王正敏、汪忠镐、魏曦、闻玉梅、翁心植、吴杭生、吴建屏、吴新智、吴养洁、项坤三、许根俊、徐如人、徐至展、杨福家、杨雄里、杨玉良、姚开泰、俞大绂、袁业立、曾毅、曾溢滔、张春霆、张金哲、张伟平、张亚平、张永莲、赵国屏、赵铠、周廷冲、周君亮、周维善、朱既明、朱静、竺可桢、朱起鹤、庄松林、卓仁禧、邹冈、安芷生、秉志、蔡翘、陈灏珠、陈建功、陈俊愉、陈望道、陈耀祖、陈中伟、范滇元、冯康、干福熹、谷超豪、顾翼东、贺林、郝柏林、胡和生、黄春辉、黄家驷、黄量、林国强、卢鹤绂、陆汝钤、陆道培、马寅初、钱崇澍、任

美鄂、苏步青、谈家祯、谭其骧、汪猷、吴浩青、伍献文、吴征铠、夏道行、谢希德、赵东元、郑振铎、周同庆

自1952年以来,复旦大学(含原上海医科大学)共培养了78名院士,仅次于北京大学、清华大学。其中复旦(含原上海医学院)培养的中国科学院院士有53人,排名全国高校第二位,仅次于北京大学。复旦大学(含原上海医学院)还培养了48位长江学者,排名并列第三。在学术研究人才培养方面,复旦大学为中国做出了卓越的贡献。

自1998年教育部开始评选全国优秀博士学位论文以来,复旦大学(含原上海医学院)共培养了优秀博士45人,仅次于北京大学、清华大学。

在2021QS世界大学排名中,复旦大学位列第34名。

中国一流大学名单

由武书连领衔的《中国大学评价》课题组在《科学学与科学技术管理》杂志发表了2009年度中国一流大学。

《中国大学评价》课题组提出的2009中国一流大学的标准是:“在中国大学评价中,入选研究1型大学。或者获得工学前6名,理学、医学、管理学、文学前3名,经济学、农学、法学前2名,历史学、教育学、哲学第1名的研究型大学(需进入中国大学前30名)”。

按照以上标准,2009年中国有15所大学入选中国一流大学。名单如下:

2009中国一流大学名单(共15所)

校　名	入选根据
清华大学	研究1型、工学第1名、管理学第1名、医学第2名
北京大学	研究1型、理学第1名、医学第1名、哲学第1名、经济学第1名、文学第1名、历史学第1名、法学第2名
浙江大学	研究1型、工学第2名、管理学第3名
南京大学	研究1型、理学第2名、文学第3名
北京师范大学	研究1型、教育学第1名、文学第2名
上海交通大学	研究1型、工学第3名
中国科学技术大学	研究1型、理学第3名
复旦大学	研究1型、医学第3名
中山大学	研究1型
南开大学	研究1型
哈尔滨工业大学	工学第4名
中国人民大学	法学第1名、经济学第2名

校　名	入选根据
天津大学	工学第 5 名
西安交通大学	管理学第 2 名
华中科技大学	工学第 6 名

《中国大学评价》课题组认为:中国一流大学是中国的顶尖大学,代表中国大学最高学术水平。对于应届高中毕业生来说,平时学习成绩优异,希望进入国内最好的大学接受最好的专业教育,将来成为中国社会的精英,可报考中国一流大学最好的专业。

中国一流大学的地域分布是:

华北地区:6 所

北京市:清华大学、北京大学、北京师范大学、中国人民大学

天津市:天津大学、南开大学

东北地区:1 所

黑龙江省:哈尔滨工业大学

华东地区:5 所

上海市:上海交通大学、复旦大学

江苏省:南京大学

浙江省:浙江大学

安徽省:中国科学技术大学

中南地区:2 所

广东省:中山大学

湖北省:华中科技大学

西北地区:1 所

陕西省:西安交通大学

西南地区:0 所

中国大学法学 A 等学校

法学包括法学、马克思主义理论、社会学、政治学、公安学等 5 个学科类,共有 12 个本科专业。

据国务院学位办公室发表的统计数据,我国大学授予的法学学士占学士总数的 3.67%,授予的法学硕士占硕士总数的 6.86%,法学博士占博士总数的 3.56%。另据教育部高校学生司发布的博士生导师资料统计,在全国大学 401 10 名博士生导师中,有 1639 名是法学博导,占博导总数的 4.09%。法学是成长中的学科。2008 年,开设法学专业的大学共 469 所。

2009 中国大学法学 A 等学校

排名	等级	校名
1	A++	中国人民大学
2	A++	北京大学
3	A++	中国政法大学
4	A+	武汉大学
5	A+	清华大学
6	A+	吉林大学
7	A+	复旦大学
8	A	中山大学
9	A	厦门大学
10	A	中南财经政法大学
11	A	西南政法大学
12	A	南京大学
13	A	南开大学
14	A	浙江大学
15	A	华中师范大学
16	A	华东政法大学
17	A	山东大学
18	A	北京师范大学

中国大学工学 A 等学校

工学包括地矿、材料、机械、仪器仪表、能源动力、电气信息、土建、水利、测绘、环境与安全、化工与制药、交通运输、海洋工程、轻工纺织食品、航空航天、武器、工程力学、生物工程、农业工程、林业工程、公安技术等 21 个学科类，共有 79 个本科专业。

据国务院学位办公室发表的统计数据，我国大学授予的工学学士占学士总数的 44.95%，授予的工学硕士占硕士总数的 37.70%，工学博士占博士总数的 39.92%。另据教育部高校学生司发布的博士生导师资料统计，在全国大学 40110 名博士生导师中，有 15945 名是工学博导，占博导总数的 39.75%，位居各学科第一位。2008 年，开设工学专业的大学共 536 所。

工学是我国大学最大的学科，各类工学人才直接推动着我国的经济建设和工程技术领域的发展。

2009 中国大学工学 A 等学校

排名	等级	校名
1	A++	清华大学
2	A++	浙江大学
3	A++	上海交通大学
4	A++	哈尔滨工业大学
5	A++	天津大学
6	A++	华中科技大学
7	A+	西安交通大学
8	A+	北京航空航天大学
9	A+	东南大学
10	A+	华南理工大学
11	A+	中国科学技术大学
12	A+	大连理工大学
13	A	西北工业大学
14	A	吉林大学
15	A	中南大学
16	A	武汉大学
17	A	北京理工大学
18	A	同济大学
19	A	四川大学
20	A	北京大学
21	A	山东大学
22	A	重庆大学
23	A	南京大学
24	A	华东理工大学
25	A	北京科技大学
26	A	南京航空航天大学
27	A	湖南大学
28	A	东北大学

中国大学管理学 A 等学校

管理学包括管理科学与工程、工商管理、公共管理、农业经济管理、图书档案学等 5 个学科类，共有 18 个本科专业。

管理学虽然是近几年增设的学科，但竞争激烈、发展速度很快。授予的管理学硕士占硕士总数的9.18%,管理学博士占博士总数的4.64%。据教育部高校学生司发布的博士生导师资料统计,在全国大学40110名博士生导师中,有2257名是管理学博导,占博导总数的5.65%。目前,管理学已经超过农学,成为中国第4大学科。2008年,开设管理学专业的大学共575所。

2009中国大学管理学A等学校

排名	等级	校名
1	A++	清华大学
2	A++	西安交通大学
3	A++	浙江大学
4	A++	北京大学
5	A++	上海交通大学
6	A++	中国人民大学
7	A++	武汉大学
8	A++	中山大学
9	A+	复旦大学
10	A+	南开大学
11	A+	南京大学
12	A+	华中科技大学
13	A+	天津大学
14	A+	厦门大学
15	A	重庆大学
16	A	南京农业大学
17	A	四川大学
18	A	上海财经大学
19	A	东南大学
20	A	北京师范大学
21	A	北京航空航天大学
22	A	东北大学
23	A	西南交通大学
24	A	中南大学
25	A	中国农业大学
26	A	同济大学
27	A	吉林大学
28	A	中国科学技术大学
29	A	大连理工大学
30	A	东北财经大学

排名	等级	校名
31	A	湖南大学
32	A	浙江工商大学
33	A	哈尔滨工业大学
34	A	华南理工大学
35	A	暨南大学
36	A	南京航空航天大学
37	A	北京理工大学

中国大学教育学 A 等学校

据国务院学位办公室发表的统计数据,我国大学授予的教育学学士占学士总数的 3.61%,授予的教育学硕士占硕士总数的 2.50%,教育学博士占博士总数的 1.40%。另据教育部高校学生司发布的博士生导师资料统计,在全国大学 40110 名博士生导师中,有 709 名是教育学博导,占博导总数的 1.77%。教育学是比较小的学科。2008 年,开设教育学专业的大学共 305 所。

在本科专业分类中,心理学属于理学,而在研究生(Q 吧)专业分类中,心理学属于教育学。为了使两者统一,本书的教育学排名含心理学类的得分。

2009 中国大学教育学 A 等学校

排名	等级	校名
1	A++	北京师范大学
2	A++	华东师范大学
3	A+	华南师范大学
4	A+	西南大学
5	A+	浙江大学
6	A	南京师范大学
7	A	北京体育大学
8	A	华中师范大学
9	A	东北师范大学
10	A	上海体育学院
11	A	首都师范大学

排名	等级	校名
12	A	西北师范大学
13	A	天津师范大学
14	A	浙江师范大学

中国大学经济学 A 等学校

据国务院学位办公室发表的统计数据，我国大学授予的经济学学士占学士总数的 14.36%，授予的经济学硕士占硕士总数的 8.41%，经济学博士占博士总数的 5.33%。另据教育部高校学生司发布的博士生导师资料统计，在全国大学 40110 名博士生导师中，有 1401 名是经济学博导，占博导总数的 3.49%。经济学是发展较快的学科。2008 年，开设经济学专业的大学共 456 所。

2009 中国大学经济学 A 等学校

排名	等级	校名
1	A++	北京大学
2	A++	中国人民大学
3	A++	南开大学
4	A++	复旦大学
5	A++	厦门大学
6	A+	上海财经大学
7	A+	南京大学
8	A+	浙江大学
9	A+	武汉大学
10	A	西安交通大学
11	A	中山大学
12	A	东北财经大学
13	A	中南财经政法大学
14	A	西南财经大学
15	A	清华大学
16	A	暨南大学
17	A	中央财经大学
18	A	山东大学
19	A	吉林大学

中国大学理学 A 等学校

理学包括数学、物理学、化学、生物科学、天文学、地质学、地理科学、地球物理学、大气科学、海洋科学、力学、电子信息科学、材料科学、环境科学、心理学、统计学等 16 个学科类,共有 31 个本科专业。

据国务院学位办公室发表的统计数据,我国大学授予的理学学士占学士总数的 9.94%,授予的理学硕士占硕士总数的 10.12%,理学博士占博士总数的 20.42%。另据教育部高校学生司发布的博士生导师资料统计,在全国大学 40110 名博士生导师中,有 7340 名是理学博导,占博导总数的 18.30%,仅次于工学而居第二位。2008 年,开设理学专业的大学共 525 所。

理学是基础科学,基础科学原创成果的数量和质量决定着一个国家的科学水平;因此,理学是中国科学的生命。

2009 中国大学理学 A 等学校

排名	等级	校名
1	A++	北京大学
2	A++	南京大学
3	A++	中国科学技术大学
4	A++	浙江大学
5	A+	清华大学
6	A+	复旦大学
7	A+	中山大学
8	A+	南开大学
9	A	吉林大学
10	A	兰州大学
11	A	北京师范大学
12	A	上海交通大学
13	A	厦门大学
14	A	武汉大学
15	A	四川大学
16	A	山东大学
17	A	华东师范大学
18	A	东北师范大学
19	A	中国海洋大学

中国大学历史学 A 等学校

据国务院学位办公室发表的统计数据，我国大学授予的历史学学士占学士总数的 1.44%，授予的历史学硕士占硕士总数的 1.50%，历史学博士占博士总数的 2.21%。另据教育部高校学生司发布的博士生导师资料统计，在全国大学 40110 名博士生导师中，有 818 名是历史学博导，占博导总数的 2.04%。2008 年，开设历史学专业的大学共 185 所。

2009 中国大学历史学 A 等学校

排名	等级	校名
1	A++	北京大学
2	A++	北京师范大学
3	A++	复旦大学
4	A++	南开大学
5	A+	南京大学
6	A+	山东大学
7	A+	华中师范大学
8	A	中山大学
9	A	武汉大学
10	A	清华大学
11	A	中国人民大学
12	A	四川大学
13	A	华东师范大学
14	A	兰州大学

中国大学农学 A 等学校

农学包括植物生产、草业科学、森林资源、环境生态、动物生产、动物医学、水产等 7 个学科类，共有 16 个本科专业。

据国务院学位办公室发表的统计数据，我国大学授予的农学学士占学士总数的 4.08%，授予的农学硕士占硕士总数的 2.89%，农学博士占博士总数的 4.19%。另据教育部高校学生司发布的博士生导师资料统计，在全国大学 40110 名博士生导师中，有 2163 名是农学博导，占博导总数的 5.39%。2007 年，开设农学专业的大学共 154 所。

中国是农业大国，农业的兴衰关系到国家的命运；因此，强大的农学是我国国家安定、社会稳定的重要因素。

2009 中国大学农学 A 等学校

排名	等级	校名
1	A++	中国农业大学
2	A++	南京农业大学
3	A++	西北农林科技大学
4	A+	浙江大学
5	A+	华中农业大学
6	A	华南农业大学
7	A	山东农业大学
8	A	扬州大学
9	A	北京林业大学
10	A	福建农林大学

中国大学社会科学 A 等学校

本书的社会科学是哲学、经济学、法学、教育学、文学、历史学、管理学 7 个学科的统称,也就是每年高考(Q 吧)中的文科。社会科学(文科)的研究对象是人类社会。本书的社会科学排名,体现了各大学哲学、经济学、法学、教育学、文学、历史学、管理学 7 个学科的综合实力。因此,仅在社会科学某一学科领先的大学,并不意味着在整个社会科学排名中一定领先。为了既反映各大学社会科学的综合实力,又展示各大学哲学、经济学、法学、教育学、文学、历史学、管理学 7 个学科各自的实力,本节将各大学社会科学排名和哲学、经济学、法学、教育学、文学、历史学、管理学各自的排名一一列出,供报考文科的考生参考。

与自然科学相比,社会科学的教师人数、学生毕业人数较少。根据国务院学位办公室发表的统计数据,我国大学授予的文科学士占学士总数的 32.87%,授予的文科硕士占硕士总数的 37.23%,文科博士占博士总数的 22.90%。另据教育部高校学生司发布的博士生导师资料统计,在全国大学 40110 名博士生导师中,有 9273 名是文科博导,占博导总数的 23.12%。

社会科学(文科)共有 19 个学科类、120 个本科目录内专业。2008 年,设立社会科学本科专业的大学共 601 所。

中国政法大学

社会科学是人类认识和改造人类社会的科学，一个国家的社会科学水平决定了这个国家认识和改造人类社会的能力。

2009 中国大学社会科学 A 等学校

排名	等级	校名
1	A++	北京大学
2	A++	中国人民大学
3	A++	北京师范大学
4	A++	南京大学
5	A++	清华大学
6	A++	南开大学
7	A++	武汉大学
8	A+	浙江大学
9	A+	复旦大学
10	A+	中山大学
11	A+	厦门大学
12	A+	华东师范大学
13	A	山东大学
14	A	吉林大学

排名	等级	校名
15	A	四川大学
16	A	西安交通大学
17	A	华中师范大学
18	A	暨南大学
19	A	上海交通大学
20	A	华中科技大学
21	A	南京师范大学
22	A	上海财经大学
23	A	华南师范大学
24	A	中南财经政法大学
25	A	中国政法大学
26	A	西南大学
27	A	苏州大学
28	A	东北师范大学
29	A	陕西师范大学
30	A	湖南师范大学
31	A	湖南大学
32	A	山西大学
33	A	东北财经大学
34	A	首都师范大学

中国大学文学 A 等学校

文学包括中国语言文学、外国语言文学、新闻传播学、艺术等 4 个学科类，共有 66 个本科专业。

据国务院学位办公室发表的统计数据，我国大学授予的文学学士占学士总数的 9.61%，授予的文学硕士占硕士总数的 7.42%，文学博士占博士总数的 4.07%。另据教育部高校学生司发布的博士生导师资料统计，在全国大学 40110 名博士生导师中，有 1901 名是文学博导，占博导总数的 4.74%。文学是文科中比较大的学科。2009 年，开设文学专业的大学共 571 所。

2009 中国大学文学 A 等学校

排名	等级	校名
1	A++	北京大学
2	A++	北京师范大学
3	A++	南京大学
4	A++	复旦大学
5	A++	中国人民大学
6	A++	四川大学
7	A+	浙江大学
8	A+	清华大学
9	A+	中国传媒大学
10	A+	暨南大学
11	A+	中山大学
12	A+	华东师范大学
13	A+	山东大学
14	A+	武汉大学
15	A	四川大学
16	A	南京师范大学
17	A	北京外国语大学
18	A	中央音乐学院
19	A	福建师范大学
20	A	广东外语外贸大学
21	A	华中师范大学
22	A	上海外国语大学

排名	等级	校名
23	A	苏州大学
24	A	厦门大学
25	A	北京语言大学
26	A	湖南师范大学
27	A	西南大学
28	A	上海大学
29	A	首都师范大学
30	A	河南大学
31	A	吉林大学
32	A	华南师范大学
33	A	上海音乐学院

中国大学医学 A 等学校

医学包括基础医学、预防医学、临床医学与医学技术、口腔医学、中医学、法医学、护理学、药学等 8 个学科类，共有 16 个本科专业。

据国务院学位办公室发表的统计数据，我国大学授予的医学学士占学士总数的 8.16%，授予的医学硕士占硕士总数的 12.05%，医学博士占博士总数的 16.53%。另据教育部高校学生司发布的博士生导师资料统计，在全国大学 40110 名博士生导师中，有 5389 名是医学博导，占博导总数的 13.44%。2008 年，开设医学专业的大学共 199 所。

医学是强国的科学，衡量一个国家医学水平的根本标志是这个国家全体国民的平均健康水平。

2009 中国大学医学 A 等学校

排名	等级	校名
1	A++	北京大学
2	A++	清华大学
3	A++	复旦大学
4	A++	上海交通大学

排名	等级	校名
5	A+	中山大学
6	A+	浙江大学
7	A	华中科技大学
8	A	四川大学
9	A	首都医科大学
10	A	中南大学
11	A	中国医科大学
12	A	南方医科大学
13	A	中国药科大学

中国大学哲学A等学校

据国务院学位办公室发表的统计数据，我国大学授予的哲学学士占学士总数的0.19%，授予的哲学硕士占硕士总数的1.36%，哲学博士占博士总数的1.73%。另据教育部高校学生司发布的博士生导师资料统计，在全国大学40110名博士生导师中，有548名是哲学博导，占博导总数的1.37%，哲学是较小的学科。2008年，开设哲学专业的大学共66所。

2009中国大学哲学A等学校

排名	等级	校名
1	A++	北京大学
2	A++	中国人民大学
3	A++	南京大学
4	A++	中山大学
5	A+	武汉大学
6	A+	复旦大学
7	A	北京师范大学
8	A	山西大学
9	A	山东大学
10	A	清华大学

排名	等级	校名
11	A	吉林大学

中国大学自然科学 A 等学校

本书的自然科学是理学、工学、农学、医学 4 个学科的统称，也就是每年高考（Q 吧）中的理科。自然科学（理科）的研究对象是物质本身。本书的自然科学排名，体现了各大学理学、工学、农学、医学 4 个学科的综合实力。因此，仅在自然科学某一学科领先的大学，并不意味着一定能在整个自然科学排名中领先。为了既反映各大学自然科学的综合实力，又反映各大学理学、工学、农学、医学各自的实力，本节将各大学自然科学排名和理学、工学、农学、医学各自的排名一一列出，供报考理科的考生参考。

与社会科学相比，自然科学在教师人数、学生毕业人数等方面都占有优势。据国务院学位办公室发表的统计数据，我国大学授予的自然科学学士占学士总数的 67.13%，授予的自然科学硕士占硕士总数的 62.77%，自然科学博士占博士总数的 77.06%。另据教育部高校学生司发布的博士生导师资料统计，在全国大学 40110 名博士生导师中，有 30837 名是自然科学博导，占博导总数的 76.88%。

自然科学（理科）共有 52 个学科类、146 个本科目录内专业。2008 年，设立自然科学本科专业的大学共 568 所。

自然科学是人类认识和改造物质世界的科学，一个国家的自然科学水平决定了这个国家认识和改造物质世界的能力。

2009 中国大学自然科学 A 等学校

排名	等级	校名
1	A++	清华大学
2	A++	浙江大学
3	A++	北京大学
4	A++	上海交通大学
5	A++	南京大学
6	A++	中国科学技术大学
7	A+	华中科技大学
8	A+	复旦大学

排名	等级	校名
9	A+	哈尔滨工业大学
10	A+	吉林大学
11	A+	中山大学
12	A+	四川大学
13	A+	西安交通大学
14	A	武汉大学
15	A	天津大学
16	A	中南大学
17	A	山东大学
18	A	北京航空航天大学
19	A	东南大学
20	A	南开大学
21	A	华南理工大学
22	A	大连理工大学
23	A	中国农业大学
24	A	同济大学
25	A	西北工业大学
26	A	兰州大学
27	A	北京理工大学
28	A	厦门大学
29	A	北京师范大学
30	A	华东理工大学
31	A	重庆大学
32	A	湖南大学
33	A	南京农业大学
34	A	南京航空航天大学

2012QS 世界大学排名中中国大陆大学前十名

世界排名	学校名笵
15	清华大学
23	北京大学
34	复旦大学
47	上海交通大学
53	浙江大学
93	中国科学技术大学
124	南京大学
246	武汉大学
256	同济大学
260	哈尔滨工业大学

金融常识

金,金子;融,融通;金融——金子的融会贯通。古今中外,黄金,因其不可毁灭性、高度可塑性、相对稀缺性、无限可分性、同质性及色泽明亮等特性特点,成为经济价值最理想的代表、储存物、稳定器和交换媒介之一,并因此成为世人喜爱和追逐的对象。

黄金曾一度成为国际贸易中唯一的媒介。在易货经济时代,商人只能进行对口的交易,以物易物,因此,人类的经济活动受到巨大制约。在金本位经济时代,价值与财富是以实物资产——黄金为依据和标准,这种客观的物理方法非常有利于全球经济的平稳发展。然而,作为价值流通的载体,黄金不利的一面如搬运、携带、转换等不便的物理条件限制,使它又让位于更为灵活的纸币(货币)。如今,货币经济不仅早已取代了原始的易货经济,而且覆盖了金本位经济。货币经济在给人类带来空前经济自由的同时,也给人类带来了诸多麻烦和问题,如世界贸易不平衡、价值不统一、通货膨胀、货币贬值、经济发展大起大落等等。引发当场这场席卷全球的金融危机的重要宏观因素之一,就是全球贸易失衡,尤其是巨大的美国贸易赤字。

脱离金本位的初衷是想实现经济自由和稳定发展,然而,今天却适得其反。在货币多样化的今天,现代金融中的含"金"量越来越少,但其内涵、作用及风险却越来越广,越来越大,并已渗透到社会的每个角落和每个人的生活中。

综上所述,金融就是价值的流通。离开了价值流通,金融就成为"一潭死水",价值就无法转换。价值无法转换,经济就无法运转。经济无法运转,新的价值也无法产生。新的价值无法产生,人类社会就无法发展。因此,金融危机发展到一定程度就会演变为经济危机,经济危机发展到一定程度就会演变为社会危机。世界大战的深层原因都是经济问题。

什么是金融产品?

金融产品指的是各种经济价值的载体,如现金、股票、期货等。比如我们说张三很有钱,不过他的300万块钱都买了股票,现在这些股票的市场价值还不到100万。从这个例子中,我们看到价值在不同的载体中转换并存在。除极少数情况下,如金条、金砖等,这种载体往往是以非实物的有价证券形式存在,因此也称为金融资产。此外,由于金融产品又能用来赢利,所以又称为金融工具。上述张三用钱买股票就是想用股票这个金融工具去赚钱。

很多金融产品都是由实物资产演变而来,比如微软公司的股票就是由微软公司的实际资产演变而来,而微软公司的股票期货和期权又是由微软公司的股票演变而来。又比如房屋抵押证券是由房屋而来。好比树叶是由树枝而来,树枝是由树干而来,树干是由树根而来。它们环环相扣,相互影响。

近20~30年,创新是最时尚的。华尔街的"精英们"更不甘下风。他们绞尽脑汁,不断花样翻新,创造出各种各样,缤纷凌乱,连自己都搞不懂,更不用说驾驭它们的金融产品,结果导致美国这棵金融大树严重失衡,不堪重负。这就是这次华尔街几近"自我毁灭"的系统和市场原因,这也是为什么美国民众很不情愿救华尔街的原因之一。

什么是金融机构?

金融机构是指从事金融服务业有关的金融中介机构,为金融体系的一部分,金融服务业包括银行、证券、保险、信托、基金等行业,与此相应,金融中介机构也包括银行、证券公司、保险公司、信托投资公司和基金管理公司等。

什么是金融市场?

简单地说,金融市场就是所有金融产品交易的市场,也是所有金融从业人员从业的市场。金融市场也可称之为金融体系,尽管它很不完善。既然金融市场是所有金融产品交易的市场,那么它涉及的领域、范围就很广,涉及的内容就很多。在此先简单介绍,以后再详细介绍。

金融市场或金融体系是该领域的最大范畴,非常复杂,可以有不同的划分方法。首先,金融的核心体系包括:银行体系、证券体系、保险体系。广义的金融体系还包括对冲基金、风险投资、信托基金、私募基金等。

所有金融市场都是资金的市场,如果按照资金的期限即时间长短划分,银行体系和证券体系中又包括短期资金市场即货币市场和长期资金市场即资本市场。

什么是金融危机?

金融危机指的是与金融相关的危机,也就是金融资产、金融市场或金融机构的危机,如股灾、金融机构倒闭等。上述的个案金融危机国内外时有发生。但根据不同的市场和国家,如果个案危机处理不及时、不好,很容易演变为系统性金融危机。这次美国引发的全球性金融危机就是一个再好不过的例子。次贷只是美国这棵金融大树上的一个分枝,它的断裂没有得到及时处理,导致整棵大树几乎全面倒塌,整棵大树的倒塌又导致全球性的金融灾难。

金融危机又称金融风暴,是指一个国家或几个国家与地区的全部或大部分金融指标(如:短期利率、货币资产、证券、房地产、土地价格、商业破产数和金融机构倒闭数)的急剧、短暂和超周期的恶化。

金融危机可以分为货币危机、债务危机、银行危机、次贷危机等类型。近年来的金融危机越来越呈现出某种混合形式的危机。

其特征是人们基于经济未来将更加悲观的预期,整个区域内货币币值出现幅度较大的贬值,经济总量与经济规模出现较大的损失,经济增长受到打击。往往伴随着企业大量倒闭,失业率提高,社会普遍的经济萧条,甚至有些时候伴随着社会动荡或国家政治层面的动荡。

美国金融危机演变经历三个阶段

从美国次贷危机引起的华尔街风暴,现在已经演变为全球性的金融危机。这个过程发展之快,数量之大,影响之巨,可以说是人们始料不及的。大体上说,可以划成三个阶段:一是债务危机,借了住房贷款人,不能按时还本付息引起的问题。第二个阶段是流动性的危机。这些金融机构由于债务危机导致的一些有关金融机构不能够及时有一个足够的流动性对付债权人变现的要求。第三个阶段,信用危机。就是说,人们建立在信用基础上的金融活动产生怀疑,造成这样的危机。

国际金融危机传染机制出现新特点

外部因素引起金融危机、金融危机国际传染并非近年方才出现的现象。1873年,德国和奥地利经济繁荣,吸引资本留在国内,对外信贷突然中止,导致美国杰·库克公司经营困难;1890年,伦敦巴林兄弟投资银行对阿根廷债权发生支付危机,加之当年10月纽约发生金融危机,伦敦一系列企业倒闭,巴林银行几乎于当年11月份倒闭,只是在英格兰银行行长威廉·利德代尔牵头组织的银团担保基金救助下方才得以幸免,但英国对南非、澳大利亚、美国和其他拉丁美洲国家的贷款因此事而锐减,致使上述国家和地区的经济危机一直持续到1893年;1928年春,纽约股市开始繁荣,汲干了本可投向德国、拉丁美洲的信贷源泉,导致上述国家和地区陷入经济萧条。中止发放海外信贷很可能加速海外经济衰退,后者又会反过来对导致这一切的国家发生影响。20世纪90年代,伴随着国际游资的膨胀,国际货币、金融危机频繁爆发,根据巴里·艾森格林和迈克尔·博多在2001年完成的一项研究,现在随机挑出的一个国家爆发金融危机的概率都比1973年大1倍,国际货币、金融危机的传染性也大大增强,往往爆发不久就如同传染病一样迅速从最早爆发危机的国家或地区蔓延到其他国家和地区。舆论界留下了许多描绘这一现象的词汇:1994 年墨西哥危机的"龙舌兰酒效应""亚洲流感""俄罗斯病毒"等等不一而足,而对货币、金融危机传染机制的研究也迅速兴起。由于多种危机传染机制需要在资本项目和金融市场开放条件下才能实现,在很大程度上,我国依靠资本项目的适度管制和金融服务市场低开放度。而在 1997 年亚洲金融危机中幸免于难,但时至今日,随着我国经济金融形势的变化,尽管我国资本项目仍未完全开放,危机传染的风险已经大大上升,震撼国际金融市场的美国次贷危机给我们敲响了警钟,表明国际金融危机传染机制出现了新特点。

广义的货币、金融危机的国际传染渠道可以划分为非偶发性传染渠道、偶发性传染渠道两大类,前者指在危机爆发前的稳定期和危机期都同样存在的传染渠道;后者指仅出现于危机爆发后的传染渠道。由于第一类传染渠道源于国家或地区间实际的经济金融联系,危机的传染来自宏观经济基本面的变动,因此又称为"真实联系渠道",或"基于基本面的传染",主要包括贸易联系与竞争性贬值、政策调整、随机总需求流动性冲击等途径。偶发性传染与经济基本面无关,仅仅是投资者或金融市场其他参与者行为(特别是非理姓行为)的结果,因而又有"真正的传染""纯粹的传染"之称,主要包括内生流动性冲击、多重均衡和唤醒效应、政治影响传染等途径。但这些传染机制往往是建立在贸易联系和"中心"国家对"边缘"国家投资的基础之上,是因为来自发达国家的机构投资者纷纷弃新兴市场资产而追逐母国优质资产所致。而就此次美国次贷危机对中国的影响而言,贸易联系与外国对华投资机制的作用可能并不十分关键,反而是中国对外投资和中国企业海外上市可能成为最主要的危机传染途径,而且这样的危机传染途径的重要性还会日趋提升。

为何出现金融危机

当前的金融危机是由美国房产市场泡沫促成的。从某些方面来说,这一金融危机与第二次世界大战结束后每隔 4 年至 10 年爆发的其他危机有相似之处。

然而,在金融危机之间,存在着本质的不同。当前的危机标志信贷扩张时代的终结,这个时代是建立在作为全球储备货币的美元基础上的。其他周期性危机则是规模较大的繁荣——萧条过程中的组成部分。当前的金融危机则是一轮超级繁荣周期的顶峰,此轮周期已持续了 60 多年。

繁荣——萧条周期通常围绕着信贷状况循环出现,同时始终会涉及一种偏见或误解。这通常是未能认识到贷款意愿和抵押品价值之间存在一种反身(reflexive)、循环的关系。如果容易获得信贷,就带来了需求,而这种需求推高了房地产价值;反过来,这种情况又增加了可获得信贷的数量。当人们购买房产,并期待能够从抵押贷款再融资中获利,泡沫便由此产生。近年来,美国住宅市场繁荣就是一个佐证。而持续60年的超级繁荣,则是一个更为复杂的例子。

每当信贷扩张遇到麻烦时,金融当局都采取了干预措施,(向市场)注入流动性,并寻找其他途径,刺激经济增长。这就造就了一个非对称激励体系,也被称之为道德风险,它推动了信贷越来越强劲的扩张。这一体系是如此成功,以至于人们开始相信美国前总统罗纳德·里根(RonaldReagan)所说的"市场的魔术"——而我则称之为"市场原教旨主义"(market fundamentalism)。原教旨主义者认为,市场会趋于平衡,而允许市场参与者追寻自身利益,将最有利于共同的利益。这显然是一种误解,因为使金融市场免于崩盘的并非市场本身,而是当局的干预。不过,市场原教旨主义上世纪80年代开始成为占据主宰地位的思维方式,当时金融市场刚开始全球化,美国则开始出现经常账户赤字。

全球化使美国可以吸取全球其他地区的储蓄,并消费高出自身产出的物品。2006年,美国经常账户赤字达到了其国内生产总值(GDP)的6.2%。通过推出越来越复杂的产品和更为慷慨的条件,金融市场鼓励消费者借贷。每当全球金融系统面临危险之际,金融当局就出手干预,起到了推波助澜的作用。1980年以来,监管不断放宽,甚至到了名存实亡的地步。

次贷危机导致发达国家金融机构必须重新估计风险、分配资产,未来两年,发达国家资金将纷纷逆转回涌,加强当地金融机构的稳定度。由此将导致新兴市场国家的证券市场价格大幅缩水、本币贬值、投资规模下降、经济增长放缓甚至衰退,其中最为脆弱的是波罗的海三国和印度。新的金融危机将为中国经济增长带来压力,但中国资金也面临"走出去"抄底整合并购相应企业的好时机。

如何解决金融危机

中国如果光是从石油进口来搞人民币升值,不如直接动用外币储蓄补贴石油。

中国要进行结构治理,首先要先清理信贷系统,特别是对已经贷出的巨量资金进行跟踪处理。如果这方面有缺口,必须多印票子,通过物价上涨(人民币对内贬值)达到一个新的平衡点,这是中国人必须付出的代价。如果这部分没有问题,立即停止人民币升值,将储备的美元尽快花出去,或者投资到美国去,卖地产,而不是去救美国的金融机构。这样美国就不会给人民币施压了,也拯救了美国的经济。将来中国人无论是赚是赔,对现在都有好处。

要刻意保护好中国的股市和房地产市场,这是中国改革成果的体现,特别是房地产,世界各国都把房地产作为本国经济的大堤(最后防线),一旦危及房地产,都会不惜一切代价进行挽救。中国的房地产偏热是正常的,政府打压只会给外资热钱制造介入机会,让中国人今后付出更大的代价。

要特别保护好房地产商,不要猪肉涨了,就把母猪也杀掉卖肉。房价涨了,不是地产商的错。

股市不能靠外资来救,外资不会无缘无故地来中国,中国也没有能力进行强权博弈,将外资强留在中国,这样在流动过剩的情况下,不能再让人民币升值,任凭外资继续大量流入。

中国也不能用贬值驱赶外资,因为中国的经济已经和外资密不可分,驱赶了就会使经济崩溃。

中国不必实行紧缩政策,如果这样的话,是等于让中国自己的钱退出经济主战场,让外资和游资主宰中国经济,到头来使中国自己的资金无用武之地。

中国要好好管管金融机构圈钱的行为,中国不应该吹金融泡沫,资金不能在金融机构流来流去,要指导民众,向产业方向投资,美国人很高明,人家搞高科技泡沫,互联网泡沫,没听说搞金融泡沫,中国搞金融泡沫,物价能不上涨吗?钱都在高端转来转去,没有更多在流转在产业之中,经济还能不出问题?

国家要把股权分置改革放缓,股权分置主要是国有股份置,通过解禁来和市场争利(资金)不是好做法,国家可以将分置期由3年改为30年。大大减缓解禁速度,对股市可以起到拯救作用。

国家要对再融资进行严格控管,对上市企业,要实行效益监管、股价监管,如果由于再融资造成股价下滑,必须由再融资的钱向股东赔付,这样就不会产生恶意圈钱的行为。

至于印花税真不是个问题,降和不降不是问题的关键。国家去年收了2000多亿印花税,就算不降今年也收不上2000亿了,降了也没多少,与解禁比,与再融资比,根本算不了什么。

政府应有的放矢治理结构问题,不好给中国经济乱念紧箍咒。

未来两年将出现世界性金融危机

次贷危机导致发达国家金融机构必须重新估计风险、分配资产,未来两年,发达国家资金将纷纷逆转回涌,加强当地金融机构的稳定度。由此将导致新兴市场国家的证券市场价格大幅缩水、本币贬值、投资规模下降、经济增长放缓甚至衰退,其中最为脆弱的是波罗的海三国和印度。新的金融危机将为中国经济增长带来压力,但中国资金也面临“走出去”抄底整合并购相应企业的好时机。

世界范围金融危机的乌云正在聚集,未来两年内,全世界将出现一次新型的金融危机。这一金融危机的最大受害者将是一些新兴市场国家,这对中国经济的发展带来了挑战和新的机遇。

资金流动逆转将导致新兴市场国家金融危机

为什么未来世界将出现新型的金融危机呢?这要从发达经济体与新兴市场经济体过去近十年来金融业发展的基本格局谈起。

以美国和英国为代表的发达经济体,在过去近十年受益于全球化的大趋势,经济不断繁荣,但这种繁荣的基础其实比较脆弱。这些经济体自身的储蓄相对不足,消费不断增长,经济的金融化趋势不断加强,其集中的表现就是家庭利用已有的金融资产,尤其是房地产为抵押,向银行借款来支持其日益高涨的消费。这一格局发展的必然结果就是消费信贷链的破裂,集中的表现就是美国的次级房贷危机。次级房贷危机导致美国的金融机构必须重新估计金融风险的成本,也使这些金融机构必须重新分配自己的资产,以降低风险。

反过来看,新兴市场经济国家在过去十年的发展过程中,吸引了大量发达国家的资金,以墨西哥、俄罗斯、印度、巴西等国为例,其证券市场上一半以上的资金来自国内。日益高涨的海外资金不仅推动了本地资产价格的高涨,也推动了本地经济的繁荣,同时也带来了本地货币实际汇率的不断升值。这一系列过程为这些经济体发生金融危机埋下了种子,其中最为突出的是两个地区:一是波罗的海三国——爱沙尼亚、立陶宛和拉脱维亚,不仅经常账户出现了占GDP10%以上的赤字,同时财政赤字也日益加剧,国内价格上涨的趋势愈演愈烈。而且,这些国家还实行了与欧元挂钩的联系汇率制度,这无疑是写下了导致金融危机最佳的化学反应公式。

另一个非常脆弱的经济体,就是印度。虽然印度经济在过去3年内保持了年均8%以上的增长率,但是其宏观经济的情况不容乐观:长期以来,印度的经常账户处于赤字状态,证券市场一半以上的资金来自海外,通货膨胀率不断上升,中央政府也是长期处于赤字状态。

综合考虑发达国家以及新兴市场国家的一些经济情况,我们不难得出一个结论:在未来两年之内,世界经济很可能发生资金流动逆转的情形,那就是几年前从发达经济体争先恐后涌入新兴市场国家、追求高风险高回报的资金,在发达国家重估风险的情况下,纷纷逆转涌回发达国家,加强发达国家金融机构的稳定度。这种趋势的形成无疑会对发展中国家带来直接的影响,并最终导致新兴市场国家金融危机的形成。

新金融危机与亚洲金融危机的差异

这种金融危机同十年前发生的亚洲金融危机可能形式不同。十年前发生的亚洲金融危机,主要形式是国际收支的危机,那时亚洲出现了大量到期的外债需要偿还,同时国际金融炒家纷纷挤兑,造成了这些国家外汇储备不足,以至于不得不让本币大幅度贬值。新一轮金融危机的形式不见得以国际收支的短缺为标志,因为今天许多新兴市场国家的外汇储备量是比较高的,同时由于吸取了亚洲金融危机的教训,这些国家并没有大规模举债,只是通过证券市场吸引了大量外资,但是,这并不等于说新兴市场国家不面临着金融危机,这种金融危机的形式是以大量的资金倒流从而导致本国证券市场价格大幅度缩水、本币贬值,从而导致本地投资规模下降、经济增长速度放缓甚至于衰退为表象的,这和几年前这些新兴市场国家经济高涨、资产价格泡沫化恰好形成了一个逆反的镜面图像。这一新型金融危机的导火索很可能是波罗的楚游，从波罗的海三国可能传导至东欧各国，再传到南亚包括印度，之后再进一步传到其他一些新兴市场国家。

资金流动不能盲目放开，财政政策须保留一定的灵活性

一旦这样的金融危机发生，中国经济面临着怎么的挑战呢？可能的情况是，一部分外资的表现也会如在其他新兴市场经济国家那样纷纷出逃，对于中国的国际收支会产生一定的冲击，给中国经济带来一定的通货紧缩的压力，但对于目前高速运转（事实上是过快运转）的中国经济并不是坏事。而且，这一资金倒流的情况也会使人民币升值的压力有所缓解。但是不容否认，这种资金倒流会对国内的投资规模产生一定的冲击，会在相当程度上导致中国经济增长率的下降。另外，由于许多新兴市场国家经济增长率的下滑，也会间接通过对中国产品需求的下降，影响中国经济的增长，这些都是这一新型金融危机对中国经济的冲击。

我们必须看到，这一新兴金融危机的到来对中国也蕴藏着巨大的“商机”。在这一轮金融危机发生的时候，很多新兴市场的资产价格将大幅度缩水，这将是中国资金出国投向这些国家的绝好时机，这也是中国企业“走出去”、整合并购相应企业的最好时机。为此，中国经济界需要做好资金上和项目研究方面的准备。从宏观层面上讲，宏观经济政策必须考虑到这一轮新型金融危机发生的可能性，在资金流动问题上必须稳扎稳打，不能盲目放开，要考虑到大量资金出走的可能性和由此带来的压力。当一轮金融危机发生的时候，楚游的经济增长率必然会出现下滑，我们的财政政策必须保留一定的灵活度，在继续实行当前稳健财政政策的前提下，必须做好项目上和资金上的准备，一旦新一轮金融危机在周边国家发生，中国就可以转向积极的财政政策，找到一些有资金保障和社会效益的投资项目。

总之，新一轮金融危机的风险已经来临，全速前进的中国巨轮必须考虑到金融风暴可能带来的冲击，把握机遇，化解风险，我们的经济发展航程将会前途光明。

什么是系统性金融危机？

系统性金融危机是那些波及整个金融体系乃至整个经济体系的危机，比如1930年代引发西方经济大萧条的美国金融危机，1990年代导致日本经济萎靡不振的日本金融危机，1997年下半年袭击东南亚的亚洲金融危机等。这些危机都是从一种金融市场波及另外一种金融市场，如从股市到债市、外汇、房地产甚至整个经济体系。

趣解金融危机

答案1:大白话解释

很简单,美国人借银行的钱买房子,银行为了利润把钱贷款给信用不好的用户,这些钱叫次级贷款。产生了次贷危机,导致银行资金链断了,无法继续运行了,而银行与银行的联系比较紧密,就产生了金融危机。金融危机逐渐扩大导致股市大跌,而好多企业老板拿钱炒股,炒股赔了企业倒闭,从而导致经济危机。

除美国外,欧洲受害最严重,冰岛整个国家破产了,德法意英都很严重。

美国是一个重信用的国家,讲白了就是先用未来钱,先用后付钱。信用危机的爆发,引起社会动荡,这是美国政府始料不及的。日前美联储前主席格林斯潘也承认了这一点。他任内就发现了这个问题,但他想不到问题有这么严重。所以美国这次的金融危机实际上就是信用危机。所以美国政府不得不动用7000亿甚至更多的钱救市,接手两房,将还贷期限延长一倍。由于美国经济占全球四分之一强,同样它的危机也向它的贸易伙伴扩散,进而引发全球金融风暴。

这次的金融风暴受影响的主要是与金融有关的相关行业,如银行、保险\投行等,以及对资金需要较大的行业。

答案2:用卖猪男故事解释金融危机

1.一男赶集卖猪,天黑遇雨,二十头猪未卖成,到一农家借宿。少妇说:家里只一人不便。男:求你了大妹子,给猪一头。女:好吧,但家只有一床。男:我也到床上睡,再给猪一头。女:同意。半夜男与女商量,我到你上面睡,女不肯。男:给猪两头。女允,要求上去不能动。少顷,男忍不住,央求动一下,女不肯。男:动一下给猪两头。女同意。男动了八次停下,女问为何不动?男说猪没了。女小声说:要不我给你猪……天亮后,男吹着口哨赶30头(含少妇家的10头)猪赶集去了……

哈佛导师评论:要发现用户潜在需求,前期必须引导,培养用户需求,因此产生的投入是符合发展规律的。

2.另一男得知此事,决意如法炮制,遂赶集卖猪,天黑遇雨,二十头猪未卖成,到一农家借宿少妇说:家里只一人不便。男:求你了大妹子,给猪一头。女:好吧,但家只有一床。男:我也到床上睡,再给猪一头。女:同意。半夜男商女,我到你上面睡,女不肯。男:给猪两头。女允,要求上去不能动。少顷,男忍不住,央求动一下,女不肯。男:动一下给猪两头。女同意。男动了七次停下,女问为何不动?男说:完事了……女:……天亮后,男低着头赶2头猪赶集去了……

哈佛导师评论:要结合企业自身规模进行谨慎投资,谨防资金链断裂问题

3.又一男得知此事,决意如法炮制兼吸取教训,遂先用一头猪去换一粒伟哥。事毕,天亮后,男吹着口哨赶38头(含少妇家的18头)猪赶集去了……

哈佛导师评论:企业如果获得金融资本的帮助,自身经营能力将得到倍增。

4.知道此法男多,伟哥供不应求,逐渐要2头、3头猪换一粒伟哥。

哈佛导师评论:这就是通货膨胀。

5.当伟哥价格涨到16头猪一粒的时候。

哈佛导师评论:该男已经进入边际成本,除了拥有对自身能力的自信和未来良好愿望以外,实际现猪流已经为零。

6.但换猪男越来越多,卖伟哥的决定,扩展生产能力,推出一种次级伟哥,如果你缺一头猪,只要你承诺可以到该女房中一夜,就可以先借,事成后补交猪款,这个方法大大促进了伟哥销售。

哈佛导师评论:这就是贷款,让企业可以根据未来的收益选择借支流动资金。

7.伟哥专卖店后来在即使你一头猪都没有,只要你承诺可以到该女房中一夜,就可以先借,事成后补交猪款。

哈佛导师评论:这就是金融创新,让现在的人花未来的钱,反正等你老了未来的钱你也花不动。

8.消息一出,换猪男越来越多,有人找伟哥专卖店,这个项目太好了,我们把它变成优质基金,对外销售债券,你们也就可以分享我的收益,如何?伟哥专卖店觉得甚好,于是该公司把换猪男分三类,一类是拿现猪换的,一类是一部分现猪贷的,一类是完全没有现猪借的,发行三种债券。大家踊跃而上。纷纷购买伟哥专卖店的债券,伟哥专卖店生意太好,就把债券销售外包给另外一家公司运作,该公司也一并大发其财,公司越做越大,甚至可以脱离实际伟哥销售情况来发行,给自己和伟哥专卖店带来巨大的现金收益。

哈佛导师评论:这就是专业的人做专业的事,从实体经营到资本运作,经济进入了更高的层次。

9.为了防止自己债券未来有损失,该公司决定给它买上保险,这样债券销售就更容易,因为一旦债券出现问题,还可以获得保险公司的赔付,销售这下子太好了,保险公司也获得巨大平白无故的保险收入。

哈佛导师评论:这就是风险对冲,策略联盟,提高了企业的抗风险能力,也保护了消费者利益。

10.换猪男太多,排长队等待,该女无法承受,说老娘不干了,我搬家,一时间有无数拥有伟哥的欠猪男。

哈佛导师评论:这是个别现象,属于市场的正常波动,不会影响整个经济。

11.结果该女迟迟不肯搬回。一部分欠猪男没有收入,只好赖账,结果大量债券到期无法换现猪吃,债券公司一看,一粒伟哥16头猪,这哪里还得起,宣布倒闭。哈佛导师评论:这是次贷危机,不会影响整个金融行业。哪里晓得债券公司还把债券上了保险,保险公司一看,这哪里赔得起,于是也宣布要倒闭。

哈佛导师评论:这是金融危机,还不会影响整个实体经济。

什么叫次贷危机?

次贷危机又称次级房贷危机,也译为次债危机。它是指一场发生在美国,因次级抵押贷款机构破产、投资基金被迫关闭、股市剧烈震荡引起的风暴。它致使全球主要金融市场隐约出现流动性不足危机。美国“次贷危机”是从2006年春季开始逐步显现的。2007年8月席卷美国、欧盟和日本等世界主要金融市场。

在美国,贷款是非常普遍的现象,从房子到汽车,从信用卡到电话账单,贷款无处不在。当地人很少全款买房,通常都是长时间贷款。可是我们也知道,在这里失业和再就业是很常见的现象。这些收入并不稳定甚至根本没有收入的人,他们怎么买房呢?因为信用等级达不到标准,他们就被定义为次级信用贷款者,简称次级贷款者。

由于之前的房价很高,银行认为尽管贷款给了次级信用贷款者,如果贷款者无法偿还贷款,则可以利用抵押的房屋来还,拍卖或者出售后收回银行贷款。但是由于房价突然走低,贷款者无力偿还时,银行把房屋出售,但却发现得到的资金不能弥补当时的贷款+利息,甚至都无法弥补贷款额本身,这样银行就会在这个贷款上出现亏损。

一个两个贷款者出现这样的问题还好,但由于分期付款的利息上升,加上这些贷款者本身就是次级信用贷款者,这样就导致了大量的无法还贷的贷款者。正如上面所说,银行收回房屋,却卖不到高价,大面积亏损,引发了次债危机。

货币危机、金融危机概念上的差异

货币危机主要发生在外汇市场上,体现为汇率的变动,而金融危机的范围更广,还包括发生在股票市场和银行体系等国内金融市场上的价格波动,以及金融机构的经营困难与破产。

一般我们将金融危机(Financial Crisis)定义为:大部分或全部的金融指标——短期利率、资产价格(证券、房地产和土地)、商业破产数和金融机构倒闭数—的急剧、短暂和超周期的恶化,其特征表现为:基于预期资产价格下降而大量抛售不动产或长期金融资产,换成货币。

货币危机可以诱发金融危机,而由一系列经济和非经济事件引发的金融危机也可以导致货币危机的发生,两者存在一定的联系。

金融危机有什么危害?

过去在美国,贷款是非常普遍的现象,从房子到汽车,从信用卡到电话账单,贷款无处不在。当地人很少一次现金买房,通常都是长时间贷款。可是我们也知道,在美国失业和再就业是很常见的现象。这些收入并不稳定甚至根本没有收入的人,他们怎么买房子呢?因为信用等级达不到标准,他们就被定义为次级贷款者。

大约从10年前开始,那个时候贷款公司漫天的广告就出现在电视上、报纸上、街头,抑或在你的信箱里塞满诱人的传单:

你想过中产阶级的生活吗?买房吧!

积蓄不够吗?贷款吧!

没有收入吗?找阿囧贷款公司吧!

首次付款也付不起?我们提供零首付!

担心利息太高?头两年我们提供3%的优惠利率!

每个月还是付不起?没关系,头24个月你只需要支付利息,贷款的本金可以两年后再付!想想看,两年后你肯定已经找到工作或者被提升为经理了,到时候还怕付不起!

担心两年后还是还不起?哎呀,你也真是太小心了,看看现在的房子比两年前涨了多少,到时候你转手卖给别人啊,不仅白住两年,还可能赚一笔呢!再说了,又不用你出钱,我都相信你一定行的,难道我敢贷,你还不敢借?

在这样的诱惑下,无数美国市民毫不犹豫地选择了贷款买房。(你替他们担心两年后的债务?向来相当乐观的美国市民会告诉你,演电影的都能当上州长,两年后说不定我还能竞选总统呢。)

阿囧贷款公司短短几个月就取得了惊人的业绩,可是钱都贷出去了,能不能收回来呢?公司的董事长阿囧先生,那也是熟读美国经济史的人物,不可能不知道房地产市场也是有风险的,所以这笔收益看来不能独吞,要找个合伙人分担风险才行。

于是阿囧找到美国财经界的领头大哥——投资银行。这些家伙可都是名字响当当的大哥(美林、高盛、摩根),他们每天做什么呢?就是吃饱了闲着也是闲着,于是找来诺贝尔经济学家,找来哈佛教授,找来财务工程人员,用上最新的经济数据模型,一番金融炼丹(copula差不多是此时炼出)之后,弄出几份分析报告,从而评价一下某某股票是否值得买进,某某国家的股市已经有泡沫了,这一群在风险评估市场呼风唤雨的大哥,你说他们看到这里面有没有风险?

开玩笑,风险是用脚都看得到!可是有利润啊,那还犹豫什么,接手吧!于是经济学家、财务工程人员,大学教授以数据模型、随机模拟评估之后,重新包装一下,就弄出了新产品——CDO(注:Collateralized DebtObligation,债务抵押债券),说穿了就是债券，通过发行和销售这个CDO债券，让债券的持有人来分担房屋贷款的风险。

光这样卖，风险太高还是没人买啊，假设原来的债券风险等级是6，属于中等偏高。于是投资银行把它分成高级和普通CDO两个部分(trench)，发生债务危机时，高级CDO享有优先赔付的权利。这样两部分的风险等级分别变成了4和8，总风险不变，但是前者就属于中低风险债券了，凭投资银行三寸不烂"金"舌，在高级饭店不断办研讨会，送精美制作的powerpoints和excelspreadsheets，当然卖了个满堂彩！可是剩下的风险等级8的高风险债券怎么办呢？避险基金又是什么人，于是投资银行找到了避险基金，那可是在全世界金融界买空卖多、呼风唤雨的角色，过的就是刀口舔血的日子，这点风险简直小意思！

于是凭借着关系，在世界范围内找利率最低的银行借来钱，然后大举买入这部分普通CDO债券，2006年以前，日本央行贷款利率仅为1.5%；普通CDO利率可能达到12%，所以光靠利差避险基金就赚得满满满了。

这样一来，奇妙的事情发生了，2001年末，美国的房地产一路飙升，短短几年就翻了一倍多，天呀，这样一来就如同阿囧贷款公司开头的广告一样，根本不会出现还不起房屋贷款的事情，就算没钱还，把房子一卖还可以赚一笔钱。

结果是从贷款买房的人，到阿囧贷款公司，到各大投资银行，到各个一般银行，到避险基金人人都赚钱，但是投资银行却不太高兴了！当初是觉得普通CDO风险太高，才丢给避险基金的，没想到这帮家伙比自己赚的还多，净值拼命地涨，早知道自己留着玩了，于是投资银行也开始买入避险基金，打算分一杯羹了。这就好像阿宅家里有放久了的饭菜，正巧看见隔壁邻居那只讨厌的小花狗，本来打算毒它一顿，没想到小花狗吃了不但没事，反而还越长越壮了，阿宅这下可傻眼了，难道发霉了的饭菜营养更好？于是自己也开始吃了！这下又把避险基金乐坏了，他们是什么人，手里有1块钱，就能想办法借10块钱来玩的土匪啊，现在拿着抢手的CDO当然要大干一票！于是他们又把手里的CDO债券抵押给银行，换得10倍的贷款操作其他金融商品，然后继续追着投资银行买普通CDO。科科，当初可是签了协议，这些普通CDO可都是归我们的!!

投资银行实在心理不爽啊，除了继续闷声买避险基金和卖普通CDO给避险基金之外，他们又想出了一个新产品，就叫CDS(注：Credit Default Swap，信用违约交换)好了，华尔街就是这些天才产品的温床：一般投资人不是都觉得原来的CDO风险高吗，那我弄个保险好了，每年从CDO里面拿出一部分钱作为保险费，白白送给保险公司，但是将来出了风险，大家一起承担。

以AIG为代表的保险公司想，不错啊，眼下CDO这么赚钱，1分钱都不用出就分利润，这不是每年白送钱给我们吗！避险基金想，也还可以啦，已经赚了几年了，以后风险越来越大，光是分一部分利润出去，就有保险公司承担一半风险！于是再次皆大欢喜，Win Win Situation！CDS也跟着红了！

但是故事到这还没结束：

因为"聪明"的华尔街人又想出了基于 CDS 的创新产品！找更多的一般投资大众一起承担,我们假设 CDS 已经为我们带来了 50 亿元的收益,现在我新发行一个基金,这个基金是专门投资买入 CDS 的,显然这个建立在之前一系列产品之上的基金的风险是很高的,但是我把之前已经赚的 50 亿元投入作为保证金,如果这个基金发生亏损,那么先用这 50 亿元垫付,只有这 50 亿元亏完了,你投资的本金才会开始亏损,而在这之前你是可以提前赎回的,首次募集规模 500 亿元。天哪,还有比这个还爽的基金吗?

1 元面额买入的基金,亏到 10% 都不会亏自己的钱,赚了却每分钱都是自己的!

Rating Agencies 看到这个天才的规划,简直是毫不犹豫:给出 AAA 评级!

结果这个基金可卖疯了,各种退休基金、教育基金、理财产品,甚至其他国家的银行也纷纷买入。虽然首次募集规模是原定的 500 亿元,可是后续发行了多少亿,简直已经无法估算了,但是保证金 50 亿元却没有变。

如果现有规模 5000 亿元,那保证金就只能保证在基金净值不亏到本金的 1% 时才不会亏钱,也就是说亏本的机率越来越高。

当时间走到了 2006 年年底,风光了整整 5 年的美国房地产终于从顶峰重重摔了下来,这条食物链也终于开始断裂。因为房价下跌,优惠贷款利率的时限到了之后,先是普通民众无法偿还贷款,然后阿囧贷款公司倒闭,避险基金大幅亏损,继而连累 AIG 保险公司和贷款的银行,花旗、摩根相继发布巨额亏损报告,同时投资避险基金的各大投资银行也纷纷亏损,然后股市大跌,民众普遍亏钱,无法偿还房贷的民众继续增多,最终,美国 Subprime Crisis 爆发接近成为 Prime Crisis。

Credit Crunch 开启的地狱大门,还不知道如何关上……

什么是经济危机?

经济危机概述

经济危机(Eeonomic Crisis)指的是一个或多个国民经济或整个世界经济在一段比较长的时间内不断收缩(负的经济增长率),是资本主义经济发展过程中周期爆发的生产过剩的危机,是经济周期中的决定性阶段。自 1825 年英国第一次爆发普遍的经济危机以来,资本主义经济从未摆脱过经济危机的冲击。

经济危机是资本主义体制的必然结果。由于资本主义的特性,其爆发也是存在一定的规律。

经济危机是指经济系统没有产生足够的消费价值,也就是生产能力过剩的危机。有的学者把经济危机分为被动型危机与主动型危机两种类型。

所谓被动型经济危机是指该国宏观经济管理当局在没有准备的情况下出现经济的严重衰退或大幅度的货币贬值从而引发金融危机进而演化为经济危机的情况。如果危机的性质属于这种被动型的,很难认为这种货币在危机之后还会回升,危机过程实际上是对该国货币价值重新寻求和确认的过程。

主动型危机是指宏观经济管理当局为了达到某种目的采取的政策行为的结果。危机的产生完全在管理当局的预料之中,危机或经济衰退可以视作为改革的机会成本。

产生经济危机原因经济危机可能是:

经济政策错误;原材料紧张,尤其是原油危机;自然灾害;全球化的后果;金融政策错误。

经济危机的特征

经济危机是生产过剩的危机。但是,经济危机所表现出来的生产过剩,不是生产的绝对过剩,而是一种相对的过剩,即相对于劳动群众有支付能力的需求而言表现为过剩的经济危机。因此,在经济危机爆发时,一方面资本家的货物堆积如山,卖不出去;另一方面,广大劳动群众却处于失业或半失业状态,因购买力下降而得不到必需的生活资料。

经济危机的主要表现

经济危机的现象,在第二次世界大战以前和战后有所不同。但共同点是:商品滞销,利润减少,导致生产(主要是工业生产)急剧下降,失业大量增加,企业开工不足并大批倒闭,生产力和产品遭到严重的破坏和损失,社会经济陷入瘫痪、混乱和倒退状态。

生产下降和失业激增,是战前与战后经济危机的共同的主要标志。战前与战后不同之处,主要是在货币、金融危机方面。在战前的危机中,一般是通货紧缩,物价下跌,银根吃紧,利率上升,银行挤兑并大批倒闭;而在战后的危机中,由于国家垄断资本主义采取膨胀政策以及其他原因,从1957~1958年的世界性经济危机开始,各主要资本主义国家在危机期间都出现了通货膨胀、物价上涨的反常现象。

主要表现是:商品大量过剩,销售停滞;生产大幅度下降,企业开工不足甚至倒闭,失业工人剧增;企业资金周转不灵,银根紧缺,利率上升,信用制度受到严重破坏,银行纷纷宣布破产等。

但是,第二次世界大战以后,由于国家垄断资本主义采取了通货膨胀政策及其他措施,致使各主要资本主义国家在经济危机中出现了生产停滞与通货膨胀同时并存的现象。

经济危机产生的根源

在传统的经济理论中,经济危机的爆发是由资本主义基本矛盾,即生产的社会化和生产资料资本主义私人占有制之间的矛盾决定的。但是这种理论解释不了现代的经济危机。以 1997 年亚洲金融风暴和 2008 年美国次贷危机为例,其危机的原因跟生产资料私人占有没有任何关系。

过去我们讲资本家在追逐高额利润动机的驱使下,拼命扩大生产,加强对工人的剥削,结果是劳动人民有支付能力的需求落后于社会生产的增长,市场上的商品找不到销路,造成生产的相对过剩,引起经济危机的爆发。但是现在应该讲:某个特定行业,例如房地产、金融、能源等领域的资本家利用体制监管不力的漏洞或者垄断地位,拼命剥削整个社会而不是自己的工人(他们自己的工人往往一同发财)。造成本行业价值虚增,由社会买单。使得全体公民相对贫困,买不起房产、股票等被他们操控的产品,造成需求衰退的连锁反应。

现代经济危机不是产品过剩,而是虚假财富过剩。一个价值 10 万元的房子被炒到 100 万元,这 90 万元就是虚假财富。制造这些虚假财富的效果和制造这么多假币一样危害社会和经济。现在每一百元货币中至少有 70 元是在房地产中和股票中,二者真正价值不足 7 元。换句话说,每流通的 100 元中就有至少 60 多元的假币。如果这个假币不被认出来,就一直在流通,人们都以为自己有 100 元。但当这 60 多元假币被认出来的时候,人们才会发现我只有 30 多元,财富缩水了 60 多元。经济危机就是假币被认出来的时候。

政府预防现代经济危机的办法就是要像打击假币一样打击虚假财富进入流通。

新中国经济危机四阶段

新中国成立后,我国经济大致经历了:旧体制变革——大跃进波动——文革萧条——改革腾飞四个阶段。

1.旧体制变革阶段

1949 年 10 月 1 日中华人民共和国正式成立,新中国成立初期,党和政府主要着手对旧中国半封建半殖民地的经济制度进行变革,经过三年恢复和第一个五年计划,到 1957 年,社会主义新的经济体制初步形成。

中国半封建半殖民地的经济制度变革主要分为三个步骤:第一步、没收官僚资本,完成土地改革,统一财政经济;第二步、完成对农业、手工业和资本主义工商业的基本改造;第三步、建立中央集中统一领导的计划经济体制。

2.大跃进波动阶段

在计划经济体制的进程中，受“左”倾思想的影响，遵照毛主席1958年5月在中央八大二次会议上提议的“鼓足干劲，力争上游，多快好省地建设社会主义”的总路线，我国掀起了“大跃进”的运动风潮，经济体制发生了巨大的变革：

左倾路线大势宣扬“升级”“过渡”言论，建立了“一大二公”的全民所有制。农村掀起人民公社化运动，取消自留地，实行政社合一。城市取消个体经济和个体经营，限制集体经济和集体经营；中央向地方政府、地方向基层大幅度下放权力；减少指令性指标，赋予企业自主经营权，企业实行利润分成制度；实行“一平二调”的平均分配政策等。

“大跃进”运动忽略了中国国情及客观经济的发展规律，大搞试验田，大放“卫星”，片面夸大主观意识和主观努力的作用，给国民经济带来了深重灾难。认识到大跃进的错误决策，中央提出了“调整、巩固、充实、提高”的八字方针，并制定了一系列经济改革对策，1961年，历时三年的大跃进运动宣告结束。

3.文革萧条阶段

1966年是我国胜利完成国民经济调整任务，全面实施国民经济第三个五年计划的第一年，但就在这一年5月，“左”倾思想再次盛行，林彪、江青两个反革命集团利用同毛泽东同志的亲密关系，策划发动了十年浩劫的“文化大革命”，从而导致中国经济的大幅度滑坡。1976年9月9日党和人民的领袖毛泽东逝世；1976年10月，粉碎了江青反革命集团，十年“文革”至此结束。1977年8月，在中国共产党第十一次全国代表大会上，以华国锋、叶剑英、李先念等为核心的中央政治局，正式宣布“文化大革命”已经结束。

4.改革腾飞阶段

“文化大革命”给我国人民带来了深重的灾难，使我国经济陷入了大萧条时期。为了加快经济建设，1978年，在党的十一届三中全会上，邓小平同志提出了“建设有中国特色的社会主义”的理论思想，并提出了实施改革开放的全盘规划，从而谱写了我国改革开放的新篇章。

经济危机的周期性

资本主义无法消除产生经济危机的根源，因而经济危机周期地爆发。经济危机的这种周期性使资本主义再生产也表现出周期性，这种周期包括四个阶段：危机、萧条、复苏和高涨。

危机往往在资本主义经济发展最繁荣时爆发，资本主义的各种矛盾这时达到最尖锐的程度。危机首先在商品流通的某一环节出现，然后迅速波及各个部门，最后导致整个社会经济活动严重混乱。危机是经济周期的决定性阶段,是上一个经济周期的终点,也是下一个经济周期的起点。危机之后是萧条阶段。

在萧条阶段,商品供给超过有支付能力需求的现象有所缓和,生产不再继续下降,失业人数也不再增加,但过剩商品还未完全销售出去,社会购买力仍然十分低下,社会经济呈停滞状态。

萧条阶段之后,市场情况有所好转,生产开始逐步回升,经济逐渐摆脱停滞局面,于是,萧条阶段过渡到复苏阶段。

在复苏阶段,由于市场的扩大,价格开始上升,利润渐有回升,从而刺激着资本家增加投资、扩大生产。随着生产的不断扩大,资本主义经济发展的逐渐加快,社会生产超过危机前的最高点,进入经济周期的高涨阶段。

在高涨阶段,整个资本主义经济呈现出一片繁荣景象。但是,资本主义经济的繁荣只是暂时的,繁荣包含了新的危机的先兆。随着社会生产的不断扩大,资本主义经济的各种矛盾发展到尖锐程度时,危机必将再次爆发。资本主义经济进入了下一个周期。

在资本主义经济的发展过程中,经济危机是周期地重演的,危机与危机之间的间隔表现了一定的规律性。自 1825 年英国第一次发生普遍的生产过剩的经济危机以来,随后发生危机的年份是 1836 年、1847 年、1857 年、1866 年、1873 年、1882 年、1890 年和 1900 年。在资本主义自由竞争阶段以及向垄断资本主义阶段过渡时期,差不多每隔十年左右就要发生一次这样的经济危机。进入 20 世纪,在 1900 年危机之后,迄第二次世界大战以前,又发生了 1907 年、1914 年、1921 年、1929~1933 年、1937~1938 年的经济危机,差不多每隔七八年就发生一次危机。

从一次危机爆发到下次危机开始之间的这个期间,构成资本主义再生产的一个周期,或称经济周期。在第二次世界大战前,每一个周期都包括危机、萧条、复苏、高涨四个不同的阶段。战后的周期虽然发生了某些形态变化,但四个阶段的交替仍然是周期的基础。

关于经济危机的周期性,有两个问题需要研究。一个是周期性的原因,一个是周期长短的原因。

危机周期性的原因,要从资本主义基本矛盾的运动变化中去寻找。这一基本矛盾虽然贯穿于资本主义社会发展的始终,但并不是每时每刻都处于严重激化之中,而是有时尖锐,有时缓和,呈现出一种波浪式发展的状态。经济危机是这一矛盾激化到一定程度的产物,它又反过来通过对生产力的破坏暂时强制地缓解这一矛盾。但危机并不能消除资本主义的基本矛盾,一次危机过去后,随着经济的恢复和发展,其基本矛盾又会逐步重新激化起来,使另一次危机成为不可避免。正如恩格斯所说:“在把资本主义生产方式本身炸毁以前不能使矛盾得到解决,所以它就成为周期性的了。资本主义生产产生了新的‘恶性循环’”(《马克思恩格斯选集》第 3 卷,第 315 页)。

关于周期长短的原因,在第二次世界大战前,当国家垄断资本主义还没有占统治地位的时候，主要是由固定资本更新的周期决定的。固定资本的更新是资本主义经济周期的物质基础。固定资本的更新必然会引起对机器设备等生产资料的大量需求，从而促进生产资料生产的恢复和发展。这反过来又会增加就业，提高劳动群众的购买能力，扩大消费资料市场，从而促进消费资料生产的恢复和发展。因此，固定资本的更新为资本主义经济走出危机准备了物质条件。同时，它又会引起新的一轮生产过剩，为下一次经济危机提供物质基础。在资本主义的自由竞争阶段，把物质磨损和精神磨损合起来看，大工业中最有决定意义的部门的固定资本，平均大约 10 年左右就需要实行更新，固定资本的这个平均的生命周期，是决定资本主义经济周期的一个重要因素，为周期性的经济危机的间隔时间创造了物质基础。

不但在资本主义以前的社会中，没有周期性的经济危机，就是在资本主义的早期，其经济危机也是不规则的。当时，由于资本主义大工业还不够发达，固定资本的再生产还没有能够成为影响整个社会经济发展的决定性因素，尽管当时的英国频繁出现过 1788 年、1793 年、1797 年、1803 年、1810 年、1815 年和 1819 年的经济危机，但它们的出现和交替是没有规则的，而且从整个社会来看，危机还是一种局部性的或地方性的。只有当大机器工业发展到对整个社会生产产生决定性影响的程度时，地方性的、局部性的危机才逐渐转变为波及一切主要工业部门、震撼整个资本主义社会的周期性生产过剩的经济危机。1825 年首先在英国爆发的危机，就是最早一次这样的危机。

固定资本的更新固然是经济周期的物质基础，对危机间隔时间的长短有重大影响，但也不能把这一点绝对化了。上述论断，对于 1825 年以后的自由资本主义时期，以及对于第二次世界大战以前的垄断资本主义时期，是有效的。但在第二次世界大战后国家垄断资本主义占统治地位的时期，情况却发生了变化。决定周期长短的因素，除了固定资本的更新以外，还有国家垄断资本主义加强干预经济的政策和措施。这些政策和措施在一定的范围内可以延缓或加速经济危机的爆发，情况是错综复杂的，在当代，不能只用固定资本更新这样一个因素去解释经济周期的长短。

经济危机与资本主义制度

资本主义经济危机的爆发，加剧了资本主义社会各种矛盾的深化，暴露了资本主义制度的局限性和历史过渡性。主要表现在：

①经济危机造成了社会财富的巨大浪费，对资本主义社会生产力造成严重的破坏。

②经济危机进一步加深了资本主义基本矛盾。

③经济危机进一步激化了资本主义社会的阶级矛盾。

④经济危机加剧了发达资本主义国家之间，发达资本主义国家与发展中国家

之间的矛盾。

资本主义经济危机表明，资本主义社会生产力和生产关系之间存在着不可克服的矛盾。

当代的经济危机

经济危机是从资本主义基本矛盾中产生的，只要资本主义制度存在，危机就是不可避免的。从资本主义发展的历史看，自1825年英国开始出现第一次周期性普遍的生产过剩危机以来，每隔一定期间就要发生一次。除了上面谈到的19世纪发生的几次危机以外，进入20世纪，在1900年危机之后，又发生了1907年、1914年、1921年、1929～1933年和1937～1938年的经济危机。

第二次世界大战后，各主要资本主义国家又发生了次数不等的经济危机。到目前为止，就几个主要资本主义国家看，发生经济危机的次数是：

美国7次（1948～1949、1953～1954、1957～1958、1960～1961、1969～1970、1973～1975、1980～1982）

日本7次（1954、1957～1958、1962、1965、1970～1971、1973～1975、1981）

联邦德国7次（1952、1958、1961、1966～1967、1971、1974～1975、1980～1982）

法国5次（1952～1953、1958～1959、1964～1965、1974～1975、1980～1982）

英国7次（1951～1952、1957～1958、1961～1962、1966、1971～1972、1973～1975、1979～1982）

（2008年爆发的目前仍处于金融危机阶段）

在战后各国的历次危机中，有的是属于部分国家同期发生的，有的是普遍性的资本主义世界经济危机。至于战后究竟发生过几次世界性经济危机，但严格说来，属于世界性经济危机的只有三次，即1957～1958年，1973～1975年和1980～1982年的经济危机，因为只有这三次危机表现了明显的国际同期性。

在上述各次危机中，最严重的一次是战前1929～1933年的大危机，这次危机震撼了整个资本主义世界，波及所有的殖民地、半殖民地国家，被称为“三十年代的大危机”。它是在第一次世界大战和俄国十月革命后帝国主义时期资本主义世界体系各种矛盾激化的条件下发生的。危机长达4年之久，生产下降和失业增长都达到了空前猛烈的程度。整个资本主义世界的工业生产几乎下降了44%，比1913年的水平还低16%，倒退到1908年至1909年的水平，失业人数达到5000万人左右，一些国家的失业率竟高达30%～50%。资本主义世界的对外贸易总额下降了66%，倒退到1913年的水平以下。就美国来说，工业生产下降了56.6%，其中生铁产量减少了79.4%，钢产量减少了75.8%，汽车产量减少了74.4%，整个加工工业工人人数减少42.7%，支付工资总额降低57.7%，全失业人数达1200多万人。危机使资本主义世界的各种矛盾进一步激化，德、意、日三国法西斯乘机上台，它们相继发动了侵略战争，直至1939年爆发第二次世界大战。1929～1933年的危机过去以后，转入了一个长时间的“特种萧条”阶段。以后在生产还没有发展到明显的新高涨的情况下，又爆发了1937~1938年的经济危机，至1939年为第二次世界大战所打断。1929~1933年的大危机是在国家垄断资本主义还不够发展、资本主义的所谓“自动调节”还占主导地位的情况下发生的。它证明资本主义的基本矛盾以及其他各种矛盾已经尖锐化到这种程度，如果不由国家去进行调节和干预，则资本主义制度将岌岌可危。于是以这次大危机为转折点，特别是第二次世界大战以后，国家垄断资本主义获得了重大发展。

由于20年代中期世界经济的发展包含着局限性和不稳固性，盲目扩大的生产同容量相对稳定的国际国内市场发生尖锐的矛盾，导致了1929年经济危机的爆发。危机以美国纽约股票价格狂跌开始，很快波及全美国，并迅速席卷整个资本主义世界。危机发生后，各国统治者采取了以邻为壑的短视政策，致命危机具有长期性、普遍性和空前的破坏性。危机对全世界影响巨大，并给世界经济发展留下深刻的教训。

经济危机给资本主义世界以沉重打击，使资本主义制度固有的一切矛盾空前激化，结束了20年代出现的资本主义相对稳定局面。危机给各国劳动者带来了巨大灾难，激起了劳动人民对资本主义制度的不满，使反对资本主义制度的情绪高涨。资本主义国家内罢工运动、群众示威和农民运动重新高涨起来。殖民地半殖民地国家人民也掀起了反对帝国主义转嫁危机的斗争，出现了新的反帝高潮。法西斯主义在一些国家内迅速蔓延，法西斯组织相继出现。各国统治阶级面临内忧外患的困境，在经济和政治上普遍加强了国家干预和专横统治，日本开始实行武力扩张，德国则建立了法西斯统治。

经济危机使资本主义国家之间的矛盾进一步激化。关税战、倾销战和货币战导致资本主义世界的不断分化，出现了各种货币集团和经济集团。1933年6月，66个国家在伦敦召开世界经济会议，试图稳定货币，实行关税休战，结果不但没有成功，反而使各集团之间的对立越来越尖锐。在资源战日益激化的情况下，资源自给率较低、金融力量相对薄弱的德、日、意逐渐相互靠拢，形成了法西斯集团；而垄断了国际市场、资源相对雄厚的英、美、法面临着法西斯国家的争夺，逐渐捐弃前嫌，于1936年秋分别签证了《三国货币稳定协定》和《三国黄金协定》，一定程度上调节了三国之间的经济矛盾。两种不同类型的帝国主义国家在经济上的分化对立和重新组合，为以后两大政治军事集团的形成铺垫了道路。

30年代的大危机给世界造成的损失和带来的影响发人深省，给当今的世界经济发展留下了深刻的教训：

首先，它告诉人们，繁荣和危机总是密切相关、同时并存的。各国在发展经济时，不仅要关注目前的直接效益，更要着眼未来，要确保经济的持续发展。要清醒看到经济发展中可能存在的潜在危机，防患于未然至关重要。

其次，在经济发展过程中，各国政府、不同制度的国家要适应经济的不断发展，及时调整内部机制和政策，并不断协调好国际关系，为经济的持续发展营造一个良好的国内、国际环境。

第三,经济和金融危机一旦发生,各国政府和各国组织应承担起各自的国际责任和义务,从而有效地遏制危机,防止危机的恶化,扩展和延续。各国政府和国际组织要从根本上摒弃以邻为壑的自保政策和转嫁手段,在区域经济集团化和全球经济一体化趋势加强的当今世界,国际合作尤显重要。

战后在国家垄断资本主义占统治地位的条件下,最突出的世界性经济危机是1973~1975年的危机和1980~1982年的危机,这两次危机都是在"停滞膨胀"的背景下发生的。80年代初的危机更具有新的特色,这是一次同期性的经济危机,各主要资本主义国家爆发危机的时间非常接近。1979年7月英国首先爆发危机,加拿大于同年10月工业生产出现下降,美国于1980年2月陷入危机,其他国家在1980年爆发危机的有比利时(2月)、日本(3月)、联邦德国(4月)、荷兰(4月)、法国(5月)、意大利(5月)、爱尔兰(6月)。各国于1982年底开始走出危机,危机持续3年左右,是战后时间最长的一次经济危机。由于英国、加拿大于1979年就陷入了危机,所以有人称之为1979~1982年的经济危机。但在7个主要资本主义国家中,有5个国家:即美国、日本、联邦德国、法国和意大利,是1980年爆发危机的,并且美国起主导作用。所以一般仍称之为1980~1982年的经济危机。

最值得注意的,是1980~1982年的危机有很大的曲折性,这是资本主义危机史上所罕见的。在同一次危机中,有些国家出现下降——回升——再下降的w型,即3年内发生两次下降,如美国、加拿大、联邦德国和日本;有的国家,如法国和意大利,则发生数度下降,呈现锯齿型。以美国为例,从1980年2月开始,工业生产连续下降了6个月,从1980年8月起,工业生产又逐渐回升,到1981年7月已超过1980年1月的水平;但从1981年8月起,美国的工业生产又急转直下,到1982年11月。明显地超过了1980年第一次下降的幅度。80年代初世界经济危机的发展过程之所以出现这样的曲折,从根本上说,是由于在国家垄断资本主义占统治地位的条件下,国家对经济加强干预的结果,或者说是采取反周期措施的结果,这种干预使危机的发展受到阻挠,但经过几个回合的搏斗,危机终于按照自己的规律继续展开。

战后经济危机的新特点

同战前比较,战后资本主义的再生产周期和经济危机产生了新的特点。危机的性质、主要特征、基本原因等等,并没有改变。但由于战后资本主义经济以及世界形势发生了重大变化,从而使经济周期的发展进程,经济危机的表现形式等方面出现了以下一些特点:

同期性与非同期性经济危机交错发生:

资本主义世界同期性的经济危机与非同期性的经济危机互相交错,而进入70年代以后,则由非同期性稳定地转向同期性。第二次世界大战前的经济危机在各个主要资本主义国家里趋向于同时爆发,具有比较明显的同期性。自 1847 年爆发了第一次世界性的经济危机以后,1857 年、1866 年、1873 年、1882 年、1890 年、1900 年、1907 年、1920 年、1929 年、1937 年爆发的经济危机,欧美各主要资本主义国家都一齐卷入,都是世界同期性的经济危机。第二次世界大战后,只有 1957~1958 年、1973~1975 年、1980~1982 年的危机是世界同期性的经济危机,其他各次危机则是非同期性的或部分同期性的经济危机。例如,美国爆发 1948~1949 年战后第一次经济危机时,西欧和日本正处于战后恢复过程中,并未同时发生危机,而当西欧各国爆发 1951~1952 年和 1964~1966 年的经济危机时,美国则由于先后发动侵朝战争和侵越战争,使危机分别推迟到 1953~1954 年和 1969~1970 年才爆发。

危机的非同期性或部分同期性,有以下几个原因:

①战后初期,由于资本主义各国遭受战争破坏的程度不同,经济恢复的时间不同,资本主义经济周期的进程也就很不一致。

②局部战争,即 50 年代初的美国侵朝战争和 60 年代中期至 70 年代初的美国侵越战争,对各资本主义国家经济周期的进程产生了不同的影响。

③战后各国国家垄断资本主义迅速发展,但各国采取的国家干预措施并不相同,所以抵制外国经济危机影响的效果也各不相同。

④由于某些地区和某些国家的经济关系特别密切并有共同利害关系,战后形成了一些国家垄断资本主义的地区性联盟,如欧洲经济共同体等,因此,经济危机有时在这些国家里表现出较明显的地区同期性,而不表现为世界的同期性。

然而,战后国际经济关系日益密切,资本主义世界市场空前发展,以跨国公司为代表的生产和资本国际化的趋势成为不可抗拒的历史潮流,以上这些因素终于阻止不了经济危机向世界同期性发展。70 年代以后,连续发生了 1973~1975 年和 1980~1982 年两次战后严重的同期性世界经济危机。由非同期性向同期性转变,这就是战后经济危机发展的历史趋势。这一转变,反映了经济危机严重程度的加深。在非同期性的经济危机中,未发生危机的国家还可以吸收那些陷于危机中的国家的过剩商品和过剩资本,起一定的缓冲作用;而在同期性的世界经济危机时,一些主要资本主义国家都陷于危机之中,谁也救不了谁,而且还互相转嫁危机,加剧了相互之间的矛盾和斗争,并使危机的时间拖长。

危机频繁、周期缩短

19 世纪 70 年代初,马克思在修订《资本论》法文版第一卷时曾说过:“直到现在,这种周期的延续时间是十年或十一年,但绝不应该把这个数字看作是固定不变的。相反,根据我们以上阐述的资本主义生产的各个规律,必须得出这样的结论:这个数字是可变的,而且周期的时间将逐渐缩短”(《马克思恩格斯全集》,第 23 卷,第 695 页)。

马克思关于周期将逐渐缩短的论断,在第二次世界大战后是否仍然有效,这是一个有争议的问题。由战后只发生过三次同期性的世界经济危机来看,从1957~1958年的危机起到1980~1982年的危机爆发止,23年间发生三次危机,每一个周期略长于11年;而20世纪初从1900年到第二次世界大战前夕的1937年,37年间共发生6次危机,每一个周期略长于7年。两相比较,战后的经济周期是延长了。但如果把非同期的经济危机也计算在内,以美国为代表,从1948年到1980年,32年发生7次危机,每一个周期约为5年零4个月,显然又比战前大大缩短了。还要看到,1973~1975年的危机以后,只相隔4年多一点就爆发了1980~1982年的危机,这是周期缩短的最近证明。危机频繁、周期缩短的首要原因,是由于战后国家垄断资本主义的发展,资产阶级政府普遍加强了对于经济活动的干预。每当经济危机爆发时或将要爆发时,各国政府就在财政上和货币金融上实行膨胀政策,如增加预算开支,大搞公共工程,增加货币发行量等等,同时还用减免税收、降低贴现率、放宽房屋抵押贷款条件等措施去恻激私人投资和私人消费。这些措施人为地激发起新的投资需求和消费需求,暂时地缓和了生产与消费之间的矛盾、生产与市场之间的矛盾,使危机不能充分展开。这些措施,从短期来看,有时固然能够延缓危机的到来或减轻危机的严重程度;但从长期来看,却进一步扩大了生产能力,加剧了生产与市场之间的矛盾,为下一轮危机的爆发埋下了祸根。

危机频繁、周期缩短的另一个主要原因,是由于技术的迅速进步,固定资本更新的周期大为缩短。各国政府为了保证垄断资本获得高额利润,还采取加速折旧等措施以刺激私人投资,这也促进了固定资本更新周期的缩短。

危机频繁、周期缩短,表明资本主义矛盾的激化,在国家的多方干预下,战后虽然没有发生象30年代那样的大危机,但多次危机合起来,对于资本主义的打击仍然是严重的。

周期变形

从一次危机到另一次危机算是一个经济周期。危机是经济周期的起点和终点。第二次世界大战以前,整个周期分为四个阶段,这是周期运动的传统形式。当时整个周期是在国家不干预或干预较少的情况下自行运转的。

战后,在国家垄断资本主义占统治地位的条件下,由于资产阶级政府加强对经济的干预,采取一系列的反周期措施,包括在危机和萧条阶段的膨胀性政策以及在复苏和高涨阶段的紧缩性政策,使周期发生了变形:危机的来势没有过去那样凶猛,萧条和复苏两个阶段,界限不清;高涨阶段经济增长乏力,有时还发生曲折和波动。其中最引人注目的,是萧条和复苏两个阶段混淆在一起,不易划分。从表现形式看,整个周期是由危机、“回升”和高涨三个阶段组成的,而不像过去那样由四个阶段组成。萧条阶段和复苏阶段混淆不清,不仅50年代和60年代如此,70年代、80年代初期大体上也如此。

如前所述,在1980~1982年的危机中,由于政府加强反危机措施,竟出现了下降——回升——再下降的w型或几次下降与回升互相交错的锯齿形。这种周期形态变化的新现象，是由周期运动受到国家垄断资本主义的严重干扰所造成的，是资本主义矛盾激化的一种表现形式。

经济周期的形态变化，并不是否定过去四个阶段的划分，危机、萧条、复苏、高涨四个阶段仍然是周期变化的基础和前提，资本主义是在不断地发展变化中，周期的形态也不可能是一成不变的。

经济危机的冲力相对减弱

战后虽然周期缩短，危机频繁，但在各次危机中，工业生产下降幅度都没有战前那样大。1973～1975年的危机，是战后一次严重的经济危机，它使美国的工业生产下降15.3%，英国下降11.2%，法国下降16.3%；而战前比较严重的1920～1921年的危机，却使这些国家的工业生产分别下降了32%、55%和24%。至于1929～1933年那次世界经济大危机，各国工业生产下降的幅度就更大了。当时美国的工业生产下降56.6%，英国下降32.3%，法国下降35.7%。

战后危机冲击力较小的原因，总的来说，是由于国家垄断资本主义的反危机措施阻碍了危机的展开。具体来说，有以下几个原因：

①固定资本投资幅度下降不大。过去危机爆发时，企业一般都中止扩大再生产的投资，甚至暂停固定资本的更新。但战后由于国家垄断资本主义的发展，资产阶级政府实行减免税收，加速折旧，以及其他各种优惠待遇，去鼓励投资，再加上科技革命不断开展，要求固定资本加速更新。所有这些，即使是在危机期间，也使固定资本投资的下降幅度不大，从而缓和了危机的恶化。

②个人消费需求下降幅度较小。过去在危机期间，由于失业工人大量增加，劳动人民的收入减少，使消费品的生产过剩更加严重，然而又加剧了生产资料的生产过剩，推动经济危机进一步发展。但战后由于消费信贷的扩大，社会保险制度的改进，以及工人组织程度提高，抵抗资本家降低工资的力量增强，使消费的下降遇到了阻力，从而减轻了危机的严重程度。

③以通货紧缩、银根吃紧、银行挤兑和大批倒闭为主要形式的货币信用危机有所改变。这样的货币信用危机，是战前经济危机的一个重要组成部分，并大大加剧了生产过剩的经济危机。战后由于金融资本力量增强，政府采取膨胀性的货币金融政策，加强了对金融机构的控制和管理，增强了货币信用体系抵抗经济危机冲击的能力，从而减轻了经济危机的严重程度。

④由物价暴跌转为物价上涨。战前的危机是通货紧缩，物价暴跌，人心惶惶，造成严重的紧张局势。战后由于主要资本主义国家在货币金融上和财政上实行膨胀政策，在危机期间，物价不仅不下跌，反而大幅度上涨，尽管留下后患，却暂时缓和了危机的冲击力量。

由于以上各种原因，战后的经济危机不能充分展开，生产下降幅度不大。这本身就具有二重性:一方面可以使危机的冲击力减弱;但另一方面,又为危机频繁、周期缩短播下了种子,同时还为70年代以来的停滞膨胀准备了条件。

危机期间物价上涨

如前所述,伴随着战前危机的,是通货紧缩,物价暴跌。当时的一般情况是:危机阶段,物价暴跌;萧条阶段,物价在低水平上徘徊;复苏阶段,物价回升;高涨阶段,物价迅速上涨;危机再爆发时,物价又大幅度下降。如此循环反复,起伏波动。支配这种起伏波动的是市场供求关系的周期变化和货币供应量的周期变化,而这是在国家干预较少的条件下自发运行的。战后由于国家垄断资本主义的发展,情况发生了变化,在危机期间物价不但不跌落,反而持续上涨。以美国为例,从战后到80年代初,它爆发了7次经济危机,仅前两次危机期间物价有轻微下降,其余的危机期间物价一律上涨。1948~1949年的危机时,消费物价下降了3.1%;1953~1954年的危机时消费物价下降了0.75%;从1957~1958年的危机开始,以后在各次危机中,消费物价都在上涨,而且上涨幅度有增大的趋势。1957~1958年的危机中物价上涨了4.2%;1960~1961年的危机中上涨了4.7%;1969~1970年的危机中上涨了6.18%;1973~1975年的危机中上涨了14.5%;1980~1982年的危机中,1980年上涨了13.5%,1981年上涨了10.7%。

危机期间物价上涨的原因是:

①国家垄断资本主义的进一步发展。资本主义国家在战后大力推行赤字财政政策和扩大信用的政策。每当经济危机爆发时,它们就增加政府开支,降低贴现率和存款准备率,结果使货币供应量不断增加,酿成严重的通货膨胀。通货膨胀改变了货币供应量的周期波动,使之不再像战前那样在危机期间大量收缩,而是继续增长,这样就形成了一种推动物价上涨的力量。

②私人垄断的大大加强也是引起危机期间物价上涨的重要因素之一。战后随着生产和资本的不断集中,跨部门的垄断组织——康采恩进一步兴起,主要经济部门逐渐被垄断公司集团所控制。这些大垄断公司在制定商品价格时,实行所谓"领价制",即由最大的"领头公司"按照产品的生产费和根据"目标利润"所确定的利润量来规定产品的价格,其他公司也按这种价格去出售商品。因此,垄断价格对整个物价的影响,比战前大为加强。大垄断公司在危机爆发时,用降低开工率的办法去适应市场需求的变动,不但不降低商品价格,反而提高价格以弥补损失。

③战后各种阻碍投资需求和消费需求下降的其他因素,也是引起物价在危机期间上涨的重要因素。

新技术革命与经济危机

当代世界正面临着新的技术革命的高潮,电子计算机工业、原子能工业、半导体工业、宇航工业、高分子合成工业、激光工业等一系列新部门的出现和发展,以及生物工程和海洋工程即将有新的突破,使物质生产领域发生了很大的变化,必将对资本主义经济危机进一步发生重大的影响。

最近一个时期以来,西方国家的一些未来学家和社会学家,大肆宣扬所谓“后工业社会”“信息社会”“第三次浪潮”等理论,企图论证现代资本主义已经“变形”,它将成为与资本主义本质不同的所谓“后工业社会”“信息社会”,竭力掩盖资本主义的历史暂时性,把它看成是永久繁荣的社会制度,当然也不会再有经济周期和经济危机了。

目前比较明显的,是新技术革命对于资本主义经济危机已经发生了双重作用:一方面是缓和的作用,另一方面是加剧的作用。

新技术革命缓和危机的作用表现在:

①使国民经济的部门结构发生重大变化,传统的老工业部门,如钢铁、煤炭、纺织等部门的比重将相对缩小,而新兴工业部门的比重和作用则日益增加。在这种情况下,某些传统工业部门因生产过剩而减产时,新兴工业部门却在继续增长,虽然抵消不了传统部门的生产下降,但却能在一定程度上缩小了全部工业生产下降的幅度,从而缓和了危机。

②促进了固定资本大规模的更新和改造,不仅新兴工业部门的固定资本要大量增加,而且传统部门也要大规模地采用新技术,更新机器设备,这在一定程度上可以缓和危机。

新技术革命加剧危机的作用表现在:

①加快了固定资本的更新和扩大,缩短了固定资本更新的期限,为危机频繁、周期缩短进一步提供了物质基础。

②大大提高了劳动生产效率,而劳动生产效率的提高,一方面使社会生产总量、剩余价值量以及资本积累量都大大增加,为资本主义的扩大再生产创造了必要的条件;另一方面,又使资本有机构成不断提高,同样的生产规模所需要的劳动力日益减少,特别是机器人的使用,导致失业问题越来越严重。固然,新兴的工业部门和“第三产业”将吸收一部分剩余劳动力,但毕竟不能全部抵消由新技术革命所抛出的产业后备大军。失业的增加不仅使资本主义社会的阶级矛盾尖锐化,引起新的动荡,而且还将使劳动人民的购买力减少,加剧了生产的扩大与劳动群众有支付能力的需求相对缩小之间的矛盾,从而使资本主义的经济危机趋于深化。

在技术革命的双重作用中,从长远来看,加剧危机的作用将处于主导地位。因为,新技术革命将促进社会生产力的飞跃发展,并大大推进生产社会化的进程。

经济危机形成原因及其影响的新探索

皇甫嘉利在解读刘周“国际共运史赞并序”一文的思想内涵中指出:“国际共运史赞并序”提出了如下几个新的理论命题,

1.市场与产品的背反律

作者写道:"彼背反律者,乃谓生产愈发展产品愈增多,产品市场之负载能力相对产品之增多而愈缩减也。"这是资本主义社会最基本的经济现实。其结果就是导致资本主义周期性产品相对过剩的经济危机,而资本主义经济危机的存在也正好反证了"背反律"的成立。

2.市场在空间(地域)形式上的扩张。

作者写道:"夫对抗此一背反律者,市场在空间(地域)形式上之扩张也。此亦为资本各国消除经济危机之根本途径也。"因有市场与产品的背反律的存在,便有资本主义经济危机的产生,而要抵制由产品增多带来的本国(本地区)市场的相对缩小,就必须去开拓更广阔的国外市场。而从这一点上来说,市场在空间(地域)形式上的扩张,就很自然地成了资本主义国家消除经济危机的一种根本途径。当经济危机来临时,资本主义国家往往把抢夺占领更多的国外市场,作为其经济政策的支柱;历次经济危机都曾引发资本国家的大规模的市场争夺。这些历史事实都是有力的证明。

3.资本主义本身即意味着战争。

作者写道:"故谓市场扩张者,乃资本主义之天性也,以战争而服务于市场扩张者,亦为资本主义之天性也。"追求尽可能大的市场是资本主义经济运行的基本内容,而在扩张市场过程中产生的争夺,则是现代战争产生的主要根源。两次世界大战都由全球性的经济危机所引发,已经证明了这一点。所以作者说"以战争服务于市场扩张是资本主义的天性。"这是对列宁所讲"帝国主义就是战争"这一命题的引申与发展。

4.资本主义灭亡的制度

作者写道:"故谓此种(市场)扩张达于某一极限,即资本主义市场达于真正之世界市场,而无可供扩张之空间(地域)之时,世界性不可消除之经济危机,必致彼资本制度之最后灭亡也。是则为资本主义灭亡之度也。"市场成为真正的世界市场,而再无可供扩张的空间(地域)之时,就是资本主义无法运用"市场在空间(地域)形式上的扩张"这一武器,来抵制和消除其周期性经济危机之时。而在这时,伴随经济危机而来的战争和各种社会危机亦将空前爆发,现在意义上的资本主义经济和社会体制将很难避免崩溃和消亡的命运。这就是现代资本主义灭亡的"度"。

5.经济危机的应对措施可以分为两大类:

①民主国家:如英法美,采用改革的方式,国家干预经济来摆脱危机。

②专制国家:如德日意,采用对外侵略的方式,建立法西斯独裁转嫁危机。

这主要是针对1929年的大危机,另外那个可能是凯恩斯主义。

经济危机和金融危机的区别

经济危机是指经济系统没有产生足够的消费价值,也就是生产能力过剩的危机。有的学者把经济危机分为被动型危机与主动型危机两种类型。所谓被动型经济危机是指该国宏观经济管理当局在没有准备的情况下,出现经济的严重衰退或大幅度的货币贬值从而引发金融危机进而演化为经济危机的情况。如果危机的性质属于这种被动型的,很难认为这种货币在危机之后还会回升,危机过程实际上是对该国货币价值重新寻求和确认的过程。主动型危机是指宏观经济管理当局为了达到某种目的采取的政策行为的结果。危机的产生完全在管理当局的预料之中,危机或经济衰退可以视作为改革的机会成本。

金融危机是指一个国家或几个国家与地区的全部或大部分金融指标(如:短期利率、货币资产、证券、房地产、土地(价格)、商业破产数和金融机构倒闭数)的急剧、短暂和超周期的恶化。其特征是人们基于经济未来将更加悲观的预期,整个区域内货币币值出现幅度较大的贬值,经济总量与经济规模出现较大的损失,经济增长受到打击。往往伴随着企业大量倒闭,失业率提高,社会普遍的经济萧条,甚至有些时候伴随着社会动荡或国家政治层面的动荡。金融危机可以分为货币危机、债务危机、银行危机等类型。近年来的金融危机越来越呈现出某种混合形式的危机。

中国人民银行行名的来历

1947年春,解放战争进展迅猛,原晋冀鲁豫、晋察冀等边区已形成大片解放区。中央指示由晋冀鲁豫中央局主持召开了包括华东、西北在内四个解放区参加的财经会议,成立了以当时中央主持财经工作的董必武同志为主任的华北财经办事处。它的任务之一是“筹建中央财政及银行”。同年10月2日,以董老的名义致电中央建议“组建中央银行,发行统一货币”。董老高瞻远瞩,预料到建立新中国的进程要加快,指示新创建的全解放区银行的名字要和将来人民共和国联结起来考虑,使其成为国家的中央银行。用中国人民银行这个名字,既表示是我们的,是人民的,也不失作为将来新中国国家的中央银行的格局。1947年10月8日,中国人民银行这个名字被中央批准了。第二年12月1日,根据华北政府训令,中国人民银行总行发行了人民币。从此,中国人民银行和它发行的人民币即长存于世。

中国的第一家银行

1897年5月27日,中国通商银行在上海成立。这是中国的第一家银行,它的创办人是盛宣怀。

盛宣怀的父亲与李鸿章关系深厚。1870年盛宣怀充当李的幕僚,后成为李举办洋务的得力助手。

1896年,盛获得了督办铁路总公司的权力,负责经办芦汉铁路和东南地区的其他铁路。在办铁路的过程中,他提出开设银行,认为外国公司招股,无不由银行经手,现在办铁路招股配债,若无银行,势必棘手。他看到外国在华银行独霸中国金融市场,在政治和经济两方面获取利益。认为如不先自设一银行,中国的利益权势将被外国一网打尽。办铁路和办银行要同时并举才有把握。盛先向湖广总督张之洞和直隶总督王文韶陈词,接着又向清政府上奏,请求开设银行。不久即获得户部批准。户部特准中国通商银行发行银圆券和银两券两种钞票。银圆券分1元、5元、10元、50元、100元5种;银两券也分1两、5两、10两、50两、100两5种。这些票券是中国最早的银行券,一面印英文,一面印中文。英文一面有英籍经理美德伦的签字,以示负责。中文一面印有“中国通商银行钞票永远通用”和“只认票不认人”等字样。户部还在通商银行存款白银100万两,以示支持。

中国通商银行是官督商办的银行。其股本银定为500万两,但实际上只收到一半。盛宣怀任总办的招商局和电报局分别投资80万两和20万两,占实收资本的40%,以盛宣怀名义包括他本人和代其他大官僚如李鸿章等的投资达70万两,以上两项占实收资本的2/3强。初创的通商银行股东绝大部分属于封建官僚和买办。盛独揽大权。

除了在上海设总行外,通商银行又陆续在天津、汉口、广州、汕头、烟台、镇江等口岸开设分行,积极开展业务,先后与30多家外国洋行发生过借贷关系。通商银行依照学习英国汇丰银行的规章制度,并在总行和重要口岸分行聘用外国人为大班,掌握业务经营实权。为了取得“外滩银行”的地位,通商银行还加入了外商银行的同业公会。

通商银行的存款主要来自三方面:清政府存款100万两白银;官督商办企业;各地关道的拨交款。

通商银行成立初期,上海开设了5家民族资本的棉纺厂,其中3家与通商银行发生过借贷关系。

香港金融界“巨人”——汇丰银行

汇丰银行是由英国商人筹组并于1865年在香港注册成立的。翌年它在港、沪两地同时开业，随后在中国沿海及内地与海外遍设分支机构。在相当长的一个时期里，汇丰银行执远东金融市场之牛耳。1949 年新中国成立后，汇丰银行结束了在中国内地的业务，只保留了上海分行，而以香港为大本营继续发展，并逐渐将业务扩展到大洋洲、南亚、中东与欧美地区。

汇丰银行在香港起着准中央银行的作用，是香港金融业的主要控制者。1885 年，汇丰银行成为香港两家被授权发钞的银行之一，并是唯一一家不受公司条例约束的银行。它能够影响货币流通，并对决定利率结构和水平拥有发言权。1983 年，港英政府实行联系汇率制定之后，又规定只有发行通货的银行才能以 7.8 港元兑 1 美元的汇率向外汇储备套汇，汇丰银行由此可以享有随时用官价向政府套取美元的特权。以这种经济上的特权为基础，汇丰银行董事长可以直接进入港英政府的最高决策机构行政局。汇丰银行在香港拥有的经济和政治方面的特权成为其发展的基础，而香港地区所具有的特殊的地理及经济环境则成为汇丰发展的条件。1991 年，汇丰银行的存款占全香港银行存款的 40%左右，总盈利中近 60%来自香港市场。

汇丰银行

尽管如此，汇丰银行作为商业性银行，长期以来一直努力走国际化道路。1959 年，汇丰收购在英国注册的有利银行；1960 年收购中东银行；1978 年收购美国海丰银行 51%股权（以后又陆续购入剩余股权，使海丰成为汇丰的全资附属公司）；1981 年成立加拿大汇丰银行；1986 年在澳大利亚设立汇丰银行的分支机构；1987 年收购英国米特兰银行14.9%股权，并在新西兰开设银行；1990 年在英国成立汇丰控股有限公司；1991 年 3 月 17 日宣布将与英国四大结算银行之一的米特兰银行合并，合并计划提交英格兰银行待审议。这项合并若成功，以汇丰银行 1991 年的 857.86 亿英镑的资产总额加上米特兰银行 594.08 亿英镑资产总额，那么新的银行集团将跻身世界十大银行之列。

不过，汇丰银行在加紧国际化的同时，也采取了一系列香港准中央银行地位的措施。1989 年 10 月，汇丰银行曾修改了其奉行 123 年之久的章程，进一步向普通商业银行转变。按照英国有关金融管理条例规定，汇丰与米特兰合并后的银行总部必须设在英国，那么，香港的汇丰银行将降格为新的银行集团的一个海外分支机构，其在香港的特权和非商业性义务将逐渐淡化甚至消失，例如，其发钞行的地位有可能不复存在。如何有效地填补汇丰淡出后的“真空”，将对香港过渡时期的稳定产生重要的影响。

港币的“雅称”

在香港,港币是法定的货币。港币的最高面值是1000元,最小的是10元,中间还有500元、100元、50元、20元等共6种。港币有自己的正式名称,但广东珠海的人们说到港币时,则多数不说票值而采用借代的“雅称”来表达,颇具幽默情趣。

据有关史料考证,港币的“雅称”由来已久。1845年前后,香港当时发行流通红色的100元和绿色的10元纸钞。而这种钞票的票面图案均是水产品,红色的100元是一条“红衫鱼”,绿色的10元是一只“青蟹”,这样,人们就借代这两种木产品来“雅称”这两种港币了。后来为了更简便,人们索性叫它们为“红底”(100元)“绿底”(10元)了。

到本世纪60年代,香港又发行流通500元钞票,港人又别出心裁称其为“牛仔纸”。这一雅称的由来,据说是按照当年人们购物的价值,500元港币能买到一头牛牯仔,于是,“牛仔纸”的雅称便叫开了。可是时到今日,“牛仔纸”便又要改名换姓为“老鼠斑”了。这个“老鼠斑”何物也?乃著名海中珍品“石斑鱼”便是。今日买一尾石斑,最低价也需500元港币,由此,“老鼠斑”也就取代“牛仔纸”了。不过,一般习惯性的呼叫是“大牛”。

进入80年代,香港经济迅猛发展,大踏步跨入亚洲“四小龙”之列,金黄色的1000元港币也发行流通了。好事的港人当即为其取雅号为“金牛”。“金牛”之称,据行内人说与股市术语大有渊源,取其蒸蒸日上兴旺发达的吉祥之意。除此之外,港币的“雅称”有些还从市场买卖的俗语而来。如叫100元为“一斤”,百多元则为“斤几嘢”(粤语);1元为“一蚊”;彼此叫惯,约定俗成。然而,财大气粗的港人现在竟也把1万元也戏称为“一蚊”的,也真是“湿湿碎”罢了。

10元以下是硬币,分5元、2元、1元、5角、2角、1角及5仙等7种。其中5仙即5分。实际上5仙已罕见。香港人通用粤语,因此“元”叫作“蚊”(语音是汉语“满”)。5元叫5蚊,北方人听起来好像是“万”,往往吓一跳,以为是5万!角称“毫”或“毫子”,但是元和角合起来时,香港人口语中就略去毫字,而元字却又叫“个”,例如4元8角,就叫“4个8”,如“6个4”(6元4角),“5个3”(5元3角)等。港币除面额不同外,还有发行银行的不同,香港有三家银行可以发行纸币,即汇丰、渣打、有利三家。只要你稍加留意,可以看出差别。这些都是法定通用货币,但最常见的还是汇丰银行发行的。1994年5月2日,我国中国银行在香港首次发行港币,面值有1000、500、100、50、20元等5种。这对香港的平稳过渡将起到积极的作用。

中国人民银行发行的四套人民币纸币

中国人民银行从1948年成立到1988年为止，40年间共发行了4套人民币纸币。

1948年12月1日华北人民政府发出布告，成立中国人民银行，并于当日开始发行由董必武题写“中国人民银行”行名的人民币纸币，故第一套人民币亦称“四八版”人民币，这套币陆续发行到1953年底为止，1955年4月1日起停止在市场流通。

人民币

第一套人民币的发行处在解放战争和国民经济恢复时期，人民解放军打到哪里，人民币就发行到哪里，不但要收兑群众手中的国民党政府发行的各种货币，还要满足恢复生产的需要，货币需要量非常大。因此，这套纸币的面值很大，参与印制的印刷厂也很多。这套纸币的特点是：构图为四边框，票券图景以恢复工农业生产为主题，行名和面值为汉字繁体字自右至左排列，仅5种版面有少数民族文字。这套人民币面额品种多，版面设计不统一，无辅币。主币有12种面额62种版面，1元券2种、5元券4种、10元券4种、20元券7种、50元券7种、100元券10种、200元券5种、500元券6种、1000元券6种、5000元券5种、1万元券4种、5万元券2种。

第一套人民币在市场流通的时间不足6年半，但它的历史功绩在于满足了当时的解放战争和恢复国民经济的需要，初步完成了统一中国货币的任务，在中国货币史上留下了光辉的一页。

1955年3月1日起发行1953年完成设计的第二套人民币纸币，并以1比1万元的比值收兑“四八版”人民币。第二套人民币亦称“五三版”人民币。第二套人民币陆续发行到1962年4月20日止，1964年4月15日开始收回3元、5元(浅酱色)和10元券，1973年8月15日第二套人民币退出流通。

第二套人民币的发行正值大规模的国民经济建设时期，在票券的设计、印制上比“四八版”有很大改进，体现了新中国的精神风貌。构图为上下框，突破了四连框的固定格式，显得庄重大方又富有变化；“中国人民银行”六个字由马文蔚先生书写，自左至右排列，现已成为中国人民银行行名的标准字体。票券的正面图景1分到10元券分别是汽车、飞机、轮船、拖拉机、火车、水电站、北京天安门、延安宝塔山、井冈山龙源口、民族大团结、工农联盟等。反映了全国人民对现代化建设的愿望和对革命圣地的向往。背面用线条、彩带烘托国徽,采用汉、藏、蒙、维吾尔四种文字。这套币共11种面额13种版面,辅币有1分券、2分券、5分券、1角券、2角券、5角券,主币有1元券2种(红色、蓝黑色)、2元券、3元券、5元券2种(浅酱色、深酱色)、10元券。

1962年4月20日中国人民银行开始陆续发行1959年经中央批准设计方案的第三套人民币纸币,故亦称“五九版”人民币。其中背面绿色及浅酱色的1角券于1967年12月和1971年11月先后退出流通,其余版面目前仍在流通。此外,为适应市场对分币的需求,1981年起又重新举行了“五三版”1分、2分和5分券,但编号中只有冠字而无号码以示区别。

第三套人民币的发行是在我国自力更生建设祖国时期,整套币从设计、制版和印刷等方面比“五三版”有了新突破,整体结构严谨,采用了无边框的活泼形式,显得美观大方,富有民族风格。

票券新增了壮族文字和汉语拼音。从10元到1角的正面图案分别为人民代表步出大会堂、炼钢工人、车床工人、女拖拉机手、纺织车间、武汉长江大桥、教育与生产劳动相结合;背面图案除国徽外,分别为天安门、露天煤矿、石油矿井、牧羊、棉花、牡丹花、菊花。图景反映了社会主义建设的新成就和政治风貌。但由于受到十年内乱的干扰,整套币直到1972年才出齐。这套币共7种面额9种版面,辅币有1角券3种(浅酱、深酱、背绿色)、2角券、5角券,主币有1元券、2元券、5元券、10元券。

从1987年4月27日起陆续发行1980年设计印刷的第四套人民币纸币,故亦称“八〇版”人民币。到1989年9月22日全套币出齐,与“五九版”人民币混合流通。

第四套人民币是中国社会主义建设进入改革开放的新时期设计印制的,充分体现了科学技术的新成就和文化艺术的新水平在钞票印刷上的应用,反映了社会主义建设的新形势。这套币采用国际上通行的做法,以人物头像作为票券主景,100元券是毛泽东、周恩来、刘少奇、朱德4位领袖的浮雕头像,50元券是工人、农民、知识分子头像,其余为汉、蒙、藏、回、维、彝、侗、瑶、苗、壮、布衣、朝鲜、高山、满等人物头像,象征我们党始终坚持马克思列宁主义,我国进行社会主义建设的依靠力量,以及多民族国家的民族平等大团结。主币背面图景取材于祖国的名山大川,分别为井冈山主峰、黄河壶口瀑布、珠穆朗玛峰、长江三峡、南海南天一柱、长城;辅币背面主景均为国徽。行名和面值均采用规范的简化汉字,主币还增加了盲文符号,编号组成由以前冠字为3位罗马字母、号码为7位阿拉伯数字改为冠字为2位汉语拼音字母、号码为8位阿拉伯数字。这套币共9种面额9种版面,辅币有1角券、2角券、5角券,主币有1元券、2元券、5元券、10元券、50元券、100元券。

中国人民银行自1992年8月20日起,又发行了1990年版50元、100元人民币,图案与1980版这两种面额的人民币完全一致,它与现行人民币同时在市场上流通使用。

我国现今流通硬币知多少

目前我国市场上可以流通的硬币共有 34 种。具体是:1957 年 12 月 1 日起发行的 1 分、2 分、5 分的铝质合金硬辅币 3 种;1980 年 4 月 15 日增加发行的 1 角、2 角、5 角金属硬辅币 3 种和 1 元硬主币 1 种;1992 年 6 月 1 日新发行的 1 角、5 角、1 元金属币 3 种。此外从 1984 年 10 月 1 日到目前为止,中国人民银行又发行了地区性的和重大活动、节日的金属纪念币,计有建国 35 周年 1 元流通纪念币 1 套 3 种;西藏自治区成立 20 周年 1 元流通纪念币 1 种;新疆维吾尔自治区成立 30 周年 1 元流通纪念币 1 种;国际和平年 1 元流通纪念币 1 种;内蒙古自治区成立 40 周年 1 元流通纪念币 1 种;第 6 届全运会 1 角流通纪念币 1 套 3 种;宁夏回族自治区成立 30 周年 1 元流通纪念币 1 种;中国人民银行建行 40 周年 1 元流通纪念硬币 1 种;第 11 届亚运会流通纪念币 1 套 2 种;全民义务植树运动 10 周年 1 元流通纪念币 3 种;中国共产党成立 70 周年 1 元流通纪念币 3 种;第 1 届世界女子足球锦标赛 1 元流通纪念币 1 套 2 种。

纪念币

汇票:一票在手,腰缠万贯

汇票是汇款人先把款项存进当地银行,由银行签发给收款人带着,前往异地办理转账结算或支取现金的票据。

到外地做生意时,往往需要携带足额现金,即不方便,更不安全。如果到银行签发一张汇票,无论有多大数目的款项,都可以填在一纸汇票里,带上它,即可到你原定的地方做生意,办理结算或支付。因而,汇票是个体户“腰缠万贯”到外地做生意时理想的信用支付工具。除此之外,汇票还有以下特点:

①票随人到,持票即可视同持币,有利于你用款急需和支付及时。

②使用灵活,持票人既可以持汇票一次性背书转让给销货单位或个体工商户,也可以通过银行办理分次支付或转汇其他地区。

③兑现性强,对填明“现金”字样的汇票可以到兑付银行取现,银行保证支付,收款人能及时获得款项。

④凭票购货,余款可以自动退回,可防止不合理的预付货款和交易尾欠的

发生。

因此，尽管日益盛行的信用卡也能使你一卡在手，腰缠万贯，但银行汇票仍有一些信用卡不能代替的功能。

正确填写票据凭证

通过银行办理资金结算业务，既及时、方便，又安全、可靠。但若不能正确填写票据或有关结算凭证，则将影响资金结算的准确性，给银行工作带来不便，给单位和个人造成一定的损失。一般说来，银行票据和结算凭证上的内容有收付款人、开户银行名称、日期、账号、大小写金额、收付款地点和用途等。在填写时，这些要素一定要填写齐全、内容真实、数字正确、字迹清楚。具体要求有以下几点：

1.大写金额数字一律要用正楷字或行书书写。如壹、贰、叁、肆、伍、陆、柒、捌、玖、拾、佰、仟、万、亿、圆(元)、角、分、零、整(正)等字样，但不得用一、二(两)、三、四、五、六、七、八、九、毛、另(或0)等字样代替，不得自造简化字。如果少数单位书写中有繁体字的也应受理。

2.汉字大写金额数字到"元"为止的，在"元"之后应写整(或正)字，在"角"之后可以不写"整"(或正)字。大写金额数字有"分"的，"分"后面不写"整"(或正)字。

3.汉字大写金额数字前应标明"人民币"字样，大写金额数字前，没有印好"人民币"字样的，应加填"人民币"三字。但不得在票据和银行结算凭证大写金额栏内预印固定的"仟、佰、拾、万、仟、佰、拾、元、角、分"字样。

4.票据和银行结算凭证上的阿拉伯金额数字要一个一个地写，不要连写的分辨不清。如遇阿拉伯数字中有"0"时，汉字大写应按照汉语语言规律，金额数字构成和防止涂改的要求进行书写。现举例说明如下：

阿拉伯数字中间有"0"时，汉字大写金额要写"零"字。如￥1409.50，应写成人民币壹仟肆佰零玖元伍角。如果写成人民币壹仟肆佰零玖元伍角正亦可。

阿拉伯数字中间连续有几个"0"时，汉字大写金额中间可以只写一个"零"字。如￥6007.14，汉字大写金额应写成人民币陆仟零柒元壹角肆分。

阿拉伯金额数字元位是"0"，或者数字中间连续有几个"0"，元位也是"0"但角位不是"0"时，汉字大写金额中可以只写一个"零"，也可以不写"零"字。如￥1680.32，汉字大写金额应写成人民币壹仟陆佰捌拾元零叁角贰分，又如￥197000.53，汉字大写金额应写成人民币壹拾玖万柒仟元零伍角叁分，或者写成人民币壹拾玖万柒仟元伍角叁分。

阿拉伯金额数字角位是"0"，而分位不是"0"时，汉字大写金额"元"后面应写"零"字。如￥16409.02，汉字大写金额应写成人民币壹万陆仟肆佰零玖元零贰分；又如￥325.04，汉字大写金额应写成人民币叁佰贰拾伍元零肆分。

各种票据和结算凭证上的阿拉伯金额数字前面，均应填写人民币符号“￥”。这样，既可表明货币种类，还可能防止阿拉伯金额数字前面加填数字，堵塞漏洞。

支票使用须知

当你收到付款人交来的转账支票时，应着重审查下列内容：

1.支票收款人是否本人。

2.支票是否在规定的付款期内（支票的付款期为五天。从签发的次日算起，到期日遇到假日顺延）。

3.大小写金额是否相符。

4.是否用墨汁或碳素墨水填写，且清晰可辨。

5.背书转让的支票，其背书是否连续。

6.其他内容是否齐全、正确。

审查时，如发现上述内容中任何一项不符合要求，应坚决拒收。经审查无误后，对所受理的支票分两种情况处理：第一，在银行开立账户的，应填写一式两联“进账单”，连同支票一并送开户银行进账。第二，未在银行开立存款账户的，可根据开户的有关规定，选择一家银行开立存款账户，填列“进账单”后进帐。如果受理的是现金支票，应在现金支票背面签章后，连同本人的身份证件一并送交银行，以便银行审核后付给现金。

支票

当你不慎遗失了空白支票后，可按以下情况处理：

①如果遗失了已经签发的现金支票，可以向开户银行申请挂失止付。申请挂失时，应出具有关证件并加盖预留银行印鉴，交开户银行。经银行审查同意后，方可办理挂失手续。

②如果遗失了已签发的转账支票，开户行不受理挂失，但可以请求开户银行及销货单位协助防范。

③如果遗失了可以背书转让的转账支票或空白转账支票，银行不受理挂失，也不协助防范。

日趋风靡的信用卡

在当代,出现了这样的趋势:钞票和支票将逐渐被货物价值的非物质单位,即信用卡所替代。

最早的信用卡。世界上第一批信用卡出现于本世纪初。当时,仅仅是在欧美一些国家的某些百货公司、石油公司、旅馆内使用。

在使用时,公司的店员或服务员只要把顾客出示的信用卡放入手按压印机内,在领货单或凭证上就会压印出持卡人的姓名和卡的编号,此后,顾客就可取到货物了。结算时,信用卡公司不是以现款结算的方式发给顾客领货单的,而是在每月终寄发一份该月赊购货物的总账单。信用卡持有者只要根据总账单向信用卡公司邮寄出支票,由他的存款银行按支票付清就可以了。这样,信用卡持有者就不必每天忙于支付现金,只要定期结算一次就行了。

电子信用卡。电子技术的迅猛发展,使信用结算走上了自动化。目前,在一些工业发达的国家内,都在推广信用卡结算自动化系统,相继采用电子信用卡进行结算,而不再使用现金或支票。

信用卡

使用这种电子信用卡时,商店出纳员既无须结算货物价钱,也不用清点和保管现金,他只需在专门的键盘上揿按出唯有顾客本人才知道的一组由字母和数字组成的暗码就行了。顾客选购完所需的物品结算时,只要将本人那张如同身份证大小的信用卡插入收款控制机的插孔中,出纳员的电脑显示屏上就会显示出询问暗码,它是一组由任意字母和数字组成的代码。例如,显示出来的询问暗码是ACH53,此时,信用卡的合法持有者就需立即做出应答。如果购物日期是1991年10月27日星期日,他只需将询问暗码中的第一个字母同第三个字母对调,中间的字母改成当天星期几的数字,并将最后的两个数字相加后,再加上当天的日期数,就可得出当天的应答暗码是H7A35。此时,如果有个小偷站在信用卡合法持有者的背后,窃取了这个代码,那也无关紧要,因为小偷未必了解信用卡主人选定的暗码回答方式,同时,商店在另一次对这张信用卡显示的询问暗码假定是TK747,小偷也未必能猜出正确的应答信号是77T38。因此,即使窃贼窃取到手的信用卡也不能为他所用。

信用卡的合法持有者可以根据自己的兴趣来选择只有自己能识别的暗码和回

答方式。回答方式可以非常简单,且能经常加以变换,只要事先将此“通知”微型电脑便可以了。

这种电子信用卡上装有磁铁层的编码磁道,磁道上存有各种各样的数据和信息,这些数据和信息的计算与变动,只能借助自动收款电子装置来操纵。否则,就不能使用或取出这些存入的数据和信息。

当顾客使用这种信用卡购物时,所需支付的货款或服务费就能直接从自己的账户中自动转拨到商业企业的账户内。那么,这种自动化支付的过程是如何实施的呢?

原来,当电子信用卡插入终端装置的插孔中,终端装置就会先核算磁道上持卡人的个人数据,以及他的偿付能力等信息;然后,这些数据连同由键盘输入的唯有持卡者能识别的代码一并送入中心计算机中,将这些数据同存储器中的原始数据进行对照比较,并经有关遗失或被窃信用卡的专门信息处理机检查;检查无误后,终端装置控制台上准备就绪的信号灯就会发亮,此时,出纳员只要在键盘上揿出应付的金额和服务费用,就完成了款项的支付和转拨程序。

目前,信用卡结算自动化系统已在美国和一些西欧国家广泛使用。1988 年,英国已在三个城市建立了 3 万台终端自动机,每天能处理 3 千万次货币的自动转拨业务。在国外,由于电话购货在正常的销售业务中占有很大的比重,因此,人们设法使电话渠道同终端自动机和中心计算机建立了可靠的联系,这就使信用卡结算自动化系统的运用得到了开拓。

前景诱人。不久前,法国在原来的基础上发展了一种智能信用卡。在这种信用卡上,装置有一个世界上最小的计算机,在它的存储器内,可以存储信用卡合法持有者的各种各样的数据和信息。取用这些数据和信息时,需用持卡者选定的识别暗码输入,否则,这种信用卡就不起作用,只像一张普通卡片一样。这就完全杜绝冒用之忧。这种信用卡不仅可以购物和支付电话费、停车费、加油费等,还能去医院挂号就诊。

随着科学技术的发展,信用卡的功能正在不断增多。信用卡能把合法持卡者的指纹和手形特征转换成数字信号存储在信用卡的存储器里。如将信用卡插入识别机时,存储器内的指纹和手形特征的数据便会与识别机原来存储的指纹和手形特征数据进行对照比较,根据识别的结果,可以杜绝冒用。此时,这种信用卡就能作为出入机要场所的通行证。

科学技术的迅猛发展,使信用卡的功能也越来越齐全,而且它的服务结构也日益趋于完美合理,它将成为人们生活中不可缺少的工具。

中国的货币之最

最早的金属货币:是三千多年前的商代铜贝,形状似贝。

最早的铸币：是两千余年前春秋战国时代的刀币，形状似刀；布币，形状似铲。都是金属铸币的雏形。

刀币

最早的纸币：是公元960年北宋建隆元年在四川印刷的"交子"，由大商户印发，三年兑换一次，是纸币的原始形态。

最早的带色纸币：是公元1105年北宋印发的"钱形"，有花纹图案，有红、蓝、黑三种颜色。

最大的纸币：是公元1375年明朝印发的"大明宝钞"，长6寸，宽4寸。

最早兑换黄金的货币：公元7年，西汉王莽发行的铸铜币"错刀"，每枚五百钱，二十枚兑换黄金一斤。

最早的铅钱：公元918年五代时发行的"乾宇重宝"，十枚兑一枚铜钱。

最早的银本位货币：是公元1137年（宋绍兴七年）发行的纸币"银会子"，也叫"银票"，分一钱、半钱两种。

最早的银圆：公元1659~1661年间，郑成功铸造的银币，正面铸有"漳州银晌"四字，背面有一花押，为"朱成功"三字组合。1888年，清发行"光绪元宝"，正式叫银圆。

流通时间最长的铸币：两千多年前秦始皇铸造的方孔圆钱，沿用到清末才废止。

最重的铸币：是公元1906年清朝在天津铸造的"大清金币"，每枚重一两。

中国最早由政府发行的纸币：是公元1023年由宋朝政府发行的"交子"。

最早由银行发样的纸币：公元1897年建立中国通商银行后，翌年发行"银两券""银圆券"，背面印有"中华帝国银行"的字样。

最早用机器铸成的银币：是公元1882年吉林试铸厂用机器铸造的银圆"光绪元宝"。

流通时间最长的纸币：是公元1375年明朝发行的"大明宝钞"，一直流通到清朝，共200多年。

最早的货币资料：是东晋时的《刘氏泉志》，原本已失散，比欧洲早800多年。现存的是公元1149年南宋时的《泉志》，共15卷，收录泉币325种，作者洪遵，江西人。

最早由国家出版的书：是公元1750年（清乾隆十五年）印刷的《钱录》，共16卷。

货币史话

在中国社会历史中,出现过许多不同形制的货币。

贝:是商代货币。到了商朝末期,始用铜币取代真贝。

金币:起源于东周后期,楚国制的金币称为“郢爰”秦朝称黄金为上币,每个重一镒(20两)。汉武帝时,曾造白金龟龙币,有上中下三等,分别铸有龙、马、龟纹。后来才有金砖、金条、小宝等形式。

铜币:从春秋战国时广泛使用。当时有四种,都取象于实物:楚国的方币;燕、齐的刀币;晋国的钱币(古人称耕具为“钱”);周、秦的圜法(圆形、中间方孔,状似环形石斧)。后来的铜币,都取圜法的形态,并统称为“钱”。铜币一直流通到清朝。

铁币:起源于安史之乱,藩镇割据,铜不能贩运,改用铁铸钱。

银币:始于唐宣宗年间。唐朝以后,广泛流通,宋、金称为“银锭”,至元朝改称元宝。

钞票:即纸币,起源唐朝,称为“飞钱”。宋、金、元时,呈现钞为主、钱为辅的形势。1900年以后,外商银行在我国发行外国钞票,中国银行也开始发行本国钞票。1948年8月,国民党反动政府发行“金圆券”,物价比抗战前上涨五百万倍。新中国成立后发行了“人民币”。这是世界上公认的稳定货币。

“¥”是什么符号

在财务凭证单据金额前面,按规定都要写上一个¥字。为什么要写¥呢? ¥是我国规定人民币的符号。我国1948年12月1日开始发行的人民币,是以元为单位。元的汉语是,用的第一个字母Y加两横为¥,规定为人民币的符号,读音为元。

世界上一些国家和地区以元为货币单位,一般用$为符号。

市场上为啥没有3分硬币

每个人的口袋中都有硬币,然而只有1分、2分、5分的硬币,为啥没有3分的硬币呢?

这里面有数学知识。银行发行货币,希望用尽量少的币制单位来组合成各种数字,以减少货币总个数的流通量。

现在最少的硬币个数组成 1 至 9 的数字来说明。

我们可以看出，如增加 3 分的硬币，仅在“3”和“8”这两个数字的组合中减少了一个硬币单位即 3 分由 1 分加 2 两枚硬币变成 3 一枚硬币，8 分由 1 分加 2 分和 5 分三枚硬币变为 3 分加 5 分两枚硬币，其余的均相同。增加一个 3 分的硬币，减少硬币流通个数仅为 11.8%的可能。

再从概率上讲，在 1 至 9 的各种组合中，“3”出现的机率最多为 18，而“1”“2”“5”出现的总机率为 90，如果使用 3 分的硬币，在流通中呈现的概率约是 16.7%左右。

因此，就没有 3 分的硬币。

残缺人民币可否兑换

中国人民银行总行规定了残缺人民币全额兑换、半额兑换和不予兑换的标准：

1.不论是哪种票面的人民币、凡是属于下列情况之一者，均可全额兑换：(1)票面残缺不超过 1/5，其余部分的图案、文字能照原样连接者。(2)票面污损、熏焦、水湿、油湿、变色，但能辨别真假，票面完整、残缺不超过 1/5，票面其余部分的图案、文字能照原样连接者。

残缺人民币

2.凡票在残缺 1/5 以上至 1/2，其余部分的图案、文字能照原样连接者，可以半额兑换。

3.凡残缺人民币属下列情形之一者，不予兑换：(1)票面残缺二分之一以上者；(2)票面污损、熏焦、水湿、油浸、变色不能辨别真假者；(3)故意挖补涂改，剪贴、拼凑、揭去一面者。

我国流通的纪念币

1984 年 10 月 1 日为庆祝中华人民共和国成立 35 周年，我国首次发行建国 35 周年流通纪念币一套三枚。正面图案均为国徽、天安门广场及礼花等。背面图案分别为：一枚有毛泽东等国家领导同志在天安门广场上举行开国大典的情景；另一枚有华表、松树、山鹤和长城等图案，象征祖国万岁；第三枚有汉、蒙、藏、维和高山族等人物形象,象征各民族人民大团结。面值均为1元。

为庆祝西藏自治区成立20周年,1985年9月1日发行了流通纪念币一套一种,正面图案为国徽、国旗和年号,背面图案为布达拉宫,面值为1元。主要在西藏自治区内发行。

为庆祝新疆维吾尔自治区成立30周年,1985年10月1日发行了流通纪念币一套一种,正面图案为国名、新建的新疆人民大会堂楼景和年号;背面图案为表现新疆欣欣向荣、繁荣昌盛的《丰收图》,面值为1元。

为纪念国际和平年,1986年9月20日发行了国际和平年流通纪念币一套一种,正面图案为国名、国徽和年号,背面图案为胡耀邦同志访日时赠送给日本人物的礼物~和平雕塑像图案,左方有胡耀邦同志亲笔题写的"和平"两字,面值为1元。

为庆祝内蒙古自治区成立40周年,1987年7月30日发行了流通纪念币一套一种,正面图案为国名、内蒙古自治区人大常委办公楼景和年号;背面图案为《放牧图》,面值为1元。

为庆祝中华人民共和国第六届运动会的胜利召开,1987年11月20日发行了铜锌合金流通纪念币一套三种,正面图案均为国名、第六届全运会会徽,下方是"第六届运动会"字样;背面图案分别为足球、排球、体操运动员形象,面值1角,这套运动会纪念币主要在广州、北京、上海、天津等城市发行。

为庆祝宁夏回族自治区成立30周年,1988年9月发行了流通纪念币一套一种,正面图案为国名、同心清真寺和年号;背面图案为两位妇女正在笑逐颜开地忙碌着采摘枸杞,面值为1元。

为庆祝广西壮族自治区成立30周年,1988年12月1日发行了流通纪念币一套一种,正面图案为国名和"桂林山水",背面图案为壮族的对歌和壮、瑶、苗等民族歌舞场面,面值1元。

为庆祝中国人民银行成立40周年,1988年12月1日发行了流通纪念币一套一种,正面图案为国徽、国名和年号,并配有象征吉祥的花纹,背面图案为新建的中国人民银行金融中心大楼及行徽。行徽为三个古钱币(布币)组合在一起,组合后中间呈一"人"字,古钱币代表货币,"人"字代表人民银行。面值1元。

为庆祝中华人民共和国成立40周年,1989年10月1日发行了流通纪念币一套一种,正面图案由国徽、人民大会堂、礼花组成,背面图案为"中华人民共和国成立40周年"字样,并用醒目的美术字"四十"组合五星红旗、和平鸽、五线谱国歌装饰,画面清新,富有时代气息,象征社会主义朝气蓬勃。

为庆祝第11届亚运会在北京召开,1990年8月22日发行了流通纪念币一套两种,正面图案为国名、亚运会会标和亚运会主会场——北京工人体育场全景,下方是第11届亚洲运动会和年号等字样;背面图案:一枚为武术项目中的男运动员舞剑形象,另一枚为女运动员射箭形象;图案中还有吉祥物"熊猫"形象。面值1元。

以上各种流通纪念币的币材多为铜镍合金铸成，直径 30 毫米，唯独发行的第 11 届亚纪会纪念币是我国首次选用钢芯镀镍的材质。镍包钢是目前国际采用的较新铸币形式，具有成本低，耐磨性强和不易变色等优点。

“工”字银圆

1927 年 10 月，毛泽东同志在井冈山建立了中国第一个农村革命根据地。1928 年 5 月，湘赣边界第一次党代会后，在宁冈茅坪成立了湘赣边工农兵政府。当时红色政权面临许多困难，现金缺乏，部队给养不足。根据王佐的建议，决定在井冈山上井村邹甲贵家中创办“上井红军造币厂”，土法上马，仿铸了墨西哥版“壹圆”银圆。并加了一个“工”字戳记，以示区别，著名的“工”字银圆由此而得名。这就是中国共产党最早铸造的金属币。

最大规格的纪念金币

纪念币是一个国家发行的专门的纪念性货币。纪念币采用金银等贵金属精工铸造，其销售计价不是按每枚金银币所标面值计算，而是按每枚金银币的金银含量的国际价格，加上加工费和利润等合成计算。因此一枚金质纪念币的零售价一般要高于国际金价的 100%左右，而所标面价只起到法定货币的符号作用。

大熊猫金币

1984 年 5 月 23 日，中国人民银行负责人宣布，对外发行一种大规格的大熊猫金币。这块金币面值 1000 元，直径 70 毫米，重量 12 盎司，含纯金 12 盎司。这是目前我国最大规格的纪念币。

纪念币正面图案为北京天坛祈年殿,背面图案为大熊猫与青竹,是由中国造币公司精工铸造,美国大熊猫金币公司负责外总经销,并限量发行,是为了资助抢救大熊猫的活动而制的。

我国在国际上首次获奖的纪念币

1984年在一次世界最佳硬币评奖中,我国壬戌(狗)年纪念银币获得1982年度最佳标准银币奖。这是我国的纪念币最早在国际上获奖。

这次评选活动是由美国克劳斯出版公司和《世界硬币新闻》周刊主办的。

洗货币与洗钱

洗货币与洗钱完全是风马牛不相及的两码事。洗涤货币,就是对货币进行清洗。因为货币在流通过程中和各种各样的人物接触,污垢不堪,通过洗涤,使它洁净。最初提出洗涤货币的是在本世纪初,美国旧金山的圣芳漳酒店。当时美国社会的女士流行戴雪白的长手套,结账时找零的硬币常常弄脏她们时髦的白手套。该店老板灵机一动,别出心裁地推出一项洗涤硬币服务,受到了女士们的普遍欢迎,生意也就格外兴隆起来。

美国政府还尝试过洗纸币,这主要是不少货币只要洗涤后仍可流通,而不必销毁。第一次世界大战前,美国财政部就研制了这种机器,它一天可以洗涤、烘干和熨平4万张钞票。但后来由于战争爆发,造美钞的原料由亚麻改用棉花,钞票的强度和韧性下降了,这种钞票经不住洗涤。战后财政部一度想恢复洗钞业务,但联邦经济情报局持反对态度,他们指出,洗涤的钞票破坏了原有的质地,影响了对钞票真伪的识别。此后,无法流通的钞票就直接切碎、回炉销毁。

科技的发达,改变了洗涤必须用液体的概念。卫生部门通过检验,发现钞票上带有沙门氏菌、绿脓杆菌、大肠菌群、金黄色葡萄球菌和乙型肝炎病毒等,因此提出银行要加强对流通货币消毒,这种消毒即用微波对货币进行洗涤,500克的货币放在500瓦的微波炉内,只需2~3分钟,便可将绝大部分的病菌和病毒杀灭。

至于洗钱,就不能望文生义地也理解为货币的洗涤。它是一个专用名词,意思是黑社会等非法组织将非法获利的资金通过一个复杂的操作过程,逃避政府的盘查,将“黑钱”转入非法组织的账户。据有关方面统计,在美国,仅贩毒集团贩毒每年的利润就高达1000亿美元。这些巨款不经“洗净”,是无法落入毒枭的腰包的。因为美国政府规定,现金存款超过1万美元,银行就必须提出联邦现金登账报告,以备存查。为此,毒枭便化整为零,派人在数间银行开户,每次存款不超过1万美元,或多次购买数张面额不足1万美元的旅行支票、银行本票,然后集零为整,汇回美国入账。或者制造一组市内地产、黄金交易，当中有真有假，掩盖大笔现金存入所需账户。如此这般，资金每调动一次，黑钱就被清洗一次，披上合法的外衣。近年来有些国家根据黑社会的这一动向，把打击洗钱活动，掐断毒枭的经济命脉作为扫毒的一项有力措施，取得较好的效果。

白钱·灰钱·黑钱

在近50年内，瑞士从一个贫瘠的小山国跃升为一个巨大的“钱泵”，成为地球上仅次于阿联酋的最富裕之国。瑞士的暴富归功于银行利用他国财富大发横财。1934年末，为了对付纳粹盖世太保追查犹太人存于苏黎世和巴塞尔银行的资产，瑞士实施了独树一帜的“银行保密”政策，法律规定银行不得泄露存款人的姓名和存款情况。从此，瑞士4000多家银行几乎都有国际业务往来，经营方式极端自由，任何资金随意大进大出，不必交代来龙去脉。

在这些资金中，既有来自正常合法渠道的“白钱”，也有来自法西斯暴政国家或实行军事统治的独裁者的“灰钱”和来自黑社会从非法贩卖毒品、军火中所赚来的巨额“黑钱”。“灰钱”和“黑钱”在瑞士的银行中经过洗“白”后成为可以再投资的“白钱”，而银行则在“洗白”过程中牟取暴利。

对一项存款进行“案例调查”时，银行系统可以在瑞士法律的保护伞下对该项存款进行“保护”。法官要求调查储户身份时，银行第一个给储户通风报信，以便储户能尽快寻求法律保护并有充裕时间将资金转移。

瑞士政界和金融界的一些人互相串通并收受贿赂。据传媒揭露，前瑞士联邦最高检察官鲁道夫·格伯，因有意搁置检察官们“用掉脑袋的代价”所做的调查报告，使案例最后以“证据不足”而被撤销。一些坚持正义、不畏权势的检察官员莫名其妙地被降职，导致不少案例“搁浅”。

一些已被通缉的毒王，瑞士竟不予引渡，使他们依然在瑞士的豪华别墅中过着无忧无虑的奢侈生活。

可以作为外汇的十八种钞票

一般来说，必须是能换成其他国家货币的那种外国钞票，才能作为外汇。外国钞票作为外汇必须具备两个条件：一是充分的流动性，即有普遍的国际可接受性；二是各国金融当局可以无条件地获得这种资产。如果一种货币无法自由兑换成其他货币，或其他国家没法无条件获取这种货币，那么，这种货币就不能作为外汇。一种货币即可在外汇市场上无条件获得，又可自由兑换成其他任何一种货币，才有资格作为外汇。

美元

目前,中国银行收兑的世界上可以自由流通的十八种外钞是:美元、日元、英镑、德国马克、港元、澳大利亚元、奥地利先令、比利时法郎、加拿大元、丹麦克朗、挪威克朗、瑞典克朗、法国法郎、瑞士法郎、意大利里拉、荷兰盾、新加坡元、马来西亚林吉特。

在我国目前可以作为外汇的钞票只有以上十八种。其他外国货币目前还不能作为外汇,这是我国家庭在对外经济交往中必须注意的,并不是所有的外国钞票都可以作为外汇。

银行贷款的原则

银行贷款的原则是我国社会主义银行贷款所必须遵循的准则,包括一般原则和具体特有原则。

银行贷款的一般原则

一般原则,指银行贷款最基本的最通用的准则。

作为社会货币流通周转的专门机构,银行贷款必须遵循客观经济规律。银行收放贷款,都须按照下列原则办事:

1.银行贷款的收放必须遵循安全性原则

银行贷款资金的来源,主要来自银行存款,对存款户负有无条件偿付的法律责任。因此,银行发放贷款,首先必须考虑是否安全,是否能够到期如数收回。尽管银行贷款本身都意味着有相当风险,但只要贯彻安全性原则,就可以使这种风险降至最低限度。

2.银行贷款必须坚持收益性原则

银行资金并非是依靠造币积累形成,故而通过积聚社会闲置资金进行贷放业务,尤其应重视营利。银行经营的目的在于获得最大的利益,而这种利益多来自放贷收息,所以银行为保持或提高收益,必须注意避免放款形成延滞的情况。

3.银行贷款应注重发展性原则

银行贷款对借贷者来说,无非是提高生产和促进消费。生产企业贷款,目的在于促进和扩大生产。为了保证国民经济增长,银行贷款发放时,应注重发展扶持有前途的客户,着重培养成长性企业。

4.银行贷款要兼顾公共利益,贯彻公共性原则

银行贷款应按照国家经济发展趋势,配合国家经济政策。尽量将贷款投放到与国计民生相关的生产和消费中,增加外销贷款创汇。在国家控制经济虚假繁荣时,银行贷款亦应配合紧缩银根措施,严格掌握信贷对象和信贷限度,以稳定经济,促进恢复。

银行贷款的具体原则

我国银行贷款的基本原则,通称“贷款三原则”。这些原则系我国银行贷款的经验总结,具体指贷款必须按计划发放和使用;贷款必须有适用适销的物质作保证;贷款必须按时归还。改革开放以来,国务院和中国人民银行制定了一系列法规和规章,初步明确和规定了银行贷款的具体原则。

1.国家通过中央银行进行集中统一领导和专业银行业务分口管理的原则

该原则强调一切贷款都归银行集中办理。各专业银行在国家统一领导下,各负其责,分口管理各自的贷放业务。如农业信贷划归农业银行专管,外汇贷款特定中国银行发放等。

2.计划贷款与综合平衡相结合的原则

各银行的信贷计划,由中央银行统一平衡调整。各业务银行的贷放,必须严格按计划分配进行。对于实施贷款计划遇到的问题,中央银行给予综合平衡,统筹调节增减。

3.实行区别对待,择优扶持,讲求经济效益的原则

各借贷单位贷款必须经银行审核,不允许将贷款用于没有补偿的财政性开支方面。放贷的单位必须贯彻专款专用原则，必须将贷款用于支援生产发展和促进商品流通上。对提高经济效益的企业，银行要积极给予贷款；对于少慢差费的企业，银行有权不贷或少贷。

4.按期归还、收取利息，不得豁免的原则

银行给予工商企业和农业的贷款，是银行资金来源中的一部分，与财政拨款有本质区别。因此，《中华人民共和国银行管理暂行条例》第49条不仅规定贷款应定期归还并给付利息，而且"未经国务院批准，任何单位无权豁免贷款"。这一规定具有法律效力，体现了信贷资金的本质，有利于促进企业和银行本身的经济核算，实现经济效益。

5.贷款应严格担保的原则

担保的目的，是为了取得银行信用，也是确保银行贷款在发生风险时能够减少或避免损失。担保的方式可以人的信用担保，也可以物资担保，还可以票据或有价证券担保，以便增加银行贷款的安全性。

银行贷款的政策

我国现阶段贷款政策的基本点是：以提高贷款经济效益为中心；严格控制总规模，贷款供应实行有松有紧、松紧结合；着力调整贷款结构，优化增量，启动存量；充分运用利率杠杆，配合规模控制和结构调整政策的实施；结合实际制定全面配套的贷款管理措施，扶优限劣，防止贷款财政化，促进企业合理使用贷款。核心是建立以效益为中心的区别对待政策体系。

以效益为中心的区别对待政策体系，包括十大方面：

（1）紧生产，松流通，即限制继续拖欠，继续积压，继续扩大生产的长线加工业，保证收购适用适销的农副产品、原材料、工业消费品和出口商品，化解产销矛盾，克服当前积压多、占用大、周转慢、效益低的矛盾。

（2）紧工松农，阻止农村资金向城市流、农业资金向工商业流的逆向转移趋势，防止挤农保工、挤农保投资，集中资金支持农村种养业、乡镇企业、创汇产品和社会化服务体系。

（3）紧长线，松短线，即在工业内部要限制长线产品，减少滞销产品存量，转而支持基础工业，优质名牌产品、推动结构调整。

（4）紧传统产业，松新兴产业，以有利将来的经济增长。

（5）以开发促增长，即增加对经济落后地区的开发性资金供给，实行地区差别贷款政策，协调西部地区与东部地区的经济互补关系。

（6）紧基建，松技改，走内涵式扩大再生产的路子，贷款向老企业技术改造、科技进步转移,防止新建挤技改。

(7)紧国内需求,松国外需求,即支持出口创汇生产,扩张国外需求,发展外向型经济,以缓解国内基建、消费双膨胀和供给不足的矛盾。

(8)调整积累基金使用结构,坚持先生产,后基建,先流动资金,后固定资金的贷款分配政策,强化企业自补流动资金约束机制,防止挤流动资金保固定资产投资。

(9)紧内资,松外资,即积极支持"三资"企业,吸引外资流入,提供宽松的信贷、结算服务。

(10)紧间接融资,松直接融资,增加债券、股票发行,发展有价证券交易,继续发展同业拆借、外汇调剂,鼓励商业信用票据化,积极办理商业汇票承兑贴现,减少信用放款,特别是减少不合理贷款,增加抵押放款比重,促进企业面向市场融资,使银行贷款与证券信用相结合。

银行转账结算

通过银行账户划转存款而结清货币收付的信用行为,称为转账结算。这里的"帐",指的是各单位在银行开定的存款账户。银行接受客户委托代收代付,即从付款单位存款账户划出款项,转入收款单位存款账户,以此完成经济单位之间债权债务的清算或资金的调拨。由于转账结算不动用现金,所以又称为非现金结算。

银行转账结算原则

每一笔转账结算业务都牵涉到付款户、收款户及其各自的开户银行,关系到这双重经济关系中四方当事人各自的责、权、利相结合的问题。为了妥善处理各方面的经济利益关系,必须根据客观经济规律的要求,制定统一的结算原则,以便共同遵守,互相协作和监督。

我国过去长期实行的转账结算"三原则"是:钱货两清;维护收付双方正常权益;银行不垫款。党的十一届三中全会以后,我国市场经济迅速发展,特别是近几年来,市场调节的范围逐渐扩大,商品交易、劳务供求、资金调拨的方式发生了很大变化,过去的结算原则已经不能适应经济体制改革的变化和商品经济发展的要求,因此,银行于1989年全面改革了结算制度。现行转账结算"三原则"是:

1.恪守信用,钱货两清

恪守信用,履约付款是指购销双方进行商品交易时,除实行当即交款发货的情况以外,双方事先约定的预付货款或分期支付,延期支付的货款,必须按交易合同规定,到期结清。不得随意破坏协议,拖欠货款。

2.谁的钱进谁的账,由谁支配

谁的钱进谁的账,由谁支配是指银行必须正确处理收、付双方的经济关系,迅速、及时地办理资金清算,是谁收入的钱记入谁的账户,保证安全完整,并确保户主对本账户存款的自主支配权。

3.银行不垫款

银行办理转账结算时,只负责把资金从付款单位账户转入收款单位账户,不承担垫付资金责任,不出任何信用担保人,也不允许客户套取银行信贷资金。

银行转账结算纪律

1.客户应遵守的纪律

(1)不准出租出借账户。
(2)不准签发空头支票和远期支票。
(3)不准套取银行信用。

2.银行应遵守的纪律

(1)迅速处理当天受理的结算业务。
(2)不准延误,积压结算凭证。
(3)不准挪用、截留客户和他行结算资金。
(4)未收妥款项,不准签发银行汇票、本票。
(5)不准向外签发未办汇款的汇款回单。
(6)不准拒绝受理客户和他行的正常结算业务。

银行转账结算责任

1.客户的结算责任

(1)为保证结算工作质量和安全,单位和个人必须使用银行统一规定的票据和结算凭证,要按照规定填写,字迹清楚,印章齐全。票据、凭证、印章要妥善保管。

(2)单位和个人违反结算原则和纪律,银行按有关规定予以经济处罚,情节严重的,应停止其使用有关的结算办法,因此造成的后果,由其自行负责。

(3)结算办法允许背书转让的票据,因不获付款而遭退票时,持票人可以对出票人、背书人和其他债务人行使追索权。票据的各债务人对持票人负连带责任。

2.银行的结算责任

(1)银行办理结算因工作差错,发生延误,影响客户和他行资金使用的,应按存(贷)款的利率计付赔偿金。

(2)银行因违反结算纪律规定,发生延压、挪用、截留结算资金,影响客户和他行资金使用的,按结算金额每天万分之三计付赔偿金。

(3)因错付或被冒领的,应及时查处,如造成客户资金损失,要负赔偿责任。

3.邮电部门的结算责任

邮电部门在传递银行结算凭证和拍发电报中,因工作差错而发生积压、丢失、错投、错拍、漏拍、重拍等,造成结算延误,影响单位、个人和银行资金使用或造成资金损失的,由邮电部门承担责任。

主要银行转账结算方式

转账结算方式是货币收付的程序和方法,即办理结算业务的具体组织形式。

转账结算方式的主要内容包括:货款、费用收付或资金周转调拨的时间、地点和条件;票据、结算凭证的格式及其操作程序。我国目前的结算以汇票、支票、本票为主体,增强了结算方式的通用性、灵活性、安全性。现行的结算种类如下。

现行的结算种类
- 汇票
  - 银行汇票
  - 商业汇票
    - 商业承兑汇票
    - 银行承兑汇票
- 支票
  - 现金支票
  - 转账支票
  - 定额支票(主要用于农副产品收购)
- 本票
  - 定额本票
  - 不定额本票
- 汇兑
  - 信汇
  - 电汇
- 委托收款
- 托收承付
- 信用卡

银行汇票

银行汇票是汇款人将款项交存当地银行后由银行签发给汇款人持经异地办理转账结算或支取现金的票据。银行汇票适用范围广,单位、个体经济户和个人向异地支付各种款项都可以使用。

这种汇票，票随人走，有利于单位和个人的急需用款；方便灵活，可以通过银行办理分次支付或转汇；兑现性强，个体经济户和个人可以持填明“现金”字样的汇票到兑付银行取现；凭票发货，余款自动退回，可以钱货两清。

银行汇票的签发一律记名。银行汇票金额起点500元；银行汇票的付款期为一个月（按次月对日计算，到期遇节假日顺延）；逾期的汇票兑付银行不予受理；银行汇票只限个人转让给单位或个体经营户，并且在付款期内可转让一次。

单位申请办理银行汇票时，应向开户银行提交“银行汇票委托书”详细填明兑付地点、收款人名称、用途等内容，汇出银行受理并收妥款项后签发汇票和汇票解讫通知交给汇票单位。持票人必须将汇票和汇票解讫同时提交汇入行，二者缺一均无效。汇票单位可以持票直接向汇票指定的收款单位办理结算。收款单位接到汇票审核无误后，可以在汇款金额内，根据实际的需要办理结算，并将实际结算金额和多余金额准确、清晰地填入汇票和汇票解讫通知的有关栏内，在汇票背面加盖单位业务专用章，连同进账单送交开户银行办理转账。

商业汇票

商业汇票是收款人或付款人（或承兑申请人）签发，由承兑人承兑，并于到期日向收款人或被背书人支付款项的票据。在银行开立账户的同城和异地的法人之间根据购销合同，进行合法的商品交易，都可以使用商业汇票。商业汇票承兑后，承兑人即付款人负有到期（承兑期最长不超过9个月）无条件支付票款的责任。按承兑人不同，商业汇票分为商业承兑汇票和银行承兑汇票。

支票

支票是银行的存款人签发给收款人办理结算或委托开户银行将款项付给收款人的票据。支票分为现金支票和转账支票，定额支票和不定额支票。定额支票主要用于农副产品收购。现金支票可以兑现，也可以转账，转账支票只能用于转账。支票的结算程序是：

（1）存款人在银行存款户余额内按规定向收款人签发支票。支票起点金额为100元，付款期为5天。

（2）收款人将受理的转账支票连同填制的进账单送交开户银行。收款人凭现金支票支取现金，须在支票背面背书，持票到签发人的开户银行支取现金，并按照规定交验证件。

（3）收款人和签发人在同一银行开户的，即可内部转账；收款人和签发人不在同一银行开户的，通过票据交换，收妥后入账。

不准签发空头支票和远期支票。现金支票如有丢失，可以向银行申请挂失；挂失前已被支付的，银行不予负责。

本票和信用卡

1.本票

本票是签发人本身付款的票据。银行本票是申请人将款项交存银行后，由银行签发给申请人凭以办理转账或支取现金的票据。银行本票有定额和不定额两种。定额本票面额为500元、1000元、5000元和10000元，不定额本票的金额起点为100元。结算程序是：

（1）单应，个体经济户或个人将款项交存银行，同时填写银行本票申请书。

（2）银行在收妥款项并收取一定手续费用后，据以签发银行本票。银行本票付款期限为1个月。个体经济户和个人需支取现金的，在银行本票上划去“转账”字样。加盖印章后，将银行本票交给申请人。

（3）申请人持银行本票在同城范围内向填明的收款单位或个体经济户办理结算。

2.信用卡

信用卡是申请人将款项交存银行，在银行开立存款账户，由银行凭以发行的一种赋予信用的证书。持卡人凭卡到指定的商店或交通、旅游部门购买商品或支付劳务费用时，只要在发票和其他有关单证上签字，不必支付现金。接受信用卡单位，凭持卡人签过字的发票和单证向发行信用卡的银行收款。银行定期与持卡人进行结算。

工行牡丹信用卡

信用卡在我国是一项新的业务，目前开办的有中国工商银行的牡丹信用卡，中国农业银行的金穗卡，中国银行发行的长城信用卡等，都还在试行中。

托收承付结算方式

托收承付是指根据经济合同由收款单位发货后，委托银行向异地付款单位收款，由付款单位向银行承认付款的结算方式。

承付手续的办理：付款单位收到银行转来的异地托收承付凭证及其附件后，交供应部门等核对验收。承付货款有验单付款和验货付款两种方式，由收付方选用，并在合同中规定。验单付款的付款期为3天(银行发出承付通知次日算起),验货付款的为10天(运输部门向付款单位发出提货通知的次日算起)。付款单位应在付款期内决定是否承付,其中如要拒付,必须填制拒付理由书于承付期内送交开户银行,否则银行自动向收款单位付款。

托收承付的具体办理是:销货单位发出货物后,应当及时委托银行收取货款。收款单位需向银行提供商品交易单及货运证明等。收款单位在办理托收结算手续时,可采取邮划和电划形式。

委托收款结算方式

委托收款是收款人向银行提供收款依据,委托银行向付款人收取款项的结算方式。委托收款分邮寄和电报划回两种。其结算程序是:

(1)收款人向开户银行填写委托收款凭证,并提供收款依据。

(2)收款人开户银行将收款凭证传递给付款人开户银行。

(3)付款人开户银行收到寄来的委托收款凭证,经审查无误,及时通知付款人。

(4)付款人接到通知和有关附件,在规定的3天付款期内付款。

(5)付款人开户银行将款项划转收款人开户银行。

(6)收款人开户银行通知收款人款已收妥入账。

汇兑结算方式

汇兑是汇款人委托银行将款项汇给异地收款人的结算方式。汇兑按寄递方式不同,分为信汇和电汇两种。信汇是银行通过邮寄凭证划转款项,结算时间稍长;电汇是使用电报划转款项,结算时间较短。汇兑的结算程序比较简单,分三个步骤:

(1)付款人把款项交给开户银行,填写汇兑凭证,委托汇款;

(2)付款人开户银行将款项划转给收款人开户银行;

(3)收款人开户银行把款项转入收款人存款账户,或交给指定的收款人。

融资租赁

租赁的概念

租赁是一种信用方式,是拥有物件的人(出租人)将物件出租给需要物件的人(承租人),由承租人在一定的时期内使用并获取收益的一种特定的经济行为。现代租赁业务按其性质可分为:融资性租赁、经营性租赁和服务性租赁三大类。其共同的特点是租赁物件的所有权和使用权分离。

(1)融资性租赁,即金融租赁。它是出租人购买承租人选定的设备,并将它出租给承租人在一定期限内有偿使用的一种资金融通方式。承租人在租期结束后,向出租人支付一定的产权转让费,租赁设备即归其所有。

(2)经营性租赁,又称管理租赁。这种形式的租赁是承租人只为了在一定期间内获得某种物件的使用权;租期结束后,租赁物件仍要退回出租人,这类租赁物品通常为通用设备。

(3)服务性租赁。兼有融资性租赁和经营性租赁两种性质,即融资性租赁再加上技术及维修的租赁业务。

租赁的特征

租赁业以一种独立的信用方式在促进市场商品经济发展中发挥着重要的作用,现代租赁本身具有以下特点。

1.所有权和使用权分离

租赁作为一种信用方式,同样具有信用活动的特征,也体现了所有权与使用权的分离。在整个租赁合同期间,其设备的所有权属于出租人,承租人在租期内以租金为代价,只获得设备用品的使用权。

2.融资和融物相结合

租赁是以融物代融资,并把融资与融物结合起来。它不同于先向银行取得贷款再去购置设备;承租者首先得到的是物,而不是货币资金。租赁信用把借钱与借物融合在一起,更具有资金运动和物资运动相结合的特征。出租人在将租赁物品出租的同时,相应地解决了承租人增置生产设备或办公用品的资金需求,具有信用和贸易两重性。所以,租赁不仅不同于一般借贷行为,而是把借钱、借物结合起来,并以借物还钱的形式,实现了其全过程。因此,以商品形态和货币形态相结合提供信用方式,是租赁的主要特征。

3.以分期偿还租金的形式偿付本息

承租人采用融资租赁的方式,预先只支付一小部分资金,就能得到他所需要的生产设备或其他用品;在设备投产以后,以及用品进行使用的过程中,以其新创造的价值分期偿付租金,并可借以获得相当的收益;租赁为承租人节省了资金,并提高了资金的使用效益。

4.租赁双方是以合同为基础的经济关系

租赁合同不仅内容复杂,而且必须受法律严格保护,不得违反。否则,势必造成混乱。这是由于租赁业务涉及融物的具体要求;同时,租赁业务是由租赁合同和购物合同两个合同构成的,这两个合同相互联系、不可分割,是租赁业务能够成立,并能正常进行的法律性文件依据。

5.租赁合同的不可解除性

由于融资租赁业务本身的特点,租赁合同一旦签订,出租人与承租人之间就建立了一种刚性的连接关系,租赁各方由于这种关系的存在而必须严格履行,不能随便变动,中途解约。不管在租赁期内发生任何情况,承租人都要按期向出租人支付租金。在租期以内,即使承租人的租赁物件已经失去了创造价值的作用,完全得不到其预定的经济效益,承租人仍须按期偿付租金。

《融资租赁管理暂行办法》所规定的租赁的定义

该办法对融资租赁的定义规定如下:

“本办法所指融资租赁交易是指一方(出租人)根据另一方(承租人)提出的租赁财产的规格及所同意的条款,或承租人直接参与订立的条款,与第二方(供货人)订立供货合同,并与承租人订立租赁合同,以支付租金为条件,使承租方取得所需工厂、资本货物及其他设备的一种交易方式”。

该办法还指出了这一定义所反映的融资租赁交易的特点:

(1)融资租赁交易具有融资融物的双重职能,并涉及三方(出租人、承租人、供货人)的关系;

(2)租赁期内,出租人对租赁设备享有所有权,承租人对租赁设备享有使用权;

(3)租赁财产是按承租人的规定(或经其同意)而购买,并由其选择供货人的;

(4)供货人已知所出售的设备、工厂或资本货物列入出租人与承租人订立的租赁合同内。

我国融资租赁业概述

我国融资租赁业特点

(1)我国融资租赁业起步较晚,80年代初由中国国际信托投资公司率先开办第一项国际租赁业务以来,经过十余年的发展,业务量增长十分迅速。租赁合同的成交额由最初的几百万美元,发展到现在的几十亿美元。租赁业务的经营范围日益广泛,租赁物件从小型单机到成套设备,从新设备到二手货,从硬件到附带专利、软件,从各种运输工具到各类机械设备,种类繁多,无所不包,日益成为企业引进技术、更新设备的一条重要渠道。

(2)我国现代租赁业从开创至今,一个显著特点是,租赁业务与利用外资、引进技术相结合。我国专业经营租赁业务的公司大多是由金融、信托机构开办的企业。在全国现有的租赁机构中,综合性租赁公司约占70%以上,这类租赁公司不但兼有金融与贸易的职能,而且经营范围广泛。我国目前的金融信托、银行机构绝大多数都开办了融资租赁业务,并成为我国融资租赁业的主导力量。

(3)我国现代租赁到目前为止,仍以融资租赁方式为主,租赁方式比较单一。

对融资租赁机构的管理

1.机构的设立

按照现行办法规定,申请设立中资的融资租赁机构,或兼营融资租赁业务者,必须报经其所在地人民银行分行审核后,报经中国人民银行总行审批;申请设立中外合资的融资租赁机构后报经其所在地人民银行分行、经贸委(厅、局)审核上报,由中国人民银行总行会同对外经济贸易部联合审批。同时,凡申请设立机构者,必须向人民银行提交下列资料:

(1)设立融资租赁机构的申请书及可行性分析报告。

(2)租赁机构的主管部门及其所在地人民银行分行与经贸委(厅、局)的审查意见书。

(3)组织章程。

(4)机构领导人名单及其简历。

(5)审批机关认可的部门出具的验资证明。

经批准设立的融资租赁机构,应由中国人民银行颁发《经营金融业务许可证》,批准经营进出口租赁业务的,则由国家外汇管理局颁发《经营外汇业务许可证》,并由经贸委颁发《进出口许可证》;融资租赁机构凭上列文件,向工商行政管理部门登记注册,申领营业执照。

2.融资租赁的业务范围

(1)用于生产、科研、文教、医疗、卫生、旅游和交通运输等方面的设备及工厂和资本货物的租赁与转租赁。

(2)上述租赁业务所涉及的标的物(租赁至少1年以上)的购买业务。

(3)出租物资残值的销售处理业务。

(4)与融资租赁有关的经济、技术咨询业务:

①商情咨询;②金融咨询;③商务咨询;④技术咨询。

(5)经国家外汇管理局批准的外汇业务:

①境内、境外外币信托存款;②境外外币借款;③在境外发行外币有价证券;④外汇担保。

(6)经中国人民银行批准的人民币债券发行业务。

(7)与租赁项目有关的人民币担保业务。

(8)经中国人民银行、对外经济贸易部批准的其他业务。

3.融资租赁机构的经营管理

融资租赁机构经营业务必须遵循下列规定:

(1)租赁公司的融资额最高不得超过其自有资本金的10倍;

(2)对同一承租人的融资额不得超过租赁本公司自有资本金的30%;

(3)融资租赁机构担保总额不得超过其自有资本金的20倍;

(4)租赁公司固定资产占其自有资本金的比例不超过10%。

融资租赁机构的业务必须纳入国家综合信贷计划,凡未经国家批准列入固定资产计划规模的项目,出租方一律不得予以融资。

融资租赁机构及其金融业务应接受中国人民银行的领导、管理、协调和监督以及稽核,并在当地人民银行或人民银行指定的银行开立人民币资金账户;对于经营进出口租赁业务的融资租赁机构,其进出口业务要受对外经济贸易部的领导和管理,并在国家外汇管理局指定的银行开立外币资金账户。此外,融资租赁机构应按规定建立呆账准备金制度,以准备补偿租赁风险损失。

金融信托的概念与特征

信托的含义

信托即信用委托的意思,是人们在相互信任的基础上,以委托形式建立起来的一种信用关系。具体地说,是信用托付机构凭借自己的信用,接受他人的委托,代为经营管理财产或办理一定的事务,为指定人谋利益的一种行为。

信托行为的成立,一般应有三方面的当事人,即委托者、受托者和受益者。委托者是指拥有信托财产的人,他们将自己的资产委托给他人管理和处理,并提出自己的意愿和要求;受托者是接受委托的中间人(即信托机构),它根据委托者的要求,按合同规定对信托财产进行管理和处理;受益者则是指享受信托利益的人。通过信托活动所产生的收益可能是属于委托者自己,也可能是归第三者,通常我们称前者为自益信托,后者为他益信托。委托者、受托者、受益者三方之间围绕着信托财产而产生的经济关系,称为信托关系。

信托按其具体对象不同,可划分为商业信托和金融信托两大类。所谓金融信托是指金融信托机构凭借自己的信用,接受拥有资金或财产的单位或个人的委托,代为经营管理,为指定人谋取利益的一种经济行为。它是以信用为业务基础,以货币资金和财产为经营内容,它既是一种信用方式,又是一种财产管理制度。

金融信托的实质和特征

金融信托其经济实质是委托者、受托者、受益者等各方关系人之间的一种经济关系,或称作财产关系,这种经济关系包含着各方关系人应有的权利和义务。

金融信托,作为一种独立的信用方式,其具有的特点是:

(1)财产权是信托行为成立的前提。信托财产的委托人必须是该项财产的所有者或支配者,受托人才能接受这项信托,信托行为才能成立,否则不能成立。

(2)信任是信托的基础。金融信托是建立在委托人对受托人充分信任的基础上。财产的所有者,相信金融信托机构有能力去运用其财产和有保全其财产的信用,才会去委托;受托人不为委托人所信任,信托行为就不可能产生。

(3)信托是为了受益人的利益。信托的目的是为了使受益人享受信托的利益。受托人按照委托人的意愿为了受益人的利益而管理和处理其信托财产,而不是为了受托人本身的利益。为了保证受益人充分享有信托利益,受托人必须信守信托合同、公正地履行其职责。

(4)按经营的实际效果计算信托收益,信托机构不承担损失风险。信托机构按照委托人的意愿和要求,对信托财产进行管理和处理,就经营管理的实际状况做出核算,得到的收益归受益人享受。如果有亏损由受益人或委托人负担,信托机构在本身没有过失的情况下不承担损失风险,并可向受益人或委托人索取处理信托事务所发生的费用,以及补偿非因受托人的过失而出现的损失。

(5)信托是多边的经济关系。一项信托行为的发生,一般涉及三方面的关系人,即:委托人、受托人和受益人。有时委托人本身就是受益人,有时候受益人不止一个。信托机构作为受托人,与委托人和受益人多方发生多边经济关系。

金融信托与银行信贷的区别

(1)信托机构是作为受托人代替委托人充当直接筹资或融资的主体,起直接金融的作用;银行信贷的主体~银行本身并不需用资金,而是充当信用中介,把社会闲置的资金或暂时不用的资金集中起来,转交给需用者,起间接金融的作用。

(2)信托业务经营的对象包括有形和无形财产,除货币资金外,还有动产、不动产、有价证券和债权等,形式多样;银行信贷经营的对象为货币,形态单一。

(3)信托有财务管理、金融和信用服务等多种职能;银行信贷只有信用中介的金融职能。

(4)信托是多边经济关系,信贷是双边经济关系。

(5)信托的经营收益归信托的受益人享有;银行信贷的经营收益归银行本身享有。

(6)信托的受托人(金融信托机构)不承担经营风险;银行信贷银行自身要承担经营风险。

信托与银行信贷也有相似的地方:

(1)信托存款与银行定期存款在方式上虽有差别,但根据期限的长短以利率计算收益则相似。

(2)信托资金运用上的信用贷款投放与银行贷款并无大的区别。

金融信托的职能和作用

金融信托的基本职能

金融信托的实质和特征,决定了它具有以下职能:

1.财务管理职能

财务管理职能是金融信托的基本职能,它是指金融信托机构通过办理各种信托业务,为资金和财产所有者提供有效的管理和广泛的服务。在信托业务过程中,金融信托机构只能按照委托者的意愿进行管理和经营。如:金融信托机构接受企业主管部门的委托,向其基层单位发放委托贷款,信托机构不仅要按受托单位的要求,审查借款单位的偿还能力、担保人的信用和照约定的贷款金额、期限、利率去发放贷款;还须监督贷款的使用,考核其经济效果,并到期督促借款人还清本息。信托机构执行的是社会性的"受人之托、代人理财"任务,所以说,信托业务具有财务管理的职能。

2.金融职能

信托的金融职能,是指金融信托机构通过办理自身业务过程中所起到的融通资金作用。金融信托业务由于其经营对象复杂多样,业务范围广泛,经营方式较为灵活,因而在办理受托业务过程中,发挥着筹集和融通资金的重要作用。金融信托的融资方式灵活多样,有间接融资,也有直接融资,有直接融资与间接融资相结合,也可融资与融物结合在一起。

3.信用服务职能

信用服务职能,是指金融信托机构为客户提供的各种与金融业务有关的服务,如代办企业单位发行股票、债券、代理收付款项、信用签证、经济咨询、代保管、代办会计事务、充当投资顾问,等等。随着经济的进一步发展,金融服务项目将越来越多,信用服务职能的地位将更显突出。

金融信托的作用

关于金融信托的作用,可以归纳为以下六个方面:

(1)为支持不同经济成分对资金和信用的需求,开辟了筹资、融资的新渠道,提供了新方式。据不完全统计,我国近千家信托投资公司以信托存款、委托存款、代理业务、发行股票债券、引进商业贷款等多种形式筹措国内外资金,信托资产总额已逾千亿元人民币。与此同时,以灵活的方式和简便的手续,解决企事业等单位合理的资金需要和急难问题,优先支持了能源交通、原材料、出口创汇、科技进步和优质名牌。

(2)促进了金融改革,打破了银行对金融的垄断。信托的兴办,突破了银行信贷一些过时的老框框和单一的信用方式,促进了金融改革。例如,信托投资机构先试行开办的单位定期存款,买方和卖方信贷、补偿贸易贷款等业务,以前银行不办理,通过金融信托机构试办后,促进了银行开办和推广。

(3)为单位、个人理财,提高资金效益。信托机构举办委托贷款和委托投资业务,为主管部门和单位代管财务,解决了借出单位资金拨出后无力监督、资金难以收回的问题,加速了资金周转,提高了资金使用效益,借出单位增加了资金的安全感。同时也促进了基层单位加强经济核算。金融信托机构接受个人的信托事项,为其解决本人难以管理和处理的财务问题。如,执行遗嘱、生前监护、代理投资等。

(4)沟通横向联系,促进经济协作。信托是最理想的联系纽带。信托的多种功能和灵活多样,使它具有沟通横向联系、促进经济协作的能力,为跨地区、多方面的合作牵线搭桥。例如:信托机构承办异地补偿贸易委托贷款和投资,促进物资和技术的交流,协助经济中心城市的资金,技术向内地转移,支持内地生产。同时经济中心又可从内地取得本身紧缺的产品和物资作为补偿。

(5)引进外资、引进先进技术设备和桥梁。我国金融信托投资机构通过中外合资、合作生产、三来一补、融资租赁、商业贷款和在国际金融市场发行债券等多种方式,引进先进技术设备,支持出口创汇和科技进步。

(6)为社会提供广泛的、多样化的服务。信托以其多种职能和丰富的业务内容为社会各界提供广泛的、多样化的服务,以多边经济关系和多种手段扩大了信用中介,使直接金融与间接金融交替为用,与银行信贷相辅相成,促进市场经济的繁荣。

金融信托机构和业务内容

我国当前的金融信托机构,大体上分为三类:

第一类是各专业银行设立的信托投资公司和信托部。其中信托公司是中国工商银行、中国农业银行、中国银行、中国人民建设银行以及一些专业银行按照《中华人民共和国银行管理暂行条例》的有关规定报批成立,是我国信托业的主体,不仅机构众多、资金充足,信托业务量也大,人员素质和经营管理都较好。

第二类是国务院批准成立的中国国际信托投资公司,由国务院直接领导,为集生产、技术、金融、贸易、服务等于一身的综合性企业集团,金融信托是其中的一个业务内容;还有地方政府设立的国际信托投资公司,也按中国人民银行《管理暂行规定》报批成立。

第三类是部门设立的信托投资公司,也按《管理暂行规定》报批成立,如:财政部设立的中国农业信托投资公司,外经部设立的中国对外经济贸易信托投资公司,工商联设立的爱国建设公司,侨委所属的华侨投资公司等。

此外,一些中资联营和中外合资的租赁公司,如中国租赁公司,经中国人民银行批准也兼营金融信托业务。

根据国务院《关于进一步清理整顿金融性公司的通知》的规定,信托投资公司的业务范围主要限于信托、投资、咨询和其他代理业务。

1.信托业务

(1)信托存款;
(2)信托贷款;
(3)信托投资;
(4)单位资金信托;
(5)公益金信托;
(6)劳保基金信托;
(7)财产信托;
(8)个人特约信托;
(9)遗嘱信托。

2.委托业务

(1)委托存款;
(2)委托贷款;
①一般委托贷款。
②专项委托贷款。
(3)委托投资。

3.代理业务

(1)代理发行股票、债券;
(2)代理催收欠款;
(3)代理收付;
(4)代理资产保管;
(5)信用签证及履约担保;
(6)经济咨询;
(7)客户介绍;
(8)代办会计事务;
(9)代办和代理保险。

4.兼营业务

(1)金融租赁;
(2)证券业务;
(3)房地产开发;
(4)国际融资性租赁项目下的进出口业务。

5.外汇业务

在以下的章节里,我们将就金融信托所包含的一些主要经营业务——委托、信托、代理和咨询业务进行介绍。融资租赁业务虽然也是各信托机构的一项主要业务,但因其不属于金融信托业务,所以在这里不再介绍。

信托存款

信托存款,是在特定的资金来源范围内,由金融信托机构办理的存款。信托存款的资金来源范围、期限档次和利率,均由中国人民银行规定、公布和调整。

信托存款对象和范围

我国信托机构吸收的信托存款一般属于企事业、机关团体、科研、文教等单位和上级主管部门的各种预算外资金等,根据1986年中国人民银行颁布的《金融信托投资机构管理暂行规定》,信托机构办理的信托存款的范围只限于以下五个方面:

(1)财政部门委托投资或贷款的信托资金;

(2)企事业主管部门委托投资或贷款的信托资金;

(3)劳动保险机构的劳保基金;

(4)各种学会、基金会的基金;

(5)科研单位的科研基金。

在上述规定中,其第一项,是指财政部门的可有偿使用的预算外资金。第二项,是指各行业企业主管部门可自主支配和有偿使用的资金,如经费结余、"拨改贷"资金、统筹的各种专用基金等。第三项,是用于职工病、退休、待业、伤残等情况下支付各项费用的准备金。第四项,是指各种社会学术团体、群众团体、福利机构为了进行学术活动,兴办福利事业及其他有益于社会的活动而接受的政府资助、社会赞助和捐赠形成的基金。第五项是指科研单位在科技开发创收中用于科技发展的基金及科研事业费的节余部分。

信托存款的办理手续

(1)客户提出存款要求,并说明存入金额(信托存款的起点金额一般为1万元)和期限(通常存期为1年以上),经金融信托机构经办人员审查,其资金来源确属规定范围后,向领导汇报。

(2)由金融信托机构的法人代表或授权代表与存户签订《信托存款协议书》。

(3)存户在金融信托机构开立信托存款账户,并决定是否凭印鉴支取;如凭印鉴支取,须预留印鉴。

(4)存户将款项划入金融信托机构账户,或提交转账支票通过银行划款。

(5)存款入账后,金融信托机构向存户开出定期信托存款证书,即存单,从款项入账当日开始计息。

(6)存户到期提取存款时,交回存单(如凭印鉴支取,应凭原印鉴核对无误),由原收受存款的金融机构将款项划回原账户,或向存户开出转账支票。存款于转出当日止息,存款协议同时终止。

(7)存款到期,如存户要续存,可办理续存手续。具体做法是,将原存单交回,由金融信托机构根据存户重新确定的存期开出新的存单,并从续存日起按新的存款期限档次的利率计付利息。

(8)在存款定期内,信托存款的存单不能流通、转让,同时存款也不得提前支取。如遇存户急需用款,可以办理提前支取,利率按银行活期存款计付;也可将存单作为抵押,向金融信托机构申请临时贷款。

信托贷款

信托贷款,是金融信托机构运用吸收的信托存款、自有资金和筹集的其他资金发放的贷款。

信托贷款的对象和条件

金融信托机构信托贷款选择对象可不受专业银行分工范围的限制,比较广泛,这是由机构本身特点决定的。凡工业、商业、交通、物资、建筑、外贸行业的企业、服务性企业、科研单位、三资企业,以及乡镇企业等,确有急需、用途合理、符合国家产业政策方向,均可作为信托贷款支持的对象。

信托贷款对象应具备的条件如下:

(1)具有法人资格和合法经营手续;

(2)内部管理制度和财会制度健全;

(3)拥有一定的自有资金,具有一定承担经营风险的能力;

(4)生产经营正常,具备还款能力;

(5)在银行开立有账户。

信托贷款的基本形式

信托贷款按其资金性质划分,分为临时周转信托贷款和固定资产信托贷款两种。

1.临时周转信托贷款

主要包括:企业为适应市场变化临时增加的短期周转资金贷款和企事业单位

其他用途正当、还款有保证的临时垫款。如:原材料和辅料价格适宜的集中进货;企业生产任务不饱满情况下临时承接的大宗订货;季节性原因集中收购;合作单位承诺的投资或主管部门应拨付的生产经营性资金一时未到所需的垫款;已落实购销合同的临时性大宗商品交易;已被订购并缴付30%以上订金的科技新产品的研制试验费用;大中型企业临时资金短缺;存款户临时用款的短期资金融通和企事业单位各种专项基金临时不敷支出所需的垫款等等。

上述各种资金需要,经单位提出申请,金融信托机构审查确认还款来源可靠,各项供销合同齐全,并具备法律效力,担保落实,可发放临时周转信托贷款。

临时周转信托贷款的期限一般在半年以内,最长不超过一年。贷款利率按中国人民银行有关规定执行。临时周转信托贷款的审查工作、贷放手续及管理回收工作的一般做法,可比照银行流动资金贷款进行。

2.固定资产信托贷款

主要用以支持以技术改造为主的固定资产项目。这些项目必须属国家产业政策重点扶持的部门和行业,或属市场急需的短线产品项目及有较好出口创汇前景的行业。项目应具备的基本条件是:

(1)经有权批准的部门正式批准,并已纳入当年技术改造或基本建设计划;

(2)经过详细的可行性论证,可行性报告已经专业管理部门批准,其投资概算准确,不留缺口;

(3)完成了初步设计,有科学的建设施工方案,并据以制定有切合实际的建设进度计划和用款计划:

(4)建设条件具备;征地、主要设备、建筑材料、原材料供应、交通运输,燃动力等均已落实;

(5)项目的自筹资金及其他资金来源落实,流动资金供应有保证;

(6)对国内或国际市场预测有据,销售前景好;

(7)经济效益高,还款计划落实,还款来源有保证。

符合上述条件的项目,在银行暂不够贷款的情况下,可发放固定资产信托贷款,贷款期一般为3至5年,最长不超过7年。贷款的利率,按照中国人民银行统一规定执行。固定资产信托贷款的选项、调查、评估审查、贷放手续及贷后管理工作,可比照银行技术改造贷款办法办理。

信托贷款办理手续和代理

1.办理信托贷款的程序

(1)由企业向金融信托机构提出书面申请,并按要求提供企业的基本情况、生产经营情况、贷款用途、贷款条件、还款能力及还款来源等有关情况。

(2)由金融信托机构的经办人员对企业的申请内容和资料进行审查和分析,并提出自己的分析结论和意见逐级上报。

(3)由主管部门经理根据经办人员上报的初审材料进行综合分析,排出拟贷款企业的顺序,并组织调查。

(4)由经办人员根据需要调查的内容列出提纲,经主管经理审批同意后,进行调查,并写出调查报告。

(5)主管经理根据调查情况和有关资料进行审核,并最终做出决定:贷与不贷、贷款金额和期限。

(6)经批准同意贷款的企业.应向金融信托机构出具借据,并经确实具有代偿能力的经济法人出具担保手续;然后,借贷双方签订借款合同。

(7)金融信托部门根据合同及借据规定的时间,将款项汇划入借款单位的账户。

(8)贷款发放后,应定期和不定期检查贷款使用情况,监督借款方按合同规定用途使用贷款,并及时处理出现的问题,防止风险损失。

(9)贷款到期时,应及时催收,按期收回贷款本息。借款单位如因暂时困难不能还款,应在到期前提出展期申请,说明原因,调整还款计划,提出保证还款的措施,并经原担保单位承诺续保,由金融信托机构审查同意后,可办理一次展期,展期期限最长不超过半年。

(10)固定资产信托贷款结束时,经办人员还应写出结束报告,存档备查。

2.信托贷款的代理

资金实力大,贷款分布区域广的金融信托机构,在向异地的借款单位发放信托贷款时,可委托当地金融信托机构或银行代理其部分业务。具体做法是,在经初审拟贷后,将企业的有关情况和调查要求及代理协议寄往当地代理机构,经代理机构同意,签订代理协议,并在完成调查工作后将调查报告和所需各项资料寄送委托方。委托方根据代理方调查结果决定是否贷款。同意发放的,即由代理方与借款单位签订办理贷款手续,并将款项汇到代理方账户,由代理方立即划转借款单位;也可应代理方要求,将款项直接汇到借款单位账户。

款项贷出后,由代理方完成管理和回收工作。如需展期,应由代理方提出审查意见,经委托方同意。

作为委托方的金融信托机构应就上述代理工作向代理机构支付劳务费,劳务费的数额或支付比例双方应在签订代理协议时商定,并在代理机构向委托机构划回贷款本息时扣收,或由委托方返还代理机构。

信托投资

信托投资是金融信托投资机构用自有资金及组织的资金进行的投资。以投资者身份直接参与对企业的投资是目前我国信托投资公司的一项主要业务，这种信托投资与我们将要在后一章中提到的委托投资业务有两点不同。

第一、信托投资的资金来源是信托投资公司的自有资金及稳定的长期信托资金，而委托投资的资金来源是与之相对应的委托人提供的投资保证金。

第二、信托投资过程中，信托投资公司直接参与投资企业经营成果的分配，并承担相应的风险，而对委托投资，信托公司则不参与投资企业的收益分配，只收取手续费，对投资效益也不承担经济责任。

信托投资的分类和方式

1.信托投资的分类

按照投资与生产的关系来划分，信托投资一般分为以下两类：

（1）直接投资，即生产建设投资，就是投资者把资金投给农、工、商等企业，进行基本建设，或者进行技术改造。

（2）间接投资，即证券投资。指金融信托机构用货币资金购买股票、国库券、公司债券等有价证券，借以获取收益的行为。

另外，信托投资还可以按照信托投资的主体划分为国家信托投资、地方信托投资、企业和单位信托投资、个人信托投资四类；按照信托投资的期限划分为长期投资和短期投资；按照信托投资发生的阶段分为新投资和再投资；按照信托投资的经营目的划分为政策性投资和经济性投资等。

2.信托投资的方式

信托投资的方式可分为两种：一种是参与经营的方式，称为股权式投资，即由信托投资机构委派代表参与对投资企业的领导和经营管理，并以投资比例作为分取利润或承担亏损责任的依据。另一种方式是合作方式，称为契约式投资，即仅作资金投入，不参与经营管理。这种方式的投资，信托投资机构投资后按商定的固定比例，在一定年限内分取投资收益，到期后或继续投资，或出让股权并收回所投资金。金融信托投资机构在对生产企业投资，以及在对金融性公司投资时常用以下几种方式：

（1）长期合作投资。投资者在投资时，不需事先与合作者商定投资回收的日期，而作为投资企业的长期合作者，只要投资的企业生产经营正常，投资合作关系就一直存在。

（2）定期合作投资。定期合作投资是投资者投资时事先商定投资期限，在合作投资期间，投资者按照投资比例分享经营收益、承担经营风险。

（3）固定分红投资。投资者在投资时，事先商定在一定的时间内固定的利润分成数额。

(4)保息分红投资。保息分红投资是投资者在投资时，事先商定由合资企业在投资期间，按照信托投资公司所投资金额定期支付利息。

信托投资的条件

信托投资一般具有投资数额大、期限长、技术性强和风险性大的特点。因此在办理信托投资业务时，应严格掌握项目具备的投资条件。

1.有批准的立项文件

按照我国目前现行投资管理体制，凡是新建、扩建和技术改造项目都必须按照项目审批程序和审批权限，根据项目投资规模，报经中央或省、市计经委及主管部门等审批。

2.有落实的投资资金，不留缺口

信托投资项目的投资概算要正确、全部投资要落实。这是防止半拉子工程形成，使投资项目按期竣工、按期投产，实现预期效益的保证。一般可采取下列几种方式投入：其一，以人民币、外币现金投资；其二是以动产或不动产实物投资；其三是以专项技术、专利、版权等无形资产投资等。

3.要有广阔的产品销售市场

生产性的投资项目，其产品必须有广阔的销售市场，若产品没有销路，说明其项目产品不是社会所需，投资效益就不能实现。只有投资项目的销售条件广阔，销售渠道畅通，项目产品才能成为社会产品、实现预期经济效益。

4.有良好的供应条件

投资项目的供应条件是否良好，主要是指原材料和能源供应是否有保证。供应条件不理想，往往会造成投资项目开工不足或生产不正常，从而影响投资效益。

5.工艺技术设备先进

先进适用的工艺技术设备是投资项目产品质量好、生产效率高、生产成本低以及产品销路通畅的决定性因素。在社会化大生产的条件下，先进的工艺技术设备在某种程度上决定了投资项目的成败。

6.有较高的企业素质

企业素质的高低，决定投资效益的高低。企业素质高，各种生产要素能够有机的组合，产供销三环节相互衔接，企业经济效益就高；企业素质低，各生产要素不能有机组合，供产销相互脱节，即使技术设备再先进，企业经济效益也不会高。

信托投资的程序

金融信托机构办理信托投资的业务程序依次为项目的筛选、评估、谈判、确立、执行和终止六个阶段。

1.项目的筛选

项目的筛选就是信托投资公司从计划部门、企业主管部门等通过一定渠道在现有项目中进行初步的筛选。信托公司经过调查研究,并进行认真的分析,把符合上述信托投资条件的项目筛选出来,对于不符合信托投资条件的则予以及时排除。信托公司对于符合信托投资条件、择优筛选出来的项目,根据信托投资计划和自身财力,再作下一步的评估。

2.项目的评估

在初步筛选的基础上,信托投资公司根据可行性研究报告,对项目寿命期内的必备条件进行定量和定性的分析,对投资项目的必要性和可行性进行科学的评议、估算和预测,为投资决策提供依据,这个过程就是项目评估。

在项目评估中要采用宏观和微观、定性和定量、技术和经济、重点和一般、调查和预测相结合的办法,对投资项目进行全面的系统的经济技术论证,取得大量数据资料,进行多方面的计算和比较。信托投资项目的评估,主要包括以下几个内容:

(1)投资环境评估。项目的投资环境包括项目所处的地理环境、自然环境、经济环境和社会环境等。地理环境要求投资项目的地理位置优越,铁路、公路、港口、机场等交通条件便利等;自然环境主要指地下水资源丰富,气候适宜于投资项目生产;经济环境主要指项目所在地处于经济发展中心,经济发达、工业基础好、技术力量雄厚、资金来源渠道畅通等;社会环境主要指文化教育水平高,邮政,电讯业发达,国家对该地区发展有优厚条件政策,环境保护设施完备等内容。

(2)产品市场评估。首先要预测项目寿命期内市场供求情况;其次从宏观方面预测产品销售情况;最后从微观方面预测产品销售,分析项目投产后,产品质量、性能、款式等方面有无较强的竞争能力,分析产品成本是否降低。

(3)供应情况评估。第一步要对原材料的名称、品种、规格、需要量及其供应来源、供应方式和运输条件调查清楚。第二步是对投资项目的能源供应、如水、电、煤、气等进行分析。若能源供应无保证,就必须了解其原因和可能采取的措施,包括是否采取节能措施、能源供应部门对能源可能供应情况以及分析项目投产后能源供应保证程度。

(4)工艺技术设备评估。对投资项目的工艺技术设备的评估着重对其先进适用性进行分析。生产工艺的先进适用,是指项目的生产工艺成熟可靠、与项目的生产条件、销售条件相适应,特别是项目的技术水平和管理水平跟得上,并且能节省投资、节约能源,还要有处理污染的工艺设施;机器设备的先进适用是指机器设备和生产工艺相配套、关键设备和辅助设备相配套、工人技能熟练。

(5)财务效益评估。财务评估是以可行性研究报告为依据,用管理会计等方面的方法,从企业角度分析项目的财务效益,从而判断项目在财务上是否可行。财务效益评价,首先看项目投产后正常年度能产生的利润占总资的比例有多大,即通过投资收益率来考核投资的盈利能力;其次看投资回收期的长短;最后还要分析利润净现值和内部收益率。上述四个指标的计算在这里不再赘述。

综合以上各方面的评估结果,金融信托机构的经办人员对投资项目的必要性及在技术上、财务上和经济上的可行性做出结论,肯定一种最优方案,写出投资项目的评估报告。

3.项目的谈判

项目的谈判工作是在评估报告中提出的项目可行性意见的基础上进行。通过投资各方的协商谈判,不仅为签订合同做准备,而且还为投资公司的业务开展,投资各方相互了解,进行长期合作起到影响。项目谈判的主要内容有:

第一,投资的方式、金额和期限。

第二,利润的分配方法。

第三,投资企业的组织形式和管理方式。

金融信托公司与其他投资方进行谈判时,要坚持平等互利、友好协商的原则。同时也要注意原则性与灵活性的适当结合。

4.项目的确立

项目的确立主要指签订合同。投资合同一经签订,就具有法律效力,投资各方必须依照执行。根据国家的策法令和经济合同法规,投资合同的内容应包括以下十三点要点:

(1)投资项目的名称、法定地址;

(2)投资项目的注册资本和投资总额;

(3)投资项目的经营内容、规模和方式;

(4)投资各方的投资方式、投资额度、提供的合作条件、服务方式、投资构成和期限;

(5)投资各方投资交付期限,逾期不交、欠交、转让的条款;

(6)投资企业的组织形式及法人代表,董事会或联合机构的组成;

(7)投资企业的经营管理方式、管理机构设置、经营管理制度;

(8)投资各方收益的分配方法;

(9)投资各方对债务、亏损承担的责任和履行职责的方式;

(10)投资企业的财务会计制度、劳动工资、劳动管理和劳动保险等事项;

(11)合同中止的条件、中止后债务清算和资产的处理;

(12)合同终止时的债务清算的财产处理；

(13)违反合同的责任、争议的解决方式及其他应该写明的事项。(表3是某信托投资公司的签订的投资合同样本)。

表3:投资合同

合同编号：

________(简称甲方)

××信托投资公司(简称乙方)

为了发展商品经济,促进横向联合,本着自愿互利的精神,甲乙双方经过协商,并经各方主管部门同意,共同建立生产××产品的合资企业,特订立本投资合同,共同遵守：

1.合资企业名称：

厂址：

2.生产经营范围：

注册资本：

3.建设规模:该厂设计生产能力为年产××产品××万件,产值××万元,主要生产设备采用××厂生产的××先进设备。

该厂的具体筹备工作由甲方负责并确保该厂于×年×月正式投产。

4.投资资金。投资总额为人民币××万元。其中甲方投资××万元;乙方投资x×万元。根据工程建设进度,双方投资应在×年×月同时拨付。

5.组织领导。由甲乙双方委派××组成董事会,董事会是该企业的最高权力机构,决定企业生产,人员安置、利润分配等重大问题。董事会设董事长一人,副董事长×人,董事×人,董事长由甲(乙)方委派。董事会人员更选需由甲乙双方商定。董事会决定重大问题,须经三分之二以上的董事同意。

合资企业的生产经营活动,由董事会任命的厂长负责,厂长须定期向董事会报告企业的生产经营情况。

6.生产经营活动。合资企业必须在国家计划指导下,按质按量按时完成生产任务。原材料供应和产品销售等生产经营活动,由甲方统一管理并由甲方负责。生产性临时资金需要由乙方负责筹集解决。

7.利润分配。合资企业为具有法人资格的独立核算单位。双方商定投资企业实现利润采取比例分成办法,甲方分取利润的百分之×,乙方分取利润的百分之×。企业利润半年预分,年终决算,按年结清。合资企业如果发生了亏损,甲乙双方按利润分成比例分担亏损金额。

8.本协议须经合资企业所在地的计委、投资双方主管部门、财政税务部门和工商行政管理局认可。如有未尽事宜,由双方共同协商补充修订。

9.本合同经双方签字盖章后正式生效。执行过程中,如有一方违反合同规定给另一方造成经济损失的,必须负责赔偿。

10.本协议一式×份,甲乙双方各执正本一份,副本送主管部门备查。

甲方:(签章)　　　　　　　　　　代表人:(签章)

乙方:(签章)　　　　　　　　　　代表人:(签章)

签约地点:　　　　　　　　　　　签约日期:×年×月×日

5.项目的执行

在投资项目确立后,投资各方都应按合同规定,将认交的投资交足。金融信托投资公司除协议拨足投资资金外,还要对资金使用情况和项目进展程度进行监督;项目一经投产,要共同支持其生产经营活动,加强财务监督,使其尽快产生效益。如发生亏损,按规定承担损失。

6.项目的终止

投资项目在以下情况下可实行终止:

(1)投资期限届满,双方无意延长期限,可撤出投资;

(2)如经营亏损或一方不履行责任,或因不可抗拒等因素,使经营不能正常进行,可进行解散清理;

(3)如合同规定允许投资股权转让,信托投资公司可根据情况,决定是否转让股权。

除投资期限届满情况外,投资项目出现其他解散情况时,应由合资企业董事会提出解散申请书,报审批该企业设立时的审批机构批准后,方能解散。投资项目宣布解散时,董事会等有关管理机构应提交出企业的清算程序、原则和清算委员会的人选,报政府主管部门审核并监督清算。

清算委员会的人选由投资各方选派或各方共同聘请、其任务是对投资项目的财产、债权、债务进行全面的清查。在这基础上,编制投资项目的资产负债表和财产目录,提出企业的财产作价和计算依据,从而制定清算方案,报董事会讨论通过后执行。

财产信托

财产信托及其主要方式

财产信托是相对于货币资金信托而言的,财产信托的对象是非货币形态的财产物资,比如机器、设备、厂房、土地等。委托者以其闲置不用的机器设备等财产物资,委托信托机构向其指定或不指定的单位出租或转让,就称作财产信托。

财产信托按各类财产的不同性质分为动产信托、不动产信托和耐用消费品信托。

1.动产信托

凡委托者将其自有的机器、设备、交通运输工具等可以移动的财产，委托信托部门代理转让、出售时，叫作动产信托。

2.不动产信托

凡委托者将闲置的厂房、仓库、土地等不动产委托给金融信托机构代为转让出租的业务活动，叫不动产信托。

3.耐用消费品信托

是指企业单位在办理耐用消费品赊销的过程中，金融信托部门给予销货方或购货方以资金融通的一种业务活动。

我国现行的动产和不动产信托的方式主要有：

第一种，在卖方需要销售自己的动产和不动产，而需要方暂时无力支付价款，卖方又对需要方信用情况不清楚的情况下，卖方将所售财产所有权转移给金融信托机构，由金融信托机构为买方提供信用担保，然后将动产和不动产交付买方，并由金融信托机构督促买方按期清偿动产和不动产价款或代收欠款，代收的款项用于偿还卖方的贷款。如卖方急需资金，可由金融信托机构给予融通。

第二种，买方选定其所需的动产和不动产后，暂时无力付清款项，而且其信用情况不为卖方所了解，于是双方约定将购入财产的所有权转移给金融信托机构，并由金融信托机构提供融资或信用担保，然后买方得以不动产动产进行使用或处理，并从获得的收益中清偿售出方的价款或金融信托机构的贷款。

第三种，金融信托机构为了帮助本地区各部门、行业、企业单位之间实现闲置物资设备和其他财产的相互调剂，主动组织互通有无，充当信用中介。金融信托机构采取的信托方式可以是第一种，也可以是第二种。

财产信托与财产抵押的区别

1.目的不同

财产抵押的目的是为了向接受抵押方取得相应的资金或信用担保；财产信托的目的是为了实现财产的买卖，受托方提供融资或信用也只是手段。

2.产权转移方式不同

财产抵押到期后，接受抵押一方才能取得财产所有权；而信托关系一经成立，受托方就取得了信托财产所有权。

3.财产管理方式不同

抵押财产在抵押期间必须保证其原有形态和价值不变;而信托财产在信托期内则只需保持其原有价值,不一定要求保持其原有形态。例如买方可以加工和销售信托财产,但是必须严格按照信托协议上进行。

4.财产范围不同

抵押财产可以是物质财产,也可以是有价证券,而财产信托的财产只能是物质财产。

财产信托过程中各方责权

财产信托业务的一般做法是:先由供需双方签订供货合同,然后向信托机构申请财产信托,订立财产信托协议,办理财产信托手续,并支付财产信托手续费,最后移交信托财产。在此业务过程中,信托三方当事人必须严格履行自己的职责,并享有一定的权利,保证财产信托业务的顺利进行。

1.受托金融信托机构的主要责权

(1)审查信托财产的估价要准,应有专业部门估价的文件;必要时,须经法律部门的公证,以作为提供融资或担保的可靠依据。

(2)须按照固定资产或临时周转信托贷款的审查方式,严格审查买方的还款能力,落实担保或反担保,以减少融资或担保的风险。

(3)应监督买方按协议规定使用或处理信托财产,否则金融信托机构有权收回财产,并进行处理。

(4)督促买方按期偿还债务。

(5)对买方到期不能偿还债务的处理。买方到期不能偿还债务,信托机构可即时收回信托财产。对信托期间已形成的损失,应要求买方补偿。如买方出现还债风险或无正当理由不清偿债务,则应采取追索措施,直至提起法律诉讼。

(6)信托财产应由买方办理投保手续。如发生保险事故,保险赔偿金归受托方所有。如保险赔偿金高于或低于受托方向买方提供的融资或担保金额。由双方协商退、补事项。

(7)信托机构为买方提供融资的利率,可根据具体情况分别按固定资产信托贷款或临时周转贷款利率掌握。

(8)动产、不动产信托中,受托金融信托机构向买方提供的担保费率,可由金融信托机构比照其他金融业务的担保费率制定。手续费可由金融信托机构比照其他信托业务的收取标准来确定。

2.买方责权

(1)买方应向金融信托机构提供证明自己偿债能力的文件资料。

(2)买方有根据协议使用、处理和妥善保管信托财产的权利和责任。

(3)如果信托财产的型号、规格或质量与协议规定不同,买方有权要求退换,如因此而造成的损失,有权要求卖出方索赔。

(4)金融信托机构提供的融资或担保到期,买方应主动偿还债务。

(5)在信托期间,买方应定期向金融信托机构报告信托财产的使用、处理和收益情况。

3.卖方责权

(1)卖方应根据协议的规定按期提供信托财产;如果因拖延造成买方损失,应负责赔偿。

(2)卖方应对提供的信托财产的质量负责,如果提供的财产不符合协议的要求,应负责调换;对因此而造成买方损失,应予赔偿。

(3)卖方提供的财产应无所有权争议,在信托过程中,如果因其提供的财产的产权争议给金融信托机构或买方造成损失,卖方应全部承担责任并赔偿。

(4)卖方在金融信托机构对其提供的信托财产担保到期后,如果买方不能偿还价款,有权要求金融信托机构履行担保责任。

资金信托

资金信托概述

1.资金信托的概念和种类

资金信托业务,是金融信托机构接受委托人的委托,对其货币资金进行自主经营,并向委托人指定的收益人支付营运收益或约定款项,吸取一定劳务费的业务。资金信托的资金必须是单位可自主支配的资金或归单位和个人所有的资金。

我国目前开展的资金信托业务种类有:单位资金信托,公益基金信托,劳保基金信托,个人特约信托。

2.资金信托与信托存款的区别

(1)信托关系不同。信托存款是存户与金融信托机构之间的信用关系,即存户凭金融信托机构的信用而存入款项,金融信托机构以其信用实力保证存款的提取和支付利息。资金信托形成的是一种信托关系,委托方出于一定的目的委托金融信托机构代为营运资金,金融信托机构除了凭自己的信用之外,主要通过向委托人提供管理和营运资金的服务,来实现委托人的目的。

(2)收益来源不同。信托存款,金融信托机构是按国家规定利率向存户支付利息,收益来源于存贷利差。资金信托过程中,金融信托机构只收取一定的劳务费为收益。

(3)信托资金所有权关系不同。信托存款关系从产生到终止,存款的所有权是存户,转移给金融信托机构的仅是使用权。而资金信托关系从开始起委托方不再对信托资金拥有所有权,其所有权名义上归受托方,信托关系结束,所有权转移给受益人。

3.资金信托与委托贷款的区别

(1)委托贷款的主要目的是向指定的对象发放贷款,委托贷款的对象、用途,金额、期限及利率均由委托方指定。资金信托则是通过受托人营运资金使受益人得到收益,受托人自己决定信托资金如何营运。

(2)委托贷款的经营风险由委托方承担;而资金信托的经营风险由受托方承担。

下面就资金信托业务中的几个主要业务分别加以介绍。

单位资金信托

单位资金信托是单位或主管部门,将长期不用的各种基金、利润留成、税后积累等,通过委托金融信托机构代为经营管理,以取得收益的业务,也称为自益信托。其主要做法是:

1.协议

委托方与金融信托机构双方经洽谈,同意办理资金信托后,以书面协议,或由委托方出具授权证书经金融信托机构以书面确认受理的方式。协议书或授权和确认书的内容应写明:信托金额、起止日期、收益率、收益方式、受托方的劳务费及其收取方式,双方的责权与违约责任等。

2.开户

委托方在与金融信托机构达成协议后,应在金融信托机构开立“单位资金信托”账户,并预留印鉴。

3.划款和落实款项用途

开户后,委托方即将款项划入金融信托机构账户;金融信托机构收账后,应向委托方开出“单位资金信托受益凭证”。金融信托机构同时应立即落实款项用途，是贷款、投资，还是拆借、购买有价证券等，并且从产生收益之日起为委托方计算其应得收益。金融信托机构也可以与委托方协商此落实用途工作时间，一般不应超过7天。

4.收益和劳务的计算与支付

金融信托机构向委托方支付的平均收益率，略高于同期银行存款利率。收益率加劳务费率，应与营运资金获得收入基本相等。劳务费多少，可由双方自行商定。目前我国金融管理部门尚无统一规定。支付方式可按月、季、年度支付，也可到期后一次归还资金及收益。

5.单位资金信托不允许提前支取

如果委托方临时急需用款，可以凭“单位资金信托收益凭证”向受托的金融信托机构办理抵押贷款。待委托方还清抵押贷款后，将“受益凭证”归还委托方。

6.单位资金信托的期限一般在一年以上

期满后，委托方收回原信托资金的手续是：将“受益凭证”及预留印鉴交受托金融信托机构，经核对无误，金融信托机构将原信托资金及其应得收益划回委托者的银行账户。委托方也可以重新约定期限，由双方签订“延期协议”作为原协议的补充等方式继续信托。

公益基金信托

公益基金，是指由政府、社会团体、单位或个人资助、赞助、捐赠的，用于社会进步和社会福利等社会公益事业的基金。金融信托机构接受公益基金的筹集和管理机构的委托，对各项公益基金进行营运，并将所得收益或约定的款项转移给指定的公益项目或受益人的业务，称公益基金信托。

公益基金信托是一种他益信托，其业务做法是：

(1)办理公益基金信托时要注意审查委托方机构、资金来源的合法性及指定用途和受益人是否符合有关规定等。

(2)开户。公益基金信托的开户方式有两种：

第一种是，由委托方在金融信托机构开立代理收付账户和公益基金信托账户，并将金融信托机构的账号向捐赠、赞助和资助者公布，由他们直接向受托的金融信托机构汇款，金融信托机构将它收入委托方的代理账户；当款项积聚到商定的额度时，转入其公益基金账户，并开始计付收益。

这种做法适用于资助、赞助或捐赠者都是单位，时间比较集中，而且是有组织地筹集资金的情况。

第二种做法是,委托方将筹集的资金集中起来,委托金融机构进行营运,其做法与单位资金信托相同。这种做法适用于日常、不定期的,而且比较零散的资助、赞助和捐赠款项的筹集。

(3)营运资金的要求。如公益基金信托向受益人支付的仅是营运收益,基金本身长期不用,则受托金融信托机构选定资金用途时,主要要求经济效益高、承担能力强、安全稳妥即可,期限可相对长一些。假如除收益外,还要支付基金本身,则应按协议约定的期限保证到期收回,支付的收益则可相对低一些。

(4)支付方式。公益基金信托在支付时,可以由金融信托机构先从公益基金账户划到代收付账户,然后付给委托方指定的用款单位或受益人;也可以将款项划回委托方的银行账户,由委托方直接支付。

劳保基金信托

劳保基金信托的劳保基金,除劳动部门和实行劳保基金统筹的行业或部门的劳保基金外,还包括所有独立提留并管理劳保基金的国营、集体企、事业单位以及其他合法经济组织。

劳动保险基金具有资金稳定、独立性强、财产可转移及保值要求的特点,金融信托机构可利用融资和服务功能,既可帮助委托方形成独立的基金,又能起到保值作用。其做法如下:

(1)根据委托方劳保基金的提留和积累制度,享受劳保基金的职工人数和金额,与委托方商定劳保基金信托的管理方法,并签订信托协议。在管理办法和协议中,应明确规定:委托方各期劳保基金的交付时间、交付金额、交付办法、收益率;受托方向受益人支付劳保金的金额、年限、方式等;受托方支付给受益人的金额总数,应不高于委托方交付给受托方的劳保基金总额加收益。

(2)委托方在受托金融信托机构开设劳保基金账户,并按协议规定将款项划交给受托方;劳动保险基金信托的统筹部门也可在受托方开立代理收付账户,由受托方代理收款。

(3)受托的金融信托机构应根据协议中委托方交付款项的金额和时间,安排好运用计划,确保资金得到安全高效的营运,实现预期的收益。

(4)接协议规定的收益率和结转期限,将其应得收益转入基金。

(5)受托方根据协议规定的支付年限、支付方式和支付金额,向指定的受益人支付各项劳保金。

(6)在营运和支付过程中,受托方定期向委托方提供劳保基金支付和积存情况。

个人特约信托

这是金融信托机构受个人委托,代为管理、经营或处理其财产,以实现其指定目的的业务。根据委托人不同的目的划分，个人特约信托大致有六种：

第一种是监护信托。金融信托机构受托对未成年人、或失去生活自理能力的人的财产进行管理和处理的信托。

第二种是遗嘱执行信托。这是金融信托机构根据委托人遗嘱的指定、或经死者遗产关系人商定，或由法院的委托，对死者遗产进行的管理和处理的业务。

第三种是赡养信托。指受赡养人的委托，管理和按指定用途支付赡养金的业务。

第四种是抚恤信托。金融信托机构接受提供抚恤金的单位和个人的委托，并按照其指定的方式为受抚恤人管理和支付抚恤金的业务。

第五种是捐赠与资助信托。指接受个人委托对其捐赠或资助的财产进行管理或处理，最后实现对受益人的捐赠或资助的业务。

另外，金融信托机构根据委托方的要求和自身的业务范围和职能，可以接受的其他个人特约业务。

办理个人特约信托的主要做法：

(1)由委托人向金融信托机构提出委托申请及申请依据。委托申请应说明：委托金额、财产形态、委托目的、委托事项、受益人姓名、受益条件、信托财产使用范围或具体用途，以及财产管理与处理的要求。申请依据包括：有关遗嘱或法律部门公证，裁定、判决及其他有效法律文件，与信托财产有关人员或代理人的议定文件，与信托财产有关的单位的证明文件等。

(2)金融信托机构对委托人的申请进行审查，同意受理时，与委托人签订个人特约信托协议书。协议书除应列明同意受理事项和要求外，并应规定双方责权，受托费用、违约责任等有关事项。如果受理事项中包括执行债权债务清理及有价证券管理，则应该特别列明授权内容。

(3)协议生效后，受托金融信托机构接受信托财产并分别进行处理。

(4)在信托期内，如果受益人死亡或不再具备受益条件，受托方可以与委托方具体商定中止信托。

证券市场简介

证券市场就是买卖各种可流通的有价证券，以筹集和融通资金的市场。公债、股票、公司债券是主要的交易对象。

根据不同的标准，证券市场可划分为多种类型。例如，按证券种类划分，有债券市场和股票市场；按证券发行和流通的地理范围分，有国内证券市场和国际证券市场；按证券买卖交割时间划分，有证券现货市场和证券期货市场，等等。一般情况下，人们较习惯于从证券发行和流通的角度，将证券市场划分为发行市场和流通市场。

证券的发行市场

又称一级证券市场或初级证券市场。在这个市场上,证券发行人委托证券承销商向证券投资人卖出股票、债券等有价证券,从而获取资金。这其中包含了三种人的行为:

发行人。在证券市场上以发放股票、债券形式筹措资金的公司或政府,亦称筹资者。

投资人。为使自有资金得到增值(或保值)而用货币资金买进股票、债券等有价证券的资金供给人,亦称认购者。它可以是法人,也可以是自然人。

承销人。帮助发行人卖出证券,帮助投资人买进证券的中介机构,如证券公司。

至于谈到证券发行的办法,也是有很多种的。除了我们上面提到的发行人委托中介机构发行~间接销售外,也有发行人不通过中介机构,直接将证券销售给投资人的方法~直接销售法,但这种方法一般只适用于向内部人员销售证券。发行市场上大多数采用的是间接销售法,其中还可细分为包销、代销等。

证券的流通市场

又称二级证券市场、次级证券市场或证券交易市场。它是指证券投资人在一定时间和地点,按一定方式买卖证券的场所。它包括证券交易所和场外交易市场两个部分。

证券交易所。是高度组织化的、有固定场所的二级市场,是最主要的证券交易场所,交易所本身并不参与证券交易,既不买入,也不出售,它只是一个公开的拍卖场所。在这里,买卖双方通过竞价来决定证券价格。证券交易所的组织形式主要有会员制和公司制两种。会员制证券交易所是由成为其会员的证券商自愿出资共同组成的、不以赢利为目的的法人团体,只有其会员才能在此参加证券交易。我国上海、深圳两地的证券交易所采用的就是这种形式。大多数发达国家的证券交易所,如纽约、伦敦、东京证券交易所也采用会员制。公司制证券交易所是按股份制原则设立的,由股东(证券商)出资组成的组织,是一个以营利为目的的法人团体。许多发展中国家(地区)的证券交易所采用公司制。

场外交易市场。证券经纪人或证券自营商不通过证券交易所把未上市的证券,有时也包括少部分已上市的证券直接同顾客进行买卖的市场,又称为“店头市场”。它与交易所的区别在于:

1.没有集中、固定的场所,交易主要通过电话方式进行。

2.以买卖没有在交易所登记上市的证券为主,并且主要是债券。

3.不通过拍卖,而是买卖双方直接议价成交,因而亦称议价市场。

有的读者还可能听到第三市场和第四市场之说。

所谓第三市场是指在证券交易所登记上市,但在场外交易的证券的买卖市场。它的成立主要是为了克服交易所内难以及时过户的缺点,给法人投资者提供数额较大、方便成交的证券买卖。

第四市场则是指投资买卖双方通过自己拥有计算机网络进行直接交易的无形场所,多为大公司、银行采用,成交量大,不公开消息,保密性强。

证券业行话

1.码子:即钱的意思。

2.有货:即有卖的。

3.可销:即有买的。

4.做长货:买进远期证券或借款买近期证券,以期行市上涨后卖出获利,谓之做长货,或叫作多头。

5.做空货:借了证券售出,或出售远期证券,以期行市下落后获利补进,谓之做空货,亦叫空头。

6.亏长:亏即卖空,长即做长货。

7.冲账轧平:先买进后卖出,或先卖后买,谓之冲账轧平。

8.交割:买进证券后,把钱交证券所,取出证券,谓之交割;卖出证券后,将证券交与证券所,取回售款,亦谓之交割。

9.拆息:即借款一天的利息,如拆息为5元,即借款每1000元每天利息为5元。若按一年计算,利息就达1800余元。

10.划价:如市场发生风潮,价格暴涨或暴跌,以致无法交割,证券所即采取划价办法;划价者,即按隔夜收盘之价或按次日最高最低之平均价交割或冲账。

11.妥交:即成交,就是做成了一笔生意。

12.远期交易:买卖证券向例于次日交割,但远期交易则言明于指定之日期交割,有3天、5天、7天,甚至一个月者。

13.爬梳:妥交后,对方忽然不认账,谓之爬梳。

14.套息:买进近期,同时卖出远期,而获得近远期之差价利润,谓之套息。例如按100元买进,次日交割,而按110元卖出,10天后交割。

15.摸行市:即探听行市。

16.抢帽子:在行情有利时,一边买进,一边卖出。

17.停板:即停止交易。

18.涨停与跌停:在交易所未成立前,证券行彼此交易,行市无限制。交易所则有规章,如一种证券隔夜收盘行市上涨20%后,即宣告停板,谓之涨停;如隔夜收盘行市落20%,亦即停板,谓之跌停。

19.推:即将有落价趋势之股票抢先售出。

20.灌:如甲经纪人正在买货之时,乙经纪人尽量卖给他,直至甲不买为止,谓之灌。

股票 ABC

股票:

股票是由股份企业(公司)申请,经银行批准发行的,由企业(公司)发给股东证明其所入股的一种凭证,是有权获得股息和红利的有价证券。它可作为买卖对象和抵押品,成为资金市场主要的长期信用工具之一。

股票的特征:

A、决策性。普通股票持有者有权参加股东大会,选举董事会,参与企业(公司)经营管理的决策,其权力大小,取决于占有股票的多少。

B、变现性。作为一种有价证券,股票可以随时转让,进行市场交易,换成现钞。

C、投机性。股票作为交易对象,如同其他商品一样,有着自己的价格。但这种价格除了受制于企业(公司)的经营状况之外,还受经济的、社会的、政治的诸多因素的影响,而处于不断变化的状态中,大起大落的现象也时有发生。因此,股票的价格与票面价格往往差别很大。正是这种差别导致了股票交易的投机性。

D、风险性。股票一经购买,就不能退还本金。股票投资者能否获得预期报酬,完全取决于企业(公司)的盈利状况,利大多分,利少少分,无利不分,亏损承担责任,破产可能连本金难以保住。

股票的种类:

一个企业可以按照不同需要,发行股票,股票种类不同,决定了持有人对企业权益的不同。股票可分为两大类:

普通股:是股票最普遍的一种形式,拥有普通股的股东是企业的所有者,有权选举董事。董事会选定管理人员,由管理人员实际控制公司的营业。普通股股东每持有一股便有一股的投票权。如果股东不能参加每年一次的股东大会,可以委托代理人行使投票权。

普通股的股东往往具有优先认股权。在优先认股权制度下,现有的股东有权保持对企业所有权的现有百分比,如果企业增发普通股票,现有股东有权优先购买新发行的股票,以维持其在企业的权益比例。

具有优先认股权的股东有 3 种选择。(1)可以行使认股权,认购新发行的股票;(2)可以出售认股权,因为认股权是可以转让的;(3)可以不认购新股,听任优先认股权过期失效(认股权的有效期一般最多为 3 个月)。如果股东想购买新股而认股权数不够,也可向其他股东购买认股权。

优先股:优先股的优先体现在:(1)优先股通常有固定的股息,在普通股持有者得到股息之前支付;(2)当公司破产清算时,优先股的索偿权位于债券持有者之后,但位于普通股持有人之前。在一般情况下,优先股持有人不能参与公司的经营管理,没有普通股持有人那样的投票权。同时,由于其股息是固定的,所以当企业经营旺盛时,一般不能像普通股那样获得高额盈利;(3)优先股有累积性的,也有非累积性的。对于累积性的优先股,任何一年未支付的股息可以累积下来,在以后年度一起支付。公司只有将积欠的这些优先股的股息支付以后,才能支付普通股的股息。如果优先股是非积累性的,那么股息就不能累积到下一年,公司不论以前的优先股的股息是否付清,都可以发放普通股股息。

有的优先股具有参与分享剩余盈利的性质,这就是所谓"参与优先股"。这种优先股在得到固定比例的股息后,有权分享同普通股一样的盈利余额。有的优先股还具有可赎回的性质,发行这种股票的企业,在股票发行的一定年数后,可以一定的赎买价格将其赎回。

股票市场和股票上市:

股票市场是进行各种股票买卖交易的场所。按交易方式的不同,股票市场可分为有组织的市场和无组织的市场两种。前者市场是指经过有关部门批准的以正式股票交易所为固定地点,集中进行交易的场所;后者是指由经纪人或买卖股票双方的当事人,集聚于一个临时地点进行直接交易的场所,即俗称的"黑市"。凡符合规定并经证券交易委员会审批的公司股票,才能在证券交易所挂牌自由买卖,这叫股票上市。未经核准上市的股票只能在交易所以外的市场上交易。

股票价格:

买卖股票实际上就是购买或转让领取股息收入的凭证。股票的价值可分为以下几种:

票面价值:是企业发行的股票上所标明的金额,票面价值的大小,除了企业从其资产和投资前景来考虑外,有时还受税收影响,如果是按票面价值的大小征税,企业就会减少其票面价值。股票在市场上发行时,有的售价等于票面价值,有的大于或小于票面价值。

账面价值:是证券分析家和其他人所使用的一个会计概念,要计算普通股的账面价值,只要将一个公司的净值减去流通在外的优先股的总面额,再以流通在外的普通股股数来除其余额。

清算价值:是企业清算时,每个股份所代表的实际价值。在大多数情况下,每股的清算价值小于账面,因为大多数资产只有压低价格才能出售,也有个别公司的清算价值高于账面价值。

内在价值:是一种理论价值,是分析家所认为股票所真正代表的价值。不同的分析家和投资者,可能对同一个公司得出不同的结论。正因为这样,证券的市场价格与内在价值更多的是不一致,投资者设法去寻找那些内在价值大于市场价格的股票。

市场价格:股票市场是一个波动的市场,其价格在不断变化之中。人们往往注意如下几种价格:开市价、收市价、最高价、最低价。其中收市价是最重要的,是人们分析股市以及制作行情图表采用的基本数据。

股票的交割:

股票买卖的双方成交后,一方需付出款项收到股票,另一方需交出股票收到款项,这种成交后的收交活动,便叫交割。

按照成交后至交割时的时间长短划分,通常有以下几种交割方式:

当日交割:买卖双方在成交日内办完交割手续。一般规定,在午后两点钟以前成交的买卖,要在当日午后 2 点 30 分以前办完手续。在午后两点钟以后成交的买卖,在 30 分钟以内就要办完手续。

次日交割:即在成交后的下一个营业日正午之前办完交割手续,如果下一营业日是休假日,可以顺延。

例行交割:从成交日算起,在第五个营业日以内办完交割手续,如果买卖双方在成交时没有特别说明,一般应看作是这种交易方式。

在股票交易所中,实际的交割过程并不是逐笔地发生,而是通过清算制度,将当事者的买卖数额相互抵销,然后对其净差额进行交割,这种抵销买卖额而支付其净差额的过程叫作清算。

当股票从一个持有人转到另一个持有人手中,收到股票的持有人必须到发行股票的公司去办理变更持有人名单的手续,这种过程叫作过户。

股票划分为记名式股票与无记名式股票。

无记名式股票办理过户手续,只需改变公司所设账户名单即可,记名式股票的过户,除了改变公司所设账户名单外,还得由出让人或卖者在股票上签章转让才能办理过户手续。

股市风险:

股市风险大体可分为系统性风险与非系统性风险两种。

系统性风险即由于某种因素导致股票市场整体下跌,所有的证券都有受损失的可能性。一般说,社会政治、军事等种种因素都会导致股市发生震荡、恐慌,西方新闻界喻称为“股市大地震”“华尔街大流血”。例如 1929 年 10 月的纽约股市大地震,纽约证券交易所上市的股票价值从 897 亿美元下跌到 156 亿美元,其中 741

亿美元的股票成为废纸，致使无数人破产，流离失所。非系统性风险即指某些因素对单个股票造成损失的可能性，它来源于四个方面：

经营风险，即由发行公司的经营能力的变动所带来的股息变动，从而产生风险。

利率风险，利率是股价的克星，金融市场上利率变动不是股票发行公司所能决定的，因而利率变动会使股价产生变动。

市场风险，证券市场瞬息万变，直接影响股价；购买力风险即由于物价上涨，通货贬值所带来的风险。

股市有风险，也有避免风险的办法。一般讲，无数股东的经验教训得出的结论，大体上是这样几句话：

何时买股票比买卖股票更为重要。如果在1929年、1970年、1982年整个股票市场下跌的时候，买任何公司的股票都会下跌，此时就不宜买股票。

不要跟着大家走。历史证明，大众的趋向往往以错误导向为主。例如1974年纽约股市跌到12年来最低潮，如果有人在此时买进，到了1976年股市又重新反弹坚挺时则可获得可观的利润。

买到股票就储存起来。例如1972年有人购买100股价值1200美元的休斯敦石油公司股票，到1977年就会变成1900股，总价值红10万美元，同时还有几千美元的股息。当然这要看得准才行。

赔钱时要么耐心等待，要么一有损失立即忍痛了结。

另外不要将自己的全部资本都投向一种股票，这样会把风险集中，这也是买股票的经验之谈。

股票常用术语

牛市。有人说因为牛的眼睛永远向上望，而且跑起来强劲有力，因此牛市是指股票市场前景看好，行情看涨，交易活跃。

熊市。有人说熊的眼睛经常向下望，而且身型笨重，跑起来比较迟钝，因此熊市是指股票市场前景看淡，行情见落，交易沉闷。

溢价。亦称高水，指股票的出售金额超出票面金额的差价。

股票分割。亦称股票拆细，即将证券市场上发行面值较大的股票，分割成较小面值发行，以促进股票的发行和流通。如将一张200元的股票分割成4段，其面值就变成了50元的4张股票。

停板。即交易所停止所有买卖。为什么叫停板呢？在股市发展早期，证券交易还未采用电脑的时候，所有的交易都是在一块大白板上进行的。每家上市公司都在板上占有一个位置，当这家公司的股票有买卖的时候，买入价、卖出价就会记录在板上。在停板的时候，每家公司的股票都停止买卖，大白板上就不会再有买入价、卖出价的记录,空白一片的大白板,就好像"停"了一样,所以叫停板。

实行停板的办法,主要是防止股市上涨过猛或泻落过快。深圳股市在1990年5月实行停板以来,到1990年12月已先后4次调整停板幅度,由开始的±10%调整到口刀的5%。

多头、空头。"多头"是指证券投资者对某种股票价格看涨,于是向经纪人买进这种股票,但暂不付款。日后,该股票价格上升,即以较高价格卖出,从中获利。"空头"是指证券投资者对某种股票价格下落,即以较低价格买进,还给经纪人,从中获利。有人将买卖气氛浓厚,成交量多,股价持续上扬的股市称为"多头市场",反之称为"空头市场"。

停牌。即某上市公司的股票暂时停止在交易所买入或卖出。停牌原因主要是传出该上市公司一些消息(如财务状况不利等)或该上市公司进行某些活动(合并、收购等)有可能导致该公司股票价格大幅度涨落时所采用相应的对策。

认股权证。即指由公司直接发行股票时,允许此权证的持有者在待定期限之前以特定价格购买其证券的凭证。

开盘、收盘。指股票行情表上所列的开盘或收盘价格。开盘指每天每种股票第一笔成交的价格,收盘是指每天每种股票最后一笔成交的价格。

涨跌。指股票行情表中的涨跌,它是以当天的收盘价与前一天的收盘价格相比较的结果。

我国现有哪些有价证券

金融债券:是银行为了筹集资金发行的债券。我国目前发行的有:1.一般金融债券。期限一年至五年不等,利率略高于同期限定存款利率。2.新种类金融债券,利息累进计付,期限浮动。3.贴水债券,也叫贴现债券,是预先支付利息的一种债券。

国库券:是政府用来向银行借款以满足财政需要的一种证券,由财政部发行。

国家重点建设债券:是国家为了压缩预算外固定资产投资规模,保证国家重点建设的需要而发行的债券。这种债券对单位发行的可以作为抵押,但不能转让;对个人的可以转让、继承,但不得在市场上流通。

基本建设债券:是为了筹集建设资金,保证国家重点建设的需要而发行的债券。

财政债券:是为了筹集国家建设资金,弥补财政赤字,由财政部发行的债券。

重点企业债券:是为了集中使用资金,保证国家计划内重点建设,由重点企业向其他企事业单位发行的债券。已发行的有钢铁企业债券,有色金属企业建设债券,石油化工企业建设债券和电力建设债券。

地方企业债券:是地方企业为了筹集资金,经人民银行批准,向社会(一般在省内)发行的债券。

股票:是股份公司发给股份作为入股凭证并借以取得股息的一种有价证券,主要是向企业内部职工发行。

股票的种类

股票可以从不同的角度进行分类。

1.按股东的权利可以分为普通股和优先股。

普通股。普通股是股份公司股权的证书,代表了持股人在公司中的财产或所有权,购买普通股实际上是购买股份公司的一部分。购买的股份越多,占有公司的份额就越大,对公司的控制程度就越深。普通股股东完全与公司共荣辱,从公司可获得较多的利益,也要为公司分担较多的风险。普通股具有四个特点:①有参与经营权,即在股东大会上选举董事、发表意见、投票表决等;②在收益分配上股息不固定,股息多少取决于公司的财务状况,而且股息的分配在优先股之后;③具有优先认股权,即普通股股东有权优先认购公司所发行的新股票,当公司发行新股票时,他具有原有百分比的优先认股权,优先认股权也可以转让;④资产分配权落后于优先股,在公司解散或清算时要先清偿其他债权人的债务,其次才轮到优先股股东享有剩余资产的分配,再有剩余才最后由普通股股东分配剩余财产。

优先股。优先股具有优先于普通股取得股息和当公司破产倒闭时优先于普通股得到清偿的权利。主要特点:①优先股一般预告定明股息收益率,一般不随公司财务状况而增减,一般也不参加公司的分红;②权利范围较小,一般没有选举权和被选举权,对公司重大经营无投票权;③优先股有优先索偿权,即优先股的索偿权优先于普通股,次于债权人。

优先股又可以分成多种:①按股息是否可以积累,分为累积优先股和非累积优先股,前者指在公司经营状况欠佳时,可以把未发或未发足的股息积起来,等公司经营状况好转时再补发,这种优先股较常见;②按优先股是否可转换成普通股来划分,可以分为可转换优先股和非转换优先股;③按股东是否可以参与公司盈利分配来划分,可分参与优先股和非参与优先股,前者指除获得固定股息外,在公司利润增多时,还可以和普通股一样参与公司分红;④按股息率是否可以调整来划分,可以分为可调整优先股和非调整优先股。

2.按股票票面形态划分为记名股票、无记名股票、面额股票、无面额股票。

记名股票。股票票面上记载股票持有者姓名和名称的股票。记名股票在每一个所有权转移时都必须到股票的上市公司办理过户手续,即原股东将股票过户给新股东,并变更记名。

无记名股票。即票面上无须记载股东(持有者)姓名或名称的股票,持有人转让股票,只要将股票支付给接收者即可。

面额股票。即在股票票面上标明一定金额的股票。股票的票面金额即股票的票面价值,面额可大可小,但就某一股份公司而言,面额应一致。法律上一般也允许发行溢价股票,即按高于面额的价格发行股票。

无面额股票。无面额股票是一种份额股,它是一种在股票票面上不载明具体金额,而以股票发行公司财产价值的一定比例为其划分标准的股票。无面额股票没有票面价值,但有账面价值,反映在发行公司的账面上。

3.按股票持有主体划分为国家股、单位股和个人股三种。

4.按股票的市场属性,可以分为实力股、蓝筹股、投机股或冷门股、成长股。

实力股。业绩成长一向稳定的大型股,这类股票,通常是稳健投资人的投资对象,即使外部经济环境不好,投资者也不易吃亏。

蓝筹股。成交量大,买者卖者均多,投入的散户多,较不稳定。

投机股或冷门股。完全看股票市场供需求决定,与公司业绩关系不大的一类股票,银行股多属此列。

成长股。即公司有潜力,但现在规模不大,投资人如有眼光,可先期购入这类公司股票,等候时日,可坐享股价大幅度上升。

股票的四大特征

股票具有无期性、权责性、流通性、风险性四大特征。

1.无期性。即对投资者来说,股票是不确定期限的长期性投资。一旦投资者买入某公司股票,他就不能在中途要求向股份公司退股,以抽回资金。但可以通过股票市场卖出股票以收回资金。

2.权责性。即参与股份公司盈利分配和承担有限责任的权利和义务。股东责权大小,完全取决于股东所掌握的股票在公司股本中所占的比例。一般来说,要完全控制一个公司,须有股份公司51%以上的股份。掌握20%左右的股份公司股份,就基本上可以控制股份公司。

3.流通性。即股票具有可随时在股票市场上转让买卖的特性,它可以在股票市场上转让和交易买卖,也可以作为抵押品。所以股票持有者可以随时将股票换成现金。

4.风险性。股票投资一般应具有较高的投资收益率,但收益率必然伴随高风险。股票投资者至少面临两方面的风险:股票发行公司的经营亏损,特别是公司破产的风险;股票市场价格变动而造成损失的风险。

股票收益率——投资获利的尺度

股票收益率是在一定时期内投资于股票的得的收益与投资总金额的比率。在股票投资中,有些股票投资者以长期保有股权为目的,以分享股息、红利为主,不参与市场买卖,因而无交易差价收益;有些股票投资者以赚取交易差价收益为目的,频繁地买进、卖出股票,不一定能获得股息、红利收益;还有一些投资者可能偶尔参与买卖,较长时期持有某种股票,从而两种有形收入均可兼得。所以衡量股票收益率的高低,需计算多个指标。

1.本期股利收益率。即以现行价格购买股票的预期收益率,用公式表示:

$$本期股利收益率=\frac{年现金股利(即股息+分红)}{本期股票购入价格}\times100\%$$

例如:一公司上年每股股利是 10 元,现行市价每股 150 元,则本期每股预期收益率为:

$$\frac{10}{150}\times100\%=6.7\%$$

2.持有期收益率。股票买进日至卖出日是股票的持有期,股票持有期有长有短,一般应折算为年收益率。计算公式为:

$$持有期效益率=\frac{持有期收益\div持有年数}{股入股价}\times100\%$$

式中持有期收益分为买卖差价收益和股利(股息+分红)。

3.股票资产增值收益的计算。股票的资产增值收益是指股份公司的纯资产值超过股票面额的部分。例如某股份公司现有纯资产 1000 万元,实发股票为 100 万股,每股面额 10 元,则每股生产额与股票面额相同。假定公司年终从净收益中提取公积金 50 万元,此时公司有实有纯资产额为 1050 万元,则每股所代表的公司资产为 10.5 元,产生了每股 0.5 元的资产增值收益。由于股票的资产增值收益是一种无形收益,所以衡量资产增值收益的方法是计算股票的资产增值幅度,以此作为衡量股票的内在价值和进行投资决策的依据。公式为:

$$每股生产增值幅度=(\frac{企业实有纯资产额}{实发股数}\div每股面额-1)\times100\%$$

如上例,每股资产增值幅度为:$(\frac{1050}{100}\div10-1)\times100\%=5\%$

股票交易的主要过程

股票交易的主要过程如下:

1.开设账户。顾客要买卖某种股票,首先要找证券公司开立委托买卖账户。因为证券买卖,尤其是股票买卖是在证券营业大厅中进行。投资者本人不得进入大厅进行交易,必须委托在场内有经纪人的证券公司代为进行。证券公司为了确定投资者的信用,要求投资者到证券公司开立账户,填写买卖契约,写明投资者的真实姓名、地址、职业、单位、电话号码等,如果证券公司对顾客的信用情况不清,它可能要求顾客交押金或找银行担保,目的是确保顾客的信用安全可靠。

2.委托。委托的方式,一般有:当面委托、电话委托、电报委托、传真委托、信函委托。最常用的是前两种。当面委托,即委托人亲至证券商处,当面办理委托证券买卖的执行事项。这是一般投资者最常用的方式。电话委托即委托人通过电话向证券商发出委托买卖指令,证券商接收电话并自动录音。投资者委托买卖的价格有:市价委托、限价委托、指定价格委托。对委托的有效期也有规定。上海证券交易所委托买卖的委托有效期限,分当日有效和5日有效两种。若有效期内未成交,委托自然失效。

3.竞价成交。证券交易所证券交易的价格,不是交易所或是由某个人规定的,而是通过买卖双方——买者与卖者之间,买者与买者之间,卖者之间竞争形成的。经纪人之间进行交易,是通过“双边拍卖”相互竞争,从而形成竞争价格,按“时间优先、价格优先、市价优先”的原则完成交易的。

4.清算交割。在证券交易成交后,实际证券的交割不是逐笔进行,而是通过清算制度,将买卖双方的买卖数额相互抵销,然后对其净差额进行交割。交割是指买卖股票成交后,买主付出现金取得股票、卖主交出股票取得现金的手续。交割一般在交割日进行。有当日交割、次日交割、例行日交割、特约日交割和发行日交割5种。世界上大多数证券交易所,都把例行日交割作为主要形式。

5.过户。交割完毕后,新股东应立即到他所持有股票的发行公司办理过户手续,即在该公司的股东名册上登记他自己的名字,持有股份数等,即成为该公司的正式股东。这笔交易才算最终完成。

什么是“股票账户”和“股东代码卡”

“股票账户”是一种综合性账户,用于记载投资者买卖和拥有各类股票的情况,开设股票账户后,即可到柜台上去买卖各种股票。记载的有关内容是:股东编号(即股东的代码,应注意保密)、领息地点、股票增减和持有量等,开设股票账户须由本人凭身份证亲自办理,首先填写“股东登记表”,然后交交易所的工作人员输入电脑。在办理委托和交割时,需出示股票账户。

“股东代码卡”是类似于股票账户的股东凭证,作为每个入市股民进入股市的开户账号。股东在办理“股东代码卡”时,必须准确地填写自己完整的资料,由电脑准确地记录下来。在股票交易和认购新股办理手续时使用。

股票交易中需交纳哪些费用:①委托买卖佣金。委托买卖成交后,投资者(委托人)要按实际成交金额交纳委托买卖佣金。起点一般为5元,股票成交后统一按5%左右交纳。②委托手续费。投资者如委托买卖股票成交,应向证券商交纳委托手续费。③记名证券过户费。凡记名证券成交后都要办理过户手续费。一般费率为按面额计算的1%,起点金额1元。④实物交割手续费即对买入证券后要提领证券实物的投资者交纳手续费。如不提取股票实物,证券交易所和证券商则代投资者免费保管。

股票价格的影响因素

影响股票价格的因素很多,其中最基本的因素是股息和利率。在一般情况下,股息高于存款利率,股票价格上涨;反之,则下降。但股市行情千变万化,在很大程度上受到供求关系驱遣,其种股票买主多时,价格上扬;反之,就下跌。影响股票价的因素主要有4个:

1.政治因素,如动乱、战争、领导人的更换、经济政策和经济法规的重大变化等等,都会对股价产生影响。

2.经济因素,包括企业经营状况、经济周期、财政及金融政策、企业组合兼并影响、国际经济因素影响等等。

3.心理因素,即股民的市场心理。在股票市场情况看好或暴跌时,就会造成抢购或抛售,从而人为地助长股市的波动。而引起投资者心理变化的因素是较多的,甚至有些传闻或谣言也会造成投资者抢购或抛售某种股票。

4.人为因素,即人为地操纵股票价格。在本世纪前半叶,一些金融巨头利用手中财势,翻云覆雨,推波助澜,驱使某些股票的价格时而猛涨,时而暴跌,在这些股价的波动中,他们大发横财,一些中小投资者都大为倒霉,甚至倾家荡产。随着股票市场法规的完善,人为因素明显减少,现在证券市场形成初期,十分突出。

股票的无纸化运作

股票的无纸化运作,实际上是把股票的买卖委托、买卖盘的传送、成交、清算交割、登记过户等整个过程交由电脑网络系统完成。其具体运作过程由下面几部分组成:

1.开户。初次进入股票市场的投资者,必须凭有效证明文件到证券登记公司开户,填写股东名卡。操作员将投资者资料输入电脑,由电脑自动生成电脑代码,并向投资者发出股东磁卡。磁卡上的磁条,记录股东姓名、股东电脑代码和股东密码。磁卡作为每个股民买卖股票必须出示的身份证明文件。同时,登记公司向股东发出相应的股票记录卡(一种股票一只记录卡)。记录卡记载股东的股票实际拥有量,同时也作为股东每笔买卖交割或存入股份数额的记录文件。每发生一笔交易,投资者在进行交收时,由证券商柜台电脑打印机在股票记录卡更新一条成交记录。需要股票实物现券作抵押、担保、赠送、遗产分配等以及其他用途的股东,可凭磁卡到证券登记公司领出相应的实物股票,同时在相应的记录卡上打印出扣除后的股份余额。

2.委托买卖。投资者买卖股票,可在任何一家证券交易机构办理委托。委托买卖时,需首先在交易柜台填写委托凭单,和股东磁卡、身份证一并交营业员,柜台业务人员是通过磁条阅读器读出该股东有关资料,同时将委托买卖证券资料输入电脑。投资者在柜台上的小键盘上输入自己的密码后,电脑系统会自动查询该股东资料,检验该股东的合法性、买卖的有效性(如是否卖空、挂失或被冻结等)。买卖委托如属合法,电脑打印出委托买卖合同和缴款凭单。投资者到出纳专柜交足预付金额后,经投资者在合同上签字确认,合同方可生效。

3.买卖盘的传输。证券机构经确认的买卖盘,通过电脑网络系统自动传送给证券交易所。

4.买卖盘的撮合成交。传送到证券交易所的买卖盘,经证券商本部出市代表确认后,直接进入交易所自动撮合系统。自动撮合(对盘)成交系统根据"时间优先、价格优先、客户委托优先"交易原则和预先约定的交易法则进行自动撮合成交,交易所将交易行情及时送给各证券商营业处对外公布行情。

5.清算与交割。于每天闭市后,证券交易所根据成交情况通过电脑网络系统向各证券商发出股票收付通知,证券商根据回报资料与对方证券商进行对账,对完账后即通过电脑自动在证券登记公司划账,增加应收方证券量,减少应付方证券量。最后产生买卖报告书。对未成交委托,如委托期未过,则自动进入第二天的委托,如委托期已过,则打印出退还预付金凭单,并向证券登记公司发出撤销委托指令。

6.交割与过户。每天成交的资料,证券交易所直接向登记公司传送,对于预付金缴足的投资者,一般于成交后次一营业日上午前由证券商向登记公司发出过户指令,登记公司经校验后,直接进行过户,更改股东记录。

股票市场的"行话"

前场:上午的交易。

后场:下午的交易。

天花板:股价达最高峰。

抢搭车:稍微上涨时赶快买进。

摊平:使亏损平均化来减少损失的买卖。

踩高:信用卖出的人明知道剧损以高价再买回来。

吃利:结算而获取利益。

过户:投资人买进股票后,应向该股票上市公司办理过户手续以取得股权,成为其正式股东。

多头:看好股市远景,先买进,待涨价后卖出,以赚取涨价利益的投资人。

空头:判断股市远景不佳,先卖出(采用“融券”方式借来股票),待股价下跌,低价补进,以赚取差额利益的投资人。

多头市场:股价呈长期涨升之情势,利于多操作的投市。

空头市场:股市长期趋势看跌之市场,利于空头操作。

套牢:通常系指“多头”原预期股价上扬,因而买进,但结果反而下挫,在不愿承受重大损失的情况下,只有抱住股票,等待机会翻身。不过,如属公司经营失利,股值低于票面,无人承接,则只有自认倒霉。

空手:抽资人之脱尽所持股票,等待有机会再行买卖者,又称“平头”。

回挡:在股市上,股价呈不断上升趋势终因股价上涨速度过快而反转跌回到某一价位的调整现象。

反弹:空头市场,股价呈快速下跌一段时日之后回升,谓之“反弹”,但反弹幅度不及下跌幅度,通常反弹至上次下跌幅度的三分之一左右,将复下跌。

本益比:股价/税后纯益。

本利比:股价/股利。

挂进:买进的意思。

挂出:卖出的意思。

挂牌:已经委托买进(卖出),等着成交,叫挂牌。

柜台委托:投资人亲自到证券商柜台填写买卖委托书,请求营业员代为买卖。

电话委托:打电话请求营业员代为买卖。

限价委托:指定价格,非此价格不买不卖。

市价委托:委托买卖时,不限定买卖价格,全依市场当时交易价格决定。

成交量:指某日某个别股之成交股数。

成交总值:交易所某日成交之总额。

开盘:在证券交易所开盘是指某个别股在一天交易活动开始后的第一笔交易。

开盘价:指某个别股在某交易日当天第一笔成交价格。

收盘:在证券交易所开盘是指某个别股在一天交易活动开始后的最后一笔交易。

收盘价:指某个别股在某交易日当天最后一笔价格。

最高价:指某个别股在该交易日内最高的成交价格。

最低价:指某个别股在该交易日最低的成交价格。

升降单位:交易所所定的股票涨跌单位。市价 5 元以下者,以 0.01 元为单位。5 元至 15 元以下者,以 0.05 元为单位。15 元至 50 元以下者,以 0.1 元为单位。50

元至150元以下者,以0.5元为单位。150元以上者,以1元为单位。通常升降单位,也称为档。

盘整:股价经过一段快速上升或下跌后,遭遇"阻力"(阻止股价上升之力)或"支撑"(支持股价不再下跌之力)而呈小幅涨跌变动,做换手整理。

盘坚:股价缓慢盘旋上升。

盘软:股价缓慢盘旋下跌。

跳空:股价开盘时比前日收盘价高出数档称跳空而上,反之称跳空而下。

补空:出现跳空时,这一时间将没有交易的空价位补回。

涨停板(跌停板):交易所规定,股价一天涨跌幅度最多为前日收盘之5%,不能逾越此限,涨跌达最大幅度者称涨(跌)停板。涨停板,股价前冠以+;跌停板,股价前冠以-。但新上市股票或除权股票可以涨两个停板,但必须是开盘价即涨停,那么可以再涨一个停板。

散户:一般小额投资大众。

中户:投资额较大的投资人。

大户:进出金额庞大,如财团,投资公司,上市公司董监事。

实户:投资额大,但不以炒作为业,买进中长期持有,以待获利者。

主力:炒作股票为业的大、中户,俗又称为"做手"。

被轧:空头卖出股票后,股价一路上涨,不得不以更高价,才能回补。

轧空:轧空头的意思(拉高股价,使空头不得不以更高的股价才能补回)。

轧空行情:因轧空而造成的股价上涨。

震荡:股价一天之内忽高忽低大幅度变化。

哄抬:用非常手法,将股价大幅度往上拉抬。

质压:用非常手法,使股价大幅下挫。

坐轿:在股市上,坐轿是一种哄抬操纵股价的投机行为。预计利多或利空的信息公布后,股价将会大涨大落,于是投机者立即买进或卖出股票。等到信息出现后,人们大量抢买或抢卖,使股票价呈大涨大跌的局面。这时投机者再卖出买进手中的股票以期获得厚利。前者称坐多头轿子,后者称坐空头轿子。

抬轿:抬轿是指利多或利空的信息公布后,预计股价会大涨大跌,立即抢买或抢卖股票的人。抢利多消息买进的人称抬多头轿子,抢利空消息卖出的人称抬空头轿子。

业内:从事证券经纪行业的,即证券经纪商之从业人员。

丙种:从事非法证券垫股、垫款的地下行业。

融资:投资人按规定在金融公司立户头,垫股卖出股票。

断头:投资者做多头,买进股票后股价当天并未见上涨,反而是下跌趋势,于是多头这种情况称断头,只好忍痛将手中持有的股票低赔本卖出。这种情况称为断头。

红盘:国庆元旦假期后第一个交易日及农历春节后第一个交易日均称为开

红盘。

平盘:开盘价与前一日的收盘价相同者称开平盘。

拔档:做多头时,若遇股价下跌,并预计股价还会继续下跌时,马上将其持有的股票卖出,等股票跌落一段差距之后再买进,以减少多头在股价下跌这一段的损失。

转账:在同一时间内,以同一价格,将同种股票由甲卖给乙,须经由证券商办理。

天价:常指个股从多头市场转入空头市场的那个最高价格。

买空、卖空:买空指投资者预测股价会上涨,但由于受自身资金所限,拿不出更多的钱大量买进股票,于是以交纳保证金的方式通过证券公司向银行融资以买进股票,等股价果然上涨到一理想价位时再卖出,以获取差价收益。卖空指投资者预测股价将下跌,于是以抵押金方式设法先借入股票卖出,待股价下降到某一理想价位时再买进股票,然后归还出借者,从中获取差价收益。

证券经纪商:系以代客买卖证券为业证券行号,一般人称为"号子"。

反转:股价从多头转空头,或空头转多头,均称反转。

多翻空:当投资者做多头时,预计股价已涨到顶峰,于是全部买进放空股票而成的多头现象。

空翻多:当投资者做空头时,预计股价已跌至谷底,全部买进放空股票而成的多头现象。

牛市:股市行情由于股票供求变化总在不断波动、股市行情看涨称为牛市。牛在华尔街表示乐观主义者。

熊市:股市行情看跌称为熊市,熊在华尔街表示悲观主义者。

放空:把股票卖出,期等低价。

抢帽子:抢帽子是一种在当天就赚取差价收益的短期投机行为。指的是在同一天先低价买进预计价格要上涨的股票,待股价涨到某一个价就在当天卖出刚刚买进的那些股票;或者是先高价卖出预计价格要下跌的股票,待股价果然跌至某一价位时,就在当天买进刚刚卖出的相同种类,相同数量的股票。

如何选择最有利的债券

在市场经济中,投资者面临投资可选择购买的债券种类是较多的:国库券、地方政府债券、金融债券和企业债券等等。选择投资对象时,须注意:

1.偿还期的长短,一般国库券的偿还期较长,为3~5年,金融债券则时间较短,为1~2年。如果你要购买中长期债券,你这笔钱一般在这段时期内无其他更重要的用途。

2.利息的高低。投资者应该努力选择收益率较高的债券。

3.风险的大小。风险来自两方面,一是宏观经济波动引起的债券实际收益风险,例如通货膨胀,引导货币贬值,当通货膨胀率高于债券利率时,债券的实际收益率就可能为负数。因此在宏观经济不稳定的条件下,最好选择保值债券。二是企业风险,即投资购买企业债券由于企业经营的风险性导致收益的风险性。

4.是否可转让。可以转让的债券,可以随时变现,有灵活性。.

5.在通过卖出债券或购买二手债券时,要计算债券持有期收益率并与其他投资方式权衡,看是否合算。

6.不要把所有的钱都购买成同一期间长度的债券,尤其不宜投资于同一种长期债券。因为,这样做一是不利于分散风险,二是投资数额比例大时,到期后,再投资比较困难,需花费较大的精力。

7.最好不要参与债券的黑市交易,因为这种交易有很大的投机性、欺骗性。

期货和期货合同

所谓期货,是指买卖成交后,约定期限交付的货物。期货的范围,随着期货市场的发展,由最初的农产品逐步扩展至金属、林产品、纤维品、食品、能源产品等。本世纪 70 年代初,美国又首先推出金融期货,包括利率期货、货币期货和指数期货;1983 年又推出期权期货。目前,按美国商品期货交易委员会(CFTC)最新的划分标准,期货商品共有 10 大类,上百个品种。然而,现代实际意义上的期货,一般不是指实物,而是一纸在预先规定的将来时间进行实物交割的商品买卖合同书,即“标准合同”。

期货合同也称期货合约。它是由最初的口头协议,非标准化合约逐步演变而来的。期货合同是指买卖双方签署的,约定在将来特定时间,按特定品质规格买进或卖出特定数量的商品的合同。为便于交易,期货合同都是标准化的。每种商品的期货合同对该商品的等级、数量、交货期、交货地点,都有统一规定,只有商品的价格是买卖双方协定的。目前,在一些经济发达国家和地区,期货交易已经发展到不需要签订合同,买卖双方只要向经纪行下指令,或通过计算机系统与交易所的计算机中心系统联网就可以进行了。

期货市场及其功能

买卖期货合约,必须在期货交易所内经过公开竞争的形式进行,这种交易场所就称为期货市场。期货市场较之其他类型市场的交易方式,有以下两个主要功能:一是发现价格。由于期货市场交易相对集中、交易量大、规则一致、公开竞争,所以能较为真实地反映价格变动趋势。期货市场形成的价格,反映了真实的供求关系及供求双方对未来市场价格走势的预期,因而成为一个时间较长的价格信号,能对未来一定时期的生产经营起指导作用。二是回避价格风险。在市场经济中,任何一种生产、经营都是有风险的,其中这一就是由商品价格的波动给生产经营者带来的损失。而期货市场则可为生产、经营者提供一种避险机制。例如,农民种粮食要几个月以后才能收获,而那时的粮食价格是无法把握的。如果到时粮食价格下跌,就必然会给农民带损失。但在期货市场上,由于成交在先,交割在后,且按成交时的价格交割,因而可有效地避免由价格下跌所带来的风险。期货市场避险机制的形成,关键在于期货市场上存在大量的为获高利而愿意承担风险的投机者。回避价格风险常用的手段,就是套期保值交易。

套期保值

套期保值是通过期货合约买卖交易来抵消现货市场价格变动带来的风险。也就是避险者通过在期货市场上同时做与现货交易相反的买卖,来对现货进行保值。期货市场上的交易者对价格走势的预测总是有两种完全相反的结论,有的看跌,有的看涨。看跌者卖期货,使自己处于“空头”的位置;看涨者买期货,使自己处于“多头”的位置,按照套期保值者在期货市场上所占的位置,可把套期保值的类型分为两大类:卖出套期保值和买入套期保值。

卖出套期保值是指经营者在买进一批以后交货的实物时,就在期货市场预售同样数量、同一交货期的期货合同,以防止以后交货时实物价格下跌而遭受损失;买入套期保值是指经营者在卖出一批以后交货的实物时,在期货市场上买进同样数量、同一交货期的期货合同,以防止以后交货时实物价格上涨而遭受损失。

法律常识

法,也称法律(就广义而言),是由国家按照统治阶级的利益和意志制定或认可、并由国家强制力保证其实施的行为规范的总和。它包括宪法、法律(就狭义而言)、法令、行政法规、条例、规章、习惯法等各种成文法和不成文法。法属于上层建筑范畴,由一定的经济基础所决定,并为一定的经济基础服务。法是统治阶级实现其统治的一项重要工具,它以规定人权利和义务的方式来调整人们的行为,其目的在于维护有利于统治阶级的社会关系和社会秩序。法是阶级社会中特有的社会现象,它伴随着阶级、阶级斗争的产生和发展而产生和发展,也会随着阶级、阶级斗争的消亡而自行消亡。

古代原始公社制度的解体和法的产生是同时进行的,法是阶级矛盾不可调和的产物。据我国第一部字典《说文解字》解释:"法,刑也,平之如水,从水。法,所以触不直者去之,从去。"从水,取其平,即法平如水,也就是公平的意思。在西方不少民族的语言中,"法"的词义,也都兼有"公平""正义"的含义。然而,在阶级社会里,不同的阶级有不同的公平、正义观,法所体现的只能是不同统治阶级的公平、正义观。社会主义的法,是从具有阶级性的社会规范向反映社会全体成员共同意志、维护全社会共同利益的社会规范过渡的法。它除了具有调整敌我矛盾和人民内部矛盾两类不同性质关系的功能外,还对社会主义的物质文明和精神文明的建设有着重要的促进作用。

违　法

违法,是指国家机关及其工作人员、企业事业单位、公民和社会团体,违反法律(包括其他法规)的规定,从而给社会造成某种危害的有过错的行为。

违法的构成要素包括:1.违法是一种危害社会的行为。单纯的思想意识活动不能构成违法。2.违法必须有被侵犯的客体,即侵犯了法律所保护的社会关系与社会秩序,对社会造成了一定的危害。3.违法必须是行为者有故意或过失的行为,即行为人有主观方面的过错的行为。4.违法的主体必须是达到法定责任年龄和具有责任能力的自然人和依法设置的法人。

违法按其性质和危害程度的不同,可分为刑事违法、民事违法和行政违法等。刑事违法即犯罪,它是指触犯刑事法规依法应受刑罚处罚的行为。犯罪对社会危害较大,因此它是违法中最严重的一种。民事违法是指违反民事法规(包括民法、劳动法等部门法规)的行为:如没有正当理由而不履行民事义务或违反民事义务造成对方的某种损失等。行政违法是指违反行政管理法规的行为。具体说,它包括两种情况:一是公民和法人违反行政管理法规的行为;一是国家工作人员执行职务时的轻微违法行为或违反纪律的行为。民事违法和行政违法因其危害较小,通常称为一般违法。

"违法"一词可以做广义和狭义两种解释。广义的违法,包括刑事违法(犯罪)、民事违法和行政违法等;狭义的违法则指犯罪以外的一般违法。

犯　罪

犯罪,是阶级社会特有的一种现象,一般地说,它是指危害统治阶级的阶级利益和统治秩序,依据法律规定应处以刑罚的行为。犯罪的概念问题是刑法的一个根本性问题,刑法中的许多问题都和犯罪概念密切相关。我国的刑法对什么是犯罪做了科学的表述。刑法第10条规定:"一切危害国家主权和领土完整,危害无产阶级专政制度,破坏社会主义革命和社会主义建设,破坏社会秩序,侵犯公民所有的财产或者劳动群众集体所有的财产,侵犯公民私人所有的合法财产,侵犯公民的人身权利、民主权利和其他权利,以及其他危害社会的行为,依照法律应当受刑罚处罚的行为,都是犯罪;但是情节显著轻微危害不大的,不认为是犯罪。"这一规定表明,犯罪具有下列三个特征:第一,犯罪是危害社会的行为。某一行为是否具有社会危害性以及危害性的大小,是区别罪与非罪的主要标准。没有社会危害性的行为,或者情节显著轻微危害不大的,不能认为是犯罪;第二,犯罪是违反刑法的行为。危害社会的行为必须同时是违反刑法的行为才能认为是犯罪;第三,犯罪是应受刑罚处罚的行为。此外,犯罪还有一个不容忽视的特征,即犯罪是有故意或过失的行为。社会危害性和违法性是犯罪的客观属性,要使行为被认定为犯罪,还必须具备主观属性,即实施行为的故意或过失。我国刑法第13条规定:"行为在客观上虽然造成了损害结果,但不是出于故意或者过失,而是由于不能抗拒或者不能预见的原因所引起的,不认为是犯罪。"

刑　罚

刑罚,是统治阶级以国家的名义对犯罪分子实行惩罚的一种手段。刑罚和民事处分不同,也不同于行政处分和纪律处分。它是专门针对犯罪人采用的一种国家强制处分,其特征是使犯罪人遭受一定的痛苦(被剥夺生命、自由、权利或财产等)。

刑罚的目的,是保卫社会经济基础和与之相适应的上层建筑。在社会主义中国,刑罚的打击锋芒,主要是针对极少数反革命分子和各种严重犯罪分子。《中华人民共和国刑法》第2条规定:"中华人民共和国刑法的任务,是用刑罚同一切反革命和其他刑事犯罪行为做斗争,以保卫无产阶级专政制度,保卫社会主义的全民所有的财产和劳动群众集体所有的财产,保护公民私人所有的合法财产,保护公民的人身权利、民主权利和其他权利,维护社会秩序、生产秩序、工作秩序、教学科研秩序和人民群众生活秩序,保障社会主义革命和社会主义建设事业的顺利进行。"我国的刑罚分为主刑和附加刑两类。主刑包括:管制、拘役、有期徒刑、无期徒刑和死刑;附加刑包括:罚金、剥夺政治权利和没收财产等。

有期徒刑

有期徒刑,是在一定期限内将犯罪分子加以监管、剥夺其自由并实行劳动改造的一种刑罚。各国规定的有期徒刑期限不尽相同。我国刑法规定,有期徒刑的最高期限为15年,最低期限为6个月。在数罪并罚和死刑缓期执行减为有期徒刑时,有期徒刑可以延长到20年。被判处有期徒刑的犯罪分子,在监狱或者其他劳动改造场所执行;凡有劳动能力的,实施劳动改造。罪犯在服刑期间,确有真诚悔改或立功表现的,可以减刑或假释。刑期由判决执行之日起计算,此前先行羁押的,羁押一日折抵刑期一日。

无期徒刑

无期徒刑,是剥夺犯罪分子终身自由、实行监禁、强迫劳动改造的一种刑罚。各国法学家对无期徒刑的存废持有不同意见,有的主张废除,有的认为应该保留。中国刑法中规定有无期徒刑。无期徒刑适用于那些罪行严重,但不够判死刑,判处有期徒刑又嫌轻的犯罪分子。被判处无期徒刑的犯罪分子,在监狱或者其他劳动改造场所执行;凡有劳动能力的,实行劳动改造。根据刑法的规定,在服刑期间,确有真诚悔改或立功表现的,可以减为有期徒刑,具备一定条件的可以假释。

死　刑

死刑,是剥夺犯罪分子生命的刑罚。

死刑,是刑罚中最严厉的一种。世界上有少数国家废除了死刑,大多数国家没有废除。我国在刑事立法中保留了死刑,但死刑只适用于罪大恶极的犯罪分子。

我国刑法对死刑的适用范围做了严格的控制性规定:所有死刑案件一概由最高人民法院判决或者核准。刑法还规定,犯罪的时候不满 18 岁的人和审判的时候怀孕的妇女,不适用死刑。

我国刑法还规定了“死缓”制度。死缓,即判处死刑同时宣告缓期 2 年执行,实行劳动改造,以观后效的简称。此刑罚适用于应该判处死刑,但又不是必须立即执行的犯罪分子。对于被判死缓的罪犯,缓期 2 年以后,分别不同情况予以处理:对于确有悔改表现的,减为无期徒刑;对于确有悔改并有立功表现的,减为 15 年以上 20 年以下有期徒刑;对于抗拒改造、情节恶劣、查证属实的,由最高人民法院裁定或核准,执行死刑。“死缓”制度是我国在刑法制度方面的一项重大创举。

法律是从来就有的吗?

在原始社会,生产工具极其简陋,生产力水平很低,人们为了生存,共同劳动,共同占有和使用生产资料,劳动得来的产品平均分配。因此,人与人之间的关系是平等的,没有剥削和压迫。

大家都共同遵守在长期的劳动和生活中逐渐形成的各种习惯。这种习惯不需要有专门机构来强制执行,而是靠人们的自觉遵守、氏族首领的威信来保证实施。

在奴隶社会,奴隶主为了维护自己的统治,镇压奴隶的反抗,建立了国家,制定了只反映奴隶主阶级利益的行为规则——法律,通过军队、监狱等暴力机关,迫使奴隶服从,同时也要求社会全体成员遵守这些法律。

由此可见,法律不是从来就有的,而是随着私有制和阶级的产生而出现的,是阶级矛盾不可调和的产物。

我国历史上最早的成文法典是哪一部?

我国最早的一部成文法典名叫《法经》,是 2000 多年前战国时期魏国的丞相李悝编纂的。

李悝认为,君王治理国家,最重要的事情是对付盗贼。“盗”,主要指对私有财产的侵犯;“贼”,主要指对人身的侵犯,包括杀伤行为。因此,他把惩治盗和贼的《盗法》《贼法》列为《法经》的第一、二篇。对盗、贼需要逮捕和关押,所以,他把《囚法》和《捕法》列为第三、四篇。此外,还有规定对狡诈、越狱、赌博、淫乱等行为的处罚的《杂法》和有关量刑和惩罚的《具法》。

《法经》是一部体现封建地主阶级意志、巩固地主阶级统治地位的法典。它对以后历代封建王朝的立法产生过很大的影响。

什么是法律责任？

在社会生活中，无论是谁，干了违犯法律的事，必须为这种行为带来的后果承担责任，这种责任通常是用法律的形式明确规定下来的，叫作法律责任。例如某人同别人签订合同后，又突然撕毁合同，给对方造成经济损失，他就必须按《经济合同法》的有关规定，承担法律责任，赔偿对方的损失。

根据违法行为的不同性质和程度，法律责任分为刑事责任、民事责任和行政责任。

刑事责任是触犯刑法，也就是犯了罪必须承担的责任。承担这种责任，根据罪的轻重，受到拘役、管制、有期徒刑、无期徒刑、死刑等不同刑罚的处罚。

民事责任是因违反了民事法律（如经济合同法、继承法、婚姻法等），对公私财产或他人的人身、财产造成损害所应承担的责任。承担这种责任的形式主要有：赔偿损失、支付违约金、恢复名誉、赔礼道歉以及写悔过书，接受罚款等。

行政责任是指国家工作人员、企事业单位的职工或其他人员，做了违犯除刑法以外的法律、行政法规、规章制度的事，在行政上所必须承担的责任。承担这种责任，主要表现为受到警告、记过、降级、降职、开除等行政处分。

什么是道德法庭？

道德是评价人们行为善与恶、美与丑、好与坏、正义与非正义、光荣与耻辱的行为规范。在阶级社会里，道德和法律都具有鲜明的阶级性。凡是统治阶级的法律禁止的行为，都会受到统治阶级道德的谴责。例如，盗窃国家财产，要受到法律的制裁，同时，这也是受道德谴责的行为。

但是，道德和法律又有着明显的区别。这表现在：法律都以条文的形式明确、具体地规定出来，道德一般没有明确的条文，只是存在于人们的意识和舆论之中；法律要通过国家强制机关才能发挥作用，而道德则依靠社会舆论、习惯力量发挥作用；道德调整社会关系的范围大于法律，如友谊、爱情等关系，只能由道德来调整。

知道了道德与法律的关系，就可以知道，道德法庭是社会舆论借助“法庭”在人们心目中的权威，对损人利己、欺骗他人、占小便宜等不道德行为的批评与谴责。

什么是社会主义法制？

我们常说的社会主义法制，指的是国家立法机关制定的各种法律，以及按照这些法律建立起来的各种制度(如人民代表大会制度、选举制度、审判制度等)。它包括立法、执法、守法和监督法律实施这几个环节。其基本内容可以用四句话来概括,就是:有法可依、有法必依、执法必严、违法必究。

有法可依,是指立法,要制定比较完备的法律作为依据。这是加强社会主义法制的前提。我国已经制定、颁布了宪法、民法通则、刑法、婚姻法、兵役法和经济合同法、森林法、环境保护法等几十种重要法律,还在继续制定其他重要的法律,特别是经济方面的法律。

有了法律,就要遵守它,所以人人都要依法办事。执法机关和它的工作人员,在任何时候、任何情况下,都要严格执行法律,切实保证法律全面实施。无论什么人,违了法,犯了罪,都要追究法律责任,受到法律制裁,不能有任何的例外。

如何理解"公民在法律面前一律平等"?

我国的社会主义法律,是工人阶级及广大人民通过国家的立法机关制定的,体现的是工人阶级和广大人民的意志,而不体现社会主义制度的敌对势力、敌对分子的意志。在这一点上,广大人民和敌对分子是不能讲"平等"的。

公民在法律面前一律平等,指的是,每一个公民,都依照法律的规定,平等地享受权利,履行义务,都同样受到法律的保护;任何公民都必须遵守法律,触犯了法律,都要受到法律的制裁;司法机关在执法时,对一切公民一律平等。决不允许有任何凌驾于法律之上,超越于法律之外的特权和特殊人物存在。

学生守则、团章、队章是法律吗?

学生守则、团章、队章,也是具有一定约束力的行为规则,但并不是法律。法律是由国家强制力保证执行的,而学生守则、团章、队章,是靠思想教育,靠学生、少先队员、共青团员的自觉遵守来发挥作用。法律对全体社会成员都有约束力,人人都必须遵守,而学生守则、团章和队章则只对学生、团员和少先队员有约束力,不能要求其他社会成员遵守。

因此,仅仅违反了学生守则或团章、队章,不能说是违法。

我国颁布、实施了哪些主要法律?

新中国成立近50年来,为了巩固人民民主专政,保护国家和人民的利益,保障社会主义现代化建设的顺利进行,先后制定了一系列法律。其中主要的有:

宪法、民法通则、刑法、刑事诉讼法、民事诉讼法、行政诉讼法、婚姻法、继承法、经济合同法、文物保护法、环境保护法、兵役法、专利法、义务教育法、未成年人保护法、消费者权益保护法、国籍法、森林法、中外合资经营企业法、中外合资经营企业所得税法、外国企业所得税法、外资企业法、土地管理法、计量法、治安管理处罚条例等。

为什么说宪法是国家的根本大法?

如果把宪法和刑法、婚姻法、兵役法、继承法等法律比较一下,就会发现,宪法和这些法律在内容上有很大的区别。在宪法里,规定了国家制度、政治制度、公民的基本权利和义务、从中央到地方各级国家机构的设置等等,这些都是国家生活中最根本的问题。而刑法规定的是关于犯罪和刑罚的问题;婚姻法规定的是婚姻和家庭关系等问题;继承法规定的是遗产继承问题,这些都只涉及国家生活的某一方面问题。

在刑法、婚姻法、继承法等法律的总则里,都写有这样的话:"本法的制定以宪法为依据"。这表明:宪法是其他各种法律的立法基础,其他法律的内容不得和宪法相抵触。如果有抵触,必须修改或者废除。也就是说,宪法具有最高的法律效力。

制定或者修改宪法的程序也比其他法律要求严格。比如,我国在1954年制定第一部宪法时,专门成立了宪法起草委员会。宪法草案由中央人民政府委员会公布,经过全国人民讨论,才由第一届全国人民代表大会第一次会议审查通过。修改宪法,必须由全国人大常委会或五分之一以上全国人大代表提议,并且由全国人大以全体代表三分之二以上的多数通过,才能生效。而其他法律由全国人大以全体代表的半数通过,就可以生效。

因为宪法的内容是规定国家生活的根本问题,具有最高的法律效力,有更为严格的制定、修改程序,所以说,宪法是国家的根本大法。

什么是国体、政体?

世界上有180多个独立国家。这些国家的名称各不相同,有的叫王国,有的叫共和国、合众国,有的叫联盟、联邦。但是,要区分这些国家的性质,不能看国名,而要看在这些国家里,哪个阶级掌握国家政权,处于统治地位,哪些阶级处于被统治地位。确立各个阶级之间关系的基本制度,就是国体。

我国宪法规定:"中华人民共和国是工人阶级领导的、以工农联盟为基础的人民民主专政的社会主义国家。"这就是说,我国的国体是人民民主专政(即无产阶级专政)的社会主义国家。

每个国家的统治阶级,都要建立一定的政权机关,来行使保护自己、镇压敌人的职能。政权机关的组织形式就是政体。例如,英国、日本的政体是君主立宪制,德国的政体是议会共和制,美国的政体是总统共和制。

我国的政体是人民代表大会制。这种政体的政权组织形式是人民代表大会，组织原则是民主集中制，由人民选举代表，组成国家权力机关，统一领导国家事务。

公民和人民有什么区别？

公民是一个法律概念。一个人只要具有某个国家的国籍，依照这个国家的宪法和法律，享有权利，承担义务，就是这个国家的公民。在我国，凡是具有中华人民共和国国籍的人，都是我国的公民。

人民是一个政治概念。在不同的国家和一个国家的不同历史时期，“人民”的含义不同。例如，我国在抗日战争时期，一切主张并积极抗日的人，无论属于哪个党派、阶级都是人民。今天，在进行社会主义现代化建设的时期，一切赞成、拥护和参加社会主义建设的阶级、阶层和社会团体，都是人民。

公民和人民相比较，公民的范围比人民广，它既包括全体人民，也包括不属于人民的敌对分子、严重刑事犯罪分子等。

当然，这些敌对分子、严重刑事犯罪分子，尽管也是公民，但却不能享有公民的全部权利。例如，他们没有选举权和被选举权，也不能服兵役。

什么是公民的权利？

公民的权利，是法律规定的公民有权作某种行为，获得某种利益的可能性。

不同的法律，对公民的权利有不同的规定。例如，在婚姻法里，规定公民有结婚的权利；在继承法里，规定公民有继承遗产的权利。这些是公民在社会生活某一方面的权利。宪法所规定的公民权利，是每个公民在国家的政治、经济、文化、教育等方面的最根本的权利，因此，被称为公民的基本权利。

我国宪法规定的公民基本权利有：

政治权利和自由。包括：年满 18 周岁的公民，都有选举权和被选举权；有参与管理国家的权力；有言论、出版、集会、结社、游行、示威的自由。

宗教信仰自由。有信仰或不信仰宗教、信仰这种或那种宗教的自由。信仰和不信仰宗教的公民，在政治、法律上一律平等。

人身自由权利。包括：未经人民检察院批准或人民法院决定，不受逮捕；人格尊严不受侵犯；住宅不受侵犯；有通信自由和保守通信秘密的自由。

对国家机关和国家工作人员，有批评、建议权，有申诉、控告或检举权，有依法取得赔偿权。

社会经济权利。包括劳动权、休息权，在年老、疾病或丧失劳动能力的情况下从国家和社会获得物质帮助的权利。

文化教育权。有受教育、进行科学研究、文学艺术创作和其他文化活动的自由。

妇女在政治、经济、文化、社会、家庭、生活等各方面享有同男子平等的权利。

国家保护华侨的正当权益,保护归侨和侨眷的合法权益。

什么是公民的义务?

公民的义务,是国家和社会要求公民必须履行的责任,并且用法律来保证实现。例如,我国婚姻法规定,父母必须对子女尽抚养教育的义务。如果父母不履行这项义务,法律就要强制他们履行。因此,公民的义务具有强制性。

宪法规定的公民义务,是公民对国家、对社会必须履行的最起码、最重要的义务,因此,称作公民的基本义务。这些义务包括:维护国家的统一和全国各民族的团结;遵守宪法和法律,保守国家秘密,爱护公共财产,遵守劳动纪律,遵守公共秩序,尊重社会公德;维护祖国的安全、荣誉和利益,保卫祖国,抵抗侵略,依法服兵役和参加民兵组织;依法纳税。

另外,在其他的法律里,也对公民的义务作了具体的规定。例如,民法规定了公民的民事义务,经济合同法规定了签订合同双方承担的义务等。

公民如何正确行使享有的权利和自由?

每个公民在享受权利和自由的时候,必须遵守宪法和法律,不能自己想怎么干就怎么干,想做什么就做什么。宪法规定,中华人民共和国的公民在行使自由和权利的时候,不能损害国家、社会、集体的利益和其他公民的合法的自由和权利。

同时,公民权利和义务是一致的,每一个公民享有宪法和法律规定的权利,同时又必须履行宪法和法律规定的义务。任何人不能只享受权利,不履行义务。

什么是刑法?

刑法是国家的基本法律之一。概括地说,它是规定什么行为是犯罪以及对犯罪分子处以何种刑罚处罚的法律。

我国第一部刑法是1979年制定的。1997年,八届全国人大五次会议对刑法进行了修订。修订后的刑法分两编,共15章和一个附则。从原来的192条增加为452条。这次修订刑法,是根据我国社会主义市场经济发展过程中政治、经济、社会生活各个方面发生的新变化,出现的新情况、新问题,从适应与犯罪做斗争的实际需要出发而进行的,是健全我国社会主义法治的一件大事。修订后的刑法是一部统一的、完整的、建国以来最完备的刑法典,它于1997年10月1日起施行。

我国刑法是惩罚犯罪、保护人民、维护国家长治久安、保障社会主义现代化建设顺利进行的重要依据和有力武器。

什么是犯罪?

犯罪是按照法律规定,被认为危害了统治阶级的利益和统治秩序,要用法律予以惩处的行为。不同的国家对犯罪有不同的规定。我国是社会主义国家,在确定什么行为是犯罪时,依据的是体现我国工人阶级和广大人民的利益和意志的刑法。

在我国,一切危害国家主权、领土完整和安全,分裂国家、颠覆人民民主专政的政权和推翻社会主义制度,破坏社会秩序和经济秩序,侵犯国有财产或者劳动群众集体所有的财产,侵犯公民私人所有的财产,侵犯公民的人身权利、民主权利和其他权利,以及其他危害社会的行为,依照法律规定应受刑罚处罚的,都是犯罪。

有些行为虽对社会有一定的危害性,但情节轻微,没有触犯刑法,就不能认为是犯罪。只有对社会危害性大,违反刑法,按刑法规定应给予刑罚处罚的行为,才构成犯罪。

违法和犯罪有什么区别?

违法行为就是违反法律的行为。它既包括违反刑法,应受刑罚处罚的犯罪行为,又包括违反刑法以外的其他法律的行为。比如,杀人是违反刑法的犯罪行为,包办婚姻是违反婚姻法的行为,撕毁合同是违反经济合同法的行为,等等。

无论是违反刑法,应受刑罚处罚的犯罪行为,还是违反其他法律的行为,都是对社会有危害性的行为。但是,它们之间又有一定的区别,这就是危害程度的大小。危害程度大的行为,就构成犯罪;危害程度小,没有触犯刑法,或者根据刑法规定,不受刑罚处罚的行为,就不是犯罪。在处罚上,犯罪行为要负刑事责任,受到刑罚处罚,而其他违法行为只负行政责任或民事责任。

尽管违法行为和犯罪行为有区别,但是,它们之间没有不可逾越的界限,对其他违法行为,如不及时制止,就可能构成犯罪,受到刑法制裁。

外国人在中国犯了罪怎么办?

我国刑法明确规定,凡是在我国领域里,无论是中国人还是外国人,犯了罪都要受到我国刑法的制裁。

1985 年 4 月,住在哈尔滨市天鹅饭店的美国人安德里克,因为睡觉前抽烟,引起火灾,造成 10 人死亡、7 人受伤,损失达 25 万余元人民币的严重后果。哈尔滨市中级人民法院依法审理了这个案件,判定安德里克犯了失火罪,判处他有期徒刑一年零六个月,赔偿部分经济损失 15 万元人民币。

按照国际惯例和国与国之间互相尊重主权、平等互利的原则,我国刑法还规定,在我国享有外交特权和豁免权的外国人犯了罪,他们的刑事责任问题,通过外交途径解决。

我国公民在国外犯了罪,要受我国刑法制裁吗?

我国刑法规定,中国公民在中国领域外"犯本法规定之罪的,适用本法"。例如,1982 年 10 月,在巴西某港口的一艘美国轮船上,两名中国海员酗酒闹事,杀死了另一名中国海员,抢劫了其他船员的财物后逃跑了,不久就被巴西的警察机关抓获。这两名中国公民虽然是在国外犯罪,还是要受我国刑法的制裁,不过要按照国际法的规定,先把他们引渡回国,才能进行审理。同时,我国刑法还规定:"按本法规定的最高刑为三年以下有期徒刑的,可以不予追究。"

什么叫过失犯罪?对过失犯罪的人要不要追究责任?

有两个养路工,在铁路上进行检修时,忘了撤出插入钢轨内侧的起道机。列车通过时,机车顶撞起道机,使列车脱轨,100 多人伤亡,内燃机车和数节车厢被毁坏,经济损失达 170 多万元。这两个养路工对这场事故的发生要负法律责任,他们的这种犯罪行为,在法律上叫作过失犯罪。

过失犯罪就是应当预见自己的行为可能会发生危害社会的结果,因为疏忽大意没有预见,或者是已经预见,但轻信能够避免,以致发生危害社会的结果。

过失犯罪分为两种情况:一种是因为粗心大意而导致危害社会结果发生的行为,叫作疏忽大意的过失犯罪。如上面讲的那两个养路工的行为,就属于这种情况。

另一种是过于自信的过失犯罪。就是行为人已经预见自己的行为可能发生危害社会的结果,但自信能够避免而未能避免,造成危害社会的结果。

我国刑法规定,对过失犯罪,法律规定的才负刑事责任。

精神病人、聋哑人和盲人犯了罪，要受法律制裁吗？

一个人只有具备刑事责任能力，才能对自己的犯罪行为负刑事责任。刑事责任能力，就是能够辨认和控制自己的行为，对自己的行为负责的能力。

精神病人必须经法定程序鉴定确认其危害结果是在行为人不能辨认或不能控制自己行为时发生的，在这种情况下犯了罪，才不负刑事责任。精神病的类型很多，有间歇性的精神病，也有永久性的精神病。间歇性的精神病人，精神正常时具有分辨和控制自己行为的能力，如果在这个时候犯了罪，就要负刑事责任。尚未完全丧失辨认或者控制自己行为能力的精神病人，造成危害结果的应当负刑事责任，但是应当从轻或者减轻处罚。这种精神病人的病情尚未达到完全不能辨认或者不能控制自己行为的程度，还有部分辨别是非、善恶和控制自己行为的能力，即还有部分行为能力和责任能力。因此应当负刑事责任。但是这些人是属于限制责任能力的人，因此，应当从轻或者减轻处罚。

聋哑人和盲人，尽管他们在生理上有缺陷，但并没有丧失辨认和控制自己行为的能力，只是由于他们生理上的缺陷，接受教育和辨别是非的能力不如正常人。因此，他们如果犯了罪，也要负刑事责任，只是在处罚上，和对正常人犯罪有所区别，有的可以从轻减轻或者免除处罚。

18 岁以下的人犯了罪要受刑法制裁吗？

有一些少年朋友认为，未满 18 岁的人，即使犯了罪，法律也不会制裁。这是一种十分错误的想法。犯罪，是一种给国家和人民造成严重危害的行为。一个人，只要他具有判断行为的能力，犯了罪，就要受到刑法的制裁。当然，一个人对自己行为的性质，应当承担的责任的认识，同年龄的大小有关系。法律上把行为人应当对自己危害社会的行为担负刑事责任的年龄，叫作刑事责任年龄。

我国刑法对刑事责任年龄做了具体规定：不满 14 岁的人犯了罪，不负刑事责任。已满 14 岁不满 16 岁的人，对故意杀人、故意伤害致人重伤或者死亡、强奸、抢劫、贩卖毒品、放火、爆炸、投毒的犯罪负刑事责任。已满 16 岁的人犯罪，要负刑事责任。

在刑罚处罚上，刑法里规定，已满 14 岁不满 18 岁的人犯罪，应当从轻或者减轻处罚。犯罪时不满 18 岁的人不适用死刑（包括死刑缓期二年执行）。

另外，刑法还规定，对不满 16 岁不处罚的，应责令他的家长或监护人严加管教，在必要的时候，可以由政府收容教养。

什么是共同犯罪？

有甲、乙、丙三人，为了偷窃商店里的电视机，在一起多次对店里的情况做了调查。然后，三人做了分工：乙在外面放哨，甲准备作案工具撬门，丙搬电视机。结果，三人在作案时被抓获。

这种二人以上共同故意犯罪，就是共同犯罪。

三人以上共同实施犯罪而组成的较为固定的犯罪组织叫犯罪集团。像贪污集团、盗窃集团、走私集团等。这类犯罪集团人数多、目的明确、组织严密，手段隐蔽，而且常常连续不断地进行犯罪活动，对社会造成的危害也更大。因此，犯罪集团是我国刑法打击的重点。

犯罪中止和犯罪未遂的区别在哪里？

犯罪分子在犯罪过程中，自动停止犯罪活动，或者自动采取有效措施，防止犯罪结果发生，叫作犯罪中止。例如，某人想害死自己的妻子，偷偷在饭里放了毒药，但很快又后悔了，把掺了毒药的饭倒掉，没有让妻子吃，这就是犯罪中止。

罪犯在犯罪过程中，由于他的意志以外的原因，使他的犯罪目的未能得逞，叫作犯罪未遂。例如，一个抢劫犯在公路上抢劫一个女青年的手表，遭到女青年的反抗，未能抢成，这就是犯罪未遂。

这两种情况的区别在于，犯罪中止是由于罪犯放弃了犯罪意图，使犯罪结果没有发生，犯罪未遂是由于犯罪分子意志以外的原因，阻止了犯罪结果的发生。所谓罪犯意志以外的原因，有几种情况：被害人的反抗，第三人的阻拦，自然力的原因（如放火时，被大雨淋灭），犯罪分子自己能力不及（如因枪法不准，未能打中对方）等。

我国刑法规定，对自动中止犯罪的罪犯，应当免除或者减轻处罚，而对未遂犯，可以比照既遂犯（已经造成某种危害社会结果的犯罪），从轻或者减轻处罚。

进行正当防卫的条件是什么？

正当防卫，是当国家、集体、本人或他人的人身、财产和其他权利受到正在进行的侵害时，对不法侵害行为进行制止的合法行为。正当防卫，往往给对方造成一定的伤害，如果使用不当，就可能不仅达不到防卫的目的，反而会危害社会，构成犯罪。所以，正当防卫是有条件的，条件是：

1.必须针对不法侵害行为,如抢劫、盗窃等;

2.这种行为必须正在进行;

3.只能针对实行不法侵害行为的本人;

4.造成的损害不能明显超过必要的限度。

必须同时具备这四个条件,才是受到法律保护的正当防卫。

甲和乙因开玩笑发生争吵,乙打了甲一记耳光。几天后,甲伙同几个朋友在公园里殴打了乙和他的女朋友,把乙打成重伤。在法院审理时,甲说:因为乙先打了他,所以他打乙是“正当防卫”。这种辩解是不能成立的。因为,争吵中动手打人,属于情节轻微的违法行为,算不上不法侵害行为,而且,甲打人是在事过几天之后,殴打的不仅是乙,还有他的女朋友,造成的伤害已经超过了必要的限度。因此,甲的行为不是正当防卫,而是故意伤害对方的行为,触犯了刑法,应该受到法律的制裁。

为了鼓励人们敢于同犯罪行为做斗争,刑法还规定,对正在进行行凶、杀人、抢劫、强奸、绑架及其他严重危害人身安全的暴力犯罪,采取防卫行为,造成不法侵害人伤亡的,不负刑事责任。

什么是紧急避险?

在紧急情况下,为了保全国家和公共利益,保护本人或他人的人身财产和其他权利,迫不得已采取牺牲一部分合法权益的行为,叫作紧急避险。

紧急避险是一种合法行为。只有在受到实际危害(如水灾、地震、犯罪分子侵害、精神病人袭击等),情况十分危急,没有其他办法可以避开或者阻止时,才能采取这种行为。紧急避险所造成的危害,不能超过实际面临的危险可能造成的危害。例如,不能为了保全一个人的生命,而牺牲另外一个或几个人的生命。超过了这个限度,就应负刑事责任。

另外,我国刑法规定,在职务、业务上负有特定责任的人,如果遇到的危险和他们担负的职务、业务有关,不能实行紧急避险。例如,消防队员的职责就是灭火,不能因为火灾危及自己的生命而要求紧急避险,不履行灭火的职责。

什么是主犯、从犯、胁从犯、教唆犯?

主犯,是指在共同犯罪中起主要作用的犯罪分子,组织、领导犯罪集团的首要分子。主犯可能是一人,也可能是数人。对于主犯,应当按照其所参与的或者组织、指挥的全部犯罪处罚,对组织领导犯罪集团的首要分子,按照集团所犯的全部罪行处罚。

从犯，是指服从主犯领导指挥，帮助主犯犯罪，在共同犯罪中起次要作用或者辅助作用的犯罪分子。对从犯的处理，应当从轻、减轻或者免除处罚。

胁从犯，是指不是出于自愿或者不完全自愿，而是被胁迫、精神受强制下参加犯罪活动的犯罪分子。胁从犯所起的作用比较小，因此，应当按照他的犯罪情节减轻或者免除处罚。

教唆犯，是指采用劝说、收买、威逼、利诱、授意、怂恿等方法，唆使别人犯罪的人。教唆犯的社会危害性大，特别是教唆青少年犯罪，危害更大。我国刑法规定，在共同犯罪中，如果教唆犯的作用相当于主犯，按主犯处罚；如果相当于从犯，按从犯处罚；教唆不满 18 岁的人犯罪，应当从重处罚；如果被教唆的人没有犯被教唆的罪，对于教唆犯，可以从轻或者减轻处罚。

什么是管制、拘役、有期徒刑、无期徒刑和死刑？

对罪行比较轻的犯罪分子，不关押，只对其人身自由做一些限制，在公安机关和群众的管束、监督下，对他进行改造，这种刑罚叫管制。犯罪分子在管制期间，必须遵守纪律、法令，服从群众监督，积极参加生产劳动，定期向公安机关报告自己的活动情况，外出或者搬迁必须得到公安机关的批准。管制的期限是 3 个月以上，2 年以下。

把那些罪行比较轻，但必须关押的犯罪分子关押起来，短期剥夺他们的人身自由，对他们进行改造，这种刑罚叫拘役。拘役的期限是 1 个月以上，6 个月以下。

在一定期限内剥夺罪犯的人身自由，由劳动改造机关严格监管、强迫劳动，实行改造的刑罚叫有期徒刑。有期徒刑的期限除刑法第五十条、第六十九条规定外，为 6 个月以上，15 年以下。

剥夺犯罪分子的终身自由，由劳动改造机关实行劳动改造的刑罚叫无期徒刑。这是仅次于死刑的一项重刑，适用于罪行严重的罪犯。被判处无期徒刑的罪犯，在服刑期间确有悔改或者立功表现的，可以得到减刑或假释。

剥夺犯罪分子生命的刑罚就是死刑。这是最古老、最严厉的一种刑罚。它只适用于罪大恶极的罪犯。

上面所讲的就是我国刑法中规定的 5 种主刑。

什么是拘留、逮捕、通缉？

公安机关按照法律的规定，在短时间内拘禁违法犯罪分子，限制他们的行动自由，叫作拘留。一般分为刑事拘留和行政拘留两种。

在刑事诉讼中，正在犯罪或罪行已查清的罪犯，或是有重大犯罪嫌疑的人企图逃跑、自杀、继续犯罪、毁灭罪证时,公安机关对他们采取限制人身自由的措施,叫作刑事拘留。

对违反治安管理处罚条例的人,由公安机关拘禁,叫作行政拘留。时间是 1 天以上,15 天以内。

行政拘留是一种行政处罚,对象是触犯治安管理处罚条例的违法分子。

公安机关依照法律的规定,对被告人采取短时期剥夺人身自由的措施,就是逮捕。这是一种最严厉的刑事强制措施。公安机关行使逮捕权,必须经过人民检察院的批准,或者由人民法院决定。

如果应被逮捕的被告人或者在押的罪犯逃跑,公安机关通令各地公安部门和公民协助捉拿逃犯,这种紧急措施叫作通缉。通缉也是公安机关的一种侦查方法。

什么是自首?

有个电冰箱厂的工人,偷运 7 台电冰箱出厂,转卖给别人,得到赃款 15000 余元。后来,在社会上开展严厉打击刑事犯罪活动时,他经过激烈的思想斗争,主动向司法机关坦白了这件事,交出了全部赃款。这种在司法机关发现以前主动坦白自己罪行的行为,叫作自首。

除了上面所举那种情况以外,在犯罪行为已经被司法机关发现,但罪犯还没有查出;或者罪行、罪犯都已经发现,但罪犯还没有被捉拿归案的情况下,犯罪分子主动向司法机关交代罪行,接受审判的行为,都是自首。但是,如果犯罪分子在交代罪行时避重就轻,编造谎言,企图蒙混过关,即使自动投案,也不能算作自首。被采取强制措施的犯罪嫌疑人、被告人和正在服刑的罪犯,如实供述司法机关还未掌握的本人的其他罪行的,以自首论。

犯罪分子可以向公安、检察、法院机关自首,也可以向本单位的领导部门、保卫部门、街道治安保卫委员会等部门自首。这些部门应当立即把自首人和自首的情况移交给司法机关处理。

对于自首的罪犯,司法机关将根据他的罪行的轻重、自首中的表现,可以从轻、减轻或免除对他处罚。

对判处死刑的罪犯,为什么还要剥夺政治权利终身?

有人认为,对被判处死刑的罪犯宣布剥夺政治权利终身,没有什么实际意义。人都被处决了,还有什么政治权利可言呢?这种想法是由于不了解执法过程中的各种复杂情况而产生的。因为,政治权利包括好多种,对判处死刑的罪犯来说,像选举权、被选举权这类权利,随着他们生命的消失就自然消失了。但是,像出版自由权，或者由于获得某种荣誉称号而享有的某种权利等，却并没有随着他们生命的消失而消失。如果不宣布剥夺他们的政治权利，那么，这些权利就有可能被罪犯的亲属或其他人利用，将会对国家、社会、人民的利益造成损失。刑法这样规定以后，如果有人企图利用这些权利，就属于非法行为而被禁止。因此，刑法的这项规定是有实际意义的。

为什么要规定“死刑缓期执行”？

死刑缓期执行，是我国刑法所独有的一种刑罚制度。它适用于那些应当判处死刑，但不是必须立即执行的罪犯。死刑缓期执行期限规定为两年。

实行这个制度，是为了体现不废除死刑，但杀人要少的政策。它没有放松对罪大恶极的罪犯的惩办，同时又给某些罪犯以悔罪自新、重新做人、争取减刑的最后机会。这种制度，对于分化瓦解敌人，惩罚和改造罪犯是有利的，而且可以为国家保存一批可以利用的劳动力。

劳动教养和劳动改造有什么区别？

劳动教养，是对那些有违法行为，但情节轻微、可以不追究刑事责任的人，经过劳动教养机关的审查批准，由司法机关收容，通过有偿劳动，对他们实行强制性的教育和改造。劳教的时间为1年到3年，必要时可以延长1年。

劳动改造，是根据我国刑法的规定，由劳改机关对被人民法院判刑的犯罪分子执行的一种刑罚。

由于对劳教分子和劳改犯都实行强制劳动，并且限制他们的自由，人们常常把劳教和劳改混为一谈。实际上，两者有着性质上的区别。区别在于：劳教不是刑罚，只是一种行政措施。它的对象是有小偷小摸、游手好闲、好吃懒做等危害社会治安的行为，但又不够判刑的人。劳动改造则是一种法律手段，它的对象是被判刑的罪犯。

这两种人在生活待遇等方面也有所不同。例如，劳教人员在劳教期间可以按自己的劳动领到一定的工资，节假日可以休息，劳教期满后，可以回单位工作。而劳改犯则没有这些自由和权利。

假释是什么意思？

假释又叫“假出狱”。不过，如果把这个“假”理解为真假的假，那就错了。假释是法律上的一个专门术语,意思是暂时释放正在服刑的、确有悔改表现的罪犯。这是为鼓励犯罪分子改过自新而采取的一种措施。它只适用于被判处有期徒刑或者无期徒刑的罪犯,对被判处管制、拘役的罪犯,不实行假释。

假释的条件是:已经服刑一段时间,在服刑期间,认真接受改造,确实有悔改表现,不致再危害社会。被判处有期徒刑的罪犯,必须服满1/2以上的刑期。被判无期徒刑的罪犯,必须服满10年以上的刑期。但在服刑期间有发明创造或者对国家有重大贡献的罪犯,可以不受这个条件的限制。对累犯以及因杀人、爆炸、抢劫、强奸、绑架等暴力性犯罪被判处十年以上有期徒刑、无期徒刑的犯罪分子,不得假释。

罪犯假释出狱以后,在一定的时间内,仍然要受到公安机关的监督,这个时间叫作假释考验期。判处有期徒刑的罪犯,考验期是没有执行完的刑期。例如被判12年徒刑的罪犯,服刑7年后被假释,他的考验期是5年。被判无期徒刑的罪犯,考验期10年。

在考验期内,罪犯如果没有再犯新罪,到考验期结束时,就被正式释放。如果继续危害社会,犯下新罪,就立刻撤销假释,按刑法中数罪并罚的规定,把以前没有服完的刑期和根据新罪应被判处的刑罚合并在一起,重新判刑,收监执行。

我国刑法规定了哪几类犯罪?

我国刑法规定了十类犯罪,简述如下:

危害国家安全罪。是指故意危害中华人民共和国国家利益和安全的行为。

危害公共安全罪。是指故意或过失地危害不特定多人的生命、健康、重大公私财产以及公共生产、生活安全的行为。

破坏社会主义市场经济秩序罪。是指违反国家市场经济管理法规,破坏市场经济秩序,使社会主义市场经济遭受严重损害的行为。

侵犯公民人身权利、民主权利罪。是指故意或过失地侵犯公民的生命、健康、人身自由、名誉、人格、婚姻、家庭、选举、被选举、宗教信仰自由、少数民族风俗习惯、民族平等的权利,依法应受刑罚处罚的行为。

侵犯财产罪。是指以非法占有为目的,攫取公私财物或者挪用、毁坏财物或者破坏生产经营的行为。

妨害社会管理秩序罪。是指故意地妨害国家机关对社会的管理活动、破坏社会秩序情节严重的行为。

危害国防利益罪。是指违反国防法规,危害国防利益的行为。

贪污贿赂罪。是指国家工作人员利用职务上的便利,贪污公共财物,挪用公款,索取他人财物或非法收受他人财物为他人谋取利益以及其他贪利性的职务犯罪行为。

渎职罪。是指国家机关工作人员利用职务上的便利或者滥用职权,玩忽职守,徇私舞弊，妨害国家管理活动，致使国家和人民的利益遭受重大损失的行为。

军人违反职责罪。是指军人违反职责，危害国家军事利益的行为。

什么是危害国家安全罪？

凡是故意危害中华人民共和国国家利益和安全的行为，都是危害国家安全罪。

本类罪设有背叛国家罪；分裂国家罪和煽动分裂国家罪；武装叛乱罪和武装暴乱罪；颠覆国家政权罪和煽动颠覆国家政权罪；资助危害国家安全罪；投敌叛变罪；叛逃罪；间谍罪；为境外的机构、组织、人员窃取、刺探、收买、非法提供国家秘密或情报罪；资敌罪等罪名。

从以上所设的罪名不难看出，危害国家安全罪是性质最严重，对国家和人民危害最大的一类犯罪。所以，我国刑法对这类犯罪规定了严厉的刑罚，其中有七个罪名可以判处死刑，而且犯本类之罪的可以并处没收财产。

只有坚决打击危害国家安全的犯罪行为，才能有力地巩固人民民主专政和社会主义制度，有效地保障改革开放和社会主义现代化建设的顺利进行。

什么是破坏交通设施罪？

有个青年，看了一部外国电影后，出于好奇心，很想亲眼看一看火车翻车的真实情景，就在回家穿过铁路时，在铁轨连接的空隙处放了一块大石头。结果，造成列车倾覆、车毁人亡的严重后果。这个青年也因为犯了破坏交通设施罪而受到了法律的制裁。

交通设施包括铁路轨道、桥梁、隧道、公路、机场、航道、灯塔、信号灯等。破坏交通设施罪，就是用各种手段，对正在使用中的交通设施进行破坏的行为。这种行为往往会使火车、汽车、轮船、飞机倾覆、毁坏，造成人身重大伤亡和财物的巨大损失，是一种严重危害公共安全的罪行。

我国刑法规定，凡是破坏交通设施，如未造成严重后果，判处 3 年以上、10 年以下有期徒刑；如果造成严重后果，判处 10 年以上有期徒刑、无期徒刑或者死刑。

每一个公民，都应该自觉地保护交通设施，同破坏交通设施的犯罪行为做斗争。

伪造人民币犯了什么罪？

人民币是我国唯一的法定货币。在我国的社会主义经济建设和人民的日常生活中,发挥着十分重要的作用。人民币的制作权、发行权都属于国家。

有一些不法分子,为了满足个人贪婪的欲望,仿照人民币的图案、颜色、特征,采用描绘、复印、影印、石印、铸造等方法,制造假人民币,冒充人民币,拿到市场上使用,扰乱金融市场,破坏社会主义经济秩序。这些人犯了伪造货币罪。刑法规定,伪造货币的,处三年以上十年以下有期徒刑,并处五万元以上五十万元以下罚金。有下列情形之一的,处十年以上有期徒刑、无期徒刑或者死刑,并处五万元以上五十万元以下罚金或者没收财产:

(一)伪造货币集团的首要分子;

(二)伪造货币数额特别巨大的;

(三)有其他特别严重情节的。

伪造、倒卖车票、船票、邮票犯了什么罪?

车票、船票、邮票,是交通运输、邮电等部门在进行业务活动时,收了钱款的凭证。国家通过这些票证,对交通运输和邮电事业进行管理,并且促进这些事业的发展。因此,车票、船票、邮票只能由交通运输部门、邮电部门制作,并且按国家统一规定的价格出售。如果其他单位、个人私自制作出售这些票据,就破坏了社会主义经济秩序,对交通运输、邮电事业的发展造成危害,就构成了伪造、倒卖车票、船票、邮票罪,就要受到刑法的制裁。

司法人员为什么不能刑讯逼供?

司法人员,包括公安人员、检察员、审判员等,都是代表国家执行法律的工作人员。他们在保护人民权利、同各种违法犯罪行为做斗争的过程中,必须以事实为根据,以法律为准绳,来判定一个人的行为是不是犯罪、犯了什么罪,应该受到什么刑罚处罚。

采用肉刑逼迫犯人招供,是封建统治和法西斯统治的野蛮恶劣作法。今天,也有极个别的司法人员,在审讯过程中,对受审的人采用吊打、捆绑、罚跪、冻饿、不准睡觉等肉刑或变相肉刑,逼取口供,使受审人的肉体和精神受到摧残折磨。用这种方法很容易造成冤假错案。更重要的是,公民的人身权利是受到法律保护的,不容任何人非法侵害。即使是那些有犯罪嫌疑或罪行确凿的人,司法人员也没有权利对他们进行人身摧残。司法人员刑讯逼供,既损害了公民的人身权利,又妨害了司法机关的正常工作秩序,犯了刑讯逼供罪,将要受到刑罚处罚。如果使受刑人伤重致残或者死亡,更要按伤害罪、杀人罪从重论处。

什么是受贿罪?

受贿罪是指国家工作人员利用职务上的便利,索取他人财物或者非法收受他人财物为他人谋利益的行为。如某市国有百货公司的一个采购员,私下接受某地眼镜厂一位推销员送来的人民币、手表、香油、花生油等财物后,明知对方推销的眼镜质量不合格,仍买下1000多副眼镜。结果,造成了几万元的经济损失。这个采购员的行为就犯了受贿罪。

有的人以为,只要不是自己亲自收下的财物,即使利用手中的权力满足了行贿人的要求,不能算是受贿。其实恰恰相反,无论是受贿人亲自接受,还是自己的亲属代收财物,都是犯了受贿罪。

受贿这种罪行,既对国家机关的正常活动造成了危害,也损害了国家机关在人民群众中的威信。因此,我国刑法规定,国家工作人员犯了受贿罪,视其情节轻重,分别处以5年以下、5年以上有期徒刑、无期徒刑和死刑。

能够擅自关押、审讯他人吗?

有人认为,只要是坏人,都可以斗争他们,处置他们。于是,当他们抓到违法犯罪分子时,既不立即送交公安机关,也不向公安机关报告,而是擅自把这些人关起来,对他们进行审讯,有的还随意捆绑、拷打。这种做法是错误的、违法的。

每个公民的人身自由权利,都受到宪法和法律的保护。对违法犯罪分子,只有司法机关才有拘留、逮捕、审判的权力。司法机关在行使这些权力时,也必须严格依照法律规定办事。除此之外,任何单位、个人,如果采用拘留、禁闭、绑架等手段,剥夺他人(包括有违法犯罪行为的人在内)的人身自由,就属于非法拘禁。我国刑法规定,非法拘禁他人,判处3年以下有期徒刑、拘役、管制或剥夺政治权利;如果有殴打、侮辱行为,从重处罚。如果造成重伤的,判处3年以上、10年以下有期徒刑,致人死亡的,判处10年以上有期徒刑。使用暴力致人伤残、死亡的,依照刑法第234条、第232条规定处罚。为索取债务非法扣押、拘禁他人的,依照前两款规定处罚。

由此可见,即使是同违法犯罪行为和犯罪分子做斗争,也要运用法律这个武器,否则,也会犯错误,做出违法的事情来。

公安人员在什么条件下才能逮捕人?

公民享有人身自由的权利,这种权利受到法律的保护,逮捕是剥夺人身自由,并且给以羁押(羁:jī)的一种严厉的强制措施。只有公安机关才有逮捕权。但是,公安机关行使逮捕权也必须具备一定的条件。这就是：逮捕的对象必须是犯罪事实已经查清、可能被判刑的罪犯；逮捕前必须经过人民法院决定，或者人民检察院批准。

公安机关在执行逮捕时，必须向被逮捕人出示逮捕证。逮捕后，除了无法通知或者有妨碍侦查的情况外，应该把逮捕的原因、关押的地点在24小时内通知被逮捕人的家属或者所在单位。如果人民法院、人民检察院、公安机关发现有不应当逮捕的情况，必须立即释放被逮捕人，并且发给释放证明。

诈骗也是犯罪吗？

有的人冒充市场管理人员，到农贸市场上向摊贩收取管理费，这种诈骗做法，触犯了治安管理处罚条例，是一种违法行为。如果因为诈骗而使国家、集体、个人的财产受到严重损失，就构成了刑法上规定的诈骗罪。

我国刑法根据诈骗犯罪行的轻重，分别规定给予3年以下有期徒刑、拘役或者管制，并处或单处罚金；3年以上10年以下有期徒刑，并处罚金；10年以上有期徒刑或者无期徒刑，并处罚金或者没收财产等几种刑罚。

冒充国家工作人员是不是犯罪？

有些人冒充记者、公安人员、解放军、领导干部、采购人员等，在社会上招摇撞骗，进行非法活动。例如，有人冒充公安人员，以检查车辆违章为名，拦截过往车辆，加收“罚款”；有人本身是国家工作人员，冒充其他部门的工作人员，骗取钱财，伪造经历，捞取政治资本或者其他非法利益。这些都构成冒充国家工作人员招摇撞骗罪。

这种罪行，既妨碍了国家政权的正常活动，又破坏、损害了国家机关在人民群众中的威信，危害性比较大。因此，刑法规定，对犯有这种罪行的罪犯，处3年以下有期徒刑、拘役、管制或者剥夺政治权利。情节严重的，处3年以上10年以下有期徒刑。

什么是非法搜查？

某村的仓库被盗，村长挨家挨户搜查。所有人家都查遍了，没有找到丢失的东西。事后，这位村长被公安机关逮捕，因为他犯了非法搜查罪。

在我国，公民的人身自由和住宅受到法律保护。只有公安机关和人民检察院，在刑事诉讼中，为了收集罪证，捉拿犯罪嫌疑人，才能对被告人、可能隐藏犯罪嫌疑人或罪证的住处、人的身体、物品和其他有关地方,进行搜查。在采取这种侦查手段时,必须严格依照刑事诉讼法的规定。例如,要向被搜查人出示搜查证;要有被搜查人或他的家属、邻居、其他证人在场;搜查情况要做记录,并且由侦查人员和被搜查人(或家属、邻居、见证人)签名盖章。

除了公安机关和人民检察院,其他任何单位、机关和个人都无权进行搜查,如果搜查,就侵害了公民的人身自由和住宅,构成了刑法上规定的非法搜查罪,将被判处3年以下有期徒刑或者拘役。司法工作人员滥用职权,犯上述罪的,从重处罚。

什么是诬陷罪和诽谤罪?

为了陷害他人,故意捏造事实,伪造证据,向司法机关告发他人"犯罪",就是诬陷。这种行为,侵害了公民的人身权利,会使无辜的人受到刑罚处罚。而且,干扰司法机关的正常工作,会导致错捕错判,损害司法机关的威信,按照刑法的规定,这就构成了诬陷罪。

诽谤是指故意捏造、散布某种虚构的事实,损害、破坏他人人格、名誉,情节严重的行为。例如,有人公开扬言,某电影演员因有流氓行为,被公安机关逮捕。

事实证明这完全是无中生有的谣言。这个人的行为就构成了刑法上的诽谤罪。

诬陷和诽谤都是捏造、虚构事实,侵犯公民人身权利的行为,但两者是有区别的。区别是:诬陷的目的是为使被诬陷人受到刑罚处罚,捏造的是足以使被诬陷人构成犯罪的事实;而诽谤的目的是为了贬低、损害他人的人格和名誉,捏造的事实不一定能使他人受到刑罚处罚。

能私拆别人的信件吗?

有一些少年朋友,平时或是为开玩笑,私自拆看好朋友的信件,或是为了集邮,撕下贴在别人信件上的邮票后,把信件扔掉或撕毁,这些行为,是非常错误的。

我们每一个人,都可以按自己的意愿和别人通信,都有权保守通信的内容不让别人知道。这就是宪法上规定并予以保护的公民的通信自由和通信秘密。

宪法规定,除了公安机关或检察机关,因为国家安全或追查刑事犯罪,可以按法律规定的程序,检查公民的通信以外,其他机关、单位、个人都不能检查公民的通信。

如果有人私拆、毁坏、藏匿别人的信件,造成了严重后果,就犯了侵犯通信自由罪。如某人为了集邮,经常从邻居的信件上揭取邮票,然后,他又把这些信件扔进垃圾箱,情节严重。因犯了侵犯公民通信自由罪,被判处徒刑。

搞封建迷信活动是不是犯罪?

我国是一个经历了两千多年封建社会的国家,同时,由于经济、文化发展不平衡,今天,在某些地区的一部分群众中,还存在着比较浓厚的封建迷信思想,他们常搞一些烧香拜佛、求神问卜、看相算命之类的迷信活动。对这部分群众,主要应当向他们宣传无神论思想,普及科学文化知识,帮助他们认识封建思想的荒谬和危害性,自觉地抵制和破除迷信。

至于极少数人利用迷信蒙骗他人,致人死亡的或利用迷信奸淫妇女、诈骗财物的,则构成犯罪,要受到刑罚处罚。

在公共场所为什么要守法?

公共场所包括车站、码头、民用机场、商场、公园、影剧院、运动场等。这些地方人群密集,为了保持良好的公共秩序,每一个人都必须遵守一定的纪律。例如,购票、出入、上下车要依次排队,看演出或比赛时不能大声喧哗,乱吹口哨和起哄等。如果违反这些纪律,甚至结伙打架,故意扰乱公共秩序,将会受到治安管理处罚条例规定的处罚。情节严重的,像 1985 年 5 月 19 日在北京工人体育场发生的事件,一些人掀汽车,砸汽车,造成人员受伤和经济损失,这些人的行为就构成了聚众扰乱公共场所秩序罪,要受到刑罚的制裁。

为什么要禁止赌博?

赌博是一种以钱或其他财物作抵押来比输赢的不正当娱乐。如推牌、掷骰子(骰:tóu)、押宝,或者在打麻将、下象棋、打扑克时,失败的一方要把财物输给对方。这是旧社会遗留下来的一种恶习。沾染上这种恶习的人,不仅影响自己的工作、学习和健康,而且滋长了好逸恶劳、不劳而获的坏思想,赢了钱挥霍浪费;输了钱到处借贷,甚至倾家荡产。有的人越陷越深,最后走上了盗窃、诈骗、抢劫、杀人的犯罪道路。所以说,赌博是影响社会安定、腐蚀人的思想、诱发犯罪的活动,必须禁止(当然,在业余时间,纯粹为了娱乐消遣而下象棋、玩扑克、麻将,不用财物比输赢的,不能算作赌博)。

至于有的人,专门为赌博的人提供场所和赌具,开设赌场并且向所有赢钱的人抽取一部分钱作为收入,性质就更为严重了。这种以营利为目的聚众赌博或者以赌博为业的行为,就构成刑法上规定的赌博罪。犯有这种罪行的人,将被判处 3 年以下有期徒刑、拘役或者管制,同时还要被处以罚金。

为什么不能吸食毒品?

所谓毒品,指的是鸦片、海洛因、大麻、可卡因、冰毒、摇头丸以及国务院管制的其他能使人形成瘾癖的麻醉品和精神药品。

上述毒品一旦吸食,危害极大,后患无穷。具体表现在:

第一,严重危害人体健康。吸食毒品会导致人的免疫功能衰退,极易患病,甚至因抑制呼吸而造成死亡。吸食毒品极易上瘾,不能自拔,毒品发作时,吸毒者犹如万蚁啮骨,万针刺心,百般痛苦,难以忍受。

第二,诱发违法犯罪不断发生。为了获取购买毒品的资金,吸毒者经常铤而走险,不择手段地通过偷、抢、骗、卖淫、杀人等违法犯罪活动获取钱财去换取毒品。有的还发展到以贩养吸,与社会上的贩毒分子相勾结,从事毒品犯罪,从而导致身败名裂、家破人亡。

第三,破坏国家长治久安。吸毒不仅给个人和家庭带来严重损害,而且败坏社会风气,危害社会治安,严重干扰四化建设顺利进行。

为了自身的健康幸福,为了民族的兴旺发达、国家的繁荣昌盛,少年朋友要做到热爱生命,远离毒品,绝不可因好奇而尝试,造成千古恨。与此同时,还要坚决与引诱、教唆、强迫他人吸食毒品的坏分子做斗争。

自己的亲戚朋友犯了罪怎么办?

每一个公民,都有向司法机关检举、揭发犯罪,协助司法机关同犯罪分子做斗争的义务。

即使是自己的亲戚、朋友犯了罪,也应该这样做。如果不检举揭发,还帮助犯罪的亲戚朋友躲藏起来,替他们掩盖、开脱罪责,这种行为就构成了刑法上规定的窝藏、包庇罪。

这种窝藏、包庇罪犯的行为,阻碍和破坏了司法机关同犯罪分子的斗争,使犯罪分子逃脱法网,继续危害社会,后果是严重的,必须受到法律制裁。我国刑法规定,窝藏、包庇犯罪分子的(如杀人犯、抢劫犯、盗窃犯),根据情节轻重,分别处以3年以下有期徒刑或者拘役、管制,情节严重的处3年以上10年以下有期徒刑。

犯上述罪,事前通谋的,以共同犯罪论处。

泄露国家秘密犯了什么罪?

保守国家秘密,是我国公民的一项基本义务。国家秘密指的是:涉及国家的安全和利益,还没有公布或者不准公布的政治、经济、军事和科学技术等方面的重大事项,包括有关的函件、电报、文件、资料、数字、图表等。

泄露国家秘密是犯罪行为。例如,有些干部在同外商、港商进行有关进口汽车的谈判时,把我国有关进口汽车的规定,以及我方怎样同外商、港商谈判的方针等重要机密,泄露给对方。以此为代价,向外商、港商索取大量贿赂。他们的行为构成了泄露国家重要秘密罪,受到了法律的制裁。

我国刑法规定,国家机关工作人员违反保守国家秘密法的规定,故意或过失泄露国家秘密,要处 3 年以下有期徒刑或者拘役;情节严重的要处 3 年以上 7 年以下有期徒刑。并且还规定,非国家机关工作人员犯前款罪的依照前款的规定酌情处罚。

受害人自己不告状,别人可以代他告状吗?

在人民法院审理的刑事案件中,大多数是由检察机关提起诉讼的。但是,有一类案件,必须由受害人自己向法院告状,法院才予以审理。如果受害人不向法院控告,法院就不审理。这在法律上叫作“告诉才处理”。这类案件包括虐待、诽谤、暴力干涉他人婚姻自由等。

不过,如果受害人是因为受到罪犯的威吓、关押,不敢或不能去人民法院控告,人民检察院或者受害人的近亲属,可以代他到法院起诉。有的犯罪严重危害社会秩序和国家利益的不受“告诉才处理”之限。

如果受害人是未成年的少年儿童,或者是精神病人,他们的父母、养父母、监护人(近亲属),或者负有保护责任的机关团体,可以代他们向法院告状。

诉讼是什么意思?什么是刑事诉讼?

诉讼就是人们常说的“打官司”。它包括公安机关、人民检察院、人民法院和刑事案件、民事案件的当事人一起,为解决案件所进行的起诉、审判、执行判决等活动。

刑事诉讼是诉讼中的一种。它主要解决被告人的行为是否构成犯罪,如果犯罪,应判处什么刑罚的问题。刑事诉讼分为自诉和公诉两种。

由被害人或者他的代理人直接向人民法院“告状”,叫作自诉。自诉案件,一般是不需要公安机关侦察,罪行轻微的刑事案件。也包括“告诉才处理”的刑事案件。

由人民检察院代表国家,向人民法院控告被告人的罪行,要求追究刑事责任,叫作公诉。属于公诉范围的,一般是由公安机关和人民检察院侦查的案件,如杀人案、抢劫案、贪污案、泄漏国家秘密案等。

无论是自诉还是公诉,都必须遵循一定的原则、制度、程序。国家专门制定了关于刑事诉讼活动的法律,即刑事诉讼法。在《中华人民共和国刑事诉讼法》里,规定了哪些机关有权对犯罪进行追究和惩罚,哪些人必须参加诉讼,以及进行诉讼的方式、方法和程序；划分了公安机关、人民检察院、人民法院在刑事诉讼中的职权范围；还规定了原告人、被告人在刑事诉讼中享有的权利。

什么是刑事案件、民事案件？

刑事案件，指的是像凶杀、放火、投毒、抢劫、盗窃、贪污这样一些触犯了刑法，需要追究犯罪嫌疑人的刑事责任，由司法机关立案审理的案件。

民事案件，指的是有关民事权益纠纷的案件。像继承权的争执、债务纠纷、离婚案件等。

这类案件，都是因为违反了民事法律（继承法、婚姻法等）而引起的。

什么是证人证言、物证、书证？

在审理案件的过程中，犯罪事实的见证人或者了解有关情况的人按照公安机关、人民检察院、人民法院的要求，把自己所了解的情况陈述出来，这种陈述就叫证人证言。证人证言能够帮助司法机关正确解决案件中的疑难问题，准确、迅速地查明案情。

物证就是能证明案件真实情况的物品和物质痕迹。例如，犯罪分子作案使用的刀、枪、毒药、棍棒以及血衣、烟头、钮扣、犯罪分子留下的指纹、脚印、血迹等。即使犯罪分子销赃灭迹、伪造现场，也会留下新的物证。

书证是能够证明案件情况的书面记载，像信件、证件、遗嘱、账单、预谋犯罪的笔记本等等。这些书证经过查证、核实以后，对正确认识案件有十分重要的作用。